Roglmeier/Sikora/Krug (Hrsg.)

NotarFormulare Testamente

N O T A R F O R M U L A R E

H E R A U S G E G E B E N   V O M   D E U T S C H E N
N O T A R V E R E I N

NotarFormulare Testamente

Muster – Checklisten – Erläuterungen

7. Auflage 2025

Herausgegeben von

Julia Roglmeier, LL.M.
Rechtsanwältin, Fachanwältin für Erbrecht, München

Dr. Markus Sikora, Notar, München

Walter Krug
Vorsitzender Richter am LG a.D., Stuttgart

DeutscherNotarVerlag

Zitiervorschlag:
Roglmeier/Sikora/Krug (Hrsg.), NotF Testamente, § 1 Rn 1

Benutzer-Hinweis für Muster
Für den Download der Mustertexte gehen Sie auf
https://www.notarverlag.de/notarformulare-testamente
Dort erhalten Sie Zugriff auf das zip-Archiv: nv_6337_musterdownload.zip

Hinweis
Die Ausführungen in diesem Werk wurden mit Sorgfalt und nach bestem Wissen erstellt. Sie stellen jedoch lediglich Arbeitshilfen und Anregungen für die Lösung typischer Fallgestaltungen dar. Die Eigenverantwortung für die Formulierung von Verträgen, Verfügungen und Schriftsätzen trägt der Benutzer. Herausgeber, Autoren und Verlag übernehmen keinerlei Haftung für die Richtigkeit und Vollständigkeit der in diesem Buch enthaltenen Ausführungen und der per Download bereitgestellten Daten.

Anregungen und Kritik zu diesem Werk senden Sie bitte an
info@notarverlag.de
Autoren und Verlag freuen sich auf Ihre Rückmeldung.

Umschlaggestaltung: gentura, Holger Neumann, Bochum
Satz: Cicero Computer GmbH, Bonn
Druck: Hans Soldan Druck GmbH, Essen
ISBN 978-3-95646-337-2

Lizenzausgabe des zerb verlags – eine Marke der Juristische Fachmedien Bonn GmbH
978-3-95661-158-2

Bibliografische Information der Deutschen Bibliothek
Die Deutsche Bibliothek verzeichnet diese Publikation in der Deutschen Nationalbibliografie; detaillierte bibliografische Daten sind im Internet über
http://dnb.d-nb.de abrufbar.

Vorwort

Die Notarformulare Testamente sind ein echter Klassiker im Angebot des Deutschen Notarverlags. Sie stehen auch bei uns seit vielen Jahren im Regal, immer griffbereit, um die Muster in der täglichen Gestaltungspraxis einzusetzen. Nicht zuletzt deshalb ist es dem Herausgeberteam eine ganz besondere Ehre, dieses Flaggschiff des Erbrechts in neuer Besetzung und Formation in die 7. Auflage zu bringen.

Wir freuen uns sehr darüber, dass es uns gelungen ist, mit der Neuausrichtung des Bearbeiterteams eine optimale Mischung aus erfahrenen Anwälten und Notaren zusammenzustellen. Vielen Dank an Sie alle, dass Sie sich so motiviert ins Zeug gelegt und diese Neuauflage möglich gemacht haben!

Inhaltlich gibt es diverse Neuerungen: So haben wir den kompletten Aufbau des Buchs neu und leserfreundlich sortiert und einiges entschlackt, um Platz zu schaffen für neue praxisrelevante Kapitel. Neben einem neuen Grundlagenkapitel zum Gesellschaftsrecht wurde ein eigenes Kapitel zum Einzeltestament eingeführt. Dem Patchwork- und Geschiedenentestament wird auf über 20 Seiten deutlich größere Aufmerksamkeit gewidmet als noch in der Vorauflage. Zudem gibt es ein neues Kapitel zu Gestaltungen für nichteheliche Paare.

Besonderer Dank gilt natürlich auch den Verlagsverantwortlichen. Allen voran danken möchten wir Frau Marita Blaschko für die hervorragende und professionelle Betreuung.

Unseren Lesern wünschen wir viel Freude bei der Lektüre. Für Anregungen, Lob aber natürlich auch Kritik sind wir jederzeit dankbar und offen.

München und Stuttgart, im Juni 2025

Julia Roglmeier, LL.M.

Dr. Markus Sikora

Walter Krug

Inhaltsübersicht

Vorwort V

Autorenverzeichnis IX

Musterverzeichnis XI

Allgemeines Literaturverzeichnis XXV

Teil I: Grundlagen der Testamentsgestaltung 1

§ 1 **Vorfragen** 1
Julia Roglmeier

§ 2 **Beraterpflichten bei der Testamentsgestaltung** 11
Hannah-Silvia Heise

§ 3 **Kosten bei der Testamentserstellung** 31
Andreas Janßen

§ 4 **Formvorschriften bei notarieller Errichtung** 47
Markus Sikora/Walter Krug

§ 5 **Formvorschriften bei privatschriftlicher Errichtung** 63
Julia Roglmeier/Walter Krug

§ 6 **Gesetzliche Auslegungsregeln** 75
Andreas Schindler

§ 7 **Testierfähigkeit** 95
Isabelle C. Losch

§ 8 **Testierfreiheit** 137
Andreas Schindler

§ 9 **Pflichtteilsberechtigte** 155
Nina Lenz-Brendel

§ 10 **Handels- und gesellschaftsrechtliche Grundlagen** 169
Denis Fehrmann/Julian Klinger

§ 11 **Steuerrechtliche Grundlagen** 213
Catarina Herbst

§ 12 **Grundlagen des internationalen Rechts** 277
Michael Sonnentag

§ 13 **Stiftungsrechtliche Grundlagen** 339
Mark Uwe Pawlytta/Louisa Klinghardt

Teil II: Typische Klauseln letztwilliger Verfügungen ... 377

§ 14 Vollerbeneinsetzung ... 377
Rebecca Hahn

§ 15 Vor- und Nacherbeneinsetzung ... 401
Andreas Salzmann

§ 16 Vermächtnisanordnung ... 435
Julia Roglmeier/Walter Krug

§ 17 Auflagenanordnungen ... 503
Fabian Suiver

§ 18 Anordnungen für die Erbauseinandersetzung ... 535
Nadine Heller

§ 19 Familienrechtliche Anordnungen ... 563
Claus-Henrik Horn

§ 20 Testamentsvollstreckung ... 587
Giuseppe Pranzo

§ 21 Schiedsklauseln in letztwilligen Verfügungen ... 649
Ursula Seiler-Schopp

Teil III: Gestaltungstypen ... 681

§ 22 Einzeltestament ... 681
Eva Sibylla Allmendinger

§ 23 Ehegattentestament ... 709
Markus Sikora

§ 24 Erbvertrag ... 751
Markus Sikora/Walter Krug

§ 25 Testamente für Geschiedene und Patchworkfamilien ... 799
Julia Roglmeier/Markus Sikora

§ 26 Behindertentestament und Testamente für Überschuldete ... 823
Claus-Henrik Horn/Astrid Lente-Poertgen/Moritz Poertgen

§ 27 Unternehmertestament ... 873
Giuseppe Pranzo

§ 28 Testament des Landwirts ... 927
Christiane Graß

§ 29 Gestaltungen für nichteheliche Lebensgemeinschaften ... 953
Julia Roglmeier

Stichwortverzeichnis ... 977

Downloadhinweise ... 1015

Autorenverzeichnis

Eva S. Allmendinger, LL.M.
Rechtsanwältin, Stuttgart

Dr. Denis C. Fehrmann
Rechtsanwalt, Hamburg

Christiane Graß
Rechtsanwältin, Fachanwältin für Agrarrecht, Wirtschaftsmediatorin, Lehrbeauftragte der Universität Göttingen, Bonn

Rebecca Hahn
Rechtsanwältin, München

Hannah-Silvia Heise
Rechtsanwältin, Notarin, Mediatorin, Darmstadt

Nadine Heller
Rechtsanwältin, Fachanwältin für Erbrecht, München

Dr. Catarina Herbst
Rechtsanwältin, Steuerberaterin, Fachanwältin für Steuerrecht, Hamburg

Dr. Claus-Henrik Horn
Rechtsanwalt, Fachanwalt für Erbrecht, Düsseldorf

Andreas Janßen, LL.M.
Rechtsanwalt, Notar, Fachanwalt für Erbrecht, Braunschweig

Dr. Julian Klinger
Rechtsanwalt, München

Louisa Klinghardt
Rechtsanwältin, Hamburg

Astrid Lente-Poertgen
Vors. Richterin am Landessozialgericht a.D., Essen

Nina Lenz-Brendel
Rechtsanwältin, Fachanwältin für Erbrecht, Wirtschaftsmediatorin, Mannheim

Isabelle C. Losch
Rechtsanwältin, Fachanwältin für Erbrecht, Frankfurt am Main

Mark Uwe Pawlytta
Rechtsanwalt, Frankfurt am Main

Moritz Poertgen
Referent für Zivil- und Sozialrecht, Essen

Giuseppe Pranzo, LL.M.
Rechtsanwalt, Fachanwalt für Erbrecht, Fachberater für Unternehmensnachfolge (DStV e.V.), Stuttgart

Julia Roglmeier, LL.M.
Rechtsanwältin, Fachanwältin für Erbrecht, Fachberaterin für Unternehmensnachfolge (DStV e.V.), Wirtschaftsmediatorin, München

Dr. Andreas Salzmann, LL.M.
Notar, Hof

Dr. Andreas Schindler, LL.M.
Rechtsanwalt, Empfingen

Ursula Seiler-Schopp
Rechtsanwältin, Notarin, Fachanwältin für Erbrecht, Hirschhorn

Dr. Markus Sikora
Notar, München

Prof. Dr. Michael Sonnentag
Universitätsprofessor, Potsdam

Fabian Suiver, LL.B., LL.M.
Rechtsanwalt, Fachberater für Unternehmensnachfolge (DStV e.V.), Münster

Musterverzeichnis

§ 1 Vorfragen

1.1. Ausgangslageschreiben an den Mandanten 8

§ 2 Beraterpflichten bei der Testamentsgestaltung

2.1. Mandantenerklärung zur Beauftragung und Kommunikation im Rahmen eines Testamentsmandats 12
2.2. Widerrufsbelehrung 13
2.3. Aufforderung zur Leistungserbringung vor Ablauf der Widerrufsfrist 14
2.4. Datenblatt zur Mandantenaufnahme 15
2.5. Individuell ausgehandelte Vereinbarung über die Haftungsbeschränkung . . . 18

§ 3 Kosten bei der Testamentserstellung

3.1. Vergütungsvereinbarung für die Beratungstätigkeit 41

§ 6 Gesetzliche Auslegungsregeln

6.1. Wegfall der Ersatzerbschaft der Abkömmlinge bei Pflichtteilsgeltendmachung des Vorfahren 85
6.2. Ausschluss der Vererblichkeit der Nacherbenanwartschaft 85
6.3. Einschränkung der Vererblichkeit der Nacherbenanwartschaft 85
6.4. Ersatzerben im Schlusserbfall 86
6.5. Anwachsung 88
6.6. Anwachsung bei Abkömmlingen 88
6.7. Vorrang der Ersatzerbschaft 90
6.8. Vorrang der Ersatznacherbschaft 90

§ 8 Testierfreiheit

8.1. Freier Änderungsvorbehalt 140
8.2. Eingeschränkter Änderungsvorbehalt 140
8.3. Rücktritt vom Erbvertrag 142
8.4. Selbstanfechtungsverzicht in Bezug auf Pflichtteilsberechtigte 147
8.5. Einseitiger Widerruf eines gemeinschaftlichen Testaments 149

§ 9 Pflichtteilsberechtigte

9.1. Enterbung 157
9.2. Pflichtteilsentziehung gem. § 2333 Abs. 1 Nr. 2 BGB 160
9.3. Pflichtteilsentziehung gem. § 2333 Abs. 1 Nr. 3 BGB 161
9.4. Pflichtteilsentziehung gem. § 2333 Abs. 1 Nr. 4 BGB 163
9.5. Pflichtteilsentziehung für den Fall, dass ein vom Erblasser vermuteter, aber noch nicht sicher feststehender Entziehungsgrund vorliegt 164
9.6. Pflichtteilsbeschränkung in guter Absicht 167

§ 10 Handels- und gesellschaftsrechtliche Grundlagen

10.1. Handelsregisteranmeldung: Übergang auf mehrere Miterben in Erbengemeinschaft 178
10.2. Handelsregisteranmeldung: Fortführung des Handelsgeschäfts durch einen Miterben 178

10.3. Handelsregisteranmeldung: Erbfolge mit angeordneter Testamentsvollstreckung . . . 179
10.4. Fortsetzungsklausel . . . 180
10.5. Einfache erbrechtliche Nachfolgeklausel . . . 187
10.6. Einfache erbrechtliche Nachfolgeklausel mit Vermächtnisoption . . . 187
10.7. Qualifizierte erbrechtliche Nachfolgeklausel . . . 190
10.8. Abwandlung hinsichtlich der Zulässigkeit von angenommenen Kindern . . . 190
10.9. Verpflichtung zur Anordnung der Testamentsvollstreckung . . . 191
10.10. Vorgaben für die Gesellschaftsverträge von Familiengesellschaften . . . 191
10.11. Qualifizierte Nachfolgeklausel mit angepasster Vermächtnisoption . . . 192
10.12. Modifizierte qualifizierte Nachfolgeklausel mit ergänzendem Eintrittsrecht zur Beibehaltung der Gesellschafterzahl . . . 193
10.13. Rechtsgeschäftliche Nachfolgeklausel . . . 194
10.14. Einfache Eintrittsklausel . . . 195
10.15. Eintrittsklausel mit Treuhandlösung . . . 196
10.16. Ausführliche Abfindungsklausel . . . 198
10.17. Abfindungsausschluss im Falle des Fehlens nachfolgeberechtigter Personen . . . 200
10.18. Handelsregisteranmeldung: Tod des persönlich haftenden Gesellschafters/Auflösungsbeschlussfassung . . . 202
10.19. Handelsregisteranmeldung: Tod eines Kommanditisten mit mehreren Erben und Nachfolgern . . . 203
10.20. Handelsregisteranmeldung: Tod eines Kommanditisten mit mehreren Erben, aber nur einem Nachfolger . . . 203
10.21. Handelsregisteranmeldung: Vermächtniserfüllung . . . 204
10.22. Handelsregisteranmeldung: Fortsetzung einer durch Tod des persönlich haftenden Gesellschafters aufgelösten KG . . . 205
10.23. Qualifizierte Vinkulierungsklausel bei der GmbH . . . 206
10.24. Einfache Einziehungsklausel . . . 207
10.25. Klausel zur Einziehung von Geschäftsanteilen ohne Zustimmung des Gesellschafters . . . 208
10.26. Abtretungsklausel mit Bestimmungsrecht der Gesellschafter . . . 209
10.27. Abtretungsklausel mit Ermächtigung zur Umsetzung . . . 210
10.28. Umfassende Vertreterklausel . . . 210

§ 12 Grundlagen des internationalen Rechts

12.1. Konkretisierung des gewöhnlichen Aufenthalts bei dauerhaftem Umzug ins Ausland . . . 283
12.2. Konkretisierung des gewöhnlichen Aufenthalts bei unklarem Verbleib im neuen Staat . . . 284
12.3. Konkretisierung des gewöhnlichen Aufenthalts bei Berufspendlern . . . 285
12.4. Konkretisierung des gewöhnlichen Aufenthalts bei Rentnern mit teilweisem Aufenthalt im In- und Ausland . . . 285
12.5. Konkretisierung des gewöhnlichen Aufenthalts zum Ausschluss der Ausweichklausel des Art. 21 Abs. 2 EuErbVO . . . 288
12.6. Hinweis des Rechtsanwalts bzw. Notars auf die Bedingung der Fortdauer (oder Wiederbegründung) des gewöhnlichen Aufenthalts . . . 288
12.7. Rechtswahlklausel . . . 289
12.8. Rechtswahl eines Mehrstaaters . . . 290
12.9. Rechtswahl eines Mehrrechtsstaaters . . . 290

12.10. Negative Rechtswahl . . . 294
12.11. Isolierte Rechtswahl . . . 295
12.12. Rechtswahl zugunsten des türkischen Heimatrechts . . . 302
12.13. Teilrechtswahl für die Zulässigkeit, die materielle Wirksamkeit und die Bindungswirkungen des Erbvertrags . . . 311
12.14. Gleichstellungserklärung des Adoptivkinds . . . 316
12.15. Gleichstellungserklärung des Adoptivkinds nach ausländischem Recht . . . 316
12.16. Verteilung der Nachlassverbindlichkeiten . . . 321
12.17. Anrechnung lebzeitiger Zuwendungen . . . 321
12.18. Pflichtteilsstrafklausel . . . 322
12.19. Aufschiebend bedingtes Vermächtnis . . . 322
12.20. Einfache salvatorische Klausel . . . 323
12.21. Differenzierte salvatorische Klausel . . . 323
12.22. Strafklausel für den Fall der Anfechtung oder der Geltendmachung der Unwirksamkeit einer letztwilligen Verfügung . . . 323
12.23. Hinweis auf die (mögliche) Geltung ausländischen Rechts . . . 337
12.24. Hinweis auf die fehlende Pflicht zur Kenntnis und Beratung nach ausländischem Recht mit Freizeichnungsklausel . . . 338
12.25. Hinweis auf Beratung nach ausländischem Recht . . . 338

§ 13 Stiftungsrechtliche Grundlagen

13.1. Mustersatzung für eine gemeinnützige rechtsfähige Stiftung gem. Anlage 1 AO . . . 346
13.2. Ausführliche Stiftungssatzung einer gemeinnützigen rechtsfähigen Stiftung . . . 346
13.3. Auszug aus einer Satzung für eine rechtsfähige Familienstiftung . . . 350
13.4. Auszug aus einer Satzung für eine rechtsfähige Verbrauchsstiftung . . . 352
13.5. Vertrag für die Errichtung einer nichtrechtsfähigen Stiftung . . . 355
13.6. Auszug aus einem handschriftlichen Testament mit der Errichtung einer Stiftung von Todes wegen . . . 369

§ 14 Vollerbeneinsetzung

14.1. Klarstellung: Kein Widerruf von vertraglichen Bezugsrechten . . . 379
14.2. Erbeinsetzung, Ersatzerbeneinsetzung . . . 381
14.3. Schlusserbeneinsetzung, Erbeinsetzung für den Fall des gleichzeitigen Versterbens . . . 381
14.4. Erbeinsetzung eines ungeborenen Kindes . . . 382
14.5. Erbeinsetzung eines noch nicht gezeugten Kindes . . . 382
14.6. Universalvermächtnis mit Bestimmungsrecht eines Dritten . . . 387
14.7. Nur bestimmbare Erbeinsetzung . . . 388
14.8. Aufschiebend bedingte Erbeinsetzung . . . 389
14.9. Erbeinsetzung unter der Bedingung der Geltendmachung des Pflichtteils . . . 391
14.10. Wiederverheiratungsklausel . . . 391
14.11. Wiederverheiratungsklausel mit Vermächtnis zugunsten der gemeinsamen Kinder . . . 391
14.12. Aufhebung der Wechselbezüglichkeit der Schlusserbeneinsetzung bei ausgelöster Pflichtteilsstrafklausel . . . 392
14.13. Erbeinsetzung mit Motivangabe . . . 393
14.14. Ausschluss des Anfechtungsrechts wegen Übergehung von Pflichtteilsberechtigten . . . 394

14.15. Alleinerbeneinsetzung . . . 394
14.16. Erbeinsetzung nach Quoten . . . 394
14.17. Erbeinsetzung auf einen gemeinschaftlichen Erbteil . . . 395
14.18. Erbeinsetzung auf mehrere Erbteile . . . 395
14.19. Bestimmung eines Ersatzerben unter Ausschluss von §§ 2068, 2069 BGB . . 397
14.20. Ausschluss der Ersatzerbenvermutung zugunsten von Abkömmlingen bei Ausschlagung . . . 397
14.21. Ausschluss gesetzlicher Ersatzerbenvermutungen . . . 398
14.22. Ersatzerbenbestimmung durch Bezugnahme auf die gesetzlichen Regelungen . . . 398
14.23. Enterbung . . . 399
14.24. Allgemeines, Erbeinsetzung, Vorausvermächtnis mit Drittbestimmung, Enterbung . . . 399

§ 15 Vor- und Nacherbeneinsetzung

15.1. Anordnung der befreiten Vorerbschaft . . . 409
15.2. Vermächtnis auf den Überrest . . . 410
15.3. Bedingtes Vermächtnis zur Ermöglichung bestimmter Verfügungen . . . 411
15.4. Bestimmung eines Ersatznacherben . . . 415
15.5. Immobilien-Nießbrauchvermächtnis zugunsten des längerlebenden Ehegatten . . . 417
15.6. Wiederverheiratungsklausel . . . 422
15.7. Gegenständlich beschränkte Vor- und Nacherbschaft . . . 423
15.8. Grundbesitzvermächtnis als Alternative zur beschränkten Vor- und Nacherbschaft . . . 424
15.9. (Voraus-)Vermächtnis in das Eigenvermögen des Vorerben . . . 424
15.10. Vermächtnis – Verpflichtung zur Zustimmung . . . 425
15.11. (Voraus-)Vermächtnis zugunsten eines Vorerben . . . 426
15.12. Nacherbentestamentsvollstreckung gem. § 2222 BGB . . . 427
15.13. Vollständige Befreiung von § 2119 BGB . . . 428
15.14. Reduzierung des § 2119 BGB auf eigenübliche Risikoklasse . . . 428
15.15. Eintragungsantrag Wirksamkeitsvermerk bei Auflassungsvormerkung . . . 429
15.16. Ausschluss der Veräußerlichkeit der Nacherbenanwartschaft . . . 432
15.17. Ermöglichung der dauerhaften Beendigung der Vor- und Nacherbschaft durch Übertragung auf den Vorerben . . . 433

§ 16 Vermächtnisanordnung

16.1. Bestimmung eines Ersatzvermächtnisnehmers . . . 441
16.2. Vermächtnisnehmer als Testamentsvollstrecker . . . 441
16.3. Vermächtnisanordnung mit auflösender Bedingung . . . 443
16.4. Vermächtnisanordnung mit teilweise auflösender Bedingung . . . 444
16.5. Zurückbehaltungsrecht bis Vermächtniserfüllung . . . 444
16.6. Zurückbehaltungsrecht bis Vermächtniserfüllung (Geldbetrag) . . . 444
16.7. Verschaffungsvermächtnis, wenn der Gegenstand nicht mehr im Nachlass ist . . . 446
16.8. Bestimmungsvermächtnis . . . 449
16.9. Bestimmungsvermächtnis mit Auswahlkriterien und Abfindung . . . 449
16.10. Gattungsvermächtnis mit Bestimmungsrecht des Beschwerten . . . 450
16.11. Gattungsvermächtnis mit Bestimmungsrecht des Bedachten . . . 450
16.12. Wahlweise Zuwendung von Gegenständen . . . 450

16.13. Zweckvermächtnis mit Bestimmungsrecht des Beschwerten 451
16.14. Zweckvermächtnis und Auswahl des Bedachten 451
16.15. Nachvermächtnis 454
16.16. Nachvermächtnis mit Testamentsvollstreckereinsetzung 455
16.17. Belastung eines Vermächtnisnehmers mit einem Untervermächtnis 455
16.18. Grundstücksvermächtnis 457
16.19. Grundstücksvermächtnis mit Lastentragungspflicht 458
16.20. Gegenstandsvermächtnis mit Freistellungsverpflichtung 458
16.21. Vermächtnisweise Zuwendung einer Eigentumswohnung 459
16.22. Vermächtnis betr. Haushaltsgegenstände 460
16.23. Geldvermächtnis mit Indexklausel 461
16.24. Geldvermächtnis mit Anpassung an den tatsächlichen Wert des Nachlasses 461
16.25. Wertmäßiges Geldvermächtnis 461
16.26. Vermächtnisweise Zuwendung von Geldvermögen 462
16.27. Pflegevergütungsvermächtnis mit Bestimmungsrecht 464
16.28. Auflage und Pflegevergütungsvermächtnis – Testamentsvollstreckung 464
16.29. Nießbrauchsvermächtnis zugunsten des Ehepartners – Vermächtnis betr. Haushaltsgegenstände 466
16.30. Erbengemeinschaft – Nießbrauch des Überlebenden an den Erbteilen der Kinder – Testamentsvollstreckung – Hausratsvermächtnis – Wiederverheiratungsklausel – beschränkter Änderungsvorbehalt – Pflichtteilsklausel. . . . 467
16.31. Ehegattenerbvertrag – gesetzliche Erbfolge – Vermächtnis bezüglich Gesellschaftsbeteiligung – Nießbrauch – Pflichtteilsverzichtsvertrag. 469
16.32. Vorausvermächtnis mit Quotennießbrauch als Untervermächtnis 472
16.33. Nießbrauchsvermächtnis mit Einigungserklärung und Eintragungsbewilligung des Erblassers 473
16.34. Nießbrauchsvermächtnis mit Vollmacht für Vermächtnisnehmer 474
16.35. Wohnungsrechtsvermächtnis – teilweise als Verschaffungsvermächtnis bei nur hälftigem Miteigentum im Nachlass – dingliche Einigung 486
16.36. Einseitiger Erbvertrag – Dienstleistungsverpflichtung – Wohnungsrechtsvermächtnis – Entbindung von der ärztlichen Schweigepflicht 487
16.37. Einschränkung des Kreises der aufzunehmenden Personen 489
16.38. Nichtgestatten der Überlassung an Dritte 490
16.39. Gestattung der Ausübung durch Dritte 490
16.40. Eingeschränkte Gestattung der Ausübung durch Dritte 490
16.41. Untervermächtnis in Form eines Unterhaltszuschusses als dauernde Last . . 492
16.42. Rentenzahlungsverpflichtung mit Reallast 493
16.43. Vermächtnisweise Zuwendung eines Vorkaufsrechts an beweglichen Sachen 495
16.44. Vermächtnisweise Zuwendung eines dinglichen Vorkaufsrechts 495
16.45. Befristetes Vorkaufsrecht 496
16.46. Nichtübertragbarkeit und Nichtvererblichkeit des Vorkaufsrechts 498
16.47. Schuldrechtliches Vorkaufsrecht mit günstigem Kaufpreis; Vormerkungsanspruch 498
16.48. Ankaufsrechtsvermächtnis 499
16.49. Vermächtnis zur Vereinbarung einer Verlängerung der Verjährungsfrist von Pflichtteilsansprüchen 500
16.50. Schuldbefreiungsvermächtnis 500

16.51. Nachträgliche Ausgleichungsbestimmung durch Vermächtnis 500
16.52. Nachträglicher Widerruf der Ausgleichungsbestimmung 501

§ 17 Auflagenanordnungen

17.1. Kurze Auflagenanordnung mit belasteten Erben 511
17.2. Ausführliche Auflagenanordnung mit belasteten Erben 511
17.3. Ausführliche Auflagenanordnung mit belasteten Erben unter auflösender Bedingung der Auflagenerfüllung 512
17.4. Kurze Auflagenanordnung mit belasteten Vermächtnisnehmern 512
17.5. Ausführliche Auflagenanordnung mit belasteten Vermächtnisnehmern 513
17.6. Ausführliche Auflagenanordnung mit belasteten Vermächtnisnehmern unter auflösender Bedingung der Auflagenerfüllung 513
17.7. Wahlauflage 514
17.8. Gattungsauflage 514
17.9. Zweckauflage 514
17.10. Zweckauflage mit Drittbestimmung des Begünstigten 515
17.11. Auflage zur Versorgung von Haustieren durch gemeinnützige Organisation 515
17.12. Spendenauflage 517
17.13. Auflagenanordnung betreffend eine Kunstsammlung 518
17.14. Auflage, sich der Verfügung über Grundbesitz ohne Genehmigung zu enthalten 518
17.15. Bestattungsverfügung 521
17.16. Grabpflegeanordnung 522
17.17. Stiftungsgeschäft von Todes wegen mit einem Erben als Stiftungsträger . . . 524
17.18. Stiftungsgeschäft von Todes wegen mit einem Vermächtnisnehmer als Stiftungsträger 525
17.19. Testamentarische Verfügung der Treuhandlösung 527
17.20. Testamentarische Verfügung der Vollmachts- und der Treuhandlösung 529
17.21. Absicherung der Unternehmensnachfolge in Personengesellschaftsanteile bei Anordnung der Testamentsvollstreckung über diese 530
17.22. Absicherung der Unternehmensnachfolge in Einzelunternehmen 533

§ 18 Anordnungen für die Erbauseinandersetzung

18.1. Teilungsanordnung 538
18.2. Teilungsanordnung und Testamentsvollstreckung 539
18.3. Vorausvermächtnis 541
18.4. Überquotale Teilungsanordnung 546
18.5. Hausratsvermächtnis 547
18.6. Wohnungsrechtvermächtnis 547
18.7. Vorausvermächtnis an den Vorerben 549
18.8. Steuerfreie Zugewinnausgleichsforderung an den Ehegatten 550
18.9. Ausgleichungsbestimmung durch Vorausvermächtnis 550
18.10. Übernahmerecht als Vorausvermächtnis 552
18.11. Übernahmerecht als Teilungsanordnung 553
18.12. Teilungsverbot als Teilungsanordnung 557
18.13. Teilungsverbot als Vermächtnis für alle Miterben 558
18.14. Teilungsverbot als Vermächtnis für einen Miterben 558
18.15. Teilungsverbot als Auflage ohne Sanktion 559
18.16. Teilungsverbot als Auflage mit Sanktion 559

18.17. Teilungsverbot als Auflage mit Sanktion und Testamentsvollstreckung 560
18.18. Auflösend bedingtes Teilungsverbot 561

§ 19 Familienrechtliche Anordnungen

19.1. Benennung eines Pflegers bei Testamentsvollstreckung 570
19.2. Quotenvermächtnis mit gestaffelter Testamentsvollstreckung 574
19.3. Kein Vermögensverzeichnis 577
19.4. Entziehung des Verwaltungsrechts, Pflegerbenennung 578
19.5. Entziehung des Verwaltungsrechts bei Pflichtteil 578
19.6. Verwaltungsentzug bei geschiedenen Eltern 578
19.7. Verwaltungsanordnung bei Begünstigung des Enkelkindes 579
19.8. Ausschluss des Unterhaltsverwendungsrechts 579
19.9. Verwaltungsanordnung bei Pflichtteil 580
19.10. Benennung der Person des Zuwendungspflegers 581
19.11. Anordnung der befreiten Zuwendungspflegschaft 582
19.12. Befreiung nur von der Verpflichtung zur Rechnungslegung 582
19.13. Anordnung zur Vermögensverwaltung 583
19.14. Vormundbenennung 584
19.15. Ausschluss einer Person als Vormund 584
19.16. Vormundbenennung mit Befreiung 584
19.17. Bestimmung als Vorbehaltsgut 585

§ 20 Testamentsvollstreckung

20.1. Anordnung einer Abwicklungsvollstreckung 592
20.2. Anordnung der Dauertestamentsvollstreckung bis zum Erreichen eines bestimmten Lebensjahres des Erben 594
20.3. Verwaltungsanordnung gem. § 2216 Abs. 2 BGB bei minderjährigem Erben mit Indexklausel 595
20.4. Anordnung der Verwaltungsvollstreckung bezüglich eines Wertpapierdepots 596
20.5. Testamentsvollstreckung an einem Erbteil mit Verwaltungsvollstreckung 596
20.6. Testamentsvollstreckung an einem Erbteil ohne Verwaltungsvollstreckung 596
20.7. Testamentsvollstreckung bei Pflichtteilsbeschränkung in guter Absicht 596
20.8. Anordnung einer Vermächtnisvollstreckung und Ernennung des Alleinerben zum Vermächtnisvollstrecker 597
20.9. Testamentsvollstreckung zur Erfüllung eines Grundstücksvermächtnisses mit Ernennung des Vermächtnisnehmers zum Testamentsvollstrecker 598
20.10. Anordnung der Verwaltungstestamentsvollstreckung nur für den Vorerben 600
20.11. Anordnung der Verwaltungstestamentsvollstreckung nur für den Nacherben und Anordnung der Nacherbentestamentsvollstreckung 601
20.12. Anordnung der Verwaltungstestamentsvollstreckung sowohl für den Vorerben als auch für den Nacherben und Anordnung der Nacherbentestamentsvollstreckung 601
20.13. Anordnung der Testamentsvollstreckung mit der einzigen Aufgabe der Nacherbenvollstreckung 603
20.14. Einschränkung der Verfügungsbefugnis des Testamentsvollstreckers durch Zustimmungserfordernis des Erben 604
20.15. Anordnung einer beaufsichtigenden Testamentsvollstreckung gem. § 2208 Abs. 2 BGB 605

20.16. Testamentsvollstreckung an einem Erbteil mit Auseinandersetzungsvollstreckung . . . 606
20.17. Anordnung der Testamentsvollstreckung zur Erfüllung eines Bestimmungsvermächtnisses . . . 606
20.18. Bestimmung des Testamentsvollstreckers durch einen Dritten . . . 608
20.19. Ersuchen an das Nachlassgericht gem. § 2200 Abs. 1 BGB . . . 609
20.20. Ausschluss der Ernennung eines Testamentsvollstreckers durch das Nachlassgericht . . . 610
20.21. Ernennung des gesetzlichen Vertreters zum Testamentsvollstrecker mit Ermächtigung zur Ernennung eines Mitvollstreckers gem. § 2199 Abs. 1 BGB . . . 611
20.22. Ernennung von Ersatztestamentsvollstreckern in Kombination mit einem Ersuchen an das Nachlassgericht gem. § 2200 BGB . . . 616
20.23. Anordnung von Stimmenmehrheit bei mehreren Testamentsvollstreckern . . . 617
20.24. Anordnung des Stichentscheids bei Meinungsverschiedenheiten mehrerer Testamentsvollstrecker . . . 618
20.25. Benennung eines Schiedsrichters bei Meinungsverschiedenheiten mehrerer Testamentsvollstrecker . . . 618
20.26. Ernennung von Nebenvollstreckern . . . 619
20.27. Ermächtigung des Testamentsvollstreckers gem. § 2299 Abs. 1 BGB zur Ernennung eines Mitvollstreckers . . . 619
20.28. Ermächtigung des Testamentsvollstreckers gem. § 2199 Abs. 2 BGB zur Ernennung eines Nachfolgers . . . 619
20.29. Ermächtigung des Testamentsvollstreckers gem. § 2199 Abs. 2 BGB zur Ernennung eines Nachfolgers und einer Ersatzperson vor Annahme seines Amts (Kombination mit § 2198 BGB) . . . 620
20.30. Anordnung der Vergütung des Testamentsvollstreckers auf Grundlage der Empfehlungen des Deutschen Notarvereins (2025) . . . 622
20.31. Berücksichtigung von Personengesellschaftsanteilen bei der wertorientierten Vergütung des Testamentsvollstreckers . . . 622
20.32. Anordnung einer am Nachlasswert orientierten Vergütung . . . 623
20.33. Anordnung einer zeitorientierten Vergütung in Kombination mit einer wertorientierten Vergütung . . . 624
20.34. Berufsmäßige Dienste des Testamentsvollstreckers . . . 625
20.35. Aufwendungsersatzanspruch des Testamentsvollstreckers einschließlich Versicherungsprämien . . . 625
20.36. Umsatzsteuer auf Testamentsvollstreckervergütung . . . 626
20.37. Vergütungsregelung bei mehreren Testamentsvollstreckern . . . 627
20.38. Vergütung des Testamentsvollstreckers bei Erbteilsvollstreckung . . . 628
20.39. Vergütung des Testamentsvollstreckers bei Vermächtnisvollstreckung . . . 628
20.40. Auflage an die Erben, die Vollmacht des Testamentsvollstreckers nicht zu widerrufen . . . 631
20.41. Aufschiebend bedingtes Vermächtnis bei Widerruf der Vollmacht des Testamentsvollstreckers . . . 631
20.42. Anordnung einer Abwicklungstestamentsvollstreckung an einem Einzelunternehmen . . . 633
20.43. Testamentsvollstreckung an einem Einzelunternehmen in Form der Treuhandlösung . . . 635
20.44. Testamentsvollstreckung an einem Einzelunternehmen in Form der Vollmachtslösung . . . 636

20.45. Anordnung der Testamentsvollstreckung an einem Einzelunternehmen mit umfassendem Wahlrecht des Testamentsvollstreckers 638
20.46. Anordnung der Testamentsvollstreckung an einem OHG-Anteil mit Wahlrecht des Testamentsvollstreckers (Vollmachts- und/oder Treuhandlösung) 640
20.47. Anordnung der Testamentsvollstreckung an einer Kommanditbeteiligung . . 642
20.48. Befreiung des Testamentsvollstreckers von den Beschränkungen des § 181 BGB bei der Wahl des GmbH-Geschäftsführers 644

§ 21 Schiedsklauseln in letztwilligen Verfügungen

21.1. Schiedsklausel der DSE e.V. (Einzeltestament) 678
21.2. Schiedsklausel der DSE e.V. (gemeinschaftliches Testament oder Erbvertrag) 679

§ 22 Einzeltestament

22.1. Einzeltestament für Alleinstehende mit Verwandten 691
22.2. Einzeltestament für Alleinstehende ohne Verwandte, aber mit Haustier . . . 693
22.3. Einzeltestament für Verwitwete 698
22.4. Einzeltestament verheirateter Personen mit Gesellschaftsanteilen 702

§ 23 Ehegattentestament

23.1. Grundmuster – Einheitliche Erbeinsetzung 713
23.2. Grundmuster – Getrennte Verfügungen der Ehegatten 713
23.3. Fälligkeit eines Vermächtnisses nach dem Tod des ersten Ehegatten 716
23.4. Geldvermächtnis nach dem Tod des ersten Ehegatten mit Verzinsungsabrede 716
23.5. Schlusserbeneinsetzung bei der Einheitslösung 718
23.6. Schlusserbeneinsetzung bei der Trennungslösung 718
23.7. Familienheimvermächtnis 720
23.8. Gegenseitige Einsetzung zu Vollerben in gemeinsamer Formulierung 722
23.9. Erbeinsetzung des anderen Ehegatten zum Vollerben 722
23.10. Schlusserbeneinsetzung der gemeinsamen Abkömmlinge nach den Regeln der gesetzlichen Erbfolge 722
23.11. Schlusserbeneinsetzung anderer Personen als gemeinsame Kinder 722
23.12. Ersatzschlusserbeneinsetzung eines Familienstamms 723
23.13. Ersatzschlusserbeneinsetzung beider Familienstämme 723
23.14. Unmittelbare Erbeinsetzung der Kinder mit Nießbrauch an Geldvermögen und Hausrat für den Ehegatten 724
23.15. Nießbrauch an einer Immobilie mit vom Gesetz abweichender Formulierung in Bezug auf die Kostentragung 724
23.16. Bedingte Erwerbsrechte für den überlebenden Ehegatten 725
23.17. Testamentsvollstreckung zur Vermächtniserfüllung 725
23.18. Umfassende Befreiung des Vorerben 726
23.19. Überlebender Ehegatte als (befreiter) Vorerbe 727
23.20. Beschränkung der Vor- und Nacherbfolge auf (bestimmten) Grundbesitz . . 727
23.21. Geldvermächtnis, nicht wertgesichert 729
23.22. Geldvermächtnis, wertgesichert 729
23.23. Geldvermächtnis in Höhe des Erbschaftsteuerfreibetrags 729

23.24. Geldvermächtnis in Höhe des Erbschaftsteuerfreibetrags unter Berücksichtigung des noch zur Verfügung stehenden Freibetrags des Überlebenden. . . . 729
23.25. Geldvermächtnis in Bezug auf Kontoguthaben 729
23.26. Bedingtes Geldvermächtnis abhängig vom Vermögensstand. . . . 730
23.27. Geldvermächtnis mit hinausgeschobener Fälligkeit 730
23.28. Rentenvermächtnis 730
23.29. Vermächtnis einer Eigentumswohnung 731
23.30. Untervermächtnisse (Nießbrauch und bedingtes Erwerbsrecht) 731
23.31. Wohnungsrechtsvermächtnis 732
23.32. Supervermächtnis 732
23.33. Grabpflegeauflage 733
23.34. Bestattungsverfügung mit Hinweis. . . . 733
23.35. Testamentsvollstreckung bei beiden Erbfällen 734
23.36. Testamentsvollstreckung beim zweiten Erbfall in Bezug auf das Erlangte von minderjährigen Erben/Vermächtnisnehmern – Variante I (kurz) 735
23.37. Testamentsvollstreckung beim zweiten Erbfall in Bezug auf das Erlangte von minderjährigen Erben/Vermächtnisnehmern – Variante II (ausführlich) 735
23.38. Umfassende Wechselbezüglichkeit 737
23.39. Keinerlei wechselbezügliche Verfügungen 737
23.40. Völlige Freiheit des überlebenden Ehegatten. . . . 737
23.41. Bindung (nur) an die (gemeinsamen) Abkömmlinge 738
23.42. Freiheit des überlebenden Ehegatten in Bezug auf sein Eigenvermögen. . . . 738
23.43. Beschränkung der Bindung auf Vermögen, das zum Zeitpunkt des Erstversterbenden vorhanden war. . . . 738
23.44. Entfallen der gegenseitigen Erbeinsetzung bei Scheidung, Aufrechterhaltung im Übrigen 739
23.45. Entfallen aller Verfügungen bei Ehescheidung 739
23.46. Aufrechterhaltung aller Verfügungen bei Ehescheidung 739
23.47. Wiederverheiratungsklausel mit Herausgabevermächtnis. . . . 741
23.48. Wiederverheiratungsklausel mit Grundbesitzvermächtnis und Unternießbrauchsvermächtnis 741
23.49. Wegfall der Befreiungen des Vorerben. . . . 741
23.50. Anordnung der Nacherbentestamentsvollstreckung. . . . 742
23.51. Wiederverheiratung als Bedingung für die Nacherbfolge. . . . 742
23.52. Wiederverheiratung als Bedingung für das Erlöschen des Nießbrauchs 742
23.53. Ende der Bindungswirkung bei Wiederverheiratung 742
23.54. Fortbestehen der Bindungswirkung bei Wiederverheiratung 742
23.55. Ausschluss des Selbstanfechtungsrechts gem. § 2079 BGB. . . . 743
23.56. Pflichtteilsstrafklausel – Variante I 744
23.57. Pflichtteilsstrafklausel – Variante II 744
23.58. Gesamtmuster – Einheitslösung mit Supervermächtnis zugunsten der Kinder. . . . 746

§ 24 Erbvertrag

24.1. Erbvertrag von in Scheidung lebenden Ehegatten – Scheidungsvereinbarung – Auseinandersetzungsausschluss – Schuldrechtliches Nutzungsrecht – Grundstücksvermächtnis – Erb- und Pflichtteilsverzichtsvertrag. . . . 757

24.2. Ehegattenerbvertrag – gesetzliche Erbfolge – Vermächtnis bezüglich Gesellschaftsbeteiligung – Nießbrauch – Pflichtteilsverzichtsvertrag. 759
24.3. Erbvertrag unter nichtehelichen Lebenspartnern – Grundstücksvermächtnis – Vollmacht zur Vermächtniserfüllung 761
24.4. Erbvertrag unter drei Geschwistern 762
24.5. Ehe- und Erbvertrag – Rechtswahl Güterrechtsstatut und Ehewirkungsstatut – modifizierte Zugewinngemeinschaft – Rechtswahl Erbrechtsstatut – Auseinandersetzungsausschluss als Vorausvermächtnis 764
24.6. Entbindung von der ärztlichen Schweigepflicht 770
24.7. Entbindung von der notariellen Verschwiegenheitspflicht 770
24.8. Zustimmung des Vermächtnisnehmers zu Aufhebungstestament 778
24.9. Aufhebungstestament nach Zustimmung durch den Vermächtnisnehmer . . . 779
24.10. Aufhebung eines Erbvertrags 780
24.11. Aufhebung eines Erbvertrags durch gemeinschaftliches Testament. 780
24.12. Aufhebung eines zweiseitigen Erbvertrags durch Testament nach Ausschlagung 780
24.13. Selbstanfechtung eines gegenseitigen Erbvertrags nach Hinzutreten eines Pflichtteilsberechtigten 789
24.14. Rücktritt des Erblassers vom einseitigen Erbvertrag 795
24.15. Rücktritt durch Testament. 796

§ 25 Testamente für Geschiedene und Patchworkfamilien

25.1. Erbeinsetzung 802
25.2. Anordnung der Vor- und Nacherbfolge. 802
25.3. Befreiung des Vorerben. 803
25.4. Bestimmung der Nacherben. 803
25.5. Auflösende Bedingung: Tod des früheren Partners 803
25.6. Auflösende Bedingung: Erbverzicht des früheren Partners 803
25.7. Befristung und weitere Bedingung 804
25.8. Auflösende Bedingung: Geburt eigener Abkömmlinge. 804
25.9. Bedingtes Vorausvermächtnis 804
25.10. Vorausvermächtnis für den Nachlass mit Ausnahme bestimmten Grundbesitzes 805
25.11. Gesamtmuster Vor- und Nacherbenmodell. 807
25.12. Herausgabevermächtnis 810
25.13. Vermächtnismodell – Auswahl des Vermächtnisnehmers durch den Erben . . 811
25.14. Vor- und Nachvermächtnis 812
25.15. Bedingtes Quotenvermächtnis 814
25.16. Ehegattentestament/Patchworktestament nach dem Vermächtnismodell . . . 815
25.17. Einzeltestament/Geschiedenentestament nach dem Kombinationsmodell. . . 818
25.18. Entziehung des Rechts zur Verwaltung des Erwerbs von Todes wegen 819
25.19. Entziehung des Rechts zur Verwaltung des Pflichtteils. 819
25.20. Vormundbenennung 821

§ 26 Behindertentestament und Testamente für Überschuldete

26.1. Anordnung eines Geldvermächtnisses beim Behindertentestament bei Schenkungen 842
26.2. Auflösende Bedingung für den Fall des Vorversterbens des behinderten Kindes. 846
26.3. Vor- und Nacherbschaft bei behinderten Erben 857

26.4. Längerlebender Ehegatte als befreiter Vorerbe 859
26.5. Vermächtnislösung 862
26.6. Wohnungsrechtsvermächtnis 863
26.7. Nießbrauchsvermächtnis über Hausrat 866
26.8. Testament zugunsten eines Überschuldeten 867

§ 27 Unternehmertestament

27.1. Einsetzung des Unternehmensnachfolgers zum Alleinerben eines Einzelunternehmens und Absicherung der Angehörigen durch Vermächtnisse . . . 891
27.2. Vermächtnisweise Zuwendung eines Einzelunternehmens 894
27.3. Vermächtnisweise Zuwendung des Unternehmensnießbrauchs an einem Einzelunternehmen 898
27.4. Vermächtnisweise Zuwendung des Ertragsnießbrauchs an einem Einzelunternehmen 899
27.5. Zuwendung eines Nutzungsvermächtnisses an einem Einzelunternehmen . . 900
27.6. Bestimmung des Vermächtnisnehmers durch einen Dritten 902
27.7. Rentenvermächtnis 903
27.8. Anordnung der Vor- und Nacherbschaft durch einen (Einzel-)Unternehmer 904
27.9. Anordnung eines Vorausvermächtnisses aller Nachlassgegenstände mit Ausnahme des Einzelunternehmens 905
27.10. Zuwendung eines Einzelunternehmens über eine Teilungsanordnung mit Drittbestimmungsrecht des Testamentsvollstreckers 906
27.11. Auflage zur Unternehmensfortführung in Verbindung mit einer bedingten Erbeinsetzung 910
27.12. Zuwendung des Werts der Beteiligung an den qualifizierten Miterben mittels Vorausvermächtnis 913
27.13. Testamentarische Gestaltung des Ausgleichsanspruchs weichender Erben bei einer qualifizierten erbrechtlichen Nachfolgeklausel 913
27.14. Vermächtnisweise Zuwendung des Anteils an einer Personengesellschaft . . . 915
27.15. Vermächtnisweise Zuwendung des Nießbrauchs an einem Personengesellschaftsanteil 917
27.16. Vermächtnisweise Zuwendung des Ertragsnießbrauchs an einem Personengesellschaftsanteil 918
27.17. Vermächtnisweise Zuwendung einer Unterbeteiligung 919
27.18. Vorausvermächtnis zugunsten des Vorerben in Höhe des nicht entnahmefähigen Gewinns 921
27.19. Vermächtnisweise Zuwendung eines GmbH-Anteils 923
27.20. Vermächtnisweise Zuwendung des echten Nießbrauchs an einem GmbH-Anteil 925
27.21. Zuwendung eines schuldrechtlichen Ertragsvermächtnisses an einem GmbH-Anteil 925

§ 28 Testament des Landwirts

28.1. Bestimmung eines Alleinerben bei einem Nachlass mit landwirtschaftlichem Vermögen 935
28.2. Ersatzerbenbestimmung bei einem Nachlass mit landwirtschaftlichem Vermögen 935
28.3. Wegfall eines Grundstücksvermächtnisses bei fehlender Genehmigung 935

28.4. Ersatzvermächtnis bei fehlender Genehmigung eines Grundstücksvermächtnisses . . . 935
28.5. Altenteilvermächtnis für den überlebenden Ehegatten . . . 936
28.6. Ertragswertanordnung . . . 937
28.7. Zuwendung eines Landguts durch Vorausvermächtnis . . . 937
28.8. Zuwendung eines Landguts durch Teilungsanordnung . . . 937
28.9. Festlegung eines erhöhten Anrechnungsbetrags . . . 938
28.10. Nachabfindungsklausel in Anlehnung an die Höfeordnung . . . 938
28.11. Individuell gestaltete Nachabfindungsklausel . . . 938
28.12. Struktur eines Testaments über einen Nachlass mit Hof und hoffreiem Vermögen . . . 945
28.13. Hoferbenbestimmung mit Ersatzerbenbestimmung . . . 945
28.14. Hoferbenbestimmung bei ungesicherter Hofeigenschaft . . . 945
28.15. Verbesserte Hofabfindung zugunsten der weichenden Erben . . . 946
28.16. Hoferbenbestimmung mit erweiterter Nachabfindungsregelung . . . 946
28.17. Hoferbenbestimmung mit eingeschränkter Nachabfindungspflicht . . . 946
28.18. Hoferbenbestimmung mit verlängerter Reinvestitionsfrist . . . 947
28.19. Hoferbenbestimmung mit Altenteilregelung . . . 947
28.20. Hoferbenbestimmung mit Pflichtteilsanordnung . . . 948
28.21. Hoferbenbestimmung bei einem Ehegattenhof . . . 948
28.22. Hofvor- und -nacherbschaft . . . 949
28.23. Abänderung der Regelung zur Verteilung des hoffreien Vermögens . . . 949
28.24. Nachabfindungsklausel für einen Hof im Sinne der HO-RhPf . . . 951

§ 29 Gestaltungen für nichteheliche Lebensgemeinschaften

29.1. Vermächtnis über den (fiktiven) Voraus . . . 954
29.2. Vermächtnis über den (fiktiven) Zugewinn . . . 955
29.3. Analoge Anwendbarkeit von § 2077 BGB bei nichtehelichen Lebenspartnern infolge späterer Heirat und anschließender Scheidung . . . 956
29.4. Wegfall des Vermächtnisses bei Auflösung des Verlöbnisses . . . 956
29.5. Fortgeltungswille trotz Auflösung des Verlöbnisses . . . 956
29.6. Hausratsvermächtnis an den nichtehelichen Lebensgefährten in Kombination mit einem Patchworktestament (Vor- und Nacherbenlösung) . . . 959
29.7. Hausratsvermächtnis an den nichtehelichen Lebensgefährten in Kombination mit einem Patchworktestament (Vermächtnislösung) . . . 959
29.8. Erbeinsetzung unter auflösender Bedingung des Getrenntlebens . . . 961
29.9. Wegfall der Erbeinsetzung bei Aufgabe einer gemeinsamen Meldeadresse (auflösende Bedingung) . . . 961
29.10. Vorbehaltloses Rücktrittsrecht im Erbvertrag . . . 962
29.11. Erbeinsetzung des Lebensgefährten mit Anfall von Vermächtnissen bei Verheiratung oder Begründung einer neuen nichtehelichen Lebensgemeinschaft . . . 963
29.12. Erbeinsetzung des Lebensgefährten als Vorerbe mit Nacherbfall bei Verheiratung oder Begründung einer neuen nichtehelichen Lebensgemeinschaft . . . 963
29.13. Wohnungsrechtsvermächtnis zugunsten des Lebensgefährten . . . 964
29.14. Wegfall des Wohnungsrechtsvermächtnisses bei Verheiratung oder wegen Zusammenlebens mit neuem Partner . . . 964
29.15. Tragung der Steuerlast im Innenverhältnis . . . 966
29.16. Erbverzicht unter Ehegatten . . . 969
29.17. Pflichtteilsverzicht von Kindern gegenüber einem leiblichen Elternteil . . . 969

29.18. Zuwendungsverzicht eines Kindes gegenüber einem leiblichen Elternteil . . . 970
29.19. Einzeltestament nichtehelicher Lebenspartner 972
29.20. Erbvertrag nichtehelicher Lebenspartner mit Rücktrittsvorbehalt 973

Allgemeines Literaturverzeichnis

Kommentare

Anders/Gehle, Zivilprozessordnung: ZPO, 83. Auflage 2025

Bamberger/Roth/Hau/Poseck, Kommentar zum Bürgerlichen Gesetzbuch, 5. Auflage 2023

Beck'scher Online-Kommentar Bürgerliches Gesetzbuch, hrsg. v. Hau/Poseck (zit.: BeckOK BGB/*Bearbeiter*)

Beck'scher Online Großkommentar zum Bürgerlichen Gesetzbuch, hrsg. v. Gsell/Krüger/Lorenz/Reymann (zit.: BeckOGK/*Bearbeiter*)

Burandt/Rojahn, Erbrecht, 4. Auflage 2022

Damrau/Tanck, Praxiskommentar Erbrecht, 4. Auflage 2020

Daragan/Halaczinsky/Riedel, Praxiskommentar ErbStG und BewG, 4. Auflage 2023

Erman, Handkommentar zum Bürgerlichen Gesetzbuch, 17. Auflage 2023

Grüneberg, Bürgerliches Gesetzbuch, 84. Auflage 2025

Henssler/Prütting, Bundesrechtsanwaltsordnung: BRAO, Kommentar, 6. Auflage 2024

juris PraxisKommentar BGB (zit.: jurisPK-BGB/*Bearbeiter*)

Kapp/Ebeling, Kommentar zum Erbschaftsteuer- und Schenkungsteuergesetz, Loseblattkommentar, Stand 102. Aktualisierung Dezember 2024

Meincke/Hannes/Holtz, Erbschaftsteuer- und Schenkungsteuergesetz: ErbStG, 18. Auflage 2021

Moench/Weinmann, Erbschaft- und Schenkungsteuergesetz, Loseblattkommentar, Stand 104. Aktualisierung Januar 2025

Münchener Kommentar zum Bürgerlichen Gesetzbuch (zit.: MüKo-BGB/*Bearbeiter*):

Band 1: Allgemeiner Teil, 9. Auflage 2021

Band 9: Familienrecht I, 9. Auflage 2022

Band 11: Erbrecht, §§ 1922–2385, §§ 27–35 BeurkG, 9. Auflage 2022

Band 12: Internationales Privatrecht I, Europäisches Kollisionsrecht, Art. 1–26 EGBGB, 9. Auflage 2024

Münchener Kommentar zum FamFG (zit.: MüKo-FamFG/*Bearbeiter*):

Band 1: §§ 1–270, 4. Auflage 2025

Band 2: §§ 271–493, IZVR, EuZVR, 3. Auflage 2018

Münchener Kommentar zur ZPO (zit.: MüKo-ZPO/*Bearbeiter*), 6. Auflage 2020 ff.

Musielak/Voit, Zivilprozessordnung, 22. Auflage 2025

NomosKommentar BGB, hrsg. v. Kroiß/Horn (Band-Hrsg.), Band 5: Erbrecht, 6. Auflage 2021 (zit.: NK-BGB/*Bearbeiter*)

NomosKommentar Nachfolgerecht, hrsg. v. Kroiß/Horn/Solomon, 3. Auflage 2023 (zit.: NK-NachfolgeR/*Bearbeiter*)

Prütting/Wegen/Weinreich, Bürgerliches Gesetzbuch, 19. Auflage 2024

Reimann/Bengel/Dietz/Sammet, Testament und Erbvertrag, 8. Auflage 2023

RGRK, BGB, Kommentar, 12. Auflage 1974 ff.

Saenger, Zivilprozessordnung, 10. Auflage 2023 (zit.: Hk-ZPO/*Bearbeiter*)

Schulze/Dörner/Ebert u.a., Handkommentar BGB, 12. Auflage 2024

Soergel, Bürgerliches Gesetzbuch

Band 32: Erbrecht 1: §§ 1922–2146, 14. Auflage 2021

Band 33: Erbrecht 2: §§ 2147–2385, 14. Auflage 2021

Staudinger, Kommentar zum Bürgerlichen Gesetzbuch, Buch 5: Erbrecht, §§ 1922–1966, Neubearbeitung 2017; §§ 2229–2302 BGB, Neubearbeitung 2022

Stein/Jonas, Kommentar zur Zivilprozessordnung: ZPO, Bde. 1–12, 23. Auflage 2015 ff.

Sternal (vormals Keidel), Gesetz über das Verfahren in Familiensachen und in den Angelegenheiten der freiwilligen Gerichtsbarkeit: FamFG, 21. Auflage 2023

Thomas/Putzo, Zivilprozessordnung: ZPO, 45. Auflage 2024

Troll/Gebel/Jülicher/Gottschalk, Erbschaft- und Schenkungsteuergesetz: ErbStG, Loseblatt, Stand 69. Auflage September 2024

Viskorf/Schuck/Wälzholz, Erbschaftsteuer- und Schenkungsteuergesetz, Bewertungsgesetz, 7. Auflage 2023

Zimmermann, Praxiskommentar Erbrechtliche Nebengesetze, 2. Auflage 2017

Zöller, ZPO, 35. Auflage 2024

Lehrbücher, Handbücher, Monographien

Bengel/Reimann/Holtz/Röhl, Handbuch der Testamentsvollstreckung, 8. Auflage 2023

Bonefeld/Kroiß/Tanck (Hrsg.), Der Erbprozess, 6. Auflage 2023

Bonefeld/Wachter (Hrsg.), Der Fachanwalt für Erbrecht, 4. Auflage 2024

Brox/Walker, Erbrecht, 30. Auflage 2024

Enzensberger/Maar, Testamente für Geschiedene und Patchworkehen, 5. Auflage 2024

Frieser (Hrsg.), Formularbuch des Fachanwalts Erbrecht, 4. Auflage 2021

Groll/Steiner, Praxis-Handbuch Erbrechtsberatung, 6. Auflage 2023

Halaczinsky, Die Erbschaft- und Schenkungsteuererklärung, 5. Auflage 2023

Hausmann (Hrsg.), Internationales Erbrecht, Loseblatt, 129. Auflage Dezember 2024

Heckschen/Herrler/Münch (Hrsg.), Beck'sches Notar-Handbuch, 8. Auflage 2024 (zit.: BeckNotar-HdB/*Bearbeiter*)

Heidel/Pauly (Hrsg.), AnwaltFormulare, 10. Auflage 2021

Horn (Hrsg.), Anwaltformulare Vorsorgevollmachten, 2. Auflage 2023

Keim/Lehmann (Hrsg.), Beck'sches Formularbuch Erbrecht, 5. Auflage 2023 (zit.: BeckFormB ErbR/*Bearbeiter*)

Kerscher/Krug/Spanke (Hrsg.), Das erbrechtliche Mandat, 6. Auflage 2019

Kipp/Coing, Erbrecht, 14. Auflage 1990

Kössinger/Najdecki/Zintl (Hrsg.), Handbuch der Testamentsgestaltung, 7. Auflage 2024

Krätzschel/Falkner/Döbereiner, Nachlassrecht, 12. Auflage 2022

Krug/Rudolf/Kroiß/Bittler (Hrsg.), Anwaltformulare Erbrecht, 7. Auflage 2023

Lange, Erbrecht, 3. Auflage 2022

Lange/Kuchinke, Erbrecht, 5. Auflage 2001

Langenfeld/Fröhler, Testamentsgestaltung, 6. Auflage 2025

Mayer/Bonefeld/Tanck (Hrsg.), Testamentsvollstreckung, 5. Auflage 2022

Mayer/Geck, Der Übergabevertrag, 3. Auflage 2013

Mayer/Süß/Riedel/Bittler (Hrsg.), Handbuch Pflichtteilsrecht, 5. Auflage 2024

Riedel (Hrsg.), Immobilien in der Erbrechtspraxis, 2018

Riedel (Hrsg.), Praxishandbuch Unternehmensnachfolge, 3. Auflage 2021

Rißmann (Hrsg.), Die Erbengemeinschaft, 4. Auflage 2025

Rott/Kornau/Zimmermann, Praxishandbuch Testamentsvollstreckung, 3. Auflage 2022

Scherer (Hrsg.), Münchener Anwaltshandbuch Erbrecht, 6. Auflage 2024 (zit.: MAH ErbR/*Bearbeiter*)

Schiffer (Hrsg.), Die Stiftung in der Beraterpraxis, 4. Auflage 2015

Schiffer/Rott/Pruns, Die Vergütung des Testamentsvollstreckers, 2. Auflage 2022

Schlitt/Müller-Engels (Hrsg.), Handbuch Pflichtteilsrecht, 3. Auflage 2024

Scholz/Kleffmann, Praxishandbuch Familienrecht, Loseblatt

Süß (Hrsg.), Erbrecht in Europa, 5. Auflage 2025

Uricher (Hrsg.), Erbrecht, 5. Auflage 2023

Wetzel/Odersky/Götz (Hrsg.), Handbuch Erbengemeinschaft, 2019

Zimmermann, Die Testamentsvollstreckung, 6. Auflage 2023

Teil I: Grundlagen der Testamentsgestaltung

§ 1 Vorfragen

Julia Roglmeier, LL.M.

Inhalt

A. Einleitung . . . 1
B. Ausgangslage . . . 5
I. Personenanalyse . . . 5
II. Vermögensanalyse . . . 9
III. Verfügungen . . . 16
IV. Besonderheiten . . . 24
C. Methodik und Aufbau der Erstberatung 27
I. Mandatsannahme . . . 27
II. Vorbereitung und Durchführung der Erstberatung . . . 30
III. Nachbereitung und weiterer Verlauf des Mandats . . . 36
D. Checkliste: Ermittlung der Ausgangslage 39

A. Einleitung

Nach einer Erhebung des Statistischen Bundesamts aus dem Jahr 2022[1] haben zwei Drittel der befragten Deutschen kein Testament errichtet. Weitere 7 % haben zwar ein Testament, sind aber selbst der Meinung, dieses sei nicht mehr aktuell. Die Dunkelziffer der existenten Testamente, die fehlerbehaftet ist – ohne dass sich die Betroffenen darüber im Klaren sind –, ist hierbei noch gar nicht eingerechnet. Anhand dieser Zahlen wird deutlich, dass der Bereich der Testamentsgestaltung sowohl für den anwaltlichen Berater als auch für den Notar auch in den kommenden Jahren ein interessantes Tätigkeitsgebiet bleiben dürfte, bei dem die Arbeit nicht ausgeht. 1

Die rechtlichen Konstellationen, die es dabei zu lösen gilt, sind genauso unerschöpflich wie die Zielsetzungen der Mandanten, die diese bei ihrer Nachfolgeplanung verfolgen. Fragt man als guter juristischer Berater im Rahmen der Erstberatung nach den **Motiven** für die Errichtung einer Verfügung von Todes wegen, fallen meist folgende Fallgruppen ins Auge: 2

- Streitvermeidung unter den Erben
- Gerechtigkeit
- Absicherung des Partners
- Steueroptimierung
- Familienbindung des Vermögens
- Schutz des Vermögens vor dem Zugriff Dritter

Die Frage nach den Zielen, die mit der Errichtung einer letztwilligen Verfügung vom Mandanten verfolgt werden, stellt für jeden Berater den zentralen Dreh- und Angelpunkt eines jeden Erstberatungsgesprächs dar. Kein Fall ist gleich. Lösungen von der Stange verbieten sich. Aus diesem Grund ist es von elementarer Bedeutung, die **Ausgangslage** exakt zu ermitteln. Dabei muss die unterschiedliche Motivationslage mit der individuellen Personen- und Vermögenssituation des Mandanten abgeglichen und auch persönliche Besonderheiten des Falls – bspw. Kinder, die sich unterschiedlich entwickeln und nach dem Erbfall in Streit geraten könnten – müssen ausführlich abgefragt werden. Wichtig ist auch 3

1 https://de.statista.com/statistik/daten/studie/1330068/umfrage/anteil-der-deutschen-mit-testament/.

eine Analyse früherer Verfügungen. Ist der Mandant nämlich bereits erbrechtlich gebunden, kann eine neue Verfügung von Todes wegen nicht errichtet werden, ehe die Bindung nicht beseitigt worden ist.

4 Eine optimale Vermögensnachfolgeplanung besteht neben der Planung der Nachfolge von Todes wegen auch noch aus weiteren Elementen. Allen voran steht hier die **Vorsorgeplanung** für den Fall der Krankheit oder des Alters des Mandanten, bestehend aus General- und Vorsorgevollmacht sowie Patientenverfügung. Flankierend zur Errichtung einer letztwilligen Verfügung besteht zudem die Möglichkeit der Vermögensweitergabe mit warmer Hand in Form der (steueroptimierten) **vorweggenommenen Erbfolge**. Beide Bereiche sollten im Rahmen der Erstberatung stets mitabgefragt werden. Auch gibt es Konstellationen, in denen die Errichtung oder Neufassung weiterer begleitender Verfügungen notwendig werden kann. Zu denken ist in diesem Zusammenhang vor allem an die Errichtung von Eheverträgen (auch im Rahmen von sog. Güterstandsschaukeln) oder von Verzichtsverträgen jeder Couleur, wie bspw. Pflichtteilsverzichtsverträgen, die besonders im Rahmen der Unternehmensnachfolge oder in Patchwork-Konstellationen eine Rolle spielen können.

B. Ausgangslage

I. Personenanalyse

5 Am Anfang eines jeden Vermögensnachfolgeplanungsmandats steht eine ausführliche Ermittlung der Ausgangslage. Dabei gilt es zunächst, den **Familienstammbaum** des Mandanten abzufragen (vgl. auch § 2 Rdn 25 f.). Es stellen sich insbesondere folgende Fragen:
- Ist der Mandant verheiratet und wenn ja, in welchem Güterstand lebt er bzw. wo wurde die Ehe geschlossen?
- Welche Nationalität hat der Mandant, wo liegt sein derzeitiger und künftiger gewöhnlicher Aufenthaltsort?
- Hat der Mandant Abkömmlinge und wenn ja, aus welchen Beziehungen stammen diese?
- Leben die Eltern des Mandanten noch?
- Gibt es weitere Personen – entferntere Familienangehörige oder Personen aus dem näheren Umfeld des Mandanten –, die für ihn eine Rolle spielen?

6 Der Stammbaum des Mandanten sollte immer so vollständig wie möglich erfasst werden. Es gilt der Grundsatz „Lieber zu viele Personen als zu wenige!“. Der Grund hierfür liegt darin, potenzielle „Störfeuer“ frühzeitig zu erkennen und Schwierigkeiten, die im Erbfall sonst auftreten könnten, rechtzeitig aus dem Weg zu räumen. Sind bspw. keine Abkömmlinge vorhanden, leben aber die Eltern oder ein Elternteil des Mandanten noch, können diesen Pflichtteilsrechte erwachsen, auch wenn dritte Personen (der Partner oder Ehegatte) als Erben eingesetzt werden. Patchwork-Konstellationen erfordern ebenfalls ein besonderes Augenmerk des juristischen Beraters. Immerhin gilt es, den Vermögensfluss im Erbfall exakt vorauszuplanen, um sicherzustellen, dass der Nachlass nicht durch unglücklich hintereinander geschaltete Erbfälle bei Personen ankommt, die der Erblasser nicht begünstigen will.

7 Seit Inkrafttreten der Europäischen Erbrechtsverordnung (VO (EU) Nr. 650/2012) am 17.8.2015 ist weniger die Nationalität des Mandanten als vielmehr sein **gewöhnlicher Aufenthaltsort** entscheidend für die Anwendbarkeit deutschen Erbrechts. Die Nationalität nicht abzufragen wäre allerdings ein fataler Fehler. Schließlich können nach wie vor Fragen des internationalen Rechts eine Rolle spielen, nämlich dann, wenn der Mandant die Nationalität eines Drittstaats oder Vermögen in einem Drittstatt besitzt.

Schlussendlich bestimmt der **Güterstand**, in dem der Erblasser verheiratet ist, die Erb- und Pflichtteilsquoten des Ehegatten und der Abkömmlinge bzw., wenn diese nicht vorhanden sind, die der Eltern. In Fällen, in denen eine Pflichtteilsreduzierungsstrategie unternommen werden soll, liegt hierauf besonderes Augenmerk. Gleichzeitig können sich steuerrechtliche Problemfelder eröffnen, z.B. weil die Steuerfreiheit der Zugewinnausgleichsforderung nach § 5 Abs. 1 S. 5 ErbStG wie ein zusätzlicher Freibetrag wirkt, der einem in Gütertrennung lebenden Ehegatten gerade nicht zukommt. 8

II. Vermögensanalyse

Neben der Aufstellung der für den Erblasser wichtigsten Personen ist auch die Analyse des später im Nachlass befindlichen Vermögens elementar, wenn die Vermögensnachfolgeplanung reibungslos ablaufen soll (vgl. auch § 2 Rdn 28). Unterschieden werden sollte nach folgenden **Kategorien**: 9

- Immobilien/Immobilienanteile
- Gesellschaftsanteile und Unternehmensbeteiligungen
- übriges mobiles Vermögen (Bank-, Konten- und Depotvermögen sowie weitere werthaltige Vermögensgegenstände)
- Passivpositionen und Belastungen (z.B. valutierende Darlehen)

Zusätzlich zur Untergliederung in die vorstehenden Rubriken sollte stets untersucht werden, woher das Vermögen historisch stammt. Sind Vermögenpositionen bspw. von einer Vor- und Nacherbschaft in einer früheren Verfügung von Todes wegen umfasst, handelt es sich um erbrechtlich gebundenes Vermögen, das nicht ohne Weiteres testamentarisch an andere Personen als die vom Ursprungserblasser festgelegten Nacherben weitergegeben werden kann. 10

Ebenfalls von Bedeutung sind in diesem Zusammenhang die steuerlichen Konsequenzen der Nachfolgeplanung von Todes wegen. So kommen Ehegatten und unter bestimmten Voraussetzungen auch Kinder in den Genuss des sog. **Familienheimprivilegs** nach § 13 Abs. 1 Nr. 4b und 4c ErbStG, wenn sie das vom Erblasser selbstgenutzte Objekt für die Dauer von mindestens zehn Jahren ab dem Erbfall weiter selbst nutzen. Um in den Genuss der Privilegierung zu kommen, muss die letztwillige Verfügung allerdings natürlich sicherstellen, dass das Familienheim auch tatsächlich den erbschaftsteuerlich begünstigten Personengruppen von Todes wegen zufällt. 11

Gerade im Bereich des **Gesellschaftsrechts** ist der Grundsatz „Gesellschaftsrecht bricht Erbrecht" aus Art. 2 EGHGB bestimmend. Zudem können sich insbesondere bei Anteilen an Personengesellschaften von persönlich haftenden Gesellschaftern Schwierigkeiten wegen der unterschiedlichen Haftungsregime im Rahmen der Anordnung einer Testamentsvollstreckung ergeben. Im Rahmen von Unternehmensbeteiligungen im Nachlass oder auch von privatem Vermögen, das in einer Gesellschaft gehalten wird, sollten daher stets die zugrunde liegenden Gesellschaftsverträge eingesehen und ggf. an die Nachfolgeplanung angepasst werden. 12

Ist der künftige Erblasser **verheiratet** oder nach dem Lebenspartnerschaftsgesetz in **eingetragener Lebenspartnerschaft** lebend, sollte immer das beiderseitige Vermögen getrennt aufgenommen werden. Dies auch deshalb, weil sich auf diese Weise die Vermögensverteilung und die erbschaft-/steuerliche Situation der Beteiligen besser beurteilen lässt. Macht es Sinn, dass im Erbfall das komplette Erblasservermögen zugunsten der Verfügungsfreiheit des Längerlebenden an diesen fallen soll oder sollten die Abkömmlinge unter Ausreizung ihrer persönlichen Steuerfreibeträge am Nachlass beteiligt werden? Bestehen außerhalb des Testa- 13 ments Möglichkeiten, im Rahmen der vorweggenommenen Erbfolge Vermögenspositionen gleichmäßiger unter den Eheleuten und den weiteren Familienangehörigen zu verteilen, mit dem Ziel, eine hohe Erbschaftsteuerlast im Erbfall zu vermeiden? Größte Vorsicht ist im Rahmen von Unternehmensnachfolgen geboten. Die Begründung oder – noch fataler – die Beendigung einer Betriebsaufspaltung im Erbfall sollte bei der Ausgestaltung der letztwilligen Verfügung stets im Blick behalten werden.

14 Ganz generell empfiehlt es sich, bei einer besonders komplexen Vermögenszusammensetzung die Nachfolgeplanung und deren Konsequenzen auch steuerrechtlich gegenzuprüfen bzw. nötigenfalls kanzleiextern von einem Steuerberater begleiten zu lassen.

15 In der Sache faktisch schwierig gestaltet sich häufig die Frage nach dem **Wert** der einzelnen Vermögenspositionen. Immerhin wissen viele Mandanten selbst nicht genau, was das Eigenheim oder andere Gegenstände wert sind. Gestellt werden sollte die Frage dennoch. Schließlich ist sie regelmäßig nicht nur für das Beraterhonorar wichtig. Immerhin lässt sich nur so abklopfen, ob flankierende lebzeitige Maßnahmen notwendig sind und wie der Erwerb von Todes wegen der einzelnen Wunschbegünstigten einmal ausfallen könnte. Das ist angesichts zivilrechtlicher Möglichkeiten, wie bspw. einer taktischen Ausschlagung nach § 2306 BGB, relevant, aber wiederum auch steuerrechtlich von Bedeutung.

III. Verfügungen

16 Für das Mandat entscheidend kann die Frage nach **früheren Verfügungen** des künftigen Erblassers sein. Hierunter fallen bspw.

- frühere Verfügungen von Todes wegen (Ehegatten-/Testamente, Erbverträge)
- Vorschenkungen an Familienangehörige und Dritte
- Verzichtsverträge
- Gesellschaftsverträge
- Kaufverträge (vor allem wegen ertragsteuerlicher Konsequenzen im Zusammenhang mit § 23 EStG)
- Eheverträge und familienrechtliche Vereinbarungen
- Vorsorgeregelungen (General- und Vorsorgevollmachten, Patientenverfügungen)
- alle weiteren Verfügungen und Verträge, die für die Nachfolgeplanung eine Rolle spielen könnten

17 Die Frage nach früheren Verfügungen oder „rechtlichen Unternehmungen" jedweder Art ist deshalb so wichtig, weil von ihr maßgeblich die Struktur der letztwilligen Verfügung und die Vorgehensweise im Rahmen der Vermögensnachfolgeplanung abhängen. Ist der Mandant über Regelungen aus **Altverfügungen** von Todes wegen erbrechtlich gebunden, kann nicht ohne Weiteres ein Testament errichtet werden. Zunächst gilt es in diesen Fällen, die Bindungswirkung aus der Altverfügung zu beseitigen. Bspw. muss ein getrennt lebender Ehegatte, sofern die Scheidungsvoraussetzungen nicht vorliegen, zunächst ein früher errichtetes Ehegattentestament unter Wahrung der Formvorschriften nach § 2271 Abs. 1 S. 1 i.V.m. § 2296 Abs. 2 S. 2 BGB widerrufen, ehe ein neuerlich errichtetes Einzeltestament Wirksamkeit entfalten kann. Ist der erste Erbfall einmal eingetreten, wird es ungleich schwieriger. Eine Lösung von der Bindungswirkung kann in diesen Fällen im Zweifel nur über eine taktische Ausschlagung oder einen Zuwendungsverzicht der letztwillig Begünstigten erreicht werden.

18 Gleiches gilt für **erbrechtlich gebundenes Vermögen**: Ist der künftige Erblasser Eigentümer von Vermögenspositionen, die zu einem **Vorerbe** rechnen, kann er das erbrechtliche

Schicksal dieser Vermögensgegenstände nicht mehr frei festlegen, weil dies bereits der Ursprungserblasser über die Bestimmung eines Nacherben getan hat.

Vorschenkungen spielen sowohl zivilrechtlich als auch steuerrechtlich eine bedeutende Rolle. Neben der Frage, inwieweit die Erbschaft- und Schenkungsteuerfreibeträge der beteiligten Angehörigen bereits ausgereizt sind oder ggf. noch ausgereizt werden können, sollten stets auch die zugrunde liegenden Verträge gesichtet und ausgewertet werden. Mitunter finden sich in solchen Verträgen nämlich Regelungen, die Auswirkungen auf die Nachfolgeplanung und die Testamentsgestaltung haben können. Zu denken ist hier vor allem an Ausgleichungspflichten nach den §§ 2050 ff. BGB oder Anrechnungsbestimmungen nach § 2315 BGB. 19

Verzichtsverträge haben ebenfalls nicht unerheblichen Einfluss auf die Nachfolgeplanung. Während ein Erbverzicht infolge der Vorversterbensfiktion auch auf Pflichtteilsebene durchschlägt, können Pflichtteilsverzichtserklärungen die Regelungen im Rahmen von Patchwork-, Geschiedenen- und behindertengerechten Testamenten deutlich vereinfachen. 20

Gesellschaftsverträge und Vereinbarungen sind stets mit den Inhalten der letztwilligen Verfügung abzugleichen und aufeinander abzustimmen. Die Gestaltung einer letztwilligen Verfügung ist damit ohne die Kenntnis des Inhalts der Gesellschaftsverträge, an denen der Erblasser beteiligt war, schlicht nicht sinnvollerweise möglich. 21

Ehevertragliche Vereinbarungen sind grundlegend für die Berechnung der Erb- und Pflichtteilsquoten. Zudem stellen sie gerade auch bei Unternehmensnachfolgemandaten einen wichtigen Baustein dar, der der Vermögenssicherung im Erbfall dient. 22

Auch bereits existente **Vorsorgeregelungen** (General- und Vorsorgevollmachten und Patientenverfügungen) sollten abgefragt und gesichtet werden. Immerhin gilt es bspw. regelmäßig, einen Gleichlauf von Vollmacht und testamentarisch oder erbvertraglich angeordneter Testamentsvollstreckung herzustellen. Unabhängig davon besteht bei vielen Mandanten immer noch der fatale Irrglaube, Downloads aus dem Internet würden im Rahmen der Errichtung von General- und Vorsorgevollmachten ohne Einhaltung der bei Gesellschafts- und Immobilienvermögen vorgeschriebenen öffentlichen Errichtungsform genügen. Hier gilt es, das Nachfolgemandat ganzheitlich zu betrachten: Neben der Errichtung der letztwilligen Verfügung selbst sollten stets auch Problemfelder in der Peripherie auf Fehler und mögliche Problemstellungen hin abgeklopft werden. Nur auf diese Weise wird eine Vermögensnachfolgeplanung rund. 23

IV. Besonderheiten

Die Besonderheiten eines Mandats, die sog. **soft facts**, sind ein nicht zu unterschätzender Aspekt, der bei der Planung der Nachfolge von Todes wegen eine erhebliche Rolle spielt. Von ihnen hängt es schlussendlich ab, ob die Strategie der Vermögensnachfolgeplanung aufgeht. Besonders wichtig ist es daher, beim Mandanten folgende Punkte abzufragen: 24

- Wie ist das Verhältnis zu Eltern/Schwiegereltern, Kindern/Schwiegerkindern, Ex-/Partnern und weiteren Personen, die an der Vermögensnachfolge direkt oder mittelbar beteiligt sind?
- Gibt es Spannungen zwischen einzelnen Angehörigen und wenn ja, warum?
- Wie ist die gesundheitliche Verfassung der Beteiligten? Droht insbesondere eine Geschäftsunfähigkeit oder ein baldiger Erbfall?
- Gibt es Personen, die besonders schutzbedürftig sind, wie z.B. minderjährige Kinder, Menschen mit Behinderung oder Bürgergeldempfänger?

- Welche weiteren Besonderheiten im persönlichen Umfeld des Erblassers könnten bei der Nachfolgeplanung eine Rolle spielen?

25 Eine gute Nachfolgeplanung lebt davon, dass sie auf die Bedürfnisse der Beteiligten optimal zugeschnitten ist. Die Inhalte der letztwilligen Verfügung sollten daher in erster Linie mit den Interessen der erbrechtlich Begünstigten korrespondieren und jedenfalls nicht ausschließlich auf dem Erblasserwillen basieren. Hilfreich können in diesem Zusammenhang auch sog. **Generationengespräche** sein. Folgende Fragen sollten dabei im Familienkreis zwischen Erblasser und erbrechtlich Begünstigten besprochen werden:
- Welches Kind möchte später einmal welche Vermögenswerte übernehmen?
- An welchen Nachlasspositionen besteht demgegenüber kein Interesse?
- Wie lassen sich das Absicherungsinteresse des längerlebenden Partners mit steuerlichen Erwägungen und dem Übernahme- und Verteilungsinteresse der Kinder vereinbaren?
- Welche Zukunftsplanung verfolgen die einzelnen Beteiligten?

26 Natürlich sind Gespräche dieser Art nicht in jeder Familie erwünscht oder möglich. Wenn sich aber eine Möglichkeit dazu bietet, ein Generationengespräch durchzuführen, dann sollte diese unbedingt ergriffen werden. Hierzu sollte auch der mit der Nachfolgeplanung mandatierte Rechtsanwalt oder Notar motivieren. Ein solches Gespräch kann in familiärem Rahmen, aber auch – moderiert durch den juristischen Berater – in der Kanzlei stattfinden. Auf diese Weise besteht für alle Beteiligten die Möglichkeit, ihre individuellen Wünsche und Befürchtungen zu äußern. Gleichzeitig können auch Regelungsinhalte der letztwilligen Verfügung besprochen werden. Was nützt bspw. ein juristisch und steuerrechtlich optimal ausgestaltetes Steuervermächtnis, wenn weder Partner noch Kinder um die Bedeutung wissen und den komplexen Regelungsmechanismus nicht verstanden haben? Die Planung der eigenen Nachfolge sollte, wann immer möglich, transparent unter den jeweils betroffenen Personen erörtert werden. Ein Testament ist keine „geheime Sache“. Die größtmögliche Aussicht auf Erfolg besteht dann, wenn alle Beteiligten wissen, was auf sie zukommt, und mit den Regelungsinhalten einverstanden sind.

C. Methodik und Aufbau der Erstberatung

I. Mandatsannahme

27 Bereits bei der Mandatsannahme kann gleichsam vieles richtig oder alles falsch gemacht werden. Entscheidend ist, ob ein Vermögensnachfolgemandat richtig eingefädelt wird. Sinnvoll ist es in diesem Zusammenhang, bereits die Mitarbeiter im Sekretariat, die den Erstkontakt durchführen, dahin gehend zu schulen, dass wichtige Eckdaten beim künftigen Mandanten unmittelbar abgefragt werden:
- In welchen Familienverhältnissen lebt der Mandant?
- Wie setzt sich sein Vermögen – zumindest grob – zusammen?
- Gibt es Altverfügungen, Verträge oder andere Urkunden, die von Bedeutung sein könnten?
- Ist besondere Eile geboten (z.B. bei Fragen einer taktischen Ausschlagung, bei drohender Geschäfts-/Testierunfähigkeit oder bei einer Erkrankung, die letalen Lauf genommen hat)?
- Wer wird an der Erstberatung teilnehmen und auf wen soll das Mandat laufen?

28 Je detaillierter der juristische Berater bereits im Vorfeld der Erstberatung Bescheid weiß über die Inhalte, die mit dem Mandanten besprochen werden müssen, umso gehaltvoller wird das Gespräch. Umgekehrt können auf diese Weise auch frühzeitig Mandate ausgesiebt

werden, die nicht zum Leistungsprofil einer mit Vermögensnachfolgethemen betrauten Kanzlei passen. Natürlich muss im Bewusstsein bleiben, dass bei der Mandatsannahme sensible Daten und Fakten abgefragt werden, die nicht unbedingt sofort jeder Mandant bei einem ersten Kontakt preisgeben möchte. Hier ist beim Kanzleipersonal entsprechendes Fingerspitzengefühlgefragt.

In manchen Fällen kommen die Mandate aber auch über den Kontakt zu einem **Steuerberater** oder einem Finanzdienstleister zustande. Das kann sowohl im Hinblick auf die Zuleitung einer ersten Personen- und Vermögensübersicht im Vorfeld der Erstberatung wie auch im Hinblick auf die notwendige Vertrauensebene zwischen Berater und Anwalt bzw. Notar von großem Nutzen sein. Schließlich profitiert ein mit der Nachfolge mandatierter Jurist regelmäßig von einem bereits bestehenden Vertrauensverhältnis des Mandanten zu einem anderen Dienstleister, der das Mandat vermittelt hat. 29

II. Vorbereitung und Durchführung der Erstberatung

Wann immer faktisch und zeitlich möglich, sollte die Erstberatung vom juristischen Berater anhand der durch die Kanzleimitarbeiter erfragten Sachverhaltsdetails und ggf. vorab eingereichter Unterlagen vorbereitet werden (vgl. auch § 2 Rdn 14 f.). Ungemein hilfreich ist es, dabei folgendes Schema im Blick zu behalten: 30
- Personen
- Vermögen
- Verfügungen
- Besonderheiten

Es empfiehlt sich die Anlage eines **Stammbaums** und die Berechnung der Erb- und Pflichtteilsquoten. Weiter ist es sinnvoll, eine (grobe) **Vermögensübersicht** anzulegen – das jedenfalls, soweit die Positionen im Vorfeld der Erstberatung bereits bekannt sind. Hat der Mandant bereits Unterlagen eingereicht, wie z.B. frühere Testamente, Unterlagen zu Vorschenkungen oder Eheverträge, sollten diese selbstverständlich ausgewertet werden. Oftmals ergeben sich bereits aus diesen Dokumenten bestimmte Weichenstellungen, die richtungsweisend für das sich anschließende Gespräch sein können. Die fallspezifischen Besonderheiten werden üblicherweise zwar erst im Rahmen der tatsächlichen Erstberatung im Detail bekannt, allerdings erweist sich gerade an diesem Punkt erbrechtlich geschultes Kanzleipersonal als sehr hilfreich. Eine geschickte und mit der notwendigen Empathie unternommene Fragestellung beim ersten Telefonat kann erste Anhaltspunkte für den Berater liefern, unter welcher Überschrift er das anschließende Erstberatungsgespräch vorbereiten muss. 31

Ist der juristische Berater in seiner Funktion als Rechtsanwalt tätig, sollten stets auch mögliche **Interessenkollisionen** im Blick behalten werden. Im Vorfeld der Erstberatung unbedingt zu klären sind dabei folgende Fragen: 32
- Wer wird Mandant?
- Wer nimmt am Erstberatungsgespräch teil?
- Welche Inhalte werden besprochen?

Die Vertretung von **Personenmehrheiten** ist in erbrechtlichen Mandaten aus Kollisionsgründen generell kritisch. Das gilt für alle Mandate, die nach Eintritt eines Erbfalls geführt werden, aber auch für Gestaltungsmandate im Rahmen der Vermögensnachfolgeplanung. Häufig wenden sich Ehepaare mit dem Wunsch, eine letztwillige Verfügung errichten zu wollen, an den Rechtsanwalt. In diesen Fällen sollte stets nur einer der Eheleute als Mandant geführt und das auch klar gegenüber den Beteiligten kommuniziert werden. Ebenfalls 33 sollte darauf geachtet werden, dass bei Mandaten, die keinen Erbvertrag, sondern eine Testamentserrichtung zum Inhalt haben, selbstverständlich immer der künftige Erblasser und nicht der testamentarisch Begünstigte vertreten werden sollte.

34 Im Rahmen der sich an die Vorbereitung anschließenden Erstberatung bietet es sich an, ebenfalls nach oben genanntem Schema (Personen, Vermögen, Verfügungen, Besonderheiten) vorzugehen und in diesem Rahmen die im Vorfeld verzeichneten Eckpunkte mit dem vom Mandanten geschilderten Sachverhalt abzugleichen. Selbstverständlich sind dann auch die Ziele und Wünsche, die der Mandant mit seiner Vermögensnachfolgeplanung verfolgt, zu erfragen. In einem zweiten Teil der Erstberatung folgt sodann die Schilderung der ersten **Lösungsgedanken** durch den juristischen Berater. Je besser die Vorbereitung des Gesprächs vorgenommen werden konnte, umso gehaltvoller wird dieser Teil der Erstberatung ausfallen. Die Intensität der Erstberatung ist für den erfolgreichen Mandatsabschluss von unschätzbarer Bedeutung. Immerhin gilt es, den Fragesteller in der kurzen zur Verfügung stehenden Zeit davon zu überzeugen, das weitergehende Mandat auch zu erteilen.

35 Die Erstberatung endet sodann mit einer Kalkulation der für die Umsetzung des Auftrags anfallenden **Kosten**.

III. Nachbereitung und weiterer Verlauf des Mandats

36 Die Nachbereitung der Erstberatung sollte regelmäßig aus einem sog. **Ausgangslageschreiben** an den Mandanten bestehen, in dessen Rahmen die mitgeteilten Informationen zur Personen- und Vermögenssituation inklusive etwaig vorhandener früherer Verfügungen nebst den Besonderheiten des Sachverhalts und einer Auflistung der konkreten Wünsche des Mandanten noch einmal zusammengefasst werden. Auch eine (kurze) Umschreibung der empfohlenen nächsten Schritte ist sinnvoll.

37 Der Sinn und Zweck dieser Vorgehensweise besteht zum einen darin, dem Mandanten die komplexen juristischen Informationen noch einmal zusammenzufassen und damit eine vernünftige Basis zu schaffen für ein empfohlenes Generationengespräch in der Familie. Sinnvoll ist die Zusammenfassung aber auch angesichts der **Begrenzung** der eigenen **Beraterhaftung**. Auf diese Weise wird schließlich noch einmal dokumentiert, welche Informationen als Grundlage für die weitere Ausgestaltung der (letztwilligen) Verfügungen gedient haben bzw. welche Umstände dem juristischen Berater vielleicht gerade auch unbekannt waren.

1.1 **Muster 1.1: Ausgangslageschreiben an den Mandanten**

38 Sehr geehrter Herr/Sehr geehrte Frau ,

ich bedanke mich für das freundliche Gespräch vom , welches ich Ihnen vereinbarungsgemäß noch einmal wie folgt zusammenfassen darf:

1. Ausgangslage

Sie sind deutsche/r Staatsangehörige/r und in erster Ehe in Zugewinngemeinschaft (also ohne Ehevertrag) verheiratet. Aus Ihrer Ehe stammen zwei Kinder:

- und
- .

Sie haben keine bindenden Verfügungen von Todes wegen und keine Vorsorgeregelungen errichtet. Es existiert jedoch eine Bankvollmacht.

Ihr Vermögen setzt sich wie folgt zusammen:
- selbstgenutzte Eigentumswohnung in , Alleineigentum, unbelastet, geschätzter Verkehrswert ca. EUR;
- Appartement in , vermietet, hälftiges Miteigentum der Ehegatten, geschätzter Verkehrswert ca. EUR;
-
- Bar- bzw. Bankvermögen der Ehefrau ca. EUR;
- Bar- bzw. Bankvermögen des Ehemannes ca. EUR.

Somit beläuft sich Ihr aktuelles Vermögen auf ca. EUR.

Im Jahr hat Ihre Tochter eine Vorschenkung in Höhe von EUR erhalten.

2. Ihre Interessen und Wünsche

Sie möchten Ihre Vermögensnachfolge planen und sich gleichzeitig zu Lebzeiten absichern. Dabei ist es Ihr vorrangiges Ziel, dass möglichst wenig (idealerweise keine) Steuern anfallen und unter den Kindern kein Streit entsteht.

Sie tragen sich dabei mit dem Gedanken der Errichtung eines Ehegattentestaments und von Vorsorgevollmachten.

3. Erste Lösungsgedanken

a) Testament

Zunächst haben wir uns über die Grundbausteine eines Ehegattentestaments unterhalten. Insbesondere sind wir dabei auf die Möglichkeit eines steueroptimierten Vermächtnisses beim ersten und auch beim zweiten Erbfall eingegangen. Möglich ist daneben u.a. die Aufnahme von Regelungen zur Bindungswirkung und zum Minderjährigenschutz.

b) Übergabe

Gesprochen haben wir anschließend über die Kernelemente einer klassischen Immobilienübergabe. Eine klassische Immobilienübergabe erfolgt unter Vorbehalt von Nutzungs- und Rückforderungsrechten. Steuerrechtlich müssen bei einer klassischen Immobilienübergabe die Freibetragsgrenzen eingehalten werden. Bei Immobilienvermögen rate ich stets eine steuerliche Bewertung an. Eine vorhergehende Bewertung schützt Sie und Ihre Familie vor bösen Überraschungen bei der Werteinschätzung durch das Finanzamt. Sie haben sich gegen eine Immobilienübergabe zu Lebzeiten entschieden. Insofern besteht hier kein Handlungsbedarf.

c) Vorsorgeregelungen

Im Anschluss hatten wir noch über die Notwendigkeit einer Vorsorgevollmacht und Patientenverfügung gesprochen. Gerade bei vorhandenem Immobilienvermögen ist eine lebzeitige Absicherung unabdingbar. Sie erreichen auf diese Weise eine Zurückdrängung staatlicher Kontrolle in größtmöglichem Umfang. Dadurch reduziert sich im Vorsorgefall nicht nur die finanzielle, sondern auch die persönliche Belastung Ihrer Familienangehörigen. Die Vorsorgevollmacht muss in Ihrem Fall in öffentlicher Form errichtet werden, um umfassend wirksam zu sein. Darunter versteht man entweder eine (notarielle) Beglaubigung oder eine Beurkundung. Beide Varianten sind rechtlich zulässig. Die Beglaubigungsvariante ist günstiger, wohingegen die Beurkundungsversion eine höhere Anerkennung im Rechtsverkehr bietet und auch zur Aufnahme von Verbraucherdarlehen ermächtigt. Bitte lassen Sie mich im Mandatierungsfall wissen, für welche der beiden Lösungen Sie sich entschieden haben.

4. Weitere Vorgehensweise

Ich hatte Ihnen unser Honorarsystem erläutert: In Ihrem Fall entstehen gemessen an Ihrem Vermögen folgende Kosten für die anwaltliche Beratung:

Beiliegend finden Sie unsere Vergütungsvereinbarung sowie unsere Mandatsbedingungen jeweils in doppelter Ausführung und verbunden mit der Bitte um Unterschrift und Rücksendung jeweils beider Exemplare.

Bei Personenmehrheiten (Eheleute) bitte ich aus Gründen der Mandatsführung darum, dass lediglich der Ehegatte die Dokumente unterzeichnet, auf den sie ausgestellt sind.

Ich freue mich, wenn ich für Sie tätig werden darf, und verbleibe

mit freundlichen Grüßen

Rechtsanwalt/Rechtsanwältin

D. Checkliste: Ermittlung der Ausgangslage

39 **1. Personen**
- Künftiger Erblasser (inkl. Nationalität, gewöhnlicher Aufenthaltsort, Güterstand)
- Ehegatte/Lebenspartner/Ex-Partner
- Kinder/Schwiegerkinder/Stiefkinder
- Eltern
- Enkel, Pflegekinder, weitere Personen

Motto: Lieber zu viele als zu wenige!

2. Vermögen
- Immobilien/Immobilienanteile (Betriebs-/Privatvermögen, Erwerbszeitpunkt, Herkunft, Belastungen, Verkehrswert, Nutzungsart etc.)
- Gesellschaftsanteile und Beteiligungen (Gesellschaftsform, Betriebs-/Privatvermögen, Erwerbszeitpunkt, Herkunft, Bilanzen, Verkehrswert etc.)
- Mobiles Vermögen (Bank-, Konten-, Depotvermögen, sonstiges Vermögen)
- Passiva

Bei Eheleuten: Beiderseitiges Vermögen getrennt erfassen!

3. Verfügungen
- Frühere Verfügungen von Todes wegen (Ehegattentestamente, Erbverträge)
- Eheverträge, Scheidungsfolgenvereinbarungen
- Gesellschaftsverträge
- Vor-/Schenkungen, andere Zuwendungen
- Verzichtsverträge
- Vorsorgeverfügungen (General- und Vorsorgevollmachten, Patientenverfügungen)
- Alle weiteren Verträge, Beschlüsse, Urteile und Vereinbarungen, die für die Vermögensnachfolgeplanung interessant sein könnten

Unterlagen ggf. nachreichen lassen!

4. Besonderheiten
- Verhältnis zu Schwieger-/Stief-/Kindern/Eltern (auch untereinander)
- Besonders schutzbedürftige Personen (Minderjährige, Menschen mit Behinderung, Bürgergeldempfänger etc.)
- Aktive oder vergangene Rechtsstreitigkeiten unter den Beteiligten
- Alle weiteren Sachverhaltsumstände, die für die Vermögensnachfolgeplanung eine Rolle spielen könnten

Wenn möglich: Generationengespräch (begleitet oder innerfamiliär) anraten!

§ 2 Beraterpflichten bei der Testamentsgestaltung

Hannah-Silvia Heise

Literaturhinweise

Grziwotz/Sauer/Heinemann, Beurkundungsgesetz, 4. Aufl. 2024; *Henssler/Prütting* (Hrsg.), Bundesrechtsanwaltsordnung, 6. Aufl. 2024; *Jonas K./Jonas H.*, Konfliktfrei vererben, 2013; *Plogstedt*, Abenteuer Erben, 25 Familienkonflikte, 2011; *v. Schlippe*, Das Testament schafft Fakten. Erben, Vererbung und Gerechtigkeit, Familiendynamik 1/2022, 4; *Schönberger*, Erben und Vererben, Psychologie Heute 7/2008, 36; *Schons*, Optimierung der anwaltlichen Vergütung, ErbR 2021, 664; *Szydlik*, Erben in Europa, Kölner Zeitschrift für Soziologie und Sozialpsychologie (KZfSS) 2011, 543; *Wegner-Kirchhoff/Kellner*, Mediation mit Erben, Lösungsorientiertes Arbeiten mit Familien und kleinen Unternehmen, 2019; *Wempe*, Redet ihr noch oder habt ihr schon geerbt? Familienpsychologische Überlegungen zum Thema Erbe, Familiendynamik 1/2022, 12.

Inhalt

A. Einführung ... 1
B. Anwaltliche Beauftragung ... 2
I. Mandatsverhältnis ... 2
1. Allgemeines ... 2
2. Widerruf ... 6
3. Vergütungsvereinbarung ... 10
4. Aufnahmebogen ... 14
II. Haftung ... 17
1. Haftpflichtversicherung ... 17
2. Möglichkeiten zur Minimierung des Haftungsrisikos ... 19
a) Sorgfältige Mandatsannahme und Risikobewertung ... 19
b) Haftungsbeschränkung ... 21
c) Sorgfältige Dokumentation und Kommunikation ... 23
III. Sachverhaltsermittlung ... 25
1. Familienverhältnisse ... 25
2. Vermögensverhältnisse ... 28
IV. Schlussdokumentation ... 29
C. Besondere Pflichten bei der notariellen Beauftragung ... 34
I. Besonderheiten im notariellen Beurkundungsverfahren ... 35
1. Persönliche Anwesenheit (§§ 2064, 2274 BGB) ... 35
2. Feststellungen über die erforderliche Geschäfts- und Testierfähigkeit (§ 28 BeurkG) ... 36
3. Verfügungen von Personen mit Einschränkungen und/oder Behinderungen (§§ 22–25, 32 BeurkG) ... 37
4. Zeugenhinzuziehung (§ 29 BeurkG) ... 38
5. Mitwirkungsverbote (§§ 7, 24, 27 BeurkG) ... 39
6. Registrierung im Zentralen Testamentsregister (§ 34a BeurkG) ... 42
7. Pflicht zur Verschließung und Ablieferung (§ 34 BeurkG) ... 45
8. Testament durch Übergabe einer Schrift (§ 2232 BGB, § 30 BeurkG) ... 48
II. Wesentliche Unterschiede zur anwaltlichen Beauftragung ... 52
1. Letztwillige Verfügungen mehrerer Personen möglich ... 52
2. Amtliche Verwahrung vorgeschrieben ... 53
3. Regelmäßig kein Erbschein erforderlich 54
D. Streitvermeidende Gestaltung ... 55
I. Verantwortungsvolle Testamentsgestaltung 55
II. Konfliktsensibilisierung ... 56
III. Wunsch nach „Gerechtigkeit" ... 58
IV. Mediation ... 59
V. Ausblick ... 62

A. Einführung

Die Rolle des Beraters bei der Testamentsgestaltung ist hinsichtlich der weitreichenden Folgen einer letztwilligen Verfügung in ihrer Bedeutung nicht zu unterschätzen. Ein Testament kann entweder für einen rechtssicheren und konfliktfreien Übergang des Vermögens an die nächste Generation sorgen oder für das Gegenteil davon. Die Beratung sollte zivilrechtliche, steuerrechtliche und familiäre Aspekte gleichermaßen beachten. Am Anfang der 1

Beratung gilt es daher, den Sachverhalt möglichst lückenlos zu ermitteln. Dies gilt für die anwaltliche und die notarielle Beratung gleichermaßen.

B. Anwaltliche Beauftragung

I. Mandatsverhältnis

1. Allgemeines

2 Im Unterschied zur notariellen Beauftragung ist der anwaltliche Berater zunächst gehalten, festzustellen, **mit wem** das Mandatsverhältnis eingegangen werden soll. Mutet diese Fragestellung bei einem Einzelmandanten als unwesentlich an, so ist bei der Beratungsanfrage eines Ehepaares oder einer ganzen Familie die sofortige Klärung des Mandatsverhältnisses unverzichtbar. Andernfalls liegt ein Verstoß gegen das **Verbot, widerstreitende Interessen zu vertreten**, nahe. § 43a Abs. 4 S. 1 BRAO, § 3 Abs. 1 S. 1 BORA definieren als eine der anwaltlichen Grundpflichten das Verbot, widerstreitende Interessen zu vertreten. Es sei darauf hingewiesen, dass der Tatbestand des § 43a Abs. 4 BRAO bereits durch fahrlässiges Anwaltshandeln verwirklicht ist.[1]

3 Der Grundsatz, dass ein Mandatsverhältnis grundsätzlich nur mit einer der anfragenden Personen begründet werden soll, findet auch in den Fällen Anwendung, in denen die Ratsuchenden ausdrücklich versichern, ausschließlich gleichgerichtete Interessen zu verfolgen. Es ist nicht auszuschließen, dass den Mandanten zumindest zum Zeitpunkt der Eingehung des Mandatsverhältnisses eine etwaige Gegenläufigkeit ihrer Interessen nicht bewusst ist.

4 **Praxistipp**
Das Erstgespräch sollte nur mit derjenigen Person geführt werden, mit welcher das Mandatsverhältnis begründet wird. Im weiteren Verlauf können der Ehepartner oder weitere Familienmitglieder auf Wunsch des Mandanten in Besprechungen und die Korrespondenz mit einbezogen werden. Es empfiehlt sich weiterhin, die entsprechenden Tatsachen zu dokumentieren und von der auftraggebenden Seite unterzeichnen zu lassen.

2.1 **Muster 2.1: Mandantenerklärung zur Beauftragung und Kommunikation im Rahmen eines Testamentsmandats**

5 Herr   (nachfolgend „Mandant") erklärt hiermit, dass er Rechtsanwältin   mit der Erstellung eines Testaments beauftragt hat. Im Rahmen dieses Mandats wünscht der Mandant ausdrücklich die Hinzuziehung seines Ehepartners   und/oder der weiteren Familienmitglieder   .

Der Mandant weist die Rechtsanwältin   ausdrücklich an, sämtliche schriftliche Kommunikation, die im Rahmen des Mandats erfolgt, bis auf Widerruf auch an die von ihm benannten Personen zu übermitteln.

Ein etwaiger Widerruf dieser Ermächtigung zur erweiterten Kommunikation ist vom Mandanten schriftlich gegenüber der Rechtsanwältin zu erklären.

Klarstellend wird festgehalten, dass das Mandatsverhältnis auch nach Einbeziehung weiterer Personen ausschließlich zwischen der Rechtsanwältin und dem ursprünglichen Auftraggeber, dem Mandanten, besteht.

1 *Henssler/Deckenbrock*, NJW 2012, 3265.

, den | , den

[Mandant] | *[Rechtsanwältin]*

2. Widerruf

Verbrauchern steht gem. § 312g Abs. 1 BGB bei Fernabsatzverträgen grundsätzlich ein Widerrufsrecht gem. § 355 BGB zu. Auch wenn derzeit nicht abschließend geklärt ist, unter welchen Voraussetzungen ein Anwaltsvertrag als **Fernabsatzvertrag** einzuordnen ist, so kann doch beobachtet werden, dass sich die Rechtsprechung des BGH eher in die Richtung entwickelt, dass ein Fernabsatzvertrag anzunehmen ist, wenn die Mandatsanbahnung über Fernkommunikationsmittel (bspw. telefonisch, per E-Mail oder über ein Kontaktformular auf der Homepage) stattfindet.[2] 6

Praxistipp 7
Zur Sicherstellung der Durchsetzbarkeit des Gebührenanspruchs sollte bei Begründung des Mandatsverhältnisses grundsätzlich eine Widerrufsbelehrung erteilt werden. Zudem ist eine vom Mandanten unterzeichnete Erklärung einzuholen, in der dieser ausdrücklich verlangt, dass die anwaltlichen Leistungen bereits vor Ablauf der gesetzlichen Widerrufsfrist erbracht werden.

Muster 2.2: Widerrufsbelehrung

Widerrufsrecht 8

Sie haben das Recht, diesen Vertrag innerhalb von 14 Tagen ohne Angabe von Gründen zu widerrufen.

Die Frist für den Widerruf beträgt 14 Tage ab dem Tag des Abschlusses des Vertrags.

Um von Ihrem Widerrufsrecht Gebrauch zu machen, müssen Sie uns, *[Name der Kanzlei, Adresse, Telefonnummer, Faxnummer, E-Mail-Adresse]*, mittels einer eindeutigen Erklärung (z.B. ein per Post gesendeter Brief, Fax oder E-Mail) über Ihren Entschluss, diesen Vertrag zu widerrufen, informieren. Sie können dafür das beigefügte Muster-Widerrufsformular nutzen, das jedoch nicht verpflichtend ist.

Zur Einhaltung der Widerrufsfrist genügt es, dass Sie die Mitteilung über die Ausübung des Widerrufsrechts vor Ablauf der Frist absenden.

Folgen des Widerrufs

Wenn Sie diesen Vertrag widerrufen, erstatten wir Ihnen alle Zahlungen, die wir von Ihnen erhalten haben; die Rückzahlung erfolgt unverzüglich und spätestens innerhalb von 14 Tagen ab dem Tag, an dem die Mitteilung über Ihren Widerruf dieses Vertrags bei uns eingegangen ist. Für die Rückzahlung verwenden wir dasselbe Zahlungsmittel, das Sie bei der ursprünglichen Transaktion eingesetzt haben, es sei denn, mit Ihnen wurde ausdrücklich etwas anderes vereinbart. Ihnen entstehen durch diese Rückzahlung keine zusätzlichen Kosten.

Sofern Sie verlangt haben, dass die Erbringung der Dienstleistungen bereits während der Widerrufsfrist beginnt, sind Sie verpflichtet, uns einen angemessenen Betrag zu zahlen. Dieser bemisst sich nach dem Anteil der bis zum Zeitpunkt des Zugangs Ihrer Widerrufserklärung bereits erbrachten Dienstleistungen im Verhältnis zum Gesamtumfang der vertraglich vereinbarten Leistungen.

2 BGH NJW 2018, 690, 691.

Erlöschen des Widerrufsrechts

Ihr Widerrufsrecht erlischt vor Ablauf der Widerrufsfrist, wenn wir mit Ihrer ausdrücklichen Zustimmung mit der Erbringung der Leistungen begonnen haben und diese vor Ablauf der Widerrufsfrist vollständig erbracht wurden.

, den

[*Mandant*]

Muster 2.3: Aufforderung zur Leistungserbringung vor Ablauf der Widerrufsfrist

9 In Kenntnis der mir erteilten Widerrufsbelehrung vom erkläre ich als Auftraggeber ausdrücklich, dass Rechtsanwältin bereits vor Ablauf der Widerrufsfrist mit der Erbringung ihrer Leistungen beginnen sollen. Ich bin mir darüber bewusst, dass ich im Falle eines Widerrufs zur Vergütung der bis zu diesem Zeitpunkt erbrachten Leistungen verpflichtet bin und dass mein Widerrufsrecht bei vollständiger Vertragserfüllung durch die Rechtsanwältin erlischt.

, den

[*Mandant*]

3. Vergütungsvereinbarung

10 Im Zuge der Vorbereitung des Mandatsverhältnisses ist die Vergütung des Beratenden dem Mandanten transparent darzulegen und entsprechende Vereinbarungen zu treffen. Für die Testamentserrichtung bietet sich regelmäßig die Vereinbarung eines Stundenhonorars oder einer Pauschale, ggf. auch die Kombination aus beiden Modellen, an.

11 Zur Vergütungsvereinbarung siehe ausführlich § 3 Rdn 34 ff.; Muster zur Vergütungsvereinbarung siehe § 3 Rdn 42.

12 Bei einer reinen Pauschalvergütung kann es sich anbieten, die Höhe der zu vereinbarenden Pauschale anhand der für ein notarielles Testament anfallenden Gebühren zu bestimmen. Gem. § 102 Abs. 1 S. 1 GNotKG entspricht der Geschäftswert einer Verfügung von Todes wegen dem Vermögen des Testierenden.[3] Verbindlichkeiten des Erblassers werden gem. § 102 Abs. 1 S. 2 GNotKG bis zur Hälfte des Werts des Vermögens abgezogen. Die Höhe der Gebühr lässt sich aus der Anlage 2 zu § 34 Abs. 3 GNotKG ermitteln. Im Gegensatz zum notariellen Gebührenrecht können im Rahmen einer anwaltlichen Vergütungsvereinbarung je nach Komplexität der Angelegenheit Zuschläge oder Abschläge vereinbart werden.

13 **Beispiel**
Der Mandant beauftragt den Anwalt mit dem Entwurf eines Einzeltestaments. Er verfügt über Vermögen in Höhe von 1 Mio. EUR. Es bestehen Verbindlichkeiten in Höhe von 750.000 EUR.
Da Verbindlichkeiten gem. § 102 Abs. 1 S. 2 GNotKG nur bis zur Hälfte des Vermögens abgezogen werden, ergibt sich ein Geschäftswert von 500.000 EUR. Für die Beurkundung eines Einzeltestaments fällt nach dem KV GNotKG eine 1,0-Gebühr an (KV 21200 GNotKG, Tabelle B). Die Höhe der Gebühr beträgt 935 EUR netto.

3 Zu den Kosten der Errichtung eines notariellen Testamentes siehe § 3 Rdn 44 ff.

Ausgehend von dieser „Grundgebühr“ ist es dem anwaltlichen Berater im Rahmen seiner Kalkulation der Pauschale gestattet, Zuschläge oder Abschläge vorzunehmen.

4. Aufnahmebogen

Es wird empfohlen, bereits vor dem Erstberatungstermin ein **Formular** zur Erfassung der Mandantendaten zu übermitteln und um Rücksendung vor dem Besprechungstermin zu ersuchen. Das nachfolgende Muster kann zudem als **Checkliste** im Besprechungstermin dienen.[4] 14

Muster 2.4: Datenblatt zur Mandantenaufnahme

Datenblatt zur Mandantenaufnahme 15

1. Allgemeine Informationen des Mandanten	
Name, ggf. Geburtsname:	
Geburtsdatum und Geburtsort:	
Wohnanschrift:	
– Staatsangehörigkeit:	
Gewöhnlicher Aufenthaltsort:	
Familienstand: (verheiratet, geschieden, verwitwet, ledig)	
Güterstand: (z.B. Zugewinngemeinschaft, modifizierte Zugewinngemeinschaft, Gütertrennung oder ausländischer Güterstand)	
Vorherige Ehen: (Angaben zu vorherigen Ehen)	
Kinder: (Namen, Geburtsdaten, Adressen sowie Informationen über leibliche Kinder, Stiefkinder, Adoptivkinder und ggf. verstorbene Kinder; ggf. gesondertes Blatt verwenden)	
Eltern: (Namen; vorverstorben?)	
Berufliche Situation und Einkommen: (Beruf, Jahresnettoeinkommen)	

4 Vgl. auch § 1 Rdn 5 ff.

Gesundheitszustand: (Informationen über mögliche gesundheitliche Einschränkungen, insbesondere im Hinblick auf die Testierfähigkeit oder Besonderheiten im notariellen Beurkundungsverfahren)	
2. Vermögensübersicht	
Immobilien: (Angaben zu Lage, Art, Eigentumsverhältnissen (ggf. Grundbuchauszug), Wert und bestehenden Belastungen)	
Bankkonten: (Kontostand, Art der Konten (Giro-, Sparkonten), Gemeinschaftskonten)	
Wertpapiere und Anlagen: (Depots, Aktien, Anleihen, Investmentfonds)	
Beteiligungen an Unternehmen: (Art und Umfang der Beteiligung, Gesellschaftsverträge, Wert der Beteiligung)	
Auslandsvermögen: (z.B. Immobilien, Konten oder Unternehmensbeteiligungen)	
Versicherungen: (Lebensversicherungen, Sterbegeldversicherungen; Begünstigte)	
Forderungen und Schulden: (bestehende Schulden, Kredite, Darlehen, Forderungen gegenüber Dritten)	
Wertgegenstände: (Schmuck, Kunstwerke, Fahrzeuge, Sammlungen)	
3. Familiäre und persönliche Beziehungen	
Ehepartner: (Angaben zum aktuellen Ehepartner: Name, Geburtsdatum, Anschrift)	
Verhältnis zu Kindern: (Informationen zu den Kindern; liegt eine Behinderung vor oder ist ein Abkömmling überschuldet?)	

Sonstige Begünstigte: (Angaben zu weiteren Personen, die im Testament berücksichtigt werden sollen, z.B. Freunde, Lebensgefährten, Verwandte, Mitarbeiter)	
Letztwillige Verfügung: (Bestehen bereits Testamente, Erbverträge, Pflichtteilsverzichte etc.?)	
Vorschenkungen: (Wurden bereits Vermögenswerte übertragen?)	

Praxistipp 16
Aufgrund einer möglicherweise bestehenden Bindungswirkung ist der Frage nach bereits errichteten letztwilligen Verfügungen besondere Beachtung zu schenken. In diesem Zusammenhang kann auch eine Einsichtnahme in das Zentrale Testamentsregister der Bundesnotarkammer zweckmäßig sein.

II. Haftung

1. Haftpflichtversicherung

Gem. § 51 BRAO ist jeder Rechtsanwalt verpflichtet, eine **Berufshaftpflichtversicherung** 17
zu unterhalten. Insbesondere bei der Gestaltung von Testamenten können die finanziellen Auswirkungen von Fehlern oder Versäumnissen erheblich sein. Ein fehlerhaft gestaltetes Testament kann etwa zu einer ungewollten Erbfolge oder zu steuerlichen Nachteilen für die Erben führen. Die Folgen einer fehlerhaften Beratung im Zusammenhang mit der Testamentsgestaltung treten häufig erst nach dem Tod des Mandanten und damit oftmals Jahre oder sogar Jahrzehnte nach Beendigung des Mandatsverhältnisses zutage. Zu beachten ist, dass auch Personen, die nicht direkt Vertragsparteien sind, unter den Schutzbereich einer vertraglichen Schadenshaftung fallen und daraus eigene Ersatzansprüche ableiten können, wenn sie aufgrund einer Verletzung der vom Vertragsschuldner primär gegenüber dem Vertragsgläubiger geschuldeten Sorgfalt einen Schaden erleiden.[5]

Zum Zeitpunkt des Abschlusses des Mandatsverhältnisses ist die Höhe eines potenziellen 18
Regressanspruchs regelmäßig nicht vorhersehbar. Dies ergibt sich daraus, dass sich die Vermögensverhältnisse des Mandanten im Laufe der Zeit erheblich verändern können. Die hieraus resultierenden Schäden können sich daher auf beträchtliche Summen belaufen, die bei Eingehung des Mandatsverhältnisses nicht prognostizierbar sind. Angesichts dieser potenziell unkalkulierbaren Risiken ist es für Rechtsanwälte, die in der Testamentsgestaltung tätig sind, von besonderer Bedeutung, eine Berufshaftpflichtversicherung mit einer **ausreichend hohen Deckungssumme** zu unterhalten. Die Standarddeckungssumme gem. § 51 BRAO beträgt mindestens 250.000 EUR für jeden Versicherungsfall, aber es ist ratsam, eine wesentlich höhere Deckungssumme zu wählen, um dem möglichen Umfang der Haftung gerecht zu werden. Bei komplexen Mandaten oder solchen mit hohen wirtschaftlichen Werten kann es zweckmäßig sein, die Deckungssumme der Berufshaftpflichtversicherung individuell anzupassen oder eine Zusatzversicherung abzuschließen.

5 BGH, Urt. v. 6.7.1965 – VI ZR 47/64, NJW 1965, 1955, 1956.

2. Möglichkeiten zur Minimierung des Haftungsrisikos

a) Sorgfältige Mandatsannahme und Risikobewertung

19 Vor der Annahme eines Mandats sollte der Berater eine sorgfältige **Risikoanalyse** vornehmen, um zu prüfen, ob das Mandat besondere Risiken beinhaltet. Hierbei ist auch zu bewerten, ob der Berater über die erforderlichen fachlichen Kenntnisse und Ressourcen verfügt, um das Mandat ohne erhöhte Haftungsrisiken zu bearbeiten. Bei komplexen Fragestellungen, insbesondere im Hinblick auf steuerliche oder wirtschaftliche Aspekte, kann es angezeigt sein, Angehörige der steuerberatenden Berufe, Wirtschaftsprüfer oder **andere Fachleute** hinzuzuziehen, sofern der Berater nicht selbst über die entsprechenden Fachkenntnisse verfügt. Dies gewährleistet, dass sämtliche relevanten Aspekte umfassend geprüft und berücksichtigt werden. Eine weitere Möglichkeit zur Reduzierung des Haftungsrisikos besteht darin, das Mandat in mehrere Teilmandate aufzuteilen, die von unterschiedlichen spezialisierten Beratern bearbeitet werden (**Mandatssplitting**).

20 In Ausnahmefällen, in denen das Risiko eines Mandats als besonders hoch einzustufen ist, kann es geboten sein, die Annahme des Mandats abzulehnen.

b) Haftungsbeschränkung

21 § 52 Abs. 1 Nr. 1 BRAO gestattet eine Haftungsbeschränkung durch eine individuelle Vereinbarung nur dann, wenn die vereinbarte Summe die Mindestversicherungssumme übersteigt und der Schaden auf eine fahrlässige oder grob fahrlässige Pflichtverletzung zurückzuführen ist.[6] Dies bedeutet, dass dem Mandanten die Möglichkeit eingeräumt werden muss, auf den Inhalt der Vereinbarung Einfluss zu nehmen. **Schriftliche Dokumentationen** darüber, dass der Mandant über die Bedeutung der Haftungsbeschränkung umfassend informiert wurde und dieser ausdrücklich zugestimmt hat, sind dringend anzuraten.

2.5 **Muster 2.5: Individuell ausgehandelte Vereinbarung über die Haftungsbeschränkung**

22 **Vereinbarung**

zwischen

Frau

und

Rechtsanwältin

betreffend das Mandat: **Erstellung eines Testaments**

Vorbemerkung:

Frau beabsichtigt die Errichtung eines Testaments und hat Rechtsanwältin beauftragt, ihn in diesem Zusammenhang rechtlich zu beraten und ein Testament nach seinen Wünschen zu erstellen. Zum Vermögen von Frau gehören u.a. [*Besonderheiten zum Vermögen angeben*].

Aufgrund der Erstellung eines Testaments und den damit für Rechtsanwältin verbundenen Haftungsrisiken wurden zwischen Frau und der Rechtsanwältindie Frage der Haftungsbegrenzung sowie die Möglichkeit des Abschlusses einer gesonderten, auf das gegenständliche Mandat bezogenen Haftpflichtversicherung mit einer höheren als der gesetzlichen Mindestversicherungssumme ausführlich erörtert. Der Abschluss einer solchen Versicherung wurde von Frau nicht gewünscht.

6 Henssler/Prütting/*Diller*, § 52 Rn 6.

Vor diesem Hintergrund schließen Frau   und Rechtsanwältin   folgende Vereinbarung zur Haftungsbeschränkung:

§ 1

Die Haftung der beauftragten Rechtsanwältin   wird für Fälle der Fahrlässigkeit auf einen Höchstbetrag von   EUR beschränkt.

§ 2

Rechtsanwältin   wurde ausschließlich mit der zivilrechtlichen Beratung und Erstellung des Testaments beauftragt. Eine Beauftragung zur Überprüfung von steuerlichen Fragen im weitesten Sinne, insbesondere zum Erbschaft- und Einkommensteuerrecht, ist ausdrücklich nicht erfolgt.

§ 3

Die Rechtsanwältin hat ausdrücklich darauf hingewiesen, dass dringend angeraten wird, einen Angehörigen der steuerberatenden Berufe in der vorliegenden Angelegenheit zu beauftragen.

, den	, den
[*Mandantin*]	[*Rechtsanwältin*]

c) Sorgfältige Dokumentation und Kommunikation

- **Dokumentation der Beratung:** Alle wesentlichen Beratungsschritte und Entscheidungen sollten schriftlich festgehalten werden. Dies dient nicht nur der Klarstellung, sondern schützt den Berater mitunter auch im Haftungsfall. Schriftliche Aufzeichnungen minimieren das Risiko von Missverständnissen zwischen dem Berater und dem Mandanten, insbesondere da in der Praxis häufig unterschiedliche Erinnerungen darüber bestehen, was im Einzelnen besprochen oder vereinbart wurde. Eine klare und nachvollziehbare Dokumentation trägt dazu bei, derartige Differenzen zu vermeiden. 23
- **Erstgespräch und Mandatsannahme:** Bereits bei der Mandatsannahme sollten die Ziele des Mandanten, die erörterten Handlungsoptionen sowie die ersten Empfehlungen des Beraters schriftlich dokumentiert werden.
- **Wesentliche Beratungsschritte:** Jeder wesentliche Schritt im Rahmen der Beratung, insbesondere wenn verschiedene Handlungsoptionen zur Diskussion standen, sollte sorgfältig dokumentiert werden. Dies schließt ausdrücklich die Aufklärung über bestehende Risiken und mögliche Konsequenzen ein.
- **Entscheidungen des Mandanten:** Es ist von wesentlicher Bedeutung, festzuhalten, welche Entscheidungen der Mandant auf Grundlage der erteilten Beratung getroffen hat. Dabei ist insbesondere zu dokumentieren, wenn der Mandant eine Entscheidung getroffen hat, die von der Empfehlung des Beraters abweicht.
- **Prüfung und Freigabe von Entwürfen:** Bei der Übersendung von Entwürfen an den Mandanten sollte dokumentiert werden, wann diese übermittelt wurden und welche Änderungen der Mandant ggf. verlangt hat.
- **Regelmäßige Kommunikation und Information:** Eine regelmäßige und transparente Kommunikation mit dem Mandanten trägt dazu bei, Missverständnisse zu vermeiden und sicherzustellen, dass der Mandant jederzeit über den aktuellen Sachstand informiert ist. Der Mandant hat ein berechtigtes Interesse daran, regelmäßig über den Stand seines Mandats informiert zu werden. Gem. § 11 Abs. 1 S. 1 BORA sind Rechtsanwälte dazu verpflichtet, ein Mandat innerhalb eines angemessenen Zeitrahmens zu bearbeiten und ihre Mandanten unverzüglich über alle für den Fortgang der Angelegenheit wesentlichen Vorgänge und Maßnahmen zu unterrichten.

24 **Praxistipp**
Die sorgfältige Dokumentation der Beratung ist eine zentrale Aufgabe im anwaltlichen Alltag, die oft viel Zeit in Anspruch nimmt. Hier kann der Einsatz von Künstlicher Intelligenz (KI) erheblich unterstützen. Mit modernen KI-Tools lassen sich Gesprächsprotokolle, Telefonnotizen und andere Dokumentationen effizienter erstellen und strukturieren.
So kann z.B. KI-gestützte Diktier- oder Transkriptionssoftware genutzt werden, um Besprechungen oder Telefonate schnell in Textform zu bringen und diese direkt in der Mandantenakte zu speichern. Diese Programme sind in der Lage, gesprochene Sprache präzise in Schriftform zu übertragen, und können automatisch Zusammenfassungen oder Schlagworte generieren.
Beim Einsatz von KI ist jedoch zwingend darauf zu achten, dass keine personenbezogenen Daten oder vertraulichen Informationen ungeschützt verarbeitet werden. Es ist sicherzustellen, dass die eingesetzte Software DSGVO-und berufsrechtskonform ist, ggf. sind Anonymisierungstechniken zu verwenden, um die Vertraulichkeit der Daten zu wahren.

III. Sachverhaltsermittlung

1. Familienverhältnisse

25 Zu den grundlegenden Beraterpflichten gehört es, alle wesentlichen Informationen, die für die Errichtung eines Testaments erforderlich sind, sorgfältig einzuholen. Hierbei hat sich neben der Verwendung von Checklisten auch die Anfertigung einer Skizze ähnlich eines Stammbaums zur Erfassung der verwandtschaftlichen Beziehungen (sog. **Genogramm**) als hilfreich erwiesen. Dies gilt vor allem bei komplexen Familienkonstellationen, wie etwa in Patchwork-Familien, da mithilfe einer solchen Visualisierung die familiären Verhältnisse übersichtlich und nachvollziehbar dargestellt werden können.

26 Die folgende beispielhafte Skizze zeigt in der Mitte oben die Mandantin und deren Ehepartner. Weibliche Familienmitglieder werden mit einem Kreis symbolisiert, männliche mit einem Quadrat. Die bestehende Ehe wird durch die Ringe symbolisiert. Beide Ehepartner hatten bereits eine vorangehende Ehe, welche geschieden worden ist (symbolisiert durch die gestrichelte Linie und zwei Schrägstriche „//"). Aus diesen Ehen sind bereits Kinder hervorgegangen: aus der ersten Ehe der Ehefrau zwei Söhne, aus der ersten Ehe des Ehemanns ein Sohn und eine Tochter, wobei die Tochter vorverstorben ist (symbolisiert durch den durchgekreuzten Kreis). Aus der aktuellen Ehe ist eine Tochter hervorgegangen. Diese ist in erster Ehe verheiratet und hat aus dieser Beziehung zwei Töchter und einen Sohn.

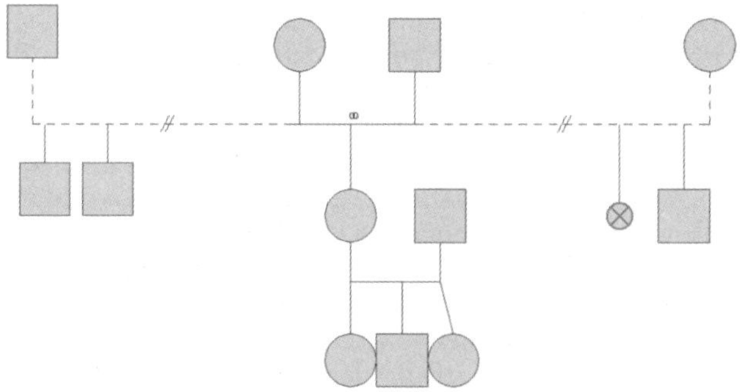

Praxistipp 27
Anhand einer solchen Skizze kann die Familienkonstellation auch mit zeitlichem Abstand von dem Berater umgehend wieder vergegenwärtigt werden. Im Internet finden sich kostenfreie Programme, mit denen man Genogramme erstellen kann.

2. Vermögensverhältnisse

28 Eine weitere Herausforderung kann sich aus der Zusammensetzung des künftigen Nachlasses ergeben. In der Regel umfasst der Nachlass nicht ausschließlich liquide Mittel, wodurch sich die Verteilung mitunter anspruchsvoll gestalten kann. Ein wesentlicher Bestandteil der Sachverhaltsermittlung besteht daher darin, die **Vermögensverhältnisse** des Erblassers umfassend zu klären.[7] Naturgemäß lässt sich im Regelfall zum Zeitpunkt der Testamentsberatung nicht abschließend klären, wie sich der Nachlass zum Zeitpunkt des noch unbestimmten Erbfalls zusammensetzen wird. Dennoch ist es erforderlich, den Mandanten für die mit einer späteren Auseinandersetzung des Nachlasses verbundenen Herausforderungen zu sensibilisieren und geeignete Gestaltungsmöglichkeiten zu erörtern.[8]

IV. Schlussdokumentation

29 Wird die Erstellung eines privatschriftlichen Testaments gewünscht, ist sicherzustellen, dass dieses den gesetzlichen Anforderungen des § 2247 BGB entspricht.[9]

Praxistipp 30
Es wird empfohlen, sich das fertiggestellte Testament vom Mandanten zumindest in Form eines Scans übermitteln zu lassen, um die Einhaltung der formellen Anforderungen des Testaments zu überprüfen. Aus haftungsrechtlicher Sicht ist es darüber hinaus ratsam, diesen Vorgang entsprechend in der Handakte zu dokumentieren.

31 Abschließend sollten mit dem Mandanten die Möglichkeiten der **Aufbewahrung** erörtert werden. Grundsätzlich ist die Aufbewahrung beim Amtsgericht anzuraten (zum Für und Wider der amtlichen Verwahrung siehe auch Rdn 53). Alternativ kann die letztwillige Verfügung in privater Verwahrung verbleiben. In diesem Fall ist jedoch sicherzustellen, dass die Bedachten über den Aufbewahrungsort informiert sind und tatsächlich in der Lage sind, das Testament im Erbfall an sich zu nehmen, um es beim zuständigen Nachlassgericht abzuliefern. Regelmäßig erweist sich die Aufbewahrung in einem Bankschließfach oder Tresor als ungeeignet, da der Zugriff der Bedachten im Erbfall mitunter erschwert oder unmöglich sein kann.

32 Im Rahmen der abschließenden Besprechung einer Erstberatung empfiehlt es sich, mit dem Mandanten zu erörtern, ob für den Zeitraum bis zur Fertigstellung des anwaltlich erstellten Testaments interimistische Maßnahmen erforderlich sind. Hierbei könnten insbesondere folgende Aspekte in Betracht gezogen werden:
- **Widerruf einer misslungenen oder ungewollten Verfügung von Todes wegen:** Sofern ein bestehendes Testament oder eine andere Verfügung von Todes wegen den aktuellen Willen des Mandanten nicht mehr korrekt widerspiegelt oder rechtliche Unzulänglichkeiten aufweist, sollte ein sofortiger Widerruf geprüft werden. Dies kann durch eine ausdrückliche Widerrufserklärung oder durch die Vernichtung der Verfügung erfolgen, wobei ggf. gesetzliche Formerfordernisse zu beachten sind.

---

7 Vgl. hierzu § 1 Rdn 9 ff.
8 Zu Anordnungen für die Erbauseinandersetzung siehe § 18 Rdn 1 ff.
9 Zu den Formvorschriften bei privatschriftlicher Errichtung siehe § 5 Rdn 1 ff.

- **Erstellung eines vorläufigen Testaments:** Für den Zeitraum bis zur Fertigstellung des anwaltlichen Testaments kann die Errichtung eines vorläufigen Testaments in Erwägung gezogen werden. Hierbei ist sicherzustellen, dass dieses die grundlegenden Anforderungen des § 2247 BGB erfüllt[10] und den aktuellen Willen des Erblassers möglichst präzise und widerspruchsfrei dokumentiert.

33 Im Rahmen der anwaltlichen Beratung zur Testamentsgestaltung ist stets eine sorgfältige Prüfung geboten, ob die Errichtung eines **notariellen Testaments** für den Mandanten vorteilhaft erscheint. Dabei sind insbesondere die Umstände des Einzelfalls daraufhin zu bewerten, ob die Errichtung eines öffentlichen Testaments nach § 2232 BGB zwingend geboten ist.

C. Besondere Pflichten bei der notariellen Beauftragung

34 Für die Beurkundung von Verfügungen von Todes wegen gelten die allgemeinen Vorschriften über die Beurkundung von Willenserklärungen gem. §§ 6 ff. BeurkG. Im Rahmen der notariellen Beauftragung sind bei der Errichtung eines Testaments sowohl materiell-rechtliche als auch verfahrensrechtliche Besonderheiten zu berücksichtigen. Nachfolgend werden die relevanten Besonderheiten sowie die wesentlichen Unterschiede zur anwaltlichen Beauftragung dargestellt.

I. Besonderheiten im notariellen Beurkundungsverfahren

1. Persönliche Anwesenheit (§§ 2064, 2274 BGB)

35 Die persönliche Anwesenheit des letztwillig Verfügenden ist gem. § 2064 BGB für die Testamentserrichtung und gem. § 2274 BGB für die Errichtung eines Erbvertrags **zwingend** vorgeschrieben. Weder die rechtsgeschäftliche Vertretung (z.B. durch einen Vorsorgebevollmächtigten) noch die Errichtung durch einen gesetzlichen Vertreter (Eltern, Betreuer oder Vormund), einen Vertreter kraft Amtes (z.B. Insolvenzverwalter) oder die vollmachtlose Vertretung sind zulässig.[11] Hinsichtlich des Erbvertrags ist zu beachten, dass das Gebot der Höchstpersönlichkeit aus § 2274 BGB sich nur auf den oder die Verfügenden bezieht.[12] Der ausschließlich annehmende Vertragsteil kann daher wirksam vertreten werden.[13]

2. Feststellungen über die erforderliche Geschäfts- und Testierfähigkeit (§ 28 BeurkG)

36 Anders als der Wortlaut der Normüberschrift („Feststellungen über die Geschäftsfähigkeit") nahelegt, soll der Notar in der Verfügung von Todes wegen lediglich dokumentieren, auf welche **Art und Weise** er sich von der Geschäftsfähigkeit des Verfügenden überzeugt hat.[14] Bei § 28 BeurkG handelt es sich um eine Ergänzung zu § 11 BeurkG, welcher weiterhin Anwendung findet.[15]

---

10 Zu den Formvorschriften bei privatschriftlicher Errichtung siehe § 5 Rdn 1 ff.

11 BeckOK BGB/*Litzenburger*, § 2064 Rn 2.

12 Damrau/Tanck/*Tanck/Kind*, Vorbem. zu §§ 2274 ff. Rn 4.

13 Damrau/Tanck/*Tanck/Kind*, Vorbem. zu §§ 2274 ff. Rn 4.

14 BeckOK BGB/*Litzenburger*, § 28 BeurkG Rn 1.

15 Grziwotz/Sauer/Heinemann/*Heinemann/Sauer*, § 28 Rn 1. Zur Feststellung der Testierfähigkeit siehe im Einzelnen § 7 Rdn 1 ff.

3. Verfügungen von Personen mit Einschränkungen und/oder Behinderungen (§§ 22–25, 32 BeurkG)

Das Beurkundungsverfahren basiert auf der Annahme, dass die beteiligten Personen über uneingeschränkte Wahrnehmungsfähigkeiten und uneingeschränkte Kommunikationsmöglichkeiten verfügen.[16] Sind diesbezüglich bei einem Urkundsbeteiligten **Einschränkungen** vorhanden, so soll dies durch Hinzuziehung eines Zeugen oder zweiten Notars kompensiert werden.[17] Wird die Hinzuziehung versäumt, hat dies – abgesehen von der Mitwirkung des Schreibzeugen – keine Auswirkungen auf die Wirksamkeit der letztwilligen Verfügung.[18] Für den Notar handelt es sich dennoch um eine unbedingte Amtspflicht.[19] Auf die Hinzuziehung kann durch einstimmige Erklärung aller Urkundsbeteiligten verzichtet werden.[20] Ist ein hörbehinderter Beteiligter anwesend, so ist ihm die Niederschrift zur Einsicht vorzulegen, was gem. § 23 BeurkG ausdrücklich in der Niederschrift zu vermerken ist.[21] 37

4. Zeugenhinzuziehung (§ 29 BeurkG)

Sofern von den Beteiligten **gewünscht**, sollen bis zu zwei Zeugen oder ein zweiter Notar zur Beurkundung eines Testaments oder Erbvertrags hinzugezogen werden. Die Hinzugezogenen sollen die Niederschrift unterschreiben. Das Fehlen der Unterschrift hat keinen Einfluss auf die Wirksamkeit der Beurkundung; es handelt sich wiederum um eine Soll-Vorschrift, sodass die Unterschrift der freiwillig hinzugezogenen Personen keine Voraussetzung für die Gültigkeit der Beurkundung darstellt.[22] Durch die Hinzuziehung soll dem Testierenden die Möglichkeit eines zusätzlichen Beweismittels eröffnet werden.[23] 38

5. Mitwirkungsverbote (§§ 7, 24, 27 BeurkG)

Bereits durch die Regelung des § 7 BeurkG ist normiert, dass Beurkundungen, welche dem Notar oder ihm nahestehenden Personen einen **rechtlichen Vorteil** verschaffen, die Unwirksamkeit der Verfügung zur Folge haben.[24] Hinsichtlich der Beurkundung von Verfügungen von Todes wegen ist darüber hinaus § 27 BeurkG zu beachten. Dieser stellt klar, dass keine Verfügungen von Todes wegen durch einen Notar beurkundet werden dürfen, welche diesen selbst oder eine andere Person i.S.d. § 7 BeurkG als **Begünstigten** (Erben, Vermächtnisnehmer oder Testamentsvollstrecker) vorsehen.[25] Von diesem Mitwirkungsverbot sind auch ein Dolmetscher und ihm nahestehende Personen erfasst (§ 16 Abs. 3 S. 2 BeurkG).[26] 39

Eine zur Beurkundung hinzugezogene **Verständigungsperson** gem. § 24 Abs. 1 BeurkG unterliegt einem gesonderten Mitwirkungsverbot gem. § 24 Abs. 2 BeurkG. Dieses ist jedoch enger gefasst als das Mitwirkungsverbot des § 27 BeurkG, denn es zieht keine Unwirk- 40

16 BeckOK BGB/*Litzenburger*, § 22 BeurkG Rn 1.
17 Grziwotz/Sauer/Heinemann/*Grziwotz*, § 22 Rn 1.
18 BT-Drucks V/3282, 33.
19 BeckNotar-HdB/*Dietz/Sammet*, § 17 Rn 77.
20 BT-Drucks V/3282, 33.
21 BeckNotar-HdB/*Dietz/Sammet*, § 17 Rn 79.
22 BT-Drucks V/3282, 35.
23 Grziwotz/Sauer/Heinemann/*Heinemann/Sauer*, § 29 Rn 1.
24 Grziwotz/Sauer/Heinemann/*Grziwotz*, § 7 Rn 1.
25 BeckNotar-HdB/*Kindler*, § 31 Rn 73.
26 Grziwotz/Sauer/Heinemann/*Heinemann/Sauer*, § 27 Rn 8.

samkeit nach sich, wenn eine der Verständigungsperson nahestehende Person in der letztwilligen Verfügung bedacht wird.[27]

41 Als **Zeuge** oder **zweiter Notar** soll gem. § 26 Abs. 1 Nr. 2 BeurkG nicht hinzugezogen werden, wer einen rechtlichen Vorteil aus der Beurkundung erlangt. Ein Mitwirkungsverbot für dem Zeugen oder dem zweiten Notar nahestehende Personen ist nicht vorgesehen.

6. Registrierung im Zentralen Testamentsregister (§ 34a BeurkG)

42 Der Notar hat gem. § 34a BeurkG alle **erbfolgerelevanten Urkunden** sowie jede beurkundete **Änderung** erbfolgerelevanter Urkunden unverzüglich dem Zentralen Testamentsregister der Bundesnotarkammer mitzuteilen. Eine Mitteilung darf hingegen nicht erfolgen bei Rechtsgeschäften, die zwar wirtschaftliche Auswirkungen auf die Erbfolge haben können, diese jedoch rechtlich nicht berühren.[28] Im Testamentsregister werden weder die Urkunde selbst noch deren Inhalt gespeichert.[29] Die Mitteilungspflicht dient dazu, sicherzustellen, dass das Nachlassgericht nach dem Erbfall über sämtliche beurkundeten erbfolgerelevanten Urkunden informiert ist.[30] Die Registrierung ist unmittelbar nach der Beurkundung durchzuführen, in jedem Fall jedoch vor der Übergabe der Urkunde in die besondere amtliche Verwahrung beim zuständigen Amtsgericht.[31]

43 Elektronisch zu übermitteln sind gem. § 78d Abs. 1 Nr. 1 BNotO ausschließlich die Verwahrangaben zu der erbfolgerelevanten Urkunde. **Verwahrangaben** sind gem. § 78d Abs. 2 S. 2 BNotO Angaben, die zum Auffinden erbfolgerelevanter Urkunden erforderlich sind. Welche Angaben dies sind, ist in § 1 ZTRV legal definiert. Es handelt sich um:
- Daten des Erblassers (Familienname, Geburtsname, Vorname(n) und Geschlecht, Tag und Ort der Geburt, Geburtsstandesamt und Geburtenregisternummer, wenn die Geburt im Inland beurkundet wurde, Staat der Geburt, wenn der Erblasser im Ausland geboren wurde),
- Bezeichnung und Anschrift der Verwahrstelle, Verwahrnummer, Verwahrbuchnummer oder Aktenzeichen des Verfahrens der Verwahrstelle,
- Art und Datum der Errichtung der erbfolgerelevanten Urkunde und
- Name, Amtssitz und Urkundenrollen-Nummer des Notars bei notariellen Urkunden.

Betrifft eine erbfolgerelevante Urkunde mehrere Erblasser, sind die Verwahrangaben gem. § 2 Abs. 1 S. 2 ZTRV für jeden Erblasser zu übermitteln.

44 Aus Gründen des Datenschutzes (Datensparsamkeit) werden lediglich Verwahrangaben erfasst, die erforderlich sind, um erbfolgerelevante Urkunden auffinden zu können.[32] Die Mitteilungspflicht stellt eine gesetzlich geregelte Ausnahme von der Verschwiegenheitspflicht des Notars gem. § 18 Abs. 1 S. 1 BNotO dar.[33] Der Inhalt der Urkunde darf keinesfalls mitgeteilt werden.[34]

---

27 Grziwotz/Sauer/Heinemann/*Heinemann/Sauer*, § 27 Rn 9.
28 BeckOK BGB/*Litzenburger*, § 34a BeurkG Rn 2.
29 Bonefeld/Wachter/*Diehn*, § 11 Rn 9.
30 BeckOK BGB/*Litzenburger*, § 34a BeurkG Rn 1.
31 Bonefeld/Wachter/*Diehn*, § 11 Rn 14.
32 Bonefeld/Wachter/*Diehn*, § 11 Rn 9.
33 BeckOK BGB/*Litzenburger*, § 34a BeurkG Rn 1.
34 Grziwotz/Sauer/Heinemann/*Heinemann/Sauer*, § 34a Rn 11.

7. Pflicht zur Verschließung und Ablieferung (§ 34 BeurkG)

Gem. § 34 Abs. 1 S. 1 BeurkG ist die Niederschrift eines (gemeinschaftlichen) Testaments unabhängig davon, ob es durch mündliche Erklärung oder durch Übergabe eines Schriftstücks errichtet wurde, in einen Umschlag zu legen und mit dem Prägesiegel des Notars zu verschließen. § 34 Abs. 1 S. 4 BeurkG verpflichtet den Notar darüber hinaus, zu veranlassen, dass das Testament **unverzüglich** in die amtliche Verwahrung gebracht wird. So sollen die Auffindbarkeit und Geheimhaltung sichergestellt und ein Schutz gegen Veränderung oder Zerstörung gewährleistet werden.[35] 45

Das Gesetz zur Neuregelung der Aufbewahrung von Notariatsunterlagen und zur Einrichtung des Elektronischen Urkundenarchivs bei der Bundesnotarkammer[36] fügte § 34 BeurkG einen neuen Absatz 4 hinzu. Dieser legt fest, dass die Urschrift einer Verfügung von Todes wegen weder in elektronischer Form übertragen noch in der elektronischen Urkundensammlung hinterlegt werden darf.[37] 46

Für **Erbverträge** ist § 34 Abs. 3 BeurkG zu beachten; die Urkunde bleibt in der Verwahrung des Notars, wenn die Beteiligten die amtliche Verwahrung ausschließen. 47

8. Testament durch Übergabe einer Schrift (§ 2232 BGB, § 30 BeurkG)

In § 2232 S. 1 BGB wird materiell-rechtlich normiert, dass ein öffentliches Testament zur Niederschrift eines Notars errichtet werden kann, indem der Erblasser dem Notar entweder **mündlich** seinen letzten Willen erklärt oder ihm eine **Schrift** übergibt, verbunden mit der Erklärung, dass diese Schrift seinen letzten Willen enthalte. Bei der Übergabe einer Schrift sind einige Besonderheiten zu beachten.[38] Gem. § 2232 S. 2 BGB kann die Schrift offen oder verschlossen übergeben werden und muss nicht vom Erblasser verfasst worden sein. Die Schrift kann in beliebiger Form verfasst sein (z.B. eigenhändig, maschinenschriftlich, in einer fremden Sprache usw.); Ort, Datum oder Unterschrift sind nicht zwingend erforderlich.[39] Umstritten ist, ob der Erblasser den Inhalt der Schrift kennen muss.[40] Die Übergabe von Bildern, Tonbändern, Disketten, CDs oder DVDs ist aufgrund fehlender Schriftlichkeit ausgeschlossen.[41] 48

Die korrespondierende verfahrensrechtliche Vorschrift zur Testamentserrichtung durch Übergabe einer Schrift findet sich in § 30 BeurkG. Auch bei einer durch Übergabe einer Schrift errichteten Verfügung von Todes wegen muss sichergestellt werden, dass der Erblasser damit tatsächlich seinen **letzten Willen** zum Ausdruck bringen möchte.[42] Außerdem soll durch eine **Kennzeichnung** gewährleistet werden, dass die Verfügung eindeutig einem bestimmten Erblasser zugeordnet werden kann, um Verwechslungen auszuschließen.[43] Darüber hinaus soll der Notar in der Niederschrift vermerken, ob die Schrift **offen** oder **verschlossen** übergeben worden ist (§ 30 S. 3 BeurkG). Dies ist insbesondere erforderlich, da dem Notar bei Übergabe einer offenen Schrift zusätzliche Pflichten auferlegt werden. 49

35 MüKo-BGB/*Sticherling*, § 34 BeurkG Rn 3.
36 BGBl I 2017, 1396.
37 BT-Drucks 18/10607, 84.
38 BeckOGK/*Grziwotz*, § 30 BeurkG Rn 1.
39 BeckOK BGB/*Litzenburger*, § 2232 Rn 13.
40 Bejahend: Bonefeld/Wachter/*Roth*, § 2 Rn 80; m.w.N. zum Streitstand: BeckOK BGB/*Litzenburger*, § 2232 Rn 13.
41 BeckOK BGB/*Litzenburger*, § 2232 Rn 13.
42 BeckOGK/*Grziwotz*, § 30 BeurkG Rn 1.
43 BeckOGK/*Grziwotz*, § 30 BeurkG Rn 1.

Insbesondere trifft ihn bei der Übergabe einer offenen Schrift die Prüfungs- und Belehrungspflicht gem. § 17 BeurkG, nicht jedoch die Verlesungspflicht nach § 13 BeurkG.[44]

50 Auch wenn die Errichtung einer letztwilligen Verfügung durch Übergabe einer Schrift aktuell in der Praxis kaum eine Rolle spielt,[45] könnte das Verfahren für Menschen mit **spezifischen Beeinträchtigungen** durchaus nicht zu unterschätzende **Vorteile** mit sich bringen. So könnten bspw. Personen, die an einer sozialen Angststörung leiden, den Kontakt mit dem Notar auf ein Minimum reduzieren. Auch Menschen, die nicht in der Lage sind, einen (längeren) handschriftlichen Text zu verfassen, könnten durch Übergabe der von ihnen diktierten oder maschinenschriftlich abgefassten letztwilligen Verfügung wirksam ein Testament errichten.

51 **Praxistipp**
Notarielle Gestaltungen können in einem deutlich breiteren Rahmen Anwendung finden, wenn den individuellen Anliegen und potenziellen Problemstellungen des Mandanten eine gründliche Analyse gewidmet wird. Eine präzise Ermittlung der Bedürfnisse, kombiniert mit einer darauf abgestimmten Beratung, ermöglicht die Entwicklung maßgeschneiderter Lösungen – auch auf der Basis rechtlicher Regelungen, die selten Anwendung finden oder als „exotisch“ im Beurkundungsrecht gelten.
Der Berater sollte diese Chance nutzen, um durch passgenaue Gestaltungen das Vertrauen in die Qualität und den Mehrwert seiner Dienstleistungen zu stärken. Ein differenziertes und lösungsorientiertes Vorgehen zeigt dem Mandanten, dass seine individuellen Anliegen und Bedürfnisse im Mittelpunkt stehen.

II. Wesentliche Unterschiede zur anwaltlichen Beauftragung

1. Letztwillige Verfügungen mehrerer Personen möglich

52 Im Unterschied zur anwaltlichen Vertretung, die vom Gebot der Parteilichkeit geprägt ist, hat die Tätigkeit des Notars stets **unparteiisch** und unabhängig zu sein. Das bedeutet, dass der Notar, der mit der Erstellung einer letztwilligen Verfügung für mehr als eine Person beauftragt ist, gem. § 14 Abs. 1 S. 2 BNotO die Interessen **aller Beteiligten** zu berücksichtigen und zu wahren hat. Gem. den in § 17 BeurkG festgelegten Pflichten hat der Notar die Aufgabe, als unparteiischer Berater den Willen der Beteiligten zu erforschen und sie über die rechtlichen Konsequenzen umfassend aufzuklären. Im Zusammenhang mit der Beurkundung von Erbverträgen bedeutet dies, dass der beauftragte Notar nicht ausschließlich den oder die Erblasser vertritt. Vielmehr berücksichtigt er gleichermaßen andere an der Urkunde beteiligte Personen, wie bspw. pflichtteilsberechtigte Abkömmlinge, die im Rahmen eines Erbvertrags zwar keine eigene letztwillige Verfügung treffen, jedoch einen Verzicht auf ihren Pflichtteil gegenüber dem oder den Erblassern erklären.

2. Amtliche Verwahrung vorgeschrieben

53 Wie unter Rdn 45 dargestellt, muss ein notarielles Testament gem. § 34 Abs. 1 S. 4 BeurkG zwingend in die amtliche Verwahrung gebracht werden. Hieraus ergeben sich **Vor- und Nachteile** für die Beteiligten. Einerseits bietet die Verwahrung ein deutliches Plus an Sicherheit, andererseits ist der mit der amtlichen Verwahrung einhergehende Verlust an Flexibilität durchaus als nicht zu unterschätzender Nachteil zu betrachten. Erfolgt die Beauftragung zur

44 BT-Drucks V/3282, 35.
45 So BeckOGK/*Grziwotz*, § 30 BeurkG Rn 1.

Testamentserrichtung als anwaltliche Beauftragung, so sollte mit dem Mandanten erörtert werden, ob die Vorteile einer amtlichen Verwahrung die Nachteile im konkreten Einzelfall überwiegen.

3. Regelmäßig kein Erbschein erforderlich

Ein gewichtiger Vorteil der notariell erstellten letztwilligen Verfügung ist die Tatsache, dass 54
im Regelfall die Vorlage der öffentlichen Urkunde nebst nachlassgerichtlichem Eröffnungsprotokoll als Nachweis über die Erbfolge ausreicht (vgl. § 35 Abs. 1 S. 2 GBO). Der potenzielle **Kostenvorteil**, der mit der Erstellung einer privatschriftlichen letztwilligen Verfügung unter anwaltlicher Unterstützung einhergehen kann, wird häufig durch die im Nachgang entstehenden Kosten eines Erbscheinverfahrens vollständig **neutralisiert**. Bei gemeinschaftlichen Testamenten von Ehegatten entstehen die Kosten für das Erbscheinsverfahren in der Regel zweimal, nämlich zunächst nach dem Ableben des erstversterbenden Ehegatten und erneut nach dem Ableben des letztversterbenden Ehegatten. Darüber hinaus ist die regelmäßig erhebliche Dauer eines solchen Verfahrens ein weiterer Aspekt, der deutlich für die notarielle Beurkundung einer letztwilligen Verfügung spricht.

D. Streitvermeidende Gestaltung

I. Verantwortungsvolle Testamentsgestaltung

Personen, die beratend im Bereich der Testamentsgestaltung tätig sind, tragen eine entschei- 55
dende Verantwortung, ihre Mandanten bei der Umsetzung einer rechtssicheren und streitvermeidenden Nachlassplanung zu unterstützen. Diese Aufgabe umfasst nicht nur die Beachtung und Integration der rechtlichen und steuerlichen Rahmenbedingungen, sondern auch die Vermeidung potenzieller Erbstreitigkeiten durch eine sorgfältige, vorausschauende und auf die individuellen Bedürfnisse der Mandanten abgestimmte Beratung. Hierfür muss bei dem Berater jedoch eine **Sensibilisierung** für die entsprechenden **Fallstricke** vorhanden sein, welche sich jenseits der rechtlichen Aspekte befinden. Die Kosten, die durch einen Erbstreit entstehen, können die Ersparnisse aus einer rein steuerlich optimierten, aber konfliktanfälligen Testamentsgestaltung schnell aufzehren. Häufig wird verkannt, welche tiefgreifenden Auswirkungen Erbvorgänge auf ein Familiensystem haben können. Nicht selten hat der Erbfall eine „Brennglas“[46]-Wirkung, indem er bereits lange währende innerfamiliäre Konflikte in gewisser Weise veröffentlicht.[47] Aus Sicht der Betroffenen wird im Rahmen der letztwilligen Verfügung die Qualität der Beziehungen offengelegt und monetarisiert. Materielle Verteilungsmuster haben für die Beteiligten einen starken symbolischen Wert und verdeutlichen prägnant die Qualität der einzelnen Familienbeziehungen.[48] Regelmäßig ist die Erwartungshaltung der Erben, dass die Verteilung des Nachlasses im Sinne einer „Gesamtsaldierung“ erbrachte Leistungen oder (gefühlte) Entbehrungen zum Ausgleich bringt.[49] Es wird stillschweigend davon ausgegangen, dass hinsichtlich der vorzunehmenden Verteilung innerhalb der Familie Einvernehmen besteht, mithin Einigkeit über eine übereinstimmende oder zumindest ähnliche Definition von Gerechtigkeit.[50] Fördert das

---

46 So *v. Schlippe/Hunger-Schoppe*, Familiendynamik 1/2022, 1, 1.
47 *v. Schlippe*, Familiendynamik 1/2022, 4, 7.
48 *Wempe*, Familiendynamik 1/2022, 12, 12.
49 *v. Schlippe*, Familiendynamik 1/2022, 4, 4.
50 *v. Schlippe*, Familiendynamik 1/2022, 4, 7.

Testament als „letzter Kommunikationsvorgang“[51] nun zutage, dass dies nicht der Fall ist, sondern eine „Konsensfiktion“ besteht, so wird dies als massive Verletzung des Gerechtigkeitsempfindens erlebt.[52] Diese Verletzung führt nicht selten zu destruktivem Verhalten im Rahmen der Erbauseinandersetzung.[53]

II. Konfliktsensibilisierung

56 Eine gute Beratung zeichnet sich auch dadurch aus, dass der Berater sich nicht davor scheut, die Mandanten mit dem Gedanken vertraut zu machen, dass im Erbfall eine Auseinandersetzung zwischen den Bedachten eintreten könnte. Diese Vorstellung widerspricht der in Familien oft anzutreffenden Annahme, dass sich die Erben schon einigen werden („**Harmoniemythos**“).[54] Die Aufrechterhaltung dieses Mythos hat für die Erblasser den Vorteil, dass sie sich hinsichtlich ihrer Motive weder erklären noch rechtfertigen müssen.[55] Unter Fairnessgesichtspunkten gegenüber der nachfolgenden Generation ist von dieser Verhaltensweise jedoch abzuraten.

57 **Praxistipp**
Die frühzeitige Thematisierung externer Konfliktpotenziale (bspw. durch Ehepartner der Erben oder Gläubiger) und die Erarbeitung entsprechender Präventionsmaßnahmen tragen wesentlich dazu bei, die Nachlassgestaltung rechtssicher und konfliktarm umzusetzen. Indem auf mögliche Einflussnahmen Dritter hingewiesen wird, kann das Bewusstsein der Erblasser für die Notwendigkeit klarer und umfassender Regelungen geschärft werden, ohne dabei die familiären Beziehungen zu belasten.

III. Wunsch nach „Gerechtigkeit"

58 Der häufig anzutreffende Wunsch von Eltern, ihre Kinder stets gleich zu behandeln, wird aus der Perspektive der erbenden Kinder gerade durch eine Erbeinsetzung zu gleichen Teilen oftmals nicht als Gleichbehandlung wahrgenommen. Die beraterische Erfahrung zeigt, dass ein erheblicher Teil der Eltern davon überzeugt ist, ihre Kinder während ihres Lebens stets gleich behandelt zu haben. Befragt man jedoch die Kinder zu ihrer Wahrnehmung, weichen deren Eindrücke häufig erheblich von denen der Eltern ab. Es versteht sich, dass Eltern rechtlich nicht verpflichtet sind, ihre Kinder in testamentarischen Verfügungen gleichermaßen zu bedenken. Gleichwohl entspricht dies regelmäßig dem im Rahmen der Beratung zur Testamentsgestaltung geäußerten Wunsch. Für die Beratung kann es in diesem Zusammenhang sinnvoll sein, die **individuelle Familiensituation** durch gezielte und vertiefende Fragestellungen näher zu analysieren, um eine dem Willen der Eltern entsprechende und konfliktvermeidende Gestaltung zu ermöglichen. So ergibt sich u.U. die Chance, eine „Konsensfiktion“[56] zu erkennen, diese mit den Beteiligten aufzulösen und im Ergebnis den Weg für eine einvernehmliche Erbauseinandersetzung zu ebnen. Die Praxis zeigt, dass eine transparente Kommunikation über die Motive der künftigen Erblasser sowie die Einbeziehung der potenziellen Erben in den Prozess der Testamentsgestaltung einen wesentlichen Beitrag zu einer streitvermeidenden Nachlassplanung leisten können. Selbst wenn sich die Beteiligten nicht auf eine gemeinsame Definition von „Gerechtigkeit“ bei der Verteilung

---

51 *Szydlik*, KZfSS 2011, 543, 544.
52 *v. Schlippe*, Familiendynamik 1/2022, 4, 7.
53 *v. Schlippe*, Familiendynamik 1/2022, 4, 7.
54 *Schönberger*, Psychologie Heute 7/2008, 36, 37.
55 *Wempe*, Familiendynamik 1/2022, 12,15.
56 *v. Schlippe*, Familiendynamik 1/2022, 4, 7.

einigen können, kann durch das transparente Vorgehen im Rahmen der Nachfolgeplanung zumindest eine „prozedurale Gerechtigkeit" im Sinne eines „fairen Verfahrens" erreicht werden.[57]

IV. Mediation

Im Rahmen der anwaltlichen Beratung zur Erstellung einer letztwilligen Verfügung kann es in bestimmten Fällen erforderlich oder ratsam sein, den Beteiligten die Durchführung eines Mediationsverfahrens zu empfehlen. Eine Mediation bietet die Möglichkeit, familiäre Spannungen und potenzielle Konflikte, die im Zusammenhang mit der Vermögensnachfolge stehen, offen anzusprechen und einer einvernehmlichen Lösung zuzuführen. Die Mediation dient dazu, unterschiedliche Perspektiven und Interessen der Beteiligten zu identifizieren und in einen lösungsorientierten Dialog einzubinden. Besonders im erbrechtlichen Kontext stehen häufig verschiedene subjektive „Gerechtigkeitslogiken"[58] im Vordergrund, die auf unterschiedliche Wertvorstellungen und Erwartungen innerhalb der Familie zurückzuführen sind. 59

Durch die Mediation können folgende Ziele verfolgt werden: 60
- **Offenlegung familiärer Spannungen:** Die Mediation schafft einen geschützten Raum, in dem Konflikte angesprochen und bearbeitet werden können.
- **Erarbeitung gemeinsamer Lösungen:** Im Idealfall führt die Mediation zu einem Konsens, der sowohl den Willen des Erblassers als auch die Interessen der Familienmitglieder berücksichtigt.
- **Stärkung des familiären Zusammenhalts:** Eine einvernehmliche Regelung kann langfristige Streitigkeiten vermeiden und das familiäre Verhältnis erhalten.

Selbst wenn die Mediation nicht zu einer Einigung führt, bleibt diese Herangehensweise vorteilhaft. Der Grund ist darin zu sehen, dass durch den Mediationsprozess potenzielle Konflikte und Spannungsfelder sichtbar werden, die andernfalls erst im Erbfall zutage treten würden. Diese **frühzeitige Konfliktoffenlegung** ermöglicht es dem Erblasser, seine letztwilligen Verfügungen entsprechend anzupassen und präventive Maßnahmen zu ergreifen, um Streitigkeiten im Erbfall nach Möglichkeit zu vermeiden. 61

V. Ausblick

Grundsätzlich ist es von zentraler Bedeutung, den Mandanten für potenzielle Konfliktpunkte zu sensibilisieren. Es empfiehlt sich, in diesem Zusammenhang ausreichend Zeit zu investieren, um der nächsten Generation eine klare, rechtssichere und streitvermeidende Regelung zu hinterlassen – gewissermaßen als letzten „elterlichen Liebesdienst". Für die Berater in der Testamentsgestaltung bedeutet der in die Beratung miteinzubeziehende Aspekt der streitvermeidenden Gestaltung eine weitere Anforderung in einem ohnehin bereits anspruchsvollen Betätigungsfeld. Begreift man dies jedoch als Möglichkeit, sich ein erweitertes beraterisches Profil zu geben, so kann eine diesbezügliche Kompetenz einen nicht zu unterschätzenden Mehrwert darstellen. Die Fähigkeit, potenzielle Konfliktpunkte frühzeitig zu identifizieren und präventiv zu adressieren, ermöglicht es, sich als **Spezialist für streitvermeidende Gestaltung** zu positionieren. Ein solches Profil spricht insbesondere Mandanten an, die besonderen Wert auf nachhaltige und konfliktfreie Lösungen legen. Die Erfüllung dieses Wunsches stellt nicht nur ein Qualitätsmerkmal, sondern zugleich ein 62

57 *v. Schlippe*, Familiendynamik 1/2022, 4, 8.
58 *v. Schlippe*, Familiendynamik 1/2022, 4, 8.

Alleinstellungsmerkmal in einem Markt dar, der zunehmend von Automatisierung und Standardisierung geprägt ist. Es liegt auf der Hand, dass eine derart ganzheitliche Beratungsleistung auch zukünftig nicht durch den Einsatz künstlicher Intelligenz ersetzt werden kann. Die Analyse komplexer familiärer Dynamiken, die einfühlsame Vermittlung sensibler Themen sowie die Entwicklung maßgeschneiderter, nachhaltiger Lösungen erfordern ein Maß an emotionaler Intelligenz, Empathie und Kreativität, das die Fähigkeiten künstlicher Intelligenz übersteigt. Dies unterstreicht die zentrale Bedeutung der menschlichen Beratung und deren nachhaltige Relevanz in einem zunehmend digitalisierten Umfeld.

63 Vor diesem Hintergrund ist festzuhalten, dass die Testamentsgestaltung mit einem besonderen Fokus auf Streitvermeidung nicht nur ein juristisch anspruchsvolles, sondern zugleich ein gesellschaftlich bedeutsames Betätigungsfeld darstellt. Angesichts der demografischen Entwicklungen und der zunehmenden Komplexität familiärer Strukturen wird der Bedarf an qualifizierter Beratung in diesem Bereich weiter wachsen. Für die Berater eröffnet dies eine nachhaltige Perspektive, den Mandanten einen echten Mehrwert zu bieten und sich in einem anspruchsvollen Marktumfeld langfristig erfolgreich zu positionieren.

§ 3 Kosten bei der Testamentserstellung

Andreas Janßen

Literaturhinweise

Diehn/Volpert, Praxis des Notarkostenrechts, 4. Aufl. 2024; *Förster*, Anwaltliche Vergütung in Erbsachen, 2. Aufl. 2022; *Gerold/Schmidt*, Rechtsanwaltsvergütungsgesetz, 26. Aufl. 2023; *Kamps*, Zur anwaltlichen Vergütung bei Gestaltung eines gemeinschaftlichen Testamentes, ErbR 2018, 313; *Mayer/Kroiß*, Rechtsanwaltsvergütungsgesetz, 8. Aufl. 2021; *Schneider*, Anwaltliche Vergütung für das Entwerfen von Testamenten, ErbR 2018, 193; *Schneider*, Vergütung für die Mitwirkung an der Errichtung eines Testaments, ErbR 2015, 679; *Schneider*, Vergütung für die Mitwirkung an der Errichtung eines gemeinschaftlichen Testaments, ErbR 2015, 493; *Schneider*, Welche Vergütung erhält der Anwalt für den Entwurf eines Testaments?, AGS 2006, 60; *Schneider/Volpert*, AnwaltKommentar RVG, 9. Aufl. 2021; *Toussaint*, Kostenrecht, 54. Aufl. 2024.

Inhalt

A. Einleitung ... 1
B. Anwaltliche Aufklärungspflicht über Gebühren ... 2
C. Anwaltliche Gebühren für den Testamentsentwurf ... 5
I. Gesetzliche Gebühren nach dem RVG ... 5
1. Maßgebliche Gebührentatbestände ... 6
a) Geschäftsgebühr gem. Vorbem. 2.3 Abs. 3 zu VV 2300 RVG ... 7
b) Beratungsgebühr gem. § 34 RVG ... 10
2. Abrechnung der Geschäfts- oder der Beratungsgebühr? ... 13
a) Einführung ... 13
b) Früherer Meinungsstand in der Literatur ... 18
c) Auffassung der Rechtsprechung ... 19
d) Fazit ... 26
3. Abgeltungsbereich der Gebühren ... 27
a) Grundlagen ... 27
b) Steuerrechtliche Beratung im Rahmen der Gestaltung ... 28
c) Anwaltliche Gebühren für die Mitwirkung bei Gesellschaftsverträgen ... 30
4. Zusammenfassung ... 31
II. Vergütungsvereinbarung ... 34
1. Einführung/Grundlagen ... 34
2. Inhalt ... 39
D. Notarkosten ... 44
I. Allgemeines ... 44
II. Gebühren ... 46
III. Geschäftswert/Wertbestimmung ... 47
IV. Rechtswahl im Erbrecht ... 53
V. Erbvertrag und Erklärung unter Lebenden/Ehevertrag ... 58

A. Einleitung

Die nachfolgenden Ausführungen sollen einen Überblick über Grundlagen, Möglichkeiten und Problematiken bei der Abrechnung des Auftrags zur Gestaltung eines Testamentsentwurfs bzw. der Mitwirkung bei der Errichtung eines Testaments nach der Neustrukturierung der **Anwaltsvergütung** durch das Rechtsanwaltsvergütungsgesetz (RVG) geben. Auch die Grundzüge der **Notarkosten** bei der Beratung zu bzw. Beurkundung von Verfügungen von Todes wegen werden dargestellt. 1

B. Anwaltliche Aufklärungspflicht über Gebühren

Einen Rechtsanwalt trifft im Grundsatz keine Verpflichtung, den Mandanten ungefragt über das Entstehen der gesetzlichen Gebühren und insbesondere deren voraussichtliche 2

Höhe aufzuklären.[1] Eine Belehrung über die **Vergütungspflicht** ist nicht stets zwingend. Dass der Rechtsanwalt die vertraglich geschuldete Dienstleistung nur gegen Vergütung erbringt, kann nicht anders erwartet werden.[2] Für eine Vereinbarung (vermeintlich) unentgeltlicher Anwaltsleistungen ist der Mandant beweisbelastet.[3] Es gehört auch nicht zu den anwaltlichen Pflichten, im Rahmen der erbrechtlichen Beratung ohne besonderen Anlass auf die Möglichkeit der Errichtung eines notariellen Testaments und auf etwaige Unterschiede in der notariellen und der anwaltlichen Beratung und/oder auf kostenmäßige Unterschiede hinzuweisen.[4]

3 Der Anwalt schuldet im Grundsatz keinen Hinweis auf die anfallende **Gebührenhöhe**, weil der Mandant regelmäßig damit rechnen muss, dass er die gesetzliche Anwaltsvergütung zu zahlen hat.[5] Ausnahmen bestehen nur dann, wenn aufgrund besonderer Umstände ein Aufklärungsbedürfnis des Mandanten anzunehmen und für den Anwalt zu erkennen ist:

- Der Mandant fragt ausdrücklich nach den voraussichtlich entstehenden Kosten und Gebühren oder ist sich erkennbar über die Höhe der Kosten nicht im Klaren.[6]
- Bedarf die beabsichtigte Verfügung zu ihrer Wirksamkeit der notariellen Beurkundung, ist der Anwalt zur Aufklärung verpflichtet. Dies betrifft den Abschluss des Erbvertrags und die häufig im Zusammenhang mit dessen Erstellung vorkommenden Verzichtsverträge (Erb- und Pflichtteilsverzichte).[7]
- Der Mandant ist auf die Höhe der Vergütung hinzuweisen, wenn eine mit dem anwaltlichen Auftrag beabsichtigte Rechtsverfolgung augenscheinlich unwirtschaftlich ist bzw. mit einem ungewöhnlich hohen Kostenrisiko verbunden ist.[8]
- Ein Aufklärungsbedürfnis des Mandanten über Gebühren und deren Höhe, einhergehend mit der Verpflichtung des Anwalts, diese zu erläutern, besteht, wenn er Versicherungsnehmer einer Rechtsschutzversicherung ist.

4 Aus den berufsrechtlichen Pflichten des Rechtsanwalts folgt, dass er vor der Annahme bzw. Übernahme des Auftrags gem. § 49b Abs. 5 BRAO auf die Abrechnung seiner Gebühren auf der Grundlage eines Gegenstandswerts hinweisen muss, wenn sich die von ihm zu erhebenden Gebühren nach dem **Gegenstandswert** richten (sollen). Da der Anwalt im Streitfall konkret darzulegen hat, in welcher Weise er den Mandanten aufgeklärt hat,[9] sollte er im Zusammenhang mit der schriftlichen Bestätigung des Auftrags ausdrücklich auch darauf hinweisen. Unterlässt er diesen Hinweis, entfällt zwar nicht der Vergütungsanspruch für die anwaltliche Tätigkeit, gleichwohl könnte dies im Einzelfall zu einer Schadensersatzverpflichtung aus § 280 BGB führen.[10]

---

1 OLG Düsseldorf NJW 2000, 1650.
2 *Toussaint*, Vorbem. zu § 1 Rn 10; BGH NJW 2007, 2332, 2333.
3 OLG Naumburg NJW 2009, 1679; Mayer/Kroiß/*Winkler*, § 34 Rn 25.
4 LG Hannover ZErb 2005, 385.
5 OLG Hamm NJOZ 2013, 977, 978.
6 BGH NJW 2007, 2332, 2333.
7 LG Hannover ZErb 2005, 385.
8 OLG München NJW-RR 1991, 1460, 1461.
9 BGH NJW 2008, 371, 372.
10 BGH NJW 2007, 2332, 2334.

C. Anwaltliche Gebühren für den Testamentsentwurf

I. Gesetzliche Gebühren nach dem RVG

Die Höhe der Vergütung für anwaltliche Tätigkeiten bemisst sich nach dem RVG, wenn nichts anderes schriftlich vereinbart wird. Die gesetzliche Vergütung(shöhe) entsteht unabhängig davon, ob sie ausdrücklich vereinbart wurde oder nicht. 5

1. Maßgebliche Gebührentatbestände

Seit dem Inkrafttreten des RVG wurde lange darüber gestritten, ob der Anwalt, der mit dem Entwurf eines Testaments beauftragt ist, die **Geschäftsgebühr** abrechnen kann, oder ob die Mitwirkung bei der Testamentsgestaltung lediglich als **Beratung** zu vergüten ist. 6

Die Geschäftsgebühr nach VV 2300 RVG entsteht im Grundsatz für außergerichtliche Tätigkeiten des Anwalts. Beschränkt sich die Tätigkeit des Anwalts auf einen Rat oder eine Auskunft (Beratung), ist nur der Geltungsbereich des § 34 RVG eröffnet.

a) Geschäftsgebühr gem. Vorbem. 2.3 Abs. 3 zu VV 2300 RVG

Vertritt der Anwalt den Mandanten **außergerichtlich** und betreibt er ein **nach außen gerichtetes Geschäft** für den Mandanten, entsteht regelmäßig die Geschäftsgebühr gem. Vorbem. 2.3 Abs. 3 zu VV 2300 RVG. Diese Gebühr wird zudem ausgelöst, wenn der Anwalt an der Gestaltung eines Vertrags mitwirkt. 7

Für alle in einer **Angelegenheit** anfallenden Tätigkeiten fällt eine Gebühr an. Die Geschäftsgebühr hat einen Gebührenrahmen von 0,5–2,5. Die Regelgebühr liegt bei 1,3. Zudem findet sich im Gesetz die Einschränkung, dass eine „Gebühr von mehr als 1,3 nur gefordert werden kann, wenn die Tätigkeit umfangreich oder schwierig war". Als Wert- oder Festgebühr ist die Gebühr auf der Grundlage des Gegenstandswerts zu bemessen. Die Wertbestimmung erfolgt nach § 23 RVG i.V.m. §§ 48 ff. GKG. Ergibt sich aus den §§ 48 ff. GKG keine besondere Regelung, gelten die §§ 3–9 ZPO. 8

Soweit der Anwendungsbereich der Geschäftsgebühr nach VV 2300 RVG eröffnet ist, ist sozusagen spiegelbildlich die Abrechnung der Beratungsgebühr nach § 34 Abs. 1 S. 1 RVG ausgeschlossen. Maßgeblich wird sein, welchen **konkreten Auftrag** der Anwalt hat. Bezieht sich der Auftrag auf eine außergerichtliche Tätigkeit, die jedoch keine Vertretung, sondern (nur) eine Beratung des Mandanten zum Gegenstand hat, fällt die Geschäftsgebühr nicht an.[11] Die Geschäftsgebühr setzt das Betreiben eines Geschäfts im Auftrag des Mandanten voraus, der auf eine Tätigkeit des Anwalts nach außen gerichtet ist.[12] Soll der Anwalt demgegenüber ausschließlich nach innen gegenüber dem Mandanten tätig werden, beschränkt sich seine Tätigkeit im Wesentlichen auf den Informationsaustausch zwischen Anwalt und Auftraggeber, verdient er dann (nur) die im nachfolgenden Abschnitt erläuterte Beratungsgebühr (wenn und soweit er keine Vergütungsvereinbarung mit dem Mandanten abschließt). 9

11 Schneider/Volpert/*Reckin*, VV Vorb. 2.3 Rn 28.
12 BGH AGS 2018, 165, 166.

b) Beratungsgebühr gem. § 34 RVG

10 Die außergerichtliche Beratung definiert sich als die Erteilung eines mündlichen oder schriftlichen Rats oder einer Auskunft.

Ein **Rat** ist die Empfehlung, wie sich der Mandant in einer bestimmten Situation oder Lage verhalten soll. Beim Rat kommt es dem Mandanten nur auf das Ergebnis, nicht aber auf die rechtlichen Erwägungen, die zu diesem Ergebnis geführt haben, an.[13] Um eine **Auskunft** handelt es sich, wenn sich die Empfehlung nicht auf eine bestimmte Situation, eine bestimmte Lage bezieht, sondern allgemeiner Natur ist, ohne einen Bezug auf einen bestimmten Einzelfall.

11 Für den gesamten Bereich dieser außergerichtlichen Beratung, die sich nicht als Vertretung nach außen oder als Mitwirkung bei der Gestaltung eines Vertrags darstellt, will das Gesetz den Anwalt zum Abschluss einer **Honorarvereinbarung** drängen. § 34 RVG bestimmt im Ergebnis, dass der Anwalt u.a. für eine Beratung, die nicht mit einer anderen gebührenpflichtigen Tätigkeit zusammenhängt, auf eine Gebührenvereinbarung hinwirken soll. Unterbleibt diese, bestimmt sich die Vergütung für die Anwendungsfälle des § 34 Abs. 1 S. 1 RVG nach den Vorschriften des Bürgerlichen Rechts. Die Vergütung richtet sich dann nach § 612 Abs. 2 BGB.[14] Ist der Auftraggeber **Verbraucher**, limitiert § 34 Abs. 1 S. 3 RVG die Gebühr für eine Beratung außerhalb der Erstberatung bzw. weitergehend auf einen Betrag von jeweils 250 EUR. Für ein **erstes** Beratungsgespräch mit einem Verbraucher ist die Vergütung sogar auf (nur) 190 EUR gekappt.[15] Leider hat das Kosten- und Betreuervergütungsrechtsänderungsgesetz 2025 – KostBRÄG 2025[16] keine Anpassung auch dieses Betrages vorgesehen. Die Vorschrift will nur eine angemessene, aber nach Auffassung des Gesetzgebers weder zu geringe noch zu großzügige Vergütung bereitstellen. Sie soll danach nur sichern, dass der Anwalt in etwaigen Grenzfällen nicht gänzlich umsonst arbeiten muss.[17]

12 Wird der Anwalt in einem der Anwendungsfälle des § 34 Abs. 1 S. 1 RVG von **mehreren Auftraggebern** beauftragt, soll sich nach der Auffassung von Teilen der Literatur die Kappungsgrenze für jeden weiteren Auftraggeber um 30 % sowohl bei der Erstberatungsgebühr als auch bei der darüber hinausgehenden beratenden Tätigkeit erhöhen.[18] Die Rechtsprechung verneint die Erhöhung mit der Begründung, dass sich nach dem Wortlaut der VV 1008 RVG ausschließlich die Verfahrens- oder Geschäftsgebühr erhöhe und die von diesen Gebühren zu unterscheidende Beratungsgebühr nicht erfasst sei.[19]

Nach hier vertretener Auffassung erhöht sich die Beratungsgebühr des § 34 RVG nicht. § 34 RVG verweist eigentlich nur auf die Vorschriften des Bürgerlichen Rechts, sodass eine gesetzliche Gebühr, die erhöht werden könnte, nicht vorhanden ist.[20]

---

13 Gerold/Schmidt/*Mayer*, § 34 Rn 7, 8.
14 AG Bielefeld ErbR 2010, 222.
15 Schneider/Volpert/*Thiel/Eder*, § 34 Rn 1.
16 BGBl I 2025 Nr. 109 v. 10.4.2025
17 *Toussaint*, § 34 Rn 9.
18 So Schneider/Volpert/*Thiel/Eder*, § 34 Rn 116; auch Groll/Steiner/*Ruby*, Rn 2.9.
19 KG MDR 2007, 807.
20 So *Toussaint*, VV 1008 Rn 21; auch Schneider/Volpert/*Thiel/Eder*, VV 1008 Rn 84.

2. Abrechnung der Geschäfts- oder der Beratungsgebühr?

a) Einführung

Es war lange umstritten, ob der Anwalt, der mit der Entwurfserstellung oder der Mitwirkung bei der Gestaltung eines Testaments beauftragt ist, seine Tätigkeit mit der Geschäftsgebühr abrechnen kann. Vor Inkrafttreten des RVG löste die Mitwirkung des Anwalts bei der Gestaltung eines Testaments stets die Geschäftsgebühr aus. Während in der Vorgängervorschrift zu VV 2300 RVG, in § 118 Abs. 1 Nr. 1 BRAGO, das Entwerfen von Urkunden ausdrücklich aufgeführt war, ist der Wortlaut des Gebührentatbestands im RVG anders gefasst. Nach dem RVG (Anlage 1 Teil 2 Abschnitt 3, unter der Überschrift „Vertretung") entsteht die Geschäftsgebühr „für das Betreiben des Geschäfts einschließlich der Information und für die Mitwirkung bei der Gestaltung eines Vertrags"; die Mitwirkung bei der Errichtung von Urkunden zählt somit nach dem Wortlaut des Gesetzes nicht mehr zum „Betreiben eines Geschäfts". 13

Die Rechtslage ist eindeutig, soweit der Anwalt beauftragt ist, den Entwurf eines **Erbvertrags** oder eines Erb- bzw. Pflichtteilsverzichtsvertrags auszuarbeiten, zu überarbeiten oder zu prüfen. Es handelt sich dabei um einen Vertrag, dessen Entwurfserstellung oder Prüfung als Mitwirkung bei der Gestaltung immer die Geschäftsgebühr auslöst. 14

Demgegenüber handelt es sich weder bei Einzeltestamenten noch bei gemeinschaftlichen **Testamenten** um Verträge im eigentlichen Sinn. Deshalb könnte die Gestaltung eines Entwurfs nach dem Wortlaut nur dann in den Anwendungsbereich der Geschäftsgebühr fallen, wenn man diese Tätigkeit als Betreiben eines Geschäfts ansehen kann. Andernfalls ist die Mitwirkung bei der Errichtung eines Testaments nur eine Beratungstätigkeit, mit der Konsequenz, dass nur der Anwendungsbereich des § 34 RVG eröffnet ist. 15

Schließt der Anwalt in den Fällen des § 34 RVG keine Gebührenvereinbarung, könnte er für den Entwurf eines Testaments maximal 250 EUR abrechnen. Diese Grenze greift, obgleich man davon ausgehen kann, dass die Gestaltung eines Testamentsentwurfs eine weitergehende Tätigkeit ist, die über ein Beratungsgespräch hinausgeht, und/oder der Anwalt Eheleute gemeinschaftlich berät (da die Beratungsgebühr nicht erhöht wird). Angesichts des Aufwands und des nicht unerheblichen Haftungspotenzials ist ohne Weiteres ersichtlich, dass das keine angemessene Abrechnung, keine angemessene Bewertung der anwaltlichen Dienstleistung darstellt. 16

Wäre der Anwendungsbereich der Geschäftsgebühr eröffnet, könnte man auf der Grundlage eines Gegenstandswerts (Wert des Vermögens ohne Abzug von Verbindlichkeiten) abrechnen. 17

b) Früherer Meinungsstand in der Literatur

Die früher wohl überwiegende Meinung in der Literatur sprach sich für eine Geschäftsgebühr aus, weil mit der Entwurfserstellung die anwaltliche Tätigkeit weiter über die Beratung hinausgehe. Begründet wurde dies damit, dass in der maßgeblichen Vorschrift nur aufgeführt sei, dass der Anwalt die Geschäftsgebühr „einschließlich für die Mitwirkung bei der Gestaltung von Verträgen" erhält. Deshalb sei von einer klarstellenden Hervorhebung, nicht aber von einer abschließenden Aufzählung in Vorbem. 2.3 Abs. 3 zu VV 2300 RVG auszugehen.[21] Der Wortlaut schließe nicht aus, dass auch eine nach außen nicht sichtbare Mitwirkungshandlung die Geschäftsgebühr auslöse. Der Anwendungsbereich müsse so 18

21 *Schneider*, AGS 2006, 60.

interpretiert werden, dass eine Testamentserstellung unter die allgemeine Beschreibung „Betreiben eines Geschäfts" falle.[22]

c) Auffassung der Rechtsprechung

19 Rechtsprechung und Teile der Literatur[23] lehnten dies im Grundsatz schon immer ab. Die Abgrenzung einer Beratung von einer Geschäftsbesorgung und damit die Abgrenzung einer Beratungs- von einer Geschäftsgebühr hänge ausschließlich davon ab, ob der Anwalt auftragsgemäß nur im **Innenverhältnis** tätig sein soll bzw. wird und mit der Tätigkeit aufgrund des erteilten Auftrags keine Vertretung nach außen verbunden ist. Die Beratung beschränke sich begrifflich auf den Informationsaustausch zwischen Anwalt und Auftraggeber.[24]

20 Zunächst hatte sich das AG Hamburg-Altona dafür ausgesprochen, dass der Anwalt für den Entwurf eines Testaments nur die Beratungsgebühr nach § 34 Abs. 1 S. 3 RVG erhalte.[25]

21 In einer Grundlagenentscheidung, allerdings nicht im Kontext zur Tätigkeit des Anwalts im Rahmen der Gestaltung eines Testamentsentwurfs, hatte sich das OLG Nürnberg mit der Frage auseinandergesetzt, ob eine Geschäftsgebühr für den intern beratenden, nicht nach außen auftretenden Anwalt anfallen könne.[26] Dies wird im Ergebnis verneint.

In der Formulierung im Gebührentatbestand, „für das Betreiben des Geschäfts", komme zum Ausdruck, dass es sich um die Gebühr handelt, mit der die außergerichtliche Vertretung abzurechnen ist. Auch die Gesetzesbegründung stelle ausdrücklich auf die außergerichtliche Vertretung ab. Ein solche liege nicht vor, wenn der Anwalt gar nicht nach außen auftreten soll.[27]

22 Auf dieser Grundlage hat das OLG Düsseldorf am 30.4.2012[28] entschieden, dass ein Anwalt für den Entwurf eines gemeinschaftlichen, aber nicht wechselbezüglichen Testaments keine Geschäftsgebühr abrechnen könne. Bei der Erstellung eines Testamentsentwurfs werde eine beratende Tätigkeit entfaltet, weil der Anwalt nicht nach außen tätig wird[29] bzw. werden soll.

Nur dann, wenn ein vertragsähnlicher Charakter beim Entwurf eines Testaments gegeben ist, könne ggf. von einer Mitwirkung an der Gestaltung eines Vertrags ausgegangen werden. Entsprechend könne der Entwurf eines wechselbezüglichen, gemeinschaftlichen Testaments in den Anwendungsbereich der Geschäftsgebühr fallen.[30]

23 Der BGH hat daraufhin klargestellt, dass „die auftragsgemäß auf den Entwurf eines Testaments beschränkte Tätigkeit eines Rechtsanwalts als Beratung" (nach § 34 Abs. 1 RVG) „und nicht als Betreiben eines Geschäfts" (nach VV 2300 RVG) zu vergüten ist.[31] Das Betreiben eines Geschäfts, das die Geschäftsgebühr auslöst, setze immer einen Auftrag voraus, der auf eine Tätigkeit nach außen gerichtet ist. Wenn aber der Auftrag darauf

22 So noch Bonefeld/Kroiß/Tanck/*Littig*, 5. Aufl., § 10 Rn 90.
23 *Scheider*, ErbR 2015, 679, 680.
24 Schneider/Volpert/*Thiel/Eder*, § 34 Rn 18, 19.
25 AG Hamburg-Altona ZEV 2008, 294.
26 OLG Nürnberg NJW 2011, 621.
27 OLG Nürnberg NJW 2011, 621, 622.
28 OLG Düsseldorf FamRZ 2013, 727.
29 OLG Düsseldorf FamRZ 2013, 727.
30 OLG Düsseldorf FamRZ 2013, 727.
31 BGH AGS 2018, 165.

gerichtet sei, den Mandanten zu beraten und ein Testament zu entwerfen, sei eine Tätigkeit gegenüber Dritten nicht geschuldet.[32]

Offengelassen hatte der BGH zunächst noch die Frage, wie die Tätigkeit des Anwalts zu vergüten ist, wenn er beauftragt ist, den Entwurf eines **gemeinschaftlichen, wechselbezüglichen Testaments** zu gestalten. Diese Frage gab in der Literatur breiten Spielraum zu Diskussionen. Während teilweise[33] die Auffassung vertreten wurde, wegen der Nähe zum Erbvertrag (ein bindend gewordenes gemeinschaftliches Testament habe den gleichen Charakter wie ein Erbvertrag[34]) würden die besseren Argumente für die Gewährung einer Geschäftsgebühr sprechen, hoben Teile der Literatur hervor, dass ein Testament ein Testament bleibt und auch durch wechselbezügliche Regelungen zu keinem Vertrag wird. Wenn die Parteien keinen Erbvertrag, sondern ein gemeinschaftliches Testament wollen, dann sei der Auftrag nicht auf die Gestaltung eines Vertrags gerichtet.[35] 24

Mit dem Urteil des BGH vom 15.4.2021[36] ist auch diese Frage entschieden. Ein **gemeinschaftliches Testament** ist auch dann **kein Vertrag** – auch nicht im gebührenrechtlichen Sinn –, wenn es wechselbezügliche Verfügungen enthält. Es bleibt nach der Legaldefinition des § 1937 BGB bei **einseitigen Verfügungen**, hier beider Ehegatten oder Lebenspartner, die in Form wechselbezüglicher Verfügungen (nur) in besondere Abhängigkeit voneinander gebracht werden. Demgegenüber bedarf es zum Abschluss eines Vertrags zweier aufeinander bezogener korrespondierender Willenserklärungen (Angebot und Annahme). Auch eine erweiternde Auslegung des Anwendungsbereichs der VV 2300 RVG ist nicht geboten, um eine, die verfassungsmäßigen Rechte des Anwalts wahrende, angemessene Vergütung zu sichern. Vielmehr hat der Anwalt ausdrücklich die Möglichkeit, seine Gebühren frei auszuhandeln. 25

d) Fazit

Vor dem Hintergrund der Deregulierung im Vergütungsrecht und der o.a. Rechtsprechung muss man für die anwaltliche Tätigkeit im Rahmen der Erbvertrags- und Testamentserrichtung schlussfolgern: 26

- Soweit der Anwalt ein vorhandenes Testament bzw. den vorhandenen Entwurf eines Testaments prüfen soll, ist dies eine Beratung, nicht aber eine Geschäftsbesorgung,[37] selbst wenn er Änderungsvorschläge erarbeiten soll.[38] Er kann nur eine Beratungstätigkeit abrechnen, die ohne gesonderte Vereinbarung nur die Beratungsgebühr nach § 34 Abs. 1 S. 3 RVG auslöst.
- Zwar gelten Eheleute als mehrere Auftraggeber. Gleichwohl kommt die Gebührenerhöhung nach VV 1008 RVG in diesen Fällen nicht in Betracht (siehe Rdn 11).
- Der Entwurf eines Einzeltestaments ist in jedem Fall nur eine Beratungstätigkeit, die ohne gesonderte Vereinbarung die Beratungsgebühr nach § 34 Abs. 1 S. 3 RVG auslöst.
- Der Entwurf eines gemeinschaftlichen Ehegattentestaments, ob ohne oder mit wechselbezüglichen Verfügungen, löst ohne gesonderte Vereinbarung nur die Beratungsgebühr

32 BGH AGS 2018, 165, 166; die Vorinstanz, das LG Wiesbaden, gewährte hingegen noch eine Geschäftsgebühr.

33 *Kamps*, ErbR 2018, 313.

34 Bonefeld/Kroiß/Tanck/*Uricher*, § 10 Rn 90.

35 *Schneider*, ErbR 2018, 312, 313; *Schneider*, AGS 2018, 165, 169.

36 BGH v. 15.4.2021 – IX ZR 143/20, NJW 2021 1680.

37 Schneider/Volpert/*Reckin*, VV Vorb. 2.3 Rn 53, 56.

38 AG Hamburg-Altona ZEV 2008, 294, 295.

nach § 34 Abs. 1 S. 3 RVG aus. Eine Gebührenerhöhung nach VV 1008 RVG scheidet aus (siehe Rdn 11).

- Die Erstellung des Entwurfs eines Erbvertrags ist als Geschäftsgebühr nach Vorbem. 2.3 Abs. 3 zu VV 2300 RVG abzurechnen (wobei den Anwalt wegen der im Nachgang notwendigen Beurkundung die Aufklärungspflicht hinsichtlich der Gebühren trifft, siehe Rdn 3). Ist der Entwurf im Auftrag mehrerer Personen erstellt, entsteht die Gebührenerhöhung nach VV 1008 RVG.

3. Abgeltungsbereich der Gebühren

a) Grundlagen

27 § 15 RVG stellt den Grundsatz der Einmaligkeit der Gebühren auf. Damit kommt den Gebühren ein Pauschalcharakter zu. Innerhalb **derselben** Angelegenheit sind grundsätzlich sämtliche Tätigkeiten erfasst,[39] die Gebühren entgelten im Grundsatz die gesamte Tätigkeit des Rechtsanwalts vom Auftrag bis zur Erledigung. **Mehrere** Angelegenheiten können gesondert abgerechnet werden.

Für die Frage, wann von derselben Angelegenheit auszugehen ist oder wann mehrere Angelegenheiten vorliegen, ist der **Inhalt** des erteilten Auftrags maßgebend. Dabei ist es ein und dieselbe Angelegenheit, wenn zwischen den Leistungen ein innerer Zusammenhang besteht.[40]

b) Steuerrechtliche Beratung im Rahmen der Gestaltung

28 Bei der inhaltlichen Gestaltung eines Testamentsentwurfs stellt sich immer die Frage nicht nur nach der steuerlichen Auswirkung, sondern auch nach der Optimierung der Regelungen. Häufig ist der Anwalt selbst gefragt, wenn es um die steuerrechtliche Beratung geht.

Eine zusätzliche Abrechnung dieser Beratung nach der **Steuerberatervergütungsverordnung** (StBVV) kommt **nicht** in Betracht. Für Tätigkeiten eines Rechtsanwalts gilt diese auch dann nicht unmittelbar, wenn es sich um eine Tätigkeit handelt, für die die StBVV einen Gebührentatbestand enthält.[41]

Nur wenn der Tatbestand des § 35 RVG erfüllt ist, kann eine Abrechnung der **Hilfeleistung** bei der Erfüllung **allgemeiner Steuerpflichten** nach der StBVV in Betracht kommen. Bei der inhaltlichen Gestaltung von Testamentsentwürfen werden die in § 35 RVG durch Verweis auf die §§ 23–39 StBVV aufgezählten Einzeltätigkeiten (z.B. Steuererklärungen, Buchführung und Lohnbuchführung) des steuerlichen Beraters aber zumeist nicht anfallen.

29 Steuerliche Auswirkungen im Rahmen des Auftrags zur inhaltlichen Gestaltung eines Testamentsentwurfs sind immer zu prüfen bzw. gegeben, sodass der innere Zusammenhang vorhanden ist. Die Erstellung eines Testamentsentwurfs und die damit zusammenhängende steuerrechtliche Beratung werden insoweit ein und **dieselbe Angelegenheit** sein. Im Ergebnis muss man davon ausgehen, dass – egal, ob die Geschäftsgebühr oder die Beratungsgebühr gem. § 34 RVG abgerechnet wird – die mit der Mitwirkung bei der Gestaltung notwendige und/oder tatsächlich erbrachte steuerliche Beratung damit abgegolten ist.

---

39 Schneider/Volpert/*Schneider*, § 15 Rn 11.

40 OLG Köln OLGR 1999, 220.

41 OLG Düsseldorf, Urt. v. 8.4.2005 (zur vorher geltenden StBGebV), zitiert nach juris.

c) Anwaltliche Gebühren für die Mitwirkung bei Gesellschaftsverträgen

Häufig ist es erforderlich, bei der Gestaltung von Testamentsentwürfen bei Unternehmern die Gesellschaftsverträge zu prüfen und ggf. anzupassen. Allein die **Prüfung**, ohne inhaltliche Änderung, ist mit der Vergütung für die Erstellung des Testamentsentwurfs abgegolten. 30

Soweit der Gesellschaftsvertrag aber **ergänzt** werden muss, also etwaige sog. erbrechtliche Klauseln (z.B. Fortsetzungs- oder Nachfolgeklausel) in den Gesellschaftsvertrag eingearbeitet bzw. angepasst werden, wird dies eine gesonderte Angelegenheit darstellen und vom Abgeltungsbereich der Gebühren für die Mitwirkung an der Gestaltung des Testaments nicht umfasst sein.

Wenn der Anwalt beauftragt ist, den **Entwurf** eines Gesellschaftsvertrags auszuarbeiten bzw. an der Erstellung eines Gesellschaftsvertrags, wenn auch nur durch eine Klausel, mitzuwirken, kann er dies gesondert – auch neben der Erstellung des Testamentsentwurfs – abrechnen, die Geschäftsgebühr wird ausgelöst. VV 2300 RVG stellt nicht nur auf das eigene Entwerfen eines Vertrags ab, sondern lässt jede Mitwirkungshandlung genügen, sodass der Anwendungsbereich der Geschäftsgebühr eröffnet ist, wenn Änderungen und/oder Richtigstellungen erarbeitet werden sollen.

4. Zusammenfassung

Nach der höchstrichterlichen Rechtsprechung ist maßgebliches Abgrenzungskriterium zwischen anwaltlicher Beratung und Geschäftsbesorgung, ob der Anwalt aufgrund des ihm erteilten Auftrags **nach außen tätig** werden soll. Daher ist auch die Mitwirkung an der Errichtung eines Testaments bzw. die Gestaltung eines entsprechenden Entwurfs für den Mandanten nicht als Geschäftstätigkeit, sondern als Beratung i.S.d. § 34 RVG anzusehen, egal, ob es sich um den Entwurf eines Einzeltestaments oder eines gemeinschaftlichen Testaments handelt. Insoweit spielt es keine Rolle, ob es sich um ein einseitiges Testament handelt, um mehrere Testamente, die aufeinander abzustimmen sind, oder um ein gemeinschaftliches Testament.[42] Dies bedeutet konkret, dass der Entwurf eines Testaments mit der Beratungsgebühr abgegolten ist. 31

Der BGH ist auch der Auffassung, dass nach der Konzeption des Gesetzes der Abschluss einer **Gebührenvereinbarung** gem. § 34 Abs. 1 S. 1 RVG die **Regel** und die Abrechnung der Vergütung nach den Vorschriften des Bürgerlichen Rechts (§ 34 Abs. 1 S. 2 RVG, § 612 BGB) die Ausnahme sein soll.[43] Eine (schriftliche) Vergütungsvereinbarung ist vor diesem Hintergrund im Grundsatz unerlässlich. 32

Praxistipp 33
Der Anwalt muss bei der Mitwirkung und Gestaltung von Testamentsentwürfen, egal ob Einzeltestament oder gemeinschaftliches Testament, immer auf den Abschluss einer Gebühren- oder Vergütungsvereinbarung bestehen, um nicht Gefahr zu laufen, „nur" eine (im Ergebnis unangemessene) Gebühr von maximal 250 EUR abrechnen und im Streitfall gerichtlich durchsetzen zu können.

42 *Schneider*, NJW-Spezial 2021, 315.
43 BGH NJW 2021, 1680, 1681.

II. Vergütungsvereinbarung

1. Einführung/Grundlagen

34 § 34 RVG enthält das Gebot, für die beratende Tätigkeit eine **Gebührenvereinbarung** abzuschließen. Für die genannten konkreten Tätigkeiten (mündlicher oder schriftlicher Rat bzw. Auskunft/Beratung) weist der Gesetzgeber auf die Notwendigkeit hin, wenn der Anwalt andere und insbesondere höhere Gebühren als Gebühren nach den Vorschriften des Bürgerlichen Rechts geltend machen möchte. Die §§ 3a ff. RVG implizieren die Zulässigkeit einer Vereinbarung.[44]

35 Die **Formvorschriften** des § 3a Abs. 1 S. 1 und S. 2 RVG finden nach der Ausnahmeregelung des § 3a Abs. 1 S. 4 RVG auf eine Gebührenvereinbarung nach § 34 RVG keine Anwendung. Sie ist von der Textform befreit, muss nicht als Vergütungsvereinbarung bezeichnet werden, bedarf keiner räumlichen Trennung von anderen Vereinbarungen und darf im Grundsatz optisch und textlich mit anderen Vereinbarungen, z.B. mit Haftungsbegrenzungen oder einer Vollmacht, kombiniert werden.[45]

36 Bei der Verwendung von Mustern oder ausformulierten Texten ist aber zu berücksichtigen, dass das Recht der **Allgemeinen Geschäftsbedingungen** Anwendung findet. Bei Verbraucherverträgen wird gem. § 310 Abs. 3 BGB vermutet, dass die Vertragsbedingungen vom Anwalt gestellt worden sind. Wegen der Anwendbarkeit der §§ 305 ff. BGB sollte man auf entsprechende Vordrucke verzichten. Zudem sollten Mandats- und Vergütungsvereinbarungen in getrennten Verträgen geregelt werden.

37 Die Angemessenheitsklausel, die in § 4 RVG normiert ist, findet auf die Gebührenvereinbarung des § 34 RVG keine Anwendung.[46] Auch anwaltliche **„Dumpingpreise“** in diesem Bereich sind daher im Ergebnis vergütungsrechtlich nicht zu beanstanden.

38 Jede Vergütungsvereinbarung muss dem Bestimmtheitsgebot genügen. Der Mandant muss erkennen, wissen und überprüfen können, mit welchen Zahlungsverpflichtungen er wann zu rechnen hat.

2. Inhalt

39 Bei der inhaltlichen Konzeption besteht ein breiter Gestaltungsspielraum. So sind z.B. folgende Vereinbarungen möglich:

- Pauschalhonorar
- Zeithonorar/-vergütung
- Kombination von Pauschal- und Zeithonorar
- Fingieren eines bestimmten Gebührentatbestands des Vergütungsverzeichnisses/Abrechnung auf einem Gegenstandswert

40 Grundsätzlich unzulässig soll die Vereinbarung eines Erfolgshonorars sein, es sei denn, nach dem RVG ist dies im Einzelfall möglich. Ausnahmen sind also nur dann möglich, wenn und soweit das RVG diese vorsieht. Die maßgebliche Regelung dazu findet sich in § 4a Abs. 1 RVG, wonach das **Erfolgshonorar** nur für den Einzelfall und nur dann vereinbart werden kann, wenn der Auftraggeber aufgrund seiner wirtschaftlichen Verhältnisse bei verständiger Betrachtung ohne die Vereinbarung eines Erfolgshonorars von der Rechtsver-

44 Schneider/Volpert/*Schneider*, § 3a Rn 8.
45 Schneider/Volpert/*Schneider*, § 34 Rn 9.
46 Schneider/Volpert/*Schneider*, § 34 Rn 11.

folgung abgehalten würde. Daraus wird im Ergebnis ersichtlich, dass im Rahmen der Erstellung von Testamenten die Vereinbarung eines Erfolgshonorars nicht denkbar sein wird.

Im Rahmen der Vergütungsvereinbarung sind neben den personenbezogenen Daten der 41
Vertragspartner folgende **Festlegungen** empfehlenswert, wenn nicht notwendig:

- Sämtliche **Leistungen** des Anwalts, die von der Vereinbarung umfasst sind, sollen abschließend beschrieben werden.
- Die **Vergütungsart** bzw. -grundlage ist detailliert und genau zu beschreiben. Bei zeitabhängiger Vergütung sind der – angemessene – Stundensatz mitzuteilen und das Abrechnungsintervall festzulegen. Strittig ist, ob und welche Zeittaktung (z.B. sechs oder zehn Minuten) zulässigerweise vereinbart werden kann.[47] Gleichwohl wird es sinnvoll sein, bei der Taktung nach Stunden zu vereinbaren, was bzw. welche Zeiteinheit berechnet wird, wenn eine Tätigkeit entfaltet wird, die keine Stunde ausfüllt. Angesichts der unklaren Rechtssituation ist zu empfehlen, festzulegen, dass eine Stunde als Abrechnungseinheit eben 60 Minuten beträgt, und dann minutengenau abzurechnen. Auch gegen einen Sechs-Minuten-Takt ($^1/_{10}$ einer Stunde) werden vielfach in der Rechtsprechung bislang noch keine Einwände erhoben.
- Eine Bestimmung für **Auslagen** und **Umsatzsteuer** ist zu treffen mit dem Hinweis darauf, dass die Auslagen zusätzlich zum Honorar anfallen.
- **Fälligkeits**- und ggf. **Vorschussregelungen** sind aufzunehmen.

Der Anwalt ist dann, wenn er eine **zeitabhängige Vergütung** vereinbart, verpflichtet, die von ihm innerhalb des Zeitintervalls erbrachte Leistung in der Abrechnung konkret und nachprüfbar anzugeben.[48]

Muster 3.1: Vergütungsvereinbarung für die Beratungstätigkeit 3.1

Vergütungsvereinbarung 42

Zwischen

- nachfolgend Mandant genannt -

und

- nachfolgend Auftragnehmer genannt -

wird im Hinblick auf die Bedeutung und den Umfang der Tätigkeit folgende Vereinbarung getroffen:

Für die **Beratung** des Mandanten durch den Auftragnehmer in der Angelegenheit

wegen Testamentsgestaltung wird eine Vergütung von pauschal ______ EUR/von ______ EUR pro Zeitstunde* zuzüglich gesetzlicher Auslagen, Nebenkosten, Reisekosten und Umsatzsteuer vereinbart. Eine Zeitstunde beträgt dabei 60 Minuten. Bei Vereinbarung von Zeithonorar erfolgt die Abrechnung je angefangene 6 Minuten.

Als Entgelt für Post- und Kommunikationsdienstleistungen gelten 20 % der Gebühren entsprechend den Bestimmungen des Rechtsanwaltsvergütungsgesetzes als vereinbart, höchstens jedoch ______ EUR.

---

47 Vgl. die Darstellung bei Schneider/Volpert/*Schneider*, § 3a Rn 64.
48 BGH MDR 2010, 529.

Grundsätzlich ist die Vergütung gem. § 8 RVG nach Beendigung des Auftrags fällig. Der Auftragnehmer ist berechtigt, jederzeit angemessene Vorschüsse zu verlangen. Bei Vereinbarung von Zeithonorar wird dem Mandanten über die geleisteten Stunden monatlich eine Information erteilt, die als anerkannt gilt, wenn der Mandant nicht innerhalb von zwei Wochen widerspricht.

Der Mandant wird darauf hingewiesen, dass die hier vereinbarte Vergütung von der gesetzlichen Gebührenregelung abweicht und die gesetzlichen Gebühren übersteigen kann und möglicherweise nicht von einer bestehenden Rechtsschutzversicherung des Mandanten gedeckt wird.

Für den Fall, dass der Mandant den Auftragnehmer im Zusammenhang mit dieser Angelegenheit mit der außergerichtlichen oder gerichtlichen Vertretung beauftragt, wird die Vergütung für die Vertretung nicht von dieser Vereinbarung gedeckt. Die für die Beratung entstandene Vergütung wird nicht* auf die Vergütung für ggf. anfallende Vertretungsleistungen angerechnet.

, den	, den
Mandant	Auftragnehmer

*Nicht Zutreffendes streichen

43 Immer muss sich der Anwalt fragen, wie er ein angemessenes Verhältnis von Leistung, Verantwortung und Haftungsrisiko zum vereinbarten Honorar darstellen kann. Zumeist wird dies dazu führen, dass ein **Zeithonorar** auf der Basis eines angemessenen Stundensatzes vereinbart wird. Die zeitabhängige Abrechnung hat den unschätzbaren Vorteil, den tatsächlichen Arbeitsaufwand, der zu Beginn des Mandats häufig nicht abschließend einschätzbar sein wird, vergütungstechnisch exakt widerspiegeln zu können.[49] Eine **Pauschalvereinbarung** wird sich nur dann anbieten, wenn der Anwalt sich in der Lage sieht, den Umfang und insbesondere den Zeitaufwand seiner Tätigkeit genau einschätzen zu können.

D. Notarkosten

I. Allgemeines

44 Nicht nur, aber insbesondere im Rahmen der anwaltlichen Beratung bei der Gestaltung von letztwilligen Verfügungen und Verträgen, die zu ihrer Wirksamkeit der **notariellen Beurkundung** bedürfen, stellt sich die Frage der dafür anfallenden Gebühren.

Der Notar ist Träger eines öffentlichen Amts und an verfassungsrechtliche Vorgaben gebunden. Dies gilt auch für die Vergütung von notariellen Tätigkeiten. Die Kosten des Notars sind im Gerichts- und Notarkostengesetz (GNotKG) festgeschrieben; für eine Tätigkeit sind die **gesetzlich vorgeschriebenen Gebühren** zu erheben – nicht mehr und nicht weniger. Gebührenvereinbarungen sind untersagt.

45 Für jedes Geschäft ist ein bestimmter **Gebührensatz** vorgesehen. Ausgehend vom jeweiligen Gebührensatz errechnet sich die Gebühr nach der vom Geschäftswert abhängigen Gebührenstaffelung. Die Beurkundungsgebühr umfasst dabei die umfassende Beratung, die Entwurfstätigkeit sowie die eigentliche Beurkundung.

49 Schneider/Volpert/*Schneider*, § 3a Rn 62.

II. Gebühren

- Für die Beurkundung eines Einzeltestaments fällt eine volle Gebühr nach KV 21200 GNotKG an, mindestens aber 60 EUR. 46
- Bei Beurkundung eines gemeinschaftlichen Testaments bzw. eines Erbvertrags ist eine doppelte (2,0) Gebühr nach KV 21100 GNotKG zu erheben, mindestens aber 120 EUR. Diese Gebühr fällt auch an, wenn im Testament bzw. Erbvertrag neben den erbrechtlich bindenden/wechselbezüglichen auch einseitige Verfügungen eines der Erblasser enthalten sind. Es kommt auch nicht darauf an, ob in einem Erbvertrag ein, zwei oder mehrere Erblasser testieren.[50]
- Für den (einseitigen) Widerruf einer wechselbezüglichen Verfügung in einem gemeinschaftlichen Testament ist eine 0,5-Gebühr gem. KV 21201 GNotKG zu erheben.
- Für den (einvernehmlichen) Widerruf eines gemeinschaftlichen Testaments durch beide Ehegatten oder Lebenspartner fällt eine volle Gebühr nach KV 21102 Nr. 2 GNotKG an.
- Wird mit dem Widerruf oder der Aufhebung einer früheren Verfügung zugleich eine neue Verfügung beurkundet, liegt nach § 109 Abs. 2 Nr. 2 GNotKG derselbe Beurkundungsgegenstand vor; die entsprechende Gebühr fällt nur einmal an.

III. Geschäftswert/Wertbestimmung

Für die Bestimmung des Geschäftswerts sowohl beim Einzeltestament, beim gemeinschaftlichen Testament als auch beim Erbvertrag ist **§ 102 GNotKG** maßgebend. Wird über den **gesamten Nachlass** verfügt, nimmt der Erblasser also insgesamt Erbeinsetzungen vor bzw. trifft damit Bestimmungen zur Gesamtrechtsnachfolge, ist vom Wert des Vermögens des Erblassers im Zeitpunkt der Beurkundung auszugehen. Dabei wird unter Vermögen nur das „vererbbare“ Vermögen verstanden. Vererblich sind im Ergebnis alle dinglichen und persönlichen Vermögensrechte und Verbindlichkeiten einschließlich der Rechte und Verbindlichkeiten aus Bürgschaft oder unerlaubter Handlung.[51] Bei etwaigen Ansprüchen aus (Lebens-)Versicherungen, über die ausdrücklich im Testament verfügt werden soll, kann der Rückkaufswert im Zeitpunkt der Beurkundung zugrunde gelegt werden. Vom Wert des Vermögens sind grundsätzlich die **Verbindlichkeiten** abzuziehen, jedoch begrenzt nur bis zur Hälfte des Werts des (Aktiv-)Vermögens (sog. modifiziertes Reinvermögen). Abzugsfähig können auch im Zeitpunkt der Beurkundung bereits etwaige bestehende Altenteils-, Nießbrauchs- oder Wohnrechte sein, nicht hingegen Vermächtnisse, Pflichtteilsansprüche und/oder Auflagen. Etwaige (zukünftige) Bestattungskosten sind keine Verbindlichkeiten des Erblassers. 47

Auch sog. **zukünftiges Vermögen** kann nach § 102 Abs. 2 GNotKG im Einzelfall zu berücksichtigen sein, wenn und soweit dieser Vermögenswert in der Verfügung konkret bezeichnet und darüber verfügt wird. Dies wird zumeist der Fall sein, wenn ein bestimmter Vermögensgegenstand erst noch erworben werden soll (ggf. auch durch Erbschaft), der Erblasser aber hinsichtlich dieses Gegenstands bereits Verfügungen trifft, also z.B. ein Vermächtnis anordnet. 48

Treffen mehrere Erblasser im **gemeinschaftlichen Testament** oder im **Erbvertrag** letztwillige Verfügungen, sind die Vermögensmassen zunächst getrennt zu berechnen (Aktiva – Passiva). Maßgeblich ist die Summe der modifizierten Reinvermögen sämtlicher an der 49

50 *Diehn/Volpert*, Rn 566.
51 Grüneberg/*Weidlich*, § 1922 Rn 8.

Urkunde beteiligter Erblasser, die Werte sind zu addieren. Gesamtschuldnerische Verbindlichkeiten werden jedem Ehegatten zur Hälfte zugerechnet. Wer nur Verfügungen anderer als vertragsmäßig annimmt, dessen Vermögen spielt bei der Geschäftswertermittlung keine Rolle;[52] bei einseitigen Erbverträgen, bei denen nur ein Erblasser verfügt, kommt es nur auf dessen Vermögen an. Bei etwaigen Änderungen eines Testaments ist das so ermittelte Reinvermögen zugrunde zu legen, wenn sich dies als eine neue Verfügung über den gesamten Nachlass, als Verfügung zur Gesamtrechtsnachfolge, darstellt (z.B. wenn der alleinige Erbe „ausgewechselt" wird oder ein Ersatzerbe bestimmt wird).

50 Wird nur über einen **Einzelgegenstand** z.B. durch Vermächtnis verfügt, bestimmt sich der Geschäftswert (nur) nach dem Wert dieses Gegenstands, der nach den o.a. allgemeinen Vorschriften des GNotKG zu ermitteln ist. Gleiches gilt, wenn es sich nur um eine Verfügung über einen Bruchteil handelt; dann ist nur der entsprechende Bruchteil als Wert maßgebend. Auch bei Verfügungen über Bruchteile des Vermögens erfolgt der Schuldenabzug in gleicher Weise wie bei der Verfügung über den gesamten Nachlass.

51 Für letztwillige Verfügungen, in denen **keine Verfügung über Vermögenswerte** getroffen wird, etwa die Benennung eines Vormunds oder auch die isolierte Anordnung einer Testamentsvollstreckung bzw. die isolierte Einsetzung eines Testamentsvollstreckers, findet nicht § 102 GNotKG als Spezialvorschrift für erbrechtliche Angelegenheiten, sondern die allgemeine Geschäftswertvorschrift des § 36 GNotKG Anwendung. Danach ist der Geschäftswert nach „billigem Ermessen zu bestimmen". In Ausübung des Ermessens erscheint insoweit ein Teilwert von bis zu 20 % des gesamten Nachlassvermögens, allerdings ohne Abzug der Verbindlichkeiten, als gerechtfertigt.

52 § 95 GNotKG legt fest, dass für die Geschäftswertbestimmung die Angaben der Beteiligten zugrunde zu legen sind. Eine Überprüfung dieser Angaben durch den Notar ist nur dann denkbar, wenn eindeutige Anhaltspunkte für die Unrichtigkeit der mitgeteilten Werte bestehen.[53]

IV. Rechtswahl im Erbrecht

53 Nach Art. 22 Abs. 1 EuErbVO kann eine Person für die Rechtsnachfolge von Todes wegen das Recht des Staates wählen, dem sie im Zeitpunkt der Rechtswahl oder im Zeitpunkt ihres Todes angehört.

54 § 111 Nr. 4 GNotKG legt fest, dass Rechtswahlen nach dem internationalen Privatrecht einen besonderen und damit **eigenen Beurkundungsgegenstand** bilden. Dies gilt auch, wenn im Übrigen nur über einen Bruchteil des Vermögens oder einen Einzelgegenstand verfügt wird. Geschäftswert ist bei der Rechtswahl nach § 104 Abs. 3 GNotKG ein Teilwert von 30 % des jeweils entsprechend den o.a. Grundsätzen des § 102 GNotKG zu ermittelnden Ausgangswerts, somit im Ergebnis 30 % des Werts des bei der Beurkundung des Testaments vorhandenen Vermögens, unter Berücksichtigung bzw. abzüglich der Verbindlichkeiten, die allerdings wiederum nur bis zur Hälfte des Aktivvermögens abzuziehen sind.

55 Bei Beurkundung gemeinsam mit der letztwilligen Verfügung (Gesamtrechtsnachfolge, Verfügung über Bruchteil oder Einzelgegenstand) bilden den Geschäftswert dann die addierten Werte der einzelnen Beurkundungsgegenstände.

52 *Diehn/Volpert*, Rn 569.

53 OLG Düsseldorf DNotZ 1956, 626, 628.

Erfolgt die Rechtswahl gesondert/allein in einem Erbvertrag oder einem gemeinschaftlichen Testament, ist eine 2,0-Gebühr nach KV 21100 GNotKG zu erheben, bei Einzeltestamenten eine 1,0-Gebühr gem. KV 21200 GNotKG. 56

Für eine – eigentlich im Grundsatz sehr sinnvolle – Rechtswahl fallen insoweit also stets zusätzliche Kosten an. 57

V. Erbvertrag und Erklärung unter Lebenden/Ehevertrag

Wird ein Erbvertrag zusammen mit weiteren rechtsgeschäftlichen Erklärungen unter Lebenden beurkundet (z.B. Erbverzicht, Pflichtteilsverzicht), liegt stets ein **eigener**, gesondert zu bewertender **Beurkundungsgegenstand** vor. Dies gilt auch bei der Zusammenbeurkundung eines Erbvertrags mit einem Ehe- bzw. Lebenspartnerschaftsvertrag oder einem Partnervertrag (einer nichtehelichen Lebensgemeinschaft). Die Werte eines jeden Vertrags sind gesondert zu ermitteln. 58

§ 102 Abs. 4 GNotKG überträgt die o.a. Regelungen für die Geschäftswertberechnungen bei Testamenten und Erbverträgen auf den **Erb- und Pflichtteilsverzichtsvertrag**. Für die Wertberechnung ist insoweit der entsprechende Bruchteil des (gegenwärtigen) Vermögens maßgeblich, der dem Erb- oder Pflichtteil entsprechen würde. Im Ergebnis ist danach eine fiktive Berechnung des Erbteils oder des Pflichtteils für den Zeitpunkt der Beurkundung vorzunehmen. 59

Eine etwaige **Abfindungsleistung** an den Verzichtenden, also der von den Parteien angenommene Wert des Verzichts, die Gegenleistung, ist für die Berechnung des Geschäftswerts ohne Bedeutung.

Erklärt in einem Erbvertrag der Erbe des längerlebenden Ehegatten den Pflichtteilsverzicht nur für den Fall des Todes des erstversterbenden Elternteils, ist für die Wertberechnung nur ein Verzicht anzunehmen und zu bewerten, auch wenn es sich formal eigentlich um zwei bedingte Verzichte (nach beiden Elternteilen z.B.) handelt. 60

Diese Berechnung gilt auch bei einem Erb- und Pflichtteilsverzicht im Vorgriff auf die **Ehescheidung.** Das zukünftige Ereignis der beabsichtigten Ehescheidung (und damit der Wegfall des Erb- und Pflichtteilsrechts in absehbarer Zeit) bleibt unberücksichtigt. 61

Den Geschäftswert bilden in all diesen Fällen die zusammengerechneten Werte der einzelnen Beurkundungsgegenstände. Aus diesem zusammengerechneten Wert ist dann die o.a. doppelte Gebühr (2,0) für den Vertrag zu erheben. 62

§ 4 Formvorschriften bei notarieller Errichtung

Dr. Markus Sikora/Walter Krug

Literaturhinweise

Armbrüster/Preuß, BeurkG mit NotAktVV und DONot, 9. Aufl. 2022; *Arndt/Lerch/Sandkühler*, Bundesnotarordnung, 8. Aufl. 2016; *Bormann*, Das Zentrale Testamentsregister in der notariellen Praxis, ZEV 2011, 628; *Brah*, Die Feststellung der Testierunfähigkeit durch den Notar, 2013; *Bremkamp/Kindler/Winnen*, BeckOK BeurkG, 10. Edition 2024; *v. Dickhuth-Harrach*, Testament durch Wimpernschlag – Zum Wegfall des Mündlichkeitserfordernisses bei der Beurkundung von Testamenten und Erbverträgen, FamRZ 2003, 493; *Diehn*, Das Zentrale Testamentsregister, NJW 2011, 481; *Frenz/Miermeister*, BNotO mit BeurkG, 6. Aufl. 2024; *Grziwotz*, Freier Testierwille im Alter, bei Krankheit und bei Willensschwäche?, 2023; *Grziwotz/Sauer/Heinemann*, Beurkundungsgesetz, 4. Aufl. 2024; *Helms*, Der Widerruf und die Anfechtung wechselbezüglicher Verfügungen bei Geschäfts- und Testierunfähigkeit, DNotZ 2003, 104; *Jurgeleit*, Freiwillige Gerichtsbarkeit, 2010; *Lichtenwimmer*, Die Feststellung der Geschäfts- und Testierfähigkeit durch den Notar, MittBayNot 2002, 240; *Rohlfing/Mittenzwei*, Der Erklärungsgegner bei der Anfechtung eines Erbvertrags oder gemeinschaftlichen Testaments, ZEV 2003, 49; *Schippel/Eschwey*, Bundesnotarordnung, 11. Aufl. 2023; *Winkler*, Beurkundungsgesetz, 21. Aufl. 2023.

Inhalt

A. **Allgemeines** ... 1
B. **Ausschließung des Notars als Urkundsperson** ... 2
C. **Mitwirkungsverbote für den Notar** ... 3
D. **Feststellungen zur Person des Erblassers** ... 9
E. **Testier- und Geschäftsfähigkeit** ... 10
F. **Persönliche Anwesenheit des Erblassers** ... 16
G. **Beurkundung in besonderen Fällen** ... 17
I. Allgemeines ... 17
II. Schreibunfähige ... 20
III. Sprachunkundige ... 22
IV. Hör-, sprach und sehbehinderte Erblasser ... 24
V. Allgemeine Zeugenzuziehung ... 27
H. **Genehmigung der Niederschrift durch den Erblasser** ... 28
I. **Verschließung und Verwahrung von Testament und Erbvertrag** ... 31
J. **Zentrales Testamentsregister** ... 38
I. Rechtsgrundlagen ... 39
II. Verfahren ... 40
1. Zu registrierende Urkunden ... 40
2. Meldepflichtige Personen und Behörden (Melder) ... 42
3. Meldevorgang ... 43
4. Registrierungskosten ... 44

A. Allgemeines

Während das BGB regelt, welcher Form ein Rechtsgeschäft bedarf, um wirksam zu sein, regelt das **Beurkundungsgesetz** das Verfahren, wenn materiell-rechtlich die notarielle Beurkundung angeordnet ist. Dies gilt namentlich für die Beurkundung von Verfügungen von Todes wegen. Verfahrensrechtlich gelten hierfür zunächst die allgemeinen Regeln über die Beurkundung von Willenserklärungen nach den §§ 6 ff. BeurkG. Darüber hinaus sind Besonderheiten geregelt in den §§ 27–35 BeurkG. Es sind zudem die Vorgaben der §§ 2229–2233 BGB für das Testament und der §§ 2274–2276 BGB für den Erbvertrag zu beachten. 1

B. Ausschließung des Notars als Urkundsperson

2 Als Notar darf an der Beurkundung nicht mitwirken, wer als solcher ausgeschlossen ist. Absolut wirkende Ausschließungsgründe, die die Beurkundung unwirksam machen, sind in § 6 BeurkG (abschließend) aufgezählt. Danach ist der Notar **ausgeschlossen** bei der **Beurkundung** von Willenserklärungen, die

- er selbst,
- sein Ehegatte,
- sein Lebenspartner oder
- eine Person, die mit ihm in gerader Linie verwandt ist oder war,

abgibt, oder wenn ein Vertreter für diese Personen handelt. Ein Verstoß gegen diese Vorschrift macht die **Beurkundung** als Formalakt **unwirksam** (§ 125 BGB). Dies ist nicht gleichbedeutend mit einer etwaigen Nichtigkeit der Willenserklärung selbst, die gegenüber dem Notar abgegeben wurde. Da aber ein Testament – abgesehen von den außerordentlichen Testamentsformen – entweder beurkundet oder eigenhändig niedergelegt sein muss, wäre das Testament nur dann formwirksam, wenn es eigenhändig i.S.v. § 2247 BGB abgefasst wäre und der Notar es lediglich in der Form der schriftlichen Erklärung seiner Niederschrift beigefügt hätte. Im Falle der Errichtung eines Erbvertrags ist die notarielle Beurkundung zwingend vorgeschrieben, sodass ein Verstoß gegen § 6 BeurkG auch stets zur Formnichtigkeit der entsprechenden Willenserklärungen führt (§§ 2276, 125 BGB). § 6 Abs. 2 BeurkG definiert sodann, wer an der Beurkundung beteiligt ist. Es sind dies die Erschienenen, deren im eigenen oder fremden Namen abgegebene Erklärungen beurkundet werden sollen.

C. Mitwirkungsverbote für den Notar

3 Für die Beurkundung von Verfügungen von Todes wegen verweist § 27 BeurkG auf die allgemeinen Vorschriften, die **Mitwirkungsverbote** enthalten. So ist gem. § 7 BeurkG die Beurkundung von Willenserklärungen insoweit unwirksam, als sie dem Notar, seinem jetzigen oder früheren Ehegatten oder Lebenspartner oder einer Person, die mit ihm in gerader Linie verwandt oder verschwägert oder in der Seitenlinie bis zum 3. Grad verwandt oder bis zum 2. Grad verschwägert ist oder war, einen rechtlichen Vorteil verschaffen soll. Das Gleiche gilt nach § 16 Abs. 3 S. 2 BeurkG für einen hinzugezogenen Dolmetscher und für eine nach § 24 Abs. 2 BeurkG hinzugezogene Vertrauensperson (zur Verständigung mit Tauben und Stummen), während für hinzugezogene Zeugen oder als zweiter Notar nach § 26 Abs. 1 Nr. 2 BeurkG das Mitwirkungsverbot lediglich eine Sollvorschrift darstellt. Ein Verstoß gegen Sollvorschriften macht die Beurkundung nicht unwirksam, stellt aber ein Dienstvergehen des Notars dar. Die zuvor bezeichneten Personen dürfen an der Beurkundungsverhandlung nicht mitwirken, soweit sie in der betreffenden Verfügung bedacht oder zum Testamentsvollstrecker ernannt werden. **Bedacht** ist eine Person, wenn sie in irgendeiner Art zum Erben eingesetzt werden soll (Vollerbe, Vorerbe, Nacherbe, Ersatzerbe), außerdem wenn sie als Vermächtnisnehmer oder Auflagebegünstigter[1] vorgesehen ist. Dagegen sind diejenigen Personen, die aufgrund familienrechtlicher Anordnungen als Vormund

1 H.M., siehe Frenz/Miermeister/*Baumann*, § 27 BeurkG Rn 4; Grziwotz/Sauer/Heinemann/*Heinemann*, § 27 BeurkG Rn 16; a.A. MüKo-BGB/*Sticherling*, § 27 BeurkG Rn 23; *Winkler*, § 27 BeurkG Rn 7 mit dem Hinweis, die Auflage verpflichte den Erben oder Vermächtnisnehmer zwar zu einer Leistung, ohne dass aber dem Begünstigten ein Recht auf die Leistung zukomme.

oder Pfleger benannt werden, nicht begünstigt und deshalb vom Mitwirkungsverbot nicht betroffen.[2]

Ein Notar kann das Amt des **Testamentsvollstreckers** ausüben; nach § 8 Abs. 4 BNotO braucht er hierfür keine Genehmigung der Dienstaufsicht. Hiervon zu unterscheiden ist die Frage, ob der Notar, der eine Verfügung von Todes wegen beurkundet, vom Erblasser zum Testamentsvollstrecker ernannt werden kann. Dies ist gem. §§ 7, 27 BeurkG jedenfalls insoweit ausgeschlossen, als der Urkundsnotar in der von ihm errichteten Urkunde zum Testamentsvollstrecker bestellt werden soll. Dieselben Grundsätze gelten auch für den Notarvertreter (§ 41 Abs. 2 BNotO). Ob sie auch dann gelten, wenn der Sozius des Notars, der die Testamentsvollstreckung übernehmen soll, die letztwillige Verfügung beurkundet hat, wurde nicht einheitlich beantwortet. Der BGH hat zur früheren Rechtslage in diesem Fall kein Mitwirkungsverbot erblickt, und zwar selbst dann nicht, wenn der Sozius an den Gebühreneinnahmen aus der Testamentsvollstreckung beteiligt ist.[3] Nunmehr steht indes § 3 Abs. 1 S. 1 Nr. 4 BeurkG entgegen, der zwar nicht die Unwirksamkeit der Ernennung zur Folge hat, jedoch ein Dienstvergehen darstellt. 4

Denkbar und zulässig sind indes folgende **Gestaltungen**:
- Der Erblasser errichtet ein eigenhändiges Testament; auch wenn der Notar den Entwurf gefertigt hat, liegt kein Beurkundungsvorgang und damit kein Fall des § 27 BeurkG vor.
- Im Testament wird lediglich Testamentsvollstreckung an sich angeordnet, ohne auch die Person des Testamentsvollstreckers zu benennen. In einem vor einem anderen Notar errichteten Testament wird dann der Notar (erstmals) als Testamentsvollstrecker ernannt. Ein Testament mit Ernennung des Notars als Testamentsvollstrecker kann auch eigenhändig vom Erblasser verfasst werden. Abgeraten wird indes davon, dass Ergänzungstestament in denselben Testamentsumschlag zur Ablieferung (§ 34 BeurkG) zu nehmen, entsprechend zu verschließen und gemeinsam abzuliefern.[4]
- Der Erblasser kann schließlich die Bestimmung der Person des Testamentsvollstreckers einem anderen gem. § 2198 BGB überlassen. Ist dieser Dritte der beurkundende Notar, so darf er sich nicht selbst zum Testamentsvollstrecker ernennen.[5] Möglich erscheint es aber, das Nachlassgericht zu ersuchen, den Testamentsvollstrecker gem. § 2200 BGB zu ernennen. In diesem Fall kann auch der Urkundsnotar durch das Nachlassgericht zum Testamentsvollstrecker ernannt werden. Das Recht zur Bestimmung des Testamentsvollstreckers kann auch auf eine natürliche Person übertragen werden. Äußert der Erblasser im Testament den Wunsch, der Urkundsnotar soll zum Testamentsvollstrecker ernannt werden, so ist eine auf diese Weise zustande gekommene Ernennung nicht unwirksam.[6] Eine Unwirksamkeit der Ernennung käme nur dann in Betracht, wenn der Bestimmungsberechtigte an den Erblasserwunsch gebunden wäre.[7]

Rechtsfolgen des Verstoßes: Die Missachtung eines Mitwirkungsverbots nach § 27 BeurkG hat die Unwirksamkeit der betreffenden einzelnen Verfügung zur Folge (§ 125 BGB), nicht 5

2 Armbrüster/Preuß/*Preuß*, § 27 BeurkG Rn 6.

3 BGH NJW 1997, 946 = DNotZ 1997, 466.

4 Vgl. *Reimann*, DNotZ 1990, 433 und DNotZ 1994, 659, 663, der zu Recht darauf hinweist, dass der Testamentsumschlag als „Zubehör" der Testamentsurkunde anzusehen ist (so die amtl. Begr. zum BeurkG, BT-Drucks 5/3282, 35, 36). Zudem macht BeckOK BGB/*Litzenburger*, § 7 BeurkG Rn 5 darauf aufmerksam, dass für die Rücknahme von öffentlichen und eigenhändigen Testamenten in § 2256 BGB Unterschiede angeordnet sind.

5 Vgl. *Reimann*, DNotZ 1990, 435.

6 OLG Stuttgart DNotZ 1990, 430.

7 *Reimann*, DNotZ 1990, 435.

aber der gesamten Verfügung von Todes wegen. Die Teilunwirksamkeit führt gem. § 2085 BGB im Zweifel nicht zur vollständigen Unwirksamkeit des ganzen Testaments. Beim Erbvertrag gelten jedoch § 139 BGB und § 2298 BGB, sodass insoweit eine Teilunwirksamkeit zur vollständigen Unwirksamkeit führt. Verstöße gegen § 27 BeurkG stellen indes in jedem Fall ein Dienstvergehen dar und können disziplinarrechtliche Maßnahmen nach sich ziehen.[8]

Die Regelung in einem notariellen Testament, dass der Notar die Person des Testamentsvollstreckers bestimmen soll (vgl. § 2198 Abs. 1 S. 1 BGB), ist wegen des Verbots der Verschaffung eines rechtlichen Vorteils zugunsten des Notars gem. § 7 Nr. 1 BeurkG unwirksam.[9]

6 Weitere Mitwirkungsverbote sind in § 3 BeurkG genannt. Von den dort im Einzelnen geregelten Mitwirkungsverboten ist das Mitwirkungsverbot der „**Vorbefassung**" nach § 3 Abs. 1 Nr. 7 BeurkG jedenfalls im Bereich des Anwaltsnotariats besonders bedeutsam. Seine Verletzung führt aber nicht zur Unwirksamkeit der Urkunde. Das Mitwirkungsverbot kommt für den hauptberuflichen Notar nur ausnahmsweise in Betracht, und zwar wenn er eine Nebentätigkeit ausgeübt hat oder vor seiner Ernennung als Rechtsanwalt tätig war.[10] Insoweit dürfte aber ohnehin (auch bereits) § 3 Abs. 1 Nr. 1 oder Nr. 5 BeurkG einschlägig sein.[11]

7 Für **Anwaltsnotare** hat das Mitwirkungsverbot des § 3 Abs. 1 Nr. 7 BeurkG große Bedeutung. § 3 Abs. 1 Nr. 7 BeurkG will hierbei bereits den Anschein einer Gefährdung der notariellen Unparteilichkeit, auch angesichts gewandelter Formen beruflicher Zusammenarbeit, begegnen. Mit seiner Hilfe sollen notarielle und außernotarielle Tätigkeiten strikt getrennt werden. Es ist daher für Anwaltsnotare von herausragender Bedeutung.[12] Ein Anwaltsnotar muss zudem vor Beginn seiner Tätigkeit gegenüber den Beteiligten klarstellen, ob er als Notar oder als Rechtsanwalt handelt (siehe Abschnitt I Nr. 3 RLEmBNotK; vgl. auch § 24 Abs. 2 BNotO). Umgekehrt gilt: § 3 Abs. 1 Nr. 7 BeurkG ist überhaupt nur dann von Belang, wenn die Vorbefassung nicht als Notar erfolgt ist.[13]

8 „Dieselbe Angelegenheit" i.S.v. § 3 Abs. 1 Nr. 7 BeurkG liegt vor, wenn es um denselben **Lebenssachverhalt** geht. Der Begriff der Beteiligung ist hierbei **nicht formell**, sondern **materiell** zu verstehen. Das heißt, eine Person ist beteiligt, wenn ihre **Rechte oder Pflichten** durch den Beurkundungsvorgang unmittelbar betroffen werden.[14] Eine Zustimmung der Beteiligten heilt den Verstoß nicht. So darf bspw. ein Anwaltsnotar, der einen Ehegatten in einem Scheidungsverfahren anwaltlich vertreten hat, als Notar an der Beurkundung eines Grundstücksübertragungsvertrags zwischen den vormaligen Ehepartnern nicht mitwirken, wenn in diesem auch geregelt ist, dass mit Erfüllung der Zahlungsverpflichtung des Erwerbers sämtliche wechselseitigen Zugewinnausgleichsansprüche erledigt sind. Das gilt auch, wenn das Anwaltsmandat die Regelung des Zugewinnausgleichs nicht zum Gegenstand und die Vertragsklausel lediglich deklaratorische Bedeutung hatte.[15]

8 Vgl. zur Problematik des § 27 BeurkG ausführlich DNotI-Gutachten in DNotI-Report 1999, 101 ff.
9 BGH FamRZ 2013, 32 = NJW 2013, 52 = ZErb 2013, 44 = ZEV 2012, 657.
10 BeckOK BGB/*Litzenburger*, § 3 BeurkG Rn 21 m.w.N.
11 *Winkler*, BeurkG, 21. Aufl. 2023, § 3 Rn 104.
12 Frenz/Miermeister/*Miermeister/de Buhr*, § 3 BeurkG Rn 40.
13 BT-Drucks 13/10589, 39.
14 Zum materiellen Beteiligtenbegriff vgl. BVerfG FamRZ 2009, 106 = NJW 2009, 138 = ZEV 2009, 44.
15 BGH DNotZ 2013, 310 = FamRZ 2013, 215 = RNotZ 2013, 192.

D. Feststellungen zur Person des Erblassers

Gem. § 10 Abs. 1 BeurkG soll sich der Notar Gewissheit über die Person des Erblassers verschaffen. § 10 Abs. 1 BeurkG verpflichtet ihn deshalb dazu, die Person des Beteiligten so genau zu bezeichnen, dass Zweifel und Verwechslungen ausgeschlossen sind. Aus der **Niederschrift** muss sich ergeben, ob der Notar den Beteiligten kennt oder wie er sich im Übrigen Gewissheit über die Person verschafft hat (§ 10 Abs. 3 BeurkG). Als **Identifizierungsmittel** kommen regelmäßig vorrangig amtliche Lichtbildausweise in Betracht, also Personalausweise oder Reisepässe. Dies sind die sichersten Identifizierungsmittel, derer der Notar sich regelmäßig bedienen sollte.[16] Da die Errichtung letztwilliger Verfügungen nicht in den Anwendungsbereich der Sorgfaltspflichten des Notars nach dem Geldwäschegesetz fällt, kommen (abstrakt) auch andere Identifizierungsmittel in Betracht, wie ein Erkennungszeuge, sonstige amtliche Lichtbildausweise (z.B. Führerscheine), ggf. sonstige Dokumente oder in besonderen Ausnahmefällen auch eine Sachkunde. Mitunter kann auch (erst) eine Zusammenschau mehrerer Identifizierungsmittel zur Gewissheit führen. 9

E. Testier- und Geschäftsfähigkeit

Materiell-rechtlich kann ein Einzeltestament (§ 2229 BGB) oder ein gemeinschaftliches Testament (§§ 2265 ff. BGB) nur errichten, wer testierfähig ist. Einen Erbvertrag kann – auch auf Seiten des Erblassers – nur schließen, wer (darüber hinaus) geschäftsfähig ist. Insoweit ordnet § 28 BeurkG an, dass der Notar seine Wahrnehmungen über die **erforderliche Geschäftsfähigkeit** des Erblassers in der Niederschrift vermerken soll. Mit „erforderliche[r] Geschäftsfähigkeit“ wird damit gleichsam als Oberbegriff die Testierfähigkeit und die (eigentliche) Geschäftsfähigkeit umschrieben.[17] Die Bestimmung geht damit über § 11 BeurkG hinaus, der bereits anordnet, dass der Notar nur beurkunden darf, wenn der Beteiligte die erforderliche Geschäftsfähigkeit besitzt (§ 11 Abs. 1 S. 1 BeurkG). Zweifel an der Geschäftsfähigkeit hat der Notar in der Urkunde zu vermerken (§ 11 Abs. 1 S. 2 BeurkG). Ist ein Beteiligter schwer erkrankt, hat der Notar dies festzustellen und (seine) Folgerungen für die Geschäftsfähigkeit aufzunehmen (§ 11 Abs. 2 BeurkG). Den Notar trifft hierbei stets die Pflicht, die **formalen** Voraussetzungen der Geschäftsfähigkeit zu prüfen (maßgeblich ist das Alter des Beteiligten). Die **materiellen** Voraussetzungen, also die Frage der Geschäftsfähigkeit aufgrund der individuellen Geistestätigkeit, sind nur bei Zweifeln näher zu prüfen. Bei Erwachsenen kann der Notar davon ausgehen, dass der Beteiligte geschäftsfähig ist. Der Notar hat nur dann in eine vertiefte Prüfung einzusteigen, wenn er aufgrund „der äußeren Umstände im konkreten Einzelfall – Verhalten, Alter, Aussehen – an dem Vorhandensein der erforderlichen individuellen Geistestätigkeit tatsächlich zweifelt“.[18] Verdichten sich die Zweifel zur Überzeugung des Notars, hat er die Beurkundung abzulehnen, im Übrigen sind sie – wenn sie begründet sind – in der Niederschrift zu vermerken (§ 11 Abs. 1 BeurkG). Dem Notar fehlt jedoch regelmäßig die notwendige (**medizinische**) **Fachkompetenz**, eine inhaltliche Prüfung der individuellen Geistestätigkeit 10

16 BeckOK BeurkG/*Bremkamp*, § 10 Rn 44.

17 BeckOK BeurkG/*Seebach*, § 28 Rn 9.

18 BeckOK BeurkG/*Bremkamp*, § 11 Rn 34 unter Berufung auf OLG Hamm RNotZ 2016, 60, 63; OLG Celle MittBayNot 2008, 492, 493; LG Köln RNotZ 2005, 244, 245; OLG Frankfurt DNotZ 1978, 505, 506; Armbrüster/Preuß/*Piegsa*, § 11 BeurkG Rn 13; Grziwotz/Sauer/Heinemann/*Heinemann/Grziwotz*, § 11 BeurkG Rn 10; *Winkler*, § 11 BeurkG Rn 3; BeckOGK/*Bord*, § 11 BeurkG Rn 13; *Renner*, notar 2017, 218, 221; *Müller*, DNotZ 2006, 325, 328.

vorzunehmen.[19] Im Zweifel sollte ärztlicher Rat eingeholt und ggf. eine Begutachtung durchgeführt werden.

11 Bei **schwerer Erkrankung**, wozu nicht nur körperliche, sondern gerade auch psychische Erkrankungen zählen, ist der Notar in besonderem Umfang verpflichtet, die Geschäftsfähigkeit des Beteiligten zu prüfen. Dieser Pflicht zur Feststellung der Geschäftsfähigkeit von schwer kranken Personen kann der Notar auch nicht dadurch entgehen, dass er es bereits an hinreichenden Ermittlungen dazu fehlen lässt, ob ein Beteiligter überhaupt schwer krank ist oder nicht. Der Notar muss deshalb zunächst durch geeignete Befragungen und Erörterungen ermitteln, ob eine Person schwer krank i.S.v. § 11 Abs. 2 BeurkG ist.[20]

12 **Erwachsene** (§ 2 BGB) sind in der Regel uneingeschränkt testier- und geschäftsfähig, soweit nicht ein Fall von geistiger Insuffizienz vorliegt (§§ 104 Nr. 2, 105 Abs. 2, 2229 Abs. 4 BGB). Ein **Minderjähriger** ist erst mit Erreichen des 16. Lebensjahres testierfähig (§ 2229 Abs. 1 BGB). Ein minderjähriger Testator kann kein eigenhändiges **Testament** nach § 2247 BGB errichten; er ist auf die Form des öffentlichen Testaments durch Erklärung oder durch Übergabe einer Schrift angewiesen (§§ 2233 Abs. 1, 2232 BGB). Die Zustimmung des gesetzlichen Vertreters ist nicht erforderlich (§ 2229 Abs. 2 BGB). Gem. § 2275 BGB kann einen **Erbvertrag** als Erblasser nur abschließen, wer unbeschränkt geschäftsfähig ist. Wer also geschäftsunfähig (§ 104 BGB) oder lediglich beschränkt geschäftsfähig ist (§ 106 BGB), kann in Erbverträgen keine eigenen Verfügungen von Todes wegen treffen. Hiervon zu unterscheiden ist die Mitwirkung beschränkt Geschäftsfähiger lediglich als Vertragspartner. Hierfür gelten die allgemeinen Bestimmungen der §§ 104 ff. BGB. Nimmt ein Minderjähriger, der beschränkt geschäftsfähig ist, somit nur die vertragsmäßige Erbeinsetzung oder Vermächtnisanordnung zu seinen Gunsten an, ist er zur Mitwirkung auch ohne gesetzlichen Vertreter in der Lage, weil die Annahmeerklärung für ihn lediglich rechtlich vorteilhaft ist.[21]

13 Ob und wann ein **Ausländer** geschäftsfähig ist, beurteilt sich nach seinem Heimatrecht (Art. 7 EGBGB). Für seine Testierfähigkeit kommt es hingegen auf das Errichtungsstatut, also auf das im Zeitpunkt der Errichtung maßgebliche Erbstatut an.[22]

14 Das Kammergericht misst den Feststellungen des Notars zur Geschäfts- und Testierfähigkeit bei der späteren **Beweiswürdigung** besonderes Gewicht bei.[23] Testierunfähigkeit kann auch vorliegen, wenn paranoide Wahnvorstellungen eines Erblassers, die sich vor allem auf eine als (testamentarischer) Erbe in Betracht kommende Person beziehen, das freie Urteil darüber unmöglich machen, ob die Einsetzung anderer Personen als Erben sittlich gerechtfertigt ist.[24]

19 LG Köln RNotZ 2005, 244, 246; *Müller*, DNotZ 2005, 325, 326; *Cording/Foerster*, DNotZ 2006, 329, 330.

20 OLG Celle, Beschl. v. 19.2.2008 – Not 16/07, ZEV 2009, 209.

21 MüKo-BGB/*Musielak*, § 2275 Rn 6.

22 So zu Recht MüKo-BGB/*Sticherling*, § 28 BeurkG Rn 25.

23 KG FamRZ 2000, 912.

24 BayObLG NJW-RR 2000, 6 = FamRZ 2000, 701.

Das OLG Frankfurt misst den Feststellungen des Notars zur Geschäftsfähigkeit dagegen keine Bedeutung bei:[25]

„Die Feststellungen des Notars in der Schenkungsurkunde über die Geschäftsfähigkeit des Erblassers haben keine Bedeutung, weil der Notar als medizinischer Laie dazu keine endgültigen Aussagen machen konnte."

Lebzeitige Feststellungen zum Geisteszustand des späteren Erblassers können u.U. in einem selbstständigen Beweisverfahren getroffen werden.[26]

Zur **Beweiskraft** eines notariellen Testaments führt das BayObLG in seinem Beschluss vom 21.10.1999[27] aus: 15

„Die über die Errichtung des Testaments aufgenommene notarielle Urkunde ist eine öffentliche Urkunde i.S.v. § 415 ZPO. In der Frage, ob der Tatbestand einer Testamentserrichtung durch mündliche Erklärung gem. § 2232 Satz 1 BGB vorliegt, ist daher von der Beweiskraft der öffentlichen Urkunde gem. § 415 Abs. 1 ZPO auszugehen ... Erforderlich ist der Nachweis der Unrichtigkeit; das bloße Erwecken von Zweifeln reicht nicht aus. Der Richter ist durch die Anordnung des vollen Beweises (§ 415 Abs. 1 ZPO) gehindert, vorhandenen Zweifeln an der formalen Richtigkeit des Urkundeninhalts Raum zu geben. ... Die öffentliche Beurkundung besteht so lange zu Recht, bis durch die etwa mögliche Aufklärung des Verlaufs der Verhandlung ihre Unrichtigkeit zur Gewissheit wird ... Die gesetzliche Vermutung des § 415 Abs. 1 ZPO ist nicht widerlegt, solange nicht alle Möglichkeiten ausgeräumt sind, die irgendwie für die Richtigkeit des Inhalts der Urkunde sprechen ... Die Vorinstanzen haben eine freie Beweiswürdigung des Ergebnisses der Vernehmung des Notars und der Schreibzeugin vorgenommen, ohne zu beachten, dass ihnen dies durch die gesetzliche Beweisregel des § 415 I ZPO verwehrt war ..."

Zudem findet man beim BayObLG zur Testierunfähigkeit:[28]

„Nach § 2229 Abs. 4 BGB ist testierunfähig, wer wegen krankhafter Störung der Geistestätigkeit, wegen Geistesschwäche oder wegen Bewusstseinsstörungen nicht in der Lage ist, die Bedeutung einer von ihm abgegebenen Willenserklärung einzusehen und nach dieser Einsicht zu handeln. Das Gesetz verbindet danach nicht mit jeder Geisteskrankheit oder -schwäche die Testierunfähigkeit, sondern sieht die Fähigkeit, die Bedeutung der letztwilligen Verfügung zu erkennen und sich bei seiner Entschließung von normalen Erwägungen leiten zu lassen, als maßgebend an. Eine geistige Erkrankung des Erblassers steht der Gültigkeit seiner letztwilligen Verfügung nicht entgegen, wenn diese mit der Erkrankung nicht in Verbindung steht, von ihr nicht beeinflusst ist ... Aufgabe des zur Beurteilung der Testierfähigkeit hinzugezogenen psychiatrischen SV ist es daher nicht nur, den medizinischen Befund einer Geisteskrankheit oder -schwäche festzustellen, sondern vor allem deren Auswirkung auf die Einsichts- und Willensbildungsfähigkeit des Erblassers abzuklären ... Entscheidend ist, ob die psychischen Funktionen des Auffassens, des Urteilens und des kritischen Stellungnehmens durch die Geisteskrankheit oder -schwäche so sehr beeinträchtigt sind, dass der Erblasser nicht mehr fähig ist, die Bedeutung seiner letztwilligen Verfügung einzusehen und nach dieser Einsicht zu handeln ... Der objektivierbare Befund einer Geisteskrankheit reicht ... für sich allein nicht aus, um

25 OLG Frankfurt FamRZ 2000, 603 m. Anm. *Günther.*

26 OLG Koblenz FamRZ 2003, 542.

27 BayObLG FamRZ 2000, 1051.

28 BayObLG FamRZ 2002, 1066 = ZEV 2002, 234.

schon daraufhin den Erblasser für testierunfähig zu erklären. ... Für die Beurteilung entscheidend ist nicht die Diagnose einer organischen Störung, sondern Grad und Ausmaß der nachweisbaren psychopathologischen Auffälligkeiten. Eine diagnostische Zuordnung allein genügt daher nicht; es kommt vielmehr auf Ausmaß und Intensität der psychischen Störung an.“

F. Persönliche Anwesenheit des Erblassers

16 Da jede Form der Vertretung bei der Testamentserrichtung ausgeschlossen ist, sieht § 2232 BGB vor, dass der Erblasser bei persönlicher Anwesenheit dem Notar seinen letzten Willen **zu Protokoll erklärt oder** ihm eine offene oder verschlossene **Schrift übergibt** mit der Erklärung, die Schrift enthalte seinen letzten Willen. Die notarielle Niederschrift muss die Erklärung des Erblassers enthalten (§ 9 Abs. 1 S. 1 Nr. 2 BeurkG), in Gegenwart des Notars oder vom Notar vorgelesen, vom Erblasser genehmigt und eigenhändig von ihm und dem Notar unterschrieben werden (§ 13 Abs. 1 BeurkG). Um dem Erfordernis der mündlichen Erklärung gerecht zu werden (zu Ausnahmen siehe Rdn 18 ff.), muss der Erblasser in der Lage sein, auf die Frage, ob die ihm vorgelesene Niederschrift seinen letzten Willen enthalte, mit „Ja“ zu antworten.[29] Nur Kopfnicken oder ähnliche Zeichen reichen bei Testament und Erbvertrag grundsätzlich nicht. Bei der Beurkundung **gemeinschaftlicher Testamente** ist es erforderlich, dass jeder Ehegatte die mündliche Erklärung abgibt und nicht nur einer von beiden spricht. Die notarielle Urkunde erbringt den Beweis der Richtigkeit des beurkundeten Vorgangs, konkret also der Testamentserrichtung an sich (§ 415 Abs. 1 ZPO).

G. Beurkundung in besonderen Fällen

I. Allgemeines

17 Seit dem Beschluss des BVerfG vom 19.1.1999[30] zur Frage der Testiermöglichkeit Schreib-, Hör-, Seh- und Sprechunfähiger sind die Beurkundungsvorschriften in besonderen Fällen aus ihrem Schattendasein getreten. Sie sind in den §§ 22–26 BeurkG geregelt.

18 Das aktuelle Beurkundungsrecht folgt bei Verfügungen von Todes wegen folgenden **Grundsätzen**:

- Das Mündlichkeitserfordernis ist nicht zwingend (§§ 2232, 2233 BGB); dies gilt nicht nur für das Testamentsrecht, sondern kraft der Verweisung in § 2276 BGB auch für das Erbvertragsrecht.
- Die frühere „Vertrauensperson“, wie sie in § 24 BeurkG a.F. definiert war, heißt „nach Absatz 1 zugezogene Person“ und hat eine andere Funktion erhalten. Der Begriff „Vertrauensperson“ hat nunmehr einen anderen Bedeutungsinhalt gem. § 17 Abs. 2a BeurkG.
- Auch der Gebärdensprachdolmetscher ist zugelassen (§ 22 BeurkG).

19 Ein öffentliches (notariell beurkundetes) Testament konnte nach **altem Recht** (§ 2232 BGB a.F.) in zweierlei Weise errichtet werden:

- durch mündliche Erklärung (§ 2232 S. 1 Alt. 1 BGB a.F.),
- durch Übergabe einer Schrift mit der Erklärung, diese enthalte den letzten Willen (§ 2232 S. 1, 2 BGB a.F.).

29 OLG Hamm ZEV 1994, 113.
30 BVerfG NJW 1999, 1853 = ZEV 1999, 147.

Das Mündlichkeitserfordernis bei der ersten Alternative (mündliche Erklärung des letzten Willens) besteht heute nicht mehr. Zulässig ist damit **jede andere Art der Übermittlung** einer Erklärung, insbesondere die schriftliche, aber auch die nonverbale („Wimpernschlag").[31] Damit kommen für mehrfach behinderte Testatoren als Erklärungsformen in Betracht die „Deutsche Gebärdensprache", lautsprachbegleitende Gebärden, Handtastensprache (Lormen), taktil wahrnehmbare Gebärden sowie Zeichen und Wimpernschlag.[32] Allerdings muss der Notar eine Person zuziehen, die in der Lage ist, sich mit dem Testator in der bezeichneten Weise zu verständigen, weil er selbst dazu in aller Regel nicht fähig sein wird.

Von entscheidender Bedeutung ist die Beurkundungsform durch **nonverbale** – neben der mündlichen und schriftlichen – Erklärung.

II. Schreibunfähige

§ 25 S. 1 BeurkG ordnet an: „Vermag ein Beteiligter nach seinen Angaben oder nach der Überzeugung des Notars seinen Namen nicht zu schreiben, so muss bei dem Vorlesen und der Genehmigung ein Zeuge oder ein zweiter Notar zugezogen werden, wenn nicht bereits nach § 22 ein Zeuge oder ein zweiter Notar zugezogen worden ist." Es obliegt den Angaben des Beteiligten oder jedenfalls der **Überzeugung des Notars**, wann Schreibunfähigkeit vorliegt. Da der Notar das Protokoll an sich errichtet, genügt Schreibunfähigkeit in Bezug auf die Fähigkeit, zu unterschreiben, also seinen Namensschriftzug unter das notarielle Protokoll zu setzen. Der Umstand, dass der Beteiligte schreibunfähig ist, soll in der **Niederschrift** ebenso festgestellt werden wie die Zuziehung des (Schreib-)Zeugen oder zweiten Notars (§ 25 S. 2 BeurkG). Die Niederschrift ist sodann nicht vom Beteiligten, sondern an dessen Stelle vom Zeugen oder zweiten Notar zu unterschreiben (§ 25 S. 3 BeurkG). Dieser unterzeichnet (selbstredend) mit seinem eigenen Namen. In der Praxis tritt Schreibunfähigkeit häufig bei alten oder kranken Erblassern auf. 20

Praxishinweis 21
Im Zweifel sollte sich der Notar für die Möglichkeit der Hinzuziehung eines Schreibzeugen entscheiden, statt den Erblasser bei der Unterschrift durch einen Dritten beim Führen der Hand unterstützen zu lassen.

III. Sprachunkundige

Erklärt der Erblasser dem Notar, dass er der deutschen Sprache nicht hinreichend kundig sei, so hat der Notar dies zunächst in seiner **Niederschrift** festzustellen. Dasselbe gilt, wenn der Notar von der Sprachunkundigkeit des Erblassers überzeugt ist, ohne dass der Erblasser selbst dies erklärt hätte. Bei Vorliegen einer dieser Voraussetzungen muss der Notar, falls er nicht selbst übersetzt, weil er der fremden Sprache kundig ist, einen **Dolmetscher** hinzuziehen. Die notarielle Niederschrift muss dem Erblasser anstelle des Vorlesens übersetzt werden (§ 16 BeurkG). Auf Verlangen des Erblassers soll die Übersetzung außerdem schriftlich angefertigt und ihm zur Durchsicht vorgelegt werden. Ist der Dolmetscher nicht allgemein vereidigt, soll ihn der Notar vereidigen, falls nicht alle Beteiligten hierauf verzichteten (§ 16 Abs. 3 S. 3 BeurkG). Nach § 32 BeurkG, der somit vordergründig über § 16 BeurkG hinausgeht, muss grundsätzlich eine **schriftliche Übersetzung** angefertigt werden, die der Niederschrift beigefügt werden soll. Der Erblasser kann indes hierauf verzichten. Dies ist 22

31 *v. Dickhuth-Harrach*, FamRZ 2003, 493.
32 Vgl. im Einzelnen *v. Dickhuth-Harrach*, FamRZ 2003, 493, 495, 496.

in der Niederschrift zu vermerken. Die Übersetzung kann entweder vom Dolmetscher oder vom Notar vorgenommen worden sein. Zusammen mit der Testamentsurkunde ist auch die schriftliche Übersetzung zu verlesen und zu verwahren (§ 34 Abs. 1 BeurkG).

23 **Anforderungen an den Dolmetscher**: Der Dolmetscher ist genauso zur Unparteilichkeit verpflichtet wie der Notar. Deshalb gelten für den Dolmetscher dieselben Ausschließungsgründe wie die in den §§ 6 und 7 BeurkG für den Notar genannten. Ein Verstoß gegen die gesetzlich genannten Ausschließungsfälle führt zur Nichtigkeit der Beurkundung.

IV. Hör-, sprach und sehbehinderte Erblasser

24 § 22 Abs. 1 S. 1 BeurkG ordnet an: „Vermag ein Beteiligter nach seinen Angaben oder nach der Überzeugung des Notars nicht hinreichend zu hören, zu sprechen oder zu sehen, so soll zu der Beurkundung ein Zeuge oder ein zweiter Notar zugezogen werden, es sei denn, daß alle Beteiligten darauf verzichten." Wie bei Schreibunfähigen hat der Gesetzgeber die Zeugenzuziehung gewählt. Zudem gilt, dass auf Verlangen eines hör- oder sprachbehinderten Beteiligten der Notar einen **Gebärdensprachdolmetscher** hinzuziehen soll (§ 22 Abs. 1 S. 2 BeurkG). Auch diese Tatsachen sollen in der Niederschrift festgestellt werden (§ 22 Abs. 1 S. 3 BeurkG). Warum das Gesetz in § 22 Abs. 2 BeurkG darauf verzichtet, auch den Gebärdensprachdolmetscher die Niederschrift unterzeichnen zu lassen, ist nicht verständlich. Die Zeugen sollen unterschreiben. Allerdings sind für den Gebärdensprachdolmetscher nicht die gleichen Ausschließungsgründe wie für den allgemeinen Dolmetscher (§ 16 Abs. 3 BeurkG) und kein Mitwirkungsverbot wie für die Zeugen (§ 26 BeurkG) vorgesehen.

25 Für den **tauben Erblasser** gilt ergänzend § 23 BeurkG. Ist der Erblasser taub, kann er ein Testament dadurch errichten, dass es ihm anstelle des Vorlesens zur Durchsicht vorgelegt wird (§ 23 S. 1 BeurkG). Dies soll in der Niederschrift festgestellt werden. Hat der Beteiligte die Niederschrift eigenhändig unterschrieben, so wird vermutet, dass sie ihm zur Durchsicht vorgelegt und von ihm genehmigt worden ist (§ 23 S. 2 BeurkG).

26 § 24 BeurkG enthält schließlich Sonderbestimmungen bei **hör- und sprachbehinderten Beteiligten**, mit denen eine **schriftliche Verständigung nicht möglich** ist. Vermag ein Beteiligter nach seinen Angaben oder nach der Überzeugung des Notars nicht hinreichend zu hören oder zu sprechen und sich auch nicht schriftlich zu verständigen, soll der Notar dies zunächst in der Niederschrift feststellen (§ 24 Abs. 1 S. 1 BeurkG). Trifft der Notar diese Feststellung in der Niederschrift, so muss (!) zu der Beurkundung eine Person zugezogen werden, die sich mit dem behinderten Beteiligten zu verständigen vermag und mit deren Zuziehung er nach der Überzeugung des Notars einverstanden ist; in der Niederschrift soll festgestellt werden, dass dies geschehen ist (§ 24 Abs. 1 S. 2 BeurkG). Zweifelt der Notar an der Möglichkeit der Verständigung zwischen der zugezogenen Person und dem Beteiligten, soll er dies in der Niederschrift feststellen (§ 24 Abs. 1 S. 3 BeurkG). Die Niederschrift soll auch von der zugezogenen Person unterschrieben werden (§ 24 Abs. 1 S. 4 BeurkG). Darüber hinaus gilt, dass die Beurkundung von Willenserklärungen insoweit unwirksam ist, als diese darauf gerichtet sind, der zugezogenen Person einen rechtlichen Vorteil zu verschaffen (§ 24 Abs. 2 BeurkG). Zudem bleibt das Erfordernis, nach § 22 BeurkG einen Zeugen hinzuzuziehen, unberührt.

V. Allgemeine Zeugenzuziehung

27 Unabhängig davon, ob beim Erblasser besondere Umstände vorliegen, kann der Erblasser zur Testamentsbeurkundung die Zuziehung von **einem** Zeugen oder **zwei Zeugen** oder einem **zweiten Notar** verlangen (§ 29 BeurkG). Nach ausländischem formellen Testaments-

recht ist nicht selten die Zuziehung von Zeugen ohnehin vorgeschrieben. Deshalb ist es ratsam, bei ausländischen Erblassern zur Beurkundung Zeugen zuzuziehen, um vorsorglich sicherzustellen, dass das Testament in formeller Hinsicht auch nach dem betreffenden ausländischen Recht wirksam errichtet wurde. Einzelne Rechtsordnungen sehen die Zuziehung von mehr als zwei Zeugen vor. Darin liegt kein Verstoß gegen § 29 BeurkG.[33]

H. Genehmigung der Niederschrift durch den Erblasser

Eine öffentlich beurkundete Verfügung von Todes wegen kann durch mündliche Erklärung des letzten Willens gegenüber dem Notar errichtet werden (§ 2232 S. 1 BGB). Über die Verhandlung ist eine Niederschrift aufzunehmen (§ 8 BeurkG), die den Beteiligten vorgelesen, von ihnen genehmigt und **eigenhändig unterschrieben** werden muss (§ 13 Abs. 1 S. 1 BeurkG). Vermag ein Beteiligter nach der Überzeugung des Notars seinen **Namen** nicht zu schreiben, so muss bei dem Vorlesen und der Genehmigung ein Zeuge oder ein zweiter Notar zugezogen werden, was in der Niederschrift festgestellt werden soll; die Niederschrift ist dann von dem Zeugen oder dem zweiten Notar zu unterschreiben (§ 25 BeurkG). 28

Die Vorgänge der mündlichen Erklärung des letzten Willens und der Genehmigung der Niederschrift können in der Praxis zusammenfallen, wenn bei der Testamentsaufnahme zulässigerweise ein vorher gefertigter Entwurf benutzt und dem Erblasser vorgelesen wird.[34] Voraussetzung für die Gültigkeit der Testamentserrichtung ist dann aber, dass die Billigung des von der Urkundsperson vorgelesenen Testamentsentwurfs durch den Erblasser den Erfordernissen sowohl der mündlichen Erklärung des letzten Willens (§ 2232 S. 1 BGB) wie der Vorlesung und Genehmigung der Niederschrift (§ 13 Abs. 1 S. 1 BeurkG) genügt.[35] 29

Für die rechtswirksame Errichtung der Verfügung von Todes wegen genügt es in diesem Fall, dass die Urkundsperson den Testamentsentwurf vorliest und der Erblasser die Frage, ob das Verlesene seinem Willen entspreche, bejaht.[36] Die Bejahung muss nach dem Wortlaut des Gesetzes **mündlich ausgesprochen** sein (zu den Ausnahmen siehe Rdn 18 ff.), also etwa durch das Wort „Ja".[37] Auch ein schwer verständliches „Ja" genügt unter der Voraussetzung, dass es von den mitwirkenden Personen noch verstanden werden kann.[38] Zu den mitwirkenden Personen gehört im Falle der Zuziehung eines Schreibzeugen auch dieser. 30

I. Verschließung und Verwahrung von Testament und Erbvertrag

Nach dem Abschluss der Beurkundung des Testaments und nach der Anfertigung beglaubigter Abschriften soll der Notar die Niederschrift in einen Umschlag nehmen und diesen mit seinem Prägesiegel verschließen (§ 34 Abs. 1 S. 1 BeurkG). Das Testament soll sodann unverzüglich in die besondere **amtliche Verwahrung** verbracht werden (§ 34 Abs. 1 BeurkG). Die näheren Einzelheiten sind in § 34 BeurkG geregelt. Während **Testamente** zwingend abgeliefert werden müssen, gilt dies nicht ohne Weiteres für **Erbverträge**. Vielmehr können die Beteiligten die besondere amtliche Verwahrung ausschließen (§ 34 Abs. 2 31

33 Staudinger/*Hertel*, § 29 BeurkG Rn 577.
34 RGZ 161, 378, 380.
35 RGZ 161, 378, 381.
36 BayObLG FamRZ 2000, 456, 457; BGHZ 37, 79, 84 = NJW 1962, 1149.
37 BVerfG NJW 1999, 1853, 1855 = ZEV 1999, 147.
38 BayObLG FamRZ 2000, 456, 457 m.w.N.

BeurkG), was vermutet wird, wenn der Erbvertrag mit einem anderen Vertrag in einer Urkunde verbunden ist. Schließen die Beteiligten die besondere amtliche Verwahrung aus, bleibt die Urschrift beim Notar und wird grds. erst nach dem Tod des Erblassers abgeliefert. § 34 Abs. 4 BeurkG bestimmt ergänzend, dass die Urschrift einer Verfügung von Todes wegen nicht in die elektronische Form gem. § 56 BeurkG, also zur Aufnahme in das Elektronische Urkundenarchiv, übertragen werden darf. In der notariellen Praxis werden daher auch Erbverträge regelmäßig seit Einführung des Elektronischen Urkundenarchivs an das Nachlassgericht abgeliefert. Wie bei Testamenten wird eine beglaubigte Abschrift zur (Papier-)Urkundensammlung genommen, die sodann gem. § 56 BeurkG in die elektronische Form für die Elektronische Urkundensammlung überführt wird (vgl. auch § 34 Abs. 1, Abs. 2 Nr. 2 NotAktVV). Erbverträge, die nicht abgeliefert werden, sondern in der Urkundensammlung des Notars verbleiben, sind gesondert (ausschließlich papiergebunden) zu verwahren.

32 Die **beglaubigte Abschrift** ist auf Wunsch aller Beteiligten diesen **auszuhändigen** (§ 33 Abs. 4 NotAktVV). Anders als bei sonstigen Notarurkunden sind die Beteiligten auch berechtigt, diese beglaubigte Abschrift einzusehen, sie vernichten zu lassen oder sich davon eine (auch beglaubigte) Abschrift fertigen zu lassen.[39]

33 **Praxishinweis**

Von Verfügungen von Todes wegen sollten grundsätzlich nur Abschriften und keine Ausfertigungen erteilt werden. Die Ausfertigung ersetzt gem. § 47 BeurkG die Urschrift; bei einer Aufhebung bzw. einem Widerruf könnten Zweifel entstehen, ob die Ausfertigung zurückverlangt werden müsste. Außerdem nimmt eine Verfügung von Todes wegen vor dem Erbfall am Rechtsverkehr nicht teil, weil sie bis dahin zwar existiert, aber nicht wirksam ist.

34 Der Notar hat über jede Verfügung von Todes wegen, die er dem Amtsgericht abliefert, für seine Urkundensammlung einen Vermerk anzufertigen (vgl. § 16 Abs. 1 DONot). Bleibt ein Erbvertrag in der Verwahrung des Notars (§ 34 Abs. 2 BeurkG, § 25 BNotO), so hat der Notar das Zentrale Testamentsregister bei der Bundesnotarkammer nach den Vorschriften über die **Benachrichtigung in Nachlasssachen** zu benachrichtigen und dies auf der Originalurkunde zu vermerken. Die bundeseinheitliche Ausführungsverordnung über die Benachrichtigung in Nachlasssachen ist in den jeweiligen Amtsblättern der Landesjustizministerien abgedruckt.[40]

35 Das Standesamt hat das Zentrale Testamentsregister bei der Bundesnotarkammer über den Sterbefall zu benachrichtigen. Der verwahrende Notar hat eine ihm zugehende Sterbefallnachricht an das örtlich zuständige Nachlassgericht weiterzuleiten und außerdem gem. § 25 Abs. 2 S. 2 BNotO, §§ 2259, 2300 BGB die **erbfolgerelevante Urkunde** in Urschrift an das **Nachlassgericht** zur Eröffnung **abzuliefern**.

36 **Gebühren für die Verwahrung**: Bei der Annahme einer Verfügung von Todes wegen zur amtlichen Verwahrung fällt eine Festgebühr von (einmalig) 82 EUR je Urkunde (auch bei mehreren Beteiligten) an (KV 12100 GNotKG).

37 In den §§ 342 ff. FamFG sind die Nachlass- und Teilungssachen geregelt. Die Verwahrung von Verfügungen von Todes wegen gehört zu den Nachlasssachen (§ 342 Nr. 1 FamFG).

39 Frenz/Miermeister/*Hertel*, § 33 NotAktVV Rn 6.

40 Vgl. *Weingärtner*, Notarrecht, Ordnungs-Nr. 270.

J. Zentrales Testamentsregister

Die Bundesnotarkammer betreibt das Zentrale Testamentsregister (ZTR). Sie ist insoweit Registerbehörde (§ 78c Abs. 1 S. 1 BNotO). 38

I. Rechtsgrundlagen

Regelungen zum Zentralen Testamentsregister finden sich in 39
- §§ 78c ff. BNotO,
- § 34a BeurkG,
- der Verordnung zur Errichtung und Führung des Zentralen Testamentsregisters (Testamentsregister-Verordnung – ZTRV) vom 11.7.2011,[41]
- dem Gesetz zur Überführung der Testamentsverzeichnisse und der Hauptkartei beim Amtsgericht Schöneberg in Berlin in das Zentrale Testamentsregister der Bundesnotarkammer (Testamentsverzeichnis-Überführungsgesetz – TVÜG) vom 22.12.2010.[42]

II. Verfahren

1. Zu registrierende Urkunden

Das Zentrale Testamentsregister erfasst nur solche erbfolgerelevanten Urkunden, die öffentlich beurkundet oder in amtliche Verwahrung genommen worden sind (§ 78d Abs. 3 BNotO).[43] **Registerpflichtig** sind alle erbfolgerelevanten notariellen Urkunden, die allein von den Notaren zu melden sind. Ferner müssen Amtsgerichte alle eigenhändigen Testamente und Nottestamente melden, die sie in die besondere amtliche Verwahrung nehmen. Hinzu kommen gerichtliche Vergleiche, die einen erbfolgerelevanten Inhalt aufweisen (§ 78d Abs. 4 BNotO). Im Interesse eines lückenlosen Auffindens erbfolgerelevanter Urkunden wird die Bundesnotarkammer über sämtliche Todesfälle informiert, die einem inländischen Standesamt bekannt werden. Sie prüft dann nach § 78e S. 2 BNotO anhand dieser Sterbefallmitteilungen, ob dem Zentralen Testamentsregister verwahrte Urkunden gemeldet wurden. Ist dies der Fall, so werden die verwahrende Stelle und das zuständige Nachlassgericht elektronisch informiert. 40

Die Registrierung aller erbfolgerelevanten Urkunden, die notariell beurkundet, in amtliche Verwahrung genommen worden oder in einem gerichtlichen Vergleich enthalten sind, ist **zwingend**, weder Erblasser noch Notar oder Gericht können darauf verzichten (§ 78d Abs. 2, 3 BNotO).

Erbfolgerelevante Urkunden sind gem. § 34a Abs. 1 S. 1 i.V.m. § 78d Abs. 2 BNotO: 41
- Testamente (auch Widerrufs und Änderungstestamente) und Erbverträge (auch Änderungen von Erbverträgen), unabhängig von ihrem Inhalt (insofern besteht auch eine Ablieferungs- und Eröffnungspflicht, § 34a Abs. 3 BeurkG, §§ 348, 350 FamFG, § 2263 BGB)
- ferner alle Urkunden mit Erklärungen, welche die Erbfolge beeinflussen können, insbesondere:
  - Aufhebungsverträge (Aufhebung eines Erbvertrags)

---

41 BGBl I 2011, 1386, zuletzt geändert durch Art. 6 des Gesetzes v. 25.6.2021, BGBl I 2021, 2154.

42 BGBl I 2010, 2255, zuletzt geändert durch Art. 6 Abs. 2 des Gesetzes v. 1.6.2017, BGBl I 2017, 1396.

43 Zu den Einzelheiten vgl. *Diehn*, NJW 2011, 481 und *Bormann*, ZEV 2011, 628.

- Rücktritts- und Anfechtungserklärungen (§§ 2293–2297 BGB; Anfechtungen gem. § 2282 Abs. 3 BGB, soweit eine Pflicht zur notariellen Beurkundung besteht)
- Erb- und Zuwendungsverzichtsverträge (§§ 2346 Abs. 1, 2352 BGB; auch deren Aufhebung gem. § 2351 BGB)
- Ehe- und Lebenspartnerschaftsverträge (sofern Gütertrennung vereinbart oder aufgehoben wird wegen des Einflusses auf das gesetzliche Erbrecht gem. § 1931 Abs. 4 BGB oder wenn die Zugewinngemeinschaft in Bezug auf § 1371 Abs. 1 BGB modifiziert wird; ferner die Vereinbarung des deutsch-französischen Wahlgüterstands gem. § 1519 BGB)
- Rechtswahlen (Art. 22 EuErbVO; auch güterrechtliche Rechtswahlen, insbesondere wenn sie das Güterstatut betreffen)

Diese Aufzählung ist nicht abschließend, sondern nur beispielhaft. Ausschlagungserklärungen, die Anfechtung von Ausschlagungs- und Annahmeerklärungen, Erbteilsübertragungen bzw. Übertragungen des Nacherbenanwartschaftsrechts sind nicht registerfähig, weil es sich nicht um Erklärungen des Erblassers handelt. Auch Pflichtteilsverzichte bedürfen keiner Registrierung, weil sie die gesetzliche Erbfolge nicht ändern.

2. Meldepflichtige Personen und Behörden (Melder)

42 Für alle erbfolgerelevanten Urkunden, die notariell beurkundet sind, ist der beurkundende **Notar** meldepflichtig (§ 34a BeurkG), dies gilt auch für solche notariell beurkundeten Verfügungen von Todes wegen, die in die besondere amtliche Verwahrung des Nachlassgerichts gegeben werden. Die verwahrende Stelle meldet solche Urkunden nicht. Unverzüglich nach Abschluss des Beurkundungsvorgangs ist der Vorgang zu melden.

Eigenhändige Testamente und Nottestamente, die amtlich verwahrt werden, meldet das verwahrende Gericht (§ 2248 BGB, § 347 FamFG); von Konsularbeamten aufgenommene Urkunden werden vom Konsulat gemeldet.

3. Meldevorgang

43 **Meldung**: Gemeldet wird ausschließlich auf elektronischem Weg (§ 9 Abs. 1 ZTRV). Nur im Falle technischer Störungen sowie für von Konsularbeamten aufgenommene Urkunden und für gerichtliche Vergleiche ist eine Meldung ausnahmsweise in Papierform vorgesehen (§ 9 Abs. 3 ZTRV). Kommuniziert wird mit dem Register in besonders gesicherten Netzen, von den Justizbehörden und Notaren.

Sterbefallbenachrichtigung: Sind gerichtliche oder notarielle Verwahrangaben vorhanden, so wird das verwahrende Gericht oder der Notar vom Zentralen Testamentsregister benachrichtigt. Damit kann die Urkunde an das zuständige Nachlassgericht abgeliefert werden. Zur Erleichterung der Übersendung der betreffenden Urkunde an das Nachlassgericht liegt der Sterbefallbenachrichtigung bereits der Entwurf eines Ablieferungsschreibens bei.

Testamentsregisterauszug: Bei jeder Neuregistrierung kann ein Testamentsregisterauszug für den Erblasser abgerufen werden, sodass dieser einen Überblick über alle registrierten erbrechtsrelevanten Urkunden hat. Kosten werden für diesen Auszug nicht erhoben (§§ 3, 4 ZTRV). Im Übrigen kann auch unabhängig von einer Registrierung mit Zustimmung des Erblassers Einsicht in das Register genommen werden.

4. Registrierungskosten

Die Bundesnotarkammer erhebt auf Grundlage der Testamentsregister-Gebührensatzung (ZTR-GebS) vom 24.11.2011[44] für Eintragungen in das Zentrale Testamentsregister Gebühren in Höhe von 12,50 EUR je Registrierung (§ 1 Abs. 2 S. 1 ZTR-GebS). Die Registrierungsgebühr wird **einmalig** erhoben und deckt sämtliche Kosten der Registrierung, eventuelle Berichtigungen, Ergänzungen und Folgeregistrierungen sowie die Benachrichtigungen im Sterbefall ab. **Kostenschuldner** ist der jeweilige Erblasser. Die Gebühr soll vom jeweiligen Melder (Notar bzw. Gericht) für die Bundesnotarkammer entgegengenommen werden. Umsatzsteuer fällt keine an (Notare und Gerichte weisen die Registrierungsgebühr dann als durchlaufenden Posten auf ihrer Kostenberechnung aus). Dadurch wird der Erblasser mit nur einer Rechnung konfrontiert und sein Verwaltungsaufwand minimiert. Sofern ein Melder die Gebühren nicht für die Bundesnotarkammer entgegennimmt, rechnet die Bundesnotarkammer unmittelbar mit dem Erblasser ab; in diesem Fall beträgt die Gebühr 15,50 EUR je Registrierung. Die Gebühren für gerichtliche Meldungen werden derzeit überwiegend von der Bundesnotarkammer fakturiert und lösen daher die erhöhte Registrierungsgebühr aus. 44

44 DNotZ 2011, 882, zuletzt geändert durch Zweite Satzung zur Änderung der Testamentsregister-Gebührensatzung v. 1.10.2021, DNotZ 2021, 920.

§ 5 Formvorschriften bei privatschriftlicher Errichtung

Julia Roglmeier, LL.M./Walter Krug

Literaturhinweise

Battes, Gemeinschaftliches Testament und Ehegattenerbvertrag als Gestaltungsmittel für die Vermögensordnung der Familie, 1974; *Gehrlein*, Nachweis der testamentarischen Erbeinsetzung durch Vorlage einer Testamentskopie, ZEV 2023, 651; *Muscheler*, Das Fehlen der Zeitangabe im eigenhändigen Testament, ZEV 2024, 137; *Olzen*, Letztwillige Verfügungen unter Ehegatten, JuS 2005, 673; *Pfeiffer*, Das gemeinschaftliche Ehegattentestament – Konzept, Bindungsgrund und Bindungswirkung, FamRZ 1993, 1266; *Priester*, Vertragsgestaltung: Das private Ehegattentestament, JuS 1987, 394; *Frh. v. Proff*, Das gemeinschaftliche Testament von Nichtehegatten, ZErb 2008, 254; *Reinert*, Zu den formalen Anforderungen an die Errichtung eines privatschriftlichen Testaments unter Berücksichtigung der obergerichtlichen Rechtsprechung und Literatur, ErbR 2021, 296; *Sanders/Göldner*, Das Tablet-Testament, ErbR 2020, 335; *Wien*, Das unglückselige Berliner Testament – Tendenzen, Risiken, Gestaltung, DStZ 2001, 29.

Inhalt

A. Formalien des eigenhändigen Testaments 1
I. Testamentsniederschrift 1
II. Unterschrift 7
III. Zeit- und Ortsangabe 13
IV. Minderjährige und leseunfähige Erblasser 14
V. Gemeinschaftliches Testament 15
1. Formale und inhaltliche Kriterien 15
2. Theorien zur Gemeinschaftlichkeit 17
3. Fälle aus der Rechtsprechung 20
a) Bejahung eines gemeinschaftlichen Testaments 20
b) Verneinung eines gemeinschaftlichen Testaments 21
4. Umdeutung eines gemeinschaftlichen Testaments in ein Einzeltestament 22
VI. Verwahrung des eigenhändigen Testaments und Ablieferungspflicht 23
VII. Formungültigkeit einer teilweise unlesbaren letztwilligen Verfügung 25
B. Feststellung der Echtheit eines eigenhändigen Testaments im gerichtlichen Verfahren (Darlegungs- und Beweislast) 26
I. Beweisregeln für die Echtheit eines privatschriftlichen Testaments 26
II. Erfordernis eines Schriftsachverständigengutachtens 27
III. Schuldrechtliche Anerkennung eines formunwirksamen Testaments 31

A. Formalien des eigenhändigen Testaments

I. Testamentsniederschrift

Zwingend ist für das eigenhändige Testament die **eigenhändig geschriebene** und **unterschriebene** Erklärung (§ 2247 Abs. 1 BGB). Ein Verstoß dagegen führt zur Formnichtigkeit gem. § 125 BGB.[1] Diese strenge Form dient der Sicherung vor Fälschung und dem Anliegen, dass sich der Erblasser auch inhaltlich so intensiv wie möglich mit der von ihm abgegebenen Erklärung befasst und ihre Rechtsfolgen ernsthaft will. 1

1 OLG Frankfurt, Beschl. v. 12.12.2013 – 20 W 281/12, ErbR 2015, 50, Rechtsbeschwerde dagegen verworfen: BGH, Beschl. v. 11.6.2014 – IV ZB 3/14, ZEV 2014, 500. Zur Beweiskraft eines grafologischen Sachverständigengutachtens vgl. LG Duisburg, Beschl. v. 17.10.2011 – 7 T 91/10, NJW-Spezial 2012, 7 = ZEV 2012, 659.

2 Es reicht nicht, dass der Erblasser selbst ein **mechanisches Schreibwerkzeug** einsetzt wie bspw. eine Schreibmaschine oder eine Druckeinrichtung, weil damit die individuellen Merkmale einer Handschrift nicht erkennbar wären. Das gilt wohl auch für ein sog. „Tablet-Testament", wenngleich vieles gerade in Anbetracht der inzwischen bestehenden digitalen Möglichkeiten der Individualisierung für die Notwendigkeit einer Öffnung des § 2247 BGB spricht.[2] Immerhin erkennen einige ausländische Rechtsordnungen (vornehmlich aus dem anglo-amerikanischen Rechtsraum) digitale Testamentsformen bereits an.[3] Diese können über § 1 HTestformÜ auch in Deutschland Wirkung entfalten.[4] Auch eine mit der Blindenschreibmaschine hergestellte Niederschrift ist keine eigenhändige. Der im Zeitpunkt der Testamentserrichtung vollständig Erblindete kann kein eigenhändiges Testament errichten, weil die Blindheit ein Fall der Leseunfähigkeit nach § 2247 Abs. 4 BGB ist.[5] Bei einem eigenhändig geschriebenen und unterschriebenen Testament ist von der Lesefähigkeit des Erblassers auszugehen, solange nicht das Gegenteil bewiesen ist.[6]

Ein mit Blaupause oder Kohlepapier niedergeschriebenes Testament erfüllt dagegen die Anforderungen des § 2247 Abs. 1 BGB, weil hierbei die charakteristischen Züge einer Handschrift erhalten sind.[7] Auf die Wahl des Schreibmaterials kommt es nicht an.

Ein Pfeildiagramm erfüllt die Voraussetzungen eines eigenhändig geschriebenen Testaments nicht.[8] Eine Karte, auf der sich ein Aufkleber mit der Beschriftung *„(Vorname) ist meine Haupterbin"* und ein zweiter Aufkleber mit Datum und Unterschrift des Erblassers befinden, erfüllt ebenfalls nicht die Formanforderungen an ein eigenhändiges Testament.[9]

3 Beschluss des OLG Hamm vom 3.11.1999:[10]

> *„Die Testamentsform des § 2247 Abs. 1 S. 1 BGB ist gewahrt, wenn der Erblasser auf ein wirksames notarielles Testament Bezug nimmt, indem er in dem ihm vorliegenden mit der später beurkundeten Erklärung übereinstimmenden Entwurf der notariellen Urkunde das einleitende Wort „Testament" in seine handschriftliche Verfügung einbezieht und auf diese Weise seinen Willen zum Ausdruck bringt, das notarielle Testament solle ungültig sein."*

4 Eigenhändig ist die Niederschrift auch dann, wenn sie mit dem Fuß, dem Mund oder einer Prothese geschrieben wurde.

Ob der Erblasser in **Schreibschrift** schreibt oder in Druckbuchstaben, ist unerheblich, obwohl im letzteren Fall die Charakteristik einer Handschrift nicht ohne Weiteres erkennbar ist. Gleichgültig ist auch, in welcher **Sprache** das Testament verfasst wird. Entscheidend ist, dass der Erblasser den Text und seinen Sinn versteht und dass später der Inhalt – notfalls mit Hilfe eines Sachverständigen – den beteiligten Dritten verständlich gemacht werden kann.

---

2 *Sanders/Göldner*, ErbR 2020, 335.
3 Beispiele bei MüKo-BGB/*Sticherling*, § 2247 Rn 22.
4 MüKo-BGB/*Sticherling*, § 2247 Rn 22.
5 BayObLG, Beschl. v. 25.3.1999 – 1Z BR 48/98, FamRZ 2000, 322 = Rpfleger 1999, 396.
6 BayObLG, Beschl. v. 23.7.1987 – BReg. 1 Z 8/87, Rpfleger 1985, 239; FamRZ 1987, 1199; *Lutter*, FamRZ 1961, 543; *Habscheid*, JZ 1962, 418.
7 BGH, Beschl. v. 3.2.1967 – III ZB 14/66, BGHZ 47, 68.
8 OLG Frankfurt, Beschl. v. 11.2.2013 – 20 W 542/11, FamRZ 2013, 1423 = ZErb 2013, 155 = ZEV 2013, 334.
9 OLG Hamburg, Beschl. v. 8.10.2013 – 2 W 80/13, NJW-Spezial 2014, 200 = ZErb 2014, 148 = ZEV 2014, 218.
10 OLG Hamm, Beschl. v. 3.11.1999 – 15 W 289/99, MittRhNotK 2000, 75.

Eine über bloße Stützungshandlungen hinausgehende Einflussnahme einer **anderen Person** auf die Schreibleistung des Erblassers führt auch dann zur Unwirksamkeit des Testaments, wenn die niedergelegte Erklärung dem tatsächlichen Willen des Erblassers entspricht. Die materielle Feststellungslast dafür, dass die Schreibleistung des Erblassers ohne relevante Fremdeinwirkung zustande gekommen ist, trägt derjenige, der Rechte aus dem Testament für sich herleitet.[11] 5

Zusammenhängendes Schriftstück: „Ein aus mehreren Blättern bestehendes, auf einem Blatt unterschriebenes Testament ist nur dann gültig, wenn zwischen den einzelnen Blättern durch Nummerierung oder fortlaufenden Text ein Zusammenhang erkennbar ist."[12] 6

Besteht ein Testament aus einzelnen losen Blättern, die in keinem inneren Zusammenhang stehen, und ist nur ein Blatt unterschrieben, so stellt nur dieses ein wirksames Testament dar, während die nicht unterschriebenen Blätter keine gültigen Testamente sind. Ein privatschriftliches Testament kann formwirksam auf mehreren losen Blättern errichtet werden, wenn aus der Gesamturkunde die Einheitlichkeit der Willenserklärung erkennbar ist. Der erforderliche innere Zusammenhang kann aber nicht allein durch die gemeinsame Aufbewahrung mit anderen Dokumenten (u.a. einer Kopie eines notariellen Testaments) begründet werden.[13]

II. Unterschrift

Die **eigenhändige Unterschrift** soll die Identifizierung des Erblassers sicherstellen. Sie soll auch klarstellen, dass das Schriftstück kein unverbindlicher Entwurf und der darin zum Ausdruck gebrachte Wille ernsthaft ist. Da § 2247 Abs. 3 BGB das Unterschreiben mit Vor- und Familiennamen nur als Sollvorschrift einordnet, kann auch mit anderen eindeutigen Kennzeichnungen unterschrieben werden, z.B. „Euer Vater". Eine eindeutige Identifizierung muss aber immer möglich sein. Der BGH hat eine Abkürzung mit „E.M." nicht als Unterschrift ausreichen lassen.[14] 7

Briefe, die den Formerfordernissen entsprechen, können als Testamente qualifiziert werden, wenn darin eine ernsthafte Willensäußerung enthalten ist. Allerdings sind an die Feststellung, dass ein Brief vom Erblasser mit ernstlichem Testierwillen verfasst worden ist, strenge Anforderungen zu stellen.[15] 8

Ein als „**Vollmacht**" bezeichnetes Schriftstück kann als Testament zu verstehen sein; der Testierwille ist in einem solchen Fall aber sorgfältig zu prüfen.[16]

---

11 OLG Hamm, Beschl. v. 2.10.2012 – I-15 W 231/12, FamRZ 2013, 1069 = ZErb 2013, 13 = ZEV 2013, 42.

12 LG München I, Beschl. v. 9.2.2004 – 16 T 17192/03, FamRZ 2004, 1905.

13 OLG Hamm, Beschl. v. 19.9.2012 – I-15 W 420/11, FamRZ 2013, 907 = ZErb 2013, 14 = ZEV 2013, 507.

14 BGH, Beschl. v. 13.7.1967 – I a ZB 1/67, NJW 1967, 2310; a.M. OLG Celle, Beschl. v. 21.12.1976 – 10 Wx 21/76, NJW 1977, 1690.

15 OLG Saarbrücken, Beschl. v. 23.11.2021 – 5 W 62/21, BWNotZ 2022, 308; KG, Beschl. v. 3.6.2003 – 1 W 86 und 87/02, Rpfleger 2004, 44 = OLG-NL 2004, 64 = FamRZ 2004, 736 = ZEV 2004, 380; *Reinert*, ErbR 2021, 296.

16 BayObLG, Beschl. v. 2.10.1998 – 1Z BR 95/98, NJW-RR 1999, 88 = Rpfleger 1999, 184: „Hat die Erblasserin einem ihrer Söhne eine handschriftliche Vollmacht erteilt und darin ausgeführt, dieser Sohn solle das restliche Vermögen bekommen, so kann dies als bloße Ankündigung gewertet werden, wenn die Erblasserin im Anschluss daran ausführt, sie werde das Ganze noch vor einem Notar machen."

9 Die Unterschrift darf keine „Oberschrift“ sein, d.h., sie muss **am Ende** des Schriftstücks angebracht sein, um damit zum Ausdruck zu bringen, dass die Niederschrift abgeschlossen ist; andernfalls ist das Testament formunwirksam.[17] Schließt die Unterschrift die Verfügung nicht räumlich ab, sondern befindet sie sich in der Mitte des Testaments und werden die Erben erst darunter genannt, scheitert die Wirksamkeit des Testaments an Formfehlern.[18] In aller Regel wird die Unterschrift unter der letzten Zeile des Textes stehen. Das Unterschreiben auf der Höhe der untersten Zeile oder – weil das Blatt vollgeschrieben ist – quer am Rand ist unschädlich, wenn klar ist, dass die Unterschrift den Text abdeckt und gegen spätere Veränderung durch Hinzufügungen schützt. Der Namenszug muss in einem solchen räumlichen Verhältnis zu dem Text der letztwilligen Verfügung stehen, dass er als deren Abschluss und nach der Verkehrsauffassung als diese deckend angesehen werden kann.[19] Allerdings kann der Text über die bereits vorhandene Unterschrift gesetzt werden.[20] Ausnahmsweise kann auch die Unterschrift auf dem Testamentsumschlag ausreichen.[21]

10 Besteht die Niederschrift aus **mehreren Blättern**, so genügt eine Unterschrift am Schluss – nicht jedes einzelne Blatt muss unterschrieben werden. Allerdings muss durch Seitenzahlen, gleichartige Schreibmaterialien und dergleichen erkennbar sein, dass es sich um fortlaufenden Text handelt. Zur Sicherheit ist zu empfehlen, jedes Blatt vom Erblasser unterzeichnen zu lassen. Eine einmalige Unterschrift auf einem Blatt einer aus mehreren miteinander nicht verbundenen Blättern bestehenden Niederschrift kann nur dann das Erfordernis einer Unterschrift im Sinne von § 2247 Abs. 1 BGB bezüglich aller Blätter erfüllen, wenn sie inhaltlich ein Ganzes bilden sowie eine einheitliche Willenserklärung enthalten und die Unterschrift diese Willenserklärung abschließt; der textliche Zusammenhang muss unzweifelhaft sein. Dieser inhaltliche Zusammenhang kann nicht allein dadurch hergestellt werden, dass der Erblasser mehrere Schriftstücke zusammenheftet.[22]

11 Fehlt die Unterschrift auf der Niederschrift, hat der Erblasser aber auf dem **Umschlag** unterschrieben, in dem sich das Schriftstück befindet, so ist dies ausreichend, sofern der Umschlag verschlossen ist, weil damit eine räumliche Nähe hergestellt und der Text gegen Veränderung gesichert ist.[23] Ist der Umschlag allerdings unverschlossen, so reicht die Unterschrift darauf nicht aus, weil eine Sicherung gegen Veränderungen nicht gewährleistet ist.[24]

12 Für die Frage, ob **nachträgliche Änderungen** unterschrieben sein müssen, ist zu differenzieren:

Durchstreichungen oder Radierungen brauchen nicht gesondert unterschrieben zu werden.[25] Trotzdem ist aus Beweissicherungsgründen zu empfehlen, entsprechende Randvermerke mit Datum und Unterschrift anzubringen. Wird das Testament aber ergänzt, dann ist eine neue Unterschrift anzubringen, möglichst mit Ort und Datum versehen und einem entsprechenden Ergänzungszusatz.[26]

---

17 BGH, Urt. v. 20.11.1990 – XI ZR 107/89, BGHZ 113, 48.
18 OLG München, Beschl. v. 25.8.2023 – 33 Wx 119/23, NJW 2023, 3801.
19 OLG Köln, Beschl. v. 5.11.1999 – 2 Wx 37/99, MittRhNotK 2000, 30.
20 BayObLG, Beschl. v. 24.7.1984 – BReg. 1 Z 41/84, MDR 1984, 1024; OLG Zweibrücken, Beschl. v. 6.10.1997 – 3 W 166/97, FamRZ 1998, 581 = FGPrax 1998, 26.
21 OLG Braunschweig, Beschl. v. 8.2.2011 – 7 W 82/10, ZEV 2012, 40.
22 OLG Köln, Beschl. v. 14.2.2014 – 2 Wx 299/13, FGPrax 2014, 123 = ZErb 2014, 236 = ZEV 2014, 386.
23 OLG Rostock, Beschl. v. 25.9.2013 – 3 W 30/13, juris; BayObLG FamRZ 1988, 1211 m.w.N.
24 OLG Hamm, Beschl. v. 14.3.1986 – 15 W 423/85, OLGZ 1986, 292.
25 BGH, Urt. v. 20.3.1974 – IV ZR 133/73, NJW 1974, 1083.
26 OLG Köln, Beschl. v. 3.9.1993 – 2 Wx 23/93, NJW-RR 1994, 74.

Lässt der Erblasser der von ihm unterschriebenen letztwilligen Verfügung einen Satz folgen, der eine weitere letztwillige Verfügung enthält, und unterschreibt diesen mit „D.O.“, genügt diese weitere Verfügung, wenn man die Abkürzung überhaupt und dann als „Der Obengenannte“ versteht, nicht der gesetzlich vorgeschriebenen Form.[27]

Ein nachträglich vom Erblasser auf einer Fotokopie eines unterschriebenen Originaltestaments angefügter Zusatz stellt eine neue eigenständige letztwillige Verfügung dar, die zur Formwirksamkeit i.S.d. § 2247 Abs. 1 BGB eine gesonderte Unterschrift erfordert, wenn die in dem Original getroffenen Anordnungen vollständig, aus sich selbst heraus verständlich wie auch durchführbar sind.[28]

III. Zeit- und Ortsangabe

Insofern begnügt sich das Gesetz mit einer Sollvorschrift in § 2247 Abs. 2 BGB. Die Angabe 13
von Zeit und Ort ist aus **Beweisgründen** aber dringend zu empfehlen.[29] Außerdem können Zweifel über die Wirksamkeit entstehen, wenn die Zeitangabe fehlt, weil bei Vorhandensein mehrerer Testamente fraglich sein kann, welches das letzte ist und bei einander widersprechenden Inhalten gelten soll. Die Zeitangabe im Testament hat nach h.M. die Bedeutung eines Zeugnisses des Erblassers über den Zeitpunkt der Testamentserrichtung. Enthält ein Testament eine von der Unterschrift gedeckte Zeitangabe, so besteht eine tatsächliche Vermutung für die Richtigkeit dieser Angabe.[30] Wird diese Vermutung widerlegt, so bleibt das Testament grundsätzlich gültig, da die Datumsangabe nicht zum notwendigen Testamentsinhalt gehört, § 2247 Abs. 5 BGB ist entsprechend anzuwenden.[31]

Das BayObLG führt zur Wirksamkeit eines vordatierten Testaments bei nachfolgender Testierunfähigkeit aus:[32]

> *„Enthält ein Testament eine von der Unterschrift gedeckte Zeitangabe, so besteht eine tatsächliche Vermutung für die Richtigkeit dieser Angabe. Wird diese Vermutung widerlegt, so bleibt das Testament grundsätzlich gültig, da die Datumsangabe nicht zum notwendigen Testamentsinhalt gehört.“*

Die Ortsangabe kann für die Formwirksamkeit entscheidend sein, wenn das Testament nicht den Formerfordernissen des für den Erbfall maßgebenden Erbstatuts nach Art. 21 EuErbVO entspricht. Insofern bestimmt Art. 27 Abs. 1a) EuErbVO, dass auch die Ortsform maßgebend sein kann, wenn dem Testament damit zur Formwirksamkeit verholfen werden kann.

IV. Minderjährige und leseunfähige Erblasser

Grundsätzlich ist minderjährigen Personen die Errichtung eines eigenhändigen Testaments 14
verwehrt (§ 2247 Abs. 4 BGB). Gleiches gilt für leseunfähige Personen. Beide Personengruppen müssen – Testierfähigkeit vorausgesetzt – auf die Möglichkeit der Errichtung eines **öffentlichen Testaments** ausweichen (§ 2233 Abs. 1 und 2 BGB). Entscheidend für die

27 OLG Celle, Urt. v. 22.9.2011 – 6 U 117/10, FamRZ 2012, 156 = NotBZ 2011, 444 = ZEV 2012, 47.

28 OLG München, Beschl. v. 31.8.2011 – 31 Wx 179/10, FamRZ 2012, 250 = ZErb 2011, 257 = ZEV 2012, 41.

29 *Muscheler*, ZEV 2024, 137.

30 BayObLG, Beschl. v. 28.5.1991 – 1 Z 3/91, FamRZ 1992, 724; Grüneberg/*Weidlich*, § 2247 Rn 13.

31 BayObLG, Beschl. v. 28.5.1993 – 1Z BR 7/93, FamRZ 1994, 593, 594; Grüneberg/*Weidlich*, § 2247 Rn 13.

32 BayObLG, Beschl. v. 29.11.2000 – 1Z BR 125/00, FamRZ 2001, 1329 = ZEV 2001, 399.

Wirksamkeitsprüfung ist der Zeitpunkt der Testamentserrichtung.[33] Die Beweislast für das Vorliegen einer Unfähigkeit, das Geschriebene lesen und sprachlich verstehen zu können, trägt derjenige, der sich darauf beruft.[34] Im Zweifel gilt der Erblasser als lesefähig.[35]

V. Gemeinschaftliches Testament

1. Formale und inhaltliche Kriterien

15 Nach § 2267 BGB kann unter Ehegatten ein gemeinschaftliches Testament (§ 2265 BGB) in der Weise handschriftlich errichtet werden, dass **ein** Ehegatte den Text eigenhändig niederschreibt, unterschreibt und der andere mit unterschreibt. Damit ist für den Mitunterschreibenden eine Ausnahme von dem Erfordernis der Eigenhändigkeit des Testamentstextes gemacht.

Aus Beweisgründen ist zu empfehlen, den zweiten Ehegatten nicht nur mitunterzeichnen zu lassen, vielmehr sollte er einen kurzen handschriftlichen Text **hinzufügen**, etwa „Dieses Testament ist auch mein Testament“, Ort und Datum hinzufügen und darunter unterschreiben. So ist wenigstens eine kleine Schriftprobe vorhanden.

Der Formwirksamkeit dieses Testaments steht nicht entgegen, dass sich auf der Urkunde eine weitere Unterschrift, nämlich diejenige einer Zeugin, befindet.[36]

16 Entsprechendes gilt für registrierte Lebenspartner, die nach § 10 Abs. 4 LPartG,[37] ebenfalls ein gemeinschaftliches Testament errichten können.

2. Theorien zur Gemeinschaftlichkeit

17 Charakteristisch für das gemeinschaftliche Testament sind zwei jeweils einseitige Verfügungen von Todes wegen der Ehegatten bzw. Lebenspartner. Das Gesetz sagt nichts dazu, welche Merkmale erfüllt sein müssen, damit von einem gemeinschaftlichen Testament gesprochen werden kann. Es ist
- kein Vertrag,
- sondern eine besondere Art des Testaments,
- das dem Gesichtspunkt des Vertrauensschutzes Rechnung trägt.

Nach allgemeinem Sprachgebrauch handelt es sich um eine letztwillige Verfügung, die von mehreren Personen gemeinschaftlich getroffen wird. Das gemeinschaftliche Testament ist eine **doppelte, einseitige**, wenn auch **verknüpfte, letztwillige Verfügung**.[38]

18 Das gemeinschaftliche Testament muss daher immer letztwillige Verfügungen **beider** Ehegatten enthalten. Ob sie einseitig, gegenseitig oder wechselbezüglich sind, spielt keine Rolle. In der Regel wird schon äußerlich durch die Abfassung einer einheitlichen Urkunde der Wille der Ehegatten zur Errichtung eines gemeinschaftlichen Testaments dokumentiert werden. Das notariell beurkundete gemeinschaftliche Testament kann nur in einer einheitlichen Urkunde errichtet werden. Unklarheiten können sich beim privatschriftlichen Testament ergeben.

---

33 MüKo-BGB/*Sticherling*, § 2247 Rn 66.

34 MüKo-BGB/*Sticherling*, § 2247 Rn 67.

35 MüKo-BGB/*Sticherling*, § 2247 Rn 67.

36 OLG Koblenz, Beschl. v. 10.12.2012 – 2 U 963/11, BeckRS 2013, 611.

37 Zur eingetragenen Lebenspartnerschaft vgl. *Ring/Olsen-Ring*, ZErb 2005, 113.

38 *Lange/Kuchinke*, § 24 I 3.

Die herrschende **subjektive Theorie** sieht den **Willen der Ehegatten**, gemeinschaftlich von Todes wegen verfügen zu wollen, als wesentlich an.[39]

Selbst bei getrennten Urkunden kann ein gemeinschaftliches Testament vorliegen, wenn der **Wille zur gemeinsamen Verfügung** sich aus beiden Urkunden – bspw. durch Bezugnahme – ergibt.[40] Fraglich ist, ob auch außerhalb der Urkunden liegende Umstände herangezogen werden können.[41] 19

Streitig[42] ist, ob bzw. inwieweit der Wille zur Abfassung des gemeinschaftlichen Testaments seinen **Niederschlag im Testament** selbst finden muss. Dem Meinungsstreit kommt Bedeutung insbesondere bei Errichtung in getrennten Urkunden zu.[43] Nach der **streng subjektiven Theorie**[44] reicht es aus, wenn sich die Gemeinschaftlichkeit der Errichtung aus irgendwelchen, auch außerhalb der Urkunde liegenden Umständen erkennen lässt. Die **vermittelnden Theorien**, die der heutigen h.M. entsprechen,[45] fordern – in unterschiedlicher Ausprägung –, aus der Testamentsurkunde selbst müsse erkennbar sein, dass die Ehegatten gemeinsam testiert haben, auch wenn sich der volle Beweis erst durch Umstände außerhalb der Urkunde ergebe. Gegenstand der Verfügungen ist nicht etwa das „gemeinsame" Vermögen, sondern die jeweilige Verfügung über das eigene Vermögen.

3. Fälle aus der Rechtsprechung

a) Bejahung eines gemeinschaftlichen Testaments

Angenommen wurde ein gemeinschaftliches Testament in folgenden Fällen: 20

- wenn sich Ehegatten am gleichen Tag auf einem Papierbogen in räumlich getrennten, jeweils eigenhändig geschriebenen und unterschriebenen Verfügungen gegenseitig zu Erben einsetzen, zumal dann, wenn sie zwei Tage später in der Form des § 2267 BGB einen Schlusserben einsetzen.[46]
- wenn sich Ehegatten in zwei getrennten, wortlautgleichen Verfügungen vom gleichen Tag unter Verwendung von „wir" und „uns" gegenseitig zu Erben einsetzen und eine Schlusserbeneinsetzung über den „beiderseitigen Nachlass" anordnen.[47]
- Eine auf gesondertem Blatt enthaltene Beitrittserklärung („Ich schließe mich dem Testament meines Mannes vom … voll und ganz an") kann als eigene letztwillige Verfügung des Beitretenden angesehen werden und die Gemeinschaftlichkeit begründen.[48]

---

39 Grüneberg/*Weidlich*, § 2265 Rn 3.

40 BGH, Urt. v. 12.3.1953 – IV ZR 131/52, BGHZ 9, 113; Grüneberg/*Weidlich*, vor § 2265 Rn 2.

41 So *Lange/Kuchinke*, § 22 III 2.

42 Eingehend *Pfeiffer*, FamRZ 1993, 1266.

43 Vgl. Beispiele bei Staudinger/*Raff*, vor § 2265 Rn 22.

44 *Battes*, S. 286; *Brox/Walker*, Rn 174; *Lange/Kuchinke*, § 24 III 2 c; Staudinger/*Raff*, § 2265 Rn 19.

45 BGH, Urt. v. 12.3.1953 – IV ZR 131/52, BGHZ 9, 113, 115; BGH, Urt. v. 9.3.1977 – IV ZR 114/75, NJW 1977, 1728, 1729; OLG Köln, Beschl. v. 22.4.1968 – 2 Wx 29/68, OLGZ 1968, 321, 322; OLG Celle, Beschl. v. 10.9.1968 – 10 Wx 6/68, OLGZ 1969, 84, 87; OLG Frankfurt, Beschl. v. 20.12.1977 – 20 W 663/77, OLGZ 1978, 267, 268; OLG Hamm, Beschl. v. 18.12.1978 – 15 W 246/78, OLGZ 1979, 262, 265; OLG Zweibrücken, Beschl. v. 21.8.2000 – 3 W 144/00, FamRZ 2001, 518; OLG Zweibrücken, Beschl. v. 17.7.2002 – 3 W 82/02, FF 2002, 177, 178; Grüneberg/*Weidlich*, vor § 2265 Rn 7; *Pfeiffer*, FamRZ 1993, 1266, 1270; Reimann/Bengel/Dietz/Sammet/*Sammet*, vor § 2265 Rn 21; MüKo-BGB/*Musielak*, vor § 2265 Rn 10.

46 BayObLG, Beschl. v. 23.7.1993 – 1Z BR 26/93, FamRZ 1994, 191, 192.

47 BayObLG, Beschl. v. 3.2.1995 – 1Z BR 68/94, FamRZ 1995, 1447, 1448.

48 BayObLG, Beschl. v. 8.6.1993 – 1Z BR 95/92, NJW-RR 1993, 1157, 1158 = FamRZ 1994, 193.

- Die gegenseitige Mitunterzeichnung ist in der Regel Indiz für die Gemeinschaftlichkeit, wenn damit nicht ausnahmsweise nur die bloße Kenntnisnahme von der Verfügung des anderen ausgedrückt werden soll.[49]
- Für ein gemeinschaftliches Testament ist es nicht ausreichend, dass Ehegatten in getrennten Urkunden am selben Tag und Ort im Wesentlichen inhaltsgleiche Verfügungen getroffen haben. Ein gemeinschaftliches Testament kann im Einzelfall vorliegen, wenn die Ehegatten sich in getrennten Urkunden jeweils zu Alleinerben einsetzen und in gemeinschaftlich abgefassten, mit „Zusatz zum Testament" und „Nachtrag zum Testament" bezeichneten Urkunden weitere Verfügungen treffen.[50]

b) Verneinung eines gemeinschaftlichen Testaments

21 Die Annahme eines gemeinschaftlichen Testaments wurde in folgenden Fällen verneint:
- wenn in getrennten Urkunden am selben Tag und am selben Ort testiert wird, die Testamente sich im Wesentlichen gleichen und von den Ehegatten ausgetauscht werden, aber die Urkunde keinerlei Anhaltspunkte für die Gemeinschaftlichkeit enthält.[51]
- wenn – trotz der enthaltenen Wendung „über unser gesamtes Hab und Gut" und trotz gemeinschaftlicher Verwahrung – Ehegatten sich in der „Ichform" auf gesonderten Blättern der gleichen Papiersorte, zeit- und wortlautgleich gegenseitig zu Erben einsetzen.[52]
- wenn eine zeit- und wortlautgleiche sowie offenbar abgesprochene gegenseitige Erbeinsetzung in getrennten Urkunden erfolgt, aber weder die Pluralform noch das Wort „gemeinsam" benutzt wird und jede Bezugnahme fehlt.[53]
- Am selben Ort in zeitlichem Abstand von knapp acht Wochen errichtete und nach Inhalt und Fassung in allen wesentlichen Punkten gleichende Urkunden, in denen „ich" und „mein gesamtes Vermögen" verwendet werden, stellen kein gemeinschaftliches Testament dar.[54]

Die zuvor behandelten formalen Anforderungen gelten auch für ein **gemeinschaftliches Widerrufstestament.**[55]

4. Umdeutung eines gemeinschaftlichen Testaments in ein Einzeltestament

22 Ein nur von einem Ehegatten geschriebenes und unterschriebenes gemeinschaftliches Testament kann in ein Einzeltestament zugunsten des anderen Ehegatten umgedeutet werden.[56] Allerdings erfordert dies die Feststellung, dass nach dem Willen des Testierenden seine Verfügung auch unabhängig vom Beitritt des anderen Ehegatten gelten sollte.[57]

Auch wechselbezüglich gewollte Verfügungen eines wegen Testierunfähigkeit eines Ehegatten unwirksamen gemeinschaftlichen Testaments können grundsätzlich in ein Einzeltesta-

---

49 BayObLG, Beschl. v. 9.6.1959 – BReg. 1 Z 211/58, BayObLGZ 1959, 199, 207; BayObLG, Beschl. v. 6.3.1997 – 1Z BR 118/96, FamRZ 1997, 1246 = ZEV 1997, 259, 260.

50 OLG München, Beschl. v. 23.7.2008 – 31 Wx 034/08, ZErb 2008, 320 = NJW-Spezial 2008, 551 = ZEV 2008, 485.

51 BGH, Urt. v. 12.3.1953 – IV ZR 131/52, BGHZ 9, 113, 117.

52 BayObLG, Beschl. v. 11.2.1991 – BReg. 1a Z 66/90, FamRZ 1991, 1485, 1486.

53 BayObLG, Beschl. v. 21.7.1992 – 1 Z 62/91, FamRZ 1993, 240, 241; KG, Beschl. v. 11.4.2000 – 1 W 8565/98, FamRZ 2001, 794, 795 = ZEV 2001, 512, 513.

54 OLG Zweibrücken, Beschl. v. 17.7.2002 – 3 W 82/02, FF 2002, 177, 178.

55 OLG Braunschweig, Beschl. v. 13.3.2006 – 2 W 121/05, ZEV 2007, 178.

56 OLG Frankfurt, Beschl. v. 31.5.2011 – 20 W 75/11, FamRZ 2012, 330 = NJW-RR 2012, 11.

57 OLG München, Beschl. v. 23.4.2014 – 31 Wx 22/14, NJW-RR 2014, 838 = ZEV 2014, 329.

ment des anderen Ehegatten umgedeutet werden.[58] Eine Umdeutung kommt aber dann nicht in Betracht, wenn einer der Eheleute bei der Niederlegung nicht mehr testierfähig war und der noch testierfähige andere Ehegatte den Wortlaut der letztwilligen Verfügung nicht eigenhändig geschrieben hat.[59]

VI. Verwahrung des eigenhändigen Testaments und Ablieferungspflicht

Auch das eigenhändige Testament kann gem. § 2248 BGB in die besondere **amtliche Verwahrung** des Amtsgerichts verbracht und beim **Zentralen Testamentsregister** bei der Bundesnotarkammer registriert werden. 23

Die besondere amtliche Verwahrung eines Testaments kann auch aufgrund einer Vorsorgevollmacht verlangt werden.[60]

Der/Die Erblasser kann/können das Testament wieder aus der Verwahrung nehmen. Beim privatschriftlichen Testament hat die Rücknahme aus der amtlichen Verwahrung aber keine Widerrufswirkung – im Gegensatz zum beurkundeten Testament (§ 2256 BGB).

Zu den Regelungen für die amtliche Verwahrung vgl. §§ 342 ff. FamFG.

Es besteht eine Verpflichtung dazu, Testamente, die man im Besitz hat, unverzüglich ab Kenntniserlangung vom Erbfall **beim Nachlassgericht abzuliefern** (§ 2259 Abs. 1 BGB). 24
Wer dieser Verpflichtung nicht nachkommt, erfüllt den Straftatbestand der Urkundenunterdrückung (§ 274 Abs. 1 Nr. 1 StGB).[61] Daneben besteht in zivilrechtlicher Hinsicht eine Schadensersatzpflicht.[62] Derjenige, der gegen die Verpflichtung aus § 2259 BGB verstößt, kann zudem gem. § 2339 Abs. 1 Nr. 4 BGB als erbunwürdig gelten.[63] Die rechtliche Einordnung darüber, ob ein Schriftstück als letztwillige Verfügung angesehen werden kann oder nicht, trifft ausschließlich das Gericht. Abgeliefert werden muss jedes Schriftstück, das dem äußeren Anschein oder dem Inhalt nach eine letztwillige Verfügung sein könnte.[64] Umfasst von der Ablieferungspflicht sind auch widerrufene Verfügungen von Todes wegen und Kopien.[65]

VII. Formungültigkeit einer teilweise unlesbaren letztwilligen Verfügung

Das Kammergericht führt in seinem Beschluss vom 20.3.1998[66] aus, dass die Feststellung, 25
wie der vom Erblasser niedergeschriebene Text seinem Wortlaut nach laute, nicht nach den Grundsätzen der Auslegung von Willenserklärungen oder gar letztwilligen Verfügungen erfolge (§§ 133, 2084 BGB). Sie sei ausschließlich anhand der Urkunde selbst ohne Berücksichtigung außerhalb der Urkunde liegender Umstände vorzunehmen. Es führt weiter aus:

> *„Nach § 2247 I BGB kann der Erblasser ein Testament durch eigenhändig geschriebene und unterschriebene Erklärung errichten. Der Begriff der Erklärung enthält dabei not-*

---

58 OLG München, Beschl. v. 23.7.2014 – 31 Wx 204/14, BWNotZ 2014, 125.

59 OLG Celle, Beschl. v. 14.3.2024 – 6 W 106/23, ErbR 2024, 800.

60 OLG München, Beschl. v. 25.5.2012 – 31 Wx 213/12, DNotZ 2012, 868 = FamRZ 2013, 156 = ZErb 2012, 213 = ZEV 2012, 482.

61 Grüneberg/*Weidlich*, § 2259 Rn 4.

62 Grüneberg/*Weidlich*, § 2259 Rn 4.

63 Grüneberg/*Weidlich*, § 2259 Rn 4.

64 Grüneberg/*Weidlich*, § 2259 Rn 2.

65 Grüneberg/*Weidlich*, § 2259 Rn 2.

66 KG, Beschl. v. 20.3.1998 – 1 W 6045/96, NJW-RR 1998, 1298.

wendigerweise die Voraussetzung, dass der Wortlaut der Niederschrift von einem Dritten aus dem Schriftstück selbst heraus ermittelt werden kann. Das Schriftstück des Erblassers muss daher soweit lesbar sein, dass sein Wortlaut anhand der Testamentsurkunde selbst, gegebenenfalls unter Heranziehung eines Schriftsachverständigen, entziffert werden kann. Dagegen genügt es zur Formwahrung nicht, wenn der Sinn darin enthaltener und objektiv nicht, auch nicht durch einen Schriftsachverständigen, entzifferbarer Zeichen unter Berücksichtigung außerhalb der Testamentsurkunde liegender Umstände ermittelt werden kann …"

B. Feststellung der Echtheit eines eigenhändigen Testaments im gerichtlichen Verfahren (Darlegungs- und Beweislast)

I. Beweisregeln für die Echtheit eines privatschriftlichen Testaments

26 Für das eigenhändige Testament gilt der allgemeine Grundsatz: Die Beweislast für die Echtheit und Eigenhändigkeit trägt derjenige, der Rechte aus der Urkunde herleiten will.[67]

Der Beweis der Eigenhändigkeit ist ggf. neben dem der Echtheit der Unterschrift zu erbringen, weil die §§ 440 Abs. 2 und 416 ZPO auf das eigenhändige Testament keine Anwendung finden.[68]

Die Echtheit der Unterschrift ist noch kein Beweis, aber ein Indiz für die Eigenhändigkeit der letztwilligen privatschriftlichen Verfügung.[69]

Schließlich muss der Erbe erforderlichenfalls den Testierwillen des Erblassers darlegen und beweisen; es muss danach feststehen, dass der Erblasser die Urkunde als seine rechtsverbindliche letztwillige Verfügung betrachtet. Ist ein äußerlich formgültiges Testament vorhanden, so spricht eine tatsächliche Vermutung dafür, dass der Erblasser damit seinen letzten Willen zum Ausdruck bringen wollte.[70]

Zur Schriftvergleichung siehe § 442 ZPO.[71]

Bei einem eigenhändig geschriebenen und unterschriebenen Testament ist von der Lesefähigkeit des Erblassers auszugehen, solange nicht das Gegenteil bewiesen ist.[72]

Allerdings kann im Erbscheinsverfahren bzw. im Erbenfeststellungsprozess der Nachweis des Erbrechts nach § 2356 Abs. 1 S. 2 BGB durch Vorlage einer Kopie des Testaments und Zeugenbeweis erbracht werden.[73]

---

67 BayObLG, Beschl. v. 21.12.1984 – BReg. 1 Z 82/84, FamRZ 1985, 837.

68 OLG Hamm, Beschl. v. 19.10.1992 – 15 W 235/92, OLGZ 1993, 141; OLG Stuttgart, Beschl. v. 16.7.1976 – 8 W 117/76, BWNotZ 1977, 69; LG Ellwangen, Urt. v. 25.1.1977 – I T 32/76, BWNotZ 1977, 91; Grüneberg/*Weidlich*, § 2247 Rn 17.

69 OLG Stuttgart, Beschl. v. 16.7.1976 – 8 W 117/76, BWNotZ 1977, 69.

70 Soergel/*Klingseis*, § 2247 Rn 57.

71 Vgl. auch BGH, Urt. v. 27.5.1982 – III ZR 201/80, NJW 1982, 2874 = MDR 1983, 35.

72 BayObLG, Beschl. v. 27.3.1985 – BReg. 1 Z 6/85, Rpfleger 1985, 239; BayObLG, Beschl. v. 23.7.1987 – BReg. 1 Z 8/87, FamRZ 1987, 1199.

73 OLG Karlsruhe, Beschl. v. 13.11.2022 – 11 W 104/20, ErbR 2023, 43, 45; OLG Naumburg, Urt. v. 26.7.2013 – 2 Wx 41/12, BeckRS 2013, 14046; *Gehrlein*, ZEV 2023, 651.

II. Erfordernis eines Schriftsachverständigengutachtens

Die Einholung eines Sachverständigengutachtens zur Echtheit eines eigenhändigen Testaments ist nur in Zweifelsfällen geboten.[74] 27

Zur Überzeugungsbildung des Nachlassgerichts von der Echtheit und Eigenhändigkeit einer letztwilligen Verfügung bedarf es im Zweifelsfall der Einholung eines schriftvergleichenden Gutachtens.

Verbleibende ungeklärte Zweifel des Gutachters kann das Beschwerdegericht ggf. auf der Grundlage der vom Nachlassgericht durchgeführten Beweisaufnahme auch ohne weitere eigene Ermittlungen, namentlich ohne ein – nur ausnahmsweise einzuholendes – weiteres Gutachten überwinden.[75]

Liegen keine besonderen Umstände vor, die gegen eine eigenhändige Errichtung eines privatschriftlichen Testaments sprechen, genügt es, wenn der Tatrichter selbst die Schriftzüge des ihm vorliegenden Testaments mit anderen Schriftproben vergleicht und das Ergebnis würdigt.[76] 28

Im Hinblick auf das Erfordernis eines Schriftsachverständigengutachtens beim Einwand der Fälschung des Testaments muss der Beweisbelastete dafür sorgen, dass dem Sachverständigen ein Schriftstück mit einer Vergleichsschrift, die zuverlässig vom Erblasser stammt, zur Verfügung gestellt wird. Dafür reichen auch Schriftstücke, die lange Zeit vor der Errichtung des umstrittenen Testaments angefertigt wurden, bspw. Schulhefte des Erblassers.

Das BayObLG führt im Beschluss von 29.6.2000[77] zur Problematik aus, ob ein nur von einem Ehegatten unterschriebenes Berliner Testament als Einzeltestament aufrechterhalten werden kann: 29

> *„Die von einem Ehegatten im eigenhändig geschriebenen und unterzeichneten Entwurf eines gemeinschaftlichen Testaments getroffenen Erbeinsetzungen i.S.d. § 2269 Abs. 1 BGB (Berliner Testament) können regelmäßig nicht als alleinige Vollerbeneinsetzung des anderen Ehegatten aufrechterhalten werden.“*

Nach § 411a ZPO kann die schriftliche Begutachtung durch die Verwertung eines gerichtlich eingeholten Sachverständigengutachtens aus einem anderen Verfahren ersetzt werden. 30

III. Schuldrechtliche Anerkennung eines formunwirksamen Testaments

Die Nichtigkeit eines nicht formgerechten privatschriftlichen Testaments (§ 125 BGB) hat häufig zur Folge, dass dem wirklichen Willen des Erblassers aus diesem Grund nicht entsprochen wird.[78] Die kraft **Gesetzes** berufenen Erben können die im Testament bedachten Erben schuldrechtlich so stellen, als wäre das Testament doch wirksam. 31

---

74 BayObLG, Beschl. v. 4.11.1997 – 1Z BR 169/97, FamRZ 1998, 644; BayObLG, Beschl. v. 1.3.1991 – BReg. 1a Z 70/90, FamRZ 1991, 962, 964; OLG Köln, Beschl. v. 20.12.1993 – 2 Wx 36/93, NJW-RR 1994, 396.

75 OLG Düsseldorf, Beschl. v. 8.5.2013 – 3 Wx 47/12, FamRZ 2013, 1841.

76 BayObLG, Beschl. v. 5.7.1990 – 1a Z 26/90, FamRZ 1990, 1405 = NJW-RR 1990, 1419.

77 BayObLG, Beschl. v. 29.6.2000 – 1Z BR 40/00, NJW-RR 2000, 1534 = JuS 2001, 186 m. Anm. *Hohloch*.

78 Vgl. dazu den Fall des OLG Düsseldorf, Beschl. v. 26.7.1996 – 3 Wx 278/96, FamRZ 1997, 518.

§ 6 Gesetzliche Auslegungsregeln

Dr. Andreas Schindler, LL.M.

Literaturhinweise

Günther, Rechtsfolgen der Erbausschlagung bei gleichzeitiger Geltendmachung des Pflichtteils im Rahmen von § 2306 Abs. 1 BGB, ZEV 2011, 357; *Hahn*, Die gegenständlich beschränkte Erbeinsetzung, ZEV 2016, 360; *Hammann*, Ergänzende Testamentsauslegung: Ermittlung des hypothetischen Erblasserwillens, ErbR 2014, 420; *Horn*, Erläuternde Auslegung: Grundlagen und praxisrelevante Abgrenzungsfälle, ErbR 2014, 410; *J. Mayer*, Der verhinderte Nacherbe, MittBayNot 1994, 111; *Raff*, Andeutungen im Text: Zum Verhältnis von Form und Auslegung von Willenserklärungen, MittBayNot 2024, 320; *Reimann*, Ergänzungsvorbehalte in Testamenten, ZEV 2024, 215; *Tamoj*, Wer schreibt, der bleibt? Die Auslegung gemeinschaftlicher letztwilliger Verfügungen, ErbR 2024, 8.

Inhalt

A. Überblick 1
B. Auslegung von (Einzel-)Testamenten 5
I. Erläuternde Auslegung 5
II. Ergänzende Auslegung 16
III. Wohlwollende Auslegung 24
IV. Verhältnis von Auslegung und Anfechtung 26
V. Umdeutung 27
C. Wichtige Auslegungs- und Ergänzungsregeln 29
I. Allgemeines 29
II. Zweifel über das Vorliegen einer Erbeinsetzung 32
III. Zweifel über die Person des Bedachten 34
1. Allgemeines 34
2. Gesetzliche Erben 35
3. Verwandte 36
4. Kinder 37
5. Abkömmlinge des Erblassers 38
6. Abkömmlinge eines Dritten 49
7. Personengruppe 50
8. Mehrdeutige Bezeichnung 51
9. Sonderfall: Die Armen 52
IV. Zweifel über die Höhe der Erbteile 53
V. Anwachsung 58
VI. Ersatzerben 68
VII. Auslegungsregeln für Bedingungen 77
D. Auslegung von Erbverträgen und gemeinschaftlichen Testamenten 83
I. Erbvertrag 83
II. Gemeinschaftliches Testament 84
E. Teilunwirksamkeit 85
F. Ergänzungsvorbehalt 87

A. Überblick

Ist der Anwalt mit der Gestaltung letztwilliger Verfügungen betraut, muss er den letzten Willen des oder der Mandanten genau ergründen und anschließend zutreffend formulieren, damit er nach Eintritt des Erbfalls umgesetzt werden kann. Nur bei Kenntnis der gesetzlichen Regelungen, einschließlich derjenigen zur **Auslegung**, wird das gewünschte Ziel verlässlich erreicht. Verfügungen von Todes wegen sind wie andere Willenserklärungen auch häufig auslegungsbedürftig. 1

Aufgrund der speziellen Charakteristika gelten einige **Besonderheiten**, wobei zwischen (Einzel-)Testamenten einerseits und gemeinschaftlichen Testamenten sowie Erbverträgen andererseits zu differenzieren ist: Beim (Einzel-)Testament als nicht empfangsbedürftiger Willenserklärung geht es allein darum, den wirklichen Willen des Erblassers zu erforschen (§ 133 BGB), bei gemeinschaftlichen Testamenten und Erbverträgen gelten hingegen grundsätzlich die allgemeinen Regeln für die Auslegung von Verträgen (§§ 133, 157 BGB). Darüber hinaus enthält das Gesetz eine ganze Reihe spezieller Auslegungsregeln für diejenigen Fälle, in denen die Auslegung nach den allgemeinen Regeln nicht zu einem eindeutigen 2

Ergebnis führt. D.h., erst nach erfolgloser individueller Auslegung helfen gesetzliche Auslegungsregeln, trotzdem die wirkliche Bedeutung einer in einem Testament enthaltenen Erklärung des Erblassers zu ermitteln, sodass man dann mit ihrer Hilfe zu einem auf der Rechtserfahrung beruhenden standardisierten Ergebnis kommt.

3 Nachfolgend wird ein Überblick über die (gesetzlichen) Auslegungsregeln gegeben, die universell anwendbar sind. Soweit es sich um spezielle Ausprägungen handelt, finden sich beim jeweils einschlägigen Kapitel weitergehende Ausführungen.

4 **Hinweis**
Die Auslegung des Erblasserwillens ist prioritär, wobei erläuternde und ergänzende Auslegung sozusagen nacheinander, aber hierarchisch nebeneinander stehen.[1] Eine Stufe tiefer sind subsidiär die gesetzlichen Auslegungsregeln heranzuziehen. Erst wenn der Erblasserwille durch keine mögliche Auslegung umgesetzt werden kann, bleibt noch eine Stufe tiefer Raum für die Anfechtung des irrtümlich gebildeten Erblasserwillens. Schließlich gibt es Konstellationen, in denen dem Erblasserwillen nicht zur Umsetzung verholfen werden kann, weil etwa der Erblasser einen formgültigen Widerruf versäumt hat; dies ist im Sinne der Rechtssicherheit hinzunehmen. Auch eine Unwirksamkeit des nicht ermittelbaren Erblasserwillens ist kein Versagen der Rechtsordnung, sondern Ausdruck der der Testierfreiheit innewohnenden Eigenverantwortung des Erblassers dafür, seinen letzten Willen klar und unmissverständlich zum Ausdruck zu bringen.[2] Hingewiesen sei noch auf ein bekanntes Zitat des Juristenschriftstellers Goethe: „Im Auslegen seid frisch und munter! Legt ihr's nicht aus, so legt was unter." Diese (wohl ironisch-spöttische) Forderung muss im täglichen Kampf ums (Erb-)Recht am Ende dahin abgewandelt werden: „Legt ihr's dann aus, so legt nichts unter."[3] Die ex-post-Perspektive mit divergierenden, auch wirtschaftlichen Interessen erschwert die Umsetzung dieses Vorhabens zusätzlich.[4]

B. Auslegung von (Einzel-)Testamenten

I. Erläuternde Auslegung

5 Ziel der Auslegung eines Testaments ist die Ermittlung des **wirklichen Willens des Erblassers** (§ 133 BGB).[5] Die erläuternde Testamentsauslegung hat zum Ziel, den „wirklichen", d.h. realen Willen des Erblassers zu erforschen; sie soll klären, was der Erblasser mit seinen Worten sagen wollte, und nicht etwa einen von der Erklärung losgelösten Willen ermitteln.[6] Der sog. „objektive Empfängerhorizont" ist nicht zu berücksichtigen, da das Testament keine empfangsbedürftige Willenserklärung ist; daher ist auch § 157 BGB auf die Auslegung eines Testaments nicht anwendbar. Irrelevant ist auch ein etwaiger „Horizont des von der Verfügung Betroffenen", da es beim Testament aufgrund der freien Widerruflichkeit keinen Vertrauensschutz gibt. Der Wortsinn der vom Erblasser benutzten Ausdrücke ist zu hinterfragen, um festzustellen, was er mit seinen Worten sagen wollte und ob er mit ihnen

1 *Hammann*, ErbR 2014, 420.
2 *Kroiß*, ErbR 2019, 321.
3 *Schäfers*, JuS 2015, 875, 880.
4 *Tamoj*, ErbR 2024, 8.
5 BGH, Beschl. v. 14.9.2022 – IV ZB 34/21, ZEV 2022, 719, 720.
6 BGH, Urt. v. 7.10.1992 – IV ZR 160/91, NJW 1993, 256.

genau das unmissverständlich wiedergab, was er zum Ausdruck bringen wollte;[7] allein sein subjektives Verständnis hinsichtlich des von ihm verwendeten Begriffs ist maßgeblich.[8]

Gelingt es trotz Auswertung aller Umstände nicht, sich von dem tatsächlich vorhandenen wirklichen Willen des Erblassers zu überzeugen, muss sich der Rechtsanwender damit begnügen, zu ermitteln, was dem Erblasserwillen **mutmaßlich** am ehesten entspricht, d.h. was der Erblasser vernünftigerweise gewollt haben kann.[9] Hat der Erblasser sich etwa an der gesetzlichen Erbfolge orientiert, kann deren Regelung auch im Übrigen als dem mutmaßlichen Willen entsprechend herangezogen werden.[10] 6

Nach ständiger Rechtsprechung findet die Auslegung darin ihre Grenze, dass der Wille des Erblassers im Testament selbst eine hinreichende Stütze gefunden haben muss (sog. **Andeutungstheorie**). Da nur ein erklärter Wille rechtswirksam ist und die Erklärung bei letztwilligen Verfügungen deren Formzwang unterliegt, ist der ermittelte wirkliche oder mutmaßliche Wille des Erblassers nach § 125 S. 1 BGB formnichtig, wenn er im Testament selbst nicht wenigstens einen unvollkommenen Ausdruck gefunden hat, indem er dort zumindest vage oder versteckt angedeutet ist.[11] Unter welchen Voraussetzungen ein die Form wahrender versteckter Anhalt angenommen werden kann, ist nicht eindeutig abstrakt festzulegen, sondern hängt vom Einzelfall ab.[12] Ein bestimmter Erblasserwille ist jedenfalls nicht bereits dadurch im Testament angedeutet, dass dessen Wortlaut überhaupt auslegungsbedürftig ist und sich die generelle Willensrichtung aus dem Wortlaut herleiten lässt, denn die Anwendung der Andeutungstheorie kann nicht dazu führen, die Formnichtigkeit einer letztwilligen Verfügung zu überwinden.[13] Der BGH hat Versuchen, „gerechte Ergebnisse" durch ein Überstrapazieren der Andeutungstheorie zu erzielen, einen Riegel vorgeschoben.[14] 7

Im Schrifttum stößt die Andeutungstheorie allerdings teilweise auf **Kritik**.[15] Ihr wird entgegengehalten, dass sie die gesetzlichen Formvorschriften überspanne. Der Schutz vor Übereilung werde schon dadurch erreicht, dass der Erblasser das Testament niedergeschrieben und in dem Sinne verstanden hat, den er ihm beilegen wollte. Die Andeutungstheorie führe außerdem zu Zufälligkeiten und Rechtsunsicherheit, weil sie von der unkalkulierbaren Entscheidung des Richters abhänge, ob die geforderte Andeutung im Testament zu finden ist. Der weitschweifende Erblasser werde daher zu Unrecht gegenüber dem knapp formulierenden bevorzugt. Der BGH hält trotz dieser Kritik in ständiger Rechtsprechung an der Andeutungstheorie fest. Nur der erklärte Wille ist hinreichend verfestigt und so aus dem Stadium der Willensbildung herausgetreten, dass er Rechtsfolgen herbeizuführen vermag. Außerdem würde eine Auslegung, die den Erblasserwillen zum alleinigen Maßstab nehmen würde, die gesetzlichen Formerfordernisse für Testamente außer Acht lassen. Die Form soll insbesondere den Erblasser dazu veranlassen, sich selbst darüber klar zu werden, welchen Inhalt seine Verfügung von Todes wegen haben soll.[16] Auch die Fälle der bewussten (in 8

7 BGH, Beschl. v. 14.9.2022 – IV ZB 34/21, ZEV 2022, 719, 720.
8 BGH, Urt. v. 28.1.1987 – IVa ZR 191/85, BeckRS 2010, 27947.
9 BGH, Urt. v. 7.10.1992 – IV ZR 160/91, NJW 1993, 256.
10 BayObLG, Beschl. v. 19.1.2001 – 1Z BR 176/99, ZEV 2001, 440, 441.
11 BGH, Urt. v. 8.12.1982 – IVa ZR 94/81, NJW 1983, 672, 673; BGH, Beschl. v. 10.11.2021 – IV ZB 30/20, NJW 2022, 474, 475.
12 Grüneberg/*Weidlich*, § 2084 Rn 4.
13 BGH, Beschl. v. 10.11.2021 – IV ZB 30/20, NJW 2022, 474, 476 m. zust. Anm. *Krätzschel*.
14 *Krätzschel*, NJW 2022, 476, 477.
15 Zusammenfassend *Raff*, MittBayNot 2024, 320.
16 BGH, Beschl. v. 9.4.1981 – IVa ZB 4/80, NJW 1981, 1737, 1738.

Abgrenzung zur unbewussten) Falschbezeichnung (falsa demonstratio) lassen sich mit der Andeutungstheorie angemessen lösen.[17]

9 In der **Praxis** spielt die Andeutungstheorie eine große Rolle, denn ohne sie müsste über jede Parteibehauptung bezüglich eines angeblichen Erblasserwillens Beweis erhoben werden. Da die Beweiswürdigung nicht in jedem Fall verfälschende Behauptungen als solche entlarven wird, bietet nur die Andeutungstheorie einen ausreichenden Schutz des erklärten Erblasserwillens. Für sie sprechen außerdem prozessökonomische Gründe: Der Richter muss nicht zunächst umfänglich bezüglich des Erblasserwillens Beweis erheben und sodann prüfen, ob dieser formgültig erklärt wurde. Rechtsmethodisch stellt sich die Formfrage zwar erst nach der Ermittlung des objektiven Inhalts der Erklärung, weil erst dann entschieden werden kann, ob der durch die Auslegung festgestellte Wille im Testament selbst eine hinreichende Stütze findet. Die vom BGH für richtig gehaltene Prüfungsreihenfolge steht aber der Vorgehensweise nicht entgegen, dass bei fehlender Andeutung das Auslegungsergebnis offenbleibt.[18] Es entspricht mithin der Rechtsprechung des BGH, dass ungeachtet der grundsätzlich für richtig gehaltenen Prüfungsreihenfolge der Tatrichter einen bestimmten Willen des Erblassers unterstellt, aber mangels formgerechter Erklärung dieses Willens für unbeachtlich erklärt.[19]

10 **Hinweis**
Unterbliebene Verfügungen – sei es aufgrund der Zerstreutheit des Erblassers oder aufgrund eines Motivirrtums – können nicht durch Auslegung ersetzt werden. Das Ziel des Erblassers kann allenfalls durch eine Anfechtung erreicht werden, welche aber ihrerseits lediglich kassiert und nicht reformiert.

11 Der Auslegung zugänglich sind auch **scheinbar eindeutige Erklärungen.**[20] Ein eindeutiger Wortlaut ist nicht die Grenze, sondern das Ergebnis der Auslegung. Der Wortlaut hat jedoch die Vermutung, den Willen des Erblassers wiederzugeben, für sich, sodass an eine abweichende Auslegung strenge Beweisanforderungen zu stellen sind. Häufig sind Fälle, in denen der Erblasser einen Begriff gebraucht, dem in der Fachsprache eine feste Bedeutung zukommt, der in der Alltagssprache jedoch unscharf verwendet wird.[21]

12 Maßgeblicher Zeitpunkt für die Auslegung ist nur der bei der **Errichtung des Testaments** vorhanden gewesene Wille des Erblassers.[22] Später eintretende Umstände können nur Bedeutung erlangen, soweit sie Rückschlüsse auf den Willen des Erblassers im Zeitpunkt der Testamentserrichtung zulassen.[23] Andernfalls würden die Formanforderungen für Testamente bzw. Widerrufe umgangen werden.

13 Hinsichtlich der berücksichtigungsfähigen Umstände ist vom **Wortlaut** der Erklärung auszugehen. Man darf sich jedoch nicht auf eine Analyse des Wortlauts beschränken, muss diesen gleichsam „hinterfragen“, um festzustellen, was der Erblasser tatsächlich gewollt hat.[24] Zur Ermittlung des Erblasserwillens sind auch alle zugänglichen **Umstände außer-**

---

17 *Horn*, ErbR 2014, 410, 413.
18 BGH, Beschl. v. 19.6.2019 – IV ZB 30/18, NJW 2019, 2317, 2319.
19 BGH, Beschl. v. 10.11.2021 – IV ZB 30/20, NJW 2022, 474.
20 BGH, Urt. v. 8.12.1982 – IVa ZR 94/81, NJW 1983, 672, 673.
21 OLG Düsseldorf, Beschl. v. 8.10.1997, NJWE-FER 1998, 12.
22 BGH, Beschl. v. 17.7.2012 – IV ZB 23/11, ZEV 2013, 36, 38.
23 BayObLG, Beschl. v. 23.5.1995 – 1Z BR 128/94, DNotZ 1996, 302, 304.
24 BGH, Urt. v. 7.10.1992 – IV ZR 160/91, NJW 1993, 256.

halb der Testamentsurkunde auszuwerten, die zur Ermittlung des Erblasserwillens beitragen können.[25]

Zu berücksichtigen ist der **Textzusammenhang**, der sich sowohl aus dem Sinnzusammenhang der einzelnen Sätze als auch aus seiner (grafischen) Anordnung ergeben kann. Die **Testamentsform** spielt insoweit eine Rolle, als beim eigenhändigen Testament die Begriffe in der Regel alltagssprachlich, beim öffentlichen hingegen fachsprachlich gebraucht werden. Ungeachtet dessen ist anerkannt, dass auch notarielle letztwillige Verfügungen einer Auslegung zugänglich sind. 14

Herangezogen werden können auch **andere frühere Erklärungen** des Erblassers. Wenn mehrere Testamente vorliegen, die sich nach dem Willen des Erblassers ergänzen sollen, so bilden die Testamente in ihrer Gesamtheit die Erklärung des Erblasserwillens; zur Ermittlung des Inhalts jeder einzelnen Verfügung sind daher sämtliche Testamente heranzuziehen. Unproblematisch ist die Heranziehung früherer Erklärungen auch, wenn durch die spätere Verfügung nur eine frühere ergänzt oder präzisiert wird. Formnichtige oder widerrufene frühere Verfügungen sind nur zu berücksichtigen, wenn sie den in der späteren Verfügung angedeuteten Willen verdeutlichen,[26] nicht jedoch, um die spätere Verfügung durch eine weitere Anordnung zu ergänzen. Zur Auslegung herangezogen werden können ferner grundsätzlich auch bloße **Entwürfe**; hier ist allerdings stets zu berücksichtigen, dass Textunterschiede auch ein Hinweis auf eine Willensänderung sein können.[27] 15

II. Ergänzende Auslegung

Im Zeitraum zwischen der Errichtung des Testaments und dem Erbfall ergeben sich häufig Veränderungen, die der Erblasser nicht vorausgesehen hat. Konsequenz ist, dass im Zeitpunkt des Erbfalls keine Regelung vorhanden ist, die diesen veränderten Umständen Rechnung trägt. Zur **Schließung** solcher **planwidriger Lücken** im Testament dient die sog. ergänzende Auslegung. Ein vorschneller Rückgriff auf das gesetzliche Erbrecht würde in diesen Fällen der grundsätzlichen Entscheidung des BGB für den Vorrang der privatautonom gestalteten Erbregelung zuwiderlaufen. Für eine ergänzende Auslegung besteht daher insbesondere ein Bedürfnis, wenn der Erblasser es nicht in der Hand hatte, nachträgliche Lücken durch neue letztwillige Verfügungen zu schließen. Die Zulässigkeit der ergänzenden Testamentsauslegung ist heute allgemein anerkannt. Zwar findet sich im BGB keine ausdrückliche Rechtsgrundlage, jedoch lässt sie sich auf den Sinn und Zweck des § 2084 BGB stützen, möglichst der testamentarischen Regelung zur Wirksamkeit zu verhelfen. 16

Zudem finden sich im BGB eine Reihe von Bestimmungen, in denen nachträglich entstandene Lücken des Testaments durch zusätzliche Verfügungsinhalte geschlossen werden können (z.B. §§ 2069, 2169 Abs. 3, 2173 BGB); diese waren vom Gesetzgeber nicht als Ausnahmen gedacht, sondern sind Ausdruck eines allgemeinen Grundgedankens. 17

Die ergänzende Auslegung kann nach der Rechtsprechung auch zur Feststellung führen, dass der Erblasser seine Anordnung für den von ihm nicht vorhergesehenen Fall gar nicht getroffen hätte, mit der Folge, dass die letztwillige Verfügung als widerrufen bzw. als gegenstandslos zu behandeln ist.[28] Offen ist, in welchem Umfang hierdurch Rechtsfolgen ausgelöst werden. 18

25 BGH, Beschl. v. 10.11.2021 – IV ZB 30/20, NJW 2022, 474, 476.

26 BGH, Urt. v. 29.5.1980 – IVa ZR 26/80, BeckRS 1980, 31070512.

27 BayObLG, Beschl. v. 12.3.1981 – 1 Z 3/81, BeckRS 2010, 18675.

28 BayObLG, Beschl. v. 27.6.1997 – 1Z BR 240/96, NJW-RR 1997, 1438, 1439; BayObLG, Beschl. v. 12.11.2001 – 1Z BR 134/00, ZEV 2002, 190, 191.

19 **Voraussetzung** für die ergänzende Testamentsauslegung ist zunächst eine **ungewollte Regelungslücke.**[29] Eine solche liegt vor, wenn ein bestimmter, tatsächlich eingetretener Fall vom Erblasser nicht bedacht und deshalb nicht geregelt wurde, aber geregelt worden wäre, wenn der Erblasser ihn bedacht hätte. Maßgeblich ist insoweit eine wertende Gesamtbetrachtung aller Umstände bei Testamentserrichtung. Wenn der Erblasser dagegen **bewusst** Lücken gelassen hat (z.B. bewusst nur über einen Teil seines Vermögens verfügt hat oder bewusst keinen Ersatzerben eingesetzt hat), ist eine ergänzende Auslegung weder zulässig noch geboten, sondern würde vielmehr dem Ziel, dem wirklichen Willen des Erblassers zur Geltung zu verhelfen, zuwiderlaufen.

20 Liegt eine ungewollte Regelungslücke vor, so ist zu prüfen, ob ein **hypothetischer Wille des Erblassers** ermittelt werden kann, anhand dessen die vorhandene Lücke geschlossen werden könnte. Maßgeblich ist nicht der mutmaßliche wirkliche Wille des Erblassers, sondern vielmehr der Wille, den er vermutlich gehabt hätte, wenn er die planwidrige Unvollkommenheit der letztwilligen Verfügung im **Zeitpunkt ihrer Errichtung** erkannt hätte. Spätere (reale) Äußerungen des Erblassers können nur herangezogen werden, soweit sich aus ihnen Rückschlüsse auf den Willen im Zeitpunkt der Testamentserrichtung ziehen lassen; andernfalls würden durch die ergänzende Auslegung die Formvorschriften des Widerrufs umgangen werden. Grenzen für die ergänzende Testamentsauslegung ergeben sich zudem aus den gesetzlichen Formerfordernissen und den allgemeinen Grundsätzen der Andeutungstheorie: Durch die ergänzende Auslegung darf kein Wille in das Testament hineingetragen werden, der darin nicht wenigstens **andeutungsweise ausgedrückt** ist.[30] Lässt sich nach diesen Grundsätzen kein hypothetischer Wille des Erblassers feststellen, so muss es trotz vorhandener Regelungslücke beim bisherigen Auslegungsergebnis bleiben. Die ergänzende Auslegung dient nicht dazu, geplante Verfügungen zu ersetzen, zu deren Errichtung es nicht mehr gekommen ist.[31]

21 Die Erfordernisse der Andeutungstheorie und die Zulässigkeit der ergänzenden Auslegung widersprechen sich nicht, denn bei der ergänzenden Auslegung muss eben gerade nicht das Ergebnis der Lückenschließung selbst in der Urkunde enthalten sein, sondern nur die **Anknüpfungspunkte** für die vorzunehmende Auslegung in Bezug auf den „hypothetischen Willen“ des Erblassers.[32]

22 **Typische Fälle**, in denen eine ergänzende Auslegung in Betracht kommt, sind: Vorversterben einer bedachten natürlichen Person, Erlöschen oder Insolvenz einer bedachten juristischen Person, Hinzutreten weiterer Personen, Veränderungen hinsichtlich des vermachten Gegenstands, Veränderungen in der Vermögenssituation des Erblassers (wie ein unerwarteter Vermögenserwerb oder Vermögensverlust), Änderung der Rechtslage oder inflationäre Geldentwertung.

23 **Hinweis**

Es ist nach der Rechtsprechung nicht möglich, das Rechtsinstitut der Störung der Geschäftsgrundlage (§ 313 BGB) heranzuziehen, denn dieses wurde für schuldrechtliche Austauschverträge entwickelt und ist daher auf eine unentgeltliche erbrechtliche Zuwendung nicht anwendbar.[33]

---

29 BGH, Beschl. v. 12.7.2017 – IV ZB 15/16, ZEV 2017, 629, 630.

30 OLG München, Beschl. v. 4.7.2017 – 31 Wx 211/15, ZEV 2017, 634, 636.

31 *Braun*, MittBayNot 2017, 504.

32 OLG Köln, Beschl. v. 10.11.2008 – 2 Wx 38/08, ZEV 2009, 241, 242.

33 BGH, Urt. v. 25.11.1992 – IV ZR 147/91, NJW 1993, 850.

III. Wohlwollende Auslegung

Wenn der Inhalt einer letztwilligen Verfügung verschiedene Auslegungen zulässt, so ist gem. § 2084 BGB im Zweifel diejenige Auslegung vorzuziehen, bei welcher die Verfügung Erfolg haben kann; das ist die sog. wohlwollende Auslegung (benigna interpretatio). Zweck der Vorschrift ist es, dem **Testierwillen** des Erblassers so weit wie möglich **rechtliche Geltung zu verschaffen.**[34] Mit „Erfolg" ist deshalb nicht etwa schlicht die Rechtswirksamkeit der Verfügung gemeint, sondern die rechtswirksame Erreichung des vom Erblasser gewollten Ziels der Verfügung. Bei diesem Verständnis erscheint § 2084 BGB nicht als Gegensatz, sondern als besondere Ausprägung von § 133 BGB. 24

Neben der erläuternden Auslegung und der ergänzenden Auslegung sowie der Umdeutung verbleibt für die Vorschrift des § 2084 BGB nur noch ein **eingeschränkter Anwendungsbereich.** Erfasst sind nur die Fälle, in denen ein gültiges Testament vorliegt und die Auslegung zu keinem eindeutigen Ergebnis führt. Ist der Wille des Erblassers hingegen gerade auf den zur Unwirksamkeit führenden Inhalt gerichtet, kommt nur eine Umdeutung in Betracht. Nicht einschlägig ist § 2084 BGB auch für die Beurteilung, ob überhaupt eine Willenserklärung des Erblassers vorliegt oder ob es sich um einen bloßen Entwurf handelt.[35] Ebenso wenig ist § 2084 BGB anwendbar, wenn Zweifel in Bezug auf die Einhaltung der Formerfordernisse bestehen, etwa für die Frage, ob Text und/oder Unterschrift eigenhändig vom Erblasser geschrieben wurden.[36] **§ 2084 BGB** ist allerdings **analog** anwendbar, wenn es um die Frage geht, ob eine Verfügung von Todes wegen oder ein Rechtsgeschäft unter Lebenden vorliegt; wenn die Erklärung nur bei einer dieser Deutungen rechtlichen Erfolg haben kann, ist dieser der Vorzug zu geben.[37] 25

IV. Verhältnis von Auslegung und Anfechtung

Die **Auslegung** hat **Vorrang** vor der Anfechtung, weil sie dem wahren Willen des Erblassers zur Wirksamkeit verhilft, während die Anfechtung die Verfügung von Todes wegen vernichtet.[38] Nach einem geflügelten Wort: Die Anfechtung kassiert nur, aber sie reformiert nicht! Dieses Ergebnis wird durch die Anforderungen, die § 2078 BGB an die Anfechtbarkeit stellt, bestätigt: Denn ob Wille und Erklärung auseinanderfallen oder ob ein Motivirrtum vorliegt, kann erst festgestellt werden, wenn durch Auslegung der rechtliche Inhalt der Erklärung ermittelt wurde. Die Auslegung geht der Anfechtung daher stets vor! 26

V. Umdeutung

Nach heute allgemeiner Meinung können auch nichtige Verfügungen von Todes wegen gem. § 140 BGB umgedeutet werden.[39] Im Gegensatz zur Auslegung wird hier der Wille des Erblassers nicht gedeutet oder ergänzt, sondern korrigiert. Voraussetzung für die Umdeutung einer nichtigen Verfügung von Todes wegen in ein anderes Rechtsgeschäft ist, dass **dessen Wirksamkeitsvoraussetzungen** gegeben sind und ein entsprechender **hypothetischer Wille des Erblassers** angenommen werden kann. Relevanz hat die Umdeutung vor allem bei formunwirksamen letztwilligen Verfügungen. 27

---

34 BGH, Urt. v. 20.3.1952 – IV ZR 153/51, BeckRS 1952, 31374966.
35 BGH, Urt. v. 8.6.1965 – V ZR 78/63, BeckRS 1965, 31175922.
36 BayObLG, Beschl. v. 4.3.1983 – BReg. 1Z 127/82, BeckRS 2010, 8741.
37 BGH, Urt. v. 8.6.1965 – V ZR 78/63, BeckRS 1965, 31175922.
38 BGH, Urt. v. 23.4.1951 – IV ZR 17/51, BeckRS 1951, 31397451.
39 BGH, Urt. v. 30.11.1977 – IV ZR 165/76, NJW 1978, 423.

28 **Beispiele:** Eine als gemeinschaftliches Testament gedachte letztwillige Verfügung, die mangels Unterschrift oder Testierfähigkeit eines Ehegattens unwirksam ist, kann in ein Einzeltestament des anderen Ehegatten umgedeutet werden; dies gilt richtiger Ansicht nach auch im Falle wechselbezüglicher Verfügungen. Eine in einem zweiseitigen Erbvertrag aufgrund der Geschäftsunfähigkeit des einen Teils unwirksame Verfügung kann in eine testamentarische Einzelverfügung umgedeutet werden. Die in einem notariellen Vertrag enthaltene, aber nach § 2302 BGB unwirksame Verpflichtung, ein Testament zu errichten, kann in einen (bedingten) Erbvertrag umgedeutet werden. Ein nach § 518 Abs. 1 BGB formungültiges Schenkungsversprechen unter Lebenden kann in ein Vermächtnis in Form eines eigenhändigen Testaments umgedeutet werden.

C. Wichtige Auslegungs- und Ergänzungsregeln

I. Allgemeines

29 Die gesetzlichen **Auslegungsregeln** sollen eine Hilfestellung bei der Ermittlung der wirklichen Bedeutung einer in einem Testament enthaltenen Erklärung des Erblassers geben. Die Regeln entsprechen allgemein anerkannten Erfahrungssätzen und sind nur dann anzuwenden, wenn der Wille des Erblassers durch Auslegung nicht ermittelt werden kann. **Merke:** Die Auslegungsregel ist die Ausnahme von der Regel der Ermittlung des individuellen Erblasserwillens!

30 Von den Auslegungsregeln sind die **Ergänzungsregeln** zu unterscheiden. Letztere greifen bei einer fehlenden oder lückenhaften Regelung durch den Erblasser ein, die auch nicht durch eine ergänzende Auslegung geschlossen werden kann. Ihre Anwendung führt für den Fall des Versagens einer Auslegungsregel zu einer vom Erblasserwillen weitgehend autonomen Gestaltungsentscheidung des Gesetzgebers.

31 Das 5. Buch des BGB enthält für jeden Bereich eigene Auslegungsregeln, die deshalb auch in ihrem jeweiligen Kapitel behandelt werden, so bspw. die Auslegungsregeln zum Vermächtnis nach §§ 2148 ff. BGB. Von diesen zahlreichen über das gesamte 5. Buch des BGB verstreuten Regeln können nachfolgend nur die wichtigsten erläutert werden. Im konkreten Anwendungsfall müssen die Regelungen im Einzelnen geprüft werden.

II. Zweifel über das Vorliegen einer Erbeinsetzung

32 Im allgemeinen Sprachgebrauch werden die Ausdrücke „vererben“ und „vermachen“ häufig nicht im juristisch-technischen Sinne verwandt. Entscheidend für die Frage, ob eine Erbeinsetzung oder ein Vermächtnis vorliegt, ist jedoch nach allgemeinen Grundsätzen nicht der reine Wortlaut, sondern der im Wege der Auslegung zu ermittelnde wirkliche Wille des Erblassers (§ 133 BGB). Nur für den Fall, dass die Auslegung zu keinem eindeutigen Ergebnis führt,[40] stellt **§ 2087 BGB zwei Auslegungsregeln** auf: Nach Abs. 1 ist im Falle der Zuwendung des gesamten Vermögens oder eines Bruchteils davon im Zweifel eine Erbeinsetzung anzunehmen; wenn dem Bedachten hingegen nur einzelne Gegenstände zugewendet werden, so ist gem. Abs. 2 im Zweifel von einem Vermächtnis auszugehen.

33 Insbesondere die Vorschrift des § 2087 Abs. 2 BGB gibt aber, wie gesagt, nur eine Auslegungsregel, die nicht Platz greift, wenn durch Auslegung die Zweifel überwunden sind, die

40 BGH, Beschl. v. 12.7.2017 – IV ZB 15/16, ZEV 2017, 629, 631.

zur gegenteiligen Auslegung als Vermächtnis durchgreifen müssten.[41] Speziell im Falle der Zuwendung **einzelner Vermögensgegenstände** kann es nämlich durchaus sein, dass sich bereits im Wege der Auslegung ergibt, dass der Erblasser **gleichwohl** eine **Erbeinsetzung** wollte (und somit § 2087 Abs. 2 BGB erst gar nicht zur Anwendung gelangt). Dies ist insbesondere in folgenden Konstellationen der Fall, nämlich wenn der Erblasser sein Vermögen vollständig den einzelnen Vermögensgegenständen nach verteilt hat[42] oder wenn er dem Bedachten einen Gegenstand oder Gegenstände zugewendet hat, die nach seiner Vorstellung das Hauptvermögen bilden (z.B. ein Hausgrundstück), oder wenn nur Vermächtnisnehmer vorhanden wären und nicht anzunehmen ist, dass der Erblasser überhaupt keine Erben berufen und seine Verwandten oder seinen Ehegatten als gesetzliche Erben ausschließen wollte.

III. Zweifel über die Person des Bedachten

1. Allgemeines

Die **§§ 2066–2073 BGB** enthalten Auslegungs- und Ergänzungsregeln für den Fall, dass Zweifel hinsichtlich der Person des Bedachten bestehen. Ihr gemeinsamer Grundgedanke ist, dass die Auslegung letztwilliger Verfügungen sich im Zweifel an der gesetzlichen Erbfolge orientieren soll. 34

2. Gesetzliche Erben

Setzt der Erblasser nur seine „gesetzlichen Erben" ein, so sind gem. § 2066 S. 1 BGB diejenigen im Verhältnis der gesetzlichen Erbteile bedacht, die im Zeitpunkt des Erbfalls die **gesetzlichen Erben** wären. Entsprechendes gilt bei ähnlichen Formulierungen, wie z.B. „rechtmäßige Erben" oder schlicht „Erben". 35

3. Verwandte

Nach § 2067 S. 1 BGB sind bei einer Einsetzung der „(nächsten) Verwandten" im Zweifel diejenigen Verwandten bedacht, die zur Zeit des Erbfalls **gesetzliche Erben** wären, auch hier im Verhältnis ihrer gesetzlichen Erbteile. „Verwandte" bezieht sich insoweit grundsätzlich nur auf Verwandte i.S.d. Gesetzes (§ 1589 BGB), d.h. nicht auf Ehegatten. Anders hingegen, wenn der Erblasser den Begriff „Familie" verwendet; hierzu gehört dann regelmäßig auch der Ehegatte. Im Übrigen gilt auch hier – wie allgemein – der Vorrang der individuellen Auslegung; die Auslegungsregel des § 2067 S. 1 BGB greift nur, wenn diese zu keinem eindeutigen Ergebnis führt. 36

4. Kinder

§ 2068 BGB enthält eine Regelung für den Fall, dass der Erblasser seine „Kinder" bedacht hat und eines dieser Kinder vor Testamentserrichtung verstorben ist. Dann soll im Zweifel eine Erbfolge nach **Stämmen** (wie bei § 1924 Abs. 3 BGB) erfolgen, die Abkömmlinge des vorverstorbenen Kindes sollen also an dessen Stelle treten. Kind i.S.d. § 2068 BGB ist auch ein Adoptivkind gem. § 1754 Abs. 1 BGB,[43] ebenso ein nichteheliches Kind. Zu beachten 37

---

41 BGH, Urt. v. 22.3.1972 – IV ZR 134/70, BeckRS 1972, 107231.

42 OLG Stuttgart, Beschl. v. 11.6.2018 – 8 W 198/16, FGPrax 2018, 179, 181 m. zust. Anm. *Milzer*.

43 BayObLG, Beschl. v. 30.10.1984 – BReg. 1Z 75/84, BeckRS 2009, 29031.

ist, dass gesetzessystematisch beim Wegfall des Kindes wegen Erbverzicht nicht § 2068 BGB, sondern der speziellere § 2349 BGB gilt.

5. Abkömmlinge des Erblassers

38 Bei nachträglichem Wegfall eines zum Erben eingesetzten Abkömmlings sind gem. § 2069 BGB im Zweifel dessen Abkömmlinge insoweit als Ersatzerben bedacht, als sie bei der **gesetzlichen Erbfolge** (nach dem Erblasser) nachrücken würden. Es handelt sich um eine gesetzliche Regel der ergänzenden Testamentsauslegung, da nicht eine Mehrdeutigkeit der Verfügung von Todes wegen behoben, sondern eine durch die spätere tatsächliche Entwicklung entstandene Lücke geschlossen wird.[44] Die Auslegungsregel des § 2069 BGB ist eine Ausprägung einer allgemeinen Lebenserfahrung.

39 „**Abkömmling**" meint neben den Kindern i.S.v. § 2068 BGB auch die Enkel, Urenkel usw. des Erblassers. Ungeachtet des Wortlauts („einen seiner ...") gilt § 2069 BGB auch dann, wenn der Erblasser nur einen Abkömmling hatte.[45] Wenn dagegen andere nahestehende Personen (z.B. nahe Verwandte, Ehegatten, Stiefkinder) wegfallen, wird eine analoge Anwendung von § 2069 BGB allgemein abgelehnt.[46] In solchen Fällen erfordert die Annahme einer Ersatzberufung der Abkömmlinge des Zuwendungsempfängers eine zusätzliche Begründung auf der Grundlage des durch ergänzende Auslegung zu ermittelnden Erblasserwillens und setzt somit eine planwidrige Regelungslücke im Testament voraus, dass die Zuwendung dem Bedachten im Zeitpunkt der Testamentserrichtung als Erstem seines Stammes und nicht nur ihm persönlich gegolten hat.[47]

40 Unter „**Wegfall**" ist ein Ereignis zu verstehen, das den Anfall der Zuwendung beim ursprünglich Bedachten verhindert, ohne zugleich die Verfügung als solche unwirksam zu machen. Nach dem Wortlaut der Norm muss der Wegfall nach der Errichtung der Verfügung von Todes wegen erfolgt sein. Die Vorschrift ist jedoch analog anzuwenden, wenn der Wegfall dem Erblasser im Zeitpunkt der Errichtung der Verfügung nicht bekannt war. Der häufigste Wegfallgrund ist der **Tod** des Bedachten. Unter § 2069 BGB fällt auch die in praxi seltene Erbunwürdigerklärung nach § 2344 BGB eines Bedachten. Ein **Zuwendungsverzicht** eines Abkömmlings gem. § 2352 BGB stellt zwar an sich ebenfalls einen Wegfall dar, allerdings greift insoweit eine gesetzliche Sonderregelung in Form der Vermutung einer Erstreckenswirkung (§ 2349 BGB) auf die Abkömmlinge.

41 Bei einer **Ausschlagung** eines Abkömmlings liegt grundsätzlich ebenfalls ein Wegfall vor, weil der Ausschlagende gem. § 1953 Abs. 2 BGB rückwirkend auf den Zeitpunkt des Erbfalls als verstorben zu betrachten ist. Im Anwendungsbereich von § 2306 BGB gelten allerdings Besonderheiten, denn es ist streitig, ob § 2069 BGB auch dann gilt, wenn der Ausschlagende zur Geltendmachung seines Pflichtteils handelt, denn dann würde dessen Stamm letztlich doppelt begünstigt: zum einen durch den Pflichtteil des sich zulässigerweise selbst enterbenden Pflichtteilsberechtigten und zum anderen durch den Anfall der Ersatzerbschaft an den oder die Abkömmling(e) des Ausschlagenden. Hier geht die Rechtsprechung regelmäßig dahin, dass grundsätzlich von einem Wegfall des ganzen Stammes des Ausschlagenden auszugehen ist.[48] Tritt dagegen nach dem Willen des Erblassers dennoch die Ersatzerbschaft der Abkömmlinge ein, ist für die Erbteilung zu beachten, dass der Ersatzberufene gem.

---

44 *J. Mayer*, MittBayNot 1994, 111, 112.
45 BayObLG, Beschl. v. 3.12.1971 – BReg. 1Z 92/71, BayObLGZ 1971, 386.
46 OLG Düsseldorf, Beschl. v. 8.11.2017 – I-3 Wx 295/16, ZEV 2018, 140, 141.
47 OLG Düsseldorf, Beschl. v. 8.11.2017 – I-3 Wx 295/16, ZEV 2018, 140, 141.
48 OLG Karlsruhe, Urt. v. 14.10.2022 – 14 U 125/21, MittBayNot 2024, 379, 382 f.

§ 2320 BGB im Zweifel die Pflichtteilslast trägt; nach § 2324 BGB ist diese Zweifelsregelung aber dispositiv. Auch beim pflichtteilsberechtigten Nacherben, der nach § 2306 Abs. 2 BGB ausschlägt, spricht die allgemeine Lebenserfahrung für diese Auslegung, dass eine angeordnete oder gem. § 2069 BGB vermutete Ersatzerbeneinsetzung nicht gelten soll.[49]

Muster 6.1: Wegfall der Ersatzerbschaft der Abkömmlinge bei Pflichtteilsgeltendmachung des Vorfahren 6.1

Ersatzerben sind jeweils die Abkömmlinge entsprechend der Regel der gesetzlichen Erbfolge. Die Ersatzerbschaft der Abkömmlinge entfällt, wenn die Erbschaft nach § 2306 BGB ausgeschlagen wird, um den Pflichtteil geltend zu machen. 42

Kein Wegfall i.S.d. § 2069 BGB ist hingegen die **Anfechtung** der letztwilligen Verfügung, denn diese führt nach § 142 Abs. 1 BGB zu deren Nichtigkeit ex tunc. Ebenso wenig stellt der **Verzicht auf das gesetzliche Erbrecht** einen Wegfall des Bedachten i.S.v. § 2069 BGB dar, denn dadurch wird nur die gesetzliche Erbfolge berührt, die aber hier von der (ergänzend auszulegenden) gewillkürten Erbfolge verdrängt wird. Kein Wegfall i.S.v. § 2069 BGB ist ferner der Verstoß eines Abkömmlings gegen eine **Verwirkungsklausel**, denn mit Eintritt der auflösenden Bedingung (§ 158 Abs. 2 BGB) wird die Verfügung unwirksam, sodass § 2069 BGB schon deshalb nicht anwendbar ist. 43

Wenn ein eingesetzter **Nacherbe** wegfällt, ist zu differenzieren: Fällt er vor dem Erbfall oder mit Rückwirkung auf den Erbfall weg, hat er die Nacherbenanwartschaft nie erworben; somit treten im Zweifel die Ersatzberufenen gem. § 2069 BGB an seine Stelle.[50] Fällt der Nacherbe hingegen erst später zwischen Erbfall und Nacherbfall weg, so hat bzw. haben sein(e) Abkömmling(e) bereits ein Nacherbenanwartschaftsrecht erlangt, welches gem. § 2108 Abs. 2 S. 1 BGB vererblich ist, sofern nicht ein anderer Wille des Erblassers anzunehmen ist. Diese Regelung genießt zwar grundsätzlich Vorrang vor § 2069 BGB, die Möglichkeit eines entgegenstehenden Erblasserwillens ist jedoch sorgfältig zu prüfen und häufig anzunehmen. 44

Muster 6.2: Ausschluss der Vererblichkeit der Nacherbenanwartschaft 6.2

Das Anwartschaftsrecht des Nacherben ist nicht vererblich. 45

Muster 6.3: Einschränkung der Vererblichkeit der Nacherbenanwartschaft 6.3

Das Anwartschaftsrecht des Nacherben ist nur an eheliche Abkömmlinge des Nacherben vererblich. 46

Bleibt die vorrangige individuelle Auslegung ohne Ergebnis, gilt die gesetzliche Auslegungsregel des § 2069 BGB auch bei Einsetzung eines **Schlusserben** im gemeinschaftlichen Ehegattentestament, wobei es auf den Zeitpunkt des Schlusserbfalls ankommt.[51] Gesondert zu betrachten ist die Frage der Wechselbezüglichkeit i.S.v. § 2270 BGB dieser Ersatzschlusserbeneinsetzung. Nachdrücklich zu beachten ist, dass der BGH hier Anfang des Jahrtausends seine Rechtsprechung geändert hat. Fällt der in einem Ehegattentestament eingesetzte Schlusserbe weg, ist § 2270 Abs. 2 BGB auf Ersatzerben nur anwendbar, wenn sich Anhaltspunkte für einen auf deren Einsetzung gerichteten Willen der testierenden Eheleute feststellen lassen, die Ersatzerbeneinsetzung also nicht allein auf § 2069 BGB beruht.[52] M.a.W. findet **keine Kumulation der Auslegungsregel des § 2069 BGB mehr mit derjenigen des** 47

49 OLG Karlsruhe, Urt. v. 14.10.2022 – 14 U 125/21, MittBayNot 2024, 379, 383.
50 OLG Celle, Beschl. v. 5.11.2012 – 6 W 197/12, MittBayNot 2013, 315, 316.
51 BGH, Beschl. v. 16.1.2002 – IV ZB 20/01, ZEV 2002, 150.
52 BGH, Beschl. v. 16.1.2002 – IV ZB 20/01, ZEV 2002, 150, 151.

§ 2270 Abs. 2 BGB statt. Richtig ist, dass der Grad der Verlässlichkeit, mit der eine bestimmte Willensrichtung des Erblassers angenommen werden darf, abnimmt und zudem die tatbestandliche Voraussetzung einer Auslegungsregel nicht feststeht, sondern ihrerseits nur aufgrund einer Auslegungsregel anzunehmen ist.[53] Die Folgen der Rechtsprechungsänderung sind allerdings weitreichend, vor allem auch im Hinblick auf Schutzansprüche aus § 2287 BGB, die nur bei einer bindenden Schlusserbeneinsetzung eingreifen. Wird diese Bindung von den Ehegatten gewünscht, ist die Ersatzberufung entfernterer Abkömmlinge daher ausdrücklich anzuordnen.[54]

6.4 **Muster 6.4: Ersatzerben im Schlusserbfall**

48 Als Schlusserben berufen wir unsere Kinder zu gleichen Teilen, ersatzweise deren Abkömmlinge, insoweit diese bei gesetzlicher Erbfolge an ihre Stelle treten würden.

6. Abkömmlinge eines Dritten

49 Wenn der Erblasser die Abkömmlinge eines Dritten ohne nähere Bestimmung bedacht hat, so ist gem. § 2070 Alt. 1 BGB im Zweifel anzunehmen, dass diejenigen Abkömmlinge nicht bedacht sind, welche zur Zeit des Erbfalls **noch nicht gezeugt** sind. Diese Auslegungsregel ist vor dem Hintergrund zu sehen, dass ein beim Erbfall nicht Gezeugter nur als Nacherbe eingesetzt werden kann (§§ 1923 Abs. 2, 2101 Abs. 1 BGB); der Nacherbfall tritt dann mit der Geburt ein, Vorerben sind bis dahin die gesetzlichen Erben (§§ 2106 Abs. 2 S. 1, 2105 Abs. 2 BGB). Im Zweifel hat der Erblasser eine so komplizierte Regelung nicht gewollt, wenn er pauschal die Abkömmlinge eines Dritten einsetzt. Das Gleiche gilt, wenn die Zuwendung unter einer aufschiebenden Bedingung oder unter Bestimmung eines Anfangstermins gemacht ist und die Bedingung oder der Termin erst nach dem Erbfall eintritt, für die Abkömmlinge, die zur Zeit des Eintritts der Bedingung oder des Termins noch nicht gezeugt sind (§ 2070 Alt. 2 BGB).

7. Personengruppe

50 Hat der Erblasser ohne nähere Bestimmung eine Klasse von Personen oder Personen bedacht, die zu ihm in einem Dienst- oder Geschäftsverhältnis stehen, so ist gem. § 2071 BGB im Zweifel anzunehmen, dass diejenigen bedacht sind, welche zur Zeit des Erbfalls der bezeichneten Klasse angehören oder in dem bezeichneten Verhältnis stehen. Die Gruppe muss so **eindeutig bezeichnet** sein, dass ihre Angehörigen zweifelsfrei feststehen. Ein Beispiel ist „meine Mitarbeiter in der Firma".

8. Mehrdeutige Bezeichnung

51 Wenn der Erblasser den Bedachten in einer Weise bezeichnet, die auf mehrere Personen passt und sich nicht ermitteln lässt, wer von ihnen bedacht werden sollte, so gelten sie gem. § 2073 BGB als **zu gleichen Teilen** bedacht. Ein Beispiel ist die Zuwendung an den „Tierschutzverein in C.", wo es zwei Tierschutzvereine gab.[55]

---

53 *Otte*, ZEV 2002, 151, 152.
54 *Otte*, ZEV 2002, 151, 152.
55 OLG Celle, Beschl. v. 13.12.2002 – 6 W 143/02, NJW-RR 2003, 368.

9. Sonderfall: Die Armen

Einen Sonderfall stellt § 2072 BGB dar: Hat der Erblasser die Armen ohne nähere Bestimmung bedacht, so ist im Zweifel anzunehmen, dass die öffentliche Armenkasse der Gemeinde, d.h. heutzutage der **örtliche Träger der Sozialhilfe**, in deren Bezirk er seinen letzten Wohnsitz gehabt hat, unter der Auflage bedacht ist, das Zugewendete unter die Armen zu verteilen. Eine analoge Anwendung von § 2072 BGB kommt in Betracht, wenn der Erblasser eine Zuwendung zu einem der Sozialhilfe ähnlichen karitativen Zweck angeordnet hat, z.B. wenn er „einem Heim für körperbehinderte Kinder in München" ein Hausgrundstück zugewandt hat.[56] 52

IV. Zweifel über die Höhe der Erbteile

Die §§ 2088–2093 BGB enthalten Auslegungs- und Ergänzungsregeln für Fälle, in denen Zweifel über die Höhe der Erbteile bestehen: 53

Hat der Erblasser nicht über seinen gesamten Nachlass verfügt, so tritt gem. **§ 2088 BGB** im Übrigen gesetzliche Erbfolge ein. Hierbei handelt es sich jedoch lediglich um eine Ergänzungsregel, d.h. ein abweichender Wille des Erblassers hat wie stets Vorrang. Testamentarische und gesetzliche Erben bilden eine gewöhnliche Miterbengemeinschaft. 54

Sollen die eingesetzten Personen nach dem Willen des Erblassers die alleinigen Erben sein, so werden die Bruchteile, wenn sie das Ganze nicht erschöpfen, verhältnismäßig erhöht (**§ 2089 BGB**) bzw., wenn sie das Ganze übersteigen, verhältnismäßig gemindert (**§ 2090 BGB**). 55

Wenn zwar klar ist, wer Miterbe werden soll, aber die Höhe der jeweiligen Erbteile unbestimmt ist, erben die eingesetzten Personen zu gleichen Teilen (**§ 2091 BGB**) bzw. den freigebliebenen Teil zu gleichen Teilen (**§ 2092 Abs. 1 BGB**). Wie schon der Verweis auf die §§ 2066–2069 BGB zeigt, ist jedoch zuvor durch Auslegung zu ermitteln, ob nicht die Erben auf verschieden große Bruchteile eingesetzt sind.[57] 56

Der Erblasser kann mehrere Erben auch auf einen gemeinschaftlichen Erbteil einsetzen (**§ 2093 BGB**). Ob dies der Fall ist, ist durch Auslegung zu ermitteln.[58] Maßgeblich ist insoweit insbesondere, ob zwischen den als gemeinschaftlichen Erben zusammengefassten Personen eine persönliche oder sachliche Beziehung besteht. Die bloße Bezeichnung „die Eheleute X" ist für sich allein noch kein ausreichendes Indiz für die Einsetzung auf einen gemeinschaftlichen Erbteil.[59] In Ansehung des gemeinschaftlichen Erbteils finden gem. § 2093 BGB die §§ 2089–2092 BGB entsprechende Anwendung. 57

V. Anwachsung

Fällt einer von mehreren gesetzlichen Miterben weg, kann der Erblasser verschiedene Konsequenzen gewollt haben. Erstens kann er für diesen Fall vorgesehen haben, dass eine andere Person an die Stelle des Weggefallenen treten soll (sog. Ersatzerbe, § 2096 BGB). Zweitens kann er auch gewollt haben, dass für den frei gewordenen Teil die gesetzliche Erbfolge eintreten soll. Drittens kann er auch gewollt haben, dass der ursprünglich dem Weggefallenen zugedachte Anteil den **anderen eingesetzten Erben** entsprechend dem **Verhältnis** 58

56 BayObLG, Beschl. v. 19.4.2000 – 1Z BR 130/99, ZEV 2001, 22, 23 f.

57 BGH, Urt. v. 6.12.1989 – IVa ZR 59/88, NJW-RR 1990, 391, 392.

58 OLG Düsseldorf, Beschl. v. 16.6.2014 – I-3 Wx 256/13, ZEV 2015, 17, 19.

59 BayObLG, Beschl. v. 27.4.1999 – 1Z BR 145/98, NJW-RR 1999, 1311, 1312.

ihrer Erbteile zufallen soll. Dies ist die sog. Anwachsung (§ 2094 BGB). Sie ist das Pendant zum Prinzip der Erbteilserhöhung (§ 1935 BGB) im gesetzlichen Erbrecht.

59 Voraussetzung für die Anwachsung ist erstens, dass der Erblasser **mehrere Erben** eingesetzt hat, die nach seinem Willen den **gesamten Nachlass** erhalten sollen (vgl. § 2094 Abs. 1 S. 1 BGB). Zweitens muss einer der eingesetzten Erben vor oder nach dem Erbfall **wegfallen.** Vor dem Erbfall kann ein Erbe z.B. durch Tod (§ 1923 BGB), Erb- oder Zuwendungsverzicht (§§ 2346, 2352 BGB) oder Eintritt einer auflösenden Bedingung (§ 2075 BGB) wegfallen, danach z.B. durch Ausschlagung (§ 1953 Abs. 1 BGB), Nichterleben einer aufschiebenden Bedingung (§ 2074 BGB) oder Erbunwürdigkeitserklärung (§ 2344 BGB).

6.5 Muster 6.5: Anwachsung

60 ___, ___, ___ und ___ werden zu Miterben zu gleichen Teilen, d.h. zu je 1/4, eingesetzt. Fällt ein Miterbe vor oder nach Eintritt des Erbfalls weg, findet Anwachsung an die anderen Miterben statt. Ersatzerben werden ausdrücklich keine bestimmt.

6.6 Muster 6.6: Anwachsung bei Abkömmlingen

61 Ersatzerben sind deren Abkömmlinge entsprechend der gesetzlichen Erbfolgeordnung. Sind solche nicht vorhanden, tritt Anwachsung ein, jedoch zuerst innerhalb eines Stammes.

62 **Umstritten** ist, ob eine Anwachsung gem. § 2094 BGB auch bei anfänglicher **Nichtigkeit** (z.B. gem. §§ 125, 134, 138, 142 Abs. 1 BGB) oder **Unwirksamkeit** (z.B. gem. §§ 2077, 2270 Abs. 1 BGB) der Erbeinsetzung anzuwenden ist. Dagegen wird formalistisch der Wortlaut des § 2094 BGB angeführt: Ein „Wegfall" könne überhaupt nur in Betracht kommen, wenn die Erbeinsetzung irgendwann wirksam war. Andere wollen nach der Art und Reichweite des jeweiligen Nichtigkeitsgrunds differenzieren, wofür es keine Anhaltspunkte im Gesetz gibt. Entscheidend sollte vielmehr der Wille des Erblassers sein: Da er typischerweise abschließend über seinen Nachlass verfügen will, wird es für ihn meist keinen Unterschied machen, ob die Erbeinsetzung von vornherein nichtig bzw. unwirksam war oder ob der Erbe erst später wegfällt.[60] Soweit sich kein entgegenstehender Wille des Erblassers ermitteln lässt, greift die Anwachsung gem. § 2094 BGB folglich auch in den Fällen einer anfänglichen Nichtigkeit oder Unwirksamkeit der Erbeinsetzung.

63 Wenn der Erblasser **nur über einen Teil der Erbschaft verfügt** hat, ist weitere Voraussetzung der Anwachsung gem. § 2094 Abs. 2 BGB, dass einer von mehreren Erben, die auf einen gemeinschaftlichen Erbteil (§ 2093 BGB) eingesetzt sind, wegfällt. Andernfalls profitieren die gesetzlichen Erben vom Wegfall, da sich ihre Erbteile gem. § 1935 BGB erhöhen.

64 Der Erblasser kann die Anwachsung allerdings gem. § 2094 Abs. 3 BGB **ausschließen.** Dies kann sowohl ausdrücklich als auch konkludent erfolgen, aber nur in Form einer letztwilligen Verfügung. Ferner kommt eine Anwachsung von vornherein nicht in Betracht, wenn der Erblasser einen **Ersatzerben** (§ 2096 BGB) eingesetzt hat; denn gem. § 2099 BGB hat das Recht des Ersatzerben Vorrang vor dem Anwachsungsrecht.

65 Rechtsfolge der Anwachsung ist gem. § 2094 Abs. 1 S. 1 BGB, dass sich die **Erbteile** der anwachsungsberechtigten Miterben ipso iure **anteilig vergrößern.** Anwachsungsberechtigt sind ausschließlich die vom Erblasser eingesetzten verbleibenden (Mit-)Erben, nicht dagegen gesetzliche Erben. Beispiel: Erblasser E hat A zu 1/2 sowie B und C zu je 1/4 zu Miterben bestimmt. C verstirbt vor E. Der Erbteil des C wächst gem. § 2094 Abs. 1 S. 1 BGB anteilig

60 KG, Beschl. v. 7.5.1956 – 1 W 871/56, NJW 1956, 1523.

A und B an, d.h. A erhält weitere $^2/_{12}$ und B weitere $^1/_{12}$, sodass letztlich A zu $^3/_4$ und B zu $^1/_4$ Erben werden.

Besonderheiten gelten für den Fall, dass mehrere Miterben auf einen **gemeinschaftlichen Erbteil** eingesetzt sind (§ 2093 BGB): Fällt einer von ihnen weg, so sind gem. § 2094 Abs. 1 S. 2 BGB zunächst nur die mit dem Wegfallenden auf den gemeinschaftlichen Erbteil eingesetzten Miterben anwachsungsberechtigt; die übrigen Miterben sind erst dann anwachsungsberechtigt, wenn alle auf den gemeinschaftlichen Erbteil eingesetzten Miterben weggefallen sind. 66

Der ursprüngliche und der anwachsende Erbteil jedes Miterben werden grundsätzlich als **rechtliche Einheit** betrachtet. Folglich ist eine Teilannahme oder Teilausschlagung nicht möglich (§ 1950 BGB). Gem. § 2095 BGB gilt der angewachsene Erbteil jedoch in Ansehung der Vermächtnisse und Auflagen, mit denen dieser Erbe oder der wegfallende Erbe beschwert ist, sowie in Ansehung der Ausgleichungspflicht nach §§ 2052, 2050 BGB als **besonderer Erbteil**; dadurch wird verhindert, dass der Erbe infolge der Anwachsung wirtschaftlich benachteiligt wird. 67

VI. Ersatzerben

Gem. § 2096 BGB kann der Erblasser für den Fall, dass ein Erbe vor oder nach dem Eintritt des Erbfalls wegfällt, einen anderen Erben (sog. Ersatzerbe) einsetzen. Die Einsetzung des Ersatzerben ist somit **aufschiebend bedingt** durch den Wegfall des zunächst Berufenen. 68

Umstritten ist, ob es sich um eine rechtsgeschäftliche Bedingung oder um eine gesetzliche Voraussetzung (Rechtsbedingung) handelt. Für eine rechtsgeschäftliche Bedingung spricht, dass die Einsetzung als Ersatzerbe auf dem rechtsgeschäftlichen Willen des Erblassers beruht. Andererseits ist das Rechtsinstitut des Ersatzerben ohne den Wegfall des zunächst Berufenen nicht denkbar, was eher für eine gesetzliche Voraussetzung spricht. Im Ergebnis besteht jedoch Einigkeit darüber, dass § 2074 BGB bei der Ersatzerbschaft keine Anwendung findet; **maßgeblicher Erlebenszeitpunkt** ist damit der Eintritt des **Erbfalls** – und nicht etwa der (spätere) Wegfall des zunächst Berufenen. 69

Ein **Wegfall des Berufenen** kann vor dem Erbfall z.B. durch Tod (§ 1923 BGB), Erb- oder Zuwendungsverzicht (§§ 2346, 2352 BGB) oder Eintritt einer auflösenden Bedingung (§ 2075 BGB) erfolgen, nach dem Erbfall z.B. durch Ausschlagung (§ 1953 Abs. 1 BGB), Nichterleben einer aufschiebenden Bedingung (§ 2074 BGB) oder Erbunwürdigkeitserklärung (§ 2344 BGB). Unstreitig sind auch Fälle der **anfänglichen Nichtigkeit** oder **Unwirksamkeit** der Einsetzung des „eigentlichen" Erben erfasst.[61] Hintergrund ist, dass die Ersatzerbschaft auf einer selbstständigen Verfügung beruht und daher unabhängig von der Nichtigkeit der ursprünglichen Erbeinsetzung zu beurteilen ist. 70

Hinweis 71
Streng zu trennen ist die Ersatzerbschaft von der Nacherbschaft. Nacherbe ist, wer Erbe des Erblassers wird, nachdem zunächst ein anderer Erbe, nämlich Vorerbe, gewesen ist (vgl. § 2100 BGB). Bei der Nacherbschaft tritt also zweimal Rechtsnachfolge nach dem Erblasser ein: zunächst wird der Vorerbe Erbe, dann wird mit Eintritt der Nacherbfolge der Nacherbe Erbe ein- und desselben Erblassers. Bei der Ersatzerbschaft tritt hingegen nur einmal Rechtsnachfolge nach dem Erblasser ein, und zwar aufgrund des Wegfalls des ursprünglich Bedachten direkt auf den Ersatzerben. Die Einsetzung als Nacherbe enthält jedoch gem. § 2102 Abs. 1 BGB im Zweifel auch die Einsetzung als Ersatzerbe.

61 OLG Hamburg, Beschl. v. 1.7.2015 – 2 W 19/15, NJW-RR 2015, 1419, 1420.

Dies gilt jedoch nicht im umgekehrten Fall, d.h. der Ersatzerbe ist nicht im Zweifel auch zugleich Nacherbe.[62] Das ergibt sich bereits unmittelbar aus der Auslegungsregel des § 2102 Abs. 2 BGB, denn dieser bestimmt ausdrücklich, dass bei einem Zweifel über Ersatz- oder Nacherbschaft nur von Ersatzerbschaft auszugehen ist.

72 Die Ersatzerbschaft muss vom Erblasser angeordnet worden sein. Die **Anordnung** kann ausdrücklich erfolgen oder sich erst im Wege der Auslegung aus der Verfügung von Todes wegen ergeben.[63] Dabei kann der Erblasser die Ersatzerbenstellung auf bestimmte Wegfallgründe beschränken. Er kann auch mehrere Ersatzerben neben- oder hintereinander einsetzen.

73 Umstritten ist das Verhältnis der **ausdrücklich berufenen** Ersatzerben zu den kraft **gesetzlicher Vermutung** gem. § 2069 BGB als Ersatzerben geltenden Abkömmlingen. Hier wird teils ein Vorrang der ausdrücklich berufenen Ersatzerben angenommen, teils umgekehrt ein Vorrang des § 2069 BGB. Eine generelle Regel kann in dieser Frage nicht aufgestellt werden, sodass im konkreten **Einzelfall** im Wege der Auslegung zu ermitteln ist, wem nach dem Willen des Erblassers der Vorrang gebühren sollte.[64] Zur Lösung des Konkurrenzverhältnisses zwischen den gewillkürten Ersatzerben und den nach § 2069 BGB berufenen Ersatzerben gilt der Vorrang der individuellen Auslegung.[65]

Muster 6.7: Vorrang der Ersatzerbschaft

74 Abweichend von anderslautenden gesetzlichen Auslegungs-, Vermutungs- und Ergänzungsregelungen und anderen gesetzlichen Bestimmungen wird   zum alleinigen Ersatzerben bestimmt.

Muster 6.8: Vorrang der Ersatznacherbschaft

75 Abweichend von anderslautenden gesetzlichen Auslegungs-, Vermutungs- und Ergänzungsregelungen und anderen gesetzlichen Bestimmungen wird   zum alleinigen Ersatznacherben bestimmt.

76 Die §§ 2097, 2098 BGB enthalten spezielle **Auslegungsregeln** für die Ersatzerbschaft:

§ 2097 BGB betrifft den Fall, dass der Erblasser die Wegfallgründe nicht oder nicht hinreichend deutlich geregelt hat: Ist jemand für den Fall, dass der zunächst berufene Erbe nicht Erbe sein kann (z.B. Tod, Erbunwürdigkeit, Nichtigkeit) oder will (z.B. Ausschlagung, Zuwendungsverzicht), als Ersatzerbe eingesetzt, so ist im Zweifel anzunehmen, dass er für beide Fälle eingesetzt ist.

§ 2098 BGB adressiert einen Spezialfall der Berufung von mehreren Ersatzerben. Nach der allgemeinen Auslegungsregel des § 2091 BGB erhalten mehrere Ersatzerben, die nebeneinander im Zweifel für den Wegfall eines Erstberufenen eingesetzt sind, im Zweifel gleiche Teile. § 2098 Abs. 1 BGB enthält eine hiervon abweichende Auslegungsregel für Fälle, in denen entweder alle Erben gegenseitig oder für einen von ihnen die übrigen als Ersatzerben eingesetzt sind. Statt zu gleichen Teilen zu erben, erben sie dann im Zweifel nach dem Verhältnis ihrer Erbteile. Wenn die Erben gegenseitig als Ersatzerben eingesetzt sind, gehen Erben, die auf einen gemeinschaftlichen Erbteil eingesetzt sind, gem. § 2098 Abs. 2 BGB im Zweifel als Ersatzerben für diesen Erbteil den anderen vor.

62 OLG Schleswig, Beschl. v. 2.8.2010 – 3 Wx 19/10, BeckRS 2010, 28245.
63 OLG Düsseldorf, Beschl. v. 8.11.2017 – I-3 Wx 295/16, ZEV 2018, 140, 141.
64 BayObLG, Beschl. v. 30.9.1993 – 1Z BR 9/93, MittBayNot 1994, 149, 151.
65 *J. Mayer*, MittBayNot 1994, 111, 114.

VII. Auslegungsregeln für Bedingungen

Ebenso wie prinzipiell jedes Rechtsgeschäft können auch letztwillige Verfügungen unter eine **aufschiebende** oder **auflösende Bedingung** gestellt werden; dies wird im BGB zwar nicht explizit geregelt, aber in den §§ 2074 ff. BGB vorausgesetzt. Diese Vorschriften enthalten eine Reihe von Auslegungsregeln für die Wirkungen solcher Bedingungen. 77

Hat der Erblasser eine letztwillige Zuwendung unter einer **aufschiebenden Bedingung** gemacht, so ist gem. **§ 2074 BGB** im Zweifel anzunehmen, dass die Zuwendung nur gelten soll, wenn der Bedachte den Bedingungseintritt erlebt. Die echte Bedingung ist dabei vom bloßen Anlass der Testamentserrichtung, von unverbindlichen Wünschen und von der Auflage gem. § 1940 BGB abzugrenzen. Eine echte Bedingung liegt nur dann vor, wenn der Wille des Erblassers erkennbar darauf gerichtet ist, die Wirksamkeit der Verfügung an den Eintritt eines für ungewiss gehaltenen Umstands zu knüpfen.[66] Für eine Befristung gilt nicht § 2074 BGB, sondern § 163 BGB. Ein Beispiel ist die Formulierung „Dies Testament gilt nur bei einem Unfall oder sollte ich nicht aus Russland wiederkommen“, die eine echte Bedingung darstellt.[67] Wenn in Form eines Konditionalsatzes auf die Umstände der Testamentserrichtung Bezug genommen wird („Sollte mir bei der Gallenoperation etwas zustoßen“), stellt dies dagegen regelmäßig nur einen Hinweis auf den Anlass und das Motiv der Testamentserrichtung dar.[68] 78

Wird eine Zuwendung unter der Bedingung eines Tuns oder Unterlassens des Bedachten von unbegrenzter Dauer gemacht, so käme der Bedachte nie in den Genuss der Zuwendung, wenn man eine aufschiebende Bedingung annehmen würde; denn dann stünde erst im Zeitpunkt seines eigenen Todes fest, dass die Bedingung erfüllt ist. **§ 2075 BGB** stellt deshalb die Auslegungsregel auf, dass eine solche Bedingung als **auflösende Bedingung** zu verstehen ist. Ein Beispiel ist eine als „Vereinbarung“ überschriebene Erbeinsetzung bei gleichzeitiger Übernahme einer Pflegeverpflichtung, die – wenn es an einem festen Bindungswillen des Erblassers fehlt – als auflösend bedingte Erbeinsetzung und nicht als Erbvertrag auszulegen ist.[69] 79

Ist der Eintritt einer Bedingung von der Mitwirkung des Bedachten abhängig, so gilt auch für letztwillige Verfügungen § 162 BGB.[70] Diese allgemeine Vorschrift wird durch die Auslegungsregel des **§ 2076 BGB** ergänzt, die den Eintritt einer **aufschiebenden Bedingung zum Vorteil eines Dritten** fingiert, wenn dieser die zum Eintritt der Bedingung erforderliche Mitwirkungshandlung unterlässt. 80

§ 2077 BGB betrifft den Fall, dass der Erblasser seinen Ehegatten, Lebenspartner oder Verlobten bedacht hat und die **Ehe** bzw. das **Verlöbnis** vor dem Tod des Erblassers **aufgelöst** wird. In diesem Fall ist die letztwillige Verfügung zugunsten des Ehegatten (Abs. 1) bzw. Verlobten (Abs. 2) unwirksam, sofern nicht anzunehmen ist, dass der Erblasser sie auch für diesen Fall getroffen haben würde (Abs. 3). Das Bestehenbleiben der Ehe bzw. des Verlöbnisses wird sozusagen zur auflösenden Bedingung der Verfügung gemacht. § 2077 BGB betrifft den Irrtum über den Bestand der Ehe bzw. des Verlöbnisses; der Gesetzgeber ging hier pauschal davon aus, dass die Verfügungen, durch die der andere bedacht wird, nicht für den Fall der Auflösung dieses Bandes gelten sollen mit der Rechtsfolge der Nichtigkeit. Das Gesetz gibt mit der Norm eine dispositive Auslegungsregel entsprechend dem vermute- 81

66 OLG München, Beschl. v. 15.5.2012 – 31 Wx 244/11, ZEV 2012, 365, 366.
67 OLG Schleswig, Beschl. v. 6.7.2015 – 3 Wx 38/15, BeckRS 2015, 18533.
68 OLG München, Beschl. v. 15.5.2012 – 31 Wx 244/11, ZEV 2012, 365, 366.
69 BayObLG, Beschl. v. 28.1.1998 – 1Z BR 162/97 und 1Z BR 176/97, NJW-RR 1998, 729, 730.
70 OLG Hamm, Beschl. v. 19.9.1967 – 15 W 397/67, OLGZ 1968, 80, 85.

ten wirklichen Willen des Erblassers, der auf Hinfälligkeit des Testaments u.a. im Scheidungsfall gerichtet ist; für den Regelfall misst § 2077 Abs. 1 BGB einer solchen letztwilligen Zuwendung den Inhalt zu, nur für den Fall des Bestehens der Ehe getroffen zu sein.[71]

82 Die Rechtsprechung verneint eine analoge Anwendung von § 2077 Abs. 1 BGB auf **nichteheliche Lebensgemeinschaften**, weil es an einer mit der allgemeinen Lebenserfahrung begründbaren dahingehenden Vermutung, wie sie der Regelung des § 2077 BGB für den Fall der nachträglich eintretenden wesentlichen Veränderung in den Beziehungen von Erblasser und Bedachtem zugrunde liegt, fehlt.[72] Eine dahingehende Willensrichtung pro Wegfall bei späterer Trennung kann im Zeitpunkt der Errichtung der letztwilligen Verfügung vorliegen und ist im Rahmen der vorrangigen individuellen Testamentsauslegung zu berücksichtigen, wohingegen keine allgemeine Veränderung der Feststellungs- und Beweislast über eine Analogie zu § 2077 BGB gerechtfertigt ist.[73] Im Einzelfall kann ausgleichend die ergänzende Auslegung oder die Anfechtung zum Tragen kommen.[74]

D. Auslegung von Erbverträgen und gemeinschaftlichen Testamenten

I. Erbvertrag

83 Bei der Auslegung von Erbverträgen ist zwischen vertragsmäßigen und einseitigen Verfügungen zu differenzieren:

Für die Auslegung **vertragsmäßiger Verfügungen** gelten die allgemeinen Regeln über die Auslegung von Verträgen; maßgeblich ist der erklärte übereinstimmende Wille der Vertragsparteien (§§ 133, 157 BGB).[75] Selbst bei einseitigen Erbverträgen kommt es aufgrund des Vertragscharakters nicht allein auf den Willen des Erblassers an, sondern auf den objektiven Empfängerhorizont.[76] Gem. § 2279 Abs. 1 BGB gelten jedoch auch die gesetzlichen Auslegungsregeln für Testamente entsprechend. § 2280 BGB ergänzt zudem eine spezielle Auslegungsregel für Erbverträge, in denen sich Ehegatten oder Lebenspartner gegenseitig als Erben einsetzen; hier gilt § 2269 BGB entsprechend.

Für **einseitige Verfügungen** gelten hingegen ausschließlich die Grundsätze und Regeln für die Auslegung von Testamenten, inkl. der gesetzlichen Auslegungsregeln (vgl. § 2299 Abs. 2 S. 1 BGB).

II. Gemeinschaftliches Testament

84 Ähnlich ist bei der Auslegung gemeinschaftlicher Testamente zwischen wechselbezüglichen und nicht wechselbezüglichen Verfügungen zu differenzieren:

Wechselbezügliche Verfügungen haben zwar keinen Vertragscharakter, aber aufgrund der gegenseitigen Abhängigkeit und der Bindungswirkung nach dem Tod des ersten Ehegatten ist die Interessenlage hier derjenigen beim Erbvertrag vergleichbar; daher gelten insoweit die Regeln für die Auslegung von vertragsmäßigen Verfügungen in Erbverträgen entspre-

71 BGH, Beschl. v. 22.5.2024 – IV ZB 26/23, NJW 2024, 2537, 2538.
72 BGH, Beschl. v. 22.5.2024 – IV ZB 26/23, NJW 2024, 2537, 2539 m. zust. Anm. *Zimmer.*
73 BGH, Beschl. v. 22.5.2024 – IV ZB 26/23, NJW 2024, 2537, 2540.
74 *Leipold*, ZEV 2003, 330, 331.
75 BGH, Urt. v. 8.2.1989 – IVa ZR 98/87, NJW 1989, 2885.
76 OLG Düsseldorf, Beschl. v. 6.12.2011 – 3 Wx 261/11, NJW-RR 2012, 391, 392.

chend.[77] Die beiderseitigen Verfügungen werden nicht selten aufeinander abgestimmt und inhaltlich abgesprochen; sie sind insofern Ergebnis und Ausdruck eines gemeinsam gefassten Entschlusses beider Teile.[78] Es handelt sich um eine objektive („normative") Auslegung, die in zwei Schritten erfolgt:[79] Zunächst ist nach § 133 BGB wie bei einseitigen Verfügungen zu klären, was der Erblasser mit seinen Worten sagen wollte. Anschließend ist zu prüfen, ob diese Auslegung auch dem Willen des anderen entspricht. So ist der auf Grundlage des § 133 BGB ermittelte Wille nur in dem Umfang zu berücksichtigen, in dem dieser aus Sicht des anderen bei Anwendung der verkehrsüblichen Sorgfalt erkennbar war.[80] Lässt sich kein gemeinsamer Wille feststellen, sind wechselbezügliche Verfügungen nach ihrem objektiven Erklärungsinhalt auszulegen.[81]

Für nicht wechselbezügliche, d.h. **einseitige Verfügungen** gelten hingegen die gleichen Rechtsgrundsätze und gesetzlichen Auslegungsregeln wie für Einzeltestamente.

E. Teilunwirksamkeit

Gem. § 2085 BGB hat die Unwirksamkeit einer von mehreren in einem Testament enthaltenen Verfügungen die Unwirksamkeit der übrigen Verfügungen nur zur Folge, wenn anzunehmen ist, dass der Erblasser diese ohne die unwirksame Verfügung nicht getroffen haben würde. Die Vorschrift stellt also als lex specialis zu § 139 BGB eine widerlegliche **Vermutung** zugunsten der bloßen Teilunwirksamkeit und damit eine Vermutung der **Restwirksamkeit** auf. Dahinter steht die Erwägung, dass eine Gesamtnichtigkeit regelmäßig nicht dem Willen des Erblassers entsprechen wird. 85

Wichtig ist die **Differenzierung** zwischen **Nichtigkeit und Gegenstandslosigkeit**. So hat z.B. die Nichtigkeit einer in einem zweiseitigen Erbvertrag getroffenen Verfügung die Unwirksamkeit des ganzen Vertrags zur Folge (§ 2298 Abs. 1 BGB), wenn nicht ein anderer Wille der Vertragschließenden anzunehmen ist (§ 2298 Abs. 3 BGB); siehe ferner für das gemeinschaftliche Testament auch § 2270 Abs. 1 BGB. Liegt hingegen in diesem Fall nur die Unwirksamkeit einer einzelnen Verfügung aufgrund von Gegenstandslosigkeit vor, richtet sich das Schicksal der anderen Verfügungen nach § 2085 BGB, wodurch diese grundsätzlich aufrechterhalten werden. Es ist daher sorgsam darauf zu achten, wann das Gesetz von Nichtigkeit (z.B. §§ 2298 Abs. 1, 2270 Abs. 1 BGB) und wann von Unwirksamkeit (z.B. § 2085 BGB) spricht. 86

F. Ergänzungsvorbehalt

Vergleichbar gilt abweichend von § 154 Abs. 1 S. 1 BGB eine **Vermutung der Wirksamkeit** eines Testaments mit Ergänzungsvorbehalt, denn § 2086 BGB geht von der Lebenserfahrung aus, dass der Erblasser von der späteren Ergänzung im Zweifel nicht die Endgültigkeit seiner formgerecht errichteten letztwilligen Verfügung abhängig machen wollte. Durch 87

77 BGH, Beschl. v. 10.12.2014 – IV ZR 31/14, ZEV 2015, 343, 344.
78 *Horn*, ErbR 2014, 410, 411.
79 *Horn*, ErbR 2014, 410, 411.
80 *Horn*, ErbR 2014, 410, 411.
81 *Horn*, ErbR 2014, 410, 411.

§ 2086 BGB wird dem in § 2084 BGB verankerten Grundsatz (favor testamenti) Rechnung getragen, dass dem geäußerten Erblasserwillen möglichst zur Geltung zu verhelfen ist.[82]

82 *Reimann*, ZEV 2024, 215, 216.

§ 7 Testierfähigkeit

Isabelle C. Losch

Literaturhinweise

Bartsch, Die postmortale Schweigepflicht des Arztes beim Streit um die Testierfähigkeit des Patienten, NJW 2001, 861; *Bodner/Merten*, Probleme der Begutachtung von Personen mit zerebralen Sprachstörungen (Aphasien), MedSach 2016, 160; *Cording*, Kriterien zur Feststellung der Testier(un)fähigkeit, ZEV 2010, 115; *Cording*, Beweismittel zur Klärung der Testier(un)fähigkeit, ZEV 2010, 23; *Cording/Förster*, Psychopathologische Kurztests durch den Notar – ein im Grundsatz verfehlter Vorschlag, DNotZ 2006, 329; *Cording/Nedopil*, Psychiatrische Begutachtungen im Zivilrecht, 4. Aufl. 2023; *Dohrenbusch*, Psychologische Mess- und Testverfahren für die Begutachtung im Sozial-, Zivil- und Verwaltungsrecht, 2015; *Dreßing/Habermeyer*, Psychiatrische Begutachtung, 7. Aufl. 2021; *Klingelhöffer*, Testierfähigkeit und ihre Geltendmachung im Nachlassverfahren, ZEV 1997, 92; *Kurze*, Vorsorgerecht, 2. Aufl. 2023; *Lerch*, Beurkundungsgesetz, 5. Aufl. 2016; *Lessing/Scanlan/Nazemi/Borson*, Int Psychogeriatr. 2008 Jun; 20(3): 459–470; *Limmer/Hertel/Frenz*, Würzburger Notarhandbuch, 6. Aufl. 2022; *Losch*, Testierfähigkeit unter besonderer Berücksichtigung des Krankheitsbildes der Demenz und ihrer postmortalen Begutachtung, ZErb 2017, 188; *Müller*, Erwiderung zum Beitrag von Stoppe/Lichtenwimmer, Die Feststellung der Geschäfts- und Testierfähigkeit bei alten Menschen durch den Notar – ein interdisziplinärer Vorschlag, DNotZ 2005, 806, DNotZ 2006, 325; *Schmoeckel*, Die Geschäfts- und Testierfähigkeit von Demenzkranken, NJW 2016, 433; *Wetterling*, Freier Wille und neuropsychiatrische Erkrankungen, 2. Aufl. 2020; *Wetterling*, Zur Geschäfts- und Testierfähigkeit bei Geistesschwäche, ErbR 2023, 500; *Wetterling*, Zur Geschäfts- und Testierfähigkeit bei Depressionen, ErbR 2022, 285; *Wetterling*, Operation – ein „Risiko" für Geschäfts- und Testierfähigkeit bei Älteren, ErbR 2021, 115; *Wetterling*, Vermüllung und Verwahrlosung – Anhaltspunkte für eine Geschäfts- und Testierunfähigkeit, ErbR 2020, 531; *Wetterling*, Hat eine Multimorbidität Auswirkung auf die Geschäfts- und Testierfähigkeit?, ErbR 2019, 283; *Wetterling*, Zur Geschäfts- und Testierfähigkeit nach einem Schlaganfall, ErbR 2018, 433; *Wetterling*, Geschäfts- und Testierfähigkeit bei Wahn?, ErbR 2018, 10; *Wetterling*, Gibt es medizinische Anhaltspunkte für eine Beeinflussung durch Dritte?, ErbR 2015, 544; *Wetterling*, Mehr Schein als Sein – zum sogenannten Fassadenphänomen, ErbR 2015, 355; *Wetterling*, Beeinträchtigung der Geschäfts-/Testierfähigkeit durch Medikamente, Alkohol und Drogen, ErbR 2015, 179.

Inhalt

A. Allgemeines ... 1
I. Testierfähigkeit ... 1
II. Errichtungsstatut ... 10
III. Voraussetzungen der Testierfähigkeit ... 15
1. Testierfähigkeit ... 15
a) Allgemeine Voraussetzungen ... 15
b) Erbvertrag ... 16
c) Ehegattentestament ... 18
d) Schreibunfähige ... 19
e) Mehrfachbehinderung ... 20
2. Testierunfähigkeit ... 21
a) Arten der Testierunfähigkeit ... 21
b) Krankhafte Störung der Geistestätigkeit ... 23
c) Geistesschwäche (Intelligenzminderung) ... 24
d) Bewusstseinsstörung ... 28
3. Verlaufstypen ... 29
a) Kurz andauernde oder fluktuierende Störungen ... 30
b) Länger anhaltende Störungen, spontan oder unter Therapie abklingende Erkrankungen ... 31
c) Chronische bzw. chronisch-progrediente Störungen ... 32
4. Zu beachtende Besonderheiten ... 33
a) Beeinflussbarkeit durch Dritte ... 33
b) Aphasie ... 40
c) Formale und inhaltliche Denkstörungen ... 41
d) Datierung eines Testaments ... 42
e) Heilung des Formmangels ... 43
f) Suizid ... 44
IV. Beispielhafte Aufzählung einzelner Krankheitsbilder ... 45
1. Bipolare Störungen ... 45
2. Demenz ... 47
3. Depressionen ... 58
4. Medikamente, Alkohol, Drogen ... 65
5. Multimorbidität und Multimedikation ... 70

6. Operationen ... 73
7. Schlaganfall ... 75
8. Vermüllung und Verwahrlosung ... 77
9. Wahn ... 78
V. Betreuung ... 83
VI. Luzides Intervall ... 87
B. Feststellung der Testierunfähigkeit im gerichtlichen Verfahren ... 96
I. Verschiedene Verfahrensarten ... 97
1. Erbscheinsverfahren ... 97
2. Grundbuchverfahren ... 100
3. Zivilprozess ... 101
4. Selbstständiges Beweisverfahren ... 102
II. Feststellung der Testierunfähigkeit ... 103
1. Einholung von Sachverständigengutachten ... 103
2. Postume Begutachtung ... 106
3. Parteivortrag ... 110
a) Feststellungslast/Beweislast ... 110
b) Beweis des ersten Anscheins ... 112
c) Privatgutachten ... 117
4. Betreuungsverfahren ... 120
5. Ermittlungen durch das Gericht ... 122
6. Feststellungen des Notars zur Geschäftsfähigkeit ... 126
7. Begutachtung durch gerichtliche Beauftragung ... 131
8. Überprüfung des Sachverständigengutachtens ... 142
9. Kosten ... 146
III. Schweigepflichten ... 147
1. Notarielle Schweigepflichten ... 147
2. Ärztliche Schweigepflichten ... 152
3. Schweigepflicht im Sozialrecht ... 156

A. Allgemeines

I. Testierfähigkeit

1 Das Vorliegen der Testierfähigkeit ist nicht nur bei Errichtung, sondern auch bei Änderung oder Widerruf einer letztwilligen Verfügung von Todes wegen von Bedeutung. Immer wieder wird im Einzelfall zu beurteilen sein, inwieweit der Testierende aufgrund seiner geistigen Fähigkeiten auch dazu in der Lage war.

2 Der Begriff der Testierfähigkeit ist ebenso wie der Begriff der Geschäftsfähigkeit im BGB nicht ausdrücklich definiert. Auch wenn sich dieses Kapitel mit dem Thema Testierfähigkeit beschäftigt, so ist die **Geschäftsfähigkeit** nicht ganz auszuklammern. Zum einen sind die Kriterien im Rahmen der Begutachtung deckungsgleich, zum anderen muss im Rahmen der Schließung eines Erbvertrags die Geschäftsfähigkeit als eine weitere Voraussetzung neben der Testierfähigkeit vorliegen. Die Geschäftsfähigkeit wird wie die Testierfähigkeit gem. § 104 BGB vorausgesetzt und ist von der Geschäftsunfähigkeit abzugrenzen.

3 Die Testierfähigkeit bzw. die Testierunfähigkeit des Erblassers muss immer zum **Zeitpunkt der Errichtung** des Testaments bestehen und in einem gerichtlichen Verfahren festgestellt werden. Bei Fertigung eines **eigenhändigen** Testaments wird in der Regel somit auf den Zeitpunkt der Unterzeichnung abgestellt. Wenn der Erblasser ein **notarielles** Testament errichtet, kommt es auf den Zeitpunkt der Erklärung des Erblassers gegenüber dem Notar an oder auf den Zeitpunkt der Übergabe der Schrift. Sollte der Erblasser danach testierunfähig werden, reicht es im Zeitpunkt der Verlesung und Genehmigung des vom Notar erstellten Testaments aus, wenn die Fähigkeit besteht, allgemein die Bedeutung der letztwilligen Verfügung zu erkennen und dem Vorgelesenen zuzustimmen oder nicht zuzustimmen.[1]

4 Die Testierfähigkeit ist als ein Unterfall der Geschäftsfähigkeit gesondert geregelt.[2] Die in einem späteren gerichtlichen Verfahren in forensisch-psychiatrischer Hinsicht zu erfolgende Prüfung hat, wie bereits erwähnt, jedoch sowohl bei der Prüfung der Geschäftsfähigkeit als auch bei einer Prüfung der Testierfähigkeit nach denselben Kriterien zu erfolgen, wobei die Freiheit des Willensentschlusses maßgeblich ist.[3]

1 NK-BGB/*Kroiß*, § 2229 Rn 6.

2 OLG München, Beschl. v. 14.8.2007 – 31 Wx 16/07, FamRZ 2007, 2009, 2011; OLG Hamburg, Beschl. v. 10.5.2012 – 2 W 96/11, BeckRS 2014, 15126.

3 OLG Hamburg, Beschl. v. 10.5.2012 – 2 W 96/11, BeckRS 2014, 15126.

Grundsätzlich ist gem. § 2229 Abs. 1 BGB jede Person, die das 16. Lebensjahr vollendet hat, testierfähig, solange sie selbstbestimmt handeln und eigenverantwortliche Entscheidungen treffen kann und die Vorstellung hat, eine letztwillige Verfügung von Todes wegen mit einem bestimmten Inhalt errichten zu wollen.[4] Dies folgt aus dem Grundsatz, dass eine krankhafte Störung der Geistestätigkeit, eine Geistesschwäche oder Bewusstseinsstörungen und damit die Testierunfähigkeit die Ausnahme von dem Regelfall der Testierfähigkeit ist.[5] Ein Erblasser gilt so lange als testierfähig, bis seine Testierunfähigkeit zur vollen Gewissheit des Gerichts nachgewiesen worden ist.[6] 5

Testierfähig bzw. geschäftsfähig ist nur derjenige, der seinen Willen frei bestimmen kann.[7] Im Rahmen dieser **Willensbildung** ist ein Abwägen des Für und Wider mit einer sachlichen Prüfung aller in Betracht kommenden Gesichtspunkte unumgänglich.[8] Nur auf diesem Weg ist eine von vernünftigen Erwägungen abhängig gemachte, selbstbestimmte und selbstverantwortliche Entscheidung bei Vorliegen einer intakten Urteilsfähigkeit möglich.[9] Der Testierende muss neben den allgemeinen Vorstellungen über die Errichtung einer Verfügung von Todes wegen sich auch über den Inhalt der letztwilligen Verfügung von Todes wegen, die Tragweite seiner Anordnung und die Auswirkungen auf die persönlichen und wirtschaftlichen Verhältnisse der Betroffenen im Klaren sein sowie sich auch über die Gründe, die für und gegen ihre sittliche Berechtigung sprechen, ein klares Urteil bilden und nach diesem frei von Einflüssen etwaig interessierter Dritter handeln.[10] Einschränkungen der Urteilsfähigkeit können zu einer geistigen Anomalie und damit zur Beeinträchtigung der Fähigkeit der freien Willensbildung führen.[11] Allerdings ist derjenige, der einen schwierigen rechtlichen Sachverhalt nicht intellektuell erfasst und versteht, noch nicht testierunfähig.[12] Auch wird die Testierfähigkeit nicht aufgrund von moralisch oder sittlich verwerflichen Vorstellungen des Erblassers oder aufgrund eines für einen Dritten objektiv unvernünftig erscheinenden Inhalts oder einer nicht nachvollziehbaren Motivation und Rechtfertigung der Anordnung ausgeschlossen.[13] Es ist allein der Wille des Erblassers maßgeblich, mithin seine persönlichen Wünsche und Vorstellungen. Dies leitet sich aus der grundsätzlich durch das Gesetz gewährleisteten Testierfreiheit her.[14] Eine abgestufte relative Testierunfähigkeit gibt es ebenfalls nicht.[15] 6

Die Geschäftsfähigkeit nach §§ 104 ff. BGB und die Testierfähigkeit nach §§ 2229, 2247 Abs. 4 BGB sind verwandt, aber nicht vollständig deckungsgleich. Bei der Errichtung letztwilliger Verfügungen können beide Arten nebeneinander treten, denn während die Wirksamkeit eines Testaments Testierfähigkeit voraussetzt, ist für den Abschluss eines wirksamen Erbvertrags die unbeschränkte Geschäftsfähigkeit neben der Testierfähigkeit erforderlich 7

4 Grüneberg/*Weidlich*, § 2229 Rn 2.
5 OLG Jena, Beschl. v. 4.5.2005 – 9 W 612/04, FamRZ 2005, 2021, 2022.
6 OLG Rostock, Beschl. v. 12.4.2023 – 3 W 74/21, FamRZ 2023, 1403, 1404; Grüneberg/*Weidlich*, § 2229 Rn 11.
7 MüKo-BGB/*Sticherling*, § 2229 Rn 3.
8 OLG Hamburg, Beschl. v. 10.5.2012 – 2 W 96/11, BeckRS 2014, 15126.
9 Staudinger/*Baumann*, § 2229 Rn 26 f.
10 OLG Hamm, Beschl. v. 26.10.2020 – 15 W 26/19, ErbR 2021, 558; MüKo-BGB/*Sticherling*, § 2229 Rn 3, 36; Staudinger/*Baumann*, § 2229 Rn 27.
11 MüKo-BGB/*Sticherling*, § 2229 Rn 3, 36; Staudinger/*Baumann*, § 2229 Rn 27.
12 KG, Beschl. v. 11.1.1995 – 11 U 5 086/92; Staudinger/*Baumann*, § 2229 Rn 44.
13 MüKo-BGB/*Sticherling*, § 2229 Rn 37; Staudinger/*Baumann*, § 2229 Rn 61.
14 Grüneberg/*Weidlich*, vor § 1922 Rn 4, § 1937 Rn 3.
15 NK-BGB/*Kroiß*, § 2229 Rn 2.

(§ 2275 Abs. 1 BGB). Die **partielle Geschäftsunfähigkeit** ist anerkannt,[16] nicht aber die **partielle Testierunfähigkeit**.[17] Der Testierende ist entweder fähig, eine letztwillige Verfügung von Todes wegen aufgrund seiner geistigen und sittlichen Mindestreife zu errichten, oder eben nicht. Auch darf es nicht auf die Zustimmung der gesetzlichen Vertreter eines Minderjährigen ankommen (§ 2229 Abs. 2 BGB).[18] Insbesondere gibt es auch keine nach dem Schwierigkeitsgrad der letztwilligen Verfügung abgestufte Testierfähigkeit.[19]

8 Der Begriff der Testierfähigkeit ist nicht legal definiert. Das OLG München[20] hat in Fortentwicklung der Rechtsprechung des BayObLG[21] die Testierfähigkeit wie folgt definiert:

> *„Die Testierfähigkeit ist ein Unterfall der Geschäftsfähigkeit, gleichwohl aber unabhängig von ihr geregelt (vgl. BayObLG FamRZ 1994, 593, 594). Nach § 2229 Abs. 4 BGB kann ein Testament nicht errichten, wer wegen krankhafter Störung der Geistestätigkeit, wegen Geistesschwäche oder wegen Bewusstseinsstörung nicht in der Lage ist, die Bedeutung einer von ihm abgegebenen Willenserklärung einzusehen und nach dieser Einsicht zu handeln. Testierunfähig ist derjenige, dessen Erwägungen und Willensentschlüsse nicht mehr auf einer dem allgemeinen Verkehrsverständnis entsprechenden Würdigung der Außendinge und der Lebensverhältnisse beruhen, sondern durch krankhaftes Empfinden oder krankhafte Vorstellungen und Gedanken derart beeinflusst werden, dass sie tatsächlich nicht mehr frei sind, sondern vielmehr von diesen krankhaften Einwirkungen beherrscht werden. Die Unfreiheit der Erwägungen und der Willensbildungen braucht nicht darin zutage zu treten, dass der Erblasser sich keine Vorstellung von der Tatsache der Errichtung eines Testaments und von dessen Inhalt oder von der Tragweite seiner letzten Anordnungen, insbesondere von ihrer Auswirkung auf die persönlichen und wirtschaftlichen Verhältnisse der Betroffenen zu machen vermag, sie kann sich vielmehr darauf beschränken, die Motive für die Errichtung einer letztwilligen Verfügung entscheidend zu beeinflussen. Testierunfähig ist daher auch derjenige, der nicht in der Lage ist, sich über die für und gegen seine letztwillige Verfügung sprechenden Gründe ein klares, von krankhaften Einflüssen nicht gestörtes Urteil zu bilden und nach diesem Urteil frei von Einflüssen etwaiger interessierter Dritter zu handeln (st. Rspr.; vgl. BGH FamRZ 1958, 127/128; BayObLGZ 1962, 219/223 f.; 2004, 237/240 f.). Dabei geht es nicht darum, den Inhalt der letztwilligen Verfügung auf seine Angemessenheit zu beurteilen, sondern nur darum, ob sie frei von krankheitsbedingten Störungen gefasst werden konnte (BayObLGZ 1999, 205/210 f.). Es gibt auch keine nach Schwierigkeitsgrad des Testaments abgestufte Testierfähigkeit; die Fähigkeit zur Testamentserrichtung ist entweder gegeben oder fehlt ganz (vgl. BGH NJW 1989, 1878 und NJW 1992, 2100 jeweils zur Geschäftsfähigkeit; Staudinger/Baumann Bearbeitungsstand 2003 § 2229 Rn 10, 20; Palandt/Edenhofer 66. Aufl. § 2229 Rn 2; a.A. MüKo/Hagena 4. Aufl. § 2229 Rn 15).“*

16 MüKo-BGB/*Spickhoff*, § 104 Rn 50.

17 NK-BGB/*Kroiß*, § 2229 Rn 2; BGH, Urt. v. 13.5.1959 – V ZR 151/58, BGHZ 30, 117, NJW 1959, 1587; OLG München, Beschl. v. 14.8.2007 – 31 Wx 16/07, FamRZ 2007, 2009; OLG Frankfurt, Beschl. v. 17.8.2017 – 20 W 188/16, FGPrax 2017, 273 = ErbR 2017, 721; a.A. MüKo-BGB/*Sticherling*, § 2229 Rn 25.

18 Staudinger/*Baumann*, § 2229 Rn 47; NK-BGB/*Kroiß*, § 2229 Rn 7; MüKo-BGB/*Sticherling*, § 2229 Rn 14.

19 OLG Hamm, Urt. v. 13.7.2017 – I-10 U 76/16, ErbR 2018, 210, 213; OLG München, Beschl. v. 14.8.2007 – 31 Wx 16/07, NJW-RR 2008, 164.

20 OLG München, Beschl. v. 14.8.2007 – 31 Wx 16/07, NJW-RR 2008, 165, 166 m.w.N., wobei sich deren Definition mit der weiteren obergerichtlichen Rspr. deckt.

21 BayObLG, Beschl. v. 28.5.1993 – 1Z BR 7/93, FamRZ 1994, 593, 594.

Eine Testierunfähigkeit ist auch dann gegeben, wenn die Motive für die Errichtung allein auf einer krankheitsbedingten Unfreiheit beruhen. Der Testierende vermag sich kein klares, von krankhaften Einflüssen ungestörtes Urteil zu bilden und kann somit nicht entsprechend handeln, die Freiheit der Willensbildung ist aufgehoben.[22] 9

Wenn **Zweifel** an einer Testierunfähigkeit bestehen bleiben, so ist diese nicht hinreichend nachgewiesen.[23]

II. Errichtungsstatut

Anders als das **Wie** der Testamentserrichtung richtet sich das **Ob** der Testamentserrichtung nicht nach den Formerfordernissen des Art. 26 Abs. 1 EGBGB i.V.m. dem Haager Übereinkommen vom 5.10.1961 über das auf die Form letztwilliger Verfügungen anzuwendende Recht[24] und Art. 27 EuErbVO, welches weiterhin gem. Art. 75 Abs. 1 EuErbVO Vorrang genießt, bzw. für die Erbfälle vor dem 17.8.2015 gem. Art. 26 EGBGB a.F. 10

Für Erbfälle seit dem 17.8.2015 bestimmt sich das Erbrecht nach der EuErbVO. Gem. Art. 26 Abs. 1 lit. a EuErbVO gehört zur materiellen Wirksamkeit einer Verfügung von Todes wegen die Testierfähigkeit der Person, die die Verfügung von Todes wegen errichtet, diese wird somit vom Erbstatut erfasst. Problematisch wird dies, wenn das **Erbstatut** und das **Errichtungsstatut auseinanderfallen**. Gem. Art. 26 Abs. 2 EuErbVO wird bestimmt, dass eine Person, die nach Art. 24 und 25 EuErbVO aufgrund des anzuwendenden Rechts die Testierfähigkeit erlangt, bei einem späteren Wechsel des anzuwendenden Rechts nicht in ihrer Fähigkeit zur Änderung oder zum Widerruf der Verfügung von Todes wegen beeinträchtigt wird. Dies bedeutet denklogisch, dass sich die Testierfähigkeit einer Person immer nach dem Recht bestimmen muss, welches **zur Zeit der Errichtung der letztwilligen Verfügung** zugrunde zu legen war. Eine Person gilt somit auch als testierfähig, selbst wenn ihr dieses Recht nach vollzogenem Statutenwechsel nicht zustehen würde. Die Testierfähigkeit zum Zeitpunkt der Errichtung der letztwilligen Verfügung von Todes wegen wandelt sich nicht. Hat ein Minderjähriger mit Vollendung des 16. Lebensjahrs in Deutschland wirksam eine Verfügung von Todes wegen errichtet, so kann er nach Begründung eines gewöhnlichen Aufenthalts in einem Land, welches die Vollendung des 18. oder 21. Lebensjahrs zum Vorliegen der Testierfähigkeit voraussetzt, seine letztwillige Verfügung von Todes wegen weiterhin ändern und widerrufen und war somit testierfähig, vorbehaltlich des Nichtvorliegens weiterer Beeinträchtigungen zum Zeitpunkt der Errichtung.[25] Die einmal erlangte Testierfähigkeit wird somit erhalten.[26] 11

Strittig ist, ob die Vorschrift entgegen dem Wortlaut aufgrund des Vertrauensschutzes weit auszulegen ist und auch für die Fälle gelten soll, in denen noch keine letztwillige Verfügung von Todes wegen errichtet wurde. Dem Wortlaut der EuErbVO ist zu entnehmen, dass der Betroffene bereits eine Verfügung von Todes wegen errichtet haben muss. Nach altem Recht gem. Art. 26 Abs. 5 S. 2 EGBGB a.F. wurde dies nicht vorausgesetzt, es wurde allein an die Erlangung an sich angeknüpft.[27] 12

22 OLG Frankfurt, Beschl. v. 17.8.2017 – 20 W 188/16, FGPrax 2017, 273 = ErbR 2017, 721.

23 OLG München, Urt. v. 15.12.2016 – 31 Wx 144/15, ZEV 2017, 148 = ErbR 2017, 149.

24 BGBl 1965 II S. 1144, 1145.

25 NK-BGB/*Looschelders*, Art. 26 EuErbVO Rn 19 m.w.V.

26 Grüneberg/*Thorn*, Art. 26 EuErbVO Rn 2.

27 Grüneberg/*Thorn*, Art. 26 EuErbVO Rn 2; gegen extensive Auslegung: MüKo-BGB/*Dutta*, Art. 26 EuErbVO Rn 17.

13 Für Altfälle, d.h. für alle Erbfälle bis einschließlich 16.8.2015, richtet sich die Testierfähigkeit grundsätzlich nach Art. 26 Abs. 5 S. 1 EGBGB a.F. Das Errichtungsstatut richtet sich nach dem Recht des Staates, das im Zeitpunkt der Testamentserrichtung gem. Art. 25 Abs. 1 EGBGB a.F. das Erbstatut gewesen wäre.[28]

14 Wurde eine Verfügung von Todes wegen vor dem 16.8.2015 errichtet, trat der **Erbfall** jedoch erst **nach dem 16.8.2015** ein, so ist die Übergangsvorschrift des Art. 83 Abs. 3 EuErbVO zu beachten. In Analogie zu Art. 83 Abs. 2 EuErbVO soll sich die Zulässigkeit und Wirksamkeit entweder nach den Art. 24–27 EuErbVO richten oder aber nach den bis zum Stichtag geltenden Kollisionsnormen, wobei entweder auf das Aufenthaltsrecht des Erblassers, das Heimatrecht zum Zeitpunkt der Errichtung der letztwilligen Verfügung oder die lex fori abgestellt werden soll.[29]

Änderungen oder **Widerrufe** nach Inkrafttreten der EuErbVO von vor dem 16.8.2015 errichteten Verfügungen von Todes wegen richten sich jedoch allein nach Art. 26 Abs. 2 EuErbVO. Die Zulässigkeit und Wirksamkeit der neuen Verfügung von Todes wegen richtet sich nach der EuErbVO, die vormalige Bindungswirkung jedoch nach dem vormaligen Kollisionsrecht.[30]

III. Voraussetzungen der Testierfähigkeit

1. Testierfähigkeit

a) Allgemeine Voraussetzungen

15 Im Prinzip kann jede natürliche Person, die das **16. Lebensjahr** vollendet hat, ein Testament errichten (§ 2229 Abs. 1 BGB). Hierfür muss sie selbstbestimmt handeln und eigenverantwortliche Entscheidungen treffen können und die Vorstellung haben, ein Testament mit einem bestimmten Inhalt errichten zu wollen.[31] Errichtet ein Minderjähriger vor Vollendung des 16. Lebensjahrs ein Testament, ist dieses nichtig. Der Mangel wird auch nicht mit Vollendung des 16. Lebensjahrs geheilt, sodass der Minderjährige neu testieren muss.[32] Der Minderjährige ist jedoch im **Wie** der Testamentserrichtung **beschränkt**. Gem. § 2233 Abs. 1 BGB darf er einzig und allein in Form eines öffentlichen Testaments, einer Erklärung gegenüber dem Notar oder der Überreichung einer offenen Schrift testieren. Dies führt wiederum zur Begründung eines Kostentatbestands, sodass es sich bei diesem Geschäft um ein nicht lediglich rechtlich vorteilhaftes Geschäft handelt. Geschützt wird durch dieses Erfordernis somit nicht der Minderjährige, sondern dessen gesetzliche Erben, da der Notar dem Minderjährigen die Folgen seiner Verfügung aufzeigen kann. Ebenfalls darf der Minderjährige gem. § 2249 Abs. 1 BGB ein Bürgermeistertestament errichten, denn der Bürgermeister hat wie der Notar aufzuklären und zu belehren,[33] er ersetzt somit den Notar.[34] Die Errichtung eines Drei-Zeugen-Testaments gem. § 2250 Abs. 3 BGB ist nicht möglich, da die Belehrungs- und die Prüfpflicht des Notars den Zeugen nicht obliegen.[35]

---

28 OLG Hamm, Urt. v. 6.3.2014 – 10 U 76/13, FamRZ 2014, 1817.
29 Grüneberg/*Thorn*, Art. 83 EuErbVO Rn 6.
30 Grüneberg/*Thorn*, Art. 83 EuErbVO Rn 6.
31 Grüneberg/*Weidlich*, § 2229 Rn 2.
32 NK-BGB/*Kroiß*, § 2229 Rn 7.
33 NK-BGB/*Kroiß*, § 2249 Rn 9.
34 Grüneberg/*Weidlich*, § 2229 Rn 9.
35 NK-BGB/*Kroiß*, § 2229 Rn 8.

b) Erbvertrag

Einen Erbvertrag kann nur derjenige schließen, der **unbeschränkt geschäftsfähig** ist und zusätzlich das **18. Lebensjahr** vollendet hat (§ 2275 Abs. 1 BGB). Durch das Gesetz zur Bekämpfung von Kinderehen wurde mit Wirkung vom 22.7.2017 § 2275 Abs. 2 BGB aufgehoben, sodass es dem Minderjährigen nicht mehr möglich ist, mit Zustimmung seiner gesetzlichen Vertreter einen Erbvertrag zu schließen. Sinn und Zweck dieser Gesetzesänderung ist es, den Minderjährigen vor der erheblichen Bindung des Erbvertrags zu schützen. Ein dennoch errichteter Erbvertrag ist gem. § 105 BGB nichtig.[36] Dem Minderjährigen ist es jedoch nach wie vor möglich, mit Zustimmung seiner gesetzlichen Vertreter als Vertragsgegner einen Erbvertrag zu schließen, wenn dieser für ihn lediglich rechtlich vorteilhaft ist. Ein lediglich rechtlicher Vorteil ist jedoch bereits dann nicht mehr gegeben, wenn der Minderjährige als Vertragspartner im Gegenzug zu seiner Einsetzung Verpflichtungen wie Unterhalt oder Pflege übernimmt (vgl. § 2295 BGB).[37] 16

Ebenfalls wurde mit Inkrafttreten des Gesetzes zur Bekämpfung von Kinderehen § 2275 Abs. 3 BGB aufgehoben, der die Möglichkeit der Schließung eines Erbvertrags eines minderjährigen Ehegatten bzw. Verlobten mit Zustimmung seiner gesetzlichen Vertreter ermöglichte. Verträge, die vor der Änderung des Gesetzes geschlossen wurden, dürfen jedoch fortbestehen.[38] 17

c) Ehegattentestament

Ehegatten können ein gemeinschaftliches Testament nur dann wirksam errichten, wenn **beide** Ehegatten zum Zeitpunkt der Errichtung **testierfähig** sind (dasselbe gilt für eingetragene Lebenspartner gem. § 10 Abs. 4 LPartG). Ist ein Ehegatte testierunfähig, kommt es auf die Einhaltung der formalen Voraussetzungen des § 2267 BGB nicht an. Es kommt kein gemeinschaftliches Testament zustande,[39] die Bindungswirkung gem. § 2270 Abs. 1 BGB scheidet aus. Eine Umdeutung in ein Einzeltestament ist nur dann möglich, wenn die Voraussetzungen für die Errichtung eines Testaments gem. § 2247 Abs. 1 BGB vorliegen.[40] Der Erblasser muss die letztwillige Verfügung von Todes wegen selbst handschriftlich niedergeschrieben sowie unterschrieben und nicht nur lediglich die von dem mittestierenden Ehegatten verfasste letztwillige Verfügung von Todes wegen mitunterschrieben haben. In letzterem Fall hat der Erblasser persönlich keine letztwillige Verfügung von Todes wegen abgefasst,[41] selbst in dem Fall, in dem die Verfügung von Todes wegen wechselbezüglich gem. § 2270 BGB ist.[42] Ist eine Umdeutung möglich, ist sodann einzig und allein von Bedeutung, ob der Erblasser die Verfügung von Todes wegen auch in Kenntnis der fehlenden bzw. unwirksamen Verfügung seines Ehegatten getroffen hätte.[43] 18

36 Grüneberg/*Weidlich*, § 2275 Rn 1.
37 Grüneberg/*Weidlich*, § 2275 Rn 2.
38 Grüneberg/*Weidlich*, § 2275 Rn 3.
39 OLG Celle, Beschl. v. 14.3.2024 – 6 W 106/23, BeckRS 2024, 7121.
40 OLG München, Beschl. v. 19.5.2010 – 31 Wx 38/10, ZEV 2010, 471 = NJW-RR 2010, 1382.
41 OLG Celle, Beschl. v. 14.3.2024 – 6 W 106/23, BeckRS 2024, 7121.
42 OLG München, Beschl. v. 19.5.2010 – 31 Wx 38/10, ZEV 2010, 471 = NJW-RR 2010, 1382; BayObLG, Beschl. v. 2.2.1996 – 1Z BR 146/95, FamRZ 1996, 1036, 1037.
43 OLG München, Beschl. v. 23.7.2014 – 31 Wx 204/14, FamRZ 2015, 535, 536 m.w.N.

d) Schreibunfähige

19 Schreibunfähige können wie Minderjährige gem. § 2233 Abs. 2 BGB nur ein öffentliches Testament errichten.

e) Mehrfachbehinderung

20 Eine Testierunfähigkeit geht mit einer rein körperlichen Mehrfachbehinderung in der Regel nicht einher, sie betrifft lediglich die Auswahlmöglichkeit bezüglich der Testamentsformen.[44]

2. Testierunfähigkeit

a) Arten der Testierunfähigkeit

21 Das Gesetz unterscheidet gem. § 2229 Abs. 4 BGB **drei Arten** von Testierunfähigkeit:
- krankhafte Störung der Geistestätigkeit
- Geistesschwäche
- Bewusstseinsstörung

Der Jurist spricht in diesen Fällen von der krankhaften Störung der Geistestätigkeit, der Geistesschwäche und der Bewusstseinsstörung; der psychiatrische Sachverständige benennt hierzu die zugrunde liegende Erkrankung, das Syndrom bzw. eine sonstige Störung. Die juristischen und medizinischen Begrifflichkeiten sind somit nicht kongruent, sondern sind durch jahrelange Rechtsprechung bzw. medizinisch-psychiatrische Diagnose-Klassifikationen, in Deutschland die verbindlich geltende **ICD-10 GM** (International Classification of Diseases, 10. Internationale Klassifikation der Krankheiten und verwandter Gesundheitsprobleme), **ICD-11** (11th International Classification of Diseases[45]) und **DSM-5** (5th Diagnostic and Statistical Manual of Mental Disorders, ein weltweit anerkanntes und etabliertes Klassifikationssystem für psychische Störungen[46]) der WHO definiert worden.[47]

22 Dabei ist zu beachten, dass die Erkrankungen bzw. Störungen lediglich dann die Testierunfähigkeit bedingen, wenn der Testator die Bedeutung der von ihm abgegebenen Willenserklärung nach Inhalt und Tragweite nicht erkennen (Einsichtsvermögen) und nicht nach dieser Einsicht handeln kann, sodass aufgrund des fehlenden Einsichtsvermögens eine **freie Willensbestimmung** nicht möglich ist.[48] Es muss somit festgestellt werden, ob eine relevante Erkrankung vorliegt und ob diesbezüglich Auswirkungen im Hinblick auf die freie Willensbestimmung vorliegen. Auch eine nur vorübergehende krankhafte Störung der Geistestätigkeit oder Geistesschwäche kann in dem betreffenden Zeitraum zur Testierunfähigkeit führen.[49]

44 NK-BGB/*Kroiß*, § 2229 Rn 21.

45 Die ICD-11 ist seit ihrem Inkrafttreten am 1.1.2022 grundsätzlich einsetzbar, jedoch ist die Entwurfsfassung in Deutsch aus lizenzrechtlichen Gründen noch nicht nutzbar (https://www.bfarm.de/DE/Kodiersysteme/Klassifikationen/ICD/ICD-11/uebersetzung/_node.html, Abruf am 23.2.2025).

46 Es handelt sich um ein Klassifikationssystem für psychische Störungen, das von der American Psychiatric Association herausgegeben wird; in der klinischen Psychologie sowie der medizinischen Psychiatrie gilt es neben dem ICD-10 als Standardwerk zur Diagnose von psychischen Erkrankungen (https://flexikon.doccheck.com/de/DSM-5, Abruf am 23.2.2025), es muss jedoch nach ICD codiert werden.

47 Dreßing/Habermeyer/*Rösler/Retz*, Kap. 10, S. 164.

48 Staudinger/*Baumann*, § 2229 Rn 27, 29.

49 Staudinger/*Baumann*, § 2229 Rn 29.

b) Krankhafte Störung der Geistestätigkeit

Hierunter fallen nicht nur kognitive, sondern auch affektive Störungen, wie Manien und Depressionen, mithin psychotische Störungen, wenn diese schwer genug ausgeprägt sind.[50] Als Gruppen der krankhaften Störung der Geistestätigkeit zählt *Wetterling* die Folgenden auf:[51] 23

- das amnestische Syndrom
- das demenzielle Syndrom
- das depressive Syndrom
- das manische und bipolar affektive Syndrom
- die Persönlichkeitsveränderungen
- das schizophrene Syndrom und andere Wahnerkrankungen
- Suchterkrankungen (Gebrauch psychotroper Substanzen)
- sonstige Erkrankungen wie Autismus, Enzephalopathien, Epilepsie, Infektionen des zentralen Nervensystems, multiple Sklerose, Parkinson-Syndrom, Schädel-Hirn-Trauma (Kopfverletzungen), Schlaganfall (Hirninfarkt bzw. Hirnblutung), Tumore des Zentralsystems
- Wirkungen von Arzneimitteln (Medikamenten)
- psychiatrische Komorbidität
- Multimorbidität

c) Geistesschwäche (Intelligenzminderung)

Die Geistesschwäche (Intelligenzminderung) ist eine quantitativ geringer ausgeprägte krankhafte Störung der Geistestätigkeit und nicht mit Schwachsinn gleichzusetzen.[52] Der **juristische Begriff** der Geistesschwäche, welcher in der Medizin nicht verwandt wird,[53] entspricht im weitesten Sinne den aktuell international gebräuchlichen diagnostischen Kriterien der ICD-10, der ICD-11 und des im DSM-5 beschriebenen Syndroms der Intelligenzminderung, welche in der Regel dauerhaft besteht. Hierbei handelt es sich nicht um einen Verlust der Fähigkeiten, sondern um die Nichterwerbung oder unzureichende Erwerbung bestimmter geistiger Fähigkeiten.[54] 24

Wetterling erwähnt die folgenden psychopathologischen und neuropsychologischen Symptome, die bei Menschen mit Intelligenzminderung auftreten können:[55] 25

- Störungen der Aufmerksamkeit und Wahrnehmung insbesondere komplexer Sachverhalte
- Störungen der Sprache, welche sich u.a. im Umfang des Wortschatzes, des allgemeinen Wortverständnisses sowie auch der Grammatik niederschlagen
- Störungen der Informationsverarbeitung mit einer einhergehenden Minderung der Urteils- und Kritikfähigkeit
- Störungen der Exekutivfunktion, sodass eine Handlungsplanung und eine Handlungsdurchführung erschwert möglich sind
- Störungen des Antriebs und der Psychomotorik
- Störungen des Sozialverhaltens und der Emotionalität
- Störungen der Impulsivität des Erkrankten

50 *Cording*, ZEV 2010, 115.
51 *Wetterling*, Freier Wille und neuropsychiatrische Erkrankungen, S. 47 ff.
52 *Cording*, ZEV 2010, 115.
53 *Wetterling*, Freier Wille und neuropsychiatrische Erkrankungen, S. 108.
54 *Wetterling*, ErbR 2023, 500.
55 *Wetterling*, Freier Wille und neuropsychiatrische Erkrankungen, S. 108 ff.

26 Liegt lediglich eine leichte Intelligenzminderung vor, könnte eine Testierfähigkeit gegeben sein, ansonsten ist diese ausgeschlossen.[56] Bei einem **IQ-Wert von unter 60** wird von einer **Testierunfähigkeit** ausgegangen.[57] Im Rahmen der Beurteilung der Testierfähigkeit werden Intelligenztests durchgeführt und sodann ist zu prüfen, ob es einen Zusammenhang zwischen Intelligenz und freier Willensbildung gibt.[58] Die nachfolgend genannten geistigen Fähigkeiten, die in einigen in der klinischen Neuropsychologie gebräuchlichen Werken als **Exekutivfunktionen** bezeichnet werden, werden im Rahmen der Intelligenztests jedoch leider nur teilweise oder gar nicht geprüft:[59]

- Ordnen von Informationen, mithin: Wer sind die potenziellen Erben, was fällt in den Nachlass?
- Vergleichen von Informationen, bspw. näheres Beleuchten und Abwägen von Angeboten, Meinungen etc.
- Verknüpfung und Bewertung von Informationen (entspricht der Kritik- und Urteilsfähigkeit)
- Entwicklung von Lösungsstrategien für Probleme in der Umwelt
- Entwicklung von eigenen Zielen und Wertmaßstäben
- Planung von Handlungen und deren Durchführung, bspw. Testamentserrichtung, Vereinbarung eines Termins beim Notar
- Überprüfung der Durchführung von Handlungen, mithin Analyse, Erkennen von Fehlern, Kontrolle der Zielerreichung

27 Ziel im Rahmen der Informationsverarbeitung ist das Beurteilen und Bewerten der verschiedenen Möglichkeiten.[60] Daneben sind im Rahmen der Beurteilung immer auch die Fähigkeiten im Sinne einer „praktischen Intelligenz“ zu ermitteln, insbesondere, ob der Erblasser sein Leben ohne Hilfe Dritter organisieren und gestalten konnte. Eine Beeinflussung der Willensbildung des Testators durch Dritte aufgrund der Intelligenzminderung darf nicht vorliegen.[61]

d) Bewusstseinsstörung

28 Zu der Gruppe der Bewusstseinsstörungen zählen sowohl quantitative als auch qualitative Bewusstseinsstörungen, wie Delir und Verwirrtheitszustand.[62] Es ist im Rahmen der Feststellung der Testierunfähigkeit immer **zweistufig** zu prüfen, ob zum Zeitpunkt der Testamentserrichtung eine krankheitswertige psychisch-geistige **Störung** vorlag, und ob aufgrund der daraus resultierenden psychopathologischen Funktionsdefizite die Freiheit der **Willensbestimmung** aufgehoben war.[63] Für die Beurteilung ist nicht allein die Diagnose einer organischen Störung entscheidend, sondern Grad und Ausmaß der nachweisbaren psychopathologischen Auffälligkeiten. Eine diagnostische Zuordnung allein genügt daher nicht, es kommt vielmehr auf Ausmaß und Intensität der psychischen Störung an.[64]

---

56 *Wetterling*, ErbR 2023, 500.

57 *Wetterling*, ErbR 2023, 500, 502.

58 U.a. Theorie von *Spearman* oder Intelligenztheorie von *Thurstone* und *Thurstone*, der MMST und der Demenztest CERAD können nicht herangezogen werden, da bspw. die Urteils- und die Kritikfähigkeit nicht geprüft werden und auch bildungsabhängig sind, vgl. *Wetterling*, ErbR 2023, 500, 501 f.

59 *Wetterling*, ErbR 2023, 500, 501; *Wetterling*, Freier Wille und neuropsychiatrische Erkrankungen, S. 44.

60 *Wetterling*, Freier Wille und neuropsychiatrische Erkrankungen, S. 44.

61 *Wetterling*, ErbR 2023, 500, 502 f.

62 *Wetterling*, Freier Wille und neuropsychiatrische Erkrankungen, S. 113 ff.

63 *Cording*, ZEV 2010, 115, 121.

64 BayObLG, Beschl. v. 14.9.2001 – 1Z BR 124/00, FamRZ 2002, 1066 = ZEV 2002, 234.

3. Verlaufstypen

Es ist zwischen drei verschiedenen Verlaufstypen zu unterscheiden:[65] 29

a) Kurz andauernde oder fluktuierende Störungen

Diese teilweise nur über Stunden oder Tage andauernden Störungen sind u.a. Intoxikationen 30 und die meisten Delirien, wenn daneben das psychisch-geistige Funktionsniveau nicht ohnehin grundsätzlich wesentlich beeinträchtigt ist. Eine Testierunfähigkeit wird in diesen Fällen in der Regel nur gegeben sein, wenn zum Zeitpunkt der Errichtung eine derartige Störung vorlag.

b) Länger anhaltende Störungen, spontan oder unter Therapie abklingende Erkrankungen

Darunter fallen über Wochen oder Monate phasisch verlaufende Psychosen. Eine Testierun- 31 fähigkeit liegt nur dann vor, wenn der Betroffene in diesem Zeitraum eine letztwillige Verfügung errichtet.

c) Chronische bzw. chronisch-progrediente Störungen

Hierunter fallen u.a. Demenzen. Eine Testierunfähigkeit ist gegeben, wenn zum Zeitpunkt 32 der Errichtung eine **Dauerveränderung** (insbesondere der Urteilsfähigkeit) vorgelegen hat, welche von ggf. überlagernden Zusatzsymptomen, wie bspw. Delirien, abzugrenzen ist. Sollten chronisch-psychopathologische Befunde belegt sein, die die Testierunfähigkeit bedingen, sind sog. luzide Intervalle mit Wiedererlangung der Urteilsfähigkeit praktisch ausgeschlossen. Selbst dokumentierte Besserungen reichen nicht aus, um eine Testierfähigkeit wiederzuerlangen, da es einzig und allein auf die Wiedererlangung der Einsichts- und Urteilsfähigkeit ankommt. Diese ist jedoch erst wiederhergestellt, wenn neben der gesundheitlichen Besserung der Betroffene die Möglichkeit hat, sich selbstkritisch und rückblickend distanzierend mit den Symptomen auseinanderzusetzen und darüber hinaus die Lücken aufgrund der krankheitsbedingt nicht oder nur verzerrt aufgenommenen Informationen mit neuen Informationen zu füllen, um eine Wiederherstellung der personalen Sinnkontinuität zu erreichen, was jedoch längere Zeit in Anspruch nehmen dürfte[66] und meist nicht erwartet werden kann.

4. Zu beachtende Besonderheiten

a) Beeinflussbarkeit durch Dritte

Eine freie Willensbildung ist nicht mehr möglich, wenn infolge der Geistesstörung der Wille 33 durch Einflüsse Dritter übermäßig beherrscht wird,[67] mithin der Testierende sich kein klares, von krankhaften Einflüssen ungestörtes Urteil bilden und nach diesem Urteil frei von Einflüssen Dritter handeln kann. Zu prüfen ist, ob die Fremdeinflüsse das Gewicht einer **pathologischen Determinante** erhalten, dem gegenüber kritische Reserve, Abwägungen und eigenständige Gegenvorstellungen nicht mehr möglich sind oder nicht mehr durch eigene Handlungen verwirklicht werden können.[68] **Anhaltspunkte** für eine Beeinflussung Dritter sind häufig tatsächlicher Natur, wie z.B. die Errichtung mehrerer Verfügungen mit

---

65 *Cording*, ZEV 2010, 115, 120.
66 Näher hierzu: *Cording*, ZEV 2010, 115, 120.
67 BGH, Urt. v. 5.12.1995 – XI ZR 70/95, NJW 1996, 918.
68 KG, Beschl. v. 9.5.2019 – 19 W 30/19, ErbR 2023, 775.

unterschiedlichen Inhalten in kürzester Zeit, wobei ein Besuch des Begünstigten und/ oder eine Beratung durch einen Fachmann im Auftrag des Begünstigten zeitnah erfolgten. Unterbindung von Informationsmöglichkeiten, gezielte Falschinformationen, die Anwesenheit im Rahmen der Beurkundung durch die potenziellen Erben sowie die Androhung der Unterlassung lebenswichtiger Pflegeleistungen oder unterstützender Pflegemaßnahmen, falls eine entsprechende Erbeinsetzung nicht erfolgen sollte, können weitere Indizien hierfür sein. Ebenfalls kann die Hingabe unverhältnismäßig großer Geschenke aus Dankbarkeit, obwohl dies bis dato nicht den Gewohnheiten des Erblassers entsprach, ein solches Indiz sein.[69] Weichen Erklärungen von der üblichen Ausdrucksweise und Schreibweise des an Demenz erkrankten Erblassers ab, kann dies ein Indiz dafür sein, dass das Testament nicht Ausdruck des freien Willens des Erblassers ist.[70]

34 Der Einfluss Dritter ist in sog. **psychosoziologischen Konstellationen** besonders einfach möglich:[71]
- Abhängigkeit des Erkrankten, insbesondere in Pflegesituationen oder sonstigen unterstützenden Maßnahmen
- Isolation des Betroffenen, insbesondere fehlender Zugang von ungefilterten Informationen Dritter und lediglich Vorhandensein einer bestimmten Bezugsperson
- familiäre Konflikte
- pseudofamiliäre Beziehungskonstellationen (Pflegepersonal)

Es muss somit zunächst die entsprechende Erkrankung bzw. Störung nachgewiesen werden. Sodann muss ermittelt werden, ob der Wille durch Einflüsse Dritter übermäßig beherrscht wird. Entsprechende Erkrankungen bzw. Störungen können insbesondere die folgenden sein: schwerwiegende kognitive Störungen, Apathie, schwere Depressionen, Geistesschwäche (Minderbegabung), Analphabetismus, Delir sowie eine hochgradige Einschränkung der Seh- und/oder Hörfähigkeit.[72]

35 Von einer Einflussnahme Dritter ist jedoch die neutrale **Beratung** durch einen **Rechtsanwalt** zu unterscheiden, der im Rahmen des Gesprächs auch wesentliche Alternativen erörtert, auch betreffend finanzielle, steuerrechtliche und rechtliche Auswirkungen. Der Erblasser muss die Tragweite seiner Entscheidung für die Erben einschätzen können.[73] Daran ändert sich auch nichts, wenn er die Anregungen eines Dritten wahrnimmt und diese sodann kraft eigenen Entschlusses im Rahmen der Errichtung seiner letztwilligen Verfügung von Todes wegen zu Papier bringt.[74]

36 Allein die Übernahme von Vorschlägen ohne weitere Nachprüfung aufgrund des eigenen Willensentschlusses, das bloße Motiv, mithin die Motivation, mit einem bestimmten Inhalt zu testieren aufgrund der Vorschläge, Forderungen und Erwartungen Dritter, führen jedoch nicht zum Fehlen der eigenen Willensentscheidung. Auch kann allein aufgrund des Fehlens einer rationalen Erklärung für den Sinneswandel des Testators nicht auf eine Testierunfähigkeit geschlossen werden.[75]

37 In Fällen, in denen ein Dritter den Notar kontaktiert und die Errichtung des Testaments maßgeblich veranlasst, mithin auch an den Vorverhandlungen mitwirkt, muss der Notar

69 *Wetterling*, ErbR 2015, 544.
70 AG Bamberg, Beschl. v. 2.8.2022 – RV 56 VI 1518/21, ErbR 2022, 1145, 1148 = Zerb 2023, 153, 156.
71 Ausführlich hierzu: *Wetterling*, ErbR 2015, 544.
72 Ausführlich hierzu: *Wetterling*, ErbR 2015, 544, 545 f.
73 BGH, Urt. v. 29.1.1958 – IV ZR 251/57, FamRZ 1958, 127, 128; *Wetterling*, ErbR 2015, 544.
74 BayObLG, Beschl. v. 2.11.1989 – 1a Z 52/88, FamRZ 1990, 318, 320.
75 KG, Beschl. v. 9.5.2019 – 19 W 30/19, ErbR 2023, 775.

gem. § 17 BeurkG den Willen des Erblassers erforschen und sich im Rahmen der Beurkundung überzeugen, dass der vom Dritten vorgetragene Wille mit dem eigenen Willen des Testierenden übereinstimmt, und muss sich dies zusätzlich vom Erblasser bestätigen lassen.[76]

Wetterling beschreibt die Willensbildung, also das Vorliegen ausreichender Informationen, um die letztwillige Verfügung hinsichtlich des Erbes sowie der potenziellen Erben zu überblicken, und den Willensentschluss als einen komplexen neuropsychologischen Prozess, welcher die folgenden Fähigkeiten erfordert:[77] 38
- Aufnahme von Informationen aus der (persönlichen) Umgebung
- Speicherung von Informationen
- Verarbeitung von Informationen
- Beurteilung von Informationen und ggf. daraus abgeleitet eine Entscheidung (Entschluss)
- Umsetzung des Entschlusses

Problematisch ist, dass im hohen Alter die Aufnahme von Informationen erschwert ist, sei es auch nur aufgrund einer Beeinträchtigung der Hör- und/oder Sehfähigkeit, und deren Korrektur u.U. nur beschränkt möglich ist.[78] Durch Entziehung der Hilfsmittel ist der Testierende auf die Hilfe seiner Mitmenschen angewiesen, die bewusst die Informationen filtern können, sodass die Gefahr einer Fremdbeeinflussung besteht. Wichtig ist folglich, dass das **Gedächtnis** des Erblassers erhalten ist. Wenn dies der Fall ist, kann der Erblasser auf biografische Erfahrungen und seine entwickelten Wertemaßstäbe zurückgreifen und aufgrund dessen seinen Willen frei bilden.[79] 39

b) Aphasie

Liegen bei dem Testierenden zerebrale Sprachstörungen (Aphasien) vor, kann dies eine Beurteilung kognitiver Störungen hinsichtlich ihres Einflusses auf die Testierfähigkeit deutlich erschweren. Eine Aphasie kann sowohl zu einer Störung des Sprachverständnisses an sich als auch zu einer Störung der mündlichen Willensbekundung und Willensbildung führen. Eine entsprechende **Begutachtung** zur Einschätzung der verbliebenen Fähigkeiten sowie etwaiger Kompensationsmöglichkeiten ist notwendig.[80] 40

c) Formale und inhaltliche Denkstörungen

Wenn der Erblasser über die entscheidungserheblichen Tatsachen, wie Anzahl der Erben, Art der Berufung und Tragweite seiner getroffenen Entscheidung, keinen Überblick hat, ist keine ausreichende Urteilsfähigkeit mehr gegeben. Grund hierfür können mangelnde Abstraktionsfähigkeit, fehlende oder krankhaft veränderte Gewichtung einzelner Gesichtspunkte sein, aufgrund derer der Testierende nicht mehr fähig ist, die einzelnen Gesichtspunkte gegeneinander abzuwägen und selbstständig und aus eigener Kraft ein Urteil zu bilden.[81] 41

76 OLG Hamm, Beschl. v. 15.11.2019 – 10 W 143/17, ErbR 2020, 417, 421; OLG Brandenburg, Beschl. v. 10.1.2022 – 3 W 101/21, ErbR 2022, 400, 403 = FamRZ 2022, 1321, 1323.
77 *Wetterling*, ErbR 2017, 125, 126.
78 *Wetterling*, ErbR 2017, 125, 126.
79 *Wetterling*, ErbR 2017, 125, 126.
80 Für genauere Erläuterungen dahin gehend vgl. *Bodner/Merten*, MedSach 2016, 160.
81 OLG München, Urt. v. 4.8.2007 – 31 Wx 16/07, NJW-RR 2008, 164.

d) Datierung eines Testaments

42 Hat der Erblasser ein Testament errichtet, das die Angabe eines Datums enthält, zu dem er bereits testierunfähig war, hat er jedoch das Testament tatsächlich zu einem früheren Zeitpunkt errichtet, zu dem die Testierunfähigkeit noch nicht festgestellt war, ist ein weiteres Sachverständigengutachten einzuholen. Enthält ein Testament eine von der Unterschrift gedeckte Zeitangabe, besteht die **Vermutung für die Richtigkeit** dieser Zeitangabe, die jedoch widerlegbar ist. Das Testament ist grundsätzlich gültig, denn die Datumsangabe gehört nicht zum notwendigen Testamentsinhalt (§ 2247 Abs. 5 BGB entsprechend).[82] Die **Feststellungslast** liegt bei dem, der sich auf die Gültigkeit des Testaments beruft.[83]

e) Heilung des Formmangels

43 Für den Fall, dass der Erblasser sein Testament nicht unterzeichnet und dieses aufgrund dessen nicht formgültig errichtet worden ist, er die Unterschrift jedoch zu einem späteren Zeitpunkt nachholt, den Formmangel also heilt, trifft die **Feststellungslast** für die Testierfähigkeit denjenigen, der sich auf die Wirksamkeit des Testaments beruft, wenn feststeht, dass der Erblasser in dem gesamten Zeitraum zu irgendeinem Zeitpunkt testierunfähig war.[84]

f) Suizid

44 Der Suizid des Testierenden kurz nach Errichtung der letztwilligen Verfügung von Todes wegen lässt nicht grundsätzlich rückwirkend auf dessen Testierunfähigkeit schließen. Dem Suizid liegt jedoch häufig eine psychiatrische Erkrankung zugrunde,[85] die zur Testierunfähigkeit geführt haben könnte. Folglich kann ein zeitnaher Suizid Anlass zur Prüfung der Testierunfähigkeit geben.[86]

IV. Beispielhafte Aufzählung einzelner Krankheitsbilder

1. Bipolare Störungen

45 Unter einem bipolaren affektiven Syndrom versteht man eine Erkrankung mit Wechseln von depressiven und manischen Phasen, wobei sich Letztere durch eine gehobene Stimmung und einen gesteigerten Antrieb auszeichnen. In den meisten Fällen tritt es im Wechsel mit einem depressiven Syndrom auf, was zu der Namensgebung „bipolares affektives Syndrom" führt.[87]

46 Das Vorliegen der Erkrankung allein ergibt keinen zwingenden Schluss auf das Vorliegen einer Testierunfähigkeit. Nur wenn durch die Krankheit eine Geisteskrankheit oder erhebliche Geistesschwäche hervorgerufen wurde, die die freie Willensbildung ausschließt oder zu einer starken Bewusstseinsstörung führt, liegt eine Testierunfähigkeit vor.[88] Hier käme es auf die **Phase** und ihre **Ausprägung** an.

---

82 BayObLG, Beschl. v. 29.11.2000 – 1Z BR 125/00, FamRZ 2001, 1329; Grüneberg/*Weidlich*, § 2247 Rn 13.
83 OLG Hamburg, Beschl. v. 24.2.2020 – 2 W 60/19, ErbR 2020, 475, 482.
84 BayObLG, Beschl. v. 11.4.1996 – 1Z BR 163/95, ZEV 1996, 390 = NJW-RR 1996, 1160.
85 *Wetterling*, Freier Wille und neuropsychiatrische Erkrankungen, S. 163.
86 MüKo-BGB/*Sticherling*, § 2229 Rn 31.
87 *Wetterling*, Freier Wille und neuropsychiatrische Erkrankungen, S. 71.
88 OLG Brandenburg, Beschl. v. 19.3.2024 – 3 W 28/24, BeckRS 2024, 6177.

2. Demenz

In der Praxis wird häufig im Verfahren darüber gestritten, ob der Erblasser aufgrund einer Demenz testierfähig war oder eben nicht. Die Demenz ist entweder eine **primär** auftretende Funktionsstörung (bei Krankheiten, Verletzungen oder Störungen, die das Gehirn direkt oder im besonderen Maße schädigen) oder eine **sekundär** auftretende Funktionsstörung (bei systemischen Krankheiten oder Störungen, die das Gehirn als eines von vielen Organen oder Körpersystemen betreffen).[89] 47

Häufig ist sie die Folge einer meist chronischen bzw. fortschreitenden Krankheit des Gehirns. Damit einhergehend treten Störungen vieler höherer kortikaler Funktionen auf, die das Gedächtnis, das Denken, die Orientierung, die Auffassungsgabe, das Rechnen, die Lernfähigkeit, die Sprache und auch das Urteilsvermögen beeinträchtigen. Während das Bewusstsein in der Regel nicht getrübt ist, treten aber weitere Veränderungen der emotionalen Kontrolle, des Sozialverhaltens oder der Motivation auf.[90] Dies hat insgesamt zur Folge, dass die intellektuelle Leistungsfähigkeit abnimmt und die persönlichen Aktivitäten des täglichen Lebens, wie Waschen, Ankleiden, Kochen etc., beeinträchtigt werden. Die Störung des Gedächtnisses betrifft zunächst nur die Aufnahme, Speicherung und Wiedergabe von neu Erlerntem, und Altes, früh Erlerntes und Vertrautes geht erst in den späten Stadien verloren.[91] Der Interessen- und Erlebnishorizont der Betroffenen schränkt sich häufig schon im Frühstadium auf die nähere Umgebung zum häuslichen Bereich ein.[92] 48

Dies führt im Alltag dazu, dass viele den Erkrankten nahestehende Personen zunächst keine oder nur verspätet oder verzögert die demenzielle Entwicklung sehen, da der Erkrankte immer noch den alten Gewohnheiten nachgeht und diese nach wie vor unverändert verrichtet.[93] Es handelt sich dabei um ein Leben lang eingeübte Abläufe.[94] Selbst die Teilnahme am Straßenverkehr, die alleinige Versorgung in der Wohnung sowie „normale" Unterhaltungen widersprechen dem Krankheitsbild nicht.[95] Die Gefahr besteht, dass sogar gravierende Auffälligkeiten als alterstypisch eingeordnet werden, obwohl aus medizinischer Sicht nur wenige kognitive Veränderungen dem normalen Alterungsprozess zugeschrieben werden.[96] Beachtlich ist darüber hinaus, dass auch ein wiederholt vehementes Vorbringen eines Willens die Testierunfähigkeit nicht ausschließt. Die Willensäußerung an sich ist von der Freiheit der Willensbildung zu unterscheiden.[97] 49

Diese Fähigkeiten möchte dem Testator auch keiner absprechen, jedoch ist zu beachten, dass daneben durchaus bereits eine fortgeschrittene Demenzerkrankung bestehen kann. Auch das Denkvermögen, insbesondere die Fähigkeit, Informationen zu sammeln, zu verarbeiten und zu urteilen und neue Ideen zu entwickeln, ist schon am Beginn der Erkrankung erschwert. Nach ICD-10 sind Demenzen, die auf Gehirnerkrankungen beruhen, als chroni- 50

89 https://www.icd-code.de/icd/code/F00-F09.html, Information zu F00-F09 Organische, einschließlich symptomatischer psychischer Störungen, Stand 23.2.2025.

90 Dreßing/Habermeyer/*Rösler/Retz*, Kap. 10.2.1, S. 164; https://www.icd-code.de/icd/code/F00-F09.html, Information zu F00-F09 Organische, einschließlich symptomatischer psychischer Störungen, Stand 23.2.2025.

91 Dreßing/Habermeyer/*Rösler/Retz*, Kap. 10.2.1, S. 164.

92 *Cording*, ZEV 2010, 115, 120.

93 *Losch*, ZErb 2017, 188, 190.

94 OLG Hamm, Urt. v. 13.7.2017 – I-10 U 76/16, ErbR 2018, 210, 213.

95 OLG Hamburg, Beschl. v. 20.2.2018 – 2 W 63/17, ZErb 2018, 280 = ErbR 2019, 36, 38.

96 OLG Hamburg, Beschl. v. 20.2.2018 – 2 W 63/17, ZErb 2018, 280 = ErbR 2019, 36, 43.

97 *Cording*, ZEV 2010, 115, 119.

sche und fortschreitende Störungsmuster definiert.[98] Jeder Fall ist in der Praxis jedoch unterschiedlich, der Verlauf nicht unbedingt lehrbuchartig. Häufig beginnt der Verfall der Geistestätigkeit unbemerkt und schleichend, gerade nahestehende Personen erkennen diesen nicht. Es liegt ein sog. **Fassadenphänomen** vor, der Erkrankte ist fähig, die bekannte „Fassade" aufrechtzuerhalten und seine kognitiven Defizite somit zu überspielen.[99] Dies ermöglicht dem Erkrankten, von vielen Mitmenschen, auch Ärzten, die keine geriatrischen/gerontopsychiatrischen Erfahrungen gesammelt haben, als mehr oder weniger unauffällig angesehen zu werden. Die Defizite kommen erst plötzlich und in unerwarteten Situationen zum Vorschein.[100] Als typische Anzeichen für das Fassadenphänomen kommt es in Gesprächen in der Regel zu folgenden Auffälligkeiten, um zu verschleiern, dass die Person dem Gespräch gerade nicht folgen kann: Verwenden von floskelhaften Antworten; einfaches Wiederholen der Frage; bekannte Personen werden nicht mit Namen, sondern mit allgemeinen Formulierungen angesprochen; Zurückgeben der Fragen; Verweise auf andere bei genaueren Nachfragen; Vermeidung eigener Nachfragen; Nichteingehen auf Fragen, Inhalte oder den Verlauf des Gesprächs; pauschales Zustimmen; wiederkehrende Erzählungen häufig im gleichen Wortlaut, wobei Nachfragen indifferent, nicht kongruent und zeitlich nicht zugeordnet beantwortet werden können; Berichte zu kurz zuvor Erlebtem, wobei das Geschilderte häufig früher regelmäßig durchgeführt wurde, jedoch seit geraumer Zeit schon nicht mehr stattgefunden hat; Umschreiben aufgrund von Wortfindungsstörungen; Kokettieren mit dem Alter; Behaupten, dass man lediglich ohne das notwendige Hilfsmittel gerade nicht lesen oder schlecht hören kann, obwohl dieses Hilfsmittel vorhanden ist.[101]

51 Die Erkrankung der Demenz durchläuft mehrere Phasen; es wird zwischen den frühen, den mittelfristigen und den späten (schweren) Symptomen unterschieden, wobei diese bei jedem Betroffenen unterschiedlich ausgeprägt sein können. Charakteristisch ist, dass es insgesamt zu einem langsamen, jedoch stetigen Verlust der kognitiven Fähigkeiten kommt, der im Verlauf zu einem Verfall führt, der mit aktuellen therapeutischen Möglichkeiten noch nicht aufgehalten werden kann. Die Dauer der Krankheit ist von Betroffenem zu Betroffenem verschieden und kann sich über Jahre ziehen.[102]

52 Ist eine Demenz diagnostiziert worden, gilt zwar die grobe **Faustformel**, dass ab einer mindestens mittelschweren Demenz eine Testierunfähigkeit anzunehmen ist, jedoch muss neben diesen Schweregrad auch eine individuelle Psychopathologie in Bezug auf das konkrete Rechtsgeschäft treten (sog. **Beurteilungsebene**).[103] Der Testator muss ohne Einflussnahme Dritter den Inhalt des Testaments noch selbst bestimmen können.[104] Ist er bei vorliegender mittelschwerer Demenz auf fremde Hilfe angewiesen und somit in seinem Urteil nicht frei von Einfluss interessierter Dritter, spricht einiges für eine Testierunfähigkeit.[105]

---

98 *Losch*, ZErb 2017, 188, 189; Dreßing/Habermeyer/*Rösler/Retz*, Kap. 10.2.1, S. 164; Näheres insbesondere zu den verschiedenen Stadien der Demenz: *Losch*, ZErb 2017, 188, 189.

99 *Wetterling*, ErbR 2015, 355.

100 *Wetterling*, ErbR 2015, 355, 356.

101 *Wetterling*, ErbR 2015, 355, 356.

102 *Losch*, ZErb 2017, 188, 189; hier insb. auch die Erläuterung zu den verschiedenen Stadien der Demenz.

103 OLG Hamburg, Beschl. v. 20.2.2018 – 2 W 63/17, ZErb 2018, 280 = ErbR 2019, 36, 39; a.A. *Schmoeckel*, NJW 2016, 433.

104 MüKo-BGB/*Sticherling*, § 2229 Rn 41.

105 OLG München, Urt. v. 17.7.2013 – 3 U 4789/09, BeckRS 2013, 16015; BayObLG, Beschl. v. 24.3.2005 – 1Z BR 107/04, FamRZ 2006, 68.

Bei einer fortschreitenden mittelschweren Demenz, die degenerativer und nicht nur vaskulärer Art ist, liegt die Annahme einer eingeschränkten Einsichtsfähigkeit gem. § 2229 Abs. 4 BGB im Regelfall nahe. Insbesondere bei Vorliegen einer fortgeschrittenen Demenz des Alzheimertyps ist ein Erblasser nicht mehr testierfähig, da er die Bedeutung und Tragweite seiner Verfügung nicht mehr einsehen und nach dieser Einsicht handeln kann.[106] 53

Bei einer eingetretenen Desorientierung kann das Vorliegen einer freien Willensbestimmung nicht mehr begründet werden.[107] 54

Eine Multimorbidität beschleunigt häufig den demenziellen Abbau.[108] 55

Die verschiedenen Testverfahren, die zu Lebzeiten des Erblassers durchgeführt wurden, können Anhaltspunkte dafür geben, ob und ggf. in welchem Ausmaß eine Demenz vorgelegen hatte. Die bekanntesten Testverfahren sind der Mini Mental State Test (MMST)[109] von *Folstein et al.* aus dem Jahr 1992,[110] der Uhren-Zeichen-Test nach *Shulman* aus dem Jahr 1993[111] und der DemTect von *Calabrese et al.* aus dem Jahr 2000.[112] 56

Praxistipp 57

Im Alltag ist durch einen medizinischen Laien die Durchführung solcher Tests kaum möglich. Jedoch eignen sich einige Fragen im Rahmen des Beratungsgesprächs dazu, einzuschätzen, ob eine kognitive Störung mit einer einhergehenden Beeinträchtigung der freien Willensbildung vorliegen könnte:

- Fragen nach der zeitlichen Einordnung (dem heutigen und gestrigen Tag, der Uhrzeit)
- Fragen bezüglich des jetzigen Beratungsgesprächs und -orts (Grund der Terminvereinbarung, wer den Termin vereinbart hat, wie man zur Besprechung gekommen ist)
- Fragen zum Grund des Gesprächs (Grund des Testierens, Grund des Zeitpunkts des Testierens, Grund des Widerrufs bestehender Testamente)
- Fragen zur eigenen Person (Name, Geburtsdatum, Adresse, Beruf, Personenstand)
- Fragen zum Partner (Name, Geburtsdatum und Geburtsort, Adresse, Beruf, Personenstand)
- Fragen zu den Kindern bzw. Enkeln (Name, Geburtsdatum, Adresse, Beruf, Personenstand)
- Fragen zur Zusammensetzung und zum Wert des Nachlasses

3. Depressionen

In der Praxis kommt es nur selten zu einer Testierunfähigkeit aufgrund eines depressiven Syndroms, da die Testierenden ohnehin in dieser Situation oft keine Entscheidungen fällen oder umsetzen können, sodass es weder zum Entwurf eines Testaments kommt noch zur Beauftragung eines Notars.[113] Wurde dennoch testiert, sollte geprüft werden, ob die letzt- 58

---

106 OLG Hamm, Urt. v. 13.7.2017 – I-10 U 76/16, ErbR 2018, 210, 213.

107 OLG Bamberg, Beschl. v. 22.5.2015 – 4 W 16/14, ErbR 2015, 622, 623.

108 *Wetterling*, ErbR 2019, 283, 287.

109 Bzgl. der Testergebnisse vgl. Dreßing/Habermeyer/*Rösler/Retz*, Kap. 10, S. 170: 30 Punkte ist das höchstmögliche Ergebnis, im Bereich von 19–24 Punkten spricht man von einer leichten, bei 10–18 Punkten von einer mittleren und bei weniger als 10 Punkten von einer schweren Demenz.

110 *Dohrenbusch*, S. 116.

111 *Lessing/Scanlan/Nazemi/Borson*, Int Psychogeriatr. 2008 Jun; 20(3): 459–470.

112 *Dohrenbusch*, S. 72.

113 *Wetterling*, ErbR 2022, 285, 288.

willige Verfügung und der Beurkundungstermin beim Notar von einem interessierten Dritten vorbereitet wurden oder ob dies durch den Erblasser erfolgte.[114]

59 Liegt das Syndrom ausgeprägt vor, sind die Betroffenen korrigierenden Einflussnahmen wohlmeinender Dritter gegenüber verschlossen bzw. u.U. lediglich kurzfristig und oberflächlich erreichbar, jedoch nur im Sinne einer momentanen Milderung ohne nachhaltigen Effekt.[115] Eine **Fremdbeeinflussung** muss folglich immer genauestens geprüft werden.

60 Eine Depression ist ein komplexes psychopathologisches Phänomen, dessen Zustandekommen durch das Zusammenwirken biografischer, reaktiver und biologischer Faktoren bedingt ist. Zu unterscheiden ist zwischen der **endogenen** Depression, welche ohne erkennbaren Grund und ohne durch eine eingehende medizinische Untersuchung feststellbare Ursache auftritt, Depressionen, die im Rahmen **degenerativer** oder **vaskulärer** Erkrankungen (wie bei Parkinsonerkrankungen oder Schlaganfällen) auftreten, Depressionen, die bei **traumatischen** Schädigungen des Gehirns (wie bei Schädelhirntraumen) auftreten, Depressionen, die bei **hormonellen** Störungen auftreten, und Depressionen, die bei schweren **körperlichen** Erkrankungen auftreten.[116] Bei älteren Menschen kann die Depression auch durch den Verlust des Partners oder von (anderen) Angehörigen, die Übersiedlung in ein Altenheim, den Auszug von Angehörigen, die Berentung oder eine schwerwiegende, körperliche und/oder intellektuelle Beeinträchtigung mit einer damit einhergehenden Hilfsbedürftigkeit oder Autonomieverlust auftreten.[117]

61 Depressionen treten häufig zusammen mit anderen Störungen auf. Bei Beurteilung der Testierfähigkeit sind im Rahmen der Depression die folgenden **Symptome** näher zu betrachten: Antriebsmangel, der mit Appetitlosigkeit einhergehen kann, Apathie, Intelligenzverlust, kognitive Störungen, Denkstörungen, wie Denkhemmung und Ambivalenz, oder Wahn, wie Schuld-, Verarmungs-, Versündigungs- oder nihilistischer Wahn.[118] Formal besonders ausgeprägte Denkstörungen können dazu führen, dass der Betroffene keine Entscheidungen mehr fällen kann, was folglich eine Einschränkung der Testierfähigkeit darstellt.[119] Mit dem Wahn können auch Halluzinationen einhergehen. Wenn diese Gedanken und das subjektive Erleben jedoch nicht mitgeteilt werden, fehlen häufig sichere Anhaltspunkte für das Vorliegen dieser Erkrankung.[120]

62 Das depressive Syndrom verläuft entweder **episodenartig** wiederkehrend, sodass eine vorübergehende Testierunfähigkeit vorliegen könnte, oder **chronisch**. Beim Vorliegen einer schweren depressiven Symptomatik kann ein vorübergehender Ausschluss der freien Willensbildung angenommen werden. Durch Behandlung mit **Antidepressiva** kann es nach einigen Wochen zu einer Symptomreduktion kommen, die Krankheitsdauer wird verkürzt sowie die Gedächtnisstörung verbessert. Teilweise spricht die Behandlung jedoch nicht an, sodass eine Medikamentenumstellung erfolgen muss.[121]

Jedoch fehlt es an einer hinreichenden Untersuchung zum Umfang und Zeitraum der Behandlung mit Antidepressiva und der Verbesserung der kognitiven Beeinträchtigung. Folge der Verabreichung der Medikamente kann eine Verringerung des Antriebsmangels,

114 OLG Hamburg, Beschl. v. 20.2.2018 – 2 W 63/17, ZErb 2018, 280 = ErbR 2019, 36.
115 Cording/Nedopil/*Cording/Saß*, S. 107.
116 *Wetterling*, ErbR 2022, 285.
117 *Wetterling*, ErbR 2022, 285; *Wetterling*, Freier Wille und neuropsychiatrische Erkrankungen, S. 69.
118 *Wetterling*, ErbR 2022, 285, 286.
119 *Wetterling*, ErbR 2022, 285, 287.
120 *Wetterling*, ErbR 2022, 285, 287.
121 *Wetterling*, ErbR 2022, 285, 287.

der Ambivalenz u.a. sein. Beim Absetzen der Medikamente kann es zu psychischen Absetzphänomenen kommen.[122]

63 Das Vorliegen der Erkrankung allein ergibt jedoch keinen zwingenden Schluss auf das Vorliegen einer Testierunfähigkeit. Nur wenn durch die Krankheit eine Geisteskrankheit oder erhebliche Geistesschwäche hervorgerufen wurde, welche die freie Willensbildung ausschließt oder zu einer starken Bewusstseinsstörung führt, liegt eine Testierunfähigkeit vor.[123]

64 Es ist immer zu ermitteln, ob ein chronischer, therapieresistenter Verlauf vorliegt, dessen Symptome ausreichen, um eine Testierunfähigkeit zu bejahen, oder ob nur eine vorübergehende Testierunfähigkeit vorliegt.[124] Es muss beurteilt werden, ob die Urteilsfähigkeit zum **Zeitpunkt der Testamentserrichtung** beeinträchtigt war, insbesondere durch einen negativen Affekt bzw. nihilistischen Wahn. Auch zusätzliche weitere psychische Störungen dürfen dabei nicht außer Acht gelassen werden.[125]

4. Medikamente, Alkohol, Drogen

65 Medikamente, Alkohol und Drogen werden unter dem Begriff „psychotrope Substanzen" zusammengefasst. Eine Testierunfähigkeit kann gegeben sein, wenn schwerwiegende Folgeerscheinungen wie psychotische Zustände oder Persönlichkeitsabbau, kognitive Störungen oder ein akutes Intoxikationsstadium vorliegen.[126] Das Vorliegen einer **Symptomatik allein** ergibt jedoch **keinen** zwingenden Schluss auf das Vorliegen einer Testierunfähigkeit. Nur wenn die Krankheit als solche das Symptom einer bereits vorhandenen Geisteskrankheit oder erheblichen Geistesschwäche ist oder es durch die Krankheit zu einem Abbau der Persönlichkeit gekommen ist, der den Wert einer Geisteskrankheit oder erheblichen Geistesschwäche erreicht hat, welche die freie Willensbildung ausschließt und/oder zu einer starken Bewusstseinsstörung führt, liegt eine Testierunfähigkeit vor.[127]

66 Ob ein **Entzugssyndrom** die Beeinträchtigung der freien Willensbildung und Urteilsfähigkeit und damit einhergehend eine Testierunfähigkeit zur Folge hat, wird diskutiert.[128]

67 Zu einer Beeinträchtigung kann es somit bei vereinzelter Einnahme der Substanzen, beim chronischen Gebrauch, im Entzugsstadium nach langfristigem Gebrauch bzw. bei möglichen positiven Effekten kommen. Es ist zu beachten, dass es im letzteren Fall bei Einnahme der Substanzen subjektiv zwar zu einer verbesserten kognitiven Leistungsfähigkeit kommt, wobei dieser Effekt bei einer langfristigen Einnahme nicht objektivierbar ist. Bei längerfristiger Einnahme ist eher das Gegenteil der Fall, es kommt zu einer Beeinträchtigung der kognitiven Funktionen. Ursache hiervon können zerebrovaskuläre Veränderungen sein.[129]

Rauschgiftsucht und Psychopathie schließen die Testierfähigkeit aber nicht grundsätzlich aus.[130]

---

122 *Wetterling*, ErbR 2022, 285, 287 f.; *Wetterling*, Freier Wille und neuropsychiatrische Erkrankungen, S. 70.
123 OLG Brandenburg, Beschl. v. 19.3.2024 – 3 W 28/24, BeckRS 2024, 6177.
124 *Wetterling*, ErbR 2022, 285, 288.
125 *Wetterling*, ErbR 2022, 285, 288.
126 *Wetterling*, ErbR 2015, 179.
127 OLG Brandenburg, Beschl. v. 21.3.2024 – 3 W 28/24, ErbR 2025, 50, 51.
128 *Wetterling*, ErbR 2015, 179.
129 Ausführlich hierzu: *Wetterling*, ErbR 2015, 179.
130 Grüneberg/*Weidlich*, § 2229 Rn 9.

68 Ein chronischer Alkoholmissbrauch und/oder Tablettenmissbrauch kann, wenn es zu einem Persönlichkeitsabbau kommt, der im Ausmaß den neurokognitiven Einschränkungen einer Geisteskrankheit gleichzusetzen ist, zu einer Testierunfähigkeit führen.[131]

69 Eigenmedikation und unsachgemäße Einnahme können zu einer Testierunfähigkeit führen. Die tatsächlichen Auswirkungen sind im Rahmen der Begutachtung zu ermitteln.[132]

5. Multimorbidität und Multimedikation

70 Multimorbidität bedeutet, dass ein Mensch an **mehr als zwei verschiedenen Erkrankungen** leidet. Die Zahl der Betroffenen nimmt mit dem Alter zu, was eine Beeinträchtigung der kognitiven Fähigkeiten nach sich ziehen kann. Im Fall einer Begutachtung sind somit zum einen die wechselseitige Wirkung bzw. die Verstärkungseffekte der verschiedenen Erkrankungen aufeinander zu beachten, zum anderen der Einfluss der damit meist einhergehenden medikamentösen Behandlung. Ebenfalls sind bekannte leichte Störungen der geistigen Tätigkeit im Rahmen dieser Begutachtung nicht außer Acht zu lassen, da diese durch die neu hinzutretenden Faktoren verstärkt werden können. Denn generell führt eine Multimorbidität und Multimedikation nicht zu einer Testierunfähigkeit.[133]

71 Häufige Erkrankungsbilder sind der Diabetes mellitus, Herz- und Kreislauferkrankungen, Bluthochdruck, Schlaganfall, Rückenschmerzen (Osteoporose) und Depressionen, Seh- und Hörminderungen.[134] Daneben können immer wieder auch akute Erkrankungen auftreten, die ebenfalls die freie Willensbildung beeinflussen können. Aufgrund der Störung der Auffassungsgabe, Aufmerksamkeit und Informationsaufnahme, des Gedächtnisses, einer Reduzierung der Kritik- und Urteilsfähigkeit sowie der Unfähigkeit, getroffene Entscheidungen umzusetzen, kann somit eine Testierunfähigkeit gegeben sein.[135] Eine Einzelfallprüfung ist dann immer von Nöten, insbesondere sollte die medikamentöse Einstellung des Betroffenen beachtet werden; bei Depressionen mit nihilistischen Gedanken und Antriebslosigkeit ist das Augenmerk zusätzlich auf eine Beeinflussung durch Dritte zu richten.[136] Diese meist funktionellen Beeinträchtigungen können sich im Rahmen einer adäquaten medikamentösen Behandlung zurückbilden, es kann aber auch bei chronisch funktionellen Störungen zu einer strukturellen Schädigung des Gehirns kommen.[137]

72 Daneben kann auch die Behandlung selbst zu einer Einschränkung der freien Willensbildung führen. Eine **Multimedikation** (Polypharmazie) kann dazu führen, dass die verschiedenen eingenommenen Medikamente sich gegenseitig wechselseitig in ihren Nebenwirkungen beeinflussen. Dies kann zu einer starken Sedierung, Verwirrtheit oder Delir führen. Dasselbe gilt für die Einnahme starker Schmerzmittel, wobei es in diesen Fällen aufgrund der Linderung der Schmerzen auch zu einer Besserung des Empfindens und damit einhergehend einer Besserung der Auffassungsgabe kommen kann.[138]

131 Grüneberg/*Weidlich*, § 2229 Rn 9.
132 *Cording*, ZEV 2010, 23, 27.
133 Ausführlich zur retrospektiven Betrachtung und Verlaufsanalyse: *Wetterling*, ErbR 2019, 283, 285.
134 *Wetterling*, ErbR 2019, 283.
135 Ausführlich hierzu: *Wetterling*, ErbR 2019, 283.
136 *Wetterling*, ErbR 2019, 283, 284.
137 *Wetterling*, ErbR 2019, 283, 285.
138 *Wetterling*, ErbR 2019, 283, 284.

6. Operationen

73 Nicht gänzlich außer Acht gelassen werden dürfen auch psychische Nebenwirkungen, die aufgrund von Narkosestress auftreten. Das Auftreten von kognitiven Störungen am ersten Tag nach einer Operation, sei es aufgrund der Art des Narkosemittels oder aufgrund einer Behandlung auf der Intensivstation, ist möglich. So besteht die Möglichkeit, dass eine Altersvergesslichkeit deutlich zunimmt. Häufig wandelt sich ein Delir in eine **postoperative kognitive Störung**. Folglich kann es postoperativ zur Störung des Langzeitgedächtnisses (mithin zur Beeinträchtigung des biografischen Gedächtnisses) kommen, deren Auswirkungen derart schwerwiegend sind, dass eine Testierunfähigkeit gegeben sein kann.[139]

74 **Praxistipp**
Wenn insbesondere ältere Patienten im Rahmen einer anstehenden Operation über die Errichtung einer letztwilligen Verfügung von Todes wegen nachdenken, wäre es von Vorteil, wenn die Errichtung dieser letztwilligen Verfügung bereits vor der Operation stattfände.

7. Schlaganfall

75 Die Folgen eines Schlaganfalls, vor allem bei einem Infarkt der großen Hirnarterien, können je nach Größe und Lage der betroffenen Hirnareale schwere motorische Störungen und/oder weitere neurologische bzw. neurokognitive Ausfälle sein, mit einer Beeinträchtigung u.a. des Gedächtnisses sowie der Fähigkeit, Neues zu erlernen. Im ersten Jahr nach dem Infarkt treten bei 30 % der Betroffenen Sprachstörungen auf, andere entwickeln eine vaskuläre Demenz.[140] Ebenfalls kann es zu einer Depression kommen.[141] Dies hat zur Folge, dass sich das **Kommunikationsverhalten** des Betroffenen ändern kann; Störungen der Sprache (Aphasie) können vorliegen, die Sprachproduktion, d.h. die Fähigkeit, sich flüssig und grammatikalisch korrekt verbal auszudrücken und Dinge beim Namen zu nennen (wobei dies nur sicher anhand der Wortfindungsstörungen in der Muttersprache festgestellt werden kann), oder das Sprachverständnis, d.h. die Fähigkeit, das Mitgeteilte zu verarbeiten und danach zu handeln, geht verloren.[142] Teilweise können nach einem Schlaganfall zeitnah Besserungen verzeichnet werden, häufig bleiben jedoch Störungen bestehen.[143]

76 Bei Vorliegen der Sprachprobleme ist jedoch nicht außer Acht zu lassen, dass durch diese weitere Probleme, wie bspw. eine Demenz, überlagert werden können. Dem psychiatrischen Sachverständigen sollte somit neben den logopädischen Befunden auch der neurologische und psychopathologische Befund zur Verfügung gestellt werden.[144]

8. Vermüllung und Verwahrlosung

77 Aus einer Vermüllung oder Verwahrlosung allein kann noch nicht auf eine damit einhergehende Testierunfähigkeit geschlossen werden. Ausprägungen sind z.B. das pathologische Horten, das Messi-Syndrom, das Auftreten unhygienischer Zustände sowie die Verwahrlosung. Daneben können jedoch psychiatrische Störungen wie Depressionen, Schizophrenie

139 Näher hierzu: *Wetterling*, ErbR 2021, 117.
140 *Wetterling*, ErbR 2018, 433.
141 *Wetterling*, Freier Wille und neuropsychiatrische Erkrankungen, S. 95.
142 Ausführlich hierzu: *Wetterling*, ErbR 2018, 433.
143 *Wetterling*, Freier Wille und neuropsychiatrische Erkrankungen, S. 95 f.
144 OLG Frankfurt, Beschl. v. 4.5.2017 – 20 W 33/16, BeckRS 2017, 150873; *Wetterling*, ErbR 2018, 433, 435; *Wetterling*, Freier Wille und neuropsychiatrische Erkrankungen, S. 96.

oder Wahn, Demenz oder Suchterkrankungen bestehen. Wahrnehmungsstörungen oder Realitätsverkennung können die Folge sein, sodass es u.U. zu einer **Störung der freien Willensbildung** und einer damit einhergehenden Testierunfähigkeit kommen kann. Auslöser der Vermüllung oder Verwahrlosung ist häufig eine Störung der Exekutivfunktion oder auch eine Störung des Antriebs. Dies hat zur Folge, dass der Betroffene nicht mehr in der Lage ist, die Situation zu ändern und folglich zu beenden. Das Vorliegen einer solchen Störung kann auch als Anhaltspunkt für das Vorliegen einer Störung der freien Willensbestimmung gesehen werden.[145]

9. Wahn

78 Über 2 % der Männer und Frauen über 64 Jahren, die nicht dement sind, leiden unter Wahnvorstellungen und Halluzinationen. Diese Krankheit kann entweder isoliert als wahnhafte Störung oder im Rahmen einer neuropsychiatrischen Krankheit auftreten; die Betroffenen leiden unter Realitätsverlust, sind in ihrer subjektiven Überzeugung nicht beeinflussbar und Ich-bezogen.[146] Häufige Formen sind der Beeinträchtigungswahn und Verfolgungswahn, der Beziehungswahn und Eifersuchtswahn, der Größenwahn, der Schuldwahn, der Versündigungswahn, der Verarmungswahn sowie der coenästhetische Wahn.[147] Der Wahn wird häufig Dritten nicht mitgeteilt und ist allein ein subjektives Erleben.[148] Vor allem bei nicht eindeutigen Zeugenaussagen einen Wahn postum rückblickend sicher zu diagnostizieren ist nicht möglich.[149]

79 Zu beachten ist, dass eine Testierunfähigkeit nur besteht, wenn sich der Wahn auf das **Erbe** und/oder auf die **potenziellen Erben** bezieht.[150] Dem Beeinträchtigten muss es zum Zeitpunkt der Testamentserrichtung möglich sein, ein von seinen Wahnvorstellungen unbeeinflusstes Urteil über die Rechtsnachfolge von Todes wegen zu bilden.[151] Es muss folglich eine subjektive Gewissheit des Testierenden vorliegen und die Vorstellung muss korrigierbar sein.[152] Im Rahmen der Begutachtung muss sich der Sachverständige somit mit dem Inhalt der vom Erblasser geäußerten wahnhaften Gedanken genauestens auseinandersetzen. Zeugenaussagen müssen daraufhin geprüft werden, ob der Zeuge versucht hat, die Vorstellung des Erblassers zu korrigieren oder zu hinterfragen. Lediglich wenn ein solcher Versuch vorliegt, können belastbare Schlussfolgerungen bezüglich des Vorliegens eines Wahns getroffen werden.[153]

80 Nach *Cording* ist es notwendig, dass das Überzeugungsbild des Erblassers keiner logischen Argumentation mehr zugänglich ist.[154]

81 Es ist nicht unüblich, dass der Erblasser unter psychotischen Wahnvorstellungen leidet und gleichzeitig dennoch zu vernünftigen Erwägungen fähig ist. Im Bereich der Psychopathie

145 Näher hierzu: *Wetterling*, ErbR 2020, 521.

146 *Wetterling*, ErbR 2018, 10.

147 *Wetterling*, Freier Wille und neuropsychiatrische Erkrankungen, S. 179 f.; *Wetterling*, ErbR 2018, 10, 11.

148 BayObLG, Beschl. v. 17.8.2004 – 1Z BR 53/04, BayObLGZ 2004, 237.

149 Ausführlich hierzu, insb. auch im Zusammenhang mit weiteren psychopathologischen Auffälligkeiten: *Wetterling*, ErbR 2018, 10, 11.

150 BayObLG, Beschl. v. 14.9.2001 – 1Z BR 124/00, ZEV 2002, 234; BayObLG, Beschl. v. 17.8.2004 – 1Z BR 53/04, BayObLGZ 2004, 237.

151 OLG Frankfurt, Beschl. v. 17.8.2017 – 20 W 188/16, ErbR 2017, 721, 724 m.w.N.

152 *Wetterling*, ErbR 2015, 544, 545.

153 *Wetterling*, ErbR 2015, 544, 545.

154 Cording/Nedopil/*Cording*, S. 65.

ist die Testierfähigkeit generell nicht ausgeschlossen und auch bei einem besonders hohen Grad von psychopatischen Störungen ist eine Testierunfähigkeit nur ausnahmsweise gegeben.[155]

Testierunfähigkeit kann auch dann vorliegen, wenn die paranoiden Wahnvorstellungen des Erblassers, die sich vor allem auf eine als (testamentarischer) Erbe in Betracht kommende Person beziehen, das freie Urteil darüber unmöglich machen, ob die Einsetzung anderer Personen als Erben sittlich gerechtfertigt ist.[156] 82

V. Betreuung

Mit einer angeordneten Betreuung geht nicht regelmäßig eine Testierunfähigkeit einher;[157] 83 die Testierfähigkeit einer volljährigen Person wird vermutet, auch wenn eine Betreuung besteht.[158] Bis zum Beweis des Gegenteils ist vom **Grundsatz der Testierfähigkeit** auszugehen. Es ist das Augenmerk darauf zu richten, dass eine Betreuung auch bei bestehender Geschäftsfähigkeit angeordnet werden kann.[159] Es bedarf immer der Beurteilung des Einzelfalls. Das Nachlassgericht kann im Rahmen des Erbscheinsverfahrens Einsicht in die Betreuungsakten nehmen. Weitere Ermittlungen sind dann anzustellen, wenn sich aus dem Inhalt der beigezogenen Akte ergibt, dass konkrete Zweifel an der Testierfähigkeit bestehen.[160]

Allein das Vorliegen der in § 1814 Abs. 1 BGB genannten Voraussetzungen für die Bestel- 84 lung eines Betreuers bedeutet nicht zwangsläufig, dass eine Geschäftsunfähigkeit damit einhergeht, sodass diesbezüglich keine voreiligen Schlüsse gezogen werden dürfen. Gem. § 104 Nr. 2 BGB ist Geschäftsunfähigkeit nur dann gegeben, wenn eine dauerhafte krankhafte Störung der Geistestätigkeit vorliegt, die geeignet ist, die freie Willensbestimmung auszuschließen.[161]

Das Amtsgericht Neuss[162] formulierte dies wie folgt: 85

> *Im Interesse der Rechtssicherheit sind an den Beweis einer Testierunfähigkeit sehr strenge Anforderungen zu stellen. Insbesondere muss der Ausschluss der freien Willensbildung in vollem Umfang bewiesen werden, das Vorliegen einer krankhaften Störung der Geistestätigkeit begründet keine tatsächliche Vermutung für einen solchen Ausschluss. Dies gilt auch für denjenigen, für den Betreuung angeordnet ist.*

War ein Testierender zunächst wegen Geistesschwäche **entmündigt** und stand sodann unter 86 Betreuung, wobei der Aufgabenkreis die Vermögenssorge betraf, so kann er dennoch testierfähig sein. Dies ist bspw. der Fall, wenn er lediglich unter einer Lernschwäche gelitten hat.[163]

---

155 BayObLG, Beschl. v. 18.4.1996 – 1Z BR 166/95, FamRZ 1996, 1109, 1110; BayObLG, Beschl. v. 31.1.1991 – 1a Z 37/90, FamRZ 1991, 990, 991.
156 BayObLG, Beschl. v. 21.7.1999 – 1Z BR 122/98, NJW-RR 2000, 6 = FamRZ 2000, 701.
157 OLG Hamm, Urt. v. 13.7.2017 – I-10 U 76/16, ErbR 2018, 210, 213.
158 OLG Hamm, Beschl. v. 5.2.2020 – 15 W 453/17, FamRZ 2021, 1754 (red. LS).
159 Grüneberg/*Weidlich*, § 2229 Rn 5, 11.
160 OLG Hamm, Beschl. v. 6.5.2021 – 10 W 9/21, ErbR 2021, 1048, 1050.
161 BayObLG, Beschl. v. 8.2.2000 – 1Z BR 132/99, NJW-RR 2000, 1029, 1030.
162 AG Neuss, Beschl. v. 12.4.2017 – 132 VI 46/17, ErbR 2017, 523.
163 OLG Hamm, Beschl. v. 20.5.2003 – 15 W 393/01, FamRZ 2004, 659.

VI. Luzides Intervall

87 Die juristische Literatur hat im Gegensatz zur medizinischen nicht zwischen den jahrhundertelangen Begriffsentwicklungen unterschieden. Unter einem luziden Intervall verstand man in der Medizin ursprünglich monate- bis jahrelang andauernde symptomfreie Intervalle bei phasenhaft verlaufenden Psychosen.[164] Erst ab dem 19. Jahrhundert wurde der Begriff für kurzdauernde Zustandsverbesserungen während eines chronischen Krankheitsprozesses verwandt.[165]

Ein luzides Intervall wird unter psychopathologischen Aspekten wie folgt definiert:

Die geistigen Fähigkeiten des Betroffenen sind seit längerem so weit beeinträchtigt, dass dies eine Beeinträchtigung der Urteilsfähigkeit und freien Willensbildung begründet. In einem engen Zeitraum, in der Regel von einem bis wenigen Tagen, verbessern sich die geistigen Fähigkeiten, sodass er vorübergehend den Zustand erreicht, in dem eine ausreichende Urteilsfähigkeit gegeben und eine freie Willensbildung möglich ist, sodann verfällt er wieder in den alten Zustand.

88 Nicht zu einem sog. luziden Intervall ist folglich eine unter günstigen Umständen und bei entsprechender Behandlung allmählich über Monate eintretende Verbesserung des Geisteszustandes, bei nicht eingetretener struktureller Schädigung oder sogar Zurückbildung im Rahmen einer länger verlaufenden Erkrankung zu rechnen.

89 Nach wie vor wird immer wieder vorgetragen, dass der testierunfähige Erblasser aufgrund eines sog. luziden Intervalls fähig war, eine wirksame Verfügung von Todes wegen zu errichten, auch wenn dieses in der Regel schwer nachweisbar sei.[166]

Die medizinische Fachliteratur negiert meist die Möglichkeit eines luziden Intervalls.[167] Bei Vorliegen struktureller Hirnveränderungen kann eine kurzzeitige Besserung bei schon eingetretenen Beeinträchtigungen der geistigen Fähigkeiten medizinisch nicht mehr begründet werden.[168] Die moderne Medizin hält die sog. luzide Intervalle bei chronisch-krankhaften Störungen der Geistestätigkeit, wie bei einer **chronisch-progredienten Demenz**, für ausgeschlossen.[169] Das OLG München,[170] das OLG Hamburg[171] sowie das OLG Celle[172] haben dies bei Vorliegen einer chronisch-progredienten Demenz ebenfalls angenommen.

90 Das OLG Hamburg,[173] dessen Rechtsauffassung sich auch das OLG Celle[174] anschließt, beurteilt das luzide Intervall bei chronisch-krankhaften Störungen wie folgt:

> *„Die moderne Medizin hält luzide Intervalle bei chronisch-krankhaften Störungen, insbesondere Demenzen, für ausgeschlossen. Wenn die monatelang bestehende Erkran-*

164 *Losch*, ZErb 2017, 188, 192; Dreßing/Habermeyer/*Taupitz*, Kap. 31.7.2, S. 521.
165 Ausführlicher m.w.V.: *Losch*, ZErb 2017, 188, 192.
166 MüKo-BGB/*Sticherling*, § 2229 Rn 43.
167 *Wetterling*, Freier Wille und neuropsychiatrische Erkrankungen, S. 203.
168 *Wetterling*, Freier Wille und neuropsychiatrische Erkrankungen, S. 203.
169 Staudinger/*Baumann*, § 2229 Rn 71.
170 OLG München, Beschl. v. 17.7.2013 – 3 U 4789/09, BeckRS 2013, 16015; OLG München, Beschl. v. 1.7.2013 – 31 Wx 266/12, FamRZ 2014, 246, 247 = ZErb 2013, 236.
171 OLG Hamburg, Beschl. v. 20.2.2018 – 2 W 63/17, ErbR 2019, 36, 45 = ZErb 2018, 280.
172 OLG Celle, Beschl. v. 7.1.2021 – 6 U 22/20, FamRZ 2021, 1153, 1155 = ErbR 2021, 536, 541 = ZErb 2021, 267, 270.
173 OLG Hamburg, Beschl. v. 20.2.2018 – 2 W 63/17, ErbR 2019, 36, 45 = ZErb 2018, 280.
174 OLG Celle, Urt. v. 7.1.2021 – 6 U 22/20, FamRZ 2021, 1153, 1155 = ErbR 2021, 536, 541 = ZErb 2021, 267, 270.

kung aufgrund von chronisch-psychopathologischen Symptomen belegt ist, die Testierunfähigkeit zur Folge haben (was der Sachverständige hier bejaht hat), sind kurzfristige luzide Intervalle mit echter Symptomfreiheit und Wiedererlangung der Urteilsfähigkeit so gut wie ausgeschlossen. Im Falle einer Demenz ist zusätzlich zu beachten, dass während der Zeit ihres Bestehens viele Informationen gar nicht oder nicht realitätsgerecht aufgenommen, verarbeitet und abgespeichert werden. Im Falle einer Besserung bestünden somit erhebliche Lücken und Verzerrungen in der geistigen und psychischen Repräsentanz der relevanten Umweltinformationen und eigenen Biografie, welche erst geschlossen werden müssten. Dies ermöglicht aber die Einflussnahme Dritter in unkontrollierbarer Weise. Aufgrund der klinischen Erfahrungen wird heute überwiegend vertreten, den Begriff des luziden Intervalls gänzlich aufzugeben.“

Nach der Meinung in der Literatur[175] sind lichte Momente bei einer **vaskulären Demenz** 91 im weiteren Sinne denkbar, mithin nicht bei subkortikalen vaskulären Demenzen, bspw. nach einem Schlaganfall und bei durch sonstige gefäßbedingte Hirnschädigungen hervorgerufenen Demenzen. In solchen Fällen muss also immer kritisch geprüft werden, ob diese Verbesserungen auch das autobiografische Gedächtnis wiederherstellen, welches zur Wiedererlangung der ausreichenden Urteilsfähigkeit und freien Willensbildung notwendig ist.[176]

Jedoch ist bei einer vaskulären Demenz zu beachten, dass wachere Phasen einzig und allein 92 aufgrund von **Vigilanzschwankungen** möglich sind, insbesondere bei Komorbidität, bspw. durch Veränderungen des Blutzuckerspiegels oder des Blutdrucks, die phasenweise klares Denken mit rationaler Willensbildung zuzulassen scheinen. Es handelt sich bei diesen Phasen jedoch nicht um eine wirkliche Verbesserung der Fähigkeiten, die zu einer Wiedererlangung der ausreichenden Urteilsfähigkeit und freien Willensbildung führen. Diese Vigilanzschwankungen reichen gerade nicht aus, um bei einer nachgewiesenen Testierunfähigkeit deren Wiedererlangung hinreichend wahrscheinlich zu machen.[177] Eine sorgfältige Prüfung des Einzelfalls ist stets vorzunehmen.

Letztendlich sind bei einem wegen geistiger Insuffizienz testierunfähigen Erblassers luzide 93 Intervalle, aufgrund derer vor und nach Testamentserrichtung kurzzeitig eine Testierfähigkeit gegeben sein sollte, kaum nachweisbar.[178] Bei Vorliegen eines mittelschwer bis schwer ausgeprägten demenziellen Syndroms sind kurzfristige luzide Intervalle mit Wiedererlangen der Kritik- und Urteilsfähigkeit überhaupt nicht in Betracht zu ziehen. Werden diese dennoch behauptet, müsste der positive Nachweis hierfür erbracht werden, wenn zuvor das Vorliegen der Voraussetzungen für Testierunfähigkeit belegt wurde.[179] Wiederkehrende wesentliche Zustandsverbesserungen sind lediglich bei Delirien, Verwirrtheitszuständen oder Vergiftungen und phasenhaft verlaufenden Psychosen ohne dauerhafte Hirnveränderungen zu erwarten.[180]

Allein für den Fall, dass der Zustand des Erblassers bei einzelnen Erkrankungen mit Hirnbe- 94 teiligung zwischen klaren Momenten und Verwirrtheit wechselt oder er an starken Schwankungen des geistigen Zustands leidet (somit keine chronisch-krankhafte Störung der Geistestätigkeit vorliegt), kann sein in einem luziden Intervall errichtetes Testament wirksam sein, wenn der Errichtungszeitpunkt und das luzide Intervall (oder zutreffender im Zeit-

175 MüKo-BGB/*Sticherling*, § 2229 Rn 43; Staudinger/*Baumann*, § 2229 Rn 72.

176 *Wetterling*, Freier Wille und neuropsychiatrische Erkrankungen, S. 203.

177 *Wetterling*, Freier Wille und neuropsychiatrische Erkrankungen, S. 203.

178 MüKo-BGB/*Sticherling*, § 2229 Rn 43.

179 OLG Hamm, Urt. v. 13.7.2017 – I-10 U 76/16, ErbR 2018, 210, 213; Dreßing/Habermeyer/*Taupitz*, Kap. 31.9.3, S. 524.

180 Dreßing/Habermeyer/*Taupitz*, Kap. 31.7.2, S. 521.

punkt einer wieder normalisierten Geistestätigkeit) zu diesem Zeitpunkt feststehen[181] und die Beeinträchtigung wirklich im Einzelfall nur eine vorübergehende war.[182]

95 Zu unterscheiden ist hiervon eine immer mögliche kurzzeitige Schwankung der geistigen Fähigkeiten aufgrund einer adäquaten Behandlung der körperlichen Grunderkrankungen eines multimorbiden Betroffenen ohne strukturelle Hirnschädigung.[183]

B. Feststellung der Testierunfähigkeit im gerichtlichen Verfahren

96 Ob die Voraussetzungen der Testierunfähigkeit vorgelegen haben, ist im Wesentlichen eine Frage tatsächlicher Natur.[184] Im Rahmen der Beurteilung der Frage, ob der Erblasser **tatsächlich** in der Lage war, die Tragweite seiner letztwilligen Verfügung abzuschätzen und frei von Einflüssen interessierter Dritter zu handeln, bedarf es einer sorgfältigen Untersuchung unter Einbeziehung der Vorgeschichte und aller äußeren Umstände.[185]

I. Verschiedene Verfahrensarten

1. Erbscheinsverfahren

97 Das Nachlassgericht hat im Rahmen des Erbscheinsverfahrens gem. § 26 FamFG **von Amts wegen** zu ermitteln und dementsprechend gem. §§ 29, 30 FamFG Beweis zu erheben, ob die Testierfähigkeit bestand, sofern Anhaltspunkte für eine Testierunfähigkeit vorliegen. Denn allein „pauschale“ Behauptungen zur Testierunfähigkeit reichen nicht. Vielmehr müssen diese substanziiert vorgetragen werden oder sich aus anderen Umständen ergeben.[186] Eine förmliche Beweisaufnahme gem. § 30 FamFG ist jedoch nur dann durchzuführen, wenn durch sonstige Ermittlungen keine hinreichend sichere Aufklärung erfolgen kann.[187]

98 Wenn aufgrund der Darlegung konkreter auffälliger Verhaltensweisen oder psychischer Eigenheiten des Erblassers die Behauptung der Testierunfähigkeit vorgetragen wird, besteht eine Ermittlungspflicht des Nachlassgerichts. Jedoch entbindet dies die Beteiligten nicht davon, an der Aufklärung des Sachverhalts mitzuwirken.[188]

99 Dabei ist zu beachten, dass jeweils die Art und der Umfang der Ermittlungen einzelfallbezogen sind. Das Gericht entscheidet darüber nach **pflichtgemäßem Ermessen**, ohne an die Beweisanträge der Parteien gebunden zu sein. Die Ermittlungen sind jedoch so weit auszudehnen, dass der entscheidungserhebliche Sachverhalt vollständig aufgeklärt ist. Zuvor soll es zu keinem Abschluss der Beweisaufnahme kommen. Weitere Ermittlungen, die zu einem sachdienlichen, die Entscheidung beeinflussenden Ergebnis führen, sind somit anzustellen.

181 Grüneberg/*Weidlich*, § 2229 Rn 10.

182 *Losch*, ZErb 2017, 188, 192.

183 *Losch*, ZErb 2017, 188, 193.

184 BayObLG, Beschl. v. 24.3.2005 – 1Z BR 107/04, FamRZ 2006, 68; BayObLG v. 17.8.2004 – 1Z BR 53/04, hier nach www.dnoti.de „Aktuelle Rechtsprechung“.

185 OLG Schleswig, Beschl. v. 29.1.2020 – 3 Wx 33/19, ErbR 2022, 406, 414; *Cording*, ZEV 2010, 23, 25.

186 OLG Düsseldorf, Beschl. v. 4.11.2013 – I-3 Wx 98/13, NJW-RR 2014, 262 = ZEV 2014, 53; OLG Brandenburg, Beschl. v. 13.1.2014 – 3 W 49/13, ErbR 2014, 141; OLG Brandenburg, Beschl. v. 20.3.2014 – 3 W 62/13; OLG Hamm, Beschl. v. 12.11.1996 – 15 W 233/96, MittBayNot 1997, 180 = ZEV 1997, 75.

187 Kerscher/Krug/Spanke/*Spanke*, § 7 Rn 40.

188 OLG Köln, Beschl. v. 31.8.1990 – 2 Wx 35/90, FamRZ 1991, 117.

Dies setzt eine sorgfältige Untersuchung unter Einbeziehung der Vorgeschichte und aller äußeren Umstände voraus.[189] Im Rahmen dessen ist der maßgebliche Sachverhalt ausreichend erforscht (§ 26 FamFG), wenn bei der Erörterung des Beweisstoffs alle wesentlichen Umstände berücksichtigt sind. Jedoch darf das Gericht hierbei nicht gegen gesetzliche Beweisregeln, Denkgesetze und feststehende Erfahrungssätze verstoßen sowie die Beweisanforderungen vernachlässigen oder überspannen.[190]

2. Grundbuchverfahren

Im Grundbuchverfahren stellt sich häufig bei Vorlage der letztwilligen Verfügung nebst 100
Eröffnungsprotokoll die Frage, ob das Grundbuchamt bei Kenntniserlangung einer möglichen Testierunfähigkeit des Erblassers die **Vorlage eines Erbscheins** oder Europäischen Nachlasszeugnisses verlangen kann. Gem. § 35 Abs. 1 S. 2 Hs. 1 GBO darf das Grundbuchamt lediglich die Vorlage eines Erbscheins oder Europäischen Nachlasszeugnisses verlangen, wenn sich bei der Prüfung der Verfügung hinsichtlich des behaupteten Erbrechts wirkliche Zweifel ergeben, die nur durch weitere Ermittlungen über die tatsächlichen Verhältnisse geklärt werden können.[191] Liegt dem Grundbuchamt jedoch eine rechtskräftig bindende Entscheidung eines Gerichts vor, wonach der als testamentarischer Erbe Bestimmte auch Inhaber des Erbrechts ist, selbst dann, wenn es sich um ein Anerkenntnisurteil handelt, so hat das Grundbuchamt keine weiteren eigenen Ermittlungen anzustellen, sondern die vorliegende öffentliche Urkunde zu berücksichtigen.[192]

3. Zivilprozess

Auch im streitigen Verfahren gilt, dass jeder Volljährige **als testierfähig vermutet** wird, 101
solange nicht das Gegenteil bewiesen ist. Im Rahmen eines Rechtsstreits über das Erbrecht hat derjenige, der die mangelnde Testierfähigkeit behauptet, diese zu beweisen.[193] Das Gericht hat im Rahmen der Beweisaufnahme aufzuklären, ob und inwieweit der Parteivortrag Tatsachen beinhaltet, die einer Entscheidung zugrunde gelegt werden können.

4. Selbstständiges Beweisverfahren

Lebzeitige Feststellungen zum Geisteszustand des späteren Erblassers können u.U. in einem 102
selbstständigen Beweisverfahren getroffen werden.[194] In der Regel besteht hierfür jedoch kein Rechtsschutzbedürfnis (vgl. Rdn 106).

II. Feststellung der Testierunfähigkeit

1. Einholung von Sachverständigengutachten

Die Beurteilung der Testierunfähigkeit kann allein durch den **Sachverständigen** erfolgen. 103
Widersprechende Angaben Dritter, die mitteilen, dass es möglich war, mit dem Erblasser

189 BayObLG, Beschl. v. 27.6.2000 – 1Z BR 124/00, FamRZ 2002, 1068; OLG Hamburg, Beschl. v. 20.2.2018 – 2 W 63/17, ErbR 2019, 36, 38 = ZErb 2018, 280, 282.

190 BayObLG v. 17.8.2004 – 1Z BR 53/04, hier nach www.dnoti.de „Aktuelle Rechtsprechung".

191 KG, Beschl. v. 11.11.2014 – 1 W 547–548/14, ZErb 2015, 58, 59 = NJW-RR 2015, 446 = ErbR 2015, 148.

192 KG, Beschl. v. 11.11.2014 – 1 W 547–548/14, ZErb 2015, 58, 59 f. m.w.N. = NJW-RR 2015, 446 = ErbR 2015, 148.

193 BGH, Urt. v. 29.1.1958 – IV ZR 251/57, FamRZ 1958, 127.

194 OLG Koblenz, Urt. v. 26.9.2002 – 5 U 1940/01, FamRZ 2003, 542.

über verschiedene Themen zu sprechen, oder dass keine Zweifel bestanden haben, dass er etwas nicht verstanden hat, widerlegen dies nicht. Auch die Aussage, dass der Erblasser begonnen habe, sich an diesem Tag normal zu fühlen, ändert hieran nichts.[195]

104 Das OLG Hamburg[196] hat in einer seiner Entscheidungen eine Art Prüfungsschema für die Nachlassgerichte aufgestellt, anhand dessen die Testierunfähigkeit, im zugrunde liegenden Fall aufgrund eines demenziellen Syndroms, zu prüfen sei. Dieses Schema lässt sich jedoch im Prinzip auf sämtliche Verfahren übertragen.

Prüfungsschema zur Testierfähigkeit

- Durch die Parteien müssen die konkreten auffälligen Äußerungen und Verhaltensweisen des Erblassers, sei es durch Benennung von Zeugen oder durch schriftliche Äußerungen weiterer Personen, detailliert vorgetragen werden.
- Anhand des Vorbringens kann das Gericht im Rahmen des Freibeweises durch Einvernahme oder Sichtung der Beweise diese auffälligen Äußerungen und Verhaltensweisen feststellen.
- Diese Anknüpfungstatsachen muss das Gericht dem Sachverständigen zur Verfügung stellen.
- Der Sachverständige sichtet zudem sämtliche vor und nach dem relevanten Zeitpunkt medizinisch dokumentierte Befunde.
- Der Sachverständige hat die von ihm ermittelten medizinischen Befunde im Kontext mit den auffälligen Verhaltensweisen des Erblassers zu betrachten und die Auswirkungen im kognitiven Bereich, auf die Persönlichkeit und das Wertegefühl des Erblassers festzustellen.
- Die dadurch gewonnen Ergebnisse sind sodann zu dem Zeitpunkt der Testamentserrichtung zu betrachten unter Berücksichtigung der Fähigkeit des Erblassers, Sachverhalte zu erfassen, aufzunehmen und zu verstehen, die Informationen zu verarbeiten und den sich ihm ergebenen Sachverhalt zu bewerten.
- Feststellung des Sachverständigen, inwieweit die Fähigkeit des Erblassers bestand, aufgrund des erfassten Sachverhalts seinen eigenen Willen zu bestimmen, zu äußern und danach zu verfügen.
- Feststellung des Sachverständigen, inwieweit die Fähigkeit des Erblassers bestand, sich ein Urteil über die Alternativen zu dem von ihm Verfügten zu bilden und frei und ohne Einfluss Dritter zu verfügen.
- Feststellung des Sachverständigen, ob die Testierfähigkeit oder die Testierunfähigkeit bestand (Grad an Gewissheit, der vernünftige Zweifel ausschließt).
- Prüfung des Gutachtens durch das Gericht auf sachlichen Gehalt, logische Schlüssigkeit und Kongruenz zu dem vom Gericht ermittelten Sachverhalt. Insbesondere Prüfung, ob die Ausführungen des Sachverständigen den Begriff der Testierunfähigkeit erfüllen, und ob eine diesbezügliche nachvollziehbare Begründung für die Bejahung oder Verneinung geliefert worden ist.[197]

105 Für die vollständige Überzeugung seitens des Gerichts betreffend die Testierunfähigkeit ist keine absolute persönliche Gewissheit des Gerichts notwendig, sondern es ist ausreichend, dass ein für ein praktisches Leben **brauchbarer Grad an Gewissheit** vorliegt, der Zweifeln Schweigen gebietet, ohne sie völlig auszuschließen. Die nach § 286 ZPO entwickelten Grundsätze sind auch auf Verfahren mit Amtsermittlungsgrundsatz zu übertragen.[198]

195 KG, Beschl. v. 1.2.2022 – 10 W 188/22, ErbR 2023, 816 (LS).
196 OLG Hamburg, Beschl. v. 20.2.2018 – 2 W 63/17, ErbR 2019, 36 = ZErb 2018, 280.
197 Vgl. auch BayObLG, Beschl. v. 14.9.2001 – 1Z BR 124/00, FamRZ 2002, 1066, 1067.
198 KG, Beschl. v. 9.5.2023 – 6 W 48/22, ErbR 2023, 608, 611.

2. Postume Begutachtung

Ein Gutachten zur Testierfähigkeit des Erblassers wird in der Regel erst postum erstellt werden. Die gesetzlichen Erben bzw. Erbprätendenten haben **zuvor kein schutzwürdiges Interesse** an der Feststellung der Testierfähigkeit. Allein die bloße Möglichkeit, Erbe zu werden, ist kein Rechtsverhältnis gem. § 256 ZPO. Dies gilt selbst dann, wenn die Aussicht, Erbe zu werden, im Rahmen der allgemeinen Lebenserfahrung besteht.[199] Sind konkret begründete Zweifel an der Testierfähigkeit des Erblassers aufgrund objektivierbarer Tatsachen oder Hilfstatsachen gegeben, ist die Einholung eines psychiatrischen Sachverständigengutachtens geboten.[200] 106

Es besteht nur ausnahmsweise kein Anlass, ein solches psychiatrisches Sachverständigengutachten einzuholen, wenn die erforderlichen Anknüpfungstatsachen, die der Sachverständige auswerten könnte, nicht vorliegen und von der beweispflichtigen Partei auch nicht vorgetragen werden. Eine Amtsermittlung seitens des Gerichts ins Blaue hinein hat nicht zu erfolgen.[201] 107

Das OLG München[202] hat klargestellt, dass die Beurteilung der Testierfähigkeit in Fällen der freiwilligen Gerichtsbarkeit grundsätzlich aufgrund der mit der Feststellung verbundenen besonderen Schwierigkeiten den **Fachärzten für Psychiatrie** vorbehalten sei. Sollte ein Sachverständiger gewählt worden sein, der nicht über die erforderliche Sachkunde verfügt, würde der entscheidungserhebliche Sachverhalt nicht hinreichend durch das Gericht aufgeklärt. Dies wiederum habe zur Folge, dass, sollte der ausgewählte Sachverständige von vornherein nicht über die erforderliche Qualifikation verfügen, er den entscheidungserheblichen Sachverhalt nicht beurteilen könne, und diese falsche Auswahl stelle einen erheblichen Verfahrensfehler dar. Dem hat sich das KG angeschlossen.[203] 108

Regelmäßig ist es möglich, einen **Rückschluss** auf den krankhaften Zustand des Erblassers mit Ausschluss der freien Willensbildung zum Zeitpunkt der Testamentserrichtung zu ziehen: Wenn sowohl ein Zeitpunkt **nach** als auch ein Zeitpunkt **vor** der Testamentserrichtung feststeht, zu dem der Erblasser sich in diesem krankhaften Zustand befand, ist es möglich, auf den geistigen Zustand **bei** Testamentserrichtung zu schließen (logische Interpolation). 109

Wurde lediglich ein krankhafter Zustand mit Ausschluss der freien Willensbildung **nach** Testamentserrichtung sicher festgestellt, nicht jedoch zuvor, so ist es im Rahmen einer retrograden Extrapolation möglich, aufgrund des Verlaufs einen sicheren Rückschluss auf den Zustand bei der Testamentserrichtung zu ziehen, wobei dies nur in ganz klaren Fällen und in zeitlich kurzen Abständen, mithin Tage oder wenige Wochen, möglich ist.[204]

199 Zöller/*Greger*, § 256 Rn 5, 25.5.

200 MüKo-BGB/*Sticherling*, § 2229 Rn 84; OLG Düsseldorf, Beschl. v. 1.6.2012 – I-3 Wx 273/11, NJW-RR 2012, 1100.

201 OLG Hamm, Beschl. v. 15.11.2019 – 10 W 143/17, ErbR 2020, 417, 420; OLG Brandenburg, Beschl. v. 10.1.2022 – 3 W 101/21, ErbR 2022, 400, 403 = FamRZ 2022, 1321, 1323.

202 OLG München, Beschl. v. 14.1.2020 – 31 Wx 466/19, FamRZ 2020, 802 = ErbR 2020, 256 = ZErb 2020, 144.

203 KG, Beschl. v. 29.5.2020 – 19 W 4/20, ErbR 2021, 430, 432 = FamRZ 2021, 1754, 1755.

204 KG, Beschl. v. 8.2.2021 – 19 W 10/20, ErbR 2021, 854, 862.

3. Parteivortrag

a) Feststellungslast/Beweislast

110 Die Feststellungslast im Erbscheinsverfahren oder die Beweislast im Zivilprozess liegt bei demjenigen, der sich auf die Testierunfähigkeit beruft.[205] Es müssen sämtliche Tatsachen vorgetragen und bewiesen werden, aus denen sich die Testierunfähigkeit ergibt.[206] Eine **Ausnahme** hiervon besteht für den Fall, in dem feststeht, dass der Erblasser zu irgendeinem Zeitpunkt testierunfähig war, und sich der Zeitpunkt der Testamentserrichtung nicht genau ermitteln lässt. Dies geht zu Lasten desjenigen, der sich auf die Testierfähigkeit beruft, sodass dieser die Feststellungslast trägt.[207] Eine Ausnahme vom Grundsatz der Feststellungslast liegt jedoch etwa dann nicht vor, wenn die Zeitangabe unleserlich ist und behauptet wird, der Testierende habe Geschriebenes nicht mehr lesen können.[208]

111 Verbleiben am Ende der Beweisaufnahme **Zweifel**, ob der Erblasser testierfähig war, gilt in diesen Fällen die Vermutung, dass Volljährige geschäftsfähig und Personen, die das 16. Lebensjahr vollendet haben, bzw. Volljährige testierfähig sind, solange nicht das Gegenteil bewiesen ist. Die Partei hat dann ihrer Feststellungslast nicht genügt. Die Partei, die die Testierunfähigkeit behauptet, sollte somit den Sachverhalt möglichst genau ermitteln und vorbereiten, um die ausreichende Erforschung des maßgeblichen Sachverhalts zu ermöglichen.[209]

b) Beweis des ersten Anscheins

112 Die Testierunfähigkeit muss zum Zeitpunkt der Errichtung des Testaments vorliegen. Die Partei, die sich auf die Testierunfähigkeit beruft, muss auffällige Äußerungen und Verhaltensweisen des Erblassers benennen und somit Umstände vortragen, die auf eine Testierunfähigkeit hinweisen. Diese Umstände müssen sowohl **vor** als auch **nach** dem Zeitpunkt der fraglichen Testamentserrichtung liegen. Für den sog. Beweis des ersten Anscheins (prima facie) genügt es zunächst, Umstände für eine Testierunfähigkeit im fraglichen Zeitraum vorzutragen.[210] Derjenige, der sich auf die Testierfähigkeit beruft, muss den dem Beweis des ersten Anscheins zugrunde liegenden Erfahrungsgrundsatz somit erschüttern.

113 Im Fall des Vorliegens struktureller Schädigungen des Gehirns können diese mittels bildgebender Verfahren (CT oder MRT) nachgewiesen werden. Der Anscheinsbeweis besagt, dass ein psychopathologisches Symptom, das vor dem strittigen Zeitpunkt der Testamentserrichtung und nach dieser anhand konkreter Anhaltspunkte nachweisbar ist, damit auch zum Zeitpunkt der Testamentserrichtung vorlag.[211]

114 Sollte ein nicht datiertes Testament vorliegen und feststehen, dass der Testator zu irgendeinem Zeitpunkt testierunfähig war, spricht der Beweis des ersten Anscheins auch für die Testierunfähigkeit im Zeitpunkt der Testamentserrichtung. Eine **Ausnahme** liegt hiervon

205 OLG Köln, Beschl. v. 19.8.2016 – 2 Wx 209/16, BeckRS 2016, 17893; OLG Celle, Beschl. v. 26.2.2018 – 6 W 4/18, ErbR 2018, 269, 270; BGH, Urt. v. 29.1.1958 – IV ZR 251/57, FamRZ 1958, 127; OLG Frankfurt, Beschl. v. 5.9.1995 – 20 W 107/94, FamRZ 1996, 635; KG, Beschl. v. 7.9.1999 – 1 W 4291/98, FamRZ 2000, 912.

206 BayObLG, Beschl. v. 24.10.2001 – 1Z BR 40/01, NJW-RR 2002, 1088; OLG Celle, Beschl. v. 26.2.2018 – 6 W 4/18, ErbR 2018, 269.

207 BayObLG, Beschl. v. 28.5.1993 – 1Z BR 7/93, FamRZ 1994, 593.

208 BayObLG, Beschl. v. 23.9.1994 – 1Z BR 91/94, FamRZ 1995, 898.

209 *Klingelhöffer*, ZEV 1997, 92.

210 BayObLG, Beschl. v. 1.8.1979 – BReg. 1 Z 16/79, BayObLGZ 1979, 256, 266.

211 *Wetterling*, ErbR 2019, 283, 286 m.w.V.

vor, wenn sich der Zeitpunkt der Testamentserrichtung durch außerhalb der Urkunde liegende Umstände ermitteln lässt. Das Gericht muss sodann von der Testierunfähigkeit zu den vorgenannten Zeitpunkten überzeugt sein.[212]

Teilweise wird in der Literatur vertreten, dass nach den Umständen des konkreten Falls für die Erschütterung des Beweises des ersten Anscheins ein luzides Intervall im Zeitpunkt der Testamentserrichtung ernsthaft in Betracht kommt.[213] Wie beschrieben, ist das Phänomen des luziden Intervalls nicht unumstritten (vgl. Rdn 62 ff.); häufig ist dies nur ein scheinbares Auflodern intellektueller Fähigkeiten und somit nur ein „pseudolichter Moment". Ein luzides Intervall ist bei chronisch-progredienten Krankheitsverläufen nicht mehr zu erwarten. In der Literatur wird zwar vertreten, dass auch dies erschüttert werden kann,[214] wobei nicht erkenntlich ist, was diesbezüglich im Einzelnen vorgebracht werden sollte. 115

Der Beweis des ersten Anscheins ist nicht in dem Fall einer häufigeren, aber immer nur vorübergehend auftretenden geistigen Beeinträchtigung möglich.[215] 116

c) Privatgutachten

Eine Partei kann bereits einem solchen Gutachten notwendige Anhaltspunkte für die Antrags- oder Klageschrift entnehmen, um den Parteivortrag mit fachlicher Expertise zu untermauern. Dementsprechend können die notwendigen Beweismittel zur weiteren Vorklärung bereits durch einen solchen privat beauftragten Sachverständigen aufgezeigt werden, welche sodann in die Antrags- oder Klageschrift übernommen werden.[216] 117

Die Vorlage eines Privatgutachtens ist eine weitere Möglichkeit eines qualifizierten, substanziierten Parteivortrags, der als **Anregung** der genauen Überprüfung eines bereits vorliegenden, gerichtlich in Auftrag gegebenen Sachverständigengutachtens dienen kann.[217] Letztendlich kann ein solches Gutachten auch der Antragsgegner- oder Beklagtenseite dazu dienen, eine Einschätzung bezüglich ihrer Erfolgsaussichten zu erlangen. Ebenso kann es als Grundlage für die Entscheidung hinsichtlich einer möglichen gütlichen Einigung dienen.[218] 118

Privatgutachten zu Lebzeiten des Erblassers sind indes aufgrund der Bandbreite an möglichen Störungen relativ schwer zu erstellen und mit Risiken behaftet. Zu denken ist dabei an die Gefahr gefilterter Informationen, die dem Gutachter unterbreitet werden, sowie eine falsch verstandene Zurückhaltung des Gutachters zu Fragen bezüglich der Krankheitsgeschichte und der Beweggründe der Testamentserstellung.[219] 119

4. Betreuungsverfahren

Wurde bereits im Betreuungsverfahren ein psychiatrisches Gutachten eingeholt, stellt dieses bei der Beurteilung der Testierfähigkeit häufig dennoch **keine tragfähige Entscheidungsgrundlage** dar. Eine Ausnahme könnte gegeben sein, wenn nicht nur unerhebliche Zweifel bezüglich der Testierfähigkeit bestehen. 120

---

212 Staudinger/*Baumann*, § 2229 Rn 120, 123.
213 MüKo-BGB/*Sticherling*, § 2229 Rn 89.
214 MüKo-BGB/*Sticherling*, § 2229 Rn 89.
215 MüKo-BGB/*Sticherling*, § 2229 Rn 89.
216 Cording/Nedopil/*Cording/Hausner*, S. 151.
217 Staudinger/*Baumann*, § 2229 Rn 109.
218 Cording/Nedopil/*Cording/Hausner*, S. 151.
219 Vgl. hierzu ausführlich: Cording/Nedopil/*Cording/Hausner*, S. 126 ff.

121 Bei Einholung eines Gutachtens im Rahmen des Betreuungsverfahrens wird in der Regel geprüft, ob die Voraussetzungen des **§ 1814 BGB** erfüllt sind. Da die Anordnung einer Betreuung nicht gegen den freien Willen des zu Betreuenden möglich ist, äußert sich ein im Betreuungsverfahren eingeholtes Gutachten lediglich insoweit zu der Frage der Geschäftsunfähigkeit, als dies für die Bestellung des Betreuers oder die Umschreibung dessen Aufgabenkreises notwendig ist, oder für den Fall, dass Anzeichen vorhanden sind, dass der Betroffene eine etwa erforderliche Betreuung ablehnt.[220] Ferner handelt es sich bei einer Begutachtung im Rahmen des Betreuungsverfahrens zu einer attestierten Geschäftsunfähigkeit lediglich um eine Momentaufnahme.[221]

5. Ermittlungen durch das Gericht

122 Sind hinreichende Zweifel an der Testierfähigkeit vorgetragen, müssen zunächst die Verhaltensweisen des Erblassers aufgeklärt werden, um Klarheit über die tatsächlichen Umstände (unter Berücksichtigung medizinischer Befunde etc.) zu schaffen.[222] Danach ist zu prüfen, ob dies seitens des Gerichts für die Beurteilung ausreicht oder ob ein Sachverständigengutachten einzuholen ist.[223] Im letzteren Fall hat das Gericht die notwendigen Begutachtungsgrundlagen durch Zeugenvernehmung und Beschaffung ärztlicher Unterlagen zu ermitteln. Der Umfang der gebotenen Ermittlung obliegt dem pflichtgemäßen **Ermessen** des Gerichts, und zwar auch dann, wenn z.B. unterschiedliche ärztliche Stellungnahmen über die Testierfähigkeit des Erblassers vorliegen.[224]

123 Lediglich wenn das Verhalten des Erblassers konkret auffällige Verhaltensweisen aufweist und somit faktische **Anhaltspunkte** liefert, muss das Gericht sich in einem weiteren Schritt selbst Klarheit über den medizinischen Befund verschaffen und die aufgrund dessen gezogenen Schlüsse überprüfen.[225] Verbleiben sodann **Zweifel** an der Testierfähigkeit, ist ein Sachverständigengutachten einzuholen, wobei dem Sachverständigen auch die Anknüpfungstatsachen zur Erstellung seines medizinischen Befunds übermittelt werden müssen.[226] Die Behauptung des Vorliegens einer Demenz (oder Ähnliches) ohne schlüssige Begründung stellt eine reine Vermutung dar. Wenn keine weiteren Anknüpfungspunkte oder Indizien vorgetragen werden, hat das Gericht im Rahmen seiner Aufklärungspflicht diesem Vorbringen nicht nachzugehen.[227]

124 Das Gericht muss nicht jeden Hausarzt oder das Pflegepersonal vernehmen. Die **Aufklärungspflicht** besteht nur insoweit, als das von den Parteien Vorgebrachte und der festgestellte Sachverhalt zu weiteren Ermittlungen **Anlass** bieten.[228] Die Aufklärungspflicht ist erst dann verletzt, wenn das Gericht Ermittlungen unterlässt, die aufgrund des ermittelten Sachverhalts und des Vorbringens der Beteiligten durchgeführt hätten werden müssen. Das Gericht darf die Amtsermittlung erst dann abschließen, wenn von weiteren Maßnahmen keine sachdienlichen, die Entscheidung im Ergebnis beeinflussenden Erkenntnisse mehr zu

220 OLG München, Beschl. v. 15.12.2016 – 31 Wx 144/15, ZEV 2017, 148, 154.

221 KG, Beschl. v. 29.5.2020 – 19 W 4/20, FamRZ 2021, 1754, 1755.

222 BayObLG, Beschl. v. 8.2.2000 – 1Z BR 132/99, NJW-RR 2000, 1029.

223 Vgl. zur Entbindung von der ärztlichen Schweigepflicht BGH, Urt. v. 31.5.1983 – VI ZR 259/81, NJW 1983, 2627; BGH, Beschl. v. 4.7.1984 – IVa ZB 18/83, BGHZ 91, 396.

224 BayObLG, Beschl. v. 5.8.1997 – 1Z BR 58/97, FamRZ 1998, 515.

225 OLG Frankfurt, Beschl. v. 15.11.1995 – 20 W 144/94, NJW-RR 1996, 1159.

226 OLG Düsseldorf, Beschl. v. 1.6.2012 – I-3 Wx 273/11, NJW-RR 2012, 1100.

227 OLG Düsseldorf, Beschl. v. 4.11.2013 – I-3 Wx 98/13, NJW-Spezial 2014, 71, 72 = FamRZ 2014, 1141.

228 OLG Bamberg, Beschl. v. 22.5.2015 – 4 W 16/14, ErbR 2015, 622, 624.

erwarten sind. Ermittlungen ins Blaue hinein müssen nicht erfolgen.[229] Die Grenze für die Aufklärungspflicht ist dort zu ziehen, wo es die Verfahrensbeteiligten allein bzw. hauptsächlich in der Hand haben, die notwendigen Erklärungen abzugeben, die Beweismittel zu bezeichnen und vorzulegen, um eine ihren Interessen entsprechende Entscheidung herbeizuführen (sog. Mitwirkungs- und Verfahrensförderungslast).[230]

Wenn keine Anhaltspunkte dafür vorliegen, dass bei dem Erblasser eine geistige Erkrankung durch einen Arzt festgestellt wurde oder er wegen in diese Richtung weisender Krankheitssymptome jemals behandelt worden ist, besteht seitens des Gerichts keine weitere Aufklärungspflicht von Amts wegen.[231] 125

6. Feststellungen des Notars zur Geschäftsfähigkeit

Die Feststellungen eines Notars in der Urkunde gem. § 28 BeurkG über die Geschäfts- bzw. Testierfähigkeit erbringen zwar nicht den Beweis für die Geschäfts- bzw. Testierfähigkeit gem. §§ 415 ff. ZPO, sind aber im **Prozess** und im **Erbscheinsverfahren** gem. § 286 ZPO bzw. § 37 Abs. 1 FamFG zu würdigen.[232] 126

Gem. § 11 Abs. 1 BeurkG soll ein Notar die Beurkundung ablehnen, wenn nach seiner **Überzeugung** einem Beteiligten die erforderliche Geschäftsfähigkeit fehlt. Liegen lediglich Zweifel vor, muss er somit beurkunden.[233] Dabei ist auch nicht außer Acht zu lassen, dass, sollte der Notar die Beurkundung aufgrund seiner persönlichen Einschätzung ablehnen, der Erschienene jedoch geschäftsfähig sein, in der Regel eine Regresspflicht des Notars besteht.[234] Liegen lediglich Zweifel vor, sind diese in der Niederschrift möglichst ausführlich festzuhalten. Bei der Errichtung einer Verfügung von Todes wegen soll der Notar gem. § 28 BeurkG seine Wahrnehmungen über die Geschäftsfähigkeit in der Niederschrift vermerken. Errichtet der Erblasser vor dem Notar eine letztwillige Verfügung von Todes wegen, hat sich dieser zwar von Amts wegen von der Testierfähigkeit zu überzeugen[235] und diesbezüglich Ausführungen zu machen.[236] Der übliche Standardsatz hat aber keinen Beweiswert.[237] Die Ausführungen eines Notars in der Urkunde selbst, in einem separaten Dokument oder im Rahmen seiner Zeugenvernehmung können Anhaltspunkte für eine Testierunfähigkeit bieten. Dies gilt jedoch gerade nicht für eine schlichte formularartige Bejahung des Vorliegens der Testierfähigkeit. Eine Bejahung der Testierfähigkeit durch den Notar hat lediglich **Indizwirkung**, welche einer Führung des Gegenbeweises nicht entgegensteht, und unterliegen der freien Beweiswürdigung.[238] Der Notar selbst ist, wie auch ein Richter, zu einer weiteren Beurteilung nicht imstande. Seine Wahrnehmungen haben keinen rechtsverbindlichen Charakter. Er ist kein Universalgelehrter.[239] Ein Notar ist ein Jurist und kein Psychiater,[240] 127

229 OLG Düsseldorf, Beschl. v. 15.6.2015 – I-3 Wx 103/14, FamRZ 2015, 2088, 2089.

230 Sternal/*Sternal*, § 26 Rn 21 f.

231 OLG Düsseldorf, Beschl. v. 4.11.2013 – I-3 Wx 98/13, FamRZ 2014, 1141.

232 KG, Beschl. v. 7.9.1999 – 1 W 4291/98, FamRZ 2000, 912; OLG Düsseldorf, Beschl. v. 20.7.2018 – I-3 Wx 259/17, FamRZ 2019, 317, 318.

233 Limmer/Hertel/Frenz/*Limmer/Frenz*, Teil 4 Kap. 1 Rn 13.

234 Kurze/*Lang*, § 104 BGB Rn 115.

235 Staudinger/*Baumann*, § 2229 Rn 94 ff.

236 MüKo-BGB/*Egerland*, § 28 BeurkG Rn 1, 4; MüKo-BGB/*Sticherling*, § 2229 Rn 64.

237 *Cording*, ZEV 2010, 23, 27.

238 OLG Frankfurt, Beschl. v. 22.12.1997 – 20 W 264/95, NJW-RR 1998, 870; Frenz/Miermeister/*Baumann*, BnotO, § 28 BeurkG Rn 4, 7.

239 *Müller*, DNotZ 2006, 325, 326 f.

240 *Losch*, ZErb 2017, 188, 191.

mithin gerade nicht dafür ausgebildet, psychopathologisch fundierte Feststellungen bezüglich der Geschäfts- und Testierfähigkeit zu treffen. Auch ist die Situation des Beurkundungstermins und der damit einhergehende knappe Zeitrahmen nicht für derartig notwendige Untersuchungen geeignet.[241] Gem. § 418 ZPO nehmen die niedergeschriebenen Wahrnehmungen des Notars zwar an der Beweiskraft teil, nicht jedoch seine rechtlichen Schlussfolgerungen.[242] Der in der Urkunde gem. § 28 BeurkG festgehaltenen persönlichen Überzeugung des Notars aufgrund des mit dem Testierenden geführten Gesprächs kommt lediglich eine gewichtige indizielle Bedeutung zu.[243] Nach Rechtsprechung des KG[244] kommt der Aussage des Notars im Streitfall allerdings erhöhte Bedeutung zu, da er nach § 28 BeurkG seine Wahrnehmungen über die Geschäftsfähigkeit in der Urkunde vermerken soll.

128 Der Notar kann sich nur auf seine bisherige Erfahrung verlassen, ohne dabei auf das medizinische Wissen zurückgreifen zu können, das erforderlich wäre, um Anzeichen einer Testierunfähigkeit zu erkennen. Er kann somit nur den psychiatrischen Sachverständigen im Rahmen von dessen Gutachtenerstellung **unterstützen**, indem er diesem das sich ihm im Rahmen seiner Beauftragung und der Beurkundung Dargebotene schildert.

129 Notare wie auch Richter oder gar Psychiater können zu positiven **Fehlschlüssen** bezüglich der Testierfähigkeit kommen, wenn sie auf eine für die Testamentserrichtung gut vorbereitete Person treffen und nicht alle wesentlichen Umstände, insbesondere die Vorgeschichte, kennen und berücksichtigen.[245] Der Notar sollte in einem längeren Gespräch mittels offener Fragestellungen, die im engen Zusammenhang mit der zu beurkundenden letztwilligen Verfügung stehen, sich ein Bild über die aktuellen geistigen Fähigkeiten des Testators verschaffen. Denn allein durch das **konkretere Nachfragen** lässt sich bei dem Vorliegen eines Fassadenphänomens (vgl. Rdn 40) das Ausmaß der kognitiven Beeinträchtigung zumindest grob einschätzen.[246] Im **Zweifel** sollte der Notar somit über die Einholung eines Attests eines neurologischen oder psychiatrischen Facharztes[247] nachdenken, anstatt die Beurkundung ohne weitere Rückfragen vorzunehmen.

130 **Praxistipp**

Der Notar sollte **vor der Beurkundung** die Möglichkeit ergreifen, mit dem Testator allein die Situation zu erörtern, und sich so ein Bild sowohl über die Testierfähigkeit als auch über den Testierwillen verschaffen. **Nach der Beurkundung** sollte er sich möglichst genau die Umstände notieren, wie es zu der Beurkundung kam und wie der Testator auf ihn wirkte.

7. Begutachtung durch gerichtliche Beauftragung

131 Im Zivilprozess kann und muss das Gericht von Amts wegen gem. §§ 144, 287, 372, 403 ZPO ein Sachverständigengutachten einholen, sogar schon vor der mündlichen Verhandlung gem. § 358 ZPO, wenn seine eigene Sachkunde hierfür nicht ausreicht. Der Antritt des

241 *Cording/Förster*, DNotZ 2006, 329, 330 f.
242 *Lerch*, § 28 Rn 3; MüKo-BGB/*Sticherling*, § 28 BeurkG Rn 8; MüKo-BGB/*Sticherling*, § 2229 Rn 68.
243 OLG Düsseldorf, Beschl. v. 20.7.2018 – I-3 Wx 259/17, FGPrax 2018, 252.
244 KG, Beschl. v. 7.9.1999 – 1 W 4291/98, FamRZ 2000, 912.
245 BayObLG, Beschl. v. 1.8.1979 – 1Z 16/79, MDR 1979, 102; a.A. KG, Beschl. v. 7.9.1999 – 1 W 4291/98, FamRZ 2000, 912: Den Aussagen des behandelnden Hausarztes und des Notars im gerichtlichen Verfahren bezüglich der Testierfähigkeit komme erhöhte Bedeutung zu.
246 *Wetterling*, ErbR 2016, 355, 356 f.
247 Kurze/*Lang*, § 104 BGB Rn 113 m.w.V..

Sachverständigenbeweises ist lediglich eine Anregung an das Gericht.[248] Gem. § 442 ZPO gilt dies auch für den Schriftvergleich.[249]

Das Sachverständigengutachten setzt grundsätzlich voraus, dass der zu begutachtende Sachverhalt, die sog. **Anknüpfungs-** oder **Anschlusstatsachen**, gem. § 404a Abs. 3 ZPO seitens des Gerichts selbst ermittelt werden, es hat den Sachverständigen somit zu leiten. Das Gericht hat die Anknüpfungstatsachen selbst festzustellen und dem Sachverständigen als Grundlage seiner gutachterlichen Äußerung vorzugeben.[250] Der Gutachter sollte ggf. darauf hinweisen, dass seine Beurteilung auf genau diesen übermittelten Anknüpfungstatsachen beruht und bei Übermittlung neuer Anknüpfungstatsachen sich diese Beurteilung auch ändern kann.[251] 132

Gem. § 411a ZPO kann die schriftliche Begutachtung auch durch Verwertung eines gerichtlich oder staatsanwaltschaftlich eingeholten Sachverständigengutachtens aus einem **anderen Verfahren** ersetzt werden. Es besteht jedoch keine zivilprozessuale Bindung an dieses Gutachten.[252] Den Parteien muss das Gutachten jedoch, falls ihnen dieses nicht aus dem früheren Verfahren bekannt ist, in Kopie zur Verfügung gestellt und zum Inhalt des Gutachtens rechtliches Gehör gewährt werden.[253] 133

Das BayObLG[254] beanstandet es nicht, wenn das Sachverständigengutachten eine bestimmte Diagnose offenlässt. Zu klären ist aber, ob die freie Willensbestimmung des Erblassers durch die – wie auch immer geartete Krankheit – aufgehoben war. Der Erblasser muss noch zu vernünftigen Erwägungen in der Lage gewesen sein. 134

Die postume Begutachtung des Testators ist allein durch den psychiatrischen Sachverständigen möglich. Als Gutachter sollen **Fachärzte für Psychiatrie** oder Nervenheilkunde bestellt werden.[255] Diese müssen sich regelmäßig, um sich ein Bild von der allgemeinen Verfassung des Erblassers machen zu können, auf die Zeugenaussagen, die in der Regel von medizinischen Laien bzw. nicht-psychiatrischen Fachärzten sind, verlassen. Weiter können sie Schriftstücke und das Testament heranziehen, um das Schriftbild und den auffälligen Text innerhalb des Testaments zu sichten und zu begutachten. Letzteres kann Rückschlüsse auf den Geisteszustand des Erblassers zulassen, insbesondere bei grammatischen Fehlern bzw. Satzbaufehlern.[256] Daneben können weitere Krankenunterlagen herangezogen werden. Die durch die Aussagen gewonnenen Erkenntnisse müssen sich insoweit auf Tatsachen beziehen, sodass eine rechtliche Beurteilung des Sachverhalts möglich ist.[257] Allein Vermutungen oder Wahrscheinlichkeitsurteile für ein mögliches Krankheitsbild ohne Begründung reichen nicht aus.[258] 135

Die benannten Zeugen sollten möglichst im Beisein des psychiatrischen Sachverständigen vernommen werden,[259] damit dieser bei Bedarf Nachfragen stellen kann und nicht nur die Aussage dem Protokoll entnehmen muss. 136

248 Zöller/*Greger*, § 403 Rn 1.
249 Zöller/*Feskorn*, § 442 Rn 1.
250 OLG Hamburg, Beschl. v. 20.2.2018 – 2 W 63/17, ErbR 2019, 36, 39 = ZErb 2018, 280, 282.
251 Cording/Nedopil/*Cording/Hausner*, S. 146.
252 Kurze/*Lang*, § 104 BGB Rn 127.
253 Kurze/*Lang*, § 104 BGB Rn 144.
254 BayObLG, Beschl. v. 8.2.2000 – 1Z BR 132/99, NJW-RR 2000, 1029, 1030.
255 BGH, Urt. v. 20.6.1984 – Va ZR 206/82, FamRZ 1984, 1003.
256 BayObLG, Beschl. v. 14.9.2001 – 1Z BR 124/00, MittBayNot 2001, 571, 573 m.w.V.
257 BGH, Urt. v. 14.7.1953 – V ZR 97/52, NJW 1953, 1342.
258 OLG Düsseldorf, Beschl. v. 1.6.2012 – I-3 Wx 273/11, NJW-RR 2012, 1100.
259 BGH, Urt. v. 5.2.1997 – IV ZR 80/96, NJW-RR 1997, 664.

137 Daneben stehen dem Sachverständigen lediglich medizinische und private Unterlagen des Erblassers zur Verfügung. Wichtige **Unterlagen** und **Beweismittel** für die Gutachtenerstellung sind, soweit diese vorhanden sind:[260]
- eigene Angaben des Erblassers u.a. in Kalendernotizen, Briefen oder Tagebucheinträgen oder in persönlichen wie auch geschäftlichen Korrespondenzen
- das Testament selbst, wobei sich die eigentliche Urheberschaft selbst bei einem notariellen Testament kaum ermitteln lässt
- Aussagen des Erblassers vor Zeugen bezüglich seines letzten Willens
- Angaben durch Parteien und Zeugen über den Gesundheitszustand des Erblassers vor oder nach dem fraglichen Zeitpunkt der Testamentserrichtung
- sämtliche ärztlichen Unterlagen (Arztbriefe, Krankenunterlagen, Krankenhausentlassungsberichte, Befundberichte, Atteste, Patientenakten) in den Jahren vor und nach dem fraglichen Zeitpunkt der Testamentserrichtung
- Gutachten des medizinischen Dienstes der Krankenkassen (MDK) zur Festlegung des Pflegegrads (inkludiert einen standardisierten Befundkatalog sowie häufig Angaben der Betroffenen und ihrer Bezugspersonen)
- Pflegedokumentationen ambulanter Pflegedienste oder Alten- und Pflegeheime
- Betreuungsakte, insbesondere Betreuungsgutachten und Protokoll der richterlichen Anhörung, spätere Berichte des Betreuers
- weitere psychiatrische oder psychologische Gutachten, insbesondere aus Schwerbehinderten-, Renten-, Sozialgerichts- und Strafgerichtsverfahren oder Gutachten der psychologisch-medizinischen Untersuchungsstellen (PMU)
- Antragsschrift und Antragserwiderung bzw. Klageschrift und Klageerwiderung im hiesigen Verfahren
- Beteiligte und Prozessparteien
- Zeugen aus dem Umfeld des Erblassers
- Protokoll der gerichtlichen Einvernahme der Zeugen

138 Ärztliche, auch fachärztliche Befunde sowie Beschreibungen konkreter Verhaltensweisen des Testierenden von psychiatrischen bzw. medizinischen Laien sind oft nützlich.[261] Jedoch ist der Wert von zu Lebzeiten erstellten Attesten, Krankenhausentlassungsberichten, Befundberichten und Privatgutachten in der Regel begrenzt[262] und sie dienen lediglich als weitere Anhaltspunkte. Häufig vermeiden Ärzte mit fehlenden psychiatrischen Kenntnissen, selbst die offenkundigen psychopathologischen Auffälligkeiten niederzuschreiben, oder sie legen lediglich ihre Routinedokumentation nieder.[263]

139 Fremdeinschätzungen eines **medizinischen Laien** kommt grundsätzlich, mangels fachlicher Qualifikation, kein Gewicht bei der Beurteilung der Testierfähigkeit zu.[264] Beobachtungen von Zeugen können lediglich unterstützend für die Feststellungen des Sachverständigen herangezogen werden.[265]

140 Im Rahmen der Sichtung der **Pflegedokumentationen** ist es problematisch, wenn diese Einträge vorwiegend der Kommunikation zwischen den Pflegern der verschiedenen Schich-

---

260 *Cording*, ZEV 2010, 23.

261 *Cording*, ZEV 2010, 23.

262 *Cording*, ZEV 2010, 23.

263 Ausführlich hierzu: *Cording*, ZEV 2010, 23, 24.

264 *Cording*, ZEV 2010, 23, 25; OLG Hamm, Urt. v. 13.7.2021 – 10 U 5/20, ErbR 2021, 955, 958 = DNotZ 2022, 746, 751 (m. teils krit. Anm. *Keim*).

265 OLG München, Beschl. v. 15.12.2016 – 31 Wx 144/15, ZEV 2017, 148, 153; OLG Hamm, Beschl. v. 26.4.2024 – 10 W 114/23, FamRZ 2025, 48, 52 = ZErb 2025, 60, 64.

ten dienen, somit lediglich besondere Auffälligkeiten von pflegerischer Relevanz notiert werden, da das übliche Verhalten der Betroffenen dort allgemein bekannt ist. Wird der Vermerk „kooperativ“ oder „unauffällig“ notiert, bedeutet dies gerade nicht, dass keine psychopathologischen Auffälligkeiten vorhanden sind.[266]

Die Begutachtung erfolgt in der Regel postum und in einem zweistufigen Verfahren. Die erste Ebene ist die **diagnostische Ebene**. Der Sachverständige muss seine diagnostische Einschätzung für das Vorliegen einer Erkrankung, die mit einer krankhaften Störung der Geistestätigkeit einhergeht, und deren Wahrscheinlichkeit in seinem Gutachten herausarbeiten und begründen. Kommt er zu dem Schluss, dass eine krankhafte Störung der Geistestätigkeit vorliegt, schließt die **Symptom- und Verhaltensebene** (zweite Ebene) an. Es ist zu prüfen, ob und inwieweit der Schweregrad der nachweisbaren psychopathologischen bzw. neuropsychologischen Symptome ausreicht, um eine Einschränkung der freien Willensbildung und folglich eine Testierunfähigkeit zu begründen.[267] Der psychiatrische Sachverständige nimmt dabei selbstverständlich keine rechtliche Wertung vor, sondern erörtert lediglich, ob die psychopathologischen Voraussetzungen zu einer freien Willensbestimmung gegeben waren oder nicht.[268] 141

8. Überprüfung des Sachverständigengutachtens

Die Überprüfung des Sachverständigengutachtens ist durch die Parteien aufgrund der fehlenden Sachkenntnis kaum möglich. Wenn sich jedoch erhebliche **Zweifel** an der Richtigkeit des Gutachtens ergeben, muss ein **weiteres Gutachten** eingeholt werden. Das Gericht hat auf diesbezügliche Einwendungen der Parteien einzugehen.[269] 142

Das psychiatrische Sachverständigengutachten kann durch die Parteien und das Gericht lediglich dahin gehend überprüft werden, ob es vom richtigen, d.h. vom Gericht selbst als erwiesen angesehenen Sachverhalt ausgeht, diesen umfassend würdigt und in sich schlüssig und logisch ist, somit keine Widersprüche und Lücken aufweist[270] und die vom Gericht übermittelten Fragen in nachvollziehbarer Weise beantwortet. 143

Für den Fall, dass **Einwendungen** bestehen, kann das Gericht entweder den Sachverständigen zur schriftlichen Ergänzung seines Gutachtens auffordern oder ihn zur mündlichen Erläuterung laden, ein weiteres Gutachten oder im Fall sich widersprechender Gutachten ein Obergutachten einholen. Zu beachten ist, dass das Gericht zur Gegenüberstellung sich widersprechender Sachverständiger oder zur Einholung eines Obergutachtens nur ausnahmsweise verpflichtet ist. Bei groben Mängeln oder widersprüchlichen Aussagen, bei Zweifeln an der Sachkunde des bisherigen Sachverständigen oder bei überlegenen Forschungsmitteln eines neuen Sachverständigen ist dieses Vorgehen geboten.[271] 144

---

266 Ausführlich hierzu: *Cording*, ZEV 2010, 23, 26.

267 BayObLG, Urt. v. 14.9.2001 – 1Z BR 124/00, ZEV 2002, 234 = FamRZ 2002, 1066; *Cording*, ZEV 2010, 23; KG, Beschl. v. 8.2.2021 – 19 W 10/20, FamRZ 2023, 802.

268 Cording/Nedopil/*Cording/Hausner*, S. 146.

269 MüKo-BGB/*Sticherling*, § 2229 Rn 88.

270 *Losch*, ZErb 2017, 188, 194; MüKo-BGB/*Sticherling*, § 2229 Rn 88.

271 BGH, Urt. v. 17.2.1970 – III ZR 139/67, BGHZ 53, 254, 258 f. = NJW 1970, 946; MüKo-BGB/*Sticherling*, § 2229 Rn 88; Staudinger/*Baumann*, § 2229 Rn 111; zum Umfang der anzustellenden Ermittlungen siehe OLG Köln, Beschl. v. 26.8.1991 – 2 Wx 10/91, NJW-RR 1991, 1412; OLG Köln, Beschl. v. 20.12.1993 – 2 Wx 36/93, NJW-RR 1994, 396.

145 Das **Beschwerdegericht** kann abweichend von der erstgerichtlichen Entscheidung die Testierunfähigkeit feststellen unter Zugrundelegung des erstinstanzlich eingeholten Gutachtens ohne weitere Beweisaufnahme.[272] Das Gericht darf auf eine weitere Beweisaufnahme verzichten, wenn es sich umfassend mit dem fachärztlichen Gutachten nach bestem Wissen und Gewissen, den weiteren ärztlichen Befunden, den Zeugenaussagen sowie dem Inhalt des Testaments auseinandergesetzt hat und diese Beweismittel im ausreichenden Umfang vorlagen. Es ist folglich nicht geboten, weitere Zeugen zur Frage der Testierfähigkeit zu vernehmen, die keinen entsprechenden Sachverstand haben oder nur entfernte Bekannte waren.[273] Auch ist folglich die Einholung eines weiteren Gutachtens nicht notwendig, wenn das erstinstanzliche Gutachten sich mit diesem umfassend auseinandergesetzt hat.[274]

9. Kosten

146 Da die Klärung der Testierfähigkeit durch Einholung eines psychiatrischen Gutachtens im Interesse des Erblassers und der wahren **Erben** liegt, ist es nach Auffassung des OLG München gerechtfertigt, diesen auch die Kosten des Sachverständigengutachtens aufzuerlegen.[275] Das AG Bamberg entschied, dass es dem Gedanken der Billigkeit entspringt, dass derjenige, der das Verfahren einleitet, die Entstehung von Kosten in Kauf nimmt (**Veranlasserprinzip**), sodass dieser die Kosten im Verhältnis zu den anderen Verfahrensbeteiligten grundsätzlich zu tragen hat.[276] Dies kann insbesondere der Fall sein, wenn der Antragsteller in Kenntnis des Prozessrisikos und seines wahrscheinlichen Unterliegens das Verfahren weiter betreibt und sodann auch ein Gutachten eingeholt werden muss.

III. Schweigepflichten

1. Notarielle Schweigepflichten

147 Der Notar unterliegt gem. § 18 Abs. 1 S. 1 BNotO der **Schweigepflicht**. Dies bedeutet, dass er zu Umständen der Beurkundung, u.a. über seine Wahrnehmungen betreffend die Geschäfts- und Testierfähigkeit, vor Gericht oder gegenüber einem Beteiligten außerhalb eines Rechtsstreits erst Angaben machen kann, wenn er von der Schweigepflicht entbunden worden ist. Das **Zeugnisverweigerungsrecht** des Notars gem. § 383 Abs. 1 Nr. 6 ZPO umfasst sowohl Umstände der Beurkundungsverhandlung[277] als auch schriftliche Änderungsvorschläge, die dem Notar zur Vorbereitung des Beurkundungstermins übersandt wurden. Daran ändert sich auch nichts, wenn diese Schriftstücke vor der Beurkundung anderen Urkundsbeteiligten oder ihren anwaltlichen Vertretern zugänglich gemacht werden sollten.[278]

148 Die **Entbindung** von der Schweigepflicht erfolgt gem. § 18 Abs. 2 BNotO in der Regel durch die Beurkundungsbeteiligten selbst. Kann die Entbindungserklärung von einem Beteiligten nicht beigebracht werden, da dieser verstorben ist oder eine Äußerung von ihm

272 OLG Schleswig, Beschl. v. 29.1.2020 – 3 Wx 33/19, ErbR 2022, 406, 415.
273 OLG Köln, Beschl. v. 26.8.1991 – 2 Wx 10/91, NJW-RR 1991, 1412, 1413.
274 OLG Schleswig, Beschl. v. 29.1.2020 – 3 Wx 33/19, ErbR 2022, 406, 415.
275 OLG München, Beschl. v. 10.8.2023 – 33 Wx 157/23 e, ZErb 2023, 394.
276 AG Bamberg, Beschl. v. 2.8.2022 – RV 56 VI 1518/21, ErbR 2022, 1145, 1148 m.w.N. = ZErb 2023, 153, 156.
277 BGH, Beschl. v. 9.12.2004 – IX ZB 279/03, DNotZ 2005, 288 = NJW 2005, 1948; Zöller/*Greger*, § 383 Rn 20a.
278 BGH, Beschl. v. 9.12.2004 – IX ZB 279/03, DNotZ 2005, 288, 290.

nicht oder nur mit unverhältnismäßigen Schwierigkeiten erlangt werden kann, so kann der Notar stattdessen von der Aufsichtsbehörde, gem. § 92 BNotO der Präsident des Landgerichts, der Präsident des Oberlandesgerichts oder der Landesjustizverwaltung, in dessen/deren Bezirk der Notar seinen Amtssitz hat, von der Schweigepflicht entbunden werden.

Gerade bei außergerichtlicher Streitschlichtung, etwa durch einen Testamentsauslegungs- 149
vertrag (Erbschaftsvergleich), aber auch bei einem Erbschaftsschiedsgericht kommt die Einholung einer **Auskunft** bei dem Notar in Betracht, der eine Verfügung von Todes wegen beurkundet hat. Auch in diesen Fällen ist eine Befreiung des Notars von der Schweigepflicht erforderlich, aber auch möglich.

In Baden-Württemberg gab es bis zum 31.12.2017 auch beamtete Notare (vgl. § 117 BNotO 150
a.F.). Diese waren nicht nur von der Schweigepflicht gem. § 18 BNotO zu befreien, sondern auch von der beamtenrechtlichen Schweigepflicht nach § 37 Abs. 1 BeamtStG. Dafür ist der Dienstherr gem. § 37 Abs. 3 S. 2 BeamtStG zuständig. Mit Beendigung des Dienstverhältnisses bleibt gem. § 37 Abs. 1 S. 2 BeamtStG die Verschwiegenheitspflicht über dienstliche Angelegenheiten bestehen. Ehemalige Beamte müssen somit auch nach ihrer Entlassung grundsätzlich zusätzlich von ihrem letzten Dienstherrn von der Schweigepflicht entbunden werden. Seit dem 1.1.2018 werden auch die Notare in Baden-Württemberg gem. § 3 BNotO bestellt; daneben sind die Vorschriften des § 114 BNotO zu beachten.

Vereinzelt geht die Rechtsprechung davon aus, dass bezüglich der Fragen der Geschäfts- 151
und Testierfähigkeit sowie der sonstigen Umstände über das Zustandekommen einer Verfügung von Todes wegen von einer **stillschweigenden** Entbindung des Notars und eines Rechtsanwalts von ihrer Schweigepflicht von Seiten des Erblassers ausgegangen werden könne.[279] Dies erscheint jedoch zu weitgehend. Gerade bei der Verschwiegenheitspflicht des Notars wird in der Praxis grundsätzlich die Befreiungsmöglichkeit durch die Aufsichtsbehörde gem. § 18 BNotO wahrgenommen.

2. Ärztliche Schweigepflichten

Der behandelnde Arzt kann als **sachverständiger Zeuge** (§ 414 ZPO) vernommen werden. 152
Er kann aufgrund seiner ärztlichen Verschwiegenheitspflicht die Aussage verweigern gem. § 30 Abs. 1 FamFG, § 383 Abs. 1 Nr. 6 ZPO, denn die ärztliche Schweigepflicht endet nicht mit dem Tod seines Patienten, sondern besteht darüber hinaus. Sollte der Arzt aussagen, ohne von seiner Schweigepflicht entbunden zu sein, würde er den Tatbestand der Verletzung von Privatgeheimnissen § 203 Abs. 4 StGB erfüllen. Umstände, die die Testierfähigkeit betreffen, gehören zur ärztlichen Schweigepflicht und sind dem Arzt auch dementsprechend anvertraut.[280] Folglich ist der Arzt gem. § 385 Abs. 2 ZPO von seiner Schweigepflicht zu entbinden.

Da die ärztliche Schweigepflicht nicht mit dem Tod des Patienten endet, hätte der Arzt 153
vom Erblasser persönlich von der Schweigepflicht entbunden werden müssen, denn diese Befreiungsbefugnis geht nicht auf die Erben über, da die Testierfähigkeit eine höchstpersönliche Angelegenheit darstellt, die nicht der Rechtsfolge des § 1922 BGB unterliegt.[281] Es ist somit auf den Willen des Erblassers abzustellen, d.h. zunächst ist die Frage zu erörtern, ob der **Erblasser** zu Lebzeiten gegenüber dem Arzt oder einem Dritten eine ausdrückliche oder konkludente **Befreiung von der Schweigepflicht** vorgenommen hat. Wenn dies nicht

279 OLG Frankfurt, Beschl. v. 19.2.1997 – 20 W 409/94, FamRZ 1997, 1306, 1308.
280 BGH, Beschl. v. 4.7.1984 – IVa ZB 18/83, NJW 1984, 2893, 2894.
281 BayObLG, Beschl. v. 21.8.1986 – BReg. 1 Z 34/86, NJW 1987, 1492.

der Fall ist, kommt es auf den mutmaßlichen Willen des Erblassers an, d.h. es muss geklärt werden, ob er eine Befreiung von der Verschwiegenheitspflicht billigen oder missbilligen würde.[282] In der Regel wird angenommen, dass der Erblasser ein Interesse an der Feststellung der Gültigkeit oder Ungültigkeit seiner Verfügung von Todes wegen gehabt habe.[283] Aufgrund dessen wird vertreten, dass der Arzt als von der Schweigepflicht entbunden angesehen werden kann.[284] Auch wird vertreten, dass es dem mutmaßlichen Willen des Erblassers entspricht, dass die zur Abklärung der Testierunfähigkeit relevanten Informationen offenbart werden und der Arzt von seiner Schweigepflicht entbunden ist.[285] Dies ist jedoch, aufgrund des postmortalen Persönlichkeitsschutzes des Erblassers, welcher Vorrang vor dem Interesse der Erben und der Allgemeinheit bezüglich der Aufklärung einer möglichen Testierunfähigkeit genießt, kritisch zu betrachten.[286]

154 Sollte sich der Arzt trotz allem auf sein Zeugnisverweigerungsrecht berufen, kann zu der Frage der Rechtmäßigkeit dieses Zeugnisverweigerungsrechts gem. § 387 ZPO ein **Zwischenurteil** ergehen, das mit der Beschwerde angefochten werden kann (§ 387 Abs. 3 ZPO).

155 **Praxistipp**
Da es, wie erörtert, dem Erblasser unbenommen ist, seinen behandelnden Arzt von der Schweigepflicht zu entbinden, um Streitigkeiten der Beteiligten im Rahmen der Vernehmung des Arztes vorzubeugen, könnte darüber nachgedacht werden, in die Verfügung von Todes wegen eine solche Entbindungserklärung mit aufzunehmen.

3. Schweigepflicht im Sozialrecht

156 Je älter der Erblasser wird, desto wahrscheinlicher ist es, dass ein Mitarbeiter einer Sozialbehörde, bspw. des Medizinischen Dienstes, mit diesem Kontakt hatte. Diesem Mitarbeiter könnte aufgrund des sog. **Sozialgeheimnisses** ein Zeugnisverweigerungsrecht gem. § 35 Abs. 3 SGB I zustehen.

157 Die Übermittlung von Sozialdaten an Dritte ist den Leistungsträgern abweichend von Art. 9 Abs. 2 lit. b, d, und j DSGVO dann erlaubt, wenn eine gesetzliche Übermittlungsbefugnis nach den §§ 68–77 SGB X oder einer anderen Rechtsvorschrift im SGB vorliegt, insbesondere ist § 22 Abs. 2 BDSG zu beachten (§ 67b Abs. 1 SGB X). Eine Datenübermittlung ist nach § 67b Abs. 2 SGB X auch dann zulässig, soweit der Betroffene schriftlich oder elektronisch in die Verarbeitung von Sozialdaten eingewilligt hat. Die Voraussetzungen für den Nachweis der Einwilligung des Betroffenen sind in Art. 7 DSGVO geregelt.

158 Für den Fall, dass eine ausdrückliche Einwilligung des Erblassers nicht vorliegt, richtet sich die Verarbeitung und Nutzung, also auch die Datenübermittlung, grundsätzlich nach den Vorschriften des Zweiten Kapitels des SGB X (§ 35 Abs. 5 S. 1 SGB I). Eine Übermittlung ist auch dann gem. § 35 Abs. 5 S. 2 SGB I zulässig, wenn schutzwürdige Interessen des Erblassers oder seiner Angehörigen nicht beeinträchtigt werden, weil eine ausdrückliche Einwilligung des Betroffenen ausgeschlossen ist.[287] Wie sich der Gesetzesbegründung[288] entnehmen lässt, ist § 35 Abs. 5 S. 1 SGB I maßgeblich, wenn gem. § 35 Abs. 5 S. 2 SGB I schutzwürdige Interessen des Verstorbenen oder seiner Angehörigen durch die Weitergabe

282 BGH, Beschl. v. 4.7.1984 – IVa ZB 18/83, NJW 1984, 2893, 2895.
283 BGH, Beschl. v. 4.7.1984 – IVa ZB 18/83, NJW 1984, 2893, 2894.
284 OLG Frankfurt, Beschl. v. 19.2.1997 – 20 W 409/94, FamRZ 1997, 1306, 1308 m.w.N.
285 *Bartsch*, NJW 2001, 861, 862.
286 Staudinger/*Baumann*, § 2229 Rn 128.
287 Vgl. BT-Drucks 12/5187, S. 28.
288 BT-Drucks 12/5187, S. 28.

der Daten nicht beeinträchtigt werden können. Bei der Interpretation des Begriffs „schutzwürdige Interessen" in Bezug auf den Erblasser kommt es auf dessen mutmaßlichen Willen an. Insoweit sind die von der obergerichtlichen Rechtsprechung entwickelten Grundsätze zur mutmaßlichen Einwilligung zur ärztlichen Schweigepflicht heranzuziehen.[289]

289 AG Augsburg, Beschl. v. 17.7.2013 – VI 1163/12, ErbR 2014, 142 = FamRZ 2014, 882 = ZEV 2014, 36.

§ 8 Testierfreiheit

Dr. Andreas Schindler, LL.M.

Literaturhinweise

Dutta, Die Zulässigkeit erbrechtlicher Selbstbindungen, ZfPW 2020, 20; *Goldkamp*, Bindung im Erbrecht, ErbR 2023, 828; *Keim*, Bindung im Erbrecht – Fluch oder Segen?, ErbR 2024, 326; *Keim*, Der Rücktritt vom Erbvertrag gegenüber dem testierunfähigen Vertragspartner, ZNotP 2021, 368; *Keim*, Wechselbezüglichkeit und erbvertragliche Bindung bei Patchworkfamilien, DNotZ 2020, 805; *Keim*, Die Selbstanfechtung durch den Erblasser beim gemeinschaftliche Testament und ihre fatalen Folgen, notar 2019, 147; *Klarner*, Steuerliche Folgen der Selbstanfechtung wechselbezüglicher Verfügungen durch den überlebenden Ehegatten, ZEV 2018, 53; *Krebber*, Die Anfechtbarkeit des Erbvertrags wegen Motivirrtums – Ein Beitrag zum Verständnis des Erbvertrages, DNotZ 2003, 20; *Langenfeld*, Freiheit oder Bindung beim gemeinschaftlichen Testament oder Erbvertrag von Ehegatten?, NJW 1987, 1577; *U. Mayer*, Auf der Suche nach dem Bindungswillen beim Berliner Testament – Hinweise aus der Praxis, ZEV 2016, 420; *Tanck*, Bindungswirkung bei gemeinschaftlichen Testamenten: wann kann der überlebende Ehegatte neu testieren?, ZEV 2020, 15; *Weber*, Die Befreiung aus erbrechtlichen Selbstbindungen, ZfPW 2020, 38; *Wendt*, Wechselbezüglichkeit und juristische Personen als Schlusserben, ErbR 2018, 194; *Wegmann*, Wege aus der erbrechtlichen Bindung nach Geschäftsunfähigkeit eines Beteiligten, ZEV 2025, 213; *Zimmer*, Rücktritt vom Erbvertrag bei Testier- und Geschäftsunfähigkeit, NJW 2021, 1434.

Inhalt

A. Überblick ... 1
B. Bindungswirkung vertragsmäßiger Verfügungen beim Erbvertrag ... 6
I. Bedeutung und Umfang der Bindungswirkung vertragsmäßiger Verfügungen ... 6
II. Ausnahmen von der Bindungswirkung ... 11
C. Aufhebung der Bindungswirkung des Erbvertrags ... 15
I. Aufhebung durch die Vertragsparteien ... 16
II. Rücktritt eines Vertragserblassers ... 20
III. Anfechtung des Erbvertrags ... 29
D. Aufhebung einseitiger Verfügungen beim Erbvertrag ... 42
E. Wechselbezügliche Verfügungen beim gemeinschaftlichen Testament ... 43
I. Begriff der wechselbezüglichen Verfügung ... 44
II. Feststellung der Wechselbezüglichkeit ... 46
III. Folgen der Wechselbezüglichkeit ... 50
IV. Umfang der Bindung ... 57
V. Anfechtung des gemeinschaftlichen Testaments ... 59
F. Wirkungen eines Zuwendungsverzichts gem. § 2352 BGB ... 65
G. Exkurs: Lebzeitige Rechtsgeschäfte ... 67

A. Überblick

Wird der Wunsch nach der Errichtung einer letztwilligen Verfügung an den Anwalt herangetragen, muss er einleitend prüfen, ob und ggf. inwieweit der Mandant überhaupt noch testieren kann. Fällt diese Prüfung positiv aus oder ist sie zumindest vertretbar zu bejahen, so ist dies in der (neuen) letztwilligen Verfügung ausdrücklich festzuhalten. 1

Hinweis 2

In diesem Zusammenhang gilt eindeutig: Vertrauen ist gut, Kontrolle ist besser! Der Anwalt muss sich ein eigenes Bild über den aktuellen Stand letztwilliger Verfügungen machen und alles mit seinen eigenen Augen in den Blick nehmen, was wiederum die Vorlage sämtlicher Urkunden bedingt.

3 Der verfassungsrechtlich verankerte Grundsatz der Testierfreiheit wird im BGB zwar nicht ausdrücklich genannt, aber in §§ 1937 ff. BGB vorausgesetzt. Die **Grenzen der Testierfreiheit** ergeben sich zum einen aus den allgemeinen Regelungen der §§ 134, 138 BGB, zum anderen aus den erbrechtlichen Regelungen des Pflichtteilsrechts nach §§ 2303 ff. BGB. Darüber hinaus schränkt Art. 22 EuErbVO die Rechtswahl im Erbrecht ein. Der **Schutz der Testierfreiheit** wird im BGB durch ein Spektrum verschiedener Regelungen gewährleistet. Erstens ist die Testierfreiheit als unverzichtbares Recht ausgestaltet; entgegenstehende vertragliche Verpflichtungen sind gem. § 2302 BGB nichtig. Daher kann auch nicht auf das Recht zur Aufhebung (§§ 2290 ff. BGB) oder zum Rücktritt (§§ 2294 f. BGB) vom Erbvertrag verzichtet werden. Zweitens wird die Testierfreiheit durch den Grundsatz der Höchstpersönlichkeit der Testamentserrichtung (§§ 2064 f. BGB) geschützt. Drittens wird gewährleistet, dass der Erblasser sich ggf. wieder umentscheiden kann: Einseitige Verfügungen von Todes wegen sind jederzeit frei widerruflich (§ 2253 BGB); bindende vertragliche Verfügungen können in bestimmten Fällen angefochten werden (§ 2281 BGB). Viertens dienen auch die Regelungen über die Erbunwürdigkeit (§ 2339 Abs. 1 BGB) der Sicherung des Erblasserwillens.

4 Besonders bedeutsam sind die **Bindung** mit bzw. durch einen Erbvertrag oder ein gemeinschaftliches Testament und die Möglichkeiten, die Testierfreiheit wieder zu erlangen. Hierzu wird nachfolgend vertieft Stellung genommen. Dabei wird zunächst der gesetzlich ausdifferenzierter geregelte Erbvertrag behandelt, ehe anschließend auf das bindende gemeinschaftliche Testament eingegangen wird, auf das etliche Normen des Erbvertragsrechts analog angewandt werden. Diesbezüglich wird zutreffend auf Vergleichbarkeiten hingewiesen, die ein Transferdenken im Erbrecht erlauben.[1]

5 **Hinweis**
Vorsicht ist geboten, wenn bereits eine notarielle Verfügung von Todes wegen vorliegt, die im Verein mit dem nachlassgerichtlichen Eröffnungsprotokoll einen Erbschein ersetzen kann. Ebenso ist Vorsicht geboten, wenn für den (Schluss-)Erben eine erbschaftsteuerliche Privilegierung nach § 15 Abs. 3 ErbStG in Betracht kommt. In solchen Fällen darf nicht vorschnell unnötig widerrufen werden!

B. Bindungswirkung vertragsmäßiger Verfügungen beim Erbvertrag

I. Bedeutung und Umfang der Bindungswirkung vertragsmäßiger Verfügungen

6 Die erbvertragliche Bindungswirkung vertragsmäßiger Verfügungen entfaltet gem. § 2289 Abs. 1 BGB Wirkungen sowohl für frühere als auch für spätere letztwillige Verfügungen: **Frühere letztwillige Verfügungen** werden aufgehoben (S. 1), **spätere letztwillige Verfügungen** sind unwirksam (S. 2) – allerdings jeweils nur, soweit sie das Recht des vertragsmäßig Bedachten beeinträchtigen würden. Eine **Beeinträchtigung** i.S.v. § 2289 BGB liegt vor, wenn die frühere oder spätere letztwillige Verfügung den Bedachten in seiner im Erbvertrag nach Inhalt und Umfang von den Parteien formulierten Rechtsstellung beeinträchtigten würde, weil sie die vertragsmäßige Zuwendung mindern, beschränken, belasten oder gegenstandslos machen würde.[2] Auf bloß wirtschaftliche Aspekte darf dabei nicht abgestellt werden, denn dies wäre mit dem Wesen des Erbvertrags unvereinbar. Maßgeblicher Zeit-

1 *Würdinger*, JuS 2020, 97, 98 f.
2 BGH, Urt. v. 6.4.2011 – IV ZR 232/09, DNotZ 2011, 774, 778.

punkt ist dabei derjenige des Erbfalls; vorher hat der Bedachte noch kein Recht, das beeinträchtigt werden könnte.

Beispiele: Eine Beeinträchtigung i.S.d. § 2289 Abs. 1 S. 2 BGB liegt z.B. vor bei Bestimmung eines anderen Erben, Herabstufung vom Vollerben zum Vorerben, Anordnung einer Auflage oder eines Vermächtnisses, Einsetzung eines Testamentsvollstreckers, nicht jedoch bei bloßer Auswechslung der Person des Testamentsvollstreckers.[3]

Vertragsmäßige Verfügungen entfalten zudem nur dann die Wirkungen des § 2289 Abs. 1 BGB, wenn der **Erbvertrag** im Zeitpunkt des Erbfalls (noch) **wirksam** ist; sie treten daher nicht ein, wenn der Erbvertrag durch Anfechtung, Aufhebung oder Rücktritt weggefallen oder aus anderen Gründen nichtig ist. Dies gilt grundsätzlich auch bei Wegfall des Bedachten (z.B. durch Erbverzicht, Erbunwürdigkeit, Ausschlagung oder Tod). Eine frühere Verfügung von Todes wegen behält somit grundsätzlich ihre Wirkung, es sei denn, dass sich aus dem Erbvertrag der Wille des Erblassers entnehmen lässt, seine früher getroffene Verfügung in jedem Fall aufzuheben.[4] 7

Bei **zwei-** und **mehrseitigen Erbverträgen**, bei denen mehrere Parteien vertragsmäßige Verfügungen treffen, wollen die Beteiligten den Bestand des Erbvertrags regelmäßig nur dann, wenn sämtliche von ihnen getroffenen vertragsmäßigen Verfügungen wirksam sind. Dem tragen die Auslegungsregeln in § 2298 BGB (die entsprechend auch für mehrseitige Erbverträge gelten) Rechnung. Gem. § 2298 Abs. 1 BGB hat die **Nichtigkeit einer vertragsmäßigen Verfügung** die **Unwirksamkeit des gesamten Vertrags** zur Folge, sofern kein anderer Wille der Vertragsparteien anzunehmen ist (vgl. § 2298 Abs. 3 BGB). Der ursprünglichen Nichtigkeit steht die wirksame Anfechtung des Erbvertrags sowie die Unwirksamkeit nach den §§ 2279 Abs. 2, 2077 BGB gleich. 8

§ 2298 Abs. 1 BGB erfasst jedoch nicht (auch nicht analog) den Fall, dass eine vertragsmäßige Verfügung nachträglich gegenstandslos wird (z.B. durch Vorversterben des Bedachten, Erbunwürdigkeit oder Erbverzicht); hier beurteilt sich die Frage, ob auch die anderen vertragsmäßigen Verfügungen gegenstandslos werden, vielmehr nach § 2085 BGB. 9

Gem. § 2298 Abs. 2 S. 1, Abs. 3 BGB hat ferner auch die Ausübung eines vertraglich vorbehaltenen **Rücktrittsrechts** im Zweifel zur Folge, dass der ganze Vertrag aufgehoben wird. 10

II. Ausnahmen von der Bindungswirkung

In der Praxis von höchster Bedeutung ist, dass sich der Erblasser als Ausfluss der Vertragsfreiheit im Erbvertrag grundsätzlich das Recht vorbehalten kann, eine vertragsmäßige Verfügung durch spätere Verfügung von Todes wegen abändern zu dürfen (sog. **Änderungsvorbehalt**). Die genauen Grenzen der Zulässigkeit solcher Änderungsvorbehalte sind im Detail umstritten. Konsens besteht aber jedenfalls, dass ein sog. Totalvorbehalt, der alle an sich vertragsmäßigen Verfügungen erfasst, unzulässig ist, denn dann wäre der Erbvertrag seines eigentlichen Wesens entkleidet.[5] Es ist möglichst detailliert zu regeln, ob und was der Vertragserblasser „noch alles kann", d.h. sowohl hinsichtlich des Umfangs als auch hinsichtlich des Zeitpunkts. Haben Ehegatten in einem Erbvertrag dem Längerlebenden einen Änderungsvorbehalt eingeräumt, so kann im Einzelfall eine ergänzende Vertragsauslegung 11

3 *Muscheler/Metzler*, DNotZ 2011, 779, 782.
4 OLG Zweibrücken, Beschl. v. 4.3.1999 – 3 W 29/99, ZEV 1999, 439, 440 m. krit. Anm. *Kummer*.
5 BGH, Urt. v. 8.1.1958 – IV ZR 219/57, NJW 1958, 498.

ergeben, dass eine einseitige Abänderung der Schlusserbeneinsetzung auch schon vor dem Tod des Erstversterbenden wirksam vorgenommen werden kann.[6]

Muster 8.1: Freier Änderungsvorbehalt

12 Dem überlebenden Ehegatten wird allerdings gestattet, die vorangehende Schlusserbeneinsetzung nach Eintritt des ersten Erbfalls einseitig durch Testament zu widerrufen, beliebig abzuändern oder zu ergänzen. Der überlebende Ehegatte ist weiterhin befugt, zu Lebzeiten frei über sein Vermögen einschließlich des geerbten zu verfügen.

Muster 8.2: Eingeschränkter Änderungsvorbehalt

13 Dem überlebenden Ehegatten wird allerdings gestattet, die vorangehende Schlusserbeneinsetzung nach Eintritt des ersten Erbfalls in der Weise abzuändern oder zu ergänzen, dass . Der überlebende Ehegatte ist weiterhin befugt, in diesem Rahmen zu Lebzeiten über sein Vermögen einschließlich des geerbten zu verfügen.

14 Eine formlose Zustimmung des Vertragspartners genügt nicht, um den Erblasser von der Bindungswirkung zu befreien; nur im Einzelfall kann dem formlos Zustimmenden der Arglisteinwand entgegengehalten werden.[7] Es bedarf eines **notariellen Aufhebungs- bzw. Änderungsvertrags** gem. § 2290 BGB.[8] Auch eine formlose Zustimmung des Bedachten ist nicht ausreichend, sondern er muss ggf. einen **notariellen Zuwendungsverzichtsvertrag** gem. § 2352 S. 2 BGB schließen. Nach dem Erbfall kann der Bedachte ggf. ausschlagen (§§ 1944 ff., 2180 BGB). Wie bereits ausgeführt, kann eine formlose Zustimmung nur in absoluten Ausnahmefällen den Arglisteinwand (§ 242 BGB) begründen, so etwa bei einer privatschriftlichen Zustimmung zu einem beeinträchtigenden Leibrentenvermächtnis und anschließender jahrzehntelanger Zahlung.[9] Wenn der Bedachte ein **pflichtteilsberechtigter Abkömmling** des Erblassers ist, kann der Erblasser gem. § 2289 Abs. 2 BGB durch eine spätere letztwillige Verfügung unter den Voraussetzungen des § 2338 BGB die dort genannten Anordnungen treffen (sog. Beschränkung in guter Absicht). In der Praxis spielt dies aufgrund der hohen Tatbestandsanforderungen keine Rolle.

C. Aufhebung der Bindungswirkung des Erbvertrags

15 Die Bindungswirkung eines Erbvertrags kann durch Aufhebung, Rücktritt oder Anfechtung beseitigt werden.

I. Aufhebung durch die Vertragsparteien

16 Gem. § 2290 Abs. 1 S. 1 BGB kann ein Erbvertrag (oder auch nur eine einzelne vertragsmäßige Verfügung) von den Vertragschließenden durch einen Aufhebungsvertrag aufgehoben werden. Als actus contrarius bedarf der Aufhebungsvertrag gem. § 2290 Abs. 3 BGB der in § 2276 BGB für den **Erbvertrag** vorgeschriebenen **Form**. Schließen die Vertragsparteien einen neuen formwirksamen Erbvertrag mit einem abweichenden, i.S.v. § 2258 Abs. 1 BGB widersprechenden Inhalt, so liegt darin eine konkludente Aufhebung.[10] Ein Aufhebungsver-

6 BayObLG, Beschl. v. 9.11.1995 – 1Z BR 31/95, MittBayNot 1996, 112, 113 f.
7 BGH, Urt. v. 12.7.1989 – IVa ZR 174/88, NJW 1989, 2618, 2619.
8 BayObLG, Beschl. v. 28.10.1974 – BReg. 1Z 47/74, BayObLGZ 1974, 401, 404 f.
9 OLG Düsseldorf, Urt. v. 21.4.2017 – I-7 U 12/16, ZEV 2017, 645, 646.
10 BayObLG, Beschl. v. 25.2.1993 – 1Z BR 67/92, MittRhNotK 1993, 121, 122.

trag kann nur geschlossen werden, solange alle Erblasser des Erbvertrags noch leben (§ 2290 Abs. 1 S. 2 BGB). Wenn nicht alle vertragsmäßigen Verfügungen aufgehoben werden, sind die Konsequenzen für einseitige Verfügungen nach § 2085 BGB zu beurteilen (bei Aufhebung des gesamten Erbvertrags gilt aber § 2299 Abs. 3 BGB). Wer im Erbvertrag als **Erblasser** fungierte, kann den Aufhebungsvertrag nur **persönlich** schließen (§ 2290 Abs. 2 BGB). Ein Vertragschließender, der nicht als Erblasser fungierte, kann sich hingegen beim Abschluss des Aufhebungsvertrags vertreten lassen (arg. e § 2290 Abs. 2 BGB). Wenn für ihn ein Betreuer bestellt und die Aufhebung vom Aufgabenkreis des Betreuers umfasst ist, ist gem. § 1851 Nr. 5 BGB die Genehmigung des Betreuungsgerichts erforderlich. Ein Aufhebungsvertrag kann wiederum selbst durch einen Aufhebungsvertrag **aufgehoben** werden; dann gelten wieder die ursprünglichen erbvertraglichen Verfügungen. Ferner kommt eine **Anfechtung** in Betracht, wobei allerdings streitig ist, ob insoweit die speziellen §§ 2078 ff., 2281 ff. BGB oder die allgemeinen §§ 119 ff. BGB gelten. Da es sich beim Aufhebungsvertrag um den actus contrarius zum Erbvertrag handelt, erscheint es konsequent, auch die erbrechtlichen Vorschriften der §§ 2281, 2078 ff. BGB anzuwenden; ein Rekurs auf §§ 119 ff. BGB kommt nur für den Fall in Betracht, dass ein nicht vertragsmäßig Verfügender nicht zum Kreis der nach § 2080 BGB Anfechtungsberechtigten gehört.

In der Praxis nicht selten übersehen ist in § 2292 BGB für **Ehegatten** eine Formerleichterung 17 geregelt: Danach genügt zur Aufhebung eines zwischen ihnen geschlossenen Erbvertrags ein **gemeinschaftliches (Aufhebungs-)Testament**, und zwar sowohl ein notarielles als auch ein handschriftliches. Den Wortlaut des § 2292 BGB könnte man zwar so verstehen, dass die Vertragsparteien schon bei Abschluss des Erbvertrags miteinander verheiratet gewesen sein mussten; nach Sinn und Zweck der Vorschrift genügt es jedoch, wenn sie erst nach Abschluss des Erbvertrags eine Ehe bzw. eine Lebenspartnerschaft eingegangen sind und diese im Zeitpunkt des gemeinschaftlichen Aufhebungstestaments wirksam besteht.[11] Um das gemeinschaftliche Aufhebungstestament zu **beseitigen** und den ursprünglichen Erbvertrag wiederaufleben zu lassen, genügt ein einseitiger Widerruf nicht; vielmehr bedarf es hierfür einer gleichwertigen Rechtshandlung in Form eines Erbvertrags, eines Aufhebungsvertrags gem. § 2290 BGB, eines Aufhebungstestaments mit Zustimmung des anderen gem. § 2291 BGB oder eines neuen gemeinschaftlichen Aufhebungstestaments gem. § 2292 BGB.

Gem. 2291 Abs. 1 BGB kann eine vertragsmäßige Verfügung, durch die ein **Vermächtnis** 18 oder eine Auflage angeordnet ist, von dem Erblasser durch **Testament** aufgehoben werden, wenn der andere Vertragschließende dem **zustimmt**. Die Zustimmungserklärung bedarf der notariellen Beurkundung und ist unwiderruflich (§ 2291 Abs. 2 BGB). Ein Wiederaufleben des Erbvertrags ist nach Erteilung der Zustimmung nur mit (erneuter) Zustimmung des Vertragsgegners gem. § 2291 Abs. 2 BGB zu einem Widerrufstestament möglich.

Nach § 2300 Abs. 2 S. 1 und 2 BGB kann ein Erbvertrag aus der amtlichen oder notariellen 19 **Verwahrung** zurückgenommen und an alle Vertragschließenden gemeinschaftlich zurückgegeben werden; damit gilt er gem. §§ 2300 Abs. 2 S. 3, 2256 Abs. 1 BGB als **widerrufen**. Dies gilt allerdings nur für Erbverträge, die ausschließlich Verfügungen von Todes wegen enthalten (sog. isolierte Erbverträge).

II. Rücktritt eines Vertragserblassers

Die **§§ 2293 ff. BGB** enthalten **Sondervorschriften** für den Rücktritt eines Vertragserblas- 20 sers vom Erbvertrag; die allgemeinen Regeln der §§ 346 ff. BGB sind insoweit nicht anwend-

11 OLG Köln, Beschl. v. 12.6.1973 – 2 Wx 69/72, MittBayNot 1974, 35.

bar. Voraussetzung für einen wirksamen Rücktritt ist eine Rücktrittserklärung und das Bestehen eines Rücktrittsrechts. Sofern im Zusammenhang mit dem Erbvertrag ein schuldrechtlicher Vertrag geschlossen wurde, in dem sich der Vertragspartner z.B. zu einer Gegenleistung für die vertragsmäßige Zuwendung verpflichtet, gelten insoweit die allgemeinen schuldrechtlichen Rücktrittsvorschriften; insbesondere kann darin ggf. auch ein vertragliches Rücktrittsrecht des Vertragspartners für den Fall des Rücktritts des Erblassers vom Erbvertrag vorgesehen werden.

21 Der Rücktritt muss gem. § 2296 BGB persönlich durch Erklärung gegenüber dem oder den anderen Vertragschließenden erfolgen und bedarf der notariellen Beurkundung. Dem/den Vertragspartner(n) muss die **Urschrift** oder eine **Ausfertigung der notariellen Urkunde** zugehen.[12] Eine einfache oder beglaubigte Abschrift der gerichtlichen oder notariellen Urkunde genügt dagegen nicht, weil diese nicht mehr als die Übereinstimmung der Abschrift mit einer Urkunde beweist, also nicht die empfangsbedürftige Erklärung selbst ist.[13] Dies ist auf Beraterseite unbedingt zu beachten.

8.3

Muster 8.3: Rücktritt vom Erbvertrag

22 Von dem vorbehaltenen Recht zum Rücktritt mache ich nunmehr Gebrauch und erkläre gegenüber meinem Vertragspartner den Rücktritt.

Der Rücktritt bedarf zu seiner Wirksamkeit des Zugangs beim Vertragspartner. Ich ersuche deshalb um Erteilung zweier Ausfertigungen. Eine Ausfertigung dieser Urkunde soll über den Notar durch Vermittlung des Gerichtsvollziehers gem. § 132 Abs. 1 BGB unter folgender Adresse zugestellt werden:
Der Notar wird beauftragt, die Mitteilung des Rücktritts zu übersenden.

23 Dass der **andere** Erbvertragschließende **geschäftsunfähig** geworden ist, schließt den vertraglich vorbehaltenen Rücktritt vom Erbvertrag ihm gegenüber nicht aus.[14] Der Rücktritt vom Erbvertrag kann bei Geschäftsunfähigkeit des anderen Vertragschließenden jedenfalls grundsätzlich wirksam gegenüber dessen Vorsorgebevollmächtigtem erfolgen.[15] Gibt es keinen, muss einem ggf. zu bestellenden Betreuer zugestellt werden; ist der Widerrufende selbst Betreuer, bedarf es eines Ergänzungsbetreuers. Ein Wirkungskreis „Vermögenssorge“ erfasst auch die Entgegennahme des Rücktritts vom Erbvertrag.[16] Ist der Widerrufende selbst Vorsorgebevollmächtigter und ist er nicht von § 181 BGB befreit, bedarf es eines zu bestellenden Betreuers; im Falle der üblichen Befreiung hiervon ist bei vorhandener Testier- oder Geschäftsfähigkeit des anderen Vertragschließenden Treuwidrigkeit und evidenter Vollmachtsmissbrauch zu prüfen.[17]

Aufgrund des Erfordernisses der höchstpersönlichen Erklärung (§ 2296 Abs. 1 BGB) kann ein **geschäftsunfähig** gewordener **Erblasser** nicht mehr vom Erbvertrag zurücktreten.

24 Wenn der andere Vertragschließende **vorverstorben** ist, kann der Erblasser eine vertragsmäßige Verfügung – sofern er zum Rücktritt (noch) berechtigt ist (vgl. § 2298 Abs. 2 S. 2 BGB) – gem. § 2297 S. 1 BGB durch Testament aufheben. Im Falle eines Rücktritts gem. § 2294 BGB wegen Verfehlung des Bedachten gilt gem. § 2297 S. 2 BGB § 2336 Abs. 2 und

---

12 BGH, Urt. v. 28.9.1959 – III ZR 112/58, NJW 1960, 33; BGH, Beschl. v. 14.12.1961 – V ZB 20/61, NJW 1962, 736, 738.

13 BGH, Urt. v. 28.9.1959 – III ZR 112/58, NJW 1960, 33.

14 BGH, Beschl. v. 27.1.2021 – XII ZB 450/20, ZEV 2021, 245, 246.

15 BGH, Beschl. v. 27.1.2021 – XII ZB 450/20, ZEV 2021, 245, 248.

16 *Keim*, MittBayNot 2021, 464.

17 *Reimann*, ZEV 2021, 249, 250; *Wosgien*, BWNotZ 2021, 130, 132; abw. *Zimmer*, NJW 2021, 1434, 1436 f.

3 BGB, d.h. der Grund für die Entziehung muss zur Zeit der Testamentserrichtung bestehen und im Testament angegeben werden.

Ein Rücktrittsrecht des Erblassers kann sich entweder aus dem Erbvertrag ergeben oder kraft Gesetzes bestehen. § 2293 BGB stellt klar, dass sich jeder Vertragserblasser im Erbvertrag ein (vertragliches) Rücktrittsrecht vorbehalten kann. Der **Rücktrittsvorbehalt** ist streng zu trennen vom sog. Änderungsvorbehalt, der es erlaubt, vom Erbvertrag abweichende letztwillige Verfügungen zu errichten und damit im Umfang des Vorbehalts von vornherein keine Bindung erzeugt. Ein Rücktrittsvorbehalt kann sich auf alle oder auch nur auf einzelne vertragsmäßige Verfügungen beziehen; er kann zudem auch bedingt oder befristet ausgestaltet sein. Im Einzelfall kann die Abgrenzung zum auflösend bedingt geschlossenen Erbvertrag (§ 158 Abs. 2 BGB) schwierig sein, so z.B. bei Wiederverheiratungsklauseln. Bei zwei- und mehrseitigen Erbverträgen **erlischt** der Rücktrittsvorbehalt gem. § 2298 Abs. 2 S. 2, Abs. 3 BGB im Zweifel **mit dem Tod des anderen Vertragschließenden**. Sofern kein gegenteiliger Wille der Vertragsparteien anzunehmen ist, können die vertragsmäßigen Verfügungen dann aber gem. § 2298 Abs. 2 S. 3 BGB trotzdem noch durch Testament aufgehoben werden, wenn der Überlebende das ihm durch Vertrag Zugewendete ausschlägt, denn dann setzt er sich nicht mehr dem Vorwurf widersprüchlichen Verhaltens aus. Erforderlich ist nach dem Telos der Norm die Ausschlagung aller ihm zugedachten vertragsmäßigen Verfügungen, wogegen Zuwendungen aus einseitigen Verfügungen nicht ausgeschlagen werden müssen. 25

Gem. § 2294 BGB kann der Erblasser von einer vertragsmäßigen Verfügung zurücktreten, wenn sich der **Bedachte** einer **Verfehlung** schuldig macht, die den Erblasser zur Entziehung des Pflichtteils berechtigt oder zur Entziehung berechtigen würde, wenn der Bedachte ein Abkömmling des Erblassers wäre. Der zur Pflichtteilsentziehung berechtigende Tatbestand muss nach Vertragsschluss erfüllt worden sein. Frühere tatbestandsmäßige Verfehlungen, die dem Erblasser unbekannt waren, können aber ggf. ein Anfechtungsrecht gem. §§ 2281, 2078 BGB begründen. 26

Aus § 2295 BGB ergibt sich ein Rücktrittsrecht, wenn die vertragsmäßige Verfügung mit Rücksicht auf eine rechtsgeschäftliche Verpflichtung des Bedachten, dem Erblasser für dessen Lebenszeit wiederkehrende Leistungen zu entrichten, insbesondere Unterhalt zu gewähren (sog. **Verpfründungsvertrag**), getroffen ist und die Verpflichtung vor dem Tod des Erblassers aufgehoben wird. Zwischen der erbvertraglichen Zuwendung des Erblassers und der schuldrechtlichen Verpflichtung des Bedachten muss ein **innerer Zusammenhang** bestehen; die Verpflichtung des Bedachten muss den oder zumindest einen Beweggrund für die vertragsmäßige Verfügung des Erblassers darstellen und die Vertragsteile müssen sich über die Zweckgebundenheit einig sein.[18] **„Aufhebung" der Verpflichtung** i.S.d. § 2295 BGB ist jede (auch einseitige) Beendigung gleich aus welchem Rechtsgrund. Erfasst sind u.a. Ausübung eines Rücktrittsrechts, Kündigung, Eintritt einer auflösenden Bedingung, Aufhebungsvertrag; tatbestandsrelevant kann auch eine nachträgliche Unmöglichkeit der zu erbringenden Leistung sein.[19] Nicht anwendbar ist § 2295 BGB hingegen, wenn das Rechtsgeschäft, durch das die Verpflichtung begründet werden sollte, von vornherein nichtig gewesen ist oder durch Anfechtung rückwirkend nichtig wird. 27

Durch den Rücktritt werden die von ihm erfassten vertragsmäßigen Verfügungen unwirksam. Hinsichtlich der weiteren Wirkungen des Rücktritts ist zu differenzieren: Beim **zwei- oder mehrseitigen Erbvertrag** wird der Erbvertrag insgesamt aufgehoben, wenn der Erb- 28

18 OLG München, Beschl. v. 16.4.2009 – 31 Wx 90/08, ZEV 2009, 345, 346.
19 BGH, Beschl. v. 19.12.2012 – IV ZR 207/12, ZEV 2013, 330, 331.

lasser von einem vertraglich vorbehaltenen Rücktrittsrecht (§ 2293 BGB) Gebrauch macht, sofern kein anderer Wille der Vertragschließenden anzunehmen ist (§ 2298 Abs. 2 S. 1, Abs. 3 BGB). Im Übrigen bestimmt sich das Schicksal nicht unmittelbar vom Rücktritt erfasster vertragsmäßiger Verfügungen gem. § 2279 Abs. 1 BGB nach § 2085 BGB. **Einseitige Verfügungen** treten im Falle der Aufhebung des gesamten Erbvertrags außer Kraft, sofern nicht ein anderer Wille der Vertragschließenden anzunehmen ist (§ 2299 Abs. 3 BGB). Im Übrigen gilt auch für einseitige Verfügungen gem. § 2279 Abs. 1 BGB die Vorschrift des § 2085 BGB. Im Falle des Rücktritts gem. § 2295 BGB hat der Bedachte einen Anspruch auf Rückgabe des Geleisteten aus § 812 Abs. 1 S. 2 Alt. 2 BGB.

III. Anfechtung des Erbvertrags

29 Beim Erbvertrag räumen die **§§ 2281 ff. BGB** dem Erblasser ein (Selbst-)Anfechtungsrecht bezüglich der **vertragsmäßigen Verfügungen** ein. Da er aufgrund der erbvertraglichen Bindungswirkung solche Verfügungen nicht einfach widerrufen kann, bestünde für ihn sonst keine Möglichkeit, sich von einer fehlerhaften Willenserklärung zu lösen.[20] Für **einseitige Verfügungen** benötigt der Erblasser kein Anfechtungsrecht, denn diese kann (und muss) er gem. § 2299 Abs. 2 S. 1 i.V.m. § 2253 BGB jederzeit durch letztwillige Verfügung widerrufen.

30 Für die Anfechtung erbvertraglicher Verfügungen durch **Dritte**, egal ob Vertragspartner des Erblassers oder sonstige Dritte, gelten dagegen gem. § 2279 Abs. 1 BGB die §§ 2078 ff. BGB. Der Vertragspartner kann zudem ggf. seine eigenen Erklärungen, die keine Verfügungen von Todes wegen sind, gem. §§ 119 ff. BGB anfechten.

31 Gegenüber den allgemeinen Anfechtungsregeln bestehen Besonderheiten: Für die **Anfechtungsberechtigung** gelten im Hinblick auf die Anfechtung einseitiger Verfügungen durch Dritte die allgemeinen Regeln des § 2080 BGB. Bei vertragsmäßigen Verfügungen ist zum einen der Erblasser anfechtungsberechtigt (§ 2281 Abs. 1 BGB). Ebenso wie beim Testament sind aber auch Dritte anfechtungsberechtigt (vgl. „auch" in § 2281 Abs. 1 Hs. 1 BGB), sofern die Voraussetzungen des § 2080 BGB erfüllt sind und kein Ausschluss nach § 2285 BGB vorliegt, d.h. das Anfechtungsrecht des Erblassers zur Zeit des Erbfalls bereits erloschen ist, was auf den Dritten durchschlägt.

32 Hinsichtlich der **Anfechtungsgründe** verweist § 2281 Abs. 1 Hs. 1 BGB auf die §§ 2078, 2079 BGB. Erbvertragliche Verfügungen können also grundsätzlich aus denselben Gründen (Inhaltsirrtum, Erklärungsirrtum, Motivirrtum, Drohung, Übergehung eines Pflichtteilsberechtigten) angefochten werden wie Verfügungen in einem Testament. Durch die Anerkennung jedes einseitigen Motivirrtums als Anfechtungsgrund wird dem Willen des Erblassers ein höherer Stellenwert als dem Vertrauen des anderen Vertragschließenden auf den Bestand des Vertrags eingeräumt.

33 Einer Modifikation bedurfte allerdings die Anfechtung wegen der **Übergehung eines Pflichtteilsberechtigten**. Würde nur § 2079 BGB unverändert gelten, so bliebe die Wirkung einer Anfechtung des Erblassers so lange in der Schwebe, bis feststünde, ob der übergangene Pflichtteilsberechtigte den Erbfall erlebt. Gem. § 2281 Abs. 1 Hs. 2 BGB ist daher im Falle einer Anfechtung vertragsmäßiger Verfügungen durch den Erblasser gem. § 2079 BGB darauf abzustellen, ob der Pflichtteilsberechtigte im Zeitpunkt der Anfechtung (noch) lebte. Dadurch wird der Erblasser, der von der Existenz eines Pflichtteilsberechtigten erfährt, in den Stand versetzt, den Erbvertrag noch zu seinen Lebzeiten zu beseitigen und eine neue

20 BGH, Urt. v. 3.11.1969 – III ZR 52/67, NJW 1970, 279.

Verfügung von Todes wegen zu treffen, die nicht von der Anfechtung durch den Pflichtteilsberechtigten bedroht ist.[21] Da das Gesetz den maßgeblichen Zeitpunkt generell auf denjenigen der Anfechtung vorverlegt, bleibt die Anfechtung folgerichtig selbst dann wirksam, wenn der Pflichtteilsberechtigte oder sein Pflichtteilsrecht vor dem Erbfall wegfällt.[22]

Für die **Anfechtungserklärung Dritter** gilt dasselbe wie für die Erklärung der Anfechtung 34
von Testamenten.

Für die Anfechtungserklärung **des Erblassers** enthalten die §§ 2281, 2282 BGB Spezialregelungen. Der Erblasser muss die Anfechtungserklärung höchstpersönlich abgeben; eine Stellvertretung ist anders als bei der Anfechtung nach den 119 ff. BGB ausgeschlossen (§ 2282 Abs. 1 BGB). Für einen geschäftsunfähigen Erblasser kann der Betreuer mit Genehmigung des Betreuungsgerichts anfechten (§ 2282 Abs. 2 BGB). Die Anfechtungserklärung bedarf gem. § 2282 Abs. 3 BGB der notariellen Beurkundung.

Betreffend den **Anfechtungsgegner** gilt für die Anfechtungserklärung **Dritter** dasselbe wie 35
für die Erklärung der Anfechtung von Testamenten.

Hinsichtlich der Anfechtungserklärung **des Erblassers** ist zu differenzieren: Solange der Vertragspartner noch lebt, ist die Erklärung gem. § 143 Abs. 2 BGB ihm gegenüber abzugeben. Mit dem Tod des Vertragspartners werden vertragsmäßige Verfügungen des Erblassers zu dessen Gunsten automatisch gegenstandslos, sodass insofern auch keine Anfechtung mehr in Betracht kommt. Im Falle der Anfechtung vertragsmäßiger Verfügungen des Erblassers zugunsten eines Dritten ist die Erklärung gem. § 2281 Abs. 2 BGB dem Nachlassgericht gegenüber abzugeben.

Bei der **Anfechtungsfrist** ist zu beachten, dass der **Erblasser** gem. § 2283 Abs. 1 BGB nur 36
binnen eines Jahres anfechten kann. Die Frist beginnt gem. § 2283 Abs. 2 S. 1 BGB im Falle der Anfechtung wegen Drohung mit Beendigung der Zwangslage, im Übrigen mit Kenntnis des Anfechtungsgrunds. § 2283 Abs. 3 BGB trifft eine Sonderregelung für den Fall, dass die Geschäftsunfähigkeit des Erblassers wegfällt.

Die Anfechtungsfrist für die Anfechtung durch einen **Dritten** bestimmt sich dagegen nach § 2082 BGB. Nachdrücklich zu beachten ist, dass § 2285 BGB das Anfechtungsrecht Dritter von demjenigen des Erblassers **abhängig** macht: Gem. § 2285 BGB können sie nicht mehr anfechten, wenn das Anfechtungsrecht des Erblassers zur Zeit des Erbfalls erloschen ist. Das ist der Fall, wenn der Erblasser die Anfechtungsfrist versäumt (§ 2283 BGB), den Erbvertrag bestätigt (§ 2284 BGB) oder auf das Anfechtungsrecht verzichtet hat. Denn würde der Dritte in diesen Fällen trotzdem nach dem Tod des Erblassers noch anfechten können, würde dessen letztlich allein maßgeblicher Wille unterlaufen. Entsprechendes gilt, wenn der Erblasser den Anfechtungsgrund rechtsmissbräuchlich herbeigeführt hat; auch dann kann dem Dritten kein Anfechtungsrecht zustehen. Bestand hingegen im Zeitpunkt des Erbfalls das Anfechtungsrecht des Erblassers noch, so findet keine Verkürzung der Frist des § 2082 BGB um die für den Erblasser bereits abgelaufene Zeit statt; denn das Anfechtungsrecht steht dem Dritten nicht etwa als Rechtsnachfolger des Erblassers, sondern als eigenes Recht (das im Zeitpunkt des Erbfalls neu entsteht) zu.

Für den **Ausschluss** der Anfechtung durch Bestätigung eines anfechtungsberechtigten **Drit-** 37
ten gilt dasselbe wie für die Bestätigung der Anfechtung von Testamenten.

Gem. § 2284 BGB können vertragsmäßige Verfügungen aber auch durch den **Erblasser** bestätigt werden; die Bestätigung muss jedoch höchstpersönlich erfolgen. Sie bedarf keiner

21 BGH, Urt. v. 3.11.1969 – III ZR 52/67, NJW 1970, 279, 280.

22 BGH, Urt. v. 3.11.1969 – III ZR 52/67, NJW 1970, 279.

speziellen Form (vgl. § 144 Abs. 2 BGB), insbesondere auch nicht der Form des § 2276 BGB, kann durch konkludente Handlungen erfolgen und stellt eine nichtempfangsbedürftige Willenserklärung dar.[23] Die Bestätigung beseitigt den Makel der Anfechtbarkeit und ist inhaltlich nur ein Verzicht auf das Anfechtungsrecht.[24]

38 Als Wirkung der Anfechtung tritt gem. § 142 Abs. 1 BGB die **Nichtigkeit** der angefochtenen Verfügung ex tunc ein. Hinsichtlich der **Auswirkungen auf die übrigen Verfügungen** ist zu differenzieren: Im Falle einseitiger Verfügungen bleiben die übrigen Verfügungen gem. §§ 2299 Abs. 2 S. 1, 2085 BGB im Zweifel wirksam. Im Falle vertragsmäßiger Verfügungen kommt es darauf an, ob ein einseitiger oder ein zwei- bzw. mehrseitiger Erbvertrag vorliegt: Beim einseitigen Erbvertrag bleiben die übrigen Verfügungen wirksam, sofern kein abweichender Wille des Erblassers feststellbar ist (§§ 2279 Abs. 1, 2085 BGB); bei zwei- bzw. mehrseitigen Erbverträgen ist in der Regel der gesamte Vertrag unwirksam, es sei denn, es lag ein abweichender Wille der Vertragsparteien vor (§ 2298 Abs. 1 und 3 BGB). Bei der Anfechtung wegen Übergehen eines Pflichtteilsberechtigten gem. § 2079 BGB ist streitig, ob die Anfechtung insgesamt zur Nichtigkeit führt oder nur so weit, wie es erforderlich ist, um dem anfechtenden Pflichtteilsberechtigten zu seinem gesetzlichen Erbteil zu verhelfen.

39 Im Falle der Anfechtung durch einen Dritten besteht gem. § 2078 Abs. 3 BGB kein Anspruch auf Ersatz des Vertrauensschadens. **Umstritten** ist hingegen, ob den **anfechtenden Erblasser** eine **Schadensersatzpflicht** trifft. In diesem Kontext wird verbreitet vertreten, dass § 2078 Abs. 3 BGB insoweit nicht anwendbar sei, weil er auf dem Gedanken beruhe, dass es unbillig wäre, den anfechtenden Dritten für die Folgen des Irrtums des Erblassers haften zu lassen; dies sei im Falle der Selbstanfechtung durch den Erblasser jedoch gerade anders. Innerhalb dieser Auffassung ist dann jedoch umstritten, ob der Erblasser gem. § 122 BGB auf Ersatz des Vertrauensschadens haftet oder nur für den Ersatz der beim Vertragsschluss verursachten Kosten und Aufwendungen. Bedenkt man allerdings, dass der erbvertraglich Bedachte kein Anwartschaftsrecht erwirbt und auch nicht darauf vertrauen darf, dass er etwas aus dem Nachlass erhält, so erscheint es nicht gerechtfertigt, dem anfechtenden Erblasser eine Schadensersatzpflicht aufzuerlegen, vielmehr ist auch in diesem Fall über die Verweisung in § 2279 Abs. 1 BGB der Ausschlusstatbestand des § 2078 Abs. 3 BGB anzuwenden.[25] In Betracht kommt aber ggf. eine Haftung des Erblassers aus §§ 280 Abs. 1, 311 Abs. 2, 241 Abs. 2 BGB auf Ersatz der Vertragsschlusskosten.

40 **Hinweis**

Der Erblasser kann im Erbvertrag auf das Anfechtungsrecht ganz oder teilweise verzichten mit der Folge, dass die Anfechtung wegen solcher Tatsachen, auf die sich der Verzicht bezieht, für die Zukunft ausgeschlossen ist. Der Erblasser kann etwa die Sicherung des erbvertraglich Bedachten und den Bestand seiner letztwilligen Verfügung in einem Erbvertrag dadurch erreichen, dass er eine Klausel in den Erbvertrag aufnimmt, nach der die getroffenen Regelungen auch für den Fall gelten sollen, dass später pflichtteilsberechtigte Personen hinzutreten und damit eine Selbstanfechtung nach §§ 2281 Abs. 1, 2079 BGB ausschließen.[26]

---

23 BayObLG, Beschl. v. 12.3.1954 – BReg. 2 Z 245/53, NJW 1954, 1039.
24 BayObLG, Beschl. v. 12.3.1954 – BReg. 2 Z 245/53, NJW 1954, 1039, 1040.
25 OLG München, Urt. v. 5.6.1997 – 19 U 5421/96, NJW 1997, 2331.
26 BGH, Urt. v. 10.1.1983 – VIII ZR 231/81, NJW 1983, 2247, 2249.

Muster 8.4: Selbstanfechtungsverzicht in Bezug auf Pflichtteilsberechtigte 8.4

Wir errichten diesen Erbvertrag unabhängig davon, ob, welche und wie viele Pflichtteilsberechtigte im Zeitpunkt des jeweiligen Erbfalls vorhanden sind. Das Recht zur Anfechtung ist insoweit ausgeschlossen. 41

D. Aufhebung einseitiger Verfügungen beim Erbvertrag

Für einseitige Verfügungen gilt gem. § 2299 Abs. 2 S. 1 BGB das Gleiche, wie wenn sie durch Testament getroffen worden wären, d.h. sie können gem. § 2253 BGB **jederzeit widerrufen** werden (wobei allerdings nur ein Widerruf gem. §§ 2254, 2258 BGB in Betracht kommt). Darüber hinaus können sie gem. § 2299 Abs. 2 S. 2 BGB auch in einem **Aufhebungsvertrag,** durch den eine vertragsmäßige Verfügung aufgehoben wird, mit aufgehoben werden. Sofern kein anderer Wille des Erblassers anzunehmen ist, treten einseitige Verfügungen zudem gem. § 2299 Abs. 3 BGB außer Kraft, wenn der Erblasser vom **gesamten** Erbvertrag **zurücktritt** (§ 2293 ff. BGB) oder der Erbvertrag durch Aufhebungsvertrag **insgesamt aufgehoben** wird, ohne dass die einseitige Verfügung ausdrücklich erwähnt wird (sonst gilt § 2299 Abs. 2 S. 2 BGB). Dasselbe gilt im Falle einer Aufhebung des Erbvertrags durch **gemeinschaftliches Testament** gem. § 2292 BGB. Wenn die Auslegungsregel des § 2299 Abs. 3 BGB nicht eingreift, bestimmt sich das Schicksal einseitiger Verfügungen gem. § 2279 Abs. 1 BGB nach § 2085 BGB. 42

E. Wechselbezügliche Verfügungen beim gemeinschaftlichen Testament

In der Rechtspraxis nehmen handschriftliche gemeinschaftliche Ehegattentestamente eine überragende Rolle ein. Ist ein Ehegatte testierunfähig geworden oder verstorben, stellen sich häufig Fragen nach der Testierfreiheit des anderen noch testierfähigen, ggf. auch überlebenden Ehegatten. 43

I. Begriff der wechselbezüglichen Verfügung

Wechselbezüglich (korrespektiv) sind gem. § 2270 Abs. 1 BGB Verfügungen, von denen anzunehmen ist, dass die Verfügung des einen Ehegatten nicht ohne die Verfügung des anderen Ehegatten getroffen sein würde. Die Verfügungen müssen nach dem Willen der Eheleute so eng miteinander verbunden sein, dass sie nach dem beiderseitigen Willen **„miteinander stehen und fallen"** sollen. Wechselbezügliche Verfügungen können gem. § 2270 Abs. 3 BGB nur sein: 44

- Erbeinsetzungen,
- Vermächtnisse,
- Auflagen und
- Rechtswahlerklärungen.

Ihrem Wortlaut nach erfassen die §§ 2270, 2271 BGB nur den Fall der gegenseitigen Abhängigkeit. Nach zutreffender h.M. ist es aber auch möglich und zulässig, dass nur die Verfügung des einen Ehegatten von der des anderen abhängig ist, aber nicht umgekehrt; im Fall einer sog. **einseitigen Wechselbezüglichkeit** gelten die §§ 2270, 2271 BGB analog. 45

II. Feststellung der Wechselbezüglichkeit

46 Ob Wechselbezüglichkeit vorliegt, ist nach **allgemeinen Auslegungsgrundsätzen** für jede einzelne Verfügung gesondert zu ermitteln, wobei der übereinstimmende Wille der Ehegatten zum Zeitpunkt der Testamentserrichtung maßgeblich ist.[27]

47 Nur dann, wenn der Wille der Ehegatten im Wege der Auslegung nicht zuverlässig festgestellt werden kann, ist die **Auslegungsregel des § 2270 Abs. 2 BGB** heranzuziehen.[28] Danach ist Wechselbezüglichkeit im Zweifel in zwei Fallkonstellationen anzunehmen: erstens wenn sich die Eheleute gegenseitig bedacht haben, oder zweitens wenn der eine Ehegatte vom anderen durch eine Verfügung eine Zuwendung bekommen hat und er dafür – quasi als Gegenleistung – eine Verfügung zugunsten einer Person trifft, die mit dem anderen Ehegatten verwandt ist oder ihm sonst nahesteht. Beide Fallkonstellationen können auch miteinander verbunden werden, z.B. indem die Ehegatten sich gegenseitig bedenken und zusätzlich bestimmen, dass ein mit beiden verwandter oder beiden nahestehender Dritter Erbe des Letztversterbenden werden soll.

48 Der Begriff „verwandt" ist i.S.d. Legaldefinition des § 1589 BGB zu verstehen. Wer eine „sonst nahestehende Person" ist, ist anhand der konkreten Umstände des Einzelfalls zu bestimmen. Dabei ist ein strenger Maßstab anzulegen, um die Ausnahme nicht zur Regel werden zu lassen.[29]

49 Schulbeispiel mit überragender praktischer Bedeutung ist das sog. **Berliner Testament** mit Einheitslösung und ohne Änderungsvorbehalt: Die Eheleute setzen sich in ihrem gemeinschaftlichen Testament gegenseitig als Alleinerben und als Schlusserben die gemeinsamen Kinder zu gleichen Teilen ein. Eingedenk des Vorrangs des tatsächlichen oder mutmaßlichen übereinstimmenden Erblasserwillens ist die gegenseitige Einsetzung zum Alleinerben im ersten Erbfall gem. § 2270 Abs. 2 Alt. 1 BGB im Zweifel wechselbezüglich. Zwar wird vereinzelt vertreten, dass die Einsetzung der gemeinsamen Kinder als Schlusserben dagegen regelmäßig nicht im Verhältnis der Wechselbezüglichkeit hierzu stehe, da nach der allgemeinen Lebenserfahrung nicht anzunehmen sei, dass ein Ehegatte die gemeinsamen Kinder nur deshalb testamentarisch bedenke, weil es auch der andere tue,[30] doch ist nach zutreffender Auffassung die Schlusserbeneinsetzung der gemeinsamen Kinder zu gleichen Teilen im Zweifel nach § 2270 Abs. 2 Alt. 2 BGB wechselbezüglich und daher für den überlebenden Ehegatten bindend.[31] Mit dem Tod des ersten Ehegatten erlischt für den überlebenden Ehegatten das Recht zum Widerruf und tritt seine Bindung an die im gemeinschaftlichen Ehegattentestament zugunsten seiner Kinder getroffenen wechselbezüglichen Verfügungen und insoweit eine Beschränkung seiner Testierfreiheit ein.[32] Zwar wird diese herrschende Praxis der Gerichte, bei der Schlusserbeneinsetzung gemeinsamer Kinder unter Hinweis auf § 2270 Abs. 2 BGB von einer Bindungswirkung auszugehen, als zu schematisch kritisiert, weil mit dieser Auslegung ein oftmals mangels Problembewusstsein nicht gebildeter Bindungswille fingiert wird,[33] doch wird dem Rechtsanwender damit eine notwendige

27 BGH, Urt. v. 16.6.1987 – IVa ZR 74/86, NJW-RR 1987, 1410.

28 BGH, Urt. v. 16.6.1987 – IVa ZR 74/86, NJW-RR 1987, 1410, 1411.

29 OLG Köln, Beschl. v. 13.12.2006 – 2 U 80/06, NJW-RR 2007, 1599, 1600; KG, Beschl. v. 10.7.2018 – 6 W 35/18, BeckRS 2018, 24854.

30 BayObLG, Beschl. v. 29.8.1985 – BReg. 1Z 47/85, BeckRS 2009, 28314.

31 OLG Bamberg, Beschl. v. 6.11.2015 – 4 W 105/15, MittBayNot 2017, 277, 278 m. teilw. krit. Anm. *Braun*.

32 BGH, Urt. v. 28.4.1958 – III ZR 98/56, BeckRS 1958, 31201121.

33 *U. Mayer*, ZEV 2016, 420, 422.

Orientierung an die Hand gegeben, die unzweifelhaft durch einen festgestellten vorrangigen abweichenden Erblasserwillen verdrängt wird.

III. Folgen der Wechselbezüglichkeit

Relevanz hat die Wechselbezüglichkeit zunächst im Falle der **Nichtigkeit** oder des **Widerrufs** einer Verfügung: Gem. § 2270 Abs. 1 BGB ist dann kraft Gesetzes auch die **korrespondierende Verfügung des anderen Ehegatten unwirksam**. Die Ursache der Nichtigkeit (z.B. Formfehler, Testierunfähigkeit, Anfechtung) ist dabei irrelevant. 50

Weiterhin hat die Wechselbezüglichkeit zur Folge, dass das **Recht zum Widerruf eingeschränkt** ist: Zu Lebzeiten des anderen Ehegatten bedarf er einer speziellen Form, nach dessen Tod ist er gänzlich ausgeschlossen. Zu Lebzeiten des anderen Ehegatten kann ein Ehegatte eine wechselbezügliche Verfügung zwar grundsätzlich frei widerrufen, der Widerruf bedarf jedoch gem. § 2271 Abs. 1 S. 1 BGB der für den Rücktritt vom Erbvertrag geltenden Form des § 2296 BGB, d.h. er muss durch eine persönliche **notariell beurkundete Erklärung gegenüber dem anderen Ehegatten** erfolgen. Dadurch soll verhindert werden, dass ein Ehegatte seine Verfügung heimlich widerruft.[34] Mit dem wirksamen Widerruf erlischt gem. § 2270 Abs. 1 BGB auch die wechselbezügliche Verfügung des anderen Ehegatten. 51

Muster 8.5: Einseitiger Widerruf eines gemeinschaftlichen Testaments 8.5

Gemeinsam mit meinem Ehegatten habe ich am ein gemeinschaftliches Testament errichtet. 52

Ich widerrufe hiermit die von mir in diesem gemeinschaftlichen Testament getroffenen Verfügungen in vollem Umfang.

Ich ersuche um Erteilung zweier Ausfertigungen. Eine Ausfertigung dieser Urkunde soll über den Notar durch Vermittlung des Gerichtsvollziehers gem. § 132 Abs. 1 BGB meinem Ehegatten unter folgender Adresse zugestellt werden: Der Notar wird beauftragt, die Mitteilung des Widerrufs zu überwachen.

Die Ehegatten können ihre wechselbezüglichen Verfügungen aber selbstverständlich auch **gemeinsam widerrufen**. Dabei sind grundsätzlich sämtliche Widerrufsformen zulässig, die auch bei einem „normalen" Testament zulässig sind, nur müssen eben – um „Heimlichkeiten" zu verhindern – beide Ehegatten gemeinschaftlich handeln. Möglich sind somit: ein gemeinschaftliches Widerrufstestament (§ 2254 BGB), eine widersprechende Verfügung in einem gemeinschaftlichen Testament (§ 2258 BGB) oder Erbvertrag (§ 2289 BGB), der Widerruf durch gemeinschaftliche Vernichtung oder Veränderung gem. § 2255 BGB oder durch gemeinschaftliche Rücknahme aus der amtlichen Verwahrung (§§ 2272, 2256 BGB). Die formlose Zustimmung zu einer neuen (einseitigen) Verfügung von Todes wegen des anderen Ehegatten ist nicht ausreichend;[35] ebenso wenig die nachträgliche Zustimmung zur Vernichtung des gemeinschaftlichen Testaments. Eine notariell beurkundete Zustimmungserklärung reicht nur aus, wenn Vermächtnisse oder Auflagen aufgehoben werden (arg. e § 2291 BGB). 53

Ein später errichtetes einfaches Testament hat dann Vorrang vor dem gemeinschaftlichen Testament, wenn es den überlebenden Ehegatten lediglich rechtlich besserstellt, da der Schutzzweck des § 2271 Abs. 1 BGB in einem solchen Fall nicht berührt ist.[36] 54

34 BGH, Beschl. v. 13.7.1959 – V ZB 4/59, NJW 1959, 1730, 1731.
35 OLG Karlsruhe, Urt. v. 8.7.1998 – 6 U 138/96, NJWE-FER 1999, 14.
36 BGH, Beschl. v. 13.7.1959 – V ZB 4/59, NJW 1959, 1730, 1732.

55 Mit dem **Tod** des anderen Ehegatten **erlischt** das Recht zum Widerruf (§ 2271 Abs. 2 S. 1 Hs. 1 BGB). Dahinter steht wiederum der Gedanke, dass das Vertrauen des anderen Ehegatten in die Rechtsbeständigkeit der wechselbezüglichen Verfügung geschützt werden soll: Genauso wenig wie ein „heimlicher" Widerruf hinter seinem Rücken zu Lebzeiten soll auch ein nachträglicher Widerruf nach seinem Tod zulässig sein. Der überlebende Ehegatte hat jedoch gem. § 2271 Abs. 2 S. 1 Hs. 2 BGB ein **Recht zur Aufhebung** seiner wechselbezüglichen Verfügung, wenn er das ihm Zugewendete ausschlägt. Denn dann kann dem Überlebenden kein widersprüchliches Verhalten mehr vorgeworfen werden; wenn er selbst nichts erhält, muss er auch nicht mehr gebunden bleiben. Ein Teil der Literatur will § 2271 Abs. 2 S. 1 Hs. 2 BGB analog anwenden, wenn ein Dritter durch den verstorbenen Ehegatten bedacht wurde und dieser Dritte ausschlägt. Dies vermag jedoch nicht zu überzeugen, denn der dem § 2271 Abs. 2 S. 1 Hs. 2 BGB zugrunde liegende Gedanke des Verbots widersprüchlichen Verhaltens greift im Falle der Begünstigung eines Dritten gerade nicht.

56 **Hinweis**
Den Ehegatten steht es frei, dem Überlebenden durch die Aufnahme eines sog. Änderungsvorbehalts die Möglichkeit zu eröffnen, seine wechselseitigen Verfügungen generell oder unter bestimmten Bedingungen zu ändern oder aufzuheben; ggf. kann sich dem Testament ein solcher Änderungsvorbehalt auch im Wege der ergänzenden Testamentsauslegung entnehmen lassen.

IV. Umfang der Bindung

57 Wenn der überlebende Ehegatte die Zuwendung angenommen hat, ist er an seine wechselbezügliche Verfügung gebunden und insoweit in seiner Testierfreiheit eingeschränkt. Jede **beeinträchtigende letztwillige Verfügung**, die den wechselbezüglichen Anordnungen widerspricht, ist **unwirksam**. Rechtsdogmatisch kann dies auf die §§ 2271 Abs. 2 S. 1, 2253 BGB gestützt werden; vielfach wird auch § 2289 Abs. 1 S. 2 BGB analog angewandt.[37] Die beeinträchtigende Verfügung ist allerdings nicht endgültig nichtig; wenn die wechselbezügliche Verfügung später aus irgendwelchen Gründen unwirksam oder gegenstandslos wird (z.B. durch Wegfall des Bedachten), wird sie voll wirksam.

58 Darüber hinaus statuiert das Gesetz in bestimmten Fällen aus übergeordneten Gründen **Ausnahmen von der Bindung**: Der Überlebende ist zur Aufhebung seiner Verfügung berechtigt, wenn der Bedachte sich einer Verfehlung schuldig gemacht hat, die zur Pflichtteilsentziehung berechtigt (§§ 2271 Abs. 2 S. 2, 2294, 2336 BGB). Wenn der Bedachte ein pflichtteilsberechtigter Abkömmling ist, sind Beschränkungen in guter Absicht nach § 2338 BGB zulässig (§§ 2271 Abs. 3, 2289 Abs. 2 BGB).

V. Anfechtung des gemeinschaftlichen Testaments

59 Nach ganz herrschender Meinung ist der überlebende Ehegatte darüber hinaus berechtigt, bindend gewordene wechselbezügliche Verfügungen gem. §§ 2281 ff. BGB analog anzufechten.[38] Für das gemeinschaftliche Testament enthält das BGB keine speziellen Anfechtungsregeln, weshalb für die Anfechtung gemeinschaftlicher Testamente im Grundsatz die **§§ 2078 ff. BGB** gelten. Im Falle wechselbezüglicher Verfügungen besteht allerdings aufgrund der mit ihnen verbundenen Bindungswirkung ein Bedürfnis dafür, auch dem überlebenden Ehegatten ein Anfechtungsrecht einzuräumen. Anerkanntermaßen hat der **überle-**

37 OLG Frankfurt, Beschl. v. 27.6.1994 – 20 W 108/94, NJW-RR 1995, 265, 266.
38 BGH, Urt. v. 25.5.2016 – IV ZR 205/15, NJW 2016, 2566, 2567.

bende Ehegatte deshalb aufgrund der vergleichbaren Interessenlage ein Selbstanfechtungsrecht hinsichtlich seiner **wechselbezüglichen Verfügungen** gem. **§§ 2281 ff. BGB analog.** Ein Bedürfnis für ein solches Selbstanfechtungsrecht eines Ehegatten analog §§ 2281 ff. BGB besteht allerdings auch nur nach dem Tod des anderen Ehegatten und nur in Bezug auf wechselbezügliche Verfügungen. Solange beide Ehegatten noch leben, können wechselbezügliche Verfügungen gem. § 2271 Abs. 1 S. 1 BGB frei widerrufen werden. Nicht wechselbezügliche Verfügungen sind ohnehin jederzeit frei widerrufbar (§ 2253 BGB).

Für **Form** und **Frist** der **Selbstanfechtung** wechselbezüglicher Verfügungen durch den überlebenden Ehegatten gelten die **§§ 2282 f. BGB analog.** Die Anfechtungsfrist des § 2083 BGB beginnt allerdings frühestens mit dem Tod des zuerst versterbenden Ehegatten.[39] Will der überlebende Ehegatte die wechselbezüglichen oder einseitigen Verfügungen des verstorbenen Ehegatten anfechten, so gelten die allgemeinen Vorschriften der §§ 2078 ff. BGB. 60

Gleiches gilt für die Anfechtung einseitiger oder wechselbezüglicher Verfügungen durch **Dritte** (egal, ob nach dem ersten oder nach dem zweiten Erbfall). Wiederum nachdrücklich zu beachten ist, dass im Fall der **Anfechtung wechselbezüglicher Verfügungen des überlebenden Ehegatten durch Dritte** § 2285 BGB analog gilt.[40] 61

Die Anfechtung wechselbezüglicher Verfügungen des erstversterbenden Ehegatten durch einen Dritten ist hingegen **nicht** analog § 2285 BGB beschränkt.[41] Denn dem **erstversterbenden** Ehegatten steht selbst kein Anfechtungsrecht, sondern nur ein Widerrufsrecht hinsichtlich seiner wechselbezüglichen Verfügungen zu; zudem fehlt es hier auch an der für eine Analogie vergleichbaren Interessenlage. 62

Die infolge der Anfechtung eintretende Nichtigkeit der angefochtenen wechselbezüglichen Verfügung (§ 142 Abs. 1 BGB) führt grundsätzlich zur **Nichtigkeit aller** wechselbezüglichen Verfügungen (§ 2270 Abs. 1 BGB).[42] Bei diesem Punkt existiert mittlerweile eine unüberschaubare Kasuistik, von welcher Rechtsfolge auszugehen ist. Wiederum sei das sog. Berliner Testament betrachtet: Es wird vertreten, dass die Anfechtung des überlebenden Ehegatten zur sofortigen (Ersatz-)Erbschaft der an sich schlusserbenden Kinder führt. Überwiegend wird aber davon ausgegangen, dass rückwirkend gesetzliche Erbfolge von überlebendem Ehegatten und Kindern eintritt. 63

Hinweis 64

Vor jeder Anfechtung sind die eintretenden Rechtsfolgen genau zu untersuchen. So führt die Anfechtung eines bindenden Berliner Testaments regelmäßig zum Eintritt der gesetzlichen Erbfolge auf den Tod des ersten Ehegatten mit der unliebsamen Folge des anfänglichen Erbschaftsbesitzes des überlebenden Ehegatten und der damit einhergehenden Implikationen,[43] vor allem auch in steuerlicher Hinsicht.[44]

39 Vgl. OLG Düsseldorf, Beschl. v. 31.10.2006 – 3 Wx 154/06, NJW-RR 2007, 947, 948.
40 BGH, Urt. v. 25.5.2016 – IV ZR 205/15, NJW 2016, 2566.
41 BGH, Urt. v. 25.5.2016 – IV ZR 205/15, NJW 2016, 2566, 2567.
42 OLG München, Beschl. v. 24.7.2017 – 31 Wx 335/16, MittBayNot 2018, 262, 263.
43 *Keim*, MittBayNot 2018, 211; *Keim*, notar 2019, 147; *Wintermantel*, BWNotZ 1993, 120.
44 *Klarner*, ZEV 2018, 53.

F. Wirkungen eines Zuwendungsverzichts gem. § 2352 BGB

65 Eine eingetretene Beschränkung der Testierfreiheit kann durch eine vertragliche Regelung mit dem hierdurch Geschützten wieder beseitigt werden. Ein Zuwendungsverzicht gem. § 2352 BGB bewirkt keine Aufhebung der Verfügung von Todes wegen, sondern verhindert in entsprechender Anwendung des § 2346 Abs. 1 S. 2 BGB nur den Anfall der Zuwendung (Erbeinsetzung, Vermächtnis, Auflage) an den Verzichtenden, wie wenn dieser den Erbfall nicht erlebt hätte (sog. **Vorversterbensfiktion**). Das gesetzliche Erb- und Pflichtteilsrecht des Verzichtenden wird durch den Zuwendungsverzicht nicht berührt, sodass es daneben eines Erb- oder Pflichtteilsverzichts nach § 2346 BGB bedarf, wenn dies gewünscht ist.

66 **Zweckmäßig** ist ein Zuwendungsverzicht daher vor allem dann, wenn der Erblasser nach dem Tod des Ehegatten ein gemeinschaftliches Testament nicht mehr widerrufen bzw. eine erbvertragliche Verfügung nicht mehr aufheben kann; durch den Zuwendungsverzicht kann er seine Verfügungsfreiheit wiedererlangen. Anders als zuvor erstreckt sich seit der Erbrechtsreform zum 1.1.2010 und der dadurch erfolgten Inbezugnahme von § 2349 BGB der Zuwendungsverzicht im Zweifel auch auf **Abkömmlinge**. Die exakte Reichweite und die weitergehenden Konsequenzen der Vermutung werden allerdings kontrovers diskutiert.

G. Exkurs: Lebzeitige Rechtsgeschäfte

67 Vom Berater unbedingt im Auge zu behalten ist, dass eine letztwillige Bindung des künftigen Erblassers ihn im Ausgangspunkt nicht daran hindert, lebzeitig zu verfügen! § 2286 BGB stellt für den **Erbvertrag** klar, dass das Recht des Erblassers, über sein Vermögen durch Rechtsgeschäft unter Lebenden zu verfügen, durch den Erbvertrag nicht beschränkt wird. Der im Erbvertrag Bedachte erlangt vor Eintritt des Erbfalls weder einen künftigen Anspruch noch ein Anwartschaftsrecht, sondern lediglich eine tatsächliche Aussicht.[45] Es bleibt den Vertragsparteien aber unbenommen, zusätzlich einen schuldrechtlichen Vertrag abzuschließen, der es dem Vertragserblasser verbietet, über bestimmte Gegenstände zu verfügen (sog. **Verfügungsunterlassungsvertrag**). Ein solcher Vertrag entfaltet zwar keine dinglichen Wirkungen (§ 137 S. 1 BGB), aber seine Verletzung begründet Unterlassungs- bzw. Schadensersatzansprüche gegen den Erblasser.

Dasselbe gilt für ein bindendes **gemeinschaftliches Testament**, d.h. im Hinblick auf Verfügungen unter Lebenden ist der überlebende Ehegatte grundsätzlich frei.

68 Einschränkend sieht das Gesetz für den Erbvertrag in § 2287 BGB lediglich **schuldrechtliche Ansprüche** des Vertragserben gegen den Beschenkten aufgrund beeinträchtigender Schenkungen und in § 2288 BGB lediglich schuldrechtliche Ansprüche des Vertragsvermächtnisnehmers gegen den Erben und teilweise subsidiär gegen den Beschenkten aufgrund von Beeinträchtigungen des Vermächtnisgegenstands vor.

69 Aufgrund der vergleichbaren Interessenlage mit der erbvertraglichen Bindung sind die **§§ 2287, 2288 BGB analog** auf wechselbezügliche letztwillige Verfügungen eines gemeinschaftlichen Testaments, das nach dem Tod des erstverstorbenen Ehegatten unwiderruflich geworden ist, anzuwenden.[46] Eine entsprechende Anwendung findet auf wechselbezügliche

45 BGH, Beschl. v. 19.1.1954 – V ZB 28/53, NJW 1954, 633, 634.
46 BGH, Urt. v. 28.9.2016 – IV ZR 513/15, NJW 2017, 329, 330.

Verfügungen jedoch erst statt, wenn diese nach dem Tod des erstverstorbenen Ehegatten unwiderruflich geworden sind.[47]

Dieses Schutzregime ist nach Gesetz und Rechtsprechung alles andere als vollkommen und 70
bietet prämortal vielfältige Möglichkeiten zur Gestaltung trotz fehlender Testierfreiheit, die der Berater kennen und in Erwägung ziehen muss, um seinen Mandanten optimal beraten zu können. Dem Mandanten kommt es nämlich regelmäßig auf das Ergebnis an und nicht auf den rechtlichen Weg, wie es erreicht werden kann.

47 OLG Stuttgart, Beschl. v. 27.4.2018 – 19 U 48/18, MittBayNot 2019, 599 m. zust. Anm. *Weidlich*.

§ 9 Pflichtteilsberechtigte

Nina Lenz-Brendel

Literaturhinweise

Baumann, Die Pflichtteilsbeschränkung in guter Absicht, ZEV 1996, 121; *Bonefeld/Kroiß/Lange*, Die Erbrechtsreform, 2009; *Dauner-Lieb*, Pflichtteilsrecht und Pflichtteilsentziehung auf dem Prüfstand – Bemerkungen anlässlich des Beschlusses des BVerfG vom 30.8.2000, FF 2000, 110; *Herzog*, Die Pflichtteilsentziehung im Lichte der neueren Rechtsprechung von Bundesgerichtshof und Bundesverfassungsgericht, FF 2006, 86; *Keim*, Aktuelle Probleme der Enterbung und Pflichtteilsentziehung, DNotZ 2024, 246; *Kuhn*, Anforderungen an die Pflichtteilsbeschränkung nach § 2338 BGB, ZEV 2011, 288; *Lange*, Das Gesetz zur Reform des Erb- und Verjährungsrechts, DNotZ 2009, 732; *Lange/Honzen*, Folgeprobleme der Erbrechtsreform im Pflichtteilsrecht (Teil 1), ZErb 2011, 289.

Inhalt

A. Enterbung 1
I. Allgemeines 1
II. Einsetzung zum Nacherben 8
III. Erbeinsetzung auf den Pflichtteil 9
B. Pflichtteilsentziehung 13
I. Verfassungsmäßigkeit des Pflichtteilsrechts 13
II. Pflichtteilsentziehungsgründe 14
1. Allgemeines 14
2. § 2333 Abs. 1 Nr. 1 BGB – „Nach dem Leben trachten" 16
3. § 2333 Abs. 1 Nr. 2 BGB – Verbrechen oder vorsätzliches Vergehen 18
4. § 2333 Abs. 1 Nr. 3 BGB – Böswillige Verletzung der Unterhaltspflicht 22
5. § 2333 Abs. 1 Nr. 4 BGB – Rechtskräftige Verurteilung und Unzumutbarkeit der Nachlassteilhabe 25
III. Form, Inhalt und Grund der Entziehung .. 30
1. Form und Inhalt der Entziehung 30
2. Entziehungsgrund 33
3. Verzeihung 35
C. Pflichtteilsbeschränkung in guter Absicht 37
I. Allgemeines 37
II. Gestaltung der Beschränkung 44
III. Grund der Beschränkung 46
D. Checkliste: Pflichtteilsberechtigte 50

A. Enterbung

I. Allgemeines

Unter Enterbung (§ 1938 BGB) versteht man den Ausschluss eines gesetzlichen Erben von der gesetzlichen Erbfolge durch Verfügung von Todes wegen. Die Enterbung kann nur durch ein Testament (Negativ-Testament, § 1938 BGB/Positiv-Testament, § 1937 BGB) oder durch eine einseitige Verfügung in einem Erbvertrag (§§ 2278 Abs. 2, 2299 BGB) erreicht werden. Die Enterbung bedarf **keiner Begründung**. Eine Begründung schadet zwar grundsätzlich nicht, kann aber ggf. zur Anfechtung nach § 2078 Abs. 2 BGB berechtigen.[1] 1

Ein „**negatives**" Testament beinhaltet den **ausdrücklichen** Ausschluss gesetzlicher Erben von der Erbfolge, sodass im Erbfall zwar grundsätzlich die gesetzliche Erbfolge eintritt, die ausdrücklich Enterbten aber so behandelt werden, als wären sie nicht vorhanden. Die Enterbung bewirkt also den Eintritt der gesetzlichen Erbfolge ohne den Ausgeschlossenen.[2] Die Formulierung eines privatschriftlichen Testaments, nach welcher jegliche Forderungen 2

1 Grüneberg/*Weidlich*, § 1938 Rn 2.
2 Grüneberg/*Weidlich*, § 1938 Rn 3.

von Verwandten ausdrücklich ausgeschlossen werden, kann als umfassende Enterbung i.S.d. § 1938 BGB zu verstehen sein.[3] Hingegen kann ein gemeinschaftliches Testament von Ehegatten, das keine Regelung für den Tod des zuerst versterbenden Ehegatten enthält, nicht dahin ausgelegt werden, dass einzelne gesetzlich erbberechtigte Personen von der Erbfolge nach dem zuerst Versterbenden ausgeschlossen sind.[4] Unbedingt beachtet werden muss, dass die Enterbung zu einer Erhöhung der gesetzlichen Erbteile der Verwandten führt, wenn es sich bei dem von der Erbfolge Ausgeschlossenen um den Ehegatten oder den eingetragenen Lebenspartner des Erblassers handelt.

3 Ein **stillschweigender** Ausschluss von der gesetzlichen Erbfolge ist ebenfalls möglich. Der Ausschließungswille muss sich aber unzweideutig ergeben.[5] Ein Beispiel für eine stillschweigende Enterbung ist die Entziehung des Pflichtteils.[6] In der unentgeltlichen Zuwendung eines Vermögenswerts in einem notariellen Überlassungsvertrag, die im Wege der vorweggenommenen Erbfolge erfolgt, ist aber wohl keine Enterbung gem. § 1938 BGB mit bloßer Pflichtteilsberechtigung zu sehen.[7]

4 Die Errichtung eines **„positiven“** Testaments stellt lediglich eine **konkludente** Enterbung des oder der gesetzlichen Erben dar. Dadurch, dass bestimmte Personen als Erben eingesetzt werden und der gesamte Nachlass verteilt wird, bleibt kein Raum mehr für den Eintritt der gesetzlichen Erbfolge. Die Enterbung gesetzlicher Erben ist in diesem Fall zwangsläufig gegeben. Die sog. positive Erbeinsetzung führt daher ohne ausdrückliche Enterbung zum Ausschluss der gesetzlichen Erbfolge. Beachtet werden muss, dass die Erschöpfung des Nachlasses durch Vermächtnisse keine konkludente Enterbung des oder der gesetzlichen Erben beinhaltet. Fraglich ist, ob die enterbende Wirkung eines positiven Testaments auch bei **Nichtigkeit** der **Erbeinsetzung** oder bei Ausschlagung erhalten bleibt. Das ist wohl regelmäßig der Fall, wenn der Erblasser den Ausschluss des oder der gesetzlichen Erben von der Erbfolge unter allen Umständen erreichen wollte.[8]

5 Die Enterbung eines gesetzlichen Erben der ersten drei Ordnungen erfolgt grundsätzlich nur hinsichtlich seiner Person[9] und hindert das Eintrittsrecht seiner **Abkömmlinge** gem. §§ 1924 Abs. 3, 1925 Abs. 3, 1926 Abs. 3 BGB nicht.[10] Soll sich die Enterbung auch auf die Abkömmlinge erstrecken, dann sollte dies in der Verfügung ausdrücklich erklärt werden.[11] Zwar ist ein Ausschluss der Abkömmlinge auch stillschweigend möglich bzw. kann im Wege der Auslegung ermittelt werden. Voraussetzung ist aber, dass für eine Enterbung auch der Abkömmlinge konkrete Anhaltspunkte vorliegen.[12] Ein abweichender Wille des Erblassers muss in der letztwilligen Verfügung angedeutet sein. Dafür reicht die ausdrück-

---

3 OLG Hamm, Beschl. v. 9.12.2011 – I-15 W 701/10, ZErb 2012, 88.
4 OLG München, Beschl. v. 19.12.2012 – 31 Wx 434/12, ZErb 2013, 33.
5 Grüneberg/*Weidlich*, § 1938 Rn 1; OLG Brandenburg, Beschl. v. 23.11.2022 – 3 W 121/22, ZEV 2023, 218.
6 BeckOK BGB/*Müller-Christmann*, § 1938 Rn 4 m.w.N.
7 BeckOK BGB/*Müller-Christmann*, § 1938 Rn 4; a.A. OLG Brandenburg, Beschl. v. 31.8.2022 – 3 W 55/22, juris; vgl. zu dieser Thematik auch *Keim*, DNotZ 2024, 246.
8 OLG Hamm, Beschl. v. 2.12.2011 – I-15 W 603/10, ZEV 2012, 266.
9 BayObLG, Beschl. v. 10.4.1989 – BReg. 1a Z 72/88, FamRZ 1989, 1006.
10 Grüneberg/*Weidlich*, § 1938 Rn 3.
11 BayObLG, Beschl. v. 10.4.1989 – BReg. 1a Z 72/88, FamRZ 1989, 1006.
12 BayObLG, Beschl. v. 10.4.1989 – BReg. 1a Z 72/88, FamRZ 1989, 1006; MüKo-BGB/*Leipold*, § 1938 Rn 9.

liche Enterbung des gesetzlichen Erben nicht.[13] Nicht enterbt werden kann der Fiskus,[14] was sich bereits aus dem Wortlaut des § 1938 BGB ergibt.

Praxistipp 6

Will der Erblasser sichergehen, dass eine bestimmte Person auf keinen Fall Erbe wird, bietet es sich an, diese **ausdrücklich** von der Erbfolge auszuschließen – andernfalls bestünde die Gefahr, dass der zunächst nicht Bedachte über eine Ersatzerbenregelung oder den Eintritt der gesetzlichen Erbfolge bei Ausschlagung doch noch Erbe werden könnte. Regelmäßig sollte hierbei die Person mit ihrem gesamten Stamm von der Erbfolge ausgeschlossen werden.

Muster 9.1: Enterbung 9.1

Meinen Sohn , geb. am in , schließe ich mit seinem gesamten Stamm ausdrücklich von der Erbfolge aus. 7

II. Einsetzung zum Nacherben

Keine Enterbung ist die Einsetzung als Nacherbe nach § 2100 BGB. Der Nacherbe ist rechtlich **nicht von der Erbfolge ausgeschlossen**. Er gelangt aber bei Eintritt des Erbfalls nicht sofort zur Erbfolge, sondern erst bei Eintritt des Nacherbfalls, also nachdem zunächst ein anderer (Vorerbe) Erbe geworden ist. Je nach Ausgestaltung der Vorerbschaft erleidet der zum Nacherben Eingesetzte auch noch die Nachteile der Befreiung des Vorerben von den §§ 2113 ff. BGB. Der pflichtteilsberechtigte Nacherbe wird gem. § 2306 Abs. 2 BGB wie ein pflichtteilsberechtigter Vorerbe bzw. wie ein durch Testamentsvollstreckung, Vermächtnis und/oder Auflage belasteter Pflichtteilsberechtigter behandelt. Er kann daher die Nacherbschaft ausschlagen und stattdessen den Pflichtteil geltend machen. 8

III. Erbeinsetzung auf den Pflichtteil

Zu Schwierigkeiten kann in der Praxis die häufig in Laientestamenten enthaltene Formulierung führen, nach der eine bestimmte Person nur ihren Pflichtteil erhalten soll, da es sich hierbei nicht um eine eindeutige Verfügung des Erblassers handelt. Es stellt sich daher in diesen Fällen die Frage, ob der Erblasser eine **Erbeinsetzung auf die Pflichtteilsquote**, eine **Enterbung** oder ein **Vermächtnis** in Höhe des Pflichtteils vornehmen wollte.[15] Folglich ist im Wege der **Auslegung** zu ermitteln, was der Erblasser mit dieser Formulierung gemeint hat. Maßgeblich ist hierbei, ob der Erblasser den Betroffenen begünstigen oder ihm nur die gesetzliche Mindestbeteiligung an seinem Nachlass zukommen lassen wollte. 9

§ 2304 BGB enthält für diesen Fall eine Auslegungsregel, nach welcher die Zuwendung des Pflichtteils im Zweifel nicht als Erbeinsetzung anzusehen ist. Offen bleibt, ob dem Pflichtteilsberechtigten ein **Vermächtnis** in Höhe seines Pflichtteils zugewendet wurde mit der Folge, dass der Bedachte den Pflichtteil aufgrund letztwilliger Verfügung fordern kann, oder ob die Verfügung lediglich als Verweis auf das gesetzliche Pflichtteilsrecht zu deuten ist.[16] Der praktische Unterschied bis zum Inkrafttreten des Gesetzes zur Reform des Erb- und Verjährungsrechts im Jahr 2010 bestand darin, dass der Pflichtteilsanspruch innerhalb von drei Jahren, ein Vermächtnisanspruch aber erst nach 30 Jahren verjährte. 10

13 OLG Hamm, Beschl. v. 5.5.2022 – I-10 W 132/21, juris.
14 Grüneberg/*Weidlich*, § 1938 Rn 1.
15 Grüneberg/*Weidlich*, § 2304 Rn 1.
16 Grüneberg/*Weidlich*, § 2304 Rn 1.

11 Der mit dem Erblasser im gesetzlichen Güterstand der **Zugewinngemeinschaft** verheiratet gewesene **Ehegatte**, der weder Erbe wird noch ein Vermächtnis erhält, kann nach § 1371 Abs. 2 BGB neben dem Ausgleich des Zugewinns lediglich den kleinen Pflichtteil aus dem nicht erhöhten gesetzlichen Erbteil verlangen. Bei Verfügungen des Erblassers, nach denen der Ehegatte auf den Pflichtteil verwiesen wird, stellt sich dennoch grundsätzlich die Frage, ob der Ehegatte den großen oder lediglich den kleinen Pflichtteil verlangen kann. Wie oben ausgeführt, kann es sich bei dem Verweis des Ehegatten auf den Pflichtteil entweder um eine Enterbung, die Zuwendung eines Vermächtnisses in Höhe des Pflichtteils oder eine Erbeinsetzung in Höhe der Pflichtteilsquote handeln. Handelt es sich bei dem Verweis des Ehegatten auf den Pflichtteil um ein Vermächtnis oder eine Erbeinsetzung, kann hierin sowohl die Zuwendung des kleinen als auch die Zuwendung des großen Ehegattenpflichtteils liegen. Im Zweifel ist im Wege der Auslegung zu ermitteln, was der Erblasser wollte; eine Regelvermutung für die eine oder die andere Variante gibt es nicht.[17]

12 **Praxistipp**

Handelt es sich bei der Zuwendung des Pflichtteils an den Ehegatten um eine Erbeinsetzung, ist zu beachten, dass der Ehegatte die Erbschaft nach § 1371 Abs. 3 BGB ausschlagen muss, wenn er neben dem (kleinen) Pflichtteil auch den konkreten Zugewinnausgleich erhalten will.

Im Rahmen der Errichtung eines öffentlichen Testaments ist der Notar nach § 17 BeurkG verpflichtet, auf das Bestehen von Pflichtteilsrechten und deren Bedeutung im Erbfall hinzuweisen.

B. Pflichtteilsentziehung

I. Verfassungsmäßigkeit des Pflichtteilsrechts

13 Das Erbrecht unterliegt als Individualgrundrecht und als Rechtsinstitut selbst dem verfassungsrechtlichen Schutz des Art. 14 GG.[18] Dass auch das Pflichtteilsrecht diesen Schutz genießt, wurde vom BVerfG mit Beschluss vom 19.4.2005[19] ausdrücklich klargestellt. In diesem Beschluss führt das BVerfG aus, dass zu den von der Erbrechtsgarantie des Art. 14 Abs. 1 S. 1 GG gewährleisteten traditionellen Kernelementen des deutschen Erbrechts auch das Recht der Kinder eines Erblassers auf eine grundsätzlich unentziehbare und bedarfsunabhängige Teilhabe am Nachlass gehört. Dennoch hat das BVerfG[20] eine Pflichtteilsentziehung als wirksam betrachtet und damit deutlich zum Ausdruck gebracht, dass die Vorschriften des BGB über die Pflichtteilsentziehung (§§ 2333 ff. BGB) **mit dem Grundgesetz vereinbar** sind. Es gibt allerdings Fälle, in denen das Prinzip der Testierfreiheit mit dem Grundsatz der unentziehbaren Nachlassteilhabe eines Pflichtteilsberechtigten nicht in Einklang zu bringen ist. Das beanstandete Fehlverhalten muss dann aber über das für eine Enterbung kennzeichnende Maß der familiären Konfliktsituation hinausgehen, damit eine Entziehung des Pflichtteils gerechtfertigt ist.[21]

17 Grüneberg/*Weidlich*, § 2304 Rn 3.
18 BVerfG, Beschl. v. 14.12.1994 – 1 BvR 720/90, BVerfGE 91, 346 = FamRZ 1995, 405.
19 BVerfG, Beschl. v. 19.4.2005 –1 BvR 1644/00 u. 1 BvR 188/03, ZErb 2005, 169.
20 BVerfG, Beschl. v. 19.4.2005 – 1 BvR 1644/00 u. 1 BvR 188/03, ZErb 2005, 169.
21 BVerfG, Beschl. v. 19.4.2005 – 1 BvR 1644/00 u. 1 BvR 188/03, ZErb 2005, 169.

II. Pflichtteilsentziehungsgründe

1. Allgemeines

Im Zuge der Reform des Erb- und Verjährungsrechts wurden im Bereich der Pflichtteilsentziehung vor dem Hintergrund der Vorgaben des BVerfG erhebliche Veränderungen vorgenommen: Die Pflichtteilsentziehungsgründe für **Abkömmlinge, Eltern** und **Ehegatten** wurden vereinheitlicht; die frühere Unterscheidung in den §§ 2333–2335 BGB ist hierdurch weggefallen. Der Kreis der vom Fehlverhalten eines Pflichtteilsberechtigten Betroffenen wurde erweitert und so die Pflichtteilsentziehungsgründe an die gewandelten familiären Strukturen angepasst.[22] Im Rahmen der Reform wurde auch der Katalog der Pflichtteilsentziehungsgründe stark überarbeitet. 14

Der Erblasser kann die Entziehung des Pflichtteils nur bei Vorliegen eines der in § 2333 Abs. 1 BGB abschließend geregelten Entziehungsgründe wirksam vornehmen. Die Vorschrift ist gem. § 10 Abs. 6 S. 2 LPartG für die Entziehung des Pflichtteils eines eingetragenen Lebenspartners entsprechend anwendbar. 15

2. § 2333 Abs. 1 Nr. 1 BGB – „Nach dem Leben trachten"

Der Erblasser kann einem Abkömmling, seinem Ehegatten/eingetragenen Lebenspartner oder einem Elternteil den Pflichtteil entziehen, wenn dieser dem Erblasser, dessen Ehegatten/eingetragenem Lebenspartner, einem anderen Abkömmling des Erblassers oder einer Person, die dem Erblasser ähnlich nahesteht, nach dem Leben trachtet. Dies ist dann der Fall, wenn der **ernsthafte Wille betätigt** wird, den **Tod** des anderen herbeizuführen, wobei ein einmaliger Versuch genügt. Beharrlichkeit ist nicht erforderlich. Hierbei genügt auch Mittäterschaft, Beihilfe oder Anstiftung.[23] Mündliche Äußerungen oder Androhungen genügen hingegen nicht.[24] Tritt der Pflichtteilsberechtigte gem. § 24 StGB strafbefreiend vom Versuch der Tat zurück, führt dies nicht zum Wegfall eines bereits entstandenen Pflichtteilsentziehungsgrunds.[25] 16

Die Tathandlung setzt schuldhaftes Verhalten voraus.[26] Die Voraussetzungen einer Pflichtteilsentziehung nach § 2333 Nr. 1 BGB liegen auch dann vor, wenn festgestellt werden kann, dass der Pflichtteilsberechtigte auf Grundlage der Vorgaben des BVerfG zwar schuldunfähig ist, aber in einem natürlichen Sinne vorsätzlich gehandelt hat.[27] Ein Verschulden im strafrechtlichen Sinn ist nicht erforderlich. 17

3. § 2333 Abs. 1 Nr. 2 BGB – Verbrechen oder vorsätzliches Vergehen

Die Entziehung des Pflichtteils ist auch dann möglich, wenn sich der Pflichtteilsberechtigte eines Verbrechens i.S.d. § 12 Abs. 1 StGB oder eines schweren vorsätzlichen Vergehens i.S.d. § 12 Abs. 2 StGB gegen den Erblasser oder einen nahen Angehörigen schuldig gemacht hat, wobei eine strafgerichtliche Verurteilung nicht erforderlich ist.[28] Ob ein schweres Vergehen vorliegt, beurteilt sich im Einzelfall nach dem Grad des sittlichen Verschuldens. Regelmäßig 18

22 *Lange*, DNotZ 2009, 732, 739.
23 Grüneberg/*Weidlich*, § 2333 Rn 3.
24 MüKo-BGB/*Lange*, § 2333 Rn 21.
25 MüKo-BGB/*Lange*, § 2333 Rn 22.
26 Grüneberg/*Weidlich*, § 2333 Rn 5.
27 BGH, Beschl. v. 13.4.2011 – IV ZR 102/09, ZEV 2011, 370.
28 MüKo-BGB/*Lange*, § 2333 Rn 30.

muss ein Vergehen vorliegen, das einen **erheblichen Unwertgehalt** aufweist.[29] Es kann daher auch ein **Diebstahl** von Bargeld zum Nachteil des Erblassers geeignet sein, die Pflichtteilsentziehung wegen eines schweren vorsätzlichen Vergehens nach § 2333 Abs. 1 Nr. 2 BGB zu rechtfertigen.[30] Auch **Beleidigungsdelikte** können den Tatbestand des § 2333 Abs. 1 Nr. 2 BGB erfüllen, und zwar insbesondere dann, wenn sie eine grobe Missachtung des Eltern-Kind-Verhältnisses darstellen.[31] Gleiches gilt für **psychische Misshandlungen**, wenn sie Straftatbestände wie § 240 StGB erfüllen.[32] Voraussetzung für das Vorliegen eines Pflichtteilsentziehungsgrunds ist des Weiteren, dass das Verbrechen oder Vergehen **schuldhaft** begangen wurde. Bei Vorliegen einer Notwehrhandlung oder bei einer unverschuldeten Notwehrüberschreitung ist ein Pflichtteilsentziehungsgrund nicht gegeben.[33]

19 Die Neufassung des § 2333 Abs. 1 Nr. 2 BGB beinhaltet auch die Entziehung des Pflichtteils bei einer vorsätzlichen **körperlichen Misshandlung** (Nr. 2 a.F.). Umstritten ist, ob weiterhin das Vorliegen einer „schweren Pietätsverletzung“erforderlich ist. Grundsätzlich wollte der Gesetzgeber mit der Neuregelung insoweit keine inhaltliche Veränderung erreichen und die bisherige Judikatur beibehalten.[34] Dies spricht dafür, dass auch weiterhin das ungeschriebene Tatbestandsmerkmal der „schweren Pietätsverletzung“ verwirklicht sein muss, um eine Pflichtteilsentziehung zu begründen. Dagegen spricht, dass jetzt im Rahmen des § 2333 Nr. 2 BGB für die Pflichtteilsentziehung auf die Schwere des Vergehens abzustellen ist. Dies macht das Vorliegen eines weiteren, ungeschriebenen Tatbestandsmerkmals entbehrlich.[35]

20 Liegt ein Fall des § 2333 Abs. 1 Nr. 1 oder 2 BGB vor, kann der Pflichtteil nicht nur entzogen werden, wenn sich die Tat gegen den Erblasser, dessen Ehegatten oder einen Abkömmling richtet, sondern auch dann, wenn eine **dem Erblasser ähnlich nahestehende Person** betroffen ist. Im Gesetz ist nicht ausdrücklich geregelt, wer zum Personenkreis der „ähnlich nahestehenden Personen“ gehört. Hierunter versteht man Personen, deren Verletzung den Erblasser in gleicher Weise wie ein Angriff gegen die bereits früher einbezogenen Ehegatten, eingetragenen Lebenspartner oder Abkömmlinge trifft.[36] Zwischen den „nahestehenden Personen“ und dem Erblasser muss im konkreten Einzelfall ein ähnliches Verhältnis wie zwischen Ehegatten oder Eltern und ihren Abkömmlingen bestehen, sprich eine der Partnerschaft oder der Nachkommenschaft vergleichbare Verbindung.[37] Das sind Personen, die mit dem Erblasser in einer auf Dauer angelegten Lebensgemeinschaft zusammenleben oder auf andere Weise mit ihm eng verbunden sind.[38]

9.2 **Muster 9.2: Pflichtteilsentziehung gem. § 2333 Abs. 1 Nr. 2 BGB**

21 Ich, ___, entziehe hiermit meinem Sohn ___, geb. am ___ in ___, den Pflichtteil ausfolgendem Grund:

Anlässlich der Feier meines 60. Geburtstags spuckte er mich vor versammelter Gesellschaft an und schlug mich dann zu Boden. Als ich ohnmächtig am Boden lag, hat er weiter mit den Füßen auf mich eingetreten. Hierbei erlitt ich mehrere Hämatome und einen Unterkieferbruch. Zum Beweis: Zeugnis des mich behan-

29 MüKo-BGB/*Lange*, § 2333 Rn 27.
30 OLG Stuttgart, Beschl. v. 24.1.2019 – 19 U 80/18, juris.
31 LG Stuttgart, Beschl. v. 15.2.2012 – 16 O 638/2011, NJW-RR 2012, 778.
32 Grüneberg/*Weidlich*, § 2333 Rn 7.
33 Grüneberg/*Weidlich*, § 2333 Rn 8.
34 Begründung, BT-Drucks 16/8954, S. 23.
35 Grüneberg/*Weidlich*, § 2333 Rn 6.
36 Grüneberg/*Weidlich*, § 2333 Rn 4.
37 MüKo-BGB/*Lange*, § 2333 Rn 17 ff.
38 RegE, BT-Drucks 16/8954, S. 23 zu Nr. 28.

delnden Arztes, Dr. in , den bzw. dessen Nachfolger ich hiermit von der Schweigepflicht entbinde. Anwesend bei der Tat waren im Übrigen folgende Zeugen:

4. § 2333 Abs. 1 Nr. 3 BGB – Böswillige Verletzung der Unterhaltspflicht

Als weiteren Grund für die Entziehung des Pflichtteils eines Abkömmlings, Elternteils, Ehegatten und eingetragenen Lebenspartners nennt § 2333 Abs. 1 Nr. 3 BGB die böswillige Verletzung einer gegenüber dem Erblasser bestehenden gesetzlichen Unterhaltspflicht. Dieser Pflichtteilsentziehungsgrund ist nach einhelliger Auffassung in der Literatur nahezu bedeutungslos,[39] denn Voraussetzung für die Entziehung des Pflichtteils eines Abkömmlings nach § 2333 Abs. 1 Nr. 3 BGB ist die **Bedürftigkeit** des Erblassers i.S.d. §§ 1602 Abs. 1, 1606 BGB. Ein bedürftiger Erblasser hinterlässt in der Regel keinen werthaltigen Nachlass, sodass bereits aus diesem Grund grundsätzlich kein Bedürfnis für eine Pflichtteilsentziehung besteht. Weitere Voraussetzung für die Entziehung des Pflichtteils nach § 2333 Abs. 1 Nr. 3 BGB ist die **Leistungsfähigkeit** des Unterhaltsverpflichteten sowie seine **Kenntnis** von der Bedürftigkeit des Erblassers.[40] Nach h.M. ist hierneben erforderlich, dass der Abkömmling die Unterhaltszahlungen böswillig aus verwerflichen Gründen verweigert.[41] Die Unterlassung oder Verweigerung von Pflegeleistungen im Alters- oder Krankheitsfall ist vom Tatbestand der böswilligen Verletzung der Unterhaltspflicht nicht umfasst, da die Unterhaltsleistungen grundsätzlich in Geld zu erbringen sind.[42] 22

Bei der Beurteilung der Frage des Vorliegens der Voraussetzungen für die Entziehung des Elternpflichtteils ist insbesondere zu beachten, dass die Eltern hinsichtlich der Art der Unterhaltsgewährung gegenüber ihren unverheirateten Kindern frei sind (vgl. § 1612 Abs. 2 S. 1 BGB). Für die Entziehung des Pflichtteils eines Ehegatten oder Partners in eingetragener Lebenspartnerschaft genügt eine objektive Verletzung der Unterhaltspflicht nicht, da die „Böswilligkeit“ der Unterhaltspflichtverletzung festgestellt werden muss.[43] 23

Muster 9.3: Pflichtteilsentziehung gem. § 2333 Abs. 1 Nr. 3 BGB 9.3

Meinem Sohn entziehe ich hiermit den Pflichtteil. Mit Schreiben vom habe ich meinen Sohn darüber in Kenntnis gesetzt, dass ich nicht imstande bin, die Kosten für meine Heimunterbringung aufzubringen, da ich nur über eine monatliche Rente von 250 EUR verfüge und keinen Anspruch auf Pflegegeld habe. Ich habe ihm die entsprechenden Nachweise vorgelegt und ihn darüber informiert, dass aus ärztlicher Sicht meine Unterbringung im Heim dringend erforderlich ist. Mein Sohn ist alleinstehend und hat keine Kinder. Er verfügt über ein monatliches Bruttoeinkommen im fünfstelligen Eurobereich. Dennoch hat er es abgelehnt, mir Unterhalt zu zahlen. Zum Beweis: Mein Schreiben vom sowie sein Schreiben vom , in dem er mir mitteilt, dass er sein Geld für sich brauche, es ihm egal sei, in welchem Zustand ich mich befände, und ich keinen Cent von ihm zu erwarten hätte, da es kranken Personen nach seiner Auffassung an einer Daseinsberechtigung fehle. Weitere Zeugen in diesem Zusammenhang sind: 24

39 MüKo-BGB/*Lange*, § 2333 Rn 34.
40 MüKo-BGB/*Lange*, § 2333 Rn 35.
41 MüKo-BGB/*Lange*, § 2333 Rn 36.
42 OLG Frankfurt, Urt. v. 29.10.2013 – 15 U 61/12, FamRZ 2014, 1149.
43 MüKo-BGB/*Lange*, § 2333 Rn 38.

5. § 2333 Abs. 1 Nr. 4 BGB – Rechtskräftige Verurteilung und Unzumutbarkeit der Nachlassteilhabe

25 Als weiteren Entziehungsgrund nennt § 2333 Abs. 1 Nr. 4 BGB die rechtskräftige Verurteilung und Unzumutbarkeit der Nachlassteilhabe. Zum Zeitpunkt der Errichtung des Testaments muss die Tat begangen sein und der Grund für die Unzumutbarkeit vorliegen.[44]

26 Der Pflichtteilsberechtigte muss wegen einer **vorsätzlich** begangenen Straftat zu einer **Freiheitsstrafe** von **mindestens einem Jahr** rechtskräftig verurteilt worden sein bzw. werden. Die Strafe darf nicht zur Bewährung ausgesetzt werden. Eine Gesamtfreiheitsstrafe von mindestens einem Jahr ohne Bewährung oder gar die Addition mehrerer (Gesamt-)Freiheitsstrafen, die in der Summe zu mindestens einem Jahr führen, ist nicht ausreichend. Der Gesetzgeber ist davon ausgegangen, dass der Verurteilung zu einer Freiheitsstrafe von mindestens einem Jahr ohne Bewährung eine Straftat von erheblichem Gewicht zugrunde liegt, die ein besonders schweres sozialwidriges Fehlverhalten darstellt.[45] Für die Pflichtteilsentziehung reicht es bereits nach dem Wortlaut der Vorschrift aus, dass das zur Verurteilung führende Verfahren erst nach Eintritt des Erbfalls rechtskräftig abgeschlossen wird. Dies ergibt sich aber ebenfalls aus § 2336 Abs. 2 BGB. Voraussetzung für eine Pflichtteilsentziehung nach § 2333 Abs. 1 Nr. 4 BGB ist nicht, dass der Pflichtteilsberechtigte bereits rechtskräftig verurteilt ist; er muss zum Zeitpunkt der Entziehung die Tat aber bereits begangen haben.

27 Weitere Voraussetzung für die Pflichtteilsentziehung nach § 2333 Abs. 1 Nr. 4 BGB ist, dass dem Erblasser infolge der vom Pflichtteilsberechtigten begangenen vorsätzlichen Straftat dessen Teilhabe am Nachlass unzumutbar ist. Eine **Unzumutbarkeit** in diesem Sinne liegt vor, wenn die Straftat den persönlichen in der Familie gelebten Wertvorstellungen des Erblassers in hohem Maße widerspricht,[46] was nach den Vorstellungen des Gesetzgebers vor allem bei schweren Straftaten, die mit erheblicher Freiheitsstrafe bedroht sind, der Fall ist. Besonders schwere Straftaten können eine Unzumutbarkeit indizieren.[47] Erforderlich ist eine schwerwiegende sozialwidrige Verfehlung, die eine Freiheitsstrafe von mindestens einem Jahr nach sich gezogen hat.[48] Auf die Anknüpfung an ein Verbrechen wurde dabei seitens des Gesetzgebers bewusst verzichtet, um vor allem auch schwere Vergehen aus dem Sexualstrafrecht zu erfassen.[49]

28 Für die Beurteilung der Frage, ob Unzumutbarkeit im Sinne der Vorschrift vorliegt, darf sich der Erblasser nicht an allgemeinen Wertvorstellungen orientieren, sondern muss sich auf die **in der Familie konkret gelebten Werte** beziehen.[50] Ist der Erblasser also selbst strafrechtlich in Erscheinung getreten oder hat er sich gar an der Straftat des Pflichtteilsberechtigten beteiligt, ist er zur Pflichtteilsentziehung nicht berechtigt.[51] Hat der Pflichtteilsberechtigte im Zustand der Schuldunfähigkeit eine ähnlich schwerwiegende vorsätzliche Tat begangen und wurde deshalb rechtskräftig seine Unterbringung in einem psychiatrischen Krankenhaus oder in einer Entziehungsanstalt angeordnet, ist eine Entziehung seines

44 OLG Oldenburg, Beschl. v. 8.7.2020 – 3 W 40/20, ErbR 2021, 352.
45 OLG Köln, Beschl. v. 21.1.2021 – I-24 U 144/20, ZErb 2021, 143.
46 MüKo-BGB/*Lange*, § 2333 Rn 49.
47 LG Verden, Urt. v. 10.8.2021 – 5 O 40/21, juris.
48 Grüneberg/*Weidlich*, § 2333 Rn 10.
49 LG Stuttgart, Beschl. v. 15.2.2012 – 16 O 638/2011, NJW-RR 2012, 778.
50 Bonefeld/Kroiß/Lange/*Lange*, § 13 Rn 38.
51 Bonefeld/Kroiß/Lange/*Lange*, § 13 Rn 28.

Pflichtteils ausdrücklich auch zugelassen, sofern seine Teilhabe am Nachlass für den Erblasser unzumutbar ist.[52]

Muster 9.4: Pflichtteilsentziehung gem. § 2333 Abs. 1 Nr. 4 BGB

Meiner Tochter entziehe ich hiermit den Pflichtteil. Sie ist seit mindestens zehn Jahren schwer 29
heroinabhängig und finanziert ihren Drogenkonsum durch Prostitution und Eigentums- und Vermögensdelikte, derentwegen sie bereits mehrfach vorbestraft ist. Sie wurde durch Urteil vom des Gerichts in zu einer Haftstrafe von und durch Urteil vom zu einer Haftstrafe von Jahren rechtskräftig verurteilt. Die Haftstrafen wurden in beiden Fällen nicht zur Bewährung ausgesetzt. Mehrere Versuche einer Entziehungskur scheiterten, da sie schon nach wenigen Tagen von meiner Tochter grundlos abgebrochen wurden. Da sie der Prostitution in unserer Gemeinde nachgeht, werden wir von den Mitbewohnern ausgegrenzt. Unsere anderen Kinder werden in der Schule gehänselt und man zeigt mit dem Finger auf sie. Letzte Woche, am , wurden wir, meine Ehefrau und ich, nach der Kirche von Kindern sogar angespuckt. Zum Beweis: Es ist daher für mich unzumutbar, dass meine Tochter eine Teilhabe an meinem dereinstigen Nachlass hat.

III. Form, Inhalt und Grund der Entziehung

1. Form und Inhalt der Entziehung

Die Pflichtteilsentziehung muss durch letztwillige Verfügung vom Erblasser **persönlich** 30
erklärt werden (§ 2336 BGB). Alle Testamentsformen sind insoweit zulässig.[53] Die Entziehung kann auch in einem Erbvertrag erklärt werden.[54] Es muss aus der Verfügung deutlich werden, **dass** und **wem** der Pflichtteil entzogen wird. Außerdem muss der **Grund** der Entziehung in der Verfügung so hinreichend konkret angegeben werden, dass ein Gericht nach Eintritt des Erbfalls zweifelsfrei sowohl den Entziehungsgrund als auch den der Pflichtteilsentziehung zugrunde liegenden Lebenssachverhalt feststellen kann. Die Entziehung des Pflichtteils kann nur auf Gründe gestützt werden, die in der letztwilligen Verfügung enthalten sind, um so ein späteres Nachschieben von Gründen durch die Erben zu verhindern.[55]

Formgerecht ist die Entziehung erklärt, wenn in der letztwilligen Verfügung zumindest ein 31
zutreffender „**Kernsachverhalt**" angegeben ist.[56] Die Ausschließung von der gesetzlichen Erbfolge kann nicht ohne Weiteres als Anordnung einer Pflichtteilsentziehung verstanden werden.[57] Es reicht ebenfalls nicht aus, wenn der Erblasser wegen des Entziehungsgrunds lediglich auf andere, der Testamentsform nicht entsprechende Erklärungen verweist.[58]

Im Rahmen der Entziehung des Pflichtteils nach § 2333 Abs. 1 **Nr. 4** BGB ist gem. § 2336 32
Abs. 2 BGB zu beachten, dass in der letztwilligen Verfügung angegeben werden muss, dass und wann die für die Pflichtteilsentziehung ursächliche Tat begangen wurde. Ferner müssen die Gründe, die die Teilhabe des Pflichtteilsberechtigten am Nachlass für den Erblasser unzumutbar machen, bereits vorliegen und in der letztwilligen Verfügung angegeben werden. Die Anforderungen an die Darlegung dieser Gründe richten sich nach den Umständen

52 Grüneberg/*Weidlich*, § 2333 Rn 13.
53 Grüneberg/*Weidlich*, § 2336 Rn 1.
54 MüKo-BGB/*Lange*, § 2336 Rn 1.
55 Bonefeld/Kroiß/Lange/*Lange*, § 13 Rn 43; BGH NJW 1985, 1554.
56 BGH, Urt. v. 27.2.1985 – IVa ZR 136/83, BGHZ 94, 36.
57 OLG Düsseldorf, Urt. v. 24.4.2020 – I-7 U 62/19, ErbR 2020, 733; vgl. hierzu auch *Keim*, DNotZ 2024, 248.
58 Grüneberg/*Weidlich*, § 2336 Rn 3.

des Einzelfalls. Grundsätzlich gilt, dass die Anforderungen insoweit abhängig sind von der Schwere der Tat: je schwerwiegender die Tat, desto geringer die Anforderungen.[59] Der bloße Hinweis auf die Begehung von Straftaten ohne die Beschreibung konkreter Vorgänge ist nicht ausreichend.[60]

2. Entziehungsgrund

33 Der Pflichtteilsentziehungsgrund muss **zur Zeit der Errichtung der Verfügung** bestanden haben. Die Gründe können schon länger zurückliegen, sie dürfen jedoch nicht lediglich in der Zukunft liegen. Im Einzelnen sind der gesetzliche Tatbestand und die ihn ausfüllenden Tatsachen anzugeben.

Möglich ist aber eine Entziehung für den Fall, dass ein vom Erblasser **vermuteter**, aber noch nicht sicher feststehender Entziehungsgrund vorliegt. Die Entziehung kann auch von einer Bedingung abhängig gemacht oder befristet werden.[61] Wer sich auf das Vorliegen eines Entziehungsgrunds beruft, den trifft insoweit die Darlegungs- und Beweislast.

9.5 **Muster 9.5: Pflichtteilsentziehung für den Fall, dass ein vom Erblasser vermuteter, aber noch nicht sicher feststehender Entziehungsgrund vorliegt**

34 Ich unterhalte den dringenden Verdacht, dass der Mordversuch, der am in auf mich verübt wurde, von meinem Sohn geplant und mit ausgeführt wurde. Sollte sich dieser Verdacht durch die staatsanwaltschaftlichen Ermittlungen in dieser Sache bestätigen, so entziehe ich hiermit meinem Sohn den Pflichtteil.

3. Verzeihung

35 Die Pflichtteilsentziehung entfaltet ihre Wirksamkeit erst mit Eintritt des Erbfalls und führt zum Erlöschen sämtlicher Pflichtteilsansprüche des von der Entziehung Betroffenen. Das Pflichtteilsentziehungsrecht erlischt bzw. die Pflichtteilsentziehung wird **unwirksam** durch Verzeihung. Diese ist grundsätzlich **unwiderruflich**. Eine Verzeihung liegt vor, wenn der Erblasser das schwere Fehlverhalten des Pflichtteilsberechtigten nicht mehr als unzumutbar für eine Nachlassteilhabe empfindet.[62] Die Verzeihung kann formlos, auch durch schlüssiges Verhalten erfolgen.[63] Die Verzeihung setzt aber die Kenntnis vom Fehlverhalten des Pflichtteilsberechtigten voraus. Eine Verzeihung i.S.v. § 2337 BGB liegt vor, wenn der Erblasser durch sein Verhalten zum Ausdruck gebracht hat, dass er die durch den Pflichtteilsentziehungsgrund hervorgerufene Kränkung nicht mehr als solche empfindet und hieraus nichts mehr herleiten will. Hierzu reicht in der Regel aus, wenn in dem Verhältnis des Erblassers zu dem Abkömmling ein Wandel zur Normalität im Sinne eines **Wiederauflebens der familiären Beziehungen** stattgefunden hat. Erteilt der Erblasser einem Abkömmling, dem zuvor wirksam der Pflichtteil entzogen wurde, eine Generalvollmacht, kann darin eine Verzeihung im Sinne der Vorschrift liegen.[64] Voraussetzung für eine Verzeihung ist aber weder eine Versöhnung noch ein inniges Verhältnis zwischen dem Erblasser und seinem Abkömmling.[65]

---

59 Grüneberg/*Weidlich*, § 2336 Rn 4.
60 OLG Saarbrücken, Beschl. v. 12.12.2017 – 5 W 53/17, ZErb 2018, 69.
61 MüKo-BGB/*Lange*, § 2336 Rn 8.
62 Grüneberg/*Weidlich*, § 2337 Rn 1.
63 Grüneberg/*Weidlich*, § 2337 Rn 1.
64 OLG Hamburg, Urt. v. 1.7.2020 – 2 U 47/19, ZErb 2022, 302.
65 OLG Nürnberg, Beschl. v. 8.5.2012 – 12 U 2016/12, FamRZ 2013, 330.

Die durch die Verzeihung eingetretene Unwirksamkeit der Pflichtteilsentziehung führt nicht gleichzeitig auch zu einer Unwirksamkeit der Enterbung.[66] 36

C. Pflichtteilsbeschränkung in guter Absicht

I. Allgemeines

Ziel der Pflichtteilsbeschränkung in guter Absicht (§ 2338 BGB) ist einerseits, das durch Erbschaft erworbene Vermögen des Pflichtteilsberechtigten vor dem Zugriff der **Gläubiger** zu **schützen** bzw. ihn daran zu hindern, seine Erbschaft zu **verschwenden**. Insoweit steht also das wohlverstandene Interesse des Pflichtteilsberechtigten im Vordergrund. Andererseits soll auch das Familienvermögen vor der Gefahr des Verlusts durch Verschwendung oder Überschuldung geschützt werden.[67] Um dieses Ziel zu erreichen, kann der Erblasser durch Verfügung von Todes wegen unter Angabe der Gründe das Pflichtteilsrecht eines Abkömmlings beschränken. 37

Das Gesetz stellt in § 2338 BGB insgesamt drei Möglichkeiten zur Verfügung, die auch **nebeneinander** angewendet werden können (siehe auch Rdn 49 f.): 38

- die Einsetzung der gesetzlichen Erben als Nacherben
- die Anordnung eines Nachvermächtnisses
- die Anordnung einer Verwaltungsvollstreckung

Die nach § 2338 BGB möglichen Anordnungen können auch von einem durch gemeinschaftliches Testament oder durch Erbvertrag gebundenen Erblasser getroffen werden.[68]

Die Beschränkung des Pflichtteils in guter Absicht ist möglich, wenn der spätere Erwerb der Erbschaft durch **Verschwendungssucht** oder **Überschuldung** des erbenden Abkömmlings erheblich gefährdet ist. Andere Gründe berechtigen nicht zu einer Beschränkung nach § 2338 BGB; die Vorschrift ist nicht analogiefähig.[69] 39

Durch die Verschwendung oder die Überschuldung muss der spätere Erwerb des **Erb- oder Pflichtteils** des Abkömmlings gefährdet sein, nicht jedoch das sonstige Vermögen des Abkömmlings.[70]

Verschwendung setzt eine Lebensweise mit einem Hang zur zweck- und nutzlosen Vermögensverwendung voraus.[71] Eine Notlage muss dadurch noch nicht verursacht sein.[72] 40

Überschuldung des Abkömmlings liegt vor, wenn seine Verbindlichkeiten sein Aktivvermögen übersteigen. Bloße Zahlungsunfähigkeit genügt nicht, weshalb bei natürlichen Personen allein die Eröffnung eines Insolvenzverfahrens noch nicht zur Pflichtteilsbeschränkung berechtigt, weil bei diesen allein die Zahlungsunfähigkeit und nicht die Überschuldung Insolvenzgrund ist.[73] 41

Weitere Voraussetzung ist, dass aufgrund der Überschuldung oder Verschwendung der **spätere Erwerb erheblich gefährdet** wird. Es muss also Anlass zu der Annahme bestehen, 42

66 OLG Karlsruhe, Beschl. v. 8.2.2023 – 11 W 94/21, ErbR 2023, 476; *Keim*, DNotZ 2024, 254.
67 MüKo-BGB/*Lange*, § 2338 Rn 2.
68 MüKo-BGB/*Lange*, § 2338 Rn 20.
69 MüKo-BGB/*Lange*, § 2338 Rn 5.
70 OLG Düsseldorf, Beschl. v. 2.3.2011 – 3 Wx 214/08, FamRZ 2011, 1824.
71 *Baumann*, ZEV 1996, 121, 122.
72 MüKo-BGB/*Lange*, § 2338 Rn 6.
73 OLG Düsseldorf, Beschl. v. 2.3.2011 – 3 Wx 214/08, FamRZ 2011, 1824.

der Abkömmling werde das ihm zufließende Vermögen ganz oder zum großen Teil wieder verlieren.[74]

43 Die Pflichtteilsbeschränkung in guter Absicht kann **nur** gegenüber einem **Abkömmling,** nicht gegenüber dem Ehegatten oder den Eltern des Erblassers erfolgen.[75] Die Rechtsfolge einer wirksamen Beschränkung ist allerdings nicht der Verlust des Ausschlagungsrechts nach § 2306 BGB. Der Pflichtteilsberechtigte kann wählen, ob er den nach § 2338 BGB beschränkten Erbteil annimmt oder ausschlägt. Entscheidet er sich für eine Ausschlagung, so erhält er zwar den Pflichtteil. Die Ausschlagung führt aber nicht dazu, dass die Beschränkungen nach § 2338 BGB wegfallen.[76]

II. Gestaltung der Beschränkung

44 Nach § 2338 Abs. 1 S. 1 BGB kann der Erblasser dem Erben seinen Erb- oder Pflichtteil lediglich als **Vorerbe** bzw. **Vorvermächtnisnehmer** zukommen lassen und die gesetzlichen Erben des Pflichtteilsberechtigten zu **Nacherben bzw. Nachvermächtnisnehmern** bestimmen. Dies hat zur Folge, dass durch die Vorerbschaft (§ 2115 BGB) nicht nur der Pflichtteil bzw. Erbteil der Pfändung entzogen ist, sondern gem. § 863 ZPO auch die Nutzungen, soweit diese für den standesgemäßen Unterhalt des Pflichtteilsberechtigten und dessen Familie erforderlich sind.[77]

Im Falle einer Nachvermächtnisanordnung ist aber immer eine begleitende **Verwaltungsvollstreckung** anzuordnen, weil § 2115 BGB, § 863 ZPO nicht gelten (§ 2191 Abs. 2 BGB) und die gesetzlichen Erben daher gefährdet sind.[78]

Zu beachten ist, dass die Beschränkung nur gegenüber den **persönlichen** Gläubigern gilt.[79]

45 Gleiches gilt für die nach § 2338 Abs. 1 S. 2 BGB bestehende Möglichkeit, für die **Lebenszeit des Abkömmlings** die Verwaltung des Nachlasses einem **Testamentsvollstrecker** zu übertragen, sodass der Abkömmling regelmäßig nur Anspruch auf den jährlichen Reinertrag hat (§ 2338 Abs. 1 S. 2 BGB). Durch eine solche Anordnung entzieht der Erblasser dem Abkömmling zu dessen Schutz das Verfügungsrecht über den Nachlassgegenstand, schließt gleichzeitig dessen Eigengläubiger vom Pfändungszugriff aus und entzieht ihnen die Nutzungen nach Maßgabe des § 863 ZPO.[80]

III. Grund der Beschränkung

46 Der Grund der Beschränkung muss sowohl zum **Zeitpunkt der Errichtung** der Verfügung bereits vorliegen als auch zum **Zeitpunkt des Erbfalls** noch bzw. wieder bestehen. Der Abkömmling darf sich also zum Zeitpunkt des Erbfalls nicht dauerhaft von dem verschwenderischen Leben abgewendet haben bzw. die Überschuldung muss noch bestehen.[81] Die Anordnung ist unwirksam bei dauerhafter Besserung oder Wegfall der Überschuldung zum Zeitpunkt des Erbfalls.

---

74 MüKo-BGB/*Lange*, § 2338 Rn 8.
75 Grüneberg/*Weidlich*, § 2338 Rn 1.
76 Grüneberg/*Weidlich*, § 2338 Rn 4.
77 Grüneberg/*Weidlich*, § 2338 Rn 2.
78 Grüneberg/*Weidlich*, § 2338 Rn 2.
79 Grüneberg/*Weidlich*, § 2338 Rn 2.
80 Zu den Voraussetzungen einer wirksamen Beschränkung des Pflichtteilsrechts: OLG Düsseldorf, Beschl. v. 2.3.2011 – 3 Wx 214/08, FamRZ 2011, 1824.
81 Vgl. hierzu MüKo-BGB/*Lange*, § 2338 Rn 9.

Die Pflichtteilsbeschränkung muss in einer **letztwilligen Verfügung** erfolgen.[82] In der letztwilligen Verfügung muss auch der **Grund** für die Anordnung der Beschränkung angegeben werden.[83] Hierfür ist die formgerechte Angabe eines Kernsachverhalts wie bei § 2336 BGB erforderlich.[84] 47

Liegen die Voraussetzungen des § 2338 BGB vor, dann greift die Pflichtteilsbeschränkung auch in Bezug auf den **Pflichtteilsrestanspruch** nach § 2305 BGB oder den Pflichtteil nach §§ 2315, 2316 BGB ein. Schlägt der Pflichtteilsberechtigte die nach § 2338 BGB belastete Erbschaft aus, um den Pflichtteil zu erhalten, so gehen die nach § 2338 BGB getroffenen Anordnungen auf den Pflichtteilsanspruch über; eine Nacherbschaft wandelt sich in ein Nachvermächtnis um.[85] 48

Muster 9.6: Pflichtteilsbeschränkung in guter Absicht

Ich setze meine beiden Kinder , geb. am in , und , geb. am in , zu meinen Erben zu jeweils gleichen Teilen ein. Meine Tochter , geb. am in , erhält ihren Erbteil jedoch nur als Vorerbin. Ein Ersatzvorerbe wird entgegen jeder anderslautenden gesetzlichen oder richterlichen Auslegungs- und Vermutungsregel nicht benannt, es gilt die Vorschrift des § 2102 Abs. 1 BGB. 49

Zu Nacherben bestimme ich die Abkömmlinge meiner Tochter , ersatzweise deren Abkömmlinge. Die Nacherbenanwartschaft ist weder vererblich noch übertragbar. Der Nacherbfall tritt mit dem Tod des Vorerben ein.

Sollte meine Tochter die Erbschaft ausschlagen und ihren Pflichtteil verlangen, so soll dieser ebenfalls den gleichen Beschränkungen unterliegen. Ich habe die genannten Beschränkungen angeordnet, weil der spätere Erwerb durch eine erhebliche Überschuldung meiner Tochter gefährdet ist. Derzeit wird eine Zwangsversteigerung vor dem in das Haus meiner Tochter aufgrund erheblicher Bankschulden etc. betrieben (Aktenzeichen). Im Übrigen hat meine Tochter bei den nachfolgend bezeichneten Gläubigern weitere Verbindlichkeiten in Höhe von mindestens EUR:

Darüber hinaus ordne ich für die Zeit der Vorerbschaft Verwaltungstestamentsvollstreckung an. Der Testamentsvollstrecker hat die Aufgabe, den jährlichen Reinertrag des Erbteils an meine Tochter auszubezahlen. Die Testamentsvollstreckung soll auch dann bestehen bleiben, wenn die Gründe für die Pflichtteilsentziehung zum Zeitpunkt des Erbfalls nicht mehr vorliegen und meine Tochter dies auch bewiesen hat. Zum Testamentsvollstrecker bestimme ich . Ersatzweise für den Fall, dass der Testamentsvollstrecker vor oder nach dem Amtsantritt entfällt, soll das Nachlassgericht einen geeigneten Testamentsvollstrecker bestimmen.

D. Checkliste: Pflichtteilsberechtigte

I. Ausdrückliche Enterbung 50

- der Abkömmlinge – einschließlich des gesamten Stamms
- des Ehegatten/Partners einer eingetragenen Lebenspartnerschaft
- der Eltern

82 BeckOK BGB/*Müller-Engels*, § 2338 Rn 5.
83 BeckOK BGB/*Müller-Engels*, § 2338 Rn 5.
84 OLG Düsseldorf, Beschl. v. 2.3.2011 – 3 Wx 214/08, FamRZ 2011, 1824.
85 Grüneberg/*Weidlich*, § 2338 Rn 4.

II. Pflichtteilsentziehung
- eines Abkömmlings
- des Ehegatten/Partners einer eingetragenen Lebenspartnerschaft
- der Eltern

III. Pflichtteilsbeschränkung in guter Absicht
- Vor- und Nacherbschaft/Vor- und Nachvermächtnis
- Dauertestamentsvollstreckung
- erhebliche Gefährdung des Erwerbs

§ 10 Handels- und gesellschaftsrechtliche Grundlagen

Dr. Denis Fehrmann/Dr. Julian Klinger

Literaturhinweise

Altmeppen, GmbHG, 11. Aufl. 2023; *Bayer/Sarakinis*, Der gemeinschaftliche Vertreter der Erbengemeinschaft im Aktienrecht, NZG 2018, 561; *Berkefeld/Sikora/Wagner*, Handelsregisteranmeldungen, 8. Aufl. 2023; *Blasche*, Zulässigkeit und Rechtswirkungen der Eintragung eines gemeinschaftlichen Vertreters im Aktienregister, AG 2015, 342; *Bühler*, Die Anwachsung im Personengesellschaftsrecht nach dem MoPeG, NZG 2024, 51; *Canaris*, Handelsrecht, 24. Aufl. 2006; *Ebenroth/Boujong*, HGB, 5. Aufl. 2024; *Fleischer/Hüttemann* (Hrsg.), Rechtshandbuch Unternehmensbewertung, 3. Aufl. 2024; *Flume*, Die Erbennachfolge in den Anteil einer Personengesellschaft und die Zugehörigkeit des Anteils zum Nachlass, NJW 1988, 161; *Freitag*, Rechtliche Fallstricke des Todes des Personengesellschafters de lege lata und de lege ferenda, ZGR 2021, 534; *Gummert* (Hrsg.), Münchener AnwaltsHandbuch Personengesellschaftsrecht, 4. Aufl. 2023 (zit.: MAH PersGesR/*Bearbeiter*); *Habersack/Casper/Löbbe* (Hrsg.), GmbHG, 3. Aufl. 2021; *Häublein/Hoffmann-Theinert* (Hrsg.), Beck'scher Online-Kommentar HGB (zit. BeckOK HGB/*Bearbeiter*); *Heckschen/Hindahl*, Pflichtteilsrechtliche Erwägungen bei der Gestaltung von Nachfolgeklauseln, GmbHR 2024, 517; *Heidel*, Der Regimewechsel zum Ausscheiden statt Auflösung, ZPG 2023, 401; *Heidel/Schall* (Hrsg.), HGB, 4. Aufl. 2024; *Henssler/Herresthal/Paschke* (Hrsg.), Beck'scher Online Großkommentar HGB (zit.: BeckOGK HGB/*Bearbeiter*); *Henssler/Strohn* (Hrsg.), Gesellschaftsrecht, 6. Aufl. 2024; *Herrler* (Hrsg.), Gesellschaftsrecht in der Notar- und Gestaltungspraxis, 2. Aufl. 2021 (zit.: GesR-NotGP/*Bearbeiter*); *Hölscher*, Qualifizierte und rechtsgeschäftliche Nachfolge- und Eintrittsklauseln, ZPG 2023, 374; *Hölscher*, Pflichtteilsminimierung durch Gesellschaftsrecht? – Teil 2: Abfindungsausschlüsse und Abfindungsbeschränkungen für den Todesfall im Kapitalgesellschaftsrecht, ErbR 2016, 478; *Hopt*, HGB, 23. Aufl. 2025; *Ivo*, Die Vererbung von GmbH-Geschäftsanteilen, ZEV 2006, 252; *Koch* (Hrsg.), Personengesellschaftsrecht, 2023; *Koller/Kindler/Drüen*, Handelsgesetzbuch, 10. Aufl. 2023; *Lang/Rasche*, Rechtsnachfolge von Todes wegen in GbR-Anteile nach Inkrafttreten des MoPeG – Ein Überblick über die Folgen der Gesetzesänderungen für den Rechtsverkehr, DB 2024, 1122; *Lange*, Erbengemeinschaft an einem GmbH-Geschäftsanteil, GmbHR 2013, 113; *Lange/Kretschmann*, Haftungsfragen bei der Nachfolge von Todes wegen in eine GbR nach dem MoPeG – der neue § 724 BGB, NZG 2023, 351; *Lange/Kretschmann*, Die Nachfolge von Todes wegen in einen Personengesellschaftsanteil nach dem MoPeG – ein erster Überblick, ZEV 2021, 545; *Leipold*, Wandlungen in den Grundlagen des Erbrechts, AcP 180 (1980), 160; *Lieder/Pommerening*, Nießbrauchsrechte und Kapitalgesellschaftsanteile im Erbfall, ZEV 2019, 564; *Lorz/Kirchdörfer*, Unternehmensnachfolge, 2. Aufl. 2011; *Lübke*, Die Vererbung von Personengesellschaftsanteilen nach dem MoPeG – Gesetzlicher Rahmen und Gestaltungsaufgaben, DNotZ 2023, 896; *Lübke*, Privatautonome Verhaltensvorgaben für Gesellschafter-Erben, 2022; *Michalski/Heidinger/Leible/Schmidt* (Hrsg.), GmbHG, 4. Aufl. 2023; Münchener Handbuch des Gesellschaftsrechts, 6. Aufl. 2020 ff. (zit.: MHdB GesR/*Bearbeiter*); Münchener Kommentar zum Aktiengesetz, Bd. 1, 6. Aufl. 2024, Bd. 4, 5. Aufl. 2021 (zit.: MüKo-AktG/*Bearbeiter*); Münchener Kommentar zum GmbH-Gesetz, 4. Aufl. 2022/2023 (zit.: MüKo-GmbHG/*Bearbeiter*); *Noack/Servatius/Haas* (Hrsg.), GmbHG, 23. Aufl. 2022; *Oetker* (Hrsg.), HGB, 8. Aufl. 2024; *Pauli*, Unternehmensnachfolge durch Vermächtnis, 2007; *Perzborn*, Gesellschaftsvertragliche Nachfolgeregelungen bei Gesellschaften mit beschränkter Haftung und Aktiengesellschaften, RNotZ 2017, 405; *Pogorzelski*, Auswirkungen von Abfindungsbeschränkungen für den Fall des Todes des Gesellschafters einer Personengesellschaft auf Pflichtteils- und Zugewinnausgleichsansprüche – Teil I: Pflichtteilsansprüche, RNotZ 2017, 489; *Prinz/Winkeljohann* (Hrsg.), Beck'sches Handbuch der GmbH, 6. Aufl. 2021 (zit.: BeckHdB GmbH/*Bearbeiter*); *Freiherr v. Proff*, Ausscheiden statt Auflösen: Handlungs- und Beratungsbedarf infolge des MoPeG bei der GbR in der Übergangsphase, NZG 2023, 147; *Raue*, Die ordnungsgemäße Verwaltung eines GmbH-Anteils durch eine Erbengemeinschaft, GmbHR 2015, 121; *Reichert* (Hrsg.), GmbH & Co. KG, 9. Aufl. 2024; *Reimann*, Gesellschaftsvertragliche Nachfolgeklauseln in der Kautelarpraxis – zivilrechtliche und steuerrechtliche Fragen, ZNotP 2006, 162; *Reymann*, Das Vermächtnis des Kommanditisten, ZEV 2006, 307; *Riedel* (Hrsg.), Praxishandbuch

Unternehmensnachfolge, 3. Aufl. 2021; *Ring/Grziwotz* (Hrsg.), Systematischer Praxiskommentar Personengesellschaftsrecht, 2. Aufl. 2020; *Römermann* (Hrsg.), PartGG, 6. Aufl. 2024; *Röhricht/Graf v. Westphalen/Haas/Mock/Wöstmann* (Hrsg.), HGB, 6. Aufl. 2023; *Saenger/Inhester* (Hrsg.), GmbHG, 5. Aufl. 2024; *Scherer* (Hrsg.), Unternehmensnachfolge, 6. Aufl. 2020; *Schmidt*, Die gemeinschaftliche Ausübung von Rechten aus einem GmbH-Anteil, NZG 2015, 1049; *K. Schmidt*, Handelsrecht, 6. Aufl. 2014; *Schmidt/Lutter* (Hrsg.), AktG, 5. Aufl. 2024; *Scholz* (Hrsg.), GmbHG, 13. Aufl. 2024; *Schürnbrand*, Die Ausübung von Gesellschafterrechten in der GmbH durch Erbengemeinschaften, NZG 2016, 241; *Servatius*, GbR, 2023; *Siegmann*, Personengesellschaftsanteil und Erbrecht, 1992; *Spiegelberger* (Hrsg.), Unternehmensnachfolge, 3. Aufl. 2022; *Staub*, HGB, Bd. 1/2, 6. Aufl. 2022; *Volland/Link*, Die fehlgeschlagene qualifizierte Nachfolgeklausel, RFamU 2024, 63 (Teil 1), 111 (Teil 2); *Wachter*, Unternehmensnachfolge bei der GmbH und GmbH & Co. KG nach dem MoMiG, DB 2009, 159; *Wachter/Heckschen* (Hrsg.), Praxis des Handels- und Gesellschaftsrechts, 6. Aufl. 2024; *Wagner*, Erbeinsetzung unter Potestativbedingung, ZEV 1998, 255; *Weidlich/Federle*, Gesellschaftsanteile im Erbrecht – Auswirkungen des MoPeG, NJW 2023, 3321; *Westermann/Wertenbruch* (Hrsg.), Handbuch Personengesellschaften, Loseblatt; *Wiese* (Hrsg.), Unternehmensnachfolge, 2021.

Inhalt

A. Gesellschaftsrechtliche Aspekte bei der Gestaltung von Testamenten ... 1
I. Grundsätzliches ... 1
II. Verhältnis von Erb- und Gesellschaftsrecht ... 9
III. Differenzierung zwischen Einzelunternehmen, Personen- und Kapitalgesellschaften ... 11
1. Einzelunternehmen ... 12
2. Personen- und Kapitalgesellschaften ... 14
B. Einzelunternehmen ... 17
I. Grundsätze der erbrechtlichen Nachfolge in Einzelunternehmen ... 17
II. Haftung ... 23
III. Registerrecht ... 27
C. Übertragung von Personengesellschaftsanteilen von Todes wegen ... 33
I. Überblick ... 33
II. Gesetzliche Regelungen der einzelnen Rechtsformen ... 35
1. Gesellschaft bürgerlichen Rechts ... 35
2. Offene Handelsgesellschaft ... 49
3. Kommanditgesellschaft ... 50
4. Partnerschaftsgesellschaft ... 54
III. Abweichende gesellschaftsvertragliche Regelungen ... 58
1. Dispositivität der gesetzlichen Regelungen ... 58
2. Erbrechtliche Nachfolgeklauseln ... 61
a) Überblick ... 61
b) Einfache erbrechtliche Nachfolgeklauseln ... 64
c) Qualifizierte erbrechtliche Nachfolgeklauseln ... 75
3. Rechtsgeschäftliche Nachfolgeklauseln ... 95
4. Rechtsgeschäftliche Eintrittsklauseln ... 101
5. Auflösungsklauseln ... 108
IV. Abfindungsbeschränkungen und Abfindungsklausel ... 112
V. Erb- und gesellschaftsrechtliche Haftung der Erben bei der Nachfolge in Personengesellschaften ... 121
VI. Registerrecht ... 128
D. Nachfolge in Kapitalgesellschaftsanteile ... 134
I. Überblick ... 134
II. Mittelbare statutarische Einflussnahme durch Einziehungs- und Abtretungsklauseln ... 137
1. Vinkulierung ... 137
2. Einziehungsklauseln ... 141
3. Abtretungsklauseln ... 148
III. Gemeinschaftliche Rechteausübung bei Beteiligung einer Erbengemeinschaft ... 155
IV. Haftung bei Nachfolge in Anteile an Kapitalgesellschaften ... 160

A. Gesellschaftsrechtliche Aspekte bei der Gestaltung von Testamenten

I. Grundsätzliches

1 Gehören zum Vermögen des Testators Unternehmensbeteiligungen oder führt er ein (kaufmännisches) Einzelunternehmen, sind bei den Nachfolgeüberlegungen und der Gestaltung der Verfügungen von Todes wegen nicht nur die erbrechtlichen und steuerlichen Vorgaben, sondern auch handels- und gesellschaftsrechtliche Regelungen in den Blick zu nehmen. Die Verfügung von Todes wegen verlangt in diesen Fällen außerdem eine genaue Auseinandersetzung mit den gesellschaftsvertraglichen Grundlagen sowie ein Verständnis für etwaige gesellschaftsrechtliche Gestaltungsgrenzen und Restriktionen. Die Nachfolge von Todes

wegen gelingt nur, wenn neben den Interessen der Beteiligten[1] auch die gesellschaftsvertraglichen Grundlagen und die letztwillige Verfügung miteinander verzahnt sind.[2]

Die Gestaltung von Verfügungen von Todes wegen von Gesellschaftern und Unternehmern ist aufgrund der Schnittstelle des Erbrechts zum Handels- und Gesellschaftsrecht, aber auch zu den ebenfalls zu beachtenden Materien des Familien-[3] und des (Unternehmens-)Steuerrechts ein anspruchsvolles Vorhaben (zum Unternehmertestament siehe ausführlich § 27). Weiterhin sind betriebswirtschaftliche, unternehmensstrategische und psychologische Aspekte ganzheitlich in die Gestaltungsüberlegungen mit einzubeziehen. Das gilt nicht zuletzt dann, wenn die Vererbung des Lebenswerks in Rede steht, verstärkt noch dadurch, dass in diesem Fall die Beteiligungen nicht selten einen erheblichen Anteil des zu vererbenden Vermögens ausmachen werden. 2

Der Testator mag weiterhin mit der unangenehmen Frage konfrontiert sein, ob denn überhaupt einer oder mehrere geeignete Nachfolger für das unternehmerische Werk vorhanden sind oder ob nicht bereits zu Lebzeiten eine Veräußerung des Unternehmens in Betracht zu ziehen ist. Insbesondere wenn die unternehmerischen Beteiligungen (ausschließlich) auf die Abkömmlinge übergehen sollen, ist auch die Versorgung des überlebenden Ehepartners mit zu bedenken.[4] Zu erheblichen Problemen kann außerdem das **Pflichtteilsrecht** führen, wenn das Unternehmen nicht auf sämtliche pflichtteilsberechtigte Personen übergehen soll.[5] Es besteht dann die Gefahr, dass die Erben nicht über ausreichend Liquidität zur Erfüllung der Pflichtteilsansprüche verfügen und diese Liquidität aus dem Unternehmen nehmen müssen oder sich im schlimmsten Fall gar gezwungen sehen, die unternehmerischen Beteiligungen zu veräußern. 3

Strukturell ist zwischen der Nachfolge in die **Unternehmensbeteiligung** und der Nachfolge in die **Leitung des Unternehmens** zu unterscheiden. Letzteres ist kein unmittelbares Regelungsanliegen letztwilliger Verfügungen, da es sich nicht um Vermögenspositionen, sondern regelmäßig um höchstpersönliche und unvererbliche Rechtspositionen handelt. So ist etwa das Geschäftsführeramt eines GmbH-Geschäftsführers nicht vererblich und die Bestellung endet mit dem Tod.[6] Die Nachfolge in die Unternehmensleitung vollzieht sich damit außerhalb des Erbrechts. Relevant werden in diesem Zusammenhang insbesondere (lebzeitige) Überlegungen, ob das operative Geschäft an die eigenen Abkömmlinge oder Mitglieder des 4

1 In den Blick zu nehmen sind die Interessen des Unternehmers im Hinblick auf die Weiterführung des Unternehmens nach seinem Versterben, aber auch die Interessen- und Motivationslage der in Betracht kommenden Nachfolger, die ggf. nicht gewillt sind, eine (aktive) unternehmerische Rolle einzunehmen; zur Nachfolgeberatung ausführlich Spiegelberger/*Reimann/Spiegelberger*, § 1 Rn 95 ff.

2 Spiegelberger/*Klinger*, § 22 Rn 1.

3 Etwa Güterstands- und Pflichtteilsverzichtsregelungen, vgl. ausführlich Groll/Steiner/*Muscheler/Steiner*, Rn 18.62 ff.; *Brambring*, DNotZ 2008, 724.

4 Eingehend MAH ErbR/*Kögel*, § 40 Rn 148 ff. Zu bedenken ist, dass umfangreiche Zahlungsverpflichtungen der Unternehmenserben wiederum mit der Gefahr (übermäßiger) Liquiditätsentnahmen einhergehen.

5 Vgl. Groll/Steiner/*Kindler/Köhler*, Rn 15.62 ff.; *Winkler*, ZEV 2005, 89, 91. Pflichtteilsverzichte (§ 2346 Abs. 2 BGB) mögen Abhilfe schaffen, setzen aber die Mitwirkung des Berechtigten voraus. Schenkungen unter Lebenden können ebenfalls zur Pflichtteilsvermeidung in Betracht kommen, wobei dann die Pflichtteilsergänzungsansprüche nach § 2325 BGB zu berücksichtigen sind; näher, auch zur Abschmelzung dieses Anspruchs über einen Zeitraum von zehn Jahren nach der pro-rata-Regelung des § 2325 Abs. 3 BGB: *Weber*, ZEV 2017, 252; *Ivens*, ZEV 2021, 277.

6 *Altmeppen*, § 6 Rn 132; Saenger/Inhester/*Lücke/Simon*, § 38 Rn 126.

(erweiterten) Familienkreises übergeben oder eine externe Geschäftsführung[7] eingesetzt werden soll. Letzteres kann eine dauerhafte Option oder auch nur vorübergehend gewollt sein.

5 In Vorbereitung der Nachfolge ist weiterhin eine **passgenaue Ausgestaltung der Gesellschaftsverträge** unerlässlich. Möglichst eindeutige und ausgewogene Regelungen dienen dabei auch der Konfliktprävention, denn gerade mit wachsendem Gesellschafterkreis in den Nachfolgegenerationen steigt das Risiko von Meinungsverschiedenheiten und Auseinandersetzungen an.

6 Neben den tradierten rechtlichen Themen gewinnen **Governance-Aspekte** zunehmend an Bedeutung. Gerade bei inhabergeführten Unternehmen muss der Wunsch zur persönlichen Mitwirkung von Familienangehörigen im Management berücksichtigt und mit der ggf. erforderlichen Mitwirkung von Dritten im Management in Einklang gebracht werden.

7 Eine ebenso bedeutende Rolle spielen die steuerlichen Rahmenbedingungen, insbesondere **erbschaftsteuerliche** Belastungen. Regelmäßig besteht schon unter Liquiditätsgesichtspunkten das Ziel, das unternehmerische Vermögen möglichst steuerschonend auf die nachfolgende Generation übertragen zu können (siehe dazu ausführlich § 11).

8 Aufgrund der mit der Abstimmung von gesellschaftsrechtlichen und erbrechtlichen Grundsätzen einhergehenden Schwierigkeiten und der Tatsache, dass der eigene Todesfall nicht planbar ist, sollte immer auch erwogen werden, dem Erbfall durch Übertragungen der Gesellschaftsbeteiligungen bereits zu Lebezeiten (sog. **vorweggenommene Erbfolge**; regelmäßig in Form von Schenkungen) vorzugreifen.[8] Der damit einhergehende Gestaltungsaufwand sollte nicht gescheut werden, da die lebzeitige Übertragung allein durch den Vorlauf, der zur Verfügung steht, passgenauere Lösungen zulässt. Daneben sind auch in gewissen Grenzen Korrekturen möglich, etwa der gesellschaftsrechtlichen Grundlagen, aber auch bei Verfehlungen der Beschenkten, namentlich durch die Vereinbarung weitreichender Schenkungswiderrufsgründe.[9] Darüber hinaus ermöglicht die lebzeitige Übertragung nicht selten auch in weiterem Rahmen Steuerbegünstigungen, etwa durch eine zeitlich gestaffelte Übertragung, als dies bei Verfügungen von Todes wegen möglich wäre.

II. Verhältnis von Erb- und Gesellschaftsrecht

9 Das Verhältnis des Gesellschafts- zum (deutschen) Erbrecht regelt Art. 2 Abs. 1 EGHGB mit einem generellen **Vorrang des Handels- und Gesellschaftsrechts** vor den erbrechtlichen Vorschriften der §§ 1922 ff. BGB.[10] Wiederum gehen gesellschaftsvertragliche Regelungen den gesetzlichen Vorschriften vor, soweit es sich nicht um zwingendes Recht handelt.

Konflikte zwischen beiden Rechtsgebieten bestehen etwa im Verhältnis der erb- und der gesellschaftsrechtlichen Haftung, ferner bei Abfindungs-, Ausgleichs- sowie Pflichtteils- und Zugewinnausgleichsansprüchen. Das Gesellschaftsrecht lässt weitgehende Ausschlüsse der Abfindungsansprüche der Erben des durch Tod ausscheidenden Gesellschafters zu

7 Bei einer Personengesellschaft ist die Trennung von Unternehmensbeteiligung und Geschäftsführung nicht möglich (Grundsatz der Selbstorganschaft), anders aber im Ergebnis bei der GmbH & Co. KG, da hier in der geschäftsführenden Komplementär-GmbH ein Fremdgeschäftsführer bestellt werden kann.

8 MAH ErbR/*Kögel*, § 40 Rn 183 ff.

9 Zur Vereinbarung von Widerrufsgründen ausführlich MAH ErbR/*Kögel*, § 40 Rn 199 ff.; siehe auch MAH ErbR/*Ridder*, § 32 Rn 155 ff.

10 Scherer/*Froning*, § 23 Rn 57.

(dazu Rdn 112 ff.), während zwingende Ansprüche des Erb- und des Familienrechts nicht durch gesellschaftsvertragliche Regelungen umgangen werden können.[11]

Erbrechtlich ist der Begriff des Unternehmens nicht definiert. Auch kennt das deutsche Recht kein **„Unternehmenserbrecht“**.[12] Die jeweiligen erbrechtlichen Gestaltungen sind aufgrund des Vorrangs des Gesellschaftsrechts in den rechtsformspezifischen Regelungsrahmen einzupassen. Allerdings setzt auch das Erbrecht den Planungen der Unternehmensnachfolge Grenzen. Insbesondere ist eine unmittelbare Zuwendung ausschließlich der Gesellschaftsbeteiligungen nach erbrechtlichen Grundsätzen nicht möglich.[13] Eine unmittelbare unterschiedliche Behandlung der Erben in Bezug auf die Unternehmensbeteiligungen scheidet damit aus. In Betracht kommen im Einzelfall Teilungsanordnungen (§ 2048 BGB) und Vorausvermächtnisse (§ 2150 BGB). 10

III. Differenzierung zwischen Einzelunternehmen, Personen- und Kapitalgesellschaften

Ein Grundverständnis für die Besonderheiten der unterschiedlichen Rechtsformen erleichtert die Nachfolgeplanung in unternehmerisches Vermögen und Unternehmensbeteiligungen. Grob kann zwischen dem Einzelunternehmen einerseits und dem Zusammenschluss mehrerer Personen andererseits in Form von Personen- und Kapitalgesellschaften differenziert werden. Vollständig trennscharf ist diese Differenzierung gleichwohl nicht, da jedenfalls Kapitalgesellschaften mit nur einem einzigen Gesellschafter zulässig sind.[14] 11

1. Einzelunternehmen

Bei einem Einzelunternehmen sind die unternehmerisch eingesetzten Gegenstände einer natürlichen Person zugeordnet, entsprechend also von dieser nicht separiert.[15] Ein Einzelunternehmen ist daher keine vom Einzelunternehmer zu unterscheidende Einheit und mangels eigener Rechtspersönlichkeit auch nicht Gegenstand des Rechtsverkehrs.[16] 12

Ein Einzelunternehmer verfügt mit seinem **Privatvermögen** zum einen sowie seinem unternehmerisch eingesetzten **Betriebsvermögen** zum anderen über unterschiedliche Vermögensarten. Dieser Umstand kann in der erbrechtlichen Gestaltung eine Herausforderung darstellen. Wirtschaftlich sind die beiden Vermögensarten zwar isoliert zu betrachten, haftungsrechtlich bilden sie jedoch eine Einheit. Die **unbeschränkte Haftung** des Einzelunternehmers ist ein wesentliches Prinzip einzelkaufmännischer Tätigkeit. 13

2. Personen- und Kapitalgesellschaften

Mehrere Personen können sich unmittelbar oder mittelbar in Form einer Personen- oder Kapitalgesellschaft zur Erreichung eines gemeinsamen im Gesellschaftsvertrag festgelegten Zwecks zusammenschließen. 14

11 GesR-NotGP/*Münch*, § 17 Rn 279.
12 BeckNotar-HdB/*Dietz/Sammet*, § 17 Rn 303 ff.; *Lorz/Kirchdörfer*, Kap. 1 Rn 1 ff.; MHdB GesR I/*Schäfer/Merkle*, § 41 Rn 6.
13 Scholz/*Seibt*, § 15 Rn 24 ff.; BeckNotar-HdB/*Dietz/Sammet*, § 17 Rn 317 f.; *Ivo*, ZEV 2006, 252.
14 Zur Einmann-GmbH MüKo-GmbHG/*Heinze*, § 2 Rn 11 ff.; für Einmann-Personengesellschaften BeckOGK HGB/*Sanders*, § 105 Rn 456 ff.
15 Ausführlich zur gesellschafts- wie erbrechtlichen Behandlung von Einzelunternehmen *Ivens*, ZEV 2010, 462; *Bredemeyer*, ZErb 2013, 294.
16 MAH ErbR/*Kögel*, § 40 Rn 18; GesR-NotGP/*Münch*, § 17 Rn 281.

15 **Personengesellschaften** fußen maßgeblich auf dem individuellen Beitrag des einzelnen Gesellschafters. Daher ist die Mitgliedschaft in einer Personengesellschaft vorbehaltlich abweichender gesellschaftsvertraglicher Regelungen nicht übertragbar und gekennzeichnet durch persönliche Haftung und persönliche Mitarbeit. Reine Typen der Personengesellschaft sind die Gesellschaft bürgerlichen Rechts (GbR), die offene Handelsgesellschaft (OHG) sowie die Partnerschaft. Die Kommanditgesellschaft (KG) stellt dagegen bereits eine Mischform dar, denn die Kommanditisten haften lediglich bis zur Höhe ihrer in das Handelsregister einzutragenden Haftsumme.[17] Die Haftung ist sogar ausgeschlossen, soweit die vereinbarte Einlage geleistet ist und nicht an den Kommanditisten zurückgezahlt wurde (§ 171 Abs. 1 Hs. 2 HGB).[18] Die Gesellschafter einer OHG und der persönlich haftende Gesellschafter einer KG haften demgegenüber gem. § 128 HGB (i.V.m. § 161 Abs. 2 HGB) unbeschränkt. Dementsprechend sieht das Gesetz bei ihnen keine zwingende Kapitalaufbringung im Sinne eines Haftungskapitals vor.

16 Zu den **Kapitalgesellschaften** zählen insbesondere die Gesellschaft mit beschränkter Haftung (GmbH) einschließlich der Unternehmergesellschaft (haftungsbeschränkt) (UG), die Aktiengesellschaft (AG) und die Societas Europaea (SE). Die Kapitalgesellschaft besteht unabhängig von der Mitgliedschaft ihrer Gesellschafter. Deshalb ist die Mitgliedschaft grundsätzlich frei übertragbar. Daneben haften die Gesellschafter nicht persönlich für die Gesellschaftsschulden. Für die Verbindlichkeiten der Gesellschaft haftet vielmehr nur das Gesellschaftsvermögen. Insoweit haftet aber die Gesellschaft unbeschränkt. Der haftungsrechtliche Durchgriff auf die Gesellschafter ist auf Ausnahme- und Missbrauchsfälle beschränkt.[19] Abschließend kann die Geschäftsführung anders als bei der Personengesellschaft auf Dritte übertragen werden (sog. Fremdorganschaft).

B. Einzelunternehmen

I. Grundsätze der erbrechtlichen Nachfolge in Einzelunternehmen

17 Ein Einzelunternehmen ist **vererblich** (vgl. §§ 22, 27 HGB), obwohl es als solches nicht Gegenstand des Rechtsverkehrs ist. Die Firma selbst ist nur zusammen mit dem Unternehmen übertragbar und vererblich (§§ 21 ff. HGB). Nicht vererblich ist dagegen die Kaufmannseigenschaft als solche; die prägenden Merkmale müssen in der Person des jeweiligen Inhabers vorliegen (§§ 1 ff. HGB).

18 Träger des Unternehmens ist eine natürliche Person. Die Organisationsstruktur des Einzelunternehmers besteht aus einer Vielzahl von Wirtschaftsgütern (Anlagevermögen, Umlaufvermögen, Verbindlichkeiten, Vertragsverhältnisse), deren Übertragbarkeit für jeden Vermögensgegenstand gesondert zu prüfen ist. Sofern die Übertragbarkeit bejaht wird, werden die einzelnen Gegenstände nach erbrechtlichen Grundsätzen übertragen, d.h. entweder im Wege der **Gesamtrechtsnachfolge** (§ 1922 BGB) oder aber schuldrechtlich namentlich im Rahmen der Erfüllung von **Vermächtnissen**. Das gilt auch für den Fall, dass der Einzelun-

---

17 Zur hier nicht weiter behandelten Kommanditgesellschaft auf Aktien (KGaA) instruktiv *Lieder/Hoffmann*, AG 2016, 704; *Backhaus*, ZPG 2024, 161.

18 Vgl. zur Frage, welche Leistungen eines Kommanditisten haftungsausschließend sind, BeckOK HGB/*Beyer*, § 171 Rn 11 ff.; Koller/Kindler/Drüen/*Kindler*, §§ 171, 172 Rn 12 ff.

19 Bei der Unternehmergesellschaft (haftungsbeschränkt) handelt es sich nicht um eine eigene Rechtsform, sondern um eine Erscheinungsform der Gesellschaft mit beschränkter Haftung (vgl. § 5a GmbHG). Ein Stammkapital in Höhe von 1 EUR ist ausreichend. Vgl. statt vieler MüKo-GmbHG/*Rieder*, § 5a Rn 7 ff.

ternehmer sämtliche Vermögenswerte bilanziell zusammenfast. Ein rechtliches Sondervermögen kann so nicht begründet werden.

Unproblematisch ist der Übergang auf einen Alleinerben, komplexer hingegen der Übergang auf eine **Erbengemeinschaft** gem. § 2032 BGB. Eine Erbengemeinschaft besitzt keine eigene Rechtspersönlichkeit.[20] Es handelt sich um eine gesamthänderisch verbundene Personenmehrheit. Die Miterben können nach h.M. auch ohne einen gesonderten gesellschaftlichen Zusammenschluss ein ererbtes Handelsgeschäft in ungeteilter Erbengemeinschaft ohne zeitliche Begrenzung fortführen.[21] Das Handelsgeschäft wird dem Nachlass als Sondervermögen zugeordnet. Eine Fortführung der Geschäfte bzw. des Einzelunternehmens durch die Erbengemeinschaft liegt allerdings nur dann vor, wenn das Handelsgeschäft von allen Erben gemeinschaftlich fortgeführt wird oder solche Erben, die das Geschäft nicht selbst mit fortführen, der Fortführung zumindest konkludent zugestimmt haben.[22] Nach anderer Ansicht führen die Erben das Handelsgeschäft in Erbengemeinschaft automatisch fort, also willensunabhängig mit dem Eintritt des Erbfalls.[23] Im Ergebnis führen beide Ansichten wegen der erbrechtlichen Beschränkungen des § 2038 BGB (gemeinschaftliche Verwaltung des Nachlasses durch alle Erben) in der Praxis grundsätzlich zu gleichen Ergebnissen, zumal der BGH bereits eine stillschweigende Zustimmung zur Fortführung, insbesondere eine bloße Duldung der Geschäftsfortführung durch Miterben, ausreichen lässt.[24] 19

Mit dem Todesfall des Einzelkaufmanns wird die Erbengemeinschaft auch ohne Zustimmung oder Duldung Kaufmann. Dies gilt jedoch nur, solange der Betrieb des Unternehmens nicht eingestellt wird oder auf einen neuen Unternehmensträger, wie etwa einen Miterben, eine von den Erben gebildete Handelsgesellschaft oder einen dritten Erwerber, übertragen wird.[25] 20

Die Erben können sich dazu entschließen, das geerbte Einzelunternehmen in eine **Handelsgesellschaft** „umzuwandeln“,[26] was aus gesellschaftsrechtlicher Sicht zu empfehlen ist. Denn die Organisations- und Haftungsverfassung der ungeteilten Erbengemeinschaft ist weder im Außen- noch im Innenverhältnis auf eine Rolle als Unternehmensträgerin zugeschnitten.[27] Gründen die Erben eine Handelsgesellschaft und betreibt diese das Unternehmen weiter, so haften die Erben als Gesellschafter allerdings akzessorisch unbeschränkt und gesamtschuldnerisch nach § 128 HGB.[28] 21

Die Erben können durch eine sog. **Gesellschaftsgründungsklausel** testamentarisch zur Gründung einer Gesellschaft „motiviert“ werden. Dabei verpflichtet der Erblasser seine Erben in der Verfügung von Todes wegen, nach seinem Tod ihrerseits eine Gesellschaft zu gründen, die Trägerin seines Handelsgeschäfts werden soll. Der Inhalt des abzuschließenden Gesellschaftsvertrags kann einstweilen vom Erblasser bereits in der Verfügung von Todes wegen festgelegt werden. Eine derartige Verfügung ist rechtlich als **Teilungsanordnung** (§ 2048 BGB) in Verbindung mit einer **Auflage** (§ 1940 BGB) zu qualifizieren. Werden 22

20 BGH, Urt. v. 11.9.2002 – XII ZR 187/00, NJW 2002, 3389.

21 BGH, Urt. v. 8.10.1984 – II ZR 223/83, NJW 1985, 136; KG, Beschl. v. 29.9.1998 – 1 W 4007–97, NJW-RR 1999, 880.

22 BGH, Urt. v. 24.9.1959 – II ZR 46/59, NJW 1959, 2114; Staub/*Burgard,* § 27 Rn 96; Oetker/*Vossler,* § 27 Rn 33.

23 MüKo-HGB/*Thiessen,* § 27 Rn 60 ff.; Ebenroth/Boujong/*Reuschle,* § 27 Rn 40.

24 Ebenroth/Boujong/*Reuschle,* § 27 Rn 40; Oetker/*Vossler,* § 27 Rn 33.

25 Berkefeld/Sikora/Wagner/*Wagner,* § 6 Rn 104.

26 Zu Umwandlungen ausführlich Spiegelberger/*Klinger,* § 22.

27 *Canaris,* Handelsrecht, § 9; *K. Schmidt,* Handelsrecht, § 5 I 3 b.

28 Ebenroth/Boujong/*Reuschle,* § 27 Rn 39; Oetker/*Vossler,* § 27 Rn 32.

einzelne Erben durch die angeordnete Gesellschaftsgründung wirtschaftlich bessergestellt als andere Miterben, so handelt es sich um ein **Vorausvermächtnis** (§ 2150 BGB). Durch die Teilungsanordnung wird der jedem Miterben zustehende Auseinandersetzungsanspruch gem. § 2042 Abs. 1 BGB modifiziert. Jeder Miterbe kann von den anderen den Abschluss des Gesellschaftsvertrags verlangen. Durch die Auflage soll verhindert werden, dass die Erben den Willen des Erblassers durch eine einvernehmliche Abweichung ignorieren. Diese Gestaltung ist allerdings nur dann sicher, wenn ein Vollziehungsberechtigter vorhanden ist. Ggf. können auflösende Bedingen (z.B. hinsichtlich der Erbenstellung) Abhilfe schaffen.

II. Haftung

23 Führt der Erbe (auch als Mit-, Vor- oder Nacherbe) eines einzelkaufmännischen Handelsgeschäfts dieses fort, haftet er gem. § 27 Abs. 1 HGB für Geschäftsschulden des Erblassers unter der alten Firma mit seinem **gesamten** Vermögen in entsprechender Anwendung von § 25 HGB; dies gilt auch, wenn die Fortführung mit Nachfolgezusatz gem. §§ 22 Abs. 1 S. 1, 25 Abs. 1 S. 1 HGB erfolgt.[29]

24 Im Falle der **Ausschlagung** gilt der Anfall an den Ausschlagenden gem. § 1953 Abs. 1 BGB als von Anfang an nicht erfolgt und mit dem Erbfall der Anfall an den Nächstberufenen als erfolgt (§ 1953 Abs. 2 BGB). Der Ausschlagende war also zu keiner Zeit Erbe. Eine (vorläufige) Fortführung des Handelsgeschäfts durch den zunächst berufenen Erben ist nicht als konkludente Annahme der Erbschaft auszulegen, auch wenn die Fortführung länger als drei Monate dauerte (§ 27 Abs. 2 S. 3 HGB).[30] Zu beachten ist, dass die Ausschlagung nur die Haftung für die eigentlichen Erblasserschulden beseitigt. Hat der zunächst berufene Erbe noch vor der Ausschlagung im eigenen Namen Verbindlichkeiten begründet, so haftet er hierfür, sofern keine abweichenden rechtsgeschäftlichen Abreden mit den jeweiligen Gläubigern getroffen worden sind. Auf den nächstberufenen Erben findet wiederum § 27 HGB Anwendung, wobei die vom Ausschlagenden begründeten Verbindlichkeiten für ihn dann „frühere Geschäftsverbindlichkeiten“ darstellen.[31]

25 Der **Alleinerbe** kann die Erbenhaftung nach § 27 Abs. 2 HGB vermeiden, indem er die Fortführung des Handelsgeschäfts innerhalb einer Frist von drei Monaten nach Kenntniserlangung von der Erbschaft einstellt. Umstritten ist, ob die **Erbengemeinschaft** durch Mehrheitsbeschluss eine Einstellung des Handelsgeschäfts oder eine Änderung der Firma beschließen kann.[32] Jeder Miterbe kann jedenfalls die Auseinandersetzung des Nachlasses betreiben und damit im Ergebnis die Liquidation des Handelsgeschäfts und damit dessen Einstellung erreichen.[33] Die Dreimonatsfrist des § 27 Abs. 2 HGB ist für alle Miterben einheitlich zu berechnen.[34] Sie beginnt erst, sobald alle Erben vom Anfall der Erbschaft Kenntnis erlangt haben, und endet, sobald sie für alle Beteiligten abgelaufen ist.[35]

---

29 Hopt/*Merkt*, § 27 Rn 1; siehe auch *Riedel*, § 4 Rn 231 ff.
30 BeckOK HGB/*Bömeke*, § 27 Rn 8 m.w.N.
31 BGH, Urt. v. 10.2.1960 – V ZR 39/58, NJW 1960, 959, 961.
32 So Ebenroth/Boujong/*Reuschle*, § 27 Rn 40; Oetker/*Vossler*, § 27 Rn 34; a.A. Staub/*Burgard*, § 27 Rn 97.
33 Oetker/*Vossler*, § 27 Rn 34.
34 MüKo-HGB/*Thiessen*, § 27 Rn 66.
35 MüKo-HGB/*Thiessen*, § 27 Rn 66; Staub/*Burgard*, § 27 Rn 99; Ebenroth/Boujong/*Reuschle*, § 27 Rn 41; Oetker/*Vossler*, § 27 Rn 34.

Umstritten ist, wann von einer Einstellung i.S.v. § 27 Abs. 2 HGB auszugehen ist.[36] Zu beachten ist außerdem, dass die Haftung des Erben nach § 1967 BGB andauert und nur erbrechtlich (§§ 1975 ff. BGB) auf den Nachlass beschränkt werden kann. Umstritten ist weiter, ob der Erbe darüber hinaus die unbeschränkte Haftung durch Firmenänderung oder Verlautbarung gem. § 25 Abs. 2 HGB ausschließen kann.[37] 26

III. Registerrecht

Aus § 29 HGB folgt die Verpflichtung für jeden Kaufmann, die Firma, den Ort und die inländische Geschäftsanschrift der Handelsniederlassung bei dem Gericht, in dessen Bezirk sich die Niederlassung befindet, zum Handelsregister anzumelden.[38] Ferner sind Vor- und Familienname, Geburtsdatum und Wohnort des Inhabers des Unternehmens erforderlich (§§ 24 Abs. 1 und 40 Nr. 3 S. 1 Buchst. b HRV). Kleingewerbetreibende (§ 2 HGB) und Kannkaufleute i.S.v. § 3 HGB können sich ebenfalls in das Handelsregister eintragen lassen, wodurch sie freiwillig Kaufmann werden.[39] Somit ist jeder Gewerbetreibende ohne Rücksicht auf den unternehmerischen Umfang seiner Tätigkeit zur Eintragung in das Handelsregister berechtigt.[40] 27

Die **Firma** eines Kaufmanns ist der Name, unter dem er seine Geschäfte betreibt und die Unterschrift abgibt (§ 17 Abs. 1 HGB). Die Firma kann aus dem Familiennamen des Einzelkaufmanns, einer Sachbezeichnung oder aber auch einem Fantasiebegriff gebildet werden. Der Einzelkaufmann braucht bei der Verwendung seines Familiennamens als Firma nicht seinen Vornamen aufzunehmen; er kann vielmehr auch einen gänzlich fremden Namen nutzen.[41] Jedoch macht die Verwendung eines häufig auftretenden Familiennamens den Zusatz des Vornamens oder einer anderen Ergänzung notwendig, um eine ausreichende Unterscheidungskraft herzustellen.[42] Jedenfalls muss die Firma gem. § 19 Abs. 1 Nr. 1 HGB die Bezeichnung „eingetragener Kaufmann“, „eingetragene Kauffrau“ oder eine allgemein verständliche Abkürzung dieser Bezeichnung, insbesondere „e. K.“, „e. Kfm.“/„e. Kfr.“ enthalten. 28

Der bei der Handelsregisteranmeldung anzugebende Ort der Handelsniederlassung bezieht sich auf die **Hauptniederlassung.**[43] Diese befindet sich an dem Ort, an dem die Unternehmensverwaltung tatsächlich ansässig ist.[44] Auf den Standort etwaiger Betriebsstätten kommt es nicht an. Wenn ein Gewerbe, wie etwa das Reisegewerbe (§ 55 Abs. 1 HGB), keinen festen Unternehmenssitz aufweist, bildet der Wohnsitz des Kaufmanns (§ 7 BGB) die Hauptniederlassung.[45] Dies ist im Erbfall ggf. zu korrigieren. 29

36 Einzelheiten: MüKo-HGB/*Thiessen*, § 27 Rn 49 ff.; Wiese/*Falkowski*, Rn 10.47.
37 Ausführlich MüKo-HGB/*Thiessen*, § 27 Rn 44, 46 ff.
38 Berkefeld/Sikora/Wagner/*Wagner*, § 6 Rn 3.
39 Berkefeld/Sikora/Wagner/*Wagner*, § 6 Rn 5.
40 Berkefeld/Sikora/Wagner/*Wagner*, § 6 Rn 5.
41 Berkefeld/Sikora/Wagner/*Wagner*, § 6 Rn 6.
42 Berkefeld/Sikora/Wagner/*Wagner*, § 6 Rn 6.
43 MüKo-HGB/*Krafka*, § 29 Rn 8.
44 Berkefeld/Sikora/Wagner/*Wagner*, § 6 Rn 8.
45 MüKo-HGB/*Krafka*, § 29 Rn 8.

Muster 10.1: Handelsregisteranmeldung: Übergang auf mehrere Miterben in Erbengemeinschaft

30 HRA

Firma mit der Niederlassung in

Anlage: Beglaubigte Kopie der Ausfertigung des Erbscheins nach

Zur Eintragung in das Handelsregister melden wir, , geboren am , wohnhaft in , und , geboren am , wohnhaft in , an:

Frau/Herr , welche/r bisher Inhaberin/Inhaber der Firma e. K. in war, ist am verstorben. Das Nachlassverfahren wird beim Amtsgericht – Nachlassgericht – unter dem Aktenzeichen geführt. Das Amtsgericht – Nachlassgericht – hat am einen Erbschein erteilt. Hiernach wurde die Erblasserin/der Erblasser beerbt von:
a) , geboren am ;
b) , geboren am .

Das Geschäft und die Firma sind auf uns in Erbengemeinschaft übergegangen und werden von uns unter der bisherigen Firma fortgeführt.

Die inländische Geschäftsanschrift lautet .

Dieser Anmeldung ist in elektronisch beglaubigter Abschrift beigefügt der vorgenannte Erbschein. Ergänzend wird auf die Nachlassakten des Amtsgerichts – Nachlassgericht – (Az.) Bezug genommen.

[*Registervollmacht*]

 [*Unterschriften*]

[*Beglaubigungsvermerk*]

[*Prüfvermerk nach § 378 FamFG*]

Muster 10.2: Handelsregisteranmeldung: Fortführung des Handelsgeschäfts durch einen Miterben

31 HRA

Firma mit der Niederlassung in

Anlage: Beglaubigte Kopie der Ausfertigung des Erbscheins nach

Zur Eintragung in das Handelsregister melden wir, , geboren am , wohnhaft in , und , geboren am , wohnhaft in , an:

Frau/Herr , welche/r bisher Inhaberin/Inhaber der Firma e. K. in war, ist am verstorben. Das Nachlassverfahren wird beim Amtsgericht – Nachlassgericht – unter dem Aktenzeichen geführt. Das Amtsgericht – Nachlassgericht – hat am einen Erbschein erteilt. Hiernach wurde die Erblasserin/der Erblasser beerbt von:
a) , geboren am ;
b) , geboren am .

Im Rahmen der zwischen den Erben erfolgten Auseinandersetzung des Nachlasses ist das Handelsgeschäft der Miterbin/dem Miterben , geboren am , wohnhaft in , übertragen worden. Mitübertragen wurde das Recht zur Fortführung der bisherigen Firma. Dabei wurde die Übernahme der Verbindlichkeiten der Erblasserin/des Erblassers ausgeschlossen.

Übermittelt wird eine elektronisch beglaubigte Abschrift der Ausfertigung des Erbscheins.

[*Registervollmacht*]

 [*Unterschriften*]

[*Beglaubigungsvermerk*]

[*Prüfvermerk nach § 378 FamFG*]

Muster 10.3: Handelsregisteranmeldung: Erbfolge mit angeordneter Testamentsvollstreckung 10.3

HRA 32

Firma mit der Niederlassung in

Anlage: Beglaubigte Kopie der Ausfertigung des Erbscheins nach

Zur Eintragung in das Handelsregister melden wir, , geboren am , wohnhaft in , und , geboren am , wohnhaft in , an:

Frau/Herr , welche/r bisher Inhaberin/Inhaber der Firma e. K. in war, ist am verstorben. Das Nachlassverfahren wird beim Amtsgericht – Nachlassgericht – unter dem Aktenzeichen geführt. Das Amtsgericht – Nachlassgericht – hat am einen Erbschein erteilt. Hiernach wurde die Erblasserin/der Erblasser beerbt von:
a) , geboren am ;
b) , geboren am .

, geboren am , wohnhaft in , ist zur Testamentsvollstreckerin/zum Testamentsvollstrecker ernannt worden. Diese/r hat die Aufgabe, das Handelsgeschäft zu verwalten, bis die Erbin/der Erbe das Lebensjahr vollendet hat.

[*Name Testamentsvollstrecker/in*] ist bereit, für die Dauer der Testamentsvollstreckung das Handelsgeschäft im eigenen Namen weiterzuführen. Die Erbin/Der Erbe hat ihr/sein Einverständnis dazu erklärt.

Die inländische Geschäftsanschrift lautet .

Übermittelt werden eine elektronisch beglaubigte Abschrift der Ausfertigung des Testamentsvollstreckerzeugnisses vom , Az. des Amtsgerichts – Nachlassgericht – sowie eine elektronisch beglaubigte Abschrift der Ausfertigung des Erbscheins vom , Az des Amtsgerichts – Nachlassgericht.

[*Registervollmacht*]

[*Unterschriften*]

[*Beglaubigungsvermerk*]

[*Prüfvermerk nach § 378 FamFG*]

C. Übertragung von Personengesellschaftsanteilen von Todes wegen

I. Überblick

Werden Anteile an Personengesellschaften nicht bereits im Wege der vorweggenommenen Erbfolge zu Lebzeiten, sondern erst von Todes wegen übertragen, sind die gesellschaftsrechtlichen Grundlagen und Restriktionen in den Blick zu nehmen. Dies gilt sowohl für den Fall der gesetzlichen wie auch der gewillkürten Erbfolge. Die Unternehmensnachfolge gelingt nur, wenn die Verfügungen von Todes wegen und die **gesellschaftsrechtlichen wie -vertraglichen Grundlagen** aufeinander abgestimmt sind. Andernfalls droht die ins Auge gefasste Nachfolge zu scheitern. 33

Die Regelung der Erbfolge in Personengesellschaftsanteile ist komplex und daher fehleranfällig. Das folgt insbesondere daraus, dass Personengesellschaftsanteile nicht bereits von Gesetzes wegen vererblich sind, sondern erst durch gesellschaftsvertragliche Regelung vererblich gestellt werden müssen.[46] Ob die Gesellschafter unter Treuepflichtgesichtspunkten 34

46 Statt vieler Westermann/Wertenbruch/*Noack*, § 40 Rn 1401; Heidel/Schall/*Koch-Sembdner*, § 131 Rn 1 f.

gehalten sind, einer sachgerechten Nachfolgeregelung zuzustimmen, ist Frage des Einzelfalls.[47]

II. Gesetzliche Regelungen der einzelnen Rechtsformen

1. Gesellschaft bürgerlichen Rechts

35 Seit dem 1.1.2024 gelten die Regelungen des Gesetzes zur Modernisierung des Personengesellschaftsrechts (MoPeG), die dieser Darstellung zugrunde liegen. Die wesentlichen gesetzlichen Regelungen zur GbR, die die Grundform der Personengesellschaften darstellt, sind das **Einstimmigkeitserfordernis** (§ 714 BGB), auch für Übertragung von Beteiligungen (§ 711 BGB), die **Geschäftsführung und Vertretung durch sämtliche** Gesellschafter (§§ 715 und 720 BGB) sowie die **persönliche Haftung** der Gesellschafter für die Verbindlichkeiten der Gesellschaft (§ 721 BGB). Die Gesellschafter sind allerdings weitgehend frei, von diesen Regelungen abzuweichen und die im Einzelfall interessengerechten Regelungen zu vereinbaren (vgl. § 708 BGB).

36 Das MoPeG führte zu Änderungen der Rechtsfolgen im Falle des Versterbens eines GbR-Gesellschafters.[48] Anders als bisher bedingt der Tod eines Gesellschafters bei Fehlen abweichender Regelungen lediglich dessen **Ausscheiden** (§ 723 Abs. 1 Nr. 1 BGB), nicht aber mehr die Auflösung der Gesellschaft (§ 727 Abs. 1 BGB a.F.)[49] Durch das MoPeG wurde damit die Regelungssystematik des Personenhandelsrechts übernommen, wo schon bisher der Tod eines Gesellschafters nicht zur Auflösung der Gesellschaft führte (siehe Rdn 49).

37 **Praxistipp**
Die GbR wird damit im Falle des todesbedingten Ausscheidens des Erblassers mit den verbleibenden Gesellschaftern fortgesetzt (zum Sonderfall der Zweipersonengesellschaft siehe Rdn 46 ff.).[50] Da die Fortsetzung der Gesellschaft nunmehr den gesetzlichen Regelfall darstellt, bedarf es auch einer Fortsetzungsklausel im Gesellschaftsvertrag nicht mehr; entsprechende (deklaratorische) Klauseln sind selbstverständlich zulässig und als klarstellender Programmsatz auch zweckmäßig.

10.4 **Muster 10.4: Fortsetzungsklausel**

38 Im Falle des Todes scheidet der Gesellschafter aus der Gesellschaft aus. Die Gesellschaft wird in diesem Fall nicht aufgelöst, sondern mit den verbleibenden Gesellschaftern fortgesetzt.

39 Die durch das MoPeG bewirkte Änderung ist Ausdruck des gewandelten Verständnisses der GbR als eine auf Dauer angelegte Gesellschaft anstelle eines bloßen Gelegenheitszusammenschlusses.[51] Einen Sonderfall stellt die **nicht rechtsfähige Innengesellschaft** (§§ 705

---

47 In diese Richtung MHdB GesR VII/*Holler*, § 75 Rn 381; bejahend unter Verweis auf BGH, Urt. v. 8.11.2004 – II ZR 350/02, ZEV 2005, 71; *Servatius*, § 711 Rn 26.

48 Instruktiv *Lange/Kretschmann*, ZEV 2021, 545; *Freitag*, ZGR 2021, 534; unter dem Regelungsstatut bis zum 31.12.2023 *v. Proff*, DStR 2017, 2555.

49 Näher *Lübke*, DNotZ 2023, 896, 899; *v. Proff*, NZG 2023, 147, 149; Der Erbe rückte zwar gemäß den erbrechtlichen Nachlassregelungen in die gesellschaftsrechtliche Position des Erblassers ein, allerdings verhinderte dies nicht die Auflösung und Abwicklung derselben; zur alten Rechtslage *v. Proff*, DStR 2017, 2555.

50 *v. Proff*, NZG 2023, 147, 149; *K. Schmidt*, JuS 2024, 1, 6.

51 Vgl. BT-Drucks 19/27635, 105, 107.

Abs. 2, 740 ff. BGB) dar, die über kein Gesellschaftsvermögen verfügt (§ 740 Abs. 2 BGB).[52] Diese endet vorbehaltlich zulässiger abweichender (Nachfolge-)Regelungen (vgl. § 740c Abs. 1 BGB) mit dem Tod eines der Gesellschafter (§ 740a Abs. 1 Nr. 3 BGB).[53]

Trotz der Änderungen des MoPeG ist die Mitgliedschaft in der GbR somit auch weiterhin von Gesetzes wegen nicht vererblich. Die Erben treten daher nicht in die Gesellschaft ein. Dies kann allerdings durch die Vereinbarung (gesellschaftsvertraglicher) **Nachfolgeklauseln** ermöglicht werden, mit denen die Beteiligung an der Gesellschaft vererblich gestellt wird.[54] Enthält der Gesellschaftsvertrag eine solche Nachfolgeklausel, wird die Gesellschaft mit den Erben fortgesetzt, bei qualifizierten Nachfolgeklauseln allerdings nur, wenn die Erben den durch die Nachfolgeklausel aufgestellten Anforderungen entsprechen (dazu Rdn 76 f.). Durch das MoPeG wurde diese schon bisher bestehende Gestaltungsmöglichkeit auch ausdrücklich gesetzlich verankert, ohne jedoch Einzelheiten zur Ausgestaltung zu regeln (§ 711 Abs. 2 S. 1 BGB).[55] 40

Die Regelungen des MoPeG, d.h. Fortsetzung der Gesellschaft und Ausscheiden des verstorbenen Gesellschafters, gelten, soweit im Gesellschaftsvertrag keine abweichenden Regelungen enthalten sind, auch für Gesellschaftsverträge, die **vor dem 1.1.2024 geschlossen** wurden.[56] Zu berücksichtigen ist in diesem Zusammenhang aber die **Übergangsregelung** in Art. 229 § 61 EGBGB. Nach dieser gelten die §§ 723–728 BGB a.F. bei Fehlen abweichender gesellschaftsvertraglicher Regelungen fort, wenn dies ein Gesellschafter bis zum 31.12.2024 verlangt hat, bevor innerhalb dieser Frist ein zur Auflösung oder zum Ausscheiden eines Gesellschafters führender Grund eingetreten[57] ist und dieses Verlangen nicht durch Gesellschafterbeschluss zurückgewiesen worden ist.[58] 41

Die mitgliedschaftliche Folge des Ausscheidens im Falle der unterbliebenen Vererblichstellung der Beteiligung regelt § 712 Abs. 1 BGB. Dem Wortlaut nach wächst der Anteil des verstorbenen Gesellschafters den übrigen Gesellschaftern (im Zweifel) im Verhältnis ihrer Anteile zu. Der Begriff der Anwachsung ist sprachlich unpräzise. Denn die verbleibenden Gesellschafter erhalten nicht den Anteil als solchen bzw. Teile des Anteils. Eine solche Folge scheidet aus, da die Mitgliedschaft des verstorbenen Gesellschafters und damit sein Gesellschaftsanteil mit dem Ausscheiden erlöschen.[59] Zutreffender ist deshalb, dass die verbleibenden Gesellschafter einen **quotalen Zuwachs von Mitgliedschaftsrechten**, insbesondere des Vermögens- und Stimmrechts, erfahren.[60] Anders ausgedrückt erhalten die Mitgesellschafter den Gesellschaftsanteil nicht tatsächlich, sondern nur wirtschaftlich, und zwar am Nachlass vorbei.[61] Ist die Mitgliedschaft dinglich belastet (insbesondere im Falle 42

---

52 Der aus erbschaft- und schenkungsteuerlichen Erwägungen gegründete Stimmrechtspool (vgl. § 13b Abs. 1 Nr. 3 ErbStG) stellt regelmäßig eine Innengesellschaft dar.

53 MHdB GesR I/*Schäfer/Merkle*, § 41 Rn 14; *Servatius*, § 740a Rn 8 ff.

54 Im Überblick MHdB GesR I/*Schäfer/Merkle*, § 42 Rn 8 f.; Westermann/Wertenbruch/*Noack*, § 38 Rn 1221.

55 Dazu *Servatius*, § 711 Rn 26.

56 Ausführlich Koch/*Guntermann*, § 723 Rn 7; *Heidel*, ZPG 2023, 401, 404.

57 Es ist umstritten, ob ein Verlangen entgegen dem Wortlaut auch noch gestellt werden kann, wenn bereits ein Grund, der zum Ausscheiden oder zur Auflösung führt, eingetreten ist; befürwortend *Servatius*, § 724 Rn 42.

58 Ausführlich *Heidel*, ZPG 2023, 401; *v. Proff*, NZG 2023, 145, 150 ff. Diese Regelung hat aufgrund des Vorrangs gesellschaftsvertraglicher Regelungen kaum praktische Bedeutung.

59 Richtig deshalb BeckOK BGB/*Schöne*, § 712 Rn 5; Groll/Steiner/*Kindler/Köhler*, Rn 15.105.

60 Ausführlich zur Anwachsung bei abweichender Ausgestaltung der Mitgliedschaft des Erblassers Groll/Steiner/*Kindler/Köhler*, Rn 15.105.

61 Siehe auch Groll/Steiner/*Kindler/Köhler*, Rn 15.103.

des Nießbrauchs oder Pfandrechts), gehen entsprechende dingliche Belastungen mit Ausscheiden des Gesellschafters und Anwachsung unter.[62] Kehrseite dieses Vorteils der Gesellschafter ist die Belastung der Gesellschaft, und damit mittelbar wirtschaftlich der verbleibenden Gesellschafter, mit dem Abfindungsanspruch des ausscheidenden Gesellschafters (siehe dazu Rdn 46 ff.).[63] War die Mitgliedschaft allerdings dinglich belastet, erstreckt sich diese dingliche Belastung im Wege der Surrogation auf den Abfindungsanspruch.[64]

43 Als Folge des Ausscheidens des Erblassers und der Anwachsung nach § 712 BGB kommt es zu einer Veränderung der prozentualen Beteiligungsverhältnisse. Wenngleich die Anwachsung im Zweifel im Verhältnis der Beteiligung der verbleibenden Gesellschafter erfolgt, kann damit im Falle von Mehrheitsklauseln[65] eine Verschiebung der Macht- und Mehrheitsverhältnisse einhergehen (namentlich, wenn ein Gesellschafter infolge der Anwachsung nunmehr erstmals über eine (einfache) Stimmenmehrheit verfügt).

44 Die Regelung des § 712 BGB ist **dispositiv**.[66] Gesellschaftsvertraglich kann deshalb eine von dem Verhältnis der Beteiligungen der verbleibenden Gesellschafter abweichende (ungleiche) Anwachsung vereinbart werden. Abweichungen dürfen den gesetzlichen Regelfall allerdings nicht derart ändern, dass die Anwachsung als solche ausgeschlossen wird.[67] Die gesetzliche Dispositivität ermöglicht etwa die Implementierung von Sicherheitsmechanismen bei der vorweggenommenen Erbfolge für den Fall, dass der Nachfolger vorzeitig aus der Gesellschaft ausscheidet.[68] Weiterhin sind auch Regelungen möglich, nach denen die Mitgliedschaft vererblich gestellt wird, sich aber die mitgliedschaftliche Beteiligung des Erblassers im Todesfall reduziert, d.h. der oder die Erben werden zwar Gesellschafter, nicht aber zur vollen Beteiligungshöhe des Erblassers.[69]

45 Konsequenz des Ausscheidens des verstorbenen Gesellschafters ist, dass der Erbe nicht in die Gesellschafterstellung einrückt. Damit unterfällt die Gesellschaftsbeteiligung auch keiner Nachlassverwaltung oder Testamentsvollstreckung.[70] Stattdessen erhält der Erbe (lediglich) über § 1922 Abs. 1 BGB einen **Abfindungsanspruch** (§ 728 Abs. 1 S. 1 BGB) als Kompensation für den Verlust der Mitgliedschaft. Nach § 728 Abs. 1 BGB besteht der Anspruch auf „eine dem Wert des Anteils angemessene Abfindung". Der Wert ist gem. § 728 Abs. 2 BGB, soweit erforderlich, im Wege der Schätzung auf den Zeitpunkt des Ausscheidens zu ermitteln.[71] Im Gesellschaftsvertrag können Einzelheiten zur Ermittlung der Abfindungshöhe geregelt werden, etwa die Festlegung einer bestimmten Bewertungsmethode und die Vorgabe, dass die Höhe des Abfindungsanspruchs bei Meinungsverschiedenheiten schiedsgutachterlich durch einen Wirtschaftsprüfer zu ermitteln ist. Auch die (ratenweise) Fälligkeit des Abfindungsanspruchs kann geregelt werden.[72] Für den Fall des

62 So zu Recht etwa *Bühler*, NZG 2024, 51, 54.

63 BeckOK BGB/*Schöne*, § 712 Rn 5; GesR-NotGP/*Neie*, § 2 Rn 330.

64 *Servatius*, § 712 Rn 9; *Bühler*, NZG 2024, 51, 54.

65 Zur Zulässigkeit von Mehrheitsklauseln allgemein *Goette/Goette*, DStR 2016, 74.

66 MHdB GesR I/*Schäfer/Merkle*, § 41 Rn 18; MüKo-BGB/*Schäfer*, § 712 Rn 8.

67 MüKo-BGB/*Schäfer*, § 712 Rn 8; Erman/*Lieder*, § 712 Rn 6; *Bühler*, NZG 2024, 51; *Servatius*, § 712 Rn 18; MHdB GesR I/*Schäfer/Merkle*, § 41 Rn 18.

68 Der übertragende Gesellschafter kann in diesem Fall ein Interesse haben, dass die Beteiligung vollständig an ihn zurückfällt; Einzelheiten, auch zum Umgang mit etwaig bestehenden Abfindungsansprüchen, bei BeckOK BGB/*Schöne*, § 712 Rn 9.

69 *Servatius*, § 712 Rn 19.

70 Groll/Steiner/*Kindler/Köhler*, Rn 15.103.

71 Weiterführend MüKo-BGB/*Schäfer*, § 728 Rn 29 ff., 81; *Servatius*, § 728 Rn 42 f.

72 Zu den Grenzen Koch/*Guntermann*, § 728 Rn 38.

todesbedingten Ausscheidens sieht das Gesetz im Hinblick auf den Abfindungsanspruch keine Sonderregelungen vor[73] (zu Abfindungsbeschränkungen siehe auch Rdn 112 ff.).

Einen Sonderfall stellt das Ausscheiden des vorletzten Gesellschafters dar. Mangels Zulässigkeit einer Einpersonen-Personengesellschaft (h.M.)[74] führt das **Ausscheiden des vorletzten Gesellschafters** gem. § 712a BGB ohne Durchführung eines Liquidationsverfahrens zur Auflösung der Gesellschaft.[75] Das Gesellschaftsvermögen geht unmittelbar im Zeitpunkt des Ausscheidens im Wege der Gesamtrechtsnachfolge auf den verbleibenden Gesellschafter über. Eine irgendwie geartete Übertragungshandlung ist nicht erforderlich. Im Zuge der MoPeG-Gesetzgebung wurde ein Übernahmemodell aus Rechtssicherheits- und Rechtsklarheitserwägungen explizit verworfen.[76] Dem ausscheidenden Gesellschafter bzw. dessen Erben steht ein Abfindungsanspruch zu, mit dem der verbliebene Gesellschafter belastet ist.[77] 46

Bei der Nachfolgegestaltung ist außerdem zu berücksichtigen, dass die GbR bis zur Einführung des Gesellschaftsregisters zum 1.1.2024 keiner unmittelbaren **Publizität** unterworfen gewesen ist. Außerdem bestehen im Hinblick auf die Gründung und den Gesellschaftsvertrag keinerlei Formerfordernisse. Jedenfalls im Nachfolgekontext sollte eine saubere Dokumentation geschaffen werden, um Unklarheiten und Ungewissheiten zu vermeiden.[78] 47

Zu abweichenden gesellschaftsvertraglichen Regelungen, insbesondere Nachfolge-, Eintritts- und Auflösungsklauseln, siehe ausführlich Rdn 58 ff. 48

2. Offene Handelsgesellschaft

Der Tod des Gesellschafters einer OHG führt bereits seit dem Inkrafttreten des Handelsrechtsreformgesetzes im Jahr 1998 nicht mehr zur Auflösung der Gesellschaft, sondern lediglich gem. § 131 Abs. 3 Nr. 1 HGB a.F. zum **Ausscheiden** des verstorbenen Gesellschafters. Die Gesellschaft selbst bleibt bestehen und wird mit den übrigen Gesellschaftern fortgesetzt, sofern der Gesellschaftsvertrag nicht abweichend den Tod des Gesellschafters als Auflösungsgrund vorsieht (siehe Rdn 59) oder der Erbe die Gesellschaftsbeteiligung auf Grundlage einer **Nachfolgeklausel** erhält (siehe Rdn 61 ff.). Dieser Regelungsansatz wurde durch das MoPeG beibehalten und findet sich nunmehr in § 130 Abs. 1 Nr. 1 HGB. Gesellschaftsanteile an einer OHG sind damit im Ausgangspunkt ebenfalls **nicht vererblich**. Für die OHG gelten im Übrigen die Ausführungen zur Anwachsung (siehe Rdn 42 ff.) entsprechend. 49

3. Kommanditgesellschaft

Im Gegensatz zur Beteiligung an einer GbR und einer OHG sind Kommanditbeteiligungen bereits von Gesetzes wegen **vererblich** (§ 177 HGB). Mit dem Tod eines **Kommanditisten** wird die Gesellschaft – im gesetzlichen Ausgangspunkt – mit dessen Erben fortgesetzt, d.h. jeder Erbe erlangt entsprechend der Erbquote im Wege der Einzelrechtsnachfolge eine Kommanditbeteiligung.[79] Abweichende Regelungen zur Vererblichkeit, insbesondere die 50

73 Dazu auch *Lange/Kretschmann*, ZEV 2021, 545, 548.
74 Vgl. m.w.N. BeckOGK HGB/*Sanders*, § 105 Rn 455 ff.
75 Näher zum Erlöschen der GbR *Servatius*, § 712a Rn 9; Hopt/*Roth*, § 712a Rn 2.
76 *Weidlich/Federle*, NJW 2023, 3321, 3322; krit. *Menkel*, NZG 2023, 683, 687.
77 MüKo-BGB/*Schäfer*, § 723 Rn 40; *Lang/Rasche*, DB 2024, 1122, 1123.
78 Wiese/*Bochmann*, Rn 4.77 f.
79 Ebenroth/Boujong/*v. Selle*, § 177 Rn 9; MüKo-HGB/*K. Schmidt/Grüneberg*, § 177 Rn 16; Reichert/*Heinrich*, § 34 Rn 9.

Vereinbarung qualifizierter **Nachfolgeklauseln**, sind aufgrund der Disposivität der Regelung wie bei der GbR und der OHG zulässig.

51 Verstirbt der (letzte oder einzige) persönlich haftende Gesellschafter (**Komplementär**) einer KG mit mindestens zwei Kommanditisten und ist die Gesellschaftsbeteiligung wie im gesetzlichen Normalfall nicht vererblich (vgl. § 161 Abs. 2 i.V.m. § 130 Abs. 1 Nr. 1 HGB), scheidet der verstorbene (persönlich haftende) Gesellschafter aus der Gesellschaft aus und die Gesellschaft wird aufgelöst.[80] Die Gesellschaft ist dann nach § 161 Abs. 2 i.V.m. §§ 143 ff. HGB zu liquidieren. Bei einer GmbH & Co. KG steht dem Tod die (seltene) Vollbeendigung der GmbH gleich.[81] Setzen die verbleibenden Kommanditisten die Gesellschaft als werbend fort und nehmen keinen neuen persönlich haftenden Gesellschafter auf, handelt es sich nunmehr um eine OHG mit der Folge der unbeschränkten persönlichen Haftung der Gesellschafter (§ 126 S. 1 HGB).[82]

Ist die Beteiligung des persönlich haftenden Gesellschafters **vererblich**, findet über § 161 Abs. 2 HGB die Vorschrift des § 131 HGB Anwendung. Der Erbe kann also die Umwandlung seiner Gesellschafterstellung in diejenige eines Kommanditisten verlangen. Verbleibt nach Ausübung des Wahlrechts kein Komplementär, wird die Gesellschaft indes ebenfalls aufgelöst.[83]

52 Für den Fall des Ausscheidens des Komplementärs in einer zweigliedrigen KG erfolgt eine liquidationslose Beendigung der Gesellschaft und ipso iure die Anwachsung beim Kommanditisten (§ 161 Abs. 2 HGB i.V.m. § 712a Abs. 1 BGB). Die Haftung des Kommanditisten für Gesellschaftsverbindlichkeiten ist jedoch auf das Gesellschaftsvermögen sowie nach § 171 HGB beschränkt, wenn er das Handelsgeschäft nicht fortführt.[84]

53 **Praxistipp**

Um im Fall einer GmbH & Co. KG das Auseinanderfallen der Beteiligung an KG und Komplementärgesellschaft aufgrund der zwingenden Vererblichkeit von Anteilen an einer Kapitalgesellschaft zu verhindern (siehe dazu Rdn 134 ff.), sollte regelmäßig eine sog. **Einheits-GmbH & Co. KG** erwogen werden, bei der sämtliche Anteile an der Komplementär-GmbH durch die KG selbst gehalten werden.[85]

4. Partnerschaftsgesellschaft

54 Die Partnerschaftsgesellschaft dient dem Zusammenschluss von Angehörigen Freier Berufe (§ 1 Abs. 1 PartGG). Die Beteiligung an einer Partnerschaftsgesellschaft ist grundsätzlich **nicht vererblich** (§ 9 Abs. 4 S. 1 PartGG). Mit dem Tod eines Partners wird die Partnerschaftsgesellschaft mit den übrigen Partnern gem. § 9 Abs. 1 PartGG i.V.m. § 130 Abs. 1 Nr. 1 HGB fortgesetzt, denen der Gesellschaftsanteil des verstorbenen Partners gem. § 1 Abs. 4 PartGG i.V.m. § 712 Abs. 1 S. 1 BGB anwächst. Der Wert des Gesellschaftsanteils des verstorbenen Partners fällt in den Nachlass und der Erbe erhält einen **Abfindungsanspruch** gegen die Partnerschaft (§ 9 Abs. 1 PartGG i.V.m. § 135 Abs. 1 Nr. 1 HGB).[86]

---

80 Heidel/Schall/*Eberl*, § 161 Rn 74; MAH PersGesR/*Müller*, § 20 Rn 11.

81 Reichert/*Heinrich*, § 34 Rn 64.

82 MAH PersGesR/*Müller*, § 20 Rn 11; *Lübke*, DNotZ 2023, 896, 904 f.

83 MHdB GesR II/*Klein/Lindemeier/Krämer*, § 40 Rn 10; instruktiv zur Beerbung eines Komplementärs durch einen Kommanditisten BayObLG, Beschl. v. 29.1.2003 – 3Z BR 5/03, DNotZ 2003, 456.

84 MHdB GesR II/*Klein/Lindemeier/Krämer*, § 40 Rn 17; Oetker/*Oetker*, § 161 Rn 68.

85 Zur Einheits-GmbH & Co. KG etwa MüKo-HGB/*Grunewald*, § 161 Rn 99 ff.

86 Vgl. Henssler/Strohn/*Hirtz*, § 9 PartGG Rn 18 ff.

Die Beteiligung an einer Partnerschaftsgesellschaft kann gem. § 9 Abs. 4 S. 2 PartGG durch Vereinbarung einer **Nachfolgeklausel** vererblich gestellt werden. Das setzt aber voraus, dass der Erbe nach den Vorschriften des § 1 Abs. 2 und Abs. 3 PartGG auch selbst Partner sein kann. Der Erbe muss also selbst Angehöriger eines solchen Berufs sein, der mit den in der Partnerschaft ausgeübten Berufen kompatibel ist.[87] 55

Für den Erben ist zu beachten, dass gem. § 9 Abs. 4 S. 3 PartGG die Vorschrift des § 131 HGB nur insoweit anwendbar ist, als der Erbe seinen Austritt aus der Partnerschaftsgesellschaft erklären kann. Die Umwandlung seiner Partnerstellung in eine Kommanditistenstellung ist aufgrund der Unzulässigkeit der Kommandit-Partnerschaftsgesellschaft ausgeschlossen.[88] 56

Die Partnerschaftsgesellschaft hat in der Nachfolgeplanung insbesondere aufgrund des Erfordernisses einer bestimmten beruflichen Qualifikation als Grundbedingung für die Mitgliedschaft keine hervorgehobene Bedeutung.[89] 57

III. Abweichende gesellschaftsvertragliche Regelungen

1. Dispositivität der gesetzlichen Regelungen

Die vorstehend dargestellten gesetzlichen Regelungen, insbesondere das Ausscheiden von Todes wegen, werden vielfach nicht den Interessen der beteiligten Gesellschafter entsprechen. Es besteht indes weitreichender **Gestaltungsspielraum**, denn die gesetzlichen Regelungen sind nach § 708 BGB für die GbR und § 108 HGB für die OHG sowie über den Verweis in § 161 Abs. 2 HGB auch für die KG überwiegend dispositiver Natur. 58

Abweichend von der gesetzlichen Folge der Fortsetzung der Gesellschaft mit den verbleibenden Gesellschaftern und des Ausscheidens des Erblassers kann insbesondere die **Gesellschaftsbeteiligung vererblich gestellt** und eine Fortsetzung mit den Erben, ggf. auch nur bei Erfüllung bestimmter persönlicher oder fachlicher Kriterien, vorgesehen werden. Umgekehrt zu den vorherigen Regelungsanliegen kann auch vereinbart werden, dass die Gesellschaft im Falle des Todes eines Gesellschafters **aufgelöst** wird, was insbesondere in Betracht zu ziehen ist, wenn die Gesellschaft durch die persönliche Zusammenarbeit und Verbundenheit gerade der Gründungsgesellschafter geprägt ist. 59

Sieht der Gesellschaftsvertrag eine Fortsetzung mit den Erben vor, stellen sich außerdem Fragen der **Zulässigkeit und Reichweite der Testamentsvollstreckung** an Personengesellschaftsanteilen. Ausführlich zur Testamentsvollstreckung im Unternehmensbereich siehe § 20. 60

2. Erbrechtliche Nachfolgeklauseln

a) Überblick

Auch unter Geltung des MoPeG bleiben Nachfolgeklauseln notwendig, sollen die Erben nicht lediglich infolge des todesbedingten Ausscheidens des Gesellschafters auf die nach näherer Maßgabe des Gesellschaftsvertrags bestehenden Abfindungsansprüche verwiesen sein. § 711 Abs. 2 S. 1 BGB (i.V.m. §§ 105 Abs. 3, 161 Abs. 2 HGB) enthält die Klarstellung, dass abweichend von der gesetzliche Regelfolge des todesbedingten Ausscheidens im Gesell- 61

87 *Ring/Grziwotz,* § 9 PartGG Rn 45 ff.; Henssler/Strohn/*Hirtz*, § 9 PartGG Rn 31 f.
88 *Ring/Grziwotz,* § 9 PartGG Rn 54 ff.; *K. Schmidt*, NJW 1995, 1, 5; *Mayr*, MittBayNot 1996, 61, 65.
89 Vgl. *Römermann*, § 9 Rn 25.

schaftsvertrag vereinbart werden kann, dass der Anteil im Fall des Todes auf die Erben übergeht und die Gesellschaft mit den Erben fortgesetzt wird. Nachfolgeklauseln sind gerade in **Familienunternehmen** sehr verbreitet, um die Unternehmensnachfolge auch von Todes wegen überhaupt erst zu ermöglichen. Erbrechtliche Nachfolgeklauseln sind einzig im Hinblick auf die Übertragung von Kommanditanteilen von Todes wegen nicht notwendig, da hier der Kommanditanteil bereits kraft Gesetzes vererblich ist (§ 177 HGB, siehe Rdn 50).

62 Durch erbrechtliche Nachfolgeklauseln wird der Anteil an der Gesellschaft vererblich gestellt.[90] Der Gesellschaftsanteil fällt damit in den Nachlass. Der Übergang erfolgt im Wege der **erbrechtlichen Universalsukzession gem. § 1922 BGB** und nicht etwa gesellschaftsrechtlich.[91] Der Übergang der Gesellschaftsbeteiligung geschieht außerdem unmittelbar, ohne dass es weiterer rechtsgeschäftlicher Erklärungen bedarf.[92] Allerdings ermöglichen erbrechtliche Nachfolgeklauseln in einem ersten Schritt nur den Übergang der Beteiligung durch **Vererblichstellung** des Anteils. Der designierte Nachfolger erhält die Beteiligung aber nur bei entsprechender **Einsetzung als Erbe** (zum Vermächtnis nach Gesellschaftsanteilen siehe Rdn 68 ff.).[93] Im Gesellschaftsvertrag als höchstpersönlich oder unvererblich vereinbarte Sonderrechte des Erblassers (z.B. erhöhte Gewinnbeteiligung oder Mehrstimmrechte) gehen im Übrigen nicht auf den Nachfolger über.[94]

63 Die gesellschaftsvertraglichen Regelungen und die letztwilligen Verfügungen müssen daher aufeinander abgestimmt werden. Divergieren nämlich erb- und gesellschaftsvertragliche Regelungen, kann die angedachte Nachfolge ggf. unter Entstehung erheblicher (steuerlicher wie rechtlicher) Nachteile scheitern.[95] Denkbar ist zum einen, dass der designierte Nachfolger in die Beteiligung nicht zum Erben (oder Vermächtnisnehmer) gemacht wird. Ein weiteres Risiko ist der umgekehrte Fall, in welchem der Gesellschaftsvertrag die Fortsetzung der Gesellschaft mit dem bestimmten Erben nicht zulässt. Abhilfe kann im Einzelfall die **Umdeutung** der erbrechtlichen Verfügung, z.B. in eine Vermächtniseinsetzung, schaffen. Möglich ist auch die Auslegung der Nachfolgeklausel in der Weise, dass diese eine Weiterleitung durch den nicht qualifizierten Erben ermöglicht, sowie die Umdeutung der Nachfolgeklausel in eine Eintrittsklausel.[96] Damit einher gehen aber nicht unerhebliche rechtliche Unsicherheiten und die Gefahr jahrelanger rechtlicher Auseinandersetzungen. Die steuerlichen Konsequenzen dieser Umwege sind stets im Blick zu behalten und es ist darauf Acht zu geben, dass die gefundene Lösung auch steuerlich anerkannt wird.[97]

---

90 Im Überblick bei MüKo-BGB/*Schäfer*, § 711 Rn 48 ff.

91 MHdB GesR I/*Schäfer/Merkle*, § 42 Rn 32; MüKo-HGB/*K. Schmidt/Fleischer*, § 139 (a.F.) Rn 13.

92 MHdB GesR I/*Schäfer/Merkle*, § 42 Rn 35; Henssler/Strohn/*Kilian*, § 711 BGB Rn 10; so auch Begr. RegE, BT-Drucks 19/27635, 145.

93 Zum Fall des Scheinerben MHdB GesR I/*Schäfer/Merkle*, § 43 Rn 44; Hopt/*Roth*, § 131 Rn 5.

94 BeckOGK HGB/*Müller/Godron*, § 131 Rn 167 ausführlich zur Schwierigkeit der Abgrenzung von Rechten und Pflichten höchstpersönlicher Natur, die durch Auslegung des Gesellschaftsvertrags zu lösen ist; siehe auch Ebenroth/Boujong/*Lorz*, § 131 Rn 7.

95 Das ist im Zweifel eine Auslegungsfrage; dazu *Volland/Link*, RFamU 2024, 63, 67 ff. mit Blick auf die letztwillige Verfügung und fortsetzend RFamU 2024, 111 zu Nachfolgeklauseln im Gesellschaftsvertrag.

96 Oetker/*Kamanabrou*, § 131 Rn 29; MüKo-BGB/*Schäfer*, § 711 Rn 80.

97 Weiterführend *Volland/Link*, RFamU 2024, 63, 68.

b) Einfache erbrechtliche Nachfolgeklauseln

Die einfache Nachfolgeklausel ist Gegenstand von § 711 Abs. 2 S. 1 BGB, der die Zulässigkeit der Vererblichstellung der Gesellschaftsbeteiligung ausdrücklich anordnet. Konsequenz der einfachen Nachfolgeklausel ist die Fortsetzung der Gesellschaft mit den Erben, die sämtlich in die die Gesellschafterstellung einrücken.[98] 64

Muster 10.5: Einfache erbrechtliche Nachfolgeklausel

Im Falle des Versterbens eines Gesellschafters wird die Gesellschaft nicht aufgelöst,[99] sondern mit den gesetzlichen oder gewillkürten Erben des Gesellschafters fortgesetzt. 65

Hinterlässt der Gesellschafter mehrere gesetzliche oder gewillkürte Erben, ist die in § 711 Abs. 2 S. 2 BGB (i.V.m. §§ 105 Abs. 3, 161 Abs. 2 HGB) angeordnete **Sondererbfolge** zu berücksichtigen. Die Vorschrift schließt die Anwendung der die Erbengemeinschaft betreffenden Regelungen der §§ 2032 ff. BGB aus organisationsrechtlichen Gründen aus.[100] Diese Vorschrift gilt nach h.M. auch für Kommanditbeteiligungen, wenngleich anders als nach dem Wortlaut des § 711 Abs. 2 S. 1 BGB keine Fortsetzung mit den Erben vereinbart werden muss.[101] 66

Bei mehreren Erben geht der Gesellschaftsanteil daher nicht auf die Erbengemeinschaft über. Stattdessen fällt der Anteil jedem Erben entsprechend seiner Erbquote zu.[102] Folge ist eine automatische Anteilsteilung gemäß der Erbquote.[103] Zu einer Sondererbfolge kommt es aber nicht, wenn die Gesellschaft durch den Tod des Gesellschafters aufgelöst wird; in diesem Fall erhält die Erbengemeinschaft den Anteil zur gesamten Hand (siehe dazu Rdn 109). 67

Häufig sehen Nachfolgeklauseln vor, dass die Gesellschaft nicht nur mit den Erben, sondern auch mit den **Vermächtnisnehmern** der Gesellschaftsbeteiligung (§§ 2147 ff. BGB) fortgesetzt werden kann: 68

Muster 10.6: Einfache erbrechtliche Nachfolgeklausel mit Vermächtnisoption

Im Falle des Versterbens eines Gesellschafters wird die Gesellschaft nicht aufgelöst, sondern mit den gesetzlichen oder gewillkürten Erben oder Vermächtnisnehmern des Gesellschafters fortgesetzt. 69

Vermächtnisoptionen haben den **Vorteil**, dass der Gesellschafter-Erblasser die Gesellschaftsbeteiligung auch einer Person zuwenden kann, die nicht als Erbe eingesetzt werden soll. Allerdings ist zu berücksichtigen, dass die Gesellschafterstellung nicht automatisch auf den Vermächtnisnehmer übergeht. Dieser hat vielmehr lediglich einen schuldrechtlichen Übertragungsanspruch gegen den Beschwerten (sog. **Vermächtnisanspruch,** § 2174 BGB). Die Gesellschaft wird also zunächst mit dem beschwerten Erben fortgesetzt, die nicht auf Dauer Gesellschafter bleiben sollen.[104] Die Erfüllung des Vermächtnisanspruchs kann problematisch sein, wenn die Übertragung der Zustimmung der Gesellschafter bedarf und 70

98 Heidel/Schall/*Koch-Sembdner*, § 131 Rn 5; *Lang/Rasche,* DB 2024, 1122, 1123.
99 Hierbei handelt es sich seit dem MoPeG lediglich um eine Klarstellung.
100 Zur Inkompatibilität der Haftungs- und Organisationsverfassung der Erbengemeinschaft mit der Mitgliedschaft in der werbenden Personengesellschaft Wiese/*Bochmann*, Rn 4.88 ff.
101 *Hölscher*, ZPG 2023, 330, 332.
102 Heidel/Schall/*Koch-Sembdner*, § 131 Rn 6; Ebenroth/Boujong/*Lorz*, § 131 Rn 10; zur Frage, ob die Sonderrechtsnachfolge auch bei Anwendung eines ausländischen Erbrechts zur Geltung kommt, Groll/Steiner/*Kindler*/*Köhler*, Rn 15.121.
103 Ebenroth/Boujong/*Lorz*, § 131 Rn 10; *Bochmann,* EWIR 2023, 234, 236.
104 Dazu auch *Hölscher*, ZPG 2023, 330, 333.

diese Zustimmung verweigert wird. Bei der Ausgestaltung von Vermächtnisoptionen sollte daher darauf geachtet werden, dass die Vermächtniserfüllung keiner Zustimmung der Gesellschafter bedarf oder die Zustimmung bereits antizipiert im Gesellschaftsvertrag erteilt wird.[105]

71 Im Falle einer einfachen Nachfolgeklausel kann der Erblasser außerdem nicht bestimmen, welche(r) Erbe(n) Gesellschafter wird (werden). Eine Verfügung, nach welcher nur einer oder mehrere (aber nicht alle) Erben die Beteiligung erhalten sollen, ist regelmäßig als **Teilungsanordnung** (§ 2048 BGB) auszulegen, der aber nach h.M. keine dingliche Wirkung zukommt.[106] Es werden daher zunächst sämtliche Erben Gesellschafter und die nicht zu den Nachfolgern in die Beteiligung bestimmten Erben sind verpflichtet, ihre zunächst erhaltene Beteiligung im Rahmen der Erbauseinandersetzung auf die übrigen Erben zu übertragen. Es ist allerdings darauf zu achten, dass die Übertragung regelmäßig der Zustimmung sämtlicher oder im Falle von Mehrheitsklauseln einer qualifizierten Anzahl von Gesellschaftern bedarf. Wird die Zustimmung verweigert, scheitert die Teilungsanordnung.

72 Der Erbe hat keine Möglichkeit, die Erbschaft nur im Hinblick auf die Gesellschaftsbeteiligung auszuschlagen.[107] Will der Erbe die Gesellschafterstellung vermeiden, muss er daher die (gesamte) Erbschaft gem. §§ 1942 ff. BGB ausschlagen.[108] Allerdings kann der Erbe im Hinblick auf die Beteiligung an der **GbR** und der **OHG** verlangen, dass ihm die Stellung als **Kommanditist** eingeräumt wird (§ 724 BGB, § 131 HGB). Der Erbe kann also gegenüber den anderen Gesellschaftern antragen, dass ihm die Stellung eines Kommanditisten eingeräumt und der auf ihn entfallende Anteil des verstorbenen Gesellschafters als seine Kommanditeinlage anerkannt wird (§ 724 Abs. 1 BGB, § 131 Abs. 1 HGB).[109] Hintergrund ist, dass der Erbe hierdurch über ein Instrument verfügt, um der gesellschaftsrechtlichen Außenhaftung entgehen zu können.[110] Die übrigen Gesellschafter sind allerdings nicht verpflichtet, dem Erben die Stellung eines Kommanditisten einzuräumen, sofern nicht etwas anderes im Gesellschaftsvertrag geregelt ist (vgl. § 724 Abs. 2 BGB, § 131 Abs. 2 HGB). Im Falle einer **Zurückweisung** des Antrags hat der Gesellschafter das **Recht zur außerordentlichen Kündigung**. In diesem Zusammenhang enthalten die Regelungen der §§ 724 Abs. 4 BGB, 131 Abs. 4 HGB ein Haftungsprivileg, da die Erben hinsichtlich der bis dahin entstandenen Gesellschaftsverbindlichkeiten (d.h. der Altverbindlichkeiten und der seit dem Erbfall angefallenen Zwischenverbindlichkeiten) mit der Möglichkeit einer erbrechtlichen Haftungsbeschränkung gem. §§ 1967, 1975 ff. BGB haften.[111] Diese Kündigungsmöglichkeit geht aufgrund des Abfindungsanspruchs mit nicht unerheblichen Liquiditätsrisiken für die Gesellschaft einher. Das Wahlrecht gem. § 724 Abs. 1 BGB, § 131 Abs. 1 HGB stellt allerdings ein nicht durch gesellschaftsvertragliche Regelungen entziehbares Individualrecht dar.[112]

73 Sollen die Erben nicht davon abhängig sein, dass die anderen Gesellschafter den Antrag auf Umwandlung der Gesellschafterstellung annehmen, kann im Gesellschaftsvertrag geregelt

105 *Hölscher*, ZPG 2023, 330, 333.
106 Oetker/*Kamanabrou*, § 131 Rn 13; *Volland/Link*, RFamU 2024, 63, 64.
107 *Lübke*, BWNotZ 2024, 160, 167, MAH PersGesR/*Müller*, § 20 Rn 55.
108 MHdB GesR I/*Schäfer/Merkle*, § 42 Rn 51; *Weidlich/Federle*, NJW 2023, 1993, 1994.
109 MüKo-BGB/*Schäfer*, § 724 Rn 9 ff.; Oetker/*Kamanabrou*, § 131 Rn 71 ff.
110 Ebenroth/Boujong/*Lorz*, § 131 Rn 4; Röhricht u.a./*Haas*, § 131 Rn 73.
111 Ebenroth/Boujong/*Lorz*, § 131 Rn 4; *Lübke*, BWNotZ 2024, 160, 163.
112 BeckOK HGB/*Lehmann-Richter*, § 131 Rn 58; Oetker/*Kamanabrou*, § 131 Rn 87; *Lübke*, BWNotZ 2024, 160, 163.

werden, dass die Umwandlung automatisch im Zeitpunkt des todesbedingten Übergangs des Anteils auf die Erben erfolgt.[113]

Einfache erbrechtliche Nachfolgeklauseln haben für die übrigen Gesellschafter den **Nachteil**, dass eine Steuerung der Nachfolge in die Beteiligung nicht möglich ist, da die Gesellschaft mit dem oder den Erben unabhängig von weiteren Qualifikationen fortgesetzt wird. Die einfache Nachfolgeklausel grenzt damit den Kreis der in Betracht kommenden Gesellschafter nicht ein, sodass auch Erben ohne spezifische Qualifikationen Gesellschafter werden können. Dies gilt auch für die Anzahl der Nachfolger. Folge einer einfachen Nachfolgeklausel ist jedenfalls auf lange Sicht regelmäßig ein zunehmend größer werdender Gesellschafterkreis. Zu berücksichtigen ist schließlich auch, dass sich die Verwaltungsrechte (insbesondere das Stimmrecht) vervielfältigen, wenn diese ausnahmsweise nach Köpfen und nicht nach quotaler Beteiligung verteilt sind.[114] 74

c) Qualifizierte erbrechtliche Nachfolgeklauseln

Mit einer qualifizierten Nachfolgeklausel werden im Gesellschaftsvertrag bestimmte Anforderungen an die in Betracht kommenden Erben oder Vermächtnisnehmer gestellt.[115] Die Möglichkeit der Vererbung der Beteiligung ist damit im Vergleich zur einfachen Nachfolgeklausel beschränkt. Nur diejenigen Erben, die die **Voraussetzungen** erfüllen, erlangen eine Gesellschafterstellung. Zweifel an der Zulässigkeit entsprechender Klauseln bestehen trotz fehlender gesetzlicher Kodifizierung nicht.[116] 75

Qualifizierte Nachfolgeklauseln erweisen sich häufig als interessengerecht und ermöglichen den Gesellschaftern eine gezielte Steuerung des Gesellschafterkreises. Mit qualifizierten Nachfolgeklauseln kann in gewissem Maße verhindert werden, dass die Gesellschaft mit sämtlichen Erben fortgesetzt wird und daher der Gesellschafterkreis im Laufe der Zeit zu groß wird. Ein entscheidender **Vorteil** der qualifizierten Nachfolgeklausel liegt darin, dass der Erblasser, aber auch die Gesellschafter insgesamt, den Nachfolger präzise bestimmen und damit einen (geräuschlosen) Fortbestand des Unternehmens sichern können. 76

Der Erblasser hat im Falle qualifizierter Nachfolgeklauseln dafür Sorge zu tragen, dass der oder die zukünftigen Gesellschafter auch tatsächlich die **Erbenstellung** erhalten. Andernfalls droht die Nachfolge ins Leere zu laufen, wenn nicht der designierte Nachfolger bereits gesetzlicher Erbe ist. Häufigstes Beispiel ist die gesellschaftsvertraglich geregelte ausschließliche Zulassung von Abkömmlingen, während der Erblasser den Ehemann oder die Ehefrau als Alleinerben einsetzt. Qualifizierte Nachfolgeklauseln stellen daher (lediglich) die Grundlage für die erbrechtliche Verfügung dar.[117] Wird der Nachfolger nicht auch als Erbe bedacht, wird vorgeschlagen, dass diesem bei hinreichender Konkretisierung der in Betracht kommenden Nachfolger im Gesellschaftsvertrag im Wege der Umdeutung oder ggf. mithilfe der ergänzenden Auslegung ein Eintrittsrecht zusteht.[118] Dies erfordert aber regelmäßig eine Kapitaleinlage in Höhe des Abfindungsanspruchs, da den Erben ein solcher aufgrund des 77

113 Groll/Steiner/*Kindler/Köhler*, Rn 15.125; MüKo-BGB/*Leipold*, § 1922 Rn 141.

114 MüKo-BGB/*Schäfer*, § 711 Rn 53; Westermann/Wertenbruch/*Noack*, § 40 Rn 14.98a.

115 MHdB GesR IX/*Holler*, § 30 Rn 28 ff.; *Hölscher*, ZPG 2023, 374; *v. Proff*, DStR 2017, 2555, 2561 f.

116 Hieran bestehen mit dem MoPeG keine Zweifel; dazu *Lange/Kretschmann*, ZEV 2021, 545, 548, die auf die Gesetzesbegründung verweisen, vgl. BT-Drucks 19/27635, 145.

117 MAH ErbR/*Kögel*, § 40 Rn 48.

118 BGH, Urt. v. 29.9.1977 – II ZR 214/75, NJW 1978, 264, 265; MüKo-HGB/*K. Schmidt/Fleischer*, § 139 Rn 23. Ausführlich *Berneith*, Die Konversion, 2016, 176 ff.; *Hölscher*, ZPG 2023, 374, 376.

Ausscheidens des Erblassers mit der Folge eines entsprechenden Liquiditätsabflusses zusteht.[119]

78 Die in Betracht kommenden Nachfolger können namentlich benannt oder anhand bestimmter Merkmale identifizierbar gemacht werden.[120] Gestaltungstechnisch bieten sich Formulierungen an, dass die Gesellschaft (nur) mit **nachfolgeberechtigten Personen** fortgesetzt wird und diese Nachfolgeberechtigung im Gesellschaftsvertrag weiter **definiert** ist. Hierbei handelt es sich um eine zentrale Weichenstellung, der die Gesellschafter bei der Gestaltung des Gesellschaftsvertrags besondere Aufmerksamkeit widmen sollten.

79 Typischerweise werden die Abkömmlinge des oder der Gründer zur Nachfolge zugelassen. Die Ehepartner sind in diesem Fall nicht nachfolgeberechtigt. In vielen Fällen werden auch mittelbare Gesellschaftsstrukturen durch Zulassung von Familiengesellschaften ermöglicht, an denen unmittelbar und mittelbar als natürliche Personen nur Abkömmlinge beteiligt sein dürfen; ferner können **Familienstiftungen** i.S.d. § 1 Abs. 1 Nr. 4 ErbStG, deren Destinatäre ausschließlich Abkömmlinge sind, zugelassen werden.

Muster 10.7: Qualifizierte erbrechtliche Nachfolgeklausel

80 Die Gesellschaft wird mit den gesetzlichen oder gewillkürten Erben des Gesellschafters fortgesetzt, wenn es sich dabei um nachfolgeberechtigte Personen handelt. Nachfolgeberechtigte Personen sind leibliche Abkömmlinge von ___ unter Ausschluss angenommener Kinder,[121] Gesellschaften, an denen wiederum unmittelbar sowie mittelbar als natürliche Personen ausschließlich nachfolgeberechtigte Personen beteiligt sind und (inländische) Familienstiftungen (§ 1 Abs. 1 Nr. 4 ErbStG), deren Destinatäre ausschließlich nachfolgeberechtigte Personen sind.

81 Bei der Definition der **Abkömmlinge** sollte klargestellt werden, ob auch i.S.d. § 1741 BGB angenommene Kinder nachfolgeberechtigt sind. Nicht selten enthalten Gesellschaftsverträge in diesem Zusammenhang die Regelung, dass die Annahme nur bis zu einem bestimmten Alter zur Nachfolgeberechtigung führt. Bei Fehlen von Regelungen sind angenommene Kinder gleichgestellt (vgl. § 1754 BGB).[122] Die Ehelichkeit der Geburt ist vorbehaltlich ausdrücklich anderslautender Anordnungen unerheblich.

Muster 10.8: Abwandlung hinsichtlich der Zulässigkeit von angenommenen Kindern

82 Abkömmlinge im Sinne dieses Gesellschaftsvertrags sind nur Personen, die mit ___ in absteigender gerader Linie (§ 1589 S. 1 BGB) verwandt sind, d.h. Kinder, Enkel, Urenkel usw., wie auch vor Vollendung des ___ Lebensjahrs durch ___ oder Abkömmlinge angenommene Kinder, soweit die annehmenden Eltern (jeweils) noch nicht das ___ Lebensjahr vollendet haben.

83 Denkbar sind ferner Begrenzungen auf das **Alter**, insbesondere ein bestimmtes Mindestalter oder die Vererbung ausschließlich an den ältesten Abkömmling. Anstelle eines bestimmten Mindestalters sollte aus Gründen der Flexibilität regelmäßig erwogen werden, die Beteiligung bis zum Erreichen z.B. der Volljährigkeit oder bis zur Vollendung etwa des 25. Lebensjahrs unter **Testamentsvollstreckung** zu stellen.

---

119 Zu Abfindungsansprüchen gegen die Gesellschaft vgl. § 728 Abs. 1 S. 1 BGB, § 135 Abs. 1 S. 1 HGB, soweit gesellschaftsvertraglich nicht ausgeschlossen, MHdB GesR I/*Schäfer/Merkle*, § 44 Rn 7 ff.

120 *Lübke*, DNotZ 2023, 896, 901; Heidel/Schall/*Koch-Sembdner*, § 131 Rn 12.

121 Zweifel an der Zulässigkeit des Ausschlusses angenommener Kinder aber m.w.N. MHdB GesR IX/*Holler*, § 30 Rn 75 ff.

122 Zur Auslegung der Begrifflichkeiten „Kinder" und „Abkömmlinge" vgl. OLG Stuttgart, Urt. v. 14.11.2012 – 14 U 9/12, BeckRS 2012, 23633; siehe auch *Hölscher*, ErbR 2022, 106, 108.

Muster 10.9: Verpflichtung zur Anordnung der Testamentsvollstreckung

Der Gesellschafter hat testamentarisch vorzusehen, dass der Gesellschaftsanteil eines minderjährigen Erben 84
durch einen Testamentsvollstrecker verwaltet wird.

Diesen Klauseln kommt aber **keine unmittelbare Wirkung** dergestalt zu, dass der Nachfolger bei unterlassener Anordnung der Testamentsvollstreckung nicht in die Gesellschafterstellung einrückt. Deshalb muss in den Gesellschaftsvertrag **ergänzend** die Möglichkeit aufgenommen werden, den Nachfolger in diesem Fall aus der Gesellschaft ausschließen zu können. 85

Bei der Gestaltung solcher Nachfolgeklauseln haben die Gesellschafter hinsichtlich der Merkmale keine vollständig freie Hand, da entsprechende Vertragsinhalte auch dem **AGG** unterliegen sollen.[123] Als diskriminierende Regelung kommt in der Praxis womöglich der Fall der Geschlechterklausel in Betracht, wenn etwa nur männliche Abkömmlinge als Nachfolger zugelassen sind und sofern keine Rechtfertigung nach §§ 8 ff. AGG vorliegt.[124] Auch kann sich eine Regelung als sittenwidrig gem. § 138 Abs. 1 BGB herausstellen, wenngleich eine schlichte Diskriminierung zu Recht nicht als ausreichend angesehen wird.[125] 86

Werden **Familiengesellschaften** zugelassen, ist außerdem darauf zu achten, dass der Gesellschaftsvertrag Regelungen zur mittelbaren Vinkulierung enthält, da andernfalls die Anteile an der Familiengesellschaft frei auf Dritte übertragen werden könnten.[126] Abhilfe schaffen namentlich Regelungen, wonach die Verträge der Familiengesellschaften ebenfalls entsprechende Regelungen zu nachfolgeberechtigten Personen enthalten müssen und die Familiengesellschaft ausgeschlossen werden kann, wenn der Gesellschaftsvertrag diese Anforderungen nicht erfüllt. 87

Muster 10.10: Vorgaben für die Gesellschaftsverträge von Familiengesellschaften

Die Gesellschaftsverträge von Familiengesellschaften haben den §§ (Tod eines Gesellschafters), 88
[*weitere Regelungen*] dieses Gesellschaftsvertrags entsprechende Vorschriften zu enthalten. Die Vereinbarung von weitergehenden Regelungen, insbesondere eines höheren Abfindungsabschlags oder weiterer Einziehungsgründe, ist zulässig. Bei Verstößen gegen diese Vorgaben kann die Familiengesellschaft nach näherer Maßgabe des § aus der Gesellschaft ausgeschlossen werden.

Bei Vereinbarung von qualifizierten Nachfolgeklauseln können besondere Probleme auftreten, wenn die Nachfolge in die Gesellschaftsbeteiligung durch **Vermächtnis** (§§ 2147 ff. BGB) erfolgen soll. Ist der **Vermächtnisnehmer** nicht nachfolgeberechtigt, geht das Vermächtnis mangels Erfüllbarkeit ins Leere (vgl. § 2171 Abs. 1 BGB), wenn nicht sämtliche Gesellschafter oder die entsprechende Mehrheit bei Vereinbarung einer Mehrheitsklausel die Zustimmung zur Übertragung auf den Vermächtnisnehmer erteilen. Im Einzelfall – abhängig von der Auslegung der letztwilligen Verfügung – können dem Vermächtnisnehmer Ausgleichsansprüche gegen die Erben zustehen, etwa auf Herausgabe des bezogenen Gewinns.[127] Außerdem ist darauf Acht zu geben, dass (auch) der **beschwerte Erbe** nachfolgeberechtigt ist, da andernfalls dieser bereits nicht in die Gesellschafterstellung einrückt 89

---

123 *Lübke*, DNotZ 2023, 896, 901.

124 Zurückhaltend MüKo-HGB/*K. Schmidt/Fleischer*, § 139 Rn 18 mit Blick auf die ebenfalls nach Art. 14 Abs. 1 GG geschützte Testierfreiheit. Bejahend *Lübke*, DNotZ 2023, 896, 901 f. Mit weiteren Beispielen zum AGG *Foerster*, AcP 213 (2013), 173, 193 ff.

125 *Lübke*, DNotZ 2023, 896, 902.

126 Habersack/Casper/Löbbe/*Löbbe*, § 15 Rn 269 ff.

127 *Volland/Link*, RFamU 2024, 63, 64 m. Verw. in das GmbH-Recht; MHdB GesR III/*Jasper/Kötteritsch*, § 25 Rn 54. Vgl. auch Noack/Servatius/Haas/*Servatius*, § 15 Rn 15.

und das Vermächtnis aus diesem Grund nicht erfüllen kann. Abhilfe kann eine Regelung schaffen, nach der der Erbe für die Zwecke der Vermächtniserfüllung vorübergehend in die Gesellschafterstellung einrückt.

10.11 **Muster 10.11: Qualifizierte Nachfolgeklausel mit angepasster Vermächtnisoption**

90 Wendet ein Gesellschafter seinen Gesellschaftsanteil dem bestimmten Nachfolger durch Vermächtnis zu und handelt es sich bei dem Vermächtnisnehmer um eine nachfolgeberechtigte Personen (wie in § definiert), wird die Gesellschaft zunächst, d.h. bis zur Übertragung der Beteiligung auf den Vermächtnisnehmer, die hiermit ausdrücklich gestattet wird, mit dem oder den mit dem Vermächtnis beschwerten Erben des Verstorbenen fortgesetzt, und zwar unabhängig davon, ob es sich bei dem oder den beschwerten Erben um nachfolgeberechtigte Personen handelt. Das Stimmrecht des oder der beschwerten Erben ruht in dieser Zeit. Nimmt der Vermächtnisnehmer das Vermächtnis nicht innerhalb von drei Monaten nach schriftlicher Aufforderung durch die Gesellschaft gegenüber dem oder den mit dem Vermächtnis beschwerten Erben an, scheiden der oder die Erben aus der Gesellschaft aus.

91 Bei einer qualifizierten Nachfolgeklausel kann außerdem der Fall eintreten, dass nicht sämtliche Miterben zur Nachfolge zugelassen sind. Denjenigen Erben, die **mangels Qualifikation keine Gesellschafterstellung** erhalten, stehen keine Abfindungsansprüche gegen die Gesellschaft zu.[128] Denn die Gesellschaft wird mit den Erben (wenn auch nicht mit allen) fortgesetzt, sodass die Gesellschaftsbeteiligung des Erblassers übergeht und dieser entgegen § 728 BGB, § 135 HGB nicht aus der Gesellschaft ausscheidet. Die **Erbquoten** bleiben von dieser Folge allerdings unberührt.[129] Es kann daher vorkommen, dass der Wert des Gesellschaftsanteils dasjenige übersteigt, was dem qualifizierten Erben am Gesamtnachlass unter Berücksichtigung seiner Erbquote zusteht. In diesem Fall stehen den weichenden Erben Ausgleichsansprüche gegen den oder die qualifizierten Erben zu.[130] Eine Regelung im Gesellschaftsvertrag, wonach der Wertausgleich auf Basis eines verminderten Werts der Gesellschaftsbeteiligung zu ermitteln ist, ist nicht zulässig.[131] Für die Erbauseinandersetzung folgt daraus, dass sich der Nachfolger den Wert der Gesellschaftsbeteiligung grundsätzlich voll anrechnen lassen muss.[132] Ist das nicht gewollt, sollte erwogen werden, die Gesellschaftsbeteiligung als **Vorausvermächtnis** gem. § 2150 BGB zuzuwenden und dem Erben dadurch einen über seine Erbquote hinausgehenden Vermögensvorteil zu verschaffen.[133]

92 Insbesondere bei einer qualifizierten Nachfolgeklausel ist zu beachten, dass etwaige **gesellschafterbezogene Fremdkapitalkonten**, insbesondere Darlehenskonten, nach richtiger Auffassung nicht den in die Gesellschafterstellung einrückenden Erben zustehen. Diese Forderungen fallen stattdessen in den Nachlass und stehen damit bei mehreren Erben der Erbengemeinschaft zu.[134] Eine abweichende Sichtweise vertrat das OLG Schleswig,[135] wonach sämtliche Rechte und Pflichten des Erblassers, die gesellschaftsvertraglich verankert sind, einschließlich Forderungen aus (Darlehens-)Konten des Erblassers, im Wege der Sonderrechtsnachfolge einzig auf die qualifizierten Erben übergehen. Diese Sichtweise zur

128 MHdB GesR I/*Schäfer/Merkle*, § 42 Rn 36.

129 Groll/Steiner/*Kindler/Köhler*, Rn 15.132.

130 Die Rechtsgrundlage ist strittig, wobei die wohl h.M. zu einer Anwendung von §§ 2050 ff. BGB tendiert, dazu Röhricht u.a./*Haas*, § 131 Rn 12; MüKo-HGB/*K. Schmidt/Fleischer*, § 139 Rn 22; Henssler/Strohn/*Klöhn*, § 131 HGB Rn 28 f.

131 Groll/Steiner/*Kindler/Köhler*, Rn 15.132.

132 MüKo-BGB/*Schäfer*, § 711 Rn 65.

133 MHdB GesR I/*Schäfer/Merkle*, § 44 Rn 31; *Ulmer*, ZGR 1972, 324, 327 f.; *Flesner*, DB 2011, 2362, 2365.

134 Groll/Steiner/*Kindler/Köhler*, Rn 15.103; *Weidlich/Federle*, NJW 2023, 3321.

135 OLG Schleswig, Urt. v. 8.12.2021 – 9 U 86/20, GmbHR 2022, 981.

gegenständlichen Reichweite der (Sonder-)Erbfolge überzeugt nicht recht, da das OLG Schleswig die Zuweisung der Forderungen in die Sonderrechtsnachfolge wie bei einer lebzeitigen Übertragung von Gesellschaftsanteilen in seiner Begründung vom Willen des Erblassers abhängig macht. Anderenfalls wäre es dem Erblasser erlaubt, durch letztwillige Verfügung Einfluss auf die Sonderrechtsnachfolge zu nehmen. Solche Erwägungen sind nicht mit der Wirkung des § 711 BGB zu vereinbaren.[136]

Als weitere Spielart der qualifizierten Nachfolgeklausel kann im Gesellschaftsvertrag vorgesehen werden, dass die Beteiligung – ggf. ergänzend zu den qualifizierten Anforderungen – lediglich auf **einen einzigen Nachfolger** übergehen kann.[137] In diesem Fall ist der Gesellschafter-Erblasser dazu aufgerufen, durch letztwillige Verfügung zu regeln, welcher (qualifizierte) Erbe in die Gesellschafterstellung einrücken soll. Im Gesellschaftsvertrag sollte außerdem festgehalten werden, dass die Gesellschaft mit diesem Erben fortgesetzt wird. 93

Muster 10.12: Modifizierte qualifizierte Nachfolgeklausel mit ergänzendem Eintrittsrecht zur Beibehaltung der Gesellschafterzahl 10.12

Stirbt ein Gesellschafter, so wird die Gesellschaft nicht aufgelöst, sondern von den übrigen Gesellschaftern fortgesetzt. Hinterlässt der verstorbene Gesellschafter nur einen Erben und handelt es sich bei dem Erben um eine nachfolgeberechtigte Person, oder hinterlässt der Gesellschafter mehrere Erben, von denen nur ein Erbe eine nachfolgeberechtigte Person ist, wird die Gesellschaft mit diesem Erben fortgesetzt. 94

Hinterlässt der verstorbene Gesellschafter mehrere Erben und handelt es sich bei mindestens zwei Erben um nachfolgeberechtigte Personen, wird die Gesellschaften mit dem Erben fortgesetzt, der durch den verstorbenen Gesellschafter durch letztwillige Verfügung dazu berufen ist, soweit es sich um eine nachfolgeberechtigte Person handelt.

Hinterlässt der verstorbene Gesellschafter mehrere Erben und handelt es sich bei mindestens zwei Erben um nachfolgeberechtigte Personen und hat der verstorbene Gesellschafter keine Bestimmung gemäß vorstehendem Absatz getroffen, sind diese nachfolgeberechtigten Personen berechtigt, in die Gesellschaft einzutreten und die Gesellschaftsbeteiligung des verstorbenen Gesellschafters zu übernehmen. Dieses Eintrittsrecht der nachfolgeberechtigten Personen kann jedoch nur von einem einzigen nachfolgeberechtigten Erben ausgeübt werden. Die Erben des verstorbenen Gesellschafters, bei denen es sich um nachfolgeberechtigte Personen handelt, haben vorstehendes Eintrittsrecht innerhalb von sechs (6) Monaten nach dem Erbfall durch gemeinschaftliche Erklärung gegenüber der Gesellschaft auszuüben. Bis dahin halten die verbliebenen Gesellschafter die Beteiligung des verstorbenen Gesellschafters treuhänderisch. Wird das Eintrittsrecht gemäß vorstehenden Sätzen ausgeübt, geht die treuhänderisch gehaltene Beteiligung des verstorbenen Gesellschafters mit allen damit verbundenen Rechten und Pflichten auf die in der gemeinschaftlichen Erklärung genannte Person unentgeltlich über, soweit es sich um eine nachfolgeberechtigte Person handelt. Sämtliche Gesellschafter erklären höchst vorsorglich antizipiert ihre Zustimmung zum Übergang der Beteiligung nach Maßgabe der vorstehenden Sätze. Der Übergang der Beteiligung des verstorbenen Gesellschafters erfolgt im Innenverhältnis auf den Zeitpunkt des Erbfalls. Wird das Eintrittsrecht nicht form- und fristgerecht ausgeübt, wächst die Beteiligung des verstorbenen Gesellschafters den übrigen Gesellschaftern pro rata ihrer Beteiligung an der Gesellschaft an. Den Erben steht in diesem Falle ein Abfindungsanspruch gem. § ______ zu.

3. Rechtsgeschäftliche Nachfolgeklauseln

Anstelle erbrechtlicher Nachfolgeklauseln können im Gesellschaftsvertrag auch rechtsgeschäftliche Nachfolgeklauseln vereinbart werden, die einen Eintritt des Nachfolgers **außer-** 95

136 Krit. deshalb zu Recht *Bochmann*, EWiR 2023, 234, 235 f.; *Weidlich/Federle*, NJW 2023, 3321, 3325.
137 MAH ErbR/*Kögel*, § 40 Rn 46.

halb des Erbrechts ermöglichen. Der Gesellschaftsanteil fällt nicht in den Nachlass, weshalb den Erben keine Abfindungsansprüche zustehen.[138] Auch die Anordnung einer Testamentsvollstreckung kommt nicht in Betracht.[139]

96 Dem Gesellschafter kann an der Vereinbarung einer rechtsgeschäftlichen Nachfolgeklausel gelegen sein, wenn er seine Gesellschafterstellung an einen Dritten übertragen will, der nicht als Erbe vorgesehen ist, insbesondere bei bindenden Erbeinsetzungen. Der vom Gesellschafter-Erblasser bestimmte Nachfolger muss nämlich gerade nicht Erbe sein. Die Nachfolge in die Beteiligung wird damit von der erbrechtlichen Situation abgekoppelt. Berechtigt sein können einer oder mehrere Bestandsgesellschafter oder auch sonstige Dritte.

10.13 **Muster 10.13: Rechtsgeschäftliche Nachfolgeklausel**

97 (In Anlehnung an BeckFormB ErbR/*Müller/Sass*, G.I.6; die Zustimmung kann auch in einem gesonderten Dokument erteilt werden.)

Beim Tod eines Gesellschafters wird die Gesellschaft unter den übrigen Gesellschaftern fortgesetzt. Ergänzend gilt, dass die Beteiligung des Gesellschafters ___ bei dessen Tode unmittelbar auf ___ übergeht, ohne dass es dazu einer Erbeinsetzung bedarf. ___ unterzeichnet diesen Vertrag insbesondere in Ansehung vorstehender Klausel als zukünftiger Gesellschafter. Den Erben des Gesellschafters ___ steht ein Abfindungsanspruch weder gegen die Gesellschaft noch gegen die übrigen Gesellschafter zu.

98 Die rechtsgeschäftlichen Nachfolgeklauseln stellen auf den Tod befristete Verfügungen zugunsten des Nachfolgeberechtigten dar.[140] Der Begünstigte rückt unmittelbar mit dem Erbfall **rechtsgeschäftlich** in die Gesellschaft ein.[141] Die Nachfolge wird mit anderen Worten unmittelbar zwischen dem Erblasser, den Mitgesellschaftern und dem Dritten geregelt. Umwandlungsrechte nach § 724 BGB und § 131 HGB stehen dem Erwerber nicht zu.[142]

99 Rechtsgeschäftliche Nachfolgeklauseln sind aufgrund der fehlenden Möglichkeit von Verfügungen zugunsten Dritter **konzeptionell nicht unproblematisch**.[143] Daher muss der eintrittsberechtigte Dritte an der Vereinbarung der Klausel, z.B. durch Unterzeichnung des Gesellschaftsvertrags als zukünftiger Gesellschafter oder aber durch Abschluss einer separaten Übertragungsvereinbarung, mitwirken.[144] Nachteilig wirkt sich für den Bestandsgesellschafter insbesondere aus, dass dieser die Verfügung nicht mehr einseitig ändern kann, sondern es einer Änderung des Gesellschaftsvertrags sowie der Zustimmung des Verfügungsempfängers bedarf.[145] Die Planbarkeit für die übrigen Gesellschafter ist demgegenüber erhöht. In der Praxis kommt rechtsgeschäftlichen Eintrittsklauseln insgesamt aber nur geringe Bedeutung zu.

100 Die Formvorschriften der Verfügung von Todes wegen (§ 2301 Abs. 1 BGB) finden auf rechtsgeschäftliche Nachfolgeklauseln keine Anwendung, da die Schenkung im Zeitpunkt des Erbfalls i.S.d. § 2301 Abs. 2 BGB bereits vollzogen ist.[146] **Pflichtteilsberechtigte**, die nicht in die Gesellschafterstellung einrücken, haben ggf. Pflichtteilsergänzungsansprüche

---

138 MHdB GesR I/*Schäfer/Merkle*, § 109 Rn 19; Wiese/*Bochmann*, Rn 4.87.

139 MHdB GesR IX/*Holler*, § 30 Rn 40; *v. Proff*, DStR 2018, 415, 416.

140 *Hölscher*, ZPG 2023, 374, 377; Henssler/Strohn/*Klöhn*, § 131 HGB Rn 86; MüKo-HGB/*K. Schmidt/Fleischer*, § 139 Rn 25.

141 Ebenroth/Boujong/*Lorz*, § 131 Rn 50; Groll/Steiner/*Kindler/Köhler*, Rn 15.134.

142 Groll/Steiner/*Kindler/Köhler*, Rn 15.133.

143 Diese stellen einen unzulässigen Vertrag zu Lasten Dritter dar; dazu BGH, Urt. v. 27.1.1977 – III ZR 173/74, BGHZ 68, 225 = NJW 1977, 1339; Hopt/*Roth*, § 131 Rn 58.

144 BGHZ 68, 225, 231 ff.; Henssler/Strohn/*Kilian*, § 711 BGB Rn 14.

145 MHdB GesR IX/*Holler*, § 30 Rn 38; BeckOGK HGB/*Müller/Godron*, § 131 Rn 196.

146 Ebenroth/Boujong/*Lorz*, § 131 Rn 51; Groll/Steiner/*Kindler/Köhler*, Rn 15.136.

(§ 2325 BGB) gegen den Erben, subsidiär gegen den Erwerber des Geschäftsanteils (§ 2329 BGB).[147]

4. Rechtsgeschäftliche Eintrittsklauseln

Im Gegensatz zur Anordnung von Nachfolgeklauseln geht die Beteiligung des Erblassers 101
im Falle rechtsgeschäftlicher Eintrittsklauseln nicht automatisch mit dem Todesfall auf den Nachfolger über.[148] Rechtsgeschäftliche Eintrittsklauseln sollen vielmehr Dritten im Todesfall den rechtsgeschäftlichen Eintritt in die Gesellschaft ermöglichen. Eintrittsklauseln stellen **Verträge zugunsten Dritter** (§ 328 Abs. 1 BGB) dar und gewähren dem berechtigten Dritten einen Anspruch, in die Gesellschaft aufgenommen zu werden.[149] Die Nachfolge vollzieht sich daher nicht automatisch kraft Erbrechts.[150]

Muster 10.14: Einfache Eintrittsklausel 10.14

(In Anlehnung an BeckFormB ErbR/*Müller/Sass*, G.I.5.) 102

Im Falle des Todes des Gesellschafters … ist … („Eintrittsberechtigter") berechtigt, in die Gesellschaft in einem der Beteiligung des Gesellschafters … entsprechenden Umfang einzutreten. Der Eintrittsberechtigte hat seinen Eintritt innerhalb von … Wochen nach Kenntnis sowohl vom Tod des Gesellschafters … als auch von seinem Eintrittsrecht zu erklären; in diesem Fall sind die übrigen Gesellschafter verpflichtet, mit dem Eintrittsberechtigten einen Aufnahmevertrag zu schließen.

Die Bestimmung des Eintrittsberechtigten kann zu Lebzeiten insbesondere im Gesell- 103
schaftsvertrag erfolgen (siehe Muster Rdn 102) oder im Wege der Verfügung von Todes wegen. Für den letzteren Fall ist im Gesellschaftsvertrag vorzusehen, dass das Recht demjenigen zusteht, der durch Verfügung von Todes wegen benannt ist, wobei weitergehende Anforderungen gestellt werden können, insbesondere dass es sich um eine nachfolgeberechtigte Person handeln muss.

Rechtstechnisch scheidet der Erblasser bei Vereinbarung einfacher Eintrittsklauseln zu- 104
nächst gem. § 723 Abs. 1 Nr. 1 BGB aus der Gesellschaft aus, ohne dass seine Erben oder sonstige Dritte unmittelbar eintreten.[151] Die Gesellschaft wird mit den übrigen Gesellschaftern fortgesetzt. In einem zweiten Schritt wird die eintrittsberechtigte Person bei Ausübung des Eintrittsrechts neuer Gesellschafter und es wird eine neue Mitgliedschaft begründet. Daher stehen den Erben **Abfindungsansprüche** zu. Der Abfindungsanspruch entsteht bei Eintrittsklauseln mit dem Tod des Gesellschafters und dessen dadurch bedingtem Ausscheiden.[152] Außerdem wird man davon auszugehen haben, dass den Eintretenden eine Verpflichtung zur Erbringung von Einlagen in Höhe des Abfindungsanspruchs der Erben trifft, da die Mitgliedschaft neu begründet wird und der Eintretende gerade nicht in die Vermögensposition des Erblassers eintritt. Eine solche finanzielle Verpflichtung des Eintrittsberechtigten wird regelmäßig nicht im Interesse der Parteien liegen. Stattdessen soll der Eintretende

147 Vgl. Ebenroth/Boujong/*Lorz*, § 131 Rn 52; MHdB GesR I/*Schäfer/Merkle*, § 44 Rn 20.
148 Im Überblick *Lang/Rasche,* DB 2024, 1122, 1123 f.; Hopt/*Roth*, § 131 Rn 56.
149 Henssler/Strohn/*Klöhn*, § 131 HGB Rn 89; *Lang/Rasche,* DB 2024, 1122, 1124; Koch/*Können*, § 711 Rn 22.
150 MAH ErbR/*Kögel*, § 40 Rn 52; Westermann/Wertenbruch/*Noack*, § 40 Rn 1445.
151 BGH NJW 1977, 1339, 1341; Hopt/*Roth,* § 131 Rn 50.
152 Hopt/*Roth,* § 131 Rn 54; *Hölscher*, ZPG 2023, 374, 377.

auch wertmäßig die Vermögensbeteiligung des Erblassers erhalten.[153] Die Abfindungsansprüche der weichenden Erben sollten daher ausgeschlossen werden.[154]

105 Die übrigen Gesellschafter verpflichten sich, mit dem Eintrittsberechtigten einen **Aufnahmevertrag** zu schließen. Dies kann problematisch sein, wenn die übrigen Gesellschafter ihre Mitwirkung verweigern und schlimmstenfalls der Anspruch erst gerichtlich durchzusetzen ist. Andersherum ist aber auch der Eintrittsberechtigte nicht verpflichtet, mit den Bestandsgesellschaftern eine Aufnahme in die Gesellschaft zu vereinbaren.[155] Die Nachfolge des verstorbenen Gesellschafters kann daher für eine bestimmte Zeit ungewiss sein. Allerdings kann der Erblasser de facto eine **Eintrittspflicht** begründen, insbesondere im Wege der Erbeinsetzung unter Auflage oder Bedingung.[156] Die Formvorschrift des § 2301 Abs. 1 BGB findet keine Anwendung.[157]

106 Aufgrund der vorstehend geschilderten Problematiken, die mit dem Ausscheiden und anschließenden Beitritt des Eintrittsberechtigten einschließlich des grundsätzlichen Abfindungsanspruchs der weichenden Erben einhergehen,[158] ist insgesamt die Vereinbarung einer **Treuhandlösung** vorzuziehen. Nach dieser wird die Beteiligung des verstorbenen Gesellschafters zunächst treuhänderisch durch die übrigen Gesellschafter gehalten. Es muss also keine neue Mitgliedschaft begründet werden und den Erben stehen auch keine Abfindungsansprüche zu, da der Erblasser im Falle der Ausübung des Eintrittsrechts nicht aus der Gesellschaft ausscheidet.[159]

10.15 **Muster 10.15: Eintrittsklausel mit Treuhandlösung**

107 (In Anlehnung an BeckFormB ErbR/*Müller/Sass*, G.I.5.)

Im Falle des Todes des Gesellschafters ist („Eintrittsberechtigter") berechtigt, in die Gesellschaft in einem der Beteiligung des Gesellschafters entsprechenden Umfang einzutreten. Der Eintrittsberechtigte hat seinen Eintritt innerhalb von Wochen nach Kenntnis sowohl vom Tod des Gesellschafters als auch von seinem Eintrittsrecht zu erklären. Bis zu diesem Zeitpunkt halten die übrigen Gesellschafter die Beteiligung des Gesellschafters treuhänderisch. Nimmt der Eintrittsberechtigte sein Eintrittsrecht nicht fristgerecht wahr, wächst die Beteiligung des Gesellschafters den übrigen Gesellschaftern pro rata ihrer Beteiligung an der Gesellschaft an. Übt der Eintrittsberechtigte das Eintrittsrecht fristgemäß aus, geht die treuhänderisch gehaltene Beteiligung des verstorbenen Gesellschafters mit allen damit verbundenen Rechten und Pflichten unentgeltlich auf den Eintrittsberechtigten über; ein Abfindungsanspruch der Erben des verstorbenen Gesellschafters gegen die Gesellschaft oder die übrigen Gesellschafter ist im Falle der Ausübung des Eintrittsrechts ausgeschlossen.

5. Auflösungsklauseln

108 Abweichend von § 723 Abs. 1 Nr. 1 BGB, § 130 Abs. 1 Nr. 1 HGB (i.V.m. § 161 Abs. 2 HGB) kann im Gesellschaftsvertrag auch eine Auflösungsklausel vereinbart werden, nach der die Gesellschaft durch Tod eines Gesellschafters in **Auflösung** gerät (vgl. § 730 Abs. 1 S. 1 BGB, ggf. i.V.m. § 105 Abs. 2 HGB für die OHG und § 161 Abs. 2 HGB für die KG).

---

153 Vgl. Wiese/*Bochmann*, Rn 4.101; mit konkreten Lösungsvorschlägen Röhricht u.a./*Haas*, § 131 Rn 13.

154 Das ist in der Gestaltungsvariante der Eintrittsklausel als zulässig anerkannt, dazu Wiese/*Bochmann*, Rn 4.101; Groll/Steiner/*Kindler/Köhler*, Rn 15.144.

155 *Hölscher*, ZPG 2023, 374, 377; Reichert/*Heinrich*, § 35 Rn 15.

156 MüKo-HGB/*K. Schmidt/Fleischer*, § 139 Rn 31; Scherer/*Krause*, § 14 Rn 31.

157 BeckNotar-HdB/*Heckschen/Weitebrecht*, § 20 Rn 171; Scherer/*Krause*, § 14 Rn 38.

158 Zu steuerlichen Nachteilen MAH ErbR/*Kögel*, § 40 Rn 53.

159 Wachter/Heckschen/*Friz/Grünwald*, § 17 Rn 121.

Die Auflösung entspricht der gesetzlichen Folge bei der GbR vor dem MoPeG. Bei der nicht rechtsfähigen Innengesellschaft ist die Auflösung bereits von Gesetzes wegen Folge des Todes eines Gesellschafters (§ 740a Abs. 1 Nr. 3 BGB).[160] Die Auflösung der Gesellschaft dürfte nur ausnahmsweise dann den Interessen der Gesellschafter entsprechen, wenn diese in herausgehobener Weise personalistisch geprägt ist und nur zwischen den (Gründungs-) Gesellschaftern bestehen soll.[161]

Die Gesellschaft ist als Folge der Auflösung gem. §§ 735 ff. BGB, §§ 143 ff. HGB (i.V.m. 109
§ 161 Abs. 2 HGB) zu liquidieren. Im Falle der Auflösungsklausel fällt die Mitgliedschaft an der Liquidationsgesellschaft in den **Nachlass**.[162] Der Erbe wird anstelle des Erblassers mit dem Erbfall Mitglied der in diesem Zeitpunkt entstehenden Liquidationsgesellschaft.[163] Er tritt insoweit in die Vermögens- und Verwaltungsrechte des verstorbenen Gesellschafters ein.[164] Dazu bedarf es keiner (Nachfolge-)Regelung im Gesellschaftsvertrag, denn nur der Anteil an einer werbenden Gesellschaft ist bei Fehlen einer Nachfolgeklausel unvererblich.[165] Bei mehreren Erben wird die Miterbengemeinschaft Mitglied der Liquidationsgemeinschaft. Dies ist anders als bei der werbenden Gesellschaft unproblematisch, da auch die Liquidationsgesellschaft wie die Erbengemeinschaft auf Auseinandersetzung ausgelegt ist.[166] Eine Sondererbfolge der einzelnen Erben findet daher nicht statt.[167] Beschließen die Gesellschafter anschließend die Fortsetzung der Gesellschaft, wobei dieser Beschluss bei Fehlen einer qualifizierten Mehrheitsklausel der Zustimmung sämtlicher Gesellschafter bedarf,[168] geht der Anteil entsprechend den Erbquoten (vgl. § 711 Abs. 2 S. 2 BGB) auf die Erben über.[169]

Da die Rechte in der Liquidationsgesellschaft den Erben gemeinschaftlich zustehen, ordnen 110
§ 736 Abs. 3 BGB, § 144 Abs. 3 HGB (i.V.m. § 161 Abs. 2 HGB) an, dass mehrere Erben einen **gemeinsamen Vertreter** zu bestellen haben. Der gemeinsame Vertreter wird Liquidator, soweit zur Liquidation mangels abweichender gesellschaftsvertraglicher Regelungen sämtliche Gesellschafter berufen sind (§ 736 Abs. 1 BGB).[170] Dadurch soll eine rasche Abwicklung der Liquidation gewährleistet werden.

Ist im Gesellschaftsvertrag die Auflösung der Gesellschaft vereinbart, ist der Erbe des 111
verstorbenen Gesellschafters gem. § 730 Abs. 1 S. 1 BGB (ggf. i.V.m. § 105 Abs. 2 HGB für die OHG und § 161 Abs. 2 HGB für die KG) verpflichtet, den anderen Gesellschaftern dessen Tod unverzüglich anzuzeigen. Zweck dieser **Anzeigepflicht** ist die Sicherstellung des geordneten Übergangs der werbenden Gesellschaft zur Auflösungsgesellschaft.[171] Solange der Erbe keine Kenntnis vom Erbfall und seiner Erbenstellung hat, ist das Unterlassen

160 Zu den Folgen MHdB GesR I/*Noack*, § 57 Rn 22 ff., wonach mangels Vermögensfähigkeit der Innengesellschaft zwar kein Raum für eine Liquidation besteht, das wirtschaftlich zuordenbare Vermögen jedoch einer Gesamtabrechnung zuzuführen ist.

161 BeckOGK HGB/*Müller/Godron*, § 131 Rn 258; Groll/Steiner/*Kindler/Köhler*, Rn 15.98.

162 Koch/*Guntermann*, § 723 Rn 10.

163 MüKo-BGB/*Schäfer*, § 723 Rn 30; *Lübke*, DNotZ 2023, 896, 900.

164 Koch/*Richter*, § 730 Rn 3.

165 MüKo-BGB/*Schäfer*, § 723 Rn 30.

166 BGH, Urt. v. 8.3.1966 – V ZR 32/64, BeckRS 1966, 161; BGH, Beschl. v. 19.11.2015 – V ZB 201/14, DNotZ 2016, 368, 369.

167 MHdB GesR I/*Schäfer/Merkle*, § 42 Rn 136.

168 BGH, Urt. v. 19.6.1995 – II ZR 255/93, NJW 1995, 2843, 2844; MüKo-BGB/*Schäfer*, § 734 Rn 13.

169 Weiterführend Wiese/*Bochmann*, Rn 4.112 ff.

170 MüKo-BGB/*Schäfer*, § 736 Rn 1 ff.

171 Koch/*Richter*, § 730 Rn 1.

der Anzeige nicht schuldhaft. § 730 Abs. 1 S. 2–4 BGB ordnet bestimmte Notgeschäftsführungsrechte und -pflichten an.[172]

IV. Abfindungsbeschränkungen und Abfindungsklausel

112 Dem ausscheidenden Gesellschafter bzw. dessen Erben stehen gem. § 728 BGB, § 135 HGB (ggf. i.V.m. § 161 Abs. 2 HGB) als Kompensation für den Verlust der Gesellschafterstellung Abfindungsansprüche zu (siehe dazu bereits Rdn 45). Der Anspruch richtet sich gegen die Gesellschaft.[173] Anders als vor dem MoPeG ist nicht mehr der hypothetische Auseinandersetzungsanspruch maßgeblich, sondern der Anspruch besteht in Höhe des **Verkehrswerts der Beteiligung** („dem Wert des Anteils angemessene Abfindung“).[174] Fällig wird der Abfindungsanspruch im Zeitpunkt des Ausscheidens.[175] Die gesetzlich vorgesehene Abfindung geht mit dem Risiko erheblichen, nicht selten sogar existenzbedrohenden Kapitalabflusses aus der Gesellschaft einher.

113 Der Abfindungsanspruch und dessen Höhe stehen allerdings unter dem Vorbehalt abweichender gesellschaftsvertraglicher Regelungen („sofern im Gesellschaftsvertrag nichts anderes vereinbart ist“). Der Abfindungsanspruch ist damit jedenfalls im Grundsatz **disponibel.** Namentlich kommen Regelungen zur Fälligkeit, z.B. über mehrere Jahre gestreckte Teilzahlungen, zur Begrenzung des Anspruchs der Höhe nach und zur Bewertungsmethodik in Betracht. Gerade Letzteres ist mangels gesetzlicher Vorgaben[176] dringend anzuraten.

10.16 **Muster 10.16: Ausführliche Abfindungsklausel**

114 Scheidet ein Gesellschafter nach vorstehendem § aus der Gesellschaft aus, steht ihm ein Abfindungsanspruch zu. Die Abfindung beträgt 70 %[177] des auf die Gesellschaftsbeteiligung des Ausscheidenden entfallenden Verkehrswerts des Unternehmens der Gesellschaft zum Zeitpunkt des Ausscheidens.

Der Verkehrswert wird nach den Grundsätzen des Instituts der Wirtschaftsprüfer in Deutschland e.V. (IDW) zur Durchführung von Unternehmensbewertungen (IDW S1 und, sofern relevant, IDW S13) in der jeweils aktuellen Fassung durch einen Bewertungsgutachter ermittelt und verbindlich festgelegt. § 319 BGB bleibt unberührt.

Der Bewertungsgutachter ist durch Gesellschafterbeschluss zu bestimmen. Kommt ein solcher Beschluss nicht innerhalb von acht (8) Wochen nach Kündigungserklärung, Ausschluss, Ausscheiden oder Zwangsabtretung zustande, ist der IDW von der Gesellschaft oder vom ausscheidenden Gesellschafter oder dessen

---

172 Eingehend MüKo-BGB/*Schäfer*, § 730 Rn 9 ff.; BeckOGK BGB/*v. Proff*, § 730 Rn 60 ff.

173 BeckOK BGB/*Schöne*, § 728 Rn 1 ff.; Ebenroth/Boujong/*Lorz*, § 135 Rn 17.

174 Einzelheiten zur Wertbestimmung bei Ebenroth/Boujong/*Lorz*, § 135 Rn 21; zur Diskussion, ob im Zuge des MoPeG dem Tatbestandsmerkmal der Angemessenheit einer Abfindung ein eigener, einzelfallbezogener Regelungsgehalt mit der Möglichkeit zur Interessenabwägung zukommt, insb. *Servatius*, § 728 Rn 40; weiterführend *Fleischer*, GmbHR 2023, 1005; *Fleischer*, WM 2024, 621; *Hüttemann/Meyer*, ZIP 2022, 935; *Walter*, ZIP 2022, 2587.

175 BGH, Urt. v. 19.7.2010 – II ZR 57/09, NJW-RR 2010, 1401, 1402; BeckOGK BGB/*R. Koch*, § 728 Rn 16.

176 So kann mit Blick auf die Bestimmung der Abfindungshöhe satzungsrechtlich auf anerkannte Bewertungsmethoden, z.B. den Standard der Wirtschaftsprüfer IDW S 1 oder die §§ 200 ff. BewG, verwiesen werden, GesR-NotGP/*Münch*, § 17 Rn 377.

177 Möglich sind weitere Abstufungen der Abfindungshöhe, z.B. eine geringere Abfindungshöhe bei sog. Bad Leaver-Events wie z.B. bei Eröffnung des Insolvenzverfahrens über das Vermögen des Gesellschafters oder Ausschließung aus sonstigen (nicht ausdrücklich im Gesellschaftsvertrag genannten) wichtigen Gründen.

Erben um verbindliche Festlegung des Schiedsgutachters zu ersuchen. Die Kosten des Bewertungsgutachtens tragen der ausscheidende Gesellschafter (bzw. dessen Erben) und die Gesellschaft je zur Hälfte.

Das Abtretungsentgelt bzw. die Abfindung ist in fünf (5) gleichen Jahresraten zu zahlen. Die erste Rate ist sechs (6) Monate nach dem Zeitpunkt des Ausscheidens fällig, die weiteren Raten jeweils ein (1) Jahr nach der Fälligkeit der vorhergehenden Rate. Das Abfindungsguthaben ist vom Zeitpunkt des Ausscheidens an mit 2 Prozentpunkten über dem jeweiligen Basiszinssatz i.S.d. § 247 BGB, mindestens aber stets mit 2 % p.a., zu verzinsen. Die Zinsen sind zusammen mit den Hauptraten zu zahlen. Die Gesellschaft ist berechtigt, die Abfindung ganz oder teilweise früher zu zahlen. Zur Leistung einer Sicherheit ist sie nicht verpflichtet. Ein Anspruch auf Vorfälligkeitsentschädigung ist damit nicht verbunden.

Weitere Ansprüche des ausscheidenden Gesellschafters sind ausgeschlossen. Befreiung von Gesellschaftsverbindlichkeiten oder Sicherheitsleistung für den Abfindungsanspruch kann der ausscheidende Gesellschafter nicht verlangen.

Die ggf. aus der Zahlung einer unter dem Verkehrswert liegenden Abfindung resultierende Schenkungsteuer trägt der jeweilige Bereicherte.

Die Gesellschafter sind darüber einig, dass die niedergelegte Regelung zur Abfindung und zum Abtretungsentgelt eine ausgewogene und faire Regelung für jeden von ihnen darstellt und dass die darin vereinbarte Beschränkung des Abfindungsanspruchs eines jeden Gesellschafters im Falle seines Ausscheidens zur Sicherung des Fortbestands und der Liquidität der Gesellschaft erforderlich ist und den betroffenen Gesellschafter nicht unangemessen benachteiligt. Sollte ein mit der Sache befasstes Gericht im Streitfall gleichwohl zu der Auffassung gelangen, dass die Regelung zur Abfindung und zum Abtretungsentgelt ganz oder teilweise unzulässig oder unwirksam ist, vereinbaren die Gesellschafter hilfsweise und höchst vorsorglich, dass die an einen ausscheidenden Gesellschafter zu zahlende Abfindung in jedem Fall die nach Ansicht des mit der Sache befassten Gerichts niedrigstmögliche zulässigerweise und wirksam vereinbarungsfähige Abfindung beträgt.

Abfindungsbeschränkungen, namentlich zur Abfindungshöhe, aber auch Auszahlungsmodalitäten, sind anhand des Maßstabs des § 138 BGB zu bewerten.[178] Die Gestaltungsfreiheit der Gesellschafter ist daher nicht grenzenlos. Bei einer **Sittenwidrigkeit** bereits im Zeitpunkt der Vereinbarung ist die Klausel gem. § 138 Abs. 1 BGB nichtig mit der Folge der Anwendung der gesetzlichen Regelung.[179] Tritt das Verdikt der Sittenwidrigkeit erst im Laufe der Zeit ein, namentlich geschuldet einem Wertzuwachs des Unternehmens bei Vereinbarung einer Buchwertklausel,[180] wird die Abfindungsregelung im Wege ergänzender Vertragsauslegung auf ein noch zulässiges Maß angepasst.[181] 115

Abschläge von bis zu 30 % – in Fällen des Ausscheidens aus einem in der Person des Ausscheidenden liegenden wichtigen Grund sogar bis zu 50 % – auf den Verkehrswert werden regelmäßig als zulässig angesehen, wenngleich keine festen mathematischen Grenzen bestehen.[182] Darüber hinausgehende Beschränkungen oder gar ein vollständiger Ausschluss des Abfindungsanspruchs sind regelmäßig nicht möglich. 116

---

178 Koch/*Guntermann*, § 728 Rn 29; Scherer/*Stenger*, § 22 Rn 280; Fleischer/Hüttemann/*Fleischer*, Rn 24.89; *Wolf*, MittBayNot 2013, 9, 10; aus der Rspr. u.a. BGH, Urt. v. 16.12.1991 – II ZR 58/91, DNotZ 1992, 526, 531; BGH, Urt. v. 29.4.2014 – II ZR 216/13, NZG 2014, 820, 822.

179 Fleischer/Hüttemann/*Fleischer*, Rn 24.110; *Wolf*, MittBayNot 2013, 9, 10; *Fleischer/Bong*, WM 2017, 1957; *Fleischer*, WM 2024, 621, 630.

180 Vgl. Koch/*Guntermann*, § 728 Rn 37; Fleischer/Hüttemann/*Fleischer*, Rn 24.104 f.

181 Erman/*Lieder*, § 728 Rn 16 ff.; zur Berücksichtigung sämtlicher Umstände des Einzelfalls, etwa Dauer der Mitgliedschaft und Beitrag des Ausgeschiedenen am Aufbau und Erfolg des Unternehmens: Koch/*Guntermann*, § 728 Rn 31.

182 Hopt/*Roth*, § 135 Rn 26; weniger streng auch Fleischer/Hüttemann/*Fleischer*, Rn 24.105 („nicht unter 50 %").

Im Rahmen der nach § 138 Abs. 1 BGB vorzunehmenden Angemessenheitsprüfung sind aber stets sämtliche Umstände des **Einzelfalls** zu berücksichtigen. So kann namentlich der Aspekt der generationsübergreifenden Bestandssicherung bei Familiengesellschaften weitgehende Abfindungsbeschränkungen und sogar den gänzlichen Ausschluss der Abfindung rechtfertigen.[183]

117 Für die Beschränkung des Abfindungsanspruchs der weichenden Erben im Falle des **todesbedingten Ausscheidens** ist die Zulässigkeit eines vollständigen Abfindungsausschlusses weitgehend anerkannt (anders aber bei der Aktiengesellschaft, siehe dazu Rdn 134).[184] Dies gilt jedenfalls, soweit der Abfindungsausschluss unterschiedslos auf sämtliche Gesellschafter Anwendung findet und nicht erhebliche Unterschiede in der Lebenserwartung der Gesellschafter bestehen.[185]

118 **Praxistipp**
Bei der Vereinbarung eines vollständigen Abfindungsausschlusses sollte darauf geachtet werden, dass der Gesellschaftsvertrag hinreichend deutlich zum Ausdruck bringt, dass dieser Ausschluss für den Fall des todesbedingten Ausscheidens gilt, nicht aber unterschiedslos auf sämtliche Ausscheidensgründe Anwendung findet.

119 Der teilweise oder vollständige Abfindungsausschluss führt allerdings steuerlich zu einer Bereicherung der verbleibenden Gesellschafter, weshalb die daraus folgenden erbschaft- und schenkungsteuerlichen Konsequenzen zu berücksichtigen sind.[186]

10.17 **Muster 10.17: Abfindungsausschluss im Falle des Fehlens nachfolgeberechtigter Personen**

120 Verstirbt ein Gesellschafter, ohne nachfolgeberechtigte Personen als Erben oder Vermächtnisnehmer in den Gesellschaftsanteil zu hinterlassen, so wächst der Gesellschaftsanteil des Verstorbenen den übrigen Gesellschaftern pro rata ihrer Beteiligung an. Den Erben steht in diesem Falle kein Abfindungsanspruch zu.

V. Erb- und gesellschaftsrechtliche Haftung der Erben bei der Nachfolge in Personengesellschaften

121 Einen für die Erben relevanten Aspekt stellt die Haftung für bereits bestehende Verbindlichkeiten der Gesellschaft (sog. Altschulden) dar. Es ist zwischen der erbrechtlichen und der gesellschaftsrechtlichen Haftung zu unterscheiden.

122 Die **erbrechtliche** Haftung für Altschulden gilt insbesondere auch dann, wenn die Erben keine Gesellschafterstellung erlangen, insbesondere die Gesellschaft ohne den ausscheidenden Erblasser fortgesetzt wird. Es handelt sich insoweit um Nachlassverbindlichkeiten gem.

---

183 Koch/*Guntermann*, § 728 Rn 36; *Wolf*, MittBayNot 2013, 9, 13; *Fleischer*, WM 2024, 621, 629 ff.

184 BGH, Urt. v. 22.11.1956 – II ZR 222/55, NJW 1957, 180; BGH, Urt. v. 14.7.1971 – III ZR 91/70, FamRZ 1971, 645; Oetker/*Kamanabrou*, § 135 Rn 29; Erman/*Lieder*, § 728 Rn 20 ff.; Reichert/*Heinrich*, § 32 Rn 22; Ebenroth/Boujong/*Lorz*, § 135 Rn 78 m.w.N.

185 M.w.N. Wiese/*Bochmann*, Rn 4.113. Entsprechende Klauseln sollten aber auch in diesen Fällen als wirksam betrachtet werden, wenn im Falle einer qualifizierten Nachfolgeklausel lediglich Liquiditätsabflüsse für den Fall verhindert werden sollen, dass kein qualifizierter Erbe vorhanden ist (vgl. Muster Rdn 120). Die Formvorschrift des § 2301 Abs. 1 BGB findet aufgrund des lebzeitigen Vollzugs keine Anwendung, MüKo-BGB/*Schäfer*, § 728 Rn 60.

186 § 3 Abs. 1 Nr. 2 S. 2 und 3 ErbStG; dazu *Meincke/Hannes/Holtz*, § 3 Rn 72 ff.; BeckOK ErbStG/*Erkis/Thonemann-Micker*, § 3 Rn 243 ff.; Westermann/Wertenbruch/*Blaum*, § 47 Rn 2281; zum Risiko von Pflichtteilsergänzungsansprüchen, da der Ausschluss als pflichtteilsergänzungsrelevante Schenkung qualifiziert werden kann, *Heckschen/Hindahl*, GmbHR 2024, 517.

§ 1967 BGB. Im Rahmen der erbrechtlichen Haftung für Altschulden ist sodann aber die zeitliche Grenze des § 728b BGB und des § 137 HGB zu berücksichtigen, nach der der ausscheidende Gesellschafter (d.h. dessen Erben) für bis zum Zeitpunkt des Ausscheidens begründete Verbindlichkeiten (nur) haftet, wenn diese vor Ablauf von fünf Jahren nach dem Ausscheiden fällig werden. Die erbrechtliche Haftung kann gem. §§ 1975 ff. BGB außerdem auf den Nachlass beschränkt werden, wenn eine **Nachlassverwaltung angeordnet oder das Nachlassinsolvenzverfahren** eröffnet ist.[187] Eine erbrechtliche Haftung für Neuschulden nach dem Ausscheiden des Erblassers scheidet aus.[188]

Gesellschaftsrechtlich ist ebenfalls zwischen Alt- und Neuschulden zu unterscheiden. So haftet der Erbe, wenn er die Gesellschafterstellung des Erblassers erhält, für Altschulden unbegrenzt (§ 721a BGB bzw. § 127 HGB), und zwar streng akzessorisch zur Gesellschaftsschuld (§ 721b BGB, § 128 HGB). Der Erbe haftet mit seinem ganzen Vermögen und auch nicht etwa lediglich anteilig im Umfang seiner Gesellschaftsbeteiligung. Erben, die etwa im Falle einer qualifizierten Nachfolgeklausel nicht in die Gesellschafterstellung einrücken, haften für Altschulden erbrechtlich beschränkbar (siehe Rdn 122), wobei die Haftung im Innenverhältnis nur die einrückenden Erben trifft.[189] 123

Die Haftung des Kommanditisten ist nach allgemeinen Grundsätzen ausgeschlossen, wenn die **Hafteinlage** geleistet wurde (vgl. § 171 Abs. 1 HGB).[190] Die Erlangung des Anteils von Todes wegen stellt auch keinen Eintritt eines weiteren Gesellschafters i.S.d. § 176 Abs. 2 HGB dar, der zu einer unbeschränkten Haftung bis zur Eintragung führt, da der Erbe denselben Kommanditanteil erlangt.[191] 124

Für **Neuschulden** haften die Gesellschafter nach allgemeinen Grundsätzen unbeschränkt (§§ 721, 721b BGB, §§ 126, 128 HGB) bzw. im Falle der Kommanditstellung auf die Hafteinlage beschränkt. 125

Bei der rechtsgeschäftlichen Nachfolge im Falle einer **Eintritts**- oder einer **rechtsgeschäftlichen Nachfolgeklausel** gelten die allgemeinen Haftungsgrundsätze für eintretende Gesellschafter.[192] Für Altschulden haftet der eintretende Gesellschafter unbeschränkt (§§ 721, 721a BGB, §§ 126, 127 HGB). Die Haftung des eintretenden Kommanditisten bestimmt sich nach §§ 173, 172, 171 HGB. Im Falle der Eintrittsklausel droht, wenn eine neue Beteiligung geschaffen und nicht die treuhänderisch gehaltene Beteiligung des Erblassers übertragen wird, eine unbeschränkte Haftung des zukünftigen Kommanditisten gem. § 176 Abs. 2 HGB, weshalb der Eintritt eines Kommanditisten aufschiebend bedingt auf die Eintragung ins Handelsregister erfolgen sollte. 126

Zur Möglichkeit der Haftungsbeschränkung durch Umwandlung der Beteiligung mit unbeschränkter Haftung in eine Kommanditbeteiligung gem. § 724 Abs. 1 BGB, § 131 HGB siehe Rdn 51. 127

187 Ausführlich *Rugullis*, ZEV 2007, 117; *Scherer/Bregulla-Weber*, § 19 Rn 15 f.

188 Zum Problem einer drohenden Rechtscheinhaftung nach § 15 Abs. 1 HGB, wenn die Löschung des Erblassers nicht veranlasst wird, *Weidlich/Federle*, NJW 2023, 1993, 1997.

189 Groll/Steiner/*Kindler/Köhler*, Rn 15.172.

190 Vgl. allgemein MüKo-HGB/*K. Schmidt/Grüneberg*, § 172 Rn 8.

191 *Stephan*, NZG 2021, 1481, 1487; MüKo-HGB/*K. Schmidt/Grüneberg*, § 176 Rn 24.

192 Vgl. Groll/Steiner/*Kindler/Köhler*, Rn 15.194 ff., Hopt/*Roth*, § 131 Rn 46.

VI. Registerrecht

128 Die anlässlich des Erbfalls eintretenden Veränderungen bei den Gesellschaftern oder deren Vertretungsberechtigten (z.B. Geschäftsführern) sind **zum Handelsregister anzumelden.** Der Nachweis der Rechtsnachfolge erfolgt durch öffentliche Urkunden in elektronischer Form (§ 371a Abs. 2 ZPO, § 12 HGB). In der registerrechtlichen Praxis ist die Erbfolge vorrangig durch einen Erbschein (§§ 2353 ff. BGB) bzw. ein Europäisches Nachlasszeugnis nachzuweisen. Sofern für die Erbfolge ein öffentliches Testament maßgeblich ist, kann das Registergericht nach pflichtgemäßem Ermessen den Nachweis durch die Vorlage der vom Nachlassgericht eröffneten Verfügung von Todes wegen samt der Niederschrift über deren Eröffnung als erbracht ansehen.[193] Verbleiben Zweifel, etwa weil sich die Erbfolge nicht in der erforderlichen Deutlichkeit aus dem notariellen Testament ergibt (z.B. bei Auslegungsfragen), oder sind Ermittlungen in tatsächlicher Hinsicht erforderlich (z.B. Nachweis des Eintritts einer Bedingung oder Vorlage von Personenstandsurkunden bei namentlich nicht benannten Erben), so kann das Registergericht auf die Vorlage eines Erbscheins bestehen. Im Rahmen der Testamentsgestaltung ist hierauf Rücksicht zu nehmen, damit der oft gewünschte Effekt, dass das notarielle Testament den Erbschein „ersetzt“, auch eintritt. Nachfolgend sind Muster von Handelsregisteranmeldungen dargestellt, die bei der Rechtsnachfolge von Todes wegen häufig vorkommen:

10.18 **Muster 10.18: Handelsregisteranmeldung: Tod des persönlich haftenden Gesellschafters/Auflösungsbeschlussfassung**

129 HRA

Firma mit Sitz in

Anlage: Beglaubigte Kopie der Ausfertigung des Erbscheins nach

Zur Eintragung in das Handelsregister melden wir, , geboren am , wohnhaft in , und , geboren am , wohnhaft in , an:

1. Die/Der persönlich haftende Gesellschafterin/Gesellschafter ist am verstorben und damit aus der Gesellschaft ausgeschieden. Das Nachlassverfahren wird beim Amtsgericht – Nachlassgericht – unter dem Aktenzeichen geführt. Das Amtsgericht – Nachlassgericht – hat am einen Erbschein erteilt. Hiernach wurde die Erblasserin/der Erblasser beerbt von:
   a) , geboren am ;
   b) , geboren am .
2. Die Gesellschaft ist durch Beschluss der Erben und der verbliebenen Gesellschafter aufgelöst.
3. Die Liquidation erfolgt durch die Gesellschafter und .
4. Vertretung:
   a) Die abstrakte Vertretung ist wie folgt geregelt: Die Gesellschaft wird durch alle Gesellschafter als Liquidatoren vertreten, soweit nicht durch Beschluss der Gesellschafter oder durch den Gesellschaftsvertrag einzelnen Gesellschaftern oder einer anderen Person die Vertretungsmacht übertragen ist.
   b) [*ggf.:* Die Vertretung ist konkret wie folgt geregelt: Liquidatoren sind und . Sie vertreten die Gesellschaft jeweils einzeln. Sie sind jeweils von den Beschränkungen des § 181 BGB befreit.]
5. Die inländische Geschäftsanschrift lautet unverändert .

Übermittelt wird eine elektronisch beglaubigte Abschrift der Ausfertigung des Erbscheins.

---

193 Nach allg. Meinung hat § 35 Abs. 1 S. 2 GBO einen verallgemeinerungsfähigen Inhalt; dazu auch allg. BGH, Urt. v. 7.6.2005 – XI ZR 311/04, NJW 2005, 2779; OLG Stuttgart, Beschl. v. 17.5.2011 – 8 W 169/11, ZEV 2012, 338; OLG Brandenburg, Beschl. v. 3.3.2020 – 7 W 57/19, BWNotZ 2020, 108.

[*Registervollmacht*]

[*Unterschriften*]

[*Beglaubigungsvermerk*]

[*Prüfvermerk nach § 378 FamFG*]

Muster 10.19: Handelsregisteranmeldung: Tod eines Kommanditisten mit mehreren Erben und Nachfolgern 10.19

HRA 130

Firma mit Sitz in

Anlage: Beglaubigte Kopie der Ausfertigung des Erbscheins nach

Zur Eintragung in das Handelsregister melden wir, , geboren am , wohnhaft in , und , geboren am , wohnhaft in , an:

1. Die Kommanditistin/Der Kommanditist ist am verstorben und damit aus der Gesellschaft ausgeschieden. Das Nachlassverfahren wird beim Amtsgericht – Nachlassgericht – unter dem Aktenzeichen geführt. Das Amtsgericht – Nachlassgericht – hat am einen Erbschein erteilt. Hiernach wurde die Erblasserin/der Erblasser beerbt von:
   a) , geboren am ;
   b) , geboren am .
2. Der Kommanditanteil ist durch Erbfolge auf ihre/seine Erbinnen/Erben, die Kommanditisten und , zu gleichen Teilen übergegangen.
3. Die Haftsumme der ist von EUR um EUR auf EUR im Wege der Erbfolge erhöht worden.
4. ist als Kommanditistin/Kommanditist in die Gesellschaft im Wege der Erbfolge mit einer Haftsumme in Höhe von EUR eingetreten.

Die inländische Geschäftsanschrift lautet unverändert .

Übermittelt wird eine elektronisch beglaubigte Abschrift der Ausfertigung des Erbscheins.

[*Registervollmacht*]

[*Unterschriften*]

[*Beglaubigungsvermerk*]

[*Prüfvermerk nach § 378 FamFG*]

Muster 10.20: Handelsregisteranmeldung: Tod eines Kommanditisten mit mehreren Erben, aber nur einem Nachfolger 10.20

HRA 131

Firma mit Sitz in

Anlage: Beglaubigte Kopie der Ausfertigung des Erbscheins nach

Zur Eintragung in das Handelsregister melden wir, , geboren am , wohnhaft in , und , geboren am , wohnhaft in , an:

1. Die Kommanditistin/Der Kommanditist ist am verstorben und damit aus der Gesellschaft ausgeschieden. Das Nachlassverfahren wird beim Amtsgericht – Nachlassgericht – unter dem Aktenzeichen geführt. Das Amtsgericht – Nachlassgericht – hat am einen Erbschein erteilt. Hiernach wurde die Erblasserin/der Erblasser beerbt von:
   a) , geboren am ;
   b) , geboren am .

2. [*Besonderheit Nachfolgeklausel:*] Nach dem Gesellschaftsvertrag kann nur der älteste leibliche Abkömmling Rechtsnachfolger als Kommanditist werden.
3. Die Kommanditanteil der Erblasserin/des Erblassers ist durch Sondererbfolge auf die Erbin/den Erben/die Erben   übergegangen, d.h.   ist als Kommanditistin/Kommanditist in die Gesellschaft im Wege der Gesamtrechtsnachfolge mit einer Haftsumme in Höhe von   EUR eingetreten.
4. Die Erbin/Der Erbe/Die Erben der verstorbenen Kommanditistin/des verstorbenen Kommanditisten stimmen der Fortführung der Firma zu.
   Die inländische Geschäftsanschrift lautet unverändert .

Übermittelt wird eine elektronisch beglaubigte Abschrift der Ausfertigung des Erbscheins.

[*Registervollmacht*]

  [*Unterschriften*]

[*Beglaubigungsvermerk*]

[*Prüfvermerk nach § 378 FamFG*]

Muster 10.21: Handelsregisteranmeldung: Vermächtniserfüllung

132 HRA

Firma   mit Sitz in

Anlage: Beglaubigte Kopie der Ausfertigung des Erbscheins nach

Zur Eintragung in das Handelsregister melden wir, , geboren am , wohnhaft in , und , geboren am , wohnhaft in , an:

1. Die Kommanditistin/Der Kommanditist   ist am   verstorben und damit aus der Gesellschaft ausgeschieden. Das Nachlassverfahren wird beim Amtsgericht – Nachlassgericht –   unter dem Aktenzeichen   geführt. Das Amtsgericht – Nachlassgericht –   hat am   einen Erbschein erteilt. Hiernach wurde die Erblasserin/der Erblasser beerbt von , geboren am .
2. Die Kommanditbeteiligung der Erblasserin/des Erblassers ist durch Erbfolge auf ihre/seinen Erbin/Erben übergegangen.
3.   ist mit einer Haftsumme von   EUR als Kommanditistin/Kommanditist in die Gesellschaft eingetreten.
4. Die Kommanditistin/Der Kommanditist   hat ihre/seine Kommanditbeteiligung mit einer Haftsumme in Höhe von   EUR vollständig auf , geboren am , wohnhaft in , übertragen.   ist damit aus der Kommanditgesellschaft ausgeschieden.
5.   ist im Wege der Sonderrechtsnachfolge mit einer Haftsumme in Höhe von   EUR in die Gesellschaft als Kommanditistin/Kommanditist eingetreten.
6. Alle Gesellschafter und die/der ausgeschiedene Gesellschafterin/Gesellschafter versichern, dass   keine Abfindung aus dem Gesellschaftsvermögen gewährt oder versprochen worden ist.

Die inländische Geschäftsanschrift lautet unverändert .

Übermittelt wird eine elektronisch beglaubigte Abschrift der Ausfertigung des Erbscheins.

[*Registervollmacht*]

  [*Unterschriften*]

[*Beglaubigungsvermerk*]

[*Prüfvermerk nach § 378 FamFG*]

Muster 10.22: Handelsregisteranmeldung: Fortsetzung einer durch Tod des persönlich haftenden Gesellschafters aufgelösten KG 10.22

HRA 133

Firma mit der Niederlassung in

Anlage: Beglaubigte Kopie der Ausfertigung des Erbscheins nach

Zur Eintragung in das Handelsregister melden wir, , geboren am , wohnhaft in , und , geboren am , wohnhaft in , an:

1. Die/Der persönlich haftende Gesellschafterin/Gesellschafter ist am verstorben und so aus der Gesellschaft ausgeschieden. Das Amtsgericht – Nachlassgericht – hat am einen Erbschein erteilt. Hiernach wurde die Erblasserin/der Erblasser beerbt von:
   a) , geboren am ;
   b) , geboren am .
2. , geboren am , wohnhaft in , ist als persönlich haftende/r Gesellschafterin/Gesellschafter in die Gesellschaft eingetreten.
3. Die Gesellschafter haben beschlossen, dass die Gesellschaft ihre werbende Tätigkeit wieder aufnimmt und unter der bisherigen Firma fortführt.
4. Die Erben sind mit der Fortführung der Firma einverstanden.

Die inländische Geschäftsanschrift lautet unverändert .

Übermittelt wird eine elektronisch beglaubigte Abschrift der Ausfertigung des Erbscheins.

[*Registervollmacht*]

[*Unterschriften*]

[*Beglaubigungsvermerk*]

[*Prüfvermerk nach § 378 FamFG*]

D. Nachfolge in Kapitalgesellschaftsanteile

I. Überblick

Die Nachfolgeplanung in Beteiligungen an Kapitalgesellschaften (die gängigsten Rechtsformen sind die Gesellschaft mit beschränkter Haftung und die Aktiengesellschaft) ist im Ausgangspunkt im Hinblick auf die Verzahnung letztwilliger Verfügungen und gesellschaftsvertraglicher Regelungen einfacher und die in den Blick zu nehmenden gesellschaftsrechtlichen Rahmenbedingungen sind weniger komplex als bei Personengesellschaften.[194] Hintergrund ist, dass Beteiligungen an Kapitalgesellschaften bereits **kraft Gesetzes frei vererblich** sind und nicht erst durch gesellschaftsvertragliche Anordnung vererblich gestellt werden müssen. Für die GmbH ergibt sich dies aus § 15 Abs. 1 GmbHG, für die AG mangels ausdrücklicher Regelung aus § 1922 Abs. 1 BGB.[195] GmbH-Anteile und Aktien fallen daher zwingend in den Nachlass. Die Vererblichkeit von Beteiligungen an Kapitalgesellschaften kann weder durch Satzungsregelung noch durch Gesellschafterbeschluss ausgeschlossen werden.[196] Auch Vinkulierungsklauseln nach § 15 Abs. 5 GmbHG verhindern die 134

194 Instruktiv *Perzborn*, RNotZ 2017, 405.

195 Zur AG MüKo-BGB/*Leipold*, § 1922 Rn 112; BeckOK BGB/*Müller-Christmann*, § 1922 Rn 95.

196 BeckOGK GmbHG/*Möritz/Hell*, § 15 Rn 48; Habersack/Casper/Löbbe/*Löbbe*, § 15 Rn 11; Burandt/Rojahn/*Schuhmann*, § 1922 Rn 40; *Perzborn*, RNotZ 2017, 405, 406; *Lieder/Pommering*, ZEV 2019, 564, 567.

zwingende Vererblichkeit nicht.[197] Die erbrechtliche Nachfolge kann ausschließlich mittelbar und damit ohne dingliche Wirkung beeinflusst werden.[198]

135 Zu berücksichtigen ist, dass bei der **GmbH** gem. § 16 Abs. 1 S. 1 GmbHG nur derjenige im Verhältnis zur Gesellschaft als Gesellschafter gilt, der in der **Gesellschafterliste** (§ 40 GmbHG) eingetragen ist. Bis zur Eintragung kann der Erbe bzw. die Erbengemeinschaft die Rechte aus der Beteiligung formal nicht ausüben. Die Erben sollten daher für eine zügige Eintragung sorgen. Dazu ist der Geschäftsführung die Erbenstellung, namentlich durch die Vorlage eines Erbscheins, nachzuweisen (vgl. § 40 Abs. 1 S. 4 GmbHG).[199] Bei der **AG** ist bei der Vererbung von Namensaktien (§ 10 Abs. 1 S. 1 AktG) zu beachten, dass zwar für den materiellen Rechtserwerb keine Eintragung im Aktienregister (§ 67 AktG) erforderlich ist,[200] allerdings Rechte und Pflichten aus den Aktien im Verhältnis zur Gesellschaft nur für den in das **Aktienregister** eingetragenen Aktionär bestehen (§ 67 Abs. 2 AktG). Die Eintragung einer **Miterbengemeinschaft** in die Gesellschafterliste und das Aktienregister ist möglich.[201]

136 Ein weiterer Unterschied zu den Personengesellschaften ist, dass keine Sonderrechtsnachfolge stattfindet (siehe Rdn 155). Bei einer Mehrheit von Erben rückt die **Erbengemeinschaft** in die Gesellschafterstellung ein (siehe Rdn 155 ff.). Anders als in den Personengesellschaften muss daher zunächst eine Auseinandersetzung der Erbengemeinschaft erfolgen, soll diese nicht dauerhaft in der Gesellschaft verbleiben. Nach ganz herrschender Ansicht kann eine Sonderrechtsnachfolge auch nicht durch Satzungsregelungen angeordnet werden.[202]

II. Mittelbare statutarische Einflussnahme durch Einziehungs- und Abtretungsklauseln

1. Vinkulierung

137 Aufgrund der freien Vererblichkeit von Anteilen an Kapitalgesellschaften sind Regelungen erforderlich, wenn die freie Vererblichkeit entgegen der Grundregel insbesondere zur Steuerung des Gesellschafterkreises mittelbar verhindert werden soll. Solche Regelungen sind gerade bei personalistisch geprägten Gesellschaften häufig gewünscht, um die Zusammensetzung des Gesellschafterkreises kontrollieren und eine Erweiterung bzw. Zersplitterung des Gesellschafterkreises verhindern zu können.

10.23 **Muster 10.23: Qualifizierte Vinkulierungsklausel bei der GmbH**

138 Jede Verfügung über Geschäftsanteile oder Teile von Geschäftsanteilen bedarf eines Gesellschafterbeschlusses, der mit einer Mehrheit von % der abgegebenen Stimmen zu fassen ist. Der verfügungswillige Gesellschafter ist stimmberechtigt.

Das vorstehende Zustimmungserfordernis gilt auch für jegliche sonstigen Verfügungen über den Geschäftsanteil, etwa die Verpfändung oder sonstige Belastung ebenso wie die Bestellung eines Nießbrauchs oder die Vereinbarung einer Unterbeteiligung oder einer Treuhand, Verfügungen über einzelne, mit dem Anteil verbundene Rechte, insbesondere die Verfügung über den Jahresgewinnanteil, wie für den Abschluss aller

197 Wiese/*Bochmann*, Rn 4.211; Habersack/Casper/Löbbe/*Löbbe*, § 15 Rn 38.
198 *Lieder/Pommering*, ZEV 2019, 564, 567; *Altmeppen*, § 15 Rn 29.
199 Vgl. Noack/Servatius/Haas/*Servatius*, § 16 Rn 19; MüKo-GmbHG/*Heidinger*, § 40 Rn 340.
200 Statt vieler MüKo-AktG/*Bayer*, § 67 Rn 55.
201 *Perzborn*, RNotZ 2017, 405, 424; MHdB GesR IX/*Lange*, § 31 Rn 41.
202 Burandt/Rojahn/*Flechtner*, § 2032 Rn 45; MüKo-GmbHG/*Weller/Reichert*, § 15 Rn 443.

sonstigen Rechtsgeschäfte und Vornahme aller sonstigen Maßnahmen, die rechtlich oder wirtschaftlich ganz oder teilweise einer Veräußerung oder Belastung gleichkommen.

Die Zustimmung gemäß vorstehenden Absätzen (1) und (2) ist zu erteilen bei Verfügungen an:

- Gesellschaft
- Gesellschafter
- Abkömmlinge
- Gesellschaften, an denen wiederum unmittelbar sowie mittelbar als natürliche Personen ausschließlich Gesellschafter und/oder Abkömmlinge beteiligt sind.

Abkömmlinge im Sinne dieser Satzung sind nur Personen, die mit den ehemaligen Gesellschaftern , oder in absteigender gerader Linie (§ 1589 S. 1 BGB) verwandt sind, d.h. Kinder, Enkel, Urenkel usw., wie auch vor Vollendung des 10. Lebensjahrs durch Abkömmlinge im Sinne dieses Absatzes angenommene Kinder, soweit die annehmenden Eltern (jeweils) noch nicht das Lebensjahr vollendet haben.

Qualifizierte Nachfolgeregelungen bzw. Vinkulierungsklauseln vermögen allerdings am Grundsatz der freien Vererblichkeit nichts zu ändern. Die freie Vererblichkeit kann auch nicht durch Anordnungen umgangen werden, nach denen eine bestimmte Person automatisch Nachfolger des verstorbenen Gesellschafters wird.[203] In diesem Zusammenhang ist auf ein weiteres Risiko hinzuweisen, das sich daraus ergibt, dass der Miterbe gem. § 2033 Abs. 1 S. 1 BGB frei über seinen Anteil am Nachlass verfügen kann, insbesondere Abtretungsbeschränkungen nicht greifen.[204] 139

Zulässig sind aber Regelungen zur **mittelbaren** Steuerung des Gesellschafterkreises, wobei insbesondere **Einziehungs- und Abtretungsklauseln** in Betracht kommen. 140

2. Einziehungsklauseln

Zentrales Mittel zur Steuerung des Gesellschafterkreises in der **GmbH** ist die Einziehung von Geschäftsanteilen gem. § 34 GmbHG. Eine solche Regelung ist notwendig, da Erben, die nicht in die Gesellschafterstellung einrücken sollen, aufgrund der freien Vererblichkeit von Kapitalgeschäftsanteilen zunächst Gesellschafter werden. Die Einziehung muss in der **Satzung** vorgesehen sein (§ 34 Abs. 1 GmbHG); bei nachträglicher Einfügung ist ein einstimmiger Beschluss sämtlicher Gesellschafter erforderlich.[205] 141

Muster 10.24: Einfache Einziehungsklausel 10.24

Die Einziehung von Geschäftsanteilen ist mit Zustimmung des betroffenen Gesellschafters stets zulässig. 142

Soll die Einziehung, wie regelmäßig, **ohne Zustimmung** des betroffenen Gesellschafters erfolgen, sind die Voraussetzungen in der Satzung zu regeln.[206] 143

203 M.w.N. Wiese/*Bochmann*, Rn 4.214.

204 Ausführlich Wiese/*Bochmann*, Rn 4.213 ff.

205 MüKo-GmbHG/*Rieder*, § 34 Rn 13 ff.; *Perzborn*, RNotZ 2017, 405, 414; *Ivo*, ZEV 2006, 252, 254.

206 Zum Ausschluss eines Gesellschafters (nicht Einziehung des Anteils) auch ohne Satzungsgrundlage Noack/Servatius/Haas/*Kersting*, Anh. § 34 Rn 1 ff., wobei dies als ultima ratio nur in Betracht kommt, wenn die Fortsetzung der Gesellschaft mit dem betroffenen Gesellschafter nicht mehr zumutbar ist.

10.25 **Muster 10.25: Klausel zur Einziehung von Geschäftsanteilen ohne Zustimmung des Gesellschafters**

144 Die Einziehung von Geschäftsanteilen ist mit Zustimmung des betroffenen Gesellschafters stets zulässig.

Gelangt der Geschäftsanteil eines Gesellschafters von Todes wegen an eine Person/Gesellschaft, die nicht nachfolgeberechtigter Gesellschafter ist (wie in definiert), bzw. an eine Erbengemeinschaft, an der mindestens eine Person/Gesellschaft beteiligt ist, die nicht nachfolgeberechtigter Gesellschafter ist, so kann innerhalb einer Frist von zwölf (12) Monaten ab Kenntnis sämtlicher Gesellschafter vom Erbfall gem. nachstehendem § verfahren werden, d.h. der betreffende Geschäftsanteil kann ohne Zustimmung des Gesellschafters oder der Erbengemeinschaft eingezogen werden. Der betroffene Gesellschafter hat bei der Beschlussfassung kein Stimmrecht.

145 **Praxistipp**

Es sollte geregelt werden, dass die Erben bei der Beschlussfassung über die Einziehung kein Stimmrecht haben, da andernfalls nach h.M. mangels (auch analoger) Anwendbarkeit von § 47 Abs. 4 S. 1 GmbHG ein Stimmrecht besteht.[207] Andernfalls besteht das Risiko, dass die Erben bei hinreichend großer Mehrheit die Einziehung verhindern können.

146 Die Einziehung ist nur zulässig, wenn der Geschäftsanteil voll einbezahlt ist.[208] Dem Gesellschafter, dessen Anteile eingezogen werden, steht als **Abfindung** der Verkehrswert des Anteils zu. Der (sofort fällige)[209] Abfindungsanspruch richtet sich gegen die Gesellschaft (zu Abfindungsbeschränkungen siehe Rdn 112 ff.).[210] Die Abfindung darf nur aus freien Mitteln gezahlt werden, d.h. solchen, die nicht nach § 30 Abs. 1 GmbHG gebunden sind, und der Abfindungsanspruch somit nicht zu einer Unterbilanz bei der Gesellschaft führen.[211] Steht bereits bei der Beschlussfassung fest, dass eine Leistung aus dem Reinvermögen der Gesellschaft nicht gezahlt werden kann, ist der Beschluss nichtig.[212] Im Übrigen haften die Gesellschafter nach der sog. Haftungslösung für die Zahlung der Abfindung subsidiär zur Gesellschaft entsprechend ihrer Beteiligung.[213]

147 Bei der **AG** gestattet § 237 AktG die Einziehung von Aktien ähnlich wie bei der GmbH.[214] Insbesondere bedarf es einer satzungsmäßigen Grundlage, wobei der Beschluss über die statutarischen Voraussetzungen hinaus einer sachlichen Rechtfertigung bedürfen soll.[215] Die Umsetzung der Einziehung ist allerdings komplexer als bei der GmbH, da die Vorschriften über die **Kapitalherabsetzung** einzuhalten sind (§ 237 Abs. 2 AktG), wobei unter bestimmten Voraussetzungen im vereinfachten Kapitalherabsetzungsverfahren (§ 237 Abs. 3 AktG), d.h. insbesondere mit geringerem Gläubigerschutz (vgl. § 225 AktG), vorgegangen werden

---

207 Zur Beschlussfassung *Wagner*, RNotZ 2022, 181, 182.

208 Dies folgt mittelbar aus § 19 Abs. 2 GmbHG, Scholz/*H.P. Westermann/Seibt*, § 34 Rn 30.

209 MHdB GesR III/*Kort,* § 28 Rn 30; a.A. Habersack/Casper/Löbbe/*Ulmer/Habersack*, § 34 Rn 80.

210 Habersack/Casper/Löbbe/*Ulmer/Habersack*, § 34 Rn 74.

211 BeckNotar-HdB/*Mayer/Weiler*, § 22 Rn 138; zuletzt BGH, Urt. v. 26.1.2021 – II ZR 391/18, NZG 2021, 831, 833.

212 BeckNotar-HdB/*Mayer/Weiler*, § 22 Rn 138; zuletzt BGH, Urt. v. 26.1.2021 – II ZR 391/18, NZG 2021, 831, 833.

213 Noack/Servatius/Haas/*Kersting*, § 34 Rn 43; MüKo-GmbHG/*Strohn*, § 34 Rn 78; zul. bestätigt durch BGH, Versäumnisurt. v. 11.7.2023 – II ZR 116/21, RFamU 2023, 464 m. zust. Anm. *Frese*.

214 Weiterführend BeckOGK AktG/*Marsch-Barner/Maul*, § 237 Rn 8 ff.

215 BeckOGK AktG/*Marsch-Barner/Maul*, § 237 Rn 16; MüKo-AktG/*Oechsler*, § 237 Rn 45; MHdB GesR IV/*Scholz*, § 63 Rn 13 f.

kann. Ein vollständiger Abfindungsausschluss ist, anders als bei der GmbH und den Personengesellschaften, nach h.M. zum Zweck des Ausschlusses von Aktionären nicht zulässig.[216]

3. Abtretungsklauseln

Eine weitere Gestaltungsoption, die zur Erhöhung der Flexibilität auch ergänzend zur Vereinbarung von Einziehungsklauseln treten kann, liegt in der Statuierung von Abtretungsverpflichtungen der Erben, die nicht zum zulässigen Gesellschafterkreis gehören. 148

Die Satzung kann die Erben verpflichten, die Anteile an bereits konkret benannte Personen zu übertragen, etwa an einen oder mehrere Mitgesellschafter (meist pro rata), an die Gesellschaft selbst oder sogar an Dritte.[217] Zumeist sieht die Satzung aber keinen bestimmten **Abtretungsempfänger** vor, sondern gewährt den Gesellschaftern das Recht, diesen im Beschlussweg zu konkretisieren. 149

Muster 10.26: Abtretungsklausel mit Bestimmungsrecht der Gesellschafter 10.26

Anstelle der Einziehung können die Gesellschafter beschließen, dass der Geschäftsanteil von der Gesellschaft oder einem oder mehreren zulässigen Gesellschaftern (wie in § ___ definiert) erworben wird. Ein Erwerb durch die Gesellschaft selbst setzt voraus, dass der Geschäftsanteil voll eingezahlt ist. Anstelle der Gesellschaft schuldet der Abtretungsempfänger dem betroffenen Gesellschafter die Abfindung nach § ___ als Kaufpreis (Abtretungsentgelt); mehrere Abtretungsempfänger haften nur als Teilschuldner für die von ihnen erhaltenen Geschäftsanteile und den darauf entfallenden Teil des Kaufpreises. 150

Bei der **AG** sind Abtretungsklauseln nach h.M. **unzulässig.**[218] Im Übrigen können auch bei der GmbH **automatisch wirkende Abtretungsklauseln** ebenso wie automatische Einziehungsklauseln **nicht wirksam vereinbart werden.**[219] 151

Der wesentliche Unterschied zur Einziehung liegt darin, dass der Geschäftsanteil nicht vernichtet wird.[220] Außerdem schuldet – außer im Fall der Abtretung an die Gesellschaft selbst – die Gesellschaft **keine Abfindung**, was sich liquiditätsschonend auswirkt. 152

Abtretungsklauseln führen nicht mit dinglicher Wirkung zum Übergang der Beteiligung, sondern gewähren lediglich einen **Anspruch gegen die Erben**, die Beteiligung auf den Abtretungsempfänger zu übertragen. In der Umsetzung der Abtretung liegt daher eine praktische Herausforderung, da die Erben die bei der GmbH formbedürftige (§ 15 Abs. 3 GmbHG) Abtretung erst noch erklären müssen. Im Zweifel sind diese zunächst im Wege der Leistungsklage auf eine Abtretungserklärung zu verklagen (§ 894 ZPO), was einen umständlichen und langen Rechtsstreit zur Folge haben kann.[221] Abhilfe kann hier eine Ermächtigung der Gesellschaft, vertreten durch die Geschäftsführung, schaffen, die Abtretung für die Erben vorzunehmen. 153

216 MHdB GesR IV/*Scholz*, § 63 Rn 21; Schmidt/Lutter/*Veil*, § 237 Rn 16 f.; aus der Rspr. BGH, Urt. v. 22.1.2013 – II ZR 80/10, NZG 2013, 220, 222.
217 Noack/Servatius/Haas/*Servatius*, § 15 Rn 13.
218 Für die h.M. Wiese/*Leo/Sparka*, Rn 20.252; *Perzborn*, RNotZ 2017, 405, 424; krit. auch Wiese/*Bochmann*, Rn 4.250, der aber zu Recht darauf hinweist, dass sich Abtretungsklauseln bei der AG für die Nachfolgeplanung aufgrund der damit einhergehenden Unsicherheiten nicht eignen.
219 Dies gilt auch für den Erbfall, MüKo-GmbHG/*Weller/Reichert*, § 15 Rn 444.
220 Scherer/*Krause*, § 14 Rn 65; *Wagner*, RNotZ 2022, 181, 192.
221 *Wagner*, RNotZ 2022, 181, 192; *Fischer*, NZG 2018, 1341, 1342 f.

Muster 10.27: Abtretungsklausel mit Ermächtigung zur Umsetzung

154 [*Abtretungsklausel wie Muster* Rdn 150]

Die Gesellschaft, vertreten durch die jeweiligen Geschäftsführer in vertretungsberechtigter Zahl, wird unter Befreiung von den Beschränkungen des § 181 BGB unwiderruflich ermächtigt und bevollmächtigt, in Umsetzung des Beschlusses die Übertragung zu bewirken.

III. Gemeinschaftliche Rechteausübung bei Beteiligung einer Erbengemeinschaft

155 Im Recht der Kapitalgesellschaften tritt, anders als bei Personengesellschaften, **keine Sondererbfolge** ein. Bei mehreren Erben stehen diesen die Geschäftsanteile in Erbengemeinschaft zur gesamten Hand zu (§ 2032 Abs. 1 BGB). Die Verwaltung erfolgt nach erbrechtlichen Grundsätzen, d.h. im Zweifel gemeinschaftlich (§ 2038 Abs. 1 S. 1 BGB). Gesellschaftsrechtlich treffen das **GmbH-Recht** und das **Aktienrecht** unterschiedlich ausgestaltete ergänzende Regelungen.

156 Nach § 18 Abs. 1 GmbHG kann die Erbengemeinschaft bei der **GmbH** die Rechte aus den Anteilen, d.h. Mitverwaltungsrechte wie das Stimmrecht, aber auch Vermögensrechte wie etwa den Gewinnanspruch, nur gemeinschaftlich ausüben.[222] Der Zwang zur gemeinschaftlichen Rechteausübung kommt in seiner Wirkung einer Gesamtvertretung nahe und dient dem Schutz der Gesellschaft vor divergierender Rechteausübung. Daraus folgt, dass die Ausübung der Rechte zu unterbleiben hat, wenn sich die Erben nicht einig sind.[223] Die Erben sind allerdings berechtigt, einen gemeinsamen Vertreter zu bestellen, der für die Erbengemeinschaft im Verhältnis zur Gesellschaft handelt.[224] Der Erblasser kann überdies bereits Vorsorge treffen und einen Testamentsvollstrecker als gemeinsamen Vertreter bestellen.[225] Die **Satzung** kann die **Bestellung eines gemeinsamen Vertreters** auch, wie für andere Fälle gemeinsamer Vertretung, anordnen.

Muster 10.28: Umfassende Vertreterklausel

157 Im Falle der gesetzlichen Vertretung haben mehrere nur gemeinsam zur Vertretung berechtigte Vertreter, insbesondere gemeinsam sorgeberechtigte Eltern oder mehrere Testamentsvollstrecker, ihre Rechte und Pflichten der Gesellschaft gegenüber durch einen gemeinsamen Vertreter, bei dem es sich um eine nachfolgeberechtigte Person (wie in §   definiert) handeln muss und der entsprechend zu bevollmächtigen ist, auszuüben; der gemeinsame Vertreter ist der Gesellschaft unverzüglich nach Bevollmächtigung bzw. Ermächtigung mit ladungsfähiger Anschrift bekannt zu geben. Der gemeinsame Vertreter muss zur Berufsverschwiegenheit verpflichtet sein oder eine Vertraulichkeitsvereinbarung mit der Gesellschaft abschließen, wenn er nicht selbst Gesellschafter ist. Die Stimmrechte aus den Geschäftsanteilen des betroffenen Gesellschafters ruhen in diesen Fällen, solange der gemeinsame Vertreter nicht bevollmächtigt und der Gesellschaft bekannt gegeben worden ist.

Vorstehende Sätze gelten entsprechend für eine Erbengemeinschaft, d.h., unterliegen diese Geschäftsanteile weder der Testamentsvollstreckung noch der Nachlassverwaltung, hat die Erbengemeinschaft ihre Rechte

---

222 *Schmidt*, NZG 2015, 1049; *Perzborn*, RNotZ 2017, 405, 407; BeckOGK GmbHG/*J. Vetter*, § 18 Rn 107.

223 D.h. gem. § 2038 Abs. 2 S. 1 i.V.m. § 745 Abs. 1 S. 1 BGB gilt bei Maßnahmen der ordentlichen Verwaltung das Mehrheitsprinzip; dazu *Schürnbrand*, NZG 2016, 241, 243. Entsprechend § 745 Abs. 1 S. 2 BGB genügt einfache Stimmenmehrheit, die nach Erbquoten zu berechnen ist.

224 BGH, Urt. v. 14.12.1967 – II ZR 30/67, NJW 1968, 743; *Schmidt*, NZG 2015, 1049, 1054. Dies kann i.Ü. auch durch die Satzung der GmbH verlangt werden, *Klein*, BWNotZ 2018, 84, 85.

225 MüKo-GmbHG/*Reichert/Weller*, § 18 Rn 119; Michalski/Heidinger/Leible/Schmidt/*Ebbing*, § 18 Rn 82.

und Pflichten der Gesellschaft gegenüber durch einen gemeinsamen Vertreter auszuüben, bis hinsichtlich der zum Nachlass gehörenden Geschäftsanteile die Nachlassauseinandersetzung stattgefunden hat. Eine Verschwiegenheitserklärung des gemeinsamen Vertreters ist nicht erforderlich, wenn der gemeinsame Vertreter der Erbengemeinschaft Miterbe des verstorbenen Gesellschafters ist.

Bei der Auseinandersetzung der Erbengemeinschaft ist zu beachten, dass Verfügungen an einzelne Miterben der notariellen Beurkundung bedürfen (§ 15 Abs. 3 GmbHG).[226] 158

Bei der **AG** können die Miterben die Rechte bereits **ohne statutarische Anordnung** nur durch einen gemeinschaftlichen Vertreter ausüben (§ 69 Abs. 1 AktG).[227] Abweichende gesetzliche Regelungen sind unzulässig.[228] Im Fall der **Testamentsvollstreckung** ist der Testamentsvollstrecker gemeinschaftlicher Vertreter.[229] Solange kein gemeinschaftlicher Vertreter bestellt ist, sind die Miterben an einer Rechteausübung gehindert. Besondere Anforderungen an den gemeinschaftlichen Vertreter bestehen nicht. Es kann jede natürliche oder gar juristische Person sein.[230] Die Satzung kann den Kreis der Berechtigten nicht beschränken.[231] 159

IV. Haftung bei Nachfolge in Anteile an Kapitalgesellschaften

Die Haftungsanordnung ist bei der Nachfolge in Kapitalgesellschaften im Grundsatz mangels persönlicher Haftung für die Gesellschaftsschulden (§ 13 Abs. 2 GmbHG, § 1 Abs. 2 S. 2 AktG) weniger problembehaftet als bei der Nachfolge in Personengesellschaftsanteile. Allerdings kann den Erben ausnahmsweise auch eine **persönliche Haftung** treffen, insbesondere bei offenen Einlageverpflichtungen oder Verpflichtungen zur Rückzahlung entgegen § 30 GmbHG erhaltener Leistungen. Für solche Verpflichtungen kann die Haftung der Erben gem. §§ 1975 ff. BGB auf den Nachlass beschränkt werden.[232] Für Neuverbindlichkeiten ist hingegen auch dann keine Haftungsbeschränkung möglich, wenn entsprechende Verbindlichkeiten vor Auseinandersetzung der Erbengemeinschaft entstanden sind.[233] 160

226 GesR-NotGP/*Münch*, § 17 Rn 259; BeckHdB GmbH/*Braun/Siemers*, § 19 Rn 320.
227 Groll/Steiner/*Kindler/Köhler*, Rn 15.271.
228 MüKo-AktG/*Bayer*, § 69 Rn 3.
229 Wiese/*Bochmann*, Rn 4.248.
230 MüKo-AktG/*Bayer*, § 69 Rn 15.
231 BeckOGK AktG/*Cahn*, § 69 Rn 13.
232 *Hülsmann*, GmbHR 2019, 377, 382.
233 Differenzierend aber Groll/Steiner/*Kindler/Köhler*, Rn 15.309.

§ 11 Steuerrechtliche Grundlagen

Dr. Catarina Herbst

Literaturhinweise

Erb/Regierer/Vosseler/Herbst, Bewertung bei Erbschaft und Schenkung, 2. Aufl. 2022; *Haase/Jachmann* (Hrsg.), Beck'sches Handbuch Immobiliensteuerrecht, 3. Aufl. 2024; *Kreutziger/Schaffner/Stephany* (Hrsg.), Bewertungsgesetz, 6. Aufl. 2024; *Lippross/Seibel* (Hrsg.), Basiskommentar Steuerrecht, Loseblatt; *Münch* (Hrsg.), Familienrecht in der Notar- und Gestaltungspraxis, 4. Aufl. 2023; *Rössler/Troll*, Bewertungsgesetz, Loseblatt; *Schmidt*, Einkommensteuergesetz, 43. Aufl. 2024.

Inhalt

A. Erbschaftsteuer ... 1
I. Allgemeines ... 1
II. Beschränkte und unbeschränkte Erbschaftsteuerpflicht ... 5
1. Unbeschränkte Erbschaftsteuerpflicht ... 5
a) Dem Grunde nach ... 5
b) Rechtsfolge ... 12
2. Beschränkte Erbschaftsteuerpflicht ... 13
a) Dem Grunde nach ... 13
b) Rechtsfolge ... 14
3. Erweiterte beschränkte Erbschaftsteuerpflicht ... 15
III. Steuerpflichtige Vorgänge ... 21
1. Allgemeines ... 21
2. Erwerb von Todes wegen (§ 1 Abs. 1 Nr. 1, § 3 ErbStG) ... 23
a) Notwendigkeit einer gesetzlichen Grundlage ... 23
b) Erbanfall – Vermächtnis – Pflichtteil ... 24
aa) Erbanfall ... 25
bb) Vermächtnis ... 29
cc) Pflichtteil ... 33
c) Sonderfall: Schenkung auf den Todesfall ... 34
d) Werterhöhung von Gesellschaftsanteilen (gesetzlich fingierte Schenkung auf den Todesfall) ... 36
aa) Abfindungsbeschränkungen im Gesellschaftsvertrag ... 36
bb) Übergang eines Gesellschaftsanteils auf andere Gesellschafter ... 37
cc) Einziehung eines Gesellschaftsanteils ... 39
e) Gesetzliche Vermächtnisse ... 40
f) Verträge zugunsten Dritter auf den Todesfall ... 41
g) Vermögensübergang auf eine Stiftung; Erbersatzsteuer von Familienstiftungen ... 47
h) Vollziehung einer vom Erblasser angeordneten Auflage ... 49
i) Abfindung für den Verzicht auf erbrechtliche Ansprüche ... 51
j) Abfindungen für aufschiebend bedingte, betagte oder befristete Vermächtnisse ... 53
k) Abfindungen für die Übertragung der Anwartschaft eines Nacherben ... 54
l) Herausgabeanspruch des „Vertragserben" wegen beeinträchtigender Schenkung ... 55
3. Zweckzuwendungen ... 56
IV. Steuerklassen, Freibeträge, Steuertarife ... 57
1. Bemessungsgrundlage ... 57
2. Steuerklassen ... 59
3. Persönliche Freibeträge (§§ 16, 17 ErbStG) ... 62
4. Sachliche Steuerbefreiungen ... 70
a) Steuerbefreiung für Familienheime ... 71
b) Vergünstigung für zu Wohnzwecken vermietete Grundstücke ... 75
c) Weitere Steuerbefreiungen ... 77
aa) Hausrat, Wäsche und Kleidungsstücke für Erwerber der Steuerklasse I, soweit der Wert insgesamt 41.000 EUR nicht übersteigt ... 78
bb) Andere bewegliche körperliche Gegenstände im Wert von bis zu 12.000 EUR ... 79
cc) Zuwendungen unter Lebenden ... 81
5. Steuertarife ... 84
6. Mehrfacher Erwerb desselben Vermögens ... 87
V. Auswirkungen des ehelichen Güterstands ... 90
1. Grundsätzliches ... 90
2. Zugewinngemeinschaft ... 91
a) Steuerfreiheit des Zugewinnausgleichs ... 91
b) Vermögensübertragungen in der Zugewinngemeinschaft ... 93
aa) Berechnung des steuerfreien Zugewinns ... 93
bb) Vermögenstransfers während der Zugewinngemeinschaft ... 100

cc) Erfüllung des Zugewinns durch Sachwerte – ertragsteuerliche Folgen 104
c) Beendigung der Zugewinngemeinschaft durch Tod eines Ehegatten .. 108
aa) Zivilrecht 108
bb) Erbschaftsteuerrecht 111
(1) Erbrechtliche Lösung 112
(2) Güterrechtliche Lösung ... 120
d) Beendigung der Zugewinngemeinschaft in anderer Weise als durch Tod 124
3. Gütertrennung 127
4. Gütergemeinschaft 129
a) Vermögensübertragungen 129
b) Fortgesetzte Gütergemeinschaft ... 131
VI. Vor- und Nacherbschaft 134
1. Steuerliche Behandlung des Vorerben 135
2. Steuerliche Behandlung des Nacherben 139
3. Tod des Vorerben – Eintritt des Nacherbfalls 143
4. Eintritt des Nacherbfalls aus anderen Gründen 148
a) Besteuerung auf Ebene des Vor- und Nacherben 148
b) Berechnung der anrechenbaren Steuer 151
c) Der Nacherbfolge gleichgestellte Konstellationen 155
VII. Bewertung von Immobilienvermögen und von Betriebsvermögen 156
1. Bewertung von Immobilienvermögen 156
a) Immobilienbewertung nach der ImmoWertV 156
b) Steuerliche Immobilienbewertung nach den §§ 176–198 BewG 162
aa) Bewertungsmethoden 162
bb) Vergleichswertverfahren 165
cc) Sachwertverfahren 169
dd) Ertragswertverfahren 173
2. Bewertung von Betriebsvermögen und Anteilen an Kapitalgesellschaften für Erbschaftsteuerzwecke 177
a) Grundlagen 177
b) Ermittlung des vereinfachten Ertragswerts gem. §§ 199 ff. BewG 180
c) Ermittlung des Substanzwerts 185
VIII. Betriebsvermögensbegünstigungen 186
1. Anwendbarkeit der Begünstigungen auf das Betriebsvermögen 187
2. Verwaltungsvermögen 189
3. Bruttoverwaltungsvermögenstest 191
4. Vom begünstigungsfähigen zum begünstigten Vermögen 198
a) Keine Mitbegünstigung des Verwaltungsvermögens 198
b) Ermittlung des begünstigten Vermögens 200
aa) Vermögensgegenstände, die die Altersversorgung sichern 200
bb) Finanzmitteltest 202
cc) Schuldenabzug 203
dd) Umqualifizierung originär nicht begünstigten Vermögens – Bagatellgrenze 204
ee) Begünstigtes und nicht begünstigtes Vermögen 206
5. Verschonung des begünstigten Vermögens 208
B. Ertragsteuerliche Aspekte 211
I. Grundsatz: Buchwertfortführung bei Vererbung 212
1. Vererbung von Personengesellschaftsanteilen 212
2. Vererbung eines Einzelunternehmens 215
3. Vererbung von Kapitalgesellschaftsanteilen 216
II. Aufdeckung stiller Reserven aufgrund Entnahme aus dem (Sonder-)Betriebsvermögen 217
1. Entnahme aus dem Betriebsvermögen 217
2. Entnahme aufgrund einer Betriebsaufspaltung 218
3. Entnahme aus dem Sonderbetriebsvermögen 223
4. Entnahme aufgrund qualifizierter Nachfolgeklausel 225
III. Ertragsteuerliche Folgen der Erbauseinandersetzung 227
1. Keine Einheit von Erbfall und Erbauseinandersetzung 227
2. Realteilung 229
a) Realteilung ohne Ausgleichszahlungen 229
aa) Realteilung von Privatvermögen 229
bb) Realteilung von Betriebsvermögen 231
cc) Realteilung über einen Mischnachlass 237
b) Realteilung mit Spitzenausgleich .. 239
aa) Grundlagen 239
bb) Auseinandersetzung über Privatvermögen 241
cc) Auseinandersetzung über Betriebsvermögen 242
dd) Auseinandersetzung über einen Mischnachlass 244
3. Realteilung durch Veräußerung und Teilung des Erlöses 245

A. Erbschaftsteuer

I. Allgemeines

1 In steuerlicher Hinsicht werden Erbschaften – wie Schenkungen auch – im Erbschaft- und Schenkungsteuergesetz (ErbStG) geregelt. Es handelt sich bei der Erbschaftsteuer um eine Personen- und Verkehrssteuer und nicht, wie bspw. im anglo-amerikanischen Verständnis,

um eine Nachlasssteuer. Vielmehr ist stets die Bereicherung des jeweiligen Erwerbers zu ermitteln. Die relevanten, steuerpflichtigen Vorgänge werden dabei in § 1 Abs. 1 ErbStG enumerativ aufgezählt.

Die Erbschaftsteuer greift ein, wenn eine **persönliche Steuerpflicht** besteht. Die Höhe der Steuer bestimmt sich nach der eintretenden Bereicherung, mithin dem Steuerwert des erlangten Vermögens, und dem Verwandtschaftsgrad. Zu differenzieren ist anhand der Nähe der Verwandtschaft zwischen Steuerklasse I–III mit Steuersätzen von 7–50 %. Zu berücksichtigen sind persönliche Freibeträge und sachliche Steuerbefreiungen, bspw. für Hausrat, das Familienheim und für Betriebsvermögen. Das Steueraufkommen steht den Bundesländern zu. 2

Im Rahmen der persönlichen Steuerpflicht ist zwischen der **unbeschränkten** und der **beschränkten** Steuerpflicht zu unterscheiden. Die persönliche Steuerpflicht ist in § 2 ErbStG geregelt und ist stets vorrangig vor der Frage zu beantworten, ob auch in sachlicher Hinsicht eine Steuerpflicht besteht. 3

Maßgeblicher Zeitpunkt zur Beurteilung einer persönlichen Erbschaftsteuerpflicht ist der Zeitpunkt der **Steuerentstehung** nach § 9 ErbStG, der je nach Vorgang individuell festzustellen ist. 4

II. Beschränkte und unbeschränkte Erbschaftsteuerpflicht

1. Unbeschränkte Erbschaftsteuerpflicht

a) Dem Grunde nach

Von einer unbeschränkten Steuerpflicht ist die Rede, wenn entweder der Erblasser **oder** der Erwerber ein Inländer im Sinne des Gesetzes ist.[1] Es reicht also aus, wenn einer von beiden Inländer im Sinne des Gesetzes ist. Damit unterscheidet sich das deutsche Erbschaftsteuerrecht erheblich von dem anderer Staaten, die zumeist nur auf den Erblasser abstellen. Nach § 2 Abs. 1 Nr. 1 S. 2 Buchst. a ErbStG gelten als Inländer unabhängig von der Staatsangehörigkeit solche natürlichen Personen, die ihren **Wohnsitz** (§ 8 AO) oder **gewöhnlichen Aufenthalt** (§ 9 AO) im Inland haben. 5

Einen **Wohnsitz** hat jemand dort, wo er eine Wohnung unter Umständen innehat, die darauf schließen lassen, dass er die Wohnung beibehalten und benutzen wird. Der steuerrechtliche Wohnsitzbegriff ist weitgehend objektiviert und stellt auf die äußeren Umstände ab, deren Vorliegen als Indiz für die subjektiven Absichten des Steuerpflichtigen dient.[2] Die Anforderungen sind nicht besonders hoch; es kann bereits ausreichen, dass der Steuerpflichtige eine in seinem Eigentum stehende Doppelhaushälfte nur wenige Wochen im Jahr, jedoch in regelmäßigen Abständen, zu Jagdaufenthalten nutzt.[3] Zudem kann eine Person unproblematisch mehrere Wohnsitze begründen, die sowohl im In- als auch im Ausland belegen sind.[4] 6

Besteht kein Wohnort im Inland, kann die unbeschränkte Steuerpflicht auch durch den **gewöhnlichen Aufenthalt** im Inland begründet werden. Dieser befindet sich dort, wo sich eine Person unter Umständen aufhält, die erkennen lassen, dass sie an diesem Ort oder in diesem Gebiet nicht nur vorübergehend verweilt. Als gewöhnlicher Aufenthalt ist grund- 7

1 *Meincke/Hannes/Holtz*, § 2 Rn 9.
2 Daragan/Halaczinsky/Riedel/*Riedel*, § 2 ErbStG Rn 6.
3 BFH v. 23.11.1988 – II R 139/87, BStBl II 1989, 182.
4 BFH v. 19.3.1997 – I R 69/96, BStBl II 1997, 447.

sätzlich ein zeitlich zusammenhängender Aufenthalt von mehr als sechs Monaten Dauer anzusehen. Kehrt jemand allerdings nur regelmäßig zu Kur- oder Erholungszwecken in das Inland zurück, dann sind diese Aufenthalte selbst bei einer Dauer von über sechs Monaten nicht geeignet, einen gewöhnlichen Aufenthalt zu begründen.[5] Diese Aufenthalte dürfen gem. § 9 S. 3 AO jedoch nicht länger als ein Jahr andauern.

8 Zusätzlich kann in den **Sonderfällen** des § 2 Abs. 1 Nr. 1 S. 2 Buchst. b und c ErbStG abweichend vom inländischen Wohnsitz oder gewöhnlichen Aufenthalt eine unbeschränkte Steuerpflicht begründet werden. Während die **Staatsangehörigkeit** für die unbeschränkte Steuerpflicht nach § 2 Abs. 1 Nr. 1 S. 2 Buchst. a ErbStG ohne Belang ist, ist diese in den folgenden Konstellationen maßgeblich:

9 § 2 Abs. 1 Nr. 1 S. 2 Buchst. b ErbStG regelt die sog. **erweiterte unbeschränkte Steuerpflicht**, wonach deutsche Staatsangehörige auch dann als Inländer im erbschaftsteuerlichen Sinne gelten, wenn sie im Inland keinen Wohnsitz mehr haben, sich aber noch nicht länger als fünf Jahre dauernd im Ausland aufgehalten haben. Wird innerhalb des Fünf-Jahres-Zeitraums lediglich ein gewöhnlicher Aufenthalt im Inland begründet, ist dies für den Lauf der Frist unschädlich.[6] Als Besonderheit gilt für deutsche Staatsangehörige, die in die USA verziehen, sogar eine Zehn-Jahres-Frist.[7]

10 § 2 Abs. 1 Nr. 1 S. 2 Buchst. c ErbStG enthält eine Sonderregelung für deutsche **Auslandsbediensteten**, die weder ihren Wohnsitz noch ihren gewöhnlichen Aufenthalt im Inland haben, aber zu einer inländischen juristischen Person des öffentlichen Rechts in einem Dienstverhältnis stehen, für das sie aus einer inländischen öffentlichen Kasse Arbeitslohn beziehen.[8] Eine unbeschränkte Steuerpflicht liegt aber nur dann vor, wenn die betroffenen Personen in ihrem Wohnsitzstaat bzw. dem Staat ihres gewöhnlichen Aufenthalts lediglich in einem der beschränkten Steuerpflicht vergleichbaren Umfang zu einer Nachlass- oder Erbanfallsteuer herangezogen werden (§ 2 Abs. 1 Nr. 1 S. 2 Buchst. c S. 2 ErbStG). Adressaten dieser Regelung sind insbesondere Angehörige diplomatischer Vertretungen, die auf längere Dauer ins Ausland entsandt sind und daher über keinen Wohnsitz in Deutschland verfügen.

11 Nach § 2 Abs. 1 Nr. 1 S. 2 Buchst. d ErbStG sind Körperschaften, Personenvereinigungen und Vermögensmassen, die ihre Geschäftsleitung (§ 10 AO) oder ihren Sitz (§ 11 AO) im Inland haben, ebenfalls unbeschränkt steuerpflichtig. **Körperschaften** im Sinne des Gesetzes sind auch juristische Personen des öffentlichen Rechts mit inländischer Geschäftsleitung oder Sitz im Inland.

Die Geschäftsleitung ist dabei der Mittelpunkt der geschäftlichen Oberleitung, der nach den tatsächlichen Verhältnissen definiert wird.[9] Der Sitz hingegen wird nach Gesetz oder Organisationsstatut bestimmt. Fallen Sitz und Geschäftsleitung örtlich auseinander, so genügt alternativ die Belegenheit von Sitz oder Geschäftsleitung im Inland für die unbeschränkte Steuerpflicht.

Unter **Personenvereinigungen** und **Vermögensmassen** im Sinne der Vorschrift sind alle (nicht) rechtsfähigen Vereine, Anstalten, Stiftungen und Zweckvermögen u.a. zu verstehen, die auch von § 1 Abs. 1 KStG erfasst werden.[10]

5 BFH v. 6.3.1968 – I 38/65, BStBl II 1968, 439.
6 Troll/Gebel/Jülicher/Gottschalk/*Jülicher*, § 2 Rn 21.
7 Art. 3 Zustimmungsgesetz v. 15.9.2000 (BGBl II 2000, 1170; BStBl I 2001, 110) zum Ergänzungsprotokoll v. 14.12.1998 zum DBA USA (BGBl II 2001, 62, 65; BStBl I 2001, 114).
8 *Meincke/Hannes/Holtz*, § 2 Rn 15.
9 Troll/Gebel/Jülicher/Gottschalk/*Jülicher*, § 2 Rn 38.
10 Troll/Gebel/Jülicher/Gottschalk/*Jülicher*, § 2 Rn 37.

b) Rechtsfolge

Rechtsfolge einer unbeschränkten Steuerpflicht ist, dass der Vermögensanfall in seiner Gesamtheit besteuert wird (sog. „**Weltvermögensprinzip**“).[11] Bei einer unbeschränkten Steuerpflicht des Erblassers gilt dies unabhängig davon, wer der Erwerber ist und ob dieser ebenfalls Inländer ist. Wird die unbeschränkte Steuerpflicht hingegen nur durch den Erwerber oder Erben begründet, ist der Erblasser aber kein Steuerinländer, gilt die Steuerpflicht auch nur für denjenigen Erwerber, in dessen Person die Inländereigenschaft erfüllt ist. Bei einer Mehrzahl von Erwerbern unterliegt lediglich der auf den inländischen Erwerber entfallende Teil des Erwerbs der unbeschränkten Steuerpflicht, sodass das Weltvermögensprinzip personell beschränkt wird.[12] 12

2. Beschränkte Erbschaftsteuerpflicht

a) Dem Grunde nach

Liegen die Voraussetzungen einer unbeschränkten Steuerpflicht nicht vor, kann nach § 2 Abs. 1 Nr. 3 ErbStG Deutschland aufgrund einer beschränkten Erbschaftsteuerpflicht ein Besteuerungsrecht haben. Dies wird dann relevant, wenn weder der Erblasser noch der Erwerber im Zeitpunkt der Steuerentstehung (gem. § 9 ErbStG) Inländer im Sinne des Gesetzes war.[13] 13

b) Rechtsfolge

Die Rechtsfolge der beschränkten Erbschaftsteuerpflicht ist, dass sich die Besteuerung lediglich auf den Teil des gesamten Vermögensanfalls beschränkt, der sog. **Inlandsvermögen** i.S.d. § 121 BewG darstellt.[14] Diese Norm enthält eine abschließende Aufzählung des zu versteuernden Vermögens (R E 2.1 Abs. 2 ErbStR 2019). Ein Schuldenabzug nach § 10 Abs. 6 S. 2 ErbStG ist nur eingeschränkt möglich.[15] Es dürfen folglich nur solche Schulden abgezogen werden, die ursächlich und unmittelbar auf Vorgängen beruhen, die das der Besteuerung unterliegende Inlandsvermögen betreffen. Beispiel: Darlehen, das zum Erwerb und zur Erhaltung eines inländischen Grundstücks aufgenommen wurde. 14

3. Erweiterte beschränkte Erbschaftsteuerpflicht

Einen Sonderfall der beschränkten Steuerpflicht bildet die erweiterte beschränkte Erbschaftsteuerpflicht. Sie kommt ausschließlich mit Blick auf die Person des **Erblassers** in Betracht.[16] Liegen die Voraussetzungen des § 4 AStG vor, wird die beschränkte Steuerpflicht gem. § 2 Abs. 1 Nr. 3 ErbStG über die in § 121 BewG genannten Wirtschaftsgüter hinaus erweitert. 15

Erforderlich ist, dass der Erblasser die Anforderungen des § 2 Abs. 1 S. 1 AStG erfüllt:[17] Er muss in den letzten zehn Jahren vor seinem Wegzug als deutscher Staatsangehöriger insgesamt mindestens fünf Jahre unbeschränkt einkommensteuerpflichtig i.S.d. § 1 Abs. 1 EStG gewesen sein und dann seinen Wohnsitz in einem ausländischen Gebiet genommen haben, 16

---

11 *Meincke/Hannes/Holtz*, § 2 Rn 17.
12 Troll/Gebel/Jülicher/Gottschalk/*Jülicher*, § 2 Rn 7.
13 *Meincke/Hannes/Holtz*, § 2 Rn 19.
14 *Meincke/Hannes/Holtz*, § 2 Rn 20.
15 *Meincke/Hannes/Holtz*, § 2 Rn 23.
16 *Meincke/Hannes/Holtz*, § 2 Rn 30.
17 Troll/Gebel/Jülicher/Gottschalk/*Jülicher*, § 2 Rn 80; *Kamps*, ErbR 2020, 855, 857.

in welchem er mit seinem Einkommen nur einer niedrigen Besteuerung i.S.d. § 2 Abs. 2 AStG unterliegt. Darüber hinaus müssen in der Bundesrepublik Deutschland wesentliche wirtschaftliche Interessen gem. § 2 Abs. 3 und 4 AStG unmittelbar oder mittelbar existieren.

17 Nach dem oben genannten Maßstab muss die Auswanderung des Erblassers in ein Niedrigsteuerland unter Wahrung der wirtschaftlichen Interessen im Inland geschehen sein. Zu diesem Zweck enthält § 4 Abs. 2 AStG eine **Exkulpationsklausel**, wonach keine erweiterte beschränkte Steuerpflicht besteht und die Vorschrift des § 4 Abs. 1 AStG keine Anwendung findet, wenn nachgewiesen wird, dass für die über die beschränkte Steuerpflicht hinaus steuerpflichtigen Teile des Erwerbs im Ausland eine der deutschen Erbschaftsteuer entsprechende Steuer zu entrichten ist, die mindestens 30 % der hypothetischen deutschen Steuer hierauf beträgt.

18 Hat der Betroffene seine deutsche Staatsangehörigkeit nicht aufgegeben, ist die erweiterte unbeschränkte Steuerpflicht nach § 2 Abs. 1 Nr. 1 S. 2 Buchst. b ErbStG vorrangig, sodass die erweiterte beschränkte Steuerpflicht nach § 4 AStG nur vom sechsten bis zum zehnten Jahr nach dem Wegzug greift.[18]

19 Die **Rechtsfolge** einer erweiterten beschränkten Erbschaftsteuerpflicht ist, dass sich die deutsche Besteuerung nicht auf die in § 121 BewG genannten Vermögensgegenstände beschränkt, sondern sich auf alle Teile des Erwerbs erstreckt, deren Erträge bei einer unterstellten unbeschränkten Einkommensteuerpflicht des Erblassers bzw. Schenkers als nicht ausländische Einkünfte i.S.d. § 34d EStG zu qualifizieren wären (sog. erweitertes Inlandsvermögen).[19]

20 **Praxistipp**
Zur Vermeidung dieses erweiterten deutschen Besteuerungsrechts sollte die zehnjährige Phase der erweiterten beschränkten Steuerpflicht nach Aufgabe des letzten deutschen Wohnsitzes abgewartet werden, bevor der Vermögensübergang durchgeführt wird.

III. Steuerpflichtige Vorgänge

1. Allgemeines

21 Ist eine persönliche Steuerpflicht gegeben, ist weiter zu prüfen, ob solche Vermögensübertragungen vorliegen, die eine **sachliche Steuerpflich**t nach dem ErbStG begründen. § 1 Abs. 1 ErbStG enthält einen Katalog sämtlicher steuerpflichtiger Vorgänge. Der Erbschaftsteuer (Schenkungsteuer) unterliegen

1. der Erwerb von Todes wegen,
2. die Schenkungen unter Lebenden,
3. die Zweckzuwendungen,
4. das Vermögen einer Stiftung, sofern sie wesentlich im Interesse einer Familie oder bestimmter Familien errichtet ist, und eines Vereins, dessen Zweck wesentlich im Interesse einer Familie oder bestimmter Familien auf die Bindung von Vermögen gerichtet ist, in Zeitabständen von je 30 Jahren seit dem in § 9 Abs. 1 Nr. 4 ErbStG bestimmten Zeitpunkt.

22 Allgemein gilt als steuerpflichtiger Erwerb nach § 10 ErbStG die Bereicherung des Erwerbers, die *Meincke* als den Zentralbegriff des Erbschaftsteuerrechts bezeichnet.[20] Dabei geht

18 Troll/Gebel/Jülicher/Gottschalk/*Jülicher*, § 2 Rn 80.
19 Troll/Gebel/Jülicher/Gottschalk/*Jülicher*, § 2 Rn 82; AEAStG v. 22.12.2023, BStBl I 2023, 1, 2, Rn 54.
20 *Meincke/Hannes/Holtz*, § 10 Rn 6.

es um den Nettozuwachs bei dem Erwerber, auf den dem Grunde nach abzustellen ist (sog. **Bereicherungsprinzip** des Erbschaft- und Schenkungsteuerrechts).[21]

Im Folgenden wird auf den Erwerb von Todes wegen und die Schenkungen unter Lebenden, die in den §§ 3 und 7 ErbStG genauer definiert sind, sowie die Zweckzuwendungen eingegangen.

2. Erwerb von Todes wegen (§ 1 Abs. 1 Nr. 1, § 3 ErbStG)

a) Notwendigkeit einer gesetzlichen Grundlage

In § 3 ErbStG ist im Einzelnen definiert, was nach dem ErbStG als Erwerb von Todes wegen gilt. Es dürfen nur diejenigen Sachverhalte besteuert werden, die unter eine der gesetzlichen Bestimmungen subsumiert werden können.[22] Dieser abschließende Charakter der Vorschrift hat zu einer Reihe von Spezialvorschriften geführt. 23

b) Erbanfall – Vermächtnis – Pflichtteil

In § 3 Abs. 1 Nr. 1 ErbStG sind die grundlegenden Tatbestände aus dem (zivilrechtlichen) Erbrecht durch gesetzliche oder testamentarische Erbfolge aufgeführt, nämlich der Erwerb 24
- durch Erbanfall (§ 1922 BGB),
- durch Vermächtnis (§§ 2147 ff. BGB) und
- aufgrund eines geltend gemachten Pflichtteils (§§ 2303 ff. BGB).

aa) Erbanfall

Der Umfang des Erwerbs von Todes wegen durch Erbanfall (§ 1922 BGB) ist nach zivilrechtlichen Maßstäben zu beurteilen. Erbt eine Erbengemeinschaft, ist nicht diese als Gesamthandsgemeinschaft Erwerberin im erbschaftsteuerlichen Sinne, sondern die Miterben werden als einzelne Erwerber erfasst und mit dem jeweiligen anteiligen Erwerb besteuert (sog. **Erbanfallsteuer**).[23] Eine Zurechnung der gesamthänderischen Beteiligung am Nachlass wird nach § 39 Abs. 2 Nr. 2 AO entsprechend der Erbquote des jeweiligen Miterben vorgenommen. Es sind jedoch vorrangig etwaige gesetzliche Ausgleichspflichten nach den §§ 2050 ff. BGB zu berücksichtigen (R E 3.1 Abs. 5 ErbStR 2019). Dies folgt daraus, dass der Besteuerungsgegenstand derjenige Vermögenserwerb ist, der auf den einzelnen Erben nach zivilrechtlichen Regelungen entfällt. Abweichend von der Erbquote kommt es dann auf die Beteiligung am sog. Ausgleichungsnachlass an. Für die Finanzbehörden ist ein ihnen vorgelegter Erbschein grundsätzlich bindend,[24] soweit keine wichtigen Gründe für eine Abweichung ersichtlich sind. 25

Wenn der Erblasser eine letztwillige Verfügung errichtet hat, bestimmt sich die Erbfolge nach deren Inhalt und sie ist maßgeblich für die Erbquoten der einzelnen Miterben.[25] Dieser Inhalt ist für die Erbschaftsbesteuerung von Bedeutung.[26] Bei Anordnung einer Vor- und Nacherbschaft gelten sowohl der Vorerwerb als auch der Nacherwerb als Erwerb von Todes 26

21 BFH v. 25.2.1981 – II R 114/78, BStBl II 1981, 411; BFH v. 22.9.1982 – II R 61/80, BStBl II 1983, 179; BFH v. 20.5.2014 – II R 7/13, BStBl II 2014, 896; BFH v. 28.10.2015 – II R 46/13, BStBl II 2016, 477.

22 Vgl. bspw. BFH v. 6.3.1991 – II R 69/87, BStBl II 1991, 412.

23 *Meincke/Hannes/Holtz*, § 3 Rn 24.

24 FG München v. 28.6.1990 – 10 K 10070/87, EFG 1991, 5.

25 Troll/Gebel/Jülicher/Gottschalk/*Gottschalk*, § 3 Rn 94, 97.

26 Troll/Gebel/Jülicher/Gottschalk/*Gottschalk*, § 3 Rn 103.

wegen i.S.d. § 3 Abs. 1 Nr. 1 ErbStG.[27] Auf die Besonderheiten hinsichtlich der Besteuerung des Vorerben gem. § 6 ErbStG wird weiter unten eingegangen.

27 Ergänzend sei darauf hingewiesen, dass bei Abschluss eines **Erbvergleichs**, in welchem sich die Nachlassbeteiligten nach dem Erbfall auf eine bestimmte Art und Weise über die Verteilung des Nachlasses einigen, dieser Vergleich grundsätzlich der Besteuerung zugrunde gelegt werden kann, wenn durch ihn eine tatsächlich bestehende Ungewissheit über die durch den Erbfall eingetretene Rechtslage beseitigt wird.[28]

28 Die Erbschaft fällt gem. §§ 1922 Abs. 1, 1942 Abs. 1 BGB automatisch bei dem bzw. den Erben an, ohne dass es einer rechtsverbindlichen Erklärung bedarf.[29] Die Annahme der Erbschaft nach § 1943 BGB dokumentiert lediglich, dass der Erbe die Erbschaft behalten möchte. Wird die Erbschaft hingegen fristgemäß **ausgeschlagen**, gilt der Erbanfall nach § 1953 Abs. 1 BGB als nicht erfolgt, sodass rückwirkend die Steuerpflicht entfällt.

bb) Vermächtnis

29 Das Vermächtnis unterscheidet sich vom Erwerb als Erbe dadurch, dass der Vermächtnisnehmer gem. § 2174 BGB nicht dinglicher Erwerber wird. Er erhält stattdessen einen Anspruch gegen den Beschwerten auf Leistung des vermachten Gegenstands.[30] Besteuerungs- und Bewertungsgegenstand ist daher das mit dem Erbfall entstandene **Forderungsrecht**.[31] Die Rechtsprechung hat darüber hinaus entschieden, dass bei einem Verschaffungsvermächtnis nach § 2170 BGB (d.h. der Vermächtnisgegenstand befindet sich nicht im Nachlass, sondern muss vom Beschwerten zur Vermächtniserfüllung von einem Dritten erworben werden) anstelle des Werts des jeweiligen Gegenstands der Wert des Sachleistungsanspruchs für die Besteuerung herangezogen wird.[32] Handelt es sich bei dem Vermächtnis um die Zuwendung einer Rentenzahlung oder eines Nießbrauchs- oder sonstigen Nutzungsrechts, hat der Vermächtnisnehmer nach § 23 ErbStG ein Wahlrecht, ob er den Erwerb sofort in voller Höhe nach dem Kapitalwert versteuert oder die Steuer sukzessive nach dem Jahreswert entrichtet.[33]

30 Um ein **Vorausvermächtnis** i.S.d. § 2150 BGB handelt es sich dann, wenn ein Erbe neben dem Erbteil mit einem Vermächtnis bedacht wird, dessen Wert nicht auf den Erbteil angerechnet werden soll.[34] Der Vorausvermächtnisnehmer und Erbe wird hierdurch über seinen Erbanteil hinaus begünstigt. Im Unterschied dazu kann durch eine **Teilungsanordnung** erreicht werden, dass einzelnen Miterben bestimmte Vermögensgegenstände gegenständlich zugewiesen werden, ohne dass diesen eine wertmäßige Begünstigung zugutekommt, mithin unter Anrechnung auf ihren Erbteil. Maßgeblich für die Abgrenzung ist der Wille des Erblassers.

31 Die Unterscheidung zwischen einem Vorausvermächtnis und einer Teilungsanordnung ist nicht nur zivilrechtlich, sondern auch erbschaftsteuerlich von Bedeutung.[35] Während der Erwerb durch Vermächtnis nach § 3 Abs. 1 Nr. 1 ErbStG als Erwerb von Todes wegen gilt,

---

27 BFH v. 28.10.1992 – II R 21/92, BStBl II 1993, 158.
28 *Meincke/Hannes/Holtz*, § 3 Rn 31.
29 Troll/Gebel/Jülicher/Gottschalk/*Gottschalk*, § 3 Rn 92.
30 *Meincke/Hannes/Holtz*, § 3 Rn 45.
31 Troll/Gebel/Jülicher/Gottschalk/*Gebel*, § 3 Rn 170.
32 Troll/Gebel/Jülicher/Gottschalk/*Gebel*, § 3 Rn 174; a.A. *Wälzholz*, ZEV 2001, 392, 394.
33 Troll/Gebel/Jülicher/Gottschalk/*Gebel*, § 3 Rn 178.
34 Troll/Gebel/Jülicher/Gottschalk/*Gottschalk*, § 3 Rn 189.
35 *Meincke/Hannes/Holtz*, § 3 Rn 50.

wird die Teilungsanordnung in der Vorschrift nicht genannt. Wegen des abschließenden Charakters des § 3 ErbStG ist die Teilungsanordnung grundsätzlich unbeachtlich,[36] denn die Zuweisung von Vermögen durch eine Teilungsanordnung ist für den Begünstigten ein einfacher Erwerb durch Erbanfall.

Eine Teilungsanordnung ist aber seit den Änderungen des ErbStG im Jahr 2009 bei der Gewährung von Steuerbefreiungen zu beachten: In den Fällen, in denen steuerlich privilegiertes Vermögen, wie bspw. Betriebsvermögen oder das Familienheim, aufgrund einer Teilungsanordnung von der Erbengemeinschaft an einen Miterben weitergegeben werden muss, regeln die §§ 13a Abs. 5, 13b Abs. 3 und 19a Abs. 2 ErbStG, dass die Verschonungen ausschließlich durch den tatsächlichen Unternehmensnachfolger in Anspruch genommen werden können. 32

cc) Pflichtteil

In Bezug auf Pflichtteilsansprüche folgt das Steuerrecht nicht dem zivilrechtlichen Anfallprinzip, sondern stellt für die Entstehung der Steuerschuld darauf ab, dass der Pflichtteilsanspruch (§§ 2303 ff. BGB) geltend gemacht wird (§ 9 Abs. 1 Nr. 1 Buchst. b) ErbStG). Erst dann gilt dieser gem. § 3 Abs. 1 Nr. 1 ErbStG als Erwerb von Todes wegen. Für die **Geltendmachung** des Anspruchs muss der Berechtigte ausdrücklich oder konkludent zu erkennen geben, dass er aus seinem Pflichtteilsrecht Ansprüche begehrt.[37] Ein Verzicht des Pflichtteilsberechtigten vor Geltendmachung auf seine Ansprüche stellt von dessen Seite zwar grundsätzlich eine steuerpflichtige Zuwendung an die Erben dar, es gilt für diese Fälle gem. § 13 Abs. 1 Nr. 11 ErbStG aber eine sachliche Steuerbefreiung. Der Pflichtteilsberechtigte selbst hat im Falle des Verzichts bereits keinen steuerpflichtigen Erwerb i.S.d. § 3 Abs. 1 Nr. 1 ErbStG verwirklicht. Nur wenn der Pflichtteilsberechtigte die Verzichtserklärung im Gegenzug zu einer Abfindung erklärt, gilt diese als steuerpflichtiger Erwerb von Todes wegen i.S.d. § 3 Abs. 2 Nr. 4 ErbStG. 33

c) Sonderfall: Schenkung auf den Todesfall

Eine Schenkung auf den Todesfall i.S.d. § 2301 BGB liegt vor, wenn ein Leistungsversprechen nur dann wirksam sein soll, wenn der Beschenkte den Schenker überlebt. Solche Schenkungen gelten gem. § 3 Abs. 1 Nr. 2 ErbStG als Erwerbe von Todes wegen.[38] Die Schenkung auf den Todesfall hat für die Erbfolgeregelung aus der Sicht des **Schenkers** keine große praktische Bedeutung. Der Schenker kann dasselbe steuerliche Ergebnis auch durch Testament erreichen. Der Vorteil ist zudem, dass das Testament im Gegensatz zum Schenkungsvertrag keiner notariellen Form bedarf, sondern auch handschriftlich verfasst werden kann. 34

Aus der Sicht des **Beschenkten** hingegen kann eine notariell beurkundete Schenkung auf den Todesfall des Schenkers sinnvoll sein, wenn ein einzelner Gegenstand, z.B. ein Kommanditanteil, verschenkt wird und der Beschenkte ein Interesse daran hat, dass der Schenker die Schenkung nicht einseitig widerrufen und der Beschenkte sich daher darauf verlassen kann, den Vermögensgegenstand zu erhalten. 35

---

36 BFH v. 10.11.1982 – II R 85–86/78, BStBl II 1983, 329; BFH v. 1.4.1992 – II R 21/89, BStBl II 1992, 669; R E 3.1 Abs. 1 S. 3 ErbStR 2019.

37 Troll/Gebel/Jülicher/Gottschalk/*Gottschalk*, § 3 Rn 224, 226.

38 *Meincke/Hannes/Holtz*, § 3 Rn 65 ff.

d) Werterhöhung von Gesellschaftsanteilen (gesetzlich fingierte Schenkung auf den Todesfall)

aa) Abfindungsbeschränkungen im Gesellschaftsvertrag

36 Im Rahmen der Nachfolgeplanung in Bezug auf Gesellschaftsanteile müssen die folgenden zusätzlichen Erbschaftsteuertatbestände berücksichtigt werden, die in § 3 Abs. 1 Nr. 2 S. 2 und 3 ErbStG geregelt sind. Diese Vorschrift erweitert den Anwendungsbereich steuerpflichtiger Erwerbe auf Fälle des Anteilsübergangs **unter dem gemeinen Wert** bei Personen- und Kapitalgesellschaften. Enthält ein Gesellschaftsvertrag bspw. eine Regelung, der zufolge ein Gesellschafter bei seinem Tod ausscheidet, der Anteil an die Mitgesellschafter übergeht und seine Erben in diesem Fall nur eine Abfindung in Höhe von 70 % des gemeinen Werts erhalten, fingiert das Gesetz eine Schenkung an diejenigen Gesellschafter, welche den Anteil vergünstigt erhalten.[39] Der Übergang von Gesellschaftsanteilen gegen eine unter dem Verkehrswert liegende Abfindung ist demzufolge in Höhe der Differenz zwischen dem Wert des Anteils und der Abfindung als Schenkung auf den Todesfall anzusehen.[40]

Diese Rechtsfolge gilt unabhängig davon, ob der Gesellschaftsanteil auf andere Gesellschafter übergeht oder es aufgrund einer Einziehung des Anteils zu einer „Werterhöhung“ der Anteile der verbleibenden Gesellschafter kommt.

bb) Übergang eines Gesellschaftsanteils auf andere Gesellschafter

37 Geht der Anteil an einer Personengesellschaft oder an einer Kapitalgesellschaft nach den gesellschaftsrechtlichen Vereinbarungen bei Tod eines Gesellschafters auf die anderen Gesellschafter über, müssen die „übernehmenden“ Gesellschafter den fiktiven Mehrwert, der ihnen zuwächst, der Erbschaftsteuer gem. § 3 Abs. 1 Nr. 2 S. 2 ErbStG unterwerfen. Zwar kennt zumindest das Personengesellschaftsrecht keinen Übergang von Anteilen auf andere Gesellschafter, weil kein Gesellschafter zu seinem Anteil allein oder mit anderen einen weiteren Anteil an der Gesellschaft erwerben kann.[41] Da durch den tatsächlichen Übergang des Anteils aber eine „Ausdehnung“ der Rechtsstellung der „übernehmenden“ Gesellschafter durch **Anwachsung** nach § 712 Abs. 1 BGB (§ 738 Abs. 1 BGB a.F.) eintritt, wenn gesetzlich oder vertraglich eine Fortsetzung der Gesellschaft mit den verbleibenden Gesellschaftern vorgesehen ist, kommt es wirtschaftlich auch in diesen Fällen zu einer entsprechenden Bereicherung.[42]

38 Ein unmittelbarer Übergang des Gesellschaftsanteils auf die Gesellschaft selbst ist nur bei Kapitalgesellschaften möglich, die ihre eigenen Anteile erwerben können.[43] Auch wenn Personengesellschaften als rechtsfähig angesehen werden, ist kein Anteilsübergang auf die Personengesellschaft selbst möglich.[44]

cc) Einziehung eines Gesellschaftsanteils

39 Dieselbe Rechtsfolge tritt ein, wenn der Gesellschaftsanteil eines Gesellschafters einer Kapitalgesellschaft nach den Regeln des Gesellschaftsvertrags bei Tod des Gesellschafters eingezogen wird. In diesem Fall müssen die anderen Gesellschafter den fiktiven Mehrwert, der

---

39 *Meincke/Hannes/Holtz*, § 3 Rn 72.
40 *Meincke/Hannes/Holtz*, § 3 Rn 72.
41 *Meincke/Hannes/Holtz*, § 3 Rn 72.
42 *Meincke/Hannes/Holtz*, § 3 Rn 72; Troll/Gebel/Jülicher/Gottschalk/*Gottschalk*, § 3 Rn 264.
43 Troll/Gebel/Jülicher/Gottschalk/*Gottschalk*, § 3 Rn 262.
44 Troll/Gebel/Jülicher/Gottschalk/*Gottschalk*, § 3 Rn 265.

ihnen zuwächst, gem. § 3 Abs. 1 Nr. 2 S. 3 ErbStG der Erbschaftsteuer unterwerfen (R E 3.4 Abs. 3 ErbStR 2019).[45] Diese weitergehende Regelung war aus Sicht des Gesetzgebers erforderlich, da die satzungsgemäß vorgesehene Einziehung des Anteils nicht zu einem Übergang des Gesellschaftsanteils, sondern zu einem Untergang des Anteils führt.[46]

e) Gesetzliche Vermächtnisse

Die in § 3 Abs. 1 Nr. 3 ErbStG erwähnten sog. gesetzlichen Vermächtnisse, insbesondere nach § 1932 BGB (Voraus des Ehegatten für den Hausrat [in der Regel steuerfrei gem. § 13 Abs. 1 Nr. 1 ErbStG]), § 1969 BGB (Anspruch der Hausgenossen auf Wohnung usw. für 30 Tage [in der Regel steuerfrei gem. § 13 Abs. 1 Nr. 4 ErbStG]) und § 1514 BGB (Regelung für die fortgesetzte Gütergemeinschaft), die allesamt als Erwerbe von Todes wegen qualifiziert werden, seien hier kurz erwähnt; sie spielen in der erbschaftsteuerlichen Praxis aber keine nennenswerte Rolle.[47] 40

f) Verträge zugunsten Dritter auf den Todesfall

Als Erwerb von Todes wegen gilt nach § 3 Abs. 1 Nr. 4 ErbStG auch jeder Vermögensvorteil, der aufgrund eines vom Erblasser geschlossenen Vertrags bei dessen Tod von einem Dritten unmittelbar erworben wird. Der Dritte muss **außerhalb des Nachlasses** erwerben, denn die Vorschrift regelt nur die Erlangung solcher Vermögensvorteile, die dem Betroffenen nicht schon durch Erbanfall zufallen.[48] Klassisches Beispiel ist hier der Erwerb aus einer Lebens- oder Rentenversicherung, bei welcher der Erblasser der Versicherungsnehmer war und der Erwerber als Bezugsberechtigter benannt wurde.[49] Eine Besteuerung erfolgt aber nur dann, wenn der bezugsberechtigte Dritte tatsächlich unentgeltlich bereichert ist. Hierfür darf zwischen dem Erblasser bzw. Vertragsnehmer und dem Empfänger kein entgeltliches Rechtsgeschäft vorliegen. Außerdem liegt keine Bereicherung vor, wenn die Versicherungsleistung auf vom Begünstigten getragenen Beitragsleistungen beruht.[50] Dasselbe gilt bei sog. Versicherungen auf das verbundene Leben, bei denen der bereicherte Leistungsempfänger steuerfrei erwirbt, soweit die Leistung auf von ihm gezahlten Prämien beruht.[51] Von der Bestimmung des § 3 Abs. 1 Nr. 4 ErbStG werden z.B. auch die Ansprüche aus einem Pensionsvertrag erfasst, den der persönlich haftende Gesellschafter einer OHG mit seinen Mitgesellschaftern zugunsten seiner Ehefrau geschlossen hat. Die Witwe muss den Kapitalwert der ihr seit dem Tode ihres Ehemanns zustehenden Pension der Erbschaftsteuer unterwerfen. 41

Nach Sinn und Zweck der Norm unterfallen viele Verträge aus dem Bereich der Altersversorgung dieser Vorschrift. Die Bestimmung scheint daher – auch für die Nachlassplanung – zunächst von weitreichender Bedeutung zu sein. Durch die Urteile des BFH vom 20.5.1981[52] und vom 13.12.1989[53] ist der Anwendungsbereich jedoch erheblich eingeengt 42

45 *Meincke/Hannes/Holtz*, § 3 Rn 75.
46 Troll/Gebel/Jülicher/Gottschalk/*Gottschalk*, § 3 Rn 267.
47 *Meincke/Hannes/Holtz*, § 3 Rn 81, 82.
48 *Meincke/Hannes/Holtz*, § 3 Rn 83.
49 Troll/Gebel/Jülicher/Gottschalk/*Gottschalk*, § 3 Rn 274, 275.
50 Troll/Gebel/Jülicher/Gottschalk/*Gottschalk*, § 3 Rn 278.
51 *Meincke/Hannes/Holtz*, § 3 Rn 88.
52 BFH v. 20.5.1981 – II R 11/81, BStBl II 1981, 715.
53 BFH v. 13.12.1989 – II R 23/85, BStBl II 1990, 322.

worden; die Finanzverwaltung folgt dieser einschränkenden Auslegung in den ErbStR 2019.[54]

43 R E 3.5 Abs. 1 S. 1 ErbStR 2019 führen hierzu aus: „Die kraft Gesetzes entstehenden Versorgungsansprüche Hinterbliebener unterliegen nicht der Erbschaftsteuer.“ Hinterbliebene in diesem Sinne sind nur die beim Tod des Erblassers rechtsgültig verheirateten Ehegatten bzw. eingetragenen Lebenspartner sowie die Kinder des Erblassers. Es geht nicht nur um Ansprüche aufgrund von Beamtengesetzen und der gesetzlichen Rentenversicherung, sondern auch um Versorgungsansprüche, die den Hinterbliebenen von Angehörigen der freien Berufe aus einer berufsständischen Versorgungseinrichtung zustehen oder die Abgeordneten aufgrund von Diätengesetzen des Bundes und der Länder zufließen.

44 Die ErbStR 2019 gehen in R E 3.5 Abs. 2 noch einen Schritt weiter und bestimmen, dass Hinterbliebenenbezüge, die auf Tarifvertrag, Betriebsordnung, Betriebsvereinbarung, betrieblicher Übung oder dem Gleichbehandlungsgrundsatz beruhen, ebenfalls nicht der Erbschaftsteuer unterliegen. Da diese Regelung sämtliche Versorgungsansprüche umfasst, die auf einem kollektiv geprägten arbeitsrechtlichen Rechtsinstitut beruhen, zählen hierzu alle Bezüge, die auf ein Dienstverhältnis des Erblassers (§ 1 Abs. 1 LStDV) zurückzuführen sind.[55] In R E 3.5 Abs. 3 ErbStR 2019 ist schließlich bestimmt, dass auch Hinterbliebenenbezüge, die auf einem zwischen dem Erblasser und seinem Arbeitgeber geschlossenen Einzelvertrag beruhen, nicht steuerbar sind, soweit sie angemessen sind. Angemessen sind die Hinterbliebenenbezüge nach den Richtlinien, soweit sie 45 % des Bruttoarbeitslohns des verstorbenen Arbeitnehmers nicht übersteigen. Darüber hinausgehende Beträge unterliegen der Erbschaftsteuer.

45 In R E 3.5 Abs. 4 ErbStR 2019 werden solche Hinterbliebenenbezüge geregelt, die weder auf Gesetz oder Tarifvertrag noch auf einem Arbeitnehmerverhältnis beruhen und die z.B. der Witwe des Komplementärs einer OHG oder KG aufgrund des Gesellschaftsvertrags zustehen. Die ErbStR wollen es bei einer Erbschaftsteuerpflicht nach § 3 Abs. 1 Nr. 4 ErbStG belassen, jedoch mit einer Ausnahme: Auch diese Bezüge sind „ausnahmsweise“ nicht steuerbar, wenn der verstorbene persönlich haftende Gesellschafter im Innenverhältnis gegenüber den die Gesellschaft beherrschenden anderen Gesellschaftern wie ein Angestellter gebunden war. Gleiches gilt für die Witwe eines GmbH-Geschäftsführers, der als nicht beherrschender Gesellschafter eingestuft wird, was in H E 3.5 ErbStH 2019 näher erläutert wird (mit einer erläuternden Entscheidungshilfe).

46 Vor dem Hintergrund einer gesetzmäßigen und gleichmäßigen Besteuerung bestehen Zweifel, ob die Finanzverwaltung eine so weitgehende einengende Auslegung von § 3 Abs. 1 Nr. 4 ErbStG vornehmen darf.

g) Vermögensübergang auf eine Stiftung; Erbersatzsteuer von Familienstiftungen

47 Die Vorschrift des § 3 Abs. 2 Nr. 1 S. 1 ErbStG hat nur für die **nicht gemeinnützigen Stiftungen** praktische Bedeutung, wonach als vom Erblasser zugewendet – und damit steuerbar – der vom Erblasser angeordnete Übergang von Vermögen auf eine Stiftung gilt. Zu beachten ist bei einer Familienstiftung zudem, dass das Vermögen einer inländischen Familienstiftung gem. § 1 Abs. 1 Nr. 4, § 2 Abs. 1 Nr. 2 ErbStG zusätzlich alle 30 Jahre erneut der Erbschaftsteuer aufgrund der sog. Erbersatzsteuer unterworfen wird. Der Vermögensübergang auf eine **gemeinnützige Stiftung** (§§ 51 ff. AO) ist dagegen gem. § 13 Abs. 1 Nr. 16 Buchst. b ErbStG von der Erbschaft- und Schenkungsteuer freigestellt.

---

54 Vgl. R E 3.5 ErbStR 2019 zu Hinterbliebenenbezügen; *Meincke/Hannes/Holtz*, § 3 Rn 94 ff.

55 *Meincke/Hannes/Holtz*, § 3 Rn 94.

Der Grund für eine gesonderte Vorschrift liegt darin, dass die Stiftung beim Tod des Erblassers noch nicht existiert, sondern erst mit Anerkennung durch die Stiftungsbehörde in der Regel mehrere Monate später entsteht. Gem. § 9 Abs. 1 Nr. 1 Buchst. c ErbStG entsteht die Erbschaftsteuer auch erst im Zeitpunkt der Anerkennung. Daher ist auch ein zwischen Tod und Anerkennung veränderter Wert des zugewandten Vermögens erbschaftsteuerlich zu berücksichtigen.[56] Dogmatisch ist fraglich, ob die Vorschrift überhaupt erforderlich ist, soweit in ihr der Vermögensübergang auf eine **vom Erblasser von Todes wegen errichtete Stiftung** für steuerpflichtig erklärt wird. Die vermögensmäßige Ausstattung der Stiftung geschieht in diesem Fall durch Erbeinsetzung, Vermächtnis oder Auflage und ist bereits nach § 3 Abs. 1 Nr. 1 oder Abs. 2 Nr. 2 ErbStG steuerpflichtig. Aufgrund einer Entscheidung des BFH[57] hat die Vorschrift jedoch ihren Anwendungsbereich erhalten, indem sie als Sondervorschrift für alle Fälle des Vermögensübergangs auf eine vom Erblasser angeordnete und errichtete Stiftung eingeordnet wurde.[58] 48

h) Vollziehung einer vom Erblasser angeordneten Auflage

Steuerpflichtig ist nach § 3 Abs. 2 Nr. 2 ErbStG zudem der Vermögensvorteil, den der **Begünstigte** dadurch erlangt, dass eine vom Erblasser angeordnete Auflage vollzogen oder eine Bedingung erfüllt wird. Unter Auflage ist die erbrechtliche Auflage i.S.d. §§ 1940, 2192 ff. BGB zu verstehen.[59] Der Unterschied zwischen Auflage und Vermächtnis liegt darin, dass der Begünstigte einer Auflage gem. § 1940 BGB keinen eigenen Leistungsanspruch gegen den Erben hat. Somit kann die Steuerpflicht nicht an den Erwerb eines Leistungsanspruchs anknüpfen, sondern die Bereicherung als steuerpflichtiger Erwerb ist das tatsächlich Erlangte, was der Begünstigte durch die Vollziehung der Auflage erhält (vgl. § 9 Abs. 1 Nr. 1 Buchst. d ErbStG). 49

Der Erwerb infolge der Erfüllung einer durch den Erblasser gesetzten Bedingung ist abzugrenzen vom Erwerb eines unter einer Bedingung zum Vermächtnisnehmer oder Erben eingesetzten Begünstigten.[60] Der Gesetzgeber wollte mit § 3 Abs. 2 Nr. 2 ErbStG solche Fälle erfassen, in denen der Erblasser eine Zuwendung von der aufschiebenden Bedingung abhängig macht, dass der Bedachte seinerseits eine Leistung an einen Dritten erbringt. Die Vorschrift regelt insofern die Steuerpflicht des Dritten als Empfängers der Leistung des Erben oder Vermächtnisnehmers.[61] 50

i) Abfindung für den Verzicht auf erbrechtliche Ansprüche

Ein Verzicht auf erbrechtliche Ansprüche löst keine Erbschaftsteuer aus, soweit der Verzichtende dafür keine Vorteile i.S.d. § 3 Abs. 2 Nr. 4 ErbStG in Form einer Abfindung erlangt. In der Regel erwartet und erhält der Verzichtende jedoch einen Vorteil, der dann an die Stelle der erbrechtlichen Ansprüche tritt.[62] Steuerpflichtig sind die **Vermögensvorteile**, die der Begünstigte dadurch erlangt, dass er 51

- auf Pflichtteilsansprüche verzichtet,
- eine Erbschaft oder ein Vermächtnis ausschlägt,

---

56 Vgl. BFH, Urt. v. 25.10.1995 – II R 20/92; siehe auch Troll/Gebel/Jülicher/Gottschalk/*Gottschalk*, § 3 Rn. 320.

57 BFH v. 25.10.1995 – II R 20/92, BStBl II 1996, 99.

58 *Meincke/Hannes/Holtz*, § 3 Rn 107.

59 *Meincke/Hannes/Holtz*, § 3 Rn 109.

60 *Meincke/Hannes/Holtz*, § 3 Rn 110.

61 Troll/Gebel/Jülicher/Gottschalk/*Gottschalk*, § 3 Rn 327.

62 Troll/Gebel/Jülicher/Gottschalk/*Gottschalk*, § 3 Rn 329.

- ein Recht aus einem vom Erblasser geschlossenen Vertrag zugunsten Dritter ausschlägt,
- Rechte nicht geltend macht, die zu einem Erwerb nach § 3 Abs. 1 S. 1 ErbStG führen würden.

52 Die Regelung des § 3 Abs. 2 Nr. 4 ErbStG behandelt Erwerbe von Vermögen von Todes wegen, bei denen trotz des rechtlich tatsächlich vorhandenen Vermögenszuwachses die Erbschaftsteuer entweder noch nicht entstanden ist oder durch rückwirkende Ausübung eines Gestaltungsrechts (im Falle der Ausschlagung) wieder entfallen kann.[63] In diesen Konstellationen erhält der Erwerber wirtschaftlich den Wert des ihm ursprünglich Zugedachten durch eine Abfindung, deren Wert dann an die Stelle des entfallenen Erwerbstatbestands tritt. Liegt der Wert der Abfindung über dem des ursprünglichen Erwerbs, kann es sich in der Höhe des überschießenden Betrags um eine Schenkung (freigebige Zuwendung) handeln, die bei Sachabfindungen mit dem anteiligen Steuersachwert zu erfassen ist.[64]

j) Abfindungen für aufschiebend bedingte, betagte oder befristete Vermächtnisse

53 Die Vorschrift des § 3 Abs. 2 Nr. 5 ErbStG betrifft ein Vermächtnis, das der Vermächtnisnehmer noch nicht wirksam erhalten hat, weil es an Bedingungen geknüpft ist, die noch nicht eingetreten sind (z.B. ein Grundstück, dessen Übertragung erst vorgenommen wird, wenn eine bestimmte Person gestorben ist). Verzichtet der Vermächtnisnehmer auf die Erfüllung und erhält er dafür eine Abfindung, muss er diese Abfindung versteuern.

k) Abfindungen für die Übertragung der Anwartschaft eines Nacherben

54 § 3 Abs. 2 Nr. 6 ErbStG bezieht sich auf das Institut der Vor- und Nacherbschaft, das unter Rdn 134 ff. im Einzelnen dargestellt wird. Ab dem Anfall der Vorerbschaft steht dem Nacherben bis zum Eintritt des Nacherbfalls eine Anwartschaft auf die Nacherbschaft zu (sog. **Nacherbenanwartschaftsrecht**), die bei diesem zunächst noch keine Erbschaftsteuerpflicht auslöst. Überträgt der Nacherbe diese Anwartschaft auf eine andere Person gegen eine Abfindung, muss er diese Abfindung versteuern. Tritt der Nacherbfall später ein, muss der Erwerber des Nacherbenrechts diesen Erbfall (ein zweites Mal) versteuern. Er kann jedoch das gezahlte Entgelt für das Nacherbenanwartschaftsrecht als Erwerbskosten (§ 10 Abs. 5 Nr. 3 ErbStG) absetzen.[65]

l) Herausgabeanspruch des „Vertragserben" wegen beeinträchtigender Schenkung

55 Auch der durch Erbvertrag zum Erben erkorene Erbe kann nicht verhindern, dass der Erblasser zu Lebzeiten Teile seines Vermögens verschenkt. Führt der Erblasser allerdings eine Schenkung in der Absicht durch, die Erben zu „beeinträchtigen" (§ 2287 BGB), kann das Verschenkte vom Erben nach näherer Maßgabe des § 2287 BGB eventuell zurückgefordert werden. Mit Geltendmachung des Herausgabeanspruchs ist der **Vermögenswert,** den der Erbe **zurückerhält**, gem. § 3 Abs. 2 Nr. 7 ErbStG der Erbschaftsteuer zu unterwerfen.[66] Eine entsprechende Regelung besteht gem. § 2288 Abs. 2 BGB für einen Vermächtnisnehmer, der durch Schenkungen des Erblassers beeinträchtigt ist. Als Bemessungsgrundlage dient in diesen Fällen der theoretische Herausgabeanspruch und nicht nur der tatsächlich realisierte Wert.[67]

63 Troll/Gebel/Jülicher/Gottschalk/*Gottschalk*, § 3 Rn 330.
64 Troll/Gebel/Jülicher/Gottschalk/*Gottschalk*, § 3 Rn 330.
65 *Meincke/Hannes/Holtz*, § 3 Rn 118.
66 *Meincke/Hannes/Holtz*, § 3 Rn 119.
67 Troll/Gebel/Jülicher/Gottschalk/*Gottschalk*, § 3 Rn 348.

3. Zweckzuwendungen

Eine Sonderrolle nehmen sog. Zweckzuwendungen i.S.d. § 1 Abs. 1 Nr. 3 ErbStG ein. Hierbei handelt es sich nach § 8 ErbStG um Zuwendungen von Todes wegen oder freigebige Zuwendungen unter Lebenden, die unter der Auflage oder Bedingung erfolgen, dass der Empfänger das Zugewendete ganz oder teilweise zugunsten eines bestimmten Personenkreises oder eines bestimmten Zwecks zu verwenden hat, soweit hierdurch die Bereicherung des Erwerbers gemindert wird.[68] 56

Der Empfänger muss die Zuwendung **versteuern**, allerdings nach Abzug des Aufwands, der zur Erfüllung der Auflage erforderlich ist. Steuerfrei sind nach § 13 Abs. 1 Nr. 15 und 17 ErbStG Zuwendungen, die Zwecken des Bundes, des Landes, einer inländischen Gemeinde oder kirchlichen, gemeinnützigen oder mildtätigen Zwecken gewidmet sind.

IV. Steuerklassen, Freibeträge, Steuertarife

1. Bemessungsgrundlage

§ 10 Abs. 1 S. 1 ErbStG definiert, dass der steuerpflichtige Erwerb für die Ermittlung der Bemessungsgrundlage zur Berechnung der zu entrichtenden Erbschaftsteuer maßgeblich ist. Das Besteuerungsobjekt der Erbschaftsteuer ist grundsätzlich der bei dem Erwerber eingetretene Zuwachs an wirtschaftlicher Leistungsfähigkeit, der sich aus dem Nettoerwerb errechnet (sog. objektives Nettoprinzip).[69] Der relevante **Bewertungszeitpunkt** ist gem. § 11 ErbStG der Zeitpunkt der Steuerentstehung, mithin in der Regel der Zeitpunkt des Todes des Erblassers (§ 9 Abs. 1 Nr. 1 ErbStG). 57

Die Bemessungsgrundlage errechnet sich wie folgt: 58

Wert des gesamten Vermögensanfalls

./. abzugsfähige Verbindlichkeiten und Belastungen (§ 10 Abs. 5–9 ErbStG)

<u>= Bereicherung des Erwerbers</u>

./. sachliche Steuerbefreiungen (§§ 5, 13, 13a ErbStG)

./. persönliche Freibeträge (§§ 16, 17 ErbStG)

<u>= steuerpflichtiger Erwerb (§ 10 Abs. 1 S. 1 ErbStG)</u>

./. Abrundung auf volle 100 EUR (§ 10 Abs. 1 S. 6 ErbStG)

= Bemessungsgrundlage

2. Steuerklassen

§ 15 ErbStG unterscheidet entsprechend dem persönlichen Verhältnis des Erwerbers zum Erblasser zwischen **drei Steuerklassen**. Je nachdem, in welchem Verwandtschaftsverhältnis der Erwerber (Erbe, Beschenkter, Vermächtnisnehmer) zum Erblasser bzw. Schenker steht, ist er einer der drei Steuerklassen zuzuordnen. Je näher die Verwandtschaft des Erwerbers zum Erblasser ist, umso niedriger ist auch die Steuerklasse und die sich hieraus ergebende Steuerlast.[70] 59

68 *Meincke/Hannes/Holtz*, § 1 Rn 12.
69 *Meincke/Hannes/Holtz*, § 10 Rn 5.
70 *Meincke/Hannes/Holtz*, § 15 Rn 2.

60 Die erwerbenden Personen sind folgendermaßen auf die Steuerklassen aufgeteilt:

Steuerklasse I:
- Ehegatte und eingetragener Lebenspartner
- Kinder und Stiefkinder
- Abkömmlinge der Kinder und Stiefkinder (also bspw. Enkel und Urenkel)
- Eltern und Voreltern bei Erwerben von Todes wegen

Steuerklasse II:
- Eltern und Voreltern, soweit sie nicht zur Steuerklasse I gehören
- Geschwister
- Abkömmlinge ersten Grades von Geschwistern (Nichten und Neffen)
- Stiefeltern
- Schwiegerkinder
- Schwiegereltern
- geschiedener Ehegatte und Lebenspartner einer aufgehobenen Lebenspartnerschaft

Steuerklasse III:
- alle übrigen Erwerber

61 § 15 Abs. 1a ErbStG stellt klar, dass auch nach einer **Adoption** die Steuerklasse I und II Nr. 1–3 im Verhältnis zu den leiblichen Eltern fortbesteht, d.h. dass das adoptierte Kind mit seinen leiblichen Eltern steuerlich verwandt bleibt.[71] Stiefschwiegerkinder sind Schwiegerkinder im Sinne der Steuerklasse II. Pflegekinder zählen nicht zur Steuerklasse I, sondern sind der Steuerklasse III zuzuordnen.[72]

3. Persönliche Freibeträge (§§ 16, 17 ErbStG)

62 Die mit Abstand wichtigsten persönlichen Steuerbefreiungen enthält § 16 ErbStG. Dieser gewährt den Erben persönliche Freibeträge bei Schenkungen und dem Erwerb von Todes wegen. Die **Höhe** des persönlichen Freibetrags nach § 16 ErbStG hängt von der nach § 15 ErbStG zu bestimmenden Steuerklasse ab. Im Einzelnen gelten für Vermögensübergänge an folgende Personen die folgenden Freibeträge:

Ehegatten oder eingetragene Lebenspartner	500.000 EUR
Kinder, Stiefkinder und Kinder verstorbener Kinder und Stiefkinder	400.000 EUR
Abkömmlinge[73] der Kinder und Stiefkinder	200.000 EUR
Eltern und Voreltern bei Erwerben von Todes wegen	100.000 EUR
Personen der Steuerklasse II und III	20.000 EUR

71 *Meincke/Hannes/Holtz*, § 15 Rn 18.

72 Troll/Gebel/Jülicher/Gottschalk/*Jülicher*, § 15 Rn 60.

73 Str. ist, wie viele Generationen unter „Abkömmlinge“ zu verstehen sind. Bzgl. Urenkeln und weiter entfernterer gerader Abkömmlinge ist nicht abschließend geklärt, ob auch diese einen Freibetrag in Höhe von 200.000 EUR haben oder nur in Höhe von 100.000 EUR; vgl. Troll/Gebel/Jülicher/Gottschalk/*Jülicher*, § 16 Rn 5 zum Meinungsstand; der BFH hat in einem AdV-Verfahren bei zwei lebenden Zwischengenerationen nur den Freibetrag von 100.000 EUR gewährt (BFH v. 27.7.2020 – II B 39/20, BStBl II 2021, 28).

Für den **Ehegattenfreibetrag** ist es erforderlich, dass im Zeitpunkt der Steuerentstehung eine rechtsgültige Ehe zwischen dem Erblasser und dem Erben besteht.[74] Dieser Freibetrag steht dem überlebenden Ehegatten auch dann zu, wenn in zivilrechtlicher Hinsicht gem. § 1933 BGB das Ehegattenerbrecht bereits ausgeschlossen ist, weil die Voraussetzungen der Scheidung vorliegen und der Erblasser einen Scheidungsantrag gestellt hat. 63

Sind die Ehegatten ausländische Staatsangehörige oder haben sie die Ehe unter Geltung ausländischen Rechts geschlossen, so ist es ausreichend, dass diese nach dem maßgeblichen Recht rechtsgültig geschlossen wurde.

Der **Kinderfreibetrag** gilt für jedes Kind für Erwerbe von jedem einzelnen Elternteil, die voneinander getrennt zu behandeln sind. Stiefkinder im Sinne des Erbschaftsteuerrechts sind die leiblichen Abkömmlinge eines aktuellen, aber auch die eines früheren Ehegatten. Die einmal begründete Stiefkindeigenschaft fällt steuerrechtlich auch nicht durch die spätere Auflösung oder Beendigung der dieses Verhältnis begründenden Ehe weg.[75] Bei Adoptivkindern besteht die steuerrechtliche Besonderheit, dass der Kinderfreibetrag nicht nur im Verhältnis zu den Adoptiveltern, sondern auch im Verhältnis zu den leiblichen Eltern gewährt wird. 64

Hinsichtlich des **Freibetrags der Enkelkinder** gilt für die Person des Enkels das zu den Kindern Gesagte. Die Besonderheit ist hierbei, dass sich der Freibetrag von 200.000 EUR auf 400.000 EUR erhöht, wenn derjenige Elternteil, der die Verwandtschaft zum Erblasser vermittelt, im Zeitpunkt des Erbfalls bereits verstorben ist.[76] Der Enkel tritt dann insoweit in die Rechtsstellung seines verstorbenen Elternteils ein. 65

In Fällen der beschränkten Steuerpflicht i.S.d. § 2 Abs. 1 Nr. 3 ErbStG wird gem. § 16 Abs. 2 ErbStG der nach § 16 Abs. 1 ErbStG grundsätzlich ebenfalls anwendbare Freibetrag um einen **Teilbetrag** gemindert. Dieser ergibt sich aus dem Verhältnis der Summe der Werte der in demselben Zeitpunkt erworbenen, nicht der beschränkten Steuerpflicht unterliegenden Vermögensvorteile, die innerhalb von zehn Jahren von derselben Person angefallen sind, zum Wert desjenigen Vermögens, das insgesamt innerhalb von zehn Jahren von derselben Person angefallen ist.[77] 66

Gem. § 14 ErbStG bestehen die persönlichen Freibeträge innerhalb eines Zeitraums von **zehn Jahren** in voller Höhe. Innerhalb dieses Zeitraums, beginnend ab dem Zeitpunkt des erstmaligen Erwerbs, werden die Vermögensvorteile zusammengerechnet, die aufgrund von selbstständigen steuerpflichtigen Erwerben angefallen sind.[78] Nach Ablauf dieser Zehn-Jahres-Frist bestehen die Freibeträge erneut in voller Höhe. 67

Beispiel 68

Im Jahr 2013 hat M seinem Sohn S 350.000 EUR geschenkt. Als M im Jahr 2024 verstirbt, hinterlässt er dem S eine Erbschaft in Höhe von 390.000 EUR.

S hat die 350.000 EUR seinerzeit steuerfrei erworben, da die Schenkung unterhalb des damaligen Freibetrags gem. § 16 Abs. 1 Nr. 2 ErbStG lag. Da der Steuerfreibetrag für Kinder bei 400.000 EUR liegt, müsste S auch von der Erbschaft in Höhe von 390.000 EUR nichts versteuern, weil neben der Erbschaft keine weiteren steuerpflichtigen Vorgänge innerhalb des Zehn-Jahres-Zeitraums stattgefunden haben.

---

74 *Meincke/Hannes/Holtz*, § 16 Rn 9.
75 *Meincke/Hannes/Holtz*, § 16 Rn 10.
76 *Meincke/Hannes/Holtz*, § 16 Rn 11.
77 Troll/Gebel/Jülicher/Gottschalk/*Jülicher*, § 16 Rn 20.
78 *Meincke/Hannes/Holtz*, § 14 Rn 5.

69 Neben dem persönlichen Freibetrag nach § 16 ErbStG wird Ehegatten und Lebenspartnern einer eingetragenen Lebenspartnerschaft im Erbfall ein zusätzlicher besonderer **Versorgungsfreibetrag** in Höhe von 256.000 EUR gewährt (§ 17 Abs. 1 ErbStG).[79] Kinder des Erblassers erhalten bis zur Vollendung des 27. Lebensjahres einen gem. § 17 Abs. 2 ErbStG nach Alter gestaffelten Versorgungsfreibetrag zwischen 52.000 EUR und 10.300 EUR.[80] Der Versorgungsfreibetrag wird nur bei Erwerben von Todes wegen nach § 1 Abs. 1 Nr. 1, § 3 ErbStG gewährt. Er ist ggf. um den Wert erworbener, nichterbschaftsteuerpflichtiger Versorgungsbezüge zu kürzen (§ 17 Abs. 1 S. 2 ErbStG).

4. Sachliche Steuerbefreiungen

70 Das ErbStG sieht neben den persönlichen Steuerbefreiungen eine Reihe von sachlichen Steuerbefreiungen vor, etwa in den §§ 5, 13, 13a, 13b, 13c, 16, 17 und 18 ErbStG. Es soll hier lediglich auf die praxisrelevantesten Konstellationen eingegangen werden (die Betriebsvermögensbegünstigungen sind unter Rdn 186 ff. behandelt):

a) Steuerbefreiung für Familienheime

71 Familienheime i.S.d. § 13 Abs. 1 Nr. 4a–4c ErbStG sind im Inland oder im EU-Ausland belegene und bebaute Grundstücke, soweit darauf eine Wohnung zu eigenen Wohnzwecken genutzt wird.[81] Dabei kommen neben Einfamilienhäusern ebenso Eigentumswohnungen sowie Wohnungen in Mehrfamilienhäusern und Wohneinheiten in Geschäftsgebäuden oder auf gemischt bebauten Grundstücken in Betracht. Mit der Steuerbefreiung soll der Eigentumserwerb von familiärem Lebensraum begünstigt werden, sodass sich dort der **Mittelpunkt des familiären Lebens** befinden muss (R E 13.3 Abs. 2 S. 4 ErbStR 2019). In der Norm sind insgesamt drei unterschiedliche begünstigte bzw. befreite Varianten für eine Übertragung vorgesehen:

72 Nach § 13 Abs. 1 Nr. 4a ErbStG ist die Zuwendung eines Familienheims **unter Lebenden** von einem Ehegatten bzw. eingetragenen Lebenspartner an den anderen Ehegatten bzw. eingetragenen Lebenspartner steuerfrei. Dies gilt unabhängig von der Größe des Objekts. Da das Familienheim den Mittelpunkt des familiären Lebens darstellt, sind etwa Ferien- und Wochenendwohnungen (R E 13.3 Abs. 2 S. 5 ErbStR 2019)[82] nicht begünstigt, auch die Zweitwohnung eines Berufspendlers fällt nicht hierunter (R E 13.3 Abs. 2 S. 5 ErbStR 2019). Im Falle einer gemischten Nutzung ist der Wert des Familienheims anhand des Verhältnisses der Flächen, die den unterschiedlichen Nutzungen dienen, anteilsmäßig aufzuteilen.[83] War im Familienheim lediglich ein häusliches Arbeitszimmer vorhanden, stellt dieses keinen Grund für die Versagung der Begünstigung dar; es ist auch nicht von der Begünstigung auszunehmen.[84]

73 Nach § 13 Abs. 1 Nr. 4b ErbStG gilt die Steuerbefreiung auch für Erwerbe **von Todes wegen**. Weitere Voraussetzung (im Unterschied zur Übertragung im Wege einer Schenkung) ist, dass der erbende Ehegatte bzw. Lebenspartner das vom Erblasser selbst genutzte Famili-

79 *Meincke/Hannes/Holtz*, § 17 Rn 2.
80 *Meincke/Hannes/Holtz*, § 17 Rn 3.
81 Ausführlich zum Familienheim: *Erb/Regierer/Vosseler/Herbst*, Kap. 7 Rn 130 ff.; *Münch/Jansen*, ZEV 2023, 717.
82 Troll/Gebel/Jülicher/Gottschalk/*Jülicher*, § 13 Rn 60; *Schuhmann*, DStR 2009, 197, 198.
83 Troll/Gebel/Jülicher/Gottschalk/*Jülicher*, § 13 Rn 62; so auch R E 13.3 Abs. 2 S. 14 ErbStR 2019.
84 BFH v. 9.11.1988 – II R 61/87, BStBl II 1989, 135; H E 13.3 ErbStH 2019 „Arbeitszimmer"; Troll/Gebel/Jülicher/Gottschalk/*Jülicher*, § 13 Rn 62.

enheim unverzüglich und mindestens zehn Jahre lang zu eigenen Wohnzwecken selbst nutzt.[85] Der Erwerber muss unverzüglich, d.h. ohne schuldhaftes Zögern (vgl. § 121 S. 1 BGB) und innerhalb einer angemessenen Frist, bestimmen, ob er das Familienheim selbst zu Wohnzwecken nutzen möchte. Ein Zögern bis zum Ablauf der Ausschlagungsfrist nach § 1944 BGB oder zur Auflösung des eigenen Hausstands ist zulässig.[86] Wenn ein halbes Jahr seit dem Erbfall verstrichen ist, wird der Erbe die Verzögerung in besonderer Weise rechtfertigen müssen. Eine Ausnahme hiervon gilt dann, wenn der überlebende Ehegatte aus zwingenden Gründen an der Selbstnutzung gehindert ist (bspw. schwere Pflegebedürftigkeit, Gefängnisaufenthalt). Hat der Erblasser das Familienheim nicht selbst zu Wohnzwecken genutzt, ist dies unschädlich, wenn er wiederum aus zwingenden Gründen an einer Selbstnutzung zu Wohnzwecken gehindert war (R E 13.4 Abs. 2 S. 2, 3 ErbStR 2019),[87] das Familienheim aber bei dem Erwerber unverzüglich zur Selbstnutzung zu eigenen Wohnzwecken bestimmt ist.

Unter den gleichen Voraussetzungen gilt nach § 13 Abs. 1 Nr. 4c ErbStG bei Erwerben von Todes wegen eine eingeschränkte Steuerbefreiung auch für **Kinder** und **verwaiste Enkel**. Als angemessene Frist zur Entscheidung über die Selbstnutzung durch die Erwerber wurde ein Zeitraum von mindestens sechs Monaten angesehen, wobei auch eine längere Frist bei Vorliegen besonderer Gründe anerkannt wurde.[88] Bei Erwerb durch Kinder gilt jedoch eine flächenmäßige beschränkte Steuerbefreiung. Diese greift nur, soweit die Wohnfläche des Familienheims 200 m² nicht übersteigt. Diese Beschränkung ist nach der Finanzverwaltung objekt- und nicht personenbezogen,[89] sodass nur insgesamt und nicht je Kind 200 m² steuerfrei vererbt werden können. Ist die Wohnfläche größer als 200 m², unterliegt jeder darüber hinausgehende Quadratmeter mit seinem Wert der Erbschaftsteuer. 74

b) Vergünstigung für zu Wohnzwecken vermietete Grundstücke

Nach § 13d ErbStG sind zu Wohnzwecken vermietete Grundstücke zwar nicht steuerfrei, sie können aber erbschaftsteuerlich privilegiert sein. Dies ist der Fall, wenn sie im Inland oder im EU-Ausland belegen sind. Solche Grundstücke werden nur mit 90 % ihres Wertes angesetzt, wenn im Besteuerungszeitpunkt eine **Vermietung** vorliegt (R E 13d Abs. 1, Abs. 2 S. 1 ErbStR 2019). Der verminderte Wertansatz kann vom Erwerber gem. § 13d Abs. 3 ErbStG nicht beansprucht werden, wenn der Grundbesitz aufgrund einer letztwilligen Verfügung des Erblassers oder einer rechtsgeschäftlichen Verfügung im Rahmen der Teilung des Nachlasses auf einen Dritten übertragen wird. 75

Gehören die vermieteten Wohnimmobilien zu einem **Betriebsvermögen**, wird eine Begünstigung nach § 13d ErbStG nur dann gewährt, wenn keinerlei Betriebsvermögensbegünstigung in Bezug auf die Wohnimmobilie eingreift; bspw. weil der 90 %-Eingangstest (siehe dazu im Einzelnen bei den Betriebsvermögensbegünstigungen unter Rdn 186) nicht bestanden wird oder es sich um junges Verwaltungsvermögen handelt (R E 13d Abs. 4 ErbStR 2019). 76

85 *Meincke/Hannes/Holtz*, § 13 Rn 34, 35.

86 *Meincke/Hannes/Holtz*, § 13 Rn 35; Troll/Gebel/Jülicher/Gottschalk/*Jülicher*, § 13 Rn 69a.

87 Troll/Gebel/Jülicher/Gottschalk/*Jülicher*, § 13 Rn 68.

88 *Meincke/Hannes/Holtz*, § 13 Rn 35, 38; BFH v. 23.6.2015 – II R 39/13, BStBl II 2016, 225.

89 *Meincke/Hannes/Holtz*, § 13 Rn 38 f.; zur Berechnung: H E 13.4 ErbStH 2019 Beispiel 2.

c) Weitere Steuerbefreiungen

77 Darüber hinaus können gem. § 13 ErbStG u.a. steuerfrei erworben werden:

aa) Hausrat, Wäsche und Kleidungsstücke für Erwerber der Steuerklasse I, soweit der Wert insgesamt 41.000 EUR nicht übersteigt

78 Zum Hausrat i.S.d. § 13 Abs. 1 Nr. 1 Buchst. a ErbStG gehört die gesamte Wohnungseinrichtung inklusive sämtlicher Haushaltsgegenstände, unter denen die Gegenstände des privaten Wohnumfelds verstanden werden.[90] **Umfasst** sind bspw. Gegenstände der Unterhaltung und Bildung, Fernsehgeräte und Spielkonsolen, Bücher oder Musikinstrumente. **Nicht umfasst** sind Kunstgegenstände (von ernsthaftem künstlerischem Gewicht)[91] und Sammlungen,[92] die wiederum nach § 13 Abs. 1 Nr. 2 ErbStG begünstigt sein können, wenn ihre Erhaltung im öffentlichen Interesse liegt. Uneinigkeit herrscht darüber, ob Gebrauchsgegenstände, die außerhalb des Haushalts verwendet werden (bspw. Pkw oder Fahrrad), zum Hausrat zu zählen sind.[93]

bb) Andere bewegliche körperliche Gegenstände im Wert von bis zu 12.000 EUR

79 Die steuerliche Befreiung nach § 13 Abs. 1 S. 1 Nr. 1 Buchst. b (Steuerklasse I) und Buchst. c ErbStG zugunsten von Personen aller Steuerklassen gilt für alle beweglichen Sachen i.S.d. § 90 BGB, auch wenn diese keinen Hausrat i.S.d. § 13 Abs. 1 Nr. 1 Buchst. a ErbStG darstellen.[94] **Ausgenommen** sind nach § 13 Abs. 1 Nr. 1 S. 2 ErbStG jedoch Zahlungsmittel, Wertpapiere, Münzen, Edelmetalle, Edelsteine, Perlen sowie die zum Grund-, Betriebs- oder land- und forstwirtschaftlichen Vermögen gehörenden beweglichen Gegenstände.[95]

80 Wenn Erwerber der Steuerklasse I unterfallen, können diese kumulativ sowohl den Freibetrag für Hausrat als auch den für andere bewegliche Sachen in Anspruch nehmen. Den übrigen Erwerbern kommt nur ein einheitlicher Freibetrag in Höhe von 12.000 EUR zugute.

cc) Zuwendungen unter Lebenden

81 Eine Steuerbefreiung für freigebige Zuwendungen unter Lebenden gilt für **Gelegenheitsgeschenke** i.S.d. § 13 Abs. 1 Nr. 14 ErbStG, die nach den Vermögensverhältnissen des Schenkers, dem Verwandtschaftsgrad und den sozialen Verhältnissen üblicherweise zu besonderen persönlichen Ereignissen gemacht werden (bspw. Taufe, Konfirmation, Hochzeit, Geburtstag).[96] Ist ein Geschenk nach den konkreten Umständen nicht mehr üblich, so ist es im vollen Umfang steuerpflichtig.[97]

82 Nach § 13 Abs. 1 Nr. 9 ErbStG ist zudem eine Zuwendung in einer Höhe von bis zu 20.000 EUR steuerfrei, wenn sie ein angemessenes Entgelt für erbrachte **Pflegeleistungen**

90 *Meincke/Hannes/Holtz*, § 13 Rn 3.
91 *Meincke/Hannes/Holtz*, § 13 Rn 5 verweist darauf, dass rein dekorative Bilder unter den Hausrat fallen können, wogegen künstlerisch wertvolle Werke nur nach § 13 Abs. 1 Nr. 1b oder nach Abs. 1 Nr. 2 ErbStG begünstigt werden können.
92 *Meincke/Hannes/Holtz*, § 13 Rn 5.
93 Troll/Gebel/Jülicher/Gottschalk/*Jülicher*, § 13 Rn 8 m.w.N.
94 *Meincke/Hannes/Holtz*, § 13 Rn 6.
95 *Meincke/Hannes/Holtz*, § 13 Rn 6.
96 Troll/Gebel/Jülicher/Gottschalk/*Jülicher*, § 13 Rn 168.
97 *Meincke/Hannes/Holtz*, § 13 Rn 66; FG Köln v. 8.5.2001 – 9 K 4175/99, EFG 2001, 1154.

darstellt. Dies gilt über den Wortlaut hinaus nicht nur für letztwillige Zuwendungen, sondern auch für Zuwendungen unter Lebenden (R E 13.5 Abs. 1 S. 1 ErbStR 2019).

Für den Fall, dass Eltern und Großeltern ihre Kinder bzw. Enkel beerben, bleiben solche Vermögensgegenstände nach § 13 Abs. 1 Nr. 10 ErbStG steuerfrei, die sie dem Kind oder Enkel selbst geschenkt haben (sog. **Vermögensrückfall**).[98] Voraussetzung hierfür ist die Identität des zugewandten Gegenstands; ein Surrogat ist nur dann steuerfrei, wenn eine objektive Art- und Funktionsgleichheit besteht.[99] Diese Steuerbefreiung gilt hingegen nicht bei bloßen Rückschenkungen.[100] Insofern ist bei Schenkungen in der Praxis immer dazu zu raten, Widerrufsrechte vorzusehen, da die Rückabwicklung aufgrund vorbehaltenen Widerrufsrechts gem. § 29 Abs. 1 Nr. 1 ErbStG steuerfrei ist. 83

5. Steuertarife

Die Erbschaftsteuersätze (= Tarife) ergeben sich aus § 19 ErbStG. Steht nach der Bewertung des Nachlasses dessen zu versteuernder Betrag fest und sind von dem Anteil, der auf den Erwerber entfällt, alle Nachlassverbindlichkeiten und sämtliche in Betracht kommenden Freibeträge abgezogen worden, dann lässt sich derjenige Steuersatz anhand der Steuersätze in § 19 ErbStG ermitteln, mit dem die angefallene Erbschaft zu versteuern ist. 84

Der Steuertarif nach § 19 Abs. 1 ErbStG hängt somit vom Wert des steuerpflichtigen Erwerbs (§ 10 ErbStG) und der jeweiligen Steuerklasse (§ 15 ErbStG) ab und ist als doppelt progressiver Stufentarif wie folgt ausgestaltet: 85

Wert des steuerpflichtigen Erwerbs	Prozentsatz in der Steuerklasse		
bis einschließlich:	I	II	III
75.000 EUR	7	15	30
300.000 EUR	11	20	30
600.000 EUR	15	25	30
6 Mio. EUR	19	30	30
13 Mio. EUR	23	35	50
26 Mio. EUR	27	40	50
> 26 Mio. EUR	30	43	50

Beispiel 86

M ist nicht verheiratet, sondern lebt mit F in einer nichtehelichen Lebensgemeinschaft. F ist Alleinerbin des M, als dieser am 2.6.2024 verstirbt und ihr ein Vermögen in Höhe von 420.000 EUR hinterlässt.

F steht kein besonderer Versorgungsfreibetrag i.S.d. § 17 ErbStG zu, da sie mit dem Erblasser nicht verheiratet war; auch eine Lebenspartnerschaft wurde nicht eingetragen. Aus dem gleichen Grund unterfällt F gem. § 15 ErbStG der Steuerklasse III. Demnach steht ihr gem. § 16 ErbStG ein Freibetrag in Höhe von nur 20.000 EUR zu, sodass sie – nach Abzug des Freibetrags – einen Betrag in Höhe von 400.000 EUR zu versteuern hat. Für diesen steuerpflichtigen Erwerb sind in dieser Steuerklasse III 30 % Steuern zu entrichten. Die Erbschaftsteuer beträgt mithin 120.000 EUR.

98 *Meincke/Hannes/Holtz*, § 13 Rn 53.
99 BFH v. 22.6.1994 – II R 1/92, BStBl II 1994, 656.
100 BFH v. 16.4.1986 – II R 135/83, BStBl II 1986, 622.

Wäre F mit M verheiratet gewesen, fiele sie in die Steuerklasse I mit der Folge, dass ihr ein Freibetrag in Höhe von 500.000 EUR zustünde und ihr Erwerb darunter läge. Sie müsste also auf diesen Betrag keine Erbschaftsteuer zahlen.

6. Mehrfacher Erwerb desselben Vermögens

87 Mit der Vorschrift des § 27 ErbStG soll eine mehrfache und überproportionale Besteuerung des Vermögens der engsten Familienmitglieder innerhalb **eines Zehn-Jahres-Zeitraums** vermieden werden. Wenn Personen der Steuerklasse I Vermögen von Todes wegen erwerben, welches in den letzten zehn Jahren vor dem Erwerb bereits von Personen derselben Steuerklasse erworben wurde und für dessen Vorerwerb bereits eine Steuer zu entrichten war,[101] ermäßigt sich der auf dieses Vermögen entfallende Steuerbetrag im folgenden Umfang:

Prozentsatz	Zeitraum zwischen den beiden Zeitpunkten der Entstehung der Steuer
50	nicht mehr als 1 Jahr
45	mehr als 1 Jahr, aber nicht mehr als 2 Jahre
40	mehr als 2 Jahre, aber nicht mehr als 3 Jahre
35	mehr als 3 Jahre, aber nicht mehr als 4 Jahre
30	mehr als 4 Jahre, aber nicht mehr als 5 Jahre
25	mehr als 5 Jahre, aber nicht mehr als 6 Jahre
20	mehr als 6 Jahre, aber nicht mehr als 8 Jahre
10	mehr als 8 Jahre, aber nicht mehr als 10 Jahre

88 § 27 Abs. 3 ErbStG beschränkt die Ermäßigung der Steuer für den zweiten Übergang auf bestimmte festgelegte Höchstbeträge, die sich im konkreten Einzelfall durch die Anwendung der in § 27 Abs. 1 ErbStG genannten Prozentsätze auf die vom Vorerwerber tatsächlich gezahlte Steuer ergeben. Nach § 27 Abs. 2 ErbStG ist im Wege einer Verhältnisrechnung der Gesamterwerb in einen regulär und einen privilegiert zu besteuernden Teil aufzuteilen, wenn bei dem Zweiterwerber einerseits begünstigtes, andererseits anderes Vermögen des Vorerwerbers anfällt.

89 Das Vermögen, welches im Wege der zweiten Erbschaft übertragen wird, muss mit dem zugewendeten Vermögen des ersten steuerpflichtigen Erwerbs grundsätzlich **identisch** sein. Für die Identität ist aber keine Deckungsgleichheit des zugewandten Vermögensgegenstands erforderlich, sondern es genügt die wirtschaftliche Identität. Aus diesem Grund unterliegt auch der Erwerb von Surrogaten der Privilegierung des § 27 ErbStG.[102]

101 Grundlegend BFH v. 8.2.1961 – II 288/58 U, BStBl III 1961, 135.
102 *Meincke/Hannes/Holtz*, § 27 Rn 5.

V. Auswirkungen des ehelichen Güterstands

1. Grundsätzliches

Im Falle einer Erbschaft hängt die Besteuerung zwischen Ehegatten von dem Güterstand ab, in dem diese leben. Eheleute und eingetragene Lebenspartner können zwischen den folgenden Güterständen wählen: 90
- gesetzlicher Güterstand der Zugewinngemeinschaft nach §§ 1363 ff. BGB
- Gütertrennung gem. § 1414 BGB
- Gütergemeinschaft nach §§ 1415 ff. BGB
- Wahl-Zugewinngemeinschaft gem. § 1519 BGB (deutsch-französisches Modell nach einem Staatsabkommen vom 4.2.2010)

2. Zugewinngemeinschaft

a) Steuerfreiheit des Zugewinnausgleichs

Wesentliches Merkmal der Zugewinngemeinschaft ist die Regelung, dass der von den Ehegatten während der Ehe erwirtschaftete Zugewinn mit Beendigung der Zugewinngemeinschaft auszugleichen ist (§ 1363 Abs. 2 S. 2 BGB). Auf diesen Zugewinnausgleichsanspruch hat der jeweils anspruchsberechtigte Ehepartner einen auch klagweise durchsetzbaren Anspruch. Es steht damit nicht im Ermessen des anderen Ehegatten, ob er diesen Anspruch erfüllt. Dieser zivilrechtlichen Einordnung folgt das Erbschaft- und Schenkungsteuerrecht in § 5 ErbStG und nimmt den Betrag der Ausgleichsforderung, die bei Beendigung der Zugewinngemeinschaft entsteht, von den steuerpflichtigen Erwerben i.S.d. §§ 3, 7 ErbStG aus. Da es sich gerade nicht um eine freigebige Zuwendung handelt, ist der Zugewinn vollständig **erbschaftsteuerfrei** – und zwar unabhängig von der Höhe und ohne irgendeine betragsmäßige Beschränkung. Während § 5 Abs. 1 ErbStG die Einzelheiten zur Ausgleichsforderung bei Beendigung der Zugewinngemeinschaft im Falle des Todes (bei Wahl der erbrechtlichen Lösung) regelt, regelt § 5 Abs. 2 ErbStG Einzelheiten zur Ausgleichsforderung bei lebzeitigem Zugewinnausgleich oder wenn im Todesfall die güterrechtliche Lösung gewählt wird, mithin der überlebende Ehegatte die Erbschaft ausschlägt und den tatsächlich erzielten Zugewinn sowie den „kleinen" Pflichtteil fordert. § 5 Abs. 3 ErbStG regelt den Sonderfall der Wahl-Zugewinngemeinschaft i.S.d. § 1519 BGB und die Details zur Ausgleichsforderung in dieser Konstellation. 91

Haben die Eheleute nach dem gesetzlichen Grundfall eine Zugewinngemeinschaft i.S.d. §§ 1363 ff. BGB begründet, beginnt diese im Zeitpunkt der **Eheschließung**, wenn ehevertraglich nichts anderes vereinbart worden ist. Die Beweislast für das Vorliegen eines anderen Güterstands liegt aufgrund der gesetzlichen Vermutung bei den Eheleuten.[103] Die beiderseitigen Vermögen bleiben gem. § 1363 Abs. 2 BGB **getrennt**, sodass ein Vermögenstransfer bei der Begründung des Güterstands nicht stattfindet. Gem. § 1365 BGB benötigen Ehegatten für eine Verpflichtung zur Verfügung über ihr (ganzes) Vermögen der Einwilligung des anderen Ehegatten. Der Begriff „Vermögen im Ganzen" ist dabei wirtschaftlich zu verstehen, sodass auch die Übertragung eines einzelnen Vermögensgegenstands, wenn dieser – je nach Vermögensgröße – 85–90 % des Vermögens ausmacht, von der Regelung erfasst wird.[104] 92

103 MüKo-BGB/*Koch*, § 1363 Rn 5.
104 MüKo-BGB/*Koch*, § 1363 Rn 30.

b) Vermögensübertragungen in der Zugewinngemeinschaft

aa) Berechnung des steuerfreien Zugewinns

93 Zur Berechnung des steuerfreien Zugewinns ist als maßgebliches Merkmal der Zugewinngemeinschaft zu beachten, dass der von den Eheleuten während der Ehe erwirtschaftete Zugewinn mit Beendigung der Zugewinngemeinschaft auszugleichen ist.[105] Mit der Beendigung entsteht kraft Gesetzes ein **Zugewinnausgleichsanspruch** desjenigen, der während der Zeit der Zugewinngemeinschaft einen geringeren Zugewinn erzielt hat. Dieser ist auch steuerlich zu berücksichtigen und gem. § 5 ErbStG von der Erbschaft- und Schenkungsteuer befreit.

Um den Ausgleichsanspruch eines Ehegatten feststellen zu können, muss zunächst das Anfangs- und Endvermögen der beiden Eheleute ermittelt werden.

94 Das **Anfangsvermögen** umfasst alle Vermögensgegenstände, die einem Ehegatten bei Eintritt in den Güterstand der Zugewinngemeinschaft bis zum Zeitpunkt der Eheschließung zuzurechnen sind. Dabei sind ebenso sämtliche zum Vermögen zu zählenden Verbindlichkeiten abzuziehen. Wenn einer der Ehegatten nach der Begründung der Zugewinngemeinschaft durch einen Dritten Zuwendungen erhalten hat, sind diese Zuwendungen nach Abzug der Verbindlichkeiten dem jeweiligen Anfangsvermögen hinzuzurechnen (sog. Zuerwerb). Weil als Bewertungsstichtage für Anfangs- und Endvermögen jeweils Beginn und Ende des bestehenden Güterstands für die Ermittlung des Zugewinnausgleichsanspruchs maßgeblich sind, ist aufgrund der teilweise mehrere Jahrzehnte andauernden Zeitspanne zwischen diesen beiden Daten die Veränderung der Kaufkraft zu berücksichtigen. Aus diesem Grund wird das Anfangsvermögen mithilfe des Verbraucherpreisindexes in den Geldwert zum Zeitpunkt der Beendigung der Zugewinngemeinschaft umgerechnet.[106]

95 Das **Endvermögen** umfasst alle Vermögensgegenstände, die einem Ehegatten bei Beendigung der Zugewinngemeinschaft zuzurechnen sind. Auch hier sind wiederum bestehende Verbindlichkeiten zu berücksichtigen. Zuwendungen sind dem Endvermögen des Ehegatten wieder hinzuzurechnen, die dieser an einen Dritten tätigt (§ 1375 Abs. 2 BGB). Hierfür ist nach § 1375 Abs. 2 Nr. 1–3 BGB erforderlich, dass die Zuwendung das Endvermögen des Ehegatten verringert hat und dabei eine unentgeltliche Zuwendung in Form einer Schenkung oder Spende darstellt, die nicht durch eine sittliche Pflicht begründet war (Nr. 1) oder eine Vermögensverschwendung darstellt (Nr. 2) oder den anderen Ehegatten absichtlich benachteiligt (Nr. 3). Zuwendungen, die vor mehr als zehn Jahren vor der Beendigung der Zugewinngemeinschaft erfolgt sind, sind gem. § 1375 Abs. 3 Hs. 1 BGB nicht hinzuzurechnen. Zuwendungen, die innerhalb der letzten zehn Jahre vor Beendigung der Zugewinngemeinschaft getätigt worden sind, werden nicht hinzugerechnet, wenn der andere Ehegatte der Zuwendung ausdrücklich oder konkludent zugestimmt hat.[107] Das bloße Schweigen des Ehegatten oder die Duldung der Zuwendung stellen noch keine stillschweigende Zustimmung in diesem Sinne dar.[108]

96 Der Zugewinnausgleichsanspruch i.S.d. § 1378 BGB steht demjenigen Ehegatten zu, dessen Zugewinn im Vergleich zu dem des anderen Ehegatten geringer ist. Der Anspruch besteht

105 Zur Berechnung siehe *Meincke/Hannes/Holtz*, § 5 Rn 15 ff.

106 BGH v. 14.11.1973 – IV ZR 147/72, NJW 1974, 137; BFH v. 22.7.2020 – II R 42/18, BStBl II 2021, 617.

107 MüKo-BGB/*Koch*, § 1375 Rn 63.

108 MüKo-BGB/*Koch*, § 1375 Rn 63.

der Höhe nach in der **Hälfte des Unterschiedsbetrags** zwischen dem jeweils errechneten Zugewinn der Eheleute.

Auf die errechnete Ausgleichsforderung sind die getätigten Zuwendungen des ausgleichspflichtigen Ehegatten an den anspruchsberechtigten Ehegatten während der Ehe **anzurechnen**, die den Wert eines Gelegenheitsgeschenks überschreiten, weil diese als Vorausempfänge i.S.d. § 1380 Abs. 1 BGB behandelt werden.[109] Die Zuwendung muss nicht mit der Bestimmung der Anrechnung auf die Ausgleichsforderung versehen werden, sie muss lediglich eine unentgeltliche Leistung darstellen, auf die der Zuwendungsempfänger keinen Anspruch hatte.[110] 97

Ein negatives Anfangsvermögen eines Ehegatten ist bei der Berechnung des Zugewinnausgleichs seit der Änderung des Zugewinnausgleichsrechts im Jahr 2009 zu berücksichtigen.[111] 98

Beispiel 99
Ermittlung der Ausgleichsforderung:
Eheschließung im gesetzlichen Güterstand: 15.3.1996
Stichtag für Zugewinnausgleich (§ 1378 Abs. 3 BGB): 13.6.2024 (Todestag Ehefrau)

	Ehemann	Ehefrau
Endvermögen	3 Mio. EUR	7 Mio. EUR
Anfangsvermögen (indexiert)	1 Mio. EUR	3 Mio. EUR
Zugewinn	2 Mio. EUR	4 Mio. EUR

→ Unterschiedsbetrag zwischen größerem Zugewinn und kleinerem Zugewinn = 2 Mio. EUR
Ergebnis: Der Ehemann hat einen Ausgleichsanspruch in Höhe von 1 Mio. EUR ($^1/_2$ von 2 Mio. EUR). Dieser wird **von der Erbschaftsteuer ausgenommen** und ist – zusätzlich zu den Freibeträgen – **steuerfrei.**

bb) Vermögenstransfers während der Zugewinngemeinschaft

In der Praxis oft verkannt wird der Umstand, dass trotz § 5 ErbStG **Schenkungen** zwischen Ehegatten, die im Güterstand der Zugewinngemeinschaft leben, **nicht** generell steuerfrei sind. Die Eheleute haben während des Bestands des gesetzlichen Güterstands zu beachten, dass gewöhnliche Schenkungen steuerrechtlich als „normale", schenkungsteuerbare Vorgänge behandelt werden. Kaufen die Ehegatten bspw. gemeinsam eine Mietimmobilie und zahlt nur ein Ehegatte den Kaufpreis, stellt dies eine Schenkung in Höhe des hälftigen Werts der Immobilie dar. Dagegen fällt keine Schenkungsteuer an, wenn ein Ehegatte dem anderen eine Zahlung für eine bestimmte Gegenleistung gewährt und sich die Eheleute über den Zusammenhang von Leistung und Gegenleistung einig waren, diese Willensübereinstimmung bewiesen werden kann (bspw. wenn ein Ehegatte Dienste im Betrieb des anderen Ehegatten leistet) und er hierfür eine angemessene Vergütung erhält (Entstehung von Einkommensteuer beachten). 100

Die Finanzverwaltung hält Zahlungen eines Ehegatten an den anderen während der bestehenden Zugewinngemeinschaft mit dem Ziel, einen bisher erzielten Zugewinn auszugleichen, für eine steuerbare Zuwendung i.S.d. § 7 Abs. 1 Nr. 1 ErbStG (H E 5.2 ErbStH 101

109 MüKo-BGB/*Koch*, § 1380 Rn 1; *Meincke/Hannes/Holtz*, § 5 Rn 20.
110 BGH v. 20.12.2000 – XII ZR 237/98, NJW-RR 2001, 793; MüKo-BGB/*Koch*, § 1380 Rn 1.
111 BeckOK BGB/*Scheller/Sprink*, § 1374 Rn 11.

2019 – Vorzeitiger Zugewinnausgleich bei fortbestehender Zugewinngemeinschaft). Ein sog. „fliegender Zugewinnausgleich“, bei dem lediglich der Zugewinn berechnet und ausgeglichen wird, der Güterstand jedoch nicht beendet wird, erfüllt die Voraussetzungen zur steuerlichen Anerkennung nicht.[112]

102 Einen steuerfreien Zugewinnausgleich können die Eheleute daher nur dadurch erreichen, dass sie die Zugewinngemeinschaft tatsächlich beenden – mithin indem sie einen **Ehevertrag** abschließen, durch welchen der Güterstand der **Gütertrennung** vereinbart wird. Dies folgt aus der Regelung des § 5 Abs. 2 ErbStG, wonach Ausgleichsforderungen, die ein Ehepartner gegenüber dem anderen bei vertraglicher Beendigung der Zugewinngemeinschaft geltend macht, nicht zum steuerpflichtigen Erwerb i.S.d. §§ 3, 7 ErbStG gehören. Nach Ansicht des BFH[113] liegt hierin auch dann kein Gestaltungsmissbrauch gem. § 42 AO, wenn die Ehegatten den gesetzlichen Güterstand im Anschluss neu begründen. Dieses Vorgehen wird in der Praxis gerne als **„Güterstandsschaukel“**[114] bezeichnet.

103 **Praxistipp**
Die Eheleute sollten bei einem solchen Vorgehen stets berücksichtigen, dass ihnen Anwalts- und Notarkosten entstehen, weil ein den Güterstand verändernder Vertrag in Form eines notariell beurkundeten Ehevertrags geschlossen werden muss (vgl. § 1410 BGB). Erforderlich ist es, die Beendigung der Zugewinngemeinschaft und die Neubegründung der Zugewinngemeinschaft in zwei getrennten Verträgen zu vereinbaren. Nicht zwingend, aber zu empfehlen, ist das Abwarten einer angemessenen Frist zwischen den Verträgen. Wie lang diese Schamfrist sein sollte, ist umstritten.

cc) Erfüllung des Zugewinns durch Sachwerte – ertragsteuerliche Folgen

104 Der Zugewinnausgleichsanspruch ist ein auf Geld gerichteter Anspruch. Erfolgt der Ausgleich des Zugewinns nicht „in Geld“, sondern durch die Übertragung von anderen Vermögensgegenständen, ist dies eine „Leistung an Erfüllungs statt“ (§ 364 BGB). Diese Übertragung von Sachwerten an Erfüllungs statt stellt aus ertragsteuerlicher Sicht grundsätzlich einen **entgeltlichen Veräußerungsvorgang** dar, der zur Aufdeckung etwaig vorhandener stiller Reserven führt.[115]

105 **Problematisch** für Übertragungen im Rahmen des Zugewinnausgleichs sind vor allem folgende Vermögensgegenstände:
- Anteile an Personengesellschaften (§ 16 EStG) sowie an Kapitalgesellschaften (bspw. auch Aktien; §§ 17, 20 EStG)
- Immobilien innerhalb der Spekulationsfrist von zehn Jahren (§ 23 EStG)
- sperrfristbehaftete Anteile (bspw. § 22 UmwStG)

Werden derartige steuerverstrickte Wirtschaftsgüter zur Erfüllung des Zugewinns hingegeben, erzielt der zum Zugewinnausgleich Verpflichtete einen Veräußerungserlös in Höhe des Werts der hingegebenen Vermögensgegenstände. Die Differenz zwischen seinen Anschaffungskosten und dem erzielten Veräußerungserlös ist der Gewinn, welcher der Ertragsbesteuerung unterworfen wird.

112 Kritisch hierzu die Lit.; *Meincke/Hannes/Holtz*, § 5 Rn 49 m.w.N.

113 Grundlegend BFH v. 12.7.2005 – II R 29/02, BStBl II 2005, 843.

114 *Wachter*, FR 2020, 816; *Schlünder/Geißler*, NJW 2007, 482.

115 Zur Problematik *Beckervordersandfort/Klönne*, ErbR 2024, 86, auch mit Überlegungen, ob ein gegenständlicher Zugewinnausgleich möglich ist; vgl. dazu auch *Stein/Dorn*, ZEV 2023, 725.

Auf der anderen Seite kann auch ein **Veräußerungsverlust** generiert werden, indem der Ausgleichsverpflichtete im Wert unter die Anschaffungskosten gesunkene Vermögensgegenstände überträgt, bspw. Aktien, die seit der Anschaffung im Kurs gefallen sind. 106

Der Empfänger des Zugewinnausgleichs hat Anschaffungskosten in Höhe des gemeinen Werts und erhält ggf. neues Abschreibungsvolumen. Die Übertragung von nicht steuerverstrickten Sachwerten – bspw. die Übertragung einer Mietimmobilie außerhalb der Spekulationsfrist – kann daher auch dazu genutzt werden, neues Abschreibungsvolumen zu generieren. Festzuhalten ist daher, dass bei Erfüllung des Zugewinns und bei der Planung einer „Güterstandsschaukel" immer genau geprüft werden muss, welche Vermögensgegenstände übertragen werden können. 107

c) Beendigung der Zugewinngemeinschaft durch Tod eines Ehegatten

aa) Zivilrecht

Wenn die Zugewinngemeinschaft durch Tod eines Ehegatten beendet wird, gilt als Beendigungszeitpunkt zwingend der **Todeszeitpunkt**. In Bezug auf den Zugewinnausgleichsanspruch hat der überlebende Ehegatte faktisch ein Wahlrecht zwischen der erbrechtlichen und der güterrechtlichen Lösung.[116] 108

Nach der **erbrechtlichen Lösung** wird der Ausgleich des Zugewinns zivilrechtlich dadurch verwirklicht, dass sich der gesetzliche Erbteil des überlebenden Ehegatten gem. §§ 1931 Abs. 3, 1371 BGB um ein Viertel erhöht. Diese pauschale Erhöhung des Erbteils erfolgt unabhängig davon, ob tatsächlich ein Zugewinn erwirtschaftet wurde oder in welcher Höhe ein Zugewinnausgleichsanspruch besteht. Im Rahmen der erbrechtlichen Lösung wird also auch der Erbteil desjenigen Ehegatten um ein Viertel der Erbschaft erhöht, der keinen Zugewinnausgleichsanspruch hat und im Gegenteil seinerseits zum Ausgleich des Zugewinns verpflichtet wäre. Erbt ein Ehegatte neben Kindern, so erhält er daher regelmäßig die Hälfte des Nachlasses, während die andere Hälfte unter den Kindern aufgeteilt wird. Voraussetzung hierfür ist, dass der überlebende Ehegatte gesetzlicher Erbe geworden ist; ist der überlebende Ehegatte testamentarischer Erbe oder Vermächtnisnehmer geworden, wird der Ausgleich nicht pauschal abgegolten, sondern berechnet sich nach den §§ 1373–1383, 1390 BGB. 109

Die **güterrechtliche Lösung** kommt nur dann zum Tragen, wenn der überlebende Ehegatte weder Erbe – dies ist auch nach Ausschlagung der Fall – noch Vermächtnisnehmer wird. Anstelle des um ein Viertel erhöhten Erbteils wird der tatsächlich erzielte Zugewinn ausgeglichen. Daneben hat der überlebende Ehegatte einen Anspruch auf den sog. „kleinen" Pflichtteil, der sich nach dem nicht erhöhten Erbteil richtet. Er wird ermittelt aus dem nach Abzug des Zugewinnausgleichs verbleibenden Nachlass. Durch diese Regelung wird der Ehegatte mit dem Pflichtteil am Nachlass beteiligt und durch Gewährung des Zugewinnausgleichs wird der güterrechtliche Anspruch verwirklicht. 110

bb) Erbschaftsteuerrecht

Unabhängig von der zivilrechtlichen Regelung, den Erbteil zum Ausgleich des Zugewinns pauschal zu erhöhen, wird der Zugewinn für Zwecke der Erbschaftsteuer immer nach den §§ 1371 ff. BGB berechnet. Es ist stets der tatsächlich erzielte Zugewinn der Eheleute zu berechnen. Doch auch innerhalb des Erbschaftsteuerrechts ist zwischen der erbrechtlichen 111

116 MüKo-BGB/*Leipold*, § 1931 Rn 45.

Lösung einerseits (§ 5 Abs. 1 ErbStG) und der güterrechtlichen Lösung und der Beendigung unter Lebenden (§ 5 Abs. 2 ErbStG) andererseits zu differenzieren.

(1) Erbrechtliche Lösung

112 Die Finanzverwaltung (R E 5.1 Abs. 1 ErbStR 2019) hält hierzu und mit Blick auf die Begünstigung gem. § 5 Abs. 1 ErbStG fest:

> *Kommt es mit Beendigung der Zugewinngemeinschaft zur erbrechtlichen Abwicklung, weil die Eheleute bis zum Tod eines Ehegatten im Güterstand der Zugewinngemeinschaft gelebt und der überlebende Ehegatte das Vermögen des verstorbenen Ehegatten ganz oder teilweise durch Erbanfall oder Vermächtnis erworben hat, ist nur für steuerliche Zwecke fiktiv eine steuerfrei zu stellende Ausgleichforderung zu ermitteln und vom Erwerb des Ehegatten abzuziehen.*

113 Für die Ermittlung der Begünstigung wird somit steuerlich niemals auf die pauschale Erhöhung des Erbteils nach dem Zivilrecht abgestellt, sondern eine fiktive Ausgleichsforderung ermittelt, die sich aus dem Vergleich von Anfangs- und Endvermögen der beiden Ehegatten ermittelt. Der Erwerb des überlebenden Ehegatten wird in Höhe der ermittelten fiktiven Ausgleichsforderung als steuerfrei behandelt.[117] Bei der Ermittlung sind die Besonderheiten nach § 5 Abs. 1 S. 2–5 ErbStG zu beachten, wonach insbesondere zivilrechtlich vereinbarte, vertragliche Modifikationen der Zugewinngemeinschaft erbschaftsteuerlich unberücksichtigt bleiben (R E 5.1 Abs. 2 S. 1 ErbStR 2019).[118]

114 Von entscheidender Bedeutung für die Beratungspraxis ist dabei § 5 Abs. 1 S. 4 ErbStG, demzufolge eine **rückwirkende Vereinbarung** des Güterstands der Zugewinngemeinschaft bei Wahl der erbrechtlichen Lösung in steuerlicher Hinsicht **nicht akzeptiert** wird. Obwohl also im Ehevertrag vereinbart wurde, dass das Anfangsvermögen im Zeitpunkt der Eheschließung maßgeblich sein soll und die Vereinbarung der Zugewinngemeinschaft auf den Zeitpunkt der Eheschließung zurückwirken soll, wird steuerlich zwingend der Tag des Vertragsabschlusses zugrunde gelegt (bei Wahl der erbrechtlichen Lösung im Todesfall).

115 In der Praxis gestaltet sich die Ermittlung des fiktiven Freibetrags schwierig und führt aufgrund der folgenden Probleme zu Diskussionen:
- Ermittlung des Anfangsvermögens beider Ehegatten bei Eintritt in den Güterstand (bspw. wegen langer Zeitspanne seit Beginn oder fehlender Aufzeichnungen); erfolgte die Eheschließung vor/in 1997, können ggf. Vermögensteuererklärungen hilfreich sein;
- Ermittlung der dem Anfangsvermögen gem. § 1374 Abs. 2 BGB hinzuzurechnenden Vermögenswerte, die ein Ehegatte während der Ehe mit Rücksicht auf ein künftiges Erbrecht oder durch Schenkung erworben hat, weil diese nicht zu den Einkünften gerechnet werden können, die die Eheleute gemeinsam erwirtschaftet haben;[119]
- Ermittlung von unentgeltlichen Zuwendungen, Vermögensverschwendungen und Handlungen, die ein Ehegatte vorgenommen hat, um den anderen i.S.d. § 1375 Abs. 2 BGB zu benachteiligen, und die daher dem Endvermögen hinzuzurechnen sind;
- Beseitigung von Wertsteigerungen infolge Kaufkraftschwunds; hierfür enthalten die ErbStH 2019 in H E 5.1 Abs. 2 eine Tabelle über den Preisindex für die Lebenshaltung privater Haushalte von 1958 bis 2018; für jüngere Zeiträume sind die mitgeteilten Indizes

117 Burandt/Rojahn/*Milatz/Christopeit*, § 5 ErbStG Rn 3.

118 Troll/Gebel/Jülicher/Gottschalk/*Gottschalk*, § 5 Rn 197.

119 R E 5.2 S. 1 ErbStR 2019 bestimmt ausdrücklich, dass die zivilrechtlichen Vorschriften bei der fiktiven Erbschaftsbesteuerung beachtet werden müssen.

der Finanzverwaltung bzw. des Statistischen Bundesamts (Verbraucherpreisindex) zu verwenden.[120]

Aufgrund dieser nicht zu vernachlässigenden Schwierigkeiten hat in R E 5.1 Abs. 1 S. 2 ErbStR 2019 die praktische Erleichterung Einzug gefunden, dass die umfangreichen Berechnungen zur Ermittlung des exakten Freibetrags unterbleiben können, wenn abzusehen ist, dass der Erwerb die **persönlichen Freibeträge nicht überschreiten** wird. Werden größere Vermögen übertragen, ist dies jedoch nicht hilfreich; vielmehr muss anhand noch vorhandener Unterlagen versucht werden, die jeweiligen Vermögen zum Beginn der Eheschließung zu ermitteln. 116

Weiter verschärft wurde § 5 ErbStG durch den Gesetzgeber mit dem Jahressteuergesetz 2020. Bis zur Gesetzesänderung stellte die Regelung des § 5 Abs. 1 S. 1 ErbStG einen Freibetrag dar, der neben den Freibeträgen der §§ 16, 17 ErbStG ausgeschöpft werden konnte. Unerheblich war, ob im Zugewinn selbst begünstigtes Vermögen enthalten war, bspw. ein Familienheim oder begünstigtes Betriebsvermögen. Durch die Einführung des neuen § 5 Abs. 1 S. 6 ErbStG, der für alle Erbfälle nach dem 28.12.2020 anwendbar ist, verringert steuerbefreites Vermögen nunmehr die fiktive Ausgleichsforderung, die insofern anteilig gekürzt wird. Der Wortlaut der Norm lautet: 117

> *Sind bei der Ermittlung der Bereicherung des überlebenden Ehegatten oder des überlebenden Lebenspartners Steuerbefreiungen berücksichtigt worden, gilt die Ausgleichsforderung im Verhältnis des um den Wert des steuerbefreiten Vermögens geminderten Werts des Endvermögens zum ungeminderten Wert des Endvermögens des Erblassers nicht als Erwerb im Sinne des § 3.*

Der Gesetzgeber möchte durch die Neuregelung eine Doppelbegünstigung vermeiden, die durch Steuerbefreiungen auf der einen Seite und die Begünstigung durch den steuerfreien Zugewinn auf der anderen Seite entstehen kann.[121] Die Zugewinnausgleichsforderung ist nur noch im Verhältnis zwischen dem um die Steuerbefreiungen geminderten Wert des Endvermögens und dem zivilrechtlichen Endvermögen abzugsfähig. 118

Beispiel 1 119

Alte Rechtslage (vor Einführung des § 5 Abs. 1 S. 6 ErbStG):

Ein Ehepaar lebt in Zugewinngemeinschaft; ein besonderer Versorgungsfreibetrag besteht nicht. Der Ehemann verstirbt und hinterlässt seiner Frau i.S.d. §§ 13a, 13b ErbStG begünstigte Unternehmensanteile im Wert von 2 Mio. EUR sowie ein Ferienhaus im Wert von 2,5 Mio. EUR. Das Anfangsvermögen von Ehemann und Ehefrau war jeweils 0 EUR; die Ehefrau hat im Zeitpunkt des Todes des Ehemannes kein eigenes Vermögen. Für die Unternehmensanteile kann die erbschaftsteuerliche Verschonung für Betriebsvermögen in Anspruch genommen werden, sodass die Anteile steuerfrei auf die Ehefrau übertragen werden können. Das Ferienhaus ist nicht steuerbefreit.

Der Zugewinnausgleichsanspruch der Ehefrau beträgt 2,25 Mio. EUR, da der Ehemann sämtliches Vermögen während der Ehe erwirtschaftet hat und die Ehefrau kein eigenes Vermögen besitzt (4,5 Mio. EUR Unterschied der Zugewinne : 2 = 2,25 Mio. EUR).

Die 2,25 Mio. EUR sind vom Nachlass abzuziehen. Von den verbleibenden 2,25 Mio. EUR Nachlass werden noch die 2 Mio. EUR für die verschonten Unternehmensanteile und der Freibetrag für Eheleute in Höhe von 500.000 EUR abgezogen.

---

120 Zeiträume bis 2023 vgl. BMF-Schreiben v. 24.1.2024, BStBl I 2024, 210; Verbraucherpreisindex abrufbar unter https://www.destatis.de.

121 *Götz*, ZEV 2021, 304, 306 ff.

Am Ende verbleibt also ein steuerpflichtiger Erwerb von 0 EUR und es muss **keine Erbschaftsteuer** entrichtet werden.[122]

Beispiel 2
Neue Rechtslage (nach Einführung des § 5 Abs. 1 S. 6 ErbStG):[123]
Fall wie Beispiel 1. Im Rahmen der Neuregelung wird der Zugewinnausgleichsanspruch anteilig gekürzt. Die Ausgleichsforderung wird nur noch in Höhe des Anteils berücksichtigt, den das nicht begünstigte Vermögen am Gesamtvermögen hat (2,5 Mio. EUR / 4,5 Mio. EUR = 55,56 %). Somit kann die Ausgleichsforderung statt in voller Höhe von 2,25 Mio. EUR nur noch in Höhe von 1,25 Mio. EUR vom Nachlass abgezogen werden. Der steuerpflichtige Erwerb beträgt in diesem Fall 740.000 EUR.
Rechnung:
4,5 Mio. EUR Nachlass
./. 1,25 Mio. EUR (steuerlich anzuerkennende) Zugewinnausgleichsforderung
./. 2 Mio. EUR Verschonung für die Unternehmensanteile
./. 0,5 Mio. EUR Freibetrag für Ehegatten
= 750.000 EUR
Im Beispiel hätte dies eine Mehrbelastung mit **Erbschaftsteuer in Höhe von 142.500 EUR** (750.000 EUR x 19 %) zur Folge.

(2) Güterrechtliche Lösung

120 Bei Beendigung der Zugewinngemeinschaft von Todes wegen, ohne dass der überlebende Ehegatte testamentarischer oder gesetzlicher Erbe ist oder wenn er die Erbschaft ausgeschlagen hat, ist der **Zugewinnausgleich nach § 1371 BGB** vorzunehmen. Dasselbe gilt auch dann, wenn der Güterstand unter Lebenden (Scheidung oder Ehevertrag) beendet wurde. Hierbei ist die Begünstigung des § 5 Abs. 2 ErbStG anwendbar. Entscheidender Unterschied im Vergleich zur Begünstigung nach § 5 Abs. 1 ErbStG im Rahmen der erbrechtlichen Lösung ist, dass zivilrechtlich vereinbarte Modifizierungen auch steuerlich Anerkennung finden.[124] Dies bedeutet insbesondere, dass hier eine rückwirkende Vereinbarung der Zugewinngemeinschaft auch steuerlich anerkannt wird.[125]

121 Auch die Neuregelung des § 5 Abs. 1 S. 6 ErbStG gilt nur für den Zugewinnausgleich von Todes wegen bei Wahl der erbrechtlichen Lösung. Im Rahmen des § 5 Abs. 2 ErbStG wird der Zugewinnausgleich in voller Höhe als steuerfrei anerkannt, ohne dass steuerlich begünstigtes Vermögen aus der Begünstigung herausgerechnet wird.[126] Dies bedeutet, dass sowohl bei einer rückwirkenden Vereinbarung der Zugewinngemeinschaft als auch bei einem hohen Anteil von begünstigtem Vermögen im Zugewinn immer geprüft werden sollte, ob nicht die Zugewinngemeinschaft bereits unter Lebenden beendet werden sollte.

122 **Beispiel**
Rückwirkende Vereinbarung der Zugewinngemeinschaft – Unterschied erbrechtliche und güterrechtliche Lösung:
Am 1.1.1965 haben die Eheleute die Ehe geschlossen und durch wirksamen Ehevertrag den Güterstand der Gütertrennung vereinbart. Sie haben eine gemeinsame Tochter. Der

122 Siehe auch das Beispiel bei *Götz*, ZEV 2021, 304.
123 Mit diversen Berechnungsbeispielen: Gleich lautende Erlasse betr. Anwendung der geänderten Vorschriften des Erbschaftsteuer- und Schenkungsteuergesetzes für Erwerbe mit einer Steuerentstehung nach dem 28.12.2020 v. 13.9.2021, Oberste Finanzbehörden der Länder, BStBl I 2021, 1837.
124 Münch/*Schlünder/Geißler*, § 18 Rn 28.
125 BFH v. 18.1.2006 – II R 64/04, DStRE 2006, 541; *Meincke/Hannes/Holtz*, § 5 Rn 53.
126 Burandt/Rojahn/*Milatz/Christopeit*, § 5 ErbStG Rn 12.

Ehemann verfügt über ein (indexiertes) Anfangsvermögen von 500.000 EUR, die Ehefrau hat kein Anfangsvermögen (0 EUR). Am 1.1.2022 vereinbaren die Eheleute wirksam den Wechsel in den Güterstand der Zugewinngemeinschaft. Dabei legen sie fest, dass die Zugewinngemeinschaft rückwirkend auf den Tag der Eheschließung gelten soll. Der Ehemann verfügt am 1.1.2022 über ein Vermögen von 3,9 Mio. EUR, die Ehefrau verfügt über kein Vermögen. Der Ehemann verstirbt am 1.1.2023 und hinterlässt ein Vermögen von 4 Mio. EUR. Testamentarische Alleinerbin ist die Ehefrau.

	Ehemann	Ehefrau
Anfangsvermögen (indexiert)	500.000 EUR	0 EUR
Vermögen zum 1.1.2022	3,9 Mio. EUR	0 EUR
Vermögen zum 1.1.2023	4 Mio. EUR	0 EUR
Zugewinn	**3,5 Mio. EUR**	**0 EUR**
davon Zugewinn zwischen 1.1.2022 und 1.1.2023	**100.000 EUR**	**0 EUR**

Erbrechtliche Lösung:
Die Zugewinngemeinschaft kann im Rahmen der erbrechtlichen Lösung nicht mit steuerlicher Wirkung rückwirkend vereinbart werden. Aus diesem Grund kann nur für den zwischen dem 1.1.2022 und dem 1.1.2023 entstandenen Zugewinn die Steuerbefreiung in Anspruch genommen werden.
Das bedeutet, dass der Zugewinn nur in Höhe von 50.000 EUR steuerfrei nach § 5 Abs. 1 ErbStG ist. 3,95 Mio. EUR ./. 500.000 EUR (Freibetrag nach § 16 ErbStG) ./. 256.000 EUR (Versorgungsfreibetrag nach § 17 ErbStG) sind der Erbschaftsteuer zu unterwerfen. Insgesamt ist ein Betrag von 3,194 Mio. EUR zu versteuern. Der Ehegatte gehört zur Steuerklasse I. Somit ist der steuerpflichtige Erwerb nach § 19 ErbStG mit 19 % zu versteuern. 3,194 Mio. EUR x 19 % = 606.860 EUR. Die Ehefrau muss Erbschaftsteuern in Höhe von 606.860 EUR zahlen.
Die Tochter erhält keinen Teil des Nachlasses (ein Pflichtteil soll nicht geltend gemacht werden). Somit ergibt sich im ersten Erbgang eine Erbschaftsteuer in Höhe von 606.860 EUR. Im zweiten Erbgang, also beim Tod der Mutter, erhält die Tochter 3.393.140 EUR (4 Mio. EUR ./. 606.860 EUR Erbschaftsteuer der Mutter). Davon muss die Tochter 2.993.140 EUR (3.393.140 EUR ./. 400.000 EUR Freibetrag) versteuern. Daraus ergibt sich eine Erbschaftsteuer von 568.696,60 EUR (2.993.140 EUR x 19 %).
Insgesamt ergibt sich eine erbschaftsteuerliche Belastung von 1.175.556,60 EUR.
Güterrechtliche Lösung:
Die Ehefrau schlägt ihre Erbschaft aus und wählt die güterrechtliche Lösung, um die Begünstigung des § 5 Abs. 2 ErbStG in Anspruch zu nehmen. Alleinerbin wird die Tochter.
Steuerfreier Zugewinnausgleichsanspruch: 1,75 Mio. EUR ($1/2$ von 3,5 Mio. EUR).
Die rückwirkende Vereinbarung der Zugewinngemeinschaft wird in diesem Fall anerkannt. Aus diesem Grund ist der zwischen dem 1.1.1965 und dem 1.1.2023 erzielte Zugewinn in Höhe von 1,75 Mio. EUR im Rahmen der güterrechtlichen Lösung nach § 5 Abs. 2 ErbStG steuerfrei. Diesen erhält die Ehefrau.
Es verbleiben 4 Mio. EUR ./. 1,75 Mio. EUR = 2,25 Mio. EUR.
Zudem erhält die **Ehefrau** noch ihren „kleinen Pflichtteil“, mithin ihren Pflichtteil in Bezug auf den nicht erhöhten Erbteil ($1/2$ von $1/4$ = $1/8$). Insofern erhält die Ehefrau neben

dem Zugewinnausgleichsanspruch noch $^1/_8$ von 2,25 Mio. EUR = 281.250 EUR. Dieser Betrag ist um den gewöhnlichen Freibetrag nach § 16 ErbStG sowie den Versorgungsfreibetrag nach § 17 ErbStG zu mindern. 281.250 EUR ./. 500.000 EUR ./. 256.000 EUR = **0 EUR**. Die Ehefrau muss auf ihren gesamten Erwerb in Höhe von 2.031.250 EUR **keine Erbschaftsteuer** zahlen.
Die **Tochter** erhält den Rest des Nachlasses in Höhe von 1.968.750 EUR. Auf diesen Erwerb wird eine Erbschaftsteuer von 298.062,50 EUR (1.968.750 EUR ./. 400.000 EUR) x 19 %) erhoben.
Im **zweiten Erbgang**, also bei Tod der Mutter, erhält die Tochter 2.031.250 EUR. 1.631.250 EUR (2.031.250 EUR ./. 400.000 EUR Freibetrag) muss die Tochter versteuern. Daraus ergibt sich eine **Erbschaftsteuer von 309.937,50 EUR** (1.631.250 EUR x 19 %). Insgesamt ergibt sich eine erbschaftsteuerliche Belastung von 608.000 EUR.

123 **Praxistipp**
Wie das vorstehende Beispiel zeigt, muss im Rahmen der erbrechtlichen Beratung geprüft werden, ob die güterrechtliche Lösung als steuerlich bessere Lösung gewählt werden sollte. Insbesondere wäre den Ehegatten im vorstehenden Beispiel aber zu raten gewesen, die Zugewinngemeinschaft durch notariellen Vertrag bereits unter Lebenden zu beenden und den Zugewinn entsprechend auszugleichen. Auch dies wäre steuerfrei möglich gewesen und die Ehefrau hätte im Todesfall zudem Erbin werden können.

d) Beendigung der Zugewinngemeinschaft in anderer Weise als durch Tod

124 Auch in den Fällen der Beendigung des gesetzlichen Güterstands auf andere Weise als durch den Tod eines der Ehegatten gehört eine Ausgleichsforderung nicht zum steuerpflichtigen Erwerb i.S.v. § 7 ErbStG und unterliegt nach § 5 Abs. 2 ErbStG **nicht** der **Erbschaftsteuer**. Die Einschränkungen des § 5 Abs. 1 S. 2–6 ErbStG gelten nicht und ehevertragliche Vereinbarungen finden steuerlich Berücksichtigung.[127]

125 Praxisrelevant sind die Fälle der Scheidung oder die einvernehmliche Beendigung durch Ehevertrag. Bei der Scheidung ist maßgeblicher Beendigungszeitpunkt die Rechtshängigkeit des Scheidungsantrags. Beim Wechsel des Güterstands kann der Zeitpunkt des Wechsels durch Wahl des Tages des Vertragsabschlusses frei gestaltet werden. Da zivilrechtliche Vereinbarungen anerkannt werden, kann die Zugewinngemeinschaft auch rückwirkend vereinbart werden; § 5 Abs. 1 S. 4 ErbStG findet keine Anwendung. Auch die Begrenzung des § 5 Abs. 1 S. 6 ErbStG auf den nicht begünstigten Teil des Vermögens bleibt außer Acht.

126 Einen interessante Gestaltungsmöglichkeit enthält § 29 Abs. 1 Nr. 3 ErbStG: Haben zwischen den Ehegatten sog. ehebedingte Zuwendungen oder Schenkungen stattgefunden, die nach dem Willen der Eheleute auf den Zugewinnausgleichsanspruch angerechnet werden sollen, ist dieser Wille der Ehegatten steuerlich unbeachtlich; sie sind als „ganz normale" steuerpflichtige Schenkungen zu beurteilen.[128] Grund hierfür ist, dass eine Steuerfreiheit grundsätzlich nur dann gewährt wird, wenn die Zugewinngemeinschaft **tatsächlich** beendet wird.[129] Eine Ausnahme regelt hier der § 29 Abs. 1 Nr. 3 ErbStG, demzufolge derartige Schenkungen auf den Ausgleichsanspruch angerechnet werden können, wenn die Zugewinngemeinschaft tatsächlich beendet wird und dadurch ein Zugewinnausgleichsanspruch entsteht. In diesen Fällen entfällt eine ursprünglich festgesetzte Schenkungsteuer rückwirkend durch Anrechnung auf den tatsächlichen Zugewinnausgleich, sodass hierin auch ein

127 Münch/*Schlünder/Geißler*, § 18 Rn 28.
128 *Meincke/Hannes/Holtz*, § 29 Rn 12.
129 *Meincke/Hannes/Holtz*, § 29 Rn 13.

gestalterischer „Rettungsanker“ bei einem unbeabsichtigten Auslösen einer Schenkungsteuer liegen kann.

3. Gütertrennung

Wird ehevertraglich der Güterstand der Gütertrennung i.S.d. § 1414 BGB vereinbart, bestehen zwischen den Eheleuten keinerlei güterrechtliche Beziehungen. Beide Vermögensmassen werden jeweils isoliert betrachtet und bleiben vollumfänglich getrennt.[130] Ausgleichszahlungen zwischen den Eheleuten finden auch bei Beendigung des gewählten Güterstands nicht statt. Jeder Ehegatte verwaltet sein Vermögen selbstständig und kann über dieses frei und ohne die Verfügungsbeschränkungen im gesetzlichen Güterstand verfügen. Nicht abbedungen werden hingegen die Vorschriften über die allgemeinen Ehewirkungen nach den §§ 1353 ff. BGB (Ehegattenunterhalt, Schlüsselgewalt, Pflicht zur Haushaltsführung etc.).[131] 127

Wenn die Eheleute den Güterstand der Gütertrennung vertraglich vereinbaren, können sie **nicht** von den Begünstigungen des § 5 ErbStG profitieren, der eine Besserstellung nur für den Fall des gesetzlichen Güterstands der Zugewinngemeinschaft anordnet.[132] Für den Güterstand der Gütertrennung hält das Gesetz keine Regelung bereit, die dem § 5 ErbStG vergleichbar ist. Möchten die im Güterstand der Gütertrennung lebenden Ehegatten die Steuerbefreiung des § 5 ErbStG nutzen, bleibt ihnen nur die Möglichkeit, (rückwirkend) in den Güterstand der **Zugewinngemeinschaft** zu **wechseln**. Wird die Zugewinngemeinschaft rückwirkend begründet, sollte der Ausgleich durch erneute Beendigung unter Lebenden erfolgen (oder Wahl der güterrechtlichen Lösung im Todesfall), damit die vereinbarte Rückwirkung auch steuerlich anerkannt wird. 128

4. Gütergemeinschaft

a) Vermögensübertragungen

Haben die Eheleute Gütergemeinschaft i.S.d. §§ 1415 ff. BGB vereinbart, werden die beiderseitigen Vermögen ohne Übertragungsakt[133] als ein gemeinschaftliches Vermögen betrachtet (Gesamtgut, § 1416 BGB). Sämtliches Vermögen, abgesehen von Sonder- und Vorbehaltsgütern i.S.d. §§ 1417, 1418 BGB, welches bei Begründung der Gütergemeinschaft mitgebracht wird, wie auch das, was während der Ehe erwirtschaftet wird, fällt in das **Gesamtgut**. Wird dieser Güterstand beendet, müssen sich die Ehegatten über das Gesamtgut gem. § 1471 Abs. 1 BGB auseinandersetzen und dieses bis dahin gemeinsam verwalten. Sie stellen bis zur vollständigen Auseinandersetzung eine sog. Liquidationsgemeinschaft dar.[134] 129

Wenn das Vermögen eines Ehegatten durch die Begründung der Gütergemeinschaft eine Mehrung erfährt, gilt diese Bereicherung als Schenkung unter Lebenden gem. § 7 Abs. 1 Nr. 4 ErbStG und unterliegt der Besteuerung. Zuwendungen eines Ehegatten, die nach Begründung der Gütergemeinschaft in das Gesamtgut getätigt werden, unterfallen nicht der Steuerpflicht nach § 7 Abs. 1 Nr. 4 ErbStG, können aber als Schenkung unter Lebenden nach § 7 Abs. 1 Nr. 1 ErbStG steuerbar sein.[135] Sofern ein Dritter einen Ehegatten beschenkt 130

130 MüKo-BGB/*Münch*, § 1414 Rn 1.
131 MüKo-BGB/*Münch*, § 1414 Rn 1.
132 Troll/Gebel/Jülicher/Gottschalk/*Gottschalk*, § 5 Rn 8, 9.
133 MüKo-BGB/*Münch*, § 1416 Rn 1.
134 OLG Stuttgart v. 29.3.1967 – 8 W 27/67, NJW 1967, 1809; MüKo-BGB/*Münch*, § 1471 Rn 7.
135 *Meincke/Hannes/Holtz*, § 7 Rn 109.

und die Zuwendung in das Gesamtgut fällt, wird die gesetzliche Mit-Bereicherung des anderen Ehegatten nicht besteuert (R E 7.6 Abs. 3 S. 2 ErbStR 2019).[136]

b) Fortgesetzte Gütergemeinschaft

131 Von der fortgesetzten Gütergemeinschaft spricht man, wenn die Ehegatten gem. § 1483 Abs. 1 BGB durch Ehevertrag vereinbaren, dass die Gütergemeinschaft nach dem Tod eines Ehegatten zwischen dem überlebenden Ehegatten und den gemeinschaftlichen Abkömmlingen fortgesetzt wird.[137] Aufgrund der Regelung des § 1483 Abs. 1 S. 3 BGB wird der Anteil des verstorbenen Ehegatten am Gesamtgut nicht zum Nachlass gezählt, sondern ist weiter in diesem gebunden. Die **Abkömmlinge** rücken somit nicht als Erben, sondern kraft Gesetzes in den Anteil des Verstorbenen am Gesamtgut ein, welches als Ganzes bestehen bleibt. Durch diese Möglichkeit soll der Erhalt des gemeinschaftlichen Familienvermögens gesichert werden.[138] Nicht gemeinsame Abkömmlinge haben nach § 1483 Abs. 2 BGB einen Anspruch auf ihren Erbteil in der Weise, als wäre die Gütergemeinschaft nicht fortgesetzt worden.[139] Eine Aufhebung dieser fortgesetzten Gütergemeinschaft kann trotz ehevertraglicher Vereinbarung erreicht werden, wenn der überlebende Ehegatte (jederzeit!) oder die anteilsberechtigten Abkömmlinge, die einen Antrag stellen und einen der in § 1495 BGB genannten Gründe anführen müssen,[140] die Fortsetzung ablehnen.

132 Die fortgesetzte Gütergemeinschaft endet gem. §§ 1493 Abs. 1, 1494 Abs. 1 BGB, wenn der überlebende Ehegatte erneut heiratet, eine Lebenspartnerschaft begründet oder verstirbt.

133 Weil die gemeinschaftlichen Abkömmlinge nicht durch Erbfolge in das Gesamtgut einrücken, sondern infolge Güterrechts nach § 1483 Abs. 1 S. 3 BGB, würde der Anteil des Verstorbenen am Gesamtgut nicht der Erbschaftsteuer unterliegen. Um dies zu vermeiden, bestimmt § 4 Abs. 1 ErbStG, dass dieser Anteil des Verstorbenen behandelt wird, als wäre er **ausschließlich** den anteilsberechtigten **Abkömmlingen** angefallen. Dadurch bleibt der überlebende Ehegatte von der Erbschaftsteuer verschont und die Abkömmlinge müssen den Anteil so versteuern, als hätten sie ihn geerbt.[141] Bei der fortgesetzten Gütergemeinschaft fällt der Anteil des Verstorbenen am Vorbehaltsgut und Sondergut in den Nachlass und der Erwerb wird nach den allgemeinen Regeln besteuert wird.[142]

VI. Vor- und Nacherbschaft

134 Die Vor- und Nacherbschaft ist steuerlich in § 6 ErbStG geregelt. Sie erweist sich nicht nur aus zivilrechtlicher, sondern auch aus steuerlicher Sicht als ein schwer handhabbares und komplexes Gestaltungsinstrument.[143] Aus steuerlicher Sicht ist die Vor- und Nacherbschaft insbesondere deswegen nachteilig, weil sie – entgegen der zivilrechtlichen Regelung des § 2100 BGB – dazu führt, dass gem. § 6 Abs. 2 S. 1 ErbStG erbschaftsteuerlich **zwei Besteuerungsvorgänge** vorliegen.[144]

---

136 *Meincke/Hannes/Holtz*, § 7 Rn 110.
137 MüKo-BGB/*Münch*, § 1482 Rn 2.
138 BeckOK BGB/*Spernath*, § 1483 Rn 2.
139 BeckOK BGB/*Spernath*, § 1483 Rn 10.
140 BeckOK BGB/*Spernath*, § 1495 Rn 3.
141 *Meincke/Hannes/Holtz*, § 4 Rn 3.
142 Vgl. Troll/Gebel/Jülicher/Gottschalk/*Gottschalk*, § 4 Rn 139 ff.
143 Ausführlich zur Vor- und Nacherbschaft *Sass*, ErbStB 2021, 89.
144 *Meincke/Hannes/Holtz*, § 6 Rn 14.

1. Steuerliche Behandlung des Vorerben

Der Vorerbe erlangt mit dem Erbanfall gem. § 6 Abs. 1 ErbStG steuerlich die Erbenstellung. 135
Die erbrechtlichen Beschränkungen, die den Vorerben treffen, bleiben bei seiner Besteuerung vollständig unberücksichtigt.[145] Er wird gem. §§ 6 Abs. 2 S. 1, 12 Abs. 1 ErbStG i.V.m. §§ 9, 5 BewG als **Vollerbe** des Erblassers angesehen und der Erbanfall dementsprechend in voller Höhe der Erbschaftsteuer unterworfen.[146]

Gem. § 20 Abs. 4 ErbStG kann der Vorerbe die Erbschaftsteuer aus der Substanz der 136
Erbschaft entrichten, sodass ihn letzten Endes keine wirtschaftliche Belastung durch die Steuerschuld trifft, sondern diese der Nacherbe trägt.[147] Seit dem Urteil des BFH vom 13.4.2016[148] ist die Erbschaftsteuer bei dem Tod des Vorerben vor Begleichen der Steuerschuld aus der Vorerbschaft grundsätzlich nicht – wie zuvor angenommen – als Nachlassverbindlichkeit gegenüber den eigenen Erben des Vorerben festzusetzen, sondern gegenüber dem Nacherben.

Wenn der Vorerbe zivilrechtlich die Stellung eines Vollerben erlangt, stellt dies keinen 137
erneuten steuerpflichtigen Erwerb dar, da sich steuerlich keine Veränderung in der Rechtsstellung ergibt. Etwaige Zahlungen, die der Vorerbe zur Ablösung des Nacherbenrechts an den Nacherben geleistet hat, sind auch nicht als Nachlassverbindlichkeiten abzugsfähig.[149] Die Kosten, die dem Vorerben in diesem Zusammenhang entstehen, sind nach der Rechtsprechung des BFH nicht nach § 10 Abs. 5 Nr. 3 S. 1 ErbStG abziehbar.[150] Derartige **Abfindungszahlungen** haben keinen Bezug zum Erbanfall bei dem Vorerben, sondern werden auf der Grundlage einer eigenständigen Vereinbarung zwischen Vor- und Nacherben getroffen. Der Nacherbe muss die erhaltene Abfindungszahlung als steuerpflichtigen Erwerb gem. § 3 Abs. 2 Nr. 6 ErbStG versteuern.[151]

Der Vorerbe kann bei einer Abfindungszahlung die auf ihn entfallende Erbschaftsteuer im 138
Falle des Nacherbes nicht nach § 6 Abs. 3 S. 2 ErbStG berichtigen, sodass eine auf § 5 Abs. 2 BewG gestützte Erstattung dieses letztlich nicht anrechenbaren Betrags ausscheidet.[152]

2. Steuerliche Behandlung des Nacherben

Der Nacherbe erwirbt schon mit dem Vorerbanfall eine Anwartschaft auf den späteren 139
Erwerb, welche noch nicht als steuerpflichtiger Erwerb anzusehen ist, aber bereits vererblich und veräußerlich ist. Eine Steuerpflicht des Nacherben entsteht grundsätzlich erst **mit Eintritt des Nacherbfalls**,[153] weshalb weder durch Vererben der Anwartschaft von Todes wegen noch durch Schenkung des Anwartschaftsrechts ein steuerpflichtiger Erwerb i.S.d. §§ 1 Abs. 2, 10 Abs. 4 ErbStG vorliegt.[154]

Eine Ausnahme ergibt sich nach § 3 Abs. 2 Nr. 4, 6 ErbStG dann, wenn hinsichtlich der 140
Nacherbenanwartschaft eine **entgeltliche Veräußerung**, **Verzicht**, **Ausschlagung** oder

---

145 *Meincke/Hannes/Holtz*, § 6 Rn 4; Troll/Gebel/Jülicher/Gottschalk/*Gottschalk*, § 6 Rn 11.
146 *Meincke/Hannes/Holtz*, § 6 Rn 5.
147 *Meincke/Hannes/Holtz*, § 6 Rn 6.
148 BFH v. 13.4.2016 – II R 55/14, BStBl II 2016, 746.
149 BFH v. 23.8.1995 – II R 88/92, BStBl II 1996, 137.
150 BFH v. 23.8.1995 – II R 88/92, BStBl II 1996, 137.
151 Troll/Gebel/Jülicher/Gottschalk/*Gottschalk*, § 3 Rn 345.
152 *Holler*, ErbR 2016, 615, 619.
153 Troll/Gebel/Jülicher/Gottschalk/*Gottschalk*, § 6 Rn 80.
154 BFH v. 28.10.1992 – II R 21/92, BStBl II 1993, 158; *Holler*, ErbR 2016, 615, 617.

Übertragung zugunsten des Vorerben erfolgt. Das hierfür gewährte Entgelt unterliegt in diesen Fällen der Besteuerung beim Nacherben nach dem Verhältnis zum Erblasser.[155] Der Erwerber im Falle einer entgeltlichen Veräußerung kann auch der Vorerbe selbst sein.[156] Dogmatisch inkonsequent ist insofern, dass der Vorerbe die Zahlung an den Nacherben nicht steuermindernd geltend machen kann, obwohl der Nacherbe die Zahlung versteuern muss.

141 Wenn der Vorerbe bereits lebzeitig unentgeltliche Übertragungen von Vermögensgegenständen an den Nacherben vornimmt, stellen diese mit Rücksicht auf die gewillkürte Nacherbfolge steuerpflichtige Schenkungen i.S.d. § 7 Abs. 1 Nr. 7 ErbStG dar.

142 Mit Eintritt des tatsächlichen Nacherbfalls muss danach unterschieden werden, ob dieser aufgrund des Todes des Vorerben oder aufgrund eines anderen Ereignisses eintritt.

3. Tod des Vorerben – Eintritt des Nacherbfalls

143 Wenn der Vorerbe verstirbt, fällt die Nacherbschaft bei dem Nacherben an und er hat diese entsprechend als Erwerb zu versteuern.[157] Nach § 6 Abs. 2 S. 1 ErbStG ist der steuerpflichtige Erwerb abweichend zur zivilrechtlichen Einordnung als **vom Vorerben stammend** zu versteuern. Aus diesem Grund bestimmen sich Steuerklasse und persönlicher Freibetrag grundsätzlich nach dem Verhältnis zwischen dem Vor- und Nacherben, wenn nicht entsprechend § 6 Abs. 2 S. 2 ErbStG der Nacherbe **beantragt**, nach dem persönlichen Verhältnis zwischen ihm und dem Erblasser behandelt zu werden.[158] Es liegt auf der Hand, dass diese Möglichkeit in Betracht gezogen werden sollte, wenn zum Erblasser ein engeres Angehörigenverhältnis besteht als zum Vorerben und somit eine günstigere Steuerklasse anzuwenden ist und ein höherer Freibetrag gewährt wird. Dies ist z.B. dann der Fall, wenn der Vorerbe bspw. ein Sohn aus der ersten Ehe des Erblassers ist und der Nacherbe ein Sohn aus der zweiten Ehe des Erblassers. In diesem Fall sind Vorerbe und Nacherbe nur Geschwister (Steuerklasse II, Freibetrag nur 20.000 EUR), wogegen der Nacherbe im Verhältnis zum Erblasser Kind ist (Steuerklasse I, Freibetrag 400.000 EUR). Der Antrag wirkt sich allerdings nur auf die Steuerklasse sowie diejenigen Aspekte aus, die mit der Steuerklasse zusammenhängen (persönlicher Freibetrag, Steuersatz etc.).[159]

144 Ist der Nacherbe gleichzeitig auch Erbe des Vorerben geworden, geht neben dem Nacherbfall auch eigenes Vermögen des Vorerben auf den Nacherben über. In diesem Fall führt der Antrag dazu, dass diese Vermögensanfälle gem. § 6 Abs. 2 S. 3 ErbStG hinsichtlich der Steuerklasse getrennt zu behandeln sind.

145 Hinsichtlich des **Steuerfreibetrags** ist zweierlei zu beachten: Erstens wird nach § 6 Abs. 2 S. 4 ErbStG ein Freibetrag für das eigene Vermögen des Vorerben nur gewährt, soweit der Freibetrag nicht bereits durch das der Nacherbfolge unterliegende Vermögen verbraucht ist. Diese Beschränkung ist auch zu beachten, wenn der Nacherbe von einem Vorerben mehrere Nacherbschaften erlangt.[160] Zweitens ist bei der Berechnung der Steuer, die auf das eigene Vermögen des Vorerben entfällt, nur der Freibetrag zu gewähren, der für das persönli-

155 Troll/Gebel/Jülicher/Gottschalk/*Gottschalk*, § 6 Rn 54 ff.; *Holler*, ErbR 2016, 615, 616 f.
156 BFH v. 30.10.1979 – II R 4/76, BStBl II 1980, 46.
157 Troll/Gebel/Jülicher/Gottschalk/*Gottschalk*, § 6 Rn 80.
158 Troll/Gebel/Jülicher/Gottschalk/*Gottschalk*, § 6 Rn 90.
159 BFH v. 2.12.1998 – II R 43/97, BStBl II 1999, 235.
160 BFH v. 1.12.2021 – II R 1/20, BStBl II 2022, 518.

che Verhältnis des Nacherben zum Vorerben maßgeblich ist.[161] Somit ist eine doppelte Beschränkung mit Blick auf den dem Nacherben zu gewährenden Freibetrag zu beachten.

Hinsichtlich des **Steuertarifs** wird wiederum von einem einheitlichen Erwerb ausgegangen. Daher ist die Steuer gem. § 6 Abs. 2 S. 5 ErbStG für jeden Erwerbsbestandteil nach dem Steuersatz zu erheben, der für den gesamten Erwerb gelten würde. 146

Beispiel 147

Der Erblasser setzt seinen Sohn V zum Vorerben und nach dessen Tod seinen Sohn N zum Nacherben ein. V setzt seinerseits seinen Bruder N zum Alleinerben ein. Im Verhältnis zum Erblasser gehört N als Kind zur Steuerklasse I, im Verhältnis zum Bruder V zur Steuerklasse II. N stellt nach dem Tod des V einen Antrag nach § 6 Abs. 2 S. 2 ErbStG.[162]

Die Nacherbschaft hat einen Gesamtsteuerwert von

a) 300.000 EUR.
b) 390.000 EUR.
c) 600.000 EUR.

Die freie Erbschaft (von A selbst) hat jeweils einen steuerlichen Wert von 90.000 EUR.
Es sind folgende Freibeträge zu berücksichtigen:

Nacherbschaft (Steuerklasse I):	a)	b)	c)
Freibetrag	400.000 EUR	400.000 EUR	400.000 EUR
davon verbraucht	300.000 EUR	390.000 EUR	600.000 EUR
verbleiben	**100.000 EUR**	**10.000 EUR**	**0 EUR**

	a)	b)	c)
freie Erbschaft (Steuerklasse II):	90.000 EUR	90.000 EUR	90.000 EUR
Freibetrag	20.000 EUR	20.000 EUR	20.000 EUR
Restfreibetrag (siehe oben)	100.000 EUR	10.000 EUR	0 EUR
verbleibender Freibetrag	**20.000 EUR**	**10.000 EUR**	**0 EUR**
zu versteuern	**70.000 EUR**	**80.000 EUR**	**290.000 EUR**

§ 6 Abs. 2 S. 5 ErbStG sieht einen Progressionsvorbehalt vor, wonach die Steuer für jeden Erwerb jeweils nach dem Steuersatz zu erheben ist, der für den gesamten Erwerb gelten würde.

Dies würde gem. § 19 Abs. 1 ErbStG **für Variante c)** bei einem Eigenvermögen des Vorerben von 90.000 EUR folgende Berechnung bedeuten:

Steuersatz für 690.000 EUR ./. 400.000 EUR	= 290.000 EUR	in Steuerklasse I	= 11 %

161 Troll/Gebel/Jülicher/Gottschalk/*Gottschalk*, § 6 Rn 105.

162 Vgl. dazu auch das Beispiel bei *Holler*, ErbR 2016, 615, 618.

Steuersatz für 690.000 EUR ./. 400.000 EUR	= 290.000 EUR	in Steuerklasse II	= 20 %
Steuersatz für Nacherbschaft	= 11 % von (600.000 EUR ./. 400.000 EUR =) 200.000 EUR		= 22.000 EUR
steuerfreie Erbschaft	= 20 % von 90.000 EUR		= 18.000 EUR
Steuer für den Gesamterwerb			**40.000 EUR**

Wenn N einen Antrag zu Lebzeiten nicht stellt, ist die Steuer erheblich höher – sie würde grundsätzlich (690.000 EUR ./. 20.000 EUR =) 670.000 EUR x 30 % = 201.000 EUR betragen.
Zu berücksichtigen ist aber der **Härteausgleich** gem. § 19 Abs. 3 ErbStG, da die Wertschwelle für die Progression von 600.000 EUR nur knapp überschritten wird. Die Berechnung erfolgt durch einen **Vergleich mit der fiktiven Steuer**, die erhoben werden würde, wenn der Erwerb die letztvorhergehende Wertgrenze (hier: 600.000 EUR) nicht überstiegen hätte:
Wert des steuerpflichtigen Erwerbs 600.000 EUR x 25 % = 150.000 EUR
Steuer eigentlich 201.000 EUR
Steuer auf vorhergehende Wertgrenze ./. 150.000 EUR = Unterschied 51.000 EUR
Dieser Unterschiedsbetrag wird nur insoweit erhoben, als er aus der Hälfte des übersteigenden Betrags (670.000 EUR ./. 600.000 EUR = 70.000 EUR) gedeckt werden kann:
Steuer auf vorhergehende Wertgrenze 150.000 EUR
Hälfte des die Wertgrenze (70.000 EUR : 2 = 35.000 EUR) übersteigenden Betrags:
Steuer insgesamt: 150.000 EUR + 35.000 EUR = 185.000 EUR

4. Eintritt des Nacherbfalls aus anderen Gründen

a) Besteuerung auf Ebene des Vor- und Nacherben

148 Tritt der Nacherbfall aufgrund eines anderen Ereignisses als des Todes des Vorerben ein, findet die Sonderregelung des § 6 Abs. 3 ErbStG Anwendung. Dieser gilt für die Fälle, in denen die Nacherbfolge durch ein anderes, bereits **zu Lebzeiten des Vorerben** erfolgendes Ereignis eintritt. Dies kann bspw. eine abgeschlossene Berufsausbildung des Nacherben oder die erneute Hochzeit des Vorerben sein. In diesen Konstellationen gilt die Vorerbfolge als **auflösend** bedingter und die Nacherbfolge als **aufschiebend** bedingter Erwerb vom Erblasser.[163] Da der Vorerbe in diesen Fällen noch lebt, ist logische Konsequenz, dass der Erbschafterwerb des Nacherben nur vom Erblasser stammen kann. Aus diesem Grund ist auch, abweichend von § 6 Abs. 2 ErbStG, immer das Verwandtschaftsverhältnis vom Nacherben zum Erblasser maßgeblich, ohne dass dem Nacherben ein Wahlrecht für eines der Verwandtschaftsverhältnisse zum Vorerben oder Erblasser zugutekommt.[164]

149 Auch bei Eintritt des Nacherbfalls aus anderen Gründen als dem Tod wird der Vorerbe als **Vollerbe** behandelt, weshalb er für seinen Erwerb die volle Steuer entrichten muss. § 6 Abs. 3 S. 2 ErbStG als spezialgesetzliche Vorschrift ordnet insofern an, dass § 5 Abs. 2

---

163 Troll/Gebel/Jülicher/Gottschalk/*Gottschalk*, § 6 Rn 111.
164 *Holler*, ErbR 2016, 615, 618 f.

BewG, dem zufolge eigentlich bei Bedingungseintritt die Besteuerung aufgrund des tatsächlichen Werts des Erwerbs zu berichtigen wäre, keine Anwendung findet.

Der einzige Unterschied zum Nacherbfall aufgrund Todes des Vorerben besteht bei der **Besteuerung des Nacherben**: Dieser trägt die Erbschaftsteuer gem. § 20 Abs. 4 ErbStG in wirtschaftlicher Hinsicht und kann sich nach § 6 Abs. 3 S. 2 ErbStG die Steuer anrechnen lassen, die der Vorerbe bereits entrichtet hat; abzüglich desjenigen Steuerbetrags, welcher der tatsächlichen Bereicherung des Vorerben entspricht.[165] 150

b) Berechnung der anrechenbaren Steuer

Für die Berechnung der anrechenbaren Steuer ist die tatsächliche Bereicherung des Vorerben 151
zu ermitteln.[166] Diese Bereicherung besteht aus:
- der von ihm entnommenen oder verbleibenden Substanz der Vorerbschaft,
- dem Kapitalwert der von ihm gezogenen Nutzungen,
- etwaigen Ersatzansprüchen, die ihm gegenüber dem Nacherben zustehen,
- Gegenleistungen, die der Nacherbe ihm gegenüber erbringt.

Dabei gelten die Wirtschaftsgüter als entnommen, die am Todestag des Erblassers zum damaligen steuerpflichtigen Erwerb gehörten, bei Herausgabe der Vorerbschaft – unmittelbar oder als Surrogat – aber nicht mehr vorhanden sind. Darüber hinaus ist der Kapitalwert der Nutzungen und Erträge während des Besitzes der Vorerbschaft, die der Vorerbe erzielt hat, zu ermitteln.[167]

Die **Berechnung** der zu entrichtenden Steuer erfolgt in folgenden Schritten: 152
1. Es wird die Steuer des Nacherben ermittelt, wie sie nach den allgemeinen Grundsätzen für den gesamten Erwerb entsteht.
2. Es ist die Differenz zwischen der tatsächlich entrichteten Steuer des Vorerben und der Steuer, die seinem tatsächlichen Erwerb entspricht, zu berechnen.
3. Von der Steuer des Nacherben (1.) ist die für den Vorerben zu viel erhobene Steuer (2.) abzuziehen.

Eine Anrechnung erfolgt **maximal** in der Höhe, in der auf den Erwerb des Nacherben eine 153
Steuer anfällt. Wenn der Vorerbe eine Erbschaftsteuer entrichtet hat, die über der tatsächlich zu zahlenden Steuer des Nacherben liegt, kann diese nicht erstattet verlangt werden. Wenn der Vorerbe „überzahlt“ hat, dann tritt – entgegen der Regelung des § 5 Abs. 2 BewG – eine Mehrbelastung des Nachlasses ein.[168]

Wenn der Vorerbe die Vorerbschaft oder Teile hiervon vorzeitig ohne Todeseintritt oder 154
anderes Ereignis an den Nacherben herausgibt, handelt es sich in diesen Fällen um eine **Schenkung** i.S.d. § 7 Abs. 1 Nr. 7 ErbStG.[169] In diesem Fall kann der Nacherbe wiederum einen Antrag nach § 7 Abs. 2 S. 1 ErbStG stellen, wenn dies aufgrund eines engeren persönlichen Verhältnisses zum Erblasser im Verhältnis zum Vorerben für ihn günstig ist. Zur Steueranrechnung kommt es in diesen Fällen jedoch nicht, weil § 7 Abs. 1 Nr. 7 ErbStG nicht zwischen § 6 Abs. 2 und Abs. 3 ErbStG unterscheidet.[170] Dadurch kann die vorzeitige Weitergabe von Nacherbschaftsvermögen aus steuerlicher Sicht durchaus nachteilig sein.

165 Daragan/Halaczinsky/Riedel/*Uricher*, § 6 ErbStG Rn 35.

166 Berechnungsbeispiel bei *Holler*, ErbR 2016, 615, 619.

167 *Meincke/Hannes/Holtz*, § 6 Rn 25.

168 Troll/Gebel/Jülicher/Gottschalk/*Gottschalk*, § 6 Rn 117 f.

169 *Holler*, ErbR 2016, 615, 620.

170 *Holler*, ErbR 2016, 615, 620.

c) Der Nacherbfolge gleichgestellte Konstellationen

155 Der Vor- und Nacherbschaft werden in steuerlicher Hinsicht nach § 6 Abs. 4 ErbStG diejenigen testamentarischen Anordnungen gleichgestellt, die zu wirtschaftlich vergleichbaren Ergebnissen führen. Dies gilt insbesondere für Nachvermächtnisse und Vermächtnisse, die erst mit dem Tod des Beschwerten fällig werden,[171] aber auch für entsprechende Auflagen (R E 6 S. 1 ErbStR 2019).

VII. Bewertung von Immobilienvermögen und von Betriebsvermögen

1. Bewertung von Immobilienvermögen

a) Immobilienbewertung nach der ImmoWertV

156 Die Immobilienbewertung ist in Deutschland maßgeblich durch die Wertermittlungsregeln gem. §§ 192–199 BauGB und die dazu ergangene Verordnung geprägt.[172] Aufgrund des § 199 BauGB wurde die Immobilienwertermittlungsverordnung (ImmoWertV) erlassen, derzeit in der umfangreich novellierten Fassung vom 1.1.2022. Sie bestimmt, wie die Verkehrswerte (Marktwerte) von Grundstücken und die dafür erforderlichen Daten zu ermitteln sind.[173] Daneben bestimmt die Baunutzungsverordnung (BauNVO) z.B., wie in Bebauungsplänen laut §§ 16 ff. BauNVO die zulässigen Geschossflächen festgelegt werden sollen.

157 Das BauGB sieht in § 192 vor, dass in sämtlichen Bundesländern **Gutachterausschüsse** zur Ermittlung von Grundstückswerten errichtet werden. Bundesweit soll es ca. 1.400 Ausschüsse geben. Den Gutachterausschüssen sind gem. § 195 BauGB sämtliche Verträge über Grundstücke einzureichen. Aus diesen Verträgen schöpfen die Ausschüsse wesentliche Informationen. Sämtliche Gerichte und Behörden haben gem. § 197 Abs. 2 BauGB den Gutachterausschüssen Rechts- und Amtshilfe zu leisten. Auch Privatpersonen sind gem. § 197 Abs. 1 BauGB zu Auskünften verpflichtet.

158 Die Gutachterausschüsse führen eine **Kaufpreissammlung**, aus der gem. § 195 Abs. 3 BauGB auch Privatpersonen bei berechtigtem Interesse Auskunft erhalten. Die Ausschüsse ermitteln und veröffentlichen gem. § 196 BauGB:
- Bodenrichtwerte (§ 13 ImmoWertV)
- Indexreihen, mit denen die Veränderungen der Wertverhältnisse dargestellt werden können (§ 18 ImmoWertV)
- Umrechnungskoeffizienten, mit denen Wertunterschiede von sonst gleichartigen Grundstücken berücksichtigt werden können (§ 19 ImmoWertV)
- Vergleichsfaktoren für die Ermittlung von Vergleichswerten, insbesondere für bebaute Grundstücke (§ 20 ImmoWertV)
- Sachwertfaktoren (§ 21 ImmoWertV)
- Liegenschaftszinssätze (Kapitalisierungszinssätze); das sind gem. § 21 ImmoWertV die Zinssätze, mit denen Verkehrswerte von Grundstücken im Durchschnitt marktüblich verzinst werden.

---

171 Daragan/Halaczinsky/Riedel/*Uricher*, § 6 ErbStG Rn 37.

172 Ausführlich zur Bewertung von Immobilienvermögen *Erb/Regierer/Vosseler/Herbst*, Kap. 3 Rn 253 ff.

173 Die bisherigen Richtlinien sind durch das Inkrafttreten der ImmoWertV gegenstandslos geworden. Als Ergänzung sind nunmehr auch Muster-Anwendungshinweise zur ImmoWertV (ImmoWertA) erarbeitet worden. Diese weitergehenden Hinweise haben zwar keinen Regelungscharakter, sollen aber zum Verständnis der ImmoWertV beitragen; vgl. dazu ausführlich Haase/Jachmann/*Danesitz*, § 2 Rn 28 (Immobilienbewertung).

Die ImmoWertV beschreibt drei Bewertungsverfahren (§ 6), nämlich 159
- das Vergleichswertverfahren,
- das Ertragswertverfahren,
- das Sachwertverfahren.

Die Ertragswertverfahren werden international durch die sog. DCF-Verfahren (Discounted Cash Flow) ergänzt. Beim **DCF-Verfahren** werden die zukünftig erwarteten Cashflows (Barwert der zukünftigen Geldflüsse) geschätzt und mit Zinssätzen kapitalisiert, die vom jeweils aktuellen Kapitalmarkt abgeleitet werden. Die DCF-Verfahren sehen keine getrennte Wertermittlung des Grund und Bodens vor, während die in Deutschland üblichen Verfahren den Grund und Boden neben den Baulichkeiten bei der Bewertung gesondert berücksichtigen, wie es in § 27 ImmoWertV vorgesehen ist. 160

Die DCF-Verfahren spielen in der Praxis der Immobilienbewertung in Deutschland keine nennenswerte Rolle. Es bestehen Zweifel, ob sie als Sachverständigengutachten nach § 198 BewG zulässig sind, weil sie keine getrennte Bewertung des Grund und Bodens und der Baulichkeiten vorsehen. In § 198 BewG ist vorgeschrieben, dass für den Nachweis des niedrigeren gemeinen Werts grundsätzlich die aufgrund des § 199 Abs. 1 BauGB erlassenen Vorschriften gelten, wozu auch § 27 ImmoWertV gehört, der eine getrennte Bewertung vorsieht. 161

b) Steuerliche Immobilienbewertung nach den §§ 176–198 BewG

aa) Bewertungsmethoden

Für die erbschaftsteuerliche Immobilienbewertung sind die §§ 176 ff. des (steuerlichen) Bewertungsgesetzes maßgebend. Diese Vorschriften gehen von denselben Grundgedanken aus, die auch dem BauGB zugrunde liegen. Sie ermöglichen jedoch eine **vereinfachte Bewertung**, ohne das Objekt vor Ort besichtigen zu müssen. 162

Zum Grundvermögen gehören der Grund und Boden, die Gebäude und die Gebäudebestandteile und das Zubehör, ferner die Erbbaurechte, das Wohnungseigentum und Teileigentum. Bodenschätze, Maschinen und Vorrichtungen gehören nicht dazu und müssen gesondert erfasst und bewertet werden. 163

In § 177 BewG wird der Grundsatz wiederholt, dass der **gemeine Wert** zugrunde zu legen ist. Mit welcher Methode dieser Wert zu ermitteln ist, wird nach folgenden Kriterien bestimmt: 164

Grundstücksart	**Grundsätzliche Bewertungsmethode**
Unbebaute Grundstücke	Fläche x Bodenrichtwert (§ 179 BewG)
Bebaute Grundstücke	
– Ein- und Zweifamilienhäuser	Vergleichswertverfahren (Sachwertverfahren, wenn keine Vergleichswerte vorliegen)
– Wohnungs- und Teileigentum	Vergleichswertverfahren (Sachwertverfahren, wenn keine Vergleichswerte vorliegen)
– Mietwohnungsgrundstücke	Ertragswertverfahren
– Geschäftsgrundstücke	Ertragswertverfahren (Sachwertverfahren, wenn keine ortsübliche Miete zu ermitteln ist)

Grundstücksart	Grundsätzliche Bewertungsmethode
– Gemischt genutzte Grundstücke	Ertragswertverfahren (Sachwertverfahren, wenn keine ortsübliche Miete zu ermitteln ist)
– sonstige bebaute Grundstücke	Sachwertverfahren

bb) Vergleichswertverfahren

165 Eine Bewertung im Vergleichswertverfahren ist nur möglich, wenn „Vergleichsgrundstücke“ oder geeignete Vergleichsfaktoren bekannt sind (§ 183 BewG).

166 Die Vergleichspreise werden aus einer ausreichenden Anzahl von tatsächlich realisierten Kaufpreisen („**Vergleichsgrundstücke**“) ermittelt. Eine Ableitung anhand der Vergleichspreise erfolgt nur, wenn die Vergleichsgrundstücke hinreichend mit dem zu bewertenden Grundstück übereinstimmen. Die Übereinstimmung liegt vor, wenn weitestgehend die Merkmale wie u.a. Lage, Maß der baulichen Nutzung, Größe und Baujahr übereinstimmen. Vom Gutachterausschuss veröffentlichte Durchschnittskaufpreise ohne Berücksichtigung von Grundstücksmerkmalen sind dagegen nicht als Vergleichspreise geeignet (R B 183 Abs. 2 ErbStR 2019).

In Einzelfällen kann bereits ein einzelner Kaufpreis als Vergleichspreis gelten (H B 183 Abs. 2 ErbStH 2019, z.B. baugleiche Eigentumswohnung in einem Gebäude).

167 Anstelle von „Vergleichsgrundstücken“ können **Vergleichsfaktoren** i.S.d. § 183 Abs. 2 BewG herangezogen werden. Diese werden von den Gutachterausschüssen für geeignete Bezugseinheiten, z.B. Wohnfläche oder Bruttogrundfläche oder erzielbarer Ertrag, mitgeteilt. Regelmäßig werden z.B. für Wohneigentum mindestens folgende Klassifizierungsmerkmale vorliegen: Baujahrklasse, Wohnungsgröße der Vergleichswohnung oder eine Wohnungsgrößenspannen und die Wohnlage (H B 183 Abs. 3 ErbStH 2019).

168 Wenn **sowohl** Vergleichspreise **als auch** Vergleichsfaktoren vorhanden sind, ist ein Auswahlermessen vorzunehmen, da diese gesetzessystematisch gleichrangig nebeneinanderstehen (R B 183 Abs. 1 S. 2 ErbStR 2019).

Existieren keine Vergleichspreise des Gutachterausschusses, kann sich der Vergleichspreis nach § 183 Abs. 1 S. 1 BewG auch aus einem zeitnah zum Bewertungsstichtag vereinbarten Kaufpreis des Grundstücks ergeben.[174]

Gibt es **keine** Vergleichsgrundstücke oder Vergleichsfaktoren, sind
- Ein- und Zweifamilienhäuser und
- Wohnungs- und Teileigentum

im Sachwertverfahren gem. § 182 Abs. 4 Nr. 1 BewG zu bewerten.

cc) Sachwertverfahren

169 Das Sachwertverfahren ist nach § 182 Abs. 4 BewG nur anwendbar, wenn **keine Vergleichswerte** vorliegen (Wohnungs- und Teileigentum, Ein- und Zweifamilienhäuser) oder sich keine ortsübliche Miete ermitteln lässt (Geschäftsgrundstücke, gemischt genutzte Grundstücke). Sonstige bebaute Grundstücke (z.B. Vereinsheime, Jagdhütten) sind grundsätzlich im Sachwertverfahren zu bewerten.

174 BFH v. 24.8.2022 – II R 14/20, BStBl II 2023, 693.

Die Ermittlung des Grundstückssachwerts ergibt sich aus den §§ 189–191 BewG. Maßgeblich für den Gebäudesachwert sind die (Gebäude-)Regelherstellungskosten laut § 190 Abs. 1, Anlage 24 BewG. Die Regelherstellungskosten gem. Anlage 24 BewG basieren auf den Normalherstellungskosten 2010. Die Regelherstellungskosten sind daher gem. § 190 Abs. 4 BewG anhand der Baupreisindizes zum Bewertungsstichtag anzupassen. Die angepassten Regelherstellungskosten sind mit der sog. Brutto-Grundfläche in Anlehnung an die DIN 277 zu multiplizieren (§ 190 Abs. 3 S. 2 BewG). 170

Das Berechnungsschema zum Sachwert ergibt sich aus H B 189 ErbStH 2019: 171

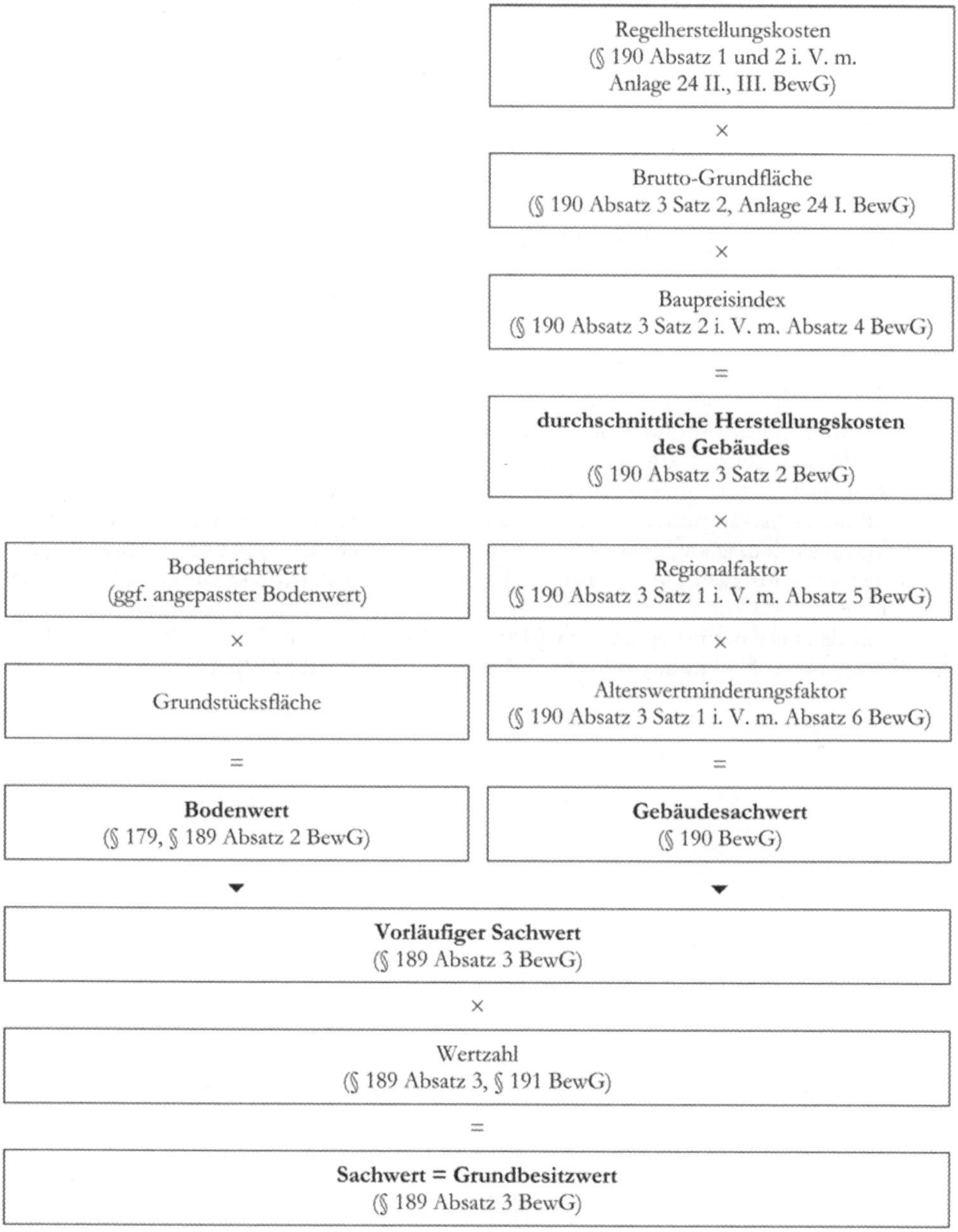

172 **Beispiel**
Ein im Jahr 2018 erbautes freistehendes Zweifamilienhaus mit Keller, Erd- und Obergeschoss sowie ausgebautem Dachgeschoss hat insgesamt eine Bruttogrundfläche von 200 m² und 600 m² Grundstücksfläche. Der zuletzt vor dem Stichtag ermittelte Bodenrichtwert beträgt 1.500 EUR/m²; Regionalfaktoren, Sachwertfaktoren und Vergleichsfaktoren hat der örtliche Gutachterausschuss nicht veröffentlicht. Das Haus entspricht der mittleren Standardstufe „Basis".
Der Bodenwert nach §§ 179, 189 Abs. 2 BewG beträgt 900.000 EUR (= 1.500 EUR/m² Bodenrichtwert x 600 m² Grundstücksfläche). Die Regelherstellungskosten betragen lt. der Anlage 24 II BewG 877 EUR/m² Bruttogrundfläche. Angepasst an den Baupreisindex von 177,9 für Stichtage ab dem 1.1.2024 ergeben sich angepasste Regelherstellungskosten von 1.560,18 EUR/m²; multipliziert mit der Bruttogrundfläche ergeben sich durchschnittliche Herstellungskosten des Gebäudes von 312.036 EUR (§ 190 Abs. 3 S. 2 BewG). Nach Multiplikation mit dem Regionalfaktor von 1 (§ 190 Abs. 3 S. 1 i.V.m. Abs. 5 BewG und dem Alterswertminderungsfaktor gem. § 190 Abs. 3 S. 1 i.V.m. Abs. 6 BewG von 0,925 (= 74 Jahre Restnutzungsdauer / 80 Jahre wirtschaftliche Gesamtnutzungsdauer lt. Anlage 22 BewG) beträgt der Gebäudesachwert 288.633 EUR. Der vorläufige Sachwert von 1.188.633 EUR (§ 189 Abs. 3 BewG) ist mit der Sachwertzahl aus Anlage 25 BewG von 1,4 zu multiplizieren. Insgesamt führt dies zu einem Grundbesitzwert von 1.664.086 EUR.

dd) Ertragswertverfahren

173 Das Verfahren zur Ermittlung des Grundstücksertragswerts ist in den §§ 185 ff. BewG geregelt. Für den Gebäudeertragswert gilt Folgendes:
- Auszugehen ist von den tatsächlichen vertraglichen Vereinbarungen mit den Mietern.
- Die Bewirtschaftungskosten sind mit den nach Maßgabe des § 187 Abs. 3 BewG an den Bewertungsstichtag angepassten Einzelansätzen für Verwaltungs- und Instandhaltungskosten sowie Mitausfallwagnis aus der Anlage 23 BewG zu berücksichtigen und abzuziehen.
- Die Bodenwertverzinsung ist nach § 185 Abs. 2 BewG abzuziehen.
- Die Ergebnisse sind nach § 185 Abs. 4 BewG und der Anlage 21 BewG zu kapitalisieren.

Das **Berechnungsschema** zum Ertragswertverfahren ergibt sich aus H B 184 ErbStH 2019: 174

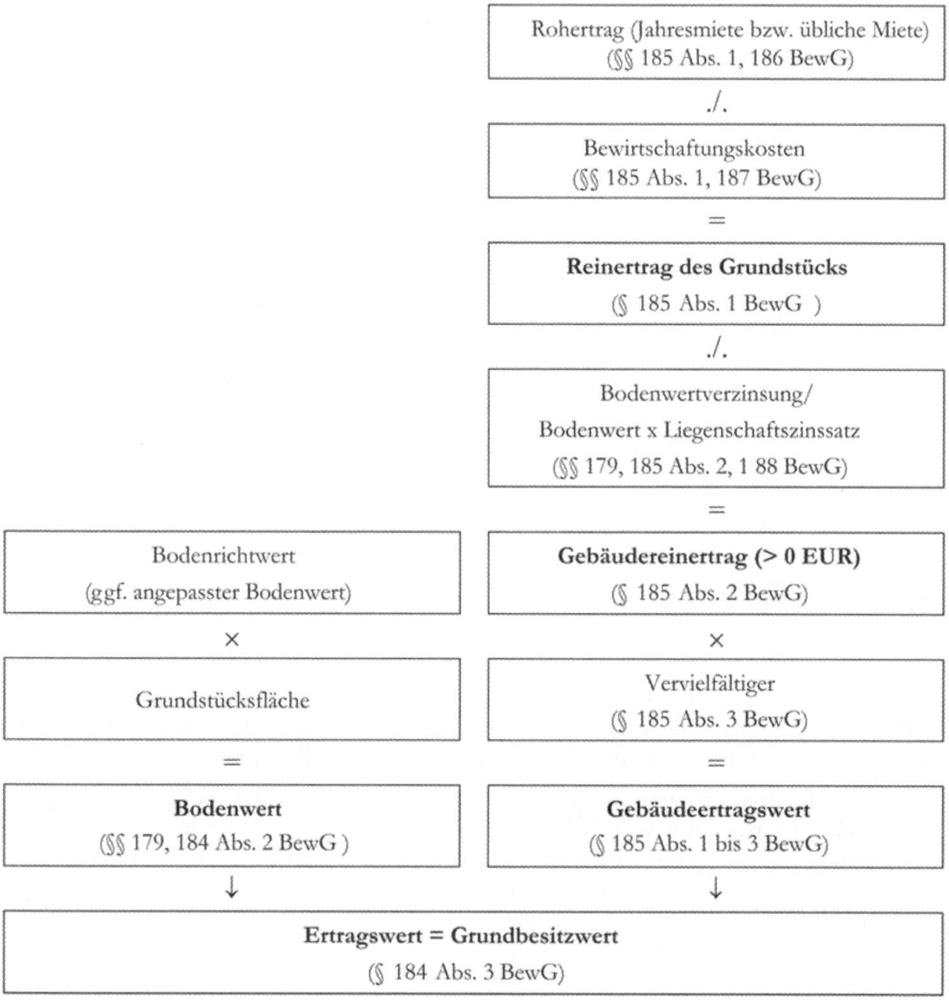

Das Ergebnis ist somit teilweise typisiert und weicht deswegen von individuell für den Einzelfall ermittelten Werten ab. Dem Steuerpflichtigen wird jedoch in § 198 BewG das Recht zugestanden, durch individuelle Gutachten zu beweisen, dass der gemeine Wert **niedriger** ist, als er sich nach den §§ 179, 182–196 BewG ergibt. Für den Nachweis eines niedrigeren gemeinen Wertes gelten gem. § 198 BewG grundsätzlich die aufgrund des § 199 Abs. 1 des BauGB erlassenen Vorschriften. 175

Ein niedrigerer gemeiner Wert kann sich z.B. ergeben, wenn 176
- in absehbarer Zukunft mit niedrigeren Erträgen (Einnahmen) oder mit höheren Ausgaben, z.B. für Wärmedämmung, zu rechnen ist;
- mit höheren Zinssätzen für die Kapitalisierung gerechnet werden kann;
- objektspezifische Grundstücksmerkmale vorliegen, z.B. Baumängel, Bodenverunreinigung, Rechte und Belastungen.

2. Bewertung von Betriebsvermögen und Anteilen an Kapitalgesellschaften für Erbschaftsteuerzwecke

a) Grundlagen

177 Die Bewertung von Betriebsvermögen und nicht notierten Anteilen an Kapitalgesellschaften richtet sich gem. § 12 ErbStG nach den Regelungen des BewG.[175] Für nicht notierte Anteile an **Kapitalgesellschaften** verweist § 12 Abs. 2 ErbStG auf den im Rahmen des Feststellungsverfahrens nach § 151 Abs. 1 S. 1 Nr. 3 BewG zu ermittelnden gemeinen Wert gem. § 11 Abs. 2 BewG. Für den Anteil an einem **Betriebsvermögen** oder an einer **Personengesellschaft** gelangt man über § 151 Abs. 1 S. 1 Nr. 2 BewG i.V.m. § 95, § 96 oder § 97 Abs. 1 S. 1 Nr. 5 bzw. Abs. 1a BewG i.V.m. § 109 BewG ebenfalls zum gemeinen Wert gem. § 11 Abs. 2 BewG.

178 § 9 Abs. 2 BewG beschreibt den **gemeinen Wert** allgemein als Verkehrswert, welcher den im gewöhnlichen Geschäftsverkehr zu erzielenden Verkaufspreis des Wirtschaftsguts am Bewertungsstichtag widerspiegelt.[176] Zur Ermittlung des gemeinen Werts eines Anteils an einer Kapitalgesellschaft, an einem Betriebsvermögen oder an einer Personengesellschaft ist gem. § 11 Abs. 2 BewG primär auf Verkäufe unter fremden **Dritten**, die weniger als ein Jahr zurückliegen, abzustellen. Für den Fall, dass keine Verkäufe stattgefunden haben, ist der gemeine Wert „unter Berücksichtigung der Ertragsaussichten der Kapitalgesellschaft oder einer anderen anerkannten, auch im gewöhnlichen Geschäftsverkehr für nichtsteuerliche Zwecke üblichen Methode“ zu ermitteln (§ 11 Abs. 2 S. 2 BewG). Den Mindestwert bildet in jedem Fall der Substanzwert (§ 11 Abs. 2 S. 3 BewG). Der Verweis in (§ 11 Abs. 2 S. 4 BewG auf die §§ 199–203 BewG bezieht sich auf das vereinfachte Ertragswertverfahren, welches gem. R B 11.2 Abs. 2 S. 4 ErbStR 2019 ausdrücklich als Methode für die Ableitung des gemeinen Werts unter Berücksichtigung der Ertragsaussichten der Kapitalgesellschaft anerkannt ist. Über den Verweis in § 109 Abs. 1 S. 2 und Abs. 2 S. 2 BewG gilt dasselbe für Gewerbebetriebe und Anteile an gewerblichen Personengesellschaften.

179 Da die Unternehmensbewertung im Rahmen einer anderen anerkannten Bewertungsmethode (Zukunftserfolgswertverfahren, Multiplikator- oder Mischverfahren) eine oft mit hohen Kosten verbundene Begutachtung erfordert, findet die Bewertung von Betriebsvermögen, Beteiligungen an Personengesellschaften und Anteilen an Kapitalgesellschaften in der Beraterpraxis regelmäßig im Rahmen der Gegenüberstellung zwischen vereinfachtem Ertragswert (§§ 199 ff. BewG) und Substanzwert statt.

b) Ermittlung des vereinfachten Ertragswerts gem. §§ 199 ff. BewG

180 Gem. § 199 Abs. 1 und 2 BewG ist die Ableitung des gemeinen Werts aus dem vereinfachten Ertragswertverfahren sowohl für Anteile an Kapitalgesellschaften, für das Betriebsvermögen von Gewerbetreibenden und freiberuflich Tätigen als auch für den Wert des Anteils am Betriebsvermögen einer in § 97 BewG genannten Körperschaft, Personenvereinigung oder Vermögensmasse anwendbar.[177] Auch ausländische Kapitalgesellschaften und Betriebsvermögen können nach diesen Vorschriften bewertet werden (R B 199.2 ErbStR 2019). Für den Fall, dass das Verfahren offenbar unrichtige Ergebnisse liefert, ist die Anwendung ausgeschlossen (vgl. § 199 Abs. 1 und 2, jew. letzter Hs. BewG).

---

175 Ausführlich zur Bewertung von Unternehmen und Unternehmensbeteiligungen *Erb/Regierer/Vosseler/Herbst*, Kap. 3 Rn 2 ff.

176 Vgl. Lippross/Seibel/*Grootens*, § 9 BewG Rn 8.

177 Vgl. Kreutziger/Schaffner/Stephany/*Kreutziger*, § 199 Rn 11.

§ 200 BewG beschreibt die rechnerischen Schritte zur Ermittlung des vereinfachten Ertragswerts: 181

Zukünftig nachhaltig zu erzielender Jahresertrag x Kapitalisierungsfaktor

(§ 200 Abs. 1 i.V.m. § 203 BewG)

\+ Nettowert des nicht betriebsnotwendigen Vermögens

(§ 200 Abs. 2 BewG)

\+ Wert der Beteiligungen an anderen Gesellschaften

(§ 200 Abs. 3 BewG)

\+ Nettowert des jungen Betriebsvermögens (wenn nicht schon gem. § 200 Abs. 2 oder 3 vorrangig hinzugerechnet)

(§ 200 Abs. 4 BewG)

= **Gemeiner Wert des Unternehmens nach dem vereinfachten Ertragswertverfahren**

(§ 200 BewG)

Ausgangspunkt für die Ermittlung des vereinfachten Ertragswerts ist der zukünftig **nachhaltig erzielbare Jahresertrag** (§ 201 Abs. 1 S. 1 BewG). Dieser ist gem. § 201 Abs. 2 S. 1 BewG aus den Betriebsergebnissen der letzten drei abgelaufenen Wirtschaftsjahre abzuleiten, wobei in den Fällen des § 4 Abs. 3 EStG der als Überschuss der Betriebseinnahmen über die Betriebsausgaben ermittelte Gewinn die Ausgangsgröße darstellt (§ 202 Abs. 2 BewG). 182

Um einmalige und nicht den zukünftigen nachhaltig erzielbaren Jahresertrag beeinflussende Effekte auszuschließen, schreibt § 202 Abs. 1 BewG eine Reihe von Hinzurechnungen und Abzügen vor. Zu nennen sind hier bspw. Investitionsabzugsbeträge, Sonderabschreibungen und einmalige Veräußerungsverluste als **Hinzurechnungen** sowie einmalige Veräußerungsgewinne und außerordentliche Erträge als **Abzüge**. Da nach § 202 Abs. 3 BewG positive Ergebnisse pauschal mit einer Besteuerung in Höhe von 30 % zu belasten sind, sind Ertragsteueraufwendungen bzw. -erstattungen ebenfalls hinzuzurechnen bzw. abzuziehen. Die hieraus resultierende Berechnungsgröße wird als **„Betriebsergebnis“** bezeichnet und für die letzten drei vor dem Bewertungsstichtag endenden Jahre ermittelt. Der Durchschnitt dieser drei Betriebsergebnisse ergibt den Jahresertrag gem. § 201 Abs. 2 S. 3 und 4 BewG. Der Jahresertrag ist gem. §§ 200 Abs. 1, 203 BewG mit dem Kapitalisierungsfaktor von 13,75 zu multiplizieren, das Ergebnis ist der Ertragswert des betriebsnotwendigen Vermögens (R B 200 ErbStR 2019). 183

Anschließend sind gem. § 200 Abs. 2–4 BewG einzelne Wirtschaftsgüter mit dem eigenständig zu ermittelnden gemeinen Wert anzusetzen. § 200 Abs. 2 BewG bezieht sich hierbei auf Wirtschaftsgüter und damit im Zusammenhang stehende Schulden, welche aus dem Betrieb herausgelöst werden können, ohne dass die originäre Geschäftstätigkeit des Unternehmens beeinträchtigt wäre (**nicht betriebsnotwendiges** oder **neutrales Vermögen**). § 200 Abs. 3 BewG umfasst Beteiligungen an anderen Gesellschaften, wobei gem. R B 200 Abs. 3 S. 1 ErbStR 2019 explizit Kapital- und Personengesellschaftsanteile einzubeziehen sind. Hierdurch sind mehrstufige Unternehmensstrukturen in die Bewertung nach dem vereinfachten Ertragswertverfahren mit einbezogen.[178] Weiterhin gesondert zu bewerten sind die Wirtschaftsgüter des jungen Betriebsvermögens. Hierbei normiert § 200 Abs. 4 BewG, dass 184

178 Vgl. Rössler/Troll/*Eisele*, § 200 Rn 7.

innerhalb der letzten zwei Jahre vor dem Bewertungsstichtag eingelegte Wirtschaftsgüter und damit zusammenhängende Schulden ebenfalls gesondert anzusetzen sind.

c) Ermittlung des Substanzwerts

185 Gem. § 11 Abs. 2 S. 3 BewG bildet der Substanzwert in jedem Fall – sprich: unabhängig davon, ob der Ertragswert anhand des vereinfachten Ertragswertverfahrens oder anhand eines anerkannten Gutachtenverfahrens abgeleitet wurde – die Wertuntergrenze. Hierbei sind von der Summe aller gemeinen Werte der aktiven Wirtschaftsgüter die Schulden und sonstigen Abzüge abzuziehen. Grundsätzlich hat die Einbeziehung der Werte zu den im gewöhnlichen Geschäftsverkehr erzielbaren Verkehrswerten zu erfolgen.[179] Dies stellt sich in der Praxis regelmäßig als äußerst aufwendig dar, weshalb in der Praxis zumeist auf die Steuer- bzw. Handelsbilanzwerte abgestellt wird. Insbesondere für Grundvermögen und Beteiligungen an anderen Gesellschaften ist eine gesonderte Wertermittlung jedoch unumgänglich – siehe § 11 Abs. 2 S. 3 Hs. 2 und S. 4 BewG sowie die besonderen Bewertungsvorschriften von Grundvermögen (§ 99 sowie §§ 199–203 BewG).

VIII. Betriebsvermögensbegünstigungen

186 Im Bereich der Unternehmensnachfolge sind die steuerlichen Besonderheiten bei der Übertragung nach dem Erbschafts- und Schenkungsteuerrecht zu beachten. Dieses sieht hierfür in den §§ 13a–13c ErbStG umfangreiche Verschonungen vor, deren Ermittlung im Einzelfall nicht unkompliziert sein kann.[180]

1. Anwendbarkeit der Begünstigungen auf das Betriebsvermögen

187 Die Betriebsvermögensbegünstigungen sind dem Grunde nach auf das sog. begünstigungsfähige Unternehmensvermögen anwendbar. **Begünstigungsfähig** ist inländisches bzw. in einem Mitgliedstaat des EU- bzw. EWR-Raums gelegenes land- und forstwirtschaftliches Vermögen sowie Betriebsvermögen beim Erwerb eines ganzen Gewerbebetriebs (Einzelunternehmen) oder Teilbetriebs, einer Beteiligung an einer Personengesellschaft i.S.d. § 15 Abs. 1 S. 1 Nr. 2 EStG (originär gewerblich tätige Personengesellschaft), § 15 Abs. 3 EStG (gewerblich geprägte Personengesellschaft), § 18 Abs. 4 S. 2 EStG (freiberufliche Personengesellschaft) und eines Anteils eines persönlich haftenden Gesellschafters einer KGaA. Weiterhin sind Anteile an Kapitalgesellschaften mit Sitz oder Geschäftsleitung im Inland bzw. EU- bzw. EWR-Raum begünstigungsfähig, wenn der Erblasser oder Schenker am Nennkapital der Gesellschaft unmittelbar zu mehr als 25 % beteiligt war oder einen Stimmbindungsvertrag („Poolvertrag")[181] über die Beteiligung geschlossen hatte (Mindestbeteiligung).

188 Liegt grundsätzlich begünstigungsfähiges Betriebsvermögen vor, ist auf zweiter Stufe festzustellen, ob den Anforderungen des Bruttoverwaltungsvermögenstests genügt wird und in welcher Höhe begünstigtes Produktivvermögen vorliegt, auf welches schließlich die tatsächlichen Betriebsvermögensbegünstigungen angewendet werden. Das sog. Verwaltungsvermögen gem. § 13b Abs. 4 ErbStG wird von der Begünstigung grundsätzlich ausgenommen.

---

179 Vgl. Kreutziger/Schaffner/Stephany/*Kreutziger/Jacobs*, § 11 Rn 98.
180 Ausführlich zu den Betriebsvermögensbegünstigungen *Erb/Regierer/Vosseler/Herbst*, Kap. 4 Rn 154 ff.
181 *Langenfeld*, ZEV 2010, 17.

2. Verwaltungsvermögen

Die Wirtschaftsgüter, die nach § 13b Abs. 4 ErbStG zum Verwaltungsvermögen zu zählen sind, sind in der Vorschrift enumerativ aufgezählt. Zum Verwaltungsvermögen gehören:[182] 189
- Dritten zur Nutzung überlassene Grundstücke, mit Rückausnahmen für bspw. Betriebsaufspaltungen, Überlassungen im Konzern sowie das Wohnungsunternehmen
- Anteile an Kapitalgesellschaften, wenn die unmittelbare Beteiligung am Nennkapital dieser Gesellschaften 25 % oder weniger beträgt und auch kein Poolvertrag geschlossen wurde – Ausnahme: Kredit- oder Finanzdienstleistungsinstitut
- Wertpapiere sowie vergleichbare Forderungen – Ausnahme: Kredit- oder Finanzdienstleistungsinstitut
- Zahlungsmittel, Geschäftsguthaben, Geldforderungen und andere Forderungen abzüglich Schulden (sowie bei „aktiver" Tätigkeit Abzug eines „Sockelbetrags" von 15 % vom Unternehmenswert) – Ausnahme: Kredit- oder Finanzdienstleistungsinstitut
- Kunstgegenstände, Münzen, Edelmetalle, Edelsteine, Briefmarkensammlungen, Oldtimer, Yachten, Segelflugzeuge sowie sonstige typischerweise der privaten Lebensführung dienende Gegenstände – Ausnahme: Hauptzweck des Betriebs, z.B. Kunsthandel.

Sämtliche Gegenstände, die Bestandteil des Verwaltungsvermögens sind, sollen vom Grundsatz her **nicht** an den Betriebsvermögensbegünstigungen teilnehmen können. 190

3. Bruttoverwaltungsvermögenstest

Vor einer Aufteilung des Betriebsvermögens in zu begünstigendes Produktivvermögen und nicht zu begünstigendes Verwaltungsvermögen ist der Bruttoverwaltungsvermögenstest gem. § 13b Abs. 2 S. 2 ErbStG durchzuführen. Danach ist der Wert des begünstigungsfähigen Vermögens des Unternehmens vollständig nicht zu begünstigen, wenn das Verwaltungsvermögen mindestens 90 % des gemeinen Werts des zu übertragenden betrieblichen Vermögens ausmacht.[183] 191

Ziel dieser Vorschrift ist es, Gestaltungen zu vermeiden, bei denen angebliches Betriebsvermögen, das aber in Wahrheit hauptsächlich aus Verwaltungsvermögen besteht, ohne Besteuerung übertragen wird.[184] Der Anwendungsbereich der Regelung erfasste aber auch aktiv tätige Unternehmen und schoss deutlich über das anvisierte Ziel hinaus. Grund hierfür war der folgende: Für die Ermittlung der Verwaltungsvermögensquote i.S.d. § 13b Abs. 2 S. 2 ErbStG war der „Bruttowert des Verwaltungsvermögens" zum gemeinen Wert des Betriebsvermögens ins Verhältnis zu setzen.[185] Als „Bruttowert des Verwaltungsvermögens" wurde in der Vergangenheit der Wert des gesamten Verwaltungsvermögens (§ 13b Abs. 4 ErbStG) ohne Berücksichtigung einer Verrechnung mit Schulden (einzige Ausnahme: Wirtschaftsgüter, die Altersversorgungsverpflichtungen sichern) verstanden.[186] Auch eine Verrechnung im Rahmen der Finanzmittel, insbesondere von Forderungen aus Lieferungen und Leistungen mit Verbindlichkeiten aus Lieferungen und Leistungen, erfolgte nicht. 192

Mit dieser Rechtsauffassung hat der BFH[187] im Herbst 2023 gebrochen und im Wege einer einschränkenden Auslegung des § 13b Abs. 2 S. 2 ErbStG entschieden, dass bei der 193

182 Zur Abgrenzung von Verwaltungsvermögen, Finanzmitteln und Produktivvermögen vgl. *Juja/Thomée*, ErbStB 2022, 111 und *Juja*, ErbStB 2022, 171.
183 So auch *Winter*, ZEV 2019, 128, 129.
184 BT-Drucks 18/5923, 26, 29.
185 *Eisele*, NWB 2016, 2173, 2176.
186 *Erkis*, DStR 2016, 1441, 1444.
187 BFH v. 13.9.2023 – II R 49/21, BStBl II 2024, 566.

Übertragung von Anteilen an einer Kapitalgesellschaft, die ein Handelsunternehmen betreibt, zur Berechnung der 90 %-Quote die betrieblich veranlassten Schulden von den vorhandenen Finanzmitteln abzuziehen und zu berücksichtigen sind. Der BFH hat insofern in seinem Urteil eine Schuldenverrechnung ausdrücklich zugelassen.

194 Der BFH hat zur Begründung das Folgende ausgeführt:

Aufgrund einer systematischen Auslegung des § 13b Abs. 2 Satz 2 ErbStG ist es geboten, bei dem 90 %-Einstiegstest bei Finanzmitteln entsprechend der Regelung des § 13b Abs. 4 Nr. 5 ErbStG den gemeinen Wert der betrieblich veranlassten Schulden abzuziehen. Diese erweiternde Auslegung ist dadurch zu begrenzen, dass das begünstigungsfähige Vermögen nach seinem Hauptzweck einer gewerblichen Tätigkeit im Sinne des § 15 Abs. 1 Satz 1 Nr. 1 EStG dienen muss. Hierdurch soll verhindert werden, dass Erwerber von Cash-Gesellschaften Steuerbegünstigungen erhalten, die nur für originär betriebliche Tätigkeiten vorgesehen sind. Mit der Anwendung des „Hauptzweckansatzes“ im Rahmen des § 13b Abs. 2 ErbStG ist für die Finanzverwaltung kein administrativer Mehraufwand verbunden, da bei der Ermittlung der steuerschädlichen Finanzmittel nach § 13b Abs. 4 Nr. 5 ErbStG ohnehin der Hauptzweck der gesellschaftlichen Tätigkeit zu prüfen ist. Sollte die vorgenommene Auslegung des § 13b Abs. 2 Satz 2 ErbStG im Einzelfall dazu führen, dass sich Unternehmen, die der Gesetzgeber aufgrund ihrer hohen Verwaltungsvermögensquote von mindestens 90 % steuerrechtlich nicht begünstigen wollte, aufgrund missbräuchlicher Gestaltung die Begünstigung erschleichen, ist die Anwendung von § 42 der Abgabenordnung nicht ausgeschlossen. Grund für die einschränkende Auslegung ist Art. 3 Abs. 1 GG: Es darf nicht vom Zufall abhängen, ob produktive Handelsunternehmen begünstigt werden oder nicht – ob per Zufall am Steuerstichtag betriebliche Schulden (bspw. Verbindlichkeiten aus Lieferungen und Leistungen) durch die vorhandenen Finanzmittel getilgt wurden oder nicht. Die vorgenommene verfassungskonforme Auslegung, durch die eine Verletzung von Art. 3 Abs. 1 GG verhindert wird, stellt sicher, dass solche Unternehmen, die der Gesetzgeber begünstigen wollte, auch tatsächlich begünstigt werden.

195 Die Finanzverwaltung hat durch einen Erlass der obersten Finanzbehörden der Länder[188] hierzu Stellung bezogen und wendet das Urteil über den entschiedenen Einzelfall hinaus an. Ergänzend zur jüngsten Rechtsprechung des BFH stellt der Erlass fest, dass die Grundsätze der BFH-Entscheidung nicht nur für Anteile an Kapitalgesellschaften gelten, sondern auch auf alle übrigen Rechtsformen des begünstigungsfähigen Vermögens gem. § 13b Abs. 1 Nr. 1 und 2 ErbStG anwendbar sind. Es sind somit auch Einzelunternehmen, Anteile an Personengesellschaften und inländische Wirtschaftsteile des land- und forstwirtschaftlichen Vermögens erfasst. Nach dem Wortlaut des Erlasses ist es weiterhin erforderlich, dass das begünstigungsfähige Vermögen des Betriebs oder der nachgeordneten Gesellschaften nach seinem Hauptzweck einer Tätigkeit gem. §§ 13 Abs. 1, 15 Abs. 1 S. 1 Nr. 1, 18 Abs. 1 Nr. 1 und 2 EStG dient. Diese Grundsätze sind ausdrücklich nicht nur auf „typische Handelsunternehmen“ beschränkt, sondern in allen Branchen sowohl bei der Erbschaft- als auch bei der Schenkungsteuer anwendbar. Lediglich vermögensverwaltende Unternehmen sind nicht erfasst.

196 Durch die aktuellen Neuerungen wird die größte Problematik des neuen Erbschaftsteuerrechts beseitigt und eine gleichmäßige Besteuerung von Unternehmensvermögen sichergestellt.

188 Gleich lautende Erlasse der obersten Finanzbehörden der Länder v. 19.6.2024 – S 3812b, NWB LAAAJ-70767 = BStBl I 2024, 1081.

Beispiel 197
V verschenkt sein Einzelhandelsunternehmen im Wert von 1,5 Mio. EUR an seine Tochter T.

Aktiva	EUR	Passiva	EUR
Betriebsgrundstück	500.000	Eigenkapital	1.500.000
Waren	1.000.000		
Forderungen aus Lieferungen und Leistungen	1.200.000	Verbindlichkeiten aus Lieferungen und Leistungen	1.500.000
Bankguthaben	300.000		

Im Rahmen des vorstehenden Beispiels beträgt der Wert des Brutto-Verwaltungsvermögens – nach herkömmlichem Verständnis – 1.500.000 EUR (1.200.000 EUR Forderungen aus Lieferungen und Leistungen, 300.000 EUR Bankguthaben). Von diesem Brutto-Verwaltungsvermögen werden nunmehr(!) – siehe Urteil des BFH und gleichlautender Erlass der Finanzverwaltung – Schulden (auch Verbindlichkeiten aus Lieferungen und Leistungen, also im Beispiel 1.500.000 EUR) abgezogen, sodass das um Schulden geminderte Verwaltungsvermögen zum Wert des Unternehmens in Höhe von 1.500.000 EUR ins Verhältnis zu setzen ist. Das Brutto-Verwaltungsvermögen beträgt somit im Beispiel 0 % (statt früher 100 %!) hiervon. Die Betriebsvermögensbegünstigungen werden aufgrund des Bestehens des 90 %-Tests gewährt.

4. Vom begünstigungsfähigen zum begünstigten Vermögen

a) Keine Mitbegünstigung des Verwaltungsvermögens

Kernstück des neuen Erbschaftsteuerrechts ist der grundsätzliche Ausschluss von Verwaltungsvermögen aus den Betriebsvermögensbegünstigungen. Begünstigt wird grundsätzlich lediglich das **Produktivvermögen** des Unternehmens, nicht hingegen das Verwaltungsvermögen. In § 13b Abs. 2 S. 1 ErbStG ist insofern ausdrücklich geregelt, dass das begünstigungsfähige Vermögen nur begünstigt ist, soweit sein gemeiner Wert den um das unschädliche Verwaltungsvermögen gekürzten Nettowert des Verwaltungsvermögens übersteigt.[189] 198

Es gilt folgende Berechnung: 199

Gemeiner Wert des begünstigungsfähigen Vermögens (§ 13b Abs. 1 ErbStG)

./. Nettowert des Verwaltungsvermögens (§ 13b Abs. 6 ErbStG)

+ unschädliches Verwaltungsvermögen (§ 13b Abs. 7 ErbStG)

= Wert des begünstigten Vermögens (§ 13b Abs. 2 ErbStG)[190]

b) Ermittlung des begünstigten Vermögens

aa) Vermögensgegenstände, die die Altersversorgung sichern

Für Vermögensgegenstände, welche die Altersversorgung sichern, sehen die Betriebsvermögensbegünstigungen weitgehende Erleichterungen vor: Gem. § 13b Abs. 3 ErbStG werden zur Erfüllung von Altersversorgungsverpflichtungen angeschaffte Vermögensgegenstände 200

189 Vgl. im Detail R E 13b.9 ErbStR 2019 (Ermittlung des begünstigten Vermögens und des steuerpflichtigen Vermögens).
190 *Thonemann-Micker*, DB 2016, 2312, 2317.

vollständig aus dem Verwaltungsvermögen **ausgenommen**. Diese Neuregelung orientiert sich an § 246 Abs. 2 S. 2 HGB und nimmt insbesondere CTA-Strukturen (Contractual Trust Arrangements) von der Besteuerung aus. Bei diesen Strukturen handelt es sich um ein Modell der betrieblichen Altersvorsorge, bei dem das Unternehmen die Pensionszahlungen und Pensionsforderungen aus der eigenen Bilanz wirtschaftlich ausgliedert, indem es diese auf eine Treuhandgesellschaft überträgt. Das für die Altersversorgungsverpflichtungen vorgesehene Vermögen ist auf diese Weise vor dem Zugriff des Erwerbers und anderer Gläubiger entzogen, sodass es gerechtfertigt ist, dieses Vermögen aus der Besteuerung vollständig auszunehmen. Wie in der Handelsbilanz auch sind die für die Altersversorgungsverpflichtungen vorgesehenen Vermögensgegenstände mit den entsprechenden Schulden aus den Altersversorgungsverpflichtungen zu verrechnen.

201 Im Rahmen der Ermittlung des begünstigten Vermögens sind damit in einem ersten Schritt die Schulden aus den Altersversorgungsverpflichtungen mit dem Vermögen, welches zur Erfüllung der Schulden aus Altersversorgungsverpflichtungen dient, zu verrechnen. Bei einem, nach der Verrechnung bei den Altersversorgungsverpflichtungen verbleibenden, negativen Saldo ist dieser von den verbleibenden Finanzmitteln abzuziehen.

bb) Finanzmitteltest

202 In Bezug auf die Finanzmittel des Unternehmens ist der sog. Finanzmitteltest nach § 13b Abs. 4 Nr. 5 ErbStG durchzuführen.

Vom gemeinen Wert der Finanzmittel (= die nicht in Wertpapieren angelegte Liquidität des Unternehmens) ist der gemeine Wert der Schulden abzuziehen. Die nach Saldierung mit den Schulden verbleibenden Finanzmittel sind in Höhe von 15 % des Unternehmenswerts dem begünstigten Vermögen zuzurechnen (sog. begünstigte Finanzmittel).[191] Voraussetzung für diesen Abzug des Sockelbetrags ist, dass das begünstigte Vermögen des Betriebs oder nachgeordneter Gesellschaften dem Hauptzweck einer gewerblichen, freiberuflichen oder land- und forstwirtschaftlichen Tätigkeit dient. Junge Finanzmittel (Saldo der Einlagen und Entnahmen der letzten zwei Jahre) sind gem. § 13b Abs. 8 ErbStG aus der Begünstigung ausgenommen. Diese sind Verwaltungsvermögen und unterliegen stets der Besteuerung. Für Wirtschaftsgüter, die einem Kredit- oder Finanzdienstleistungsinstitut i.S.v. § 1 Abs. 1 und 1a KWG bzw. einem Versicherungsunternehmen i.S.v. § 1 Abs. 1 Nr. 1 VAG dienen, besteht eine Ausnahme von der Behandlung als Verwaltungsvermögen.

cc) Schuldenabzug

203 Um den geminderten Wert fremdfinanzierten Verwaltungsvermögens für das Unternehmen angemessen zu berücksichtigen, erfolgt ein quotaler Schuldenabzug nach § 13b Abs. 6 ErbStG. Dieser Schuldenabzug ist aufgrund des Ausschlusses des Verwaltungsvermögens aus den Betriebsvermögensbegünstigungen zwingend erforderlich: Anderenfalls wäre das schädliche Verwaltungsvermögen vollumfassend zu versteuern, ohne dass die Wertminderung des Unternehmens aufgrund der Fremdfinanzierung in irgendeiner Art und Weise zu berücksichtigen wäre. Der quotale Schuldenabzug erfolgt dabei nach der Verrechnung der Schulden aus Pensionsverpflichtungen mit den entsprechenden Wirtschaftsgütern (§ 13b Abs. 3 ErbStG) und nach dem Finanzmitteltest (§ 13b Abs. 4 Nr. 5 ErbStG). Die Schulden, die hiernach noch verbleiben, sind anteilig, d.h. quotal, vom Verwaltungsvermögen abzuziehen. Eine direkte Zuordnung von Schulden aufgrund des Finanzierungszusammenhangs erfolgt nicht. Die Quote, in der ein Abzug erfolgen darf, richtet sich dabei nach dem

191 So auch *Wachter*, DB 2015, 1371.

Verhältnis des gemeinen Werts des Verwaltungsvermögens zum gemeinen Wert des Betriebsvermögens oder der Gesellschaft zzgl. der nach Anwendung der Abs. 3 und 4 (siehe oben) verbleibenden Schulden. Zu beachten sind die Missbrauchsregelungen beim Schuldenabzug im Hinblick auf wirtschaftlich nicht belastende Schulden (bei Vereinbarung eines Rangrücktritts) sowie dann, wenn der durchschnittliche Schuldenstand der letzten drei Jahre überschritten wird (R E 13b.28 Abs. 2 ErbStR). Das nach Durchführung des quotalen Schuldenabzugs verbleibende Verwaltungsvermögen wird als Nettoverwaltungsvermögen bezeichnet.

dd) Umqualifizierung originär nicht begünstigten Vermögens – Bagatellgrenze

Zur Kapitalstärkung und Sicherung der operativen Zwecke des Betriebs ist (fast) jedes Unternehmen auch auf Verwaltungsvermögen angewiesen (insbesondere Liquidität, aber auch bspw. ein Wertpapierdepot oder ein an fremde Dritte vermietetes Grundstück). Um diesem Umstand Rechnung zu tragen, wird typisierend und pauschalierend ein Teil des Nettowerts des Verwaltungsvermögens (nach quotalem Schuldenabzug) wie begünstigtes Vermögen behandelt.[192] 204

Nach § 13b Abs. 7 S. 1 ErbStG erfolgt die Berechnung wie folgt: Der Nettowert des nicht begünstigten Vermögens (= Verwaltungsvermögen nach quotalem Schuldenabzug) wird wie begünstigtes Vermögen behandelt, soweit der Nettowert 10 % des um den Nettowert des Verwaltungsvermögens gekürzten gemeinen Werts des Betriebsvermögens nicht übersteigt (sog. **unschädliches Verwaltungsvermögen**). Keine „Mitbegünstigung“ erfolgt für junges, nicht begünstigtes Vermögen, welches dem Betrieb im Zeitpunkt der Steuerentstehung weniger als zwei Jahre zuzurechnen ist.[193] 205

ee) Begünstigtes und nicht begünstigtes Vermögen

Durch die vorbezeichneten Rechenschritte wird ein einheitliches Unternehmen in begünstigtes und nicht begünstigtes Vermögen „aufgeteilt“. Zweck der Regelung ist es, das nach Schuldenabzug und Umqualifizierung verbleibende, **schädliche Verwaltungsvermögen** (nicht begünstigtes Vermögen) einer Besteuerung zu unterwerfen. Dieses wird nicht wie begünstigtes Betriebsvermögen, sondern wie **sonstiges (Privat-)Vermögen** behandelt und ist (unter Berücksichtigung persönlicher Freibeträge) voll zu versteuern. Die Betriebsvermögensbegünstigungen werden ausschließlich für das begünstigte Vermögen gewährt. Nur auf diesen „Teil“ werden insbesondere die Regelverschonung und der Abzugsbetrag bzw. die Optionsverschonung sowie die Verschonungsbedarfsprüfung angewendet. 206

> **Beispiel** 207
> V ist Alleingesellschafter einer GmbH, die einen Großhandel betreibt, und möchte diese an seinen Sohn S übertragen. Der gemeine Wert der GmbH (ermittelt im vereinfachten Ertragswertverfahren) beträgt 3 Mio. EUR.

---

192 Vgl. auch *Erkis*, DStR 2016, 1441, 1444, die den Unschädlichkeitsbetrag als „verfassungsrechtlich bedenklich“ einstuft.

193 Nach Auffassung der Finanzverwaltung können auch verbundinterne/konzerninterne Einlagen von Finanzmitteln zu jungen Finanzmitteln führen (siehe R E 13b.29 Abs. 3 ErbStR 2019). Auch Umwandlungsvorgänge führen zu jungen Finanzmitteln und jungem Verwaltungsvermögen – Gleich lautende Erlasse der obersten Finanzbehörden der Länder v. 13.10.2022 – S 3812b, DStR 2022, 2685: Behandlung von (jungem) Verwaltungsvermögen und (jungen) Finanzmitteln bei Umwandlungsvorgängen sowie Folgen von Umwandlungsvorgängen für die Anwendung des vereinfachten Ertragswertverfahrens, vgl. dazu grundlegend und m.w.N. auch *Korezkij*, DStR 2022, 2641.

Aktiva	EUR	Passiva	EUR
Betriebsgrundstück	1.000.000	Eigenkapital	1.000.000
Fremdvermietetes Grundstück	500.000	Verbindlichkeiten aus Lieferungen und Leistungen	1.500.000
Material	500.000		
Forderungen aus Lieferungen und Leistungen	500.000		

Die ErbStH 2019 bilden unter H 13b.9 Beispiele, wie die Berechnung des begünstigten Vermögens im Einzelnen zu erfolgen hat:

Bei einer Beteiligung von 100 % an einer inländischen Kapitalgesellschaft liegt begünstigungsfähiges Betriebsvermögen vor, sodass der Bruttoverwaltungsvermögenstest und ihm folgend die Aufteilung in begünstigtes und nicht begünstigtes Vermögen durchzuführen sind.

Vorgelagert hat stets der 90 %-Test zu erfolgen. Vorliegend besteht das Bruttoverwaltungsvermögen aus dem fremdvermieteten Grundstück (500.000 EUR) und den Forderungen aus LuL (500.000 EUR). Die Verbindlichkeiten (1.500.000 EUR) (neu![194]) sind bei den Finanzmitteln zu berücksichtigen. Die Berechnung erfolgt wie folgt:

Finanzmittel (Forderungen aus LuL) 500.000 EUR
./. Schulden: 1.500.000 EUR
= anzusetzender Wert der Finanzmittel (mind. 0 EUR): 0 EUR
+ Verwaltungsvermögen: 500.000 EUR
= Verwaltungsvermögen für 90 %-Test: 500.000 EUR
Ins Verhältnis gesetzt zum Unternehmenswert: 3.000.000 EUR
= Quote: 16,67 %

Die Bruttoverwaltungsvermögensquote für den 90 %-Eingangstest wird unproblematisch bestanden.

Ausgehend vom Wert des begünstigungsfähigen Vermögens (gemeiner Wert der GmbH) ist auf zweiter Ebene der Wert des zu begünstigenden Vermögens zu ermitteln. Nur auf dieses begünstigte Vermögen finden die Regel- bzw. die Optionsverschonung Anwendung. Dazu folgende Schritte:

Durchzuführen ist in einem **ersten Schritt** zunächst der Finanzmitteltest. Von den Forderungen aus LuL in Höhe von 500.000 EUR sind die Verbindlichkeiten in Höhe von 1.500.000 EUR abzuziehen (§ 13b Abs. 4 Nr. 5 ErbStG). Ein Abzug von 15 % des Unternehmenswerts muss somit nicht mehr erfolgen, da die Finanzmittel bereits durch die Saldierung mit den Schulden 0 EUR betragen.

Im **zweiten Schritt** sind die nach Durchführung des Finanzmitteltests verbleibenden Schulden zu berechnen. Die verbleibenden Schulden betragen 1.000.000 EUR.

Im **dritten Schritt** ist der Nettowert des Verwaltungsvermögens zu ermitteln. Hierzu sind nach Auffassung der Finanzverwaltung **drei Zwischenschritte** erforderlich:

1. Neben den Finanzmitteln ist nach Durchführung des Finanzmitteltests auch das sonstige schädliche Verwaltungsvermögen gem. § 13b Abs. 4 Nr. 1–4 ErbStG zu ermitteln und miteinzubeziehen. Vorliegend handelt es sich bei dem fremdvermieteten Grundstück um schädliches Verwaltungsvermögen im Wert von 500.000 EUR (§ 13b Abs. 4 Nr. 1 S. 1 ErbStG). Weil nach Durchführung des Finanzmitteltests keine schäd-

194 Gleich lautende Erlasse der obersten Finanzbehörden der Länder v. 19.6.2024 – S 3812b, NWB LAAAJ-70767 = BStBl I 2024, 1081.

lichen Finanzmittel vorlagen, besteht das Verwaltungsvermögen nur aus dem fremdvermieteten Grundstück.

2. Es sind die im Rahmen des neu eingefügten, quotalen Schuldenabzugs nach § 13b Abs. 6 ErbStG auf das originär nicht begünstigte Verwaltungsvermögen entfallenden Schulden zu ermitteln. Um Gestaltungen mit fremdfinanziertem Verwaltungsvermögen zu vermeiden, ist ausdrücklich von einer direkten Zuordnung der Schulden abgesehen worden und stattdessen ein quotaler Schuldenabzug im Gesetz geregelt. Die den Finanzmitteltest übersteigenden Schulden (hier in Höhe von 1.000.000 EUR) sind insofern quotal auf das begünstigte und das nicht begünstigte Vermögen zu verteilen. Nach Auffassung der Finanzverwaltung sind die verbleibenden Schulden (1.000.000 EUR) mit dem Saldo des Verwaltungsvermögens (500.000 EUR) zu multiplizieren; dieser Wert ist durch den Wert des (Anteils am) Betriebsvermögen (3.000.000 EUR) zzgl. der verbleibenden Schulden (1.000.000 EUR) zu teilen ((1.000.000 EUR x 500.000EUR) : (3.000.000 EUR + 1.000.000 EUR)). Hieraus ergeben sich die anteilig verbleibenden Schulden in Höhe von 125.000 EUR.
3. Es ist der Nettowert des Verwaltungsvermögens zu berechnen. Unter dem Nettowert des Verwaltungsvermögens ist das nach quotalem Schuldenabzug (anteilig verbleibende Schulden, siehe Zwischenschritt 2) verbleibende Verwaltungsvermögen zu verstehen. Insofern ist vom Saldo des Verwaltungsvermögens (500.000 EUR) der Wert der anteilig verbleibenden Schulden (125.000 EUR) abzuziehen. Das nicht begünstigte Nettoverwaltungsvermögen beträgt somit 375.000 EUR.

Im **vierten Schritt** ist § 13b Abs. 7 ErbStG anzuwenden, demzufolge originär nicht begünstigtes Vermögen wie begünstigtes Vermögen behandelt wird, soweit es 10 % des um den Nettowert des Verwaltungsvermögens gekürzten gemeinen Werts des Betriebsvermögens nicht übersteigt (sog. unschädliches Verwaltungsvermögen. Hierzu sind nach Auffassung der Finanzverwaltung wiederum **drei Zwischenschritte** erforderlich:

1. Die Bemessungsgrundlage für die Berechnung des unschädlichen Verwaltungsvermögens ist zu ermitteln. Hierzu sind vom Wert des (Anteils am) Betriebsvermögen der Nettowert des Verwaltungsvermögens sowie das junge Verwaltungsvermögen und die jungen Finanzmittel abzuziehen. Da im Beispielsfall weder junges Verwaltungsvermögen noch junge Finanzmittel vorliegen, ist vom Wert des Betriebsvermögens in Höhe von 3.000.000 EUR lediglich das Nettoverwaltungsvermögen in Höhe von 375.000 EUR abzuziehen, sodass sich eine Bemessungsgrundlage für die Berechnung des unschädlichen Verwaltungsvermögens in Höhe von 2.625.000 EUR ergibt.
2. Vom Nettowert des Verwaltungsvermögens (375.000 EUR) sind 10 % der Bemessungsgrundlage für das unschädliche Verwaltungsvermögen (2.625.000 EUR x 10 % = 262.500 EUR) abzuziehen. Der gekürzte Nettowert des Verwaltungsvermögens beträgt somit 112.500 EUR.
3. Zuletzt ist der steuerpflichtige Wert des Verwaltungsvermögens und damit das nicht begünstigte Vermögen zu berechnen. Hierzu ist zum gekürzten Nettowert des Verwaltungsvermögens der Wert des jungen Verwaltungsvermögens und der jungen Finanzmittel hinzuzurechnen. Da im Beispielsfall weder junges Verwaltungsvermögen noch junge Finanzmittel vorliegen, entspricht das nicht begünstigte Vermögen dem gekürzten Nettowert des Verwaltungsvermögens in Höhe von 112.500 EUR. (Etwaig vorhandene junge Finanzmittel oder junges Verwaltungsvermögen würden hier einfach „dazu addiert" und stellten ebenfalls nicht begünstigtes Vermögen dar).

Im **fünften Schritt** ist das begünstigte Vermögen zu ermitteln: Vom Unternehmenswert in Höhe von 3.000.000 EUR wird das steuerpflichtige Verwaltungsvermögen in Höhe von 112.500 EUR abgezogen. Der Wert des begünstigten Vermögens beträgt somit 2.887.500 EUR. Nur auf dieses zu begünstigende Vermögen können die Begünstigungen für Betriebsvermögen in Anspruch genommen werden; 112.500 EUR sind voll steuerpflichtig (ggf. gegen Freibeträge zu verrechnen).

5. Verschonung des begünstigten Vermögens

208 Grundsätzlich wird für das begünstigte Vermögen die **Regelverschonung** gewährt. Im Rahmen der Regelverschonung wird ein Bewertungsabschlag von 85 % vorgenommen; darüber hinaus besteht gem. § 13a Abs. 2 ErbStG ein Abzugsbetrag in Höhe von 150.000 EUR, wenn das begünstigte Vermögen nicht mehr als 150.000 EUR beträgt. Der Abzugsbetrag von 150.000 EUR verringert sich, soweit der Wert des begünstigten Vermögens nach Anwendung der Regelverschonung die Wertgrenze von 150.000 EUR übersteigt, um 50 % des diese Wertgrenze übersteigenden Betrags.[195] Im Rahmen der Regelverschonung kann somit Unternehmensvermögen – vorausgesetzt es liegt kein schädliches Verwaltungsvermögen vor – mit einem Wert von bis zu 1 Mio. EUR zu 100 % steuerfrei übertragen werden.

209 Voraussetzung für die Regelverschonung ist die Fortführung des Betriebs einschließlich der wesentlichen Betriebsgrundlagen über einen Zeitraum von fünf Jahren und die Einhaltung der Lohnsumme (vereinfacht: durchschnittliche Gehälter aus der GuV der letzten fünf abgeschlossenen Jahre vor Übertragung) in Höhe von 400 % (ab 16 Mitarbeitern; zwischen sechs und 15 Mitarbeitern verminderte Lohnsumme) über einen Zeitraum von fünf Jahren.

210 Im Rahmen der **Optionsverschonung** wird ein Bewertungsabschlag von 100 % gewährt. Voraussetzungen sind die Einhaltung einer siebenjährigen Behaltensfrist sowie einer Lohnsumme von 700 %. Zusätzlich ist die Einhaltung einer Verwaltungsvermögensquote für die Optionsverschonung von nicht mehr als 20 % erforderlich. Für die Berechnung der Verwaltungsvermögensquote im Rahmen der Optionsverschonung ist ein Schuldenabzug im Hinblick auf solche Vermögensgegenstände sowie im Rahmen des Finanzmitteltests durchzuführen, welche der Sicherung der Altersvorsorge dienen; die Schuldensaldierung mindert insofern den Wert des Verwaltungsvermögens. Nicht durchzuführen sind der quotale Schuldenabzug und die Umqualifizierung originär nicht begünstigten Vermögens in begünstigtes Vermögen. Einzuhalten ist eine Behaltensfrist von sieben Jahren und eine Lohnsumme von 700 % (ab 16 Mitarbeitern; zwischen sechs und 15 Mitarbeitern verminderte Lohnsumme).

B. Ertragsteuerliche Aspekte

211 Bei der Nachfolge sind neben den zivil- und gesellschaftsrechtlichen Regelungen sowie den schenkung- und erbschaftsteuerrechtlichen Aspekten zwingend auch die ertragsteuerlichen Folgen zu beachten. (Zu) wenig bekannt ist, dass der Erbfall und auch die Erbauseinandersetzung auch Einkommensteuer auslösen können, die deutlich höher als die Erbschaftsteuer sein kann. Gerade im unternehmerischen Bereich kommt der Einkommensteuer eine nicht zu vernachlässigende Bedeutung zu.

---

195 *Meincke/Hannes/Holtz*, § 13a Rn 31.

I. Grundsatz: Buchwertfortführung bei Vererbung

1. Vererbung von Personengesellschaftsanteilen

Wird ein Anteil an einer Personengesellschaft übertragen, ist in ertragsteuerlicher Hinsicht in einem ersten Schritt zwingend zu klären, ob es sich bei diesem Personengesellschaftsanteil in steuerlicher Hinsicht um Betriebsvermögen oder um Privatvermögen handelt. Handelt es sich um steuerliches **Betriebsvermögen**, wird in Bezug auf den Anteil an der Personengesellschaft aus steuerlicher Perspektive auch vom **„Mitunternehmeranteil"** gesprochen. Um eine derartige Mitunternehmerschaft (= steuerliches Betriebsvermögen) handelt es sich immer dann, wenn die Personengesellschaft land- und forstwirtschaftlich, gewerblich oder freiberuflich tätig ist oder es sich um eine sog. gewerblich geprägte Personengesellschaft handelt. Die gewerbliche Prägung ist dann gegeben, wenn gem. § 15 Abs. 3 Nr. 2 EStG ausschließlich eine oder mehrere Kapitalgesellschaften persönlich haftende Gesellschafter sind und nur diese oder Personen, die nicht Gesellschafter sind, zur Geschäftsführung befugt sind. 212

Wird ein derartiger Mitunternehmeranteil vererbt oder vermacht, ordnet § 6 Abs. 3 S. 1 EStG die **Buchwertfortführung** an.[196] Dies hat zur Folge, dass der Erblasser keinen Veräußerungsgewinn versteuern muss; der Erbe/Vermächtnisnehmer hat keine Anschaffungskosten, sondern führt die Versteuerung so unverändert fort, wie sie beim Erblasser erfolgt war. Wird das zum Mitunternehmeranteil gehörige Sonderbetriebsvermögen nicht quotal mitübertragen, hindert dies nicht die Buchwertfortführung; Voraussetzung ist aber in diesem Fall, dass der Erbe/Vermächtnisnehmer den Anteil über einen Zeitraum von fünf Jahren nicht veräußert oder aufgibt (§ 6 Abs. 3 S. 2 EStG). An eine natürliche Person kann dabei auch ein Teil eines Mitunternehmeranteils ohne Aufdeckung stiller Reserven übertragen werden (§ 6 Abs. 3 S. 1 Hs. 2 EStG); dies gilt jedoch nicht für die Übertragung auf bspw. eine Familienstiftung. An diese kann nur der gesamte Mitunternehmeranteil zu Buchwerten übertragen werden. 213

Handelt es sich bei der Personengesellschaft um eine rein vermögensverwaltende Personengesellschaft (bspw. eine Kommanditgesellschaft, die ausschließlich Einkünfte aus Vermietung und Verpachtung erzielt), handelt es sich (vorbehaltlich der gewerblichen Prägung) steuerlich um Privatvermögen. Hier folgt die Buchwertfortführung aus § 11d EStDV. 214

2. Vererbung eines Einzelunternehmens

Für die Vererbung eines Einzelunternehmens ordnet § 6 Abs. 3 S. 1 EStG ebenfalls die Buchwertfortführung an. 215

3. Vererbung von Kapitalgesellschaftsanteilen

Auch bei Anteilen an Kapitalgesellschaften ist in einem ersten Schritt immer zu klären, ob diese Teil eines steuerlichen Betriebsvermögens sind oder ob es sich gem. §§ 17, 20 EStG um im Privatvermögen gehaltene Anteile handelt. Für Anteile im Privatvermögen regelt § 17 Abs. 2 S. 5 EStG, dass der unentgeltliche Rechtsnachfolger die Anschaffungskosten fortführt; die Übertragung ist zu Buchwerten möglich. Ertragsteuerliche Risiken bestehen mit Blick auf eine Kapitalgesellschaft insbesondere immer dann, wenn eine Betriebsaufspaltung vorliegt. 216

---

196 Schmidt/*Wacker*, § 16 Rn 40.

II. Aufdeckung stiller Reserven aufgrund Entnahme aus dem (Sonder-)Betriebsvermögen

1. Entnahme aus dem Betriebsvermögen

217 Zu einer Entnahme aus dem Betriebsvermögen kann es dann kommen, wenn Wirtschaftsgüter des Betriebsvermögens isoliert an **Vermächtnisnehmer** übertragen werden. Ein derartig ertragsteuerlich missglücktes Testament kann bspw. wie folgt aussehen: Alleinerbe ist der Sohn; die Tochter bekommt als Vermächtnis das Betriebsgrundstück. Erfüllt jetzt der Sohn das Vermächtnis und überträgt in Erfüllung der Vermächtnisschuld das Grundstück, muss er das Grundstück aus dem Betriebsvermögen entnehmen.[197] Aufgrund der Entnahme aus dem Betriebsvermögen werden die im Grundstück befindlichen stillen Reserven aufgedeckt und müssen vom Sohn als laufender Gewinn versteuert werden. Die Tarifbegünstigungen finden keine Anwendung. Etwas anderes würde gelten, wenn als Vermächtnis ein gesamter Betrieb übertragen wird (siehe Rdn 231).

2. Entnahme aufgrund einer Betriebsaufspaltung

218 Ertragsteuerliche Schwierigkeiten ergeben sich bei der Vererbung von Kapitalgesellschaftsanteilen insbesondere immer dann, wenn eine sog. Betriebsaufspaltung vorliegt. Eine Betriebsaufspaltung setzt dabei die **sachliche und personelle Verflechtung** zwischen dem Vermieter/Verpächter eines Wirtschaftsguts und der GmbH voraus. Eine Betriebsaufspaltung liegt klassischerweise dann vor, wenn der Alleingesellschafter „seiner" GmbH ein in seinem zivilrechtlichen Eigentum stehendes Grundstück zur Nutzung überlässt.

219 Erste Voraussetzung für das Vorliegen einer Betriebsaufspaltung ist die **personelle Verflechtung**. Diese ist dann gegeben, wenn beide Unternehmen von der- oder denselben Personen beherrscht werden und der oder die Inhaber des Besitzunternehmens auch in dem Betriebsunternehmen einen einheitlichen geschäftlichen Betätigungswillen durchsetzen können. Bei Personenmehrheiten kommt es für das Vorliegen einer Betriebsaufspaltung insbesondere auf die entsprechenden Stimmmehrheiten an, wobei der hierbei erforderliche Interessengleichlauf (widerleglich) vermutet wird. Die personelle Verflechtung kann verhindert werden, wenn an dem Besitzunternehmen bspw. ein weiterer Gesellschafter beteiligt ist, der am Betriebsunternehmen nicht beteiligt ist, und die Beschlüsse der Gesellschafterversammlung wegen vertraglicher oder gesetzlicher Bestimmung einstimmig gefasst werden müssen. Um die personelle Verflechtung zu verhindern, bietet sich auch eine Gestaltung über den Ehegatten an (sog. Wiesbadener Modell). In diesem Fall wird das Betriebsunternehmen von einem Ehegatten betrieben, wogegen das an die Betriebs-GmbH überlassene Grundstück (Besitzunternehmen) dem anderen Ehegatten gehört. Wurde eine derartige Gestaltung gewählt, sollte darauf geachtet werden, dass nicht durch den Tod eines Ehegatten eine Betriebsaufspaltung begründet wird.

220 Die zweite Voraussetzung, die sog. **sachliche Verflechtung**, ist gegeben, wenn wesentliche Betriebsgrundlagen vom Besitzunternehmen an das Betriebsunternehmen vermietet werden, die zur Entwicklung des Betriebszwecks beitragen und besondere Gewicht für die Betriebsführung haben. Eine Betriebsaufspaltung liegt somit immer dann vor, wenn ein wirtschaftlich einheitliches Unternehmen zwischen der Kapitalgesellschaft und dem Betriebsinhaber „aufgeteilt" ist. Dabei wird ein rechtlich und wirtschaftlich einheitlicher Betrieb steuerlich

197 BMF v. 14.3.2006 – IV B 2 – S 2242 – 7/06, BStBl I 2006, 253, Rn 60.

in zwei Unternehmen aufgeteilt, in ein Besitzunternehmen (insbesondere mit dem Grundstück) und ein Betriebsunternehmen (GmbH).

Liegt eine Betriebsaufspaltung vor, hat dies zur Folge, dass sowohl das überlassene Wirtschaftsgut (in der Regel Grundbesitz) als auch die GmbH-Beteiligung steuerlich vom Privat- in Betriebsvermögen **umqualifiziert** werden.[198] Werden jetzt die Anteile an der GmbH (Betriebsunternehmen) getrennt vom Grundstück (Besitzunternehmen) auf verschiedene Personen übertragen (bspw. wiederum durch die Erfüllung eines ausgesetzten Vermächtnisses), führt dies zur Aufdeckung aller stillen Reserven in der GmbH und im Grundstück. Vermieden werden kann dies durch eine Übertragung sowohl des Besitzunternehmens als auch der Betriebs-GmbH an dieselbe Person oder Personengruppe. Bei der Ausgestaltung des Testaments oder des Erbvertrags ist daher zwingend darauf zu achten, dass eine bestehende Betriebsaufspaltung nicht durch Entfallen der personellen Verflechtung beendet wird. 221

Die Schwierigkeit liegt in der Praxis immer darin, die Betriebsaufspaltung zu erkennen und entsprechend im Rahmen der Unternehmensnachfolge zu berücksichtigen. Um eine ungewollte Aufdeckung stiller Reserven zu verhindern, kann es sich daher anbieten, Besitz- und Betriebsunternehmen in eine aus „eigener Kraft“ gewerbliche Einheit, insbesondere eine gewerblich geprägte GmbH & Co. KG, einzubringen. 222

3. Entnahme aus dem Sonderbetriebsvermögen

Eine ähnliche Schwierigkeit stellt sich bei der Übertragung von Mitunternehmeranteilen in Bezug auf etwaiges Sonderbetriebsvermögen. Sonderbetriebsvermögen I sind dabei die Wirtschaftsgüter, die im Eigentum von einem oder mehreren Mitunternehmern einer Personengesellschaft stehen und an die Mitunternehmerschaft zur Nutzung überlassen werden, klassischerweise ebenfalls das im zivilrechtlichen Eigentum stehende Grundstück eines Mitunternehmers, auf welchem der Gewerbebetrieb der Mitunternehmerschaft betrieben wird. Sonderbetriebsvermögen II sind Wirtschaftsgüter, die zwar nicht unmittelbar der Personengesellschaft überlassen werden, aber der Mitunternehmerstellung der Gesellschafter dienen, denen sie gehören, z.B. die Beteiligung des Personengesellschafters an der Komplementär-GmbH, deren Tätigkeit sich im Wesentlichen auf die Geschäftsführung der Personengesellschaft beschränkt.[199] Auch beim Sonderbetriebsvermögen ist die steuerliche Verknüpfung mit dem Mitunternehmeranteil bei allen Übertragungen zwingend zu beachten: Wird das Sonderbetriebsvermögen (vollständig) vom Mitunternehmeranteil getrennt, sind die stillen Reserven im Sonderbetriebsvermögen aufzudecken. 223

Beispiel 1 224
V setzte seinen Sohn S zu seinem Alleinerben ein. S erbt seine 100 %-ige Beteiligung an einer gewerblichen Kommanditgesellschaft einschließlich des gesamten in seinem Alleineigentum stehenden, an die KG überlassenen Grundstücks (Sonderbetriebsvermögen I). Anwendung findet § 6 Abs. 3 S. 1 EStG sowohl auf den Kommanditgesellschaftsanteil als auch auf das im Sonderbetriebsvermögen befindliche Grundstück; die Vererbung an S erfolgt ohne Aufdeckung stiller Reserven unter Fortführung der Buchwerte.

Beispiel 2
V setzt wiederum seinen Sohn S als Alleinerben ein; dieser erbt so die gesamte Beteiligung an einer gewerblichen Kommanditgesellschaft. V vermacht aber der Tochter T das in seinem Alleineigentum stehende, an die KG überlassene Grundstück (Sonderbetriebs-

198 Schmidt/*Wacker*, § 15 Rn 869.
199 Rössler/Troll/*Eisele*, § 97 Rn 19.

vermögen). In diesem Fall verliert das Grundstück seine Eigenschaft als Sonderbetriebsvermögen; alle im Grundstück enthaltenen stillen Reserven sind aufzudecken.

4. Entnahme aufgrund qualifizierter Nachfolgeklausel

225 Eine erhebliche Gefahr im Rahmen der Nachfolgegestaltung über Personengesellschaftsanteile stellen in ertragsteuerlicher Hinsicht auch qualifizierte Nachfolgeklauseln dar: Während es eine einfache Nachfolgeklausel allen Miterben ermöglicht, Gesellschafter der Personengesellschaft zu werden, beschränkt die qualifizierte Nachfolgeklausel diese Möglichkeit. Typischerweise erfolgt hierbei eine **Beschränkung** dergestalt, dass bspw. nur Abkömmlinge des Erblassers Gesellschafter der Personengesellschaft werden können. In diesen Fällen ist immer zu beachten, dass keinesfalls eine Testamentsgestaltung ohne Kenntnis der gesellschaftsvertraglichen Regelungen erfolgen darf – dies nicht nur aus den bekannten zivilrechtlichen Gründen, sondern auch aufgrund steuerlicher Aspekte:

226 **Beispiel**[200]
E ist Gesellschafter einer Personengesellschaft und überlässt dieser Gesellschaft ein Grundstück. Das Grundstück stellt daher Sonderbetriebsvermögen dar. Im Gesellschaftsvertrag ist geregelt, dass nur Abkömmlinge nachfolgeberechtigt sind. In seinem Testament hat der Erblasser seine Ehefrau und sein Kind zu je 1/2 als Erben eingesetzt. Ertragsteuerlich passiert im Todesfall Folgendes:
In Bezug auf den Personengesellschaftsanteil gilt bekanntermaßen eine Sonderrechtsnachfolge: Der Anteil an der Personengesellschaft geht im Wege der Sonderrechtsnachfolge nur auf die nachfolgeberechtigten Erben über. Die wertmäßige Quote der Erbteile ist nur im Wege der Auseinandersetzung der Erbengemeinschaft zu berücksichtigen. Dieser zivilrechtliche Grundsatz der Sonderrechtsnachfolge gilt jedoch nicht für das an die Gesellschaft überlassene Grundstück. Zwar stellt dieses in steuerlicher Hinsicht Sonderbetriebsvermögen dar und ist somit Teil des Mitunternehmeranteils; das Zivilrecht kennt diesen Zusammenhang zwischen Gesellschaftsanteil und Sonderbetriebsvermögen jedoch nicht. Dies bedeutet, dass das Sonderbetriebsvermögen entsprechend der angeordneten testamentarischen (beziehungsweise gesetzlichen) Erfolge auf alle Erben übergeht. Das Grundstück erbt die Ehefrau somit zu ½ und das Kind ebenfalls zu ½; die Hälfte des Grundstücks, die nach dem Erbfall der Ehefrau gehört, verliert dadurch die Qualität als Sonderbetriebsvermögen, da die Ehefrau aufgrund der qualifizierten Nachfolgeklausel eben gerade nicht Gesellschafterin der Personengesellschaft geworden ist. In Bezug auf die Hälfte des Grundstücks kommt es daher aufgrund der Entnahme aus dem Sonderbetriebsvermögen zu einer Aufdeckung der hierin enthaltenen stillen Reserven.[201]

III. Ertragsteuerliche Folgen der Erbauseinandersetzung

1. Keine Einheit von Erbfall und Erbauseinandersetzung

227 Erbfall und Erbauseinandersetzung bilden nach der Entscheidung des Großen Senats des BFH vom 5.7.1990 keine Einheit, sondern sind **isoliert** und je für sich zu betrachten.[202] Aus diesem Grund erlangt jeder Miterbe das von ihm übernommene Vermögen nicht direkt

200 *Friedrich-Büttner/Herbst*, ErbStB 2012, 186, 188 f.
201 BMF v. 14.3.2006 – IV B 2 – S 2242 – 7/06, BStBl I 2006, 253, Rn 72 f.
202 BFH v. 5.7.1990 – GrS 2/89, BStBl II 1990, 837; BMF v. 14.3.2006 – IV B 2 – S 2242 – 7/06, BStBl I 2006, 253, Rn 2; ausführlich dazu *Friedrich-Büttner/Herbst*, ErbStB 2012, 213.

vom Erblasser, sondern aus dem Gesamthandsvermögen der Erbengemeinschaft. Leistet ein Miterbe im Rahmen der Erbauseinandersetzung „Ausgleichszahlungen" an einen weichenden Miterben, kann ein steuerpflichtiger Veräußerungsgewinn vorliegen, der zur Aufdeckung von stillen Reserven führt.

Die Finanzverwaltung hat die wesentlichen Gesichtspunkte im sog. **Erbauseinandersetzungserlass**[203] dargestellt: Das zivilrechtliche Erbrecht geht im Grundsatz von einer Teilung des Erbanfalls in natura aus, indem einzelne Miterben einzelne Gegenstände aus dem Nachlass erhalten. Diese Aufteilung wird im Steuerrecht als Realteilung bezeichnet, die mit oder ohne Ausgleichszahlungen erfolgen kann.[204] Weiterhin besteht die Möglichkeit, den Nachlass zu veräußern und den Erlös entsprechend zu verteilen. Wenn einzelne Miterben kein Interesse an der gemeinschaftlichen Auseinandersetzung haben, können diese ihre Erbteile an Miterben oder Dritte veräußern. Darüber hinaus können einzelne Miterben mit oder ohne Ausgleichszahlung aus der Erbengemeinschaft ausscheiden, sodass deren Erbteil auf die anderen Miterben übergeht. 228

2. Realteilung

a) Realteilung ohne Ausgleichszahlungen

aa) Realteilung von Privatvermögen

Wenn sich die Miterben einer Erbengemeinschaft durch eine gegenständliche Aufteilung des Nachlasses über Privatvermögen auseinandersetzen, ist dies ertragsteuerlich grundsätzlich **steuerneutral** und ohne Auswirkungen, wenn zwischen den Beteiligten keine Ausgleichszahlungen geleistet werden.[205] Dies gilt für sämtliche Wirtschaftsgüter, die im Zeitpunkt des Erbfalls zum Privatvermögen des Erblassers gehörten – auch wenn diese nach §§ 17, 23 EStG oder § 22 UmwStG steuerverhaftet sind. 229

Eine derartige Erbauseinandersetzung ohne Abfindungszahlungen liegt auch dann vor, wenn es sich um die Übernahme von Verbindlichkeiten handelt. Es ist daher möglich, einem Miterben überquotal Schulden des Nachlasses zuzuweisen. Auch diese Schulden zählen zu den Gegenständen des Nachlasses und können frei zwischen den Miterben verschoben werden. Insofern handelt es sich um „Manövriermasse". Ein Finanzierungszusammenhang zu den übernommenen Wirtschaftsgütern ist nicht notwendig. Neue Anschaffungskosten werden nicht generiert. 230

bb) Realteilung von Betriebsvermögen

Auch bei der Realteilung von Betriebsvermögen und Mitunternehmeranteilen kann Steuerneutralität erreicht werden, wenn den Miterben im Wege der Teilung nicht nur einzelne Wirtschaftsgüter zugewiesen werden, sondern sie stattdessen einen **(Teil-)Betrieb** oder **Mitunternehmeranteil** unentgeltlich erlangen. In diesen Fällen sieht § 16 Abs. 3 EStG zwingend die Fortführung der Buchwerte durch den Erwerber vor,[206] wenn gem. § 16 Abs. 3 S. 2 EStG die wesentlichen Betriebsgrundlagen des der Erbengemeinschaft anfallenden Gewerbebetriebs auch nach Beendigung der Auseinandersetzung Betriebsvermögen bleiben und die spätere Besteuerung der stillen Reserven sichergestellt ist. 231

---

203 BMF v. 14.3.2006 – IV B 2 – S 2242 – 7/06, BStBl I 2006, 253, ergänzt durch BMF v. 27.12.2018, BStBl I 2019, 11.

204 BFH v. 19.1.1982 – VIII R 21/77, BStBl II 1982, 456; Schmidt/*Wacker*, § 16 Rn 530.

205 BMF v. 14.3.2006 – IV B 2 – S 2242 – 7/06, BStBl I 2006, 253, Rn 22.

206 BMF v. 14.3.2006 – IV B 2 – S 2242 – 7/06, BStBl I 2006, 253, Rn 11.

232 **Beispiel**[207]
Der Erblasser hat seine Töchter zu Miterbinnen zu je 1/3 eingesetzt. Zum Nachlass zählen drei Betriebe, die jeweils einen Wert von 1 Mio. EUR haben. Jede der Töchter erhält einen Betrieb im Wege der Realteilung und führt diesen fort.
In diesem Fall liegt keine Betriebsaufgabe vor, da jeder Betrieb auch nach der Realteilung der Erbengemeinschaft für sich bestehen bleibt und unverändert auf die Töchter übertragen wird. Nach § 16 Abs. 3 S. 2–4 EStG sind die Buchwerte der Betriebe fortzuführen. Eine Aufdeckung der stillen Reserven findet nicht statt, sodass die Übertragung steuerneutral bleibt.

233 Wenn einzelne Miterben im Wege der Realteilung nur einzelne Wirtschaftsgüter des Betriebsvermögens erlangen, führt dies zu einer steuerlich beachtlichen Entnahme der betroffenen Wirtschaftsgüter. Bei einer Verteilung des gesamten Nachlasses in dieser Weise führt dies zu einer Betriebsaufgabe i.S.d. § 16 Abs. 3 EStG.

234 **Beispiel**[208]
A und B sind Miterben zu je 1/2. Zum Nachlass gehört ein Betriebsvermögen, zu welchem lediglich zwei Grundstücke zu rechnen sind, die jeweils einen Buchwert von 300.000 EUR und einen Verkehrswert von 3 Mio. EUR haben. Die Erben setzen sich im Wege der Realteilung derart auseinander, dass jeder ein Grundstück erhält, wodurch es zur Betriebsaufgabe kommt.
Durch die Betriebsaufgabe entsteht ein Aufgabegewinn durch Aufdeckung der stillen Reserven von insgesamt 5,4 Mio. EUR in der Erbengemeinschaft. Diesen Betrag haben die Miterben je zur Hälfte zu versteuern.

235 Dasselbe gilt, wenn im Rahmen der Erbauseinandersetzung eine Betriebsaufspaltung beendet wird. Auch dies führt zur Aufdeckung aller stillen Reserven in der Betriebsaufspaltung.

236 Als Ausnahme hiervon ist die steuerneutrale sog. **„unechte“ Realteilung** zulässig.[209] In diesen Fällen werden zwar auch nur einzelne Wirtschaftsgüter einer Betriebseinheit übertragen, jedoch geschieht dies als **Abfindung** für den Empfänger. Diese erlangten Wirtschaftsgüter werden in der Folge unmittelbar einem eigenen Betriebsvermögen des Empfängers zugeführt, wobei die Buchwerte fortgeführt werden können.[210]

cc) Realteilung über einen Mischnachlass

237 Von einem Mischnachlass ist die Rede, wenn der Nachlass sowohl aus **Betriebs-** als auch aus **Privatvermögen** besteht. Wenn die Miterben im Rahmen der Auseinandersetzung das zum Nachlass gehörende Betriebsvermögen dergestalt aufteilen, dass jeder von ihnen einzelne Wirtschaftsgüter erlangt, aber keinen für sich funktionsfähigen (Teil-)Betrieb oder Mitunternehmerteil fortführt, gilt das oben Gesagte und es kommt zur steuerpflichtigen Aufdeckung stiller Reserven.

238 Vereinbaren die Miterben hingegen, dass einzelne Miterben das Betriebsvermögen erhalten und andere das Privatvermögen, dann kommt es grundsätzlich zu einer Betriebs- und somit Buchwertfortführung und es kann eine steuerpflichtige Betriebsaufgabe i.S.d. § 16 Abs. 3 EStG vermieden werden. Die Übertragung von Betrieben oder Mitunternehmeranteilen als funktionsfähige wirtschaftliche Einheit geschieht unentgeltlich und ohne eine Entnahme

207 Vgl. BMF v. 14.3.2006 – IV B 2 – S 2242 – 7/06, BStBl I 2006, 253, Rn 12.
208 BMF v. 14.3.2006 – IV B 2 – S 2242 – 7/06, BStBl I 2006, 253, Rn 11.
209 BFH v. 16.3.2017 – IV R 31/14, BStBl II 2019, 24; BMF v. 19.12.2018, BStBl I 2019, 6.
210 Vgl. BMF v. 27.12.2018, BStBl I 2019, 11.

von Wirtschaftsgütern aus dem Betriebsvermögen. Zu beachten ist allerdings, dass durch die Auseinandersetzung nicht eine Betriebsaufspaltung beendet wird oder Sonderbetriebsvermögen vom zugehörigen Personengesellschaftsanteil getrennt wird.

b) Realteilung mit Spitzenausgleich

aa) Grundlagen

Bei einem Großteil der Nachlässe sind die in ihm enthaltenen Wirtschaftsgüter nicht gleichwertig. Leistet in diesem Fall ein Miterbe Zahlungen an die anderen Miterben aus seinem eigenen Vermögen, um die Wirtschaftsgüter des Nachlasses (allein) zu erhalten, handelt es sich um eine **Erbauseinandersetzung mit Abfindungszahlungen**. Hierzu kommt es in der Praxis dann, wenn der Nachlass im Wesentlichen aus einem einzigen Wirtschaftsgut, bspw. einer Immobilie oder einem Unternehmen, besteht. Möchten die Miterben in diesem Fall die Immobilie nicht gemeinschaftlich weiter bewirtschaften und sie auch nicht veräußern, bleibt allein die Möglichkeit, dass ein Miterbe den anderen auszahlt. 239

Eine derartige Erbauseinandersetzung mit Abfindungszahlungen bildet kein einheitliches Geschehen mit dem Erbfall. Vielmehr handelt es sich um zwei rechtlich selbstständige Vorgänge,[211] von denen allein der Erbfall unentgeltlich ist, wogegen die Teilung des Nachlasses mit **Spitzenausgleich** in Höhe der Ausgleichszahlung entgeltlich erfolgt. Dies ist immer dann problematisch, wenn es sich bei dem Wirtschaftsgut entweder um Betriebsvermögen oder ein gem. §§ 17, 20 Abs. 2 oder 23 EStG sowie § 22 UmwStG steuerverhaftetes Wirtschaftsgut handelt.[212] In diesem Fall erzielt der veräußernde Miterbe einen Veräußerungsgewinn. Dies bedeutet, dass er die in dem Vermögensgegenstand enthaltenen stillen Reserven zu versteuern hat. Im Falle der Gewährung eines Spitzenausgleichs schafft derjenige, der die Ausgleichszahlungen leistet, die erworbenen Wirtschaftsgüter (anteilig) aus dem Nachlass entgeltlich an. Anstelle der Buchwertfortführung darf er diese um die anteilig auf das jeweilige Wirtschaftsgut entfallenden Anschaffungskosten erhöhen. Auf der anderen Seite hat der Miterbe, welcher den Spitzenausgleich erzielt, das Wirtschaftsgut veräußert und durch Aufdeckung stiller Reserven eine Steuerpflicht ausgelöst (wenn es sich um ein steuerverstricktes Wirtschaftsgut handelte). 240

bb) Auseinandersetzung über Privatvermögen

Die Zahlung eines Spitzenausgleichs wirkt sich auf Ebene des Privatvermögens in ertragsteuerlicher Sicht nur aus, wenn solche Wirtschaftsgüter gegenständlich sind, deren Veräußerung der Besteuerung unterliegt. Das sind: 241

- Beteiligungen an Kapitalgesellschaften (§§ 17 und 20 EStG)
- Grundstücke, die vor weniger als zehn Jahren vor der Auseinandersetzung durch den Erblasser (bzw. dessen Rechtsvorgänger) angeschafft worden sind (§ 23 EStG)
- einbringungsgeborene Anteile (§ 21 UmwStG a.F.)
- sperrfristbehaftete Anteile (§ 22 UmwStG n.F.)

211 BFH v. 5.7.1990 – GrS 2/89, BStBl II 1990, 837, 840; BMF v. 14.3.2006 – IV B 2 – S 2242 – 7/06, BStBl I 2006, 253, Rn 2, siehe auch Rn 14 ff. zur Teilung von Betriebsvermögen mit Spitzenausgleich.
212 BMF v. 14.3.2006 – IV B 2 – S 2242 – 7/06, BStBl I 2006, 253, Rn 27.

cc) Auseinandersetzung über Betriebsvermögen

242 Übernimmt ein Miterbe gegen Ausgleichszahlungen einen ganzen Betrieb bzw. Mitunternehmeranteil, dann wird durch solche Zahlungen bei den veräußernden Erben, die den Spitzenausgleich erhalten, häufig der Tatbestand des § 16 Abs. 1 Nr. 1 bzw. Nr. 2 EStG verwirklicht und es fällt ein steuerpflichtiger Veräußerungsgewinn an.[213] Für diesen kann gem. § 34 EStG eine Tarifbegünstigung eingreifen.

243 Werden im Rahmen der Realteilung einzelne Wirtschaftsgüter des Betriebsvermögens gegen Spitzenausgleich übertragen, erzielen die Empfänger der Ausgleichzahlungen nicht tarifbegünstigte, steuerpflichtige Veräußerungsgewinne.

dd) Auseinandersetzung über einen Mischnachlass

244 Wenn ein Miterbe aus einem Mischnachlass neben einem (Teil-)Betrieb oder Mitunternehmeranteil aus dem Betriebsvermögen des Erblassers auch Gegenstände aus dem **Privatvermögen** übernimmt und hierfür eine einheitliche Ausgleichszahlung aus seinem privaten Vermögen leistet, ist dieser Spitzenausgleich entsprechend den Verhältnissen der Werte des Betriebs- und Privatvermögens aufzuteilen.[214]

3. Realteilung durch Veräußerung und Teilung des Erlöses

245 Die Miterben können sich auch in der Weise auseinandersetzen, dass sie sämtliche zum Nachlass gehörenden Wirtschaftsgüter veräußern und den Rest des Veräußerungserlöses – abzüglich der Nachlassverbindlichkeiten – entsprechend den Erbquoten unter sich verteilen.

246 Hinsichtlich des **Privatvermögens** besteht eine Steuerpflicht nur im Hinblick auf die oben genannten steuerverstrickten Wirtschaftsgüter. Im Übrigen verwirklicht die Erbengemeinschaft auf diese Weise keine steuerrelevanten Veräußerungstatbestände.[215] Hinsichtlich des **Betriebsvermögens** liegt stets ein steuerlich beachtlicher Veräußerungsvorgang vor, der unter § 16 Abs. 1 EStG fällt. Dies gilt unabhängig davon, ob der Tatbestand einer Betriebsaufgabe (durch Veräußerung von Einzelwirtschaftsgütern) vorliegt oder ob eine Betriebsveräußerung (durch Veräußerung des gesamten (Teil-)Betriebs oder des Mitunternehmeranteils) gegeben ist. Unterschiede ergeben sich nur hinsichtlich einer möglichen Tarifbegünstigung gem. §§ 16 Abs. 3, 34 EStG.[216]

---

213 BMF v. 14.3.2006 – IV B 2 – S 2242 – 7/06, BStBl I 2006, 253, Rn 14.
214 BFH v. 5.7.1990 – GrS 2/89, BStBl II 1990, 837, 845; Schmidt/*Wacker*, § 16 Rn 640.
215 BMF v. 14.3.2006 – IV B 2 – S 2242 – 7/06, BStBl I 2006, 253, Rn 55.
216 BMF v. 14.3.2006 – IV B 2 – S 2242 – 7/06, BStBl I 2006, 253, Rn 54.

§ 12 Grundlagen des internationalen Rechts

Prof. Dr. Michael Sonnentag

Literaturhinweise

v. Bar/Mankowski, Internationales Privatrecht, Band II: Besonderer Teil, 2. Aufl. 2019; *Bonomi/Wautelet*, Le droit européen des successions – Commentaire du Règlement (UE) n°650/2012 du 4 juillet 2012, 2. Aufl. 2016; *Deixler-Hübner/Schauer*, Kommentar zur EU-Erbrechtsverordnung, 2. Aufl. 2020; *Dutta/Herrler*, Die Europäische Erbrechtsverordnung, 2014; *Dutta/Weber*, Internationales Erbrecht, 2. Aufl. 2021; *Emmerich*, Probleme der Anknüpfung im Rahmen der EuErbVO, 2016; *Frank/Döbereiner*, Nachlassfälle mit Auslandsbezug, 2. Aufl. 2023; *Gierl/Köhler/Kroiß/Wilsch*, Internationales Erbrecht, 4. Aufl. 2024; *Hausmann/Odersky*, Internationales Privatrecht in der Notar- und Gestaltungspraxis, 4. Aufl. 2021; *Junker*, Internationales Privatrecht, 6. Aufl. 2024; *Kropholler*, Internationales Privatrecht, 6. Aufl. 2006; *Looschelders*, Konkludente Rechtswahl im Rahmen der EuErbVO – nicht nur ein Übergangsproblem bei gemeinschaftlichen Testamenten, IPRax 2022, 167; *Müller-Lukoschek*, Die neue EU-Erbrechtsverordnung, 2. Aufl. 2015; *Pamboukis*, EU Succession Regulation No 650/2012, 2017; *Pfeiffer*, Ruhestandsmigration und EU-Erbrechtsverordnung, IPRax 2016, 310; *Rauscher*, Europäisches Zivilprozess- und Kollisionsrecht, Band V, 4. Aufl. 2016; *Rechberger/Zöchling-Jud*, Die EU-Erbrechtsverordnung in Österreich, 2015; *Weller* (Hrsg.), Europäisches Kollisionsrecht, 2016.

Inhalt

A. Ermittlung des auf die Rechtsnachfolge von Todes wegen anwendbaren Rechts ... 1
I. Überblick ... 1
II. Objektive Anknüpfung des Erbstatuts ... 3
1. Anknüpfung an den letzten gewöhnlichen Aufenthalt des Erblassers ... 4
a) Begriff des gewöhnlichen Aufenthalts ... 5
b) Maßgeblichkeit objektiver und subjektiver Kriterien ... 7
c) Problemfälle ... 11
aa) Studienaufenthalte im Ausland 12
bb) Umzug pflegebedürftiger Personen ins Ausland ohne oder gegen deren Willen ... 13
cc) Geschlossene Unterbringung oder Haft ... 14
dd) Dauerhafter Umzug ins Ausland ... 15
ee) Berufspendler ... 20
ff) Rentner mit teilweisem Aufenthalt im In- und Ausland ... 22
d) Ablehnung eines mehrfachen gewöhnlichen Aufenthalts ... 24
2. Ausweichanknüpfung an das Recht einer offensichtlich engeren Verbindung ... 25
a) Sinn und Zweck der Ausweichklausel ... 26
b) Enge Auslegung der Ausweichklausel ... 27
c) Heranziehung der Ausweichklausel in atypischen Fällen ... 28
d) Heranziehung bei Versagen der Regelanknüpfung nach Art. 21 Abs. 1 EuErbVO ... 29
3. Rück- und Weiterverweisungen ... 30
4. Konsequenzen aus den Unsicherheiten der objektiven Anknüpfung nach Art. 21 Abs. 1 und 2 EuErbVO ... 32
III. Rechtswahl ... 37
1. Zweck ... 37
2. Wählbare Rechtsordnungen ... 40
a) Heimatrecht zum Zeitpunkt der Rechtswahl oder des Todes ... 40
b) Mehrstaater ... 43
c) Angehörige von Mehrrechtsstaaten .. 45
d) Staatenlose ... 48
e) Flüchtlinge ... 49
aa) Rechtswahl zugunsten des Rechts des Wohnsitzstaates, hilfsweise des Aufenthaltsstaates 49
bb) Rechtswahl zugunsten des Heimatrechts ... 50
f) Sachnormverweisung ... 51
g) Rechtsfolgen der Rechtswahl ... 52
3. Ausdrückliche oder konkludente Rechtswahl ... 53
4. Umfang der Rechtswahl ... 60
5. Isolierte Rechtswahl ... 61
6. Form der Rechtswahl ... 63
7. Materielle Wirksamkeit der Rechtswahl 65
8. Änderung oder Widerruf der Rechtswahl ... 68
a) Formelle Wirksamkeit ... 68

b) Materielle Wirksamkeit ... 69
aa) Widerruflichkeit oder Abänderbarkeit ... 70
bb) Widerruf oder Änderung ... 71
(1) Widerruf ... 71
(2) Änderung ... 72
9. Rechtswahl vor Inkrafttreten der EuErbVO ... 73
IV. Vorrangige Staatsverträge ... 74
1. Deutsch-iranisches Niederlassungsabkommen von 1929 ... 75
a) Konsequenzen für deutsche Erblasser ... 76
b) Konsequenzen für iranische Erblasser ... 77
c) Konsequenzen für deutsch-iranische Doppelstaater ... 78
d) Konsequenzen für andere Doppelstaater ... 79
2. Konsularvertrag zwischen dem Deutschen Reich und der Türkischen Republik ... 80
a) Anwendungsbereich des Deutsch-türkischen Nachlassabkommens ... 81
aa) Konsequenzen für deutsche Erblasser ... 82
bb) Konsequenzen für türkische Erblasser ... 83
cc) Mehrstaater ... 84
(1) Deutsch-türkische Doppelstaater ... 84
(2) Andere Mehrstaater ... 85
dd) Anwendbarkeit auf das in einem Drittstaat belegene unbewegliche Vermögen ... 86
b) Nachlassspaltung ... 87
3. Deutsch-sowjetischer Konsularvertrag .. 90
a) Teilweise Weitergeltung im Verhältnis zu den Nachfolgestaaten der Sowjetunion ... 91
b) Geltung des Belegenheitsrechts für unbeweglichen Nachlass ... 92
aa) Belegenheit in einem Vertragsstaat ... 92
bb) Belegenheit in einem Drittstaat 93
c) Nichtanwendbarkeit auf bewegliches Vermögen ... 94
d) Mehrstaater ... 95
B. Letztwillige Verfügungen ... 97
I. Formwirksamkeit ... 97
1. Testamente ... 98
a) Anwendbare Regelungen ... 98
aa) Schriftliche Testamente ... 98
bb) Mündliche Testamente ... 101
b) Alternative Anknüpfungen nach Art. 1 HTestformÜ für Testamente .. 102
aa) Ort der letztwilligen Verfügung des Erblassers ... 103
bb) Heimatrecht des Erblassers im Zeitpunkt der letztwilligen Verfügung oder seines Todes ... 104
cc) Wohnsitz des Erblassers im Zeitpunkt der Errichtung der letztwilligen Verfügung oder seines Todes ... 105
dd) Gewöhnlicher Aufenthalt des Erblassers im Zeitpunkt der Errichtung der letztwilligen Verfügung oder seines Todes ... 106
ee) Lageort unbeweglichen Vermögens ... 107
c) Formgültigkeit nach dem auf die Rechtsnachfolge von Todes wegen anwendbaren Recht (Art. 26 Abs. 1 S. 1 EGBGB) ... 108
d) Sachnormverweisungen ... 109
e) Geltungsbereich des Formstatuts ... 110
f) Formstatut für Änderung und Widerruf eines Testaments ... 111
2. Erbverträge ... 113
a) Schriftliche Erbverträge ... 114
aa) Abschlussort des Erbvertrags ... 115
bb) Heimatrecht des Erblassers oder einer durch den Erbvertrag in der Rechtsnachfolge von Todes wegen betroffenen Person ... 116
cc) Wohnsitz des Erblassers oder einer durch den Erbvertrag in der Rechtsnachfolge von Todes wegen betroffenen Person ... 117
dd) Gewöhnlicher Aufenthalt des Erblassers oder einer durch den Erbvertrag in der Rechtsnachfolge von Todes wegen betroffenen Person ... 118
ee) Lageort unbeweglichen Vermögens ... 119
b) Mündliche Erbverträge ... 120
c) Sachnormverweisungen ... 122
d) Geltungsbereich des Formstatuts ... 123
e) Formstatut für Änderung und Widerruf eines Erbvertrags ... 124
II. Materielle Wirksamkeit ... 125
1. Testamente ... 125
a) Objektive Anknüpfung ... 125
b) Rechtswahl ... 127
2. Erbverträge ... 129
a) Objektive Anknüpfung ... 130
aa) Nachlass einer einzigen Person 130
bb) Nachlass mehrerer Personen ... 131
(1) Zulässigkeit ... 131
(2) Materielle Wirksamkeit und Bindungswirkung ... 132
b) Rechtswahl ... 133
3. Gemeinschaftliche Testamente ... 136
a) Maßgebliche Vorschriften für gemeinschaftliche Testamente ... 137
b) Rechtliche Konsequenzen der Einordnung des gemeinschaftlichen Testaments unter die Vorschriften des Erbvertrags ... 138
aa) Zulässigkeit ... 139
bb) Materielle Wirksamkeit und Bindungswirkung ... 141
cc) Rechtswahl ... 142
4. Reichweite des Errichtungsstatuts nach Art. 24 bzw. Art. 25 EuErbVO ... 143
III. Zulässigkeit sowie formelle und materielle Wirksamkeit vor dem Inkrafttreten der EuErbVO errichteter Verfügungen von Todes wegen ... 144
C. Besondere Konstellationen ... 145
I. Erbrecht aufgrund von Adoption ... 145
1. Verhältnis von Erb- und Adoptionsstatut ... 146

2. Erbrechtliche Gleichstellung des Adoptivkinds ... 148
a) Anwendbarkeit deutschen Erbrechts 148
b) Anwendbarkeit ausländischen Erbrechts ... 150
II. Gleichgeschlechtliche Ehen und eingetragene Lebenspartnerschaften ... 152
III. Nachlassspaltung ... 155
1. Nachlassspaltung trotz des Grundsatzes der Nachlasseinheit in der EuErbVO .. 155
a) Rechtliche Nachlassspaltung ... 155
b) Faktische Nachlassspaltung ... 156
2. Rechtliche Unabhängigkeit der einzelnen Nachlassteile und damit verbundene Schwierigkeiten ... 157
3. Lösungsansätze ... 161
a) Einheitliches oder gespaltenes Testament ... 162
b) Verteilung der Nachlassverbindlichkeiten ... 163
c) Anrechnung lebzeitiger Zuwendungen ... 165
d) Verknüpfungsklauseln bei Geltendmachung von Pflichtteilen ... 167
e) Regelungen in Bezug auf die Teilnichtigkeit einzelner Nachlassteile .. 174
aa) Einfache salvatorische Klausel .. 174
bb) Differenzierte salvatorische Klausel ... 176
cc) Strafklausel für den Fall der Anfechtung oder der Geltendmachung der Unwirksamkeit einer letztwilligen Verfügung ... 178
4. Hinweis auf Nachlassspaltung ... 180
IV. Trust ... 181
1. Bedeutung ... 181
2. Struktur ... 183
3. Vorteile ... 186
a) Ermöglichung von Zuwendungen an behinderte oder überschuldete Personen ... 187
b) Zeitliche Abwechslung von Begünstigten ... 188
c) Erzielung einer Bindung unter Ehegatten ... 189
d) Begünstigung einer Vielzahl unbekannter Personen ... 190
4. Trust unter Lebenden („Living Trust“) 191
a) Errichtung ... 191
b) Anerkennung im Internationalen Privatrecht ... 192
5. Anordnung eines Trusts im Wege einer Verfügung von Todes wegen („Testamentary Trust“) ... 194
a) Errichtung ... 194
b) Qualifikation im Internationalen Privatrecht ... 195
V. Internationales Ehegüterrecht ... 197
1. Relevanz ... 197
2. Anwendbares Normenregime ... 198
a) Eheschließung, Begründung von Lebenspartnerschaften oder Rechtswahl in Bezug auf das Güterstatut seit dem 29.1.2019 ... 199
aa) Geltungsbereich der EuGüVO 199
(1) Objektive Anknüpfung ... 200
(a) Anknüpfungsleiter des Art. 26 Abs. 1 EuGüVO ... 201
(aa) Erster gemeinsamer gewöhnlicher Aufenthalt der Ehegatten nach der Eheschließung ... 201
(bb) Gemeinsame Staatsangehörigkeit der Ehegatten zum Zeitpunkt der Eheschließung ... 203
(cc) Recht der sonstigen gemeinsamen engsten Verbindung ... 205
(b) Wandelbarkeit des Güterstatuts gem. Art. 26 Abs. 3 EuGüVO ... 206
(c) Sachnormverweisungen ... 207
(2) Rechtswahl ... 208
(a) Wählbare Rechtsordnungen ... 209
(aa) Gewöhnlicher Aufenthalt eines oder beider Ehegatten ... 210
(bb) Wahl des Heimatrechts eines der Ehegatten ... 211
(b) Formgültigkeit der Rechtswahlvereinbarung ... 212
bb) Geltungsbereich der EuPartVO 213
(1) Objektive Anknüpfung ... 214
(2) Rechtswahl ... 215
(a) Wählbare Rechtsordnungen ... 216
(aa) Gewöhnlicher Aufenthalt eines oder beider Partner ... 216
(bb) Wahl des Heimatrechts eines der Partner ... 217
(cc) Wahl des Registrierungsrechts für die eingetragene Partnerschaft ... 218
(b) Form der Rechtswahl ... 219
b) Eheschließung oder Begründung von Lebenspartnerschaften in der Zeit vom 1.9.1986 bis zum 28.1.2019 ... 220
aa) Verschiedengeschlechtliche Ehen ... 220
bb) Eingetragene Partnerschaften und gleichgeschlechtliche Ehen ... 223
c) Eheschließung vor dem 1.9.1986 ... 224
VI. Gefahr der Verfehlung internationalen Entscheidungseinklangs ... 225
1. Entstehung des Problems ... 225
2. Lösungsmöglichkeiten ... 226
a) Beseitigung der Gefahr eines Entscheidungsdissenses ... 227
aa) Aufgabe mehrfacher Staatsangehörigkeit ... 227
bb) Tatsächliche Verlagerung beweglichen Vermögens von einem Staat in einen anderen Staat ... 228

cc) Rechtliche Verlagerung von Vermögen in einen anderen Staat 229
dd) Vornahme sachenrechtlicher Maßnahmen 230
b) Maßnahmen in einer Verfügung von Todes wegen 231
aa) Vornahme einer Rechtswahl 231
(1) Rechtswahl nach ausländischem Internationalen Privatrecht 231
(2) Rechtswahl nach der EuErbVO 232
bb) Kumulative Einhaltung mehrerer unterschiedlicher Testamentsformen 233
cc) Zumindest zusätzliche Einhaltung der jeweiligen inländischen Ortsform 234
dd) Einfache Testamentsgestaltung .. 235
ee) Aufspaltung der Verfügungen im Falle einer absehbaren Nachlassspaltung nach Rechtsordnungen anstatt nach der Belegenheit des Nachlasses 236
ff) Einsatz von Strafklauseln 237
gg) Vermeidung der erneuten späteren eigenhändigen Testamentserrichtung 238
D. Pflichtenstellung des Rechtsanwalts oder Notars bei der Beratung in Bezug auf ausländisches Recht 239
I. Hinweis auf die mögliche Geltung ausländischen Rechts 239
II. Keine Pflicht zur Belehrung über den Inhalt ausländischen Rechts 241
III. Empfehlung zur Beratung über den Inhalt ausländischen Rechts durch eine insoweit rechtskundige Person 244

A. Ermittlung des auf die Rechtsnachfolge von Todes wegen anwendbaren Rechts

I. Überblick

1 Das auf die Rechtsnachfolge von Todes wegen anwendbare Recht richtet sich für alle seit dem 17.8.2015 verstorbenen Personen (vgl. Art. 83 Abs. 1 EuErbVO) nach der Verordnung (EU) Nr. 650/2012 des Europäischen Parlaments und des Rates über die Zuständigkeit, das anzuwendende Recht, die Anerkennung und Vollstreckung von Entscheidungen und die Annahme und Vollstreckung öffentlicher Urkunden in Erbsachen sowie zur Einführung eines Europäischen Nachlasszeugnisses vom 4.7.2012 (**EuErbVO**).[1] Dies gilt aufgrund der in Art. 20 EuErbVO angeordneten universellen Anwendung der EuErbVO nicht nur dann, wenn die Kollisionsnormen der EuErbVO auf das Recht eines EU-Mitgliedstaates verweisen, der an der EuErbVO teilnimmt, sondern auch dann, wenn auf das Recht eines nicht an der EuErbVO teilnehmenden EU-Mitgliedstaates (Dänemark,[2] Irland[3]) oder auf das Recht eines Nicht-EU-Mitgliedstaates verwiesen wird.

2 Art. 21 EuErbVO regelt die objektive Anknüpfung der Rechtsnachfolge von Todes wegen. Nach Art. 22 EuErbVO besteht die Möglichkeit der Rechtswahl zugunsten des Heimatrechts zum Zeitpunkt der Rechtswahl oder des Todes.

II. Objektive Anknüpfung des Erbstatuts

3 Das objektive Erbstatut richtet sich gem. Art. 21 Abs. 1 EuErbVO grundsätzlich nach dem Recht des Staates des **letzten gewöhnlichen Aufenthalts** des Erblassers. Ausnahmsweise ist gem. Art. 21 Abs. 2 EuErbVO stattdessen das Recht des Staates maßgebend, zu dem der Erblasser im Zeitpunkt seines Todes eine **wesentlich engere Verbindung** hatte.

1 ABl EU 2012 Nr. L 201, 107.
2 Vgl. Erwägungsgrund 82 EuErbVO.
3 Vgl. Erwägungsgrund 83 EuErbVO.

1. Anknüpfung an den letzten gewöhnlichen Aufenthalt des Erblassers

Nach Art. 21 Abs. 1 EuErbVO unterliegt die gesamte Rechtsnachfolge von Todes wegen dem Recht des Staates, in dem der Erblasser im Zeitpunkt seines Todes seinen gewöhnlichen Aufenthalt hatte. 4

a) Begriff des gewöhnlichen Aufenthalts

Der Begriff des gewöhnlichen Aufenthalts wird weder in der EuErbVO noch in anderen EU-Verordnungen definiert. Der Begriff ist nach Ansicht der herrschenden Meinung nicht in allen EU-Verordnungen gleich auszulegen,[4] sodass bei der Übertragung von Ausführungen zum gewöhnlichen Aufenthalt in Bezug auf andere Regelungsinstrumente der EU, wie z.B. der Rom I-VO oder der Rom II-VO, auf die EuErbVO Vorsicht geboten ist. Insbesondere aus Erwägungsgrund 23 S. 2 und 3 EuErbVO ergeben sich Anhaltspunkte dafür, was unter dem gewöhnlichen Aufenthalt zu verstehen ist. Nach Erwägungsgrund 23 S. 2 EuErbVO sollte bei der Bestimmung des gewöhnlichen Aufenthalts eine **Gesamtbeurteilung der Lebensumstände** des Erblassers in den Jahren vor seinem Tod und im Zeitpunkt seines Todes vorgenommen werden. Dabei sollen alle relevanten Tatsachen berücksichtigt werden, insbesondere die Dauer und die Regelmäßigkeit des Aufenthalts des Erblassers in dem betreffenden Staat sowie die damit zusammenhängenden Umstände und Gründe. Der so bestimmte gewöhnliche Aufenthalt sollte nach Erwägungsgrund 23 S. 3 EuErbVO unter Berücksichtigung der spezifischen Ziele der EuErbVO eine besonders enge und feste Bindung zu dem betreffenden Staat aufweisen. 5

Der gewöhnliche Aufenthalt einer natürlichen Person ist somit deren **Lebens-**[5] **oder Daseinsmittelpunkt**. Darunter versteht man den Schwerpunkt ihrer familiären, sozialen und beruflichen Beziehungen.[6] 6

b) Maßgeblichkeit objektiver und subjektiver Kriterien

Nach herrschender, wenn auch nicht unbestrittener[7] Meinung sind für die Bestimmung des Daseinsmittelpunkts sowohl objektive als auch subjektive Kriterien maßgebend.[8] Diese Vorgehensweise hat den Vorteil, dass auch Problemfälle in aller Regel einer sinnvollen Lösung zugeführt werden können. 7

In **objektiver Hinsicht** ist für die Annahme eines gewöhnlichen Aufenthalts erforderlich, dass der Erblasser eine gewisse regelmäßige und beständige körperliche Anwesenheit in diesem Staat hatte. Eine Mindestaufenthaltsdauer ist dafür nicht erforderlich.[9] Der neue 8

---

4 jurisPK-BGB/*Eichel*, Art. 4 EuErbVO Rn 44; jurisPK-BGB/*Sonnentag*, Art. 21 EuErbVO Rn 6; Hausmann/Odersky/*Odersky*, § 15 Rn 21; Süß/*Süß*, § 2 Rn 16. A.A. Grüneberg/*Thorn*, Art. 21 EuErbVO Rn 5.

5 Vgl. Erwägungsgrund 24 S. 3 EuErbVO.

6 So OLG Frankfurt, Beschl. v. 14.9.2020 – 21 W 59/20, FamRZ 2021, 234, 236; NK-BGB/*Makowsky*, Art. 4 EuErbVO Rn 33; Erman/*Stürner*, Art. 21 EuErbVO Rn 2; Grüneberg/*Thorn*, Art. 21 EuErbVO Rn 6; jurisPK-BGB/*Sonnentag*, Art. 21 EuErbVO Rn 10.

7 Für die ausschließliche Maßgeblichkeit objektiver Kriterien *Kurth*, ZEV 2020, 640, 641.

8 OLG München, Beschl. v. 22.3.2017 – 31 AR 47/17, FamRZ 2017, 1251; OLG Hamm, Beschl. v. 2.1.2018 – I-10 W 35/17, IPRax 2019, 151, 152; OLG Hamm, Beschl. v. 10.7.2020 – I-10 W 108/18, FamRZ 2020, 1872, 1873; vgl. auch OLG Frankfurt, Beschl. v. 14.9.2020 – 21 W 59/20, FamRZ 2021, 234, 236; OLG München, Beschl. v. 22.6.2022 – 31 AR 73/22, FamRZ 2023, 163; Gierl/Köhler/Kroiß/Wilsch/*Köhler*, Teil 1 § 4 Rn 14; NK-NachfolgeR/*Köhler*, Art. 21 EuErbVO Rn 8; jurisPK-BGB/*Sonnentag*, Art. 21 EuErbVO Rn 10; Zimmermann/*Grau*, EuErbVO mit IntErbRVG Rn 123.

9 OLG Frankfurt, Beschl. v. 14.9.2020 – 21 W 59/20, FamRZ 2021, 234, 236.

gewöhnliche Aufenthalt kann daher bereits dann in einem Staat begründet sein, wenn der Erblasser dort noch keine sozialen Beziehungen hatte.[10] Nicht entscheidend ist, ob sich der Erblasser berechtigterweise in diesem Staat aufgehalten hat.[11] Anhaltspunkte dafür, welche objektiven Indizien zur Ermittlung eines gewöhnlichen Aufenthalts in Betracht kommen, ergeben sich aus Erwägungsgrund 24 S. 5 EuErbVO. In Betracht kommen die Staatsangehörigkeit des Erblassers, die Belegenheit wesentlicher Vermögensgegenstände, der Arbeitsort oder eine fortbestehende Verwurzelung zum bisherigen gewöhnlichen Aufenthaltsort.

9 In **subjektiver Hinsicht** ist insbesondere maßgebend, ob der Erblasser einen Bleibewillen (animus manendi) in dem neuen Aufenthaltsstaat hatte.[12] Dabei kommt es nicht auf einen rechtsgeschäftlichen Willen, sondern auf den natürlichen Willen des Erblassers an.[13] Ein Indiz kann auch der Wille sein, sich in einem bestimmten Land integrieren zu wollen.[14]

10 Betrachtet man das **Verhältnis** zwischen objektiven und subjektiven Kriterien, sind zur Begründung eines neuen gewöhnlichen Aufenthalts **beide erforderlich**. Von größerer Bedeutung sind jedoch die objektiven Kriterien, da ein tatsächlicher Aufenthalt in dem entsprechenden Staat positiv feststehen muss. Rein subjektive Kriterien reichen jedenfalls nicht aus, um einen neuen gewöhnlichen Aufenthalt zu begründen.[15] Je stärker die objektiven Kriterien für den gewöhnlichen Aufenthalt in einem bestimmten Staat sprechen, desto geringere Bedeutung kommt subjektiven Kriterien zu.[16] Je schwächer allerdings die objektiven Kriterien sind, desto stärker ist der Wille des Erblassers von Bedeutung, sich in einem bestimmten Staat aufhalten zu wollen.

c) Problemfälle

11 Stellt man für die Bestimmung des gewöhnlichen Aufenthalts sowohl auf objektive als auch auf subjektive Kriterien ab, lassen sich die meisten Problemfälle angemessen lösen.[17]

aa) Studienaufenthalte im Ausland

12 Im Falle von **Studienaufenthalten im Ausland** besteht in aller Regel nach der Beendigung des Auslandsstudiums Rückkehrabsicht in den Ursprungsstaat, sodass der gewöhnliche Aufenthalt unter gewöhnlichen Umständen aufgrund eines Auslandsstudiums in dem entsprechenden Studienstaat nicht begründet wird.[18] Etwas anderes gilt dann, wenn eine Person

---

10 Grüneberg/*Thorn*, Art. 21 EuErbVO Rn 6.

11 jurisPK-BGB/*Sonnentag*, Art. 21 EuErbVO Rn 11.

12 OLG München, Beschl. v. 22.3.2017 – 31 AR 47/17, FamRZ 2017, 1251; OLG Hamm, Beschl. v. 2.1.2018 – I-10 W 35/17, IPRax 2019, 151, 152.

13 Gierl/Köhler/Kroiß/Wilsch/*Köhler*, Teil 1 § 4 Rn 14; NK-NachfolgeR/*Köhler*, Art. 21 EuErbVO Rn 8; jurisPK-BGB/*Sonnentag*, Art. 21 EuErbVO Rn 13. Unklar OLG München, Beschl. v. 22.3.2017 – 31 AR 47/17, FamRZ 2017, 1251, 1252, wonach zwar ein rechtsgeschäftlicher Wille nicht erforderlich sei, der Erblasser zur eigenen Willensbildung aber fähig sein müsse; verliere er seine Geschäftsfähigkeit, könne er den gewöhnlichen Aufenthalt nicht mehr wechseln.

14 jurisPK-BGB/*Sonnentag*, Art. 21 EuErbVO Rn 13.

15 OLG Frankfurt, Beschl. v. 14.9.2020 – 21 W 59/20, FamRZ 2021, 234, 236; jurisPK-BGB/*Sonnentag*, Art. 21 EuErbVO Rn 15.

16 jurisPK-BGB/*Sonnentag*, Art. 21 EuErbVO Rn 15. Vgl. auch OLG Frankfurt, Beschl. v. 14.9.2020 – 21 W 59/20, FamRZ 2021, 234, 236.

17 Vgl. hierzu und zu den folgenden Konstellationen jurisPK-BGB/*Sonnentag*, Art. 21 EuErbVO Rn 16–24.

18 Gierl/Köhler/Kroiß/Wilsch/*Köhler*, Teil 1 § 4 Rn 16; jurisPK-BGB/*Sonnentag*, Art. 21 EuErbVO Rn 17.

aus einem Drittland stammt, in welches sie nach der Beendigung des Studiums nicht mehr zurückkehren, sondern im Studienortstaat verbleiben will.[19] Hat sie vor, weder in ihr Heimatland zurückzukehren noch in dem Staat zu verbleiben, in dem sie ihr Studium absolviert, sondern in ein Drittland umzuziehen, wird in diesem Drittland ein gewöhnlicher Aufenthalt allerdings noch nicht begründet, wenn die Person in diesem Staat physisch noch nicht anwesend ist. Alles andere wäre eine reine Fiktion. In dieser Fallkonstellation besteht der gewöhnliche Aufenthalt im Studienstaat.[20]

bb) Umzug pflegebedürftiger Personen ins Ausland ohne oder gegen deren Willen

Wird eine **betreuungsbedürftige Person** gegen oder ohne ihren natürlichen Willen durch 13
ihren Betreuer, nahe Angehörige oder andere Personen in einen anderen Staat als ihren bisherigen Aufenthaltsstaat verbracht, z.B. weil die Lebenshaltungs- und Pflegekosten in diesem Staat günstiger sind als in dem bisherigen gewöhnlichen Aufenthaltsstaat (sog. „Demenztourismus"), wird ein gewöhnlicher Aufenthalt in dem neuen Staat nicht begründet.[21] Nicht maßgebend ist, ob die Person noch geschäftsfähig ist, da es auf den natürlichen Willen der Person ankommt.

cc) Geschlossene Unterbringung oder Haft

Allein durch die **Haft** oder eine **geschlossene Unterbringung** in einem anderen Staat als 14
dem bisherigen gewöhnlichen Aufenthaltsstaat wird ein neuer gewöhnlicher Aufenthalt in aller Regel nicht begründet, da es an einem freien Willen fehlt, in diesem Staat bleiben zu wollen.[22] Dies gilt auch, wenn es sich um den Vollzug einer lebenslangen Freiheitsstrafe handelt.

dd) Dauerhafter Umzug ins Ausland

Sofern jemand **dauerhaft ins Ausland umzieht**, ohne dass er Rückkehrabsicht hat, ist 15
der neue gewöhnliche Aufenthalt bereits mit dem Abschluss des Umzugs in dem neuen Aufenthaltsstaat begründet,[23] da eine Mindestaufenthaltsdauer in diesem Staat nicht erforderlich ist. In einem solchen Fall besteht aber gleichwohl Rechtsunsicherheit, weil ggf. nach Art. 21 Abs. 2 EuErbVO an das Recht des Staates angeknüpft werden kann, mit dem zum Zeitpunkt des Todes eine offensichtlich engere Verbindung als demjenigen nach Art. 21 Abs. 1 EuErbVO bestand.

Muster 12.1: Konkretisierung des gewöhnlichen Aufenthalts bei dauerhaftem Umzug ins Ausland 12.1

Ich bin deutscher Staatsangehöriger. Seit meiner Pensionierung vor wenigen Wochen lebe ich auf Sizilien 16
(Italien). Auf meine Rechtsnachfolge von Todes wegen soll das Recht meines gewöhnlichen Aufenthalts zur Anwendung gelangen. Als diesen betrachte ich Italien, auch wenn ich erst vor Kurzem umgezogen bin, da ich nicht nach Deutschland zurückkehren möchte.

Zieht eine Person in einen anderen Staat um, steht aber noch nicht fest, ob sie **dauerhaft** 17
in diesem Staat bleiben will, ist eine **Einzelfallbeurteilung** erforderlich. Je länger sich eine

19 jurisPK-BGB/*Sonnentag*, Art. 21 EuErbVO Rn 17.
20 jurisPK-BGB/*Sonnentag*, Art. 21 EuErbVO Rn 17.
21 Gierl/Köhler/Kroiß/Wilsch/*Köhler*, Teil 1 § 4 Rn 16; NK-NachfolgeR/*Köhler*, Art. 21 EuErbVO Rn 10; jurisPK-BGB/*Sonnentag*, Art. 21 EuErbVO Rn 18.
22 jurisPK-BGB/*Sonnentag*, Art. 21 EuErbVO Rn 19; vgl. auch Erman/*Stürner*, Art. 21 EuErbVO Rn 7.
23 Gierl/Köhler/Kroiß/Wilsch/*Köhler*, Teil 1 § 4 Rn 16; NK-NachfolgeR/*Köhler*, Art. 21 EuErbVO Rn 10; jurisPK-BGB/*Sonnentag*, Art. 21 EuErbVO Rn 20.

Person objektiv in dem neuen Staat aufhält, desto eher wird ein neuer gewöhnlicher Aufenthalt in diesem Staat begründet. An einen etwaigen Rückkehrwillen (animus revertendi) sind dann zunehmend höhere Anforderungen zu stellen, da auch die objektiven Kriterien in dem neuen Staat stärker werden, z.B. die jahrelange Berufstätigkeit sowie die soziale Integration in diesem Staat. Die bloße Absicht, in den Ursprungsstaat zurückzukehren, reicht jedenfalls nicht aus, um den gewöhnlichen Aufenthalt in diesem Staat anzunehmen, da es ohne jede physische Präsenz an objektiven Kriterien in diesem Staat fehlt.

18 Dies führt allerdings u.U. zu großer Rechtsunsicherheit. Daher empfiehlt sich in diesen Fallkonstellationen eine **Feststellung im Testament**, wo der Erblasser nach seiner Einschätzung seinen **neuen gewöhnlichen Aufenthalt** sieht, sofern er nicht eine Rechtswahl zugunsten seines Heimatrechts treffen will. Diese Einschätzung des Erblassers ist für das Gericht bei der Beurteilung des gewöhnlichen Aufenthalts nach Art. 21 Abs. 1 EuErbVO zwar nicht bindend, stellt aber zumindest ein gewichtiges Indiz für die Beantwortung der Frage dar, wo sich der letzte gewöhnliche Aufenthalt des Erblassers befand.

12.2 **Muster 12.2: Konkretisierung des gewöhnlichen Aufenthalts bei unklarem Verbleib im neuen Staat**

19 Ich bin irischer Staatsangehöriger. Seit meiner Pensionierung vor wenigen Monaten lebe ich nicht mehr in Deutschland, sondern in Andalusien (Spanien). Auf meine Rechtsnachfolge von Todes wegen soll das Recht meines gewöhnlichen Aufenthalts zur Anwendung gelangen. Als diesen betrachte ich nach wie vor Deutschland, weil ich mir noch nicht sicher bin, ob ich dauerhaft in Andalusien bleiben oder nach Deutschland zurückkehren möchte. In Deutschland besuche ich noch regelmäßig meine Tochter und wohne während meines Besuchs regelmäßig in der Einliegerwohnung ihres Wohnhauses in Köln. Auch meine Arztbesuche nehme ich regelmäßig in Deutschland wahr und bin dort noch in mehreren Vereinen aktiv.

ee) Berufspendler

20 Befindet sich eine Person **während der Woche** regelmäßig in dem Staat, in dem sie ihre Arbeit verrichtet, an den **Wochenenden** allerdings in dem bisherigen Aufenthaltsstaat, wird ein gewöhnlicher Aufenthalt in dem neuen Staat in der Regel – jedenfalls zunächst – nicht begründet. Dies ist vor allem dann der Fall, wenn der Erblasser in dem bisherigen Staat **familiär gebunden** ist oder in diesem seinen **persönlichen Freundeskreis** hat.[24] Allerdings ist auch diese Anknüpfung mit erheblicher Unsicherheit verbunden. Je länger sich eine Person mit bestehender Berufstätigkeit in diesem Staat aufhält, desto eher wird sie dort auch einen Teil ihrer Freizeit verbringen, einen eigenen Freundeskreis aufbauen und sozial in diesem Staat integriert sein. Die Feststellung, wo sich der gewöhnliche Aufenthalt einer solchen Person befindet, wird daher zumindest bei familiär ungebundenen Personen häufig schwierig sein. Zur Bestimmung des gewöhnlichen Aufenthalts in einer solchen Konstellation ist daher eine **Einzelfallbeurteilung** unter Einbeziehung sämtlicher objektiver und subjektiver Kriterien erforderlich.[25] Es empfiehlt sich daher auch bei dieser Fallgruppe eine Klausel im Testament, in welchem Staat der Erblasser selbst nach seiner Einschätzung seinen gewöhnlichen Aufenthalt sieht. Auch wenn diese für das Gericht nicht verbindlich ist, stellt sie doch ein erhebliches Indiz für das Vorliegen des gewöhnlichen Aufenthalts in einem bestimmten Staat dar.

24 Zimmermann/*Grau*, EuErbVO mit IntErbRVG Rn 131; jurisPK-BGB/*Sonnentag*, Art. 21 EuErbVO Rn 22.

25 jurisPK-BGB/*Sonnentag*, Art. 21 EuErbVO Rn 23.

Muster 12.3: Konkretisierung des gewöhnlichen Aufenthalts bei Berufspendlern

Ich bin dänischer Staatsangehöriger und seit zwölf Jahren als Professor an einer österreichischen Universität 21
tätig.

Auf meine Rechtsnachfolge von Todes wegen soll das Recht meines gewöhnlichen Aufenthalts zur Anwendung gelangen. Als diesen betrachte ich nach wie vor Deutschland, wo ich noch ein Haus habe und wo meine Tochter, mein Schwiegersohn und meine Enkelkinder leben. An den Wochenenden und in der vorlesungsfreien Zeit halte ich mich regelmäßig in Deutschland auf.

ff) Rentner mit teilweisem Aufenthalt im In- und Ausland

Hat ein Rentner seinen Aufenthalt teilweise im Inland und teilweise im Ausland, wird ein 22
neuer gewöhnlicher Aufenthalt in der Regel nicht begründet.[26] Es handelt sich in diesen Fällen allerdings um eine **Einzelfallbeurteilung**, ob sich der gewöhnliche Aufenthalt in dem bisherigen oder im neuen Aufenthaltsstaat befindet.[27] Auch in einem solchen Fall empfiehlt sich eine Klarstellung im Testament, in welchem Staat der Erblasser selbst seinen gewöhnlichen Aufenthalt sieht.

Muster 12.4: Konkretisierung des gewöhnlichen Aufenthalts bei Rentnern mit teilweisem Aufenthalt im In- und Ausland

Ich bin schwedischer Staatsangehöriger. Seit meiner Pensionierung vor drei Jahren verbringe ich mehrere 23
Monate des Jahres in Berlin und mehrere Monate auf Mallorca (Balearen, Spanien). Auf meine Rechtsnachfolge von Todes wegen soll das Recht meines gewöhnlichen Aufenthalts zur Anwendung gelangen. Als diesen betrachte ich Berlin, weil ich mich immer noch einige Monate im Jahr in Berlin in meiner Wohnung aufhalte und dort auch meine Kinder mit ihren Familien leben, zu denen ich sehr guten Kontakt pflege.

d) Ablehnung eines mehrfachen gewöhnlichen Aufenthalts

Die Frage, ob eine Person ihren gewöhnlichen Aufenthalt an verschiedenen Orten haben 24
kann, ob also ein mehrfacher gewöhnlicher Aufenthalt möglich ist, wird nicht einheitlich beurteilt. Der EuGH[28] sowie die herrschende Meinung in der Literatur[29] gehen allerdings zu Recht davon aus, dass der gewöhnliche Aufenthalt im rechtlichen Sinne **nur an einem Ort** begründet sein kann. Davon ist zu unterscheiden, dass es in tatsächlicher Hinsicht durchaus möglich ist, dass sich eine Person mehreren Staaten gleichermaßen verbunden fühlt und sich jeweils ungefähr gleich lange in diesen Staaten aufhält.[30] Aus Art. 21 Abs. 1 EuErbVO ergibt sich allerdings, dass in rechtlicher Hinsicht nur ein gewöhnlicher Aufenthalt in Betracht kommt, damit ausgeschlossen ist, dass mehrere verschiedene Erbrechte parallel zur Anwendung gelangen.

---

26 Gierl/Köhler/Kroiß/Wilsch/*Köhler*, Teil 1 § 4 Rn 17; jurisPK-BGB/*Sonnentag*, Art. 21 EuErbVO Rn 24; Süß/*Süß*, § 2 Rn 26.

27 Vgl. auch OLG Düsseldorf, Beschl. v. 20.11.2020 – I-3 Wx 138/20, FamRZ 2021, 984, 985.

28 EuGH, Urt. v. 16.7.2020 – C-80/19, NJW 2020, 2947, 2948 Rn 40 f.

29 MüKo-BGB/*Dutta*, Art. 4 EuErbVO Rn 8; jurisPK-BGB/*Sonnentag*, Art. 21 EuErbVO Rn 25; Zimmermann/*Grau*, EuErbVO mit IntErbRVG Rn 127.

30 *Solomon*, Die allgemeine Kollisionsnorm (Art. 21, 22 EuErbVO), in: *Dutta/Herrler*, S. 19, 31 (Rn 31); jurisPK-BGB/*Sonnentag*, Art. 21 EuErbVO Rn 25.

2. Ausweichanknüpfung an das Recht einer offensichtlich engeren Verbindung

25 Sofern sich ausnahmsweise aus der Gesamtheit der Umstände ergibt, dass der Erblasser im Zeitpunkt seines Todes eine **offensichtlich engere Verbindung** zu einem anderen Staat hatte als demjenigen, dessen Recht nach Art. 21 Abs. 1 EuErbVO anwendbar wäre, ist auf die Rechtsnachfolge von Todes wegen gem. Art. 21 Abs. 2 EuErbVO das Recht dieses anderen Staates anzuwenden.

a) Sinn und Zweck der Ausweichklausel

26 Der Sinn und Zweck der Ausweichklausel des Art. 21 Abs. 2 EuErbVO ist unklar.[31] Sinn ergibt eine derartige Ausweichklausel in solchen Fällen, in denen eine **typisierende Anknüpfung** vorgenommen wird, wie z.B. an die Staatsangehörigkeit oder an den gewöhnlichen Aufenthalt. Art. 21 Abs. 1 EuErbVO knüpft zwar an den letzten gewöhnlichen Aufenthalt des Erblassers an. Aus Erwägungsgrund 23 S. 2 EuErbVO ergibt sich aber, dass dabei eine Gesamtbeurteilung der Lebensumstände des Erblassers in den Jahren vor seinem Tod und im Zeitpunkt seines Todes zu erfolgen hat, sodass bereits bei Art. 21 Abs. 1 EuErbVO eine auf die Einzelgesichtspunkte bezogene Abwägung erfolgt.

b) Enge Auslegung der Ausweichklausel

27 Nach herrschender Meinung ist die Ausweichklausel des Art. 21 Abs. 2 EuErbVO eng auszulegen.[32] Aus Erwägungsgrund 25 S. 2 EuErbVO ergibt sich nämlich, dass die offensichtlich engere Verbindung nicht als subsidiärer Anknüpfungspunkt gebraucht werden darf, wenn sich die Feststellung des gewöhnlichen Aufenthaltsortes des Erblassers im Zeitpunkt seines Todes als schwierig erweist.

c) Heranziehung der Ausweichklausel in atypischen Fällen

28 Art. 21 Abs. 2 EuErbVO führt zu einer Korrekturmöglichkeit der Anknüpfung an den gewöhnlichen Aufenthalt, wenn eine atypische Fallkonstellation vorliegt.[33] Erwägungsgrund 25 EuErbVO führt dazu aus, dass es möglich ist, in Bezug auf die Bestimmung des auf die Rechtsnachfolge von Todes wegen anzuwendenden Rechts in Ausnahmefällen zu dem Ergebnis zu gelangen, dass eine **wesentlich engere Verbindung zu einem anderen Staat** als demjenigen des letzten gewöhnlichen Aufenthalts besteht. Dies komme z.B. dann in Betracht, wenn der Erblasser erst kurz vor seinem Tod in den Staat seines letzten gewöhnlichen Aufenthalts umgezogen sei und sich aus der Gesamtheit der Umstände ergebe, dass der Erblasser eine offensichtlich engere Verbindung zu einem anderen Staat hatte. Dies kann vor allem dann der Fall sein, wenn der Erblasser an seinem neuen gewöhnlichen Aufenthalt noch keine sozialen Bindungen aufbauen konnte.[34] Allerdings ist zu bedenken, dass der Erblasser durch seinen fehlenden Rückkehrwillen in solchen Fällen möglicherweise keine so starken sozialen Bindungen mehr zu dem Staat hat, von dem er erst vor Kurzem weggezogen ist, sodass keine offensichtlich engere Verbindung zu diesem Staat mehr besteht.[35] Ist der Rückkehrwille demgegenüber unklar, wird man bereits den letzten gewöhn-

31 Vgl. zur Kritik bereits jurisPK-BGB/*Sonnentag*, Art. 21 EuErbVO Rn 32 m.w.N.

32 Zimmermann/*Grau*, EuErbVO mit IntErbRVG Rn 177; NK-NachfolgeR/*Köhler*, Art. 21 EuErbVO Rn 13; Gierl/Köhler/Kroiß/Wilsch/*Köhler*, Teil 1 § 4 Rn 19; NK-BGB/*Looschelders*, Art. 21 EuErbVO Rn 3, 13; jurisPK-BGB/*Sonnentag*, Art. 21 EuErbVO Rn 33.

33 Grüneberg/*Thorn*, Art. 21 EuErbVO Rn 7; jurisPK-BGB/*Sonnentag*, Art. 21 EuErbVO Rn 34.

34 Grüneberg/*Thorn*, Art. 21 EuErbVO Rn 7; jurisPK-BGB/*Sonnentag*, Art. 21 EuErbVO Rn 34.

35 jurisPK-BGB/*Sonnentag*, Art. 21 EuErbVO Rn 34.

lichen Aufenthalt ggf. noch nach Art. 21 Abs. 1 EuErbVO in dem bisherigen gewöhnlichen Aufenthaltsstaat verorten.[36] Dies zeigt, dass die Ausweichklausel des Art. 21 Abs. 2 EuErbVO zu großer Rechtsunsicherheit führen kann,[37] sodass sich in diesen Fällen entweder eine Rechtswahl empfiehlt oder jedenfalls eine Klarstellung, wo der Erblasser selbst seinen gewöhnlichen Aufenthalt sieht.

d) Heranziehung bei Versagen der Regelanknüpfung nach Art. 21 Abs. 1 EuErbVO

Umstritten ist, ob die Ausweichklausel in Fällen des Versagens der Regelanknüpfung des Art. 21 Abs. 1 EuErbVO herangezogen werden kann, um das anwendbare Recht zu bestimmen. Ein Teil der Lehre lehnt dies mit der Begründung ab, dass in jedem Fall ein letzter gewöhnlicher Aufenthalt bestimmt werden müsse.[38] Dem ist allerdings entgegenzuhalten, dass es Fälle gibt, in denen ein solcher **letzter gewöhnlicher Aufenthalt** des Erblassers **nicht bestimmt** werden kann, weil der Erblasser nur einen schlichten Aufenthalt hatte.[39] Solche Fälle sind zwar sehr selten, kommen aber gleichwohl vor. Dies ist bei Personen der Fall, die nicht sesshaft und dauerhaft auf Wanderschaft in unterschiedlichen Staaten unterwegs sind.[40] 29

3. Rück- und Weiterverweisungen

Nach Art. 34 Abs. 1 EuErbVO sind unter dem nach der EuErbVO anzuwendenden Recht eines Drittstaates die in diesem Staat geltenden Rechtsvorschriften einschließlich derjenigen seines Internationalen Privatrechts zu verstehen, soweit diese zurück- oder weiterverweisen auf das Recht eines **Mitgliedstaates** (Buchst. a) oder auf das Recht eines anderen **Drittstaates, der sein eigenes Recht anwenden würde** (Buchst. b). Unter dem Begriff „Drittstaat“ i.S.d. Art. 34 Abs. 1 EuErbVO sind nicht nur Nicht-EU-Mitgliedstaaten zu verstehen, sondern auch Dänemark und Irland, da in diesen beiden EU-Mitgliedstaaten die EuErbVO keine Anwendung findet.[41] In Betracht kommt auch eine teilweise Rück- oder Weiterverweisung, so z.B. dann, wenn der Staat, auf dessen Recht verwiesen wird, eine Nachlassspaltung vornimmt, indem für bewegliches Vermögen auf das Recht des letzten gewöhnlichen Aufenthalts, Wohnsitzes oder des Domicile verwiesen wird und für unbewegliches Vermögen auf das Recht des Lageortes. Zu beachten ist auch eine solche teilweise Rück- oder Weiterverweisung, sodass trotz des Grundsatzes der Nachlasseinheit in der EuErbVO Nachlassspaltung eintreten kann. 30

Bei Verweisungen auf das Recht, mit dem gem. Art. 21 Abs. 2 EuErbVO eine offensichtlich engere Verbindung besteht, handelt es sich gem. Art. 34 Abs. 2 EuErbVO demgegenüber stets um Sachnormverweisungen. 31

36 jurisPK-BGB/*Sonnentag*, Art. 21 EuErbVO Rn 34.
37 NK-NachfolgeR/*Köhler*, Art. 21 EuErbVO Rn 13; v. Bar/Mankowski/*Mankowski*, Band II, § 5 Rn 296; jurisPK-BGB/*Sonnentag*, Art. 21 EuErbVO Rn 34; *Sonnentag*, EWS 2012, 457, 462.
38 Hausmann/Odersky/*Odersky*, § 15 Rn 42; MüKo-BGB/*Dutta*, Art. 21 EuErbVO Rn 7; vgl. Dutta/Weber/*Bauer/Fornasier*, Art. 21 EuErbVO Rn 12.
39 jurisPK-BGB/*Sonnentag*, Art. 21 EuErbVO Rn 35; Erman/*Stürner*, Art. 21 EuErbVO Rn 8; NK-BGB/*Looschelders*, Art. 21 EuErbVO Rn 17; v. Bar/Mankowski/*Mankowski*, Band II, § 5 Rn 298.
40 jurisPK-BGB/*Sonnentag*, Art. 21 EuErbVO Rn 35; Erman/*Stürner*, Art. 21 EuErbVO Rn 8.
41 Vgl. Erwägungsgründe 82 und 83 EuErbVO.

4. Konsequenzen aus den Unsicherheiten der objektiven Anknüpfung nach Art. 21 Abs. 1 und 2 EuErbVO

32 Erblasser, die beabsichtigen, ihren gewöhnlichen Aufenthalt ins Ausland zu verlegen, sollten sich aufgrund der Unsicherheiten, die sich aus der objektiven Anknüpfung an den letzten gewöhnlichen Aufenthalt des Erblassers in Art. 21 Abs. 1 EuErbVO sowie der Ausweichklausel nach Art. 21 Abs. 2 EuErbVO ergeben, gründlich überlegen, ob sie ihr **Heimatrecht wählen**, um auf diese Weise zur Stabilität des Erbstatuts und somit zu Rechtssicherheit zu gelangen. Ein Manko der EuErbVO ist allerdings, dass lediglich das Heimatrecht, aber nicht dasjenige des (derzeitigen oder künftigen) gewöhnlichen Aufenthalts gewählt werden kann, sodass z.B. ein norwegischer Staatsangehöriger, der bereits seit 50 Jahren in Deutschland lebt, seinen Ruhestand aber auf Mallorca verbringen will, nur die Möglichkeit hat, norwegisches Recht zu wählen, aber nicht das deutsche.[42]

33 Derjenige, der zwar nicht sein Heimatrecht wählen möchte, aber den Willen hat, dass auf seine Rechtsnachfolge von Todes wegen sein **jetziges Aufenthaltsrecht** zur Anwendung gelangt, sollte dies – auch wenn es rechtlich nicht verbindlich ist – in einer Verfügung von Todes wegen festhalten, um die mit Art. 21 Abs. 2 EuErbVO verbundenen Schwierigkeiten zu verringern. Denn immerhin kommt dieser Feststellung insofern Bedeutung zu, als der Erblasser selbst dadurch seinen gewöhnlichen Aufenthalt verortet und dieses subjektive Element neben objektiven Kriterien zur Bestimmung des gewöhnlichen Aufenthalts von Bedeutung ist (siehe Rdn 7 ff.).

12.5 **Muster 12.5: Konkretisierung des gewöhnlichen Aufenthalts zum Ausschluss der Ausweichklausel des Art. 21 Abs. 2 EuErbVO**

34 Ich bin deutscher Staatsangehöriger. Seit meiner Pensionierung vor wenigen Wochen lebe ich auf Mallorca (Balearen, Spanien). Auf meine Rechtsnachfolge von Todes wegen soll das Recht meines gewöhnlichen Aufenthalts zur Anwendung gelangen. Als diesen betrachte ich Mallorca, auch wenn ich erst vor Kurzem umgezogen bin, da ich hier auf der Insel bleiben und nicht nach Deutschland zurückkehren möchte.

35 Der Rechtsanwalt bzw. Notar sollte den Erblasser allerdings darauf hinweisen, dass das Recht des gewöhnlichen Aufenthalts zum Zeitpunkt der Abfassung des Testaments oder der Errichtung einer anderen letztwilligen Verfügung nur dann zur Anwendung gelangt, wenn der gewöhnliche Aufenthalt **bis zum Tod des Erblassers** in diesem Staat **noch** oder (nach mehrfachem Umzug) **wieder** besteht. Nach Möglichkeit sollte dies in der letztwilligen Verfügung dokumentiert werden.

12.6 **Muster 12.6: Hinweis des Rechtsanwalts bzw. Notars auf die Bedingung der Fortdauer (oder Wiederbegründung) des gewöhnlichen Aufenthalts**

36 Der Rechtsanwalt/Notar hat mich darauf hingewiesen, dass das in diesem Testament bezeichnete Recht des gewöhnlichen Aufenthalts in Deutschland/Spanien/ nur dann zur Anwendung gelangt, wenn der gewöhnliche Aufenthalt zum Zeitpunkt meines Todes noch (oder wieder) in diesem Staat besteht, und im Falle der Begründung des gewöhnlichen Aufenthalts in einem anderen Staat das in diesem Staat geltende Recht zur Anwendung gelangt.

42 Ausführlich zur Kritik jurisPK-BGB/*Sonnentag*, Art. 22 EuErbVO Rn 18.

III. Rechtswahl

1. Zweck

Nach Art. 22 Abs. 1 EuErbVO hat der Erblasser die Möglichkeit, für die Rechtsnachfolge 37
von Todes wegen das Recht des Staates zu wählen, dem er im Zeitpunkt der Rechtswahl oder seines Todes angehört.

Muster 12.7: Rechtswahlklausel

Ich bin deutscher Staatsangehöriger. Für meine Rechtsnachfolge von Todes wegen wähle ich deutsches 38
Recht.

Sinn und Zweck der Rechtswahl ist es, dem Erblasser bereits zu Lebzeiten **Rechtssicherheit** 39
über das auf seine Rechtsnachfolge von Todes wegen anwendbare Recht zu verschaffen.[43] Dieses wird durch die Rechtswahl in zweifelhaften Fällen vorhersehbar.[44] Im Falle eines mehrfachen Wechsels des gewöhnlichen Aufenthalts wird durch die Rechtswahl für den Erblasser Stabilität erreicht.[45]

2. Wählbare Rechtsordnungen

a) Heimatrecht zum Zeitpunkt der Rechtswahl oder des Todes

Art. 22 Abs. 1 EuErbVO ermöglicht nur die Wahl des **Heimatrechts** des Erblassers. Dabei 40
spielt es keine Rolle, ob es sich um die Staatsangehörigkeit eines EU-Mitgliedstaates oder eines Nicht-EU-Mitgliedstaates handelt,[46] da die EuErbVO gem. Art. 20 EuErbVO universelle Anwendung findet. Der Gesetzgeber begründet die Beschränkung der Rechtswahl auf das Heimatrecht des Erblassers in Erwägungsgrund 38 S. 2 EuErbVO mit der Gefahr der Umgehung der berechtigten Erwartungen der Pflichtteilsberechtigten.

Wählbar ist nur das Heimatrecht **zum Zeitpunkt der Rechtswahl oder des Todes**. Wenn der 41
Erblasser die Staatsangehörigkeit des gewählten Rechts erst nach der Rechtswahl erwirbt, entfaltet diese Wahl nur dann kollisionsrechtliche Wirkungen (siehe zur materiellrechtlichen Wirksamkeit Rdn 52), wenn der Erblasser die gewählte Staatsangehörigkeit zum Zeitpunkt seines Todes noch besitzt.[47]

Das Recht der Belegenheit eines Grundstücks kann somit ebenso wenig gewählt werden 42
wie das gewöhnliche Aufenthaltsrecht des Erblassers.[48]

---

43 Gierl/Köhler/Kroiß/Wilsch/*Köhler*, Teil 1 § 4 Rn 23; Hausmann/Odersky/*Odersky*, § 15 Rn 97 f.; jurisPK-BGB/*Sonnentag*, Art. 22 EuErbVO Rn 3; Süß/*Süß*, § 2 Rn 92.

44 jurisPK-BGB/*Sonnentag*, Art. 22 EuErbVO Rn 3; MüKo-BGB/*Dutta*, Art. 22 EuErbVO Rn 1.

45 MüKo-BGB/*Dutta*, Art. 22 EuErbVO Rn 1; jurisPK-BGB/*Sonnentag*, Art. 22 EuErbVO Rn 3.

46 EuGH, Urt. v. 12.10.2023 – C-21/22, ZEV 2023, 837; jurisPK-BGB/*Sonnentag*, Art. 22 EuErbVO Rn 4; *Kohler/Pintens*, FamRZ 2022, 1405, 1408; *Weber*, FamRZ 2021, 1835.

47 Gierl/Köhler/Kroiß/Wilsch/*Köhler*, Teil 1 § 4 Rn 25; NK-NachfolgeR/*Köhler*, Art. 22 EuErbVO Rn 5; jurisPK-BGB/*Sonnentag*, Art. 22 EuErbVO Rn 5.

48 jurisPK-BGB/*Sonnentag*, Art. 22 EuErbVO Rn 4 mit ausführlicher Kritik in Rn 18.

b) Mehrstaater

43 Nach Art. 22 Abs. 1 UAbs. 2 EuErbVO kann der Erblasser, wenn er mehrere Staatsangehörigkeiten zum Zeitpunkt der Rechtswahl oder seines Todes besitzt, **jedes** dieser Heimatrechte wählen. Eine Beschränkung auf die effektive Staatsangehörigkeit erfolgt somit nicht.[49]

Muster 12.8: Rechtswahl eines Mehrstaaters

44 Ich besitze die deutsche und die französische Staatsangehörigkeit. Meine Rechtsnachfolge von Todes wegen soll sich nach französischem Recht richten.

c) Angehörige von Mehrrechtsstaaten

45 Erblasser, die Angehörige eines Mehrrechtsstaates sind, haben nur die Möglichkeit, die **Gesamtrechtsordnung** ihres Heimatstaates zu wählen.[50] Welche **Teilrechtsordnung** dieses Staates zur Anwendung gelangt, richtet sich im Falle des Interlokalen Kollisionsrechts nach Art. 36 EuErbVO und im Falle des Interpersonalen Kollisionsrechts nach Art. 37 EuErbVO.[51] Existiert in dem maßgebenden Heimatstaat ein Interlokales Kollisionsrecht, ist dieses nach Art. 36 Abs. 1 EuErbVO anwendbar, um die maßgebliche Teilrechtsordnung zu bestimmen.[52] Entsprechendes gilt im Falle der Existenz eines Interpersonalen Kollisionsrechts nach Art. 37 S. 1 EuErbVO.[53] Existiert ein solches Interlokales bzw. Interpersonales Privatrecht in dem Heimatstaat des Erblassers nicht, gelangt nach Art. 36 Abs. 2 Buchst. b bzw. nach Art. 37 S. 2 EuErbVO die Teilrechtsordnung zur Anwendung, mit welcher der Erblasser (bzw. andere durch einen Erbvertrag betroffene Personen) die engste Verbindung hatte.[54] Der Erblasser hat – auch wenn dies später für das zuständige Gericht nicht verbindlich ist, aber zumindest eine gewisse Indizwirkung entfalten kann – die Möglichkeit, zu **konkretisieren**, zu welcher Teilrechtsordnung er die engste Verbindung als gegeben ansieht, und sollte dies auch begründen.[55]

Muster 12.9: Rechtswahl eines Mehrrechtsstaaters

46 Ich besitze die US-amerikanische Staatsangehörigkeit und lebe seit 24 Jahren in Berlin. Für die Rechtsnachfolge von Todes wegen wähle ich mein Heimatrecht.

Meine engste Verbindung in den USA besteht zu Florida, weil ich dort geboren, aufgewachsen und zur Schule gegangen bin. Daran ändert sich meines Erachtens auch durch mein Studium in Harvard (Cambridge,

---

49 Gierl/Köhler/Kroiß/Wilsch/*Köhler*, Teil 1 § 4 Rn 26; NK-NachfolgeR/*Köhler*, Art. 22 EuErbVO Rn 6; jurisPK-BGB/*Sonnentag*, Art. 22 EuErbVO Rn 9.

50 Gierl/Köhler/Kroiß/Wilsch/*Köhler*, Teil 1 § 4 Rn 24; NK-NachfolgeR/*Köhler*, Art. 22 EuErbVO Rn 4; jurisPK-BGB/*Sonnentag*, Art. 22 EuErbVO Rn 10; *Solomon*, Die allgemeine Kollisionsnorm (Art. 21, 22 EuErbVO), in: *Dutta/Herrler*, S. 19, 40 (Rn 55); Süß/*Süß*, § 2 Rn 98; vgl. auch Hausmann/Odersky/*Odersky*, § 15 Rn 133, 135.

51 jurisPK-BGB/*Sonnentag*, Art. 22 EuErbVO Rn 10; NK-NachfolgeR/*Köhler*, Art. 22 EuErbVO Rn 4 m.w.N.

52 *Solomon*, Die allgemeine Kollisionsnorm (Art. 21, 22 EuErbVO), in: *Dutta/Herrler*, S. 19, 39 f. (Rn 54); jurisPK-BGB/*Sonnentag*, Art. 22 EuErbVO Rn 10.

53 *Solomon*, Die allgemeine Kollisionsnorm (Art. 21, 22 EuErbVO), in: *Dutta/Herrler*, S. 19, 39 f. (Rn 54); jurisPK-BGB/*Sonnentag*, Art. 22 EuErbVO Rn 10.

54 jurisPK-BGB/*Sonnentag*, Art. 22 EuErbVO Rn 10; vgl. auch *Solomon*, Die allgemeine Kollisionsnorm (Art. 21, 22 EuErbVO), in: *Dutta/Herrler*, S. 19, 39 f. (Rn 54); Hausmann/Odersky/*Odersky*, § 15 Rn 134; NK-BGB/*Looschelders*, Art. 22 EuErbVO Rn 21, 23.

55 Vgl. hierzu (neben dem folgenden Muster) auch das Muster bei Reimann/Bengel/Dietz/*Sieghörtner*, Kap. 2 Rn 99.

Massachusetts) nichts, da ich unmittelbar nach der Beendigung meines Studiums nach England und vier Jahre später nach Deutschland gezogen bin. Soweit ich einen Einfluss darauf habe, möchte ich, dass das Recht von Florida zur Anwendung gelangt.

Mein Rechtsanwalt/Notar hat mich darauf hingewiesen, dass sich die Rechtswahl auf alle mit der Rechtsnachfolge von Todes wegen zusammenhängenden Aspekte erstreckt. Ohne die Rechtswahl käme vor einem deutschen Gericht das deutsche Recht als das Recht meines gewöhnlichen Aufenthalts zur Anwendung.

Mein Rechtsanwalt/Notar hat mich darauf hingewiesen, dass er keine Einschätzung dazu abgeben kann, ob die Rechtswahl im Ausland anerkannt wird und das Testament nach ausländischem Recht wirksam ist.

Mein Rechtsanwalt/Notar hat mir geraten, mich über die Rechtslage von einer im Recht von Florida kundigen Person beraten zu lassen.

Mein Rechtsanwalt/Notar hat mich ferner darauf hingewiesen, dass er ausländisches Recht nicht kennen und zu diesem nicht beraten muss. Dies hat er auch nicht getan. Ich stelle ihn insoweit von einer eventuellen Haftung frei.

Gleichwohl wünsche ich trotz der vorgenannten Risiken aufgrund meiner schweren Erkrankung die heutige Beurkundung.

Eine Rechtswahl zugunsten einer **Teilrechtsordnung** ist nicht unwirksam, sondern als Rechtswahl zugunsten der Gesamtrechtsordnung auszulegen.[56] 47

d) Staatenlose

Die Frage, ob Staatenlose die Möglichkeit zur Rechtwahl im Rahmen der EuErbVO haben, ist umstritten. Nach einer im Schrifttum vertretenen Ansicht komme eine solche nicht in Betracht.[57] Nach der Gegenansicht gelangt in einem solchen Fall das **New Yorker UN-Übereinkommen über die Rechtsstellung Staatenloser** vom 28.9.1954[58] zur Anwendung.[59] Nach Art. 75 Abs. 1 UAbs. 1 EuErbVO genießt dieses Vorrang vor der EuErbVO. Art. 12 Abs. 1 dieses Übereinkommens regelt, dass bei Staatenlosen der Wohnsitz – unter dem aber nach herrschender Meinung das Recht des gewöhnlichen Aufenthalts zu verstehen ist[60] – und mangels eines solchen das Recht des (schlichten) Aufenthalts an die Stelle der Staatsangehörigkeit tritt.[61] Es besteht kein vernünftiger Grund, einem Staatenlosen die Möglichkeit der Rechtswahl zu verweigern, sodass diese Ansicht vorzugswürdig ist.[62] Ob die Rechtsprechung eine solche Rechtswahl allerdings anerkennen wird, ist unklar, sodass diese Wahl leider mit Rechtsunsicherheit behaftet ist. 48

56 jurisPK-BGB/*Sonnentag*, Art. 22 EuErbVO Rn 11; NK-NachfolgeR/*Köhler*, Art. 22 EuErbVO Rn 4.

57 *Leitzen*, ZEV 2014, 128; Weller/*Nordmeier*, Rn 575; Süß/*Süß*, § 2 Rn 99.

58 BGBl II 1976, 474.

59 *Solomon*, Die allgemeine Kollisionsnorm (Art. 21, 22 EuErbVO), in: *Dutta/Herrler*, S. 19, 39 (Rn 53); *Frank/Döbereiner*, Rn 173; Gierl/Köhler/Kroiß/Wilsch/*Köhler*, Teil 1 § 4 Rn 26; v. Bar/Mankowski/*Mankowski*, Band II, § 5 Rn 169; jurisPK-BGB/*Sonnentag*, Art. 22 EuErbVO Rn 13.

60 Vgl. *Junker*, § 6 Rn 32; MüKo-BGB/*v. Hein*, Anh. II Art. 5 EGBGB Rn 66 m. zahlreichen w.N.

61 Ebenso bereits jurisPK-BGB/*Sonnentag*, Art. 22 EuErbVO Rn 13; Zimmermann/*Grau*, EuErbVO mit IntErbRVG Rn 190; Gierl/Köhler/Kroiß/Wilsch/*Köhler*, Teil 1 § 4 Rn 26; NK-NachfolgeR/*Köhler*, Art. 22 EuErbVO Rn 6.

62 jurisPK-BGB/*Sonnentag*, Art. 22 EuErbVO Rn 13; *Solomon*, Die allgemeine Kollisionsnorm (Art. 21, 22 EuErbVO), in: *Dutta/Herrler*, S. 19, 39 (Rn 53).

e) Flüchtlinge

aa) Rechtswahl zugunsten des Rechts des Wohnsitzstaates, hilfsweise des Aufenthaltsstaates

49 Auf Flüchtlinge ist das **Genfer UN-Abkommen über die Rechtsstellung der Flüchtlinge** vom 28.7.1951[63] anwendbar. Dieses geht der EuErbVO nach Art. 75 Abs. 1 UAbs. 1 EuErbVO vor. Art. 12 Abs. 1 dieses Abkommens unterstellt einen Flüchtling dem Recht des Staates seines Wohnsitzes – unter dem nach Ansicht der herrschenden Meinung der gewöhnliche Aufenthalt zu verstehen ist[64] –, hilfsweise dem Recht seines (schlichten) Aufenthaltsstaates. Daher kann ein Flüchtling nach herrschender und vorzugswürdiger Meinung eine Rechtswahl zugunsten dieses Rechts treffen.[65] Die Gegenansicht lehnt dies ab, weil weder das Genfer Abkommen Bereiche betreffe, die von der EuErbVO erfasst seien, noch die EuErbVO die Wahl des Aufenthaltsrechts vorsehe, sie sei vielmehr bewusst ausgeschlossen worden.[66] Unklar – und daher leider mit Rechtsunsicherheit behaftet – ist allerdings, ob auch die Rechtsprechung bei Flüchtlingen diese Rechtswahl zulassen wird.

bb) Rechtswahl zugunsten des Heimatrechts

50 Des Weiteren stellt sich die Frage, ob ein Flüchtling sein Heimatrecht wählen kann.[67] Die Anknüpfung an die **Staatsangehörigkeit** ist bei Flüchtlingen zwar als objektives Anknüpfungsmoment **ungeeignet**, sodass aus guten Gründen eine solche Anknüpfung gerade nicht vorgenommen wird.[68] Für die Zulässigkeit der Rechtswahl zugunsten des Heimatrechts eines Flüchtlings spricht allerdings, dass es dem Einzelnen überlassen werden sollte, inwieweit er sich dem Staat, dem er entflohen oder aus dem er vertrieben worden ist, in privatrechtlicher Hinsicht noch verbunden fühlt,[69] indem er sich dazu entschließt, dieses Recht zu wählen. Allerdings ist auch insoweit bislang unklar, ob die Rechtsprechung eine solche Rechtswahl zugunsten des Heimatrechts eines Flüchtlings zulassen wird.

---

63 BGBl II 1953, 560.

64 Vgl. *Junker*, § 6 Rn 33; MüKo-BGB/*v. Hein*, Anh. I Art. 5 EGBGB Rn 9 m. zahlreichen w.N.

65 jurisPK-BGB/*Sonnentag*, Art. 22 EuErbVO Rn 14; ebenso Zimmermann/*Grau*, EuErbVO mit IntErbRVG Rn 190; Gierl/Köhler/Kroiß/Wilsch/*Köhler*, Teil 1 § 4 Rn 26; Rechberger/Zöchling-Jud/*Rudolf/Zöchling-Jud/Kogler*, S. 115, 138 (Rn 68); vgl. auch NK-BGB/*Looschelders*, Art. 22 EuErbVO Rn 13, sowie Prütting/Wegen/Weinreich/*Martiny*, IPR-Anh 11/Art. 22 EuErbVO Rn 5 (Wahl des Rechts des gewöhnlichen Aufenthalts); Pamboukis/*Stamatiadis*, Art. 22 EuErbVO Rn 41.

66 Vgl. Süß/*Süß*, § 2 Rn 100 i.V.m. Rn 99. Im Ergebnis offenlassend, aber krit. Hausmann/Odersky/*Odersky*, § 15 Rn 143.

67 Bejahend Zimmermann/*Grau*, EuErbVO mit IntErbRVG Rn 190; Gierl/Köhler/Kroiß/Wilsch/*Köhler*, Teil 1 § 4 Rn 26; NK-NachfolgeR/*Köhler*, Art. 22 EuErbVO Rn 6; NK-BGB/*Looschelders*, Art. 22 EuErbVO Rn 15; vgl. auch MüKo-BGB/*Dutta*, Art. 22 EuErbVO Rn 6. Vgl. ferner Süß/*Süß*, § 2 Rn 100, der aber nur die Wahl des Heimatrechts zulassen will, jedoch nicht die Wahl des Wohnsitzstaates oder des Aufenthaltsrechts. Im Ergebnis jedenfalls die Wahl des Heimatrechts zulassend Hausmann/Odersky/*Odersky*, § 15 Rn 143.

68 Vgl. zu den Gründen *Kropholler*, § 38 III 2.

69 Vgl. auch MüKo-BGB/*Dutta*, Art. 22 EuErbVO Rn 6. Ebenso Süß/*Süß*, § 2 Rn 100, wenn es sich um eine Rechtswahl zugunsten des Heimatrechts aus kultureller und nicht wegen einer politischen Verbundenheit mit diesem Staat handele. Gegen diese Begründung spricht jedoch, dass es in zivilrechtlicher Hinsicht nicht maßgeblich ist, warum das Heimatrecht nach Art. 22 Abs. 1 EuErbVO gewählt wird; die davon zu unterscheidende öffentlich-rechtliche Frage ist, welche Konsequenzen die Wahl des Heimatrechts aus politischer Verbundenheit auf den Status als Flüchtling hat (vgl. hierzu Art. 1 Abschnitt C des Genfer Abkommens von 1951).

f) Sachnormverweisung

Gewählt werden können nur die **Sachvorschriften** des Heimatrechts. Art. 34 Abs. 2 EuErbVO schließt die Wahl ausländischen Kollisionsrechts aus. Im Fall der Rechtswahl liegt somit stets eine Sachnormverweisung vor. 51

g) Rechtsfolgen der Rechtswahl

Ist die Rechtswahl wirksam, wird das objektive Erbstatut des Art. 21 EuErbVO durch das nach Art. 22 Abs. 1 EuErbVO gewählte Recht verdrängt. Im Falle einer unwirksamen Rechtswahl ist die Rechtswahl zwar **kollisionsrechtlich unwirksam.** In diesem Fall besteht allerdings gleichwohl die Möglichkeit, dass die Rechtswahl **materiellrechtlich wirksam** ist,[70] sofern die erbrechtlichen Regeln des objektiven Erbstatuts nach Art. 21 EuErbVO dispositiv sind. 52

3. Ausdrückliche oder konkludente Rechtswahl

Nach Art. 22 Abs. 2 EuErbVO muss die Rechtswahl ausdrücklich in einer Erklärung in Form einer Verfügung von Todes wegen erfolgen oder sich aus den Bestimmungen einer solchen Verfügung ergeben. Mit dieser zweiten Alternative ist die konkludente Rechtswahl gemeint. 53

Umstritten ist, ob sich die Frage des Vorliegens einer **konkludenten** Rechtswahl nach dem in der Sache anwendbaren Recht richtet oder ob dies unionsautonom zu bestimmen ist. Für die Maßgeblichkeit des hypothetisch gewählten Rechts[71] wird angeführt, dass die materielle Wirksamkeit nach Art. 22 Abs. 3 EuErbVO dem gewählten Recht unterliege.[72] Demgegenüber vertreten der BGH[73] und die herrschende Lehre[74] die Ansicht, die Frage, ob eine konkludente Rechtswahl vorliege, sei **unionsautonom** zu beantworten. Für diese Ansicht spricht der Wortlaut des Art. 22 Abs. 2 EuErbVO, nach dem sich die konkludente Rechtswahl „aus den Bestimmungen" einer Verfügung von Todes wegen ergeben muss.[75] Dies wird durch die Beispiele in Erwägungsgrund 39 S. 2 EuErbVO konkretisiert.[76] Dazu stünde es in Widerspruch, wenn sich die Frage nach dem Vorliegen einer konkludenten Rechtswahl gleichwohl nach dem anwendbaren Recht richtete.[77] Wendete man demgegenüber das gewählte Recht an, um die Frage zu beantworten, ob eine konkludente Rechtswahl vorliegt, 54

70 jurisPK-BGB/*Sonnentag*, Art. 22 EuErbVO Rn 17; MüKo-BGB/*Dutta*, Art. 22 EuErbVO Rn 31.

71 Gierl/Köhler/Kroiß/Wilsch/*Köhler*, Teil 1 § 4 Rn 30; NK-NachfolgeR/*Köhler*, Art. 22 EuErbVO Rn 10; *Pfeiffer*, IPRax 2016, 310, 313; *Schaub*, Die EU-Erbrechtsverordnung, in: *Muscheler*, Hereditare – Jahrbuch für Erbrecht und Schenkungsrecht, Band 3 (2013), S. 91, 115.

72 NK-NachfolgeR/*Köhler*, Art. 22 EuErbVO Rn 10.

73 BGH, Beschl. v. 24.2.2021 – IV ZB 33/20, IPRax 2022, 182, 184.

74 *v. Bary*, ZEV 2021, 38, 39; MüKo-BGB/*Dutta*, Art. 22 EuErbVO Rn 15; *Fornasier*, FamRZ 2020, 1956, 1957; Zimmermann/*Grau*, EuErbVO mit IntErbRVG Rn 195; *Kroll-Ludwigs*, GPR 2022, 21, 23, 25; NK-BGB/*Looschelders*, Art. 22 EuErbVO Rn 28; *Looschelders*, IPRax 2022, 167, 170; *Nordmeier*, GPR 2013, 148, 153; Hausmann/Odersky/*Odersky*, § 15 Rn 117; BeckOGK/*J. Schmidt*, Art. 22 EuErbVO Rn 21; *Solomon*, Die allgemeine Kollisionsnorm (Art. 21, 22 EuErbVO), in: *Dutta/Herrler*, S. 19, 40 f. (Rn 56); Grüneberg/*Thorn*, Art. 22 EuErbVO Rn 6.

75 BGH, Beschl. v. 24.2.2021 – IV ZB 33/20, IPRax 2022, 182, 184; *Looschelders*, IPRax 2022, 167, 170; jurisPK-BGB/*Sonnentag*, Art. 22 EuErbVO Rn 20.

76 BGH, Beschl. v. 24.2.2021 – IV ZB 33/20, IPRax 2022, 182, 185; *Looschelders*, IPRax 2022, 167, 170; jurisPK-BGB/*Sonnentag*, Art. 22 EuErbVO Rn 20.

77 BGH, Beschl. v. 24.2.2021 – IV ZB 33/20, IPRax 2022, 182, 185; OLG München, Beschl. v. 24.8.2020 – 31 Wx 241/18; *Looschelders*, IPRax 2022, 167, 170; jurisPK-BGB/*Sonnentag*, Art. 22 EuErbVO Rn 21.

wäre die einheitliche Beantwortung der Frage nach dem Vorliegen einer konkludenten Rechtswahl und somit der internationale Entscheidungseinklang gefährdet.

55 Damit der Wille des Erblassers möglichst zur Geltung kommt, sollten die Anforderungen an die konkludente Rechtswahl nicht zu hoch angesetzt werden.[78] Dies folgt auch aus dem Vergleich mit der Bestimmung des Art. 3 Abs. 1 S. 2 Rom I-VO, nach der sich die Rechtswahl im Internationalen Schuldvertragsrecht „eindeutig“ aus den Bestimmungen des Vertrags oder den Umständen des Falls ergeben muss.[79] Des Weiteren folgt dies aus dem Internationalen außervertraglichen Schuldrecht, da die Rechtswahl nach Art. 14 Abs. 1 S. 2 Rom II-VO „mit hinreichender Sicherheit“ erfolgen muss.[80] In Betracht kommt eine konkludente Rechtswahl z.B. dann, wenn der Erblasser ersichtlich vor dem Hintergrund einer bestimmten Rechtsordnung, insbesondere seines Heimatrechts, testiert.[81] Dies kann z.B. der Fall sein, wenn der Erblasser auf Rechtsvorschriften oder Rechtsinstitute dieses Rechts Bezug nimmt.[82] Dies folgt auch aus Erwägungsgrund 39 S. 2 EuErbVO. Anders als im Internationalen Schuldvertragsrecht sollte im Internationalen Erbrecht ein **Rechtswahlbewusstsein** des Erblassers **nicht erforderlich** sein, um dem Willen des Erblassers möglichst Geltung zu verschaffen.[83] Eine konkludente Rechtswahl zugunsten des Heimatrechts ist daher grundsätzlich auch dann möglich, wenn der Erblasser das Testament zu einem Zeitpunkt angefertigt hat, in dem sich der gewöhnliche Aufenthalt und seine Staatsangehörigkeit noch deckten, der Erblasser den gewöhnlichen Aufenthalt aber zu einem späteren Zeitpunkt in einen anderen Staat verlegt hat.[84]

56 **Praxistipp**

Aufgrund der Unsicherheiten, die mit einer konkludenten Rechtswahl verbunden sind, sollte ggf. eine ausdrückliche Rechtswahl getroffen werden.[85] Dabei sollte berücksichtigt werden, ob eine etwaige Rechtswahl auch im Ausland anerkannt wird,[86] da der internationale Entscheidungseinklang sonst u.U. verfehlt wird und somit Rechtsunsicherheit und die Gefahr von Forum Shopping besteht.

57 Will der Erblasser trotz der begrifflichen Bezugnahme auf ein bestimmtes Recht, bei dem es sich um sein Heimatrecht handelt, dieses gerade nicht wählen, kann bzw. sollte er dies ausdrücklich klarstellen.

12.10 **Muster 12.10: Negative Rechtswahl**

58 Ich bin österreichischer Staatsangehöriger, lebe aber seit 35 Jahren in Deutschland. Da meine Familie hier wohnt, möchte ich auch weiterhin in Deutschland bleiben; Rückkehrabsichten nach Österreich habe ich nicht. Auf meine Rechtsnachfolge von Todes wegen soll mein gewöhnliches Aufenthaltsrecht anwendbar sein. Als meinen gewöhnlichen Aufenthalt sehe ich Deutschland an.

---

78 MüKo-BGB/*Dutta*, Art. 22 EuErbVO Rn 15; Hausmann/Odersky/*Odersky*, § 15 Rn 120; jurisPK-BGB/*Sonnentag*, Art. 22 EuErbVO Rn 21.

79 BGH, Beschl. v. 24.2.2021 – IV ZB 33/20, IPRax 2022, 182, 184; jurisPK-BGB/*Sonnentag*, Art. 22 EuErbVO Rn 21.

80 jurisPK-BGB/*Sonnentag*, Art. 22 EuErbVO Rn 21.

81 MüKo-BGB/*Dutta*, Art. 22 EuErbVO Rn 15; jurisPK-BGB/*Sonnentag*, Art. 22 EuErbVO Rn 21.

82 OLG Köln, Beschl. v. 5.6.2019 – I-2 Wx 142/19, FamRZ 2019, 1566; Hausmann/Odersky/*Odersky*, § 15 Rn 122; jurisPK-BGB/*Sonnentag*, Art. 22 EuErbVO Rn 21.

83 *Looschelders*, IPRax 2022, 167, 171; jurisPK-BGB/*Sonnentag*, Art. 22 EuErbVO Rn 21.

84 MüKo-BGB/*Dutta*, Art. 22 EuErbVO Rn 15; jurisPK-BGB/*Sonnentag*, Art. 22 EuErbVO Rn 21.

85 Reimann/Bengel/Dietz/Sammet/*Sieghörtner*, Kap. 2 Rn 37.

86 Reimann/Bengel/Dietz/Sammet/*Sieghörtner*, Kap. 2 Rn 37.

Zu beachten ist, dass die Wirksamkeit einer **negativen Rechtswahl** – anders als bei der positiven Wahl eines bestimmten Rechts – vom Fortbestand der zugrunde liegenden Tatsachen abhängig ist. Verlegt der Erblasser in dem vorgenannten Beispiel seinen gewöhnlichen Aufenthalt nach Österreich, entfaltet die negative Rechtswahl somit keine Folgen mehr. Darauf sollte der Rechtsanwalt oder Notar bei der Beratung hinweisen und dies auch in der Verfügung von Todes wegen dokumentieren (siehe Rdn 35 f.). 59

4. Umfang der Rechtswahl

Die Rechtswahl muss sich auf das **gesamte Vermögen** des Erblassers beziehen. Eine Teilrechtswahl, so z.B. für das in einem bestimmten Staat belegene Vermögen, ist daher nicht möglich.[87] Dies bekräftigt den Grundsatz der Nachlasseinheit.[88] 60

5. Isolierte Rechtswahl

Der Erblasser hat auch die Möglichkeit, eine isolierte Rechtswahl vorzunehmen. Diese bezieht sich lediglich auf die Bestimmung des **anwendbaren Rechts**, ohne dass er materiellrechtliche Verfügungen trifft. 61

Muster 12.11: Isolierte Rechtswahl 12.11

Ich bin italienischer Staatsangehöriger. Für meine Rechtsnachfolge von Todes wegen wähle ich italienisches Recht. Weitere Verfügungen treffe ich in diesem Testament nicht. 62

6. Form der Rechtswahl

Nach Art. 22 Abs. 2 EuErbVO muss die Rechtswahl in Form einer **Verfügung von Todes wegen** erfolgen. Für schriftliche **Erbverträge** gilt somit Art. 27 EuErbVO (siehe Rdn 114 ff.). Gleiches gilt qua Verweisung von Art. 26 Abs. 2 EGBGB auf Art. 27 EuErbVO für mündliche Erbverträge, da für die Form anderer Verfügungen von Todes wegen als Testamente auf diese Vorschrift verwiesen wird. Diese Verweisung in Art. 26 Abs. 2 EGBGB ist erforderlich, weil die Formgültigkeit mündlicher Verfügungen von Todes wegen nach Art. 1 Abs. 2 Buchst. f EuErbVO von der EuErbVO nicht erfasst wird.[89] 63

Die Form einseitiger oder gemeinschaftlicher **Testamente** richtet sich demgegenüber auch seit dem Inkrafttreten der EuErbVO nach dem Haager Testamentsformübereinkommen (HTestformÜ) von 1961 (siehe Rdn 98, 101, 102 ff.). Dieser Vorrang ergibt sich aus Art. 75 Abs. 1 UAbs. 2 EuErbVO. 64

---

87 LG Oldenburg, Urt. v. 19.11.2020 – 16 O 1549/20, Rpfleger 2022, 36, 37; MüKo-BGB/*Dutta*, Art. 22 EuErbVO Rn 9; Grüneberg/*Thorn*, Art. 22 EuErbVO Rn 3; jurisPK-BGB/*Sonnentag*, Art. 22 EuErbVO Rn 7.

88 jurisPK-BGB/*Sonnentag*, Art. 22 EuErbVO Rn 7.

89 Demgegenüber Bergquist/Damascelli/Frimston/Lagarde/Odersky/Reinhartz/*Lagarde*, EU-Erbrechtsverordnung, 2015, Art. 22 EuErbVO Rn 10, man könne aus dem Schweigen des Art. 27 EuErbVO über die mündliche Errichtung einer Verfügung von Todes wegen ableiten, dass die Rechtswahl hinsichtlich der Rechtsnachfolge von Todes wegen schriftlich erfolgen müsse (i.E. ebenso v. Bar/Mankowski/*Mankowski*, Band II, § 5 Rn 218). Dagegen zu Recht Weller/*Nordmeier*, Rn 576, wonach sich die Form einer mündlichen Rechtswahl nach der lex fori richte.

7. Materielle Wirksamkeit der Rechtswahl

65 Die materielle Wirksamkeit der Rechtswahl unterliegt gem. Art. 22 Abs. 3 EuErbVO dem nach Art. 22 Abs. 1 EuErbVO **gewählten** Recht. Dazu gehören vor allem Regeln über die allgemeine Rechtsgeschäftslehre, so z.B. über die Willensbildung und Willensmängel, aber auch zur Auslegung.

66 Demgegenüber ergibt sich die Frage der **Zulässigkeit** der Rechtswahl unmittelbar aus Art. 22 Abs. 1 EuErbVO und somit nicht aus dem gewählten Recht. Daher kommt es für die Zulässigkeit der Rechtswahl nicht darauf an, ob das gewählte Recht die Möglichkeit einer solchen Rechtswahl überhaupt vorsieht.[90] Erwägungsgrund 40 S. 1 EuErbVO bestätigt dies.[91]

67 Zu einer ordnungsgemäßen **Beratung** durch den Rechtsanwalt oder Notar gehört aber auch, dass er auf Bedenken hinweist, die im Hinblick auf die Wirksamkeit einer Rechtswahl aus der Sicht des ausländischen gewählten Rechts sprechen können (siehe auch das Formulierungsbeispiel im Muster Rdn 46 sowie zu den Pflichten des Rechtsanwalts oder Notars bei der Beratung in Bezug auf ausländisches Recht Rdn 239 ff.).

8. Änderung oder Widerruf der Rechtswahl

a) Formelle Wirksamkeit

68 Aus Art. 22 Abs. 4 EuErbVO ergibt sich, dass auch die Änderung oder der Widerruf der Rechtswahl den Formvorschriften für die Änderung oder den Widerruf einer **Verfügung von Todes wegen** entsprechen muss. D.h., Art. 27 Abs. 2 EuErbVO bzw. Art. 2 HTestformÜ, die den Kreis der nach Art. 27 Abs. 1 EuErbVO bzw. Art. 1 HTestformÜ in Betracht kommenden Rechtsordnungen erweitern (siehe Rdn 111, 124), sind insoweit anwendbar.

b) Materielle Wirksamkeit

69 Die materielle Wirksamkeit der Änderung oder des Widerrufs der Rechtswahl ist nicht ausdrücklich geregelt.[92] Daher ist Art. 22 Abs. 3 EuErbVO entsprechend anwendbar.[93] Die Frage, ob die Rechtswahl überhaupt widerruflich oder abänderbar ist, ist davon zu unterscheiden.

aa) Widerruflichkeit oder Abänderbarkeit

70 Die Frage der Widerruflichkeit oder Abänderbarkeit einer Rechtswahl betrifft die **Bindungswirkung**. Sie unterliegt dem ursprünglich gewählten Recht.[94] Denn sonst würde das Vertrauen einer anderen Person, deren Schutz die Bindungswirkung dient, beeinträchtigt.[95]

---

90 MüKo-BGB/*Dutta*, Art. 22 EuErbVO Rn 18; NK-NachfolgeR/*Köhler*, Art. 22 EuErbVO Rn 9 Fn 26; Gierl/Köhler/Kroiß/Wilsch/*Köhler*, Teil 1 § 4 Rn 29 Fn 79; Rechberger/Zöchling-Jud/*Rudolf/Zöchling-Jud/Kogler*, S. 115, 142 (Rn 77); *Solomon*, Die allgemeine Kollisionsnorm (Art. 21, 22 EuErbVO), in: *Dutta/Herrler*, S. 19, 42 (Rn 62); Grüneberg/*Thorn*, Art. 22 EuErbVO Rn 7; jurisPK-BGB/*Sonnentag*, Art. 22 EuErbVO Rn 24.

91 jurisPK-BGB/*Sonnentag*, Art. 22 EuErbVO Rn 24.

92 *Solomon*, Die allgemeine Kollisionsnorm (Art. 21, 22 EuErbVO), in: *Dutta/Herrler*, S. 19, 43 (Rn 63); jurisPK-BGB/*Sonnentag*, Art. 22 EuErbVO Rn 26.

93 Gierl/Köhler/Kroiß/Wilsch/*Köhler*, Teil 1 § 4 Rn 33; jurisPK-BGB/*Sonnentag*, Art. 22 EuErbVO Rn 26.

94 v. Bar/Mankowski/*Mankowski*, Band II, § 5 Rn 221; jurisPK-BGB/*Sonnentag*, Art. 22 EuErbVO Rn 27; Süß/*Süß*, § 2 Rn 115.

95 jurisPK-BGB/*Sonnentag*, Art. 22 EuErbVO Rn 27.

bb) Widerruf oder Änderung

(1) Widerruf

Die materielle Wirksamkeit des Widerrufs richtet sich entsprechend Art. 22 Abs. 3 EuErbVO nach dem Recht, welches auf die ursprüngliche Rechtswahl, die widerrufen wird, anwendbar war.[96] 71

(2) Änderung

Die Frage, welches Recht für die materielle Wirksamkeit der Änderung der Rechtswahl gilt, ist schwieriger zu beantworten als diejenige für den Fall des Widerrufs. Der Grund liegt darin, dass die Änderung gleichzeitig einen Widerruf der bisherigen und eine Neuvornahme der jetzigen Rechtswahl beinhaltet.[97] Daher ist umstritten, ob sich die Änderung nur nach der **zuvor gewählten**[98] oder der **neu gewählten** Rechtsordnung richtet[99] oder ob eine **kumulative** Anknüpfung[100] an beide Rechtsordnungen vorzunehmen ist. Eine alleinige Anwendbarkeit des bisherigen Rechts ist schon deshalb nicht angezeigt, weil diese Ansicht außer Acht lässt, dass sich die Erforderlichkeit der materiellen Gültigkeit der Rechtswahl aus der neu gewählten Rechtsordnung ergibt.[101] Aber auch gegen eine kumulative Anknüpfung bestehen erhebliche Bedenken. Denn eine Änderung der Rechtswahl würde durch diese Ansicht erheblich erschwert.[102] Den Eintritt eines bestimmten Ergebnisses zu erschweren, ist zwar sinnvoll, wenn es um den Schutz einer bestimmten Person geht. Im Erbrecht ist dies allerdings – abgesehen von der Frage, ob überhaupt eine Widerruflichkeit oder Abänderbarkeit der Rechtswahl in Betracht kommt und für die daher das bisherige Recht maßgebend ist – bei der Änderung der Rechtswahl nicht der Fall. Vielmehr sollte das Erbrecht den Willen des Erblassers bestmöglich umsetzen. Ferner spricht gegen die kumulative Anknüpfung Erwägungsgrund 40 S. 3 EuErbVO, der sowohl für den Widerruf als auch für die Änderung der Rechtswahl nur eine Rechtshandlung vorsieht, auf die eine einzige Rechtsordnung angewendet werden sollte.[103] 72

96 Gierl/Köhler/Kroiß/Wilsch/*Köhler*, Teil 1 § 4 Rn 33; NK-NachfolgeR/*Köhler*, Art. 22 EuErbVO Rn 13; v. Bar/Mankowski/*Mankowski*, Band II, § 5 Rn 222; Deixler-Hübner/Schauer/*Schauer*, Art. 22 EuErbVO Rn 19; jurisPK-BGB/*Sonnentag*, Art. 22 EuErbVO Rn 28. A.A. (Maßgeblichkeit des Rechts des gewöhnlichen Aufenthalts, weil der bloße Widerruf eine negative Rechtswahl zugunsten dieses Rechts bedeute) *Müller-Lukoschek*, § 2 Rn 166; *Frank/Döbereiner*, Rn 212; NK-BGB/*Looschelders*, Art. 22 EuErbVO Rn 31 f.; Rauscher/*Hertel*, Art. 22 EU-ErbVO Rn 37; Rechberger/Zöchling-Jud/*Rudolf/Zöchling-Jud/Kogler*, S. 115, 146 f. (Rn 87).

97 NK-NachfolgeR/*Köhler*, Art. 22 EuErbVO Rn 13; jurisPK-BGB/*Sonnentag*, Art. 22 EuErbVO Rn 29.

98 So *Nordmeier*, GPR 2013, 148, 154, unter Berufung auf Erwägungsgrund 40 EuErbVO, wonach sich die materielle Rechtswahl nach dem gewählten Recht bestimmen soll (i.E. ebenso *Emmerich*, S. 205, 211; BeckOGK/*J. Schmidt*, Art. 22 EuErbVO Rn 40; Rechberger/Zöchling-Jud/*Rudolf/Zöchling-Jud/Kogler*, S. 115, 146 f. (Rn 87)).

99 So *Frank/Döbereiner*, Rn 212; *Heinemann*, MDR 2015, 928, 931; Rauscher/*Hertel*, Art. 22 EU-ErbVO Rn 39; Gierl/Köhler/Kroiß/Wilsch/*Köhler*, Teil 1 § 4 Rn 33; NK-NachfolgeR/*Köhler*, Art. 22 EuErbVO Rn 13; v. Bar/Mankowski/*Mankowski*, Band II, § 5 Rn 222; *Müller-Lukoschek*, § 2 Rn 166; Süß/*Süß*, § 2 Rn 114; MüKo-BGB/*Dutta*, Art. 22 EuErbVO Rn 36; vgl. auch *Döbereiner*, MittBayNot 2013, 358, 363; Pamboukis/*Stamatiadis*, Art. 22 EuErbVO Rn 75.

100 Vgl. *Leitzen*, ZEV 2013, 128, 129.

101 jurisPK-BGB/*Sonnentag*, Art. 22 EuErbVO Rn 29.

102 Gierl/Köhler/Kroiß/Wilsch/*Köhler*, Teil 1 § 4 Rn 33; jurisPK-BGB/*Sonnentag*, Art. 22 EuErbVO Rn 29.

103 Vgl. auch Gierl/Köhler/Kroiß/Wilsch/*Köhler*, Teil 1 § 4 Rn 33; NK-NachfolgeR/*Köhler*, Art. 22 EuErbVO Rn 13; jurisPK-BGB/*Sonnentag*, Art. 22 EuErbVO Rn 29.

9. Rechtswahl vor Inkrafttreten der EuErbVO

73 Die EuErbVO gilt nach Art. 83 Abs. 1 EuErbVO für alle Todesfälle seit dem 17.8.2015. Nach Art. 83 Abs. 2 EuErbVO ist eine **vor dem 17.8.2015** erfolgte Rechtswahl in Bezug auf das auf die Rechtsnachfolge von Todes wegen anzuwendende Recht wirksam, wenn sie die Voraussetzungen von Kapitel III EuErbVO (Art. 20–38 EuErbVO) erfüllt[104] oder wenn sie nach den zum Zeitpunkt der Rechtswahl geltenden Vorschriften des Internationalen Privatrechts in dem Staat, in dem der Erblasser seinen gewöhnlichen Aufenthalt hatte, oder in einem Staat, dessen Staatsangehörigkeit er besaß, wirksam ist.

IV. Vorrangige Staatsverträge

Literaturhinweis

Mankowski, Gelten die bilateralen Staatsverträge der Bundesrepublik Deutschland im Internationalen Erbrecht nach dem Wirksamwerden der EuErbVO weiter?, ZEV 2013, 529.

74 Nach Art. 75 Abs. 1 EuErbVO lässt die EuErbVO die Anwendung internationaler Übereinkommen **unberührt**, denen ein oder mehrere Mitgliedstaaten zum Zeitpunkt der Annahme der EuErbVO angehören und die Bereiche betreffen, die in der EuErbVO geregelt sind. Solche Staatsverträge bestehen mit dem **Iran**, der **Türkei** und **manchen Nachfolgestaaten der Sowjetunion**.

1. Deutsch-iranisches Niederlassungsabkommen von 1929

Literaturhinweis

Wurmnest, Der Anwendungsbereich des deutsch-iranischen Niederlassungsabkommens bei erbrechtlichen Streitigkeiten und deutscher ordre public, IPRax 2016, 447.

75 Zu den bilateralen Abkommen, die der EuErbVO gem. Art. 75 Abs. 1 EuErbVO **vorgehen**, gehört das Niederlassungsabkommen zwischen dem Deutschen Reich und dem Kaiserreich Persien vom 17.2.1929,[105] das im Verhältnis zum Iran auch heute noch Anwendung findet. Gem. Art. 8 Abs. 3 S. 1 dieses Abkommens bleiben die Angehörigen jedes der beiden vertragschließenden Staaten im Gebiet des anderen Staates in Bezug auf das Personen-, Familien- und Erbrecht ihren heimischen Gesetzen unterworfen.

a) Konsequenzen für deutsche Erblasser

76 Für einen deutschen Erblasser hat die Regelung des Art. 8 Abs. 3 S. 1 des Abkommens zur Folge, dass der im Iran belegene Nachlass eines Deutschen dem **deutschen Recht** unterliegt. Dies gilt auch, wenn er seinen gewöhnlichen Aufenthalt im Iran oder in einem Drittstaat hatte, sofern er keine Rechtswahl nach Art. 22 EuErbVO vorgenommen hat.

---

104 Siehe zur Unwirksamkeit einer Teilrechtswahl nach Art. 83 Abs. 2 Alt. 1 EuErbVO, z.B. nach Art. 25 Abs. 2 EGBGB a.F. zugunsten des deutschen Rechts für in Deutschland belegene Grundstücke, weil Art. 22 EuErbVO eine solche Teilrechtswahl nicht zulässt, EuGH, Urt. v. 9.9.2021 – C-277/20, UM, ZEV 2021, 717, 718 f. Rn 39 f.

105 RGBl II 1930, 1006. Die Weitergeltung des Abkommens wurde nach dem Zweiten Weltkrieg m.W.v. 4.11.1954 bestätigt (Bek. v. 15.8.1955, BGBl II 1955, 829).

b) Konsequenzen für iranische Erblasser

Für einen iranischen Erblasser hat Art. 8 Abs. 3 S. 1 des Abkommens zur Konsequenz, dass sich seine Rechtsnachfolge von Todes wegen unabhängig davon, ob er eine letztwillige Verfügung errichtet hat oder die gesetzliche Erbfolge zum Zuge kommt, nach **iranischem Recht** richtet. Art. 21 ff. EuErbVO gelangen nicht zur Anwendung. Umstritten ist allerdings, ob das Abkommen auch dasjenige Vermögen erfasst, das aus Sicht des Abkommens in einem **Drittstaat**, d.h. weder in Deutschland noch im Iran, belegen ist. Eine Ansicht verneint dies[106] unter Berufung auf den Wortlaut des Art. 8 Abs. 1 und 3 des Abkommens, der aufgrund der Formulierung „im Gebiet des anderen Staates“ eine territoriale Begrenzung des Abkommens nahelege.[107] Die herrschende und vorzugswürdige Meinung bejaht dies,[108] weil das Abkommen nicht zwischen beweglichem und unbeweglichem Vermögen unterscheidet, sondern einheitlich auf das Heimatrecht des Erblassers abstellt.[109] 77

c) Konsequenzen für deutsch-iranische Doppelstaater

Auf deutsch-iranische Doppelstaater ist das Abkommen **nicht anwendbar.**[110] Denn Sinn und Zweck des Niederlassungsabkommens ist es, den Staatsangehörigen des jeweils anderen Vertragsstaates in den durch das Abkommen geregelten Bereichen grundsätzlich die gleichen Rechte und Pflichten wie den eigenen Staatsangehörigen zukommen zu lassen,[111] im Familien- und Erbrecht aber diejenigen ihres Heimatstaates. Wer als Doppelstaater aber ohnehin den Schutz beider Staaten genießt, bedarf des besonderen Schutzes durch das Abkommen nicht mehr.[112] 78

d) Konsequenzen für andere Doppelstaater

Unklar ist, ob das Abkommen auf Doppelstaater anwendbar ist, die zwar nur die **deutsche oder** die **iranische** Staatsangehörigkeit haben, aber auch diejenige eines **weiteren Staates,** wenn die deutsche bzw. die iranische Staatsangehörigkeit die effektive ist. Die herrschende Meinung bejaht dies[113] mit Recht, weil der Zweck des Abkommens in einem solchen Fall – anders als bei einem deutsch-iranischen Doppelstaater – durchaus noch erfüllt werden kann.[114] 79

---

106 AG Hamburg-St. Georg, Beschl. v. 13.4.2015 – 970 VI 1645/12, IPRax 2016, 472, 474 Rn 19; ebenso noch *Süß* in der Vorauflage, § 26 Rn 47 (ohne Begründung).

107 AG Hamburg-St. Georg, Beschl. v. 13.4.2015 – 970 VI 1645/12, IPRax 2016, 472, 474 Rn 19.

108 *Mankowski*, ZEV 2013, 529, 534; Reimann/Bengel/Dietz/Sammet/*Sieghörtner*, Kap. 2 Rn 21; *Wurmnest*, IPRax 2016, 447, 450.

109 Reimann/Bengel/Dietz/Sammet/*Sieghörtner*, Kap. 2 Rn 21.

110 BVerfG, Beschl. v. 4.12.2006 – 2 BvR 1216/06, NJW-RR 2007, 577, 578; BGH, Beschl. v. 8.3.2023 – XII ZB 565/20, BGHZ 236, 224, 229 f.; OLG München, Beschl. v. 1.2.2010 – 31 Wx 37/09, ZEV 2010, 255; OLG Köln, Beschl. v. 19.2.2015 – 12 UF 98/14, NJW 2015, 1763 f. Rn 10; *Mankowski*, ZEV 2013, 529, 534.

111 BVerfG, Beschl. v. 4.12.2006 – 2 BvR 1216/06, NJW-RR 2007, 577, 578; BGH, Beschl. v. 8.3.2023 – XII ZB 565/20, BGHZ 236, 224, 230; OLG München, Beschl. v. 1.2.2010 – 31 Wx 37/09, ZEV 2010, 255; *Wurmnest*, IPRax 2016, 447, 449.

112 BGH, Beschl. v. 8.3.2023 – XII ZB 565/20, BGHZ 236, 224, 230.

113 So AG Hamburg-St. Georg, Beschl. v. 13.4.2015 – 970 VI 1645/12, IPRax 2016, 472, 473 Rn 14, 17; Dutta/Weber/*Bauer/Süß*, Art. 75 EuErbVO Anh II Rn 3; Gierl/Köhler/Kroiß/Wilsch/*Köhler*, Teil 5 § 2 Rn 3; Reimann/Bengel/Dietz/Sammet/*Sieghörtner*, Kap. 2 Rn 21; Staudinger/*Dörner*, Vorb. Art. 25 f. EGBGB Rn 157; *Wurmnest*, IPRax 2016, 447, 449. Offengelassen von BGH, Beschl. v. 8.3.2023 – XII ZB 565/20, BGHZ 236, 224, 230 f.

114 Gierl/Köhler/Kroiß/Wilsch/*Köhler*, Teil 5 § 2 Rn 3.

2. Konsularvertrag zwischen dem Deutschen Reich und der Türkischen Republik

Literaturhinweise

Gebauer, Das deutsch-türkische Nachlassabkommen im Sog des Europäischen Kollisionsrechts, IPRax 2018, 345; *Koehl*, Deutsch-türkische Erbfälle im Überblick, ZErb 2024, 286; *Koehl*, Deutsch-türkische Erbfälle, 2023.

80 Zwischen Deutschland und der Türkei hat der Konsularvertrag zwischen dem Deutschen Reich und der Türkischen Republik vom 28.5.1929[115] **Vorrang** vor den Regeln der EuErbVO. Dieser beinhaltet in der Anlage zu Art. 20 des Konsularvertrags das Deutsch-türkische **Nachlassabkommen.**

a) Anwendungsbereich des Deutsch-türkischen Nachlassabkommens

81 Zu beachten ist, dass der Anwendungsbereich des Deutsch-türkischen Nachlassabkommens nach Art. 20 des Konsularvertrags nur denjenigen Nachlass erfasst, der sich in dem Gebiet des jeweiligen anderen Staates als demjenigen des Heimatstaates befindet. D.h., dass die **Belegenheit** des Nachlasses und die **Staatsangehörigkeit** des Erblassers auseinanderfallen müssen.[116]

aa) Konsequenzen für deutsche Erblasser

82 Für einen deutschen Staatsangehörigen hat Art. 20 des Konsularvertrags zur Konsequenz, dass für den in Deutschland belegenen beweglichen und unbeweglichen Nachlass nicht der Deutsch-türkische Konsularvertrag, sondern die **EuErbVO** gilt. Dies gilt unabhängig davon, ob der Deutsche in Deutschland oder in der Türkei lebt.[117]

bb) Konsequenzen für türkische Erblasser

83 Entsprechendes wie für deutsche Erblasser gilt aus deutscher Sicht für den beweglichen und unbeweglichen Nachlass eines türkischen Staatsangehörigen, der sich in der Türkei befindet. Auf diesen ist mangels Auseinanderfallens der Staatsangehörigkeit des Erblassers und der Belegenheit des Nachlasses nicht das Deutsch-türkische Nachlassabkommen, sondern die **EuErbVO** anwendbar. Dies gilt unabhängig davon, ob der türkische Staatsangehörige in Deutschland oder in der Türkei lebt.[118]

cc) Mehrstaater

(1) Deutsch-türkische Doppelstaater

84 Auf deutsch-türkische Doppelstaater ist das Deutsch-türkische Nachlassabkommen nach überzeugender – obgleich nicht unumstrittener – Ansicht **nicht anwendbar,**[119] da es Sinn und Zweck des Abkommens ist, den Staatsangehörigen des jeweils anderen Vertragsstaates in den durch das Abkommen geregelten Bereichen grundsätzlich die gleichen Rechte und

115 RGBl II 1930, 748.
116 *Gebauer*, IPRax 2018, 345, 347; *Koehl*, ZErb 2024, 286.
117 Reimann/Bengel/Dietz/Sammet/*Sieghörtner*, Kap. 2 Rn 19.
118 Reimann/Bengel/Dietz/Sammet/*Sieghörtner*, Kap. 2 Rn 19.
119 So zum Deutsch-iranischen Niederlassungsabkommen BVerfG, Beschl. v. 4.12.2006 – 2 BvR 1216/06, NJW-RR 2007, 577, 578; Gierl/Köhler/Kroiß/Wilsch/*Köhler*, Teil 5 § 3 Rn 3; *Koehl*, ZErb 2024, 286; MüKo-BGB/*Dutta*, Art. 75 EuErbVO Rn 22.

Pflichten wie den eigenen Staatsangehörigen zukommen zu lassen.[120] Bei deutsch-türkischen Doppelstaatern ist dieser Zweck allerdings bereits erfüllt, da sie den Schutz beider Staaten genießen.

(2) Andere Mehrstaater

Erblasser, die zwar entweder die **deutsche oder** die **türkische**, aber auch eine **weitere Staatsangehörigkeit** besitzen, fallen unter den Anwendungsbereich des Abkommens, weil der mit dem Deutsch-türkischen Nachlassabkommen bezweckte Schutz für diese noch erreicht werden kann.[121] **Voraussetzung** ist allerdings, dass die deutsche bzw. die türkische Staatsangehörigkeit die effektive ist.[122] 85

dd) Anwendbarkeit auf das in einem Drittstaat belegene unbewegliche Vermögen

Umstritten ist auch, ob das Deutsch-türkische Nachlassabkommen auf das in einem **Drittstaat**, also außerhalb von Deutschland oder der Türkei, belegene unbewegliche Vermögen anwendbar ist. Teilweise wird die Anwendbarkeit bejaht,[123] damit es nicht zu einer weiteren Nachlassspaltung komme.[124] Andere lehnen dies ab.[125] Begründet wird die Ablehnung mit dem Wortlaut des Art. 20 des Deutsch-türkischen Konsularvertrags,[126] der ausdrücklich von den „im Gebiet des einen vertragsschließenden Staates befindlichen Nachlässe[n] von Angehörigen des anderen Staates“ spricht, sowie dem Schutzbereich des Nachlassabkommens, der sich nur auf die Staatsangehörigen des einen Vertragsstaates in dem anderen Staat bezieht.[127] 86

b) Nachlassspaltung

Im Anwendungsbereich des Deutsch-türkischen Nachlassabkommens gilt Folgendes: Nach § 14 Abs. 1 des Nachlassabkommens bestimmen sich die erbrechtlichen Verhältnisse in Ansehung des **beweglichen** Nachlasses nach den Gesetzen des Landes, dem der Erblasser zur Zeit seines Todes angehörte, also seinem Heimatrecht. Nach § 14 Abs. 2 des Nachlassabkommens bestimmen sich die erbrechtlichen Verhältnisse in Ansehung des **unbeweglichen** Nachlasses nach den Gesetzen des Landes, in dem dieser Nachlass liegt, und zwar in der gleichen Weise, wie wenn der Erblasser zur Zeit seines Todes Angehöriger dieses Landes gewesen wäre. Damit wird der unbewegliche Nachlass dem Recht des Belegenheitsstaates unterstellt, wenn er sich in dem anderen Staat befindet als demjenigen des Heimatrechts. Dies hat zur Konsequenz, dass für die Rechtsnachfolge von Todes wegen hinsichtlich der in der Türkei belegenen Immobilien eines Deutschen türkisches Recht gilt. Dies führt zu einer Nachlassspaltung, da das in der Türkei belegene bewegliche Vermögen eines Deut- 87

---

120 So zum Deutsch-iranischen Niederlassungsabkommen BVerfG, Beschl. v. 4.12.2006 – 2 BvR 1216/06, NJW-RR 2007, 577, 578.

121 Ebenso Gierl/Köhler/Kroiß/Wilsch/*Köhler*, Teil 5 § 3 Rn 3; MüKo-BGB/*Dutta*, Art. 75 EuErbVO Rn 22.

122 Vgl. MüKo-BGB/*Dutta*, Art. 75 EuErbVO Rn 23.

123 v. Bar/Mankowski/*Mankowski*, Band II, § 5 Rn 589; MüKo-BGB/*Dutta*, Art. 75 EuErbVO Rn 23.

124 MüKo-BGB/*Dutta*, Art. 75 EuErbVO Rn 23.

125 Gierl/Köhler/Kroiß/Wilsch/*Köhler*, Teil 5 § 3 Rn 3; *Gebauer*, IPRax 2018, 345, 346; *Koehl*, ZErb 2024, 286; *Süß*, Der Vorbehalt zugunsten bilateraler Abkommen mit Drittstaaten, in: *Dutta/Herrler*, S. 181, 187 (Rn 19).

126 *Gebauer*, IPRax 2018, 345, 346; Gierl/Köhler/Kroiß/Wilsch/*Köhler*, Teil 5 § 3 Rn 3; *Süß*, Der Vorbehalt zugunsten bilateraler Abkommen mit Drittstaaten, in: *Dutta/Herrler*, S. 181, 187 (Rn 19).

127 *Koehl*, ZErb 2024, 286.

schen dem deutschen Heimatrecht des Erblassers untersteht. Die in Deutschland belegenen Immobilien eines türkischen Erblassers unterfallen dem deutschen Erbrecht. Auf das in Deutschland belegene bewegliche Vermögen eines türkischen Staatsangehörigen ist zwingend türkisches Heimatrecht anzuwenden.

88 Seit dem Inkrafttreten der EuErbVO gelangt für das nicht von dem Deutsch-türkischen Nachlassabkommen erfasste Vermögen aus deutscher Sicht die EuErbVO und daher als objektives Erbstatut das am letzten gewöhnlichen Aufenthalt des Erblassers geltende Erbrecht zur Anwendung. In der Türkei wird aber aufgrund der dort geltenden Kollisionsnormen das Heimatrecht angewendet. Daher kann es sich – je nach Konstellation – empfehlen, gem. Art. 22 Abs. 1 EuErbVO für den nicht von der EuErbVO erfassten Erbteil das auf dem Schweizer Recht beruhende **türkische Erbrecht** zu **wählen**. Denn dadurch wird eher internationaler Entscheidungseinklang erzielt als ohne Rechtswahl und somit größere Planungs- und Rechtssicherheit für den Erblasser.[128]

12.12 **Muster 12.12: Rechtswahl zugunsten des türkischen Heimatrechts**

89 Ich bin türkischer Staatsangehöriger und lebe seit vielen Jahrzehnten in Deutschland. Da meine Familie in Berlin wohnt, möchte ich in Deutschland bleiben. Ich habe keine Absicht, dauerhaft in die Türkei zurückzukehren. Ich besitze ein Wohnhaus in Antalya (Türkei) und eines in Berlin. Mein bewegliches Vermögen befindet sich ebenfalls teilweise in Deutschland und teilweise in der Türkei. Ich gehe nach anwaltlicher Beratung davon aus, dass sich die Rechtsnachfolge von Todes wegen in Bezug auf das Wohnhaus in Berlin zwingend nach deutschem Recht richtet, während für das in Deutschland belegene bewegliche Vermögen zwingend türkisches Recht gilt. Im Übrigen wähle ich für die Rechtsnachfolge von Todes wegen mein türkisches Heimatrecht.

3. Deutsch-sowjetischer Konsularvertrag

90 Vorrang vor der EuErbVO genießt gem. Art. 75 Abs. 1 EuErbVO auch der Konsularvertrag zwischen der Bundesrepublik Deutschland und der Union der Sozialistischen Sowjetrepubliken vom 25.4.1958.[129]

a) Teilweise Weitergeltung im Verhältnis zu den Nachfolgestaaten der Sowjetunion

91 Das Abkommen galt auch nach der Auflösung der Sowjetunion im Verhältnis zu den meisten Nachfolgestaaten fort. Dies war ursprünglich im Verhältnis zu Armenien,[130] Aserbaidschan,[131] Belarus,[132] Georgien,[133] Kasachstan,[134] Kirgistan,[135] der Republik Moldau,[136] der Russischen Föderation,[137] Tadschikistan,[138] der Ukraine[139] und Usbekistan[140] der Fall.

---

128 *Gebauer*, IPRax 2018, 345, 348.
129 BGBl II 1959, 233.
130 BGBl II 1993, 169.
131 BGBl II 1996, 2471.
132 BGBl II 1994, 2533.
133 BGBl II 1992, 1128.
134 BGBl II 1992, 1120.
135 BGBl II 1992, 1015.
136 BGBl II 1996, 768.
137 BGBl II 1992, 1016.
138 BGBl II 1995, 255.
139 BGBl II 1993, 1189.
140 BGBl II 1993, 2038.

Im Verhältnis zu Belarus[141] und Tadschikistan[142] hat die Bundesrepublik Deutschland den Vertrag mittlerweile gekündigt. Ferner ist er inzwischen auch im Verhältnis zu Armenien,[143] Georgien,[144] der Republik Moldau[145] und Turkmenistan[146] außer Kraft getreten.

b) Geltung des Belegenheitsrechts für unbeweglichen Nachlass

aa) Belegenheit in einem Vertragsstaat

Nach Art. 28 Abs. 3 des Deutsch-sowjetischen Konsularvertrags finden hinsichtlich der unbeweglichen Nachlassgegenstände die Rechtsvorschriften des Staates Anwendung, in dessen **Gebiet** diese Gegenstände **belegen** sind. Die Folge ist, dass sich die Rechtsnachfolge von Todes wegen hinsichtlich der in Deutschland belegenen Immobilien von Angehörigen eines Nachfolgestaates der Sowjetunion, in dem das Abkommen fortgilt, nach deutschem Recht richtet, auch wenn der Erblasser seinen gewöhnlichen Aufenthalt in einem anderen Staat als einem Nachfolgestaat der Sowjetunion oder in Deutschland hatte. 92

bb) Belegenheit in einem Drittstaat

Ist das unbewegliche Vermögen aus der Sicht des Deutsch-sowjetischen Konsularvertrags nicht in einem der Vertragsstaaten, sondern in einem Drittstaat belegen, findet das Abkommen **keine** Anwendung.[147] 93

c) Nichtanwendbarkeit auf bewegliches Vermögen

Für das bewegliche Vermögen stellt der Deutsch-sowjetische Konsularvertrag keine Regeln auf. Insoweit gilt aus deutscher Sicht die **EuErbVO,**[148] also die objektive Anknüpfung gem. Art. 21 EuErbVO bzw. das nach Art. 22 EuErbVO gewählte Heimatrecht des Erblassers. 94

d) Mehrstaater

Auf Personen, die sowohl die **deutsche** Staatsangehörigkeit als auch diejenige des entsprechenden **Nachfolgestaates** der Sowjetunion besitzen, ist das Abkommen nicht anwendbar,[149] da es Sinn und Zweck des Abkommens ist, den Staatsangehörigen des jeweils anderen Vertragsstaates in den durch das Abkommen geregelten Bereichen grundsätzlich die gleichen Rechte und Pflichten wie den eigenen Staatsangehörigen zukommen zu lassen.[150] Dieser Zweck ist bei Erblassern, die beiden beteiligten Staaten angehören, bereits erfüllt. 95

Demgegenüber ist das Abkommen anwendbar, wenn der Erblasser zwar die deutsche Staatsangehörigkeit **oder** diejenige eines Nachfolgestaates hatte, in dem der Deutsch-sowjetische 96

141 BGBl II 2020, 340.
142 BGBl II 2022, 211.
143 M.W.v. 27.12.2018, BGBl II 2019, 318.
144 M.W.v. 25.5.2022, BGBl II 2022, 467.
145 M.W.v. 1.9.2020, BGBl II 2020, 706.
146 M.W.v. 30.11.2019, BGBl II 2019, 318.
147 Gierl/Köhler/Kroiß/Wilsch/*Köhler*, Teil 5 § 4 Rn 3; MüKo-BGB/*Dutta*, Art. 75 EuErbVO Rn 40.
148 Gierl/Köhler/Kroiß/Wilsch/*Köhler*, Teil 5 § 4 Rn 6.
149 Gierl/Köhler/Kroiß/Wilsch/*Köhler*, Teil 5 § 4 Rn 3; MüKo-BGB/*Dutta*, Art. 75 EuErbVO Rn 39. Ebenso zum Deutsch-iranischen Niederlassungsabkommen BVerfG, Beschl. v. 4.12.2006 – 2 BvR 1216/06, NJW-RR 2007, 577, 578.
150 So zum Deutsch-iranischen Niederlassungsabkommen BVerfG, Beschl. v. 4.12.2006 – 2 BvR 1216/06, NJW-RR 2007, 577, 578.

Konsularvertrag fortgilt, aber zusätzlich eine **weitere**, welche nicht die effektive ist,[151] da der Zweck des Abkommens in diesem Fall durchaus noch erreicht werden kann.

B. Letztwillige Verfügungen

I. Formwirksamkeit

97 Hinsichtlich der Formwirksamkeit letztwilliger Verfügungen ist zwischen einseitigen und gemeinschaftlichen **Testamenten** einerseits sowie **Erbverträgen** andererseits zu unterscheiden.

1. Testamente

a) Anwendbare Regelungen

aa) Schriftliche Testamente

98 Die Formgültigkeit einseitiger oder gemeinschaftlicher Testamente richtet sich in Deutschland nicht nach Art. 27 EuErbVO, sondern auch seit dem Inkrafttreten der EuErbVO nach dem **Haager Übereinkommen über das auf die Form letztwilliger Verfügungen anzuwendende Recht** vom 5.10.1961 (HTestformÜ). Dieser Vorrang ergibt sich aus Art. 75 Abs. 1 UAbs. 2 EuErbVO. Nach dieser Vorschrift wenden die Mitgliedstaaten des HTestformÜ in Bezug auf die Formgültigkeit von Testamenten und gemeinschaftlichen Testamenten anstelle von Art. 27 EuErbVO weiterhin die Bestimmungen dieses Übereinkommens an. In Deutschland ist das HTestformÜ am 1.1.1966 in Kraft getreten. Dass das HTestformÜ auch auf gemeinschaftliche Testamente anwendbar ist, ergibt sich aus Art. 4 HTestformÜ.

99 Zu beachten ist, dass auch § 16 des **Deutsch-türkischen Nachlassabkommens** eine Regelung für die Form letztwilliger Verfügungen aufstellt. § 16 Abs. 1 des Abkommens regelt, dass Verfügungen von Todes wegen formgültig sind, wenn die Gesetze des Heimatstaates des Erblassers beachtet sind oder des Staates, in dem die Verfügung errichtet wurde.

100 Eine weitere alternative Anknüpfung, aus der sich die Formwirksamkeit eines Testaments ergeben kann, ist Art. 26 Abs. 1 S. 1 EGBGB, wonach eine letztwillige Verfügung auch dann formwirksam ist, wenn sie den Formanforderungen des Rechts entspricht, das auf die Rechtsnachfolge von Todes wegen anzuwenden ist oder im Zeitpunkt der Verfügung anzuwenden wäre. Die Möglichkeit dieser **zusätzlichen Anknüpfung** wird den Vertragsstaaten des HTestformÜ durch Art. 3 HTestformÜ eingeräumt (siehe Rdn 108).

bb) Mündliche Testamente

101 Unter das HTestformÜ fallen aus deutscher Sicht auch mündliche Testamente. Gem. Art. 10 HTestformÜ hat zwar jeder Vertragsstaat des HTestformÜ die Möglichkeit, sich das Recht vorzubehalten, letztwillige Verfügungen nicht anzuerkennen, die einer seiner Staatsangehörigen in mündlicher Form errichtet hat, wenn er keine andere Staatsangehörigkeit besaß, sofern nicht außergewöhnliche Umstände vorliegen. Deutschland hat allerdings **keinen** solchen **Vorbehalt** abgegeben.[152] Ferner kann ein mündliches Testament auch nach Art. 26

151 MüKo-BGB/*Dutta*, Art. 75 EuErbVO Rn 39.

152 Die Anwendbarkeit des HTestformÜ folgt für mündliche Testamente allerdings nicht aus der Vorrangregelung des Art. 75 Abs. 1 UAbs. 2 EuErbVO, weil die EuErbVO gem. Art. 1 Abs. 2 Buchst. f EuErbVO für die Formgültigkeit mündlicher Verfügungen von Todes wegen nicht gilt.

Abs. 1 S. 1 EGBGB (siehe Rdn 108) formwirksam sein, da die Vorschrift keine Beschränkung auf schriftliche Verfügungen von Todes wegen vornimmt.

b) Alternative Anknüpfungen nach Art. 1 HTestformÜ für Testamente

Art. 1 Abs. 1 HTestformÜ stellt für die Formgültigkeit von Testamenten alternativ acht verschiedene Rechtsordnungen zur Verfügung. 102

aa) Ort der letztwilligen Verfügung des Erblassers

Nach Art. 1 Abs. 1 Buchst. a HTestformÜ ist ein Testament formgültig, wenn die Form der letztwilligen Verfügung den Anforderungen des **Rechts des Ortes** entspricht, **an dem** der Erblasser **letztwillig verfügt** hat. 103

bb) Heimatrecht des Erblassers im Zeitpunkt der letztwilligen Verfügung oder seines Todes

Nach Art. 1 Abs. 1 Buchst. b HTestformÜ ist eine letztwillige Verfügung auch dann formgültig, wenn sie den Anforderungen des Rechts des Staates entspricht, dessen **Staatsangehörigkeit** der Erblasser entweder in dem Zeitpunkt, in dem er letztwillig verfügt hat, oder im Zeitpunkt seines Todes besessen hat. 104

cc) Wohnsitz des Erblassers im Zeitpunkt der Errichtung der letztwilligen Verfügung oder seines Todes

Nach Art. 1 Abs. 1 Buchst. c HTestformÜ ist eine letztwillige Verfügung ferner formgültig, wenn sie dem Recht des Staates entspricht, in dem der Erblasser im Zeitpunkt der Errichtung der letztwilligen Verfügung oder im Zeitpunkt seines Todes seinen **Wohnsitz** hatte. 105

dd) Gewöhnlicher Aufenthalt des Erblassers im Zeitpunkt der Errichtung der letztwilligen Verfügung oder seines Todes

Nach Art. 1 Abs. 1 Buchst. d HTestformÜ ist eine letztwillige Verfügung des Weiteren formgültig, wenn sie dem Recht des Staates entspricht, in dem der Erblasser im Zeitpunkt der Errichtung der letztwilligen Verfügung oder im Zeitpunkt seines Todes seinen **gewöhnlichen Aufenthalt** hatte. 106

ee) Lageort unbeweglichen Vermögens

Nach Art. 1 Abs. 1 Buchst. e HTestformÜ ist eine letztwillige Verfügung, soweit es sich um **unbewegliches Vermögen** handelt, schließlich dann formgültig, wenn sie den Anforderungen des Rechts des Ortes entspricht, an dem sich dieses **befindet**. 107

c) Formgültigkeit nach dem auf die Rechtsnachfolge von Todes wegen anwendbaren Recht (Art. 26 Abs. 1 S. 1 EGBGB)

Eine weitere Alternative, nach der eine letztwillige Verfügung wirksam sein kann, stellt Art. 26 Abs. 1 S. 1 EGBGB zur Verfügung. Nach dieser Vorschrift ist eine letztwillige Verfügung auch dann formwirksam, wenn sie den Formanforderungen des Rechts entspricht, das auf die Rechtsnachfolge von Todes wegen anzuwenden ist oder im Zeitpunkt der Verfügung anzuwenden wäre (**hypothetisches Erbstatut**). Die Möglichkeit, die Form einer letztwilligen Verfügung nach dem in der Sache anwendbaren Erbrecht anzuknüpfen, wird durch Art. 3 HTestformÜ eingeräumt. Nach dieser Vorschrift berührt das HTestformÜ bestehende oder künftige Vorschriften der Vertragsstaaten des Übereinkommens 108 nicht, nach denen letztwillige Verfügungen anerkannt werden, die der Form nach entsprechend einer nach Art. 1 HTestformÜ nicht vorgesehenen Rechtsordnung errichtet worden sind.

d) Sachnormverweisungen

109 Sowohl bei den alternativen Anknüpfungen nach Art. 1 HTestformÜ als auch bei Art. 26 Abs. 1 S. 1 EGBGB handelt es sich ausschließlich um Sachnormverweisungen. Daher wird auf das **innerstaatliche Recht der jeweils anwendbaren Rechtsordnung** verwiesen, bei der Verweisung auf das tatsächliche oder hypothetische Erbstatut in Art. 26 Abs. 1 S. 1 EGBGB ggf. unter Beachtung der Rück- oder Weiterverweisung nach Art. 34 Abs. 1 EuErbVO für das in der Hauptsache maßgebende Recht, da es sich insoweit bei Art. 26 Abs. 1 S. 1 EGBGB um eine akzessorische Anknüpfung handelt.

e) Geltungsbereich des Formstatuts

110 Art. 5 S. 1 HTestformÜ regelt, dass Vorschriften, welche die für letztwillige Verfügungen zugelassenen Formen mit Beziehung auf das **Alter**, die **Staatsangehörigkeit** oder andere **persönliche Eigenschaften** beschränken, als Fragen der Form zu qualifizieren sind, auf die somit das HTestformÜ anzuwenden ist. Gleiches gilt nach Art. 5 S. 2 HTestformÜ für Eigenschaften, welche die für die Gültigkeit einer letztwilligen Verfügung erforderlichen **Zeugen** besitzen müssen. Aus dem Testamentsformstatut ergeben sich auch die Rechtsfolgen von Formverstößen.

f) Formstatut für Änderung und Widerruf eines Testaments

111 Gem. Art. 2 Abs. 1 HTestformÜ gilt das nach Art. 1 HTestformÜ zu ermittelnde Formstatut auch für die Formwirksamkeit des **Widerrufs** eines Testaments durch eine rechtsgeschäftliche Erklärung. Gleiches muss auch für die **Änderung** eines Testaments gelten.[153] Der Widerruf oder die Änderung nach einer der in Art. 1 HTestformÜ bezeichneten Rechtsordnungen reicht aus. Nach Art. 2 Abs. 2 HTestformÜ ist ein Widerruf auch dann formwirksam, wenn er einer Rechtsordnung entspricht, nach der die widerrufene Verfügung gem. Art. 1 HTestformÜ formwirksam war. Relevant ist dies, wenn sich die zugrunde liegenden Anknüpfungstatsachen, wie z.B. der Wohnsitz oder der gewöhnliche Aufenthalt des Erblassers, seit der Errichtung des Testaments geändert haben.

112 Erfolgt der Widerruf des Testaments durch eine andere Handlung, wie z.B. die **Vernichtung** der Testamentsurkunde oder die **Rücknahme aus der Verwahrung**, ist das Recht anwendbar, das zum Zeitpunkt des Widerrufs auf die Rechtsnachfolge von Todes wegen anzuwenden wäre.[154]

2. Erbverträge

113 Da die EuErbVO nach Art. 1 Abs. 2 Buchst. f EuErbVO für die Formgültigkeit mündlicher Verfügungen von Todes wegen nicht gilt, ist zwischen **schriftlichen** und **mündlichen** Erbverträgen zu unterscheiden.

153 Gierl/Köhler/Kroiß/Wilsch/*Köhler*, Teil 1 § 4 Rn 94; Hausmann/Odersky/*Odersky*, § 15 Rn 189 ff.
154 So Staudinger/*Dörner*, Vorb. Art. 25 f. EGBGB Rn 67.

a) Schriftliche Erbverträge

Für die Formgültigkeit schriftlicher Erbverträge gilt Art. 27 EuErbVO. Denn Erbverträge werden – im Gegensatz zu einseitigen und gemeinschaftlichen Testamenten – vom HTestformÜ nicht erfasst.[155] Allerdings beruhen die Regeln des Art. 27 EuErbVO auf denjenigen des HTestformÜ,[156] sodass auch für die Formgültigkeit von schriftlichen Erbverträgen **mehrere alternative Anknüpfungen** in Betracht kommen. Anwendbar ist Art. 27 EuErbVO hinsichtlich der Formwirksamkeit gem. Art. 83 Abs. 3 EuErbVO auch dann, wenn der Erbvertrag bereits vor dem 17.8.2015 geschlossen wurde. Art. 26 Abs. 1 S. 1 EGBGB, wonach eine letztwillige Verfügung auch dann formgültig ist, wenn sie den Formerfordernissen des Rechts entspricht, das auf die Rechtsnachfolge von Todes wegen anzuwenden ist oder im Zeitpunkt der Verfügung anzuwenden wäre (**hypothetisches Erbstatut**), gilt demgegenüber für Erbverträge **nicht**, da die EuErbVO – anders als Art. 3 HTestformÜ – keine Öffnungsklausel vorsieht.[157] 114

aa) Abschlussort des Erbvertrags

Nach Art. 27 Abs. 1 Buchst. a EuErbVO ist ein Erbvertrag hinsichtlich seiner Form wirksam, wenn er dem Recht des Staates entspricht, in dem er **abgeschlossen** wurde. 115

bb) Heimatrecht des Erblassers oder einer durch den Erbvertrag in der Rechtsnachfolge von Todes wegen betroffenen Person

Nach Art. 27 Abs. 1 Buchst. b EuErbVO ist ein Erbvertrag hinsichtlich seiner Form auch wirksam, wenn er dem Recht des Staates entspricht, dem der Erblasser oder mindestens eine der Personen, deren Rechtsnachfolge von Todes wegen durch den Erbvertrag betroffen ist, entweder im Zeitpunkt des Abschlusses des Erbvertrags oder im Zeitpunkt des Todes **angehörte**. 116

cc) Wohnsitz des Erblassers oder einer durch den Erbvertrag in der Rechtsnachfolge von Todes wegen betroffenen Person

Nach Art. 27 Abs. 1 Buchst. c EuErbVO ist ein Erbvertrag hinsichtlich seiner Form ferner wirksam, wenn er dem Recht des Staates entspricht, in welchem der Erblasser oder mindestens eine der Personen, deren Rechtsnachfolge von Todes wegen durch den Erbvertrag betroffen ist, entweder im Zeitpunkt des Abschlusses des Erbvertrags oder im Zeitpunkt des Todes seinen bzw. ihren **Wohnsitz** hatte. 117

dd) Gewöhnlicher Aufenthalt des Erblassers oder einer durch den Erbvertrag in der Rechtsnachfolge von Todes wegen betroffenen Person

Nach Art. 27 Abs. 1 Buchst. d EuErbVO ist ein Erbvertrag hinsichtlich seiner Form des Weiteren wirksam, wenn er dem Recht des Staates entspricht, in welchem der Erblasser oder mindestens eine der Personen, deren Rechtsnachfolge von Todes wegen durch den Erbvertrag betroffen ist, entweder im Zeitpunkt des Abschlusses des Erbvertrags oder im Zeitpunkt des Todes seinen bzw. ihren **gewöhnlichen Aufenthalt** hatte. 118

155 Reimann/Bengel/Dietz/Sammet/*Sieghörtner*, Kap. 2 Rn 14; Dutta/Weber/*Süß*, Art. 27 EuErbVO Rn 10; NK-NachfolgeR/*Köhler*, Art. 27 EuErbVO Rn 1.

156 Dutta/Weber/*Süß*, Art. 27 EuErbVO Rn 11; NK-NachfolgeR/*Köhler*, Art. 27 EuErbVO Rn 2.

157 Reimann/Bengel/Dietz/Sammet/*Sieghörtner*, Kap. 2 Rn 13.

ee) Lageort unbeweglichen Vermögens

119 Nach Art. 27 Abs. 1 Buchst. e EuErbVO ist ein Erbvertrag hinsichtlich seiner Form wirksam, wenn er dem Recht des Staates entspricht, in dem sich **unbewegliches Vermögen befindet**, soweit es sich um dieses handelt.

b) Mündliche Erbverträge

120 Mündliche Erbverträge fallen weder unter die EuErbVO noch unter das HTestformÜ.[158] Die **EuErbVO** findet keine Anwendung, weil die Formgültigkeit mündlicher Verfügungen von Todes wegen nach Art. 1 Abs. 2 Buchst. f EuErbVO vom Anwendungsbereich der EuErbVO ausgenommen ist. Auch Art. 27 EuErbVO stellt in seinem Wortlaut klar, dass er sich nur auf die Formgültigkeit schriftlicher Verfügungen von Todes wegen bezieht. Das **HTestformÜ** findet keine Anwendung, weil es nur für einseitige und gemeinschaftliche Testamente gilt, jedoch nicht für Erbverträge.[159]

121 Art. 26 Abs. 2 EGBGB regelt allerdings, dass für die Form anderer Verfügungen von Todes wegen – also andere als einseitige und gemeinschaftliche Testamente – Art. 27 EuErbVO maßgeblich ist. Die Regeln dieser Vorschrift sind somit auf mündliche Erbverträge qua **Verweisung** in Art. 26 Abs. 2 EGBGB als lex fori entsprechend anzuwenden.

c) Sachnormverweisungen

122 Bei sämtlichen Verweisungen in Art. 27 EuErbVO handelt es sich gem. Art. 34 Abs. 2 EuErbVO um **Sachnormverweisungen**, Rück- und Weiterverweisungen bleiben somit außer Betracht. Gleiches gilt für die in Art. 26 Abs. 2 EGBGB i.V.m. Art. 27 EuErbVO angeordneten Verweisungen in Bezug auf die Form mündlicher Erbverträge.

d) Geltungsbereich des Formstatuts

123 Art. 27 Abs. 3 S. 1 EuErbVO regelt, dass Vorschriften, welche die für Erbverträge zugelassenen Formen mit Beziehung auf das **Alter**, die **Staatsangehörigkeit** oder andere **persönliche Eigenschaften** beschränken, als Fragen der Form zu qualifizieren sind, auf die somit Art. 27 EuErbVO anzuwenden ist. Gleiches gilt nach Art. 27 Abs. 3 S. 2 EuErbVO für Eigenschaften, welche die für die Gültigkeit eines Erbvertrags erforderlichen **Zeugen** besitzen müssen. Aus dem Formstatut des Art. 27 EuErbVO ergeben sich auch die Rechtsfolgen von Formverstößen.

e) Formstatut für Änderung und Widerruf eines Erbvertrags

124 Gem. Art. 27 Abs. 2 EuErbVO gilt das nach Art. 27 Abs. 1 EuErbVO zu ermittelnde Formstatut auch für die Formwirksamkeit der **Änderung** oder des **Widerrufs** eines Erbvertrags. Der Widerruf oder die Änderung nach einer der in Art. 27 Abs. 1 EuErbVO bezeichneten Rechtsordnungen reicht aus. Nach Art. 27 Abs. 2 S. 2 EuErbVO ist eine Änderung oder ein Widerruf auch dann formwirksam, wenn er einer Rechtsordnung entspricht, nach der die geänderte oder widerrufene Verfügung gem. Art. 27 Abs. 1 EuErbVO formwirksam war. Relevant ist dies, wenn sich die zugrunde liegenden Anknüpfungstatsachen, wie z.B. der Wohnsitz oder der gewöhnliche Aufenthalt, seit der Errichtung des Erbvertrags geändert haben.

---

158 jurisPK-BGB/*Sonnentag*, Art. 20 EuErbVO Rn 5.
159 jurisPK-BGB/*Sonnentag*, Art. 20 EuErbVO Rn 5.

II. Materielle Wirksamkeit

1. Testamente

a) Objektive Anknüpfung

Die Zulässigkeit und die materielle Wirksamkeit eines Testaments – mit Ausnahme gemeinschaftlicher Testamente, die eine Bindungswirkung entfalten (siehe Rdn 138 ff.) – unterliegen nach Art. 24 Abs. 1 EuErbVO dem Recht, das nach der EuErbVO auf die Rechtsnachfolge von Todes wegen anzuwenden wäre, wenn die Person, welche die Verfügung errichtet hat, zu diesem Zeitpunkt verstorben wäre. Damit unterstehen die Zulässigkeit und die materielle Wirksamkeit eines Testaments dem **hypothetischen Erbstatut**, also dem **Errichtungsstatut**, und somit gerade nicht dem Erbstatut. Sinn und Zweck der Anknüpfung an das hypothetische Erbstatut ist, dass das zulässige und materiell wirksame Testament später nicht unzulässig oder materiell unwirksam wird.[160] Zu beachten ist, dass dies für die Wirkungen des Testaments nicht gilt. Diese unterliegen dem nach Art. 21 bzw. Art. 22 EuErbVO zu bestimmenden Erbstatut. Art. 24 Abs. 1 EuErbVO kommt somit nur ein recht begrenzter Anwendungsbereich zu. 125

Erwägungsgrund 51 EuErbVO deutet darauf hin, dass die **Ausweichklausel** des Art. 21 Abs. 2 EuErbVO für die Bestimmung des hypothetischen Erbstatuts keine Rolle spielt. Die herrschende Meinung in Deutschland betrachtet dies allerdings als ein Redaktionsversehen und vertritt die Ansicht, dass sich die Verweisung in Art. 24 Abs. 1 EuErbVO nicht nur auf die Anknüpfung an den gewöhnlichen Aufenthalt in Art. 21 Abs. 1 EuErbVO bezieht, sondern auch auf die Anknüpfung an das Recht, mit dem nach Art. 21 Abs. 2 EuErbVO zum Zeitpunkt des Todes eine offensichtlich engere Verbindung bestand.[161] 126

b) Rechtswahl

Nach Art. 24 Abs. 2 EuErbVO kann eine Person – ungeachtet der objektiven Anknüpfung nach Art. 24 Abs. 1 EuErbVO – für die Zulässigkeit und die materielle Wirksamkeit ihrer Verfügung von Todes wegen das Recht wählen, das sie nach Art. 22 EuErbVO unter den in dieser Vorschrift genannten Bedingungen hätte wählen können. Art. 24 Abs. 2 EuErbVO erlaubt insoweit eine **Teilrechtswahl.**[162] 127

Eine solche Teilrechtswahl kann allerdings auch zu **Qualifikations- oder Anpassungsproblemen** führen, sodass von ihrem Gebrauch **abzuraten** ist, sofern durch diese nicht eine bestimmte Gestaltungsmöglichkeit verwirklicht wird, die ansonsten nicht bestünde.[163] So kann z.B. ein 16-Jähriger an einer unheilbaren Krankheit leidender deutscher Erblasser mit gewöhnlichem Aufenthalt in England für die Zulässigkeit und die materielle Wirksamkeit eines notariellen Testaments deutsches Recht wählen, weil zwar das deutsche (vgl. §§ 2229, 2231, 2247 Abs. 4 BGB), aber nicht das englische Recht ein solches Testament Minderjähriger gestattet.[164] Für die Rechtsnachfolge von Todes wegen selbst kann er es allerdings bei englischem Recht als dem Recht seines gewöhnlichen Aufenthalts belassen, um von Gestaltungsmöglichkeiten Gebrauch zu machen, die dem deutschen Recht unbekannt sind. 128

---

160 Vgl. Dutta/Weber/*Bauer/Weber*, Art. 24 EuErbVO Rn 11.

161 *Junker*, § 20 Rn 43; MüKo-BGB/*Dutta*, Art. 24 EuErbVO Rn 7; *Nordmeier*, ZErb 2013, 112, 113 f.

162 *Junker*, § 20 Rn 44; MüKo-BGB/*Dutta*, Art. 22 EuErbVO Rn 9.

163 *Bonomi/Özturk*, Das Statut der Verfügung von Todes wegen (Art. 24 ff. EuErbVO), in: *Dutta/Herrler*, S. 47, 54 (Rn 32).

164 Beispiel nach *Bonomi/Özturk*, Das Statut der Verfügung von Todes wegen (Art. 24 ff. EuErbVO), in: *Dutta/Herrler*, S. 47, 54 (Rn 33 f.).

2. Erbverträge

Literaturhinweise

Nordmeier, Erbverträge in der neuen EU-Erbrechtsverordnung: zur Ermittlung des hypothetischen Erbstatuts nach Art. 25 ErbRVO, ZErb 2013, 112; *Nordmeier*, Erbverträge und nachlassbezogene Rechtsgeschäfte in der EuErbVO – eine Begriffserklärung, ZEV 2013, 117.

129 Erbverträge bereiten im Internationalen Privatrecht besondere Schwierigkeiten, weil sie in vielen Rechtsordnungen unbekannt sind.[165] Daher besteht insbesondere bei einem eventuellen späteren **Umzug** der Beteiligten in einen **Drittstaat** die Möglichkeit, dass die erbvertraglichen Regelungen dort nicht als wirksam angesehen werden.[166]

a) Objektive Anknüpfung

aa) Nachlass einer einzigen Person

130 Betrifft der Erbvertrag den Nachlass einer einzigen Person, unterliegen die Zulässigkeit, die materielle Wirksamkeit und die Bindungswirkungen eines Erbvertrags einschließlich der Voraussetzungen für seine Auflösung nach Art. 25 Abs. 1 EuErbVO dem Recht, das nach der EuErbVO auf die Rechtsnachfolge von Todes wegen anzuwenden wäre, wenn diese Person zu dem Zeitpunkt verstorben wäre, in dem der Erbvertrag geschlossen wurde, also dem **Errichtungsstatut** bzw. **hypothetischen Erbstatut**. Maßgebend ist somit das Recht am gewöhnlichen Aufenthalt des Erblassers zum Zeitpunkt des Abschlusses des Erbvertrags, ausnahmsweise dasjenige, mit dem zu diesem Zeitpunkt eine offensichtlich engere Verbindung bestand bzw. – im Falle einer bis zum Zeitpunkt der Errichtung des Erbvertrags vorgenommenen Rechtswahl – das für die Rechtnachfolge von Todes wegen gewählte Recht gem. Art. 22 EuErbVO.

bb) Nachlass mehrerer Personen

(1) Zulässigkeit

131 Betrifft der Erbvertrag den Nachlass mehrerer Personen, ist dieser nach Art. 25 Abs. 2 UAbs. 1 EuErbVO nur zulässig, wenn er nach jedem der Rechte zulässig ist, die nach der EuErbVO auf die Rechtsnachfolge der einzelnen beteiligten Personen anzuwenden wären, wenn sie zu dem Zeitpunkt verstorben wären, in dem der Erbvertrag geschlossen wurde. Die Zulässigkeit eines solchen Erbvertrags richtet sich somit **kumulativ nach den Errichtungsstatuten der** durch den Erbvertrag **verfügenden Personen.**[167]

(2) Materielle Wirksamkeit und Bindungswirkung

132 Die materielle Wirksamkeit und die Bindungswirkung eines Erbvertrags, der nach Art. 25 Abs. 2 UAbs. 1 EuErbVO zulässig ist, unterliegen einschließlich der Voraussetzungen für seine Auflösung nach Art. 25 Abs. 2 UAbs. 2 EuErbVO demjenigen unter den in Art. 25 Abs. 2 UAbs. 1 EuErbVO genannten Rechten, zu dem er die engste Verbindung hat. Durch diese **Anknüpfung an die engste Verbindung** soll die materielle Wirksamkeit von Erbver-

165 Vgl. hierzu den kurzen rechtsvergleichenden Überblick bei Reimann/Bengel/Dietz/Sammet/*Sieghörtner*, Kap. 2 Rn 49.

166 Vgl. jurisPK-BGB/*Nordmeier*, Art. 25 EuErbVO Rn 1.

167 Hausmann/Odersky/*Odersky*, § 15 Rn 257; Gierl/Köhler/Kroiß/Wilsch/*Köhler*, Teil 1 § 4 Rn 77; Dutta/Weber/*Bauer*/*Weber*, Art. 25 EuErbVO Rn 28.

trägen gefördert werden.[168] Ferner werden Widersprüche vermieden, die im Falle einer kumulativen Anknüpfung der Bindungswirkungen auftreten könnten.[169]

b) Rechtswahl

Nach Art. 25 Abs. 3 EuErbVO haben die Parteien eines Erbvertrags die Möglichkeit, unge- 133
achtet von Art. 25 Abs. 1 und 2 EuErbVO für die Zulässigkeit, die materielle Wirksamkeit und die Bindungswirkungen ihres Erbvertrags – einschließlich der Voraussetzungen für seine Auflösung – das Recht zu wählen, welches die Person oder eine der Personen, deren Nachlass betroffen ist, nach Art. 22 EuErbVO unter den in dieser Vorschrift genannten Bedingungen hätte wählen können. In einem solchen Fall liegt eine **Teilrechtswahl** bzw. eine sog. **„kleine Rechtswahl"** vor. Art. 25 Abs. 3 EuErbVO ermöglicht somit eine isolierte Rechtswahl in Bezug auf die Zulässigkeit, die materielle Wirksamkeit und die Bindungswirkungen eines Erbvertrags.[170]

Eine solche Teilrechtswahl kann allerdings auch zu Qualifikations- oder Anpassungsproble- 134
men führen, sodass von ihrem Gebrauch abzuraten ist, sofern durch diese nicht eine bestimmte Gestaltungsmöglichkeit verwirklicht wird, die ansonsten nicht bestünde.[171] In Betracht kommt sie insbesondere dann, wenn ein Erbvertrag z.B. bei einem gemischt-nationalen Ehepaar nur nach einem der Heimatrechte, nicht aber nach dem gewöhnlichen Aufenthaltsrecht der Ehegatten möglich ist. Bei unterschiedlichen Heimatrechten der Ehegatten wäre eine sog. **große Rechtswahl**, die sich auch auf die Rechtsnachfolge von Todes wegen als solche nach Art. 22 EuErbVO bezieht, nicht bzw. nur für einen der Ehegatten möglich. So kann z.B. ein deutsch-französisches Ehepaar mit gewöhnlichem Aufenthalt in Paris (Frankreich) für die Zulässigkeit und die materielle Wirksamkeit des Erbvertrags deutsches Recht wählen, damit der Erbvertrag überhaupt zulässig und materiellrechtlich wirksam ist, da er nach französischem Recht verboten ist.[172] Für die Rechtsnachfolge von Todes wegen selbst könnte dies nur der deutsche Ehegatte, nicht jedoch der französische.

Muster 12.13: Teilrechtswahl für die Zulässigkeit, die materielle Wirksamkeit und die Bindungswirkungen des Erbvertrags 12.13

Die Beteiligte zu 1 ist deutsche Staatsangehörige, der Beteiligte zu 2 besitzt die französische Staatsangehö- 135
rigkeit. Beide Beteiligten haben ihren gewöhnlichen Aufenthalt in Rom (Italien).

Die Erschienenen erklären:

Für die Zulässigkeit, die materielle Wirksamkeit und die Bindungswirkungen dieses Erbvertrags wählen wir deutsches Recht.

3. Gemeinschaftliche Testamente

Literaturhinweis

Hilbig-Lugani, Das gemeinschaftliche Testament im deutsch-französischen Rechtsverkehr – Ein Stiefkind der Erbrechtsverordnung, IPRax 2014, 480.

---

168 *Junker*, § 20 Rn 51.

169 *Junker*, § 20 Rn 51; NK-BGB/*Looschelders*, Art. 25 EuErbVO Rn 14.

170 *Junker*, § 20 Rn 52.

171 *Bonomi/Özturk*, Das Statut der Verfügung von Todes wegen (Art. 24 ff. EuErbVO), in: *Dutta/Herrler*, S. 47, 54 (Rn 32).

172 Vgl. zum Verbot von gemeinschaftlichen Testamenten und Erbverträgen im französischen Recht Art. 895 sowie Art. 968 französischer Code civil.

136 Gemeinschaftliche Testamente führen im Internationalen Privatrecht zu Schwierigkeiten, weil sie nur **in einigen wenigen Rechtsordnungen bekannt** sind.[173] In vielen Rechtsordnungen sind sie ausdrücklich verboten. In einigen anderen Rechtsordnungen werden sie zwar als wirksam angesehen, jedoch sind mit dem gemeinschaftlichen Testament in diesen Rechtsordnungen keine besonderen rechtlichen Wirkungen verknüpft.[174] Anders ist dies ist Deutschland, wo gemeinschaftliche Testamente in Bezug auf wechselbezügliche Verfügungen nach dem Tod des zuerst verstorbenen Ehegatten oder Lebenspartners Bindungswirkung entfalten (vgl. § 2271 Abs. 2 BGB). Insbesondere in dem Fall, in welchem die Ehegatten in einen Drittstaat umziehen, besteht die Möglichkeit, dass die testamentarischen Regelungen der Ehegatten von einem dortigen international zuständigen Gericht nicht als wirksam angesehen werden.

a) Maßgebliche Vorschriften für gemeinschaftliche Testamente

137 Ob die Zulässigkeit und die materielle Wirksamkeit von gemeinschaftlichen Testamenten unter Art. 24 EuErbVO oder unter Art. 25 EuErbVO fallen, ist in der EuErbVO nicht ausdrücklich geregelt. Die EuErbVO erwähnt das gemeinschaftliche Testament ausschließlich bei den Begriffsbestimmungen in Art. 3 Abs. 1 Buchst. c EuErbVO, nach dem es sich bei diesem um ein von zwei oder mehreren Personen in einer einzigen Urkunde errichtetes Testament handelt. Nach einer in der Literatur vertretenen Ansicht sollen die Zulässigkeit und die materielle Wirksamkeit eines gemeinschaftlichen Testaments Art. 24 EuErbVO unterstehen, weil es sich auch bei diesem um ein Testament handele.[175] Für diese Ansicht spräche somit zwar der Wortlaut des Art. 24 EuErbVO, da diese Vorschrift Verfügungen von Todes wegen „mit Ausnahme eines Erbvertrags“ erfasst. Die herrschende Meinung unterstellt die Zulässigkeit und die materielle Wirksamkeit gemeinschaftlicher Testamente demgegenüber der Vorschrift über **Erbverträge** nach Art. 25 EuErbVO.[176] Für diese überzeugendere Ansicht spricht erstens, dass unter den Begriff des Erbvertrags nach Art. 3 Abs. 1 Buchst. b EuErbVO „eine Vereinbarung, einschließlich einer Vereinbarung aufgrund gegenseitiger Testamente“, fällt.[177] Zweitens und insbesondere spricht für diese Ansicht aber, dass wechselbezügliche Verfügungen in gemeinschaftlichen Testamenten nach dem Tod des erstverstorbenen Ehegatten für den überlebenden Ehegatten bindend sind.[178] Eine Vorschrift über die Bindungswirkung ist allerdings nur in Art. 25 EuErbVO enthalten, während Art. 24 EuErbVO Regelungen für diesen Fall nicht vorsieht. Art. 24 EuErbVO passt daher für wechselbezügliche Verfügungen in gemeinschaftlichen Testamenten nicht.[179] Weder enthält die Vorschrift eine kumulative Anknüpfung noch eine Kollisionsnorm für die Bindungswirkung.[180] Etwas anderes gilt somit nur dann, wenn zwei Einzeltestamente, die keine wechselbezüglichen Verfügungen mit Bindungswirkung enthalten, in einer Urkunde zusammengefasst werden.[181]

---

173 Vgl. hierzu den kurzen rechtsvergleichenden Überblick bei Reimann/Bengel/Dietz/Sammet/*Sieghörtner*, Kap. 2 Rn 49.

174 Vgl. hierzu den kurzen rechtsvergleichenden Überblick bei Reimann/Bengel/Dietz/Sammet/*Sieghörtner*, Kap. 2 Rn 49.

175 So Süß/*Süß*, § 4 Rn 49 ff.; *Nordmeier*, ZEV 2013, 117, 120; *Hilbig-Lugani*, IPRax 2014, 480, 485 f.

176 Dutta/Weber/*Bauer/Weber*, Art. 25 EuErbVO Rn 7; Hausmann/Odersky/*Odersky*, § 15 Rn 230.

177 Hausmann/Odersky/*Odersky*, § 15 Rn 230; Kössinger/Najdecki/Zintl/*Kössinger*, § 5 Rn 15; Dutta/Weber/*Bauer/Weber*, Art. 25 EuErbVO Rn 7.

178 Vgl. Gierl/Köhler/Kroiß/Wilsch/*Köhler*, Teil 1 § 4 Rn 75.

179 *Junker*, § 20 Rn 38 f.

180 *Junker*, § 20 Rn 38.

181 *Junker*, § 20 Rn 39; *Kroll-Ludwigs*, GPR 2022, 21, 22 Fn 15.

b) Rechtliche Konsequenzen der Einordnung des gemeinschaftlichen Testaments unter die Vorschriften des Erbvertrags

Ordnet man das gemeinschaftliche Testament, das wechselbezügliche Verfügungen enthält, 138
nach Art. 25 EuErbVO unter die Bestimmungen, die für Erbverträge gelten, ein, hat dies folgende Konsequenzen:

aa) Zulässigkeit

Ein gemeinschaftliches Testament ist nach Art. 25 Abs. 2 UAbs. 1 EuErbVO nur zulässig, 139
wenn es nach jedem der Rechte zulässig ist, die nach der EuErbVO auf die Rechtsnachfolge der beiden beteiligten Personen anzuwenden wären, wenn sie zu dem Zeitpunkt verstorben wären, in dem das gemeinschaftliche Testament errichtet wurde. Die Zulässigkeit eines solchen gemeinschaftlichen Testaments bestimmt sich somit **kumulativ nach den Errichtungsstatuten der** in diesem Testament **verfügenden Personen.**

Stellt eine Rechtsordnung ein Verbot gemeinschaftlicher Testamente auf, ist umstritten, 140
welche Vorschrift in Bezug auf dieses Verbot maßgeblich ist. Nach einem Teil der Lehre soll insoweit in Bezug auf ein materielles Verbot Art. 25 EuErbVO maßgebend sein, in Bezug auf ein bloßes Formverbot aber die für die Form maßgebende Kollisionsnorm.[182] Die herrschende Meinung lehnt dies zu Recht ab, indem sie auch hinsichtlich des formellen Verbots die Kollisionsnorm des Art. 25 EuErbVO anwenden will – bzw. Art. 24 EuErbVO, sofern es sich nicht um wechselbezügliche Verfügungen handelt.[183] Für diese Ansicht spricht, dass Art. 24 und Art. 25 EuErbVO hinsichtlich der Zulässigkeit nicht danach unterscheiden, ob ein gemeinschaftliches Testament aus formellen oder aus materiellen Gründen nicht zulässig ist.[184]

bb) Materielle Wirksamkeit und Bindungswirkung

Die materielle Wirksamkeit und die Bindungswirkung eines gemeinschaftlichen Testaments, 141
das wechselbezügliche Verfügungen mit Bindungswirkung enthält und das nach Art. 25 Abs. 2 UAbs. 1 EuErbVO zulässig ist, unterliegen einschließlich der Voraussetzungen für seine Änderung, den Widerruf oder die Aufhebung[185] nach Art. 25 Abs. 2 UAbs. 2 EuErbVO demjenigen der in Art. 25 Abs. 2 UAbs. 1 EuErbVO genannten Rechte, zu dem es die engste Verbindung aufweist. Durch diese **Anknüpfung an die engste Verbindung** wird die materielle Wirksamkeit von gemeinschaftlichen Testamenten gefördert.[186] Ferner werden Widersprüche vermieden, die im Falle einer kumulativen Anknüpfung der Bindungswirkungen auftreten könnten.[187]

---

182 NK-BGB/*Looschelders*, Art. 24 EuErbVO Rn 9; *Hilberg-Lugani*, IPRax 2014, 480, 481; Grüneberg/*Thorn*, Art. 25 EuErbVO Rn 4.

183 Hausmann/Odersky/*Odersky*, § 15 Rn 197; vgl. auch Reimann/Bengel/Dietz/Sammet/*Sieghörtner*, Kap. 2 Rn 55; MüKo-BGB/*Dutta*, Art. 4 EuErbVO Rn 3; BeckOGK/*J. Schmidt*, Art. 24 EuErbVO Rn 8.

184 MüKo-BGB/*Dutta*, Art. 4 EuErbVO Rn 3; vgl. Dutta/Weber/*Bauer*/*Weber*, Art. 24 EuErbVO Rn 4; siehe auch NK-BGB/*Looschelders*, Art. 24 EuErbVO Rn 9, der im Ergebnis aber der Gegenauffassung folgt.

185 Der Wortlaut des Art. 25 Abs. 2 UAbs. 1 EuErbVO spricht von der „Auflösung" des Erbvertrags.

186 So zum Erbvertrag *Junker*, § 20 Rn 51.

187 So zum Erbvertrag *Junker*, § 20 Rn 51; NK-BGB/*Looschelders*, Art. 25 EuErbVO Rn 14.

cc) Rechtswahl

142 Nach Art. 25 Abs. 3 EuErbVO haben die Parteien die Möglichkeit, ungeachtet von Art. 25 Abs. 1 und 2 EuErbVO für die Zulässigkeit, die materielle Wirksamkeit und die Bindungswirkungen ihres gemeinschaftlichen Testaments einschließlich der Voraussetzungen für seine Änderung, den Widerruf oder die Aufhebung[188] das Recht zu wählen, welches die Person oder eine der Personen, deren Nachlass betroffen ist, nach Art. 22 EuErbVO unter den in dieser Vorschrift genannten Bedingungen hätte wählen können. Art. 25 Abs. 3 EuErbVO ermöglicht somit eine **isolierte Rechtswahl** in Bezug auf die Zulässigkeit, die materielle Wirksamkeit und die Bindungswirkungen eines gemeinschaftlichen Testaments[189] (siehe zu Qualifikations- und Anpassungsproblemen, aber auch der Möglichkeit zur Verwirklichung bestimmter Gestaltungsmöglichkeiten bei dem entsprechenden Problem des Erbvertrags Rdn 133 f.).

4. Reichweite des Errichtungsstatuts nach Art. 24 bzw. Art. 25 EuErbVO

143 Das Errichtungsstatut des Art. 24 bzw. des Art. 25 EuErbVO ist für die Zulässigkeit einer Verfügung von Todes wegen, ihre materielle Wirksamkeit und – im Falle des Art. 25 EuErbVO – auch für die Bindungswirkungen eines Erbvertrags maßgebend, unter den auch das gemeinschaftliche Testament mit wechselbezüglichen Verfügungen fällt (siehe Rdn 137). Die **Reichweite der materiellen Wirksamkeit** einer Verfügung von Todes wegen wird in Art. 26 Abs. 1 EuErbVO näher geregelt: Darunter fallen die Frage der Testierfähigkeit (Art. 26 Abs. 1 Buchst. a EuErbVO), Zuwendungs- und Empfangsverbote (Art. 26 Abs. 1 Buchst. b EuErbVO), die Zulässigkeit der Stellvertretung bei der Errichtung einer Verfügung von Todes wegen (Art. 26 Abs. 1 Buchst. c EuErbVO), Fragen der Auslegung der Verfügung (Art. 26 Abs. 1 Buchst. d EuErbVO) sowie Fragen von Willensmängeln (Art. 26 Abs. 1 Buchst. e EuErbVO). Demgegenüber unterliegen die Wirkungen einer letztwilligen Verfügung dem sich aus Art. 21 Abs. 1 oder Abs. 2 EuErbVO ergebenden oder – im Falle einer Rechtswahl – dem nach Art. 22 EuErbVO anwendbaren Recht. Dies hat allerdings zur Konsequenz, dass Verfügungen, die nach dem Errichtungsstatut zwar möglich sind, die aber nach dem auf die Rechtsnachfolge von Todes wegen anwendbaren Recht gem. Art. 21 oder Art. 22 EuErbVO maßgebenden Erbstatut keine Wirkung entfalten, im Ergebnis wirkungslos bleiben. So ist es z.B., wenn der in Deutschland lebende Erblasser eine Nacherbeneinsetzung vornimmt, anschließend allerdings nach Italien auswandert und dort verstirbt, sodass das italienische Recht gem. Art. 21 Abs. 1 EuErbVO auf die Rechtsnachfolge von Todes wegen zur Anwendung gelangt, welches eine solche Nacherbeneinsetzung aber nicht kennt,[190] sodass die Verfügung insoweit auch keine Wirkung entfalten kann.

III. Zulässigkeit sowie formelle und materielle Wirksamkeit vor dem Inkrafttreten der EuErbVO errichteter Verfügungen von Todes wegen

144 Verfügungen von Todes wegen, die **vor dem 17.8.2015** errichtet wurden, sind nach Art. 83 Abs. 3 EuErbVO zulässig, formell und materiell wirksam, wenn sie die Voraussetzungen der Art. 20–38 EuErbVO, d.h. des Kapitels III der EuErbVO, erfüllen. Gleiches gilt, wenn sie nach den zum Zeitpunkt der Errichtung der Verfügung von Todes wegen geltenden Vorschriften des Internationalen Privatrechts in dem Staat zulässig sowie materiell und

188 Der Wortlaut des Art. 25 Abs. 3 EuErbVO spricht von der „Auflösung" des Erbvertrags.
189 So zum Erbvertrag *Junker*, § 20 Rn 52.
190 *Frank/Döbereiner*, Rn 535.

formell wirksam sind, in welchem der Erblasser seinen gewöhnlichen Aufenthalt hatte, oder in einem Staat, dessen Staatsangehörigkeit der Erblasser besaß, oder in dem Mitgliedstaat, dessen Behörde mit der Erbsache befasst ist.

C. Besondere Konstellationen

I. Erbrecht aufgrund von Adoption

Zu besonderen Schwierigkeiten kann es beim Erbrecht im Zusammenhang mit einer Adoption kommen. 145

1. Verhältnis von Erb- und Adoptionsstatut

Ob das adoptierte Kind überhaupt als gesetzlicher Erbe in Betracht kommt, richtet sich nach dem **Erbstatut** (in Deutschland also nach der **EuErbVO**[191]), da sich nach diesem gem. Art. 23 Abs. 1 Buchst. b EuErbVO der Kreis der Erbberechtigten bestimmt. Ob das Adoptivkind aber eine so starke Stellung innehat, wie sie das Erbstatut für die gesetzliche Erbberechtigung voraussetzt, entscheidet sich nach dem **Adoptionsstatut**.[192] Dies führt u.U. zur Schlechterstellung eines Adoptivkinds gegenüber leiblichen Kindern des Erblassers. Denn es ist im Falle einer im Ausland nach Art. 22 Abs. 1 S. 2 EGBGB vorgenommenen Adoption nach deutschem Recht grundsätzlich nur dann zum gesetzlichen Erben berufen, wenn es sich nach dem ausländischen Adoptionsstatut um eine Volladoption handelt.[193] Sieht aber das im Fall einer Auslandsadoption nach Art. 22 Abs. 1 S. 2 EGBGB berufene ausländische Recht nur eine schwache Adoption vor, durch die das Adoptivkind leiblichen Kindern des Erblassers nicht gleichgestellt wird, ist ein gesetzliches Erbrecht des Adoptivkinds auch bei Anwendbarkeit deutschen Erbrechts nach der EuErbVO nicht gegeben.[194] Wurde die Adoption im Inland bereits anerkannt, ist nicht das nach Art. 22 Abs. 1 S. 2 EGBGB berufene, sondern das im Ausland tatsächlich auf die Adoption angewandte Recht maßgebend.[195] 146

Praxistipp 147

Im Falle einer im Ausland vorgenommenen Adoption sowie in den Fallkonstellationen, in denen das Erbrecht einer Rechtsordnung berufen ist, welches die Adoption nicht kennt bzw. das Adoptivkind nicht als gesetzlichen Erben ansieht, sollte der Erblasser daher entsprechende Maßnahmen vornehmen. Dazu gehören – je nach Fallgestaltung – die Anerkennung einer im Ausland vorgenommenen Adoption im Inland und ggf. die Umwandlung einer schwachen Adoption in eine Volladoption im Inland gem. § 3 AdWirkG.[196]

191 Gierl/Köhler/Kroiß/Wilsch/*Köhler*, Teil 1 § 4 Rn 60; NK-NachfolgeR/*Köhler*, Art. 23 EuErbVO Rn 21; Hausmann/Odersky/*Hausmann*, § 14 Rn 50; Süß/*Süß*, § 3 Rn 48.

192 Hausmann/Odersky/*Hausmann*, § 14 Rn 50; Grüneberg/*Thorn*, Art. 22 EGBGB Rn 6–8; *Kropholler*, § 51 IV 2 b; vgl. Süß/*Süß*, § 3 Rn 48.

193 Hausmann/Odersky/*Hausmann*, § 14 Rn 51.

194 Hausmann/Odersky/*Hausmann*, § 14 Rn 51.

195 Hausmann/Odersky/*Hausmann*, § 14 Rn 52.

196 Süß/*Süß*, § 3 Rn 52; vgl. Hausmann/Odersky/*Hausmann*, § 14 Rn 52.

2. Erbrechtliche Gleichstellung des Adoptivkinds

a) Anwendbarkeit deutschen Erbrechts

148 Gem. Art. 22 Abs. 3 S. 1 EGBGB steht das Adoptivkind in Ansehung der Rechtsnachfolge von Todes wegen nach dem Annehmenden, dessen Ehegatten, Lebenspartner oder Verwandten ungeachtet des nach Art. 22 Abs. 1 und 2 EGBGB anzuwendenden Rechts einem nach den deutschen Sachvorschriften angenommenen Kind gleich, wenn der Erblasser dies in der Form einer **Verfügung von Todes wegen angeordnet** hat und die **Rechtsnachfolge deutschem Recht unterliegt**. Art. 22 Abs. 3 S. 2 EGBGB regelt, dass Art. 22 Abs. 3 S. 1 EGBGB entsprechend gilt, wenn die Annahme auf einer ausländischen Entscheidung beruht. Nach Art. 22 Abs. 3 S. 3 EGBGB findet Art. 22 Abs. 3 S. 1 und 2 EGBGB allerdings keine Anwendung, wenn der Angenommene im Zeitpunkt der Annahme das 18. Lebensjahr bereits vollendet hatte. Da es sich bei Art. 22 Abs. 3 S. 1 EGBGB nicht um eine Kollisionsnorm, sondern um eine **erbrechtliche Sachnorm** handelt,[197] wird er durch die EuErbVO nicht verdrängt. Relevanz erlangt Art. 22 Abs. 3 EGBGB vor allem in den Fällen, in denen die Umwandlung einer schwachen Adoption in eine Volladoption gem. § 3 AdWirkG nicht oder nicht mehr in Betracht kommt.[198] Durch die Gleichstellung erlangt das Adoptivkind außerdem die Stellung eines Pflichtteilsberechtigten, ohne dass die Durchführung eines Verfahrens nach § 3 AdWirkG erforderlich ist.[199]

Muster 12.14: Gleichstellungserklärung des Adoptivkinds

149 Ich habe ____ durch Beschluss vom ____ in ____ als Kind angenommen.

____ soll hinsichtlich der Rechtsnachfolge von Todes wegen nach mir, meinem Ehegatten *[alternativ: meinem Lebenspartner]* und meinen Verwandten einem nach den deutschen Sachvorschriften angenommenen Kind gleichstehen.

Unabhängig von der Frage, ob der Adoptionsbeschluss vom ____ in ____ wirksam oder anerkennungsfähig ist, und unabhängig davon, ob die vorstehende Gleichstellungserklärung wirksam ist oder nicht, sollen die im Folgenden getroffenen Verfügungen von Todes wegen sowie diejenigen, die ich bereits am ____ in ____ zugunsten von ____ getroffen habe, wirksam bleiben.

b) Anwendbarkeit ausländischen Erbrechts

150 Da eine Gleichstellungserklärung nach Art. 22 Abs. 3 S. 1 EGBGB ausscheidet, wenn ausländisches Erbrecht zur Anwendung gelangt, sollte in einem solchen Fall ggf. zur Sicherheit eine testamentarische **Erbeinsetzung** des Adoptivkinds bzw. des Annehmenden erfolgen.

Muster 12.15: Gleichstellungserklärung des Adoptivkinds nach ausländischem Recht

151 Ich habe ____ durch Beschluss vom ____ in ____ als Kind angenommen.

____ soll nach meinem Tod die gleichen Rechte an meinem Nachlass haben, wie wenn er mein leiblich geborenes eheliches Kind wäre. Er soll zu gleichen Teilen zum Erben berufen sein wie meine leiblichen Kinder ____ und ____.

197 Hausmann/Odersky/*Hausmann*, § 14 Rn 54.
198 Hausmann/Odersky/*Hausmann*, § 14 Rn 54.
199 Hausmann/Odersky/*Hausmann*, § 14 Rn 55.

II. Gleichgeschlechtliche Ehen und eingetragene Lebenspartnerschaften

Literaturhinweis

Coester, Das Erbrecht registrierter Lebenspartner unter der EuErbVO, ZEV 2013, 115.

Zu besonderen Schwierigkeiten in Bezug auf das Erbrecht können auch gleichgeschlechtliche Ehen und eingetragene Lebenspartnerschaften führen. Denn die Begründung des gewöhnlichen Aufenthalts gleichgeschlechtlicher Ehegatten oder Lebenspartner in einem anderen Mitgliedstaat der EuErbVO oder in einem Drittstaat führt – ebenso wie in sämtlichen anderen Fällen (ohne Rechtswahl) – dazu, dass nach Art. 21 Abs. 1 EuErbVO das **Erbrecht des neuen gewöhnlichen Aufenthaltsstaates** anwendbar ist. Sofern das Recht dieses Staates ein gesetzliches Erbrecht des gleichgeschlechtlichen Ehegatten oder Lebenspartners nicht kennt, geht dieser im Falle der gesetzlichen Erbfolge leer aus. Wegen der Anknüpfung der Internationalen Zuständigkeit an den gemeinsamen gewöhnlichen Aufenthalt gem. Art. 4 EuErbVO besteht bei innereuropäischen Fällen auch keine Internationale Zuständigkeit der deutschen Gerichte. Der in der Literatur teilweise geäußerte Hinweis, Fälle, in denen dem gleichgeschlechtlichen Ehegatten oder eingetragenen Lebenspartner im Falle des Fehlens eines gesetzlichen Erbrechts nach dem Erbstatut der Einwand des ordre public zustehe,[200] läuft daher mangels einer Internationalen Zuständigkeit jedenfalls bei innereuropäischen Fällen häufig ins Leere. 152

Zumindest teilweise Abhilfe besteht in einem solchen Fall durch eine **testamentarische Erbeinsetzung.**[201] Ob die gleichgeschlechtliche Ehe oder die eingetragene Lebenspartnerschaft in einem solchen Fall in dem neuen gewöhnlichen Aufenthaltsstaat eingegangen werden kann oder rechtliche Wirkungen auslöst, hat dann nur noch für die Höhe der Pflichtteilsansprüche Bedeutung.[202] 153

Besitzt einer der beiden gleichgeschlechtlichen Ehegatten oder Lebenspartner die **deutsche Staatsangehörigkeit**, kommt auch die Wahl deutschen Heimatrechts in Verbindung mit der Errichtung eines gemeinschaftlichen Testaments oder eines Erbvertrags in Betracht. 154

III. Nachlassspaltung

Literaturhinweise

Huth/Zwicker, Das gesonderte kanadische Vermächtnis-Testament von Deutschen mit Vermögen in Kanada, ZVglRWiss 86 (1987), S. 338; *Odersky*, Gestaltungsempfehlungen für Erbfälle mit angloamerikanischem Bezug, ZEV 2000, 492; *Steiner*, Grundregeln der Testamentsgestaltung in Fällen der Nachlassspaltung, ZEV 2001, 477.

1. Nachlassspaltung trotz des Grundsatzes der Nachlasseinheit in der EuErbVO

a) Rechtliche Nachlassspaltung

Besondere Schwierigkeiten können in Fallkonstellationen auftreten, in denen es zu einer Nachlassspaltung kommt.[203] Aufgrund des mit der **EuErbVO** verfolgten Grundsatzes der 155

200 So z.B. Reimann/Bengel/Dietz/Sammet/*Sieghörtner*, Kap. 2 Rn 69; Grüneberg/*Thorn*, Art. 17b EGBGB Rn 10.

201 *Coester*, ZEV 2013, 115, 116; Süß/*Süß*, § 3 Rn 31.

202 Vgl. Süß/*Süß*, § 3 Rn 36.

203 MüKo-BGB/*Dutta*, vor Art. 20 EuErbVO Rn 13; Hausmann/Odersky/*Odersky*, § 15 Rn 80; Reimann/Bengel/Dietz/Sammet/*Sieghörtner*, Kap. 2 Rn 40.

Nachlasseinheit soll auf die Rechtsnachfolge von Todes wegen zwar **möglichst insgesamt nur ein einziges Erbrecht** anwendbar sein. Dadurch sind Fälle von Nachlassspaltung mittlerweile seltener als noch vor dem Inkrafttreten der EuErbVO. Ausgeschlossen sind sie aber nicht. In Betracht kommen sie in Fällen, in denen bilaterale Staatsverträge anwendbar sind, wie der Konsularvertrag zwischen dem Deutschen Reich und der Türkischen Republik, der auch heute noch zwischen Deutschland und der Türkei gilt (siehe Rdn 80 ff.), oder der Deutsch-sowjetische Konsularvertrag, der im Verhältnis zu einigen Nachfolgestaaten der Sowjetunion fortgilt (siehe Rdn 90 ff.). Nachlassspaltung kann auch dadurch eintreten, dass es nach Art. 34 Abs. 1 EuErbVO zu einer teilweisen Rück- oder Weiterverweisung kommt (siehe Rdn 30). Ein weiterer Fall, in dem Nachlassspaltung eintritt, ist derjenige des Art. 30 EuErbVO. Nach dieser Vorschrift finden besondere Regelungen im Recht eines Staates, in dem sich bestimmte unbewegliche Sachen, Unternehmen oder andere besondere Arten von Vermögenswerten befinden, welche die Rechtsnachfolge von Todes wegen in Bezug auf jene Vermögenswerte aus wirtschaftlichen, familiären oder sozialen Erwägungen beschränken oder berühren, auf die Rechtsnachfolge von Todes wegen Anwendung, soweit sie nach dem Recht dieses Staates unabhängig von dem auf die Rechtsnachfolge von Todes wegen anwendbaren Recht anzuwenden sind. Somit beinhaltet Art. 30 EuErbVO den Vorrang des Einzelstatuts vor dem Gesamtstatut, allerdings – im Gegensatz zu Art. 3a Abs. 2 EGBGB a.F. – nur in Bezug auf sachrechtliche, nicht auch auf kollisionsrechtliche Sondervorschriften des Einzelstatuts.[204] Letztere bleiben seit dem Inkrafttreten der EuErbVO außer Betracht (siehe aber zur faktischen Nachlassspaltung Rdn 156).[205] Schließlich ist Nachlassspaltung auch bei erbenlosem Nachlass nach Art. 33 EuErbVO denkbar.[206]

b) Faktische Nachlassspaltung

156 Neben den Fällen der rechtlichen Nachlassspaltung, in denen es bereits aufgrund der Anwendung der EuErbVO oder eines vorrangig anzuwendenden Staatsvertrags (siehe Rdn 74 ff.) zu einer Nachlassspaltung kommt (siehe Rdn 155), existiert aber auch die Fallgruppe der faktischen Nachlassspaltung. In diesen Fällen sieht die EuErbVO zwar nur die Anwendung eines einzigen Erbrechts auf den gesamten Nachlass vor. Aufgrund einer davon abweichenden Sonderanknüpfung in einem anderen Staat für das in diesem Staat belegene unbewegliche Vermögen[207] – und in einigen wenigen Staaten auch für das in diesem Staat belegene bewegliche Vermögen[208] – wird internationaler Entscheidungseinklang mit diesem Staat aber verfehlt, sodass es **faktisch** zur **Anwendung von zwei Rechtsordnungen auf einen Erbfall** kommt. Denn das aus Sicht der EuErbVO anwendbare Erbrecht lässt sich in diesen Fällen aufgrund des Lageortes des Vermögens in einem anderen Staat nicht durchsetzen. Eine solche faktische Nachlassspaltung kommt insbesondere – aber nicht nur – im Verhältnis zu Common-Law-Rechtsordnungen, also dem angloamerikanischen Rechtskreis, in Betracht.

---

204 Dutta/Weber/*J. P. Schmidt*, Art. 30 EuErbVO Rn 4; Grüneberg/*Thorn*, Art. 30 EuErbVO Rn 1.

205 NK-NachfolgeR/*Köhler*, Art. 30 EuErbVO Rn 5; NK-BGB/*Looschelders*, Art. 30 EuErbVO Rn 7.

206 Dutta/Weber/*J. P. Schmidt*, Art. 23 EuErbVO Rn 6; Reimann/Bengel/Dietz/Sammet/*Sieghörtner*, Kap. 2 Rn 39; MüKo-BGB/*Dutta*, vor Art. 20 EuErbVO Rn 8.

207 Vgl. hierzu den Überblick bei *Süß* in der Vorauflage, § 26 Rn 19.

208 Es handelt sich um Argentinien, Mexiko (Bundesdistrikt und Mehrzahl der Einzelstaaten) und Panama.

2. Rechtliche Unabhängigkeit der einzelnen Nachlassteile und damit verbundene Schwierigkeiten

Kommt es zur Nachlassspaltung, sind die einzelnen Nachlassteile rechtlich **unabhängig voneinander** zu beurteilen.[209] Dadurch kann es in Bezug auf die einzelnen Nachlassteile zu unterschiedlichen Erb- oder Pflichtteilsquoten hinsichtlich derselben Personen kommen.[210] Denkbar ist auch, dass in Bezug auf einen der Nachlassteile Pflichtteilsansprüche bestehen, hinsichtlich des anderen nicht.[211] Des Weiteren können nach den einzelnen Nachlassteilen jeweils unterschiedliche Personen erbberechtigt sein.[212] In manchen Konstellationen kann es auch vorkommen, dass eine letztwillige Verfügung nach der einen Rechtsordnung Wirksamkeit entfaltet, nach der anderen aber unwirksam ist.[213] Dies kommt z.B. in Betracht, weil eine der beiden Rechtsordnungen ein einseitiges oder ein gemeinschaftliches Testament oder einen Erbvertrag nicht als form- oder materiellrechtlich wirksam ansieht, sodass bezüglich eines Nachlassteils die gewillkürte und bezüglich des anderen Nachlassteils die gesetzliche Erbfolge zum Einsatz gelangt. Das von dem Erblasser beabsichtigte Wertverhältnis bzw. die von ihm beabsichtigten Ausgleichsmechanismen können dann gestört sein. Ein weiteres Problem kann dadurch eintreten, dass die Nichtigkeit bzw. Teilnichtigkeit einer letztwilligen Verfügung nach der einen Rechtsordnung auch die Nichtigkeit nach der anderen Rechtsordnung zur Folge hat, sodass dann ggf. insgesamt die gesetzliche Erbfolge zum Zuge kommt.[214] 157

Ist einer der Pflichtteilsberechtigten nach einem Teilnachlass von der Erbfolge ausgeschlossen, kann er **Pflichtteilsrechte** geltend machen.[215] Problematisch kann dies aber deshalb sein, weil der Pflichtteilsberechtigte ggf. wegen dieses Ausschlusses nach einem Teilnachlass bereits in Bezug auf den anderen Nachlassteil ausreichend berücksichtigt wurde.[216] Es kann dann – je nach Konstellation – sein, dass diese Kompensation bei der Berechnung der Pflichtteilsansprüche in Bezug auf den anderen Nachlassteil, hinsichtlich dessen er von der Erbfolge ausgeschlossen ist, nicht ausreichend berücksichtigt werden kann, obwohl er insgesamt summenmäßig durch den anderen Nachlassteil bereits mehr erhalten hat, als ihm als „Gesamtpflichtteil" in Bezug auf den gesamten Nachlass zustünde.[217] 158

Ein weiteres Problem kann dadurch entstehen, dass die **Nachlassverbindlichkeiten** – anders als das Aktivvermögen, das jeweils einem der Nachlassteile zugeordnet werden kann – nicht nur einem der beiden Nachlassteile zugeordnet werden.[218] Zumindest im Grundsatz haften sämtliche Nachlassteile für die gesamten Nachlassverbindlichkeiten.[219] Im Falle der Nachlassspaltung kommt es allerdings häufig vor, dass lediglich die Erben im letzten gewöhnlichen Aufenthaltsstaat des Erblassers in Anspruch genommen werden. Werden die Erben 159

---

209 Hausmann/Odersky/*Odersky*, § 15 Rn 80; Reimann/Bengel/Dietz/Sammet/*Sieghörtner*, Kap. 2 Rn 40; MüKo-BGB/*Dutta*, vor Art. 20 EuErbVO Rn 13.

210 MüKo-BGB/*Dutta*, vor Art. 20 EuErbVO Rn 20; Schlitt/Müller-Engels/*Lehmann*, § 14 Rn 43; vgl. Hausmann/Odersky/*Odersky*, § 15 Rn 80.

211 Hausmann/Odersky/*Odersky*, § 15 Rn 80; Schlitt/Müller-Engels/*Lehmann*, § 14 Rn 43; vgl. Reimann/Bengel/Dietz/Sammet/*Sieghörtner*, Kap. 2 Rn 40.

212 MüKo-BGB/*Dutta*, vor Art. 20 EuErbVO Rn 15; Hausmann/Odersky/*Odersky*, § 15 Rn 80.

213 Reimann/Bengel/Dietz/Sammet/*Sieghörtner*, Kap. 2 Rn 40; MüKo-BGB/*Dutta*, vor Art. 20 EuErbVO Rn 18; Süß/*Süß*, § 4 Rn 6; vgl. Hausmann/Odersky/*Odersky*, § 15 Rn 80.

214 Reimann/Bengel/Dietz/Sammet/*Sieghörtner*, Kap. 2 Rn 40; vgl. Staudinger/*Dörner*, Art. 25 EGBGB Rn 782.

215 Siehe Dutta/Weber/*J. P. Schmidt*, Art. 23 EuErbVO Rn 105 ff.

216 Vgl. Hausmann/Odersky/*Odersky*, § 15 Rn 80; Staudinger/*Dörner*, Art. 25 EGBGB Rn 779.

217 Siehe das Beispiel bei Schlitt/Müller-Engels/*Lehmann*, § 14 Rn 47.

218 *Steiner*, ZEV 2001, 477, 478; Hausmann/Odersky/*Odersky*, § 15 Rn 80.

219 Schlitt/Müller-Engels/*Lehmann*, § 14 Rn 58; Hausmann/Odersky/*Odersky*, § 15 Rn 80.

des anderen Teilnachlasses für die Nachlassverbindlichkeiten nicht in Anspruch genommen, kann dies zu erheblichen Wertverschiebungen führen.[220]

160 Wertverschiebungen von bedeutendem Ausmaß können auch dadurch eintreten, dass **lebzeitige Zuwendungen** aufgrund der Nachlassspaltung in Bezug auf mehrere Nachlassteile entweder gar nicht oder mehrfach vollständig angerechnet werden.[221]

3. Lösungsansätze

161 Die Fallkonstellationen, in denen es zu einer Nachlassspaltung kommen kann, sind aufgrund der unterschiedlichen Ausgestaltungen der einzelnen nationalen Erbrechtsordnungen äußerst vielfältig. Daher kommt eine schematische, allgemeingültige Lösung in diesen Fällen nicht in Betracht. Vielmehr ist in solchen Fällen eine auf den **Einzelfall** bezogene ausführliche und grundlegende anwaltliche oder notarielle Beratung erforderlich, welche die Auslandskomponente möglichst umfassend berücksichtigt. Zu beachten ist, dass durch die Nachlassspaltung auch zusätzliche Gestaltungsmöglichkeiten entstehen können, die z.B. zu Veränderungen der Pflichtteilsansprüche führen können.

a) Einheitliches oder gespaltenes Testament

162 Tritt Nachlassspaltung ein bzw. ist eine solche abzusehen, stellt sich die Frage, ob der Erblasser ein **einheitliches** Testament anfertigen sollte oder **verschiedene** Testamente. Die Ansichten dazu in der Literatur sind geteilt. Teilweise werden verschiedene Testamente empfohlen.[222] Aber selbst in dem Fall, in dem unterschiedliche Testamente für die einzelnen Nachlassteile angefertigt werden, ist dieses Mittel nicht dazu geeignet, sämtliche Probleme, die im Rahmen einer Nachlassspaltung auftreten können, zu lösen. In aller Regel muss das im Ausland für den dort belegenen Nachlass errichtete Testament auch dann in Deutschland eröffnet werden, wenn der Erblasser die Erstreckung des Sondertestaments auf den in Deutschland belegenen Nachlass ausdrücklich ausgeschlossen hatte und die Testamentseröffnung in Deutschland auch nicht seinem Willen entsprach. Die Aufspaltung in zwei unterschiedliche Testamente kann allerdings auch zu erheblichen Schwierigkeiten führen, wenn die beiden Verfügungen nicht exakt aufeinander abgestimmt sind, weil dann Widersprüche und Auslegungsprobleme entstehen und Streit unter den Erben damit vorprogrammiert ist.[223] Insbesondere nachträgliche Änderungen der Vermögensverhältnisse oder lebzeitige Verfügungen des Erblassers können durch ein einheitliches Testament besser erfasst werden als durch zwei separate Verfügungen von Todes wegen. Problematisch ist ferner, ob ein in einem Common-Law-Staat, wie z.B. in den USA, errichtetes Testament auch das sich dort befindende bewegliche Vermögen erfassen darf oder nicht.[224]

b) Verteilung der Nachlassverbindlichkeiten

163 Die Frage, welcher Nachlassteil im Ergebnis mit den Nachlassverbindlichkeiten belastet sein soll, sollte in der letztwilligen Verfügung möglichst geregelt werden.[225] Stehen Nach-

---

220 Schlitt/Müller-Engels/*Lehmann*, § 14 Rn 73; vgl. auch Staudinger/*Dörner*, Art. 25 EGBGB Rn 797.

221 Vgl. Staudinger/*Dörner*, Art. 25 EGBGB Rn 784 ff.

222 Im Verhältnis zu Kanada etwa *Huth/Zwicker*, ZVglRWiss 86 (1987), S. 338; ebenso BeckFormB ErbR/*Schwab*, K.XV.

223 Vgl. Hausmann/Odersky/*Odersky*, § 15 Rn 80; siehe auch *Odersky*, ZEV 2000, 492, 494.

224 Davon ausgehend *Odersky*, ZEV 2000, 492, 494; *Huth/Zwicker*, ZVglRWiss 86 (1987), S. 338, 344.

225 Reimann/Bengel/Dietz/Sammet/*Sieghörtner*, Kap. 2 Rn 40; Schlitt/Müller-Engels/*Lehmann*, § 14 Rn 73; *Odersky*, ZEV 2000, 492, 494; *Steiner*, ZEV 2001, 477, 479.

lassverbindlichkeiten in engem Zusammenhang mit einem der verschiedenen Nachlassteile, z.B. die Verbindlichkeiten für eine Hypothek in Bezug auf ein Grundstück, sollten diese möglichst dem entsprechenden Nachlassteil zugeordnet werden.[226] Bezüglich anderer Nachlassverbindlichkeiten empfiehlt sich eine Aufteilung auf die einzelnen Nachlassteile nach einer in der letztwilligen Verfügung festzulegenden Quote. Typischerweise (aber nicht zwingend) sollte sie in proportionalem Verhältnis zur Erbquote stehen. Zugunsten der Erben, welche die Nachlassverbindlichkeiten nach dem Willen des Erblassers im Ergebnis nicht tragen sollten, ist es empfehlenswert, einen **Freistellungsanspruch** anzuordnen.

Muster 12.16: Verteilung der Nachlassverbindlichkeiten 12.16

Die Verbindlichkeiten in Bezug auf meine Ranch in Dallas (Texas, USA) tragen die Erben der Ranch. 164

Die Verbindlichkeiten in Bezug auf mein Unternehmen in Berlin trägt der Nachfolger meines Unternehmens.

Die übrigen Erben haben wegen der vorstehend aufgeführten Verbindlichkeiten einen Anspruch auf Freistellung.

Im Übrigen haften für meine Verbindlichkeiten ______ jeweils zur Hälfte und ______ und ______ jeweils zu einem Viertel.

c) Anrechnung lebzeitiger Zuwendungen

165 Allgemeingültige Aussagen darüber, ob und in welcher Höhe eine Anrechnung lebzeitiger Zuwendungen erfolgen soll, sind nicht möglich, da die einzelnen nationalen Erbrechtsordnungen insoweit sehr unterschiedlich ausgestaltet sind. Der Erblasser sollte daher möglichst in der letztwilligen Verfügung regeln, **ob** und in welcher **Höhe** eine Anrechnung lebzeitiger Zuwendungen auf die einzelnen Nachlassteile erfolgen soll. Sofern die in der Sache anwendbaren nationalen Erbrechtsordnungen dies erlauben, hat der Erblasser z.B. die Möglichkeit, die Anrechnung lebzeitiger Zuwendungen insgesamt auszuschließen oder auf einen einzelnen Nachlassteil zu beschränken. Dabei ist zu beachten, dass der Erblasser in seiner Testierfreiheit durch Pflichtteilsansprüche insoweit stärker eingeschränkt sein kann als im Übrigen.

Muster 12.17: Anrechnung lebzeitiger Zuwendungen 12.17

Das Eigentum an meinem Grundstück in Montreal (Quebec, Kanada) habe ich bereits meinem Sohn ______ übertragen. Dies soll bei der Auseinandersetzung meiner übrigen in Kanada belegenen Grundstücke nicht berücksichtigt werden, sondern lediglich in Bezug auf den dem deutschen Recht unterstehenden Nachlass angerechnet werden. Insoweit hat ______ vor dem Notar in Berlin bereits am ______ einen Pflichtteilsverzicht erklärt. 166

Meine Tochter ______ hat von mir vor zwei Jahren einen Betrag in Höhe von ______ EUR erhalten. Dieser Betrag soll ebenfalls ausschließlich auf den dem deutschen Recht unterstehenden Nachlass angerechnet werden.

d) Verknüpfungsklauseln bei Geltendmachung von Pflichtteilen

167 Aufgrund der zwingenden Ausgestaltung des Pflichtteilsrechts kann ein Pflichtteilsberechtigter in Bezug auf den dem deutschen Erbrecht unterliegenden Erbteil auch dann Pflichtteilsrechte geltend machen, wenn er bereits hinsichtlich eines anderen Nachlassteils bedacht wurde.[227] Umstritten ist, **ob** und **in welchem Umfang** bei der Geltendmachung von Pflichtteilsrechten nach deutschem Recht zu berücksichtigen ist, was er bereits im Rahmen von

226 Siehe das Beispiel bei *Steiner*, ZEV 2001, 477, 479.
227 Schlitt/Müller-Engels/*Lehmann*, § 14 Rn 42 ff.; vgl. Hausmann/Odersky/*Odersky*, § 15 Rn 80.

anderen Nachlassteilen erhalten hat.[228] In manchen anderen Rechtsordnungen, wie z.B. in Frankreich,[229] ist die Anrechnung ausgeschlossen.

168 Dem Erblasser stehen im Hinblick auf die Geltendmachung von Pflichtteilsrechten durch einen Pflichtteilsberechtigten verschiedene Möglichkeiten zur Gestaltung zur Verfügung:[230]

169 Derjenige, der hinsichtlich eines anderen Nachlassteils zum Teil oder ganz als Erbe eingesetzt wird, kann hinsichtlich des dem deutschen Recht unterliegenden Nachlassteils einen **Pflichtteilsverzicht** erklären, ggf. aufschiebend bedingt bis zur tatsächlichen Erlangung des Erbteils nach einem anderen Recht.

170 Wer hinsichtlich des dem deutschen Recht unterstehenden Nachlassteils ganz oder teilweise als Erbe eingesetzt wird, kann auch nach deutschem Recht für den Fall der Geltendmachung von Pflichtteilsansprüchen nach ausländischem Recht auf seinen Pflichtteil verwiesen werden. Es liegt dann eine auflösend bedingte Erbeinsetzung nach deutschem Recht vor. Um eine **Verschärfung** zu erreichen, kann diese zusätzlich mit einem **aufschiebend bedingten Pflichtteilsverzicht** nach deutschem Recht kombiniert werden.

12.18 **Muster 12.18: Pflichtteilsstrafklausel**

171 Alleinerben sollen meine Kinder , und zu jeweils einem Drittel sein.

Mein in Istanbul (Türkei) belegenes mit einem Einfamilienhaus bebautes Grundstück soll nach meinem Tod ausschließlich meiner Ehefrau gehören.

Sofern eines meiner Kinder wegen dieses in der Türkei belegenen Grundstücks seinen Pflichtteil nach türkischem Recht geltend macht oder nach einer Aufforderung von meiner Frau nicht innerhalb eines Monats in Bezug auf den dem türkischen Recht unterstehenden Erbteil vor einem Notar eine Verzichtserklärung abgibt, soll seine Erbeinsetzung insgesamt rückwirkend entfallen und es nur seinen Pflichtteil erhalten. Der entsprechende Erbteil soll dann zusätzlich meiner Frau zustehen.

172 Für den Fall der Geltendmachung eines Pflichtteils nach ausländischem Recht kann der nach deutschem Recht ganz oder teilweise als Erbe Eingesetzte **aufschiebend bedingt** mit einem **Vermächtnis** in Höhe des Pflichtteils nach ausländischem Recht beschwert werden.

12.19 **Muster 12.19: Aufschiebend bedingtes Vermächtnis**

173 Alleinerben sollen meine Kinder , und zu jeweils einem Drittel sein.

Mein in Istanbul (Türkei) belegenes mit einem Einfamilienhaus bebautes Grundstück soll nach meinem Tod ausschließlich meiner Ehefrau gehören.

Sofern eines oder mehrere meiner Kinder wegen dieses in der Türkei belegenen Grundstücks ihren Pflichtteil nach türkischem Recht geltend machen oder nach einer Aufforderung von meiner Frau nicht innerhalb eines Monats in Bezug auf den dem türkischen Recht unterstehenden Erbteil vor einem Notar eine Verzichtserklärung abgeben, soll jedes Kind, das den Pflichtteil gegen meine Frau geltend macht, jeweils mit einem Vermächtnis zugunsten meiner Frau in Höhe von EUR belastet werden.

228 Siehe Staudinger/*Dörner*, Art. 25 EGBGB Rn 784 ff.; Schlitt/Müller-Engels/*Lehmann*, § 14 Rn 68.
229 *Nordmeier*, IPRax 2014, 317, 319.
230 Siehe Schlitt/Müller-Engels/*Lehmann*, § 14 Rn 67 ff.; *Steiner*, ZEV 2001, 477, 479.

e) Regelungen in Bezug auf die Teilnichtigkeit einzelner Nachlassteile

aa) Einfache salvatorische Klausel

Hat der Erblasser in Bezug auf die einzelnen Nachlassteile **einheitlich** verfügt, reicht eine einfache salvatorische Klausel aus.[231] 174

Muster 12.20: Einfache salvatorische Klausel

Sollte dieses Testament in Bezug auf einen Nachlassteil nichtig sein, soll dies die Wirksamkeit des anderen Nachlassteils/der anderen Nachlassteile nicht berühren. 175

bb) Differenzierte salvatorische Klausel

Hat der Erblasser demgegenüber hinsichtlich der einzelnen Nachlassteile **unterschiedliche** Verfügungen getroffen, ergibt eine einfache salvatorische Klausel keinen Sinn. Denn diese begünstigte im Falle der Teilnichtigkeit die anderen, durch das wirksame Testament bereits bedachten Personen u.U. (zusätzlich) einseitig. 176

Muster 12.21: Differenzierte salvatorische Klausel

Sollte dieses Testament in Bezug auf einen Nachlassteil nichtig sein, soll dies die Wirksamkeit des anderen Nachlassteils/der anderen Nachlassteile nicht berühren. Die hinsichtlich des anderen Nachlassteils/der anderen Nachlassteile bedachten Personen sind dann aber so zu stellen, dass die mit diesem Testament beabsichtigte Verteilung des Nachlasses in wirtschaftlicher Hinsicht unter Berücksichtigung des nichtigen Teils der Verfügung und der tatsächlichen Verteilung des von der Nichtigkeit erfassten Teils des Nachlasses so weit wie möglich erzielt wird. 177

cc) Strafklausel für den Fall der Anfechtung oder der Geltendmachung der Unwirksamkeit einer letztwilligen Verfügung

In manchen Rechtsordnungen wird die Nichtigkeit eines Testaments – je nach Art des Verstoßes – nicht von Amts wegen, sondern nur dann berücksichtigt, wenn sie von einer zur Anfechtung oder Geltendmachung berechtigten Person innerhalb einer bestimmten Frist bei Gericht geltend gemacht wird. Der Erblasser hat insoweit die Möglichkeit, die Geltendmachung der Nichtigkeit des Testaments durch eine Strafklausel zu **sanktionieren**, indem er den Anfechtungsberechtigten bzw. denjenigen, der die Nichtigkeit des Testaments geltend macht, für diesen Fall auch im Übrigen von der Erbfolge bzw. als durch die letztwillige Verfügung Begünstigten ausschließt.[232] 178

Muster 12.22: Strafklausel für den Fall der Anfechtung oder der Geltendmachung der Unwirksamkeit einer letztwilligen Verfügung

Sofern eine in dieser letztwilligen Verfügung bedachte Person in Bezug auf einen Nachlassteil die letztwillige Verfügung anficht oder deren Unwirksamkeit gerichtlich geltend macht, soll sie auch hinsichtlich des anderen Nachlassteils/der anderen Nachlassteile als bedachte Person von der Rechtsnachfolge von Todes wegen ausgeschlossen sein. 179

---

231 Vgl. *Steiner*, ZEV 2001, 477, 479.
232 *Steiner*, ZEV 2001, 477, 479; vgl. Schlitt/Müller-Engels/*Lehmann*, § 14 Rn 68.

4. Hinweis auf Nachlassspaltung

180 Der Anwalt bzw. Notar hat den Mandanten auf eine **potenzielle Nachlassspaltung hinzuweisen.** Dies gilt jedenfalls dann, wenn sie sich bereits aus der EuErbVO oder einem in Deutschland vorrangig anzuwendenden Staatsvertrag ergibt (siehe Rdn 77 ff., 90 ff., 155), da der Anwalt oder Notar deutsches Recht kennen muss, und wenn dem Anwalt oder Notar der Sachverhalt insoweit bekannt ist. Der Anwalt oder Notar muss den Mandaten zwar nicht über den Inhalt des ausländischen Rechts aufklären, weil er dieses nicht kennen muss (siehe Rdn 242). Wichtig ist aber, dass er darauf verweist, die Rechtslage im Ausland prüfen zu lassen, wenn die Möglichkeit besteht, dass es zu einer Internationalen Zuständigkeit in diesem Staat kommen kann, und unklar ist, ob die Verfügung von Todes wegen in diesem Staat als wirksam angesehen wird oder nicht (siehe Rdn 244, 246). Möglich ist dies z.B. wegen eines geplanten Umzugs in einen anderen Staat, einer ausländischen Staatsangehörigkeit des Erblassers oder der Belegenheit unbeweglichen – oder in einigen wenigen Staaten auch beweglichen (siehe Rdn 156) – Vermögens im Ausland.

IV. Trust

Literaturhinweise

Dutta, Trusts in Schleswig-Holstein? – Ein Lehrstück zum Testieren unter falschem Recht, IPRax 2016, 139; *Falter/Geks*, Die Übertragung eines deutschen GmbH-Anteils auf einen amerikanischen testamentary trust, NZG 2017, 1251; *Merkel*, Die Qualifikation des englischen Trusts im deutschen internationalen Privatrecht, 2018.

1. Bedeutung

181 Während der Trust dem deutschen Recht materiellrechtlich nicht bekannt ist, kommt ihm im angloamerikanischen Rechtskreis enorme Bedeutung zu.[233] Vom Anwendungsbereich der EuErbVO sind zwar die Errichtung, die Funktionsweise und die Auflösung eines Trusts gem. Art. 1 Abs. 2 Buchst. j EuErbVO ausgeschlossen. Das bedeutet aber nicht, dass der Trust insgesamt vom Anwendungsbereich der **EuErbVO** ausgenommen wäre. Vielmehr ist der im Wege einer Verfügung von Todes wegen errichtete Trust (sog. **Testamentary Trust**) nach herrschender Meinung auch unter der Geltung der EuErbVO erbrechtlich zu qualifizieren (siehe Rdn 195). Die Errichtung eines Trusts unter Lebenden (sog. **Living Trust**) kann für einen Erblasser mit letztem gewöhnlichen Aufenthalt in Deutschland aber deshalb u.U. von Vorteil sein, weil er dadurch ggf. ein weiteres Nachlassverfahren in den USA oder in einem anderen Staat des Common-Law-Rechtskreises vermeiden kann.

182 Das Haager Übereinkommen über das auf Trusts anzuwendende Recht und über ihre Anerkennung vom 1.7.1985 wurde von Deutschland – im Gegensatz zu anderen europäischen Staaten – bislang nicht ratifiziert.

2. Struktur

183 Der Trust ist eine treuhänderische Beziehung.[234] Einer der Beteiligten, nämlich der „**Trustor**“ oder „Settlor“, überträgt Vermögen auf eine andere Person, den „**Trustee**“. Dieser

233 Dutta/Weber/*J. P. Schmidt*, Art. 1 EuErbVO Rn 113; *Falter/Geks*, NZG 2017, 1251; Süß/*Odersky*, Länderbericht Großbritannien: England und Wales Rn 44; *Süß*, Der trust als Gestaltungsmittel deutscher Erblasser, in: DNotI (Hrsg.), Zehn Jahre Deutsches Notarinstitut, 2003, S. 387, 389.

234 Siehe zur Struktur des Trusts *Süß*, Der trust als Gestaltungsmittel deutscher Erblasser, in: DNotI (Hrsg.), Zehn Jahre Deutsches Notarinstitut, 2003, S. 387, 389.

tritt sodann im Außenverhältnis, also Dritten gegenüber, formell als „Eigentümer" des Trustvermögens auf. Der „Trustee" hält das Vermögen zugunsten der begünstigten Person oder Personen, d.h. des „**Beneficiary**" oder der „Beneficiaries". Welche Erträge und Zuwendungen die „Beneficiaries" aus dem Trustgut erhalten, richtet sich nach den Anordnungen des „Trustor". Das Trustvermögen ist dabei dinglich verselbstständigt. Daher fällt es beim Tod des „Trustee" nicht in dessen Nachlass. Vielmehr geht dieses ipso iure auf den Ersatz-„Trustee" über, sodass insoweit kein Nachlassverfahren erforderlich ist. Nimmt der „Trustee" unberechtigte Verfügungen vor, ändert dies nichts an der Position der „Beneficiaries" gegenüber dritten Erwerbern des Vermögens.

Eine solche Dreipersonenbeziehung ist allerdings nicht zwingend erforderlich. Vielmehr ist es auch möglich, dass zwei oder alle drei Positionen vorübergehend von einer einzigen Person wahrgenommen werden. 184

Möglich ist ein Trust unter lebenden Personen (sog. **Living Trust**) oder im Wege einer Verfügung von Todes wegen (sog. **Testamentary Trust**).[235] 185

3. Vorteile

Die Vorteile des Trusts bestehen insbesondere darin, dass es sich bei diesem um ein **flexibles Mittel zur Nachlassplanung** handelt,[236] sodass sich einige erbrechtliche Gestaltungsmöglichkeiten relativ leicht erreichen lassen. Darunter fallen insbesondere Fälle der Dauertestamentsvollstreckung. 186

a) Ermöglichung von Zuwendungen an behinderte oder überschuldete Personen

Der Trust ermöglicht Zuwendungen an behinderte oder überschuldete Personen. Denn die Begünstigten („Beneficiaries") werden **nicht Inhaber** des Trustgutes. Daher haftet dieses aber auch nicht für deren persönliche Verbindlichkeiten. 187

b) Zeitliche Abwechslung von Begünstigten

Wird der Trust – wie dies häufig vereinbart wird – auf eine **Höchstdauer** von 30 Jahren festgesetzt, besteht die Möglichkeit, dass sich in zeitlicher Reihenfolge mehrere Begünstigte abwechseln. Daher wird ein ähnlicher Effekt erreicht wie im Fall einer Vor- und Nacherbfolge. 188

c) Erzielung einer Bindung unter Ehegatten

Ehegatten haben die Möglichkeit, durch die Einbringung gemeinsamen Vermögens in einen Trust zu erreichen, dass der überlebende Ehegatte mit dem Tod des zuerst verstorbenen Ehegatten in den Genuss dieses Vermögens gelangt. Ferner kann durch einen Trust wirksam verhindert werden, dass das Vermögen entweder dem jeweiligen anderen Ehegatten durch eine lebzeitige Verfügung oder den Schlussberechtigten entzogen wird. Auf diese Weise wird eine **Bindung** erreicht, die in den Common-Law-Rechtsordnungen auf testamentarischem Weg nicht erzielt werden kann. 189

235 Ausführlich *Süß*, Der trust als Gestaltungsmittel deutscher Erblasser, in: DNotI (Hrsg.), Zehn Jahre Deutsches Notarinstitut, 2003, S. 387, 389 ff.
236 MüKo-BGB/*Dutta*, Art. 1 EuErbVO Rn 60.

d) Begünstigung einer Vielzahl unbekannter Personen

190 Durch den Trust kann ferner die Begünstigung einer Vielzahl von Personen erreicht werden, die derzeit noch **nicht namentlich bekannt** sein müssen. Dadurch kann ein Zweck erzielt werden, der demjenigen einer Stiftung entspricht.

4. Trust unter Lebenden („Living Trust")

a) Errichtung

191 Wird ein Trust unter Lebenden errichtet, erfolgt dies durch einen **Vertrag** des „Trustor" mit dem „Trustee". Der „Trustor" hat in diesem Fall die Möglichkeit, anzuordnen, dass er bis zu seinem Tod der alleinige Begünstigte („Beneficiary") des Trusts bleibt. Es handelt sich dann um einen sog. „Grantor Trust". In dieser Konstellation gelangen Dritte erst nach dem Tod des „Trustor" in den Genuss von dessen Vermögen. Derjenige, der dies sein soll, kann bereits in der Trusturkunde namentlich bezeichnet werden. Davon abgesehen hat der „Trustor" die Möglichkeit, sich die **Änderung** oder den **Widerruf** des Trusts vorzubehalten. Es handelt sich dann um einen sog. „Revocable Trust". In diesem Fall kann der „Trustor" Vermögen aus dem Trust herausnehmen, die Person des Begünstigten auswechseln oder erst in seiner letztwilligen Verfügung namentlich bezeichnen.

b) Anerkennung im Internationalen Privatrecht

192 Nach Ansicht der Rechtsprechung[237] sowie der herrschenden Meinung[238] in Deutschland ist die Aufteilung des Eigentums in eine lediglich formale Eigentümerposition bzw. die Position des „Trustee" einerseits und die materiellrechtliche Berechtigung der begünstigten Personen („Beneficiaries") andererseits mit dem deutschen Sachenrecht nicht vereinbar. Denn sie verstößt gegen den Numerus Clausus des Sachenrechts. Wegen der Geltung der lex rei sitae gem. Art. 43 Abs. 1 EGBGB für das in Deutschland belegene Vermögen können die **in Deutschland belegenen Sachen** daher **nicht** in einen Trust eingebracht werden.

193 Demgegenüber bestehen aus deutscher Sicht keine Bedenken, Sachen oder Rechte, die **weder in Deutschland belegen sind noch dem deutschen Recht unterstehen**, sondern sich im Geltungsbereich eines Common-Law-Staates befinden bzw. dem Recht eines Common-Law-Staates unterstehen, in einen Trust unter Lebenden einzubeziehen.[239] Dies gilt z.B. für den Anspruch auf ein Guthaben bei einer Bank in Los Angeles (Kalifornien, USA) oder das Eigentum von Wertpapieren, die in Houston (Texas, USA) aufbewahrt werden. Dies gilt auch dann, wenn der gesamte Nachlass dem deutschen Erbrecht untersteht.

5. Anordnung eines Trusts im Wege einer Verfügung von Todes wegen („Testamentary Trust")

a) Errichtung

194 Im Fall der Anordnung eines Trusts im Wege einer Verfügung von Todes wegen muss der „Personal Representative" den Nachlass entweder auf den „Trustee" **übertragen** oder als „Trustee" den Nachlass auch weiterhin **verwalten**. Der „Personal Representative" ist diejenige Person, die mit dem Erbfall die Verfügungsmacht über den Nachlass erlangt.

---

237 BGH, Urt. v. 13.6.1984 – IVa ZR 196/82, IPRax 1985, 221, 223 f.

238 Süß/*Süß*, § 3 Rn 121; NK-NachfolgeR/*Köhler*, Art. 31 EuErbVO Rn 8; Hausmann/Odersky/*Odersky*, § 15 Rn 323.

239 Vgl. *Wienbracke*, ZEV 2007, 413, 415.

b) Qualifikation im Internationalen Privatrecht

Die Frage, wie der „Testamentary Trust“ im Internationalen Privatrecht zu qualifizieren ist, ist sehr **umstritten**. Art. 1 Abs. 2 Buchst. j EuErbVO schließt die Errichtung, die Funktionsweise sowie die Auflösung des Trusts aus dem Anwendungsbereich der EuErbVO ausdrücklich aus. Dies bedeutet allerdings nach Erwägungsgrund 13 S. 2 EuErbVO nicht, dass der Trust generell von der EuErbVO ausgenommen ist. Nach Erwägungsgrund 13 S. 3 EuErbVO soll, wenn der Trust testamentarisch oder kraft Gesetzes im Rahmen der gesetzlichen Erbfolge errichtet wird, im Hinblick auf den Übergang der Vermögenswerte und die Bestimmung der Berechtigten das nach der EuErbVO auf die Rechtsnachfolge von Todes wegen anwendbare Recht gelten. Nach herrschender Meinung ist der „Testamentary Trust“ daher auch seit dem Inkrafttreten der EuErbVO – abgesehen von der Bereichsausnahme des Art. 1 Abs. 2 Buchst. j EuErbVO – **erbrechtlich zu qualifizieren**[240] und bei Anwendbarkeit deutschen Erbrechts somit ausgeschlossen, da das deutsche Recht diesen nicht kennt. 195

Unabhängig davon, wie man den „Testamentary Trust“ qualifiziert, kommt die Begründung eines Trusts für die dem deutschen Sachrecht unterliegenden Sachen und Rechte jedenfalls nicht in Betracht, da der Trust dem deutschen Sachrecht nicht bekannt ist.[241] 196

V. Internationales Ehegüterrecht

Literaturhinweise

Andrae, Internationales Familienrecht, 5. Aufl. 2024; *Arnold/Laimer*, Die Europäischen Güterrechtsverordnungen, 2019; *Döbereiner*, Das internationale Güterrecht nach den Güterrechtsverordnungen, MittBayNot 2018, 405; *Döbereiner/Frank*, Internationales Güterrecht für die Praxis, 2019; *Dutta*, Das neue internationale Güterrecht der Europäischen Union – ein Abriss der europäischen Güterrechtsverordnungen, FamRZ 2016, 1973; *Heiderhoff*, Die EU-Güterrechtsverordnungen, IPRax 2018, 1; *Kroll-Ludwigs*, Vereinheitlichung des Güterkollisionsrechts in Europa, GPR 2016, 231.

1. Relevanz

Große Relevanz für das Internationale Erbrecht kommt auch dem Internationalen Ehegüterrecht bzw. demjenigen eingetragener gleich- oder verschiedengeschlechtlicher Lebenspartner zu. Dies gilt sowohl für das gesetzliche als auch für das testamentarische Erbrecht. Denn der **güterrechtliche Ausgleich** ist stets **vor dem erbrechtlichen** durchzuführen. Je nach Ausgestaltung des Güterstatuts fallen wesentliche Vermögensgegenstände nicht in den Nachlass. Dies kann auch zu erheblichen steuerlichen Konsequenzen führen. Gelangt deutsches Recht zur Anwendung und leben die Ehegatten bzw. eingetragenen Partner im gesetzlichen Güterstand der Zugewinngemeinschaft, haben sie durch eine entsprechende Gestaltung ferner die Möglichkeit, auf die Pflichtteilsansprüche naher Angehöriger Einfluss zu nehmen. 197

---

240 I.E. ebenso *Dutta*, IPRax 2016, 139, 142; Reimann/Bengel/Dietz/Sammet/*Sieghörtner*, Kap. 2 Rn 67; Staudinger/*Mansel*, Art. 43 EGBGB Rn 254. A.A. *Süß* in der Vorauflage, § 26 Rn 138.

241 Gierl/Köhler/Kroiß/Wilsch/*Köhler*, Teil 1 § 4 Rn 159; NK-BGB/*Looschelders*, Art. 31 EuErbVO Rn 15; Süß/*Süß*, § 3 Rn 121.

2. Anwendbares Normenregime

198 Welches Normenregime auf das Güterrecht einer Ehe oder einer eingetragenen Lebenspartnerschaft zur Anwendung gelangt, hängt davon ab, wann die Ehe bzw. die Lebenspartnerschaft geschlossen wurde bzw. wann eine Rechtswahl in Bezug auf das Güterstatut erfolgt ist.

a) Eheschließung, Begründung von Lebenspartnerschaften oder Rechtswahl in Bezug auf das Güterstatut seit dem 29.1.2019

aa) Geltungsbereich der EuGüVO

199 Auf alle seit dem **29.1.2019** geschlossenen **Ehen** findet in Deutschland die Verordnung (EU) 2016/1103 des Rates zur Durchführung einer Verstärkten Zusammenarbeit im Bereich der Zuständigkeit, des anzuwendenden Rechts und der Anerkennung und Vollstreckung von Entscheidungen in Fragen des ehelichen Güterstands (**EuGüVO**) vom 24.6.2016[242] Anwendung (vgl. Art. 70 Abs. 2 UAbs. 2 i.V.m. Art. 69 Abs. 3 EuGüVO). Gleiches gilt für alle vor diesem Zeitpunkt geschlossenen Ehen, sofern seit dem 29.1.2019 eine **Rechtswahl** hinsichtlich des ehelichen Güterstands erfolgt ist (vgl. Art. 70 Abs. 2 UAbs. 2 i.V.m. Art. 69 Abs. 3 EuGüVO). Was eine Ehe im Sinne der EuGüVO ist, richtet sich gem. Erwägungsgrund 17 EuGüVO nach dem nationalen Recht der Mitgliedstaaten. Für Deutschland ergibt sich aus Art. 17b Abs. 4 S. 2 EGBGB, dass diese Verordnung auch auf gleichgeschlechtliche Ehen Anwendung findet.

(1) Objektive Anknüpfung

200 Die objektive Anknüpfung ergibt sich aus der Anknüpfungsleiter des Art. 26 EuGüVO.

(a) Anknüpfungsleiter des Art. 26 Abs. 1 EuGüVO

(aa) Erster gemeinsamer gewöhnlicher Aufenthalt der Ehegatten nach der Eheschließung

201 Nach Art. 26 Abs. 1 Buchst. a EuGüVO unterliegt das Ehegüterrecht mangels einer Rechtswahl in erster Linie dem Recht des Staates, in dem die Ehegatten nach der Eheschließung ihren ersten gemeinsamen gewöhnlichen Aufenthalt hatten. Die Vorschrift ist mit großer Rechtsunsicherheit behaftet, weil es nicht auf den Zeitpunkt der Eheschließung, sondern – ausweislich von Erwägungsgrund 49 S. 2 EuGüVO – auf den ersten gewöhnlichen Aufenthalt **kurz nach der Eheschließung** ankommt. Was darunter zu verstehen ist, ist sehr streitig und bislang nicht geklärt. In der Literatur wird zum Teil eine Frist von ungefähr drei,[243] teilweise aber von ca. sechs[244] oder sechs bis acht Monaten[245] vorgeschlagen. Da es für

---

242 ABl EU 2016 Nr. L 183, 1.

243 Vgl. *Laimer*, Anknüpfung des Ehegüterstatuts, in: *Arnold/Laimer*, S. 385, 398 f. (Rn 18); NK-BGB/*Sieghörtner*, Art. 26 EuGüVO Rn 5; *Coester-Waltjen*, Die objektive Anknüpfung des Ehegüterstatuts, in: *Dutta/Weber*, Die Europäischen Güterrechtsverordnungen, 2017, S. 47, 53 (Rn 22), sieht eine Frist von drei Monaten unter Berücksichtigung der für die Wohnungssuche in einem anderen Staat erforderlichen Zeit für realistisch und vertretbar an.

244 *Döbereiner*, MittBayNot 2018, 405, 411; *Döbereiner/Frank*, Rn 129; Grüneberg/*Thorn*, Art. 26 EuGüVO Rn 2.

245 Vgl. hierzu die Ausführungen von *Magnus*, Ausgewählte Probleme bei der Anwendung der Europäischen Güterrechtsverordnungen, in: *Pfeiffer/Lobach/Rapp*, Europäisches Familien- und Erbrecht, 2020, S. 193, 204 m.w.N., der aber im Ergebnis dafür plädiert, starre und sehr kurze Fristen anzunehmen, die zu einem Wechsel des Güterstands nach Art. 26 Abs. 1 Buchst. a EuGüVO führen könnten (S. 205).

die Entscheidung zugunsten einer dieser (oder anderer) Fristen aber keine überzeugende Begründung gibt,[246] wird teilweise vertreten, auf einen Zeitpunkt nach der Eheschließung könne man nur abstellen, wenn der Umzug im zeitlichen Kontext mit dieser stehe.[247] Nicht einheitlich beantwortet wird auch, ob bei der Entscheidung der Frage, was unter „**kurz**" zu verstehen ist, ein **subjektives Element** von Bedeutung ist,[248] d.h., ob die Ehegatten bereits zum Zeitpunkt der Eheschließung die Absicht hatten, einen gemeinsamen gewöhnlichen Aufenthalt in naher Zukunft zu begründen.[249] Wenn dies der Fall sei, könne die Frist für die Begründung des ersten gemeinsamen gewöhnlichen Aufenthalts ggf. länger sein als ohne eine solche Absicht zum Zeitpunkt der Eheschließung. Teilweise wird auch eine Einzelfallprüfung befürwortet.[250]

Praxistipp 202
Die Regelung führt jedenfalls zu erheblicher Rechtsunsicherheit für die Ehegatten.[251] Wurde der gemeinsame gewöhnliche Aufenthalt erst nach der Eheschließung begründet, ist den Ehegatten daher dringend die Vornahme einer Rechtswahl i.S.d Art. 22 EuGüVO zu raten.

(bb) Gemeinsame Staatsangehörigkeit der Ehegatten zum Zeitpunkt der Eheschließung

Bestand ein gemeinsamer gewöhnlicher Aufenthalt zum Zeitpunkt der Eheschließung oder 203 kurze Zeit später nicht, ist nach Art. 26 Abs. 1 Buchst. b EuGüVO das Recht der gemeinsamen Staatsangehörigkeit der Ehegatten maßgebend. Das Problem, welche Staatsangehörigkeit bei einem **Mehrstaater** entscheidend ist, ist allerdings in der EuGüVO nicht ausdrücklich geregelt. Sie richtet sich vielmehr gem. Erwägungsgrund 50 EuGüVO weiterhin nach dem nationalen Recht, wobei die allgemeinen Grundsätze der EU uneingeschränkt zu beachten sind. Zu diesen zählt das Diskriminierungsverbot aufgrund der Staatsangehörigkeit nach Art. 18 Abs. 1 AEUV sowie nach Art. 21 Abs. 2 EU-Grundrechtecharta. Für Deutschland hat dies zur Konsequenz, dass Art. 5 Abs. 1 S. 1 EGBGB gilt, wonach bei einem Mehrstaater dessen effektive Staatsangehörigkeit maßgebend ist.[252] Allerdings kommt die Bevorzugung der Staatsangehörigkeit der lex fori, also in Deutschland der deutschen

246 Vgl. die Bemerkung von *Mankowski*, Neues im Internationalen Familienrecht, in: *Amend-Traut*, 2018: Familie und Recht, S. 37, 57, eine Frist von drei Monaten wäre ihrerseits begründungsbedürftig; vgl. auch v. Bar/Mankowski/*Mankowski*, Band II, § 4 Rn 285 (eine Frist von drei Monaten sei nicht willkürfrei und jedenfalls sehr freihändig); vgl. ferner *Kroll-Ludwigs*, GPR 2016, 231, 236 Fn 91 (es sei nicht ersichtlich, woraus sich Anhaltspunkte für eine dreimonatige Frist ergäben).

247 Vgl. *Kroll-Ludwigs*, GPR 2016, 231, 236.

248 Bejahend *Döbereiner/Frank*, Rn 129; *Junker*, § 18 Rn 46; vgl. auch Grüneberg/*Thorn*, Art. 26 EuGüVO Rn 2.

249 *Andrae*, § 4 Rn 153.

250 *Döbereiner*, MittBayNot 2018, 405, 411; *Döbereiner/Frank*, Rn 129; MüKo-BGB/*Looschelders*, Art. 26 EuGüVO Rn 8.

251 Vgl. *Heiderhoff*, IPRax 2018, 1, 5; *Magnus*, Ausgewählte Probleme bei der Anwendung der Europäischen Güterrechtsverordnungen, in: *Pfeiffer/Lobach/Rapp*, Europäisches Familien- und Erbrecht, 2020, S. 193, 204, 206; Grüneberg/*Thorn*, Art. 26 EuGüVO Rn 2.

252 NK-BGB/*Sieghörtner*, Art. 26 EuGüVO Rn 21.

Staatsangehörigkeit nach Art. 5 Abs. 1 S. 2 EGBGB, nicht in Betracht, da dies einen Verstoß gegen das Diskriminierungsverbot aufgrund der Staatsangehörigkeit bedeutete.[253]

204 Gem. Art. 26 Abs. 2 EuGüVO bleibt das Recht der gemeinsamen Staatsangehörigkeit der Ehegatten allerdings in dem Fall außer Betracht, in dem die Ehegatten zum Zeitpunkt der Eheschließung **mehr als eine gemeinsame** Staatsangehörigkeit besitzen. In diesem Fall gelangt das Recht der sonstigen engsten Verbindung gem. Art. 26 Abs. 1 Buchst. c EuGüVO zur Anwendung.

(cc) Recht der sonstigen gemeinsamen engsten Verbindung

205 Bestand auch keine gemeinsame Staatsangehörigkeit, gelangt nach Art. 26 Abs. 1 Buchst. c EuGüVO das Recht zur Anwendung, mit dem die Ehegatten zum Zeitpunkt der Eheschließung unter **Berücksichtigung aller Umstände des Einzelfalls** am engsten verbunden waren.

(b) Wandelbarkeit des Güterstatuts gem. Art. 26 Abs. 3 EuGüVO

206 Obwohl das Güterstatut nach Art. 26 Abs. 1 EuGüVO grundsätzlich unwandelbar ist, stellt Art. 26 Abs. 3 UAbs. 1 EuGüVO[254] eine Regel auf, nach der das Gericht auf **Antrag** eines der Ehegatten das Recht eines anderen Staates als dasjenige nach Art. 26 Abs. 1 Buchst. a EuGüVO anwenden kann, wenn der Antragsteller **nachweist**, dass die Ehegatten ihren letzten gemeinsamen gewöhnlichen Aufenthalt in diesem anderen Staat über einen erheblich längeren Zeitraum als in dem in Art. 26 Abs. 1 Buchst. a EuGüVO bezeichneten Staat hatten und beide Ehegatten auf das Recht dieses anderen Staates bei der Regelung oder Planung ihrer vermögensrechtlichen Beziehungen vertraut hatten.

(c) Sachnormverweisungen

207 Anders als die EuErbVO spricht die EuGüVO gem. Art. 32 EuGüVO **ausschließlich** Sachnormverweisungen aus. Das Internationale Privatrecht desjenigen Staates, auf das die EuGüVO verweist, bleibt somit außer Betracht.

(2) Rechtswahl

208 Nach Art. 22 Abs. 1 EuGüVO haben die Ehegatten die Möglichkeit, das auf den Güterstand anzuwendende Recht zu wählen.

(a) Wählbare Rechtsordnungen

209 Wählbar sind das gewöhnliche Aufenthalts- oder Heimatrecht eines oder beider Ehegatten zum Zeitpunkt der Rechtswahl. Nicht wählbar ist im Rahmen des Art. 22 EuGüVO das Recht der lex fori oder das Belegenheitsrecht von unbeweglichem Vermögen.

---

253 NK-BGB/*Sieghörtner*, Art. 26 EuGüVO Rn 21; *Weber*, DNotZ 2016, 659, 673. A.A. demgegenüber *Dutta*, FamRZ 2016, 1973, 1981 Fn 57, wonach ein Verstoß gegen das Diskriminierungsverbot gegen Art. 18 AEUV nicht vorliege, solange die Möglichkeit einer Rechtswahl bestehe. Ein Teil der Literatur will einen Verstoß des Art. 5 Abs. 1 S. 2 EGBGB gegen das Diskriminierungsverbot des Art. 18 AEUV nur dann annehmen, wenn es sich bei der anderen als der deutschen Staatsangehörigkeit um eine solche eines Nicht-EU-Mitgliedstaates handele; vgl. *Andrae*, § 4 Rn 160.

254 Vgl. auch Art. 26 Abs. 2 EuPartVO, wonach für das Güterrecht eingetragener Partner eine entsprechende Ausweichklausel existiert.

(aa) Gewöhnlicher Aufenthalt eines oder beider Ehegatten

Wählbar ist gem. Art. 22 Abs. 1 Buchst. a EuGüVO das Recht des Staates, in dem die Ehegatten oder künftigen Ehegatten oder einer von ihnen zum Zeitpunkt der Rechtswahl ihren oder seinen gewöhnlichen Aufenthalt haben oder hat. 210

(bb) Wahl des Heimatrechts eines der Ehegatten

Art. 22 Abs. 1 Buchst. b EuGüVO ermöglicht ferner die Wahl des Rechts des Staates, dessen Staatsangehörigkeit einer der Ehegatten oder künftigen Ehegatten zum Zeitpunkt der Rechtswahl besitzt. Personen mit **mehreren Staatsangehörigkeiten** haben dabei die Möglichkeit, jedes dieser Heimatrechte zu wählen. Dies ergibt sich zwar nicht ausdrücklich aus der EuGüVO. Denn Erwägungsgrund 50 S. 1 EuGüVO schließt Fragen der mehrfachen Staatsangehörigkeit ausdrücklich aus der EuGüVO aus und unterstellt diese dem jeweiligen nationalen Recht, wobei die allgemeinen Regeln der Union uneingeschränkt einzuhalten sind. Aus dem Diskriminierungsverbot aus Gründen der Staatsangehörigkeit gem. Art. 18 Abs. 1 AEUV sowie gem. Art. 21 Abs. 2 EU-Grundrechtecharta ergibt sich aber, dass Diskriminierungen aus Gründen der Staatsangehörigkeit verboten sind, somit also alle Staatsangehörigkeiten gleichberechtigt und wählbar nebeneinanderstehen, ohne dass es auf die effektive Staatsangehörigkeit ankommt.[255] 211

(b) Formgültigkeit der Rechtswahlvereinbarung

Für die Formgültigkeit einer Rechtswahlvereinbarung ist Art. 23 EuGüVO zu beachten. 212

bb) Geltungsbereich der EuPartVO

Auf alle seit dem 29.1.2019 geschlossenen eingetragenen Partnerschaften findet in Deutschland die Verordnung (EU) 2016/1104 des Rates zur Durchführung der Verstärkten Zusammenarbeit im Bereich der Zuständigkeit, des anzuwendenden Rechts und der Anerkennung und Vollstreckung von Entscheidungen in Fragen güterrechtlicher Wirkungen eingetragener Partnerschaften (**EuPartVO**) vom 24.6.2016[256] Anwendung. Gleiches gilt für alle **vor** diesem Zeitpunkt eingetragenen Partnerschaften, sofern seit dem 29.1.2019 eine **Rechtswahl** hinsichtlich des partnerschaftlichen Güterstands erfolgt ist. 213

(1) Objektive Anknüpfung

Abweichend von der objektiven Anknüpfung des Ehegüterstatuts gem. Art. 26 Abs. 1 EuGüVO unterliegen die güterrechtlichen Wirkungen einer eingetragenen Partnerschaft gem. Art. 26 Abs. 1 EuPartVO dem Recht des Staates, nach dem die eingetragene Partnerschaft begründet wurde, also dem am **Registrierungsort** geltenden Güterrecht.[257] Nach Art. 32 EuPartVO handelt es sich bei dieser Verweisung – sowie bei allen anderen Verweisungen der EuPartVO – um eine Sachnormverweisung. 214

255 *Döbereiner/Frank*, Rn 218; *Dutta*, FamRZ 2016, 1973, 1980 f.; Hausmann/Odersky/*Odersky*, § 9 Rn 109; NK-BGB/*Sieghörtner*, Art. 22 EuGüVO Rn 9.

256 ABl EU 2016 Nr. L 183, 30.

257 Vgl. auch Art. 26 Abs. 2 EuPartVO, wonach für das Güterrecht eingetragener Partner eine entsprechende Ausweichklausel wie für Ehegatten nach Art. 26 Abs. 3 EuGüVO existiert.

(2) Rechtswahl

215 Art. 22 EuPartVO ermöglicht den Partnern oder eingetragenen Partnern einer eingetragenen Partnerschaft, das auf die güterrechtlichen Wirkungen ihrer Partnerschaft anwendbare Recht zu wählen.

(a) Wählbare Rechtsordnungen

(aa) Gewöhnlicher Aufenthalt eines oder beider Partner

216 Wählbar ist gem. Art. 22 Abs. 1 Buchst. a EuPartVO das Recht des Staates, in dem die Partner oder künftigen Partner oder einer von ihnen zum Zeitpunkt der Rechtswahl ihren gewöhnlichen Aufenthalt haben.

(bb) Wahl des Heimatrechts eines der Partner

217 Art. 22 Abs. 1 Buchst. b EuPartVO ermöglicht ferner die Wahl des Rechts des Staates, dessen Staatsangehörigkeit einer der Partner oder künftigen Partner zum Zeitpunkt der Rechtswahl besitzt. Personen mit **mehreren Staatsangehörigkeiten** haben die Möglichkeit, jedes dieser Heimatrechte zu wählen. Wegen Erwägungsgrund 49 S. 1 EuPartVO gelten die für Ehegatten gemachten Ausführungen insoweit entsprechend (siehe Rdn 211).

(cc) Wahl des Registrierungsrechts für die eingetragene Partnerschaft

218 Art. 22 Abs. 1 Buchst. c EuPartVO ermöglicht ferner die Wahl des Rechts, nach dem die eingetragene Partnerschaft begründet wurde.

(b) Form der Rechtswahl

219 Für die Formgültigkeit der Rechtswahlvereinbarung gelten nach Art. 23 EuPartVO die gleichen Voraussetzungen wie für Ehegatten nach Art. 23 EuGüVO.

b) Eheschließung oder Begründung von Lebenspartnerschaften in der Zeit vom 1.9.1986 bis zum 28.1.2019

aa) Verschiedengeschlechtliche Ehen

220 Wurde eine verschiedengeschlechtliche Ehe in der Zeit vom 1.9.1986 bis zum 28.1.2019 geschlossen und haben die Ehegatten seit diesem Zeitpunkt **keine Rechtswahl** in Bezug auf das Ehegüterstatut **vorgenommen**, gelangt auf die güterrechtlichen Wirkungen der Ehegatten nicht die EuGüVO zur Anwendung, sondern Art. 15 EGBGB a.F. Diese Vorschrift verweist auf Art. 14 Abs. 1 EGBGB a.F. zum Zeitpunkt der Eheschließung. Die vergangenheitsbezogenen Anknüpfungen des Art. 14 Abs. 1 EGBGB a.F. an die frühere gemeinsame Staatsangehörigkeit der Ehegatten bzw. an den früheren gemeinsamen gewöhnlichen Aufenthalt spielen somit für die objektive Anknüpfung des Güterstatuts keine Rolle. Maßgebend für die objektive Anknüpfung des Ehegüterstatuts der in diesem Zeitraum geschlossenen Ehen ist somit gem. Art. 15 Abs. 1 EGBGB a.F. i.V.m. Art. 14 Abs. 1 Nr. 1 EGBGB a.F. in erster Linie das Recht der **gemeinsamen Staatsangehörigkeit** der Ehegatten zum Zeitpunkt der Eheschließung. Hilfsweise ist nach Art. 15 Abs. 1 EGBGB a.F. i.V.m. Art. 14 Abs. 1 Nr. 2 EGBGB a.F. das Recht des **gemeinsamen gewöhnlichen Aufenthalts** der Ehegatten zum Zeitpunkt der Eheschließung anwendbar. Auf der letzten Stufe der Anknüpfungsleiter kommt gem. Art. 15 Abs. 1 EGBGB a.F. i.V.m. Art. 14 Abs. 1 Nr. 3 EGBGB a.F. das Recht des Staates zur Anwendung, mit dem beide Ehegatten zum Zeit-

punkt der Eheschließung **auf andere Weise am engsten verbunden** waren. Während es sich bei Art. 15 Abs. 1 EGBGB a.F. i.V.m. Art. 14 Abs. 1 Nr. 1 und 2 EGBGB a.F. um Kollisionsnormverweisungen i.S.d. Art. 4 Abs. 1 EGBGB handelt, ist dies bei Art. 15 Abs. 1 EGBGB a.F. i.V.m. Art. 14 Abs. 1 Nr. 3 EGBGB äußerst umstritten.

Nach Art. 15 Abs. 2 EGBGB a.F. bestanden zwar weitreichende Rechtswahlmöglichkeiten. 221
Insoweit ist allerdings zu beachten, dass für die in diesem Zeitraum geschlossenen Ehen die **EuGüVO** gilt, wenn die **Rechtswahl nach** dem Inkrafttreten der EuGüVO am **29.1.2019** erfolgt ist (vgl. Art. 70 Abs. 2 UAbs. 2 i.V.m. Art. 69 Abs. 3 EuGüVO).

Für die vor dem Inkrafttreten der EuGüVO geschlossenen Ehen ist außerdem Art. 3a Abs. 2 222
EGBGB a.F. zu beachten, wonach bei **Verweisungen im Internationalen Familienrecht** (Dritter Abschnitt des EGBGB) der **Vorrang des Einzelstatuts vor dem Gesamtstatut** galt. D.h., dass sich die güterrechtliche Verweisung auf ausländisches Recht nicht auf solche Gegenstände bezog, die sich nicht in dem Staat befanden, dessen Güterrecht unter Beachtung einer Rück- und Weiterverweisung anwendbar war, sondern in einem anderen Staat, nach dessen Recht die Gegenstände besonderen Vorschriften unterlagen. Dies galt z.B. für Rechtsordnungen des Common Law oder aufgrund von Art. 3 Abs. 2 französischer Code civil. Diese Vorschrift bestimmt, dass für die in Frankreich belegenen Grundstücke französisches Recht gilt. Dies führte im Falle des Fehlens eines Ehevertrags für ein in Deutschland lebendes deutsches Ehepaar hinsichtlich eines in Frankreich belegenen Grundstücks nicht gem. Art. 15 Abs. 1 EGBGB a.F. i.V.m. Art. 14 Abs. 1 Nr. 1 EGBGB a.F. zum deutschen gesetzlichen Güterstand der Zugewinngemeinschaft, sondern nach Art. 3a Abs. 2 EGBGB a.F. zu der Errungenschaftsgemeinschaft französischen Rechts.

bb) Eingetragene Partnerschaften und gleichgeschlechtliche Ehen

Das Güterrecht eingetragener Partnerschaften und gleichgeschlechtlicher Ehen, die vor dem 223
29.1.2019 geschlossen wurden, **ohne** dass seit diesem Zeitpunkt eine **Rechtswahl** in Bezug auf den Güterstand erfolgt ist, unterliegt gem. Art. 17b Abs. 1 S. 1 EGBGB a.F. bzw. qua Verweisung auf diese Vorschrift in Art. 17b Abs. 4 EGBGB a.F. für gleichgeschlechtliche Ehen dem Sachrecht des registerführenden Staates.

c) Eheschließung vor dem 1.9.1986

In Bezug auf das Güterstatut von Ehen, die vor Inkrafttreten der EGBGB-Reform zum 224
1.9.1986 geschlossen wurden, wird auf die Ausführungen in der Vorauflage verwiesen.[258]

VI. Gefahr der Verfehlung internationalen Entscheidungseinklangs

1. Entstehung des Problems

Aufgrund der unterschiedlichen Ausgestaltung der Internationalen Zuständigkeit, des Inter- 225
nationalen Privatrechts und des Sachrechts in den einzelnen Rechtsordnungen kann es in grenzüberschreitenden Nachlassfällen zur Verfehlung internationalen Entscheidungseinklangs kommen. Diese Gefahr besteht zwar insbesondere im Verhältnis zu **Drittstaaten**, kann aber auch innerhalb der **EU-Mitgliedstaaten** auftreten, z.B. weil nicht klar ist, in welchem Mitgliedstaat sich der letzte gewöhnliche Aufenthalt des Erblassers befand. In Betracht kommt internationale Entscheidungsdisharmonie auch deshalb, weil Vorfragen

258 Vgl. *Süß* in der Vorauflage, § 26 Rn 153.

unterschiedlich angeknüpft werden und z.B. eine (verschieden- oder gleichgeschlechtliche) Ehe in einem Staat als wirksam betrachtet wird, in einem anderen aber nicht.

2. Lösungsmöglichkeiten

226 Aufgrund der Gefahr eines internationalen Entscheidungsdissenses sollte der Erblasser bzw. sein Rechtsanwalt oder Notar bei einer entsprechenden Beratung stets im Blick haben, in welchen **anderen Staaten** (als Deutschland) eine **Internationale Zuständigkeit** in Betracht kommt und welche Konsequenzen dies für die Frage des anwendbaren Rechts und das anzuwendende materielle Recht haben könnte (siehe zu den Pflichten des Rechtsanwalts oder Notars ausführlich Rdn 239 ff.). Dazu ist die Sach- und Rechtslage in einem solchen Fall anlässlich einer entsprechenden Beratung des Erblassers möglichst exakt zu ermitteln. Besteht danach ggf. ein Dissens, ist genau zu ermitteln, welche Lösungsmöglichkeiten in Betracht kommen. Aufgrund der Vielgestaltigkeit der Konstellationen und möglichen Lösungen in den einzelnen Rechtsordnungen kann insoweit eine allgemeine, für alle Fälle passende Aussage nicht getroffen werden. Jedenfalls abstrakt kommen allerdings **zwei Lösungsmöglichkeiten** in Betracht: entweder die Beseitigung der Ursachen für den Entscheidungsdissens oder die Vornahme von Maßnahmen in einer letztwilligen Verfügung, um die Folgen eines Entscheidungsdissenses abzumildern oder zu beseitigen. Welche der beiden Maßnahmen im Einzelfall besser geeignet ist, entzieht sich einer allgemeinen Beurteilung. Aufgrund der Vielgestaltigkeit der Rechtsordnungen und Konstellationen kommt nur eine Einzelfallbetrachtung in Betracht.

a) Beseitigung der Gefahr eines Entscheidungsdissenses

aa) Aufgabe mehrfacher Staatsangehörigkeit

227 Der Gefahr eines Entscheidungsdissenses kann im Falle einer mehrfachen Staatsangehörigkeit durch die Aufgabe einer Staatsangehörigkeit begegnet werden. Sinnvoll kann dies insbesondere in Fällen sein, in denen der Erblasser die weitere Staatsangehörigkeit eines Staates besitzt, nach dem sich die Rechtsnachfolge von Todes wegen zwingend nach seinem **Heimatrecht** richtet und nach dem die eigene Staatsangehörigkeit stets als die **effektive** betrachtet wird.

bb) Tatsächliche Verlagerung beweglichen Vermögens von einem Staat in einen anderen Staat

228 Bewegliches Vermögen lässt sich ggf. in einen anderen Staat verlagern, sodass u.U. eine Nachlassspaltung vermieden werden kann.

cc) Rechtliche Verlagerung von Vermögen in einen anderen Staat

229 Je nach Ausgestaltung der Rechtsordnung des Belegenheitsstaates des Vermögens kann die Anwendung des Erbrechts dieses Staates dadurch ausgeschlossen werden, dass bewegliches – und u.U. sogar unbewegliches – Vermögen in eine **Gesellschaft**, insbesondere in eine Holdinggesellschaft, Stiftung oder ähnliche Organisation, eingebracht wird, die ihren Sitz in einem anderen Staat hat, sofern dies nach dem Recht des Belegenheitsstaates zur Folge hat, dass dadurch die Rechtsordnung eines anderen Staates als desjenigen der Belegenheit zur Anwendung gelangt.[259]

---

259 Vgl. Reimann/Bengel/Dietz/Sammet/*Sieghörtner*, Kap. 2 Rn 96; vgl. ferner *Naumann zu Grünberg*, ZEV 2012, 569.

dd) Vornahme sachenrechtlicher Maßnahmen

Durch **sachenrechtliche** Maßnahmen, wie z.B. die Einbringung von Vermögen, das in Common-Law-Staaten belegen ist, in einen Trust unter Lebenden (sog. „Living Trust"), kann dieses im Ergebnis ggf. von der Rechtsnachfolge von Todes wegen ausgenommen werden, sodass es auf abweichende erbrechtliche Regelungen u.U. nicht mehr ankommt. 230

b) Maßnahmen in einer Verfügung von Todes wegen

aa) Vornahme einer Rechtswahl

(1) Rechtswahl nach ausländischem Internationalen Privatrecht

Lässt das Internationale Privatrecht eines anderen Staates, in dem ggf. eine Internationale Zuständigkeit begründet sein könnte, die Wahl des Rechts des Staates zu, das nach der EuErbVO objektiv anzuwenden wäre, kann eine solche Rechtswahl sinnvoll sein, um mit diesem Staat internationalen Entscheidungseinklang zu erreichen. In Betracht kommt dies insbesondere in dem Fall, in welchem das betreffende **ausländische Recht die Wahl des gewöhnlichen Aufenthaltsrechts des Erblassers zulässt.** Dieses Recht wird sodann innerhalb des Geltungsbereichs der EU aufgrund der objektiven Anknüpfung und in dem anderen Staat aufgrund der Rechtswahl angewandt. Gestattet das ausländische Recht die Wahl des Belegenheitsrechts für Immobilien und befindet sich die Immobilie im gewöhnlichen Aufenthaltsstaat des Erblassers, kann auch die Wahl dieses Rechts sinnvoll sein, um insoweit zu internationalem Entscheidungseinklang zu gelangen, obgleich dies ggf. mit einer Nachlassspaltung verbunden sein kann, die ihrerseits wieder zu Problemen führen kann. 231

(2) Rechtswahl nach der EuErbVO

Besitzt der Erblasser die Staatsangehörigkeit eines Drittstaates und knüpft dieser die Rechtsnachfolge von Todes wegen an das Heimatrecht des Erblassers an, kann sich – je nach Fallgestaltung – eine Wahl des **Heimatrechts** nach Art. 22 EuErbVO empfehlen, um internationalen Entscheidungseinklang mit diesem Staat zu erreichen. Relevanz kann dies insbesondere in den Fällen aufweisen, in denen aufgrund der Staatsangehörigkeit des Erblassers auch eine Internationale Zuständigkeit in diesem Staat gegeben ist. 232

bb) Kumulative Einhaltung mehrerer unterschiedlicher Testamentsformen

Sehen die verschiedenen in Betracht kommenden Rechtsordnungen unterschiedliche Testamentsformen vor, die inhaltlich nicht übereinstimmen, empfiehlt sich die **kumulative** Einhaltung der Testamentsformen **aller dieser Rechtsordnungen.**[260] Sofern nach einer ausländischen Rechtsordnung die notarielle Form vorgeschrieben ist, sollte unbedingt geprüft werden, ob die Hinzuziehung eines deutschen Notars nach dem Recht dieses Staates ausreichend ist, um die Beurkundung wirksam durchführen zu können.[261] Ist nach einer Rechtsordnung für die formwirksame Errichtung eines Testaments z.B. die zwingende Anwesenheit von zwei oder ggf. drei Zeugen erforderlich, wie dies z.B. in England[262] oder in den USA[263] der Fall ist, und befindet sich Vermögen des Erblassers in diesem Staat, 233

260 Reimann/Bengel/Dietz/Sammet/*Sieghörtner*, Kap. 2 Rn 93.

261 Reimann/Bengel/Dietz/Sammet/*Sieghörtner*, Kap. 2 Rn 93.

262 Süß/*Odersky*, Länderbericht Großbritannien: England und Wales Rn 64; Burandt/Rojahn/*Solomon*, Länderbericht England und Wales (Vereinigtes Königreich) Rn 64.

263 Burandt/Rojahn/*Leithold*, Länderbericht USA Rn 72 ff.; *Leible*, ZEV 2006, 93, 95; *Steiner*, ZEV 2003, 145, 146.

sollte diese Testamentsform zusätzlich eingehalten werden. Ist unklar, ob es sich bei dem Erfordernis der Mitwirkung von Zeugen nach ausländischem Recht um ein formelles oder um ein inhaltliches Erfordernis der maßgebenden ausländischen Rechtsordnung handelt – in vielen Staaten ist dies umstritten –, sollte die Hinzuziehung der Zeugen unabhängig von der Einhaltung der entsprechenden Ortsform erfolgen, also auch dann, wenn das möglicherweise in der Sache selbst anwendbare Recht, d.h. das auf die Rechtsnachfolge von Todes wegen anwendbare Recht, die Hinzuziehung von Zeugen vorschreibt.[264]

cc) Zumindest zusätzliche Einhaltung der jeweiligen inländischen Ortsform

234 Es empfiehlt sich stets – zumindest zusätzlich – die Einhaltung der jeweiligen **inländischen Testamentsform**, d.h. des Rechts des Staates, in dem das Testament errichtet wurde. Dadurch wird vermieden, dass das Testament im Ergebnis deshalb formunwirksam ist, weil die Formerfordernisse nach ausländischem Recht nicht vollständig eingehalten wurden. Außerdem kann es ansonsten passieren, wenn es später zu einem Verfahren in dem Errichtungsstaat des Testaments kommt, dass sämtliche Anknüpfungsmomente für die Form im Ergebnis auf dieses Recht verweisen, sodass ein nach ausländischem Recht in Deutschland errichtetes Testament (z.B. unter Heranziehung von zwei Zeugen, aber ohne Einhaltung der Schriftform) nicht wirksam ist.

dd) Einfache Testamentsgestaltung

235 Je einfacher das Testament ausgestaltet ist, desto größer ist die Wahrscheinlichkeit, dass die in diesem getroffenen Verfügungen in mehreren Rechtsordnungen anerkannt werden. Je stärker die Verfügungen auf eine **bestimmte Rechtsordnung** hin ausgerichtet sind, z.B. durch Vor- und Nacherbfolge, desto eher besteht die Gefahr, dass sie in einem anderen Staat keine Rechtswirkung entfalten.

ee) Aufspaltung der Verfügungen im Falle einer absehbaren Nachlassspaltung nach Rechtsordnungen anstatt nach der Belegenheit des Nachlasses

236 Ist absehbar, dass es zu einer Nachlassspaltung kommt, sollte in der Verfügung von Todes wegen statt einer Aufspaltung in bewegliches und unbewegliches Vermögen möglichst eine **Aufteilung nach den beteiligten Rechtsordnungen** erfolgen, indem Verfügungen getroffen werden, soweit sich die Rechtsnachfolge von Todes wegen nach deutschem (oder einem anderen mitgliedstaatlichen) Recht richtet, und Verfügungen, soweit sich die Rechtsnachfolge von Todes wegen nach einem anderen Recht, z.B. dem englischen Recht, richtet. Dies hat den Vorteil, dass die Verfügung von Todes wegen in einem solchen Fall aus der Sicht beider bzw. aller beteiligter Rechtsordnungen im Hinblick auf den gesamten Nachlass wirksam ist.

ff) Einsatz von Strafklauseln

237 Zur Vermeidung der Geltendmachung der Anfechtbarkeit oder Nichtigkeit eines Testaments durch einen Bedachten in einem Staat, in dem diese nur auf Antrag durch das Gericht berücksichtigt werden, empfiehlt sich ggf. eine **Strafklausel**, durch welche der Anfechtungsberechtigte bzw. derjenige, der sich auf die Nichtigkeit des Testaments beruft, auch im Übrigen von der Erbfolge bzw. als sonstiger Begünstigter ausgeschlossen wird (siehe Rdn 178 f.).

---

264 Reimann/Bengel/Dietz/Sammet/*Sieghörtner*, Kap. 2 Rn 93; Kössinger/Najdecki/Zintl/*Kössinger*, § 5 Rn 43.

gg) Vermeidung der erneuten späteren eigenhändigen Testamentserrichtung

Nach der Erstellung eines Testaments sollte der Mandant unbedingt darüber informiert werden, dass die Erstellung eines weiteren, ggf. auch nur zusätzlichen Testaments im Ausland (und u.U. sogar beschränkt auf den dort belegenen Nachlass) zu **Widersprüchlichkeiten** mit dem inländischen Testament und somit ggf. auch zur vollständigen Unwirksamkeit dieses Testaments führen kann. 238

D. Pflichtenstellung des Rechtsanwalts oder Notars bei der Beratung in Bezug auf ausländisches Recht

I. Hinweis auf die mögliche Geltung ausländischen Rechts

Gem. § 17 Abs. 3 S. 1 BeurkG soll der **Notar** die Beteiligten darauf hinweisen und dies in der Niederschrift vermerken, wenn ausländisches Recht zur Anwendung gelangt oder darüber Zweifel bestehen. Nimmt ein **Rechtsanwalt** eine Beratung in Nachlassangelegenheiten vor, gilt dies entsprechend.[265] Zu einer ordnungsgemäßen Beratung durch den Rechtsanwalt bzw. Notar gehört daher auch der Hinweis, dass bei eventuell gegebener Internationaler Zuständigkeit ausländischer Gerichte ein anderes Erbrecht zur Anwendung gelangen kann als nach deutschem Recht und **internationaler Entscheidungseinklang** mit diesem Staat dadurch **verfehlt** werden kann. Da Nachlassplanung stets auf die Zukunft gerichtet ist, sollte der Rechtsanwalt bzw. Notar dies und auch mögliche Änderungen von Anknüpfungstatsachen (z.B. Pläne zum Wechsel des gewöhnlichen Aufenthalts oder der Staatsangehörigkeit) im Blick haben.[266] Es sollte möglichst ermittelt werden, ob z.B. aufgrund einer ausländischen Staatsangehörigkeit, eines weiteren Wohnsitzes, eines zeitweisen Aufenthaltsortes oder Domiciles im Ausland oder der Belegenheit von insbesondere unbeweglichem Vermögen im Ausland aus dortiger Sicht eine Internationale Zuständigkeit bestehen könnte und die Anwendung ausländischen Rechts in Betracht kommen kann. 239

Muster 12.23: Hinweis auf die (mögliche) Geltung ausländischen Rechts 12.23

Mein Rechtsanwalt/Notar hat mich darauf hingewiesen, dass auf meine Rechtsnachfolge von Todes wegen ausländisches Recht zur Anwendung gelangt/gelangen kann. 240

II. Keine Pflicht zur Belehrung über den Inhalt ausländischen Rechts

Gem. § 17 Abs. 3 S. 2 BeurkG ist der Notar zur Belehrung über den Inhalt ausländischer Rechtsordnungen **nicht** verpflichtet. 241

Soll nach dem Willen des Erblassers das Recht eines ausländischen Staates zur Anwendung gelangen, weil in diesem der gewöhnliche Aufenthalt des Erblassers liegt, oder wird dieses Recht gewählt, sollte der Rechtsanwalt oder Notar auch darauf **hinweisen**, dass er den Inhalt dieses Rechts nicht kennen und darüber nicht beraten muss. Sofern der Rechtsanwalt oder Notar über den Inhalt des ausländischen Rechts gleichwohl berät, kann er sich insoweit aber nicht von der **Haftung** nach diesem Recht freizeichnen, sondern haftet, wenn er falsche Auskünfte erteilt.[267] 242

---

265 Kössinger/Najdecki/Zintl/*Kössinger*, § 5 Rn 47.

266 Vgl. auch *Remien*, IPRax 2021, 329, 333.

267 Ebenso Reimann/Bengel/Dietz/Sammet/*Sieghörtner*, Kap. 2 Rn 88.

12.24 **Muster 12.24: Hinweis auf die fehlende Pflicht zur Kenntnis und Beratung nach ausländischem Recht mit Freizeichnungsklausel**

243 Der Rechtsanwalt/Notar hat mich darauf hingewiesen, dass er ausländisches Recht nicht kennen und über dieses nicht beraten muss. Er hat mich zum Inhalt des ausländischen Rechts auch nicht beraten. Ich stelle ihn von einer eventuellen Haftung frei.

III. Empfehlung zur Beratung über den Inhalt ausländischen Rechts durch eine insoweit rechtskundige Person

244 Der Rechtsanwalt oder Notar muss das ausländische Recht zwar – wie bereits erwähnt (siehe Rdn 242) – nicht kennen und daher auch nicht entsprechend beraten. Bei derzeitiger oder bei ggf. absehbarer Internationaler Zuständigkeit ausländischer Gerichte sollte er aber ggf. die **Empfehlung** geben, die Rechtslage nach dem jeweiligen ausländischen Recht durch eine im entsprechenden ausländischen Recht kundige Person prüfen zu lassen.

245 Etwas anderes gilt dann, wenn der Rechtsanwalt oder Notar nach entsprechender **Prüfung des ausländischen Kollisionsrechts** selbst zu dem Ergebnis gelangt, dass auch aus der Sicht des ausländischen Rechts **deutsches Recht** anzuwenden ist. Diese Prüfung ist bei Vorhandensein entsprechender Kenntnisse im Internationalen Privatrecht in den meisten Fällen mit überschaubarem Aufwand durchzuführen. Denn die entsprechende Literatur zum ausländischen Internationalen Erbrecht ist inzwischen sehr zahlreich und in der Regel durch Standardwerke leicht zugänglich[268] (siehe zur Haftung des Rechtsanwalts oder Notars im Falle der Beratung über ausländisches Recht aber Rdn 242).

12.25 **Muster 12.25: Hinweis auf Beratung nach ausländischem Recht**

246 Mein Rechtsanwalt/Notar hat mich darauf hingewiesen, dass wegen [meiner Staatsangehörigkeit des Staates /meines weiteren Wohnsitzes im Staat /meines eventuellen Domiciles im Staat /der Belegenheit meiner Immobilie im Staat /der Belegenheit eines Teils meines beweglichen Vermögens im Staat] aus Sicht dieses Staates die Anwendung des Erbrechts des Staates in Betracht kommen könnte.

Mir wurde von meinem Rechtsanwalt/Notar empfohlen, die Rechtslage nach dem Recht des Staates durch eine in diesem Recht kundige Person prüfen zu lassen.

Mein Rechtsanwalt/Notar hat mich ebenfalls darauf hingewiesen, dass er ausländisches Recht nicht kennen muss und dass er zur Beratung nach ausländischem Recht nicht verpflichtet ist. Zu dem Recht des Staates wurde ich daher auch nicht beraten.

---

268 Vgl. insbesondere *Hausmann*, Internationales Erbrecht, 129. EL 2024; vgl. auch *Süß*, Erbrecht in Europa, 5. Aufl. 2025.

§ 13 Stiftungsrechtliche Grundlagen

Mark Uwe Pawlytta/Louisa Klinghardt

Literaturhinweise

Baum/Buse/Brandl/Szymczak u.a., 360° AO eKommentar; *Beuthien/Gummert/Schöpflin* (Hrsg.), Münchener Handbuch des Gesellschaftsrechts, Band 5, 5. Aufl. 2021 (zit.: MHdB GesR V/*Bearbeiter*); *Burgard* (Hrsg.), Stiftungsrecht, 2022; *Feick* (Hrsg.), Stiftung als Nachfolgeinstrument, 2. Aufl. 2024; *Hannes* (Hrsg.), Formularbuch Vermögens- und Unternehmensnachfolge, 2. Aufl. 2017; *Heidel/Hüßtege/Mansel/Noack* (Hrsg.), NomosKommentar BGB Band 1, 4. Aufl. 2021 (zit.: NK-BGB/*Bearbeiter*); *Henssler/Strohn* (Hrsg.), Gesellschaftsrecht, 6. Aufl. 2024; *Klein* (Hrsg.), Abgabenordnung, 18. Aufl. 2024; *Kössinger/Najdecki/Zintl* (Hrsg.), Handbuch der Testamentsgestaltung, 7. Aufl. 2024; *v. Löwe*, Familienstiftung und Nachfolgegestaltung, 2. Aufl. 2016; *Orth/Uhl*, Stiftungsrechtsreform 2021, 2021; *Plottek/Weiten* (Hrsg.), Anwaltformulare Stiftungsrecht, 2023; *Richter* (Hrsg.), Stiftungsrecht, 2. Aufl. 2023; *Richter/Wachter* (Hrsg.), Handbuch des internationalen Stiftungsrechts, 2007; *Schauhoff/Kirchhain* (Hrsg.), Handbuch der Gemeinnützigkeit, 4. Aufl. 2023; *Schauhoff/Mehren*, Stiftungsrecht nach der Reform, 2. Aufl. 2024; *Scherer* (Hrsg.), Unternehmensnachfolge, 6. Aufl. 2020; *Schiffer/Pruns/Schürmann*, Die Reform des Stiftungsrechts, 2022; *Schlüter/Stolte*, Stiftungsrecht, 3. Aufl. 2016; *Stumpf/Suerbaum/Schulte/Pauli*, Stiftungsrecht, 3. Aufl. 2018; *Wallenhorst/Halaczinsky* (Hrsg.), Die Besteuerung gemeinnütziger und öffentlich-rechtlicher Körperschaften, 7. Aufl. 2017; *Winheller/Geibel/Jachmann-Michel* (Hrsg.), NomosKommentar Gesamtes Gemeinnützigkeitsrecht, 3. Aufl. 2023 (zit.: NK-GemnR/*Bearbeiter*).

Inhalt

A. Einsatzmöglichkeiten von Stiftungen im Erbrecht ... 1
I. Einführung ... 1
II. Einsatzmöglichkeiten im Überblick ... 3
1. Warum eine Stiftung? ... 3
2. Einsatzmöglichkeiten im Erbrecht ... 7
B. Anwendungsformen und Errichtung der Stiftung ... 11
I. Rechtsfähige Stiftung ... 11
1. Allgemeines ... 11
2. Errichtung einer rechtsfähigen Stiftung ... 13
3. Gemeinnützige Stiftung – wichtige Merkmale ... 17
4. Familienstiftung – Aufbau und wichtige Merkmale ... 26
a) Aufbau einer Familienstiftung ... 26
b) Besondere Ausgestaltung der Familienstiftung ... 30
5. Sonderfall: Verbrauchsstiftung ... 31
II. Nichtrechtsfähige Stiftung ... 34
III. Stiftungsrechtsreform und Stiftungsregister ... 41
1. Einleitung ... 41
2. Stiftungsvermögen neu definiert ... 42
3. Business Judgement Rule ... 46
4. Satzungsänderungen und andere Strukturänderungen ... 47
5. Stiftungsregister ... 49
a) Allgemeines ... 49
b) Checkliste: Einzureichende Dokumente ... 53
IV. Ausländische Stiftungen (Österreich, Liechtenstein, Schweiz) ... 54
V. Rolle der Stiftungsaufsicht ... 57
VI. gGmbH als Alternative? ... 59
VII. Checkliste: Gründungsprozess einer Stiftung ... 63
C. Stiftung von Todes wegen ... 64
I. Allgemeines ... 64
II. Inhaltliche und formelle Voraussetzungen ... 67
III. Mängel im Stiftungsgeschäft ... 72
IV. Widerruf und Anfechtung ... 75
V. Pflichtteilsrecht ... 76
D. Stiftung und Testamentsvollstreckung ... 77
E. Grundlagen der Besteuerung von Stiftungen ... 83
I. Gemeinnützige Stiftung ... 84
1. Errichtung ... 84
2. Laufende Besteuerung ... 88
3. Zuwendungen an Destinatäre ... 92
4. Auflösung ... 93
5. Drittelprivileg ... 94
II. Familienstiftung ... 95
1. Errichtung ... 95
2. Laufende Besteuerung ... 97
3. Zuwendungen an Destinatäre ... 102
4. Auflösung ... 103

A. Einsatzmöglichkeiten von Stiftungen im Erbrecht

I. Einführung

1 Die Stiftung als Rechtstyp stellt in mehrfacher Hinsicht eine Besonderheit im deutschen Rechtssystem dar. Auch wenn sie einer Kapitalgesellschaft und einem Verein nicht gänzlich unähnlich ist, weist sie jedoch so viele Besonderheiten auf, dass sie als eigenständige Rechtsform zu qualifizieren ist. Seit der Stiftungsrechtsreform vom 1.7.2023 drückt sich das auch stärker im BGB aus. Denn anders als im vorherigen Recht ist das Stiftungszivilrecht nicht mehr nur rudimentär geregelt und lebt auch nicht mehr von vielen Verweisungen auf das Vereinsrecht, das dazu durch fragwürdige materiell-rechtliche Regelungen in den Stiftungsgesetzen der Bundesländer angereichert wurde. Das Stiftungszivilrecht verfügt nun über einen eigenständigen Regelungskanon. Hierauf wird noch im Laufe des Kapitels eingegangen.

2 Gleichwohl sind Gestaltungen mit Stiftungen auch nach der Stiftungsrechtsreform 2023 eher selten. Verglichen mit der Anzahl von Vereinen (man schätzt ca. 620.000 in Deutschland[1]) und GmbHs (ca. 1,4 Mio. einschließlich UGs[2]) gibt es nur wenige Stiftungen, geschätzt wird ihre Anzahl für das Jahr 2023 auf 25.777.[3] Abgesehen von wenigen Spezialisten, die sich tagtäglich mit dem Stiftungsrecht beschäftigen, habe viele Berater selten Berührungspunkte mit Stiftungen. Das gilt auch für die erbrechtliche Beratungspraxis. Hin und wieder tauchen allerdings im Erbrecht stiftungsrechtliche Fragestellungen auf, wenn z.B. Stiftungen Vermächtnisse erhalten oder gar als Erbin eingesetzt werden. Zudem ist ein wachsendes Interesse an Stiftungslösungen unter vermögenden Privatpersonen und Unternehmerfamilien festzustellen. Dieses Kapitel kann zwar keine Spezialliteratur ersetzen und den Leser nicht zum Experten fortbilden, aber es soll für die verschiedenen Berührungspunkte des Erbrechts mit dem Stiftungsrecht das Verständnis erleichtern, worum es jeweils geht, wichtige Fragestellungen und Fallstricke aufzeigen und mit dem einen oder anderen Muster eine wichtige Hilfestellung für Berater geben.

II. Einsatzmöglichkeiten im Überblick

1. Warum eine Stiftung?

3 Die Stiftung ist nichts anderes als ein juristisch „lebendes" Vermögen. Es handelt sich bei ihr um eine juristische Person, die mit Vermögen ausgestattet wurde und durch einen Vorstand vertreten wird. Sie hat keine Eigentümer, kennt also weder Gesellschafter noch Mitglieder oder Bruchteilsinhaber. Eine Stiftung gehört „sich selbst".

1 Siehe Website des Bundesverbands der Vereine und des Ehrenamtes e.V., https://bundesverband.bvve.de/vereine-in-deutschland/ (Abruf: 10.3.2025).

2 *Bayer/Lieder/Hoffmann*, GmbHR 2023, 709, 710.

3 Siehe Pressemitteilung Bundesverband Deutscher Stiftungen v. 16.4.2024, abrufbar unter: www.stiftungen.org/aktuelles/pressemitteilungen/mitteilung/bundesverband-veroeffentlicht-jahreszahlen-2023-beliebtheit-des-stiftens-ungebrochen-13483.html.

Die wichtigsten Anwendungsfälle privatrechtlicher Stiftungen[4] sind die Familienstiftung und die gemeinnützige Stiftung: 4

Bei der **Familienstiftung** verfolgt der Stiftungszweck ausschließlich oder überwiegend die Förderung und Unterstützung einer Familie. Das der Stiftung zugewendete Vermögen soll mit seinen Erträgen die Familiengenerationen versorgen, z.B. bei gesundheitlichen Maßnahmen, bei der Ausbildung oder bei der Gründung eines Unternehmens unterstützen. Nicht selten stattet der Stifter die Stiftung auch mit Unternehmensanteilen aus, um so einerseits der Stiftung eine Einkunftsquelle zu verschaffen und andererseits mit Hilfe der Stiftung auch das Unternehmen zu stärken.

Bei einer vom Finanzamt als **gemeinnützig** und/oder **mildtätig anerkannten Stiftung** sind hingegen die Zwecke nicht auf die Förderung einer Familie ausgerichtet, sondern stark dem gesellschaftlichen Gemeinwohl verpflichtet, indem sie einen oder mehrere Zwecke aus dem Zweckkanon der steuerlichen Abgabenordnung (§§ 52 ff. AO) fördert; Näheres hierzu siehe Rdn 17 ff.

Stiftungen kommen z.B. in Betracht, wenn der Stifter keine oder keine nah verwandte Familie hat oder die Familie das Vermögen, das der Stiftung zugedacht ist, nicht benötigt, etwa weil sie bereits ausreichend versorgt ist. Es kommt aber auch vor, dass der Stifter das Vermögen mit einer Stiftung vor aus seiner Sicht unliebsamen Begehrlichkeiten aus der Familie schützen möchte und das Vermögen in seinem Sinne verwendet wissen will, gerade wenn es sich um eine gemeinnützige Stiftung handelt. Eine Familienstiftung hat den Vorteil, dass das Vermögen über Generationen hinweg zusammengehalten werden kann und mit den Erträgen aus dem Stiftungsvermögen die Familie kontinuierlich eine Versorgung erhält. 5

Was Stiftungen eint, ob nun eine Familienstiftung oder eine gemeinnützige Stiftung, ist ihre **Langlebigkeit**. Eine Stiftung „stirbt" nicht. Damit gibt es auch keine wiederkehrenden Erbfälle mit den üblichen Risiken von komplizierten Erbengemeinschaften, Pflichtteilsansprüchen, Abfindungszahlungen an weichende Erben, aber auch keine Zugewinnausgleichsansprüche, die sich auf das Stiftungsvermögen beziehen könnten. Etwas anderes gilt in der Regel nur für die ersten Jahre nach Errichtung der Stiftung oder im Fall von Spenden, Zustiftungen oder anderen unentgeltlichen Zuwendungen, da Stiftungen z.B. im Pflichtteilsrecht wie andere Beschenkte auch behandelt werden. Das sind alles Faktoren, die potenzielle Stifter zum Nachdenken bringen, ob für sie eine Stiftung eine attraktive Rechtsform sein könnte. Auf den Sonderfall der Verbrauchsstiftung wird unter Rdn 31 ff. eingegangen. 6

2. Einsatzmöglichkeiten im Erbrecht

Für Stiftungen gibt es im Erbrecht verschiedene „Einsatzmöglichkeiten". So kann eine Stiftung als **Erbin** eingesetzt werden. Gerade für alleinstehende, vermögende Menschen kann dies in Ermangelung von nahen Verwandten ein Beweggrund sein. Häufig kommt dann eine gemeinnützige Stiftung in Frage. Denkbar ist es aber auch, eine solche Stiftung als Miterbin einzusetzen. Diese Variante findet sich hin und wieder, wenn die Stiftung z.B. 7

---

4 Öffentlich-rechtliche und kirchliche Stiftungen als besondere Stiftungstypen sind nicht Gegenstand dieses Kapitels, das ausschließlich privatrechtliche Stiftungen behandelt. Nichtrechtsfähige Stiftungen sind zivilrechtlich keine Stiftungen. Bei ihnen handelt es sich lediglich um ein Vertragsverhältnis, das in der Regel als Treuhandvertrag oder als Schenkung unter Auflage zu qualifizieren ist. Dieses schuldrechtliche Vertragsverhältnis kann steuerlich als eine Körperschaft anerkannt werden („steuerliche Stiftung"), ohne zivilrechtlich jedoch eine juristische Person zu sein. In der Praxis werden für nichtrechtsfähige Stiftungen auch die Begriffe „Treuhandstiftung" oder „Unterstiftung" verwendet. Aufgrund ihrer Bedeutung in der Praxis wird auch auf sie in diesem Kapitel eingegangen.

als eine Art Korrektiv in einer Erbengemeinschaft dienen soll. Im Zusammenhang mit Gesellschaften soll dadurch sichergestellt werden, dass die Regeln des Gesellschaftsvertrags eingehalten werden und sich die Erben nicht darüber hinwegsetzen können.

8 In der Praxis erhalten Stiftungen häufig **Vermächtnisse**. Der Erblasser setzt in diesem Fall die Familie oder andere nahestehende Personen als Erben ein, möchte aber neben dieser Erbenbestimmung noch etwas Gutes tun und einen Teil seines Vermögens einer gemeinnützigen Stiftung dauerhaft zukommen lassen. Hin und wieder sieht man auch taktische Vermächtnisse, die z.B. aufschiebend bedingt für eine Stiftung eingesetzt werden, falls der Erbe ein bestimmtes vom Erblasser gewünschtes Verhalten unterlässt. Die Erwartung des Erblassers ist dann, dass eine Stiftung aus Eigeninteresse heraus und mit einem Vorstand, der für das für ihn fremde Stiftungsvermögen verantwortlich ist und zur Einhaltung der Stiftungssatzung und sonstiger Verpflichtungen besonders verpflichtet ist, darauf achtet, ob der Erbe sich entsprechend verhält. Der Vorteil gegenüber einer Testamentsvollstreckung ist, dass der Erbe keinen Beschränkungen unterliegt, die eine Testamentsvollstreckung üblicherweise mit sich bringt.

9 Ähnlich wie die taktische Vermächtnislösung kann die Anordnung einer **Auflage** wirken. Der Erblasser kann seinen Erben oder Vermächtnisnehmern zur Auflage machen, aus dem Nachlass heraus eine bestimmte Stiftung zu fördern. Die Auflage ist insofern nur schwach durchsetzbar, als der Auflagenbegünstigte selbst keinen Anspruch auf Erfüllung oder Vollziehung der Auflage hat. In der Praxis wird die Auflage deshalb häufig mit einer Testamentsvollstreckung kombiniert, um letztlich die Durchsetzbarkeit sicherzustellen. Das wäre auch im Zusammenhang mit Stiftungen denkbar.

10 Schließlich ist noch auf eine Besonderheit der Errichtung einer Stiftung einzugehen, nämlich der **Stiftung von Todes wegen** (vgl. § 80 Abs. 2 S. 2, § 81 Abs. 3 und 4 BGB). Bei dieser Stiftung handelt es sich nicht um eine besondere Stiftungsform, sondern um eine „normale" rechtsfähige Stiftung. Die Besonderheit liegt in ihrer Errichtung, denn das Stiftungsgeschäft, das Voraussetzung einer jeden Stiftungsgründung ist, wird in einem Testament (oder in einem Erbvertrag) erklärt und wirkt somit erst nach dem Tod des Erblassers. Da die Abwicklung des Nachlasses und damit die praktische Errichtung der Stiftung von Todes wegen naturgemäß erst nach dem Tod des Erblassers erfolgen können und sich mitunter viele Monate, manchmal Jahre hinziehen, kann es zu erheblichen Verzögerungen zwischen dem Zeitpunkt der rechtlichen Errichtung der Stiftung (Todeszeitpunkt) und dem Zeitpunkt ihrer faktischen Gründung (Anerkennung des Stiftungsgeschäfts durch die Stiftungsaufsichtsbehörde) kommen. Der Gesetzgeber hat deshalb in § 80 Abs. 2 S. 2 BGB geregelt, dass die Stiftung von Todes wegen schon als vor dessen Tod entstanden gilt. Diese Fiktion ist nachvollziehbar, birgt jedoch auch einige praktische Schwierigkeiten, die unter Rdn 77 ff. beleuchtet werden.

B. Anwendungsformen und Errichtung der Stiftung

I. Rechtsfähige Stiftung

1. Allgemeines

11 Unter einer rechtsfähigen Stiftung versteht man nach § 80 Abs. 1 S. 1 BGB eine juristische Person, die ähnlich wie ein Verein oder eine GmbH am Rechtsleben teilnimmt. Das bedeutet, dass sie als **Inhaberin von Rechten und Pflichten** bspw. Eigentum an Firmen, Grundstücken oder Aktien erwerben kann. Eine Stiftung wird von einem oder mehreren Stiftern

errichtet und mit Vermögen ausgestattet, das später durch Zustiftungen anwachsen kann. Im Gegensatz zu einer GmbH oder einem Verein hat eine Stiftung weder Gesellschafter noch Mitglieder. Sie besitzt überhaupt keine Anteilseigner, sondern hat lediglich einen Vorstand, der die Geschäfte der Stiftung führt und diese nach außen vertritt, und manchmal zusätzlich noch fakultative Organe wie einen Beirat oder ein Kuratorium. Eine Stiftung besitzt also nur Vermögen, das rechtlich verselbstständigt ist und am gesellschaftlichen Leben wie natürliche Personen, Unternehmen oder Vereine teilnehmen kann. Eine Stiftung ist ihrer Idee nach auf Ewigkeit angelegt, denn weder können Anteilseigner noch sie selbst sterben, solange sie über Vermögen verfügt (man denke z.B. an die Fuggerei-Stiftung in Augsburg aus dem Jahr 1521).

Es gibt verschiedene Stiftungsarten, wobei die wohl bekannteste Form die gemeinnützige 12
Stiftung ist, die steuerlich besonders gefördert wird. Ein Spender erhält für seine Spende zugunsten einer gemeinnützigen Stiftung eine Spendenbescheinigung und kann durch einen Abzug des Spendenbetrags vom zu versteuernden Einkommen seine Einkommensteuer verringern. Daneben gibt es weitere Stiftungstypen, etwa die schon erwähnte Familienstiftung, die mit ihrem Vermögen die Mitglieder einer Familie unterstützt und die häufig Anteile an einem Familienunternehmen hält.

2. Errichtung einer rechtsfähigen Stiftung

Die Errichtung und Ausgestaltung einer rechtsfähigen Stiftung ist in den §§ 80, 81 BGB 13
geregelt. Erforderlich für die Gründung einer Stiftung sind ein oder mehrere Stifter, ein Stiftungsvermögen, ein Stiftungsgeschäft mit einer Satzung sowie die Anerkennung durch die Stiftungsaufsichtsbehörde.

Die Grundlage bildet das Stiftungsgeschäft i.S.d. § 81 Abs. 1 mit den Elementen der Vermö- 14
genswidmung und den Satzungsbestimmungen.[5] Das **Stiftungsgeschäft** ist eine einseitige, nicht empfangsbedürftige Willenserklärung des Stifters und bedarf nach § 81 Abs. 3 BGB der Schriftform oder kann gem. § 126a BGB durch elektronische Form ersetzt werden.[6] Ebenso muss der Stifter dabei geschäfts- und rechtsfähig sein.[7] Auch juristische Personen, sowohl des Privat- als auch des öffentlichen Rechts, können ein Stiftungsgeschäft errichten.

Durch das Stiftungsgeschäft muss der Stifter der Stiftung gem. § 81 Abs. 1 Nr. 1 BGB eine 15
Satzung geben.[8] Die **Satzung** ist das Kernstück, das die rechtliche Ordnung und den Aufbau der Stiftung festlegt. In § 81 Abs. 1 Nr. 1 BGB sind die Mindesterfordernisse für eine Stiftungssatzung abschließend normiert. Danach bedarf es Regelungen über den Zweck, den Namen, den Sitz und über die Bildung des Vorstands der Stiftung. Soweit die Stiftung z.B. eine Begünstigung wegen der Verfolgung steuerbegünstigter Zwecke anstrebt oder eine Familienstiftung errichten werden soll, sind überdies weitere, spezifische Satzungsbestimmungen zu wählen.[9] Ebenso muss der Stifter im Rahmen des Stiftungsgeschäfts ein **Vermögen** widmen gem. § 81 Abs. 1 Nr. 2 BGB, denn wie der Stiftungszweck ist auch das Vermögen vom Stifter zwingend vorzugeben. Stiftungsaufsichten verlangen hier regelmäßig einen **Mindestbetrag** in Höhe von 200.000 EUR, manchmal jedoch auch nur 100.000 EUR, wobei

5 jurisPK-BGB/*Otto*, § 81 Rn 2; MüKo-BGB/*Weitemeyer*, § 81 Rn 1.
6 BeckOK BGB/*Backert/Stürner*, § 81 Rn 2.
7 MüKo-BGB/*Weitemeyer*, § 81 Rn 8.
8 BeckNotar-HdB/*Hushahn*, § 19 Rn 12; Schauhoff/Mehren/*Schauhoff*, Kap. 1 Rn 18; *Janitzki*, ErbR 2024, 2, 3.
9 *Fischer/Ihle*, DStR 2008, 1692, 1697.

diese Fälle immer seltener werden.[10] Es gibt aber auch Bundesländer, die inzwischen ein Mindestkapital von 1 Mio. EUR verlangen, so inzwischen z.B. häufiger in Bayern. Als Faustformel kann man derzeit festhalten: Je geringer das Grundstockvermögen der Stiftung bei ihrer Errichtung ist, desto höher sind die Anforderungen der Stiftungsaufsicht an einen Nachweis, wie der Stiftungsvorstand in den Jahren nach der Gründung der Stiftung das Grundstockvermögen erhöht. In einigen Bundesländern wird ausdrücklich ein „Business-Plan“ für die ersten fünf Jahre nach Errichtung der Stiftung verlangt.

16 Erfüllt der Stifter die vorgenannten Voraussetzungen und hat er diese sinnvollerweise vorher mit der Stiftungsaufsicht abgestimmt, so ist für die Gründung der Stiftung schließlich die **Anerkennung** der Stiftung durch die **Stiftungsaufsicht** erforderlich. Die Entscheidung der Stiftungsaufsichtsbehörde über die Anerkennung der Stiftung ergeht nach einem entsprechenden Antrag des Stifters im Wege des Verwaltungsakts. Erst die staatliche Anerkennung durch die Stiftungsaufsichtsbehörde verleiht der Stiftung ihre Rechtsfähigkeit.[11]

3. Gemeinnützige Stiftung – wichtige Merkmale

17 Bei einer gemeinnützigen Stiftung handelt es sich um eine rechtsfähige Stiftung, die im Sinne der AO steuerbegünstigt ist. Der Begriff der Gemeinnützigkeit wird hier wie häufig in der Praxis im weiteren Sinne verstanden und erfasst als Bezeichnung der nach der AO steuerbegünstigten Stiftung etwa auch mildtätige Zwecke, obwohl streng genommen z.B. zwischen der gemeinnützigen und der mildtätigen Stiftung zu unterscheiden ist. Die gemeinnützige Stiftung im weiteren Sinne muss also **gemeinnützige, mildtätige und/oder kirchliche Zwecke** verfolgen. Dabei verfolgt die überwiegende Mehrheit der Stiftungen in Deutschland ausschließlich steuerbegünstigte Zwecke,[12] denn eine gemeinnützige Stiftung ist aufgrund ihrer gemeinwohlfördernden Wirkung von allen wesentlichen Steuern befreit und daher eine attraktive Rechtsform für gemeinwohlorientiertes Handeln.[13]

18 **Praxistipp**
Um die steuerliche Begünstigung zu erhalten und um als „gemeinnützig“ zu gelten, muss die Stiftungssatzung sorgfältig formuliert werden, um sicherzustellen, dass die Stiftung ausschließlich und unmittelbar steuerbegünstigte Zwecke erfüllt und selbstlos tätig ist.[14] Ebenso unterliegt eine Satzung dem allgemeinen Verbot der Selbstzweckstiftung, sie darf also nicht nur ihrem eigenen Vermögenserhalt dienen, sondern muss daneben noch weitere Zwecke verwirklichen.[15]

19 Bei der **Satzungsgestaltung** muss gewährleistet werden, dass sämtliche Vorgaben des § 51 ff. AO erfüllt sind. Es muss sich dabei unmittelbar aus der Satzung ergeben, **welchen steuerbegünstigten Zweck** die Stiftung fördert und dass dieser Zweck unmittelbar und ausschließlich verfolgt wird (§ 59 AO) sowie die tatsächliche Führung der Stiftung hiermit im Einklang steht (§ 63 AO).[16]

10 Plottek/Weiten/*Plottek*, § 2 Rn 11.
11 BGH, Urt. v. 9.2.1978 – III ZR 59/76 (KG), NJW 1978, 943, 944; Staudinger/*Hüttemann/Rawert*, § 80 Rn 2.
12 Siehe Website des Bundesverbands Deutscher Stiftungen, www.stiftungen.org/stiftungen/zahlen-und-daten.html (Abruf: 10.3.2025).
13 Scherer/*Biermann/Koslowski*, § 9 Rn 34.
14 Scherer/*Biermann/Koslowski*, § 9 Rn 34.
15 Erman/*Wiese*, § 81 Rn 12.
16 *Fischer/Ihle*, DStR 2008, 1692, 1693.

Welche Zwecke im Sinne der AO als gemeinnützig anzusehen sind, regelt § 52 Abs. 2 AO.[17] Hierbei handelt es sich um einen abschließenden Katalog, der jedoch durch eine Öffnungsklausel ergänzt wird (vgl. § 52 Abs. 2 S. 2 AO).

In § 52 Abs. 1 AO wird der Begriff „Gemeinnützigkeit" allgemein definiert, indem er feste Kriterien an den Gegenstand und die Durchführung einer als gemeinnützig anzusehenden Förderung festlegt.[18] So verfolgt eine Körperschaft gemeinnützige Zwecke, wenn ihre Tätigkeit darauf gerichtet ist, die Allgemeinheit auf materiellem, geistigem oder sittlichem Gebiet selbstlos zu fördern. In § 52 Abs. 2 S. 1 AO findet sich, wie erwähnt, die grundsätzlich **abschließende** Auflistung einzelner gemeinnütziger Zwecke, welche die Ziele der Förderung präziser darstellt. Das kann z.B. sein 20
- die Förderung von Wissenschaft und Forschung (§ 52 Abs. 2 Nr. 1 AO),
- die Förderung der Religion (§ 52 Abs. 2 Nr. 2 AO),
- die Förderung des öffentlichen Gesundheitswesens und der öffentlichen Gesundheitspflege, insbesondere die Verhütung und Bekämpfung von übertragbaren Krankheiten, auch durch Krankenhäuser i.S.d. § 67 AO, und von Tierseuchen (§ 52 Abs. 2 Nr. 3 AO) oder
- die Förderung der Jugend- und Altenhilfe (§ 52 Abs. 2 Nr. 4 AO).

Um es kurz zu formulieren: Mit einer gemeinnützigen Stiftung möchte der Stifter Gutes tun, weshalb eine gemeinnützige Stiftung von den meisten Steuerarten befreit ist und Spender und Zustifter ihre Geldzuwendungen im Rahmen bestimmter Grenzen steuerlich als Abzugsposten geltend machen können. 21

Zusätzliche Zwecke, die nicht unter den Katalog des § 52 Abs. 2 S. 1 AO fallen, können nur dann als gemeinnützig anerkannt werden, wenn sie im speziellen Fall von der **Finanzverwaltung** als solche anerkannt worden sind (§ 52 Abs. 2 S. 2 AO). Die Art und Weise, wie die Förderung dieser Zwecke durchgeführt werden muss – selbstlos, unmittelbar, ausschließlich und gemäß der Satzung – ist in den §§ 55 ff. AO festgelegt. 22

Insbesondere ist eine gemeinnützige Stiftung gem. § 57 AO verpflichtet, ihre Zwecke unmittelbar zu verfolgen. Die **Unmittelbarkeit** erfordert, dass die Aktivitäten der Stiftung direkt auf die Förderung der steuerbegünstigten Zwecke ausgerichtet sind, ohne dass zusätzliche Umsetzungsmaßnahmen zwischengeschaltet werden oder die gemeinnützige Zweckerreichung nur als Nebeneffekt der eigentlichen Stiftungsaktivitäten auftritt. Eine nur mittelbare Förderung gemeinnütziger Zwecke begründet in der Regel keinen gemeinnützigen Status.[19] Bei jeder Errichtung einer gemeinnützigen Stiftung ist dringend zu empfehlen, sich an der **Mustersatzung für gemeinnützige Stiftungen aus der AO** zu orientieren, da die Satzung der neuen Stiftung gem. § 60 Abs. 1 S. 2 AO die Festlegungen in der Mustersatzung enthalten muss und die Finanzämter auf die Verwendung der Musterformulierungen bestehen. Andernfalls droht die Gefahr, dass die Stiftung keinen Feststellungsbescheid über die Einhaltung der Voraussetzungen für die Steuerbegünstigung erhält und in diesem Fall keine Zuwendungsbestätigungen ausstellen dürfte. 23

17 Plottek/Weiten/*Plottek*, § 3 Rn 5 f.; Richter/*Richter*, § 27 Rn 4.
18 Klein/*Gersch*, § 52 Rn 1.
19 *Fischer/Ihle*, DStR 2008, 1692, 1698.

13.1 **Muster 13.1: Mustersatzung für eine gemeinnützige rechtsfähige Stiftung gem. Anlage 1 AO**

24 **§ 1**

Die mit Sitz in verfolgt ausschließlich und unmittelbar – gemeinnützige – mildtätige – kirchliche – Zwecke *[Hinweis: nicht verfolgte Zwecke streichen]* im Sinne des Abschnitts „Steuerbegünstigte Zwecke" der Abgabenordnung.

Zweck der Stiftung ist *[z.B. die Förderung von Wissenschaft und Forschung, Jugend- und Altenhilfe, Erziehung, Volks- und Berufsbildung, Kunst und Kultur, Landschaftspflege, Umweltschutz, des öffentlichen Gesundheitswesens, des Sports, Unterstützung hilfsbedürftiger Personen].*

Der Satzungszweck wird verwirklicht insbesondere durch *[z.B. Durchführung wissenschaftlicher Veranstaltungen und Forschungsvorhaben, Vergabe von Forschungsaufträgen, Unterhaltung einer Schule, einer Erziehungsberatungsstelle, Pflege von Kunstsammlungen, Pflege des Liedgutes und des Chorgesanges, Errichtung von Naturschutzgebieten, Unterhaltung eines Kindergartens, Kinder-, Jugendheimes, Unterhaltung eines Altenheimes, eines Erholungsheimes, Bekämpfung des Drogenmissbrauchs, des Lärms, Förderung sportlicher Übungen und Leistungen].*

§ 2

Die Stiftung ist selbstlos tätig; sie verfolgt nicht in erster Linie eigenwirtschaftliche Zwecke.

§ 3

Mittel der Stiftung dürfen nur für die satzungsmäßigen Zwecke verwendet werden.

§ 4

Es darf keine Person durch Ausgaben, die dem Zweck der Stiftung fremd sind, oder durch unverhältnismäßig hohe Vergütungen begünstigt werden.

§ 5

Bei Auflösung oder Aufhebung der Stiftung oder bei Wegfall steuerbegünstigter Zwecke fällt das Vermögen der Stiftung

an – den – die – das – *[Bezeichnung einer juristischen Person des öffentlichen Rechts oder einer anderen steuerbegünstigten Körperschaft]*, – der – die – das – es unmittelbar und ausschließlich für gemeinnützige, mildtätige oder kirchliche Zwecke zu verwenden hat,

oder

an eine juristische Person des öffentlichen Rechts oder eine andere steuerbegünstigte Körperschaft zwecks Verwendung für *[Angabe eines bestimmten gemeinnützigen, mildtätigen oder kirchlichen Zwecks, z.B. Förderung von Wissenschaft und Forschung, Erziehung, Volks- und Berufsbildung, der Unterstützung von Personen, die i.S.v. § 53 der Abgabenordnung wegen bedürftig sind, Unterhaltung des Gotteshauses in].*

13.2 **Muster 13.2: Ausführliche Stiftungssatzung einer gemeinnützigen rechtsfähigen Stiftung**

25 **Satzung der**

§ 1

Name und Sitz der Stiftung

1. Die Stiftung führt den Namen „ ".
2. Sie ist eine rechtsfähige Stiftung des bürgerlichen Rechts.
3. Die Stiftung hat ihren Sitz in .

§ 2

Zweck der Stiftung

1. Zweck der Stiftung ist *[z.B. die Förderung von Wissenschaft und Forschung, Jugend- und Altenhilfe, der Erziehung, Volks- und Berufsbildung, Kunst und Kultur, Landschaftspflege, Umweltschutz, des öffentlichen Gesundheitswesens, des Sports, Unterstützung hilfsbedürftiger Personen].*
2. Der Stiftungszweck wird insbesondere verwirklicht durch *[z.B. Gewährung von Stipendien; Pflege von Kunstsammlungen; Errichtung von Naturschutzgebieten; Unterhaltung eines Kindergartens, Kinder-, Jugendheims; Unterhaltung eines Altenheims; Bekämpfung des Drogenmissbrauchs; Förderung sportlicher Übungen und Leistungen].*
3. Die Zwecke der Stiftung müssen nicht alle gleichzeitig und in gleichem Maße erfüllt werden.

§ 3

Gemeinnützigkeit

1. Die Stiftung verfolgt ausschließlich und unmittelbar gemeinnützige und mildtätige Zwecke im Sinne des Abschnitts „Steuerbegünstigte Zwecke" der Abgabenordnung.
2. Die Stiftung ist selbstlos tätig; sie verfolgt nicht in erster Linie eigenwirtschaftliche Zwecke.
3. Die Mittel der Stiftung dürfen nur für die satzungsmäßigen Zwecke verwendet werden.
4. Der Stifter und seine Rechtsnachfolger erhalten keine Zuwendungen aus Mitteln der Stiftung.
5. Es darf keine Person durch Ausgaben, die dem Zweck der Stiftung fremd sind, oder durch unverhältnismäßig hohe Vergütungen begünstigt werden.

§ 4

Stiftungsvermögen

1. Das Stiftungsvermögen besteht aus dem Grundstockvermögen und aus dem sonstigen Vermögen der Stiftung.
2. Dem Grundstockvermögen wachsen die Zuwendungen zu, die vom Zuwendenden dazu bestimmt sind (Zustiftungen). Die Stiftung darf derartige Zustiftungen annehmen.
3. Zum Grundstockvermögen gehört auch das Vermögen, das von der Stiftung zu Grundstockvermögen bestimmt wurde.
4. Vermögensumschichtungen sind zulässig. Umschichtungsgewinne dürfen ganz oder teilweise zur Erfüllung des Stiftungszwecks verwendet und verbraucht werden. Diese Gewinne aus Vermögensumschichtungen des Stiftungsvermögens können außerdem ganz oder teilweise dem Grundstockvermögen oder dem sonstigen Vermögen zugeführt werden. Der Vorstand entscheidet hierüber durch Beschluss.
5. Das Grundstockvermögen ist ungeschmälert zu erhalten.

§ 5

Vorstand

1. Einziges Organ der Stiftung ist der Vorstand. Der Vorstand leitet und verwaltet die Stiftung.
2. Der Vorstand besteht aus bis zu Personen.
3. Die Amtszeit der Vorstandsmitglieder beträgt Jahre.
4. Der Vorstand vertritt die Stiftung gerichtlich und außergerichtlich. Er hat die Stellung eines gesetzlichen Vertreters. Die Vorstandsmitglieder sind einzelvertretungsberechtigt.
5. Die Vorstandsmitglieder haften gegenüber der Stiftung nur für Vorsatz und grobe Fahrlässigkeit. Jedes Vorstandsmitglied hat bei der Führung der Geschäfte der Stiftung die Sorgfalt eines ordentlichen Geschäftsführers anzuwenden. Eine Pflichtverletzung liegt nicht vor, wenn das Vorstandsmitglied bei der Ausübung seiner Aufgaben nach dieser Satzung unter Beachtung der gesetzlichen und satzungsgemäßen Vorgaben vernünftigerweise annehmen durfte, auf der Grundlage angemessener Informationen zum Wohle der Stiftung zu handeln.

§ 6

Einberufung und Beschlussfassung des Vorstands

1. Der Vorstand fasst seine Beschlüsse mit folgender Mehrheit:
2. Beschlüsse werden grundsätzlich in Sitzungen gefasst.

§ 7

Satzungsänderungen, Zweckänderung, Auflösung und Zulegung/Zusammenlegung der Stiftung

1. Durch Satzungsänderung kann der Stiftung ein anderer Zweck gegeben oder der Zweck der Stiftung kann erheblich beschränkt werden, wenn der Stiftungszweck nicht mehr dauernd und nachhaltig erfüllt werden kann oder der Stiftungszweck das Gemeinwohl gefährdet. Der Stiftungszweck kann insbesondere nicht mehr dauernd und nachhaltig erfüllt werden, wenn die Stiftung keine ausreichenden Mittel für die nachhaltige Erfüllung des Stiftungszwecks hat und solche Mittel in absehbarer Zeit auch nicht erwerben kann.
2. Durch Satzungsänderung kann der Stiftungszweck in anderer Weise als nach Absatz 1 Satz 1 oder es können andere prägende Bestimmungen der Stiftungsverfassung geändert werden, wenn sich die Verhältnisse nach Errichtung der Stiftung wesentlich verändert haben und eine solche Änderung erforderlich ist, um die Stiftung an die veränderten Verhältnisse anzupassen. Als prägend für die Stiftung sind die Bestimmungen[20] über [*z.B. den Namen, den Sitz, die Art und Weise der Zweckerfüllung und über die Verwaltung des Grundstockvermögens*] anzusehen.
3. Durch Satzungsänderung können Bestimmungen der Satzung, die nicht unter Absatz 1 oder Absatz 2 Satz 1 fallen, geändert werden, wenn dies der Erfüllung des Stiftungszwecks dient.
4. Der Vorstand soll die Stiftung auflösen, wenn die Stiftung ihren Zweck endgültig nicht mehr dauernd und nachhaltig erfüllen kann. Die Voraussetzungen des Satzes 1 liegen nicht endgültig vor, wenn die Stiftung durch eine Satzungsänderung so umgestaltet werden kann, dass sie ihren Zweck wieder dauernd und nachhaltig erfüllen kann.
5. Für die Zulegung oder Zusammenlegung der Stiftung mit einer anderen Stiftung gelten die gesetzlichen Regelungen.[21]
6. Beschlüsse des Vorstands über Satzungsänderungen bedürfen einer -Mehrheit. Beschlüsse des Vorstands über die Auflösung der Stiftung, die Zulegung oder die Zusammenlegung mit einer anderen Stiftung oder die Umgestaltung in eine Verbrauchsstiftung bedürfen der Einstimmigkeit.
7. Die Änderung der Satzung, die Auflösung der Stiftung, die Zulegung oder die Zusammenlegung mit einer anderen Stiftung bedürfen der Genehmigung der Stiftungsbehörde.
8. Die Änderung der Satzung, die Auflösung der Stiftung, die Zulegung oder die Zusammenlegung mit einer anderen Stiftung ist dem zuständigen Finanzamt anzuzeigen. Vor einer Änderung des Stiftungszwecks und vor der Änderung von Bestimmungen der Stiftungssatzung, die für die Gemeinnützigkeit der Stiftung Bedeutung haben, ist eine positive Stellungnahme des zuständigen Finanzamts einzuholen.

§ 8

Vermögensanfall

Bei Aufhebung oder Auflösung der Stiftung ober bei Wegfall steuerbegünstigter Zwecke fällt das Vermögen der Stiftung

1. an , der/die/das es unmittelbar und ausschließlich für gemeinnützige, mildtätige oder kirchliche Zwecke zu verwenden hat, oder
2. an eine juristische Person des öffentlichen Rechts oder eine andere steuerbegünstigte Körperschaft zwecks Verwendung für .

---

20 Der Stifter kann bei Gründung der Stiftung selbst festlegen, welche Bestimmungen als prägend anzusehen sind.

21 Der Stifter kann für diese Strukturänderungen auch eigene Regelungen treffen, solange diese mit dem Gesetz in Einklang stehen.

4. Familienstiftung – Aufbau und wichtige Merkmale

a) Aufbau einer Familienstiftung

Bei einer Familienstiftung handelt es sich um eine besondere Ausprägung einer rechtsfähigen Stiftung. Sie dient im besonderen Maße den Interessen oder dem Wohl bestimmter Familienmitglieder.[22] Dabei verfolgt sie private und wirtschaftliche Ziele und hat meist als Hauptzweck die Versorgung der Familie aus den Erträgen des Vermögens, das der Stiftung übertragen wurde. Eine **Absicherung** einzelner Familienmitglieder und des Familienvermögens kann insbesondere durch die Ausübung von Kontrolle durch die Stiftungsorgane erreicht werden.[23] Denn eine Stiftung hat keine Anteilseigner im Rechtssinne. Somit können Begünstigte keine Anteile an Dritte veräußern oder gesellschaftsrechtliche Informations- oder Kontrollrechte ausüben.[24] Anstelle der einzelnen Familienmitglieder tritt auch bei einer Familienstiftung das selbstverantwortliche Handeln der Stiftungsorgane. Die Stiftungsorgane können dann nach Belieben mit Dritten oder mit Familienmitgliedern besetzt werden.[25] 26

Auch eine Familienstiftung muss durch ein **Stiftungsgeschäft** errichtet werden, das den Anforderungen des § 81 Abs. 1 BGB genügt. Ebenfalls unterliegt dieser Stiftungstyp dem allgemeinen Verbot der Selbstzweckstiftung, sie darf also nicht nur ihrem eigenen Vermögenserhalt dienen, sondern muss daneben noch weitere Zwecke verwirklichen.[26] 27

Der wichtigste Unterschied zu einer gemeinnützigen Stiftung ist die besondere Zweckbestimmung. Der **Stiftungszweck** ist regelmäßig gerichtet auf die Unterstützung, Versorgung, Unterhaltung und Förderung von Mitgliedern einer oder mehrerer Familien. Der Zweck setzt auch den Rahmen, innerhalb dessen die Ausschüttungen an die Begünstigten erfolgen können. So wird eine Auskehrung von Stiftungsvermögen häufig an einen bestimmten Bedarf geknüpft, z.B. im Fall einer beruflichen Aus- oder Weiterbildung, einer Krankheit oder gar einer Notlage. Manchmal genügt schon die Zugehörigkeit zum Kreis der Begünstigten und nicht selten werden auch regelmäßige Auskehrungen vorgesehen. Die genaue Festlegung eines Kreises von **Begünstigten** ist dabei unerlässlich, auch wenn dieser oft aus der Zweckformulierung hervorgeht. In der Satzung sollte klar definiert sein, wer zu den Begünstigten zählt, um spätere Streitigkeiten zu vermeiden. Insbesondere sollte geklärt werden, ob unter dem Begriff „Abkömmlinge" nur leibliche Kinder oder auch Adoptivkinder verstanden werden. Die Definition des Begünstigtenkreises hat auch **steuerliche** Auswirkungen, da sich die Steuerklasse bei Familienstiftungen nach dem Verwandtschaftsverhältnis des entferntesten Berechtigten richtet.[27] 28

22 Plottek/Weiten/*Plottek*, § 2 Rn 59 f.; Scherer/*Feick/Schwalm*, § 38 Rn 10; Krug/Rudolf/Kroiß/Bittler/*Schiffer/Schürmann*, § 16 Rn 70.

23 Richter/Wachter/*Timmer*, § 1 Rn 9; Richter/*Richter*, § 11 Rn 9.

24 Bonefeld/Wachter/*Gollan/Hemmen*, § 23 Rn 5.

25 Richter/*Richter*, § 11 Rn 10.

26 BeckNotar-HdB/*Hushahn*, § 19 Rn 139.

27 BeckFormB ErbR/*Feick/Bregulla-Weber*, H.III.2. Rn 7.

13.3 **Muster 13.3: Auszug aus einer Satzung für eine rechtsfähige Familienstiftung**

29

Satzung der -Familienstiftung

Präambel

§ 1

Name und Sitz der Stiftung

1. Die Stiftung führt den Namen „ -Familienstiftung".
2. Sie ist eine rechtsfähige Stiftung des bürgerlichen Rechts.
3. Die Stiftung hat ihren Sitz in .

§ 2

Zweck der Stiftung

1. Zweck der Stiftung ist die Zuwendung von finanziellen Mitteln an die Destinatäre.
2. Der Stiftungszweck wird insbesondere verwirklicht durch .
3. Destinatäre der Stiftung sind grundsätzlich nur leibliche, eheliche Abkömmlinge des Stifters oder deren leibliche, eheliche Abkömmlinge. Auch nichteheliche oder adoptierte Abkömmlinge gelten jedoch als eheliche Abkömmlinge im Sinne dieser Satzung, wenn der Stifter oder nach dessen Ableben der Stiftungsrat dies beschließt.

§ 3

Stiftungsvermögen

1. Das Stiftungsvermögen besteht aus dem Grundstockvermögen und aus dem sonstigen Vermögen der Stiftung.
2. Dem Grundstockvermögen wachsen die Zuwendungen zu, die vom Zuwendenden dazu bestimmt sind (Zustiftungen). Die Stiftung darf derartige Zustiftungen annehmen.
3. Zum Grundstockvermögen gehört auch das Vermögen, das von der Stiftung zu Grundstockvermögen bestimmt wurde.
4. Vermögensumschichtungen sind zulässig. Umschichtungsgewinne dürfen ganz oder teilweise zur Erfüllung des Stiftungszwecks verwendet und verbraucht werden. Diese Gewinne aus Vermögensumschichtungen des Stiftungsvermögens können außerdem ganz oder teilweise dem Grundstockvermögen oder dem sonstigen Vermögen zugeführt werden. Der Vorstand entscheidet hierüber durch Beschluss.
5. Das Grundstockvermögen ist ungeschmälert zu erhalten.

§ 4

Organe der Stiftung

1. Organe der Stiftung sind der Vorstand und der Stiftungsrat. Der Vorstand leitet und verwaltet die Stiftung.
2. Ein Mitglied eines Stiftungsorgans kann nicht zugleich einem anderen Organ der Stiftung angehören.
3. Die Mitglieder der Stiftungsorgane haften gegenüber der Stiftung nur für Vorsatz und grobe Fahrlässigkeit. Jedes Mitglied des Vorstands und des Stiftungsrats hat bei der Führung der Geschäfte der Stiftung die Sorgfalt eines ordentlichen Geschäftsführers anzuwenden. Eine Pflichtverletzung liegt nicht vor, wenn das jeweilige Mitglied bei der Ausübung seiner Aufgaben nach dieser Satzung unter Beachtung der gesetzlichen und satzungsgemäßen Vorgaben vernünftigerweise annehmen durfte, auf der Grundlage angemessener Informationen zum Wohle der Stiftung zu handeln.

b) Besondere Ausgestaltung der Familienstiftung

In vielen Fällen hält die Stiftung auch Anteile an einem Familienunternehmen.[28] In der Praxis überwiegt die sog. **Beteiligungsträgerstiftung**, bei der die Stiftung nicht unmittelbar das Unternehmen betreibt (das wäre eine Unternehmensträgerstiftung), sondern „nur" die Anteile an den Gesellschaften hält, die wiederum Inhaber des Unternehmens sind. Häufig findet man Holdingstrukturen, bei denen die Stiftung 100 % oder doch zumindest die Mehrheit der Anteile an der Holdinggesellschaft hält, die wiederum die Anteile an einer oder an mehreren operativen Tochtergesellschaften innehat. Der Vorteil solcher Strukturen ist einerseits, dass Risiken aus dem operativen Unternehmen regelmäßig nicht auf die Stiftung „durchschlagen". Andererseits kann auch die Option bestehen, dass Tochtergesellschaften veräußert werden, ohne dass hiervon die Stiftung unmittelbar betroffen ist. Vor allem stirbt eine Stiftung mit ihrem Ewigkeitscharakter nicht. Damit entfallen typische Erbstreitigkeiten, die aus klassischen Erbengemeinschaften mit ihren Verteilungsfragen oder aus Pflichtteilsansprüchen resultieren und stets eine Belastung für ein Familienunternehmen bedeuten können. Da eine Stiftung in Ermangelung von Eigentümern keine Anteile o.Ä. vererbt, kann darin ein großer Vorteil einer Familienstiftung liegen. 30

5. Sonderfall: Verbrauchsstiftung

Eine weitere Ausgestaltung einer rechtsfähigen Stiftung ist die in § 80 Abs. 1 S. 2 BGB geregelte Verbrauchsstiftung. Diese besondere Form der Stiftung zeichnet sich dadurch aus, dass das **Stiftungsvermögen** im Laufe der Zeit **vollständig verbraucht** wird.[29] Sowohl gemeinnützige Stiftungen als auch Familienstiftungen können als Verbrauchsstiftung ausgestaltet sein.[30] 31

Im Gegensatz zu einer klassischen Stiftung, bei der das Vermögen dauerhaft erhalten bleibt und nur die Erträge für den Stiftungszweck verwendet werden, wird bei einer Verbrauchsstiftung das Vermögen selbst für die Erfüllung des Stiftungszwecks eingesetzt.[31] Der Verbrauch kann an einen bestimmten Zeitraum (in der Regel mindestens zehn Jahre, § 82 S. 2 BGB) geknüpft werden oder an ein bestimmtes Ereignis.[32] Die **Satzung** jeder Verbrauchsstiftung muss jedoch Regelungen zur Verwendung des Stiftungsvermögens enthalten, die sicherstellen, dass der Stiftungszweck nachhaltig erfüllt und das Stiftungsvermögen vollständig während der vorgesehenen Dauer der Verbrauchsstiftung aufgebraucht wird.[33] 32

28 BeckOK BGB/*Backert*, § 80 Rn 16; *Hennerkes/Binz/Sorg*, DB 1986, 2217, 2217; *Hennerkes/Schiffer*, BB 1992, 1940; *Hennerkes/Schiffer/Fuchs*, BB 1995, 209.

29 Schiffer/Pruns/Schürmann/*Schiffer*, § 2 Rn 15; Plottek/Weiten/*Plottek*, § 2 Rn 36.

30 Plottek/Weiten/*Plottek*, § 2 Rn 41; Feick/*Hahn*, § 14 Rn 14 f.; MHdB GesR V/*Schwake*, § 79 Rn 11; *Tielmann*, NJW 2013, 2934 sowie *Blumers*, DStR 2012, 1, 6.

31 Plottek/Weiten/*Plottek*, § 2 Rn 36; MüKo-BGB/*Weitemeyer*, § 80 Rn 14; Schulze/Dörner/Ebert u.a./*Dörner*, § 80 Rn 12.

32 Schiffer/Pruns/Schürmann/*Pruns*, § 3 Rn 17; jurisPK-BGB/*Otto*, § 81 Rn 20; MüKo-BGB/*Weitemeyer*, § 80 Rn 149.

33 BR-Drucks 143/21, 50; Burgard/*Burgard*, § 80 Rn 16.

13.4 **Muster 13.4: Auszug aus einer Satzung für eine rechtsfähige Verbrauchsstiftung**

33 **Satzung der -Stiftung**

Präambel

§ 1

Name und Sitz der Stiftung

1. Die Stiftung führt den Namen „ -Stiftung".
2. Sie ist eine rechtsfähige Stiftung des bürgerlichen Rechts.
3. Die Stiftung hat ihren Sitz in .

§ 2

Zweck der Stiftung

1. Zweck der Stiftung ist [*z.B. die Förderung von Wissenschaft und Forschung, Jugend- und Altenhilfe, Erziehung, Volks- und Berufsbildung, Kunst und Kultur, Landschaftspflege, Umweltschutz, des öffentlichen Gesundheitswesens, des Sports, Unterstützung hilfsbedürftiger Personen*].
2. Der Stiftungszweck wird insbesondere verwirklicht durch [*z.B. Gewährung von Stipendien; Pflege von Kunstsammlungen; Errichtung von Naturschutzgebieten; Unterhaltung eines Kindergartens, Kinder-, Jugendheims; Unterhaltung eines Altenheims; Bekämpfung des Drogenmissbrauchs; Förderung sportlicher Übungen und Leistungen*].
3. Die Zwecke der Stiftung müssen nicht alle gleichzeitig und in gleichem Maße erfüllt werden.

§ 3

Stiftungsvermögen, Verbrauchsstiftung

1. Das Stiftungsvermögen besteht aus dem Grundstockvermögen und aus dem sonstigen Vermögen der Stiftung.
2. Dem Grundstockvermögen wachsen die Zuwendungen zu, die vom Zuwendenden dazu bestimmt sind (Zustiftungen). Die Stiftung darf derartige Zustiftungen annehmen.
3. Zum Grundstockvermögen gehört auch das Vermögen, das von der Stiftung zu Grundstockvermögen bestimmt wurde.
4. Vermögensumschichtungen sind zulässig. Umschichtungsgewinne dürfen ganz oder teilweise zur Erfüllung des Stiftungszwecks verwendet und verbraucht werden. Diese Gewinne aus Vermögensumschichtungen des Stiftungsvermögens können außerdem ganz oder teilweise dem Grundstockvermögen oder dem sonstigen Vermögen zugeführt werden. Der Vorstand entscheidet hierüber durch Beschluss.
5. Das Grundstockvermögen ist ungeschmälert zu erhalten.
6. Nach dem Ableben des Stifters soll die Stiftung in eine Verbrauchsstiftung umgewandelt werden. In diesem Rahmen soll das Stiftungsvermögen innerhalb von Jahren zur Erfüllung der vorstehend unter § 2 Absatz 1 genannten Stiftungszwecke verbraucht werden. Zuwendungen Dritter darf die Stiftung nach Umwandlung in eine Verbrauchsstiftung nur annehmen, wenn diese zum Verbrauch bestimmt sind.

§ 7

Satzungsänderungen, Zweckänderung, Auflösung und Zulegung/Zusammenlegung der Stiftung

1. Durch Satzungsänderung kann der Stiftung ein anderer Zweck gegeben oder der Zweck der Stiftung kann erheblich beschränkt werden, wenn der Stiftungszweck nicht mehr dauernd und nachhaltig erfüllt werden kann oder der Stiftungszweck das Gemeinwohl gefährdet. Der Stiftungszweck kann insbesondere nicht mehr dauernd und nachhaltig erfüllt werden, wenn die Stiftung keine ausreichenden Mittel für die nachhaltige Erfüllung des Stiftungszwecks hat und solche Mittel in absehbarer Zeit auch nicht erwerben kann.

2. Durch Satzungsänderung kann der Stiftungszweck in anderer Weise als nach Absatz 1 Satz 1 oder es können andere prägende Bestimmungen der Stiftungsverfassung geändert werden, wenn sich die Verhältnisse nach Errichtung der Stiftung wesentlich verändert haben und eine solche Änderung erforderlich ist, um die Stiftung an die veränderten Verhältnisse anzupassen. Als prägend für die Stiftung sind die Bestimmungen[34] über [*z.B. den Namen, den Sitz, die Art und Weise der Zweckerfüllung und über die Verwaltung des Grundstockvermögens*] anzusehen.
3. Durch Satzungsänderung können Bestimmungen der Satzung, die nicht unter Absatz 1 oder Absatz 2 Satz 1 fallen, geändert werden, wenn dies der Erfüllung des Stiftungszwecks dient.
4. Der Vorstand soll die Stiftung auflösen, wenn die Stiftung ihren Zweck endgültig nicht mehr dauernd und nachhaltig erfüllen kann. Die Voraussetzungen des Satzes 1 liegen nicht endgültig vor, wenn die Stiftung durch eine Satzungsänderung so umgestaltet werden kann, dass sie ihren Zweck wieder dauernd und nachhaltig erfüllen kann.
5. Der Vorstand hat die Stiftung aufzulösen, wenn die Stiftung in eine Verbrauchsstiftung umgestaltet wurde und der Zeitraum nach vorstehendem § 3 Absatz 6, für den die Stiftung errichtet wurde, abgelaufen ist.
6. Für die Zulegung oder Zusammenlegung der Stiftung mit einer anderen Stiftung gelten die gesetzlichen Regelungen.[35]
7. Beschlüsse des Vorstands über Satzungsänderungen bedürfen einer -Mehrheit. Beschlüsse des Vorstands über die Auflösung der Stiftung, die Zulegung oder die Zusammenlegung mit einer anderen Stiftung oder die Umgestaltung in eine Verbrauchsstiftung bedürfen der Einstimmigkeit.
8. Die Änderung der Satzung, die Auflösung der Stiftung, die Zulegung oder die Zusammenlegung mit einer anderen Stiftung bedürfen der Genehmigung der Stiftungsbehörde.
9. Die Änderung der Satzung, die Auflösung der Stiftung, die Zulegung oder die Zusammenlegung mit einer anderen Stiftung ist dem zuständigen Finanzamt anzuzeigen. Vor einer Änderung des Stiftungszwecks und vor der Änderung von Bestimmungen der Stiftungssatzung, die für die Gemeinnützigkeit der Stiftung Bedeutung haben, ist eine positive Stellungnahme des zuständigen Finanzamts einzuholen.

II. Nichtrechtsfähige Stiftung

Unter einer nichtrechtsfähigen Stiftung (auch unselbstständige Stiftung oder Treuhandstiftung genannt) versteht man die Zuwendung von Vermögenswerten durch den Vermögensinhaber („Stifter") an einen Stiftungsträger mit der Maßgabe, die übertragenen Werte dauerhaft zur Verfolgung eines vom Stifter festgelegten Zwecks zu verwenden.[36] Es handelt sich hierbei aber nicht um eine Stiftung im Rechtssinn, sondern um einen **Vertrag** zwischen „Stifter" und Stiftungsträger. Diese Alternative zeichnet sich dadurch aus, dass sie keine eigene Rechtspersönlichkeit besitzt, ihr Stiftungsvermögen nicht selbst verwaltet und keinen eigenen Verwaltungsaufbau hat.[37] 34

Die nichtrechtsfähige Stiftung ist gesetzlich nicht ausdrücklich geregelt. Die Vorschriften zur rechtsfähigen Stiftung im BGB finden auf diesen Stiftungstyp keine Anwendung. Die Entstehung der nichtrechtsfähigen Stiftung folgt vielmehr privatautonomen Grundsätzen des Schuld-, Sachen- oder Erbrechts und setzt als Stiftungsgeschäft (lediglich) einen privat- 35

34 Der Stifter kann bei Gründung der Stiftung selbst festlegen, welche Bestimmungen als prägend anzusehen sind.

35 Der Stifter kann für diese Strukturänderungen auch eigene Regelungen treffen, solange diese mit dem Gesetz in Einklang stehen.

36 Schauhoff/Kirchhain/*Mehren*, § 3 Rn 181; Erman/*Wiese*, vor § 80 Rn 6; *Hindahl*, ZStV 2022, 145, 145; MüKo-BGB/*Weitemeyer*, § 80 Rn 263.

37 Feick/*Pawlytta/Pfeiffer*, § 34 Rn 1; MHdB GesR V/*Beuthien*, § 77 Rn 9.

rechtlichen Vertrag zwischen dem Stifter und dem Stiftungsträger voraus. Als mögliche Vertragsarten kommen insbesondere ein **Treuhandvertrag** und eine **Schenkung unter Auflage** in Betracht.[38] Sowohl natürliche als auch juristische Personen können als Stiftungsträger fungieren.[39] Vielfach werden gemeinnützige Körperschaften mit dieser Aufgabe betraut.[40] Wird der Vertrag mit einer natürlichen Person geschlossen, ist zu beachten, dass die Stellung des Stiftungsträgers dauerhaft gewährleistet sein muss. In diesem Fall können Stifter und Stiftungsträger Regelungen für den Fall des Todes oder der Niederlegung des Stiftungsträgeramts treffen.[41] Daneben kann eine nichtrechtsfähige Stiftung auch durch **letztwillige Verfügung** entstehen.[42] Die Nebenbestimmungen, wie die Auswahl des Stiftungsträgers oder die Ausgestaltung der Stiftungssatzung, können dabei auch einem Testamentsvollstrecker überlassen werden.[43]

36 Die nichtrechtsfähige Stiftung kann jedoch steuerlich als **Steuersubjekt** anerkannt werden und gilt in diesem Fall rein steuerlich als Stiftung, auch wenn zivilrechtlich „nur" ein Vertrag vorliegt. Das erklärt, warum sich auch für die nichtrechtsfähige Stiftung Begriffe wie „Stifter", „Stifterwille" oder „Stiftungssatzung" etabliert haben, was aber gefährlich ist, da es hierdurch zu Missverständnissen kommen kann. Die nichtrechtsfähige Stiftung kann anders als eine rechtsfähige Stiftung **keine Rechte** erwerben und auch **keine Verpflichtungen** eingehen. Wer mit nichtrechtsfähigen Stiftungen („Treuhandstiftungen") arbeitet, muss auf diese Unterscheidung achten.[44]

37 Für die Errichtung einer nichtrechtsfähigen Stiftung überträgt der Stifter das Stiftungsvermögen auf den Stiftungsträger, der das Vermögen als **Sondervermögen** – also getrennt von seinem Eigenvermögen – für den Stifter verwaltet.[45] Hierbei geht zivilrechtlich das Stiftungsvermögen in das Eigentum des Stiftungsträgers über.[46] Eine staatliche Anerkennung, wie bei der rechtsfähigen Stiftung, ist nicht erforderlich. Bei der Zuwendung des Vermögens an den Stiftungsträger legt der Stifter einen Stiftungszweck fest.[47] Der Stiftungsträger darf das Vermögen nur innerhalb der durch den Stiftungszweck festgelegten Grenzen verwalten. Zudem ist der Stiftungsträger mit der Geschäftsführung betraut. Er nimmt also für die nichtrechtsfähige Stiftung am Rechtsverkehr teil.[48] Auch hier hat er den Stiftungszweck und insbesondere den Stifterwillen zu beachten.[49] Zu berücksichtigen ist, dass der Stiftungsträger im Rahmen der Geschäftsführung im eigenen Namen handelt und somit nicht als Vertreter der nichtrechtsfähigen Stiftung auftritt.[50]

---

38 Feick/*Pawlytta/Pfeiffer*, § 34 Rn 18; Kössinger/Najdecki/Zintl/*R. Kössinger/Zintl*, § 15 Rn 309 f.; BeckNotar-HdB/*Hushahn*, § 19 Rn 149; *Krüsmann*, ZStV 2023, 201, 202; Erman/*Wiese*, vor § 80 Rn 7.

39 Erman/*Wiese*, vor § 80 Rn 6.

40 Schauhoff/Kirchhain/*Mehren*, § 3 Rn 184.

41 Krug/Rudolf/Kroiß/Bittler/*Schiffer/Schürmann*, § 16 Rn 151; *Hindahl*, ZStV 2022, 145, 148.

42 Feick/*Pawlytta/Pfeiffer*, § 34 Rn 30; Erman/*Wiese*, vor § 80 Rn 7; Staudinger/*Hüttemann/Rawert*, Vorbem. zu §§ 80–88 Rn 320.

43 Feick/*Pawlytta/Pfeiffer*, § 34 Rn 31; OLG München, Beschl. v. 28.5.2014 – 31 Wx 144/13, ZEV 2015, 605; Erman/*Wiese*, vor § 80 Rn 7.

44 Feick/*Pawlytta/Pfeiffer*, § 34 Rn 8.

45 BeckNotar-HdB/*Hushahn*, § 19 Rn 147; Staudinger/*Hüttemann/Rawert*, Vorbem. zu §§ 80–88 Rn 319; MüKo-BGB/*Weitemeyer*, § 80 Rn 263.

46 Kössinger/Najdecki/Zintl/*R. Kössinger/Zintl*, § 15 Rn 309.

47 BeckNotar-HdB/*Hushahn*, § 19 Rn 148; MHdB GesR V/*Beuthien*, § 77 Rn 9.

48 Feick/*Pawlytta/Pfeiffer*, § 34 Rn 5; MHdB GesR V/*Beuthien*, § 77 Rn 9.

49 *Schlüter/Stolte*, Kap. 4 Rn 52.

50 *Schlüter/Stolte*, Kap. 4 Rn 53.

38 Da die gesetzlichen Vorschriften für die rechtsfähige Stiftung (§§ 80–88 BGB) auf die nichtrechtsfähige Stiftung keine Anwendung finden, bietet die nichtrechtsfähige Stiftung eine gewisse **Flexibilität**.[51] So richten sich bspw. Satzungsänderungen nach den privatrechtlichen Regelungen des zugrunde liegenden Stiftungsgeschäfts und nicht nach den teils recht strengen Voraussetzungen für rechtsfähige Stiftungen nach dem BGB. Satzungsänderungen sind folglich leichter möglich.[52]

39 Nichtrechtsfähige Stiftungen erfordern einen **geringeren Aufwand** als rechtsfähige Stiftungen. Ihre Errichtung unterliegt weniger strengen Anforderungen und auch die laufende Verwaltung der Stiftung ist weniger arbeitsintensiv. Insbesondere bei kleineren Vermögen können rechtsfähige Stiftungen eine Alternative zur rechtsfähigen Stiftung sein.

Muster 13.5: Vertrag für die Errichtung einer nichtrechtsfähigen Stiftung

40 **Errichtungsvertrag nichtrechtsfähige Stiftung**

1. Herr/Frau …, geboren am …, wohnhaft …, (im Folgenden **„Stifter"**)

sowie

2. … [*Herr/Frau* … / …-*GmbH*/ …-*Stiftung/usw.*],[53] … [*Adresse*], (im Folgenden **„Stiftungsträger"**)

errichten hiermit im Wege der Schenkung unter Auflage die

nichtrechtsfähige …-Stiftung

(im Folgenden auch **„nichtrechtsfähige Stiftung"**).

3. Der Stiftungsträger wird der Rechtsträger der nichtrechtsfähigen Stiftung sein, der das zum Stiftungszweck übertragene Vermögen zu verwalten hat.
4. Die nichtrechtsfähige Stiftung verfolgt folgende Zwecke: …
5. Der Stifter stattet die nichtrechtsfähige Stiftung zum Zeitpunkt der Errichtung mit einem zu erhaltenden Stiftungsvermögen in Höhe von … EUR aus.
6. Das Vermögen wird auf den Stiftungsträger der nichtrechtsfähigen Stiftung mit der Auflage im Wege der Schenkung übertragen, dass dieses Vermögen der nichtrechtsfähigen Stiftung zu erhalten und die Erträge dieses Vermögens zur Erfüllung des Stiftungszwecks zu verwenden sind.
7. Die nichtrechtsfähige Stiftung unterliegt nicht der Aufsicht der Stiftungsbehörde.
8. Die Verwaltung der nichtrechtsfähigen Stiftung richtet sich nach der beigefügten Stiftungssatzung, die hiermit zwischen Stifter und Stiftungsträger als verbindlich vereinbart wird. Diese Vereinbarungen gelten auch verbindlich für eventuelle Rechtsnachfolger.
9. Der Stifter verpflichtet sich gegenüber dem Stiftungsträger, das vorstehend aufgeführte Stiftungsvermögen innerhalb des nächsten Monats dem Stiftungsträger zu übereignen und zu überlassen sowie alle hierfür erforderlichen Erklärungen abzugeben, soweit erforderlich auch in notarieller Form.
10. Der Stiftungsträger hat das Vermögen der nichtrechtsfähigen Stiftung getrennt von seinem übrigen Vermögen zu verwalten. Dabei ist es nach eigenem Ermessen des Stiftungsträgers gestattet, das Vermögen der nichtrechtsfähigen Stiftung gemeinsam mit ihm anvertrautem Sondervermögen anderer Stiftungen anzulegen, soweit eine Unterscheidung und Zuordnung der jeweiligen Stiftungsvermögen noch gewährleistet ist.
11. Das Stiftungsvermögen und dessen Erträge dürfen ausschließlich zur Verfolgung der Zwecke der hiermit vereinbarten nichtrechtsfähigen Stiftung verwendet werden.

---

51 Zur fehlenden Anwendbarkeit der §§ 80–88 BGB auf die nichtrechtsfähige Stiftung: Krug/Rudolf/Kroiß/Bittler/*Schiffer/Schürmann*, § 16 Rn 154; NK-BGB/*Schiffer/Pruns*, vor §§ 80 ff. Rn 44; Grüneberg/*Ellenberger*, vor § 80 Rn 10; Staudinger/*Hüttemann/Rawert*, Vorbem. zu §§ 80–88 Rn 324; MHdB GesR V/*Beuthien*, § 77 Rn 9.

52 Vgl. *Janitzki*, ErbR 2024, 2, 3; Erman/*Wiese*, vor § 80 Rn 8.

53 Als Stiftungsträger fungieren in der Praxis häufig juristische Personen, z.B. Gesellschaften, Kirchen, Stiftungen, Vereine und Verbände; möglich sind auch natürliche Personen.

12. Der Stiftungsträger erhält für seine Verwaltungstätigkeit Ersatz seiner Aufwendungen. Ferner erhält der Stiftungsträger eine pauschale Vergütung in Höhe von % des aus dem Stiftungsvermögen jährlich erzielten Bruttojahresertrags.
13. Eigene Organe der nichtrechtsfähigen Stiftung werden nicht begründet, um die Organisation der nichtrechtsfähigen Stiftung möglichst schlank und damit kosteneffizient zu halten. Die Bestellung von Organen erübrigt sich daher.
14. Mit Zustimmung des Stifters kann zu seinen Lebzeiten jederzeit eine Änderung der Stiftungssatzung durchgeführt werden. Auch die Rechtsnachfolger des Stifters sind an die heutigen Vereinbarungen gebunden. Die nachfolgende Satzung ist Teil dieses Stiftungsgeschäfts.

[*Unterschriften Stifter* und *Stiftungsträger*]

III. Stiftungsrechtsreform und Stiftungsregister

1. Einleitung

41 Mit dem Inkrafttreten der Stiftungsrechtsreform am 1.7.2023 erfolgte die wohl bedeutendste Reform des Stiftungsrechts seit der Schaffung des BGB. Diese vereinheitlicht die Regelungen zum Stiftungsrecht, etwa im Hinblick auf das Stiftungsvermögen, die Haftung der Stiftungsgremien, die Satzungsänderung und die Transparenz, welche zuvor in individuellen und teilweise sehr unterschiedlichen Landesstiftungsgesetzen der einzelnen Bundesländer verankert waren.[54] Die neuen Regelungen gelten für alle rechtsfähigen deutschen Stiftungen, unabhängig davon, ob sie bereits vor der Reform bestanden haben, ob sie unternehmensverbunden oder Familienstiftungen sind und ob sie steuerlich als gemeinnützig und/oder mildtätig anerkannt sind.[55] Da das neue Stiftungsrecht und dessen konkrete Anwendung die Stiftungspraxis, insbesondere die Stiftungsaufsichtsbehörden, beschäftigen, wird nachfolgend ein Überblick über die wichtigsten Gesetzesänderungen gegeben.

2. Stiftungsvermögen neu definiert

42 Eine der bedeutendsten Änderungen durch die Reform des Stiftungsrechts betrifft das **Stiftungsvermögen.** In § 83b BGB wurde dieses neu gegliedert und erstmals einheitlich definiert.[56] Differenziert wird nunmehr zwischen dem „unantastbaren Kernvermögen", dem sog. Grundstockvermögen, sowie dem sonstigen (verbrauchbaren) Vermögen.[57] Der Gesetzgeber hat damit eine einheitliche Vermögensstruktur für alle deutschen Stiftungen geschaffen, was einen großen Fortschritt darstellt, gab es doch vor der Reform große Unterschiede in den Anforderungen der Stiftungsaufsichtsbehörden an das Stiftungsvermögen und seine Erhaltung.[58]

43 Das **Grundstockvermögen** ist gem. § 83c Abs. 1 S. 1 BGB ungeschmälert zu erhalten. Typischerweise gehören dazu das bei Errichtung der Stiftung gewidmete Vermögen sowie spätere Zustiftungen von Vermögen.[59] Eine wichtige Neuerung der Reform betrifft die Verwendung von Zuwächsen aus der Umschichtung des Grundstockvermögens, den sog.

54 BT-Drucks 19/28173, 1.
55 jurisPK-BGB/*D.U Otto*, § 80 Rn 1.
56 *Pawlytta/Pfeiffer*, ZErb 2022, 255, 260; jurisPK-BGB/*D.U Otto*, § 83b Rn 1.
57 Plottek/Weiten/*Plottek*, § 2 Rn 13; Richter/*Gollan*, § 3a Rn 56.
58 *Orth*, MDR 2021, 1225, 1231; *Meinecke*, ZStV 2023, 134, 135; Burgard/*Burgard*, § 83b Rn 21.
59 NK-BGB/*Dörner*, § 83c Rn 3.

Umschichtungsgewinnen. Diese können zur Erfüllung des Stiftungszwecks herangezogen werden, sofern dies in der Stiftungssatzung nicht ausdrücklich ausgeschlossen wurde und die Erhaltung des Grundstockvermögens gewährleistet ist.[60] Zu solchen Umschichtungsgewinnen zählen bspw. realisierte Wertsteigerungen aus dem Verkauf von Aktien oder Immobilien.[61]

Der Gesetzgeber hat ausdrücklich darauf verzichtet, festzulegen, ob das Grundstockvermögen nominal oder real zu erhalten ist.[62] Da es eine Vielzahl unterschiedlicher Zwecke und Vermögensgegenstände gibt, soll jede Stiftung eigenständig entscheiden, wie sie ihr Grundstockvermögen möglichst ungeschmälert erhält.[63] 44

Darüber hinaus wurden, wie oben schon erläutert, die Möglichkeiten einer sog. **Verbrauchsstiftung** erweitert.[64] Hierbei handelt es sich um eine Stiftung, die abweichend vom Ewigkeitscharakter einer Stiftung innerhalb einer bestimmten Frist (in der Regel mindestens zehn Jahre) ihr Vermögen gänzlich oder teilweise verbrauchen darf (§ 80 Abs. 1 S. 2 BGB). Eine weitere wichtige Neuerung ist, dass eine Ewigkeitsstiftung nun vollständig in eine Verbrauchsstiftung umgewandelt werden kann,[65] sofern die Voraussetzungen vorliegen, die auch für Stiftungszweckänderungen gelten.[66] Dementsprechend reicht es aus, wenn die Stiftung ihren Stiftungszweck nicht mehr dauernd und nachhaltig erfüllen kann und insbesondere die Lebensfähigkeit nicht durch andere, weniger belastende Maßnahmen wiederhergestellt werden kann.[67] Dies ermöglicht Stiftungen, die zwar noch über genügend Stiftungsvermögen verfügen, aber damit keine ausreichenden Erträge erzielen, ihre Funktionsfähigkeit wiederherzustellen.[68] 45

3. Business Judgement Rule

Die Reform hat darüber hinaus gesetzliche Handlungsspielräume hinsichtlich der Haftungsmaßstäbe für die Mitglieder der Stiftungsorgane (Vorstände, Beiräte) geschaffen. Neben den bislang geltenden Grundsätzen wurde in § 84a Abs. 2 BGB die sog. Business Judgement Rule eingeführt, welche den Organmitgliedern bei unternehmerischen Entscheidungen einen **haftungsfreien Ermessensspielraum** gewährt.[69] Demnach liegt keine Pflichtverletzung eines Organmitglieds vor, wenn dieses bei der Wahrnehmung der Geschäftsführungsaufgaben die gesetzlichen und satzungsgemäßen Vorgaben beachtet und vernünftigerweise annehmen durfte, auf Grundlage angemessener Informationen zum Wohl der Stiftung zu handeln. Diese Regelung reduziert das Haftungsrisiko von Stiftungsorganen, die oft ehrenamtlich tätig sind. Im Übrigen ist es nach der Reform möglich, die Haftungsmaßstäbe der Organmitglieder per Satzung anzupassen und zu beschränken.[70] 46

60 Schauhoff/Mehren/*Mehren*, Kap. 7 Rn 81.
61 *Pawlytta/Pfeiffer*, ZErb 2022, 255, 260; Uricher/*Uricher*, § 7 Rn 435.
62 BT-Drucks 19/28173, 57.
63 Richter/*Gollan*, § 3a Rn 63.
64 *Pawlytta/Pfeiffer*, ZErb 2022, 255, 261; *Burgard/Heimann*, npoR 2024, 123.
65 Erman/*Wiese*, § 80 Rn 6; bisher war unklar, ob dies möglich ist, vgl. *Schienke-Ohletz/Morawe*, BB 2021, 1886, 1888.
66 *Burgard/Heimann*, npoR 2024, 123, 124; siehe hierzu auch das Muster unter Rdn 33.
67 *Burgard/Heimann*, npoR 2024, 123, 124.
68 *Alvermann/Cremers*, DStR 2023, 1667, 1668.
69 *Pawlytta/Pfeiffer*, ZErb 2022, 255, 255; MüKo-AktG/*Spindler*, § 93 Rn 121.
70 *Janitzki*, ErbR 2023, 254, 257.

4. Satzungsänderungen und andere Strukturänderungen

47 Änderungen der Stiftungssatzung unterliegen strengen Vorgaben und der Zustimmung der Stiftungsaufsichtsbehörde, da das zu bewahrende Stiftungsvermögen nur der Stiftung als juristischer Person und nicht mehr dem Stifter gehört.[71] Die Stiftung verfügt zudem, wie schon in der Einführung erläutert, über keine Mitglieder oder Anteilseigner, sondern „gehört sich faktisch selbst".[72] Mit der Stiftungsrechtsreform wurden **Strukturänderungen** wie die Änderung von Satzungen, die „Fusion" oder die Auflösung von Stiftungen teilweise etwas erleichtert. Erstmals bestehen nun bundeseinheitliche Regelungen für die Zusammenlegung von Stiftungen oder die Zulegung einer Stiftung zu einer anderen, sodass die eine sich auflöst und ihr Vermögen an die andere Stiftung fällt.[73]

48 Die prägenden Bestimmungen der Stiftungssatzung können zudem bei einer wesentlichen Änderung der Verhältnisse **angepasst** werden.[74] Andere Regelungen können geändert werden, wenn dies dem Stiftungszweck dient.[75] Bei Errichtung der Stiftung können hiervon Abweichungen, insbesondere erleichterte Voraussetzungen für Satzungsänderungen, im Stiftungsgeschäft vorgesehen werden.[76]

5. Stiftungsregister

a) Allgemeines

49 Um mehr Publizität im Stiftungssektor zu schaffen, wird zum **1.1.2026** ein grundsätzlich für jedermann einsehbares Stiftungsregister eingeführt (vgl. §§ 82b ff. BGB und § 15 StiftRG). Über dieses Register werden neben dem Namen und dem Sitz der Stiftung auch Angaben zu den vertretungsberechtigten Organmitgliedern abrufbar sein.[77] Darüber hinaus wird die Öffentlichkeit **Einsicht** in die beim Register eingereichten Stiftungsdokumente erhalten, zu denen das Stiftungsgeschäft und die Stiftungssatzung gehören dürften.[78] Die Einsicht soll über ein Abrufverfahren (§ 16 StiftRG) erfolgen, welches über das Registerportal der Länder zugänglich ist.[79]

50 Allerdings kann die Einsichtnahme beschränkt oder verweigert werden, wenn berechtigte Interessen Dritter oder der Stiftung der Einsicht entgegenstehen, wobei diese Interessen im Gesetz nicht definiert werden.[80] Beispiele für ein berechtigtes Interesse sind laut der Gesetzesbegründung personenbezogene Daten von Destinatären oder Stiftern sowie Regelungen zur Vermögensverwaltung.[81] Offen ist außerdem, welche konkreten Folgen sich daraus ergeben, ob etwa die Dokumente dann nicht eingestellt oder nur geschwärzt veröffentlicht werden.

---

71 Schauhoff/Mehren/*Mehren*, Kap. 7 Rn 1.
72 *Dannecker*, DStR 2023, 1057, 1058.
73 Richter/*Gollan*, § 3a Rn 95.
74 *Pawlytta/Pfeiffer*, ZErb 2022, 255, 257; Schulze/Dörner/Ebert u.a./*Dörner*, § 85a Rn 5.
75 Richter/*Fischer*, § 8 Rn 96.
76 Schiffer/Pruns/Schürmann/*Schürmann*, § 9 Rn 22 f.
77 Schauhoff/Kirchhain/*Mehren*, § 3 Rn 51.
78 Schauhoff/Kirchhain/*Mehren*, § 3 Rn 52.
79 *Werner*, ErbR 2021, 482.
80 Orth/Uhl/*Orth*, Rn 283.
81 BT-Drucks 19/28173, 101.

Das Stiftungsregister wird elektronisch beim Bundesamt für Justiz geführt.[82] Die Eintragung einer Stiftung ist **deklaratorisch**, hat aber eine negative Publizitätswirkung.[83] Geschützt wird damit der gute Glaube daran, dass etwas, das nicht eingetragen ist, rechtlich nicht gilt. Nicht geschützt wird hingegen der gute Glaube daran, dass das, was eingetragen ist, rechtlich gilt.[84] 51

Gem. § 82c BGB ist ab dem 1.1.2026 der **Namenszusatz** für eine Stiftung verpflichtend. Bei einer eingetragenen (Ewigkeits-)Stiftung muss der Namenszusatz „e. S." verwendet werden, während bei einer eingetragenen Verbrauchsstiftung der Namenszusatz „e. VS" genutzt wird.[85] Für die Eintragung ins Stiftungsregister gem. § 82b Abs. 2 Nr. 1 BGB müssen folgende Dokumente eingereicht werden: die Anerkennungsentscheidung der Behörde, die Satzung sowie Dokumente über die Bestellung des Vorstands oder Vertreters. Bestehende Stiftungen müssen wahrscheinlich die ursprüngliche Satzung bei Errichtung sowie die zuletzt geänderte Satzung einreichen, jedoch nicht alle zwischenzeitlichen Änderungsfassungen gem. § 20 StiftRG.[86] 52

b) Checkliste: Einzureichende Dokumente

1. Anerkennungsentscheidung der Behörde 53
2. Satzung der Stiftung
3. Dokumente über die Bestellung des Vorstands/der Vertreter
4. Bestehende Stiftungen müssen wahrscheinlich die ursprüngliche Satzung bei Errichtung und die zuletzt geänderte Satzung einreichen, nicht aber alle zwischenzeitlichen Änderungsfassungen (§ 20 StiftRG).

IV. Ausländische Stiftungen (Österreich, Liechtenstein, Schweiz)

Ausländische Stiftungen, bspw. in Österreich oder Liechtenstein, ähneln der deutschen rechtsfähigen Stiftung. In der Schweiz hingegen ließ das Stiftungsrecht Familienstiftungen nur mit eingeschränkten Zwecken zu, weshalb sich diese in der Schweiz nicht etabliert hatten, im Gegensatz zu gemeinnützigen Stiftungen, die in der Schweiz eine relevante Rolle im Rechtsmarkt spielen. Inzwischen hat die Schweiz das Recht der (Familien-)Stiftung im Jahr 2024 reformiert und das Verbot für Unterhaltsstiftungen wohl umfassend aufgehoben. Noch fehlen Erfahrungen, ob zukünftig damit auch die Schweiz über ein flexibles Stiftungsrecht verfügen wird, sodass abzuwarten ist, wie sich das neue Stiftungsrecht in der Praxis entwickeln wird. Im Fall einer Familienstiftung bieten jedoch rechtsfähige Stiftungen in Österreich und Liechtenstein ähnliche Vorteile wie eine deutsche Familienstiftung. 54

Zusätzlich ist das Stiftungsrecht in diesen beiden Ländern **flexibler**.[87] So können Stiftungssatzungen grundsätzlich leichter und ohne Zustimmung einer Aufsichtsbehörde geändert werden.[88] Ebenfalls können Stiftungen zivilrechtlich leichter wieder aufgelöst werden.[89] Ein 55

---

82 MüKo-BGB/*Weitemeyer*, § 82b Rn 6; Burgard/*Heimann*, Anh. zu § 82b Rn 1.

83 BeckNotar-HdB/*Hushahn*, § 19 Rn 132a; MüKo-BGB/*Weitemeyer*, § 82b Rn 19.

84 Schauhoff/Kirchhain/*Mehren*, § 3 Rn 51.

85 Schiffer/Pruns/Schürmann/*Schuermann* § 5 Rn 16;Schauhoff/Kirchhain/*Schauhoff*, § 3 Rn 53; guter Überblick zur österreichischen Privatstiftung: Feick/*Steegmüller*, § 37 Rn 9; guter Überblick zur liechtensteinischen Stiftung: Feick/*Lennert*, § 38 Rn 1.

86 Richter/*Spiegel*, § 20 Rn 108; Schauhoff/Mehren/*Schienke-Ohletz*, Kap. 4 Rn 15; Burgard/*Heimann*, Anh. zu § 82b Rn 139.

87 *Härtling/Tolksdorf*, IStR 2023, 717, 718; *v. Löwe*, 3. Kap. § 7 Rn 1.

88 Richter/*Jakob*, § 30 Rn 55; *v. Löwe*, 3. Kap. § 9 Rn 91.

89 *v. Löwe*, 3. Kap. § 8 Rn 58, § 10 Rn 95.

häufig genannter steuerlicher Vorteil ausländischer Familienstiftungen in Österreich und in Liechtenstein besteht in der Vermeidung der Erbersatzsteuer.

56 Allerdings sind bei ausländischen Stiftungen gerade die steuerlichen Belastungen in den Blick zu nehmen, wenn Vermögen auf eine ausländische Familienstiftung übertragen wird. Das gilt sowohl für die Frage der **Vermögensübertragung** auf die ausländische Stiftung als auch für **Auskehrungen** aus der ausländischen Stiftung. So findet z.B. in Österreich die sog. Stiftungseingangssteuer Anwendung, die zwar im Einzelfall verhandelbar sein mag, aber im Grundsatz erstmal eine zusätzliche Belastung darstellt,[90] die noch zur deutschen Schenkungsteuer hinzukommen kann, sofern der Übertragungsakt in Deutschland steuerpflichtig ist. Weiterhin dürfen in manchen Ländern Begünstigte nicht Mitglied eines zwingenden Stiftungsorgans sein, z.B. in Österreich, sodass der Einfluss der Familie zunächst stärker beschränkt wird als in Deutschland und deshalb anderweitig sicherzustellen ist.[91] Ferner ist etwa in Österreich ein Stiftungsprüfer zwingend, der weder Vorstandsmitglied noch Begünstigter der Stiftung sein darf.[92] Außerdem gibt es in einigen Ländern Vorgaben hinsichtlich der Anzahl der Stiftungsorganmitglieder: So muss der Stiftungsvorstand in Liechtenstein aus mindestens zwei Personen und in Österreich aus mindestens drei Mitgliedern bestehen.[93] Demgegenüber ist bei einer deutschen Stiftung auch ein „Ein-Personen-Vorstand" möglich,[94] selbst wenn ein solcher „Ein-Personen-Vorstand" in der Regel nicht empfehlenswert sein dürfte.

V. Rolle der Stiftungsaufsicht

57 Der Stiftungsaufsicht kommt im Zusammenhang mit rechtsfähigen Stiftungen eine tragende Rolle zu: Stiftungen erlangen ihre Rechtsfähigkeit erst durch Anerkennung seitens der zuständigen Stiftungsaufsichtsbehörde. Hierbei hat die Aufsichtsbehörde die **Rechtsaufsicht** über die Stiftung: Sie prüft, ob das Stiftungsgeschäft möglicherweise rechtswidrig ist.[95] Das ist der Fall, wenn der Stifter im Rahmen des Stiftungsgeschäfts gegen formelle oder materielle Gesetze verstoßen hat. Die Stiftungsaufsicht darf aber nicht in die Ermessensspielräume der Stiftung eingreifen.[96] Sie darf keine Zweckmäßigkeitskontrolle vornehmen und muss demnach auch wirtschaftlich „unvernünftige" Entscheidungen der Stiftungsorgane grundsätzlich hinnehmen. Ermessensfehler der Stiftungsorgane können allerdings u.U. dann beanstandet werden, wenn diese nicht mehr vertretbar und mit einer vernünftigen wirtschaftlichen Betrachtungsweise völlig unvereinbar sind.[97] Die Beschränkung der Stiftungsaufsicht auf eine Rechtsaufsicht wird mit einem verfassungsrechtlichen Argument begründet. Die rechtsfähige Stiftung ist gem. Art. 19 Abs. 3 GG grundrechtsberechtigt und eine umfassende Fachaufsicht in Bezug auf die rechtsfähigen Stiftungen würde auf eine verfassungsrechtlich nicht mehr gerechtfertigte Weise in ihr Grundrecht auf allgemeine Handlungsfreiheit nach Art. 2 Abs. 1 GG eingreifen.[98]

90 Vgl. *v. Löwe*, 3. Kap. § 8 Rn 97.
91 *v. Löwe*, 3. Kap. § 8 Rn 13.
92 MHdB GesR V/*Jakob*, § 119 Rn 99; *v. Löwe*, 3. Kap. § 8 Rn 16.
93 MHdB GesR V/*Jakob*, § 119 Rn 99; vgl. Art. 1 § 15 PSG.
94 Richter/*Godron/Gollan*, § 6 Rn 19.
95 BeckOK BGB/*Backert*, § 80 Rn 30; Richter/*v. Campenhausen/Stumpf*, § 13 Rn 68.
96 So auch: Richter/*Fischer*, § 8 Rn 57; *Meinecke*, ZStV 2023, 134, 135 f.; BeckOK BGB/*Backert*, § 80 Rn 30.
97 Richter/*Fischer*, § 8 Rn 58.
98 MüKo-BGB/*Weitemeyer*, § 80 Rn 69; BVerwG (7. Senat), Urt. v. 22.9.1972 – VII C 27.71, VerwRspr 1973, 668, 668.

Die Kontrollbefugnisse der Stiftungsaufsicht beschränken sich nicht nur auf den Zeitpunkt der Stiftungserrichtung. Auch während der laufenden Geschäftstätigkeit der Stiftung nimmt die Stiftungsaufsicht wichtige Aufgaben wahr, wobei sie stets den wirklichen bzw. mutmaßlichen Willen des Stifters zu beachten hat.[99] Die Stiftungsaufsicht hat **Informations**- und **Überwachungsrechte**. Ferner kann sie Maßnahmen und Entscheidungen beanstanden. Im Rahmen dessen kann sie bspw. auch die Abberufung einzelner Organmitglieder anordnen.[100] Darüber hinaus existieren Genehmigungsvorbehalte zugunsten der Stiftungsaufsicht: So bedürfen gem. § 85a Abs. 1 S. 2 BGB Satzungsänderungen stets einer Genehmigung der nach Landesrecht zuständigen Stiftungsaufsichtsbehörde. Wird die Stiftung nach § 87 BGB durch ihren Vorstand aufgelöst, kommt der Stiftungsaufsicht ebenfalls ein Genehmigungsvorbehalt zu. Des Weiteren kann die Stiftungsaufsicht selbst die Stiftung aufheben, wenn der Stiftungsvorstand untätig bleibt und wenn die Voraussetzungen für eine Auflösung vorliegen. 58

VI. gGmbH als Alternative?

Als Alternative zu einer Stiftungslösung, die oft als starr und unflexibel wahrgenommen wird, könnte eine sog. gemeinnützige GmbH (gGmbH) attraktiv sein.[101] Hierbei handelt es sich um eine „normale" GmbH, die jedoch gemeinnützige Zwecke und Ziele verfolgt.[102] Sie unterliegt in vollem Umfang den Rechtsvorschriften des **GmbH-Rechts** und muss auch die Voraussetzungen der **Gemeinnützigkeit** nach §§ 51 ff. AO erfüllen.[103] 59

Ähnlich wie bei einer gemeinnützigen Stiftung erhält die gGmbH steuerliche Begünstigungen, etwa die Befreiung von der Körperschaft- und Gewerbesteuer, wenn die Vorgaben für die Anerkennung als gemeinnützig in der AO beachtet werden.[104] Gegenüber einer Stiftung besteht bei einer gGmbH der **Vorteil**, dass sie nicht der staatlichen Aufsicht unterliegt. Sowohl die Errichtung als auch spätere Strukturänderungen (wie z.B. Satzungsänderungen oder die Auflösung der Gesellschaft) sind stets möglich.[105] Ebenfalls findet bei einer gGmbH keine vollständige Enteignung statt. Es gibt Gesellschafter, welche grundsätzlich Zugriff auf das Gesellschaftsvermögen haben und weiterhin laufend auf die Geschicke der Gesellschaft Einfluss nehmen können.[106] Auch dürfte der bei einer gGmbH bestehende Dualismus aus Geschäftsführung und Gesellschafterversammlung für viele Unternehmer ein vertrautes Konstrukt sein. 60

Bringen die steuerlichen Begünstigungen auf der einen Seite Vorteile, so unterliegen die Gesellschafter einer gGmbH damit auf der anderen Seite erheblichen Einschränkungen (bspw. bei der Partizipation an den Gewinnen) gegenüber Gesellschaftern einer „normalen" GmbH. Gewinnausschüttungen, etwa an Familienmitglieder, sind nur im Ausnahmefall möglich, da andernfalls der Verlust der Gemeinnützigkeit und erhebliche Steuerfolgen drohen. Ebenfalls sind Einschränkungen für die Gehälter der Geschäftsführer möglich. Darüber hinaus sind die Mittel der gGmbH an den gemeinnützigen Zweck gebunden. 61

99 MHdB GesR V/*Mecking*, § 103 Rn 47.
100 BeckOK BGB/*Backert*, § 80 Rn 31; MHdB GesR V/*Mecking*, § 103 Rn 48.
101 Feick/*Feick/Bregulla-Weber*, § 36 Rn 2.
102 Henssler/Strohn/*Geibel*, § 78 Rn 1.
103 Richter/*Godron*, § 18 Rn 1.
104 *Gilbert*, RNotZ 2020, 193.
105 Richter/*Godron*, § 18 Rn 9.
106 Wallenhorst/Halaczinsky/*Wallenhorst*, Kap. C. Rn 7e.

62 Die zentrale Unterscheidung zwischen der Stiftung und der gGmbH liegt aber in der **Nachfolgeproblematik**. Eine Stiftung „stirbt" nicht. Während bei der gGmbH der Gesellschafter seine Beteiligung an seine Erben vererbt und diese als Eigentümer die Kontrolle über die gGmbH ausüben, verbleibt bei Stiftungen die Stiftungsaufsicht, die die Einhaltung des Stifterwillens zu überwachen hat.[107] Bei einer gGmbH haben die neuen Gesellschafter hingegen ein höheres Maß an Flexibilität.[108] Sie unterliegen, wie ausgeführt, keiner Stiftungsaufsicht und können rascher als bei einer Stiftung Strukturänderungen vornehmen.

VII. Checkliste: Gründungsprozess einer Stiftung

63 1. Entwurf des Stiftungsgeschäfts mit Widmung des Vermögens (§ 80 Abs. 2 BGB)
2. Entwurf der Stiftungssatzung mit mindestens:
   - Bestimmung des Stiftungszwecks, Name und Sitz der Stiftung
   - Regelungen zur Bildung des Stiftungsvorstands
   - Bestimmungen zur Verwendung des Stiftungsvermögens (§ 81 Abs. 1 und 2 BGB)

   Sinnvolle zusätzliche Regelungen:
   - Verwirklichung des Stiftungszwecks
   - Vermögensverwaltung
   - ggf. weitere Stiftungsorgane (z.B. Kuratorium)
   - Geschäftsführung durch die Organe
   - spätere Satzungsänderungen
   - bei einer gemeinnützigen Stiftung enthält auch die AO-Mustersatzung Vorgaben
3. Bestellung des ersten Vorstands
4. Errichtung erst durch staatliche Anerkennung durch die zuständige Landesbehörde (§ 80 Abs. 2 BGB)
5. Vermögensübertragung des Stifters auf die Stiftung

C. Stiftung von Todes wegen

I. Allgemeines

64 Bis zum 30.6.2023 war die Möglichkeit einer Stiftung von Todes wegen, bei der sich das Stiftungsgeschäft in einem Testament oder in einem Erbvertrag befindet, in einer eigenen Norm angesprochen (§ 83 BGB a.F.). Seit 1.7.2024 finden sich die maßgeblichen Regelungen in §§ 80 Abs. 2 S. 2, 81 Abs. 3, 4 BGB und § 356 Abs. 3 FamFG.[109]

65 Es kommen grundsätzlich drei Gestaltungstypen für eine Stiftung von Todes wegen in Betracht, die mehrere Varianten haben könnten. So kann in einem Testament oder in einem Erbvertrag die Errichtung einer Stiftung angeordnet und diese als **Erbin** (1. Variante) oder als **Vermächtnisnehmerin** (2. Variante) eingesetzt werden. Hin und wieder wird diese Variante als eine Stiftung von Todes wegen im engeren Sinne bezeichnet. Ferner ist es als 3. Variante möglich, die Stiftung im Wege einer erbrechtlichen **Auflage** zu errichten.[110] Vereinfacht kann man sagen, dass bei einer Stiftung von Todes wegen der Erblasser „seine" Stiftung erst mit seinem Testament (= Stiftungsgeschäft) errichtet und somit naturgemäß die Stiftung erst nach seinem Tod entstehen kann. Denn es bleibt dabei, dass für die

---

107 Feick/*Feick/Bregulla-Weber*, § 36 Rn 7.
108 Feick/*Feick/Bregulla-Weber*, § 36 Rn 5.
109 jurisPK-BGB/*D.U Otto*, § 81 Rn 40.
110 Feick/*Hahn*, § 16 Rn 27 ff.; MüKo-BGB/*Weitemeyer*, § 80 Rn 276.

Entstehung einer jeden Stiftung ihre Anerkennung erforderlich ist. Ist das Stiftungsgeschäft in einer Verfügung von Todes wegen enthalten, kann die Anerkennung erst nach dem Tod des Stifters erfolgen. Der Gesetzgeber behilft sich deshalb mit einer Fiktion und bestimmt in § 80 Abs. 2 S. 2 BGB, dass die Stiftung, wenn sie erst nach dem Tod des Erblassers anerkannt wird, für die Zuwendungen des Stifters als schon vor dessen Tod entstanden gilt.[111] Um die Anerkennung der Stiftung herbeizuführen und anschließend das Vermögen auf die Stiftung zu übertragen, wird häufig ein Testamentsvollstrecker eingesetzt.[112] Diesem kann auch die Ausgestaltung der Satzung obliegen.[113]

Wenn die Stiftungserrichtung durch den Erben aufgrund einer testamentarischen oder erbvertraglichen **Auflage** erfolgt, die ihm die Stiftungserrichtung aufgibt, ist zu differenzieren: 66

Hat der Erblasser auch die **Inhalte des Stiftungsgeschäfts** weitestgehend **vollständig** geregelt, handelt es sich nach h.M. im Schrifttum um eine Stiftung von Todes wegen mit der Folge, dass § 80 Abs. 2 S. 2 BGB Anwendung findet und somit die Stiftung mit ihrer Anerkennung als schon vor dem Tod des Erblassers entstanden gilt.[114] Man kann nach überwiegender Ansicht auch dann von einer Stiftung von Todes wegen sprechen, wenn der Stifter im Testament die Mindestinhalte festgelegt hat, sodass diese „nur noch" von der Stiftungsaufsicht zu ergänzen sind (§ 81 Abs. 4 BGB). Hat der Erblasser jedoch lediglich die Auflage angeordnet, dass nach seinem Tod eine Stiftung zu errichten ist, **ohne** jedoch das **Stiftungsgeschäft** wenigstens rudimentär zu regeln, welches von der Stiftungsaufsicht gem. § 81 Abs. 4 BGB ergänzt werden könnte, so soll in diesem Fall kein Stiftungsgeschäft von Todes wegen, sondern ein Stiftungsgeschäft unter Lebenden vorliegen.[115] Denn hier wird die Stiftung nicht vom Erblasser, sondern erst vom Auflagenbeschwerten errichtet, was regelmäßig der Erbe oder der Testamentsvollstrecker sein wird.

II. Inhaltliche und formelle Voraussetzungen

Eine Stiftung kann als Alleinerbin, Miterbin, Nacherbin oder Ersatzerbin eingesetzt werden.[116] Eine Vorerbschaft ist nur in Ausnahmefällen möglich, da der Stiftungszweck auf Dauer angelegt sein muss.[117] Die Einsetzung als **Vorerbin** ist lediglich zulässig bei zeitlich begrenzten Stiftungszwecken, bei von vornherein auf Zeit errichteten Stiftungen[118] oder wenn die Stiftung als Vorerbin ausreichend Mittel erwirbt, um nach dem Eintritt des Nacherbfalls ihren Zweck noch erfüllen zu können.[119] Wird die Stiftung als **Nacherbin** oder **Ersatzerbin** eingesetzt, soll eine Anerkennung vor Eintritt des Nacherbfalls bzw. Ersatzerbfalls nur bei einer nicht befreiten Vorerbschaft möglich sein.[120] In der Verfügung von Todes wegen muss der Erblasser bereits selbst den Stiftungszweck und das Stiftungsvermögen festlegen.[121] Nur wenn die Vermögenszuwendung durch Vermächtnis erfolgt, kann dies im Rahmen eines Zweckvermächtnisses einem Dritten überlassen bleiben (§ 2156 BGB).[122] Der 67

111 Burgard/*Burgard*, § 80 Rn 99; MüKo-BGB/*Weitemeyer*, § 80 Rn 276.
112 Schiffer/Pruns/Schürmann/*Schiffer*, § 2 Rn 19.
113 *v. Oertzen/Lindermann*, ZEV 2023, 803.
114 Feick/*Hahn*, § 16 Rn 27; MüKo-BGB/*Weitemeyer*, § 83 Rn 15 m.w.N.
115 jurisPK-BGB/*D.U Otto*, § 81 Rn 42.
116 Richter/*Godron*, § 17 Rn 96.
117 BeckOK BGB/*Backert*, § 83 Rn 4; Feick/*Hahn*, § 16 Rn 9.
118 BeckNotar-HdB/*Hushahn*, § 19 Rn 61.
119 BeckOK BGB/*Backert*, § 83 Rn 4.
120 BeckNotar-HdB/*Hushahn*, § 19 Rn 61.
121 Krätzschel/Falkner/Döbereiner/*Krätzschel*, § 25 Rn 1.
122 MüKo-BGB/*Weitemeyer*, § 83 Rn 12.

Erblasser sollte zwar, muss aber nicht zwingend auch den Namen der Stiftung, ihren Vorstand und ihre innere Verfassung selbst bestimmen, sondern kann dies einem Dritten auferlegen (siehe auch § 81 Abs. 4 S. 1 BGB). Gleichzeitig kann er regeln, ob ein Destinatär einen klagbaren Anspruch gegen die Stiftung hat. Was § 81 Abs. 4 BGB betrifft, so darf diese Vorschrift nicht missverstanden werden. Zwar hat die zuständige Stiftungsaufsichtsbehörde das unvollständige Stiftungsgeschäft zu ergänzen, wenn der Stifter nur den Zweck der Stiftung und die konkrete Vermögenswidmung festgelegt hat, doch sollten es sich Stifter nicht zu leicht machen. Die Stiftungsaufsichtsbehörde soll das Stiftungsgeschäft lediglich ergänzen dürfen, es aber nicht mehr oder weniger selbst schreiben. So könnte es zu knapp sein, wenn der Stifter lediglich als Zweck „Wohlfahrtspflege“ angibt, ohne jedoch zu konkretisieren, was genau er sich darunter vorstellt und vor allem auf welche Art und Weise der Zweck erfüllt werden soll. Denn dann könnte es an einer Festlegung des Stiftungszwecks i.S.v. § 81 Abs. 4 S. 1 BGB fehlen.

68 Besteht das Stiftungsvermögen aus Anteilen an einer **Personengesellschaft**, ist darauf zu achten, dass nicht nur die Stiftung nachfolgeberechtigt ist, sondern auch derjenige, der in der Sekunde des Todes Eigentümer des der Stiftung zugedachten Vermögens wird. Auch diese Person muss nachfolgeberechtigt im Sinne des Gesellschaftsvertrags sein, oder zumindest muss der Testamentsvollstrecker oder Nachlasspfleger im Gesellschaftsvertrag der Personengesellschaft zugelassen sein.[123] Denn wenn dies nicht der Fall ist, wächst die Mitgliedschaft des Erblassers zunächst denjenigen Personen an, die nach dem Gesellschaftsvertrag oder dem Gesetz für diesen Fall nachfolgeberechtigt sind.[124] Bei Personengesellschaften wären das im Zweifel die verbleibenden Gesellschafter, die zwar verpflichtet sind, nach Anerkennung der Stiftung ihr die Gesellschafterstellung einzuräumen. Doch in der Praxis stellen sich dann viele Schwierigkeiten, mitunter vielleicht eine nur geringfügig vorhandene Bereitschaft, die Stiftung als neue Gesellschafterin aufzunehmen.

69 Das Stiftungsgeschäft muss gemäß den erbrechtlichen Formvorschriften (§ 81 Abs. 3, §§ 2231 ff. BGB) gestaltet sein. Wird die Satzung bereits vom Erblasser vorgegeben (als Anlage zu seiner Verfügung von Todes wegen), unterliegt auch diese den erbrechtlichen Formvorschriften.[125] Dies bedeutet, dass die vollständige Satzung grundsätzlich **handschriftlich** verfasst oder **notariell** beurkundet sein muss, soweit fehlende Angaben nicht nach § 81 Abs. 4 BGB durch die Stiftungsaufsicht oder einen Testamentsvollstrecker ergänzt werden können.[126] Mit anderen Worten: In einem eigenhändigen Testament genügt ein Verweis auf eine maschinenschriftliche Anlage nach strittiger Ansicht nicht.[127] Ist das Stiftungsgeschäft in einem **gemeinschaftlichen Testament** zweier Ehegatten enthalten, gelten die §§ 2267, 2247 BGB. Das Stiftungsgeschäft in einem **Erbvertrag** bedarf gem. § 2276 BGB der notariellen Beurkundung.[128]

70 Genügt das Stiftungsgeschäft nicht den Erfordernissen des § 81 Abs. 1 und 2 BGB, so gibt die zuständige Behörde der Stiftung gem. § 81 Abs. 4 S. 2 BGB vor der Anerkennung eine Satzung oder ergänzt eine unvollständige Satzung. Allerdings kann, wie oben erläutert, die Behörde weder den Stiftungszweck noch die zwingend erforderliche Vermögenszuwendung

123 Richter/*Godron*, § 17 Rn 96.

124 Zur Nachfolge in Personengesellschaftsanteile siehe nur MAH ErbR/*Kögel*, § 40 Rn 23 ff.; MüKo-BGB/*Leipold*, § 1922 Rn 122; *Lange/Kretschmann*, ZEV 2021, 545.

125 Richter/*Godron*, § 17 Rn 105.

126 BeckNotar-HdB/*Hushahn*, § 19 Rn 58.

127 LG Berlin, Beschl. v. 26.5.2000 – 87 T 708/99, NJWE-FER 2000, 293; jurisPK-BGB/*D.U Otto*, § 81 Rn 44.

128 jurisPK-BGB/*D.U Otto*, § 81 Rn 45.

durch Erbeinsetzung oder Vermächtnis vornehmen. Ohne diese Angaben kann die entsprechende letztwillige Verfügung unwirksam sein.[129]

71 Eines Antrags auf Anerkennung der Stiftung bedarf es grundsätzlich nicht, da das Nachlassgericht der zuständigen Stiftungsaufsicht eine Mitteilung machen muss.[130] In der Praxis ist es jedoch in aller Regel der Testamentsvollstrecker oder der (Mit-)Erbe, der die Angelegenheit zur **Stiftungsaufsicht** bringt. Zudem wäre es erstrebenswert, bereits vor Eintritt des Erbfalls die Stiftung von Todes wegen mit der Stiftungsaufsicht **abzustimmen** und z.B. die Organbesetzung vorzubereiten, um den Zeitraum zwischen Erbfall und Anerkennung der Stiftung so kurz wie möglich zu halten.[131] Allerdings sind hierzu nach Erfahrung der Verfasser Aufsichtsbehörden nicht immer bereit, da sie zutreffend auf den Umstand hinweisen können, dass der Erblasser in aller Regel jederzeit sein Testament ändern und von der Stiftung von Todes wegen auch wieder Abstand nehmen kann.

III. Mängel im Stiftungsgeschäft

72 Die oben genannten Anforderungen führen zu häufigen Mängeln bei Stiftungsgeschäften von Todes wegen.[132] Diese können zur **Unwirksamkeit** des Stiftungsgeschäfts führen, wenn sie nicht anderweitig beseitigt werden können. In Betracht kommt dazu die mögliche **Ergänzung** des Stiftungsgeschäfts durch die Stiftungsaufsichtsbehörde. Um den eigentlichen Zweck der Stiftung nicht zu unterlaufen, soll diese den Willen des Stifters berücksichtigen.[133] Dies erfolgt durch die Ermittlung des hypothetischen bzw. mutmaßlichen Stifterwillens. Dabei stellt sich die Frage, welche **Auslegungskriterien** zur Ermittlung des Stifterwillens Anwendung finden.[134] Grundlegend ist dabei zwischen dem organisationsrechtlichen und dem vermögensrechtlichen Teil des Stiftungsgeschäfts zu differenzieren.[135] Während die Bestimmungen über Stiftungszweck und -organisation mit der Anerkennung stiftungsrechtlichen Grundsätzen unterliegen, richtet sich die Auslegung des erblasserischen Willens mit Blick auf das Vermögen, die Erbeinsetzung oder die Anordnung von Vermächtnissen und Auflagen zugunsten der Stiftung nach erbrechtlichen Auslegungsgrundsätzen.[136]

73 Bei der Auslegung nach **erbrechtlichen** Kriterien ist gem. §§ 133, 2084 BGB der wirkliche Wille des Erblassers zu erforschen, also nicht nur der Wortlaut der letztwilligen Verfügung als solcher zu beachten. Notfalls ist der Sinn zu ermitteln, der dem mutmaßlichen Erblasserwillen am ehesten entspricht.[137] Die Auslegung nach **stiftungsrechtlichen** Grundsätzen gibt der ergänzenden Auslegung auch noch mehr Raum, da in § 81 Abs. 4 S. 2 BGB schon Lücken beim Stifterwillen als möglich unterstellt werden. Die vom Stifter verfolgten wirtschaftlichen Ziele sollen bestmöglich umgesetzt werden. Bei bloßen Wünschen besteht jedoch keine Handlungspflicht der Anerkennungsbehörde, wohl aber eine Anerkennungsmöglichkeit.[138]

---

129 BeckNotar-HdB/*Hushahn*, § 19 Rn 59; siehe auch schon vorstehend zur Frage der Festlegung des Stiftungswecks.
130 BeckNotar-HdB/*Hushahn*, § 19 Rn 60.
131 *Pauli*, RFamU 2024, 69.
132 *Reimann*, ZEV 2023, 9.
133 MHdB GesR V/*Mecking*, § 85 Rn 51.
134 *Reimann*, ZEV 2023, 9.
135 MüKo-BGB/*Weitemeyer*, § 83 Rn 19.
136 MüKo-BGB/*Weitemeyer*, § 83 Rn 19.
137 *Reimann*, ZEV 2023, 9, 9 f.
138 *Reimann*, ZEV 2023, 9, 11 f.

74 Durch die Stiftungsaufsichtsbehörde oder durch einen Testamentsvollstrecker können **organisationsrechtliche** Angaben ergänzt werden,[139] während dies bei fehlenden Angaben im **vermögensrechtlichen** Teil in Bezug auf die Stiftungsaufsichtsbehörde ausscheidet.[140] Auch bei fehlenden organisationsrechtlichen Angaben bezieht sich die Ergänzungsbefugnis nur auf das Vorhandensein einer Satzung mit den notwendigen Regelungen. Selbst diesbezüglich ist es den Stiftungsaufsichtsbehörden aber grundsätzlich verwehrt, eine fehlende Festlegung des Zwecks oder der Vermögensausstattung vorzunehmen, da dies ausschließlich dem Stifter selbst obliegt und nicht Dritten überlassen werden kann (§ 81 Abs. 3 BGB). Es kann also insoweit nur eine Umsetzung einer hinsichtlich des Zwecks und des Vermögens aussagekräftigen Stiftererklärung in eine Stiftungssatzung vorgenommen oder ein vom Stifter missverständlich oder unklar formulierter Stiftungszweck ergänzend ausgelegt werden. Dagegen begegnen Ergänzungen im Hinblick auf den Namen, den Sitz und die Organstruktur der Stiftung keinen grundsätzlichen Bedenken.[141] Hat der Stifter einen Testamentsvollstrecker bestellt, ist dieser zu Anpassungen der Satzung vorrangig befugt.[142]

IV. Widerruf und Anfechtung

75 Der Stifter ist zwar gem. § 81a BGB bis zur Anerkennung der Stiftung zum Widerruf des Stiftungsgeschäfts berechtigt. Bei einer Stiftung von Todes wegen ist das naturgemäß nicht möglich. Der **Widerruf** (§ 81a BGB) richtet sich in diesem Fall nach allgemeinen **erbrechtlichen Grundsätzen** wie bei jeder letztwilligen Verfügung. Während bei einer testamentarischen Errichtung also jederzeit der freie Widerruf möglich ist (§§ 2253 ff. BGB), sind bei wechselbezüglichen Verfügungen oder erbvertraglichen Festlegungen die jeweiligen Einschränkungen (§§ 2271, 2272 bzw. 2290 ff. BGB) zu beachten.[143] Dementsprechend können insbesondere die Erben die Stiftung von Todes wegen nicht widerrufen.[144] Stattdessen steht ihnen die Möglichkeit der **Anfechtung** nach §§ 2278 ff. BGB offen, sofern das Stiftungsgeschäft unter Drohung oder aufgrund eines Irrtums zustande gekommen ist.[145]

V. Pflichtteilsrecht

76 Die Pflichtteilsrechte bleiben von der Stiftung von Todes wegen **unberührt**.[146] So kommen die pflichtteilsrechtlichen Regelungen auch dann zur Anwendung, wenn die Pflichtteilsberechtigten die Destinatäre einer Familienstiftung sind. Mit anderen Worten: Die Stiftung von Todes wegen wird nicht anders als andere Erben, Vermächtnisnehmer oder beschenkte Dritte behandelt. Das gilt z.B. auch für unentgeltliche Zuwendungen (wie Spenden oder Zustiftungen) an eine Stiftung, die der Pflichtteilsergänzung gem. § 2325 ff. BGB unterliegen können. Einzig wenn die Stiftungssatzung einen wirksamen Anspruch auf Auskehrung von Vermögen aus der Stiftung vorsieht, kann dies ein Vermächtnis des Erblassers darstellen, wodurch der Pflichtteil gem. § 2307 BGB entsprechend zu kürzen wäre.[147] Ein anderer, wichtiger Aspekt ist der Umstand, dass eine Stiftung nicht „stirbt“. Dadurch kommt es auf lange Sicht nicht zu Vermögensübergängen auf Erben oder Vermächtnisnehmer, die die

139 *Müller*, ZStV 2023, 55, 57.
140 Staudinger/*Hüttemann/Rawert*, § 83 Rn 29.
141 Staudinger/*Hüttemann/Rawert*, § 83 Rn 29.
142 Staudinger/*Hüttemann/Rawert*, § 83 Rn 28.
143 Schauhoff/Kirchhain/*Mehren*, § 3 Rn 35.
144 BeckNotar-HdB/*Hushahn*, § 19 Rn 62.
145 *Schlüter/Stolte*, Kap. 2 Rn 148.
146 *Müller*, ZStV 2023, 55, 59.
147 *Müller*, ZStV 2023, 55, 60.

Grundlage für Pflichtteilsansprüche von enterbten Pflichtteilsberechtigten sein können. Insofern gibt es bei einer Stiftung verglichen mit der Eigentümerschaft durch natürliche Personen deutliche Unterschiede im Pflichtteilsrecht.

D. Stiftung und Testamentsvollstreckung

Da die Gründung der Stiftung von Todes wegen gerade erst nach dem Tod des Erblassers 77
erfolgt,[148] bietet sich die Anordnung der Testamentsvollstreckung an, um die ordnungsgemäße und erfolgreiche Durchführung des Anerkennungsverfahrens sicherzustellen. Neben vielen praktischen Vorteilen, die auch in anderen Fällen für eine Testamentsvollstreckung sprechen können, ist vor allem der folgende Umstand von Bedeutung: Wird eine Stiftung von Todes wegen als alleinige Erbin eingesetzt, so fehlt es am Todestag und in den Monaten danach an einem **faktischen Erben.** Das ist vor allem der Grund, warum das Gesetz im Wege der Fiktion die spätere Anerkennung der Stiftung von Todes wegen als rechtsfähige Stiftung durch die Stiftungsaufsichtsbehörde auf den Todestag zurückwirken lässt (§ 80 Abs. 2 S. 2 BGB). Die gesetzlichen Erben und möglicherweise auch andere Beteiligte könnten nur ein gering ausgeprägtes Interesse haben, sich für die Stiftungsgründung einzusetzen, so dass ein Testamentsvollstrecker die Durchsetzung des letzten Willens veranlassen und gewährleisten kann. Ferner läge eine Konstellation des „unbekannten“ oder „noch nicht geborenen“ Erben vor (vgl. § 2043 Abs. 2 BGB), sodass das Nachlassgericht im Zweifel zur Durchführung des Anerkennungsverfahrens einen Nachlasspfleger nach § 1960 BGB einsetzt, wenn der Erblasser keinen Testamentsvollstrecker bestellt hat.[149] Es dürfte häufig fraglich sein, ob ein gerichtlich bestellter Nachlasspfleger die beste Lösung für die Errichtung der Stiftung von Todes wegen ist. Näherliegend ist die Berufung eines Testamentsvollstreckers, den der Erblasser kennt und dem er vertraut.

Abgesehen von diesem wichtigen Errichtungsaspekt wird es auch sonst einen größeren 78
Abstimmungsbedarf mit der Stiftungsaufsichtsbehörde geben, um den sich der Testamentsvollstrecker im Sinne des Erblassers kümmern kann.[150] Auch kann der Testamentsvollstrecker zur Vornahme erforderlicher Satzungsänderungen ermächtigt werden, um bspw. auf Änderungen der steuerrechtlichen Rahmenbedingungen zwischen der Formulierung der letztwilligen Verfügung und dem Eintritt des Erbfalls zu reagieren.[151] Aufgrund der häufig längeren Zeit zwischen der Errichtung des Testaments und dem Tag des Ablebens kann es auch noch zu vielen anderen Veränderungen kommen, auf die der Testamentsvollstrecker eingehen kann.

Grundsätzlich ist der Testamentsvollstrecker befugt, alle erforderlichen Handlungen vorzu- 79
nehmen, um die Stiftung zur Anerkennung zu bringen.[152] Die Befugnis hat aber die **Grenzen** des § 2065 Abs. 2 BGB zu wahren.[153] Er kann also keine Entscheidungen treffen, die dem Stifter vorbehalten sind, insbesondere die Festlegung des Stiftungszwecks und des Vermö-

148 Schauhoff/Mehren/*Schienke-Ohletz*, Kap. 3 Rn 15.
149 *Schlüter/Stolte*, Kap. 2 Rn 157.
150 *Schlüter/Stolte*, Kap. 2 Rn 154.
151 *Schlüter/Stolte*, Kap. 2 Rn 154.
152 *Schlüter/Stolte*, Kap. 2 Rn 154.
153 MüKo-BGB/*Weitemeyer*, § 83 Rn 16.

gens.[154] Unter Umständen soll es aber möglich sein, den Testamentsvollstrecker mit der Anfertigung der Stiftungssatzung zu beauftragen.[155]

80 Der Stifter kann den Testamentsvollstrecker auch in den **Vorstand** oder ein anderes Stiftungsorgan berufen. Diese Berufung besteht dann selbstständig neben der Testamentsvollstreckung und ist an deren zeitliche Begrenzung auf 30 Jahre nach § 2210 BGB nicht gebunden.[156] Hierbei sollte aber unbedingt darauf geachtet werden, ob der Testamentsvollstrecker teilweise oder gänzlich von den Vertretungsbeschränkungen des § 181 BGB befreit wird.

81 Umstritten ist, ob die Anordnung einer **Dauervollstreckung** für die Stiftung von Todes wegen möglich ist. Eine Auffassung im Schrifttum und in der Rechtsprechung lehnt dies ab, da das Stiftungsvermögen durch die Stiftungsorgane dauerhaft verwaltet werden müsse, nicht durch einen fremden Testamentsvollstrecker, was auch zum unzulässigen Entzug der Stiftungsaufsicht führen soll.[157] Selbst wenn eine Dauervollstreckung für zulässig erachtet wird, soll der Testamentsvollstrecker bei einer Dauerverwaltung nach Errichtung der Stiftung zumindest nicht mehr zu Satzungsänderungen befugt sein.[158] Im Rahmen der Stiftungsrechtsreform hat der Gesetzgeber mit einer Formulierung in § 81 Abs. 1 Nr. 2 BGB versucht, den Streit im Sinne einer Unzulässigkeit der Dauerverwaltung durch einen Testamentsvollstrecker zu lösen. Dort heißt es, dass der Stifter im Stiftungsgeschäft zur Erfüllung des von ihm vorgegebenen Stiftungszwecks ein Vermögen widmen müsse, das der Stiftung zu deren eigener Verfügung zu überlassen ist. Der Gesetzgeber führt in der Gesetzesbegründung aus, dass damit klargestellt werde, dass der Erblasser und Stifter zwar über einen Erbteil der Stiftung eine Abwicklungstestamentsvollstreckung bis zum Entstehen der Stiftung, aber keine Dauertestamentsvollstreckung anordnen könne. Es sei Voraussetzung für eine wirksame Stiftungsaufsicht, dass die Stiftung nicht nur Inhaberin des gewidmeten Vermögens sei, sondern auch über das Vermögen verfügen könne.[159] Es bleiben aber Zweifel, ob die Streitfrage somit wirklich geklärt ist, wie der Gesetzgeber meint. Denn es fällt auf, dass der Gesetzgeber gerade nicht auf die Testamentsvollstreckung eingeht, sondern lediglich hofft, dass mit der Formulierung zur freien Verfügung automatisch auch die Testamentsvollstreckung in Form der Dauerverwaltung ausgeschlossen sei. Das Gesetz regelt jedoch nur den „Normalfall“, ohne auf den Ausnahmefall der Testamentsvollstreckung einzugehen. Auch in anderen Rechtsgebieten wie z.B. dem Gesellschaftsrecht wird die Testamentsvollstreckung über Vermögen, das einer Gesellschaft zugewendet wird, bei allen Schwierigkeiten grundsätzlich für zulässig erachtet.[160] Völlig unverständlich ist, warum es ausgerechnet an der Stiftungsaufsicht hängen soll, ob eine Stiftung von Todes wegen Vermögen erwirbt oder nicht. Wenn die Stiftung für eine gewisse Zeit aufgrund der Testamentsvollstreckung keine Verfügungsbefugnis über das ihr zugewandte Vermögen hat, damit also wie jeder andere Erbe gestellt ist, gibt es auch kein Bedürfnis für eine Stiftungsaufsicht, was zumindest

154 *Schlüter/Stolte*, Kap. 2 Rn 154.

155 MüKo-BGB/*Weitemeyer*, § 83 Rn 16.

156 *Schlüter/Stolte*, Kap. 2 Rn 154; Bengel/Reimann/Holtz/Röhl/*Pauli*, § 5 Rn 325.

157 MüKo-BGB/*Weitemeyer*, § 83 Rn 17; *Lange*, ZStV 2019, 85, 90; *Neuhoff*, ZErb 2013, 81; OLG Frankfurt ZEV 2011, 605. Für eine Zulässigkeit der Dauervollstreckung: *Ponath/Jestaedt*, ZErb 2021, 281; *Werner*, StBW 2013, 186; *Schewe*, ZEV 2012, 236. Differenzierend Richter/*Gollan*, § 3a Rn 47 mit Blick auf die neue Gesetzesformulierung in § 81 Abs. 1 Nr. 2 BGB.

158 Bengel/Reimann/Holtz/Röhl/*Pauli*, § 5 Rn 323 f.; *Ponath/Tolkdorf*, ZEV 2021, 605, 608; Richter/*Gollan*, § 3a Rn 49.

159 BT-Drucks 19/28173, 47 f.

160 Siehe *Schwalm/Deutsch*, ZEV 2024, 438 m.w.N. zu den Auswirkungen des MoPeG für die Testamentsvollstreckung über Personengesellschaftsanteile.

diesen Vermögensteil betrifft. Für die Praxis ist aber die Erkenntnis wichtig, dass eine **Abwicklungstestamentsvollstreckung** bis zur Errichtung der Stiftung von Todes wegen als zulässig gilt, große Zweifel jedoch an der Zulässigkeit einer Dauertestamentsvollstreckung bestehen.

Muster 13.6: Auszug aus einem handschriftlichen Testament mit der Errichtung einer Stiftung von Todes wegen 13.6

Testament 82

I. Widerruf früherer letztwilliger Verfügungen

Hiermit widerrufe ich, , geboren am , in vollem Umfang sämtliche in der Vergangenheit von mir errichteten letztwilligen Verfügungen. Ich bin auch nicht durch ein gemeinschaftliches Ehegattentestament oder einen Erbvertrag an der Errichtung dieses Testaments gehindert.

II. Erbeinsetzung (Vermächtnis; Auflage zur Stiftungserrichtung)

1. Zu meiner Alleinerbin bestimme ich die von Todes wegen noch zu errichtende -Stiftung.
   [*Alternative 1 (Vermächtnis)*:] Die von Todes wegen noch zu errichtende -Stiftung erhält im Wege des Vermächtnisses .
   [*Alternative 2 (Auflage)*:] Zu meinem Erben bestimme ich . Ich beschwere ihn hiermit mit der Auflage, die -Stiftung zu errichten.
2. Die Stiftung soll ihren Sitz in haben.
3. Die Stiftung soll folgende Zwecke verfolgen:
4. Mein Nachlass bildet das Stiftungsvermögen. Das Grundstockvermögen ist hierbei ungeschmälert zu erhalten. Umschichtungsgewinne und sonstiges Vermögen dürfen zur Erfüllung des Stiftungszwecks eingesetzt werden.
5. Weitere Einzelheiten sind in dem anliegenden Stiftungsgeschäft und der anliegenden Stiftungssatzung beschrieben.

III. (Sonderfall: Auflage zur Errichtung einer nichtrechtsfähigen Stiftung)

1. Zu meinem Erben bestimme ich .
2. Ich beschwere meinen Erben mit der Auflage, mit der [*Organisation / -GmbH/ rechtsfähigen Stiftung/Kirche/usw.*][161] eine nichtrechtsfähige Stiftung zu errichten. Mein Erbe soll von meinem liquiden Vermögen den Betrag i.H.v. 500.000 EUR[162] entnehmen und mit diesem Vermögen die nichtrechtsfähige Stiftung ausstatten. Die nichtrechtsfähige Stiftung soll folgende Zwecke verfolgen: [163]
3. Als Errichtungsvertrag hat mein Erbe den hier beigefügten, von mir vorbereiteten Vertrag[164] zu verwenden [*siehe hierzu Muster* Rdn 40].

IV. Testamentsvollstreckung

1. Ich ordne Testamentsvollstreckung an. Zum Testamentsvollstrecker ernenne ich .
2. Sollte nicht Testamentsvollstrecker werden oder als Testamentsvollstrecker wegfallen, gleichgültig aus welchem Grund, so bestimme ich zum Ersatztestamentsvollstrecker.
3. Sollte kein Ersatztestamentsvollstrecker zur Verfügung stehen, so ist das Nachlassgericht ermächtigt, einen geeigneten und im Bereich der Testamentsvollstreckung erfahrenen Rechtsanwalt nach billigem Ermessen als Ersatztestamentsvollstrecker zu bestimmen.

---

161 In dieser Variante dürfte es sinnvoll sein, dass der Erblasser im Vorfeld mit dem Stiftungsträger spricht.

162 Wenn das Vermögen für eine eigene rechtsfähige Stiftung nicht genügt, könnte mit diesem Vermögen alternativ eine nichtrechtsfähige Stiftung errichtet werden.

163 Die Stiftung kann grundsätzlich jede Art von Zweck verfolgen, z.B. auch die steuerlich begünstigten Zwecke nach der AO, siehe dazu Rdn 19 ff.

164 Zur Wahrung der strengen Testamentsform muss bei einem handschriftlichen Testament im Zweifel auch der Errichtungsvertrag in der Testamentsanlage vollständig handschriftlich geschrieben werden, anders bei einem notariell errichteten Testament.

4. Diese Testamentsvollstreckung ist eine Abwicklungsvollstreckung. Aufgabe des Testamentsvollstreckers ist es, für die Anerkennung der von Todes wegen errichteten Stiftung zu sorgen.
   [*Alternative (Vollzug der Auflage)*:] Aufgabe des Testamentsvollstreckers ist der Vollzug der vorstehend angeordneten Auflage. Diese Testamentsvollstreckung endet mit Vollzug der Auflage.

[*Ort, Datum, Unterschrift Erblasser*]

Anlage: Handschriftlich verfasstes Stiftungsgeschäft und handschriftlich verfasste Stiftungssatzung

E. Grundlagen der Besteuerung von Stiftungen

83 Dieses Kapitel bietet eine erste Übersicht über einige steuerliche Grundlagen im Zusammenhang mit Stiftungen. Für die Beratung ersetzt es keine weitergehende Literatur, die in der Fallbearbeitung herangezogen werden sollte.

I. Gemeinnützige Stiftung

1. Errichtung

84 Die Errichtung einer gemeinnützigen Stiftung, die in diesem Kapitel im weiteren Sinne verstanden wird und z.B. auch die mildtätigen Zwecke gem. § 53 AO einschließt, unterliegt grundsätzlich nicht der Schenkung- und Erbschaftsteuer.[165] Für die unentgeltliche Vermögensausstattung einer gemeinnützigen Stiftung ist **im Regelfall keine Erbschaft- und Schenkungsteuer** zu leisten (§ 13 Abs. 1 Nr. 16 Buchst. b ErbStG). Die steuerliche Einordnung einer Stiftung erfolgt zunächst auf Grundlage ihrer Zwecksetzung sowie ihrer Mittelverwendung in der Satzung.[166] Für die Anerkennung einer Stiftung als steuerlich begünstigt müssen neben dem Vorliegen eines gemeinnützigen, mildtätigen oder kirchlichen Zwecks gem. §§ 52–54 AO die Zweckverfolgung und die Grundsätze von Selbstlosigkeit, Ausschließlichkeit und Unmittelbarkeit gem. §§ 55–57 AO beachtet werden sowie die Satzung der Stiftung weitere Voraussetzungen erfüllen (§§ 59–61 sowie § 63 AO). Erfüllt die Stiftungssatzung dauerhaft die Voraussetzungen der §§ 59, 60 AO, insbesondere die Inhalte der steuerlichen Mustersatzung der Anlage 1 zu § 60 Abs. 1 S. 2 AO, erhält die Stiftung über den Satzungsfeststellungsbescheid gem. § 60a AO den Status der **Steuerbegünstigung**. Zusätzlich muss die tatsächliche Geschäftsführung (§ 63 AO) der Stiftungsorgane den individuellen Satzungsvorgaben sowie insbesondere den Mittelverwendungsgrundsätzen der §§ 55 ff. AO entsprechen, um den steuerlichen Status zu halten. Dies wird jährlich oder im Dreijahresturnus im sog. Freistellungsbescheid erklärt.[167]

85 Die Steuerbegünstigung in der Erbschaft- und Schenkungsteuer entfällt jedoch rückwirkend, wenn die Voraussetzungen der Steuerbegünstigung innerhalb von zehn Jahren entfallen und das Vermögen nicht begünstigten Zwecken zugeführt wird, siehe § 13 Abs. 1 Nr. 16 Buchst. b S. 2 ErbStG.[168]

86 Bei der Errichtung einer Stiftung von Todes wegen ist erbschaftsteuerlich und körperschaftsteuerlich zu beachten, dass der Vermögensübergang auf die Stiftung erst bei der **Anerken-**

---

165 Richter/*Richter*, § 27 Rn 6.
166 NK-GemnR/*Werner*, Teil 1, 3.2 Rn 136.
167 NK-GemnR/*Werner*, Teil 1, 3.2 Rn 136.
168 Plottek/Weiten/*Plottek*, § 3 Rn 32; Schauhoff/Kirchhain/*Mehren*, § 3 Rn 27.

nung der Stiftung besteuert wird (siehe z.B. § 9 Abs. 1 Buchst. c ErbStG). Damit ist für erbschaftsteuerliche Zwecke der Bewertungsstichtag auch der Tag der Anerkennung.[169] Die Steuerbegünstigung der Gemeinnützigkeit wirkt ggf. auch nicht auf den Todeszeitpunkt zurück, sodass Wertveränderungen zwischen dem Tod des Stifters und der Anerkennung der Stiftung sowie das Einkommen aus dem Vermögen für diese Zeit besteuert werden können.[170] Bedenkt man, dass in der Praxis rasch ein Jahr oder mehrere Jahre vergehen können, bis die Stiftung anerkannt wird, so sind die daraus resultierenden Steuerfolgen und Steuerrisiken unbedingt zu beachten.

Bei der Zuwendung von Vermögen aus dem Privatvermögen des Stifters fällt in der Regel keine Ertragsteuer an. Dasselbe gilt, da kein entgeltlicher Veräußerungsvorgang vorliegt, auch für die Übertragung von Beteiligungen an Kapitalgesellschaften i.S.v. § 17 EStG oder die Übertragung von Grundstückten innerhalb der Spekulationsfrist aus § 23 EStG.[171] Die unentgeltliche Einbringung von Betriebsvermögen (Betriebe, Teilbetriebe und Mitunternehmeranteile) kann steuerneutral zum Buchwert gem. § 6 Abs. 3 EStG erfolgen.[172] Anderes gilt, wenn nur einzelne Wirtschaftsgüter aus einem Betriebsvermögen übertragen werden; dies führt regelmäßig zur Aufdeckung stiller Reserven und zur Besteuerung der stillen Reserven.[173] 87

2. Laufende Besteuerung

Eine gemeinnützige Stiftung ist im Rahmen ihrer laufenden Besteuerung in der Regel von allen wichtigen Steuern befreit, etwa der Körperschaft- und der Gewerbesteuer.[174] Sie muss hierbei aber bestimmte Kriterien erfüllen. Grundsätzlich sind mit Blick auf die Ertragsteuer **vier Sphären** zu beachten, nämlich der ideelle Bereich, die Vermögensverwaltung, der wirtschaftliche Geschäftsbetrieb und der Zweckbetrieb.[175] Die Erträge aus dem ideellen Bereich, also Erträge aus der unmittelbaren Zweckverwirklichung, sowie aus der Vermögensverwaltung sind steuerfrei.[176] Nach § 14 S. 3 AO liegt eine Vermögensverwaltung vor, wenn Vermögen genutzt wird, z.B. Kapitalvermögen verzinslich angelegt oder unbewegliches Vermögen vermietet oder verpachtet wird. 88

Lediglich wenn die Stiftung einen **wirtschaftlichen Geschäftsbetrieb** mit jährlichen Einnahmen über 45.000 EUR unterhält, ist dieser gem. § 64 Abs. 1 und 3 AO, § 5 Abs. 1 Nr. 9 S. 2 KStG steuerpflichtig. Hierunter versteht man gem. § 14 S. 1 AO eine selbstständige nachhaltige Tätigkeit, durch die Einnahmen oder andere wirtschaftliche Vorteile erzielt werden und die über den Rahmen einer Vermögensverwaltung hinausgeht. Klassische Beispiele sind der Verkauf von Speisen und Getränken im Rahmen von Vereinsveranstaltungen oder entgeltliche Dienstleistungen, die ein Verein oder eine Stiftung erbringt. Eine Ausnahme besteht aber sodann, wenn dieser wirtschaftliche Geschäftsbetrieb einen **Zweckbetrieb** i.S.d. § 65 AO darstellt, er mithin in seiner Gesamtrichtung dazu dient, die steuerbegünstigten satzungsmäßigen Zwecke der Stiftung zu erfüllen. In diesem Fall ist der Zweckbetrieb steuerfrei. Beispiele für einen Zweckbetrieb sind z.B. Bildungsreisen von Bildungs- 89

169 *v. Oertzen/Lindermann*, ZEV 2023, 803, 804 f.
170 Schauhoff/Kirchhain/*Mehren*, § 3 Rn 27.
171 Feick/*Ponath/Raddatz*, § 19 Rn 64.
172 Richter/*Richter*, § 23 Rn 47.
173 Feick/*Ponath/Raddatz*, § 19 Rn 66 ff. m.w.N.
174 Richter/*Richter*, § 27 Rn 7; Scherer/*Feick/Schwalm*, § 39 Rn 18.
175 Feick/*Ponath/Arnsperger*, § 20 Rn 2.
176 Scherer/*Feick/Schwalm*, § 39 Rn 18 f.; Feick/*Ponath/Arnsperger*, § 20 Rn 3 und 4, ausf. Rn 4 ff.

vereinen oder Volkshochschulen oder die Cafeteria einer Werkstatt für Menschen mit Behinderungen.[177]

90 Steuerfrei sind außerdem **Spenden** und **Zustiftungen**. Für den Spender und Zustifter bestehen Abzugsmöglichkeiten (§ 10b Abs. 1 S. 1 EStG und § 9 Abs. 1 Nr. 2 KStG für Spenden und § 10b Abs. 1a EStG für Zustiftungen).[178] Hier ist nicht der Raum für die Darstellung der durchaus komplizierten Rechtslage. Die allgemeinen Höchstgrenzen für Spenden als Sonderausgabenabzug im jeweiligen Veranlagungszeitraum (20 % des Gesamtbetrags der Einkünfte oder alternativ 4 % der Summe der gesamten Umsätze und der im Kalenderjahr aufgewendeten Löhne und Gehälter) sind zu beachten, und natürlich auch die Möglichkeit des zeitlich unbegrenzten Spendenvortrags. Das gilt ferner für Vermögensstockspenden an Stiftungen, also Spenden in das zu erhaltende Grundstockvermögen einer Stiftung (§ 10b Abs. 1a EStG). Natürliche Personen können auf Antrag im Veranlagungszeitraum der Zuwendung und in den folgenden neun Veranlagungszeiträumen bis zu einem Gesamtbetrag von 1 Mio. EUR von ihren steuerpflichtigen Einkünften abziehen.[179]

91 Werden **Grundstücke** auf eine gemeinnützige Stiftung übertragen, fällt keine Grunderwerbsteuer an nach § 3 Nr. 2 GrEStG.[180] Aufzupassen ist auf die Umsatzsteuer, denn im Umsatzsteuerrecht gibt es keine generelle persönliche Steuerbefreiung.[181]

3. Zuwendungen an Destinatäre

92 Zuwendungen an Destinatäre, die freiwillig oder aufgrund einer freiwillig begründeten Rechtspflicht zur Erfüllung **steuerbegünstigter Zwecke** erfolgen, werden grundsätzlich weder bei der Stiftung noch bei den Destinatären steuerlich erfasst, jedenfalls wenn es sich um einmalige Leistungen handelt.[182] Erfolgen diese satzungsgemäß, ist von einer Freiwilligkeit auszugehen.[183] Demgegenüber sind Zuwendungen an Destinatäre **ohne steuerbegünstigten Zweck** in voller Höhe bei den Destinatären als Einkommen gem. §§ 2 Abs. 1 Nr. 7, 22 Nr. 1 EStG steuerbar.[184]

4. Auflösung

93 Durch die Auflösung erhalten die in der Satzung bestimmten Anfallsberechtigten das Stiftungsvermögen. Der Erwerb gilt zwar grundsätzlich als steuerpflichtige Schenkung unter Lebenden (§ 87c BGB, § 7 Abs. 1 Nr. 9 ErbStG), wobei der Stifter und nicht die Stiftung (dann wäre stets von Steuerklasse III auszugehen) zur Bestimmung der Steuerklasse als Schenker (§ 15 Abs. 2 S. 2 ErbStG) betrachtet wird. Im Fall einer gemeinnützigen Stiftung wird es aber dann zu keiner Schenkungsteuer kommen, wenn das Vermögen dieser Stiftung im Fall der Auflösung an andere **steuerbegünstigte Einrichtungen** ausgekehrt wird (§ 13 Abs. 1 Nr. 16 Buchst. b ErbStG – Grundsatz der Vermögensbindung). Wichtig ist jedoch, dass dann, wenn gegen diesen Grundsatz verstoßen wird und das Vermögen nicht an steuerbegünstigte Personen fällt (z.B. eine Auskehrung an die Familie des Stifters), nicht nur diese Auskehrung von Vermögen schenkungsteuerpflichtig ist. Vielmehr kann es dann

177 Feick/*Ponath/Arnsperger*, § 20 Rn 29.
178 Stumpf/Suerbaum/Schulte/Pauli/*Pauli*, Kap. E, § 10b EStG Rn 31.
179 Hierzu Feick/*Ponath/Raddatz*, § 19 Rn 46 ff.
180 Scherer/*Feick/Schwalm*, § 39 Rn 17.
181 Siehe ausf. Feick/*Ponath/Arnsperger*, § 20 Rn 40 ff.
182 Feick/*Ponath/Arnsperger*, § 21 Rn 2 ff.
183 Scherer/*Feick/Schwalm*, § 39 Rn 22.
184 Feick/*Ponath/Arnsperger*, § 21 Rn 2.

gem. §§ 63 Abs. 2, 61 Abs. 3 AO zu einer rückwirkenden Besteuerung der Stiftung kommen, da fingiert wird, dass die Steuerbegünstigung der Stiftung von Anfang an nicht bestanden habe. Das gilt auch für die ursprüngliche Erbschaft- und Schenkungsteuerbefreiung (§ 13 Abs. 1 Nr. 16 Buchst. b S. 2 ErbStG).[185]

5. Drittelprivileg

Häufig wird bei der gemeinnützigen Stiftung hervorgehoben, dass sie bis zu ein Drittel 94 ihres Einkommens für die Familie verwenden könne, ohne die Steuerbegünstigung nach der AO zu verlieren. Wenn man die Vorschrift genau liest, wird deutlich, dass diese Regel in der Praxis keine entscheidende Bedeutung hat. Denn so heißt es in § 58 Nr. 6 AO, dass die Steuervergünstigung nicht dadurch ausgeschlossen wird, dass eine Stiftung einen Teil, jedoch höchstens ein Drittel ihres Einkommens dazu verwendet, um in angemessener Weise den Stifter und seine nächsten Angehörigen zu unterhalten, ihre Gräber zu pflegen und ihr Andenken zu ehren. Abgesehen davon, dass dort von **Einkommen** (als Summe der Einkünfte aus den einzelnen Einkunftsarten) der Stiftung und nicht von Vermögen die Rede ist, kommt es vor allem auf den Begriff des **„Unterhaltens“** an. Denn die Unterhaltsleistung der Stiftung ist nur zulässig und damit nur dann kein Verstoß gegen die AO, wenn der Stifter oder seine nächsten Angehörigen überhaupt bedürftig sind.[186] Die Zahlung soll insbesondere nur dann zulässig sein, wenn der Empfänger der Zahlung in Not geraten ist oder er sich aufgrund der Weggabe des Vermögens an die Stiftung den gewohnten Lebensstil nicht mehr leisten könnte. Hierbei ist wiederum umstritten, ob der maßgebliche Lebensstandard des Begünstigten der aktuelle Lebensstandard ist oder derjenige im Zeitpunkt der Stiftungserrichtung.[187] In der Praxis zeigt sich, dass der Nachweis des Vorliegens der oben genannten Voraussetzungen für vermögende Familien nicht leicht zu führen ist.

II. Familienstiftung

1. Errichtung

Sowohl die gemeinnützige Stiftung als auch die Familienstiftung sind rechtsfähige Stiftungen 95 des Privatrechts. Während die gemeinnützige Stiftung nach ihrer Satzung ausschließlich und unmittelbar gemeinnützige, mildtätige oder kirchliche Zwecke und somit steuerbegünstigte Zwecke i.S.d. §§ 51 ff. AO verfolgt, dient die häufige Erscheinungsform der Familienstiftung als eine Ausprägung der nicht gemeinnützigen rechtsfähigen Stiftung des Privatrechts dem Ziel, die Angehörigen einer oder mehrerer Familien zu fördern, zu unterstützen und/oder zu versorgen. Es gibt also nicht die oben dargestellten steuerlichen Begünstigungen aus der AO und auch nicht die Vorteile des Spendenabzugs für Stifter und andere Zuwender. Gleichwohl gibt es im Steuerrecht auch für die Familienstiftung **Begünstigungen**, sodass es unzutreffend wäre, die Familienstiftung als nicht steuerlich begünstigte Stiftung des Privatrechts zu bezeichnen.

Bei der Errichtung einer Familienstiftung fallen zwar sowohl Schenkung- als auch Erb- 96 schaftsteuer an.[188] Während sich grundsätzlich die anwendbare Steuerklasse aus dem Verwandtschaftsverhältnis zwischen dem Erwerber und dem Erblasser oder Schenker gem.

185 Feick/*Ponath/Arnsperger*, § 22 Rn 1 ff.; Scherer/*Feick/Schwalm*, § 39 Rn 21, dort jeweils auch zur Zehnjahresfrist.

186 Feick/*Ponath/Raddatz*, § 18 Rn 92.

187 Baum/Buse/Brandl/Szymczak/*Brandl*, § 58 Rn 26.

188 Siehe Feick/*v. Löwe*, § 24 Rn 52 ff.; *Härtling/Tolksdorf*, IStR 2023, 717, 720.

§ 15 Abs. 1 ErbStG ergibt (wodurch die Stiftung in die ungünstige Steuerklasse III fiele, da der Stifter nicht mit der Stiftung verwandt sein kann), genießt eine Familienstiftung zumindest für das ihr bei ihrer Gründung übertragene Vermögen das **Steuerklassenprivileg** des § 15 Abs. 2 S. 1 ErbStG: Hiernach ist bei der Besteuerung das Verwandtschaftsverhältnis des nach der Stiftungsurkunde entferntesten Berechtigten zum Stifter zugrunde zu legen.[189] Sind das Abkömmlinge, so könnte es zur Anwendung der günstigeren Steuerklasse I kommen, also statt 30–50 % in Steuerklasse III „nur" 7–30 % in Steuerklasse I. Wenn allerdings neben Kindern auch Enkelkinder begünstigt sind, wird der Freibetrag nicht 400.000 EUR, sondern 100.000 EUR betragen.[190]

2. Laufende Besteuerung

97 Eine Familienstiftung ist unbeschränkt körperschaftsteuerpflichtig gem. § 1 Abs. 1 Nr. 4 KStG. Die **Körperschaftsteuer** beträgt gem. § 23 Abs. 1 KStG 15 %. Dazu kommt weiterhin der Solidaritätszuschlag in Höhe von 5,5 % auf die Körperschaftsteuer.[191] Die Stiftung unterliegt ferner mit ihrem Gewerbeertrag der **Gewerbesteuer**, wenn und soweit sie einen inländischen Gewerbebetrieb oder einen wirtschaftlichen Gewerbebetrieb unterhält.[192] Dies bezieht sich dann auch nur auf die konkreten gewerblichen Einkünfte, nicht auf die sonstigen Einnahmen.[193]

98 Darüber hinaus unterliegt eine Familienstiftung mit Geschäftsleitung oder Sitz im Inland der **Erbersatzbesteuerung** nach § 1 Abs. 1 Nr. 4 ErbStG.[194] Nach § 15 Abs. 2 S. 3 ErbStG wird der doppelte Freibetrag des § 16 Abs. 1 Nr. 2 ErbStG gewährt, also 800.000 EUR. Die Steuer berechnet sich dann nach dem Prozentsatz der Steuerklasse I, der für die Hälfte des steuerpflichtigen Vermögens (also nach Abzug der Freibeträge) gelten würde (also nur Steuerprogressionsvorteil).[195]

99 Die Erbersatzbesteuerung wird von vielen Stiftern negativ und als Nachteil der rechtsfähigen Familienstiftung gesehen. Hierbei muss man sich aber Folgendes vergegenwärtigen: Die Erbersatzsteuer tritt **alle 30 Jahre** ein, während gerade bei größeren Familienunternehmen mit einer größeren Anzahl von Gesellschaftern häufiger als alle 30 Jahre Erbfälle (bzw. Schenkungen) auftreten. Damit kommt es auch häufiger zu relevanten Bewertungsvorgängen. Zudem ist die Erbersatzbesteuerung – anders als ein „normaler" Erbfall – planbar und kann die Steuerschuld – anders als bei der „normalen" Erbschaftsteuer – auf Antrag in 30 jährlichen Raten beglichen werden (§ 24 ErbStG).[196]

100 **Zustiftungen**, also Zuwendungen in das Grundstockvermögen einer Stiftung nach ihrer Errichtung, sind als Schenkungen oder ggf. als erbrechtliche Zuwendungen zu besteuern, da diese nicht aufgrund des Stiftungsgeschäfts erfolgen. Es gibt kein Steuerklassenprivileg nach § 15 Abs. 2 ErbStG für Zustiftungen an Familienstiftungen.[197]

---

189 NK-GemnR/*Werner*, Teil 1, 3.2 Rn 172; Feick/*v. Löwe*, § 24 Rn 108 ff.
190 Feick/*v. Löwe*, § 24 Rn 116 ff.
191 *Härtling/Tolksdorf*, IStR 2023, 717, 726.
192 Plottek/Weiten/*Plottek*, § 3 Rn 86; Hierzu Feick/*v. Löwe*, § 25 Rn 31 ff.
193 *Härtling/Tolksdorf*, IStR 2023, 717, 726; vgl. auch Feick/*v. Löwe*, § 25 Rn 33.
194 Plottek/Weiten/*Plottek*, § 3 Rn 91; Dutta/Weber/*Haase*, C. Rn 429.
195 Scherer/*v.Sothen/Kotzenberg/Claussen*, § 36 Rn 117; Feick/*v. Löwe*, § 25 Rn 65 f.
196 Troll/Gebel/Jülicher/Gottschalk/*Jülicher*, § 1 Rn 23.
197 *Meincke/Hannes/Holtz*, § 15 Rn 22.

Allgemein beginnt die Steuerpflicht mit der staatlichen **Anerkennung** der Familienstiftung. Strittig ist dies für eine von Todes wegen errichtete Stiftung, wo überwiegend für die Körperschaftsteuer bereits auf den Tod des Stifters abgestellt wird.[198] 101

3. Zuwendungen an Destinatäre

Die **satzungsmäßigen** Zuwendungen an die Destinatäre sind einkommensteuerbar nach § 20 Abs. 1 Nr. 9 S. 1 Hs. 1 EStG.[199] Als Einkünfte aus Kapitalvermögen unterliegen sie der Abgeltungsteuer (§§ 20 Abs. 1 Nr. 9, 43 Abs. 1 S. 1 Nr. 7a, Abs. 5 EStG),[200] jedenfalls für den Fall, dass die Leistungsempfänger unmittelbar oder mittelbar auf das Ausschüttungsverhalten der Stiftung Einfluss nehmen können.[201] **Satzungswidrige** Zuwendungen unterliegen hingegen der Schenkungsteuer, da sie freigebig i.S.v. § 7 Abs. 1 Nr. 1 ErbStG erfolgen.[202] 102

4. Auflösung

Die Auflösung einer Familienstiftung wird gem. § 7 Abs. 1 Nr. 9 ErbStG als Schenkung unter Lebenden qualifiziert und unterliegt der **Schenkungsteuer**. Maßgeblich für die Steuerklasse ist das Verhältnis der Anfallsberechtigten zum Stifter, da das Steuerklassenprivileg des § 15 Abs. 2 S. 2 ErbStG Anwendung findet.[203] Ist der Stifter der Anfallsberechtigte, so ergibt sich die Steuerpflicht auch aus § 7 Abs. 1 Nr. 9 ErbStG, doch findet das Steuerklassenprivileg keine Anwendung;[204] die Rechtsprechung wendet stets die Steuerklasse III an.[205] Daneben kann es auf Ebene der Stiftung mit Blick etwa auf die Körperschaftsteuer und die Aufdeckung stiller Reserven als auch mit Blick auf die Anfallsberechtigten, die im Rahmen der Auflösung Vermögen erhalten, zu einer Einkommensteuerbelastung kommen.[206] 103

198 *Härtling/Tolksdorf*, IStR 2023, 717, 725; Feick/*v. Löwe*, § 25 Rn 5.
199 NK-GemnR/*Werner*, Teil 1, 3.2 Rn 176; Plottek/Weiten/*Plottek*, § 3 Rn 94.
200 BFH, Urt. v. 3.11.2010, DStR 2011, 403.
201 Vgl. BFH, Urt. v. 3.11.2010, DStR 2011, 403; hierzu und zum Meinungsstreit, ob § 20 Abs. 1 Nr. 9 EStG (Abgeltungsteuer) oder § 22 Nr. 1 S. 2 Hs. 2 Buchst. a EStG (Teileinkünfteverfahren mit Besteuerung i.H.v. 60 %) einschlägig sei, ausf. Feick/*v. Löwe*, § 26 Rn 7 ff.
202 *Härtling/Tolksdorf*, IStR 2023, 717, 728.
203 NK-GemnR/*Werner*, Teil 1, 3.2 Rn 175.
204 Feick/*v. Löwe*, § 27 Rn 21.
205 *Härtling/Tolksdorf*, IStR 2023, 717, 728.
206 Hierzu gute Übersicht bei Feick/*v. Löwe*, § 27 Rn 3 ff. und 12 ff.

Teil II: Typische Klauseln letztwilliger Verfügungen

§ 14 Vollerbeneinsetzung

Rebecca Hahn

Literaturhinweise

Karczewski, Erbrecht und älter werdende Gesellschaft: Probleme des § 2065 BGB, ZEV 2018, 192; *Leipold*, Schutz der Testierfreiheit vor geldgierigen Berufsbetreuern: ein neues Urteil und ein neues Gesetz (§ 30 BtOG), ZEV 2021, 485; *Müller-Engels*, Begünstigung von Berufsbetreuern und Pflegekräften nach der Betreuungsrechtsreform 2023, NJW 2023, 2601.

Inhalt

A. Bedeutung und Umfang der Erbeinsetzung ... 1
I. Grundsatz der Gesamtrechtsnachfolge ... 1
II. Gesamtrechtsnachfolge im Einzelnen ... 4
III. Ausnahmen von der Gesamtrechtsnachfolge ... 5
1. Sondererbfolge ... 6
2. Bezugsrechte aus Verträgen zugunsten Dritter ... 7
IV. Rechtsstellung des Erben vor dem Erbfall ... 9
B. Erbeinsetzung ... 10
I. Erbeinsetzung natürlicher Personen ... 11
1. Grundsätzliches ... 11
2. Erbeinsetzung bereits verstorbener Personen ... 12
3. Erbeinsetzung eines ungeborenen Kindes ... 19
4. Erbeinsetzung eines noch nicht gezeugten Kindes ... 23
5. Unwirksamkeit von Verfügungen zugunsten von Heimmitarbeitern, Berufsbetreuern und Urkundspersonen ... 25
a) § 14 HeimG nachgebildete Landesheimgesetze ... 25
b) Betreuungsorganisationsgesetz ... 30
c) Einschränkungen für Urkundspersonen ... 34
II. Erbeinsetzung juristischer Personen und Personenvereinigungen ... 35
1. Juristische Personen ... 35
2. Sonderfall Stiftung ... 36
3. Personengesellschaften, nicht eingetragene Vereine, Miterbengemeinschaften ... 39
III. Erbeinsetzung als höchstpersönliche Aufgabe des Erblassers, Ausnahmen ... 41
1. Allgemeines ... 41
2. Drittbestimmungsverbot ... 42
3. Flexible Gestaltung durch Vermächtnis oder Auflage ... 46
IV. „Nur bestimmbare“ Erbeinsetzung ... 49
V. Erbeinsetzung durch Zuweisung einzelner Vermögensgegenstände ... 52
VI. Bedingungen und Befristungen ... 57
1. Allgemeines ... 57
2. Bedingungen und Pflichtteilsrecht ... 58
3. Aufschiebende und auflösende Bedingungen ... 59
4. Potestativbedingungen ... 62
5. Verwirkungsklauseln ... 68
6. Vermeidung der Anfechtbarkeit des Testaments wegen Motivirrtums oder Übergehung von Pflichtteilsberechtigten ... 75
VII. Umfang der Erbeinsetzung ... 83
1. Einsetzung eines Alleinerben oder mehrerer Erben nach Bruchteilen ... 83
2. Erbeinsetzung auf einen gemeinschaftlichen Erbteil ... 88
3. Erbeinsetzung auf mehrere Erbteile ... 90
C. Ersatzerbeneinsetzung ... 94
I. Ausdrückliche Bestimmung eines Ersatzerben ... 95
1. Ergänzende Auslegungsregeln bei ausdrücklicher Ersatzerbeneinsetzung ... 96
2. Verhältnis Ersatzerbeneinsetzung und Anwachsung ... 98
II. Auslegungsregeln bei fehlender Ersatzerbenbestimmung ... 99
1. §§ 2068, 2069 BGB für Abkömmlinge des Erblassers ... 100
2. Nacherbe als Ersatzerbe ... 106
3. Klarstellung des Verhältnisses zwischen einer ausdrücklichen Ersatzerbenbestimmung und den gesetzlichen Vermutungsregeln ... 107
D. Anwachsung ... 111
E. Ausschluss von der Erbfolge ... 115
F. Muster ... 118
G. Checkliste: Vollerbeneinsetzung ... 119

A. Bedeutung und Umfang der Erbeinsetzung

I. Grundsatz der Gesamtrechtsnachfolge

1 Die (gesetzlichen oder gewillkürten) Erben des Verstorbenen treten im Wege der **Universalsukzession** in der Sekunde des Todes in sämtliche Rechte und Pflichten des Erblassers ein (§ 1922 BGB). Zusätzliche Übertragungsakte sind nicht erforderlich, der oder die Erben werden mit dem Tod[1] ipso iure Rechtsnachfolger des Erblassers. Der Erbschein dient dabei nur der Legitimation der Erben. Dabei begründet er zwar die Vermutung der Richtigkeit (§ 2365 BGB), eine endgültige Entscheidung über die Rechtmäßigkeit der Erbenstellung trifft er aber nicht.[2] Werden mehrere Personen Rechtsnachfolger des Erblassers, treten diese im Wege der Gesamthand in die Position des Erblassers ein und sind – sofern nicht ein Testamentsvollstrecker eingesetzt wurde (siehe dazu § 20 Rdn 1 ff.) – zur Abwicklung und Verwaltung des Nachlasses berechtigt und verpflichtet. Die Einsetzung eines Testamentsvollstreckers ändert dabei nichts daran, dass den Erben der Nachlass sofort vermögensrechtlich zugeordnet ist.

2 Damit unterscheidet sich die Position des oder der Erben deutlich von der Position eines **Vermächtnisnehmers**: Dieser erhält lediglich einen schuldrechtlichen Anspruch gegen den oder die Erben auf Übertragung festgelegter Vermögenswerte (§ 1939 BGB). Eine **Erbeinsetzung** liegt nach § 2087 Abs. 1 BGB immer dann vor, wenn der Erblasser sein **Vermögen als Ganzes** (Alleinerbeneinsetzung) oder einen **Bruchteil seines Vermögens** (mehrere Erben in Erbengemeinschaft) dem oder den Bedachten zuwendet, auch wenn er diese nicht als „Erben" bezeichnet hat. Weist der Erblasser dem Bedachten lediglich einzelne Vermögenswerte zu, ist nach der Regelung des § 2087 Abs. 2 BGB im Zweifel nicht anzunehmen, dass der Bedachte Erbe sein soll, auch wenn er als solcher bezeichnet wurde. Auf die präzise Gestaltung des Testaments ist daher zu achten.

3 Nach Annahme der Erbschaft (sei es ausdrücklich oder konkludent, spätestens nach Ablauf der Ausschlagungsfrist, §§ 1942 ff. BGB) haften die Erben für sämtliche Nachlassverbindlichkeiten (§ 1967 Abs. 1 BGB), also neben den vom Erblasser herrührenden Schulden auch für Verbindlichkeiten aus Pflichtteilsrechten, Vermächtnissen und Auflagen (§ 1967 Abs. 2 BGB). Die Haftung erstreckt sich dabei grundsätzlich auch auf das eigene Vermögen, sofern nicht Maßnahmen der Nachlassverwaltung oder Nachlassinsolvenz eingeleitet wurden oder Einreden nach § 1990 BGB (Dürftigkeitseinrede des Erben) oder § 1992 BGB (Überschuldung durch Vermächtnisse und Auflagen) geltend gemacht werden können.

II. Gesamtrechtsnachfolge im Einzelnen

4 Nach § 1922 Abs. 1 BGB geht mit dem Tod einer Person deren „Vermögen" als Ganzes auf den oder die Erben über. Dabei gehen jedoch nur die **vererblichen** Rechtspositionen über, für unvererbliche Rechte und Pflichten gilt dies nicht.[3] Unterschieden wird dabei – entspre-

---

1 Eingehend zur Frage, wann der Tod i.S.v. § 1922 BGB vorliegt: MüKo-BGB/*Leipold*, § 1922 Rn 12, 13 m. zahlreichen w.N. Dabei wird man in der Regel auf den endgültigen (also nicht durch Wiederbelebungsmaßnahmen rückgängig gemachten) Stillstand von Atmung und Kreislauf abstellen können; insb. in Fällen der extensiven Aufrechterhaltung von intensivmedizinischen Maßnahmen wie künstlicher Beatmung und Ernährung wird man jedoch auf den Hirntod abstellen müssen.

2 BGH, Urt. v. 14.4.2010 – IV ZR 135/08, ZEV 2010, 468, 469; ausführlich MüKo-BGB/*Leipold*, § 1922 Rn 231 ff.

3 Ausführlich MüKo-BGB/*Leipold*, § 1922 Rn 19–21; praxisrelevanter Überblick bei MAH ErbR/*Wachter*, § 4 Rn 7 ff.

chend dem Wortlaut von § 1922 Abs. 1 BGB – insbesondere danach, ob es sich um vermögenswerte Rechtspositionen (Vererblichkeit tendenziell zu bejahen) oder um höchstpersönliche Rechte (Vererblichkeit eher zu verneinen[4]) handelt.

III. Ausnahmen von der Gesamtrechtsnachfolge

Der Grundsatz der Universalsukzession wird in wenigen Fällen durchbrochen, die es bei der Nachfolgeplanung aber unbedingt zu beachten gilt: 5

1. Sondererbfolge

Praktisch besonders relevant ist die Sondernachfolge in **Personengesellschaftsanteile**, die stark vom jeweiligen Gesellschaftsvertrag abhängt (ausführlich hierzu § 27 Rdn 38 ff.). 6

Daneben enthält das landwirtschaftliche Erbrecht Regelungen, wonach der der HöfeO unterliegende Hof nur auf den **Hoferben**, nicht aber auf die übrigen Erben, übergeht (dazu ausführlich § 28 Rdn 56).

2. Bezugsrechte aus Verträgen zugunsten Dritter

Ebenfalls „am Nachlass vorbei“ gehen in der Regel Bezugsrechte aus vom Erblasser abgeschlossenen **Verträgen zugunsten Dritter auf den Todesfall** auf den Begünstigten über. Praxisrelevant sind hierbei insbesondere **Lebensversicherungen**. Die Einräumung von Bezugsrechten hat den Charme, dass der Begünstigte nicht wie ein Vermächtnisnehmer darauf angewiesen ist, dass die Erben den Vermächtnisanspruch erfüllen – er kann seinen Anspruch gegen eine unabhängige Gesellschaft richten. Allerdings mehren sich in jüngster Zeit Urteile, die in einer zeitlich nachgelagerten Erbeinsetzung den Widerruf von widerruflich gestalteten Bezugsrechten festgestellt haben.[5] Es empfiehlt sich daher eine Klarstellung im Testament, dass die dortige Erbeinsetzung keinen Einfluss auf die Bezugsberechtigungen von Verträgen zugunsten Dritter haben soll.[6] 7

Muster 14.1: Klarstellung: Kein Widerruf von vertraglichen Bezugsrechten 14.1

Etwaige zu unseren Lebzeiten errichtete Verträge zugunsten Dritter (etwa rechtsgeschäftliche Einräumung von Bezugsrechten aus einer Lebensversicherung) bleiben unberührt, auch sofern diese widerruflich ausgestaltet sind. 8

IV. Rechtsstellung des Erben vor dem Erbfall

Solange der Erbfall nicht eingetreten ist, hat der Erbe keine gesicherte Rechtsstellung inne.[7] Voraussetzung dafür, dass ein potenzieller Erbe in die Position des Erblassers eintritt, ist stets das Erleben des Todesfalls, und dieses steht erst mit dem Erbfall fest. Daher kann ein designierter Erbe selbst bei einem entsprechenden Erbvertrag oder einer wechselseitigen 9

---

4 Die geplante Vererblichstellung von Ansprüchen aus der Verletzung des allgemeinen Persönlichkeitsrechts (§ 823 Abs. 2 BGB i.V.m. Art. 1 Abs. 1, Art. 2 Abs. 1 GG) wurde bisher nicht umgesetzt (zuletzt Regierungsentwurf vom 4.12.2024).

5 OLG Brandenburg, Urt. v. 12.12.2023 – 3 U 202/22, ErbR 2024, 200; BGH, Urt. v. 30.1.2018 – X ZR 119/15, ZEV 2018, 278 m. Anm. *Litzenburger.*

6 Zur Belehrungspflicht des Notars: Anm. *Litzenburger* zu BGH, Urt. v. 30.1.2018 – X ZR 119/15, ZEV 2018, 278, 282.

7 BGH, Urt. v. 14.12.1995 – IX ZR 242/94, NJW 1996, 1062, 1063 m.w.N.

Verfügung in einem gemeinschaftlichen Testament vor dem Erbfall keine Rechtsstellung nach dem Erblasser herleiten, seine bloße **Erwerbsaussicht** kann weder selbst vererbt noch veräußert werden.[8]

B. Erbeinsetzung

10 Die gewillkürte Erbeinsetzung durch Testament oder Erbvertrag ermöglicht es dem Erblasser, von der gesetzlichen Erbfolge abzuweichen und sein Vermögen letztwillig an den von ihm vorgesehenen Personenkreis zu übertragen, wie § 1937 BGB normiert.

I. Erbeinsetzung natürlicher Personen

1. Grundsätzliches

11 Einschränkungen in der Person des Erben gibt es kaum, es kann also nahezu jede natürliche Person als Erbe eingesetzt werden; Tiere hingegen besitzen keine Erbfähigkeit.[9] Voraussetzung ist allerdings zum einen, dass der als Erbe Vorgesehene **zum Zeitpunkt des Erbfalls lebt** (§ 1923 Abs. 1 BGB). Damit sind Personen, die zum Zeitpunkt des Erbfalls bereits gestorben sind, sowie ungeborene Personen grundsätzlich von der Erbfolge ausgeschlossen. Zum anderen gibt es gewisse Einschränkungen nach den Landesheimgesetzen und dem Betreuungsorganisationsgesetz sowie für Beurkundungspersonen, die im Einzelfall zu berücksichtigen sind.

2. Erbeinsetzung bereits verstorbener Personen

12 Zum Zeitpunkt des Erbfalls Verstorbene können nicht Erben werden (§ 1923 Abs. 1 BGB). Im Extremfall können daher wenige Minuten oder gar Sekunden darüber entscheiden, wer Erbe eines anderen wird. Grundsätzlich kommt es dabei auf die **exakten Zeitpunkte** der beiden Todesfälle an; erst wenn diese nicht ermittelt werden können und somit die Reihenfolge der Todesfälle nicht festgestellt werden kann, gilt die **Kommorientenvermutung** des § 11 VerschG: Danach gelten gestorbene oder für tot erklärte Menschen als gleichzeitig gestorben, wenn nicht bewiesen werden kann, dass einer den anderen überlebt hat. Damit werden die betroffenen Personen nicht Erben des jeweils anderen.

13 Richtet sich die Beerbung zweier Personen, deren Reihenfolge des Todes nicht geklärt werden kann, nach verschiedenen Rechtsordnungen, gilt Art. 32 EuErbVO: Keine der verstorbenen Personen hat Anspruch auf den Nachlass der anderen.[10]

14 Eine nähere Definition, wann der Zeitpunkt des Todes eingetreten ist, enthält das Gesetz nicht. In der Regel wird man den Tod dann annehmen, wenn der endgültige Stillstand von Atmung und Kreislauf eingetreten ist; auf den Hirntod kommt es nicht an, da dieser regelmäßig nicht festgestellt wird.[11] Auf den Hirntod abzustellen mag allerdings in Fällen mit intensivmedizinischer Aufrechterhaltung des Kreislaufs sachgerecht sein.[12]

---

8 MüKo-BGB/*Leipold*, § 1922 Rn 209.

9 MüKo-BGB/*Leipold*, § 1923 Rn 2; BayObLG, Beschl. v. 22.4.1988 – BReg. 1 Z 64/87, NJW 1988, 2742 zur Umdeutung eines Testaments, in dem das „Vermögen den Tieren zugutekommen soll".

10 Näher MüKo-BGB/Leipold, § 1923 Rn 13 ff.

11 MüKo-BGB/*Leipold*, § 1922 Rn 12 m.w.N.

12 MüKo-BGB/*Leipold*, § 1922 Rn 13 m.w.N.

Praxistipp 15
Da zum Zeitpunkt des Erbfalls bereits Verstorbene nicht erben können, sollte das Testament eine Ersatzerbeneinsetzung enthalten. § 2096 BGB eröffnet dem Erblasser ausdrücklich die Möglichkeit einer Ersatzerbeneinsetzung für den Fall, dass der Erbe vor oder nach dem Erbfall wegfällt.

Muster 14.2: Erbeinsetzung, Ersatzerbeneinsetzung 14.2

Erben werden meine beiden Kinder und je zur Hälfte. Ersatzerben sind jeweils ihre leiblichen Abkömmlinge, untereinander entsprechend der gesetzlichen Erbfolge. 16

Überraschend häufig findet sich in **gemeinschaftlichen Testamenten** eine Erbeinsetzung für den seltenen Fall des **„gleichzeitigen Versterbens"**, nicht aber eine ausdrückliche Schlusserbeneinsetzung. Dies führt zu schwierigen Auslegungsfragen und ist daher unbedingt zu vermeiden.[13] Ergeben sich nach der Auslegung des Testaments keinerlei Anhaltspunkte dafür, dass die Erbeinsetzung für den Fall des gleichzeitigen Versterbens auch als Schlusserbeneinsetzung anzusehen ist,[14] tritt häufig die gesetzliche Erbfolge nach dem Letztversterbenden ein – ein Ergebnis, von dem im Einzelfall zumindest fraglich ist, ob dies dem Willen beider Eheleute entsprach. 17

Muster 14.3: Schlusserbeneinsetzung, Erbeinsetzung für den Fall des gleichzeitigen Versterbens 14.3

Wir, die Eheleute , setzen uns gegenseitig als Alleinerben des jeweils anderen ein. Schlusserben nach dem Letztversterbenden und Erben im Fall unseres gleichzeitigen Versterbens werden , und zu gleichen Teilen. 18

3. Erbeinsetzung eines ungeborenen Kindes

Auch für ein gezeugtes, aber noch ungeborenes Kind („Nasciturus") gilt der Grundsatz des § 1923 Abs. 1 BGB: „Erbe kann nur werden, wer zur Zeit des Erbfalls lebt." Für **bereits gezeugte**, aber noch ungeborene Erben bestimmt § 1923 Abs. 2 BGB allerdings, dass diese als vor dem Erbfall geboren gelten. Voraussetzung der Erbenstellung ist allerdings, dass das Kind lebend geboren wird. Verstirbt das ungeborene Kind noch vor der Geburt, wird es nicht Erbe. Es tritt also zwischen Tod des Erblassers und Geburt des Kindes ein Schwebezustand ein, da ungewiss ist, ob das Ungeborene tatsächlich Erbe wird. Zur Wahrung der Rechte des Nasciturus kann nach § 1810 BGB ein Pfleger bestellt werden, sofern die Eltern an der Ausübung der elterlichen Sorge verhindert wären, wenn das Kind bereits geboren wäre. Auch die Bestellung eines Nachlasspflegers kommt in Betracht.[15] 19

In Einzelfällen kommt es daher auf den **Zeitpunkt der Zeugung** an. Das Gesetz enthält hierzu keine Bestimmungen. Nach einer Entscheidung des OLG Köln soll es auf den Zeitpunkt der sog. Nidation (Einnistung des Eis in die Gebärmutter) ankommen.[16] Nach anderer Auffassung soll bereits die Befruchtung der Eizelle maßgeblich sein.[17] Wurde das ungeborene Kind durch künstliche Befruchtung gezeugt, soll die Erbfähigkeit des Kindes 20

---

13 Zuletzt OLG Düsseldorf ErbR 2024, 802 (m. Anm. *Reichel*); BGH NJW 2019, 2317 m. ausführlicher Anm. *Graf Wolffskeel v. Reichenberg*.
14 OLG Düsseldorf ErbR 2017, 674; KG ErbR 2019, 179.
15 MüKo-BGB/*Leipold*, § 1923 Rn 30.
16 OLG Köln, Beschl. v. 4.7.2016 – 2 WX 114/16, BeckRS 2016, 13050.
17 MüKo-BGB/*Leipold*, § 1923 Rn 20.

bei erfolgter In-Vitro-Fertilisation zum Zeitpunkt des Erbfalls bejaht werden, auch wenn die Implantation erst später vorgenommen wurde.[18]

21 Daneben ist Voraussetzung, dass der Nasciturus **lebend geboren** wird, er muss also außerhalb des Mutterleibs gelebt haben. Abgestellt wird hier auf die Regelung des § 31 Abs. 1 PStV: „Eine Lebendgeburt liegt vor, wenn bei einem Kind nach der Scheidung vom Mutterleib entweder das Herz geschlagen oder die Nabelschnur pulsiert oder die natürliche Lungenatmung eingesetzt hat.“ Unerheblich ist dann, wie lange das Kind gelebt hat.[19]

14.4 **Muster 14.4: Erbeinsetzung eines ungeborenen Kindes**

22 Als meinen Alleinerben bestimme ich das noch ungeborene Kind meines Sohnes ___. Dieser ist Ersatzerbe für den Fall, dass sein Kind nicht lebend geboren wird.

4. Erbeinsetzung eines noch nicht gezeugten Kindes

23 Ein zum Zeitpunkt des Erbfalls noch nicht gezeugtes Kind („nondum conceptus“) kann nicht Erbe werden. Möchte ein Erblasser seine noch nicht gezeugten Enkel als Erben vorsehen, können diese also noch nicht Vollerben werden. Möglich ist aber die Gestaltung einer **Vor- und Nacherbschaft**, etwa dergestalt, dass die Kinder des Erblassers Vorerben und die jeweiligen Abkömmlinge Nacherben werden. Nacherbfall könnte dabei die Geburt des Enkelkindes sein. Auf eine exakte Formulierung ist größter Wert zu legen, etwa zu der Frage, ob der Nacherbfall (nur) zugunsten des erstgeborenen Enkelkindes erfolgen soll oder auch weitere Enkelkinder Nacherben sein sollen. In letzterem Fall sollte der Nacherbfall allerdings nicht mit der Geburt eintreten, sondern zu einem anders definierten Zeitpunkt.

14.5 **Muster 14.5: Erbeinsetzung eines noch nicht gezeugten Kindes**

24 Ich setze meine Tochter ___ zu meiner Vorerbin ein. Nacherben sind deren Kinder zu gleichen Teilen, sofern diese vor ihrem 50. Lebensjahr gezeugt wurden. Der Nacherbfall tritt mit dem 50. Geburtstag meiner Tochter oder mit deren Tod ein. Die Vorerbin ist von den gesetzlichen Beschränkungen nicht befreit. Sollte meine Tochter die Vorerbschaft ausschlagen, bestimme ich ___ zum Ersatzvorerben.

5. Unwirksamkeit von Verfügungen zugunsten von Heimmitarbeitern, Berufsbetreuern und Urkundspersonen

a) § 14 HeimG nachgebildete Landesheimgesetze

25 Schon § 14 HeimG sah vor, dass es Trägern, Leitung, Beschäftigten und sonstigen Mitarbeitern eines Heims untersagt ist, sich von Heimbewohnern sowie Bewerbern um einen Heimplatz[20] **Geld** oder **geldwerte Vorteile** (Ausnahmen gelten für geringwertige Aufmerksamkeiten, § 14 Abs. 2 Nr. 2 HeimG) versprechen oder gewähren zu lassen (§ 14 Abs. 1 und 5 HeimG). Seit der Föderalismusreform sind hier die jeweiligen Landesgesetze maßgeblich, die aber alle die Regelung des § 14 HeimG weitgehend übernommen haben.[21] Der Einfachheit halber wird im Folgenden daher auf § 14 HeimG Bezug genommen.

---

18 MüKo-BGB/*Leipold*, § 1923 Rn 20 m. zahlreichen weiteren Fundstellen.

19 MüKo-BGB/*Leipold*, § 1923 Rn 28.

20 Wobei bisher umstritten ist, wann ein Bewerber um einen Heimplatz in den Schutzbereich der Norm fällt, vgl. dazu näher Burandt/Rojahn/*Müller-Engels*, § 14 HeimG Rn 15.

21 Vgl. dazu Burandt/Rojahn/*Müller-Engels*, Anh. zu § 14 HeimG mit allen 16 landesrechtlichen Vorschriften.

Heime i.S.d. Heimgesetzes sind nach § 1 Abs. 1 HeimG Einrichtungen, die dem Zweck dienen, ältere Menschen oder pflegebedürftige oder behinderte Volljährige aufzunehmen, ihnen Wohnraum zu überlassen sowie Betreuung und Verpflegung zur Verfügung zu stellen oder vorzuhalten, und die in ihrem Bestand von Wechsel und Zahl der Bewohner unabhängig sind und entgeltlich betrieben werden. Die landesrechtlichen Vorschriften können hiervon abweichen und sind im Einzelfall zu prüfen. 26

§ 14 HeimG stellt nach herrschender Auffassung ein Verbotsgesetz i.S.v. § 134 BGB dar, sodass eine entsprechende Zuwendung nichtig ist.[22] Auch Zuwendungen von Todes wegen sind nach herrschender Auffassung hiervon erfasst, sodass die **Erbeinsetzung** eines Heimmitarbeiters **nichtig** sein kann. Voraussetzung ist allerdings, dass sich der Begünstigte den Vorteil „hat versprechen oder gewähren lassen". Daraus wird gefolgt, dass die Begünstigung nur dann nichtig ist, wenn der Begünstigte hiervon wusste und ein **Einvernehmen** zwischen Erblasser und Bedachtem bestand.[23] Erfährt der Begünstigte erst nach dem Tod des Erblassers von dem ihm günstigen Testament, ist dieses nicht wegen Verstoßes gegen § 14 Abs. 1 HeimG nichtig (sog. **stilles Testament**).[24] 27

Nach § 14 Abs. 6 HeimG kann die zuständige Behörde in Einzelfällen **Ausnahmen** von den Verboten des § 14 Abs. 1 und 5 HeimG zulassen, soweit der Schutz der Bewohner die Aufrechterhaltung der Verbote nicht erfordert und die Leistungen noch nicht versprochen oder gewährt worden sind. 28

Praxistipp 29

Beabsichtigt der Mandant die Begünstigung eines Heimmitarbeiters und hat dieser noch keine Kenntnis von der Absicht, ist allerdings abzuwägen, ob in diesem Fall überhaupt eine Genehmigung eingeholt werden sollte: Im Rahmen des Genehmigungsverfahrens erfährt der potenziell Bedachte womöglich erst von der Begünstigung, sodass erst so die Voraussetzungen für die Nichtigkeit der Erbeinsetzung geschaffen werden.

b) Betreuungsorganisationsgesetz

Die Einschränkung des § 14 HeimG bzw. der entsprechenden Landesgesetze gilt nicht für (Berufs-)Betreuer, sodass der Begünstigung des Betreuers – mit Ausnahme der allgemeinen Schranken i.S.d. § 138 BGB – bisher kein rechtliches Hindernis entgegenstand.[25] Zum 1.1.2023 wurde das Betreuungsorganisationsgesetz (BtOG) eingeführt mit dem Ziel, die Qualität der rechtlichen Betreuung zu steigern. Dabei wurde auch die Vorschrift des § 30 BtOG geschaffen, die es einem beruflichen Betreuer untersagt, von dem von ihm Betreuten **Geld oder geldwerte Leistungen** anzunehmen (§ 30 Abs. 1 S. 1 BtOG; Ausnahmen bestehen u.a. für geringwertige Aufmerksamkeiten, § 30 Abs. 2 Nr. 2 BtOG), wobei dies auch für Zuwendungen im Rahmen einer Verfügung von Todes wegen gilt (§ 30 Abs. 1 S. 2 BtOG). 30

Die Vorschrift des § 30 BtOG erstreckt sich nur auf **Berufsbetreuer** i.S.d. § 19 Abs. 2 BtOG, ehrenamtliche Betreuer sind nicht erfasst. § 30 BtOG erstreckt sich zudem nur auf Betreuer, die zum Zeitpunkt des **Erbfalls** als solche **tätig** sind. Unerheblich ist also, ob das den Betreuer begünstigende Testament während dessen Tätigkeit als solcher errichtet wurde. Dies gilt selbst dann, wenn der Betreuer zwar nicht mehr als Berufsbetreuer, aber als ehrenamtlicher Betreuer tätig ist.[26] 31

---

22 Burandt/Rojahn/*Müller-Engels*, § 14 HeimG Rn 10; BayObLG DNotZ 1992, 258.
23 KG DNotI-Report 1998, 142.
24 Burandt/Rojahn/*Müller-Engels*, § 14 HeimG Rn 12, 13 m. zahlreichen w.N.
25 Zum Hintergrund der Einführung ausführlich *Müller-Engels*, NJW 2023, 2601.
26 *Müller-Engels*, NJW 2023, 2601, 2603.

32 Die Norm des § 30 BtOG ist – so die wohl bisher herrschende Meinung[27] – kein Verbotsgesetz i.S.d. § 134 BGB. Ein entsprechendes **Testament** bleibt also **wirksam**. § 30 BtOG hält den Betreuer lediglich dazu an, eine ihn begünstigende Zuwendung durch einen Betreuten zurückzuweisen bzw. auszuschlagen – tut er dies nicht, drohen keine unmittelbaren Konsequenzen. Allenfalls droht ihm der Widerruf seiner Registrierung als Betreuer (§ 27 Abs. 1 Nr. 1 BtOG). Anders als § 14 HeimG gilt § 30 BtOG allerdings auch für sog. stille Testamente: Der Betreuer ist also auch dann (berufsrechtlich) zur Ausschlagung verpflichtet, wenn er erst nach dem Erbfall von dem ihn begünstigenden Testament erfährt.

33 Ähnlich wie § 14 Abs. 6 HeimG sieht auch § 30 Abs. 3 BtOG die Möglichkeit vor, eine **Ausnahmegenehmigung** einzuholen. Bisher ungeklärt ist, bis zu welchem Zeitpunkt diese eingeholt werden muss. Nach der Gesetzesbegründung muss die Ausnahme vor dem Versprechen oder Gewähren der Leistungen zugelassen werden.[28] Der Gesetzestext gibt dies allerdings gerade nicht her, es kommt nach dem Wortlaut auf die Annahme des geldwerten Vorteils an und nicht auf das Gewährenlassen.[29] Es wird daher vertreten, dass die Genehmigung nur zu Lebzeiten des Betreuten beantragt werden kann; teilweise wird auch gefordert, dass die Genehmigung noch vor Errichtung des Testaments eingeholt werden muss.[30]

c) Einschränkungen für Urkundspersonen

34 Soll ein Testament oder Erbvertrag **notariell beurkundet** werden, ist § 27 BeurkG i.V.m. §§ 7, 16 Abs. 3 S. 2, 24 Abs. 2, 26 Abs. 1 Nr. 2 BeurkG zu beachten: Die Beurkundung von Testamenten ist unwirksam, sofern diese darauf gerichtet sind, dem beurkundenden Notar, dessen Ehe-/Lebenspartner oder früherem Ehe-/Lebenspartner, einer Person, die mit ihm in gerader Linie verwandt oder verschwägert oder in der Seitenlinie bis zum dritten Grad verwandt oder bis zum zweiten Grad verschwägert ist oder war, einem beteiligten Dolmetscher, einer Verständigungsperson, einem zugezogenen zweiten Notar oder einem Zeugen einen rechtlichen Vorteil zu verschaffen. Dies gilt auch für **Nottestamente**, wie das Bürgermeistertestament (§ 2249 BGB) und das Drei-Zeugen-Testament (§ 2250 BGB).

II. Erbeinsetzung juristischer Personen und Personenvereinigungen

1. Juristische Personen

35 Das Gesetz geht ohne Weiteres davon aus, dass eine juristische Person des privaten oder öffentlichen Rechts Erbe werden kann (vgl. §§ 2044 Abs. 2 S. 3, 2101 Abs. 2, 2106 Abs. 2 S. 2, 2109 Abs. 2, 2163 Abs. 2 BGB). Es spricht also nichts gegen die Erbeinsetzung z.B. einer GmbH, einer AG, eines eingetragenen Vereins, aber auch des Bundes, der Länder oder Gemeinden. **Voraussetzung** ist allerdings, dass die juristische Person zum Zeitpunkt des Erbfalls schon oder noch besteht.[31] Ist eine juristische Person noch nicht entstanden, kann ihre Erbeinsetzung im Zweifel als Nacherbeneinsetzung angesehen werden (§ 2101 BGB). Die §§ 1923 Abs. 2 und 80 Abs. 2 S. 2 BGB können nicht auf entstehende juristische Personen angewandt werden.[32]

---

27 OLG Nürnberg, Beschl. v. 19.7.2023 – 15 Wx 988/23, ZEV 2023, 821; *Leipold*, ZEV 2021, 485, 487; *Müller-Engels*, NJW 2023, 2601, 2604 m. zahlreichen w.N.

28 BT-Drucks 19/24445, 386.

29 *Müller-Engels*, NJW 2023, 2601, 2604.

30 *Müller-Engels*, NJW 2023, 2601, 2604 m.w.N.

31 MüKo-BGB/*Leipold*, § 1923 Rn 36.

32 MüKo-BGB/*Leipold*, § 1923 Rn 40.

2. Sonderfall Stiftung

Eine Besonderheit gilt für Stiftungen: Diese können sogar von Todes wegen errichtet werden (§ 81 Abs. 3 Alt. 2 BGB) und auch dann, wenn eine Stiftung, die bereits zu Lebzeiten errichtet wurde, aber erst nach dem Tod des Stifters anerkannt wurde, gilt die Stiftung für Zuwendungen des Stifters als schon vor dessen Tod entstanden (§ 80 Abs. 2 S. 2 BGB). Die Vorschrift bewirkt, dass die Stiftung mit ihrer Anerkennung rückwirkend zur Vollerbin wird.[33] 36

Zu beachten ist allerdings, dass dies nur für eine Stiftung gilt, die der **Erblasser** selbst von Todes wegen oder unter Lebenden als Stifter errichtet hat, nicht für Stiftungen Dritter. Liegt eine Erbeinsetzung einer durch einen Dritten errichteten, aber noch nicht anerkannten Stiftung vor, kann dies als Nacherbeneinsetzung angesehen werden (§ 2101 Abs. 2 BGB). 37

Setzt der Erblasser eine unselbstständige Stiftung als Erbin ein, wird deren Rechtsträger Erbe.[34] 38

3. Personengesellschaften, nicht eingetragene Vereine, Miterbengemeinschaften

Soweit eine Personengesellschaft **rechtsfähig** ist, kann sie auch Erbin werden. Dies gilt unproblematisch für OHGs und KGs, und wohl auch für BGB-Gesellschaften.[35] Auch die Wohnungseigentumsgesellschaft ist rechtsfähig (§ 9a Abs. 1 S. 1 WEG) und kann somit Erbin werden. Nach dem MoPeG gibt es keinen nicht rechtsfähigen Verein mehr (vgl. Verweisung des § 54 Abs. 1 S. 2 auf die §§ 24–53 BGB, sodass sich die Frage nach der Erbfähigkeit eines nicht eingetragenen Vereins nicht mehr stellt.[36] 39

Miterbengemeinschaften sowie eheliche Gütergemeinschaften sind hingegen nicht rechtsfähig und können daher nicht Erbe werden. Zu prüfen ist in diesen Fällen, ob die Erbeinsetzung einer Miterbengemeinschaft als Erbeinsetzung der Mitglieder dieser Erbengemeinschaft ausgelegt werden kann.[37] 40

III. Erbeinsetzung als höchstpersönliche Aufgabe des Erblassers, Ausnahmen

1. Allgemeines

Nach § 2064 BGB kann der Erblasser ein Testament nur persönlich errichten. Damit einher geht auch, dass es sein höchstpersönliches Recht ist, den oder die Erben zu bestimmen. Nach § 2065 BGB kann der Erblasser **keine** letztwillige Verfügung in der Weise treffen, dass **ein anderer** zu bestimmen hat, ob sie gelten soll oder nicht (§ 2065 Abs. 1 BGB); er kann zudem die Bestimmung der Person, die eine Zuwendung erhalten soll, sowie die Bestimmung des Gegenstands der Zuwendung nicht einem anderen überlassen (§ 2065 Abs. 2 BGB). Der BGH sieht in den §§ 2064, 2065 BGB ein Bekenntnis des Gesetzgebers „zu dem Grundsatz, dass der Erblasser allein vor seinem Gewissen die Verantwortung dafür übernehmen muss, wenn er die Erbfolge anders regelt, als das Gesetz sie vorgesehen hat".[38] 41

33 Zu § 84 BGB a.F.: MüKo-BGB/*Weitemeyer*, 9. Aufl. 2021, § 83 Rn 6; Feick/*Hahn*, Stiftung als Nachfolgeinstrument, 2. Aufl. 2024, § 16 Rn 2, 4 m.w.N.

34 OLG Düsseldorf ZEV 2020, 111.

35 MüKo-BGB/*Leipold*, § 1923 Rn 42.

36 MüKo-BGB/*Leipold*, 9§ 1923 Rn 46.

37 MüKo-BGB/*Leipold*, 9§ 1923 Rn 47.

38 BGH, Urt. v. 18.11.1954 – IV ZR 152/54, NJW 1955, 100.

2. Drittbestimmungsverbot

42 Die Bestimmung des Erben durch einen Dritten ist daher grundsätzlich unzulässig und führt zur **Nichtigkeit** der Verfügung. Allerdings kann zum Zeitpunkt der Testamentserrichtung durchaus das Bedürfnis bestehen, die Entscheidung, etwa wer der Nachfolger eines Unternehmers wird, in die Zukunft zu verlagern oder an bestimmte Bedingungen zu knüpfen. Dabei ist stets die strenge Rechtsprechung des BGH zu berücksichtigen, dass es einem Dritten zwar erlaubt ist, den Erben zu bezeichnen, nicht aber, die Bestimmung des Bedachten selbst zu treffen.[39] Nach dem BGH handelt es sich dann um eine bloße **Bezeichnung des Bedachten**, wenn der Erblasser in seinem Testament so umfassende Angaben gemacht hat, dass es jeder mit genügend Sachkunde ausgestatteten Person möglich ist, den Bedachten zu bezeichnen, ohne dass sie dabei einen eigenen Ermessensspielraum hat, die Angaben des Erblassers also so bestimmt sind, dass die begünstigte Person objektiv bestimmt ist. Problematisch sind daher Klauseln, wonach Erbe nach Wahl etwa des Ehepartners derjenige unter den Abkömmlingen werden soll, „der am besten zur Unternehmensführung geeignet ist",[40] da dies eine Ermessensentscheidung des bestimmungsberechtigten Ehepartners beinhalten wird.

43 Wagt man sich trotz aller Risiken an eine solche Gestaltung, muss der Erblasser zum einen eine **entscheidungsberechtigte Person** festlegen; dies fällt nicht in die Zuständigkeit des Nachlassgerichts.[41] Daneben hat der Erblasser einen **eng begrenzten Personenkreis** zu bestimmen, aus dem der Erbe zu wählen ist,[42] und sachliche Kriterien für die Auswahl so genau zu bestimmen, dass für eine Willkür des Dritten kein Raum bleibt.[43] Ob dabei ein gewisser Wertungs- und Beurteilungsspielraum bestehen kann, ist nicht gesichert.[44]

44 Unproblematischer sind wohl noch die Fälle anzusehen, in denen der Erblasser als seine Ersatz- oder Nacherben diejenigen bestimmt, die Erben des von ihm vorgesehenen Erben bzw. Vorerben werden[45] (sog. **Dieterle-Klausel**). Trotz zustimmender Urteile und Literatur bleibt jedoch zu berücksichtigen, dass der Erblasser in diesen Fällen letztlich gerade keine eigene Entscheidung trifft, wer sein (Ersatz-/Vor-)Erbe wird, sondern dies von der Entscheidung eines Dritten abhängig macht.[46] Auch hiervon ist daher abzuraten.

45 Die HöfeO sieht in § 14 Abs. 3 HöfeO ein echtes Drittbestimmungsrecht vor: Hat ihm der Eigentümer des Hofs durch eine Verfügung von Todes wegen die Befugnis erteilt, kann der überlebende Ehegatte unter den Abkömmlingen den Hoferben bestimmen.

3. Flexible Gestaltung durch Vermächtnis oder Auflage

46 Zurückgegriffen werden kann allerdings auf Gestaltungen, bei denen ein **Dritter** einen **Vermächtnisnehmer** bestimmt, da die §§ 2064, 2065 BGB hier nicht gelten. § 2151 Abs. 1 BGB sieht ausdrücklich vor, dass der Erblasser einen Dritten bestimmen kann, der festlegt,

---

39 BGH, Urt. v. 18.11.1954 – IV ZR 152/54, NJW 1955, 100.

40 Ähnlich: BGH, Beschl. v. 14.7.1965 – V BLw 11/65.

41 MüKo-BGB/*Leipold*, § 2065 Rn 36.

42 OLG Celle, Beschl. v. 16.12.1957 – 7 Wlw 149/57, NJW 1958, 953; schon früh: RG RGZ 159, 296.

43 Eingehend zu obergerichtlichen Entscheidungen zu Testamenten mit unklaren Erbeinsetzungen von Pflegenden: *Karczewski*, ZEV 2018, 192.

44 Zustimmend wohl KG DNotZ 1999, 679, 684 m. zust. Anm. *Zawar*; ablehnend allerdings BayObLG, Beschl. v. 18.3.2004 – 1Z BR 44/03, BeckRS 2004, 5044.

45 Zuletzt etwa KG, Beschl. v. 26.8.2022 – 1 W 262/22, ErbR 2022, 1131, m. abl. Anm. *Lamberz*; OLG Hamm ZEV 2019, 276; ablehnend noch OLG Frankfurt DNotZ 2001, 143.

46 *Lamberz*, Anm. zu KG ErbR 2022, 1131, 1133.

wer von mehreren potenziellen Vermächtnisnehmern ein Vermächtnis tatsächlich erhält. Beabsichtigt der Erblasser also etwa, sein Unternehmen demjenigen seiner Abkömmlinge zukommen zu lassen, der hierzu am besten geeignet ist, kann er diese Entscheidung auf einen Dritten (auch z.B. einen Testamentsvollstrecker) übertragen.[47] Dabei ist nicht ausgeschlossen, dass der zu bestimmende Vermächtnisnehmer etwa im Wege eines Universalvermächtnisses den wesentlichen Nachlass erhält und so wirtschaftlich nahezu das gleiche Ergebnis wie eine Alleinerbeneinsetzung erreicht wird.

Muster 14.6: Universalvermächtnis mit Bestimmungsrecht eines Dritten 14.6

§ 1 Erbeinsetzung 47

Meine Erbin ist meine Ehefrau ; Ersatzerben sind meine Kinder , und entsprechend der gesetzlichen Erbfolge.

§ 2 Vermächtnis

Mein Unternehmen , mein Vermögen bei der Bank sowie meinen Immobilienbesitz in vermache ich meinen Kindern *[K1]*, *[K2]* und *[K3]* dergestalt, dass jeder einen der genannten Vermögensgegenstände erhält. Die Auswahl trifft meine Ehefrau , ersatzweise mein Bruder , nach freiem Ermessen. Die Bestimmung erfolgt durch schriftliche Erklärung gegenüber *[K1]*, *[K2]* und *[K3]*. Die Bestimmung des Vermächtnisnehmers hat innerhalb von drei Jahren nach meinem Tod zu erfolgen; erfolgt diese nicht, so werden *[K1]*, *[K2]* und *[K3]* jeweils zu gleichen Teilen Vermächtnisnehmer.

Denkbar ist auch eine drittbestimmte Teilungsanordnung oder ein drittbestimmtes Voraus- 48
vermächtnis, sodass der Unternehmensnachfolger auch selbst Miterbe sein kann.[48]

Eine Vermögenszuweisung durch einen Dritten kann in ähnlicher Weise wie beim Vermächtnis auch über eine Auflage gestaltet werden (§§ 2192, 2193 BGB).

IV. „Nur bestimmbare" Erbeinsetzung

Keine Bestimmung der Erben durch Dritte liegt vor, wenn der Erblasser statt einer namentli- 49
chen Erbeinsetzung eine „nur bestimmbare" (Ersatz-)Erbeinsetzung vornimmt. Zulässig ist diese dann, wenn die Angaben des Erblassers im Testament es jeder mit genügend Sachkunde ausgestatteten Person ermöglichen, den Bedachten aufgrund dieser Angaben zu bezeichnen.[49]

Ein praktisch häufiger Fall ist dabei die Erbeinsetzung **aller Abkömmlinge.** Aber auch 50
diese vermeintlich einfache Regelung birgt Tücken: Soll es sich dabei um die Abkömmlinge handeln, die zum Zeitpunkt der Errichtung des Testaments lebten, oder um die Abkömmlinge, die zum Zeitpunkt des Erbfalls leben? Sollen adoptierte Kinder erfasst sein? Ohne exakte Formulierung kann und muss auf die Auslegungsregeln der §§ 2066 ff. BGB zurückgegriffen werden: Erben werden die Abkömmlinge, die zum Zeitpunkt des Erbfalls leben. Um dies für den Laien verständlicher zu machen, empfiehlt sich ein entsprechender Zusatz.

47 Burandt/Rojan/*Burandt*, § 2151 Rn 1.
48 MAH ErbR/*Ritter*, § 8 Rn 26.
49 BGH NJW 1955, 100.

14.7 **Muster 14.7: Nur bestimmbare Erbeinsetzung**

51 Ich setze als meine Erben meine zum Zeitpunkt des Erbfalls gezeugten und lebenden Abkömmlinge, einschließlich als Minderjährige adoptierte Abkömmlinge, entsprechend der gesetzlichen Erbfolge ein.

V. Erbeinsetzung durch Zuweisung einzelner Vermögensgegenstände

52 Die Erbeinsetzung durch Zuweisung einzelner Vermögensgegenstände – insbesondere, wenn diese womöglich das wesentliche Vermögen des Erblassers ausmachen – ist häufig in Laientestamenten zu finden (etwa: „Mein Grundstück und mein Vermögen bei der B-Bank gehen auf A über.“) und sollte in der kautelarjuristischen Beratung wenn möglich vermieden werden. Nach dem Gesetz ist in der Zuweisung einzelner Gegenstände **im Zweifel** ein **Vermächtnis** zu sehen (§ 2087 Abs. 2 BGB); Erben werden mangels anderweitiger Erbeinsetzung dann die gesetzlichen Erben, die das Vermächtnis zu erfüllen haben. Dies gilt freilich nicht, wenn die vorrangige **Auslegung** des Testaments (§§ 133, 2084 BGB) einen abweichenden Willen des Erblassers ergibt. Dabei soll es nach der Rechtsprechung insbesondere darauf ankommen, ob der lediglich mit Einzelgegenständen Bedachte „nach dem Willen des Erblassers den Nachlass zu regeln und die Nachlassschulden zu tilgen hat und ob der Bedachte unmittelbare Rechte am Nachlass oder nur Ansprüche gegen andere Bedachte erwerben soll“.[50]

53 Verteilt der Erblasser sein Vermögen gegenständlich vollständig auf einen oder mehrere Bedachte, liegt es nach der Rechtsprechung fern, anzunehmen, der Erblasser habe keinen Erben einsetzen wollen.[51] Erfolgt hingegen keine gegenständliche Verteilung des gesamten Vermögens, sondern nur eines Teils, soll darin keine Benennung von gewillkürten Erben und damit keine Enterbung der gesetzlichen Erben liegen.[52]

54 Auch wenn der Erblasser eine Einzelzuwendung eines Vermögensgegenstands vornimmt, der den **wesentlichen Teil des Vermögens** ausmacht, kann darin häufig eine Einsetzung als Alleinerbe liegen.[53] Eine wesentliche Rolle spielt dabei, in welchem Verhältnis der Wert des ausdrücklich zugewandten Gegenstands zum Wert des Gesamtnachlasses steht.[54] Entscheidend soll dabei in der Regel die Vorstellung sein, die der Erblasser zum Zeitpunkt der Testamentserrichtung über die Zusammensetzung des Nachlasses und den Wert der Gegenstände hatte.[55]

55 Schwieriger sind hingegen die Fälle, in denen der Erblasser verschiedene **Vermögensgruppen** auf mehrere Bedachte verteilt. Hier muss neben der Frage, ob überhaupt Erbeinsetzungen vorliegen, auch der Frage nachgegangen werden, ob die Bedachten Miterben zu gleichen Teilen sind oder ob ihre Quote entsprechend den Werten der Einzelgegenstände im Verhältnis zum Gesamtnachlass ermittelt werden muss (gegenständlich ermittelte Erbquoten).[56] Die Zuweisung selbst wird man dann als Teilungsanordnung behandeln.

---

50 BayObLG, Beschl. v. 27.8.1985 – BReg. 1 Z 20/85, BeckRS 2009, 28315.

51 OLG München, Beschl. v. 21.5.2007 – 31 Wx 120/06, ZEV 2007, 383.

52 OLG München, Beschl. v. 19.2.2020 – 31 Wx 231/17, 31 Wx 502/19, ErbR 2020, 404; BGH, Urt. v. 19.1.2000 – IV ZR 157/98, ZEV 2000, 195.

53 BGH, Urt. v. 20.7.2005 – XII ZR 301/02, NJW-RR 2005, 1460, 1461; Burandt/Rojahn/*Czubayko*, § 2087 Rn 7 m.w.N.

54 BayObLG, Beschl. v. 25.6.1990 – BReg 1a Z 69/89, BeckRS 2009, 891895.

55 Burandt/Rojahn/*Czubayko*, § 2087 Rn 10 m. zahlreichen Nachw., u.a. OLG München, Beschl. v. 19.2.2020 – 31 Wx 231/17, 31 Wx 502/19, ErbR 2020, 404.

56 BGH, Urt. v. 16.10.1996 – IV ZR 349/95, MittBayNot 1997, 42; BayObLG, Beschl. v. 19.3.1998 – 1Z BR 82/97, NJW-RR 1998, 1230.

Praxistipp 56
Allein die hier angedeuteten Erwägungen zeigen, dass auf eine Erbeinsetzung durch Zuweisung von Vermögensgegenständen verzichtet werden sollte. Durch Vorausvermächtnisse und Teilungsanordnungen kann der Erblasser ebenso die konkrete Zuordnung von Vermögensgegenständen sicherstellen, ohne dass das Testament ausgelegt werden muss und sich Streitigkeiten etwa über neu hinzugekommene Vermögenswerte ergeben.

VI. Bedingungen und Befristungen

1. Allgemeines

Das Gesetz lässt an verschiedenen Stellen ausdrücklich Bedingungen und Befristungen in 57
Testamenten zu, etwa durch die Möglichkeit der Bestimmung von Ersatzerben (§ 2096 BGB), Nacherben (§ 2100 BGB), Ersatztestamentsvollstreckern (§ 2197 BGB), bedingter Vermächtnisanordnungen (§§ 2177, 2178, 2179, 2190, 2196 BGB). Daneben gelten, insbesondere auch für die Rechtsfolgen, die allgemeinen Vorschriften der §§ 158, 159, 160, 162 BGB. Für die Erbeinsetzung gelten zudem die §§ 2177, 2178, 2179 BGB. Bei der Bestimmung von Bedingungen sind die **zeitlichen Grenzen** der §§ 2109, 2162 BGB zu beachten, d.h. eine Bedingung wird mit Ablauf von 30 Jahren unwirksam, sofern nicht an eine lebende oder bereits gezeugte Person angeknüpft wird.

2. Bedingungen und Pflichtteilsrecht

Bei der Nachfolgeplanung nicht außer Acht gelassen werden darf, dass Bedingungen, die 58
den pflichtteilsberechtigten Erben einschränken, dazu führen können, dass dieser das Erbe ausschlägt und stattdessen den Pflichtteil geltend macht (§ 2306 BGB), und zwar auch dann, wenn der hinterlassene Erbteil die Hälfte des gesetzlichen Erbteils wertmäßig übersteigt (§ 2306 Abs. 1 S. 1 BGB a.F. in der bis 31.12.2009 geltenden Fassung, wonach eine Beschränkung oder Beschwerung eines als Erben eingesetzten Pflichtteilsberechtigten, dessen Quote die Hälfte des gesetzlichen Erbteils nicht erreicht, als nicht angeordnet galt, ist allerdings entfallen).

3. Aufschiebende und auflösende Bedingungen

Erbeinsetzungen unter aufschiebenden (§ 158 Abs. 1 BGB) oder auflösenden (§ 158 Abs. 2 59
BGB) Bedingungen werden, wenn die Bedingung zum Todeszeitpunkt noch nicht eingetreten ist, aber noch eintreten kann, als Einsetzung von **Vorerben** (auflösende Bedingung) bzw. **Nacherben** (aufschiebende Bedingung) angesehen (§ 2103 BGB). Vorerben sind im Falle einer aufschiebend bedingten (Nach-)Erbeinsetzung mangels anderer Bestimmung die gesetzlichen Erben (§ 2105 Abs. 1 BGB).

Muster 14.8: Aufschiebend bedingte Erbeinsetzung

Ich setze meine Tochter zu meiner alleinigen Vollerbin ein, unter der Bedingung, dass sie zum Zeitpunkt 60
meines Todes ihr begonnenes BWL-Studium mindestens mit einem Bachelor-Abschluss beendet hat. Hat meine Tochter bei meinem Tod ihr Studium noch nicht beendet, werden zunächst meine Ehefrau und meine Tochter Vorerben entsprechend der gesetzlichen Erbfolge. Mit erfolgreich abgeschlossenem Studium (mindestens Bachelor-Abschluss) wird meine Tochter Nacherbin. Schließt meine Tochter ihr Studium nicht ab, werden meine Ehefrau und meine Tochter mit Erreichen des 30. Lebensjahres, aber frühestens drei Jahre nach meinem Tod, Vollerben.

Ähnliche Muster finden sich häufig. Allerdings ist die Frage, ob die Einflussnahme des Erblassers auf die Ausbildung oder den Beruf des Bedachten **sittenwidrig** sein kann, nicht abschließend geklärt.[57]

61 **Praxistipp**
Entschließt sich der Erblasser zu einer bedingten Verfügung, sollte die Formulierung so klar gewählt sein, dass klar ist, dass es sich um eine echte Bedingung und nicht nur um die Angabe eines Motivs handelt (siehe dazu Rdn 75).

4. Potestativbedingungen

62 § 2075 BGB lässt auch Erbeinsetzungen unter sog. Potestativbedingungen zu. Dies sind Bedingungen, bei denen es der **Bedachte selbst** in der Hand hat, ob sie eintreten oder nicht. Dabei sind allerdings die Grenzen des § 2065 BGB zu beachten: Der Erblasser kann eine letztwillige Verfügung nicht in der Weise treffen, dass ein anderer zu bestimmen hat, ob sie gelten soll oder nicht (§ 2065 Abs. 1 BGB); er kann auch die Bestimmung der Person, die die Zuwendung erhalten soll, sowie die Bestimmung des Gegenstands der Zuwendung nicht einem anderen überlassen (§ 2065 Abs. 2 BGB); vgl. dazu auch Rdn 41 ff. Die Erbeinsetzung unter einer Potestativbedingung soll zulässig sein, wenn für den Erblasser der **Eintritt der Bedingung** im Vordergrund stand, nicht aber die Vertretung seines Willens durch einen anderen.[58] Dabei wird von der Rechtsprechung gefordert, dass der betroffene Personenkreis durch den Erblasser näher bestimmt worden sein muss, insbesondere wenn die Tätigkeit theoretisch von jedermann vorgenommen werden kann.[59]

63 Kritisch zu betrachten sind jedoch Klauseln, die auf die **Lebensstellung des Bedachten** Einfluss nehmen.[60] Der Testierfreiheit des Erblassers stehen die Grundrechte des Bedachten gegenüber. Hierzu gehören insbesondere die Eheschließungsfreiheit[61] und die Religionsfreiheit; kritisch, jedoch nicht stets sittenwidrig ist auch die Einflussnahme auf den Berufsweg und den Wohnsitz des Bedachten.[62] Keine **Sittenwidrigkeit** liegt hingegen nach der Rechtsprechung vor, wenn der Erblasser etwa durch die Anordnung einer Testamentsvollstreckung einem Erben Beschwerungen auferlegt, solange er Mitglied einer Sekte ist, und es Ziel des Erblassers war, den Nachlass vor dem Zugriff ebendieser zu schützen.[63] Problematisch sind auch die Fälle, in denen der Erblasser den Eintritt der Nacherbfolge zugunsten eines Dritten und damit zulasten der als Vorerben eingesetzten Enkel für den Fall vorsieht, dass der übergangene Sohn Pflichtteilsansprüche geltend macht.[64]

---

57 MüKo-BGB/*Leipold*, § 2074 Rn 24.
58 BeckOK BGB/*Litzenburger*, § 2065 Rn 13; KG, Beschl. v. 5.2.1998 – 1 W 6796/95, DNotZ 1999, 679.
59 Kritisch BeckOK BGB/*Litzenburger*, § 2065 Rn 13 m. zahlreichen Nachw.
60 BeckOK BGB/*Litzenburger*, § 2074 Rn 11.
61 Hohenzollern-Entscheidung des BVerfG, Beschl. v. 22.3.2004 – 1 BvR 2248/01, NJW 2004, 2008; dabei ist aber nicht jede Einflussnahme ausgeschlossen: Das OLG München hat jüngst entschieden, dass keine Sittenwidrigkeit einer Enterbung vorliegt, wenn der Begünstigte eine bestimmte Person heiratet und die Eheschließung noch vor dem Tod des Erblassers erfolgt: OLG München, Beschl. v. 23.9.2024 – 33 Wx 325/23 e, ErbR 2025, 45.
62 MüKo-BGB/*Leipold*, § 2074 Rn 25 m.w.N.
63 OLG Düsseldorf, Beschl. v. 2.3.1988 – 3 Wx 290/87, NJW 1988, 2615.
64 OLG Hamm, Beschl. v. 11.1.2005 – 15 W 391/03, ZEV 2006, 167.

Muster 14.9: Erbeinsetzung unter der Bedingung der Geltendmachung des Pflichtteils

Ich bestimme meine Enkelkinder … und … als meine Erben, mein einziger Sohn … soll nichts erhalten. … und … sind jedoch nur Vorerben. Macht mein Sohn … gegen meinen Nachlass Pflichtteilsansprüche geltend und erhält er diese, tritt der Nacherbfall ein. Nacherbe ist … . 64

Trotz der grundsätzlich geschützten Eheschließungsfreiheit[65] werden Klauseln, die auf die Wahl des **Güterstands** Einfluss nehmen, als zulässig erachtet.[66] Dies gilt auch für Anordnungen des Erblassers, bestimmte Gesellschaftsverträge abzuschließen.[67] 65

Potenziell sittenwidrig sind jedoch **Wiederverheiratungsklauseln**, jedenfalls dann, wenn sie den überlebenden Ehepartner im Fall einer erneuten Heirat dazu zwingen, den gesamten Nachlass an die Nacherben herauszugeben. Umgekehrt sind Wiederverheiratungsklauseln dann nicht als sittenwidrig anzusehen, wenn sie dafür Sorge tragen sollen, dass der gesamte Nachlass nicht an die Erben des Ehegatten „abwandert", sondern den gesetzlichen Erbteil der Abkömmlinge sichern sollen.[68] Sichergestellt werden sollte in jedem Fall, dass dem überlebenden Ehepartner auch im Fall der Wiederverheiratung der Nachlass in mindestens der Höhe seines Pflichtteils verbleibt.[69]

Muster 14.10: Wiederverheiratungsklausel

(In Anlehnung an BeckFormB ErbR/*Karsten*, E.VI.1) 66

Wir, die Eheleute … und …, setzen uns gegenseitig zu alleinigen Vollerben des jeweils anderen ein, solange der länger lebende Ehepartner nicht wieder heiratet. Für den Fall, dass der überlebende Ehepartner wieder heiratet, wird er zum befreiten Vorerben. Der Nacherbfall tritt mit dem Tod des längerlebenden Ehegatten ein. Nacherben und Schlusserben von jedem von uns sind unsere gemeinsamen Kinder.

Muster 14.11: Wiederverheiratungsklausel mit Vermächtnis zugunsten der gemeinsamen Kinder

Wir, die Eheleute … und …, setzen uns gegenseitig zu alleinigen Vollerben des jeweils anderen ein. Für den Fall der Wiederheirat des überlebenden Ehepartners erhalten unsere Kinder ein Barvermächtnis in Höhe ihres gesetzlichen Erbteils nach dem Erstversterbenden. Der Vermächtnisanspruch ist mit der Wiederheirat fällig und bis dahin nicht zu verzinsen oder an die allgemeine Wertentwicklung anzupassen. 67

5. Verwirkungsklauseln

Häufig sollen Verwirkungsklauseln die Umsetzung der Nachfolgeplanung auch nach dem Tod des Erblassers sichern. Von einer Verwirkungsklausel spricht man im Allgemeinen dann, wenn der Erblasser durch seine Anordnung ein bestimmtes Tun oder Unterlassen der von ihm bedachten Personen **sanktionieren** will, etwa indem sie aus dem Nachlass gar nichts mehr oder weniger erhalten oder weitere Begünstigte hinzutreten. Neben Pflichtteilsstrafklauseln in gemeinschaftlichen Testamenten finden sich häufig Veräußerungsverbote, Wohlverhaltensklauseln oder Anordnungen, Bezugsberechtigungen aus Lebensversicherungen nicht zu widerrufen.[70] 68

Verwirkungsklauseln werden im Zweifel als auflösende Bedingung für den Fall der Zuwiderhandlung anzusehen sein, in Betracht kommt aber auch die Ausgestaltung als aufschie- 69

65 Hohenzollern-Entscheidung des BVerfG, Beschl. v. 22.3.2004 – 1 BvR 2248/01, NJW 2004, 2008.
66 Burandt/Rojahn/*Czubayko*, § 2075 Rn 13.
67 OLG Stuttgart, Urt. v. 31.7.1997 – 19 U 214/96, BeckRS 2010, 27946.
68 MüKo-BGB/*Leipold*, § 2074 Rn 26.
69 OLG Saarbrücken, Urt. v. 15.10.2014 – 5 U 19/13, DNotZ 2015, 691.
70 Burandt/Rojahn/*Czubayko*, § 2075 Rn 15.

bend bedingte Enterbung.[71] Bei Verwirkungsklauseln handelt es sich in der Regel um **Potestativbedingungen**, sodass auch hier die unter Rdn 62 ff. dargestellten Einschränkungen gelten.

70 Unbestimmte Formulierungen sind zu vermeiden, um Auslegungsschwierigkeiten darüber zu vermeiden, wann die Verwirkungsklausel überhaupt eingreifen soll. **Unklare Formulierungen** in Laientestamenten („Wer Streit anfängt, wird auf den Pflichtteil zurückgesetzt.") sorgen eher für weiteren Unfrieden, als die Erben zu einen, da zusätzlich darüber gestritten werden kann, ab wann die Voraussetzungen für das Eingreifen der Verwirkungsklausel vorliegen. Dies ist dann Gegenstand der Auslegung der Anordnung.[72] Fraglich ist dabei stets, ob und wenn ja, welche außergerichtlichen Schritte bereits genügen sollen, die Strafklausel auszulösen, oder ob erst die ernsthafte gerichtliche Geltendmachung von Ansprüchen zur Verwirkung führt.

71 Nicht jedes Vorgehen gegen ein Testament im Falle einer allgemein gehaltenen Verwirkungsklausel führt aber zum Eingreifen dieser: Leitet der Bedachte etwa rechtliche Schritte ein, weil er der Auffassung ist, die bisherige Auslegung des Testaments widerspreche dem Willen des Erblassers, will er eben diesem gerade Geltung verschaffen; es fehlt an einem „subjektiven Element".[73]

72 Hat der Bedachte einmal die Verwirkungsklausel **ausgelöst**, kann dies **nicht rückgängig** gemacht oder geheilt werden.[74] Bei Pflichtteilsstrafklauseln in gemeinschaftlichen Testamenten sollte man daher erwägen, dem überlebenden Ehepartner die Möglichkeit einzuräumen, vom Automatismus der Enterbung im zweiten Erbfall durch Einzelverfügung abzuweichen.[75]

14.12 **Muster 14.12: Aufhebung der Wechselbezüglichkeit der Schlusserbeneinsetzung bei ausgelöster Pflichtteilsstrafklausel**

73 Wird die oben eingeräumte Pflichtteilsstrafklausel ausgelöst, kann der überlebende Ehepartner von der dann geltenden Schlusserbeneinsetzung dergestalt abweichen, dass er auch die ursprünglich geltende Schlusserbeneinsetzung wieder bestimmen kann. Unsere in diesem Testament enthaltenen Verfügungen sind insoweit nicht wechselbezüglich und bindend.

Eine solche Gestaltung eröffnet auch beim klassischen Berliner Testament die taktische Auszahlung von Pflichtteilen an die Kinder, um etwa erbschaftsteuerliche Freibeträge besser zu nutzen.

74 Durch Sanktionsklauseln kann auch ein sonstiges Tun oder Unterlassen sanktioniert werden. Zu nennen ist hier etwa die Einräumung eines Vermächtnisses für den Fall des Widerrufs der Bezugsberechtigung zugunsten eines Dritten.[76]

71 MüKo-BGB/*Leipold*, § 2074 Rn 30.

72 Nach h.M. keine Unwirksamkeit der unbestimmten Strafklauseln, vgl. OLG Karlsruhe, Urt. v. 6.8.2004 – 14 U 205/02, ZEV 2005, 256; MüKo-BGB/*Leipold*, § 2074 Rn 31.

73 BayObLG, Beschl. v. 18.3.2004 – 1Z BR 44/03, BeckRS 2004, 5044; Burandt/Rojahn/*Czubayko*, § 2075 Rn 15.

74 BayObLG, Beschl. v. 20.1.2004 – 1Z BR 134/02, ZEV 2004, 202 m. Anm. *Ivo*.

75 Vgl. *Ivo*, Anm. zu BayObLG, Beschl. v. 20.1.2004 – 1Z BR 134/02, ZEV 2004, 202.

76 Vgl. Tanck/Krug/*Tanck*, 6. Aufl. 2019, § 10 Rn 24.

6. Vermeidung der Anfechtbarkeit des Testaments wegen Motivirrtums oder Übergehung von Pflichtteilsberechtigten

Abgegrenzt werden müssen Bedingungen von bloßen Motivangaben des Erblassers. Aus 75
der letztwilligen Verfügung muss sich klar ergeben, ob der Erblasser eine echte **Bedingung** setzen wollte oder nur sein **Motiv** für eine bestimmte Gestaltung erläutern wollte, andernfalls drohen Auslegungsschwierigkeiten. Je nach Konstellation kann aber die Angabe des Motivs sinnvoll sein, da ein Motivirrtum des Erblassers zur Anfechtung eines Testaments berechtigt. Will der Erblasser die Anfechtung wegen eines unterstellten Motivirrtums vermeiden, hilft die Angabe des Motivs; allerdings kann aus entsprechenden Erläuterungen bei geänderten Umständen gerade auch ein Anfechtungsgrund erwachsen. Motivangaben im Testament müssen daher im Einzelfall genau geprüft werden.

Die §§ 2078 und 2079 BGB enthalten über das allgemeine Recht hinausgehende Bestimmun- 76
gen zur **Anfechtbarkeit von Testamenten**. So bestimmt § 2078 Abs. 2 Alt. 1 BGB die Anfechtbarkeit wegen eines Motivirrtums, die die §§ 119 ff. BGB nicht vorsehen.[77] Ein Testament ist danach anfechtbar, „soweit der Erblasser zu der Verfügung durch die irrige Annahme oder Erwartung des Eintritts oder Nichteintritts eines Umstands [...] bestimmt worden ist". § 2079 BGB sieht die Anfechtbarkeit eines Testaments wegen Übergehung von Pflichtteilsberechtigten vor.

Die Anfechtung eines Testaments führt zum Wegfall dieser Verfügung, sodass mangels 77
anderweitiger Verfügungen in der Regel die **gesetzliche Erbfolge** zum Tragen kommen wird. Anfechtungsberechtigt sind nach § 2080 BGB die Personen, welchen die Aufhebung der letztwilligen Verfügung unmittelbar zustattenkommen würde. Die Beweislast für das Vorliegen eines Motivirrtums liegt beim Anfechtungsberechtigten,[78] während sie bei einer Anfechtung wegen Übergehung von Pflichtteilsberechtigten nach § 2079 BGB vermutet wird.[79]

Je nach Konstellation kann es sich anbieten, dass der Erblasser in seinem Testament das 78
Motiv für seine Erbeinsetzung erläutert, um zu verhindern, dass ihm ein Motivirrtum unterstellt wird. Dies gilt umso mehr, je ungewöhnlicher die Erbeinsetzung für Außenstehende und insbesondere potenziell anfechtungsberechtigte Personen erscheint.

Muster 14.13: Erbeinsetzung mit Motivangabe 14.13

(In Anlehnung an BayObLG v. 14.8.2002 – 1Z BR 58/02, NJOZ 2002, 2399) 79

Ich bestimme hiermit meine Haushälterin zu meiner alleinigen Erbin. führt seit vielen Jahren meinen Haushalt, sie hat sich mir gegenüber immer anständig verhalten und wir haben ein über ihre Tätigkeit als Haushälterin hinausgehendes vertrautes Verhältnis. Mir ist bekannt, dass es strafrechtlich relevante Ermittlungen gegen gibt mit dem Vorwurf, sie hätte sich in der Vergangenheit das Vermögen anderer erschlichen. Dies ist bei mir nicht der Fall. Ich treffe diese Verfügung aus freien Stücken, weiß hiervon nichts. Pflichtteilsberechtigte habe ich nicht, gesetzliche Erben wären die Abkömmlinge meiner Geschwister, die ich seit vielen Jahren nicht gesehen oder gar nicht kennengelernt habe.

Die Erbeinsetzung von ist eine bewusste Entscheidung, die weder nach § 2078 BGB angefochten werden können soll, noch einer anderweitigen Auslegung zugänglich ist.

77 Burandt/Rojahn/*Czubayko*, § 2078 Rn 10.
78 Burandt/Rojahn/*Czubayko*, § 2078 Rn 14.
79 Burandt/Rojahn/*Czubayko*, § 2079 Rn 20.

80 Das Anfechtungsrecht nach § 2079 BGB kann ausgeschlossen werden, um z.B. eine Anfechtung des gemeinschaftlichen Testaments wegen neu hinzutretender Pflichtteilsberechtigter (etwa für den Fall der Wiederheirat nach Tod des Erstversterbenden oder der Geburt weiterer Kinder) zu vermeiden.[80]

14.14 **Muster 14.14: Ausschluss des Anfechtungsrechts wegen Übergehung von Pflichtteilsberechtigten**

81 Das Anfechtungsrecht wegen Übergehung von Pflichtteilsberechtigten nach § 2079 BGB schließen wir aus.

82 **Praxistipp**
Bereits erfolgte Verfügungen, insbesondere in Einzeltestamenten, sollten durch eine entsprechende neue Verfügung bestätigt werden.[81]

VII. Umfang der Erbeinsetzung

1. Einsetzung eines Alleinerben oder mehrerer Erben nach Bruchteilen

83 Der Erblasser kann sowohl eine einzelne Person als seinen Alleinerben einsetzen als auch eine aus mehreren Personen bestehende Erbengemeinschaft bestimmen.

14.15 **Muster 14.15: Alleinerbeneinsetzung**

84 Erbin meines gesamten Vermögens ist meine Ehefrau.

85 In der Regel erfolgt die Einsetzung mehrerer Erben nach **Quoten**.

14.16 **Muster 14.16: Erbeinsetzung nach Quoten**

86 Erben meines gesamten Vermögens sind meine Ehefrau ______ zu ein Halb sowie meine Kinder zu je einem Viertel.

87 Anders als bei der Erbeinsetzung nach Vermögensgruppen, wie sie häufig in Laientestamenten zu finden ist, hat die Erbeinsetzung nach **Quoten** den **Vorteil**, dass diese unabhängig vom tatsächlichen Nachlassbestand im Zeitpunkt des Erbfalls sind. In der Einzelzuweisung einzelner Vermögensgegenstände liegt nach der Auslegungsregel des § 2087 Abs. 2 BGB keine Erbeinsetzung, sondern nur die Anordnung eines Vermächtnisses. Anders wird dies allerdings in den Fällen gesehen, in denen der Erblasser den wesentlichen Teil seines Vermögens einer Einzelperson zugewiesen oder die Einzelgegenstände seines (nahezu) gesamten Vermögens auf verschiedene Personen verteilt hat („Verteilungstestament").[82] Die Erben bestimmen sich in einem solchen Fall nach der gesetzlichen Erbfolge. Von einem entsprechenden Testament ist daher abzuraten. Will der Erblasser sicherstellen, dass bestimmte Vermögensgegenstände an bestimmte Erben fallen, kann dies über Vorausvermächtnisse oder Teilungsanordnungen in der Regel zufriedenstellend gelöst werden (siehe dazu insbesondere § 16 Rdn 79 ff. und § 18 Rdn 19 ff.).

2. Erbeinsetzung auf einen gemeinschaftlichen Erbteil

88 Neben der häufig anzutreffenden Erbeinsetzung nach Quoten bzw. Bruchteilen kommt auch die Erbeinsetzung auf einen gemeinschaftlichen Erbteil in Betracht (§ 2093 BGB). Genutzt werden kann dies, um die **Verteilung** des Vermögens auf **verschiedene Stämme**

---

80 BGH, Urt. v. 10.1.1983 – VIII ZR 231/81, NJW 1983, 2247.
81 Burandt/Rojahn/*Czubayko*, § 2078 Rn 16; BeckFormB ErbR/*Keim*, D.I.2 Anm. 5.
82 MüKo-BGB/*Rudy*, § 2087 Rn 10.

sicherzustellen. Die §§ 2089–2092 BGB sowie die Anwachsung gem. § 2094 Abs. 2 BGB und die Ersatzberufung nach § 2098 Abs. 2 BGB finden nicht im Verhältnis zu allen Erben Anwendung, sondern nur bezüglich der jeweils in dem gemeinschaftlichen Erbteil gebundenen Erben. Im Außenverhältnis sind die Unterbruchteile des gemeinschaftlichen Erbteils selbstständige Erbteile.[83] Ist die Erbeinsetzung auf einen gemeinschaftlichen Erbteil gewünscht, sollte die Formulierung **präzise** sein, um Auslegungsschwierigkeiten zu vermeiden.

Muster 14.17: Erbeinsetzung auf einen gemeinschaftlichen Erbteil

Erben meines gesamten Vermögens sind mein Kind mit einem Erbteil zu ein Halb sowie die Kinder meines verstorbenen Kindes , und , mit einem gemeinschaftlichen Erbteil zu ein Halb. An dem gemeinschaftlichen Erbteil sind und zu gleichen Teilen beteiligt. 89

3. Erbeinsetzung auf mehrere Erbteile

§ 1950 BGB bestimmt, dass Annahme und Ausschlagung nicht auf einen Teil der Erbschaft beschränkt werden können; die Annahme oder Ausschlagung eines **Teils** ist unwirksam. Hiervon sieht § 1951 BGB jedoch mehrere Durchbrechungen vor, insbesondere für den Fall, dass ein Erbe einerseits durch eine Verfügung von Todes wegen und andererseits aufgrund gesetzlicher Erbfolge als Erbe berufen ist. Die Ausschlagung selbst ist in jedem Fall sehr sorgfältig zu prüfen und bei der Formulierung ist größte Sorgfalt anzuwenden. 90

Kautelarjuristisch interessant ist die Möglichkeit, die § 1951 Abs. 3 BGB eröffnet: Nach dieser Vorschrift ist es möglich, einen Erben auf mehrere Erbteile einzusetzen und diesem zu gestatten, die Erbteile jeweils getrennt auszuschlagen oder anzunehmen. 91

Muster 14.18: Erbeinsetzung auf mehrere Erbteile

§ 1 Erbeinsetzung 92

(1) Zu meinen Erben setze ich meinen Ehepartner in der Weise ein, dass er Erbe zu 20 Erbteilen zu je $^1/_{20}$ wird.

(2) Sollte der Erbe ganz oder teilweise wegfallen, sind Ersatzerben und in der Weise, dass sie die freien Erbteile unter sich zu gleichen Teilen ebenfalls als einzelne Erbteile erhalten.

(3) Weitere Ersatzerben für und sind jeweils ihre Abkömmlinge im Verhältnis ihrer gesetzlichen Erbquoten, weiter ersatzweise der jeweils andere und höchst ersatzweise die Abkömmlinge des jeweils anderen im Verhältnis ihrer gesetzlichen Erbquoten. Absatz (2) gilt entsprechend.

§ 2 Ausschlagung

Ich gestatte es jedem Erben, gem. § 1951 Abs. 3 BGB jeden Erbteil getrennt anzunehmen oder in der gesetzlichen Form und Frist auszuschlagen. Die Ausschlagungsfrist beträgt gem. § 1944 Abs. 1 BGB grundsätzlich nur sechs Wochen.

Eine solche Erbeinsetzung ermöglicht es den Erben, gezielt einzelne Teile der Erbschaft anzunehmen oder auszuschlagen. Diese Flexibilität ermöglicht es im Musterfall dem Ehegatten, zum Zeitpunkt des Erbfalls gezielt zu entscheiden, ob er den gesamten Nachlass oder nur einen Teil für sein künftiges Leben benötigt. So können Teile des Nachlasses flexibel auf jüngere Generationen übertragen werden und z.B. Steuerfreibeträge genutzt werden. 93

83 MüKo-BGB/*Rudy*, § 2093 Rn 3.

C. Ersatzerbeneinsetzung

94 Ein Testament sollte stets Ersatzerbeneinsetzungen für den Fall enthalten, dass die designierten Erben wegfallen, sei es durch Vorversterben, Ausschlagung, Erbverzicht oder Erbunwürdigkeit. Andernfalls bestimmt sich die Erbfolge durch gesetzliche Vermutungsregeln oder die – möglicherweise keinesfalls gewünschte – gesetzliche Erbfolge.

I. Ausdrückliche Bestimmung eines Ersatzerben

95 Nach § 2096 BGB kann der Erblasser ausdrücklich für den Fall, dass der Erbe vor oder nach dem Erbfall wegfällt, einen Ersatzerben bestimmen. Die gesetzliche Regelung gilt also sowohl für das Vorversterben des Erben als auch für seinen Wegfall nach dem Erbfall, etwa durch Ausschlagung.

1. Ergänzende Auslegungsregeln bei ausdrücklicher Ersatzerbeneinsetzung

96 § 2097 BGB bestimmt ergänzend, dass eine Ersatzerbeneinsetzung für den Fall, dass jemand nicht Erbe sein kann oder nicht Erbe sein will, im Zweifel auch für den jeweils anderen Fall gilt.

97 Für Miterben, die gegenseitig zu Ersatzerben eingesetzt sind, bestimmt § 2098 Abs. 1 BGB, dass diese im Zweifel im Verhältnis ihrer Erbteile als Ersatzerben eingesetzt sind. Anders ist dies bei Miterben, die auf einen gemeinsamen Erbteil eingesetzt sind: Die auf den gemeinsamen Erbteil eingesetzten Erben gehen den übrigen Erben als Ersatzerben vor (§ 2098 Abs. 2 BGB).

2. Verhältnis Ersatzerbeneinsetzung und Anwachsung

98 Das Recht des Ersatzerben geht dem Anwachsungsrecht vor (§ 2099 BGB). Damit gilt aber auch, dass die ausdrückliche Benennung eines Ersatzerben für einen bestimmten Erben die Anwachsung an die übrigen Miterben ausschließt. Näheres zur Anwachsung siehe Rdn 111.

II. Auslegungsregeln bei fehlender Ersatzerbenbestimmung

99 Das Gesetz enthält zahlreiche Vermutungsregeln zur Bestimmung von Ersatzerben. Diese gilt es zu kennen, um im Einzelfall zu prüfen, ob die gesetzlichen Bestimmungen dem Willen des Erblassers entsprechen oder ob hierzu ausdrückliche abweichende Regelungen getroffen werden müssen. Diese greifen dann ein, wenn sich auch durch Auslegung des Testaments kein anderer Wille des Erblassers ermitteln lässt.[84]

1. §§ 2068, 2069 BGB für Abkömmlinge des Erblassers

100 Hat der Erblasser seine **Kinder** bedacht und ist bereits eines der Kinder vor Errichtung des Testaments verstorben (§ 2068 BGB) oder hat der Erblasser seine **Abkömmlinge** als seine Erben vorgesehen und fällt einer nach Testamentserrichtung weg (§ 2069 BGB), bestimmen die Regelungen der §§ 2068, 2069 BGB, dass im Zweifel anzunehmen ist, dass jeweils die Abkömmlinge des bereits Verstorbenen insoweit als Ersatzerben bedacht sind, als sie bei der gesetzlichen Erbfolge an dessen Stelle treten würden.

---

84 Kössinger/Najdecki/Zintl/*R. Kössinger/Zintl*, § 8 Rn 55.

Zu beachten ist, dass die §§ 2068, 2069 BGB nur für Kinder bzw. Abkömmlinge des Erblassers herangezogen werden können. Für **andere nahe Angehörige** des Erblassers gelten die Vorschriften nicht. Allerdings kann nach der Rechtsprechung schon allein aus der Erbeinsetzung naher Angehöriger die Auslegung des Testaments ergeben, dass die jeweiligen Abkömmlinge des Bedachten Ersatzerben sein sollen.[85] Auch hier gilt, dass sich der Kautelarjurist auf eine entsprechende Auslegung nicht verlassen, sondern eine ausdrückliche Regelung aufnehmen sollte. 101

Will der Erblasser gerade nicht, dass die Abkömmlinge seiner Kinder als seine Ersatzerben berufen werden, muss er dies ausdrücklich bestimmen. 102

Muster 14.19: Bestimmung eines Ersatzerben unter Ausschluss von §§ 2068, 2069 BGB 14.19

Erbe wird mein Sohn   . Ersatzerbin für   ist entgegen den gesetzlichen Auslegungs-, Vermutungs- und Ergänzungsregeln seine Ehefrau   . Fällt auch diese als Erbin weg, gilt die gesetzliche Erbfolge. 103

Die gesetzliche Bestimmung des § 2069 BGB kann im Falle einer Ausschlagung eines Miterben isoliert betrachtet dazu führen, dass der zunächst eingesetzte Abkömmling seinen **Pflichtteil** geltend macht, während gleichzeitig seine **Abkömmlinge als Ersatzerben** nachrücken. Dies würde zu einer Besserstellung seines Stammes führen. Ohne eine ausdrückliche entsprechende Anordnung des Erblassers könne dies nicht angenommen werden, sodass § 2069 BGB nicht zur Anwendung kommen soll.[86] Da dies nicht unumstritten ist, sollte eine entsprechende Klarstellung im Testament enthalten sein. 104

Muster 14.20: Ausschluss der Ersatzerbenvermutung zugunsten von Abkömmlingen bei Ausschlagung 14.20

Erben sind meine Kinder   ,   und   . Für den Fall, dass einer von ihnen die Erbschaft ausschlägt und seinen Pflichtteil geltend macht, sind dessen Abkömmlinge keine Ersatzerben, entsprechende Vermutungsregeln gelten nicht. 105

2. Nacherbe als Ersatzerbe

Die Einsetzung als Nacherbe enthält im Zweifel die Einsetzung als Ersatzerbe (§ 2102 Abs. 1 BGB). Aber auch hier gilt, dass idealerweise im Testament klargestellt wird, ob der Nacherbe auch Ersatzerbe werden **soll**. In der Rechtsprechung relevant war dabei schon die Frage, ob die Regelung in einem gemeinschaftlichen Testament, wonach sich die Ehegatten für den ersten Erbfall ausdrücklich gegenseitig als Vorerben und einen Dritten als Nacherben einsetzen, auch als (Ersatz-)Erbeinsetzung für den zweiten Erbfall gilt.[87] 106

3. Klarstellung des Verhältnisses zwischen einer ausdrücklichen Ersatzerbenbestimmung und den gesetzlichen Vermutungsregeln

Da es strittig ist, in welchem Verhältnis die ausdrückliche Ersatzerbeneinsetzung und die gesetzlichen Vermutungsregeln stehen, sollte das Testament eine ausdrückliche Klarstellung enthalten.[88] 107

85 Kössinger/Najdecki/Zintl/*R. Kössinger/Zintl*, § 8 Rn 69 m.w.N.
86 BGH, Urt. v. 29.6.1960 – V ZR 64/59, NJW 1960, 1899; a.A. MüKo-BGB/*Leipold*, § 2069 Rn 13.
87 Kössinger/Najdecki/Zintl/*R. Kössinger/Zintl*, § 8 Rn 62 m.w.N.
88 BayObLG BayObLGZ 1993, 334 m. ausf. Anm. *J. Mayer*, MittBayNot 1994, 111.

14.21 **Muster 14.21: Ausschluss gesetzlicher Ersatzerbenvermutungen**

108 (In Anlehnung an Kössinger/Najdecki/Zintl/*R. Kössinger/Zintl*, § 8 Rn 66)

Die gesetzlichen Auslegungs-, Vermutungs- und Ergänzungsregeln für die Bestimmung von Ersatzerben gelten nicht.

109 Die gesetzlichen Auslegungsregelungen gelten nur, wenn die Auslegung des Testaments keinen anderen Willen des Erblassers ergibt. Vorsicht ist dabei auch mit vermeintlichen Klarstellungen geboten: Wie ist die Anordnung „Ersatzerbenbestimmungen werden nicht getroffen." zu verstehen? Soll sie bedeuten, dass keine Bestimmung getroffen werden soll, weil die gesetzlichen Regelungen die gewünschte Ersatzerbfolge abdecken? Oder soll sie vielmehr bedeuten, dass gar keine Ersatzerbenbestimmung erfolgen soll, bei Wegfall des oder der Erben also die gesetzliche Erbfolge gilt?

14.22 **Muster 14.22: Ersatzerbenbestimmung durch Bezugnahme auf die gesetzlichen Regelungen**

110 Ersatzerben bestimme ich nicht, es gelten die gesetzlichen Auslegungs-, Vermutungs- und Ergänzungsregeln für die Bestimmung von Ersatzerben.

D. Anwachsung

111 Für den Wegfall von Erben sieht das Gesetz neben den Vermutungsregeln der Ersatzerbenbestimmung das Recht der Anwachsung vor: Hat der Erblasser mehrere Erben dergestalt eingesetzt, dass sie die gesetzliche Erbfolge ausschließen, und fällt einer dieser Erben weg, so wächst sein Erbteil den anderen Erben **entsprechend ihrer Quote** an (§ 2094 Abs. 1 S. 1 BGB). Für Miterben eines gemeinschaftlichen Erbteils gilt § 2094 Abs. 1 S. 2 und Abs. 2 BGB, d.h. der Anteil des weggefallenen Miterben wächst den anderen Erben des gemeinschaftlichen Erbteils an.

112 **Voraussetzung** der Anwachsung ist, dass der Erblasser die gesetzliche Erbfolge vollständig ausgeschlossen hat (Ausnahme: Sonderfall des § 2094 Abs. 2 BGB für einen neben der gesetzlichen Erbfolge bestehenden gemeinschaftlichen Erbteil), da dann anzunehmen ist, dass die übrigen gewillkürten Erben die gesetzlichen Erben vollständig ausschließen sollen.[89]

113 Kommt es zur Anwachsung, **erhöhen** sich die Erbteile der übrigen Miterben; diese können nur einheitlich angenommen oder ausgeschlagen werden (§ 1950 BGB). Allerdings bleiben ursprünglicher Erbteil und angewachsener Erbteil insoweit selbstständig, als sich Belastungen durch Vermächtnisse und Auflagen auf einen Teil des Erbteils beschränken können (§ 2095 BGB).

114 Der Erblasser kann die Anwachsung **ausschließen** (§ 2094 Abs. 3 BGB). Dies muss nicht zwangsläufig ausdrücklich erfolgen, kann sich aber je nach Konstellation anbieten. Der Ausschluss kann sowohl für einzelne Erben als auch für alle Erben bestimmt werden. Die Bestimmung von Ersatzerben geht der Anwachsung grundsätzlich vor (§ 2099 BGB).

E. Ausschluss von der Erbfolge

115 § 1938 BGB ermöglicht es dem Erblasser, einzelne Personen von seiner gesetzlichen Erbfolge auszuschließen, auch ohne eine positive Erbeinsetzung vorzunehmen. Konkret kön-

89 Burandt/Rojahn/*Czubayko*, § 2094 Rn 2, 3.

nen also alle als gesetzliche Erben in Betracht kommenden Personen (also Ehepartner, Lebenspartner und Verwandte) von der gesetzlichen Erbfolge ausgeschlossen werden. Nimmt der Erblasser lediglich eine **ausdrückliche Enterbung** vor, wird die betroffene Person bei der Ermittlung der gesetzlichen Erben so behandelt, als sei sie vor dem Erblasser verstorben.[90] Ein ausdrücklicher Ausschluss ist allerdings nicht zwingend nötig: Setzt der Erblasser eine oder mehrere Personen zu seinen Erben ein, ist die gewillkürte Erbfolge maßgeblich, die gesetzliche Erbfolge ist ausgeschlossen. Allerdings kann es im Interesse des Erblassers liegen, sicherzustellen, dass bestimmte Personen unter keinen Umständen Erben werden, etwa weil alle gewillkürten Erben vorverstorben sind oder das Testament unbekannte Lücken enthält.

Muster 14.23: Enterbung 14.23

§ 1 Erbeinsetzung 116

I. Zu meiner Erbin bestimme ich meine Ehefrau .
II. Ersatzerben sind die Geschwister meiner Ehefrau, und . Weitere Ersatzerben für und sind jeweils ihre Abkömmlinge im Verhältnis ihrer gesetzlichen Erbquoten, weiter ersatzweise der jeweils andere und höchst ersatzweise die Abkömmlinge des jeweils anderen im Verhältnis ihrer gesetzlichen Erbquoten.
III. Sind danach keine Erben vorhanden, greift die gesetzliche Erbfolge mit folgender Einschränkung: Mein leiblicher Vater , dessen Abkömmlinge und seine sonstigen Verwandten werden von der gesetzlichen Erbfolge ausgeschlossen.

Vom Kreis der in § 1938 BGB genannten Personen, die von der Erbfolge ausgeschlossen werden können, ist der **Staat** nicht erfasst. Schließt der Erblasser also alle seine Verwandten sowie seinen Ehepartner von der Erbfolge aus, erbt der Staat.[91] 117

F. Muster

Muster 14.24: Allgemeines, Erbeinsetzung, Vorausvermächtnis mit Drittbestimmung, Enterbung 14.24

Testament 118

Präambel

1. Ich, , geb. am , bin deutscher Staatsangehöriger und lebe in , Deutschland. Ich bin mit verheiratet, für meine Ehe gilt nach Maßgabe des am geschlossenen Ehevertrags der Güterstand der modifizierten Zugewinngemeinschaft. Aus meiner Ehe sind die Kinder [*K1*], [*K2*] und [*K3*] hervorgegangen, [*K3*] ist vorverstorben. [*K3*] hat zwei Kinder, [*T1*] und [*T2*]. Außerdem habe ich ein voreheliches Kind, [*K4*].
2. In der freien letztwilligen Verfügung über mein Vermögen bin ich nicht beschränkt, insbesondere habe ich weder einen Erbvertrag abgeschlossen, noch ein gemeinschaftliches Testament errichtet.
   Mit Ehevertrag und Pflichtteilsverzichtsvertrag vom haben meine Ehefrau und ich wechselseitig auf Pflichtteilsansprüche verzichtet.
3. Ich bestimme meinen letzten Willen wie folgt:

§ 1 Aufhebung letztwilliger Verfügungen

Hiermit widerrufe ich vorsorglich alle in der Vergangenheit getroffenen Verfügungen.

90 Burandt/Rojahn/*Große-Boymann*, § 1938 Rn 6.
91 Burandt/Rojahn/*Große-Boymann*, § 1938 Rn 2; OLG Düsseldorf, Beschl. v. 2.9.2014 – I-3 Wx 80/13, ErbR 2015, 27.

§ 2 Erbeinsetzung, Enterbung

1. Erben meines gesamten Vermögens sind [*K1*] und [*K2*] zu jeweils einem Drittel sowie [*T1*] und [*T2*] mit einem gemeinschaftlichen Erbteil zu einem Drittel. An dem gemeinschaftlichen Erbteil sind [*T1*] und [*T2*] zu gleichen Teilen beteiligt.
2. Ersatzerben sind die Abkömmlinge meiner Erben entsprechend der gesetzlichen Erbfolge. Innerhalb eines Stammes tritt zunächst Anwachsung ein; erst wenn danach keine Erben innerhalb eines Stammes vorhanden sind, tritt Anwachsung bei den übrigen Erben ein.
3. Für den Fall, dass nach Ziffer 1. und 2. keine Erben vorhanden sind, ist meine Ehefrau meine Erbin.
4. Für den Fall, dass nach Ziffer 1., 2. und 3. keine Erben vorhanden sind, gilt die gesetzliche Erbfolge mit folgender Einschränkung: Meinen Sohn [*K4*] schließe ich auch dann von der gesetzlichen Erbfolge aus, wenn nach den oben stehenden Erb- und Ersatzerbeneinsetzungen keine Erben vorhanden sein sollten.

§ 3 Vorausvermächtnis

Mein Unternehmen vermache ich meinen Kindern [*K1*] oder [*K2*] dergestalt, dass einer von ihnen das Unternehmen als Vorausvermächtnis erhält. Die Auswahl trifft meine Ehefrau , ersatzweise mein Bruder , nach freiem Ermessen. Die Bestimmung erfolgt durch schriftliche Erklärung gegenüber den Erben und [*K1*] und [*K2*] als Vermächtnisnehmer. Die Bestimmung des Vermächtnisnehmers hat innerhalb von drei Jahren nach meinem Tod zu erfolgen; erfolgt diese nicht, so werden [*K1*] und [*K2*] jeweils zu gleichen Teilen Vermächtnisnehmer. Das hier angeordnete Vermächtnis erfolgt als Vorausvermächtnis, es ist also nicht auf den Erbteil anzurechnen. [*K1*] und [*K2*] erhalten das Vermächtnis nur, wenn sie Erben sind. Ersatzvermächtnisnehmer für [*K1*] und [*K2*] ist jeweils der andere; wird keiner von beiden Erbe, entfällt das Vermächtnis, das Unternehmen fällt also in meinen Nachlass.

§ 4 Vermächtnisse zugunsten meiner Ehefrau

Zugunsten meiner Ehefrau bestimme ich die folgenden Vermächtnisse:

§ 5 Rechtswahl, Sonstiges

1. Ich wähle als deutscher Staatsangehöriger für meine Erbfolge in mein gesamtes bewegliches und unbewegliches Vermögen im In- und Ausland die Anwendung des Erbrechts der Bundesrepublik Deutschland.
2. Das Anfechtungsrecht wegen Übergehung eines Pflichtteilsberechtigten schließe ich ausdrücklich aus.
3. Etwaige zu unseren Lebzeiten errichtete Verträge zugunsten Dritter (etwa rechtsgeschäftliche Einräumung von Bezugsrechten aus einer Lebensversicherung) bleiben unberührt, auch sofern diese widerruflich gestaltet sind.

G. Checkliste: Vollerbeneinsetzung

119

- Bestimmung der zu begünstigenden Person (Alleinerbe) oder Personen (mehrere Miterben)
- Bei mehreren Erben: Festlegung der Quoten, ggf. Einsetzung auf gemeinschaftlichen Erbteil
- Vermeidung einer gegenständlichen Erbeinsetzung
- Bei Bestimmung durch einen Dritten: Festlegung des Dritten, Festlegung objektiver Kriterien, Festlegung des Kreises der potenziell Begünstigten
- Ggf. Sanktionsklauseln, insbesondere bei Geltendmachung des Pflichtteils oder anderer Störungen der Nachfolgeplanung
- Bestimmung von Ersatzerben
- Prüfung, ob gesetzliche Anwachsungsregeln im Einzelfall usw. sachgerecht sind
- Ggf. ausdrückliche Enterbung bestimmter Personen

§ 15 Vor- und Nacherbeneinsetzung

Dr. Andreas Salzmann

Literaturhinweise

Bauer, Die Vor- und Nacherbfolge im Grundbuch, ZEV 2014, 526; *Bauer/Schaub*, Grundbuchordnung, 5. Aufl. 2023; *Decker*, Gestaltung und Beratung bei insolventen Erben, DNotZ 2024, 724; *Demharter*, Grundbuchordnung, 33. Aufl. 2023; *Heckschen/Weitbrecht*, Vor- und Nacherbschaft in Gesellschaftsanteile, ZIP 2024, 1629; *Holtz/Jaspert*, Erbschaftsteuerpflicht bei einfacher und mehrfacher Vor- und Nacherbschaft, ErbR 2023, 439; *König*, Einzelunternehmen in Vor- und Nacherbschaft Teil I: Bestimmung des Nachlassumfangs, RFamU 2023, 99; *König*, Einzelunternehmen in Vor- und Nacherbschaft Teil II: Das Schicksal von Schuldverhältnissen im Nacherbfall, RFamU 2023, 160; *Kollmeyer*, Verkauf von Grundbesitz durch den befreiten Vorerben, NJW 2022, 3543; *Maetschke-Biersack/Ballon*, Vor- und Nacherbschaft vs. Vermächtnis auf den Überrest in der anwaltlichen Beratungspraxis, RFamU 2023, 512; *Neckenisch/Metz*, Gestaltungsmöglichkeiten des Erblassers zur postmortalen Erbschaftsteueroptimierung in der Unternehmensnachfolge, ZEV 2024, 76; *Olbing*, Vor- und Nacherbschaft: Steuerrechtliche Rahmenbedingen, ErbR 2023, 204; *Renaud*, Zur Löschung des Nacherbenvermerks im Grundbuch nach Übergang des unbelasteten Miterbenanteils an den Vorerben, ErbR 2023, 494; *Schöneberg-Wessel*, Neue Wege bei der Gestaltung von Testamenten zugunsten von Menschen mit Behinderung, NJW 2023, 2625; *Schöner/Stöber*, Grundbuchrecht, 16. Aufl. 2020.

Inhalt

A. Einführung und Ausgangslage ... 1
I. Einführung ... 1
II. Gesetzliche Ausgestaltung ... 3
1. Grundzüge ... 3
2. Anordnung der Vor- und Nacherbfolge ... 5
3. Zeitliche Grenze ... 6
4. Rechtsstellung des Vorerben ... 10
a) Grundsatz ... 10
b) Nicht befreiter Vorerbe ... 14
c) Befreiter Vorerbe ... 20
d) Dingliche Surrogation ... 33
e) Vorerbe als Mitglied einer Gesamthand ... 35
f) Haftung gegenüber dem Nacherben ... 38
5. Eintritt und Wirkung des Nacherbfalls ... 44
6. Ersatznacherbe ... 47
7. Unbekannter Nacherbe ... 52
III. Abgrenzung zu anderen Rechtsinstituten 54
1. Nießbrauchvermächtnis ... 55
2. Vor- und Nachvermächtnis ... 58
IV. Grundzüge der Haftung des Vor- und des Nacherben ... 64
V. Erbschaftsteuer ... 68
B. Gestaltungsmöglichkeiten für den Erblasser ... 72
I. Motivationsgründe ... 72
II. Nachteile ... 79
III. Schutz vor erneuter Heirat des Längerlebenden ... 82
IV. Gegenständlich beschränkte Vor- und Nacherbschaft ... 86
V. Herausnahme einzelner Nachlassgegenstände durch Vorausvermächtnis ... 92
VI. Vermächtnis auf Zustimmung zu Lasten des Nacherben ... 95
VII. Zuwendung bestimmter Nutzungen an nur einen Vorerben ... 99
VIII. Erhöhung des Schutzes der Nacherben .. 101
IX. Nacherbentestamentsvollstreckung gem. § 2222 BGB ... 103
X. Anordnungen zur Geldanlage ... 105
XI. Schutz vor Eigengläubigern des Nacherben ... 109
C. Gestaltungsmöglichkeiten nach Eintritt des Vorerbfalls ... 110
I. Veräußerung von Grundbesitz ... 111
1. Entgeltliche Veräußerung durch den befreiten Vorerben ... 112
2. Verfügung unter Mitwirkung des Nacherben ... 121
II. Veräußerung der Nacherbenanwartschaft im Allgemeinen ... 125
III. Veräußerung der Nacherbenanwartschaft an den Vorerben ... 128
IV. Bestellung eines Erbbaurechts durch den Vorerben ... 132
V. Kein Erwerb „ungebundener" Erbanteile durch den Vorerben ... 133
VI. Bestellung einer Grundschuld zur Verwaltung des Nachlasses ... 134
VII. Ausschlagung der Nacherbschaft ... 136

A. Einführung und Ausgangslage

I. Einführung

1 Die Vor- und Nacherbfolge ist das wohl komplexeste Thema im deutschen Erbrecht, das sowohl juristische Präzision als auch ein tiefes Verständnis der individuellen Wünsche und familiären Konstellationen erfordert. Diese Form der Erbfolge ermöglicht es dem Erblasser, die Weitergabe seines Vermögens über mehrere Generationen hinweg zu steuern und dabei spezifische Bedingungen und Zeitpunkte festzulegen. Erst dann geht das Vermögen auf den Nacherben über. Diese Regelung kann insbesondere dann sinnvoll sein, wenn der Erblasser sicherstellen möchte, dass sein Vermögen über einen längeren Zeitraum hinweg geschützt und in einer bestimmten Weise genutzt wird. Dies kann bspw. der Fall sein, wenn der Erblasser gewährleisten möchte, dass sein Ehepartner bis zu dessen Tod abgesichert ist, bevor das Vermögen an die Kinder weitergegeben wird.

2 Die Vor- und Nacherbfolge bringt sowohl für den Vorerben als auch für den Nacherben spezifische Herausforderungen mit sich. Der Vorerbe ist in seiner Verfügungsgewalt über das Erbe stark eingeschränkt und muss zahlreiche Pflichten erfüllen, um das Erbe für den Nacherben zu erhalten. Der Nacherbe hingegen muss oft über einen langen Zeitraum hinweg auf sein Erbe warten und hat währenddessen nur begrenzte Einflussmöglichkeiten. Die Vor- und Nacherbfolge ist ein mächtiges Instrument im Erbrecht. Eine sorgfältige Planung und rechtliche Beratung sind daher unerlässlich, um Konflikte zu vermeiden und die Wünsche des Erblassers optimal umzusetzen. Dies umfasst die genaue Formulierung der Bedingungen für den Nacherbfall, die Berücksichtigung steuerlicher Aspekte sowie die Einbindung aller betroffenen Parteien in den Planungsprozess.

II. Gesetzliche Ausgestaltung

1. Grundzüge

3 Die Vor- und Nacherbschaft ist in den §§ 2100–2146 BGB geregelt. Der **Vorerbe** ist bis zum Eintritt des Nacherbfalls uneingeschränkt der gesetzliche Erbe des Erblassers (vgl. § 2100 BGB). Mit dem (Vor-)Erbfall entsteht bei dem Vorerben ein **Sondervermögen**, das von dessen Eigenvermögen (zur Haftung mit diesem vgl. Rdn 65) streng zu trennen ist und über das er grundsätzlich nach § 2112 BGB frei verfügen kann, sofern sich aus den §§ 2113–2115 BGB nichts anderes ergibt. Bei Eintritt des Nacherbfalls endet gem. § 2139 BGB die Erbenstellung des Vorerben und dem **Nacherben** fällt der Nachlass als Gesamtrechtsnachfolger nach dem Erblasser zu.

4 Ab dem Vorerbfall bis zum Nacherbfall hat der Nacherbe anders als der „normale" Erbe nicht nur eine bloße Erwerbsaussicht, sondern eine **Anwartschaft**, die veräußerlich, übertragbar und vererblich ist.[1] Der Vorerbe – egal ob befreit oder nicht (siehe Rdn 22 ff.) – hat in diesem Zeitraum in erster Linie das Recht zur **Nutzungsziehung** und ist daher wirtschaftlich mit einem Nießbrauchnehmer vergleichbar. Die Wertsubstanz soll für den Nacherben bzw. Eigentümer im weitest möglichen Umfang erhalten bleiben, sofern hierdurch die Nutzungsziehung nicht beeinträchtigt wird. Dies geschieht im Rahmen der Vor- und Nacherbschaft durch die Einschränkung der Verfügungsbefugnis, die Anordnung einer dinglichen Surrogation (§ 2111 BGB, vgl. ausführlich Rdn 33 f.) sowie die Verpflichtung zur ordnungsgemäßen Nachlassverwaltung. Dem Nießbraucher hingegen kommt – sofern nicht

1 BGH, Urt. v. 9.6.1983 – IX ZR 41/82, BGHZ 87, 369, 369.

gesondert vereinbart – keine Verfügungsbefugnis zu und er ist durch das Substanzerhaltungsgebot (vgl. § 1041 BGB) sowie das Zweckbestimmungserhaltungsgebot (§§ 1036 Abs. 2, 1037 Abs. 1 BGB) zu einer bestimmten Art der Verwaltung verpflichtet. Dennoch ist die Stellung des Vorerben mit derjenigen eines Nießbrauchnehmers in wirtschaftlicher Hinsicht durchaus vergleichbar.

2. Anordnung der Vor- und Nacherbfolge

Wie jede erbrechtliche Regelung kann auch die Vor- und Nacherbfolge nur durch **Verfügung von Todes wegen** angeordnet werden. Nicht selten wird eine solche unbewusst – insbesondere von juristischen Laien – angeordnet. So ist bspw. die Einsetzung einer zum Zeitpunkt des Erbfalls noch nicht gezeugten Person im Zweifel als Nacherbeneinsetzung dieser Person anzusehen (§ 2101 Abs. 1 S. 1 BGB). Auch viele handschriftliche gemeinschaftliche Testamente, in denen der Ehegatte zum Erben eingesetzt wird und „nach dessen Tod die Kinder" erben sollen, können als Anordnung einer Vor- und Nacherbfolge ausgelegt werden, wenngleich man hier bezweifeln darf, dass dies in jedem Fall so gewollt war. Gerade die früher weit verbreiteten sog. **Wiederverheiratungsklauseln** (ausführlich zu dieser vgl. Rdn 82 ff.) sind – wie sämtliche auflösend oder aufschiebend bedingten Erbeinsetzungen – im Regelfall als Vor- und Nacherbeneinsetzungen auszulegen (vgl. §§ 2070, 2074 f. BGB). Aus § 2104 BGB ergibt sich implizit, dass im Zweifel ferner von der Anordnung einer Vor- und Nacherbschaft auszugehen ist, wenn die Stellung als Erbe zu einem bestimmten Zeitpunkt oder mit Eintritt eines bestimmten Ereignisses enden soll, ohne dass der Erblasser geregelt hat, wem zu diesem Zeitpunkt die Erbschaft zufallen soll. In diesem Fall sind die Personen, die zum Zeitpunkt des Nacherbfalls die gesetzlichen Erben des Erblassers wären, wenn er zu diesem Zeitpunkt verstorben wäre, gem. § 2104 S. 1 BGB als zu Nacherben eingesetzt anzusehen. 5

3. Zeitliche Grenze

Der Anordnungsmöglichkeit ist mit der Regelung des § 2109 BGB eine zeitliche Grenze gesetzt. Nach § 2109 Abs. 1 S. 1 BGB wird die Vorerbschaft grundsätzlich nach **30 Jahren** kraft Gesetzes zur **Vollerbschaft**, wenn zu diesem Zeitpunkt der Nacherbfall noch nicht eingetreten ist. Von diesem Grundsatz macht § 2109 Abs. 1 S. 2 BGB zwei **Ausnahmen**, die gem. § 2109 Abs. 2 BGB jedoch ausdrücklich nicht anwendbar sind, wenn es sich beim Vor- oder beim Nacherben um eine juristische Person handelt. 6

Nach **§ 2109 Abs. 1 S. 2 Nr. 1 BGB** bleibt die Anordnung der Vor- und Nacherbschaft auch 30 Jahre nach Eintritt des Erbfalls wirksam, wenn der Nacherbfall an einen Umstand in der Person des Vor- oder Nacherben anknüpft und dieser Vor- oder Nacherbe zum Zeitpunkt des Erbfalls bereits gelebt hat. Die ganz überwiegende Meinung stellt den **nasciturus** dem Lebenden gleich.[2] Faktisch lässt sich die Wirkung der Vor- und Nacherbschaft damit auf die Dauer eines Menschenlebens zuzüglich neun Monate verlängern. Beispiel: Der Erblasser setzt seine Tochter zur Vorerbin und das soeben empfangene Enkelkind zu deren Nacherben sowie dessen Abkömmlinge wiederum zu Nacherben ein. Die Vor- und Nacherbschaft endet sodann mit dem Tod des Enkelkinds, da nur dieses beim Erbfall bereits gezeugt war. 7

2 Staudinger/*Avenarius*, § 2109 Rn 7 m.w.N.; Soergel/*Wegmann*, § 2109 Rn 3; krit. *Röthel*, FS Reuter, 2010, 307, 319.

8 Was genau unter einem „Umstand in der Person“ zu verstehen ist, ist umstritten. Auch wenn der klare Wortlaut dem entgegenzustehen scheint, geht die herrschende Meinung davon aus, dass es sogar ausreicht, wenn an irgendein Ereignis angeknüpft wird, das die nämliche Person nur miterlebt.[3] Sinn der Vorschrift sei nur die Verhinderung, dass der Umstand auch nach dem Ableben der Person eintreten kann. Dies hätte der Gesetzgeber jedoch auch unschwer entsprechend formulieren können. Für die Gestaltungspraxis empfiehlt es sich daher nicht, an einen Umstand ohne wie auch immer gearteten Bezug zur Person des Vor- oder Nacherben anzuknüpfen.

9 Sollte eine ungeborene Schwester oder ein ungeborener Bruder eines Vor- oder Nacherben zum Nacherben eingesetzt sein, so bleibt die Vor- und Nacherbschaft nach **§ 2109 Abs. 1 S. 2 Nr. 2 BGB** dann über die 30-Jahre-Grenze hinaus wirksam, wenn der Nacherbfall mit dieser Geburt eintreten soll. Damit kann die Wirkung der Vor- und Nacherbschaft auf die Dauer der Zeugungsfähigkeit eines Elternteils der bedachten (künftigen) Geschwister verlängert werden.[4] Sofern vertreten wird, dass die Vorschrift auch dann eingreift, wenn der Nacherbfall an irgendeinen Umstand zu Lebzeiten des Nachgeborenen anknüpft,[5] steht dem der klare Wortlaut entgegen. Andere sehen in dieser extensiven Auffassung eine unzulässige Kombination der Nummern 1 und 2.[6] Der Testamentsgestalter sollte mithin ausdrücklich die Geburt als entscheidenden Umstand wählen.

4. Rechtsstellung des Vorerben

a) Grundsatz

10 Ausgangspunkt für das Verständnis der Situation des Vorerben ist, dass dieser – wenn auch nur für beschränkte Zeit – **echter Erbe** des Erblassers ist. Daher kann es auch bei der Vor- und Nacherbschaft aufgrund des Grundsatzes der Universalsukzession keine gegenständlich beschränkte Vor- und Nacherbschaft geben (diese kann im Ergebnis dennoch erreicht werden, siehe Rdn 89 f.). Der Vorerbe kann – vorbehaltlich der Regelungen der §§ 2113–2115 BGB (siehe Rdn 14 ff.) – über die Nachlassgegenständige frei verfügen (vgl. § 2112 BGB). Es ist jedoch die dingliche Surrogation des § 2111 BGB zu beachten (siehe Rdn 33 f.). Sämtliche Schutzvorschriften zugunsten des Nacherben wirken selbst dann mit Rückwirkung ab Eintritt des Todesfalls, wenn der Nacherbe nur bedingt eingesetzt sein sollte. Da er echter Erbe ist, kann der Vorerbe sich auch wirksam zur Übertragung seiner Erbschaft gem. den §§ 2371 ff. BGB verpflichten.

11 Die Kosten-, Nutzen- und Lastenverteilung zwischen dem Vor- und dem Nacherben ist komplex geregelt und streitanfällig. Sie soll nachfolgend nur in den Grundzügen dargestellt werden; für die Gestaltung spielt sie nur eine untergeordnete Rolle.

12 Die **Kosten-** und **Lastentragung** ist in den §§ 2124–2126 BGB geregelt. Dabei wird zwischen (gewöhnlichen und sonstigen) Erhaltungskosten, Verwendungen und außerordentlichen Lasten differenziert. Soweit hiernach den Vorerben eine Belastung trifft, kann der Erblasser hiervon gem. § 2136 BGB nicht abweichen (zu Lasten des Vorerben ist eine Abweichung jedoch unbeschränkt möglich). Er kann dasselbe wirtschaftliche Ergebnis aber dadurch erreichen, dass er zugunsten des Vorerben ein entsprechendes Vermächtnis anord-

3 MüKo-BGB/*Lieder*, § 2109 Rn 9 m.w.N.
4 Kössinger/Najdecki/Zintl/*R. Kössinger/Zintl*, § 10 Rn 62.
5 MüKo-BGB/*Lieder*, § 2109 Rn 10.
6 Soergel/*Wegmann*, § 2109 Rn 4; Staudinger/*Avenarius*, § 2109 Rn 10.

net und ihn von der Herausgabepflicht des § 2130 BGB sowie der Ersatzpflicht nach § 2134 BGB befreit.[7]

Die **Nutzungen** des Nachlasses weist das Gesetz mit Ausnahme der sog. Übermaßfrüchte (vgl. § 2133 BGB) uneingeschränkt dem Vorerben zu. Hiervon kann der Erblasser jedoch abweichen. So kann er bspw. die Nutzungen einzelner Gegenstände nur einem mehrerer Miterben zuweisen (vgl. ausführlich Rdn 99 f.). 13

b) Nicht befreiter Vorerbe

Die §§ 2113, 2115 BGB beschränken den Grundsatz der freien Verfügungsmacht des Vorerben gem. § 2112 BGB erheblich. Dabei handelt es sich bei den Verfügungsverboten um sog. **absolute Verfügungsverbote**, die also gegenüber jedermann gelten.[8] Auf die Unwirksamkeit von Zwangsverfügungen gegen den Vorerben gem. § 2115 BGB wird nachfolgend nicht näher eingegangen, da diese für die gestalterische Rechtsberatung eine untergeordnete Rolle spielt. Sämtliche gegen die §§ 2113, 2115 BGB verstoßenden Verfügungen sind zunächst wirksam und werden erst mit Eintritt des Nacherbfalls unwirksam.[9] Verfahrensrechtlich wird diese u.U. erst Jahrzehnte später eintretende Rechtsfolge durch entsprechende Eintragungen im Erbschein (§ 352b Abs. 1 FamFG) bzw. im Grundbuch (§ 51 GBO) abgesichert. 14

Verfügungen über Grundstücke sind nach § 2113 Abs. 1 BGB insoweit unwirksam, als sie das Recht des Nacherben vereiteln oder beeinträchtigen (hierzu ausführlich Rdn 18). Hiervon erfasst sind auch ideelle Bruchteile und Rechte an Grundstücken (sowie eingetragene Schiffe oder Schiffsbauwerke). Nach der Rechtsprechung ist dabei die Bewilligung einer Vormerkung bereits als eine solche Verfügung anzusehen.[10] Unmittelbar findet die Vorschrift nur dann Anwendung, wenn ein **Grundstück** oder ein **Recht an einem Grundstück** in den Nachlass fällt. Fällt hingegen z.B. eine Beteiligung an einer Erbengemeinschaft, einer Gesellschaft bürgerlichen Rechts oder einer ehelichen Gütergemeinschaft in den Nachlass, in welcher wiederum eine von § 2113 Abs. 1 BGB erfasste Rechtsposition enthalten ist, wägt die Rechtsprechung im Einzelfall die betroffenen Interessen gegeneinander ab und entscheidet so über die analoge Anwendung des § 2113 Abs. 1 BGB.[11] Gerade für den Fall der Gütergemeinschaft, die zwischen dem Erblasser und dem Vorerben bestand, geht die mittlerweile ganz herrschende Meinung davon aus, dass § 2113 BGB auch keine analoge Anwendung findet, sondern der überlebende Ehegatte frei verfügen kann.[12] § 51 GBO sichert mit der Anordnung der Eintragung eines Nacherbenvermerks im Grundbuch die Verfügungsbeschränkung verfahrensrechtlich ab. Sofern eine solche Eintragung unterblieben ist und der Erwerber die Zugehörigkeit zum der Nacherbfolge unterliegenden Nachlass auch nicht positiv kannte, ist ein dem Nacherben gegenüber wirksamer gutgläubiger Erwerb möglich (vgl. § 2113 Abs. 3 BGB). Weder die fehlende (analoge) Anwendbarkeit des § 2113 Abs. 1 BGB noch die Möglichkeit des gutgläubigen Erwerbs schützen jedoch den Vorerben vor etwaigen Schadensersatzansprüchen des Nacherben wegen der Verletzung der Herausgabepflicht nach § 2130 Abs. 1 S. 1 BGB, wenn der Vorerbe seine Pflicht zur ordnungsgemäßen Verwaltung gem. § 2120 S. 1 BGB verletzt hat. 15

---

7 Kössinger/Najdecki/Zintl/*R. Kössinger/Zintl*, § 10 Rn 9.

8 Grundlegend BGH, Urt. v. 14.7.1969 – V ZR 122/66, DNotZ 1970, 32.

9 MüKo-BGB/*Lieder*, § 2113 Rn 17.

10 BGH, Urt. v. 31.10.1980 – V ZR 95/79, NJW 1981, 446, 447.

11 Kössinger/Najdecki/Zintl/*R. Kössinger/Zintl*, § 10 Rn 14.

12 BGH, Urt. v. 26.6.2024 – IV ZR 288/22 m.w.N.

16 **Praxistipp**

Ist ein Nacherbenvermerk betreffend eine Erbengemeinschaft oder eine Gesellschaft bürgerlichen Rechts im Grundbuch eingetragen, sollte im Rahmen des Vollzugs die Löschung des Vermerks gestützt auf die fehlende (analoge) Anwendbarkeit des § 2113 Abs. 1 BGB und hilfsweise die Eintragung eines Wirksamkeitsvermerks beantragt werden. So muss das Grundbuchamt frühzeitig „Farbe bekennen".

17 Unabhängig vom Verfügungsgegenstand sind gem. § 2113 Abs. 2 BGB ganz oder teilweise **unentgeltliche Verfügungen** des Vorerben unwirksam, soweit sie das Recht des Nacherben vereiteln oder beeinträchtigen würden (hierzu ausführlich Rdn 18). Für die Unentgeltlichkeit ist es nach der Rechtsprechung erforderlich, dass objektiv dem aufgegebenen Vermögenswert keine gleichwertige, in den Nachlass zu erbringende Gegenleistung gegenübersteht, und dass der Vorerbe subjektiv diese Ungleichwertigkeit nach dem Maßstab ordnungsgemäßer Verwaltung zumindest hätte erkennen müssen.[13] Da hier also subjektiv auf den Vorerben in der konkreten Situation abgestellt werden muss, kann dessen Beurteilung der Entgeltlichkeit nur dahin gehend überprüft werden, ob ihm die objektiv fehlende Entgeltlichkeit in einem solchen Umfang hätte erkennbar sein müssen, dass ihm hieraus ein Fahrlässigkeitsvorwurf gemacht werden kann. Dogmatisch nicht ganz korrekt wird hier auch davon gesprochen, dass dem Vorerben ein Ermessenspielraum zukomme.[14] Auf ein wie auch immer geartetes subjektives Element auf Erwerberseite kommt es nicht an, sodass auch insbesondere eine etwaige Gutgläubigkeit im Hinblick auf die Entgeltlichkeit nicht geschützt wird. Ebenso wenig wird außerhalb des Grundbuchverkehrs (siehe hierzu Rdn 111 ff.) schon mangels Gutglaubensträgers die fehlende Kenntnis von der Zugehörigkeit zum der Nacherbfolge unterliegenden Nachlass geschützt. Auch eine Teilunentgeltlichkeit führt zur Unwirksamkeit der Verfügung insgesamt.[15] Nach der Rechtsprechung sind rechtsgrundlose Verfügungen den unentgeltlichen gleichzustellen.[16]

18 Sämtliche Verfügungsbeschränkungen setzen voraus, dass durch die Verfügung das Recht des Nacherben vereitelt oder beeinträchtigt wird. Der Begriff der Verfügung ist weit zu verstehen, so dass hiervon sämtliche Übertragungen, Aufhebungen, Inhaltsänderungen und Belastungen erfasst sind. Selbst die Aufgabe des Eigentums nach § 928 BGB,[17] der Rangrücktritt einer Grundschuld am Nachlassgrundstück und die Bewilligung einer Vormerkung sind erfasst. Lediglich die Löschung einer letztrangigen Grundschuld am Nachlassgrundstück soll mangels schützenswerter Rechtsposition des Nacherben keine Verfügung i.S.d. § 2113 BGB sein.[18] Eine solche **Beeinträchtigung** liegt nach allgemeiner Auffassung dann nicht vor, wenn der Vorerbe mit der Verfügung nur einer Verpflichtung nachkommt. Eine solche kann vom Erblasser bereits zu Lebzeiten begründet und damit auf dessen (Vor-)Erben übergegangen oder von diesem durch letztwillige Verfügung – Vermächtnis- oder Teilungsanordnung – angeordnet worden sein. Darüber hinaus scheidet eine Beeinträchtigung oder Vereitelung aber auch dann aus, wenn „der Nacherbe" der Verfügung zustimmt.[19] Erforderlich ist auch die Mitwirkung des nur bedingt eingesetzten Nacherben und des Mit-

13 OLG München, Endurt. v. 16.5.2018 – 20 U 2903/17, ZErb 2018, 170.

14 Kössinger/Najdecki/Zintl/*R. Kössinger/Zintl*, § 10 Rn 15.

15 OLG München, Endurt. v. 16.5.2018 – 20 U 2903/17, ZErb 2018, 170.

16 BGH, Urt. v. 15.5.1963 – V ZR 141/61, NJW 1963, 1613, 1614; a.A. *Spellenberg*, FamRZ 1974, 350, 353.

17 Hierzu ausführlich OLG Frankfurt, Beschl. v. 22.10.2009 – 20 W 175/09, ZErb 2010, 87.

18 OLG Hamm, Beschl. v. 20.7.2012 – I-15 W 486/11, ZEV 2012, 671, wobei eine Verneinung einer Beeinträchtigung der Rechte des Nacherben für dasselbe Ergebnis dogmatisch überzeugender erscheint.

19 MüKo-BGB/*Lieder*, § 2113 Rn 28 m.w.N.

und Nachnacherben.[20] Dabei ist zu beachten, dass entsprechend § 2101 Abs. 1 BGB die Einsetzung einer zum Zeitpunkt des Nacherbfalls noch nicht gezeugten Person im Zweifel als Nachnacherbeneinsetzung dieser Person auszulegen ist,[21] der dann die Erbschaft gem. § 2106 Abs. 2 S. BGB zum Zeitpunkt ihrer Geburt zufällt. Hingegen ist nach mittlerweile allgemeiner Auffassung insbesondere in der Rechtsprechung die Zustimmung des Ersatznacherben (zu diesem siehe ausführlich Rdn 47 ff.) nicht erforderlich, da ihm vor Eintritt des Ersatzerbfalls noch nicht die gleiche Rechtsstellung wie dem Nacherben zukomme.[22] Dies gilt selbst dann, wenn die Frage der Wirksamkeit einer Veräußerung an den Nacherben selbst im Raum steht.[23] Dabei kann die Abgrenzung zwischen einer Einsetzung als Ersatznacherbe (mit der Folge der Entbehrlichkeit der Zustimmung) und einer bedingten Nacherbeneinsetzung (mit der Folge der Notwendigkeit der Mitwirkung an der Verfügung) im Einzelfall durchaus diffizil sein. Dies gilt insbesondere vor dem Hintergrund, dass eine für einen bedingt eingesetzten Nacherben als Ersatz benannte Person im Sinne der vorstehenden Dogmatik selbst als bedingt eingesetzter und eben nicht als Ersatznacherbe einzuordnen ist (mit der Folge der Notwendigkeit der Zustimmung). Nach der Rechtsprechung ist die Abgrenzung ausschließlich am Wortlaut des § 2096 BGB danach vorzunehmen, ob die zunächst eingesetzte Person aus einem vom Willen des Erblassers unabhängigen Grund mit Wirkung des Eintritts des Nacherbfalls nicht Nacherbe wird.[24] Noch klarer erscheint es hingegen danach zu fragen, ob der Erblasser mit seiner Anordnung ein anderweitiges Ziel – im Regelfall das Erreichen einer Steuerung und Lenkung „aus dem Grabe“ oder die antizipierte Reaktion auf einen anderen Umstand als den Wegfall des Nacherben – verfolgt oder eine schlichte Ersatzregelung getroffen hat. Bei der Frage nach der Notwendigkeit der Zustimmung als weitere Kategorie diejenige des unbestimmten Nacherben in Spiel zu bringen,[25] dürfte wenig hilfreich sein, da sowohl der bedingt eingesetzte als auch der Ersatznacherbe (zunächst) unbekannt sein können und von der Bekanntheit die Notwendig- oder Entbehrlichkeit der Mitwirkung gerade nicht abhängt. Zu Verfügungen des Vorerben mit Zustimmung des Nacherben im Detail und dennoch verbleibenden Risiken für den Vorerben bei nicht ordnungsgemäßer Verwaltung vgl. Rdn 121 ff.

Die gegen eine Beschränkung verstoßende Verfügung ist zunächst wirksam. Die **Unwirksamkeit** tritt erst mit dem **Nacherbfall** ein. Sie gilt nicht nur gegenüber dem Vorerben, sondern es handelt sich um eine **absolute** Unwirksamkeit.[26] Schon vor Eintritt des Nacherbfalls kann jedoch eine Feststellungklage im Hinblick auf die Unwirksamkeit der Verfügung erhoben werden und eine hieraus resultierende Schadensersatzpflicht nach Eintritt des Nacherbfalls entstehen.[27] Betroffen von der Unwirksamkeit ist nach dem klaren Wortlaut des § 2113 BGB ausschließlich die Verfügung selbst und gerade nicht das Kausalgeschäft. Insoweit besteht ein dogmatisch großer Unterschied zum Schutz des Vertragserben, der auch gegenüber Verpflichtungsgeschäften geschützt ist.[28] 19

20 OLG Hamm, Beschl. v. 9.5.1969 – 15 W 543/68, NJW 1969, 1490 m.w.N.

21 Kössinger/Najdecki/Zintl/*R. Kössinger/Zintl*, § 10 Rn 63.

22 Ausführlich BayObLG, Beschl. v. 20.10.1960 – BReg. 1 Z 213/59, MDR 1961, 330; ausdr. bestätigt durch BGH, Urt. v. 15.5.1963 – V ZR 141/61, NJW 1963, 1613.

23 LG Tübingen, Beschl. v. 8.4.1981 – 5 GR 1/81, BWNotZ 1981, 143.

24 Ausführlich auch zur Abgrenzung zwischen bedingter und Ersatznacherbeneinsetzung BayObLG, Beschl. v. 15.12.1959 – BReg. 2 Z 197/59, NJW 1960, 965.

25 Vgl statt vieler *Weidlich*, Erb 2016, 675, 680 f.

26 BGH, Urt. v. 14.7.1969 – V ZR 122/66, NJW 1969, 2043.

27 BGH, Urt. v. 16.3.1977 – IV ZR 182/75, NJW 1977, 1631.

28 Kössinger/Najdecki/Zintl/*R. Kössinger/Zintl*, § 10 Rn 19; OLG Celle, Beschl. v. 17.10.1947 o. AktZ, MDR 1948, 142.

c) Befreiter Vorerbe

20 Von einer Vielzahl der vorstehend ausgeführten Beschränkungen, denen der nicht befreite Vorerbe unterliegt, kann der Erblasser ihn befreien. Sofern der Erblasser von dieser Möglichkeit im weitest möglichen Umfang Gebrauch gemacht hat, spricht man allgemein vom befreiten Vorerben. Die Grenzen dieser Befreiungsmöglichkeit ergeben sich dabei aus den §§ 2136 f. BGB. Angelehnt an *Mayer*[29] kann man die Befreiungsmöglichkeiten wie folgt zusammenfassen:

Beschränkung des Vorerben/ Schutz des Nacherben	**Befreiungsmöglichkeit kraft Gesetzes (§§ 2136 f. BGB)**
§§ 2113 Abs. 1, 2114 BGB	ja, ausdrücklich durch Verfügung von Todes wegen (§ 2136 BGB) oder aufgrund der Auslegungsregel des § 2137 BGB; u.U. unter Bedingungen oder gegenständlich begrenzt
§§ 2116–2119 BGB	ja, wie vor
§ 2123 BGB	ja, wie vor
§§ 2127–2229 BGB	ja, wie vor
§§ 2130, 2131 BGB	ja, wie vor
§§ 2133 f. BGB	ja, wie vor
§ 2113 Abs. 2 BGB	nein
§ 2122 BGB	nein
§ 2138 Abs. 2 BGB	nein
§ 2115 BGB	nein
§ 2111 BGB	nein

21 In der vorstehenden Übersicht nicht enthalten ist die Verpflichtung des Vorerben zur Tragung der gewöhnlichen **Erhaltungskosten** nach § 2124 Abs. 1 BGB. Da die Vorschrift in § 2136 BGB nicht erwähnt ist, dürfte eine unmittelbare Befreiungsmöglichkeit nicht bestehen. Dennoch geht eine Mindermeinung davon aus, dass auch hiervon Befreiung erteilt werden kann.[30] Begründet wird dies damit, dass diese Verpflichtung quasi in den §§ 2130, 2134 BGB (also der Verpflichtung zur ordnungsgemäßen Verwaltung bzw. dem Verbot der eigennützigen Verwendung) enthalten sei und diesbezüglich § 2136 BGB eine Befreiungsmöglichkeit vorsehe. Träfe dies zu, hätte der Gesetzgeber jedoch keinerlei Befreiungsmöglichkeiten neben denen von der Verpflichtung zur ordnungsgemäßen Erhaltung explizit benennen müssen. Die Annahme der Unabdingbarkeit des § 2124 Abs. 1 BGB der h.M. überzeugt auch im tatsächlichen Ergebnis, da die Erhaltung der Substanz des Nachlasses die primäre Aufgabe des Vorerben ist und eine isolierte Befreiung von der Kostentragung nur dann Sinn ergibt, wenn dem Vorerben diese Kosten anderweitig zugewandt werden. Sofern dies gewünscht wird, muss daher notwendigerweise ein nicht der Vor- und Nacherbschaft unterfallendes Vermögen vorhanden sein. Aus diesem können sodann dem Vorerben durch Vermächtnis die Erhaltungskosten zugewandt und damit eine wirtschaftliche Befreiung von § 2124 Abs. 1 BGB erreicht werden.

29 *Mayer*, ZEV 2000, 1, 10.
30 Staudinger/*Avenarius*, § 2136 Rn 9.

Hat der Erblasser den Nacherben auf dasjenige eingesetzt, was von der Erbschaft **bei dem Eintritt der Nacherbfolge übrig** sein wird, so gilt nach § 2137 Abs. 1 BGB der Vorerbe als umfassend gem. § 2136 BGB von allen Beschränkungen befreit. Dasselbe ist nach § 2137 Abs. 2 BGB dann anzunehmen, wenn der Erblasser angeordnet hat, dass der Vorerbe zur **freien Verfügung** über die Erbschaft berechtigt sein soll. Da sich mittlerweile der Begriff des befreiten Vorerben insoweit durchgesetzt hat, dürfte auch dieser zum selben Auslegungsergebnis führen. Ebenfalls soll nach ganz herrschender Meinung von der Einsetzung des **Ehegatten** als befreiter (bedingter) Vorerbe auszugehen sein, wenn sich die Vor- und Nacherbschaft nur aus einer Wiederverheiratungsklausel ergibt.[31] Um den Rückgriff auf die Auslegung(sregeln) zu vermeiden, sollte jedoch juristisch exakt formuliert werden. 22

Die Befreiungen können vom Erblasser auch nur bedingt oder befristet angeordnet werden.[32] Ist dies erfolgt, so ist nach der Rechtsprechung zumindest ein Hinweis auf die Bedingung/Befristung im Erbschein aufzunehmen.[33] 23

Muster 15.1: Anordnung der befreiten Vorerbschaft 15.1

Der Vorerbe ist zur freien Verfügung über den Nachlass berechtigt. Er ist von sämtlichen Beschränkungen befreit, soweit das Gesetz (§ 2136 BGB) dies zulässt. 24

Sind mehrere Vorerben eingesetzt, können auch nur **einzelne** von den Beschränkungen befreit werden. Die Befreiung kann sogar nur gegenüber einem von mehreren Nacherben angeordnet werden.[34] Sofern das Gesetz die vollständige Abbedingung zulässt, kann die Schutzvorschrift auch **inhaltlich** eingeschränkt werden. So könnte z.B. die Grundstücksbelastung erlaubt, die Grundstücksveräußerung hingegen untersagt werden.[35] Inwieweit auch eine **gegenständliche** Beschränkung zulässig ist, ist umstritten.[36] Hier sollte zur Sicherheit mit Vermächtnissen gearbeitet werden, die die entsprechenden Vermögensgegenstände dem Eigenvermögen des Vorerben zuweisen (vgl. hierzu ausführlich Rdn 86 ff.). Sofern hierüber jedoch nicht völlig frei verfügt werden soll, können diese Vermächtnisse entsprechend (doppelt-)bedingt werden. So kann dem Vorerben z.B. vermächtnisweise (der Wert) eine(r) Immobilie zugewandt werden, sofern er diese veräußern sollte. Dieses Vermächtnis kann sogleich auflösend bedingt dahin gehend erfolgen, dass die Veräußerung teilunentgeltlich erfolgt. 25

Bei Lichte betrachtet ist – neben der bestehenden faktischen Erschwernis, dass der juristische Laie bei der Verwaltung des Nachlasses zwingend Rechtsrat einholen sollte – das **Verbot unentgeltlicher Verfügungen** die wesentliche Beschränkung des befreiten Vorerben. Hierdurch kann das Vermögen des Erblassers zumindest dem Wert nach gut gesichert werden. Jedoch wird bei dem Wunsch nach der Anordnung der befreiten Vorerbschaft im Regelfall ein gewisses Vertrauen des Erblassers in die Person des Vorerben bestehen. Es sollte daher mit dem Erblasser eingehend erörtert werden, ob in Anbetracht der mit der Vor- und Nacherbschaft für den Vorerben verbundenen Erschwernisse und der Streitanfälligkeit insbesondere im Hinblick auf das erfasste Vermögen nach Eintritt des Nacherbfalls nicht weniger einschneidende Gestaltungen vorzugswürdig sind. Zu denken ist dabei insbesondere sowohl an bedingte/befristete Vermächtnisse zugunsten der Person des angedachten Nacherben als auch an dem Erblasser gegenüber bindende letztwillige Verfügungen des 26

31 MüKo-BGB/*Lieder*, § 2136 Rn 9 m.w.N.
32 *Mayer*, ZEV 2000, 1, 3.
33 OLG Schleswig, Beschl. v. 27.11.2014 – 3 Wx 88/14, ErbR 2015, 154.
34 LG Frankfurt/Main, Beschl. v. 29.5.1980 – 2/9 T 426/80, Rpfleger 1980, 387.
35 MüKo-BGB/*Lieder*, § 2136 Rn 9.
36 Kössinger/Najdecki/Zintl/*R. Kössinger/Zintl*, § 10 Rn 39 m.w.N.

angedachten Vorerben. So können auch Unannehmlichkeiten wie ein Verzeichnis des Vorerben über die Erbschaft oder die Pflicht zur Rechnungslegung vermieden werden.

27 Sofern das Gesetz keine Befreiungsmöglichkeit vorsieht, kann eine solche vielfach durch entsprechende Anordnungen des Erblassers mittelbar erreicht werden. Insbesondere können das Verbot unentgeltlicher Verfügungen (§ 2113 Abs. 2 BGB), die Haftung für solche (§ 2138 Abs. 2 BGB) sowie die dingliche Surrogation (§ 2111 BGB) durch entsprechende (bedingte) **(Voraus-)Vermächtnisanordnungen** zugunsten des Vorerben umgangen werden. Von der Pflicht zur Tragung der gewöhnlichen Erhaltungskosten (§ 2124 BGB) kann der Vorerbe dadurch mittelbar befreit werden, dass ihm in einem entsprechenden Umfang auch der Substanzwert der Nachlassgegenstände durch (Voraus-)Vermächtnis zugewandt wird.

28 **Praxistipp**
Wird tatsächlich in Erwägung gezogen, dem befreiten Vorerben durch eine entsprechende (Vor-)Vermächtnisanordnung auch noch unentgeltliche Verfügungen in weitem Maße zu ermöglichen, scheint die Vor- und Nacherbschaft nicht mehr das geeignete Mittel zur Umsetzung des Erblasserwillens zu sein. Denn die Motivation für eine solche Gestaltung kann eigentlich nur darin liegen, dass der Erblasser dem Vorerben nicht zutraut, dass dieser seine Vermögensnachfolge selbst vernünftig oder im Sinne des Erblassers regelt. Die Anordnung eines klassischen Vermächtnisses auf den Überrest erscheint dann vorzugswürdig.

15.2 **Muster 15.2: Vermächtnis auf den Überrest**

29 [*Erbeinsetzung zugunsten des Vorerben*]

1. Ich belaste meinen Erben mit folgendem Herausgabevermächtnis zugunsten [*Person des Nacherben*]:

[*Person des Nacherben*] erhält alles, was zum Zeitpunkt des Anfalls des Vermächtnisses aus meinem Nachlass noch vorhanden ist. Vom Vermächtnis ausdrücklich erfasst sind auch sämtliche Surrogate entsprechend § 2111 BGB, sofern sich diese im Zeitpunkt des Anfalls noch im Vermögen des Erben befinden.

2. Das Vermächtnis ist aufschiebend befristet und fällt zum Zeitpunkt des Todes meines Erben an.

3. Die Anwartschaft des [*Person des Nacherben*] ist weder vererblich noch übertragbar.

4. Die Regelungen der Vor- und Nacherbschaft finden auf dieses Vermächtnis – sofern vorstehend nicht anders bestimmt – auch keine entsprechende Anwendung. Der Erbe ist daher zur freien Verfügung über den Nachlass berechtigt und der Vermächtnisnehmer kann insbesondere vor Anfall des Vermächtnisses aus diesem keinerlei Rechte gegenüber dem Erben herleiten.

30 Nicht selten wird der Erblasser die Beschränkungen der Vor- und Nacherbschaft wünschen und wäre dennoch mit speziellen (auch unentgeltlichen) Verfügungen des Vorerben einverstanden. Dies kommt gerade in den Fällen häufig vor, in denen der Erblasser plant, eine Vermögensübertragung noch zu Lebzeiten durchzuführen, es aber ungewiss ist, ob ihm dies vor dem Tod gelingen wird. Gründe können neben dem stets ungewissen Zeitpunkt des Todes derzeit ausgeschöpfte Steuerfreibeträge oder auch eine Ortsabwesenheit oder Minderjährigkeit des zu Bedenkenden sein. Auch in diesen Fällen kann mit einem **bedingten Vermächtnis** gearbeitet werden. Soll z.B. dem Vorerben ermöglicht werden, eine Immobilie aus dem Nachlass an seine eigenen Kinder zu übertragen, könnte das entsprechende Vermächtnis wie nachfolgend (Rdn 31) formuliert werden. Soll hingegen ein Anspruch des Bedachten bestehen oder ist es aufgrund der höheren Freibeträge entscheidend, dass der Gegenstand steuerlich als vom Erblasser zugewandt gilt, sind entsprechende Vermächtnisse

zugunsten der Bedachten auszusetzen. Ein bedingtes Vorausvermächtnis zugunsten des Vorerben ist dann nicht nötig, da er Vermächtnisse stets erfüllen kann.

Muster 15.3: Bedingtes Vermächtnis zur Ermöglichung bestimmter Verfügungen 15.3

1. Ich bin damit einverstanden, dass der Vorerbe zu Lebzeiten den im Grundbuch des Amtsgerichts , Gemarkung , Blatt vorgetragenen Grundbesitz (Flst. Nr.) an seine Kinder überträgt. 31

2. Daher wende ich dem Vorerben den vorstehenden Grundbesitz im Wege eines bedingten Vorausvermächtnisses für den Fall zu, dass er ihn auf seine eigenen Kinder überträgt. Damit unterfällt der Grundbesitz in diesem Fall nicht mehr den Beschränkungen der Vor- und Nacherbschaft.

3. Das Vermächtnis gilt unabhängig davon, ob der Grundbesitz an alle oder nur einzelne seiner Kinder, im Ganzen und nur teilweise oder auch an eine juristische Person, an der wirtschaftlich ausschließlich Kinder des Vorerben beteiligt sind, übertragen wird. Ebenfalls ist das Vermächtnis unabhängig vom Inhalt des Übertragungsvertrags, insbesondere davon, ob die Übertragung unentgeltlich oder entgeltlich erfolgt und ob sich der Vorerbe Nutzungs- oder Rückübertragungsrechte für bestimme Fälle vorbehält. Im Falle der Rückübertragung fällt der Grundbesitz in das Eigenvermögen des Vorerben.

Da die gesamte Nacherbeneinsetzung – in den Grenzen des § 138 BGB, die *in concreto* jedoch nicht betroffen sein dürften – auch auflösend bedingt angeordnet werden kann, lässt sich eine Unwirksamkeit aufgrund einer Umgehung des § 2136 BGB schwer begründen, auch wenn die entsprechenden Vorausvermächtnisse umfassend ausgestaltet werden. Daher ist auch die Gestaltung dahin gehend, dass bis auf einen einzelnen Gegenstand der komplette restliche Nachlass dem Vorerben vermächtnisweise zugewandt wird, um die Wirkungen der Vor- und Nacherbschaft auf den herausgenommenen Gegenstand zu beschränken (vgl. hierzu ausführlich Rdn 86 f.), allgemein anerkannt. Sofern sich ein entsprechendes Vermächtnis jedoch auf den gesamten Nachlass beziehen sollte, handelt es sich dogmatisch richtigerweise um eine auflösend bedingte Anordnung der Vor- und Nacherbschaft. Dies sollte dann auch entsprechend formuliert werden. 32

d) Dingliche Surrogation

Nachlass- und eigenes Vermögen des Vorerben haben mit diesem denselben Rechtsträger. Dennoch spricht man bei Ersterem von einem **Sondervermögen**, da es den Beschränkungen der §§ 2113, 2115 BGB unterliegt und in seinem Bestand durch die **dingliche Surrogation** gem. § 2111 BGB geschützt wird. Nach dieser Vorschrift unterfällt der Nacherbfolge dasjenige, das der Vorerbe aufgrund eines zur Erbschaft gehörenden Rechts erwirbt, als Ersatz für die Zerstörung, Beschädigung oder Entziehung eines Erbschaftsgegenstands erhält oder durch Rechtsgeschäft mit Mitteln der Erbschaft erwirbt, sofern nicht der Erwerb ihm als Nutzung gebührt. Dabei kann der Erwerb im Einzelfall nach herrschender – gleichwohl bestrittener – Ansicht auch nur zum Bruchteil der Erbschaft zugerechnet werden.[37] Die Frage, ob ein Vermögenswert „mit Mitteln der Erbschaft" erworben worden ist, ist nicht streng formalistisch, sondern wirtschaftlich zu beantworten.[38] Der Rechtsgrund ist irrelevant, sodass sowohl Verträge – mit Dritten oder im Rahmen der Auseinandersetzung – als auch gesetzliche Erwerbstatbestände in Betracht kommen. Ebenfalls der Surrogation unterfallen solche Gegenstände, die der Vorerbe dem Inventar eines zur Erbschaft gehörenden Grundstücks unterwirft (vgl. § 2111 S. 2 BGB). Die Beweislast für den Eintritt der dinglichen Surrogation trägt stets der Nacherbe.[39] 33

37 BGH, Urt. v. 16.3.1977 – IV ZR 182/75, NJW 1977, 1631; a.A. *Wolf*, JuS 1981, 14.
38 BGH, Urt. v. 25.9.1963 – V ZR 130/61, NJW 1963, 2320.
39 BGH, Urt. v. 29.6.1983 – IVa ZR 57/82, NJW 1983, 2874.

34 Die dingliche Surrogation bildet jedoch auch die positive Grenze des der Nacherbfolge unterliegenden Vermögens. Insbesondere ist mittlerweile – soweit ersichtlich – unstreitig, dass der Vorerbe diesem keine Gegenstände seines freien Vermögens zuweisen kann.[40]

e) Vorerbe als Mitglied einer Gesamthand

35 Sofern nur ein Erbe oder einzelne Erben als Vorerbe(n) und weitere Erben als Vollerben eingesetzt sind, unterliegt die Erbengemeinschaft bei Verfügungen **insgesamt** den Beschränkungen der Vor- und Nacherbfolge. Dies ist in der Rechtsprechung mittlerweile anerkannt.[41] Diese beträchtliche Einschränkung der Verfügungsfreiheit der grundsätzlich nicht beschränkten Vollerben ist hinzunehmen, da sie auf einer – vielleicht auch unbedachten – Anordnung des Erblassers beruht.

36 **Praxistipp**
Bei der Gestaltung von letztwilligen Verfügungen ist dies besonders zu beachten. Sollen nur einzelne Erben in ihrer Verfügungsmacht beschränkt sein, ist im Regelfall auf die Alternativen (vgl. zum Nießbrauchsvermächtnis Rdn 55 und zum sog. Vermächtnis auf den Überrest Rdn 29) zur Vor- und Nacherbschaft auszuweichen. Jedenfalls sollten als Nacherben ausschließlich Miterben eingesetzt werden, um Verfügungen ohne die Mitwirkung Dritter zu ermöglichen.

37 Von den vorstehenden Fällen, bei denen die in persönlicher Hinsicht nur teilweise Beschränkung des Nachlasses auf den Willen eines Erblassers zurückgeht, sind die Fälle zu unterscheiden, in denen bereits eine gesamthänderische Berechtigung an einem Nachlassgegenstand wie einem Grundstück bestand und erst **nachträglich** ein nicht befreiter Vorerbe Teil dieser Gesamthand wird. Nach der Rechtsprechung unterfällt dieser Nachlassgegenstand dann nicht den Beschränkungen der Vor- und Nacherbschaft, da dies den weiteren Gesamthändern nicht zuzumuten sei. Dementsprechend ist in diesen Fällen auch kein Nacherbenvermerk im Grundbuch einzutragen. Der BGH hatte dies zunächst für den Fall entschieden, dass ein Grundstück im Eigentum der gesamthänderischen Gemeinschaft bestehend aus A und B steht und sodann der B zum Vorerben des A und C zum Nacherben eingesetzt wird.[42] Würde das Grundstück nun den Beschränkungen unterliegen, wäre hiervon auch der zunächst unbeschränkte Anteil des B betroffen, ohne dass dieser jemals der Verfügungsmacht des A unterlag. Im Jahr 2007 hat die Rechtsprechung klargestellt, dass dies erst recht gelte, wenn die ursprüngliche Gesamthand aus mehreren Personen bestehe und nur eine von einem nicht befreiten Vorerben beerbt werde.[43] Dogmatisch lässt sich die Nichtanwendbarkeit des § 2113 BGB damit begründen, dass in diesen Fällen eben nicht ein Grundstück, sondern ein Anteil an einer Gesamthand in den Nachlass des Erblassers fällt. Die Frage der Zumutbarkeit stellt sich dann erst im Rahmen der Diskussion um die analoge Anwendung der Vorschrift. Sofern die Gesamthand jedoch dahin gehend auseinandergesetzt wird, dass der Vorerbe den Grundbesitz zu (Mit-)eigentum erhält, muss im Regelfall sodann aufgrund Surrogation (vgl. § 2111 BGB) ein Nacherbenvermerk eingetragen werden.[44]

---

40 *Maurer*, DNotZ 1981, 223, 225 m.w.N.
41 BGH, Beschl. v. 15.3.2007 – V ZB 145/06, NJW 2007, 2114.
42 BGH, Urt. v. 26.2.1958 – IV ZR 245/57, NJW 1958, 708.
43 BGH, Beschl. v. 15.3.2007 – V ZB 145/06, NJW 2007, 2114.
44 BayObLG, Beschl. v. 4.8.1988 – BReg. 2 Z 19/88, DNotZ 1989, 182.

f) Haftung gegenüber dem Nacherben

Hat der Vorerbe einen Nachlassgegenstand für sich verwendet, schuldet er dem Nacherben **Wertersatz** (vgl. § 2134 BGB). Für weitergehende Ansprüche ist die Haftung des Vorerben gem. § 2131 BGB auf die **eigenübliche Sorgfalt** (§ 277 BGB) beschränkt. Sie greift nach § 2130 BGB stets erst mit dem Eintritt des Nacherbfalls. Für Veränderungen und Verschlechterungen, die (auch) durch die ordnungsmäße Benutzung herbeigeführt werden, haftet der Vorerbe gem. § 2132 BGB überhaupt nicht. Für die Geldanlage gilt § 2119 BGB (siehe hierzu ausführlich Rdn 105 ff.). Zur Sicherung all dieser Ansprüche sieht das Gesetz eine Reihe von Rechten des Nacherben schon vor Eintritt des Nacherbfalls vor. 38

So muss der Vorerbe dem Nacherben einmalig (vgl. § 2127 BGB *e contrario*) auf dessen Verlangen in Form eines **Verzeichnisses** die zu diesem Zeitpunkt zum Nachlass gehörenden Gegenstände mitteilen (vgl. § 2121 BGB). Zu diesem Zeitpunkt bereits hinzugekommene Surrogate sind anders als bereits nicht mehr zum Nachlass gehörende Gegenstände oder Verbindlichkeiten aufzunehmen.[45] Der Nacherbe hat wie stets bei Bestandverzeichnissen keinen Anspruch auf Wertangaben.[46] 39

Bestehen Anhaltspunkte dafür, dass der Vorerbe seine Pflicht zur Erhaltung erheblich verletzt, kann der Nacherbe nach § 2127 BGB jederzeit **Auskunft über den aktuellen Bestand** der Erbschaft verlangen. Eine tatsächliche Verletzung der Verpflichtungen ist nicht erforderlich, sondern es reichen überprüfbare Anhaltspunkte für eine Gefährdung, die sich jedoch aus der Verwaltung und nicht bspw. aus einer allgemeinen schlechten Vermögenslage des Vorerben (hingegen kann Sicherheitsleistung gem. § 2128 BGB hier verlangt werden) ergeben müssen.[47] Auch der Anspruch aus § 2127 BGB bezieht sich nur auf den aktuellen Bestand des Nachlasses. Er gibt dem Nacherben gerade keinen Anspruch auf Rechenschaft im Hinblick auf Veränderungen des Nachlasses oder gar den Verbleib einzelner Nachlassgegenstände.[48] Sofern neue Anhaltspunkte auftreten und die bisherigen Anlass zur Sorge bietenden Gründe fortbestehen, kann der Anspruch aus § 2127 BGB anders als der voraussetzungslose Anspruch aus § 2121 BGB auch mehrfach geltend gemacht werden. 40

Sowohl der Vor- als auch der Nacherbe können gem. § 2122 BGB verlangen, dass der Zustand des Nachlasses durch einen **Sachverständigen** festgestellt wird, wobei die dafür anfallenden Kosten der Antragsteller zu tragen hat. Der Vorerbe kann sich so vor späteren Vorwürfen und Ansprüchen des Nacherben schützen, wohingegen der Nacherbe solche im Hinblick auf seine Beweislast vorbereiten kann. Die Aufstellung eines Wirtschaftsplans kann verlangt werden, wenn zur Erbschaft ein Wald, ein Bergwerk oder eine auf die Gewinnung von Bodenbestandteilen gerichtete Anlage gehört (vgl. § 2123 BGB). 41

Wenn das Verhalten des Vorerben oder auch die Vermögenslage des Vorerben Grund zur Besorgnis gibt, kann der Nacherbe **Sicherheitsleistung** verlangen (§ 2128 Abs. 1 BGB) und dem Vorerben kann bei nicht rechtzeitiger Beibringung dieser sogar die Verfügungsbefugnis über den Nachlass entzogen werden (§§ 2128 Abs. 2, 1052, 2129 BGB). Es kommt in diesem Fall zu einer durch einen vom Prozessgericht bestellten Verwalter durchgeführten Zwangsverwaltung des Nachlasses. 42

Nach Eintritt des Nacherbfalls kann der Nacherbe gem. § 2130 Abs. 2 BGB **Rechnungslegung** verlangen. Diese richtet sich nach den allgemeinen Regeln (§ 259 BGB). Zu beachten 43

45 Grüneberg/*Weidlich*, § 2121 Rn 2.
46 Kössinger/Najdecki/Zintl/*R. Kössinger/Zintl*, § 10 Rn 24; Grüneberg/*Weidlich*, § 2121 Rn 2.
47 *Kessel*, MittRhNotK 1991, 137, 148.
48 MüKo-BGB/*Lieder*, 7. Aufl., § 2127 Rn 7.

ist dabei, dass sich die Zusammenstellung der Einnahmen und Ausgaben auf die Verwaltung des zu erhaltenden Nachlasses und gerade nicht auf die Nutzungsziehung, die – sofern das Übermaßverbot beachtet wird – uneingeschränkt dem Vorerben zusteht, bezieht. Unter den Voraussetzungen des § 259 Abs. 2 BGB kann die Abgabe einer eidesstaatlichen Versicherung verlangt werden.

5. Eintritt und Wirkung des Nacherbfalls

44 Gem. § 2103 BGB besteht der Nacherbfall grundsätzlich in dem Eintritt des vom Erblasser dafür gesetzten Zeitpunkts oder Ereignisses. Nur wenn eine solche Anordnung nicht vorliegt, tritt der Nacherbfall mit dem Tod des Vorerben ein (§ 2106 Abs. 1 BGB).

45 Die 30-jährige Höchstgrenze nach dem Erbfall des § 2109 Abs. 1 S. 1 BGB dürfte die Vorerbschaft in der Praxis nur selten beenden. Denn sie gilt nach § 2109 Abs. 1 S. 2 Nr. 1 BGB insbesondere dann nicht, wenn für den Nacherbfall auf ein Ereignis in der (natürlichen, vgl. § 2109 Abs. 2 BGB) Person des Vor- oder Nacherben abgestellt wird, also insbesondere wenn der Tod des Vorerben – explizit oder gem. § 2106 Abs. 1 BGB – den Nacherbfall darstellt (vgl. ausführlich zu § 2109 BGB Rdn 6 ff.). Was genau als Ereignis „in der Person“ des Vor- oder Nacherben anzusehen ist, ist umstritten[49] und kann daher zu erheblicher Rechtsunsicherheit nach dem Ablauf von 30 Jahren führen. Ferner gilt die zeitliche Höchstgrenze dann nicht, wenn ein noch nicht geborenes Geschwisterkind des Vor- oder Nacherben zum (weiteren) Nacherben eingesetzt ist (vgl. § 2109 Abs. 1 S. 2 Nr. 2 BGB). Unbestritten gilt die Höchstfrist auch bei der gestaffelten Nacherbfolgeanordnung, sodass auch diese 30 Jahre nach Eintritt des Erbfalls unwirksam wird.[50]

46 Haben zwischen dem Erblasser und dem Vorerben Rechtsverhältnisse bestanden, sind diese aufgrund Konfusion mit dem Vorerbfall erloschen. Es darf jedoch nicht übersehen werden, dass sie mit dem Nacherbfall gem. § 2143 BGB automatisch wieder aufleben.

6. Ersatznacherbe

47 Der Ersatznacherbe ist diejenige Person, die vom Erblasser zum Nacherben bestimmt wird für den Fall, dass der Nacherbe vor oder nach Eintritt des Vorerbfalls wegfällt. Jedoch ist die Zweifelsregelung des § 2108 Abs. 2 S. 1 BGB zu beachten, nach der beim Tod des benannten Nacherben nach Eintritt des Vorerbfalls dessen **Nacherbenanwartschaft** auf seine Erben übergeht, sofern kein anderer Wille des Erblassers anzunehmen ist. Hat der Erblasser Ersatzerben nicht ausdrücklich bestimmt und einen Abkömmling zum Nacherben berufen, so sind nach der Rechtsprechung im Zweifel entsprechend § 2069 BGB die Abkömmlinge des Nacherben als Ersatznacherben berufen.[51] § 2108 Abs. 2 S. 1 BGB geht in seinem Anwendungsbereich – also in den Fällen, in denen der benannte Nacherbe den Erblasser überlebt – der Auslegungsregel des § 2069 BGB nach überwiegender Meinung vor.[52]

48 Bei der ausdrücklichen Bestimmung eines Ersatznacherben ist – wie im Übrigen auch bei der Bestimmung des Nacherben – die **Grenze** des § 2065 Abs. 2 BGB zu beachten, nach

49 Grüneberg/*Weidlich*, § 2109 Rn 2 ff.

50 Kössinger/Najdecki/Zintl/*R. Kössinger/Zintl*, § 10 Rn 3; OLG Köln, Urt. v. 19.12.2007 – 2 U 132/06, ZEV 2008, 443 445.

51 BGH, Urt. v. 22.1.1986 – IVa ZR 90/84, NJW 1986, 1812.

52 Staudinger/*Avenarius*, § 2019 Rn 2 m.w.N.; OLG Bremen, Beschl. v. 18.7.1970 – 1 W 30/70 (b), NJW 1970, 1923.

der der Erblasser die Bestimmung der Person des Erben keinem Dritten überlassen darf. Zwar ist bisher (sog. Dieterle-Klausel[53]) anerkannt, dass ein Verstoß gegen § 2065 Abs. 2 BGB nicht vorliegt, wenn als Erben die Erben einer anderen Person eingesetzt wurden.[54] Jedoch hat das OLG Frankfurt am 10.12.1999 eine Anordnung für mit § 2065 Abs. 2 BGB unvereinbar angesehen, in der zu Nacherben die testamentarischen Erben des Vorerben eingesetzt waren.[55] Gleichzeitig existieren Entscheidungen des OLG München,[56] des OLG Hamm[57] und des Kammergerichts,[58] die von der Zulässigkeit entsprechender Verweisungen ausgehen. Solange eine höchstrichterliche Entscheidung aussteht, sollte diese Gestaltung nicht gewählt werden.[59]

Der Nacherbe kann aus den verschiedensten Gründen wegfallen, sodass es zur Ersatznacherbschaft kommt. Am relevantesten sind neben dem Tod des Nacherben vor Eintritt des Nacherbfalls die Vereinbarung eines Zuwendungsverzichts mit dem Erblasser, die Ausschlagung der Nacherbschaft (die gem. § 2142 BGB schon mit dem Eintritt des Erbfalls möglich ist), die Erbunwürdigkeit des Nacherben sowie die Anfechtung seiner Einsetzung gem. §§ 2078 f. BGB. Im letztgenannten Fall ist jedoch genauestens die Reichweite der Anfechtung zu bestimmen. Insbesondere stellt sich die Frage nach einem Ersatzerben nur dann, wenn die Anordnung der Vor- und Nacherbschaft selbst von der Anfechtung nicht erfasst wird. 49

Bei der ausdrücklichen Ersatznacherbenanordnung sollte genauestens formuliert werden, um alle bestehenden Streitigkeiten im Hinblick auf die Hierarchie der gesetzlichen Regelungen (vgl. Rdn 47) sowie Auslegungsschwierigkeiten zu vermeiden. Insbesondere sollte klargestellt werden, ob die Ersatznacherbenanordnung für alle Fälle des Wegfalls des Nacherben (insbesondere auch den Fall des Vorversterbens) gilt und damit die Vererblichkeit der Nacherbenanwartschaft – gerade wenn ein noch kinderloser Abkömmling eingesetzt ist – ausgeschlossen ist. Zur Vererblichkeit sollte auch stets ausdrücklich Stellung genommen werden, wenn eine Ersatznacherbenanordnung nicht gewünscht ist. 50

Muster 15.4: Bestimmung eines Ersatznacherben 15.4

Als Ersatznacherben bestimmen wir das Ehepaar zu unter sich gleichen Teilen, ersatzweise diese gegenseitig. Dies gilt unabhängig vom Grund des Wegfalls des vorstehenden Nacherben. 51

Weitere Ersatzerben wollen wir ausdrücklich nicht einsetzen. Die Nacherbenanwartschaft soll auch nicht vererblich sein.

7. Unbekannter Nacherbe

Vom vorstehend behandelten Ersatznacherben sind die sog. „unbekannten" Nacherben strikt zu unterscheiden. Von diesen spricht man, wenn die genaue Person des oder der Nacherben **erst zum Zeitpunkt des Nacherbfalls** endgültig feststeht. Der praktisch häufigste Fall ist die Benennung der „zum Zeitpunkt des Nacherbfalls lebenden Abkömmlinge" z.B. des Vorerben oder konkret benannter Personen. Denn wer zu diesem Zeitpunkt lebt, lässt sich erst zu diesem Zeitpunkt mit Sicherheit sagen. Auch bei bereits lebenden Ab- 52

53 *Dieterle*, BWNotZ 1971, 15.
54 *Everts*, MittBayNot 2005, 298; *Ivo*, DNotZ 2002, 260, 266; *Keim*, FamRZ 2003, 137, 140.
55 OLG Frankfurt, Beschl. v. 10.12.1999 – 20 W 224/97, DNotZ 2001, 143.
56 OLG München, Beschl. v. 5.1.2017 – 34 Wx 324/16, MittBayNot 2018, 50.
57 OLG Hamm, Beschl. v. 21.2.2019 – I-15 W 24/19, ZEV 2019, 276.
58 KG, Beschl. v. 25.8.2022 – 1 W 262/22, ZEV 2022, 729.
59 So auch *Wegmann*, ZEV 2024, 61, 67 f.

kömmlingen steht nicht fest, ob sie dereinst zum Nacherben berufen sein werden, da sie bis zum Eintritt des Nacherbfalls versterben könnten.

53 Die Konsequenz einer solchen Anordnung ist, dass ein eigenes Handeln des Nacherben vor Eintritt des Nacherbfalls nicht möglich ist. Daher muss – soweit eine Mitwirkung des Nacherben erforderlich ist (vgl. Aufzählung der relevanten Fälle in Rdn 14 ff.) – für die unbekannten Nacherben ein Pfleger gem. § 1882 BGB bestellt werden.[60] Steht – wie zumeist – die Verfügung über Grundbesitz in Rede, bedarf das Handeln des Pflegers wiederum gem. § 1888 Abs. 1 i.V.m. § 1850 Nr. 1 BGB der Genehmigung des Betreuungsgerichts. Dieses aufwändige Verfahren kann nur durch die eindeutige Bestimmung der Person des Nacherben oder die Anordnung einer Nacherbentestamentsvollstreckung (vgl. Rdn 103 f.) vermieden werden. Eine **transmortale Vollmacht** kann hingegen richtigerweise niemals mit Wirkung für und gegen die (unbekannten) Nacherben eingesetzt werden (vgl. Rdn 124).

III. Abgrenzung zu anderen Rechtsinstituten

54 Zunächst ist bei der Auslegung, aber auch bei der Formulierung von (gemeinschaftlichen) letztwilligen Verfügungen penibel darauf zu achten, dass im allgemeinen Sprachgebrauch vielfach der Begriff des Vorerben für den Erben beim Tod des Erstversterbenden verwendet und insbesondere der Begriff des Nacherben mit dem des Schlusserben verwechselt wird. Aufgrund der Sachnähe bzw. der ähnlichen Wirkungsweise ist vor allem eine genaue Abgrenzung zu den Gestaltungsalternativen des Nießbrauchvermächtnisses, des Vor- und Nachvermächtnisses sowie des auf den Tod befristeten Herausgabevermächtnisses notwendig.[61]

1. Nießbrauchvermächtnis

55 Da die Stellung des Vorerben vor Eintritt des Nacherbfalls derjenigen eines Nießbrauchnehmers ähnelt (vgl. Rdn 10 ff.), liegt als alternative Gestaltung die Einsetzung des avisierten Nacherben als Vollerbe unter gleichzeitiger vermächtnisweiser Zuwendung eines Nießbrauchs an den avisierten Vorerben am gesamten oder an Teilen des Nachlasses nahe.[62] Die Beschränkung auf Teile des Nachlasses ist dabei einfacher und rechtssicherer als im Rahmen der Vor- und Nacherbschaft möglich: Die Verteilung der Nutzenziehung und Kostentragung lässt sich detailliert ausgestalten und auch erbschaftsteuerlich können sich im Einzelfall Vorteile ergeben. Denn der Vermächtnisnehmer braucht nur die Nutzungen zu versteuern, und diese sind zugleich als Belastungen beim Erben abziehbar. Hingegen hat der Nießbrauchnehmer noch weniger Handlungsmöglichkeiten – insbesondere Verfügungsbefugnisse – als selbst der nicht befreite Vorerbe. Der Vollerbe ist bereits unmittelbar mit dem Tod des Erblassers Eigentümer, was den Nachlass mit dessen Insolvenzrisiken belastet und z.B. bei minderjährigen Erben unerwünscht sein kann, und es entfällt die Möglichkeit für den Erblasser, das Schicksal seines Nachlasses für einen längeren Zeitraum nach seinem eigenen Ableben bei weiteren Todesfällen zu regeln.

56 **Praxistipp**
Das Nießbrauchvermächtnis bietet sich am ehesten dann als echte Alternative an, wenn eine Kapitalanlageimmobilie (anteilig) aufgrund der Erbschaftsteuerfreibeträge beim ers-

60 BayObLG, Beschl. v. 24.4.1997 – 2Z BR 38/97, DNotZ 1998, 206 m.w.N. noch zu § 1913 BGB a.F., der aber ohne Änderung in § 1882 BGB überführt wurde.
61 Siehe auch MAH ErbR/*Wachter*, § 17 Rn 3 ff.
62 Zur schwierigen Abgrenzung in einem privatschriftlich verfassten Testament: OLG Düsseldorf, Beschl. v. 16.3.2021 – 3 Wx 197/20, NJW-Spezial 2021, 29.

ten Todesfall an die „unproblematische“ nächste Generation übergehen soll und gleichzeitig dem überlebenden Ehegatten (weiterhin) die Nutzungen vorbehalten werden sollen.

Muster 15.5: Immobilien-Nießbrauchvermächtnis zugunsten des längerlebenden Ehegatten 15.5

Der Erstversterbende von uns belastet seine(n) Erbe(n) mit folgendem Vermächtnis zugunsten des Längerlebenden von uns: 57

Der Vermächtnisnehmer erhält den lebenslangen Nießbrauch an sämtlichen beim Ableben des Erstversterbenden von uns in dessen Nachlass befindlichen Immobilien unabhängig davon, ob diese in dessen Allein- oder Miteigentum stehen oder als Mit- oder Alleinerbbaurecht gehalten werden. Ausdrücklich nicht umfasst sind jedoch Beteiligungen an immobilienhaltenden Gesellschaften.

Abweichend von der gesetzlichen Ausgestaltung des Nießbrauchs ist bei der Einräumung des Nießbrauchs Folgendes zu vereinbaren:

Der Nießbrauch ist auf jederzeitiges Verlangen des Vermächtnisnehmers an nächstoffener Rangstelle im Grundbuch zu sichern. Er kann vom Vermächtnisnehmer jederzeit – auch einseitig – aufgegeben werden.

Hinsichtlich zum Zeitpunkt des Todes im Hinblick auf den Grundbesitz bestehender Verbindlichkeiten gilt Folgendes:

2. Vor- und Nachvermächtnis

Das Nachvermächtnis ist ausdrücklich in § 2191 BGB geregelt und auf dieses finden gem. § 2191 Abs. 2 mit den §§ 2102, 2106 Abs. 1, 2107 und 2110 Abs. 1 BGB einzelne Regelungen der Vor- und Nacherbschaft entsprechende Anwendung, was allein schon die große Sachnähe zeigt. Allerdings handelt es sich bei den in Bezug genommenen Regelungen ausschließlich um Auslegungsregelungen und gerade nicht um die Ausgestaltung des Verhältnisses zwischen dem Vor- und dem Nacherben sowie deren Rechtsstellung. Auch eine analoge Anwendung der weiteren Vorschriften zur Vor- und Nacherbfolge scheidet nach ganz herrschender Meinung aus.[63] 58

Ein Nachvermächtnis liegt vor, wenn ein bestimmter Nachlassgegenstand zunächst **einem** Vermächtnisnehmer (sog. **Vorvermächtnisnehmer**) und sodann – im Regelfall beim Tod des Vorvermächtnisnehmers (siehe auch die Auslegungsregel des § 2106 Abs. 1 i.V.m. § 2191 Abs. 2 BGB), theoretisch aber auch zu jedem anderen Zeitpunkt – einem **weiteren** Vermächtnisnehmer (sog. **Nachvermächtnisnehmer**) zugewandt wird. Das Gesetz stellt dabei klar, dass in diesem Fall nicht der Erbe, sondern der Vorvermächtnisnehmer zugunsten des Nachvermächtnisnehmers mit dem aufschiebend bedingten Untervermächtnis beschwert ist. 59

Der größte dogmatische Unterschied zur Vor- und Nacherbschaft besteht zunächst darin, dass weder der Vor- noch der Nachvermächtnisnehmer zu irgendeinem Zeitpunkt eine unmittelbare Beteiligung am Nachlassvermögen hat, sondern ihnen wie jedem anderen Vermächtnisnehmer auch gem. §§ 2174 ff. BGB **nur schuldrechtliche Ansprüche** zustehen. Demgemäß bietet sich diese Gestaltungsvariante dann an, wenn weder der Vor- noch der Nachvermächtnisnehmer Erbe werden soll oder kann[64] oder sich der Wunsch des Erblassers nach „späterer Weitergabe“ nur auf einen einzelnen (untergeordneten) Nachlassgegenstand bezieht.[65] 60

63 *Bengel*, NJW 1990, 1826, 1827; *Werkmüller*, ZEV 1999, 343 m.w.N.
64 *Werkmüller*, ZEV 1999, 343, 344.
65 MAH ErbR/*Wachter*, § 17 Rn 7.

61 Auch unterliegt der Vorvermächtnisnehmer keinerlei Verfügungsbeschränkungen. Dennoch hat er sich jeder die spätere Herausgabe vereitelnden oder beschränkenden Verfügung zu enthalten. Andernfalls haftet er – bzw. seine Erben – dem Nachvermächtnisnehmer gegenüber nach allgemeinem Schuldrecht.[66] Selbstredend kann der Vorvermächtnisnehmer von der Pflicht zur Erhaltung des Vermächtnisgegenstands befreit werden, wie dies regelmäßig beim sog. **Vermächtnis auf den Überrest** geschieht. Da die 30-jährige Frist des § 2162 BGB auch auf aufschiebend bedingte (Unter-)Vermächtnisse Anwendung findet, besteht insoweit kein Vor- oder Nachteil im Vergleich zur Vor- und Nacherbfolge (vgl. § 2109 BGB).

62 **Praxistipp**
Bei der Entscheidung für ein Vor- und Nachvermächtnis dürfen auch nicht dessen höhere Risiken im Falle des Todes des Vorvermächtnisnehmers übersehen werden, selbst wenn dieser den Nachvermächtnisfall darstellen sollte: Der Gegenstand geht nicht automatisch auf den Nachvermächtnisnehmer über, sodass dieser im Hinblick auf die Durchsetzung seines Herausgabeanspruchs auf eine Vielzahl von Problemen – beginnend mit der Ermittlung der Erben und bspw. deren Solvenz – treffen kann. Hingegen ist der Gegenstand des Vermächtnisses bei der Berechnung von Pflichtteilsansprüchen nach dem Vorvermächtnisnehmer richtigerweise keine nachrangige Forderung, die erhöhend zu berücksichtigen wäre, sodass insoweit kein Nachteil zur Vor- und Nacherbschaft besteht.[67]

63 Erbschaftsteuerlich stehen Nachvermächtnisse gem. § 6 Abs. 4 ErbStG den Nacherbschaften gleich. Es wird daher auf die diesbezüglichen Ausführungen unter Rdn 68 ff. verwiesen.

IV. Grundzüge der Haftung des Vor- und des Nacherben

64 Die allgemeinen Haftungsregelungen der bzw. des Erben bzw. des Nachlasses sind nicht auf die Vor- und Nacherbschaft zugeschnitten. Sonderregelungen finden sich nur wenige in den §§ 2144–2146 BGB.

65 Für die Haftung des Vorerben **vor Eintritt des Nacherbfalls** gelten keine Besonderheiten gegenüber den allgemeinen Regelungen, weshalb dieser Fall in den Sonderregelungen keine Erwähnung findet. Er haftet entweder wie ein Alleinerbe gem. §§ 1967 ff. BGB oder bei einer Erbengemeinschaft zusätzlich nach den §§ 2058 ff. BGB. Den Nacherben trifft vor Eintritt des Nacherbfalls keine Haftung, selbst wenn er die Erbschaft bereits zuvor angenommen haben sollte.[68]

66 Aus § 2144 Abs. 1 BGB ergibt sich, dass **nach Eintritt des Nacherbfalls** für den Nacherben die vorgenannten allgemeinen Regelungen zur Haftungsbeschränkung gelten. Dass das vom Vorerben erstellte Nachlassinventar i.S.d. §§ 1993 ff. BGB auch dem Nacherben zugutekommt, ergibt sich aus § 2144 Abs. 2 BGB. Für die Haftung des Vorerben nach Eintritt des Nacherbfalls ist besonders relevant, was sich aus § 2145 BGB gerade nicht explizit ergibt: Aus § 2145 Abs. 2 BGB ergibt sich implizit, dass der Vorerbe – obwohl die Haftung grundsätzlich mit Eintritt des Nacherbfalls endet – dann forthaftet, wenn er vor dem Nacherbfall bereits seine Möglichkeit zur Haftungsbeschränkung verloren hatte.[69] Insbesondere zu dem Zweck, dass den Nachlassgläubigern der gesamte Nachlass inklusive daraus gezogener

---

66 *Werkmüller*, ZEV 1999, 343.
67 *Randt*, BWNotZ 2001, 73, 76; *Watzek*, MittRhNotK 1999, 37, 42; a.A., soweit ersichtlich, nur *Werkmüller*, ZEV 1999, 343, 344.
68 *Lettmann*, RNotZ 2002, 538, 555.
69 Grüneberg/*Weidlich*, § 2145 Rn 1; *Lettmann*, RNotZ 2002, 538, 556.

Nutzungen zur Verfügung steht, trifft den Vorerben dann und insoweit eine Haftung, wie den Nacherben keine Haftung trifft, wie sich aus § 2145 Abs. 1 ergibt. Gleichzeitig ist diese Haftung auch auf die vom Vorerben gezogenen Nutzungen beschränkt.

Damit die Nachlassgläubiger überhaupt eine Möglichkeit zur Durchsetzung ihrer Ansprüche haben, verpflichtet § 2146 BGB sowohl den Vor- als auch den Nacherben zur Meidung einer Schadensersatzpflicht dazu, den Eintritt des Nacherbfalls dem Nachlassgericht anzuzeigen. Besteht der Nacherbfall im Todeseintritt des Vorerben, trifft die Anzeigepflicht dessen Erben. 67

V. Erbschaftsteuer

Die Vor- und Nacherbfolge löst zweimal Erbschaftsteuer aus.[70] Einmal mit Eintritt des Vorerbfalls und einmal mit Eintritt des Nacherbfalls (vgl. § 6 ErbStG). Der Vorerbe wird in erbschaftsteuerlicher Hinsicht gem. § 6 Abs. 1 ErbStG als Vollerbe angesehen, sodass die zivilrechtlichen Beschränkungen und auch ggf. der Umstand, dass der Nacherbfall schon vor seinem Ableben eintreten kann, unberücksichtigt bleiben. 68

Während der Nacherbe zivilrechtlich Gesamtrechtsnachfolger nach dem Erblasser ist, ist der Erwerb gem. § 6 Abs. 2 S. 1 ErbStG erbschaftsteuerlich als vom Vorerben stammend anzusehen.[71] Auf Antrag kann jedoch gem. § 6 Abs. 2 S. 2 ErbStG das Verhältnis des Nacherben zum Erblasser – im Hinblick auf die **Steuerklasse** und die **Steuerfreibeträge** – der Besteuerung zugrunde gelegt werden. Ist der Nacherbfall ausnahmsweise nicht der Tod des Vorerben, so ist dem Nacherben gem. § 6 Abs. 3 ErbStG die vom Vorerben entrichtete Steuer insoweit anzurechnen, als sie nicht auf die Bereicherung des Vorerben entfällt. 69

Mit Urteil vom 1.2.2023 hat der BFH nunmehr klargestellt, dass auch dem Nacherben der **Pauschbetrag für Erbfallkosten** gem. § 10 Abs. 5 Nr. 3 S. 2 ErbStG in Höhe von nunmehr 15.000 EUR (zum Zeitpunkt der Entscheidung betrug dieser 10.300 EUR) zusteht.[72] Dem stehe anders als vielfach vertreten insbesondere nicht im Wege, dass der Nacherbe keine Bestattungskosten zu tragen habe. Sofern der Nacherbe zugleich Erbe des Vorerben ist, dürfte ihm der Pauschbetrag hingegen richtigerweise nur einmal zustehen. 70

Wurde die Erbschaftsteuer vom Vorerben aus dessen Eigenvermögen bezahlt, so hat dieser aus den §§ 2126, 2125 Abs. 2 BGB einen **Erstattungsanspruch** gegen den Nacherben. Ebenso wie die durch den Vorerben noch veranlasste Steuerschuld gem. § 1967 BGB auf dessen Erben übergeht, geht auch der entsprechende Erstattungsanspruch auf diese über. Ist die Steuerschuld noch nicht bezahlt, wandelt sich der Erstattungs- in einen Freistellungsanspruch um. Mittlerweile hat der BFH auch die lange umstrittene Frage bejahend entschieden, ob Vor- und Nacherbe ab Eintritt des Nacherbfalls auch gesamtschuldnerisch i.S.d. § 44 AO für die durch den Vorerbfall ausgelöste Steuerschuld haften.[73] Im Regelfall wird es dabei, da und sofern die wesentlichen Vermögenswerte auf den Nacherben übergegangen sind, der ordnungsgemäßen Ermessensausübung entsprechen, wenn das Finanzamt primär den Nacherben in Anspruch nimmt.[74] 71

70 Instruktiv zur Besteuerung des Vor- und des Nacherben: *Olbig*, ErbR 2023, 204.
71 Detailliert zu den speziellen Modalitäten des § 6 Abs. 2 ErbStG: *Holtz/Jaspert*, ErbR 2023, 439.
72 BFH v. 1.2.2023 – II R 3/20, ZEV 2023, 475.
73 BFH v. 13.4.2016 – II R 55/14, DStR 2016, 1604.
74 *Jandl/Kraus*, DStR 2016, 2265, 2267.

B. Gestaltungsmöglichkeiten für den Erblasser

I. Motivationsgründe

72 An den Gebrauch des Instrumentariums der Vor- und Nacherbschaft kann aus verschiedenen Gründen gedacht werden. Vor der Anordnung sollten jedoch stets auch die Nachteile (vgl. Rdn 79 ff.) vom Gestalter aufgezeigt und sodann mit den Beteiligten eine ausführliche Abwägung vorgenommen werden. Insbesondere die wirtschaftlichen Konsequenzen kann der juristische Berater dabei naturgemäß nur andeuten.

73 Das Institut der Vor- und Nacherbschaft ermöglicht es dem Erblasser, das Schicksal seines gesamten Vermögens über mindestens eine bzw. unter Beachtung der zeitlichen Schranke des § 2109 BGB sogar über mehrere Generationen hinweg zu bestimmen. Insbesondere vermögende Erblasser, die dieses Vermögen auch noch selbst aufgebaut haben, haben diesen Wunsch nicht selten, gerade auch dann, wenn es in ihren Augen nicht den einen Nachfolger gibt, der an ihre Stelle treten kann.

74 Auch wenn es dem Erblasser nicht in erster Linie um die Steuerung des Verbleibs, sondern vielmehr auch um den Umgang mit seinem Vermögen nach seinem Ableben geht, kann die Vor- und Nacherbschaft attraktiv sein. Denn durch die punktuelle Einschränkung oder/und die gezielte Erweiterung der Beschränkungen des Vorerben kann der spätere Umgang mit dem Nachlass genau geregelt werden. Anders als bei anderen Rechtsinstituten gelingt dies sogar mit dinglicher Wirkung.

75 Gerade bei nicht hochvermögenden Erblassern steht oft das Familienheim bei der Nachlassplanung im Vordergrund. Dessen Sicherung über zumindest eine Generation hinweg kann mit dem Mittel der Vor- und Nacherbfolge gelingen. Den Anlass für einen solchen Wunsch stellt dabei vielfach der Umstand dar, dass die nächste Generation – z.B. aufgrund finanzieller oder anderer Lebensprobleme – nicht als idealer Erbe wahrgenommen wird. Gleichzeitig mag eine vollständige Enterbung aus emotionalen Gründen kein gangbarer Weg sein.

76 Für die Verwandten des Vorerben entstehen beim Eintritt des Nacherbfalls keine Erb- oder Pflichtteilsansprüche am von der Vor- und Nacherbschaft umfassten Vermögen, da ihnen dieses zivilrechtlich vom ursprünglichen Erblasser zugewandt wird. Deswegen muss dann zu diesem Mittel gegriffen werden, wenn es einseitige unerwünschte Pflichtteilsberechtigte gibt und dennoch der Wunsch nach einer gegenseitigen Erbeinsetzung für den ersten Todesfall („Berliner Testament") besteht. Idealerweise wird dies damit kombiniert, dass der Vermögensaufbau einseitig bei demjenigen Ehegatten bzw. Partner geschieht, gegenüber dem das „schwarze Schaf" nicht pflichtteilsberechtigt ist. Aufgrund der Vorschrift des § 2325 Abs. 3 S. 3 BGB sollte dies selbstredend nicht durch Schenkungen unter den Ehegatten geschehen.

77 Besondere Erbschaftsteuervorteile erben sich aus der Vor- und Nacherbfolge grundsätzlich nicht (vgl. ausführlicher Rdn 68 ff.). Dennoch kann deren Einsatz auch einmal steuerlich motiviert sein. Soll z.B. der kinderlose Sohn zunächst das (wesentliche) Vermögen erhalten und möchte dieser ohnehin seine (jüngeren) Geschwister letztwillig bedenken, so ist aufgrund der höheren Freibeträge des Erblassers gegenüber den weiteren Kindern zur Verringerung der Erbschaftsteuerbelastung an die Einsetzung dieser zu Nacherben zu denken.

78 Schließlich ist die Vor- und Nacherbschaft noch immer ein wesentlicher Bestandteil bei Gestaltungen, um das Vermögen beim Übergang auf „problematische" Erben zu schützen. Der Einsatz dieses Rechtsinstituts ist zumeist von entscheidender Bedeutung, wenn der natürliche Erbe finanzielle Probleme hat oder solche zu befürchten sind und/oder wenn

er – z.B. aufgrund schwerer Erkrankung – auf staatliche Fürsorge angewiesen ist und ein Zugriff des Versorgungsträgers auf den Nachlass vermieden werden soll.

II. Nachteile

Der größte Nachteil der Anordnung der Vor- und Nacherbschaft liegt in ihrer **Komplexität**. So stellt es schon einen hohen Beratungsaufwand dar, dem Erblasser diese so eingehend zu vermitteln, dass man seine Entscheidung dafür auch als eine solche ansehen darf. Aber auch der Aufwand für die **Nachlassabwicklung** wird durch die Vor- und Nacherbschaft erheblich erhöht. Der Vorerbe ist auf Rechtsrat anders als andere Erben zwingend angewiesen. Bleibt solcher hingegen aus, bestehen für den – auch befreiten – Vorerben erhebliche Haftungsgefahren, derer er sich im Zweifel nicht einmal bewusst ist. Sofern ein Unternehmen zum Nachlass gehört, ist die Vor- und Nacherbschaft selten das geeignete Mittel, da selbst der befreite Vorerbe durch die verbleibenden Beschränkungen in seiner Handlungsmöglichkeit tatsächlich eingeschränkt und stets großen Unsicherheiten im Hinblick auf deren Umfang ausgesetzt sein wird. Beides hat der Vorerbe bei allen unternehmerischen Entscheidungen zu berücksichtigen, obwohl diese nur auf wirtschaftlichen Faktoren beruhen sollten. Dies gilt unabhängig von der Rechtsform des Unternehmens.[75] 79

Gegen den Einsatz dieser Gestaltung sprechen ferner oft **steuerliche** Gründe. Ist das betroffene Vermögen größer als die Freibeträge des Erblassers gegenüber dem Vorerben oder dem Nacherben, sollte im Regelfall eine andere Gestaltung gewählt werden. Denn die Anordnung der Vor- und Nacherbschaft führt dazu, dass der Nachlass sowohl beim Vor- als auch beim Nacherbfall im Verhältnis zum Erblasser besteuert wird (ausführlich hierzu Rdn 68 ff.). Jedenfalls sollte in diesen Fällen die Vor- und Nacherbschaft durch steuerlastreduzierende Anordnungen – wie zum Beispiel freibetragsausschöpfende Vermächtnisse oder gar einem „Supervermächtnis" – ergänzt werden. 80

Die größte Schwierigkeit bei der Beratung zur Rechtsnachfolge zeigt sich beim in Rede stehenden Themenkomplex in besonderem Maße: Glücklicherweise ist in den seltensten Fällen der Zeitpunkt des Erbfalls absehbar, und so können bis zu dessen Eintritt sämtliche Annahmen, die für die gewählte Gestaltung ausschlaggebend waren, entfallen sein. Bei der Ausgestaltung der Vor- und Nacherbfolge benötigt man nicht nur prophetische Fähigkeiten bis zum Ableben des Erblassers, sondern weit darüber hinaus. Die bestehenden Unsicherheiten werden also vervielfacht. Dies sollte man dem Erblasser besonders klar vor Augen führen. 81

III. Schutz vor erneuter Heirat des Längerlebenden

Auch wenn in der Gesellschaft insoweit ein merklicher Wandel zu verzeichnen ist, besteht auch heute noch nicht selten der Wunsch, das eigene Vermögen vor einem neuen Partner des Längerlebenden zu schützen. Dieser Wunsch mag oft auf die Vorbereitung des erbrechtlichen Beratungstermins im Internet zurückzuführen sein, da man sich dort stets mit sog. **Wiederverheiratungsklauseln** konfrontiert sieht und dieser Wunsch nahezu ausschließlich im Hinblick auf eine spätere Heirat, aber nicht auf einen neuen Lebenspartner im Allgemeinen geäußert wird. Für die Formulierung entsprechender Regelungen ist dies begrüßenswert, da an die Eheschließung rechtssicherer als z.B. an eine bloße verfestigte Partnerschaft 82

75 Ausführlich zu den Schwierigkeiten der Vor- und Nacherbschaft im Unternehmen: *König*, RFamU 2023, 99; *König*, RFamU 2023, 160; *Heckschen/Weitbrecht*, ZIP 2024, 1629.

angeknüpft werden kann. Dem Ansinnen der Erblasser kann durch eine wie folgt formulierte Wiederverheiratungsklausel Rechnung getragen werden:

15.6 **Muster 15.6: Wiederverheiratungsklausel**

83 **I.** [*Anordnung der gegenseitigen Alleinerbeinsetzung für den ersten Todesfall*]

II. Wiederverheiratungsklausel

1. Für den Fall, dass der Längerlebende nach dem Tod des Erstversterbenden erneut heiratet, ist er jedoch nur Vorerbe. Dies gilt auch, wenn er eine mit der Ehe vergleichbare Verbindung mit einem Partner nach einer ausländischen Rechtsordnung eingeht.

2. Zu Nacherben des Längerlebenden setzen wir die Schlusserben ein.

3. Der Vorerbe ist von allen Beschränkungen befreit, die das Gesetz zulässt.

4. Die Nacherbenanwartschaft ist ausschließlich an den Vorerben übertragbar und vererblich. In diesen Fällen entfällt jede Ersatzerbeneinsetzung.

5. Der Nacherbfall tritt mit dem Tod des Vorerben ein. [*alternativ:* Der Nacherbfall tritt mit dem Zeitpunkt der Eheschließung des Längerlebenden ein.]

84 Im Fall der vorstehenden Formulierung entsteht nach der herrschenden – wenn auch bestrittenen – Auffassung eine durch die Heirat **auflösend bedingte Vollerbschaft** des Längerlebenden. Zugleich ist er **aufschiebend bedingter Vorerbe.**[76] Dogmatisch konsequent dürften daher eigentlich die Verfügungsbeschränkungen der §§ 2113 ff. BGB vor der erneuten Eheschließung keine Anwendung finden. Zum Schutz der Nacherben sollen diese jedoch bereits ab dem Erbfall entsprechend anzuwenden sein.[77] Eine andere Auffassung erscheint auch kaum vertretbar, weil ansonsten entgegen den Wertungen der §§ 2136, 2139 BGB ein „superbefreiter Vorerbe“ entstehen würde, der sich gerade nicht mehr mit dem Grundgedanken der Vor- und Nacherbschaft vereinbaren lässt.[78]

85 Bei der klassischen Wiederverheiratungsklausel tritt der Nacherbfall unmittelbar mit **Eheschließung** ein (vgl. die Alternative in vorstehendem Muster). Dem Erblasser sollte jedoch klar vor Augen geführt werden, dass dem Längerlebenden in diesem Fall u.U. – z.B. wenn das Familienwohnheim in den Nachlass des Erstversterbenden fällt – schlagartig die wirtschaftliche Lebensgrundlage entzogen sein kann, zumal gerade bei Eintritt des ersten Todesfalls in jungen Jahren eine erneute Eheschließung allein schon aus Gründen der Versorgung geboten sein kann. Im konkreten Einzelfall könnte aufgrund des durch die Klausel ausgeübten wirtschaftlichen Drucks im Hinblick auf das Unterbleiben einer erneuten Eheschließung an eine Unwirksamkeit gem. § 138 BGB i.V.m. Art. 6 GG gedacht werden.[79] Ggf. erachtet der Erblasser nach intensiver Belehrung auch die Einschränkungen durch die Stellung als bloßer Vorerbe bereits als ausreichende Sanktion. Im Gegenzug könnte daran gedacht werden, anders als in der Musterformulierung den Längerlebenden gerade nicht von sämtlichen Beschränkungen zu befreien.

76 BGH, Beschl. v. 6.11.1985 – IVa ZB 5/85, DNotZ 1986, 541.

77 BayObLG, Beschl. v. 16.5.1958 – BReg. 1 Z 53/57, NJW 1958, 1683; *Hartmann*, DNotZ 2017, 28, 45.

78 Kössinger/Najdecki/Zintl/*R. Kössinger*, § 10 Rn 68.

79 Ausführlich hierzu *Scheuren-Brandes*, ZEV 2005, 185.

IV. Gegenständlich beschränkte Vor- und Nacherbschaft

Aufgrund des Grundsatzes der Universalsukzession ist es dogmatisch nicht möglich, die Vor- und Nacherbschaft auf einzelne Gegenstände oder Vermögensbereiche (z.B. das Betriebsvermögen) zu beschränken. Dennoch lässt sich die Wirkung der Vor- und Nacherbschaft zumindest bei bestimmbaren Einzelgegenständen dadurch beschränken, dass dem Vorerben der übrige Nachlass als **Vorausvermächtnis** zugewandt wird. Dass sich so die Wirkungen der Vor- und Nacherbschaft beschränken lassen, ergibt sich bereits aus der Auslegungsregel des § 2110 Abs. 2 BGB. Um den dort ausgeräumten Zweifel erst gar nicht aufkommen zu lassen, bietet sich eine entsprechende Klarstellung im Rahmen des Vorausvermächtnisses an. Denn ein Vorausvermächtnis ohne Herausnahme aus der Nacherbfolge kann bei der beabsichtigten Besserstellung eines von mehreren Vorerben durchaus gewollt sein. 86

Wenn nur ein Erbe eingesetzt ist, ist kein Übertragungsakt erforderlich. Diesem Vorausvermächtnis deshalb dingliche Wirkung zuzusprechen[80] erscheint im Hinblick darauf, dass der Vorerbe stets Vollrechtsinhaber sowohl des Eigen- als auch des der Vor- und Nacherbschaft unterliegenden Vermögens ist, dennoch übertrieben. Sind **mehrere** Personen als Vorerben eingesetzt und ist das Vorausvermächtnis gleichzeitig nur einem von ihnen zugewandt, haben alle Vorerben die betroffenen Vermögenswerte dem Vermächtnisnehmer zur freien Verfügung gem. § 2174 BGB zu übertragen. Die Beschränkung der Nacherbfolge ist im Erbschein anzugeben und, sofern Immobilien ausgenommen sind, ist dementsprechend bei diesen kein Nacherbenvermerk einzutragen.[81] 87

Praxistipp 88

Vielfach möchte der Erblasser seinen Ehepartner vollumfänglich als Erben bedenken und gleichzeitig sicherstellen, dass das Familienwohnheim auch nach dessen Ableben im Familienbesitz bleibt. Gleichzeitig soll der Ehegatte zur Nutzung zu Lebzeiten berechtigt sein. Neben der Gestaltung durch eine bindende letztwillige Verfügung des Ehegatten, die Eintragung dinglicher Vorkaufsrechte zugunsten der Abkömmlinge oder die vermächtnisweise Zuwendung an die Kinder verbunden mit der untervermächtnisweisen Zuwendung eines Wohnungsrechts an den Ehegatten kann dies auch durch die Vereinbarung einer **„auf das Familienwohnheim beschränkten“** Vor- und Nacherbschaft gelingen. Dasselbe gilt, wenn sichergestellt werden soll, dass das Elternhaus über die Kinder an die Enkel gelangen soll.

Muster 15.7: Gegenständlich beschränkte Vor- und Nacherbschaft 15.7

Der Vorerbe erhält den gesamten Nachlass (Aktiva wie Passiva) mit Ausnahme des im Grundbuch des Amtsgerichts , Gemarkung , Blatt vorgetragenen Grundbesitzes (Flst. Nr.) im Wege des (Voraus-)Vermächtnisses zugewandt. Die Wirkungen der Vor- und Nacherbschaft erstrecken sich daher ausschließlich auf den vorgenannten Grundbesitz. 89

Gerade wenn sich der Wunsch des Erblassers auf die „Weiterleitung“ einer Immobilie über eine Generation hinweg beschränkt, bietet sich alternativ – und aufgrund der geringeren Komplexität und damit der leichteren Nachlassabwicklung für die Hinterbliebenen – auch ein entsprechendes Vermächtnis auf den Todesfall verbunden mit dem Anspruch auf Sicherung durch die Eintragung einer **Auflassungsvormerkung** unmittelbar mit dem Tod des Erblassers an. Erbschaftsteuerlich gibt es keinen Unterschied zwischen beiden Gestaltun- 90

80 So Kössinger/Najdecki/Zintl/*R. Kössinger/Zintl*, § Rn 45.

81 OLG München, Beschl. v. 10.6.1942 – 8 Wx 162/42; Kössinger/Najdecki/Zintl/*R. Kössinger/Zintl*, § 9 Rn 45.

gen. Nicht ideal erscheint die Vermächtnislösung, wenn dem Erben noch eine Auswahl- oder Einschränkungsmöglichkeit im Hinblick auf die Vermächtnisnehmer eingeräumt werden soll und so die Berechtigten der Vormerkung und die etwaigen Vermächtnisnehmer auseinanderfallen können. Hingegen dürften die durch die Vermächtniserfüllung verursachten Transaktionskosten im Vergleich zur hohen Komplexität der Vor- und Nacherbschaft zu vernachlässigen sein, zumal die Notarkosten der Vermächtniserfüllung privilegiert sind, sofern der die letztwillige Verfügung beurkundende Notar (bzw. dessen Amtsnachfolger) auch die Vermächtniserfüllung betreut (vgl. KV 21102 GNotKG).

15.8 **Muster 15.8: Grundbesitzvermächtnis als Alternative zur beschränkten Vor- und Nacherbschaft**

91 **1.** Ich vermache den beiden Abkömmlingen meines Erben zu gleichen Teilen den Grundbesitz, derzeit vorgetragen im Grundbuch des Amtsgerichts …, Gemarkung …, Blatt … (Flst. Nr. …).

2. Das Vermächtnis ist zum Zeitpunkt des Todes meines Erben fällig.

3. Zum Zeitpunkt meines Todes bestehende Belastungen sind von den Vermächtnisnehmern zu übernehmen, sofern sie zum Zeitpunkt der Erfüllung noch vorhanden sind. Von Verbindlichkeiten haben sie die Erben meines Erben freizustellen, soweit die Geldmittel auf den Grundbesitz verwendet worden sind.

4. Mitvermacht ist der Anspruch auf Eintragung einer Vormerkung zur Sicherung des vorstehenden Anspruchs. Dieser Anspruch ist sofort nach meinem Ableben fällig.

V. Herausnahme einzelner Nachlassgegenstände durch Vorausvermächtnis

92 Möchte der Erblasser umgekehrt nicht nur einzelne Gegenstände der Vor- und Nacherbschaft unterwerfen, sondern einzelne hiervon **freigeben**, kann er dies durch die Anordnung eines (Voraus-)Vermächtnisses erreichen, wie es § 2110 Abs. 2 BGB ausdrücklich ermöglicht. Um diese Zweifelsregelung zu umgehen, sollte auch hier eine explizite Klarstellung erfolgen, dass der Vermächtnisgegenstand nicht den Regelungen der Vor- und Nacherbschaft unterliegt. Wenn **mehrere Vorerben** vorhanden sind und nur einer den Gegenstand erhalten soll, sollte eine Regelung zur Fälligkeit sowie zur Kostentragung aufgenommen werden. Ist nur **ein Vorerbe** vorhanden, ist ein Übertragungsakt nicht erforderlich, ein Nacherbenvermerk ist – sofern es sich um Grundbesitz handelt – an diesem nicht einzutragen und die Herausnahme ist in einem ggf. beantragten Erbschein explizit aufzuführen (vgl. Rdn 87 m.w.N.).

15.9 **Muster 15.9: (Voraus-)Vermächtnis in das Eigenvermögen des Vorerben**

93 Der Vorerbe … erhält den Grundbesitz, derzeit vorgetragen im Grundbuch des Amtsgerichts …, Gemarkung …, Blatt … (Flst. Nr. …), im Wege des (Voraus-)Vermächtnisses zugewandt. Die Wirkungen der Vor- und Nacherbschaft erstrecken sich daher nicht auf diesen Grundbesitz.

[sofern mehrere Vorerben vorhanden sind:]

Das Vermächtnis ist binnen drei Monaten nach meinem Ableben zu erfüllen. Die Kosten der Erfüllung trägt der Vermächtnisnehmer. Belastungen im Grundbuch sind entschädigungslos zu übernehmen. Der Vermächtnisnehmer hat die Erben von etwaig bestehenden Verbindlichkeiten freizustellen, soweit die Geldmittel für den Grundbesitz verwendet wurden.

94 Die – zumeist gewünschte – Folge des vorstehenden sofort anfallenden und unbedingten Vermächtnisses in das Eigenvermögen des Vorerben ist, dass dieser bezüglich des nämlichen Nachlassgegenstands völlig frei verfügen kann. Dem Erblasser kann jedoch daran gelegen sein, dass dem Vorerben zwar nicht sämtliche Verfügungen unmöglich gemacht werden sollen, er aber nur in einer bestimmten Weise verfügen können soll. In diesem Fall kann

zielgerichtet mit bedingten Vermächtnissen gearbeitet werden. Siehe dazu näher Rdn 30 und Muster Rdn 31.

VI. Vermächtnis auf Zustimmung zu Lasten des Nacherben

Das tatsächlich selbe Ergebnis, nämlich dass dem Vorerben in Bezug auf einzelne Nachlassgegenstände Verfügungen ermöglicht werden, denen die grundsätzliche Anordnung der Vor- und Nacherbschaft entgegensteht, kann nicht nur durch die Anordnung eines Vorausvermächtnisses in das Eigenvermögen des Vorerben erreicht werden. Denn es ist anerkannt, dass der Nacherbe auch mit einem **Vermächtnis** dahin gehend belastet werden kann, dass er Verfügungen des Vorerben „**zustimmen**" muss. Dogmatisch richtig eingeordnet bedeutet dies, dass er mit Eintritt des Nacherbfalls die Verfügungen als i.S.v. § 2120 BGB ordnungsgemäß anerkennen muss und diese sodann analog § 185 BGB wirksam werden.[82] 95

Bei der Anordnung eines solchen Zustimmungsvermächtnisses ist wie auch bei der Anordnung entsprechender bedingter Vermächtnisse in das Eigenvermögen des Vorerben auf eine möglichst präzise Formulierung zu achten, da der Vorerbe mit Vornahme einer solchen Verfügung stets ein Risiko eingeht, das minimiert werden sollte. Im Übrigen ist zu beachten, dass eine **unbeschränkte Verpflichtung** zur Zustimmung teilweise als Umgehung von § 2136 BGB und damit als unwirksam angesehen wird.[83] Die Möglichkeit, das Schenkungsverbot des § 2113 Abs. 2 BGB durch ein entsprechendes Vermächtnis zu umgehen, wird zwar von der herrschenden Meinung bejaht.[84] Da dies aber auch weiterhin anders vertreten wird,[85] sollte eine solche Gestaltung nur nach ausführlicher Belehrung gewählt werden. 96

Muster 15.10: Vermächtnis – Verpflichtung zur Zustimmung 15.10

Ich belaste den Nacherben mit folgendem Vermächtnis zugunsten des Vorerben: 97

Sollte der Vorerbe aus meinem Nachlass Vermögenswerte in einem Gesamtwert von bis zu 150.000 EUR zugunsten gemeinnütziger Organisationen i.S.d. § 52 AO (oder entsprechender nachfolgender gesetzlicher Regelungen) spenden, so ist der Nacherbe verpflichtet, diese als ordnungsgemäß i.S.d. § 2120 BGB anzuerkennen.

Der Nacherbe kann daher aus diesen Verfügungen keine Rechte herleiten.

Praxistipp 98

Die Anordnung eines solchen Zustimmungsvermächtnisses dürfte in der Praxis selten die richtige Wahl sein. Ist Grundbesitz betroffen, kann einem Dritten nur schwer zum Erwerb dieses Grundbesitzes geraten werden, es sei denn, der Nacherbe – ein Anspruch hierauf dürfte nicht bestehen – ist vor Eintritt des Nacherbfalls zur Mitwirkung bereit. Gleichzeitig geht der Vorerbe – sofern dessen Tod wie regelmäßig den Nacherbfall darstellt für seine Erben – stets das Risiko ein, dass er sich mit seiner Verfügung nicht in den Grenzen des Vermächtnisses gehalten hat. Auch die lebzeitige Abstimmung mit dem Nacherben ist nur dann hilfreich, wenn dieser unbedingt eingesetzt ist und auch zustimmt und nicht nur eine Zustimmung in Aussicht stellt.

Wirklich praktische Relevanz kann diese Konstruktion hingegen gerade dann haben, wenn die damit verbundenen Risiken für den Vorerben gewollt sind und die Verfügung für den Nacherben von Interesse ist, sodass mit dessen Kooperationsbereitschaft zu

82 *Mayer*, ZEV 2000, 1, 4 m.w.N.
83 *Bühler*, BWNotZ 1967, 174, 179.
84 Staudinger/*Avenarius*, § 2136 Rn 7, § 2113 Rn 57; Grüneberg/*Weidlich*, § 2136 Rn 1, § 2110 Rn 2.
85 MüKo-BGB/*Lieder*, 7. Aufl., § 2136 Rn 14 f; offengelassen von *Kanzleiter*, FS Schippel, 1996, 287, 294.

rechnen ist. Dies kann insbesondere im Bereich der Unternehmensnachfolge für einen fließenden Übergang genutzt werden und bietet sich gerade dann an, wenn nicht der Tod des Vorerben, sondern ein Umstand aus dem Bereich des Nacherben (wie z.B. der Studienabschluss) den Nacherbfall darstellt. In diesem Fall sollte an entsprechende Anordnungen gedacht werden, wie Wert- und andere Streitigkeiten ökonomisch sinnvoll und ohne Öffentlichkeit gelöst werden können.

VII. Zuwendung bestimmter Nutzungen an nur einen Vorerben

99 Die Auslegungsregel des § 2110 Abs. 2 BGB wirkt zunächst redundant. Denn dass ein Vorausvermächtnis angeordnet wird, das gerade nicht zum Erwerb ins Eigenvermögen eines Vorerben führen soll, erscheint prima facie wenig sinnhaft. Jedoch kann so bei **mehreren Vorerben** nur einem von ihnen die Nutzungsmöglichkeit zugewiesen werden und bleibt dennoch der vollständige Schutz des Nacherben bestehen. Da die Auslegungsregel des § 2110 Abs. 2 BGB das Gegenteil besagt, ist diese durch eine ausdrückliche Anordnung zu vermeiden.

15.11 **Muster 15.11: (Voraus-)Vermächtnis zugunsten eines Vorerben**

100 Der Vorerbe erhält den Grundbesitz, derzeit vorgetragen im Grundbuch des Amtsgerichts , Gemarkung , Blatt (Flst. Nr.), im Wege des (Voraus-)Vermächtnisses zugewandt. Die Wirkungen der Vor- und Nacherbschaft erstrecken sich entgegen § 2110 Abs. 2 BGB ausdrücklich auf diesen Grundbesitz.

VIII. Erhöhung des Schutzes der Nacherben

101 Auch wenn die Vorschriften zum Schutz des Nacherben (vgl. Rdn 38 ff.) recht weitgehend erscheinen, kann es der Wunsch des Erblassers sein, diese noch zu verstärken. Dabei können die Verfügungsbeschränkungen der §§ 2113, 2115 BGB jedoch nicht erweitert oder verstärkt werden, da diesem Ansinnen § 137 BGB entgegensteht. Der Erblasser kann dem Vorerben jedoch durch Auflagen weitere Verpflichtungen auferlegen und dem Nacherben z.B. durch **Herausgabevermächtnisse** die Nutzungen vor Eintritt des Nacherbfalls (teilweise) zuwenden. Er kann ferner die Verfügungsbefugnis des (auch befreiten) Vorerben diesem durch die Anordnung einer **Testamentsvollstreckung** entziehen. Und schließlich ist es sogar möglich, dem Vorerben die Vorerbschaft dadurch wieder zu nehmen, dass der **vorzeitige Eintritt des Nacherbfalls** für den Fall der Vornahme bestimmter Rechtsgeschäfte durch den Vorerben angeordnet wird.

102 Wendet der Erblasser dem Nacherben im Vergleich zur Gesetzeslage weitere Vorteile, insbesondere Nutzungen, zu, so gelten auch für diese weiteren Vorteile die gesetzlichen Schutzvorschriften der §§ 2127–2129 BGB.[86] Eine Klarstellung sollte in der letztwilligen Verfügung dennoch erfolgen.

IX. Nacherbentestamentsvollstreckung gem. § 2222 BGB

103 Nach § 2222 BGB kann der Erblasser einen Testamentsvollstrecker ausschließlich zu dem Zweck ernennen, dass dieser bis zum Eintritt der Nacherbfolge die Rechte ausübt und Pflichten erfüllt, die dem Nacherben zukommen bzw. diesen treffen. Bedeutung hat diese Möglichkeit in den Fällen, in denen Nacherben benannt werden, die voraussichtlich zum

86 Kössinger/Najdecki/Zintl/*R. Kössinger/Zintl*, § 10 Rn 32.

Zeitpunkt des Vorerbfalls noch **minderjährig** sein werden. So kann die ansonsten ggf. notwendige Mitwirkung des Familiengerichts vermieden werden. Noch dringlicher sollte eine Nacherbentestamentsvollstreckung dann angeordnet werden, wenn **„unbekannte"** Nacherben (vgl. Rdn 52 f.) eingesetzt sind. Denn in diesem Fall ist neben der regelmäßig erforderlichen Genehmigung auch noch die Bestellung eines Pflegers, der die Rechte der Nacherben wahrnimmt, erforderlich. Schließlich sollte eine Nacherbentestamentsvollstreckungsanordnung nicht unterbleiben, wenn eine erst noch zu errichtende **Stiftung** zum Erben (vgl. zu dieser Möglichkeit § 80 Abs. 2 S. 2 BGB) eingesetzt ist. Zu beachten ist bei der Anordnung, dass der alleinige Vorerbe nach herrschender Meinung grundsätzlich nicht Nacherbentestamentsvollstrecker sein kann.[87] Eine Ausnahme macht die Rechtsprechung nur im Einzelfall, wenn zum Beispiel die Testamentsvollstreckung ausschließlich auf die Erfüllung eines zwingend und bestimmt angeordneten Vermächtnisses beschränkt ist, daher die Rechte des Nacherben nicht beeinträchtigt erscheinen und nach der Verfügung von Todes wegen auch ein Austausch der Person des Testamentsvollstreckers durch das Nachlassgericht möglich ist, sofern dieser seine Pflichten nicht erfüllt.[88]

Muster 15.12: Nacherbentestamentsvollstreckung gem. § 2222 BGB 15.12

1. Ich ordne Nacherbentestamentsvollstreckung gem. § 2222 BGB an. 104

2. Diese beschränkt sich ausdrücklich darauf, dass der Testamentsvollstrecker bis zum Eintritt des Nacherbfalls die Rechte des Nacherben ausübt und dessen Pflichten erfüllt.

3. Als Nacherbentestamentsvollstrecker setze ich   ein. Zum Ersatznacherbentestamentsvollstrecker benenne ich   . Wiederum ersatzweise soll das Nachlassgericht einen Nacherbentestamentsvollstrecker benennen.

[*ggf., sofern bestimmte minderjährige Personen als Nacherben eingesetzt sind:*]

4. Die Nacherbentestamentsvollstreckung endet schon vor Eintritt des Nacherbfalls mit Vollendung des 18. Lebensjahrs des jeweiligen Nacherben.

X. Anordnungen zur Geldanlage

Das Gesetz verpflichtete den Vorerben in § 2119 BGB a.F. zur mündelsicheren Geldanlage. 105
Da dieser Begriff durch die Reform des Betreuungsrechts entfallen ist, verweist § 2119 BGB seit dem 1.1.2023 auf die Rechtsverordnung nach § 240a BGB, womit die am 28.10.2022 erlassene Verordnung über die Anforderungen an Sicherheiten und Anlagen bestimmter Vermögen (**Sicherheitenverordnung** – SiV) gemeint ist. Die konkret für den Vorerben geltenden Vorgaben ergeben sich aus § 3 SiV. Danach hat der Vorerbe die Gelder wie folgt anzulegen:

1. in Wertpapieren, die auf inländische Zahlungsmittel lauten und einer der in § 1 Nr. 1–5 SiV genannten Gattungen angehören,
2. in Hypothekenforderungen, Grundschulden oder Rentenschulden an inländischen Grundstücken, die zur Sicherheitsleistung geeignet sind,
3. in verbrieften Forderungen gegen den Bund oder ein Land, oder in verbrieften Forderungen, deren Verzinsung der Bund oder ein Land gewährleistet,
4. in Schuldverschreibungen, deren Schuldner der Bund oder ein Land ist und die in ein elektronisches Wertpapierregister nach § 4 Abs. 1 eWpG eingetragen sind,

---

87 Kössinger/Najdecki/Zintl/*R. Kössinger/Zintl*, § 10 Rn 32, 46; RGZ 77, 177, 178; MüKo-BGB/*Zimmermann*, § 2197 Rn 11.

88 BGH, Urt. v. 26.1.2005 – IV ZR 296/03, NJW-RR 2005, 591.

5. in Schuldverschreibungen, deren Verzinsung der Bund oder ein Land gewährleistet und die in ein elektronisches Wertpapierregister nach § 4 Abs. 1 eWpG eingetragen sind,
6. in Forderungen, die in das Bundesschuldbuch oder ein Landesschuldbuch eingetragen sind, oder
7. bei einem Kreditinstitut, das einer für die Anlage ausreichenden Sicherungseinrichtung angehört.

106 Zwar sind die Vorgaben im Vergleich zur mündelsicheren Geldanlage gem. § 1807 BGB a.F. weniger streng. Eine wirklich ertragsorientierte Geldanlage ist dem Vorerben jedoch weiterhin nicht möglich. Da § 2136 BGB eine Befreiung von § 2119 BGB ausdrücklich zulässt, sollte der Erblasser, zumindest wenn er über Kapitalvermögen in nennenswertem Umfang verfügt, über eine (eingeschränkte) **Befreiung** nachdenken. Neben einer vollständigen Befreiung bietet es sich je nach Person des Vorerben an, an dessen in eigenen Vermögensfragen gewählte Risikoklassen anzuknüpfen. Denn aus der Haftungserleichterung der *diligentia quam in suis* gem. §§ 2131, 277 BGB folgt noch nicht, dass in diesem Fall eine mit § 2119 BGB unvereinbare Geldanlage zulässig ist.[89] Statt einer Konkretisierung wie z.B. die von den meisten Kreditinstituten genutzten Risikoklassen der SRRI (Synthetischer Risiko Rendite Indikator)-Kategorien sollte lieber eine offene Formulierung gewählt werden.

15.13 **Muster 15.13: Vollständige Befreiung von § 2119 BGB**

107 Der Vorerbe ist von den Vorgaben des § 2119 BGB befreit. Damit sind ihm ausdrücklich auch hochriskante Geldanlagen gestattet, die auch zum Totalverlust führen können.

15.14 **Muster 15.14: Reduzierung des § 2119 BGB auf eigenübliche Risikoklasse**

108 Der Vorerbe ist von den Vorgaben des § 2119 BGB insoweit befreit, als ihm auch solche Anlagen solcher Risikoklassen erlaubt sind, wie er sie für Eigenvermögen nutzt bzw. in der Vergangenheit genutzt hat.

XI. Schutz vor Eigengläubigern des Nacherben

109 Zwar können die Eigengläubiger des Nacherben vor Eintritt des Nacherbfalls nicht in den Nachlass vollstrecken, jedoch ist die mit dem Tod des Erblassers für den Nacherben entstehende Anwartschaft (vgl. Rdn 10 und 125 ff.) pfändbar.[90] Hieraus folgen zunächst keine Einschränkungen für den Vorerben im Hinblick auf die Verwaltung der Erbschaft oder andere wirtschaftliche Nachteile. Die Kontroll- und Sicherungsrechte des Nacherben (vgl. Rdn 38 ff.) stehen aber dem Pfändungsgläubiger zu. Zwar kann der Nacherbe diese Rechtsstellung durch Ausschlagung gem. § 2142 BGB wieder vernichten, dazu muss er jedoch sowohl in der Lage als auch willens sein. Der umsichtige Erblasser kann das vorgenannte Risiko sowohl durch den **Ausschluss der Abtretbarkeit** – und damit auch der Verpfändbarkeit gem. § 857 Abs. 2 ZPO – der Nacherbenanwartschaft als auch durch die Anordnung der **Nacherbentestamentsvollstreckung** gem. § 2222 BGB (da der Testamentsvollstrecker zur Übertragung der Anwartschaft nicht befugt ist) von vornherein ausschließen.

---

89 *Roth*, NJW-Spezial 2022, 423, 423.
90 Hierzu und zur Problematik im Ganzen: *Kessel*, MittRhNotK 1991, 137, 138.

C. Gestaltungsmöglichkeiten nach Eintritt des Vorerbfalls

Bereits mehrfach erwähnt wurde, dass die Beschränkungen, denen der Vorerbe unterliegen 110
wird, und der nicht unerhebliche Aufwand an Dokumentation und rechtlicher Beratung vor der Anordnung der Vor- und Nacherbschaft genau bedacht werden sollten. Selbiges gilt für die genaue Ausgestaltung. Nachfolgend steht hingegen der **Vorerbe** im Mittelpunkt. Typische Fragen, Problemstellungen und Lösungsansätze werden aufgezeigt und untersucht.

I. Veräußerung von Grundbesitz

In der notariellen Praxis trifft man auf die Vor- und Nacherbschaft außerhalb der erbrechtli- 111
chen Gestaltung insbesondere bei Immobilienübertragungen durch den Vorerben. Diese können im Einzelfall mit nicht unerheblichem Aufwand verbunden sein. Die Löschung des Nacherbenvermerks vor Eintritt der Nacherbfolge erfolgt grundsätzlich auf Antrag (§ 13 GBO), wenn die Löschung bewilligt (§ 19 GBO) oder wenn die Grundbuchunrichtigkeit nachgewiesen (§ 22 Abs. 1 GBO) oder offenkundig (§ 29 Abs. 1 S. 2 GBO) ist.[91] Dies ist neben der materiellen Rechtslage stets der Ausgangspunkt aller Überlegungen.

1. Entgeltliche Veräußerung durch den befreiten Vorerben

Im Rahmen einer entgeltlichen Veräußerung erfolgt die Löschung des Nacherbenvermerks 112
auf Antrag (§ 13 GBO), wenn die Unrichtigkeit des Grundbuchs nachgewiesen ist (§ 22 Abs. 1 GBO). Dabei wird das Grundbuch im Rahmen einer entgeltlichen Veräußerung durch den Vorerben im Hinblick auf den Nacherbenvermerk erst dann unrichtig, wenn das Grundstück endgültig aus dem Nachlass ausgeschieden ist, also auch eine spätere Unwirksamkeit gem. § 2113 Abs. 2 BGB nicht mehr eintreten kann.[92]

Praxistipp 113
Da der Nacherbenvermerk erst mit Eigentumsumschreibung gelöscht wird, sollte bereits mit dem Antrag auf Eintragung der Auflassungsvormerkung ein Antrag auf Eintragung eines sog. Wirksamkeitsvermerks bei der Vormerkung entsprechend § 18 GBV gestellt werden. Dass dies möglich ist, ist mittlerweile anerkannt, auch wenn die dogmatische Begründung weiterhin umstritten bleibt.[93]

Muster 15.15: Eintragungsantrag Wirksamkeitsvermerk bei Auflassungsvormerkung

[Bewilligung und Eintragungsantrag, und ggf. sogleich Löschungsantrag mit Eigentumsumschrei- 114
bung]

Zugleich bewilligen und beantragen alle Beteiligten bei der Auflassungsvormerkung zu vermerken, dass diese allen Nacherben gegenüber wirksam ist.

Um eine spätere Unwirksamkeit gem. § 2113 Abs. 2 BGB vollständig ausschließen zu kön- 115
nen, darf auch kein nur **teilunentgeltliches Rechtsgeschäft** vorliegen. Sofern ein Rechtsgeschäft zwischen dem Vorerben und einem fremden Dritten vorliegt, darf das Grundbuchamt mangels anderer Anhaltspunkte im konkreten Fall von der vollen Entgeltlichkeit ausgehen.[94]

91 Bauer/Schaub/*Schaub/Bauer*, § 51 Rn 115.
92 OLG Hamm Rpfleger 1991, 59; BGH NJW 2014, 1593 Rn 11; *Demharter*, § 51 Rn 42b.
93 OLG München, Beschl. v. 2.3.2016 – 34 Wx 408/15, MittBayNot 2017, 61.
94 BeckOK GBO/*Zeiser*, § 51 Rn 86.

Dies muss erst recht gelten, wenn an dem Kaufvertrag ein Makler mit eigenem Provisionsinteresse beteiligt war.

116 **Praxistipp**
Es sollten daher in der Urkunde sowohl Ausführungen zum – nicht bestehenden – Nähe-/Verwandtschaftsverhältnis der Beteiligten als auch ein Hinweis auf einen vermittelnden Makler enthalten sein.

117 Andernfalls, also insbesondere bei einem Erwerb durch nahestehende Personen, hat das Grundbuchamt die (vollständige) Entgeltlichkeit zu prüfen. Ein Nachweis der Entgeltlichkeit in der grundsätzlich notwendigen Form des § 29 GBO ist jedoch regelmäßig nicht möglich. Das Grundbuchamt ist daher berechtigt und verpflichtet, unter Berücksichtigung sämtlicher Umstände des Falls und der vorgelegten Urkunden eine freie Beweiswürdigung vorzunehmen, ohne dabei eigene Nachforschungen und Ermittlungen anzustellen.[95] Da im Grundbuchverfahren der Beibringungsgrundsatz gilt, kann das Grundbuchamt nur einen Hinweis erteilen, dass (und ggf. warum) es die Entgeltlichkeit nicht als nachgewiesen erachtet, und nicht selbst eine Beweiserhebung – z.B. durch Anhörung dritter Personen – durchführen.[96]

118 **Praxistipp**
Da die Einholung eines (validen) Wertgutachtens einige Zeit in Anspruch nehmen kann, bietet es sich an, dieses gleich mit der Vorbereitung der Transaktion in Auftrag zu geben und dem Grundbuchamt unaufgefordert mit einzureichen. Ebenfalls können Beweggründe für den Verkauf in der Urkunde offengelegt werden, sofern diese für die Entgeltlichkeit sprechen.

119 Vor der Löschung des Nacherbenvermerks – bzw. bei entsprechendem Antrag schon vor Eintragung des Wirksamkeitsvermerks bei der Auflassungsvormerkung (vgl. Rdn 113 f.) – hat das Grundbuchamt dem Nacherben formlos rechtliches Gehör zu gewähren, da sich nur so die Beschränkung des Nacherbenschutzes rechtfertigen lässt.[97] Dieses Erfordernis entfällt nur in dem Fall, dass sämtliche Nacherben der Verfügung zugestimmt haben.[98]

120 **Praxistipp**
Sind die minderjährigen Kinder des Vorerben die Nacherben, kann der Ehegatte des Vorerben gleich in der Urkunde seine „Zustimmung“ für die minderjährigen Kinder abgeben, sofern er (auch) das Sorgerecht für diese hat, um das Ergebnis der Anhörung bereits vorwegzunehmen. Der Ehegatte ist in diesem Fall richtigerweise weder von der Vertretung der Kinder ausgeschlossen, noch ist eine familiengerichtliche Genehmigung einzuholen.[99]

2. Verfügung unter Mitwirkung des Nacherben

121 Wie bereits ausgeführt (vgl. Rdn 18), sind Verfügungen stets wirksam, wenn der Nacherbe durch **Zustimmung** (also Einwilligung oder Genehmigung) daran mitgewirkt hat. Während auch der bedingte Nacherbe zustimmen muss, gilt dies für den Ersatznacherben grundsätzlich nicht (ausführlich zur im Einzelfall diffizilen Abgrenzung siehe Rdn 47 ff.).

95 *Demharter*, § 52 Rn 24, § 51 Rn 42b.
96 OLG München, Beschl. v. 28.2.2005 – 32 Wx 17/05 Rn 19.
97 OLG München, Beschl. v. 2.3.2016 – 34 Wx 408/15, MittBayNot 2017, 61.
98 *Kollmeyer*, NJW 2022, 3543, 3544; *Hartmann*, DNotZ 2017, 28, 34.
99 OLG Bremen, Beschl. v. 6.9.2023 – 3 W 14/23.

Der Nacherbe gibt mit seiner Zustimmung zur Verfügung sein künftiges Recht an einem Grundstück auf. Zugleich zeigt § 2113 BGB, dass gewisse Nachlassgegenstände dem Nacherben auch schon vor Eintritt des Nacherbfalls zuzuordnen sind. Daher ist nach der Rechtsprechung gem. § 1821 Abs. 1 Nr. 1 BGB a.F. die gerichtliche Genehmigung beim Handeln durch einen gesetzlichen Vertreter erforderlich gewesen.[100] Durch die Neuregelung des Betreuungs- und Vormundschaftsrechts zum 1.1.2023 hat sich hieran nichts geändert, sodass nunmehr gem. § 1850 Nr. 1 BGB i.V.m. der entsprechenden Verweisungsnorm stets die gerichtliche Zustimmung einzuholen ist. 122

In der Beratungssituation ist unbedingt darauf zu achten, dass die Zustimmung des Nacherben zwar zur Wirksamkeit der Verfügung führt, den **Vorerben** aber nicht von seiner Verpflichtung zur ordnungsgemäßen Verwaltung des Nachlasses entbindet. Bei einem Verstoß drohen dem Vorerben (bzw. im Regelfall dessen Erben) die Ansprüche aus §§ 2130 Abs. 1, 2138 Abs. 2 BGB.[101] Zwar stehen diese Ansprüche zunächst dem Nacherben zu, der sich hierbei nicht auf Verfügungen berufen kann, denen er selbst zugestimmt hat. Mit Eintritt des **Ersatzfalls** stehen diese Ansprüche jedoch dem Ersatznacherben – und zwar rückwirkend ab Eintritt des Erbfalls – zu.[102] 123

Eine **Pflicht** zur Zustimmung „des Nacherben“ besteht außerhalb des § 2120 BGB nicht. Ist die Verfügung also nicht für eine ordnungsgemäße Nachlassverwaltung erforderlich, besteht eine Zustimmungspflicht nach überwiegender Auffassung weder gegenüber dem nicht befreiten noch gegenüber dem befreiten Vorerben.[103] Teilweise wird jedoch auch eine Mitwirkungspflicht zur Schaffung von Rechtssicherheit der Nacherben entsprechend § 2120 BGB angenommen, die mit einem Erst-Recht-Schluss zu dieser Vorschrift begründet wird.[104] Damit weist diese Ansicht jedoch im Ergebnis dem Nacherben die Pflicht zur Beseitigung einer Unsicherheit zu, obwohl der Gesetzgeber die Tragung dieses Risikos eindeutig dem Vorerben auferlegt hat. 124

Sofern die Nacherben (noch) nicht feststehen, so ist für diese ein Pfleger zu bestellen (vgl. zu diesem Themenkreis ausführlich Rdn 53) und dessen handeln gemäß § 1888 Abs. 1 i.V.m. § 1850 Nr. 1 BGB zu genehmigen. Richtigerweise lässt sich die Pflegerbestellung in dieser Konstellation auch nicht durch eine Zustimmung aufgrund einer **transmortalen (bzw. postmortalen) Vollmacht** des Erblassers vermeiden.[105] In den von der Rechtsprechung bisher entschiedenen Fällen hierzu war der handelnde Vorerbe selbst der Bevollmächtigte.[106] Die daher zu entscheidenden Fragen, ob die transmortale Vollmacht aufgrund Konfusion oder Konsolidation erlischt, wenn der Bevollmächtigte Erbe wird, oder ob in diesem speziellen Fall die Zustimmung zum eigenen Handeln trotz Befreiung von § 181 BGB zum Schutz des Nacherben zu versagen ist, können dahinstehen. Denn selbst wenn man dem selten begründeten Postulat zustimmt, dass dem transmortal Bevollmächtigten stets die Rechtsmacht zukomme, die auch dem Erblasser zukam, scheidet eine Zustimmung zur Verfügung des Vorerben aus. Der Nacherbe ist zu diesem Zeitpunkt noch nicht Rechtsnachfolger des Erblassers. Der transmortal Bevollmächtigte handelt bei Lichte betrachtet daher

100 LG Berlin, Beschl. v. 1.6.1987 – 81 T 344/87, Rpfleger 1987, 457.

101 Zuletzt bestätigt durch BGH, Urt. v. 26.6.2024 – IV ZR 288/22.

102 Kössinger/Najdecki/Zintl/*R. Kössinger/Zintl*, § 10 Rn 21.

103 MüKo-BGB/*Lieder*, § 2120 Rn 7; so wohl auch *Kollmeyer*, NJW 2022, 3543, 3544.

104 *Hartmann*, DNotZ 2017, 28, 35 m.w.N.

105 A.A. in einer speziellen Konstellation wohl OLG Stuttgart, Beschl. v. 29.5.2019 – W 160/19, MittBayNot 2020, 249.

106 OLG München, Beschl. v. 14.6.2019 – 34 Wx 237/18, ZEV 2019, 533; OLG Stuttgart, Beschl. v. 29.5.2019 – W 160/19, MittBayNot 2020, 249.

nicht für den Nacherben. Vielmehr ändert er mit einer solchen Zustimmung aufgrund Vollmacht für den Erblasser dessen letztwillige Verfügung ab. Dieses höchstpersönliche Handeln kann weder *ante* noch *post mortem* durch einen Bevollmächtigten erfolgen.

II. Veräußerung der Nacherbenanwartschaft im Allgemeinen

125 Die Nacherbenanwartschaft ist nach mittlerweile unstreitiger Auffassung veräußerlich. Entsprechend der Erbteilsveräußerung bedarf auch die Veräußerung der Nacherbenanwartschaft der **notariellen Beurkundung** analog § 2033 BGB.[107] Dem folgend richtet sich der schuldrechtliche Vertrag nach den §§ 2371 ff. BGB. Ebenfalls entsprechend der Erbteilsveräußerung hat auch die Veräußerung der Nacherbenanwartschaft keine Auswirkungen auf den Inhalt des Erbscheins.[108] Einer Mitwirkung des Ersatznacherben bedarf es nicht, da dessen Rechtsstellung von der Übertragung unberührt bleibt.

126 Umstritten ist die Frage, ob der Erblasser die Veräußerung der Nacherbenanwartschaft ausschließen kann.[109] Dieser Streit ist jedoch nur von akademischer Bedeutung. Denn ein entsprechender **Ausschluss** wäre zumindest als auflösende Bedingung der Nacherbschaft für den Fall der Veräußerung auszulegen. Die Veräußerlichkeit kann daher durch den Erblasser wirksam ausgeschlossen werden. Die Anordnung sollte jedoch eine Übertragung auf den Vorerben ausdrücklich zulassen (siehe Rdn 128 ff.). Auch durch die Anordnung der Nacherbentestamentsvollstreckung (Rdn 103) kann die Veräußerung ausgeschlossen werden, da dem Testamentsvollstrecker eine solche nicht möglich ist.[110]

15.16 **Muster 15.16: Ausschluss der Veräußerlichkeit der Nacherbenanwartschaft**

127 Der Nacherbe kann seine Anwartschaft nicht auf einen Dritten übertragen. Die Übertragung auf den Vorerben ist jedoch ausdrücklich möglich.

III. Veräußerung der Nacherbenanwartschaft an den Vorerben

128 Unter Beachtung der vorstehend genannten Voraussetzungen (siehe Rdn 125 ff.) kann der Nacherbe seine Anwartschaft nicht nur auf einen Dritten, sondern auch auf den Vorerben übertragen. Insbesondere darf die Veräußerung der Nacherbenanwartschaft zumindest auf den Vorerben in der letztwilligen Verfügung **nicht ausgeschlossen** sein. Durch eine solche Übertragung auf den Vorerben kann erreicht werden, dass dessen Rechtsposition zur Vollerbschaft erstarkt. Ein entsprechender Nacherbenvermerk ist dann im Grundbuch zu löschen.

129 Da jedoch die Übertragung der Nacherbenanwartschaft keine Auswirkungen auf die Rechtsstellung etwaiger Ersatznacherben hat, wird der Vorerbe durch eine solche Übertragung nur dann dauerhaft zum Vollerben, wenn keine **Ersatznacherbfolge** – auch nicht aufgrund der Anwendung von § 2069 BGB oder aufgrund ergänzender Auslegung – angeordnet ist oder als angeordnet gilt. Ist dies nicht der Fall, wird der Vorerbe zwar zum Vollerben, allerdings verliert er diese Position wieder mit Wegfall des Nacherben, weil dann der Ersatznacherbe ungeschmälert in dessen Rechtsposition einsteigt. Ein Nacherbenvermerk ist daher trotz Übertragung nicht zu löschen, sondern an dem Nach- und Ersatznach-

107 Krätzschel/Falkner/Döbereiner/*Krätzschel*, § 10 Rn 54.
108 OLG Düsseldorf, Beschl. v. 2.11.1990 – 3 Wx 391/90, NJW-RR 1991, 332.
109 Grüneberg/*Weidlich*, § 2108 Rn 4 m.w.N.
110 Kössinger/Najdecki/Zintl/*R. Kössinger/Zintl*, § 10 Rn 82.

erbenvermerk ist die Übertragung auf den Vorerben zum Ausdruck zu bringen.[111] Allerdings sind in der Zwischenzeit die Beschränkungen der §§ 2113 ff. BGB nicht anwendbar, sodass der Ersatznacherbe etwaige zwischenzeitliche Verfügungen gegen sich gelten lassen muss. Ein Widerspruch zur ganz herrschenden Auffassung, die grundsätzlich die §§ 2113 ff. BGB entsprechend auf den nur auflösend bedingt eingesetzten Vollerben anwenden will (vgl. Rdn 5 zur sog. Wiederverheiratungsklausel), ist hierin nicht zu sehen. Denn der Nacherbe hat an der Übertragung mitgewirkt und hätte bis zu seinem Wegfall auch allen Verfügungen des Vorerben mit Wirkung für den Ersatznacherben zustimmen können. Hier zeigt sich erneut der immense Unterschied in der Stärke der Rechtspositionen zwischen dem Ersatz- und dem bedingten Nacherben.

Praxistipp 130

Soll durch Zusammenwirken von Vor- und Nacherbe eine vorzeitige Beendigung der Vor- und Nacherbschaft sicher ermöglicht werden, sollte der Erblasser bereits bei der Abfassung seiner Verfügung auf die vorstehende Problematik hingewiesen werden. Er sollte dann nicht nur die Übertragung auf den Vorerben zulassen, sondern explizit auch zur Ersatznacherbfolge Stellung nehmen.

Muster 15.17: Ermöglichung der dauerhaften Beendigung der Vor- und Nacherbschaft durch Übertragung auf den Vorerben

Die Übertragung der Nacherbenanwartschaft auf den Vorerben ist ausdrücklich möglich. In diesem Fall entfällt jegliche Ersatznacherbenanordnung. Der Vorerbe wird daher mit einer solchen Übertragung zum Vollerben. 131

IV. Bestellung eines Erbbaurechts durch den Vorerben

Besonders sorgfältig ist die Rechtslage zu eruieren bei der Bestellung eines Erbbaurechts 132 durch den Vorerben an einem in den Nachlass fallenden Grundstück. Zwar sind sämtliche Verfügungen des Vorerben zunächst wirksam und die **Unwirksamkeit** aufgrund eines Verstoßes gegen die §§ 2113 ff. BGB tritt erst mit dem **Nacherbfall** ein (vgl. ausführlich Rdn 10 ff.). Auch steht der Nacherbenvermerk wie auch nicht rangfähige Rechte i.S.v. § 879 BGB dem zwingenden Erfordernis der ersten Rangstelle eines Erbbaurechts (vgl. § 10 ErbbauRG) nicht entgegen.[112] Jedoch darf das Erbbaurecht gem. § 1 Abs. 4 S. 1 ErbbauRG nicht durch eine auflösende Bedingung beschränkt werden. Die Wirkweise der Unwirksamkeit einer gegen die §§ 2113 ff. BGB verstoßenden Verfügung kann der einer auflösenden Bedingung gleichgesetzt werden. Daher wird die (auch entgeltliche) Bestellung eines Erbbaurechts durch einen nicht befreiten Vorerben ohne Mitwirkung des Nacherben für unwirksam gehalten.[113] Dasselbe gilt für die unentgeltliche Bestellung durch einen befreiten Vorerben.[114]

V. Kein Erwerb „ungebundener" Erbanteile durch den Vorerben

Ist nur ein Erbe oder sind nur einzelne Erben von den Beschränkungen der Vor- und 133 Nacherbschaft betroffen, sollte dieser bzw. sollten diese im Zweifelsfall keine weiteren Erbanteile hinzuerwerben. Denn die Beschränkungen der §§ 2213 ff. BGB bei Verfügungen

111 OLG München, Beschl. v. 25.2.2015 – 34 Wx 3/15, ZEV 2015, 347.
112 BeckNotar-HdB/*Graf Wolffskeel v. Reichenberg*, § 4 Rn 30.
113 Schöner/*Stöber*, Rn 1683; Grüneberg/*Wicke*, § 10 ErbbauRG Rn 1.
114 BeckNotar-HdB/*Graf Wolffskeel v. Reichenberg*, § 4 Rn 23.

über die Nachlassgegenstände greifen nach der Rechtsprechung dann insgesamt.[115] Dies ist die konsequente Folge des Grundsatzes, dass die Verfügungsbeschränkungen auch bei gemeinschaftlichen Verfügungen greifen, selbst wenn nur einzelne Erben nur Vorerben sein sollten. Diese Beschränkung der „freien“ Erben ist hinzunehmen, da sie auf eine Anordnung des Erblassers zurückgeht (vgl. Rdn 35).

VI. Bestellung einer Grundschuld zur Verwaltung des Nachlasses

134 Nach § 2120 BGB ist der Nacherbe zur Einwilligung in eine Verfügung des Vorerben verpflichtet, wenn die Verfügung zur ordnungsgemäßen Verwaltung erforderlich ist. Hierunter kann auch die Bestellung einer Grundschuld an einer zum Nachlass gehörenden Immobilie fallen. Nach ganz herrschender Meinung regelt die Norm allerdings nur das **Innenverhältnis** zwischen dem Vor- und dem Nacherben und erweitert nicht etwa die Verfügungsbefugnis des Erstgenannten.[116] Die Zustimmung des Nacherben ist daher auch dem Grundbuchamt in der Form des § 29 GBO nachzuweisen. Auf die formgerechte Erteilung hat wiederum der Vorerbe einen Anspruch nach § 2120 S. 2 BGB.

135 **Praxistipp**

Bei der Bestellung einer solchen Grundschuld sollte – auch wenn das finanzierende Kreditinstitut dies nicht ausdrücklich verlangt – die Eintragung eines Wirksamkeitsvermerks im Grundbuch beantragt werden. Die Wirksamkeit der Grundschuld ergibt sich aus der mit einzureichenden Einwilligung des Nacherben, sodass darüber hinaus keine Nachweise erforderlich sind.[117] Ein Rangrücktritt des Nacherbenvermerks ist hingegen nicht möglich, da dieser nicht rangfähig ist.[118]

VII. Ausschlagung der Nacherbschaft

136 In der Praxis oft übersehen wird die Möglichkeit, dass der Nacherbe die Erbschaft ausschlägt. Dies ist gem. § 2142 Abs. 1 BGB bereits ab Eintritt des **Erbfalls** möglich. Beachtet werden muss hier jedoch, dass § 2142 Abs. 2 BGB im Zweifel anordnet, dass dann die Erbschaft dem Vorerben verbleibt. Erfolgt die Ausschlagung nach Eintritt des **Nacherbfalls,** hat der Vorerbe sie zu diesem Zeitpunkt bereits verloren; sie fällt dann jedoch *ex tunc* wieder ihm bzw. ggf. seinen Erben zu.[119]

137 **Praxistipp**

Wie auch sonst bei „taktischen Ausschlagungen“ ist stets die exakte Folge dieser Ausschlagung vorab genau zu prüfen. § 2142 Abs. 2 BGB schränkt die allgemeinen Auslegungsregeln nach herrschender Meinung nicht ein,[120] sodass sich insbesondere auch aus § 2069 BGB entsprechend die Einsetzung der Abkömmlinge des Nacherben als Ersatznacherben ergeben kann. Die Erbschaft verbleibt dann gerade nicht dem Vorerben (sodann als Vollerben). Ferner geht auch das Anwachsungsrecht des § 2094 BGB dem Anrecht des Vorerben vor.[121] Sind also neben dem ausschlagenden Nacherben weitere Nacherben berufen, wächst diesen die Erbschaft entsprechend ihrer Beteiligung an.

---

115 BGH, Beschl. v. 12.7.2018 – V ZB 228/17, NJW 2018, 3650.
116 MüKo-BGB/*Lieder*, § 2120 Rn 2.
117 Schöner/*Stöber*, Rn 3490.
118 *Bauer*, ZEV 2014, 526, 527.
119 Grüneberg/*Weidlich*, § 2142 Rn 3.
120 MüKo-BGB/*Lieder*, § 2142 Rn 7 ff.
121 BayObLG, Beschl. v. 10.8.1962 – BReg. 1 Z 43/61, BayObLGZ 1962, 239.

§ 16 Vermächtnisanordnung

Julia Roglmeier, LL.M./Walter Krug

Literaturhinweise

Baltzer, Die Vermächtnislösung lebt! Zur Anspruchskonkurrenz zwischen Nachvermächtnisnehmer und anderen Gläubigern, insbesondere dem Sozialhilfeträger, ZEV 2008, 116; *Becker*, Die Absicherung der Vermächtniserfüllung aus Sicht des Beschwerten, ZEV 2021, 737; *Berringer*, Schuldrechtliches Vorkaufsrecht für mehrere Vorkaufsfälle?, MittBayNot 2003, 34; *v. Borries*, Der Charakter des Bestimmungsvermächtnisses und die Rechtsposition der Bedachten in der Zeit zwischen dem Erbfall und der Bestimmung des Vermächtnisnehmers, ErbR 2021, 90; *Daragan*, Vermächtnisse als Mittel der Erbschaftsteuergestaltung, DStR 1998, 357; *Demuth*, Nachfolgegestaltung für eine Personenhandelsgesellschaft durch Aussetzung von Vermächtnissen: zivilrechtliche und steuerliche Probleme mit Lösungsvorschlägen, BB 2001, 945; *Dürkes/Feller*, Wertsicherungsklauseln, 10. Aufl. 1992; *Erb/Regierer/Vosseler/Herbst*, Bewertung bei Erbschaft und Schenkung, 2. Aufl. 2022; *Geck*, Gestaltungsüberlegungen bei Grundstücksvermächtnissen unter Berücksichtigung des obiter dictum des BFH, ZEV 2006, 201; *Grziwotz*, Wohnungsrechtsvermächtnis und Grundbucheintragung, ZEV 2010, 130; *Helms*, Erbrechtliches Drittbestimmungsverbot und kautelarjuristische Praxis, ZEV 2007, 1; *Kornexl*, Geld-, Immobilien- und Hausratsvermächtnisse: Risiken für den Verteilungsplan des Erblassers und gestalterische Vorsorge – Teil 1: Allgemeine Gefahrenquellen, ZEV 2002, 142, Teil 2: Spezifische Gefahrenquellen, ZEV 2002, 173; *Kurth*, Folgen des Todes oder der Geschäftsunfähigkeit des Bestimmungsberechtigten beim Supervermächtnis, ZEV 2021, 357; *Lindemeier*, Die Belastung des Gesamthandanteils im Grundbuch des zum Gesamthandvermögen gehörenden Grundstücks – Zugleich ein Beitrag zu Zulässigkeit und Ausgestaltung des Nießbrauchs am Anteil einer Personengesellschaft, DNotZ 1999, 876; *Loritz/Weinmann*, Die Festsetzung von Erbteilen und Vermächtnissen anhand und in Höhe von Steuerfreibeträgen, ZEV 2024, 718; *v. Oertzen*, Wertsicherungsklauseln in letztwilligen Verfügungen, ZEV 1994, 160; *Reul*, Aufhebung der Genehmigungspflicht bei Wertsicherungsklauseln – Das neue Preisklauselgesetz (PreisklauselG), MittBayNot 2007, 445; *Reul*, Lösungsklauseln in notariellen Übergabeverträgen – Zugleich Anmerkungen zum Urteil des BGH v. 19.4.2007 – IX ZR 59/06, DNotZ 2007, 649; *Reymann*, Das Vermächtnis des Kommanditisten, ZEV 2006, 307; *Rössler/Troll*, Bewertungsgesetz, 38. Aufl. 2024; *Rossak*, Pfändbarkeit, Pfändung und Pfandverwertung von Nießbrauch und Wohnungsrecht, MittBayNot 2000, 383; *Wachter*, Erbschaftsteuer bei (vermeintlichem) Vor- und Nachvermächtnis, ErbR 2020, 536; *Weinmann/Revenstorff/Offerhaus/Erkis*, Erbschaft- und Schenkungsteuerrecht, 4. Aufl. 2017; *Weirich*, Erben und Vererben, 6. Aufl. 2013; *Zawar*, Gedanken zum bedingten oder befristeten Rechtserwerb im Erbrecht, NJW 2007, 2353.

Inhalt

A. Allgemeines 1
- I. Schuldrechtlicher Vermächtnisanspruch .. 1
  - 1. Begriff 1
  - 2. Anfall und Fälligkeit des Vermächtnisses 5
  - 3. Bedingtes Vermächtnis 7
  - 4. Ausschlagung des Vermächtnisses ... 9
  - 5. Vermächtnis und Pflichtteil 10
- II. Schuldner des Vermächtnisses 11
- III. Ersatzvermächtnisnehmer 17
- IV. Erfüllung des Vermächtnisses durch den Testamentsvollstrecker 19
- V. Abgabe der dinglichen Einigungserklärung durch den Erblasser 22
- VI. Erfüllung des Vermächtnisses durch Bevollmächtigung des Vermächtnisnehmers 24
- VII. Vermächtnis und Erbschaftsteuer 26

B. Vermächtnisformen 33
- I. Verschaffungsvermächtnis 34
  - 1. Allgemeines 34
  - 2. Auslegung und Beweislast 37
  - 3. Praktische Anwendung und Grenzen 39
  - 4. Verhältnis von § 2169 zu § 2288 BGB 41
- II. Bestimmungsvermächtnis 42
  - 1. Anwendungsbereich 42
  - 2. Kreis der bedachten Personen 43
  - 3. Auswahl des Bedachten 45
  - 4. Erlöschen und Unterlassen des Bestimmungsrechts 46

5. Bestimmungsvermächtnis und sonstige Vermächtnisse ... 48
III. Gattungsvermächtnis ... 53
IV. Wahlvermächtnis ... 56
V. Zweckvermächtnis ... 59
VI. Verteilungsvermächtnis ... 63
VII. Universalvermächtnis ... 64
VIII. Nachvermächtnis ... 65
1. Allgemeines ... 65
2. Vererblichkeit des Nachvermächtnisanwartschaftsrechts; Ersatznachvermächtnisnehmer ... 67
3. Gegenstand des Nachvermächtnisses ... 69
4. Unterschied zum Nacherben ... 73
5. Nachvermächtnis und Testamentsvollstreckung ... 74
IX. Untervermächtnis ... 77
X. Vorausvermächtnis ... 79

C. Vermächtnisinhalt ... 80
I. Sachvermächtnis (Gegenstandsvermächtnis) ... 81
1. Allgemeines ... 81
2. Vermächtnisweise Zuwendung eines Grundstücks ... 84
a) Allgemeines ... 84
b) Lastentragung ... 86
c) Recht zur Fruchtziehung/Herausgabe der Früchte ... 90
3. Vermächtnisweise Zuwendung einer Eigentumswohnung ... 91
4. Vermächtnisweise Zuwendung der Haushaltsgegenstände und des Inventars ... 93
5. Pkw als Teil des gesetzlichen Voraus 94
II. Vermächtnisweise Zuwendung von Geld (Gattungsvermächtnis) ... 96
1. Allgemeines ... 96
2. Bestimmtes Geldbetragsvermächtnis 97
3. Wertmäßiges Geldvermächtnis ... 101
4. Vermächtnisweise Zuwendung von Geldvermögen ... 104
5. Übermäßige Testamentsvollstreckervergütung als Vermächtnis ... 106
III. Forderungsvermächtnis ... 107
IV. Pflegevergütungsvermächtnis als besonderes Bestimmungsvermächtnis ... 108
1. Allgemeines ... 108
2. Mögliche Anspruchsgrundlagen ... 109
3. Ausdrückliche Anordnung eines Pflegevergütungsvermächtnisses ... 114
V. Nießbrauchsvermächtnis ... 119
1. Allgemeines ... 119
2. Muster ... 123
3. Arten des Nießbrauchs ... 126
a) Belastungsgegenstand ... 126
b) Quoten- und Bruchteilsnießbrauch ... 127
4. Inhalt des Nießbrauchs ... 130
5. Gesetzliches Schuldverhältnis ... 132
6. Erfüllung des Nießbrauchsvermächtnisses ... 133
7. Nießbrauch an Sachen ... 140
a) Rechte des Nießbrauchers ... 140
b) Pflichten des Nießbrauchers ... 145
8. Nießbrauch an Rechten ... 151
a) Allgemeines ... 151
b) Nießbrauch an einem Unternehmen ... 154
c) Nießbrauch an der Beteiligung an einer Personengesellschaft ... 156
d) Nießbrauch an Erbteilen ... 157
9. Beendigung des Nießbrauchs ... 162
10. Auskunftspflichten ... 165
11. Nießbrauch an einem Vermögen ... 167
a) Allgemeines ... 167
b) Nießbrauch am Nachlass ... 173
12. Nutzziehungsrecht des Nießbrauchers ... 176
13. Zusammentreffen von Testamentsvollstreckeramt und Nießbrauch in einer Person ... 178
14. Andere Nutzungsrechte ... 180
VI. Wohnungsrechtsvermächtnis ... 181
1. Allgemeines ... 181
2. Entstehung des Wohnungsrechts ... 183
3. Inhalt des Wohnungsrechts ... 186
4. Lastentragung ... 189
5. Belastungsgegenstand ... 190
6. Berechtigter ... 191
7. Umfang des Wohnungsrechts ... 193
8. Muster ... 198
9. Befristetes und/oder bedingtes Wohnungsrecht ... 200
10. Ausübung des Wohnungsrechts ... 201
11. Ausübung des Wohnungsrechts durch Dritte ... 203
12. Wohnungsrechtsvermächtnis als Verschaffungsvermächtnis ... 209
13. Unentgeltliches Wohnrecht als Leihe ... 210
VII. Rentenvermächtnis ... 211
1. Allgemeines ... 211
2. Leistungsstörungen ... 215
3. Grundbuchmäßige Absicherung mittels Reallast ... 216
4. Erbschaftsteuerliche Bewertung von Renten, Nutzungen und Leistungen 218
a) Besteuerung des Berechtigten ... 219
b) Besteuerung des Verpflichteten ... 225
VIII. Vorkaufsrechtsvermächtnis ... 226
1. Allgemeines ... 226
2. Arten des Vorkaufsrechts ... 227
3. Entstehung des dinglichen Vorkaufsrechts ... 231
4. Sicherung des schuldrechtlichen Vorkaufsrechts ... 232
5. Belastungsobjekt ... 233
6. Vorkaufsberechtigter ... 234
7. Inhalt des Vorkaufsrechts ... 235
8. Ausübung des Vorkaufsrechts ... 237
a) Ausübung nur bei Abschluss eines Kaufvertrags ... 237
b) Mitteilung des Kaufvertrags ... 238
9. Erlöschen des Vorkaufsrechts ... 239
10. Unterschied zwischen dinglichem und schuldrechtlichem Vorkaufsrecht ... 244
11. Ankaufsrechtsvermächtnis ... 248
IX. Vermächtnis auf Abschluss eines verjährungsverlängernden Vertrags ... 251
X. Schuldbefreiungsvermächtnis ... 255
XI. Vermächtnis betreffend ausgleichungspflichtige Vorempfänge ... 257

D. Checkliste: Vermächtnis ... 261

A. Allgemeines

I. Schuldrechtlicher Vermächtnisanspruch

1. Begriff

Unter einem Vermächtnis versteht man im Gegensatz zur Erbeinsetzung die Zuwendung eines Vermögensvorteils in der Weise, dass der Vermächtnisnehmer nicht in die Rechtsstellung des Erblassers einrückt, sondern lediglich einen **schuldrechtlichen** Anspruch gegen den Beschwerten auf Übertragung des zugewandten Gegenstands oder Rechts erhält. 1

Vermächtnisnehmer kann jede natürliche oder juristische Person sein. Das Vermächtnis fällt in der Regel mit dem Erbfall an (§ 2176 BGB), seine Erfüllung kann jedoch durch aufschiebende Bedingung bzw. Befristung auf einen späteren Zeitpunkt hinausgeschoben werden (vgl. § 2177 BGB). In der Zwischenzeit entsteht zugunsten des Bedachten ein **Anwartschaftsrecht.**[1] Da nach dem Eintritt des Erbfalls in den meisten Fällen bis zur Erteilung des Erbscheins einige Monate vergehen, macht es Sinn, die Fälligkeit der Vermächtnisse zinslos für eine gewisse Zeit, idealerweise einige Monate, zu stunden. 2

Die Möglichkeit, dass durch ein Vermächtnis die Zuweisung eines einzelnen Gegenstands erfolgen kann, führt zwangsläufig zu der Frage, welche Rechtsposition der Vermächtnisnehmer haben soll, wenn sich der vermachte Gegenstand im Zeitpunkt des Erbfalls nicht mehr im Nachlass befindet. Zwar gibt es **keinen** allgemeinen Grundsatz wirtschaftlicher **Surrogation** beim Vermächtnis, aber im Wege ergänzender (hypothetischer) Auslegung kann der letztwilligen Verfügung u.U. der Erblasserwille entnommen werden, dass der bedachte Vermächtnisnehmer den wertmäßig noch im Nachlass befindlichen Erlös für den veräußerten Gegenstand erhalten soll, sofern der vermachte Gegenstand vom Erblasser willentlich veräußert wurde.[2] Gleiches gilt für Wertpapiere, die noch vor dem Erbfall veräußert worden sind: Auch hier fallen Rückzahlungen aus Anleihen, die auf einem Festgeldkonto angelegt worden sind, als Surrogat unter den Vermächtnisbegriff, wenn nicht der Erbe einen gegenteiligen Erblasserwillen beweisen kann.[3] Besser ist es freilich, dies gar nicht erst der Auslegung zu überlassen, sondern in der letztwilligen Verfügung ausdrücklich zu regeln. 3

Bei der Anordnung von Vermächtnissen gilt es, das Problem des Wegfalls oder Untergangs des Vermächtnisgegenstands bis zum Eintritt des Erbfalls besonders zu berücksichtigen.

Das Vermächtnis **eignet** sich insbesondere für die Fälle, in denen ein gesetzlicher Erbe zwar seinen Anteil am Nachlass erhalten, aber ansonsten aus der auf Einvernehmen angewiesenen Erbengemeinschaft (§§ 2038 Abs. 1, 2040 BGB) ausgeschlossen sein soll. Dies wird besonders bedeutsam bei Patchworkkonstellationen oder der Vererbung eines Unternehmens/einer Unternehmensbeteiligung. 4

2. Anfall und Fälligkeit des Vermächtnisses

Mit dem Anfall des Vermächtnisses erwirbt der Vermächtnisnehmer einen Anspruch gegen den bzw. die beschwerten Erben, die Leistung des vermachten Gegenstands zu fordern, d.h. das Forderungsrecht zugunsten des Vermächtnisnehmers entsteht damit. Dieser Anspruch ist bei Rechten an einem Grundstück im Grundbuch **vormerkungsfähig**, sofern es 5

1 Grüneberg/*Weidlich*, § 2179 Rn 1.
2 OLG Hamm, Urt. v. 24.10.2023 – 10 U 15/23, BeckRS 2023, 52391.
3 OLG Frankfurt, Urt. v. 5.4.2022 – 10 U 200/20, BeckRS 2022, 8791.

sich um einen Anspruch auf dingliche Rechtsänderung an Grundstücken bzw. Grundstücksrechten handelt.

Das Vermächtnis **fällt** gem. § 2176 BGB grundsätzlich **mit dem Erbfall an** (Ausnahmen §§ 2177–2179 BGB). Der Anfall des Vermächtnisses kann aber vom Erblasser auch hinausgeschoben werden[4] mit der Folge, dass der Bedachte den Zeitpunkt des Anfalls erlebt haben muss, um eine geschützte Rechtsposition zu erlangen.[5] Vor dem Anfall des Vermächtnisses hat der Bedachte lediglich ein tatsächliches Erwerbsanrecht.[6]

6 Grundsätzlich tritt die **Fälligkeit** des Vermächtnisses nach § 271 Abs. 1 BGB mit dem Anfall des Vermächtnisses, also mit dem **Erbfall**, ein; da das Vermächtnisrecht insofern keine Regelung vorsieht, gilt allgemeines Schuldrecht. Der Erblasser hat aber die Möglichkeit, den Zeitpunkt der Erfüllung in das Belieben des Beschwerten zu stellen. Gem. § 2181 BGB tritt Fälligkeit dann im Zweifel mit dem Tod des Beschwerten ein.

3. Bedingtes Vermächtnis

7 Der Erblasser kann das Vermächtnis auch unter einer **aufschiebenden Bedingung oder Befristung** anordnen, sodass es gem. § 2177 BGB erst mit dem Eintritt der Bedingung bzw. des bestimmten Zeitpunkts anfällt, das Forderungsrecht also erst später entsteht. Wenn der Bedachte beim Erbfall noch nicht gezeugt war oder seine Person erst durch ein nach dem Erbfall eintretendes Ereignis bestimmt ist, fällt nach § 2178 BGB das Vermächtnis erst mit der Geburt oder dem konkreten Ereignis an. § 1923 Abs. 2 BGB gilt insoweit entsprechend für beim Erbfall bereits gezeugte, aber noch nicht geborene Vermächtnisnehmer.

8 In **erbschaftsteuerrechtlicher** Hinsicht ist festzuhalten, dass bei aufschiebend bedingten oder befristeten Vermächtnissen der Zeitpunkt des Bedingungseintritts (oder des Anfangstermins) sowohl für die Steuerentstehung nach § 9 Abs. 1 Nr. 1 Buchst. a ErbStG als auch für die Wertermittlung (§ 11 ErbStG) maßgeblich ist. Das schon mit dem Erbfall in der Person des Vermächtnisnehmers entstehende Anwartschaftsrecht bleibt hingegen erbschaftsteuerlich unberücksichtigt.[7] Aus der Sicht des mit dem Vermächtnis Beschwerten kommt eine erbschaftsteuerliche Abzugsmöglichkeit ebenfalls erst bei Bedingungseintritt in Betracht. Die Vermächtnislast ist dann – u.U. im Wege einer Korrektur des ursprünglichen Erbschaftsteuerbescheids – zu berücksichtigen.[8] Für die Bewertung der Vermächtnislast kommt es aber ausschließlich auf die Verhältnisse am Todestag an.[9]

4. Ausschlagung des Vermächtnisses

9 Das Vermächtnis kann durch formlose empfangsbedürftige Willenserklärung gegenüber dem/den beschwerten Erben ausgeschlagen werden (§§ 2176, 2180 BGB). Die **Ausschlagung** ist sowohl bedingungs- als auch befristungsfeindlich und nach Annahme des Vermächtnisses nicht mehr möglich.[10] Insoweit besteht für den Erblasser auch die Möglichkeit,

4 Grüneberg/*Weidlich*, § 2181 Rn.

5 Grüneberg/*Weidlich*, § 2176 Rn 1.

6 BGH, Beschl. v. 19.1.1954 – V ZB 28/53, BGHZ 12, 115.

7 Troll/Gebel/Jülicher/Gottschalk/*Gottschalk*, § 3 Rn 183.

8 Troll/Gebel/Jülicher/Gottschalk/*Gottschalk*, § 10 Rn 178; anders bei nur aufgeschobener Fälligkeit (Vermächtnisanfall bereits mit dem Erbfall), vgl. BFH, Beschl. v. 14.5.2014 – II B 82/13, BeckRS 2014, 95590.

9 BFH, Urt. v. 6.10.1976 – II R 107/71, BStBl II 1977, 211; BFH, Beschl. v. 27.6.2006 – II B 162/05, BFH/NV 2006, 1845.

10 MüKo-BGB/*Rudy*, § 2180 Rn 5.

anzuordnen, dass das Vermächtnis entfällt, wenn der Bedachte es nicht binnen einer bestimmten Frist ausdrücklich annimmt. Eine **gesetzliche Frist** für die Ausschlagung eines Vermächtnisses gibt es nicht; lediglich dem pflichtteilsberechtigten Vermächtnisnehmer kann der beschwerte Erbe gem. § 2307 BGB eine Frist setzen.

5. Vermächtnis und Pflichtteil

Gem. § 2318 Abs. 1 BGB kann der **Erbe** gegenüber dem Vermächtnisnehmer das Vermächtnis kürzen, wenn er eine Pflichtteilsforderung zu erfüllen hat. Der Vermächtnisnehmer hat sich insoweit an der – internen – Pflichtteilslast zu beteiligen. Das Kürzungsrecht des Erben nach § 2318 Abs. 1 BGB besteht in der Weise, dass der Vermächtnisnehmer im Verhältnis seines erbrechtlichen Erwerbs die Pflichtteilslast zu tragen hat. Das Kürzungsrecht des § 2318 Abs. 1 BGB kann, neben den Erben, auch nach § 2188 BGB dem **Vermächtnisnehmer** selbst zustehen, wenn dieser als Hauptvermächtnisnehmer mit einem Untervermächtnis beschwert ist. 10

Bei der Anordnung eines Vermächtnisses ist daher die Frage zu klären, ob gerade bei Gegenstands- und Nutzungsvermächtnissen, insbesondere bei Nießbrauchs- und Wohnungsrechtsvermächtnissen, der Vermächtnisnehmer an der Pflichtteilslast beteiligt werden soll. Ist dies nicht der Fall, so ist in der Verfügung von Todes wegen das Vermächtniskürzungsrecht auszuschließen, was nach § 2324 BGB zulässig ist.

II. Schuldner des Vermächtnisses

Mit dem Vermächtnis beschwert ist grundsätzlich entweder der **Erbe** oder der **Vermächtnisnehmer**, Letzterer als Hauptvermächtnisnehmer. Im Zweifel ist der Erbe beschwert. Nach der Auslegungsregel des § 2148 BGB sind im Zweifel die Erben im Verhältnis ihrer Erbteile, die Vermächtnisnehmer nach dem Verhältnis des Werts der Vermächtnisse beschwert.[11] Die **Miterben** sind im Zweifel als Gesamtschuldner beschwert und haften grundsätzlich sowohl mit dem Nachlass als auch mit ihrem Eigenvermögen (§§ 1967, 2058 BGB). Die Erben können jedoch ihre Haftung auf den Nachlass beschränken (§§ 1975, 1990 BGB). § 2148 BGB findet nach herrschender Meinung allerdings nur im Innenverhältnis Anwendung, während sich die Haftung im Außenverhältnis nach den §§ 2058, 420 ff. BGB richtet.[12] 11

Will der Erblasser eine unterschiedliche **Beschwerung** der Bedachten erreichen, so hat er zwei Möglichkeiten. Er kann zum einen festlegen, wer das Vermächtnis erfüllen soll (Erbe, einzelne Erben oder Vermächtnisnehmer), und zum anderen den **Ausgleichsmaßstab** bestimmen (nach Köpfen, nach Erbteilen etc.).

Wird ein Vermächtnisnehmer mit einem Vermächtnis beschwert, so ist klarzustellen, ob es sich um ein Untervermächtnis (§§ 2186 ff. BGB) oder um ein Nachvermächtnis handelt (§ 2191 BGB). Typisches Beispiel für ein Untervermächtnis ist die Beschwerung eines Bedachten, der im Wege des Vermächtnisses ein Hausgrundstück erhalten soll, mit einem Wohnungsrecht zugunsten eines Dritten (vgl. Muster Rdn 77). 12

Mit dem Gesetz zur Änderung des Erb- und Verjährungsrechts vom 24.9.2009 wurde § 2306 Abs. 1 BGB neu gefasst. Die Neuregelung gilt für alle seit dem 1.1.2010 eingetretenen Erbfälle. 13

---

11 MüKo-BGB/*Rudy*, § 2148 Rn 8.
12 MüKo-BGB/*Rudy*, § 2148 Rn 2.

14 Nach neuem Recht wird die ursprüngliche Differenzierung in § 2306 Abs. 1 BGB a.F. nach Satz 1 (hinterlassener Erbteil kleiner als oder gleich groß wie Pflichtteil) einerseits und Satz 2 (hinterlassener Erbteil größer als Pflichtteil) andererseits beseitigt.

Jeder pflichtteilsberechtigte Erbe, der Beschränkungen oder Beschwerungen unterliegt, kann nun das Erbe ohne Rücksicht auf dessen Höhe ausschlagen und statt seines Erbteils den Pflichtteil verlangen.

Ist der Erbteil kleiner als die Pflichtteilsquote, so kann der Pflichtteilsberechtigte gem. § 2305 BGB den **Zusatzpflichtteil**, auch „Rest-Pflichtteil" genannt, verlangen.

15 **Hinweise**

(1) Nach der Reform entfällt die bisherige Unterscheidung, ob das Hinterlassene die Hälfte des gesetzlichen Erbteils übersteigt oder nicht. Vielmehr muss der Erbe jetzt auch in diesem Falle die Erbschaft ausschlagen, damit er seinen Pflichtteilsanspruch erlangt.

(2) Dem belasteten pflichtteilsberechtigten Erben steht in den seit 1.1.2010 eingetretenen Erbfällen – gleichgültig, ob das ihm Hinterlassene kleiner, gleich groß oder größer als sein Pflichtteil ist – ein Wahlrecht zu:

(a) Er kann die Erbschaft mit allen Belastungen annehmen – und muss diese auch unter Verletzung seines Pflichtteilsanspruchs erfüllen[13] –

oder

(b) er schlägt die Erbschaft aus und verlangt den Pflichtteil.

(3) **Quotentheorie und Werttheorie entfallen nach der Reform.**

(4) Die bis zum Inkrafttreten der Reform, also bis 31.12.2009 eingetretenen Erbfälle werden nach altem Recht beurteilt (Art. 229 § 23 EGBGB).

Der Rechtsanwender wird jahrelang altes und neues Recht nebeneinander anzuwenden haben!

16 Der Erfüllung des Vermächtnisanspruchs gehen grundsätzlich **Erblasserschulden** und **Pflichtteilsansprüche** vor (§ 327 InsO). Ansonsten kann der Erblasser in Bezug auf Vermächtnisse und Auflagen, die grundsätzlich untereinander gleichrangig sind, nach § 2189 BGB eine abweichende **Rangfolge** bestimmen.

III. Ersatzvermächtnisnehmer

17 Für den Fall, dass der Vermächtnisnehmer vor oder nach dem Erbfall wegfällt, kann der Erblasser ausdrücklich einen **Ersatzvermächtnisnehmer** bestimmen. Wie bei der Ernennung eines Ersatzerben stellt § 2069 BGB eine Zweifelsregelung für den Fall dar, dass der Erblasser einen seiner Abkömmlinge bedacht hat und dieser nach Testamentserrichtung – etwa durch Ausschlagung – weggefallen ist. Sie bestimmt die stillschweigende Ersatzberufung von dessen Abkömmlingen. § 2069 BGB ist insofern nach herrschender Meinung auch beim Vermächtnisnehmer anzuwenden.[14]

Auch § 2158 BGB enthält mit der Anwachsungsregel für den Fall, dass mehreren Personen gemeinschaftlich ein Vermächtnis zugewandt ist, eine solche Zweifelsregelung, wobei die ausdrückliche Ersatzberufung dem Anwachsungsrecht vorgeht. Zu empfehlen ist deshalb, entweder ausdrücklich einen Ersatzvermächtnisnehmer zu berufen oder aber die Ersatznachfolge ausdrücklich auszuschließen.

---

13 BGH, Beschl. v. 5.7.2006 – IV ZB 39/05, BGHZ 168, 210 = FamRZ 2006, 1519 = NJW 2006, 3353 = ZEV 2006, 498 m. Anm. *Leipold* = ZErb 2006, 378 m. Anm. *Keim*.

14 MüKo-BGB/*Leipold*, § 2069 Rn 3.

Muster 16.1: Bestimmung eines Ersatzvermächtnisnehmers 16.1

Im Wege des Vermächtnisses erhält , geb. am in , derzeit wohnhaft in , 18
Str. , meine Eigentumswohnung in , Str. , eingetragen im Grundbuch von , Band , Fl.Nr. . Für den Fall, dass der Vermächtnisnehmer vor oder nach dem Erbfall wegfällt, gleich aus welchem Grund, bestimme ich entgegen jeder anderslautenden gesetzlichen oder richterlichen Vermutungs- und Auslegungsregel meinen Freund , geb. am in , derzeit wohnhaft in , Str. , zum Ersatzvermächtnisnehmer.

IV. Erfüllung des Vermächtnisses durch den Testamentsvollstrecker

Zur Sicherstellung der Vermächtniserfüllung kann der Erblasser einen Testamentsvollstre- 19
cker (§ 2223 BGB) bestimmen mit der Aufgabe, nach dem Erbfall den Vermächtnisgegenstand zu übertragen. Er kann aber auch den **Vermächtnisnehmer** selbst zu seinem Testamentsvollstrecker ernennen mit der alleinigen Befugnis, sich nach dem Erbfall das Vermächtnis zu erfüllen, wobei kein Verstoß gegen § 181 BGB vorliegt, da es sich hierbei ausschließlich um die Erfüllung einer Verbindlichkeit handelt.[15]

Wird der Vermächtnisnehmer selbst als Testamentsvollstrecker benannt, bleibt die Frage der Vergütung zu regeln. Da es in erster Linie um die Sicherstellung des Vermächtnisses geht, ist in einem solchen Fall der Aufgabenkreis hierauf zu beschränken und eine Vergütung des Testamentsvollstreckers auszuschließen. Im Übrigen ist auch unbedingt die Frage der Kostentragung der Erfüllung des Vermächtnisses zu regeln.

Muster 16.2: Vermächtnisnehmer als Testamentsvollstrecker 16.2

Im Wege des Vermächtnisses erhält meine Mutter , geb. am in , derzeit wohnhaft 20
Str. in , ein lebenslanges dingliches Wohnungsrecht gem. § 1093 BGB an sämtlichen im Erdgeschoss befindlichen Räumen meines Hausanwesens Str. in , einschließlich der Küche, des Bades und des Gartens. Der Eigentümer hat die Kosten der Instandhaltung zu tragen. Die laufenden Kosten für Strom, Wasser, Gas trägt die Berechtigte selbst. Ein Ersatzvermächtnisnehmer wird entgegen jeder anderslautenden gesetzlichen oder richterlichen Vermutungs- und Auslegungsregel nicht benannt.

Ich bestimme die Vermächtnisnehmerin zur Testamentsvollstreckerin mit der alleinigen Aufgabe, sich das Wohnungsrecht zu bestellen und im Grundbuch eintragen zu lassen. Der Vermächtnisnehmerin steht hierfür keine Testamentsvollstreckervergütung zu. Die übrigen Kosten der Vermächtniserfüllung (Notar etc.) haben die Erben zu tragen.

Sinnvoll ist die Einsetzung des Vermächtnisnehmers zum Testamentsvollstrecker aber nur, 21
wenn es sich um ein Vermächtnis handelt, das ohne die Mitwirkung der Erben selbst erfüllt werden kann. Dies ist z.B. bei einem Grundstücksvermächtnis oder aber auch bei der Bestellung eines Wohnungsrechts bzw. eines Nießbrauchsrechts an einem Grundstück der Fall, aber auch bei anderen Gegenständen, die der Testamentsvollstrecker ohne Mitwirkung der Erben in Besitz nehmen kann. Zum Nießbrauchsvermächtnis vgl. Rdn 119 ff. und zum Wohnungsrechtsvermächtnis vgl. Rdn 181 ff.

V. Abgabe der dinglichen Einigungserklärung durch den Erblasser

Beim Vermächtnis dinglicher Rechte an Grundstücken, wie Nießbrauch oder Wohnungs- 22
recht, kann die **dingliche Einigung** hierüber direkt in die notarielle Urkunde über die

15 Grüneberg/*Ellenberger*, § 181 Rn 22.

Verfügung von Todes wegen aufgenommen werden. Die Einigungserklärungen beider Teile müssen hier – anders als bei der Auflassung – auch nicht gleichzeitig abgegeben werden. Der Vermächtnisnehmer kann seine dingliche Einigungserklärung auch noch später, nach Eintritt des Erbfalls, abgeben.[16] An diese bleiben die Erben als Gesamtrechtsnachfolger gebunden, sofern die in § 873 Abs. 2 BGB genannten Formalien erfüllt sind.

23 Bei einem Grundstücksvermächtnis setzt die Aufnahme der **Auflassungserklärung** in die Urkunde voraus, dass der Vermächtnisnehmer bei der Errichtung der letztwilligen Verfügung mitwirkt, weil § 925 Abs. 1 S. 1 BGB gleichzeitige Anwesenheit beider Vertragsteile bei der Erklärung der Auflassung vorschreibt.

Um der Gefahr vorzubeugen, dass sich der Vermächtnisnehmer noch zu Lebzeiten des Erblassers eine Ausfertigung der Urkunde erteilen lässt, um damit den Vollzug der Auflassung beim Grundbuchamt zu betreiben, empfiehlt es sich, den Anspruch des Begünstigten auf Erteilung einer Ausfertigung der Urkunde zu Lebzeiten des Erblassers in der Urkunde selbst auszuschließen.

Weiterhin birgt eine solche Gestaltung – Erklärung der Auflassung bereits in der Verfügung von Todes wegen – das Risiko in sich, dass der Begünstigte nach dem Tod des Erblassers das Grundbuch umschreiben lassen kann, auch wenn durch spätere letztwillige Verfügung die zu seinen Gunsten getroffene Vermächtnisanordnung aufgehoben oder widerrufen wurde.

Deshalb dürfte grundsätzlich die Erklärung der Auflassung unter Anwesenheit beider Teile in der Urkunde über die Errichtung der Verfügung von Todes wegen nur in seltenen Ausnahmefällen ratsam sein.

VI. Erfüllung des Vermächtnisses durch Bevollmächtigung des Vermächtnisnehmers

24 Der **Erfüllungsanspruch** des Vermächtnisnehmers kann auch dadurch gesichert werden, dass der Vermächtnisnehmer selbst unter Befreiung von der Beschränkung des § 181 BGB vom Erblasser in der Verfügung von Todes wegen bevollmächtigt wird, das vermachte Eigentum auf sich zu übertragen oder zu Lasten einzelner Nachlassgegenstände dingliche Rechte zu bestellen. Die **Vollmacht** ist materiell-rechtlich zwar eine empfangsbedürftige Willenserklärung (§ 130 Abs. 1 BGB); die Vorschriften über die Testaments- und Erbvertragseröffnung sowie über die Benachrichtigung der Verfahrensbeteiligten stellen aber sicher, dass der Bevollmächtigte Kenntnis von der Vollmachtserteilung erlangt. Für die Wirksamkeit der Willenserklärung (= Vollmachtserteilung) ist der Tod des Erblassers ohne Einfluss (§ 130 Abs. 2 BGB).

25 An der Zulässigkeit einer Bevollmächtigung über den Tod hinaus bestehen keine Zweifel. Wurde die Vollmacht im Interesse des Vermächtnisnehmers zur Durchsetzung seines Anspruchs nach § 2174 BGB erteilt, so kann auch ohne ausdrückliche Erklärung auf die Unwiderruflichkeit der Vollmacht durch die Erben geschlossen werden.[17] Für die **rechtliche Gestaltung** empfiehlt es sich jedoch, ausdrücklich diese Unwiderruflichkeit bis zur vollständigen Erfüllung des Vermächtnisanspruchs in die Verfügung von Todes wegen aufzunehmen. Die Vollmacht kann auch von vornherein auf den Tod des Erblassers beschränkt werden (postmortale Vollmacht), sodass der bevollmächtigte Vermächtnisnehmer erst für die Erben des Erblassers handeln kann.[18]

16 *Mayer*, BWNotZ 1997, 62.
17 BayObLG, Beschl. v. 23.8.1989 – BReg. 2 Z 83/89, MittBayNot 1989, 308.
18 OLG Saarbrücken, Urt. v. 10.5.2023 – 5 U 57/22, ErbR 2023, 856.

Für den Nachweis der Vollmacht gegenüber dem **Grundbuchamt** ist zwar grundsätzlich die Vorlage einer Ausfertigung der Vollmachtsurkunde erforderlich (§ 29 GBO, § 47 BeurkG). Da das Nachlassgericht von einer Verfügung von Todes wegen aber lediglich eine beglaubigte Abschrift nebst Eröffnungsprotokoll erteilt, die nach § 35 Abs. 1 S. 2 GBO auch zum Nachweis des Erbrechts und zur Berichtigung des Grundbuchs ausreicht, dürfte auch für den Nachweis der Vollmacht eine solche beglaubigte Abschrift ausreichen.[19]

VII. Vermächtnis und Erbschaftsteuer

Grundsätzlich bildet der Erwerb durch Vermächtnis einen eigenständigen Erwerb von 26
Todes wegen, der als solcher nach § 3 Abs. 1 Nr. ErbStG der Erbschaftsteuer unterliegt. Steuerschuldner für diesen Erwerb ist (allein) der Vermächtnisnehmer.[20] Für den mit dem Vermächtnis Beschwerten (z.B. den oder die Erben oder auch einen anderen Vermächtnisnehmer) bildet die Vermächtnislast eine Nachlassverbindlichkeit i.S.v. § 10 Abs. 5 ErbStG, die bei der Berechnung der Erbschaftsteuerlast des Beschwerten in Abzug zu bringen ist.[21]

Dessen ungeachtet bestimmt § 20 Abs. 3 ErbStG, dass bis zur (vollständigen) Nachlassauseinandersetzung (auch) der Nachlass für die Steuerschuld haftet. Die genaue Reichweite der Regelung ist noch nicht höchstrichterlich geklärt. Es kann aber nicht ausgeschlossen werden, dass § 20 Abs. 3 ErbStG auch eine Haftung für Erbschaftsteuerverbindlichkeiten des Vermächtnisnehmers statuiert.[22]

Mithin kann es sich empfehlen, durch entsprechende Anordnungen das Risiko der Inan- 27
spruchnahme des Nachlasses für die Erbschaftsteuer abzusichern. Dabei könnte man zunächst an ein **Untervermächtnis** denken, durch das dem Nachlass ein Freistellungsanspruch gegenüber dem Vermächtnisnehmer eingeräumt wird. Tatsächlich wäre dies aber praktisch wahrscheinlich nur von geringem Wert, da die Inanspruchnahme des Nachlasses vor allem dann droht, wenn der Vermächtnisnehmer entweder nicht leistungsfähig oder „nicht greifbar" ist. Diese Problematik würde dann aber im Zweifel nicht nur für den Fiskus, sondern auch für die übrigen Nachlassbeteiligten bestehen, sodass im Ergebnis ein Untervermächtnis nur schwer durchsetzbar wäre.

Sinnvoller erscheint vor diesem Hintergrund die Anordnung einer – das ganze oder nur 28
einen Teil des Vermächtnisses umfassenden – **auflösenden Bedingung**, die das Vermächtnis entfallen lässt, wenn bzw. soweit es zu einer Inanspruchnahme des Nachlasses als Haftungsschuldner kommt und der Vermächtnisnehmer nicht binnen einer angemessenen (kurzen) Frist die Freistellung des Nachlasses bewirkt. Zusätzlich kann auch ein **Zurückbehaltungsrecht** des Beschwerten bis zur vollständigen Begleichung der Erbschaftsteuer durch den Vermächtnisnehmer erwogen werden.

Muster 16.3: Vermächtnisanordnung mit auflösender Bedingung 16.3

Das Vermächtnis ist insgesamt auflösend bedingt und bei Bedingungseintritt rückabzuwickeln. Bedingung 29
ist die Inanspruchnahme des Nachlasses für die Erbschaftsteuer des Vermächtnisnehmers als Haftungsschuldner nach § 20 Abs. 3 ErbStG.

---

19 *Mayer*, BWNotZ 1997, 62, 63.

20 Troll/Gebel/Jülicher/Gottschalk/*Gottschalk*, § 3 Rn 166.

21 Troll/Gebel/Jülicher/Gottschalk/*Gottschalk*, § 10 Rn 177.

22 So z.B. Troll/Gebel/Jülicher/Gottschalk/*Gottschalk*, § 20 Rn 53; *Weinmann/Revenstorff/Offerhaus/Erkis*, Rn 12.

Muster 16.4: Vermächtnisanordnung mit teilweise auflösender Bedingung

30 Das Vermächtnis ist teilweise auflösend bedingt und bei Bedingungseintritt rückabzuwickeln, soweit der Nachlass nach § 20 Abs. 3 ErbStG als Haftungsschuldner für die Erbschaftsteuer des Vermächtnisnehmers in Anspruch genommen wird. Die Bedingung gilt als eingetreten, wenn der Nachlass die Erbschaftsteuer aufgrund entsprechenden Haftungsbescheids gezahlt und der Vermächtnisnehmer die gezahlte Summe nicht binnen einer Frist von ___ Tagen nach schriftlicher Aufforderung durch einen Miterben an den Nachlass erstattet hat.

Muster 16.5: Zurückbehaltungsrecht bis Vermächtniserfüllung

31 Dem Beschwerten steht hinsichtlich der Vermächtniserfüllung (Herausgabe des Vermächtnisgegenstands) ein Zurückbehaltungsrecht zu, bis der Vermächtnisnehmer die Zahlung der auf ihn wegen des Vermächtnisses entfallenden Erbschaftsteuer nachgewiesen oder in entsprechender Höhe durch Bankbürgschaft, Verpfändung von Bankguthaben oder Ähnliches Sicherheit geleistet hat.

32 Ist Gegenstand des Vermächtnisses ein Geldbetrag, bietet sich folgende Regelung an:

Muster 16.6: Zurückbehaltungsrecht bis Vermächtniserfüllung (Geldbetrag)

Dem Beschwerten steht hinsichtlich der Vermächtniserfüllung ein Zurückbehaltungsrecht in Höhe der auf den Vermächtnisnehmer wegen des Vermächtnisses entfallenden Erbschaftsteuer zu. Das Zurückbehaltungsrecht endet, sobald der Vermächtnisnehmer die Zahlung der Erbschaftsteuer nachgewiesen oder in entsprechender Höhe durch Bankbürgschaft, Verpfändung von Bankguthaben oder Ähnliches Sicherheit geleistet hat.

B. Vermächtnisformen

33 Bei der Anordnung von Vermächtnissen ist zwischen der **Vermächtnisform** und dem **Vermächtnisgegenstand** (Inhalt) zu unterscheiden. Bei der Vermächtnisform handelt es sich um die vom Gesetz jeweils vorgesehenen Möglichkeiten, die Art der Vermächtnisanordnung zu wählen. So kann z.B. ein Gegenstand durch Verschaffungsvermächtnis zugewandt werden oder dem Bedachten kann durch Anordnung eines Wahlvermächtnisses die Entscheidung, welchen Gegenstand er erhalten will, selbst überlassen werden. Ferner kann durch Vermächtnis der Nachlass auch erschöpfend ausgekehrt werden (Universalvermächtnis).[23]

I. Verschaffungsvermächtnis

1. Allgemeines

34 Grundsätzlich kann Inhalt eines Vermächtnisses jeder im Nachlass befindliche Gegenstand oder jedes durch den Erben einräumbare Recht sein. Beim **Verschaffungsvermächtnis**[24] besteht im Gegensatz zur sonstigen Vermächtnisanordnung die Besonderheit, dass ein nicht (mehr) zum Nachlass gehörender bestimmter Gegenstand oder ein Recht vermacht wird, indem der Beschwerte verpflichtet wird, dem Bedachten den entsprechenden Gegenstand oder das Recht nach dem Erbfall zu verschaffen (§ 2170 BGB).

23 Vgl. etwa auch zur Möglichkeit der Vermächtnisanordnung durch Negativabgrenzung *Feick*, ZErb 2002, 86.

24 Vgl. zum Verschaffungsvermächtnis auch BGH, Urt. v. 3.11.1982 – IVa ZR 47/81, DB 1983, 1037 und *Bühler*, DNotZ 1964, 581.

Aus der Anordnung des Erblassers muss sich ergeben, dass er das Vermächtnis auch gerade für diesen Fall angeordnet hat.[25] Ist der mit dem Verschaffungsvermächtnis Beschwerte nicht in der Lage, das Vermächtnis zu erfüllen, so hat er gem. § 2170 Abs. 2 S. 1 BGB den Wert zu ersetzen. Sofern die Verschaffung des Vermächtnisgegenstands nur mit unverhältnismäßigem Aufwand möglich ist, kann sich der Beschwerte durch Entrichtung des Wertersatzes hiervon befreien (§ 2170 Abs. 2 S. 2 BGB).

Unmögliches oder ungesetzliches Vermächtnis: 35

Ein Vermächtnis, das zu einer objektiv unmöglichen Leistung verpflichtet, ist unwirksam. § 2171 Abs. 1 BGB, der diese Rechtsfolge anordnet, erfasst die anfängliche objektive Unmöglichkeit eines Vermächtnisses und stellt nicht auf den Zeitpunkt der Abgabe der Erklärung, sondern konsequenterweise auf den Zeitpunkt des Erbfalls ab, weil eine Vermächtnisanordnung zwar im Zeitpunkt der Testamentserrichtung existent, aber noch nicht rechtswirksam ist.

Ist die Wirksamkeit eines Vermächtnisses von einer behördlichen Genehmigung abhängig, so ist die Anordnung bis zur Erteilung der Genehmigung schwebend unwirksam. Bei Versagung der Genehmigung tritt nachträgliche Unmöglichkeit ein.[26]

Wird das Vermächtnis durch **Erbvertrag** angeordnet (§ 2278 Abs. 2 BGB), könnte § 2288 Abs. 2 BGB anzuwenden sein. Falls nämlich der Erblasser den vermachten Gegenstand vor dem Erbfall ohne lebzeitiges Eigeninteresse veräußert oder belastet hat, so ist der Erbe auch ohne besondere Anordnung verpflichtet, dem Bedachten den Gegenstand zu verschaffen oder die Belastung zu beseitigen. 36

2. Auslegung und Beweislast

Gem. § 2169 BGB wird vermutet, ein Vermächtnis sei unwirksam, wenn der zugewandte Gegenstand zum Zeitpunkt des Erbfalls nicht mehr im Nachlass vorhanden ist. Deshalb trägt der mit dem Vermächtnis Bedachte die **Beweislast** dafür, dass der Erblasser ihm entgegen § 2169 Abs. 1 BGB den nachlassfremden Gegenstand zuwenden wollte.[27] Indiz hierfür ist das Wissen des Erblassers im Anordnungszeitpunkt, dass der Gegenstand nicht zum Nachlass gehören würde, oder sein Irrtum, der Gegenstand gehöre zu seinem Vermögen. 37

Nach § 2169 Abs. 1 BGB tritt nämlich im Falle der Veräußerung des vermachten Gegenstands durch den Erblasser der Erlös grundsätzlich nicht an die Stelle des Vermächtnisgegenstands.[28]

Ein Verschaffungsvermächtnis ist auch dann anzunehmen, wenn der Erblasser dem Bedachten den vermachten Gegenstand unbedingt zukommen lassen wollte und dieser **wirtschaftlich** im Nachlass enthalten ist.[29] 38

In der konkreten Gestaltung bietet sich die ausdrückliche Anordnung gerade auch für den Fall an, dass der Gegenstand im Zeitpunkt des Erbfalls nicht mehr vorhanden ist; besser ist es, das Vermächtnis zusätzlich ausdrücklich als Verschaffungsvermächtnis zu bezeichnen.

---

25 MüKo-BGB/*Rudy*, § 2170 Rn 1.
26 BGH, Urt. v. 20.6.1962 – V ZR 219/60, BGHZ 37, 233.
27 MüKo-BGB/*Rudy*, § 2169 Rn 10.
28 BGH, Urt. v. 30.9.1959 – V ZR 66/58, BGHZ 31, 13, 22; BayObLG FamRZ 2005, 480.
29 BGH, Urt. v. 3.11.1982 – IVa ZR 47/81, NJW 1983, 937.

3. Praktische Anwendung und Grenzen

39 In der Praxis kommen Verschaffungsvermächtnisse bei Gesamthands- oder Miteigentum vor oder bei Herausgabevermächtnissen, bei denen ein Inbegriff von Gegenständen oder ein Bestand von Zubehörstücken herauszugeben ist. Auch ein Wohnungsrecht kann Gegenstand eines Verschaffungsvermächtnisses sein.[30]

Die Erben oder Hauptvermächtnisnehmer können aber nicht unbegrenzt mit einem Verschaffungsvermächtnis belastet werden. Eine **Grenze** bildet insoweit die beschränkte Erbenhaftung[31] sowie die Beschränkung eines Untervermächtnisses auf den Wert des Hauptvermächtnisses gem. § 2187 Abs. 1 BGB. Danach sind dem Verschaffungsvermächtnis insoweit Grenzen gesetzt, als der Wert des zu verschaffenden Gegenstands **wirtschaftlich** im Nachlass enthalten sein muss, da die Erben bzw. Hauptvermächtnisnehmer nur in Höhe des Nachlasswerts bzw. des Werts des Hauptvermächtnisses für die Verbindlichkeiten haften.

16.7 **Muster 16.7: Verschaffungsvermächtnis, wenn der Gegenstand nicht mehr im Nachlass ist**

40 Im Wege des Vermächtnisses erhält , geb. am in , derzeit wohnhaft Str. in , meine Eigentumswohnung in , Str. , eingetragen im Grundbuch von , Band , Fl.Nr. . Befindet sich die Eigentumswohnung zum Zeitpunkt des Erbfalls nicht mehr im Nachlass, dann beschwere ich die Erben mit einem Verschaffungsvermächtnis dahingehend, dem Vermächtnisnehmer auf Kosten des Nachlasses eine ähnliche Eigentumswohnung mit ca. 100 qm Wohnfläche in zentraler Lage in zu einem Verkehrswert von ca. 400.000 EUR zu verschaffen. Die Kosten der Vermächtniserfüllung tragen die Erben. Ein Ersatzvermächtnisnehmer wird entgegen jeder anderslautenden gesetzlichen oder richterlichen Vermutungs- oder Auslegungsregel nicht benannt.

4. Verhältnis von § 2169 zu § 2288 BGB

41 Eine Vermächtnisanordnung ist – wie ausgeführt – unwirksam, wenn der vermachte Gegenstand beim Erbfall nicht mehr zum Nachlass gehört und wenn der Erblasser auch nicht wollte, dass der Gegenstand dem Bedachten verschafft werden solle (§ 2169 Abs. 1 BGB). Die Vorschriften zum Verschaffungsvermächtnis (§§ 2169, 2170 BGB) gelten sowohl für das einseitig verfügte als auch für das erbvertraglich oder wechselbezüglich (§ 2270 Abs. 3 BGB) angeordnete Vermächtnis. Nur für das erbvertraglich oder testamentarisch bindend angeordnete Vermächtnis gilt zusätzlich der Schutz des § 2288 BGB, beim erbvertraglich angeordneten Vermächtnis in direkter, bei der bindend gewordenen testamentarischen Vermächtnisanordnung in analoger Anwendung. Der Erblasser kann im Grundsatz über den Vermächtnisgegenstand frei unter Lebenden verfügen (§ 2286 BGB). Im Interesse des Vertragsvermächtnisnehmers beugt § 2288 BGB dem Fall vor, dass sich der Erblasser trotz des bestehenden bindenden Erbvertrags durch Zerstörung, Beschädigung oder Beiseiteschaffen des vermachten Gegenstands seiner vertraglichen Bindung entzieht. Zum Wohnungsrecht als Verschaffungsvermächtnis vgl. Rdn 183.[32]

---

30 Vgl. OLG Bremen, Urt. v. 29.9.2000 – 5 U 39/2000c = 6 O 2164/98 2.Az = Vorinstanz LG Bremen, ZEV 2001, 401.

31 MAH ErbR/*Schlitt*, § 13 Rn 103.

32 Siehe hierzu OLG Bremen, Urt. v. 29.9.2000 – 5 U 39/2000c = 6 O 2164/98 2.Az = Vorinstanz LG Bremen, NJWE-FER 2001, 239 = ZEV 2001, 401.

II. Bestimmungsvermächtnis

1. Anwendungsbereich

Die Möglichkeit der **Bestimmung** der Person des Vermächtnisnehmers durch einen Dritten wird in der Praxis wegen der engen Auslegung des § 2065 Abs. 2 BGB bei der Erbeinsetzung durch den BGH vor allem dort angewandt, wo es darauf ankommt, wirtschaftliche oder ideelle Werte von Todes wegen unmittelbar in die „richtige" Hand zu bringen – insbesondere beim sog. vorzeitigen Unternehmertestament. Da die Fortführung des Betriebs in erster Linie auch von den Fähigkeiten des Nachfolgers abhängt, ist es dem Erblasser gerade in jungen Jahren oftmals nicht möglich, seinen Erben oder Vermächtnisnehmer bereits zu benennen.[33] 42

2. Kreis der bedachten Personen

Gem. § 2151 BGB kann der Beschwerte oder der Dritte den Bedachten aus mehreren vom Erblasser benannten, potenziell bedachten Personen auswählen. Im Gegensatz dazu ist dies bei § 2065 BGB im Rahmen der Erbeinsetzung wegen des Grundsatzes der materiellen Höchstpersönlichkeit nicht möglich, da eine Stellvertretung des Erblassers im Willen oder in der Erklärung unzulässig ist. Eine Auflockerung des Verbots der Drittbestimmung nach § 2065 BGB erfolgt im Rahmen der Anordnung von Vermächtnissen durch § 2151 BGB. Danach genügt es, wenn der Erblasser einen **bestimmten Personenkreis** angibt, aus dem der Dritte durch formlose, empfangsbedürftige und unwiderrufliche Willenserklärung den Bedachten auszuwählen hat. 43

Zu beachten ist aber, dass auch bei § 2151 BGB der Personenkreis hinreichend bestimmt sein muss.[34] Die Auswahl kann also nicht in das völlige Belieben des Dritten gestellt werden.

So liegt keine hinreichende Bestimmtheit vor, wenn der Erblasser lediglich die Einwohner einer Stadt oder die Bürger der Bundesrepublik Deutschland benennt.[35] Gleiches gilt, wenn nur angegeben wird, dass diejenige Organisation, die sich für kranke Kinder einsetzt, das Vermächtnis erhalten soll.[36] 44

Die Zugehörigkeit des Bedachten zu dem auszuwählenden Personenkreis muss zweifelsfrei feststellbar sein.[37] Der Kreis der Bedachten darf deshalb nicht allzu weit ausgedehnt werden.[38] Erforderlich ist ein objektiv bestimmbarer, überschaubarer Personenkreis, der vom Erblasser in seiner Verfügung von Todes wegen so genau bestimmt sein muss, dass sich die Zugehörigkeit eines potenziell Bedachten zu diesem Personenkreis zweifelsfrei ergibt.[39] Zu dem auszuwählenden Personenkreis können auch die Erben selbst gehören.[40] Gleiches gilt auch für den Auswahlberechtigten.[41]

33 *v. Borries*, ErbR 2021, 90.
34 MüKo-BGB/*Rudy*, § 2151 Rn 1.
35 *Lange/Kuchinke*, § 29 III 2.b.
36 *Lange/Kuchinke*,§ 29 III 2.b.
37 MüKo-BGB/*Rudy*, § 2151 Rn 2.
38 Grüneberg/*Weidlich*, § 2151 Rn 1.
39 *Loritz/Weinmann*, ZEV 2024, 713.
40 KG, Urt. v. 5.5.1937 – 1 Wx 157/37, JW 1937, 2200; *Sudhoff*, DB 1966, 650.
41 MüKo-BGB/*Rudy*, § 2151 Rn 3.

3. Auswahl des Bedachten

45 Die Bestimmung des Bedachten kann nach freiem Ermessen oder Belieben vorgenommen werden, sofern dies nicht arglistig geschieht.[42] Der Erblasser kann aber auch bestimmte Auswahlkriterien, nach denen die Bestimmung zu erfolgen hat, im Testament angeben. Falls der Erblasser keinen Bestimmungsberechtigten benannt hat, ist gem. § 2152 BGB der Beschwerte selbst bestimmungsberechtigt. Die Bestimmung selbst erfolgt durch **formlose einseitige Willenserklärung.** Ist der Beschwerte bestimmungsberechtigt, dann hat sie gegenüber dem ausgewählten Vermächtnisnehmer zu erfolgen. Ist ein Dritter bestimmungsberechtigt, so wird die Erklärung gem. § 2151 Abs. 2 BGB gegenüber dem Beschwerten abgegeben.

4. Erlöschen und Unterlassen des Bestimmungsrechts

46 Das Bestimmungsrecht ist grundsätzlich nicht übertragbar.[43] Es erlischt, wenn der Bestimmungsberechtigte geschäftsunfähig oder verstorben ist. Das gilt jedenfalls, solange der Erblasser keine anderen Anordnungen getroffen hat. Besonders praxisrelevant erscheint in diesem Zusammenhang die Frage nach der Höchstpersönlichkeit des Bestimmungsrechts im Rahmen der Erfüllung von Steuervermächtnissen bzw. ob auch ein Generalbevollmächtigter des erbenden Ehegatten das Bestimmungsrecht ausüben kann.[44] Wer hier auf Nummer sicher gehen will, ordnet für diesen Fall entsprechende **Abwicklungsvollstreckung** an. Das Bestimmungsrecht erlischt auch für den Fall, dass der Bestimmungsberechtigte gem. § 2151 Abs. 3 BGB trotz Fristsetzung durch das Nachlassgericht eine Auswahl nicht getroffen hat. Hierbei gilt es zu beachten, dass die Fristsetzung seitens des Nachlassgerichts erfolgt, ohne über die Wirksamkeit der zugrunde liegenden Verfügung von Todes wegen zu entscheiden.[45] Dies obliegt allein dem Prozessgericht. § 2151 Abs. 3 S. 2 BGB dient nur dazu, eine vollständige Verfügung von Todes wegen zu erreichen und die vom Erblasser bewusst offengelassenen Bestimmungen zu ergänzen. Unterbleibt eine Bestimmung, so steht gem. § 2151 Abs. 3 BGB das Vermächtnis allen Bedachten als Gesamtgläubigern zu.

47 Unvorhergesehene Entwicklungen können sich hier insbesondere dann ergeben, wenn nach unterlassener Ausübung des Bestimmungsrechts der Vermächtnisschuldner an einen der Gesamtgläubiger leistet. Gem. § 2151 Abs. 3 S. 3 BGB ist dieser im Gegensatz zu § 430 BGB nicht zur Teilung verpflichtet.[46] Faktisch führt dies dazu, dass das Auswahlrecht auf den oder die Beschwerten übergeht[47] und dieser mit befreiender Wirkung an einen der Vermächtnisnehmer leisten kann (§ 428 BGB).

5. Bestimmungsvermächtnis und sonstige Vermächtnisse

48 Ein Unterfall des Bestimmungsvermächtnisses ist das sog. **Verteilungsvermächtnis.** Der Erblasser kann den Bestimmungsberechtigten verpflichten, den Vermächtnisgegenstand innerhalb eines bestimmten Personenkreises summen- bzw. bruchteilsmäßig zu verteilen. Voraussetzung ist aber auch hier ein objektiv bestimmbarer, beschränkter und leicht überschaubarer Personenkreis.[48]

---

42 MüKo-BGB/*Rudy*, § 2151 Rn 12.
43 Grüneberg/*Weidlich*, § 2151 Rn 2.
44 *Kurth*, ZEV 2021, 357.
45 OLG Stuttgart, Beschl. v. 27.2.1996 – 8 W 397/95, FamRZ 1996, 1175.
46 MüKo-BGB/*Rudy*, § 2151 Rn 13.
47 MüKo-BGB/*Rudy*, § 2151 Rn 14.
48 RG, Urt. v. 13.5.1919 – Rep. VII. 89/19, RGZ 96, 15, 17.

Problematisch könnte die Vermächtniseinsetzung mit Drittbestimmungsrecht beim **Universalvermächtnis** sein, wenn also das ganze Vermögen des Erblassers vermächtnisweise zugewandt wird. Grundsätzlich ist die Aussetzung des Bestimmungsvermächtnisses gem. § 2151 BGB durch den eingesetzten Testamentsvollstrecker als Bestimmungsberechtigten und Zuwendung eines Universalvermächtnisses, also eines Vermächtnisses des gesamten Nachlasses, möglich. 49

Auch eine Kombination von **Bestimmungs-** und **Zweckvermächtnis** ist möglich, mit der Folge, dass der Erblasser dem Bestimmungsberechtigten sowohl die Bestimmung der Zuwendung als auch die des Zuwendungsempfängers überlässt. 50

Muster 16.8: Bestimmungsvermächtnis

Ich, …, vermache im Wege des Vermächtnisses mein Grundstück in …, … Str. …, eingetragen im Grundbuch von …, Band …, Blatt …, Fl.Nr. …, an einen meiner drei Enkel …, …, …, mit der Maßgabe, dass meine Ehefrau, ersatzweise der Testamentsvollstrecker, innerhalb von sechs Monaten nach dem Erbfall denjenigen Vermächtnisnehmer auszuwählen hat, der das Vermächtnis erhalten soll. Zum Testamentsvollstrecker bestimme ich …; ersatzweise für den Fall, dass der Testamentsvollstrecker vor oder nach Amtsantritt entfällt, soll das Nachlassgericht einen geeigneten Testamentsvollstrecker bestimmen. Der Testamentsvollstrecker hat die Aufgabe, den Vermächtnisnehmer verbindlich zu bestimmen, sofern meine Ehefrau dies nicht innerhalb von sechs Monaten nach dem Erbfall getan hat. Die Kosten der Vermächtniserfüllung hat der Erbe zu tragen, ebenso die Kosten der Testamentsvollstreckung. 51

Muster 16.9: Bestimmungsvermächtnis mit Auswahlkriterien und Abfindung

Ich, …, vermache im Wege des Vermächtnisses mein Grundstück in …, … Str. …, eingetragen im Grundbuch von …, Band …, Blatt …, Fl.Nr. …, an einen meiner drei Enkel …, …, …, mit der Maßgabe, dass meine Ehefrau, ersatzweise der Testamentsvollstrecker, innerhalb von sechs Monaten nach dem Erbfall denjenigen Vermächtnisnehmer auszuwählen hat, der das Vermächtnis erhalten soll. Bei der Auswahl des Vermächtnisnehmers ist demjenigen das Vermächtnis zuzusprechen, der zum Zeitpunkt des Erbfalls bereits verheiratet ist und aufgrund seiner beruflichen Bindung in der Region verbleiben wird. Die übrigen Vermächtnisnehmer erhalten aus dem Nachlass jeweils … EUR. Zum Testamentsvollstrecker bestimme ich …; ersatzweise für den Fall, dass der Testamentsvollstrecker vor oder nach Amtsantritt entfällt, soll das Nachlassgericht einen geeigneten Testamentsvollstrecker bestimmen. Der Testamentsvollstrecker hat die Aufgabe, den Vermächtnisnehmer nach den obigen Angaben verbindlich zu bestimmen, sofern meine Ehefrau dies nicht innerhalb von sechs Monaten nach dem Erbfall getan hat. Die Kosten der Vermächtniserfüllung hat der Erbe zu tragen, ebenso die Kosten der Testamentsvollstreckung. 52

III. Gattungsvermächtnis

Der Erblasser kann den Vermächtnisgegenstand gem. § 2155 BGB auch nur der **Gattung** nach bestimmen.[49] Geschuldet wird nicht etwa eine Sache mittlerer Art und Güte i.S.d. § 243 Abs. 1 BGB, sondern eine den Verhältnissen des Bedachten entsprechende Sache.[50] Grundsätzlich erfolgt die Bestimmung der konkret geschuldeten Sache durch den Beschwerten, falls nicht der Erblasser die Bestimmung auf den Bedachten selbst oder auf einen Dritten übertragen hat.[51] Beim Gattungsvermächtnis kommt es nicht darauf an, ob sich der 53

49 Vgl. zu der Frage, inwieweit es sich bei der vermächtnisweisen Zuwendung eines Wertpapierdepots um eine Gattungsschuld handelt, *Hardt*, ZErb 2000, 103.

50 MüKo-BGB/*Rudy*, § 2155 Rn 4.

51 MüKo-BGB/*Rudy*, § 2155 Rn 5.

oder die zu übertragenden Gegenstände zum Zeitpunkt des Erbfalls im Nachlass befinden, da § 2169 BGB nur für das Stückvermächtnis gilt.[52] Entgegen dem Wortlaut des § 2155 BGB ist die Vorschrift über das Gattungsvermächtnis nicht nur auf Sachen im klassischen Sinne (körperliche Gegenstände),[53] sondern auch auf Rechte und Dienstleistungen anzuwenden.[54]

16.10 **Muster 16.10: Gattungsvermächtnis mit Bestimmungsrecht des Beschwerten**

54 Mein Neffe , geb. am in , erhält im Wege des Vermächtnisses einen Mittelklasse-Pkw der Marke Opel, der aus den Mitteln des Nachlasses erworben werden soll. Meine Ehefrau, die ich zu meiner Alleinerbin eingesetzt habe, soll den Pkw auswählen.

16.11 **Muster 16.11: Gattungsvermächtnis mit Bestimmungsrecht des Bedachten**

55 Mein Neffe , geb. am in , erhält im Wege des Vermächtnisses einen Mittelklasse-Pkw der Marke Opel, der aus den Mitteln des Nachlasses erworben werden soll. Der Vermächtnisnehmer darf sich den Pkw selbst auswählen. Der Vermächtnisnehmer hat die Auswahl innerhalb von zwei Jahren nach Eintritt des Erbfalls zu treffen und das Vermächtnis geltend zu machen. Andernfalls geht das Bestimmungs- und Auswahlrecht auf den Erben über.

IV. Wahlvermächtnis

56 Ein **Wahlvermächtnis** kann nach § 2154 BGB gewährt werden, wenn der Bedachte von mehreren Gegenständen nur den einen oder anderen erhalten soll. Neben § 2154 BGB finden hier die Vorschriften über die Wahlschuld in §§ 262–265 BGB ergänzend Anwendung.[55] § 2154 BGB ist nach herrschender Meinung auch auf Fälle anwendbar, in denen der Erblasser zwar nur einen bestimmten Gegenstand zuwenden wollte, diesen jedoch so unklar bezeichnet hat, dass die Bezeichnung auf mehrere im Nachlass befindliche Gegenstände zutrifft.[56]

Das Wahlvermächtnis bietet sich z.B. an, wenn der Erblasser dem Bedachten die Auswahl des Gegenstands aus dem Nachlass selbst überlassen will. § 2154 BGB beinhaltet somit ebenfalls eine weitere Auflockerung des Grundsatzes des § 2065 BGB. So wie der Erblasser die **Bestimmung** der **Person** des Vermächtnisnehmers unter den Voraussetzungen des § 2151 BGB einem Dritten überlassen kann, ist es gem. § 2154 BGB möglich, den konkreten **Vermächtnisgegenstand** dem **Bestimmungsrecht** eines Dritten oder dem Vermächtnisnehmer selbst zu überlassen.[57] Der Erblasser muss lediglich die Gegenstände bezeichnen, aus denen die Auswahl getroffen werden soll. Ist der Gegenstand nur der Gattung nach bestimmt, gilt zusätzlich § 2155 BGB.

16.12 **Muster 16.12: Wahlweise Zuwendung von Gegenständen**

57 Im Wege des Vermächtnisses erhält , geb. am in , derzeit wohnhaft Str. in , diejenige meiner Eigentumswohnungen in , welche er sich nach Eintritt des Erbfalls aus dem Nachlass auswählt. Der Vermächtnisnehmer hat die Auswahl innerhalb von einem Jahr nach Eintritt des Erbfalls zu treffen. Hat er bis zu diesem Zeitpunkt keine Auswahl getroffen, dann geht

52 MüKo-BGB/*Rudy*, § 2155 Rn 3.

53 Zu der Frage, ob es sich bei einem Geldvermächtnis um ein Gattungsvermächtnis handelt, vgl. *Lange/Kuchinke*, § 27 V 2 d a.E.; hinsichtlich Quote BGH, Urt. v. 25.5.1960, NJW 1960, 1759.

54 MüKo-BGB/*Rudy*, § 2155 Rn 2.

55 BeckOK BGB/*Müller-Christmann*, § 2154 Rn 1.

56 MüKo-BGB/*Rudy*, § 2154 Rn 2.

57 MüKo-BGB/*Rudy*, § 2154 Rn 1.

das Bestimmungsrecht auf die Erben über. Die Kosten der Vermächtniserfüllung tragen die Erben. Fällt der Vermächtnisnehmer vor oder nach Eintritt des Erbfalls weg, so wird ein Ersatzvermächtnisnehmer entgegen jeder anderslautenden gesetzlichen oder richterlichen Auslegungs- und Vermutungsregel nicht benannt.

Praxishinweis 58
Da bei einem Wahlvermächtnis der jeweilige Anspruch bereits am Todestag dem Grunde nach entstanden hat, ist für die Bemessung der Erbschaftsteuer der Wert des ausgewählten Gegenstands maßgebend.[58]

V. Zweckvermächtnis

Bei einem **Zweckvermächtnis** ist nach den Vorschriften der §§ 2155, 2182, 2183 BGB der Vermächtnisgegenstand aufgrund eines vom Erblasser angegebenen Zwecks zu bestimmen. Eine Zweckbestimmung kann auch in der Zuwendung „des beim Erbfall bewohnten Wohnhauses“ liegen.[59] Gem. § 2156 BGB kann der Erblasser den oder die Bedachten benennen, die Bestimmung des Vermächtnisgegenstands selbst jedoch dem Beschwerten oder einem Dritten überlassen.[60] Das Bestimmungsrecht bezieht sich also auf **Gegenstand, Zeit** und **Zweckbestimmung** der Leistung, nicht aber auf die Person des Bedachten. 59

Der Grundsatz des § 2065 BGB gilt entsprechend für die Bestimmung des Gegenstands, den der Bedachte erhalten soll.[61] Ein Dritter kann also nicht willkürlich irgendeinen Gegenstand oder eine Leistung bestimmen, die der Bedachte erhalten soll.[62] Ebenso wie der Gesetzgeber bei der Bestimmung des Vermächtnisnehmers die Auswahl des Bedachten in § 2151 BGB gelockert hat, wird beim Zweckvermächtnis gem. § 2156 BGB die mittelbare Bestimmung des Gegenstands als zulässig angesehen.

Voraussetzung für ein wirksames Bestimmungsrecht ist aber, dass der Vermächtniszweck wenigstens so weit bestimmt ist, dass sich für das billige Ermessen bei der Bestimmung der Leistung ausreichende Anhaltspunkte ergeben, die ggf. gerichtlich nachprüfbar sind.[63]

Muster 16.13: Zweckvermächtnis mit Bestimmungsrecht des Beschwerten

Mein Enkel , geb. am in , erhält im Wege des Vermächtnisses die finanziellen Mittel für einen einjährigen Studienaufenthalt in den USA. Über die Einzelheiten entscheidet meine Tochter , die ich zu meiner Alleinerbin eingesetzt habe. 60

Die Bestimmungsbefugnis des Zweckvermächtnisses kann auch mit einem Bestimmungsrecht nach § 2151 BGB kombiniert werden.[64] 61

Muster 16.14: Zweckvermächtnis und Auswahl des Bedachten

Einem meiner zwei Enkel , geb. am in , und , geb. am in , vermache ich im Wege des Vermächtnisses die finanziellen Mittel für die Finanzierung seines Studiums dergestalt, dass meine Tochter , die ich zur Alleinerbin eingesetzt habe, den Vermächtnisnehmer, der die Finanzierung für sein Studium benötigt, auszuwählen hat. 62

58 *Kapp/Ebeling*, § 3 Rn 173 unter Bezugnahme auf BFH, Urt. v. 12.11.1980 – II R 1/78, BStBl II 1981, 177.
59 OLG Düsseldorf, Beschl. v. 12.8.2022 – 3 Wx 71/22, BeckRS 2022, 21609.
60 Vgl. zur Drittbestimmung beim Zweckvermächtnis *J. Mayer*, MittBayNot 1999, 447.
61 MüKo-BGB/*Leipold*, § 2065 Rn 21 ff.
62 BayObLG, Beschl. v. 2.2.1999 – 1Z BR 143/98, FamRZ 1999, 1386.
63 Vgl. MüKo-BGB/*Rudy*, § 2156 Rn 3; BGH, Urt. v. 22.9.1982 – IVa ZR 26/81, NJW 1983, 278.
64 MüKo-BGB/*Rudy*, § 2156 Rn 2.

VI. Verteilungsvermächtnis

63 Bei einem Verteilungsvermächtnis bedenkt der Erblasser gem. § 2153 BGB mehrere Vermächtnisnehmer mit einem bestimmten teilbaren Vermächtnisgegenstand in der Weise, dass der Beschwerte oder ein Dritter zu bestimmen hat, was jeder der Vermächtnisnehmer von dem vermachten Gegenstand erhalten soll. In Betracht kommt hierbei jeder ideell teilbare Gegenstand.[65] Das Verteilungsvermächtnis ist ein Unterfall des Bestimmungsvermächtnisses (vgl. Rdn 42 ff.).

VII. Universalvermächtnis

64 Unter einem Universalvermächtnis versteht man die Zuwendung des gesamten Nachlasses unter der ausdrücklichen Bezeichnung als Vermächtnis mit der Folge, dass im Übrigen die gesetzliche Erbfolge eintritt. Nach einer Mindermeinung[66] ist auch dies gem. § 2087 Abs. 1 BGB als Erbeinsetzung anzusehen. Die herrschende Meinung hingegen hält ein solches **Universalvermächtnis** für möglich.[67] Hier ist insbesondere von Bedeutung, dass bei einem Universalvermächtnis eine Bestimmung durch einen Dritten gem. § 2151 BGB im Gegensatz zu § 2065 BGB möglich ist.

Nach herrschender Meinung hat allerdings der Universalvermächtnisnehmer die **Nachlassverbindlichkeiten** zu tragen (§§ 2378, 2385 BGB analog).

Da bei einem Universalvermächtnis kein Nachlasswert verbleibt, wird in der Regel keiner der gesetzlichen Erben die Erbschaft annehmen. Zur Erfüllung des Vermächtnisses wird daher die Anordnung einer **Testamentsvollstreckung** geboten sein.

Erklärt der Erblasser ausdrücklich, dass dem testamentarischen Erben ein bestimmter Erbschaftsgegenstand nicht zufallen soll, gilt er gem. § 2149 BGB im Zweifel als dem gesetzlichen Erben vermacht. Den testamentarischen Erben trifft die Beweislast für einen davon abweichenden Erblasserwillen, insbesondere auch für einen Vorbehalt i.S.v. § 2086 BGB, der Erblasser habe das Testament später ergänzen wollen.[68]

VIII. Nachvermächtnis

1. Allgemeines

65 Ähnlich der Vor- und Nacherbschaft kann gem. § 2191 BGB ein **Nachvermächtnis** angeordnet werden.[69] Das Nachvermächtnis ist der Vor- und Nacherbfolge nachgebildet. So finden gem. § 2191 Abs. 2 BGB die Vorschriften der §§ 2102, 2106 Abs. 1, 2107 BGB und des § 2110 Abs. 1 BGB Anwendung.

Der Nachvermächtnisnehmer erhält einen **schuldrechtlichen** Anspruch gegen den Vorvermächtnisnehmer auf Übereignung des vermachten Gegenstands. Es handelt sich beim Nachvermächtnis um ein Untervermächtnis, auf das die Vorschriften der §§ 2186–2188 BGB

65 MüKo-BGB/*Rudy*, § 2153 Rn 3.

66 *Sudhoff*, DB 1966, 1720.

67 BGH, Urt. v. 7.7.2004 – IV ZR 135/03, NJW 2004, 3558 = ZEV 2004, 374; BayObLG, Beschl. v. 4.4.2002 – 1Z BR 19/01, FamRZ 2003, 119, 120; BayObLG, Beschl. v. 12.3.2002 – 1Z BR 14/01, FamRZ 2002, 1745 = NJW-RR 2002, 873 = BayObLGR 2002, 359; vgl. auch OLG München, Beschl. v. 12.10.2006 – 31 Wx 75/06, FamRZ 2008, 725.

68 OLG Stuttgart, Urt. v. 2.6.2008 – 5 U 42/07, ZEV 2008, 434.

69 Vgl. ausführlich zum Vor- und Nachvermächtnis *Watzek*, MittRhNotK 1999, 37.

Anwendung finden.[70] Das Nachvermächtnis fällt mit dem vom Erblasser bestimmten Zeitpunkt oder Ereignis an. Insoweit handelt es sich auch um ein aufschiebend bedingtes bzw. befristetes Vermächtnis (§ 2177 BGB).

Der Schutz des § 2179 BGB findet beim Nachvermächtnis entsprechende Anwendung.[71] Der Nachvermächtnisnehmer hat insoweit ein **Anwartschaftsrecht** gem. § 2179 BGB auf den späteren Erwerbsanspruch mit der Möglichkeit, einen eventuellen Schadensersatzanspruch gegen den Vorvermächtnisnehmer geltend machen zu können, falls diesen ein Verschulden trifft.[72] Ist ein Grundstück Gegenstand des Nachvermächtnisses, so ist der Anspruch des Nachvermächtnisnehmers nach Eintritt des Erbfalls **vormerkungsfähig,**[73] wenn der Vorvermächtnisnehmer im Grundbuch eingetragen ist[74] (§ 39 GBO).[75] 66

2. Vererblichkeit des Nachvermächtnisanwartschaftsrechts; Ersatznachvermächtnisnehmer

Auch beim Nachvermächtnis stellt sich die Frage der **Vererblichkeit** des Anwartschaftsrechts, obgleich weder eine direkte Anwendung des § 2108 BGB noch eine Analogie in Betracht kommt.[76] Allerdings ist aufgrund der nach § 2179 BGB geschützten Anwartschaft die Frage der Konkurrenz zum **Ersatznachvermächtnisnehmer** gem. § 2069 BGB problematisch, wenn der Erblasser einen Abkömmling oder einen sonst nahen Verwandten bedacht hat. 67

Die ausdrückliche Bestimmung eines Ersatzvermächtnisnehmers schließt dagegen wohl eine Vererblichkeit des Anwartschaftsrechts aus.[77] 68

Hinsichtlich der Vererblichkeit des zwischen Erbfall und Anfall des Vermächtnisses entstehenden Anwartschaftsrechts sollte daher die Verfügung von Todes wegen ausdrücklich eine entsprechende Bestimmung vorsehen. Nach §§ 2191 Abs. 2, 2102 BGB ist im Zweifel davon auszugehen, dass der Nachvermächtnisnehmer auch zum Ersatzvermächtnisnehmer berufen ist. Insofern besteht die gleiche Problematik wie bei der Vor- und Nacherbschaft.

3. Gegenstand des Nachvermächtnisses

Grundsätzlich kann jeder Gegenstand Inhalt eines Vermächtnisses und somit auch eines Nachvermächtnisses sein. Inhalt des Nachvermächtnisses ist zwangsläufig, dass der Gegenstand bei Vor- und Nachvermächtnis identisch ist. Problematisch kann dies in der praktischen Abwicklung sein, wenn Gegenstand des Vermächtnisses ein Inbegriff von Sachen ist. Hat der Erblasser hinsichtlich seines **Bar-** bzw. **Geldvermögens** einen Nachvermächtnisnehmer bestimmt, so genügt es für das Nachvermächtnis, wenn dem Vorvermächtnisnehmer eine gleich hohe Summe zugewandt wurde.[78] 69

Hat der Erblasser den Gegenstand eines Vermächtnisses bereits zu Lebzeiten auf den Vermächtnisnehmer übertragen, in seinem Testament aber ein Nachvermächtnis bestimmt, dann 70

70 MüKo-BGB/*Rudy*, § 2191 Rn 1.
71 OLG Oldenburg, Urt. v. 27.2.1990 – 5 U 130/89, NJW-RR 1990, 650.
72 MüKo-BGB/*Rudy*, § 2191 Rn 6.
73 BayObLG, Beschl. v. 22.12.1980 – BReg. 2 Z 62/80, MittBayNot 1981, 72.
74 Grüneberg/*Herrler*, § 883 Rn 18.
75 Vgl. zum Verwendungsersatzanspruch des Vermächtnisnehmers BGH, Urt. v. 6.3.1991 – IV ZR 114/89, BGHZ 114,16.
76 *Bengel*, NJW 1990, 1826.
77 *Bengel*, NJW 1990, 1826.
78 Staudinger/*Otte*, § 2191 Rn 2.

sieht das OLG Frankfurt als wirksamen Rechtsgrund der Übertragung das Vermächtnis an mit der Folge, dass der (Vor-)Vermächtnisnehmer mit einem Nachvermächtnis belastet ist.[79]

16.15 **Muster 16.15: Nachvermächtnis**

71 Ich, , vermache im Wege des Vermächtnisses meiner Ehefrau , geborene , geb. am in , meine Eigentumswohnung in , Str. , eingetragen im Grundbuch von , Blatt , Fl.Nr. . Ich bestimme meine Tochter , geb. am in , zur Nachvermächtnisnehmerin. Das Nachvermächtnis fällt mit dem Tod der Vermächtnisnehmerin an. Die Anwartschaft der Nachvermächtnisnehmerin zwischen Erbfall und Nachvermächtnisanfall ist weder vererblich noch übertragbar.

Für den Fall, dass die Nachvermächtnisnehmerin vor oder nach dem Erbfall wegfällt, bestimme ich, entgegen jeder anderslautenden gesetzlichen oder richterlichen Vermutungs- oder Auslegungsregel, die Abkömmlinge meiner Tochter zu Ersatznachvermächtnisnehmern nach den Regeln des gesetzlichen Erbrechts.

72 **Praxishinweis**
Steuerlich führt die Anordnung des Vor- und Nachvermächtnisses nicht dazu, dass die Stellung des Vorvermächtnisnehmers auf die eines Nießbrauchers reduziert wird. Der Erwerb des Vorvermächtnisnehmers wird wie ein Vollerwerb besteuert.[80] Stimmt der Nachvermächtnisnehmer gegen Entgelt einer Veräußerung des Vermächtnisgegenstands durch den Vorvermächtnisnehmer zu, dann wird dies gem. § 3 Abs. 2 Nr. 6 ErbStG als Erwerb von Todes wegen angesehen.[81]

4. Unterschied zum Nacherben

73 Im Verhältnis zur Vor- und Nacherbschaft besteht der wesentliche Unterschied darin, dass das Nachvermächtnis nur einen **schuldrechtlichen** Anspruch des Nachvermächtnisnehmers gegen den Vorvermächtnisnehmer bzw. dessen Nachlass darstellt.[82] Denn anders als bei der Nacherbschaft fällt der Vermächtnisanspruch des Nachvermächtnisnehmers zunächst in den Nachlass des verstorbenen Vorvermächtnisnehmers. Der Nachvermächtnisnehmer tritt also anders als der Nacherbe nicht automatisch in die dingliche Stellung des Vorvermächtnisnehmers ein.

Der Nachteil ist insbesondere, dass der Nachvermächtnisnehmer im Falle des Todes des Vorvermächtnisnehmers in Konkurrenz zu anderen Nachlassgläubigern tritt.[83]

5. Nachvermächtnis und Testamentsvollstreckung

74 Da der Vorvermächtnisnehmer nicht den Verfügungsbeschränkungen der §§ 2113 ff. BGB und auch nicht den Auskunfts- und Sicherungspflichten der §§ 2116 ff. BGB unterliegt, ist es je nach Intention des Erblassers ratsam, die schwache Stellung des Nachvermächtnisnehmers durch eine **Testamentsvollstreckung** (§ 2223 BGB) zu stärken.

75 Die Anordnung der Testamentsvollstreckung sollte allerdings hinreichend bestimmt werden. Es ist insbesondere genau festzulegen, welche Rechte und Pflichten der Testamentsvoll-

79 OLG Frankfurt, Urt. v. 19.6.1996 – 19 U 163/95, ZEV 1997, 295.
80 FG München, Urt. v. 24.7.1986 – X 60/84, BeckRS 1986, 6029.
81 BFH, Urt. v. 19.4.1989 – II R 189/85, EFG 1986, 26–27.
82 *Wachter*, ErbR 2020, 536.
83 *Bengel*, ZEV 1994, 29.

strecker haben soll. Lediglich die Bestimmung, dass der Testamentsvollstrecker den Anfall des Nachvermächtnisses sicherzustellen hat, dürfte zu erheblichen Abwicklungsschwierigkeiten führen, da dann nicht sicher wäre, ob der Testamentsvollstrecker den Vermächtnisgegenstand verwalten oder ob er nur die Veräußerung verhindern soll.

Muster 16.16: Nachvermächtnis mit Testamentsvollstreckereinsetzung

Ich, , vermache im Wege des Vermächtnisses meiner Ehefrau , geborene , geb. am 76
in , meine Eigentumswohnung in , Str. , eingetragen im Grundbuch von , Blatt , Fl.Nr. . Ich bestimme unsere Tochter , geb. am in , zur Nachvermächtnisnehmerin. Das Nachvermächtnis fällt mit dem Tod der Vermächtnisnehmerin an. Die Anwartschaft der Nachvermächtnisnehmerin zwischen Erbfall und Nachvermächtnisanfall ist weder vererblich noch übertragbar. Zum Ersatznachvermächtnisnehmer bestimme ich entgegen jeder anderslautenden gesetzlichen oder richterlichen Vermutungs- und Auslegungsregel , wiederum ersatzweise .

Der Nachvermächtnisnehmerin steht vermächtnisweise das Recht zu, zu ihren Gunsten eine Vormerkung zur Sicherung ihres Anspruchs auf Eigentumsübertragung im Grundbuch eintragen zu lassen.

Ich ordne Testamentsvollstreckung an und bestimme , wohnhaft in , zum Testamentsvollstrecker mit der Aufgabe, den Vermächtnisgegenstand insoweit zu verwalten, als dadurch eine Veräußerung und Belastung vor Eintritt des Nachvermächtnisanfalls verhindert wird und der Vermächtnisgegenstand in jedem Fall dem Nachvermächtnisnehmer anfällt. Der Testamentsvollstrecker hat auch die Aufgabe, die Vormerkung im Grundbuch eintragen zu lassen. Sollte ein Nachvermächtnisnehmer zum Zeitpunkt des Anfalls noch minderjährig sein, dann hat der Testamentsvollstrecker den Vermächtnisgegenstand bis zur Volljährigkeit des Vermächtnisnehmers zu verwalten. Fällt der Testamentsvollstrecker vor oder nach Annahme des Amts weg, dann soll das Nachlassgericht einen geeigneten Testamentsvollstrecker bestimmen.

IX. Untervermächtnis

Das Untervermächtnis ist gesetzlich nicht ausdrücklich geregelt, wobei aber sowohl § 2147 77
BGB als auch § 2186 BGB von einer solchen Möglichkeit ausgehen.[84] Beschwert der Erblasser einen Vermächtnisnehmer seinerseits mit einem Vermächtnis, dann sollte er bedenken, dass er grundsätzlich mit der Erfüllung eines von ihm angeordneten Untervermächtnisses nur dann rechnen kann, wenn der Wert des Untervermächtnisses nicht über dem des Hauptvermächtnisses liegt (§ 2187 BGB).

Praxishinweis
Gerade bei einem Untervermächtnis sollte eine Bestimmung getroffen werden, ob der Untervermächtnisnehmer an den Pflichtteilslasten zu beteiligen ist (§ 2188 BGB).

Muster 16.17: Belastung eines Vermächtnisnehmers mit einem Untervermächtnis

Im Wege des Vermächtnisses erhält , geb. am in , derzeit wohnhaft Str. 78
in , mein Hausgrundstück in , Str. , eingetragen im Grundbuch von , Band , Fl.Nr. . Ich belaste den Vermächtnisnehmer mit einem Untervermächtnis (§ 2186 BGB) dahingehend, dass er zugunsten meiner Mutter , geb. am in , derzeit wohnhaft Str. in , ein lebenslanges dingliches Wohnungsrecht gem. § 1093 BGB an der im Erdgeschoss befindlichen Wohnung, bestehend aus , einschließlich Gartenmitbenutzung, zu bestellen hat. Der Eigentümer hat die Instandhaltungskosten zu tragen. Die laufenden Verbrauchskosten für Heizung, Strom, Wasser, Abwasser, Gas trägt die Berechtigte selbst. Die Kosten für die Erfüllung

84 Vgl. auch MüKo-BGB/*Rudy*, § 2186 Rn 2.

des Vermächtnisses tragen die Erben. Die Untervermächtnisnehmerin ist an der Tragung der Pflichtteilslast nicht zu beteiligen.

Vgl. zum Wohnungsrechtsvermächtnis Rdn 181 ff.

X. Vorausvermächtnis

79 Unter einem Vorausvermächtnis versteht man die vermächtnisweise Zuwendung eines Gegenstands oder Rechts an einen der Miterben oder den Alleinerben. Will der Erblasser einen bestimmten Bedachten gegenüber den übrigen Miterben wertmäßig besser stellen, dann kann er dies durch Anordnung eines Vorausvermächtnisses (§ 2150 BGB) erreichen.

C. Vermächtnisinhalt

80 Von den **Vermächtnisformen** zu unterscheiden ist der konkrete **Inhalt** (Gegenstand, Leistung) eines Vermächtnisses. Dies kann alles sein, was auch Inhalt einer Leistung eines Schuldverhältnisses sein kann. Nach § 1939 BGB muss es sich um einen Vermögensvorteil handeln, wobei die herrschende Meinung den Begriff „**Vermögensvorteil**" weit auslegt.[85]

In § 2169 BGB wird zwar von einem Gegenstandsvermächtnis gesprochen, dies meint jedoch nicht eine Sache i.S.v. § 90 BGB. Gegenstand kann nach § 2169 BGB sowohl eine Sache als auch ein Recht sein.[86] Die Bestimmung des Vermächtnisinhalts steht dem Erblasser somit weitestgehend frei. Die jeweils mit der Anordnung eines Vermächtnisses bezüglich eines bestimmten Gegenstands oder Rechts verbundenen Probleme werden im Folgenden behandelt.

I. Sachvermächtnis (Gegenstandsvermächtnis)

1. Allgemeines

81 Unter dem Begriff „Sachvermächtnis" (Gegenstandsvermächtnis) wird nachstehend das Vermächtnis einer Sache i.S.v. § 90 BGB behandelt. Als Gegenstand kommen hier z.B. ein Grundstück, ein Kfz und alle sonstigen Gegenstände in Betracht. Zu beachten ist bei der Anordnung verschiedener Sachgegenstände die Tatsache, dass der bestimmte Gegenstand bei Eintritt des Erbfalls möglicherweise **nicht mehr im Nachlass vorhanden** und eine Erfüllung deshalb nicht mehr möglich ist. Für diesen Fall sollte das Testament ausdrücklich eine Regelung vorsehen, da andernfalls das Vermächtnis nach § 2169 Abs. 1 BGB grundsätzlich unwirksam ist.

In Rechtsprechung und Schrifttum[87] ist durchaus anerkannt, dass für den Fall, dass der Erblasser den vermachten Gegenstand veräußert hat, der mit dem Gegenstandsvermächtnis Bedachte stattdessen den **Veräußerungserlös** erhalten soll, sofern dieser noch im Nachlass enthalten ist. Dies ist insbesondere dann anzunehmen, wenn es dem Erblasser weniger darauf ankam, dem Bedachten einen bestimmten Gegenstand zukommen zu lassen, als vielmehr darum, ihm eine wertmäßige Zuwendung zu machen.[88]

---

85 *Weirich*, Rn 690.
86 Grüneberg/*Weidlich*, § 2169 Rn 2.
87 BGH, Urt. v. 15.12.1956 – IV ZR 238/56, BGHZ 22, 357; OLG Nürnberg, Beschl. v. 4.5.1956 – 4 W 268/56, NJW 1956, 1882.
88 BGH, Urt. v. 15.12.1956 – IV ZR 238/56, BGHZ 22, 357, 362.

Fraglich ist auch, was gelten soll, wenn der vermachte Gegenstand untergegangen oder beschädigt worden ist oder wenn gar eine **Verbindung** oder **Vermischung** mit einer anderen Sache stattgefunden hat. Für diese Fälle sieht das Gesetz verschiedene Auslegungsvarianten vor.[89] Gem. § 2164 Abs. 2 BGB umfasst das Vermächtnis im Zweifel auch den Anspruch auf Ersatz oder Minderung, wenn der Vermächtnisgegenstand beschädigt ist. Gleiches gilt für den Fall, dass der Gegenstand nach Anordnung des Vermächtnisses untergegangen ist oder dem Erblasser entzogen wurde (§ 2169 Abs. 3 BGB). Für den Fall der Verbindung, Vermischung oder Vermengung bestimmt § 2172 Abs. 2 BGB einen dadurch erworbenen Miteigentumsanteil als vermacht, wenn die Verbindung durch einen anderen als den Erblasser erfolgt ist.[90] 82

Um nicht auf die vage Möglichkeit der Testamentsauslegung angewiesen zu sein, sollte der Berater die Problematik mit dem Erblasser unbedingt erörtern und eine entsprechende Anordnung im Testament treffen.

Bei einem Gegenstandsvermächtnis ist darauf zu achten, dass die Sache so genau wie möglich bezeichnet wird und für jedermann erkennbar ist, welcher Gegenstand gemeint ist. Ebenso sollten Sachen, die zu einem bestimmten Gegenstand gehören, dem Vermächtnisnehmer mit zugedacht werden (z.B. bei einem wertvollen Bild die vorhandene Expertise etc.). Um der Auslegungsregel des § 2164 BGB Rechnung zu tragen, sollte bei einem Sachvermächtnis klargestellt werden, ob dies auch das Zubehör i.S.v. §§ 97, 98 BGB mit umfasst. 83

2. Vermächtnisweise Zuwendung eines Grundstücks

a) Allgemeines

Bei Grundstücksvermächtnissen ist im Hinblick auf § 28 GBO nach Möglichkeit eine genaue **Grundbuchbezeichnung** empfehlenswert. Der Berater sollte sich einen aktuellen Ausdruck aus dem Grundbuch vorlegen lassen bzw. anfordern, um die Eigentumsverhältnisse überprüfen zu können und um zu prüfen, ob nicht vielleicht mehrere Objekte auf einer Grundstücksparzelle stehen. Der Mandant hat in den seltensten Fällen zuverlässige Kenntnis vom Inhalt des Grundbuchs und der sein Eigentum betreffenden Angaben. Bei Anordnung eines Grundstücksvermächtnisses sind die **Kosten** der Vermächtniserfüllung zu regeln, die grundsätzlich der Beschwerte trägt, wenn der Erblasser nichts anderes angeordnet hat.[91] Ferner sollte eine Regelung für den Fall getroffen werden, dass das Grundstück nicht mehr im Nachlass vorhanden ist. *Kornexl* schlägt auch vor, eine Absicherung für den Fall einer wesentlichen Wertveränderung des Nachlasses vorzunehmen.[92] Hinzuweisen ist bezüglich der Verjährung eines Grundstücksvermächtnisses auf § 196 BGB mit seiner Zehnjahresfrist. 84

Muster 16.18: Grundstücksvermächtnis 16.18

Ich, ___, vermache im Wege des Vermächtnisses mein Grundstück in ___, ___ Str. ___, eingetragen im Grundbuch von ___, Band ___, Blatt ___, Fl.Nr. ___, meinem Sohn ___, geb. am ___ in ___. 85

Zu Ersatzvermächtnisnehmern bestimme ich die Abkömmlinge meines Sohnes ___ nach gesetzlicher Erbfolgeordnung.

---

89 OLG Nürnberg, Beschl. v. 4.5.1956 – 4 W 268/56, NJW 1956, 1882.
90 MüKo-BGB/*Rudy*, § 2172 Rn 1.
91 BGH, Urt. v. 20.3.1963 – V ZR 89/62, NJW 1963, 1602.
92 *Kornexl*, ZEV 2002, 142.

Befindet sich das Grundstück zum Zeitpunkt des Erbfalls nicht mehr in meinem Nachlass, dann ist meinem Sohn stattdessen ein wertmäßiger Ersatz in Geld zu leisten. Das Geldvermächtnis bestimmt sich dann nach dem Wert des Grundstücks zum Zeitpunkt der Weggabe. Ist das Grundstück verkauft worden, ist der Veräußerungserlös maßgebend. Das Geldvermächtnis ist in diesen Fällen beschränkt auf … % des Netto-Nachlasswerts, der sich nach § 2311 BGB, allerdings unter Berücksichtigung einer eventuell anfallenden Testamentsvollstreckervergütung, ermittelt.

Die Kosten der Erfüllung des Vermächtnisses tragen die Erben.

b) Lastentragung

86 Die Frage einer etwaigen **Lastentragung** darf bei Grundstücksvermächtnissen nicht außer Acht gelassen werden.[93] Da es sich bei auf einer Immobilie ruhenden Schulden im Regelfall um Nachlassverbindlichkeiten handeln dürfte, die von den Erben zu tragen sind, kann es zu Auslegungsschwierigkeiten kommen, ob der Vermächtnisnehmer oder die Erben die Verbindlichkeiten zu tragen haben, wenn die Schulden zum Erwerb der Immobilie eingegangen worden waren. Es sollte daher im Testament klargestellt werden, ob sich der Vermächtnisnehmer an der Lastentragung zu beteiligen hat. Unbedingt zu klären sind bei Grundpfandrechten die zugrunde liegenden Kreditverträge. Wichtig ist dabei, ob die Kredite das Vermächtnisgrundstück betreffen oder etwa ein anderes Objekt.

16.19 **Muster 16.19: Grundstücksvermächtnis mit Lastentragungspflicht**

87 Ich, …, wende im Wege des Vermächtnisses mein Grundstück in …, … Str. …, eingetragen im Grundbuch von …, Band …, Blatt …, Fl.Nr. …, meinem Sohn …, geb. am … in …, zu. Zu Ersatzvermächtnisnehmern bestimme ich die Abkömmlinge meines Sohnes … nach gesetzlicher Erbfolgeordnung. Bestehen zum Zeitpunkt des Erbfalls noch Verbindlichkeiten, die auf dem vermächtnisweise zugewandten Grundstück in Form eines Grundpfandrechts abgesichert sind und betreffen diese Verbindlichkeiten auch das zugewandte Grundstück, so hat der Vermächtnisnehmer diese zu übernehmen. Die Kosten der Erfüllung des Vermächtnisses tragen die Erben.

88 Zu klären ist die Frage, ob der Vermächtnisnehmer einen Anspruch auf Beseitigung von **Belastungen** (dingliche Rechte) hat, wenn auf dem zugewandten Grundstück Grundschulden oder Hypotheken eingetragen sind. Die Frage der Beseitigung der Belastung ist in der Verfügung von Todes wegen zu klären, da andernfalls die Vermutungsregeln der §§ 2165–2168 BGB, speziell bei Grundstücken die Sonderregelung des § 2182 Abs. 3 BGB, gelten.

16.20 **Muster 16.20: Gegenstandsvermächtnis mit Freistellungsverpflichtung**

89 Ich, …, vermache im Wege des Vermächtnisses mein Grundstück in …, … Str. …, eingetragen im Grundbuch von …, Band …, Blatt …, Fl.Nr. …, meinem Sohn …, geb. am … in …. Zu Ersatzvermächtnisnehmern bestimme ich die Abkömmlinge meines Sohnes … nach den Regeln der gesetzlichen Erbfolge. Bestehen zum Zeitpunkt des Erbfalls noch Verbindlichkeiten, die auf dem vermächtnisweise zugewandten Grundstück in Form eines Grundpfandrechts abgesichert sind, so hat der Erbe diese Verbindlichkeiten zu tragen. Darüber hinaus wird der Erbe verpflichtet, die Freistellung des Grundstücks vorzunehmen, indem er die Löschung des Grundpfandrechts durch Tilgung der Schulden oder eine ersatzweise Sicherung veranlasst. Die Kosten der Erfüllung des Vermächtnisses tragen die Erben.

93 *Weirich*, Rn 722.

c) Recht zur Fruchtziehung/Herausgabe der Früchte

Gem. § 2184 BGB hat der Erbe an den Vermächtnisnehmer die zwischen Anfall des Vermächtnisses und Erfüllung gezogenen Früchte herauszugeben. Spiegelbildlich ist er gem. § 2185 BGB berechtigt, vom Vermächtnisnehmer Ersatz seiner sachbezogenen Aufwendungen zu verlangen. 90

Soweit der Erbe tatsächlich Einkünfte aus dem Vermächtnisgegenstand erzielt, z.B. durch Vermietung und Verpachtung, sind diese bei ihm auch grundsätzlich der Einkommensteuer zu unterwerfen. In diesem Zusammenhang kann es zu Situationen kommen, in denen der Erbe tatsächlich von den gezogenen Einnahmen **Einkommensteuer** abgeführt hat, nun aber verpflichtet ist, an den Vermächtnisnehmer die **Brutto**-Einkünfte (ohne vorherigen Abzug seiner Einkommensteuerlast) herauszugeben. Dies kann – auch wenn die Herausgabe der Früchte an den Vermächtnisnehmer beim Erben zu negativen Einkünften führen sollte – unbillige Belastungen zur Folge haben. Diese können vermieden werden, indem entweder die Herausgabepflicht nach § 2184 BGB auf die nach Abzug der persönlichen Einkommensteuer des Erben verbleibenden Früchte beschränkt wird[94] oder die Anwendbarkeit von § 2184 BGB vollständig ausgeschlossen wird.

3. Vermächtnisweise Zuwendung einer Eigentumswohnung

Gegenstand eines Vermächtnisses kann auch ein Mit-/Eigentumsanteil sein. Vermacht der Erblasser das Grundstück mehreren Vermächtnisnehmern, so ist das Bruchteilsverhältnis anzugeben (§§ 2157, 2091 BGB, § 47 GBO). Bei der vermächtnisweisen Zuwendung einer Eigentumswohnung ist eine genaue Angabe des **Miteigentumsanteils** und des **Sondereigentums** erforderlich. Schwierigkeiten können auftreten, wenn **Problemimmobilien** vermacht wurden. Schließlich ist die Annahme des Vermächtnisses von § 2307 Abs. 2 BGB abgesehen grundsätzlich nicht fristgebunden. Der mit der Erfüllung Beschwerte befindet sich in der Interimszeit womöglich in einer unangenehmen Hängepartie, trifft ihn doch die Pflicht, das Objekt bis zur Annahme bzw. bis zur Erfüllung zu verwalten.[95] 91

Muster 16.21: Vermächtnisweise Zuwendung einer Eigentumswohnung 16.21

Ich, , wende im Wege des Vermächtnisses meiner Ehefrau , geborene , geb. am in , mein im Grundbuch von , Band , Blatt , Fl.Nr. , eingetragenes Wohnungseigentum, bestehend aus einem Miteigentumsanteil von an dem Grundstück Fl.Nr. verbunden mit dem Sondereigentum an der im Aufteilungsplan mit Nr. bezeichneten Wohnung mit allen Rechten und Bestandteilen zu. Fällt meine Ehefrau vor oder nach dem Erbfall weg, dann bestimme ich entgegen jeder anderslautenden gesetzlichen oder richterlichen Auslegungs- und Vermutungsregel keinen Ersatzvermächtnisnehmer. 92

4. Vermächtnisweise Zuwendung der Haushaltsgegenstände und des Inventars

Häufig vergessen wird die Zuwendung von Haushaltsgegenständen und Inventar einer von Ehepartnern oder Partnern einer eheähnlichen Gemeinschaft gemeinsam bewohnten Immobilie. Im Gesetz ist diese Frage in § 1932 BGB für Ehegatten geregelt, allerdings nur bei **gesetzlicher Erbfolge**.[96] Wird der Ehegatte zum gewillkürten Erben berufen, dann gilt 93

94 „Netto-Frucht-Herausgabeklausel", vgl. *v. Oertzen*, ZEV 1999, 460.
95 Passende Formulierungsbeispiele bei *Becker*, ZEV 2021, 733.
96 MüKo-BGB/*Leipold*, § 1932 Rn 4.

die Vorschrift nach herrschender Meinung nicht.[97] § 1932 BGB gilt nach derzeitiger Meinung auch nicht analog für nichteheliche Lebensgemeinschaften.[98] Für eingetragene Lebenspartner ist ein gesetzlicher Voraus in § 10 Abs. 1 LPartG geregelt. Für die Gestaltung gilt es daher, im Testament die **vermächtnisweise** Zuwendung der Haushaltsgegenstände und des Wohnungsinventars ausdrücklich und umfassend zu regeln. Hierbei sollte der Umfang des Vermächtnisses hinreichend bestimmt und abgegrenzt werden. Des Weiteren sollte eine Regelung getroffen werden, ob es sich um eine Mehrheit von Vermächtnissen handelt, was u.a. Auswirkungen auf das Ausschlagungsrecht hat (vgl. §§ 2180 Abs. 3, 1950 BGB).[99]

5. Pkw als Teil des gesetzlichen Voraus

94 Ein Pkw, der von den Ehegatten zum Zweck der Haushalts- und privaten Lebensführung gemeinschaftlich genutzt wurde, stellt einen Haushaltsgegenstand dar und somit einen Gegenstand des gesetzlichen Vorausvermächtnisses, das als Nachlassverbindlichkeit einzustufen ist.[100]

16.22 **Muster 16.22: Vermächtnis betr. Haushaltsgegenstände**

95 Ich, , vermache im Wege des Vermächtnisses meiner Ehefrau , geb. am in , derzeit wohnhaft , alle Haushaltsgegenstände und das gesamte Inventar der von uns zum Zeitpunkt des Erbfalls bewohnten Wohnung. Vom Inventar umfasst sind alle Möbel, Küchen- und technischen Geräte, *[etc.]*. Nicht hierunter fallen das Barvermögen, die Briefmarkensammlung, die Münzsammlung, der Pkw, *[etc.]*. Die Anordnung der Vermächtnisse erfolgt jeweils einzeln, sodass eine gesonderte Annahme bzw. Ausschlagung hinsichtlich jedes einzelnen Nachlassgegenstands erfolgen kann.

II. Vermächtnisweise Zuwendung von Geld (Gattungsvermächtnis)

1. Allgemeines

96 Will der Erblasser einem Bedachten einen bestimmten **Geldbetrag** zukommen lassen, so sind verschiedene Möglichkeiten denkbar. Einmal kann der Erblasser einen bestimmten Geldbetrag zuwenden. Zum anderen kann die Höhe des Betrags auch am Gesamtwert des Nachlasses orientiert werden (Quote). Letztlich gilt es auch festzustellen, was unter einem Geldvermächtnis zu verstehen ist, wenn der Erblasser bspw. schreibt „erhält 10 % des vorhandenen Barvermögens“.[101]

2. Bestimmtes Geldbetragsvermächtnis

97 Wird ein bestimmter, bereits festgelegter Geldbetrag im Testament genannt, ist zu klären, ob der Betrag auf den Zeitpunkt des Erbfalls dem Kaufkraftverlust angepasst werden soll oder nicht. Eine **Indexklausel** bietet sich insbesondere dann an, wenn der Erbfall aller Wahrscheinlichkeit nach erst in ferner Zukunft eintreten wird.[102]

---

97 BGH, Urt. v. 6.12.1978 – IV ZR 82/77, BGHZ 73, 29.

98 MüKo-BGB/*Leipold*, § 1932 Rn 3.

99 Vgl. *Kornexl*, ZEV 2002, 173, 175.

100 AG Erfurt, Urt. v. 30.11.2001 – 28 C 765/00, FamRZ 2002, 849.

101 Vgl. zur Limitierung des Geldvermächtnisses, wenn der Erblasser einen bestimmten Betrag anordnet und sich der Wert des Nachlasses erheblich verändert: *Kornexl*, ZEV 2002, 173.

102 Vgl. zur Indexklausel ausführlich *Weirich*, Rn 748 ff.

Muster 16.23: Geldvermächtnis mit Indexklausel 16.23

Mein Neffe , geb. am in , erhält im Wege des Vermächtnisses einen Geldbetrag 98
in Höhe von 100.000 EUR. Sofern sich der vom Statistischen Bundesamt festgestellte Preisindex für die Lebenshaltung (2020 = 100, gegenwärtig =) ab heute verändert, so ändert sich der als Vermächtnis zugewandte Betrag entsprechend. Die Anpassung erfolgt auf den Zeitpunkt meines Todes. Der Geldbetrag ist der Höhe nach allerdings auf % des Netto-Nachlasswerts beschränkt, der sich nach § 2311 BGB unter Berücksichtigung einer etwaigen Testamentsvollstreckervergütung errechnet.

Fällt mein Neffe vor oder nach dem Erbfall weg, dann bestimme ich entgegen jeder anderslautenden gesetzlichen oder richterlichen Auslegungs- und Vermutungsregel keinen Ersatzvermächtnisnehmer.

Darüber hinaus ist bei einem bestimmten Geldbetragsvermächtnis eine Regelung für den 99
Fall zu treffen, dass sich der Wert des gesamten Nachlasses bis zum Eintritt des Erbfalls **wesentlich verändert**, sei es, dass er erheblich steigt oder dass er insgesamt gar unter den Wert des konkret bestimmten Vermächtnisses sinkt. Hier bietet sich, neben einer Limitierung, an, dass der Erblasser den Wert des Nachlasses angibt und eine entsprechende Anpassungsklausel für die Höhe des Vermächtnisses vorsieht, wenn Veränderungen in einem bestimmten Umfang eingetreten sind.

Muster 16.24: Geldvermächtnis mit Anpassung an den tatsächlichen Wert des Nachlasses 16.24

Ich, , vermache meinem Enkel , geb. am in , einen Geldbetrag in Höhe 100
von EUR. Sollte sich der Wert meines Nachlasses bis zum Eintritt des Erbfalls um mehr als 10 % nach oben oder unten verändern, so verändert sich der Geldbetrag entsprechend der gleichen prozentualen Veränderung. Der Nachlass hat derzeit einen Wert von EUR. Die Festlegung des endgültigen Betrags erfolgt hierbei durch den Testamentsvollstrecker. Als Testamentsvollstrecker bestimme ich ; ersatzweise für den Fall, dass der Testamentsvollstrecker vor oder nach Amtsantritt wegfällt, bestimme ich , wiederum ersatzweise soll das Nachlassgericht einen Testamentsvollstrecker benennen.

Fällt mein Enkel vor oder nach dem Erbfall weg, so bestimme ich entgegen jeder anderslautenden gesetzlichen oder richterlichen Auslegungs- und Vermutungsregel keinen Ersatzvermächtnisnehmer.

3. Wertmäßiges Geldvermächtnis

Im Übrigen bietet sich auch ein allgemeines, lediglich am Wert des Nachlasses zum Zeit- 101
punkt des Erbfalls orientiertes Geldvermächtnis an. Dieses kann als eine **Bruchteilsquote** (oder in **Prozent**) festgelegt werden. Bestimmt werden sollte allerdings, ob sich das Vermächtnis aus dem Aktivnachlass (= Brutto-Nachlass) oder aus dem Nachlass nach Abzug der Passiva berechnet, wobei dann die Passiva zu definieren sind. Eine Verweisung auf § 2311 BGB und die dort genannte Ermittlung des Nachlasses – einschließlich der dazu ergangenen Rechtsprechung – bietet sich an.

Bei der Berechnung der konkreten Höhe des Vermächtnisses bleibt zu überlegen, ob die 102
Pflichtteilsansprüche für die Berechnung nicht außen vor bleiben sollten, da der Vermächtnisnehmer sich später gem. § 2318 BGB in Höhe seines Vermächtnisses wieder an der Tragung der Pflichtteilslasten beteiligen muss.

Muster 16.25: Wertmäßiges Geldvermächtnis 16.25

Ich, , vermache im Wege des Vermächtnisses meinem Enkel , geb. am in , 103
einen Geldbetrag in Höhe von 25 % des Nachlasswerts zum Zeitpunkt des Erbfalls. Das Vermächtnis berechnet sich aus dem Aktivnachlass nach Abzug der Verbindlichkeiten entsprechend den Regeln von § 2311 BGB. Der Vermächtnisnehmer ist nach § 2318 Abs. 1 BGB an der Tragung der Pflichtteilslasten zu beteiligen.

Fällt mein Enkel vor oder nach dem Erbfall weg, so bestimme ich entgegen jeder anderslautenden gesetzlichen oder richterlichen Auslegungs- und Vermutungsregel keinen Ersatzvermächtnisnehmer.

4. Vermächtnisweise Zuwendung von Geldvermögen

104 Nicht selten gibt es Auslegungsschwierigkeiten, wenn der Erblasser den Begriff „Geldvermögen“ gebraucht. Gemeint sein kann damit das tatsächlich vorhandene **Barvermögen,**[103] aber auch, und das ist in der Regel der Fall, die vorhandenen **Bankguthaben** einschließlich **Spar-** und **Girokonten.**[104] Schließlich kann man sich auch die Frage stellen, ob von dem Geldvermögen auch die leicht in Geld umsetzbaren **Sparbriefe, Wertpapiere** und **Aktien** erfasst sind. Gleiches gilt für Goldbarren etc. Insofern bietet es sich immer an, zu definieren, was unter dem Begriff „Geldvermögen“ zu verstehen ist, zumindest in den Fällen, in denen kein bestimmter Geldbetrag festgesetzt wird.

16.26 **Muster 16.26: Vermächtnisweise Zuwendung von Geldvermögen**

105 Ich, , vermache im Wege des Vermächtnisses meinem Enkel , geb. am in , 25 % des im Zeitpunkt des Erbfalls im Nachlass vorhandenen Geldvermögens. Unter Geldvermögen fallen hierbei das gesamte Barvermögen, sämtliche Bankkonten einschließlich Giro- und Sparkonten, Bausparguthaben, Goldbarren, sämtliche Sparbriefe und alle Wertpapiere und Aktien, sonstige Geldforderungen und ungeprägte Geldanlagen in Edelmetall. Nicht hierzu zählen Guthaben aus Lebensversicherungsverträgen, Schmuck, Münzsammlungen und sonstige Sammlungen.

Fällt mein Enkel vor oder nach dem Erbfall weg, so bestimme ich entgegen jeder anderslautenden gesetzlichen oder richterlichen Auslegungs- und Vermutungsregel keinen Ersatzvermächtnisnehmer.

5. Übermäßige Testamentsvollstreckervergütung als Vermächtnis

106 Ist die vom Erblasser festgesetzte Vergütung für einen Testamentsvollstrecker unangemessen hoch, so liegt u.U. die Zuwendung eines Vermächtnisses hinsichtlich des Betrags vor, der über die Angemessenheit hinausgeht.[105]

III. Forderungsvermächtnis

107 Bei einem Forderungsvermächtnis ist die Auslegungsvorschrift des § 2173 BGB zu beachten.[106] Demnach gilt im Zweifel dem Bedachten der Forderungsgegenstand als vermacht, wenn die Leistung **vor** dem Erbfall erfolgte, die Forderung also eingezogen wurde und der Gegenstand noch im Nachlass vorhanden ist.

IV. Pflegevergütungsvermächtnis als besonderes Bestimmungsvermächtnis

1. Allgemeines

108 Nicht selten kommt es in der Praxis vor, dass der Erblasser von seinen Abkömmlingen, seinem Ehegatten oder aber auch familienfremden Personen mit viel Aufwand und Einsatz gepflegt wird. Eine Regelung über die Vergütung wird unter Lebenden nur selten getroffen.

---

103 OLG München, Beschl. v. 5.4.2022 – 33 U 1473/21, ZEV 2022, 462.

104 Vgl. zur vermächtnisweisen Zuwendung von Sparguthaben OLG Karlsruhe, Urt. v. 24.3.2005 – 9 U 152/04, ZErb 2006, 57; OLG Oldenburg, Urt. v. 20.12.2023 – 3 U 8/23, RNotZ 2024 341.

105 BFH, Urt. v. 2.2.2005 – II R 18/03, DStR 2005, 825.

106 OLG Frankfurt, Urt. v. 5.4.2022 – 10 U 200/20, ZEV 2022, 592.

Nach dem Erbfall stellt sich dann häufig die Frage, ob einer Pflegeperson für ihre Tätigkeit ein Entgelt zusteht.

2. Mögliche Anspruchsgrundlagen

Denkbar sind Ansprüche auf der Grundlage **schuldrechtlicher Vereinbarungen** zwischen 109
Erblasser und Pflegeperson. Falls der Nachweis einer solchen Vereinbarung (Dienstvertrag) gelingt, besteht in der Tat ein Anspruch auf die vereinbarte bzw. übliche Vergütung. Der Nachweis eines vereinbarten Entgelts dürfte aber gerade für den Fall, dass eine dem Erblasser nahestehende Person, etwa ein naher **Verwandter**, diesen gepflegt hat, schwer zu führen sein. Bei Dienstleistungen von Verwandten, Freunden und in eheähnlichen Verhältnissen Lebenden wird grundsätzlich ein Indiz für Unentgeltlichkeit sprechen.

Zu denken wäre weiterhin an einen Anspruch aus **Geschäftsführung ohne Auftrag** gem. 110
§§ 677, 683 BGB, wobei zu beachten ist, dass dieses Rechtsinstitut lediglich Aufwendungsersatz gewährt, nicht aber ein Entgelt. Jedoch ist § 683 BGB im Wege der korrigierenden Interpretation so auszulegen, dass dem Geschäftsführer eine angemessene Vergütung zusteht, wenn die Übernahme der Geschäftsführung den Umständen nach nur gegen eine Vergütung zu erwarten ist.[107] Bei der Prüfung der Voraussetzungen einer Geschäftsführung ohne Auftrag wird jedoch die Abgrenzung zwischen reinem Gefälligkeitsverhältnis und rechtsgeschäftlichem Verhältnis relevant.[108]

Ebenso scheiden auch Ansprüche aus **Sozialrecht** aus, da im Sozialrecht nur derjenige 111
anspruchsberechtigt ist, der gepflegt wird, mithin der Pflegebedürftige selbst, nicht aber die Pflegeperson. Die Ansprüche der Pflegeperson selbst sind in § 44 SGB XI geregelt.

Handelt es sich bei der pflegenden Person um einen Abkömmling des Erblassers, dann 112
kann im Falle des Todes eine **Ausgleichung** der erbrachten **Pflegeleistung** nach § 2057a BGB erfolgen. Nach dem Ausgleichungstatbestand des § 2057a BGB sind Pflegeleistungen, die Abkömmlinge gegenüber dem Erblasser erbracht haben, bei der Erbteilung zu berücksichtigen. Bei § 2057a BGB handelt es sich ebenso wie bei den §§ 2050 ff. BGB um eine gesetzliche Vermutung, die durch einen anderslautenden Erblasserwillen widerlegt werden kann.[109]

Ein Ausgleichungsanspruch kommt aber nur in Betracht, wenn die Leistung unentgeltlich 113
gewesen ist und der Abkömmling auch keinen Anspruch aus einem anderen Rechtsgrund, bspw. aus § 812 BGB, hat.[110] Besteht ein solcher Anspruch aus Bereicherungsrecht, so ist dieser eine Nachlassverbindlichkeit, die letztlich alle Erben trifft und damit auch den Anspruchsberechtigten.[111] In der Praxis entstehen hier nahezu immer Abgrenzungsschwierigkeiten. Irrelevant ist, ob der Pflegende auf eigenes Einkommen verzichtet hat. Ein Pflegender kann also auch dann einen Ausgleich verlangen, wenn er eigenes Einkommen erzielt hat.

---

107 MüKo-BGB/*Schäfer*, § 683 Rn 26.

108 *Kerscher/Krug/Spanke*, § 9 Rn 1 ff.

109 Zur Aufhebung der Ausgleichungspflicht durch letztwillige Verfügung siehe *Damrau*, FamRZ 1969, 581; Grüneberg/*Weidlich*, § 2057a Rn 1. Vgl. dazu auch *Kues*, ZEV 2000, 434 und *Petersen*, ZEV 2000, 432.

110 *Damrau*, FamRZ 1969, 581.

111 *Lange/Kuchinke*, § 15 III 5.

3. Ausdrückliche Anordnung eines Pflegevergütungsvermächtnisses

114 Um die Pflegeperson im Erbfall angemessen zu berücksichtigen, kann ein sog. Pflegevergütungsvermächtnis im Testament angeordnet werden. Ist die Pflegeperson bereits bekannt, kann diese direkt im Testament benannt werden. Dann ist nur noch der Umfang zu bestimmen. Ist die Pflegeperson noch nicht bekannt und will der Erblasser den Umfang noch nicht bestimmen, so kann ein möglicher in Betracht kommender Personenkreis bestimmt werden und sowohl die Auswahl der Person als auch der Umfang des Vermächtnisses einem Testamentsvollstrecker übertragen werden.

Muster 16.27: Pflegevergütungsvermächtnis mit Bestimmungsrecht

115 Für den Fall, dass ich von einem oder mehreren meiner Kinder oder Enkelkinder gepflegt werde, ordne ich zugunsten des betreffenden Kindes bzw. der betreffenden Kinder oder Enkelkinder ein Pflegevergütungsvermächtnis an. Dieses Pflegevergütungsvermächtnis soll von Art und Umfang 50 % dessen entsprechen, was ich für eine gleichwertige häusliche Pflege durch Einsatzkräfte der örtlichen Hilfsdienste (Sozialstation, Caritas) hätte bezahlen müssen. Die Festsetzung der Höhe dieses Pflegeentgelts sowie die Auswahl des Vermächtnisnehmers erfolgen durch den Testamentsvollstrecker (§§ 2151, 2153, 2155 BGB). Zum Testamentsvollstrecker bestimme ich ; ersatzweise, für den Fall, dass der Testamentsvollstrecker vor oder nach Annahme des Amts entfällt, soll das Nachlassgericht einen geeigneten Testamentsvollstrecker bestimmen.

Muster 16.28: Auflage und Pflegevergütungsvermächtnis – Testamentsvollstreckung

116 **Testament**

Ich, , geboren am in , wohnhaft in , deutscher Staatsangehöriger mit gewöhnlichem Aufenthaltsort in Deutschland, errichte nachfolgendes Testament.

I. Familienverhältnisse, Testierfreiheit

Ich habe bisher keine Ehe geschlossen und lebe auch nicht in eingetragener Lebenspartnerschaft deutschen oder ausländischen Rechts. Leibliche oder adoptierte Abkömmlinge habe und hatte ich nicht.

Ich erkläre, dass ich nicht durch gemeinschaftliches Testament oder einen Erbvertrag an der Errichtung dieses Testaments gehindert bin. Hiermit hebe ich alle bisher von mir errichteten Verfügungen von Todes wegen in vollem Umfang auf.

II. Erbeinsetzung

Ich setze zu meinen alleinigen Vollerben je hälftig meine beiden Neffen , geb. am in , wohnhaft , und , geb. am in , wohnhaft , ein. Zu Ersatzerben bestimme ich jeweils die Abkömmlinge meiner Neffen entsprechend den Regeln der gesetzlichen Erbfolgeordnung, wiederum ersatzweise soll Anwachsung – zunächst innerhalb eines Stammes – eintreten.

III. Auflage Grabpflege

Ich belaste meine Erben mit der Auflage, für eine standesgemäße Beerdigung zu sorgen und hierzu meine Bekannten und Verwandten zu laden sowie meine Grabstätte für die Dauer der ortsüblichen vollen Ruhezeit für Kaufgräber zu pflegen. Zu diesem Zwecke ist ein Grabpflegevertrag mit der Genossenschaft der Berufsgärtner in zu schließen.

IV. Pflegevergütungsvermächtnis

Für den Fall, dass ich von einem oder mehreren meiner Neffen oder deren Abkömmlingen gepflegt werde, setze ich zugunsten derjenigen Person/en, die mich pflegt/pflegen, ein Pflegevergütungsvermächtnis aus. Dieses Vermächtnis soll 50 % dessen entsprechen, was ich für eine gleichwertige häusliche Pflege durch Einsatzkräfte der örtlichen Hilfsdienste (Sozialstation, Caritas) hätte bezahlen müssen. Die Höhe dieses

Pflegeentgelts sowie die Auswahl des/der Vermächtnisnehmer/s erfolgt durch den Testamentsvollstrecker (§§ 2151, 2153, 2155 BGB).

V. Testamentsvollstreckung

Ich ordne Testamentsvollstreckung an und ernenne meinen Freund , geb. am , derzeit wohnhaft in , Str. , zu meinem Testamentsvollstrecker mit der Aufgabe, die von mir angeordneten Auflagen zu überwachen, durchzusetzen und die Bestimmung und Erfüllung des Pflegevergütungsvermächtnisses vorzunehmen. Sollte der Testamentsvollstrecker das Amt nicht annehmen oder vor oder nach dem Erbfall wegfallen, dann soll das Nachlassgericht einen geeigneten Testamentsvollstrecker bestimmen.

Gem. § 13 Abs. 1 Nr. 9 ErbStG sind derartige Vermächtnisse bis zu einem gemeinen Wert 117
von 20.000 EUR **steuerfrei**, wenn sie Personen anfallen, die dem Erblasser unentgeltlich oder gegen unzureichendes Entgelt Pflege oder Unterhalt gewährt haben, soweit das Zugewendete als **angemessenes** Entgelt anzusehen ist. Voraussetzung für die Anwendbarkeit der Steuerbefreiung ist, dass die Pflege mit einer gewissen Regelmäßigkeit und über längere Dauer geleistet wurde. Gelegentliche Botengänge reichen insoweit nicht aus. Darüber hinaus müssen diese Leistungen unentgeltlich oder gegen ein unzureichendes Entgelt im persönlichen oder privaten Bereich geleistet worden sein (vgl. R E 13.5 Abs. 1 S. 3 ErbStR 2019).

Der Erwerb muss sich weiterhin als angemessenes Entgelt für die erbrachten Leistungen 118
darstellen. Er muss daher in etwa dem Betrag entsprechen, den der Erblasser durch die Inanspruchnahme der zu belohnenden Pflege- und Unterhaltsleistungen erspart hat. Maßgebend sind dabei zunächst die objektiven Verhältnisse im Zeitpunkt der Erbringung der Pflegeleistung,[112] nicht die subjektiven Erwartungen des Leistenden.

V. Nießbrauchsvermächtnis

1. Allgemeines

Der Erblasser braucht einem Vermächtnisnehmer nicht zwingend ein dingliches Vollrecht 119
zuzuwenden; er kann einer Person auch alle beschränkten dinglichen Rechte, die das Sachenrecht kennt, einräumen. Eine wichtige Rolle spielt in diesem Zusammenhang das Nießbrauchsvermächtnis.[113]

Häufig sind es die Fälle, in denen die Versorgung eines nahen Verwandten oder des Ehegatten sichergestellt werden soll (**Versorgungsnießbrauch**). Damit sollen die Lebensumstände des hinterbliebenen Ehegatten besser gesichert werden, als es durch das gesetzliche Erbrecht möglich ist. Gleichzeitig wird damit die Unabhängigkeit des überlebenden Ehegatten von den Kindern gewährleistet. In dieser Variante kommt ein Nießbrauch am gesamten Nachlass, an den Erbteilen der Abkömmlinge oder an wesentlichen Nachlassteilen in der Praxis häufig vor.

Nießbrauchsberechtigt kann eine natürliche oder eine juristische Person sein.

Praxishinweis 120
Durch die Belastung eines Gegenstands mit einem Nießbrauch oder einem anderen Nutzungsrecht (dinglich oder schuldrechtlich) wird dieser Gegenstand rein faktisch kaum mehr veräußerbar.

112 BFH, Urt. v. 10.12.1980 – II R 101/78, BStBl II 1981, 270, 271.

113 Abgrenzung zur Vor- und Nacherbfolge vgl. OLG Karlsruhe, Urt. v. 1.10.2024 – 14 U 144/23, FD-ErbR 2024, 822776 m. Anm. *Litzenburger.*

121 Der Nießbrauch ist nach § 1059 BGB zwingend **unübertragbar** und **erlischt** gem. § 1061 BGB zwingend mit dem Tod des Nießbrauchers, wenn er nicht einer juristischen Person zusteht. Wenn ein Nießbrauch für **mehrere** nicht als Gesamtberechtigte, sondern zu Bruchteilen bestellt ist, verhindert im Fall des Todes eines Bruchteilsberechtigten die fehlende Vererblichkeit sowohl einen Übergang auf andere Bruchteilsberechtigte als auch auf den Eigentümer. Mangels Abtretbarkeit kann aber auch nicht im Wege der Vorausabtretung durch den Eigentümer der Übergang auf den Längstlebenden erreicht werden. Deshalb entsteht das Nießbrauchsrecht für den Längstlebenden nach dem Tod eines der Bruchteilsberechtigten insoweit neu und ist nicht identisch mit dem Bruchteilsnießbrauch. Die Verknüpfung des Bruchteilsnießbrauchs mit dem Nießbrauch für den Längstlebenden durch die auflösende bzw. aufschiebende Bedingung des Todes eines Bruchteilsberechtigten ersetzt nicht den Tatbestand des Rechtsübergangs selbst. Da mehrere Nießbrauchsrechte vorliegen mit der Folge, dass für mehrere Rechte auch mehrere Eintragungen unter verschiedenen laufenden Nummern im Grundbuch vorzunehmen sind, müssen die Bewilligung und der Eintragungsantrag der Antragsteller dies deutlich zum Ausdruck bringen. Wird bei der Übertragung von Grundbesitz ein Nießbrauch bestellt, der zunächst den Übertragenden zu ideellen Bruchteilen und nach dem Tod des Erstversterbenden dem Überlebenden allein zustehen soll, so liegen mehrere Nießbrauchsrechte vor, die entsprechend zu bewilligen sind. Für einen Bruchteilsnießbrauch und den aufschiebend bedingten Nießbrauch eines Überlebenden sind selbstständige Rechte unter verschiedenen laufenden Nummern im Grundbuch einzutragen.[114]

122 Vom dinglichen Nießbrauch ist der **schuldrechtliche**, lediglich obligatorisch wirkende Nießbrauch zu unterscheiden. Der Rechtsgestalter muss deshalb klarlegen und zuvor mit dem Erblasser ausführlich erörtern, ob es sich bei dem eingeräumten Nießbrauch um ein beschränktes dingliches Recht handeln soll oder lediglich um ein schuldrechtliches Nutzungsrecht.

2. Muster

16.29 **Muster 16.29: Nießbrauchsvermächtnis zugunsten des Ehepartners – Vermächtnis betr. Haushaltsgegenstände**

123 **Testament**

Ich, , geboren am in , wohnhaft in , deutsche Staatsangehörige mit gewöhnlichem Aufenthaltsort in Deutschland, errichte nachfolgendes Testament.

I. Testierfreiheit, Güterstand

Ich erkläre, dass ich nicht durch ein bindend gewordenes gemeinschaftliches Testament oder einen Erbvertrag an der Errichtung dieses Testaments gehindert bin. Hiermit hebe ich alle bisher von mir errichteten Verfügungen von Todes wegen in vollem Umfang auf.

Mit meinem Ehemann , mit dem ich am vor dem Standesbeamten des Standesamts die Ehe geschlossen habe, lebe ich, da wir keinen Ehevertrag geschlossen haben, im gesetzlichen Güterstand der Zugewinngemeinschaft.

---

114 OLG Frankfurt, Beschl. v. 14.7.2008 – 20 W 47/2007, DNotZ 2008, 846.

II. Erbeinsetzung

Zu meinen Vollerben setze ich ein:
a) meine Tochter , geb. am in , wohnhaft in
b) meinen Sohn , geb. am in , wohnhaft in
je zur Hälfte.

Für den Fall, dass einer der Erben vor oder nach dem Erbfall wegfällt, bestimme ich jeweils seine Abkömmlinge zu Ersatzerben, unter sich entsprechend den Regeln der gesetzlichen Erbfolgeordnung; mangels von solchen tritt – zunächst innerhalb eines Stammes – Anwachsung ein. Schlägt einer der Erben seinen Erbteil aus, macht er gegen den Willen meines Ehemanns seinen Pflichtteil geltend und erhält er ihn auch, dann ist er mit seinem ganzen Stamm von der Erbfolge ausgeschlossen.

III. Nießbrauchsvermächtnis am Nachlass

Im Wege des Vermächtnisses erhält mein Ehemann , geb. am in , derzeit wohnhaft , den lebenslangen unentgeltlichen Nießbrauch an allen Nachlassgegenständen. Ein Ersatzvermächtnisnehmer wird entgegen jeder anders lautenden gesetzlichen oder richterlichen Vermutungs- und Auslegungsregel nicht benannt.

In Abweichung zu der gesetzlichen Regelung gem. § 1041 BGB hat der Nießbraucher auch die außergewöhnlichen Lasten und Erhaltungsmaßnahmen zu tragen.

Der Nießbrauch endet mit der Wiederverheiratung meines Ehemanns oder wenn er eine eingetragene Lebenspartnerschaft deutschen oder ausländischen Rechts eingeht.

IV. Haushaltsgegenstände und Inventar

Im Wege des Vermächtnisses erhält mein Ehemann das gesamte Inventar und die Haushaltsgegenstände unserer Wohnung im Untergeschoss meines Wohnhauses in , Str. , einschließlich aller persönlichen Gegenstände, des Pkw und der Antiquitäten.

Muster 16.30: Erbengemeinschaft – Nießbrauch des Überlebenden an den Erbteilen der Kinder – Testamentsvollstreckung – Hausratsvermächtnis – Wiederverheiratungsklausel – beschränkter Änderungsvorbehalt – Pflichtteilsklausel 16.30

[*Notarielle Urkundenformalien*] 124

Erbvertrag

Wir, die Eheleute , geb. am in , und , geborene , geb. am in , wohnhaft in , beide deutsche Staatsangehörige und mit gewöhnlichem Aufenthaltsort in Deutschland, schließen nachfolgenden Erbvertrag:

I. Testierfreiheit, Güterstand

Jeder von uns erklärt, dass er nicht durch Bindungen aus einem früheren gemeinschaftlichen Testament oder aus einem Erbvertrag an der Errichtung dieses Erbvertrags gehindert ist. Hiermit heben wir einzeln und gemeinsam alle unsere bisherigen Verfügungen von Todes wegen in vollem Umfang auf.

Wir haben am vor dem Standesbeamten des Standesamts die Ehe geschlossen und leben, da wir keinen Ehevertrag errichtet haben, im gesetzlichen Güterstand der Zugewinngemeinschaft.

II. Erbeinsetzung

Der Erstversterbende von uns setzt zu seinen Erben ein:
1. den Überlebenden von uns zur Hälfte
2. unsere Kinder
   a) zu einem Viertel
   b) zu einem Viertel.

Zu Ersatzerben unserer Kinder sind deren Abkömmlinge nach gesetzlicher Erbfolgeordnung berufen und berechtigt, wiederum ersatzweise tritt – zunächst innerhalb eines Stammes – Anwachsung ein.

III. Nießbrauchsvermächtnis, Testamentsvollstreckung, Auseinandersetzungsausschluss

Dem Überlebenden von uns wird der lebenslange unentgeltliche Nießbrauch an den Erbteilen unserer Abkömmlinge eingeräumt.

Der Überlebende wird für die Dauer seiner Lebenszeit – längstens jedoch bis zu seiner Wiederverheiratung oder der Begründung einer eingetragenen Lebenspartnerschaft deutschen oder ausländischen Rechts – zum Testamentsvollstrecker für den ganzen Nachlass berufen. Er hat alle Rechte und Pflichten, die einem Testamentsvollstrecker nach dem Gesetz eingeräumt werden können. In der Eingehung von Verbindlichkeiten für den Nachlass ist er nicht beschränkt.

Er kann einzelne Nachlassgegenstände aus seiner Verwaltung freigeben.

Solange Testamentsvollstreckung und Nießbrauch bestehen, ist die Auseinandersetzung des Nachlasses nur mit Zustimmung des Überlebenden zulässig. Der Überlebende kann die Nachlassauseinandersetzung jederzeit vornehmen.

Nießbrauch, Testamentsvollstreckung und Auseinandersetzungsausschluss enden mit der Wiederverheiratung bzw. der Begründung einer eingetragenen Lebenspartnerschaft deutschen oder ausländischen Rechts des Überlebenden.

IV. Vermächtnis betr. Haushaltsgegenstände

Der überlebende Ehegatte erhält im Wege des Vorausvermächtnisses alle Haushaltsgegenstände und das Inventar der von uns gemeinschaftlich bewohnten Wohnung in einschließlich des Pkw und aller persönlichen Gegenstände.

V. Schlusserbfolge

Der Überlebende von uns setzt zu seinen Erben ein unsere Kinder
1. zur Hälfte
2. zur Hälfte.

Ersatzerben sind deren Abkömmlinge, nach gesetzlicher Erbfolgeordnung berufen und berechtigt. Mangels solcher tritt – zunächst innerhalb eines Stammes – Anwachsung ein. Der Überlebende ist an diese Erbeinsetzung insofern gebunden, als er die Erbteile unserer Abkömmlinge nicht niedriger als die Pflichtteilsquote festsetzen kann. Er kann im Übrigen frei von Todes wegen verfügen.

VI. Pflichtteilsklausel

Macht einer unserer Abkömmlinge nach dem Tod des Erstversterbenden von uns gegen den Willen des Überlebenden seinen Pflichtteilsanspruch oder Pflichtteilsergänzungsanspruch geltend und erhält er diesen auch ganz oder teilweise, dann ist er mit seinem ganzen Stamm sowohl für den ersten als auch für den zweiten Todesfall von der Erbfolge einschließlich aller sonstigen letztwilligen Zuwendungen ausgeschlossen.

VII. Vertragsmäßigkeit, Rücktrittsrecht
1. Alle Bestimmungen dieses Erbvertrags sind vertraglich und damit bindend, soweit dies gesetzlich zulässig ist.
2. Jeder von uns behält sich das Rücktrittsrecht von diesem Erbvertrag vor.
3. Der Notar hat darauf hingewiesen, dass eine Rücktrittserklärung der notariellen Beurkundung bedarf und dem anderen Ehegatten in Ausfertigung zugehen muss.

VIII. Regelungen im Hinblick auf die ab 17.8.2015 anzuwendende EU-ErbVO

Wir sind beide deutsche Staatsangehörige und haben unseren beiderseitigen gewöhnlichen Aufenthalt in Deutschland, den wir auch beibehalten wollen. Vermögen im Ausland hat keiner von uns.

Unsere Verfügungen in diesem Erbvertrag sollen auf dem deutschen Recht (als Recht unseres jeweiligen gewöhnlichen Aufenthaltsorts) beruhen. Darüber hinaus wählen wir für die Rechtsnachfolge von Todes wegen in unser gesamtes Vermögen höchstfürsorglich das deutsche Recht als Staatsangehörigkeitsrecht.

Der Notar hat uns insbesondere auf Folgendes hingewiesen:
- Für die jeweilige Rechtsnachfolge von Todes wegen kommt deutsches Recht nur zur Anwendung, wenn der gewöhnliche Aufenthaltsort zum Todeszeitpunkt jeweils noch unverändert in Deutschland liegt; wird dieser ins Ausland verlegt oder wird nachträglich ein ausländisches Staatsangehörigkeitsrecht gewählt, können wesentliche Ziele des Erbvertrags verfehlt werden.
- Der Notar muss ausländisches Recht nicht kennen und hat darüber auch nicht beraten, insbesondere auch nicht als inhaltliche Alternative zum deutschen Recht. Wir entlassen ihn insoweit aus jeder Haftung.

[*Notarielle Schlussformel*]

Muster 16.31: Ehegattenerbvertrag – gesetzliche Erbfolge – Vermächtnis bezüglich Gesellschaftsbeteiligung – Nießbrauch – Pflichtteilsverzichtsvertrag 16.31

[*Notarielle Urkundenformalien*] 125

Es erscheinen:
1. Herr
2. dessen Ehefrau, Frau

Sie bitten um Beurkundung eines Erbvertrags und Pflichtteilsverzichtsvertrags. Der Notar hat sich mit den Eheleuten längere Zeit eingehend unterhalten. Dabei hat er sich von ihrer Geschäfts- und Testierfähigkeit überzeugt. Die Zuziehung von Zeugen oder eines zweiten Notars wünschen sie nicht; sie ist nach der Überzeugung des Notars auch nicht erforderlich.

Sodann erklären die Erschienenen:

Wir schließen folgenden

Erbvertrag und Pflichtteilsverzichtsvertrag

A. Vorwort

I. Persönliche Verhältnisse

Wir haben am in die beiderseits erste Ehe geschlossen. Keiner von uns hat jemals in eingetragener Lebenspartnerschaft deutschen oder ausländischen Rechts gelebt. Aus unserer Ehe sind zwei Kinder hervorgegangen:
a) unser Sohn
b) unsere Tochter .

Nichteheliche, adoptierte oder für ehelich erklärte Kinder sind nicht vorhanden. Wir sind beide seit unserer Geburt deutsche Staatsangehörige.

Mangels Ehevertrags leben wir im gesetzlichen Güterstand der Zugewinngemeinschaft. Dabei soll es auch bleiben.

II. Gesellschaftsrechtliche Beteiligung des Ehemanns

Der Ehemann ist an der GmbH mit dem Sitz in mit einem Geschäftsanteil von nominal EUR beteiligt. Der Geschäftsanteil ist in voller Höhe einbezahlt.

B. Erbvertrag

I. Testierfreiheit

Wir stellen fest, dass keiner von uns durch frühere Verfügungen von Todes wegen in seiner Testierfreiheit eingeschränkt ist. Etwaige frühere Verfügungen von Todes wegen widerrufen wir hiermit bzw. heben wir hiermit auf.

II. Erbfolge

Auf den Tod jedes Ehegatten tritt die gesetzliche Erbfolge ein.

Nach heutigem Stand würden demnach Erben des Erstversterbenden der überlebende Ehegatte zur Hälfte und unsere beiden Kinder zu je $^1/_4$. Erben des Überlebenden würden unsere beiden Kinder je zur Hälfte.

III. Gesellschaftsbeteiligung

1. Auf den Tod des Ehemanns wird im Wege des Vermächtnisses der ihm im Zeitpunkt seines Todes zustehende Gesellschaftsanteil an der oben bezeichneten GmbH unseren Abkömmlingen zugewandt, unter sich beteiligt entsprechend den Regeln der gesetzlichen Erbfolge erster Ordnung.
2. Die Vermächtnisnehmer werden mit folgendem Untervermächtnis zugunsten der Witwe, falls sie den Ehemann überlebt, beschwert:
   Sie erhält vermächtnisweise einen Geldanspruch in Höhe der Hälfte des Werts, der nach dem Gesellschaftsvertrag in seiner letzten Fassung im Falle der Kündigung durch einen Gesellschafter als Abfindung für die gesamte Beteiligung zu entrichten wäre.
   Dieser Geldanspruch ist in zehn gleichen Jahresraten, die erste Rate ein Jahr nach dem Erbfall, zahlungsfällig. Der Geldanspruch ist mit 5 % jährlich, beginnend mit dem Erbfall, zu verzinsen. Die Zinsen sind mit der jeweiligen Jahresrate zahlungsfällig.
   Sicherheit kann nicht verlangt werden.
   Ein Ersatzvermächtnisnehmer wird nicht benannt.

IV. Vermächtnis betr. Haushaltsgegenstände

Im Wege des Vermächtnisses (ggf. als Vorausvermächtnis) erhält der Überlebende auf den Tod des Zuerstversterbenden den Anteil bzw. das Volleigentum des Zuerstversterbenden an allen persönlichen Gebrauchsgegenständen sowie an der Wohnungseinrichtung, den Haushaltsgegenständen einschließlich der Antiquitäten und dem Pkw des Zuerstversterbenden.

V. Nießbrauchsvermächtnis

Im Wege des Vermächtnisses erhält der Überlebende auf den Tod des Zuerstversterbenden den Nießbrauch an allen Nachlassgegenständen – ausgenommen die Gesellschaftsbeteiligung –, aufschiebend bedingt dadurch, dass der Überlebende die Bestellung des Nießbrauchs verlangt. Der Nießbrauch beginnt jeweils mit dem vom Überlebenden zu bestimmenden Zeitpunkt, frühestens jedoch mit dem Erbfall des Erstversterbenden.

VI. Vertragsmäßigkeit

Vorstehende Bestimmungen sind, soweit gesetzlich zulässig, vertragsmäßig vereinbart. Die Vertragsmäßigkeit der Verfügungen des Überlebenden von uns endigt mit dem Tod des Zuerstversterbenden. Der Überlebende kann seine Verfügungen nach dem Tod des Erstversterbenden jederzeit ändern oder aufheben, ohne dass dies Auswirkungen auf die zu seinen Gunsten getroffenen Bestimmungen hätte.

Der Fall der Wiederverheiratung bzw. der Eingehung einer eingetragenen Lebenspartnerschaft wurde mit den Beteiligten besprochen. Mit der Wiederverheiratung des Überlebenden bzw. mit der Begründung einer eingetragenen Lebenspartnerschaft deutschen oder ausländischen Rechts endet der ihm zugewandte Nießbrauch. Im Übrigen hat eine Wiederverheiratung des Überlebenden bzw. die Begründung einer eingetragenen Lebenspartnerschaft keine rechtlichen Auswirkungen auf die zu seinen Gunsten getroffenen Bestimmungen.

VII. Rücktritt

Jeder von uns behält sich den Rücktritt von diesem Erbvertrag vor. Wir sind darauf hingewiesen, dass die Rücktrittserklärung in notariell beurkundeter Form zu erfolgen hat und dem anderen Vertragsteil zugehen muss.

C. Plichtteilsverzichtsvertrag

Die Ehefrau verzichtet hiermit gegenüber dem Ehemann auf ihr gesetzliches Pflichtteilsrecht, soweit es durch den vorstehenden Erbvertrag (Abschnitt B.), insbesondere im Hinblick auf die Vermächtnisanordnung bezüglich des GmbH-Anteils, eingeschränkt sein sollte. Der Ehemann nimmt den Verzicht hiermit an. Eine Gegenleistung wird nicht vereinbart.

D. Rechtswahl nach EU-ErbVO

[*Vgl. hierzu Muster* Rdn 121]

E. Sonstiges

Diese Urkunde soll in die besondere amtliche Verwahrung des zuständigen Amtsgerichts verbracht werden.

[*Notarielle Schlussformel*]

3. Arten des Nießbrauchs

a) Belastungsgegenstand

Das Gesetz kennt den Nießbrauch 126
- an Sachen (§§ 1030–1067 BGB),
- an Rechten (§§ 1068–1084 BGB),
- an Vermögen (§§ 1085–1088 BGB) sowie
- an einer Erbschaft als Sachgesamtheit (§ 1089 BGB).

b) Quoten- und Bruchteilsnießbrauch

Dem Vermächtnisnehmer brauchen nicht sämtliche Nutzungen einer Sache zugewandt 127 zu werden; möglich ist auch der Nießbrauch lediglich an einem ideellen Bruchteil eines Gegenstands oder beschränkt auf eine Quote der zu ziehenden Nutzungen (z.B. $^{2}/_{3}$ für den Vermächtnisnehmer, $^{1}/_{3}$ verbleibt dem Eigentümer).

Dass ein Nießbrauch an einem ideellen Bruchteilsmiteigentumsanteil bestellt werden kann, bestimmt § 1066 BGB ausdrücklich. Anerkannt ist aber auch die Befugnis des Alleineigentümers, den Nießbrauch nur an einem ideellen Bruchteil eines Gegenstands zu bestellen (= **Bruchteilsnießbrauch**). Daraus folgt, dass auch ein Miteigentümer aus seinem Bruchteil einen kleineren Bruchteil rechnerisch abspalten und nur diesen kleineren Bruchteil mit einem Nießbrauch belasten kann.

Von **Quotennießbrauch** spricht man, wenn der gesamte Gegenstand mit dem Nießbrauch 128 belastet ist, dem Nießbraucher aber nur eine bestimmte Quote aller Nutzungen zustehen soll. Besitz- und Verwaltungsrechte stehen dem Eigentümer und dem Nießbraucher gemeinschaftlich zu.[115]

Das Quotenvermächtnis war in der obergerichtlichen Rechtsprechung bereits seit einiger Zeit anerkannt.[116]

Die Einräumung eines Quotennießbrauchs an einem Miteigentumsanteil an einem Grundstück kann im Grundbuch eingetragen werden.[117]

---

115 BGH, Urt. v. 6.6.2003 – V ZR 392/02, FamRZ 2003, 1273 = NJW-RR 2003, 1290 = ZEV 2003, 417 m. Anm. *Blum*, FF 2005, 19.

116 BayObLG, Beschl. v. 3.7.1973 – BReg. 2 Z 25/73, DNotZ 1974, 241.

117 OLG Schleswig, Beschl. v. 6.11.2008 – 2 W 174/08, MittBayNot 2009, 376 = RNotZ 2009, 401.

16.32 **Muster 16.32: Vorausvermächtnis mit Quotennießbrauch als Untervermächtnis**

129 Im Wege des Vorausvermächtnisses – also ohne Wertausgleichsverpflichtung bei der Nachlassauseinandersetzung – wende ich meinem Sohn das Dreifamilienhaus in , eingetragen im Grundbuch von , Band , BV Nr. , zu. Er wird mit folgendem Untervermächtnis beschwert:

Meine Tochter erhält für die Dauer von 10 Jahren ab meinem Tod den Nießbrauch an dem Gebäudegrundstück in der Weise zugewandt, dass ihr die Hälfte der Erträge zusteht.

Die Lastentragungsverteilung zwischen Eigentümer und Nießbraucher richtet sich nach dem Gesetz.

4. Inhalt des Nießbrauchs

130 Der Nießbrauch ist ein unvererbliches, grundsätzlich unübertragbares dingliches Recht mit dem Inhalt, eine Sache in Besitz zu nehmen, sie zu verwalten, zu bewirtschaften und sämtliche Nutzungen an ihr zu ziehen (§§ 1030 Abs. 1, 1036, 1059, 1061 BGB). Ist der Nießbrauch einer juristischen Person eingeräumt, so kann das Nießbrauchsrecht bei einer Rechtsnachfolge auf den Rechtsnachfolger übergehen, sofern der Rechtsübergang nicht ausgeschlossen wurde (§ 1059a BGB).

Der jeweilige Eigentümer des belasteten Gegenstands ist verpflichtet, die Nutzziehung zu dulden. Nutzungen von Sachen und Rechten umfassen deren Früchte (Erträge) und Gebrauchsvorteile. Der Grundstücksnießbrauch ist seinem Wesen nach eine **Dienstbarkeit**.

131 Beschränkt wird das Recht des Nießbrauchers dadurch, dass er die wirtschaftliche Bestimmung des Gegenstands aufrechtzuerhalten hat und nicht berechtigt ist, den Gegenstand umzugestalten oder wesentlich zu verändern (§§ 1036 Abs. 2, 1037 BGB). Nur in Ausnahmefällen steht dem Nießbrauchsberechtigten ein Verfügungsrecht über den nießbrauchsbelasteten Gegenstand zu (§ 1067 BGB – Nießbrauch an verbrauchbaren Sachen).

5. Gesetzliches Schuldverhältnis

132 Mit der Einräumung des Nießbrauchs entsteht ein gesetzliches Schuldverhältnis zwischen **Nießbraucher** und **Eigentümer**. Zu unterscheiden von diesem gesetzlichen Schuldverhältnis ist das zugrunde liegende Schuldverhältnis zwischen dem Nießbrauchsberechtigten (Vermächtnisnehmer) und dem Besteller (Erbe), das die Verpflichtung auf Einräumung des Nießbrauchs zum Inhalt hat, in unserer Fallkonstellation also das einseitige Schuldverhältnis, das der Vermächtnisanordnung entspringt. Nachfolgend werden die sich aus dem gesetzlichen Schuldverhältnis zwischen Nießbraucher und Eigentümer ergebenden Rechte und Pflichten dargestellt.

6. Erfüllung des Nießbrauchsvermächtnisses

133 Aus der nur schuldrechtlichen Natur des Vermächtnisses folgt, dass der Bedachte nur einen **Anspruch auf Bestellung** des Nießbrauchs hat. Bezieht sich der Nießbrauch auf die **ganze** Erbschaft, so ist er an den einzelnen zum Nachlass gehörenden Gegenständen zu bestellen. Bei Nießbrauchsbestellungen an einem Erbteil bedarf die dingliche Einigung über die Nießbrauchseinräumung der notariellen Beurkundung (siehe §§ 1069 Abs. 1, 2033 Abs. 1 BGB).

Um bei größeren Erbengemeinschaften dem Problem aus dem Weg zu gehen, dass einzelne Erben die Abgabe der notwendigen Einigungserklärung nach § 873 BGB und der Grundbucherklärungen verweigern, kann, soweit es den Erblasser anbelangt, sein Teil der dinglichen Einigung bereits in der Verfügung von Todes wegen erklärt werden.[118]

Die nach § 873 BGB erforderliche **dingliche Einigung** zur Bestellung des Nießbrauchs an einzelnen Gegenständen oder an Rechten kann also bezüglich des Erblassers direkt in die Urkunde über die letztwillige Verfügung aufgenommen werden. Die Einigungserklärungen beider Teile brauchen hier – im Unterschied zur Auflassung – nicht gleichzeitig abgegeben zu werden. Der Tod des Erblassers beeinträchtigt die Wirksamkeit seiner abgegebenen Willenserklärung nicht (§ 130 Abs. 2 BGB). Der Vermächtnisnehmer kann seine dingliche Einigungserklärung auch noch später nach Eintritt des Erbfalls abgeben. Ist diese dingliche Einigungserklärung in einer notariellen Urkunde enthalten, so ist sie bindend und wirkt demnach auch für die Erben (§ 873 Abs. 2 BGB). 134

Zur Sicherung des Erfüllungsanspruchs ist es denkbar, dem Nießbrauchsvermächtnisnehmer eine **postmortale Vollmacht** innerhalb oder außerhalb der Verfügung von Todes wegen zu erteilen zur Erklärung der Einigung und zur Abgabe der grundbuchrechtlich erforderlichen Eintragungsbewilligung (§ 873 BGB, § 19 GBO). 135

In Betracht kommt auch die Ernennung des Vermächtnisnehmers zum **Testamentsvollstrecker** mit dem Aufgabenbereich, den Nießbrauchsanspruch zu erfüllen. In Rechtsprechung und Schrifttum ist zwischenzeitlich geklärt, dass eine Bevollmächtigung auch in einer Urkunde enthalten sein kann, die ansonsten nur eine letztwillige Verfügung enthält.[119] Die Vollmacht ist zwar eine nach § 130 Abs. 1 BGB empfangsbedürftige Willenserklärung. Im Hinblick auf die Vorschriften über die Testaments- und Erbvertragseröffnung und über die Benachrichtigung der Nachlassbeteiligten ist aber sichergestellt, dass der Bevollmächtigte Kenntnis von der Vollmachtserteilung erlangt (§ 130 Abs. 2 BGB), sodass die Vollmacht auch noch nach dem Tod des Erklärenden (Erblassers) wirksam wird. Ein ausdrücklicher Ausschluss der Widerrufsmöglichkeit der Vollmacht durch die Erben ist zu empfehlen. 136

Für den Nachweis der Vollmacht gegenüber dem **Grundbuchamt** ist in aller Regel die Vorlage einer Ausfertigung der Vollmachtsurkunde beim Grundbuchamt erforderlich (§ 29 GBO, § 47 BeurkG). Da das Nachlassgericht aber nur beglaubigte Abschriften von einer Verfügung von Todes wegen und dem Eröffnungsprotokoll erteilt, diese aber gem. § 35 Abs. 1 S. 2 GBO auch zum Nachweis des Erbrechts ausreichen, muss auch für den Nachweis der Vollmacht eine derartige **beglaubigte Abschrift** ausreichen, wenn sie in der Verfügung von Todes wegen erklärt wurde. Ist die Verfügung von Todes wegen notariell beurkundet, so braucht selbst dann, wenn der Nießbrauch an einem Grundstück zu bestellen ist, der Vermächtnisnehmer nur noch einen formlosen Eintragungsantrag (§ 13 GBO) beim Grundbuchamt zu stellen. Die vom Erblasser abzugebende Eintragungsbewilligung nach § 19 GBO ist in der nach § 29 GBO erforderlichen Form erteilt. 137

Muster 16.33: Nießbrauchsvermächtnis mit Einigungserklärung und Eintragungsbewilligung des Erblassers 16.33

Meiner Ehefrau wende ich im Wege des Vermächtnisses den lebenslangen unentgeltlichen Nießbrauch an den Grundstücken zu. Die erforderliche dingliche Einigungserklärung gem. § 873 Abs. 1 BGB gebe ich hiermit ab und bewillige die Eintragung des Nießbrauchs im Grundbuch (§ 873 Abs. 2 BGB, § 19 GBO). 138

118 *Mayer*, BWNotZ 1997, 62.

119 OLG Köln, Beschl. v. 10.2.1992 – 2 Wx 50/91, MittRhNotK 1992, 88.

16.34 **Muster 16.34: Nießbrauchsvermächtnis mit Vollmacht für Vermächtnisnehmer**

139 Meiner Ehefrau wende ich im Wege des Vermächtnisses den lebenslangen unentgeltlichen Nießbrauch an den Grundstücken zu. Ich bevollmächtige sie hiermit, für meine Erben unwiderruflich unter Befreiung von den Beschränkungen des § 181 BGB mit Wirkung ab meinem Tode sämtliche Erklärungen abzugeben, damit das Nießbrauchsrecht im Grundbuch eingetragen werden kann.

7. Nießbrauch an Sachen

a) Rechte des Nießbrauchers

140 Beim Nießbrauch an einer Sache hat der Nießbraucher das Recht, sämtliche **Nutzungen** aus dem belasteten Gegenstand zu ziehen. Er ist zum Besitz der Sache berechtigt (§ 1063 Abs. 1 BGB). Sind verbrauchbare Sachen Gegenstand des Nießbrauchs, so wird der Nießbraucher Eigentümer dieser Sachen (§ 1067 BGB – „uneigentlicher Nießbrauch").

141 Das **Verfügungsrecht** über den belasteten Gegenstand steht dem Nießbraucher im Allgemeinen nicht zu. Ausnahmen sind die Fälle, in denen der Nießbraucher Eigentümer wird, nämlich beim „uneigentlichen Nießbrauch" sowie bei Sachfrüchten, die mit der Trennung von der mit dem Nießbrauch belasteten Sache Eigentum des Nießbrauchers werden. Außerdem hat der Nießbraucher im Rahmen ordnungsmäßiger Wirtschaft ein Verfügungsrecht über einzelne Stücke eines Inventars, das zusammen mit einem Grundstück Gegenstand des Nießbrauchs ist (§ 1048 BGB). Diese Vorschrift wird auch auf andere Sachinbegriffe angewandt, bspw. auf das Zubehör eines Handelsgeschäfts.[120]

142 Eine über die gesetzlichen Ausnahmefälle hinausgehende Verfügungsbefugnis des Nießbrauchers über den belasteten Gegenstand (sog. **Dispositionsnießbrauch**) kann nicht mit dinglicher Wirkung als Inhalt des Nießbrauchsrechts vereinbart werden. Möglich ist es jedoch, dem Nießbraucher eine transmortale bzw. postmortale Vollmacht zur Verfügung über den betreffenden Gegenstand zu erteilen oder ihn zum Testamentsvollstrecker zu ernennen.

143 Die bisherige wirtschaftliche Bestimmung der Sache muss bestehen bleiben (§ 1036 Abs. 2 BGB). Für die **wirtschaftliche Bestimmung** ist der Zeitpunkt der Bestellung maßgebend. Streitig ist, ob objektive Umstände oder der subjektive Wille des Eigentümers die wirtschaftliche Bestimmung festlegen.[121] Der Erblasser kann allerdings in der Verfügung von Todes wegen dem Nießbrauchsvermächtnisnehmer Befugnisse zur Änderung der wirtschaftlichen Bestimmung einräumen.[122]

144 Der Nießbraucher hat „nach den Regeln einer ordnungsmäßigen Wirtschaft zu verfahren" (§ 1036 Abs. 2 BGB). Die Regeln **ordnungsmäßiger Verwaltung** sind nach objektiven Grundsätzen zu bestimmen. Zieht der Nießbraucher Früchte aufgrund ordnungswidriger Wirtschaftsführung oder übermäßiger Nutzung der Sache, so hat er insoweit dem Eigentümer bei Beendigung des Nießbrauchs den Wert der Früchte zu ersetzen (§ 1039 BGB). Umgekehrt hat der Nießbraucher Veränderungen oder Verschlechterungen nicht zu vertreten, die durch ordnungsmäßige Nießbrauchsausübung entstanden sind (§ 1050 BGB).

---

120 BGH, Urt. v. 30.10.1974 – VIII ZR 81/73, WM 1974, 1219.

121 BeckOK BGB/*Reischl*, § 1036 Rn 8.

122 MüKo-BGB/*Pohlmann*, § 1036 Rn 11.

b) Pflichten des Nießbrauchers

Der Nießbraucher darf die Sache nicht umgestalten oder wesentlich verändern (§ 1037 Abs. 1 BGB). Welche Maßnahmen noch unwesentlich und damit zulässig sind, lässt sich nur im Einzelfall beurteilen. Der Nießbraucher ist zur **Erhaltung der Sache in ihrem wirtschaftlichen Bestand** verpflichtet (§ 1041 S. 1 BGB). Daraus ergibt sich im Einzelnen: 145
- Der Nießbraucher hat alle Maßnahmen zu unterlassen, die den wirtschaftlichen Bestand der Sache gefährden;
- Ausbesserungen und Erneuerungen muss der Nießbraucher insoweit vornehmen, als sie zur gewöhnlichen Unterhaltung der Sache gehören (§ 1041 S. 2 BGB).

Gewöhnliche Unterhaltungsmaßnahmen sind Ausbesserungen und Erneuerungen, mit denen hin und wieder zu rechnen ist, selbst wenn sie im Einzelfall durch Zufall erforderlich werden.[123] Zu **außergewöhnlichen** Erhaltungsmaßnahmen ist der Nießbraucher berechtigt, aber nicht verpflichtet. Der Nießbraucher hat keinen Anspruch darauf, dass der Eigentümer außergewöhnliche Reparaturen bewirkt, den Eigentümer trifft insofern keine Erhaltungspflicht. 146

Zur Erhaltung der Sache gehört auch, dass der Nießbraucher diese auf seine Kosten **versichern** lässt (§ 1045 BGB). Welche Schadensereignisse versicherungsmäßig abgedeckt werden, ist im Einzelfall nach den Grundsätzen ordnungsgemäßer Wirtschaft zu beurteilen. Der Nießbraucher hat folgende auf der Sache ruhende Lasten zu tragen (§ 1047 BGB): 147
- ordentliche öffentliche Lasten, insbesondere Grundsteuer, nicht aber außerordentliche Lasten wie bspw. Anliegerleistungen für den Straßenbau;
- privatrechtliche Lasten, die schon bei Begründung des Nießbrauchs bestanden haben, insbesondere Zinsen für durch Grundpfandrechte gesicherte Verbindlichkeiten, soweit sie die nießbrauchsbelastete Sache betreffen.

Ist ein Grundstück einschließlich Inventar Gegenstand des Nießbrauchs, so kann der Nießbraucher über die einzelnen Stücke des Inventars verfügen, soweit dies innerhalb einer ordnungsmäßigen Wirtschaft erforderlich ist. Für den gewöhnlichen Abgang sowie für die im Rahmen der ordnungsmäßigen Wirtschaft ausscheidenden Stücke hat er Ersatz zu beschaffen. 148

Gegen den Eigentümer hat der Nießbraucher Anspruch auf Ersatz von Verwendungen, zu denen der Nießbraucher nicht verpflichtet gewesen ist (§ 1049 Abs. 1 BGB). Dort wird verwiesen auf die entsprechenden Vorschriften über die **Geschäftsführung ohne Auftrag**, wonach die Ersatzpflicht regelmäßig nur dann besteht, wenn die Verwendungen dem tatsächlichen oder mutmaßlichen Willen des Geschäftsherrn entsprechen (§ 683 BGB). Statt des Ersatzanspruchs hat der Nießbraucher auch das Recht, eine Einrichtung wegzunehmen, mit der er die Sache versehen hat (§ 1049 Abs. 2 BGB). 149

Die Ausübung des Nießbrauchs kann schuldrechtlich einem anderen überlassen werden (§ 1059 S. 2 BGB). Der Nießbraucher kann somit – ohne dass eine Gestattung des Eigentümers erforderlich wäre – die Sache vermieten oder verpachten bzw. unentgeltlich einem anderen überlassen. Der **Nießbrauch selbst** ist allerdings **unübertragbar** (§ 1059 S. 1 BGB). Mehrere Nießbraucher können nicht „als Mitberechtigte gem. § 432 BGB" in das Grundbuch eingetragen werden.[124] Gebraucht der Nießbraucher die Sache rechtswidrig und fährt er darin trotz Abmahnung fort, so kann der Eigentümer auf Unterlassung klagen (§ 1059 150

123 MüKo-BGB/*Pohlmann*, § 1041 Rn 4–5.

124 OLG München, Beschl. v. 25.6.2009 – 34 Wx 40/09, NJW 2009, 3310 = ZEV 2009, 576.

BGB). Bei schuldhafter Verletzung der Regeln ordnungsmäßiger Wirtschaft ist der Nießbraucher ggf. schadensersatzpflichtig.[125]

Bei einem Grundstücksnießbrauch kann der Nießbraucher mit einem Mieter einen Mietvertrag schließen, für den die besonderen Kündigungsregeln des § 1056 BGB gelten.[126]

8. Nießbrauch an Rechten

a) Allgemeines

151 Der Nießbrauch kann grundsätzlich an Rechten jeder Art eingeräumt werden, wenn und soweit das Recht übertragbar ist (§§ 1068, 1069 Abs. 2 BGB) und mittelbar oder unmittelbar Nutzungen abwirft. Praktische Bedeutung hat der Nießbrauch an Rechten beim **Unternehmensnießbrauch**, beim Nießbrauch an **Gesellschaftsbeteiligungen** und bei **Sachgesamtheiten** (§ 1085 BGB), wo wegen des Spezialitätsgrundsatzes der Nießbrauch an jedem einzelnen Vermögensgegenstand, also auch an den dazu gehörenden Rechten, bestellt werden muss.

152 Besonders geregelt sind der Nießbrauch an einer **Leibrente** (§ 1073 BGB), an einer Forderung (§§ 1074–1079 BGB), an einer Grund- oder Rentenschuld (§ 1080 BGB) sowie an **Inhaber**- und **Orderpapieren** (§§ 1081–1084 BGB).

Im Wesentlichen gelten hierfür dieselben Vorschriften wie bezüglich des Nießbrauchs an **Sachen** (§ 1068 Abs. 2 BGB). Auch der Nießbrauch an einem Recht gewährt ein unmittelbares dingliches Recht und beinhaltet ein Recht auf die Nutzungen.

153 Einige besondere Regeln gelten hier:

- Die Aufhebung oder Änderung eines Rechts, das dem Nießbrauch unterliegt, kann nur mit Zustimmung des Nießbrauchers erfolgen. Dies gilt hinsichtlich der Rechtsänderung nur dann, wenn dadurch der Nießbrauch beeinträchtigt wird (§ 1071 BGB.) Wird die Zustimmung nicht erteilt, so bleibt das Rechtsgeschäft gegenüber dem Nießbraucher – also relativ – unwirksam.[127]
- Der Nießbrauch an **Aktien** und **GmbH-Geschäftsanteilen** wird in der Literatur kontrovers diskutiert.[128] Nach herrschender Meinung steht dem Aktionär das Bezugsrecht auf neue Aktien zu. Umstritten ist, ob das Stimmrecht dem Aktionär oder dem Nießbraucher zusteht.
- Auch der Nießbrauch am **Anteil** einer **Personengesellschaft** bringt schwierige rechtliche Probleme mit sich. Ein Nießbrauch an einem Anteil einer Personengesellschaft kann bestellt werden, wenn der Gesellschaftsvertrag dies gestattet oder wenn die übrigen Gesellschafter zustimmen.

b) Nießbrauch an einem Unternehmen

154 Eine besondere gesetzliche Regelung für einen **Nießbrauch** an einem **Unternehmen** fehlt. In § 22 Abs. 2 HGB wird seine Zulässigkeit aber vorausgesetzt. Zu klären ist mit dem Erblasser zunächst, was im Einzelnen gewollt ist. Denkbar wäre ein Unternehmensnießbrauch, bei dem der Nießbraucher als Unternehmer auftritt oder ein Ertragsnießbrauch,

125 MüKo-BGB/*Pohlmann*, § 1036 Rn 18.
126 BGH, Urt. v. 12.10.2011 – VIII ZR 50/11, FamRZ 2011, 1941 = ZEV 2012, 160.
127 MüKo-BGB/*Pohlmann*, § 1071 Rn 2.
128 MüKo-BGB/*Pohlmann*, § 1068 Rn 37–39.

bei dem der Nießbrauchbesteller selbst Inhaber des Unternehmens bleibt, während der Ertrag ganz oder zum Teil an den Nießbraucher auszukehren ist.

Welchen Rechtscharakter der Nießbrauch an einem Unternehmen hat, ist streitig. Nach heute herrschender Meinung bedarf es zwar zur Begründung des Nießbrauchs am Unternehmen wegen des sachenrechtlichen Spezialitätsgrundsatzes der Einräumung des Nießbrauchs an den zum Unternehmen gehörenden Sachen und Rechten durch konkreten Einzelbestellungsakt. Trotzdem entsteht darüber hinaus ein dinglich wirkender Nießbrauch am Unternehmen als Ganzes. 155

c) Nießbrauch an der Beteiligung an einer Personengesellschaft

Der Nießbrauch an Personengesellschaftsbeteiligungen als eine Form des Nießbrauchs an einem Recht (§§ 1030, 1069 ff. BGB) gehört mit zum schwierigsten Fragenkreis im Recht des Nießbrauchs.[129] Da nach § 1069 Abs. 2 BGB an nichtübertragbaren Rechten ein Nießbrauch nicht bestellt werden kann, ist zunächst zu klären, ob der Gesellschaftsanteil, der mit einem Nießbrauch belastet werden soll, **übertragbar** ist. Dabei ist zu differenzieren zwischen der Mitgliedschaft an der Gesellschaft einerseits und den einzelnen daraus entspringenden Beteiligungsrechten, insbesondere dem Stimmrecht, andererseits. 156

d) Nießbrauch an Erbteilen

In Ehegattentestamenten oder Ehegattenerbverträgen wird dem Überlebenden häufig ein Nießbrauchsrecht zugewandt. Dabei ist besonders zu differenzieren, ob der Nießbrauch am **Nachlass** zugewandt wurde – dann gelten die Vorschriften über den Vermögensnießbrauch (§§ 1085 ff. BGB) – oder der Nießbrauch am jeweiligen **Erbteil der Kinder** – dann handelt es sich jeweils um einen Nießbrauch an einem Recht (§§ 1068, 1069 BGB). 157

Der Nießbrauch am **Nachlass** lastet auf jedem einzelnen Nachlassgegenstand und damit, wenn der überlebende Ehegatte als Nießbraucher auch zum Kreis der Erben gehört, auch auf seinem Anteil an den einzelnen Nachlassgegenständen. Beim Erbteilsnießbrauch ist sein Erbteil nicht belastet.

Bei der **Erfüllung** des Vermächtnisanspruchs bestehen Unterschiede: 158
- Ist der Nießbrauch am Nachlass eingeräumt, so erfolgt die Bestellung je nach Art des Nachlassgegenstands nach den Vorschriften über die Nießbrauchsbestellung an Sachen bzw. Rechten, was für die Praxis in aller Regel einfacher zu handhaben ist, weil formlose Einigungen ausreichen. Bei Grundstücken wäre allerdings noch eine Eintragung im Grundbuch erforderlich (§ 873 BGB).
- Beim Erbteilsnießbrauch erfolgt die Bestellung durch notarielle Beurkundung (§§ 1069, 2033 Abs. 1 BGB), was in der Praxis nach aller Erfahrung – wohl aus Kostengründen – äußerst selten geschieht.

Bezüglich der **Verfügung** über Nachlassgegenstände, der dinglichen **Surrogation** und der **Erbauseinandersetzung** ergeben sich weitere Besonderheiten: 159
- In entsprechender Anwendung von § 1071 BGB kann bei einem Nießbrauch an einem Erbteil der nießbrauchsbelastete Erbe nicht mehr zusammen mit den anderen Miterben über den einzelnen Nachlassgegenstand verfügen. Vielmehr ist die Zustimmung des Nießbrauchers dazu erforderlich, weil anderenfalls der Erbteil substanziell verändert würde.[130]

---

129 Vgl. ausführlich hierzu DNotI-Report 1999, 194 m.w.N. und *Lindemeier*, DNotZ 1999, 876.
130 MüKo-BGB/*Pohlmann*, § 1089 Rn 15.

- Beim Nießbrauch an Sachen und am gesamten Nachlass gibt es keine dinglich wirkende Surrogation, während der Nießbraucher am Erbteil über die Surrogationsvorschrift des § 2041 BGB in der Erbengemeinschaft daran ebenfalls teilnimmt.
- Nießbrauchsbelasteter Erbe und Nießbraucher können nur gemeinsam die Auseinandersetzung des Nachlasses verlangen (§§ 2042 Abs. 1, 1066 Abs. 2 BGB). Der Nießbrauch kann bei der Auseinandersetzung nicht ohne Zustimmung des Nießbrauchers aufgehoben werden (§ 1071 Abs. 1 BGB).

160 Wird der Nießbrauch an **sämtlichen Erbteilen** derselben Person eingeräumt, so ist es Auslegungsfrage, ob damit ein Nießbrauch an allen Nachlassgegenständen bestellt werden soll oder ob es sich um einzelne Nießbrauchsrechte am jeweiligen Erbteil handeln soll.[131]

161 Bei der Testamentsgestaltung sollte deshalb genau geklärt werden, welche **Art** von Nießbrauch eingeräumt werden soll – der Nießbrauch an allen oder einzelnen Erbteilen oder der Nießbrauch an allen oder einzelnen Nachlassgegenständen. Sehr häufig wird in der Praxis die Rechtsstellung des Nießbrauchers (überlebender Ehegatte) dadurch gestärkt, dass er zusätzlich zum Verwaltungstestamentsvollstrecker eingesetzt wird. Damit erhält er neben dem Nutzziehungsrecht noch die Verwaltungs- und Verfügungsbefugnis über die Nachlassgegenstände nach §§ 2205, 2211 BGB.

9. Beendigung des Nießbrauchs

162 Der Nießbrauch endet u.a.
- durch Tod des Nießbrauchers;
- bei juristischen Personen mit ihrem Erlöschen (§ 1061 BGB);
- durch Eintritt einer Bedingung, z.B. der Wiederverheiratung des Nießbrauchers (sehr häufig in Testamenten, die ein Nießbrauchsvermächtnis zugunsten des überlebenden Ehegatten bis zu seiner Wiederverheiratung vorsehen);
- durch einseitige Erklärung des Nießbrauchers, dass er den Nießbrauch aufhebe (§§ 1064, 1068, 1072 BGB); beim Grundstücksnießbrauch muss zusätzlich die Löschung im Grundbuch erfolgen;
- durch Zwangsversteigerung der Sache, sofern der Nießbrauch dem Beschlagnahmegläubiger im Rang nachgeht und deshalb nicht in das geringste Gebot fällt.[132]

163 Nach Beendigung des Nießbrauchs hat der Nießbraucher die Sache an den Eigentümer zur Zeit der Beendigung **zurückzugeben** (§ 1055 BGB). Dabei gilt Folgendes:

Die Sache ist in dem Zustand zurückzugeben, in dem sie sich bei ordnungsmäßiger Wirtschaft befinden müsste. Veränderungen und Verschlechterungen lösen insoweit keine Ersatzansprüche aus, als sie durch ordnungsmäßige Ausübung des Nießbrauchs entstanden oder durch außergewöhnliche Vorkommnisse bedingt sind, die der Nießbraucher nicht zu vertreten hat.

164 Die **Beweislast** für eine Pflichtverletzung trifft den Eigentümer.[133] Gibt der Nießbraucher die Sache in einem schlechteren Zustand zurück, als es bei ordnungsmäßiger Wirtschaft hätte sein dürfen, so hat der Eigentümer einen Schadensersatzanspruch gegen den Nießbraucher, wenn dieser die Verschlechterung zu vertreten hat.[134] Bestand der Nießbrauch an einem Grundstück, so muss der Nießbraucher in die Löschung seiner Rechte im Grundbuch

---

131 MüKo-BGB/*Pohlmann*, § 1089 Rn 17.
132 MüKo-BGB/*Pohlmann*, § 1030 Rn 175.
133 MüKo-BGB/*Pohlmann*, § 1055 Rn 5.
134 MüKo-BGB/*Pohlmann*, § 1055 Rn 7.

einwilligen (§ 19 GBO). Waren verbrauchbare Sachen Gegenstand des Nießbrauchs, die nach § 1067 BGB Eigentum des Nießbrauchers geworden sind, so hat der Nießbraucher nach Beendigung des Nießbrauchs dem Eigentümer (in der Regel dem Erben) den Wert zu ersetzen, den die Sachen zur Zeit der Nießbrauchsbestellung hatten.

10. Auskunftspflichten

Sowohl Nießbraucher als auch Eigentümer haben jederzeit das Recht, den Zustand der nießbrauchsbelasteten Sache auf eigene Kosten durch **Sachverständige** feststellen zu lassen (§ 1034 BGB). Weiter sind nach § 1035 BGB beim Nießbrauch an einem Inbegriff von Sachen Nießbraucher und Eigentümer auf Verlangen einander verpflichtet, zur Aufnahme eines **Verzeichnisses** der Sachen mitzuwirken. Jeder Teil kann eine öffentliche Beglaubigung sowie die Aufnahme des Verzeichnisses durch einen Notar verlangen. Eine Angabe des Werts ist nicht vorgesehen. Das Verlangen nach Aufnahme eines Verzeichnisses kann jederzeit – auch wiederholt – gestellt werden.[135] Diese Rechte bestehen auch bei einem Nießbrauch an einem Inbegriff von Rechten bzw. Sachen. 165

Der Nießbraucher hat den Eigentümer gem. § 1042 BGB unverzüglich zu benachrichtigen, wenn 166

- die Sache zerstört oder beschädigt wird,
- eine außergewöhnliche Ausbesserungs- oder Erneuerungsmaßnahme notwendig wird,
- eine Vorkehrung zum Schutz der Sache gegen eine nicht vorhergesehene Gefahr zu treffen ist,
- ein Dritter sich ein Recht an der Sache anmaßt.

Zur Rechnungslegung ist der Nießbraucher nicht verpflichtet.

11. Nießbrauch an einem Vermögen

a) Allgemeines

An dem Vermögen einer Person kann der Nießbrauch nur in der Weise bestellt werden, dass der Nießbraucher den Nießbrauch an **jedem einzelnen** zum Vermögen gehörenden Gegenstand erlangt (§ 1085 BGB). Damit sind im Allgemeinen die für die Nießbrauchsbestellung an den einzelnen Gegenständen geltenden Bestimmungen anzuwenden. Der Vermögensnießbrauch kommt am häufigsten in der Form des Nießbrauchs an einem Nachlass vor (§ 1089 BGB). 167

Während die Bestellung des Nießbrauchs durch gesonderte Belastung jedes einzelnen Vermögensgegenstands vorgenommen werden muss, kann die zugrunde liegende schuldrechtliche Verpflichtung (die **Anordnung** des Nießbrauchsvermächtnisses) durch einen einheitlichen Vorgang, die Vermächtnisanordnung im Testament, erfolgen. Voraussetzung des Vermögensnießbrauchs ist u.a., dass die belasteten Gegenstände (beim Unternehmensnießbrauch z.B. das Handelsgeschäft) im Wesentlichen das gesamte Vermögen des Erblassers ausmachen. 168

Die besonderen **Rechtsfolgen** des Vermögensnießbrauchs betreffen hauptsächlich die Schuldenhaftung gegenüber den Gläubigern des Erblassers (§§ 1086–1088 BGB). Danach können die Gläubiger, wenn ihre Forderungen vor der Bestellung entstanden sind, ohne Rücksicht auf den Nießbrauch Befriedigung aus den dem Nießbrauch unterliegenden Gegenständen verlangen. Mit dieser Regelung soll eine Gefährdung der Gläubiger ausgeschaltet 169

135 MüKo-BGB/*Pohlmann*, § 1035 Rn 2.

werden; denn andernfalls würde der Nießbraucher aufgrund seines dinglichen Rechts das Vermögen des Erblassers und damit die Haftungsgrundlage dem Zugriff der Gläubiger entziehen.

170 Weiterhin modifizieren Bestimmungen des Vermögensnießbrauchs das **Innenverhältnis** zwischen Nießbraucher und Besteller (Erben). Ansonsten gelten die Bestimmungen über den Nießbrauch an dem einzelnen belasteten Gegenstand (Sache bzw. Recht); der Nießbrauch am Vermögen gewährt also keine besonderen Rechte. Ein einmal bestellter Nießbrauch dauert auch dann fort, wenn der Gegenstand aus dem Vermögen ausscheidet. Umgekehrt ist der Nießbrauch für neu in das Vermögen gelangende Gegenstände gesondert zu bestellen.[136]

171 Auch auf den – praktisch bedeutsamen – Nießbrauch an einer Erbschaft sind gem. § 1089 BGB die Vorschriften über den Vermögensnießbrauch entsprechend anzuwenden. Zu unterscheiden ist der Nießbrauch an der **Erbschaft**, d.h. an sämtlichen Nachlassgegenständen, und der Nießbrauch an (einzelnen oder sämtlichen) **Erbteilen.** Durch die Bestellung des Nießbrauchs an Erbteilen entsteht ein Nießbrauch an Rechten, nicht automatisch ein Nießbrauch an der Erbschaft.

172 Auf der Grundlage der Vermächtnisanordnung zugunsten des Nießbrauchers ist der Erbe verpflichtet, den Nießbrauch entsprechend § 1085 BGB an jedem einzelnen zum Nachlass gehörenden Gegenstand zu bestellen. Gehören **höchstpersönliche Rechte** zum Nachlass (bspw. Gesellschaftsrechte, die nicht übertragbar sind), so ist die Anordnung des Vermächtnisses für diese Teile des Nachlasses unwirksam (§ 1069 Abs. 2 BGB). Jedoch kann der Erbe verpflichtet sein (§ 140 BGB), dem Nießbraucher zumindest die Nutzung der Rechte – auf der Grundlage eines schuldrechtlichen Nutzungsrechts – zu überlassen.[137]

Beim Erbschaftsnießbrauch sind Gläubiger i.S.d. §§ 1086, 1088 BGB nur die Nachlassgläubiger, nicht auch die persönlichen Gläubiger des Erben.[138]

b) Nießbrauch am Nachlass

173 Auch hier gelten die allgemeinen Regeln, dass die Vorschriften über den Vermögensnießbrauch (§§ 1086 ff. BGB) nur dann anzuwenden sind, wenn für den wesentlichen Teil des Nachlasses der Nießbrauch bestellt wird. Andernfalls gelten für die Einzelgegenstände die Vorschriften über den Sach- bzw. Rechtsnießbrauch.

174 Ist der Nießbrauch nur an einer Quote des Nachlasses zugewandt, so gelten dieselben Regeln wie bei einem **Quotennießbrauch** an einem Vermögen, § 1089 BGB (und damit die Haftungsvorschriften der §§ 1086–1088 BGB) ist also anwendbar, weil der Nießbrauch nur seinem Umfang nach begrenzt ist, nicht aber in Bezug auf den belasteten Gegenstand.[139]

175 Ob der **Bruchteilsnießbrauch** die Anwendung der §§ 1086 ff. BGB zur Folge hat, ist umstritten,[140] aber wohl zu bejahen.[141] Dies hat insbesondere zur Konsequenz, dass die besonderen Haftungsvorschriften der §§ 1086–1088 BGB beim Bruchteilsnießbrauch nicht anzuwenden sind – im Gegensatz zum Quotennießbrauch.

136 MüKo-BGB/*Pohlmann*, § 1085 Rn 4.
137 MüKo-BGB/*Pohlmann*, § 1069 Rn 18.
138 MüKo-BGB/*Pohlmann*, § 1089 Rn 6.
139 MüKo-BGB/*Pohlmann*, § 1089 Rn 2.
140 MüKo-BGB/*Pohlmann*, § 1089 Rn 2.
141 MüKo-BGB/*Pohlmann*, § 1085 Rn 4.

12. Nutzziehungsrecht des Nießbrauchers

Der Nießbraucher ist berechtigt, alle Nutzungen der belasteten Sache zu ziehen (§ 1030 Abs. 1 BGB). Das Reichsgericht[142] hat jedoch klargestellt, aus Zweck und Wesen des Nießbrauchs folge, dass „der Nießbraucher die Nutzungen nur insoweit haben soll, als sie bei ordnungsmäßiger Wirtschaft den Reinertrag bilden“. Die nähere Bestimmung dieses **Reinertrags** ist jedoch nicht klar geregelt; Rechtsprechung dazu fehlt weitgehend. Deshalb ist dringend zu empfehlen, entsprechende Regelungen in die Verfügung von Todes wegen aufzunehmen. Fehlen solche Regelungen, so dürfte dem Nießbraucher der nach betriebswirtschaftlichen Grundsätzen ermittelte Reingewinn zustehen.[143] 176

Die Verfügung von Todes wegen sollte auch Aussagen dazu machen, wer etwa entstehende **Verluste** zu tragen hat. Da bei der Anordnung eines Unternehmensnießbrauchs vielfältige Streitpunkte entstehen können, empfiehlt sich gerade für diese Fälle die Einsetzung eines Schiedsgerichts, das bereits vom Erblasser in der Verfügung von Todes wegen angeordnet werden kann. 177

13. Zusammentreffen von Testamentsvollstreckeramt und Nießbrauch in einer Person

Der überlebende Ehegatte ist aufgrund gemeinschaftlicher Verfügung von Todes wegen häufig sowohl Nießbraucher am Nachlass als auch Testamentsvollstrecker zur Verwaltung des gesamten Nachlasses des Erstversterbenden. Der Nießbraucher, dem sonst nur Verwaltungs- und geringe Verfügungsbefugnisse an den dem Nießbrauch unterliegenden Nachlassgegenständen zustehen, erhält mit dem Amt des Testamentsvollstreckers das **Verwaltungsrecht** (§ 2205 BGB) und das **Verfügungsrecht** (§ 2211 BGB). 178

Ein **Vorteil** dieser Verbindung ist, dass der Nießbraucher sich in seiner Eigenschaft als Testamentsvollstrecker den Nießbrauch selbst bestellen kann. Gleichzeitig ist der Erbe auf die reine Rechtsposition des Eigentümers beschränkt, ohne auch Verwaltungs- und Nutzungsrechte am Nachlass zu haben. Fraglich ist in solchen Fällen bei einem zum Nachlass gehörenden Handelsgeschäft, in welcher Eigenschaft dieses Handelsgeschäft weitergeführt werden soll, ob als Nießbraucher oder als Testamentsvollstrecker. Hier bedarf es bei der Gestaltung der Verfügung von Todes wegen eindeutiger Regelungen. Möglich wäre, dass der Erblasser die Testamentsvollstreckung nur zum Zweck der Bestellung des Nießbrauchs angeordnet haben wollte. 179

14. Andere Nutzungsrechte

Der Nießbrauch ist nicht das einzige Nutzungsrecht, das einem Vermächtnisnehmer eingeräumt werden kann. Denkbar sind auch **schuldrechtliche** Nutzungsrechte wie **Miet-** und **Pachtverhältnisse** oder atypische Nutzungs-Rechtsverhältnisse, die gem. §§ 241, 311 BGB zugewandt werden können, solange sie weder gesetz- noch sittenwidrig sind. Sobald darin ein Vermögensvorteil erblickt werden kann, kann es Gegenstand eines Vermächtnisses sein. So ist bspw. die Einräumung eines Mietrechts schon dann ein Vermögensvorteil, wenn dem Begünstigten dadurch ein Umzug erspart bleibt. 180

142 RG, Urt. v. 30.10.1936 – IV 126/36, RGZ 153, 29, 32.
143 MüKo-BGB/*Pohlmann*, § 1085 Rn 15.

VI. Wohnungsrechtsvermächtnis

1. Allgemeines

181 Die Zuwendung eines Vermächtnisses auf Einräumung eines dinglichen Wohnungsrechts (§ 1093 BGB) dient der Absicherung des Vermächtnisnehmers im Hinblick auf das elementare Grundbedürfnis des Wohnens. Dem Ehegatten, dem eingetragenen Lebenspartner, dem nichtehelichen Lebenspartner soll bspw. das Wohnen in der bisherigen Wohnung nach dem Tod eines Partners sichergestellt werden, ohne dass auch das Eigentum an der Wohnung an den Partner übergeht. Auch für Eltern oder Geschwister des Erblassers kommt das Wohnungsrechtsvermächtnis in Betracht. Dabei ist entscheidend, dass die dingliche Rechtsposition eines Wohnungsrechts als Unterfall der beschränkten persönlichen Dienstbarkeit mehr Sicherheit bietet als die Gewährung eines Mietverhältnisses. Es beinhaltet eine **dingliche Rechtsposition**, für die die Kündigungs- und Mietpreisvorschriften nicht gelten.[144] Dingliches Wohnungsrecht einerseits und Mietverhältnis andererseits sind rechtlich voneinander verschieden. Rechtsgrund für das Wohnungsrecht ist bei seiner vermächtnisweisen Zuwendung das sich aus dem Vermächtnis ergebende schuldrechtliche Rechtsverhältnis und nicht ein etwa zusätzlich abgeschlossener Mietvertrag über die von dem dinglichen Recht erfasste Wohnung. Die Kündigung des Mietverhältnisses berührt das dingliche Wohnungsrecht grundsätzlich nicht.[145]

182 Noch ein weiterer Aspekt erscheint erwähnenswert: Wurde dem Eigentümer zur Erstellung eines Gebäudes ein Baukostenzuschuss gewährt, so kann es gerechtfertigt erscheinen, dem Kapitalgeber als Gegenleistung dafür ein lebenslanges Wohnungsrecht zu Lebzeiten und/ oder nach dem Tod des Erblassers einzuräumen.

2. Entstehung des Wohnungsrechts

183 Aufgrund der Zuwendung des Vermächtnisses auf Bestellung eines Wohnungsrechts hat der Begünstigte Anspruch auf Erklärung der **dinglichen Einigung** nach § 873 BGB, **Eintragung** des Wohnungsrechts im Grundbuch nach Bewilligung von Seiten der Erben (§ 19 GBO), wobei deren Voreintragung als Eigentümer des Gebäudegrundstücks erforderlich ist (§ 39 GBO), und Einräumung des unmittelbaren **Besitzes** an den betreffenden Räumen. Das Wohnungsrecht kann auch in der Form des Verschaffungsvermächtnisses zugewandt werden.[146]

184 Zur Sicherung des Erfüllungsanspruchs kann dem Wohnungsrechtsvermächtnisnehmer eine transmortale oder postmortale **Vollmacht** zur Erklärung der Einigung und zur Abgabe der erforderlichen Grundbucherklärung vom Erblasser erteilt werden. In Betracht kommt auch die Ernennung des Wohnungsrechtsvermächtnisnehmers zum **Testamentsvollstrecker** zum Zweck der Erfüllung des Wohnungsrechtsvermächtnisses.

185 Außerdem kann der Erblasser bereits in der Verfügung von Todes wegen seine nach § 873 BGB erforderliche Einigungserklärung abgeben, die nach seinem Tod vom Vermächtnisnehmer angenommen werden kann. Ist die Verfügung von Todes wegen beurkundet, so kann auch die Eintragungsbewilligung von Seiten des Erblassers sofort erklärt werden (§ 19 GBO); sie entspricht in einem solchen Fall der Formvorschrift des § 29 GBO.

---

144 BGH, Urt. v. 13.11.1998 – V ZR 29/98, NJW-RR 1999, 376.

145 BGH, Urt. v. 13.11.1998 – V ZR 29/98, NJW-RR 1999, 376.

146 Vgl. OLG Bremen, Urt. v. 29.9.2000 – 5 U 39/2000c = 6 O 2164/98 2.Az = Vorinstanz LG Bremen, ZEV 2001, 401.

3. Inhalt des Wohnungsrechts

Wesentliches Merkmal des Wohnungsrechts ist der **Ausschluss** des Eigentümers von der Benutzung des betreffenden Gebäudes oder Gebäudeteils. Wird der Eigentümer von der Mitbenutzung nicht ausgeschlossen, so handelt es sich um eine gewöhnliche beschränkte persönliche Dienstbarkeit nach § 1090 BGB. 186

Als **Dienstbarkeit** ist das Wohnungsrecht nicht veräußerlich, nicht vererblich (§§ 1090 Abs. 2, 1061 BGB) und nur mit Zustimmung des Eigentümers der Nutzung nach übertragbar (§§ 1092 Abs. 1, 1093 Abs. 2 BGB).[147] 187

Dem Inhalt nach hat das Wohnungsrecht große Ähnlichkeit mit dem Nießbrauch, denn das Schwergewicht liegt auch hier auf einer den Eigentümer ausschließenden Nutzung.[148] Deshalb sind für das Wohnungsrecht eine Reihe von Vorschriften aus dem Nießbrauchsrecht in § 1093 Abs. 1 S. 2 BGB für entsprechend anwendbar erklärt worden: 188
- dingliches Recht zum Besitz (§ 1036 Abs. 1 BGB);
- Erhaltung der Wohnung auf Kosten des Wohnungsberechtigten, soweit es sich um die gewöhnliche Unterhaltung handelt (§ 1041 BGB);[149]
- keine Ersatzpflicht des Wohnungsberechtigten für übliche Veränderungen oder Verschlechterungen (§ 1050 BGB);
- keine Lastentragung; nicht entsprechend anwendbar ist § 1047 BGB.[150]

4. Lastentragung

Welche für ein Haus anfallenden Kosten sind vom Wohnungsberechtigten einerseits und vom Eigentümer andererseits zu tragen? 189
- **Verbrauchskosten** wie Strom, Heizöl, Wasser, Abwasser, Müllgebühren und Reinigung sind Kosten der Lebensführung des Wohnungsberechtigten und deshalb ausschließlich von ihm zu tragen.[151]
- Nach den gesetzlichen Bestimmungen der §§ 1093, 1041 BGB sind die **gewöhnlichen Unterhaltungskosten** des Anwesens von dem Wohnungsberechtigten allein zu tragen.[152] Zu der gewöhnlichen, dem Wohnungsberechtigten (und dem Nießbraucher) obliegenden Unterhaltung der Sache zählen nur solche Maßnahmen, die bei ordnungsgemäßer Bewirtschaftung regelmäßig, und zwar wiederkehrend innerhalb kürzerer Zeitabstände zu erwarten sind.[153]
- **Außergewöhnliche Unterhaltungskosten** sowie die Sachversicherung und die öffentlichen Lasten (bspw. Grundsteuer) sind vom Eigentümer zu tragen. Dies ergibt sich daraus, dass in § 1093 BGB auf die §§ 1045, 1047 BGB nicht verwiesen ist. Außergewöhnlicher Unterhaltungsaufwand ist vom Eigentümer nach den Gesichtspunkten einer Geschäftsführung ohne Auftrag im Innenverhältnis zu tragen. Außergewöhnliche Lasten sind in der Regel solche, die nicht aus Erträgen getragen werden, sondern aus der

147 Dazu BGH, Urt. v. 7.5.1982 – V ZR 58/81, BGHZ 84, 36: Aufnahme eines nichtehelichen Partners; dazu krit. *Stürner*, FamRZ 1982, 775. Vgl. dazu auch *Rossak*, MittBayNot 2000, 383, 386.

148 BGH, Beschl. v. 21.12.1966 – V ZB 24/66, BGHZ 46, 253, 259; BGH, Urt. v. 2.6.1972 – V ZR 154/70, BGHZ 59, 51.

149 Dazu BayObLG, Urt. v. 18.6.1980 – BReg. 2 Z 28/80, DNotZ 1981, 124.

150 BayObLG, Beschl. v. 29.7.1988 – BReg. 2 Z 76/88, NJW-RR 1989, 14.

151 LG Duisburg, Urt. v. 8.12.1987 – 7 S 434/86, WuM 1988, 167.

152 BayObLG, Urt. v. 16.12.1985 – BReg. 2 Z 281/84, BayObLGZ 1985, 414; BayObLG, Beschl. v. 29.7.1988 – BReg. 2 Z 76/88, NJW-RR 1989, 14.

153 BGH, Urt. v. 6.6.2003 – V ZR 392/02, DNotI-Report 2003, 134.

Substanz der Sache bestritten werden.[154] Den Begriff einer ordnungsgemäßen Verwaltung definiert das Gesetz in § 745 Abs. 1 S. 1 BGB.

Lastentragung nach Gesetz

Wohnungsberechtigter	**Eigentümer**
§§ 1093, 1041 BGB	
Gewöhnliche Unterhaltungskosten	Außergewöhnliche Unterhaltungskosten
	Sachversicherung (§ 1045 BGB)
	Öffentliche Lasten (§ 1047 BGB),
	bspw. Grundsteuer

Außerordentliche Aufwendungen (§ 1049 BGB):

Wohnungsberechtigter hat Anspruch gegen Eigentümer nach Grundsätzen der Geschäftsführung ohne Auftrag.

5. Belastungsgegenstand

190 Belastungsgegenstand ist das **Grundstück** selbst, nicht das Gebäude,[155] eine Eigentumswohnung,[156] nicht aber ein reiner Grundstücksmiteigentumsanteil. Es kommt nicht darauf an, ob im Zeitpunkt der Einräumung des Wohnungsrechts das Gebäude, in dem das Wohnungsrecht ausgeübt werden soll, bereits erstellt ist. Ob auch mehrere Grundstücke mit einem Wohnungsrecht in der Form der Gesamtbelastung belastet werden können, ist streitig.[157]

6. Berechtigter

191 Jede natürliche Person, aber auch eine juristische Person und eine Handelsgesellschaft können Berechtigte eines Wohnungsrechts sein.

Soll das Wohnungsrecht für **mehrere** Personen bestellt werden, von denen jeder das Wohnungsrecht ausüben können soll – z.B. ein Ehepaar –, so empfiehlt es sich, für **jeden** Berechtigten ein gesondertes Wohnungsrecht zu bestellen und diese in gleichem Rang im Grundbuch eintragen zu lassen. Bei jedem Wohnungsrecht ist auf das andere Wohnungsrecht zu verweisen, damit sich aus dem Inhalt der dinglichen Einigung ohne Weiteres ergibt, dass die Ausübung des Wohnungsrechts jeweils beschränkt ist durch die Ausübung des anderen Wohnungsrechts. Wurde für Eheleute oder Geschwister ein Wohnungsrecht an denselben Räumen auf Lebenszeit bestellt und ist die Angabe des Gemeinschaftsverhältnisses der Berechtigten unterblieben, so sind damit im Zweifel mehrere selbstständige Wohnungsrechte für den jeweiligen Berechtigten gemeint.[158]

192 Im Testament sollte deshalb bei mehreren Wohnungsrechtsberechtigten das Gemeinschaftsverhältnis auf jeden Fall angegeben werden oder – wie vorgeschlagen – sollte die Bestellung jeweils eines selbstständigen Wohnungsrechts erfolgen. Eine Bestellung des Wohnungs-

154 BGH, Urt. v. 21.3.1956 – IV ZR 317/55, NJW 1956, 1070.
155 BGH, Urt. v. 20.10.1967 – V ZR 130/64, BB 1968, 105.
156 BGH, Urt. v. 19.5.1989 – V ZR 182/87, BGHZ 107, 289, 295.
157 Für Zulässigkeit: LG Nürnberg-Fürth, Beschl. v. 29.11.1979 – 13 T 5525/79, MittBayNot 1982, 26; *Böhringer*, BWNotZ 1988, 97. Gegen Zulässigkeit: LG Dortmund, Urt. v. 29.3.1962 – 9 T 80/62, Rpfleger 1963, 197; *Lutter*, DNotZ 1960, 85; *Hampel*, Rpfleger 1962, 126.
158 BayObLG, Beschl. v. 9.7.1965 – BReg. 2 Z 20/65, DNotZ 1966, 174.

rechts für mehrere Personen als Gesamtberechtigte nach § 428 BGB ist ebenfalls möglich. Die geschuldete Gesamtleistung ist erst mit der Erfüllung für alle Gläubiger erbracht.[159]

Nicht zulässig ist dagegen die Bestellung des Wohnungsrechts für mehrere Berechtigte in Bruchteilsgemeinschaft.[160]

7. Umfang des Wohnungsrechts

Der wesentliche Inhalt des Wohnungsrechts besteht in der Befugnis, ein ganzes Gebäude oder einen Teil davon unter Ausschluss des Eigentümers als Wohnung zu benutzen. Mit umfasst sind Grundstücksteile, auf deren Gebrauch der Vermächtnisnehmer angewiesen ist, um sein Wohnungsrecht nutzen zu können. Es empfiehlt sich, in der Verfügung von Todes wegen den **wesentlichen Umfang** des Wohnungsrechts zu **bezeichnen**, um spätere Streitigkeiten insofern zu vermeiden. Werden die Räume teilweise zu beruflichen oder gewerblichen Zwecken genutzt, so ist dies unschädlich. Sollen die Räume jedoch ausschließlich gewerblich genutzt werden, ist dafür das Rechtsinstitut des Wohnungsrechts nicht geeignet, vielmehr wäre in einem solchen Fall eine **Dienstbarkeit** zu bestellen. 193

Auch die Erstreckung des Wohnungsrechts auf einen nicht bebauten Teil des belasteten Grundstücks, z.B. einen Garten, einen Wäschetrockenplatz o.Ä., ist zulässig. Entscheidend ist, dass das Wohnen als Hauptzweck erhalten bleibt (§ 1093 Abs. 3 BGB). Das Recht auf Mitbenutzung eines Gartens oder ähnlicher nicht bebauter Anlagen sollte im Testament ebenfalls genau geregelt werden. Darüber hinaus empfiehlt es sich, insofern auch die **Lastentragung** unter den verschiedenen Nutzungsberechtigten zu bestimmen. 194

Bei der Ausübung des Wohnungsrechts hat der Begünstigte die Interessen des Eigentümers zu schonen (§§ 1090 Abs. 2, 1020 S. 1 BGB); eine Umgestaltung oder eine wesentliche Veränderung des Gebäudes oder des Gebäudeteils ist nicht zulässig (§§ 1093 Abs. 1, 1037 Abs. 1 BGB). 195

Das Wohnungsrecht erstreckt sich auf das **Zubehör** (§§ 1093 Abs. 1, 1031 BGB). Die laufenden Erhaltungskosten der Wohnung gehen zu Lasten des Wohnungsberechtigten (§§ 1093 Abs. 1, 1041 S. 1 BGB). Inwieweit der Erblasser bezüglich der Lastentragungspflicht vom Gesetz abweichende Regelungen treffen kann, ist weitgehend unklar. Da § 1041 BGB, auf den § 1093 BGB verweist, jedoch weitgehend dispositiver Natur ist, dürften inhaltliche Abänderungen zulässig sein. Entsprechende Regelungen sind als Inhalt des Vermächtnisses in die letztwillige Verfügung aufzunehmen. 196

Betriebskosten: Bei den Betriebskosten handelt es sich nicht um Unterhaltungskosten, vielmehr entstehen sie mit der Ausübung des Wohnungsrechts. Sie fallen dem Wohnberechtigten zur Last; wird der betreffende Gegenstand (bspw. die Heizanlage) von mehreren Personen gemeinschaftlich gebraucht, so haben sie die Betriebskosten in analoger Anwendung von § 748 BGB anteilig zu tragen.[161] 197

159 BayObLG, Beschl. v. 21.5.1975 – BReg. 2 Z 29/75, DNotZ 1975, 618.
160 OLG Köln, Beschl. v. 29.1.1965 – Wx 6/65, DNotZ 1965, 686.
161 MüKo-BGB/*Mohr*, § 1093 Rn 11.

8. Muster

16.35 **Muster 16.35: Wohnungsrechtsvermächtnis – teilweise als Verschaffungsvermächtnis bei nur hälftigem Miteigentum im Nachlass – dingliche Einigung**

198 **Testament**

Ich , geb. am in , wohnhaft in , deutsche Staatsangehörige, errichte das nachfolgende Testament.

I. Vorwort

Ich stelle fest, dass ich im Erbvertrag vom , den ich gemeinsam mit meinem vorverstorbenen ersten Ehemann geschlossen habe (Urkundenrolle Nr. des Notars in), meine Tochter , geb. am , zur Alleinerbin eingesetzt habe. Dabei soll es grundsätzlich bleiben. Durch den bezeichneten Erbvertrag oder durch andere Verfügungen von Todes wegen bin ich in meiner Testierfreiheit ausdrücklich nicht eingeschränkt.

Mit meinem zweiten Ehemann , mit dem ich am vor dem Standesbeamten des Standesamts die Ehe geschlossen habe, lebe ich, da wir keinen Ehevertrag geschlossen haben, im gesetzlichen Güterstand der Zugewinngemeinschaft.

II. Wohnungsrechtsvermächtnis

Meinem zweiten Ehemann, Herrn , wohnhaft in , wende ich im Wege des Vermächtnisses das lebenslange unentgeltliche Wohnungsrecht an dem gesamten Wohnhaus , eingetragen im Grundbuch von Band , Bestandsverzeichnis-Nr. , zu.

Das Gebäudegrundstück gehört mir zur Hälfte und zur anderen Hälfte der Erbengemeinschaft, die nach dem Tod meines vorverstorbenen ersten Ehemannes entstanden ist, bestehend aus mir und meiner Tochter .

Da das Gebäudegrundstück mir nicht alleine gehört, hat das Wohnungsrechtsvermächtnis zugunsten meines zweiten Ehemannes teilweise den Charakter eines Verschaffungsvermächtnisses. An etwaigen Pflichtteilslasten hat sich der Vermächtnisnehmer entgegen § 2318 BGB nicht zu beteiligen. Der Wohnungsberechtigte hat sämtliche Betriebskosten des Gebäudes und darüber hinaus den gesamten laufenden Erhaltungsaufwand und die laufenden öffentlichen Abgaben wie Grundsteuer, Gebäudeversicherung und dergleichen zu tragen.

Das Wohnungsrecht soll unverzüglich im Grundbuch eingetragen werden. Dazu erkläre ich schon jetzt mit Wirkung für meine Alleinerbin die dingliche Einigung zur Bestellung des dinglichen Wohnungsrechts gem. § 873 BGB. Zur Löschung des Wohnungsrechts soll der Nachweis des Todes des Berechtigten genügen. Dem Wohnungsrecht dürfen in Abt. III des Grundbuchs im Rang Grundpfandrechte bis zur Höhe von EUR mit Jahreszinsen bis zu 20 % vorgehen.

Vormerkungsanspruch: Der Vermächtnisnehmer ist berechtigt, zur Sicherung des Anspruchs auf Einräumung des Wohnungsrechts zu seinen Gunsten im Grundbuch eine Vormerkung eintragen zu lassen.

III. Regelungen zur EU-ErbVO

Muster 16.36: Einseitiger Erbvertrag – Dienstleistungsverpflichtung – Wohnungsrechtsvermächtnis – Entbindung von der ärztlichen Schweigepflicht 16.36

[*Notarielle Urkundenformalien*] 199

Anwesend sind:
1. Herr – persönlich bekannt –
2. Frau – persönlich bekannt –

Beide Anwesende sind nach der Überzeugung des Notars aufgrund der mit ihnen geführten heutigen Unterredung und der Unterredung vom zweifelsfrei geschäftsfähig. Sie erklären: Wir wollen einen Erbvertrag schließen.

Die Zuziehung von Zeugen oder eines zweiten Notars wünschen sie nicht; zwingende Gründe dafür liegen nicht vor.

Sodann erklären die Anwesenden: Wir schließen folgenden

Erbvertrag:

I. Vorwort
1. Bei dem nachfolgend geschlossenen Erbvertrag handelt Herr , der Anwesende Ziff. 1, als Erblasser, Frau , die Anwesende Ziff. 2, als Vertragspartnerin.
2. Frau führt Herrn seit den Haushalt, indem sie seine Wohnung samt Garten im Hause versorgt, für ihn das Essen zubereitet, die Wäsche richtet und alle Besorgungen des täglichen Lebens tätigt. Dafür erhält sie von Anfang an freies Wohnen in der im Hause gelegenen Zwei-Zimmer-Einliegerwohnung. Die für diese Wohnung anfallenden Nebenkosten für Heizung, Strom, Wasser, Abwasser, Müllabfuhr und dergl. trägt Herr . Daneben erhält Frau freie Kost.
   Die Beteiligten sind sich einig, dass die an Frau gewährte Gegenleistung zu niedrig ist.
3. Herr ist verwitwet und nicht in eingetragener Lebenspartnerschaft deutschen oder ausländischen Rechts lebend; er wurde Alleinerbe seiner vorverstorbenen Ehefrau. Nach dem am vor Notar in unter Urkundenrolle Nr. errichteten gemeinschaftlichen Testament der Eheleute ist der Überlebende berechtigt, frei von Todes wegen zu verfügen, ohne dass sich dies auf die Alleinerbenstellung auswirken würde.

II. Verpflichtung zur Erbringung von Dienstleistungen

Frau verpflichtet sich hiermit, für Herrn auch in Zukunft die Wohnung im Hause samt Garten zu versorgen, für ihn das Essen zuzubereiten, seine Wäsche zu richten und alle Besorgungen des täglichen Lebens zu tätigen.

Sollte Herr pflegebedürftig werden, so wird sie für ihn auch die Pflegeleistungen erbringen, die bei der Einstufung in den Pflegegrad 1 der einschlägigen sozialrechtlichen Vorschriften zu erbringen sind.

Zu Lebzeiten von Herrn kann Frau dafür die bisher von ihr genutzte Zwei-Zimmer-Einliegerwohnung im Hause weiter bewohnen. Sie erhält freie Kost; Herr trägt sämtliche für die Wohnung anfallenden Nebenkosten.

III. Vermächtnisweise Zuwendung eines Wohnungsrechts

Herr wendet hiermit Frau vermächtnisweise das lebenslange unentgeltliche dingliche Wohnungsrecht an der im Hause gelegenen Zwei-Zimmer-Einliegerwohnung zu. Die Mitbenutzung des Gartens und der Garage ist nicht mit umfasst.

Die Überlassung der Ausübung des Wohnungsrechts an Dritte, auch eine Vermietung, ist gestattet. Die Mieterträge und sonstigen Nutzungsentgelte stehen der Vermächtnisnehmerin zu. Alle verbrauchsabhängigen Kosten sind von der Wohnungsberechtigten zu tragen. Im Übrigen gilt § 1093 BGB für den Inhalt des Wohnungsrechts.

Ein Ersatzvermächtnisnehmer wird entgegen jeder anders lautenden gesetzlichen oder richterlichen Vermutungs- und Auslegungsregel nicht benannt.

Vormerkungsanspruch: Die Vermächtnisnehmerin ist berechtigt, zur Sicherung des Anspruchs auf Einräumung des Wohnungsrechts zu ihren Gunsten im Grundbuch eine Vormerkung eintragen zu lassen.

Die Vermächtnisanordnung hat vertraglichen Charakter; Frau nimmt die vertragliche Vermächtnisanordnung hiermit an.

IV. Rücktrittsrecht

Für den Fall, dass Frau die zuvor beschriebenen Dienstleistungen für Herrn während eines Zeitraums von drei Monaten oder länger nicht erbringen kann, behält sich Herr das Rücktrittsrecht von diesem Vertrag vor. Im Übrigen wird ein Rücktrittsrecht nicht vorbehalten.

Der Notar hat die Anwesenden darauf hingewiesen, dass die Rücktrittserklärung der notariellen Beurkundung bedarf und dem anderen Vertragsteil zugehen muss.

Für den Fall, dass infolge eines ausgeübten Rücktrittsrechts – oder aus welchem Grund auch immer – Frau das Wohnungsrecht auf den Tod von Herrn nicht erhält, haben die Erben des Herrn Frau die Differenz zwischen dem Geldwert ihrer erbrachten Dienstleistungen und den dafür gewährten Gegenleistungen nachzuzahlen. Dieser Anspruch ist vererblich.

Sollten sich die Beteiligten über die Höhe des Nachzahlungsbetrags nicht einigen, so soll Herr Rechtsanwalt darüber als Schiedsgutachter entscheiden.

V. Entbindung von der ärztlichen Schweigepflicht

Sollten Zweifel an der Geschäfts- oder Testierfähigkeit des Erblassers entstehen, so entbindet er insofern alle Ärzte, die ihn behandelt haben und in Zukunft behandeln werden, von der ärztlichen Schweigepflicht.

VI. Regelungen zur EU-ErbVO

VII. Verwahrung, Kosten

Diese Urkunde soll in die besondere amtliche Verwahrung des Amtsgerichts verbracht werden.

Alle Kosten dieser Urkunde trägt Herr .

Diese Niederschrift wurde den Erschienenen vom Notar vorgelesen, von ihnen genehmigt und sodann von ihnen und dem Notar wie folgt eigenhändig unterschrieben:

9. Befristetes und/oder bedingtes Wohnungsrecht

200 Die Einräumung eines Wohnungsrechts ist weder befristungs- noch bedingungsfeindlich. Da das Wohnungsrecht dem Vermächtnisnehmer eine gewisse Versorgungssicherheit bieten will, kommt eine **Bedingung** des Inhalts in Betracht, dass das Wohnungsrecht nur bis zur (Wieder-)Verheiratung des/der Begünstigten oder bis zur Eingehung einer eingetragenen Lebenspartnerschaft bestehen soll. Häufig wird das Wohnungsrecht für die Lebenszeit des Berechtigten gewährt; in diesem Fall ist es **befristet.**

10. Ausübung des Wohnungsrechts

201 Nach der ausdrücklichen Bestimmung des § 1093 Abs. 2 BGB ist der Wohnungsrechtsinhaber befugt, seine **Familie** und die zur standesgemäßen **Bedienung und Pflege erforderlichen Personen** in die Wohnung aufzunehmen. Dies bezieht sich auch auf den eingetragenen Lebenspartner.

Auch die Aufnahme eines nichtehelichen Lebenspartners in die Wohnung ist gestattet, wenn beide unverheiratet sind und das Verhältnis auf Dauer angelegt ist.[162] Der Erblasser kann abweichend von § 1093 Abs. 2 BGB bei der Vermächtniszuwendung als Inhalt des einzuräumenden Wohnungsrechts den Kreis derjenigen Personen, die in die genutzten Räume aufgenommen werden dürfen, näher bestimmen.

Muster 16.37: Einschränkung des Kreises der aufzunehmenden Personen 16.37

Der Wohnungsberechtigte ist berechtigt, einen Ehepartner, einen eingetragenen Lebenspartner und/oder eine Pflegeperson in die Wohnung aufzunehmen. Andere Personen, insbesondere ein nichtehelicher Lebenspartner, dürfen in die Wohnung nicht aufgenommen werden. 202

11. Ausübung des Wohnungsrechts durch Dritte

Kraft ausdrücklicher gesetzlicher Regelung ist das Wohnungsrecht nicht übertragbar (§§ 1093 Abs. 2 S. 1, 1092 Abs. 1 S. 1 BGB). Allerdings kann die Ausübung des Rechts durch einen anderen **gestattet** werden (§§ 1093 Abs. 1 S. 1, 1092 Abs. 1 S. 2 BGB). Über diesen Punkt sollten zweifelsfreie Bestimmungen in die Vermächtnisanordnung aufgenommen werden. Zu klären ist auch die Frage, ob der Wohnungsberechtigte eine Entschädigung verlangen kann, wenn er für eine gewisse Zeit oder auf Dauer das Wohnungsrecht nicht ausüben kann, bspw. bei längerer Krankheit oder Übersiedelung in ein Altenheim oder in eine andere Wohnung. 203

Dazu der BGH:[163] Bei einem Pflegeheimaufenthalt des Wohnungsberechtigten ist der Eigentümer grundsätzlich nicht zur Duldung der Vermietung verpflichtet.

Zieht der Wohnungsberechtigte in ein Altenheim, dann wird ihm die Ausübung des Wohnungsrechts subjektiv unmöglich. Das Wohnungsrecht erlischt deshalb jedoch nicht.[164]

Aus einem **lebenslangen** Wohnungsrecht kann ein Zahlungsanspruch werden, wenn das Wohnungsrecht zeitweilig nicht ausgeübt werden kann. Dazu die Rechtsprechung des BGH:[165] 204

> „*1. Ein in der Person des Berechtigten liegendes Ausübungshindernis führt nicht generell zum Erlöschen des Wohnungsrechts, selbst wenn das Hindernis auf Dauer besteht.*
> *2. Kann der Berechtigte sein auf Lebenszeit eingeräumtes Wohnungsrecht wegen eines medizinisch notwendigen Aufenthalts in einem Pflegeheim nicht ausüben, kommt die Begründung einer Zahlungspflicht des Verpflichteten im Wege der Vertragsanpassung nach den Grundsätzen der Störung der Geschäftsgrundlage nur in Betracht, wenn der Heimaufenthalt auf Dauer erforderlich ist und die Vertragsschließenden nicht mit dem Eintritt dieses Umstands gerechnet haben; fehlen diese Voraussetzungen, kann die ergänzende Vertragsauslegung einen Geldanspruch des Berechtigten begründen.*“

Dies gilt aber nur in Ausnahmefällen.[166]

---

162 BGH, Urt. v. 7.5.1982 – V ZR 58/81, BGHZ 84, 36 = FamRZ 1982, 774 m. krit. Anm. *Stürner*.

163 BGH, Urt. v. 9.1.2009 – V ZR 168/07, FamRZ 2009, 598 = NJW 2009, 1348.

164 OLG Zweibrücken, Beschl. v. 8.9.1986 – 3 W 130/86, OLGZ 1987, 27; OLG Oldenburg, Urt. v. 3.5.1994 – 12 U 16/94, NJW-RR 1994, 1041, 1042; OLG Düsseldorf, Urt. v. 28.5.2001 – 9 U 242/00, MDR 2001, 1287; *Schneider*, MDR 1999, 87.

165 BGH, Urt. v. 19.1.2007 – V ZR 163/06, FamRZ 2007, 632 = NJW 2007, 1884 = ZEV 2007, 391.

166 OLG Köln, Beschl. v. 6.2.1995 – 2 W 21/95, OLGR Köln 1995, 98 = MDR 1995, 464 = ZMR 1995, 256 = MittRhNotK 1995, 175 = NJW-RR 1995, 1358 = FamRZ 1995, 1408; OLG Celle, Beschl. v. 19.7.1998 – 4 W 123/98, MDR 1998, 1344.

205 Die Bestellung eines Wohnungsrechts in einem Übergabevertrag ist nicht gleichbedeutend mit einem **Altenteilsvertrag**, für den nach Landesrecht Sonderregeln gem. Art. 96 EGBGB i.V.m. den entsprechenden Vorschriften des Landesrechts gelten könnten.[167]

Die landesrechtlichen Vorschriften zu Art. 96 EGBGB sind grundsätzlich einschränkend anzuwenden,[168] sodass nur in seltenen Ausnahmefällen ein Wohnungsrecht, das vom originär Berechtigten nicht mehr ausgeübt wird, sich in einen **Geldanspruch** umwandelt.[169] Auch unter dem Gesichtspunkt der Veränderung der Geschäftsgrundlage oder unter bereicherungsrechtlichen Gesichtspunkten kann der Wohnungsberechtigte keine Ausgleichszahlung in Geld verlangen.[170]

Vermieten kann der Wohnungsberechtigte die Wohnung nur, wenn die Überlassung der Nutzung an einen Dritten ausdrücklich gestattet ist. Das Wohnungsrecht ist **pfändbar**, wenn die Überlassung der Ausübung an einen Dritten gestattet ist.[171]

Muster 16.38: Nichtgestatten der Überlassung an Dritte

206 Die Überlassung der Ausübung des Wohnungsrechts durch Dritte ist nicht gestattet.

Muster 16.39: Gestattung der Ausübung durch Dritte

207 Der Wohnungsberechtigte kann die Wohnung beliebig Dritten zur Ausübung des Rechts überlassen, insbesondere die Wohnung vermieten. Nutzungsentgelte und Mieten stehen ihm zu.

Muster 16.40: Eingeschränkte Gestattung der Ausübung durch Dritte

208 Die Überlassung der Ausübung des Wohnungsrechts durch Dritte ist grundsätzlich nicht gestattet, ausgenommen der Fall, dass der Wohnungsberechtigte in ein Alten- oder Pflegeheim übersiedelt. In diesem Fall ist insbesondere die Vermietung der Wohnung gestattet; die Mieteinnahmen stehen dem Wohnungsberechtigten zu.

12. Wohnungsrechtsvermächtnis als Verschaffungsvermächtnis

209 Hierzu OLG Bremen:[172]

> *„1. Hat der Erblasser dem Vermächtnisnehmer einen Gegenstand zugewandt, der sich weder zur Zeit der Testamentserrichtung noch beim Erbfall im Nachlass befand, so handelt es sich nicht um ein – unwirksames – Stückvermächtnis nach § 2169 BGB, sondern um ein Verschaffungsvermächtnis nach § 2170 BGB, das wiederum als Wahlvermächtnis nach § 2154 BGB, als Gattungsvermächtnis nach § 2155 BGB oder als Zweckvermächtnis nach § 2156 BGB ausgestaltet sein kann.*

---

167 BGH, Urt. v. 28.10.1988 – V ZR 60/87, NJW-RR 1989, 451; OLG Düsseldorf, Urt. v. 28.5.2001 – 9 U 242/00, MDR 2001, 1287.

168 BGH, Urt. v. 3.4.1981 – V ZR 55/80, NJW 1981, 2568; OLG Düsseldorf, Urt. v. 15.10.1993 – 14 U 333/92, NJW-RR 1994, 201, 202; OLG Düsseldorf, Urt. v. 28.5.2001 – 9 U 242/00, MDR 2001, 1287.

169 OLG Düsseldorf, Urt. v. 28.5.2001 – 9 U 242/00, MDR 2001, 1287.

170 OLG Düsseldorf, Urt. v. 28.5.2001 – 9 U 242/00, MDR 2001, 1287.

171 BGH, Urt. v. 10.12.1998 – IX ZR 302/97, NJW 1999, 643, 644; vgl. ausführlich dazu *Rossak*, MittBayNot 2000, 383, 386.

172 BGH, Urt. v. 23.5.2001 – IV ZR 64/00, NJW-RR 2001, 1369; OLG Bremen, Urt. v. 29.9.2000 – 5 U 39/2000c, NJWE-FER 2001, 239 = ZEV 2001, 401.

2. Auch wenn § 2155 BGB seinem Wortlaut nach nur auf Sachen i.S.v. § 90 BGB anwendbar ist, so ist doch eine entsprechende Anwendung auf Ansprüche, die die Einräumung eines Wohnrechts betreffen, geboten, da solche Ansprüche eng mit der Einräumung des Besitzes an einer Sache (Wohnung) verbunden sind.“

13. Unentgeltliches Wohnrecht als Leihe

Statt des dinglichen Wohnungsrechts kann der Erblasser auch ein schuldrechtliches Wohnrecht einräumen.[173] Das rein schuldrechtliche unentgeltliche Wohnrecht ist Leihe.[174] Dazu OLG Köln:[175] 210

„1. Räumt eine Erblasserin ihrem langjährigen Lebensgefährten zu Lebzeiten ein lebenslanges unentgeltliches Wohn- und Nutzungsrecht an einem von ihm schon (mit-)bewohnten Haus ein, dann handelt es sich um einen Leihvertrag (§ 598 BGB), der keiner besonderen Form bedarf.
2. Machen die Erben der Erblasserin geltend, sie bedürften des verliehenen Hausgrundstücks, weil sie ohne dessen Verwertung nicht in der Lage seien, rückständige Heimkosten eines verstorbenen Miterben zu tilgen, dann haben sie ein Kündigungsrecht nach § 605 Nr. 1 BGB nur dann, wenn sie darlegen und ggf. beweisen, dass sämtliche Miterben in diesem Sinne bedürftig sind.
3. Veräußert der Verleiher ein verliehenes Hausgrundstück, dann gilt die Schutzbestimmung des § 571 BGB zugunsten des Entleihers nicht.“

VII. Rentenvermächtnis

1. Allgemeines

Zur Versorgung eines Ehepartners, eines eingetragenen Lebenspartners, eines nichtehelichen (nicht eingetragenen) Lebenspartners, eines Kindes oder einer sonstigen Person, die dem Erblasser nahesteht, kommt die Gewährung einer zeitlich befristeten oder lebenslangen Rente durch die Erben in Betracht. Das Rechtsinstitut der Leibrente ist in den §§ 759–761 BGB geregelt. 211

Entscheidend ist, dass sie nicht etwa eine Mehrzahl einzelner selbstständiger Ansprüche mit fortlaufenden aufeinander folgenden Fälligkeitsterminen darstellt, vielmehr setzt sie ein selbstständiges **Rentenstammrecht** voraus; die einzelnen Rentenzahlungen haben den Charakter von Rechtsfrüchten nach §§ 99, 100 BGB.[176] Die in § 761 BGB vorgesehene Schriftform ist bei der Errichtung einer Verfügung von Todes wegen und der vermächtnisweisen Zuwendung der Rente unproblematisch, weil hier die Formerfordernisse noch qualifizierter sind.

Dem Einkommensteuerrecht entstammt der Begriff der **dauernden Last**. Sie ist eine Unterart wiederkehrender Bezüge.[177] Verpflichtungsgrund für eine Zahlung als dauernde Last kann auch ein Vermächtnis sein. 212

---

173 OLG Frankfurt, Beschl. v. 26.7.2006 – 20 W 450/05, MittBayNot 2007, 402.
174 OLG Köln, Urt. v. 23.4.1999 – 19 U 13/96, NJW-RR 2000, 152.
175 OLG Köln, Urt. v. 23.4.1999 – 19 U 13/96, NJW-RR 2000, 152.
176 RG, Urt. v. 19.12.1916 – Rep VII 349/16, RGZ 89, 259; BGH, Urt. v. 31.1.1966 – III ZR 179/65, BB 1966, 305.
177 BFH, Beschl. v. 15.7.1991 – GrS, BFHE 165, 225 = BStBl II 1992, 78.

213 Renten und dauernde Lasten unterscheiden sich vor allem darin, dass **Renten** in regelmäßigen Zeitabständen und stets in gleicher Höhe fällig sind, während **dauernde Lasten** unregelmäßig und in unterschiedlicher Höhe geleistet werden können. Aber auch regelmäßige und gleichbleibende Zahlungen können als dauernde Last, und unregelmäßige Zahlungen in unterschiedlicher Höhe können als Rente zu beurteilen sein: Entscheidend ist, ob nach der Anordnung des Erblassers eine **Änderungsklausel** enthalten ist. Eine dauernde Last darf nur in analoger Anwendung von § 238 FamFG abänderbar sein, nicht aber eine Rente. Die Anpassung einer Rente im Wege der Wertsicherung führt aber nicht dazu, dass die Rente zur dauernden Last würde.[178] Bei ihr darf eine Änderung nach § 238 FamFG nicht vereinbart sein.[179]

16.41 **Muster 16.41: Untervermächtnis in Form eines Unterhaltszuschusses als dauernde Last**

214 Meinen Sohn , der meine gesamten Gesellschaftsbeteiligungen vermächtnisweise erhalten wird, beschwere ich mit folgendem Untervermächtnis:

Er hat meiner Tochter als dauernde Last einen monatlichen Unterhaltszuschuss von EUR auf eine Laufzeit von 10 Jahren ab meinem Tod zu leisten. Für die Abänderungsmöglichkeit dieses Zuschusses gilt § 238 FamFG entsprechend. Die Leistungspflicht beginnt am Ersten des auf meinen Tod folgenden Kalendermonats. Ein Ersatzvermächtnisnehmer wird nicht benannt.

2. Leistungsstörungen

215 Veränderungen der Geschäftsgrundlage können grundsätzlich gem. § 242 BGB zu einer Anpassung der Leistungsverpflichtung führen. Dabei ist auf den Zweck der Rentenzuwendung (Unterhaltssicherung, Belohnung) abzustellen. In der Nachlassinsolvenz oder in der Privatinsolvenz des zahlungspflichtigen Erben ist das Rentenstammrecht zur Insolvenztabelle anzumelden; der Rentenanspruch gilt gem. §§ 41–45 InsO als fällig und ist entsprechend der Lebenserwartung des Rentenberechtigten zu kapitalisieren.

3. Grundbuchmäßige Absicherung mittels Reallast

216 Die Rentenzahlungspflicht kann durch eine im Grundbuch einzutragende Reallast gesichert werden. Ein gesetzlicher Anspruch darauf besteht nicht. Wenn der Erblasser dem Vermächtnisnehmer eine Absicherung durch Bestellung einer Reallast gewähren will, so muss sie **zusätzlich** zu dem Rentenversprechen vermächtnisweise gewährt werden. Damit erhält der Vermächtnisnehmer außer dem schuldrechtlichen Anspruch auf Zahlung der Rente einen dinglichen Anspruch auf Duldung der Zwangsvollstreckung in das belastete Grundstück (§§ 1105 Abs. 1, 1107, 1147 BGB). Weiterhin begründet die Reallast einen persönlichen Anspruch gegen den jeweiligen Eigentümer des belasteten Grundstücks auf Zahlung derjenigen Rententeilbeträge, die während der Dauer seines Eigentums fällig werden (§ 1108 Abs. 1 BGB).

Ist eine Wertsicherung vorgesehen, so kann auch diese als dinglicher Inhalt der Reallast im Grundbuch eingetragen werden.[180]

178 BFH, Urt. v. 22.9.1982 – IV R 154/79, BStBl II 1983, 99.
179 BFH, Urt. v. 1.8.1975 – VI R 48/73, BFHE 116, 501 = BStBl II 1975, 881.
180 BayObLG, Beschl. v. 18.5.1993 – 2Z BR 23/93, NJW-RR 1993, 1171 = DNotZ 1993, 743.

Muster 16.42: Rentenzahlungsverpflichtung mit Reallast 16.42

Meiner Tochter … wende ich eine lebenslange Rente in Höhe von monatlich … EUR, zahlbar erstmals zum Ersten des auf meinen Tod folgenden Kalendermonats, zu. 217

Verändert sich der vom Statistischen Bundesamt festgestellte Verbraucherpreisindex in Deutschland (VPI) gegenüber heute um mehr als 10 Punkte, so können sowohl die Erben als auch die Vermächtnisnehmerin eine entsprechende Anpassung der Rente im selben Verhältnis verlangen für die Zeit ab dem Ersten des auf die Vereinbarung folgenden Monats. Basisjahr für den Index ist das Jahr 2020 = 100 Punkte. Bezogen hierauf beträgt der Index derzeit … Punkte.

Ersatzvermächtnisnehmer werden entgegen jeder anderslautenden gesetzlichen oder richterlichen Auslegungs- und Vermutungsregel nicht benannt.

Die Vermächtnisnehmerin kann die Sicherstellung der Rentenzahlungsverpflichtung durch Eintragung einer Reallast zu Lasten des Grundstücks … verlangen.

4. Erbschaftsteuerliche Bewertung von Renten, Nutzungen und Leistungen

Nutzungen eines Gegenstands können einem anderen als dem Eigentümer oder Inhaber 218 zustehen. Damit ist der Berechtigte nach §§ 3 oder 7 Abs. 1 Nr. 1 ErbStG **steuerpflichtig.** Das Gleiche gilt für Renten und Leistungen. Sie können vom Eigentümer oder Inhaber selbstständig eingeräumt werden. Aber oft hängen sie mit einer Zuwendung zusammen, die unter der Auflage usw. steht, dem Zuwendenden selbst oder einem Dritten solche Renten, Nutzungen oder Leistungen zu gewähren. Dann kann man den Erwerb vom Standpunkt des Berechtigten oder dem Standpunkt des Verpflichteten betrachten.

a) Besteuerung des Berechtigten

Wer einen Anspruch auf eine Rente oder auf andere wiederkehrende Nutzungen oder 219 Leistungen unentgeltlich erwirbt, ist damit steuerpflichtig. Auch wiederkehrende Nutzungen oder Leistungen kommen als Erwerbsgegenstände i.S.v. § 3 Abs. 1 ErbStG in Betracht. Die Bewertung richtet sich grundsätzlich nach § 12 Abs. 1 ErbStG i.V.m. §§ 13–16 BewG.

Der Leistungsberechtigte kann nach § 23 ErbStG wählen, ob er die Steuer statt in einem Einmalbetrag vom **Kapitalwert** jährlich im Voraus von einem **Jahreswert** entrichtet. Die Jahressteuer ist gem. § 35b S. 3 EStG bei der Einkommensteuer als Sonderausgabe zu berücksichtigen.

Bei der **Besteuerung nach dem Jahreswert** muss zunächst der Jahreswert von Nutzungen 220 und Leistungen nach den §§ 15, 16 BewG ermittelt werden. Bei schwankenden Leistungen kommt es auf den Durchschnittsertrag am Stichtag an.[181] Die Jahreswerte werden so lange mit dem Freibetrag verrechnet, bis er verbraucht ist (**Aufzehrmethode**, H E 23 ErbStH 2019[182]). Ab dann muss der Erwerber anfangen, Steuer zu zahlen. Daneben steht die **Kürzungsmethode** zur Wahl (H E 23 ErbStH 2019). Danach wird der Jahreswert der Rente in dem Verhältnis gekürzt, in dem der Kapitalwert durch den Freibetrag gemindert wird.[183]

Nach § 23 Abs. 1 S. 2 ErbStG wird die Steuer nach dem Steuersatz erhoben, der sich für 221 den gesamten Erwerb einschließlich des Kapitalwerts der Nutzungen und Leistungen ergibt. Er wird auf den Jahreswert der Nutzungen und Leistungen angewandt und ergibt die

181 BFH, Urt. v. 8.6.1977, BStBl II 1979, 562.

182 Dort auch zu den Mischfällen: sofort zu versteuernder sonstiger Erwerb und Erwerb einer Rente usw.

183 Zur jeweiligen Berechnung und den Vor- und Nachteilen siehe die detaillierte Darstellung von *Erb/Regierer/Vosseler/Herbst*, Kap. 4 Rn 110 ff.

jährlich zu zahlende Steuer. Der Härteausgleich nach § 19 Abs. 3 ErbStG ist auch bei der Jahresversteuerung anzuwenden.[184]

222 Im Steuerbescheid setzt das Finanzamt den insgesamt zu zahlenden Steuerbetrag und die Anzahl der Jahresbeträge fest. Aufgefordert wird aber nur dazu, die jährlichen Steuerbeträge im Voraus zu zahlen. Jährlich im Voraus bedeutet nicht Kalenderjahr, sondern jeweils Beginn eines jeden Jahres, das nach dem Stichtag beginnt.

223 Nach § 23 Abs. 2 ErbStG kann der Erwerber die Jahressteuer zum jeweils nächsten Fälligkeitstermin mit ihrem Kapitalwert ablösen. Der Antrag muss bis zum Beginn des Monats gestellt werden, der dem Monat vorausgeht, in dem die nächste Rate fällig wird. Der Kapitalwert wird nach den Vorschriften der §§ 13, 14 BewG ermittelt.

Ob die **Sofortversteuerung oder** die **Jahresversteuerung** für den Betroffenen günstiger ist, lässt sich nicht allgemein sagen. Bei Zeitrenten ergibt sich durch die Jahresversteuerung ein Zinsvorteil. Bei der Versteuerung nach dem Kapitalwert muss sofort alles gezahlt werden, bei der Versteuerung nach dem Jahreswert erst nach und nach. Die erst später fällige Steuer kann also zunächst anderweitig angelegt werden. Außerdem spricht für die Jahresversteuerung, dass die jährlichen Steuerbeträge durch die Einführung des § 35b EStG (wieder) als Sonderausgaben abzugsfähig sind.

224 Bei einer normalen Leibrente muss sich der Berechtigte Gedanken darüber machen, wann er wohl sterben wird. Entscheidet er sich für die Sofortbesteuerung, bestimmt seine mittlere Lebenserwartung beim Erwerb den Kapitalwert ein für alle Mal. Wird nach dem Jahreswert versteuert, kommt es auf die tatsächliche Lebensdauer an. Was günstiger oder schlechter ist, hängt davon ab, ob sich der Berechtigte an die Statistik hält oder nicht.

> **Hinweis**
> Bei vorzeitigem Tod des Begünstigten kann § 14 Abs. 2 BewG sowohl bei der Besteuerung nach dem Kapitalwert als auch bei der Besteuerung nach dem Jahreswert angewendet werden.[185]

b) Besteuerung des Verpflichteten

225 Der Verpflichtete kann alle Belastungen mit ihrem nach § 12 ErbStG i.V.m. §§ 13–16 BewG ermittelten Wert als bereicherungsmindernde **Nachlassverbindlichkeiten** abziehen.

VIII. Vorkaufsrechtsvermächtnis

1. Allgemeines

226 Nicht selten ist es das Anliegen des Erblassers, einem Verwandten oder einer befreundeten Person das Recht einzuräumen, einen bestimmten Gegenstand, insbesondere ein Grundstück, für den Fall des Verkaufs durch den zunächst Bedachten erwerben zu können. Diese Rechtsfolge kann der Erblasser dadurch erreichen, dass er dem Begünstigten vermächtnisweise ein Vorkaufsrecht an dem betreffenden Gegenstand einräumt.

---

184 BFH, Urt. v. 23.9.1955 – III 09/53, BStBl III 1955, 321.

185 Rössler/Troll/*Eisele*, § 14 Rn 15.

2. Arten des Vorkaufsrechts

Mit dem Vorkaufsrecht wird dem Vorkaufsberechtigten die Befugnis eingeräumt, den vorkaufsbelasteten Gegenstand zu denselben Bedingungen zu kaufen, zu denen ihn der Verpflichtete (= Vermächtnisbeschwerte) rechtswirksam an einen Dritten verkauft hat. Zwischen dem Vorkaufsberechtigten (= Vermächtnisnehmer) und dem Verpflichteten (= Erbe oder Hauptvermächtnisnehmer) kommt mit der Erklärung über die Ausübung des Vorkaufsrechts ein neuer Kaufvertrag zustande. 227

Ein Vorkaufsrecht kann entweder **schuldrechtlicher** Natur (§§ 463–473 BGB) oder **dinglicher** Natur sein (§§ 1094–1104 BGB). Das schuldrechtliche Vorkaufsrecht kann sich beziehen auf unbewegliche oder bewegliche Sachen und Rechte, das dingliche Vorkaufsrecht kann nur an Grundstücken oder grundstücksgleichen Rechten eingeräumt werden. 228

Muster 16.43: Vermächtnisweise Zuwendung eines Vorkaufsrechts an beweglichen Sachen 16.43

Im Wege des Vermächtnisses wende ich meinem Freund …, der mich wirtschaftlich außerordentlich gut beraten hat, das Vorkaufsrecht an den …-Aktien für den ersten Verkaufsfall zu. Das Vorkaufsrecht ist innerhalb von zwei Wochen seit Zugang der Mitteilung über den Verkauf an den Vermächtnisnehmer auszuüben. 229

Ein Ersatzvermächtnisnehmer wird ausdrücklich entgegen jeder anders lautenden gesetzlichen oder richterlichen Vermutungs- oder Auslegungsregel nicht benannt.

Muster 16.44: Vermächtnisweise Zuwendung eines dinglichen Vorkaufsrechts 16.44

Meinem Neffen …, wohnhaft in …, wende ich im Wege des Vermächtnisses das dingliche Vorkaufsrecht für den ersten Verkaufsfall an dem Grundstück …, eingetragen im Grundbuch von …, Bestandsverzeichnis-Nr. …, Markung …, zu. 230

Ein Ersatzvermächtnisnehmer wird ausdrücklich entgegen jeder anderslautenden gesetzlichen oder richterlichen Vermutungs- oder Auslegungsregel nicht benannt.

3. Entstehung des dinglichen Vorkaufsrechts

Das dingliche Vorkaufsrecht ist ein beschränktes dingliches Recht, das zu seiner Entstehung der Einigung und Eintragung im **Grundbuch** bedarf (§ 873 BGB). Formalrechtlich ist zur Eintragung die Bewilligung des Eigentümers (= Erbe oder Hauptvermächtnisnehmer) gem. § 19 GBO in beglaubigter Form (§ 29 GBO) und ein Antrag entweder des Vorkaufsberechtigten oder des Eigentümers nach § 13 Abs. 1 GBO erforderlich. Das Vorkaufsrecht kann im Grundbuch erst eingetragen werden, wenn der Eigentümer voreingetragen ist (§ 39 GBO). 231

4. Sicherung des schuldrechtlichen Vorkaufsrechts

Bezieht sich das schuldrechtliche Vorkaufsrecht auf ein Grundstück, so kann der bedingte Eigentumsübertragungsanspruch gem. § 883 BGB durch **Vormerkung** gesichert werden. Hierzu bedarf es gem. § 19 GBO der Eintragungsbewilligung des Eigentümers (in notariell beglaubigter Form gem. § 29 GBO) und des Eintragungsantrags entweder des Eigentümers oder des Vorkaufsberechtigten gem. § 13 Abs. 1 GBO. Die Vormerkung kann im Grundbuch erst eingetragen werden, wenn der Eigentümer (= Erbe oder Hauptvermächtnisnehmer) im Grundbuch voreingetragen ist (§ 39 GBO). 232

5. Belastungsobjekt

233 Die Bestellung eines dinglichen Vorkaufsrechts ist möglich an einem Grundstück, an Miteigentumsanteilen an einem Grundstück (§ 1095 BGB), an Wohnungs- und Teileigentum sowie an einem Erbbaurecht. Mehrere Grundstücke können nicht mit einem einheitlichen Vorkaufsrecht belastet werden, vielmehr sind Einzelrechte an jedem einzelnen Grundstück zu bestellen.[186]

6. Vorkaufsberechtigter

234 Das Vorkaufsrecht kann zugunsten einer **natürlichen** oder **juristischen** Person bestellt werden. Wird das dingliche Vorkaufsrecht **mehreren** Personen eingeräumt, so bestimmt § 472 BGB deren Gemeinschaftsverhältnis (§ 1098 Abs. 1 BGB). Nach diesen Vorschriften kann das Vorkaufsrecht nur insgesamt ausgeübt werden. Wird das Vorkaufsrecht durch mehrere Berechtigte nach § 472 BGB ausgeübt, so geht ihr Eigentumsübertragungsanspruch auf Übereignung in Bruchteilseigentum, sofern in der Verfügung von Todes wegen nichts anderes bestimmt wurde. Das Vorkaufsrecht kann auch für mehrere Berechtigte in Form der Gesamtgläubigerschaft nach § 428 BGB bestellt werden. Wird das Eigentum in einem solchen Fall auf einen der Gesamtgläubiger übertragen, so wirkt dies schuldbefreiend.[187]

Ist das dingliche Vorkaufsrecht einer juristischen Person eingeräumt, so kann das Recht bei einer Rechtsnachfolge auf den Rechtsnachfolger übergehen, sofern der Übergang nicht ausgeschlossen ist (§§ 1098, 1059a BGB).

7. Inhalt des Vorkaufsrechts

235 Der Erblasser kann das Vorkaufsrecht auflösend oder aufschiebend bedingen oder befristen (§§ 158, 163 BGB). Denkbar wäre bspw., dass das Vorkaufsrecht nur bis zu einem bestimmten Zeitpunkt eingeräumt wird, z.B. für den ersten Verkaufsfall innerhalb von fünf Jahren nach dem Todeszeitpunkt des Erblassers oder auch für alle Verkaufsfälle innerhalb von zehn Jahren nach dem Tod des Erblassers.

16.45 **Muster 16.45: Befristetes Vorkaufsrecht**

236 Das meinem Neffen eingeräumte Vorkaufsrecht an dem -Grundstück ist befristet auf die Dauer von fünf Jahren nach meinem Tod. Mit diesem Zeitpunkt erlischt es ohne Weiteres; es ist dann im Grundbuch zu löschen.

8. Ausübung des Vorkaufsrechts

a) Ausübung nur bei Abschluss eines Kaufvertrags

237 Begrifflich kann das Vorkaufsrecht nur ausgeübt werden, wenn der Eigentümer über den vorkaufsbelasteten Gegenstand einen **Kaufvertrag** schließt. Die Ausübung ist also ausgeschlossen, wenn ein Ausstattungs-, Schenkungs- (auch gemischte Schenkung) oder ein Erbauseinandersetzungsvertrag geschlossen wird. Ausnahmsweise ist sogar bei Abschluss eines Kaufvertrags die Ausübung des Vorkaufsrechts ausgeschlossen, und zwar dann, wenn der Verkauf mit Rücksicht auf ein künftiges Erbrecht an einen gesetzlichen Erben erfolgt (§ 470 BGB; vgl. zum Ankaufsrecht Rdn 248 ff.).

---

186 BayObLG, Beschl. v. 1.10.1974 – BReg. 2 Z 46/74, BayObLGZ 1974, 365.
187 OLG Frankfurt, Beschl. v. 22.11.1984 – 20 W 209/84, DNotZ 1986, 239.

b) Mitteilung des Kaufvertrags

Der Vorkaufsrechtsverpflichtete (= Eigentümer) hat nach Abschluss des Kaufvertrags mit dem Dritten dem Vorkaufsberechtigten den Inhalt dieses Kaufvertrags durch **Übermittlung einer Vertragsabschrift** unverzüglich mitzuteilen. Diese Mitteilung kann auch vom Dritten übernommen werden (§ 469 BGB). Die Ausübung des Vorkaufsrechts muss innerhalb der gesetzlichen Frist von zwei Monaten erklärt werden. Der Erblasser kann allerdings eine längere oder kürzere Frist bestimmen (§ 469 Abs. 2 S. 2 BGB). Fristbeginn ist der Tag des Zugangs der Mitteilung über den Verkauf beim Vorkaufsberechtigten (§ 469 Abs. 3 BGB). Die Frist ist eine **Ausschlussfrist.** 238

Wird das Vorkaufsrecht fristgemäß ausgeübt, so kommt damit zwischen dem Vorkaufsberechtigten und dem Eigentümer ein Kaufvertrag mit dem Inhalt zustande, den der vorkaufsverpflichtete Eigentümer mit dem Dritten geschlossen hat (§ 464 Abs. 2 BGB).

9. Erlöschen des Vorkaufsrechts

Als beschränktes dingliches Recht kann das Vorkaufsrecht jederzeit durch Einigung und Eintragung aufgehoben werden, (§ 875 BGB). Zu seiner **Löschung** im Grundbuch sind die Löschungsbewilligung des Vorkaufsberechtigten (= Vermächtnisnehmer) gem. § 19 GBO (in notariell beglaubigter Form, § 29 GBO) und ein Antrag gem. § 13 Abs. 1 GBO entweder des Vorkaufsberechtigten oder des Eigentümers erforderlich. Wurde das Vorkaufsrecht nur für den **ersten Verkaufsfall** eingeräumt, so erlischt es, wenn es nicht fristgemäß bei Vorliegen eines Verkaufsfalls ausgeübt wurde. 239

Das Vorkaufsrecht erlischt aber auch dann, wenn es deshalb nicht ausgeübt werden konnte, weil der Eigentümer keinen Kaufvertrag, sondern einen anders gearteten Übertragungsvertrag geschlossen hat. Das Vorkaufsrecht beschränkt sich nämlich auf den Fall des Verkaufs durch den Eigentümer, dem das Grundstück zur Zeit der Bestellung des Vorkaufsrechts gehört oder durch dessen Erben, (§ 1097 BGB). Es erlischt, wenn das Grundstück auf **andere Weise als durch Verkauf** übertragen wird.[188] Da das Vorkaufsrecht in einem solchen Fall ohne weiteres Zutun erlischt, ist das Grundbuch insofern unrichtig geworden. Der neue Eigentümer hat Anspruch auf Grundbuchberichtigung nach § 894 BGB. Formal hat der Vorkaufsberechtigte die Berichtigung des Grundbuchs gem. §§ 22, 19 GBO zu bewilligen, und zwar in notariell beglaubigter Form (§ 29 GBO). 240

Wurde das Vorkaufsrecht für **mehrere oder alle Verkaufsfälle** eingeräumt, so bleibt es auch bei späteren Verkäufen und bei Nichtausübung bestehen – bis die betreffende Zahl der Verkaufsfälle erreicht ist. Wurde es einmal ausgeübt, so ist streitig, ob es damit erlischt, weil das dem Vorkaufsberechtigten eingeräumte Recht damit verbraucht sein könnte.[189] Folgt man der Ansicht, dass das Vorkaufsrecht mit seiner Ausübung verbraucht ist, wofür vieles spricht, so ist es gleichzeitig mit der Eintragung des Vorkaufsberechtigten als neuer Eigentümer im Grundbuch zu löschen. Der Erblasser kann das aber in seiner Verfügung von Todes wegen klarstellen und sollte dies auch tun. 241

Das einer natürlichen Person eingeräumte Vorkaufsrecht erlischt mit deren Tod; es ist weder vererblich noch übertragbar (§§ 1098 Abs. 1, 473 BGB). Allerdings kann der Erblasser etwas anderes anordnen. Deshalb sollte das Testament dazu eine Aussage machen. 242

---

188 OLG Zweibrücken, Beschl. v. 20.8.1999 – 3 W 171/99, NJW-RR 2000, 94 = MittBayNot 2000, 109; *Haegele*, Rpfleger 1957, 330.

189 Vgl. hierzu DNotl-Report 1999, 149.

16.46 **Muster 16.46: Nichtübertragbarkeit und Nichtvererblichkeit des Vorkaufsrechts**

243 Das dem … eingeräumte Vorkaufsrecht ist weder übertragbar noch vererblich.

10. Unterschied zwischen dinglichem und schuldrechtlichem Vorkaufsrecht

244 Während das dingliche Vorkaufsrecht sowohl für den ersten Verkaufsfall als auch für **mehrere** oder für alle Verkaufsfälle bestellt werden kann, besteht das schuldrechtliche Vorkaufsrecht grundsätzlich nur für **einen** Verkaufsfall.[190] Die im Schuldrecht bestehende Vertragsfreiheit lässt es aber zu, ein Vermächtnis über ein schuldrechtliches Vorkaufsrecht in der Weise zuzuwenden, dass dieses vom Berechtigten (= Vermächtnisnehmer) auch bei jedem Verkauf des Grundstücks durch den Vermächtnisbeschwerten oder einen Rechtsnachfolger ausgeübt werden können soll.

245 Wird ein schuldrechtliches Vorkaufsrecht vermächtnisweise zugewandt, so empfiehlt es sich, dem Vermächtnisnehmer auch einen Anspruch auf Sicherung durch Vormerkung im Grundbuch mit zuzuwenden. Gerade für den Fall der Ausübbarkeit des schuldrechtlichen Vorkaufsrechts bei mehreren Verkaufsfällen ist eine Sicherung durch Vormerkung nahezu unabdingbar, weil andernfalls jeder Dritterwerber in Unkenntnis des bestehenden Vorkaufsrechts den Kaufvertrag abschließen würde. Ein Anspruch auf Sicherung durch Vormerkung besteht kraft Gesetzes nicht, deshalb muss dieser besonders zugewandt werden (vgl. Rdn 267).

246 Ein weiterer wesentlicher Unterschied zwischen dinglichem und schuldrechtlichem Vorkaufsrecht besteht darin, dass das schuldrechtliche Vorkaufsrecht mit einem **vom Erblasser bestimmten** Kaufpreis für den Vorkaufsfall eingeräumt werden kann, während beim dinglichen Vorkaufsrecht ein bestimmter **fester** Kaufpreis entsprechend den gesetzlichen Vorschriften gilt. Will der Erblasser den vorkaufsberechtigten Vermächtnisnehmer also in der Weise begünstigen, dass er nicht nur in einen Kauf eintreten kann, sondern auch noch zu einem günstigeren Kaufpreis erwerben können soll, als in dem Vertrag mit dem Dritten festgelegt wurde, so kann dies beim schuldrechtlichen Vorkaufsrecht im Testament bestimmt werden.

16.47 **Muster 16.47: Schuldrechtliches Vorkaufsrecht mit günstigem Kaufpreis; Vormerkungsanspruch**

247 Meinem Neffen … räume ich im Wege des Vermächtnisses das schuldrechtliche Vorkaufsrecht an dem Hausgrundstück … für den ersten Verkaufsfall ein mit der Maßgabe, dass er als Kaufpreis lediglich 80 % des Schätzwerts des Gutachterausschusses nach dem Baugesetzbuch zu zahlen hat. Er ist berechtigt, zur Sicherung des Vorkaufsrechts zu seinen Gunsten im Grundbuch eine Vormerkung eintragen zu lassen. Das Vorkaufsrecht ist weder übertragbar noch vererblich. Ein Ersatzvermächtnisnehmer wird entgegen jeder anderslautenden gesetzlichen oder richterlichen Vermutungs- und Auslegungsregel nicht benannt.

11. Ankaufsrechtsvermächtnis

248 Als Abwandlung des Vorkaufsrechts kann einem Vermächtnisnehmer auch das Ankaufsrecht eingeräumt werden, einen Gegenstand, der sich im Nachlass befindet, insbesondere ein Grundstück, dann zu erwerben, wenn eine **Veräußerung** stattfindet, **ohne** dass es sich um einen **Verkauf** handelt. Insoweit kann mit dem Ankaufsrecht die Lücke geschlossen werden, die beim Vorkaufsrecht besteht, weil dort nur der Fall eines Verkaufs abgedeckt werden kann.

190 BGH, Urt. v. 18.9.1992 – V ZR 86/91, NJW 1993, 324.

Praxisrelevant kann ein solcher Fall werden, wenn der Erblasser wünscht, dass auch außerhalb von Verkaufsvorgängen – die mit einem Vorkaufsrecht gesichert werden könnten – die Vermögenswerte in der Familie bleiben.

Muster 16.48: Ankaufsrechtsvermächtnis

249 Jedes meiner drei als Erben eingesetzten Kinder hat den jeweils anderen als Gesamtberechtigten gem. § 428 BGB an seinem von mir im Wege der Erbfolge erhaltenen Grundstück ein schuldrechtliches Ankaufsrecht einzuräumen, dessen Inhalt sich grundsätzlich nach den Vorschriften über das Vorkaufsrecht gem. §§ 463 ff. BGB richtet. Das Ankaufsrecht kann jedoch nicht nur in den Fällen der §§ 463 ff. BGB (Abschluss eines Kaufvertrags), sondern auch bei einer anderweitigen Veräußerung ausgeübt werden. Eine Ausübung ist nur ausgeschlossen bei Veräußerung an Abkömmlinge. Als Ankaufspreis wird in jedem Fall der auf den Zeitpunkt der Ausübung festzustellende Verkehrswert bestimmt. Dieser Verkehrswert ist vom örtlich zuständigen Gutachterausschuss festzustellen. Der Ankaufspreis ist zehn Wochen nach Ausübung zur Zahlung fällig, frühestens jedoch mit Vorliegen des Schätzungsergebnisses.

Zur Sicherung dieses gegenseitigen Ankaufrechts sind Eigentumsübertragungsvormerkungen bei den Grundstücken einzutragen. Die Kosten hierfür tragen die jeweils Begünstigten.

250 Ein Ankaufsrecht kann auch in der Weise eingeräumt werden, dass der Vermächtnisnehmer ohne das Vorliegen eines Veräußerungsfalls die Übertragung eines Grundstücks verlangen kann. Auch ein solches Ankaufsrecht kann im Grundbuch durch Vormerkung gesichert werden.[191]

IX. Vermächtnis auf Abschluss eines verjährungsverlängernden Vertrags

251 Alle Vermächtnisansprüche unterfallen grundsätzlich der dreijährigen Verjährungsfrist des § 195 BGB. Diese beginnt mit Kenntnis der anspruchsbegründenden Umstände und der Person des Schuldners.[192] Nach § 196 BGB verjähren allerdings Ansprüche, die sich auf ein Grundstück beziehen, erst in zehn Jahren.

Gem. § 202 BGB können Verträge über die Verjährung geschlossen werden. Gegenstand eines Vermächtnisses kann auch der **Anspruch auf Abschluss eines verjährungsverlängernden Vertrags** sein. Die Vereinbarung ist grundsätzlich nicht an eine Form gebunden.[193] Vermächtnisweise kann bspw. bei angeordneter Alleinerbeinsetzung des überlebenden Ehegatten/Lebenspartners pflichtteilsberechtigten Kindern der Anspruch zugewandt werden, dass der Überlebende eine Verlängerung der Verjährungsfrist für Pflichtteilsansprüche mit den Kindern vereinbart.

252 In einem gemeinschaftlichen Testament wäre es auch möglich, dass jeder Ehegatte/Lebenspartner als Überlebender schon im Testament erklärt, er werde auf die **Einrede der Verjährung des Pflichtteilsanspruchs der (auf den Tod des Erststerbenden enterbten) Abkömmlinge für die Dauer von 30 Jahren seit dem Erbfall des Erststerbenden verzichten**. Trotzdem soll aber der Pflichtteilsanspruch nicht gegen den Willen des Überlebenden geltend gemacht werden.

253 **Verjährungshemmung bei Stundung des Pflichtteils nach § 2331a BGB:** Bis zur Schuldrechtsreform war die Verjährung während der Stundungsdauer gehemmt. Die Vorschrift des § 205 BGB in seiner Fassung seit der Schuldrechtsreform sieht nun eine Hemmung der Verjährung nur vor, wenn das Leistungsverweigerungsrecht „aufgrund einer Vereinbarung

---

191 BGH, Urt. v. 27.6.2001 – IV ZR 120/00, ZEV 2001, 362 = ZErb 2002, 19.

192 OLG Frankfurt, Urt. v. 9.12.2022 – 15 U 293/20, BeckRS 2022, 54758.

193 Vgl. *Krug*, Schuldrechtsmodernisierungsgesetz und Erbrecht, 2002, Rn 138; *Keim*, ZEV 2004, 173.

mit dem Gläubiger" besteht. Es ist zweifelhaft, ob § 205 BGB auf die Fälle der gerichtlichen Stundung nach § 2331a BGB analog angewandt werden kann. Jedenfalls könnte dem Schuldner, dem auf seinen Antrag hin die Stundung gewährt wurde, gegen die Erhebung der Verjährungseinrede der Einwand des venire contra factum proprium entgegengehalten werden.

16.49 **Muster 16.49: Vermächtnis zur Vereinbarung einer Verlängerung der Verjährungsfrist von Pflichtteilsansprüchen**

254 Ich, ___, setze meine Ehefrau, Frau ___, zu meiner unbeschränkten Alleinerbin ein.

Den auf meinen Tod enterbten Kindern wende ich vermächtnisweise den Anspruch gegen die Alleinerbin (meine dereinstige Witwe) zu, mit ihnen einen Vertrag des Inhalts zu schließen, dass die Verjährungsfrist für deren Pflichtteilsansprüche auf 30 Jahre verlängert wird.

Vorsorglich ordne ich außerdem einseitig an, dass die zuvor genannten Pflichtteilsansprüche meiner Kinder erst in 30 Jahren verjähren.

X. Schuldbefreiungsvermächtnis

255 Erblasser haben nicht selten den Wunsch, einem ihrer Schuldner mit dem Tod die Schuld zu erlassen (§ 397 BGB). Zugunsten des Schuldners stellt sich eine solche Anordnung als Vermächtnis dar. Erfüllt wird das Vermächtnis durch Einigung zwischen den **Erben** und dem **Schuldner** über den Erlass der Schuld. Ist für die Verbindlichkeit eine Sicherheit bestellt, so ist diese zurückzugewähren; im Falle eines Grundpfandrechts ist dieses im Grundbuch zur Löschung zu bringen.

16.50 **Muster 16.50: Schuldbefreiungsvermächtnis**

256 Herr ___ hat von mir ein Darlehen in Höhe von ursprünglich ___ EUR erhalten. Die Darlehensrestschuld beträgt per heute ___ EUR. Hiermit erlasse ich ihm diese Schuld in der Höhe, wie sie an meinem Todestag noch bestehen wird. Die dafür erforderliche Einigung für den entsprechenden Erlass i.S.d. § 397 BGB erkläre ich für meinen Teil schon heute.

XI. Vermächtnis betreffend ausgleichungspflichtige Vorempfänge

257 Bei der Gewährung ausgleichungspflichtiger Vorempfänge in der Form von **Ausstattungen** (§§ 1624, 2050 Abs. 1 BGB) oder **Schenkungen** (§§ 516, 2050 Abs. 3 BGB) an Abkömmlinge sollte bei der Hingabe der Zuwendung bestimmt werden, ob eine Ausgleichung stattzufinden hat oder nicht. Bei Schenkungen, die nicht kraft Gesetzes ausgleichungspflichtig sind (§ 2050 Abs. 3 BGB), wünscht der Erblasser in der Praxis nicht selten das Nachholen der unterlassenen Ausgleichungsbestimmung. Dies kann in der Form eines Vorausvermächtnisses zugunsten der nicht beschenkten Abkömmlinge und zu Lasten des Beschenkten erfolgen.[194]

16.51 **Muster 16.51: Nachträgliche Ausgleichungsbestimmung durch Vermächtnis**

258 Mein Sohn ___ hat im Jahr ___ eine Geldschenkung in Höhe von ___ EUR erhalten. Seinerzeit ist die Bestimmung der Ausgleichungspflicht bei der Erbauseinandersetzung auf meinen Tod unterblieben. Hiermit ordne ich im Wege des Vermächtnisses zu Lasten meines Sohnes ___ und zugunsten seiner Geschwister die Ausgleichungspflicht dieser Schenkung bei der Nachlassauseinandersetzung auf meinen

194 RG, Urt. v. 1.10.1917 – IV 182/17, RGZ 90, 419.

Tod an. Die Vermächtnisse fallen mit der Auseinandersetzung meines Nachlasses an und werden gleichzeitig fällig. Die Höhe und die Art der Ausgleichung richten sich nach den gesetzlichen Vorschriften der §§ 2050 ff. BGB.

Wurde im umgekehrten Fall bei der Zuwendung die Ausgleichung angeordnet und will der Erblasser dies rückgängig machen, so kann er dies im Wege des Vorausvermächtnisses zugunsten des betreffenden Abkömmlings und zu Lasten der anderen zu Miterben berufenen Abkömmlinge erreichen. 259

Muster 16.52: Nachträglicher Widerruf der Ausgleichungsbestimmung 16.52

Mein Sohn hat im Jahr eine Geldschenkung in Höhe von EUR erhalten. Seinerzeit wurde die Ausgleichungspflicht bei der Erbauseinandersetzung auf meinen Tod bestimmt. Hiermit ordne ich im Wege des Vorausvermächtnisses zugunsten meines Sohnes und zu Lasten der übrigen Erben an, dass die Schenkung bei der Erbauseinandersetzung auf meinen Tod entgegen der ursprünglichen Ausgleichungsbestimmung nicht auszugleichen ist. Das Vermächtnis fällt im Zeitpunkt der Erbauseinandersetzung an und ist gleichzeitig fällig. 260

Praxishinweis
Diese Vermächtnisse unterliegen bezüglich der Pflichtteilsberechtigten der Vorschrift des § 2306 BGB. Deshalb ist der sicherere Weg der Abschluss eines Teil-Pflichtteilsverzichtsvertrags (§ 2346 Abs. 2 BGB) mit dem Pflichtteilsberechtigten; dieser bedarf allerdings der notariellen Beurkundung (2348 BGB).

D. Checkliste: Vermächtnis

I. Allgemeines 261
- Vermächtnisnehmer (Vermächtnisgläubiger)
- Ersatzvermächtnisnehmer
- Anwachsung bei mehreren Vermächtnisnehmern
- Kosten der Vermächtniserfüllung
- Lastentragung bei belasteten Gegenständen (Inhalt von Kreditverträgen!)
- Bestimmung des/der Erben oder Vermächtnisnehmer, die das Vermächtnis zu erfüllen haben (Vermächtnisschuldner)
- Testamentsvollstreckung zur Erfüllung des Vermächtnisses

II. Vermächtnisformen
- Verschaffungsvermächtnis (§ 2169 BGB)
- Gattungsvermächtnis (§ 2155 BGB)
- Wahlvermächtnis (§ 2154 BGB)
- Zweckvermächtnis (§ 2156 BGB)
- Bestimmungsvermächtnis (§ 2151 BGB)
- Verteilungsvermächtnis (§ 2153 BGB)
- Universalvermächtnis
- Nachvermächtnis (§ 2191 BGB)
- Untervermächtnis
- Vorausvermächtnis (§ 2150 BGB)

III. Vermächtnisinhalt
- Grundstücksvermächtnis
- Geldvermächtnis
- Gegenstandsvermächtnis
- Forderungsvermächtnis

- Pflegevergütungsvermächtnis
- Nießbrauchsvermächtnis
- Wohnungsrechtsvermächtnis
- Rentenvermächtnis
- Vorkaufsrechtsvermächtnis – Unterfall: Ankaufsrechtsvermächtnis
- Schuldbefreiungsvermächtnis
- Vermächtnis betreffend Ausgleichungspflicht von Vorempfängen
- Vermächtnis betreffend Vereinbarung über Verjährungsfristen

§ 17 Auflagenanordnungen

Fabian Suiver, LL.B., LL.M.

Literaturhinweise

Götz, Erbschaftsteuerliche Risiken bei testamentarischen Auflagen, die Haustiere des Erblassers zu pflegen, ZEV 2012, 649; *Heeg*, Alternativen zur Nacherbeneinsetzung: Ist die erbrechtliche Auflage ein geeignetes Instrument zur Erbschaft(steuer)planung?, DStR 2007, 89; *Heinzmann*, Der Auflagenvollziehungsanspruch nach § 2194 BGB als Grundlage der unselbstständigen Stiftung von Todes wegen, BWNotZ 2012, 97; *Herrmann/Heuer/Raupach*, Großkommentar zum EStG und KStG, Loseblatt; Münchener Vertragshandbuch, Band 6: Bürgerliches Recht II (hrsg. v. *Herrler*), 8. Auflage 2020; *Muscheler*, Die unselbstständige Stiftung von Todes wegen und unter Lebenden, ErbR 2016, 358; *Muscheler*, Die unselbstständige Stiftung von Todes wegen, ZEV 2014, 573; *Schmidt*, Vermögenszuwendung und Festlegung des Stiftungszwecks bei der Errichtung unselbstständiger Stiftungen von Todes wegen, ZEV 2003, 316.

Inhalt

A. Einführung 1
I. Allgemeines 1
II. Erbschaftsteuer 4
B. Auflagenbegünstigter 8
C. Vollziehungsberechtigter 11
D. Auflagenbeschwerter 17
E. Auflageninhalt 20
F. Anwendungsfälle 25
I. Überblick 25
II. Allgemeine Muster 33
1. Auflagenbelasteter Erbe 34
2. Auflagenbelasteter Vermächtnisnehmer 38
III. Testamentarische Verfügung ohne vollständige eigene Willensbildung 43
IV. Auflagen zugunsten nicht Rechtsfähiger 48
V. „Abgeschwächtes Vermächtnis“ oder Spendenauflagen 51
VI. Einfluss über den Tod hinaus 56
1. Auflagen betreffend den Umgang mit einzelnen wertvollen Nachlassgegenständen 57
2. Kombination aus Bestattungsverfügung und Grabpflegeauflage 59
VII. Unselbstständige Stiftung durch Auflagenanordnung 69
VIII. Auflagen zur praktischen Absicherung der Testamentsvollstreckung über Einzelunternehmen oder Personengesellschaftsanteile 76
1. Überblick 76
2. Testamentsvollstreckung und Treuhandlösung 79
3. Testamentsvollstreckung mit Kombination aus Treuhand- und Vollmachtslösung 81
4. Weitgehende Testamentsvollstreckung über Kommanditanteile 84
IX. Auflagen zur Absicherung der Unternehmensnachfolge bei Einzelunternehmen („Unternehmensfortführungsklausel“) . . . 87
G. Checkliste: Auflagenanordnungen 92

A. Einführung

I. Allgemeines

Die testamentarische Anordnung von Auflagen ist dem Erblasser zivilrechtlich entsprechend den §§ 1940, 2192–2196 BGB eröffnet. Verpflichtet der Erblasser jemanden zu einer Leistung, ohne jemand anderen zu einer Leistung zu berechtigen, handelt es sich um eine Auflage – der Verpflichtung steht also keine Berechtigung gegenüber (§ 1940 BGB).[1] Die Vollziehung der Auflage können jedoch gewisse Personen verlangen. Grundlegend ist inso- 1

1 Vgl. Grüneberg/*Weidlich*, § 1940 Rn 1.

fern die Differenzierung zwischen der erbrechtlichen Zuwendung von Vermögenswerten durch Erbeinsetzung oder Vermächtnis einerseits und der **einseitigen Auferlegung einer Verpflichtung ohne Vermögenszuwendung** durch eine Auflage andererseits.[2] Insofern sind folgende Personen zu unterscheiden:
- Auflagenbegünstigter
- Vollziehungsberechtigter
- Auflagenbeschwerter

2 Der Inhalt der Auflage muss weder zwingend eine Auswirkung auf das Vermögen haben, also für den Auflagenverpflichteten einen Geldaufwand bedeuten, noch setzt sie überhaupt einen Auflagenbegünstigten voraus. Die Auflage ist dennoch **rechtlich bindend** und ist insofern von bloß moralisch bindenden letzten Wünschen und letzten Empfehlungen abzugrenzen.[3] Wenngleich die Nichterfüllung einer Auflage grundsätzlich keine Konsequenzen für den Auflageverpflichteten hat, so kann ihr ein rechtlich bindender Charakter beigemessen werden, indem der Erblasser die **Testamentsvollstreckung** anordnet oder die Rechtsstellung als Erbe oder Vermächtnisnehmer unter die **auflösende Bedingung** der Zuwiderhandlung gegen den Auflageninhalt stellt.[4]

3 Die Auflage ist – wie grundsätzlich alle testamentarischen Verfügungen (siehe § 2085 BGB) – im Verhältnis zu testamentarischen Zuwendungen grundsätzlich **selbstständig**; wurde eine Auflage verfügt, entfällt die Zuwendung nur, wenn der entsprechende **Wille des Erblassers** zu dieser **Verknüpfung** zwischen Auflage und Zuwendung anzunehmen ist (siehe § 2195 BGB).[5] Ist die Auflage **Bedingung** für die Zuwendung, entfällt die Zuwendung bei Zuwiderhandlung gegen die Auflage. Dann kann die Bedingung für die Zuwendung nicht mehr eintreten, da die Auflage nicht mehr entsprechend der testamentarischen Verfügung vollziehbar ist.[6] Besteht die Zuwendung aber **unabhängig** von der Auflage fort – wie grundsätzlich –, so fällt die wirtschaftliche Belastung durch die Auflage weg, jedoch besteht der wirtschaftliche Vorteil durch die Zuwendung unverändert fort. Da sich der Erbe oder Vermächtnisnehmer aber nicht willkürlich bereichern können soll, ist er insoweit in Höhe des wirtschaftlich notwendigen Aufwands zur Auflagenvollziehung einem **Bereicherungsanspruch** aus § 2196 BGB ausgesetzt, wenn er für den Umstand verantwortlich ist, dass die Auflage nicht mehr vollzogen werden kann.[7] Der Bereicherungsanspruch besteht dann zugunsten des unmittelbar Wegfallbegünstigten (also zugunsten des derzeit noch nicht berufenen gesetzlichen Erben, des testamentarischen Ersatzerben, des Nacherben, des anwachsungsberechtigten Miterben oder des testamentarischen Ersatzvermächtnisnehmers, des Nachvermächtnisnehmers oder auch des anwachsungsberechtigten Mitvermächtnisnehmers).[8]

---

2 Siehe den differenzierenden Sprachgebrauch der §§ 1939, 2279 Abs. 1 BGB; vgl. Grüneberg/*Weidlich*, § 1940 Rn 1.
3 Grüneberg/*Weidlich*, § 2192 Rn 1.
4 Vgl. Grüneberg/*Weidlich*, § 2192 Rn 1, 2; zur auflösenden Bedingung siehe § 2075 BGB, und auch ein Nachvermächtnis nach § 2191 BGB kann gestaltet werden.
5 Grüneberg/*Weidlich*, § 2195 Rn 1.
6 Grüneberg/*Weidlich*, § 2196 Rn 1.
7 Grüneberg/*Weidlich*, § 2196 Rn 1.
8 Grüneberg/*Weidlich*, § 2196 Rn 2, § 2194 Rn 2; MüKo-BGB/*Rudy*, § 2194 Rn 2.

II. Erbschaftsteuer

Erbschaftsteuerrechtlich ist die Auflage entsprechend den zivilrechtlichen Grundsätzen einzuordnen, da das Erbschaftsteuerrecht diesen Grundsätzen weitgehend folgt. So unterliegt die Auflage nach § 3 Abs. 2 Nr. 2 Alt. 1 ErbStG bei dem **Auflagenbegünstigten** der **Erbschaftsteuer.** Der Erwerb gilt als vom Erblasser erfolgt. Die Erbschaftsteuer entsteht mit der Vollziehung der Auflage (§ 9 Abs. 1 Nr. 1 Buchst. d ErbStG). 4

Die Auflage stellt für den Auflagenbelasteten eine **Nachlassverbindlichkeit** dar und ist insofern auch schon vor der Vollziehung erbschaftsteuermindernd zu berücksichtigen (§ 10 Abs. 5 Nr. 2 ErbStG). Sind die auflagenbeschwerte und die auflagenbegünstigte Person identisch, wirkt sich die Auflage in dieser Konstellation nicht erbschaftsteuerrechtlich aus; weder ist die Vollziehung der Auflage ein erbschaftsteuerrechtlicher Erwerb (§ 3 Abs. 2 Nr. 2 ErbStG), noch ist die Verbindlichkeit aus der Auflage abzugsfähig (§ 10 Abs. 9 ErbStG).[9] 5

Liegt bei der Auflage kein Begünstigter vor, sondern ist ein allgemeiner Personenkreis oder die Allgemeinheit bedacht, unterliegt die Auflage (nach § 3 Abs. 2 Nr. 2 letzter Hs., § 8 ErbStG) als sog. **Zweckzuwendung** der Erbschaftsteuer. Steuerschuldner ist dann der Beschwerte nach § 20 Abs. 1 S. 1 ErbStG, der die Steuerklasse III anzuwenden hat (§ 15 Abs. 1 ErbStG). Bei der Zweckzuwendung versteuert also der Vermögensempfänger, der das Vermögen für einen Zweck aufzuwenden hat – er hat also eine Vermögensweitergabeverpflichtung zu versteuern. Diese paradoxe Besteuerung dient jedoch dem Zweck, den gesamten Vermögenserwerb der Besteuerung nach dem ErbStG zu unterwerfen. Beim Erben wäre die Zweckzuwendung eine abziehbare Nachlassverbindlichkeit (nach § 10 Abs. 5 Nr. 2 ErbStG), der kein steuerpflichtiger Erwerb eines Begünstigten gegenüberstünde (da § 3 Abs. 2 Nr. 2 Hs. 1 ErbStG nicht anwendbar ist). In den meisten Fällen der Zweckzuwendung kommen jedoch ohnehin die **Steuerbefreiungen** für im weiteren Sinne gemeinnützige Zwecke nach § 13 Abs. 1 Nr. 16, 17 ErbStG zum Tragen.[10] Sollte dies jedoch nicht der Fall sein, kann die potenziell erhebliche Steuerlast einer Zweckzuwendung den durch die Auflage ausgedrückten Willen des Erblassers torpedieren.[11] 6

Auch sonstige Auflagen, die ausschließlich kirchlichen, gemeinnützigen oder mildtätigen Zwecken zugutekommen, sind nach § 13 Abs. 1 Nr. 16, 17 ErbStG steuerfrei. Der mit einer **gemeinnützigen Auflage** verfolgte Zweck ist einerseits unter Berücksichtigung des einkommensteuerrechtlichen Spendenabzugs, der Freiwilligkeit des Leistenden voraussetzt (§ 10b Abs. 1, 1a EStG), und andererseits unter Berücksichtigung des Abzugs einer Nachlassverbindlichkeit (§ 10 Abs. 5 Nr. 2 Var. 2 ErbStG) zu gestalten, ohne dabei aber das Interesse des Erblassers an rechtlicher Bindung der Erben außer Acht zu lassen. Siehe dazu näher Rdn 51 ff. 7

B. Auflagenbegünstigter

Die Auflage setzt keinen rechtsfähigen Begünstigten voraus – der Auflagenbeschwerte ist nur zu einem Tun oder Unterlassen verpflichtet, spiegelbildlich ist das Recht auf eine Leistung gerade nicht notwendig. Ist ein Begünstigter vorhanden, erhält er **nicht das Recht,** eine **Leistung zu fordern,** und somit auch **kein Anwartschaftsrecht** auf eine solche Leis- 8

9 BeckFormB ErbR/*Kössinger/Goslich*, C.V.11 Anm. 9.
10 BeckFormB ErbR/*Kössinger/Goslich*, C.V.11 Anm. 9.
11 *Götz*, ZEV 2012, 649.

tung. Ist die Auflage vollzogen, erhält der Auflagenbegünstigte durch die Auflage einen Rechtsgrund (die causa) aufgrund dessen er die Leistung behalten darf.

9 Die Rechtsstellung des Auflagenbegünstigten ist **nicht vererblich.**[12] Die tatsächliche Vollziehung der Auflage kann er grundsätzlich nicht einfordern,[13] nach der wohl herrschenden Meinung in der Literatur selbst dann nicht, wenn der Erblasser dies testamentarisch verfügt hat.[14] Wenngleich die Rechtsprechung eine solche testamentarische Anordnung teilweise als wirksam angesehen hat,[15] ist diese Gestaltung in der Literatur umstritten[16] und eine entsprechende Gestaltung somit mit Rechtsunsicherheit und Streitpotenzial belastet. Die entsprechende Gestaltung sollte jedenfalls mit Bedingungen und Testamentsvollstreckung flankiert werden, um die Vollziehung der Auflage abzusichern. Ist eine Bedingung hinsichtlich eines **konkreten Gegenstands** aus dem Nachlass gewünscht, kann auch ein aufschiebend bedingtes Herausgabevermächtnis gestaltet werden. Insbesondere bei Grundstücken ist dieser bedingte Vermächtnisanspruch durch eine Vormerkung grundbuchlich sicherbar.[17] Nach alledem ist der Auflagenbegünstigte auf die vollziehungsberechtigten Personen angewiesen. Soll andersherum das eigene Vollziehungsrecht des Begünstigten ausgeschlossen sein, sollte dies vorsorglich explizit testiert werden.

10 Grundsätzlich ist es entsprechend der inhaltlichen Höchstpersönlichkeit der Testamentserrichtung rechtlich nicht möglich, die **Auswahl** des durch das Testament Begünstigten einem **Dritten** zu überlassen (§ 2192 i.V.m. §§ 2065 Abs. 2, 2156 BGB). Ausnahmsweise kann der Erblasser nach § 2193 BGB lediglich den Zweck einer Auflage bestimmen und die Bestimmung der Person des Auflagenbegünstigten einem Dritten überlassen. So kann etwa der Auflagenbeschwerte oder auch der Testamentsvollstrecker dieses Bestimmungsrecht erhalten.[18] Die Bestimmung der Person hängt untrennbar mit dem durch den Erblasser anzugebenden Zweck zusammen. Die bloße Angabe eines Personenkreises, aus dem die begünstigte Person ausgewählt werden soll, kann nicht Inhalt einer Auflagenanordnung sein (§ 2192 BGB verweist nicht auf die §§ 2151–2153 BGB). Wenngleich eine dem Wortlaut nach insofern nichtige Auflage vorliegt, wird zumeist wohl – bei stets zugunsten der Wirksamkeit durchzuführender Testamentsauslegung nach § 2084 BGB – ein Zweck zu entnehmen sein.[19] Ist die Bestimmung der auflagenbegünstigten Person unwirksam – da mit dem Zweck der Auflage unvereinbar –, bleibt der Bestimmungsberechtigte weiterhin dazu verpflichtet.[20]

C. Vollziehungsberechtigter

11 Die Auflage ist die Auferlegung einer Verpflichtung ohne eine Vermögenszuwendung. Eine Auflage begründet **kein** Recht des Auflagenbegünstigten, die **Vollziehung** der Auflage zu fordern. Um gleichwohl dem Willen des Erblassers Durchsetzungskraft zu verleihen, ordnet § 2194 BGB den vollziehungsberechtigten Personen das Recht zu, die Vollziehung der

12 Grüneberg/*Weidlich*, § 2192 Rn 1.
13 Vgl. §§ 1940, 2194 S. 1 BGB.
14 Grüneberg/*Weidlich*, § 2194 Rn 2; a.A. OLG Karlsruhe, Urt. v. 7.5.2004 – 14 U 103/02, NJW-RR 2004, 1307 m.w.N. unter II. der Gründe.
15 OLG Karlsruhe, Urt. v. 7.5.2004 – 14 U 103/02, NJW-RR 2004, 1307 m.w.N. unter II. der Gründe.
16 BeckOK BGB/*Müller-Christmann*, § 2194 Rn 3 m.w.N
17 DNotI-Report 17/2021.
18 Grüneberg/*Weidlich*, § 2193 Rn 1.
19 Kössinger/Najdecki/Zintl/*R. Kössinger*, § 9 Rn 111.
20 Grüneberg/*Weidlich*, § 2193 Rn 3.

Auflage zu verlangen. Vollziehungsberechtigte sind nach dem Wortlaut des § 2194 S. 1 BGB der **Erbe**, der **Miterbe** und der **Wegfallbegünstigte**. Die Miterben sind je für sich berechtigt, die Vollziehung zu verlangen; es handelt sich nicht um eine gemeinschaftlich zustehende Verwaltungsmaßnahme gem. § 2038 BGB.[21] Wegfallbegünstigte sind etwa der derzeit noch nicht berufene gesetzliche Erbe, der testamentarische Ersatzerbe, der Nacherbe, der anwachsungsberechtigte Miterbe oder der testamentarische Ersatzvermächtnisnehmer, der Nachvermächtnisnehmer oder auch der anwachsungsberechtigte Mitvermächtnisnehmer.[22]

Über den nicht abschließenden Wortlaut hinaus ist auch der **Testamentsvollstrecker** vollziehungsberechtigt. Seine Befugnis folgt aus den §§ 2203, 2208 Abs. 2, 2223 BGB. Die Verfügungsberechtigung des Testamentsvollstreckers über den Nachlass schließt, soweit seine Verwaltungsbefugnis reicht (siehe §§ 2205 S. 2, 2211 Abs. 1 BGB), die Verfügungsbefugnis der Erben aus. Sie können daher Auflagen betreffend Nachlassgegenstände, die der Testamentsvollstreckung unterliegen, nicht vollziehen. Die Erfüllung der Auflagenanordnung erfolgt daher grundsätzlich durch den Testamentsvollstrecker, wenn seiner Verwaltung das dazu notwendige Vermögen untersteht; andernfalls hat er die Vollziehung zu verlangen (siehe § 2203 BGB).[23] Seine Vollziehungsberechtigung schließt die Vollziehungsberechtigung der anderen Personen nicht aus. Es wäre jedoch wohl zumeist rechtsmissbräuchlich, wenn er die Vollziehung durch andere verlangen würde, obwohl er selbst dazu in der Lage ist. 12

Der Erblasser kann den Kreis der Vollziehungsberechtigten erweitern und beschränken.[24] 13

Nach herrschender Meinung in der Literatur kann der **Begünstigte** nicht auch zugleich Vollziehungsberechtigter sein, wenngleich dies in der Rechtsprechung teilweise anerkannt wurde.[25] Soll der Begünstigte einen eigenen Anspruch erhalten, ist die Anordnung eines **Vermächtnisses** naheliegend. 14

Liegt die Vollziehung im Interesse der Allgemeinheit, ist nach § 2194 S. 2 BGB die zuständige Behörde ebenfalls vollziehungsberechtigt.[26] 15

Der Verzicht auf das – ohnehin im Belieben des Vollziehungsberechtigten stehende – Vollziehungsrecht ist möglich, wenn es dem mutmaßlichen Erblasserwillen entspricht. Es entspricht etwa dem mutmaßlichen Willen des Erblassers, wenn dieser die Auflage bei veränderter Sachlage, hätte er diese vorausgesehen, nicht oder nicht so testiert hätte. Auch ein Verzicht gegen Entgelt sollte daher möglich sein.[27] 16

D. Auflagenbeschwerter

Mit einer Auflage kann ein **Erbe** oder ein **Vermächtnisnehmer** beschwert werden (§ 1940 BGB).[28] Im Zweifel wird vermutet, dass der Erbe beschwert sein soll (§§ 2147 S. 2, 2192 17

21 MüKo-BGB/*Rudy*, § 2194 Rn 2.
22 Grüneberg/*Weidlich*, § 2196 Rn 2, § 2194 Rn 2; MüKo-BGB/*Rudy*, § 2194 Rn 2.
23 Im Kontext der unselbstständigen Stiftung durch Auflagenanordnung so auch *Heinzmann*, BWNotZ 2012, 97, 101.
24 MüKo-BGB/*Rudy*, § 2194 Rn 4.
25 OLG Karlsruhe, Urt. v. 7.5.2004 – 14 U 103/02, NJW-RR 2004, 1307 m.w.N. unter II. der Gründe.
26 Mit Auflistung der landesrechtlichen Zuständigkeitsvorschriften MüKo-BGB/*Rudy*, § 2194 Rn 8; siehe auch OLG Schleswig, Urt. v. 8.9.2017 – 3 U 16/17.
27 MüKo-BGB/*Rudy*, § 2194 Rn 7.
28 Siehe Grüneberg/*Weidlich*, § 2192 Rn 2.

BGB). Miterben haften im Innenverhältnis entsprechend den Erbteilen (§§ 2148 Alt. 1, 2192 BGB), im Außenverhältnis als Gesamtschuldner (jeder auf die gesamte Leistung, §§ 1967 Abs. 2, 2058, 421 BGB). Ist diese Regelung gewünscht, empfiehlt es sich, eine entsprechende klarstellende Klausel aufzunehmen, um den Erben eine klare Anweisung an die Hand zu geben. Der **Auflagenbegünstigte** kann hingegen nicht rechtssicher mit einer Auflage beschwert werden, sodass die Gestaltung einer „Unterauflage" ausscheidet.[29]

18 Eine zeitliche Begrenzung der Auflage, etwa entsprechend der grundsätzlichen 30-jährigen erbrechtlichen Begrenzungen,[30] existiert nicht. Die Verpflichtung besteht daher ohne zeitliche Begrenzung. Die **Verjährung** des Vollziehungsanspruchs bleibt davon aber unberührt (§§ 195, 199 Abs. 1, Abs. 3a BGB), weswegen die Auflage dann nicht mehr durchsetzbar, aber weiterhin als Rechtsgrund wirksam ist. Die Rechtsstellung des Auflagenbeschwerten ist daher grundsätzlich ohne zeitliche Begrenzung **vererblich**. Sofern die Auflage allerdings eine höchstpersönliche Verpflichtung zur Leistung zum Gegenstand hat und daher einen ganz bestimmten Beschwerten treffen soll, ist sie nicht vererblich.[31]

19 **Praxistipp**

Die Auflage kann in einem Einzeltestament, einem gemeinschaftlichen Testament oder einem Erbvertrag angeordnet werden. In einem **gemeinschaftlichen Testament** werden zwei Erbfälle geregelt, weswegen sich eine eindeutige Regelung empfiehlt, die klarstellt, ob die Auflage für den Erbfall des Erstversterbenden oder den Erbfall des Längerlebenden gelten soll. Damit ist dann auch klargestellt, ob die Erben des Erstversterbenden oder des Längerlebenden mit der Auflage beschwert sind. Auch in einem **Erbvertrag** können zwei Erbfälle geregelt werden, weswegen dort dann ebenso zu gestalten ist.

E. Auflageninhalt

20 Die Auflage hat nicht die Zuwendung von Vermögenswerten zum Gegenstand, sondern die auferlegte Leistung kann in jedem Tun oder Unterlassen bestehen (§ 241 Abs. 1 S. 2 BGB).[32] Damit ist dem Erblasser ein denkbar weiter **Gestaltungsspielraum** eröffnet, dem allerdings durch die Wahl des Auflageninhalts und des Auflagenbegünstigten bei der Zweckauflage und durch die Sittenwidrigkeit (§ 138 Abs. 1 BGB) rechtliche Grenzen gesetzt sind.[33] Ferner ist eine faktisch unmögliche Auflage unwirksam.

21 Der weite Gestaltungsspielraum ermöglicht es dem Erblasser, den Gegenstand der Auflage einerseits ganz konkret nach seinen Wünschen auszudifferenzieren und andererseits sehr weitgehend erst nach seinem Tod durch andere Personen auswählen zu lassen. So ist es möglich, mittels einer **Zweckauflage** (§§ 2156, 2192 BGB) nur das Ziel der Auflage zu umschreiben, mittels einer **Gattungsauflage** die zu leistende Sache nur der Gattung – dem Typus – nach zu beschreiben (§§ 2155, 2192 BGB) oder mittels einer **Wahlauflage** mehrere Gegenstände zu benennen, von denen einer zu leisten ist (§§ 2154, 2192 BGB). Bei der Wahlauflage ist es auch zulässig, die Wahl dem Auflagenbegünstigten zu überlassen; es handelt sich dabei nicht um einen Widerspruch zur Grundkonzeption der Auflage als Verpflichtung zur Leistung ohne einen Berechtigten (siehe § 1940 BGB).

---

29 Insofern die interessante Parallele zum Verbot der Familienfideikomisse ziehend Kössinger/Najdecki/Zintl/*R. Kössinger*, § 9 Rn 105; a.A. und m.w.N. *Muscheler*, ErbR 2016, 358, 359.

30 Siehe §§ 2044 Abs. 2, 2109, 6162 f., 2210 BGB.

31 Grüneberg/*Weidlich*, § 2192 Rn 2.

32 Vgl. Grüneberg/*Weidlich*, § 2192 Rn 3.

33 Siehe Grüneberg/*Weidlich*, § 2192 Rn 3.

Die erste inhaltliche Grenze existiert für die Wahl des Auflageninhalts bei der **Zweckauflage**. Bei dieser Zweckauflage nach § 2193 BGB ist es möglich, einem Dritten oder dem Belasteten die Wahl des konkreten Auflageninhalts nach §§ 2156, 2192 BGB zu überlassen. Der insoweit inhaltlich Bestimmungsberechtigte ist aber an den Zweck der Auflage gebunden, was auch gerichtlich grundsätzlich auf „Billigkeit" (entsprechend den §§ 315 ff. BGB) oder selbst bei freiem Ermessen auf offensichtliche Zweckverfehlung oder Arglist überprüfbar ist.[34] Eine demnach unzulässige Wahl des Auflageninhalts ist unwirksam und der Bestimmungsberechtigte bleibt verpflichtet, eine Bestimmung nachzuholen.[35] 22

Die zweite inhaltliche Grenze ist die allgemeine Grenze der **Sittenwidrigkeit** von testamentarischen Anordnungen nach § 138 Abs. 1 BGB, sodass der Erblasser nicht in „sittenwidriger" Art verfügen darf. Auch **gesetzeswidrige** oder **unmögliche** Leistungen können nicht wirksam verfügt werden (§§ 134, 2171, 2192 BGB). Eine Auflage, mit der die Testierfreiheit eines anderen negiert wird, ist daher nichtig; die Auflage, mit einem bestimmten Inhalt zu testieren oder nicht zu testieren, ist unwirksam (entsprechend § 2302 BGB).[36] 23

Eine Zuwendung unter der auflösenden Bedingung, eine Auflage zu erfüllen, ist hingegen als sog. „**kaptatorische Verfügung**" zulässig, da es sich dabei nicht um die Einschränkung der Testierfreiheit handelt, sondern lediglich um eine Beschränkung der Zuwendung. Erbrechtliche Verfügungen sind nach § 2084 BGB zugunsten ihrer Wirksamkeit auszulegen, weswegen Auflagen, die dem Wortlaut nach eine Einschränkung der Testierfreiheit beinhalten, als eine Bedingung der Zuwendung ausgelegt werden können.[37] 24

F. Anwendungsfälle

I. Überblick

Nach dem oben Ausgeführten liegen in den folgenden Fallgruppen Anwendungsbereiche der testamentarischen Auflagenanordnung:[38] 25

Testamentarische Verfügung ohne vollständige eigene Willensbildung: 26

Da das Recht der Auflagenanordnungen dem Erblasser weitestgehende Gestaltungsfreiheit gibt, kann er Inhalt und beteiligte Personen selbst festlegen (§ 2065 BGB), Wahlauflagen (§ 2154 Abs. 1 S. 1 i.V.m. § 2192 BGB), Gattungsauflagen (§ 2155 Abs. 1 i.V.m. § 2192 BGB) oder Zweckauflagen (§ 2156 i.V.m. § 2192 BGB) gestalten (siehe dazu näher Rdn 43).

Auflagen zugunsten nicht Rechtsfähiger: 27

Da es keines rechtsfähigen Begünstigten bedarf, können nichtrechtsfähige Personengemeinschaften und Institutionen oder Tiere bedacht werden (siehe dazu näher Rdn 48).[39]

---

34 Siehe §§ 2192, 2156, 315–319 BGB und zum freien Ermessen Grüneberg/*Weidlich*, § 2193 Rn 1; BGH, Urt. v. 24.2.1993 – IV ZR 239/91, BGHZ 121, 357 = NJW 1993, 2168.

35 BGH, Urt. v. 24.2.1993 – IV ZR 239/91, BGHZ 121, 357 = NJW 1993, 2168; siehe auch Grüneberg/*Weidlich*, § 2193 Rn 3.

36 Grüneberg/*Weidlich*, § 2302 Rn 3.

37 Kössinger/Najdecki/Zintl/*R. Kössinger*, § 9 Rn 112; Grüneberg/*Weidlich*, § 2302 Rn 4.

38 Siehe zu diesen Fallgruppen auch Kössinger/Najdecki/Zintl/*R. Kössinger*, § 9 Rn 106–111; speziell zur Unternehmensnachfolge auch *Heeg*, DStR 2007, 89.

39 Kössinger/Najdecki/Zintl/*R. Kössinger*, § 9 Rn 107.

28 **„Abgeschwächtes" Vermächtnis oder Spendenauflagen:**

Da ein Auflagenbegünstigter kein eigenes Forderungsrecht hat, ist der Erbe nicht dessen Drängen auf Erfüllung – wie bei einem Vermächtnis – ausgesetzt (siehe dazu näher Rdn 51).[40]

29 **Einfluss über den Tod hinaus:**

Da die Auflagenanordnung keinen Vermögensvorteil voraussetzt, kann der Erblasser hinsichtlich jedes gewünschten Handelns oder Unterlassens Einfluss nehmen und diesem Einfluss auch Intensität verleihen, indem die Auflagenerfüllung zur auflösenden Bedingung der Zuwendung gemacht wird (siehe dazu näher Rdn 56). Dabei sind jedoch die potenziellen Erbschaftsteuernachteile der (sog. konstruktiven) Vor- und Nacherbschaft[41] (§ 6 Abs. 2 und Abs. 4 Var. 3 ErbStG) und die kostenintensive Notwendigkeit eines Erbscheins (um das – auch noch aktuell bestehende – Erbrecht im Rechtsverkehr nachweisen zu können) zu berücksichtigen.[42]

30 **Unselbstständige Stiftung durch Auflagenanordnung:**

Da die Auflagenanordnung keiner zeitlichen Grenze der Wirksamkeit unterliegt (§ 2192 BGB verweist nicht auf die 30-jährige Wirksamkeit der Vermächtnisse nach § 2162 f. BGB), kann die Auflagenanordnung eine Ersatzform der rechtsfähigen Stiftung (§§ 80 ff. BGB) sein. Dazu kann einer natürlichen Person als Erbe und deren Rechtsnachfolger[43] oder einer juristischen Person eine erbrechtliche Zuwendung – Erbeinsetzung oder Vermächtnis – unter der Auflage gemacht werden, dass diese einen bestimmten Zweck damit verfolgen soll (siehe dazu näher Rdn 69). Eine natürliche pflichtteilsberechtigte Person kann sich der Auflage immer durch Ausschlagung und Pflichtteilsverlangen nach § 2306 BGB entziehen.[44] Wirtschaftlich verbleibt dem pflichtteilsberechtigten Erben jedenfalls sein eigener Pflichtteil, da er eine darüber hinausgehende Auflagenlast kürzen kann (§ 2318 Abs. 3 BGB).

31 **Auflagen zur praktischen Absicherung der Testamentsvollstreckung über Einzelunternehmen oder Personengesellschaftsanteile:**

Die Auflagenanordnung kann jedes Tun und Unterlassen enthalten und eignet sich daher auch besonders als begleitendes Instrument zur Absicherung der Testamentsvollstreckung über Einzelunternehmen oder Personengesellschaften. Denn die Testamentsvollstreckung über Einzelunternehmen oder persönlich haftende Personengesellschaftsanteile ist auf die Hilfskonstruktionen der sog. „Treuhandlösung" oder der sog. „Vollmachtslösung" angewiesen. Zur Absicherung der Stellung des Testamentsvollstreckers ist es daher zweckmäßig, dem Erben die Sicherung dieser gewünschten umfassenden Stellung aufzugeben (Siehe dazu näher Rdn 76).

32 **Auflagen zur Absicherung der Unternehmensnachfolge bei Einzelunternehmen:**

Die erbrechtliche Nachfolge in ein Einzelunternehmen ist durch einen Alleinerben möglich. Die Nachfolge über eine Vermächtnisanordnung oder eine Erbengemeinschaft stößt auf erhebliche praktische Probleme. Die Erfüllung des Vermächtnisses erfordert die Einzelübertragung aller Aktiva und Passiva. Unternehmensfortführung durch eine Erbengemeinschaft

---

40 Kössinger/Najdecki/Zintl/*R. Kössinger*, § 9 Rn 110.

41 Dazu instruktiv Kössinger/Najdecki/Zintl/*R. Kössinger/Zintl*, § 15 Rn 176 f.

42 Kössinger/Najdecki/Zintl/*R. Kössinger*, § 9 Rn 108; *Heeg*, DStR 2007, 89.

43 Die Erben der Vollziehungsberechtigten treten in diese Rechtsstellung ein, siehe MüKo-BGB/*Rudy*, § 2194 Rn 6.

44 Kössinger/Najdecki/Zintl/*R. Kössinger/Zintl*, § 15 Rn 308.

bedeutet persönliche und unbeschränkbare Haftung aller Miterben, da der Weg der Gesamtrechtsnachfolge durch die Miterben nicht rechtssicher und zügig beschritten werden kann. Eine sog. „Unternehmensfortführungsklausel" (oder: „Gesellschaftsgründungsklausel") ist dann in einem Unternehmertestament ein zweckmäßiges Instrument, um die rechtliche Nachfolge der gewünschten Nachfolger sicherzustellen. Diese Klausel ist eine Kombination aus erbrechtlicher Auflage zur Umwandlung des Unternehmens und eines Vermächtnisses zur Zuwendung der so entstandenen Beteiligung (siehe dazu näher Rdn 87).

II. Allgemeine Muster

Aus dem zuvor Ausgeführten ergibt sich ganz allgemein ein zweckmäßiger Inhalt einer 33
Auflagenanordnung, die alle wesentlichen Kriterien beinhaltet. Im Folgenden werden zunächst allgemeine Muster von Auflagenanordnungen formuliert, die je nach zu gestaltendem Einzelfall verwendet werden können. Es sind zunächst Muster mit auflagenbelasteten Erben formuliert und sodann Muster mit auflagenbelasteten Vermächtnisnehmern.

1. Auflagenbelasteter Erbe

Das folgende knappe Muster überlässt die Details der gesetzlichen Regelung und eignet 34
sich somit gerade für solche Fälle, die einen wirtschaftlich weniger bedeutsamen und/oder (prognostisch) wenig streitanfälligen Auflageninhalt haben:

Muster 17.1: Kurze Auflagenanordnung mit belasteten Erben 17.1

Mein Erbe oder ersatzweise seine Ersatzerben (Auflagenbeschwerte) sind mit folgender Auflage zugunsten der (Auflagenbegünstigte) beschwert:

Die Vollziehung der Auflage können die in § 2194 S. 1 BGB genannten Personen verlangen.

Bei wirtschaftlich erheblicher Bedeutung und/oder (prognostisch) streitanfälligem Aufla- 35
geninhalt empfiehlt sich die folgende detailliertere Regelung:

Muster 17.2: Ausführliche Auflagenanordnung mit belasteten Erben 17.2

Mein Erbe oder ersatzweise seine Ersatzerben (Auflagenbeschwerte) sind mit folgender Auflage zugunsten der (Auflagenbegünstigte) beschwert:

Die Auflagenbeschwerten haften im Außenverhältnis als Gesamtschuldner und im Innenverhältnis nach jeweiligen Erbquoten. Sollten die Auflagenbeschwerten beim Erbfall wegfallen, entfällt die Auflagenanordnung.

Die Auflage ist erst mit dem Tod eines Auflagenbeschwerten fällig, die Auflagenbeschwerten können die Auflage aber bereits vorher bewirken.

Die Vollziehung der Auflage können die in § 2194 S. 1 BGB genannten Personen verlangen und darüber hinaus sind auch die folgenden Personen Vollziehungsberechtigte:

Die Erbeinsetzung (wie auch die Zuwendung eines Vermächtnisses) und die Auflagenanord- 36
nung sind im Zweifel unabhängig voneinander (§ 2195 BGB). Ist eine Verknüpfung gewollt, ist eine Erbeinsetzung unter der **auflösenden Bedingung der Erfüllung der Auflagenanordnung** zu formulieren. Auf den ersten Blick mag diese Verknüpfung aufgrund des damit erreichten Drucks auf die Auflagenbeschwerten zusagen, allerdings ist die damit eintretende konstruktive Vor- und Nacherbschaft mit den damit einhergehenden Beschränkungen und Verpflichtungen des Vorerben in gestalterischer Hinsicht zu berücksichtigen.[45] Es handelt

45 Dazu instruktiv Kössinger/Najdecki/Zintl/*R. Kössinger/Zintl*, § 15 Rn 176 f.

sich um eine „Alles oder Nichts"-Lösung, die der Auflagenanordnung eine Gravität in der testamentarischen Nachfolgegestaltung verleiht, die sie wohl nur in seltenen Fällen haben soll. Die Formulierung der Erbeinsetzung unter auflösender Bedingung ist daher nur in Fällen zweckmäßig, in denen es dem Erblasser vor allem auf die Einhaltung der Auflagenanordnung ankommt.

17.3 **Muster 17.3: Ausführliche Auflagenanordnung mit belasteten Erben unter auflösender Bedingung der Auflagenerfüllung**

37 1.

Mein Erbe oder ersatzweise seine Ersatzerben (Auflagenbeschwerte) sind mit folgender Auflage zugunsten der (Auflagenbegünstigte) beschwert:

Die Auflagenbeschwerten haften im Außenverhältnis als Gesamtschuldner und im Innenverhältnis nach jeweiligen Erbquoten. Sollten die Auflagenbeschwerten beim Erbfall wegfallen, entfällt die Auflagenanordnung.

Die Auflage ist sechs Monate nach meinem Tod fällig, die Auflagenbeschwerten können die Auflage aber bereits vorher bewirken.

Die Vollziehung der Auflage können die in § 2194 S. 1 BGB genannten Personen verlangen und darüber hinaus sind auch die folgenden Personen Vollziehungsberechtigte:

2.

Die Erbeinsetzung steht unter der auflösenden Bedingung der Erfüllung der Auflagenanordnung. Insofern sind meine Erben nur als Vorerben eingesetzt, Nacherben sind deren Ersatzerben. Ersatzvorerben sind die Ersatzerben. Die Nacherbenanwartschaft ist weder vererblich noch übertragbar; ausgenommen ist die Übertragung an den Vorerben. Überträgt der Nacherbe die Nacherbenanwartschaft auf den Vorerben, entfällt jede ausdrückliche oder vermutete Ersatznacherbenanwartschaft.

Den Vorerben wird weitestgehend, soweit es nach § 2136 BGB gesetzlich möglich ist, Befreiung von den Beschränkungen und Verpflichtungen des Vorerben erteilt.

2. Auflagenbelasteter Vermächtnisnehmer

38 Auch ein Vermächtnisnehmer kann mit einer Auflagenanordnung beschwert werden (siehe schon den Wortlaut des § 1940 BGB). In gestalterischer Hinsicht ist dies dann in der Auflagenanordnung **explizit zu formulieren**, da die §§ 2148, 2192 BGB grundsätzlich von den Erben als Auflagenbeschwerten ausgehen – wenngleich es sich um eine zur individuellen Auslegung subsidiäre gesetzliche Vermutungsregel handelt. Es ist dann auch zweckmäßigerweise die anteilige **Beschwerung** zu regeln sowie die **Fälligkeit** frühestens zusammen mit dem Vermächtnis.

17.4 **Muster 17.4: Kurze Auflagenanordnung mit belasteten Vermächtnisnehmern**

39 Der Vermächtnisnehmer oder ersatzweise die Ersatzvermächtnisnehmer (Auflagenbeschwerte) sind mit folgender Auflage zugunsten der (Auflagenbegünstigte) beschwert:

Die Auflagenbeschwerten sind nach Köpfen mit der Auflage belastet, auf den Wert der Vermächtnisse kommt es nicht an.

Die Vollziehung der Auflage können die in § 2194 S. 1 BGB genannten Personen verlangen.

Die Auflage ist erst mit Erfüllung der Vermächtnisse fällig (§§ 2181, 2192 BGB); die Auflagenbeschwerten können sie bereits vorher bewirken.

Auch hier empfiehlt sich für eher streitanfällige und/oder wirtschaftlich bedeutendere Auflagenanordnungen eine entsprechend detailliertere Regelung: 40

Muster 17.5: Ausführliche Auflagenanordnung mit belasteten Vermächtnisnehmern 17.5

Der Vermächtnisnehmer oder ersatzweise die Ersatzvermächtnisnehmer (Auflagenbeschwerte) sind mit folgender Auflage zugunsten der (Auflagenbegünstigte) beschwert:

Die Auflagenbeschwerten sind nach Köpfen mit der Auflage belastet, auf den Wert der Vermächtnisse kommt es nicht an. Sie haften im Innenverhältnis nach Köpfen, im Außenverhältnis als Gesamtschuldner. Sollten die Auflagenbeschwerten beim Erbfall wegfallen, entfällt die Auflagenanordnung.

Die Vollziehung der Auflage können die in § 2194 S. 1 BGB genannten Personen verlangen und darüber hinaus sind auch die folgenden Personen Vollziehungsberechtigte:

Die Auflage ist erst mit Erfüllung der Vermächtnisse fällig (§§ 2181, 2192 BGB).

Die Zuwendung eines Vermächtnisses unter der **auflösenden Bedingung der Auflagenerfüllung** ist zwar (wie die bedingte Erbeinsetzung) eine „Alles oder Nichts"-Lösung, hat jedoch nicht ein konstruktives Vor- und Nachvermächtnis zur Folge.[46] Sie stellt im Ergebnis für die testamentarische Nachfolgeregelung eine weniger gravierende Konstruktion als die bedingte Erbenstellung dar. Sie eignet sich für Fälle, in denen es dem Erblasser bei der Vermächtniszuwendung gerade darauf ankommt, dass mit dem zugewandten Vermögen die Auflage erfüllt wird. 41

Muster 17.6: Ausführliche Auflagenanordnung mit belasteten Vermächtnisnehmern unter auflösender Bedingung der Auflagenerfüllung 17.6

1. 42

Der Vermächtnisnehmer oder ersatzweise die Ersatzvermächtnisnehmer (Auflagenbeschwerte) sind mit folgender Auflage zugunsten der (Auflagenbegünstigte) beschwert:

Die Auflagenbeschwerten sind nach Köpfen mit der Auflage belastet, auf den Wert der Vermächtnisse kommt es nicht an. Sie haften im Innenverhältnis nach Köpfen, im Außenverhältnis als Gesamtschuldner. Sollten die Auflagenbeschwerten beim Erbfall wegfallen, entfällt die Auflagenanordnung.

Die Vollziehung der Auflage können die in § 2194 S. 1 BGB genannten Personen verlangen und darüber hinaus sind auch die folgenden Personen Vollziehungsberechtigte:

Die Auflage ist erst mit Erfüllung der Vermächtnisse fällig (§§ 2181, 2192 BGB).

2.

Das Vermächtnis steht unter der auflösenden Bedingung der Auflagenerfüllung. Es entfällt dann ersatzlos.

III. Testamentarische Verfügung ohne vollständige eigene Willensbildung

Es steht dem Erblasser frei, sich gewisser Entscheidungen zu enthalten und diese anderen Personen zu überlassen. So kann er Dritten die Wahl des konkreten Gegenstands aus mehreren Gegenständen überlassen (sog. **Wahlauflage** nach §§ 2154, 2192 BGB). Dabei hat der Beschwerte eine von mehreren Leistungen zu erbringen. Im Zweifel steht dem Beschwerten das Wahlrecht zu (§§ 2154 Abs. 1, 262 BGB), wobei der Erblasser einer anderen Person das Wahlrecht zuordnen kann – auch dem Begünstigten.[47] Er kann den Gegenstand 43

---

46 Dazu instruktiv Kössinger/Najdecki/Zintl/*R. Kössinger/Zintl*, § 15 Rn 176 f.
47 BeckOK BGB/*Müller-Christmann*, § 2192 Rn 5.

nur der Gattung nach bestimmen und die Auswahl einem Dritten überlassen (sog. **Gattungsauflage** nach §§ 2155, 2192 BGB). Außerdem kann er auch die Auswahl der Mittel einem Dritten überlassen und sich auf die Beschreibung des mit der Auflage verfolgten Zwecks beschränken (sog. **Zweckauflage** nach §§ 2156, 2192 BGB). Wählt er diese Zweckauflage, steht es ihm ferner auch frei, die Wahl des Auflagenbegünstigten einem Dritten zu überlassen (sie kann daher auch als „Zweckauflage mit Drittbestimmung der Begünstigten" nach § 2193 Abs. 1 BGB beschrieben werden). Die damit einhergehende Gestaltungsfreiheit macht Letzteres gestalterisch sehr interessant.

Muster 17.7: Wahlauflage

44 Mein Erbe oder ersatzweise seine Ersatzerben (Auflagenbeschwerte) sind mit folgender Wahlauflage zugunsten der (Auflagenbegünstigte) beschwert:

Die Auflagenbeschwerten haben nach ihrer Wahl entweder oder zu leisten. Bei mehreren Auflagenbeschwerten ist die zuerst gegenüber der Begünstigten abgegebene Erklärung über die getroffene Wahl entscheidend. Die Auflagenbeschwerten haften im Außenverhältnis als Gesamtschuldner und im Innenverhältnis nach jeweiligen Erbquoten. Sollten die Auflagenbeschwerten beim Erbfall wegfallen, entfällt die Auflagenanordnung.

Die Auflage ist erst mit dem Tod eines Auflagenbeschwerten fällig, die Auflagenbeschwerten können die Auflage aber bereits vorher bewirken.

Die Vollziehung der Auflage können die in § 2194 S. 1 BGB genannten Personen verlangen und darüber hinaus sind auch die folgenden Personen Vollziehungsberechtigte:

Muster 17.8: Gattungsauflage

45 Mein Erbe oder ersatzweise seine Ersatzerben (Auflagenbeschwerte) sind mit folgender Gattungsauflage zugunsten der (Auflagenbegünstigte) beschwert:

Die Auflagenbeschwerten haben ein Neuwagen der Marke , Typ , oder ein entsprechendes Nachfolgemodell zu leisten. Die Auflagenbeschwerten haften im Außenverhältnis als Gesamtschuldner und im Innenverhältnis nach jeweiligen Erbquoten. Sollten die Auflagenbeschwerten beim Erbfall wegfallen, entfällt die Auflagenanordnung.

Die Auflage ist erst mit dem Tod eines Auflagenbeschwerten fällig, die Auflagenbeschwerten können die Auflage aber bereits vorher bewirken.

Die Vollziehung der Auflage können die in § 2194 S. 1 BGB genannten Personen verlangen und darüber hinaus sind auch die folgenden Personen Vollziehungsberechtigte:

Muster 17.9: Zweckauflage

46 Mein Erbe oder ersatzweise seine Ersatzerben (Auflagenbeschwerte) sind mit folgender Zweckauflage zugunsten der (Auflagenbegünstigte) beschwert:

Diese Auflage hat den Zweck, die Auflagenbegünstigten in der allgemeinen Lebensführung, insbesondere der beruflichen und persönlichen Entwicklung, zu fördern; die Auflagenbeschwerten sind daher zu deren Unterstützung im Rahmen dieser Auflage verpflichtet. Die Bestimmung der konkreten Leistungen steht dem Auflagenbeschwerten nach billigem Ermessen zu. Die Auflagenbeschwerten haften im Außenverhältnis als Gesamtschuldner und im Innenverhältnis nach jeweiligen Erbquoten. Sollten die Auflagenbeschwerten beim Erbfall wegfallen, entfällt die Auflagenanordnung.

Die Auflage ist erst mit dem Tod eines Auflagenbeschwerten fällig, die Auflagenbeschwerten können die Auflage aber bereits vorher bewirken.

Die Vollziehung der Auflage können die in § 2194 S. 1 BGB genannten Personen verlangen und darüber hinaus sind auch die folgenden Personen Vollziehungsberechtigte:

Muster 17.10: Zweckauflage mit Drittbestimmung des Begünstigten 17.10

Mein Erbe oder ersatzweise seine Ersatzerben (Auflagenbeschwerte) sind mit folgender Zweckauflage mit Bestimmungsrecht beschwert: 47

Diese Auflage hat den Zweck, die Armen und Bedürftigen aus meiner Heimatstadt in der allgemeinen Lebensführung, insbesondere der beruflichen und persönlichen Entwicklung, zu fördern; die Auflagenbeschwerten sind daher zu deren Unterstützung im Rahmen dieser Auflage verpflichtet. Die Bestimmung der konkreten Leistungen und der begünstigten Personen steht den Auflagenbeschwerten nach billigem Ermessen zu. Die Auflagenbeschwerten haften im Außenverhältnis als Gesamtschuldner und im Innenverhältnis nach jeweiligen Erbquoten. Sollten die Auflagenbeschwerten beim Erbfall wegfallen, entfällt die Auflagenanordnung.

Die Auflage ist erst mit dem Tod eines Auflagenbeschwerten fällig, die Auflagenbeschwerten können die Auflage aber bereits vorher bewirken.

Die Vollziehung der Auflage können die in § 2194 S. 1 BGB genannten Personen verlangen und darüber hinaus sind auch die folgenden Personen Vollziehungsberechtigte: …

IV. Auflagen zugunsten nicht Rechtsfähiger

Es ist gerade typisch für die Auflage, dass keine erbfähigen Begünstigten vorhanden sein müssen. Daher ist es auch möglich, die Versorgung von **Haustieren** abzusichern. Ist eine **gemeinnützige Organisation** im Zusammenhang mit einer Zuwendung belastet, bietet sich die Auflage an, um die Haustiere abzusichern. Die erbschaftsteuerlichen Folgen sind aufgrund der Erbschaftsteuerbefreiung nach § 13 Abs. 1 Nr. 16, 17 ErbStG zu vernachlässigen. 48

Muster 17.11: Auflage zur Versorgung von Haustieren durch gemeinnützige Organisation 17.11

Der Tierschutzverein … mit Sitz in … ist als Vermächtnisnehmer nach Ziffer … dieses Testaments mit folgender Auflage beschwert: 49

Der Tierschutzverein hat die Unterbringung, Versorgung und Pflege meiner bei meinem Ableben vorhandenen Haustiere bis zu deren Lebensende durchzuführen. Sollten zum Zeitpunkt des Erbfalls keine Haustiere vorhanden sein, entfällt die Zuwendung nicht.

Zweck dieser Auflage ist die Versorgung meiner beim Erbfall noch lebenden Haustiere. Für den Fall, dass der vorgenannte Vermächtnisnehmer beim Erbfall nicht mehr existiert, ist die Benennung der Person des Vermächtnisnehmers und des Auflagenbeschwerten meinem Erben … überlassen.

Sollen hingegen Auflagenanordnungen zugunsten von Haustieren gemacht werden, die **nicht** durch eine **gemeinnützige Organisation** zu erfüllen sind, sind zweckmäßigerweise die erbschaftsteuerlichen Folgen zu berücksichtigen. Da keine rechtsfähigen Begünstigten vorhanden sind, handelt es sich bei der Auflage um eine **eigenständige Zweckzuwendung,** die mit einem Freibetrag von 20.000 EUR und einem Steuersatz nach Steuerklasse III (zwischen 30 % und 50 %) erhebliche Auswirkungen auf die wirtschaftliche Wirkung der testamentarischen Gestaltung hat.[48] Es bietet sich für diesen Fall an, jemandem die Haustiere vermächtnisweise zukommen zu lassen und bei der Auswahl des Vermächtnisnehmers auf dessen eigenes Interesse an den Haustieren zu achten – eine Auflage ist dann aufgrund der potenziell hohen Erbschaftsteuerlast unzweckmäßig. In diesem Sachzusammenhang besteht 50

48 *Götz*, ZEV 2012, 649.

häufig auch der Wunsch, die Bestattung der Haustiere zu regeln; diese darf nur auf behördlich zugelassenen Bestattungsorten vorgenommen werden.[49]

V. „Abgeschwächtes Vermächtnis" oder Spendenauflagen

51 Einkommensteuerrechtlich liegt die Auflage zugunsten gemeinnütziger Körperschaften nahe an der Interessenlage, die mit Auflagen verfolgt wird. Es besteht häufig bei der Testamentsgestaltung kein Interesse daran, eine gemeinnützige Organisation im Rahmen der Nachlassabwicklung als Anspruchsinhaber zu beteiligen. Gleichwohl soll die vom Testierenden gewünschte Weitergabe des Vermögens auch rechtlich abgesichert sein. Es besteht hier allerdings ein Zielkonflikt zwischen zivilrechtlich bindender Anordnung mittels Auflage (oder Vermächtnis), dem einkommensteuerrechtlichen Spendenabzug und dem erbschaftsteuerrechtlichen Abzug als Nachlassverbindlichkeit. Ist **zivilrechtliche** Bindung gewünscht, ist der **erbschaftsteuerrechtliche** Abzug als Nachlassverbindlichkeit möglich, der **einkommensteuerrechtliche** Spendenabzug hingegen versagt. Es besteht auch die Möglichkeit, noch zu Lebzeiten entsprechend zu spenden und – nach Möglichkeit – den Spendenabzug bis zum Todeszeitpunkt möglichst sicherzustellen, indem einkommensteuerrechtliche Einkünfte vorgezogen oder einkommensteuerrechtliche Minderungen herausgeschoben werden.

52 Der einkommensteuerrechtliche (erweiterte) Spendenabzug nach § 10b Abs. 1 und/oder Abs. 1a EStG setzt aber grundsätzlich begrifflich die „Freiwilligkeit" und die „wirtschaftliche Belastung" voraus.[50] Die Verpflichtung zur Weitergabe von Vermögen schließt den Spendenabzug allerdings einkommensteuerrechtlich sowohl beim Erblasser als auch beim Erben aus. Der Erblasser hat kein Vermögen zu Lebzeiten hingegeben und der Erbe handelt weder freiwillig, noch hat er eine wirtschaftliche Belastung. Freiwilligkeit scheidet aus, da er aufgrund einer Rechtspflicht handelt, auf die er keinen Einfluss hat.[51] Die wirtschaftliche Belastung scheidet aus, da sein Vermögen wirtschaftlich betrachtet bereits zuvor das mit der Verpflichtung belastete Erbe enthielt.[52] Selbst wenn testamentarisch daher keine Auflage, sondern eine Bedingung formuliert wurde – ohne also eine Rechtspflicht zu begründen –, fehlt es an der wirtschaftlichen Belastung des Erben; in dessen Vermögen befand sich ein Erbe, das von vornhinein mit einer wirtschaftlichen Verpflichtung belastet war. Die Erfüllung der Auflage ist dann nach § 3 Abs. 2 Nr. 2 Alt. 1 ErbStG erbschaftsteuerbar, dann aber potenziell nach § 13 Nr. 16 und 17 ErbStG steuerfrei. Betreffend das Tatbestandsmerkmal der „wirtschaftlichen Belastung" besteht erheblicher Wertungsspielraum; letztlich kommt es aus praktischer Sicht darauf an, dass eine gemeinnützige Körperschaft eine Spendenbescheinigung mit Gutglaubensschutz (§ 10b Abs. 1, 1a, 4 S. 1 Alt. 2 und S. 4 EStG) ausstellt.

53 Wurde daher eine Testamentsgestaltung gewählt, die keine Rechtspflicht begründet und auch keine wirtschaftliche Belastung, sondern nur den Wunsch des Erblassers enthält, das Vermögen an eine Körperschaft zu spenden, so ist dies **erbschaftsteuerrechtlich** als **Schenkung** (nach § 7 Abs. 1 Nr. 1 ErbStG) zu würdigen,[53] die dann eventuell nach § 13 Abs. 1 Nr. 16 und 17 ErbStG steuerfrei ist. **Einkommensteuerrechtlich** handelt es sich um als Sonderausgaben abziehbare **Spenden** (§ 10b Abs. 1 und/oder Abs. 1a EStG). Beim Erben

49 Bonefeld/Wachter/*Schmalenbach*, § 9 Rn 96; siehe auch das Tierische Nebenprodukte-Beseitigungsgesetz (TierNebG) mit Durchführungsverordnung (TierNebV).

50 Herrmann/Heuer/Raupach/*Kulosa*, § 10b EStG Rn 24, 27.

51 BFH, Urt. v. 22.9.1993 – X R 107/91; BFH, Urt. v. 23.10.1996 – X R 75/94.

52 BFH, Urt. v. 23.10.1996 – X R 75/94.

53 BeckFormB ErbR/*Kössinger/Goslich*, C.V.11 Anm. 9.

ist diese Spende mangels rechtlicher Verpflichtung allerdings keine abziehbare Nachlassverbindlichkeit (§ 10 Abs. 5 Nr. 2 ErbStG). Es besteht insofern ein Zielkonflikt zwischen einkommensteuerrechtlichem Spendenabzug und erbschaftsteuerrechtlichem Abzug als Nachlassverbindlichkeit.

Dieser Zielkonflikt tritt letztlich konkret erst beim Erben auf, der dann jedoch mit der testamentarischen Gestaltung des Erblassers konfrontiert ist. Daher empfiehlt sich eine Testamentsgestaltung nach dem folgenden Muster, die dem Erben noch einen gewissen Spielraum belässt. Er kann sich entscheiden, ob er die Spende mit einkommensteuerrechtlicher Wirkung aus dem **Eigenvermögen** leistet oder (wenn er sich dagegen entscheidet) ob die Spende mit erbschaftsteuerrechtlicher Wirkung als Nachlassverbindlichkeit aus dem **Nachlass** erfüllt wird. 54

Muster 17.12: Spendenauflage 17.12

1. Mein Erbe , ersatzweise seine Ersatzerben, ist mit folgender Auflage zugunsten der beschwert: 55

Ein Betrag in Höhe von 1 % des gesamten Erbes ist zu leisten an: , IBAN . Ich wünsche mir vom Erben – ohne insofern eine rechtsverbindliche Auflage anzuordnen –, dass er die entsprechende Spende aus seinem eigenen Vermögen leistet.

2. Das gesamte Erbe, nach dem sich der obige Prozentsatz ermittelt, ist der Nettonachlass, also der Aktivnachlass zum Zeitpunkt des Erbfalls abzüglich der Nachlassverbindlichkeiten entsprechend den Regelungen nach § 2311 Abs. 1 S. 1 und Abs. 2 BGB. Jedoch sind eventuelle nach dem Tod des Erstversterbenden geltend gemachte Pflichtteilsansprüche zur Ermittlung des gesamten Erbes hinzuzurechnen.

3. Zweck dieser Auflage ist es, eine gemeinnützige Organisation zu unterstützen, die . Soweit die in Ziffer 1 begünstigte Organisation oder Einrichtung zum Zeitpunkt, zu dem die Auflage zu erfüllen ist, nicht mehr existiert, sind Auflagen zugunsten etwaiger Nachfolgeorganisationen oder -einrichtungen zu erfüllen, sofern diese dem angegebenen Zweck entsprechen. Sollte es keine zweckentsprechende Nachfolgeorganisation oder -einrichtung geben, so darf der Auflagenbeschwerte die gemeinnützige Organisation oder Einrichtung bestimmen, deren gemeinnützige Zwecksetzung dem angegebenen Auflagenzweck am nächsten kommt.

4. Zur Vollziehung dieser Auflage ordne ich Testamentsvollstreckung an. Dem Testamentsvollstrecker mache ich es zur Aufgabe, (a) die Ermittlung der Leistungshöhe verbindlich festzulegen, (b) den Erben unverbindlich aufzufordern, die Spende aus seinem Eigenvermögen zu leisten, und (c), sollte der Erbe sich gegen eine Spende aus dem Eigenvermögen entscheiden, die Auflage kraft Amtes aus dem Nachlass zu verfügen. Der Testamentsvollstrecker hat nur Anspruch auf Auslagenersatz gem. § 2218 BGB, im Übrigen erhält er keine Vergütung.

VI. Einfluss über den Tod hinaus

Inhalt einer testamentarischen Auflage kann jedes Tun oder Unterlassen sein (§ 241 Abs. 1 BGB), womit der Erblasser sehr frei ist, den Auflageninhalt zu bestimmen. Hat der Erblasser dementsprechend sehr individuelle Vorstellungen bezüglich einzelner Nachlassgegenstände, etwa Kunstgegenstände[54] oder Grundbesitz, können diese mittels Auflagenanordnung gestaltet werden und so rechtsverbindlich auf das Verhalten des Zuwendungsempfängers Einfluss genommen werden. 56

54 Siehe zur Auflage betreffend diese auch BeckFormB ErbR/*Eckelskemper/Schmitz*, C.VII.15.

1. Auflagen betreffend den Umgang mit einzelnen wertvollen Nachlassgegenständen

17.13 **Muster 17.13: Auflagenanordnung betreffend eine Kunstsammlung**

57 Mein Erbe , ersatzweise seine Ersatzerben (Auflagenbeschwerte), ist mit folgender Auflage beschwert: meine Kunstsammlung für Jahre nicht zu veräußern oder zu verschenken und diese der interessierten Öffentlichkeit – insbesondere durch Ausstellungen und Leihgaben an geeignete Museen – zugänglich zu machen.

Zum Testamentsvollstrecker, ausschließlich mit der Aufgabe, diese Auflage zu erfüllen, ernenne ich meinen langjährigen Freund . Ich ermächtige diesen, einen Nachfolger im Amt zu benennen (§ 2206 Abs. 2 BGB). Sollte dieser das Amt des Testamentsvollstreckers nicht annehmen oder nach Annahme des Amts dieses nicht mehr weiterführen können – gleich ob aus persönlichen Gründen oder wegen seines Todes –, ohne einen Nachfolger im Amt benannt zu haben, entfällt die Testamentsvollstreckung. Der Testamentsvollstrecker hat nur Anspruch auf Auslagenersatz gem. § 2218 BGB, im Übrigen erhält er keine Vergütung.

17.14 **Muster 17.14: Auflage, sich der Verfügung über Grundbesitz ohne Genehmigung zu enthalten**

58 1.

Mein Erbe , ersatzweise seine Ersatzerben (Auflagenbeschwerte), ist mit folgender Auflage zugunsten von (Auflagenbegünstigte) beschwert:

Meine Erben sind nicht berechtigt, den ererbten Grundbesitz, eingetragen Amtsgericht , Grundbuch von , Blatt , ohne vorherige schriftliche Genehmigung zu Lebzeiten der Auflagenbegünstigten zu veräußern oder zu belasten.

Die Auflagenbeschwerten sind im Innenverhältnis nach Erbquoten belastet. Sie haften im Außenverhältnis als Gesamtschuldner. Die Auflage bleibt auch bei Wegfall der genannten Personen wirksam.

Die Vollziehung der Auflage können die in § 2194 S. 1 BGB genannten Personen verlangen und darüber hinaus sind auch die folgenden Personen Vollziehungsberechtigte:

2.

Im Falle der Zuwiderhandlung ist Herrn/Frau hiermit ferner ein aufschiebend bedingtes Vermächtnis an dem bezeichneten Grundbesitz zugewandt und Herr/Frau darf außerdem auch die Sicherung dieses Vermächtnisanspruchs nach dem Erbfall durch Vormerkung (§ 883 BGB) im Grundbuch auf Kosten der Erben verlangen.

2. Kombination aus Bestattungsverfügung und Grabpflegeauflage

59 Testamente bedeuten die konkrete Auseinandersetzung mit dem eigenen Tod. Je nachdem, wie konkret dieser Tod bereits bei Testamentsgestaltung vor Augen tritt, sind Regelungen betreffend die **Beerdigung** und **Grabpflege** gewünscht. Erstere ist zweckmäßigerweise nicht testamentarisch, sondern in einer eigens dazu gefertigten Bestattungsverfügung zu regeln, Letztere durchaus in einer testamentarischen erbrechtlichen Auflage. Die rechtliche Abfassung dieser Regelungen betreffend den Umgang mit der eigenen Leiche und der Beisetzung findet zwischen zivilrechtlichen Anordnungen (Grabpflegeauflage) und öffentlich-rechtlicher Totenfürsorge (Bestattungsverfügung) statt.

60 Bereits die unverzüglich nach dem Tod zwingend stattfindende Leichenschau ist eine öffentlich-rechtliche Pflicht, die in allen landesrechtlichen Bestattungsgesetzen enthalten ist. Die Kosten der Leichenschau treffen in aller Regel die Erben, sodass der zur Beauftragung der Leichenschau Verpflichtete eventuell einen Erstattungsanspruch gegen diese hat, soweit die Kosten der Leichenschau und des Leichenschauscheins (vertraulicher Teil der Todesbescheinigung) nebst der zur Vorlage beim zuständigen Standesamt bestimmten Todesbeschei-

gung nicht von der Krankenkasse getragen werden. Das Standesamt stellt dann – zumeist auf Antrag des Bestattungsunternehmens – die Sterbeurkunde aus, die im Rahmen der Nachlassabwicklung benötigt wird.[55]

Die Beisetzung selbst ist mit geringem zeitlichem Abstand zum Tod – gesetzlich vorgeschrieben ist in den Landesgesetzen eine Mindestfrist von 24 Stunden und die durchgeführte Leichenschau nebst Todesbescheinigung durch das Standesamt, sowie eine Höchstfrist von zehn Tagen nach dem Tod für Erdbestattungen bzw. sechs Wochen für die Totenasche[56] – zu planen und durchzuführen. Das Bestattungsrecht regelt dabei die Frage, wer vom Zeitpunkt des Todes an für die Leiche bis zur Beerdigung verantwortlich ist. Die Bestattungspflicht ist eine öffentlich-rechtliche Pflicht, die mit der zivilrechtlichen Erbschaft nur faktische Übereinstimmungen haben kann. Weder der Umstand, Erbe zu sein, noch die Ausschlagung der Erbschaft haben einen Einfluss auf die Bestattungspflicht.[57] **Bestattungspflichtige** sind die Hinterbliebenen, wie sie in den Bestattungsgesetzen der Länder definiert werden (in allen Ländern in dieser Reihenfolge: Ehegatten, Lebenspartner, volljährige Kinder, Eltern, volljährige Geschwister, Großeltern und volljährige Enkelkinder).[58] Mit der Bestattungspflicht geht in aller Regel das Recht der Totenfürsorge einher.[59] Dieses gewährt dem Totenfürsorgeberechtigten das Recht über die Verwahrung der Leiche, die Vorbereitungshandlungen der Beisetzung, die eigentliche Durchführung der Beisetzung, die anschließende Trauerfeier sowie die Auswahl des Grabsteins, der Grabpflege und der Grabgestaltung.[60] Das Totenfürsorgerecht ist gewohnheitsrechtlich verankert und Ausfluss des verfassungsrechtlich garantierten allgemeinen Handlungsfreiheit aus Art. 2 Abs. 1 GG.[61] Daher steht es dem Erblasser frei, auch bloß explizit oder implizit, mündlich oder schriftlich oder auch in testamentarischer Form das Totenfürsorgerecht zuzuordnen. Auch Geschäftsunfähige können ihren natürlichen Willen derart äußern.[62] 61

Ob im konkreten Fall mit einer Zuwendung im Testament eine Übertragung des Totenfürsorgerechts verbunden ist, ist eine Auslegungsfrage, die vor allem bei „gestörten“ bzw. „zerrütteten“ Familienverhältnissen virulent wird.[63] Insofern ergeben sich durchaus Parallelen zum zivilrechtlichen Erbrecht. Der vom Erblasser gestellte Scheidungsantrag oder die Zustimmung zu einem solchen – insofern parallel zu § 1933 S. 1 und 2 BGB – wird teilweise als Ausschluss des Totenfürsorgerechts des anderen Ehegatten zu sehen sein.[64] So können etwa die erbrechtlichen Zuwendungen an Dritte als Übertragung der Totenfürsorgeberechtigung gesehen werden, wenn die Angehörigen dadurch ausgeschlossen wurden.[65] Bei allein 62

55 Bonefeld/Wachter/*Schmalenbach*, § 9 Rn 27–30.

56 Siehe z.B.§ 13 BestG NRW; Übersicht über die Bestattungsgesetze bei Bonefeld/Wachter/*Schmalenbach*, § 9 Rn 1 ff.

57 Bonefeld/Wachter/*Schmalenbach*, § 9 Rn 45.

58 Siehe z.B. § 8 Abs. 1 S. 1 BestG NRW; Bonefeld/Wachter/*Schmalenbach*, § 9 Rn 76.

59 So grundlegend bereits RG v. 5.4.1937 – IV 18/37, zitiert nach BGH, Beschl. v. 14.12.2011 – IV ZR 132/11, juris Rn 10, 15; siehe auch Bonefeld/Wachter/*Schmalenbach*, § 9 Rn 50, 75 ff.

60 Bonefeld/Wachter/*Schmalenbach*, § 9 Rn 52.

61 BVerfG, Beschl. v. 28.2.1979 – 1 BvR 317/74, BVerfGE 50, 256 = NJW 1979, 1493; BVerwG, Beschl. v. 31.5.1990 – 7 CB 31/89, NJW 1990, 2079; Bonefeld/Wachter/*Schmalenbach*, § 9 Rn 50.

62 Bonefeld/Wachter/*Schmalenbach*, § 9 Rn 51.

63 Bonefeld/Wachter/*Schmalenbach*, § 9 Rn 52, 78.

64 Bonefeld/Wachter/*Schmalenbach*, § 9 Rn 79.

65 Bonefeld/Wachter/*Schmalenbach*, § 9 Rn 54 f.

sorgeberechtigten Elternteilen ist vom Sorgerecht für die minderjährigen Kinder bei deren Tod auch das Totenfürsorgerecht umfasst.[66]

63 Zwar können testamentarische Verfügungen zur Totenfürsorge berechtigen, da allerdings die Testamentseröffnung in aller Regel erst einige Wochen nach dem Tod vorgenommen wird, steht dem Totenfürsorgeberechtigten dann nur noch die Umbettung der Leiche zur Verfügung.[67] Dann ist allerdings von der ständigen Rechtsprechung die Einschränkung anerkannt, dass die Pietät und die Totenruhe dem Umbettungsverlangen entgegenstehen können.[68] Es empfiehlt sich daher aus praktischen Erwägungen, eine gesonderte **Bestattungsverfügung** zu treffen und diese der totenfürsorgeberechtigten Person, einer religiösen Organisation und einem Bestattungsunternehmen zur Verfügung zu stellen.[69]

64 Die Regelung der Beerdigung in einer testamentarischen Verfügung ist daher unzweckmäßig, was auch die nachfolgenden Grundzüge des Ersatzes für die Aufwendungen eines nur vermeintlich Totenfürsorgeberechtigten für die Beerdigung zeigen – es besteht bei einem so emotionalen Thema erhebliches Streitpotenzial: Derjenige, der die Beerdigung als **vermeintlicher Totenfürsorgeberechtigter** beauftragt und bezahlt, ohne Totenfürsorgeberechtigter gewesen zu sein, hat nach ständiger Rechtsprechung einen Anspruch auf Ersatz der erforderlichen Aufwendungen gegen den wahren Totenfürsorgeberechtigten aus **Geschäftsführung ohne Auftrag** nach §§ 670, 677, 683 BGB. Dass die Erben gem. § 1968 BGB vorrangig zur Kostentragung verpflichtet sind, steht dem Anspruch nicht entgegen. § 1968 BGB gibt lediglich dem Totenfürsorgeberechtigten einen Anspruch auf Kostenersatz gegen die Erben bzw. auf Freistellung von den eingegangenen Verbindlichkeiten (i.V.m. § 257 BGB). Sind die Kosten aufgrund der grundsätzlich unbeschränkten, aber beschränkbaren Haftung der Erben für Nachlassverbindlichkeiten nicht zu erlangen, haften subsidiär zu den Erben die unterhaltsverpflichteten Angehörigen des Erblassers.[70] Welche Kosten der Erbe bzw. Unterhaltsverpflichtete zu tragen hat, bestimmt sich nach der standesgemäßen Beerdigung entsprechend der Lebensstellung des Erblassers.[71]

65 Erbschaftsteuerrechtlich können die Erben die Beerdigungskosten als **Nachlassverbindlichkeiten** gem. § 10 Abs. 5 Nr. 3 ErbStG zum Abzug bringen, wobei eine (zumeist großzügig bemessene) Pauschale von 10.300 EUR ohne Nachweise abziehbar ist. Jedoch können nicht nur die Erben die Pauschale (anteilig) ansetzen, sondern auch andere Erwerber, die zur Kostentragung rechtlich oder sittlich verpflichtet sind (R E 10.9 Abs. 2 ErbStR 2019).[72] Wird der Pauschbetrag in Anspruch genommen, können daneben keine weiteren Kosten konkret nachgewiesen und abgezogen werden. Dies betrifft aber alle Erwerber, die dann die höheren Kosten nachzuweisen haben (R E 10.9 Abs. 3 ErbStR 2019). Auch wenn die Kosten der **Grabpflege** nicht von der Kostentragungspflicht der Erben gem. § 1968 BGB umfasst sind, gewährt § 10 Abs. 5 Nr. 3 ErbStG dennoch den Abzug der „Kosten für die übliche Grabpflege mit ihrem Kapitalwert“. Das sind gem. § 13 Abs. 2 BewG die 9,3-fachen ortsüblichen Kosten. Durch die Anordnung einer Auflage kann der abziehbare Betrag erhöht werden, da diese Auflage dann als Nachlassverbindlichkeit gem. § 10 Abs. 5 Nr. 2

66 VG München, Urt. v. 30.10.2008 – M 12 K 08.3489, BeckRS 2011, 46920; Bonefeld/Wachter/*Schmalenbach*, § 9 Rn 78.

67 Bonefeld/Wachter/*Schmalenbach*, § 9 Rn 87.

68 BGH, Urt. v. 26.10.1977 – IV ZR 151/76, FamRZ 1978, 15.

69 Siehe mit umfassendem Muster Bonefeld/Wachter/*Schmalenbach*, § 9 Rn 60 ff.

70 BGH, Beschl. v. 14.12.2011 – IV ZR 132/11, FamRZ 2012, 633; siehe auch Bonefeld/Wachter/*Schmalenbach*, § 9 Rn 150.

71 Umfassend Bonefeld/Wachter/*Schmalenbach*, § 9 Rn 173 ff.

72 Bonefeld/Wachter/*Schmalenbach*, § 9 Rn 237 f.

ErbStG abziehbar ist. Es kann auch ein gesondertes Vermächtnis mit einer korrespondierenden Auflage zur Grabpflege gestaltet werden. Diese sachlich der Pauschale nach § 10 Abs. 5 Nr. 3 ErbStG unterfallenden Kosten können dann nicht zusätzlich zu dieser abgezogen werden, sondern nur statt dieser (H E 10.7 ErbStH 2019 unter „Behandlung von Grabpflegekosten" Nr. 1.1, 4 und 5).[73] Die Grabpflegeauflage ist keine Zweckzuwendung, da sie den postmortal verwirklichten Eigeninteressen des Erblassers dient.[74]

Praxistipp 66
Insgesamt empfiehlt sich daher die Abfassung einer separaten **Bestattungsverfügung** jedenfalls in Schriftform – besser noch: eigenhändig geschrieben – und die **Grabpflegeanordnung**, sollte eine umfangreichere und kostenintensive Grabpflege gewünscht sein. Da für eine Beerdigung einige Detailfragen zu klären sind, empfiehlt es sich allein aus praktischen Gesichtspunkten, diese mit einem Bestatter noch zu Lebzeiten (soweit möglich) zu klären und dies in der Bestattungsverfügung festzuhalten.

Muster 17.15: Bestattungsverfügung 17.15

(Siehe auch Bonefeld/Wachter/*Schmalenbach*, § 9 Rn 62) 67

1.

Ich, , geb. am in , derzeit wohnhaft , möchte mit dieser Bestattungsverfügung die Art und Weise meiner Bestattung regeln.

2.

Abweichend von der gesetzlichen Reihenfolge der Bestattungsverpflichteten und der Totenfürsorgeberechtigten bestimme ich Herrn/Frau , geb. am in , derzeit wohnhaft , zu meiner totenfürsorgeberechtigten Person.

Er/Sie soll meine Beerdigung entsprechend den bereits mit dem Bestatter vorbereiteten Einzelheiten und den nachfolgenden Anordnungen durchführen:

3. Art der Bestattung

Ich wünsche eine Erdbestattung/Feuerbestattung/Seebestattung.

4. Ort der Beisetzung

Ich wünsche, auf dem Friedhof in einem grab beigesetzt zu werden/in einem Urnengrab in einer Säule/in der Erde beigesetzt zu werden/auf folgendem Meer beigesetzt zu werden:

5. Art der Anzeige nach dem Ableben

Ich wünsche, dass eine Todesanzeige in der veröffentlicht wird.

6. Anordnung über die Trauerfeier

Ich wünsche, dass für die Anwesenheit auf meiner Trauerfeier folgende Personen von meinem Tod sowie Ort und Zeit meiner Trauerfeier in Kenntnis gesetzt werden und auch am anschließenden Trauermahl teilnehmen:

Herr/Frau , derzeit wohnhaft , Telefonnummer , Mailadresse

Herr/Frau , derzeit wohnhaft , Telefonnummer , Mailadresse

Herr/Frau , derzeit wohnhaft , Telefonnummer , Mailadresse

73 Bonefeld/Wachter/*Schmalenbach*, § 9 Rn 243 ff.
74 BFH, Urt. v. 30.9.1987 – II R 122/85, BStBl II 1987, 861.

Das Trauermahl soll bei stattfinden, es soll mein Lieblingsessen und serviert werden.

7. Trauerrede

Die Trauerrede soll Herr/Frau , derzeit wohnhaft , Telefonnummer , Mailadresse , halten.

8. Grabmal

Auf meinem Grab soll ein schlicht gestalteter Grabstein mit der Inschrift stehen.

9. Kosten der Bestattung

Die Kosten der Bestattung und der Grabpflege soll mein Erbe tragen; ich verweise insofern auf mein Testament vom , welches von diesem bloßen Hinweis ohne eigenständige erbrechtliche Bedeutung unberührt bleibt.

Für die Kosten der Bestattung habe ich auf dem Konto bei der Bank unter der IBAN einen Geldbetrag hinterlegt. Der oben genannten totenfürsorgeberechtigten Person erteile ich hiermit – sofern nicht bereits anderweitig geschehen – Vollmacht, nach meinem Tod über das genannte Konto zu verfügen.

[*Ort, Datum, Unterschrift*]

17.16 **Muster 17.16: Grabpflegeanordnung**

68 Mein Erbe , ersatzweise seine Ersatzerben, wird mit folgender Auflage beschwert:

Mein Grab soll auf Liegezeit des längstlebenden Erben bzw. Ersatzerben in ortsüblicher Weise gepflegt werden, insbesondere wöchentlich mit Blumenschmuck versehen werden. Der Blumenschmuck soll optisch durch meine Lieblingsblumen, insbesondere , bestimmt sein. Jeder Erbe kann als Vollziehungsberechtigter verlangen, dass dazu ein Vertrag mit der Gärtnerei und/oder der Friedhofsgärtnerei abgeschlossen wird.

VII. Unselbstständige Stiftung durch Auflagenanordnung

69 Durch die Belastung eines Erben[75] oder eines Vermächtnisnehmers[76] kann der Erblasser von Todes wegen eine sog. unselbstständige Stiftung (auch fiduziarische Stiftung genannt) errichten. In Abgrenzung zur selbstständigen Stiftung nach §§ 80 ff. BGB handelt es sich nicht um eine eigene Rechtspersönlichkeit, sondern um ein **Zweckvermögen**, das einem Rechtsträger zur Erfüllung der vorgegebenen Zwecke zugeordnet ist. Die tatsächliche Durchführung der Stiftungszwecke wird durch die (sinnvollerweise explizit benannten) **Vollziehungsberechtigten** vorgenommen. Wenngleich für die Vollziehungsberechtigung keine zeitliche Höchstgrenze existiert, ist es den Vollziehungsberechtigten freigestellt, die Vollziehung einzufordern.[77] Es sollte daher auch **Testamentsvollstreckung** angeordnet werden, auf die Vergütung ist dabei allerdings besonderes Augenmerk zu legen: Die Testamentsvollstreckervergütung sollte wirtschaftlich angemessen attraktiv sein, jedoch nicht die wirtschaftlichen Mittel zur Zweckerreichung konterkarieren.[78] Der Testamentsvollstrecker

---

75 Siehe etwa auch Herrler/*Otto*, Münchener Vertragshdb., BürgerlR II, XV. Form. 3; *Schmidt*, ZEV 2003, 316.

76 Siehe etwa auch Herrler/*Otto*, Münchener Vertragshdb., BürgerlR II, XV. Form. 4; *Schmidt*, ZEV 2003, 316.

77 *Heinzmann*, BWNotZ 2012, 97, 99.

78 So auch *Heinzmann*, BWNotZ 2012, 97, 102; *Schmidt*, ZEV 2003, 316.

handelt dann als allein Verfügungsberechtigter über das der Testamentsvollstreckung unterliegende Vermögen.

Soll die Einhaltung der definierten Stiftungszwecke auch gegen den übereinstimmenden Willen der Erben und der Vollziehungsberechtigten abgesichert werden, empfiehlt sich eine **auflösende Bedingung.**[79] Dann kommt es aber zu einer sog. konstruktiven Vor- und Nacherbschaft,[80] die der testamentarischen Anordnung weitere Komplexität verleiht. 70

Die unselbstständige Stiftung eignet sich für die dauerhafte Zweckverwirklichung für Vermögen, das zur Errichtung einer typischerweise kostenintensiveren selbstständigen Stiftung nicht sinnvoll ausreicht bzw. eingesetzt werden soll. Die unselbstständige Stiftung ist daher typische Erscheinungsform der **Klein- und Mittelstiftungen**. Sie ist schnell zu errichten, kostengünstiger zu verwalten, unterliegt keiner staatlichen Aufsicht und kann sehr frei durch den Stifter gestaltet werden. Insbesondere wenn eine Stiftung oder eine andere (eventuell auch explizit zu diesem Zweck gegründete) juristische Person mit derselben Zielsetzung eine unselbstständige Stiftung verwaltet, sind die Kosten der laufenden Verwaltung gering.[81] 71

Es existieren mehrere Wege zur Errichtung einer Stiftung mittels einer erbrechtlichen Auflage:[82] 72

Der Erbe oder Vermächtnisnehmer kann zur **Errichtung** einer unselbstständigen Stiftung durch Auflage verpflichtet werden. Dann ist **Stifter** der Erbe oder Vermächtnisnehmer und **Stiftungsträger** eine zu benennende natürliche oder juristische Person. Dabei ist umstritten, ob der Erblasser den Stiftungsträger benennen muss oder es aufgrund von § 2193 BGB ausreicht, dass der Zweck der zu errichtenden unselbstständigen Stiftung genannt wird.[83] Während die Rechtsprechung[84] dem Erblasser zubilligte, sich auf die Beschreibung des Zwecks zurückzuziehen, will insbesondere *Muscheler* ihm die Entscheidung über den Stiftungsträger abverlangen.[85] Zur rechtssicheren Gestaltung sollte daher ein Stiftungsträger genannt werden; es ist aber auch schlicht zweckmäßig.

Der Erbe oder Vermächtnisnehmer kann jedoch auch direkt mit der **Zweckerfüllung** mittels Auflagenanordnung belastet werden. Dann ist **Stifter** der Erblasser und **Stiftungsträger** der Erbe oder Vermächtnisnehmer. Es bedarf dann keines weiteren Rechtsgeschäfts unter Lebenden, durch die Auflage entsteht die unselbstständige Stiftung.[86] Diese Form der Stiftungserrichtung wird in den nachfolgenden Mustern behandelt.

Es besteht allerdings bei diesen Formen der Errichtung einer unselbstständigen Stiftung das Risiko, dass der Erbe oder Vermächtnisnehmer sich dem Erblasserwillen durch **Ausschlagung** entzieht. Eine Bedingung einzuführen ist insofern sinnvoll, zugleich jedoch ein drastisches Mittel. Auch die Einsetzung eines Testamentsvollstreckers bietet hier keinen umfassenden Schutz, da ihm die Verfügung über den Erbteil nicht gegeben werden kann und ihm 73

79 Siehe Herrler/*Otto*, Münchener Vertragshdb., BürgerlR II, XII. Form. 4 Anm. 16.

80 Dazu instruktiv Kössinger/Najdecki/Zintl/*R. Kössinger/Zintl*, § 15 Rn 176 f.

81 Siehe *Muscheler*, ErbR 2016, 358; *Heinzmann*, BWNotZ 2012, 97, 98.

82 Eingehend zu den zivilrechtlichen Grundlagen der verschiedenen Formen *Muscheler*, ErbR 2016, 358; siehe auch *Schmidt*, ZEV 2003, 316.

83 Dazu *Muscheler*, ZEV 2014, 573.

84 OLG München, Beschl. v. 28.5.2014 – 31 Wx 144/13, NJW 2014, 2448. = ZEV 2014, 605.

85 *Muscheler*, ZEV 2014, 573.

86 Umfassend *Muscheler*, ErbR 2016, 358.

auch das höchstpersönliche Ausschlagungsrecht der Erben und Vermächtnisnehmer nicht zusteht.[87]

74 Das nachfolgende Muster kann auch in ein umfassendes Testament integriert werden.

17.17 **Muster 17.17: Stiftungsgeschäft von Todes wegen mit einem Erben als Stiftungsträger**

1.

Zu meinem Alleinerben bestimme ich, , geb. am in , derzeit wohnhaft (im Folgenden „Erblasser" oder „Stifter"), Herrn/Frau , geb. am in , derzeit wohnhaft und geschäftsansässig (im Folgenden „Stiftungsträger").

2.

Der Stiftungsträger ist im Wege einer Auflage verpflichtet, mein Nachlassvermögen in eine unselbstständige Stiftung zu übertragen.

Diese unselbstständige Stiftung soll den Namen Stiftung tragen.

Das Stiftungsvermögen soll den folgenden Zwecken gewidmet sein:

Das Stiftungsvermögen ist seinem nominellen Wert nach zu erhalten; der Stiftungszweck ist aus den Erträgen zu verwirklichen.

Die beigefügte Satzung gibt die wesentlichen Grundlagen der Verwaltung der Stiftung wieder.

3.

Ich ordne Testamentsvollstreckung zum Zweck der Stiftungserrichtung und Stiftungsverwaltung nach meinem Willen an. Der Testamentsvollstrecker ist insofern nicht zur laufenden Verwaltung befugt, sondern hat das Recht, die Stiftungssatzung zu ändern, sofern dies zur tatsächlichen Verwirklichung meines Willens erforderlich erscheint.

Zum Testamentsvollstrecker benenne ich Herrn/Frau , geb. am in , derzeit wohnhaft und geschäftsansässig , ersatzweise Herrn/Frau , geb. am in , derzeit wohnhaft und geschäftsansässig ,

jeweils mit der Befugnis, einen Testamentsvollstrecker zu bestimmen, sollte er/sie das Amt nicht annehmen, oder einen Nachfolger im Amt zu benennen. Höchst hilfsweise, sollten die vorgenannten Personen als Testamentsvollstrecker ausscheiden und auch keine andere Person bestimmt oder benannt haben, soll das Nachlassgericht einen Testamentsvollstrecker ernennen.

Der Testamentsvollstrecker hat alle Rechte, die ihm nach dem Gesetz eingeräumt werden können. Er ist insbesondere in der Eingehung von Verbindlichkeiten zu Lasten der seiner Verwaltung unterliegenden Nachlassgegenstände nicht beschränkt. Er ist allgemein, insbesondere aber im Rahmen der vorstehend erteilten Vollmacht, von den Beschränkungen des § 181 BGB befreit.

Der Testamentsvollstrecker soll eine Vergütung erhalten, die % der zur Zweckverwirklichung zur Verfügung stehenden Erträge beträgt.

75 Das nachfolgende Muster kann auch in ein umfassendes Testament integriert werden.

87 Herrler/*Otto*, Münchener Vertragshdb., BürgerlR II, XV. Form. 3 Anm. 1.

Muster 17.18: Stiftungsgeschäft von Todes wegen mit einem Vermächtnisnehmer als Stiftungsträger 17.18

1.

Zu meinem Alleinerben bestimme ich, , geb. am in , derzeit wohnhaft (im Folgenden „Erblasser" oder „Stifter"), Herrn/Frau , geb. am in , derzeit wohnhaft (im Folgenden „Erbe").

Zu Lasten meines Erben verfüge ich folgendes Vermächtnis zur Errichtung einer unselbstständigen Stiftung:

Vermächtnisnehmer ist Herr/Frau , geb. am in , derzeit wohnhaft und geschäftsansässig (im Folgenden „Stiftungsträger"). Der Stiftungsträger erhält ein Geldvermächtnis in Höhe von EUR – in Worten EUR – mit der Auflage, dieses Vermögen als unselbstständige Stiftung zu führen.

Eine Wertsicherung des Betrags wird nicht angeordnet.

2.

Diese unselbstständige Stiftung soll den Namen Stiftung tragen.

Das Stiftungsvermögen soll den folgenden Zwecken gewidmet sein:

Das Stiftungsvermögen ist seinem nominellen Wert nach zu erhalten; der Stiftungszweck ist aus den Erträgen zu verwirklichen.

Die beigefügte Satzung gibt die wesentlichen Grundlagen der Verwaltung der Stiftung wieder.

3.

Ich ordne Testamentsvollstreckung zum Zweck der Stiftungserrichtung und Stiftungsverwaltung nach meinem Willen an. Der Testamentsvollstrecker ist insofern nicht zur laufenden Verwaltung befugt, sondern hat das Recht, die Stiftungssatzung zu ändern, sofern dies zur tatsächlichen Verwirklichung meines Willens erforderlich erscheint.

Zum Testamentsvollstrecker benenne ich Herrn/Frau , geb. am in , derzeit wohnhaft und geschäftsansässig , ersatzweise Herrn/Frau , geb. am in , derzeit wohnhaft und geschäftsansässig ,

jeweils mit der Befugnis, einen Testamentsvollstrecker zu bestimmen, sollte er/sie das Amt nicht annehmen, oder einen Nachfolger im Amt zu benennen. Höchst hilfsweise, sollten die vorgenannten Personen als Testamentsvollstrecker ausscheiden und auch keine andere Person bestimmt oder benannt haben, soll das Nachlassgericht einen Testamentsvollstrecker ernennen.

Der Testamentsvollstrecker hat alle Rechte, die ihm nach dem Gesetz eingeräumt werden können. Er ist insbesondere in der Eingehung von Verbindlichkeiten zu Lasten der seiner Verwaltung unterliegenden Nachlassgegenstände nicht beschränkt. Er ist allgemein, insbesondere aber im Rahmen der vorstehend erteilten Vollmacht, von den Beschränkungen des § 181 BGB befreit.

Der Testamentsvollstrecker soll eine Vergütung erhalten, die % der zur Zweckverwirklichung zur Verfügung stehenden Erträge beträgt.

VIII. Auflagen zur praktischen Absicherung der Testamentsvollstreckung über Einzelunternehmen oder Personengesellschaftsanteile

1. Überblick

76 Die Testamentsvollstreckung über Unternehmensbeteiligungen ist für Kapitalgesellschaftsanteile seit Langem anerkannt[88] und mittlerweile auch für Kommanditbeteiligungen.[89] Hinsichtlich der persönlich haftenden Gesellschafter ist die Zulässigkeit der Testamentsvollstreckung jedoch bis heute aufgrund der Unvereinbarkeit von Erbrecht und Handels- und Gesellschaftsrecht ungeklärt. Während der Erbe grundsätzlich unbeschränkt haftet, aber seine Haftung auf den Nachlass beschränkbar ist (§§ 1967, 1973 ff., 1980, 1990 und 2206 Abs. 2 BGB), haften der Inhaber einer Einzelfirma (§§ 22, 25, 27 HGB) und der Nachfolger in eine persönlich haftende Personengesellschaftsbeteiligung (OHG-Gesellschafter: §§ 126, 127 HGB; Komplementäre einer KG: §§ 126, 127 i.V.m. § 161 Abs. 2 HGB) grundsätzlich persönlich und unbeschränkt. Der Testamentsvollstrecker kann hingegen nur Verbindlichkeiten für den Nachlass eingehen (§§ 2206, 2207 BGB)[90] und kann daher auch nicht verhindern, dass der Erbe seine Haftung auf den Nachlass beschränkt. Würde der Testamentsvollstrecker also die Verwaltung über ein Handelsgeschäft oder eine OHG- oder Komplementär-Beteiligung übernehmen, würde dies zur Verpflichtung des Erben mit seinem Eigenvermögen über den Nachlass hinaus führen, was erbrechtliche Prinzipien durchbräche.[91] Andererseits wäre es aus handels- und gesellschaftsrechtlicher Perspektive nicht hinnehmbar, dass der Erblasser sich durch die Einsetzung eines Testamentsvollstreckers dem sog. Numerus clausus des Gesellschaftsrechts entzöge – es entstünde so eine beschränkt haftende Gesellschaftsform, ohne dass der Gesetzgeber diese vorgesehen hätte.[92]

77 Der Testamentsvollstrecker kann daher nach derzeitiger Rechtsprechung keine persönlich haftende Personengesellschaftsbeteiligung kraft seines erbrechtlich verfügten privatrechtlichen Amts verwalten.[93] Da es aber ein erhebliches praktisches Bedürfnis an der Testamentsvollstreckung auch über persönlich haftende Gesellschaftsbeteiligungen gibt, haben Literatur und Rechtsprechung Hilfskonstruktionen entwickelt, die entweder die unbeschränkte Haftung des Erben zur Folge haben (sog. **Vollmachtslösung**) oder die unbeschränkte Haftung des Testamentsvollstreckers (sog. **Treuhandlösung**).[94]

78 Bei der Anordnung der Testamentsvollstreckung ist zwischen der Abwicklungstestamentsvollstreckung (§§ 2203, 2204 BGB) und der Dauertestamentsvollstreckung (§ 2209 BGB) zu unterscheiden. Während der **Abwicklungstestamentsvollstrecker** innerhalb der Dreimonatsfrist des § 27 Abs. 2 HGB die Einstellung der operativen Tätigkeit erreichen kann und die Abwicklung dann nicht mehr zu einer persönlichen Haftung führen soll, ist die auf diese Übergangszeit beschränkte Haftung hinnehmbar.[95] Die **Dauertestamentsvollstreckung** hingegen führt gerade zu dem zuvor beschriebenen Konflikt zwischen Handelsrecht

88 BGH, Urt. v. 11.4.1957 – II ZR 182/55, BGHZ 24, 106 = NJW 1957, 1026 implizit direkt unter Nr. 1; BGH, Urt. v. 10.6.1959 – V ZR 25/58, NJW 1959, 1820 explizit unter Nr. 1 der Gründe.
89 BGH, Beschl. v. 3.7.1989 – II ZB 1/89, BGHZ 108, 187 = NJW 1989, 3152 unter III. Nr. 4 Buchst. a.
90 Siehe Bengel/Reimann/Holtz/Röhl/*Pauli*, § 5 Rn 111.
91 RGZ 132, 138, 144; BGHZ 12, 100 = NJW 1954, 636; siehe auch Bengel/Reimann/Holtz/Röhl/*Pauli*, § 5 Rn 112.
92 Bengel/Reimann/Holtz/Röhl/*Pauli*, § 5 Rn 112.
93 RGZ 132, 138, 144; BGHZ 12, 100 = NJW 1954, 636; BGHZ 24, 106, 113 = NJW 1957, 1026; BGH NJW 1989, 3152; siehe auch Bengel/Reimann/Holtz/Röhl/*Pauli*, § 5 Rn 113.
94 Bengel/Reimann/Holtz/Röhl/*Pauli*, § 5 Rn 113.
95 Bengel/Reimann/Holtz/Röhl/*Pauli*, § 5 Rn 116.

einerseits und Erbrecht andererseits. Bei (persönlich haftenden) Personengesellschaftsanteilen tritt eine Sonderrechtsnachfolge ein, die keiner Abwicklung durch den Testamentsvollstrecker bedarf.[96]

2. Testamentsvollstreckung und Treuhandlösung

Bei der Treuhandlösung[97] führt der Testamentsvollstrecker das Handelsgeschäft im eigenen Namen und mit eigener unbeschränkter Haftung fort. Die Risiken und Amtsbefugnisse des Testamentsvollstreckers gehen dann weit über die eigentliche Abwicklungs- und Dauertestamentsvollstreckung hinaus und diese Lösung kann daher nur erreicht werden, wenn der Erblasser die Erben über eine Auflage und/oder Bedingung der Erbeinsetzung zur treuhänderischen Übertragung des Unternehmens verpflichtet – der Testamentsvollstrecker ist dann **Inhaber** des einzelkaufmännischen Unternehmens.[98] Wirtschaftlich handelt er **auf Rechnung der Erben** und wird eine seinem Risiko angemessene Vergütung verlangen. Die im nachfolgenden Muster dargestellte erfolgsabhängige Vergütung stellt eine eher schematische Vergütungsregelung dar, die zwingend auf die unternehmerische Situation abzustimmen ist! 79

Muster 17.19: Testamentarische Verfügung der Treuhandlösung 17.19

1. 80

Ich ordne Testamentsvollstreckung über das im Nachlass befindliche Einzelunternehmen unter der Firma e.K. an. Die Testamentsvollstreckung beschränkt sich auf dieses Einzelunternehmen.

Zum Testamentsvollstrecker ernenne ich Herrn/Frau , geb. am in , derzeit wohnhaft und geschäftsansässig , ersatzweise Herrn/Frau , geb. am in , derzeit wohnhaft und geschäftsansässig ,

jeweils mit der Befugnis, einen Testamentsvollstrecker zu bestimmen, sollte er/sie das Amt nicht annehmen, oder einen Nachfolger im Amt zu benennen. Höchst hilfsweise, sollten die vorgenannten Personen als Testamentsvollstrecker ausscheiden und auch keine andere Person bestimmt oder benannt haben, soll der Verband einen geschäftlich erfahrenen Testamentsvollstrecker ernennen.

2.

Der Testamentsvollstrecker handelt in Bezug auf das einzelkaufmännische Unternehmen als Treuhänder im eigenen Namen, aber auf Rechnung der Erben (Verwaltungstreuhand). Der Erbe bleibt folglich Inhaber des Unternehmens.

Mein Erbe , ersatzweise seine Ersatzerben, ist mit folgender Auflage zugunsten des Testamentsvollstreckers beschwert: Der Auflagenbeschwerte hat dem Testamentsvollstrecker sämtliche zur Durchführung der Testamentsvollstreckung über das Unternehmen erforderlichen Befugnisse einzuräumen.

Im Innenverhältnis hat der Auflagenbeschwerte den Testamentsvollstrecker von seiner unbeschränkten Haftung im Außenverhältnis freizustellen, soweit dieser im Rahmen der ordnungsgemäßen Verwaltung handelt.

Der Testamentsvollstrecker ist von allen Verpflichtungen befreit, von denen er nach dem Gesetz befreit werden kann. Er ist ferner von § 181 BGB befreit.

---

96 Bengel/Reimann/Holtz/Röhl/*Pauli*, § 5 Rn 117.
97 Siehe auch BeckFormB ErbR/*Remmel*, Form. G.IX.2.
98 Siehe ausführlich Bengel/Reimann/Holtz/Röhl/*Pauli*, § 5 Rn 120 ff.

Der Testamentsvollstrecker erhält die folgende Vergütung: Er erhält eine am Unternehmenserfolg orientierte Vergütung. Die jährliche Grundvergütung beträgt EUR brutto. Darüber hinaus erhält der Testamentsvollstrecker eine erfolgsabhängige Vergütung in Höhe von % brutto des EBITDA.

3.

Die Testamentsvollstreckung endet, wenn der Testamentsvollstrecker das Unternehmen an einen der Auflagenbeschwerten freigibt. Er ist dazu berechtigt, wenn ein Auflagenbeschwerter eine entsprechende fachliche Qualifikation abgeschlossen hat und der Testamentsvollstrecker nach seinem freien Ermessen von den unternehmerischen Qualitäten überzeugt ist. Die Testamentsvollstreckung endet jedoch spätestens mit Vollendung des 25. Lebensjahrs des jüngsten Auflagenbeschwerten.

3. Testamentsvollstreckung mit Kombination aus Treuhand- und Vollmachtslösung

81 Bei der Vollmachtslösung[99] führt der Testamentsvollstrecker das Unternehmen **im Namen der Erben** als **Bevollmächtigter.** Es sind die Erben, die persönlich für die Geschäftsverbindlichkeiten haften. Die Verbindlichkeiten sind dann keine Nachlassverbindlichkeiten, sondern **Eigenverbindlichkeiten der Erben.** Zu deren Begründung bedarf der Testamentsvollstrecker daher ebenfalls der aktiven Mitwirkung der Erben. Zu dieser Mitwirkung kann der Erblasser die Erben verpflichten, indem er eine Auflage und/oder Bedingung der Erbeinsetzung verfügt.[100] Der Testamentsvollstrecker bedarf für seine Tätigkeit dann einer umfassenden Bevollmächtigung, die unwiderruflich und ohne Weisungsrecht ausgestaltet sein sollte – allerdings verstößt eine unwiderrufliche Generalvollmacht wohl gegen die guten Sitten und eine solche testamentarische Verfügung ist daher nichtig (§ 138 BGB). Der Erbe wird aber einer eigenen Haftung ohne Kontrollmöglichkeiten ablehnend gegenüberstehen und auch der unternehmerische Verkehr wird diese eher undurchsichtige Geschäftstätigkeit eher ablehnen. Außerdem ist der **Erbe** aus seiner Handlungsfähigkeit durch eine Vollmacht nicht verdrängt, sondern ist neben dem Testamentsvollstrecker weiter für das Unternehmen **handlungsfähig.** Insgesamt handelt es sich um eine zunehmend stark kritisierte Lösung, die auch daher als zumeist unzweckmäßig anzusehen ist.[101]

82 Im Ergebnis müssen der Testamentsvollstrecker – unter Berücksichtigung der wirtschaftlichen Umstände des Unternehmens im Allgemeinen und seiner Vergütung im Besonderen – und der Erbe – unter Berücksichtigung erbrechtlicher Druckmittel etwa durch eine auflösende Bedingung und der wirtschaftlichen Umstände des Unternehmens – grundsätzlich einverstanden sein. Der Testamentsvollstrecker kann das Amt ablehnen und der Erbe die Zuwendung ausschlagen. Zweckmäßig ist es daher, diese gewisse Entscheidungsfreiheit zu antizipieren und dem Erben und dem Testamentsvollstrecker testamentarisch einen Handlungsspielraum zu eröffnen, ohne dass die gewünschte Konstruktion auf Ablehnung stößt.[102]

99 Siehe auch BeckFormB ErbR/*Remmel*, Form. G.IX.2.

100 Siehe ausführlich Bengel/Reimann/Holtz/Röhl/*Pauli*, § 5 Rn 129 ff.

101 Umfassend Kössinger/Najdecki/Zintl/*R. Kössinger/Zintl*, § 15 Rn 116; Bengel/Reimann/Holtz/Röhl/*Pauli*, § 5 Rn 34 ff.

102 So auch zusammenfassend Bengel/Reimann/Holtz/Röhl/*Pauli*, § 5 Rn 140.

Muster 17.20: Testamentarische Verfügung der Vollmachts- und der Treuhandlösung 17.20

1. 83

Ich ordne Testamentsvollstreckung über das im Nachlass befindliche Einzelunternehmen unter der Firma ___ e.K. an. Die Testamentsvollstreckung beschränkt sich auf dieses Einzelunternehmen.

Zum Testamentsvollstrecker ernenne ich Herrn/Frau ___, geb. am ___ in ___, derzeit wohnhaft ___ und geschäftsansässig ___, ersatzweise Herrn/Frau ___, geb. am ___ in ___, derzeit wohnhaft ___ und geschäftsansässig ___,

jeweils mit der Befugnis, einen Testamentsvollstrecker zu bestimmen, sollte er/sie das Amt nicht annehmen, oder einen Nachfolger im Amt zu benennen. Höchst hilfsweise, sollten die vorgenannten Personen als Testamentsvollstrecker ausscheiden und auch keine andere Person bestimmt oder benannt haben, soll der Verband ___ einen geschäftlich erfahrenen Testamentsvollstrecker ernennen.

2.

Der Testamentsvollstrecker handelt in Bezug auf das einzelkaufmännische Unternehmen vorbehaltlich der Nummer 3 als Treuhänder im eigenen Namen, aber auf Rechnung des Erben (Verwaltungstreuhand). Der Erbe bleibt dann folglich Inhaber des Unternehmens.

Mein Erbe ___, ersatzweise seine Ersatzerben, ist mit folgender Auflage zugunsten des Testamentsvollstreckers beschwert: Der Auflagenbeschwerte hat dem Testamentsvollstrecker sämtliche zur Durchführung der Testamentsvollstreckung über das Unternehmen erforderlichen Befugnisse einzuräumen.

Im Innenverhältnis hat der Auflagenbeschwerte den Testamentsvollstrecker von seiner unbeschränkten Haftung im Außenverhältnis freizustellen, soweit dieser im Rahmen der ordnungsgemäßen Verwaltung handelt.

Der Testamentsvollstrecker ist von allen Verpflichtungen befreit, von denen er nach dem Gesetz befreit werden kann. Er ist ferner von § 181 BGB befreit.

Der Testamentsvollstrecker erhält grundsätzlich die folgende Vergütung: Er erhält eine am Unternehmenserfolg orientierte Vergütung. Die jährliche Grundvergütung beträgt ___ EUR brutto. Darüber hinaus erhält der Testamentsvollstrecker eine erfolgsabhängige Vergütung in Höhe von ___ % brutto des EBITDA.

3.

Ich stelle es den Auflagenbeschwerten frei, dem Testamentsvollstrecker gemeinsam eine Vollmacht in Bezug auf das Unternehmen zu erteilen, wobei die Vollmacht betreffend unentgeltliche Verfügungen auch im Außenverhältnis beschränkt werden kann.

Der Testamentsvollstrecker erhält für diesen Fall die folgende Vergütung: Er erhält eine am Unternehmenserfolg orientierte Vergütung. Die jährliche Grundvergütung beträgt dann lediglich ___ EUR brutto. Darüber hinaus erhält der Testamentsvollstrecker dann lediglich eine erfolgsabhängige Vergütung in Höhe von ___ % brutto des EBITDA.

4.

Die Testamentsvollstreckung endet, wenn der Testamentsvollstrecker das Unternehmen an einen der Auflagenbeschwerten freigibt. Er ist dazu berechtigt, wenn ein Auflagenbeschwerter eine entsprechende fachliche Qualifikation abgeschlossen hat und der Testamentsvollstrecker nach seinem freien Ermessen von den unternehmerischen Qualitäten überzeugt ist. Die Testamentsvollstreckung endet jedoch spätestens mit Vollendung des 25. Lebensjahrs des jüngsten Auflagenbeschwerten.

4. Weitgehende Testamentsvollstreckung über Kommanditanteile

84 Betreffend Kommanditbeteiligungen besteht das bereits zuvor skizzierte Spannungsverhältnis im Hinblick auf die **persönliche** (sog.) **„Innenseite“** der Kommanditbeteiligung. Diese umfasst insbesondere das Stimmrecht und die Verwaltungsrechte der Kommanditisten. Über die **vermögensrechtliche** (sog.) **„Außenseite“** der Kommanditbeteiligung kann der Erbe nur mit Zustimmung des Testamentsvollstreckers handeln.[103] In Bezug auf den sog. Kernbereich der Rechte der Kommanditisten hat sich der BGH[104] einer Stellungnahme enthalten, sodass ein **Zustimmungsrecht** der Erben[105] – oder im geeigneten Fall noch weiter gehend (wie im nachfolgenden Muster Rdn 86) – eine **Zustimmungspflicht** der Erben über eine Auflage gestaltet werden sollte. Die Testamentsvollstreckung über die Kommanditbeteiligung bedarf jedoch betreffend die Innenseite der Beteiligung immer der Zustimmung durch die Gesellschafter entweder im Gesellschaftsvertrag oder ad hoc in einem Gesellschafterbeschluss.[106]

85 Durch den gezielten Einsatz von Auflagenanordnungen können so die **Befugnisse** des Testamentsvollstreckers deutlich **abgesichert** werden. Im nachfolgenden Muster sind daher drei Auflagenanordnungen enthalten: (unter 2.) dem Testamentsvollstrecker zu ermöglichen, die Innen- und Außenseite und auch Grundlagengeschäfte vorzunehmen, (unter 3.) die dem Testamentsvollstrecker postmortal erteilte Vollmacht auf Verlangen zu bestätigen und (unter 4.) sämtliche notwendigen Informationen, Dokumente und Unterlagen auf Verlangen an den Testamentsvollstrecker zu übergeben. Es handelt sich um eine sehr weit gehende Stellung des Testamentsvollstreckers, sodass (unter 5.) im Fall der Zuwiderhandlung ein aufschiebend bedingtes Vermächtnis des Erben bzw. ein aufschiebend bedingtes Nachvermächtnis des Vermächtnisnehmers gestaltet ist. Die sog. konstruktive Vor- und Nacherbschaft wird so vermieden.

17.21 **Muster 17.21: Absicherung der Unternehmensnachfolge in Personengesellschaftsanteile bei Anordnung der Testamentsvollstreckung über diese**

86 1.

Ich ordne Testamentsvollstreckung über die im Nachlass befindlichen Unternehmensbeteiligungen an.

Sollten sich Kommanditbeteiligungen, insbesondere an der   KG, im Nachlass befinden, erstreckt sich die Testamentsvollstreckung auf die gesamte Beteiligung, also sowohl auf die Innen- als auch die Außenseite dieser Personengesellschaftsbeteiligung.

2.

Der Testamentsvollstrecker hat alle Rechte im Hinblick auf meine Beteiligung an den Kommanditgesellschaften nach billigem Ermessen auszuüben, insbesondere das Stimmrecht auch hinsichtlich sog. Grundlagengeschäfte wahrzunehmen, soweit nicht zwingende Vorschriften entgegenstehen.

Mein Erbe oder ersatzweise seine Ersatzerben (Auflagenbeschwerte) sind mit folgender Auflage beschwert: Soweit zu einzelnen Maßnahmen – insbesondere auch Maßnahmen der sog. Grundlagengeschäfte – die Zustimmung der Erben erforderlich ist, haben die Auflagenbelasteten dem Testamentsvollstrecker die Ausübung sämtlicher Gesellschafterrechte zu ermöglichen, soweit dem nicht zwingende Vorschriften entgegenstehen.

---

103 Bengel/Reimann/Holtz/Röhl/*Pauli*, § 5 Rn 176–177; MüKo-BGB/*Zimmermann*, § 2205 Rn 35–38; so auch BeckFormB ErbR/*Remmel*, Form. G.IX.1 Anm. 4–6.

104 BGH, Beschl. v. 3.7.1989 – II ZB 1/89, NJW 1989, 3152, 3155, dort unter Buchst. cc.

105 So auch BeckFormB ErbR/*Remmel*, G.IX.1 Anm. 4–6.

106 Bengel/Reimann/Holtz/Röhl/*Pauli*, § 5 Rn 202.

Die Auflagenbeschwerten haften im Außenverhältnis als Gesamtschuldner und im Innenverhältnis nach jeweiligen Erbquoten bzw. Wertverhältnissen der Vermächtnisse. Sollten die Auflagenbeschwerten beim Erbfall wegfallen, entfällt die Auflagenanordnung.

Die Vollziehung der Auflage können die in § 2194 S. 1 BGB genannten Personen verlangen. Auch der Testamentsvollstrecker kann die Vollziehung verlangen.

3.

Hiermit bevollmächtige ich den Testamentsvollstrecker, mit Wirkung über meinen Tod hinaus und mit Wirkung gegenüber meinen Vermächtnisnehmern bzw. Erben im Namen meiner Vermächtnisnehmer bzw. Erben alle Rechte aus meinen Beteiligungen, insbesondere das Stimmrecht, nach eigenem Ermessen auszuüben, sofern dies gesellschaftsrechtlich zulässig ist. Diese Vollmacht ist für die Erben bzw. Vermächtnisnehmer nicht ohne wichtigen Grund widerruflich.

Mein Erbe oder ersatzweise seine Ersatzerben (Auflagenbeschwerte) sind mit folgender Auflage beschwert: Ich mache es meinen Vermächtnisnehmern bzw. Erben zur Auflage, auf Verlangen des Testamentsvollstreckers nach meinem Tod ihm diese Vollmacht schriftlich zu bestätigen, auf erstmaliges Verlangen des Testamentsvollstreckers auch in notariell beurkundeter Form und in der Weise, wie es der Testamentsvollstrecker verlangt.

Die Auflagenbeschwerten haften im Außenverhältnis als Gesamtschuldner und im Innenverhältnis nach jeweiligen Erbquoten bzw. Wertverhältnis der Vermächtnisse. Sollten die Auflagenbeschwerten beim Erbfall wegfallen, entfällt die Auflagenanordnung.

Die Vollziehung der Auflage können die in § 2194 S. 1 BGB genannten Personen verlangen. Auch der Testamentsvollstrecker kann die Vollziehung verlangen.

4.

Aus den Erträgnissen der Beteiligung hat der Testamentsvollstrecker den Vermächtnisnehmern bzw. Erben die Beträge auszubezahlen, die diese benötigen, um die auf die Beteiligung entfallenden persönlichen Steuern und die Erbschaftsteuer bezahlen zu können. Der Testamentsvollstrecker ist ermächtigt, die Zahlung dieser Steuern unmittelbar an das zuständige Finanzamt zu bewirken.

Mein Erbe oder ersatzweise seine Ersatzerben (Auflagenbeschwerte) sind mit folgender Auflage beschwert: Ich mache es meinen Vermächtnisnehmern bzw. Erben zur Auflage, dem Testamentsvollstrecker sämtliche Steuerbescheide oder sonst zur Erfüllung seiner Aufgaben erforderlichen Informationen, Dokumente und Unterlagen auf Verlangen des Testamentsvollstreckers vorzulegen und auf Verlangen auch im Original zu seiner weiteren freien Verwendung zur Verfügung zu stellen.

Die Auflagenbeschwerten haften im Außenverhältnis als Gesamtschuldner und im Innenverhältnis nach jeweiligen Erbquoten bzw. Wertverhältnis der Vermächtnisse. Sollten die Auflagenbeschwerten beim Erbfall wegfallen, entfällt die Auflagenanordnung.

Die Vollziehung der Auflage können die in § 2194 S. 1 BGB genannten Personen verlangen. Auch der Testamentsvollstrecker kann die Vollziehung verlangen.

5.

Sollte einer meiner Vermächtnisnehmer bzw. Erben die ihm nach den vorstehenden Bestimmungen obliegenden Auflagen nicht erfüllen oder eine Widerrufserklärung ohne wichtigen Grund betreffend die von mir oder eine von ihm selbst erteilte Vollmacht abgeben, so hat er im Wege der hiermit von mir angeordneten bedingten Vermächtnisbelastung seinen Anteil an der Kommanditgesellschaft unverzüglich an die anderen Erben bzw. Vermächtnisnehmer zu übertragen. Die Erfüllung dieses – aufschiebend bedingten – Vermächtnisses gehört ebenfalls zu den Aufgaben des Testamentsvollstreckers.

6.

Der Testamentsvollstrecker hat alle Rechte, die ihm nach dem Gesetz eingeräumt werden können. Er ist insbesondere in der Eingehung von Verbindlichkeiten zu Lasten der seiner Verwaltung unterliegenden

Nachlassgegenstände nicht beschränkt. Er ist allgemein, insbesondere aber im Rahmen der vorstehend erteilten Vollmacht, von den Beschränkungen des § 181 BGB befreit.

7.

Der Testamentsvollstrecker kann für die Führung seines Amts eine angemessene Vergütung verlangen, die sich im Zweifel an den Richtlinien des Deutschen Notarvereins orientiert. Der Testamentsvollstrecker ist berechtigt, sich Dritter (insbesondere Rechtsanwalt, Steuerberater, Sachverständiger) zur Erfüllung seiner Aufgaben auf Kosten des Nachlasses zu bedienen.

IX. Auflagen zur Absicherung der Unternehmensnachfolge bei Einzelunternehmen („Unternehmensfortführungsklausel")

87 Aus praktischer Sicht ist das Einzelunternehmen keine fortführungsgeeignete Rechtsform. Es empfiehlt sich dringend, zu Lebzeiten eine geeignete gesellschaftsrechtliche Struktur zu gründen. Ein praktisch häufig gewählter Weg ist die Ausgliederung des Einzelunternehmens auf eine GmbH (nach § 123 Abs. 3 Nr. 1 oder 2 UmwG).[107] Soll eine erbrechtliche Lösung gewählt werden, ist die Alleinerbenlösung eine einfache Möglichkeit zu Gunsten eines einzelnen Unternehmensnachfolgers. Es wird also der Unternehmensnachfolger als Alleinerbe eingesetzt und andere Personen erhalten Vermächtnisse. Sollen mehrere Personen in das Einzelunternehmen nachfolgen, empfiehlt sich eine erbrechtliche Lösung nur in solchen Fällen, in denen für den vorzeitigen Tod des Einzelunternehmers vorgesorgt werden soll und die Alleinerbeneinsetzung des Nachfolgers unerwünscht ist.[108] Die erbrechtliche Lösung bedingt aber zweckmäßigerweise aus umwandlungsrechtlichen Gründen ebenfalls eine Alleinerbeneinsetzung.

88 Dann ist eine sog. Unternehmensfortführungsklausel (auch „Gesellschaftsgründungsklausel“) ein geeigneter Weg, die Unternehmensnachfolge zu gestalten. Die erbrechtliche Auflage dient hier dazu, das gewünschte Handeln rechtlich zu gestalten. Die Zuwendung des Vermögens erfolgt dann durch Vermächtnisse zu Gunsten der Unternehmensnachfolger.[109]

89 Es ist in der Auflage die beabsichtigte Gesellschaftsgründung umwandlungsrechtlich und umwandlungssteuerrechtlich zu regeln. Die Einsetzung mehrer Erben zu einer Erbengemeinschaft ist jedoch hier ebenfalls nicht zu empfehlen, da die Erbengemeinschaft als umwandlungsrechtlicher Rechtsträger nicht anerkannt ist. Hier führt der Widerspruch zwischen Erbrecht und Handelsrecht in umwandungsrechtlichem Gewand[110] zur praktischen Undurchführbarkeit der Umwandlung aus einer Erbengemeinschaft heraus. Während eine steuerrechtliche Anerkennung noch durch eine verbindliche Auskunft abzusichern ist, ist die riskiert man eine Zwischenverfügung des Handelsregisters.

90 Die Verbindlichkeit der Auflage sollte hier zweckmäßigerweise durch eine Testamentsvollstreckung im eigenen Interesse durch den Nachfolger abgesichert werden. Eine ebenso mögliche auflösenden Bedingung erscheint auch hier als „Alles oder Nichts“-Lösung eher abzulehnen.[111] Um zeitliche Verzögerungen bei der Erteilung des Testamentsvollstreckerzeugnisses zu begegnen, empfiehlt es sich, hier bereits im Testament begleitende unwiderrufliche Vollmachten hinzuzufügen.

---

107 Kössinger/Najdecki/Zintl/*Najdecki*, § 22 Rn 2.

108 Kössinger/Najdecki/Zintl/*Najdecki*, § 22 Rn 2.

109 Auch eine Teilungsanordnung erwägend: Kössinger/Najdecki/Zintl/*Najdecki*, § 22 Rn 2.

110 Ausführlich und mit umfangreichen weiteren Nachweisen: Widmann/Mayer/*Mayer*, Umwandlungsrecht, 218. Ergänzungslieferung, Februar 2025, § 152 UmwG 1995, Rn 30 ff.

111 Scheinbar für die auflösende Bedingung: Kössinger/Najdecki/Zintl/*Najdecki*, § 22 Rn 2.

Muster 17.22: Absicherung der Unternehmensnachfolge in Einzelunternehmen 17.22

1. Auflage zur Gesellschaftsgründung 91

Mein Erbe oder ersatzweise seine Ersatzerben (Auflagenbeschwerte) sind mit folgender Zweckauflage zu Gunsten von und beschwert:

Die Auflagenbeschwerten haben das von mir geführte Einzelunternehmen in eine Gesellschaft zu übertragen. Die Übertragung ist auf ertragsteuerlich neutralem Wege vorzunehmen, also insbesondere im Rahmen Möglichkeiten des Umwandlungsgesetzes und des Umwandlungssteuergesetzes.

Unter vorstehend genanntem Einzelunternehmen ist das Handelsgewerbe zu verstehen, das ich unter der Firma e.K., eingetragen im Handelsregister des Amtsgerichts unter HRA betreibe.

Diese Auflage hat den Zweck, die Unternehmensfortführung durch die oben benannten Auflagenbegünstigen zu sichern. Die Auswahl des konkreten Wegs der Übertragung auf die GmbH sowie die Auswahl der konkret einzubringenden Aktiva und Passiva steht im freien Ermessen der Vollziehungsberechtigten und des Testamentsvollstreckers. Die Vollziehung der Auflage können die in § 2194 S. 1 BGB genannten Personen verlangen und darüber hinaus der Testamentsvollstrecker.

2. Vermächtnis zu Gunsten meiner Unternehmensnachfolger

Die zuvor genannten Auflagenbegünstigten erhalten als Vermächtnis bzw. Vorausvermächtnis die Anteile an der nach vorstehender Ziffer gegründeten Gesellschaft zu je $^1/_2$. Sollte sich nicht das Einzelunternehmen, sondern diesem nachfolgende Gesellschaftsanteile im Nachlass befinden, erhalten die Auflagenbegünstigten diese entsprechend zu je $^1/_2$.

Das Vermächtnis ist aufschiebend bedingt erst nach Vollzug vorstehender Auflage fällig. Die Kosten der Vermächtniserfüllung tragen die Vermächtnisnehmer.

3. Testamentsvollstreckung zu Gunsten meiner Unternehmensnachfolger

Ich ordne Testamentsvollstreckung zur Erfüllung der vorgenannten Auflage und des vorgenannten Vermächtnisses an und bestimme die zuvor genannten Auflagenbegünstigten und Vermächtnisnehmer zu Testamentsvollstreckern über den gesamten Nachlass. Sie sind Mitvollstrecker und führen das Amt gemeinschaftlich. Über Meinungsverschiedenheiten soll abweichend von § 2224 Abs. 1 S. 3 BGB mein Geschäftspartner entscheiden.

Die Testamentsvollstrecker sind in der Eingehung von Verbindlichkeiten für den Nachlass nicht beschränkt und von den Beschränklungen des § 181 BGB befreit.

Hiermit bevollmächtige ich die Testamentsvollstrecker, gemeinschaftlich alle zur Erfüllung der vorstehenden Auflage und der vorstehenden Vermächtnisse Erklärungen in meinem Namen und mit Wirkung für den Nachlass abzugeben. Diese Vollmacht ist unwiderruflich und im Außenverhältnis nicht durch den genannten Zweck beschränkt. Diese Vollmacht wird unter der Auflage erteilt, dass diese durch die Erben nicht widerrufen werden darf und im Zweifel auf Anforderung der Testamentsvollstrecker wie gewünscht einzuräumen und zu bestätigen ist.

Für den Fall, dass einer der ernannten Testamentsvollstrecker vor oder nach der Annahme des Amts wegfällt, bestimme ich entsprechend § 2224 Abs. 1 S. 2 BGB den jeweils anderen Testamentsvollstrecker zum alleinigen Testamentsvollstrecker. Der Testamentsvollstrecker hat das Recht, eine andere Person als Testamentsvollstrecker zu benennen (§ 2198 Abs. 1 BGB) oder einen Nachfolger im Amt zu bestimmen (§ 2199 Abs. 2 BGB).

Der Testamentsvollstrecker erhält keine Vergütung und auch keinen Auslagenersatz. Er kann sich Hilfspersonen (insbesondere Notaren, Rechtsanwälten und Steuerberatern) bedienen.

G. Checkliste: Auflagenanordnungen

92 – **Gegenstand der Auflage**
  Welche „Leistung" (also jedes Tun oder Unterlassen i.S.d. §§ 1940, 241 Abs. 1 S. 2 BGB)?
- **Bestimmung des Gegenstands**
  - durch den Erblasser oder
  - durch Dritte
    - Wahlauflage (Wahl des Gegenstands, §§ 2154, 2192 BGB)
    - Gattungsauflage (Wahl aus Gattung, §§ 2155, 2192 BGB)
    - Zweckauflage (Wahl der Mittel zur Zweckerreichung, §§ 2156, 2192 BGB)
- **Auswahl des Begünstigten**
  Durch den Erblasser oder auch Drittbestimmung bei einer Zweckauflage möglich (§ 2193 Abs. 1 BGB). Soll an gemeinnützige Organisationen gespendet werden, dann noch zu Lebzeiten; nach dem Erbfall besteht entweder erbrechtliche Verpflichtung und deren Abzug als Nachlassverbindlichkeit oder lediglich unverbindlicher Wunsch mit einkommensteuerrechtlichem Spendenabzug beim Erben.
- **Auswahl des Vollziehungsberechtigten**
  Freie Benennung durch den Erblasser möglich oder Anordnung des Testamentsvollstreckers, ansonsten der Erbe, ein Miterbe oder der Wegfallbegünstigte (§ 2194 S. 1 BGB), bei Auflagen im öffentlichen Interesse die zuständige Landesbehörde (§ 2194 S. 2 BGB).
- **Auswahl des Beschwerten**
  Im Zweifel der Erbe (§§ 2147 S. 2, 2192 BGB). Miterben haften im Innenverhältnis nach Erbquoten (§§ 2148 Alt. 1, 2192 BGB), im Außenverhältnis als Gesamtschuldner (§§ 1967 Abs. 2, 2058, 421 BGB). Es empfiehlt sich, im geeigneten Fall diese Regelungen klarstellend wiederzugeben.
- **Wegfall des konkret Beschwerten**
  Im Zweifel bleibt die Auflage wirksam (§§ 2161 S. 1, 2192 BGB) und der unmittelbar Wegfallbegünstigte ist beschwert (§§ 2161 S. 2, 2192 BGB).
- **Ehegattentestament oder Erbvertrag, der zwei Erbfälle betrifft**
  Sind die Erben des Erst- oder des Längerlebenden mit der Auflage beschwert?
- **Verhältnis von Auflage und Zuwendung**
  Im Zweifel unabhängig (§ 2195 BGB); wenn Verknüpfung gewünscht, dann durch Bedingung der Zuwendung. Bei durch die Auflage bedingter Erbenstellung handelt es sich allerdings um eine konstruktive Vor- und Nacherbschaft – Folgeregelungen notwendig!
- **Fälligkeit der Auflage**
  Im Zweifel mit dem Tod des Beschwerten (§§ 2181, 2192 BGB). Der Vermächtnisnehmer hat die Auflage erst mit Vermächtnisfälligkeit zu erfüllen (§ 2186 BGB), der Erblasser kann aber eine Zeit festlegen oder beschreiben.
- **Erbschaftsteuer**
  - Beim Erben Nachlassverbindlichkeit (§ 10 Abs. 5 Nr. 2 ErbStG)
  - Beim Begünstigten mit Vollziehung erbschaftsteuerpflichtiger Erwerb (§ 3 Abs. 2 Nr. 2 Hs. 1 Alt. 1 ErbStG)

  Ist kein postmortales Eigeninteresse des Erblassers oder konkretes Fremdinteresse vorhanden, handelt es sich um eine eigenständig erbschaftsteuerpflichtige Zweckzuwendung des Auflagenbelasteten (§§ 8, 20 Abs. 1 S. 1 Var. 3 ErbStG).

beachten. Neben der Zuweisung einzelner Nachlassgegenstände können Teilungsanordnungen auch Vorgaben zur Art oder Ausübung der **Verwaltung** beinhalten.[4]

5 Mit der gegenständlichen Zuweisung soll nach dem Willen des Erblassers in der Regel **keine wertmäßige Besserstellung** eines einzelnen Miterben einhergehen. Die Höhe der Erbteile soll durch die Anordnung einer Teilungsanordnung nicht verschoben, sondern die vorgesehene **Erbquote** vielmehr beibehalten werden. Den Wert des durch Teilungsanordnung zugewandten Nachlassgegenstands muss sich der Miterbe dann auf seinen Erbteil anrechnen lassen und bekommt diesen nicht zusätzlich neben dem Erbteil zugewandt.[5] Übersteigt der Wert des zugedachten Gegenstands den des Erbteils, sollen etwaige entstehende Differenzen regelmäßig durch den dadurch Begünstigten gegenüber den anderen Miterben ausgeglichen werden.[6] Kann oder will der begünstigte Erbe dieser durch den Erblasser vorgesehenen **Ausgleichspflicht** jedoch nicht nachkommen, ist die Teilungsanordnung hinfällig und kann nicht durchgesetzt werden.[7] Ob der Erblasser die einzelnen Miterben durch letztwillige Verfügung zu einer solchen Zahlung aus dem eigenen Vermögen verpflichten kann, ist umstritten, grundsätzlich in Hinblick auf die damit einhergehenden Auswirkungen auf das Privatvermögen des betroffenen Miterben aber abzulehnen.[8]

6 Das Bestehen einer Ausgleichspflicht ergibt sich ohne ausdrückliche Anordnung des Erblassers durch **Auslegung** der letztwilligen Verfügung. Das Schweigen des Testaments spricht regelmäßig für einen Wertausgleich, sodass man im Zweifel zu einer Teilungsanordnung und folglich zu einer Ausgleichspflicht gelangen wird.[9]

7 Fehlt eine solche Ausgleichspflicht, kommt es gleichwohl nicht zu einer sog. **wertverschiebenden Teilungsanordnung**, durch die ein Erbe im Ergebnis mehr erhalten würde, als ihm nach seiner Erbquote zustünde. Die Rechtsfigur der wertverschiebenden Teilungsanordnungen wird überwiegend abgelehnt.[10] Die Teilungsanordnung kommt lediglich zur Anwendung, wenn der Erblasser innerhalb bestehender Erbquoten die Auseinandersetzung zwischen den Miterben regeln möchte. Will der Erblasser hingegen einen Erben über dessen Erbquote hinaus begünstigen, stellt dies in der Regel ein Vorausvermächtnis dar.

8 Da Teilungsanordnungen die Höhe der Erbteile und den Wert der Beteiligung der einzelnen Miterben am Nachlass grundsätzlich unberührt lassen, beschränkt sich die vom Erblasser getroffene Anordnung somit lediglich auf die Abwicklung der Auseinandersetzung, ohne dass es zu einer Verschiebung der Quoten kommt.

9 Die Testierfreiheit des Erblassers findet bei der Teilungsanordnung ihre Grenze im **Pflichtteilsrecht**. § 2306 Abs. 1 BGB ermöglicht es dem mit einer Teilungsanordnung beschränkten Erben, der zugleich Pflichtteilsberechtigter ist, den Erbteil auszuschlagen und seinen Pflichtteil zu verlangen.

10 Damit keine Streitigkeiten zwischen den Miterben über die **Wertbestimmung** entstehen, sollte in der letztwilligen Verfügung geregelt werden, nach welcher Vorgehensweise die

4 MüKo-BGB/*Fest*, § 2048 Rn 2.

5 MüKo-BGB/*Fest*, § 2048 Rn 15.

6 BGH, Beschl. v. 25.10.1995 – IV ZR 362/94, ZEV 1996, 70.

7 *Klinger/Roth*, NJW-Spezial 2008, 263, 264.

8 Vgl. Staudinger/*Otte*, § 2150 Rn 14; MüKo-BGB/*Fest*, § 2048 Rn 18; Burandt/Rojahn/*Flechtner*, § 2048 Rn 24; *Klinger/Roth*, NJW-Spezial 2008, 263, 264; a.A. *Schlinker*, JR 2010, 93, 96; *Lange/Horn*, ZEV 2021, 1, 6.

9 BGH, Urt. v. 6.12.1989 – IVa ZR 59/88, NJW-RR 1990, 39; OLG Hamm, Urt. v. 16.3.2021 – 10 U 35/20, RNotZ 2021, 535; *Schmitz*, ErbR 2019, 332, 338.

10 Vgl. *Eidenmüller*, JA 1991, 150, 155; *Lange/Horn*, ZEV 2021, 1, 1.

Werte der zu übertragenden Nachlassgegenstände im Einzelnen bestimmt werden sollen. Insbesondere bei Grundbesitz herrscht in der Praxis oft Uneinigkeit zwischen den Miterben, wie und durch wen die Wertermittlung konkret zu erfolgen hat. Hierbei kommt regelmäßig die Bewertung durch den ortsansässigen Gutachterausschuss in Betracht. In der Regel ist auf den objektiven Verkehrswert des Nachlassgegenstands zum Zeitpunkt der Durchführung der Teilungsvereinbarung abzustellen.[11]

Der Erblasser kann in der letztwilligen Verfügung aber auch den Wert der einzelnen Nachlassgegenstände für die Erben verbindlich festlegen oder bei mehreren zu verteilenden Gegenständen diese als wertmäßig gleichwertig bestimmen.[12]

18.1 **Muster 18.1: Teilungsanordnung**

11 Ich, ___, geb. am ___, derzeit wohnhaft in ___, errichte nachfolgendes Testament:

Zu meinen Erben setze ich meine Tochter ___, geb. am ___, derzeit wohnhaft in ___, und meinen Sohn ___, geb. am ___, derzeit wohnhaft in ___, zu jeweils gleichen Teilen ein.

Zu Ersatzerben meiner Kinder bestimme ich jeweils deren Abkömmlinge unter sich nach den Regelungen der gesetzlichen Erbfolge. Wiederum ersatzweise soll Anwachsung eintreten.

Für die Auseinandersetzung des Nachlasses zwischen den Miterben bestimme ich im Wege der Teilungsanordnung Folgendes:

Meine Tochter erhält in Anrechnung auf ihren Erbteil den Grundbesitz in ___, eingetragen im Grundbuch von ___, Flst. Nr. ___.

Mein Sohn erhält in Anrechnung auf seinen Erbteil das Fahrzeug ___ sowie das gesamte Wertpapierdepot bei der ___ Bank mit der Nummer ___.

Wenn der Wert des jeweils zugewandten Nachlassgegenstands höher ist als der Wert, der dem begünstigten Miterben seiner Erbquote nach zusteht, ist eine dadurch entstehende Wertdifferenz zwischen den Miterben auszugleichen.

Die Teilungsanordnung entfällt, wenn der Nachlass für eine entsprechende Ausgleichszahlung nicht mehr ausreichen und der begünstigte Miterbe nicht dazu bereit sein sollte, für diese auf sein Eigenvermögen zurückzugreifen.

Sofern sich die Miterben nicht binnen einer Frist von zwölf Monaten nach Eintritt des Erbfalls einvernehmlich auf den im Rahmen der vorstehenden Teilungsanordnungen zu berücksichtigenden Verkehrswert der Immobilie verständigen können, soll der Immobilienwert durch den jeweils ortsansässigen Gutachterausschuss auf Kosten des Nachlasses ermittelt werden.

II. Durchsetzung der Teilungsanordnung

12 Die Durchsetzung der Teilungsanordnung obliegt den **Erben** selbst im Rahmen der Auseinandersetzung der Erbengemeinschaft. Die Teilungsanordnung nach § 2048 BGB geht § 2042 BGB insoweit vor.[13] Die Teilungsanordnung ist dabei stets getrennt von der eigentlichen Erbeinsetzung zu betrachten. Im Gegensatz zur Erbeinsetzung als solcher, die den Erben unmittelbar dinglich am Nachlass beteiligt, entfaltet die Teilungsanordnung lediglich **schuldrechtliche Wirkung.**[14] Durch die Teilungsanordnung wird kein Erbrecht an den

---

11 Grüneberg/*Weidlich*, § 2048 Rn 5; MüKo-BGB/*Fest*, § 2048 Rn 23.
12 OLG Frankfurt, Urt. v. 5.10.2007 – 3 U 272/06, NJW-RR 2008, 532.
13 *Lange/Horn*, ErbR 2020, 678, 679.
14 Burandt/Rojahn/*Flechtner*, § 2048 Rn 9; *Lange/Horn*, ErbR 2020, 678, 679.

einzelnen Gegenständen begründet. Die Miterben haben einen gegenseitigen Anspruch darauf, dass die durch den Erblasser vorgesehenen Teilungsanordnungen durchgeführt werden und der Wert des Gegenstands auf den jeweiligen Erbteil angerechnet wird.[15] Die Anordnungen des Erblassers sind nach § 2048 BGB insoweit bindend und für alle Erben verpflichtend.[16]

Wenn hingegen zwischen den Erben Einigkeit über eine von der Teilungsanordnung **abweichende Vereinbarung** besteht, ist es zulässig, sich **einvernehmlich** über den in der letztwilligen Verfügung geäußerten Erblasserwillen hinwegzusetzen und eine davon abweichende Regelung zu treffen, die dann an die Stelle der Teilungsanordnung tritt.[17] 13

Um die Durchführung der Teilungsanordnung sicherzustellen, kann der Erblasser in der letztwilligen Verfügung nach § 2048 S. 2 BGB auch eine dritte Person bestimmen, nach deren Ermessen die Auseinandersetzung zu erfolgen hat, oder eine auf die Durchsetzung der Teilungsanordnung beschränkte Testamentsvollstreckung anordnen. Die von dem **Dritten** aufgrund der Anordnung getroffene Bestimmung ist für die Erben gem. § 2048 S. 3 BGB nicht verbindlich, wenn sie offenbar unbillig ist. Der **Testamentsvollstrecker** dient als verlängerter Arm des Erblassers und hat dessen Willen durchzusetzen; bei seiner Tätigkeit ist er an die Teilungsanordnung des Erblassers, nicht aber an davon abweichende Vereinbarungen der Erben gebunden, auch wenn diese unter den Erben einvernehmlich getroffen wurden.[18] 14

III. Teilungsanordnung und Testamentsvollstreckung

Muster 18.2: Teilungsanordnung und Testamentsvollstreckung

Ich, , geb. am , derzeit wohnhaft in , errichte nachfolgendes Testament: 15

Zu meinen Erben setze ich meine Tochter , geb. am , derzeit wohnhaft in , und meinen Sohn , geb. am , derzeit wohnhaft in , zu jeweils gleichen Teilen ein.

Zu Ersatzerben meiner Kinder bestimme ich jeweils deren Abkömmlinge unter sich nach den Regelungen der gesetzlichen Erbfolge. Wiederum ersatzweise soll Anwachsung eintreten.

Für die Auseinandersetzung des Nachlasses zwischen den Miterben bestimme ich im Wege der Teilungsanordnung Folgendes:

Meine Tochter erhält in Anrechnung auf ihren Erbteil den Grundbesitz in , eingetragen im Grundbuch von , Flst. Nr. .

Mein Sohn erhält in Anrechnung auf seinen Erbteil das Fahrzeug sowie das gesamte Wertpapierdepot bei der Bank mit der Nummer .

Wenn der Wert des jeweils zugewandten Nachlassgegenstands höher ist als der Wert, der dem begünstigten Miterben seiner Erbquote nach zusteht, ist eine dadurch entstehende Wertdifferenz zwischen den Miterben auszugleichen.

Die Teilungsanordnung entfällt, sollte der Nachlass für eine entsprechende Ausgleichszahlung nicht mehr ausreichen und der begünstigte Miterbe nicht dazu bereit sein, für diese auf sein Eigenvermögen zurückzugreifen.

---

15 MüKo-BGB/*Fest*, § 2048 Rn 2.

16 *Lange/Horn*, ErbR 2020, 678, 679.

17 MüKo-BGB/*Fest*, § 2048 Rn 9; Staudinger/*Löhnig*, § 2048 Rn 8.

18 Vgl. OLG München, Beschl. v. 29.8.2018 – 8 U 3464/17, BeckRS 2018, 20681; OLG München, Urt. v. 21.12.2018 – 8 U 3464/17, ZEV 2019, 237.

Sofern sich die Miterben nicht binnen einer Frist von zwölf Monaten, gerechnet ab dem Erbfall, einvernehmlich auf den im Rahmen der vorstehenden Teilungsanordnungen zu berücksichtigenden Verkehrswert der Immobilie verständigen können, soll der Immobilienwert durch den jeweils ortsansässigen Gutachterausschuss auf Kosten des Nachlasses ermittelt werden.

Zum Zweck der Auseinandersetzung des Nachlasses entsprechend den Bestimmungen der Teilungsanordnungen ordne ich Testamentsvollstreckung an.

Zum Testamentsvollstrecker bestimme ich , geb. am , derzeit wohnhaft in . Ersatzweise bestimme ich , geb. am , derzeit wohnhaft in . Wiederum ersatzweise soll das Nachlassgericht einen geeigneten Testamentsvollstrecker bestimmen.

Der Testamentsvollstrecker hat die Aufgabe, meinen Nachlass unter Berücksichtigung der von mir angeordneten Teilungsanordnungen abzuwickeln. Insbesondere hat der Testamentsvollstrecker bezüglich der Wertbestimmung der Nachlassgegenstände ein Verkehrswertgutachten für die sich im Nachlass befindliche Immobilie einzuholen und auf dieser Grundlage die Aufteilung unter den Miterben vorzunehmen. Die Wertbestimmung durch Verkehrswertgutachten ist für den Testamentsvollstrecker und die Erben bindend.

Der Testamentsvollstrecker erhält für seine Tätigkeit eine Vergütung in Höhe von EUR.

Die Kosten der Testamentsvollstreckung trägt der Nachlass.

IV. Teilungsanordnung bei Vorerbschaft

16 Die Teilungsanordnung kann durch den Erblasser auch bei einer Vor- und Nacherbschaft angeordnet werden. Eine Verfügung von Todes wegen kann dabei entweder vorsehen, dass die Teilungsanordnung durch den **Vorerben** durchgeführt wird oder erst bei Eintritt des **Nacherbfalls** zur Anwendung kommen soll.

17 Wird durch den Vorerben über einen Nachlassgegenstand verfügt und durch diese Verfügung eine Teilungsanordnung nach dem Willen des Erblassers erfüllt, liegt darin keine den Nacherben beeinträchtigende unzulässige Verfügung i.S.d. § 2113 BGB. Die Verfügung bedarf auch nicht der **Zustimmung** des Nacherben.[19]

18 Übereignet ein nach Maßgabe der §§ 2113 ff. BGB **nicht befreiter Vorerbe** hingegen einem Nacherben vorzeitig ein Grundstück aus dem Nachlass, welches diesem im Wege der Teilungsanordnung zukommen soll, bedarf es der Zustimmung der übrigen Nacherben.[20]

C. Vorausvermächtnis

I. Allgemeines

19 Ein Vorausvermächtnis (§ 2150 BGB) ist eine besondere Form des Vermächtnisses, bei dem ein Erbe von dem Erblasser einen **bestimmten Gegenstand aus dem Nachlass vorab** erhält, bevor die restliche Erbmasse unter den Erben aufgeteilt wird. Im Gegensatz zu einem „normalen“ Vermächtnis, welches der Erblasser jeder beliebigen Person zuwenden kann, ist das Vorausvermächtnis zwingend zugunsten eines oder mehrerer **Erben** anzuordnen. Im Wege eines Vorausvermächtnisses bekommt der Erbe etwas zusätzlich zu seinem Erbteil und von diesem in seinem Bestand unabhängig zugewandt. Ein **Wertausgleich** findet hierbei regelmäßig nicht statt.[21]

19 OLG Hamm, Beschl. v. 19.9.1994 – 15 W 205/94, NJW-RR 1995, 1289.
20 BayObLG, Beschl. v. 30.7.1974 – 2 Z 28/74, NJW 1974, 2323.
21 MüKo-BGB/*Rudy*, § 2150 Rn 6; *Schlüter*, ErbR 2011, 233, 239.

Der Vermächtnisnehmer hat **vor** der **Erbauseinandersetzung** bereits einen Anspruch auf Übertragung des vermachten Nachlassgegenstands. Bei der nachfolgenden Erbauseinandersetzung bleibt das Vorausvermächtnis bei der Bestimmung des Erbteils des mit der Zuwendung bedachten Miterben unberücksichtigt. Neben dem Vermächtnis erhält der Miterbe seinen ungekürzten Erbteil entsprechend der vorgesehenen Quote. 20

Der Erblasser kann dabei das Vorausvermächtnis unter die Bedingung stellen, dass der Bedachte die Erbschaft auch tatsächlich annimmt.[22]

Praxistipp 21

Im Rahmen der Vermächtnisanordnung ist es unerlässlich, eine Regelung für den Fall des Wegfalls sowohl des Vermächtnisgegenstands als auch des Vermächtnisnehmers zu treffen. Soll nach dem Willen des Erblassers jedoch ausdrücklich kein Ersatzvermächtnisnehmer bestimmt werden, sollte in die letztwillige Verfügung aufgenommen werden, dass der Erblasser entgegen jeder anderslautenden gesetzlichen oder richterlichen Vermutungs- oder Auslegungsregel keinen Ersatzvermächtnisnehmer bestimmen möchte.

Muster 18.3: Vorausvermächtnis

Ich, ___, geb. am ___, derzeit wohnhaft in ___, errichte nachfolgendes Testament: 22

Zu meinen Erben setze ich meine Tochter ___, geb. am ___, derzeit wohnhaft in ___, und meinen Sohn ___, geb. am ___, derzeit wohnhaft in ___, zu jeweils gleichen Teilen ein.

Zu Ersatzerben meiner Kinder bestimme ich jeweils deren Abkömmlinge unter sich nach den Regelungen der gesetzlichen Erbfolge. Wiederum ersatzweise soll Anwachsung eintreten.

Meine Tochter erhält zusätzlich im Wege des Vorausvermächtnisses den Grundbesitz in ___, eingetragen im Grundbuch von ___, Flst. Nr. ___. Das Vorausvermächtnis ist nicht auf den Erbteil anzurechnen.

Ersatzvermächtnisnehmer ist mein Sohn ___, geb. am ___, derzeit wohnhaft in ___, wiederum ersatzweise die Abkömmlinge meiner Tochter unter sich nach den Regelungen der gesetzlichen Erbfolge.

Für den Fall, dass sich der Vermächtnisgegenstand im Zeitpunkt des Erbfalls nicht mehr im Nachlass befindet, entfällt das Vermächtnis ersatzlos. Ein Verschaffungsvermächtnis wird nicht angeordnet.

Die Kosten der Vermächtniserfüllung trägt der Nachlass.

II. Teilungsanordnung und Vorausvermächtnis

1. Abgrenzung der Teilungsanordnung vom Vorausvermächtnis

Vom Vorausvermächtnis klassischerweise abzugrenzen ist die Teilungsanordnung. Die Abgrenzung der beiden Rechtsinstitute gehört in der Praxis zu den umstrittensten Bereichen der **Testamentsauslegung**. Insbesondere in Laientestamenten wird oftmals keine präzise Aussage darüber getroffen, in welcher Form die Zuwendung einzelner Nachlassgegenstände an den Erben zu erfolgen hat. In Rechtsprechung und Literatur herrscht bisweilen keine Einigkeit über Kriterien, die eine zuverlässige Differenzierung zwischen der Teilungsanordnung und dem Vorausvermächtnis ermöglichen. 23

Wollte der Erblasser einem Erben **zusätzlich** zu seinem Erbteil etwas zuwenden, ohne dass sich dieser den Gegenstand auf seinen Erbteil anrechnen lassen muss, liegt in der Regel ein 24

22 Kössinger/Najdecki/Zintl/*Kössinger/Zintl*, § 15 Rn 213.

Vorausvermächtnis vor.[23] Über die bloße gegenständliche Zuweisung hinaus soll der einzelne Erbe gegenüber den anderen Miterben dadurch im Ergebnis wertmäßig bessergestellt werden.[24] Für die Bestimmung der Wertverhältnisse ist dabei auf die Vorstellungen des Erblassers zur Zeit der Errichtung der letztwilligen Verfügung abzustellen.[25]

Die **wertmäßige Besserstellung** im Sinne eines messbaren Vermögensvorteils ist ein wichtiges, aber keinesfalls das einzige Indiz für die Einordnung einer Zuwendung als Vorausvermächtnis.[26]

25 Oftmals wird durch die Rechtsprechung über die nur gegenständliche Verteilung hinaus das subjektive Kriterium des sog. **Begünstigungswillens** des Erblassers herangezogen.[27] Die durch den Erblasser angestrebte Begünstigung des bedachten Erben muss dabei nicht immer in einer finanziellen Besserstellung liegen.[28] Die Zuwendung eines bestimmten Gegenstands kann für den Erblasser aus seiner Sicht auch aus – von der Erbeinsetzung unabhängigen – ausschließlich ideellen Gesichtspunkten erfolgen, bspw. um gewisse Vermögensgegenstände in der Familie zu belassen. Dadurch ist der Miterbe zwar nicht zwangsläufig wertmäßig bessergestellt, soll nach dem Willen des Erblassers jedoch den Gegenstand unbedingt erhalten. In solchen Fällen ist trotz eines fehlenden wirtschaftlichen Mehrwerts regelmäßig von einem Vorausvermächtnis auszugehen. Hat der Erblasser hingegen ohne Begünstigungswillen gehandelt, liegt in der Regel eine Teilungsanordnung vor.

26 Ein weiteres Kriterium, welches noch auf die Rechtsprechung des RG zurückzuführen ist, ist die **Anrechnungsbestimmung** des Erblassers auf den Erbteil.[29] Hat der Erblasser entweder die Anrechnung der Zuwendung auf den Erbteil vorgesehen oder für die entstehende Differenz Ausgleichszahlungen zwischen den Erben angeordnet, liegt darin regelmäßig eine **Teilungsanordnung**.[30] Soll der Nachlassgegenstand dem Erbteil jedoch hinzugerechnet und nicht auf seinen Erbteil angerechnet werden, hat der Erblasser ein **Vorausvermächtnis** angeordnet.[31] Eine Anrechnungsbestimmung schließt die Annahme eines Vorausvermächtnisses jedoch nicht in jedem Fall aus. Vielmehr kann im **Einzelfall** ein von der Erbeinsetzung unabhängiger Geltungsgrund für die Zuwendung und damit auch ein Vorausvermächtnis gewollt sein.[32]

27 **Praxistipp**
Aus Gründen der Rechtsklarheit empfiehlt es sich, die Zuwendung entsprechend rechtlich einzuordnen und in der letztwilligen Verfügung immer konkret zu bezeichnen, ob der einzelne Nachlassgegenstand in Form einer Teilungsanordnung oder im Wege eines Vorausvermächtnisses übergehen soll.

---

23 *Roth*, NJW-Spezial 2019, 743, 743.
24 Grüneberg/*Weidlich*, § 2048 Rn 6.
25 OLG Hamm, Urt. v. 16.3.2021 – 10 U 35/20, BeckRS 2021, 24580.
26 BGH, Urt. v. 7.12.1994 – IV ZR 281/93, DNotZ 1996, 104; *Skibbe*, ZEV 1995, 145, 147; Staudinger/*Löhnig*, § 2048 Rn 6.
27 BGH, Urt. v. 8.11.1961 – V ZR 31/60, NJW 1962, 343; *Gergen*, ZErb 2006, 362, 364; *Roth*, NJW-Spezial 2019, 743, 743.
28 *Muscheler*, ErbR 2008, 105, 108; Staudinger/*Otte*, § 2150 Rn 14; a.A. *Eidenmüller*, JA 1991, 150, 152.
29 Vgl. *Muscheler*, ErbR 2008, 105, 107.
30 BGH, Urt. v. 7.12.1994 – IV ZR 281/93, DNotZ 1996, 104; Kössinger/Najdecki/Zintl/*Kössinger/Zintl*, § 15 Rn 224.
31 Kössinger/Najdecki/Zintl/*Kössinger/Zintl*, § 15 Rn 208.
32 BGH, Urt. v. 7.12.1994 – IV ZR 281/93, DNotZ 1996, 104.

Eine Abgrenzung der beiden Rechtsinstitute kann auch anhand ihrer unterschiedlichen **Rechtsfolgen** vorgenommen werden.[33] So fällt das Vorausvermächtnis bspw. im Gegensatz zur Teilungsanordnung unter die Bindungswirkung eines gemeinschaftlichen Testaments bzw. Erbvertrags (§§ 2270 Abs. 3, 2278 Abs. 2 BGB).[34] Darüber hinaus wird der Vermächtnisnehmer zusätzlich über § 2288 BGB vor beeinträchtigenden Verfügungen geschützt. Der Anspruch auf ein Vorausvermächtnis ist zudem im Unterschied zur Teilungsanordnung in seinem Bestand nicht von einer etwaigen Erbenstellung abhängig, sondern isoliert ausschlagbar.[35] 28

Die beiden Rechtsinstitute unterscheiden sich also erheblich in ihrer Wirkung. Mit der Anordnung eines Vorausvermächtnisses gehen in der Regel auch eine Privilegierung des damit bedachten Miterben, eine Aussonderung des Vermächtnisgegenstands aus dem restlichen Nachlassbestand sowie eine freiere Gestaltungsposition des Vermächtnisnehmers einher.[36] 29

Der Vorausvermächtnisnehmer wird somit in vielerlei Hinsicht bessergestellt als der mit einer Teilungsanordnung Bedachte. Entscheidend dürfte bei der Erstellung einer letztwilligen Verfügung daher sein, ob nach dem Willen des Erblassers der zugewandte Nachlassgegenstand dem Erben – unabhängig von seiner späteren Erbenstellung und weiteren im Zeitpunkt der Testamentserrichtung nicht vorhersehbaren Entwicklungen – in jedem Fall zukommen soll und dieser gegenüber den Miterben aus Sicht des Erblassers dadurch auch tatsächlich bevorzugt werden sollte. 30

2. Checkliste: Abgrenzung Teilungsanordnung und Vorausvermächtnis

Folgende Indizien sprechen jeweils für die Teilungsanordnung bzw. das Vorausvermächtnis: 31
- Wertmäßige Besserstellung (objektiv) eines Erben gewollt? → Vorausvermächtnis
- Begünstigungswille (subjektiv) des Erblassers feststellbar? → Vorausvermächtnis
- Zuwendung zusätzlich zum Erbteil? → Vorausvermächtnis
- Zuwendung unter Anrechnung auf Erbteil? → Teilungsanordnung
- Reduktion des Erbteils? → Teilungsanordnung
- Anordnung einer Ausgleichszahlung? → Teilungsanordnung
- Soll der Gegenstand in jedem Fall (unabhängig von der Erbenstellung) auf den Begünstigten übergehen? → Vorausvermächtnis

3. Auslegung einer letztwilligen Verfügung bei Teilungsanordnung und Vorausvermächtnis

Das Ergebnis der Auslegung, ob ein Vorausvermächtnis oder eine Teilungsanordnung gewollt ist, hat aufgrund der mitunter sehr unterschiedlichen Rechtsfolgen erhebliche Bedeutung. Oft werden bei testamentarischen Anordnungen die Begriffe „Teilungsanordnung“ und „Vorausvermächtnis“ zwar verwendet, in ihren Voraussetzungen und ihrer Wirkung dabei aber nicht selten verwechselt, sodass der bloße **Wortlaut** einer letztwilligen Verfügung oft **kein zuverlässiges Indiz** für den tatsächlichen Erblasserwillen ist.[37] 32

Nach der Rechtsprechung ist anerkannt, dass die bloße Bezeichnung des testamentarisch Bedachten als „Erbe“ nicht maßgebend für die Beantwortung der Frage ist, ob eine Erbein- 33

33 Vgl. *Muscheler*, ErbR 2008, 105, 109; *Bürger*, MDR 1986, 445, 446.
34 Kössinger/Najdecki/Zintl/*Kössinger/Zintl*, § 15 Rn 215; Grüneberg/*Weidlich*, § 2048 Rn 8.
35 Grüneberg/*Weidlich*, § 2048 Rn 8.
36 *Muscheler*, ErbR 2008, 105, 107.
37 BGH, Urt. v. 6.12.1989 – IVa ZR 59/88, FamRZ 1990, 396.

setzung (§ 1937 BGB) oder ein Vermächtnis (§ 1939 BGB) vorliegt, sondern gerade bei Laientexten höchstens ein Indiz für die beabsichtigten Rechtsfolgen darstellt.

34 Für die Beantwortung der Frage, ob ein Bedachter Erbe oder Vermächtnisnehmer ist, kommt es vielmehr auf den wirklichen Willen des Erblassers an, ohne am buchstäblichen Sinn des Ausdrucks zu haften.[38] Ist der wirkliche Wille nicht mehr zu ermitteln, muss auf den **mutmaßlichen Erblasserwillen** abgestellt werden. Dabei sind auch stets außerhalb der Urkunde liegende Tatsachen sorgfältig miteinzubeziehen.[39]

35 Höchst problematisch sind solche letztwilligen Verfügungen, in denen keine ausdrückliche Erbeinsetzung vorgesehen ist, der Erblasser jedoch an verschiedene Personen einzelne Nachlassgegenstände verteilt hat („**Verteilungstestament**"). In diesem Zusammenhang kann auch die **Abgrenzung** einer Erbeinsetzung zu der Anordnung eines „normalen" Vermächtnisses relevant werden, welches im Gegensatz zum Vorausvermächtnis auch zugunsten Dritter angeordnet werden kann. Es ist dann zu prüfen, ob der Erblasser mit seiner Anordnung in der letztwilligen Verfügung neben der gegenständlichen Verteilung der Nachlassgegenstände im Wege von (Voraus-)Vermächtnissen vom Eintritt der gesetzlichen Erbfolge ausgegangen ist oder eine Erbeinsetzung nebst entsprechenden Teilungsanordnungen vornehmen wollte.

36 Sind dem Bedachten durch den Erblasser demnach nur einzelne Nachlassgegenstände zugewandt worden, ist – unter Zuhilfenahme der Auslegungsregel des § 2087 Abs. 2 BGB – im Zweifel nicht anzunehmen, dass er Erbe sein soll, auch wenn er als Erbe bezeichnet ist.[40] Da es sich bei § 2087 Abs. 2 BGB lediglich um eine gesetzliche Auslegungsregel und keine gesetzliche Vermutung handelt, findet diese erst dann Anwendung, wenn auch durch vorherige Auslegung bestehende Zweifel nicht überwunden werden können.[41] Bei Vorliegen einer diesbezüglich nicht eindeutigen letztwilligen Verfügung kann auch ein dahingehender Wille des Erblassers ermittelt werden, dass dieser durch die Zuweisung einzelner Nachlassgegenstände an die einzelnen Miterben auch deren Erbeinsetzung nach den Wertverhältnissen der zugewandten Gegenstände beabsichtigt hat.[42] Soll ein Miterbe einen seinen Erbteil übersteigenden Mehrwert nach dem Willen des Erblassers ohne Ausgleichungspflicht erhalten, kann auch dies eine Erbeinsetzung zu den Quoten entsprechend den Gegenstandswerten sein.[43]

37 Für die Annahme einer Erbeinsetzung kann trotz Zuwendung nur einzelner Gegenstände auch der Umstand sprechen, dass der Erblasser dem Bedachten diejenigen Gegenstände zugewendet hat, die nach seiner Vorstellung das **wesentliche Vermögen** bilden. Dies ist ebenfalls anzunehmen, wenn daneben nur Vermächtnisnehmer vorhanden wären und nicht davon auszugehen ist, dass der Erblasser überhaupt keine Erben berufen und seine Verwandten oder seinen Ehegatten als gesetzliche Erben ausschließen wollte.[44]

38 Von einer Erbeinsetzung ist im Rahmen der Testamentsauslegung im Zweifel ferner auszugehen, wenn der Erblasser in der letztwilligen Verfügung seinen Nachlass vollständig an

---

38 OLG Saarbrücken, Urt. v. 13.2.2019 – 5 U 57/18, ErbR 2019, 510; vgl. auch Staudinger/*Otte*, § 2087 Rn 8.

39 MüKo-BGB/*Leipold*, § 2084 Rn 25.

40 *Schmitz*, ErbR 2019, 332, 335.

41 OLG München, Urt. v. 27.8.2009 – 23 U 3098/06, FamRZ 2010, 758; MüKo-BGB/*Rudy*, § 2087 Rn 1.

42 BGH, Urt. v. 6.12.1989 – IV a ZR 59/88, NJW-RR 1990, 391; MüKo-BGB/*Rudy*, § 2087 Rn 11.

43 BayObLG, Beschl. v. 19.3.1998 – 1Z BR 82/97, NJW-RR 1998, 1230; Soergel/*Otte*, § 2087 Rn 10.

44 Vgl. OLG Saarbrücken, Urt. v. 13.2.2019 – 5 U 57/18, ErbR 2019, 510; OLG München, Urt. v. 27.8.2009 – 23 U 3098/06, FamRZ 2010, 758; Soergel/*Otte*, § 2087 Rn 26.

die bedachten Personen verteilt hat.[45] Die Zuwendung einzelner – den Nachlass nicht erschöpfender – Gegenstände stellt hingegen nicht immer zwangsläufig auch eine Erbeinsetzung dar, sondern kann auch als bloße Vermächtnisanordnung gewollt sein.[46] Verfügt der Erblasser insgesamt nur über vergleichsweise **geringe Werte** seines Gesamtvermögens oder über nur **wenige Nachlassgegenstände**, ist mangels anderer Anhaltspunkte stets von der Anordnung eines Vermächtnisses auszugehen, auch wenn der Bedachte durch den Erblasser ausdrücklich als Erbe bezeichnet wird oder ihm durch den Erblasser mehrere Gegenstände zugewendet werden.[47]

Andererseits erlaubt die Verteilung des gesamten Nachlasses oder des wesentlichen Vermögensgegenstands auch nicht in jeder Konstellation zwingend den Rückschluss, dass alle bedachten Personen zu Erben berufen sind. Die Testamentsauslegung kann im Einzelfall auch ergeben, dass nur eine oder mehrere Personen zu Erben eingesetzt und den anderen Personen lediglich Vermächtnisse zugewandt worden sind, ohne diese darüber hinaus jedoch am Nachlass beteiligen zu wollen.[48] 39

Für die Annahme einer Erbenstellung spricht in diesem Zusammenhang insbesondere, wenn den bedachten Personen in Bezug auf den Nachlass nicht nur Rechte, sondern auch Pflichten übertragen worden sind, indem ihnen etwa die Pflicht auferlegt wird, für die Kosten der Beerdigung aufzukommen.[49] 40

Praxistipp 41

Um bei solchen „Verteilungstestamenten" nach Eintritt des Erbfalls für die Hinterbliebenen die Auslegung der letztwilligen Verfügung zu erleichtern, sind die entsprechenden Anordnungen des Erblassers bei der Testamentserrichtung genau zu bezeichnen.

Wenn der Erblasser neben der konkreten Zuweisung von Gegenständen ohnehin von dem Eintritt der gesetzlichen Erbfolge ausgeht, ist auch dies in der Verfügung durch einen deklaratorischen Hinweis auf die gesetzliche Erbfolge zu vermerken. Die Errichtung einer letztwilligen Verfügung ohne eine konkrete Erbeinsetzung – mag diese für den Erblasser noch so deutlich auf der Hand liegen – sollte in jeder denkbaren Konstellation vermieden werden.

III. Überquotale Teilungsanordnung

Eine in der Praxis häufig auftretende Konstellation ist die sog. überquotale Teilungsanordnung. Im Wege der überquotalen Teilungsanordnung weist der Erblasser einem der Miterben einen Nachlassgenstand zu, welcher den **Wert des Erbteils nach seiner Erbquote übersteigt**. Daneben soll jedoch gegenüber den Miterben ausdrücklich – im Zweifel durch Auslegung des Erblasserwillens – **kein Wertausgleich** stattfinden. Insbesondere wird dieser Fall vorliegen, wenn der begünstigte Miterbe hierfür auf sein eigenes Vermögen zurückgreifen müsste und der Erblasser gerade dies verhindern möchte. Dieser die Erbquote übersteigende Betrag wird dem dadurch begünstigten Miterben dann im Wege eines Vorausver- 42

45 Vgl. OLG München, Beschl. v. 19.2.2020 – 31 Wx 231/17, 31 Wx 502/19, FGPrax 2020, 141; Staudinger/*Otte*, § 2087 Rn 10.

46 BayObLG, Beschl. v. 14.12.2000 – 1Z BR 95/00, NJW-RR 2001, 656.

47 BayObLG, Beschl. v. 14.12.2000 – 1Z BR 95/00, NJW-RR 2001, 656; OLG Karlsruhe, Beschl. v. 27.5.2015 – 11 Wx 123/14, BeckRS 2015, 9854; MüKo-BGB/*Rudy*, § 2087 Rn 7.

48 MüKo-BGB/*Rudy*, § 2087 Rn 10.

49 Vgl. BayObLG, Beschl. v. 14.12.2000 – 1Z BR 95/00, NJW-RR 2001, 656.

mächtnisses zugesprochen, der damit über den Wert seines Erbteils hinaus am Nachlass partizipiert.[50]

43 Die überquotale Teilungsanordnung ist somit eine **Kombination** aus **Vorausvermächtnis** und **Teilungsanordnung**. Auch in dieser Konstellation kommt es nicht selten, oft wegen laienhaft verwendeten Formulierungen, zu Auslegungs- und Abgrenzungsschwierigkeiten.

18.4 **Muster 18.4: Überquotale Teilungsanordnung**

44 Ich, …, geb. am …, derzeit wohnhaft in …, errichte nachfolgendes Testament:

Zu meinen Erben setze ich meine Tochter …, geb. am …, derzeit wohnhaft in …, und meinen Sohn …, geb. am …, derzeit wohnhaft in …, zu jeweils gleichen Teilen ein.

Zu Ersatzerben meiner Kinder bestimme ich jeweils deren Abkömmlinge unter sich nach den Regelungen der gesetzlichen Erbfolge. Wiederum ersatzweise soll Anwachsung eintreten.

Für die Auseinandersetzung des Nachlasses zwischen den Miterben bestimme ich im Wege der Teilungsanordnung Folgendes:

Meine Tochter erhält in Anrechnung auf ihren Erbteil den Grundbesitz in …, eingetragen im Grundbuch von …, Flst. Nr. ….

Mein Sohn erhält in Anrechnung auf seinen Erbteil das Fahrzeug … sowie das gesamte Wertpapierdepot bei der … Bank mit der Nummer ….

Darüber hinaus ordne ich folgendes Vorausvermächtnis an:

Sollte einer der Abkömmlinge durch die oben angeordnete Teilungsanordnung wertmäßig mehr erhalten, als ihm nach dem Wert seiner Erbquote zusteht, erhält er diesen über den Erbteil hinausgehenden Wert zusätzlich als Vorausvermächtnis. Ein Ausgleich zwischen den Miterben findet hierbei ausdrücklich nicht statt.

Das Vorausvermächtnis entfällt, wenn der dadurch begünstigte Abkömmling die Erbschaft ausgeschlagen hat.

Sofern sich die Miterben nicht binnen einer Frist von zwölf Monaten nach Eintritt des Erbfalls einvernehmlich auf den im Rahmen der vorstehenden Teilungsanordnungen zu berücksichtigenden Verkehrswert der Immobilie verständigen können, soll der Immobilienwert durch den jeweils ortsansässigen Gutachterausschuss auf Kosten des Nachlasses ermittelt werden.

IV. Praxisrelevante Fallgruppen des Vorausvermächtnisses

1. Hausratsvermächtnis

45 Als gesetzlich geregelter Fall des Vorausvermächtnisses gewährt § 1932 BGB im Fall der gesetzlichen Erbfolge dem Ehegatten den sog. „Voraus“, zu dem sämtliche zum ehelichen Haushalt gehörenden Gegenstände und Hochzeitsgeschenke zählen. Auch im Rahmen der gewillkürten Erbfolge ist es ratsam, dem überlebenden Ehegatten den Hausrat im Wege eines „Hausratsvermächtnisses“ zukommen zu lassen. Dadurch wird sichergestellt, dass der überlebende Ehegatte die **Haushaltsgegenstände** für den täglichen Gebrauch wie bisher für sich nutzen kann. Auf welche Gegenstände sich das Vermächtnis beziehen soll, bleibt dem Erblasser selbst überlassen. Die Rechtsprechung ist hierbei großzügig.[51] Das Hausrats-

50 *Lange/Horn*, ZEV 2021, 1, 1.

51 Segelyacht als Hausratsvermächtnis, vgl. LG Ravensburg, Urt. v. 31.3.1995 – 3 O 2221/94, FamRZ 1995, 1585.

vermächtnis kann im Rahmen der gewillkürten Erbfolge natürlich auch gegenüber anderen Personen, mit denen der Erblasser in einem Haushalt gelebt hat und die er versorgt wissen will, angeordnet werden.

Muster 18.5: Hausratsvermächtnis 18.5

Ich, …, geb. am …, derzeit wohnhaft in …, errichte nachfolgendes Testament: 46

Zu meinen Erben setze ich meinen Ehemann …, geb. am …, derzeit wohnhaft in …, meine Tochter …, geb. am …, derzeit wohnhaft in …, und meinen Sohn …, geb. am …, derzeit wohnhaft in …, zu jeweils gleichen Teilen ein.

Zu Ersatzerben meiner Kinder bestimme ich jeweils deren Abkömmlinge unter sich nach den Regelungen der gesetzlichen Erbfolge. Wiederum ersatzweise soll Anwachsung eintreten.

Darüber hinaus ordne ich folgendes Vorausvermächtnis an:

Mein Ehemann erhält im Wege des Vorausvermächtnisses sämtliche zu unserem gemeinsamen Haushalt gehörende Nachlassgegenstände und das Inventar unserer gemeinsam bewohnten Wohnung in …. Dazu gehören auch meine persönlichen Gegenstände und der gemeinsam angeschaffte Pkw. Eine Anrechnung auf den Erbteil findet hierbei nicht statt.

Für den Fall, dass mein Ehemann als Vermächtnisnehmer vor oder nach dem Erbfall wegfällt, möchte ich entgegen jeder anderslautender gesetzlicher oder richterlicher Vermutungs- oder Auslegungsregel keinen Ersatzvermächtnisnehmer bestimmen.

Für den Fall, dass sich der Vermächtnisgegenstand im Zeitpunkt des Erbfalls nicht mehr im Nachlass befindet, entfällt das Vermächtnis ersatzlos. Ein Verschaffungsvermächtnis wird nicht angeordnet.

Die Kosten der Vermächtniserfüllung trägt der Nachlass.

2. Wohnungsrechtvermächtnis

Neben oder in Kombination mit dem Hausratsvermächtnis hat der Erblasser oftmals auch das Bedürfnis, einen der Erben – häufig ist das der Ehepartner oder Lebensgefährte – über den Tod hinaus gegenüber den anderen Miterben abzusichern, indem er diesem Wohnraum zur Verfügung stellt. Dabei ist es in bestimmten Konstellationen aus Sicht des Erblassers sicherlich ratsam, den Verbleib des Partners im Rahmen der Erbauseinandersetzung nicht in die Hände der Miterben zu legen. Eine Absicherung erfolgt dann in der Regel durch die Einräumung eines Wohnungsrechts im Wege des Vorausvermächtnisses, welches grundsätzlich auf Lebenszeit ausgestaltet ist. 47

Muster 18.6: Wohnungsrechtvermächtnis 18.6

Ich, …, geb. am …, derzeit wohnhaft in …, errichte nachfolgendes Testament: 48

Zu meinen Erben setze ich meine Ehefrau …, geb. am …, derzeit wohnhaft in …, sowie meine Tochter …, geb. am …, derzeit wohnhaft in …, und meinen Sohn …, geb. am …, derzeit wohnhaft in …, zu jeweils gleichen Teilen ein.

Zu Ersatzerben meiner Kinder bestimme ich jeweils deren Abkömmlinge unter sich nach den Regelungen der gesetzlichen Erbfolge. Wiederum ersatzweise soll Anwachsung eintreten.

Darüber hinaus ordne ich folgende Vorausvermächtnisse an:

1. Meine Ehefrau erhält im Wege des Vorausvermächtnisses ein lebenslanges dingliches Wohnungsrecht (§ 1093 BGB) an sämtlichen Räumen der von uns gemeinsam bewohnten Erdgeschosswohnung in der Immobilie in …, eingetragen im Grundbuch von …, Band …, Blatt …, Flst. Nr. …. Eine Anrechnung auf den Erbteil findet hierbei nicht statt.

Das Wohnungsrecht umfasst auch das zur Wohnung gehörige Kellerabteil sowie die Terrasse und die Garage. Das Wohnungsrecht erstreckt sich ausdrücklich auch auf die Mitbenutzung aller dem gemeinschaftlichen Gebrauch unterliegenden Räumlichkeiten und Einrichtungen, insbesondere den Garten, den Waschkeller und auf sämtliche Zugänge.

Das Wohnungsrecht ist nicht übertragbar.

Meine Ehefrau darf nach Maßgabe des § 1093 Abs. 2 BGB ausdrücklich auch Dritte, insbesondere Pflegepersonal, in die Wohnung aufnehmen.

Der Eigentümer hat das Gebäude und die dem Wohnungsrecht unterliegenden Räume und Einrichtungen stets in ordnungsmäßigem und gut bewohnbarem Zustand zu erhalten und muss für die außergewöhnlichen Erhaltungskosten aufkommen. Meine Ehefrau als Wohnungsberechtigte hat jedoch sämtliche durch die Wohnungsnutzung verursachten verbrauchsabhängigen Kosten für Strom, Müll, Wasser, Heizung etc. selbst zu tragen.

Die Erben bewilligen und beantragen die Eintragung an erster Rangstelle im Grundbuch mit dem Vermerk, dass zur Löschung des Rechts der Nachweis des Todes der Wohnungsberechtigten genügt.

Das Wohnungsrecht endet auch für den Fall, dass die Wohnungsberechtigte die Räumlichkeiten dauerhaft nicht mehr nutzen kann, weil sie bspw. in einer Pflegeeinrichtung untergebracht werden muss.

2. Meine Ehefrau erhält im Wege des Vorausvermächtnisses sämtliche zu unserem gemeinsamen Haushalt gehörenden Nachlassgegenstände und das Inventar unserer gemeinsam bewohnten Immobilie in . Dazu gehören auch meine persönlichen Gegenstände und der gemeinsam angeschaffte Pkw. Eine Anrechnung auf den Erbteil findet hierbei nicht statt.

Für den Fall, dass meine Ehefrau als Vermächtnisnehmerin vor oder nach dem Erbfall wegfällt, möchte ich entgegen jeder anderslautender gesetzlicher oder richterlicher Vermutungs- oder Auslegungsregel keinen Ersatzvermächtnisnehmer bestimmen.

Für den Fall, dass sich der Vermächtnisgegenstand im Zeitpunkt des Erbfalls nicht mehr im Nachlass befindet, entfällt das Vermächtnis ersatzlos. Ein Verschaffungsvermächtnis wird nicht angeordnet.

Die Kosten der Vermächtniserfüllung trägt der Nachlass.

3. Vorausvermächtnis an den Vorerben

49 Auch im Fall der Anordnung einer Vor- und Nacherbschaft (§§ 2100 ff. BGB) kann es dem Willen des Erblassers entsprechen, dass der Vorerbe bestimmte Gegenstände oder Vermögenswerte aus dem Nachlass in jedem Fall erhalten soll. Diese Gegenstände müssen dann **von der Vor- und Nacherbfolge ausgenommen** werden, damit diese bei Eintritt des Nacherbfalls gerade nicht mit dem restlichen Nachlass auf den Nacherben übergehen.

50 Eine häufige Konstellation ist die Anordnung eines sog. **Universalvorausvermächtnisses,** welches sich auf den gesamten Nachlass richtet, bei dem aber auch einzelne Gegenstände ausdrücklich ausgenommen werden können.[52]

51 Nach § 2110 Abs. 2 BGB erstreckt sich das Recht des **Nacherben** im Zweifel nicht auf ein dem **Vorerben** zugewendetes Vorausvermächtnis. Über das durch Vorausvermächtnis an den Vorerben Zugewandte kann dieser dann nach Eintritt des Erbfalls völlig frei verfügen, ohne dass er dabei den Beschränkungen der §§ 2113 ff. BGB unterliegt.[53]

52 Vgl. *Kollmeyer*, ZEV 2019, 125, 126.

53 MüKo-BGB/*Lieder*, § 2110 Rn 10.

Hinweis: 52
Zu beachten ist, dass § 2110 Abs. 2 BGB lediglich eine gesetzliche Auslegungsregel und keine gesetzliche Vermutung ist, sodass es sich anbietet, in der letztwilligen Verfügung klarzustellen, dass sich die Nacherbfolge ausdrücklich nicht auf die dem Vorerben durch Vorausvermächtnis zugewandten Gegenstände bezieht.

Das Vorausvermächtnis an den Vorerben wird aufgrund der dem (befreiten) Vorerben damit 53
eingeräumten weitreichenden Verfügungsbefugnis teilweise auch als Fall des „superbefreiten Vorerben" bezeichnet.[54]

Muster 18.7: Vorausvermächtnis an den Vorerben

Ich, , geb. am , derzeit wohnhaft in , errichte nachfolgendes Testament: 54

Zu meinem alleinigen Erben setze ich meinen Ehemann , geb. am , derzeit wohnhaft in , ein. Mein Ehemann ist jedoch nur Vorerbe und als solcher von sämtlichen gesetzlichen Beschränkungen befreit.

Nacherben sind meine Tochter , geb. am , derzeit wohnhaft in , und mein Sohn , geb. am , derzeit wohnhaft in , zu jeweils gleichen Teilen.

Zu Ersatznacherben meiner Kinder bestimme ich jeweils deren Abkömmlinge unter sich nach den Regelungen der gesetzlichen Erbfolge. Wiederum ersatzweise soll Anwachsung eintreten.

Der Nacherbfall tritt mit dem Tod des Vorerben ein.

Das Nacherbenanwartschaftsrecht ist nicht vererblich und nicht übertragbar.

Darüber hinaus ordne ich folgendes Vorausvermächtnis an:

Mein Ehemann erhält zusätzlich im Wege des Vorausvermächtnisses das gesamte Bankguthaben bei der Bank, einschließlich des Wertpapierdepots mit der Nummer sowie sämtliche zu unserem gemeinsamen Haushalt gehörenden Nachlassgegenstände und das Inventar unserer gemeinsam bewohnten Wohnung in . Dazu gehören auch meine persönlichen Gegenstände und der gemeinsam angeschaffte Pkw. Eine Anrechnung auf den Erbteil findet hierbei nicht statt. Das Vorausvermächtnis unterliegt ausdrücklich nicht der Nacherbfolge, sodass sich die Rechte der Nacherben auf die davon umfassten Gegenstände nicht erstrecken und mein Ehemann über diese nach seinem Belieben frei verfügen kann.

Für den Fall, dass mein Ehemann als Vermächtnisnehmer vor oder nach dem Erbfall wegfällt, möchte ich entgegen jeder anderslautender gesetzlicher oder richterlicher Vermutungs- oder Auslegungsregel keinen Ersatzvermächtnisnehmer bestimmen.

Für den Fall, dass sich der Vermächtnisgegenstand im Zeitpunkt des Erbfalls nicht mehr im Nachlass befindet, entfällt das Vermächtnis ersatzlos. Ein Verschaffungsvermächtnis wird nicht angeordnet.

Die Kosten der Vermächtniserfüllung trägt der Nachlass.

4. Steuerfreie Zugewinnausgleichsforderung an den Ehegatten

Leben Ehegatten im gesetzlichen Güterstand der Zugewinngemeinschaft (§§ 1371 ff. BGB), 55
steht dem überlebenden Ehegatten nach dem Tod des Partners u.U. eine Zugewinnausgleichsforderung zu, die nach § 5 Abs. 1 ErbStG in der Regel steuerfrei bleibt. Bei der Berechnung dieser tatsächlichen Zugewinnausgleichsforderung ist jedoch zu beachten, dass nach § 5 Abs. 1 S. 1 ErbStG nicht das pauschale Viertel nach § 1371 Abs. 1 BGB, sondern lediglich der **konkret berechnete Zugewinn** steuerfrei gestellt ist.

54 Vgl. *Mayer*, ZEV 2000, 1, 1.

Muster 18.8: Steuerfreie Zugewinnausgleichsforderung an den Ehegatten

56 Ich, , geb. am , derzeit wohnhaft in , errichte nachfolgendes Testament:

Zu meinen Erben setze ich meine Ehefrau , geb. am , derzeit wohnhaft in , sowie meine Tochter , geb. am , derzeit wohnhaft in , und meinen Sohn , geb. am , derzeit wohnhaft in , zu jeweils gleichen Teilen ein.

Zu Ersatzerben meiner Kinder bestimme ich jeweils deren Abkömmlinge unter sich nach den Regelungen der gesetzlichen Erbfolge. Wiederum ersatzweise soll Anwachsung eintreten.

Darüber hinaus ordne ich folgendes Vorausvermächtnis an:

Meine Ehefrau erhält vorab als Vorausvermächtnis eine Zugewinnausgleichforderung, die gemäß den Bestimmungen des Erbschaftsteuer- und Schenkungsteuergesetzes (ErbStG) steuerfrei ist. Diese Zugewinnausgleichsforderung ist nicht auf ihren Erbteil anzurechnen und dem Nachlass zu entnehmen, bevor dieser unter den Erben entsprechend ihren Quoten verteilt wird.

Für den Fall, dass meine Ehefrau als Vermächtnisnehmerin vor oder nach dem Erbfall wegfällt, möchte ich entgegen jeder anderslautender gesetzlicher oder richterlicher Vermutungs- oder Auslegungsregel keinen Ersatzvermächtnisnehmer bestimmen.

Die Kosten der Vermächtniserfüllung trägt der Nachlass.

5. Ausgleichungsbestimmung durch Vorausvermächtnis

57 Bei der lebzeitigen Zuwendung in Form einer **Ausstattung** (§ 2050 Abs. 1 BGB) oder in Form von **Schenkungen** i.S.d. § 2050 Abs. 3 BGB durch den Erblasser an seine **Abkömmlinge** sollte immer eine Bestimmung dazu getroffen werden, ob diese Zuwendung im Rahmen der Erbauseinandersetzung zwischen den Abkömmlingen zur Ausgleichung gebracht werden soll oder nicht.

58 Nicht selten wird die Anordnung einer Ausgleichungsbestimmung einer Zuwendung unter Lebenden im Zeitpunkt der Zuwendung nach § 2050 Abs. 3 BGB durch den Erblasser versäumt. Die fehlende Anordnung einer solchen Ausgleichungspflicht kann durch den Erblasser in seiner letztwilligen Verfügung **nicht mehr nachgeholt** werden. Ein Ausgleich dieser Zuwendung findet ohne eine entsprechende Bestimmung zwischen den miterbenden Geschwistern somit nicht statt. Um dieses ungewollte Ergebnis zu verhindern, kann der Erblasser sein Versäumnis durch die Anordnung eines entsprechenden **Vorausvermächtnisses** korrigieren.

Muster 18.9: Ausgleichungsbestimmung durch Vorausvermächtnis

59 Ich, , geb. am , derzeit wohnhaft in , errichte nachfolgendes Testament:

Zu meinen Erben setze ich meine Tochter , geb. am , derzeit wohnhaft in , und meinen Sohn , geb. am , derzeit wohnhaft in , zu jeweils gleichen Teilen ein.

Zu Ersatzerben meiner Kinder bestimme ich jeweils deren Abkömmlinge unter sich nach den Regelungen der gesetzlichen Erbfolge. Wiederum ersatzweise soll Anwachsung eintreten.

Darüber hinaus ordne ich folgendes Vorausvermächtnis an:

Meine Tochter hat im Jahr von mir im Wege der Schenkung die Immobilie in , eingetragen im Grundbuch von , Flst. Nr. , erhalten. Im Zeitpunkt der Zuwendung wurde von mir keine Regelung zur Ausgleichung dieser Zuwendung im Verhältnis meiner Kinder untereinander getroffen. Ich möchte meine Kinder jedoch alle gleichbehandeln und ordne hiermit im Wege des Vorausvermächtnisses zu Lasten meiner Tochter und zugunsten meines Sohnes die Ausgleichungspflicht der vorbezeichneten Schenkung an.

Die Höhe der Ausgleichungszahlung wird nach den gesetzlichen Vorschriften (§§ 2050 ff. BGB) bestimmt.

D. Übernahmerecht

I. Allgemeines

Die Verteilung von Nachlassgegenständen kann neben der Teilungsanordnung und dem Vorausvermächtnis auch durch die Anordnung eines Übernahmerechts erfolgen. Unter einem Übernahmerecht versteht man die Zuweisung eines **konkreten Nachlassgegenstands** an einen Miterben mit der Bestimmung, dass dieser das Recht haben soll, den betreffenden Gegenstand zum **Verkehrswert** oder zu einem vom Erblasser festgesetzten **Übernahmepreis** zu übernehmen.[55] 60

Die Anordnung eines Übernahmerechts begründet keine Verpflichtung des Miterben, den Nachlassgegenstand zu übernehmen, sondern räumt ihm vielmehr die **Wahlmöglichkeit** ein, ob er den Nachlassgegenstand zu den durch den Erblasser festgelegten Konditionen übernehmen möchte. In Abgrenzung zu der Teilungsanordnung verbleibt dem Erben beim Übernahmerecht somit ein eigener Entscheidungsspielraum. 61

Das Übernahmerecht ist ein Gestaltungsrecht, sodass der Anspruch auf Übertragung des zu übernehmenden Nachlassgegenstands erst mit seiner Ausübung entsteht.[56] 62

Das Übernahmerecht kann als **Vorausvermächtnis** oder als **Teilungsanordnung** ausgestaltet werden.

II. Übernahmerecht als Vorausvermächtnis

Durch die Anordnung eines Vorausvermächtnisses in einer letztwilligen Verfügung wird dem damit bedachten Miterben durch den Erblasser typischerweise ein **Vermögensvorteil** eingeräumt. Die Einordnung des Übernahmerechts als Vorausvermächtnis setzt demnach einen **Begünstigungswillen** des Erblassers voraus. Ein solcher Begünstigungswille bzw. der für das Vorausvermächtnis charakteristische Vermögensvorteil wird dabei teilweise schon in der Einräumung des Wahlrechts des Miterben, den Gegenstand übernehmen zu wollen oder nicht, gesehen.[57] 63

Das Übernahmerecht zugunsten eines Miterben stellt auch im Falle der Zahlung des vollen Übernahmepreises einen Vermögensvorteil und somit keine Teilungsanordnung, sondern ein Vermächtnis dar.[58] Gleiches gilt im Falle der Zahlung auf den Verkehrswert.[59] 64

Ein Vermächtnis liegt also immer dann vor, wenn nach dem Willen des Erblassers der Übernahmeberechtigte durch das Übernahmerecht einen **Vermögensvorteil** gegenüber den übrigen Miterben bekommen soll. Eine reine Teilungsanordnung ist regelmäßig dann gegeben, wenn ein solcher Begünstigungswille fehlt.[60] 65

Bei der Ausgestaltung des Übernahmerechts als Vorausvermächtnis wird der Nachlassgegenstand unter der **aufschiebenden Bedingung** vermacht, dass der Vermächtnisnehmer sein Übernahmerecht ausübt.[61] Erst nach Ausübung des Gestaltungsrechts, allerdings schon 66

55 Staudinger/*Löhnig*, § 2048 Rn 5.
56 Grüneberg/*Weidlich*, § 2048 Rn 8.
57 BGH, Urt. v. 7.12.1994 – IV ZR 281/93, ZEV 1995, 144; *Muscheler*, ErbR 2008, 105, 109; Staudinger/*Otte*, § 2150 Rn 18.
58 *Vgl. Gergen*, ZErb 2006, 362, 364.
59 Staudinger/*Otte*, § 2150 Rn 18.
60 BGH, Urt. v. 8.11.1961 – V ZR 31/60, NJW 1962, 343.
61 Kössinger/Najdecki/Zintl/*Kössinger/Zintl*, § 15 Rn 244.

vor der Nachlassauseinandersetzung, kann der Vermächtnisnehmer die Übereignung des Vermächtnisgegenstands verlangen. Um etwaigen Streitigkeiten zwischen den Miterben bei oder nach der Auseinandersetzung vorzubeugen, empfiehlt es sich, in die letztwillige Verfügung auch immer eine Regelung zur **Ausübungsfrist** des Übernahmerechts aufzunehmen.[62]

67 Der für den Nachlassgegenstand anfallende **Übernahmepreis** kann durch den Erblasser in der letztwilligen Verfügung konkret festgelegt werden. Eine solche Regelung führt bei der Erbauseinandersetzung allerdings nicht selten zu Problemen, wenn der durch den Erblasser festgelegte Übernahmepreis nicht mit dem zum Zeitpunkt des Eintritts des Erbfalls bestehenden **Verkehrswert** übereinstimmt und von diesem **nicht unerheblich abweicht**. Zu einem sachgerechten Ergebnis gelangt man in solchen Fällen über den Grundsatz von Treu und Glauben gem. § 242 BGB.[63] Liegt der durch den Erblasser festgelegte Übernahmepreis jedoch **weit unter dem Verkehrswert**, kann es dem Willen des Erblassers entsprechen, dass dem bedachten Miterben die dadurch entstehende Differenz zusätzlich als Vorausvermächtnis zukommen soll.[64] Eine solche Vermächtnisregelung sollte zwingend in die Verfügung aufgenommen werden.

18.10 **Muster 18.10: Übernahmerecht als Vorausvermächtnis**

68 Ich, …, geb. am …, derzeit wohnhaft in …, errichte nachfolgendes Testament:

Zu meinen Erben setze ich meine Ehefrau …, geb. am …, derzeit wohnhaft in …, sowie meine Tochter …, geb. am …, derzeit wohnhaft in …, und meinen Sohn …, geb. am …, derzeit wohnhaft in …, zu jeweils gleichen Teilen ein.

Zu Ersatzerben meiner Kinder bestimme ich jeweils deren Abkömmlinge unter sich nach den Regelungen der gesetzlichen Erbfolge. Wiederum ersatzweise soll Anwachsung eintreten.

Darüber hinaus ordne ich folgendes Vorausvermächtnis an:

Meine Tochter … erhält im Wege des Vorausvermächtnisses das Recht, den Grundbesitz in …, eingetragen im Grundbuch von …, Flst. Nr. …, vorab aus dem Nachlass zu übernehmen. Das Vorausvermächtnis ist nicht auf den Erbteil anzurechnen.

Die Übernahme erfolgt gegen die Zahlung des im Zeitpunkt des Erbfalls dann zu ermittelnden Verkehrswerts des vorbezeichneten Grundbesitzes in den Nachlass. Etwaige zu diesem Zeitpunkt noch nicht valutierte Grundpfandrechte sind vom Verkehrswert in Abzug zu bringen. Sofern sich die Miterben nicht binnen einer Frist von sechs Monaten nach Ausübung des Übernahmerechts einvernehmlich auf den Verkehrswert der Immobilie verständigen können, soll der Immobilienwert durch den jeweils ortsansässigen Gutachterausschuss auf Kosten des Nachlasses ermittelt werden.

Das Übernahmerecht ist binnen einer Frist von zwölf Monaten nach Eintritt des Erbfalls schriftlich gegenüber den anderen Miterben auszuüben. Bei nicht fristgerechter Ausübung oder Verzicht erlischt das Übernahmerecht.

Für den Fall, dass meine Tochter als Vermächtnisnehmerin vor oder nach dem Erbfall wegfällt, möchte ich entgegen jeder anderslautender gesetzlicher oder richterlicher Vermutungs- oder Auslegungsregel keinen Ersatzvermächtnisnehmer bestimmen.

Die Kosten der Vermächtniserfüllung trägt der Nachlass.

---

62 Kössinger/Najdecki/Zintl/*Kössinger/Zintl*, § 15 Rn 244.
63 BGH, Urt. v. 25.5.1960 – V ZR 57/59, NJW 1960, 1759.
64 Staudinger/*Löhnig*, § 2048 Rn 5; Grüneberg/*Weidlich*, § 2048 Rn 9.

III. Übernahmerecht als Teilungsanordnung

Bei der Ausgestaltung des Übernahmerechts als Teilungsanordnung ist der Wille des Erblassers in der Regel nicht darauf gerichtet, dass der bedachte Miterbe den Nachlassgegenstand zwingend übernehmen muss. In dieser Konstellation hat der Erbe ebenfalls die **Wahl**, ob er die Teilungsanordnung mit dem Übernahmerecht annehmen will oder nicht. Erklärt der Miterbe, von dem Übernahmerecht Gebrauch machen zu wollen, entsteht der Anspruch auf Übertragung des betroffenen Gegenstands.[65] 69

Bei dem Übernahmerecht als Teilungsanordnung muss jedoch aus der letztwilligen Verfügung ausdrücklich hervorgehen, dass dem Miterben lediglich ein **Recht** zur Übernahme eingeräumt werden soll, da bei der bloßen Teilungsanordnung ohne eine solche Anordnung die Übernahme des Nachlassgegenstands verpflichtend ist und dem Miterben gerade kein solches Wahlrecht zukommt.[66] 70

Im Gegensatz zum Vorausvermächtnis kann der Miterbe, sofern dieser sein Übernahmerecht ausübt, nicht verlangen, den Nachlassgegenstand bereits vor der eigentlichen Auseinandersetzung der Erbengemeinschaft zu erhalten. Die Übertragung erfolgt im Rahmen der Auseinandersetzung des gesamten Nachlasses. 71

Muster 18.11: Übernahmerecht als Teilungsanordnung 18.11

Ich, , geb. am , derzeit wohnhaft in , errichte nachfolgendes Testament: 72

Zu meinen Erben setze ich meine Ehefrau , geb. am , derzeit wohnhaft in , sowie meine Tochter , geb. am , derzeit wohnhaft in , und meinen Sohn , geb. am , derzeit wohnhaft in , zu jeweils gleichen Teilen ein. Zu Ersatzerben meiner Kinder bestimme ich jeweils deren Abkömmlinge unter sich nach den Regelungen der gesetzlichen Erbfolge. Wiederum ersatzweise soll Anwachsung eintreten.

Für die Auseinandersetzung des Nachlasses zwischen den Miterben bestimme ich im Wege der Teilungsanordnung Folgendes:

Meine Tochter erhält im Wege der Teilungsanordnung das Recht, den Grundbesitz in , eingetragen im Grundbuch von , Flst. Nr. , in Anrechnung auf ihren Erbteil aus dem Nachlass zu übernehmen.

Eine Pflicht zur Übernahme wird dadurch ausdrücklich nicht begründet. Sie kann von den übrigen Miterben hierzu nicht verpflichtet werden.

Sofern sich die Miterben nicht binnen einer Frist von sechs Monaten nach Ausübung des Übernahmerechts einvernehmlich auf den Verkehrswert der Immobilie verständigen können, soll der Immobilienwert durch den jeweils ortsansässigen Gutachterausschuss auf Kosten des Nachlasses ermittelt werden.

Das Übernahmerecht ist binnen einer Frist von zwölf Monaten nach Eintritt des Erbfalls schriftlich gegenüber den anderen Miterben auszuüben. Bei nicht fristgerechter Ausübung oder Verzicht erlischt das Übernahmerecht.

65 LG Stuttgart, Beschl. v. 17.12. 2001 – 1 T 23/01, ZEV 2002, 237.
66 Burandt/Rojahn/*Flechtner*, § 2048 Rn 10; Kössinger/Najdecki/Zintl/*Kössinger/Zintl*, § 15 Rn 244.

E. Teilungsverbot

I. Allgemeines

73 Mit dem Teilungsverbot (§ 2044 BGB) steht dem Erblasser ein weiteres Instrument zur Verfügung, mit dem er bereits im Vorfeld lenkend in die Erbauseinandersetzung eingreifen kann. Der Erblasser kann in seinem Testament anordnen, dass die Erben den Nachlass **für eine bestimmte Zeit oder bis zum Eintritt eines bestimmten Ereignisses** nicht teilen dürfen. In Abweichung von § 2042 BGB, wonach jeder Miterbe jederzeit die Auseinandersetzung der bestehenden Erbengemeinschaft verlangen kann, verhindert ein Teilungsverbot die Auseinandersetzung der Erbengemeinschaft durch den Ausschluss des Auseinandersetzungsanspruchs eines oder mehrerer Miterben für einen durch den Erblasser festgelegten Zeitraum.[67]

74 In der Regel will der Erblasser also sein Vermögen über einen gewissen Zeitraum oder bis zum Eintritt eines bestimmten Ereignisses zusammenhalten und für die Erben nur unter bestimmten Voraussetzungen zugänglich machen. Gründe dafür gibt es viele, oft bezweckt der Erblasser mit einem solchen Teilungsverbot jedoch den Schutz des Familienvermögens oder die Bewahrung seines Lebenswerks, insbesondere bei einem sich im Nachlass befindlichen Unternehmen.[68]

75 Im Rahmen der Testamentsauslegung ist unbedingt zu beachten, ob mit der Anordnung nach dem Willen des Erblassers tatsächlich ein **verbindliches** Teilungsverbot durchgesetzt werden soll oder ob diese lediglich einen **Appell** an die Erben darstellen soll, dem Wunsch oder der Bitte des Erblassers nachzukommen, die Auseinandersetzung der Erbengemeinschaft nur unter bestimmten Voraussetzungen vorzunehmen, ohne damit jedoch eine verbindliche Rechtsfolge herbeiführen zu wollen.[69]

76 **Hinweis**
Teilungsverbote führen in der Praxis häufig zu Abwicklungsproblemen, die nicht selten die Zerschlagung des Vermögens zur Folge haben und damit gerade dem Willen des Erblassers, das Vermögen in der Familie zu halten, widersprechen. Bei der Testamentsgestaltung sollte das Teilungsverbot nur als ultima ratio herangezogen werden, da die Erben durch ein solches in ihrer Handlungsfähigkeit stark eingeschränkt werden.

77 Ein Teilungsverbot kann der Erblasser auch bei gesetzlicher Erbfolge anordnen.[70]

II. Inhalt und Formen des Teilungsverbots

1. Inhalt

78 Über den Wortlaut des § 2044 Abs. 1 S. 1 BGB hinaus, der neben dem Ausschluss der Auseinandersetzung das Festlegen einer Kündigungsfrist vorsieht, können Auseinandersetzungsverbote inhaltlich unterschiedlich ausgestaltet werden und eine Beschränkung in gegenständlicher, zeitlicher oder persönlicher Hinsicht vorsehen.

79 In **gegenständlicher** Hinsicht kann sich der Ausschluss der Auseinandersetzung auf den ganzen Nachlass beziehen oder auf einzelne Nachlassgegenstände beschränkt sein. In **zeitli-**

67 Staudinger/*Löhnig*, § 2044 Rn 1.
68 *Kiethe*, ZEV 2003, 225, 226.
69 Vgl. *Bengel*, ZEV 1995, 178; *Kiethe*, ZEV 2003, 225, 226.
70 BayObLG, Beschl. v. 14.12.1966 – BReg. 1b Z 75/66, NJW 1967, 1136.

cher Hinsicht kann der Auseinandersetzungsanspruch durch den Erblasser beschränkt, aufgeschoben oder von bestimmten Ereignissen, Zeitpunkten oder Bedingungen abhängig gemacht werden. Der Erblasser kann den Auseinandersetzungsanspruch auch nur bezüglich einzelner Miterben aus Gründen, die in der **Person** des Erben liegen, beschränken; so erfolgt ein Teilungsverbot oftmals zugunsten des überlebenden Ehegatten, der gegenüber den anderen Miterben einen höheren Schutz erfahren soll.

2. Rechtsformen

Das Teilungsverbot kann in verschiedenen Rechtsformen ausgestaltet werden und ist als Teilungsanordnung oder Vermächtnis, aber auch als Auflage denkbar.[71] 80

Insbesondere die Abgrenzung zwischen Vermächtnis und Auflage bereitet in der Praxis Schwierigkeiten: 81

Wenn die Beschränkung nach dem Willen des Erblassers einem, mehreren oder allen Miterben zugutekommen soll, um diese vor einer Auseinandersetzung zu schützen, ist in der Regel von einem **Vermächtnis** zugunsten des oder der anderen Miterben auszugehen.[72] Verlangt ein Miterbe nach § 2042 BGB die Auseinandersetzung der Erbengemeinschaft, kann der durch die Beschränkung begünstigte Miterbe diese den anderen Miterben entweder als Einrede entgegenhalten und so eine Auseinandersetzung verhindern oder auf deren Geltendmachung verzichten und der Auseinandersetzung zustimmen.[73] Soll dem Erben hingegen keine Wahlmöglichkeit verbleiben und die Beschränkung nach dem Willen des Erblassers – auch gegen den Willen der Erben – in jedem Fall Wirksamkeit entfalten, liegt in der Regel eine **Auflage** vor.[74]

Mit der Anordnung einer Auflage verfolgt der Erblasser oftmals eigene Interessen, z.B. wenn er ein gesteigertes Interesse an dem **Bestand des Nachlasses** als Ganzes oder dem Erhalt einzelner Nachlassgegenstände wie etwa der Familienimmobilie hat. Über eine Auflage können sich die Erben – auch im Einvernehmen untereinander – nicht hinwegsetzen.[75] 82

III. Schranken des Teilungsverbots

1. Wichtiger Grund

Keine Wirkung entfalten die Anordnungen des Erblassers zu einem Auseinandersetzungsausschluss, wenn nach § 2044 Abs. 1 S. 2 i.V.m. § 749 Abs. 2 BGB ein wichtiger Grund vorliegt. Jede entgegenstehende Vereinbarung ist nach § 2044 Abs. 1 S. 2 i.V.m. § 749 Abs. 3 BGB **nichtig.** Diese Regelung dient dem Schutz der Erben und ist durch den Erblasser gem. §§ 2044 Abs. 1 S. 2, 749 Abs. 3 BGB auch **nicht abdingbar.** 83

Ein wichtiger Grund kann dabei in der unwiderruflichen Zerrüttung der Erbengemeinschaft, aber auch in einem Verwertungs- bzw. Nutzungsbedarf für den Nachlass wie z.B. bei einer Heirat oder dem Vermögensverfall eines Miterben liegen.[76] Dabei ist für den 84

71 Vgl. *Bengel*, ZEV 1995, 178, 179.
72 BGH, Urt. v. 25.9.1963 – V ZR 130/61, NJW 1963, 2320; MüKo-BGB/*Fest*, § 2044 Rn 13.
73 Staudinger/*Löhnig*, § 2044 Rn 3; Soergel/*Lettmaier*, § 2044 Rn 5.
74 Grüneberg/*Weidlich*, § 2044 Rn 3; Soergel/*Lettmaier*, § 2044 Rn 5.
75 Grüneberg/*Weidlich*, § 2044 Rn 3; *Muscheler*, ZEV 2010, 340.
76 MüKo-BGB/*Fest*, § 2044 Rn 17; Staudinger/*Löhnig*, § 2044 Rn 11.

Einzelfall entscheidend, ob der Erblasser in **Kenntnis der veränderten Sachlage** von der Anordnung des Auseinandersetzungsausschlusses abgesehen hätte.[77]

2. Zeitliche Schranken

85 Das Teilungsverbot kann durch den Erblasser nicht für unbestimmte Zeit ausgeschlossen werden. § 2044 Abs. 2 BGB sieht eine zwingende zeitliche Grenze für die Wirkungsdauer eines Auseinandersetzungsverbots vor. Die Wirksamkeit der Anordnung des Erblassers ist auf 30 Jahre befristet. Diese Höchstfrist gilt nach § 2044 Abs. 2 S. 3 BGB ausnahmslos für **juristische Personen** als Miterben. Bei einer **natürlichen Person** wird regelmäßig an ein Ereignis wie z.B. Heirat, Tod oder das Erreichen einer gewissen Altersgrenze angeknüpft und gilt die Auseinandersetzungsanordnung u.U. auch über die vorgesehene Höchstfrist von 30 Jahren hinaus.[78]

IV. Checkliste: Teilungsverbot

86 **I. Form**
- Teilungsanordnung
- Vermächtnis
- Auflage

II. Inhalt
- Gegenständlich: Ausschluss der Auseinandersetzung bezüglich des gesamten Nachlasses oder nur bezüglich einzelner Nachlassgegenstände?
- Persönlich: Grund in der Person eines Erben? Anordnung für einzelnen Miterben oder alle Miterben?
- Zeitlich: Geltung der Höchstfrist oder Anknüpfung an ein bestimmtes Ereignis?

V. Teilungsverbot als Teilungsanordnung

87 Eine Anordnung nach § 2044 Abs. 1 BGB hat den **Ausschluss des Anspruchs** auf unverzügliche Auseinandersetzung der Erbengemeinschaft nach § 2042 Abs. 1 BGB zur Folge. Bei dem nach § 2044 Abs. 1 BGB vorgesehenen Teilungsverbot handelt es sich zugleich um eine **negative Teilungsanordnung** nach § 2048 BGB.[79] Nach Maßgabe des § 2044 BGB kann der Erblasser durch letztwillige Verfügung die Auseinandersetzung des Nachlasses im Ganzen oder für einzelne Gegenstände ausschließen oder aber die Auseinandersetzung von einer durch ihn bestimmten Kündigungsfrist abhängig machen.

88 Das Verbot der Teilung bzw. der Ausschluss einzelner Nachlassgegenstände von der Erbauseinandersetzung kommt häufig bei im Nachlass befindlichen Unternehmen oder Grundbesitz vor, die nach dem Willen des Erblassers in der Familie gehalten werden und nicht im Rahmen der Auseinandersetzung des Nachlasses verkauft werden sollen.

89 Die Anordnung einer **Kündigungsfrist** nach § 2044 Abs. 1 S. 1 BGB soll den Erben in der Regel einen gewissen zeitlichen Vorsprung zur Vorbereitung der Erbauseinandersetzung verschaffen.[80]

---

77 MüKo-BGB/*Fest*, § 2044 Rn 17.
78 Grüneberg/*Weidlich*, § 2044 Rn 1.
79 OLG Karlsruhe, Urt. v. 30.3.2022 – 11 U 7/21, FamRZ 2022, 1143; Grüneberg/*Weidlich*, § 2044 Rn 2.
80 Soergel/*Lettmaier*, § 2044 Rn 2; MüKo-BGB/*Fest*, § 2044 Rn 1.

Muster 18.12: Teilungsverbot als Teilungsanordnung 18.12

Ich, ___, geb. am ___, derzeit wohnhaft in ___, errichte nachfolgendes Testament: 90

Zu meinen Erben setze ich meine Ehefrau ___, geb. am ___, derzeit wohnhaft in ___, sowie meine beiden Kinder, meine Tochter ___, geb. am ___, derzeit wohnhaft in ___, und meinen Sohn ___, geb. am ___, derzeit wohnhaft in ___, zu jeweils gleichen Teilen ein.

Zu Ersatzerben meiner Kinder bestimme ich jeweils deren Abkömmlinge unter sich nach den Regelungen der gesetzlichen Erbfolge. Wiederum ersatzweise soll Anwachsung eintreten.

Für die Auseinandersetzung des Nachlasses zwischen den Miterben bestimme ich Folgendes:

Ich schließe hiermit die Auseinandersetzung gem. § 2044 BGB im Wege einer Teilungsanordnung explizit bezüglich der folgenden Nachlassgegenstände aus:

Grundbesitz in ___, eingetragen im Grundbuch von ___, Flst. Nr. ___

Grundbesitz in ___, eingetragen im Grundbuch von ___, Flst. Nr. ___

Grundbesitz in ___, eingetragen im Grundbuch von ___, Flst. Nr. ___

Die restlichen im Nachlass befindlichen Gegenstände sind von dem Teilungsverbot ausdrücklich nicht umfasst.

Das Teilungsverbot endet mit dem Ablauf von 15 Jahren nach Eintritt meines Todes, spätestens jedoch mit dem Zeitpunkt des Eintritts des Todesfalls meiner Ehefrau. Der Ausschluss der Auseinandersetzung bleibt auch dann wirksam, wenn einer der Miterben innerhalb der vorbezeichneten Frist stirbt.

Ein bei der Gestaltung unbedingt zu bedenkender und nicht unbeachtlicher **Nachteil** der 91
Ausgestaltung des Teilungsverbots in Form der Teilungsanordnung nach § 2044 BGB ist die Möglichkeit der Erben, sich im gegenseitigen Einvernehmen über den darin zum Ausdruck kommenden **Erblasserwillen** hinwegsetzen zu können. Das Teilungsverbot enthält kein gesetzliches Veräußerungsverbot i.S.d. § 134 BGB, sondern stellt, wie auch die Teilungsanordnung als solche, lediglich einen Anspruch des einzelnen oder mehrerer Miterben gegenüber den anderen Miterben dar, der auf den Ausschluss der Auseinandersetzung gerichtet ist.[81] Da es sich bei dem Teilungsverbot in Form einer negativen Teilungsanordnung um einen **ausschließlich schuldrechtlichen Anspruch** handelt, können sich die Miterben auch über den in der letztwilligen Verfügung geäußerten Erblasserwillen einvernehmlich hinwegsetzen und dinglich wirksam (§ 137 Abs. 1 BGB) die Auseinandersetzung trotz des angeordneten Verbots durchführen.[82] Die Anordnung eines Teilungsverbots nach § 2044 BGB hat aufgrund dieser rein schuldrechtlichen Wirkung bei seiner Nichtbeachtung somit keinerlei Konsequenzen für die Erben; das macht seine Anordnung in diesem Fall überflüssig.

Praxistipp 92
Die Ausgestaltung eines Teilungsverbots als bloße Teilungsanordnung allein taugt oftmals nicht, um die Auseinandersetzung nach dem Willen des Erblassers in jedem Fall zu verhindern.

VI. Teilungsverbot als Vermächtnis

Ein Teilungsverbot kann auch durch die Anordnung eines Vermächtnisses zugunsten **einzelner** oder **aller** anderen Miterben erfolgen. Durch die Einräumung des Vermächtnisses kann der einzelne oder mehrere Erben die **Unterlassung** der Auseinandersetzung von den anderen Miterben verlangen. 93

81 MüKo-BGB/*Fest*, § 2044 Rn 7.
82 Grüneberg/*Weidlich*, § 2208 Rn 2.

18.13 **Muster 18.13: Teilungsverbot als Vermächtnis für alle Miterben**

94 Ich, …, geb. am …, derzeit wohnhaft in …, errichte nachfolgendes Testament:

Zu meinen Erben setze ich meine Ehefrau …, geb. am …, derzeit wohnhaft in …, sowie meine beiden Kinder, meine Tochter …, geb. am …, derzeit wohnhaft in …, und meinen Sohn …, geb. am …, derzeit wohnhaft in …, zu jeweils gleichen Teilen ein.

Zu Ersatzerben meiner Kinder bestimme ich jeweils deren Abkömmlinge unter sich nach den Regelungen der gesetzlichen Erbfolge. Wiederum ersatzweise soll Anwachsung eintreten.

Darüber hinaus ordne ich folgendes Vermächtnis an:

Die Auseinandersetzung meines gesamten Nachlasses schließe ich hiermit im Wege eines Vermächtnisses für alle Miterben für die nach § 2044 BGB gesetzlich vorgesehene Höchstfrist von 30 Jahren explizit aus. Der Ausschluss soll jedoch mindestens bis zu dem Zeitpunkt des Eintritts des Todesfalls meiner Ehefrau gelten. Der Ausschluss der Auseinandersetzung bleibt auch dann wirksam, wenn einer der Miterben innerhalb der vorbezeichneten Frist stirbt.

Dieser Anspruch steht jedem der Miterben vermächtnisweise gegenüber den anderen Miterben zu. Eine vorzeitige Auseinandersetzung vor dem oben bestimmten Zeitraum ist somit nur möglich, wenn diese durch alle Miterben einvernehmlich erfolgt.

18.14 **Muster 18.14: Teilungsverbot als Vermächtnis für einen Miterben**

95 Ich, …, geb. am …, derzeit wohnhaft in …, errichte nachfolgendes Testament:

Zu meinen Erben setze ich meine Ehefrau …, geb. am …, derzeit wohnhaft in …, sowie meine beiden Kinder, meine Tochter …, geb. am …, derzeit wohnhaft in …, und meinen Sohn …, geb. am …, derzeit wohnhaft in …, zu jeweils gleichen Teilen ein.

Zu Ersatzerben meiner Kinder bestimme ich jeweils deren Abkömmlinge unter sich nach den Regelungen der gesetzlichen Erbfolge. Wiederum ersatzweise soll Anwachsung eintreten.

Darüber hinaus ordne ich im Wege des Vermächtnisses Folgendes an:

Die Auseinandersetzung des Nachlasses kann, solange meine Ehefrau nicht wieder heiratet, gegen ihren Willen nicht verlangt werden. Dieser Anspruch steht meiner Ehefrau vermächtnisweise gegenüber den anderen Miterben zu. Eine vorzeitige Auseinandersetzung vor dem oben bestimmten Zeitraum ist somit nur möglich, wenn sich meine Ehefrau mit der Auseinandersetzung explizit einverstanden erklärt.

VII. Teilungsverbot als Auflage

1. Grundsätzliches

96 Soll die praktische Durchsetzung des Teilungsverbots nach dem Willen des Erblassers in jedem Fall gewährleistet werden, bietet sich die Anordnung in Form einer Auflage gem. §§ 1940, 2190 ff. BGB an, deren Einhaltung nach § 2194 BGB **erzwungen** werden kann. Sie soll in der Regel gegenüber allen Miterben gelten, die sich nicht über die Auflage – auch nicht im gegenseitigen Einvernehmen – hinwegsetzen dürfen.[83]

83 Grüneberg/*Weidlich*, § 2044 Rn 3.

2. Auflage ohne Sanktion

Muster 18.15: Teilungsverbot als Auflage ohne Sanktion 18.15

Ich, , geb. am , derzeit wohnhaft in , errichte nachfolgendes Testament: 97

Zu meinen Erben setze ich meine Ehefrau , geb. am , derzeit wohnhaft in , sowie meine beiden Kinder, meine Tochter , geb. am , derzeit wohnhaft in , und meinen Sohn , geb. am , derzeit wohnhaft in , zu jeweils gleichen Teilen ein.

Zu Ersatzerben meiner Kinder bestimme ich jeweils deren Abkömmlinge unter sich nach den Regelungen der gesetzlichen Erbfolge. Wiederum ersatzweise soll Anwachsung eintreten.

Darüber hinaus ordne ich für die Auseinandersetzung des Nachlasses zwischen den Miterben die folgende Auflage an:

Die Nachlassauseinandersetzung unterliegt der Auflage, dass das Recht zur Auseinandersetzung durch die Miterben nicht vor Ablauf einer Frist von 10 Jahren ab dem Eintritt meines Erbfalls verlangt werden kann. Das Teilungsverbot endet jedoch frühestens, sobald mein jüngstes Kind das 40. Lebensjahr vollendet hat. Der Ausschluss der Auseinandersetzung bleibt auch dann wirksam, wenn einer der Miterben innerhalb der vorbezeichneten Frist stirbt.

3. Auflage mit Sanktion

Um die Einhaltung der Auflage durch die Miterben zu gewährleisten, kann der Erblasser einen Verstoß gegen das Teilungsverbot mit einer die Erben sanktionierenden Reglung versehen. 98

Muster 18.16: Teilungsverbot als Auflage mit Sanktion 18.16

Ich, , geb. am , derzeit wohnhaft in , errichte nachfolgendes Testament: 99

Zu meinen Erben setze ich meine Ehefrau , geb. am , derzeit wohnhaft in , sowie meine beiden Kinder, meine Tochter , geb. am , derzeit wohnhaft in , und meinen Sohn , geb. am , derzeit wohnhaft in , zu jeweils gleichen Teilen ein.

Zu Ersatzerben meiner Kinder bestimme ich jeweils deren Abkömmlinge unter sich nach den Regelungen der gesetzlichen Erbfolge. Wiederum ersatzweise soll Anwachsung eintreten.

Darüber hinaus ordne ich für die Auseinandersetzung des Nachlasses zwischen den Miterben die folgende Auflage an:

Die Nachlassauseinandersetzung unterliegt der Auflage, dass die Auseinandersetzung durch die Miterben nicht vor Ablauf der nach § 2044 BGB gesetzlich vorgesehenen Höchstfrist von 30 Jahren ab dem Eintritt meines Erbfalls, mindestens jedoch bis zu dem Zeitpunkt des Eintritts des Todesfalls meiner Ehefrau, verlangt werden kann. Der Ausschluss der Auseinandersetzung bleibt auch dann wirksam, wenn einer der Miterben innerhalb der vorbezeichneten Frist stirbt.

Daneben ordne ich im Wege eines Vermächtnisses Folgendes an:

Für den Fall, dass sich die Erben über das Teilungsverbot hinwegsetzen und der Nachlass vor Ablauf der vorbezeichneten Frist durch die Miterben einvernehmlich auseinandergesetzt wird, gilt die Anordnung des folgenden aufschiebend bedingten Vermächtnisses zugunsten des , geb. am , derzeit wohnhaft in , ersatzweise der , geb. am , derzeit wohnhaft in , in Form des Grundbesitzes in , eingetragen im Grundbuch von , Flst. Nr. .

Die Kosten der Vermächtniserfüllung trägt der Nachlass.

4. Auflage mit Sanktion und Testamentsvollstreckung

100 Oftmals ist es zweckmäßig, bei der Ausgestaltung des Teilungsverbots als Auflage ausdrücklich eine dritte Person mit der Durchsetzung der Auflage zu beauftragen (§ 2194 BGB) oder eine zusätzliche **Testamentsvollstreckung** anzuordnen.

101 Dem Testamentsvollstrecker drohen bei verbotener Mitwirkung an einer Auseinandersetzung Schadensersatzansprüche wegen Verstoßes gegen seine Pflicht zur ordnungsgemäßen Verwaltung.[84] Der Testamentsvollstrecker ist an das Auseinandersetzungsverbot des Erblassers **gebunden**. Das Auseinandersetzungsverbot gilt aber **nicht absolut**; der Testamentsvollstrecker kann sich mit Zustimmung aller Miterben, Vermächtnisnehmer oder Auflagenbegünstigten darüber hinwegsetzen.[85]

102 Der auf ein Teilungsverbot des Erblassers gestützte Widerspruch eines Miterben gegen die Zwangsversteigerung eines Nachlassgrundstücks ist mit der Widerspruchsklage des § 771 ZPO geltend zu machen.[86]

18.17 **Muster 18.17: Teilungsverbot als Auflage mit Sanktion und Testamentsvollstreckung**

103 Ich, , geb. am , derzeit wohnhaft in , errichte nachfolgendes Testament:

Zu meinen Erben setze ich meine Ehefrau , geb. am , derzeit wohnhaft in , sowie meine beiden Kinder, meine Tochter , geb. am , derzeit wohnhaft in , und meinen Sohn , geb. am , derzeit wohnhaft in , zu jeweils gleichen Teilen ein.

Zu Ersatzerben meiner Kinder bestimme ich jeweils deren Abkömmlinge unter sich nach den Regelungen der gesetzlichen Erbfolge. Wiederum ersatzweise soll Anwachsung eintreten.

Darüber hinaus ordne ich für die Auseinandersetzung des Nachlasses zwischen den Miterben die folgende Auflage an:

Die Nachlassauseinandersetzung unterliegt der Auflage, dass die Auseinandersetzung durch die Miterben nicht vor Ablauf der nach § 2044 BGB gesetzlich vorgesehenen Höchstfrist von 30 Jahren ab dem Eintritt meines Erbfalls, mindestens jedoch bis zu dem Zeitpunkt des Eintritts des Todesfalls meiner Ehefrau, verlangt werden kann. Der Ausschluss der Auseinandersetzung bleibt auch dann wirksam, wenn einer der Miterben innerhalb der vorbezeichneten Frist stirbt.

Daneben ordne ich im Wege eines Vermächtnisses Folgendes an:

Für den Fall, dass sich die Erben über das Teilungsverbot hinwegsetzen und der Nachlass vor Ablauf der vorbezeichneten Frist durch die Miterben einvernehmlich auseinandergesetzt wird, gilt die Anordnung eines aufschiebend bedingten Vermächtnisses zugunsten des , geb. am , derzeit wohnhaft in , ersatzweise der , geb. am , derzeit wohnhaft in , in Form des Grundbesitzes in , eingetragen im Grundbuch von , Flst. Nr. .

Die Kosten der Vermächtniserfüllung trägt der Nachlass.

Ich ordne Testamentsvollstreckung an. Der Testamentsvollstrecker hat die Aufgabe, meinen Nachlass nach Maßgabe der von mir getroffenen Anordnungen zu verwalten und dabei insbesondere sicherzustellen, dass das Teilungsverbot eingehalten wird und bei Eintritt der aufschiebenden Bedingung das angeordnete Vermächtnis erfüllt wird.

---

84 *Scheuren-Brandes*, ZEV 2007, 306, 307.

85 OLG München, Urt. v. 19.10.2006 – 8 U 1729/06, ErbR 2008, 300 m. Anm. *Rogler*; OLG München, Urt. v. 16.11.2016 – 20 U 2886/16, RNotZ 2017, 107.

86 OLG Hamburg, Urt. v. 23.8.1960 – 2 U 56/60, BeckRS 1960, 105796.

Zum Testamentsvollstrecker bestimme ich , geb. am , derzeit wohnhaft in , ersatzweise , geb. am , derzeit wohnhaft in . Wiederum ersatzweise soll das Nachlassgericht einen geeigneten Testamentsvollstrecker bestimmen.

Der Testamentsvollstrecker erhält für seine Tätigkeit eine Vergütung in Höhe von EUR.

Die Kosten der Testamentsvollstreckung trägt der Nachlass.

VIII. Auflösend bedingtes Teilungsverbot

Bei der Anordnung eines Teilungsverbots als **Auflage** mit einer Sanktionsregel und der Sicherstellung der Erfüllung durch die Anordnung einer Testamentsvollstreckung können sich die Erben in Abstimmung mit dem Testamentsvollstrecker über das Teilungsverbot und damit auch über den Erblasserwillen hinwegsetzen. Für den Fall, dass sich die Erben nicht an das Auseinandersetzungsverbot halten und gegen den Willen des Erblassers handeln, kann zur **Absicherung des Auseinandersetzungsverbots** die Erbeinsetzung auflösend bedingt angeordnet werden. 104

Dies wird in der Regel durch die Anordnung einer **auflösend bedingten Vorerbschaft** und eine gleichzeitig für den Fall der Zuwiderhandlung gegen das Verbot angeordnete **Nacherbschaft** erreicht.[87] Das Unterlassen der Erbauseinandersetzung während des vom Erblasser im Auseinandersetzungsverbot vorgegebenen Zeitrahmens stellt dann zugleich eine aufschiebende und eine auflösende Bedingung dar.[88] 105

Muster 18.18: Auflösend bedingtes Teilungsverbot 18.18

Ich, , geb. am , derzeit wohnhaft in , errichte nachfolgendes Testament: 106

Zu meinen Erben setze ich meine Ehefrau , geb. am , derzeit wohnhaft in , sowie meine beiden Kinder, meine Tochter , geb. am , derzeit wohnhaft in , und meinen Sohn , geb. am , derzeit wohnhaft in , zu jeweils gleichen Teilen ein.

Zu Ersatzerben meiner Kinder bestimme ich jeweils deren Abkömmlinge unter sich nach den Regelungen der gesetzlichen Erbfolge. Wiederum ersatzweise soll Anwachsung eintreten.

Darüber hinaus ordne ich Folgendes an:

Die Auseinandersetzung meines gesamten Nachlasses schließe ich hiermit für eine Frist von 20 Jahren, beginnend mit Eintritt des Erbfalls, explizit aus. Der Ausschluss soll jedoch mindestens bis zu dem Zeitpunkt des Eintritts des Todesfalls meiner Ehefrau gelten. Der Ausschluss der Auseinandersetzung bleibt auch dann wirksam, wenn einer der Miterben innerhalb der vorbezeichneten Frist stirbt.

Die eingesetzten Erben sind dabei jedoch nur auflösend bedingte Vorerben und gleichzeitig aufschiebend bedingte Erben. Aufschiebende und gleichzeitig auflösende Bedingung ist das Unterlassen der Erbauseinandersetzung während des vorbezeichneten Zeitrahmens von 20 Jahren, mindestens jedoch bis zu dem Zeitpunkt des Eintritts des Todesfalls meiner Ehefrau. Der Nacherbfall tritt ein mit Verstoß gegen das Auseinandersetzungsverbot.

Zu Nacherben werden folgende Personen bestimmt: meine Schwester , geb. am , derzeit wohnhaft in , sowie meine beiden Brüder , geb. am , derzeit wohnhaft in , und , geb. am , derzeit wohnhaft in , zu jeweils gleichen Teilen.

Zu Ersatznacherben meiner Geschwister bestimme ich jeweils deren Abkömmlinge unter sich nach den Regelungen der gesetzlichen Erbfolge. Wiederum ersatzweise soll Anwachsung eintreten.

---

87 Kössinger/Najdecki/Zintl/*Kössinger/Zintl*, § 15 Rn 256.

88 *Bengel*, ZEV 1995, 178, 179.

F. Checkliste: Auseinandersetzungsanordnungen

107
- Verteilung von Nachlassgegenständen ohne explizite Erbeinsetzung in letztwilliger Verfügung
- Teilungsanordnung oder quotale Erbeinsetzung
- Abgrenzung Teilungsanordnung von Vorausvermächtnis anhand folgender Kriterien: (wertmäßige) Besserstellung eines Erben, Begünstigungswille des Erblassers, Anrechnungsbestimmung, Ausgleichszahlung, Rechtsfolgen
- Fall der überquotalen Teilungsanordnung
- Zuweisung eines Nachlassgegenstands über Wert des Erbteils durch Teilungsanordnung, der die Erbquote übersteigende Betrag ist ein Vorausvermächtnis
- Anordnung des Übernahmerechts zum Verkehrswert oder Übernahmepreis, durch Vermächtnis oder Teilungsanordnung
- Teilungsverbot als Teilungsanordnung (negativ), Vermächtnis, Auflage mit oder ohne Sanktion
- Auseinandersetzungsverbot den ganzen Nachlass oder einzelne Nachlassgegenstände betreffend
- Auseinandersetzungsverbot zeitlich oder persönlich beschränkt oder als auflösende Bedingung

§ 19 Familienrechtliche Anordnungen

Dr. Claus-Henrik Horn

Literaturhinweise

Enzensberger/Maar, Testamente für Geschiedene und Patchworkehen, 5. Aufl. 2024; *Fröhler*, Der minderjährige Erbe, in: Groll/Steiner (Hrsg.), Praxishandbuch Erbrecht, 6. Aufl. 2024; *Krauß*, Vermögensnachfolge in der Praxis, 6. Aufl. 2021; *Pawlytta*, Minderjährige im Erbrecht, in: Scherer (Hrsg.), Münchener Anwaltshandbuch Erbrecht, 6. Aufl. 2024.

Besonderer Dank an Niklas Meinel für die engagierte Unterstützung bei der Aktualisierung.

Inhalt

A. Allgemeines ... 1
- I. Beratungssituationen ... 1
- II. Grundzüge der Vertretung von minderjährigen Kindern ... 2
  - 1. Elterliche Sorge (Innenverhältnis) ... 2
  - 2. Elterliche Vertretungsmacht (Außenverhältnis) ... 3
  - 3. Familiengerichtliche Genehmigungsbedürftigkeit einzelner Rechtsgeschäfte ... 7
  - 4. Bestellung eines Ergänzungspflegers ... 9
  - 5. Bestellung eines Vormunds ... 10

B. Praxisrelevante Sonderfälle ... 11
- I. Testamentsvollstreckung ... 11
  - 1. Überblick ... 11
  - 2. Längerlebender Elternteil als gesetzlicher Vertreter und als Testamentsvollstrecker ... 13
  - 3. Dritte Person als Pfleger und als Testamentsvollstrecker ... 15
  - 4. Weitere Konstellationen möglicher Interessenkollisionen ... 16
  - 5. Gestaltungen ... 17
- II. Pflichtteil des minderjährigen Kindes ... 20

C. Gestaltungsoptionen ... 25
- I. Gestaltungsziele ... 25
  - 1. Letztwillige Verfügungen von Ehegatten für den ersten Erbfall beim Berliner Testament ... 25
  - 2. Letztwillige Verfügungen von Ehegatten für den zweiten Erbfall beim Berliner Testament ... 27
  - 3. Begünstigung minderjähriger Kinder durch Nicht-Eltern ... 28
  - 4. Letztwillige Verfügungen des geschiedenen Elternteils ... 29
- II. Gestaltungen zum Vermögensverzeichnis (§ 1640 BGB) ... 32
- III. Gestaltungen zum Entzug des Verwaltungsrechts der Eltern (§ 1638 BGB) ... 37
- IV. Gestaltungen zu Verwaltungsanordnungen (§ 1639 BGB) ... 45
- V. Gestaltungen zur Zuwendungspflegschaft ... 54
  - 1. Grundlagen ... 54
  - 2. Tätigkeit des Pflegers ... 59
  - 3. Befreite Zuwendungspflegschaft ... 60
  - 4. Anordnung zur Verwaltung des Vermögens ... 65
- VI. Gestaltungen zu einem Vormund ... 67

D. Entziehung des güterrechtlichen Verwaltungsrechts (Gütergemeinschaft) ... 74

A. Allgemeines

I. Beratungssituationen

Bei letztwilligen Verfügungen, bei denen Bedachte beim Erbfall noch **minderjährig** sein können, sind besondere Anordnungen zu treffen. Der Einfluss und die Einsicht des Familiengerichts in private Vermögensangelegenheiten können vermieden oder erheblich reduziert und die Bestellung einer fremden, möglicherweise unqualifizierten Person zum Pfleger vermieden werden. Nach **Scheidung einer Ehe** besteht zumeist der Wunsch des Mandanten, eine Regelung zu finden, die verhindert, dass das Vermögen, das die gemeinschaftlichen Kinder erben werden, nicht vom geschiedenen Ehepartner verwaltet wird. 1

II. Grundzüge der Vertretung von minderjährigen Kindern

1. Elterliche Sorge (Innenverhältnis)

2 Die elterliche Sorge umfasst gem. § 1626 Abs. 1 S. 2 BGB die Sorge für die Person (**Personensorge**) und für deren Vermögen (**Vermögenssorge**). Die Vermögenssorge umfasst alle tatsächlichen und rechtlichen Maßnahmen, die darauf gerichtet sind, das Kindesvermögen zu erhalten, zu verwerten und zu vermehren.[1] Sie steht den Eltern gemeinsam zu, kann jedoch auf andere Personen ganz – etwa auf den Vormund nach § 1773 BGB – oder teilweise – auf den Pfleger nach § 1630 Abs. 1 BGB – übergehen. Haben nicht verheiratete Eltern keine Sorgeerklärung abgegeben, steht das Sorgerecht alleine der Mutter zu (§ 1626 Abs. 3 BGB). Bei gemeinsamer Sorge steht nach dem Tod eines Elternteils dem längerlebenden Elternteil alleine das Sorgerecht zu (§ 1680 Abs. 1 BGB). Stand bei nicht miteinander verheirateten Eltern einem Elternteil die elterliche Sorge gem. § 1626a Abs. 3 BGB oder bei zunächst miteinander verheirateten Eltern nach der Trennung bzw. Scheidung gem. § 1671 BGB alleine zu und ist dieser gestorben, so hat das Familiengericht die elterliche Sorge dem längerlebenden Elternteil zu übertragen, wenn dies dem Wohl des Kindes nicht widerspricht (§ 1680 Abs. 2 BGB).

2. Elterliche Vertretungsmacht (Außenverhältnis)

3 Aus dem elterlichen Sorgerecht im Innenverhältnis folgt gem. § 1629 Abs. 1 BGB ein Gesamtvertretungsrecht beider Eltern nach außen.[2] Übt ein Elternteil die elterliche Sorge etwa nach dem Tod des anderen Elternteils alleine aus, ist dieser der alleinige Vertreter (§ 1629 Abs. 1 S. 3 BGB).

4 Die elterliche Vertretungsmacht unterliegt **Grenzen**. So besteht ein Vertretungsverbot bei Geschäften mit möglicher Interessenkollision. Nach bisher h.M. führte bereits das Vertretungsverbot nur eines Elternteils zum vollständigen Ausschluss der elterlichen Vertretungsmacht, also auch des anderen Elternteils.[3] Der BGH bricht mit Beschluss vom 24.3.2021[4] mit dieser Rechtsprechung. Er stellte stärker auf den Wortlaut des bis zum 31.12.2022 geltenden Gesetzes ab, der einen solch beidseitigen Vertretungsausschluss nicht vorsehe. Über die in § 1795 BGB a.F. und § 1796 BGB a.F. hinausgehenden Konstellationen käme ein Ausschluss der Vertretungsmacht nicht in Betracht.[5]

Ein Verbot ergibt sich bei einem **abstrakten Interessengegensatz** in den Fällen der §§ 1629 Abs. 2 S. 1, 1824 Abs. 1 Nr. 1–3 BGB.[6] Es kommt nicht darauf an, ob die Interessen des Kindes tatsächlich gefährdet sind.[7] Auch nimmt das Gesetz ein Vertretungsverbot bei einem Insichgeschäft an (§§ 1629 Abs. 2 S. 1, 1824 Abs. 2, 181 BGB). Dabei ist zu bedenken, dass bei ausschließlicher Erfüllung einer Verbindlichkeit kein unzulässiges Insichgeschäft vorliegt (§ 181 Hs. 2 BGB).[8] Auch ist § 181 BGB bei einem Rechtsgeschäft, welches dem

1 OLG Brandenburg v. 15.3.2019 – 9 WF 265/18, BeckRS 2019, 4980 = FamRZ 2019, 1247.
2 *Enzensberger/Maar*, Testamente für Geschiedene und Patchworkehen, § 4 Rn 2.
3 BGH NJW 1972, 1708; OLG Frankfurt ZErb 2018, 346 Rn 26; MüKo-BGB/*Huber*, § 1629 Rn 44.
4 BGH NJW 2021, 1875; vgl. OLG Köln NJW 2022, 3514.
5 Hierzu *Felix*, NZFam 2024, 385, 386.
6 *Horn*, ZEV 2013, 297, 298; *Horn*, Gesetzliche Vertretung im BGB, 2023, § 22 Rn 6–8.
7 MüKo-BGB/*Schneider*, § 1824 Rn 2; OLG Brandenburg ErbR 2019, 448.
8 MüKo-BGB/*Schneider*, § 1824 Rn 14.

Minderjährigen lediglich rechtliche Vorteile bringt, nicht anwendbar.[9] Ebenfalls ist die Beantragung eines Erbscheins kein Rechtsgeschäft i.S.d. § 1824 BGB.[10]

Das Familiengericht kann gem. § 1629 Abs. 2 S. 3 BGB in den Fällen des § 1789 Abs. 2 S. 3, 4 BGB den Eltern die Vertretung entziehen, wenn ein **konkreter Interessengegensatz** vorliegt.[11] Die Interessen von Vertreter und Vertretenem müssen dazu **„in einem erheblichen Gegensatz"** stehen (§ 1789 Abs. 2 S. 4 BGB).[12] Ein erheblicher Gegensatz ist gegeben, wenn das eine Interesse nur auf Kosten des anderen Interesses durchgesetzt werden kann und die Gefahr besteht, dass die sorgeberechtigten Eltern das Kindesinteresse nicht genügend berücksichtigen können.[13] Ein solcher konkreter Interessengegensatz kann sich in vielfältigen Situationen nach dem Erbfall ergeben, so bei einer Erbengemeinschaft, in der sich Eltern gemeinsam mit einem minderjährigen Kind befinden, bei Vermächtnissen und bei Geltendmachung des Pflichtteilsanspruchs.[14] Auch ist ein konkreter Interessengegensatz anzunehmen, wenn das minderjährige Enkelkind des Erblassers erbt und ein Elternteil, also ein Kind des Erblassers, seine eigenen Pflichtteilsansprüche durchsetzen möchte.[15] 5

Zuletzt kann sich ein Ausschluss der Vertretungsmacht der Eltern auch aus § 1666 BGB (Entziehung der Vertretungsmacht durch das Familiengericht) bei einer **Gefährdung des Kindesvermögens** ergeben, wenn die gegenwärtige Gefahr besteht, dass sich das Vermögen des Kindes vermindert oder durch den Ausfall von Erträgen nicht vermehrt und dies nach den Grundsätzen einer wirtschaftlichen Vermögensverwaltung durch entsprechende Maßnahmen hätte verhindert werden können. 6

3. Familiengerichtliche Genehmigungsbedürftigkeit einzelner Rechtsgeschäfte

Abhängig von der Frage, ob ein Minderjähriger durch seine Eltern, einen Pfleger oder einen Vormund vertreten wird, unterliegen **bestimmte Rechtsgeschäfte der Genehmigung des Familiengerichts**. So verweist für die Eltern § 1643 Abs. 1 BGB auf §§ 1850–1854 BGB, aber vorbehaltlich des § 1643 Abs. 2–5 BGB. § 1851 BGB regelt Genehmigungsbedürfnisse erbrechtlicher Rechtsgeschäfte. Tritt gem. § 1643 Abs. 3 BGB der Anfall einer Erbschaft oder eines Vermächtnisses an das Kind erst infolge der Ausschlagung eines Elternteils ein, der das Kind allein oder gemeinsam mit dem anderen Elternteil vertritt, ist die Genehmigung abweichend von § 1851 Nr. 1 BGB nur dann erforderlich, wenn der Elternteil neben dem Kind berufen war. Umstritten sind die Fälle der lenkenden Ausschlagung durch Eltern für ihr Kind.[16] Auch ein Auseinandersetzungsvertrag und eine Vereinbarung, mit der das Kind aus einer Erbengemeinschaft ausscheidet, bedarf keiner Genehmigung (§ 1643 Abs. 3 S. 2 BGB). 7

---

9 BGH NJW 1972, 2262; OLG Frankfurt FPR 2013, 397, 399; Grüneberg/*Ellenberger*, § 181 Rn 9; vgl. *Lambertz*, ZEV 2014, 187; vgl. *Friedrich-Büttner/Wiese*, ZEV 2014, 513; Überblick zur Frage „lediglich rechtlicher Vorteil": *Krauß*, Vermögensnachfolge in der Praxis, Rn 4509 ff.

10 OLG Brandenburg ErbR 2019, 448, 449.

11 *Horn*, Gesetzliche Vertretung im BGB, § 22 Rn 9.

12 Vgl. zum alten Recht: BGH ZErb 2011, 198; BGH ZEV 2008, 330, 331.

13 OLG Brandenburg ErbR 2019, 448, 449.

14 Vgl. *Horn*, ZEV 2013, 297, 299 f.; *Damrau*, Der Minderjährige im Erbrecht, §§ 9, 24, 29, 42; Scherer/*Pawlytta*, MAH ErbR, § 42 Rn 41 ff.; Groll/Steiner/*Grziwotz/Fröhler*, Erbrechtsberatung, § 14 Rn 14.187 (zum Pflichtteilsanspruch).

15 OLG Brandenburg ErbR 2019, 448, 449.

16 *Splinter*, ZEV 2024, 573.

Vormünder bedürfen der familiengerichtlichen Genehmigung für Angelegenheiten nach §§ 1799 Abs. 1, 1848–1854 Nr. 1–7 BGB. Dies gilt für Pfleger über den Verweis aus § 1813 Abs. 1 BGB auf die vorgenannten Paragrafen.

8 Für die Erteilung der Genehmigung ist das Familiengericht örtlich zuständig, in dessen Bezirk das minderjährige Kind seinen gewöhnlichen Aufenthalt hat (§ 152 Abs. 2 FamFG). Genehmigungsbedürftige Rechtsgeschäfte sind **dem Familiengericht anzuzeigen.** Es ist die erforderliche Genehmigung zu beantragen. Über die Genehmigung, die gem. §§ 1644 Abs. 3, 1856 BGB auch nachträglich erteilt werden kann, entscheidet das Familiengericht durch Beschluss, der erst mit formeller Rechtskraft wirksam wird (§ 40 Abs. 2 S. 1 FamFG).[17] Die Genehmigung ist dem Kind bekannt zu geben (§ 41 Abs. 3 FamFG).[18] Da das Kind, das das 14. Lebensjahr noch nicht vollendet hat, nicht verfahrensfähig ist (§ 9 Abs. 1 FamFG), kommt die unmittelbare Bekanntgabe (nur) an das Kind nicht in Betracht.[19] Für die Entgegennahme ist ein Ergänzungspfleger erforderlich, wenn das Kind nicht durch die Eltern, sondern durch das Jugendamt vertreten wird und dieses die Genehmigung beantragt hat.[20] Teilweise wird auch vertreten, dass die Bekanntgabe an einen Verfahrensbeistand nach § 158 FamFG analog möglich ist.[21]

4. Bestellung eines Ergänzungspflegers

9 Wenn die Eltern oder der Vormund „verhindert" sind, dann erhält der Minderjährige für diese Angelegenheiten einen **Ergänzungspfleger** (§ 1809 Abs. 1 S. 1 BGB). Die Eltern müssen an der Besorgung von einzelnen Angelegenheiten für das Kind tatsächlich oder rechtlich verhindert sein, damit ein Pfleger zu bestellen ist.[22] Wenn eine Pflegschaft erforderlich wird, sind die Eltern gem. § 1809 Abs. 2 BGB verpflichtet, jeden Fall dem Familiengericht anzuzeigen. Auch wenn das Familiengericht im Falle der Gefährdung des Kindeswohls (§ 1666 BGB) das elterliche Sorgerecht teilweise entzieht, ist eine Ergänzungspflegschaft einzurichten. Die elterliche Sorge erstreckt sich dann nicht auf Angelegenheiten des Kindes, für die ein Pfleger bestellt ist (§ 1630 Abs. 1 BGB). Anwaltliche Ergänzungspfleger können nach Wahl anwaltsspezifische Tätigkeiten nach dem RVG gem. §§ 1813 Abs. 1, 1808 Abs. 3 BGB, § 4 VBVG oder nach Stunden gem. §§ 1813 Abs. 1, 1808 Abs. 3 BGB, §§ 1 Abs. 3, 3 VBVG abrechnen.[23] Für die Abrechnung nach dem RVG ist erforderlich, dass wegen der Bedeutung oder Schwierigkeit des Rechtsgeschäfts professioneller Rechtsrat eingeholt werden muss und ein berufsmäßiger Pfleger ohne Ausbildung zum Volljuristen deshalb einen Rechtsanwalt beiziehen würde.[24]

---

17 Zum Verfahren: BeckOK BGB/*Kadelbach*, § 1855 Rn 8 ff.; für die Genehmigung eines Grundstücksgeschäfts: Groll/Steiner/*Grziwotz/Fröhler*, Erbrechtsberatung, § 14 Rn 14.17.

18 Vgl. BeckOGK BGB/*Eitzinger*, § 1644 Rn 44; vgl. BeckOK BGB/*Veit*, § 1644 Rn 14.1; vgl. Sternal/*Jokisch*, § 41 FamFG Rn 7.

19 OLG Celle ZErb 2012, 295, 296.

20 OLG Celle ZErb 2012, 295, 296.

21 Zur Diskussion: BeckOGK BGB/*Eitzinger*, § 1643 Rn 48.

22 Katalog bei MüKo-BGB/*Schneider*, § 1809 Rn 18–41; zum alten Recht: OLG Brandenburg ErbR 2019, 448.

23 OLG München ErbR 2024, 708, 710.

24 OLG Celle NJW-RR 2024, 751.

3. Dritte Person als Pfleger und als Testamentsvollstrecker

Gerade bei geschiedenen Eltern möchte oftmals der erstversterbende Elternteil einen Einfluss des längerlebenden Elternteils auf die Begünstigung von Todes wegen vermeiden. Das kann verhindert werden, indem dem längerlebenden Elternteil das Verwaltungsrecht wegen der Erbschaft oder des Vermächtnisses entzogen, dafür ein Zuwendungspfleger benannt und die Person des Pflegers zusätzlich zum Dauertestamentsvollstrecker berufen wird. Für den Pflichtteilsanspruch kann dagegen keine Testamentsvollstreckung angeordnet werden. 15

Dann kann eine Interessenkollision bei der dritten Person auftreten, die im Regelfall aber nicht als schädlich angesehen wird: Das OLG Brandenburg[33] sah keine Unvereinbarkeit, wenn eine Person durch Testament vom Kindsvater zum Testamentsvollstrecker und zum Pfleger berufen ist. Es ist dann keine andere Person zum Ergänzungspfleger zu bestellen, da die durch Testament als Pfleger bestimmte Person nicht ohne seine Zustimmung übergangen werden dürfe. So liege kein Fall von § 1778 BGB a.F. (§ 1783 Abs. 1 Nr. 1–5 BGB n.F.) vor. Auch die Doppelfunktion als Testamentsvollstrecker sei unschädlich, da kein konkreter Interessenwiderstreit festzustellen war; die abstrakte Möglichkeit einer schädlichen Auswirkung potenziell widerstreitender Interessen reiche nicht. Bei entsprechender Anordnung – Einsetzung des Bruders der verstorbenen Kindsmutter als Testamentsvollstrecker und Pfleger – bestellte indes das OLG Hamm[34] den Bruder nicht auch als Pfleger. Hier hatte aber das Kind das 14. Lebensjahr vollendet und der Bestellung seines Onkels zum Pfleger widersprochen (§ 1778 Nr. 5 BGB a.F.; § 1783 Abs. 1 Nr. 3 BGB n.F.). Deswegen musste der Wille der Erblasserin, dass ihr Bruder auch Pfleger wird, aufgrund des Widerspruchs des Kindes zurücktreten. Der sichere Gestaltungsweg besteht aber darin, dass Zuwendungspfleger und Testamentsvollstrecker nicht personenidentisch sind.

4. Weitere Konstellationen möglicher Interessenkollisionen

In Teilbereichen kann aber dann doch eine unzulässige Interessenkollision vorliegen, die die familiengerichtliche Bestellung eines Pflegers erforderlich macht. Das ist etwa bei dem **Auseinandersetzungsplan** der Fall, hinsichtlich dessen der Testamentsvollstrecker die Erben vor Auseinandersetzung anzuhören hat (§ 2204 Abs. 2 BGB). Bei minderjährigen Kindern werden die gesetzlichen Vertreter angehört (Eltern gem. § 1629 BGB; Vormund gem. § 1789 Abs. 2 BGB; Pfleger gem. § 1809 Abs. 1 BGB). Zumindest hierfür ist ein **Pfleger** nach § 1809 BGB zu bestellen, wenn etwa den Eltern die Vermögenssorge für die Erbschaft des Kindes entzogen ist (§ 1638 BGB). Gleiches gilt, wenn der Testamentsvollstrecker zugleich gesetzlicher Vertreter eines Miterben ist, da das Rechtsgeschäft empfangsbedürftig ist (§§ 1629 Abs. 2, 1824 Abs. 2, 181 BGB), denn sonst würde der Testamentsvollstrecker sich selbst anhören.[35] Ein Pfleger ist auch erforderlich, wenn der Elternteil als gesetzlicher Vertreter Miterbe ist[36] bzw. wenn der Testamentsvollstrecker für seine erbenden Kinder eine **Auseinandersetzungsvereinbarung** abschließen will.[37] Für diesen Teilbereich besteht ein Interessengegensatz, sodass zumindest hierfür ein Pfleger zu bestellen ist.[38] Ein Pfleger 16

33 OLG Brandenburg ZEV 2019, 151 m. Anm. *Litzenburger*.

34 OLG Hamm ErbR 2018, 272, 274 m. Anm. *Rus*.

35 OLG Hamm MittBayNot 1994, 53; BayObLGZ 1967, 230, 240; Grüneberg/*Weidlich*, § 2204 Rn 4.

36 Damrau/Tanck/*Bonefeld*, § 2204 Rn 19.

37 *Damrau*, Der Minderjährige im Erbrecht, § 38 Rn 294; BeckOK BGB/*Lange*, § 2204 Rn 23.

38 OLG Hamm MittBayNot 1994, 53; BayObLGZ 1967, 230; Grüneberg/*Weidlich*, § 2204 Rn 4; Groll/Steiner/*Grziwotz/Fröhler*, Erbrechtsberatung, § 14 Rn 14.53; *Horn*, ZEV 2013, 297, 300.

ist naturgemäß dann nicht zu bestellen, wenn die betreffende Person im Zeitpunkt der erforderlichen Maßnahmen schon volljährig ist.

5. Gestaltungen

17 Zusätzlich zu der testamentarischen Entziehung des Verwaltungsrechts für einen Elternteil hinsichtlich des **Teilbereichs Wahrnehmung der Rechte des minderjährigen Erben gegenüber dem Testamentsvollstrecker** (vgl. Rdn 11) nach § 1638 BGB kann der Erblasser die Person des Zuwendungspflegers bestimmen (Pflegerbenennungsrecht nach § 1811 Abs. 2 BGB).[39]

Befürchtet der Erblasser, der vertretungsberechtigte Elternteil könnte für den minderjährigen Erben die durch die Testamentsvollstreckungsanordnung beschränkte Erbschaft nach §§ 2033, 2371 ff. BGB verkaufen, sollte er dem vertretungsberechtigten Elternteil auch insoweit ausdrücklich das Verwaltungsrecht entziehen (§ 1638 BGB).[40]

Stets sollte der Testamentsvollstrecker von den Beschränkungen des § 181 BGB befreit werden, sodass die Annahme einer unzulässigen Interessenkollision geringer wird, wenn der Testamentsvollstrecker zugleich gesetzlicher Vertreter bzw. Pfleger ist.[41]

19.1 **Muster 19.1: Benennung eines Pflegers bei Testamentsvollstreckung**

18 Nach meinem Tod ist meine geschiedene Ehefrau alleinige gesetzliche Vertreterin meines noch minderjährigen Kindes , das ich zu meinem Alleinerben berufen habe. Ich entziehe ihr das Verwaltungsrecht hinsichtlich sämtlicher mit meinem Erbfall zusammenhängenden Fragen, so u.a. hinsichtlich der Erklärung einer Ausschlagung, hinsichtlich eines Erbschaftskaufs und der Wahrnehmung der Rechte des Alleinerben gegenüber dem Testamentsvollstrecker (§§ 1638, 1811 Abs. 1 BGB). Das Verwaltungsrecht und insoweit auch die Vertretung sollen durch , ersatzweise durch , wahrgenommen werden, die ich in dieser Rangfolge als Zuwendungspfleger benenne (§ 1811 Abs. 2 Nr. 1 BGB). Der jeweilige namentlich benannte Pfleger ist von allen Beschränkungen befreit, die das Gesetz für einen Pfleger zulässt (§ 1811 Abs. 2 Nr. 2 BGB). Ein „fremder", vom Gericht bestellter Pfleger ist nicht befreit.

19 **Praxishinweis**

Da nicht genau zu prognostizieren ist, ob das Familiengericht im konkreten Einzelfall der Auffassung ist, ein Pfleger sei ab Beginn der Testamentsvollstreckung für die Vertretung der minderjährigen Kinder erforderlich, sollte in jedem Testament und Erbvertrag vorsorglich eine Person für das Amt des Pflegers benannt werden.

II. Pflichtteil des minderjährigen Kindes

20 Gerade das beliebte Berliner Testament beinhaltet die Enterbung der Kinder im ersten Erbfall, die mithin ihren Pflichtteil fordern können. Dem längerlebenden Ehegatten droht durch die Pflichtteilsansprüche ein erheblicher Liquiditätsabfluss, der oftmals in den hier betrachteten Fällen besonders empfindlich ist, weil es eine junge Familie trifft. **Der Grundsatz:** Im Regelfall bleibt es den Kindern überlassen, ob sie später den Pflichtteil verlangen. Schließlich sind diese Ansprüche gegen den längerlebenden Elternteil **bis zum**

---

39 *Damrau*, Der Minderjährige im Erbrecht, § 15 Rn 155.
40 *Enzensberger/Maar*, Testamente für Geschiedene und Patchworkehen, § 4 Rn 19.
41 Vgl. Groll/Steiner/*Grziwotz/Fröhler*, Erbrechtsberatung, § 14 Rn 14.52 f.

21. Lebensjahr gehemmt (§ 207 Abs. 1 S. 2 BGB), sodass der Anspruch erst mit Vollendung des 24. Lebensjahres verjährt.[42] Das Familiengericht bestellt mithin im Normalfall keinen Pfleger.

Jedoch hat das Familiengericht einen Pfleger zu bestellen, und zwar bei testamentarischem Entzug der Verwaltungsbefugnis des längerlebenden Elternteils (§ 1638 Abs. 1 BGB) oder bei Feststellung eines „erheblichen Gegensatzes" zwischen den Interessen des Kindes und des Elternteils (§§ 1629 Abs. 2 S. 3, 1789 Abs. 2 S. 3, 4 BGB). Das Familiengericht hat dann für diesen Teilbereich einen Ergänzungspfleger zu bestellen (§ 1809 Abs. 1 BGB). Zur Feststellung eines „erheblichen Gegensatzes" hat eine einzelfallbezogene Interessenabwägung stattzufinden, die sich nach dem Kindeswohl richtet. Abzuwägen ist, inwieweit einerseits die Geltendmachung des Pflichtteils den Familienfrieden gefährden kann, und andererseits, ob die Erfüllung des Pflichtteilsanspruchs nach Eintritt der Volljährigkeit gefährdet sein kann.[43] Rechtsprechung[44] und Literatur[45] sind eher zurückhaltend, einen solchen Interessengegensatz anzunehmen. *Damrau* ist der Auffassung, dass ein Interessengegensatz besteht, wenn ein „erwähnenswerter Pflichtteil" existiere.[46] Das wird aber nicht reichen. Gründe für einen Entzug können zu sehen sein, wenn Anhaltspunkte vorliegen, dass der alleinvertretende Elternteil mit der Verwaltung überfordert sei oder danach strebe, die eigenen Kinder zu benachteiligen.[47] 21

Das BayObLG[48] weist sogar darauf hin, dass den Kindern im Verhältnis zu dem längerlebenden Elternteil wirtschaftliche und ideelle Vorteile erwachsen, die häufig nicht geringer als die Pflichtteilsansprüche seien. Diese Vorteile seien bei Pflichtteilsgeltendmachung beeinträchtigt und gefährdet; der Wahrung des Familienfriedens würde erhebliche Wirkung für das Wohl der Kinder zukommen. Dass kein Pfleger erforderlich wird gilt umso mehr, wenn das Berliner Testament eine **Pflichtteilsstrafklausel** und eine wechselbezügliche Schlusserbeinsetzung der Kinder enthält.[49] Grundsätzlich ist auch davon auszugehen, dass der längerlebende Elternteil für die Kinder als deren gesetzlicher Vertreter entscheiden darf, ob der Pflichtteil geltend gemacht wird.[50]

Wenn dennoch im Einzelfall die Vermögenssorge für den Teilbereich zu entziehen und dafür ein Pfleger zu bestellen ist, beschränkt sich seine Aufgabe i.d.R. nur auf die **Sicherung des Anspruchs**, etwa durch eine Grundschuld.[51] Hierzu ist eine konkrete Gefährdung der Kindesinteressen erforderlich.[52] 22

Doch kann es im Interesse des alleinerbenden Elternteils liegen, etwa zum Ausnutzen der erbschaftsteuerlichen Freibeträge, die Pflichtteilsansprüche zu erfüllen. Die Erfüllung ist 23

42 Vgl. BayObLG FamRZ 1989, 540, 541; Groll/Steiner/*Grziwotz/Fröhler*, Erbrechtsberatung, § 14 Rn 14.187.

43 OLG Köln ErbR 2024, 627, 628; vgl. BeckOGK BGB/*Reisnecker*, § 2317 Rn 75.

44 BayObLGZ 1988, 385, 391; LG Braunschweig FamRZ 2000, 1184, 1185.

45 Damrau/Tanck/*Lenz-Brendel*, § 2317 Rn 12; Grüneberg/*Weidlich*, § 2317 Rn 4, Beck OGK BGB/*Reisnecker*, § 2317 Rn 81 f.

46 *Damrau*, Der Minderjährige im Erbrecht, § 8 Rn 100.

47 OLG Köln ErbR 2024, 627, 628.

48 BayObLGZ 1963, 132, 134.

49 Beck OGK BGB/*Reisnecker*, § 2317 Rn 77; *Damrau*, Der Minderjährige im Erbrecht, § 8 Rn 102.

50 *Damrau*, Der Minderjährige im Erbrecht, § 8 Rn 98; Scherer/*Pawlytta*, MAH ErbR, § 42 Rn 103.

51 BayObLGZ 1988, 385, 389; Staudinger/*Herzog*, § 2317 Rn 120; Groll/Steiner/*Grziwotz/Fröhler*, Erbrechtsberatung, § 14 Rn 14.187.

52 BayObLGZ 1988, 385; LG Braunschweig FamRZ 2000, 1184, 1185; Beck OGK BGB/*Kerscher*, § 1789 Rn 99.

ihm möglich, da es sich um die **Erfüllung einer bestehenden Verbindlichkeit** handelt (vgl. § 181 BGB).[53] Dabei kann die Zahlung nur als Abschlagszahlung zu bewerten sein; nach Eintritt der Geschäftsfähigkeit kann das betreffende Kind durch Geltendmachung der vorbereitenden Ansprüche ermitteln, ob noch ein Restbetrag offen ist. Dagegen wird dieser Elternteil bei der Erfüllung der vorbereitenden Ansprüche nach § 181 BGB von der gesetzlichen Vertretung ausgeschlossen sein. Keineswegs ist er berechtigt, in Vertretung für das minderjährige Kind mit sich selber einen **Erlassvertrag** abzuschließen, denn hier ist § 181 BGB einschlägig (§§ 1629 Abs. 2, 1824 Abs. 2 BGB).[54]

24 **Gestaltungsoptionen:** § 1638 BGB ist als familienrechtliche Anordnung auch auf den Pflichtteil anzuwenden,[55] sodass der längerlebende Ehegatte auch bestimmen kann, dass der längerlebende Elternteil von der gesetzlichen Vertretung ausgeschlossen sein soll. Dann ist ein Pfleger zu bestellen (§ 1809 BGB); der Erblasser kann hierzu Personen bestimmen (§ 1811 Abs. 2 BGB), die als Zuwendungspfleger bezeichnet werden. Ebenfalls kann der Erblasser nach § 1639 BGB Anordnungen über die Verwaltung des Pflichtteilsbetrages treffen.[56] Eine Verwaltungsvollstreckung ist aber nicht für den Pflichtteilsanspruch möglich, was sich aus §§ 2306 f. BGB ergibt.[57]

C. Gestaltungsoptionen

I. Gestaltungsziele

1. Letztwillige Verfügungen von Ehegatten für den ersten Erbfall beim Berliner Testament

25 Nachfolgende Gestaltungen bieten sich beim ersten Erbfall im Berliner Testament an, bei dem der längerlebende Ehegatte Alleinerbe wird und die Kinder noch minderjährig sind:[58]

- Es verbleibt bei der **Enterbung der Kinder**, sodass diesen ihr jeweiliger Pflichtteilsanspruch nach §§ 2303 ff. BGB zusteht. Im Regelfall entzieht das Familiengericht nicht dem längerlebenden Ehegatten die Vermögenssorge für den Bereich Erbrechtliche Ansprüche und bestellt für diesen Teilbereich dann keinen Ergänzungspfleger (vgl. Rdn 13 ff., 37 ff.). Das ist noch vielmehr der Fall, wenn das Testament eine **Pflichtteilsstrafklausel** enthält und die Kinder mit wechselbezüglicher Wirkung zu Schlusserben berufen sind.
- Vorsorglich sollte aber stets eine Person des Zuwendungspflegers benannt werden (§ 1811 Abs. 2 Nr. 1 BGB), falls das Familiengericht doch eine Pflegschaft einrichtet.
- Die Pflicht zur Einreichung eines **Vermögensverzeichnisses** beim Familiengericht kann ausgeschlossen werden (§ 1640 BGB). Es ist aber auch denkbar, dass von dieser Pflicht nicht befreit wird, damit das noch minderjährige Kind bei Volljährigkeit über das Gericht an dieses Verzeichnis gelangen kann, um dann selber seine Pflichtteilsansprüche durchzusetzen. Durch eine Auflage i.S.d. § 1940 BGB könnte zusätzlich der längerlebende Ehe-

---

53 *Damrau*, Der Minderjährige im Erbrecht, § 8 Rn 93; BeckOK BGB/*Müller-Engels*, § 2317 Rn 8; a.A. BayObLG NJW-RR 2004, 1157, 1158 (für Betreuer); a.A. Staudinger/*Peschel-Gutzeit*, § 1629 Rn 255.

54 BeckOK BGB/*Müller-Engels*, § 2317 Rn 8.

55 BGH ZEV 2017, 33, 34; Kössinger/Najdecki/Zintl/*R. Kössinger/Zintl*, Testamentsgestaltung, § 15 Rn 318; *Damrau*, Der Minderjährige im Erbrecht, § 8 Rn 83; Scherer/*Keim*, MAH ErbR, § 18 Rn 7.

56 BeckOK BGB/*Veit*, § 1639 Rn 3; NK-NachfolgeR/*Kroiß/Mayer*, § 1638 BGB Rn 3; *Stein*, FamFR 2012, 363, 364.

57 *Enzensberger/Maar*, Testamente für Geschiedene und Patchworkehen, § 4 Rn 17.

58 Aus: *Horn*, ZEV 2013, 297, 303.

gatte verpflichtet werden, mit dem Verzeichnis nach § 1640 BGB auch dem Familiengericht ein Verzeichnis über den fiktiven Nachlass i.S.d. § 2314 Abs. 1 S. 1 BGB einzureichen. Das Kind könnte nach Einritt seiner Volljährigkeit darauf zurückgreifen, um dann zu entscheiden, ob es seine Pflichtteilsansprüche geltend macht (§§ 2303, 2325, 2329 BGB).

- Unabhängig davon sind **Verwaltungsanordnungen** nach § 1639 BGB denkbar, falls der Pflichtteilsanspruch eingezogen wird.
- Falls dem vorverstorbenen Ehegatten bedeutsam sein sollte, dass der Pflichtteilsanspruch ordnungsgemäß erfüllt wird, bietet sich folgende Gestaltung an: Für diesen Teilbereich entzieht er dem längerlebenden Ehegatten nach § 1638 BGB das Sorgerecht und benennt nach § 1811 Abs. 2 Nr. 1 BGB die Person des Zuwendungspflegers. Weiter ist festzulegen, ob der Pfleger nach Erfüllung des Pflichtteilszahlungsanspruchs das Geldvermögen weiter verwalten soll oder ob die Pflegschaft mit der Folge endet, dass diesbezüglich das Sorgerecht des längerlebenden Ehegatten wieder auflebt. Das bietet sich i.d.R. an, da danach keine Interessenkollision mehr bestehen wird.
- Verwaltet nach Pflichtteilserfüllung der längerlebende Ehegatte das Vermögen des Kindes, können diesem Verwaltungsanordnungen nach § 1639 BGB auferlegt werden. Auch einem Zuwendungspfleger können Verwaltungsanordnungen auferlegt werden (§§ 1813 Abs. 1, 1798 Abs. 2 S. 1, 1837 BGB).
- Den Kindern wird ein **Vermächtnis oberhalb des Wertes ihrer Pflichtteilsquote** ausgesetzt, etwa eine Immobilie oder ein Quotenvermächtnis. Hinsichtlich des Teilbereiches Geltendmachung und Einziehung des Vermächtnisses wird eine spezielle **Vermächtnisvollstreckung** angeordnet (§ 2223 BGB).[59] Die Vermächtnisvollstreckung i.S.d. § 2223 BGB bedeutet lediglich die Verwaltung des Vermächtnisgegenstandes, nicht bereits die Geltendmachung und die Einziehung. Daher muss insoweit das Aufgabengebiet innerhalb der Testamentsvollstreckungsanordnung erweitert werden.
- Soll der längerlebende Elternteil zum Testamentsvollstrecker bestimmt werden, sollte wegen der drohenden Interessenkollision ein Mittestamentsvollstrecker nur für diejenigen Aufgabenkreise eingesetzt werden (§§ 2208, 2224 BGB), die dem Testamentsvollstrecker aufgrund einer Interessenkollision von der Verwaltung rechtlich entzogen sind bzw. bei denen er bei der Ausübung gehindert ist.[60] Der Testamentsvollstrecker kann auch ermächtigt werden, für diesen Teilbereich einen Mitvollstrecker zu ernennen (§ 2199 BGB).[61] Es ist aber nicht sicher, dass bei mehreren Testamentsvollstreckern der Interessenkonflikt eines einzelnen nicht auch die anderen „infiziert“. Das OLG Nürnberg[62] hielt in einem solchen Fall eine Ergänzungspflegschaft für erforderlich. Grundsätzlich sollte stets vorsorglich die Person eines Pflegers benannt werden, falls das Familiengericht eine Pflegschaft anordnet.[63]
- Zweckmäßiger dürfte es aber sein, zumindest für die Geltendmachung und die Einziehung der Vermächtnisforderung einen Dritten als Testamentsvollstrecker zu berufen. Danach kann es bei der regulären Vermögenssorge bei dem Elternteil verbleiben, zumal nun keine Interessenkollision mehr besteht. Soll der Vermächtnisbetrag aber dem Zugriff

59 Hierzu grundsätzlich: *Lange*, DNotZ 2018, 804; Muster einer Anordnung bei Groll/Steiner/*Grziwotz/Fröhler*, Erbrechtsberatung, § 14 Rn 14.57.

60 Scherer/*Pawlytta*, MAH ErbR, § 42 Rn 128 f.; Muster bei *Bonefeld*, ZErb 2007, 2, 4.

61 Scherer/*Keim*, MAH ErbR, § 18 Rn 9 ff. mit Formulierungsvorschlag.

62 OLG Nürnberg ZEV 2002, 158 m. Anm. *Schlüter*; NK-BGB/*Kroiß*, § 2197 Rn 13.

63 OLG Nürnberg ZEV 2002, 158 hielt eine Pflegschaft für erforderlich, obwohl der gesetzlich alleine vertretende Elternteil nur einer von mehreren Testamentsvollstreckern war.

etwa bis zur Vollendung des 25. Lebensjahres entzogen sein, kann als sich anschließender Testamentsvollstrecker der längerlebende Elternteil berufen werden.
- Zudem kann von der Pflicht zur Einreichung eines Verzeichnisses beim Familiengericht befreit werden (§ 1640 Abs. 2 Nr. 2 BGB).

19.2 **Muster 19.2: Quotenvermächtnis mit gestaffelter Testamentsvollstreckung**

26 1. Meine beiden Kinder und erhalten vermächtnisweise jeweils einen Barbetrag in Höhe von 15 % des Nachlasswertes.[64] Die Auskunfts- und Wertermittlungsansprüche des Vermächtnisnehmers richten sich nach dem Pflichtteilsrecht, wobei ich das notarielle Nachlassverzeichnis und die Abgabe der eidesstattlichen Versicherung ausschließe. Die Bewertungen haben auch nach den Vorgaben des Pflichtteilsrechts zu erfolgen. Das Quotenvermächtnis ist sechs Monate nach meinem Erbfall fällig.

2. Für den Fall, dass jeweils das betreffende Kind, das ich durch ein Quotenvermächtnis begünstigt habe, noch nicht das 25. Lebensjahr vollendet hat, ordne ich folgende spezielle Vermächtnistestamentsvollstreckung an.

Zum ersten Testamentsvollstrecker setze ich Rechtsanwalt ein. Sollte er das Amt nicht annehmen oder später wegfallen, ersuche ich das Nachlassgericht, aus den ortsansässigen Fachanwälten für Erbrecht einen Testamentsvollstrecker zu ernennen (§ 2200 BGB). Er hat das Vermächtnis geltend zu machen und einzuziehen, wobei er hierzu die vorbereitenden Ansprüche auf Auskunft und Wertermittlung zu verlangen hat. Für die Vermächtnisbeträge hat er für die Begünstigten Bankkonten zu eröffnen. Soweit erforderlich, ist der längerlebende Elternteil im Rahmen einer Auflage zur Mitwirkung verpflichtet. Der Testamentsvollstrecker erhält eine Vergütung, die sich nach seinem Aufwand richtet. Die Höhe des Stundensatzes soll demjenigen entsprechen, den der Testamentsvollstrecker im jeweiligen Jahr für seine Tätigkeit üblicherweise von seinen Mandanten erhält. Hierzu hat er gegebenenfalls anonymisierte Vergütungsvereinbarungen vorzulegen. Der Testamentsvollstrecker ist berechtigt, nach Ende eines Quartals die Vergütung dem Nachlass zu entnehmen. Darüber hinaus erhält der Testamentsvollstrecker Auslagenersatz. Seine Tätigkeit ist entweder mit Vollendung des 25. Lebensjahres des betreffenden Kindes oder mit Erledigung seiner Aufgaben beendet. Zum zweiten Testamentsvollstrecker, dessen Tätigkeit mit Beendigung der ersten Testamentsvollstreckung beginnt, ernenne ich den längerlebenden Elternteil. Sollte er das Amt nicht annehmen oder später wegfallen, entfällt die Testamentsvollstreckung. Er hat im Rahmen einer Vermächtnisvollstreckung i.S.d. § 2223 BGB jeweils den Vermächtnisbetrag zu verwalten. Die Geldanlage soll nur im Rahmen von inländischen Festgeldern erfolgen. Das Vermächtnis soll dem jeweiligen Kind mit Vollendung des 25. Lebensjahres möglichst in voller Höhe herausgegeben werden, sodass, soweit möglich, es zuvor nicht für den Unterhalt des Kindes etc. zu verwenden ist. Der Testamentsvollstrecker erhält keine Vergütung, wohl aber Auslagenersatz zulasten des Vermächtnisbetrages.

2. Letztwillige Verfügungen von Ehegatten für den zweiten Erbfall beim Berliner Testament

27 Der zweite Erbfall bei miteinander verheirateten Eltern kann zugunsten von deren minderjährigen Kindern wie folgt gestaltet werden:[65]
- Stets sollte die Person eines **Vormunds** einschließlich Ersatzpersonen benannt werden (§ 1782 Abs. 1 BGB). Grundsätzlich ist auch bei mehreren Kindern die gleiche Person als Vormund zu benennen. Soweit gewünscht, kann der Vormund von disponiblen Beschränkungen befreit werden (§ 1801 Abs. 3 BGB). Dem Vormund können Anordnungen zur konkreten Verwaltung auferlegt werden (§§ 1798 Abs. 2 S. 1, 1837 BGB).
- Ist der Nachlass werthaltig, so empfiehlt sich die Trennung zwischen dem Vormund als gesetzlichem Vertreter einerseits und einem Testamentsvollstrecker andererseits als Vermögensverwalter. Bis zur Erreichung eines bestimmten Alters ist dann eine Dauer-

64 Weitere Anordnungen erforderlich, wenn Pflichtteilsergänzungsansprüche bestehen könnten.
65 Aus: *Horn*, ZEV 2013, 297, 303.

vollstreckung i.S.d. § 2209 S. 1 Hs. 2 BGB anzuordnen, die im Gegensatz zur Verwaltungsvollstreckung auch die vorherige Abwicklung umfasst. Eine Verwaltungstestamentsvollstreckung i.S.d. § 2209 S. 1 Hs. 1 BGB würde nur das nach der Auseinandersetzung erworbene Vermögen betreffen. Wenn dieselbe Person beide Funktionen ausübt, besteht zumindest der Vorteil, dass etwa viele Rechtsgeschäfte nicht durch das Familiengericht genehmigungsbedürftig sind. Für Konfliktfälle sollte durch einen Mitvollstrecker Vorsorge getroffen werden; nach *Kössinger/Zintl*[66] ist ein Ergänzungspfleger zu bestellen. Dennoch ist eine Lösung vorzugswürdig, bei der Vormund und Testamentsvollstrecker unterschiedliche Personen sind. Der Vormund kann dann die Kontrollrechte der minderjährigen Erben als ihr gesetzlicher Vertreter ausüben; eine Ergänzungspflegschaft ist nicht erforderlich.[67] Auch hier sollte vorsorglich für den Fall, dass das Familiengericht eine Pflegschaft wegen eines Interessenkonflikts einrichtet, die Person des Pflegers benannt werden.

3. Begünstigung minderjähriger Kinder durch Nicht-Eltern

Nachfolgend werden Gestaltungsziele vorgeschlagen, die etwa **Großeltern** verfolgen könnten, wenn sie ihre minderjährigen Enkel letztwillig begünstigen wollen. Entsprechendes gilt auch für Fremde, wenn etwa Paten ihr Patenkind letztwillig bedenken möchten. Dafür bietet das Gesetz folgende Möglichkeiten: 28

- Soll das Familiengericht keine Kenntnis von dem letztwilligen Vermögenserwerb des Kindes erlangen, kann von der Vorlage eines **Vermögensverzeichnisses** an das Familiengericht befreit werden (§ 1640 Abs. 2 Nr. 2 BGB).
- Zu der Art und Weise der Verwendung des letztwilligen Erwerbs sind **Verwaltungsanordnungen** möglich (§ 1639 BGB). So könnte bspw. festgelegt werden, dass das minderjährige Kind bis zu seinem 18. Lebensjahr bspw. ein wertgesichertes, monatliches Taschengeld oder finanzielle Zuwendungen zur Förderung eines bestimmten Hobbys oder der Ausbildung erhält.
- Der Erblasser kann anordnen, dass das elterliche Vermögenssorgerecht für Vermögensteile, die aus seinem dereinstigen Nachlass stammen – sei es in der Form der Erbeinsetzung, des Vermächtnisses oder sogar des Pflichtteils[68] –, gem. § 1638 BGB ausgeschlossen wird. Er kann auch lediglich einen Elternteil von der Vertretung ausschließen. Dann kann er die Person des Zuwendungspflegers (§ 1811 Abs. 2 Nr. 1 BGB) benennen sowie eine (ggf. teilweise) befreite Pflegschaft (§ 1811 Abs. 2 Nr. 2 BGB) vorsehen. Alternativ kann der Erblasser eine (Dauer-)Testamentsvollstreckung anordnen.

4. Letztwillige Verfügungen des geschiedenen Elternteils

Auch nach Scheidung der Eltern bleiben diese gemeinsam Inhaber des elterlichen Sorgerechts und damit des Rechts zur Vermögenssorge. Ausnahmsweise kann bereits ab dem endgültigen Getrenntleben auf Antrag eines Elternteils die elterliche Sorge auf ihn allein übertragen werden (§ 1671 BGB). Stirbt ein geschiedener Elternteil bei gemeinsamer elterlicher Sorge, so wird der Überlebende **alleiniger Sorgerechtsinhaber** (§ 1680 Abs. 1 BGB). War einem Elternteil das Sorgerecht alleine übertragen, so hat das Familiengericht dem überlebenden Elternteil grundsätzlich das Sorgerecht zu übertragen (§ 1680 Abs. 2 BGB). 29

66 Kössinger/Najdecki/Zintl/*R.Kössinger/Zintl*, Testamentsgestaltung, § 15 Rn 325.
67 Groll/Steiner/*Grziwotz/Fröhler*, Erbrechtsberatung, § 14 Rn 14.53.
68 OLG Hamm FamRZ 1969, 662.

30 Werden minderjährige Kinder geschiedener Eltern Erben eines Elternteils, so steht letztlich das Vermögenssorgerecht an dem ererbten Vermögen grundsätzlich dem anderen Elternteil, also dem geschiedenen Ehegatten, zu. Geschiedene Erblasser wünschen aber den Eintritt einer solchen Situation häufig nicht. In einer Verfügung von Todes wegen kann der Erblasser gem. § 1638 BGB anordnen, dass das von einem minderjährigen Kind von Todes wegen erworbene Vermögen (Erbteil, Vermächtnis, Pflichtteil) nicht vom geschiedenen Ehegatten als dem Inhaber der elterlichen Vermögenssorge verwaltet wird. Dabei kommt es nicht darauf an, ob der Erwerb von Todes wegen auf gesetzlichem oder gewillkürtem Erbrecht erfolgt. Möglich ist also auch, die gesetzliche Erbfolge zu belassen und den gesetzlichen Erbteil von der elterlichen Vermögenssorge auszunehmen.

31 Hat ein Elternteil das Verwaltungsrecht seines geschiedenen Ehegatten für den Fall nach seinem Ableben ausgeschlossen, besteht für das minderjährige Kind hinsichtlich des ererbten Vermögens vom Erbfall an keine gesetzliche Vertretung. Deswegen muss für diese Aufgabe dem minderjährigen Kind ein Ergänzungspfleger nach § 1809 BGB vom Familiengericht bestellt werden, der in Bezug auf das von ihm verwaltete Vermögen das Kind gesetzlich vertritt. Alternativ kann der Erblasser einen Zuwendungspfleger testamentarisch benennen. Ist ein Elternteil gem. § 1638 BGB von der Vermögenssorge hinsichtlich der Erbschaft ausgeschlossen, ist davon lt. BGH[69] **auch die Erbausschlagung umfasst.**

II. Gestaltungen zum Vermögensverzeichnis (§ 1640 BGB)

32 Die Verpflichtung des überlebenden Elternteils zur Vorlage eines Vermögensverzeichnisses hinsichtlich des durch den Erbfall erworbenen Vermögens an das Familiengericht soll den **Schutz des minderjährigen Kindes** sicherstellen (§ 1640 Abs. 1 BGB). Nach Kenntnis dieses Vermögens kann das Familiengericht erforderlichenfalls vor allem einen Pfleger für einen Teilbereich bestellen. Zur Vorlage sind die Eltern bzw. ist der längerlebende Elternteil verpflichtet. Parallel dazu bestimmt § 356 Abs. 1 FamFG, dass die **Familiengerichte** durch die Nachlassgerichte zu informieren sind. Ein Verzeichnis ist dann nicht vorzulegen, wenn das erworbene Vermögen einen Wert unterhalb von 15.000 EUR ausweist oder wenn **der Erblasser durch letztwillige Anordnung davon befreit hat** (§ 1640 Abs. 2 Nr. 2 BGB). Die Pflicht besteht nicht, wenn den Eltern insoweit die Vermögenssorge entzogen ist oder diese ruht.

33 Bis auf Haushaltsgegenstände (Gesamtwert genügt lt. § 1640 Abs. 1 S. 3 BGB) sind sämtliche Gegenstände zu verzeichnen, wobei Wertangaben nicht zu machen sind (bei Konten sind Kontenstände anzugeben). Verbindlichkeiten sind in dem Verzeichnis zwar nicht anzugeben, dies ist aber ratsam.[70] Belege sind nicht beizufügen.[71] Richtigkeit und Vollständigkeit sind zu versichern. Zu den Bestimmtheitsanforderungen des einzureichenden Verzeichnisses und den Wertangaben hat das OLG Koblenz[72] wie folgt entschieden:

> *„Die Vorschrift des § 1640 BGB verpflichtet den Elternteil, alle Gegenstände aufzuführen, die zu dem erworbenen Vermögen gehören. Die Vermögensgegenstände sind so detailliert zu kennzeichnen, dass ihre Identität einwandfrei feststeht. Bei Forderungen müssen zum Beispiel außer dem Grund, dem Betrag und dem Rechtsgrund auch die Urkunden, durch welche diese Vermögensrechte nachgewiesen werden, angeben werden,*

69 BGH ZEV 2017, 33, 35 m. abl. Anm. *Muscheler*; *Krug*, FPR 2011, 268, 270; a.A. OLG Düsseldorf FamRZ 2007, 2091, 2093.

70 OLG Koblenz MittBayNot 2015, 54 m. Anm. *Braun*.

71 KGJ 36, 38; *Damrau*, Der Minderjährige im Erbrecht, § 16 Rn 170.

72 OLG Koblenz MittBayNot 2015, 54, m. Anm. *Braun*.

z.B. Sparbücher, Versicherungspolicen – jeweils mit Konto- bzw. Vertragsnummer. Bei Haushaltsgegenständen genügt demgegenüber die Angabe des Gesamtwerts; der Vorlage einer Einzelaufstellung bedarf es in der Regel nicht, § 1640 Abs. 1 S. 3 BGB. Wertvolle Einzelgegenstände, zum Beispiel Kunstwerke, müssen jedoch einzeln verzeichnet werden. Schließlich müssen die Eltern auch den Wert der einzelnen Gegenstände angeben. Nicht zuzumuten ist es ihnen, insoweit Sachverständige zu befragen; daher genügt es, wenn der Wert angegeben wird, der dem betreffenden Gegenstand ihrer eigenen Schätzung nach zukommt (...).“

Muster 19.3: Kein Vermögensverzeichnis 19.3

Ich befreie von der Pflicht, ein Verzeichnis über das durch meinen Erbfall erworbene Vermögen dem Familiengericht vorzulegen (§ 1640 Abs. 2 Nr. 2 BGB). 34

Praxishinweis 35

Die Pflicht zur Vorlage eines Vermögensverzeichnisses durch den Vormund bzw. den Pfleger ergibt sich aus §§ 1798 Abs. 2, 1835 BGB, für den Pfleger über § 1813 Abs. 1 BGB. Von dieser Pflicht kann der Erblasser nicht befreien.[73]

Zu beachten ist, dass sorgeberechtigte Eltern dem Kind nach Eintritt seiner Volljährigkeit das Vermögen herauszugeben und auf Verlangen über die Verwaltung Rechenschaft abzulegen haben (§ 1698 Abs. 1 BGB), auch Auskunft zu geben über den Verbleib von Vermögensgegenständen.[74] Nach § 1698 Abs. 2 BGB besteht ggf. auch Rechenschaftsverpflichtung über Nutzungen des Kindesvermögens. Davon kann nicht befreit werden, denn hierbei geht es um den absoluten Schutz des Kindesvermögens vor missbräuchlichen und deshalb u.U. schädigenden Verwaltungshandlungen der Eltern. Für die Verpflichtung zur Rechnungslegung gelten §§ 259, 261 BGB.[75] 36

III. Gestaltungen zum Entzug des Verwaltungsrechts der Eltern (§ 1638 BGB)

Ein Erblasser kann das elterliche Vermögenssorgerecht für Vermögensteile, die aus seinem dereinstigen Nachlass stammen – sei es in der Form der **Erbeinsetzung, des Vermächtnisses oder des Pflichtteils** – gem. § 1638 BGB ausschließen.[76] Der Ausschluss kann sich auch nur auf einen Elternteil beziehen, sodass dann der andere Elternteil alleine vertreten kann (§ 1638 Abs. 3 BGB).[77] Möglich ist der Entzug des Verwaltungsrechts beider Elternteile und Benennung eines Elternteils als Zuwendungspfleger (§ 1811 Abs. 2 Nr. 1 BGB), der dann der Kontrolle des Familiengerichts unterliegt.[78] Zulässig ist der Verwaltungsentzug unter einer **aufschiebenden Bedingung**, so etwa bei Wiederverheiratung des längerlebenden Ehegatten. Der Entzug des elterlichen Verwaltungsrechts führt dazu, dass der längerlebende Elternteil auch von einer Ausschlagung des Erbes für sein minderjähriges Kind ausgeschlossen ist (vgl. Rdn 31). 37

Nach dem Entzug des Verwaltungsrechts der bzw. des gesetzlichen Vertreters hat das Familiengericht einen **Ergänzungspfleger** nach § 1809 BGB **zu bestellen**. Die Person des 38

73 BeckOK BGB/*Müller-Engels*, § 1835 Rn 3 f.; Grüneberg/*Götz*, § 1801 Rn 4.
74 OLG Hamm FamRZ 2000, 974.
75 OLG Koblenz MittBayNot 2015, 54 m. Anm. *Braun*.
76 BeckOK BGB/*Veit*, § 1638 Rn 1 f.; *Enzensberger/Maar*, Testamente für Geschiedene und Patchworkehen, § 4 Rn 3; für Pflichtteil: OLG Hamm OLGZ 1969, 488.
77 *Damrau*, Der Minderjährige im Erbrecht, § 15 Rn 142.
78 *Damrau*, Der Minderjährige im Erbrecht, § 15 Rn 143.

Pflegers kann aber auch gem. § 1811 Abs. 2 Nr. 1 BGB in der letztwilligen Verfügung benannt werden.

39 Allein durch die Bestellung eines Testamentsvollstreckers kann die Vertretungslücke, die der Erblasser hinsichtlich der Vermögenssorge über das Erbe dadurch geschaffen hat, dass er die Eltern der Erben nach § 1638 Abs. 1 BGB von der Vermögenssorge ausgeschlossen hat, im Rahmen von § 1638 Abs. 1 BGB nicht geschlossen werden, weil die Erben ihre Rechte gegenüber dem Testamentsvollstrecker (Überwachungs- und Kontrollrechte) nur durch einen gesetzlichen Vertreter wahrnehmen können. Die Bestellung eines Ergänzungspflegers durch das Familiengericht ist auch hier nach § 1809 BGB erforderlich.[79]

40 **Surrogation:** Sogar solche Vermögensteile, die dem Verwaltungsrecht der Eltern oder eines von ihnen entzogen sind, fallen wiederum in diesen besonderen Vermögensteil, der dem elterlichen Verwaltungsrecht entzogen ist (§ 1638 Abs. 2 BGB).

41 **Rechtscharakter:** Die Verwaltungsentziehung ist eine Anordnung eigener Art und keine Beschwerung i.S.v. § 2306 BGB.[80] Der Sorgerechtsinhaber kann dem minderjährigen Kind auch nicht mittels Ausschlagung das Pflichtteilsrecht eröffnen, um sich nach § 2306 Abs. 1 S. 2 BGB der Verwaltungsanordnung zu entziehen. Die Entziehung des Vermögenssorgerechts kann nur einseitig angeordnet werden, also weder wechselbezüglich noch erbvertraglich, §§ 2270 Abs. 3, 2278 Abs. 2 BGB.

19.4 **Muster 19.4: Entziehung des Verwaltungsrechts, Pflegerbenennung**

42 Den Eltern des minderjährigen entziehe ich gem. §§ 1638, 1811 Abs. 1 BGB das Vermögensverwaltungsrecht bezüglich all der Vermögensgegenstände, die er von mir von Todes wegen erwirbt. Als Zuwendungspfleger nach § 1811 Abs. 2 Nr. 1 BGB benenne ich , ersatzweise .

19.5 **Muster 19.5: Entziehung des Verwaltungsrechts bei Pflichtteil**

43 Nachdem ich meine zweite Ehefrau, Frau , mit diesem Testament zu meiner Alleinerbin eingesetzt habe, ist meine Tochter, , enterbt, sodass ihr Pflichtteilsansprüche zustehen. Ich entziehe hiermit der gesetzlichen Vertreterin meiner Tochter, meiner geschiedenen Ehefrau , diesbezüglich das Verwaltungsrecht gem. §§ 1638, 1811 Abs. 1 BGB. Für die Geltendmachung und Durchsetzung des Pflichtteilsanspruches bestimme ich gem. § 1811 Abs. 2 Nr. 1 BGB als Zuwendungspfleger , ersatzweise .

19.6 **Muster 19.6: Verwaltungsentzug bei geschiedenen Eltern**

44 Bezüglich des Erbteils, den mein Kind an meinem Nachlass erwirbt, entziehe ich dem Vater/der Mutter das elterliche Vermögenssorgerecht (§§ 1638, 1811 Abs. 1 BGB). Zur Verwaltung benenne ich als Zuwendungspfleger nach § 1811 Abs. 2 Nr. 1 BGB , ersatzweise .

IV. Gestaltungen zu Verwaltungsanordnungen (§ 1639 BGB)

45 Statt der Entziehung des Verwaltungsrechts nach § 1638 BGB kann der Erblasser den Eltern auch bestimmte Regeln über die Art und Weise der Verwaltung des ererbten Vermögens vorgeben („Verwaltungsanordnungen"; § 1639 BGB). Dies umfasst **Erb-, Vermächtnis- und Pflichtteilsansprüche.**[81] Zu bestimmten Verwaltungsanordnungen können auch der Vormund nach §§ 1798 Abs. 2 S. 1, 1837 BGB und der Pfleger nach §§ 1813 Abs. 1, 1798

---

79 OLG Schleswig ZErb 2007, 264; *Damrau*, Der Minderjährige im Erbrecht, § 15 Rn 155.

80 *Enzensberger/Maar*, Testamente für Geschiedene und Patchworkehen, § 4 Rn 3.

81 HK-BGB/*Kemper*, § 1639 Rn 2; Groll/Steiner/*Grziwotz/Fröhler*, Erbrechtsberatung, § 14 Rn 14.41.

Abs. 2 S. 1, 1837 BGB verpflichtet werden. Ohne eine Verwaltungsanordnung sieht das Gesetz bei der Verwaltung des Vermögens des minderjährigen Kindes durch die Eltern vor, dass die Substanz im Grundsatz unberührt bleibt (vgl. § 1649 BGB).[82] Das Kindesvermögen soll grundsätzlich nicht für Unterhalt oder die Erhöhung des Lebensstandards verbraucht werden, was sich aus § 1602 Abs. 2 BGB ergibt. Eltern haben Geld nach den Grundsätzen einer wirtschaftlichen Vermögensverwaltung anzulegen (§ 1652 BGB).[83]

Innerhalb von Verwaltungsanordnungen gem. § 1639 BGB kommen bspw. **Vorgaben zur Liquidität, zu Rücklagen, zur Vermögensstreuung** etc. in Betracht. Die Eltern können aber mit Zustimmung des Familiengerichts von den Anordnungen abweichen (§§ 1639 Abs. 2, 1837 Abs. 2 BGB). Solche Anordnungen sind grundsätzlich nicht zu empfehlen, weil der Erblasser kaum abschätzen kann, welche Maßnahmen im Einzelnen in der Zukunft sinnvoll sind.[84] Wenn er den Eltern die Verwaltung nicht belassen will, sollte er eine zuverlässige Person seines Vertrauens als Zuwendungspfleger benennen, die freie Hand bei den Verwaltungsentscheidungen hat. 46

Muster 19.7: Verwaltungsanordnung bei Begünstigung des Enkelkindes 19.7

Hinsichtlich der Begünstigung meines Enkelkindes durch das zuvor ausgesetzte Barvermächtnis verfüge ich folgende Verwaltungsanordnungen nach § 1639 BGB. Der Barbetrag ist mündelsicher anzulegen. Über diesen Betrag soll mein Enkelkind erst mit Volljährigkeit verfügen können. Zuvor soll es monatlich ein Taschengeld von EUR erhalten. Ändert sich der vom Statistischen Bundesamt festgestellte Verbraucherpreisindex für Deutschland (Basis 2020 = 100) ab dem Monat der heutigen Testamentserrichtung bis zu dem Monat des Erbfalls, so ändert sich der monatliche Betrag in gleichem Maße. Eine Anpassung ist sodann jeweils nach 12 Monaten vorzunehmen. Darüber hinaus können aus dem Vermächtnis Bücher zu Ausbildungszwecken im weitesten Sinne bezahlt werden. 47

Einkünfte aus dem Kindesvermögen dienen gem. § 1649 Abs. 1 S. 1 BGB zur Bestreitung des Kindesunterhaltes. Unter Billigkeitsgesichtspunkten können u.U. Vermögenseinkünfte des Kindes (nicht auch Arbeitseinkünfte!) für den eigenen Unterhalt der Eltern und der Geschwister verwendet werden (§ 1649 Abs. 2 S. 1 BGB). Eine Unterhaltsbedürftigkeit wird nach § 1603 BGB dabei nicht vorausgesetzt. M.E. kann dieses Recht der Eltern bzw. eines Elternteils ausgeschlossen werden. Diese Vorschrift sollte nicht überbewertet werden. Da nur Vermögenseinkünfte in Betracht kommen, dürften solche Möglichkeiten der Eltern nur bei großen Vermögen bestehen, deren Erträge auch tatsächlich ins Gewicht fallen. 48

Muster 19.8: Ausschluss des Unterhaltsverwendungsrechts 19.8

Meinem geschiedenen Ehemann entziehe ich das Recht, Einkünfte meiner Kinder aus dem Vermögen, das sie von mir erben werden, nach § 1649 Abs. 2 BGB zu seinem eigenen Unterhalt zu verwenden. 49

Ein Ehegatte könnte die Sorge haben, dass sein geschiedener Ehegatte als gesetzlicher Vertreter seines Kindes nach seinem Erbfall den Pflichtteil einzieht und diesen Betrag bspw. durch Spekulationen vernichtet oder rechtswidrig für eigene Zwecke verwendet. Zur Regelung dieses Risikos kann er sich zu eigen machen, dass auch hinsichtlich des Pflichtteils Verwaltungsanordnungen nach § 1639 BGB angeordnet werden können.[85] 50

82 *Horn*, ZEV 2013, 297, 301.

83 Näher zur Verwaltung und zu Ausgaben: *Horn*, ZEV 2013, 297, 301.

84 Kritisch auch Groll/Steiner/*Grziwotz/Fröhler*, Erbrechtsberatung, § 14 Rn 14.41.

85 Wenn die Verwaltung bei dem Pflichtteil sogar nach § 1638 BGB entzogen werden darf, so müssen Verwaltungsanordnungen zulässig sein, so auch BeckOK BGB/*Veit*, § 1639 Rn 1.

Muster 19.9: Verwaltungsanordnung bei Pflichtteil

51 Da ich meinen Sohn enterbt habe, steht diesem der Pflichtteilsanspruch zu. Hinsichtlich des Pflichtteilsanspruchs nach §§ 2303, 2325, 2329 BGB treffe ich eine Verwaltungsanordnung nach § 1639 BGB, wonach dieser geltend zu machen und einzuziehen sowie der eingezogene Pflichtteilsbetrag auf einem Sperrkonto mündelsicher anzulegen ist. Er soll nicht, soweit zulässig, für seinen Unterhalt etc. verwendet werden. Der Betrag ist meinem Sohn erst mit Vollendung des 18. Lebensjahres auszuhändigen. Ich weise auf die Pflicht nach § 1640 BGB hin, wonach mein geschiedener Ehegatte als gesetzlicher Vertreter meines Kindes dem Familiengericht ein Vermögensverzeichnis vorzulegen hat (§ 1640 BGB).

52 Die Verwaltungsanordnungen können von dem zuständigen Familiengericht mittels geeigneter und in seinem Ermessen stehenden Maßnahmen durchgesetzt werden und im Falle der Zuwiderhandlung nach § 1664 BGB zum Schadensersatz verpflichten.[86] Als **Maßnahmen des Familiengerichts** kommen in Betracht: mündliche oder schriftliche Aufforderungen, Verpflichtungen der Eltern zur Sicherheitsleistung, äußerstenfalls wohl auch Entziehung der Verwaltung der dem Kind zugewendeten Gegenstände und Übertragung der Verwaltung auf einen Pfleger.[87]

53 **Grenzen:** Das Verwaltungsanordnungsrecht geht aber nicht so weit, dass dem Erblasser gestattet wird, beispielsweise von einer etwaigen Genehmigungspflicht nach § 1850 ff. BGB zu befreien. Der Erblasser kann auch die genehmigungspflichtigen Rechtsgeschäfte nicht erweitern und so dem Familiengericht Aufgaben zuweisen, die das Gesetz nicht vorsieht, weil es sich insoweit um öffentliches Recht handelt. Abweichungen sind gem. § 1639 Abs. 2 BGB im Rahmen von § 1837 Abs. 2 BGB zulässig.

V. Gestaltungen zur Zuwendungspflegschaft

1. Grundlagen

54 Bei letztwilligem Ausschluss der Vermögenssorge der Eltern (§§ 1638, 1809 Abs. 1 BGB), bei konkretem bzw. abstraktem Interessengegensatz (§§ 1629 Abs. 2, 1824, 1789 Abs. 2 BGB) oder bei Gefährdung des Vermögens (§ 1666 BGB) übernimmt die **gesetzliche Vertretung** des minderjährigen Kindes ein **Ergänzungspfleger** (§ 1809 BGB) für den betroffenen Teilbereich. Das Familiengericht wählt die Person des Ergänzungspflegers aus. Den Eltern oder dem Elternteil wird (nur) insoweit die elterliche Sorge entzogen. Die Eltern sind nach § 1809 Abs. 2 BGB dem Familiengericht gegenüber anzeigepflichtig, wenn eine solche Pflegschaft erforderlich wird.

55 Der Erblasser bzw. der Schenker kann die Person des Pflegers bestimmen; das Gesetz spricht von der „**Zuwendungspflegschaft**“. Die Person des Pflegers kann gem. § 1811 Abs. 2 Nr. 1 BGB **durch letztwillige Verfügung benannt** werden; ansonsten wählt das Familiengericht die Person des Pflegers gem. §§ 1813 Abs. 1, 1778 Abs. 2 BGB aus.[88] Dem längerlebenden Ehegatten steht kein Benennungsrecht zu.[89] Eine Pflegerbenennung kann weder wechselbezüglich noch erbvertraglich, sondern lediglich einseitig angeordnet werden (§§ 2270 Abs. 3, 2278 Abs. 2, 2299 BGB).

86 Kössinger/Najdecki/Zintl/*R.Kössinger/Zintl*, Testamentsgestaltung, § 15 Rn 321.

87 Staudinger/*Heilmann*, § 1639 Rn 12.

88 Grüneberg/*Götz*, § 1811 Rn 3; nicht aber den längerlebenden Ehegatten, so *Enzensberger/Maar*, Testamente für Geschiedene und Patchworkehen, § 4 Rn 4.

89 *Krauß*, Vermögensnachfolge in der Praxis, Rn 4525; *Enzensberger/Maar*, Testamente für Geschiedene und Patchworkehen, § 4 Rn 4.

Die zum Zuwendungspfleger bestimmte Person kann das Amt des Pflegers nur unter den Voraussetzungen der §§ 1813 Abs. 1, 1785 BGB ablehnen, also wenn ihr die Übernahme unter Berücksichtigung ihrer familiären, beruflichen und sonstigen Verhältnisse nicht zugemutet werden kann. Das Familiengericht muss grundsätzlich den in der letztwilligen Verfügung zum Pfleger Berufenen bestellen. Das ist jedoch dann nicht der Fall, wenn der vorgeschlagene Pfleger wegen Alters, Krankheit oder beruflicher Überlastung gehindert ist (§§ 1811 Abs. 2 S. 2, 1783 Abs. 1 Nr. 4 BGB), wenn seine Bestellung dem Kindeswohl widersprechen würde (etwa wegen Unfähigkeit gem. §§ 1811 Abs. 2 S. 2, 1783 Abs. 1 Nr. 2 BGB) oder wenn das mindestens 14 Jahre alte Kind der Bestellung widerspricht (§§ 1811 Abs. 2 S. 2, 1783 Abs. 1 Nr. 3 BGB).[90] Ist das Familiengericht zur Übergehung der bestimmten Person berechtigt, darf und muss es eine andere geeignete Person bestellen.

Gegen die Auswahl des Pflegers kann Beschwerde gem. §§ 58 ff. FamFG eingelegt werden. 56
Der Berufene ist Mussbeteiligter gem. § 7 Abs. 1 Nr. 1 FamFG und beschwerdebefugt. Gegen die Anordnung der Pflegschaft ist ein (längerlebender) Elternteil beschwerdebefugt, da durch die Pflegschaft in die elterliche Sorge eingegriffen wird.[91]

Muster 19.10: Benennung der Person des Zuwendungspflegers 19.10

Zur Verwaltung des aus meinem Nachlass stammenden Vermächtnisgegenstandes soll ___ und ersatz- 57
weise ___ als Zuwendungspfleger bestellt werden (§ 1811 Abs. 2 Nr. 1 BGB).

Die Person des Zuwendungspflegers nach § 1811 BGB kann benannt werden. Sie kann vom 58
Familiengericht nur bei den Gründen nach 1783 Abs. 1 BGB abgelehnt werden kann. Es ist indes unklar, ob bestimmt werden kann, dass Personen als Zuwendungspfleger nach § 1811 BGB ausgeschlossen werden dürfen. Wenn aber ein Zuwendender Personen bestimmen darf, dann muss er auch Personen ausschließen können.[92] Es muss als zulässig angesehen werden, wenn angeordnet wird, aus welchem Personenkreis das Familiengericht einen Pfleger zu benennen hat, wie etwa aus dem Kreis der Tanten und Onkel des betreffenden Kindes.

Eine **negative Bestimmung** der Person des Ergänzungspflegers nach § 1809 Abs. 1 BGB in der Weise, dass eine bestimmte Person lediglich von der Übernahme des Amtes als Pfleger ausgeschlossen wird, ist ausgeschlossen (§§ 1813 Abs. 2, 1782 BGB). Ebenfalls kann keine Person zum Ergänzungspfleger benannt werden.

2. Tätigkeit des Pflegers

Der Pfleger hat zunächst ein Vermögensverzeichnis über das Vermögen des Kindes zu 59
erstellen und beim Familiengericht einzureichen (§§ 1813 Abs. 1, 1798 Abs. 2 S. 1, 1835 BGB).[93] Verschiedene Rechtsgeschäfte bedürfen der **familiengerichtlichen Genehmigung** (§§ 1813 Abs. 1, 1799 Abs. 1, 1848 ff. BGB). Der Pfleger ist verpflichtet, Geld verzinslich anzulegen (§§ 1813 Abs. 1, 1798 Abs. 2, 1841 Abs. 2. BGB) und verschiedene Vorgaben zu beachten (§§ 1813 Abs. 1, 1798 Abs. 2, 1841 ff. BGB). Teilweise ist ein Sperrvermerk gem. §§ 1813 Abs. 1, 1798 Abs. 2, 1845 BGB einzutragen. Das **Familiengericht beaufsichtigt** den Pfleger (§§ 1813 Abs. 1, 1802 Abs. 2 BGB). Neben der Pflicht zur Vorlage eines Vermögensverzeichnisses aus §§ 1813 Abs. 1, 1798 Abs. 2, 1835 BGB ist der Pfleger zur jährlichen

90 Groll/Steiner/*Grziwotz/Fröhler*, Erbrechtsberatung, § 14 Rn 14.45.
91 OLG Brandenburg v. 15.3.2019 – 9 WF 265/18, BeckRS 2019, 4982 Rn 9 = FamRZ 2019, 559.
92 MüKo-BGB/*Schneider*, § 1811 Rn 22; vgl. BayObLGZ 1977, 105, 111; a.A. BeckOK BGB/*Bettin*, § 1811 Rn 4.
93 Zur Tätigkeit: *Krauß*, Vermögensnachfolge in der Praxis, Rn 4526.

Rechnungslegung verpflichtet (§§ 1813 Abs. 1, 1802 Abs. 2, 1865 BGB; das Familiengericht hat die Rechnungslegung zu prüfen. Er ist gegenüber dem Familiengericht auch auskunftspflichtig (§§ 1813 Abs. 1, 1802 Abs. 2, 1864 BGB). Die Vermögenserträge hat der Pfleger dem Kind (also dem gesetzlichen Vertreter) zu Unterhaltszwecken zur Verfügung zu stellen (§§ 1649, 1602 Abs. 2 BGB).[94] Er darf auch nicht das eigene Vermögen mit dem Vermögen des Betreuten vermengen (§§ 1813 Abs. 1, 1798 Abs. 2, 1836 BGB). Der Pfleger verwaltet auch die Surrogate (§ 1638 Abs. 2 BGB), etwa nicht nur den eigentlichen Pflichtteilsanspruch, sondern auch die daraus resultierende Geldzahlung.[95]

3. Befreite Zuwendungspflegschaft

60 Gem. § 1811 Abs. 2 Nr. 2 BGB kann der Erblasser den Pfleger von den dort benannten Verpflichtungen aus den §§ 1843, 1845, 1846, 1848, 1849 Abs. 1 S. 1 Nr. 1 und 2 und S. 2 sowie 1865 BGB befreien. Die Anordnungen zur Befreiung können jedoch vom Familiengericht außer Kraft gesetzt werden, wenn ihre Befolgung das Interesse des Pfleglings gefährden würde (§ 1811 Abs. 3 BGB).

Muster 19.11: Anordnung der befreiten Zuwendungspflegschaft

61 Der Zuwendungspfleger wird von sämtlichen gesetzlichen Beschränkungen befreit, soweit möglich (§ 1811 Abs. 2 Nr. 2 BGB).

Muster 19.12: Befreiung nur von der Verpflichtung zur Rechnungslegung

62 Der Zuwendungspfleger wird nur von der Verpflichtung zur jährlichen Rechnungslegung gegenüber dem Familiengericht befreit (§§ 1811 Abs. 2 Nr. 2, 1865 BGB).

63 Eine Befreiung ist von folgenden Regelungen möglich (jeweils über § 1811 Abs. 2 Nr. 2 BGB):[96]

- Pflicht zur Depotverwahrung und Hinterlegung von Wertpapieren (§ 1843 BGB)
- Pflicht zur Anlage mit Sperrvereinbarung (§ 1845 BGB)
- Anzeigepflicht bei der Geld- und Vermögensverwaltung beim Familiengericht (§ 1846 BGB)
- Familiengerichtliche Genehmigung bei Anlegung von Geld anders als gem. § 1841 Abs. 2 BGB (§ 1848 BGB)
- Familiengerichtliche Genehmigung bei Verfügungen über ein Recht, kraft dessen der Betreute eine Geldleistung oder Leistung eines Wertpapieres verlangen kann, oder ein Wertpapier des Betreuten oder einen hinterlegten Wertgegenstand des Betreuten, sowie bei Eingehung einer Verpflichtung zu einer solchen Verfügung (§§ 1849 Abs. 1 S. 1 Nr. 1 und 2. S. 2 BGB)
- Rechnungslegung (§ 1865 BGB)

64 **Grenzen:** Trotz befreiter Pflegschaft ist der Zuwendungspfleger aber weiterhin verpflichtet, u.a. das Vermögensverzeichnis beim Familiengericht einzureichen (§§ 1813 Abs. 1, 1798 Abs. 2, 1835 BGB), dem Familiengericht Auskünfte zu erteilen (§§ 1813 Abs. 1, 1802 Abs. 2, 1863 BGB), Anlagegeld anzulegen (§§ 1813 Abs. 1, 1798 Abs. 2, 1841 BGB), familiengerichtliche Genehmigungen in den Konstellationen nach §§ 1813 Abs. 1, 1799 Abs. 1, 1848–1854

94 *Enzensberger/Maar*, Testamente für Geschiedene und Patchworkehen, § 4 Rn 4.
95 *Damrau*, Der Minderjährige im Erbrecht, § 8 Rn 86.
96 Vgl. *Krauß*, Vermögensnachfolge in der Praxis, Rn 4527.

Nr. 1–7 BGB einzuholen und die Schlussrechnung zu erstellen bzw. das Vermögen herauszugeben (§§ 1813 Abs. 1, 1807, 1872 ff. BGB).[97]

4. Anordnung zur Verwaltung des Vermögens

Der Erblasser kann darüber hinaus Anordnungen zur Verwaltung des Vermögens verfügen (§§ 1813 Abs. 1, 1798 Abs. 2, 1837 BGB).[98] Dabei ist zu fordern, dass der Erblasser auch spezielle Vorgaben machen kann, bspw. wie das Vermögen und die Erträge zugunsten des Kindes eingesetzt bzw. nicht eingesetzt werden sollen, also welche Art von Ausgaben der Pfleger tätigen darf und inwieweit ihm dabei ein Ermessen zusteht.[99] 65

Muster 19.13: Anordnung zur Vermögensverwaltung

Der Zuwendungspfleger wird hiermit angewiesen (§§ 1813 Abs. 1, 1798 Abs. 2, 1837 BGB), das meinen Kindern von mir zugewendete Vermögen so zu verwalten, dass ihre jeweilige schulische und berufliche Ausbildung sichergestellt ist. Hierbei sollen je nach individuellen Fähigkeiten auch Auslandsaufenthalte für Schul-, Studien-, Berufsausbildungs- oder Praktikumszeiten ermöglicht werden.[100] 66

VI. Gestaltungen zu einem Vormund

Eltern können für den Fall, dass ihr minderjähriges Kind nach ihrem Tod eines Vormunds bedarf, durch letztwillige Verfügung diejenige Person benennen, die Vormund werden soll (§ 1782 BGB). Solche Verfügungen können auch in Ehegattentestamenten und Erbverträgen enthalten sein, sind aber **stets einseitig** und damit von jedem Elternteil einseitig widerrufbar (§§ 2270 Abs. 3, 2278 Abs. 2 BGB).[101] Der Benannte darf dann nur unter den in § 1783 BGB bezeichneten Voraussetzungen von dem Familiengericht übergangen werden. Das ist möglich, wenn bei Bestellung des benannten Vormunds ein erheblicher und konkreter Widerspruch zum Wohl des Kindes gegeben wäre, was eine Einzelfallprüfung erfordert.[102] Grundsätzlich ist davon auszugehen, dass die von den Eltern ausgewählte Person einen für das Kind geeigneten Vormund abgibt. Als milderes Mittel kommt für das Familiengericht in Betracht, bestimmte Angelegenheiten mit Einverständnis des Vormunds auf einen zusätzlichen Pfleger nach § 1776 Abs. 1 BGB zu übertragen.[103] 67

Wurde kein Vormund benannt, trifft das Familiengericht nach Anhörung des Jugendamtes eine Auswahlentscheidung (§ 1778 Abs. 1 BGB).[104] Hierbei hat es die Kriterien aus § 1778 Abs. 2 BGB zu beachten. Großeltern steht ein Recht auf Beachtung ihrer nahen Verwandtenstellung bei der Auswahl des Vormunds zu.[105] Dennoch sind sie gegen die Bestellung eines Vormunds nicht beschwerdebefugt (§ 59 Abs. 1 FamFG); sie können indes gegen die Entscheidung des Rechtspflegers Erinnerung einlegen.[106]

---

97 *Krauß*, Vermögensnachfolge in der Praxis, Rn 4527.
98 Groll/Steiner/*Grziwotz/Fröhler*, Erbrechtsberatung, § 14 Rn 30.
99 *Horn*, ZEV 2013, 297, 302.
100 Groll/Steiner/*Grziwotz/Fröhler*, Erbrechtsberatung, § 14 Rn 14.39.
101 *Damrau*, Der Minderjährige im Erbrecht, § 14 Rn 132.
102 OLG Karlsruhe NJOZ 2024, 781, 784.
103 OLG Karlsruhe NJOZ 2024, 781, 786; hierzu *Schmidt*, NZFam 2023, 1, 2.
104 *G. Müller*, ZEV 2012, 298.
105 BVerfG NJW 2009, 1133.
106 BGH ZEV 2013, 517, 519.

Muster 19.14: Vormundbenennung

68 Hiermit benennen wir für den Fall, dass unser Kind bei Ableben des Längstlebenden von uns minderjährig ist, als Vormund in erster Linie , in zweiter Linie und in dritter Linie (§ 1782 BGB).

69 Durch letztwillige Verfügung kann jeder Elternteil die Person des Vormunds benennen, wenn ihm zur Zeit seines Todes die Sorge für die Person und das Vermögen des Kindes zusteht (§§ 1782 f. BGB).[107] Haben die Eltern verschiedene Personen benannt, so gilt die Benennung durch den längerlebenden Elternteil und nicht die zeitlich spätere Benennung (§§ 1782 Abs. 2, 1813 Abs. 2 BGB). Es kann für ein Kind nur eine einzige Person zum Vormund benannt werden; nur Ehegatten können als gemeinschaftliche Vormünder bestellt werden (§ 1782 Abs. 1 S. 1 BGB). Insoweit hat sich das Recht geändert; nach bis zum 31.12.2022 geltendem Recht war die Benennung von mehreren Vormündern für unterschiedliche Aufgabengebiete zulässig. Es kommt hinzu, dass für sämtliche Kinder grundsätzlich die gleiche Person zum Vormund zu bestellen ist, außer es liegen besondere Gründe vor.[108] **Ersatzbenennungen** sind nicht nur möglich, sondern auch zweckmäßig. Auch ein **Ausschluss von Personen** ist möglich (§ 1782 Abs. 1 S. 2 BGB).

Muster 19.15: Ausschluss einer Person als Vormund

70 Ich benenne keine Person zum Vormund. Jedoch schließe ich meine Schwägerin, , davon aus, zum Vormund meiner Kinder ernannt zu werden (§ 1782 Abs. 1 BGB).

71 Der Vormund kann gem. § 1801 Abs. 3 BGB von den Verpflichtungen aus den §§ 1845, 1848, 1849 Abs. 1 S. 1 Nr. 1 und 2, S. 2, 1865 BGB **befreit** werden, die im Falle des § 1801 Abs. 3 S. 1 BGB vom Familiengericht außer Kraft gesetzt werden können. Zudem sind Anordnungen zur Verwaltung möglich (§§ 1798 Abs. 2 S. 1, 1837 BGB). Von der Pflicht zur Vorlage eines Vermögensverzeichnisses nach §§ 1798 Abs. 2 S. 1, 1835 BGB kann nicht befreit werden.[109] Denkbar ist, die namentlich bestimmten Personen zu befreien, aber für den Fall, dass das Familiengericht einen fremden Pfleger bestimmt, ausdrücklich keine Befreiung anzuordnen.

Muster 19.16: Vormundbenennung mit Befreiung

72 Für den Fall, dass für meine Kinder eine Vormundschaft angeordnet wird, benenne ich meinen Bruder , ersatzweise meine Nichte als Vormund. Ferner ordne ich an, dass die Mutter meiner geschiedenen Ehegattin , Frau , von der Vormundschaft ausgeschlossen ist. Gem. §§ 1845, 1848, 1849 Abs. 1 S. 1 Nr. 1 und 2, S. 2, 1865, 1801 Abs. 3 S. 1 BGB wird der Vormund von allen dort niedergelegten Beschränkungen befreit, soweit gesetzlich möglich. Die Befreiung gilt aber nicht für einen Vormund, den ich nicht benannt habe, sondern der „fremd" von dem Familiengericht bestellt wurde.

73 Die Vormundbenennung ist von der **„Sorgerechtsvollmacht"** abzugrenzen.[110] Mit einer solchen wird die Ausübung der Sorge übertragen, ohne sie aufzugeben.[111] Wesentliche Entscheidungen bleiben den Eltern vorbehalten. Etwa kann die tatsächliche Personensorge übertragen werden, bspw. auf ein Internat.[112] Ein solcher formloser Vertrag ist jederzeit

---

107 *G. Müller*, ZEV 2012, 298; *Damrau*, Der Minderjährige im Erbrecht, § 14 Rn 139.
108 *Ott*, MittBayNot 2022, 533, 534.
109 *Kanzleiter*, ZEV 2014, 225, 227; BeckOK BGB/*Müller-Engels*, § 1835 Rn 4.
110 Ausführlich AnwF Vorsorgevollmachten/*Hölscher*, § 10.
111 DNotI-Gutachten DNotI-Report 2010, 203, 204; *Kurze*, ZErb 2015, 241, 244.
112 MüKo-BGB/*Huber*, § 1626 Rn 14.

widerruflich. Es sind auch zwischen getrennt lebenden Elternteilen Vereinbarungen zur Ausübung der Befugnisse aus der Personensorge zulässig.[113]

D. Entziehung des güterrechtlichen Verwaltungsrechts (Gütergemeinschaft)

Der Erblasser kann für den Fall, dass der Bedachte mit seinem Ehegatten im Güterstand 74
der Gütergemeinschaft lebt, anordnen, dass das zugewandte Vermögen dessen **Vorbehaltsgut** wird und nicht in das Gesamtgut fällt (§§ 1418 Abs. 2 Nr. 2, 1486 Abs. 1 BGB). Mit der abnehmenden Bedeutung der Gütergemeinschaft spielen diese Anordnungen in der Praxis eine immer geringere Rolle. Allerdings können solche Anordnungen für ausländische Gütergemeinschaften, die wegen des „Versteinerungsgrundsatzes" nach Art. 15 EGBGB weiter gelten, von Bedeutung sein.

Muster 19.17: Bestimmung als Vorbehaltsgut 19.17

Mein im Güterstand der Gütergemeinschaft lebendes Kind erhält das zuvor in diesem Testament 75
ausgesetzte Vermächtnis hinsichtlich des dort bezeichneten Grundbesitzes zum Alleineigentum, und zwar unter der hiermit erklärten Bestimmung gem. § 1418 Abs. 2 Nr. 2 Alt. 1 BGB, dass der Erwerb Vorbehaltsgut sein soll.[114]

Weitere Anordnungen sind bei der fortgesetzten Gütergemeinschaft nach §§ 1509, 1511, 76
1516 BGB möglich. Haben die Ehegatten die Gütergemeinschaft vereinbart, kann ein Ehegatte die **vereinbarte Fortsetzung der Gütergemeinschaft** durch letztwillige Verfügung **ausschließen,** insbesondere, wenn er berechtigt ist, dem anderen den Pflichtteil zu entziehen oder auf Aufhebung der Gütergemeinschaft zu klagen. Beide Ehegatten können einzelne oder alle gemeinschaftlichen Abkömmlinge von der fortgesetzten Gütergemeinschaft ausschließen (§§ 1511, 1516 BGB).

113 Muster bei AnwF Vorsorgevollmachten/*Hölscher,* § 10 Rn 14 ff.
114 Kössinger/Najdecki/Zintl/*R. Kössinger/Zintl,* Testamentsgestaltung, § 15 Rn 326.

§ 20 Testamentsvollstreckung

Giuseppe Pranzo, LL.M.

Literaturhinweise

Bonefeld, Betreuer oder gesetzlicher Vertreter und Testamentsvollstreckung, ZErb 2007, 2; *Flume*, Die Erbennachfolge in den Anteil an einer Personengesellschaft und die Zugehörigkeit des Anteils zum Nachlaß, NJW 1988, 161; *Keim*, Die Ernennung des Notars zum Testamentsvollstrecker – Möglichkeiten und rechtliche Grenzen –, DNotZ 2023, 338; *Kirnberger*, Besteuerung der Testamentsvollstreckervergütung als Einkommen oder Vermögensanfall von Todes wegen, ZEV 2001, 267; *Kirnberger*, Testamentsvollstreckung und Umsatzsteuer, ZEV 1998, 342; *Klühs*, Beschränkung der vollstreckungsfreien Miterben durch Erbteilsvollstreckung, RNotZ 2010, 43; *Kretschmann*, Zurechnungsprobleme bei mehreren Testamentsvollstreckern, ZEV 2022, 383; *Kuhn*, Anforderungen an die Pflichtteilsbeschränkung nach § 2338 BGB, ZEV 2011, 288; *Lutz*, Die Ernennung mehrerer Testamentsvollstrecker als Gestaltungsmittel der Unternehmensnachfolge, NotBZ 2016, 16; *Mayer*, Testamentsvollstreckung durch Steuerberater, Banken und Sparkassen – zugleich Anmerkung zu den Urteilen des BGH vom 11.11.2004, I ZR 213/01 und I ZR 182/02, MittBayNot 2005, 366; *Muscheler*, Ist für die Berechnung der Testamentsvollstreckervergütung der Pflichtteilsanspruch vom Brutto-Nachlass abzuziehen?, ZEV 2014, 646; *Reimann*, Gesellschaften als Testamentsvollstrecker, ZEV 2021, 742; *Riedel* (Hrsg.), Praxishandbuch Unternehmensnachfolge, 3. Aufl. 2021; *Rott*, Effiziente Nachlassabwicklung: Synergien durch aufeinander abgestimmte Vorsorgevollmacht und Testamentsvollstreckung, ZErb 2024, 441; *Rott*, Die Vergütung des Testamentsvollstreckers – Probleme und Lösungsvorschläge bei der Gestaltung, ErbR 2017, 386; *Ruby*, Behindertentestament: Häufige Fehler und praktischer Vollzug, ZEV 2006, 66; *Säcker*, Die Bestimmung des Nachfolgers durch den Testamentsvollstrecker – oder: Das Erbrecht in den Fängen der Begriffsjurisprudenz?, ZEV 2006, 288; *Scherer* (Hrsg.), Unternehmensnachfolge, 6. Aufl. 2020; *Schmitz*, Interessenkollisionen bei der Anlage von Nachlassvermögen durch Kreditinstitute bei Testamentsvollstreckung, ZErb 2005, 74; *Steiner*, Vereinbarungen zwischen dem Testamentsvollstrecker und den Erben, ZEV 2020, 330; *Ulmer*, Testamentsvollstreckung am Kommanditanteil – Voraussetzungen und Rechtsfolgen, NJW 1990, 73; *Weidlich*, Testamentsvollstreckung an einem einzelkaufmännischen Unternehmen – Zulässigkeit aufgrund geänderter Gesetzeslage?, NJW 2011, 641.

Inhalt

A. Testamentsvollstreckung als Gestaltungsmittel der Vermögensnachfolge 1
I. Allgemeines 1
II. Vorhandensein mehrerer Erben 5
III. Unternehmen im Nachlass 6
IV. Schutz des Nachlasses 7
V. Minderjährige und unter Betreuung stehende Erben 9
VI. Erfüllung von Vermächtnissen und Auflagen 10
B. Formen der Testamentsvollstreckung 11
I. Allgemeines 11
II. Abwicklungsvollstreckung 13
III. Dauervollstreckung und Verwaltungsvollstreckung 24
IV. Vermächtnisvollstreckung 40
V. Testamentsvollstreckung bei Vor- und Nacherbschaft 50
1. Überblick 50
2. Abwicklungsvollstreckung 51
3. Testamentsvollstreckung nur für die Vorerbschaft 52
4. Testamentsvollstreckung nur für die Nacherbschaft 55
5. Testamentsvollstreckung sowohl für den Vorerben als auch für den Nacherben 58
6. Nacherbenvollstreckung 62
VI. Testamentsvollstreckung mit beschränktem Aufgabenkreis 69
1. Überblick 69
2. Inhaltliche Beschränkungen 71
3. Gegenständliche Beschränkungen 75
4. Zeitliche Beschränkungen 76
5. Beaufsichtigende Testamentsvollstreckung 77
6. Beschränkung der Testamentsvollstreckung auf einen Erbteil 81
7. Testamentsvollstreckung zur Erfüllung eines Bestimmungsvermächtnisses 85

C. **Person des Testamentsvollstreckers** 87
I. Allgemeines 87
II. Ernennung durch den Erblasser 88
III. Ernennung durch einen Dritten 89
IV. Ernennung durch das Nachlassgericht ... 94
V. Als Testamentsvollstrecker geeignete und ungeeignete Personen(gruppen) 100
1. Volljährige natürliche Personen 100
2. Nachlassbeteiligte 101
a) Erben 101
b) Vermächtnisnehmer und Pflichtteilsberechtigte 105
3. Gesetzliche Vertreter 107
4. Juristische Personen, Gesellschaften und Vereine 110
5. Rechtsanwälte 112
6. Steuerberater, Wirtschaftsprüfer 116
7. Notare 119
8. Kreditinstitute 126
D. **Mehrere Testamentsvollstrecker** 130
I. Allgemeines 130
II. Ersatztestamentsvollstrecker 131
III. Mitvollstrecker 133
1. Überblick 133
2. Anordnung von Stimmenmehrheiten 138
3. Anordnung des Stichentscheids bei mehreren Testamentsvollstreckern 140
4. Ernennung eines Schiedsrichters 142
IV. Nebenvollstrecker 144
V. Mitvollstrecker- und Nachfolgerbestimmung 146
1. Überblick 146
2. Mitvollstrecker 149
3. Nachfolger 150
E. **Vergütung des Testamentsvollstreckers** .. 152
I. Allgemeines 152
II. Vergütungstabellen 155
1. Überblick 155
2. Rheinische Tabelle 156
3. Vergütungsempfehlungen des Deutschen Notarvereins 157
III. Festbetrag 162
IV. Wertorientierte Vergütung 163
V. Zeitorientierte Vergütung 168
VI. Aufwendungsersatz und berufsmäßige Dienste 172
VII. Umsatzsteuer 177
VIII. Fälligkeit der Vergütung und Vorschuss .. 179
IX. Vergütung bei mehreren Testamentsvollstreckern 182
X. Schuldner der Vergütung 188
1. Überblick 188
2. Erbteilsvollstreckung 189
3. Vermächtnisvollstreckung 191
4. Vor- und Nacherbschaft 193
XI. Besteuerung der Vergütung 194
F. **Testamentsvollstreckung und Vollmacht** 196
G. **Testamentsvollstreckung im Unternehmensbereich** 206
I. Praktisches Bedürfnis für die Testamentsvollstreckung im Unternehmensbereich 206
II. Spannungsverhältnis zwischen Erbrecht und Handels- und Gesellschaftsrecht 207
III. Testamentsvollstreckung an einem Einzelunternehmen 209
1. Abwicklungsvollstreckung 210
2. Verwaltungsvollstreckung/Dauertestamentsvollstreckung 214
a) Allgemeines 214
b) Treuhandlösung 216
c) Vollmachtslösung 222
d) Weisungsgeberlösung 228
e) Gestaltungsempfehlung 230
IV. Testamentsvollstreckung an Personengesellschaftsanteilen 233
1. Überblick 233
2. Testamentsvollstreckung am Gesellschaftsanteil eines persönlich haftenden Gesellschafters 235
a) Abwicklungsvollstreckung 235
b) Verwaltungsvollstreckung/Dauertestamentsvollstreckung 237
aa) Allgemeines 237
bb) Treuhandlösung 239
cc) Vollmachtslösung 241
dd) Weisungsgeberlösung 243
c) Beaufsichtigende Testamentsvollstreckung (an der Außenseite der Beteiligung) 244
3. Testamentsvollstreckung an einem Kommanditanteil 248
V. Testamentsvollstreckung an Kapitalgesellschaftsanteilen 252
1. GmbH 252
2. AG 262
3. GmbH & Co. KG 264
H. **Testamentsvollstrecker im Lichte des Steuerrechts** 265
I. Allgemeines 265
II. Steuerschulden des Erblassers als Nachlassverbindlichkeiten 267
III. Erbschaftsteuer 271
IV. Auskunftsansprüche des Testamentsvollstreckers gegen die Erben 276
V. Beauftragung von Steuerfachleuten 277
VI. Abzugsfähigkeit der Kosten der Testamentsvollstreckung 278

A. Testamentsvollstreckung als Gestaltungsmittel der Vermögensnachfolge

I. Allgemeines

1 Unsere Gesellschaft wird zunehmend älter. Damit einhergehend werden Nachlässe immer größer und komplexer. Erblasser befürchten oftmals, dass die Erben mit der Verwaltung des Nachlasses überfordert sind, sei es aufgrund der konkreten Zusammensetzung des Nachlasses (z.B. Unternehmensbeteiligungen, umfangreiches Immobilienvermögen etc.), sei es aufgrund mangelnder Sachkunde oder mangelnder geschäftlicher Erfahrung der Erben.

Auch besteht oftmals die Sorge des Erblassers, dass unerwünschte Erbstreitigkeiten zu einer Zersplitterung des Nachlasses führen. Das Bedürfnis des Erblassers, dem einen Riegel vorzuschieben, liegt auf der Hand. Das in diesem Sinne effektivste erbrechtliche Gestaltungsmittel ist die **Testamentsvollstreckung**. Als „erhobener Zeigefinger des Erblassers" leitet der Testamentsvollstrecker seine Legitimation, seine Rechtsposition und seinen Aufgabenbereich unmittelbar vom Willen des Erblassers ab.[1] Indem der Erblasser die Person des Testamentsvollstreckers, dessen Aufgabenbereich und auch den Umfang der Testamentsvollstreckung genau vorgeben kann, ist es ihm möglich, „aus dem Grab heraus zu regieren".[2]

Gem. § 2205 BGB obliegt dem Testamentsvollstrecker die **Verwaltungs- und Verfügungsbefugnis** über den Nachlass, denn der Erbe kann gem. § 2211 BGB über einen der Verwaltung des Testamentsvollstreckers unterliegenden Nachlassgegenstand nicht verfügen. Der Testamentsvollstrecker ist nach herrschender Meinung weder Vertreter des Erblassers oder der Erben noch deren Treuhänder, sondern Träger eines eigenen privaten Amts.[3] 2

Eine besonders starke Stellung des Testamentsvollstreckers ergibt sich vor allem daraus, dass dieser im Gegensatz zu einem Nachlasspfleger, einem gesetzlichen Betreuer oder einem Insolvenzverwalter keiner gerichtlichen Kontrolle unterliegt[4] und gegenüber den Erben grundsätzlich weisungsunabhängig ist.[5] Im Verhältnis zum Erben sind die Rechte des Testamentsvollstreckers allerdings auf den Nachlass beschränkt. Der vom Testamentsvollstrecker verwaltete Nachlass wird zum **Sondervermögen**, das vom übrigen Vermögen der Erben getrennt und deren Verfügungsmacht entzogen ist. Dadurch können auch Privatgläubiger der Erben für die Dauer der Testamentsvollstreckung vom Nachlass ferngehalten werden.[6] 3

Insbesondere in den nachfolgenden Situationen liegt es regelmäßig im Interesse des Erblassers, Testamentsvollstreckung anzuordnen: 4

II. Vorhandensein mehrerer Erben

Die gesetzlichen Regelungen zur gemeinschaftlichen Verwaltung und Auseinandersetzung von **Erbengemeinschaften** sind sehr streitanfällig. Je höher die Anzahl der Miterben ist, desto wahrscheinlicher wird es, dass die Verwaltung und Auseinandersetzung der Erbengemeinschaft nicht reibungslos verläuft. In der Praxis treten unsachliche Motive, die ihren Ursprung meist weit vor dem Erbfall haben, oftmals auf der Ebene der Erbauseinandersetzung hervor. Durch eine Testamentsvollstreckung wird den Miterben die Verwaltungs- und Verfügungsmacht über den Nachlass entzogen und die Auseinandersetzung des Nachlasses erfolgt durch einen objektiven Testamentsvollstrecker. 5

III. Unternehmen im Nachlass

Geschäftlich unerfahrene oder minderjährige Erben sind zur Fortführung eines Unternehmens nicht geeignet. Auch bei Vorhandensein mehrerer Erben gilt es, eine Zerschlagung des Unternehmens aufgrund von Meinungsverschiedenheiten der Miterben zu verhindern. 6

1 Bengel/Reimann/Holtz/Röhl/*Holtz*, § 1 Rn 2.
2 *Zimmermann*, Testamentsvollstreckung, Rn 1.
3 *Rott/Kornau/Zimmermann*, § 2 Rn 2.
4 *Rott/Kornau/Zimmermann*, § 2 Rn 5.
5 BGH, Urt. v. 2.10.1957 – IV ZR 217/57, BGHZ 25, 275, 279; BGH, Urt. v.18.6.1971 – V ZB 4/71, NJW 1971, 1805.
6 MüKo-BGB/*Zimmermann*, vor § 2197 Rn 5.

Die Testamentsvollstreckung gilt im Bereich der Unternehmensnachfolge von Todes wegen als überaus wichtiges Gestaltungsmittel.

IV. Schutz des Nachlasses

7 Die der Verwaltung des Testamentsvollstreckers unterliegenden Nachlassgegenstände haften nur den **Nachlassgläubigern**. Eigengläubiger der Erben, die nicht zu den Nachlassgläubigern gehören, können sich gem. § 2214 BGB nicht an die der Verwaltung des Testamentsvollstreckers unterliegenden Nachlassgegenstände halten. Dies bedeutet praktisch eine Absonderung des Nachlasses allein für die Nachlassgläubiger.[7]

8 Zu berücksichtigen ist jedoch, dass eine Miterbe gem. § 2033 Abs. 1 S. 1 BGB auch bei angeordneter Testamentsvollstreckung über seinen Anteil am Nachlass verfügen kann, sodass Privatgläubiger eines Miterben dessen Erbteil gem. § 859 ZPO **pfänden** können. Weiterreichenden Schutz bietet hier nur die Anordnung eines Auseinandersetzungsverbots durch den Erblasser.[8]

V. Minderjährige und unter Betreuung stehende Erben

9 Die Anordnung der Testamentsvollstreckung lässt die Notwendigkeit **familien-** und **betreuungsgerichtlicher Genehmigungen** entfallen.[9] Dies gilt nicht nur bei Rechtsgeschäften des Testamentsvollstreckers, die die im Zeitpunkt des Erbfalls vorhandenen Gegenstände betreffen, sondern auch bei Gegenständen, die der Testamentsvollstrecker mit Mitteln des Nachlasses erworben hat.[10] Allerdings sind potenzielle Interessenkollisionen zu beachten, wenn das Amt des Testamentsvollstreckers von einem Elternteil oder Betreuer in Doppelrolle wahrgenommen wird. Hier stellt sich die Frage, ob und wann ein **Ergänzungspfleger** zu bestellen ist. Der BGH geht davon aus, dass keine grundsätzliche Pflicht zur Bestellung eines Ergänzungspflegers besteht, sondern diese Frage im Rahmen tatrichterlicher Verantwortung im Einzelfall zu entscheiden ist.[11]

VI. Erfüllung von Vermächtnissen und Auflagen

10 Da Vermächtnisnehmer einen nur schuldrechtlichen Anspruch gegen die Erben gem. § 2174 BGB haben und Begünstigten einer Auflage kein Anspruch auf die Leistung zusteht, kann die Erfüllung von Vermächtnissen und Auflagen effektiv durch die Anordnung von Testamentsvollstreckung sichergestellt werden.

B. Formen der Testamentsvollstreckung

I. Allgemeines

11 Es gibt verschiedene Formen der Testamentsvollstreckung, die im Zuge der testamentarischen Anordnung **präzise definiert** werden müssen. Auslegungsschwierigkeiten bezüglich

7 Bengel/Reimann/Holtz/Röhl/*Holtz*, § 1 Rn 244.
8 *Rott/Kornau/Zimmermann*, § 2 Rn 23.
9 Mayer/BonefeldTanck/*Mayer*, § 2 Rn 14; BGH, Beschl. v. 30.11.2005 – IV ZR 280/04, ZEV 2006, 262.
10 Bengel/Reimann/Holtz/Röhl/*Holtz*, § 1 Rn 26.
11 BGH, Beschl. v. 5.3.2008 – XII ZB 2/07, NJW-RR 2008, 963.

des Umfangs der Testamentsvollstreckung nach dem Erbfall sind zwingend zu vermeiden. Typischerweise wird unterschieden zwischen

- der Abwicklungstestamentsvollstreckung (bei mehreren Erben als „Auseinandersetzungsvollstreckung“ bezeichnet),
- der Dauertestamentsvollstreckung,
- der Verwaltungsvollstreckung,
- der Vermächtnisvollstreckung,
- der Testamentsvollstreckung bei Vor- und Nacherbschaft und
- der Testamentsvollstreckung mit beschränktem Aufgabenkreis.

Welche Form der Testamentsvollstreckung die richtige ist, hängt von den konkreten Aufgaben des Testamentsvollstreckers ab. Der Erblasser muss sich daher stets mit der Frage beschäftigen, welche **Ziele** er mit der Anordnung der Testamentsvollstreckung durchsetzen möchte. 12

II. Abwicklungsvollstreckung

Die Abwicklungsvollstreckung stellt den gesetzlichen **Regelfall** der Testamentsvollstreckung dar. Hat der Erblasser in seinem Testament schlicht Testamentsvollstreckung angeordnet, ohne nähere Einzelheiten festzulegen, ist im Zweifel bloß die Abwicklungsvollstreckung gem. § 2203 BGB gemeint.[12] 13

Im Rahmen der Abwicklungsvollstreckung ist es **Aufgabe** des Testamentsvollstreckers, den letzten Willen des Erblassers auszuführen und den Nachlass abzuwickeln. Sind mehrere Erben vorhanden, wird die Abwicklungsvollstreckung als „Auseinandersetzungsvollstreckung“ bezeichnet (§ 2204 BGB).[13] 14

Zur **Abwicklung** des Nachlasses gehört die Ausführung der letztwilligen Anordnungen des Erblassers, insbesondere die Erfüllung von Vermächtnissen, Auflagen oder Teilungsanordnungen, die Erfüllung der Nachlassverbindlichkeiten einschließlich der Erbschaftsteuer und die Bewirkung der Erbauseinandersetzung bei Vorhandensein mehrerer Erben.[14] Es ist die Pflicht des Abwicklungsvollstreckers, den Zustand herbeizuführen, den der Erblasser hinsichtlich seines Nachlasses herstellen möchte.[15] 15

In der Praxis oftmals problematisch ist der Umstand, dass das Gesetz für die Abwicklungsvollstreckung **keine Höchstdauer** vorsieht. Bei unnötiger Verzögerung der Abwicklung durch den Testamentsvollstrecker bleibt den Erben oftmals nur die Möglichkeit, einen **Entlassungsantrag** nach § 2227 BGB zu stellen. Darauf möchte es der Erblasser nur selten ankommen lassen. Im Zuge der Anordnung der Abwicklungsvollstreckung sollte er daher Wert darauf legen, möglichst konkrete Anordnungen zu treffen, da diese vom Testamentsvollstrecker stets vorrangig zu berücksichtigen sind. 16

Fehlen ausdrückliche Anordnungen des Erblassers zur **Auseinandersetzung** des Nachlasses, hat der Testamentsvollstrecker die gesetzlichen Regelungen der §§ 2204, 2042, 2046 ff., 2050 ff., 750 ff. BGB zu befolgen, es sei denn, die Erben sind sich anderweitig einig.[16] Zwar ist der Testamentsvollstrecker nicht an Weisungen der Erben gebunden,[17] allein im Interesse 17

12 Grüneberg/*Weidlich*, § 2203 Rn 1.
13 MüKo-BGB/*Zimmermann*, § 2203 Rn 1.
14 *Rott/Kornau/Zimmermann*, § 4 Rn 2.
15 MüKo-BGB/*Zimmermann*, § 2203 Rn 5.
16 Grüneberg/*Weidlich*, § 2204 Rn 3.
17 jurisPK-BGB/*Heintz*, § 2204 Rn 4 m.w.N.

einer streitvermeidenden Abwicklung des Nachlasses sollte er jedoch die Weisungen und Interessen der Erben berücksichtigen. Gem. § 2204 Abs. 2 BGB hat der Testamentsvollstrecker die Erben vor der Ausführung des von ihm aufgestellten Auseinandersetzungsplans ohnehin zu hören.

18 Sind sich die Erben nicht einig, hat der Testamentsvollstrecker die Nachlassgegenstände zu verwerten. Ist eine Teilbarkeit von Nachlassgegenständen der Natur der Sache nach nicht möglich, hat ein **Verkauf** zu erfolgen. Der Erlös ist dann zu teilen. Einzelheiten hierzu sind umstritten, so insbesondere die Frage, ob ein freihändiger Verkauf bei beweglichen Sachen zulässig ist.[18] Da der Testamentsvollstrecker nach herrschender Meinung Dritter i.S.d. § 2048 S. 2 BGB sein kann,[19] ist eine Anordnung gem. § 2048 S. 2, S. 3 BGB zu empfehlen, wonach die Auseinandersetzung des Nachlasses nach billigem Ermessen des Testamentsvollstreckers zu erfolgen hat.

20.1 **Muster 20.1: Anordnung einer Abwicklungsvollstreckung**

19 Ich ordne Testamentsvollstreckung für meinen gesamten Nachlass in Form der Abwicklungs- bzw. Auseinandersetzungsvollstreckung an.

Aufgabe des Testamentsvollstreckers ist es, meinen Nachlass abzuwickeln und dabei die Nachlassverbindlichkeiten zu begleichen und die angeordneten Vermächtnisse zu erfüllen.

Der Testamentsvollstrecker hat die Auseinandersetzung des Nachlasses unter den Miterben vorzunehmen. Dabei ordne ich an, dass er die Auseinandersetzung des Nachlasses nach billigem Ermessen vornehmen kann. [*ggf.:* Er hat die Auseinandersetzung des Nachlasses jedoch bis spätestens zum ______ abzuschließen.]

Der Testamentsvollstrecker ist in der Eingehung von Verbindlichkeiten für den Nachlass nicht beschränkt. Ich befreie ihn ausdrücklich auch von sonstigen gesetzlichen Beschränkungen, insbesondere von den Beschränkungen des § 181 BGB.

Zum Testamentsvollstrecker mit dem genannten Aufgabenkreis bestimme ich ______. Fällt der Testamentsvollstrecker vor oder nach der Annahme des Amts weg, bestimme ich ersatzweise ______ zum Testamentsvollstrecker.

20 Gem. § 2206 Abs. 1 S. 1 BGB ist der Testamentsvollstrecker berechtigt, **Verbindlichkeiten** für den Nachlass einzugehen, soweit die Eingehung zur ordnungsmäßigen Verwaltung erforderlich ist. Diese Vorschrift stellt eine **Grenze der gesetzlichen Vertretungsmacht** des Testamentsvollstreckers dar. Da den Testamentsvollstrecker eine Haftung nach § 179 BGB treffen kann, wenn er die Grenze der ordnungsgemäßen Verwaltung überschritten hat,[20] und der Erblasser eine solche Haftung des Testamentsvollstreckers oftmals vermeiden möchte, besteht die Möglichkeit einer erweiterten Verpflichtungsermächtigung des Testamentsvollstreckers gem. § 2207 S. 1 BGB. Der Testamentsvollstrecker kann allerdings nie ermächtigt werden, den Erben als Träger seines Eigenvermögens zu verpflichten.[21]

21 Die uneingeschränkte Befreiung des Testamentsvollstreckers von den **Beschränkungen des § 181 BGB** wird zum Teil kritisiert mit der Begründung, auch im Falle einer Befreiung von § 181 BGB sei ein Insichgeschäft unwirksam, wenn es dem Gebot ordnungsgemäßer Verwaltung widerspreche. Zudem könne der Erblasser den Testamentsvollstrecker gem. §§ 2220, 2216 BGB nicht vom Gebot ordnungsgemäßer Verwaltung befreien. In diesem

18 Dazu BeckFormB ErbR/*Eckelskemper/Schmitz*, C.VII.3 Anm. 3 m.w.N.
19 MüKo-BGB/*Ann*, § 2048 Rn 19.
20 MüKo-BGB/*Zimmermann*, § 2206 Rn 8.
21 MüKo-BGB/*Zimmermann*, § 2206 Rn 9.

Zuge wird vorgeschlagen, den Testamentsvollstrecker nur im Rahmen der ordnungsgemäßen Verwaltung von den Beschränkungen des § 181 BGB zu befreien.[22] Nach hier vertretener Auffassung birgt dies jedoch die Gefahr, dass Vertragspartner oder Grundbuchämter einen Prüfungsmaßstab anlegen, der vom Erblasser bereits dem Grunde nach nicht gewollt ist.[23] Aus diesem Grund wird im vorstehenden Muster von einer solchen Einschränkung abgesehen.

Das vorstehende Muster kann um beliebige Handlungsanweisungen an den Testamentsvollstrecker erweitert werden, wie bspw., in welcher Reihenfolge er Vermächtnisse und Teilungsanordnungen zu erfüllen hat. Dadurch kann ihm die Arbeit erleichtert werden. Zudem liefern konkrete Handlungsanweisungen des Erblassers die rechtliche Legitimation für die darauf beruhenden Handlungen des Testamentsvollstreckers. 22

Die Abwicklungsvollstreckung **endet** grundsätzlich mit der Erledigung der Aufgaben durch den Testamentsvollstrecker, sie dauert daher in der Regel, je nach Zusammensetzung des Nachlasses, einige Monate bis wenige Jahre. Der Tod des Erben lässt die Testamentsvollstreckung grundsätzlich unberührt, es sei denn, sie wurde vom Erblasser auf die Lebenszeit des Erben begrenzt. Andernfalls besteht sie bis zur Erledigung der Aufgaben des Testamentsvollstreckers auch zu Lasten der Erbeserben fort.[24] Den möglichen (frühzeitigen) Tod des Testamentsvollstreckers selbst sollte der Erblasser durch die Benennung von **Ersatztestamentsvollstreckern** (§ 2197 Abs. 2 BGB) berücksichtigen. 23

III. Dauervollstreckung und Verwaltungsvollstreckung

Häufig wird die Abgrenzung zwischen der Dauertestamentsvollstreckung und der Verwaltungsvollstreckung nicht trennscharf vorgenommen. Dies ist dem Umstand geschuldet, dass die Dauertestamentsvollstreckung auch Elemente einer Verwaltungsvollstreckung enthält. Unter einer **Dauertestamentsvollstreckung** versteht man eine Anordnung des Erblassers, dass der Testamentsvollstrecker nach Erledigung seiner ihm sonst zugewiesenen Aufgaben auch die Verwaltung des Nachlasses übernimmt.[25] Insofern entspricht diese Definition dem Wortlaut des § 2209 S. 1 Hs. 2 BGB. Hingegen versteht man unter einer (schlichten) **Verwaltungsvollstreckung** eine Anordnung des Erblassers gem. § 2209 S. 1 Hs. 1 BGB, wonach der Testamentsvollstrecker die bloße Verwaltung des Nachlasses als einzige Aufgabe hat. Der Testamentsvollstrecker soll und kann die Auseinandersetzung des Nachlasses bei einer schlichten Verwaltungsvollstreckung nicht durchführen.[26] 24

Ein typischer Anwendungsbereich der Dauertestamentsvollstreckung und der Verwaltungsvollstreckung ist die Fortführung eines **Unternehmens** bzw. die Verwaltung einer Unternehmensbeteiligung durch den Testamentsvollstrecker. Auch außerhalb des Unternehmensbereichs ist die Verwaltungsvollstreckung bei geschäftlich unerfahrenen Erben, die ein bestimmtes Alter noch nicht erreicht haben, von großer praktischer Bedeutung, wenn die Verwaltung des Nachlasses durch den Testamentsvollstrecker bis zum Erreichen des erwünschten Lebensalters des Erben erfolgen soll. 25

Bei **Minderjährigen** kann die Verwaltungsvollstreckung ein geeignetes Gestaltungsmittel sein, um die Verwaltungsrechte eines unerwünschten Vormunds des minderjährigen Erben 26

22 Bengel/Reimann/Holtz/Röhl/*Röhl*, § 2 Rn 66.

23 So auch BeckFormB ErbR/*Eckelskemper/Schmitz*, C.VII.3 Anm. 3 m.w.N.

24 *Zimmermann*, Testamentsvollstreckung, Rn 21.

25 Bengel/Reimann/Holtz/Röhl/*Röhl*, § 1 Rn 173; Kössinger/Najdecki/Zintl/*R. Kössinger/Zintl*, § 15 Rn 10.

26 Kössinger/Najdecki/Zintl/*R. Kössinger/Zintl*, § 15 Rn 12.

oder des verschuldeten Elternteils ruhen zu lassen, ohne dass ein Entzug der Vermögenssorge gem. § 1638 Abs. 1 BGB erforderlich ist.[27] Vor allem durch die Dauertestamentsvollstreckung können Eigengläubiger der Erben gem. § 2214 BGB vom Nachlass ferngehalten werden.

27 Bei der Gestaltung von Verfügungen von Todes wegen empfiehlt es sich, genau zwischen den **Begrifflichkeiten** der Dauertestamentsvollstreckung und der Verwaltungsvollstreckung zu **unterscheiden**. Dies nicht zuletzt vor dem Hintergrund, dass die Verwaltungsvollstreckung in Form der Dauervollstreckung einen Sondertypus darstellt mit dem Grundsatz, dass dem Testamentsvollstrecker im Zweifel die Abwicklungsvollstreckung übertragen ist, falls der Erblasser nicht Dauervollstreckung angeordnet hat.[28]

20.2 **Muster 20.2: Anordnung der Dauertestamentsvollstreckung bis zum Erreichen eines bestimmten Lebensjahres des Erben**

28 Ich ordne Testamentsvollstreckung für meinen gesamten Nachlass an.

Aufgabe des Testamentsvollstreckers ist es, meinen Nachlass abzuwickeln und dabei die Nachlassverbindlichkeiten zu begleichen und die angeordneten Vermächtnisse zu erfüllen.

Anschließend setzt sich die Testamentsvollstreckung als Dauertestamentsvollstreckung am verbleibenden Nachlass fort. Der Testamentsvollstrecker hat den Nachlass über die Erledigung der ihm sonst zugewiesenen Aufgaben hinaus zu verwalten, bis mein Erbe das Lebensjahr erreicht hat.

Bereits vor Erreichen des Lebensjahres meines Erben ist der Testamentsvollstrecker berechtigt, jedoch nicht verpflichtet, nach seinem billigen Ermessen einzelne Nachlassgegenstände oder Erträge aus dem Nachlass freizugeben und/oder an den Erben herauszugeben, insbesondere für die Bestreitung des Lebensunterhalts des Erben, die Finanzierung einer Ausbildung oder die Zahlung von Steuern, die auf den Nachlass entfallen.

Der Testamentsvollstrecker ist in der Eingehung von Verbindlichkeiten für den Nachlass nicht beschränkt. Ich befreie ihn ausdrücklich auch von sonstigen gesetzlichen Beschränkungen, insbesondere von den Beschränkungen des § 181 BGB.

Zum Testamentsvollstrecker mit dem genannten Aufgabenkreis bestimme ich . Fällt der Testamentsvollstrecker vor oder nach der Annahme des Amts weg, bestimme ich ersatzweise zum Testamentsvollstrecker.

29 Das vorstehende Muster erlaubt es dem Testamentsvollstrecker, nach seinem billigen Ermessen einzelne Nachlassgegenstände freizugeben, da der konkrete Finanzbedarf des Erben gerade bei der Dauertestamentsvollstreckung nicht immer im Vorfeld planbar ist. Gem. § 2217 BGB hat der Testamentsvollstrecker zwar Nachlassgegenstände, deren er zur Erfüllung seiner Obliegenheiten nicht bedarf, dem Erben auf Verlangen zur freien Verfügung zu überlassen. § 2217 BGB betrifft jedoch die Freigabe**verpflichtung** des Testamentsvollstreckers und nicht die Frage, ob der Testamentsvollstrecker zur Freigabe an den Erben über diese Verpflichtung hinaus **berechtigt** ist.[29] Da eine Freigabe von Nachlassgegenständen ohne Verlangen bzw. Einverständnis des Erben als Teilkündigung des Amts angesehen werden könnte,[30] empfiehlt es sich, diese testamentarisch zu regeln, denn ohne gesonderte Anordnung ist der Testamentsvollstrecker während der Dauer der Testamentsvollstreckung

27 Bengel/Reimann/Holtz/Röhl/*Röhl*, § 1 Rn 173.
28 MüKo-BGB/*Zimmermann*, § 2203 Rn 1.
29 MüKo-BGB/*Zimmermann*, § 2217 Rn 13.
30 MüKo-BGB/*Zimmermann*, § 2217 Rn 13.

nicht zur Herausgabe des Nachlasses oder einzelner Nachlassgegenstände an den Erben verpflichtet.[31]

Da der Testamentsvollstrecker seine Rechtsmacht vom Erblasser ableitet, sollte gerade bei 30
der Anordnung der Dauertestamentsvollstreckung an die Möglichkeit gedacht werden, **Verwaltungsanordnungen** i.S.d. § 2216 Abs. 2 BGB zu treffen, da diese für den Testamentsvollstrecker bindend sind.

Muster 20.3: Verwaltungsanordnung gem. § 2216 Abs. 2 BGB bei minderjährigem Erben mit Indexklausel 20.3

Bis zur Vollendung des Lebensjahres meines Erben hat der Testamentsvollstrecker meinem Erben 31
einen monatlichen Betrag in Höhe von EUR zur freien Verfügung zu stellen.

Sollte sich der vom Statistischen Bundesamt veröffentlichte Verbraucherpreisindex in der Zeit von heute bis zu meinem Tod um mehr als 10 % verändern, verändert sich die Höhe dieser monatlichen Zahlung in dem gleichen prozentualen Verhältnis nach oben oder unten. Eine solche Anpassung hat ggf. auch mehrmals zu erfolgen, wenn sich der Verbraucherpreisindex mehrmals ändert.

Der Testamentsvollstrecker hat meinem Erben zudem eine Ausbildung zu ermöglichen, die mindestens entspricht. Mittel, die hierfür erforderlich sind, auch für spezielle Fortbildungsmaßnahmen im In- oder Ausland, sind dem Nachlass [*ggf.:* bis zu einem Betrag von] zu entnehmen.

Hat mein Erbe unvorhergesehene Ausgaben aufgrund erforderlicher medizinischer Behandlungen, die er selbst nicht aufbringen kann, hat der Testamentsvollstrecker meinem Erben die benötigten Mittel zur Verfügung zu stellen.

Was die **Dauer** der Verwaltungsvollstreckung anbelangt, ist die 30-jährige Höchstfrist des 32
§ 2210 S. 1 BGB zu beachten. Diese Frist beginnt mit dem Eintritt des Erbfalls.[32] Allerdings kann der Erblasser gem. § 2210 S. 2 BGB eine Verlängerung dieser Höchstfrist durch Anordnung der Verwaltung bis zum Tod des Erben oder des Testamentsvollstreckers oder bis zum Eintritt eines anderen Ereignisses in der Person des Erben (z.B. Wiederverheiratung oder Erreichen eines bestimmten Lebensalters) oder des Testamentsvollstreckers vorsehen. Damit kann der Erblasser faktisch eine lebenslängliche Beschränkung des Erben bewirken. Zwar ist die **Überschreitung** der 30-jährigen Regelfrist ohne Vorgabe eines Endtermins verfassungsrechtlich nicht zu beanstanden.[33] Der BGH möchte jedoch verhindern, dass eine auf Dauer unbegrenzte Testamentsvollstreckung erreicht wird. Sind seit dem Erbfall 30 Jahre verstrichen und soll die Verwaltung des Nachlasses nach dem Willen des Erblassers über 30 Jahre hinaus bis zum Tod des Testamentsvollstreckers fortdauern, verliert die Anordnung der Dauertestamentsvollstreckung ihre Wirksamkeit mit dem Tod des letzten Testamentsvollstreckers, der innerhalb von 30 Jahren seit dem Erbfall zum Testamentsvollstrecker ernannt wurde.[34] Damit kann auch eine Ermächtigung zur wiederholten Ernennung eines Nachfolgers gem. § 2199 Abs. 2 BGB nicht zu einer unbeschränkten Dauer der Verwaltungsvollstreckung führen.[35]

Eine schlichte Verwaltungsvollstreckung gem. § 2209 S. 1 Hs. 1 BGB kommt vor allem dann 33
in Frage, wenn der Testamentsvollstrecker nur einzelne Nachlassgegenstände verwalten soll.

31 Bengel/Reimann/Holtz/Röhl/*Röhl*, § 1 Rn 177.
32 BeckOK BGB/*Lange*, § 2210 Rn 2.
33 BVerfG, Urt. v. 25.3.2009 – 1 BvR 909/08, NJW-RR 2010, 156.
34 BGH, Urt. v. 5.12.2007 – IV ZR 275/06, NJW 2008, 1157.
35 MüKo-BGB/*Zimmermann*, § 2210 Rn 6.

Muster 20.4: Anordnung der Verwaltungsvollstreckung bezüglich eines Wertpapierdepots

34 Ich ordne Testamentsvollstreckung in Form der Verwaltungsvollstreckung an. Einzige Aufgabe des Testamentsvollstreckers ist die Verwaltung meines Wertpapierdepots bei der Bank, Depot-Nr. .

Der Testamentsvollstrecker soll im Rahmen der Verwaltung des Wertpapierdepots die bestmögliche Rendite erzielen und erforderlichenfalls Wertpapiere umschichten. Er ist diesbezüglich von allen Beschränkungen befreit, von denen nach dem Gesetz Befreiung erteilt werden kann. Ich stelle insbesondere klar, dass er die erweiterte Verpflichtungsbefugnis nach § 2207 BGB hat.

35 Der Erblasser kann die Testamentsvollstreckung jedoch auch auf einzelne oder mehrere **Erbteile** beschränken. Dies bietet sich vor allem dann an, wenn nur in der Person eines Miterben Besonderheiten vorliegen, die eine Testamentsvollstreckung erfordern. In diesem Fall nimmt der Testamentsvollstrecker die Rechte des Miterben wahr, für den er das Amt führt. Dazu gehören die Ausübung des Vorkaufsrechts nach § 2034 BGB, Verwaltungsrechte nach § 2038 BGB, das Klagerecht nach § 2039 BGB und das Recht zur gemeinschaftlichen Verfügung über Nachlassgegenstände nach § 2040 BGB.[36] Das Recht zur Verfügung über den Erbteil gem. § 2033 BGB verbleibt jedoch beim Erben.[37] Bei der auf einen Erbteil beschränkten Testamentsvollstreckung kann der Testamentsvollstrecker somit nicht die Auseinandersetzung des Nachlasses bewirken, sondern nur wie jeder andere Miterbe die **Auseinandersetzung** des Nachlasses nach § 2042 BGB **verlangen**. In der Anordnung der auf einen Erbteil beschränkten Testamentsvollstreckung ist stets klarzustellen, ob der Testamentsvollstrecker nach Auseinandersetzung des Nachlasses noch verwaltend tätig werden soll.

Muster 20.5: Testamentsvollstreckung an einem Erbteil mit Verwaltungsvollstreckung

36 (Nur) für den Erbteil des Miterben ordne ich Testamentsvollstreckung an.

Nach der Auseinandersetzung des Nachlasses hat der Testamentsvollstrecker die auf den Miterben entfallenden Gegenstände einschließlich deren Surrogate zu verwalten, bis der Miterbe das Lebensjahr erreicht hat.

Muster 20.6: Testamentsvollstreckung an einem Erbteil ohne Verwaltungsvollstreckung

37 (Nur) für den Erbteil des Miterben ordne ich Testamentsvollstreckung an.

Aufgabe des Testamentsvollstreckers ist die Ausübung der Miterbenrechte des Miterben . Eine Verwaltungsvollstreckung nach Auseinandersetzung des Nachlasses wird ausdrücklich nicht angeordnet.

38 Einen Sonderfall der Verwaltungsvollstreckung stellt die Testamentsvollstreckung bei **Pflichtteilsbeschränkung in guter Absicht** gem. § 2338 BGB dar, die grundsätzlich hohen formellen und materiellen Anforderungen unterliegt.[38]

Muster 20.7: Testamentsvollstreckung bei Pflichtteilsbeschränkung in guter Absicht

39 (Nach BeckFormB ErbR/*Kleensang*, C.VI.3)

Mein Sohn ist überschuldet. Über sein Vermögen ist das Insolvenzverfahren eröffnet worden (Aktenzeichen des Insolvenzgerichts). Die im Insolvenzverfahren angemeldeten Forderungen übersteigen den Wert der Insolvenzmasse erheblich. Der künftige Vermögenserwerb meines Sohnes ist dadurch gefährdet.

---

36 MüKo-BGB/*Zimmermann*, § 2208 Rn 11.
37 MüKo-BGB/*Zimmermann*, § 2208 Rn 11.
38 *Vgl. dazu Kuhn*, ZEV 2011, 288.

Ich beschränke daher seinen Pflichtteil nach § 2338 BGB. In der Höhe des ihm zugewendeten Erbteils von soll er lediglich Vorerbe sein. Er ist von den Beschränkungen und Verpflichtungen, die das Gesetz dem Vorerben auferlegt, ausdrücklich nicht befreit.

Nacherben sind seine gesetzlichen Erben nach dem Verhältnis ihrer gesetzlichen Erbteile. Der Nacherbfall tritt mit dem Tod des Vorerben ein. Die Nacherbenanwartschaft ist nicht vererblich und nur auf den Vorerben übertragbar. Überträgt ein Nacherbe seine Nacherbenanwartschaft auf den Vorerben, erlöschen die Rechte aller betreffenden Ersatznacherben.

Ferner ordne ich hinsichtlich des Erbteils meines Sohnes Dauertestamentsvollstreckung an. Der Testamentsvollstrecker hat die Aufgabe, den Erbteil zu verwalten und den jährlichen Reinertrag an meinen Sohn auszubezahlen.

Zum Testamentsvollstrecker ernenne ich .

Die Anordnung der Testamentsvollstreckung gilt auch für den Fall, dass mein Sohn den Erbteil ausschlägt und den Pflichtteil verlangt, für den ihm zustehenden Pflichtteil sowie unabhängig von einer Ausschlagung, für einen etwaigen Restpflichtteil. Für das, was mein Sohn durch Geltendmachung eines Pflichtteilsanspruchs erlangt, ordne ich ein Nachvermächtnis an, das mit dem Tod meines Sohnes anfällt und fällig wird. Nachvermächtnisnehmer sind seine gesetzlichen Erben nach dem Verhältnis ihrer gesetzlichen Erbteile. § 2111 BGB gilt für das Nachvermächtnis entsprechend. Dingliche Sicherheiten können von den Nachvermächtnisnehmern nicht verlangt werden.

IV. Vermächtnisvollstreckung

Gem. § 2223 BGB kann der Erblasser einen Testamentsvollstrecker auch zu dem Zweck ernennen, dass dieser für die **Ausführung der einem Vermächtnisnehmer auferlegten Beschwerungen** sorgt. Diese spezielle Form der Testamentsvollstreckung darf nicht verwechselt werden mit der allgemeinen Abwicklungsvollstreckung, die den Erben beschwert und ebenso die Erfüllung von Vermächtnissen zum Gegenstand hat. Ein Fall des § 2223 BGB liegt vielmehr dann vor, wenn es Aufgabe des Testamentsvollstreckers ist, für die Ausführung der dem Vermächtnisnehmer (nicht dem Erben) auferlegten Beschwerungen zu sorgen, z.B. im Falle der Anordnung von Untervermächtnissen, Nachvermächtnissen oder Auflagen.[39] 40

Der Erblasser sollte bei der Anordnung der Vermächtnisvollstreckung regeln, ob der Testamentsvollstrecker die Beschwerungen des Vermächtnisnehmers gem. § 2203 BGB selbst zu **vollziehen** hat oder lediglich gem. § 2208 Abs. 2 BGB die Ausführung durch den Vermächtnisnehmer **verlangen** kann. 41

Im Gegensatz zur Abwicklungsvollstreckung zur Erfüllung eines Vermächtnisses kann bei der Vermächtnisvollstreckung i.S.d. § 2223 BGB auch der Alleinerbe zum Vermächtnisvollstrecker ernannt werden.[40] 42

Muster 20.8: Anordnung einer Vermächtnisvollstreckung und Ernennung des Alleinerben zum Vermächtnisvollstrecker

Zu meiner Alleinerbin setze ich meine Tochter ein. 43

Mein Sohn erhält im Wege des Vermächtnisses meinen Oldtimer verbunden mit der Auflage, diesen für eine Dauer von dem Oldtimerverein leihweise und unentgeltlich für die Oldtimerausstellung in zur Verfügung zu stellen.

39 MüKo-BGB/*Zimmermann*, § 2223 Rn 3.
40 BGH, Urt. v. 26.1.2005 – IV ZR 296/03, ZEV 2005, 204.

Ich ernenne meine Tochter zur Testamentsvollstreckerin mit der alleinigen Aufgabe, für die Erfüllung dieser Auflage zu sorgen. Sie kann dazu nach ihrer Wahl entweder die Ausführung der Auflage durch meinen Sohn verlangen (§ 2208 Abs. 2 BGB) oder [*ggf.:* nach einem erfolglosen Verlangen i.S.d. § 2208 Abs. 2 BGB] die Auflage gem. § 2203 BGB selbst vollziehen.

44 Wesentlich praxisrelevanter ist (**Abwicklungs**-)Testamentsvollstreckung zur **Erfüllung eines Vermächtnisses.** Aufgrund des nur schuldrechtlichen Anspruchs des Vermächtnisnehmers gem. § 2174 BGB ist die Testamentsvollstreckung ein probates Mittel, um die Stellung des Vermächtnisnehmers zu stärken. Durch die Einbindung des Vermächtnisnehmers als Testamentsvollstrecker ergibt sich eine dingliche Auswirkung.[41] Dabei ist es möglich, dem Testamentsvollstrecker als alleinige Aufgabe die Vermächtniserfüllung zuzuweisen.[42]

45 Bspw. dann, wenn ein in zweiter Ehe verheirateter Erblasser seine Kinder als Erben einsetzt und seiner zweiten Ehefrau Vermächtnisse zuwendet, erscheint es zur Vermeidung eines Spannungsverhältnisses zwischen den Erben und der Vermächtnisnehmerin sinnvoll, Letztere zur Testamentsvollstreckerin einzusetzen mit der alleinigen Aufgabe der Erfüllung der zu ihren Gunsten angeordneten Vermächtnisse.

46 Besonders effektiv ist die Anordnung der Testamentsvollstreckung zur Vermächtniserfüllung bei **Grundstücksvermächtnissen**. Wird keine Testamentsvollstreckung angeordnet, bedarf die zur Eigentumsumschreibung erforderliche Auflassung gem. § 925 BGB der Erklärung der Erben und Vermächtnisnehmer bei gleichzeitiger Anwesenheit beider Teile. Ernennt der Erblasser den Vermächtnisnehmer hingegen zum Testamentsvollstrecker mit dem Aufgabenkreis der Erfüllung des Vermächtnisses, kann der Vermächtnisnehmer die Auflassung selbst erklären.[43] Auch wenn ein Fall des § 181 BGB nicht vorliegt, da es sich um die Erfüllung einer Verbindlichkeit handelt, empfiehlt sich die testamentarische Befreiung des Vermächtnisnehmers von den Beschränkungen des § 181 BGB.

20.9 **Muster 20.9: Testamentsvollstreckung zur Erfüllung eines Grundstücksvermächtnisses mit Ernennung des Vermächtnisnehmers zum Testamentsvollstrecker**

47 (Nach Kössinger/Najdecki/Zintl/*R. Kössinger/Zintl*, § 15 Rn 17a)

Meiner Ehefrau wende ich im Wege des Vermächtnisses mein Grundstück in der Straße Nr. zu, eingetragen im Grundbuch des Amtsgerichts von , Blatt , Flurstück Nr. .

Ich ordne Testamentsvollstreckung an und ernenne meine Ehefrau zur Testamentsvollstreckerin mit der alleinigen Aufgabe, das zu ihren Gunsten angeordnete Vermächtnis selbst zu erfüllen und alle hierfür erforderlichen Rechtshandlungen vorzunehmen.

Die Testamentsvollstreckerin ist in diesem Umfang von den Beschränkungen des § 181 BGB befreit. Sie hat keinen Anspruch auf Vergütung, ebenso wenig auf Ersatz ihrer Auslagen.

Sofern der Vermächtnisnehmerin zugleich postmortale Vollmacht erteilt wurde, kann sie frei entscheiden, ob sie von Letzterer Gebrauch macht oder ein Testamentsvollstreckerzeugnis beantragt. Die mit der Vermächtniserfüllung verbundenen Kosten trägt die Vermächtnisnehmerin allein. Sofern allerdings der Erbe die Vollmacht bestreitet und/oder widerruft und die Vermächtnisnehmerin sich daher ein Testamentsvollstreckerzeugnis erteilen lässt, trägt der Erbe die hierfür zusätzlich entstehenden Kosten.

---

41 BeckFormB ErbR/*Eckelskemper/Schmitz*, C.VII.3 Anm. 2.
42 BeckFormB ErbR/*Eckelskemper/Schmitz*, C.VII.3 Anm. 1 m.w.N.
43 Kössinger/Najdecki/Zintl/*R. Kössinger/Zintl*, § 15 Rn 17.

Da die Testamentsvollstreckung zur Erfüllung des Vermächtnisses in vorstehendem Muster der Stärkung der Position der Vermächtnisnehmerin dient, erscheint es sachgerecht, einen darüberhinausgehenden Vergütungsanspruch der Testamentsvollstreckerin auszuschließen. 48

Enthält die Verfügung von Todes wegen keine Regelung zu den **Kosten** der Vermächtniserfüllung, sind diese vom beschwerten Erben zu tragen.[44] Da dies meistens und auch in der vorliegenden Konstellation vom Erblasser nicht erwünscht ist, empfiehlt sich eine ausdrückliche Regelung, dass der Vermächtnisnehmer die Kosten der Vermächtniserfüllung zu tragen hat. Sofern dem Vermächtnisnehmer flankierend eine postmortale Vollmacht erteilt wurde, lässt sich die Vermächtniserfüllung relativ kostengünstig vollziehen. Bestreitet und/oder widerruft der Erbe jedoch die postmortale Vollmacht, erscheint es sachgerecht, diesem die dann zusätzlich entstehenden Kosten aufzuerlegen. 49

V. Testamentsvollstreckung bei Vor- und Nacherbschaft

1. Überblick

Im Bereich der Vor- und Nacherbschaft kann die Testamentsvollstreckung in **unterschiedlichen Erscheinungsformen** vorkommen. Es kann sowohl Abwicklungs- als auch Verwaltungsvollstreckung nur für den Vorerben, Abwicklungs- und/oder Verwaltungsvollstreckung nur für den Nacherben oder Abwicklungs- und/oder Verwaltungsvollstreckung sowohl für den Vorerben als auch für den Nacherben angeordnet werden. Eine weitere Möglichkeit besteht darin, Testamentsvollstreckung zum Zweck der Ausübung der Nacherbenrechte bis zum Eintritt des Nacherbfalls anzuordnen (Nacherbentestamentsvollstreckung gem. § 2222 BGB). 50

2. Abwicklungsvollstreckung

Ist Vor- und Nacherbschaft und schlicht Testamentsvollstreckung angeordnet, wird man vom gesetzlichen Regelfall der Abwicklungsvollstreckung ausgehen müssen. Der Testamentsvollstrecker hat dann nach den allgemeinen Regeln den Nachlass in Besitz zu nehmen, Verbindlichkeiten einschließlich Vermächtnissen und Auflagen zu begleichen und anschließend den Nachlass an den Vorerben auszuhändigen (§§ 2203, 2209 BGB).[45] Ist (in seltenen Fällen) der **Nacherbfall** bereits **eingetreten**, besteht die Herausgabepflicht nach den allgemeinen Regeln gegenüber dem Nacherben. Besonderheiten bei der Anordnung der Testamentsvollstreckung sind hier nicht zu beachten. 51

3. Testamentsvollstreckung nur für die Vorerbschaft

Ist Testamentsvollstreckung nur für den Vorerben angeordnet und ist der Testamentsvollstrecker selbst weder Nacherbe noch gem. § 2222 BGB ermächtigt, die Nacherbenrechte auszuüben, ist umstritten, ob der Testamentsvollstrecker nur nach § 2205 S. 3 BGB in seiner Verfügungsmacht beschränkt ist oder ob er in gleicher Weise wie der **Vorerbe** den gesetzlichen **Verfügungsbeschränkungen** unterliegt, wie insbesondere nach §§ 2113, 2114 BGB. Da der Erblasser dem Vorerben mit der Anordnung der Nacherbfolge Verfügungsbeschränkungen im Interesse des Nacherben auferlegt, ist nicht ohne Weiteres anzunehmen, dass der Schutz des Nacherben allein durch die Ernennung eines Testamentsvollstreckers 52

44 BeckFormB ErbR/*Kössinger/Goslich*, C.V.2 Anm. 8.

45 *Rott/Kornau/Zimmermann*, § 4 Rn 13; dort ist diese Form der Testamentsvollstreckung als „Testamentsvollstreckung mit Normalbefugnissen" bezeichnet.

hinfällig werden soll.[46] Gegen diese Auffassung spricht, dass der Testamentsvollstrecker sein Recht vom Erblasser und nicht vom Vorerben ableitet und er das ihm zugewiesene Amt aus eigenem Recht ausführt.[47] Auch nach dieser Auffassung kann der Erblasser jedoch gem. § 2208 Abs. 1 S. 1 BGB anordnen, dass der für die Vorerbschaft ernannte Testamentsvollstrecker nur die Rechte des (nicht befreiten) Vorerben ausüben und deshalb den Vorerbenbeschränkungen unterliegen soll.[48] Klare Anordnungen im Testament sind daher unabdingbar.

20.10 **Muster 20.10: Anordnung der Verwaltungstestamentsvollstreckung nur für den Vorerben**

53 Für den Erbteil des Vorerben ordne ich Testamentsvollstreckung an.

Der Testamentsvollstrecker hat den auf den Vorerben entfallenden Nachlass (vor und nach der Auseinandersetzung) einschließlich dessen Surrogate in Besitz zu nehmen und bis zum Eintritt des Nacherbfalls zu verwalten.

Ich stelle klar, dass die für den Vorerben geltenden gesetzlichen Beschränkungen auch für den Testamentsvollstrecker gelten.

[*alternativ:* Ich stelle klar, dass die für den Vorerben geltenden gesetzlichen Beschränkungen ausdrücklich nicht für den Testamentsvollstrecker gelten. Der Testamentsvollstrecker kann daher über den Nachlass verfügen wie ein im weitestmöglichen Umfang befreiter Vorerbe. Insofern gilt für den Testamentsvollstrecker somit nur das Verbot unentgeltlicher Verfügungen gem. § 2205 S. 3 BGB.]

54 Ist der Testamentsvollstrecker selbst **Nacherbe** oder ist er zugleich **für den Vor- und Nacherben eingesetzt**, unterliegt er nicht den für den Vorerben geltenden gesetzlichen Verfügungsbeschränkungen, da sich in der Person des Testamentsvollstreckers die Verfügungsbefugnis des Vorerben und die Zustimmungsrechte des Nacherben vereinigen.[49] Ist der Vorerbe ausdrücklich von den gesetzlichen Beschränkungen befreit, gilt diese Befreiung grundsätzlich auch für den Testamentsvollstrecker.[50]

4. Testamentsvollstreckung nur für die Nacherbschaft

55 Mit einer sich nur auf die Nacherbschaft erstreckenden Testamentsvollstreckung lässt sich eine zeitliche Verschiebung des Beginns der Testamentsvollstreckung auf den Zeitpunkt des Eintritts des Nacherbfalls erreichen. Es handelt sich bei einer solchen Testamentsvollstreckung um eine ganz gewöhnliche Testamentsvollstreckung unter der **aufschiebenden Bedingung** des Eintritts der Nacherbfolge.[51]

56 Diese Form der Testamentsvollstreckung ist abzugrenzen von der **Nacherbentestamentsvollstreckung** gem. § 2222 BGB (siehe dazu Rdn 62 ff.). Gleichwohl ergibt sich in der Praxis häufig ein Bedürfnis, den nur für den Nacherben eingesetzten Testamentsvollstrecker auch zum Nacherbentestamentsvollstrecker einzusetzen, um die Kontrollrechte des Nacherben gegenüber dem Vorerben dem künftigen „Verwalter des Nachlasses" zuzuweisen.

46 So auch MüKo-BGB/*Zimmermann*, § 2205 Rn 66 und OLG München, Beschl. v. 15.4.2016 – 34 Wx 158/15, RNotZ 2016, 399.
47 KG, Beschl. v. 11.1.2022 – 1 W 252/21, ErbR 2022, 327.
48 KG, Beschl. v. 11.1.2022 – 1 W 252/21, ErbR 2022, 327.
49 BGH, Urt. v. 25.9.1963 – V ZR 130/61, BGHZ 40, 115, 119 = NJW 1963, 2320.
50 MüKo-BGB/*Zimmermann*, § 2205 Rn 67.
51 Bengel/Reimann/Holtz/Röhl/*Schaub*, § 4 Rn 206.

Muster 20.11: Anordnung der Verwaltungstestamentsvollstreckung nur für den Nacherben und Anordnung der Nacherbentestamentsvollstreckung

Sollte der Nacherbe zum Zeitpunkt des Eintritts des Nacherbfalls noch nicht das Lebens- 57
jahr erreicht haben, ordne ich Testamentsvollstreckung an.

Der Testamentsvollstrecker hat den auf den Nacherben entfallenden Nachlass (vor und nach der Auseinandersetzung) einschließlich dessen Surrogate in Besitz zu nehmen und bis zum Erreichen des Lebensjahres des Nacherben zu verwalten.

Zum Testamentsvollstrecker ernenne ich , ersatzweise .

Zugleich ordne ich Nacherbentestamentsvollstreckung an und ernenne den Testamentsvollstrecker zum Nacherbentestamentsvollstrecker mit der Aufgabe, bis zum Eintritt der Nacherbfolge die Rechte des Nacherben auszuüben und dessen Pflichten zu erfüllen.

5. Testamentsvollstreckung sowohl für den Vorerben als auch für den Nacherben

Ist die Verwaltung des Nachlasses durch den Testamentsvollstrecker über eine bestimmte 58
Dauer erwünscht und besteht daneben das Erfordernis der Anordnung der Vor- und Nacherbschaft, kann zum Zweck der besonders effektiven Verwaltung des gesamten Nachlasses Testamentsvollstreckung sowohl für den Vorerben als auch für den Nacherben angeordnet werden. Dadurch ist dem **Vorerben** ab Eintritt des Erbfalls und dem **Nacherben** ab Eintritt des Nacherbfalls die Verwaltungs- und Verfügungsbefugnis entzogen. In diesem Fall ist zu berücksichtigen, dass der Testamentsvollstrecker nach herrschender Meinung nicht den für den Vorerben geltenden gesetzlichen Verfügungsbeschränkungen (wie insbesondere § 2113 BGB) unterliegt.[52]

Dennoch ist zu berücksichtigen, dass ein Testamentsvollstrecker einen Nachlass, der der 59
Vor- und Nacherbschaft unterliegt, nicht so verwalten darf, wie ihm das ohne Anordnung der Vor- und Nacherbschaft möglich wäre. Dem Vorerben, dem die Nutzungen (§ 100 BGB) des Nachlasses zustehen, wird es in erster Linie darauf ankommen, möglichst hohe Nutzungen zu erzielen. Demgegenüber wird es dem Nacherben, zu dessen Gunsten die Substanz des Nachlasses erhalten bleiben muss, regelmäßig darum gehen, auf eine Vermehrung der Nachlasssubstanz hinzuwirken.[53] Im Zuge der testamentarischen Anordnung des Erblassers ist dieser **Interessengegensatz** durch die Vorgabe möglichst konkreter Handlungsanweisungen zu berücksichtigen.

Muster 20.12: Anordnung der Verwaltungstestamentsvollstreckung sowohl für den Vorerben als auch für den Nacherben und Anordnung der Nacherbentestamentsvollstreckung

(Nach Bengel/Reimann/Holtz/Röhl/*Röhl*, § 2 Rn 99) 60

Ich ordne für meinen Nachlass, also sowohl für den Vorerben als auch für den Nacherben, Testamentsvollstreckung an.

Der Testamentsvollstrecker hat die Aufgabe, meinen Nachlass in Besitz zu nehmen und ihn für die Dauer von Jahren, gerechnet ab meinem Todesfall, zu verwalten.

Bei der Verwaltung des Nachlasses soll der Testamentsvollstrecker sowohl die Interessen des Vorerben als auch die Interessen des Nacherben angemessen und unter Berücksichtigung der gesetzlichen Bestimmungen der §§ 2142–2146 BGB wahren. Nutzungen sind während der Dauer der Vorerbschaft grundsätzlich nur insoweit zu ziehen, als sie die Nachlasssubstanz nicht beeinträchtigen. Notwendige Investitionen zur

52 BGH, Urt. v. 25.9.1963 – V ZR 130/61, BGHZ 40, 115, 119 = NJW 1963, 2320.
53 Bengel/Reimann/Holtz/Röhl/*Röhl*, § 2 Rn 98.

Erhaltung der Substanz des Nachlasses sollen in erster Linie aus den Nutzungen getätigt werden. Ausgaben, welche die Ertragsaussichten des Nacherben und die Nachlasssubstanz schmälern, sind möglichst zu unterlassen. Die Erhaltung der Nachlasssubstanz hat Vorrang vor der Erzielung von Nutzungen, die Vermehrung der Nachlasssubstanz hat hingegen stattzufinden, soweit dadurch der Anspruch des Vorerben auf die Nutzungen nicht unnötig beeinträchtigt wird.

Zum Testamentsvollstrecker ernenne ich   , ersatzweise   .

Zugleich ordne ich Nacherbentestamentsvollstreckung an und ernenne den Testamentsvollstrecker   zum Nacherbentestamentsvollstrecker mit der Aufgabe, bis zum Eintritt der Nacherbfolge die Rechte des Nacherben auszuüben und dessen Pflichten zu erfüllen.

61 Auch bei der Anordnung der Testamentsvollstreckung sowohl für den Vorerben als auch für den Nacherben erscheint es zweckmäßig, **Nacherbentestamentsvollstreckung** anzuordnen. Fehlt eine solche Anordnung, kommt es nach herrschender Meinung für die Beantwortung der Frage, ob der Testamentsvollstrecker während der Dauer der Testamentsvollstreckung für den Vorerben zugleich auch die Nacherbenrechte ausüben darf, auf den Erblasserwillen an, der ausgelegt werden muss.[54] Dies erscheint deshalb unnötig, weil eine einfache Anordnung im Testament in derartigen Fällen vorprogrammierte Auslegungsschwierigkeiten bereits im Vorfeld ausschließen kann.

6. Nacherbenvollstreckung

62 Neben der in den vorstehenden Mustern beschriebenen Möglichkeit, **zusätzlich** zu den sonstigen Aufgaben des Testamentsvollstreckers Nacherbentestamentsvollstreckung nach § 2222 BGB anzuordnen, besteht auch die Möglichkeit, einen Testamentsvollstrecker mit der **alleinigen Aufgabe** einzusetzen, bis zum Eintritt der Nacherbfolge die Nacherbenrechte auszuüben. Im Zweifel ist nicht anzunehmen, dass ein allgemein ernannter Testamentsvollstrecker zugleich Nacherbenvollstrecker gem. § 2222 BGB sein soll.[55]

63 Nacherbenvollstrecker i.S.d. § 2222 BGB ist ein Testamentsvollstrecker, der nach dem Willen des Erblassers während der Zeit der Vorerbschaft die schon vor dem Eintritt des Nacherbfalls bestehenden Rechte und Pflichten des Nacherben wahrzunehmen hat.[56] In einem solchen Fall wird nicht der Vorerbe, sondern der Nacherbe beschränkt, da diesem die Nacherbenrechte entzogen werden.[57]

64 Die Nacherbenvollstreckung dient dem Schutz des Nacherben durch eine wirksame Beaufsichtigung des Vorerben, wobei der Nacherbentestamentsvollstrecker den Willen des Erblassers auszuführen hat und anstelle des Nacherben dessen Rechte in dessen wohlverstandenem Interesse wahrnimmt.[58] Sinnvoll ist die Nacherbenvollstreckung bei **minderjährigen** Nacherben und bei **unbestimmten** oder **unbekannten** Nacherben, da sich hierdurch die Einholung familiengerichtlicher Genehmigungen sowie Pflegerbestellungen (§§ 1810, 1882 BGB) vermeiden lassen.[59] Gerade bei noch nicht geborenen oder noch nicht gezeugten Nacherben oder bei unter Betreuung stehenden Nacherben ist die Nacherbenvollstreckung somit eine „Pflicht“ in der Testamentsgestaltung.[60] Vor allem unterliegt der Nacherbenvollstrecker im Gegensatz zu gerichtlich bestellten Pflegern für den Nacherben nicht der Auf-

54 Mayer/Bonefeld/Tanck/*Mayer*, § 22 Rn 24.
55 Grüneberg/*Weidlich*, § 2222 Rn 1.
56 Grüneberg/*Weidlich*, § 2222 Rn 2.
57 Staudinger/*Dutta*, § 2222 Rn 4.
58 BeckOK BGB/*Lange*, § 2222 Rn 2.
59 MAH ErbR/*Wachter*, § 17 Rn 235.
60 So auch BeckOK BGB/*Lange*, § 2222 Rn 2.

sicht des Familiengerichts, und für die Erteilung der Zustimmung zu einer Verfügung des Vorerben über Nachlassgegenstände ist auch keine familiengerichtliche Genehmigung erforderlich.[61]

65 Zum Schutz des Nacherben kann der einzige Vorerbe nach herrschender Meinung nicht zum Nacherbentestamentsvollstrecker bestellt werden.[62] Allerdings kann der **alleinige Vorerbe** zu einem von mehreren Nacherbentestamentsvollstreckern in gemeinschaftlicher Amtsausübung gem. § 2224 Abs. 1 BGB benannt werden.[63] Umstritten ist, ob **einer von mehreren Vorerben** zum Nacherbenvollstrecker eingesetzt werden kann.[64] Die durchaus praxisrelevante Ernennung einer Person zum Testamentsvollstrecker für den Vorerben, die zugleich auch Nacherbenvollstrecker ist, ist nach dem BGH zulässig.[65]

Muster 20.13: Anordnung der Testamentsvollstreckung mit der einzigen Aufgabe der Nacherbenvollstreckung

66 Ich ordne Testamentsvollstreckung in Form der Nacherbenvollstreckung gem. § 2222 BGB an und ernenne   , ersatzweise   , zum Testamentsvollstrecker.

Alleinige Aufgabe des Testamentsvollstreckers ist die Ausübung der Nacherbenrechte bis zum Eintritt der Nacherbfolge und die Erfüllung der Verpflichtungen des Nacherben.

67 Das Amt des Nacherbenvollstreckers gem. § 2222 BGB **endet** beim Eintritt der Nacherbfolge (§ 2139 BGB), falls der Erblasser nichts anderes angeordnet hat.[66]

68 Stets sollten bei der Anordnung von Testamentsvollstreckung im Zusammenhang mit der Vor- und Nacherbschaft potenzielle **Interessenkollisionen**, die sich aus der Rechtsstellung des Vorerben und des Nacherben ergeben, berücksichtigt werden, um die Rechte der Nacherben gegenüber den Vorerben nicht zu unterlaufen. Eine praxisrelevante Empfehlung kann darin gesehen werden, den Erblasserwillen möglichst deutlich zum Ausdruck zu bringen, da dieser auch nach der BGH-Rechtsprechung stets richtungsweisend ist.[67]

VI. Testamentsvollstreckung mit beschränktem Aufgabenkreis

1. Überblick

69 Da der Testamentsvollstrecker seine Legitimation vom Erblasser ableitet, liegt es auch in der Hand des Erblassers, beliebige Beschränkungen der gesetzlichen Befugnisse des Testamentsvollstreckers anzuordnen. Einen **gesetzlichen Mindestumfang** an Aufgaben des Testamentsvollstreckers gibt es nicht.[68]

70 Eine Beschränkung der Befugnisse des Testamentsvollstreckers kann **inhaltlicher**, **gegenständlicher** oder **zeitlicher** Natur sein. Möglich ist auch die Anordnung einer beaufsichtigenden Testamentsvollstreckung gem. § 2208 Abs. 2 BGB sowie die Beschränkung der

61 MüKo-BGB/*Zimmermann*, § 2222 Rn 2; OLG München, Beschl. v. 28.1.2020 – 31 Wx 439/17, NJW-RR 2020, 583.
62 MAH ErbR/*Wachter*, § 17 Rn 236 m.w.N.
63 Grüneberg/*Weidlich*, § 2222 Rn 2.
64 Siehe dazu MüKo-BGB/*Zimmermann*, § 2222 Rn 4 m.w.N.
65 BGH, Urt. v. 9.11.1994 – IV ZR 319/93, BGHZ 127, 360 = ZEV 1995, 67.
66 MüKo-BGB/*Zimmermann*, § 2222 Rn 8.
67 *Rott/Kornau/Zimmermann*, § 4 Rn 21; exemplarisch BGH, Urt. v. 9.11.1994 – IV ZR 319/93, BGHZ 127, 360 = ZEV 1995, 67.
68 *Rott/Kornau/Zimmermann*, § 4 Rn 22.

Testamentsvollstreckung auf einen Erbteil. Einen durchaus praxisrelevanten Sonderfall stellt die Testamentsvollstreckung zur Erfüllung eines Bestimmungsvermächtnisses dar.

2. Inhaltliche Beschränkungen

71 Neben den gesetzlich geregelten Fällen der inhaltlichen Beschränkungen wie Nacherbenvollstreckung (§ 2222 BGB), Vermächtnisvollstreckung (§ 2223 BGB) sowie Verwaltungsvollstreckung (§ 2209 BGB) kann der Erblasser die Aufgaben des Testamentsvollstreckers nach Belieben auf bestimmte **einzelne Aufgaben** beschränken.

72 Da der Erblasser die Verwaltungs-, Verfügungs- und Verpflichtungsbefugnis des Testamentsvollstreckers nach Belieben ganz oder teilweise reduzieren kann, kommt in bestimmten Fallkonstellationen eine Einschränkung der Verfügungsbefugnis des Testamentsvollstreckers dergestalt in Betracht, dass er für bestimmte Verfügungen der Zustimmung des Erben bedarf.

20.14 **Muster 20.14: Einschränkung der Verfügungsbefugnis des Testamentsvollstreckers durch Zustimmungserfordernis des Erben**

73 Der Testamentsvollstrecker bedarf jedoch für sämtliche Verfügungen über mein Grundstück in der Straße Nr. , eingetragen im Grundbuch des Amtsgerichts von , Blatt , Flurstück Nr. , der Zustimmung des Erben.

74 Umstritten ist, ob die Begrenzung der Verfügungsbefugnis des Testamentsvollstreckers durch ein Zustimmungserfordernis Dritter möglich ist, wenn es sich bei dem Dritten nicht um einen Erben oder Mittestamentsvollstrecker handelt.[69]

3. Gegenständliche Beschränkungen

75 Eine gegenständliche Beschränkung des Aufgabenkreises des Testamentsvollstreckers kann dadurch erfolgen, dass der Erblasser diesem nur bestimmte Gegenstände zur Verwaltung zuweist. Siehe dazu Muster Rdn 34 (Anordnung der Verwaltungsvollstreckung bezüglich eines Wertpapierdepots).

4. Zeitliche Beschränkungen

76 Zeitliche Beschränkungen der Verfügungsbefugnis des Testamentsvollstreckers können durch eine **Verkürzung der Frist** des § 2210 BGB erfolgen. Ebenso ist es möglich, die Testamentsvollstreckung an eine **auflösende Bedingung** zu knüpfen. Zur Festlegung des Endtermins kann auch der Testamentsvollstrecker selbst ermächtigt werden, allerdings ist es dann erforderlich, dass der Erblasser die Entscheidungskriterien hierfür hinreichend bestimmt.[70]

5. Beaufsichtigende Testamentsvollstreckung

77 Bei der beaufsichtigenden Testamentsvollstreckung i.S.d. § 2208 Abs. 2 BGB ist dem Testamentsvollstrecker das Recht zur Ausführung der letztwilligen Verfügungen mangels Verfügungsbefugnis entzogen. Auch treten die Wirkungen der §§ 2211–2214 BGB nicht ein.[71] Da

---

69 Siehe dazu Burandt/Rojahn/*Zweygart-Heckschen*, § 2208 Rn 2a.

70 *Rott/Kornau/Zimmermann*, § 4 Rn 24; NK-BGB/*Kroiß*, § 2208 Rn 10.

71 NK-BGB/*Kroiß*, § 2208 Rn 14.

die Verfügungsbefugnis über Nachlassgegenstände beim **Erben** verbleibt, ist die beaufsichtigende Testamentsvollstreckung nicht im Erbschein zu vermerken.[72]

Aufgabe des beaufsichtigenden Testamentsvollstreckers ist die **Überwachung der Ausführung** der letztwilligen Verfügungen wie z.B. die Erfüllung von Vermächtnissen, Auflagen und Teilungsanordnungen, die er vom Erben verlangen und ggf. auch einklagen kann. Die entstehenden Prozesskosten sind dann vom Nachlass zu tragen, wenn der Testamentsvollstrecker unterliegt und die Prozessführung § 2216 Abs. 1 BGB entsprach.[73] Insbesondere muss der Testamentsvollstrecker bei Nichterfüllung der Verfügungen des Erblassers durch den Erben Schadensersatz zugunsten des Berechtigten verlangen, wenn er sich nicht selbst schadensersatzpflichtig machen möchte.[74] Bei Nichtvollziehung einer Auflage kommt ein Schadensersatzanspruch allerdings mangels Leistungsberechtigten nicht in Betracht.[75] 78

Muster 20.15: Anordnung einer beaufsichtigenden Testamentsvollstreckung gem. § 2208 Abs. 2 BGB

Zu meinem Erben bestimme ich . 79

Im Wege des Vermächtnisses wende ich dem Verschönerungsverein einen Geldbetrag in Höhe von EUR zu verbunden mit der Auflage, von diesem Geldbetrag monatlich einen Betrag in Höhe von EUR für die Denkmalpflege in zu verwenden, bis dieser Geldbetrag aufgebraucht ist.

Ich ordne beaufsichtigende Testamentsvollstreckung i.S.d. § 2208 Abs. 2 BGB an und ernenne , ersatzweise , zum Testamentsvollstrecker.

Der Testamentsvollstrecker hat die Erfüllung dieser Auflage zu überwachen. Dazu kann er vom Verschönerungsverein monatlich geeignete Nachweise (z.B. Kontoauszüge, Aufträge an Dienstleister etc.) verlangen.

Es empfiehlt sich, die Rechte des Testamentsvollstreckers zur Ausübung seiner Überwachungsfunktion (z.B. Recht auf Vorlage von Belegen in bestimmten Abständen) testamentarisch festzulegen, um spätere Streitigkeiten zu vermeiden. 80

6. Beschränkung der Testamentsvollstreckung auf einen Erbteil

Auch die Beschränkung der Testamentsvollstreckung auf einen Erbteil ist möglich und häufig auch sinnvoll. Aufgabe des Testamentsvollstreckers ist dann die **Ausübung der Miterbenrechte** innerhalb der Erbengemeinschaft bis zur Auseinandersetzung der Erbengemeinschaft,[76] es sei denn, es wurde darüber hinaus Verwaltungsvollstreckung angeordnet (siehe dazu das Muster Rdn 36). 81

Im Rahmen der dem Testamentsvollstrecker obliegenden Ausführung der Miterbenrechte kann er bspw. Ansprüche, die zum Nachlass gehören, gem. § 2039 BGB allein geltend machen.[77] Auch wenn der Testamentsvollstrecker im Rahmen des § 2038 Abs. 1 S. 2 Hs. 2 BGB alle Miterben verpflichten kann,[78] bleibt dessen Verwaltungsbefugnis auf die Ausübung der Verwaltungsrechte des konkret beschwerten Miterben beschränkt.[79] 82

72 BayObLG, Beschl. v. 17.12.1990 – BReg. 1a Z 52/89, FamRZ 1991, 986.
73 BeckOK BGB/*Lange*, § 2208 Rn 15.
74 BeckOK BGB/*Lange*, § 2208 Rn 15.
75 Damrau/Tanck/*Bonefeld*, § 2208 Rn 4.
76 BGH, Beschl. v. 27.10.2004 – IV ZR 243/03, ZEV 2005, 22.
77 Burandt/Rojahn/*Zweygart-Heckschen*, § 2208 Rn 4.
78 Burandt/Rojahn/*Zweygart-Heckschen*, § 2208 Rn 4.
79 OLG Hamm, Beschl. v. 15.2.2011 – 15 W 461/10, ZEV 2011, 648.

83 Kommt der Testamentsvollstrecker seiner Verpflichtung zur Mitwirkung an Maßnahmen der ordnungsgemäßen Verwaltung gem. § 2038 Abs. 1 S. 2 Hs. 1 BGB nicht nach, **haftet** er nicht nur gegenüber dem mit der Testamentsvollstreckung belasteten Miterben aus § 2219 BGB, sondern unmittelbar auch gegenüber den anderen Miterben.[80] Zum Teil wird auch die bisher nicht höchstrichterlich geklärte Frage diskutiert, ob die Belastung nur eines Erbteils mit der Testamentsvollstreckung auch für die unbelasteten („vollstreckungsfreien") Miterben eine Beschränkung i.S.d. § 2306 BGB darstellt.[81] Dies sollte jedoch zu verneinen sein, da die Beschränkung der Testamentsvollstreckung auf den Erbteil eines anderen Miterben keine Belastung des Pflichtteilsberechtigten darstellen kann.

Muster 20.16: Testamentsvollstreckung an einem Erbteil mit Auseinandersetzungsvollstreckung

84 (Nur) für den Erbteil des Miterben ordne ich Testamentsvollstreckung an.

Aufgabe des Testamentsvollstreckers ist die Ausübung der Miterbenrechte bis zur Auseinandersetzung der Erbengemeinschaft. Eine darüberhinausgehende Verwaltungsvollstreckung wird ausdrücklich nicht angeordnet.

7. Testamentsvollstreckung zur Erfüllung eines Bestimmungsvermächtnisses

85 Eine auch außerhalb des Unternehmertestaments interessante Gestaltung ist die Anordnung der Testamentsvollstreckung zur Erfüllung eines Bestimmungsvermächtnisses gem. § 2151 BGB. Das Bestimmungsrecht Dritter ist im Bereich der Erbeinsetzung durch § 2065 Abs. 2 BGB stark eingeschränkt und der BGH stellt hier strenge Regeln auf.[82] Im Vermächtnisrecht kann hingegen gem. §§ 2151, 2153, 2156 BGB ein Dritter bestimmen, wer von mehreren in welcher Höhe was als Vermächtnis erhalten soll.[83] Damit kann ein vom Erblasser ermächtigter Dritter eine echte **freie Ermessensentscheidung** treffen.[84] Bestimmungsberechtigter Dritter i.S.d. § 2151 BGB kann auch der Testamentsvollstrecker sein.[85]

Muster 20.17: Anordnung der Testamentsvollstreckung zur Erfüllung eines Bestimmungsvermächtnisses

86 Eines meiner Kinder oder erhält im Wege des Bestimmungsvermächtnisses meinen Oldtimer .

Ich ordne Testamentsvollstreckung an und ernenne zum Testamentsvollstrecker mit der alleinigen Aufgabe, innerhalb von Monaten nach Eröffnung dieses Testaments durch das zuständige Nachlassgericht (maßgebend ist der Zugang der Eröffnungsniederschrift beim Testamentsvollstrecker) aus dem Kreis der oben genannten Vermächtnisnehmer das Kind auszuwählen, das den Oldtimer erhalten soll. Der Testamentsvollstrecker soll die Auswahlentscheidung nach billigem Ermessen vornehmen.

80 Burandt/Rojahn/*Zweygart-Heckschen*, § 2208 Rn 4; BGH, Urt. v. 22.1.1997 – IV ZR 283/95, NJW 1997, 1362.
81 Dazu *Klühs*, RNotZ 2010, 43.
82 BGH, Urt. v. 18.11.1954 – IV ZR 152/54, NJW 1955, 100.
83 Scherer/*Bregulla-Weber*, § 4 Rn 14.
84 Kössinger/Najdecki/Zintl/*Najdecki*, § 3 Rn 46.
85 BeckOK BGB/*Müller-Christmann*, § 2151 Rn 3.

C. Person des Testamentsvollstreckers

I. Allgemeines

Die **Auswahl** der richtigen Person des Testamentsvollstreckers sollte sich der Erblasser gut überlegen, denn sie ist entscheidend für das Funktionieren der Testamentsvollstreckung. Verschiedene Faktoren können hier entscheidend sein, wie insbesondere 87

- das Alter und der Gesundheitszustand des Testamentsvollstreckers, der sowohl altersbedingt als auch gesundheitlich in der Lage sein muss, das Amt durchzuführen;
- wirtschaftliche (im Bereich der Unternehmensnachfolge ggf. auch branchenspezifische) Kenntnisse des Testamentsvollstreckers;
- rechtliche Kenntnisse des Testamentsvollstreckers;
- zeitliche und örtliche Verfügbarkeit des Testamentsvollstreckers;
- die persönliche Beziehung des Testamentsvollstreckers zum Erben und zwischenmenschliche Qualifikationen des Testamentsvollstreckers, die aus Gründen der Streitvermeidung hinterfragt werden müssen.

Neben der Frage, wer die Person des Testamentsvollstreckers zu ernennen hat, stellt sich die Frage, welche konkreten Personen(gruppen) als Testamentsvollstrecker geeignet oder per se ungeeignet sind.

II. Ernennung durch den Erblasser

Im Einklang mit § 2065 BGB hat die grundsätzliche Anordnung der Testamentsvollstreckung durch den Erblasser selbst zu erfolgen. Die Bestimmung der konkreten Person wird zwar oftmals ebenso durch den Erblasser selbst erfolgen, jedoch kann der Erblasser die Auswahl der **Person** des Testamentsvollstreckers gem. § 2198 Abs. 1 S. 1 BGB auch einem **Dritten** überlassen. Die grundsätzliche Entscheidung, ob eine Testamentsvollstreckung überhaupt stattfinden soll, kann einem Dritten jedoch nicht überlassen werden.[86] 88

III. Ernennung durch einen Dritten

Dritter i.S.d. § 2198 Abs. 1 BGB kann grundsätzlich jede Person sein, die als Testamentsvollstrecker ernannt werden kann.[87] Auch der Alleinerbe kann ermächtigt werden, die Person des Testamentsvollstreckers zu bestimmen. Allerdings kann der Alleinerbe sich nicht selbst zum Testamentsvollstrecker ernennen.[88] Der Vorerbe kann mit der Bestimmung eines Testamentsvollstreckers für den Nacherben betraut werden.[89] Auch ist es möglich, eine juristische Person oder eines ihrer Organe (z.B. den Geschäftsführer einer Steuerberatergesellschaft oder den Vorstand eines Kreditinstituts) zum bestimmungsberechtigten Dritten zu benennen.[90] Dem das Testament beurkundenden Notar kann vom Erblasser nicht das Bestimmungsrecht des § 2198 Abs. 1 BGB übertragen werden, da der Notar dadurch einen rechtlichen und wirtschaftlichen Vorteil erhält (§§ 7, 27 BeurkG).[91] 89

86 MüKo-BGB/*Zimmermann*, § 2198 Rn 2.
87 Bengel/Reimann/Holtz/Röhl/*Röhl*, § 2 Rn 148.
88 Bengel/Reimann/Holtz/Röhl/*Röhl*, § 2 Rn 149.
89 MüKo-BGB/*Zimmermann*, § 2198 Rn 3.
90 Bengel/Reimann/Holtz/Röhl/*Röhl*, § 2 Rn 150.
91 MüKo-BGB/*Zimmermann*, § 2198 Rn 3.

20.18 **Muster 20.18: Bestimmung des Testamentsvollstreckers durch einen Dritten**

90 Gem. § 2198 BGB ermächtige ich den zum Zeitpunkt meines Todes aktuellen Geschäftsführer der Steuerberatungsgesellschaft , den Testamentsvollstrecker zu ernennen. Es muss sich beim ernannten Testamentsvollstrecker um einen in der Steuerberatungsgesellschaft tätigen Steuerberater handeln.

Der Testamentsvollstrecker ist innerhalb eines Zeitraums von nach meinem Tod zu ernennen, wobei diese Frist nicht vor Bekanntgabe dieser Verfügung von Todes wegen an den Geschäftsführer der Steuerberatungsgesellschaft zu laufen beginnt.

Sollte der ernennungsberechtigte Geschäftsführer der Steuerberatungsgesellschaft innerhalb dieser Frist von seinem Bestimmungsrecht keinen Gebrauch machen, ermächtige ich ersatzweise , den Testamentsvollstrecker zu ernennen.

Der Bestimmungsberechtigte kann sich auch jeweils selbst zum Testamentsvollstrecker ernennen.

91 Wie aus vorstehendem Muster ersichtlich, erscheint es sinnvoll, einen **Ersatzbestimmungsberechtigten** zu benennen, denn der vom Erblasser benannte Dritte kann weder vom Nachlassgericht noch im Wege der Klage zur Ausübung des Bestimmungsrechts gezwungen werden.[92] Jedoch kann das Nachlassgericht dem Bestimmungsberechtigten auf Antrag eines Beteiligten gem. § 2198 Abs. 2 BGB eine Frist zur Ausübung des Bestimmungsrechts setzen. Beteiligter i.S.d. § 2198 Abs. 2 BGB ist jeder, der ein rechtliches Interesse an der Klarstellung hat, wie insbesondere die Erben, Pflichtteilsberechtigten, Vermächtnisnehmer und auch Nachlassgläubiger.[93]

92 Im Zuge der Anordnung des Bestimmungsrechts sollte klargestellt werden, ob sich der Bestimmungsberechtigte auch **selbst** zum Testamentsvollstrecker ernennen kann, was grundsätzlich zulässig ist.[94]

93 Die **Erklärung** des Bestimmungsberechtigten muss gegenüber dem zuständigen Nachlassgericht abgegeben werden. Die Erklärung gegenüber einem sachlich unzuständigen Gericht ist unwirksam.[95] Gem. § 2198 Abs. 1 S. 2 Hs. 2 BGB hat die Erklärung in öffentlich beglaubigter Form zu erfolgen. Umstritten ist, ob dem Bestimmungsberechtigten ein erneutes Bestimmungsrecht zusteht, wenn die Ernennung fehlschlägt, bspw. weil der Ernannte das Amt nicht annimmt.[96] Auch wenn eine Auslegung des Testaments regelmäßig ein erneutes Bestimmungsrecht des Dritten ergeben wird,[97] empfiehlt sich eine Klarstellung durch den Erblasser.

IV. Ernennung durch das Nachlassgericht

94 Gem. § 2200 Abs. 1 BGB kann der Erblasser auch das Nachlassgericht ersuchen, einen Testamentsvollstrecker zu ernennen. Praktische Bedeutung kommt einem Ersuchen des Erblassers an das Nachlassgericht dann zu, wenn die Durchführung der Testamentsvollstreckung auch für den Fall, dass alle **vorrangig benannten Testamentsvollstrecker wegfallen,** abgesichert werden soll. Hier bietet es sich dann an, hilfsweise zur Benennung der Testamentsvollstrecker durch den Erblasser selbst das Nachlassgericht zu ersuchen, einen geeigneten Testamentsvollstrecker zu ernennen.

92 Bengel/Reimann/Holtz/Röhl/*Röhl*, § 2 Rn 153.
93 BGH, Beschl. v. 13.7.1961 – V ZB 9/61, NJW 1961, 1717; MüKo-BGB/*Zimmermann*, § 2198 Rn 12.
94 MüKo-BGB/*Zimmermann*, § 2198 Rn 3; Bengel/Reimann/Holtz/Röhl/*Röhl*, § 2 Rn 157.
95 Bengel/Reimann/Holtz/Röhl/*Röhl*, § 2 Rn 159.
96 Siehe zu dieser Frage insb. *Säcker*, ZEV 2006, 288.
97 *Säcker*, ZEV 2006, 288, 293.

Ein Ersuchen an das Nachlassgericht gem. § 2200 Abs. 1 BGB kann ausdrücklich oder stillschweigend erfolgen.[98] Es kann sich auf einen oder mehrere Testamentsvollstrecker, Mitvollstrecker oder Ersatztestamentsvollstrecker erstrecken.[99] Ein **stillschweigendes** Ersuchen erfordert allerdings Anhaltspunkte im Testament. Dabei muss sich durch ergänzende Auslegung der letztwilligen Verfügung ein darauf gerichteter Wille des Erblassers erkennen lassen.[100] Dies ist regelmäßig dann der Fall, wenn bei der Anordnung der Testamentsvollstreckung nicht die Person des Testamentsvollstreckers, sondern das Amt selbst im Vordergrund stand.[101] Nimmt der vom Erblasser ernannte Testamentsvollstrecker das Amt nach dem Erbfall nicht an, kann (nur) in der Ernennung des Testamentsvollstreckers durch den Erblasser kein Ersuchen an das Nachlassgericht gesehen werden.[102] Nach zum Teil vertretener Auffassung sind an die Feststellung eines Ersuchens i.S.v. § 2200 BGB keine strengen Anforderungen zu stellen.[103] In der Rechtsprechung finden sich sowohl strenge als auch weniger strenge Auffassungen. Es liegt daher in der Hand des Gestalters, durch klare Anordnungen im Testament von vornherein keinen Auslegungsspielraum zu eröffnen. 95

Muster 20.19: Ersuchen an das Nachlassgericht gem. § 2200 Abs. 1 BGB 20.19

Ich ordne Testamentsvollstreckung an und ersuche das Nachlassgericht gem. § 2200 Abs. 1 BGB, einen Testamentsvollstrecker zu ernennen. 96

Dabei soll das Gericht einen Testamentsvollstrecker ernennen, der Fachanwalt für Erbrecht ist.

Da das Nachlassgericht an vom Erblasser vorgenommene Einschränkungen des Personenkreises **gebunden** ist,[104] empfiehlt es sich, etwaig erwünschte Qualifikationen des vom Nachlassgericht zu ernennenden Testamentsvollstreckers vorzugeben. Vorschläge anderer Personen, insbesondere der Erben, sind vom Nachlassgericht allerdings nicht zu berücksichtigen.[105] 97

Wie sich aus dem Wortlaut des § 2200 Abs. 1 BGB ergibt, „kann" das Nachlassgericht die Ernennung vornehmen. Das Nachlassgericht nimmt daher eine **Ermessensentscheidung** vor.[106] Liegt ein wirksames Ernennungsersuchen des Erblassers vor und stehen noch Verwaltungsaufgaben an, ist das Ermessen des Nachlassgerichts jedoch regelmäßig dahingehend eingeschränkt, dass es einen Testamentsvollstrecker ernennen muss.[107] Von einer Ernennung kann jedoch abgesehen werden, wenn der Nachlass eine geringe Konsistenz aufweist oder die Aufgaben des Testamentsvollstreckers weitestgehend abgeschlossen oder gegenstandslos sind.[108] 98

98 Bengel/Reimann/Holtz/Röhl/*Röhl*, § 2 Rn 185.
99 Bengel/Reimann/Holtz/Röhl/*Röhl*, § 2 Rn 185.
100 OLG München, Beschl. v. 23.1.2009 – 31 Wx 116/08, ZEV 2009, 341; BayObLG, Beschl. v. 1.10.2002 – 1Z BR 83/02, NJW-RR 2003, 24.
101 Krätzschel/Falkner/Döbereiner/*Krätzschel*, § 19 Rn 25; OLG Schleswig, Beschl. v. 18.1.2016 – 3 Wx 106/15, NJW-RR 2016, 903.
102 BayObLG, Beschl. v. 5.11.1987 – 1 Z 42/87, FamRZ 1988, 325.
103 Kössinger/Najdecki/Zintl/*R. Kössinger/Zintl*, § 15 Rn 27.
104 NK-BGB/*Kroiß*, § 2200 Rn 6.
105 NK-BGB/*Kroiß*, § 2200 Rn 6.
106 BeckOK BGB/*Lange*, § 2200 Rn 7.
107 MüKo-BGB/*Zimmermann*, § 2200 Rn 5.
108 Bengel/Reimann/Holtz/Röhl/*Röhl*, § 2 Rn 188.

20.20 **Muster 20.20: Ausschluss der Ernennung eines Testamentsvollstreckers durch das Nachlassgericht**

99 Ich ordne Testamentsvollstreckung an und ernenne , ersatzweise , zum Testamentsvollstrecker.

Ich stelle ausdrücklich klar, dass diese Anordnung der Testamentsvollstreckung kein Ersuchen an das Nachlassgericht i.S.d. § 2200 BGB enthält. Sollten die ernannten Testamentsvollstrecker vor oder nach Annahme des Amts wegfallen, hat das zuständige Nachlassgericht daher keinen Testamentsvollstrecker zu ernennen.

V. Als Testamentsvollstrecker geeignete und ungeeignete Personen(gruppen)

1. Volljährige natürliche Personen

100 Aus § 2201 BGB ergibt sich, dass geschäftsunfähige, in der Geschäftsfähigkeit beschränkte oder unter rechtlicher Betreuung stehende Personen nicht wirksam zum Testamentsvollstrecker ernannt werden können. Im Umkehrschluss kann jede **volljährige** natürliche Person zum Testamentsvollstrecker ernannt werden.

2. Nachlassbeteiligte

a) Erben

101 Außerhalb der Vermächtnisvollstreckung gem. § 2223 BGB kann der **Alleinerbe** nicht alleiniger Testamentsvollstrecker sein, da er sich als Testamentsvollstrecker nicht selbst beschränken kann.[109] Beschränkt sich die Testamentsvollstreckung jedoch auf die sofortige Erfüllung eines Vermächtnisses und kann das Nachlassgericht bei groben Pflichtverstößen einen anderen Testamentsvollstrecker bestimmen, kommt auch der Alleinerbe als Testamentsvollstrecker in Betracht.[110] Nach ständiger Rechtsprechung kann der Alleinerbe jedoch zum Mittestamentsvollstrecker nach § 2224 BGB ernannt werden.[111]

102 Ebenso kann der **alleinige Vorerbe** außerhalb der Vermächtnisvollstreckung gem. § 2223 BGB und außerhalb der Vermächtniserfüllung nicht zum alleinigen Testamentsvollstrecker ernannt werden.[112] Zudem kann der alleinige Vorerbe nicht zum alleinigen Nacherbenvollstrecker gem. § 2222 BGB ernannt werden.[113] Wiederum kann der Vorerbe zu einem von mehreren Testamentsvollstreckern oder Nacherbenvollstreckern ernannt werden.[114]

103 Der **Nacherbe** kann zugleich als alleiniger Testamentsvollstrecker oder als einer von mehreren Testamentsvollstreckern für den Vorerben bestimmt werden.[115]

104 Ein **Miterbe** kann Testamentsvollstrecker sein, da er durch seine Ernennung zum Testamentsvollstrecker über seine Miterbenstellung hinausgehende Rechte erwirbt.[116] Häufig ist es auch sachgerecht, einen Miterben zum Testamentsvollstrecker zu ernennen, bspw. dann, wenn einer von mehreren Miterben besondere persönliche Fähigkeiten mitbringt.

109 MüKo-BGB/*Zimmermann*, § 2197 Rn 11.
110 BGH, Urt. v. 26.1.2005 – IV ZR 296/03, ZEV 2005, 204.
111 RG, Urt. v. 1.2.1940 – IV 145/39, RGZ 163, 51.
112 BGH, Urt. v. 26.11.2005 – IV ZR 296/03, ZEV 2005, 204.
113 Bengel/Reimann/Holtz/Röhl/*Röhl*, § 2 Rn 212.
114 Bengel/Reimann/Holtz/Röhl/*Röhl*, § 2 Rn 212.
115 BayObLG, Beschl. v. 10.4.1959 – BReg. 1 Z 178/58, NJW 1959, 1920.
116 OLG München, Beschl. v. 3.6.2022 – 2 WF 232/22 e, MittBayNot 2023, 67.

b) Vermächtnisnehmer und Pflichtteilsberechtigte

Ein **Vermächtnisnehmer** kann ohne Weiteres Testamentsvollstrecker sein.[117] Die Ernennung des Vermächtnisnehmers zum Testamentsvollstrecker wird sich regelmäßig anbieten, um die Rechtsposition des Vermächtnisnehmers zu stärken. Siehe dazu auch das Muster Rdn 109. 105

Gem. § 2213 Abs. 1 S. 3 BGB kann ein Pflichtteilsanspruch auch bei angeordneter Testamentsvollstreckung nur gegen den Erben geltend gemacht werden. Daher kommt grundsätzlich auch der **Pflichtteilsberechtigte** als Testamentsvollstrecker in Betracht.[118] Da die Erben den Testamentsvollstrecker zur Regulierung von Pflichtteilsansprüchen beauftragen und bevollmächtigen können[119] und dies bei besonderer Sachkunde des Testamentsvollstreckers oftmals auch sinnvoll erscheint, weist die Ernennung von Pflichtteilsberechtigten zu Testamentsvollstreckern nur wenig Praxisrelevanz auf. 106

3. Gesetzliche Vertreter

Die gesetzlichen Vertreter des Erben wie Eltern, Vormund oder Betreuer können grundsätzlich zum Testamentsvollstrecker ernannt werden.[120] Die **Doppelstellung** als gesetzlicher Vertreter und Testamentsvollstrecker kann jedoch zu Interessenkonflikten führen, die die Bestellung eines Ergänzungspflegers erforderlich machen. Dabei muss das Vorliegen einer Interessenkollision in jedem Einzelfall geprüft werden. Eine pauschalierte Betrachtungsweise verbietet sich.[121] 107

Im Rahmen der Testamentsgestaltung wird der Testamentsvollstrecker, der zugleich gesetzlicher Vertreter des Erben ist, häufig gem. §§ 2198, 2199 BGB ermächtigt, einen Dritten zum Testamentsvollstrecker zu bestimmen. Da der vom Erblasser zunächst ernannte Testamentsvollstrecker dann aber aus dem Amt ausscheidet,[122] ist die vorzugswürdige Lösung darin zu sehen, dass der Erblasser den Testamentsvollstrecker im Falle des Vorliegens einer **Interessenkollision** ermächtigt, einen oder mehrere **Mitvollstrecker** gem. § 2199 Abs. 1 BGB zu ernennen.[123] Dabei kann auch dem alleinigen Testamentsvollstrecker eine solche Ernennungsbefugnis zugesprochen werden.[124] Der Aufgabenkreis der Mitvollstrecker sollte dann auf die Bereiche beschränkt werden, die dem ernennenden Testamentsvollstrecker aufgrund der Interessenkollision entzogen sind. 108

Muster 20.21: Ernennung des gesetzlichen Vertreters zum Testamentsvollstrecker mit Ermächtigung zur Ernennung eines Mitvollstreckers gem. § 2199 Abs. 1 BGB 20.21

(Nach BeckFormB ErbR/*Keim*, C.I.7) 109

Ich ordne Testamentsvollstreckung an und ernenne zum Testamentsvollstrecker.

Ich ermächtige den Testamentsvollstrecker gem. § 2199 Abs. 1 BGB, einen oder mehrere Mitvollstrecker zu ernennen. Dabei beschränke ich den Aufgabenkreis des/der Mitvollstrecker ausdrücklich auf die Bereiche,

117 Bengel/Reimann/Holtz/Röhl/*Röhl*, § 2 Rn 219.
118 Bengel/Reimann/Holtz/Röhl/*Röhl*, § 2 Rn 219.
119 BeckOK BGB/*Lange*, § 22 Rn 8; *Steiner*, ZEV 2020, 330, 331.
120 Burandt/Rojahn/*Heckschen*, § 2197 Rn 6.
121 BGH, Beschl. v. 5.3.2008 – XII ZB 2/07, NJW-RR 2008, 963.
122 *Ruby*, ZEV 2006, 66, 70.
123 So auch Bengel/Reimann/Holtz/Röhl/*Röhl*, § 2 Rn 218.
124 *Bonefeld*, ZErb 2007, 2, 4.

die dem zunächst ernannten Testamentsvollstrecker aufgrund einer Interessenkollision von der Verwaltung rechtlich entzogen sind bzw. bei denen er in seiner Amtsausübung gehindert ist.

4. Juristische Personen, Gesellschaften und Vereine

110 Juristische Personen und auch Personen(handels)gesellschaften mit Rechtsfähigkeit (insbesondere OHG und KG) können zum Testamentsvollstrecker ernannt werden.[125] Spätestens seit der Kodifizierung der Rechtsfähigkeit der GbR durch das Gesetz zur Modernisierung des Personengesellschaftsrechts (MoPeG) mit Wirkung zum 1.1.2024 (§ 705 Abs. 2 BGB) besteht kein Grund mehr, an der Wirksamkeit der Ernennung einer (rechtsfähigen) GbR zum Testamentsvollstrecker zu zweifeln.[126] Juristische Personen und Gesellschaften üben die Testamentsvollstreckung durch ihre **Vertretungsorgane** aus.[127]

111 Ein **nicht eingetragener Verein** kann nicht Testamentsvollstrecker sein. Bei wenigen Mitgliedern kann eine Testamentsauslegung jedoch ergeben, dass diese gemeinsam und persönlich zum Testamentsvollstrecker ernannt sind.[128] Hat der nicht eingetragene Verein viele Mitglieder, kann eine Testamentsauslegung hingegen die Ernennung der Vorstandsmitglieder zum Testamentsvollstrecker ergeben.[129]

5. Rechtsanwälte

112 Die Übernahme des Testamentsvollstreckeramts durch Rechtsanwälte ist vorbehaltlich berufsrechtlicher Grenzen grundsätzlich zulässig. Dies gilt auch für angestellte Rechtsanwälte gem. § 46 Abs. 1 BRAO und Syndikusrechtsanwälte gem. § 46 Abs. 2 BRAO.[130] Auch **Berufsausübungsgesellschaften** i.S.d. § 59b BRAO können zum Testamentsvollstrecker ernannt werden, sie müssen bei der Ausübung des Testamentsvollstreckeramts gem. § 59k BRAO jedoch zwingend durch einen Rechtsanwalt handeln.[131]

113 Bei der Ausübung des Testamentsvollstreckeramts durch Rechtsanwälte sind die üblichen berufsrechtlichen Pflichten zu beachten, wie insbesondere die Verschwiegenheitspflicht gem. § 43a Abs. 2 BRAO, die besondere Sorgfaltspflicht im Umgang mit anvertrautem Vermögen gem. § 43a Abs. 7 BRAO und das Sachlichkeitsgebot gem. § 43a Abs. 3 BRAO.[132]

114 Am 1.8.2022 ist das Verbot des Rechtsanwalts, als Testamentsvollstrecker tätig zu werden, wenn er bereits als Rechtsanwalt gegen den Träger des zu verwaltenden Vermögens befasst war, weggefallen. Allerdings ist es dem Rechtsanwalt gem. § 45 Abs. 1 Nr. 2 BRAO nach wie vor verboten, in **derselben Angelegenheit**, mit der er bereits als Testamentsvollstrecker befasst war, gegen den Träger des von ihm verwalteten Vermögens anwaltlich vorzugehen. Soll der Rechtsanwalt als Testamentsvollstrecker kaufmännisch erwerbswirtschaftlich tätig werden, kann seine Anwaltszulassung widerrufen werden, wenn ihm neben seiner Tätigkeit als Testamentsvollstrecker kein Freiraum für die eigentliche Anwaltstätigkeit mehr verbleibt.[133]

---

125 *Reimann*, ZEV 2021, 742.
126 So auch MAH ErbR/*Lorz*, § 19 Rn 56.
127 MüKo-BGB/*Zimmermann*, § 2197 Rn 9.
128 Mayer/Bonefeld/Tanck/*Kroiß*, § 5 Rn 32.
129 *Zimmermann*, Testamentsvollstreckung, Rn 100.
130 Bengel/Reimann/Holtz/Röhl/*Sandkühler*, § 11 Rn 2.
131 Bengel/Reimann/Holtz/Röhl/*Sandkühler*, § 11 Rn 3.
132 Mayer/Bonefeld/Tanck/*Bonefeld*, § 23 Rn 1.
133 Mayer/Bonefeld/Tanck/*Bonefeld*, § 23 Rn 2.

Im Rahmen der Allgemeinen und Besonderen Versicherungsbedingungen für Rechtsanwälte[134] ist die Tätigkeit als Testamentsvollstrecker zwar regelmäßig mitversichert. Zu beachten ist jedoch, dass hier meist nur anwaltstypische Pflichtverletzungen mitversichert sind und dieser Versicherungsschutz bei umfangreichen Testamentsvollstreckungen oftmals nicht ausreicht. Daher sollte der Rechtsanwalt, der als Testamentsvollstrecker tätig wird, bereits im eigenen Interesse Wert auf darüberhinausgehenden, **individuellen Versicherungsschutz** legen. Im Idealfall ermächtigt der Erblasser den Testamentsvollstrecker ausdrücklich, die hierfür anfallenden Kosten dem Nachlass zu entnehmen. 115

6. Steuerberater, Wirtschaftsprüfer

Steuerberater, Steuerbevollmächtigte und Steuerberatungsgesellschaften sind oftmals bereits zu Lebzeiten des Erblassers mit dessen Vermögensangelegenheiten betraut. Sie eignen sich daher besonders gut als Testamentsvollstrecker. Auch die berufsrechtlichen Regelungen sind zwar zu beachten, stehen der Tätigkeit als Testamentsvollstrecker jedoch nicht entgegen.[135] 116

Gem. § 5 Abs. 2 RDG gelten Rechtsdienstleistungen im Zusammenhang mit einer Testamentsvollstreckung als erlaubte Nebenleistungen. Steuerberater dürfen als Testamentsvollstrecker somit auch dann **Rechtsdienstleistungen** erbringen, wenn sie einen erheblichen Anteil an der Gesamttätigkeit der Testamentsvollstreckung ausmachen.[136] Da ein Steuerberater ohne Befähigung zum Richteramt naturgemäß nicht so sachkundig wie ein Jurist beraten kann, wird er in den meisten Fällen bereits aufgrund der gegenüber den Erben bestehenden Verpflichtungen gehalten sein, Rechtsrat einzuholen. Andernfalls macht er sich nach § 2219 BGB schadensersatzpflichtig.[137] 117

Auch kann der Erblasser Wirtschaftsprüfer, eine Wirtschaftsprüfungsgesellschaft oder vereidigte Buchprüfer zum Testamentsvollstrecker ernennen. Zu beachten ist jedoch, **Wirtschaftsprüfer** gem. § 43a Abs. 3 Nr. 1 WPO keine gewerblichen Tätigkeiten ausüben dürfen. Daher dürfen sie keine Dauertestamentsvollstreckung in Form der Übertragung eines Einzelunternehmens oder der Übernahme der vollen persönlichen Haftung bei einer Personengesellschaft übernehmen.[138] 118

7. Notare

Notare (und Notarvertreter, vgl. § 41 Abs. 2 BNotO) können grundsätzlich und **ohne Genehmigung** der Dienstaufsichtsbehörde (§ 8 Abs. 4 BNotO) Testamentsvollstrecker sein.[139] Die Führung eines Einzelunternehmens als Testamentsvollstrecker oder die Verwaltung eines Gesellschaftsanteils eines persönlich haftenden Gesellschafters einer Personengesellschaft bedarf jedoch gem. § 8 Abs. 3 Nr. 1 BNotO der **vorherigen Genehmigung** der Aufsichtsbehörde.[140] 119

Aus § 8 Abs. 4 BNotO ergibt sich zugleich, dass die Tätigkeit des Notars als Testamentsvollstrecker nicht berufstypisch ist. Sie gehört daher nicht zur notariellen Amtstätigkeit, sodass 120

---

134 U.a. abgedr. bei Gaier/Wolf/Göcken/*Dahns*, Anwaltliches Berufsrecht, 3. Aufl. 2019, § 51 BRAO Rn 60.
135 Bengel/Reimann/Holtz/Röhl/*Sandkühler*, § 11 Rn 42 ff.
136 Bengel/Reimann/Holtz/Röhl/*Sandkühler*, § 11 Rn 53.
137 Mayer/Bonefeld/Tanck/*Bonefeld*, § 25 Rn 5.
138 Bengel/Reimann/Holtz/Röhl/*Sandkühler*, § 11 Rn 55.
139 MüKo-BGB/*Zimmermann*, § 2197 Rn 12.
140 Mayer/Bonefeld/Tanck/*Mayer*/*Wartenburger*, § 24 Rn 1.

sich die Dienstaufsicht nicht auf die Testamentsvollstreckung erstreckt.[141] Daher richtet sich auch die **Haftung** nach § 2219 BGB und nicht nach § 19 BNotO.[142]

121 Gem. §§ 7, 27 BeurkG kann der Notar, der die Verfügung von Todes wegen **beurkundet** hat (Urkundsnotar), nicht Testamentsvollstrecker sein. Ein Verstoß gegen §§ 7, 27 BeurkG führt zur Nichtigkeit der Ernennung gem. § 125 BGB.[143] Ob sich diese Teilnichtigkeit auch auf die übrigen Verfügungen von Todes wegen erstreckt, ist nach §§ 2085 und 2298 BGB zu beurteilen.[144]

122 Die eigenhändige, privatschriftliche Ernennung des Notars zum Testamentsvollstrecker, die nach Erklärung des Erblassers in einem vom Notar beurkundeten Testament dem Notar verschlossen übergeben, als „Anlage" bezeichnet und vom Notar gleichzeitig in die besondere amtliche Verwahrung des Nachlassgerichts gegeben wird, führt ebenso zu einer Nichtigkeit der Testamentsvollstreckerernennung gem. §§ 7, 27 BeurkG.[145]

123 Ernennt das **Nachlassgericht** auf Ersuchen des Erblassers den Notar zum Testamentsvollstrecker, der die letztwillige Verfügung beurkundet hat, ist dies auch dann wirksam, wenn der Notar den Wunsch des Erblassers, nach Möglichkeit ihn zu berufen, mitbeurkundet hat.[146]

124 Der einzige rechtlich sichere Weg zur Ernennung des Urkundsnotars zum Testamentsvollstrecker ist die Errichtung eines formwirksamen, separaten **Ergänzungstestaments**, das entweder privatschriftlich errichtet oder von einem anderen Notar protokolliert wird.[147] Selbst die Verwahrung des Nachtrags zusammen mit der Haupturkunde oder die Anheftung an diese führt nicht zu einer Unwirksamkeit der Testamentsvollstreckerernennung, denn es liegt keine einheitliche Urkunde vor und die Urkundstätigkeit des Notars erstreckt sich nicht auch auf den Nachtrag.[148] Der Notar, der ein Testament öffentlich beurkundet hat, kann auch dann wirksam in einem handschriftlichen Nachtrag zu diesem Testament zum Testamentsvollstrecker ernannt werden, wenn das handschriftliche Testament in zeitlicher Nähe zum Haupttestament errichtet wurde und der Notar den Text des eigenhändigen Testaments entworfen hat.[149]

125 Eine Regelung, wonach der Urkundsnotar die Person des Testamentsvollstreckers bestimmen soll, ist unwirksam.[150] Richtigerweise ist auch die Benennung eines Notars zum Testamentsvollstrecker, die durch dessen **Sozius** beurkundet wird, unwirksam.[151] Zwar hat der BGH ein solches Vorgehen bereits gebilligt.[152] Die zugrunde liegende Entscheidung stammt jedoch aus einer Zeit vor Einführung des Mitwirkungsverbots gem. § 3 Abs. 1 S. 1 Nr. 4 BeurkG.[153]

---

141 *Zimmermann*, Testamentsvollstreckung, Rn 95.
142 *Zimmermann*, Testamentsvollstreckung, Rn 95.
143 Burandt/Rojahn/*Heckschen*, § 2197 Rn 7.
144 Bengel/Reimann/Holtz/Röhl/*Röhl*, § 2 Rn 221.
145 OLG Bremen, Beschl. v. 15.7.2014 – 5 W 13/14, DNotI-Report 2014, 151.
146 OLG Stuttgart, Beschl. v. 16.8.1989 – 8 W 640/88, DNotZ 1990, 430.
147 Bengel/Reimann/Holtz/Röhl/*Röhl*, § 2 Rn 223.
148 OLG Düsseldorf, Beschl. v. 9.4.2021 – 3 Wx 61/20, RNotZ 2021, 371.
149 BGH, Beschl. v. 23.2.2022 – IV ZB 24/21, NJW 2022, 1450 m. krit. Anm. *Keim*, DNotZ 2023, 338.
150 BGH, Beschl. v. 10.10.2012 – IV ZB 14/12, ZErb 2013, 44.
151 MüKo-BGB/*Zimmermann*, § 2197 Rn 12.
152 BGH, Beschl. v. 18.12.1996 – IV ZB 9/96, DNotZ 1997, 466.
153 So auch Mayer/Bonefeld/Tanck/*Mayer*/*Wartenburger*, § 24 Rn 9.

8. Kreditinstitute

Nicht zuletzt aufgrund der veränderten Arbeitsweisen im Bankensektor und der zunehmend größer werdenden Nachlässe ist die Übernahme von Testamentsvollstreckungen für Kreditinstitute zunehmend attraktiv geworden. Banken und sonstige Kreditinstitute können zum Testamentsvollstrecker ernannt werden.[154] Der BGH hat dabei klargestellt, dass die geschäftsmäßige Übernahme von Testamentsvollstreckungen nicht gegen das RBerG verstößt.[155] Seit dem 1.7.2008 gilt anstelle des RBerG das RDG. Gem. § 5 Abs. 2 Nr. 1 RDG handelt es sich bei Rechtsdienstleistungen im Zusammenhang mit einer Testamentsvollstreckung um **erlaubte Nebenleistungen**. Die Befugnis von Banken, Testamentsvollstreckungen durchzuführen, bedeutet dabei jedoch nicht, dass sie befugt sind, Rechtsberatung für das die Testamentsvollstreckung anordnende Testament zu erbringen.[156] 126

Kommt für den Erblasser die Ernennung eines Kreditinstituts zum Testamentsvollstrecker in Betracht, muss im Zuge der testamentarischen Anordnung zwingend klargestellt werden, ob das Kreditinstitut als **juristische Person** oder der ggf. namentlich benannte **Mitarbeiter** Testamentsvollstrecker sein soll. Ist das Kreditinstitut selbst gemeint, ist der Vorstand als gesetzlicher Vertreter verantwortlich; er darf das Amt gem. §§ 664, 2218 BGB nicht auf einen Dritten übertragen, auch nicht auf Generalbevollmächtigte, Angestellte etc. (sog. Substitutionsverbot), nur die Zuziehung von Gehilfen ist nach § 664 Abs. 1 S. 3 BGB möglich. Damit der Vorstand des Kreditinstituts nicht höchstpersönlich die gesamte Testamentsvollstreckung ausüben muss, relativiert die herrschende Meinung das Substitutionsverbot dergestalt, dass die Wahrnehmung einzelner Aufgaben durch Dritte nach den Grundsätzen einer ordnungsgemäßen Verwaltung i.S.d. §§ 2216 Abs. 1 BGB bei Berücksichtigung der Umstände des Einzelfalls unbedenklich ist.[157] Das Nachlassverzeichnis muss jedoch durch den Vorstand selbst erstellt werden.[158] Die sich aufgrund des Substitutionsverbots bei der Durchführung der Testamentsvollstreckung ergebenden Abgrenzungsprobleme dürfen nicht unterschätzt werden.[159] 127

Zu berücksichtigen ist des Weiteren, dass Banken als Testamentsvollstrecker in besonderer Weise der Gefahr von **Interessenkollisionen** ausgesetzt sind. Gem. § 2216 Abs. 1 BGB ist der Testamentsvollstrecker zur ordnungsgemäßen Verwaltung des Nachlasses verpflichtet. Gerade bei Kapitalanlagen besteht die Gefahr, die bankeigenen Interessen den Interessen der Erben vorzuziehen, um eigene Provisionen zu verdienen.[160] Besonders eklatant tritt ein Interessenkonflikt hervor, wenn konkurrierende Kreditinstitute bessere Konditionen für die Geldanlage bieten. Hier können nur konkrete Anweisungen des Erblassers helfen. 128

Insbesondere dann, wenn das Kreditinstitut vermögensverwaltend tätig ist, sollte der Erblasser klarstellen, dass die **Kosten** der Vermögensverwaltung von der Vergütung des Testamentsvollstreckers in Abzug zu bringen sind.[161] In der Literatur wurde vor dem Hintergrund der vorstehenden Probleme bereits eine organisatorische Trennung der Testamentsvollstreckung vom übrigen Bankgeschäft gefordert.[162] 129

---

154 *Zimmermann*, Testamentsvollstreckung, Rn 101.
155 BGH, Urt. v. 11.11.2004 – I ZR 213/01, ZEV 2005, 122.
156 LG Freiburg, Urt. v. 28.10.2005 – 10 O 37/05, NJW-RR 2006, 423.
157 Staudinger/*Dutta*, § 2218 Rn 11.
158 *Zimmermann*, Testamentsvollstreckung, Rn 101.
159 So auch *Mayer*, MittBayNot 2005, 366.
160 *Zimmermann*, Testamentsvollstreckung, Rn 103.
161 So auch Mayer/Bonefeld/Tanck/*Bonefeld*, § 25a Rn 4.
162 *Schmitz*, ZErb 2005, 74.

D. Mehrere Testamentsvollstrecker

I. Allgemeines

130 Zur Sicherung der Kontinuität der Testamentsvollstreckung ist es mit der Ernennung nur eines Testamentsvollstreckers meist nicht getan. Stets sollte an die Ernennung eines **Ersatztestamentsvollstreckers** gedacht werden. Davon zu unterscheiden ist die Ernennung von **Mitvollstreckern** (§§ 2197 Abs. 1, 2224 BGB) und von **Nebenvollstreckern.** Weiter besteht die Möglichkeit, den zunächst ernannten Testamentsvollstrecker gem. 2199 Abs. 2 BGB zu ermächtigen, einen **Nachfolger** zu ernennen.

II. Ersatztestamentsvollstrecker

131 Gem. § 2197 Abs. 2 BGB kann der Erblasser für den Fall, dass der ernannte Testamentsvollstrecker vor oder nach der Annahme des Amts wegfällt, einen anderen Testamentsvollstrecker ernennen. Die Benennung eines Ersatztestamentsvollstreckers stellt eine Sonderform der bedingten Ernennung eines Testamentsvollstreckers dar. Dabei kann der Erblasser **mehrere Personen nacheinander** ersatzweise ernennen. Er ist dabei zahlenmäßig nicht beschränkt.[163] Will der Erblasser die Testamentsvollstreckung weiter absichern, bietet sich eine Kombination der Ernennung von Ersatztestamentsvollstreckern mit einem Ersuchen an das Nachlassgericht gem. § 2200 BGB an.

20.22 **Muster 20.22: Ernennung von Ersatztestamentsvollstreckern in Kombination mit einem Ersuchen an das Nachlassgericht gem. § 2200 BGB**

132 Ich ordne Testamentsvollstreckung an und ernenne zum Testamentsvollstrecker.

Sollte vor oder nach Annahme des Amts wegfallen, ernenne ich ersatzweise , weiter ersatzweise , zum Testamentsvollstrecker.

Sollten auch die ersatzweise benannten Testamentsvollstrecker vor oder nach Annahme des Amts wegfallen, ersuche ich das zuständige Nachlassgericht, einen Testamentsvollstrecker zu ernennen. Dabei soll das Nachlassgericht einen Testamentsvollstrecker auswählen, der Fachanwalt für Erbrecht ist.

III. Mitvollstrecker

1. Überblick

133 Gerade bei großen und komplizierten Nachlässen und mehreren infrage kommenden Testamentsvollstreckern mit verschiedenen Qualifikationen kommt die Ernennung mehrerer Testamentsvollstrecker gem. § 2224 BGB in Betracht. Bei Unternehmern kann damit bspw. eine Trennung des geschäftlichen Bereichs von privaten Angelegenheiten erreicht werden.[164] Zudem kann durch die Ernennung mehrerer Personen ein **Testamentsvollstreckergremium** geschaffen werden, das ein wirksames Instrument gegen die übergroße Machtfülle einzelner Testamentsvollstrecker darstellt.[165]

134 Gem. § 2199 Abs. 1 BGB kann der Erblasser auch den **Testamentsvollstrecker** selbst ermächtigen, einen oder mehrere Mitvollstrecker zu ernennen. Er kann gem. § 2200 Abs. 1

163 MüKo-BGB/*Zimmermann*, § 2197 Rn 15.
164 Zur Ernennung mehrerer Testamentsvollstrecker als Gestaltungsmittel der Unternehmensnachfolge siehe *Lutz*, NotBZ 2016, 16.
165 MAH ErbR/*Lorz*, § 19 Rn 64.

BGB auch das **Nachlassgericht** ersuchen, mehrere Testamentsvollstrecker zu ernennen.[166] Das Nachlassgericht kann jedoch auch bei Zweifeln an der Amtsführung eines Testamentsvollstreckers nicht vorsorglich einen weiteren Testamentsvollstrecker bestellen.[167]

Sofern der Erblasser nichts anderes anordnet, führen mehrere Testamentsvollstrecker das Amt gem. § 2224 Abs. 1 S. 1 Hs. 1 BGB **gemeinschaftlich**, bei Meinungsverschiedenheiten entscheidet gem. § 2224 Abs. 1 S. 1 Hs. 2 BGB das Nachlassgericht. Fällt einer von mehreren Testamentsvollstreckern weg, führen die übrigen das Amt gem. § 2224 Abs. 1 S. 2 BGB alleine fort. Gem. § 2224 Abs. 1 S. 3 BGB kann der Erblasser jedoch **abweichende Anordnungen** treffen, was regelmäßig anzuraten sein wird, um Zurechnungsprobleme zu vermeiden.[168] Andernfalls können Mitvollstrecker nur dann Handlungen vornehmen, wenn sich alle einig sind. Das ist in den wenigsten Fällen praktikabel. 135

Ist Einstimmigkeit im Sinne der gesetzlich geregelten Amtsführung gem. § 2224 BGB erforderlich, muss auch im Innenverhältnis mehrerer Testamentsvollstrecker Einigkeit bestehen. Jedoch kann ein Mitvollstrecker dem anderen Mitvollstrecker **Vollmacht** erteilen.[169] Der Erblasser kann die wechselseitige Bevollmächtigung wiederum einschränken oder ausschließen.[170] Handelt ein Mitvollstrecker ohne Einverständnis des anderen, ist das Geschäft schwebend unwirksam; der andere kann es gem. § 185 BGB nachträglich genehmigen.[171] Maßregeln, die zur Erhaltung eines der gemeinschaftlichen Verwaltung unterliegenden Nachlassgegenstands notwendig sind, kann hingegen jeder Testamentsvollstrecker ohne Zustimmung der anderen allein treffen. Solche Rechtsgeschäfte des allein handelnden Mitvollstreckers sind dann auch nach außen wirksam.[172] 136

Von der Möglichkeit, die gemeinschaftliche Amtsausübung durch mehrere Testamentsvollstrecker detailliert zu regeln, sollte der Erblasser regelmäßig Gebrauch machen. Derartige Anordnungen des Erblassers, die von der gesetzlichen Regelung abweichen, sind auch im Testamentsvollstreckerzeugnis zu vermerken.[173] 137

2. Anordnung von Stimmenmehrheiten

Der Erblasser kann in seiner letztwilligen Verfügung anordnen, dass die Stimmenmehrheit entscheiden soll. Der Mehrheitsbeschluss der Testamentsvollstrecker hat dann **Außenwirkung.**[174] 138

Muster 20.23: Anordnung von Stimmenmehrheit bei mehreren Testamentsvollstreckern 20.23

Ich ordne Testamentsvollstreckung an und ernenne   ,   und   zu gemeinschaftlichen Testamentsvollstreckern i.S.d. § 2224 BGB. 139

Sämtliche Maßnahmen, die die Testamentsvollstrecker durchführen, bedürfen einer Stimmenmehrheit von $^2/_3$. Ist diese Mehrheit nicht zu erzielen, entscheidet bei Meinungsverschiedenheiten das Nachlassgericht.

166 *Zimmermann*, Testamentsvollstreckung, Rn 202.
167 OLG Saarbrücken, Beschl. v. 4.5.2021 – 5 W 52/20, ZErb 2022, 20.
168 Siehe dazu *Kretschmann*, ZEV 2022, 383.
169 *Zimmermann*, Testamentsvollstreckung, Rn 210.
170 Bengel/Reimann/Holtz/Röhl/*Röhl*, § 2 Rn 245.
171 *Zimmermann*, Testamentsvollstreckung, Rn 210.
172 MüKo-BGB/*Zimmermann*, § 2224 Rn 16.
173 Bengel/Reimann/Holtz/Röhl/*Röhl*, § 2 Rn 233.
174 Staudinger/*Dutta*, § 2224 Rn 6.

3. Anordnung des Stichentscheids bei mehreren Testamentsvollstreckern

140 Auch kann der Testamentsvollstrecker anordnen, dass bei Meinungsverschiedenheiten mehrerer Testamentsvollstrecker ein bestimmter Testamentsvollstrecker den **Stichentscheid** hat. Dadurch kann er die Anrufung des Nachlassgerichts bei Meinungsverschiedenheiten gem. § 2224 Abs. 1 S. 1 Hs. 2 BGB ausschließen.[175] Dabei sollte jedoch darauf geachtet werden, dass die Ansicht eines bestimmten Testamentsvollstreckers nur dann den Ausschlag geben soll, wenn diese auch eine von den anderen Testamentsvollstreckern vertretene Auffassung darstellt, ansonsten ergibt die Ernennung von mehreren Testamentsvollstreckern wenig Sinn. Auch sollte der Erblasser an eine Verhinderungsregelung denken.

20.24 **Muster 20.24: Anordnung des Stichentscheids bei Meinungsverschiedenheiten mehrerer Testamentsvollstrecker**

141 Ich ordne Testamentsvollstreckung an und ernenne ___, ___, ___ und ___ zu gemeinschaftlichen Testamentsvollstreckern i.S.d. § 2224 BGB.

Sämtliche Maßnahmen, die die Testamentsvollstrecker durchführen, bedürfen grundsätzlich eines einstimmigen Beschlusses. Ist ein solcher nicht zu erzielen, entscheidet die Stimme des Testamentsvollstreckers ___, wobei dieser jedoch nur der von mindestens einem anderen Testamentsvollstrecker vertretenen Meinung beitreten kann. Ich stelle damit klar, dass der entscheidende Testamentsvollstrecker ___ nicht seine eigene, alleinige Meinung durchsetzen kann.

Sollte der Testamentsvollstrecker ___ verhindert sein, entscheidet an dessen Stelle die Stimme des Testamentsvollstreckers ___.

4. Ernennung eines Schiedsrichters

142 Schließlich kann der Erblasser die Anrufung des Nachlassgerichts bei Meinungsverschiedenheiten der Testamentsvollstrecker dadurch ausschließen, dass er einen Dritten zum „Schiedsrichter" benennt.

20.25 **Muster 20.25: Benennung eines Schiedsrichters bei Meinungsverschiedenheiten mehrerer Testamentsvollstrecker**

143 Ich ordne Testamentsvollstreckung an und ernenne ___, ___, ___ und ___ zu gemeinschaftlichen Testamentsvollstreckern i.S.d. § 2224 BGB.

Sämtliche Maßnahmen, die die Testamentsvollstrecker durchführen, bedürfen grundsätzlich eines einstimmigen Beschlusses. Bei Meinungsverschiedenheiten der Testamentsvollstrecker entscheidet mein Steuerberater ___. Sollte dieser verhindert sein, entscheidet an dessen Stelle ___.

Ich stelle damit klar, dass das Nachlassgericht bei Meinungsverschiedenheiten nicht zu entscheiden hat.

IV. Nebenvollstrecker

144 Von der Ernennung mehrerer Testamentsvollstrecker i.S.d. § 2224 BGB zu unterscheiden ist die Ernennung von Nebenvollstreckern. Ernennt der Erblasser mehrere Testamentsvollstrecker, weist er ihnen jedoch **eindeutig abgrenzbare Aufgaben** auch im **Außenverhältnis** zu, handelt es sich um die Anordnung von Nebenvollstreckung durch zwei beschränkte Testamentsvollstreckungen und damit nicht um einen Fall des § 2224 BGB.[176] Der Erblasser sollte in seiner letztwilligen Verfügung daher möglichst präzise Anordnungen treffen.

---

175 Bengel/Reimann/Holtz/Röhl/*Röhl*, § 2 Rn 236.
176 *Zimmermann*, Testamentsvollstreckung, Rn 203.

Muster 20.26: Ernennung von Nebenvollstreckern 20.26

Ich ordne Testamentsvollstreckung an und ernenne und zu Nebenvollstreckern. 145

Ich übertrage dem Testamentsvollstrecker den Aufgabenbereich der alleinigen und ausschließlichen Verwaltung meines Wertpapierdepots. Dem Testamentsvollstrecker hingegen übertrage ich die alleinige und ausschließliche Verwaltung meines übrigen Vermögens.

V. Mitvollstrecker- und Nachfolgerbestimmung

1. Überblick

Neben der Möglichkeit, den Testamentsvollstrecker gem. § 2199 Abs. 1 BGB zu ermächtigen, einen oder mehrere **Mitvollstrecker** zu ernennen, besteht gem. § 2199 Abs. 2 BGB die Möglichkeit der Ermächtigung des Testamentsvollstreckers, einen **Nachfolger** zu ernennen. Dies kann deshalb sinnvoll sein, weil der ernannte Testamentsvollstrecker während der Durchführung der Testamentsvollstreckung oftmals besser als der Erblasser beurteilen kann, ob ein Mitvollstrecker oder Nachfolger für die konkret anstehenden Aufgabenstellungen erforderlich ist. 146

Im Gegensatz zum Drittbestimmungsrecht gem. § 2198 BGB setzt § 2199 BGB voraus, dass der ernennende Testamentsvollstrecker selbst **im Amt** ist.[177] Es besteht jedoch die Möglichkeit, § 2199 BGB mit § 2198 BGB zu kombinieren. So kann der zunächst benannte Testamentsvollstrecker auch schon vor der Annahme seines Amts eine Ersatzperson bestimmen.[178] 147

Der Erblasser kann dem Testamentsvollstrecker im Rahmen des § 2199 BGB (auch in Kombination mit § 2198 BGB) etwaig erforderliche Qualifikationen der Ersatzperson bzw. des Nachfolgers vorgeben. 148

2. Mitvollstrecker

Muster 20.27: Ermächtigung des Testamentsvollstreckers gem. § 2299 Abs. 1 BGB zur Ernennung eines Mitvollstreckers 20.27

Ich ordne Testamentsvollstreckung an und ernenne zum Testamentsvollstrecker. 149

Der Testamentsvollstrecker ist gem. § 2199 Abs. 1 BGB berechtigt, einen oder mehrere Mittestamentsvollstrecker zu bestimmen.

3. Nachfolger

Muster 20.28: Ermächtigung des Testamentsvollstreckers gem. § 2199 Abs. 2 BGB zur Ernennung eines Nachfolgers 20.28

Ich ordne Testamentsvollstreckung an und ernenne zum Testamentsvollstrecker. 150

Ich ermächtige den Testamentsvollstrecker gem. § 2199 Abs. 2 BGB zur Ernennung eines oder mehrerer Nachfolger. Ein etwaig vom Testamentsvollstrecker ernannter Nachfolger muss ebenso Fachanwalt für Erbrecht sein.

177 Damrau/Tanck/*Bonefeld*, § 2199 Rn 2.
178 Mayer/Bonefeld/Tanck/*Bonefeld*, § 47 Rn 27.

20.29 **Muster 20.29: Ermächtigung des Testamentsvollstreckers gem. § 2199 Abs. 2 BGB zur Ernennung eines Nachfolgers und einer Ersatzperson vor Annahme seines Amts (Kombination mit § 2198 BGB)**

151 Ich ordne Testamentsvollstreckung an und ernenne zum Testamentsvollstrecker.

Der Testamentsvollstrecker ist vor der Annahme seines Amts gem. § 2198 Abs. 1 BGB berechtigt, einen anderen Testamentsvollstrecker zu bestimmen.

Der Testamentsvollstrecker ist zudem nach der Annahme seines Amts gem. § 2199 Abs. 2 BGB zur Ernennung eines oder mehrerer Nachfolger ermächtigt.

Sowohl die vom Testamentsvollstrecker vor Annahme des Amts ernannte Ersatzperson als auch der vom Testamentsvollstrecker ernannte Nachfolger muss Fachanwalt für Erbrecht sein.

E. Vergütung des Testamentsvollstreckers

I. Allgemeines

152 Gem. § 2221 BGB kann der Testamentsvollstrecker für die Führung seines Amts eine **angemessene** Vergütung verlangen. Über diese Generalklausel hinaus gibt es keine gesetzlichen Vergütungsregelungen. Vielmehr ist die Vergütung nach den Umständen des **Einzelfalls** zu ermitteln. Maßgebend für die Vergütung des Testamentsvollstreckers sind nach dem BGH der dem Testamentsvollstrecker im Rahmen der Verfügung von Todes wegen nach dem Gesetz obliegende Pflichtenkreis, der Umfang der ihn treffenden Verantwortung und die von ihm geleistete Arbeit, wobei die Schwierigkeit der gelösten Aufgaben, die Dauer der Abwicklung oder der Verwaltung, die Verwertung besonderer Kenntnisse und Erfahrungen und auch die Bewährung einer sich im Erfolg auswirkenden Geschicklichkeit zu berücksichtigen sind.[179]

153 In der Praxis ist leider zu beobachten, dass viele letztwilligen Verfügungen keine (detaillierten) Regelungen zur Vergütung des Testamentsvollstreckers enthalten. Dies führt regelmäßig zu Streitigkeiten zwischen Erben und Testamentsvollstreckern, deren gegenläufige Interessen offensichtlich sind. Da für eine gerichtliche Überprüfung der Angemessenheit der Vergütung des Testamentsvollstreckers kein Raum verbleibt, wenn der **Erblasser** Höhe und Zahlungsweise der Vergütung **festgelegt** hat,[180] liegt es auf der Hand, dass die Regelungen zur Vergütung des Testamentsvollstreckers nicht vernachlässigt werden dürfen. Sie sollten daher **Kernelement** der Testamentsvollstreckungsanordnung sein, dies allein schon zum Schutz des ernannten Testamentsvollstreckers, dem im Fall der Entnahme einer unangemessen hohen Vergütung eine zur Entlassung führende Pflichtverletzung vorgeworfen werden kann.[181] Hingegen sind Vergütungsanordnungen des Erblassers selbst dann verbindlich, wenn sie unangemessen hoch sind.[182] Dies ergibt sich bereits aus dem Wortlaut der Vorschrift des § 2221 BGB („sofern nicht der Erblasser ein anderes bestimmt hat"). Auch kann der Erblasser die Vergütung ganz ausschließen.

154 Für die Regelung der Vergütung des Testamentsvollstreckers kommen verschiedene Ansätze in Betracht. Der Erblasser kann für die Bemessung der Vergütung des Testamentsvollstreckers z.B. **Vergütungstabellen** zugrunde legen, die regelmäßig auch der Orientierung der Rechtsprechung dienen. Daneben kommt grundsätzlich **jede Vergütungsform** infrage, wie

---

179 BGH, Urt. v. 28.11.1962 – V ZR 225/60, BeckRS 1962, 31185155.

180 MAH ErbR/*Lorz*, § 19 Rn 181.

181 BayObLG, Beschl. v. 12.12.1979 – 1 Z 64/79, BeckRS 1979, 278.

182 Kössinger/Najdecki/Zintl/*R. Kössinger/Zintl*, § 15 Rn 149.

insbesondere die Vergütung über einen Festbetrag, eine Vergütung, die sich am Wert des Nachlasses orientiert, oder die Festlegung eines Zeithonorars. Die einzelnen Vergütungsformen können auch kombiniert werden. Da die Bestimmung der „richtigen" Vergütung stets von der konkreten Zusammensetzung des Nachlasses und den individuellen Aufgaben des Testamentsvollstreckers abhängen sollte, verbieten sich pauschale Empfehlungen. Ebenso, wie dem Testamentsvollstrecker bei einer letztwilligen Verfügung ohne Regelung der Vergütung geraten werden muss, eine Vergütungsvereinbarung mit den Erben zu treffen, ist dem Erblasser im Zuge der Gestaltung der letztwilligen Verfügung zu empfehlen, Vergütungsfragen mit den in Frage kommenden Testamentsvollstreckern im Vorfeld zu besprechen, um die Testamentsvollstreckung nicht an der Vergütung scheitern zu lassen.

II. Vergütungstabellen

1. Überblick

Da es sich bei den veröffentlichten üblichen Vergütungstabellen um allgemein zugängliche Informationen handelt, kann der Erblasser in seiner Verfügung von Todes wegen auf diese Tabellen verweisen, ohne diese in der letztwilligen Verfügung wiedergeben zu müssen.[183] Die in der Praxis wichtigsten Tabellen sind die Rheinische Tabelle, die Vergütungsempfehlungen des Deutschen Notarvereins und die Möhring'sche Tabelle. Daneben gibt es die Klingelhöffer'sche Tabelle, die Berliner Praxis-Tabelle, die Eckelskemper'sche Tabelle, die Groll'sche Tabelle, die Tschischgale'sche Tabelle und die Zimmermann'sche Tabelle.[184] Den verschiedenen Vergütungstabellen kommt **keinerlei Rechtskraft** zu. Sie müssen daher bei Streitigkeiten über die Vergütung des Testamentsvollstreckers nicht von den Gerichten anerkannt werden. 155

2. Rheinische Tabelle

Die im Jahr 1925 vom Verein für das Notariat in Rheinpreußen entwickelte Rheinische Tabelle ist die am längsten von der Rechtsprechung aufgegriffene Vergütungstabelle.[185] Sie stellt auf den Bruttonachlasswert ab und sieht eine mit steigendem Nachlasswert degressive Vergütung vor.[186] Die Tabelle, die zwischenzeitlich nur noch ein **„Auslaufmodell"** darstellt,[187] geht noch von Reichsmark aus. Sie erscheint für die heutige Verwendung kaum noch geeignet. 156

3. Vergütungsempfehlungen des Deutschen Notarvereins

Der Deutsche Notarverein e.V. mit Sitz in Berlin hat die Rheinische Tabelle im Jahr 2000 erstmals umfassend als „Neue Rheinische Tabelle" weiterentwickelt,[188] die Einklang in der (obergerichtlichen) Rechtsprechung gefunden hat.[189] Nunmehr hat der Deutsche Notarverein auch diese Vergütungsempfehlungen für Testamentsvollstrecker grundlegend überarbei- 157

183 Bengel/Reimann/Holtz/Röhl/*Eckelskemper/Schmitz*, § 12 Rn 12; Kössinger/Najdecki/Zintl/*R. Kössinger/Zintl*, § 15 Rn 150.

184 Siehe zu den einzelnen Tabellen Bengel/Reimann/Holtz/Röhl/*Eckelskemper/Schmitz*, § 12 Rn 37 ff.

185 Exemplarisch BGH, Beschl. v. 27.10.2004 – IV ZR 243/03, ZEV 2005, 22.

186 Siehe zu den Vergütungssätzen MüKo-BGB/*Zimmermann*, § 2221 Rn 9.

187 So bezeichnet in *Rott/Kornau/Zimmermann*, § 14 Rn 50.

188 Siehe zur „Tabellendiskussion" MAH ErbR/*Lorz*, § 19 Rn 190 ff.

189 Siehe nur OLG Schleswig, Urt. v. 25.8.2009 – 3 U 46/08, MittBayNot 2010, 139; LG Köln, Urt. v. 26.9.2006 – 18 O 140/05, RNotZ 2007, 40.

tet und die **„Empfehlungen des Deutschen Notarvereins für die Vergütung des Testamentsvollstreckers 2025"** veröffentlicht.[190] Diese nun aktuellsten Vergütungsempfehlungen werden den heutigen Anforderungen der Testamentsvollstreckung gerecht. Sie unterscheiden zutreffend zwischen der Abwicklungsvollstreckung und der Dauertestamentsvollstreckung sowie der länger andauernden Abwicklungsvollstreckung. Neben einem vom Wert des Nachlasses abhängigen **Vergütungsgrundbetrag** (0,75 %–5 % der maßgeblichen Bemessungsgrundlage) erhält der Testamentsvollstrecker nach diesen Vergütungsempfehlungen diverse **Zuschläge**, wie insbesondere für eine aufwendige Konstituierung des Nachlasses, komplexe Nachlasszusammensetzung oder für einen mit Rechtsproblemen belasteten Nachlass. Auch enthalten die Empfehlungen des Deutschen Notarvereins Richtlinien für die Vergütung der Tätigkeit mehrerer Testamentsvollstrecker und für den Umgang mit Auslagen, Umsatzsteuer und sog. Berufsdiensten z.B. als Rechtsanwalt oder Steuerberater.

Muster 20.30: Anordnung der Vergütung des Testamentsvollstreckers auf Grundlage der Empfehlungen des Deutschen Notarvereins (2025)

158 Der Testamentsvollstrecker erhält eine Vergütung auf Grundlage der Empfehlungen des Deutschen Notarvereins für die Vergütung des Testamentsvollstreckers 2025.

Sollte der Deutsche Notarverein seine Vergütungsempfehlungen bis zum Eintritt des Erbfalls überarbeiten, gelten für die Vergütung des Testamentsvollstreckers die dann aktuellen Vergütungsempfehlungen des Deutschen Notarvereins.

159 Ein in der Literatur zutreffend erkanntes Problem bei der Bewertung des für die Vergütung maßgebenden Bruttonachlasswerts ist die im **Personengesellschaftsrecht** geltende **Sondererbfolge**. Da die Erben des Gesellschafters einer Personengesellschaft unmittelbar Gesellschafter der Personengesellschaft werden und sich der Anteil an der Gesellschaft nicht im Nachlass befindet, sollte klargestellt werden, ob der Wert des Personengesellschaftsanteils in den Bruttonachlasswert einfließt.[191]

Muster 20.31: Berücksichtigung von Personengesellschaftsanteilen bei der wertorientierten Vergütung des Testamentsvollstreckers

160 Ich stelle vorsorglich klar, dass Personengesellschaftsanteile, die im Wege der Sondererbfolge auf die Erben übergehen, dem Bruttonachlass hinzuzurechnen [*alternativ:* nicht hinzuzurechnen] sind. Sie erhöhen somit die Bemessungsgrundlage für die Testamentsvollstreckervergütung [*alternativ:* nicht].

161 Auch im Falle der Verweisung auf Vergütungstabellen wie die Empfehlungen des Deutschen Notarvereins können Streitigkeiten über die Vergütung des Testamentsvollstreckers nur dann verhindert werden, wenn sich der Erblasser mit den Vergütungstabellen beschäftigt und in seiner Verfügung von Todes wegen **weitere Klarstellungen** vornimmt. So kann er bspw. in den Vergütungsempfehlungen vorkommende Begriffe wie „aufwendige Kapitalanlagen", „mehrere Immobilien" etc. näher definieren oder den Mindestzuschlag, der zwischen $^{1}/_{10}$ und $^{10}/_{10}$ des Vergütungsgrundbetrags pro Zuschlagsfall beträgt, jeweils festlegen. Je mehr Einzelheiten der Erblasser regelt, umso besser.

---

190 Abrufbar unter https://www.dnotv.de/wp-content/uploads/2024/11/Empfehlungen-des-Deutschen-Notarvereins-fuer-die-Verguetung-des-Testamentsvollstreckers-2025_Stand-11–2024.pdf.

191 Mayer/Bonefeld/Tanck/*Tanck*, § 47 Rn 158.

III. Festbetrag

162 Die Vergütung des Testamentsvollstreckers über einen Festbetrag bietet sich vor allem bei der **Abwicklungsvollstreckung** mit kleinerem Aufgabenkreis des Testamentsvollstreckers an. Für die Dauertestamentsvollstreckung ist die Vergütung über einen einmaligen Festbetrag nur selten geeignet, es sei denn, es handelt sich um eine beschränkte Aufgabe des Testamentsvollstreckers, wie z.B. die Verwaltung eines Wertpapierdepots über eine bestimmte, festgelegte Dauer. Andernfalls eignen sich eher jährliche Vergütungsintervalle.

IV. Wertorientierte Vergütung

163 Auch eine wertorientierte Vergütung, insbesondere in Form der Orientierung am **Nachlasswert**, kann in Frage kommen. Was die **Höhe** des Werts anbelangt, kann es keine pauschalen Empfehlungen geben, da der Erblasser stets den Umfang, die Verantwortung und das Haftungsrisiko des Testamentsvollstreckers im jeweiligen Einzelfall berücksichtigen sollte.

164 Bei der Anordnung einer wertorientierten Vergütung sollte die **Bemessungsgrundlage** der Vergütung genau festgelegt werden. Orientiert sich die Vergütung am Nachlasswert, ist zu berücksichtigen, dass auch die Abwicklung der Verbindlichkeiten regelmäßig zum Aufgabenkreis des Testamentsvollstreckers gehört, weshalb eine an § 2311 BGB orientierte Berechnung des Nachlasswerts (Aktiva abzüglich Passiva) nur selten infrage kommt.

Muster 20.32: Anordnung einer am Nachlasswert orientierten Vergütung 20.32

165 Der Testamentsvollstrecker erhält für seine Tätigkeit eine Vergütung in Höhe von   % des Bruttonachlasswerts, mindestens jedoch einen Betrag in Höhe von   EUR.

Unter Bruttonachlasswert sind sämtliche zum Zeitpunkt meines Todes vorhandenen Aktiva zu verstehen. Verbindlichkeiten und Pflichtteilsansprüche mindern den Bruttonachlasswert daher nicht.

[*alternativ:* Unter Bruttonachlasswert sind sämtliche zum Zeitpunkt meines Todes vorhandenen Aktiva abzüglich Pflichtteilsansprüche zu verstehen. Sonstige Verbindlichkeiten mindern den Bruttonachlasswert jedoch nicht.]

Ausgleichungspflichtige Vorempfänge (§§ 2050 ff. BGB) sind dem Bruttonachlasswert hinzuzurechnen [*alternativ:* nicht hinzuzurechnen].

166 Für den **Abzug von Pflichtteilsansprüchen** bei der Berechnung des Bruttonachlasswerts spricht, dass Pflichtteilsansprüche grundsätzlich nicht zum Aufgabenkreis des Testamentsvollstreckers gehören. Gegen den Abzug spricht der Umstand, dass sich der Testamentsvollstrecker gleichwohl regelmäßig mit Pflichtteilsansprüchen beschäftigen muss, indem er den Erben die zur Regulierung von Pflichtteilsansprüchen erforderlichen Informationen zur Verfügung stellt.[192] Gleiches gilt bezüglich ausgleichungspflichtiger Vorempfänge, die der Testamentsvollstrecker im Zuge der Auseinandersetzung unter Miterben stets zu berücksichtigen hat.

167 Je nach Zusammensetzung des Nachlasses kann es im Einzelfall zu Bewertungsschwierigkeiten kommen. Durch die Anordnung eines **Mindestfestbetrags** kann dem Rechnung getragen werden.

---

192 *Muscheler*, ZEV 2014, 646.

V. Zeitorientierte Vergütung

168 Für die Anordnung einer zeitorientierten Vergütung spricht, dass nur sie dem **tatsächlichen Zeitaufwand** des Testamentsvollstreckers Rechnung tragen kann. Sie erspart die häufig streitanfällige Feststellung des Bruttonachlasswerts und regelt die Vergütung bei vorzeitiger Beendigung des Testamentsvollstreckeramts meist sachgerecht.[193] Eine Aufteilung der Vergütung für steuerliche Zwecke oder im Falle einer Tätigkeit mehrerer Testamentsvollstrecker ist ebenso ohne Weiteres möglich. Zudem bietet die Anordnung einer Zeitvergütung den Vorteil, dass der Testamentsvollstrecker im Falle der Einschaltung von Hilfspersonen nicht zusätzlich vergütet wird.[194]

169 Gegen die Zeitvergütung spricht der Umstand, dass der Testamentsvollstrecker eine **Zeiterfassung** führen muss. Um an dieser Stelle späteren Streitigkeiten vorzubeugen, sollte der Erblasser genau vorgeben, wie der Testamentsvollstrecker die Zeit zu erfassen hat. Des Weiteren bietet sich die Anordnung einer Befugnis des Testamentsvollstreckers an, Vorschüsse abzurechnen. Überdies sollte der Erblasser vorgeben, in welchen Intervallen sich der Testamentsvollstrecker Abschläge aus dem Nachlass entnehmen darf.

170 In **Kombination** mit der Anordnung eines Festbetrags oder einer wertorientierten Vergütung, die zu Beginn des Testamentsvollstreckeramts dem Nachlass zu entnehmen ist, wird die Zeitvergütung den meisten Situationen gerecht. Denn erfahrungsgemäß ist die Konstituierung des Nachlasses zu Beginn der Tätigkeit sehr aufwendig.

20.33 **Muster 20.33: Anordnung einer zeitorientierten Vergütung in Kombination mit einer wertorientierten Vergütung**

171 Der Testamentsvollstrecker erhält für seine Tätigkeit eine Vergütung in Höhe von % des Bruttonachlasswerts (Vergütungsgrundbetrag). Darunter sind sämtliche zum Zeitpunkt meines Todes vorhandenen Aktiva zu verstehen. Verbindlichkeiten und Pflichtteilsansprüche mindern den Bruttonachlasswert daher nicht. Ausgleichungspflichtige Vorempfänge (§§ 2050 ff. BGB) sind dem Bruttonachlasswert hinzuzurechnen.

Darüber hinaus erhält der Testamentsvollstrecker für seine Tätigkeit ein Zeitvergütung in Form eines Stundensatzes von EUR. Der Testamentsvollstrecker hat den Zeitaufwand tabellarisch mit Datum, Zeitdauer und genauer Art der Tätigkeit zu dokumentieren. Er hat minutengenau abzurechnen.

Nach Konstituierung des Nachlasses, spätestens jedoch Monate nach Annahme des Amts, ist der Testamentsvollstrecker berechtigt, den hier festgelegten Vergütungsgrundbetrag dem Nachlass zu entnehmen.

Im Übrigen hat er monatlich abzurechnen. Die angefallene Zeitvergütung ist jeweils monatlich aus dem Nachlass zu entnehmen.

VI. Aufwendungsersatz und berufsmäßige Dienste

172 Gem. §§ 2218 Abs. 1, 670 BGB kann der Testamentsvollstrecker **Ersatz für Aufwendungen** verlangen, die er zum Zweck der Ausführung der ihm übertragenen Aufgaben den Umständen nach für erforderlich halten darf.[195] Dabei sind auch die Kosten für **Hilfspersonen** des Testamentsvollstreckers zu erstatten, wie insbesondere die Kosten des Rechtsanwalts zur Prozessführung oder des Steuerberaters zur Erstellung einer Steuererklärung.[196]

---

193 *Zimmermann*, Testamentsvollstreckung, Rn 712a.

194 *Rott/Kornau/Zimmermann*, § 14 Rn 28.

195 MüKo-BGB/*Zimmermann*, § 2218 Rn 20.

196 Bengel/Reimann/Holtz/Röhl/*Eckelskemper/Schmitz*, § 12 Rn 119.

Eine Besonderheit ergibt sich, wenn der Testamentsvollstrecker selbst z.B. Rechtsanwalt 173
oder Steuerberater ist und sog. **berufsmäßige Dienste** (Rechtsanwaltstätigkeiten, Steuerberatertätigkeiten) erbringt. Derartige Dienste, die über die laufende Verwaltungstätigkeit hinausgehen, führen zu weiteren Vergütungsansprüchen des Testamentsvollstreckers, es sei denn, der Erblasser hat die Vergütung so bemessen, dass derartige Berufstätigkeiten mit abgegolten werden sollen.[197] So kann ein Testamentsvollstrecker, der Rechtsanwalt ist, Anwaltsgebühren nach dem RVG berechnen, wenn sich ein Laie zur Erledigung der zugrunde liegenden Angelegenheit eines Anwalts bedient hätte.[198] Voraussetzung ist jedoch stets, dass diese Kosten im Rahmen ordnungsgemäßer Verwaltung des Nachlasses angefallen sind und der Testamentsvollstrecker die Verursachung zu Recht für erforderlich gehalten hat.[199] Dem Erblasser ist daher zu empfehlen, dies explizit in seinem Testament zu regeln.

Muster 20.34: Berufsmäßige Dienste des Testamentsvollstreckers 20.34

Berufsmäßige Dienste des Testamentsvollstreckers sind von der Vergütung ausdrücklich nicht erfasst [*alternativ:* erfasst] [*alternativ:* in folgendem Umfang erfasst:]. 174

Umstritten ist, ob der Testamentsvollstrecker **Versicherungsprämien** für Vermögensscha- 175
denhaftpflichtversicherungen im Wege des Aufwendungsersatzanspruchs geltend machen kann.[200] Auch hier ist dem Erblasser eine Regelung zu empfehlen, die einen entsprechenden Aufwendungsersatzanspruch des Testamentsvollstreckers vorsieht bzw. ausschließt. Um dem Testamentsvollstrecker zu ermöglichen, auch Risiken zu versichern, die in seiner eigenen berufsmäßigen Vermögensschadenhaftpflichtversicherung nur unzureichend versichert sind, sollte auch insoweit eine Regelung erfolgen.

Muster 20.35: Aufwendungsersatzanspruch des Testamentsvollstreckers einschließlich Versicherungsprämien 20.35

Erforderliche Aufwendungen sind dem Testamentsvollstrecker zu erstatten. Dazu gehören auch Versiche- 176
rungsprämien, die aus dem Abschluss einer Vermögensschadenhaftpflichtversicherung des Testamentsvollstreckers zur Absicherung von Risiken seiner Amtsführung resultieren. Dies gilt auch dann, wenn der Testamentsvollstrecker bereits berufsmäßig eine Vermögensschadenhaftpflichtversicherung abgeschlossen hat, die die Tätigkeit als Testamentsvollstrecker mitversichert.

VII. Umsatzsteuer

Es ist umstritten, ob die Umsatzsteuer in einer vom Erblasser angeordneten Vergütung 177
enthalten ist.[201] Im Zweifel wird die vom Erblasser angeordnete Vergütung in der Rechtsprechung als Fixbetrag einschließlich Umsatzsteuer verstanden.[202] Dies ist nicht sachgerecht, denn dadurch wird der **umsatzsteuerpflichtige** Testamentsvollstrecker benachteiligt. Aus diesem Grund sollte der Erblasser in seiner Verfügung von Todes wegen klarstellen, ob die Erben zusätzlich zur angeordneten Vergütung auch Umsatzsteuer zu entrichten haben.

197 MüKo-BGB/*Zimmermann*, § 2218 Rn 23.
198 OLG Frankfurt, Urt. v. 16.2.2000 – 9 U 76/99, BeckRS 2000, 10691.
199 *Rott/Kornau/Zimmermann*, § 14 Rn 78.
200 Zu Einzelheiten hierzu siehe *Rott*, ErbR 2017, 386.
201 Ausführlich zum Sach- und Streitstand Bengel/Reimann/Holtz/Röhl/*Eckelskemper/Schmitz*, § 12 Rn 245 ff.
202 LG München I, Urt. v. 2.2.2007 – 20 O 16805/06, ZEV 2007, 529.

20.36 **Muster 20.36: Umsatzsteuer auf Testamentsvollstreckervergütung**

178 Zusätzlich zu seiner Vergütung erhält der Testamentsvollstrecker die anfallende Umsatzsteuer. [*alternativ:* Eine auf seine Vergütung etwaig anfallende Umsatzsteuer erhält der Testamentsvollstrecker nicht.]

VIII. Fälligkeit der Vergütung und Vorschuss

179 Grundsätzlich ist die Vergütung des Testamentsvollstreckers mit **Beendigung des Amts** und nach Rechnungslegung in einem Betrag fällig.[203] Ein Anspruch auf einen **Vorschuss** steht ihm nicht zu.[204] Bei längerer Verwaltung kann der Testamentsvollstrecker jedoch Teile seiner Vergütung schon während der Dauer seines Amts dem Nachlass entnehmen.[205]

180 Für den Erblasser ist es unabdingbar, die Fälligkeit der Vergütung und das Recht des Testamentsvollstreckers, einen Vorschuss zu entnehmen, zu regeln.

181 Dem Testamentsvollstrecker wird grundsätzlich das Recht zugestanden, die vom Erblasser bestimmte, andernfalls die von ihm selbst für angemessen gehaltene und schon verdiente (also fällige!) Vergütung **aus dem Nachlass** zu entnehmen.[206] Mangels Zugriffsmöglichkeit auf den Nachlass gilt dies jedoch nicht bei Erbteilsvollstreckung.[207] Der Erblasser sollte stets durch klare Anordnungen, die auch das Entnahmerecht des Testamentsvollstreckers erfassen, möglichst wenig Spielraum lassen.

IX. Vergütung bei mehreren Testamentsvollstreckern

182 Die Tätigkeit mehrerer Testamentsvollstrecker kommt in mehreren Erscheinungsformen infrage (siehe dazu auch Rdn 130 ff.). Zu unterscheiden sind die Fälle der parallelen Tätigkeit mehrerer Testamentsvollstrecker (**Mitvollstrecker**), der Ernennung mehrerer Testamentsvollstrecker mit unterschiedlichen Aufgabenbereichen (**Nebenvollstrecker**) und der sukzessiven Tätigkeit mehrerer Testamentsvollstrecker (**Nachfolgertestamentsvollstrecker**).[208]

183 Hat der Erblasser keine Anordnungen getroffen, ist für die Vergütung eines jeden Testamentsvollstreckers dessen **jeweilige Tätigkeit** zu bewerten, da jeder Testamentsvollstrecker gem. § 2221 BGB eine angemessene Vergütung verlangen kann. Grundsätzlich kann davon ausgegangen werden, dass bei der Ernennung mehrerer Testamentsvollstrecker mehr bezahlt werden muss als für einen Testamentsvollstrecker. Jedoch fallen manche Aufgaben nicht doppelt an, sodass sich die Gebühren nicht zwangsläufig verdoppeln.[209] Es liegt auch hier in der Hand des Erblassers, die Vergütungsansprüche mehrerer Testamentsvollstrecker möglichst konkret zu regeln.

184 Sind **Mitvollstrecker** tätig, ist die Bemessung der Tätigkeit des einzelnen Testamentsvollstreckers nach Zeitaufwand meist unproblematisch möglich. Detailanordnungen des Erblassers, wie insbesondere die Zugrundelegung unterschiedlich hoher Stundensätze, sind dabei möglich. Schwieriger wird es jedoch bei der Anordnung von Fixbeträgen oder einer wertori-

---

203 BGH, Urt. v. 24.11.1971 – IV ZR 228/69, WPM 1972, 101; OLG Köln, Beschl. v. 12.12.2018 – 16 U 129/16, ZEV 2019, 174.

204 LG Köln, Urt. v. 16.12.2021 – 36 O 261/20, ZEV 2022, 420.

205 BGH, Urt. v. 5.4.1957 – IV ZR 10/57, NJW 1957, 947.

206 BGH, Urt. v. 22.5.1963 – V ZR 42/61, NJW 1963, 1615.

207 Bengel/Reimann/Holtz/Röhl/*Eckelskemper/Schmitz*, § 12 Rn 144 ff.

208 So auch *Zimmermann*, Testamentsvollstreckung, Rn 713.

209 *Zimmermann*, Testamentsvollstreckung, Rn 713; weitere Einzelheiten auch bei Bengel/Reimann/Holtz/Röhl/*Eckelskemper/Schmitz*, § 12 Rn 161 ff.

entierten Vergütung, da der Erblasser die konkrete Aufgabenverteilung der Mittestamentsvollstrecker im Innenverhältnis zwar vorgeben, jedoch nicht immer vorhersehen kann. Je detaillierter es dem Erblasser hier möglich ist, die Vergütung zu regeln, umso besser.

Einfacher fällt die Bestimmung der Vergütung bei **Nebenvollstreckern** aus, da bei eindeutig abgrenzbaren Aufgaben auch eine jeweils gesonderte Bemessung der Vergütung erfolgen kann. 185

Sind Testamentsvollstrecker **nacheinander** tätig, wie insbesondere bei der Ernennung von Ersatztestamentsvollstreckern oder der Benennung eines Nachfolgers gem. § 2199 Abs. 2 BGB, sollte bei Vergütungsanordnungen außerhalb des Zeitmodells dafür Sorge getragen werden, dass die Vergütung angemessen und gerecht verteilt wird. Hier kann sich die Kombination einer Antrittsvergütung mit einem Zeithonorar anbieten, wobei an die Antrittsvergütung Bedingungen geknüpft werden sollten, wie z.B. die vollständige Konstituierung des Nachlasses. 186

Muster 20.37: Vergütungsregelung bei mehreren Testamentsvollstreckern 20.37

Zum Testamentsvollstrecker bestimme ich , ersatzweise . 187

Die Testamentsvollstrecker sind in der hier angegebenen Reihenfolge befugt, vor der Annahme ihres Amts gem. § 2198 Abs. 1 BGB einen anderen Testamentsvollstrecker zu bestimmen. Nach der Annahme ihres Amts sind sie gem. § 2199 Abs. 2 BGB zur Ernennung eines oder mehrerer Nachfolger ermächtigt.

Ich ermächtige zudem den Testamentsvollstrecker gem. § 2199 Abs. 1 BGB, einen oder mehrere Mitvollstrecker zu ernennen. Dabei beschränke ich den Aufgabenkreis des Mitvollstreckers/der Mitvollstrecker ausdrücklich auf die Bereiche, die dem zunächst ernannten Testamentsvollstrecker aufgrund einer Interessenkollision von der Verwaltung rechtlich entzogen sind bzw. bei denen er in seiner Amtsausübung gehindert ist.

Der Testamentsvollstrecker erhält für seine Tätigkeit eine einmalige Antrittsvergütung in Höhe von EUR. Für seine weitere Tätigkeit erhält der Testamentsvollstrecker eine Vergütung in Form eines Stundensatzes in Höhe von EUR.

Mittestamentsvollstrecker teilen sich die Zeitvergütung nach dem Umfang ihrer Tätigkeit. Eine Antrittsvergütung steht einem Mittestamentsvollstrecker nicht zu.

Dem Testamentsvollstrecker, der einen Nachfolger ernennt, steht die Antrittsvergütung nur zu, wenn er das Amt bis zur vollständigen Konstituierung des Nachlasses ausübt. Erfolgt die vollständige Konstituierung des Nachlasses erst durch den Nachfolgertestamentsvollstrecker, steht nur diesem die Antrittsvergütung zu.

Nachfolgertestamentsvollstrecker erhalten im Übrigen keine Antrittsvergütung, sondern lediglich die oben genannte Zeitvergütung.

X. Schuldner der Vergütung

1. Überblick

Schuldner des Vergütungsanspruchs sind grundsätzlich die **Erben**.[210] Der Erblasser kann jedoch sowohl für das Innenverhältnis als auch für das Außenverhältnis eine anderweitige Kostenlast vorgeben.[211] Dies ist vor allem dann zweckmäßig, wenn die Testamentsvollstre- 188

210 Burandt/Rojahn/*Heckschen*, § 2221 Rn 3.
211 Bengel/Reimann/Holtz/Röhl/*Eckelskemper/Schmitz*, § 12 Rn 130.

ckung nicht den gesamten Nachlass betrifft, wie dies bei der Erbteilsvollstreckung, der Vermächtnisvollstreckung sowie der Vor- und Nacherbschaft der Fall ist.

2. Erbteilsvollstreckung

189 Auch wenn sich die Testamentsvollstreckung nur auf einen Erbteil bezieht, besteht ein gesetzliches Schuldverhältnis zu allen Erben, sodass im Außenverhältnis alle Miterben gem. § 2058 BGB **gesamtschuldnerisch** für die Vergütung des Testamentsvollstreckers haften.[212] Den Miterben, die von der Testamentsvollstreckung nicht betroffen sind, steht im Innenverhältnis kein Ausgleichsanspruch zu.[213] Eine abweichende Regelung ist häufig sachgerecht.

Muster 20.38: Vergütung des Testamentsvollstreckers bei Erbteilsvollstreckung

190 (Nur) für den Erbteil des Miterben ordne ich Testamentsvollstreckung an.

Die Vergütung des Testamentsvollstreckers und dessen Auslagen trägt der Miterbe , dessen Erbteil mit der Testamentsvollstreckung belastet ist. [*alternativ:* Die Vergütung des Testamentsvollstreckers und dessen Auslagen tragen alle Miterben gemeinschaftlich.]

3. Vermächtnisvollstreckung

191 Bei der Vermächtnisvollstreckung ist umstritten, wer die Vergütung des Testamentsvollstreckers zu tragen hat. Geht es um die Testamentsvollstreckung zur Erfüllung eines Vermächtnisses, wird teilweise vertreten, Schuldner des Vergütungsanspruchs sei der **Vermächtnisnehmer**, da die Erfüllung in seinem Interesse liege.[214] Gegen eine solche Annahme spricht, dass der Erblasser dem Vermächtnisnehmer den Vermächtnisgegenstand meist ungeschmälert zukommen lassen möchte.[215] Bei der Verwaltungsvollstreckung wird hingegen angenommen, dass der von der Verwaltung des Vermächtnisgegenstands betroffene Vermächtnisnehmer die Vergütung zu tragen hat.[216] Der Erblasser sollte dies klarstellen.

Muster 20.39: Vergütung des Testamentsvollstreckers bei Vermächtnisvollstreckung

192 Die Kosten der Testamentsvollstreckung trägt der Vermächtnisnehmer alleine.

4. Vor- und Nacherbschaft

193 Betrifft die Testamentsvollstreckung nur die Vorerbschaft, ist nur der **Vorerbe** Vergütungsschuldner. Der Nacherbe hat sich an der Vergütung nicht zu beteiligen.[217] Ebenso ist nur der **Nacherbe** Vergütungsschuldner, wenn sich die Testamentsvollstreckung nur auf die Nacherbschaft erstreckt.[218] Bezieht sich die Testamentsvollstreckung sowohl auf die Vorerbschaft als auch auf die Nacherbschaft, sind der Vor- und Nacherbe jeweils **anteilig** Vergütungsschuldner.[219] Bei der Nacherbenvollstreckung, bei der lediglich die Rechte des Nacherben gegenüber dem Vorerben wahrzunehmen sind, ist nach herrschender Meinung nur der

---

212 BGH, Urt. v. 22.1.1997 – IV ZR 283/95, DNotZ 1998, 133.
213 Staudinger/*Dutta*, § 2221 Rn 5.
214 Staudinger/*Dutta*, § 2221 Rn 6.
215 *Zimmermann*, Testamentsvollstreckung, Rn 726.
216 *Zimmermann*, Testamentsvollstreckung, Rn 726.
217 *Zimmermann*, Testamentsvollstreckung, Rn 725.
218 Bengel/Reimann/Holtz/Röhl/*Eckelskemper/Schmitz*, § 12 Rn 135.
219 *Zimmermann*, Testamentsvollstreckung, Rn 725.

Nacherbe Vergütungsschuldner.[220] Möchte der Erblasser eine anderweitige Verteilung der Kostenlast, kann er diese in seiner letztwilligen Verfügung regeln.

XI. Besteuerung der Vergütung

Gem. § 18 Abs. 1 Nr. 3 EStG ist die Vergütung für die Vollstreckung von Testamenten einkommensteuerpflichtig. Darüber hinaus hat der Testamentsvollstrecker ggf. Umsatzsteuer und/oder Gewerbesteuer zu entrichten. Bei der Festlegung der Testamentsvollstreckervergütung sollte der Erblasser daher berücksichtigen, dass Steuerlasten die Vergütung nicht unerheblich kürzen können. Muss der Testamentsvollstrecker **Gewerbesteuer, Einkommensteuer** und **Umsatzsteuer** entrichten, bleiben ihm bei einem hohen Einkommensteuersatz nur rund 30 % von der Bruttovergütung übrig.[221] 194

Eine angemessene Testamentsvollstreckervergütung unterliegt grundsätzlich nicht der Erbschaftsteuer.[222] Früher wurde in der Rechtsprechung und Literatur diskutiert, ob im Falle der Anordnung einer unangemessen hohen Vergütung der den angemessenen Teil der Vergütung übersteigende Betrag der **Erbschaftsteuer** unterliegt. Zwischenzeitlich hat der BFH jedoch entschieden, dass auch bei einer unangemessen hohen Vergütung insgesamt nur Einkommensteuer zu entrichten ist, sofern die Zuwendung der unangemessen hohen Vergütung nicht unabhängig von der Übernahme des Testamentsvollstreckeramts erfolgt.[223] Da die Steuersätze des EStG meist höher sind als die des ErbStG und das ErbStG zudem Freibeträge gewährt, wird zum Zweck der steueroptimierten Gestaltung der Testamentsvollstreckervergütung zum Teil empfohlen, eine angemessene Testamentsvollstreckervergütung festzusetzen und darüber hinaus ein Vermächtnis zugunsten des Testamentsvollstreckers anzuordnen. Auf diese Art und Weise soll die Erfassung des Vermächtnisses als einkommensteuerpflichtige Betriebseinnahme beim Testamentsvollstrecker vermieden werden.[224] Folgt man dieser Empfehlung, wäre die im Vermächtniswege zugewiesene Vergütung auch nicht umsatzsteuerpflichtig.[225] Dies könnte zwar als Gestaltungsmissbrauch i.S.d. § 42 AO angesehen werden. Jedoch sollte auch seitens der Finanzverwaltung berücksichtigt werden, dass nicht jede Zuwendung eines Vermächtnisses an einen Testamentsvollstrecker, der ansonsten keine Vergütung erhält, als Umgehungsversuch zu werten ist.[226] 195

F. Testamentsvollstreckung und Vollmacht

Da das Amt des Testamentsvollstreckers gem. § 2202 Abs. 1 BGB erst mit der **Amtsannahme** beginnt, kann es vorkommen, dass der **Nachlass handlungsunfähig** ist, bis der Testamentsvollstrecker sein Amt angenommen hat. Hinzu kommt, dass der Testamentsvollstrecker für den Nachweis seiner Verfügungsbefugnis in vielen Fällen ein Testamentsvoll- 196

220 Staudinger/*Dutta*, § 2221 Rn 24; a.A. Bengel/Reimann/Holtz/Röhl/*Eckelskemper/Schmitz*, § 12 Rn 135.

221 *Zimmermann*, Testamentsvollstreckung, Rn 737; *Kirnberger*, ZEV 1998, 342; zur Vergütung des Testamentsvollstreckers im Steuerrecht siehe im Einzelnen Mayer/Bonefeld/Tanck/*Neubauer/Vassel-Knauf*, § 45.

222 *Zimmermann*, Testamentsvollstreckung, Rn 746.

223 BFH, Urt. v. 2.2.2005 – II ZR 18/03, DStR 2005, 825.

224 Mayer/Bonefeld/Tanck/*Neubauer/Vassel-Knauf*, § 45 Rn 38.

225 *Kirnberger*, ZEV 2001, 267.

226 So auch Bengel/Reimann/Holtz/Röhl/*Eckelskemper/Schmitz*, § 12 Rn 256; *Wälzholz*, ZErb 2005, 247.

streckerzeugnis benötigt. Berücksichtigt man die zunehmend langen Bearbeitungszeiten bei den Nachlassgerichten, intensiviert sich diese Gefahr.

197 Abhilfe kann die Erteilung einer über den Tod hinaus wirkenden **Vollmacht** schaffen, die nach herrschender Meinung auch **neben der Testamentsvollstreckung** gelten kann.[227] Insbesondere dann, wenn der über den Tod hinaus Bevollmächtigte personenidentisch mit dem Testamentsvollstrecker ist, was nach herrschender Meinung möglich ist,[228] kann sofort mit Eintritt des Erbfalls mit sämtlichen Abwicklungsarbeiten am Nachlass begonnen werden.[229] Zudem lassen sich durch die Erteilung über den Tod hinaus geltender Vollmachten häufig auch Kosten für einen Erbschein, ein Testamentsvollstreckerzeugnis oder ein Europäisches Nachlasszeugnis sparen.

198 Vorteilhaft ist des Weiteren, dass die **Befugnisse des Bevollmächtigten weiter reichen können** als die des Testamentsvollstreckers. So unterliegt der Testamentsvollstrecker im Gegensatz zum Bevollmächtigten insbesondere dem Schenkungsverbot nach § 2205 S. 3 BGB. Auch gibt es für die Bevollmächtigung im Gegensatz zur Testamentsvollstreckung keine zeitliche Begrenzung, wie sie § 2210 BGB vorsieht.[230] Hilfreich kann sich auch die Erweiterung der über den Tod hinaus geltenden Vollmacht auf die Regulierung von Pflichtteilsansprüchen erweisen, da der Testamentsvollstrecker hierfür gem. § 2213 Abs. 1 S. 3 BGB nicht zuständig ist. Bereits auf der Auskunftsebene kommt es in der Praxis zu zahlreichen Schwierigkeiten bei der Regulierung von Pflichtteilsansprüchen, da der Erbe regelmäßig auf die Auskünfte des Testamentsvollstreckers angewiesen ist. Die Bevollmächtigung des Testamentsvollstreckers zur Regulierung von Pflichtteilsansprüchen wird daher nicht zu Unrecht als „Rundum-Sorglos-Paket" für den Erben bezeichnet.[231]

199 Der Erblasser kann entweder eine transmortale oder eine postmortale Vollmacht erteilen. Von einer **transmortalen Vollmacht** spricht man, wenn der Erblasser eine über den Tod hinaus geltende Vollmacht bereits mit Wirkung zu Lebzeiten erteilt, während die **postmortale Vollmacht** erst aufschiebend bedingt auf den Tod des Erblassers Wirkung entfaltet. Zwar kann die postmortale Vollmacht auch in einer Verfügung von Todes wegen erteilt werden. Da der Erblasser sicherstellen muss, dass die Vollmacht als empfangsbedürftige Willenserklärung dem Bevollmächtigten auch zugeht und das Nachlassgericht sich nicht um den Zugang der Vollmacht kümmert,[232] ist die Bevollmächtigung durch Rechtsgeschäft unter Lebenden vorzuziehen.

200 Mit dem Tod des Erblassers vertritt der trans- oder postmortal Bevollmächtigte die Erben.[233] Dabei bezieht sich die Vertretungsmacht nach zutreffender Auffassung auf den Nachlass und nicht auf das persönliche Vermögen der Erben.[234] Die **Erben** können die über den Tod hinaus geltende Vollmacht jedoch **widerrufen**, wobei bei einer Erbengemeinschaft nach herrschender Meinung jeder Miterbe nur für seine Person widerrufsberechtigt ist.[235] Zwar bleibt die Vollmacht durch den Widerruf eines Miterben bezüglich der anderen Miterben unberührt, allerdings führt der Widerruf der Vollmacht durch einen Miterben zum Verlust der Verfügungsbefugnis des Bevollmächtigten über Rechtsgeschäfte, die der Zustimmung

---

227 OLG München, Beschl. v. 15.11.2011 – 34 Wx 388/11, ZEV 2012, 376.
228 BGH, Urt. v. 18.6.1962 – II ZR 99/61, NJW 1962, 1718.
229 *Rott*, ZErb 2024, 441, 443.
230 Bengel/Reimann/Holtz/Röhl/*Zinger*, § 1 Rn 48.
231 *Rott*, ZErb 2024, 441, 444.
232 Bengel/Reimann/Holtz/Röhl/*Zinger*, § 1 Rn 56.
233 BGH, Urt. v. 23.2.1983 – IVa ZR 186/81, NJW 1983, 1487.
234 Bengel/Reimann/Holtz/Röhl/*Zinger*, § 1 Rn 62.
235 jurisPK-BGB/*Weinland*, § 168 Rn 11.

aller Miterben bedürfen.[236] Zwar kann der Widerruf durch den Erblasser in den Grenzen des § 138 BGB ausgeschlossen werden,[237] aus Sicht der Gestaltungsberatung sollte von der Erteilung unwiderruflicher Vollmachten allerdings nur zurückhaltend Gebrauch gemacht werden.

Möchte der Erblasser die Stellung des Testamentsvollstreckers, der zugleich transmortal oder postmortal Bevollmächtigter ist, verstärken, muss er auf erbrechtliche Gestaltungsmittel zurückgreifen. Er kann die Erben mittels einer **Auflage** verpflichten, die postmortale oder transmortale Vollmacht nicht zu widerrufen und mit der Überwachung und Durchführung dieser Auflage den Testamentsvollstrecker beauftragen.[238] 201

Muster 20.40: Auflage an die Erben, die Vollmacht des Testamentsvollstreckers nicht zu widerrufen 20.40

Meine Erben belaste ich mit der Auflage, die dem Testamentsvollstrecker erteilte und über den Tod hinaus geltende Vollmacht nicht zu widerrufen und hinsichtlich des Nachlasses nicht selbst tätig zu werden. 202

Die Überwachung und der Vollzug dieser Auflage obliegen dem Testamentsvollstrecker.

Teilweise wird zur **Sanktionierung** der Erben, die die Vollmacht widerrufen, vorgeschlagen, die Erben unter der Bedingung einzusetzen, dass sie die Vollmacht nicht widerrufen. Da dies jedoch zwingend zur sog. konstruktiven Vor- und Nacherbschaft führt, ist von einer solchen Anordnung grundsätzlich abzuraten.[239] Denn der unter einer solchen Bedingung gestellte Erbe wird auflösend bedingt Vollerbe und aufschiebend bedingt Vorerbe.[240] Auch die Nacherbschaft ist aufschiebend bedingt.[241] Besser ist daher die Anordnung eines für den Fall des Widerrufs der Vollmacht aufschiebend bedingten Vermächtnisses. 203

Muster 20.41: Aufschiebend bedingtes Vermächtnis bei Widerruf der Vollmacht des Testamentsvollstreckers 20.41

Sollten meine Erben die dem Testamentsvollstrecker erteilte und über den Tod hinaus geltende Vollmacht widerrufen, beschwere ich diese mit folgendem (aufschiebend bedingten) Vermächtnis: 204

Zu verweisen ist noch auf die Möglichkeit bei der Anordnung von Testamentsvollstreckung zur Erfüllung eines Vermächtnisses, den Erben testamentarisch die Kosten eines erforderlich werdenden Testamentsvollstreckerzeugnisses aufzuerlegen, falls diese die dem Testamentsvollstrecker erteilte und über den Tod hinaus geltende Vollmacht widerrufen (siehe dazu Muster Rdn 47). 205

G. Testamentsvollstreckung im Unternehmensbereich

I. Praktisches Bedürfnis für die Testamentsvollstreckung im Unternehmensbereich

Gerade im unternehmerischen Bereich hat die Testamentsvollstreckung eine hohe praktische Bedeutung. Sie ermöglicht dem Unternehmer-Erblasser, über seinen Tod hinaus Einfluss auf das zu vererbende Unternehmen zu nehmen. Dies kann sich vor allem dann als sinnvoll 206

236 Burandt/Rojahn/*Heckschen/Zweygart-Heckschen*, vor §§ 2197–2228 Rn 17d.
237 Staudinger/*Schilken*, § 168 Rn 35.
238 Bengel/Reimann/Holtz/Röhl/*Zinger*, § 1 Rn 78.
239 So im Ergebnis auch Kössinger/Najdecki/Zintl/*R. Kössinger/Zintl*, § 15 Rn 99.
240 Damrau/Tanck/*Seiler-Schopp/Rudolf*, § 2075 Rn 42.
241 Damrau/Tanck/*Seiler-Schopp/Rudolf*, § 2075 Rn 42.

erweisen, wenn Streitigkeiten zwischen den Erben vermieden werden sollen, die Erben noch nicht „reif" genug sind, um das Unternehmen zu führen, oder wenn das Unternehmen vor dem Zugriff von Eigengläubigern der Erben geschützt werden soll.

II. Spannungsverhältnis zwischen Erbrecht und Handels- und Gesellschaftsrecht

207 Problematisch ist, dass der Testamentsvollstrecker gem. §§ 2206, 2207 BGB aufgrund der nur auf den Nachlass beschränkten Verpflichtungsbefugnis außerstande ist, eine persönliche Haftung der Erben zu begründen. Hingegen haftet der Inhaber eines Einzelunternehmens nach den Grundsätzen des Handels- und Gesellschaftsrechts gem. §§ 22, 25, 27 HGB ebenso wie der persönlich haftende Gesellschafter einer Personengesellschaft gem. §§ 126, 127 HGB persönlich und unbeschränkt. Dies führt zu einem Spannungsverhältnis zwischen dem Erbrecht und dem Handels- und Gesellschaftsrecht, das einer Lösung zugeführt werden muss.

208 Da ein Kommanditist nur beschränkt auf seine Einlage haftet und eine persönliche Haftung des Gesellschafters einer Kapitalgesellschaft ebenso ausgeschlossen ist, existiert dieses Spannungsverhältnis beim Kommanditanteil und bei Gesellschaftsanteilen an Kapitalgesellschaften nicht. Die Testamentsvollstreckung über **Kommanditanteile** und **Kapitalgesellschaftsanteile** ist daher nach höchstrichterlicher Rechtsprechung nahezu unproblematisch möglich.[242] Hingegen würde die Weiterführung eines Einzelunternehmens oder die Verwaltung der Beteiligung eines persönlich haftenden Gesellschafters einer Personengesellschaft durch den Testamentsvollstrecker dazu führen, dass weder der Testamentsvollstrecker selbst noch die Erben für die vom Testamentsvollstrecker begründeten Verbindlichkeiten unbeschränkt haften. So könnte der Erblasser durch die Einschaltung eines Testamentsvollstreckers sein Unternehmen zu einem „Unternehmen mit beschränkter Haftung" umgestalten, ohne sich der dafür vorgesehenen Rechtsform einer Kapitalgesellschaft bedienen zu müssen.[243] Bei der Anordnung der Testamentsvollstreckung an einem **Einzelunternehmen** und an **Anteilen persönlich haftender Gesellschafter** sind daher die nachstehenden **Besonderheiten** zu berücksichtigen. Auch im Übrigen ist bei der Anordnung von Testamentsvollstreckung im Unternehmensbereich nach der Rechtsform des Unternehmens zu unterscheiden.

III. Testamentsvollstreckung an einem Einzelunternehmen

209 Bei der Testamentsvollstreckung an einem Einzelunternehmen ist zwischen der reinen **Abwicklungsvollstreckung** und der Verwaltungsvollstreckung bzw. **Dauertestamentsvollstreckung** zu unterscheiden.

1. Abwicklungsvollstreckung

210 Da das Verwaltungs- und Verfügungsrecht des Testamentsvollstreckers im Falle einer Abwicklungsvollstreckung frühzeitig nach Durchführung der Abwicklung endet, ist die Haftungsbeschränkung auf den Nachlass für die vom Testamentsvollstrecker im Rahmen seiner Aufgabe eingegangenen Verbindlichkeiten grundsätzlich hinzunehmen, da es sich im Falle einer Abwicklungsvollstreckung lediglich um die Erfüllung von zweckgebundenen, vorübergehenden und vom Testamentsvollstrecker möglichst rasch zu erledigenden Verwal-

242 Zur Testamentsvollstreckung über Kommanditanteile siehe BGH, Beschl. v. 3.7.1989 – II ZB 1/89, NJW 1989, 3152; zur Testamentsvollstreckung über Kapitalgesellschaftsanteile siehe BGH, Urt. v. 11.4.1957 – II ZR 182/55, NJW 1957, 1026; BGH, Urt. v. 16.6.1959 – V ZR 25/58, NJW 1959, 1820.

243 Bengel/Reimann/Holtz/Röhl/*Pauli*, § 5 Rn 112.

tungsaufgaben handelt.[244] Da der Testamentsvollstrecker bei der Abwicklungsvollstreckung lediglich **als Abwickler und nicht als Unternehmer** tätig wird, wird die Abwicklungsvollstreckung an einem Einzelunternehmen daher für zulässig gehalten.[245]

Berücksichtigt man jedoch das Spannungsverhältnis zwischen dem Erbrecht und dem Han- 211
dels- und Gesellschaftsrecht, bedarf es einer Einschränkung, da das Handelsrecht über die **Dreimonatsfrist** des § 27 Abs. 2 HGB hinaus keine Haftungsbeschränkung des Einzelunternehmers kennt. Richtigerweise ist daher auch bei der Abwicklungsvollstreckung an einem Einzelunternehmen hinsichtlich der Dauer der Testamentsvollstreckung zu unterscheiden.[246] Tritt der Testamentsvollstrecker innerhalb dieser dreimonatigen Frist das Amt an und liquidiert er das Geschäft innerhalb dieser Frist oder verpachtet es oder überlässt es den Erben nach § 2217 BGB, ist die Abwicklungsvollstreckung unproblematisch möglich.[247] Nach Ablauf der Dreimonatsfrist des § 27 Abs. 2 HGB wird man sodann zu einem automatischen Erlöschen der Testamentsvollstreckung in Bezug auf das Einzelunternehmen kommen müssen.[248] Nicht zuletzt unter Berücksichtigung der langen Bearbeitungszeiten bei den Nachlassgerichten erscheint die Dreimonatsfrist des § 27 Abs. 2 HGB in der Praxis zu kurz, um eine vollständige Abwicklung des Einzelunternehmens durch den Testamentsvollstrecker zu ermöglichen. Hingegen kommt eine Abwicklungsvollstreckung an einem Einzelunternehmen dann infrage, wenn es dem Erblasser entscheidend darauf ankommt, dass der Testamentsvollstrecker einzelne Geschäfte abwickelt.

Muster 20.42: Anordnung einer Abwicklungstestamentsvollstreckung an einem Einzelunternehmen 20.42

Ich ordne Abwicklungstestamentsvollstreckung an und ernenne   , ersatzweise   , zum Testa- 212
mentsvollstrecker.

In Bezug auf mein Einzelunternehmen   hat der Testamentsvollstrecker die Aufgabe, sämtliche zum Zeitpunkt meines Todes noch offenstehenden vertraglichen Verpflichtungen gegenüber der   GmbH zu erfüllen. Sodann hat er mein Einzelunternehmen meinem Erben zur freien Verfügung zu überlassen.

Praxistipp 213

Zur Absicherung der Aufgabenerfüllung und Stärkung der Position des Testamentsvollstreckers ist es empfehlenswert, diesem zusätzlich eine postmortale oder transmortale Vollmacht zu erteilen. Ein etwaiger Widerruf durch die Erben sollte dann aber sanktioniert werden (siehe dazu z.B. Rdn 47, 202).

2. Verwaltungsvollstreckung/Dauertestamentsvollstreckung

a) Allgemeines

Soll der Testamentsvollstrecker längerfristig das Einzelunternehmen verwalten, kommt nur 214
die Verwaltungsvollstreckung bzw. Dauertestamentsvollstreckung infrage. Zur Vereinfachung wird im Folgenden nur noch von Verwaltungsvollstreckung gesprochen, die nachstehend dargestellten Grundsätze beziehen sich jedoch sowohl auf die Verwaltungsvollstreckung als auch auf die Dauertestamentsvollstreckung.

Die Verwaltungsvollstreckung an einem Einzelunternehmen ist aufgrund des oben beschrie- 215
benen Spannungsverhältnisses zwischen dem Erbrecht und dem Handelsrecht (siehe

244 Bengel/Reimann/Holtz/Röhl/*Pauli*, § 5 Rn 116.
245 Staudinger/*Dutta*, § 2205 Rn 144; Bengel/Reimann/Holtz/Röhl/*Pauli*, § 5 Rn 116.
246 So auch *Zimmermann*, Testamentsvollstreckung, Rn 494 f.
247 *Zimmermann*, Testamentsvollstreckung, Rn 494 f.
248 Mayer/Bonefeld/Tanck/*Weidlich*, § 19 Rn 7; Grüneberg/*Weidlich*, § 2205 Rn 7.

Rdn 207) nicht unproblematisch. Die Zulässigkeit einer vollumfänglichen Testamentsvollstreckung an Handelsgeschäften kann nur dann bejaht werden, wenn auf kautelarjuristischem Weg **eine unbeschränkte Haftung** entweder des **Testamentsvollstreckers** oder der **Erben** erreicht wird.[249] Dazu bedarf es des Rückgriffs auf Ersatzlösungen wie die Treuhandlösung, die Vollmachtslösung und die Weisungsgeberlösung.

b) Treuhandlösung

216 Bei der Treuhandlösung übernimmt der Testamentsvollstrecker das Einzelunternehmen als Treuhänder der Erben. Aufgrund des zugrunde liegenden Treuhandverhältnisses handelt der Testamentsvollstrecker nach außen **in eigenem Namen**, im Innenverhältnis jedoch **auf Rechnung der Erben**. Demgemäß haftet er nach außen unbeschränkt, im Innenverhältnis kann er von den Erben jedoch Befreiung von den eingegangenen Verbindlichkeiten verlangen,[250] sofern die Eingehung neuer Verbindlichkeiten zur ordnungsgemäßen Verwaltung des Nachlasses erforderlich war (§§ 2216, 2218, 670 BGB).[251] Inhaber des Handelsgeschäfts ist der Testamentsvollstrecker, der sich als solcher ohne Testamentsvollstreckervermerk[252] in das Handelsregister eintragen lassen muss.[253]

217 Die Treuhandlösung ist als Vollrechtstreuhand oder Verwaltungs- bzw. Ermächtigungstreuhand möglich. Bei der **Verwaltungs-** bzw. **Ermächtigungstreuhand** wird dem Testamentsvollstrecker lediglich die Verfügungsmacht übertragen. Bei der **Vollrechtstreuhand** übertragen die Erben dem Testamentsvollstrecker hingegen die Inhaberschaft am Einzelunternehmen, was eine Einzelrechtsübertragung sämtlicher Vermögensgegenstände erforderlich macht.[254] Da die steuerlichen Folgen der Vollrechtstreuhand ungeklärt sind, spielt in der Praxis lediglich die Verwaltungs- bzw. Ermächtigungstreuhand eine Rolle.[255] Auf diese beziehen sich die gegenständlichen Darstellungen.

218 Da der Erbe Eigentümer des Geschäftsvermögens bleibt und als solcher grundsätzlich nicht zur treuhänderischen Übertragung der Geschäftsgegenstände des Einzelunternehmens an den Testamentsvollstrecker verpflichtet ist,[256] muss der Erblasser im Zuge der Anordnung der Testamentsvollstreckung durch Auflage oder bedingte Erbeinsetzung eine **Verpflichtung** der Erben zur treuhänderischen Übertragung des Handelsgeschäfts auf den Testamentsvollstrecker schaffen.[257]

219 Nach der treuhänderischen Übertragung des Einzelunternehmens auf den Testamentsvollstrecker haften die Erben nicht mehr persönlich für die Altverbindlichkeiten, da die Übertragung des Einzelunternehmens auf den Testamentsvollstrecker eine Einstellung des Geschäftsbetriebs gem. § 27 Abs. 2 HGB darstellt.[258] Der Testamentsvollstrecker kann seine Haftung für Altverbindlichkeiten entsprechend §§ 27 Abs. 1, 25 Abs. 2 HGB auf den Nachlass beschränken, für neu eingegangene Verbindlichkeiten haftet er jedoch unbeschränkt mit seinem Privatvermögen.[259]

---

249 Scherer/*Scherer/Bregulla-Weber*, § 18 Rn 159.
250 Scherer/*Scherer/Bregulla-Weber*, § 18 Rn 165.
251 Bengel/Reimann/Holtz/Röhl/*Pauli*, § 5 Rn 127.
252 MüKo-BGB/*Zimmermann*, § 2205 Rn 27.
253 Bengel/Reimann/Holtz/Röhl/*Pauli*, § 5 Rn 120.
254 Kössinger/Najdecki/Zintl/*R.Kössinger/Zintl*, § 15 Rn 121.
255 Bengel/Reimann/Holtz/Röhl/*Pauli*, § 5 Rn 120.
256 MüKo-BGB/*Zimmermann*, § 2205 Rn 27.
257 Scherer/*Scherer/Bregulla-Weber*, § 18 Rn 165.
258 Bengel/Reimann/Holtz/Röhl/*Pauli*, § 5 Rn 124.
259 Kössinger/Najdecki/Zintl/*R. Kössinger/Zintl*, § 15 Rn 120.

Muster 20.43: Testamentsvollstreckung an einem Einzelunternehmen in Form der Treuhandlösung 20.43

Ich ordne Testamentsvollstreckung in Form der Verwaltungsvollstreckung an. Sie ist auf mein unter der Firma e.K. betriebenes Einzelunternehmen beschränkt und dauert an, bis mein Sohn das 27. Lebensjahr vollendet hat. 220

Zum Testamentsvollstrecker bestimme ich , ersatzweise .

Der Testamentsvollstrecker handelt dabei als Treuhänder (Verwaltungs- bzw. Ermächtigungstreuhand) im eigenen Namen, jedoch für Rechnung des Erben. Der Erbe bleibt daher Eigentümer des Betriebsvermögens.

Ich verpflichte meinen Erben im Wege einer Auflage, alle notwendigen Handlungen vorzunehmen, die für die Durchführung der Testamentsvollstreckung erforderlich sind. Der Erbe hat dem Testamentsvollstrecker sämtliche zur Durchführung der Testamentsvollstreckung und des Treuhandverhältnisses erforderlichen Befugnisse einzuräumen und ihm insbesondere mein Einzelunternehmen bzw. die Verfügungsbefugnis hierüber zu übertragen. Die Erfüllung der Auflage hat der Testamentsvollstrecker zu überwachen. Er kann die Auflage vollziehen.

Im Innenverhältnis ist der Testamentsvollstrecker von seiner unbeschränkten Haftung im Außenverhältnis freizustellen, soweit er im Rahmen ordnungsgemäßer Verwaltung handelt.

Problematisch an der Treuhandlösung ist die volle persönliche Haftung des Testamentsvollstreckers im Außenverhältnis. Hinzu kommt, dass der Testamentsvollstrecker das Ausfallrisiko der Erben bezüglich seines Freistellungsanspruchs im Innenverhältnis trägt. Auch ist ungeklärt, ob die Treuhandlösung bei minderjährigen Erben der familiengerichtlichen Genehmigung nach §§ 1852 Nr. 1, 1643 Abs. 1 BGB bedarf[260] oder der Minderjährige durch die Haftungsbeschränkungsmöglichkeit nach § 1629a BGB hinreichend geschützt ist.[261] 221

c) Vollmachtslösung

Bei der Vollmachtslösung führt der Testamentsvollstrecker das Einzelunternehmen im Namen der Erben als deren **Bevollmächtigter.** Die Erben werden als Inhaber in das Handelsregister eingetragen, die Eintragung eines Testamentsvollstreckervermerks ist nicht möglich.[262] Da die Erben Inhaber des Einzelunternehmens sind, haftet der Testamentsvollstrecker weder für die Alt- noch für die Neuverbindlichkeiten persönlich.[263] Die Erben haften hingegen persönlich und unbeschränkt für die neu entstehenden Verbindlichkeiten. Für Altverbindlichkeiten haften sie erbrechtlich beschränkbar, sofern sie das Geschäft ohne die Firma fortführen. Führen sie das Geschäft hingegen unter Übernahme der Firma mit oder ohne Nachfolgezusatz fort, haften sie gem. §§ 25, 27 HGB unbeschränkt.[264] Analog § 25 Abs. 2 HGB haben die Erben jedoch die Möglichkeit, durch Bekanntmachung oder Eintrag im Handelsregister eine erbrechtlich beschränkte Haftung nach den Vorschriften des BGB herbeizuführen.[265] 222

Der Testamentsvollstrecker benötigt eine über den Rahmen der §§ 2206, 2207 BGB hinausgehende **Vollmacht**, um die Erben persönlich verpflichten zu können.[266] Auch bei der Vollmachtslösung muss der **Erblasser** die Erben durch Bedingung oder Auflage zur Ertei- 223

260 Kössinger/Najdecki/Zintl/*R. Kössinger/Zintl*, § 15 Rn 122.
261 Mayer/Bonefeld/Tanck/*Weidlich*, § 19 Rn 17; Bengel/Reimann/Holtz/Röhl/*Pauli*, § 5 Rn 128.
262 Bengel/Reimann/Holtz/Röhl/*Pauli*, § 5 Rn 129; BGH, Urt. v. 18.1.1954 – IV ZR 130/53, NJW 1954, 636.
263 Kössinger/Najdecki/Zintl/*R. Kössinger/Zintl*, § 15 Rn 114.
264 Bengel/Reimann/Holtz/Röhl/*Pauli*, § 5 Rn 130.
265 Bengel/Reimann/Holtz/Röhl/*Pauli*, § 5 Rn 130.
266 Kössinger/Najdecki/Zintl/*R. Kössinger/Zintl*, § 15 Rn 115.

lung der Vollmacht veranlassen. Da der Erblasser regelmäßig eine von den Erben unabhängige Fortführung des Einzelunternehmens durch den Testamentsvollstrecker wünscht, muss die Vollmacht während der Dauer der Testamentsvollstreckung unwiderruflich ausgestaltet sein. Ein Weisungsrecht der Erben im Innenverhältnis sollte dabei ausgeschlossen werden.[267] Dazu eignet sich die Anordnung einer Auflage, die Vollmacht nicht zu widerrufen und nicht selbst hinsichtlich des Einzelunternehmens tätig zu werden.[268] Eine dem Testamentsvollstrecker in der Verfügung von Todes wegen erteilte, unwiderrufliche Generalvollmacht ist sittenwidrig.[269]

224 Die Erben bleiben bei der Vollmachtslösung stets berechtigt, selbst tätig zu werden, da eine verdrängende Vollmacht unzulässig ist.[270] Durch testamentarische Sanktionen wie Bedingungen oder Auflagen kann versucht werden, die Erben davon abzuhalten.[271]

225 Zwischenzeitlich mehren sich Stimmen in der Literatur, die sich gegen die Zulässigkeit der Vollmachtslösung aussprechen. Es wird die Auffassung vertreten, der Erbe könne nicht gezwungen werden, dem Testamentsvollstrecker eine Verpflichtungsmacht auch über sein Privatvermögen einzuräumen, da es nicht in der Macht des Erblassers stehe, die Verpflichtungsbefugnis des Testamentsvollstreckers auf das Privatvermögen des Erben auszudehnen.[272] In diesem Zuge werden auch Sanktionen zur Erteilung und Beibehaltung der Vollmacht wie Bedingung oder Auflage für bedenklich gehalten.[273] Für die **Zulässigkeit** der Vollmachtslösung spricht jedoch, dass die Erben die Möglichkeit haben, die Erbschaft (ggf. gem. § 2306 BGB) auszuschlagen, um sich auf diese Weise von der Vollmacht des Testamentsvollstreckers zu befreien.[274] Auch ist der Erbe durch die Verpflichtung des Testamentsvollstreckers zur ordnungsgemäßen Nachlassverwaltung gem. § 2216 BGB, seine Haftung nach § 2219 BGB sowie die Möglichkeit der Entlassung des Testamentsvollstreckers bei Pflichtverletzungen nach § 2227 BGB hinreichend geschützt.[275] Im Zuge der testamentarischen Anordnung kann der Erblasser diesen Bedenken durch inhaltliche Einschränkungen der dem Testamentsvollstrecker zu erteilenden Vollmacht Rechnung tragen, wie insbesondere durch eine zeitliche Begrenzung der Vollmacht auf die Dauer der Testamentsvollstreckung, das Verbot unentgeltlicher Verfügungen und die Anordnung von Zustimmungspflichten der Erben bei bestimmten Rechtsgeschäften. Auch kommt die Beschränkung der Verpflichtungsbefugnis des Testamentsvollstreckers auf den Nachlass in Frage.[276]

20.44 **Muster 20.44: Testamentsvollstreckung an einem Einzelunternehmen in Form der Vollmachtslösung**

226 Ich ordne Testamentsvollstreckung in Form der Verwaltungsvollstreckung an. Sie ist auf mein unter der Firma   e.K. betriebenes Einzelunternehmen beschränkt und dauert an, bis mein Sohn   das 27. Lebensjahr vollendet hat.

Zum Testamentsvollstrecker bestimme ich   , ersatzweise   .

Der Testamentsvollstrecker hat mein Einzelunternehmen einschließlich Sonderbetriebsvermögen als Bevollmächtigter des Erben zu führen. Meinen Erben verpflichte ich im Wege der Auflage, den Testamentsvollstre-

267 MüKo-BGB/*Zimmermann*, § 2205 Rn 25.
268 Bengel/Reimann/Holtz/Röhl/*Pauli*, § 5 Rn 132.
269 BGH, Urt. v. 18.6.1962 – II ZR 99/61, NJW 1962, 1718.
270 Mayer/Bonefeld/Tanck/*Weidlich*, § 19 Rn 11; Grüneberg/*Ellenberger*, § 167 Rn 15.
271 *Zimmermann*, Testamentsvollstreckung, Rn 501.
272 MüKo-BGB/*Zimmermann*, § 2205 Rn 26.
273 MüKo-BGB/*Zimmermann*, § 2205 Rn 26.
274 So auch Scherer/*Scherer/Bregulla-Weber*, § 18 Rn 167.
275 BeckOK BGB/*Lange*, § 2205 Rn 35.
276 Mayer/Bonefeld/Tanck/*Weidlich*, § 19 Rn 13.

cker für die Dauer der Verwaltungsvollstreckung unwiderruflich zu bevollmächtigen und hinsichtlich des Nachlasses nicht selbst tätig zu werden. [*alternativ:* Unentgeltliche Verfügungen des Testamentsvollstreckers können von der Vollmacht ausgenommen werden.]

Die Erfüllung der Auflage hat der Testamentsvollstrecker zu überwachen. Er kann die Auflage vollziehen.

[*alternativ:* Folgende Rechtsgeschäfte darf der Testamentsvollstrecker nur mit Zustimmung des Erben vornehmen:]

Bei **minderjährigen Erben** ist die Vollmachtslösung problematisch, da die Beschränkung 227
der Haftung für Verbindlichkeiten des Minderjährigen auf das bei Eintritt der Volljährigkeit vorhandene Vermögen gem. § 1629a BGB eine Teilnahme am Geschäftsverkehr in der Praxis unmöglich macht.[277] Hier wird der Erblasser die Umwandlung seines Einzelunternehmens in eine andere Rechtsform ins Auge fassen müssen.

d) Weisungsgeberlösung

Nach der Weisungsgeberlösung gibt der Testamentsvollstrecker das Einzelunternehmen 228
gem. § 2217 BGB **frei** und behält sich im **Innenverhältnis** die **Entscheidungsbefugnis** vor.[278] Dies setzt entweder eine entsprechende Ermächtigung durch den Erblasser oder eine Einigung mit den Erben voraus.[279] Die Erben sind Inhaber des Handelsgeschäfts und werden in das Handelsregister eingetragen. Aus diesem Grund haften sie für die entstehenden Verbindlichkeiten auch persönlich.[280]

Die Weisungsgeberlösung ist eine Form der **beaufsichtigenden Testamentsvollstreckung** 229
gem. § 2208 Abs. 2 BGB.[281] Im Einzelnen ist hier jedoch vieles ungeklärt. Insbesondere wird hinterfragt, ob es aufgrund von § 2206 BGB überhaupt möglich ist, dass der Testamentsvollstrecker den Erben zum Abschluss von Rechtsgeschäften anweist, die eine Haftung mit seinem Privatvermögen begründen.[282] Zudem erscheint es für den Erblasser uferlos, die Folgen des Verstoßes gegen Weisungen des Testamentsvollstreckers durch den Erben testamentarisch zu regeln.

e) Gestaltungsempfehlung

Die vorstehenden Ersatzkonstruktionen ermöglichen dem Testamentsvollstrecker die Fort- 230
führung eines Einzelunternehmens. Gleichwohl bringt jede Ersatzkonstruktion **Nachteile** mit sich. Die Treuhandlösung ist für den Testamentsvollstrecker nachteilhaft, da er im Außenverhältnis persönlich haftet. Bei der Vollmachtslösung ist die Erteilung der Vollmacht an den Testamentsvollstrecker sowohl umstritten als auch streitanfällig. Die Weisungsgeberlösung ist im Einzelnen ungeklärt.

Entscheidet sich der Erblasser gleichwohl für die Anordnung der Testamentsvollstreckung 231
an einem Einzelunternehmen, sollte dem Testamentsvollstrecker die Wahl überlassen werden, anhand welcher Ersatzkonstruktion die Testamentsvollstreckung durchgeführt wird. Alternativ und kumulativ kommen testamentarische und an den Testamentsvollstrecker gerichtete Anordnungen infrage, das Unternehmen in eine „testamentsvollstreckerfreundliche Rechtsform" wie insbesondere eine GmbH oder eine GmbH & Co. KG umzuwandeln.

277 Kössinger/Najdecki/Zintl/*R. Kössinger/Zintl*, § 15 Rn 118.
278 Kössinger/Najdecki/Zintl/*R. Kössinger/Zintl*, § 15 Rn 123.
279 Staudinger/*Dutta*, § 2205 Rn 157.
280 Bengel/Reimann/Holtz/Röhl/*Pauli*, § 5 Rn 137.
281 Wetzel/Odersky/Götz/*Schneeweiß*, § 20 Rn 47.
282 *Weidlich*, NJW 2011, 641, 642.

20.45 **Muster 20.45: Anordnung der Testamentsvollstreckung an einem Einzelunternehmen mit umfassendem Wahlrecht des Testamentsvollstreckers**

232 (Nach Riedel/*Roglmeier*, Praxishandbuch Unternehmensnachfolge, § 10 Rn 51)

Ich ordne Testamentsvollstreckung in Form der Verwaltungsvollstreckung an. Sie ist auf mein unter der Firma e.K. betriebenes Einzelunternehmen beschränkt und dauert an, bis mein Sohn das Lebensjahr vollendet hat.

Von der Testamentsvollstreckung erfasst ist das gesamte bilanzierte Betriebsvermögen meines Einzelunternehmens, wie es sich aus der letzten vor meinem Tod erstellten Bilanz inklusive aller Anlagen ergibt, einschließlich Sonderbetriebsvermögen.

Der Testamentsvollstrecker hat das Unternehmen in Besitz zu nehmen, fortzuführen und zu erhalten. Ihm stehen alle gesetzlichen Rechte und Befugnisse zu. Er ist von den Beschränkungen des § 181 BGB befreit.

Der Testamentsvollstrecker hat ein Wahlrecht dahingehend,
- ob er im eigenen Namen und unter eigener Haftung, aber auf Rechnung des Erben (Treuhandlösung), oder
- im Namen und auf Rechnung des Erben (Vollmachtslösung)

handeln will. Er kann das Einzelunternehmen auch gem. § 2217 BGB freigeben, den Erben nach außen als Unternehmer auftreten lassen und sich im Innenverhältnis nach eigenem, billigem Ermessen die Entscheidungsbefugnis vorbehalten.

Entscheidet sich der Testamentsvollstrecker für die Treuhandlösung, bleibt der Erbe Eigentümer des Betriebsvermögens. Entscheidet er sich für die Vollmachtslösung, sind die notwendigen Vollmachten auf die Dauer der Amtszeit des Testamentsvollstreckers zu befristen und vom Erben zu erteilen. Unentgeltliche Verfügungen kann der Testamentsvollstrecker als Bevollmächtigter nicht vornehmen.

Dem Testamentsvollstrecker steht es frei, das Unternehmen nach seinem Ermessen in eine GmbH umzuwandeln. In diesem Fall setzt sich die Testamentsvollstreckung auch an den vom Testamentsvollstrecker verwalteten und seiner Stimmrechtsausübung unterliegenden Geschäftsanteilen fort. Der Testamentsvollstrecker ist dann zum Geschäftsführer zu bestellen.

Im Wege der Auflage ordne ich an, dass der Erbe sämtliche Handlungen, die für die Ausübung und Umsetzung des Wahlrechts des Testamentsvollstreckers und für die Durchführung der Testamentsvollstreckung erforderlich sind, unverzüglich vorzunehmen hat. Weisungen des Testamentsvollstreckers sind zu beachten. Insbesondere wird der Erbe verpflichtet, etwaige ihm zustehende gesetzliche Handlungs- und Mitwirkungsrechte nicht gegen den Testamentsvollstrecker und/oder gegen dessen Weisung auszuüben. Über die Erfüllung der Auflage wacht der Testamentsvollstrecker. Er kann die Auflage selbst vollziehen.

Im Außenverhältnis ist der Testamentsvollstrecker ohne vorherige schriftliche Zustimmung des Erben nicht befugt, das Unternehmen im Ganzen zu veräußern oder den Betrieb aufzugeben.

IV. Testamentsvollstreckung an Personengesellschaftsanteilen

1. Überblick

233 Bei der Testamentsvollstreckung an Personengesellschaftsanteilen ist zu unterscheiden, ob sich die Testamentsvollstreckung auf den **Gesellschaftsanteil eines persönlich haftenden Gesellschafters** (GbR-, OHG- oder Komplementäranteil) oder auf einen **Kommanditanteil** erstrecken soll.

234 Grundvoraussetzung dafür, dass sich die Testamentsvollstreckung auf einen Gesellschaftsanteil erstrecken kann, ist die **Nachlasszugehörigkeit** der Gesellschaftsbeteiligung. Dies ist bei einfachen und qualifizierten erbrechtlichen Nachfolgeklauseln grundsätzlich der Fall, nicht hingegen bei rechtsgeschäftlichen Nachfolgeklauseln und Eintrittsklauseln (siehe dazu

§ 27 Rdn 27 ff.). Kommt es zu einer Fortsetzung der Gesellschaft unter den verbleibenden Gesellschaftern unter Ausschluss der Vererblichkeit der Gesellschaftsbeteiligung, wird in den meisten Fällen ein Abfindungsanspruch in den Nachlass fallen. Der Testamentsvollstrecker kann in diesem Fall die Abfindungs- und Auseinandersetzungsansprüche der Erben gegen die Gesellschaft geltend machen, ohne dass gesellschaftsrechtliche Besonderheiten zu berücksichtigen sind.[283]

Der Nachlasszugehörigkeit des Gesellschaftsanteils steht die im Personengesellschaftsrecht geltende Sondererbfolge nicht entgegen.[284]

2. Testamentsvollstreckung am Gesellschaftsanteil eines persönlich haftenden Gesellschafters

a) Abwicklungsvollstreckung

Grundsätzlich ist die Abwicklungsvollstreckung am Gesellschaftsanteil eines persönlich haftenden Gesellschafters (**GbR**-, **OHG**- oder **Komplementäranteil**) zugelassen. Die Beteiligung unterliegt der Testamentsvollstreckung, sobald und solange dies für die dem Testamentsvollstrecker obliegende Abwicklung notwendig ist. Dabei bedarf die Abwicklungstestamentsvollstreckung nicht der Zustimmung der anderen Gesellschafter.[285] 235

Grundsätzlich könnte man sich auf den Standpunkt stellen, eine Auseinandersetzungsvollstreckung am vererbten Anteil einer werbenden Gesellschaft sei **gegenstandslos**, weil infolge der Sondererbfolge die Beteiligung von selbst gesplittet auf die berufenen Miterben im Umfang der Erbquoten anfällt.[286] Dies entspricht auch der Auffassung des Erbrechtssenats des BGH, der von einem einheitlichen Übergang des gesamten Anteils auf die Miterben ausgeht.[287] Hingegen geht der Gesellschaftsrechtssenat des BGH davon aus, dass die aus der Gesellschaftsbeteiligung abzuleitenden vermögensrechtlichen Ansprüche zum gesamthänderisch gebundenen Nachlass gehören.[288] In diesem Fall hat der für die Abwicklung zuständige Testamentsvollstrecker die Aufgabe, die Auseinandersetzung hinsichtlich dieser Ansprüche durchzuführen.[289] Eine solche Abspaltung und Berechnung wird als praktisch kaum durchführbar erachtet.[290] Jedenfalls dann, wenn der Gesellschaftsanteil im Wege einer Teilungsanordnung oder eines Vermächtnisses zugewendet wird, tritt Aufgabenerledigung des Testamentsvollstreckers erst mit Erfüllung der Teilungsanordnung bzw. des Vermächtnisses an. Dann muss die Verwaltungsbefugnis des Testamentsvollstreckers bis zur Erfüllung der letztwilligen Verfügung fortbestehen und jedenfalls dann gelten die nachfolgend dargestellten Grundsätze zur Verwaltungsvollstreckung.[291] 236

b) Verwaltungsvollstreckung/Dauertestamentsvollstreckung

aa) Allgemeines

Soll der Testamentsvollstrecker längerfristig die Beteiligung eines voll haftenden Gesellschafters verwalten, kommt nur die Verwaltungsvollstreckung bzw. Dauertestamentsvoll- 237

283 Mayer/Bonefeld/Tanck/*Weidlich*, § 19 Rn 31.
284 BGH, Beschl. v. 3.7.1989 – II ZB 1/89, NJW 1989, 3152; BGH, Urt. v. 14.5.1986 – IVa ZR 155/84, NJW 1986, 2431.
285 *Flume*, NJW 1988, 161, 163.
286 MüKo-BGB/*Zimmermann*, § 2205 Rn 32.
287 BGH, Urt. v. 14.5.1986 – IVa ZR 155/84, NJW 1986, 2431.
288 BGH, Beschl. v. 3.7.1989 – II ZB 1/89, NJW 1989, 3152.
289 MAH ErbR/*Lorz*, § 19 Rn 260.
290 *Zimmermann*, Testamentsvollstreckung, Rn 666.
291 Mayer/Bonefeld/Tanck/*Weidlich*, § 19 Rn 28.

streckung infrage. Zur Vereinfachung wird im Folgenden nur noch von Verwaltungsvollstreckung gesprochen, die nachstehend dargestellten Grundsätze beziehen sich jedoch sowohl auf die Verwaltungsvollstreckung als auch auf die Dauertestamentsvollstreckung.

238 Hier existiert dasselbe Spannungsverhältnis zwischen dem Erbrecht und dem Gesellschaftsrecht wie beim Einzelunternehmen (Rdn 211). Aufgrund der entsprechenden Haftungsproblematik und dem höchstpersönlichen Charakter der Gesellschafterstellung ist die Verwaltungsvollstreckung am Anteil eines persönlich haftenden Gesellschafters nach herrschender Meinung nicht ohne Weiteres zulässig.[292] **Voraussetzung** für die Durchführung der Testamentsvollstreckung an einem persönlich haftenden Gesellschaftsanteil ist stets die **Zustimmung der Mitgesellschafter zur Testamentsvollstreckung**, die im Gesellschaftsvertrag oder nachträglich erfolgen kann.[293] Darüber hinaus bedarf es der gleichen Ersatzlösungen wie beim Einzelunternehmen, die ebenso der Zustimmung der Mitgesellschafter bedürfen.[294]

bb) Treuhandlösung

239 Die Treuhandlösung sieht vor, dass der Testamentsvollstrecker **im eigenen Namen** und unter eigener Haftung, jedoch **für Rechnung der Erben** handelt. Er hält die Gesellschafterstellung treuhänderisch für die Gesellschaftererben, die von diesen auf den Testamentsvollstrecker zu übertragen ist.[295] Wie beim Einzelunternehmen muss der Erblasser erbrechtlich, also über Auflagen oder Bedingungen, dafür Sorge tragen, dass die Erben den Gesellschaftsanteil auf den Testamentsvollstrecker übertragen. Es gilt grundsätzlich das zum Einzelunternehmen Gesagte (Rdn 216 ff.).

240 Die Treuhandlösung ist wie beim Einzelunternehmen problematisch, da der Testamentsvollstrecker im Außenverhältnis unbeschränkt persönlich haftet und er im Innenverhältnis das Ausfallrisiko des Gesellschafter-Erben bezüglich seines Freistellungsanspruchs trägt.

cc) Vollmachtslösung

241 Die Vollmachtslösung sieht vor, dass der Testamentsvollstrecker **im Namen der Gesellschaftererben** handelt. Sowohl im Hinblick auf die Zulässigkeit als auch im Hinblick auf die Bedenklichkeit der Vollmachtslösung gelten die Ausführungen zum Einzelunternehmen (Rdn 222 ff.) entsprechend.

20.46 **Muster 20.46: Anordnung der Testamentsvollstreckung an einem OHG-Anteil mit Wahlrecht des Testamentsvollstreckers (Vollmachts- und/oder Treuhandlösung)**

242 (Nach MAH ErbR/*Lorz*, § 19 Rn 270)

Ich ordne Testamentsvollstreckung in Form der Verwaltungsvollstreckung an.

Damit der Testamentsvollstrecker seine Rechte und Pflichten auch in Bezug auf meine Beteiligung an der OHG wahrnehmen kann, belaste ich meine Erben mit der Auflage, dem Testamentsvollstrecker die Ausübung sämtlicher Gesellschafterrechte vermögens- und personenrechtlicher Natur, einschließlich des Stimmrechts, zu ermöglichen, soweit dem nicht zwingende gesetzliche Vorschriften entgegenstehen.

Ich mache meinen Erben zur Auflage, dem Testamentsvollstrecker eine entsprechende Vollmacht, auf dessen Wunsch auch in notariell beurkundeter Form, zu erteilen.

---

292 BGH, Urt. v. 11.4.1957 – II ZR 182/55, NJW 1957, 1026.
293 BGH, Urt. v. 10.2.1977 – II ZR 120/75, NJW 1977, 1339.
294 MüKo-BGB/*Zimmermann*, § 2205 Rn 38.
295 Mayer/Bonefeld/Tanck/*Weidlich*, § 19 Rn 34.

Der Testamentsvollstrecker kann nach seiner Wahl die Beteiligung auch als Treuhänder für die Erben verwalten. Für diesen Fall mache ich meinen Erben zur Auflage, ihm die Beteiligung treuhänderisch zu übertragen.

Über die Erfüllung der Auflage wacht der Testamentsvollstrecker. Er kann die Auflage selbst vollziehen.

[*ggf.:* Zu folgenden Maßnahmen ist der Testamentsvollstrecker nur nach vorheriger Zustimmung der Erben berechtigt:]

dd) Weisungsgeberlösung

Schließlich kommt auch bei der Testamentsvollstreckung an Anteilen persönlich haftender 243
Gesellschafter die Weisungsgeberlösung in Betracht.[296] Der Testamentsvollstrecker übt hierbei lediglich im **Innenverhältnis** gegenüber den Erben das ihm gem. § 2208 Abs. 2 BGB übertragene **Weisungsrecht** aus.[297]

c) Beaufsichtigende Testamentsvollstreckung (an der Außenseite der Beteiligung)

Auch ohne Zustimmung der Mitgesellschafter und/oder Anordnung einer Ersatzlösung ist 244
die Testamentsvollstreckung an der sog. „**Außenseite**" der Gesellschaftsbeteiligung zulässig.[298] Diese betrifft die mit der Gesellschaftsbeteiligung verbundenen Vermögensrechte wie insbesondere die laufenden Gewinnansprüche und einen künftigen Auseinandersetzungsanspruch.[299] Hingegen betrifft die **Innenseite** der Beteiligung die höchstpersönlichen Mitgliedschaftsrechte wie das Stimmrecht, das Recht auf Teilnahme an Gesellschafterversammlungen, das Recht auf Vertretung und Geschäftsführung und das Informationsrecht.[300]

Der Testamentsvollstreckung an der Außenseite der Gesellschaftsbeteiligung kommt eine 245
beaufsichtigende Funktion zu. Dem Erben ist die Verfügungsbefugnis über seine Beteiligung mit dinglicher Wirkung entzogen, sodass der Testamentsvollstrecker verhindern kann, dass der Gesellschaftererbe über den ererbten Anteil verfügt (§ 2211 BGB).[301] Auch können Eigengläubiger des Erben nicht in den Gesellschaftsanteil vollstrecken (§ 2214 BGB).[302]

In der Praxis können die Grenzen zwischen der Innenseite und der Außenseite der Beteili- 246
gung kaum verlässlich gezogen werden,[303] weshalb der Erblasser sicherheitshalber stets auf die dargestellten Ersatzkonstruktionen zurückgreifen sollte.

Praxistipp 247
Aufgrund der auch den Ersatzkonstruktionen anhaftenden unübersichtlichen Rechtslage und im Hinblick auf die grundsätzlich unproblematische Testamentsvollstreckung an einem Kommanditanteil (Rdn 208, 248 ff.) kann für den Fall des Todes eines persönlich haftenden Gesellschafters die Umwandlung seiner Beteiligung in eine Kommanditbeteiligung gesellschaftsvertraglich vereinbart und hierfür Testamentsvollstreckung angeordnet werden. Dies kann mit einem Anspruch des Erben auf Rückumwandlung in eine vollhaftende Beteiligung nach Beendigung der Testamentsvollstreckung verbunden werden.[304]

296 Mayer/Bonefeld/Tanck/*Weidlich*, § 19 Rn 34.
297 Kössinger/Najdecki/Zintl/*R. Kössinger/Zintl*, § 15 Rn 139.
298 BGH, Beschl. v. 12.1.1998 – II ZR 23/97, NJW 1998, 1313.
299 Bengel/Reimann/Holtz/Röhl/*Pauli*, § 5 Rn 161.
300 Bengel/Reimann/Holtz/Röhl/*Pauli*, § 5 Rn 161.
301 Mayer/Bonefeld/Tanck/*Weidlich*, § 19 Rn 37.
302 Bengel/Reimann/Holtz/Röhl/*Pauli*, § 5 Rn 162.
303 Einzelheiten zur Abgrenzung bei Bengel/Reimann/Holtz/Röhl/*Pauli*, § 5 Rn 160 ff.; Mayer/Bonefeld/Tanck/*Weidlich*, § 19 Rn 36 ff.
304 Kössinger/Najdecki/Zintl/*R. Kössinger/Zintl*, § 15 Rn 137.

3. Testamentsvollstreckung an einem Kommanditanteil

248 Die Zulässigkeit einer die gesamte Kommanditistenstellung erfassenden Testamentsvollstreckung, die sowohl die **Innenseite** als auch die **Außenseite** der Kommanditbeteiligung betrifft, ist höchstrichterlich bestätigt.[305] Jedoch unterliegt der Testamentsvollstrecker selbstverständlich den erbrechtlichen **Einschränkungen** wie insbesondere dem Verbot der unentgeltlichen Verfügung gem. § 2205 S. 3 BGB und der eingeschränkten Verpflichtungsbefugnis gem. § 2206 BGB.[306] Zudem müssen **alle Gesellschafter der Testamentsvollstreckung zustimmen**, entweder im Gesellschaftsvertrag oder ad hoc.[307] Die Zustimmung kann auch stillschweigend erteilt werden. Bei frei veräußerlichen Anteilen an einer Publikums-KG ist von einer stillschweigenden Zustimmung auszugehen.[308] Fehlt eine Zustimmung der Mitgesellschafter, ist eine Testamentsvollstreckung zumindest an der Außenseite der Beteiligung zulässig.[309] Mittlerweile kann bei einer die Kommanditistenstellung erfassenden Dauertestamentsvollstreckung auch ein Testamentsvollstreckervermerk in das Handelsregister eingetragen werden.[310]

249 Zu Maßnahmen, die eine **persönliche Haftung des Kommanditisten** begründen, ist der Testamentsvollstrecker ohne Zustimmung der Erben jedoch nicht befugt. Dies gilt insbesondere für Maßnahmen, die zu einem Wiederaufleben der Haftung nach § 172 Abs. 4 HGB führen, und für Beschlüsse, die eine Erhöhung der Hafteinlage betreffen.[311] Zwar ist der BGH von der sog. Kernbereichslehre, die die Wahrnehmung der Gesellschafterrechte im Kernbereich der Mitgliedschaft durch den Testamentsvollstrecker nicht zulässt, zwischenzeitlich abgerückt.[312] Zu Maßnahmen, die geeignet sind, die dem Erben verbleibenden oder ihm bei Beendigung der Testamentsvollstreckung zukommenden persönlichen Mitgliedschaftsrechte nachteilig zu verändern, ist der Testamentsvollstrecker jedoch nur im Rahmen von Treu und Glauben befugt.[313] Da sich auch in diesem Bereich Abgrenzungsschwierigkeiten nicht vermeiden lassen, empfiehlt es sich im Zuge der testamentarischen Anordnung der Testamentsvollstreckung, die Rechte des Testamentsvollstreckers vorsorglich zu erweitern.

20.47 **Muster 20.47: Anordnung der Testamentsvollstreckung an einer Kommanditbeteiligung**

250 Für meine Kommanditbeteiligung an der KG mit dem Sitz in , eingetragen im Handelsregister des Amtsgerichts unter HRA , ordne ich Verwaltungsvollstreckung an.

Die Testamentserstreckung erstreckt sich auf alle meine zum Zeitpunkt meines Todes vorhandenen Kapitalkonten und sonstige Konten, wie insbesondere Darlehenskonten. Sie umfasst alle meine Vermögensrechte und mitgliedschaftlichen Rechte, insbesondere meine Stimmrechte, die der Testamentsvollstrecker nach eigenem billigem Ermessen auszuüben hat.

Sofern zu einzelnen Maßnahmen die Zustimmung der Erben erforderlich ist, belaste ich diese mit der Auflage, dem Testamentsvollstrecker die Ausübung sämtlicher Gesellschafterrechte zu ermöglichen und ihre Zustimmung zu solchen Maßnahmen zu erklären, soweit nicht zwingende gesetzliche Vorschriften

305 BGH, Beschl. v. 3.7.1989 – II ZB 1/89, NJW 1989, 3152; BGH, Urt. v. 13.5.2014 – II ZR 250/12, NZG 2014, 945.
306 Bengel/Reimann/Holtz/Röhl/*Pauli*, § 5 Rn 199a.
307 BGH, Urt. v. 25.2.1985 – II ZR 130/84, NJW 1985, 1953.
308 *Ulmer*, NJW 1990, 73, 76.
309 Bengel/Reimann/Holtz/Röhl/*Pauli*, § 5 Rn 204e.
310 BGH, Beschl. v. 14.2.2012 – II ZB 15/11, DNotZ 2012, 788.
311 Bengel/Reimann/Holtz/Röhl/*Pauli*, § 5 Rn 204.
312 BGH, Urt. v. 21.10.2014 – II ZR 84/13, NJW 2015, 859.
313 Bengel/Reimann/Holtz/Röhl/*Pauli*, § 5 Rn 207.

entgegenstehen. Zu Maßnahmen, die eine persönliche Haftung meiner Erben begründen, bedarf der Testamentsvollstrecker jedoch deren Zustimmung.

[*ggf.:* Auch zu folgenden Maßnahmen ist der Testamentsvollstrecker nur nach vorheriger schriftlicher Zustimmung der Erben berechtigt:]

Über die Erfüllung der Auflage wacht der Testamentsvollstrecker. Er kann die Auflage selbst vollziehen.

251 War der Erbe bereits vor dem Erbfall an der Gesellschaft beteiligt und erbt er eine Kommanditbeteiligung hinzu, ließ sich nach bisheriger Auffassung aufgrund des Grundsatzes der Einheitlichkeit der Beteiligung an einer Personengesellschaft die Testamentsvollstreckung bezüglich des ererbten Kommanditanteils nicht vollständig realisieren. Erfreulicherweise hat der BGH nun am 12.3.2024 entschieden, dass ein im Wege der Sonderrechtsnachfolge übergegangener Kommanditanteil auch dann der Dauertestamentsvollstreckung unterliegt, wenn der **Erbe bereits Gesellschafter** ist.[314]

V. Testamentsvollstreckung an Kapitalgesellschaftsanteilen

1. GmbH

252 GmbH-Anteile sind gem. § 15 Abs. 1 GmbHG vererblich. Da im Kapitalgesellschaftsrecht anders als im Personengesellschaftsrecht keine Sondererbfolge eintritt, findet eine automatische Aufspaltung des Anteils nicht statt. Vielmehr ist der in den Nachlass fallende GmbH-Anteil gem. § 18 GmbHG **gesamthänderisch gebundenes Vermögen** der Erbengemeinschaft. Der Erblasser kann dann entweder für den gesamten Nachlass oder nur für den GmbH-Anteil Testamentsvollstreckung anordnen.[315]

253 Die Verwaltungstestamentsvollstreckung an GmbH-Anteilen ist im Gegensatz zur Verwaltungsvollstreckung an Personengesellschaftsanteilen ohne Weiteres zulässig, auch in einer personalistisch strukturierten GmbH.[316] Sie bedarf grundsätzlich nicht der Zustimmung der Mitgesellschafter.[317] **Anteilsvinkulierungen** nach § 15 Abs. 5 GmbHG haben keine Auswirkung auf die Zulässigkeit der Testamentsvollstreckung.[318] Bei der Abwicklungsvollstreckung sind Anteilsvinkulierungen bei der Zuweisung des Anteils durch den Testamentsvollstrecker jedoch zu beachten.[319]

254 Die **Satzung** der GmbH kann die Ausübung von Verwaltungsrechten durch den Testamentsvollstrecker wirksam **beschränken** oder **ausschließen.**[320] Ist die Testamentsvollstreckung in der Satzung der GmbH ausgeschlossen, bleibt sie gleichwohl an der sog. Außenseite des GmbH-Anteils zulässig.[321] Dann werden die Rechte aus dem Gesellschaftsanteil von den Erben ausgeübt. Über die vermögensrechtlichen Ansprüche aus dem GmbH-Anteil kann der Testamentsvollstrecker jedoch verfügen.[322]

314 BGH, Beschl. v. 12.3.2024 – II ZB 4/23, ErbR 2024, 609.
315 Bengel/Reimann/Holtz/Röhl/*Pauli*, § 5 Rn 240.
316 BGH, Urt. v. 10.6.1959 – V ZR 25/58, NJW 1959, 1820; Bengel/Reimann/Holtz/Röhl/*Pauli*, § 5 Rn 240.
317 MAH ErbR/*Lorz*, § 19 Rn 295.
318 BGH, Beschl. v. 24.2.2015 – II ZB 17/14, NJW 2015, 1303.
319 MüKo-BGB/*Zimmermann*, § 2205 Rn 51.
320 OLG Frankfurt, Urt. v. 16.9.2008 – 5 U 187/07, ZEV 2008, 606.
321 Kössinger/Najdecki/Zintl/*R. Kössinger/Zintl*, § 15 Rn 144.
322 *Zimmermann*, Testamentsvollstreckung, Rn 531.

255 Ohne entsprechende einschränkende Regelungen in der GmbH-Satzung übt der Testamentsvollstrecker die Rechte des Erben grundsätzlich **umfassend** aus.[323] Die Testamentsvollstreckung umfasst sämtliche Verwaltungs- und Vermögensrechte, die sich aus dem GmbH-Anteil ergeben, mit Ausnahme höchstpersönlicher Rechte der Erben.[324] Gewinnausschüttungen haben an den Testamentsvollstrecker zu erfolgen. Er nimmt an den Gesellschafterversammlungen teil und übt das Stimmrecht aus.[325] Der Erblasser kann die Befugnisse des Testamentsvollstreckers gem. § 2208 Abs. 1 S. 1 BGB einschränken.

256 Die in der Praxis wohl problematischste Einschränkung des Testamentsvollstreckers ist das Verbot unentgeltlicher Verfügungen gem. § 2205 S. 3 BGB. Zwar kann eine Kündigung der Mitgliedschaft durch den Testamentsvollstrecker erfolgen,[326] ohne angemessene Abfindung für den Verlust des Gesellschaftsanteils liegt jedoch ein Verstoß gegen § 2205 S. 3 BGB vor.[327] Auch eine Veräußerung des Geschäftsanteils gegen ein zu niedriges Entgelt ist vor diesem Hintergrund problematisch.

257 Weitere Einschränkungen der Befugnisse des Testamentsvollstreckers ergeben sich aus der eingeschränkten Verpflichtungsbefugnis nach § 2206 Abs. 1 BGB, wonach der Testamentsvollstrecker die Erben über die Mittel des Nachlasses hinaus nicht persönlich verpflichten kann. Daher kann der Testamentsvollstrecker nur dann an **Kapitalerhöhungen** mitwirken, wenn sie aus Gesellschaftsmitteln geleistet werden oder dadurch geschaffene Einlageverpflichtungen der Erben aus dem Nachlass erfüllt werden können. Neue persönliche Nebenleistungspflichten der Erben kann der Testamentsvollstrecker nicht begründen.[328] Die Erben können solchen Maßnahmen jedoch zustimmen.[329]

258 Oftmals wird es dem Erblasser entscheidend darauf ankommen, dass der Testamentsvollstrecker die GmbH als **Geschäftsführer** weiterführt bzw. an der Geschäftsführerwahl teilnimmt. Dazu bedarf es zwingend einer testamentarischen Befreiung von § 181 BGB.[330]

20.48 **Muster 20.48: Befreiung des Testamentsvollstreckers von den Beschränkungen des § 181 BGB bei der Wahl des GmbH-Geschäftsführers**

259 Ich befreie den Testamentsvollstrecker von den Beschränkungen des § 181 BGB und stelle ausdrücklich klar, dass er auch bei der Wahl zum Geschäftsführer mitwirken darf.

260 Eine Erweiterung der in diesem Sinne begrenzten Rechtsmacht des Testamentsvollstreckers über die im Personengesellschaftsrecht diskutierten Ersatzlösungen wie Treuhandlösung oder Vollmachtslösung ist nicht möglich.[331]

261 Anders als bei Kommanditanteilen ist die Eintragung eines Testamentsvollstreckervermerks in die Gesellschafterliste nach dem BGH nicht zulässig.[332]

---

323 BGH, Urt. v. 13.5.2014 – II ZR 250/12, ZEV 2014, 662.
324 MAH ErbR/*Lorz*, § 19 Rn 296; Staudinger/*Dutta*, § 2205 Rn 205.
325 Bengel/Reimann/Holtz/Röhl/*Pauli*, § 5 Rn 243.
326 Bengel/Reimann/Holtz/Röhl/*Pauli*, § 5 Rn 243.
327 BGH, Urt. v. 6.10.1980 – II ZR 268/79, NJW 1981, 115.
328 MüKo-BGB/*Zimmermann*, § 2205 Rn 53.
329 Siehe zu Einzelheiten Bengel/Reimann/Holtz/Röhl/*Pauli*, § 5 Rn 245 ff.
330 MAH ErbR/*Lorz*, § 19 Rn 296; BGH, Urt. v. 12.6.1989 – II ZR 246/88, NJW 1989, 2694.
331 Bengel/Reimann/Holtz/Röhl/*Pauli*, § 5 Rn 252.
332 BGH, Beschl. v. 24.2.2015 – II ZB 17/14, NJW 2015, 1303.

2. AG

Sowohl Inhaber- als auch Namensaktien unterliegen der Testamentsvollstreckung mit sämtlichen Rechten und Pflichten sowie Einschränkungen, die für GmbH-Anteile gelten.[333] 262

Der Testamentsvollstrecker übt das **Stimmrecht** in der Hauptversammlung aus.[334] Er kann Aktien, soweit im Rahmen der ordnungsgemäßen Verwaltung des Nachlasses gem. § 2216 BGB erforderlich, ohne Zustimmung der Erben **veräußern**.[335] Auch das **Bezugsrecht** gem. § 186 AktG ist vom Testamentsvollstrecker auszuüben.[336] 263

3. GmbH & Co. KG

Bei der GmbH & Co. KG ist zu berücksichtigen, dass sich oftmals sowohl **GmbH-** als auch **Kommanditanteile** im Nachlass befinden werden. Die sich auf die jeweiligen Anteile erstreckende Testamentsvollstreckung folgt dann den jeweiligen vorstehend dargestellten Regelungen. 264

H. Testamentsvollstrecker im Lichte des Steuerrechts

I. Allgemeines

Sowohl der Erblasser als auch der Testamentsvollstrecker sollte zumindest die steuerrechtlichen Grundzüge der Testamentsvollstreckung kennen. Neben der Frage, wer **Steuerschuldner** ist, stellt sich im Zusammenhang mit der Durchführung der Testamentsvollstreckung regelmäßig die Frage, welche **steuerrechtlichen Verpflichtungen** auf den Testamentsvollstrecker zukommen. Dabei muss jede Steuerart separat und unter Berücksichtigung des Zeitpunkts des Entstehens der Steuerschuld betrachtet werden, denn der Gesetzgeber weist die vielfältigen Steuerpflichten und -rechte zum Teil dem Erben, zum anderen Teil dem Testamentsvollstrecker zu.[337] Dabei steht das Steuerrecht als öffentliches Recht nicht zur Disposition des Erblassers.[338] 265

Steuerschuldner für die Steuern auf das unter Testamentsvollstreckung stehende Vermögen und seine Erträge ist grundsätzlich der Erwerber, nicht der Testamentsvollstrecker. Eine Ausnahme liegt vor allem dann vor, wenn der Testamentsvollstrecker in der Treuhandlösung ein Einzelunternehmen führt.[339] 266

II. Steuerschulden des Erblassers als Nachlassverbindlichkeiten

In der Person des Erblassers entstandene Steuerschulden wie insbesondere Einkommensteuer oder Gewerbesteuer gehen gem. § 45 AO im Wege der **Gesamtrechtsnachfolge** auf den Erben über. Daran ändert sich durch die Testamentsvollstreckung grundsätzlich nichts. 267

333 Kössinger/Najdecki/Zintl/*R. Kössinger/Zintl*, § 15 Rn 145.
334 MüKo-BGB/*Zimmermann*, § 2205 Rn 54.
335 *Zimmermann*, Testamentsvollstreckung, Rn 533.
336 MüKo-BGB/*Zimmermann*, § 2205 Rn 54.
337 Bengel/Reimann/Holtz/Röhl/*Holtz*, § 9 Rn 4.
338 Bengel/Reimann/Holtz/Röhl/*Holtz*, § 9 Rn 8.
339 Schmidt/*Wacker*, EStG, § 15 Rn 141; zu den (z.T. umstrittenen) Einzelheiten Mayer/Bonefeld/Tanck/*Neubauer/Vassel-Knauf*, § 45 Rn 43 ff.

Hatte der Erblasser für seine persönlichen Steuern noch keine Steuererklärungen abgegeben, ist der Testamentsvollstrecker gem. § 34 Abs. 1, Abs. 3 AO hierzu verpflichtet.[340]

268 Bei der **Einkommensteuer** werden vom Erblasser noch nicht ausgeübte Wahlrechte (z.B. getrennte Veranlagung oder Zusammenveranlagung von Ehegatten) durch den Testamentsvollstrecker ausgeübt.[341]

269 Der Tod des Erblassers gilt bei der **Gewerbesteuer** nach § 2 Abs. 5 GewStG als Einstellung des Gewerbebetriebs und als Neugründung durch die Erben, wenn diese den Betrieb fortführen.[342] Gewerbesteuerrechtliche Wahlmöglichkeiten für die Zeit bis zum Erbfall übt der Testamentsvollstrecker aus.[343]

270 Bezüglich der **Umsatzsteuer** gilt, dass der Tod des Erblassers zum Erlöschen seiner Unternehmereigenschaft führt und der Erbe als Gesamtrechtsnachfolger in die abgabenrechtliche Stellung des Erblassers auch bezüglich der Umsatzsteuer einrückt.[344] Der Testamentsvollstrecker kann anstelle des Erben die für die Umsatztätigkeit des Erblassers noch erheblichen Erklärungen oder Handlungen vornehmen.[345]

III. Erbschaftsteuer

271 Die wichtigste Steuer, mit der sich der Testamentsvollstrecker befassen muss, ist die Erbschaftsteuer. Der Testamentsvollstrecker ist gem. § 31 Abs. 5 ErbStG verpflichtet, die **Erbschaftsteuererklärung** für die **Erben** (nicht jedoch für Vermächtnisnehmer oder Pflichtteilsberechtigte) abzugeben,[346] jedoch erst nach entsprechender Aufforderung durch das Finanzamt.[347] Erbschaftsteuerliche Wahlrechte wie die Steuerklassenwahl bei Nacherbschaft (§ 6 Abs. 2 S. 2 ErbStG) oder der Antrag auf Optionsverschonung bei unternehmerischem Vermögen (§ 13a Abs. 10 ErbStG) hat hingegen der Erbe selbst und nicht der Testamentsvollstrecker auszuüben.[348]

272 **Anzeigepflichtig** gegenüber dem Finanzamt nach § 30 Abs. 1 ErbStG ist der Erbe, nicht der Testamentsvollstrecker.[349]

273 Der sich an den Erben richtende **Erbschaftsteuerbescheid** ist gem. § 32 Abs. 1 ErbStG dem Testamentsvollstrecker mit Wirkung für und gegen den Erben bekanntzugeben. Steuerbescheide, die sich an Vermächtnisnehmer richten, sind hingegen den Vermächtnisnehmern bekanntzugeben.[350]

274 **Rechtsbehelfe** gegen den Erbschaftsteuerbescheid wie Einspruch oder Klage sind mangels Beschwer des Testamentsvollstreckers von den Erben einzulegen.[351] Demnach ist auch die Einspruchsentscheidung dem Erben bekanntzugeben.[352] Ein Verschulden des Testaments-

---

340 *Zimmermann*, Testamentsvollstreckung, Rn 576.
341 *Rott/Kornau/Zimmermann*, § 12 Rn 9.
342 BFH, Urt. v. 1.4.1971 – I R 184/69, BeckRS 1971, 22000996.
343 Bengel/Reimann/Holtz/Röhl/*Holtz*, § 9 Rn 18.
344 Bengel/Reimann/Holtz/Röhl/*Holtz*, § 9 Rn 19.
345 Bengel/Reimann/Holtz/Röhl/*Holtz*, § 9 Rn 20.
346 BFH, Beschl. v. 9.6.1999 – II B 101/98, NJW-RR 1999, 1594.
347 BFH, Urt. v. 11.6.2013 – II R 10/11, ZEV 2013, 633.
348 Meincke/Hannes/Holtz/*Hannes/Holtz*, § 31 Rn 18.
349 Meincke/Hannes/Holtz/*Hannes/Holtz*, § 30 Rn 5.
350 BFH, Urt. v. 14.11.1990 – II R 255/85, NJW 1991, 3302.
351 BFH, Urt. v. 4.11.1981 – II R 144/78, BeckRS 1981, 22005927.
352 FinMin. Saarland, Erlass v. 25.1.2001 – B/5–2-43/2001 – S 3843, DStR 2001, 1033.

vollstreckers bei der Weiterleitung des zugrunde liegenden Ausgangsbescheids ist dem Erben nicht zuzurechnen, sodass er Wiedereinsetzung in den vorigen Stand gem. § 110 AO verlangen kann.[353]

Da der Nachlass bis zur Auseinandersetzung einer Erbengemeinschaft gem. § 20 Abs. 3 ErbStG für die Erbschaftsteuer haftet, ist der Testamentsvollstrecker gem. § 32 Abs. 1 S. 2 ErbStG verpflichtet, für die **Bezahlung der Erbschaftsteuer** zu sorgen. Kommt er dem nicht nach, kann dies einen wichtigen Grund für seine Entlassung nach § 2227 BGB darstellen.[354] Auch haftet der Testamentsvollstrecker in diesem Fall persönlich für die Erbschaftsteuer, wenn er seine Verpflichtung gem. § 32 Abs. 1 S. 2 ErbStG vorsätzlich oder grob fahrlässig verletzt.[355] Daher sollte der Testamentsvollstrecker den Nachlass erst dann vollständig auskehren, wenn die Erbschaftsteuer festgesetzt und aus dem Nachlass bezahlt worden ist. 275

IV. Auskunftsansprüche des Testamentsvollstreckers gegen die Erben

Denknotwendig kann der Testamentsvollstrecker seinen steuerlichen Verpflichtungen nur nachkommen, wenn ihm die Erben die benötigten Auskünfte erteilen. Da Vorschenkungen an die Erben gem. § 14 ErbStG bei der Erbschaftsteuer zu berücksichtigen sind, ist umstritten, ob der Testamentsvollstrecker zivilrechtliche Auskunftsansprüche gegen die Erben hat.[356] Auch wenn dies nach richtiger Auffassung zu bejahen ist, empfehlen sich klarstellende und **sanktionierende Anordnungen** des Erblassers in seinem Testament. 276

V. Beauftragung von Steuerfachleuten

Häufig wird der Testamentsvollstrecker nicht selbst über die **erforderlichen steuerrechtlichen Kenntnisse** verfügen. Dann ist er auf Kosten des Nachlasses berechtigt, steuerrechtlichen Rat einzuholen, da dies zur ordnungsgemäßen Verwaltung des Nachlasses gehört.[357] Ein zum Schadensersatz führender Verstoß des Testamentsvollstreckers gegen seine Verpflichtung zur ordnungsgemäßen Verwaltung des Nachlasses liegt jedoch dann vor, wenn er überflüssig und leichtfertig Steuerberatungskosten erzeugt.[358] Der Erblasser sollte in seiner Verfügung von Todes wegen daher stets klar regeln, ob und inwieweit der Testamentsvollstrecker berechtigt ist, auf Kosten des Nachlasses steuerrechtlichen Rat einzuholen bzw. einen Steuerberater zu beauftragen. 277

VI. Abzugsfähigkeit der Kosten der Testamentsvollstreckung

Dem Erben wird es naturgemäß darauf ankommen, die Kosten der Testamentsvollstreckung als Nachlassverbindlichkeit von seinem erbschaftsteuerpflichtigen Erwerb abzuziehen. Nach § 10 Abs. 5 Nr. 3 ErbStG **erbschaftsteuerrechtlich** abzugsfähig sind die angemessenen Kosten für die Abwicklungsvollstreckung, nicht jedoch die Kosten für die Verwaltungsvollstreckung.[359] Übersteigt die Testamentsvollstreckervergütung das angemessene Maß, ist der 278

353 BFH, Urt. v. 14.11.1990 – II R 255/85, NJW 1991, 3302.
354 OLG Naumburg, Beschl. v. 23.2.2021 – 2 Wx 31/20, ZEV 2021, 385.
355 Bengel/Reimann/Holtz/Röhl/*Holtz*, § 9 Rn 92.
356 Bejahend Bengel/Reimann/Holtz/Röhl/*Holtz*, § 9 Rn 157; MüKo-BGB/*Zimmermann*, § 2218 Rn 9.
357 MüKo-BGB/*Zimmermann*, § 2218 Rn 6.
358 Bengel/Reimann/Holtz/Röhl/*Holtz*, § 9 Rn 160a.
359 Bengel/Reimann/Holtz/Röhl/*Holtz*, § 9 Rn 169 f.

Überschuss jedoch als Vermächtnis zugunsten des Testamentsvollstreckers zu werten und als solches gem. § 10 Abs. 5 Nr. 2 ErbStG abzugsfähig.[360]

279 Die Kosten für die Verwaltungsvollstreckung können für den Erben **einkommensteuerrechtlich** abziehbar sein, wenn sie mit den aus dem Nachlass zu erzielenden Einkünften in wirtschaftlichem Zusammenhang stehen. Im Übrigen ist eine einkommensteuerrechtliche Abzugsfähigkeit der Kosten der Testamentsvollstreckung zu verneinen.[361]

---

360 Bengel/Reimann/Holtz/Röhl/*Holtz*, § 9 Rn 171.

361 Weitere Einzelheiten bei Bengel/Reimann/Holtz/Röhl/*Holtz*, § 9 Rn 177 ff.

§ 21 Schiedsklauseln in letztwilligen Verfügungen

Ursula Seiler-Schopp

Literaturhinweise

Bandel, Pflichtteilsstreitigkeiten im Schiedsverfahren – München locuta, causa finita?, SchiedsVZ 2017, 72; *Bandel*, Das Erbscheinsverfahren beim Vorliegen einer letztwilligen Schiedsverfügung, MittBayNot 2017, 1; *Bandel*, Schiedsklauseln in Testamenten und Erbverträgen, NotBZ 2005, 381; Beck'sches Formularbuch Familienrecht (hrsg. von *Bergschneider*), 6. Aufl. 2022 (zit. BeckFormB FamR/*Bearbeiter*); *Böckstiegel*, Schiedsgerichtsbarkeit in gesellschaftsrechtlichen und erbrechtlichen Angelegenheiten, Schriftenreihe der Deutschen Institution für Schiedsgerichtsbarkeit Band 11, 1996; *Dawirs*, Das letztwillig angeordnete Schiedsverfahren – Gestaltungsmöglichkeiten, 2014; *Dorsel*, Kölner Formularbuch Erbrecht, 4. Aufl. 2024; *Dressler*, Der erbrechtliche Auslegungsvertrag – Gestaltungshilfe bei einvernehmlichen Nachlassregelungen, ZEV 1999, 289; *Grziwotz*, Erfolgreiche Verhandlungsführung und Konfliktmanagement durch Notare, 2001; *Haas*, Letztwillige Schiedsverfügungen i.S.d. § 1066 ZPO, ZEV 2007, 49; *Harder*, Das Schiedsverfahren im Erbrecht, 2007; *Huber*, Schiedsvereinbarungen im Scheidungsrecht, SchiedsVZ 2004, 280; *Keim*, Die Grenzen letztwilliger Schiedsklauseln, NJW 2017, 2652; *Kohler*, Letztwillige Schiedsklauseln, DNotZ 1962, 125; *Krug*, Die Auswirkungen der ZPO-Reform 2002 auf den Erbprozess, ZEV 2002, 58; *Künzle* (Hrsg.), Schiedsgerichte in Erbsachen (Schweiz) Referate des Weiterbildungsseminars des Vereins Successio an der Universität Zürich vom 29.6.2011; *Lachmann/Lachmann*, Schiedsvereinbarungen im Praxistest, BB 2000, 1633; *Lange*, Letztwillige Schiedsklauseln in der jüngsten Rechtsprechung, ZEV 2017, 1; *Mankowski*, Erbrechtliche Schiedsgerichte in Fällen mit Auslandsbezug und die EuErbVO, ZEV 2014, 395; *Pawlytta*, Erbrechtliches Schiedsgericht und Pflichtteilsrecht, ZEV 2003, 89; *Raeschke-Kessler/Berger*, Recht und Praxis des Schiedsverfahrens, 4. Aufl. 2006; *Schiffer*, Letztwillige Schiedsklauseln, AnwZert ErbR 9/2009, Anm. 2; *Schütze/Thümmel*, Schiedsgericht und Schiedsverfahren, 7. Aufl. 2021; *Schütze/Tscherning/Wais*, Handbuch des Schiedsverfahrens, 2. Aufl. 1990; *Schulze*, Grenzen der objektiven Schiedsfähigkeit im Rahmen des § 1030 ZPO, 2003; *Schulze*, Letztwillig eingesetzte Schiedsgerichte, MDR 2000, 314; *Schulzweida*, Schiedsvereinbarungen und Schiedsanordnungen im Erbrecht, 2020; *Schumacher*, Schiedsgerichtsbarkeit und Familienrecht, FamRZ 2004, 1677; *Schwab/Walter*, Schiedsgerichtsbarkeit, 7. Aufl. 2005; *Schwarz*, Verhandlung und Mediation mit vielen Beteiligten, MittBayNot 2001, 294; *Stallknecht*, Schiedsklauseln in Verfügungen von Todes wegen, RNotZ 2019, 433; *Theysohn-Wadle*, Die Anerkennung unwirksamer Testamente im Steuerrecht, ZEV 2002, 221; *van de Sande/Folter*, Zum Hilfsantrag auf Aufhebung eines Schiedsspruchs im Vollstreckbarerklärungsverfahren, SchiedsVZ 2016, 72; *Walter*, Schiedsverträge und Schiedsklauseln in der notariellen Praxis, insbesondere bei letztwilligen Verfügungen, MittRhNotK 1984, 69; *Wegmann*, Die Schiedsgerichtsbarkeit in Nachlasssachen, ZEV 2003, 20; *Werner*, Das Schiedsverfahren als Instrument zur Lösung erbrechtlicher Streitigkeiten, ZEV 2011, 506; *Zimmermann*, Sind vom Erblasser angeordnete Schiedsgerichte zweckmäßig?, ErbR 2021, 181.

Inhalt

A. Allgemeines 1
B. Zulässigkeit und Umfang 4
I. Formelle Zulässigkeit 4
1. Letztwillige Verfügung 4
2. Abgrenzung Schiedsgericht – Schiedsgutachter 8
II. Materielle Zulässigkeit 10
1. Allgemeines 10
2. Pflichtteilsansprüche 12
3. Vom Erblasser eingesetztes Schiedsgericht 15
4. Streitigkeiten, die nicht dem Schiedsgericht unterworfen werden können .. 19
5. Erforderlichkeit einer Genehmigung zur Durchführung eines Schiedsverfahrens 21
6. Keine Genehmigungspflicht bei transmortaler Vollmacht 23
7. Sonderprobleme 24
a) Anfechtung eines Testaments 24
b) Schiedsklausel und Ausschlagung i.S.d. § 2306 BGB 25

aa) Rechtsnatur einer Schiedsklausel 25
bb) Schiedsklausel als Auflage 27
cc) Schiedsklausel als Verfügung „sonstigen Inhalts“ 28
c) Verfahrenskostenhilfe/Prozesskostenhilfe und Schiedsgerichtsbarkeit 33
d) Streit über die Wirksamkeit einer Schiedsanordnung 34
8. Schiedsfähigkeit von güterrechtlichen Streitigkeiten 35
9. Von den Streitparteien eingesetztes Schiedsgericht 39
10. Schiedsgericht kraft Universalsukzession 40
11. Schiedsvereinbarung bei vorweggenommener Erbfolge 41
12. International-prozessrechtliche Fragen 42
C. Zweckmäßigkeit des Schiedsgerichts 47
D. Person des Schiedsrichters 49
E. Form der Schiedsklausel 55
F. Probleme und Grenzbereiche der Schiedsgerichtsbarkeit im Erbrecht 57
I. Auslegungsbedürftige Verfügungen von Todes wegen 57
II. Sachliche Grenzen des Schiedsverfahrens .. 61
III. Verfahrensrecht/Beweiserhebung 62
IV. Vorrang des Schiedsverfahrens 66
1. Einrede der Schiedsvereinbarung 66
2. Feststellungsinteresse bezüglich Wirksamkeit der Schiedsklausel 67
3. Rügeloses Einlassen vor dem Schiedsgericht/Widersprüchliches Verhalten 70
V. Rechtswirkungen der Entscheidung 72
G. Schiedsklauseln in gemeinschaftlichen Testamenten 73
H. Mehrparteienschiedsgericht 74
I. Mitwirkung Dritter bei der Abfassung des Schiedsspruchs 81
J. Erbteilungsklage 83
I. Aufstellung des Teilungsplans durch das Schiedsgericht 83
II. Durchführung des schiedsgerichtlichen Teilungsplans 85
K. Vereinbarte Schiedssprüche 86
L. Vollstreckbarerklärung des Schiedsspruchs 89
I. Voraussetzungen 89
II. Zuständigkeiten 91
III. Rechtsmittel 92
IV. Aufhebungsklage 93
V. Grenzüberschreitende Sachverhalte 94
M. Vorläufiger Rechtsschutz 95
I. Zuständigkeit des staatlichen Gerichts und des Schiedsgerichts 95
II. Schadensersatzpflicht bei ungerechtfertigter vorläufiger Maßnahme 97
N. Bindung des Nachlassgerichts an Schiedssprüche 98
I. Erbenfeststellung 98
II. Klage auf Herausgabe eines unrichtigen Erbscheins 105
O. Abänderungsklage 107
P. Anerkennung von Schiedssprüchen im Ausland 108
Q. Institutionalisiertes Schiedsgericht und ad-hoc-Schiedsgericht 109

A. Allgemeines

1 Schiedsgerichte in Erbsachen sind entweder

1. aufgrund Anordnung in einer letztwilligen Verfügung (**außervertragliches Schiedsgericht**) nach § 1066 ZPO oder
2. aufgrund einer Schiedsvereinbarung (**vertragliches Schiedsgericht**) nach § 1029 ZPO

zulässig.[1]

§ 1066 ZPO sieht die Möglichkeit der Anordnung einer Schiedsgerichtsbarkeit durch Verfügung von Todes wegen vor.[2] Derartige Schiedsklauseln findet man zunehmend häufiger in letztwilligen Verfügungen. Dies ist damit zu erklären, dass sowohl der Gestalter eines Testaments als auch der Testierende selbst die Vorteile erkennt, die ein Schiedsgericht im Gegensatz zu staatlichen Gerichten bietet, nämlich eine Konfliktlösung in kürzerer Zeit durch einen spezialisierten Schiedsrichter und unter Ausschluss der Öffentlichkeit. Bei Erbstreitigkeiten handelt es sich immer um Familienstreitigkeiten. Rechtsstreitigkeiten vor den staatlichen Gerichten werden öffentlich verhandelt. Ausnahmen wie im Familienrecht oder in Betreuungssachen sind im Erbrecht nicht verankert, daher kann jeder dem Prozess beiwohnen. Das Schiedsverfahren ist hingegen **nicht öffentlich**. Die Möglichkeit, gerade bei

1 OLG Karlsruhe ZEV 2009, 466; LG Mainz SchiedsVZ 2008, 263; *Schulzweida*, S. 26 ff.

2 Vgl. RGZ 153, 267, 270; BGH v. 16.3.2017 – I ZB 50/16, NJW 2017, 2115 Rn 21; *Haas*, ZEV 2007, 49, 50; Musielak/Voit/*Voit*, § 1066 Rn 2; NK-NachfolgeR/*Trimborn v. Landenberg*, § 1066 ZPO Rn 50; an den Vorzügen der Schiedsklausel in Erbsachen zweifelnd: *Zimmermann*, ErbR 2021, 181.

großen Vermögen den langwierigen und deshalb auch kostspieligen Weg der ordentlichen Gerichtsbarkeit vermeiden zu können, ist immer häufiger ein Anliegen des testierenden Erblassers.

In Schiedsverfahren liegt in der Regel nach einer Verfahrensdauer von sechs Monaten eine rechtskräftige Entscheidung vor. Da ein Prozess im Bereich der ordentlichen Gerichtsbarkeit häufig durch mehrere Instanzen geführt wird, ist eine derart kurze Verfahrensdauer praktisch ausgeschlossen. Erbrechtliche Verfahren ziehen sich oft über Jahre hin. 2

Es ist allerdings darauf hinzuweisen, dass ein Erbscheinsverfahren, das zwingend der staatlichen Gerichtsbarkeit zugewiesen ist, nach einer Entscheidung des OLG Celle aus dem Jahr 2015 für die Dauer des Schiedsverfahrens ruhen soll. Somit wird den Beteiligten ein kostengünstiges Verfahren, welches dem Amtsermittlungsgrundsatz unterliegt, genommen.[3]

Darüber hinaus wird in der Regel im Rahmen der Schiedsgerichtsbarkeit ein auf dem Gebiet des Erbrechts **spezialisierter** Fachmann (oder auch mehrere Fachleute) als **Schiedsrichter** bestimmt, was zwangsläufig zur Reduzierung möglicher Fehlentscheidungen und somit auch zur Entbehrlichkeit weiterer Instanzen führt. Auf der anderen Seite besteht allerdings die Gefahr, dass die Schiedsrichter von der Konfliktpartei nicht hinreichend akzeptiert werden.[4] Schiedsverfahren sind in der Regel nicht öffentlich, was für die Parteien von wesentlichem Interesse sein kann (**Vertraulichkeit der Familien- und Vermögensverhältnisse**). Auch im Unternehmensbereich ist die Nichtöffentlichkeit von Vorteil, da Interna des Unternehmens nicht in der Öffentlichkeit erörtert werden. Der dem Schiedsverfahren zugrunde liegende Beschleunigungsgrundsatz (**Konzentrationsmaxime**) kann im Übrigen zu einer raschen Beilegung der Streitigkeit führen.[5] 3

B. Zulässigkeit und Umfang

I. Formelle Zulässigkeit

1. Letztwillige Verfügung

Der Erblasser kann nach § 1066 ZPO in Form einer letztwilligen Verfügung alle oder bestimmte[6] Streitigkeiten, die ihren Grund (Inhalt und Auslegung der Verfügung von Todes wegen) in dem Erbfall[7] haben, unter Ausschluss der ordentlichen Gerichte auf ein Schiedsgericht übertragen, soweit der Streitgegenstand vergleichsfähig ist.[8] Dies bedeutet, dass die Sache überhaupt objektiv **schiedsfähig** ist. Grundsätzlich sind alle vermögensrechtlichen Ansprüche und die nichtvermögensrechtlichen Ansprüche, soweit sie einem Vergleich zugänglich sind, gem. § 1030 ZPO schiedsfähig. Dass die Anordnung einer Schiedsklausel in einem Testament zulässig ist, ist allgemein anerkannt.[9] Die Zulässigkeit der Schiedsklausel wird in § 1066 ZPO vorausgesetzt. Da die Vorschrift wortgleich mit § 1048 ZPO a.F. 4

3 OLG Celle ErbR 2016, 268 m. krit. Anm. *Wendt*, ErbR 2016, 248; *Bandel*, MittBayNot 2017, 1.
4 BeckFormB ErbR/*Keim*, C.VIII. Rn 1 m.w.N.
5 Böckstiegel/*Schiffer*, S. 69.
6 *Walter*, MittRhNotK 1984, 69.
7 MüKo-BGB/*Leipold*, § 1937 Rn. 35; *Schütze/Thümmel*, § 23 II. Rn. 2.
8 OLG Karlsruhe ZEV 2009, 466; LG Mainz SchiedsVZ 2008, 263; *Kohler*, DNotZ 1962, 125.
9 Z.B. RGZ 100, 76; OLG Hamm NJW-RR 1991, 455; BeckOK BGB/*Müller-Christmann*, § 1937 Rn 9; MüKo-BGB/*Leipold*, § 1937 Rn 30; Staudinger/*Otte*, vor § 1937 Rn 6; Stein/Jonas/*Schlosser*, § 1066 Rn 3; *Lange*, Kap. 7 Rn 54 ff.

übereinstimmt, ist daraus zu schließen, dass auch der Gesetzgeber bei der Reform des Rechts der Schiedsgerichtsbarkeit im Jahr 1999 hiervon ausgegangen ist. Die Formulierung in § 1066 ZPO „in gesetzlich statthafter Weise" ist damit so zu verstehen, dass hierdurch auf die allgemeinen Wirksamkeitsvoraussetzungen einer letztwilligen Verfügung, d.h. Testierfähigkeit, Form, Bezug genommen wird. Im Übrigen ergibt sich die Zulässigkeit der letztwilligen Schiedsklausel unmittelbar aus § 1066 ZPO. Letztwillige Schiedsklauseln sind nicht der Form des § 1031 ZPO unterworfen.[10]

5 Das Schiedsgericht kann im Rahmen seiner Bestellung entsprechend der dem Verfahren zugrunde gelegten Schiedsordnung und im Übrigen nach freiem Ermessen entscheiden. Die Grenze bilden der ordre public[11] und die guten Sitten (§§ 1034, 1041 ZPO). Es wird lediglich ein formwirksames und auch sonst wirksames Testament oder ein Erbvertrag vorausgesetzt.[12] Sowohl beim Erbvertrag als auch beim gemeinschaftlichen Testament gelten jedoch Besonderheiten. Über § 2299 BGB kann die Einsetzung eines Schiedsgerichts auch in einem **Erbvertrag** angeordnet werden. Eine vertragsmäßige Bindung hingegen ist gem. § 2278 Abs. 2 BGB nicht möglich. Handelt es sich um Streitigkeiten zwischen den Erbvertragsparteien, gelten die Vorschriften der §§ 1025 ff. ZPO unmittelbar.[13] Im Übrigen ist die Form des § 1031 ZPO einzuhalten.[14] Nach Ansicht von *Leipold* könne dies jedoch nur gelten, wenn im Erbvertrag für Streitigkeiten zwischen den Erbvertragsparteien unter Lebenden eine Schiedsvereinbarung getroffen werde, während für die Einsetzung des Schiedsgerichts für Streitigkeiten nach dem Erbfall gem. § 1066 ZPO die Erbvertragsform genüge und § 1031 ZPO nicht zur Anwendung komme.[15] Wurde hingegen ein Vermächtnisnehmer vertragsmäßig bedacht und wird nachträglich ein Schiedsgericht eingesetzt, ist ungeklärt, ob hierin eine Beeinträchtigung i.S.v. § 2289 BGB liegt.[16]

Auch im Rahmen eines **gemeinschaftlichen Testaments** handelt es sich bei der Schiedsklausel um eine einseitige und nicht um eine wechselbezügliche Verfügung.[17]

6 Die Formulierung „für Streitigkeiten, die durch dieses Testament hervorgerufen sind und ihren Grund in dem Erbfall haben" ist eine hinreichend bestimmte Schiedsgerichtsanordnung.[18] Will der Erblasser auf eine bestimmte **Schiedsordnung** Bezug nehmen und sie damit zum Inhalt der letztwilligen Verfügung machen, so wird teilweise empfohlen, eine solche Schiedsordnung notariell zu beurkunden, damit Testamentsform gewahrt ist.[19] Allerdings ist eine Bezugnahme auf eine bereits bestehende und formwirksame Schiedsordnung ausreichend. Formbedürftig ist nur die Anordnung selbst.[20]

---

10 MüKo-ZPO/*Münch*, § 1066 Rn 5 m.w.N.
11 Stein/Jonas/*Schlosser*, § 1066 Rn 6.
12 MüKo-BGB/*Leipold*, § 1937 Rn 30.
13 OLG Hamm NJW-RR 1991, 455, 456; *Haas*, ZEV 2007, 49, 51 f.; Stein/Jonas/*Schlosser*, § 1066 Rn 3; MüKo-ZPO/*Münch*, § 1066 Rn 4 m.w.N.
14 OLG Hamm NJW-RR 1991, 455, 456.
15 MüKo-BGB/*Leipold*, § 1937 Rn 32 m.w.N.
16 Bejahend: OLG Hamm NJW-RR 1991, 455, 456; MüKo-BGB/*Leipold*, § 1937 Rn 32; a.A. OLG Celle v. 9.11. 2015 – 6 W 204/15, ErbR 2016, 268 Rn 5 m. krit. Anm. *Wendt*, ErbR 2016, 248; Groll/Steiner/*Grötsch*, Rn 35.36; *Lange*, ZEV 2017, 1, 5; wohl auch *Gockel*, Anm. zu OLG Frankfurt v. 4.5.2012, ZErb 2013, 272, 273.
17 OLG Celle ErbR 2016, 268 m. Anm. *Bandel*, MittBayNot 2017, 1; a.A. KG ErbR 2016, 337.
18 OLG Karlsruhe, Beschl. v. 26.11.2007 – 10 Sch 6/07, Beck RS 2009, 29357; Zöller/*Geimer*, § 1066 Rn 16.
19 *Lachmann/Lachmann*, BB 2000, 1633, 1636.
20 BayObLGZ 1999, 266; Zöller/*Geimer*, § 1031 Rn 15; *Saenger*, § 1031 Rn 17.2.

Dass der Erblasser im Rahmen seiner letztwilligen Verfügung die **Zuständigkeit** eines Schiedsgerichts anordnen kann, ist Ausfluss seiner Testierfreiheit. Dies bedeutet, dass der Erblasser nicht nur regeln kann, **wer** sein Vermögen erhält, d.h. wer sein Erbe wird, sondern auch, **wo** über Streitigkeiten gestritten wird. 7

2. Abgrenzung Schiedsgericht – Schiedsgutachter

Die Schiedsklausel bzw. Schiedsbestimmung, auf die die Vorschriften des Schiedsgerichtsverfahrens Anwendung finden, sind von einer rein schiedsgutachterlichen Tätigkeit nach §§ 315 ff. BGB, bei der etwa bestimmte Bewertungsgrundlagen festgelegt werden, abzugrenzen. Ein Schiedsgutachter widmet sich lediglich **Teilaspekten** und soll nicht den gesamten Rechtsstreit entscheiden. Im Rahmen von § 319 BGB kann die Entscheidung des Schiedsgutachters noch von staatlichen Gerichten überprüft werden. Schiedsgutachten erwachsen nicht in Rechtskraft. **Inhalt** von Schiedsgutachten können sein: 8
- Bestimmung eines Vermächtnisses nach billigem Ermessen
- Bestimmung einer Auflage nach billigem Ermessen
- Entscheidungen über die Teilung des Nachlasses nach billigem Ermessen (§ 2048 Abs. 2 BGB)
- Benennung des Vermächtnisnehmers aufgrund § 2151 BGB
- Festlegung eines Übernahmepreises[21]
- Entscheidung, ob eine Auflage erfüllt worden ist[22]

Praxistipp 9
In der Verfügung von Todes wegen sollte eindeutig klargestellt werden, ob ein Schiedsrichter nur hinsichtlich **einzelner** Bewertungsfragen entscheiden soll, dann handelt es sich um eine reine Schiedsgutachterbestimmung, oder ob für die **gesamten** Streitigkeiten der ordentliche Gerichtsweg ausgeschlossen sein soll und dem Verfahren über die Schiedsgerichtsbarkeit unterstellt ist. Wird dennoch eine Klage vor dem ordentlichen Gericht erhoben, steht der beklagten Partei gem. § 1032 Abs. 1 ZPO die Schiedseinrede zu.

II. Materielle Zulässigkeit

1. Allgemeines

Gesetzlich nicht geregelt ist, welche Streitigkeiten der Schiedsgerichtsbarkeit unterstellt werden können. Nur für echte Parteistreitigkeiten der freiwilligen Gerichtsbarkeit sowie für bürgerliche Rechtsstreitigkeiten i.S.d. § 13 GVG ist die Schiedsgerichtsbarkeit gestattet.[23] Mit der Neuregelung des Schiedsverfahrensrechts zum 1.1.1998 ist die Schiedsgerichtsbarkeit der staatlichen Gerichtsbarkeit gleichgestellt worden. 10

Von Gesetzes wegen erfolgte zwar eine Gleichstellung, aber gerade auf dem Gebiet des Erbrechts hat die Rechtsprechung dieser Gleichstellung Grenzen gesetzt. Nach der Rechtsprechung des BGH kann eine Streitigkeit nur dann der Entscheidung durch ein Schiedsgericht unterworfen werden, wenn dies gesetzlich statthaft ist.[24]

21 Dorsel/*Stöhr*, Kap. 9 Rn 634.
22 BeckOGK/*Tegelkamp*, § 1937 BGB Rn 39.
23 BayObLG NJWE-FER 2001, 50 = ZEV 2001, 190.
24 Hierzu *Keim*, NJW 2017, 2652 m.w.N.

11 Hat der Erblasser in seiner letztwilligen Verfügung die gesetzliche Erbfolge angeordnet und weiterhin eine Schiedsklausel verfügt, ist diese Klausel wirksam.[25] Der gesetzlichen Erbfolge geht die gewillkürte Erbfolge vor. Somit entspricht es dem Willen des Erblassers, dass der Berufung, sollte es zum Streit kommen, durch ein Schiedsgericht zur Wirkung verholfen wird.

2. Pflichtteilsansprüche

12 Was nicht in der Verfügungsmacht des Erblassers steht, kann nicht der Entscheidung durch ein Schiedsgericht unterstellt werden.[26] Im Umkehrschluss können daher nur solche Streitigkeiten der Schiedsgerichtsbarkeit unterstellt werden, die der Testierfreiheit des Erblassers unterfallen.[27]

13 Die Rechtsprechung hat hieraus den Schluss gezogen, dass Ansprüche des Pflichtteilsberechtigten **der Schiedsgerichtsbarkeit entzogen** seien.[28] Nach a.A.[29] können jedoch auch die Pflichtteilsberechtigten gebunden werden. Dies wird damit begründet, dass die prozessrechtliche Seite von der materiell-rechtlichen zu trennen sei. Der Erblasser ist zwar nicht in der Lage, über das Pflichtteilsrecht zu disponieren. Auf der anderen Seite ist es jedoch möglich, dass ein Schiedsgericht verbindlich über die Frage entscheiden kann, wer Erbe geworden ist. Dann müsse es auch möglich sein, dass das Schiedsgericht, wenn es der Wille des Erblassers sei, über das Pflichtteilsrecht entscheidet.

Ebenso könne die Entscheidung über die Entlassung eines Testamentsvollstreckers nicht der Schiedsgerichtsbarkeit unterworfen werden.[30]

14 Da für Schiedsvereinbarungen unter Lebenden die allgemeinen Regeln gelten, können aber auch zwischen dem Pflichtteilsberechtigten und dem Erben bzw. zwischen einem Nachlassgläubiger und dem Erben Schiedsvereinbarungen getroffen werden.[31]

3. Vom Erblasser eingesetztes Schiedsgericht

15 Das vom Erblasser in der letztwilligen Verfügung eingesetzte Schiedsgericht hat diejenigen Aufgaben, die ihm vom Erblasser zugewiesen werden, soweit gesetzliche Grenzen nicht überschritten sind. Grundsätzlich können alle **vermögensrechtlichen** Ansprüche einem Schiedsgericht übertragen werden (§ 1030 ZPO). Dies trifft vor allem auf erbrechtliche Ansprüche zu; sie können im Wege der Leistungs-, Feststellungs- oder Rechtsgestaltungsklage geltend gemacht werden.[32] Es geht dabei um Rechtsanwendung und nicht um die

---

25 BeckOGK/*Tegelkamp*, § 1937 Rn 33; MüKo-BGB/*Leipold*, § 1937 Rn 35 m.w.N.

26 Eine ausführliche Darstellung des vorherigen Meinungsstands findet sich etwa bei *Burchard*, ZEV 2017, 308 sowie ebenfalls in der BGH-Entscheidung selbst: BGH v. 17.5.2017 – IV ZB 25/16, NJW 2017, 2112.

27 BeckOK BGB/*Müller-Christmann*, § 1937 Rn 9; MüKo-BGB/*Leipold*, § 1937 Rn 34 f. m.w.N.; Staudinger/*Otte*, vor § 1937 Rn 8; BeckOGK/*Tegelkamp*, § 1937 Rn 31.

28 BGH NJW 2017, 2115; zust. *Wendt*, ErbR 2017, 470; OLG München ZEV 2016, 334 = FamRZ 2016, 1310 (m. abl. Anm. *Schlosser*); BayObLGZ 1956, 186, 189; *Schiffer*, BB 1995 Beilage 5, 5; LG Heidelberg ZEV 2014, 310 = ErbR 2014, 400 (m. zust. Anm. *Wendt*); *Schulze*, MDR 2000, 314, 316; *Haas*, ZEV 2007, 49, 51; MüKo-BGB/*Leipold*, § 1937 Rn 36; Staudinger/*Otte*, vor § 1937 Rn 8a.

29 *Pawlytta*, ZEV 2003, 89; *Wegmann*, ZEV 2003, 20, 21; *R. Werner*, ZEV 2011, 506, 508; Zöller/*Geimer*, § 1066 Rn 18; *Dawirs*, S. 51 ff., 56.

30 BGH ZEV 2017, 412.

31 MüKo-BGB/*Leipold*, § 1937 Rn 31; BGH NJW 2017, 2115 Rn 17.

32 BGH NJW 1959, 1494; Zöller/*Geimer*, § 1030 Rn 3.

Ersetzung des Erblasserwillens. Es muss sich um solche Ansprüche handeln, die der Erblasser auch ihrem Inhalt nach durch **letztwillige Verfügung** bestimmen kann. Die Verfügungsfreiheit des Erblassers ist somit entscheidend.

Handelt es sich um **nicht-vermögensrechtliche** Angelegenheiten, sind diese insoweit schiedsfähig, als die Parteien berechtigt sind, über den Streitgegenstand einen Vergleich zu schließen.[33]

Durch ein Schiedsgericht können sowohl rechtsgestaltende als auch zur Leistung verpflichtende Entscheidungen erlassen werden, ebenso feststellende Entscheidungen. 16

Dem Schiedsgericht kann der Erblasser Entscheidungskompetenz über folgende Regelungsmaterien zuweisen:
- die **Erbenfeststellung** im Falle eines Streits unter Erbprätendenten, gleichgültig, ob es sich um gesetzliche oder gewillkürte Erbfolge handelt; der Erblasser braucht keine Erbeinsetzung vorgenommen zu haben; es würde reichen, lediglich ein Schiedsgericht zur Feststellung der gesetzlichen Erbfolge einzusetzen, ausgenommen ist das Erbscheinsverfahren selbst, ebenso das Beschwerdeverfahren[34]
- den Eintritt oder Ausfall einer **Bedingung**
- die **Erbauseinandersetzung**[35]
- Fragen der **Ausgleichungspflicht** unter Abkömmlingen nach §§ 2050 ff. BGB[36]
- die Feststellungsklage über Modalitäten der **Erbteilung**, um diese vorzubereiten und zur Vermeidung der Erbteilungsklage
- Streitigkeiten über ein Vorausvermächtnis oder eine Teilungsanordnung[37]
- Streitigkeiten zwischen Erben und Vermächtnisnehmern, die ihren Grund in der Verfügung von Todes wegen haben
- die **Auslegung** einer Verfügung von Todes wegen[38]
- die Wirksamkeit der **Anfechtung** einer letztwilligen Verfügung[39]
- Streitigkeiten betreffend die **Erbunwürdigkeit**
- Streitigkeiten zwischen **Vor-** und **Nacherben**[40]
- Streitigkeiten zwischen Erben, Vermächtnisnehmern und **Testamentsvollstrecker** (wer zum Testamentsvollstrecker bestimmt ist, welche Kompetenzen ihm zustehen, nicht aber über die Entlassung eines Testamentsvollstreckers)[41]
- Streitigkeiten, ob jemand wirksam zum Testamentsvollstrecker ernannt wurde bzw. ob das Amt des Testamentsvollstreckers noch besteht[42]

---

33 NK-NachfolgeR/*Trimborn v. Landenberg*, § 1066 ZPO Rn 58.

34 BayObLG FamRZ 2001, 873 = ZEV 2001, 352.

35 BGH NJW 1959, 1493.

36 *Stallknecht*, RNotZ 2019, 433, 437; a.A. LG Duisburg ZEV 2022, 103 m. zust. Anm. *Burchard*; Musielak/Voit/*Voit*, § 1066 Rn 3; *Saenger*, § 1066 Rn 3.

37 Zur Auslegung letztwilliger Verfügungen durch das Schiedsgericht vgl. *Kipp/Coing*, S. 136.

38 OLG Karlsruhe, Beschl. v. 26.11.2007 – 10 Sch 6/07, Beck RS 2009, 29357; *Schwab/Walter*, Kap. 32 Rn 25 f.; Bengel/Reimann/Holtz/Röhl/*Haas*, § 5 Rn 506 unter Verweis auf *Reimann*, Länderbericht Deutschland, 2020, 1, 14; *Stallknecht*, RNotZ 2019, 433, 437; MüKo-BGB/*Leipold*, § 1937 Rn 35; *Haas*, ZEV 2007, 49, 53; *Werner*, ZEV 2011, 506, 509; Groll/Steiner/*Grötsch*, Rn 35.40; *Lange*, ErbR, § 31 Rn 59.

39 Ebenso *Kohler*, DNotZ 1962, 125, 129; *Schiffer*, BB 1995 Beilage 5, 5; Böckstiegel/*Happe*, S. 89; *Lange/Kuchinke*, § 32 II 4b; Grüneberg/*Weidlich*, § 2065 Rn 14; BeckOGK/*Tegelkamp*, § 1937 Rn 32.

40 *Stallknecht*, RNotZ 2019, 433, 437.

41 BGH ZEV 2017, 412; MüKo-BGB/*Leipold*, § 1937 Rn 38 m.w.N.

42 Bengel/Reimann/Holtz/Röhl/*Haas*, § 5 Rn 507.

- Streitigkeiten im **Pflichtteilsrecht**, die der Regelungsbefugnis des Erblassers unterfallen, z.B. die Verteilung der Pflichtteilslast unter Miterben bzw. Vermächtnisnehmern[43]
- Streitigkeiten über Vermächtnisse und Auflagen[44]

17 Für das Schiedsgericht gilt auch die **Grenze** des § 2065 BGB.[45] Das Schiedsgericht kann also nicht an die Stelle des Erblassers treten und den Erben auswählen. Demgemäß kann das Schiedsgericht nicht konstitutiv über die Erbenstellung als solche entscheiden. Es hat vielmehr nur den Willen des Erblassers festzustellen. Insoweit darf ein Schiedsgericht auch nicht ein formungültiges Testament für gültig erklären.[46] Das Schiedsgericht kann z.B. auch nicht den Zeitpunkt des Eintritts des Nacherbfalls bestimmen.[47] Der ergehende Schiedsspruch wirkt – wie ein zivilgerichtliches Urteil – lediglich **inter partes** (§ 1055 ZPO).

18 Andererseits sieht das Erbrecht in anderen Fällen durchaus eine Drittbestimmung vor wie § 2048 BGB bei der Teilungsanordnung, §§ 2155 ff. BGB beim Vermächtnis oder § 2193 BGB bei der Auflage. Daraus ist zu schließen, dass in diesen Fällen ein Schiedsverfahren möglich sein muss. Schiedsfähigkeit gem. § 1030 Abs. 1 ZPO ist gegeben.

4. Streitigkeiten, die nicht dem Schiedsgericht unterworfen werden können

19 Wie bereits ausgeführt, kann das Erbscheinsverfahren nicht einem Schiedsgericht unterworfen werden. Nur das Nachlassgericht kann einen Erbschein im Rahmen des durch das FamFG geregelten Verfahrens erteilen. Die Erteilung eines Erbscheins durch das Schiedsgericht scheidet somit aus.[48] Vielmehr hat das Nachlassgericht von Amts wegen die erforderlichen Ermittlungen durchzuführen, um die Erbfolge zu klären (§ 26 FamFG). Das Schiedsgericht übernimmt demgemäß keine Aufgaben der freiwilligen Gerichtsbarkeit.[49]

20 Nicht der Entscheidungskompetenz des Schiedsgerichts unterliegen somit
- Verfahren der **freiwilligen Gerichtsbarkeit,**[50] insbesondere also
  - **Erbscheinsverfahren**
  - Verfahren betreffend die Erteilung oder Einziehung eines **Testamentsvollstreckerzeugnisses**
  - Verfahren betreffend die **Sicherung des Nachlasses**
  - Verfahren betreffend die **Bestellung eines Nachlasspflegers**
  - Verfahren betreffend die Herbeiführung der Haftungsbeschränkung auf den Nachlass durch Anordnung förmlicher Nachlassverfahren (Nachlassverwaltung, Nachlassinsolvenz – Letztere als besondere Form des Zwangsvollstreckungsrechts)
  - **Betreuungsangelegenheiten** (die vorgängig zu Nachlasssachen eine große Rolle spielen)

---

43 *Keim*, NJW 2017, 2653.

44 Bejahend OLG München ZEV 2018, 87.

45 *Kohler*, DNotZ 1962, 125; BeckOK BGB/*Müller-Christmann*, § 1937 Rn 9.

46 RGZ 100, 76; *Kohler*, DNotZ 1962, 125.

47 BGH NJW 1955, 100.

48 BayObLG NJWE-FER 2001, 50 = ZEV 2001, 190; *Lange*, ZEV 2017, 1.

49 Siehe zum Erbschein etwa KG v. 29.1.2016, ErbR 2016, 337 (Erteilung eines Erbscheins ist ausschließlich dem Nachlassgericht vorbehalten); MüKo-BGB/*Leipold*, § 1937 Rn 37, 35 m.w.N.; irritierend dagegen OLG Celle v. 11.12.2015, ZEV 2016, 337 (Erbscheinsantrag soll unzulässig sein, solange das Schiedsgericht nicht entschieden hat). Für „echte Streitsachen der freiwilligen Gerichtsbarkeit" ausdr. offengelassen von BGH v. 17.5.2017 – IV ZB 25/16, NJW 2017, 2112 Rn 14; *Gottwald*, EE 2019, 158, 160.

50 *Wendt*, ErbR 2016, 248; *Lange*, ZEV 2017, 1; a.A. aber OLG Celle v. 10.12.2015 – 6 W 204/15, ZEV 2016, 337.

- Ehesachen – zur Klärung erbrechtlicher Vorfragen[51]
- Kindschaftssachen – ebenfalls zur Klärung erbrechtlicher Vorfragen
- die Frage der Zugehörigkeit von Gegenständen zum Nachlass[52]
- Ansprüche von **Nachlassgläubigern,**[53] weil Letztere den einseitigen Anordnungen des Erblassers nicht unterworfen werden können
- Fälle, in denen sich eine Entscheidung auf Dritte erstrecken soll, insbesondere alle Fälle der **Streitverkündung** (§§ 72 ff. ZPO), sofern nicht der Dritte die Entscheidung des Schiedsgerichts für sich als verbindlich anerkennt
- Fälle, wonach der Testamentsvollstrecker als Einzelschiedsrichter über Streitigkeiten entscheiden soll, die zwischen ihm als Testamentsvollstrecker und den Erben entstehen[54]
- Schadensersatzansprüche, die gegen einen Testamentsvollstrecker geltend gemacht werden, da der Schadensersatzanspruch der Disposition des Erblassers entzogen ist

5. Erforderlichkeit einer Genehmigung zur Durchführung eines Schiedsverfahrens

Der Nachlassinsolvenzverwalter benötigt zum Abschluss einer Schiedsvereinbarung die Zustimmung der **Gläubigerversammlung** nach § 160 Abs. 2 Nr. 3 InsO. 21

Nur mit **nachlassgerichtlicher Genehmigung** kann
- ein Nachlasspfleger (§§ 1960, 1961, 1962, 1915, 1854 Nr. 6 BGB)
- ein Nachlassverwalter (§§ 1975, 1960, 1962, 1915, 1854 Nr. 6 BGB)

eine Schiedsvereinbarung schließen.

Nur mit **familien-** bzw. **betreuungsgerichtlicher Genehmigung** kann
- ein Vormund für sein Mündel (§ 1799 Abs. 1, 1854 Nr. 6 BGB)
- ein Pfleger für den Pflegebefohlenen (§§ 1813, 1854 Nr. 6 BGB)
- ein Betreuer für den Betreuten (§§ 1854 Nr. 6 BGB)

eine Schiedsvereinbarung schließen.

Gem. § 1854 Nr. 6 BGB bedarf auch der Abschluss eines Prozessvergleichs oder eines Schiedsvertrags der Genehmigung. Hiervon ausgenommen sind Streitigkeiten, deren Gegenstandswert 6.000 EUR nicht übersteigt. Eine Genehmigung ist auch dann nicht erforderlich, wenn der Vergleich einem gerichtlichen Vergleichsvorschlag entspricht. 22

6. Keine Genehmigungspflicht bei transmortaler Vollmacht

Dass eine über den Tod des Vollmachtgebers hinaus wirkende Vollmacht auch als Generalvollmacht – in der Praxis sehr häufig als Vorsorgevollmacht – erteilt werden kann, ist allgemein anerkannt.[55] Rechtsfolge der Vollmacht über den Tod hinaus ist, dass der Bevollmächtigte nach dem Tod des Vollmachtgebers dessen Erben in Bezug auf den Nachlass vertritt. Dies gilt auch, wenn diese unbekannt sind.[56] Da der Bevollmächtigte seine Befugnis vom Erblasser herleitet, kann er alle Rechtsgeschäfte so vornehmen, wie dieser es hätte tun 23

---

51 Handelt es sich um familienrechtliche Folgesachen, können diese einem Schiedsgericht unterworfen werden, *Schumacher*, FamRZ 2004, 1677.

52 BayObLGZ 1956, 186, 189; NK-NachfolgeR/*Trimborn v. Landenberg*, § 1066 ZPO Rn 60.

53 Böckstiegel/*Schiffer*, S. 77.

54 BGH NJW 2019, 857.

55 Staudinger/*Schilken*, § 168 Rn 28; *Michalski*, WuM 1997, 658; *Bork*, JZ 1988, 1059; *Trapp*, ZEV 1995, 314; *Seif*, AcP 200, 192.

56 BGHZ 87, 20, 25; BGH FamRZ 1983, 477; OLG Hamburg DNotZ 1967, 31; *Finger*, NJW 1969, 1624; *Petersen*, Jura 2003, 310, 311; *Saar/Posselt*, JuS 2002, 778, 779 m.w.N.

können.[57] Der Bevollmächtigte kann Umschreibungen bezüglich der im Nachlass befindlichen Grundstücke im Grundbuch veranlassen.[58] Hat der Erblasser eine über seinen Tod hinaus wirkende Vollmacht erteilt, braucht der Bevollmächtigte im Grundbuchverkehr so lange keinen Erbnachweis vorzulegen, wie die Vollmacht noch besteht, und sofern die Erben nicht im Grundbuch einzutragen sind.[59]

7. Sonderprobleme

a) Anfechtung eines Testaments

24 Eine Anfechtungserklärung ist dem **Nachlassgericht** gegenüber abzugeben (§§ 2081, 2281 BGB). Eine Abgabe gegenüber dem Schiedsgericht ist nicht möglich. Ob die Anfechtung begründet ist, prüft das Nachlassgericht allerdings nicht.[60] Sofern die Prüfung der Begründetheit im Rahmen eines Erbscheinsverfahrens erfolgt, ist das Nachlassgericht ausschließlich zuständig. Würde allerdings ein Folgestreit in die Zuständigkeit des Prozessgerichts fallen, wird dieser vor einem Schiedsgericht geführt, sofern der Erblasser eine Schiedsklausel angeordnet hat. Die Folgen einer Anfechtungserklärung können hingegen der Entscheidung eines Schiedsgerichts unterworfen werden.[61]

b) Schiedsklausel und Ausschlagung i.S.d. § 2306 BGB

aa) Rechtsnatur einer Schiedsklausel

25 Im Zusammenhang mit der Frage, wie man sich einer in einem Testament angeordneten Schiedsklausel entledigen kann und welche Folgen mit einer dementsprechenden Ausschlagungserklärung verbunden sind, ist zunächst zu klären, wie eine Schiedsklausel rechtsdogmatisch einzuordnen ist. Handelt es sich bei der Schiedsklausel um eine **Auflage**, käme u.U. eine Ausschlagung i.S.v. § 2306 BGB in Betracht, ohne dass die Ausschlagung zum Verlust des Pflichtteilsrechts führen würde.

Bedeutung erlangt das Problem der Rechtsnatur auch für die Frage, ob eine Schiedsklausel als wechselbezügliche Verfügung nach § 2270 Abs. 3 BGB oder mit erbvertraglich bindender Wirkung nach § 2278 Abs. 2 BGB angeordnet werden kann. Eine solche ist nur möglich, wenn die Schiedsklausel als Auflage gesehen wird. Andernfalls bliebe nur die Möglichkeit einer bedingten Erbeinsetzung.[62]

26 Die Bestimmung der Rechtsnatur der Schiedsklausel bereitet erhebliche Schwierigkeiten, weil das Gesetz dazu schweigt. Das Reichsgericht hat diese Frage in seiner Entscheidung offengelassen und lediglich die Zulässigkeit einer solchen Schiedsklausel bejaht.[63]

---

57 RGZ 88, 345; OLG Hamburg DNotZ 1967, 31; LG Stuttgart BWNotZ 2007, 119.
58 OLG Hamburg DNotZ 1967, 31.
59 RGZ 88, 345.
60 MüKo-BGB/*Leipold*, § 2081 Rn 12.
61 *Werner*, ZEV 2011, 509; MüKo-BGB/*Leipold*, § 1937 Rn 35.
62 *Walter*, MittRhNotK 1984, 69.
63 RGZ 100, 76.

bb) Schiedsklausel als Auflage

Nach Ansicht *Kohlers*[64] handelt es sich bei einer Schiedsklausel um eine Auflage, wenn der Erblasser dem Schiedsgericht die ausschließliche Zuständigkeit einräumt. 27

cc) Schiedsklausel als Verfügung „sonstigen Inhalts"

Walter[65] geht dagegen davon aus, dass es sich um eine Verfügung „sonstigen Inhalts" handle, 28
die nicht unter eines der in den §§ 1937–1941 BGB ausdrücklich erwähnten Rechtsinstitute zu subsumieren sei. Er begründet dies damit, dass die Anordnung einer letztwilligen Schiedsklausel z.B. der Benennung eines Vormunds nach § 1782 BGB oder einer Pflichtteilsentziehung nach §§ 2333 ff. BGB vergleichbar näher stehe.[66] Die Meinung, dass die Anordnung eines Schiedsgerichts in einem Testament keine Auflage sei, vertritt auch *Schulze*.[67] Diese Ansicht vertritt auch *Leipold*.[68] Dies wird damit begründet, dass keine Leistungsverpflichtung auferlegt, sondern nur die Kompetenz eines Schiedsgerichts begründet wird. Dies gelte auch bei einer ausschließlichen Zuständigkeit des Schiedsgerichts.

In der Tat dürfte es sich bei der letztwilligen Einsetzung eines Schiedsgerichts nicht um 29
eine Auflagenanordnung handeln, sondern um eine **Anordnung eigener Art**, vergleichbar einer Vormundbenennung nach § 1782 BGB oder einer Verwaltungsanordnung nach § 1638 BGB, da mit der Schiedsklause keine Leistungsverpflichtung auferlegt wird. Es wird lediglich die Zuständigkeit, wenn auch die ausschließliche Zuständigkeit, des Schiedsgerichts begründet.

Aus der Einordnung der Schiedsklausel als eine Verfügung sui generis folgt, dass eine 30
Ausschlagung nach § 2306 BGB **nicht möglich** ist. Bedeutung hat dies auch für die Frage der Wechselbezüglichkeit bzw. erbvertraglichen Bindung.

Bezüglich der **Bindung** an eine angeordnete Schiedsklausel gilt Folgendes: 31

Es besteht die Möglichkeit, dass sich die Beteiligten dahin gehend **einigen**, die durch den Erblasser angeordnete Schiedsklausel außer Acht zu lassen. Eine angeordnete Schiedsklausel kann allerdings **nicht einseitig** abbedungen werden. In diesem Zusammenhang ist allerdings umstritten, ob dies auch für den Fall gilt, dass der Berechtigte ausschlägt, um sich so der Schiedsklausel zu entledigen:[69]

Nach einer Ansicht besteht in der Schiedsklausel eine „Auflagengleichheit", da eine derartige Klausel zu einer Beeinträchtigung der Rechte oder zu zusätzlichen Pflichten führe.[70] Nach a.A. ist der Beschwerungsbegriff des § 2306 BGB nicht analog auf die Schiedsklausel anzuwenden.[71]

Allerdings ist es ohnehin fraglich, ob der Erblasser befugt ist, Streitigkeiten hinsichtlich des Pflichtteilsrechts einem Schiedsgericht zu unterwerfen.

---

64 *Kohler*, DNotZ 1962, 125; NK-BGB/*Bock*, § 2306 Rn 13; *Mayer*, ZEV 2000, 263, 267; Kössinger/Najdecki/Zintl/*Kössinger/Zintl*, § 15 Rn 331; vgl. zum Meinungsstreit auch BeckOK BGB/*Müller-Engels*, § 2306 Rn 14; Damrau/Tanck/*Riedel*, § 2306 Rn 18 m.w.N.

65 *Walter*, MittRhNotK 1984, 69.

66 Vgl. Zöller/*Geimer*, § 1066 Rn 16a m.w.N., Rn 18.

67 *Schulze*, MDR 2000, 314, 315 Fn 17.

68 MüKo-BGB/*Leipold*, § 1937 Rn 33 m.w.N; *Statthalter*, RNotZ 2019, 433, 440.

69 *Bandel*, SchiedsVZ 2017, 72.

70 *Bandel*, MittBayNot 2017, 1, 7.

71 MüKo-BGB/*Lange*, § 2306 Rn 23.

32 Trifft der **überlebende** Vertragspartner oder **Ehegatte nachträglich** eines Schiedsanordnung, ist die Rechtslage unklar. Seitens der Rechtsprechung wird es unterschiedlich beurteilt, ob dies als unzulässige Beschwerung des vertragsmäßig bzw. wechselbezüglich eingesetzten Erben oder Vermächtnisnehmers zu sehen ist.[72]

c) Verfahrenskostenhilfe/Prozesskostenhilfe und Schiedsgerichtsbarkeit

33 Ein Schiedsverfahren ist dann zum Scheitern verurteilt, wenn eine Partei nicht in der Lage ist, die für das Verfahren erforderlichen Kosten aufzubringen. Für die Durchführung eines Schiedsgerichtsverfahrens kann **keine** Prozess-/Verfahrenskostenhilfe bewilligt werden.[73]

d) Streit über die Wirksamkeit einer Schiedsanordnung

34 Wurde in einer letztwilligen Verfügung eine Schiedsklausel verfügt und besteht Streit darüber, ob der Erblasser überhaupt testierfähig war, stellt sich zum einen die Frage der materiellen Wirksamkeit des Testaments und zum anderen die Frage der Zuständigkeit des Schiedsgerichts. Hier ist auf § 1040 ZPO zu verweisen. Das Schiedsgericht hat die Kompetenz, über seine eigene Zuständigkeit zu entscheiden (sog. „**Kompetenz-Kompetenz**"). Ist das Schiedsgericht der Ansicht, dass der Erblasser testierunfähig war, wird die Klage als unzulässig abgewiesen. Damit ist der Weg zum staatlichen Gericht geebnet. Geht das Gericht hingegen davon aus, dass der Erblasser testierfähig war, ergeht ein Zwischenschiedsspruch. Hiergegen kann gem. § 1062 Abs. 1 Nr. 2 ZPO innerhalb eines Monats gerichtliche Entscheidung beim OLG beantragt werden.

8. Schiedsfähigkeit von güterrechtlichen Streitigkeiten

35 Im Zusammenhang mit der Abwicklung von Nachlässen bei Erblassern, die im gesetzlichen Güterstand der **Zugewinngemeinschaft** gelebt haben, ist auch über die Zugewinnausgleichsforderung des überlebenden Ehegatten zu entscheiden, wenn die sog. güterrechtliche Lösung zum Zuge kommt. Dafür ist nach §§ 261 ff. FamFG das Familiengericht zuständig. Die Schiedsfähigkeit von Ansprüchen aus dem ehelichen Güterrecht wird grundsätzlich bejaht, weil die Verfahrensregeln der ZPO anzuwenden sind.[74] Wenn **beide** Ehegatten ein Schiedsgericht vereinbaren oder wenn in einer **gemeinsamen letztwilligen Verfügung** (gemeinschaftliches Testament oder Erbvertrag) eine Schiedsgerichtsanordnung auch für güterrechtliche Fragen von beiden getroffen wird, steht der Schiedsgerichtsbarkeit für güterrechtliche Streitigkeiten nichts im Wege. Eine Unwirksamkeit kann sich lediglich aus Gründen der Sittenwidrigkeit oder aber der ehevertraglichen Inhaltskontrolle ergeben. Hierfür müssen allerdings entsprechende Anhaltspunkte vorliegen, die sich aus der getroffenen Vereinbarung ergeben müssen.

36 Fraglich ist jedoch, ob der Erblasser in einer **einseitigen Verfügung** von Todes wegen auch für güterrechtliche Fragen eine Schiedsgerichtsanordnung nach § 1066 ZPO treffen kann, zumal im Zusammenhang mit der Vorwegerfüllung der Zugewinnausgleichsforderung als einer zu begleichenden Nachlassverbindlichkeit (§ 2046 BGB) der überlebende Ehegatte die Übertragung von Nachlassgegenständen nach § 1383 BGB durch Entscheidung des Familiengerichts vor der Durchführung der Erbteilung verlangen kann.

---

72 Für die Unwirksamkeit: OLG Hamm NJW-RR 1991, 455; dagegen: OLG Celle ZEV 2016, 337.

73 BeckOK ZPO/*Vorwerk*/*Wolf-Reichling*, § 114 Rn 4.

74 Anders/Gehle/*Anders*, § 1030 Rn 8; MüKo-ZPO/*Münch*, § 1030 Rn 18, es sei denn, es handelt sich um ein Verfahren im Entscheidungsverbund; *Schulze*, S. 71 f., 78 f.; *Wachter*, ZNotP 2003, 408, 423; *Huber*, SchiedsVZ 2004, 280, 281; *Schumacher*, FamRZ 2004, 1677, 1684.

Wenn man die Schiedsfähigkeit von Pflichtteilsstreitigkeiten durch einseitige Erblasseranordnung bejaht, so wird man auch die Schiedsfähigkeit von Zugewinnausgleichsansprüchen durch einseitige Erblasseranordnung bejahen müssen; auch die Zugewinnausgleichsforderung entsteht erst mit dem Tod des Erblassers. Die vom Erblasser in einem Testament angeordnete Schiedsklausel müsste dann ausgedehnt werden auf Zugewinnausgleichsstreitigkeiten. 37

Entsprechendes gilt für Auseinandersetzungsansprüche in der Erbteilung bei zwischen dem Erblasser und seinem Ehegatten vereinbarter **Gütergemeinschaft** und dem Entnahmerecht nach § 1477 Abs. 2 BGB sowie bei der Auseinandersetzung einer **fortgesetzten Gütergemeinschaft**. 38

Unter diesem Gesichtspunkt erscheint es überlegenswert, auch Schiedsklauseln in Eheverträge aufzunehmen. Nach h.M. sind allerdings Ehesachen, d.h. auch die Scheidung selbst, und Kindschaftssachen nicht schiedsfähig.[75]

9. Von den Streitparteien eingesetztes Schiedsgericht

Die Parteien können auch unabhängig von einer Schiedsklausel in einer letztwilligen Verfügung eine Schiedsvereinbarung treffen, wenn der Streitgegenstand der **vergleichsmäßigen Disposition der Parteien** unterliegt (§ 1030 ZPO). Dazu sind die Formalien des § 1031 ZPO einzuhalten. 39

10. Schiedsgericht kraft Universalsukzession

Hatte der Erblasser bereits Schiedsvereinbarungen bei bestehenden Rechtsverhältnissen getroffen, so geht diese den Erblasser treffende Unterwerfung unter ein Schiedsgericht nach § 1922 BGB auf seine **Erben** über.[76] Zu nennen sind insbesondere Schiedsvereinbarungen in Gesellschaftsverträgen, in die nachfolgeberechtigte Erben kraft der von der Rechtsprechung entwickelten Sondererbfolge eintreten.[77] 40

11. Schiedsvereinbarung bei vorweggenommener Erbfolge

Werden bei Schenkungs-, Ausstattungs- und Übergabeverträgen Schiedsvereinbarungen für alle aus dem Vertragsverhältnis und seiner eventuellen Rückabwicklung entstehenden Streitigkeiten getroffen, so unterliegen die Vertragsparteien nicht nur zu Lebzeiten des Schenkers der Schiedsabrede, sondern nach seinem Tod auch seine **Erben**, weil auf sie als Gesamtrechtsnachfolger auch alle Rechte und Pflichten aus der Schiedsabrede übergegangen sind.[78] 41

Bei einem Vertrag zugunsten Dritter ist auch der Dritte an eine Schiedsvereinbarung gebunden, wenn diese getroffen wurde, bevor für ihn ein unwiderrufliches Recht entstanden ist.[79]

---

75 BGHZ 132, 278 = DNotZ 1996, 694 = NJW 1996, 1753, 1754; BayObLGZ 1999, 255, 268 = BayJMBl 2000, 34; *Huber*, SchiedsVZ 2004, 280, 281; MüKo-ZPO/*Münch*, § 1030 Rn 19; BeckOK ZPO/*Wolf/Eslami*, § 1030 Rn 8.

76 *Schwab/Walter*, Kap. 7 Rn 30.

77 BGH NJW-RR 1991, 423 = MDR 1991, 737 = WM 1991, 384.

78 BayObLGZ 1999, 58.

79 *Schwab/Walter*, Kap. 7 Rn 30; *Grziwotz*, Rn 418.

12. International-prozessrechtliche Fragen

42 Richtet sich das **Erbstatut** nach deutschem Recht, so ist für die Frage, inwieweit Streitigkeiten einem vom Erblasser eingesetzten Schiedsgericht unterworfen sind, in jedem Fall deutsches Recht maßgebend. Findet jedoch ein ausländisches Erbstatut Anwendung, ist umstritten, ob sich die Befugnis zur Einsetzung eines Schiedsgerichts nach deutschem Recht richtet, sofern das Schiedsgericht seinen Sitz in Deutschland hat.[80]

43 Nach einer Ansicht kommt es insoweit auf das Erbstatut an.[81] Damit wird die Schiedsgerichtsanordnung als erbrechtliche Regelungsfrage qualifiziert.[82] Nach einer weiteren Ansicht findet deutsches Recht für die Befugnis zur Einsetzung eines Schiedsgerichts Anwendung.[83] Dies wird damit begründet, dass für prozessrechtliche Fragen die lex fori gelte, d.h. das Verfahrensrecht am Gerichtssitz. Hierzu zähle auch § 1051 ZPO. Nach dieser Ansicht wird die Schiedsgerichtsanordnung als rein verfahrensrechtliche Anordnung qualifiziert. Es ist jedoch zwischen der Zulässigkeit des Schiedsverfahrens auf der einen Seite und dem in der Sache anzuwendenden Recht auf der anderen Seite zu unterscheiden. Die Zulässigkeit richtet sich nach der lex fori.[84]

44 Nach a.A. sind jedoch die Art. 22, 25 EuErbVO für die Rechtswahl zwingendes Recht. Eine Ermächtigung zur Entscheidung nach Billigkeit i.S.d. § 1051 Abs. 3 ZPO sei nur insoweit möglich, als diese Entscheidung die zwingenden Normen des nach der EuErbVO maßgeblichen anwendbaren ausländischen Rechts berücksichtige.[85]

45 Es ist allerdings darauf hinzuweisen, dass private Schiedsgerichte nicht in der Lage sind, richterliche Handlungen in hoheitlicher Funktion selbst durchzuführen. Hier ist auf die Vorschrift des § 1050 BGB zu verweisen. Das staatliche Gericht leistet insoweit entsprechende Unterstützung, wie z.B.

- bei der Vernehmung von Zeugen oder Sachverständigen, die freiwillig keine Aussage machen wollen,
- die Einholung von Aussagegenehmigungen für Beamte, Notare oder Richter,
- die Vereidigung von Sachverständigen und Zeugen.

46 Weiterhin hat das **OLG** gem. § 1062 ZPO den ordnungsgemäßen Ablauf des Schiedsverfahrens auf Antrag zu **überprüfen**. Ein inländischer Schiedsspruch kann gem. § 1059 Abs. 2 ZPO aus den dort genannten Gründen aufgehoben werden. Weiterhin kann im laufenden Verfahren die Bestellung oder Ablehnung eines Schiedsrichters geprüft werden, allerdings jeweils nur auf Antrag.

C. Zweckmäßigkeit des Schiedsgerichts

47 Das Schiedsverfahren hat verschiedene Vorzüge. Der Erblasser ist daran interessiert, dass seine Anordnungen nach seinem Tod sofort, zumindest aber in angemessener Zeit erfüllt

80 Siehe Nachw. bei MüKo-ZPO/*Münch*, § 1066 Rn 6.

81 MüKo-ZPO/*Münch*, § 1066 Rn 6; Musielak/Voit/*Voit*, § 1066 Rn 1; *Bandel*, NotBZ 2005, 381, 382.

82 Musielak/Voit/*Voit*, § 1066 Rn 1; *Bandel*, NotBZ 2005, 381, 382; *v. Bary*, ZEV 2019, 317, 322.

83 *Geimer*, Anm. zu BGH v. 16.3.2017, ZEV 2017, 416; *Haas*, ZEV 2007, 49, 54; BeckOK ZPO/*Wolf/Eslami*, § 1066 Rn 1.

84 *Geimer* in: FS Schlosser, 2005, S. 303 f.; vgl. zur Qualifizierung des § 1066 ZPO als prozessuale Ermächtigungsnorm auch *Pawlytta*, ZEV 2003, 89, 92.

85 *Bandel*, MittBayNot 2017, 1; *Mankowski*, ZEV 2014, 399; BGH ZEV 2017, 416.

werden. Deshalb gilt es, etwaigen langwierigen Erbstreitigkeiten vorzubeugen. Das Schiedsverfahren kommt dabei den Beteiligten in mehrerlei Hinsicht entgegen:

- Der Schiedsrichter kann – **ohne förmlichen Antrag** – nach freiem Ermessen entscheiden, er ist nur an die guten Sitten und den ordre public gebunden.
- Ist besondere **Sachkunde** und/oder **spezielle Rechtskenntnis** erforderlich, so können dafür qualifizierte Schiedsrichter eingesetzt werden. Angesichts der stark zurückgeführten Juristenausbildung auf den Gebieten des Familien-, Erb-, Gesellschafts- und Steuerrechts gibt es dafür schon heute ein unabweisbares Erfordernis. Gem. § 72a Abs. 1 Nr. 6 und § 119a Abs. 1 Nr. 6 GVG gibt es bei Land- und Oberlandesgerichten inzwischen die Verpflichtung, Kammern und Zivilsenate auch für erbrechtliche Streitigkeiten zu bilden. Allerdings besteht dennoch bis zur vollständigen Etablierung dieser Kammern und Zivilsenate ein großes Bedürfnis nach Richtern, die das Erbrecht beherrschen. Gerade die besondere Kompetenz des/der Schiedsrichter eines Schiedsgerichts macht es in den meisten Fällen hinnehmbar, auf eine zweite Instanz zu verzichten.
- Im Gegensatz zum ordentlichen Gericht kann das Schiedsgericht befreit von allen verzögerlichen Förmlichkeiten entscheiden. Die Gestaltung des Verfahrens kann damit zu einer schnellen Erledigung führen.[86]
- Die **örtliche Zuständigkeit** ist für die Parteien einfacher zu bestimmen als bei staatlichen Gerichten. Zur Konfliktverminderung können sogar **wechselnde Verhandlungsorte** vereinbart werden.
- Das Verfahren betreffend den **vorläufigen Rechtsschutz** ist ebenfalls weniger formalisiert als im Verfahren vor den ordentlichen Gerichten.
- **Verfahrensbeschleunigung**: Begnügt man sich mit einem Einzelschiedsrichter und verzichtet man auf einen Instanzenzug (**kein Oberschiedsgericht**), so wird das Schiedsgericht im Allgemeinen innerhalb kürzester Zeit entscheiden können. Dies dient sowohl dem Anliegen des Erblassers wie auch dem Familienfrieden und erspart den Angehörigen langwierige und kostspielige Prozesse. Allerdings kann sich durch die Notwendigkeit der Vollstreckbarerklärung des Schiedsspruchs durch ein staatliches Gericht wiederum eine Verzögerung ergeben.
- **Geheimhaltungsinteresse** der Parteien: Bereits der Umstand, dass überhaupt ein Rechtsstreit zwischen bestimmten Personen besteht, aber auch dessen Details sollen häufig einem interessierten Kreis der Öffentlichkeit unbekannt bleiben. Verfahren vor dem Schiedsgericht können unter Ausschluss der Öffentlichkeit stattfinden.[87] Dies ist insbesondere für Unternehmen interessant – Familien- und Firmengeheimnisse bleiben so den Konkurrenzunternehmen verborgen.
- Zum Schiedsrichter kann auch der Testamentsvollstrecker ernannt werden. Die Befugnisse des Testamentsvollstreckers lassen sich durch eine Personalunion mit dem Schiedsrichteramt verstärken. Eine solche Doppelbestellung ist nach herrschender Meinung zulässig.[88]
- In Fällen mit **Auslandsberührung**: Vereinbarung der **anwendbaren Rechtsordnung**.
- Verhandlungsführung in **nicht deutscher Gerichtssprache** (§ 1045 ZPO).
- Das Schiedsgericht fördert den Familienfrieden. Da es sich um ein nichtöffentliches Verfahren handelt, verliert niemand, zumindest nicht gegenüber Familienfremden, sein

86 Kroiß/Horn/Solomon/*Trimborn v. Landenberg*, Nachfolgerecht, § 1066 Rn 17, 18.

87 Die Nichtöffentlichkeit ebenfalls als wesentlichen Vorteil eines Schiedsverfahrens in erbrechtlichen Angelegenheiten hervorhebend: *Mankowski*, ZEV 2014, 395; *Werner*, ZEV 2011, 506; *Wegmann*, ZEV 2003, 20.

88 *Kohler*, DNotZ 1962, 125; *Walther*, MittRhNotK 1984, 7; dies gilt allerdings nicht für Streitigkeiten mit dem Testamentsvollstrecker, OLG Frankfurt ZEV 2012, 665.

Gesicht. Somit wird eher Vergleichsbereitschaft aufgebracht und es besteht daher eher die Möglichkeit, Kompromisse einzugehen.

48 **Beispiel Erbteilungsklage**: Bei der Erbteilungsklage vor dem ordentlichen **Zivilgericht** muss ein konkreter Teilungsplan(-vertrag) vorgelegt werden, zu dessen Abschluss die Zustimmung der anderen Miterben eingeklagt wird.

Anders beim **Schiedsgericht**: Es kann, sofern es vom Erblasser oder den Miterben ermächtigt wurde (§ 1051 Abs. 3 ZPO), ohne dass der Kläger einen bestimmten Antrag zu stellen braucht, das Begehren der Parteien aus dem ihm unterbreiteten Sachverhalt ableiten und unter Berücksichtigung wirtschaftlicher, zweckmäßiger und praktischer Erwägungen entscheiden. Dies ist gerade im Hinblick auf die Schwierigkeit der richtigen Antragstellung bei der Erbteilungsklage ein wichtiger Aspekt. Eine Billigkeitsentscheidung darf jedoch nicht gegen zwingendes Erbrecht verstoßen.[89]

D. Person des Schiedsrichters

49 Grundsätzlich kann der **Erblasser** festlegen, in welcher Stärke der Spruchkörper zu besetzen ist. Der Einzelschiedsrichter ist die am häufigsten gewählte Besetzungsgröße. Es gibt aber durchaus auch Verfahren, bei denen ein Dreierschiedsgericht zu entscheiden hat.

50 Grundsätzlich kann ebenso wie bei einer Testamentsvollstreckung die Person des Schiedsrichters vom Erblasser frei gewählt werden. Der **Testamentsvollstrecker** kann zugleich auch als Schiedsrichter benannt werden (siehe Rdn 32 ff.). Allerdings kann dieser dann nicht über die Auslegung des Testaments hinsichtlich der Anordnung der Testamentsvollstreckung entscheiden.[90]

51 Ist der Erblasser bei der **Errichtung** seiner Verfügung von Todes wegen von einem Rechtsanwalt oder Notar **beraten** worden, sollte die Ernennung der beteiligten Berater zum Schiedsrichter nicht erfolgen bzw. von diesen nicht angenommen werden. Für den Rechtsanwalt ergeben sich berufsrechtliche Konsequenzen aus § 43a Abs. 6 BRAO und für den Notar ergibt sich das Verbot aus § 3 Abs. 1 Nr. 1 BeurkG. Die Frage der **Befangenheit** richtet sich nach §§ 1032, 42 ZPO.[91] Die Schiedsrichter müssen unparteiisch sein.[92]

52 Schiedsrichteramt und Testamentsvollstreckeramt in Personalunion können zu Interessenkollisionen und damit zu einem Ausschluss des Testamentsvollstreckers vom Schiedsrichteramt führen. Dies ist in erster Linie dann der Fall, wenn der **Testamentsvollstrecker** selbst **Partei** ist. Für ihn gilt der allgemeine Grundsatz, dass niemand Richter in eigener Sache sein kann.[93] Ein unter Verstoß gegen diese elementare Regel ergangener Schiedsspruch wäre aufzuheben.

Da der Testamentsvollstrecker nicht „Richter in eigener Sache sein kann", darf er bei Streitigkeiten zwischen den Erben und ihm nicht als Einzelschiedsrichter eingesetzt werden.[94]

89 *Bandel*, MittBayNot 2017, 1, 3.
90 Böckstiegel/*Happe*, S. 87.
91 Detailfragen zur Befangenheit siehe OLG München, Beschl. v. 10.7.2013 – 34 SchH 8/12.
92 *Raeschke-Kessler/Berger*, Rn 465 ff.
93 RGZ 100, 76, 79; BGH DNotZ 1965, 98.
94 BGH v. 8.11.2018 – I ZB 21/18, NJW 2019, 857 = MittBayNot 2019, 464 m. Anm. *Bandel*.

Aufgrund der Vorschrift des § 2220 BGB ist es dem Erblasser nicht gestattet, den Testamentsvollstrecker von bestimmten grundlegenden Pflichten gegenüber den Erben zu entbinden. Daraus ist zu schließen, dass der Erblasser auch keine schiedsgerichtliche Streitentscheidung über diese Fragen anordnen kann. Somit ist die Einsetzung eines Schiedsgerichts nur in dem Umfang möglich, wie der Erblasser auch testieren kann. Ein Schiedsgericht kann daher in folgenden Fällen **nicht angeordnet** werden: 53

- in Fragen der Erstellung eines Nachlassverzeichnisses
- zur ordnungsgemäßen Verwaltung des Nachlasses
- zur Auskunft und Rechnungslegung
- zur Frage der Haftung des Testamentsvollstreckers

Wann ist der Testamentsvollstrecker selbst betroffen? 54

- bei Streitigkeiten über die Rechtswirksamkeit des Testaments, von dessen Bestand auch die Bestellung zum Testamentsvollstrecker abhängt
- bei Streitigkeiten über die Auslegung des Testaments, soweit diese den Bestand des Testamentsvollstreckeramts selbst betreffen[95]
- bei den von ihm geführten Aktivprozessen nach § 2212 BGB
- bei den gegen ihn geführten Passivprozessen gem. § 2213 BGB
- bei Streitigkeiten über den von ihm nach § 2204 BGB vorgelegten Auseinandersetzungsplan, gleichgültig, ob er den Plan nach billigem Ermessen oder nach den Teilungsregeln des Gesetzes aufgestellt hat

In all diesen Fällen kann der Testamentsvollstrecker nicht Schiedsrichter sein. Hier muss ein Ersatzmann oder mangels eines solchen das ordentliche Gericht entscheiden. Im Hinblick darauf, aber auch wegen eines möglichen Ausfalls des benannten Einzelschiedsrichters sollte man sicherheitshalber grundsätzlich einen **Ersatzschiedsrichter** benennen.

E. Form der Schiedsklausel

Die Anordnung der Schiedsklausel im Testament bedarf grundsätzlich nur der Form der **letztwilligen Verfügung**. Im Rahmen von Erbverträgen kann nach § 1029 Abs. 2 ZPO eine Schiedsklausel in den Vertragstext mit aufgenommen werden. 55

Will der Erblasser auf eine bestimmte **Schiedsordnung** Bezug nehmen und sie damit zum Inhalt der letztwilligen Verfügung machen, ist es nicht erforderlich, diese Schiedsordnung notariell zu beurkunden, um die Form zu wahren. Vielmehr ist eine Bezugnahme auf eine bereits bestehende und formwirksame Schiedsordnung ausreichend.[96] Formbedürftig ist nur die Anordnung selbst.[97] 56

F. Probleme und Grenzbereiche der Schiedsgerichtsbarkeit im Erbrecht

I. Auslegungsbedürftige Verfügungen von Todes wegen

Grundsätzlich fällt die Auslegung letztwilliger Verfügungen in den Kompetenzbereich des Schiedsgerichts, d.h. ein Schiedsgericht kann über derartige Auslegungsfragen entscheiden. 57

95 BGH ZEV 2017, 412.

96 BGH v. 24.7.2014 – III ZB 83/13, NJW 2014, 3652 auch m.w.N. zum Meinungsstand.

97 BayObLGZ 1999, 266; Zöller/*Geimer*, § 1031 Rn 15; *Saenger*, § 1031 Rn 17.2.

Probleme können sich bei der Schiedsgerichtsbarkeit dann ergeben, wenn der Erblasser eine **auslegungsbedürftige Verfügung** von Todes wegen hinterlassen hat und der pflichtteilsberechtigte Kläger nicht weiß, gegen wen er seine Klage richten soll bzw. wenn die Beklagten im Prozess unter Bezugnahme auf die Schiedsordnung einwenden, dass für die Frage der Entscheidung über die Erbenstellung der ordentliche Gerichtsweg nicht zulässig ist. Dies gilt im Übrigen nicht nur für den Pflichtteilsberechtigten, sondern auch für alle anderen Nachlassgläubiger.

58 Als Lösung könnte zum einen die Aussetzung des Verfahrens und die richterliche Anordnung, die Frage des Nachlassschuldners vor dem Schiedsgericht klären zu lassen, in Betracht kommen. Möglich wäre aber auch die Anordnung einer Klagepflegschaft nach §§ 1960 Abs. 1 S. 1, 1961 BGB, wenn die Erbfolge ungewiss ist.

59 **Praxistipp**
Um derartige Probleme zu vermeiden, kommt für den Erblasser die Einsetzung eines Testamentsvollstreckers in Betracht. Hierauf sollte ein Berater hinweisen.

60 Demgemäß fällt es in den Kompetenzbereich des Schiedsgerichts, durch Auslegung zu versuchen, den wahren Willen des Erblassers zu ermitteln. Eine Auslegung des letzten Willens ist möglich. Nicht möglich ist jedoch die Ergänzung des Willens des Erblassers im Rahmen einer **ergänzenden** Auslegung.[98] Nach allgemeiner Meinung kann über die Wirksamkeit einer letztwilligen Verfügung entschieden werden.[99]

II. Sachliche Grenzen des Schiedsverfahrens

61 Das Schiedsverfahren erfährt folgende Grenzen:
- Verstoß des Schiedsspruchs gegen wesentliche Grundsätze des deutschen Rechts
- § 1042 ZPO: Einhaltung unverzichtbarer Verfahrensregeln:
  - rechtliches Gehör
  - Ermittlung des Sachverhalts
  - Zulassung von Rechtsanwälten
- § 2065 BGB: Nach dieser Vorschrift kann der Erblasser die Bestimmung des Erben nicht einem Dritten überlassen. Er kann auch nicht anordnen, dass ein anderer bestimmen soll, ob eine letztwillige Verfügung gelten soll oder nicht. Mit anderen Worten: Das Schiedsgericht kann nicht an die Stelle des Erblassers treten. Es kann den Erben nicht auswählen.

III. Verfahrensrecht/Beweiserhebung

62 Gem. § 1042 Abs. 3 und 4 ZPO kann ein Schiedsgericht
- aufgrund einer bereits vorhandenen Schiedsordnung,
- aufgrund eines zwischen den Parteien und dem Schiedsrichter geschlossenen Schiedsrichtervertrags, der das Verfahrensrecht festlegt,
- aufgrund der nationalen Prozess- und Verfahrensordnung
- sowie im Übrigen nach freiem Ermessen

entscheiden.

---

98 *Saenger*, § 1066 Rn 3; *Schwab/Walter*, Kap. 32 Rn 26; a.A. Stein/Jonas/*Schlosser*, § 1066 Rn 3; *Schulze*, MDR 2000, 314.

99 Musielak/Voit/*Voit*, § 1066 Rn 4 m.w.N.

Der Schiedsrichtervertrag ist von einer Schiedsvereinbarung zu unterscheiden. Letztere wird im Falle des Fehlens einer Schiedsklausel in der letztwilligen Verfügung nur zwischen den Parteien geschlossen, um so die Möglichkeit zu schaffen, sich der Schiedsgerichtsbarkeit zu unterwerfen. Grundlage des Verfahrens ist in der Regel eine bereits vorhandene Schiedsordnung.

Gem. § 1042 Abs. 4 ZPO werden, soweit eine Schiedsordnung bzw. eine Vereinbarung der Parteien nicht vorliegt, die Verfahrensregeln vom Schiedsgericht nach **freiem Ermessen** bestimmt. Das Schiedsgericht ist berechtigt, über die Zulässigkeit einer Beweiserhebung zu entscheiden, diese durchzuführen und das Ergebnis frei zu würdigen. Das Schiedsgericht ist nicht an bestimmte Beweisregeln gebunden. 63

Allerdings stehen dem Schiedsgericht keine Zwangsmittel zur Verfügung. Es ist daher auf die Mithilfe der staatlichen Gerichte angewiesen, wozu diese gem. § 1050 ZPO auch verpflichtet sind.

Der Schiedsspruch beinhaltet eine Bestimmung des Gegenstandswerts sowie eine Kostenentscheidung. 64

Erfolgt eine **Einigung** der Parteien, ist es nicht ausreichend, dass diese in Form eines Anwaltsvergleichs zu Protokoll genommen wird. Das Gesetz sieht hier in § 1053 Abs. 1 ZPO vor, dass dieser Vergleich in Form eines **Schiedsspruchs** mit vereinbartem Wortlaut niedergelegt wird. Dies erfolgt, um die notwendige Vollstreckbarkeit zu gewährleisten. 65

IV. Vorrang des Schiedsverfahrens

1. Einrede der Schiedsvereinbarung

§ 1026 ZPO regelt den Vorrang des Schiedsverfahrens vor der ordentlichen staatlichen Gerichtsbarkeit. In den Fällen, in denen eine **Klage vor dem ordentlichen Gericht** erhoben wird, obwohl der Streitgegenstand der Zuständigkeit des Schiedsgerichts unterliegt, ist eine derartige Klage als **unzulässig** abzuweisen, „sofern der Beklagte dies vor Beginn der mündlichen Verhandlung zur Hauptsache rügt“ (§ 1032 Abs. 1 ZPO). 66

2. Feststellungsinteresse bezüglich Wirksamkeit der Schiedsklausel

Die Frage der Wirksamkeit einer Schiedsklausel kann gem. § 256 Abs. 1 ZPO in einem **Feststellungsprozess** geklärt werden. Der Zulässigkeit des Antrags auf Feststellung der Unwirksamkeit der Anordnung des Schiedsgerichts steht nicht entgegen, dass die Beklagtenseite gem. § 1032 Abs. 1 ZPO vor Beginn der mündlichen Verhandlung zur Hauptsache rügt, es werde Klage in einer Angelegenheit erhoben, die Gegenstand einer Schiedsklausel ist. Diese Rechtsfolge des § 1032 Abs. 1 ZPO tritt dann nicht ein, wenn das Gericht feststellt, dass die Schiedsvereinbarung nichtig, unwirksam oder undurchführbar ist. Daraus folgt, dass über die Gültigkeit, die Wirksamkeit und die Durchführbarkeit der Schiedsklausel eine Sachentscheidung durch ein staatliches Gericht getroffen werden kann. 67

Ein Feststellungsantrag ist auch nicht etwa deshalb unzulässig, weil der Kläger keinen Antrag auf Unzulässigkeitserklärung des schiedsrichterlichen Verfahrens nach § 1032 Abs. 2 ZPO vor dem OLG gestellt hat. Beide Verfahren – sowohl das nach § 1032 Abs. 2 ZPO als auch die Feststellungsklage nach § 256 Abs. 1 ZPO – sind grundsätzlich zulässig.[100] Ein Antrag auf Feststellung der Zulässigkeit oder Unzulässigkeit eines schiedsrichterlichen Ver- 68

100 OLG Frankfurt ErbR 2013, 252 = ZErb 2013, 267 = ZEV 2012, 665.

fahrens gem. § 1032 Abs. 2 ZPO kann bis zur Bildung des Schiedsgerichts beim zuständigen OLG gestellt werden.

69 Handelt es sich um Feststellungsklagen gegenüber einem **noch lebenden Erblasser**, sind diese regelmäßig unzulässig, da ein Feststellungsinteresse fehlt. Anders ist dies nur bei Erbverträgen.[101]

3. Rügeloses Einlassen vor dem Schiedsgericht/Widersprüchliches Verhalten

70 Ausnahmsweise kann die Zuständigkeit des Schiedsgerichts auch unabhängig von den §§ 1029, 1066 ZPO begründet werden. Lässt sich der Beklagte vor dem Schiedsgericht ein, wird hierdurch ein eventueller Formmangel geheilt. Im Übrigen kann sich der Beklagte dann nicht mehr auf eine fehlende Schiedsverfügung berufen. Erfolgte eine **Einlassung** in einem Schiedsverfahren, kann sich der Beklagte nicht mehr auf die Unwirksamkeit der Schiedsvereinbarung berufen, weder im Schiedsverfahren noch in einem ordentlichen Verfahren. Demgemäß können die Parteien auch im Falle des § 1066 ZPO durch rügeloses Einlassen die Zuständigkeit des Schiedsgerichts begründen.[102]

71 Weiterhin kann die Berufung auf eine fehlende Schiedsanordnung wegen **widersprüchlichen Verhaltens** verwehrt sein.[103] Dies ist dann der Fall, wenn in einem staatlichen Gerichtsverfahren die Schiedseinrede erhoben und dadurch die Klageabweisung erreicht wird und sich dann der Beklagte in einem anschließend vom Kläger eingeleiteten Schiedsverfahren auf die Unzuständigkeit des Schiedsgerichts beruft.[104]

V. Rechtswirkungen der Entscheidung

72 Auch ein Schiedsspruch wirkt, ebenso wie ein zivilgerichtliches Urteil, nur **inter partes**. Der Schiedsspruch hat gem. § 1055 ZPO unter den Parteien die Wirkungen eines rechtskräftigen gerichtlichen Urteils. Bezüglich einer eventuellen Rechtskrafterstreckung auf Dritte gilt § 325 ZPO.

Erfolgt eine **Einigung** der Parteien, kann diese in Form eines Schiedsspruchs mit vereinbartem Wortlaut erfolgen (§ 1053 ZPO); siehe dazu näher Rdn 56 ff.

G. Schiedsklauseln in gemeinschaftlichen Testamenten

73 Bei **wechselbezüglichen Verfügungen** zwischen Ehegatten oder eingetragenen Lebenspartnern gelten zu Lebzeiten beider die allgemeinen Regeln; jedoch ist bislang umstritten, ob eine nach dem Tod des erstversterbenden Ehepartners bzw. Lebenspartners angeordnete letztwillige Schiedsklausel zulässig ist.[105]

---

101 NK-NachfolgeR/*Krätzschel*, § 256 ZPO Rn 14.

102 Zöller/*Geimer*, § 1066 Rn 25.

103 BGH SchiedsVZ 2018, 37 Rn 33.

104 BGH NJW 2019, 857 Rn 17; BGHZ 50, 191, 196 f. = NJW 1968, 1928.

105 Für Unzulässigkeit: OLG Hamm NJW-RR 1991, 455; MüKo-BGB/*Leipold*, § 1937 Rn 32; für Zulässigkeit: OLG Celle ZEV 2016, 331; *Haas*, ZEV 2007, 49.

H. Mehrparteienschiedsgericht

Bezüglich der Konstituierung des Schiedsgerichts und sich hieraus eventuell ergebender Probleme ist Folgendes zu unterscheiden: 74

Setzt der **Erblasser** im Wege der Schiedsklausel bereits ein Schiedsgericht ein, entstehen hierdurch keine Probleme. Der Erblasser gibt die Zusammensetzung des Schiedsgerichts vor, an die die Beteiligten gebunden sind. 75

Anders ist es, wenn mehr als zwei **Erben** entstandene Streitigkeiten mit Hilfe eines Schiedsgerichts austragen wollen und eine entsprechende Schiedsvereinbarung schließen.

Die Konstituierung des Schiedsgerichts im Falle der Beteiligung mehrerer Personen an einem Verfahren und die Intervention eines Dritten stellen die zentralen Punkte dar, mit denen man sich hier zu befassen hat und die auch von einzelnen Schiedsordnungen geregelt sind. Insbesondere aber ist die **Zahl der Schiedsrichter** im Fall der Mehrparteienschiedsgerichtsbarkeit ein besonders gravierendes Problem, denn für dessen Lösung sind die dogmatischen Grundlagen des Rechts jeder Partei, ihren Schiedsrichter zu benennen, zu berücksichtigen und zugleich die Anwendung des Gleichheitsgrundsatzes zu beachten; beides sind elementare Bedingungen jedes rechtsstaatlichen Schiedsverfahrens.

Schwab[106] definiert wie folgt: Mehrparteienschiedsgerichtsbarkeit im engeren Sinne liegt vor, wenn auf der Kläger- oder Beklagtenseite mehrere Personen stehen, wobei es um ursprüngliche oder nachträgliche **Streitgenossenschaft** geht. Mehrparteienschiedsgerichtsbarkeit ist anzunehmen, wenn ein Dritter in das Verfahren freiwillig oder aufgrund der Streitverkündung eintritt, wobei es sich aber nicht um eine echte Mehrparteienschiedsgerichtsbarkeit handelt, denn der Nebenintervenient ist keine Hauptpartei, sondern nur Streithelfer der Partei. Anders ausgedrückt: 76

- Mehrparteienschiedsgerichtsbarkeit im engeren Sinne = zwischen den Streitgenossen liegen **gemeinsame** Interessen vor.
- Mehrparteienschiedsgerichtsbarkeit im weiteren Sinne = zwischen den Streitgenossen liegen **gegensätzliche** Interessen vor.

Damit stellt sich die Frage, ob und unter welchen **Voraussetzungen** eine Streitgenossenschaft im Rahmen des Schiedsverfahrens überhaupt möglich ist. Dies ist dann der Fall, wenn jeder Streitgenosse von der Schiedsklausel gebunden wird und wenn das eingesetzte Schiedsgericht für jeden Streit der Streitgenossen zuständig ist. Nicht notwendig ist eine materiell-rechtliche Beziehung zwischen den verbundenen Prozessen, vielmehr kann die bloße Gleichartigkeit des rechtlichen oder tatsächlichen Grunds ausreichen, um eine gemeinschaftliche Schiedsklage zu rechtfertigen. 77

Da aber im Erbrecht so gut wie immer materiell-rechtliche Beziehungen unter den Streitgenossen bestehen, ist hier eine Mehrparteienschiedsgerichtsbarkeit grundsätzlich als möglich anzusehen. 78

Von zentraler Bedeutung ist dann die Frage, wer in welcher Weise die **Schiedsrichter** benennt. Dabei wird an das materielle Recht angeknüpft: Mehrere Personen benennen einen gemeinsamen Schiedsrichter, wenn diese mehreren Personen ein bestimmtes materielles Recht nur gemeinschaftlich ausüben dürfen. Falls nur durch das Mitwirken aller die materiell-rechtliche Verfügung erlaubt ist, ist auch die gemeinsame prozessrechtliche Verfügung geboten, die sich gerade durch die Ernennung eines Schiedsrichters offenbart.

106 *Schwab* in: FS Habscheid, 1989, S. 285–294.

79 Am häufigsten dürfte § 2040 BGB betroffen sein, wonach nur alle Miterben gemeinsam über einen Nachlassgegenstand verfügen können. Dies hat Bedeutung bei der Erbauseinandersetzung, wo im Ergebnis alleinige Rechtsinhaberschaft des einzelnen Miterben an einem bisher gemeinschaftlichen Gegenstand erzielt werden muss.

Damit ist für den wichtigsten Fall des Streits über die Nachlassteilung die Konstituierung eines Mehrparteienschiedsgerichts möglich.

80 **Schiedsrichterlisten**, aus denen Schiedsrichter ausgewählt werden können, sind so lange nicht zu beanstanden, solange ein ausreichender Auswahlspielraum bleibt und nicht ein Übergewicht einer Partei mittels der Schiedsrichterliste eingeführt wird.[107] Enthält bspw. eine Schiedsrichterliste nur Mitglieder eines Verbands, dem nur eine Partei angehört, liegt ein solches Übergewicht vor.[108]

I. Mitwirkung Dritter bei der Abfassung des Schiedsspruchs

81 Die Beiziehung eines Dritten mit Spezialkenntnissen bei der Beratung und Abfassung des Schiedsspruchs erachtet die herrschende Meinung als zulässig, sofern der Dritte **nicht anstelle der Schiedsrichter** richterliche Funktionen übernimmt.[109] Die Grenze bildet die schiedsrichterliche Unabhängigkeit.

82 Dies bietet die Möglichkeit, in einem IPR-Fall einen ausländischen Rechtsanwalt oder Notar hinzuzuziehen, oder in Fällen, bei denen spezielle steuerrechtliche Kenntnisse erforderlich sind, einen Steuerrechtsexperten. Dies kann im Einzelfall ein Motiv sein, statt eines Dreier-Schiedsgerichts einen Einzelschiedsrichter zu bestellen und sich darauf zu verständigen, als Berater eine Person mit Spezialkenntnissen hinzuzuziehen. Auch in diesem Punkt erweist sich das Schiedsverfahren als flexibler als die staatliche Gerichtsbarkeit.

J. Erbteilungsklage

I. Aufstellung des Teilungsplans durch das Schiedsgericht

83 Durch einen Schiedsvertrag (der Erben) oder im Wege einer Schiedsklausel, die in einer letztwilligen Verfügung enthalten sein muss, kann einem Schiedsgericht die Auseinandersetzung einer Miterbengemeinschaft übertragen werden.[110]

Es besteht in diesem Zusammenhang die Möglichkeit, dass entweder die Parteien im Wege einer Schiedsvereinbarung oder der Erblasser im Wege einer Schiedsklausel gem. § 1066 ZPO das **Schiedsgericht** gem. § 1051 Abs. 3 ZPO ermächtigen, nach Billigkeit zu entscheiden. Daraus folgt, dass das Schiedsgericht dann durch Schiedsspruch die billige Teilung des Nachlasses anordnen kann. Nach § 1055 ZPO hat der Schiedsspruch zwischen den Parteien die Wirkung eines rechtskräftigen Urteils eines staatlichen Gerichts.

84 Sind aufgrund einer letztwilligen Verfügung mehrere Personen zu Erben berufen, ordnet der Erblasser häufig **Testamentsvollstreckung** an. Damit obliegt die Auseinandersetzung

107 BeckOK ZPO/*Wolf/Eslami*, § 1034 Rn 12.
108 BGHZ 51, 255 = NJW 1969, 750; *Schwab/Walter*, Kap. 9 Rn 11.
109 BGHZ 110, 104 = NJW 1990, 2199 = IPRax 1991, 244; Zöller/*Geimer*, § 1034 Rn 12 m.w.N; BeckOK ZPO/*Wolf/Eslami*, § 1034 Rn 6.
110 BGH NJW 1959, 1493.

dem Testamentsvollstrecker. Auch in diesem Fall sollte in die Schiedsklausel eine Regelung i.S.d. § 1051 Abs. 3 ZPO (Entscheidung nach Billigkeit) aufgenommen werden.

In den Fällen, in denen der Testamentsvollstrecker einen Teilungsplan aufstellt und ihn für verbindlich erklärt, die Erben oder ein Miterbe jedoch der Ansicht sind, der aufgestellte Plan sei nicht gesetzesgemäß bzw. entspreche nicht der Billigkeit, wird er eine Schiedsklage erheben. Ein Schiedsgericht hat dann nach staatlichem Recht zu entscheiden bzw. nach Billigkeit, sofern eine entsprechende Anordnung erfolgt ist.

Aber auch dann, wenn ein **Dritter** nach § 2048 S. 2 BGB dazu berufen ist, nach billigem Ermessen die Auseinandersetzung vorzunehmen, entscheidet das Schiedsgericht, wenn nach Ansicht der Erben oder eines von ihnen die Teilung nicht der Billigkeit entspricht.

II. Durchführung des schiedsgerichtlichen Teilungsplans

Der den Teilungsplan enthaltende Schiedsspruch ist für die Erben **verbindlich**. Die Miterben 85 führen den Teilungsplan selbst durch. Verweigert ein Miterbe die Mitwirkung, ist der Schiedsspruch vor dem OLG für vollstreckbar erklären zu lassen (§§ 1060 Abs. 1, 1062 Abs. 1 Nr. 4 ZPO). Die Zwangsvollstreckung hieraus erfolgt dann wie aus einem rechtskräftigen Urteil, das einen Teilungsplan zum Gegenstand hat.

K. Vereinbarte Schiedssprüche

Auch im schiedsrichterlichen Verfahren können einvernehmliche Regelungen getroffen wer- 86 den. Einigen sich die Parteien während eines Schiedsgerichtsverfahrens, so haben sie die Möglichkeit, den **Vergleich** in der Form eines Schiedsspruchs mit vereinbartem Wortlaut festzulegen (§ 1053 ZPO). Schiedsgerichtsordnungen von institutionalisierten Schiedsgerichten können durch entsprechende Kostenermäßigungen solche Einigungen begünstigen und fördern. Der Vergleich setzt wie § 779 BGB ein gegenseitiges Nachgeben voraus. Auch verfahrensfremde Gegenstände können mit einbezogen werden.

Zum **Testamentsauslegungsvertrag**: In einer Entscheidung aus dem Jahr 1986 hat der 87 BGH die Möglichkeit einer vergleichsweisen Einigung auch über die Erbenstellung anerkannt, wenn die Auslegung streitig ist.[111] Der **Auslegungsvertrag** – gerichtlich oder außergerichtlich geschlossen – hat zwar nur schuldrechtliche Wirkung (§§ 311, 2371, 2385 BGB), aber die Beteiligten haben sich so zu stellen, als entspräche ihre Einigung der wirklichen Rechtslage, selbst wenn diese sich nachträglich als unzutreffend herausstellen sollte. Um eine solche Einigung herbeizuführen, bedarf es der Mitwirkung aller, deren materielle Rechtsposition betroffen ist – vergleichbar dem Kreis der „materiell Beteiligten" im FG-Verfahren: Materiell Beteiligter ist jeder, dessen materielle Rechtsposition durch die begehrte (FG- oder Streit-)Entscheidung betroffen werden kann (so auch § 345 Abs. 1 Nr. 5 FamFG).[112]

Da ein **Auslegungsvertrag** die Beteiligten jedoch lediglich schuldrechtlich verpflichten kann, können die Erbfolge oder einzelne Anordnungen des Testaments (wie z.B. Auflagen, die Anordnung der Testamentsvollstreckung, die Vormundbenennung oder auch der Entzug

111 BGH NJW 1986, 1812 = DNotZ 1987, 109 = JR 1986, 373; Gutachten des DNotI in DNotI-Report 2005, 147; OLG Frankfurt DNotZ 2001, 143 m. Anm. *Kanzleiter* = FamRZ 2000, 1607 = ZEV 2001, 316. Vgl. auch Anm. *Damrau*, JR 1986, 375 und *Cieslar*, DNotZ 1987, 113.

112 Vgl. auch BVerfG FamRZ 2009, 106 = NJW 2009, 138 = ZEV 2009, 44.

der elterlichen Vermögenssorge) dadurch nicht verbindlich vereinbart oder gar außer Kraft gesetzt werden.[113] Wenn die Beteiligten auch eine dingliche Wirkung erreichen wollen, ist dies nur durch Erbteilsübertragungen gem. § 2033 BGB möglich. Hierfür ist jedoch gem. § 2385 BGB eine notarielle Beurkundung erforderlich.[114]

88 Der Auslegungsvertrag fällt unter § 2385 BGB (sog. „anderer Erbschaftsveräußerungsvertrag") und bedarf deshalb der notariellen Beurkundung (§§ 2033, 2371 BGB) oder des die notarielle Beurkundungsform ersetzenden gerichtlichen Vergleichs (§ 127a BGB). Die Einigung kann sich auf alle erbrechtlichen Positionen beziehen, wie Erbenstellung, Vermächtnisansprüche einschließlich deren Kürzung, Pflichtteilsrechte, Pflichtteilstragungslast u.Ä. Der Vergleich kann auch vor dem Schiedsgericht als **Schiedsvergleich** geschlossen werden.[115] Dass auch der Schiedsvergleich die notarielle Beurkundung i.S.v. § 127a BGB ersetzt, ist herrschende Meinung[116] Der Schiedsspruch gilt jedoch **nur inter partes** und nicht inter omnes. Somit kann ein Schiedsspruch einen Erbschein als Nachweis der Erbfolge im Grundbuchverfahren nicht ersetzen. Der Testamentsauslegungsvertrag in der Form des Erbvergleichs erlangt besondere Bedeutung bei der Anerkennung unwirksamer Testamente im Steuerrecht, insbesondere im Erbschaftsteuerrecht.[117]

L. Vollstreckbarerklärung des Schiedsspruchs

I. Voraussetzungen

89 Aus Schiedssprüchen selbst kann keine Zwangsvollstreckung erfolgen, sondern nur aus den Entscheidungen, die Schiedssprüche – auch vereinbarte – für vollstreckbar erklären (§ 794 Abs. 1 Nr. 4a ZPO).[118] In einem Rechtsgestaltungsakt wird dem Schiedsspruch durch das staatliche Gericht die Vollstreckbarkeit verliehen (§ 1060 ZPO). Einem Antrag auf Vollstreckbarerklärung ist stattzugeben, wenn ein **endgültiger Schiedsspruch** nach § 1055 ZPO vorliegt, der das Schiedsverfahren abschließt und einen Anspruch zuerkennt.[119] Steht auf Seiten der Schiedskläger eine Erbengemeinschaft, ist jeder Miterbe befugt, alleine die Vollstreckbarerklärung des Schiedsspruchs zu beantragen.[120] Lägen Gründe vor, die zu einer Aufhebung des Schiedsspruchs führen würden und die von Amts wegen zu berücksichtigen wären, könnte der Schiedsspruch nicht für vollstreckbar erklärt werden. Wird der Antrag auf Vollstreckbarerklärung wegen des Vorliegens eines Aufhebungsgrunds zurückgewiesen, muss das Gericht von Amts wegen und ohne besonderen Antrag den Schiedsspruch aufheben.[121] *van de Sande* vertritt die Ansicht, ein Hilfsantrag des Schuldners auf Aufhebung des Schiedsspruchs sei zulässig.[122]

---

113 BGH NJW 1986, 1812 = DNotZ 1987, 109 = JR 1986, 373.
114 BGH NJW 1986, 1812 = DNotZ 1987, 109 = JR 1986, 373.
115 *Breetzke*, NJW 1971, 1685; MüKo-BGB/*Einsele*, § 127a Rn 4.
116 MüKo-BGB/*Einsele*, § 127a Rn 4 m.w.N.
117 Vgl. hierzu *Theysohn-Wadle*, ZEV 2002, 221; zum Auslegungsvertrag siehe *Dressler*, ZEV 1999, 289.
118 Vgl. zum Verfahren auf Vollstreckbarerklärung der Kostenentscheidung OLG Stuttgart Die Justiz 2003, 165.
119 RGZ 51, 406; RGZ 114, 168; der Schiedsspruch, der die Kostengrundentscheidung enthält, ist im Verfahren über die Vollstreckbarerklärung des Ergänzungsschiedsspruchs, der die Kosten festsetzt, nicht nochmals zu überprüfen, weil insofern Bindung eingetreten ist, vgl. OLG Stuttgart Die Justiz 2003, 165.
120 OLG Frankfurt FamRZ 2008, 1978.
121 BGH BB 1958, 569.
122 *van de Sande/Folter*, SchiedsVZ 2016, 72.

Streitig ist, ob im Fall eines eine Willenserklärung ersetzenden Schiedsspruchs nach § 894 ZPO die Rechtswirkungen der **Ersetzungsfiktion** erst mit der Vollstreckbarkeitserklärung[123] eintreten oder schon mit der Verbindlichkeit des Schiedsspruchs.[124] Fälle des § 894 ZPO im Erbrecht sind: 90

- **Erbteilungsklage**
- **Vermächtniserfüllungsklage**
- **Auflagenerfüllungsklage**
- **Bereicherungsklage** des Vertragserben nach § 2287 BGB
- **Bereicherungsklage** des Schenkers nach Schenkungsrückforderung gem. § 528 BGB

Die Eintragung einer **Vormerkung** bzw. eines **Widerspruchs** auf der Grundlage eines Schiedsspruchs entsprechend § 895 ZPO setzt auf jeden Fall die Vollstreckbarerklärung des Schiedsspruchs voraus.[125]

> **Hinweis**
> Wurde der Erbe zur Auflassung verurteilt (Erfüllung eines Grundstücksvermächtnisses), so ist die Einigungserklärung des Vermächtnisnehmers noch erforderlich und bedarf der notariellen Beurkundung. Es ist nicht erforderlich, dass die Parteien gleichzeitig anwesend sind.

II. Zuständigkeiten

Nach § 1062 Abs. 1 Nr. 4 ZPO ist das **OLG**, in dessen Bezirk der **Ort des schiedsrichterlichen Verfahrens** liegt, für die Vollstreckbarerklärung des Schiedsspruchs zuständig. 91

Die **internationale Zuständigkeit** der deutschen Gerichte für die Vollstreckbarerklärung inländischer Schiedssprüche beruht auf § 1062 Abs. 1 Nr. 4 ZPO. Das **Kammergericht** ist zuständig, wenn es an einer besonderen örtlichen Zuständigkeit fehlt (§ 1062 Abs. 2 ZPO).

III. Rechtsmittel

Gem. § 1065 Abs. 1 S. 1 ZPO findet gegen die in § 1062 Abs. 1 Nr. 2 und 4 ZPO genannten Entscheidungen die Rechtsbeschwerde zum BGH statt. Im Übrigen sind die Entscheidungen in den in § 1062 Abs. 1 ZPO bezeichneten Verfahren unanfechtbar (§ 1065 Abs. 1 S. 2 ZPO). 92

IV. Aufhebungsklage

Nur durch eine Aufhebungsklage (§ 1059 ZPO) können die Wirkungen eines Schiedsspruchs beseitigt werden. In § 1059 Abs. 2 ZPO sind die Aufhebungsgründe **abschließend** geregelt. Der Antrag auf gerichtliche Aufhebung kann, sofern die Parteien nichts anderes vereinbart haben, nur innerhalb von **drei Monaten** ab Zustellung des Schiedsspruchs gestellt werden. 93

---

123 OLG München NJOZ 2016, 1709 m.w.N.
124 Musielak/Voit/*Voit*, § 1060 Rn 2 m.w.N.
125 BT-Drucks 13/5274, 55.

V. Grenzüberschreitende Sachverhalte

94 Wurde im Ausland erfolgreich ein erbrechtliches Verfahren durchgeführt und dieses in Deutschland für vollstreckbar erklärt, kann die **Vollstreckung** u.U. durch eine Schiedsgerichtsanordnung verhindert werden.[126]

M. Vorläufiger Rechtsschutz

I. Zuständigkeit des staatlichen Gerichts und des Schiedsgerichts

95 Ist für die Hauptsache die Zuständigkeit des Schiedsgerichts vereinbart, sind die staatlichen Gerichte trotzdem **neben dem Schiedsgericht** für Maßnahmen des vorläufigen Rechtsschutzes zuständig (§ 1033 ZPO).

Auch das Schiedsgericht selbst kann auf Antrag einer Partei **vorläufige oder sichernde Maßnahmen** anordnen, soweit nichts anderes vereinbart ist (§ 1041 Abs. 1 ZPO).

96 Für die Anordnung der Vollziehung einer vorläufigen Maßnahme ist das **staatliche Gericht** zuständig (§ 1041 Abs. 2 ZPO). Das ist u.a. für den Vollzug vorläufiger Anordnungen im Grundbuch aus formalrechtlichen Gründen von Bedeutung. Soll im Grundbuch aufgrund einer vorläufigen Anordnung des Schiedsgerichts eine Vormerkung, ein Widerspruch oder ein Rechtshängigkeitsvermerk eingetragen werden, sind alle Voraussetzungen entsprechend dem formellen Konsensprinzip des Grundbuchrechts – §§ 19, 29 GBO – in öffentlich beglaubigter Form nachzuweisen. Dies wäre im Falle des Schiedsgerichts mit einem so großen Aufwand verbunden, dass der einstweilige Rechtsschutz erheblich verzögert würde. Mit der Vollziehbarkeitserklärung des staatlichen Gerichts nach § 1041 Abs. 2 ZPO liegt eine öffentliche Urkunde vor, die auch den Formalien des Grundbuchrechts gerecht wird.

Das staatliche Gericht kann eine vorläufige Anordnung des Schiedsgerichts abändern oder aufheben (§ 1041 Abs. 3 ZPO).

II. Schadensersatzpflicht bei ungerechtfertigter vorläufiger Maßnahme

97 Wenn sich eine vorläufige Anordnung, die das Schiedsgericht erlassen hat, als von Anfang an ungerechtfertigt erweist, ist die Partei, die die Vollziehung erwirkt hat, verpflichtet, dem Gegner den Schaden zu ersetzen, der ihm aus der Vollziehung oder einer Sicherheitsleistung entstanden ist (§ 1041 Abs. 4 ZPO).

N. Bindung des Nachlassgerichts an Schiedssprüche

I. Erbenfeststellung

98 In streitigen Fällen zwischen Erbprätendenten kann auch der Weg über eine **Feststellungsklage** im Zivilprozess gegangen werden (§ 256 Abs. 1 ZPO). Das Erbrecht nach einer bestimmten Person ist ein Rechtsverhältnis, das zu klären ist. Ein Feststellungsinteresse ist deshalb grundsätzlich zu bejahen, auch wenn ein Erbscheinsverfahren bereits betrieben wird oder sogar schon abgeschlossen ist.[127] In der Praxis geht es dabei am häufigsten um

126 Näher hierzu MAH ErbR/*Pawlytta*, § 68 Rn 12 ff. m.w.N.
127 BGH ErbR 2010, 271.

die Problembereiche der Testierfreiheit, der Testierunfähigkeit, der Anfechtung oder der Sittenwidrigkeit einer Verfügung von Todes wegen, der Frage ihres wirksamen Widerrufs oder ihrer Auslegung, also materiell-rechtliche Fragen, die grundsätzlich in die Kompetenz eines Schiedsgerichts fallen können.

Für eine Feststellungsklage besteht auch dann ein Rechtsschutzbedürfnis, wenn ein Erbscheinsverfahren anhängig gemacht werden könnte, während eines laufenden Erbscheinsverfahrens oder wenn ein Erbschein bereits erteilt wurde.[128] Das Schiedsverfahren über die Feststellung eines Erbrechts kann auch nicht wegen eines bereits anhängigen Erbscheinsverfahrens nach § 148 ZPO ausgesetzt werden.[129] Hat der Erblasser die Entscheidung eines Streits seiner Erbprätendenten durch Schiedsgericht testamentarisch verfügt, ist nach einer Entscheidung des OLG Celle ein Erbscheinsantrag unzulässig.[130] Sollte einer positiven Feststellungsklage stattgegeben werden, so steht im Verhältnis der beiden Prozessparteien fest, dass der Kläger Erbe geworden ist, denn der ergehende Schiedsspruch wirkt zwischen den Schiedsparteien wie ein rechtskräftiges Zivilurteil (§ 1055 ZPO).

Der wesentliche **Unterschied** zwischen einem Erbschein und einem Schiedsspruch im Fest- 99
stellungsschiedsverfahren besteht darin, dass ein Erbschein weder in formelle noch in materielle Rechtskraft erwachsen kann – im Gegensatz zum Feststellungsschiedsspruch bzw. -urteil.

Gem. § 2365 BGB wird vermutet, dass demjenigen, welcher in dem Erbschein als Erbe bezeichnet ist, das in dem Erbschein angegebene Erbrecht zustehe und dass er nicht durch andere als die angegebenen Anordnungen beschränkt sei (Richtigkeitsvermutung). Der **Erbschein** erwächst aber nicht in Rechtskraft; er wirkt inter omnes. Der **Schiedsspruch** hingegen erwächst in formelle und materielle Rechtskraft, wirkt aber nur inter partes. Weder das Erbscheinsverfahren noch das Beschwerdeverfahren können jedoch der Schiedsgerichtsbarkeit unterstellt werden.

Für das Erbscheinsverfahren gilt der **Amtsermittlungsgrundsatz** nach § 26 FamFG, wäh- 100
rend für den Feststellungsprozess der **Beibringungsgrundsatz** gilt.

Ausgangspunkt ist die vollkommen andere Situation der an einem **FG-Verfahren** beteiligten Personen im Vergleich zum Schiedsverfahren bzw. zum Zivilprozess. Während im Schiedsverfahren aufgrund des dort – wie im allgemeinen Zivilprozess – geltenden formellen Parteibegriffs die Person des Klägers und des Beklagten und damit der jeweiligen Prozesspartei ohne Weiteres aus der Klageschrift entnommen werden und damit die formale Rechtsstellung des Betroffenen festgestellt werden kann, ist es im Erbscheinsverfahren Sache des Nachlassgerichts, die Beteiligten auszumachen.

Die Beteiligten eines Erbscheinsverfahrens ergeben sich aus § 345 FamFG. Es wird hier 101
unterschieden zwischen dem sog. **„Muss-Beteiligten“** und den **„Kann-Beteiligten“**. Lediglich der Antragsteller ist zwingend Beteiligter (Muss-Beteiligter).[131] Die gesetzlichen Erben, diejenigen, die nach dem Inhalt einer vorliegenden Verfügung von Todes wegen als Erben in Betracht kommen, bzw. die weiter in § 345 Abs. 1 FamFG genannten Personen müssen lediglich hinzugezogen bzw. beteiligt werden, sofern sie einen entsprechenden Antrag stellen.

---

128 BGHZ 86, 41; BGH NJW 1983, 277.
129 KG FamRZ 1968, 219.
130 OLG Celle ErbR 2016, 268.
131 MüKo-FamFG/*Grziwotz*, § 345 Rn 27 ff.

§ 345 Abs. 1 S. 2 FamFG knüpft dabei an § 7 Abs. 3 FamFG an. Danach kann das Gericht von Amts wegen oder auf Antrag weitere Personen als Beteiligte hinzuziehen, soweit dies in diesem oder einem anderen Gesetz vorgesehen ist. In der Regel sind diese Personen dann materiell Beteiligte. Unter diesen Begriff fällt jede Person, die von der zu treffenden Entscheidung in ihrem möglichen Erbrecht unmittelbar rechtlich betroffen werden kann.[132] Erfolgt eine Beiziehung durch das Gericht, werden diese Personen gleichzeitig zu formell Beteiligten.

Allerdings ist anzumerken, dass aufgrund eines Beschlusses des BVerfG aus dem Jahr 2008[133] „auch im Verfahren der freiwilligen Gerichtsbarkeit Art. 103 Abs. 1 GG zu beachten ist“. Dies gelte unabhängig davon, ob die Anhörung im Gesetz vorgesehen sei, auch für Verfahren, in denen der Untersuchungsgrundsatz gelte.[134] Dieses grundrechtsgleiche Recht steht über der Vorschrift des § 345 FamFG. Aufgrund der Vorschrift des § 7 Abs. 4 S. 2 FamFG sind die in § 345 FamFG genannten Personen daher auf ihr Antragsrecht hinzuweisen. Wird trotz dieses Hinweises kein Antrag auf Beiziehung gestellt, wird somit stillschweigend auf das Recht auf Gehör verzichtet. Dies ist auch zulässig.[135]

102 Für den Fall, dass die „materiell Beteiligten“ im Erbscheinsverfahren mit den Personen im Zivilprozess im Rahmen einer Erbenfeststellungsklage identisch sind, geht das BayObLG davon aus, dass die Rechtskraft des Urteils sich dahin gehend auswirkt, dass das Nachlassgericht denjenigen einen Erbschein zu erteilen hat, deren Erbrecht rechtskräftig festgestellt worden ist

103 Nach herrschender Meinung ist das Nachlassgericht im Erbscheinsverfahren dann an ein Urteil eines Zivilgerichts – und damit auch an einen Schiedsspruch – gebunden, wenn am Erbscheinsverfahren keine anderen Personen beteiligt sind als die Parteien des Zivilprozesses.[136] Aber auch dann, wenn am Zivilprozess andere Personen beteiligt waren, darf das Nachlassgericht nur insofern vom Zivilurteil bzw. Schiedsspruch abweichen, als es in dem Erbschein nur eine Person als Erbe nennen darf, die nicht Partei des Zivilprozesses bzw. Schiedsverfahrens war.[137] Eine Bindungswirkung kann seitens des Nachlassgerichts zurückgewiesen werden, sofern der Streitgegenstand nichts schiedsfähig ist oder ein Verstoß gegen den ordre public vorliegt.[138]

104 Aufgrund einer Anordnung im Testament, dass ein Schiedsgericht entscheiden soll, kann ein Erbscheinsverfahren nicht verhindert werden.[139] Allerdings ist die Entscheidung des Schiedsgerichts für das Nachlassgericht bindend. Demgemäß kann bei einem Streit über die Auslegung des Testaments der Erbschein nicht vor einem Schiedsspruch erteilt werden.[140] Ob sich ein Beteiligter allerdings im Rahmen des Erbscheinsverfahrens auf die Schiedsklausel berufen muss oder ob diese von Amts wegen zu berücksichtigen ist, ist umstritten.[141]

---

132 MüKo-FamFG/*Grziwotz*, § 345 Rn 34 ff.

133 BVerfG FamRZ 2009, 106 = NJW 2009, 138 = ZEV 2009, 44.

134 BVerfG FamRZ 2009, 106 = NJW 2009, 138 = ZEV 2009, 44; BVerfGE 75, 201, 215.

135 BVerfG NJW 1990, 107; BVerfG NJW 1987, 1191.

136 BayObLGZ 1969, 184; MüKo-BGB/*Leipold*, § 1937 Rn 35, Musielak/Voit/*Voit*, § 1066 Rn 2; a.A. *Zimmermann*, ErbR 2021, 181, 183 m.w.N.

137 *Lange/Kuchinke*, § 39 III m.w.N.; Böckstiegel/*Schlosser*, S. 110.

138 Bengel/Reimann/Holtz/Röhl/*Haas*, § 5 Rn 530.

139 OLG Celle NJW-RR 2016, 331; Anders/Gehle/*Anders*, § 1066 Rn 5.

140 Anders/Gehle/*Anders*, § 1066 Rn 5.

141 Anders/Gehle/*Anders*, § 1066 Rn 5 m.w.N.

II. Klage auf Herausgabe eines unrichtigen Erbscheins

Im Falle der Klage auf Herausgabe eines unrichtigen Erbscheins gem. § 2362 BGB „begegnen“ sich Erbscheinsverfahren und das Verfahren auf Klärung der Erbfolge im Zivilprozess und damit in einem etwaigen Schiedsgerichtsverfahren. Der wirkliche Erbe muss, wenn er der Ansicht ist, ein Erbschein sei unrichtig, nicht abwarten, bis das Nachlassgericht dessen Einziehung anordnet, vielmehr kann er von dem Besitzer des unrichtigen Erbscheins die Herausgabe an das Nachlassgericht verlangen. Zweckmäßigerweise wird eine solche Herausgabeklage im Wege der objektiven Klagehäufung nach § 260 ZPO verbunden mit einer Erbenfeststellungsklage, sofern sich der Erbscheinsbesitzer nach wie vor auf sein Erbrecht beruft. Im Herausgabeprozess gilt die Vermutung des § 2365 BGB nicht.[142] 105

Da das Herausgabeurteil und auch das Erbenfeststellungsurteil materielle Rechtskraft zwischen den Parteien erzeugen, dürfte zwischen ihnen im Erbscheinsverfahren ebenfalls die Erbfolge rechtskräftig feststehen, sodass kein anders lautender Erbschein erteilt werden dürfte, es sei denn, ein Dritter wäre beteiligt, dem gegenüber die Rechtskraft des Urteils nicht wirkt. Käme man nicht zu diesem Ergebnis, würde die Rechtskraftwirkung eines Feststellungsurteils letztlich ins Leere gehen.[143] 106

O. Abänderungsklage

Schiedssprüche (§ 1054 ZPO), gem. § 1055 ZPO Urteilen gleichgestellt, und Schiedssprüche mit vereinbartem Wortlaut, die aufgrund eines Vergleichs erlassen worden sind (§ 1053 ZPO), können nach § 323 ZPO abgeändert werden.[144] 107

P. Anerkennung von Schiedssprüchen im Ausland

§ 1061 Abs. 1 S. 1 ZPO erklärt das UN-Übereinkommen vom 10.6.1958 über die Anerkennung und Vollstreckung ausländischer Schiedssprüche für anwendbar.[145] 108

Die bilateralen Anerkennungs- und Vollstreckungsverträge, die Deutschland mit der Schweiz, mit Italien, Österreich, den Niederlanden, Griechenland, Israel und Norwegen abgeschlossen hat, verweisen auf das genannte UN-Übereinkommen und enthalten keine eigenständige Regelung für die Wirkungserstreckung ausländischer Schiedssprüche.[146]

Darüber hinaus ist Deutschland allen wichtigen Konventionen auf dem Gebiet der internationalen Schiedsgerichtsbarkeit beigetreten.[147]

142 Soergel/*Jaspert*, § 2362 Rn 3.

143 *Lange/Kuchinke*, § 39 III.

144 BeckOK ZPO/*Gruber*, § 323 Rn 4; Musielak/Voit/*Borth*, § 323 Rn 5.

145 Abgedruckt bei Zöller/*Geimer*, Anh. zu § 1061; Musielak/Voit/*Voit*, § 1061 Rn 8; vgl. BGH NJW 2013, 3184 = WM 2013, 1903.

146 Vgl. im Einzelnen *Schütze/Tscherning/Wais*, Rn 624 ff.; *Schütze/Thümmel*, § 15 III. Ziffer 4 Rn. 57.

147 *Schütze/Thümmel*, § 15 VII.

Q. Institutionalisiertes Schiedsgericht und ad-hoc-Schiedsgericht

109 Zu unterscheiden sind die ad-hoc-Schiedsgerichtsbarkeit und die institutionelle Schiedsgerichtsbarkeit. Während die Parteien in der ad-hoc-Schiedsgerichtsbarkeit das Schiedsverfahren eigenständig durchführen, werden die Parteien im anderen Fall bei Vorbereitung und Durchführung des Verfahrens durch eine Schiedsinstitution unterstützt.

110 Handelt es sich um ein **ad-hoc-Schiedsgericht**, legen die Parteien die Zusammensetzung des Schiedsgerichts fest oder ordnet der Erblasser dies durch letztwillige Verfügung an. Der Erblasser bzw. die Parteien können dabei eigene Verfahrensregeln bestimmen. Dies ist jedoch mit erheblichem Aufwand verbunden, der nicht zu unterschätzen ist. Auch besteht die Gefahr, dass die Grenzen der Gestaltungsfreiheit überschritten werden.[148] Im Übrigen können die Schiedsparteien von einer verfahrensrechtlichen Anordnung, die der Erblasser getroffen hat, einvernehmlich abweichen.[149]

111 Neben der Unterwerfung unter die allgemeinen Regeln der Schiedsgerichtsbarkeit des 10. Buchs der ZPO gemäß Neufassung vom 22.12.1997, in Kraft seit dem 1.1.1998, oder einer ad-hoc-Schiedsbestimmung kann der Erblasser, was sich aufgrund der Spezialmaterie anbietet, eine **institutionalisierte Schiedsgerichtsbarkeit** wählen. Von einem institutionalisierten Schiedsgericht wird das Schiedsverfahren organisiert. Es nimmt bspw. die Schiedsklage entgegen, nimmt Zustellungen vor und benennt die Schiedsrichter. Weiterhin sind feste Kostenregelungen vorhanden. Wird eine institutionalisierte Schiedsgerichtsbarkeit gewählt, ist jedoch nicht ausgeschlossen, dass die Parteien einzelne Punkte individuell regeln.[150]

112 Im Bereich des Erbrechts bietet die DSE e.V.[151] eine speziell auf die Probleme des Erbrechts angepasste Schiedsordnung an. Die DSE verfügt über eine Liste mit Schiedsrichtern, die anerkannte Experten auf ihrem Gebiet sind. Darüber hinaus verfügt die DSE bundesweit über regionale Geschäftsstellen, in denen Betroffene und Berater regionale Ansprechpartner finden, die über die Voraussetzungen und Möglichkeiten des schiedsgerichtlichen Verfahrens informieren. Auf diesem Weg wird eine organisatorische Plattform für die Durchführung von Schiedsverfahren zur Verfügung gestellt.

Der **Vorteil** einer solchen speziellen Schiedsgerichtsbarkeit ist im Wesentlichen ein kurzes eininstanzliches und für die Parteien kostengünstigeres und durch spezialisierte Schiedsrichter zu führendes Schiedsverfahren.

21.1 **Muster 21.1: Schiedsklausel der DSE e.V. (Einzeltestament)**

113 Ich ordne an, dass alle Streitigkeiten, die durch meinen Erbfall hervorgerufen werden, unter Ausschluss der ordentlichen Gerichte der Deutschen Schiedsgerichtsbarkeit für Erbstreitigkeiten e.V. (Hauptstraße 18, 74918 Angelbachtal/Heidelberg) und ihrer jeweils gültigen Schiedsordnung unterworfen sind.

148 Vgl. *Dawirs*, S. 109, der zutreffend darauf hinweist, dass dann das Schiedsverfahren nach den gesetzlichen Vorgaben der §§ 1025 ff. ZPO zu führen ist.

149 Zöller/*Geimer*, § 1066 Rn 26; *Bandel*, MittBayNot 2017, 1, 4.

150 *Statthalter*, RNotZ 2019, 433, 441.

151 Deutsche Schiedsgerichtsbarkeit für Erbstreitigkeiten e.V., Hauptstr.18, 74918 Angelbachtal.

Muster 21.2: Schiedsklausel der DSE e.V. (gemeinschaftliches Testament oder Erbvertrag) 21.2

Wir ordnen an, dass alle Streitigkeiten, die durch unsere Erbfälle hervorgerufen werden, unter Ausschluss der ordentlichen Gerichte der Deutschen Schiedsgerichtsbarkeit für Erbstreitigkeiten e.V. (Hauptstraße 18, 74918 Angelbachtal/Heidelberg) und ihrer jeweils gültigen Schiedsordnung unterworfen sind. 114

Soll nach Ansicht des Erblassers ein ad-hoc-Schiedsgericht entscheiden, könnte eine Klausel lauten wie folgt:[152] 115

Formulierungsbeispiel
Streitigkeiten meiner Erben, Vermächtnisnehmer und der sonstigen durch mein Testament Bedachten unter sich oder mit dem Testamentsvollstrecker, welche sich bei der Auslegung oder Durchführung meiner Anordnungen ergeben, sind unter Ausschluss der staatlichen Gerichte durch einen Einzelrichter als Schiedsrichter zu entscheiden.
Als Schiedsrichter benenne ich Herrn/Frau (…); ersatzweise soll der Präsident der Rechtsanwaltskammer (…) einen Schiedsrichter benennen, der Fachanwalt für Erbrecht sein sollte.

152 Formulierung nach *Stallknecht*, RNotZ 2019, 433, 449.

Teil III: Gestaltungstypen

§ 22 Einzeltestament

Eva Sibylla Allmendinger, LL.M.

Literaturhinweise

Berneith, Umdeutung nichtiger gemeinschaftlicher Testamente mit wechselbezüglichen Verfügungen?, ZEV 2019, 241; *Bonefeld*, Erbe trotz Scheidung? – Die unterschätzte Gefahr, RFamU 2024, 356; *Förster*, Erbrechtliche Gestaltungsmittel in Verfügungen von Todes wegen, ZAP 2017, 963; *Horn*, Gestaltung eines Einzeltestaments, NJW 2016, 3500; *Kollmeyer*, Umdeutung unwirksamer Verfügungen in gemeinschaftlichen Testamenten, NJW 2018, 662; *Lange*, Die Errichtung eines privatschriftlichen Einzeltestaments – Voraussetzungen und Fallstricke, MDR 2023, 78; *Meier*, Verfügungen von Todes wegen, JA 2025, 102; *Sarres*, Auslegung von Einzeltestamenten, ZAP 2015, 323; *Schmitz*, Ärger mit eigenhändigen Testamenten, ErbR 2019, 332.

Inhalt

A. Einführung ... 1
I. Was ist ein Einzeltestament? ... 1
II. Vor- und Nachteile des Einzeltestaments ... 3
III. Wer darf ein Einzeltestament errichten und für wen eignet es sich besonders? ... 5
IV. Welche letztwilligen Verfügungen können in ein Einzeltestament aufgenommen werden? ... 7
V. Form des Einzeltestaments ... 9
B. Besonderheit: Umdeutung eines „gemeinschaftlichen" Testaments nicht miteinander verheirateter Personen in ein Einzeltestament ... 11
I. Grundsatz ... 11
II. Voraussetzungen ... 13
1. Formvorschriften ... 14
2. Mutmaßlicher Wille der Testierenden ... 15
III. Einordnung in Fallgruppen durch Rechtsprechung und Literatur ... 18
IV. Umdeutung in einen Erbvertrag ... 19
C. Widerruf des Einzeltestaments ... 20
I. Grundsatz ... 20
II. Widerruf durch Testament ... 21
III. Widerruf durch späteres Testament mit widersprechendem Inhalt ... 24
IV. Widerruf durch Vernichtung oder Veränderungen ... 27
V. Widerruf durch Rücknahme aus amtlicher Verwahrung ... 30
1. Notarielles Testament ... 30
2. Privatschriftliches Testament ... 31
D. Einzeltestament für verschiedene Personengruppen ... 32
I. Alleinstehende ... 32
1. Grundsatz ... 32
2. Testament für Alleinstehende mit Verwandten ... 36
3. Testament für Alleinstehende ohne Verwandte, aber mit Haustier ... 39
II. Verlobte ... 42
III. Geschiedene ... 45
1. Gesetzliches Erbrecht ... 46
2. Einzeltestament ... 47
3. Gemeinschaftliches Testament ... 49
IV. Verwitwete ... 52
1. Grundsatz ... 52
2. Testament ... 55
V. In (eheähnlicher) Beziehung lebende Personen ... 58
VI. Ehegatten ... 67
1. Grundsatz ... 67
2. Einzeltestament eines Ehegatten mit Gesellschaftsanteilen ... 69
VII. Ehepaare mit Auslandsbezug bzw. Wegzugsabsichten ... 72

A. Einführung

I. Was ist ein Einzeltestament?

Mit einem Einzeltestament trifft der Erblasser Regelungen für seinen persönlichen Nachlass, 1
wenn er von der gesetzlichen Erbfolge abweichen möchte. Bei dem Einzeltestament handelt

es sich um die Grundform einer letztwilligen Verfügung. Diese kann der Erblasser entweder handschriftlich ohne jegliche Mitwirkung eines Dritten oder alternativ bei einem Notar errichten. Zu weiteren Sonderformen der Testamentserrichtung siehe Rdn 10.

2 Das Einzeltestament ist abzugrenzen von anderen Formen letztwilliger Verfügungen, welche der Erblasser nur zusammen mit einer anderen Person errichten kann. Zum einen ist hier das sog. **gemeinschaftliche Testament** zu nennen, das nur zwei Ehegatten miteinander errichten können (§ 2265 BGB; eingetragene Lebenspartner sind Ehegatten insoweit gleichgestellt, § 10 Abs. 4 LPartG). Zum anderen kann der Erblasser mit einer oder mehreren anderen Personen zusammen einen **Erbvertrag** schließen, der seine letztwilligen Verfügungen enthält.

II. Vor- und Nachteile des Einzeltestaments

3 Das Einzeltestament hat gegenüber der gemeinschaftlichen Verfügung den **Vorteil**, dass der Erblasser im größten Umfang frei ist und es auch bleibt. Denn er kann – im Rahmen des rechtlich Zulässigen – beliebige letztwillige Verfügungen treffen, diese vor anderen geheim halten und sie später jederzeit widerrufen oder anpassen. Damit behält der Erblasser die Möglichkeit, auf Veränderungen in seinen Vermögensverhältnissen oder in seinem persönlichen Umfeld jederzeit spontan zu reagieren. Ein gemeinschaftliches Testament bzw. einen Erbvertrag kann der Erblasser hingegen nur eingeschränkt bzw. nur zusammen mit dem Ehegatten oder dem anderen Erbvertragspartner widerrufen. Bspw. kann der einseitige Widerruf des wechselbezüglichen Ehegattentestaments zu Lebzeiten des Ehegatten nur durch notariell beurkundeten Widerruf erfolgen (§§ 2271 Abs. 1, 2296 Abs. 2 BGB); nach dem Tod des Ehegatten ist ein Widerruf grundsätzlich ausgeschlossen, wenn nichts anderes vereinbart wurde (§ 2271 Abs. 2 S. 1 BGB).

4 Umgekehrt kann es aber auch ein **Nachteil** des Einzeltestaments sein, dass der Erblasser nicht an seine Verfügungen gebunden werden kann. Insbesondere Ehegatten möchten ihre eigenen letztwilligen Verfügungen zugunsten des anderen Ehegatten häufig davon abhängig machen, dass der andere Ehegatte ebenfalls zu ihren Gunsten und zugunsten der gemeinsamen Kinder verfügt („Wechselbezüglichkeit" im gemeinschaftlichen Testament). Andere Personen möchten sich z.B. durch eine bindende Verfügung des Erblassers in einem Erbvertrag absichern lassen, bevor sie auf ihren Pflichtteil verzichten. Neben diesen Beispielen gibt es zahlreiche andere Fälle, in denen eine Bindung des Erblassers gewünscht ist und in denen daher nur ein gemeinschaftliches Testament oder ein Erbvertrag in Betracht kommt.

Es muss deshalb im individuellen Fall geprüft werden, ob ein Einzeltestament die geeignete Testamentsform ist.

III. Wer darf ein Einzeltestament errichten und für wen eignet es sich besonders?

5 Es steht grundsätzlich jeder testierfähigen Person frei, ein Einzeltestament zu errichten. Das heißt, jede Person, die das 16. Lebensjahr vollendet hat (§ 2229 Abs. 1 BGB) und nicht wegen einer krankhaften Störung der Geistestätigkeit, wegen Geistesschwäche oder wegen einer Bewusstseinsstörung nicht in der Lage ist, die Bedeutung einer von ihr abgegebenen Willenserklärung einzusehen und nach dieser Einsicht zu handeln (§ 2229 Abs. 4 BGB), kann ein Einzeltestament errichten. Auf den Familienstand der Person kommt es nicht an. Auch eine verheiratete Person kann grundsätzlich ein Einzeltestament nutzen, um ihre letztwilligen Verfügungen zu treffen.

6 Seinen Hauptanwendungsbereich findet das Einzeltestament allerdings für Personen, die **nicht verheiratet** sind. Denn für Alleinstehende, Verlobte, Geschiedene, Verwitwete und

in nichtehelicher Beziehung Lebende ist das Einzeltestament die einzige rechtliche Möglichkeit, selbstständig testamentarisch zu verfügen. Einen Erbvertrag können diese Personengruppen ebenfalls abschließen, es bedarf aber mindestens einer weiteren Person als Vertragspartner. Das gemeinschaftliche Testament steht nur Ehegatten offen (§ 2265 BGB). Zu Mustern für Testamente der einzelnen Personengruppen siehe Rdn 32 ff.

IV. Welche letztwilligen Verfügungen können in ein Einzeltestament aufgenommen werden?

Das Einzeltestament gilt als Grundform der letztwilligen Verfügung und es können jegliche gesetzlich zulässigen testamentarischen Verfügungen aufgenommen werden. Von der Erbeinsetzung über die Aussetzung eines Vermächtnisses, die Anordnung einer Auflage oder Testamentsvollstreckung sind alle Verfügungen denkbar und können im individuellen Fall nach Bedarf kombiniert werden. Zu den einzelnen Anordnungen siehe die §§ 14–21. 7

Ein Testament kann aber auch als reines Widerrufstestament ausgestaltet werden, in welchem nur der Widerruf eines früheren Testaments formuliert wird (vgl. § 2254 BGB), jedoch keine neuen letztwilligen Verfügungen getroffen werden. Siehe dazu näher Rdn 21. 8

V. Form des Einzeltestaments

Ein Einzeltestament kann als sog. ordentliches Testament (§ 2231 BGB) errichtet werden, indem der Erblasser seinen letzten Willen privatschriftlich niederlegt oder zur Niederschrift eines Notars erklärt. Bei einem **privatschriftlichen Testament** verfasst der Erblasser sein Testament durch eine eigenhändig geschriebene und unterschriebene Erklärung selbst (§ 2247 BGB). **Zur Niederschrift eines Notars** wird ein Testament errichtet, indem der Erblasser dem Notar seinen letzten Willen erklärt oder ihm eine Schrift mit der Erklärung übergibt, dass die Schrift seinen letzten Willen enthalte (§§ 2231, 2232 BGB). Zu den Formvorschriften siehe im Einzelnen die §§ 4 und 5. 9

In bestimmten **Notsituationen** besteht darüber hinaus die Möglichkeit, ein Einzeltestament ohne Einhaltung der für ein ordentliches Testament geltenden Formvorschriften zu errichten. So kann ein Testament unter bestimmten Voraussetzungen vor dem Bürgermeister oder mündlich vor drei Zeugen errichtet werden (§§ 2249–2251 BGB), wobei die Gültigkeitsdauer eines solchen Nottestaments in der Regel auf drei Monate begrenzt ist (§ 2252 Abs. 1 BGB). 10

B. Besonderheit: Umdeutung eines „gemeinschaftlichen" Testaments nicht miteinander verheirateter Personen in ein Einzeltestament

I. Grundsatz

Ein Einzeltestament muss nicht explizit als solches errichtet werden. Unter bestimmten Voraussetzungen kann es auch durch Umdeutung eines gemeinsamen Testaments entstehen. 11

Gemeinschaftliche Testamente im Sinne des BGB können ausschließlich von **Ehegatten** errichtet werden (§ 2265 BGB); **eingetragene Lebenspartner** sind insoweit den Ehegatten gleichgestellt und können ebenfalls ein gemeinschaftliches Testament errichten (§ 10 Abs. 4 LPartG). Anderen Personen ist die Errichtung eines gemeinschaftlichen Testaments verwehrt; das BGB ist diesbezüglich formstreng und lässt **keine Ausnahmen** zu.[1] Errichten zwei nicht miteinander verheiratete Personen zusammen ein „gemeinschaftliches" Testament, erlangt dieses selbst bei deren späterer Eheschließung keine Gültigkeit.[2] Somit stellt sich die Frage, ob die im gemeinsamen Testament getroffenen Verfügungen dennoch aufrechterhalten werden können, indem sie in zwei Einzeltestamente umgedeutet werden.

12 Früher wurde hierzu obergerichtlich die Auffassung vertreten, dass eine sog. Konversion (heute Umwandlung, § 140 BGB) in Einzeltestamente im Widerspruch zu den gesetzlichen Regelungen für Ehegattentestamente (insbesondere zu §§ 2265 ff. BGB) stehe.[3] Letztwillige Verfügungen, die z.B. zwei Schwestern oder zwei Verlobte miteinander in einem gemeinsamen Testament getroffen haben, wurden daher für unwirksam gehalten und sind danach nicht zu beachten gewesen.[4] Diese Rechtsprechung ist Stück für Stück aufgegeben worden. Zunächst wurde für gemeinsame Testamente, welche keine wechselbezüglichen Verfügungen enthielten, eine Umdeutung in Einzeltestamente zugelassen.[5] Mittlerweile wird von der herrschenden Meinung die Umdeutung aller gemeinsamen Testamente – sei es mit oder ohne wechselbezügliche Verfügungen – grundsätzlich für **zulässig** erachtet.[6] Dies ist wegen der steigenden Anzahl von nicht verheirateten Paaren zu begrüßen.

II. Voraussetzungen

13 Für eine Umdeutung (§ 140 BGB)[7] in Einzeltestamente müssen die folgenden Voraussetzungen **kumulativ** erfüllt sein, andernfalls sind die gemeinsamen Verfügungen nichtig:[8]

1. Formvorschriften

14 Die letztwilligen Verfügungen im gemeinsamen Testament müssen den Formvorschriften eines **Einzeltestaments** genügen. Typischer Fall, bei dem dies Relevanz erfährt, ist folgender: Ein nicht verheiratetes Paar errichtet ein gemeinsames Testament, indem die Frau das Testament handschriftlich niederschreibt und unterschreibt und der Mann das Testament ebenfalls unterschreibt. Wären sie miteinander verheiratet, hätten sie damit ein formwirksames Testament errichtet, denn § 2267 BGB gestattet ein solches Vorgehen bei der eigenhändigen Errichtung eines gemeinschaftlichen Testaments. Da das Paar aber nicht verheiratet ist, sind ihre jeweiligen im Testament getroffenen letztwilligen Verfügungen für eine Umdeutung daran zu messen, ob sie den Formvorschriften eines eigenhändigen Einzeltesta-

1 Kössinger/Najdecki/Zintl/*R. Kössinger/Zintl*, § 14 Rn 2.

2 Burandt/Rojahn/*Braun/Schuhmann*, § 2265 Rn 41.

3 RG, Urt. v. 20.5.1915 – IV 699/14, RGZ 87, 33, 34; OLG Neustadt (Wstr.), Beschl. v. 25.7.1958 – 3 W 82/58, NJW 1958, 1785.

4 Zunächst RG, Urt. v. 20.5.1915 – IV 699/14, RGZ 87, 33, 34; später auch noch OLG Neustadt (Wstr.), Beschl. v. 25.7.1958 – 3 W 82/58, NJW 1958, 1785.

5 Vgl. OLG Koblenz, Urt. v. 21.1.1948 – 1 U 203/47, NJW 1947/48, 384, 385; KG, Beschl. v. 5.12.1968 – 1 W 4146/68, NJW 1969, 798; Staudinger/*Raff*, § 2265 Rn 9 m.w.N.

6 U.a. OLG München, Beschl. v. 19.5.2010 – 31 Wx 38/10, NJW-RR 2010, 1382; OLG Braunschweig, Beschl. v. 21.4.2005 – 2 W 225/04, NJW-RR 2005, 1027; LG Bonn, Urt. v. 5.12.2002 – 18 O 301/02, NJW-RR 2004, 10; OLG Düsseldorf, Beschl. v. 19.2.2016 – I-3 Wx 40/14, FGPrax 2016, 176; Staudinger/*Raff*, § 2265 Rn 12; Burandt/Rojahn/*Braun/Schuhmann*, § 2265 Rn 48 ff.; BeckOK BGB/*Litzenburger*, § 2265 Rn 25; a.A. OLG Hamm, Beschl. v. 25.4.1996 – 15 W 379/95, NJW-RR 1996, 1290; OLG Düsseldorf, Beschl. v. 9.12.1996 – 3 Wx 335/96, FamRZ 1997, 771.

7 Zur Zulässigkeit der Umdeutung in diesem Zusammenhang vgl. MüKo-BGB/*Musielak*, § 2265 Rn 5, welcher auf die ganz herrschende Auffassung in Rspr. und Lit. verweist.

8 BeckOK BGB/*Litzenburger*, § 2265 Rn 27.

ments genügen. § 2247 Abs. 1 BGB formuliert als Voraussetzung für die eigenhändige Errichtung eines Einzeltestaments, dass der Erblasser dieses eigenhändig schreibt und unterschreibt. Genau dies hat allerdings nur die Frau im vorliegenden Fall getan. Der Mann hat lediglich den geschriebenen Text unterschrieben und genügt damit den Formvorschriften für ein Einzeltestament nicht. Seine Verfügungen können somit nicht – auch nicht aus Billigkeitsgründen[9] – in ein Einzeltestament umgedeutet werden,[10] die Verfügungen der Frau hingegen schon.[11]

2. Mutmaßlicher Wille der Testierenden

Die Umdeutung muss dem mutmaßlichen Willen der Testierenden entsprechen. § 140 BGB 15 setzt für eine Umdeutung voraus, dass die Parteien das andere Rechtsgeschäft gewollt hätten, wenn sie die Nichtigkeit des eigentlichen Rechtsgeschäfts gekannt hätten. Da sich die Testierenden in der Regel keine Gedanken über die eventuelle Unwirksamkeit ihrer Verfügung gemacht haben, ist hier auf den **hypothetischen Willen** der Erblasser abzustellen und zu fragen, was ein vernünftig denkender Erblasser „in verständiger Abwägung der in Betracht kommenden Verhältnisse und Interessen“[12] gewollt hätte.

Sind die letztwilligen Verfügungen nur **äußerlich** zu einem gemeinsamen Testament zusam- 16 mengefasst und erhalten **ausschließlich einseitige Verfügungen** der Erblasser, wird in der Regel der Wille zur Umdeutung in zwei Einzeltestamente anzunehmen sein.[13] Eine feste Regel für die Umdeutung von einseitigen gemeinsamen Testamenten besteht allerdings nicht, das Testament sowie die sonstigen Umstände sind stets auf den tatsächlichen Willen der Erblasser hin zu untersuchen.[14]

Sind die Verfügungen **wechselbezüglich**, soll die Verfügung des einen also mit der Verfü- 17 gung des anderen stehen und fallen, kann es ebenfalls Wille der Erblasser sein, die wechselbezüglichen Verfügungen in einzeltestamentarische Verfügungen umzudeuten.[15] An der Stelle ist aber ganz besonders gründlich zu prüfen, ob es dem Willen der Erblasser entsprach, die Verfügung des einen auch für den Fall der Unwirksamkeit der Verfügung des anderen als Einzeltestament aufrechtzuerhalten. Denn die Form der Wechselbezüglichkeit wählen die Erblasser in der Regel deshalb, weil sie die Verfügung des einen nicht ohne die Verfügung des anderen treffen wollen bzw. weil jede Verfügung mit Rücksicht auf die andere Verfügung getroffen sein soll und beide nach dem Willen der Erblasser miteinander stehen oder fallen sollen.[16] Ein wechselbezügliches Testament geht somit in aller Regel über die bloße Zusammenfassung von zwei Einzeltestamenten hinaus.[17]

---

9 OLG Düsseldorf, Beschl. v. 26.7.1996 – 3 Wx 278/96, FamRZ 1997, 518.

10 MüKo-BGB/*Musielak*, § 2265 Rn 6.

11 OLG Frankfurt, Beschl. v. 31.5.2011 – 20 W 75/11, NJW-RR 2012, 11, 12.

12 MüKo-BGB/*Musielak*, § 2265 Rn 7.

13 BGH, Urt. v. 16.6.1987 – IVa ZR 74/86, NJW-RR 1987, 1410; Burandt/Rojahn/*Braun/Schuhmann*, § 2265 Rn 47.

14 MüKo-BGB/*Musielak*, § 2265 Rn 7; BeckOK BGB/*Litzenburger*, § 2265 Rn 24; OLG Düsseldorf, Beschl. v. 26.7.1996 – 3 Wx 278/96, FamRZ 1997, 518.

15 U.a. KG, Beschl. v. 15.8.1972 – 1 W 2500/71, NJW 1972, 2133, 2137; OLG Braunschweig, Beschl. v. 21.4.2005 – 2 W 225/04, NJW-RR 2005, 1027; BeckOK BGB/*Litzenburger*, § 2265 Rn 24; MüKo-BGB/*Musielak*, § 2265 Rn 4.

16 So die st. Rspr., z.B. BayObLG, Beschl. v. 16.5.2001 – 1Z BR 2/01, FamRZ 2001, 1734.

17 Staudinger/*Raff*, § 2265 Rn 13, a.A. KG, Beschl. v. 15.8.1972 – 1 W 2500/71, NJW 1972, 2133.

III. Einordnung in Fallgruppen durch Rechtsprechung und Literatur

18 Rechtsprechung und Kommentarliteratur teilen die Fälle zur Umdeutung von wechselbezüglichen Testamenten in bestimmte **Fallgruppen** ein und versuchen, sich – stets unter Vorbehalt anderer tatsächlicher Anhaltspunkte im konkreten Fall – so der Frage zur Zulässigkeit einer Umdeutung zu nähern.[18]

So wird die Umdeutung in Fällen, in denen **beide Erblasser** die notwendige Form eingehalten haben (z.B. beide ihren Testamentstext eigenhändig geschrieben und unterschrieben haben), in der Regel für unproblematisch gehalten, ggf. auch in Form von jeweils bedingten Verfügungen (§ 158 BGB).[19] Schwieriger sind die Fälle zu beurteilen, in denen die Umdeutung nur für **einen Erblasser** in Betracht kommt, da der andere Erblasser z.B. Formvorschriften nicht eingehalten hat oder testierunfähig war. Hier wird häufig nach der Art der testamentarischen Verfügung unterschieden: Bei einer gegenseitigen Erbeinsetzung wird eine Umdeutung eher angenommen als bei einer wechselbezüglichen Zuwendung an Dritte.[20]

IV. Umdeutung in einen Erbvertrag

19 Nicht unerwähnt bleiben soll auch die Möglichkeit der Umdeutung des gemeinsamen Testaments in einen Erbvertrag. Da diese nur in Betracht kommt bei Einhaltung der für den Erbvertrag notwendigen notariellen Form und wenn die Erblasser bereits eine gegenseitige lebzeitige Bindung wollten, scheidet diese Möglichkeit in der Praxis regelmäßig aus.[21] Denn die Erstellung eines „gemeinschaftlichen" Testaments durch nicht verheiratete Personen findet in aller Regel nur im privaten Umfeld ohne notarielle Beratung statt.

C. Widerruf des Einzeltestaments

I. Grundsatz

20 Der Erblasser kann sein Einzeltestament sowie einzelne Verfügungen hieraus grundsätzlich **jederzeit widerrufen** (§ 2253 BGB). Damit bietet das Einzeltestament gegenüber einem gemeinschaftlichen Ehegattentestament bzw. einem Erbvertrag für den Erblasser sehr viel Flexibilität. Denn besteht eine erbvertragliche Bindung des Erblassers bzw. eine Bindung durch ein gemeinschaftliches Testament, kann die Verfügung ohne Zustimmung der anderen Partei – bis auf wenige Ausnahmen (z.B. §§ 2271 Abs. 2, 2294 ff. BGB; entsprechende Bestimmungen im gemeinschaftlichen Testament oder Erbvertrag) – nicht mehr aufgehoben oder abgeändert werden.

Der Erblasser kann sein Einzeltestament auf verschiedene Weise widerrufen:

18 Eine gute Übersicht inkl. einer überblicksartigen Darstellung von Urteilen hierzu findet sich bei jurisPK-BGB/*Reymann*, § 2265 Rn 18 ff.

19 U.a. jurisPK-BGB/*Reymann*, § 2265 Rn 22; MüKo-BGB/*Musielak*, § 2265 Rn 8.

20 BeckOK BGB/*Litzenburger*, § 2265 Rn 25; jurisPK-BGB/*Reymann*, § 2265 Rn 22 ff.; Staudinger/*Raff*, § 2265 Rn 18 ff.

21 jurisPK-BGB/*Reymann*, § 2265 Rn 14; MüKo-BGB/*Musielak*, § 2265 Rn 9.

II. Widerruf durch Testament

Der Erblasser kann sein Testament durch ein späteres Testament widerrufen (§ 2254 BGB). Hierzu hat er unter Einhaltung der allgemeinen Formvorschriften ein neues Testament zu errichten, das eine **Erklärung des Widerrufs** enthält.[22] Die Form des Testaments muss nicht der Form des zu widerrufenden Testaments entsprechen.[23] Ein notarielles Testament kann z.B. auch durch ein handschriftliches Testament widerrufen werden, ein handschriftliches Testament durch ein notarielles. Wie für jede Testamentserrichtung erforderlich, muss der widerrufende Erblasser im Zeitpunkt der Testamentserrichtung **testierfähig** sein und er muss die Erklärung mit **Widerrufswillen** abgegeben haben, welcher sich eindeutig aus dem Widerrufstestament ergeben muss.[24] Weitere, über den Widerruf hinausgehende Verfügungen muss das Testament nicht enthalten. 21

Praxistipp 22
Möchte ein Testator testamentarisch neu verfügen, sollte er in seinem Testament vorsichtshalber alle bisherigen Verfügungen widerrufen, auch wenn er sich an keine frühere letztwillige Verfügung aktiv erinnert. Hierdurch wird gewährleistet, dass seine neu getroffenen Verfügungen zur Anwendung kommen und nicht durch etwaige frühere Verfügungen in ihrer Wirkung gestört werden.
Beachte: Sollte der Erblasser zuvor ein gemeinschaftliches Ehegattentestament oder einen Erbvertrag errichtet haben, ist ein einfacher Widerruf in der Regel nicht möglich.

Formulierungsbeispiel 23
Vorsorglich widerrufe ich alle bisherigen von mir getroffenen Verfügungen von Todes wegen vollständig und erkläre nun meinen letzten Willen wie folgt: (…)

III. Widerruf durch späteres Testament mit widersprechendem Inhalt

Der Erblasser trifft in einem neu verfassten Testament Bestimmungen, die zu denjenigen im früheren Testament im **Widerspruch** stehen (§ 2258 Abs. 1 BGB). Ein Widerspruch liegt vor, wenn die Inhalte beider Testamente nicht miteinander vereinbar sind und die getroffenen Anordnungen nicht nebeneinander Geltung erlangen können, sondern sich gegenseitig ausschließen.[25] 24

Setzt der Erblasser bspw. erst eine und später eine andere Person als Alleinerben ein, stehen beide Anordnungen derart in Widerspruch zueinander, dass nur die Alleinerbeinsetzung im neueren Testament gilt. Schwieriger kann die Abgrenzung beider Testamente in anderen Fällen sein, bspw. wenn in beiden Testamenten jeweils ein Vermächtnis zugunsten derselben Person, aber in unterschiedlicher Höhe ausgesetzt wird. In diesem Fall ist durch Auslegung der Testamente zu ermitteln, ob beide Vermächtnisse kumulativ gelten sollen oder die spätere Anordnung die frühere ersetzt.[26] 25

Sofern ein Widerspruch der Verfügungen besteht, tritt die Aufhebung des früheren Testaments gem. § 2258 Abs. 1 BGB **kraft Gesetzes** ein.[27] Im Gegensatz zum Widerruf nach § 2254 BGB[28] ist für die Aufhebung eines früheren Testaments gem. § 2258 Abs. 1 BGB 26

22 MüKo-BGB/*Sticherling*, § 2254 Rn 2 ff.
23 MüKo-BGB/*Sticherling*, § 2254 Rn 2.
24 Burandt/Rojahn/*Lauck*, § 2254 Rn 2.
25 BGH, Urt. v. 7.11.1984 – IVa ZR 77/83, NJW 1985, 969.
26 Mit Beispielen Staudinger/*Baumann*, § 2258 Rn 15; MüKo-BGB/*Sticherling*, § 2258 Rn 4 m.w.N.
27 BGH, Urt. v. 8.7.1981 – IVa ZR 188/80, NJW 1981, 2745.
28 MüKo-BGB/*Sticherling*, § 2254 Rn 4.

nämlich kein Widerrufs- oder Aufhebungswille des Testators erforderlich.[29] Es ist also ohne Belang, ob der Testator überhaupt an frühere Testamente und den Inhalt der darin enthaltenen Verfügungen gedacht hat.[30] Selbst wenn der Testator erklärt, sein voriges Testament nicht widerrufen zu wollen, führt ein Widerspruch seiner testamentarischen Verfügungen dazu, dass die frühere Verfügung ihre Geltung verliert.[31]

IV. Widerruf durch Vernichtung oder Veränderungen

27 Der Erblasser kann sein Testament auch widerrufen, indem er die bestehende Testamentsurkunde in der Absicht vernichtet, das Testament zu widerrufen (§ 2255 S. 1 Alt. 1 BGB). Die gleiche Wirkung hat es, wenn der Erblasser am bestehenden Testament Veränderungen vornimmt, durch die er seinen Willen zum Ausdruck bringt, seine schriftliche Willenserklärung aufheben zu wollen (§ 2255 S. 1 Alt. 2 BGB). Voraussetzung für diese Art des Widerrufs ist auch hier die **volle Testierfähigkeit** des Erblassers, denn es handelt sich bei der Widerrufshandlung um eine letztwillige Verfügung.[32]

28 Der Erblasser **vernichtet** seine Testamentsurkunde, indem er diese zerreißt, verbrennt, zerschneidet oder die Urkunde auf ähnliche Weise endgültig zerstört.[33] Der ursprüngliche Zustand darf danach kaum oder gar nicht mehr erkennbar sein.[34] Schneidet der Erblasser das Testament bspw. säuberlich in zwei Teile, auf denen sich jeweils eine Unterschrift befindet, liegt darin noch nicht unbedingt ein Widerruf.[35]

29 Der Erblasser kann alternativ auch **Veränderungen** vornehmen, indem er z.B. auf der Testamentsurkunde Text durchstreicht,[36] wegradiert, anders unleserlich macht oder einen Teil der Urkunde ausschneidet.[37] Nimmt der Erblasser einen Ungültigkeitsvermerk in das Testament auf, fügt er z.B. den Zusatz „ungültig“, „veraltet“ oder „annulliert“ in das Testament ein, gilt dies ebenfalls als Veränderung i.S.d. § 2255 S. 1 Alt. 2 BGB.[38] Bei Veränderungen im Testament ist besonders sorgfältig zu prüfen, ob ein **Widerrufswille** des Erblassers vorliegt. Denn beim Widerruf durch Veränderungen gilt die Besonderheit, dass nach überwiegender Meinung **keine Unterzeichnung** des Erblassers benötigt wird.[39] Die Veränderung muss also selbst nicht der Form eines eigenhändigen Testaments (eigenhändig geschrieben und unterschrieben, § 2247 BGB) entsprechen.[40] Dies wird – m.E. zu Recht – aus Gründen der Rechtssicherheit teilweise kritisiert,[41] denn die Gefahr ist hoch, dass Veränderungen im Nachhinein durch fremde Personen vorgenommen werden.

---

29 BGH, Urt. v. 8.7.1981 – IVa ZR 188/80, NJW 1981, 2745; Staudinger/*Baumann*, § 2258 Rn 20; MüKo-BGB/*Sticherling*, § 2258 Rn 5.

30 MüKo-BGB/*Sticherling*, § 2258 Rn 5 m.w.N.

31 Staudinger/*Baumann*, § 2258 Rn 20.

32 BayObLG, Beschl. v. 18.3.1996 – 1Z BR 67/95, FamRZ 1996, 1110; Burandt/Rojahn/*Lauck*, § 2255 Rn 2.

33 Burandt/Rojahn/*Lauck*, § 2255 Rn 4.

34 OLG München, Beschl. v. 28.1.2020 – 31 Wx 229/19, NJW-RR 2020, 329.

35 Vgl. OLG Schleswig, Beschl. v. 28.5.2018 – 3 Wx 70/17, NJW-RR 2019, 205.

36 U.a. OLG Stuttgart, Beschl. v. 25.3.2020 – 8 W 104/19, ErbR 2021, 64.

37 OLG Hamm, Beschl. v. 14.8.2007 – 15 W 331/06, NJW-RR 2008, 21. Zu weiteren Beispielen: Erman/*S. Kappler/T. Kappler*, § 2255 Rn 3.

38 KG, Beschl. v. 31.1.1957 – 1 W 2539/56, NJW 1957, 1364; BeckOK BGB/*Litzenburger*, § 2255 Rn 5.

39 U.a. BayObLG, Beschl. v. 30.9.2002 – 1Z BR 33/02, NJW-RR 2003, 150; KG, Beschl. v. 31.1.1957 – 1 W 2539/56, NJW 1957, 1364; Staudinger/*Baumann*, § 2255 Rn 23; MüKo-BGB/*Sticherling*, § 2255 Rn 7.

40 U.a. BayObLG, Beschl. v. 30.9.2002 – 1Z BR 33/02, NJW-RR 2003, 150.

41 U.a. Staudinger/*Baumann*, § 2255 Rn 24.

V. Widerruf durch Rücknahme aus amtlicher Verwahrung

1. Notarielles Testament

30 Ein notarielles Testament (und auch ein sog. Bürgermeister-Nottestament) kann auch dadurch widerrufen werden, dass die Testamentsurkunde aus amtlicher Verwahrung an den Erblasser zurückgegeben wird (§ 2256 Abs. 1 BGB). Der Erblasser muss dafür die Rückgabe des Testaments beim Nachlassgericht verlangen. Mit der höchstpersönlichen **Übergabe** des Testaments an den Erblasser wird das Testament **unwirksam**, selbst wenn der Erblasser diese Wirkung gar nicht eintreten lassen wollte.[42] Da die Rücknahme aus der amtlichen Verwahrung aber auch eine Willenserklärung beinhaltet und wie eine eigene Verfügung von Todes wegen wirkt, setzt auch sie die Testierfähigkeit des Erblassers im Zeitpunkt der Rückgabe voraus.[43]

2. Privatschriftliches Testament

31 Normzweck des § 2256 BGB ist, einen Schutz vor Fälschungen von öffentlichen Testamenten zu gewährleisten.[44] Denn der Notar veranlasst, dass das Testament in amtliche Verwahrung gebracht wird (§ 34 Abs. 1 S. 4 BeurkG), und § 2256 BGB stellt sicher, dass das Testament nach dem Notartermin ununterbrochen in amtlicher Verwahrung verbleibt. Dieser Schutz ist bei eigenhändigen Testamenten nicht erforderlich. Der Erblasser kann ein eigenhändiges Testament z.B. ausschließlich zu Hause lagern. Will er das Testament dennoch amtlich verwahren lassen, hat er zwar die rechtliche Möglichkeit dazu (§ 2248 BGB), die Verwahrung macht aus dem privatschriftlichen Testament aber kein öffentliches Testament.[45] Somit führt die Rücknahme eines eigenhändigen Testaments aus amtlicher Verwahrung **nicht** zur **Unwirksamkeit** des Testaments (§ 2256 Abs. 3 Hs. 2 BGB). Der Erblasser kann das Testament nach Rücknahme zu Hause lagern und es bleibt wirksam.

D. Einzeltestament für verschiedene Personengruppen

I. Alleinstehende

1. Grundsatz

32 Als alleinstehend im engeren Sinne – oder umgangssprachlich als „Single" – gelten Personen, die nicht verheiratet, verwitwet oder geschieden sind und auch keine Kinder, Enkel, Urenkel usw. haben.[46] Alleinstehende sind nahezu vollständig frei, über ihr Vermögen testamentarisch zu verfügen. Da Abkömmlinge nicht vorhanden sind, muss auf Pflichtteilsansprüche nur Rücksicht genommen werden, wenn noch Eltern des Alleinstehenden leben (§ 2303 Abs. 2 BGB). Ist dies nicht der Fall, können Alleinstehende testamentarisch beliebig über ihr Vermögen verfügen, wenn sie nicht durch einen zuvor geschlossenen Erbvertrag gebunden sind.

---

42 Burandt/Rojahn/*Lauck*, § 2256 Rn 5, 6.

43 OLG München, Beschl. v. 11.5.2005 – 31 Wx 19/05, ZEV 2005, 482; BayObLG, Beschl. v. 9.3.2005 – 1Z BR 108/04, NJW-RR 2005, 957; Staudinger/*Baumann*, § 2256 Rn 19.

44 Staudinger/*Baumann*, § 2256 Rn 8.

45 MüKo-BGB/*Sticherling*, § 2256 Rn 4.

46 Kössinger/Najdecki/Zintl/*R. Kössinger/Zintl*, § 21 Rn 60.

33 Bei alleinstehenden Personen sind Überlegungen zu praktischen Aspekten, insbesondere zur Ausführung des Testaments nach ihrem Tod, besonders wichtig. Da viele Alleinstehende keine direkte Vertrauensperson hinterlassen, sollte das Testament in **amtliche Verwahrung** gegeben werden (bei privatschriftlichen Testamenten gem. § 2248 BGB; bei notariellen Testamenten erfolgt dies automatisch, § 34 Abs. 1 S. 4 BeurkG). Denn bei Alleinstehenden ist das Risiko besonders hoch, dass ein Testament in der hinterlassenen Wohnung nicht gefunden oder unterschlagen wird.

34 In den Fällen, in denen die Vertrauensperson fehlt, ist es oft auch sinnvoll, einen **Testamentsvollstrecker** einzusetzen. Der Testamentsvollstrecker kann dann die nach dem Tod notwendigen Aufgaben erledigen, die sonst meist Familienmitglieder übernehmen. Zudem stellt er sicher, dass das Vermögen des Alleinstehenden testamentsgemäß verteilt wird. Bspw. kann ein Testamentsvollstrecker damit beauftragt werden, die Eigentumswohnung des Alleinstehenden nach dessen Tod leerzuräumen bzw. leerräumen zu lassen und die Wohnung anschließend zu verkaufen.

35 Für die Zeit bis zur gerichtlichen Einsetzung des Testamentsvollstreckers sollte zudem eine trans- bzw. **postmortale Vollmacht** erteilt werden, damit die dann unmittelbar anfallenden Tätigkeiten zuverlässig erledigt werden. Es bietet sich an, den späteren Testamentsvollstrecker zugleich als Bevollmächtigten einzusetzen. Dem Bevollmächtigten kann dann auch aufgetragen werden, die Beerdigung entsprechend den Wünschen des Erblassers zu organisieren. Hierfür ist eine – vom Testament separat geregelte – Bestattungsverfügung des Erblassers inklusive der Ermächtigung zur Totenfürsorge sinnvoll (zur Bestattungsverfügung siehe näher § 17 Rdn 59 ff., 67).

2. Testament für Alleinstehende mit Verwandten

36 **Fallbeispiel**

Ein 30-jähriger Mann ist nicht verheiratet und hat keine Kinder. Seine Eltern leben beide noch, er hat außerdem einen Bruder und eine Schwester. Seine Schwester hat zwei kleine Kinder. Er hat von seinen Großeltern insgesamt 400.000 EUR geerbt, zudem hat er ein altes Auto sowie zwei wertvolle Rennräder. Insgesamt beläuft sich der Nachlass damit auf 440.000 EUR. Da er an Krebs erkrankt ist, möchte er sicherheitshalber ein Testament errichten. Falls er sterben sollte, soll sein Vermögen im Wesentlichen an seine Geschwister fallen, da seine Eltern finanziell bereits gut genug versorgt sind.

37 **Erläuterungen zum Muster 22.1**

Da die Eltern im vorliegenden Fall noch leben, könnten sie grundsätzlich Pflichtteilsansprüche geltend machen, wenn ihr Sohn sie enterbt (§ 2303 Abs. 2 S. 1 BGB). Als Erben zweiter Ordnung haben die Eltern zusammen einen 100 %igen gesetzlichen Erbanspruch auf das Vermögen des Sohnes (§ 1925 Abs. 2 BGB), woraus ein Pflichtteilsanspruch von 50 % der Eltern folgt (§ 2303 Abs. 1 S. 2 BGB). Genauer gesagt, hätte jeder Elternteil also einen Pflichtteilsanspruch auf 25 % des Nachlasses des Sohnes.

Die Eltern müssen diesen Pflichtteilsanspruch nicht geltend machen (der Verzicht auf den Pflichtteil stellt insbesondere keine schenkungsteuerpflichtige Schenkung dar, § 13 Abs. 1 S. 1 Nr. 11 ErbStG). Wenn sich alle Familienmitglieder einig sind, dass es sich bei der Begünstigung der Geschwister um die beste Lösung für die Familie handelt, ist ein potenzieller Pflichtteilsanspruch der Eltern somit unerheblich. Er verjährt nach drei Jahren (§§ 195, 199 BGB) und ist dann nicht mehr relevant.

Nicht in jeder Familie herrscht aber Einigkeit und manchmal endet die Harmonie in unvorhergesehener Weise nach Eintritt des Todes, sodass ein Pflichtteilsverzicht stets als sicherster Weg zu empfehlen ist. Um auf den Pflichtteil zu verzichten, müssen die Eltern mit ihrem Sohn einen Vertrag schließen, welcher notariell zu beurkunden ist (§§ 2346 Abs. 2, 2348 BGB). Es fällt hierfür eine 2,0-Notargebühr an (KV 21100 GNotKG); der Geschäftswert bemisst sich nach der Quote des Verzichtenden an der Erbmasse (§ 102 Abs. 4 GNotKG).

Bei der Erbeinsetzung sollte zugleich auch immer das Steuerrecht beachtet werden, im vorliegenden Fall insbesondere die steuerlichen Freibeträge (§ 16 ErbStG). Würde der Erblasser hier die Eltern zu seinen Erben einsetzen, stünde jedem Elternteil ein steuerlicher Freibetrag von 100.000 EUR zu (§ 15 Abs. 1 „Steuerklasse I" Nr. 4, § 16 Abs. 1 Nr. 4 ErbStG). Von 440.000 EUR Nachlassmasse wären dadurch immerhin insgesamt 200.000 EUR steuerfrei. Geschwister fallen hingegen in die Steuerklasse II (§ 15 Abs. 1 „Steuerklasse II" Nr. 2 ErbStG) und können jeweils nur einen Freibetrag von 20.000 EUR geltend machen (§ 16 Abs. 1 Nr. 5 ErbStG). Dies führt in dem Fall nur zu einem steuerfreien Gesamtbetrag von insgesamt 40.000 EUR. Aus steuerlichen Überlegungen bietet es sich deshalb an, die Vermögenszuwendung weiter zu unterteilen. Z.B. fallen Nichten und Neffen, d.h. die Kinder der Schwester, ebenfalls in die Steuerklasse II mit einem jeweiligen Freibetrag von 20.000 EUR (§ 15 Abs. 1 „Steuerklasse II" Nr. 3, § 16 Abs. 1 Nr. 5 ErbStG). Der Erblasser sollte sich deshalb überlegen, ob nicht eine zusätzliche Begünstigung seiner Nichte und seines Neffen sinnvoll ist.

Muster 22.1: Einzeltestament für Alleinstehende mit Verwandten 22.1 38

UVZ-Nr. /

Testament

Heute, den ,

erschien vor mir,

Notar in

in meinen Geschäftsräumen in :

Herr ,

geboren am in ,

wohnhaft ,

ausgewiesen durch Vorlage seines Bundespersonalausweises/dem Notar von Person bekannt.

Der Erschienene suchte mich mit dem Willen auf, sein Testament zu errichten. In einem mit ihm geführten Gespräch bin ich zur Überzeugung gelangt, dass der Erschienene geschäfts- und testierfähig ist.

Auf eine Einbeziehung von Zeugen hat der Erschienene verzichtet. Eine gesetzliche Verpflichtung zur Zuziehung von Zeugen besteht im vorliegenden Fall nicht.

Auf Nachfrage erklärte der Erschienene, dass weder der Notar noch eine mit dem Notar zur gemeinsamen Berufsausübung oder durch gemeinschaftliche Geschäftsräume verbundene Person gem. § 3 Abs. 1 Nr. 7 BeurkG vorbefasst sei.

Sodann erklärte der Erschienene seinen letzten Willen mündlich zu meiner Niederschrift wie folgt:

Ich kann über meinen Nachlass frei verfügen, insbesondere bin ich nicht durch einen Erbvertrag oder ein früheres Testament gebunden. Vorsorglich widerrufe ich alle bisherigen von mir getroffenen Verfügungen von Todes wegen vollständig und erkläre nun meinen letzten Willen wie folgt:

I. Erbeinsetzung

Zu meinen Erben setze ich meinen Bruder und meine Schwester je zur Hälfte ein.

Als Ersatzerbin meines Bruders bestimme ich meine Schwester. Ersatzerben meiner Schwester sind deren zum Zeitpunkt meines Todes lebenden Abkömmlinge, untereinander nach den Regeln der gesetzlichen Erbfolge.

II. Vermächtnisse

Zu Lasten meiner Erben setze ich folgende Vermächtnisse aus:

1. Mein Bruder erhält meine Rennrad-Sammlung.
2. Meine Mutter erhält mein Auto.
3. Die zum Zeitpunkt meines Todes lebenden Kinder meiner Schwester, derzeit sind dies und , erhalten einen Barbetrag von jeweils EUR. Diese unter dieser Nr. 3 angeordneten Vermächtnisse sind drei Monate nach meinem Tod fällig, nicht jedoch vor Vollendung des 18. Lebensjahrs des jeweiligen Vermächtnisnehmers.

Soweit vorstehend nichts anderes geregelt ist, fallen die Vermächtnisse sofort mit meinem Tod an und sind sofort fällig.

Lebt ein Vermächtnisnehmer bei Fälligkeit des Vermächtnisses nicht mehr, so fällt das Vermächtnis zu seinen Gunsten ersatzlos weg. Ersatzvermächtnisnehmer bestimme ich nicht.

Befindet sich einer der Vermächtnisgegenstände zum Zeitpunkt meines Todes nicht mehr in meinem Vermögen, entfällt das jeweilige Vermächtnis ersatzlos.

III. Testamentsvollstreckung

Für den Fall, dass ein Kind oder mehrere Kinder meiner Schwester zum Zeitpunkt meines Todes noch minderjährig ist bzw. sind, ordne ich Testamentsvollstreckung an, welche auf den Erwerb dieser Personen beschränkt andauern soll, bis das jeweilige Kind das 18. Lebensjahr vollendet hat.

Als Testamentsvollstreckerin bestimme ich meine Schwester , ersatzweise .

Die Testamentsvollstreckerin verwaltet den Betrag, den ich dem jeweiligen Vermächtnisnehmer zugesprochen habe, bis zur Vollendung seines 18. Lebensjahrs. Auch Erträge unterliegen der Testamentsvollstreckung.

Die Testamentsvollstreckerin erhält keine Vergütung, lediglich einen Ersatz der gemachten Aufwendungen.

Weitere Verfügungen möchte ich nicht treffen.

Der Erschienene wurde vom Notar über die rechtlichen Folgen seiner Erklärungen aufgeklärt sowie auf Folgendes hingewiesen:

- auf das gesetzliche Erb- und Pflichtteilsrecht,
- auf das jederzeitige lebzeitige Widerrufsrecht des Testaments,
- darauf, dass keine steuerliche Beratung stattgefunden hat und der Erschienene bei Bedarf einen Steuerberater beiziehen darf.

Der Erschienene erklärte sodann, dass er die amtliche Verwahrung des Testaments beim Amtsgericht wünsche, und beantragt die Erteilung einer beglaubigten Abschrift.

Der Erschienene trägt die Kosten dieser Urkunde und der Verwahrung des Testaments beim Amtsgericht.

Vom Notar vorgelesen, genehmigt

und von dem Erschienenen eigenhändig unterschrieben.

3. Testament für Alleinstehende ohne Verwandte, aber mit Haustier

Fallbeispiel 39

Eine alleinstehende 80-jährige Dame lebt mit ihrem Hund in einer Eigentumswohnung. Kinder hatte sie nie, die näheren Verwandten sind alle bereits verstorben. Sie möchte ihr Vermögen an eine bestimmte Tierschutzorganisation spenden. Auch ist ihr wichtig, dass ihr Hund nach ihrem Tod gut versorgt ist.

Erläuterungen zum Muster 22.2 40

Da die Eltern der Erblasserin bereits vorverstorben sind und sie weder Ehemann noch Kinder hat, kann sie testamentarisch frei über ihr Vermögen bestimmen. Pflichtteilsansprüche hat sie nicht zu befürchten, sie kann die Tierschutzorganisation somit zur Alleinerbin einsetzen. Ihren Hund kann sie hingegen nicht zum Erben oder Vermächtnisnehmer einsetzen, da Tiere zivilrechtlich Sachen gleichgestellt sind (§ 90a S. 2 BGB) und damit nicht rechts- und somit auch nicht erbfähig sind.[47]

Da die Tierschutzorganisation nur finanzielle (Bar-)Zuwendungen annimmt, muss der Nachlass der Erblasserin verkauft werden, um liquide Mittel zu generieren. Mangels nahestehender Personen sollte sie einen Testamentsvollstrecker bestellen, der den Verkauf ihrer Eigentumswohnung organisiert und das dadurch erlöste Geld zuverlässig an die gewählte Organisation überweist.

Damit ihr Hund nach ihrem Tod gut versorgt ist, sollte sie der Organisation, die den Hund versorgen soll, eine Begünstigung zuweisen und sie zugleich mit einer Auflage beschweren, den Hund aufzunehmen und zu versorgen. Die Auflage eignet sich in diesen Fällen besonders, da kein Begünstigter benannt werden muss und daher die mangelnde Rechtsfähigkeit des Tieres nicht schadet.[48] Den Testamentsvollstrecker sollte sie auch dazu einsetzen, die Einhaltung der Auflage zu überwachen und die Versorgung des Hundes zu kontrollieren.

Muster 22.2: Einzeltestament für Alleinstehende ohne Verwandte, aber mit Haustier 22.2

Testament 41

Ich, , geboren am , war nie verheiratet und habe keine Kinder. Meine Eltern und mein Bruder sind bereits verstorben. Weitere Verwandte habe ich nicht. Ich lebe mit meinem geliebten Hund namens zusammen, er ist mein Ein und Alles und soll es nach meinem Tod so gut wie möglich haben.

Ich kann über meinen Nachlass frei verfügen, insbesondere bin ich nicht durch einen Erbvertrag oder ein früheres Testament gebunden. Vorsorglich widerrufe ich alle bisherigen von mir getroffenen Verfügungen von Todes wegen vollständig und erkläre nun meinen letzten Willen wie folgt:

I. Erbeinsetzung

Ich möchte, dass mein gesamter Nachlass der Tierschutzorganisation in zugutekommt, damit Tiere in Not ein neues Zuhause haben. Die Tierschutzorganisation setze ich deshalb zu meiner Alleinerbin ein.

II. Auflage

Die Einsetzung zur Alleinerbin erfolgt unter der Auflage, dass die Tierschutzorganisation meinen Hund bei sich aufnimmt und bis zu seinem Tod liebevoll pflegt. Sollte mein Hund bei meinem Tod

---

47 BayObLG, Beschl. v. 22.4.1988 – BReg. 1 Z 64/87, NJW 1988, 2742; Burandt/Rojahn/*Große-Boymann*, § 1923 Rn 3.

48 MüKo-BGB/*Leipold*, § 1940 Rn 2.

bereits verstorben sein, soll sich an der Alleinerbenstellung der Tierschutzorganisation nichts ändern.

III. Testamentsvollstreckung

Ich ordne Testamentsvollstreckung an und ersuche das Nachlassgericht, einen geeigneten Testamentsvollstrecker und bei Bedarf einen geeigneten Ersatztestamentsvollstrecker zu ernennen. [*alternativ:* Ich ordne Testamentsvollstreckung an. Als Testamentsvollstrecker bestimme ich , ersatzweise .]

Der Testamentsvollstrecker hat die Aufgabe, meinen gesamten Nachlass auseinanderzusetzen. Hierzu soll er mein gesamtes Hab und Gut sowie meine Eigentumswohnung veräußern und den Verkaufserlös sowie meine gesamten Barmittel – nach Abzug aller Kosten und seiner Vergütung – an die Alleinerbin auszahlen.

Der Testamentsvollstrecker soll zudem die Einhaltung der Auflage überwachen, solange mein Hund lebt.

Ich räume dem Testamentsvollstrecker umfassende Rechte ein, die er zur Erfüllung seiner Aufgaben benötigt, insbesondere ist er nicht bei der Eingehung von Verbindlichkeiten beschränkt.

Der Testamentsvollstrecker erhält eine einmalige Vergütung in Höhe von EUR. Seine Auslagen sind damit abgegolten.

II. Verlobte

42 Zwei Personen, die sich gegenseitig ernsthaft versprechen, miteinander die Ehe eingehen zu wollen, gelten nach dem BGB als Verlobte.[49] Auch wenn Verlobte alsbald heiraten wollen, können sie **kein gemeinschaftliches Ehegattentestament** errichten, denn diese Testamentsform steht ausschließlich Ehegatten ab der Eheschließung offen (§ 2265 BGB).[50] Würden Verlobte dennoch ein gemeinschaftliches Ehegattentestament errichten, wäre es unwirksam und würde auch bei der Eheschließung nicht zur Gültigkeit gelangen.[51] Eventuell könnte das „gemeinschaftliche Testament“ aber in zwei Einzeltestamente umgedeutet werden. Zur Umdeutung von unwirksamen gemeinschaftlichen Testamenten siehe Rdn 11 ff.

43 Möchten Verlobte noch vor der Eheschließung letztwillig verfügen, können sie entweder zwei voneinander unabhängige **Einzeltestamente** oder einen **Erbvertrag** errichten. Welche Form der letztwilligen Verfügung für die Verlobten die richtige ist, richtet sich danach, ob sie eine Bindung ihrer Verfügungen herstellen wollen oder nicht. Soll die Wirksamkeit der eigenen letztwilligen Verfügung von derjenigen des anderen abhängig sein, ist den Verlobten ein Erbvertrag zu empfehlen. Mit diesem kann eine Bindung hergestellt werden, die vergleichbar ist mit der Bindung durch ein gemeinschaftliches Ehegattentestament (in Einzeltestamenten kann eine gewisse Bindung durch Einfügung einer Bedingung hergestellt werden, siehe dazu näher Rdn 59 ff.). Soll die eigene letztwillige Verfügung hingegen unabhängig von der letztwilligen Verfügung des anderen gelten, sind zwei Einzeltestamente die anzuratende Testamentsform. Folge eines Einzeltestaments ist aber auch, dass ein Verlobter seine letztwillige Verfügung jederzeit abändern oder widerrufen kann – auch ohne die Kenntnis des anderen.

44 Zwar wird die letztwillige Verfügung zugunsten des Verlobten – unabhängig davon, ob in zwei Einzeltestamenten oder in einem Erbvertrag – grundsätzlich ohne weiteres Zutun der Verlobten unwirksam, wenn das Verlöbnis **aufgelöst** wird (§§ 2077 Abs. 2, 2279 BGB). Wenn allerdings nach dem (hypothetischen) Erblasserwillen anzunehmen ist, dass der Erb-

49 Schulze u.a./*Kemper*, Vorbem. zu § 1297–1302 Rn 2.

50 Kössinger/Najdecki/Zintl/*R. Kössinger/Zintl*, § 14 Rn 2.

51 Burandt/Rojahn/*Braun/Schuhmann*, § 2265 Rn 41.

lasser die Verfügung auch im Falle der Auflösung der Verlobung getroffen haben würde (§ 2077 Abs. 3 BGB), behält die Verfügung ihre Gültigkeit. Bei der Testamentserrichtung sollte daher eine eindeutige Regelung für den Fall aufgenommen werden, dass die Beziehung scheitert und das Verlöbnis wieder aufgelöst wird. Zwei Formulierungsvorschläge sowie weitere Details siehe § 29 Rdn 11 ff.

III. Geschiedene

Geschiedene stellen sich häufig die Frage, ob sie ein Testament benötigen, um den Ex-Ehepartner von ihrer Erbfolge auszuschließen, und ob sie neu testieren können. 45

1. Gesetzliches Erbrecht

Hatten die nun geschiedenen Ehepartner **kein Testament** errichtet, gilt weiterhin gesetzliches Erbrecht. Der Ex-Ehegatte verliert mit Beendigung der Ehe – unter bestimmten Voraussetzungen auch schon früher (wenn zur Zeit des Todes des Erblassers die Voraussetzungen für die Scheidung gegeben waren und der Erblasser die Scheidung beantragt oder ihr zugestimmt hatte bzw. wenn der Erblasser berechtigt war, die Aufhebung der Ehe zu beantragen, und den Antrag gestellt hatte, § 1933 BGB) – sein gesetzliches Ehegattenerbrecht und es gelten fortan die allgemeinen Erbregelungen wie für Alleinstehende (§§ 1924 ff. BGB), sprich: Hat der geschiedene Erblasser Kinder, dann erben diese, hat er keine Abkömmlinge, dann erben Eltern oder Personen entfernterer Ordnungen. Erbrechtlich wird der geschiedene Ehepartner also so behandelt, als ob es ihn nicht gegeben hätte. Der Erblasser muss somit nichts weiter für die Enterbung des Ex-Ehegatten unternehmen. Möchte er dennoch eine letztwillige Verfügung treffen, kann er entweder ein Einzeltestament nutzen oder mit einer anderen Person einen Erbvertrag schließen. 46

2. Einzeltestament

Hatte der Ehegatte eine **letztwillige Verfügung zugunsten des anderen** Ehegatten getroffen, wird diese (aber nicht das ganze Testament) gleichermaßen unwirksam, wenn die Ehe durch Scheidung aufgelöst wird (sie wird durch Rechtskraft des richterlichen Scheidungsausspruchs (§ 1564 S. 2 BGB) oder in den Fällen der §§ 1313 ff. und 1319 ff. BGB aufgelöst) oder die Voraussetzungen für die Scheidung der Ehe gegeben sind und der Erblasser die Scheidung beantragt oder ihr zugestimmt hat (§ 2077 Abs. 1 S. 1, 2 BGB). Das Gleiche gilt, wenn der Erblasser zur Zeit seines Todes berechtigt war, die Aufhebung der Ehe zu beantragen, und den Antrag gestellt hatte (§ 2077 Abs. 1 S. 3 BGB). In Abweichung von diesen Grundsätzen ist allerdings zu beachten, dass die letztwillige Verfügung weiterhin ihre Geltung behält, wenn anzunehmen ist, dass der Erblasser sie auch für einen solchen Fall getroffen haben würde (§ 2077 Abs. 3 BGB). 47

Praxistipp 48
Um Zweifel darüber auszuräumen, ob der Erblasser die Verfügung zugunsten des Ehepartners nicht vielleicht auch für den Fall der Scheidung getroffen hat (§ 2077 Abs. 3 BGB), sollte er seine letztwillige Verfügung sicherheitshalber nochmals ausdrücklich widerrufen (zu den Widerrufsmöglichkeiten siehe Rdn 20 ff.). Zwar kommt ihm voraussichtlich die Wirkung des § 2077 Abs. 1 BGB zugute, allerdings wird durch einen expliziten Widerruf ein Ansatzpunkt für Streitigkeiten ausgeräumt. Der geschiedene Erblasser kann dann frei letztwillig verfügen.

3. Gemeinschaftliches Testament

49 Haben die Ehegatten ein gemeinschaftliches Ehegattentestament errichtet, gilt die Besonderheit, dass bei Vorliegen der Voraussetzungen des § 2077 BGB nicht nur die letztwilligen Verfügungen zugunsten des anderen Partners unwirksam werden, sondern das **gesamte** Ehegattentestament seine Gültigkeit verliert (§ 2268 BGB). Diese Wirkung tritt für jede Art von Ehegattentestament ein, unabhängig davon, ob darin gegenseitige, wechselbezügliche oder nur einseitige Verfügungen enthalten sind.[52] Somit sind auch Verfügungen, die ein Ehegatte einseitig zugunsten eines Dritten getroffen hat, grundsätzlich mit Eintreten der Voraussetzungen der §§ 2077 Abs. 1, 2268 BGB hinfällig.[53]

50 Auch bei gemeinschaftlichen Testamenten besteht allerdings die Möglichkeit, dass die Verfügungen trotz Eintretens der Ungültigkeitsvoraussetzungen insoweit wirksam bleiben, als anzunehmen ist, dass sie auch für diesen Fall getroffen sein würden (§ 2268 Abs. 2 BGB). Dabei kommt es nicht nur auf den tatsächlich geäußerten Willen des Erblassers zum Zeitpunkt der Testamentserrichtung an, es genügt auch, wenn sich ein **Fortgeltungswille** des Erblassers mithilfe einer ergänzenden Testamentsauslegung aus seinem hypothetischen Willen ergibt.[54] In der Regel wird man davon ausgehen können, dass Verfügungen zugunsten des Ehegatten und zugunsten von Familienangehörigen des Ehegatten unwirksam werden sollen, Verfügungen zugunsten gemeinsamer Kinder[55] oder zugunsten Dritter, die vom Fortbestand der Ehe unabhängig sein sollen, aber wirksam bleiben sollen.[56] Unerlässlich ist in jedem Fall aber die individuelle Auslegung im Einzelfall.

51 **Praxistipp**
Die mögliche Fortgeltung eines gemeinschaftlichen Testaments führt zu Rechtsunsicherheit und einem Risiko für Rechtsstreitigkeiten. Ist im Testament nicht ausdrücklich geregelt, was für den Fall einer Scheidung gelten soll, empfiehlt es sich – soweit dies möglich ist –, eine einvernehmliche Lösung mit dem Ex-Ehepartner zu treffen. Ist sichergestellt, dass das Ehegattentestament bzw. die wechselbezüglichen Verfügungen daraus nicht fortgelten, ist die Bindungswirkung aufgehoben und der Weg für eine neue Verfügung des Erblassers per Einzeltestament oder Erbvertrag eröffnet.

Näheres zu Testamenten für Geschiedene siehe § 25 Rdn 1 ff.

IV. Verwitwete

1. Grundsatz

52 Verstirbt ein Ehegatte, ist der andere Ehegatte fortan Witwer. Möchte der Verwitwete nach dem Tod des Ehepartners eine letztwillige Verfügung errichten, so ist zunächst die Frage zu stellen, ob er überhaupt die rechtliche Möglichkeit dazu hat.

53 Haben die Ehegatten entweder überhaupt **keine** letztwilligen Verfügungen getroffen oder lediglich **Einzeltestamente** errichtet, kann der Verwitwete seinen Wünschen entsprechend neu verfügen. Der Errichtung eines Einzeltestaments oder Erbvertrags steht grundsätzlich nichts im Weg.

---

52 BGH, Urt. v. 7.7.2004 – IV ZR 187/03, NJW 2004, 3113, 3114.

53 Burandt/Rojahn/*Braun/Schuhmann*, § 2268 Rn 2.

54 BGH, Urt. v. 7.7.2004 – IV ZR 187/03, NJW 2004, 3113, 3114; Burandt/Rojahn/*Braun/Schuhmann*, § 2268 Rn 11.

55 BayObLG, Beschl. v. 8.6.1993 – 1Z BR 95/92, NJW-RR 1993, 1157.

56 OLG Hamm, Beschl. v. 22.10.1991 – 15 W 261/91, NJW-RR 1992, 330; Staudinger/*Raff*, § 2268 Rn 16 f.

Haben die Ehegatten hingegen ein **gemeinschaftliches Ehegattentestament** mit bindenden, sog. **wechselbezüglichen** Verfügungen errichtet oder einen **Erbvertrag** geschlossen, ist der Verwitwete daran gehindert, testamentarisch neu zu verfügen, wenn er nicht die Erbschaft des verstorbenen Ehepartners ausgeschlagen hat (§ 2271 Abs. 2 BGB). An der Stelle ist das gemeinschaftliche Testament oder der Erbvertrag allerdings genau zu prüfen. Denn es ist auch möglich, dem überlebenden Ehegatten im gemeinschaftlichen Testament oder im Erbvertrag entweder vollständige Verfügungsfreiheit nach dem Tod des erstversterbenden Ehegatten einzuräumen oder ihm zu gestatten, jedenfalls innerhalb eines festgelegten Personenkreises eine neue Verteilung des Nachlasses festzulegen. Eine solche Einräumung von Rechten zugunsten des überlebenden Ehegatten mag insbesondere in Fällen sinnvoll sein, in denen davon auszugehen ist, dass der eine Ehegatte den anderen noch viele Jahre überlebt, und sich dementsprechend noch zahlreiche innerfamiliäre Veränderungen ergeben können.

Eine Formulierung in einem gemeinschaftlichen Ehegattentestament könnte bspw. lauten: 54

Formulierungsbeispiel
Wir setzen uns gegenseitig zu Alleinerben ein. Schlusserben nach dem Tod des Längerlebenden von uns sind unsere gemeinsamen Kinder zu gleichen Teilen. Der längerlebende Ehegatte ist berechtigt, unsere Abkömmlinge in davon abweichender Höhe testamentarisch zu begünstigen, selbst wenn dies eine Ungleichbehandlung unserer Abkömmlinge bedeutet.

2. Testament

Fallbeispiel 55
Eine 75-jährige Frau möchte testamentarisch über ihren Nachlass verfügen. Ihr Ehemann ist bereits vor 15 Jahren verstorben und hatte sie im gemeinschaftlichen Ehegattentestament, das die Ehegatten zusammen errichtet haben, zur Alleinerbin eingesetzt. Zum Vermögen der Witwe gehören – neben persönlichen Gegenständen – ein vermietetes Mehrfamilienhaus im Wert von 2,1 Mio. EUR sowie ein Aktiendepot im Wert von 900.000 EUR. Die Erträge aus dem Haus sowie aus dem Depot nutzt die Witwe dazu, ihren täglichen Lebensbedarf zu decken. Sie und ihr verstorbener Ehemann haben drei gemeinsame Kinder (zwei Söhne und eine Tochter). Seit die Tochter allerdings einen neuen Freund hat, ist diese aus Sicht der Mutter völlig verändert und streitet sich mit der gesamten Familie. Sie hat die Sorge, dass der neue Freund der Tochter ein Auge auf ihr Erbe geworfen hat, und möchte der Tochter nicht den vollen Erbteil zuweisen.

Erläuterungen zum Muster 22.3 56

Die Eheleute haben in ihrem gemeinschaftlichen Ehegattentestament (siehe Formulierungsbeispiel Rdn 54) vereinbart, dass der Längerlebende von ihnen frei entscheiden darf, in welcher Quote das Erbe zwischen den Abkömmlingen verteilt wird. Obwohl es sich bei dem Testament um ein bindendes Ehegattentestament handelt, darf die verwitwete Ehefrau deshalb nun trotzdem ein Einzeltestament errichten.

Um Streit zwischen ihrer Tochter und den anderen beiden Kindern bei der Erbauseinandersetzung zu vermeiden, sollte die Tochter nicht Teil der Erbengemeinschaft werden, sondern nur als Vermächtnisnehmerin eingesetzt werden. Der Erbteil der Tochter kann bis zur Höhe des Pflichtteils reduziert werden, welcher in dem Fall $^{1}/_{6}$ des Nachlasses beträgt (§§ 2303 Abs. 1, 1924 Abs. 1, 4 BGB). Der Pflichtteil beträgt bei einem Nachlasswert von insgesamt 3 Mio. EUR somit 500.000 EUR.

22.3 **Muster 22.3: Einzeltestament für Verwitwete**

57 **Testament**

Ich, , geboren am , bin verwitwet. Mein Ehemann, , ist am verstorben. Wir haben drei gemeinsame Kinder: , und .

Mein Ehemann und ich haben am ein gemeinschaftliches Ehegattentestament errichtet, welches ich als Anlage diesem Testament beifüge. Das Testament sieht vor, dass unsere Kinder zu gleichen Teilen zu Schlusserben eingesetzt werden, dass aber der Längerlebende von uns eine davon abweichende testamentarische Verfügung treffen darf und den Nachlass zwischen den Abkömmlingen in abweichender Höhe verteilen darf, selbst wenn dies eine Ungleichbehandlung unserer Abkömmlinge bedeutet. In diesem Rahmen kann ich über meinen Nachlass insoweit frei verfügen und erkläre nun meinen letzten Willen wie folgt:

I. Erbeinsetzung

Ich setze meine Söhne und je zur Hälfte zu Erben ein.

II. Vermächtnis

Meine Tochter erhält Aktien aus meinem Aktiendepot im Wert von 700.000 EUR.

Im Übrigen gelten die Bestimmungen aus unserem gemeinsamen Ehegattentestament unverändert fort.

V. In (eheähnlicher) Beziehung lebende Personen

58 Es gibt immer häufiger Paare, die in eheähnlicher Beziehung leben, aber nicht miteinander verheiratet sind. Da es kein gesetzliches Erb- und Pflichtteilsrecht für nichteheliche Lebensgefährten gibt, geht der Partner beim Tod des anderen Partners grundsätzlich leer aus. Soll dies vermieden werden und der Partner im Fall des Todes begünstigt werden, ist eine letztwillige Verfügung zu seinen Gunsten unerlässlich.

59 Dem Paar stehen zwei Möglichkeiten zur Verfügung: Entweder errichten beide Personen jeweils ein **Einzeltestament** (ein gemeinschaftliches Testament können sie nicht errichten, dieses ist gem. § 2265 BGB ausschließlich Ehegatten vorbehalten) oder sie entscheiden sich zusammen für einen **Erbvertrag**. Ein Erbvertrag ist insbesondere sinnvoll, wenn das Paar – ähnlich zum gemeinschaftlichen Ehegattentestament – eine **Bindungswirkung** zwischen seinen Verfügungen herstellen möchte, denn ein Widerruf des Erbvertrags ist erschwert bzw. nach dem Tod des ersten Vertragspartners vom Grundsatz her ausgeschlossen. In testamentarischen Einzelverfügungen kann eine solche Bindungswirkung hingegen nur über Umwege und nur mit begrenzter Wirksamkeit erzeugt werden. Möglich ist es, im Einzeltestament **Bedingungen** (§ 158 BGB) aufzunehmen, nach denen die (Un-)Wirksamkeit der eigenen Verfügungen von der (Un-)Wirksamkeit der Verfügungen im Einzeltestament des anderen abhängig gemacht wird.[57]

60 **Formulierungsbeispiel**
Ich setze meinen Lebenspartner (…) zum Alleinerben ein. Die Alleinerbeinsetzung steht unter der Bedingung, dass mein Lebenspartner mich ebenfalls testamentarisch zum Alleinerben einsetzt und er für den Fall, dass ich vor ihm versterbe, unsere gemeinsamen Kinder zu seinen Alleinerben einsetzt und diese Verfügungen bis zu seinem Tod nicht widerruft.

Eine solche testamentarische Verfügung mit Bedingung führt zu gewisser Sicherheit für den Erblasser, hat allerdings auch zur Folge, dass der Partner seine Erbenstellung nur als Vorerbe

57 So schlagen dies auch vor *Kroiß/Eckert*, NJW 2012, 3768, 3768.

antritt, bis sicher über den Bedingungseintritt entschieden ist.[58] Es ist erst im Zeitpunkt des Todes des Lebenspartners sicher, ob dieser die gemeinsamen Kinder zu Alleinerben eingesetzt hat und ob somit die Bedingung eingetreten ist oder nicht. Der Lebenspartner wäre somit bis zu seinem Tod nur Vorerbe des Erblassers.

Die Vorerbenstellung führt dazu, dass die Rechte als Erbe beschränkt sind (Näheres zur Vor- und Nacherbeneinsetzung siehe § 15 Rdn 1 ff.). Selbst ein befreiter Vorerbe kann bspw. nicht schenkweise über das geerbte Vermögen verfügen (§§ 2136, 2113 Abs. 2 BGB). Dieses Ergebnis ist von vielen Paaren nicht erwünscht. Zudem bieten Bedingungen im Testament regelmäßig einen Ansatzpunkt für Diskussionen darüber, wann und ob die Bedingung eingetreten ist. 61

Das Paar sollte somit sorgfältig abwägen, ob zwei Einzeltestamente oder ein Erbvertrag die zu bevorzugende Variante ist. Die Gestaltung über Einzeltestamente stellt die kostengünstigere Variante dar, denn die Einzeltestamente können handschriftlich errichtet werden, während der Erbvertrag notariell zu beurkunden ist (§ 2276 Abs. 1 BGB). Ist eine Bindungswirkung gewünscht, ist wegen der soeben erläuterten Folge der Vor- und Nacherbschaft bei Einzeltestamenten sicherlich der Erbvertrag die sinnvollere und weniger streitanfällige Alternative. Der Erbvertrag ist somit insbesondere im Falle von größeren Vermögenswerten zu empfehlen. In der Regel genügen nichtehelichen Lebenspartnern allerdings auch zwei Einzeltestamente, die voneinander unabhängig gelten. 62

Bei nicht miteinander verheirateten Personen sind noch weitere Besonderheiten zu beachten: Die letztwillige Verfügung sollte Regelungen für den Fall enthalten, dass die **Beziehung vor Eintritt des Todes endet**. Die für Ehegatten geltenden Vorschriften der §§ 2077, 2279 Abs. 2 BGB, nach denen eine letztwillige Verfügung bzw. ein Erbvertrag bei Trennung der Ehegatten unter bestimmten Voraussetzungen unwirksam wird, ist auf nichteheliche Lebensgemeinschaften nicht – auch nicht analog[59] – anwendbar.[60] Letztlich wäre eine Festlegung des Zeitpunkts, an dem die Beziehung endet, nicht rechtssicher festzulegen – es existiert kein eindeutiger Zeitpunkt wie das Stellen eines Scheidungsantrags durch den Erblasser oder der gerichtliche Scheidungsausspruch. Der Erblasser in einer nichtehelichen Lebensgemeinschaft kann sich aber dadurch behelfen, dass er die Wirksamkeit seiner testamentarischen Verfügung davon abhängig macht, dass eine bestimmte Bedingung eingetreten oder nicht eingetreten ist. 63

Formulierungsbeispiel 64

Ich setze meinen Lebenspartner (…) zum Alleinerben ein. Die Einsetzung zum Alleinerben steht unter der Bedingung, dass mein Lebenspartner und ich bei meinem Tod noch zusammen in einer Wohnung wohnen. Bin ich oder ist mein Partner aus der gemeinsamen Wohnung ausgezogen, weil ich oder er aus gesundheitlichen Gründen nicht mehr länger in der Wohnung leben konnte (z.B. Auszug in ein Altersheim), bleibt die Alleinerbeinsetzung hiervon unberührt.

Ein weiter zu beachtender Aspekt ist, dass ein unverheiratetes Paar gegenüber Ehegatten **erbschaftsteuerlich** erheblich benachteiligt ist. Das Paar wird steuerlich wie fremde Dritte zueinander behandelt und fällt daher in die Erbschaftsteuerklasse III (§ 15 Abs. 1 ErbStG). Dies hat zur Folge, dass ihnen alle zehn Jahre nur ein geringer Freibetrag von 20.000 EUR zusteht (§ 16 Abs. 1 Nr. 7 ErbStG), sie keinen besonderen Versorgungsfreibetrag (§ 17 ErbStG) nutzen dürfen und der Steuersatz – je nach Höhe des Erwerbs – bei 30 % bzw. 65

58 Sog. konstruktive Vor- und Nacherbschaft: Kössinger/Najdecki/Zintl/*R. Kössinger/Zintl*, § 15 Rn 177.
59 OLG Frankfurt, Beschl. v. 16.2.2016 – 20 W 322/14, ErbR 2016, 276.
60 *Kroiß/Eckert*, NJW 2012, 3768, 3768.

50 % liegt (§ 19 Abs. 1 ErbStG). Zudem kann das Paar untereinander nicht die Möglichkeit der steuerfreien Übertragung eines Familienheims nutzen (§ 13 Abs. 1 Nr. 4a, 4b ErbStG).

66 Zu weiteren Details und Mustern siehe § 29 Rdn 1 ff.

VI. Ehegatten

1. Grundsatz

67 Auch verheiratete Personen können ein Einzeltestament errichten. Sie sind nicht dazu verpflichtet, ein gemeinschaftliches Ehegattentestament zu nutzen. Dieses ist neben einem Erbvertrag lediglich eine weitere Möglichkeit, letztwillig zu verfügen.

Ein Einzeltestament räumt dem Erblasser die Möglichkeit ein, dieses in der Zukunft ohne Mitwirkung des anderen Ehegatten und auch ohne Mitwirkung eines Notars abzuändern oder zu widerrufen. Der **einseitige Widerruf** von wechselbezüglichen Verfügungen in einem gemeinschaftlichen Ehegattentestament wäre hingegen deutlich schwieriger: Zu Lebzeiten des anderen Ehegatten könnte es nur durch eine notariell beurkundete Erklärung widerrufen werden, welche dem anderen Ehegatten anschließend zugestellt werden muss (§§ 2271 Abs. 1, 2296 BGB). Nach dem Tod des anderen Ehegatten wäre der Widerruf der wechselbezüglichen Verfügungen sogar vollständig ausgeschlossen (§ 2271 Abs. 2 BGB), wenn nicht das Testament etwas anderes regelt oder der überlebende Ehegatte das ihm Zugewendete ausschlägt (§ 2271 Abs. 2 BGB). Somit vermittelt das Einzeltestament dem testierenden Ehegatten viel Freiheit, lässt den anderen Ehegatten allerdings auch in Unsicherheit bezüglich eines zukünftigen – ggf. heimlichen – Widerrufs bzw. einer Abänderung des Testaments.

68 Das Einzeltestament bietet sich innerhalb einer Ehe daher insbesondere für Fälle an, in denen Ehegatten ihre finanziellen oder persönlichen Verhältnisse (z.B. größere Vermögenswerte, Kinder aus früherer Beziehung) von dem anderen Ehegatten getrennt oder geheim halten möchten. Dieser Wunsch tritt häufig in der zweiten oder dritten Ehe auf und wenn die Ehegatten auch schon durch einen Ehevertrag eine weitestmögliche Trennung ihrer Vermögensverhältnisse vereinbart haben (insbesondere durch Gütertrennung). Auch Unternehmer bzw. Personen, die Gesellschaftsbeteiligungen halten, schätzen ein Einzeltestament wegen seiner Wirkungen sehr. Sie sind in der Regel sehr auf das Wohl des Unternehmens bedacht und Ihnen ist es wichtig, zukünftig eigenständig und flexibel auf mögliche Veränderungen im Unternehmen und in der Familie reagieren zu können – auch nach dem Tod des anderen Ehegatten. Eine Bindung durch ein Ehegattentestament ist daher nicht gewünscht. Der mit dem Einzeltestament verbundene Nachteil, dass der andere Ehegatte eventuell keine Kenntnis über die Verfügung und insbesondere über einen eventuellen zukünftigen Widerruf der Verfügung hat, wird in der Praxis teilweise durch lebzeitige Zuwendungen ausgeglichen, teilweise wird er in Kauf genommen.

2. Einzeltestament eines Ehegatten mit Gesellschaftsanteilen

69 **Fallbeispiel**
Die Erblasserin ist verheiratet und hat zwei Kinder. Sie hält Anteile an zwei Familiengesellschaften, in welchen das Familienunternehmen geführt wird. Die Anteile hat sie schenkweise unter Nießbrauchsvorbehalt von ihrem Vater erhalten. Da der Gesellschafterkreis nach drei Generationen zunehmend zersplittert ist, hat ihr Familienstamm die GmbH-Anteile aus erbschaftsteuerlichen Gründen in einem Poolvertrag zusammengefasst.

In der Familie der Erblasserin herrscht das Verständnis, dass das familiäre Vermögen innerhalb des Familienstamms erhalten und weitergegeben werden soll und vor Ansprüchen eines Ehepartners im Rahmen einer Scheidung oder vor Pflichtteilsansprüchen des Ehegatten geschützt werden muss. Aus diesem Grund enthält auch der Gesellschaftsvertrag der Gesellschaften eine Klausel, nach der jeder Gesellschafter einen Ehe- und Pflichtteilsverzichtsvertrag mit seinem Ehepartner abschließen muss. Einen entsprechenden Ehe- und Pflichtteilsverzichtsvertrag hat die Erblasserin bereits abgeschlossen. Gleichermaßen ist es der Erblasserin nun auch wichtig, ihr Testament unabhängig von ihrem Ehemann zu errichten. Sie möchte jetzt sowie zukünftig in ihrer Verfügung frei sein und ihren Kindern den Großteil ihres Vermögens – insbesondere die Gesellschaftsbeteiligungen – zuwenden. Etwaige Pflichtteilsansprüche ihres Ehemanns hat sie wegen des Pflichtteilsverzichts nicht zu befürchten.

Erläuterungen zum Muster 22.4 70

In ihrem Testament setzt die Erblasserin Ihren Ehemann sowie die beiden Kinder zu je $^1/_3$ zu ihren Erben ein. Im Rahmen einer Teilungsanordnung bestimmt sie, welcher Erbe welchen Vermögensgegenstand erhält. Ihr Ehemann erhält z.B. das gemeinsam bewohnte Familienheim, während ihre Kinder (und damit ihr Familienstamm) die Anteile an den Familiengesellschaften erhalten sollen. Da die Anteile um ein Vielfaches wertvoller sind als das Familienheim, ist im Testament bestimmt, dass Wertunterschiede zwischen den einzelnen Vermögensgegenständen als Vorausvermächtnis zugewendet werden. Die Kinder müssen das, was sie mehr als ihr Vater erwerben, nicht zum Ausgleich bringen, auch wenn ihnen allesamt eine Erbquote von je $^1/_3$ zugewandt wurde.

Die Splitterbeteiligungen der verschiedenen Gesellschafter macht den Abschluss eines Poolvertrags zwischen den Mitgliedern des Familienstamms notwendig, um die erbschaftsteuerlichen Begünstigungsvorschriften zur Anwendung zu bringen (§ 13b Abs. 1 Nr. 3 S. 2 ErbStG). Die erbschaftsteuerliche Betriebsvermögensverschonung findet ohne einen Poolvertrag nämlich erst ab einer Beteiligungshöhe von über 25 % Anwendung (§ 13b Abs. 1 Nr. 3 S. 2 ErbStG). Damit die Begünstigung innerhalb des Familienstammes für zukünftige Übertragungen nicht in Gefahr gerät, hat die Erblasserin eine Auflage in ihr Testament aufgenommen, nach der die Erben, die Unternehmensanteile erhalten, dem Poolvertrag beitreten müssen.

Da bei einem Wegzug aus Deutschland bei Personen mit einer Beteiligung von über 1 % Wegzugsteuern anfallen können (§ 6 AStG), hat die Erblasserin eine Auflage aufgenommen, nach der der Erbe sich erst von fachkundigen Beratern beraten lassen muss, bevor er aus Deutschland wegzieht. Dies soll einem leichtfertigen und unwissentlichen Wegzug vorbeugen.

Um das Erbe entsprechend dem Testament zu verteilen, die Verbindlichkeiten zu tilgen und die Einhaltung der Auflagen zu überwachen, sieht das Testament eine Testamentsvollstreckung vor („Abwicklungsvollstreckung“). An die Abwicklungsvollstreckung soll sich zudem eine Dauertestamentsvollstreckung anschließen (§ 2209 BGB), sollten die Kinder das 25. Lebensjahr noch nicht vollendet haben.

Außerdem nimmt die Erblasserin noch Regelungen zum elterlichen Sorgerecht auf, insbesondere benennt sie einen Vormund, der beim Tod beider Elternteile die Vormundschaft für ihre Kinder übernehmen soll. Das Familiengericht muss sich an den Wunsch der Erblasserin halten, es sei denn, es sprechen wesentliche Gründe dagegen (§§ 1782, 1783 f. BGB).

22.4 **Muster 22.4: Einzeltestament verheirateter Personen mit Gesellschaftsanteilen**

71 **I.**

Vorbemerkung

Ich, …, geb. am …, wohnhaft in …, bin in meiner Testierfähigkeit weder durch einen Erbvertrag noch durch ein gemeinschaftliches Testament eingeschränkt. Ich bin deutsche und britische Staatsangehörige und habe meinen alleinigen Wohnsitz und gewöhnlichen Aufenthalt in Deutschland und will diesen dauerhaft beibehalten.

Ich schicke voraus, dass ich mit …, deutscher Staatsbürger, verheiratet bin. Aus meiner Ehe mit … habe ich derzeit zwei Abkömmlinge, meine Tochter …, geb. am …, und meinen Sohn …, geb. am ….

Mein Ehemann und ich haben einen notariellen Ehevertrag miteinander geschlossen (Ehevertrag vom …, UVZ Nr. … des Notars …, …), in dem wir modifizierte Zugewinngemeinschaft vereinbart haben und wechselseitig auf unser gesetzliches Pflichtteilsrecht (einschließlich etwaiger Pflichtteilergänzungsansprüche) verzichtet haben.

Ich schicke weiter voraus, dass sich in meinem Vermögen Anteile an der … GmbH & Co. KG (nachfolgend auch die „KG") mit Sitz in …, eingetragen im Handelsregister des Amtsgerichts … unter HRA …, sowie Anteile an der … GmbH (nachfolgend die „GmbH") mit Sitz in …, eingetragen im Handelsregister des Amtsgerichts … unter HRB …, befinden. An meinen Beteiligungen bestehen derzeit zum Teil Nießbrauchsrechte zugunsten meines Vaters …. Es ist mein Wunsch, dass diese Firmenanteile nach meinem Tod im Eigentum meiner Familie … verbleiben, um langfristig den Bestand des Unternehmens und des Familienvermögens zu sichern.

Ich wähle hiermit vorsorglich für die Rechtsnachfolge von Todes wegen in mein gesamtes Vermögen sowie für Fragen der Rechtswirksamkeit dieses Testaments das deutsche Recht.

II.

Verfügung von Todes wegen

Hiervon ausgehend bestimme ich unter Aufhebung aller von mir früher getroffenen Verfügungen für meinen Nachlass, was folgt:

1. Zu meinen Erben berufe ich zu jeweils gleichen Teilen meinen Ehemann … und meine Kinder … und …, alle derzeit wohnhaft in …. Dementsprechend ergibt sich eine Erbquote von je $^1/_3$ pro Erbe.
2. Fällt ein Erbe weg, so regele ich meine Erbfolge wie folgt:
   a) Zu Ersatzerben meines als Miterben eingesetzten Ehemanns berufe ich zu gleichen Teilen meine Kinder … und ….
   b) Zu Ersatzerben jedes als Miterben eingesetzten Kindes berufe ich jeweils dessen leibliche Abkömmlinge zu gleichen Teilen (Berufung im Familienstamm). Sind leibliche Abkömmlinge nicht vorhanden, so berufe ich das als Miterbe eingesetzte Geschwisterkind als Ersatzerben des weggefallenen Erben.
   c) Kommt hiernach auch das Geschwisterkind nicht zur Erbfolge, so berufe ich zu gleichen Teilen dessen leibliche Abkömmlinge als Ersatzerben des weggefallenen Erben.
   d) Sollten sämtliche vorbezeichneten Erben bzw. Ersatzerben wegfallen, so berufe ich als Ersatzerben meinen Bruder …, derzeit wohnhaft in ….
   e) Für den Fall, dass ein Kind nach Eintritt meines Erbfalls dadurch wegfällt, dass es die Erbschaft ausschlägt und seinen Pflichtteil geltend macht, ist dieses Kind mit seinem ganzen Stamm von der Erbfolge ausgeschlossen, d.h. die Abkömmlinge dieses Kindes gelten für meine Erbfolge als nicht vorhanden und Ziffer 2. b) S. 2 bis Ziffer 2. d) findet Anwendung.
3. Ich stelle ausdrücklich klar, dass meine Erben in alle meine Online-Rechtsbeziehungen, insbesondere mit E-Mail-Anbietern und etwaigen Anbietern sozialer Netzwerke, eintreten und damit Anspruch auf alle meine lokal und im Internet gespeicherten geschäftlichen wie privaten Daten haben. Ich ordne

hierzu folgende **Auflage** an: Meine gesamten Internet-Profile und Online-Rechtsbeziehungen sollen unverzüglich gelöscht werden.

4. Ich treffe hiermit für mein Vermögen folgende **Teilungsanordnung**, wobei Wertunterschiede aufgrund der Anordnungen in dieser Ziffer 4. a) bis e) nicht ausgeglichen, sondern als **Vorausvermächtnisse** zugewandt werden sollen. Soweit Vorausvermächtnisse nachstehend in dieser Ziffer 4 angeordnet sind, werden diese jeweils unter der Bedingung der Annahme der Erbschaft angeordnet.
   a) Mein als Erbe eingesetzter Ehemann erhält unser zu eigenen Wohnzwecken genutztes Grundstück in nebst allem Inventar, einschließlich meines Autos, sowie meine persönlichen Sachen mit Ausnahme meines Schmucks. Sollte sich das vorgenannte Grundstück zum Zeitpunkt meines Todes nicht mehr in meinem Besitz befinden, tritt an seine Stelle das im Zeitpunkt meines Todes im Eigentum/Miteigentum befindliche Grundstück, soweit sich darin die zu eigenen Wohnzwecken genutzte Wohnung (Familienwohnheim) befindet.
   b) Meine als Erben eingesetzten Kinder und oder ihre Ersatzerben erhalten stammweise zu gleichen Teilen sämtliche meiner Beteiligungen an Familiengesellschaften, im Einzelnen sind dies derzeit:
      - meine Kommanditanteile an der KG
      - meine Geschäftsanteile an der GmbH.

      Sollten zukünftig Anteile an etwaigen weiteren Familiengesellschaften hinzukommen, sollen meine Kinder und oder ihre Ersatzerben auch diese zu gleichen Teilen erhalten.
      Zu meinen Beteiligungen an den Familiengesellschaften gehören auch die Erträge aus den Familiengesellschaften (insbesondere Dividenden und Gewinnbezugsrechte).
   c) Meine Tochter erhält meinen sämtlichen Schmuck.
   d) Mein Sohn erhält das Grundstück in .
   e) Steuerschulden, die aus meinen Beteiligungen an der KG und der GmbH und ggf. künftig an weiteren Familiengesellschaften resultieren, sowie Ertragsteuern auf die Dividenden bzw. Gewinnanteile und übrigen Verbindlichkeiten in Zusammenhang mit den vorgenannten Beteiligungen, haben meine Kinder bzw. deren Ersatzerben im Verhältnis ihrer Erbquote zu tragen.
5. Meinen Erben/Ersatzerben – und zwar jedem einzelnen von ihnen – mache ich das Nachstehende zur **Auflage**:
   a) Jeder Erbe/Ersatzerbe, sofern er aufgrund dieser letztwilligen Verfügung Geschäftsanteile der GmbH erlangt, hat unverzüglich nach meinem Tod rechtsverbindlich seinen **Beitritt zu dem Poolvertrag** zu erklären, dem ich zum Zeitpunkt meines Todes als Poolgesellschafterin angehöre.
   b) Bevor ein Erbe/Ersatzerbe einen **Wegzug** aus Deutschland bzw. die Begründung eines zusätzlichen Wohnsitzes oder gewöhnlichen Aufenthalts außerhalb von Deutschland beabsichtigt, muss er sich zuvor mit meinem Bruder bzw. im Falle dessen vorherigen Todes mit meinem Cousin über die geplante Maßnahme unter Hinzuziehung des Testamentsvollstreckers gemäß nachstehender Ziffer 7. beraten **und** angemessenen rechtlichen und steuerlichen Rat in Anspruch nehmen.

   Mit der Vollziehung der vorstehenden Auflagen beauftrage ich den Testamentsvollstrecker gemäß Ziffer 7.
6. Ich setze weiterhin folgendes **Vermächtnis** aus: Mein Patenkind , derzeit wohnhaft in , erhält 50.000 EUR (in Worten: fünfzigtausend Euro). Belastet mit dem vorstehenden Vermächtnis sind meine Erben/Ersatzerben im Verhältnis ihrer Erbquote. Das Vermächtnis soll wertgesichert sein. Ändert sich künftig der vom Statistischen Bundesamt in Wiesbaden ermittelte Verbraucherpreisindex gegenüber dem für den Monat der Testamentserstellung geltenden Index, so erhöht oder vermindert sich die Höhe des Vermächtnisses im gleichen Verhältnis.
7. Ich ordne Testamentsvollstreckung an.
   a) Die Testamentsvollstreckung ordne ich an
      - zum Zwecke der Auseinandersetzung des Nachlasses sowie
      - zur anschließenden Verwaltung des Nachlasses im Wege der Dauertestamentsvollstreckung gem. § 2209 BGB, bis mein jeweiliger Erbe bzw. Ersatzerbe das 25. Lebensjahr vollendet hat.

b) Der Testamentsvollstrecker hat die Aufgabe, die Auseinandersetzung des Nachlasses durchzuführen, insbesondere
   - die in diesem Testament angeordneten Vorausvermächtnisse und Vermächtnisse zu erfüllen,
   - sämtliche Nachlassverbindlichkeiten zu regulieren,
   - die Einhaltung der Auflagen zu überwachen und
   - meinen Nachlass entsprechend diesem Testament zu verteilen.

c) Der Testamentsvollstrecker hat weiter im Wege der Dauertestamentsvollstreckung die Erbteile derjenigen Erben bzw. Ersatzerben zu verwalten, die zum Zeitpunkt meines Todes noch nicht das 25. Lebensjahr vollendet haben. Mit der Vollendung des 25. Lebensjahres eines Erben bzw. Ersatzerben erlischt dessen jeweilige Dauertestamentsvollstreckung und die Nachlassgegenstände sowie deren Erträgnisse sind dem jeweiligen Erben bzw. Ersatzerben herauszugeben.
   Die Testamentsvollstreckung erstreckt sich ausdrücklich auch auf meinen digitalen Nachlass. Ich habe des Weiteren meinen Ehemann bereits mit gesonderter Vollmacht zu meinem digitalen Bevollmächtigten ernannt. Rein vorsorglich erteile ich hiermit noch einmal dem Testamentsvollstrecker die ausdrückliche Vollmacht, meinen digitalen Nachlass zu regeln.
   Im Rahmen der Dauertestamentsvollstreckung hat der Testamentsvollstrecker die auf meine Erben oder Ersatzerben entfallenden Erträgnisse aus den sich im Nachlass befindenden Gewinnanteilen aus den Kommanditanteilen an der KG und Dividenden der GmbH
   - bis zum Ende der Dauertestamentsvollstreckung eines jeden Erben oder Ersatzerben vorrangig zur Sicherung eines angemessenen Lebensunterhalts und zur Finanzierung einer bestmöglichen Ausbildung dieses Erben zu verwenden,
   - sodann ggf. zur Rückführung eines etwaigen Kredits zu verwenden (Zinsen und Tilgung), welcher für einen jeden Erben oder Ersatzerben zum Zweck der Tilgung seiner Steuerschuld einschließlich Zinsbelastung aufgrund meines Erbfalls aufgenommen wird,
   - und im Übrigen für jeden Erben oder Ersatzerben so anzulegen, dass die Wertsicherung unter gleichzeitiger Möglichkeit einer Renditeerzielung gewährleistet ist.

   Während der (Dauer-)Testamentsvollstreckung stehen dem Testamentsvollstrecker die vollen Verwaltungs- und Verfügungsbefugnisse zu. Er ist berechtigt, diejenigen Maßnahmen zu treffen, welche zur Erhaltung der Nachlassgegenstände notwendig sind. Der Testamentsvollstrecker ist in der Eingehung von Verbindlichkeiten für den Nachlass nicht beschränkt und von den Beschränkungen des § 181 Alt. 2 BGB (Mehrvertretung) befreit. Der Testamentsvollstrecker ist berechtigt, zur Klärung von auftretenden Rechts- oder Steuerfragen (z.B. für zuvor oder danach entstehende Steuern, ausländische Steuerangelegenheiten, Steuererklärungen) fachkundige Berater (z.B. Rechtsanwälte, Steuerberater) zu Lasten der Erbmasse hinzuzuziehen, soweit dies für die Durchführung einer ordnungsgemäßen Testamentsvollstreckung erforderlich ist.
   Der Testamentsvollstrecker ist berechtigt, gem. § 2199 BGB einen Mitvollstrecker sowie einen Nachfolger zu bestellen.

d) Zum Testamentsvollstrecker bestimme ich Rechtsanwalt , Partner bei der Kanzlei , *[Adresse]*.

e) Sollte als Testamentsvollstrecker fortfallen oder sich nicht zur Übernahme des Amts bereit erklären, so soll , *[Adresse]*, oder wiederum ersatzweise , *[Adresse]*, Testamentsvollstrecker werden.

f) Der Testamentsvollstrecker erhält ein **Honorar** wie folgt:
   - als Grundvergütung bei Beginn der Testamentsvollstreckung (im Zeitpunkt des Erbfalls) einen Einmalbetrag in Höhe von EUR zzgl. gesetzlicher Umsatzsteuer, soweit sie anfällt, und
   - als Vergütung für seine laufende Tätigkeit einen Betrag von EUR je Stunde zzgl. Auslagen und gesetzlicher Umsatzsteuer, soweit sie anfällt.

   Der Testamentsvollstrecker rechnet unter Vorlage eines Stundennachweises quartalsweise über die erbrachten (laufenden) Leistungen ab.
   Die Vergütung (d.h. Grundvergütung und Stundensatz) soll wertgesichert sein. Ändert sich künftig der vom Statistischen Bundesamt in Wiesbaden ermittelte Verbraucherpreisindex gegenüber dem

für den Monat der Testamentserstellung geltenden Index, so erhöht oder vermindert sich die Vergütung des Testamentsvollstreckers im gleichen Verhältnis.

8. Zum Sorgerecht für meine Kinder ordne ich Folgendes an:
   a) Für den Fall, dass eines meiner Kinder zum Zeitpunkt meines Todes noch minderjährig ist, wünsche ich, dass mein Ehemann gem. § 1680 Abs. 1 BGB das alleinige Sorgerecht ausübt.
   b) Für den Fall, dass mein Ehemann und ich gleichzeitig oder in zeitlicher Nähe versterben oder mein Ehemann aus anderen Gründen das Sorgerecht nicht ausüben kann, benenne ich meinen Bruder als Vormund. Ersatzvormund meines Bruders soll mein Cousin sein.
   c) Der Vormund wird gem. § 1801 Abs. 3 S. 1 BGB von sämtlichen Beschränkungen befreit, soweit gesetzlich zulässig.

VII. Ehepaare mit Auslandsbezug bzw. Wegzugsabsichten

Einzeltestamente können für Ehegatten mit internationalem Bezug erforderlich sein, um 72
eine rechtssichere Gestaltung zu gewährleisten. Gemeinschaftliche deutsche Ehegattentestamente sowie Erbverträge werden nämlich nicht von allen Rechtsordnungen gleichermaßen anerkannt und es kann dazu kommen, dass die Verfügungen im Testament bzw. im Erbvertrag nicht ihre gesamte Wirkung entfalten.

Die gesamte Rechtsnachfolge von Todes wegen richtet sich grundsätzlich nach dem Recht 73
des Staates, in dem der Erblasser im Zeitpunkt seines Todes seinen **gewöhnlichen Aufenthalt** hatte (Art. 21 Abs. 1 EuErbVO).

Beispiel
Der deutsche Erblasser lebt zum Zeitpunkt seines Todes dauerhaft in Spanien. Nach Art. 21 Abs. 1 EuErbVO ist spanisches Recht auf die Rechtsnachfolge von Todes wegen anwendbar.

Hat der Erblasser ein Einzeltestament errichtet, unterliegt die Zulässigkeit und materielle 74
Wirksamkeit dieser Verfügung von Todes wegen dem Recht des Staates, das auf die Rechtsnachfolge von Todes wegen anzuwenden wäre, wenn der Erblasser **im Zeitpunkt der Testamentserrichtung** verstorben wäre („hypothetisches Erbstatut“, Art. 24 Abs. 1 EuErbVO).

Im obigen Beispiel (Rdn 73) würden Zulässigkeit und materielle Wirksamkeit eines Testaments, das der Erblasser noch vor seinem Wegzug in Deutschland errichtet hat, nach deutschem Erbrecht beurteilt. Dass der Erblasser bei seinem Tod tatsächlich nicht mehr in Deutschland wohnt, ist für die Wirksamkeit des Testaments unerheblich.

Hat der Erblasser mit einer anderen Person einen **Erbvertrag** errichtet, in dem sich beide 75
Personen wechselseitig begünstigen, richtet sich die Zulässigkeit des Erbvertrags nach dem hypothetischen Erbstatut, und zwar beider Personen (Art. 25 Abs. 2 S. 1 EuErbVO). Ein Erbvertrag ist also nur dann zulässig, wenn beide Erbstatute den Abschluss eines Erbvertrags zulassen.

Hätte der Erblasser im obigen Beispiel (Rdn 73) vor seinem Wegzug mit seiner bereits in Spanien lebenden Ehefrau zusammen in Deutschland einen Erbvertrag geschlossen, in dem sich die Ehegatten gegenseitig zu Erben einsetzen, wäre dieser Erbvertrag unzulässig geschlossen worden. Art. 25 Abs. 2 S. 1 EuErbVO verlangt, dass sowohl das Erbstatut des Ehemanns (Deutschland, da gewöhnlicher Aufenthalt in Deutschland, Art. 21 Abs. 1 EuErbVO) und das Erbstatut der Ehefrau (Spanien, da gewöhnlicher Aufenthalt in Spanien,

Art. 21 Abs. 1 EuErbVO) den Abschluss eines Erbvertrags zulassen. Spanien erkennt einen Erbvertrag allerdings nicht an.[61]

76 Errichten Ehegatten zusammen ein **gemeinschaftliches** Ehegattentestament, in dem sie sich **gegenseitig** bindend zu Erben einsetzen, ist die rechtliche Situation unklar. Die Behandlung von gemeinschaftlichen Ehegattentestamenten unter der EuErbVO ist nicht vollständig geklärt.[62]

77 Die EuErbVO erwähnt die Bindungswirkung ausschließlich in Art. 25 EuErbVO im Zusammenhang mit Erbverträgen, während Art. 24 EuErbVO („Verfügungen von Todes wegen außer Erbverträgen") die Bindungswirkung nicht nennt. Es spricht viel dafür, ein deutsches gemeinschaftliches **Ehegattentestament** als **Erbvertrag** gem. Art. 25 EuErbVO einzuordnen, da der Begriff „Erbvertrag" nach der EuErbVO auch eine „Vereinbarung aufgrund gegenseitiger Testamente" umfasst (Art. 3 Abs. 1 Buchst. b EuErbVO).[63] Dieses Verständnis wird mittlerweile von einem BGH-Beschluss gestützt, welches das wechselbezügliche gemeinschaftliche Ehegattentestament als Erbvertrag i.S.d. § Art. 3 Abs. 1 Buchst. b EuErbVO einordnet und somit in diesem Fall Art. 25 EuErbVO für anwendbar erklärt.[64] Allerdings ist zu beachten, dass der BGH einen Fall zu entscheiden hatte, in dem die Ehegatten ihr gemeinschaftliches Testament in zwei voneinander getrennten Urkunden errichtet haben und es deshalb als „Vereinbarung aufgrund gegenseitiger Testamente" (Art. 3 Abs. 1 Buchst. b EuErbVO) – und damit als Erbvertrag – ausgelegt werden kann. Wie der BGH in seinem Beschluss hervorhebt, kann ein gemeinschaftliches Testament aber alternativ auch Art. 3 Abs. 1 Buchst. c EuErbVO unterfallen, der ein solches als „ein von zwei oder mehr Personen in einer einzigen Urkunde errichtetes Testament" definiert und im Streitfall nur mangels einer gemeinsamen Testamentsurkunde der Ehegatten nicht einschlägig war.[65] Die alternative Einordnung würde dann zur Anwendung des Art. 24 EuErbVO führen, was wiederum von Teilen der Literatur für die einzig richtige Zuordnung gehalten wird.[66]

78 Würde man das gemeinschaftliche Testament unter Art. 24 EuErbVO einordnen, führte das dazu, dass bei einem späteren Wegzug des Ehepaars in ein Land, das die Bindungswirkung eines Ehegattentestaments nicht kennt, die Bindungswirkung ggf. entfällt.[67] Es gibt nämlich Stimmen, welche den Widerruf eines Testaments gem. Art. 24 Abs. 3 EuErbVO (um dessen Zulässigkeit es bei der Frage zur Bindungswirkung geht) nach dem hypothetischen Erbstatut zum Zeitpunkt des Widerrufs beurteilen[68] (und nicht nach dem hypothetischen Erbstatut zum Zeitpunkt der Testamentserrichtung[69]). Da die Ehegatten im obigen Beispiel (Rdn 73) mittlerweile im Ausland wohnen, entspräche das hypothetische Erbstatut zum Zeitpunkt

61 Krätzschel/Falkner/Döbereiner/*Döbereiner*, § 48 Rn 67.

62 MAH ErbR/*Pawlytta/Pfeiffer*, § 33 Rn 39; Hausmann/Odersky/*Odersky*, § 15 Rn 228 ff.; *Leipold*, ZEV 2014, 139.

63 So auch die herrschende Literaturmeinung in Deutschland: *Leipold*, ZEV 2014, 139; MüKo-BGB/*Dutta*, Art. 3 EuErbVO Rn 11; Burandt/Rojahn/*Burandt/Schmuck*, Art. 25 EuErbVO Rn 2; *Lechner*, NJW 2013, 26, 27; *Herzog*, ErbR 2013, 2, 9; *Heinig*, RNotZ 2014, 197, 201; vgl. auch OLG München, Beschl. v. 24.8.2020 – 31 Wx 241/18, ZEV 2021, 28.

64 BGH, Beschl. v. 24.2.2021 – IV ZB 33/20, ZEV 2021, 313, 314 und Vorinstanz OLG München, Beschl. v. 24.8.2020 – 31 Wx 241/18, ZEV 2021, 28, 29.

65 BGH, Beschl. v. 24.2.2021 – IV ZB 33/20, ZEV 2021, 313, 314.

66 So etwa *Nordmeier*, ZEV 2013, 117, 120; *Schaal*, BWNotZ 2013, 29, 30; *Simon/Buschbaum*, NJW 2012, 2393, 2396.

67 So MAH ErbR/*Pawlytta/Pfeiffer*, § 33 Rn 39.

68 Erwägungsgrund 51 EuErbVO; MüKo-BGB/*Dutta*, Art. 24 EuErbVO Rn 17 m.w.N.; BeckOK BGB/*Loyal*, Art. 24 EuErbVO Rn 22.

69 So OLG Karlsruhe, Beschl. v. 24.2.2022 – 14 W 6/22, NJW-RR 2022, 589.

des Widerrufs dem allgemeinen Erbstatut, also dem Recht des aktuellen gewöhnlichen Aufenthalts (Art. 21 Abs. 1 EuErbVO). Kennt dieses Land die Bindungswirkung eines gemeinschaftlichen Ehegattentestaments nicht, bestehen die letztwilligen Verfügungen im Testament zwar fort, aber die Bindungswirkung entfällt, sodass der jederzeitige Widerruf des Testaments – auch nach dem Tod eines Ehegatten – möglich wäre.

Hinweis 79
Länder, die ein gemeinschaftliches Ehegattentestament mit Bindungswirkung nicht anerkennen, sind z.B. Spanien,[70] Italien,[71] Frankreich,[72] Polen[73] und Portugal.[74]

Beispiel (Fortsetzung) 80
Die zwei deutschen Ehegatten haben in Deutschland ein gemeinschaftliches bindendes Ehegattentestament errichtet und ziehen später nach Spanien um. Das Errichtungsstatut im Zeitpunkt der Testamentserrichtung ist deutsches Recht. Durch den Umzug verlagert sich das allgemeine Erbstatut nach Spanien (Art. 21 Abs. 1 EuErbVO). Verstirbt ein Ehegatte und möchte der verbliebene Ehegatte seine im Ehegattentestament getroffenen Verfügungen nun widerrufen, ist dies bei entsprechender Einordnung des Erbvertrags in die EuErbVO möglich. Spanien kennt keine Bindungswirkung eines Ehegattentestaments und eröffnet über das Erbstatut somit die Möglichkeit eines Widerrufs von ursprünglich unwiderruflichen Verfügungen. Da in diesem Zusammenhang vieles umstritten ist, verbleibt allerdings Unsicherheit.

Um dieses Risiko zu vermindern, sollte in der Praxis die Möglichkeit einer **Rechtswahl** 81
(Art. 24 Abs. 2, Art. 25 Abs. 3 EuErbVO) oder der Abschluss eines **Erbvertrags** geprüft werden. Da allerdings nicht in jedem Fall eine Rechtswahl möglich ist[75] und ein Erbvertrag ebenfalls nicht in allen Ländern anerkannt wird,[76] ist ein Einzeltestament für Ehepaare mit Auslandsbezug generell die rechtssicherste Lösung.

70 Hausmann/*Hierneis*, Spanien, Rn 41.
71 Krätzschel/Falkner/Döbereiner/*Döbereiner*, § 48 Rn 56.
72 Krätzschel/Falkner/Döbereiner/*Döbereiner*, § 48 Rn 53.
73 Krätzschel/Falkner/Döbereiner/*Döbereiner*, § 48 Rn 60.
74 Hausmann/*Jayme/Nordmeier*, Portugal, Rn 26.
75 Z.B. wenn die Ehepartner unterschiedliche Staatsangehörigkeiten besitzen, in Deutschland ein gemeinschaftliches Testament errichten wollen und man Art. 24 EuErbVO für gemeinschaftliche Testamente für anwendbar hält, dürfte eine Teilrechtswahl nach Art. 24 Abs. 2 EuErbVO nicht möglich sein, BeckOK BGB/*Loyal*, Art. 24 EuErbVO Rn 16.1; a.A. jurisPK-BGB/*Nordmeier*, Art. 24 EuErbVO Rn 46.
76 Übersicht bei Krätzschel/Falkner/Döbereiner/*Döbereiner*, § 48 Kap. XI: Ein Erbvertrag wird z.B. nicht anerkannt in Spanien (Rn 67), Griechenland (Rn 54), Italien (Rn 56), Kroatien (Rn 57), den Niederlanden (Rn 58).

§ 23 Ehegattentestament

Dr. Markus Sikora

Literaturhinweise

Battes, Gemeinschaftliches Testament und Ehegattenerbvertrag als Gestaltungsmittel für die Vermögensordnung der Familie, 1974; *Degert*, Die Rechtsstellung der Schlusserben im gemeinschaftlichen Testament, 2001; *Hartmann*, Ein super Vermächtnis – die Zulässigkeit des sog. Supervermächtnisses und die Möglichkeiten seiner Gestaltung, RNotZ 2022, 469; *Klein*, Das Gemeinschaftliche Testament: Form und Bindung, 2015; *Krätzschel*, Die Testamentsauslegung von Ehegattentestamenten bei Verfügungen zugunsten naher Angehöriger, Patenkindern und sonst nahestehenden Personen, ZErb 2025, 1; *Lamberz*, Wechselbezüglichkeit – Wechselbezüglichkeit des „angewachsenen" Erbteils, ErbR 2023, 584; *Muscheler*, Das Berliner Testament in der neueren Rechtsprechung, ZEV 2023, 352; *v. Oertzen/Lindermann*, Das Supervermächtnis: Ein postmortales Gestaltungsinstrument in der Nachfolgeplanung, ZEV 2020, 144; *Roth*, Einheits- oder Trennungslösung? Abgrenzung und Auslegung, NJW-Spezial 2024, 295; *Roth*, Der „gleichzeitige Tod" im Ehegattentestament, NJW-Spezial 2021, 103; *Steiner*, Erbschaftsteuerliche Probleme beim „Berliner Testament", ZErb 2015, 165; *Wolf*, Freiheit und Bindung beim gemeinschaftlichen Testament und Erbvertrag, in: FS Musielak, 2004.

Inhalt

A. Einleitung ... 1
B. Grundlegende Struktur und Varianten des Ehegattentestaments ... 4
I. Überblick ... 4
II. Grundtypen ... 8
III. Aufbauschemata ... 9
1. Variante 1: Einheitliche Verfügung ... 10
2. Variante 2: Getrennte Verfügungen ... 13
C. Einfluss des Erbschaftsteuerrechts auf die Testamentsgestaltung ... 16
I. Allgemeines ... 16
II. Steuerliche Optimierungen des Ehegattentestaments ... 19
1. Freibeträge der Kinder und Enkelkinder (bereits) beim ersten Todesfall nutzen ... 19
a) Vermächtnisanordnungen zugunsten der Kinder und Enkelkinder ... 19
b) Supervermächtnis ... 26
c) Nießbrauchslösung ... 30
d) Gleichzeitiges Versterben – Katastrophenklausel ... 31
2. Nutzung der Steuerbefreiung des Familienheims ... 38
D. Erbeinsetzung im Ehegattentestament ... 45
I. Gegenseitige Erbeinsetzung ... 45
II. Ersatz- und Schlusserbeneinsetzung ... 50
III. Unmittelbare Einsetzung der Kinder/Enkelkinder ... 60
IV. Vor- und Nacherbfolge ... 70
E. Vermächtnisse im Ehegattentestament ... 81
I. Allgemeines ... 81
II. Geldvermächtnis ... 84
III. Sachvermächtnisse, insbesondere in Bezug auf Grundbesitz ... 94
IV. Supervermächtnis ... 98
F. Sonstige Verfügungen von Todes wegen ... 100
I. Auflagen ... 101
II. Testamentsvollstreckung ... 105
1. Erster Erbfall ... 105
2. Zweiter Erbfall ... 107
G. Bindungswirkung, Scheidung, Wiederverheiratung, Anfechtungsrechte ... 110
I. Bindungswirkung ... 110
II. Scheidungsfolgen ... 128
III. Wiederverheiratungsklausel ... 133
IV. Anfechtungsrechte und deren Ausschließung ... 152
H. Pflichtteilsfragen ... 157
I. Notarkosten ... 164
J. Gesamtmuster ... 171

A. Einleitung

§ 2265 BGB bestimmt knapp und damit klar: „Ein gemeinschaftliches Testament kann nur von Ehegatten errichtet werden".[1] § 10 Abs. 4 S. 1 LPartG erweitert die Möglichkeit auf 1

1 Verfassungsrechtliche Bedenken bestehen nicht, vgl. BVerfG NJW 1989, 1986.

(eingetragene) Lebenspartner. Unter dem Begriff des **„Ehegattentestaments"** sind in der (notariellen) Praxis indes nicht nur gemeinschaftliche Testamente von Ehegatten zusammengefasst, sondern letztlich alle typischerweise vorkommenden Verfügungen von Todes wegen, die Ehegatten treffen können oder regelmäßig treffen. Mit anderen Worten: Das gemeinschaftliche Testament, das in den §§ 2265 ff. BGB geregelt ist, ist einerseits ein gesetzlicher Typus, der Besonderheiten der Testamentserrichtung und -gestaltung von Ehegatten gegenüber nicht verheirateten oder nicht verpartnerten Personen enthält. Es ist andererseits aber auch eine Kategorie in der Kautelarpraxis, innerhalb deren typische Regelungsinhalte und ihre Auswirkungen beschrieben werden. Entsprechende regelungsbedürftige Sachverhalte können hierbei auch bei nicht miteinander verheirateten Paaren vorliegen. Für den Testamentsgestalter ist somit der Umstand, ob die Ehe (oder Partnerschaft) besteht, letztlich nur für die Testamentsform von Bedeutung. Nur Ehegatten können ein gemeinschaftliches Testament errichten (§ 2265 BGB), nur ihnen steht die Formerleichterung bei eigenhändigen Testamenten offen (§ 2267 BGB), wonach es genügt, wenn das Testament von einem Ehegatten eigenhändig geschrieben und vom anderen Ehepartner (lediglich) mitunterschrieben wurde.

2 Pointiert lässt sich somit feststellen: Nicht jedes Ehegattentestament ist ein gemeinschaftliches Testament, aber jedes gemeinschaftliche Testament ist ein Ehegattentestament.

3 Ehegattentestamente erhalten regelmäßig letztwillige Verfügungen von Todes wegen für **zwei Todesfälle**, also für den Tod jedes Ehegatten. Das Verhältnis beider Todesfälle ist hierbei bei der Testamentserrichtung in den Blick zu nehmen. Die jeweiligen Verfügungen sind aufeinander abzustimmen, weil es – auch erbschaftsteuerlich – durchaus einen Unterschied macht, ob die Todesfälle nacheinander – regelmäßig mit mehreren Jahren Abstand – oder (mehr oder weniger) gleichzeitig eintreten. In Bezug auf die Komplexität seiner Gestaltung ist das Ehegattentestament somit mehr als die Summe zweier Einzeltestamente. Der Vertragsgestalter ist damit konfrontiert, die Verfügungen des einen Partners mit denen des anderen in Einklang zu bringen und gleichsam zu verzahnen. Besondere Aufmerksamkeit ist hierbei der Frage der **Wechselbezüglichkeit** der letztwilligen Verfügungen zu widmen (§§ 2270, 2271 BGB), die eine gegenseitige Bindungswirkung zur Folge hat und oftmals von Beteiligten, die nicht juristisch beraten sind, in ihrer Tragweite verkannt wird. Ein Ehegattentestament muss jedoch keine wechselbezüglichen Verfügungen enthalten, um ein solches zu sein und damit wirksam errichtet werden zu können. Dies unterscheidet es maßgeblich vom **Erbvertrag**, der Ehegatten gleichermaßen als Gestaltungsmittel zur Verfügung steht (siehe dazu § 24). Um wirksam zu sein, muss ein Erbvertrag jedoch wenigstens eine bindende, erbvertragliche Verfügung enthalten.[2] Ein weiterer Unterschied zwischen gemeinschaftlichem Testament und Erbvertrag besteht darin, dass im gemeinschaftlichen Testament anders als im Erbvertrag ein Recht zum Rücktritt (vgl. § 2293 BGB) weder vorbehalten werden kann noch muss. Auch ohne entsprechende Regelung steht jedem Ehegatten das Recht zum Widerruf wechselbezüglicher Verfügungen in einem Ehegattentestament nach den Regeln über den Rücktritt vom Erbvertrag zu (§ 2271 BGB). Der Gesetzgeber will damit dem Umstand Rechnung tragen, dass gemeinschaftliche Testamente auch eigenhändig errichtet werden können und die häufig nicht juristisch beratenen Testierenden sich somit weder Gedanken über die Bindungswirkung ihrer Verfügungen noch über einen Rücktrittsvorbehalt machen. Sie haben also meist schon gar kein Bewusstsein dafür, dass sie wechselbezügliche Verfügungen i.S.d. § 2270 BGB treffen. Erbverträge bedürfen hingegen stets der notariellen Beurkundung (§ 2276 BGB), sodass der Notar als erfahrener Ver-

2 BeckOK BGB/*Litzenburger*, § 2274 Rn 1.

tragsgestalter auch in erbrechtlichen Angelegenheiten die Frage eines Rücktrittsvorbehalts aktiv ansprechen und in der Urkunde regeln wird.

B. Grundlegende Struktur und Varianten des Ehegattentestaments

I. Überblick

Der juristische Grundtypus, der der Gestaltung von Ehegattentestamenten zugrunde liegt, sind miteinander verheiratete Partner, die ein oder mehrere gemeinsame Kinder haben. Das Ehegattentestament enthält regelmäßig hierbei **Verfügungen beider Ehegatten**. Da die beiden Todesfälle nur selten gleichzeitig eintreten, sind nicht nur Verfügungen für den ersten Todesfall und für den zweiten Todesfall zu treffen. Vielmehr ist auch das (zeitliche) Verhältnis beider Todesfälle zueinander zu beachten. Da nämlich der Vertragsgestalter nicht weiß, in welcher Reihenfolge die Todesfälle eintreten, sind die Verfügungen jedes Ehegatten sowohl aus dem Blickwinkel zu behandeln, als wäre er der Erstversterbende, als auch aus dem Blickwinkel, als wäre er der Zweitversterbende. Jedenfalls für die Frage des Umfangs des zu vererbenden Vermögens und der Trennung/Verschmelzung des Vermögens des überlebenden Ehegatten mit dem des erstversterbenden Ehegatten dürfte auch eine Rolle spielen, wie lange die Todesfälle auseinanderliegen. Auch steuerliche Aspekte sind stets in den Blick zu nehmen (siehe Rdn 16 ff.). 4

In der Vertragsgestaltung und im Volksmund bekannt ist das „**Berliner Testament**",[3] das der Auslegungsregel des § 2269 BGB folgt, und zwar regelmäßig in der Weise, dass neben der gegenseitigen Erbeinsetzung der Ehegatten die (gemeinsamen) Kinder wechselbezüglich (und damit bindend) zu Schlusserben – zu gleichen Teilen – bestimmt werden. Vor allem nach dem Tod des ersten Ehepartners kann sich die Bindungswirkung als sehr weitgehend für den Überlebenden auswirken (siehe Rdn 110 ff.). Das Berliner Testament folgt der sog. Einheitslösung (siehe Rdn 45 ff.). 5

§ 2269 Abs. 1 BGB bestimmt, dass „im Zweifel" von einer Vollerbeneinsetzung des überlebenden Ehegatten auszugehen ist, wenn sich die Ehegatten in ihrem Testament gegenseitig zu Erben eingesetzt haben und als Schlusserben nach dem Tod des Überlebenden der Nachlass einem Dritten zufallen soll. Insoweit spricht man von der sog. **Einheitslösung** (siehe näher Rdn 45). Nach der Annahme des Gesetzgebers soll der überlebende Ehegatte somit uneingeschränkt auch über das Vermögen des erstversterbenden Ehegatten verfügen können und nicht wie bei der sog. **Trennungslösung** (siehe näher Rdn 70 ff.) den Beschränkungen der Vor- und Nacherbfolge unterliegen. Das eheliche Vermögen wird somit bei der Einheitslösung als einheitliches Vermögen angesehen.[4] 6

Sind die Beteiligten bei der Testamentserrichtung nicht juristisch beraten, gibt es immer wieder Auslegungsschwierigkeiten bei der Frage, wann von der Einheits- und wann von der Trennungslösung auszugehen ist.[5] 7

3 Zum Begriff MüKo-BGB/*Musielak*, § 2269 Rn 11 unter Verw. auf *Endemann*, JW 1933, 1349, 1350; *v. Lübtow*, ErbR II, S. 913 ff.; *Färber*, Das gemeinschaftliche Testament in der höchstrichterlichen Rechtsprechung zum Preußischen Allgemeinen Landrecht und zum BGB, 1997, S. 47 Fn 115; *Sticherling*, JuS 2002, 1248; instruktiv ferner *Muscheler*, ZEV 2023, 352.

4 *Roth*, NJW-Spezial 2024, 295.

5 Instruktiv mit zahlreichen Beispielen aus der Rspr. *Roth*, NJW-Spezial 2024, 295.

II. Grundtypen

8 Inhaltlich können **drei Grundtypen** von Ehegattentestamenten unterschieden werden:
1. gegenseitige Erbeinsetzung der Eltern (Ehegatten) und Schluss-/Ersatzerbeneinsetzung der Kinder/gemeinsamen Abkömmlinge, ggf. ergänzt um Vermächtnisse zugunsten der gemeinsamen Kinder/Abkömmlinge beim ersten Todesfall (im Grundtypus der **Einheitslösung** folgend; Muster siehe Rdn 48 und 52);
2. gegenseitige Erbeinsetzung der Eltern, wobei der überlebende Ehegatte nur Vorerbe ist, mit Schluss-/Ersatzerbeneinsetzung der Kinder/gemeinsamen Abkömmlinge, die in diesem Fall zu Nacherben bestimmt werden; auch in dieser Konstellation sind Vermächtnisse nach dem ersten Erbfall möglich (sowohl zugunsten der Abkömmlinge, um ihnen unmittelbar Vermögen zuzuwenden, als auch zugunsten des überlebenden Ehegatten, in diesem Fall im Wege des Vorausvermächtnisses, um hierdurch bestimmte Vermögensgegenstände aus den Bindungen der Vor- und Nacherbfolge auszunehmen (im Grundtypus der **Trennungslösung** folgend; Muster siehe Rdn 75);
3. Erbeinsetzung der Kinder/gemeinsamen Abkömmlinge sowohl beim ersten als auch beim zweiten Todesfall, kombiniert mit Vermächtnisse(n) – regelmäßig in Form von Nießbrauchsvermächtnissen – zugunsten des überlebenden Ehegatten beim ersten Todesfall, ggf. ergänzt um eine Dauertestamentsvollstreckung zugunsten des überlebenden Ehegatten für dasjenige, was die Kinder/Abkömmlinge beim ersten Todesfall bereits erlangt haben, um die Verwaltungsbefugnis den Kindern über deren 18. Lebensjahr hinaus vorzuenthalten (im Grundtypus dem **Nießbrauchsvermächtnis** folgend; Muster siehe Rdn 62 und 65).

III. Aufbauschemata

9 Unabhängig davon, welcher der drei Grundtypen gewählt wird, gibt es **zwei grundlegende Aufbauschemata** für ein Ehegattentestament:

1. Variante 1: Einheitliche Verfügung

10
1. Erbeinsetzung mit Ersatzerbeneinsetzung (faktisch: erster Todesfall)
2. Schlusserbeneinsetzung (faktisch: zweiter Todesfall)
3. Vermächtnisse und Auflagen
4. Bindungswirkungen/Wechselbezüglichkeit
5. Anfechtungsverzichte
6. Scheidungsvorsorge
7. ggf. Testamentsvollstreckung

11 Variante 1 enthält somit in erster Linie die gegenseitige Erbeinsetzung in einer **einheitlichen Formulierung**, wie im nachstehenden Muster beschrieben. In einem gesonderten Abschnitt erfolgt sodann die Bestimmung der Ersatz- und Schlusserben. Die übrigen letztwilligen Verfügungen schließen sich an. Der Mechanismus wird anhand des nachfolgenden Grundmusters deutlich; die einzelnen Bausteine finden sich sodann im weiteren Verlauf des Kapitels.

Muster 23.1: Grundmuster – Einheitliche Erbeinsetzung

Letztwillige Verfügungen 12

1.

Wir, die Ehegatten und , setzen uns hiermit gegenseitig zu alleinigen, unbeschränkten und ausschließlichen Vollerben ein.

2.

Als Schluss- und Ersatzerben bestimmen wir unsere gemeinsamen Abkömmlinge nach den Regeln der gesetzlichen Erbfolge, derzeit also unsere beiden Kinder und , zu Erben zu gleichen Teilen.

3. bis 7.

[Weitere Verfügungen wie oben in Rdn 10 *beschrieben]*

2. Variante 2: Getrennte Verfügungen

1. Verfügungen des einen Ehegatten 13
   a) Erbeinsetzung
   b) Ersatzerbeneinsetzung
   c) Vermächtnisse und Auflagen
   d) ggf. Testamentsvollstreckung
2. Verfügungen des anderen Ehegatten
   a) Erbeinsetzung
   b) Ersatzerbeneinsetzung
   c) Vermächtnisse und Auflagen
   d) ggf. Testamentsvollstreckung
3. Bindungswirkungen/Wechselbezüglichkeit
4. Anfechtungsverzichte
5. Scheidungsvorsorge

Variante 2 enthält hingegen **gesonderte Abschnitte** mit den letztwilligen Verfügungen eines 14 **jeden** Ehegatten. Denkbar ist daneben auch ein Abschnitt mit gemeinsamen letztwilligen Verfügungen. Jeder Ehegatte trifft somit in dem ihn betreffenden Abschnitt Verfügungen sowohl für den Fall, dass er der Erstversterbende ist, als auch für den Fall, dass er der Letztversterbende ist.

Muster 23.2: Grundmuster – Getrennte Verfügungen der Ehegatten

Letztwillige Verfügungen 15

1. Letztwillige Verfügungen des Ehemanns

a)

Ich, , setzte hiermit meine Ehefrau, , zu meiner alleinigen und ausschließlichen Erbin ein.

b)

Zu Ersatzerben für den Fall, dass meine Ehefrau, , nicht Erbin werden kann oder will, bestimme ich unsere gemeinsamen Abkömmlinge nach den Regeln der gesetzlichen Erbfolge, derzeit also unsere beiden Kinder, und , zu Erben zu gleichen Teilen.

c) und d)

[*Weitere Verfügungen wie oben in* Rdn 13 *beschrieben*]

2. Letztwillige Verfügungen der Ehefrau

a)

Ich, , setzte hiermit meinen Ehemann, , zu meinem alleinigen und ausschließlichen Erben ein.

b)

Zu Ersatzerben für den Fall, dass mein Ehemann, , nicht Erbe werden kann oder will, bestimme ich unsere gemeinsamen Abkömmlinge nach den Regeln der gesetzlichen Erbfolge, derzeit also unsere beiden Kinder, und , zu Erben zu gleichen Teilen.

c) und d)

[Weitere Verfügungen wie oben in Rdn 13 *beschrieben]*

C. Einfluss des Erbschaftsteuerrechts auf die Testamentsgestaltung

I. Allgemeines

16 Das **Berliner Testament** mag regelmäßig den Wünschen der Testierenden entsprechen, weil der überlebende Ehegatte nicht nur über die Erträge des gemeinsamen Vermögens, sondern auch über dessen volle Substanz (freilich nur nach Maßgabe der §§ 2286 ff. BGB analog; siehe hierzu Rdn 110) frei verfügen kann. Er erhält somit maximale Flexibilität. Die Kinder werden erst mit dem zweiten Todesfall bedacht und erhalten somit nur dasjenige Vermögen, das der überlebende Ehegatte zu Lebzeiten nicht ausgeben konnte, wollte oder musste. Die Gestaltung hat jedoch **steuerlich** einen erheblichen **Nachteil**, weil sich das Vermögen des erstversterbenden Ehegatten vollständig beim überlebenden Ehegatten anlagert und die Kinder somit nur den überlebenden Elternteil beerben. Praktisch werden damit die Freibeträge, die Kindern gegenüber jedem Elternteil zustehen (vgl. § 16 Abs. 1 Nr. 2 ErbStG), halbiert. Mögen auch die Freibeträge mit 400.000 EUR je Kind und Elternteil dann ausreichen, wenn kein Grundvermögen vorhanden ist, so genügen sie jedoch regelmäßig nicht in Ballungszentren, soweit auch Grundbesitz vererbt wird. Gehört etwa ein Haus oder eine Eigentumswohnung den Eltern zu gleichen Teilen, führt das Berliner Testament dazu, dass der überlebende Elternteil Alleineigentümer auch der Immobilie wird. Die Kinder erben sodann die gesamte Immobilie (nur) vom überlebenden Ehegatten. Bei einem Kind stehen somit nur noch 400.000 EUR zur Verfügung, bei zwei Kindern nur noch 800.000 EUR.

17 Auch die **gegenseitige Erbeinsetzung** ist jedoch bereits steuerlich zu würdigen und unter dem Blickwinkel verfügbarer **Freibeträge** zu sehen. Unproblematisch ist dies, wenn das wesentliche Vermögen des erstversterbenden Ehegatten den Betrag von 500.000 EUR nicht übersteigt (vgl. § 16 Abs. 1 Nr. 1 ErbStG) oder – wie es häufig der Fall ist – das wesentliche Vermögen in einem gemeinsam genutzten, also selbst bewohnten, Eigenheim steckt. In diesem Fall gibt es den speziellen Steuerfreibetrag des § 13 Abs. 1 Nr. 4b ErbStG, wonach das sog. **Familienheim** in unbeschränkter Höhe steuerfrei auf den überlebenden Ehegatten übertragen werden kann. Voraussetzung ist jedoch, dass der überlebende Ehegatte noch zehn Jahre nach dem Tod des Erstversterbenden, jedenfalls aber bis zu seinem eigenen Tod und/oder einem zwangsweisen Umzug ins Pflegeheim, in dem Objekt wohnt (vgl. § 13 Abs. 1 Nr. 4b S. 4 ErbStG). Für sonstiges Vermögen gibt es nur den allgemeinen Freibetrag von 500.000 EUR (§ 16 Abs. 1 Nr. 1 ErbStG), den Versorgungsfreibetrag in Höhe von 256.000 EUR (§ 17 ErbStG), der neben den allgemeinen Freibetrag von § 16 ErbStG tritt, sowie den Haushaltsfreibetrag (§ 13 Abs. 1 Nr. 1 Buchst. a) ErbStG).

Auch **Enkelkinder** haben einen eigenen Freibetrag gegenüber ihren Großeltern, und zwar in Höhe von 200.000 EUR je Großelternteil (§ 16 Abs. 1 Nr. 3 ErbStG). Auch wenn es sich regelmäßig nicht empfiehlt, sie zu (Schluss-)Erben unmittelbar einzusetzen, können sie jedoch mit Vermächtnissen bedacht werden, um auch insoweit die zur Verfügung stehenden Freibeträge auszunutzen. Sie befinden sich zudem wie Kinder in Steuerklasse I (§ 15 Abs. 1 Nr. 3 ErbStG). 18

II. Steuerliche Optimierungen des Ehegattentestaments

1. Freibeträge der Kinder und Enkelkinder (bereits) beim ersten Todesfall nutzen

a) Vermächtnisanordnungen zugunsten der Kinder und Enkelkinder

Da schon bei mittleren Vermögen die Freibeträge der Kinder/Enkel nach dem Tod des Letztversterbenden meist nicht ausreichen, empfiehlt es sich, bereits beim ersten Todesfall neben der gegenseitigen Erbeinsetzung der Eltern Vermächtnisse zugunsten der Kinder bspw. in Höhe der Freibeträge vorzusehen. In Betracht kommen sowohl **Geldvermächtnisse** als auch **Sachvermächtnisse**, etwa in Form von Grundbesitz (siehe Rdn 94). Um lediglich die Substanz zu übertragen, dem überlebenden Elternteil jedoch den Nutzen und/oder die Erträge vorzubehalten, können auch zu dessen Gunsten Untervermächtnisse – etwa in Form von Nießbrauchsvermächtnissen – vorgesehen werden (siehe Rdn 96). 19

Der **Nachteil** der Anordnung von Vermächtnissen beim Tod des erstversterbenden Ehegatten liegt regelmäßig darin, dass man sich bei der Testamentserrichtung, die Jahre oder gar Jahrzehnte vor dem ersten Todesfall erfolgt, bereits auf konkrete Gegenstände/Geldbeträge festlegen muss. Zudem sind die Vermächtnisse auch zu erfüllen, wenn nicht die Kinder (auf Wunsch und damit gleichsam im Einvernehmen mit dem überlebenden Ehegatten) hierauf verzichten. Der überlebende Ehegatte ist somit stets dem Risiko ausgesetzt, dass die Kinder die Vermächtniserfüllung auch dann einfordern, wenn sich die Lebensumstände geändert haben und der überlebende Ehegatte die vermachten Geldbeträge/Gegenstände zu seiner eigenen Versorgung (wider Erwarten) benötigen sollte. 20

Früher versuchte man, dem so beschriebenen Nachteil dadurch zu begegnen, dass man die Fälligkeit der Vermächtniserfüllung möglichst lange hinausschob, und zwar sogar bis zum Tod des letztversterbenden Ehegatten. Hierdurch sollte erreicht werden, dass dieser bis zu seinem eigenen Tod mit dem Vermächtnis wirtschaftlich nicht belastet ist. Gleichwohl wollte man die Freibeträge nach dem Tod des erstversterbenden Ehegatten erhalten. Diese Gestaltung ist jedoch vor dem Hintergrund des § 6 Abs. 4 ErbStG nicht (mehr) zu empfehlen. Konstruktiv entspricht sie nämlich einem **Vor- und Nachvermächtnis**. Angeordnet hierfür ist eine Besteuerung im Verhältnis zum überlebenden Ehepartner, sodass eine Ausnutzung der Freibeträge nach dem Erstversterbenden nicht gegeben ist.[6] 21

Eine gewisse Schonung des überlebenden Ehegatten kann jedoch weiterhin dadurch erreicht werden, dass man die angeordneten Vermächtnisse nicht sofort, sondern etwa erst nach ein paar Jahren nach dem Tod des Erstversterbenden fällig stellt. Regelmäßig keine Bedenken dürften gegen einen Zeitraum von rund vier/fünf Jahren bestehen, sofern der überlebende Ehegatte beim Eintritt des ersten Erbfalls nicht bereits sehr betagt ist. Mit anderen Worten: Der **Fälligkeitszeitpunkt** ist so zu wählen, dass der überlebende Ehegatte ihn statistisch erlebt. Andernfalls könnte ein Fall des § 42 AO vorliegen.[7] Orientieren kann man sich am 22

---

6 Vgl. *J. Mayer*, ZEV 1998, 50, 54.

7 Hierzu *Pilz*, ZEV 2005, 469.

BMF-Schreiben, mit dem der Vervielfältiger zu § 14 Abs. 3 BewG bekannt gegeben wird.[8] In der Regel ist ein Erfüllungszeitraum von rund zwei Jahren auch bei über 80-jährigen Erblassern unbedenklich. Wer vorsichtig ist, formuliert daher wie folgt:

Muster 23.3: Fälligkeit eines Vermächtnisses nach dem Tod des ersten Ehegatten

23 Das Vermächtnis ist innerhalb eines Zeitraums von vier Jahren nach dem Tod des Erstversterbenden zu erfüllen; er kann das Vermächtnis auch durch mehrere, zeitlich auseinanderfallende Einzelleistungen erfüllen, jedoch nur innerhalb des Zeitraums von insgesamt vier Jahren. Falls der Längerlebende zum Todeszeitpunkt des Erstversterbenden älter als 80 Jahre ist, ist der zu erfüllende Zeitraum auf zwei Jahre begrenzt.

24 Auch **ertragsteuerlich** sind indes hinausgeschobene Fälligkeitszeitpunkte bei Vermächtnissen vor dem Hintergrund des § 12 Abs. 3 BewG zu beachten. Werden Vermächtnisse länger als ein Jahr zinslos gestundet, besteht die Gefahr, dass die Finanzverwaltung den Vermächtnisbetrag in einen Kapitalanteil und einen Zinsanteil aufspaltet. Ist kein Zins angeordnet, bestimmt § 12 Abs. 3 BewG einen Zins von 5,5 %. Dieser ist nach § 20 Abs. 1 Nr. 7 EStG zu versteuern und insoweit der Abgeltungsteuer unterworfen. Durch Anordnung eines Zinses kann jedenfalls die Höhe der Besteuerung beeinflusst werden, wie nachfolgendes Muster zeigt.

Muster 23.4: Geldvermächtnis nach dem Tod des ersten Ehegatten mit Verzinsungsabrede

25 Ein jeder von uns bestimmt, dass unser Sohn vermächtnisweise einen Geldbetrag von 400.000 EUR von demjenigen von uns erhält, der als erster verstirbt. Das Vermächtnis fällt mit dem Tod des Erstversterbenden von uns an. Es ist drei Jahre hiernach fällig. Ab dem zweiten Jahr nach dem Erbfall des Erstversterbenden ist es mit 2,5 % p.a. zu verzinsen. Die Zinsen sind mit der Hauptforderung zu leisten. Sicherheit kann nicht verlangt werden.

b) Supervermächtnis

26 Die Nachteile, dass man sich auf bestimmte Vermächtnisgegenstände/die Höhe von Geldvermächtnissen bereits bei der Testamentserrichtung festlegen muss und als überlebender Ehegatte ggf. einem Forderungsdruck der Kinder ausgesetzt ist, können durch Anordnung eines sog. **Supervermächtnisses** vermieden werden.[9] Es handelt sich konstruktiv hierbei um ein **Zweckvermächtnis** (§ 2156 BGB), das binnen bestimmter Frist dem überlebenden Ehegatten die Möglichkeit einräumt, zugunsten der Kinder/Enkelgeneration Vermächtnisse zu erfüllen. Hierbei steht sowohl das „Ob" als auch das „Wie" der Vermächtniserfüllung in seinem freien Belieben. Der überlebende Ehegatte allein kann somit darüber entscheiden,

1. ob die Kinder/Enkelkinder etwas nach dem Tod des erstversterbenden Elternteils erhalten,
2. wer aus dem Kreis mehrerer Bedachter etwas erhält,
3. wann die Bedachten den Vermächtnisgegenstand erhalten (freilich unter Beachtung der angeordneten Fristen, vgl. Rdn 22),
4. welchen Vermächtnisgegenstand sie erhalten und
5. ob sie ihn unbeschränkt oder etwa mit einem Nießbrauchsrecht oder einem bedingten Erwerbsrecht zugunsten des überlebenden Ehegatten erhalten.

27 Das Zweckvermächtnis nach § 2156 BGB ist somit mit einem **Bestimmungsvermächtnis** nach § 2151 BGB kombiniert, bei dem der Leistungszeitpunkt auch der Bestimmung des

8 Zuletzt BMF-Schreiben v. 9.12.2024 – IV D 4 – S 3104/19/10001.

9 Instruktiv mit Formulierungsvorschlag *Keim*, ZEV 2016, 6; siehe ferner *Hartmann*, RNotZ 2022, 469. Der Begriff geht zurück auf *Langenfeld*, so jedenfalls *Ebeling*, ZEV 2000, 87 Fn 1.

Beschwerten unterliegt (§ 2181 BGB). Eine derartige Konstruktion begegnet zivilrechtlich keinen Bedenken, soweit es als echtes Zweckvermächtnis (die vom Erblasser verfolgten Zwecke sind tatsächlich im Vermächtnis anzugeben) ausgestaltet ist.[10] Das Supervermächtnis stellt im Ergebnis eine Art „mixtum compositum"[11] verschiedener Vermächtnisarten dar.

Erbschaftsteuerlich soll durch das Supervermächtnis eine Besteuerung nach dem Erblasser – regelmäßig dem **erstversterbenden Ehegatten** – als Erwerb durch Vermächtnis i.S.d. § 3 Abs. 1 Nr. 1 ErbStG erfolgen. Umgekehrt ist somit erbschaftsteuerlich zu vermeiden, dass § 6 Abs. 4 ErbStG zur Anwendung gelangt, was zur Folge hätte, dass die Besteuerung der Vermächtnisnehmer im Verhältnis zum **überlebenden Ehegatten** und nicht zum Erstversterbenden erfolgen würde. Die Norm greift dann ein, wenn das Vermächtnis erst beim Tod des Beschwerten fällig wird. Sie setzt derartige Vermächtnisse insoweit den Nacherbschaften gleich. In jedem Fall ist daher zu vermeiden, dass der Zeitpunkt der Erfüllung in das freie Belieben des überlebenden Ehegatten gestellt wird, weil dann die Fälligkeit im Zweifel (§ 2181 BGB) erst mit dessen Tod eintritt.[12] 28

Praxistipp 29
Im Übrigen ist die Konstruktion des Supervermächtnisses bei entsprechender Formulierung (vgl. Muster Rdn 99) auch steuerlich anerkannt. Hierbei ist darauf zu achten, dass der Zweck der Steuerersparnis nicht als einziger formuliert wird. Auch andere Zwecke, wie etwa die Gewährung einer Abfindung für die Kinder nach dem Tod des erstversterbenden Ehegatten dafür, dass sie nur Schlusserben werden, sollten ebenso angeführt werden wie der Zweck, durch das Vermächtnis für eine gerechte Vermögensverteilung innerhalb der Familie zu sorgen.

c) Nießbrauchslösung

Letztlich ist auch die Nießbrauchslösung als einer der drei Grundtypen des Ehegattentestaments (in erster Linie) steuerlich motiviert. Mit ihr soll möglichst viel Vermögen bereits beim ersten Todesfall auf die Kinder übertragen werden. Regelmäßig wird somit die **Substanz** des Vermögens des erstversterbenden Elternteils auf die Kinder übertragen. Zugunsten des überlebenden Ehegatten werden nur **Vermächtnisse**, regelmäßig in Bezug der Erträge oder Nutzungsrechte (Wohnungsrecht/Nießbrauch), vorbehalten. Diese Variante bietet sich in der Praxis regelmäßig dann an, wenn noch keine lebzeitigen Übertragungen im Wege der vorweggenommenen Erbfolge erfolgt sind. Letztlich steht sie ihr konstruktiv gleich (angeordnet werden regelmäßig neben einem Nießbrauch zugunsten des überlebenden Ehegatten auch bedingte Erwerbsrechte, vgl. Rdn 94), auch wenn die Anordnungen zur Übertragung im Testament getroffen werden und erst nach dem Tod des Erstversterbenden zur Wirkung gelangen. Zur Nießbrauchslösung wird auch der Fall gerechnet, dass der überlebende Ehegatte und die Kinder eine Erbengemeinschaft bilden. 30

d) Gleichzeitiges Versterben – Katastrophenklausel

Wenn Ehegatten tatsächlich gleichzeitig versterben, erben die Schlusserben von jedem Ehegatten unmittelbar, also ohne Durchgangserwerb beim überlebenden Ehegatten. In diesem Fall ist somit die **gegenseitige Erbeinsetzung** in einem Ehegattentestament **gegenstands-** 31

10 *Hartmann*, RNotZ 2022, 469.
11 So *Hartmann*, RNotZ 2022, 469.
12 Instruktiv insoweit *Hartmann*, RNotZ 2022, 469, 472.

los.[13] Die Auslegungsregel des § 2269 BGB findet beim tatsächlich gleichzeitigen Versterben keine Anwendung. Der Nachlass jedes Ehegatten geht auf die bestimmten Ersatzerben über, andernfalls auf die jeweiligen gesetzlichen Erben.

32 Ein tatsächlich gleichzeitiges Versterben ist jedoch in der Praxis sehr selten und allenfalls bei Flugzeug- oder Hubschrauberabstürzen anzunehmen, wenn sich die Sterbereihenfolge nicht (mehr) feststellen lässt und somit die Vermutungsregel des § 11 Verschollenheitsgesetz zum Tragen kommt, der im Zweifel von einem gleitzeitigen Versterben beider/mehrerer Personen ausgeht.[14] Mit der Katastrophenklausel soll somit (auch) eine Konstellation abgedeckt werden, dass die Ehegatten **kurz hintereinander sterben**, und zwar jedenfalls so kurz, dass der Längerlebende von beiden keine eigene/neue Verfügung von Todes wegen errichten kann. Schon vor diesem Hintergrund empfiehlt es sich, klar die Ersatz-/Schlusserben zu bestimmen und es somit nicht bei der gegenseitigen Erbeinsetzung von Ehegatten zu belassen.

33 Denkbar ist ferner, dass auch die gemeinsamen **Kinder gleichzeitig mit den Eltern versterben**; in diesem Fall sind auch die weitere Schlusserben zu bestimmen, um es nicht auf die gesetzliche Erbfolge (es erben dann die Verwandten jedes Ehegatten dessen Vermögen nach den Regeln der gesetzlichen Erbfolge, §§ 1924 ff. BGB) ankommen zu lassen. Im Übrigen gibt es mannigfaltige Rechtsprechung zur Auslegung von Formulierungen in gemeinschaftlichen Testamenten, mit denen auf den gleichzeitigen Tod/den nahezu gleichzeitigen Tod abgestellt wird.[15]

34 Bei der **Einheitslösung** könnte wie folgt formuliert werden:

23.5 **Muster 23.5: Schlusserbeneinsetzung bei der Einheitslösung**

Jeder von uns setzt für den Fall, dass er der Überlebende ist, und ebenso für den Fall unseres gleichzeitigen oder nahezu gleichzeitigen Versterbens aufgrund desselben Ereignisses unsere sämtlichen gemeinsamen Abkömmlinge nach den Regeln der gesetzlichen Erbfolge, derzeit also unsere beiden Kinder und , zu gleichen Teilen ein. Wiederum ersatzweise bestimmt ein jeder von uns zum Ersatzerben. Eine Vor- und Nacherbschaft ist nicht angeordnet.

35 Die aufgeworfenen Fragen stellen sich aber auch bei der **Trennungslösung**, sodass insoweit wie folgt zu formuliert ist:

23.6 **Muster 23.6: Schlusserbeneinsetzung bei der Trennungslösung**

Jeder von uns setzt für den Fall, dass wir gleichzeitig versterben oder nahezu gleichzeitig aufgrund desselben Ereignisses, die jeweiligen Nacherben zu seinen Erben ein, ohne dass der jeweils andere von uns Vorerbe wird.

36 In der Praxis häufiger als ein exakt gleichzeitiges Versterben ist jedoch ein Versterben **aufgrund desselben Ereignisses**, etwa bei einem Autounfall, bei dem sich meist sehr wohl eine Sterbereihenfolge ermitteln lässt, etwa schon dann, wenn ein Ehegatte am Unfallort verstirbt und der andere Ehegatte Minuten, Stunden, Tage oder Wochen später im Krankenhaus.[16] Schließlich kommen in der Praxis auch beide Todesfälle der Ehegatten aufgrund unterschiedlicher Ereignisse, aber **in kurzem zeitlichen Abstand** zueinander vor, sei es wegen schwerer Erkrankungen oder zweier zeitlich eng aufeinanderfolgender Suizide. Zivil-

13 Grüneberg/*Weidlich*, § 1923 Rn 2 stellt treffend fest: Wer vor oder gleichzeitig mit dem Erblasser verstirbt, kann weder Erbe noch Vermächtnisnehmer des Erblassers sein.

14 In diesem Sinne schon *Keim*, ZEV 2005, 10.

15 Ein Überblick findet sich bei MüKo/*Musielak*, § 2269 Rn 15 ff.

16 Instruktiv zuletzt etwa OLG Düsseldorf ErbR 2021, 793; hierzu *Reinert*, NZFam 2021, 906.

rechtlich sollten diese Konstellationen mit geregelt werden, um Auslegungsschwierigkeiten zu der Frage zu vermeiden, wer zum Ersatz- und Schlusserben bestimmt ist. Ist keine klare Regelung getroffen, ist sogar konstruktiv von einer Vor- und Nacherbfolge auszugehen, weil für einen gewissen Zeitraum unklar ist, ob der überlebende Ehegatte seinerseits verstirbt oder nicht.[17]

Erbschaftsteuerlich stellt sich die Frage, ob die Folgen einer Doppelbesteuerung bei einem Versterben kurz hintereinander vermieden werden können. Darunter ist stets das Bestreben des Vertragsgestalters zu verstehen, im Rahmen einer sog. Katastrophenklausel einen **Durchgangserwerb** beim ersten Ehegatten zu vermeiden, obwohl dieser **zivilrechtlich** in jedem Fall eintritt. Jedenfalls in **steuerlicher** Hinsicht soll versucht werden, dass die Schlusserben unmittelbar von jedem Elternteil zum Erben berufen sind. Richtigerweise kann die Doppelbesteuerung aber nicht durch die bloßen Formulierungen im Muster Rdn 34 vermieden werden. Zur steuerlichen Optimierung wird hingegen vorgeschlagen, dass die Kinder für den Fall des „nahezu gleichzeitigen Versterbens aufgrund desselben Ereignisses" zu **Vorerben** bestimmt werden und der überlebende Ehegatte lediglich **Nacherbe** sein soll. Der Nacherbfall hätte einzutreten, wenn der Ehegatte einen bestimmten, vorher definierten Zeitraum überlebt.[18] In dieser Konstellation tritt der Nacherbfall nicht mit dem Tod des Vorerben ein, sodass der überlebende Ehegatte gem. § 6 Abs. 3 ErbStG im Verhältnis zum Erstversterbenden besteuert würde. Ggf. ist zudem ein Herausgabevermächtnis in Bezug auf den gesamten Nachlass zugunsten des überlebenden Ehegatten anzuordnen.[19] 37

2. Nutzung der Steuerbefreiung des Familienheims

Bereits in Rdn 17 wurde darauf hingewiesen, dass das sog. **Familienheim**, also die selbst genutzte Immobilie, vom überlebenden Ehegatten steuerfrei gem. § 13 Abs. 1 Nr. 4b ErbStG geerbt werden kann. Ein Nachteil ist jedoch darin zu sehen, dass der überlebende Ehegatte noch **zehn Jahre** nach dem Tod des Erstversterbenden im Familienheim wohnen bleiben muss, damit die zunächst gewährte Steuerbefreiung nicht mit Wirkung für die Vergangenheit entfällt. Dies ist etwa dann regelmäßig nicht glücklich, wenn das Familienheim für den Überlebenden allein zu groß geworden sein sollte und/oder bspw. die Kinder es für ihre eigene Familie gut/besser nutzen könnten. Zieht dann der überlebende Ehegatte aus, wird die Steuerbefreiung rückwirkend nicht mehr gewährt und nachträglich entsprechend Erbschaftsteuer festgesetzt (§ 13 Abs. 1 Nr. 4b S. 4 ErbStG), soweit nicht die allgemeinen Freibeträge ausreichen. 38

Dieser Nachteil kann vermieden werden, indem das Familienheim lebzeitig auf den anderen Ehegatten übertragen wird. Hierfür gibt es einen gesonderten Freibetrag in § 13 Abs. 1 Nr. 4a ErbStG, der bei einer **lebzeitigen Übertragung** nicht fordert, dass man zehn Jahre nach der Übertragung noch im Familienheim wohnt. Theoretisch ist die Steuerbefreiung auch dann uneingeschränkt zu gewähren, wenn der Erwerber unmittelbar nach der Schenkung/ehebedingen Zuwendung auszieht. Gerade bei Ehegatten mit erheblichem Altersunterschied oder wenn ein Ehegatte an einer schweren Erkrankung leidet, empfiehlt es sich daher, anstelle der Übertragung mittels letztwilliger Verfügung diese noch zu Lebzeiten beider Ehegatten vorzunehmen. Im Zweifel sollte der Notar nicht nur das Datum der Beurkundung aufnehmen, sondern auch die Uhrzeit des Abschlusses der Beurkundung. 39

17 Siehe hierzu MüKo-BGB/*Lieder*, § 2100 Rn 20.
18 In diesem Sinne *Daragan*, ZErb 2006, 119.
19 Mit Formulierungsvorschlag *Daragan*, ZErb 2006, 119.

40 Auch **Kindern** kommt jedoch für das Familienheim ein besonderer Freibetrag gem. § 13 Abs. 1 Nr. 4c ErbStG zugute. Für Enkelkinder gilt die Vorschrift hingegen nicht. Kinder, die innerhalb kurzer Zeit – von der Rechtsprechung gefordert sind hier regelmäßig sechs Monate nach dem betreffenden Tod[20] – in das Familienheim einziehen und sodann zehn Jahre hierin wohnen, erhalten dieses steuerfrei. Nachteilig ist im Falle des § 13 Abs. 1 Nr. 4c ErbStG jedoch, dass eine **Beschränkung auf 200 qm Wohnfläche** vorliegt. Es handelt sich aber hierbei um eine „soweit"-Regelung, sodass etwa für den Fall, dass das Haus eine tatsächliche Wohnfläche von 250 qm hat, $^4/_5$ der Steuerbefreiung unterliegen und nur $^1/_5$ (also die 50 qm, die die 200 qm übersteigen) besteuert werden, soweit nicht die Freibeträge im Übrigen hierfür noch zur Verfügung stehen.

41 Mitunter stehen die Ehegatten und damit der Testamentsgestalter vor dem Dilemma, dass sie nicht wissen, ob der überlebende Ehegatte nach dem Tod des Erstversterbenden weiter im Haus wohnen bleibt (insoweit wäre es zweckmäßig, dass ihm der Freibetrag gem. § 13 Abs. 1 Nr. 4b ErbStG zugutekommt) oder ob er gerade „zugunsten" der Kinder oder aus anderen Gründen das Haus verlässt (in diesem Fall wäre der Freibetrag gem. § 13 Abs. 1 Nr. 4c ErbStG zugunsten der Kinder zweckmäßig). Die gegenseitige Erbeinsetzung ohne weitere Vermächtnisse führt im Ergebnis dazu, dass bei hälftigem Miteigentum der Ehegatten das Familienheim an den Überlebenden fällt. Insoweit wird der betreffende Freibetrag gem. § 13 Abs. 1 Nr. 4b ErbStG genutzt, der Freibetrag gem. § 13 Abs. 1 Nr. 4c ist jedoch verbaut.

42 Denkbar ist es jedoch, in jedem Fall zugunsten desjenigen Kindes (ggf. auch zugunsten mehrerer Kinder), das vermutlich nach dem Tod des ersten Elternteils in das Familienheim einzieht, ein **Vermächtnis** an der betreffenden Immobilie/dem Miteigentumsanteil[21] des erstversterbenden Ehegatten daran einzuräumen. Unterstellt man ein Einvernehmen zwischen dem überlebenden Ehegatten und den Kindern, kann für den Fall, dass das Kind nicht einziehen möchte und der Freibetrag dem überlebenden Ehegatten zur Verfügung stehen soll, das Kind entweder das Vermächtnis nicht einfordern oder es sogar (formlos gegenüber dem überlebenden Ehegatten als Alleinerben, vgl. § 2180 Abs. 2 S. 1 BGB, und zwar ohne Frist) ausschlagen. Mit dem Unterlassen des Verlangens der Erfüllung oder der Ausschlagung auf das Vermächtnis ist je kein steuerpflichtiger Erwerb verbunden.[22] Will jedoch das Kind in das Haus einziehen und den Freibetrag für sich nutzen, wird/sollte es das Vermächtnis verlangen. Freilich kann das Ergebnis dieser Gestaltung auch mit einem Supervermächtnis (vgl. Rdn 26) erreicht werden.

23.7 **Muster 23.7: Familienheimvermächtnis**

43 Im Falle des Todes des Erstversterbenden von uns erhält unsere Tochter   vermächtnisweise den Miteigentumsanteil des Erstversterbenden am Familienheim (Einfamilienhaus in , vorgetragen im Grundbuch des Amtsgerichts   von , Blatt) zum Alleineigentum. Das Vermächtnis ist innerhalb von sechs Monaten nach dem Tod zu erfüllen. Die zum Zeitpunkt des Anfalls des Vermächtnisses auf dem Vermächtnisgegenstand eingetragenen Belastungen in Abteilung II und III des Grundbuchs sind vom Vermächtnisnehmer zur weiteren dinglichen Duldung zu übernehmen. Die Kosten und Steuern der Vermächtniserfüllung trägt der Vermächtnisnehmer für seinen Erwerb. Ersatzvermächtnisnehmer möch-

20 Vgl. BFH RNotZ 2019, 560.

21 Vgl. den Wortlaut von § 13 Abs. 1 Nr. 4c ErbStG, der auch den Erwerb eines Miteigentumsanteils genügen lässt.

22 Anders zu beurteilen und damit zu vermeiden ist freilich die Annahme des Vermächtnisses und der spätere Verzicht auf die Erfüllung. Hierin liegt eine steuerpflichtige Schenkung an den Beschwerten, vgl. *Roth/Maulbetsch/Schulte*, Vermächtnisrecht, 2013, § 17 Rn 97.

ten wir heute nicht benennen. Schlägt unsere Tochter das Vermächtnis aus, was ihr freisteht, hat dies keinen Einfluss auf die Schlusserbfolge.

Schädlich für den Freibetrag gem. § 13 Abs. 1 Nr. 4b ErbStG wäre in jedem Fall ein Nieß- 44
brauch zugunsten des überlebenden Ehegatten, weil dieser das Kind gerade an der Eigennutzung hindert. Umgekehrt stünde dem überlebenden Ehegatten für den Nießbrauch auch nicht der Freibetrag des § 13 Abs. 1 Nr. 4b ErbStG zur Verfügung. Nur die Erlangung des Eigentums/Miteigentums am Familienheim ist jeweils steuerlich begünstigt, worauf schon der Wortlaut der Norm hinweist.

D. Erbeinsetzung im Ehegattentestament

I. Gegenseitige Erbeinsetzung

Im Rahmen der **Einheitslösung** setzen sich die Ehegatten zunächst für den ersten Todesfall 45
gegenseitig zu alleinigen Vollerben ein. Hierdurch treten folgende Effekte ein:

- Der überlebende Ehegatte wird alleiniger Inhaber/Eigentümer des gesamten ehelichen Vermögens.
- Der überlebende Ehegatte kann grundsätzlich uneingeschränkt über die Vermögensgegenstände verfügen (§ 2286 BGB). Schranken bilden nur die §§ 2287 ff. BGB, soweit eine bindende Schlusserbeneinsetzung getroffen wurde.
- Andere Personen, etwa gemeinsame Abkömmlinge, sind von der Erbfolge ausgeschlossen.
- Ihnen steht ein Pflichtteil zu.
- Eine Erbengemeinschaft zwischen dem überlebenden Ehegatten und den gemeinsamen Abkömmlingen, die bei der gesetzlichen Erbfolge eintreten würde (§§ 1924, 1931 BGB), wird vermieden.
- Die Anordnung einer Testamentsvollstreckung ist regelmäßig entbehrlich, soweit nicht die Annahme besteht, dass der überlebende Ehepartner aufgrund fortgeschrittenen Alters und/oder Krankheit nicht oder nur schwer in der Lage ist, ein (größeres) Vermögen zu verwalten. Der Testamentsvollstrecker kann durch entsprechende Anweisungen im Testament verpflichtet werden, den überlebenden Ehepartner bestmöglich zur Versorgung finanziell auszustatten.
- Freibeträge zugunsten anderer Personen als den als Alleinerben eingesetzten Ehepartner gehen verloren (siehe hierzu Rdn 19 ff.).

Die gegenseitige Einsetzung zu Vollerben lässt sich durch einheitliche Formulierung (vgl. 46
bereits Rdn 10) oder durch gleichlautende Verfügungen beider Ehegatten (vgl. bereits Rdn 13) erreichen. Das Ergebnis lässt sich zudem nicht nur durch **gemeinschaftliches Testament** erreichen, sondern auch durch zwei **gleichlautende Einzeltestamente**. In diesem Fall fehlt es jedoch an der Bindungswirkung des § 2270 BGB. Auch ein Erbvertrag unter den Ehegatten ist denkbar (hierzu Rdn 3; siehe ferner § 24).

Praxistipp 47
Um sicherzustellen, dass nicht doch eine Vor- und Nacherbfolge angenommen wird, sollte bei der Einheitslösung der Begriff „Vollerbe" verwendet werden. Der Begriff „Alleinerbe" soll nicht ausreichen, weil er nur den Unterschied zu mehreren Erben kennzeichne. Im Übrigen stehen sämtliche erbrechtlichen Instrumente des Einzeltestaments zur Verfügung.

23.8 **Muster 23.8: Gegenseitige Einsetzung zu Vollerben in gemeinsamer Formulierung**

48 Wir, die Ehegatten und , setzen uns zu alleinigen, unbeschränkten und ausschließlichen Vollerben ein.

49 Alternativ könnte bei getrennter Formulierung wie folgt verfügt werden:

23.9 **Muster 23.9: Erbeinsetzung des anderen Ehegatten zum Vollerben**

Ich, der Ehemann, , setzte hiermit meine Ehefrau, , zu meiner alleinigen und ausschließlichen Erbin ein.

II. Ersatz- und Schlusserbeneinsetzung

50 Mit der gegenseitigen Erbeinsetzung ist nur der erste Todesfall geregelt. Ehegatten haben regelmäßig das Bedürfnis, auch Verfügungen für den **zweiten Todesfall** zu treffen. Typischerweise werden insoweit die gemeinsamen Kinder/Abkömmlinge eingesetzt. Für den zweiten Todesfall ist somit faktisch eine **Schlusserbeneinsetzung** zu regeln, die zugleich eine **Ersatzerbeneinsetzung** für den Fall darstellt, dass der zunächst bedachte Ehegatte vorher und/oder gleichzeitig mit dem anderen Ehepartner verstirbt. Auch insoweit stehen sämtliche Instrumentarien des Einzeltestaments zur Verfügung (siehe § 22 Rdn 1 ff.). Bei mehreren Bedachten ist insbesondere darauf zu achten, mit welchen Erbquoten sie eingesetzt sind. Allgemeine Formulierungen wie „unsere Kinder" sind zu vermeiden, vor allem, wenn es nicht nur gemeinschaftliche Kinder gibt. In den Fällen sog. „Patchwork-Familien" oder in der Geschiedenenkonstellation sind ohnehin Besonderheiten zu beachten (siehe ausführlich zum Ganzen § 25 Rdn 1 ff.).

51 **Praxistipp**
Bewährt hat sich eine Schlusserbeneinsetzung, die auf die „gemeinsamen Abkömmlinge nach den Regeln der gesetzlichen Erbfolge" abstellt. Dies hat den Vorzug, dass automatisch mehrere Ersatzerben mitbedacht sind. Da jedoch notarielle Verfügungen von Todes wegen das Erfordernis eines Erbscheins dann entbehrlich machen (§ 35 GBO), wenn die Erbfolge aus dem Testament hinreichend klar hervorgeht, sollten auch diejenigen Bedachten, die bereits vorhanden sind, darüber hinaus namentlich benannt werden.

23.10 **Muster 23.10: Schlusserbeneinsetzung der gemeinsamen Abkömmlinge nach den Regeln der gesetzlichen Erbfolge**

52 Als Schluss- und Ersatzerben bestimmt ein jeder von uns unsere gemeinsamen Abkömmlinge nach den Regeln der gesetzlichen Erbfolge, derzeit also unsere beiden Kinder und , zu Erben zu gleichen Teilen.

53 Auch **andere Personen** als die gemeinsamen Abkömmlinge kommen freilich als Schluss- und Ersatzerben in Betracht.

23.11 **Muster 23.11: Schlusserbeneinsetzung anderer Personen als gemeinsame Kinder**

54 Als Schluss- und Ersatzerben bestimmt ein jeder von uns die Nichte der Ehefrau, , und den Neffen des Ehemanns, , zu Erben zu gleichen Teilen; ersatzweise soll Anwachsung unter ihnen eintreten.

55 Freilich ist spätestens bei der Schlusserbeneinsetzung die Frage der **Wechselbezüglichkeit** und damit der **Bindungswirkung** in den Blick zu nehmen (vgl. hierzu ausführlich Rdn 110 ff.).

56 Der Blick des Vertragsgestalters sollte jedoch über die Abkömmlinge hinaus gerichtet sein. Es ist durchaus denkbar, dass **Ehegatten mit ihren gemeinsamen Kindern gleichzeitig**

oder jedenfalls **aufgrund desselben Ereignisses versterben**. In diesem Fall sind weitere Ersatzerben zu bestimmen. Besonders misslich wäre die Lage, wenn das Vermögen im Wesentlichen von einem Ehegatten bzw. dessen Familie stammt, aufgrund (unglücklicher) Sterbereihenfolge jedoch der andere Ehepartner der Letztversterbende ist und somit das gesamte Vermögen der einen Familie an die gesetzlichen Erben des anderen Ehegatten geht (zur Katastrophenklausel siehe bereits Rdn 31).

Muster 23.12: Ersatzschlusserbeneinsetzung eines Familienstamms 23.12

Als Schluss- und Ersatzerben bestimmt ein jeder von uns unsere gemeinsamen Abkömmlinge nach den 57
Regeln der gesetzlichen Erbfolge, derzeit also unsere beiden Kinder und , zu Erben zu gleichen Teilen. Kann oder will kein gemeinsamer Abkömmling von uns Erbe werden, sollen die Verwandten der Ehefrau nach den Regeln der gesetzlichen Erbfolge zu Erben berufen sein. Die Verwandten des Ehemanns sollen in keinem Fall Erben werden.

Denkbar ist auch eine quotale Erbeinsetzung **beider Familienstämme**, wenn das Vermögen 58
im Wesentlichen während der Ehe erwirtschaftet wurde oder aus sonstigen Gründen diesen zu gleichen Teilen/in einer entsprechenden Quote zufallen soll.

Muster 23.13: Ersatzschlusserbeneinsetzung beider Familienstämme 23.13

Als Schluss- und Ersatzerben bestimmt ein jeder von uns unsere gemeinsamen Abkömmlinge nach den 59
Regeln der gesetzlichen Erbfolge, derzeit also unsere beiden Kinder und , zu Erben zu gleichen Teilen. Kann oder will kein gemeinsamer Abkömmling von uns Erbe werden, sollen die Verwandten der Ehefrau zur einen Hälfte, untereinander nach den Regeln der gesetzlichen Erbfolge, sowie die Verwandten des Ehemanns zur anderen Hälfte, untereinander nach den Regeln der gesetzlichen Erbfolge, zu Erben berufen sein.

III. Unmittelbare Einsetzung der Kinder/Enkelkinder

Vor allem im Rahmen der sog. **Nießbrauchslösung** (hierzu ausführlich Rdn 30) werden 60
anders als bei der Einheits- und Trennungslösung regelmäßig die Kinder unmittelbar beim ersten Erbfall zu Erben eingesetzt. Dies kann in der Weise geschehen, dass nur sie allein erben oder in Erbengemeinschaft gemeinsam mit dem überlebenden Ehegatten. Um diesen abzusichern, bedarf es regelmäßig eines **Nießbrauchsvermächtnisses**, wonach zwar erbrechtlich die Substanz durch Erbeinsetzung bereits an die nächste Generation gelangt, dem überlebenden Ehegatten jedoch die Erträge und die Nutzungen zustehen. Denkbar ist ein Nießbrauchsvermächtnis am gesamten Nachlass (nicht zu verwechseln mit einem Nießbrauch am Erbanteil, der nur ein Forderungsrecht, also den Nießbrauch an einem Recht, darstellt[23]) oder an einzelnen Nachlassgegenständen wie Immobilien. Erbschaftsteuerlich wird die Substanz bei den Erben berücksichtigt, wobei der Wert des Nießbrauchs kapitalisiert gem. § 14 BewG[24] in Abzug gebracht wird. Der überlebende Ehegatte erhält wiederum erbschaftsteuerlich nur den Wert des Nießbrauchs. Das Familienheimprivileg steht ihm jedoch nicht zur Verfügung (vgl. bereits Rdn 44).

Daneben ist dem Ehegatten ferner ein **Hausratsvermächtnis** im Wege eines Vermächtnisses 61
zuzuwenden, wenn man den Nießbrauch im Wesentlichen auf Immobilien beschränkt. Auch Bargeld/Wertpapiere könnten und sollten (in gewissem Umfang) vermächtnisweise zugewandt werden.

23 Hierzu BeckOK BGB/*Reischl*, § 1089 Rn 1.

24 Der Kapitalwert wird hierbei ermittelt mithilfe des Vervielfältigers im entsprechenden BMF-Schreiben, zuletzt BMF-Schreiben v. 9.12.2024, vgl. Fn 8.

23.14 **Muster 23.14: Unmittelbare Erbeinsetzung der Kinder mit Nießbrauch an Geldvermögen und Hausrat für den Ehegatten**

62 Ein jeder von uns bestimmt unsere gemeinsamen Abkömmlinge nach den Regeln der gesetzlichen Erbfolge, derzeit also unsere beiden Kinder und , zu Erben zu gleichen Teilen. Der Überlebende von uns erhält vermächtnisweise den gesamten Hausrat und alle persönlichen Gegenstände einschließlich Schmuck und Uhren des Erstversterbenden von uns, einschließlich des Pkw. Der Überlebende von uns erhält ferner vermächtnisweise das gesamte Geldvermögen (verstanden als Bargeld, Konto- und Depotguthaben aller Art sowie Edelmetalle). Die Vermächtnisse sind innerhalb von sechs Monaten nach dem Tod des Erstversterbenden zu erfüllen. Alle Kosten und Steuern der Vermächtniserfüllung trägt der Bedachte.

63 Bei der Ausgestaltung des Nießbrauchs ist zu bedenken, dass gemäß der gesetzlichen Regelung sämtliche laufenden Kosten beim Nießbraucher liegen (vgl. § 1047 BGB). Außergewöhnliche Aufwendungen sind nach dem Gesetz weder dem Nießbraucher noch dem Eigentümer, der kraft des Nießbrauchs nur zur Duldung verpflichtet ist, auferlegt. Zwischen dem **Nießbrauchsberechtigten** und dem **Eigentümer** besteht ein **gesetzliches Schuldverhältnis**, das seine Ausgestaltung mangels abweichender Vereinbarungen in den §§ 1030 ff. BGB findet. Im Ergebnis gewährt der Nießbrauch dem Nießbraucher das Recht, den Gegenstand des Nießbrauchs in Besitz zu nehmen und zu verwalten. Zudem stehen ihm die Nutzungen (Eigennutzung oder Erträge) zu.

64 Jedenfalls soweit **vermietete Immobilien** Gegenstand eines Nießbrauchsvermächtnisses sind, empfiehlt es sich, von der gesetzlichen Kostentragungspflicht (laufende Kosten sind beim Nießbraucher, außergewöhnliche Aufwendungen sind nicht klar geregelt; insoweit besteht die in Rdn 63 beschriebene Pattsituation zwischen Nießbraucher und Eigentümer) abzuweichen und eine Anordnung im Testament zu treffen. Ertragsteuerlich gilt nämlich, dass Ausgaben als Werbungskosten nur absetzen kann, wer damit korrespondierend auch die Einnahmen zu versteuern hat (vgl. § 9 Abs. 1 S. 1 EStG, wonach Werbungskosten Aufwendungen zur Erwerbung, Sicherung und Erhaltung von Einnahmen sind).[25] Regelmäßig wird daher abweichend formuliert. Dem Nießbraucher werden sämtliche Kosten, auch die außergewöhnlichen Aufwendungen (wozu z.B. Sonderumlagen in Wohnungseigentümergemeinschaften zählen), auferlegt, damit es keinen Werbungskostenleerlauf gibt. Es könnte wie folgt formuliert werden:

23.15 **Muster 23.15: Nießbrauch an einer Immobilie mit vom Gesetz abweichender Formulierung in Bezug auf die Kostentragung**

65 Im Wege eines Vermächtnisses erhält das Recht, sich auf Lebenszeit den unentgeltlichen Nießbrauch meiner Eigentumswohnung in , -Straße, vorgetragen im Grundbuch des Amtsgerichts von , Blatt , einzuräumen. Der Nießbrauch ist in diesem Fall in der Weise einzuräumen, dass der Nießbraucher für die Dauer des Nießbrauchs alle mit dem Nießbrauchsgegenstand verbundenen privaten und öffentlichen Aufwendungen und Lasten sowie die außergewöhnlichen und zur Substanzerhaltung erforderlichen Ausbesserungen und Erneuerungen zu tragen hat. Im Übrigen gelten für den Nießbrauch die gesetzlichen Bestimmungen. Der Nießbraucher hat etwaige grundpfandrechtlich gesicherte Verbindlichkeiten am jeweiligen Grundbesitz zur alleinigen Tilgung und Verzinsung zu übernehmen. Der Nießbrauch ist auf Verlangen des Berechtigten dinglich zu sichern.

66 Der Nießbrauch gewährt dem überlebenden Ehegatten **nur die Nutzungen**. Auch eine Eintragung des Nießbrauchs im Grundbuch schützt ihn somit nicht vor Verfügungen des Eigentümers, also regelmäßig der Kinder. In der Praxis haben sich insoweit **bedingte Erwerbsrechte** für den überlebenden Ehegatten bewährt, deren Tatbestände denen bei den

25 Instruktiv auch FG Hamburg BeckRS 2017, 94342.

Rückforderungsrechten im Rahmen der vorweggenommenen Erbfolge vergleichbar ausgestaltet sind (Vorversterben eines Kindes vor dem überlebenden Ehegatten/Verfügungen eines Kindes, Vermögensverfall oder gar Insolvenz eines Kindes/Einbeziehung der Immobilie in Zugewinnausgleichsansprüche bei einer Scheidung des Kindes etc.; siehe hierzu auch Rdn 94). Sie können – nach dem Erbfall – durch Vormerkung im Grundbuch gesichert werden und bieten daher einen echten Verfügungsschutz.

Muster 23.16: Bedingte Erwerbsrechte für den überlebenden Ehegatten 23.16

Der überlebende Ehegatte kann sich einen bedingten Anspruch auf Rückübertragung des vermachten Gegenstands vorbehalten für den Fall 67

- der Verfügung des Vermächtnisnehmers über den Vermächtnisgegenstand zu Lebzeiten des Längerlebenden ohne seine vorherige Zustimmung,
- des Vorversterbens des Vermächtnisnehmers vor dem Tod des Längerlebenden,
- der Zwangsvollstreckung in den Vermächtnisgegenstand, ohne dass die Maßnahme innerhalb von drei Monaten wieder aufgehoben worden ist,
- der Insolvenz des Vermächtnisnehmers oder der Ablehnung der Eröffnung eines solchen Verfahrens mangels Masse,
- der Ehescheidung des Vermächtnisnehmers, es sei denn, es bestehen keine Zugewinnausgleichsansprüche bezüglich des Vertragsgegenstands oder daraus resultierender Wertsteigerungen.

Der Längerlebende ist befugt, sich zur Sicherung des bedingten Übertragungsanspruchs bei Grundbesitz eine Auflassungsvormerkung an nachstoffener Rangstelle im Grundbuch auf eigene Kosten eintragen zu lassen.

Nießbrauch und Vormerkung sollten im Rahmen der Vermächtniserfüllung nicht nur bestellt werden (erforderlich ist gem. § 873 Abs. 1 BGB die Einigung zwischen dem Erben und dem Berechtigten und die jeweilige Eintragung im Grundbuch), sondern auch **grundbuchlich abgesichert** werden. Um dies für den überlebenden Ehegatten verfahrensmäßig zu erleichtern, ist es üblich, ihn jedenfalls insoweit (vgl. zu Anwendungsfällen und Sinnhaftigkeit einer Testamentsvollstreckung im Übrigen im Ehegattentestament ausführlich Rdn 105 ff.) – also beschränkt auf den Aufgabenkreis der **Vermächtniserfüllung an sich selbst** – zum **Testamentsvollstrecker** zu ernennen. Die Erfüllung der Vermächtnisse erfolgt somit gleichsam im Wege der „Selbstbedienung“. Eine derartige Testamentsvollstreckung kann für alle Vermächtnisse angeordnet werden. 68

Muster 23.17: Testamentsvollstreckung zur Vermächtniserfüllung 23.17

Zur Erfüllung des in Ziff. ausgesetzten Vermächtnisses ordnet ein jeder von uns Testamentsvollstreckung in der Form der Vermächtnisvollstreckung an. Zum Testamentsvollstrecker benennt ein jeder von uns den Längstlebenden, ersatzweise . Der Testamentsvollstrecker ist von den gesetzlichen Beschränkungen befreit und in der Eingehung von Verbindlichkeiten für den Nachlass nicht beschränkt. Er ist namentlich von den Beschränkungen des § 181 BGB befreit. Der Testamentsvollstrecker erhält keine Vergütung und keinen Ersatz seiner Auslagen. 69

IV. Vor- und Nacherbfolge

Gleichsam das Gegenmodell zur Einheitslösung stellt die **Trennungslösung** dar, die konstruktiv über eine Vor- und Nacherbschaft umgesetzt wird. Bei ihr wird der überlebende Ehegatte lediglich (in der Regel befreiter) Vorerbe. Die Abkömmlinge der Ehegatten, in selteneren Fällen auch Dritte, werden als Nacherben eingesetzt. Die Vermögensmassen des überlebenden und des erstversterbenden Ehegatten verschmelzen nicht zu einer Einheit. Zu unterscheiden sind das Eigenvermögen des überlebenden Ehegatten und das Vermögen, 70 das ihm als Vorerben zusteht. Diese sind getrennt voneinander (Trennungslösung). Neben dem ohnehin ihm gehörenden Vermögen erhält der überlebende Ehegatte das Vermögen des erstversterbenden Ehegatten als gesondertes Vermögen.

71 Im Rahmen der Beratung zur Testamentserrichtung ist zu klären, ob der überlebende Ehegatte von den **gesetzlichen Beschränkungen befreit** sein soll, von denen Befreiung erteilt werden kann (vgl. § 2136 Abs. 2 BGB). Gem. § 2136 BGB kann der Erblasser den Vorerben von folgenden Beschränkungen und Verpflichtungen befreien:

- § 2113 Abs. 1 BGB (Verbot, über Grundstücke oder Rechte an einem Grundstück bzw. Schiff zu verfügen, soweit die Verfügung je das Recht des Nacherben beeinträchtigen würde); bekanntlich ist eine Befreiung von den Beschränkungen des § 2113 Abs. 2 BGB (Verbot, unentgeltlich über Nachlassgegenstände zu verfügen) ausgeschlossen
- § 2114 BGB (Verfügungen über Hypothekenforderungen, Grund- oder Rentenschulden)
- §§ 2116–2119 BGB (Hinterlegungspflicht bestimmter Wertpapiere)
- § 2123 BGB (Aufstellen eines Wirtschaftsplans)
- §§ 2127–2131 BGB (Auskunftsrecht des Nacherben; Sicherheitsleistung; Wirkung einer Entziehung der Verwaltung)
- § 2133 BGB (Verbot der ordnungswidrigen oder übermäßigen Fruchtziehung)
- § 2134 BGB (Eigennützige Verwendung)

72 Für eine umfassende Befreiung könnte wie folgt formuliert werden:

Muster 23.18: Umfassende Befreiung des Vorerben

Von den gesetzlichen Beschränkungen und Verpflichtungen ist mein Ehegatte ______ als Vorerbe im weitestmöglichen Umfang befreit.

73 Allenfalls wenn keine eigenen Abkömmlinge vorhanden sind, sondern nur entferntere Verwandte als Nacherben eingesetzt werden, kann von einer **konkludenten Befreiung** ausgegangen werden.[26] Gleiches gilt, wenn die Nacherben nur auf den Überrest gem. § 2137 BGB eingesetzt sind.[27] Der Testamentsgestalter sollte sich auf eine derartige Auslegung durch die Rechtsprechung indes nicht verlassen und etwaige Befreiungen klar regeln. Auch soweit solche nicht gewünscht sind, sollte dies formuliert sein. Es sind sogar weitergehende als vordergründig nach dem Gesetz mögliche Befreiungen denkbar, wenn etwa die Nacherbschaft unter eine auflösende Bedingung gestellt wird (hierzu ausführlich § 25 Rdn 22 ff.).

74 In der Regel geht es (nur) um die Frage, ob es dem überlebenden Ehegatten gestattet sein soll, im Nachlass des Erstversterbenden befindlichen **Grundbesitz** oder Miteigentumsanteile hieran **entgeltlich veräußern** zu können. Dies würde es ihm gestatten, auch über die Substanz zu verfügen. Zu beachten ist indes, dass sich die Rechte des Nacherben am Veräußerungserlös als dem Surrogat fortsetzen. Der befreite Vorerbe kann somit zwar über Nachlassgegenstände wie z.B. Grundbesitz verfügen, jedoch fällt der Kaufpreis als Surrogat genauso wie bei einer nicht befreiten Vorerbschaft in den Nachlass. Die Surrogation kann vom Erblasser auch nicht ausgeschlossen werden.[28]

---

26 In diesem Sinne OLG Naumburg BeckRS 2014, 5589; instruktiv ferner BayObLG BeckRS 2004, 5044.

27 BeckOK BGB/*Litzenburger*, § 2113 Rn 12.

28 BeckOK BGB/*Lieder*, § 2111 Rn 4 ff.

Muster 23.19: Überlebender Ehegatte als (befreiter) Vorerbe 23.19

Ein jeder von uns bestimmt den jeweils anderen zum alleinigen und ausschließlichen Erben. Ersatzerben 75
sollen unsere gemeinsamen Abkömmlinge nach den Regeln der gesetzlichen Erbfolge sein, derzeit also unsere beiden Kinder und .

Der jeweils Überlebende von uns soll jedoch nur Vorerbe sein. Er ist von allen Beschränkungen und Verpflichtungen befreit, von denen Befreiung erteilt werden kann. Nacherben sind jeweils unsere gemeinsamen Kinder und , ersatzweise deren Abkömmlinge nach den Regeln der gesetzlichen Erbfolge, wiederum ersatzweise soll Anwachsung unter den Abkömmlingen eintreten. Der jeweilige Nacherbfall tritt ein mit Tod des betreffenden Vorerben. Das Anwartschaftsrecht des Nacherben ist nicht vererblich und nicht übertragbar, mit Ausnahme der Übertragung an den Vorerben. Wird das Anwartschaftsrecht auf den Vorerben übertragen, entfällt jede ausdrückliche oder stillschweigende Ersatznacherbeneinsetzung.

Da bei der Trennungslösung die Nacherben das Vermögen des erstversterbenden Ehegatten 76
zivilrechtlich letztlich von ihm erben (erbschaftsteuerlich liegt freilich mit § 6 Abs. 1 ErbStG ein weiterer Erbfall vor mit der Maßgabe, dass ein **Wahlrecht** besteht, nach welchem **Verwandtschaftsverhältnis**, also nach dem des Erst- oder des Zweitversterbenden, die Besteuerung erfolgen soll, vgl. § 6 Abs. 2 ErbStG), sind Regelungen insoweit nach dem Tod des Letztversterbenden nicht veranlasst. Dieser muss somit nur noch Verfügungen für den Teil des Nachlasses treffen, der nicht den Bestimmungen der Vor- und Nacherbfolge unterliegt.

Denkbar ist es, dass auch für den **zweiten Todesfall** wiederum nur eine Vor- und Nacherb- 77
folge angeordnet wird, indem etwa die gemeinsamen Kinder zu Vorerben bestimmt und deren Kinder als Nacherben eingesetzt werden. Soweit die Vermögen beider Ehegatten jedenfalls auf Ebene der Enkelkinder wieder vereint werden sollen, wäre für den ersten Erbfall eine sog. **doppelte Nacherbschaft** anzuordnen, wonach die als Nacherben nach dem erstversterbenden Ehegatten eingesetzten Kinder ihrerseits nur Vorerben sind. Nacherben sind (am Ende) somit in allen Fällen die Enkelkinder.

Praxistipp 78
In Standardberatungssituationen bei Ehegattentestamenten ist eine Vor- und Nacherbfolge regelmäßig nicht angezeigt. Sie führt zu weitgehenden Bindungen, die meist – nach entsprechender Beratung über die Folgen – jedenfalls dann nicht gewollt sind, wenn Schlusserben die gemeinsamen Kinder sind. Anders mag es freilich in Patchworkkonstellationen sein (vgl. hierzu ausführlich § 25 Rdn 10 ff.).

Soweit man sich für die Trennungslösung entscheidet, ist zu überlegen, ob nicht bspw. der 79
Hausrat und der Pkw im Wege des **Vorausvermächtnisses** ausgenommen werden (vgl. Muster Rdn 80). Denkbar ist es auch, die Vor- und Nacherbschaft faktisch auf den im Nachlass befindlichen Grundbesitz zu beschränken, indem alle übrigen Nachlassgegenstände und vor allem das Barvermögen von den Beschränkungen der Vor- und Nacherbfolge ausgenommen werden (vgl. Muster Rdn 80).

Muster 23.20: Beschränkung der Vor- und Nacherbfolge auf (bestimmten) Grundbesitz 23.20

Meine Ehefrau erhält im Wege des Vorausvermächtnisses, das somit nicht den Bindungen und 80
Verpflichtungen der Vor- und Nacherbschaft unterfällt, den gesamten im Nachlass befindlichen Hausrat sowie den bei meinem Tod mir gehörenden Pkw zum Alleineigentum, sonstigen mir gehörenden Grundbesitz, insbesondere den Grundbesitz , vorgetragen im Grundbuch des Amtsgerichts von , Blatt , sowie alles Geldvermögen (Bargeld, Konto- und Depotguthaben aller Art) und weitere Nachlassgegenstände. Im Ergebnis soll somit der Vor- und Nacherbschaft nur das Einfamilienhaus , vorgetragen im Grundbuch des Amtsgerichts von , Blatt , unterliegen.

E. Vermächtnisse im Ehegattentestament

I. Allgemeines

81 Vermächtnisse im Ehegattentestament sind vor allem ein Mittel, um abweichend vom klassischen Berliner Testament (siehe hierzu bereits Rdn 5) **steuerliche Optimierungen** vorzunehmen (siehe ausführlich Rdn 19 ff.). Sie können aber im Übrigen geboten sein, weil abweichend von Gesamtvermögensverfügungen einzelne Gegenstände, Forderungen oder Rechte letztwillig verteilt werden sollen. Vermächtnisse können zudem ein Mittel der Wahl sein, um einzelne Personen bewusst nicht zum Mitglied einer Erbengemeinschaft werden zu lassen. Dem Vermächtnisnehmer steht nämlich bekanntlich (nur) ein **Forderungsrecht** gegen den/die Erben zu (§ 2174 Abs. 1 BGB). Schließlich eröffnen Vermächtnisse im Ehegattentestament auch weiteren steuerlichen Handlungsspielraum: Soweit Einvernehmen zwischen dem überlebenden Ehegatten und dem Vermächtnisnehmer besteht, kann ein Vermächtnis vergleichsweise einfach, und zwar durch formlose Erklärung gegenüber dem/den Erben, ausgeschlagen werden. Somit kann es auch ein probates Gestaltungsmittel steuerlicher Art sein, weil dem Grunde nach (mehrere) Vermächtnisse ausgelobt werden können, sodann jedoch die Geltendmachung einvernehmlich zwischen überlebendem Ehegatten und Vermächtnisnehmer nach steuerlicher Beratung nach dem Tod des Erstversterbenden erfolgt oder eben bewusst unterbleibt (z.B. in Bezug auf das Familienheim, siehe Rdn 43).

82 Vermächtnisse begründen nur einen **Anspruch** (§ 2174 Abs. 1 BGB). Sie sind auch zu **erfüllen**. Soweit Grundbesitz vermacht ist, ist das Vermächtnis zu notarieller Urkunde zu erfüllen (§§ 873 Abs. 1, 925 Abs. 1 BGB). Dingliche Rechte, wie ein Nießbrauch, eine Reallast oder eine Vormerkung, müssen zur Eintragung in das Grundbuch bewilligt und beantragt werden (§ 873 Abs. 1 BGB). Die Bewilligung bedarf jedenfalls der notariellen Beglaubigung der Unterschrift des Erben oder des Testamentsvollstreckers (§ 29 GBO). Zur Erleichterung der Erfüllung der Vermächtnisse kann der Vermächtnisnehmer – auch beschränkt auf den Aufgabenkreis der Vermächtniserfüllung – zum Testamentsvollstrecker ernannt werden (siehe hierzu Rdn 69 mit Muster).

83 In Bezug auf die **Notargebühren** sieht das GNotKG ein Gebührenprivileg für die Vermächtniserfüllung für den Fall vor, dass das Vermächtnis zu notarieller Urkunde, also in einem öffentlichen Testament oder in einem Erbvertrag, verfügt wurde. Während die Vermächtniserfüllung üblicherweise als „Erfüllungsvertrag“ eine 2,0-Gebühr auslöst (KV 21100 GNotKG), besteht in den genannten Fällen das Privileg der KV 21102 Nr. 1 GNotKG, sodass nur eine 1,0-Gebühr zu erheben ist. Die Gebühren halbieren sich demnach.

II. Geldvermächtnis

84 Denkbar sind insbesondere Geldvermächtnisse. Bei Geldvermächtnissen sollte der Testamentsgestalter die Fragen in den Blick nehmen,
- ob es sich um einen absolut bezifferten Geldbetrag handelt,
- ob dieser der Wertsicherung unterliegt, also die nominelle Höhe an die Entwicklung des Verbraucherpreisindex für Deutschland gekoppelt wird,
- ob die Höhe des Vermächtnisses sich auf einen gewissen Prozentsatz des vorhandenen Geldvermögens bezieht oder schließlich

- ob Vermächtnisse, die in bestimmter Höhe ausgelobt sind, entfallen oder reduziert werden, wenn sich kein entsprechend hohes Geldvermögen mehr im Nachlass befindet,
- wann das Vermächtnis fällig ist (siehe hierzu Rdn 91).

Muster 23.21: Geldvermächtnis, nicht wertgesichert

Meine Erbin beschwere ich mit folgenden Vermächtnissen: Meine Kinder und erhalten je 85
einen Geldbetrag in Höhe von 400.000 EUR. Dieser Betrag soll nicht wertgesichert sein. Jedes Vermächtnis ist innerhalb von sechs Monaten nach meinem Tod zu erfüllen. Sämtliche Kosten und Steuern der Vermächtniserfüllung trägt jeder Vermächtnisnehmer für das ihm Zugewandte. Ersatzvermächtnisnehmer bestimme ich nicht.

Muster 23.22: Geldvermächtnis, wertgesichert

Meine Erbin beschwere ich mit folgenden Vermächtnissen: Meine Kinder und erhalten je 86
einen Geldbetrag in Höhe von 400.000 EUR. Dieser Betrag soll wertgesichert sein. Er erhöht oder vermindert sich im selben Umfang, wie sich der Verbraucherpreisindex für Deutschland ändert. Zu vergleichen ist der Indexstand im Monat der Beurkundung mit dem Indexstand im Monat meines Todes. Jedes Vermächtnis ist innerhalb von sechs Monaten nach meinem Tod zu erfüllen. Sämtliche Kosten und Steuern der Vermächtniserfüllung trägt jeder Vermächtnisnehmer für das ihm Zugewandte. Ersatzvermächtnisnehmer bestimme ich nicht.

Muster 23.23: Geldvermächtnis in Höhe des Erbschaftsteuerfreibetrags

Meine Erbin beschwere ich mit folgenden Vermächtnissen: Meine Kinder und erhalten je 87
einen Geldbetrag in Höhe des für Kinder geltenden Freibetrags der Erbschaftsteuer, derzeit also je einen Betrag in Höhe von 400.000 EUR. Dieser Betrag soll nicht (gesondert) wertgesichert sein. Jedes Vermächtnis ist innerhalb von sechs Monaten nach meinem Tod zu erfüllen. Sämtliche Kosten und Steuern der Vermächtniserfüllung trägt jeder Vermächtnisnehmer für das ihm Zugewandte. Ersatzvermächtnisnehmer bestimme ich nicht.

Muster 23.24: Geldvermächtnis in Höhe des Erbschaftsteuerfreibetrags unter Berücksichtigung des noch zur Verfügung stehenden Freibetrags des Überlebenden

Unseren Erben beschwert ein jeder von uns mit folgenden Vermächtnissen: Unsere Kinder und 88
 erhalten jeweils Vermögenswerte maximal in Höhe des beim Tod des Erstversterbenden von uns geltenden Steuerfreibetrags des Erbschaft- und Schenkungsteuergesetzes (derzeit in Höhe von 400.000 EUR), insbesondere für den Fall, dass der jeweilige Nachlass den zum Erbfall geltenden und noch nicht aufgebrauchten Steuerfreibetrag nach dem Erbschaft- und Schenkungsteuergesetz des überlebenden Ehegatten übersteigt. Jedes Vermächtnis ist innerhalb von sechs Monaten nach unserem Tod zu erfüllen. Sämtliche Kosten und Steuern der Vermächtniserfüllung trägt jeder Vermächtnisnehmer für das ihm Zugewandte. Ersatzvermächtnisnehmer bestimmen wir nicht.

Muster 23.25: Geldvermächtnis in Bezug auf Kontoguthaben

Meine Erbin beschwere ich mit folgenden Vermächtnissen: Meine Kinder und erhalten 89
zur Mitberechtigung zu gleichen Teilen das gesamte Guthaben auf meinem Konto-Nr. bei der , wie es bei meinem Tod vorhanden ist. Jedes Vermächtnis ist innerhalb von sechs Monaten nach meinem Tod zu erfüllen. Sämtliche Kosten und Steuern der Vermächtniserfüllung trägt jeder Vermächtnisnehmer für das ihm Zugewandte. Ersatzvermächtnisnehmer bestimme ich nicht.

Muster 23.26: Bedingtes Geldvermächtnis abhängig vom Vermögensstand

90 Meine Erbin beschwere ich mit folgenden Vermächtnissen: Meine Kinder ___ und ___ erhalten je einen Geldbetrag in Höhe von ___ % – i.W. ___ Prozent – meines im Zeitpunkt meines Ablebens vorhandenen Geldvermögens (verstanden als Bargeld, Guthaben bei Kreditinstituten und Wertpapieren) – jedoch ausgenommen lebzeitige Verträge zugunsten Dritter auf den Todesfall – nach Abzug der Beerdigungskosten, Verbindlichkeiten aus Pflichtteilsrechten, sonstigen Vermächtnissen und etwaigen sonstigen Nachlassverbindlichkeiten i.S.d. § 1967 BGB. Trotz möglicher Nachweis- und Abgrenzungsschwierigkeiten wird die Niederlegung je eines festen Geldbetrags nicht gewünscht. Jedes Vermächtnis ist innerhalb von sechs Monaten nach meinem Tod zu erfüllen. Sämtliche Kosten und Steuern der Vermächtniserfüllung trägt jeder Vermächtnisnehmer für das ihm Zugewandte. Ersatzvermächtnisnehmer bestimme ich nicht.

Muster 23.27: Geldvermächtnis mit hinausgeschobener Fälligkeit

91 Meine Erbin beschwere ich mit folgenden Vermächtnissen: Meine Kinder ___ und ___ erhalten je einen Geldbetrag in Höhe von 400.000 EUR. Dieser Betrag soll nicht wertgesichert sein. Jedes Vermächtnis fällt mit meinem Tod an. Es ist drei Jahre hiernach fällig. Ab dem zweiten Jahr nach dem Erbfall ist es mit 2,5 % p.a. zu verzinsen. Die Zinsen sind mit der Hauptforderung zu leisten. Sicherheit kann nicht verlangt werden. Jedes Vermächtnis ist innerhalb von sechs Monaten nach meinem Tod zu erfüllen. Sämtliche Kosten und Steuern der Vermächtniserfüllung trägt jeder Vermächtnisnehmer für das ihm Zugewandte. Ersatzvermächtnisnehmer bestimme ich nicht.

92 Im weiteren Sinne zählt zu den Geldvermächtnissen auch die vermächtnisweise **Zuwendung wiederkehrender Zahlungen**, etwa in Form einer Leibrente.

Muster 23.28: Rentenvermächtnis

93 Meine Erbin beschwere ich mit folgendem Vermächtnis: Mein Sohn erhält monatlich auf seine Lebenszeit einen Geldbetrag von ___ EUR. Dieser Betrag soll nicht wertgesichert sein. Eine Sicherung, etwa durch Eintragung einer Reallast an Grundbesitz, kann nicht verlangt werden. Der Betrag ist jeweils bis zum fünften Werktag eines Monats im Voraus auf ein Konto meines Sohnes zu überweisen, erstmals für den Monat, der auf meinen Tod folgt. Sämtliche Kosten und Steuern der Vermächtniserfüllung trägt der Vermächtnisnehmer für das ihm Zugewandte. Einen Ersatzvermächtnisnehmer bestimme ich nicht.

III. Sachvermächtnisse, insbesondere in Bezug auf Grundbesitz

94 Ebenso häufig wie Geldvermächtnisse sind auch Sachvermächtnisse, namentlich in Bezug auf **Grundbesitz**. Besitzen etwa die Eltern mehrere Immobilien, so mag es sich anbieten, zur Ausnutzung der steuerlichen Freibeträge bereits beim Tod des Erstversterbenden vermächtnisweise den Miteigentumsanteil des erstversterbenden Ehegatten den (späteren) Schlusserben zuzuwenden. Derartige Vermächtnisse zugunsten der Kinder und ggf. sogar der Enkelkinder werden häufig mit **Untervermächtnissen** zugunsten des überlebenden Ehegatten kombiniert, wonach diesem weiterhin die Erträge und/oder die Nutzungen (Einräumung eines Nießbrauchs oder eines Wohnungsrechts) zustehen sollen. Denkbar ist auch – ähnlich den Bestimmungen in Übertragungsurkunden im Rahmen der vorweggenommenen Erbfolge –, dem überlebenden Ehegatten ein **bedingtes Erwerbsrecht** einzuräumen, etwa für den Fall,

- dass der Schlusserbe vor ihm verstirbt,
- der Schlusserbe ohne seine Zustimmung über den vermachten Gegenstand zu Lebzeiten verfügt,
- der Schlusserbe in wirtschaftliche Not gerät oder
- der vermachte Gegenstand Zugewinnausgleichsansprüchen bei einer Scheidung des Schlusserben unterliegt.

Muster 23.29: Vermächtnis einer Eigentumswohnung 23.29

Meine Erbin beschwere ich mit folgenden Vermächtnissen: Meine Kinder und erhalten 95
meine Eigentumswohnung in in der -Straße, vorgetragen im Grundbuch des Amtsgerichts für , Blatt , zum Miteigentum zu gleichen Bruchteilen. Sollten sich Teile des vorgenannten Grundbesitzes oder der gesamte Grundbesitz zum Zeitpunkt meines Todes nicht im Nachlass befinden, entfällt das Vermächtnis ersatzlos. Etwa am Grundbesitz abgesicherte, objektbezogene Darlehensverbindlichkeiten sind von den Vermächtnisnehmern zu übernehmen. Jedes Vermächtnis ist innerhalb von sechs Monaten nach meinem Tod zu erfüllen. Sämtliche Kosten und Steuern der Vermächtniserfüllung trägt jeder Vermächtnisnehmer für das ihm Zugewandte. Ersatzvermächtnisnehmer bestimme ich nicht.

Muster 23.30: Untervermächtnisse (Nießbrauch und bedingtes Erwerbsrecht) 23.30

Im Wege eines Untervermächtnisses erhält meine Erbin das Recht, sich auf Lebenszeit den unentgeltlichen 96
Nießbrauch an dem vermachten Grundbesitz einzuräumen. Der Nießbrauch ist in diesem Fall in der Weise einzuräumen, dass der Nießbraucher für die Dauer des Nießbrauchs alle mit dem Nießbrauchsgegenstand verbundenen privaten und öffentlichen Aufwendungen und Lasten sowie die außergewöhnlichen und zur Substanzerhaltung erforderlichen Ausbesserungen und Erneuerungen zu tragen hat. Im Übrigen gelten für den Nießbrauch die gesetzlichen Bestimmungen. Der Nießbraucher hat etwaige grundpfandrechtlich gesicherte Verbindlichkeiten am jeweiligen Grundbesitz zur alleinigen Tilgung und Verzinsung zu übernehmen. Als weiteres Untervermächtnis erhält meine Erbin das Recht, die Übertragung des vermachten Grundbesitzes ganz oder teilweise auf sich zu verlangen, wenn (1) der Vermächtnisnehmer über den Vermächtnisgegenstand zu Lebzeiten meiner Erbin ohne ihre vorherige Zustimmung verfügt, (2) der Vermächtnisnehmer vor meiner Erbin verstirbt, (3) die Zwangsvollstreckung in den Vermächtnisgegenstand angeordnet wird, ohne dass die Maßnahme innerhalb von drei Monaten wieder aufgehoben worden ist, (4) der Vermächtnisnehmer in Insolvenz gerät, (5) die Ehe des Vermächtnisnehmers geschieden wird, es sein denn, es bestehen keine Zugewinnausgleichsansprüche bezüglich des Vermächtnisgegenstands oder daraus resultierender Wertsteigerungen. Die Übertragung hat unentgeltlich zu erfolgen, soweit nicht nachstehend etwas anderes bestimmt ist.

Meine Erbin erhält weiter im Wege des Untervermächtnisses das Recht, sich an dem vermachten Grundbesitz ein bedingtes Erwerbsrecht einzuräumen in der Weise, dass sie dessen unentgeltliche Übertragung auf sich verlangen kann, für den Fall

- der Verfügung des Vermächtnisnehmers über den Vermächtnisgegenstand zu Lebzeiten meiner Erbin ohne ihre vorherige Zustimmung,
- des Vorversterbens des Vermächtnisnehmers vor dem Tod meiner Erbin,
- der Zwangsvollstreckung in den Vermächtnisgegenstand, ohne dass die Maßnahme innerhalb von drei Monaten wieder aufgehoben worden ist,
- der Insolvenz des Vermächtnisnehmers oder der Ablehnung eines Insolvenzverfahrens mangels Masse,
- der Ehescheidung des Vermächtnisnehmers, es sei denn, es bestehen keine Zugewinnausgleichsansprüche bezüglich des Vertragsgegenstands oder daraus resultierender Wertsteigerungen.

Der Nießbrauch und das bedingte Erwerbsrecht sind auf Verlangen der Berechtigten dinglich zu sichern. Im Übrigen hat der Vermächtnisnehmer die etwa am Vermächtnisgegenstand in Abteilung II und III des Grundbuchs eingetragenen Belastungen zur weiteren dinglichen Duldung zu übernehmen. Jedes Untervermächtnis ist innerhalb von sechs Monaten nach meinem Tod zu erfüllen. Sämtliche Kosten und Steuern der Untervermächtniserfüllung trägt die Untervermächtnisnehmerin für das ihr Zugewandte. Einen Ersatzuntervermächtnisnehmer bestimme ich nicht.

23.31

Muster 23.31: Wohnungsrechtsvermächtnis

97 Meine Erben beschwere ich mit folgendem Vermächtnis zugunsten meiner Ehefrau :

Meine Ehefrau erhält auf ihre Lebenszeit das Wohnungsrecht am gesamten Anwesen , bestehend in der alleinigen und ausschließlichen Benutzung des gesamten Anwesens (Gebäude, Garten und Hofraum). Meine Ehefrau kann die Ausübung der Rechte dieses Wohnungsrechts Dritten überlassen *[alternativ:* nicht überlassen*]*. Sie ist insbesondere *[alternativ:* insbesondere nicht*]* zur Vermietung des Grundbesitzes berechtigt. Die laufenden Betriebskosten i.S.d. Betriebskostenverordnung, insbesondere die Kosten für Heizung, Strom, Wasser, Müllabfuhr und Kanal für das dem Wohnungsrecht unterliegende Anwesen sowie die hierauf entfallende Grundsteuer und die Versicherungsprämien hat die Wohnungsberechtigte zu tragen. Schönheitsreparaturen obliegen der Wohnungsberechtigten. Das Wohnungsrecht ist auf Verlangen der Wohnungsberechtigten dinglich im Grundbuch zu sichern. Im Rang und in den Rechten darf lediglich die derzeit eingetragene Grundschuld zugunsten der in Höhe von EUR vorgehen. Sofern der genannte Grundbesitz zum Zeitpunkt meines Todes nicht mehr in meinem Eigentum steht, entfällt vorstehende Vermächtnisanordnung ersatzlos. Das Vermächtnis ist innerhalb von sechs Monaten nach meinem Tod zu erfüllen. Sämtliche Kosten und Steuern der Vermächtniserfüllung trägt meine Ehefrau für das ihr Zugewandte. Ersatzvermächtnisnehmer bestimme ich nicht.

IV. Supervermächtnis

98 Um zu vermeiden, dass sich Ehegatten bei der Anordnung von Vermächtnissen Jahre oder Jahrzehnte vor dem Erbfall auf konkrete Gegenstände oder Geldbeträge festlegen müssen, stehen **Zweckvermächtnis** (§ 2156 BGB) und **Bestimmungsvermächtnis** (§ 2181 BGB) zur Verfügung. Diese Vermächtnisformen finden ihren gestalterischen Höhepunkt im sog. **Supervermächtnis,** das bei Beachtung der zivil- und steuerrechtlichen Rahmenbedingungen (siehe Rdn 26 ff.) ein bewährtes Gestaltungsmittel ist.

23.32

Muster 23.32: Supervermächtnis

99 Wir beschweren uns gegenseitig, der Erstversterbende den Längerlebenden, mit folgendem Zweckvermächtnis gem. §§ 2151 ff., 2156 BGB zugunsten unserer gemeinsamen Abkömmlinge, derzeit also zugunsten unserer Kinder und , als Vermächtnisnehmer.

Zweck des Vermächtnisses (§ 2156 BGB) ist es,
- dem Vermächtnisnehmer eine Abfindung dafür zu gewähren, dass er beim ersten Erbfall lediglich Ersatzerbe ist,
- eine möglichst gerechte und wirtschaftlich sinnvolle Vermögensverteilung zu erreichen und
- der Familie das Ausnutzen der erbschaftsteuerlichen Freibeträge zu ermöglichen.

Dem Längerlebenden von uns steht als dem mit dem Vermächtnis Beschwerten das Bestimmungsrecht zu. Er ist berechtigt,
- die von ihm geschuldete Leistung nach billigem Ermessen zu bestimmen (§ 2156 BGB) sowie festzulegen,
- wer aus dem vorstehend festgelegten Kreis der Vermächtnisnehmer etwas erhält (§ 2151 BGB),
- ob er etwas erhält und was und wann der jeweils Bedachte etwas erhält (§§ 2151, 2156 BGB).

Als Beschwerter kann der Längerlebende bei der Übertragung von Gegenständen auch Ausgleichszahlungen festlegen. Insoweit wird der jeweilige Empfänger mit einem bedingten Untervermächtnis zugunsten des durch die Ausgleichszahlung Begünstigten beschwert. Auch diesbezüglich steht dem Längerlebenden ein Bestimmungsrecht zu. Begünstigter kann nur der Längerlebende selbst oder ein anderer Vermächtnisnehmer sein.

Das Vermächtnis fällt mit dem Tod des Erstversterbenden an. Der Zeitpunkt der Fälligkeit und Erfüllung ist gem. § 2181 BGB in das freie Belieben des Längerlebenden gestellt, jedoch innerhalb eines Zeitraums von vier Jahren nach dem Tod des Erstversterbenden; er kann das Vermächtnis auch durch mehrere, zeitlich auseinanderfallende Einzelleistungen erfüllen. Falls der Längerlebende zum Todeszeitpunkt des Erstversterbenden älter als 80 Jahre ist, ist der zu erfüllende Zeitraum auf zwei Jahre begrenzt.

Der Längerlebende ist befugt, sich einen Nießbrauch an einzelnen oder allen Vermächtnisgegenständen vorzubehalten, bei dem er alle Kosten zu tragen hat. Er kann den Nießbrauch auf eigene Kosten an nächstoffener Rangstelle im Grundbuch zur Eintragung bringen.

Er kann sich auch einen bedingten Anspruch auf Rückübertragung vorbehalten für den Fall
- der Verfügung des Vermächtnisnehmers über den Vermächtnisgegenstand zu Lebzeiten des Längerlebenden ohne seine vorherige Zustimmung,
- des Vorversterbens eines Vermächtnisnehmers vor dem Tod des Längerlebenden,
- der Zwangsvollstreckung in den Vermächtnisgegenstand, ohne dass die Maßnahme innerhalb von drei Monaten wieder aufgehoben worden ist,
- der Insolvenz des Vermächtnisnehmers oder der Ablehnung mangels Masse,
- der Ehescheidung des Vermächtnisnehmers, es sei denn, es bestehen keine Zugewinnausgleichsansprüche bezüglich des Vertragsgegenstands oder daraus resultierender Wertsteigerungen.

Der Längerlebende ist befugt, sich zur Sicherung des bedingten Rückübertragungsanspruchs bei Grundbesitz eine Auflassungsvormerkung an nächstoffener Rangstelle im Grundbuch auf eigene Kosten eintragen zu lassen.

F. Sonstige Verfügungen von Todes wegen

Im Ehegattentestament stehen alle übrigen letztwilligen Verfügungen zur Verfügung wie beim Einzeltestament. Zu denken ist vor allem an Fragen der **Rechtswahl** (hierzu § 24 Rdn 5), **Auflagen** oder die Anordnung der **Testamentsvollstreckung**. 100

I. Auflagen

Als sonstige letztwillige Verfügung von Todes wegen kommen namentlich Auflagen in Betracht, etwa in Bezug auf die **Grabpflege** (siehe dazu auch § 17 Rdn 59 ff.). 101

Muster 23.33: Grabpflegeauflage 23.33

Meinen Erben ___ und ___ mache ich zur Auflage, mein Grab im ___ Friedhof in ___ ortsüblich auf die Dauer von zehn Jahren nach meinem Tod zu pflegen und mit Blumenschmuck auszustatten. 102

Bestattungsverfügungen (siehe dazu auch § 17 Rdn 59 ff.) gehören hingegen nicht (nur) in Ehegattentestamente. Bis diese eröffnet sind, vergehen in der Regel mehrere Wochen. Die Bestattung ist bis dahin längst durchgeführt. In der Praxis wünschen die Beteiligten hingegen oftmals gleichwohl entsprechende Regelungen aufzunehmen. Hiergegen spricht nichts, solange ihnen bewusst ist, dass sie die Personen, die die Bestattung durchführen sollen, zusätzlich entsprechend über die Wünsche informieren. Bei notariellen Urkunden sollte ein Hinweis aufgenommen werden. 103

Muster 23.34: Bestattungsverfügung mit Hinweis 23.34

Ich wünsche eine Seebestattung, nach Möglichkeit in einem Binnengewässer in der Schweiz. Ich werde hierzu noch nähere Verfügungen gesondert treffen. Der Notar hat mir empfohlen, diese Anordnung den Personen, die sich um die Bestattung kümmern sollen, vor meinem Ableben zur Kenntnis zu bringen, weil das Testament erst gewisse Zeit nach meinem Tod vom Amtsgericht eröffnet wird. 104

II. Testamentsvollstreckung

1. Erster Erbfall

105 Eine Testamentsvollstreckung ist in Ehegattentestamenten beim ersten Erbfall in der Regel nicht veranlasst. Dem überlebenden Ehegatten soll nämlich jedenfalls bei der Einheitslösung regelmäßig die volle Verwaltungs- und Verfügungsbefugnis in Bezug auf alle Nachlassgegenstände zustehen. Etwa anders gilt dann, wenn der **überlebende Ehegatte nicht Erbe** wird, sondern ihm nur **Vermächtnisse** zugewandt werden. In diesem Fall bietet sich eine Testamentsvollstreckung zu deren Erfüllung zugunsten des überlebenden Ehegatten an (siehe hierzu Rdn 69 mit Muster). Ferner kann in Betracht kommen, dass der überlebende Ehegatte aufgrund Krankheit, Alters oder wegen der Komplexität der Vermögenssituation – etwa, weil umfangreiche gesellschaftsrechtliche Beteiligungen zum Nachlass gehören – nicht in der Lage ist, die Verwaltung zu übernehmen.

23.35 **Muster 23.35: Testamentsvollstreckung bei beiden Erbfällen**

106 Jeder von uns ordnet für seinen Tod Testamentsvollstreckung in Form der Abwicklungsvollstreckung an.

Zum Testamentsvollstrecker bestimmt ein jeder von uns ____, ersatzweise ____.

Sollte der Testamentsvollstrecker das Amt aus irgendeinem Grund nicht wahrnehmen können oder wollen, so ist er berechtigt, einen ihm (auch fachlich) geeigneten Testamentsvollstrecker zu benennen. Für den Fall, dass der Testamentsvollstrecker das Amt niederlegt, ist er gleichermaßen berechtigt, einen Nachfolger zu benennen. Die Benennung hat je durch Erklärung gegenüber dem zuständigen Nachlassgericht zu erfolgen. Ist dem Testamentsvollstrecker eine Benennung nicht möglich oder nimmt er eine solche nicht vor, soll das zuständige Nachlassgericht einen geeigneten Testamentsvollstrecker benennen.

Der Testamentsvollstrecker soll die ausgesetzten Vermächtnisse erfüllen und im Übrigen den Nachlass unter den Erben – unter Berücksichtigung der Teilungsanordnung – auseinandersetzen. Im Einzelnen fallen ihm folgende Aufgaben zu:

Er hat den Nachlass zu ermitteln, in Besitz zu nehmen und abzuwickeln, die Wohnung nach dem Tod des Letztversterbenden aufzulösen, soweit die Erben dies nicht selbst übernehmen, etwaige Nachlassverbindlichkeiten festzustellen, die von uns ausgesetzten Vermächtnisse zu erfüllen, die Erbschaftsteuer für die Erben zu regeln, nicht hingegen für die Vermächtnisnehmer, sowie den Nachlass bis zur Beendigung der Testamentsvollstreckung ordnungsgemäß zu verwalten. Die Erträge des Nachlasses unterliegen der Verwaltung des Testamentsvollstreckers für die Dauer der Testamentsvollstreckung.

Der Testamentsvollstrecker erhält eine Vergütung, die sich bemisst nach den Grundsätzen der Empfehlung des Deutschen Notarvereins (sog. „fortentwickelte Rheinische Tabelle"). Er erhält zudem Ersatz seiner Auslagen und bezogen auf die Vergütung und die Auslagen die gesetzlich geschuldete Umsatzsteuer.

Der Testamentsvollstrecker ist von allen gesetzlichen Beschränkungen, von denen Befreiung erteilt werden kann, befreit, namentlich von den Beschränkungen des § 181 BGB. Er ist in der Eingehung von Verbindlichkeiten für den Nachlass nicht beschränkt.

2. Zweiter Erbfall

107 Gerade beim zweiten Erbfall bietet sich mitunter die Anordnung einer Testamentsvollstreckung an – dies nicht nur bei komplexen Verfügungen und/oder **großen Vermögen**, sondern namentlich auch dann, wenn die Kinder oder Enkelkinder (mutmaßlich) beim Eintritt der Schlusserbfolge noch **minderjährig** sein werden. Mit der Anordnung der Testamentsvollstreckung kann aber auch erreicht werden, dass die Verwaltungs- und Verfügungsbefugnis in Bezug auf das vererbte oder vermachte Vermögen über das 18. Lebensjahr hinaus,

etwa bis zum 23. oder 25. Lebensjahr des betreffenden Kindes/Enkelkindes, bei einem Dritten liegt.

Muster 23.36: Testamentsvollstreckung beim zweiten Erbfall in Bezug auf das Erlangte von minderjährigen Erben/Vermächtnisnehmern – Variante I (kurz) 23.36

Ein jeder von uns ordnet für den Fall, dass er der Letztversterbende von uns beiden ist, für dasjenige, was 108
Abkömmlinge von uns durch diese Urkunde erhalten, Testamentsvollstreckung an, soweit diese das ___ Lebensjahr noch nicht vollendet haben. Zum Testamentsvollstrecker benennt ein jeder von uns ___, geb. am ___, derzeit wohnhaft in ___, ersatzweise ___. Jeder Testamentsvollstrecker ist berechtigt, einen Nachfolger zu ernennen. Sollte er das Amt nicht annehmen können oder wollen, steht ihm insoweit Bestimmungsrecht zu.

Die Testamentsvollstreckung endet jeweils mit Vollendung des ___ Lebensjahres eines jeden Abkömmlings für dessen Erbteil/Vermächtnisgegenstand.

Die Testamentsvollstreckung ist Dauervollstreckung. Der Testamentsvollstrecker hat die in §§ 2207, 2209 BGB enthaltenen Befugnisse.

Der Testamentsvollstrecker erhält keine Vergütung, jedoch Ersatz seiner notwendigen Auslagen.

Muster 23.37: Testamentsvollstreckung beim zweiten Erbfall in Bezug auf das Erlangte von minderjährigen Erben/Vermächtnisnehmern – Variante II (ausführlich) 23.37

Ein jeder von uns ordnet für den Fall, dass er der Letztversterbende von uns beiden ist, für dasjenige, was 109
Abkömmlinge von uns durch diese Urkunde erhalten, Testamentsvollstreckung an, soweit diese das ___ Lebensjahr noch nicht vollendet haben. Die Testamentsvollstreckung endet jeweils, wenn das betreffende Enkelkind das ___ Lebensjahr vollendet hat. Für den Fall, dass der Testamentsvollstrecker auch gesetzlicher Vertreter ist und er insoweit die Doppelrolle nicht ausfüllen kann, beginnt die Testamentsvollstreckung jeweils erst mit Vollendung des 18. Lebensjahres des betreffenden Enkelkindes.

Zum Testamentsvollstrecker benennt ein jeder von uns ___, geb. am ___, derzeit wohnhaft in ___, ersatzweise ___. Jeder Testamentsvollstrecker ist berechtigt, einen Nachfolger zu ernennen. Sollte er das Amt nicht annehmen können oder wollen, steht ihm insoweit Bestimmungsrecht zu.

Aufgabe des Testamentsvollstreckers ist die Verwaltung dessen, was der betreffende Abkömmling durch die heutige Verfügung erwirbt, mit dem Ziel des Vermögenserhalts und der Vermögensmehrung. Die Anlageart steht zu diesem Zweck im freien Ermessen des Testamentsvollstreckers, sie muss nicht mündelsicher sein. Die Erträge des Vermögens sollen für den Unterhalt und die Ausbildung des jeweiligen Enkelkindes verwendet werden. Der Testamentsvollstrecker hat den Enkelkindern ausreichende Mittel für die Erlangung einer den jeweiligen Neigungen entsprechenden Berufsausbildung, einschließlich einer Ausbildung, eines Studiums oder Praktika im In- und Ausland, zur Verfügung zu stellen. Der Testamentsvollstrecker erhält keine Vergütung, jedoch Ersatz seiner notwendigen Auslagen. Der Testamentsvollstrecker ist von den gesetzlichen Beschränkungen, auch den Beschränkungen des § 181 BGB, soweit zulässig, befreit. Er ist in der Eingehung von Verbindlichkeiten nicht beschränkt.

G. Bindungswirkung, Scheidung, Wiederverheiratung, Anfechtungsrechte

I. Bindungswirkung

Soweit Verfügungen in gemeinschaftlichen Testamenten **wechselbezüglich** getroffen sind 110
(oder dies kraft gesetzlicher Anordnung vermutet wird, vgl. § 2270 BGB), hat dies Dreierlei zur Folge:

- Zu Lebzeiten beider Ehegatten können wechselbezügliche Verfügungen nicht durch einseitiges Testament geändert und aufgehoben werden. Möglich ist jedoch ein Widerruf

entsprechend den Vorschriften über den Rücktritt vom Erbvertrag (§§ 2271 Abs. 1 S. 1, 2296 BGB). Erforderlich und ausreichend – der Widerruf muss also gerade nicht wie das Rücktrittsrecht beim Erbvertrag vorbehalten werden – ist die Erklärung zu notarieller Urkunde und der Zugang des Widerrufs.
- Nach dem Tod eines Ehegatten kann der Überlebende nur dann abweichend letztwillig verfügen, wenn dies im gemeinschaftlichen Testament vorbehalten oder gestattet wurde.
- Schließlich gelangen die §§ 2286–2288 BGB analog zur Anwendung,[29] sodass der überlebende Ehegatte zwar grundsätzlich entgeltlich zu seinen Lebzeiten über den Nachlass verfügen kann, unentgeltliche Verfügungen jedoch nur unter den engen Voraussetzungen des § 2287 BGB zulässig sind. Sie sind also nur dann zulässig, wenn in Bezug auf den/die Schlusserben keine Benachteiligungsabsicht besteht oder ein lebzeitiges Eigeninteresse des überlebenden Ehegatten anzunehmen ist. Andernfalls besteht ein Herausgabeanspruch nach den Vorschriften über die ungerechtfertigte Bereicherung (§§ 812 ff. BGB).

111 Entscheidend ist daher die Frage, **ob** einer Verfügung von Todes wegen **Wechselbezüglichkeit** zukommt und sie damit bindend ist. Wechselbezüglichkeit bedeutet hierbei, dass einzelne Anordnungen in ihrer Wirksamkeit dergestalt miteinander verbunden sind, dass **die eine von der anderen abhängt** oder anzunehmen ist, dass **die eine nicht ohne die andere getroffen worden wäre**. Ob dies der Fall ist, ist regelmäßig zunächst mithilfe der Auslegung zu ermitteln (§§ 133, 157 BGB). Maßgeblich ist hierbei der Wille beider Ehegatten. Führt die konkrete Auslegung des Testaments zu keinem eindeutigen Ergebnis, wird gem. § 2270 Abs. 2 BGB die Wechselbezüglichkeit vermutet, wenn
- sich die Ehegatten gemeinsam und damit gegenseitig bedenken (1. Alt.),
- ein Ehepartner den anderen Ehepartner bedenkt und für den Fall des Überlebens des Bedachten eine Verfügung zugunsten einer Person getroffen wird, die mit dem anderen Ehegatten verwandt ist oder ihm sonst nahesteht (2. Alt.).

Gerade die 2. Alt. in § 2270 Abs. 2 BGB ist in der Praxis häufig anzutreffen, weil sich ja gerade im klassischen Berliner Testament die Ehegatten nicht nur gegenseitig einsetzen, sondern sogar jeder von ihnen mit den gemeinsamen Kindern eine ihm nahestehende Person zum Schlusserben bestimmt.

112 **Praxistipp**
Gerade nicht juristisch versierte oder entsprechend beratene Ehegatten geraten durch die Bestimmung in § 2270 Abs. 2 BGB leicht in eine Falle, die für sie nicht erkennbar ist. Der juristische Berater hat bei der Testamentsgestaltung daher aktiv die Frage, ob und in welchem Umfang eine Bindungswirkung gewünscht ist, mit den Testierenden zu erörtern und entsprechend klar zu formulieren. Auf Auslegungsregeln oder gesetzliche Vermutungen sollte es nicht ankommen (müssen).

113 **Wechselbezüglich** und damit **bindend** können indes nur die in § 2270 Abs. 3 BGB genannten Verfügungen sein, also
- die Erbeinsetzung,
- die Anordnung von Vermächtnissen und Auflagen sowie
- das anzuwendende Erbrecht.

Nur diese Verfügungen sind somit überhaupt wechselbezugsfähig. **Nicht** in diese Fallgruppe fallen somit Teilungsanordnungen, die Enterbung, die Entziehung des Pflichtteils oder die Ernennung eines Testamentsvollstreckers.[30] Im Rahmen der Ernennung eines Testaments-

29 So bereits BGH DNotZ 1951, 331; BGH NJW 1982, 43.
30 Vgl. den Überblick u.a. bei BeckOK BGB/*Litzenburger*, § 2270 Rn 6.

vollstreckers muss man sich jedoch bewusst sein, dass die nachträgliche Anordnung der Testamentsvollstreckung durch den überlebenden Ehegatten gegen eine bindende Schlusserbeneinsetzung verstößt, wenn und weil die Testamentsvollstreckung die Rechtsstellung des Schlusserben beeinträchtigt.

Grundsätzlich ist jede Verfügung für sich genommen darauf zu untersuchen, ob sie mit einer oder mehreren anderen wechselbezüglich sein soll. Wünschen die Ehegatten etwa, dass **sämtliche** wechselbezugsfähigen Verfügungen bindend sein sollen, könnte wie folgt formuliert werden: 114

Muster 23.38: Umfassende Wechselbezüglichkeit 23.38

Alle Verfügungen in diesem Testament eines jeden von uns sind wechselbezüglich getroffen. 115

Ist umgekehrt gewollt, dass **keine** Verfügung – weder eine solche, die für den ersten Erbfall getroffen ist, noch eine solche, die für den zweiten Erbfall angeordnet wurde – wechselbezüglich sein soll, ist dies ebenfalls klar zu formulieren, weil hierdurch namentlich von der Vermutungsregel des § 2270 Abs. 2 BGB abgewichen wird. 116

Muster 23.39: Keinerlei wechselbezügliche Verfügungen 23.39

Keine Verfügung in unserem gemeinschaftlichen Testament ist wechselbezüglich getroffen, sodass ein jeder von uns alle Verfügungen zu dieser Urkunde jederzeit einseitig ändern oder aufheben kann. 117

In der Regel ist jedoch gewollt, dass die gegenseitige Erbeinsetzung **wechselbezüglich** sein soll (ein Widerruf zu Lebzeiten beider Ehegatten bleibt freilich gem. §§ 2271, 2296 BGB möglich), im Übrigen aber eine **Freiheit** – faktisch des überlebenden Ehegatten – bestehen soll. 118

Muster 23.40: Völlige Freiheit des überlebenden Ehegatten 23.40

Nur die in Ziff. enthaltene gegenseitige Erbeinsetzung ist wechselbezüglich getroffen. Im Übrigen sind alle übrigen Verfügungen in diesem Testament einseitige letztwillige Verfügungen eines jeden von uns. 119

Abweichend von einer völligen Freiheit des überlebenden Ehegatten kann auch der Kreis definiert werden, innerhalb dessen dem überlebenden Ehegatten Freiheit zugestanden werden soll. Durchaus üblich ist es etwa, den überlebenden Ehegatten zwar an die gemeinsamen Kinder oder – besser – die gemeinsamen Abkömmlinge zu binden, innerhalb des so **definierten Kreises** jedoch (meist beliebige) **Änderungen** zuzulassen. Demnach können einzelne Abkömmlinge von der Erbfolge ausgeschlossen werden, andere mit Vermächtnissen bedacht werden. Gerade zur (späteren) Ausnutzung von Freibeträgen zugunsten der Enkelgeneration bietet sich dies an. Auch Vorausempfänge einzelner Kinder, etwa lebzeitige Unterstützungsleistungen für den Hausbau oder die Ausbildung, können so angemessen berücksichtigt werden. Fehlen derartige Anordnungen, ist der überlebende Ehegatte nicht nur an den Kreis der Schlusserben gebunden, er kann auch deren Erbquoten nicht einseitig ändern. Dies wäre nur im Einvernehmen mit allen bedachten Schlusserben durch Zuwendungsverzicht (§ 2352 BGB) möglich. Auch die nachträglichen Anordnungen, die den/die Schlusserben beeinträchtigen, wären nicht mehr möglich. Dies gilt vor allem für die Anordnung einer Vor- und Nacherbfolge oder einer Testamentsvollstreckung. 120

Zudem ist zu beachten, dass streitig ist, ob die wechselbezüglichen Verfügungen des erstversterbenden Ehegatten unwirksam werden, wenn der überlebende Ehegatte von der Änderungsmöglichkeit Gebrauch macht (Vermutung in § 2270 Abs. 1 BGB). Daher sollte auch insoweit eine eindeutige Regelung aufgenommen werden. 121

Muster 23.41: Bindung (nur) an die (gemeinsamen) Abkömmlinge

122 Die in Ziff. enthaltene gegenseitige Erbeinsetzung sowie alle Verfügungen zugunsten unserer gemeinsamen Kinder sind wechselbezüglich getroffen. Der Überlebende von uns ist jedoch berechtigt, die Verfügungen zugunsten unserer Kinder beliebig zu ändern oder aufzuheben, soweit dies zugunsten gemeinsamer Abkömmlinge von uns geschieht. In diesem Umfang ist der Überlebende von uns auch zu lebzeitigen Verfügungen aller Art berechtigt. Beim Gebrauchmachen vom Änderungsrecht bleiben die Verfügungen des Erstversterbenden von uns weiterhin wirksam.

123 Die Bindungswirkung kann auch auf **einzelne Vermögenspositionen** beschränkt werden. So kann etwa der überlebende Ehegatte in die Lage versetzt werden, über sein Eigenvermögen frei lebzeitig oder von Todes wegen zu verfügen.

Muster 23.42: Freiheit des überlebenden Ehegatten in Bezug auf sein Eigenvermögen

124 Die in Ziff. enthaltene gegenseitige Erbeinsetzung sowie alle Verfügungen zugunsten unserer gemeinsamen Kinder sind wechselbezüglich getroffen. Der Überlebende von uns ist jedoch berechtigt, über sein Eigenvermögen, also dasjenige, das er nicht vom Erstversterbenden von uns durch die Verfügungen zu dieser Urkunde erhalten hat, frei zu verfügen, und zwar sowohl durch letztwillige Verfügung von Todes wegen als auch zu Lebzeiten. Beim Gebrauchmachen vom Änderungsrecht bleiben die Verfügungen des Erstversterbenden von uns weiterhin wirksam.

125 Denkbar ist schließlich, dass der überlebende Ehegatte (nur) in Bezug auf nach dem Tod des erstversterbenden Ehegatten **neu hinzuerworbenes Vermögen** frei zu verfügen berechtigt ist. Die Bindungswirkung der Wechselbezüglichkeit beschränkt sich demnach auf das Vermögen, das beim Tod des erstversterbenden Ehegatten vorhanden war, sowie auf Surrogate hiervon. Zu denken ist in diesem Fall daran, den Schlusserben ein Recht einzuräumen, dass sie ein Nachlassverzeichnis nach dem Tod des erstversterbenden Ehegatten verlangen können.

Muster 23.43: Beschränkung der Bindung auf Vermögen, das zum Zeitpunkt des Erstversterbenden vorhanden war

126 Die in Ziff. enthaltene gegenseitige Erbeinsetzung sowie alle Verfügungen zugunsten unserer gemeinsamen Kinder sind wechselbezüglich getroffen. Der Überlebende von uns ist jedoch berechtigt, über sein neu erworbenes Vermögen, also solches, das nicht bereits bis zum Tod des Erstversterbenden von uns und damit während der Ehezeit erworben wurde, frei zu verfügen, und zwar sowohl durch letztwillige Verfügung von Todes wegen als auch zu Lebzeiten. Beim Gebrauchmachen vom Änderungsrecht bleiben die Verfügungen des Erstversterbenden von uns weiterhin wirksam.

127 Bei der **Trennungslösung** stellt sich die Frage der Bindung ein wenig anders. Neben der Frage der Wechselbezüglichkeit ist ja bereits durch den ersten Todesfall die Vor- und Nacherbfolge verbindlich begründet. Mit anderen Worten: Eine (weitgehende) Bindung tritt bereits durch das Institut der Vor- und Nacherbfolge ein. Fragen der Wechselbezüglichkeit und der damit ebenfalls verbundenen Bindungswirkung stellen sich somit nur in Bezug auf das Eigenvermögen des erstversterbenden Ehegatten, das den Bindungen der Vor- und Nacherbfolge nicht unterliegt.

II. Scheidungsfolgen

128 Beim Ehegattentestament ist bei der Gestaltung stets auch an den Fall der **Ehescheidung** zu denken. Das Gesetz sieht mit § 2268 BGB hierfür eine Regelung vor. § 2268 Abs. 1 BGB bestimmt, dass ein gemeinschaftliches Testament in den Fällen des § 2077 BGB seinem ganzen Inhalt nach unwirksam ist. Im Kern führt die gesetzliche Vermutungsregel der

§§ 2268, 2077 BGB dazu, dass für den Fall der Scheidung anzunehmen ist, dass das gemeinschaftliche Testament unwirksam ist, wenn die Ehe vor dem Tod des Erblassers aufgelöst wurde. Ist die Scheidung bis zu diesem Zeitpunkt noch nicht (rechtskräftig) erfolgt, so gilt dieselbe Vermutung, indes nur dann, wenn der Erblasser selbst den Scheidungsantrag gestellt hat.[31] § 2077 BGB gilt nicht für die Erbeinsetzung von Schwiegerkindern.[32]

Auch insoweit sollte man sich bei der Testamentsgestaltung nicht auf Vermutungsregeln verlassen, sondern klären, welche Rechtsfolgen im Falle einer Scheidung eintreten sollen. Dies gilt umso mehr, als der BGH angenommen hat, dass über § 2268 Abs. 2 BGB auch nach der Scheidung die Wechselbezüglichkeit einer letztwilligen Verfügung fortgelten soll.[33] 129

Sollen **nur Verfügungen zugunsten des anderen Ehegatten entfallen**, könnte wie folgt formuliert werden: 130

Muster 23.44: Entfallen der gegenseitigen Erbeinsetzung bei Scheidung, Aufrechterhaltung im Übrigen

Mit Scheidung unserer Ehe entfallen sämtliche Verfügungen zugunsten des anderen Ehegatten. Die Verfügungen zugunsten anderer Personen bleiben wirksam, können dann aber von jedem von uns einseitig geändert werden. Entsprechendes gilt, wenn beim Erbfall ein Scheidungsverfahren rechtshängig ist, unabhängig davon, ob die rechtlichen Voraussetzungen für eine Scheidung vorliegen. Dies gilt auch für Verfügungen, die wir je bereits vor Eingehung unserer Ehe getroffen haben.

Soweit **alle Verfügungen entfallen** sollen, wäre wie folgt zu formulieren: 131

Muster 23.45: Entfallen aller Verfügungen bei Ehescheidung

Mit Scheidung unserer Ehe entfallen sämtliche Verfügungen in diesem gemeinschaftlichen Testament, unabhängig davon, zu wessen Gunsten sie getroffen wurden. Entsprechendes gilt, wenn beim Erbfall ein Scheidungsverfahren rechtshängig ist, unabhängig davon, ob die rechtlichen Voraussetzungen für eine Scheidung vorliegen. Dies gilt auch für Verfügungen, die wir je bereits vor Eingehung unserer Ehe getroffen haben.

Sollen die Verfügungen hingegen **auch für den Fall der Ehescheidung getroffen** sein, ist wie folgt zu formulieren – zu klären ist freilich, wie es sich in diesem Fall mit der Bindungswirkung verhält: 132

Muster 23.46: Aufrechterhaltung aller Verfügungen bei Ehescheidung

Auch bei Scheidung unserer Ehe sollen sämtliche Verfügungen in diesem gemeinschaftlichen Testament unverändert fortgelten, unabhängig davon, zu wessen Gunsten sie getroffen wurden. Entsprechendes gilt, wenn beim Erbfall ein Scheidungsverfahren rechtshängig ist, unabhängig davon, ob die rechtlichen Voraussetzungen für eine Scheidung vorliegen.

III. Wiederverheiratungsklausel

Der Testamentsgestalter hat bei Ehegattentestamenten auch die Frage der Wiederverheiratung nach dem Tod des erstversterbenden Ehegatten in den Blick zu nehmen und mit den Ehegatten zu besprechen, welche Auswirkung die Wiederheirat auf die getroffenen 133

31 BeckOK BGB/*Litzenburger*, § 2077 Rn 8.

32 BeckOK BGB/*Litzenburger*, § 2077 Rn 5 unter Berufung auf BGH NJW 2003, 2095; siehe ferner *Litzenburger*, ZEV 2003, 385, 388 f.; a.A. OLG Saarbrücken NJW 1994, 589; *Leipold*, ZEV 2003, 285; MüKo-BGB/*Leipold*, § 2077 Rn 5.

33 BeckOK BGB/*Litzenburger*, § 2268 Rn 6 ff.

letztwilligen Verfügungen haben soll. Im weiteren Sinne gehören hierzu auch Fragen des Anfechtungsverzichts. Wird nämlich keine Regelung getroffen, gilt, dass mit der Wiederverheiratung der **neue Ehepartner als Pflichtteilsberechtigter** hinzutritt, sodass ein Anfechtungsrecht gem. § 2079 BGB gegeben ist (hierzu näher Rdn 152 ff.). Unabhängig von Fragen der Anfechtung bringt jedoch jede Wiederverheiratung schon durch den Pflichtteil des neuen Ehegatten eine Schmälerung des Vermögens zu Lasten der Schlusserben mit sich. Dem sollen sog. Wiederverheiratungsklauseln in Ehegattentestamenten vorbeugen. Freilich kann eine (faktisch) vergleichbare Gefährdung des Nachlasses – mit Ausnahme eines eigenen Pflichtteilsanspruchs – auch bei Begründung einer nichtehelichen Lebensgemeinschaft vorliegen. Wiederverheiratungsklauseln gelten jedoch in diesem Fall jedenfalls nicht ohne weiteres. [34]

134 Es gibt im Kern **drei Arten** von Wiederverheiratungsklauseln:

1. die Pflicht des überlebenden Ehegatten, den gesamten Nachlass an die gemeinsamen Abkömmlinge herauszugeben, wenn er wieder heiratet; konstruktiv lässt sich dies über die Anordnung einer Vor- und Nacherbfolge erreichen;
2. die Pflicht des überlebenden Ehegatten, den gesamten Nachlass oder Teile hiervon im Wege eines (gleichsam aufschiebend bedingten) Vermächtnisses im Falle der Wiederverheiratung an die gemeinsamen Abkömmlinge herauszugeben;
3. die Pflicht des überlebenden Ehegatten, sich mit den gemeinsamen Abkömmlingen im Rahmen der gesetzlichen Erbfolge auseinanderzusetzen.

135 Auch wenn Wiederverheiratungsklauseln für sich genommen **keinen Sanktionscharakter** haben, begegnen sie in gewissem Umfang auch seit der Hohenzollern-Entscheidung des **BVerfG**[35] Bedenken, weil sie jedenfalls mittelbar die Eheschließungsfreiheit des überlebenden Ehegatten aus Art. 6 Abs. 1 GG beeinträchtigen. Dennoch muss man zur Kenntnis nehmen, dass das Gesetz den Ehegatten nur im Rahmen des Pflichtteilsrechts schützen will und im Übrigen sogar dessen Enterbung für zulässig erklärt.

136 Besonders bei der **Einheitslösung** stellt eine zu formulierende Wiederverheiratungsklausel hohe Anforderungen an den Testamentsgestalter, weil die Vermögensmassen beider Ehegatten mit dem Tod des erstversterbenden Ehegatten verschmelzen. **Vermieden** werden sollte eine mit der Wiederverheiratung auflösend bedingte Vollerbschaft und der damit verbundene Eintritt einer Nacherbschaft.[36]

137 Vorzugswürdig sind Wiederverheiratungsklauseln, die **aufschiebend bedingte Vermächtnisse** für Fall der Wiederverheiratung vorsehen, weil somit auch eine Begrenzung des Gegenstands der Vermächtnisanordnung erfolgt und damit zwanglos möglich ist. Denkbar ist eine bestimmte Quote, die Beschränkung auf einzelne Vermächtnisgegenstände, etwa Grundbesitz. Um Fragen der Sittenwidrigkeit derartiger Klauseln zu vermeiden (siehe hierzu Rdn 135), ist hingegen darauf zu achten, dass dem überlebenden Ehegatten hinreichend viel Vermögen bleibt. Das angeordnete Vermächtnis sollte nicht etwa bis zum Tod des überlebenden Ehegatten gestundet werden. Zum einen stellen sich die bereits diskutierten steuerlichen Fragen (siehe hierzu Rdn 22 ff.), umgekehrt müsste dann folgerichtig auch an eine Sicherung des Anspruchs – etwa durch Grundschuld oder Bürgschaft bei Geldvermächtnissen – gedacht werden.

34 In diesem Sinne OLG Düsseldorf FamRZ 2014, 421.
35 BVerfG ZEV 2004, 241.
36 In diesem Sinne *Wilhelm*, NJW 1990, 2857.

Muster 23.47: Wiederverheiratungsklausel mit Herausgabevermächtnis 23.47

Für den Fall, dass der überlebende Ehegatte von uns wieder heiratet, hat er an die in Ziff. genannten Schlusserben Geldvermächtnisse in Höhe des Erbteils herauszugeben, der seinen eigenen Ehegattenerbteil übersteigt. Jedem Schlusserben steht ein eigener Vermächtnisanspruch zu, der der Höhe seiner gesetzlichen Erbquote entspricht. Die Erbquoten sind zu ermitteln zum Zeitpunkt des Todes des Erstversterbenden. Dies gilt auch für die Ermittlung des maßgeblichen Nachlasswerts, den wir wie folgt bestimmen: Aktivvermögen des Erstversterbenden im Zeitpunkt seines Todes abzgl. Erbfall- und Erblasserschulden. Jedes Vermächtnis ist innerhalb von sechs Monaten nach der Wiederverheiratung fällig. Zinsen sind nur bei Zahlungsverzug geschuldet. Alle Vermächtnisse sind auf dasjenige beschränkt, was zum Zeitpunkt der Wiederverheiratung noch vom Nachlass des Erstversterbenden übrig ist. Die Begründung einer nichtehelichen Lebensgemeinschaft erfüllt den Tatbestand nicht. 138

Vor allem in Bezug auf **Grundbesitz** bieten sich Herausgabevermächtnisse in Form von Wiederverheiratungsklauseln an. Soweit der überlebende Ehegatte indes selbst auf die Nutzung der Immobilie und/oder Erträge angewiesen ist, kann ihm wiederum im Wege eines Untervermächtnisses ein Nießbrauch oder ein Wohnungsrecht eingeräumt werden. 139

Muster 23.48: Wiederverheiratungsklausel mit Grundbesitzvermächtnis und Unternießbrauchsvermächtnis 23.48

Für den Fall, dass der überlebende Ehegatte von uns wieder heiratet, hat er an die in Ziff. genannten Schlusserben den Grundbesitz in der -Straße in , vorgetragenen im Grundbuch des Amtsgerichts von , Blatt , zum Miteigentum zu gleichen Bruchteilen vermächtnisweise herauszugeben. Sollten sich Teile des vorgenannten Grundbesitzes oder der gesamte Grundbesitz zum Zeitpunkt der Wiederverheiratung nicht mehr im Nachlass befinden, entfällt das Vermächtnis ersatzlos. Im Wege eines Untervermächtnisses erhält der Überlebende von uns als der mit dem Vermächtnis Beschwerte das Recht, sich auf Lebenszeit den unentgeltlichen Nießbrauch an dem vermachten Grundbesitz einzuräumen. Der Nießbrauch ist in diesem Fall in der Weise einzuräumen, dass der Nießbraucher für die Dauer des Nießbrauchs alle mit dem Nießbrauchsgegenstand verbundenen privaten und öffentlichen Aufwendungen und Lasten sowie die außergewöhnlichen und zur Substanzerhaltung erforderlichen Ausbesserungen und Erneuerungen zu tragen hat. Im Übrigen gelten für den Nießbrauch die gesetzlichen Bestimmungen. Der Nießbraucher hat etwaige grundpfandrechtlich gesicherte Verbindlichkeiten am jeweiligen Grundbesitz zur alleinigen Tilgung und Verzinsung zu übernehmen. Jedes Vermächtnis ist innerhalb von sechs Monaten nach der Wiederverheiratung zu erfüllen. Sämtliche Kosten und Steuern der Vermächtniserfüllung trägt jeder Vermächtnisnehmer für das ihm Zugewandte. Ersatzvermächtnisnehmer sind die Vermächtnisnehmer untereinander, im Übrigen sind keine bestimmt. Die Begründung einer nichtehelichen Lebensgemeinschaft erfüllt den Tatbestand nicht. 140

Wurde die **Trennungslösung** gewählt, also ohnehin Vor- und Nacherbfolge angeordnet, ist jedenfalls bei nicht befreiter Vorerbschaft ohnehin schon ein erheblicher Schutz der Nacherben gegeben. Denkbar ist, die zunächst befreite Vorerbschaft mit Wiederverheiratung in eine nicht (mehr) befreite Vorerbschaft umzuwandeln. Die Wiederverheiratung ist somit die Bedingung für den Eintritt des Wegfalls der Befreiungen. 141

Muster 23.49: Wegfall der Befreiungen des Vorerben 23.49

Für den Fall, dass der überlebende Ehegatte von uns wieder heiratet, entfallen sämtliche Befreiungen von den gesetzlichen Beschränkungen und Pflichten eines Vorerben. 142

Ergänzend könnte im Falle der Wiederverheiratung auch Nacherbentestamentsvollstreckung angeordnet werden (§ 2222 BGB). 143

Muster 23.50: Anordnung der Nacherbentestamentsvollstreckung

144 Ab dem Zeitpunkt, zu dem der Überlebende von uns wieder heiratet, ordnet jeder von uns für den Fall, dass er der Erstversterbende ist, Nacherbentestamentsvollstreckung an. Der Testamentsvollstrecker hat die Aufgaben, die Rechte des Nacherben bis zum Eintritt des Nacherbfalls zu wahren und zu sichern und seine Pflichten zu erfüllen. Zum Testamentsvollstrecker ernennt ein jeder von uns , ersatzweise , wiederum ersatzweise . Der Testamentsvollstrecker erhält folgende Vergütung: , sowie Ersatz seiner notwendigen Auslagen, je zzgl. gesetzlicher Umsatzsteuer. Die Begründung einer nichtehelichen Lebensgemeinschaft erfüllt den Tatbestand nicht.

145 Am Weitestgehenden ist es freilich, wenn man die Wiederverheiratung zum Anlass nimmt, den **Nacherbfall** eintreten zu lassen, ggf. ergänzt durch Vermächtnisse zugunsten des überlebenden Ehegatten in Form eines Nießbrauchs, Wohnungsrechts oder Geldvermächtnisses, die je nicht den Bestimmungen der Vor- und Nacherbfolge unterliegen.

Muster 23.51: Wiederverheiratung als Bedingung für die Nacherbfolge

146 Für den Fall, dass der überlebende Ehegatte von uns wieder heiratet, tritt abweichend von den Anordnungen in Ziff. bereits der Nacherbfall ein. Die Begründung einer nichtehelichen Lebensgemeinschaft erfüllt den Tatbestand nicht.

147 Wurde die **Nießbrauchslösung** gewählt, ist denkbar, dass die Wiederverheiratung als Bedingung formuliert wurde, das Nießbrauchsrecht erlöschen zu lassen. Die Substanz des Vermögens ist in dieser Variante ja ohnehin bereits bei den Kindern (vgl. Rdn 141).

Muster 23.52: Wiederverheiratung als Bedingung für das Erlöschen des Nießbrauchs

148 Für den Fall, dass der überlebende Ehegatte von uns wieder heiratet, endet das in Ziff. zu seinen Gunsten vermachte Nießbrauchsrecht. Insoweit ist der Nießbrauch auflösend auf die Wiederverheiratung des Überlebenden von uns eingeräumt. Die Begründung einer nichtehelichen Lebensgemeinschaft erfüllt den Tatbestand nicht.

149 Schließlich ist zu bedenken, welche Folgen eine Wiederverheiratungsklausel und der Eintritt des Wiederverheiratungsfalls auf die **Bindungswirkung** der letztwilligen Verfügungen hat. Überwiegend[37] wird davon ausgegangen, dass die Bindungswirkung entfällt, soweit nicht das Gegenteil angeordnet wurde. Im Zweifel sollte wie immer klar formuliert werden.

Muster 23.53: Ende der Bindungswirkung bei Wiederverheiratung

150 Auch im Fall der Wiederverheiratung bleiben die Verfügungen des Überlebenden von uns wirksam. Der Überlebende von uns ist aber berechtigt, diese Verfügungen beliebig zu ändern oder aufzuheben und somit frei über seinen Nachlass zu verfügen. Die Anordnungen in Ziff. (Rechtsfolgen bei Wiederverheiratung) bleiben unberührt.

Muster 23.54: Fortbestehen der Bindungswirkung bei Wiederverheiratung

151 Im Fall der Wiederverheiratung soll die Wechselbezüglichkeit gemäß den Anordnungen in Ziff. bestehen bleiben. Die Anordnungen in Ziff. (Rechtsfolgen bei Wiederverheiratung) bleiben unberührt.

37 So etwa KG ErbR 2016, 343.

IV. Anfechtungsrechte und deren Ausschließung

Neben den allgemeinen Anfechtungsrechten, etwa wegen Motivirrtums oder unbewusster Erwartungen gem. §§ 2078–2083 BGB, die es auch im gemeinschaftlichen Testament gibt, ist beim Ehegattentestament vor allem das Anfechtungsrecht gem. § 2079 BGB **wegen Hinzutretens weiterer Pflichtteilsberechtigter** in den Blick zu nehmen. Solche können weitere (auch adoptierte) Kinder nach dem Tod des erstversterbenden Ehegatten oder eben neue Ehepartner sein. Insoweit steht dem überlebenden Ehegatten ein Selbstanfechtungsrecht gem. §§ 2281 ff., 2078, 2079 BGB analog nach herrschender Meinung[38] zu, um die nach dem Tod des erstversterbenden Ehegatten eingetretene Bindungswirkung (siehe hierzu Rdn 110) zu beseitigen. Dieses Anfechtungsrecht hat der überlebende Ehegatte somit auch dann, wenn er das Hinzutreten des neuen Pflichtteilsberechtigten selbst herbeigeführt hat, und zwar durch Geburt, Adoption oder Eheschließung.[39] 152

Zu beachten ist lediglich die **Jahresfrist** des § 2082 BGB. Die **Folge** der Anfechtung durch den überlebenden Ehegatten ist, dass es (nachträglich) zur gesetzlichen Erbfolge nach dem Tod des erstversterbenden Ehegatten kommt, soweit kein anderes Testament (wieder) Gültigkeit erlangt oder sogar im gemeinschaftlichen Testament für diesen Fall eine Ersatzerbeneinsetzung getroffen ist. Die Folge einer Anfechtung nach § 2079 BGB ist die Nichtigkeit des gesamten Testaments.[40] 153

Üblich ist es daher, auf das Anfechtungsrecht nach § 2079 BGB **durch letztwillige Verfügung zu verzichten**. Es ist nämlich anerkannt, dass auf das Selbstanfechtungsrecht im gemeinschaftlichen Testament verzichtet werden kann.[41] Dogmatisch handelt sich um einen **Vorausverzicht** auf das Anfechtungsrecht, der auch gegenüber einem anfechtungsberechtigten Dritten, etwa dem neuen Ehepartner, gilt.[42] 154

Der Verzicht kann umfassend oder beschränkt erklärt werden. Er sollte ausdrücklich erfolgen, um Auslegungsschwierigkeiten zu vermeiden.

Muster 23.55: Ausschluss des Selbstanfechtungsrechts gem. § 2079 BGB 23.55

Das Anfechtungsrecht gem. § 2079 BGB schließen wir jeweils aus. 155

Weitere Anfechtungsrechte, etwa das nach § 2078 BGB, sollten hingegen **nicht** ausgeschlossen werden.[43] 156

H. Pflichtteilsfragen

Die gegenseitige Einsetzung der Ehegatten zu alleinigen und ausschließlichen Erben führt zwangsläufig dazu, dass gemeinsame Kinder und weitere Abkömmlinge von der Erbfolge **ausgeschlossen** sind. Mag ihnen auch im Rahmen der Schlusserbfolge ein Erbteil zustehen, so ist im Rahmen des Pflichtteilsrechts jeder Erbfall für sich und damit gesondert zu 157

38 MüKo-BGB/*Leipold*, § 2079 Rn 13, siehe auch BayObLG FamRZ 2000, 1331; OLG Oldenburg FamRZ 1999, 1537.
39 Pointiert insoweit bereits BeckNotar-HdB/*Dietz/Sammet*, § 17 Rn 52.
40 MüKo-BGB/*Leipold*, § 2079 Rn 25; ebenso BeckOK BGB/*Litzenburger*, § 2079 Rn 14.
41 OLG Celle NJW 1963, 353; BGH NJW 1983, 2247, 2249 = Rpfleger 1983, 154; BGH WPM 1983, 369, 371; MüKo-BGB/*Musielak*, § 2281 Rn 17 u. § 2271 Rn 39; ebenso *Bengel*, DNotZ 1984, 132, 138.
42 BGH NJW 1983, 2247= Rpfleger 1983, 154.
43 BeckNotar-HdB/*Dietz/Sammet*, § 17 Rn 52.

betrachten. Kindern und ggf. weiteren Abkömmlingen steht daher gem. § 2303 ff. BGB ein **Pflichtteilsanspruch** zu, der sich auf die Hälfte des gesetzlichen Erbteils bezieht, freilich zunächst beschränkt auf das Vermögen des erstversterbenden Ehegatten.

158 Eindeutig ist dies bei der **Einheitslösung**, wonach dem pflichtteilsberechtigten Abkömmling stets beim ersten Erbfall ein Pflichtteil zusteht. Bei der **Trennungslösung** ist dies nur der Fall, wenn er die Nacherbschaft ausschlägt (vgl. § 2306 BGB). Allerdings befindet er sich in einer komfortablen Lage, weil die Ausschlagungsfrist erst mit dem Eintritt des Nacherbfalls beginnt.

159 Ehegatten haben regelmäßig den Wunsch, dass ihre Kinder die mit dem gemeinschaftlichen Testament verfolgten Pläne und Nachfolgeplanung nicht durchkreuzen können. Im Rahmen der Testamentserrichtung und Beratung sind daher **Pflichtteilsklauseln** zu diskutieren. Mit ihnen soll erreicht werden, dass die Kinder davon abgehalten werden, beim Tod des Erstversterbenden den Pflichtteil geltend zu machen. Wenn solche Klauseln gewünscht sind, sind sie explizit aufzunehmen, weil nur in Ausnahmefällen davon ausgegangen werden kann, dass die Schlusserbeneinsetzung unter der stillschweigenden Bedingung erfolgt, dass die Kinder ihren Pflichtteil nicht geltend machen. Entsprechende Klauseln werden regelmäßig auch als **Pflichtteilsstrafklauseln** bezeichnet, weil sie gerade mit Sanktionswirkung die pflichtteilsberechtigten Kinder davon abhalten sollen, beim Tod des Erstversterbenden den Pflichtteil zu fordern. Als Sanktion ist regelmäßig vorgesehen, dass die Kinder für den Fall der Geltendmachung des Pflichtteils nach dem Tod des Erstversterbenden dann auch bei der Schlusserbfolge lediglich den Pflichtteil erhalten und somit von dieser faktisch ausgeschlossen sind.

160 Pflichtteilsstrafklauseln dürfen jedoch nicht zu der Annahme verleiten, dass der Pflichtteil hierdurch vermieden oder seiner Höhe nach geändert werden kann. Den Abkömmlingen stehen in allen Fällen Pflichtteilsansprüche nach den gesetzlichen Bestimmungen zu. Die Klauseln im Testament sollen vielmehr eine Art **faktisches Druckmittel** sein, die Abkömmlinge von der Geltendmachung des Pflichtteils abzuhalten.

23.56 **Muster 23.56: Pflichtteilsstrafklausel – Variante I**

161 Die Ersatzerbeneinsetzung gilt hingegen nicht für denjenigen Erben, der entweder nach dem Tod des Erstversterbenden den Pflichtteil verlangt oder beim Tod des Zweitversterbenden das Erbe ausschlägt und den Pflichtteil verlangt; (auch) dessen Abkömmlinge sind in diesem Fall von der Erbfolge ausgeschlossen.

162 Eine ausführliche Klausel könnte lauten:

23.57 **Muster 23.57: Pflichtteilsstrafklausel – Variante II**

Verlangt ein Schlusserbe beim Tod des Erstversterbenden den Pflichtteil, so ist er samt seinen Abkömmlingen von der Schlusserbfolge wie auch von der gesetzlichen Erbfolge nach dem Längerlebenden ausgeschlossen. Die danach frei werdende Erbquote soll den übrigen Schlusserben entsprechend ihrer Quote anwachsen. Über den Erbteil des ausgeschlossenen Schlusserben kann der Längerlebende jedoch in beliebiger Weise von Todes wegen oder zu Lebzeiten verfügen.

Verlangen alle Schlusserben beim Tod des Erstversterbenden den Pflichtteil, so ist Alleinerbe des letztversterbenden Ehegatten Herr/Frau .

163 Wollen Ehegatten sichergehen, dass Pflichtteilsansprüche überhaupt nicht geltend gemacht werden, so bleibt nur die Vereinbarung eines **Pflichtteilsverzichts zu notarieller Urkunde**, der freilich die Mitwirkung der Abkömmlinge erfordert (allgemein zum Pflichtteilsberechtigten siehe § 9).

I. Notarkosten

Der Geschäftswert für Testamente ist das sog. **modifizierte Reinvermögen** beider Ehegatten. Es ist nach § 102 GNotKG zu ermitteln. Vereinfacht gilt folgende Formel: Zu ermitteln sind die Aktiva eines jedes Ehegatten zum Zeitpunkt der Testamentserrichtung (§ 10 GNotKG), hiervon sind jeweils die Schulden bis maximal zum halben Wert der Aktiva in Abzug zu bringen. Die vorstehende Berechnung ist für jeden Ehegatten gesondert vorzunehmen, sodass sich etwa eine Saldierung der Schulden der Ehegatten verbietet. 164

Beispiel 165
Der Ehemann hat ein Aktivvermögen von 500.000 EUR und Verbindlichkeiten von 300.000 EUR, die Ehefrau hat ein Aktivvermögen von 600.000 EUR und Verbindlichkeiten von 50.000 EUR. Das modifizierte Reinvermögen des Ehemanns beträgt 500.000 EUR ./. 300.000 EUR = (mind.) 250.000 EUR. Das modifizierte Reinvermögen der Ehefrau beträgt 600.000 EUR ./. 50.000 EUR = 550.000 EUR. Addiert man beide Werte (250.000 EUR + 550.000 EUR) ergibt sich ein Geschäftswert von 800.000 EUR gem. § 102 GNotKG.

Während der **Gebührensatz** bei einem Einzeltestament 1,0 beträgt (KV 21200 GNotKG), beträgt er 2,0 beim gemeinschaftlichen Testament (KV 21100 GNotKG). Im Beispiel Rdn 165 ergibt sich bei einem Geschäftswert von 800.000 EUR eine Gebühr in Höhe von 2.830 EUR. Mit dem notariellen gemeinschaftlichen Testament werden in der Regel zwei Erbscheine entbehrlich. Unterstellt man, dass der Ehemann der Erstversterbende ist und die Erbfallschulden (vor allem Beerdigungskosten) 10.000 EUR betragen, würde ein Erbschein aus einem Geschäftswert von 290.000 EUR (600.000 EUR ./. 300.000 EUR ./. 10.000 EUR, vgl. § 40 GNotKG) 1.170 EUR kosten. Der Erbschein nach der Ehefrau – unterstellt, vom Reinvermögen des Ehemanns sind bei ihrem Tod noch 200.000 EUR vorhanden – würde aus einem Geschäftswert von 740.000 EUR (200.000 EUR + 550.000 EUR ./. 10.000 EUR) würde weitere 2.670 EUR kosten. In Summe ist das gemeinschaftliche Testament daher um 1.010 EUR günstiger als zwei Erbscheine. 166

Praxistipp 167
Wenn die Vermögen der Ehegatten erheblich voneinander abweichen, kann überlegt werden, ob nicht aus Gebührengründen Einzeltestamente geboten sind. Der „Preis" ist jedoch die fehlende Bindungswirkung (siehe hierzu Rdn 110 ff.).

Beispiel 168
Das Vermögen des Ehemanns beträgt 5 Mio. EUR, das der Ehefrau „nur" 500.000 EUR. Schulden sind je keine vorhanden. Ein gemeinschaftliches Testament löst eine Gebühr von 17.050 EUR (Geschäftswert 5 Mio. EUR + 500.000 EUR = 5,5 Mio. EUR) aus. Ein Einzeltestament des Ehemanns würde bei einem Geschäftswert von 5 Mio. EUR nur mit 8.135 EUR zu Buche schlagen, das der Ehefrau bei einem Geschäftswert von 500.000 EUR mit 935 EUR. Die addierte Gebühr von 9.070 EUR wäre somit erheblich billiger als die Gebühr von 17.050 EUR.

Praxistipp 169
Soweit auch bindende Verfügungen von Todes wegen gewünscht sind, könnte überlegt werden, nur diese entsprechend zu gestalten.

Beispiel 170
Es gelten die Vermögenswerte aus dem Beispiel Rdn 168. Bindend/wechselbezüglich soll nur ein Wohnungsrechtsvermächtnis zugunsten der Ehefrau an einer Immobilie des Ehemanns sein; dessen Wert beträgt 48.000 EUR gem. § 52 GNotKG. Auch wenn alles

in einer Urkunde geregelt wird, könnte man neben zwei Einzeltestamenten lediglich in Bezug auf das Wohnungsrecht ein gemeinschaftliches Testament aufnehmen. Nur aus 48.000 EUR wäre eine 2,0-Gebühr zu erheben, für den Rest kommt der Gebührensatz von 1,0 zum Tragen. Gelangen mehrere Gebührensätze in einer Urkunde zur Anwendung, ist eine Vergleichsberechnung gem. § 95 GNotKG vorzunehmen. Statt einer 2,0-Gebühr von 17.050 EUR beträgt die Gebühr in Summe nur 8.855 EUR (1,0 aus 5,5 Mio. EUR = 8.525 EUR; 2,0 aus 48.000 EUR = 330 EUR).

J. Gesamtmuster

23.58 **Muster 23.58: Gesamtmuster – Einheitslösung mit Supervermächtnis zugunsten der Kinder**

171 **Gemeinschaftliches Testament**

___ *[Urkundseingang]*

Herr ___ und Frau ___ erklärten, ein gemeinschaftliches Testament errichten zu wollen.

Herr ___ und Frau ___ sind nach Überzeugung des Notars, die dieser aufgrund der mit ihm geführten Verhandlung gewonnen hat, voll geschäfts- und testierfähig und nach Angabe in der Verfügung über den Nachlass nicht durch gemeinschaftliche Testamente oder frühere Erbverträge beschränkt.

Auf Antrag von Herrn ___ und Frau ___ beurkunde ich ihre mündlich abgegebenen Erklärungen wie folgt:

A. Vorbemerkungen

1.

Herr ___ ist geboren in ___, Geburtsstandesamt ___, Geburtenregisternummer ___, besitzt und besaß stets ausschließlich die deutsche Staatsangehörigkeit und hat seinen gewöhnlichen Aufenthalt in der Bundesrepublik Deutschland und beabsichtigt diesen nicht zu verlegen.

2.

Frau ___ ist geboren in ___, Geburtsstandesamt ___, Geburtenregisternummer ___, besitzt und besaß stets ausschließlich die deutsche Staatsangehörigkeit und hat ihren gewöhnlichen Aufenthalt in der Bundesrepublik Deutschland und beabsichtigt diesen nicht zu verlegen.

3.

Die Ehegatten ___ und ___ haben gemeinsam folgende Kinder:
- ___, geb. am ___, derzeit wohnhaft in ___
- ___, geb. am ___, derzeit wohnhaft in ___

Weitere Kinder hatten und haben die Ehegatten ___ und ___ nicht, auch keine adoptierten.

B. Letztwillige Verfügungen

1. Widerruf

Alle früheren Verfügungen von Todes wegen heben wir hiermit ihrem vollen Inhalt nach auf.

2. Erbeinsetzung

Wir, die Ehegatten ___ und ___, setzen uns hiermit gegenseitig zu alleinigen, unbeschränkten und ausschließlichen Vollerben ein.

3. Schluss- und Ersatzerbeneinsetzung

a)

Als Schluss- und Ersatzerben bestimmen wir unsere gemeinsamen Abkömmlinge nach den Regeln der gesetzlichen Erbfolge, derzeit also unsere beiden Kinder und , zu Erben zu gleichen Teilen.

b)

Kann oder will kein gemeinsamer Abkömmling von uns nach dem Tod des Letztversterbenden Erbe werden, sollen die Verwandten der Ehefrau zur einen Hälfte, untereinander nach den Regeln der gesetzlichen Erbfolge, sowie die Verwandten des Ehemanns zur anderen Hälfte, untereinander nach den Regeln der gesetzlichen Erbfolge, zu Erben berufen sein.

c)

Weitere Ersatzerben wollen wir heute nicht bestimmen.

4. Vermächtnisse

Wir beschweren uns gegenseitig, der Erstversterbende den Längerlebenden, mit folgenden Zweckvermächtnissen gem. §§ 2151 ff., 2156 BGB zugunsten unserer gemeinsamen Abkömmlinge, derzeit also zugunsten unserer Kinder und als Vermächtnisnehmer. Ersatzvermächtnisnehmer sind die Abkömmlinge unserer Kinder nach den Regeln der gesetzlichen Erbfolge.

Zweck des jeweiligen Vermächtnisses (§ 2156 BGB) ist es,
- dem Vermächtnisnehmer eine Abfindung dafür zu gewähren, dass er beim ersten Erbfall lediglich Ersatzerbe ist,
- eine möglichst gerechte und wirtschaftlich sinnvolle Vermögensverteilung zu erreichen und
- der Familie das Ausnutzen der erbschaftsteuerlichen Freibeträge zu ermöglichen.

Dem Längerlebenden von uns steht als dem mit dem Vermächtnis Beschwerten das Bestimmungsrecht zu. Er ist berechtigt,
- die von ihm geschuldete Leistung nach billigem Ermessen zu bestimmen (§ 2156 BGB) sowie festzulegen,
- wer aus dem vorstehend festgelegten Kreis der Vermächtnisnehmer etwas erhält (§ 2151 BGB),
- ob er etwas erhält und was und wann der jeweils Bedachte etwas erhält (§§ 2151, 2156 BGB).

Als Beschwerter kann der Längerlebende bei der Übertragung von Gegenständen auch Ausgleichszahlungen festlegen. Insoweit wird der jeweilige Empfänger mit einem bedingten Untervermächtnis zugunsten des durch die Ausgleichszahlung Begünstigten beschwert. Auch diesbezüglich steht dem Längerlebenden ein Bestimmungsrecht zu. Begünstigter kann nur der Längerlebende selbst oder ein anderer Vermächtnisnehmer sein.

Das Vermächtnis fällt mit dem Tod des Erstversterbenden an. Der Zeitpunkt der Fälligkeit und Erfüllung ist jedoch gem. § 2181 BGB in das freie Belieben des Längerlebenden gestellt, jedoch innerhalb eines Zeitraums von vier Jahren nach dem Tod des Erstversterbenden; er kann das Vermächtnis auch durch mehrere, zeitlich auseinanderfallende Einzelleistungen erfüllen. Falls der Längerlebende zum Todeszeitpunkt des Erstversterbenden älter als 80 Jahre ist, ist der zu erfüllende Zeitraum auf zwei Jahre begrenzt.

Der Längerlebende ist befugt, sich einen Nießbrauch an einzelnen oder allen Vermächtnisgegenständen vorzubehalten, bei dem er alle Kosten zu tragen hat. Er kann den Nießbrauch auf eigene Kosten an nächstoffener Rangstelle im Grundbuch zur Eintragung bringen.

Er kann sich auch einen bedingten Anspruch auf Rückübertragung vorbehalten für den Fall
- der Verfügung des Vermächtnisnehmers über den Vermächtnisgegenstand zu Lebzeiten des Längerlebenden ohne seine vorherige Zustimmung,
- des Vorversterbens eines Vermächtnisnehmers vor dem Tod des Längerlebenden,
- der Zwangsvollstreckung in den Vermächtnisgegenstand, ohne dass die Maßnahme innerhalb von drei Monaten wieder aufgehoben worden ist,

- der Insolvenz des Vermächtnisnehmers oder der Ablehnung mangels Masse,
- der Ehescheidung des Vermächtnisnehmers, es sei denn, es bestehen keine Zugewinnausgleichsansprüche bezüglich des Vertragsgegenstands oder daraus resultierender Wertsteigerungen.

Der Längerlebende ist befugt, sich zur Sicherung des bedingten Rückübertragungsanspruchs bei Grundbesitz eine Auflassungsvormerkung an nächstoffener Rangstelle im Grundbuch auf eigene Kosten eintragen zu lassen.

5. Testamentsvollstreckung

Ein jeder von uns ordnet für den Fall, dass er der Letztversterbende von uns beiden ist, für dasjenige, was Abkömmlinge von uns durch diese Urkunde erhalten, Testamentsvollstreckung an, soweit diese das Lebensjahr noch nicht vollendet haben. Zum Testamentsvollstrecker benennt ein jeder von uns , geb. am , derzeit wohnhaft in , ersatzweise . Jeder Testamentsvollstrecker ist berechtigt, einen Nachfolger zu ernennen. Sollte er das Amt nicht annehmen können oder wollen, steht ihm insoweit Bestimmungsrecht zu.

Die Testamentsvollstreckung endet jeweils mit Vollendung des Lebensjahres eines jeden Abkömmlings für dessen Erbteil/Vermächtnisgegenstand.

Die Testamentsvollstreckung ist Dauervollstreckung. Der Testamentsvollstrecker hat die in §§ 2207, 2209 BGB enthaltenen Befugnisse.

Der Testamentsvollstrecker erhält keine Vergütung, jedoch Ersatz seiner notwendigen Auslagen.

6. Bindungswirkung, Wechselbezüglichkeit

Die in Ziff. 2 enthaltene gegenseitige Erbeinsetzung sowie alle Verfügungen zugunsten unserer gemeinsamen Kinder sind wechselbezüglich getroffen. Der Überlebende von uns ist jedoch berechtigt, die Verfügungen zugunsten unserer Kinder beliebig zu ändern oder aufzuheben, soweit dies zugunsten gemeinsamer Abkömmlinge von uns geschieht. In diesem Umfang ist der Überlebende von uns auch zu lebzeitigen Verfügungen aller Art berechtigt. Beim Gebrauchmachen vom Änderungsrecht bleiben die Verfügung des Erstversterbenden von uns weiterhin wirksam.

7. Anfechtungsausschluss

Das Anfechtungsrecht gem. § 2079 BGB schließen wir jeweils aus.

8. Scheidungsfolgen

Mit Scheidung unserer Ehe entfallen sämtliche Verfügungen zugunsten des anderen Ehegatten. Die Verfügungen zugunsten anderer Personen bleiben wirksam, können dann aber von jedem von uns einseitig geändert werden. Entsprechendes gilt, wenn beim Erbfall ein Scheidungsverfahren rechtshängig ist, unabhängig davon, ob die rechtlichen Voraussetzungen für eine Scheidung vorliegen. Dies gilt auch für Verfügungen, die wir je bereits vor Eingehung unserer Ehe getroffen haben.

9. Wiederverheiratung

Besondere Anordnungen für den Fall der Wiederverheiratung des Überlebenden von uns treffen wir nicht. Die Verzichte in Ziff. 7 bleiben hiervon unberührt.

10. Keine weiteren Verfügungen

Weitere Verfügungen von Todes wegen treffen wir zu dieser Urkunde nicht.

C. Kosten, Abschriften, Hinweise

1.

Wir tragen die Kosten dieser Urkunde und der Hinterlegung.

2.

Wir beantragen, uns von dieser Urkunde eine beglaubigte Abschrift zu erteilen; eine weitere beglaubigte Abschrift ist für die offene Verwahrung der Urkundensammlung des Notars zu fertigen.

3.

Der Notar belehrte über die Rechtswirkungen eines Testaments sowie über das Pflichtteilsrecht; er wies darauf hin, dass dieses Testament in die amtliche Verwahrung des Nachlassgerichts kommt. Der Notar hat auch über die Bindungswirkungen belehrt.

4.

Der Notar hat darauf hingewiesen, dass
- für Erbfälle grundsätzlich das Erbrecht des gewöhnlichen Aufenthaltsorts zur Anwendung gelangt,
- Bestimmungen dieses Testaments unwirksam oder dessen wesentliche Ziele verfehlt werden können, wenn im Zeitpunkt des Erbfalls kein gewöhnlicher Aufenthalt in Deutschland mehr besteht.

Eine Rechtswahl zu dieser Urkunde ist nicht gewünscht.

Vorgelesen vom Notar,

von den Beteiligten genehmigt und

eigenhändig unterschrieben:

§ 24 Erbvertrag

Dr. Markus Sikora/Walter Krug

Literaturhinweise

Buchholz, Zur bindenden Wirkung des Erbvertrags, FamRZ 1987, 440; *v. Dickhuth-Harrach*, Handbuch der Erbfolgegestaltung, 2010; *v. Dickhuth-Harrach*, Testament durch Wimpernschlag – Zum Wegfall des Mündlichkeitserfordernisses bei der Beurkundung von Testamenten und Erbverträgen, FamRZ 2003, 493; *Dörner/Hertel/Lagarde/Riering*, Auf dem Weg zu einem europäischen Internationalen Erb- und Erbverfahrensrecht, IPRax 2005, 1; *Dohr*, Überwindung der aufgrund gemeinschaftlichen Testaments oder Erbvertrags entstandenen erbrechtlichen Bindungswirkung, MittRhNotK 1998, 387; *Flick/Piltz*, Der Internationale Erbfall, 2. Aufl. 2008; *Goldkamp*, Bindung im Erbrecht, ErbR 2023, 828; *Grziwotz*, Der Erbvertrag nichtehelicher Partner, ZEV 1999, 299; *Helms*, Der Widerruf und die Anfechtung wechselbezüglicher Verfügungen bei Geschäfts- und Testierunfähigkeit, DNotZ 2003, 104; *Herlitz*, Abänderungs- und Rücktrittsvorbehalt beim Erbvertrag, MittRhNotK 1996, 153; *Hülsmeier*, Der Vorbehalt abweichender Verfügungen von Todes wegen beim Erbvertrag, NJW 1986, 3115; *Ivo*, Die Zustimmung zur erbvertragswidrigen Verfügung von Todes wegen, ZEV 2003, 58; *Keim*, Wechselbezüglichkeit und erbvertragliche Bindung bei Patchworkfamilien, DNotZ 2020, 805; *Keim*, Anwachsung und Bindungswirkung bei Erbvertrag und gemeinschaftlichem Testament, ZEV 2019, 683; *Keim*, Fallstricke bei Erb- und Pflichtteilsverzichten, ZEV 2013, 411; *Keim*, Änderungsvorbehalte in Ehegattenerbverträgen, NJW 2009, 818; *Keim*, Testamentsgestaltung bei „missratenen" Kindern, NJW 2008, 2072; *Keim*, Die Reform des Erb- und Verjährungsrechts und ihre Auswirkungen auf die Gestaltungspraxis, ZEV 2008, 161; *Keim*, Die Aufhebung von Erbverträgen durch Rücknahme aus amtlicher oder notarieller Verwahrung, ZEV 2003, 55; *Kornexl*, Gibt es einen Nachtrag zum Erbvertrag?, ZEV 2003, 62; *Krebber*, Die Anfechtbarkeit des Erbvertrags wegen Motivirrtums, DNotZ 2003, 20; *Lehmann*, Nochmals: Gibt es einen Nachtrag zum Erbvertrag? – Anmerkung zu Kornexl, ZEV 2003, 234; *Lehmann*, Der Vorbehalt der Beschränkung und Beschwerung eines vertragsmäßig Bedachten, BWNotZ 2000, 129; *Lichtenwimmer*, Die Feststellung der Geschäfts- und Testierfähigkeit durch den Notar, MittBayNot 2002, 240; *Löhnig*, Rechtsmissbräuchliche Berufung auf den Inhalt eines Ehevertrags, JA 2008, 897; *Mayer*, Der Änderungsvorbehalt beim Erbvertrag – erbrechtliche Gestaltung zwischen Bindung und Dynamik, DNotZ 1990, 755; *Münch*, Infiziert der Ehevertrag erbrechtliche Verzichte und Verfügungen?, ZEV 2008, 571; *Ritter*, Der Konflikt zwischen einer erbrechtlichen Bindung aus erster Ehe und einer Verfügung des überlebenden Ehegatten zugunsten eines neuen Lebenspartners, 1998; *Rohlfing/Mittenzwei*, Der Erklärungsgegner bei der Anfechtung eines Erbvertrags oder gemeinschaftlichen Testaments, ZEV 2003, 49; *Rosiak*, Gestaltungsmöglichkeiten nach Eintritt der Bindungswirkung erbrechtlicher Verfügungen, RNotZ 2024, 557; *Roth*, Vorgehen des Vertragserben bei beeinträchtigenden Schenkungen, NJW-Spezial 2023, 743; *Roth*, Möglichkeit zur Lösung des Erblassers vom Erbvertrag, NJW-Spezial 2019, 231; *Süß*, Die Wahl deutschen Güterrechts für inländische Grundstücke, ZNotP 1999, 385, 394; *Veit*, Die Anfechtung von Erbverträgen durch den Erblasser, NJW 1993, 1553; *Voltz*, Internationales Erbrecht in der EU – Perspektiven einer Harmonisierung, IPRax 2005, 64; *Weber*, Befreiung aus erbrechtlichen Selbstbindungen, ZfPW 2020, 38; *Weiler*, Änderungsvorbehalt und Vertragsmäßigkeit der erbvertraglichen Verfügungen, DNotZ 1994, 427; *Zimmer*, Rücktritt vom Erbvertrag bei Testier- und Geschäftsunfähigkeit, NJW 2021, 1434.

Inhalt

A. **Begriff** 1
B. **Arten von Erbverträgen** 6
I. Einseitiger Erbvertrag 7
1. Ausgangssituation 7
2. Verhältnis zwischen lebzeitiger Leistungsverpflichtung und Verfügung von Todes wegen 9
3. Unentgeltlicher Erbvertrag 11
II. Zweiseitiger oder mehrseitiger Erbvertrag 12
1. Ausgangssituation 12
2. Verbindung des Erbvertrags mit anderen Rechtsgeschäften unter Lebenden 17
III. Inhalt des Erbvertrags 22
1. Vertragsmäßige Verfügungen 22
a) Grundsatz 22
b) Erblasserwille 25
c) Interessenlage als Auslegungskriterium 26
2. Wechselbezügliche (korrespektive) Verfügungen 27
a) Vertragsmäßigkeit – Wechselbezüglichkeit 27
b) Rechtswirkung der Wechselbezüglichkeit 28
3. Einseitige Verfügungen 30
IV. Errichtung des Erbvertrags 31
1. Abschlussfähigkeit 32
a) Geschäftsfähigkeit 32
b) Entbindung von der ärztlichen Schweigepflicht 34
c) Feststellungen des Notars zur Geschäftsfähigkeit 35
d) Entbindung von der notariellen Verschwiegenheitspflicht 36
e) Persönliche Anforderungen an den Vertragspartner, der nicht Erblasser ist 39
2. Höchstpersönlichkeit 40
3. Formvorschriften 41
4. Verwahrung 45
V. Rechtswirkungen der erbvertraglichen Bindung 47
1. Verfügungen unter Lebenden und erbvertragliche Bindung 47
a) Rechtsstellung des Bedachten 48
b) Rechtsstellung des Erblassers 51
aa) Grundsatz 51
bb) Zusätzlicher Verfügungsunterlassungsvertrag 52
2. Beeinträchtigende Schenkungen 55
VI. Erbvertrag oder gemeinschaftliches Testament? 56
1. Besonderheiten des Erbvertrags 57
2. Besonderheiten des gemeinschaftlichen Testaments 58
C. **Rechtswahl im Erbvertrag** 59
I. Erbstatut nach der EuErbVO 59
II. Zulässigkeit der Rechtswahl 60
D. **Andere Verfügungen von Todes wegen im Verhältnis zum Erbvertrag** 61
I. Allgemeines 61
II. Verfügung von Todes wegen, die vor dem Erbvertrag errichtet wurde 62
III. Verfügung von Todes wegen, die nach dem Erbvertrag errichtet wurde 65
IV. Begriff der Beeinträchtigung 66
V. Zustimmung des vertraglich Bedachten .. 67
VI. Zustimmung des Vermächtnisnehmers zu anderweitigen Verfügungen 70
VII. Beschränkung eines Abkömmlings in guter Absicht 73
VIII. Wegfall der Aufhebungswirkung bei Unwirksamwerden des Erbvertrags 74
IX. Erbvertragsaufhebung 76
X. Erbvertragsaufhebung durch gemeinschaftliches Testament 78
E. **Änderungsvorbehalt und vertragliche Verfügungen** 81
I. Allgemeines 81
II. Zulässigkeit des Änderungsvorbehalts ... 83
III. Grenzen des Änderungsvorbehalts 84
F. **Auslegung des Erbvertrags** 90
G. **Anfechtung des Erbvertrags** 91
I. Allgemeines 91
II. Erklärungen des Vertragspartners 92
III. Erbvertraglich bindende Verfügungen ... 93
1. Anfechtung des Erbvertrags durch den Erblasser 93
a) Allgemeines 93
b) Einseitiger Erbvertrag; Selbstanfechtungsrecht des Erblassers ... 96
aa) Vertragliche Verfügungen von Todes wegen 96
bb) Anfechtungsgründe 97
(1) Inhalts- und Erklärungsirrtum 97
(2) Motivirrtum 99
cc) Form und Frist der Anfechtung 100
dd) Rechtswirkungen der Anfechtung 103
c) Bestätigung eines anfechtbaren Erbvertrags 104
d) Anfechtung des zweiseitigen und mehrseitigen Erbvertrags 107
aa) Anfechtungserklärung 108
bb) Frist 109
cc) Rechtswirkungen der erklärten Anfechtung 110
dd) Ausschluss des Anfechtungsrechts 113
ee) Fall aus der Rechtsprechung: Kenntnis des Erblassers vom Anfechtungsgrund trotz Rechtsirrtums über die Bindungswirkung des Ehegattentestaments (bzw. eines Erbvertrags) 114
ff) Muster 120
e) Anfechtbarkeit einseitiger Verfügungen 121
2. Anfechtung des Erbvertrags durch Dritte 122
H. **Rücktritt vom Erbvertrag** 123
I. Rücktrittsrecht des Vertragspartners 123
II. Rücktrittsrecht des Erblassers 125
1. Vorbehaltenes Rücktrittsrecht 126
2. Gesetzliches Rücktrittsrecht 127

a) Rücktritt bei Verfehlungen des Bedachten 127
b) Rücktritt bei Wegfall der Gegenverpflichtung 130
c) Fallbeispiel 132
aa) Sachverhalt 132
bb) Voraussetzungen für einen Rücktritt vom Erbvertrag 133
cc) Gegenseitige Abhängigkeit von Erbeinsetzung und Zahlungsverpflichtung 134
dd) Rückgewähr der Rentenzahlungen 135
3. Rücktrittserklärung 136
a) Zu Lebzeiten beider Vertragspartner 136
b) Nach dem Tod des Vertragspartners 139
c) Rücktritt durch Testament 140
d) Wechselbezügliche vertragliche Verfügungen 147
I. Erbschaftsteuerliche Hinweise 149
J. Zentrales Testamentsregister 152
K. (Notar-)Kosten 153

A. Begriff

Im Gegensatz zum Testament als einseitige letztwillige Verfügung von Todes wegen bietet der Erbvertrag die Möglichkeit, dass entweder beide Vertragsteile oder auch nur ein Vertragsteil (wenigstens) eine Verfügung von Todes wegen mit **vertraglicher Bindung** treffen (§ 1941 BGB). Wesentliches Merkmal der Testierfreiheit ist die Möglichkeit, testamentarische Verfügungen jederzeit frei zu widerrufen. Diese freie Widerruflichkeit gilt für vertraglich angeordnete Verfügungen von Todes wegen nicht. Hierin liegt eine Ausnahme vom grundsätzlichen Verbot des § 2302 BGB, wonach Verträge über die Testierfreiheit des Erblassers an sich unzulässig sind. 1

Die Rechtsnatur des Erbvertrags wird durch zwei Elemente geprägt: Einerseits trifft der Erblasser eine Verfügung von Todes wegen; andererseits wird diese Verfügung im Einverständnis mit dem Vertragspartner getroffen. Bereits zu Lebzeiten des Erblassers tritt für ihn eine vertragliche Bindung ein, und zwar mit Abschluss der notariellen Beurkundung. Auf der einen Seite steht beim Erbvertrag die höchstpersönliche Verfügung von Todes wegen, auf der anderen finden sich Elemente eines zweiseitigen Vertrags. Aus diesem Grund spricht man auch von der **„Doppelnatur“** des Erbvertrags.[1] Weil aber die (vertraglichen) Wirkungen erst mit dem Tod des Erblassers eintreten, wird der Erbvertrag auch als „Vertrag sui generis“ gekennzeichnet.[2] Damit wird gleichzeitig klargestellt, dass die Vorschriften des BGB für schuldrechtliche Verträge einschließlich der Vorschriften über gegenseitige Verträge auf den Erbvertrag keine Anwendung finden.[3] Selbst wenn sich die Vertragschließenden – häufig Ehegatten – gegenseitig zu Erben einsetzen oder wenn der Erblasser eine Person zum Erben einsetzt und diese Person eine Verpflichtung zur Erbringung einer Leistung zu Lebzeiten verspricht, finden die schuldrechtlichen Vorschriften auf den Erbvertrag dennoch keine Anwendung. Denkbar für derartige Fälle ist allenfalls, den Erbvertrag mit einem weiteren Vertrag zu kombinieren oder zu prüfen, ob eine derartige Verbindung beider Verträge nach § 139 BGB nach dem Parteiwillen vorliegt. Zum Rücktrittsrecht des Erblassers vom Erbvertrag bei Ausbleiben der Gegenleistung vgl. Rdn 138 ff. 2

1 MüKo-BGB/*Musielak*, vor § 2274 Rn 3.
2 *Nolting*, JA 1993, 129.
3 *Leipold*, Rn 369.

3 Weitere Folgen der vertraglichen Bindung des Erblassers sind:
- Die vertragsmäßig getroffenen Verfügungen können nicht einseitig widerrufen werden (Ausnahme: Anfechtung und Rücktritt, soweit vorbehalten).
- Frühere Verfügungen von Todes wegen sind insoweit aufgehoben, als sie das Recht des vertragsmäßig Bedachten beeinträchtigen (§ 2289 Abs. 1 S. 1 BGB).
- Der Erblasser kann keine neue Verfügung von Todes wegen errichten, soweit sie der erbvertraglichen Bindung widerspricht (§ 2289 Abs. 1 S. 2 BGB).

Die vertragsmäßige Verfügung von Todes wegen kann entweder zugunsten des Vertragspartners oder zugunsten eines Dritten erfolgen (vgl. im Einzelnen Rdn 13 ff.).

4 Der Erbvertrag kann zwischen **beliebigen Personen** geschlossen werden, ist also nicht etwa auf Ehegatten, eingetragene Lebenspartner oder (nahe) Angehörige beschränkt. Von den mehreren (fremden) Personen kann jede, können mehrere oder nur eine als Erblasser bei Abschluss des Vertrags handeln.

5 **Praxishinweis**

Nicht jede Rechtsordnung hat sich derart komplizierte Regeln wie die der vertraglichen letztwilligen Verfügungen zu eigen gemacht. Die zum romanischen Rechtskreis gehörenden Staaten kennen in der Regel weder den Erbvertrag noch das gemeinschaftliche Testament. Anderen Rechtsordnungen ist somit entweder jede Form der erbvertraglichen Bindungswirkung fremd oder sie lassen sie nur in gewissem Umfang zu (vgl. die Bestimmung in § 1253 des österreichischen AGBGB, wonach ein sog. „reines Viertel" stets außerhalb jeder Form der Bindung stehen muss).

Seit Inkrafttreten der EuErbVO zum 17.8.2015 richtet sich das Erbstatut nicht mehr nach der Staatsangehörigkeit, sondern nach dem gewöhnlichen Aufenthalt des Erblassers bei seinem Tod (Art. 21 EuErbVO). Insoweit ist bei der Vertragsgestaltung Vorsicht geboten, wenn anzunehmen ist, dass der Erblasser durch Wegzug ins Ausland seinen gewöhnlichen Aufenthaltsort bis zum Tod ändern wird. Eine Rechtswahl zugunsten des deutschen Rechts gem. Art. 22 EuErbVO kann die Wirksamkeit auch bei späterem Wohnortwechsel sicherstellen. Sie erhöht jedoch den Geschäftswert der notariellen Urkunde um 30 % (§ 104 Abs. 2 GNotKG) und stellt stets einen besonderen Beurkundungsgegenstand darf (§ 111 Nr. 4 GNotKG). Gewählt werden kann nur das Recht des Staates, dem der Testator im Zeitpunkt seines Todes angehört (Art. 22 Abs. 1 EuErbVO). Bei einem Erbvertrag mit gemischt nationalen Vertragschließenden kann somit das Recht eines jeden Erblassers gewählt werden. Beim einseitigen Erbvertrag kommt nur das Recht der Staatsangehörigkeit des testierenden Vertragschließenden in Betracht.[4] Die Rechtswahl jedenfalls zugunsten des deutschen Rechts kann auch an der Bindungswirkung teilnehmen (vgl. § 2278 BGB, der im Zuge des Inkrafttretens der EuErbVO insoweit geändert wurde und dies ausdrücklich klarstellt).

4 Vgl. zum Ganzen Krätzschel/Falkner/Döbereiner/*Döbereiner*, § 47 Rn 69.

B. Arten von Erbverträgen

Man unterscheidet **einseitige** Erbverträge von **zwei-** oder **mehrseitigen** Erbverträgen. 6

I. Einseitiger Erbvertrag

1. Ausgangssituation

Wenn nur **ein** Vertragsteil eine Verfügung von Todes wegen trifft, der andere Vertragsteil aber nicht, spricht man von einem einseitigen Erbvertrag. Die **Verbindung** von Erbvertrag und Gegenleistung kann erfolgen als 7

- gegenseitige Bedingung,
- Zweckvorgabe i.S.v. § 812 Abs. 1 S. 2 Hs. 2 BGB,
- Vereinbarung eines Gesamtrechtsgeschäfts, das bei Teilunwirksamkeit insgesamt unwirksam wird gem. § 139 BGB.[5]

Sind im Erbvertrag keine eindeutigen Regeln zu diesem Fragenkreis getroffen, so ist der entsprechende Wille der Vertragsparteien durch Auslegung zu ermitteln. Die Praxis neigt am ehesten zur Anwendung von § 139 BGB.

Einseitige Erbverträge werden häufig in der Form geschlossen, dass sich ein Teil verpflichtet, den Erblasser lebenslang zu pflegen, und dieser dafür den anderen vertragsmäßig bindend zum Erben einsetzt. Ein solcher Vertrag enthält somit eine schuldrechtliche Verpflichtung als **Gegenleistung** für die Erbeinsetzung. Die vertraglich begründeten Pflegeverpflichtungen beziehen sich regelmäßig auf Sachleistungen (Dienstleistungen). Für die Bewertung der Leistungsverpflichtung kann – soweit sich kein anderer Anhaltspunkt aus dem Vertrag ergibt – auf die Werte nach dem SGB XI (Pflegeversicherung) abgestellt werden.[6] Dass eine vertragsmäßige Erbeinsetzung „mit Rücksicht" auf eine in einem gesonderten Überlassungsvertrag enthaltene Unterhaltsverpflichtung des Bedachten vorgenommen wurde, kann regelmäßig nicht allein aus dem Umstand geschlossen werden, dass beide Verträge am gleichen Tag abgeschlossen wurden.[7] 8

2. Verhältnis zwischen lebzeitiger Leistungsverpflichtung und Verfügung von Todes wegen

Die Regeln über den gegenseitigen Vertrag i.S.d. §§ 320 ff. BGB finden jedoch auf derartige Verträge keine Anwendung, weil die Verfügung des Erblassers keine schuldrechtliche Verpflichtung darstellt, sondern eine Verfügung von Todes wegen. Der Erbvertrag steht mit der Gegenleistung in einem **Entgeltlichkeitszusammenhang**. Man spricht von einem „synallagmatischen Vertrag ohne obligatorischen Charakter". Die eingegangene Verpflichtung zur Gegenleistung ist Rechtsgeschäft unter Lebenden, das nicht Bestandteil des Erbvertrags ist.[8] 9

Rücktrittsrecht des Erblassers vom gegenseitigen Vertrag und vom Erbvertrag: Ist mit einem Erbvertrag, durch den der Erblasser den Bedachten zum Erben bestimmt, ein gegenseitiger Vertrag unter Lebenden verbunden, in dem der Bedachte sich zum Erbringen von Pflegeleistungen verpflichtet und der Erblasser weitere Verpflichtungen übernimmt, z.B. keine Veräußerung oder Belastung seines Hausgrundstücks zu Lebzeiten, so kann 10

5 Grüneberg/*Weidlich*, § 2295 Rn 2.
6 OFD Koblenz DStR 1996, 786; OLG Stuttgart v. 30.8.2007 – 19 U 27/07, juris.
7 OLG München ZErb 2009, 178 = ZEV 2009, 345.
8 BGHZ 36, 65.

Letzterer wegen unterbliebener Pflegeleistungen gem. § 323 BGB von diesem Vertrag und zugleich nach § 2295 BGB vom Erbvertrag zurücktreten. Ein derartiger Rücktritt kommt erst dann in Betracht, wenn der Erblasser den Bedachten unter Fristsetzung zuvor vergeblich aufgefordert hat, die im Einzelnen zu bezeichnenden Pflegeleistungen zu erbringen.[9]

Nach § 2295 BGB kann der Erblasser von einer vertragsmäßigen Verfügung zurückzutreten, wenn die Verfügung mit Rücksicht auf eine rechtsgeschäftliche Verpflichtung des Bedachten, dem Erblasser für dessen Lebenszeit wiederkehrende Leistungen zu entrichten, insbesondere Unterhalt zu gewähren, getroffen ist und die Verpflichtung vor dem Tod des Erblassers aufgehoben wird. Grundsätzlich finden die Regelungen über gegenseitige Verträge nach § 320 ff. BGB, insbesondere über den Rücktritt nach § 323 BGB, auf Erbverträge keine Anwendung, da es am Gegenseitigkeitsverhältnis zwischen der erbrechtlichen Verfügung und der übernommenen Verpflichtung des Vertragserben fehlt.[10] Es liegt aber dann ein gegenseitiger Vertrag vor, wenn der Erbvertrag nicht nur eine Erbeinsetzung einerseits und die Pflegeverpflichtung des Bedachten andererseits enthält, sondern der Erblasser weiter die Verpflichtung übernommen hat, sein Hausgrundstück nicht zu veräußern und zu belasten. Zu deren Absicherung können die Vertragsparteien bei Verstoß eine Pflicht zur sofortigen unentgeltlichen Übereignung in den Vertrag aufnehmen und diese zugunsten des Bedachten durch eine Vormerkung absichern lassen. Diese Unterlassungspflicht des Erblassers sowie die Pflegepflicht des Bedachten stehen in einem Gegenseitigkeitsverhältnis i.S.v. § 323 Abs. 1 BGB. Ist aber mit dem Erbvertrag ein gegenseitiger Vertrag unter Lebenden verbunden, durch den der Bedachte sich dem Erblasser zur Gewährung von Pflege und/oder Unterhalt verpflichtet, so kann der Erblasser beim Vorliegen der Voraussetzungen des § 323 BGB von diesem Vertrag und zugleich nach § 2295 BGB vom Erbvertrag zurücktreten.[11]

3. Unentgeltlicher Erbvertrag

11 Übernimmt der Vertragspartner **keine Gegenleistung** für die letztwillige Zuwendung, liegt ein unentgeltlicher Erbvertrag vor. Diese Konstellation birgt auch in erbschaftsteuerlicher Hinsicht keine Besonderheiten. Insbesondere stellt der Abschluss des Erbvertrags für den Begünstigten (noch) keinen steuerlich relevanten Vermögenszuwachs dar.

II. Zweiseitiger oder mehrseitiger Erbvertrag

1. Ausgangssituation

12 Der Vorteil des Erbvertrags besteht u.a. darin, dass nicht nur ein Vertragspartner Verfügungen von Todes wegen trifft, sondern dass auch zwei oder mehrere Vertragspartner ihrerseits Verfügungen von Todes wegen treffen können. Am häufigsten ist der zweiseitige Erbvertrag, der unter **Ehegatten** geschlossen wird. Er gewinnt auch zunehmend an Bedeutung für geschiedene Ehegatten, die sicherstellen wollen, dass gemeinsame Vermögensgegenstände, insbesondere Immobilien, im Erbgang an gemeinschaftliche Kinder gehen. Sie wollen damit erreichen, dass gemeinsam erarbeitetes Vermögen nicht an Dritte, insbesondere nicht an einen neuen Ehepartner und/oder Kinder aus einer neuen Ehe, fällt. Erbverträge solcher

9 BGH ErbR 2011, 21 = FamRZ 2010, 2072 = NJW 2011, 224 = ZFE 2011, 76.

10 BGH ErbR 2011, 21 = FamRZ 2010, 2072 = NJW 2011, 224 = ZFE 2011, 76; OLG Karlsruhe FamRZ 1997, 1180; LG Köln DNotZ 1978, 685; Staudinger/*Raff*, § 2295 Rn 3; MüKo-BGB/*Musielak*, § 2295 Rn 1; Erman/*Schmidt*, § 2295 Rn 8; Soergel/*Wolf*, § 2295 Rn 4; Reimann/Bengel/Dietz/Sammet, § 2295 Rn 6.

11 Vgl. bereits RG DNotZ 1935, 678; Staudinger/*Raff*, § 2295 Rn 9; Soergel/*Wolf*, § 2295 Rn 4.

Art können zusammen mit einer Scheidungsfolgenvereinbarung geschlossen werden und erleichtern nicht selten eine einvernehmliche Regelung bezüglich der Scheidungsfolgen. Auch eine erbvertragliche Regelung in einem gerichtlichen (Scheidungs-)Vergleich ist möglich, weil das gerichtliche Protokoll die notarielle Beurkundung ersetzt (§ 127a BGB); bei Anwaltszwang unter Mitwirkung des Anwalts.[12] Allerdings müssen die Parteien persönlich anwesend sein und den notariell errichteten Erbvertrag persönlich genehmigen.[13]

Es ist jedoch zu beachten, dass in den Fällen, in denen ein Erbvertrag bspw. mit einer **Scheidungsvereinbarung** verbunden wird, die Gesamtvereinbarung den strengen Formvorschriften des Erbvertrags unterworfen ist[14] und dass die Rücknahme des Erbvertrags aus der Verwahrung des Notars oder der amtlichen Verwahrung nach § 2300 BGB mit Aufhebungswirkung nicht möglich ist (vgl. auch Rdn 17).

Muster 24.1: Erbvertrag von in Scheidung lebenden Ehegatten – Scheidungsvereinbarung – Auseinandersetzungsausschluss – Schuldrechtliches Nutzungsrecht – Grundstücksvermächtnis – Erb- und Pflichtteilsverzichtsvertrag 24.1

[*Notarielle Urkundenformalien*] 13

Erschienen sind:

1. Herr – ausgewiesen durch seinen Personalausweis –
2. dessen Ehefrau, Frau – ausgewiesen durch ihren Personalausweis –

Die Anwesenden erklären, dass weder der Notar noch eine Person, mit der sich der Notar zur gemeinsamen Berufsausübung verbunden oder mit der er gemeinsame Geschäftsräume hat, außerhalb einer Amtstätigkeit in derselben Angelegenheit bereits tätig war oder ist.

Bei der mit den Anwesenden geführten ausführlichen Unterredung habe ich, Notar, die Überzeugung gewonnen, dass sie zweifelsfrei geschäftsfähig sind. Gründe für die Zuziehung von Zeugen oder eines zweiten Notars sind nicht ersichtlich; die Anwesenden wünschen dies auch nicht.

Sie bitten um Beurkundung einer Scheidungsfolgenvereinbarung, eines Erbvertrags und eines Erb- und Pflichtteilsverzichtsvertrags.

A. Vorbemerkungen

Wir sind beide seit unserer Geburt deutsche Staatsangehörige und haben am vor dem Standesamt die beiderseits erste Ehe geschlossen. Mangels Ehevertrags gilt in unserer Ehe der gesetzliche Güterstand der Zugewinngemeinschaft. Keiner von uns hat jemals in eingetragener Lebenspartnerschaft deutschen oder ausländischen Rechts gelebt. Wir haben unseren gewöhnlichen Aufenthalt in Deutschland und beabsichtigen, dies beizubehalten.

Aus unserer Ehe sind die beiden Kinder , geboren am , und , geboren am , hervorgegangen. Keiner von uns hatte und hat weitere Kinder.

Seit dem leben wir dauernd voneinander getrennt. Die Ehefrau hat beim Amtsgericht – Familiengericht – unter dem Aktenzeichen Scheidungsantrag gestellt, der Ehemann hat der Scheidung bereits zugestimmt.

B. Scheidungsfolgenvereinbarung

---

12 BayObLG NJW 1965, 1276; BGHZ 14, 381.
13 OLG Düsseldorf ZErb 2007, 54.
14 OLG Hamm NJWE-FER 1998, 275 = ZEV 1999, 55.

C. Vereinbarungen zur Nutzung unseres Einfamilienhauses

I. Grundbuchstand

Wir sind im Grundbuch als je hälftige Miteigentümer des mit einem Einfamilienhaus überbauten Grundstücks , Grundbuch von , Band Heft , Bestandsverzeichnis Nr. , eingetragen. Die Ehefrau bewohnt mit unseren beiden gemeinschaftlichen Kindern dieses Haus.

II. Auseinandersetzungsausschluss

Für die Lebenszeit von uns beiden wird die Aufhebung der Gemeinschaft an dem bezeichneten Gebäudegrundstück ausgeschlossen (§ 1010 BGB). Jeder von uns bewilligt und beantragt die Eintragung dieses Auseinandersetzungsausschlusses zu Lasten seines Miteigentumsanteils und zugunsten des anderen Miteigentümers im Grundbuch.

III. Nutzungsrecht

Der Ehefrau wird das schuldrechtliche Nutzungsrecht an der Miteigentumshälfte des Ehemanns bis zur Vollendung des 28. Lebensjahres des jüngsten unserer beiden Kinder eingeräumt. Ein gesondertes Nutzungsentgelt hat sie dafür nicht zu bezahlen. Die Nutzungsmöglichkeit des Wohnhauses durch die Ehefrau und die Kinder ist bei der Scheidungsfolgenvereinbarung, insbesondere bei der Unterhaltsbemessung, bereits berücksichtigt.

Auf das Nutzungsrecht finden die Vorschriften über den Nießbrauch (§§ 1030 ff. BGB) entsprechende Anwendung.

D. Erbvertrag

I. Vermächtnisanordnung

Jeder von uns wendet hiermit auf seinen Tod die ihm gehörende Miteigentumshälfte an dem oben in Teil C. näher bezeichneten Hausgrundstück vermächtnisweise unseren beiden Kindern und je zur Hälfte, bezogen auf das ganze Gebäudegrundstück je zu einem Viertel, zu.

Ersatzvermächtnisnehmer sind die Abkömmlinge der Bedachten, nach den Regeln der gesetzlichen Erbfolge; mangels von solchen tritt – zunächst innerhalb eines Stammes – Anwachsung ein.

Die Vermächtnisse fallen mit dem Tod des jeweiligen Erblassers an und sind innerhalb von neun Monaten zu erfüllen. Kosten und Steuern der Vermächtniserfüllung trägt jeder Vermächtnisnehmer für seinen Erwerb.

II. Bindung, Rücktrittsrecht, Anfechtungsverzicht

Die Vermächtnisanordnungen zuvor Ziff. I. sind erbvertraglich bindend getroffen. Jeder nimmt die vertragliche Erklärung des jeweils anderen an. Keiner von uns behält sich das Rücktrittsrecht von diesem Erbvertrag vor. Der Erbvertrag gilt auch und gerade für die Zeit nach der Scheidung unserer Ehe.

Ein Anfechtungsrecht nach § 2079 BGB wegen des Hinzutretens weiterer Pflichtteilsberechtigter ist sowohl für uns als auch für Dritte ausgeschlossen.

Wir wurden vom Notar darauf hingewiesen, dass dieser Erbvertrag nur gemeinschaftlich abgeändert oder aufgehoben werden kann und dass dies in notarieller Form zu erfolgen hat, ausgenommen den Fall einer Änderung oder Aufhebung durch gemeinschaftliches Testament bis zur Rechtskraft unserer Scheidung. Der Notar hat uns darauf hingewiesen, dass Bestimmungen unwirksam sein können, wenn wir beim Tod unseren gewöhnlichen Aufenthalt nicht mehr in Deutschland haben. Eine Rechtswahl zu dieser Urkunde ist nicht gewünscht.

E. Erb- und Pflichtteilsverzicht

Jeder von uns verzichtet hiermit gegenüber dem anderen auf sein gesetzliches Erb- und Pflichtteilsrecht. Jeder von uns nimmt den Verzicht des anderen hiermit an.

Wir wurden vom Notar über Bedeutung und Tragweite der Verzichte belehrt. Eine Gegenleistung wird nicht vereinbart.

F. Rechtswahlalternativen

[*Vgl. zu den erbvertraglichen Rechtswahlalternativen nach der EuErbVO Rdn 5.*]

G. Sonstiges

Diese Urkunde soll in die besondere amtliche Verwahrung des Amtsgerichts verbracht werden.

Die Unwirksamkeit eines Teils dieser Urkunde hat die Unwirksamkeit aller anderen Vereinbarungen zur Folge.

Diese Niederschrift wurde vom Notar den Anwesenden vorgelesen, von ihnen genehmigt und von ihnen und dem Notar eigenhändig wie folgt unterschrieben:

Muster 24.2: Ehegattenerbvertrag – gesetzliche Erbfolge – Vermächtnis bezüglich Gesellschaftsbeteiligung – Nießbrauch – Pflichtteilsverzichtsvertrag 24.2

[*Notarielle Urkundenformalien*] 14

Es erscheinen:
1. Herr
2. dessen Ehefrau, Frau

Sie bitten um Beurkundung eines Erbvertrags und Pflichtteilsverzichtsvertrags. Die Anwesenden erklären, dass weder der Notar noch eine Person, mit der sich der Notar zur gemeinsamen Berufsausübung verbunden oder mit der er gemeinsame Geschäftsräume hat, außerhalb einer Amtstätigkeit in derselben Angelegenheit bereits tätig war oder ist.

Der Notar hat sich mit den Eheleuten längere Zeit eingehend unterhalten. Dabei hat er sich von ihrer Geschäfts- und Testierfähigkeit überzeugt. Die Zuziehung von Zeugen oder eines zweiten Notars wünschen sie nicht; sie ist nach der Überzeugung des Notars auch nicht erforderlich.

Sodann erklären die Erschienenen:

Wir schließen folgenden

Erbvertrag und Pflichtteilsverzichtsvertrag

A. Vorbemerkungen

I. Persönliche Verhältnisse

Wir haben am in die beiderseits erste Ehe geschlossen. Aus unserer Ehe sind zwei Kinder hervorgegangen:
a) unser Sohn
b) unsere Tochter

Nichteheliche, adoptierte oder für ehelich erklärte Kinder sind und waren nicht vorhanden. Wir sind beide seit unserer Geburt deutsche Staatsangehörige. Wir haben unseren gewöhnlichen Aufenthalt in Deutschland und beabsichtigen, dies beizubehalten. Der Notar hat uns darauf hingewiesen, dass Bestimmungen unwirksam sein können, wenn wir beim Tod unseren gewöhnlichen Aufenthalt nicht mehr in Deutschland haben. Eine Rechtswahl zu dieser Urkunde ist nicht gewünscht.

Mangels Ehevertrags leben wir im gesetzlichen Güterstand der Zugewinngemeinschaft. Dabei soll es auch bleiben.

II. Gesellschaftsrechtliche Beteiligung des Ehemanns

Der Ehemann ist an der GmbH mit dem Sitz in (eingetragen im Handelsregister des Amtsgerichts unter HRB) mit einem Geschäftsanteil von nominal EUR (lfd. Nr. der Gesellschafterliste) beteiligt (**Gesellschaftsanteil**). Der Geschäftsanteil ist in voller Höhe einbezahlt.

B. Erbvertrag

I. Testierfreiheit

Wir stellen fest, dass keiner von uns durch frühere Verfügungen von Todes wegen in seiner Testierfreiheit eingeschränkt ist. Etwaige frühere Verfügungen von Todes wegen widerrufen wir hiermit bzw. heben wir hiermit auf.

II. Erbfolge

Auf den Tod jedes Ehegatten tritt die gesetzliche Erbfolge ein.

Nach heutigem Stand würden demnach Erben des Erstversterbenden der überlebende Ehegatte zur Hälfte und unsere beiden Kinder zu je 1/4. Erben des Überlebenden würden unsere beiden Kinder je zur Hälfte.

III. Gesellschaftsbeteiligung

1. Auf den Tod des Ehemanns wird im Wege des Vermächtnisses der ihm im Zeitpunkt seines Todes zustehende Gesellschaftsanteil unseren Abkömmlingen zugewandt, unter sich beteiligt entsprechend den Regeln der gesetzlichen Erbfolge erster Ordnung.
2. Die Vermächtnisnehmer werden mit folgendem Untervermächtnis zugunsten der Witwe, falls sie den Ehemann überlebt, beschwert:
   Sie erhält vermächtnisweise einen Geldanspruch in Höhe der Hälfte des Werts, der nach dem Gesellschaftsvertrag in seiner letzten Fassung im Falle der Kündigung durch einen Gesellschafter als Abfindung für die gesamte Beteiligung zu entrichten wäre.
   Dieser Geldanspruch ist in zehn gleichen Jahresraten, die erste Rate ein Jahr nach dem Erbfall, zahlungsfällig. Der Geldanspruch ist mit 5 % jährlich, beginnend mit dem Erbfall, zu verzinsen. Die Zinsen sind mit der jeweiligen Jahresrate zahlungsfällig.
   Sicherheit kann nicht verlangt werden.
   Ein Ersatzvermächtnisnehmer wird nicht benannt.

IV. Hausratsvermächtnis

Im Wege des Vermächtnisses (ggf. als Vorausvermächtnis) erhält der Überlebende auf den Tod des Zuerstversterbenden den Anteil bzw. das Volleigentum des Zuerstversterbenden an allen persönlichen Gebrauchsgegenständen sowie an der Wohnungseinrichtung, dem Hausrat einschließlich der Antiquitäten und dem Pkw des Zuerstversterbenden.

V. Nießbrauchsvermächtnis

Im Wege des Vermächtnisses erhält der Überlebende auf den Tod des Zuerstversterbenden den Nießbrauch an allen Nachlassgegenständen – ausgenommen die Gesellschaftsbeteiligung –, aufschiebend bedingt dadurch, dass der Überlebende die Bestellung des Nießbrauchs verlangt. Der Nießbrauch beginnt jeweils mit dem vom Überlebenden zu bestimmenden Zeitpunkt, frühestens jedoch mit dem Erbfall des Erstversterbenden.

VI. Gemeinsame Bestimmungen

Für alle Vermächtnisse zu dieser Urkunde gilt einheitlich: Die Vermächtnisse fallen mit dem Tod des jeweiligen Erblassers an und sind innerhalb von sechs Monaten hiernach zu erfüllen. Alle Kosten und Steuern der Vermächtniserfüllung trägt jeder Vermächtnisnehmer für seinen Erwerb.

VII. Vertragsmäßigkeit

Vorstehende Bestimmungen sind, soweit gesetzlich zulässig, vertragsmäßig vereinbart. Wir nehmen dies je an. Die Vertragsmäßigkeit der Verfügungen des Überlebenden von uns endigt mit dem Tod des Zuerstversterbenden. Der Überlebende kann seine Verfügungen nach dem Tod des Erstversterbenden jederzeit ändern oder aufheben, ohne dass dies Auswirkungen auf die zu seinen Gunsten getroffenen Bestimmungen hätte.

Der Fall der Wiederverheiratung wurde mit den Beteiligten besprochen. Mit der Wiederverheiratung des Überlebenden endet der ihm zugewandte Nießbrauch. Im Übrigen hat eine Wiederverheiratung des Überlebenden keine rechtlichen Auswirkungen auf die zu seinen Gunsten getroffenen Bestimmungen.

VIII. Rechtswahlalternativen

[*Vgl. zu den erbvertraglichen Rechtswahlalternativen nach der EuErbVO Rdn 5.*]

IX. Rücktritt

Jeder von uns behält sich den Rücktritt von diesem Erbvertrag vor. Wir sind darauf hingewiesen, dass die Rücktrittserklärung in notariell beurkundeter Form zu erfolgen hat und dem anderen Vertragsteil zugehen muss.

C. Pflichtteilsverzicht

Die Ehefrau verzichtet hiermit gegenüber dem Ehemann auf ihr gesetzliches Pflichtteilsrecht, soweit es durch den vorstehenden Erbvertrag (Abschnitt B.), insbesondere im Hinblick auf die Vermächtnisanordnung bezüglich des GmbH-Anteils, eingeschränkt sein sollte. Der Verzicht wird angenommen. Der Ehemann nimmt den Verzicht hiermit an. Eine Gegenleistung wird nicht vereinbart.

D. Sonstiges

Diese Urkunde soll in die besondere amtliche Verwahrung des zuständigen Amtsgerichts verbracht werden.

Diese Niederschrift wurde vom Notar den Erschienenen vorgelesen, von ihnen genehmigt und eigenhändig wie folgt unterschrieben:

Muster 24.3: Erbvertrag unter nichtehelichen Lebenspartnern – Grundstücksvermächtnis – Vollmacht zur Vermächtniserfüllung 24.3

[*Notarielle Urkundenformalien*] 15

Erschienen sind:
1. Herr – ausgewiesen durch seinen deutschen Personalausweis
2. Frau – ausgewiesen durch ihren deutschen Reisepass, ausgestellt von ,

Die Anwesenden erklären, dass weder der Notar noch eine Person, mit der sich der Notar zur gemeinsamen Berufsausübung verbunden oder mit der er gemeinsame Geschäftsräume hat, außerhalb einer Amtstätigkeit in derselben Angelegenheit bereits tätig war oder ist.

Aufgrund der mit den Erschienenen geführten eingehenden Unterredung bin ich zu der Überzeugung gelangt, dass beide zweifelsfrei geschäfts- und testierfähig sind. Eine Zeugenzuziehung wünschen sie nicht; eine solche ist auch nicht erforderlich.

Sodann erklären sie mit der Bitte um Beurkundung: Wir schließen folgenden

Erbvertrag

I. Vorbemerkungen

Wir sind und waren beide deutsche Staatsangehörige und unverheiratet. Wir haben unseren gewöhnlichen Aufenthalt in Deutschland und beabsichtigen, dies beizubehalten. Der Notar hat uns darauf hingewiesen, dass Bestimmungen unwirksam sein können, wenn wir beim Tod unseren gewöhnlichen Aufenthalt nicht mehr in Deutschland haben. Eine Rechtswahl zu dieser Urkunde ist nicht gewünscht.

Seit vier Jahren leben wir in nichtehelicher Lebensgemeinschaft zusammen in der Wohnung -straße in , die uns zu je hälftigem Eigentum gehört. Das Wohnungseigentum ist vorgetragen im Grundbuch des Amtsgerichts von , Blatt .

Keiner von uns hat leibliche oder adoptierte Abkömmlinge.

Jeder von uns handelt bei vorstehendem Erbvertrag als Erblasser.

II. Vermächtnis

Im Wege des Vermächtnisses wendet jeder von uns dem jeweils anderen seine Miteigentumshälfte an der Eigentumswohnung in -straße, eingetragen im Wohnungsgrundbuch von , Band , Bestandsverzeichnis Nr. , zu.

Das Vermächtnis fällt mit dem Tod des Erstversterbenden an und ist innerhalb von sechs Monaten zu erfüllen. Ersatzvermächtnisnehmer werden nicht benannt. Kosten und Steuern der Vermächtniserfüllung trägt jeder Vermächtnisnehmer für seinen Erwerb.

Der Erstversterbende von uns erteilt dem Überlebenden die Vollmacht, alle Erklärungen abzugeben und alle sonstigen Rechtshandlungen vorzunehmen, die zur Erfüllung des Vermächtnisses erforderlich sind. Der Bevollmächtigte ist insofern von den Beschränkungen des § 181 BGB befreit.

Verfügungen über die Erbfolge wollen wir heute nicht treffen.

Das Vermächtnis dient der Sicherstellung des Wohnbedarfs des Überlebenden und ist Ausdruck der Beistandspflicht, die jeder für den anderen empfindet. Jeder von uns unterstützt den anderen in privaten und beruflichen Angelegenheiten.

III. Rechtswahlalternativen

[*Vgl. zu den erbvertraglichen Rechtswahlalternativen nach der EuErbVO Rdn 5.*]

IV. Bindung, Rücktritt

Die gegenseitig eingeräumten Vermächtnisse sind erbvertraglich bindend angeordnet. Wir nehmen dies je an. Jeder von uns behält sich das Recht zum Rücktritt von diesem Erbvertrag vor. Der Notar hat darüber belehrt, dass eine etwaige Rücktrittserklärung notariell zu beurkunden ist und dem Vertragspartner in Ausfertigung zugehen muss.

V. Verwahrung

Dieser Erbvertrag soll in die besondere amtliche Verwahrung des Amtsgerichts verbracht werden.

Diese Niederschrift wurde vom Notar den Erschienenen vorgelesen, von ihnen genehmigt und von ihnen und dem Notar wie folgt eigenhändig unterschrieben:

24.4 16 **Muster 24.4: Erbvertrag unter drei Geschwistern**

[*Notarielle Urkundenformalien*]

Erschienen sind:
1. Herr
2. Frau
3. Frau – persönlich bekannt –

Sie erklären: Wir sind drei unverheiratete, kinderlose Geschwister und wollen einen Erbvertrag errichten.

Jeder von uns ist seit Geburt deutscher Staatsangehöriger; keiner war jemals verheiratet und lebte auch nicht in einer eingetragenen Lebenspartnerschaft deutschen oder ausländischen Rechts. Wir haben unseren gewöhnlichen Aufenthalt in Deutschland und beabsichtigen, dies beizubehalten. Der Notar hat uns darauf hingewiesen, dass Bestimmungen unwirksam sein können, wenn wir beim Tod unseren gewöhnlichen Aufenthalt nicht mehr in Deutschland haben. Eine Rechtswahl zu dieser Urkunde ist nicht gewünscht.

Die Anwesenden erklären, dass weder der Notar noch eine Person, mit der sich der Notar zur gemeinsamen Berufsausübung verbunden oder mit der er gemeinsame Geschäftsräume hat, außerhalb einer Amtstätigkeit in derselben Angelegenheit bereits tätig war oder ist.

Der Notar hat aufgrund seiner Unterredung mit den Beteiligten die Überzeugung gewonnen, dass alle drei Erschienenen voll geschäfts- und testierfähig sind.

Umstände, die eine Zeugenzuziehung oder die Zuziehung eines zweiten Notars erforderlich machen, liegen nicht vor. Die Erschienenen wünschen dies auch nicht.

Sodann erklären die Erschienenen: Wir schließen folgenden

Erbvertrag

I. Testierfreiheit

Keiner von uns ist durch eine anderweitige Verfügung von Todes wegen in seiner Testierfreiheit eingeschränkt. Jeder von uns widerruft hiermit alle früheren Verfügungen von Todes wegen in vollem Umfang.

Nachfolgend handelt jeder von uns als Erblasser.

II. Erbeinsetzung

1. Der Erstversterbende von uns setzt die beiden Überlebenden je hälftig zu seinen Vollerben ein.
2. Der Zweitsterbende von uns setzt den Überlebenden zu seinem unbeschränkten alleinigen Vollerben ein.
3. Der Letztsterbende von uns setzt die -Stiftung zu seiner alleinigen unbeschränkten Vollerbin ein.

III. Rechtswahlalternativen

[*Vgl. zu den erbvertraglichen Rechtswahlalternativen nach der EuErbVO Rdn 5.*]

IV. Rücktritt, Bindung

1. Alle in diesem Erbvertrag getroffenen Verfügungen sind vertraglich und wechselbezüglich. Wir nehmen die Erklärungen je an.
2. Solange wir alle drei leben, hat jeder das Recht zum Rücktritt von diesem Erbvertrag. Der Notar hat uns über die einzuhaltenden Formalien belehrt (notarielle Beurkundung der Rücktrittserklärung und ihr Zugang in Ausfertigung an die anderen Vertragspartner).
3. Mit dem Tod des Erstversterbenden von uns erlischt das Rücktrittsrecht. Die auf den Tod des Zweitsterbenden und Letztsterbenden von uns getroffenen Anordnungen können damit nicht mehr abgeändert werden.

V. Verwahrung

Dieser Erbvertrag soll in die besondere amtliche Verwahrung des Amtsgerichts verbracht werden.

Diese Niederschrift wurde vom Notar den Anwesenden vorgelesen, von ihnen genehmigt und von ihnen und dem Notar wie folgt eigenhändig unterschrieben:

2. Verbindung des Erbvertrags mit anderen Rechtsgeschäften unter Lebenden

Wird der Erbvertrag in einer Urkunde mit einem anderen Rechtsgeschäft verbunden, so 17
verlieren die einzelnen Rechtsgeschäfte dadurch nicht ihre Selbstständigkeit. Ein **Ehe- und Erbvertrag** ist eine Verbindung eines Ehevertrags, der die güterrechtlichen Verhältnisse regelt (§§ 1408, 2276 Abs. 2 BGB), mit einem Erbvertrag unter Ehegatten. Beide Vertragstypen bleiben **selbstständig**; der Ehevertrag ist ein Rechtsgeschäft unter Lebenden, der Erbvertrag eine Verfügung von Todes wegen. Allerdings ist zu beachten, dass in den Fällen, in denen ein Erbvertrag mit anderen Rechtsgeschäften unter Lebenden verbunden wird, die Gesamtvereinbarung den strengen **Formvorschriften** des Erbvertrags unterworfen ist,[15] vgl. auch § 2300 BGB. Praktische Auswirkungen hat dies indes nicht, weil sowohl für den Ehe- (vgl. § 1410 BGB) als auch für den Erbvertrag (vgl. § 2276 BGB) ohnehin notarielle Beurkundung vorgeschrieben ist.

15 OLG Hamm NJWE-FER 1998, 275 = ZEV 1999, 55.

18 Mitunter wird der Erbvertrag auch mit Vereinbarungen über **Verzichte** auf das gesetzliche **Erb-** bzw. **Pflichtteilsrecht** eines oder mehrerer Vertragsbeteiligter, z.B. der durch den Erbvertrag in bestimmter Weise begünstigten Kinder, kombiniert. Soweit hierbei die **Formvorschriften** für Erbverträge eingehalten werden, ergeben sich in formaler Hinsicht für die Wirksamkeit der weiteren Vereinbarungen keine Besonderheiten (vgl. §§ 2347, 2348 BGB).

19 Was die inhaltliche Ausgestaltung angeht, können sich aber im Hinblick auf die Rechtsprechung zur **Sittenwidrigkeit** von **Eheverträgen**[16] sowie auch auf die Haltung zur Inhaltskontrolle von Erb- und Pflichtteilsverzichten[17] Unsicherheiten auch im Hinblick auf – mit derartigen Vereinbarungen verbundene – Erbverträge ergeben.[18] Es ist nicht ausgeschlossen, dass die Nichtigkeit eines Teils der Gesamturkunde auch die übrigen (für sich betrachtet nicht zu beanstandenden) Teile infiziert.[19] Denn zum einen neigt der BGH dazu, die Wirksamkeit insgesamt im Rahmen einer **Gesamtschau** zu beurteilen.[20] Zum anderen kann sich auch die Frage nach dem (wirtschaftlichen) Sinn der bei isolierter Betrachtung an und für sich nicht zu beanstandenden Vereinbarungen stellen, die – durch den Wegfall eines anderen Teils – ihrerseits unangemessen erscheinen mögen.

Vor diesem Hintergrund empfiehlt es sich, in der Urkunde klarzustellen, ob bzw. welche Vereinbarungen unabhängig voneinander Bestand haben sollen. Ist bspw. der mit einem Erbvertrag in derselben Urkunde verbundene Pflichtteilsverzicht gar nicht von der erbvertraglichen Begünstigung durch den Erblasser abhängig, sollte dies ausdrücklich festgehalten werden. Dasselbe gilt auch im umgekehrten Fall, wenn der Verzicht ausschließlich im Hinblick auf eine durch den Erbvertrag in Aussicht gestellte Begünstigung vereinbart werden soll.

20 Unter Ehegatten, von denen einer eine ausländische Staatsangehörigkeit besitzt, empfiehlt es sich, die gewünschte Rechtswahl bezüglich des Güterrechts einerseits (Art. 22 EuGüVO) und des Erbrechts andererseits in einem Ehe- und Erbvertrag zu treffen. Zur erbrechtlichen Rechtswahl vgl. § 12.

24.5 **Muster 24.5: Ehe- und Erbvertrag – Rechtswahl Güterrechtsstatut und Ehewirkungsstatut – modifizierte Zugewinngemeinschaft – Rechtswahl Erbrechtsstatut – Auseinandersetzungsausschluss als Vorausvermächtnis**

21 [*Notarielle Urkundenformalien*]

Erschienen sind

1. Herr – Staatsangehöriger der Republik Serbien, frühere Teilrepublik des ehemaligen Bundesstaates Jugoslawien
2. Frau – deutsche Staatsangehörige –

Die Erschienenen weisen sich wie folgt aus: Frau durch deutschen Reisepass Nr. , Herr durch serbischen Reisepass.

16 Vgl. BGH v. 25.5.2005 – XII ZR 296/01, NJW 2005, 2386; BGH v. 5.7.2006 – XII ZR 25/04, NJW 2006, 3142; BGH v. 28.3.2007 – XII ZR 130/04, NJW 2007, 2851; BGH v. 17.10.2007 – XII ZR 96/05, NJW 2008, 1076.

17 Vgl. hierzu z.B. *Münch*, ZEV 2008, 571, 576 m.w.N.

18 Vgl. hierzu bereits *Wendt*, ZNotP 2006, 2, 3.

19 Vgl. z.B. LG Ravensburg ZEV 2008, 598; *Münch*, ZEV 2008, 571.

20 Vgl. BGH v. 9.7.2008, NJW 2008, 3426.

Die Anwesenden erklären, dass weder der Notar noch eine Person, mit der sich der Notar zur gemeinsamen Berufsausübung verbunden oder mit der er gemeinsame Geschäftsräume hat, außerhalb einer Amtstätigkeit in derselben Angelegenheit bereits tätig war oder ist.

Sie sind nach der Überzeugung des Notars zweifelsfrei geschäfts- und testierfähig. Von einer Zuziehung von Zeugen wurde auf Wunsch der Erschienenen abgesehen; zwingende Gründe dafür liegen nicht vor.

Sodann erklären sie mit der Bitte um Beurkundung: Wir schließen folgenden

Ehe- und Erbvertrag

A. Vorbemerkungen

I. Feststellungen

1. Die Erschienenen erklären, dass sie am … vor dem Standesbeamten des Standesamts … / Bundesrepublik Deutschland die beiderseits erste Ehe geschlossen, den Wohnort in … als ehelichen Wohnsitz gewählt haben und diesen als örtlichen Mittelpunkt ihrer Lebensinteressen betrachten. Keiner hat jemals in eingetragener Lebenspartnerschaft deutschen oder ausländischen Rechts gelebt.
2. Die Erschienenen stellen fest, dass Frau … ausschließlich die Staatsangehörigkeit der Bundesrepublik Deutschland und Herr … ausschließlich die Staatsangehörigkeit der Republik Serbien besitzt.
3. Aus der Ehe sind zwei Kinder hervorgegangen:
   a) …, geboren am …, wohnhaft in …
   b) …, geboren am …, wohnhaft in …
   Beide Kinder besitzen die deutsche Staatsangehörigkeit.

II. Sprachkenntnisse

1. Herr … weist darauf hin, dass er sich seit seinem 5. Lebensjahr in der Bundesrepublik Deutschland aufhält. Er erklärt zur Überzeugung des Notars, dass er der deutschen Sprache uneingeschränkt mächtig ist. Der Notar ist aufgrund der mit Herrn … heute, am … und am … geführten Unterredung davon überzeugt. Bei diesen Unterredungen wurde mit den Eheleuten der gegenwärtige Ehe- und Erbvertrag eingehend erörtert.
2. Der Notar weist Herrn … darauf hin, dass er die Zuziehung eines vereidigten Dolmetschers für die serbokroatische Sprache verlangen könne, falls er der deutschen Sprache nicht ausreichend mächtig sei und dass er eine schriftliche Übersetzung dieser Niederschrift, eine Vorlage der Übersetzung zur Durchsicht und eine Beifügung der schriftlichen Übersetzung zu dieser Niederschrift verlangen könne. Herr … verzichtet hierauf. Die Eheleute … erklären, dass sie rechtzeitig vor dem heutigen Beurkundungstermin, und zwar am …, einen Entwurf dieser Urkunde zur Durchsicht erhalten haben, und dass dieser Entwurf mit ihnen heute und am … vom Notar besprochen wurde.

III. Hinweise

Der Notar weist ausdrücklich darauf hin, dass er zur Belehrung über ausländisches Recht nicht verpflichtet ist und dass er keine Kenntnisse über das serbische Eherecht, Güterrecht und Erbrecht hat.

B. Rechtswahlvereinbarung

Soweit aufgrund der vorstehenden Feststellungen aus deutscher Sicht nicht bereits durch die Eheschließung oder aus anderem Grund zwischen uns bezüglich der güterrechtlichen Wirkungen der Ehe deutsches Recht wirksam geworden ist, treffen wir hiermit die nachfolgenden Vereinbarungen.[21]

Für die güterrechtlichen Wirkungen unserer Ehe wählen wir hiermit gem. Art. 22 EuGüVO mit Wirkung ab dem Zeitpunkt unserer Eheschließung das Recht der Bundesrepublik Deutschland.

21 Rechtswahlvereinbarungen können der gerichtlichen Inhaltskontrolle unterliegen wie Eheverträge, vgl. OLG Düsseldorf FamRZ 2003, 1287 und *Finger*, FF 2004, 245.

C. Ehevertrag

1. Geltung deutschen Rechts

Nach der vorstehenden Rechtswahlvereinbarung gilt in unserer Ehe der deutsche gesetzliche Güterstand der Zugewinngemeinschaft (§§ 1363 ff. BGB). Dieser Güterstand bleibt zwischen uns bestehen, wird jedoch durch die nachstehenden Vereinbarungen geändert.

2. Modifizierung der Zugewinngemeinschaft

Hiermit werden für jeden Ehegatten in vollem Umfang die Verfügungsbeschränkungen des § 1365 BGB (nicht auch die des § 1369 BGB) aufgehoben. Jeder Ehegatte ist daher zur Verfügung über die Gegenstände seines Vermögens, auch des Grundvermögens, allein berechtigt, als ob Gütertrennung nach dem Recht des deutschen BGB bestünde.

3. Vermögensverzeichnis

Wir werden eine beiderseits unterzeichnete Aufzeichnung der bei Beginn unserer Ehe bei jedem vorhandenen Vermögensgegenstände anfertigen und sie dem Notar zum Verbleib in seiner Handakte übersenden. Die Eintragung der Veränderung des Güterstands im Güterrechtsregister wird nicht beantragt. Jede Partei ist berechtigt, die Eintragung alleine herbeizuführen. Auch der beurkundende Notar wird ermächtigt, auf Ersuchen eines Ehepartners eine Eintragung im Güterrechtsregister vornehmen zu lassen.

D. Erbvertrag

I. Rechtswahl

Die Beteiligten wählen für die materielle Wirksamkeit und die Bindungswirkungen das Recht der Bundesrepublik Deutschland als das Heimatrecht der Ehefrau.

Der Notar hat darauf hingewiesen, dass er keine Kenntnisse über das serbische Erbrecht hat und deshalb insoweit keine Belehrungen erteilen kann.

[*Zu den erbrechtlichen Rechtswahlmöglichkeiten nach der EuErbVO vgl. Rdn 5.*]

II. Anordnungen auf den Tod des Erstversterbenden

1. Erbeinsetzung

Der zuerstversterbende Ehegatte setzt hiermit zu seinen Erben ein:
a) den überlebenden Ehegatten zu einem Drittel
b) die gemeinschaftlichen Kinder
   aa) zu einem Drittel,
   bb) zu einem Drittel.

Ersatzerben der Kinder sind deren Abkömmlinge nach den Regeln der gesetzlichen Erbfolgeordnung des deutschen BGB; mangels von solchen tritt – zunächst innerhalb eines Stammes – Anwachsung ein.

2. Vorausvermächtnisse

Der zuerstversterbende Ehegatte wendet hiermit dem überlebenden Ehegatten als Vorausvermächtnis zu:
a) die gesamte Wohnungs- und Haushaltseinrichtung in dem beim Erbfall vorhandenen Umfang und Zustand, soweit sie dem Erblasser gehört, bzw. den Miteigentumsanteil hieran.
b) die Anordnung, dass das Recht der Abkömmlinge, die Auseinandersetzung des Nachlasses gegen den Willen des Überlebenden zu verlangen, bis zur Vollendung des 25. Lebensjahres des jüngsten von ihnen ausgeschlossen ist. Diese Anordnung tritt durch den Tod eines Miterben nicht außer Kraft. Heiratet der Überlebende wieder, so endet damit der Auseinandersetzungsausschluss, spätestens jedoch mit dem Tod des Überlebenden.

Die Vermächtnisse fallen mit dem Tod des Erstversterbenden an und werden sofort fällig.

III. Anordnungen auf den Tod des Überlebenden

Der Überlebende setzt zu seinen Erben ein unsere gemeinschaftlichen Kinder
1. zur Hälfte,
2. zur Hälfte.

Ersatzerben der Kinder sind deren Abkömmlinge nach den Regeln der gesetzlichen Erbfolgeordnung des deutschen BGB; mangels von solchen tritt – zunächst innerhalb eines Stammes – Anwachsung ein.

IV. Bindung, Rücktritt

Die vorstehenden Bestimmungen in Abschn. II. und III. sind erbvertraglich bindend vereinbart. Wir nehmen dies je an. Auf die Bindungswirkung hat der Notar hingewiesen. Jeder Ehegatte behält sich den Rücktritt vom Erbvertrag vor. Über die dabei einzuhaltenden Formvorschriften hat der Notar belehrt (notarielle Beurkundung der Rücktrittserklärung und deren Zugang an den anderen Vertragsteil). Soweit und solange für den Ehemann serbisches Erbrecht anzuwenden und danach eine gemeinschaftliche und/oder bindende Verfügung von Todes wegen nicht möglich sein sollte, handelt es sich vorstehend um einseitige letztwillige Anordnungen jedes Ehegatten.

Diese Urkunde soll in die besondere amtliche Verwahrung des zuständigen Amtsgerichts genommen werden.

Diese Niederschrift wurde vom Notar den Erschienenen vorgelesen, von ihnen genehmigt und von ihnen und dem Notar wie folgt eigenhändig unterschrieben:

III. Inhalt des Erbvertrags

1. Vertragsmäßige Verfügungen

a) Grundsatz

Welche letztwilligen Verfügungen in einem Erbvertrag **vertragsmäßig** getroffen werden 22
können, bestimmt § 2278 Abs. 2 BGB. Dies sind **nur**

- die Erbeinsetzung,
- die Anordnung von Vermächtnissen,
- die Anordnung von Auflagen und
- die Wahl des anzuwendenden Rechts.

Kraft eindeutig gesetzlicher Anordnung sind somit nur diese vier Verfügungsarten **erbvertraglich bindend** möglich. Unzulässig ist es daher bspw., die Anordnung einer Testamentsvollstreckung mit erbvertraglicher Bindungswirkung „zu vereinbaren". Dies darf indes nicht zu der Annahme führen, dass ein Erbvertrag nur Verfügungen i.S.v. § 2278 BGB enthalten kann. In einem Erbvertrag können alle erbrechtlich zulässigen letztwilligen Verfügungen enthalten sein, die auch Gegenstand eines Einzeltestaments sein können (§ 2299 Abs. 1 BGB). Die Beschränkungen auf Erbeinsetzungen, Vermächtnisse und Auflagen sowie die Rechtswahl im Erbvertrag betrifft somit nur die Frage der **Bindungswirkung**. Der Erbvertrag bedarf zu seiner Wirksamkeit mindestens einer vertragsgemäßen Verfügung (vgl. Rdn 84).

Bei der Auslegung einer erbvertragsmäßigen Verfügung i.S.v. § 2278 BGB ist zu ermitteln, 23
was die Vertragsteile im maßgebenden Zeitpunkt der Errichtung des Erbvertrags erklärt haben und wie das Erklärte aus der **Sicht des anderen Teils** zu verstehen war.[22] Die Annahme einer vertragsmäßigen Verfügung liegt im Übrigen – unabhängig vom Wortlaut –

22 BGHZ 106, 359, 361; OLG München ZErb 2008, 387 = FamRZ 2008, 547; OLG München FamRZ 2009, 547.

besonders nahe, wenn sich Ehegatten gegenseitig zu Erben einsetzen und wenn es sich um die eigenen Kinder begünstigende Verfügungen handelt.[23]

24 Vertragsmäßig bedacht sein kann neben dem Vertragspartner auch ein **Dritter**. Der Grund für die Einengung der Bandbreite möglicher vertragsmäßiger Verfügungen in § 2278 Abs. 2 BGB liegt darin, dass sich der Erblasser mit einer vertragsmäßigen Verfügung seiner Testierfreiheit begibt, anders lautende Verfügungen zu treffen. Da es sich insoweit um eine Ausnahme von § 2302 BGB handelt, soll dies nur in eingeschränktem Umfang möglich sein, um die Testierfreiheit des Erblassers noch für einen Rest zu erhalten.

b) Erblasserwille

25 Die in § 2278 Abs. 2 BGB genannten Verfügungen **können** zwar vertragsmäßig getroffen werden, sie müssen es aber nicht. In jedem einzelnen Fall ist eine Überprüfung und Abgrenzung danach vorzunehmen, ob die betreffende Verfügung vertragsmäßig oder einseitig getroffen wurde. Entscheidend für die Vertragsmäßigkeit ist der Erblasserwille.

Es ist Aufgabe des Gestalters, insoweit eindeutige Bestimmungen in den Erbvertrag aufzunehmen, um späteren Auslegungsschwierigkeiten zu begegnen.

c) Interessenlage als Auslegungskriterium

26 Wurde nicht ausdrücklich gekennzeichnet, welche Verfügungen vertragsgemäß und welche einseitig sind, so ist fraglich, nach welchen Kriterien eine Einordnung vorzunehmen ist. Nach der Rechtsprechung des BGH[24] kommt es auf die Interessenlage der Parteien an. Dafür spricht der Vertragscharakter, auch wenn es sich nur um einen einseitigen Erbvertrag handelt, auf den die §§ 133, 157 BGB bei der Vertragsauslegung angewandt werden.[25] Danach kann eine Verfügung dann als vertragsmäßig qualifiziert werden, wenn die Vertragsparteien sie der vertraglichen Bindung ausdrücklich unterworfen haben oder eben unterwerfen wollten. Letzteres ist in der Regel dann der Fall, wenn der Vertragspartner ein eigenes Interesse an der Verfügung hat, insbesondere also bei einer Zuwendung an den Vertragspartner oder an eine ihm nahestehende Person. „Nahestehende Person" kann dabei auch eine juristische Person sein.[26]

2. Wechselbezügliche (korrespektive) Verfügungen

a) Vertragsmäßigkeit – Wechselbezüglichkeit

27 Vertragsmäßig bedacht sein kann neben dem Vertragspartner auch ein Dritter, und zwar sowohl eine natürliche als auch eine juristische Person. Von der Vertragsmäßigkeit einer angeordneten letztwilligen Verfügung zu unterscheiden ist die Frage der Wechselbezüglichkeit (Korrespektivität). Korrespektiv können Verfügungen von Todes wegen nur sein, wenn mindestens **zwei** Personen als Erblasser handeln und die Verfügung des einen mit der des anderen **steht und fällt** (§ 2298 BGB).

Damit kann sowohl eine natürliche als auch eine juristische Person **erbvertraglich** zur Schlusserbin eingesetzt werden, insbesondere in einem „Berliner Erbvertrag" als Analogon zum „Berliner Testament".

---

23 OLG Stuttgart v. 30.8.2007 – 19 U 27/07, juris.

24 BGHZ 26, 204; BGHZ 36, 115, 120; BGHZ 106, 359, 361.

25 BGHZ 106, 359, 361.

26 So entschieden für das gemeinschaftliche Testament von LG Stuttgart (ZEV 1999, 441) und OLG München (NJW-RR 2000, 526).

b) Rechtswirkung der Wechselbezüglichkeit

Die Nichtigkeit einer vertragsmäßigen Verfügung führt nach § 2298 Abs. 1 BGB dann zur Unwirksamkeit des ganzen Erbvertrags, wenn in ihm von beiden Teilen vertragsmäßige Verfügungen getroffen worden sind. Von dieser gegenseitigen Abhängigkeit (Wechselbezüglichkeit oder Korrespektivität) nach § 2298 Abs. 1 BGB ist immer auszugehen, wenn nicht ein anderer Wille der Vertragschließenden anzunehmen ist (§ 2298 Abs. 3 BGB). Damit wird dem Interesse beider Vertragserblasser Rechnung getragen, da regelmäßig keiner seine Verfügung ohne die Verfügung des anderen getroffen haben würde. 28

Im Gegensatz dazu führt die Nichtigkeit einer lediglich vertragsmäßigen Verfügung (die nicht auch korrespektiv ist) nur dann zur Unwirksamkeit einer nicht vertragsmäßigen Verfügung, wenn im Rahmen von § 2085 BGB anzunehmen ist, dass der Erblasser diese Verfügung ohne die unwirksame Verfügung nicht getroffen hätte. 29

3. Einseitige Verfügungen

Im Erbvertrag können einseitige Verfügungen (bspw. Testamentsvollstreckung, Teilungsanordnung, Vormundbenennung) getroffen werden, die auch in einem einseitigen Testament getroffen werden könnten (§ 2299 Abs. 1 BGB). Das bedeutet aber auch, dass Erbeinsetzung, Vermächtnis- und Auflagenanordnung im Erbvertrag **einseitige** Verfügungen sein können. Entscheidend ist der Wille des/der Erblasser/s, der notfalls durch Auslegung zu ermitteln ist. 30

Für die einseitigen Anordnungen gilt das Recht für Einzeltestamente (§ 2299 Abs. 2 BGB), insbesondere auch in Bezug auf die Möglichkeit und die Formen des Widerrufs (§§ 2253 ff. BGB).

IV. Errichtung des Erbvertrags

Für den Erbvertrag müssen bestimmte Voraussetzungen erfüllt sein, damit er mit dem Tod des Erblassers Rechtswirkungen erzeugen kann. 31

1. Abschlussfähigkeit

a) Geschäftsfähigkeit

Für den Abschluss eines Erbvertrags ist in der Person des Erblassers nicht nur dessen Testierfähigkeit, sondern nach § 2275 Abs. 1 BGB im Allgemeinen dessen **unbeschränkte** Geschäftsfähigkeit erforderlich. Ehegatten und Verlobte können Erbverträge schließen, wenn sie **beschränkt** geschäftsfähig sind (§ 2275 Abs. 2, 3 BGB). Sie bedürfen dazu allerdings der (formlosen) Zustimmung des gesetzlichen Vertreters (§ 182 Abs. 2 BGB). 32

Häufig gibt es in gerichtlichen Verfahren Streit über die Geschäfts- bzw. Testierfähigkeit des Erblassers. Dabei entsteht immer wieder das Problem, ob der behandelnde Arzt von seiner ärztlichen Schweigepflicht entbunden ist. Es ist unstreitig, dass der Erblasser diese Entbindung selbst vornehmen kann. Deshalb ist zu überlegen, in die Verfügung von Todes wegen eine solche **Entbindungserklärung** aufzunehmen und auch den Notar von der Schweigepflicht insoweit zu entbinden (siehe Rdn 32). 33

b) Entbindung von der ärztlichen Schweigepflicht

24.6 **Muster 24.6: Entbindung von der ärztlichen Schweigepflicht**

34 Ich, , entbinde schon heute die mich bisher und zukünftig behandelnden Ärzte von ihrer Schweigepflicht, soweit es um die Frage meiner Geschäfts- bzw. Testierfähigkeit geht.

c) Feststellungen des Notars zur Geschäftsfähigkeit

35 Die Feststellungen des Notars über die Geschäfts- bzw. Testierfähigkeit,[27] die gem. § 28 BeurkG in die Urkunde aufgenommen werden sollen, erbringen zwar **nicht** den **Beweis** für die Geschäfts- bzw. Testierfähigkeit i.S.d. §§ 415 ff. ZPO, sind aber im Prozess und im Nachlassverfahren gem. § 286 ZPO, §§ 29, 30 FamFG zu würdigen. Das KG misst den Feststellungen des Notars bei der späteren Beweiswürdigung besonderes Gewicht bei.[28] Andererseits ist das OLG Frankfurt der Meinung, dass die Feststellungen des Notars in der Schenkungsurkunde über die Geschäftsfähigkeit des Erblassers keine Bedeutung hätten, weil der Notar als medizinischer Laie dazu keine endgültigen Aussagen machen könne.[29]

Nach BayObLG haben Feststellungen des Notars zur Geschäftsfähigkeit lediglich Indizwirkung.[30]

d) Entbindung von der notariellen Verschwiegenheitspflicht

36 Nicht nur Ärzte, sondern auch und vor allem Notare unterliegen einer **Verschwiegenheitspflicht.** Hiervon kann nur der Erblasser – im Falle des Erbvertrags alle Vertragschließenden – befreien. Ist der Erblasser (und/oder ein weiterer Vertragsteil) verstorben, kann nur der Landgerichtspräsident als zuständige Aufsichtsbehörde die Befreiung vornehmen (vgl. § 18 Abs. 2 Hs. 2 BNotO). Um dies zu vermeiden, mag es sich anbieten, dass die Beteiligten den Urkundsnotar bereits in der Urkunde von der Verschwiegenheitspflicht entbinden.[31]

24.7 **Muster 24.7: Entbindung von der notariellen Verschwiegenheitspflicht**

37 Ich, , entbinde den amtierenden Notar von der notariellen Verschwiegenheitspflicht, soweit es nach meinem Tod um Fragen meiner Geschäfts- und Testierfähigkeit bei Errichtung dieser Urkunde geht.

38 Das FamFG regelt in den §§ 26, 29 und 30 das Beweisverfahren. **§ 30 FamFG** enthält Vorschriften über eine förmliche Beweisaufnahme in Form des Strengbeweises. Zunächst kann allerdings das Gericht nach pflichtgemäßem Ermessen entscheiden, ob es die entscheidungserheblichen Tatsachen durch eine förmliche Beweisaufnahme entsprechend der ZPO feststellt. Gem. § 30 Abs. 2 FamFG hat eine förmliche Beweisaufnahme stattzufinden, wenn es in diesem Gesetz (FamFG) vorgesehen ist.[32] Eine förmliche Beweisaufnahme soll gem. § 30 Abs. 3 FamFG über die Richtigkeit einer Tatsachenbehauptung stattfinden, wenn das Gericht seine Entscheidung maßgeblich auf die Feststellung dieser Tatsache stützen will und die Richtigkeit von einem Beteiligten ausdrücklich bestritten wird.

---

27 Instruktiv und umfassend *Warfinger*, RNotZ 2024, 285.

28 KG FamRZ 2000, 912.

29 OLG Frankfurt FamRZ 2000, 603 m. Anm. *Günther*, FamRZ 2000, 604.

30 BayObLG FamRZ 2005, 658 = MittBayNot 2005, 235.

31 Vgl. auch *Kellner*, MittBayNot 2025, 11; siehe ferner *Kirchner*, MittBayNot 2023, 644 mit Formulierungsvorschlag.

32 Vgl. schon *Kollhosser*, Zur Stellung und zum Begriff der Verfahrensbeteiligten im Erkenntnisverfahren der freiwilligen Gerichtsbarkeit, 1970, § 3 III, 1–4; § 5 III; § 6 III, IV.

e) Persönliche Anforderungen an den Vertragspartner, der nicht Erblasser ist

Derjenige Vertragspartner, der nicht als Erblasser handelt, kann den Erbvertrag schließen, wenn er nach den allgemeinen Vorschriften **geschäftsfähig** ist (§§ 104 ff. BGB). Übernimmt ein Vertragspartner im Erbvertrag keine eigenen Pflichten, kann er den Vertrag selbst schließen, auch wenn er minderjährig – und jedenfalls beschränkt geschäftsfähig – ist (§ 2275 BGB), weil damit für ihn ein lediglich rechtlicher Vorteil verbunden ist (§ 107 BGB). 39

2. Höchstpersönlichkeit

Der Erblasser kann den Erbvertrag nur höchstpersönlich schließen (§ 2274 BGB), wie im Parallelfall der Testamentserrichtung nach § 2064 BGB. Jede Form der Stellvertretung ist damit ausgeschlossen. Allerdings kann der Vertragspartner bei einem einseitigen Erbvertrag durch einen Bevollmächtigten vertreten werden. Insoweit gelten die allgemeinen Vorschriften. Für den geschäftsunfähigen Vertragspartner handelt sein gesetzlicher Vertreter. 40

Das Erfordernis der persönlichen Anwesenheit gilt auch für den Abschluss eines Erbvertrags in einem gerichtlichen Vergleich, die Anwesenheit des Prozessvertreters allein reicht nicht aus.[33]

Testament und Erbvertrag ermöglichen es dem Erblasser, einen Verteilungsplan für seinen künftigen Nachlass aufzustellen. Das Gesetz verlangt dabei, dass sowohl Willensbildung als auch Willensäußerung vom Erblasser persönlich vorgenommen werden. Für sämtliche Erklärungen, die unmittelbar auf die Festlegung oder Änderung des erbvertraglichen Verteilungsplans gerichtet sind, schreibt das Gesetz an verschiedenen Stellen die höchstpersönliche Mitwirkung des Erblassers vor. § 2274 BGB regelt nur den Abschluss des Erbvertrags. Derselbe Normzweck liegt anderen Vorschriften mit Bezug zu den erbvertragsmäßigen Verfügungen zugrunde: § 2284 (Bestätigung eines anfechtbaren Erbvertrags), § 2290 BGB (Aufhebung), § 2296 BGB (Rücktritt), § 2282 BGB (Anfechtung), §§ 2352 S. 3, 2347 BGB (Zuwendungsverzicht).

3. Formvorschriften

Zwingend vorgeschrieben ist notarielle Beurkundung bei gleichzeitiger Anwesenheit der Vertragschließenden (§ 2276 Abs. 1 BGB). Eine Trennung des Vertrags in Angebot und Annahme ist damit ausgeschlossen. Auf den Beurkundungsvorgang finden die Vorschriften über die Errichtung eines öffentlichen Testaments entsprechende Anwendung (§ 2276 Abs. 1 S. 2 Hs. 1 BGB). Die Erklärung kann somit nur mündlich oder durch Übergabe einer offenen oder verschlossenen Schrift abgegeben werden mit der Bestimmung, dass sie die Verfügung von Todes wegen enthalte (§§ 2231 Nr. 1, 2232, 2233 BGB). Diese Vorschriften gelten sowohl für den Erblasser als auch für den Vertragspartner, der nicht als Erblasser handelt (§ 2276 Abs. 1 S. 2 Hs. 2 BGB). Schließen Ehegatten einen Erbvertrag, den sie mit einem Ehevertrag in einer Urkunde verbinden, so genügt die für den Ehevertrag vorgeschriebene Form (§§ 2276 Abs. 2, 1410 BGB). 41

Der Erbvertrag kann auch in einem gerichtlichen Vergleich geschlossen werden, der handelnde Erblasser muss diesen Vergleich aber persönlich genehmigen.[34]

Vgl. zu den weiteren beurkundungsrechtlichen Erfordernissen § 4.

---

33 OLG Bremen, Beschl. v. 1.8.2012 – 5 W 18/12, FamRZ 2013, 661 = ZEV 2013, 193 m. Anm. *Soutier*, MittBayNot 2013, 57; OLG Düsseldorf NJW 2007, 1290; BayObLG NJW 1965, 1276; Grüneberg/*Weidlich*, § 2276 Rn 1; Grüneberg/*Ellenberger*, § 127a Rn 3.

34 OLG Düsseldorf DNotZ 2007, 135 = FGPrax 2007, 27 = RNotZ 2007, 219 = ZErb 2007, 54 = ZEV 2007, 95.

42 In § 24 BeurkG wird die in Einzelfällen hinzuzuziehende **Vertrauensperson** als eine Person beschrieben, die sich mit dem Beteiligten zu verständigen vermag und mit deren Zuziehung er einverstanden ist. Dies werden in den meisten Fällen Angehörige oder dem Testator sonst nahestehende Personen sein.

43 Die stetig zunehmende Überalterung unserer Gesellschaft und die Möglichkeiten der modernen Medizin, gesundheitlich schwerst geschädigte Menschen – etwa nach Unfällen, bei Schlaganfällen etc. – am Leben zu erhalten, andererseits aber auch die Tatsache, dass die Neigung, in gesunden Tagen letztwillig zu verfügen, kaum zugenommen hat, wird Notare häufiger in die Lage bringen, die letztwillige Verfügung einer mehrfachbehinderten Person beurkunden zu müssen.

Denkt man weiter, dass möglicherweise ein gemeinschaftliches Testament oder ein Erbvertrag beurkundet werden soll, bei dem nur ein Erblasser oder zwei (oder mehrere) in der beschriebenen Weise behindert sind, so wachsen die Schwierigkeiten immens.

44 Mittels Gebärdensprache und der Mithilfe einer Vertrauensperson müssen folgende Dinge zuverlässig geleistet werden:
- Prüfung der Geschäfts- bzw. Testierfähigkeit des Testierenden (§ 11 BeurkG),
- Prüfung der Testierfreiheit,
- Prüfung der Vermögens- und Familienverhältnisse,
- Erforschung des unbeeinflussten Willens (frei von interessierten Dritten),
- Belehrung über die rechtliche Tragweite der einzelnen Anordnungen,
- bei einem gemeinschaftlichen Testament der Interessenausgleich zwischen beiden Erblassern unter Berücksichtigung der Fragen einer in Betracht kommenden Wechselbezüglichkeit.

4. Verwahrung

45 Der Erbvertrag soll grundsätzlich in die besondere amtliche Verwahrung des **Nachlassgerichts**, das eine Abteilung des Amtsgerichts ist, verbracht werden, wenn nichts anderes verlangt wird (§ 2277 BGB). Die Beteiligten können somit die (besondere) amtliche Verwahrung ausschließen (§ 34 Abs. 2 BeurkG). Dann verbleibt die Urkunde in der Verwahrung des **Notars**. In jedem Fall hat der Notar den Erbvertrag im **Zentralen Testamentsregister** zu registrieren (vgl. § 34a Abs. 1 BeurkG).

46 Der Erbvertrag kann durch notariellen Vertrag aufgehoben werden (§ 2290 BGB). Enthält ein Erbvertrag lediglich Verfügungen von Todes wegen und ist er auch mit keinem Rechtsgeschäft unter Lebenden in einer Urkunde verbunden, so kann er gem. § 2300 Abs. 2 BGB auch durch **Rücknahme aus der Verwahrung** beim Notar bzw. aus der besonderen amtlichen Verwahrung beim Amtsgericht (Nachlassgericht) aufgehoben werden.

Ein mehrseitiger Erbvertrag kann nicht durch Vertrag des Erblassers mit nur einem der letztwillig Bedachten aufgehoben werden.

Der gebotenen Umdeutung einer solchen Vereinbarung in einen Zuwendungsverzichtsvertrag mit dem Bedachten steht bei einem mehrseitigen Erbvertrag § 2352 S. 2 BGB nicht entgegen (im Anschluss an BayObLG München, BayObLGZ 1965, 188).[35]

Zum Erbvertragsnachtrag vgl. *Kornexl*, ZEV 2003, 62 und *Lehmann*, ZEV 2003, 234.

35 OLG Hamm, Beschl. v. 2.12.2011 – 15 W 603/10, FamRZ 2012, 1171 = ZEV 2012, 266 m. Anm. *Gockel*, ZEV 2012, 268.

Die Regelungen über die Verwahrung und Eröffnung von Verfügungen von Todes wegen finden sich in §§ 346 ff. FamFG.

V. Rechtswirkungen der erbvertraglichen Bindung

1. Verfügungen unter Lebenden und erbvertragliche Bindung

Nach den allgemeinen Regeln des Vertragsrechts (§§ 145 ff. BGB) werden die vertraglich vereinbarten Anordnungen mit Vertragsabschluss bindend, d.h. **unwiderruflich**. Die Wirkungen des Erbvertrags als einer Verfügung von Todes wegen treten aber erst **mit dem Erbfall** ein. 47

a) Rechtsstellung des Bedachten

Der vertragsmäßig Bedachte, der **nicht Vertragspartner** ist, erwirbt mit dem Abschluss des Erbvertrags – trotz eingetretener Bindung – weder einen künftigen Anspruch noch eine Anwartschaft, sondern nur eine „tatsächliche **Aussicht**" auf den Erwerb, die noch keinen Rechtsboden für die Eintragung einer Vormerkung im Grundbuch abgeben kann.[36] Der Erbvertrag ist kein Vertrag zugunsten Dritter i.S.v. § 328 BGB. Versprechen also etwa Eltern in einer Scheidungsvereinbarung mit erbvertraglichem Element, ihren jeweiligen Miteigentumsanteil an ihren Immobilien den gemeinsamen Kindern zuzuwenden, ist deren Anspruch – egal, ob sie an der Errichtung des Erbvertrags beteiligt sind oder nicht – nicht vormerkungsfähig. Will man insoweit eine grundbuchmäßige Absicherung erreichen, bleibt nur (zusätzlich) die Aufnahme einer Pflicht der Eltern in die Urkunde, nicht ohne Zustimmung der Kinder über ihren jeweiligen Miteigentumsanteil zu verfügen und im Verstoßfall diesen an die Kinder herauszugeben. 48

Ist der vertragsmäßig Bedachte zugleich **Vertragspartner** und besteht kein Rücktrittsrecht, so spricht man von einer **Anwartschaft**, nicht von einem Anwartschaftsrecht, deren Bestehen zwar Gegenstand einer Feststellungsklage sein kann, die aber im Grundbuch ebenfalls nicht vormerkbar ist.[37] 49

Weder Aussicht noch Anwartschaft sind durch § 823 Abs. 1 BGB deliktsrechtlich geschützt und gewähren auch keinen Anspruch auf einstweilige Verfügung gegen Beeinträchtigungen durch den Erblasser.[38] Etwas anderes gilt, wenn zusätzlich zum Erbvertrag ein Verfügungsunterlassungsvertrag geschlossen wurde (vgl. Rdn 47 ff.). 50

b) Rechtsstellung des Erblassers

aa) Grundsatz

Der Erblasser hat nach der ausdrücklichen Bestimmung des § 2286 BGB grundsätzlich die Freiheit, unter Lebenden über sein Vermögen oder über den (im Wege des Vermächtnisses) zugewandten Gegenstand zu verfügen. Dass der Zuwendungsempfänger dadurch betroffen wird, nimmt das Gesetz in Kauf (vgl. aber Rdn 50). 51

36 BGHZ 12, 115.
37 BGHZ 37, 319; *Lange*, NJW 1963, 1573.
38 KG OLGZ 21, 362; MüKo-BGB/*Musielak*, § 2286 Rn 5.

bb) Zusätzlicher Verfügungsunterlassungsvertrag

52 Der Erblasser kann sich in einem schuldrechtlichen Vertrag zusätzlich verpflichten, über den Gegenstand der erbvertraglichen Anordnung nicht zu verfügen (§ 137 S. 2 BGB).[39] Dieser Vertrag bedarf, auch wenn er sich auf Grundstücke bezieht, keiner Form und kann deshalb auch stillschweigend geschlossen werden; allerdings sind an seinen Nachweis dann strenge Anforderungen zu stellen.[40] Er ist Rechtsgeschäft unter Lebenden. Ein solcher zusätzlicher Verfügungsunterlassungsvertrag wirkt aber nur **schuldrechtlich**; Verfügungen, die dagegen verstoßen, sind wirksam. Allerdings macht sich der Erblasser **schadensersatzpflichtig** mit der Folge, dass für diese Nachlassverbindlichkeit die Erben haften (§§ 1967, 2058 BGB).[41]

53 Der Unterlassungsanspruch auf Nichtvornahme einer Verfügung ist im Grundbuch nicht durch Vormerkung sicherbar,[42] wohl aber kann er gesichert werden durch ein im Wege der einstweiligen Verfügung erreichbares gerichtliches Verfügungsverbot nach § 938 Abs. 2 ZPO.

54 Zusätzlich zum Verfügungsunterlassungsvertrag kann die Unterlassungspflicht durch einen **bedingten Übereignungsanspruch** gesichert werden, der durch eine Auflassungsvormerkung bewehrt werden kann.

2. Beeinträchtigende Schenkungen

55 Der durch Erbvertrag eingesetzte Erbe wird durch § 2287 BGB gegen beeinträchtigende Schenkungen des Erblassers geschützt. Allerdings sind die vorgenommenen Schenkungen wirksam; sie geben dem benachteiligten Erben lediglich nach dem Tode des Erblassers einen Anspruch auf **Herausgabe** des Geschenks nach den Vorschriften über die Herausgabe einer **ungerechtfertigten Bereicherung**. Damit besteht für den vertragsmäßig Bedachten auch die Gefahr, dass die Bereicherung zwischenzeitlich weggefallen sein könnte (§ 818 Abs. 3 BGB).

Der vertragsmäßig geschützte Vermächtnisnehmer hat nach Eintritt des Erbfalls seine Rechte gem. § 2288 BGB gegen die Erben bzw. den Beschenkten zu verfolgen.

Verfügung i.S.v. §§ 2287, 2288 BGB kann auch eine Ausstattung (§ 1624 BGB) sein.[43] Bei Weiterveräußerung eines Grundstücks durch den Zuwendungsempfänger ist dieser gem. §§ 2287 Abs. 1, 2288 Abs. 2 S. 2, 818 Abs. 2 BGB zum Wertersatz verpflichtet.[44]

Vgl. wegen der Ansprüche des Erbvertragserben gegen den Beschenkten und wegen evtl. Ansprüche des Erbvertragsvermächtnisnehmers *Krug/Rudolf/Kroiß/Bittler*, Anwaltformulare Erbrecht, § 21.

VI. Erbvertrag oder gemeinschaftliches Testament?

56 Für den Rechtsberater ist, wenn Eheleute testieren wollen oder wenn eingetragene Lebenspartner sich erbrechtlich beraten lassen, von zentraler Bedeutung, ob ihnen die Errichtung

39 BGH NJW 1963, 1576; BGHZ 31, 13.
40 BGH FamRZ 1967, 470; OLG Köln NJW-RR 1996, 158 = ZEV 1996, 23; *Hohmann*, ZEV 1996, 24.
41 BGH NJW 1964, 549.
42 BGH FamRZ 1967, 470.
43 OLG Stuttgart v. 30.8.2007 – 19 U 27/07, juris.
44 OLG Stuttgart v. 30.8.2007 – 19 U 27/07, juris.

eines gemeinschaftlichen Testaments oder eines Erbvertrags vorgeschlagen werden soll. Dabei sind die Unterschiede zwischen beiden, vor allem bei der eintretenden Bindung, von entscheidendem Interesse.[45]

1. Besonderheiten des Erbvertrags

Gegenüber dem gemeinschaftlichen Testament zeichnen den Erbvertrag zwischen Ehepart- 57
nern bzw. eingetragenen Lebenspartnern folgende Besonderheiten aus:

- Soll die Verfügung von Todes wegen mit einer lebzeitigen Verpflichtung, z.B. Wohnungsgewährung oder Dienstleistungen (Pflege), verknüpft werden, so ist dies nur mit einem Erbvertrag möglich.
- Der Erbvertrag kann mit einem Partnerschaftsvertrag zwischen nichtehelichen Partnern verbunden werden.[46]
- Der Erbvertrag kann mit anderen Vereinbarungen unter Lebenden verbunden werden, bspw. mit einer Scheidungsfolgenvereinbarung bzw. einer Aufhebungsvereinbarung betr. die Lebenspartnerschaft nach § 15 LPartG.
- Wird der Erbvertrag nicht in die besondere amtliche Verwahrung des Amtsgerichts verbracht, sondern beim beurkundenden Notar verwahrt, so entsteht keine gesonderte Verwahrungsgebühr nach KV 12100 GNotKG. Gemeinschaftliche Testamente sind hingegen stets abzuliefern (vgl. § 34 BeurkG).
- Der Erbvertrag muss mindestens eine vertragsmäßige Verfügung enthalten und ist grundsätzlich nicht widerruflich, es sei denn, der Rücktritt wäre vorbehalten worden bzw. es lägen besondere gesetzliche Rücktrittsgründe vor.
- Ist der Erbvertrag mit einem Rechtsgeschäft unter Lebenden verbunden, so kann er nicht mit Aufhebungswirkung aus der Verwahrung des Notars oder des Amtsgerichts genommen werden (§ 2300 Abs. 2 BGB). Ein Erbvertrag, der ausschließlich Verfügungen von Todes wegen enthält, kann hingegen mit Aufhebungswirkung von beiden Erblassern aus der Verwahrung genommen werden (§ 2300 Abs. 2 BGB).

2. Besonderheiten des gemeinschaftlichen Testaments

- Ein gemeinschaftliches Testament kann nur von Ehepartnern bzw. früher von eingetrage- 58
  nen Lebenspartnern errichtet werden.
- Ein gemeinschaftliches Testament braucht keine bindende Verfügung zu enthalten. Es können lediglich einseitige Verfügungen getroffen werden.
- Auch ohne Rücktrittsvorbehalt kann zu Lebzeiten beider Erblasser einer von ihnen einen notariell beurkundeten Widerruf erklären, der dem anderen zugehen muss (§§ 2271 Abs. 1, 2296 BGB). Die Widerrufsmöglichkeit kann nicht ausgeschlossen werden, § 2302 BGB – während das Erbvertragsrecht eine vollständige Durchbrechung von § 2302 BGB darstellt, wie § 2289 BGB zeigt, wonach jedes Testament, das inhaltlich dem Erbvertrag widerspricht, unwirksam ist, gleichgültig ob vor oder nach dem Erbvertrag errichtet.
- Ist das gemeinschaftliche Testament notariell beurkundet, so ist es amtlich zu verwahren; eine Verwahrung beim Notar ist ausgeschlossen; das Recht der Verwahrung und Eröffnung von Verfügungen von Todes wegen ist in §§ 346 ff. FamFG geregelt.
- Die Bindung eines Erblassers an eine Verfügung – ohne jede Möglichkeit des Widerrufs bzw. Rücktritts, jedoch u.U. der Anfechtung – kann erst nach dem Tod des Erststerbenden eintreten.

---

45 Vgl. dazu ausführlich *Basty*, MittBayNot 2000, 73.
46 Vgl. *Grziwotz*, ZEV 1999, 299.

- Beide Erblasser können zu Lebzeiten ein verwahrtes Testament gemeinsam aus der amtlichen Verwahrung zurücknehmen (§§ 2256, 2272 BGB).
- Beide Erblasser können zu Lebzeiten das gemeinschaftliche Testament durch Vernichtung widerrufen. Es braucht dann nicht mehr eröffnet zu werden.[47]

C. Rechtswahl im Erbvertrag

I. Erbstatut nach der EuErbVO

59 Art. 25 Abs. 1 EGBGB besagte für die **bis 16.8.2015** eintretenden Erbfälle, dass sich das materielle Erbrecht (Erbstatut) nach der Staatsangehörigkeit des Erblassers im Zeitpunkt seines Todes richtet. Ein in Deutschland lebender Italiener wurde demnach nach italienischem Erbrecht beerbt, ein in Deutschland lebender Schwede nach schwedischem Erbrecht.

Nach der **ab 17.8.2015** anzuwendenden EuErbVO ist als Regelfall der letzte gewöhnliche Aufenthalt des Erblassers für das Erbstatut maßgebend (Art. 21 EuErbVO). Nach Art. 21 Abs. 1 EuErbVO unterliegt die gesamte Rechtsnachfolge von Todes wegen dem Recht des Staates, in dem der Erblasser im Zeitpunkt seines Todes seinen gewöhnlichen Aufenthalt hatte. Art. 21 Abs. 2 EuErbVO bestimmt: „Ergibt sich ausnahmsweise aus der Gesamtheit der Umstände, dass der Erblasser im Zeitpunkt seines Todes eine offensichtlich engere Verbindung zu einem anderen als dem Staat hatte, dessen Recht nach Absatz 1 anzuwenden wäre, so ist auf die Rechtsnachfolge von Todes wegen das Recht dieses anderen Staates anzuwenden."

Vgl. zum Erbstatut im Einzelnen § 12.

II. Zulässigkeit der Rechtswahl

60 Seit Inkrafttreten der EuErbVO ergeben sich die Rechtswahlmöglichkeiten nur noch aus Art. 22 EuErbVO. Nach dessen Abs. 1 UAbs. 1 kann eine Person für die Rechtsnachfolge von Todes wegen das Recht des Staates wählen, dem sie im Zeitpunkt der Rechtswahl oder im Zeitpunkt ihres Todes angehört. Abs. 1 UAbs. 2 bestimmt sodann: „Eine Person, die mehrere Staatsangehörigkeiten besitzt, kann das Recht eines der Staaten wählen, denen sie im Zeitpunkt der Rechtswahl oder im Zeitpunkt ihres Todes angehört." Zudem muss die Rechtswahl ausdrücklich in einer Erklärung in Form einer **Verfügung von Todes wegen** – hierzu zählt freilich auch ein **Erbvertrag**[48] – erfolgen oder sich aus den Bestimmungen einer solchen Verfügung ergeben. Dies gilt auch für eine Änderung oder den Widerruf der Rechtswahl. Nach den Bestimmungen des deutschen Rechts (§ 2278 Abs. 2 BGB) kann die Rechtswahl sogar mit materieller Bindungswirkung getroffen werden. Gewählt werden kann nur das Recht des Staates, dem der Testator im Zeitpunkt seines Todes angehört (Art. 22 Abs. 1 EuErbVO). Bei einem Erbvertrag mit gemischt nationalen Vertragschließenden kann somit das Recht eines jeden Erblassers gewählt werden. Beim einseitigen Erbvertrag kommt nur das Recht der Staatsangehörigkeit des testierenden Vertragschließenden in Betracht. Vgl. zur Rechtswahl im Übrigen Rdn 5.

---

47 Vgl. im Einzelnen ausführlich *Basty*, MittBayNot 2000, 73.
48 Krätzschel/Falkner/Döbereiner/*Döbereiner*, § 47 Rn 68.

D. Andere Verfügungen von Todes wegen im Verhältnis zum Erbvertrag

I. Allgemeines

Der Erbvertrag hat, soweit Bindung besteht, gem. § 2289 BGB eine **Beschränkung der Testierfreiheit** des Erblassers zur Folge. § 2289 BGB hat insofern eine zentrale Bedeutung im Recht des Erbvertrags. Nach dieser Vorschrift hat die Errichtung eines Erbvertrags im Verhältnis zu anderen Verfügungen von Todes wegen die nachfolgend beschriebenen Wirkungen, soweit nicht in der (späteren) Verfügung Abweichendes vereinbart wird. 61

II. Verfügung von Todes wegen, die vor dem Erbvertrag errichtet wurde

Ein bestehendes **Testament** wird durch den später abgeschlossenen Erbvertrag insoweit aufgehoben, als dadurch das Recht des vertragsmäßig Bedachten beeinträchtigt wird (§ 2289 Abs. 1 S. 1 BGB – Aufhebungswirkung). 62

Ein **Erbvertrag**, der zwischen **denselben Personen** geschlossen worden war, wird unwirksam, soweit er dem zweiten widerspricht, es gilt dann nur noch der zuletzt errichtete Erbvertrag. Damit wird im zweiten Erbvertrag eine ganze oder teilweise einverständliche Vertragsaufhebung nach § 2290 BGB gesehen. Soweit der Vertrag mit einem **anderen Vertragspartner** geschlossen wurde, gelten die Ausführungen in Rdn 72 ff. 63

Wegen dieser weitreichenden Rechtswirkung eines Erbvertrags sollte vor dessen Errichtung sorgfältig recherchiert werden, ob der Erblasser bereits einen Erbvertrag oder ein Testament errichtet hat. Letztlich sind die Beteiligten hierzu zu befragen. Entsprechende Erklärungen sollten in die Urkunde aufgenommen werden. 64

III. Verfügung von Todes wegen, die nach dem Erbvertrag errichtet wurde

Sowohl ein späteres Testament als auch ein späterer Erbvertrag sind insoweit unwirksam, als die Rechtsstellung des vertragsmäßig **Bedachten** im Zeitpunkt des Erbfalls **beeinträchtigt** wird (§ 2289 Abs. 1 S. 2 BGB). 65

IV. Begriff der Beeinträchtigung

Geschützt wird das Recht des vertragsmäßig Bedachten. Soweit die anderweitige Verfügung von Todes wegen diese Rechtsstellung mindert, beschränkt, belastet oder gegenstandslos macht, liegt eine Beeinträchtigung vor. Umstritten ist, ob es für die Feststellung einer Beeinträchtigung i.S.d. § 2289 Abs. 1 BGB allein auf einen Vergleich aus rechtlicher Sicht ankommt[49] oder ob auch wirtschaftliche Gesichtspunkte berücksichtigt werden müssen.[50] 66

Gegen die Berücksichtigung wirtschaftlicher Gesichtspunkte hat sich der BGH ausgesprochen.[51] Danach kommt es ausschließlich auf die Beeinträchtigung **in rechtlicher Hinsicht** an. Eine rechtliche Beeinträchtigung ist bspw. anzunehmen, wenn der Erblasser nach Abschluss des Erbvertrags eine Testamentsvollstreckung anordnen will. Damit würde die Rechtsstellung des vertragsmäßig Bedachten beschränkt werden, insbesondere im Hinblick auf seine Verwaltungs- und Verfügungsbefugnis bezüglich der einzelnen Nachlassgegenstände (§§ 2205, 2211 BGB).

49 MüKo-BGB/*Musielak*, § 2289 Rn 10.
50 Soergel/*Wolf*, § 2289 Rn 2.
51 BGH JZ 1958, 399.

V. Zustimmung des vertraglich Bedachten

67 Eine Zustimmung des vertraglich Eingesetzten zu einer späteren Verfügung von Todes wegen gibt dem Erblasser seine Testierfreiheit wieder zurück. Die Zustimmung bedarf der **notariellen Beurkundung**, weil darin eine – jedenfalls teilweise – Aufhebung des Erbvertrags zu sehen ist (§§ 2290 Abs. 4, 2276 BGB).[52] Unter Ehegatten genügt die Form des gemeinschaftlichen Testaments (§ 2291 BGB).

68 Für ein vertragsmäßig angeordnetes Vermächtnis oder eine Auflage sieht das Gesetz in § 2291 BGB ausdrücklich die Möglichkeit einer anderweitigen Verfügung nach vorausgegangener Zustimmung des Bedachten vor. Auch hierfür ist notarielle Beurkundung erforderlich (§ 2291 Abs. 2 BGB).

69 Allerdings könnte demjenigen, der formlos zugestimmt hat und der sich auf das fehlende Formerfordernis beruft, ein Verstoß gegen Treu und Glauben entgegengehalten werden („venire contra factum proprium").[53]

VI. Zustimmung des Vermächtnisnehmers zu anderweitigen Verfügungen

70 Der vertragsmäßig bedachte Vermächtnisnehmer kann gegenüber dem Erblasser seine Zustimmung dazu geben, dass der Erblasser ein abweichendes Testament errichten kann (§ 2291 BGB). Die Zustimmungserklärung bedarf der **notariellen Beurkundung** (§ 2291 Abs. 2 BGB), weil darin eine (zumindest teilweise) Aufhebung des Erbvertrags liegt. Mit Zugang der Zustimmung an den Erblasser wird sie unwiderruflich (§ 2291 Abs. 2 BGB). Die Zustimmung kann entweder vor der Errichtung der neuen Verfügung von Todes wegen erklärt werden oder danach. Sie kann auch schon im Erbvertrag selbst gleichsam als Vorabzustimmung enthalten sein. Allerdings bestehen in einem solchen Fall Zweifel, ob dann überhaupt eine vertragsmäßige Vermächtnisanordnung vorliegt.[54]

24.8

Muster 24.8: Zustimmung des Vermächtnisnehmers zu Aufhebungstestament

71 [*Notarielle Urkundenformalien*]

Es erscheint Herr – persönlich bekannt und nach Überzeugung des Notars voll geschäftsfähig –.

Er gibt folgende Zustimmungserklärung ab:

In der Urkunde des Notars in – Urkundenverzeichnisnummer – habe ich mit Herrn einen Erbvertrag geschlossen. Nach Ziff. hat mir Herr für den Fall seines Todes ein Vermächtnis folgenden Inhalts zugewandt: .

Hiermit erkläre ich meine Zustimmung dazu, dass diese Vermächtnisanordnung ganz oder teilweise aufgehoben wird. Mir ist bekannt, dass diese Zustimmungserklärung mit Zugang bei Herrn unwiderruflich ist.

Ich bitte um Erteilung von zwei Ausfertigungen dieser Urkunde, von denen ich eine Herrn übergeben werde.

Diese Niederschrift wurde vom Notar dem Anwesenden vorgelesen, von ihm genehmigt und wie folgt eigenhändig unterschrieben:

52 BGHZ 108, 252.
53 BGHZ 108, 252.
54 Soergel/*Wolf*, § 2291 Rn 3.

Muster 24.9: Aufhebungstestament nach Zustimmung durch den Vermächtnisnehmer 24.9

Ich, ___, geboren am ___ in ___, wohnhaft in ___, errichte folgendes 72

Testament:

Am ___ habe ich in der Urkunde des Notars ___ in ___ unter Urkundenverzeichnisnummer ___ mit Herrn ___ einen Erbvertrag geschlossen und ihm in Ziff. ___ der Urkunde auf meinen Tod folgendes Vermächtnis zugewandt: ___

Herr ___ hat in der Urkunde des Notars ___ in ___ unter Urkundenverzeichnisnummer ___ seine Zustimmung zur ganzen oder teilweisen Aufhebung dieses Vermächtnisses erklärt. Von dieser Zustimmungserklärung, die mir in Ausfertigung zugegangen ist, habe ich Kenntnis genommen.

Hiermit hebe ich die oben näher bezeichnete, zugunsten von Herrn ___ getroffene Vermächtnisanordnung ihrem gesamten Inhalt nach auf.

[*Ort, Datum, Unterschrift*]

VII. Beschränkung eines Abkömmlings in guter Absicht

73 Eine Beschränkung eines vertraglich bedachten Abkömmlings in guter Absicht durch späteres Testament lässt das Gesetz in § 2289 Abs. 2 BGB zu. Insofern kann der Erbvertrag bei Vorliegen der Voraussetzungen des § 2338 BGB auch später geändert werden.

VIII. Wegfall der Aufhebungswirkung bei Unwirksamwerden des Erbvertrags

74 Die Aufhebungswirkung des § 2289 Abs. 1 S. 1 BGB **entfällt**, wenn der Erbvertrag aufgehoben, er durch Vorversterben des Bedachten oder Ausschlagung gegenstandslos wird, wenn vom Erbvertrag zurückgetreten wird oder wenn – beim Ehegattenerbvertrag – die Ehe geschieden wird bzw. bei der eingetragenen Lebenspartnerschaft diese aufgehoben wird (§ 15 LPartG). Haben sich Eheleute in einem Erbvertrag durch vertragliche Verfügung gegenseitig zu Alleinerben und ihr einziges Kind zum Schlusserben eingesetzt, so entfällt die vertragliche Bindung bezüglich der Einsetzung des Schlusserben mit der Scheidung der Ehe der Eltern, es sei denn, es lässt sich feststellen, dass sie bei Abschluss des Erbvertrags die Einsetzung des Kindes als Schlusserben auch für diesen Fall gewollt haben (§§ 2077 Abs. 1, Abs. 2, 2280, 2298 BGB).[55]

75 Nach § 2289 Abs. 1 S. 1 BGB wird durch den Erbvertrag eine frühere letztwillige Verfügung des Erblassers aufgehoben, soweit sie das Recht des vertragsmäßig Bedachten beeinträchtigen würde. Entscheidend für das Vorliegen einer Beeinträchtigung ist nach herrschender Ansicht nicht der Zeitpunkt des Vertragsschlusses, sondern derjenige des **Erbfalls**. Nur dann, wenn der Bedachte auch wirklich Erbe geworden ist, kommt es zu einer Beeinträchtigung seines Rechts. Hingegen kann eine Beeinträchtigung nicht mehr eintreten, wenn der Erbvertrag bereits vor dem Erbfall gegenstandslos wird, weil der Bedachte wegfällt. Bei einem Vorversterben des Bedachten behält eine frühere Verfügung von Todes wegen grundsätzlich ihre Wirkung.[56]

55 OLG Hamm FamRZ 1994, 994.
56 OLG Hamm FamRZ 1994, 994; zum Meinungsstand siehe Anm. *Kummer*, ZEV 1999, 440.

IX. Erbvertragsaufhebung

76 Der Erbvertrag kann (stets) durch notariellen Vertrag aufgehoben werden (§ 2290 BGB).

24.10 **Muster 24.10: Aufhebung eines Erbvertrags**

77 *[Notarielle Urkundenformalien]*

Es erscheinen

1. Herr – persönlich bekannt –
2. Frau – persönlich bekannt –

Herr und Frau sind nach Überzeugung des Notars voll geschäftsfähig. Die Frage nach einer Vorbefassung des Notars i.S.v. § 3 Abs. 1 Nr. 7 BeurkG verneinen die Anwesenden.

Sie erklären mit der Bitte um Beurkundung:

Wir schließen folgenden Vertrag zur

Aufhebung eines Erbvertrags

Am haben wir vor Notar unter dessen Urkundenverzeichnisnummer einen Erbvertrag geschlossen, dessen Urschrift beim Amtsgericht unter der Verwahrungs-Nummer verwahrt wird.

Diesen Erbvertrag heben wir hiermit seinem gesamten Inhalt nach auf.

Diese Niederschrift wurde vom Notar den Anwesenden vorgelesen, von ihnen genehmigt und sodann von ihnen und dem Notar eigenhändig unterschrieben.

X. Erbvertragsaufhebung durch gemeinschaftliches Testament

78 Der unter **Ehegatten** geschlossene Erbvertrag kann auch durch gemeinschaftliches Testament aufgehoben werden (§ 2292 BGB), also auch in der Form des eigenhändigen Testaments (§ 2267 BGB). Gem. § 10 Abs. 4 LPartG können auch eingetragene Partner ein gemeinschaftliches Testament errichten und somit einen Erbvertrag durch gemeinschaftliches Testament aufheben.

24.11 **Muster 24.11: Aufhebung eines Erbvertrags durch gemeinschaftliches Testament**

79 **Gemeinschaftliches Testament**

Wir, die Eheleute und /Wir, die beim unter registrierten Lebenspartner und , haben in der Urkunde des Notars in am unter Urkundenverzeichnisnummer einen Erbvertrag errichtet. Diesen Erbvertrag heben wir hiermit seinem gesamten Inhalt nach auf.

[Ort, Datum, Unterschrift]

Dieses Testament ist auch mein Testament.

[Ort, Datum, Unterschrift]

24.12 **Muster 24.12: Aufhebung eines zweiseitigen Erbvertrags durch Testament nach Ausschlagung**

80 Ich, , geboren am in , wohnhaft in , errichte folgendes

Testament:

In der Urkunde des Notars in am habe ich mit meinem verstorbenen Ehemann unter Urkundenverzeichnisnummer einen gegenseitigen Erbvertrag errichtet, wonach auf den Tod des Erststerbenden von uns gesetzliche Erbfolge eintreten sollte, ich den Nießbrauch am Nachlass vermächtnisweise erhalten und Testamentsvollstreckerin werden sollte.

Mein Ehemann ist am in gestorben (vgl. Nachlassakten des Amtsgerichts , Az.).

Mit notariell beglaubigter Erklärung vom – Urkundenverzeichnisnummer des Notars in – habe ich die mir nach dem Erbvertrag angefallene Erbschaft und das Nießbrauchsvermächtnis ausgeschlagen. Das Amt des Testamentsvollstreckers habe ich nicht angenommen.

Die Ausschlagungserklärung ist am beim Nachlassgericht (Amtsgericht) eingegangen und im Hinblick auf die Ausschlagung des Nießbrauchsvermächtnisses den Erben am zugegangen.

In dem bezeichneten Erbvertrag (vgl. Ziff.) hat der Überlebende auf seinen Tod unsere gemeinschaftlichen Kinder in vertraglicher Weise zu seinen Erben eingesetzt.

Diese Verfügung auf den Tod des Überlebenden (Erbeinsetzung der gemeinschaftlichen Kinder) hebe ich hiermit ihrem gesamten Inhalt nach auf.

Gleichzeitig treffe ich für den Fall meines Todes folgende neue Verfügung:

[*Ort, Datum, Unterschrift*]

E. Änderungsvorbehalt und vertragliche Verfügungen

I. Allgemeines

Die durch vertragsmäßige Verfügung erzeugte Bindungswirkung muss nicht in jedem Fall 81 endgültig sein. Das Gesetz sieht drei Möglichkeiten vor, wie der Erblasser die eingetretene **Bindung beseitigen** und er seine durch den Erbvertrag eingeschränkte Testierfreiheit wiedererlangen kann:
- Ausübung eines vorbehaltenen Rücktritts nach §§ 2293–2297 BGB (vgl. Rdn 131 ff.)
- Anfechtung des Erbvertrags (§§ 2281 ff. BGB; vgl. Rdn 98 ff.)
- Aufhebung des Erbvertrags durch die Vertragsparteien selbst (§§ 2290–2292 BGB; vgl. Rdn 83 ff.)

Allerdings kann die Beseitigung der Bindung nicht erfolgen, ohne dem Vertragspartner davon Kenntnis zu geben.

Fraglich ist, ob der Erblasser sich eine weitere Möglichkeit der Lösung von der Bindung 82 durch einen sog. **Änderungsvorbehalt** eröffnen kann. Mancher Erblasser wünscht sich, einen Erbvertrag durch einfaches Testament wieder ändern zu können. Eine ausdrückliche gesetzliche Regelung hierzu fehlt. In Literatur und Rechtsprechung besteht Einigkeit darüber, dass ein solcher Änderungsvorbehalt zulässig ist; seine Grenzen sind jedoch umstritten. Unklar ist auch, wie sich ein Änderungsvorbehalt auf die Vertragsmäßigkeit erbvertraglich getroffener Verfügungen auswirkt.

II. Zulässigkeit des Änderungsvorbehalts

In Rechtsprechung und Literatur bestehen keine Zweifel an der grundsätzlichen Zulässig- 83 keit eines Änderungsvorbehalts.[57] Begründet wird diese Zulässigkeit mit der Vertrags- und Testierfreiheit, die auch für den Erbvertrag gelte.

57 BGH NJW 1982, 441, 442; BayObLG FamRZ 1991, 1359, 1360; OLG München ZErb 2007, 60; *Mayer*, DNotZ 1990, 755; *Weiler*, DNotZ 1994, 427.

III. Grenzen des Änderungsvorbehalts

84 Ungeklärt sind die Frage der Reichweite eines solchen Änderungsvorbehalts und die Frage, welchen Inhalt er haben kann, insbesondere, ob jegliche Änderung einer vertragsmäßig getroffenen Verfügung zulässig ist. Dabei ist entscheidend, dass der Erbvertrag als besondere Einrichtung des Vertragsrechts zumindest **einer (!) vertraglich bindenden** Regelung bedarf, weil andernfalls das essentielle Charakteristikum eines Vertrags, nämlich seine (vertragliche) Bindung, fehlen würde.[58] Deshalb wird ein Änderungsvorbehalt nur dann für zulässig gehalten, wenn beim Erblasser noch eine gewisse vertragliche Bindung bestehen bleibt. Dies bedeutet wiederum, dass ein Änderungsvorbehalt nicht so weit gehen kann, dass der Erblasser dadurch seine gesamte Testierfreiheit, deren er sich durch die eingegangene Bindung teilweise begeben hat, wiedererlangt. Das ist nicht nur dann der Fall, wenn eine vertragsmäßige Verfügung ohne Änderungsvorbehalt bestehen bleibt, sondern auch, wenn die Änderung nur unter bestimmten Voraussetzungen möglich oder inhaltlich beschränkt ist, da auch im letzteren Fall der Erblasser in seiner Gestaltungsfreiheit beschränkt ist.[59] Eine auf Seiten des Vertragspartners erlangte vertragliche Position muss diesem erhalten bleiben, andernfalls entfiele das vertragstypische Merkmal schlechthin.

85 Deshalb ist die in einem Teil der Literatur vertretene Auffassung, der Änderungsvorbehalt könne auch als sog. **Totalvorbehalt** vereinbart werden, kritisch zu betrachten.[60] Danach könnten nämlich sämtliche vertragsmäßigen Verfügungen durch abweichende letztwillige Verfügung beseitigt werden. *Weiler*[61] vertritt deshalb zu Recht die Auffassung, ein Totalvorbehalt könne nicht als zulässig erachtet werden, weil der Erblasser dann in seiner Testierfreiheit nicht eingeschränkt wäre, wenn es ihm gestattet wäre, ohne Weiteres von allen vertragsmäßigen Verfügungen durch einseitige Verfügung von Todes wegen wieder abzuweichen. Damit entfiele jegliche Bindung für den Erblasser und damit würde sich der Erbvertrag nicht mehr vom Testament unterscheiden. Die Konsequenz wäre, dass der Vertragspartner keinerlei irgendwie gefestigte Rechtsposition erhielte. Vielmehr wäre die entsprechende im Erbvertrag enthaltene Verfügung als einseitige Verfügung nach § 2299 BGB umzudeuten und einzuordnen.

86 Dem Einwand, der Erblasser könne sich auch ein vollständiges Rücktrittsrecht vom Erbvertrag vorbehalten und damit die Bindungswirkung ebenfalls einseitig beseitigen, ist entgegenzuhalten: Die Rücktrittsvorschriften sind streng formalisiert; ohne Kenntnis des Vertragspartners wird ein Rücktritt nicht wirksam, während beim Änderungsvorbehalt eine Lösung vom Erbvertrag auch gleichsam hinter dem Rücken des Vertragspartners möglich wäre. Würde man für die Ausübung eines Änderungsvorbehalts die Einhaltung der Rücktrittsformen für analog anwendbar halten, wie es ein Teil der Literatur vorsieht,[62] stünde der Änderungsvorbehalt dem Rücktrittsvorbehalt gleich; ein praktisches Erfordernis für ihn wäre damit nicht (mehr) erkennbar.

87 Die Rechtsprechung orientiert sich bei der Bestimmung der Grenzen eines Änderungsvorbehalts an dem Charakteristikum der erbvertraglichen Bindung. Der BGH[63] betont, dass der Erbvertrag durch den Vorbehalt seines vertraglichen Wesens nicht entkleidet werden dürfe. Dies sei aber dann der Fall, wenn für den Erblasser keine Bindung mehr bestehe.

---

58 BGHZ 26, 204, 208; BayObLG NJW-RR 1997, 1027, 1028; OLG München FamRZ 2008, 547.

59 Soergel/*Wolf*, § 2278 Rn 7; Grüneberg/*Weidlich*, § 2289 Rn 9.

60 *Lange/Kuchinke*, 37 III 4; *Küster*, JZ 1958, 394.

61 *Weiler*, DNotZ 1994, 427, 431.

62 *Küster*, JZ 1958, 394.

63 BGHZ 26, 204, 208; BGH WM 1970, 482, 483; BGH NJW 1982, 441, 442.

Deshalb müsse der Vorbehalt wenigstens **eine** für den Erblasser bindende Verfügung i.S.d. § 2278 Abs. 2 BGB bestehen lassen. In der beratenden Praxis muss deshalb streng darauf geachtet werden, dass wenigstens eine einzige vertragsmäßige Verfügung im Erbvertrag nicht vom Änderungsvorbehalt erfasst wird. So hat der BGH einen Vorbehalt, die Schlusserbeneinsetzung jederzeit abändern zu können, als zulässig erachtet, weil daneben noch eine vorbehaltlose gegenseitige Erbeinsetzung der Vertragschließenden im Erbvertrag enthalten war. Enthält ein Erbvertrag nur eine einzige vertragsmäßige Verfügung, dann darf der Vorbehalt nur so weit reichen, dass der Erblasser den Inhalt der Verfügung nicht vollkommen abändern kann; ein unabänderbarer Teil muss bestehen bleiben.[64]

Der BGH[65] führt aus:

> *„Ein Vorbehalt, der den Erblasser berechtige, sämtliche vertragsmäßigen Verfügungen durch einseitige zu ersetzen, gewähre ihm letztlich ein Rücktrittsrecht ohne Einhaltung der vom Gesetz vorgesehenen strengen Vorschriften der §§ 2293 ff. BGB. Da es sich insoweit um eine Umgehung handele, sei dieser unbeschränkte Änderungsvorbehalt unzulässig."*

Nach der maßgeblichen Rechtsprechung ist ein Änderungsvorbehalt unzulässig, wenn er 88
dem Erblasser gestattet, von allen vertraglichen Verfügungen ohne Weiteres und ohne Einhaltung der Rücktrittsvorschriften abzuweichen und damit der Willkür gleichkommt.[66]

Allerdings hält das OLG München einen Änderungsvorbehalt auch bezüglich der einzigen 89
vertraglichen Anordnung in einem Erbvertrag für zulässig, sofern die Änderung nur unter bestimmten Voraussetzungen möglich oder inhaltlich beschränkt ist, da auch im letzteren Fall der Erblasser in seiner Gestaltungsfreiheit beschränkt ist.[67]

Setzen Ehegatten in einem Erbvertrag ihre beiden Kinder wechselseitig bindend zu gleichen Teilen als Erben ein und soll andererseits der überlebende Ehegatte befugt sein, die Anordnung – insbesondere durch eine anderweitige Festlegung der Erbquoten – zu ändern, so enthält dies – ohne besondere Anhaltspunkte im Willen des Erblassers – nicht die Ermächtigung des letztversterbenden Ehegatten, die „Erbquote" eines der beiden Kinder auf null zu setzen.[68]

F. Auslegung des Erbvertrags

Da der Erbvertrag keine einseitige, jederzeit frei widerrufliche letztwillige Verfügung ist, 90
können die weitreichenden Auslegungsvorschriften, die im Testamentsrecht gelten, nicht ohne Weiteres übernommen werden. Vielmehr ist für die Frage, wie eine Willenserklärung verstanden werden kann, auf den oder die **Vertragspartner** Rücksicht zu nehmen. Im Hinblick auf den **Vertrauensschutz** der am Vertrag beteiligten Personen ist neben § 133 BGB auch § 157 BGB zu beachten. Zu prüfen ist deshalb immer, ob eine Auslegung, die dem Willen des einen Vertragspartners entspricht, auch mit dem Willen des anderen vereinbar ist.[69] Diese Grundsätze sind auch bei der ergänzenden Auslegung von Erbverträgen zu beachten. Beim Ehegattenerbvertrag können aus dem späteren Verhalten des überlebenden

64 MüKo-BGB/*Musielak*, § 2278 Rn 17; Staudinger/*Raff*, § 2278 Rn 24.
65 BGHZ 26, 204, 208.
66 Vgl. Staudinger/*Raff*, § 2287 Rn 25.
67 OLG München ZErb 2007, 60; Grüneberg/*Weidlich*, § 2289 Rn 9.
68 OLG Düsseldorf FamRZ 2007, 769 = ErbR 2007, 93 = ZEV 2007, 275 = DNotZ 2007, 774.
69 BGH NJW 1961, 120.

Ehegatten in aller Regel keine Schlüsse auf den Willen des erstverstorbenen Ehegatten gezogen werden. Im Übrigen gelten die Auslegungsvorschriften beim einseitigen und gemeinschaftlichen Testament.

G. Anfechtung des Erbvertrags

I. Allgemeines

91 Bei der Anfechtung der bei einem Erbvertrag abgegebenen Willenserklärungen ist in dreifacher Weise zu unterscheiden:

- die Erklärungen des Vertragspartners, der nicht als Erblasser gehandelt hat,
- die vertraglich bindenden Verfügungen des Erblassers und
- die einseitigen Verfügungen des Erblassers (§ 2299 BGB).

II. Erklärungen des Vertragspartners

92 Für die Erklärungen des Vertragspartners, die keine Verfügungen von Todes wegen sind, gelten die **allgemeinen Anfechtungsvorschriften** der §§ 119 ff. BGB, insbesondere die eingeschränkte Motivirrtumsanfechtung des § 119 Abs. 2 BGB. Damit gelten auch die Fristen der §§ 121, 124 BGB. Die Anfechtungserklärung kann formlos abgegeben werden; sie ist eine empfangsbedürftige Willenserklärung, die dem Erblasser oder dessen Rechtsnachfolger als Anfechtungsgegner gegenüber abzugeben ist (§ 143 BGB).

III. Erbvertraglich bindende Verfügungen

1. Anfechtung des Erbvertrags durch den Erblasser

a) Allgemeines

93 Der Selbstanfechtung von vertraglich bindend gewordenen Verfügungen durch den Erblasser kommt in der Praxis einige Bedeutung zu. Trotz der Beurkundungspflicht und der damit verbundenen Belehrung sind sich Erblasser nicht immer im Klaren über die Reichweite der von ihnen eingegangenen vertraglichen Bindung.

94 § 2281 Abs. 1 BGB gewährt dem Erblasser eine Anfechtungsmöglichkeit, deren Tatbestände grundsätzlich dieselben sind wie bei der **Testamentsanfechtung** (§§ 2281, 2078, 2079 BGB). Dies ist ein entscheidender Unterschied zum Anfechtungsrecht beim Einzeltestament. Dort kann der Erblasser jederzeit seine Erklärung widerrufen, deshalb hat er selbst kein Anfechtungsrecht; vielmehr kann dies nur Dritten zustehen (§ 2080 BGB). Dies hat andererseits aber auch zur Folge, dass der Erblasser einseitig im Erbvertrag (§ 2299 BGB) getroffene Verfügungen nicht anfechten kann, weil ihm insoweit ebenfalls die Widerrufsmöglichkeit offensteht (§§ 2299 Abs. 2, 2253 ff. BGB).

95 Da es beim Erbvertrag verschiedene Vertragstypen gibt, ist eine Einzelbetrachtung erforderlich. So geht das Gesetz im Allgemeinen vom **einseitigen** Erbvertrag aus (§ 2274 BGB), es (aner)kennt jedoch auch die Sonderform des Ehegattenerbvertrags (§§ 2280, 2292 BGB) und sonstige **zweiseitige** Erbverträge (§ 2298 BGB).

b) Einseitiger Erbvertrag; Selbstanfechtungsrecht des Erblassers

aa) Vertragliche Verfügungen von Todes wegen

Mit erbvertraglich bindender Wirkung können nur Erbeinsetzung, Vermächtnisanordnung, Auflagenanordnung und die Wahl des anwendbaren Rechts vereinbart werden (§ 2278 Abs. 2 BGB). Da nur insoweit eine vertragliche Bindung entstehen kann, kann sich das Selbstanfechtungsrecht des Erblassers auch nur auf solche Anordnungen beziehen. Sind die Regelungen im Erbvertrag zur Frage der Reichweite der Bindung nicht eindeutig, so muss die Frage, ob eine Bindung gewollt ist oder nicht, durch Auslegung ermittelt werden (§§ 133, 157 BGB). Es gibt auch Verfügungen, bezüglich derer der Erblasser sich einen Änderungsvorbehalt in den Vertrag hat aufnehmen lassen; solange von der Abänderungsmöglichkeit kein Gebrauch gemacht wurde, ist die betreffende Verfügung bindend.[70] Vgl. zum Änderungsvorbehalt Rdn 81 ff. 96

bb) Anfechtungsgründe

(1) Inhalts- und Erklärungsirrtum

Hier gelten dieselben Grundsätze wie bei der Testamentsanfechtung (§§ 2281 Abs. 1, 2078 Abs. 1 BGB). Allerdings kann ein Inhaltsirrtum auch in der Weise bestehen, dass sich der Erblasser über die rechtliche Tragweite, vor allem über die **Bindungswirkung** des Erbvertrags, bei seinem Abschluss nicht im Klaren war.[71] 97

Das objektive Moment, das in § 119 Abs. 1 BGB bei der Anfechtung von Willenserklärungen aufgenommen wurde, nämlich die Einschränkung, dass eine Anfechtung ausgeschlossen ist, wenn der Erklärende bei Kenntnis der Sachlage und bei verständiger Würdigung des Falls die Erklärung trotzdem so abgegeben hätte, gilt weder beim Testament noch beim Erbvertrag. Vielmehr ist hier die **subjektive** Denk- und Anschauungsweise des Erblassers maßgebend.[72] Zu der Frage, ob die Vorstellungen des Erblassers positiv sein müssen oder ob auch eine unbewusste Vorstellung ausreicht, hat der BGH in seiner Rechtsprechung folgende Grundsätze entwickelt:[73] 98

- Allein die Vorstellungen des Erblassers bei Errichtung der letztwilligen Verfügung sind maßgebend;
- diese Vorstellungen müssen nicht im Testament oder Erbvertrag ihren Niederschlag gefunden haben;
- als Vorstellungen genügen auch unbewusste, d.h. solche, die der Erblasser zwar nicht wirklich hatte, die er aber als selbstverständlich seiner Verfügung zugrunde gelegt hat;
- diese Vorstellungen müssen zumindest auch (kausal) mitbestimmend für die Verfügung/den Erbvertrag gewesen sein;
- zwischen Testamentsanfechtung und Erbvertragsanfechtung besteht, was die Vorstellungen des Erblassers betrifft, im Ergebnis kein Unterschied.

(2) Motivirrtum

Auch der Motivirrtum berechtigt den Erblasser zur Anfechtung (§§ 2281, 2078 Abs. 2 BGB). 99

70 *Veit*, NJW 1993, 1553.
71 OLG Hamm OLGZ 1966, 479; OLG Hamm Rpfleger 1978, 1079.
72 BGHZ 4, 91 = NJW 1952, 491; BGH NJW 1963, 246.
73 Nach *Veit*, NJW 1993, 1553, 1555.

Anfechtungsgründe können sein: Irrtum, Drohung oder Täuschung (§§ 2281 Abs. 1, 2078 BGB) oder das Übergehen eines Pflichtteilsberechtigten als vom Gesetz vermuteter Irrtum (§§ 2281 Abs. 1, 2079 BGB). Voraussetzung für eine Anfechtung wegen des Übergehens eines Pflichtteilsberechtigten ist aber, dass dieser zum Zeitpunkt der Anfechtung noch vorhanden ist (§ 2281 Abs. 1 Hs. 2 BGB). Gem. § 10 Abs. 6 LPartG ist auch der eingetragene Lebenspartner pflichtteilsberechtigt, sodass auch bei der Begründung einer Lebenspartnerschaft ein Anfechtungsrecht wegen des Hinzutretens eines Pflichtteilsberechtigten entstehen kann. Auf die einjährige Frist ab rechtswirksamer Begründung der Lebenspartnerschaft ist besonders zu achten.

cc) Form und Frist der Anfechtung

100 Die Anfechtung muss durch den Erblasser persönlich erklärt werden (§ 2282 Abs. 1 BGB); für einen geschäftsunfähigen Erblasser handelt der gesetzliche Vertreter mit Genehmigung des Familien- oder Betreuungsgerichts (§ 2282 Abs. 2 BGB). Die Anfechtungserklärung bedarf der **notariellen Beurkundung** (§ 2282 Abs. 3 BGB) und muss zu Lebzeiten des Vertragspartners diesem gegenüber erklärt werden (§ 143 Abs. 2 BGB), nach dem Tod des Vertragspartners gegenüber dem Nachlassgericht (§ 2281 Abs. 2 BGB). Die **Anfechtungsfrist** beträgt ein Jahr (§ 2283 Abs. 1 BGB) und beginnt im Falle eines Irrtums mit Kenntnis vom Irrtum (§ 2282 Abs. 2 BGB), im Falle der Drohung mit Beendigung der Zwangslage und bei Hinzutreten eines übergangenen Pflichtteilsberechtigten mit der abstrakten Entstehung von dessen Pflichtteilsrecht.

101 Die Jahresfrist zur Anfechtung des Erbvertrags ist eine **Ausschlussfrist**. Sie kann weder verlängert noch kann gegen ihre Versäumung Wiedereinsetzung in den vorigen Stand gewährt werden. Deshalb muss der Rechtsberater, der wegen einer in Betracht kommenden Anfechtung aufgesucht wird, rasch alle in Betracht kommenden Umstände aufklären.

102 **Praxishinweis**

Die Anfechtungserklärung muss dem anderen Vertragsteil in Ausfertigung zugehen, eine beglaubigte Abschrift reicht nicht. Dies muss überwacht werden.

dd) Rechtswirkungen der Anfechtung

103 Es gilt der allgemeine Grundsatz, wonach die wirksame Anfechtung zur **Unwirksamkeit** der Erklärung führt (§ 142 Abs. 1 BGB). Ist die Anfechtung in der erforderlichen Form und fristgemäß dem richtigen Anfechtungsgegner (§§ 143 Abs. 2, 2281 Abs. 2 S. 1 BGB) zugegangen, ist eine Rücknahme nicht mehr möglich, weil sie als Gestaltungserklärung ihre Rechtswirkungen damit entfaltet hat; eine Bestätigung des Erbvertrags ist damit nicht mehr möglich (§ 2284 BGB). Ist die angefochtene Verfügung mit einer anderen wechselbezüglich, so wird diese korrespondierende Verfügung ebenfalls unwirksam.

c) Bestätigung eines anfechtbaren Erbvertrags

104 Wurde ein an sich bestehendes Anfechtungsrecht nicht ausgeübt, so kann der anfechtbare Erbvertrag vom Erblasser bestätigt werden (§ 2284 BGB). Die Möglichkeit einer Bestätigung nach § 2284 BGB erstreckt sich nur auf **vertragliche Verfügungen**, weil einseitige Verfügungen ohnehin jederzeit widerruflich sind. Die Ausübung der Bestätigung kann nur höchstpersönlich durch den Erblasser erfolgen (§ 2284 S. 1 BGB).

105 Da die Ausübung des Anfechtungsrechts einer einjährigen Ausschlussfrist unterliegt (§§ 2282, 2283 BGB), käme auch das **Verstreichenlassen der Anfechtungsfrist** in Betracht. Damit würde der Erblasser dasselbe Ergebnis wie mit einer Bestätigung erreichen. Stirbt

der Erblasser jedoch vor Ablauf der Anfechtungsfrist, so könnten dritte Personen nach §§ 2285, 2080 BGB das Anfechtungsrecht noch ausüben. Dies wäre jedoch dann ausgeschlossen, wenn der Erblasser vorher die anfechtbaren Bestimmungen bestätigt hätte.

Für die Form der Bestätigung gilt die allgemeine Vorschrift des § 144 Abs. 2 BGB, d.h. die Bestätigung ist formlos möglich.

Möglich ist aber auch ein **Verzicht** von Seiten des Erblassers auf künftige, noch nicht 106
bekannte Anfechtungsgründe. Ein solcher Verzicht ist regelmäßig im Hinblick auf die Anfechtungsmöglichkeit nach § 2079 BGB (Übergehen eines Pflichtteilsberechtigten) naheliegend und bei der Beratung des Erblassers mit diesem hinsichtlich der Vor- und Nachteile sowie ihrer Wirkungen zu erörtern und sodann entsprechend in die Urkunde aufzunehmen.

d) Anfechtung des zweiseitigen und mehrseitigen Erbvertrags

Bei gegenseitigen Erbverträgen, insbesondere bei Ehegattenerbverträgen – und bei Erbver- 107
trägen eingetragener Lebenspartner –, geben beide oder alle Vertragspartner Willenserklärungen auf den Todesfall ab. Für jeden von ihnen gelten die Vorschriften über die Erblasseranfechtung.

aa) Anfechtungserklärung

Die Anfechtungserklärung ist gegenüber dem bzw. den **anderen Vertragschließenden** ab- 108
zugeben (§ 143 Abs. 2 BGB). Nach dem Tod eines Erblassers sind diejenigen Verfügungen, die zu seinen Gunsten angeordnet wurden, nicht mehr anfechtbar; sie sind nämlich gegenstandslos. Hat der überlebende Erblasser oder haben die überlebenden Erblasser zugunsten dritter Personen Verfügungen getroffen, müssen diese gegenüber dem **Nachlassgericht** des bereits verstorbenen Erblassers angefochten werden (§ 2281 Abs. 2 BGB). Ficht der überlebende Erblasser als Dritter i.S.d. §§ 2279 Abs. 1, 2080 BGB Verfügungen des bereits verstorbenen Erblassers an, die zugunsten eines Dritten vorgenommen wurden, so ist die Anfechtungserklärung entweder gegenüber dem Nachlassgericht abzugeben, wenn es sich um Erbeinsetzungen und Testamentsvollstreckungsanordnungen handelt (§ 2181 Abs. 1, 3 BGB) oder gegenüber dem Beschwerten, wenn es sich um Vermächtnisse handelt (§ 143 Abs. 4 S. 1 BGB).

Der **Betreuer** als gesetzlicher Vertreter kann mit Genehmigung des Betreuungsgerichts die Anfechtung erklären (§§ 2282 Abs. 2, 1851 Nr. 4 BGB).[74]

bb) Frist

Die Anfechtungsfrist des § 2283 Abs. 1 BGB läuft für **jeden** anfechtungsberechtigten Erblas- 109
ser **gesondert**. Für den Beginn des Fristenlaufs kommt es auf die Kenntnis des jeweiligen Erblassers an.

cc) Rechtswirkungen der erklärten Anfechtung

Nach der allgemeinen Vorschrift des § 142 Abs. 1 BGB ist die angefochtene Verfügung von 110
Anfang an nichtig. Beim gegenseitigen Erbvertrag (§ 2298 BGB) erfasst die damit eingetretene **Nichtigkeit den gesamten Vertrag**. § 2298 BGB enthält eine **Vermutung für die Wechselbezüglichkeit** vertraglicher Verfügungen in einem gegenseitigen Erbvertrag. Dabei kommt es nicht darauf an, ob die Erblasser sich gegenseitig oder dritte Personen vertraglich zu Erben eingesetzt oder andere vertraglich zulässige Anordnungen getroffen haben.

---

74 Vgl. zur Gesamtproblematik *Lange*, ZEV 2008, 313.

111 Diese Regelung des § 2298 BGB ist allerdings nicht zwingender Natur, die Erblasser können sie im Erbvertrag **abbedingen**; eine Nicht-Wechselbezüglichkeit kann sich auch durch Auslegung ergeben. Ob der Erblasser bei Irrtumsanfechtung eines Erbvertrags einem Schadensersatzanspruch gem. § 122 BGB ausgesetzt ist, ist hingegen streitig.[75]

112 **Praxishinweis**
Der Notar sollte unbedingt klären, inwieweit Verfügungen erbvertraglich bindend sind, und dies auch klar und unzweideutig im Erbvertrag formulieren.

dd) Ausschluss des Anfechtungsrechts

113 Die Regeln über die **Bestätigung** eines anfechtbaren Erbvertrags gelten auch hier, wobei jeder Erblasser für sich allein seine anfechtbare Verfügung bestätigen kann.

Die Rechtsprechung hat die Möglichkeit der Anfechtung nach dem Tod des Erblassers beim gegenseitigen Erbvertrag dadurch erschwert, dass sie bei der Anwendung des § 2079 S. 2 BGB (Übergehen eines Pflichtteilsberechtigten) auf den hypothetischen Willen des vorverstorbenen Erblassers Rücksicht nimmt.[76] Die Tendenz der Rechtsprechung zu restriktiver Handhabung des Anfechtungsrechts erklärt sich daraus, dass nach dem Tod eines Erblassers beim gegenseitigen Erbvertrag dessen erbvertragliche Anordnungen bereits wirksam geworden sind. Es besteht eine gewisse Vermutung dafür, dass es dem Willen des vorverstorbenen Erblassers nicht entsprochen hätte, wenn der Erbvertrag rückwirkend auf seinen Todesfall wieder entfiele. Würde eine solche rückwirkende Unwirksamkeit angenommen werden, so wäre der Erbe des vorverstorbenen Erblassers von Anfang an nicht Erbe geworden, auch nicht etwa Vorerbe; vielmehr wäre er Erbschaftsbesitzer gewesen. Wäre ihm die Anfechtbarkeit sogar bekannt gewesen oder infolge grober Fahrlässigkeit unbekannt geblieben, so würde er als bösgläubiger Erbschaftsbesitzer nach verschärften Grundsätzen haften (§§ 2024, 932 Abs. 2, 142 Abs. 2 BGB).

ee) Fall aus der Rechtsprechung: Kenntnis des Erblassers vom Anfechtungsgrund trotz Rechtsirrtums über die Bindungswirkung des Ehegattentestaments (bzw. eines Erbvertrags)

114 Beschluss des OLG Frankfurt vom 1.7.1999:[77]

„Die einjährige Frist zur Anfechtung wechselbezüglicher Verfügungen in einem gemeinschaftlichen Testament wegen Übergehens der zweiten Ehefrau (§§ 2283 Abs. 2 S. 1 Alt. 2, 2079 BGB) beginnt auch dann im Zeitpunkt der neuen Eheschließung, wenn der Erblasser sich im Hinblick auf die Wiederverheiratung irrtümlich nicht mehr an das gemeinschaftliche Testament gebunden glaubte.“

115 Bei einem gemeinschaftlichen Testament erstreckt sich die Wechselbezüglichkeit nicht zwangsläufig auf das gesamte Testament. Sie ist vielmehr für jede einzelne in dem Testament getroffene Verfügung gesondert zu prüfen. Entscheidend ist der Wille der Testierenden.

Wenn sich kinderlose Ehegatten gegenseitig bedenken und bestimmen, nach dem Tod des Längstlebenden solle das beiderseitige Vermögen teils an Verwandte des Ehemanns, teils an Verwandte der Ehefrau fallen, ist ein deutlicher Anhaltspunkt dafür gegeben, dass die Einsetzung der Gatten zueinander wechselbezüglich sein soll, außerdem aber auch die Einsetzung der Verwandten des anderen Gatten (§ 2270 Abs. 2 BGB).

75 Verneinend: OLG München ZEV 1998, 69; bejahend: *Mankowski*, ZEV 1998, 46.
76 OLG Hamm Rpfleger 1978, 179.
77 OLG Frankfurt NJWE-FER 2000, 37 = ZEV 2000, 106.

Mangels anderer Anhaltspunkte haben die Zuwendungen an die Verwandten der vorverstorbenen Ehefrau für den Erblasser wechselbezüglichen Charakter. Diese Verfügungen konnte der Erblasser, nachdem er die Erbschaft seiner ersten Ehefrau angenommen hatte, durch das spätere notarielle Testament nicht widerrufen oder aufheben (§ 2271 Abs. 2 S. 1 BGB). 116

Dies gilt jedoch nicht ohne Weiteres für die im Verhältnis zu seinen eigenen Verwandten getroffenen Verfügungen des Erblassers. Hier ist zu prüfen, ob diese Einsetzung mit der Einsetzung des Ehegatten wechselbezüglich sein soll. Dabei spricht allein der Grad der Verwandtschaft oder Schwägerschaft weder für die Wechselbezüglichkeit noch gegen sie.[78] Im Zweifel erstreckt sich die Wechselbezüglichkeit nicht auf die Einsetzung der Verwandten des überlebenden Ehegatten.[79] In einem solchen Fall ist der überlebende Ehegatte an die Erbeinsetzung der eigenen Verwandten nicht gebunden. 117

Die zweite Ehefrau des Erblassers konnte die wechselbezüglichen und damit gem. § 2271 Abs. 2 BGB mit dem Tode der ersten Ehefrau unwiderruflich gewordenen letztwilligen Verfügungen nach § 2079 BGB anfechten, weil sie erst nach Errichtung des gemeinsamen Testaments pflichtteilsberechtigt geworden ist. Da diese Anfechtung den Einschränkungen unterliegt, die gem. §§ 2281–2285 BGB für den Erbvertrag gelten, ist zu prüfen, ob der Erblasser im Zeitpunkt seines Todes sein Anfechtungsrecht bereits verloren hatte, weil die einjährige Anfechtungsfrist zu diesem Zeitpunkt bereits abgelaufen war.[80] Nach § 2283 Abs. 2 S. 1 Alt. 2 BGB beginnt die Frist zu laufen, sobald der Anfechtungsberechtigte Kenntnis vom Anfechtungsgrund hat. Der Zeitpunkt für den Lauf der Anfechtungsfrist ist hier der Tag der Eheschließung (§§ 2281 Abs. 1, 2079 BGB). 118

Sollte der Erblasser **irrtümlich** angenommen haben, wegen seiner erneuten Heirat sei er **nicht mehr an das gemeinschaftliche Testament gebunden**, so ist dieser Irrtum auf den Lauf der Frist ohne Einfluss.[81] 119

ff) Muster

Muster 24.13: Selbstanfechtung eines gegenseitigen Erbvertrags nach Hinzutreten eines Pflichtteilsberechtigten 24.13

[*Notarielle Urkundenformalien*] 120

Anwesend ist, persönlich bekannt, Herr und erklärt die folgende

Anfechtung eines Erbvertrags

zur notariellen Niederschrift:

I. Rechtsverhältnisse

Mit meiner am vorverstorbenen Ehefrau, Frau , zuletzt wohnhaft in , habe ich einen Erbvertrag errichtet, wonach wir uns gegenseitig zu Alleinerben und unseren gemeinschaftlichen Sohn zum Schlusserben eingesetzt haben. Der Erbvertrag wurde am von Notar in unter Urkundenverzeichnisnummer beurkundet.

Nach dem Tod meiner Ehefrau wurde er am vom Amtsgericht als Nachlassgericht unter Az. eröffnet.

Die mir aufgrund des Erbvertrags angefallene Alleinerbschaft habe ich seinerzeit angenommen.

78 BayObLG NJW-RR 1992, 1223 = FamRZ 1992, 1102.

79 BGH FamRZ 1961, 76; Grüneberg/*Weidlich*, § 2270 Rn 7, 10.

80 BayObLG FamRZ 1995, 1024.

81 Sehr streitig; Nachweise bei BayObLG NJW-RR 1992, 1223 = FamRZ 1992, 1102; BayObLG FamRZ 1995, 1024. So auch LG Stuttgart ZEV 1999, 441.

Am habe ich meine zweite Ehe mit Frau vor dem Standesbeamten des Standesamts geschlossen.

II. Anfechtungserklärung

Gegenüber dem Nachlassgericht fechte ich hiermit wegen des Hinzutretens meiner zweiten Ehefrau als Pflichtteilsberechtigte den in Ziff. I oben näher beschriebenen Erbvertrag an. Die Jahresfrist zur Anfechtung seit der Eheschließung ist gewahrt. Eine Bestätigung des anfechtbaren Erbvertrags habe ich bisher nicht vorgenommen.

Ich bitte den beurkundenden Notar, eine Ausfertigung dieser Urkunde dem Amtsgericht als Nachlassgericht zu übersenden und sich den Empfang bestätigen zu lassen.

Diese Niederschrift wurde vom Notar dem Anwesenden vorgelesen, von ihm genehmigt und von ihm und dem Notar wie folgt eigenhändig unterschrieben.

e) Anfechtbarkeit einseitiger Verfügungen

121 Für diejenigen Erklärungen des Erblassers im Erbvertrag, die den Charakter einseitiger Verfügungen von Todes wegen haben, bedarf es der Anfechtung nicht, weil sie nach den allgemeinen Vorschriften des Testamentsrechts **widerrufen** werden können. Für die Anfechtung solcher Verfügungen von Todes wegen durch Dritte gelten die allgemeinen Testamentsanfechtungsvorschriften der §§ 2078 ff. BGB.

2. Anfechtung des Erbvertrags durch Dritte

122 Nach dem Erbfall kann derjenige, dem die Aufhebung der letztwilligen Verfügung unmittelbar zustattenkommen würde, nach allgemeinen Testamentsregeln anfechten (§§ 2080, 2285 BGB). Es gelten die Vorschriften der §§ 2078 ff. BGB.

H. Rücktritt vom Erbvertrag

I. Rücktrittsrecht des Vertragspartners

123 Der Vertragspartner, der nicht als Erblasser gehandelt hat, kann nach den allgemeinen Regeln über den Rücktritt vom Vertrag (§§ 346 ff. BGB) vom Erbvertrag zurücktreten, sofern er sich ein Rücktrittsrecht vorbehalten hat. Damit entsteht ein Rückabwicklungsverhältnis. Ein (gesetzliches) Rücktrittsrecht nach § 325 BGB scheidet aus, weil es sich beim Erbvertrag nicht um einen gegenseitigen Vertrag i.S.d. §§ 320 ff. BGB handelt (vgl. bereits Rdn 2).

124 Für die Rücktrittserklärung gelten die Formvorschriften der §§ 2296, 2297 BGB nicht; sie kann vielmehr formlos abgegeben werden. Eines gesetzlichen Rücktrittsrechts für den Vertragspartner, der nicht zugleich Erblasser ist, bedarf es nicht, weil er die ihm gemachte Zuwendung ausschlagen kann.[82] Die Ausübung des Rücktrittsrechts durch den Vertragspartner vernichtet die Verfügung des Erblassers nicht automatisch; aber sie kann bei ihm ein Rücktrittsrecht nach § 2295 BGB auslösen.

82 Grüneberg/*Weidlich*, § 2293 Rn 5.

II. Rücktrittsrecht des Erblassers

Dem Erblasser kann entweder ein vertraglich vereinbartes vollständiges oder teilweises Rücktrittsrecht (§ 2293 BGB) oder ein durch Gesetz gewährtes zustehen (§§ 2294 ff. BGB). An dieser Stelle muss dringend darauf hingewiesen werden, dass in den Fällen, in denen aus Kostenersparnisgründen statt eines gemeinschaftlichen Testaments ein Erbvertrag unter Ehegatten errichtet wird, notwendigerweise auch das Rücktrittsrecht für beide Vertragsteile vorbehalten werden sollte, weil diese Möglichkeit beim gemeinschaftlichen Testament ohnehin – formell in Form des Widerrufs, indes mit gleicher Wirkung – kraft Gesetzes bestünde. Die Erblasser sollten in diesem Punkt bei Wahl eines Erbvertrags nicht schlechter gestellt sein, als wenn sie ein gemeinschaftliches Testament errichtet hätten. Dies kann auch für eingetragene Lebenspartner gelten, weil auch sie nach § 10 Abs. 4 LPartG ein gemeinschaftliches Testament errichten können. 125

1. Vorbehaltenes Rücktrittsrecht

Das im Erbvertrag vorbehaltene Rücktrittsrecht bietet dem Erblasser die Möglichkeit, durch **einseitige Erklärung** vom Vertrag loszukommen. Ob und in welchem Umfang die Rücktrittsmöglichkeit bestehen soll, unterliegt dem Willen der Vertragsparteien und ist notfalls durch Auslegung zu ermitteln, wobei auch auf den Empfängerhorizont abzustellen ist. 126

Praxishinweis
Der Umfang des vorbehaltenen Rücktrittsrechts ist präzise zu formulieren.

2. Gesetzliches Rücktrittsrecht

a) Rücktritt bei Verfehlungen des Bedachten

Macht sich der Bedachte einer Verfehlung schuldig, die den Erblasser berechtigt, ihm den Pflichtteil zu entziehen, oder – falls der Bedachte nicht zum Kreis der Pflichtteilsberechtigten gehört – ihn berechtigen würde, einem Abkömmling den Pflichtteil zu entziehen, so kann der Erblasser vom Erbvertrag zurücktreten (§ 2294 BGB). Die Pflichtteilsentziehungsgründe sind in § 2333 BGB abschließend aufgezählt. 127

Die Pflichtteilsentziehungsgründe sind in § 2333 BGB geregelt. 128

Der Entziehungsgrund des „ehrlosen und unsittlichen Lebenswandels" wurde in der Erbrechtsreform ersetzt durch Entziehung bei rechtskräftiger Verurteilung zu einer Freiheitsstrafe von mindestens einem Jahr ohne Bewährung.

Gleiches gilt bei Straftaten, die im Zustand der Schuldunfähigkeit begangen wurden.

Dies bringt für den zivilrechtlichen Bereich eine erhebliche Rechtssicherheit gegenüber der bisherigen Regelung; allerdings wurde damit auch die Schwelle für eine Pflichtteilsentziehung angehoben.

Nur wenn die Verfehlung **nach Vertragserrichtung** begangen wurde, entsteht das Rücktrittsrecht. War sie bereits vorher begangen worden, hatte der Erblasser aber keine Kenntnis davon, so kann ein **Anfechtungsrecht** in Betracht kommen. Die **Beweislast** für das Vorliegen der Rücktrittsvoraussetzungen trägt der Erblasser. 129

b) Rücktritt bei Wegfall der Gegenverpflichtung

130 § 2295 BGB gewährt dem Erblasser ein Rücktrittsrecht, wenn die Verpflichtung des Vertragspartners auf wiederkehrende Leistungen gegenüber dem Erblasser vor dem Tod des Erblassers aufgehoben wird. Diese Vorschrift zielt auf **entgeltliche Erbverträge** ab. Seine bereits erbrachten Leistungen kann der Vertragspartner im Falle des Rücktritts nach § 812 Abs. 1 S. 2 BGB zurückverlangen (Nichterreichen des bezweckten Erfolgs).

Die Aufhebung der Gegenverpflichtung muss zumindest einen Beweggrund für den Rücktritt nach § 2295 BGB darstellen. Daran fehlt es, wenn der Erblasser die Aufhebung der Verpflichtung bestreitet.[83]

131 Leistet der Vertragspartner schlecht oder kommt er in Verzug, so hat der Erblasser kein Rücktrittsrecht, weil §§ 325, 326 BGB nicht gelten. Es kommt ein Anfechtungsrecht nach §§ 2281, 2078 Abs. 2 BGB in Betracht (Irrtum über den künftigen Umstand der Schlechterfüllung).

c) Fallbeispiel

aa) Sachverhalt

132 **Beispiel**
(Nach DNotI-Report 2000, 119)
Mutter M und Tochter T schließen einen Erbvertrag, wonach M ihre Tochter T in vertraglich bindender Weise und ohne Rücktrittsvorbehalt zur Alleinerbin einsetzt. T hat sich im Gegenzug zur Zahlung einer wertgesicherten Leibrente an M verpflichtet. Außerdem sollte die Leibrente durch Eintragung einer Reallast auf einem Hausgrundstück der T gesichert werden. Letzteres ist unterblieben. Die aufgrund der Wertsicherung zu zahlenden erhöhten Beträge wurden nie geleistet, vielmehr wurden immer nur die Rentengrundbeträge bezahlt. Seit einem halben Jahr wird von T keinerlei Zahlung mehr an M erbracht. Kann M von dem Erbvertrag zurücktreten?
Der Erblasser kann somit nach § 2295 BGB von einer vertragsmäßigen Verfügung von Todes wegen zurücktreten, wenn die Verfügung mit Rücksicht auf eine rechtsgeschäftliche Verpflichtung des Bedachten, dem Erblasser für dessen Lebenszeit wiederkehrende Leistungen zu erbringen, getroffen ist und die Verpflichtung vor dem Tod des Erblassers aufgehoben wird.[84]

bb) Voraussetzungen für einen Rücktritt vom Erbvertrag

133 Voraussetzung für ein Rücktrittsrecht aus § 2295 BGB ist, dass die Verpflichtung des erbvertraglich Bedachten einen **Beweggrund** für die getroffene Verfügung von Todes wegen darstellt.[85] Die weitere in § 2295 BGB genannte Voraussetzung ist die Aufhebung der Rentenzahlungsverpflichtung.

Der Begriff der Aufhebung wird von der herrschenden Meinung so verstanden, dass darunter nicht nur eine einvernehmliche Aufhebung zu verstehen sei, sondern auch jeder nachträgliche Wegfall der Leistungsverpflichtung, aus welchem Rechtsgrund auch immer.[86]

83 OLG München ZErb 2009, 178 = ZEV 2009, 345.
84 DNotIReport 2000, 199.
85 Staudinger/*Raff*, § 2295 Rn 3.
86 OLG Karlsruhe NJW-RR 1997, 708; LG Köln DNotZ 1978, 685; Grüneberg/*Weidlich*, § 2295 Rn 4; MüKo-BGB/*Musielak*, § 2295 Rn 4; *Stürzebecher*, NJW 1988, 2717.

Weil die Rentenzahlung in der Vergangenheit nur teilweise – ohne die wertgesicherte Anpassungserhöhung – erfolgt und jetzt ganz ausgeblieben ist und außerdem die vereinbarte Sicherheit nicht gestellt wurde, könnte der M im obigen Fallbeispiel ein Rücktrittsrecht nach § 326 BGB zustehen. Wobei es allerdings herrschende Meinung ist, dass erbvertragliche Verfügung einerseits und Leistungsverpflichtung andererseits nicht in einem synallagmatischen Verhältnis zueinander stehen, weil das eine eine Verfügung von Todes wegen ist, das andere eine Verpflichtung unter Lebenden.[87] Nach anderer Meinung liegt – ähnlich dem dinglich wirkenden Erbverzicht – auch dem Erbvertrag ein Grundvertrag zugrunde, bei dem die Verpflichtung zur Erbeinsetzung und die Zahlungsverpflichtung in einem synallagmatischen Verhältnis zueinander stünden.[88]

Eine analoge Anwendung von § 326 BGB bei Leibrentenverträgen haben das Reichsgericht[89] und das OLG Hamburg[90] bejaht. Anderer Meinung ist das OLG Celle.[91]

Die Entscheidung dieser Streitfrage kann jedoch für den vorliegenden Fall dahingestellt bleiben. Im Falle des Verzugs kann der Gläubiger aus der Rentenzahlungsverpflichtung Schadensersatz wegen Nichterfüllung nach § 286 Abs. 2 S. 1 BGB bzw. analog § 326 Abs. 2 BGB verlangen. Spätestens nach dem Wegfall der Zahlung kann der M das Festhalten an dem Vertrag nicht mehr zugemutet werden.

cc) Gegenseitige Abhängigkeit von Erbeinsetzung und Zahlungsverpflichtung

Die Vertragsparteien können erbvertragliche Erbeinsetzung einerseits und schuldrechtliche 134
Leistungsverpflichtung andererseits zu einer rechtlichen Einheit verbinden mit der Folge, dass die Nichtigkeit des einen Teils nach § 139 BGB auch die Nichtigkeit des anderen Teils zur Folge hat.[92]

Eine solche Teilnichtigkeit könnte im Wege der Motivirrtumsanfechtung (über das spätere Verhalten des Erbvertrags-Partners) nach §§ 2281, 2078 Abs. 2 BGB herbeigeführt werden. Nach herrschender Meinung besteht dieses Anfechtungsrecht neben dem Rücktrittsrecht nach § 2295 BGB.[93] Über § 139 BGB kann die Nichtigkeit der erbvertraglichen Regelung nach Anfechtung zur Nichtigkeit auch des Leibrentenversprechens führen.

Denkbar wäre auch, die Erbeinsetzung unter der auflösenden Bedingung der ordnungsgemäßen Rentenerfüllung zu verfügen.

Welche Rechtskonstruktion bezüglich des Verhältnisses zwischen Erbeinsetzung einerseits und Rentenverpflichtung andererseits bestehen soll, bestimmt sich nach dem Willen der Vertragsparteien. Kann eine besondere Verknüpfung nicht festgestellt werden, so ist auf jeden Fall der Erbvertrag von Seiten der M anfechtbar nach §§ 2281 Abs. 1, 2278 Abs. 2 BGB im Hinblick auf die enttäuschte Leistungserwartung, die M haben konnte.[94]

---

87 OLG Karlsruhe NJW-RR 1997, 708, 709; LG Köln DNotZ 1978, 685; Staudinger/*Raff*, § 2295 Rn 3.
88 *Stöcker*, WM 1980, 482; *Stürzebecher*, NJW 1988, 2717.
89 RGZ 106, 93, 96.
90 OLG Hamburg MDR 1964, 414.
91 OLG Celle NJW-RR 1990, 1490.
92 Staudinger/*Raff*, § 2295 Rn 3; *Knieper*, DNotZ 1968, 331.
93 OLG Hamm DNotZ 1977, 751, 756; Staudinger/*Raff*, § 2295 Rn 10; Grüneberg/*Weidlich*, § 2295 Rn 5.
94 BGH BWNotZ 1961, 181; BGH NJW 1964, 205.

dd) Rückgewähr der Rentenzahlungen

135 Fällt die erbvertragliche Erbeinsetzung der T – bspw. durch Anfechtung von Seiten der M – weg, so kann T wegen Wegfalls der causa für die von ihr erbrachten Rentenleistungen nach Bereicherungsrecht gem. § 812 Abs. 1 S. 2 Alt. 2 BGB die geleisteten Zahlungen zurückverlangen – allerdings mit dem Risiko, dass der Entreicherungseinwand nach § 818 Abs. 3 BGB erhoben werden kann.

3. Rücktrittserklärung

a) Zu Lebzeiten beider Vertragspartner

136 Die Rücktrittserklärung bedarf der **notariellen Beurkundung** (§ 2296 Abs. 2 BGB); sie ist gegenüber dem anderen Vertragsteil zu erklären; die Erklärung muss höchstpersönlich abgegeben werden. Hat ein Erblasser den in einem Erbvertrag vorbehaltenen Rücktritt erklärt und notariell beurkunden lassen und hat der Notar die Zustellung des Rücktritts an den als Alleinerben eingesetzten Vertragspartner übernommen, tatsächlich aber nicht zugestellt, wirkt der Erbvertrag fort mit der Folge, dass der vom Erblasser in einem neuen Testament eingesetzte (andere) Alleinerbe nicht erbberechtigt ist.[95]

Ist der andere Vertragsteil **geschäftsunfähig** und gehört zum Aufgabenkreis eines für ihn bestellten Betreuers die Vermögenssorge, so kann der Rücktritt von einem Erbvertrag auch gegenüber dem Betreuer erklärt werden.[96] Die ganz herrschende Auffassung in Rechtsprechung und Literatur geht davon aus, dass ein Rücktritt auch im Falle der Geschäftsunfähigkeit des anderen Vertragsteils möglich ist, dann aber gem. § 131 BGB dem gesetzlichen Vertreter des Geschäftsunfähigen zugehen muss, um wirksam zu werden.[97] Ist der zurücktretende Ehegatte zugleich zum Betreuer des anderen Ehegatten bestellt, besteht ein Vertretungsausschluss, da die Empfangnahme der Widerrufserklärung nicht als lediglich rechtlich vorteilhaft angesehen werden kann, sodass für die Empfangnahme des Widerrufs ein **Ergänzungsbetreuer** bestellt werden muss.[98]

Der BGH[99] hatte im Jahr 2021 erstmals Gelegenheit, sich mit der Frage zu befassen, ob ein Rücktritt vom Erbvertrag auch dann möglich ist, wenn derjenige, demgegenüber der Rücktritt zu erklären ist, geschäftsunfähig geworden ist. Der BGH hat entschieden, dass der Rücktritt auch dann wirksam ist, wenn die Rücktrittserklärung dem Betreuer – mit entsprechendem Aufgabenkreis – oder dem Vorsorgebevollmächtigten gegenüber abgegeben wird, und zwar jedenfalls dann, wenn die fehlende Geschäfts- und Testierfähigkeit eindeutig feststeht.

---

95 LG Münster v. 19.4.2007 – 15 O 1/07, BeckRS 2007, 9419.

96 LG Hamburg v. 17.2.2000 – 301 T 264/99, DNotI-Report 2000, 86.

97 LG Hamburg DNotI-Report 2000, 86; *Helms*, DNotZ 2003, 104. A.A. *Damrau/Bittler*, ZErb 2004, 77: Mit Eintritt der Geschäftsunfähigkeit eines Ehegatten seien wechselbezügliche Verfügungen in einem gemeinschaftlichen Testament schlechthin nicht mehr widerrufbar.

98 Zur Möglichkeit der Anordnung einer Betreuung zur Entgegennahme der Rücktrittserklärung vgl. AG München ZEV 2011, 81 und OLG Hamm ZErb 2014, 81 = ErbR 2014, 133 = ZEV 2014, 116; dort jeweils entschieden zum Widerruf eines gemeinschaftlichen Testaments. Da aber in § 2271 Abs. 1 BGB auf § 2296 BGB, also das Rücktrittsrecht beim Erbvertrag, verwiesen wird, gelten hier die gleichen Regeln.

99 BGH, Beschl. v. 27.1.2021 – XII ZB 450/20, NJW 2021, 1455; hierzu *Zimmer*, NJW 2021, 1434.

Muster 24.14: Rücktritt des Erblassers vom einseitigen Erbvertrag 24.14

… [*Notarielle Urkundenformalien*] 137

Es erscheint Herr … .

Er ist nach der Überzeugung des Notars voll geschäftsfähig. Sodann erklärt er folgenden

Rücktritt von einem Erbvertrag

I. Vorbemerkungen

In der Urkunde des Notars … in … vom … habe ich unter Urkundenverzeichnisnummer … mit Frau … einen Erbvertrag errichtet, wonach sich Frau … zu Dienstleistungen mir gegenüber verpflichtet hat und ich ihr ein Wohnungsrechtsvermächtnis zugewandt habe.

Frau … ist seit längerer Zeit krank und kann seit … die Dienstleistungen nicht mehr erbringen. Unter diesen Voraussetzungen bin ich berechtigt, nach Ziff. … der bezeichneten Urkunde vom Erbvertrag zurückzutreten.

II. Rücktrittserklärung

Hiermit trete ich von dem in Ziff. I bezeichneten Erbvertrag in vollem Umfang zurück. Der beurkundende Notar bzw. sein jeweiliger Vertreter im Amt wird hiermit beauftragt, Frau … eine Ausfertigung dieser Rücktrittserklärung durch den zuständigen Gerichtsvollzieher zustellen zu lassen.

Diese Niederschrift wurde vom Notar dem Anwesenden vorgelesen, von ihm genehmigt und sodann von ihm und dem Notar unterschrieben.

Praxishinweis 138
Der Rücktritt muss dem anderen Vertragsteil in Ausfertigung zugehen, beglaubigte Abschrift reicht nicht. Dies ist zu überwachen.

b) Nach dem Tod des Vertragspartners

Der Rücktritt kann durch Testament ausgeübt werden (§ 2297 BGB). 139

c) Rücktritt durch Testament

Wie das vorbehaltene oder gesetzlich gewährte Rücktrittsrecht vom Erbvertrag zu Lebzeiten des Vertragspartners ausgeübt wird, regelt § 2296 BGB (vgl. Rdn 123 ff.). Nach dem Tod des Vertragspartners übt der Erblasser beim einseitigen Erbvertrag sein Rücktrittsrecht durch **Testament** aus (§ 2297 BGB). Ist der Erblasser ebenfalls gestorben, so ist der Rücktritt ausgeschlossen. 140

Beim **einseitigen Erbvertrag** erlischt das vorbehaltene oder gesetzliche Rücktrittsrecht durch den Tod des Vertragspartners grundsätzlich nicht – es sei denn, die Vertragsparteien hätten etwas anderes vereinbart. Mit der Zulassung des Testaments als Form der Ausübung des Rücktrittsrechts wird die Empfangsbedürftigkeit der Rücktrittserklärung beseitigt. Der Rücktritt erfolgt nicht etwa durch Erklärung gegenüber den Erben des verstorbenen Vertragspartners. Im Rahmen des § 2297 BGB gelten die allgemeinen Testamentsformen. 141

Für den **zweiseitigen** oder **mehrseitigen Erbvertrag** ist die gesetzliche Vermutung umgekehrt: Mit dem Tod des/der anderen Vertragschließenden erlischt das Rücktrittsrecht (§ 2298 Abs. 2 S. 2 BGB), sofern die Vertragsparteien nichts anderes vereinbart haben (§ 2298 Abs. 3 BGB). 142

Aber auch beim zweiseitigen oder mehrseitigen Erbvertrag eröffnet sich der überlebende Vertragspartner das Recht zum Rücktritt nach dem Tod eines (Erblasser-)Vertragspartners (vom Gesetz in § 2298 Abs. 2 S. 3 BGB „Aufhebung“ genannt), wenn er das „ihm durch 143 den Vertrag Zugewendete ausschlägt". Diese Art des Rücktritts („Aufhebung") erfolgt durch einseitiges Testament (§ 2298 Abs. 2 S. 3 BGB).

144 Steht dem Erblasser beim einseitigen Erbvertrag ein gesetzliches Rücktrittsrecht nach § 2294 BGB zu (Rücktrittsrecht bei Vorliegen von Pflichtteilsentziehungsgründen beim Vertragspartner), so müssen – anders als bei der Rücktrittserklärung unter Lebenden nach § 2296 BGB – die **Rücktrittsgründe** im Aufhebungstestament angegeben werden; der Rücktrittsgrund muss im Zeitpunkt der Errichtung des Aufhebungstestaments noch bestehen (§§ 2297 S. 2, 2336 Abs. 2–4 BGB). Ist der Rücktrittsgrund verziehen, so kann der Erblasser den Erbvertrag nicht mehr aufheben (§ 2337 BGB).

145 Für all diese Sonderformen der Ausübung des Rücktritts nach §§ 2297, 2298 BGB gilt: Sie finden nur auf die vertragsmäßig getroffenen Verfügungen Anwendung, denn einseitige Verfügungen, die im Erbvertrag bekanntlich ebenfalls möglich sind (§ 2299 BGB), können ohnehin jederzeit vom Erblasser einseitig nach den Regeln des Testamentswiderrufs widerrufen werden.

24.15 **Muster 24.15: Rücktritt durch Testament**

146 Ich, ____, geboren am ____ in ____, wohnhaft ____, errichte hiermit folgendes

Testament:

Ich habe in der Urkunde des Notars ____ in ____ am ____ unter Urkundenverzeichnisnummer ____ mit Herrn ____ einen Erbvertrag geschlossen, bei dem ich als Erblasser vertragsmäßige Verfügungen von Todes wegen getroffen habe (vgl. Ziff. ____ der Vertragsurkunde), während Herr ____ als Vertragspartner gehandelt hat. In dem Erbvertrag habe ich mir unter Ziff. ____ das Recht zum Rücktritt vom gesamten Vertrag vorbehalten. Herr ____ ist am ____ gestorben.

Hiermit hebe ich die in dem bezeichneten Erbvertrag von mir getroffenen Verfügungen von Todes wegen ihrem gesamten Inhalt nach auf und treffe für den Fall meines Todes nunmehr folgende Anordnungen: ____.

[*Ort, Datum, Unterschrift*]

d) Wechselbezügliche vertragliche Verfügungen

147 Werden von beiden Vertragsteilen vertragsmäßige Verfügungen getroffen, so wird nach § 2298 Abs. 2 BGB vermutet, dass diese Verfügungen des einen vom Bestehen der Verfügungen des anderen abhängig sein sollen. Eine ausdrückliche Regelung im Erbvertrag oder seine Auslegung kann ergeben, dass etwas anderes vereinbart sein soll (§ 2298 Abs. 3 BGB).

148 Die **Nichtigkeit** einer der Verfügungen hat die **Unwirksamkeit** der anderen zur Folge. Die Ausübung des vereinbarten Rücktrittsrechts führt im Zweifel zur Aufhebung des gesamten Vertrags.

Beim Rücktritt aufgrund gesetzlichen Rücktrittsrechts (§§ 2294, 2295 BGB) bleiben im Zweifel die übrigen, vom Rücktritt nicht betroffenen Verfügungen gem. §§ 2279, 2085 BGB bestehen.

I. Erbschaftsteuerliche Hinweise

149 Bei einem **voll unentgeltlichen Erbvertrag** gibt es keine erbschaftsteuerlichen Besonderheiten. Was jemand erwirbt, ob als Erbe, Vermächtnisnehmer oder Auflagenbegünstigter,

ist nach § 3 Abs. 1 Nr. 1 ErbStG steuerbar. Der Rest folgt den allgemeinen Regeln, die für jeden dieser Erwerbe gelten.

Anders ist die Lage bei einem **ganz oder teilweise entgeltlichen Erbvertrag.** Hier entstehen dem Vertragspartner des künftigen Erblassers Aufwendungen, die seinen Erwerb nach § 10 Abs. 5 Nr. 3 ErbStG mindern.[100] Zu nennen sind hier zunächst Leistungen, die an den Erblasser zu erbringen sind, wie bspw. Versorgungs- und Pflegeleistungen. Entscheidend ist aber stets, dass die in Rede stehende Leistung wenigstens in Geld messbar ist.[101] Außerdem muss eine vertragliche Erbeinsetzung (oder Vermächtniszuwendung) vorliegen. Bei nur testamentarischer Begünstigung, kann der Erbe/Vermächtnisnehmer entsprechende Leistungen nicht nach § 10 Abs. 5 ErbStG abziehen.[102] 150

In Betracht kommen auch Leistungen an andere Empfänger, wie z.B. Abfindungszahlungen an weichende Erben oder sonstige Dritte. Auch ein vermächtnisweise zugewendeter Nießbrauch, etwa an einem Grundstück, ist ein Abzugsposten, der den Erwerb schmälert.

Beeinträchtigende Schenkungen (§ 2287 BGB) sind auch für die Erbschaftsteuer von Interesse. Was der Vertragserbe vom Beschenkten wiedererlangt, unterliegt der Erbschaftsteuer nach § 3 Abs. 2 Nr. 7 ErbStG. Der BFH hat die Vorschrift in einer als Auslegung verkleideten Analogie auch auf den Schlusserben eines Berliner Testaments angewendet.[103] § 3 Abs. 2 Nr. 7 ErbStG erfasst auch den vertragsmäßig bedachten Vermächtnisnehmer. 151

J. Zentrales Testamentsregister

Vgl. zur Registrierung von Erbverträgen im Zentralen Testamentsregister der Bundesnotarkammer § 4 Rdn 38 ff. 152

K. (Notar-)Kosten

Der Geschäftswert eines Erbvertrags ist nach § 102 GNotKG zu bestimmen. Maßgeblich ist das sog. **modifizierte Reinvermögen** des Erblassers, bei mehreren Erblassern ist es für jeden gesondert zu ermitteln und sodann zu addieren. Eine Saldierung der Schulden ist also nicht möglich. Unter modifiziertem Reinvermögen versteht man die Aktiva, von denen die Passiva bis maximal zur Hälfte der Aktiva abzuziehen sind. Das unter der KO bis 1.8.2013 bestehende Privileg, dass der ein Erbvertrag, der gemeinsam mit einem Ehevertrag beurkundet wird, keine gesonderten Gebühren auslöst, ist durch Inkrafttreten des GNotKG zum 1.8.2013 entfallen. 153

Zu erheben ist eine 2,0-Gebühr gem. KV 21100 GNotKG. Beträgt das modifizierte Reinvermögen z.B. 500.000 EUR, entsteht eine Gebühr in Höhe von 1.870 EUR, bei 1 Mio. EUR beträgt die Gebühr 3.470 EUR, bei 5 Mio. EUR 16.270 EUR. Bekanntlich erspart eine notarielle Verfügung von Todes wegen grundsätzlich den Erbschein (vgl. § 35 GBO), bei Erbverträgen mit zwei Erblassern sogar regelmäßig zwei Erbscheine. 154

---

100 BFH v. 13.7.1983, BStBl II 1984, 37.

101 Fischer/Pahlke/Wachter/*Konrad*, ErbStG, § 10 Rn 221.

102 Vgl. BFH v. 30.6.1998, BFH/NV 1999, 489; BFH v. 11.9.1994, BStBl II 1995, 62; BFH v. 9.11.1994, BFH/NV 1995, 598.

103 BFH v. 8.8.2000, BStBl II 2000, 587 = FamRZ 2001, 223 (nur LS).

155 Enthält ein Erbvertrag auch eine **Rechtswahl**, ist stets ein besonderer Beurkundungsgegenstand anzunehmen (§ 111 Nr. 4 GNotKG). Der Geschäftswert erhöht sich um 30 % (§ 104 GNotKG).

156 Verwahrt der Notar den Erbvertrag, entstehen hierfür keine gesonderten Gebühren. Nur die Rücknahme aus der notariellen Verwahrung löst eine Gebühr in Höhe von 0,3 gem. KV 23100 GNotKG aus. Geschäftswert ist das modifizierte Reinvermögen (§ 102 GNotKG; vgl. Rdn 153) zum Zeitpunkt der Rücknahme. Erfolgt die **Verwahrung bei Gericht**, ist es umgekehrt: Die Verwahrung löst gem. KV 12110 GNotKG eine wertunabhängige Gebühr in Höhe von 82 EUR aus, unabhängig von der Anzahl der Erblasser und/oder der Vertragschließenden. Eine Rücknahme aus der amtlichen Verwahrung ist hingegen stets gebührenfrei.

157 Für die **Eröffnung** eines Erbvertrags nach dem Tod des Erblassers entsteht eine wertunabhängige Gebühr von 109 EUR (KV 12101 GNotKG). Enthält ein Erbvertrag – wie regelmäßig der Ehegattenerbvertrag – letztwillige Verfügungen mehrerer Erblasser, wird die Gebühr für jeden Erbfall erhoben.

§ 25 Testamente für Geschiedene und Patchworkfamilien

Julia Roglmeier, LL.M./Dr. Markus Sikora

Literaturhinweise

Boving, Testamentarische Gestaltung in Patchwork-Familien, ZErb 2022, 460; *Enzensberger/Maar*, Testamente für Geschiedene und Patchworkehen, 5. Aufl. 2023; *Frohnmayer*, Geschiedenentestament, 2004; *Geuder*, Bedingte und befristete Vermächtnisse in der notariellen Praxis, RNotZ 2021, 305; *Gockel*, NotarFormulare Sonderfälle Testamentsgestaltung, 3. Aufl. 2022; *Jülicher/Klinger*, Reduzierung des Pflichtteilsrisikos mittels letztwilliger Verfügung, NJW-Spezial 2007, 157; *Keim*, Testamentsgestaltung in der Patchworkfamilie, notar 2013, 117; *Klinger/Scheuber*, Bindungswirkungen erbrechtlicher Verfügungen, NJW-Spezial 2006, 445; *Klinger/Tremel*, Erbrechtliche Gestaltungen in „Patchwork"-Familien, NJW-Spezial 2007, 205; *Mayer*, Der superbefreite Vorerbe? – Möglichkeiten und Grenzen der Befreiung des Vorerben, ZEV 2000, 1; *Nieder*, Das Geschiedenentestament und seine Ausgestaltung, ZEV 1994, 156.

Inhalt

A. Einleitung 1
B. Vor- und Nacherbenmodell 10
I. Ausgangslage 10
II. Elemente des Vor- und Nacherbenmodells 13
1. Vor- und Nacherbschaft 13
a) Allgemeines 13
b) Position des Vorerben 33
c) Position des Nacherben 38
2. Vor- und Nachteile des Gestaltungsmodells 42
III. Muster 44
C. Vermächtnismodell 46
I. Ausgangslage 46
II. Elemente des Vermächtnismodells 47
1. Herausgabevermächtnis 47
2. Vor- und Nachvermächtnis 54
3. Besonderheiten in Patchworkkonstellationen 60
4. Vor- und Nachteile des Vermächtnismodells 69
III. Muster 70
D. Kombinationsmodell 71
I. Ausgangslage 71
II. Elemente des Kombinationsmodells 73
1. Regelungen zur Vor- und Nacherbschaft 73
2. Regelungen zum Herausgabevermächtnis 74
3. Vorteile und Nachteile des Kombinationsmodells 75
III. Muster 76
E. Weitere Gestaltungselemente: Familienrechtliche Anordnungen 77
I. Anordnungen gem. § 1638 BGB 77
II. Vormundbenennung 85

A. Einleitung

Nach einer Erhebung des Statistischen Bundesamts[1] wurden im Jahr 2021 knapp 40 % der Ehen in Deutschland geschieden, wobei in mehr als der Hälfte der Fälle minderjährige Kinder betroffen waren. Man nimmt weiter an, dass etwa 10 %–15 % der Familien bunt zusammengewürfelt sind mit Kindern aus unterschiedlichen Beziehungen. Leider nimmt die gesetzliche Erbfolge auf diese geänderten Familienstrukturen keine Rücksicht. Umso wichtiger ist es, in den entsprechenden Fallkonstellationen rechtzeitig vorzusorgen. 1

Die Definition einer **Patchworkfamilie** ist nicht ganz einfach. Es existiert eine Vielzahl unterschiedlicher Familienformen, wobei stets ein biologischer Elternteil neben einen sozialen Elternteil tritt oder aber ein verstorbener Elternteil durch einen sozialen Elternteil 2

1 www.statista.com.

ersetzt wird.[2] Die richtige Umsetzung der letztwilligen Verfügung hängt sodann in der Regel davon ob, wie harmonisch die einzelnen Familienmitglieder miteinander umgehen und ob Kinder aus unterschiedlichen Beziehungen gleich oder ungleich von Todes wegen bedacht werden sollen.

3 Im Rahmen von Geschiedenenkonstellationen und solchen, in denen die Partner getrennt leben, muss vor allem in **zeitlicher Hinsicht** unterschieden werden:

- Leben die Eheleute „nur" getrennt und wird eine Scheidung überhaupt in Erwägung gezogen?
- Läuft das Scheidungsverfahren bereits oder noch und welcher der Partner hat den Scheidungsantrag gestellt?
- Befinden sich die ehemaligen Eheleute zeitlich bereits nach Rechtskraft der Scheidung? Wurden im Rahmen der Scheidungsfolgenvereinbarungen erbrechtliche (bindende?) Regelungen getroffen?

4 Für die Empfehlung des richtigen Gestaltungsmodells bei der Umsetzung der letztwilligen Verfügung ist die Einordnung der Situation des Mandanten auf dem Zeitstrahl von elementarer Bedeutung. Befindet sich der Mandant in der **Phase des Getrenntlebens**, so hat dies in erbrechtlicher Hinsicht zunächst keinerlei Auswirkungen auf seine Nachfolge. Jeder der Eheleute kann ein Einzeltestament errichten und den Partner – vorbehaltlich möglicherweise bestehen bleibender Pflichtteilsansprüche – von der Erbfolge ausschließen. Existiert bereits ein gemeinschaftliches Testament, kann dies unter Berücksichtigung der Formerfordernisse (notarielle Beurkundung) zu beider Lebzeiten jederzeit widerrufen werden (§§ 2271 Abs. 1 S. 1, 2296 Abs. 2 S. 2 BGB). Ebenso ist ein Rücktritt vom Erbvertrag (sofern nicht ausgeschlossen) grundsätzlich möglich (§§ 2296, 2297 BGB). In allen anderen Fällen bleibt lediglich die Möglichkeit, den Erbvertrag wegen Motivirrtums (Bestand der Ehe)[3] anzufechten (§ 2078 Abs. 2 BGB).

5 **Praxistipp**

Auch im Falle einer erfolgreichen Anfechtung des Erbvertrags würde der Ehegatte weiterhin gesetzlicher Erbe. Sinnvoll ist es daher, dem Mandanten zu raten, zusätzlich eine enterbende Verfügung von Todes wegen zu errichten. Das führt immerhin dazu, dass die Berechtigung des Ehegatten auf den Pflichtteil (und etwaige Zugewinnausgleichsansprüche) beschränkt bleibt. Die Pflichtteilsgefahr lässt sich dem Grunde nach nur durch einen entsprechenden (wechselseitigen) notariell zu beurkundenden Pflichtteilsverzicht abwenden.

6 Läuft das Scheidungsverfahren bereits, greift im Rahmen der gesetzlichen Erbfolge § 1933 BGB und im Rahmen der gewillkürten Erbfolge die gesetzliche Auslegungsregel des § 2077 Abs. 1 S. 2 BGB. Danach verliert derjenige sein gesetzliches oder gewillkürtes Erbrecht, der sich bei Vorliegen der Scheidungsvoraussetzungen einem Scheidungsantrag gegenübersieht. Von entscheidender Bedeutung ist es also, **wer den Scheidungsantrag gestellt hat**: Während der Antragsteller sein Erbrecht behält, verliert es der andere Teil. Das kann durch vorsorgliche Stellung eines eigenen Scheidungsantrags unterbunden werden oder aber – sofern das aus taktischen oder sonstigen Gründen nicht in Frage kommt – durch Errichtung einer enterbenden Verfügung von Todes wegen, wobei auch hier ggf. existente Ehegattentestamente oder Erbverträge per Widerruf oder Rücktritt zuvor aus dem Weg geräumt werden müssen.

---

2 *Boving*, ZErb 2022, 460 m.w.N.

3 BayObLG, Beschl. v. 30.10.1989 – BReg. 1a Z 19/88, NJW-RR 1990, 200.

Nach Rechtskraft der Scheidung ist ein Ehegattentestament vorbehaltlich eines im Einzelfall vorliegenden Fortgeltungswillens (§§ 2268 Abs. 2, 2077 Abs. 3 BGB) insgesamt unwirksam (§ 2077 Abs. 1 i.V.m. § 2268 Abs. 1 BGB). Ein Erbvertrag kann nach den §§ 2281, 2078 BGB binnen Jahresfrist (§ 2082 BGB) angefochten werden. 7

Die **Zielsetzung** der Mandanten in Geschiedenen- und/oder Patchworkkonstellationen bei ihrer Vermögensnachfolgeplanung liegt häufig vor allem in folgenden Punkten: 8
- Familienbindung des Vermögens
- Ausschluss des geschiedenen Partners von jeglichem Erwerb von Todes wegen und auch Einfluss auf das Vermögen
- Begünstigung gemeinschaftlicher/eigener Kinder
- manchmal aber auch: Gleichbehandlung aller Kinder.

Generationengespräche zur Präsentation des Verteilungsplans und Abgleichung der unterschiedlichen Interessenlage können hilfreich sein. Im Zweifel gelingt dies natürlich vor allem in gefestigten Patchworkfamilien und bei harmonischen Familienverhältnissen.

Für die Umsetzung von Patchwork- und Geschiedenentestamenten existieren **mehrere Gestaltungsmodelle**. Diese sind – genauso wie die jeweilige Fallkonstellation selbst – vielschichtig und in der Regel nicht trennscharf zu verstehen. Zwischen den Modellen und auch innerhalb der einzelnen Konstruktionen gibt es diverse Überlappungen, fließende Übergänge und Kombinationsmodelle. Im Folgenden sollen die beiden großen Regelungstypen, das Vor- und Nacherbenmodell sowie das Vermächtnismodell, erlautert werden. Kombinationsmodelle verbinden Elemente aus beiden Gestaltungstypen. 9

B. Vor- und Nacherbenmodell

I. Ausgangslage

Bei der Gestaltung von Geschiedenen- oder Patchworktestamenten steht neben dem Vermächtnismodell (hierzu Rdn 46 ff.) in (faktisch) erster Linie dem Gestalter das sog. Vor- und Nacherbenmodell zur Verfügung. Mit dem Vor- und Nacherbenmodell kann verlässlich sichergestellt werden, dass der **frühere (geschiedene) Partner auch dann nichts** – vor allem als gesetzlicher Erbe – **aus dem eigenen Nachlass erhält, wenn das eigene Kind stirbt**. Mag dieser Fall auch selten sein, besteht gerade in Scheidungssituationen oftmals der tiefe Wunsch, den früheren Partner „unter allen erdenklichen Umständen von der Teilhabe am eigenen Vermögen aus[zu]schließen“.[4] Wer nämlich seine eigenen Kinder bedenkt, läuft Gefahr, dass der frühere Partner am Nachlass partizipiert, wenn das eigene Kind stirbt, ohne Abkömmlinge zu hinterlassen. In diesem Fall ist der andere Elternteil gesetzlicher Erbe zweiter Ordnung. 10

Hat das Kind – wenn es bereits testierfähig ist – hingegen eine **letztwillige Verfügung** errichtet, stehen dem anderen Elternteil zumindest **Pflichtteilsansprüche** gegen die Erben zu, wenn das Kind ohne Hinterlassung eigener Kinder verstirbt (§ 2303 Abs. 2 BGB). Auch dieser Gefahr kann mittels Vor- und Nacherbschaft vorgebeugt werden, weil das der Vor- und Nacherbschaft unterliegende Vermögen in Bezug auf den Vorerben eine Art Sondervermögen darstellt, wenn der Nacherbfall mit dessen Tod eintritt (§ 2106 Abs. 1 BGB). Der 11

4 BeckOK BGB/*Litzenburger*, § 2100 Rn 7.

Wert der Vorerbschaft bleibt somit für die Ermittlung von Pflichtteilsansprüchen, die gegen den Nacherben als Erben des Vorerben geltend gemacht werden, außer Betracht.[5]

12 So verlockend somit das Vor- und Nacherbenmodell für den Testierenden sein mag, weil es ihm die gewünschte Sicherheit gibt, den früheren Partner von Erb- und sogar von Pflichtteilsansprüchen auszuschließen, müssen doch auch dessen **Nachteile für das Kind als Erben** in Betracht gezogen werden, das in seiner Gestaltungsfreiheit erheblich eingeschränkt ist (hierzu Rdn 42).[6] Vor allem durch den Einsatz von (auflösenden) Bedingungen und eine (faktische) Beschränkung der Vor- und Nacherbfolge kann dem begegnet werden (hierzu Rdn 22 ff.).

II. Elemente des Vor- und Nacherbenmodells

1. Vor- und Nacherbschaft

a) Allgemeines

13 Das sog. Vor- und Nacherbenmodell hat den Charme für den Erben, dass er den weiteren Weg des Nachlasses nach dem Tod des (gemeinsamen) Kindes bestimmen kann. Hierdurch wird vor allem das Ziel erreicht, den früheren Partner von Erb- und Pflichtteilsansprüchen für den Fall auszuschließen, dass das eigene Kind nach ihm verstirbt, ohne selbst einen Ehepartner oder jedenfalls eigene Kinder zu haben. Konstruktiv wird dies beim Vor- und Nacherbenmodell (mitunter auch „**Erbschaftslösung**“[7] genannt) dadurch erreicht, dass das Kind nur zum Vorerben eingesetzt wird, indem ein Nacherbe bestimmt wird (§ 2100 BGB). Als Nacherben werden die Abkömmlinge des Kindes nach den Regeln der gesetzlichen Erbfolge eingesetzt. Sind solche indes nicht vorhanden, kommen weitere eigene Kinder, also Geschwister, als Nacherben in Betracht. Schließlich bleiben nur sonstige weitere Verwandte oder ggf. dritte Personen als Ersatznacherben.

25.1 **Muster 25.1: Erbeinsetzung**

14 Zu meinen ausschließlichen Erben setze ich meine beiden Kinder und zu unter sich gleichen Teilen ein. Für den Fall, dass eines meiner beiden Kinder nicht Erbe werden kann oder will, bestimmte ich dessen Abkömmlinge zu Ersatzerben nach den Regeln der gesetzlichen Erbfolge, wiederum ersatzweise soll Anwachsung eintreten, schließlich bestimme ich meine sonstigen Verwandten entsprechend den Regeln der gesetzlichen Erbfolge zu Erben. Die Ersatzerbeneinsetzung gilt hingegen nicht für denjenigen Erben, der das Erbe ausschlägt und den Pflichtteil verlangt; (auch) dessen Abkömmlinge sind in diesem Fall von der Erbfolge ausgeschlossen.

15 Die Anordnung der Vor- und Nacherbfolge hat klar zu erfolgen.

25.2 **Muster 25.2: Anordnung der Vor- und Nacherbfolge**

16 Meine Kinder und sowie deren Abkömmlinge sind jedoch nur Vorerben.

17 Da die Anordnung der Vor- und Nacherbschaft nur dazu dient, bei einem Nachversterbenden des eigenen Kindes/der eigenen Kinder Anordnungen für diesen Erbfall zu treffen, kommt regelmäßig eine weitgehende Befreiung der Vorerben in Betracht. Gem. § 2136 BGB

---

5 *Jülicher/Klinger*, NJW-Spezial 2007, 157; ganz h.M., siehe ferner BeckNotar-HdB/*Dietz/Sammet*, § 17 Rn 259; Reimann/Bengel/Dietz/Sammet/*Limmer*, Syst. A Rn 730; Nieder/Kössinger/Zintl/*R. Kössinger/Zintl*, § 21 Rn 41.

6 Hierzu bereits BeckOK BGB/*Litzenburger*, § 2100 Rn 7.

7 Siehe etwa BeckOK BGB/*Litzenburger*, § 2100 Rn 8.

kann der Erblasser den **Vorerben** von folgenden **Beschränkungen** und **Verpflichtungen befreien**:
- § 2113 Abs. 1 BGB (Verbot, über Grundstücke oder Rechte an einem Grundstück bzw. Schiff zu verfügen, soweit die Verfügung je das Recht des Nacherben beeinträchtigen würde); bekanntlich ist eine Befreiung von den Beschränkungen des § 2113 Abs. 2 BGB (Verbot, unentgeltlich über Nachlassgegenstände zu verfügen) ausgeschlossen;
- § 2114 BGB (Verfügungen über Hypothekenforderungen, Grund- oder Rentenschulden);
- §§ 2116–2119 BGB (Hinterlegungspflicht bestimmter Wertpapiere);
- § 2123 BGB (Aufstellen eines Wirtschaftsplans);
- §§ 2127–2131 BGB (Auskunftsrecht des Nacherben; Sicherheitsleistung; Wirkung einer Entziehung der Verwaltung);
- § 2133 BGB (Verbot der ordnungswidrigen oder übermäßigen Fruchtziehung);
- § 2134 BGB (Eigennützige Verwendung).

Muster 25.3: Befreiung des Vorerben 25.3

Von den gesetzlichen Beschränkungen und Verpflichtungen sind meine Kinder und und deren Abkömmlinge als Vorerben im weitestmöglichen Umfang befreit. 18

Sodann ist zu bestimmen, wer Nacherbe sein soll. 19

Muster 25.4: Bestimmung der Nacherben 25.4

Nacherben sind jeweils die Abkömmlinge meiner Kinder entsprechend den Regeln der gesetzlichen Erbfolge. 20
Sind solche nicht vorhanden, bestimme ich das jeweils andere Kind zum Nacherben. Kann oder will auch dieses nicht Nacherbe werden, bestimme ich meine sonstigen Verwandten entsprechend den Regeln der gesetzlichen Erbfolge zu Nacherben.

Mit der Anordnung der Nacherbfolge sind für den Vorerben – trotzt Möglichkeit, von den 21
(zulässigen) Beschränkungen und Verpflichtungen zu befreien (siehe Rdn 17) – erhebliche Beschränkungen verbunden (zu den Nachteilen siehe im Einzelnen Rdn 42). Der Vertragsgestalter hat den sich daraus ergebenen **Zielkonflikt** mit dem Erblasser zu erörtern und übliche Gestaltungen vorzuschlagen, wie die an sich gewollte starre Bindung eine Lockerung erfahren kann. Als Gestaltungsmittel kommen vor allem **auflösende Bedingungen** in Betracht. So ist es etwa üblich, die Anordnung der Nacherbfolge unter die auflösende Bedingung zu stellen, dass der frühere Partner verstirbt. Mit seinem Tod scheidet er als gesetzlicher Erbe aus.

Muster 25.5: Auflösende Bedingung: Tod des früheren Partners 25.5

Die Anordnung der Nacherbfolge entfällt beim Tod meiner früheren Ehefrau . 22

Denkbar ist auch eine (auflösende) Bedingung dergestalt, dass die erbrechtlich uner- 23
wünschte Person, also der frühere Partner, einen Erbverzicht mit dem Vorerben zu notarieller Urkunde vereinbart. Insoweit gilt er erbrechtlich als vorverstorben und scheidet aus der gesetzlichen Erbfolge aus (vgl. § 2347 Abs. 1 BGB).

Muster 25.6: Auflösende Bedingung: Erbverzicht des früheren Partners 25.6

Die Anordnung der Nacherbfolge entfällt, wenn meine frühere Ehefrau ihre Erbberechtigung nach 24
dem Vorerben aufgrund eines Erbverzichts verloren hat.

Mitunter wird die Anordnung der **Nacherbfolge** auch **zeitlich befristet**, etwa auf ein 25
Lebensalter des Vorerben, bei dem anzunehmen ist, dass er selbst ein Testament errichtet,

mit dem der frühere Partner von der (gesetzlichen) Erbfolge ausgeschlossen wird. Die Testamentserrichtung kann zudem ihrerseits als Bedingung aufgenommen werden, um dem Vorerben einen Weg aufzuzeigen, sich selbst von den Bindungen der Nacherbfolge zu lösen. Diese Regelung hat jedoch den **Nachteil**, dass das Kind hierdurch Vollerbe wird und damit dem geschiedenen Ehegatten ein umfassender Pflichtteilsanspruch zusteht.

Muster 25.7: Befristung und weitere Bedingung

26 Die Anordnung der Nacherbfolge entfällt mit Vollendung des ___ Lebensjahres meines Vorerben. Sie entfällt ferner bereits dann, wenn er zur Urkunde eines Notars eine letztwillige Verfügung errichtet, in der andere Personen als meine frühere Ehefrau ___ zum Erben eingesetzt werden, und diese somit als gesetzliche Erbin ausscheidet.

27 Auch die **Geburt eigener Abkömmlinge des Vorerben** kann als Bedingung vereinbart werden. Auch in diesem Fall treten an die Stelle des früheren Partners als gesetzlichen Erben zweiter Ordnung (§ 1925 BGB) vorrangig die Abkömmlinge als gesetzliche Erben erster Ordnung.

Muster 25.8: Auflösende Bedingung: Geburt eigener Abkömmlinge

28 Die Anordnung der Nacherbfolge entfällt, wenn und soweit ein leiblicher (ggf. auch adoptierter) Abkömmling des jeweiligen Vorerben lebend zur Welt kommt (angenommen wird).

29 Um die erheblichen Beschränkungen der Vor- und Nacherbfolge abzumildern, kann sie auch mit einem **bedingten Vorausvermächtnis** kombiniert werden. Hierdurch soll dem Vorerben ermöglicht werden, Vermögen auf seine Abkömmlinge zu übertragen. Zwar kann ihm bereits in der letztwilligen Verfügung im Rahmen der Anordnung der Vor- und Nacherbfolge Befreiung von den Beschränkungen des § 2113 Abs. 1 BGB erteilt werden. Dies ermächtigt ihn jedoch nur zu (voll) entgeltlichen Verfügungen über Grundbesitz. Will er etwa Grundbesitz, der der Vor- und Nacherbschaft unterfällt, unentgeltlich im Wege der vorweggenommenen Erbfolge an seine Kinder übertragen, kann von der diesbezüglichen Beschränkung des § 2113 Abs. 2 BGB gerade keine Befreiung erteilt werden (vgl. § 2136 BGB). Dieses Ergebnis lässt sich vermeiden, indem ein bedingtes Vorausvermächtnis angeordnet wird.

Muster 25.9: Bedingtes Vorausvermächtnis

30 Soweit ___ als Vorerbe Vermögensgegenstände, die der Vor- und Nacherbschaft unterliegen, an seine leiblichen Abkömmlinge, gleichgültig ob entgeltlich oder unentgeltlich, überträgt, gelten sie ihm als im Wege des Vorausvermächtnisses zugewandt, mit der Folge, dass sie der Vor- und Nacherbschaft nicht mehr unterfallen.

31 Freilich kann auch ein noch umfassenderes Vorausvermächtnis angeordnet werden, das im Ergebnis dazu führt, dass sich die Vor- und Nacherbfolge nur auf einen **bestimmten Gegenstand** oder auf **einzelne Nachlassgegenstände** erstreckt, regelmäßig auf Grundbesitz, der gleichsam unter besonderem Schutz stehen soll. Bekanntlich kennt indes das deutsche Recht keine gegenständlich beschränkte Vor- und Nacherbschaft (vgl. Rdn 33), sodass man sie umfassend anordnen muss und sodann im Wege des Vorausvermächtnisses zu definieren hat, was ihr alles nicht unterliegt.

Muster 25.10: Vorausvermächtnis für den Nachlass mit Ausnahme bestimmten Grundbesitzes

32 Mein Sohn   erhält im Wege des Vorausvermächtnisses, das somit nicht den Bindungen und Verpflichtungen der Vor- und Nacherbschaft unterfällt, den gesamten im Nachlass befindlichen Hausrat sowie den bei meinem Tod mir gehörenden Pkw zum Alleineigentum, sonstigen mir gehörenden Grundbesitz, insbesondere den Grundbesitz , vorgetragen im Grundbuch des Amtsgerichts   von , Blatt , sowie alles Geldvermögen (Bargeld, Konto- und Depotguthaben aller Art) und weitere Nachlassgegenstände entsprechend der Erbquote. Im Ergebnis soll somit der Vor- und Nacherbschaft nur der Grundbesitz , vorgetragen im Grundbuch des Amtsgerichts   von , Blatt , unterliegen.

b) Position des Vorerben

33 Von einer Nacherbschaft spricht man, wenn zeitlich aufeinanderfolgend mindestens zwei Personen als Erben eingesetzt werden. Die Erbschaft kann sich auf den **gesamten Nachlass** beziehen oder auf einen **Bruchteil/Erbteil** beschränkt werden. Das Gesetz kennt indes keine gegenständlich beschränkte Nacherbschaft, also eine Beschränkung auf einzelne Nachlassgegenstände.[8] Möglich ist jedoch die umfassende Nacherbeneinsetzung und die Anordnung eines Vorausvermächtnisses für diejenigen Erbschaftsgegenstände, die nicht den Beschränkungen der Vor- und Nacherbfolge unterliegen sollen. Dies kann hierbei so umfassend ausgestaltet sein, dass faktisch nur noch ein Nachlassgegenstand – in der Regel Grundbesitz – den Beschränkungen der Nacherbschaft unterliegt (vgl. Rdn 31 mit Muster in Rdn 32).

34 Vor dem Nacherbfall ist der Vorerbe grundsätzlich wie ein Vollerbe Inhaber/Eigentümer der Nachlassgegenstände. Durch den Erbfall entsteht hingegen ein gesetzliches Schuldverhältnis, dessen wechselseitige Rechte und Pflichten in den §§ 2110 ff. BGB geregelt sind. Ziel ist es, „dem Nacherben den Nachlass möglichst ungeschmälert zu erhalten".[9] Der Nachlass bildet beim Vorerben ein **Sondervermögen**. Verfügungen sind nur im Rahmen der §§ 2112–2119 BGB und damit nur eingeschränkt möglich. Über Grundbesitz (und Schiffe) kann nur verfügt werden, wenn dies entgeltlich erfolgt (§ 2136 Abs. 2 BGB) und der Vorerbe hierzu vom Erblasser ermächtigt wurde (§ 2136 Abs. 1 BGB). Im Übrigen bedürfen **Verfügungen** der Zustimmung des Nacherben. Des weiteren gelten die in Rdn 17 dargestellten Beschränkungen und Verpflichtungen. Vor Verfügungen im Wege der Zwangsvollstreckung ist der Nacherbe gem. § 2115 BGB geschützt. Dies gilt auch, wenn der Vorerbe insolvent wird (§ 83 InsO i.V.m. § 2115 BGB). Hierin zeigt sich die Sondervermögenseigenschaft in besonderem Maße.

35 Der Vorerbe ist – anders als der Nießbrauchsvermächtnisnehmer – Inhaber/**Eigentümer der Vermögenssubstanz**, und zwar auch dann, wenn ihm keine Befreiung i.S.d. § 2136 BGB erteilt wurde.

36 Der Nacherbe kann die Errichtung eines **Inventarverzeichnisses** verlangen (§ 2121 BGB). Auch hat der Vorerbe **Auskunft** über den Bestand des Nachlasses zu erteilen (§ 2127 BGB).

37 Der Vorerbe kann auch seine Rechtsstellung aus der Vorerbschaft veräußern oder belasten, allerdings ohne dadurch die Rechte des Nacherben schmälern zu können, der richtiger

8 MüKo-BGB/*Lieder*, § 2100 Rn 19; BeckOK BGB/*Litzenburger*, § 2100 Rn 32; a.A. *Schrader*, NJW 1987, 117.

9 BeckOK BGB/*Litzenburger*, § 2100 Rn 44 unter Berufung auf *Lange*, AcP 2012, 334, 336 f.

Ansicht nach weiterhin die Herausgabe des Nachlasses an sich verlangen und nicht auf den Erlös verwiesen werden kann.[10]

c) Position des Nacherben

38 Dem Nacherben steht mit dem Tod des Erblassers ein **Anwartschaftsrecht**[11] zu. Hieran ändern auch auflösende oder aufschiebende Bedingungen nichts. Wenn der Erblasser Befreiungen im Rahmen von § 2136 BGB erteilt, ändert er damit nur den Umfang des Nacherbenanwartschaftsrechts. Das Anwartschaftsrecht ist übertragbar und pfändbar, wenn der Erblasser dies nicht ausgeschlossen oder eingeschränkt hat (vgl. auch § 2108 Abs. 2 BGB). Soll das Nacherbenanwartschaftsrecht verpfändet werden, bedarf der Vertrag hierzu der notariellen Beurkundung (§ 2033 Abs. 1 S. 2 BGB analog).[12]

39 Vor Verfügungen ist der Nacherbe nicht umfassend, sondern nur im Rahmen der §§ 2113–2115 BGB geschützt. Grundsätzlich hat er Verfügungen über Gegenstände, die der Nacherbschaft unterliegen, sogar hinzunehmen (§ 2112 BGB). Um vor einem gutgläubigen Erwerb – also dem Erwerb einer Sache durch einen Dritten in Unkenntnis des Nacherbenrechts – geschützt zu sein, wird im **Grundbuch** in Abt. II ein sog. **Nacherbenvermerk** eingetragen. Die Eintragung des Nacherbenvermerks unterbleibt nur dann, wenn der Nacherbe in öffentlicher oder öffentlich beglaubigter Form hierauf verzichtet.[13] Auch bei Befreiungen vom Verfügungsverbot gem. § 2113 Abs. 1 BGB wird ein Nacherbenvermerk eingetragen. Die Befreiung wird im Vermerk selbst angegeben, sodass es für Verfügungen im Kern darauf ankommt, ob sie (voll) entgeltlich erfolgen (§ 2113 Abs. 2 BGB).

40 Auch im Erbschein wird schließlich der Umstand der Nacherbschaft verlautbart (§ 2363 BGB), um auch so einen gutgläubigen Erwerb vom Vorerben zu verhindern.

41 Wenn der **Nacherbe** der Annahme ist, dass der Vorerbe seine **Rechte gefährdet** oder beeinträchtigt, kann er

- Auskunft über den Nachlass (§ 2127 BGB),
- die Feststellung des Zustands der Erbschaft (§ 2122 BGB),
- die Aufstellung eines Wirtschaftsplans gem. § 2123 BGB,
- Sicherheitsleistung gem. § 2128 BGB und schließlich
- die Entziehung der Verwaltungsbefugnis gem. § 2129

verlangen.

2. Vor- und Nachteile des Gestaltungsmodells

42 Neben den oben bereits skizzierten Nachteilen muss man sich stets bewusst machen, dass man die erwünschte Gewissheit, dass dem früheren Partner keine Vermögenswerte aus dem eigenen Nachlass zufließen und/oder er Pflichtteilsansprüche insoweit hat, sich um den Preis einer weitgehenden Bindung des Vorerben und damit des eigentlichen Erben „erkauft".

43 Man muss ferner zur Kenntnis nehmen, dass man die eigenen Kinder dem Schicksal deren Kinder (also der Enkelkinder des Erblassers) aussetzt. Gibt es dort etwa bei einzelnen

10 Soergel/*Wegmann*, § 2111 Rn 11; MüKo-BGB/*Lieder*, § 2100 Rn 21; a.A. *Kipp/Coing*, § 49 II 2b; *v. Lübtow*, Erbrecht, II 887; RGRK-BGB/*Johannsen*, § 2111 Rn 10.

11 BGH NJW 1962, 1910, 1912; BGH NJW 1983, 2244, 2245 f.; a.A. *Weckesser*, Die Anwartschaft des Nacherben, Ersatzerben und Ersatznacherben, 1985, 121 ff. m.w.N.

12 Grüneberg/*Weidlich*, vor § 2100 Rn 7.

13 OLG Köln NJW 1955, 634; OLG Frankfurt Rpfleger 1980, 228; BayObLG NJW-RR 1989, 1096.

Enkelkindern Fehlentwicklungen, ist eine Korrektur nur zu Lebzeiten des Erblassers durch neue/ändernde Verfügung möglich. Um diese Falle zu vermeiden, wurde von *Dieterle*[14] die nach ihm benannte **Dieterle-Klausel** entwickelt, wonach Nacherben jedes Vorerben diejenigen Personen sind, die der betreffende Vorerbe selbst zu seinen Erben eingesetzt hat. Faktisch wird so ein einheitlicher Übergang des gesamten Vermögens des Vorerben auf die von ihm bestimmten Erben bewirkt, aber eben auch nur auf diese. Gegen diese Gestaltung wird jedoch eingewandt, dass sie gegen § 2065 BGB verstößt (Grundsatz der materiellen Höchstpersönlichkeit, wonach nur der Erblasser selbst und nicht ein Dritter die Erben bestimmen kann).[15]

III. Muster

Dem nachfolgenden Muster liegt der Sachverhalt zugrunde, dass der Erblasser nach Ehe- 44
scheidung seine beiden noch minderjährigen Kinder zu Vorerben einsetzt und im Übrigen eine Nacherbenanordnung trifft. Die Nacherbschaft ist auflösend bedingt angeordnet. Zudem wird den Vorerben durch Vermächtnisse eine gewisse Freiheit eingeräumt, unentgeltlich zugunsten eigener Abkömmlinge über den ererbten Grundbesitz zu verfügen. Ohnehin beschränkt sich die Vor- und Nacherbfolge auf das selbstgenutzte Haus („Einfamilienhaus"). Flankierend wird eine Verwaltungsanordnung getroffen und Testamentsvollstreckung angeordnet.

Muster 25.11: Gesamtmuster Vor- und Nacherbenmodell 25.11

Testament 45

[*Urkundseingang*]

Herr erklärte, ein Testament errichten zu wollen.

Herr ist nach Überzeugung des Notars, die dieser aufgrund der mit ihm geführten Verhandlung gewonnen hat, voll geschäfts- und testierfähig und nach Angabe in der Verfügung über den Nachlass nicht durch gemeinschaftliche Testamente oder frühere Erbverträge beschränkt.

Auf Antrag von Herrn beurkunde ich seine mündlich vor mir abgegebenen Erklärungen wie folgt:

A. Vorbemerkungen

1. Herr ist geboren in , Geburtsstandesamt , Geburtenregisternummer , besitzt und besaß stets ausschließlich die deutsche Staatsangehörigkeit und hat seinen gewöhnlichen Aufenthalt in der Bundesrepublik Deutschland und beabsichtigt, diesen nicht zu verlegen.
2. Herr ist rechtskräftig geschieden. Er war in beidseits zweiter Ehe verheiratet mit Frau , geb. am . Herr und Frau haben folgende gemeinsamen Kinder:
   , geb. am , derzeit wohnhaft in ,
   , geb. am , derzeit wohnhaft in .
   Weitere Kinder hatte und hat Herr nicht, auch keine adoptierten.
3. Herr ist u.a. Alleineigentümer des Anwesens in , FlNr. , vorgetragen im Grundbuch des Amtsgerichts von , Blatt , nachfolgend kurz „Einfamilienhaus" genannt.

14 *Dieterle*, BWNotZ 1971, 14.

15 Gegen die Zulässigkeit der Klausel: OLG Frankfurt DNotZ 2001, 143 m. krit. Anm. *Kanzleiter*; siehe auch BayObLG v. 18.3.2004, MittBayNot 2004, 450; BeckOK BGB/*Litzenburger*, § 2100 Rn 8; siehe weiter *Krug*, FPR 2011, 268, 270. Die Klausel für zulässig halten hingegen: MüKo-BGB/*Leipold*, § 2065 Rn 24; *Ivo*, DNotZ 2002, 260; Grüneberg/*Weidlich*, § 2065 Rn 6.

4. Herr … ist nach seiner Angabe nicht an Gesellschaften, Publikumsgesellschaften ausgeschlossen, beteiligt. Ihm ist bekannt, dass Ansprüche aus Lebensversicherungen dem Bezugsberechtigten zustehen und nicht vererbt werden.

B. Letztwillige Verfügungen

1. Widerruf

Alle früheren Verfügungen von Todes wegen hebe ich hiermit ihrem vollen Inhalt nach auf.

2. Erbeinsetzung

Ich, …, setze hiermit ohne Rücksicht auf das Vorhandensein von jetzigen oder künftigen pflichtteilsberechtigten Personen die nachfolgenden Personen zu gleichen Teilen zu meinen alleinigen und ausschließlichen Erben ein:
- meinen Sohn …, wie vor, und
- meine Tochter …, wie vor.

3. Ersatzerbeneinsetzung

Ersatzerben der vorgenannten Erben sind deren Abkömmlinge nach den Regeln der gesetzlichen Erbfolge, wiederum ersatzweise soll Anwachsung bei den vorgenannten Erben eintreten, wiederum ersatzweise bestimmte ich meine Verwandten nach den Regeln der gesetzlichen Erbfolge zu Ersatzerben.

Weitere Ersatzerben will ich heute nicht bestimmen.

4. Vor- und Nacherbfolge

a) Meine Erben sollen jedoch nur Vorerben sein. Sie sind je von allen Beschränkungen und Verpflichtungen befreit, von denen Befreiung erteilt werden kann.
   Nacherben sind jeweils die Abkömmlinge meines Sohnes und meiner Tochter, je für den betreffenden Erbteil, ersatzweise soll Anwachsung unter den Nacherben eintreten, wiederum ersatzweise bestimme ich meine Verwandten nach den Regeln der gesetzlichen Erbfolge zu Nacherben.
b) Der jeweilige Nacherbfall tritt ein mit Tod des jeweiligen Vorerben.
c) Die Nacherbschaft ist auflösend bedingt. Sie entfällt je für den betreffenden Erbteil,
   - mit dem Tod meiner früheren Ehefrau …,
   - mit Vollendung des 25. Lebensjahres des betreffenden Vorerben,
   - wenn der betreffende Vorerbe eine letztwillige Verfügung zu notarieller Urkunde errichtet, in der andere Personen als meine frühere Ehefrau zu Erben eingesetzt sind und auch im Übrigen – durch negative Erbeinsetzung – sichergestellt ist, dass sie nicht Erbin wird und ihr nichts vermacht ist.
d) Das Anwartschaftsrecht des Nacherben ist nicht vererblich und nicht übertragbar, mit Ausnahme der Übertragung an den Vorerben. Wird das Anwartschaftsrecht auf den Vorerben übertragen, entfällt jede ausdrückliche oder stillschweigende Ersatznacherbeneinsetzung.

5. (Voraus-)Vermächtnisse

Meine Erben beschwere ich mit folgenden Vermächtnissen:
a) Soweit mein Sohn … und/oder meine Tochter … als Vorerben ihren Miteigentumsanteil am Einfamilienhaus, das der Vor- und Nacherbschaft unterliegt, an seine/ihre leiblichen Abkömmlinge, gleichgültig ob entgeltlich oder unentgeltlich, überträgt, gilt es ihm/ihr als im Wege des Vorausvermächtnisses zugewandt, mit der Folge, dass es der Vor- und Nacherbschaft nicht mehr unterfällt.
b) Mein Sohn … und meine Tochter … erhalten zudem im Wege des Vorausvermächtnisses, das somit nicht den Bindungen und Verpflichtungen der Vor- und Nacherbschaft unterfällt, den gesamten im Nachlass befindlichen Hausrat sowie den bei meinem Tod mir gehörenden Pkw zum Miteigentum, sonstigen mir gehörenden Grundbesitz, insbesondere den Grundbesitz …, vorgetragen im Grundbuch des Amtsgerichts … von …, Blatt …, sowie alles Geldvermögen (Bargeld, Konto- und Depotguthaben aller Art) und weitere Nachlassgegenstände entsprechend der Erbquote. Im Ergebnis soll somit der Vor- und Nacherbschaft nur das Einfamilienhaus unterliegen.
c) Für alle Vermächtnisse gilt einheitlich:

Sämtliche Kosten und Steuern der Vermächtniserfüllung trägt der Vermächtnisnehmer für das ihm Zugewandte. Mein Sohn und meine Tochter sind je Ersatzvermächtnisnehmer. Weitere Ersatzvermächtnisnehmer bestimmte ich heute nicht.

6. Verwaltungsanordnung

Soweit mein Sohn und/oder meine Tochter zur Zeit meines Todes noch minderjährig sein sollte, entziehe ich dessen/deren Mutter gem. § 1638 BGB das Recht, dasjenige, was das betreffende Kind von mir von Todes wegen erhält, zu verwalten. Zur Verwaltung der aus meinem Nachlass stammenden Vermögenswerte soll , ersatzweise , als Pfleger bestellt werden. Dem Pfleger wird umfassend Befreiung von den in § 1811 Abs. 2 S. 1 Nr. 2 BGB genannten Beschränkungen erteilt (sog. befreite Pflegschaft). Der Pfleger wird ferner von der Verpflichtung zur Rechnungslegung gegenüber dem Familiengericht befreit.

7. Testamentsvollstreckung

Ich ordne für dasjenige, was meine Kinder aufgrund dieser Urkunde erhalten, Testamentsvollstreckung an, soweit diese das Lebensjahr noch nicht vollendet haben. Zum Testamentsvollstrecker benenne ich , geb. am , derzeit wohnhaft in , ersatzweise . Jeder Testamentsvollstrecker ist berechtigt, einen Nachfolger zu ernennen. Sollte er das Amt nicht annehmen können oder wollen, steht ihm insoweit das Bestimmungsrecht zu.

Die Testamentsvollstreckung endet jeweils mit Vollendung des Lebensjahres eines jeden Kindes für dessen Erbteil/Vermächtnisgegenstand.

Die Testamentsvollstreckung ist Dauervollstreckung. Der Testamentsvollstrecker hat die in §§ 2207, 2209 BGB enthaltenen Befugnisse.

Der Testamentsvollstrecker erhält keine Vergütung, jedoch Ersatz seiner notwendigen Auslagen.

8. Keine weiteren Verfügungen

Weitere Verfügungen von Todes wegen treffe ich zu dieser Urkunde nicht.

C. Kosten, Abschriften, Hinweise

1.

Ich trage die Kosten dieser Urkunde und der Hinterlegung.

2.

Ich beantrage, mir von dieser Urkunde eine beglaubigte Abschrift zu erteilen; eine weitere beglaubigte Abschrift ist für die offene Verwahrung der Urkundensammlung des Notars zu fertigen.

3.

Der Notar belehrte über die Rechtswirkungen eines Testaments sowie über das Pflichtteilsrecht; er wies darauf hin, dass dieses Testament in die amtliche Verwahrung des Nachlassgerichts kommt.

4.

Der Notar hat darauf hingewiesen, dass
- für Erbfälle grundsätzlich das Erbrecht des gewöhnlichen Aufenthaltsorts zur Anwendung gelangt,
- Bestimmungen dieses Testaments unwirksam oder dessen wesentliche Ziele verfehlt werden können, wenn im Zeitpunkt des Erbfalls kein gewöhnlicher Aufenthalt in Deutschland mehr besteht.

Eine Rechtswahl zu dieser Urkunde ist nicht gewünscht.

C. Vermächtnismodell

I. Ausgangslage

46 Das Vor- und Nacherbenmodell stellt die klassische Lösung eines Geschiedenen- oder Patchworktestaments dar. Es garantiert eine Familienbindung des Vermögens hin zu konkreten Wunschbegünstigten, die dem Erblasser angenehmer sind als die ansonsten beim Tod des Kindes zum Zuge kommenden Personen. Das Vor- und Nacherbenmodell will allerdings in der Praxis mit Bedacht gewählt sein. Immerhin birgt es nicht nur Vorteile, sondern auch Schwächen. Die für die Vor- und Nacherbschaft anwendbaren §§ 2113 ff. BGB beinhalten ein strenges gesetzliches Regelungswerk und können zu sowohl zivilrechtlichen als auch steuerrechtlichen Nachteilen führen. Das gilt insbesondere dann, wenn besonders **werthaltige Vermögenspositionen** wie **Immobilien** oder **Unternehmensbeteiligungen** betroffen sind. Aus diesem Grund bieten sich alternative Gestaltungsmodelle wie das Vermächtnismodell an.

II. Elemente des Vermächtnismodells

1. Herausgabevermächtnis

47 Das Vermächtnismodell beinhaltet eine Erbeinsetzung des bzw. der Kinder, allerdings beschwert mit einem Herausgabevermächtnis dergestalt, dass alle Vermögensgegenstände, die das Kind aus dem Nachlass erworben hat und die sich zum Zeitpunkt seines eigenen Todes noch in seinem Vermögen befinden, an **dritte Personen** – regelmäßig sind das Geschwisterkinder – herausgegeben werden müssen, sofern sie sonst an den Ex-Partner oder dessen einseitige Verwandte fallen würden (auflösende Bedingung).

25.12 **Muster 25.12: Herausgabevermächtnis**

48 Zu meinem unbeschränkten Alleinerben setze ich mein Kind ______ ein. Sofern Gegenstände aus meinem Nachlass nach meinem Tod im Wege der Erbfolge an meinen geschiedenen Mann oder dessen einseitige Abkömmlinge oder Verwandte in aufsteigender Linie fallen sollten, vermache ich alle Vermögensgegenstände, die der Alleinerbe aus meinem Nachlass erworben hat und die sich im Zeitpunkt seines Todes noch in seinem Vermögen befinden, an ______. Die Vermächtnisse fallen erst mit dem Tod des Beschwerten an und werden dann fällig. Das Vermächtnisrecht ist weder vererblich noch pfändbar oder übertragbar.

49 Kernelement des Vermächtnismodells ist also, dass es beim erbenden Kind gerade nicht zu einer rechtlichen Trennung der Vermögensmassen „Erbe“ und „Eigenvermögen“ kommt. Stattdessen wird ein unter einer **auflösenden Bedingung** stehendes **Herausgabevermächtnis** kombiniert. Es entfällt, wenn je nach letztwilliger Anordnung der Ex-Partner und zusätzlich dessen Verwandte keine erbrechtliche Position beim Erbfall des Kindes mehr einnehmen können. Das ist der Fall bei
- Vorversterben,
- Ausschlagung,
- Erb- und/oder Pflichtteilsverzicht sowie
- in seltenen Fällen bei Vorliegen einer Erb- und/oder Pflichtteilsunwürdigkeit bzw. sofern der Pflichtteil wirksam entzogen wurde.

50 Fällt das Vermächtnis an, liegt also keiner der vorgenannten Fälle vor, so führt dies dazu, dass dem Ex-Partner bzw. dessen Verwandten kein Vermögen aus dem Ursprungsnachlass zufließt. Ebenso wird es nicht zur Bemessungsgrundlage für die Berechnung von Pflicht-

teilsansprüchen, da es als Nachlassverbindlichkeit zu berücksichtigen und vorab abzuziehen ist.

Zielsetzung des Testaments ist regelmäßig eine **Familienbindung des Vermögens** und eben 51
gerade keine Beschneidung der Rechte des Erben. Vor diesem Hintergrund soll der Erbe die Nachlasspositionen Zeit seines Lebens nutzen und mit ihnen verfahren können, wie er möchte. Ersatzpflichten bei Verlust der Vermögenssubstanz werden dem Erben daher in der Regel nicht auferlegt. Das Herausgabevermächtnis bezieht sich stattdessen auf den sog. „Überrest".[16]

Anders als bei der Anordnung einer Vor- und Nacherbschaft kann die Auswahl des oder 52
der Vermächtnisnehmer dem erbenden Kind überlassen werden. Der Grund hierfür liegt darin, dass der Bestimmtheitsgrundsatz aus § 2065 BGB im Vermächtnisrecht nicht greift.[17] Der Erbe trifft seine Entscheidung im Rahmen eines sog. **Bestimmungsvermächtnisses** i.S.v. § 2151 BGB. Notwendig ist in diesem Fall natürlich, dass das Kind eine eigene Verfügung von Todes wegen errichtet bzw. überhaupt errichten darf, was im Falle mangelnder Testierfähigkeit nicht möglich ist. Das birgt ein nicht unerhebliches Risiko. In derart gelagerten Fällen sollte die Formulierung einen Ersatzvermächtnisnehmer anbieten für den Fall, dass die Bestimmung nicht vom Erben getroffen wird oder nicht wirksam getroffen werden kann.

Muster 25.13: Vermächtnismodell – Auswahl des Vermächtnisnehmers durch den Erben 25.13

Zu meinem unbeschränkten Alleinerben setze ich mein Kind ______ ein. Sofern Gegenstände aus meinem 53
Nachlass nach meinem Tod im Wege der Erbfolge an meinen geschiedenen Mann oder dessen einseitige Abkömmlinge oder Verwandte in aufsteigender Linie fallen sollten, vermache ich alle Vermögensgegenstände, die der Alleinerbe aus meinem Nachlass erworben hat und die sich im Zeitpunkt seines Todes noch in seinem Vermögen befinden, an diejenige Person oder diejenigen Personen, die mein alleinerbendes Kind zum Vermächtnisnehmer bestimmt (§ 2151 BGB). Übt der Alleinerbe das Bestimmungsrecht nicht aus, so bestimme ich ersatzweise zu Vermächtnisnehmern folgende Personen: ______

______. Die Vermächtnisse fallen erst mit dem Tod des Beschwerten an und werden dann fällig. Das Vermächtnisrecht ist weder vererblich noch pfändbar oder übertragbar.

2. Vor- und Nachvermächtnis

Wird ein Geschiedenen- oder Patchworktestament nach dem Vermächtnismodell errichtet, 54
besteht das Risiko des Zugriffs unliebsamer Personen auf das Vermögen über den Erbfall des Vermächtnisnehmers. Immerhin wird dieser unbeschränkter Eigentümer, was zur Konsequenz hat, dass seine Erben volle Teilhabe an den Nachlasspositionen erhalten. Auf **Pflichtteilsebene** unterfallen die Vermögensgegenstände ungeschmälert den **Aktiva** und erhöhen so die Ansprüche von pflichtteilsberechtigten Personen, die der Ursprungserblasser an sich ausschließen wollte. Sollen auch diese Ansprüche unterbunden werden, muss im Wege eines Vor- und Nachvermächtnisses (§ 2191 BGB) vorgegangen werden.[18]

16 *Gockel*, § 5 Rn 57.
17 MüKo-BGB/*Leipold*, § 2065 Rn 3 ff.
18 *Enzensberger/Maar*, § 2 Rn 154.

25.14 **Muster 25.14: Vor- und Nachvermächtnis**

55 . Zum Vermächtnisnehmer bestimme ich . Der Vermächtnisnehmer ist Vorvermächtnisnehmer. Nachvermächtnisnehmer ist . Das Nachvermächtnis fällt mit dem Tod des Vorvermächtnisnehmers an. Das Nachvermächtnisanwartschaftsrecht ist weder vererblich noch pfändbar oder übertragbar. Das Nachvermächtnis entfällt (auflösende Bedingung), wenn mein geschiedener Ehemann, , und alle seine Verwandten aufsteigender Linie und Abkömmlinge meines geschiedenen Mannes aus anderen Verbindungen verstorben sind, aufgrund eines Erbverzichts die Erbberechtigung nach dem Vermächtnisnehmer verloren haben oder aus anderen Gründen dergestalt weggefallen sind, dass zu ihren Gunsten keinerlei erbrechtliche Ansprüche und Positionen mehr am Nachlass des Vermächtnisnehmers bestehen.

56 Nach § 2191 BGB ist im Rahmen der Anordnung eines Nachvermächtnisses der **Vorvermächtnisnehmer** und eben nicht der Erbe **beschwert**. Anwendbar sind weiter die Regelungen zum Untervermächtnis (§§ 2186 ff. BGB). Die zentrale Norm zum Nachvermächtnis verweist über § 2191 Abs. 2 BGB auf einzelne Normen aus dem Bereich der Vor- und Nacherbschaft. Betroffen sind:
- Fragen des Nachrückens von Ersatzpersonen (§ 2102 BGB),
- Fragen des Anfalls des Nachvermächtnisses (§ 2106 Abs. 1 BGB),
- kinderlose Vorvermächtnisnehmer (§ 2107 BGB) und
- Fragen zum Umfang des Nachvermächtnisses (§ 2110 Abs. 1 BGB).

Die Verweisung ist abschließend. Alle weiteren Regelungen zur Vor- und Nacherbschaft (§§ 2100 ff. BGB) greifen insgesamt nicht.[19]

57 Tritt der Nachvermächtnisfall ein, entsteht für den Nachvermächtnisnehmer ein **schuldrechtlicher Anspruch** gegen den Vorvermächtnisnehmer bzw. dessen Rechtsnachfolger auf Erfüllung des Nachvermächtnisses (§§ 2177, 2174 BGB). In der Konsequenz unterfallen die betroffenen Vermögenspositionen nicht einer Erbauseinandersetzung nach dem Vorvermächtnisnehmer, können nicht Gegenstand eigener letztwilliger Anordnungen des Vorvermächtnisnehmers (z.B. eines Vermächtnisses) und auch nicht Bemessungsgrundlage von Pflichtteilsansprüchen sein.

58 **Praxistipp**
Um Fehlerquellen, die während der Dauer der Vorvermächtnisnehmerschaft entstehen können, auszuschließen, ist es sinnvoll, die beim Ursprungserbfall entstehende Anwartschaft per letztwilliger Anordnung explizit als weder übertragbar noch pfändbar oder vererblich auszugestalten.

59 In **erbschaftsteuerlicher Hinsicht** wird ein Nachvermächtnis einer Nacherbschaft gleichgestellt (§ 6 Abs. 4 ErbStG). Danach muss der Vorvermächtnisnehmer das Vermächtnis stets im Verhältnis zum Ursprungserblasser versteuern. Der Nachvermächtnisnehmer versteuert das Vermächtnis grundsätzlich nach dem Vorvermächtnisnehmer. Er hat allerdings ein Wahlrecht, anstelle einer Besteuerung nach dem Vorvermächtnisnehmer eine solche nach dem Erblasser zu wählen. Die Wahl zugunsten des Erblassers dürfte vor allem dann sinnvoll sein, wenn in diesem Verhältnis höhere Freibeträge, bessere Tarife und/oder günstigere Steuersätze zugrunde gelegt werden. Gleichwohl kommt es auch in diesem Fall zu einer doppelten Besteuerung des Vorgangs. Immerhin versteuern Vorvermächtnisnehmer und Nachvermächtnisnehmer gleichermaßen denselben Vermögensgegenstand.

Voraussetzung für das Bestehen des Wahlrechts nach § 6 Abs. 4 ErbStG ist zudem, dass Bedingung für den Anfall des Nachvermächtnisses der Tod des Vorvermächtnisnehmers ist (§ 6 Abs. 3 ErbStG). In allen anderen Fällen erwirbt der Nachvermächtnisnehmer zwingend

19 BGH, Urt. v. 6.3.1991 – IV ZR 114/89, MittRhNotK 1991, 313.

vom Vorvermächtnisnehmer, wobei er immerhin die vom Vorvermächtnisnehmer entrichtete Steuer anrechnen darf (§ 6 Abs. 3 S. 2 ErbStG).

3. Besonderheiten in Patchworkkonstellationen

Geschiedenen- und Patchworktestamente lassen sich nicht trennscharf voneinander abgrenzen. Viele Menschen leben gleichermaßen beide Familienmodelle. Gedankenlogisch gibt es auch bei der juristischen Umsetzung der passenden Konstruktion viele Überlappungen. Bei Kindern aus unterschiedlichen Beziehungen, die im Erbfall aufeinandertreffen, lassen sich allerdings zwei große Bereiche unterscheiden: diejenigen Familien, in denen alle Kinder gleichbehandelt werden sollen, und andere, in denen das Vermögen in der jeweiligen Ursprungsfamilie verbleiben soll. 60

Leben die aus unterschiedlichen Beziehungen stammenden Kinder zusammen mit dem Eltern- und Stiefelternteil in einer gefestigten und harmonischen Patchworkfamilie, besteht regelmäßig auch der Wunsch, alle Kinder im Erbfall gleich zu behandeln. Das vereinfacht den Gestaltungsvorschlag erheblich. Immerhin kommt dann dem Grunde nach ein normales **Ehegattentestament** (häufig in der Ausgestaltungsform eines sog. Berliner Testaments) in Betracht. Weitere Sicherheit für den längerlebenden Ehegatten lässt sich über eine flankierende Errichtung entsprechender **Pflichtteilsverzichtsverträge** mit den Kindern erreichen. Wichtig ist ferner, die Schlusserbeneinsetzung bindend auszugestalten. Immerhin muss denjenigen Kindern, denen nach dem längerlebenden Ehegatten mangels Blutsverwandtschaft keine Pflichtteilsrechte zustehen, Sicherheit geboten werden, beim zweiten Erbfall nicht leer auszugehen. 61

Lässt sich ein Pflichtteilsverzicht nicht umsetzen, kann der Erwerb von Todes wegen der Kinder über Vermächtnisse gesteuert werden. In Betracht kommt ein sog. **bedingtes Quotenvermächtnis**. In dieser Gestaltungsvariante erhalten die Kinder bereits beim ersten Erbfall Geldvermächtnisse maximal in Höhe ihrer gesetzlichen Erbquote, welche erst beim zweiten Erbfall fällig werden. Erreicht werden soll, die Kinder des Erstversterbenden von der Geltendmachung von Pflichtteilsansprüchen beim ersten Erbfall abzuhalten. Das Zuwarten bis zum zweiten Erbfall soll sich also lohnen. Die negativen steuerlichen Folgen aus § 6 Abs. 4 ErbStG müssen in dieser Konstellation gleichwohl leider hingenommen werden. 62

Die **Höhe** der Geldvermächtnisse bemisst sich sinnvollerweise maximal nach der Höhe des gesetzlichen Erbteils des Kindes. Teilweise wird auch vorgeschlagen, die Vermächtnisse der Höhe nach am nach § 2311 BGB zu ermittelnden Nachlasswert geteilt durch die Anzahl der Vermächtnisnehmer zu bemessen.[20] 63

Die Konstruktion macht wirtschaftlich zudem vor allem dann Sinn, wenn der Erstversterbende der Eheleute das größere Vermögen besitzt.[21] Genauso sollte derjenige Ehegatte mit der größeren Anzahl an Kindern den Partner belasten.[22] Andernfalls realisiert sich der pflichtteilsreduzierende Effekt beim Erbfall nach dem Längerlebenden nicht. 64

Zu denken ist ferner an **auflösende Bedingungen**. Schließlich zielen die Regelungen vor allem darauf ab, eine Gefährdungslage für den Längerlebenden zu entschärfen. Gelingt es rechtzeitig, Pflichtteilsverzichts- oder Erlassverträge zu schließen, kann auf die Regelung verzichtet werden. Dasselbe gilt, wenn feststeht, dass auch beim zweiten Erbfall keine Pflichtteilsansprüche durchgesetzt werden. 65

---

20 *Gockel*, § 6 Rn 21; *Enzensberger/Maar*, § 3 Rn 19, 20.

21 *Gockel*, § 6 Rn 22.

22 *Gockel*, § 6 Rn 22.

25.15 **Muster 25.15: Bedingtes Quotenvermächtnis**

66 Wir ordnen folgende bedingten Quotenvermächtnisse an:

Unsere jeweiligen Kinder erhalten ein Vermächtnis in Form eines Geldbetrags, der sich nach dem Reinwert des Nachlasses (§ 2311 BGB) des Erstversterbenden geteilt durch die Anzahl der Vermächtnisnehmer bemisst *[alternativ:* in Höhe ihrer gesetzlichen Erbteile*]*.

Die Vermächtnisse fallen beim ersten Erbfall an, werden jedoch erst beim zweiten Erbfall fällig und sind bis zu diesem Zeitpunkt nicht zu verzinsen. Eine Sicherung des Anspruchs darf nicht verlangt werden.

Die Vermächtnisse stehen ferner unter folgenden auflösenden Bedingungen:

Sie entfallen, wenn derjenige von uns beidem mit der geringeren Anzahl an Kindern der Erstversterbende ist und wenn weiter feststeht, dass keiner seiner Abkömmlinge Pflichtteils- und/oder Pflichtteilsergänzungsansprüche geltend gemacht hat. Gleiches gilt, wenn mit dem betroffenen Abkömmling ein Pflichtteilsverzichts- oder Erlassvertrag geschlossen wurde.

Die auflösende Bedingung gilt ebenfalls jeweils als eingetreten, wenn derjenige Abkömmling, zu dessen Gunsten ein Vermächtnis angeordnet wurde, nach seinem leiblichen Elternteil Pflichtteils- und/oder Pflichtteilsergänzungsansprüche geltend macht. In diesem Fall erhöhen sich die Quoten der übrigen Vermächtnisnehmer.

67 In sehr harmonischen Familienkonstellationen kann auf die soeben beschriebene durchaus komplexe Konstruktion gleichwohl verzichtet werden. Hier bietet sich alternativ die Anordnung von sog. **Steuervermächtnissen** zugunsten aller Abkömmlinge an. Positiv wirkt sich in diesem Zusammenhang aus, dass Stiefkinder und deren Abkömmlinge erbschaftsteuerlich gleichberechtigt neben leiblichen Abkömmlingen stehen (vgl. § 15 Abs. 1 Nr. 2 und 3 ErbStG).

68 Leben die Beteiligten in weniger harmonischen Familienverhältnissen und besteht die Zielsetzung der Eheleute darin, den **Längerlebenden abzusichern** und das jeweilige **Vermögen in der Ursprungsfamilie zu halten**, kann entweder im Wege des Vor- und Nacherbenmodells – ggf. unter Kombination von (Quoten-)Vermächtnissen zugunsten der leiblichen Kinder beim ersten Erbfall – vorgegangen werden. Alternativ ist es auch möglich, direkt beim ersten Erbfall die jeweiligen Kinder als Erben einzusetzen und den Längerlebenden über Vermächtnisse (z.B. ein Nutzungsrecht, weitere liquide oder aber auch gegenständliche Vermächtnisse, bspw. im Hinblick auf den Hausrat) abzusichern. Was den Umfang der Vermächtnisse anbelangt, ist in zweierlei Hinsicht Vorsicht geboten: Zum einen dürfen die Vermächtnisse nicht zu mager ausgestattet sein, da andernfalls das Risiko einer taktischen Ausschlagung des Vermächtnisses (§ 2307 Abs. 1 S. 1 BGB) mit alternativer Geltendmachung des Pflichtteils und möglicher Zugewinnausgleichsansprüche auf Seiten des Ehegatten steigt. Gleichzeitig sollten die Vermächtnisse aber wiederum nicht zu üppig angeordnet werden. Hier steigt dann umgekehrt das Risiko einer taktischen Erbausschlagung (§ 2306 BGB). Auch eine Gestaltung im Wege der Vermächtnislösung (also Erbeinsetzung des Längerlebenden in Kombination mit Herausgabevermächtnissen zugunsten der leiblichen Kinder beim zweiten Erbfall) ist möglich. Kritisch zu beleuchten ist in dieser Variante allerdings die Pflichtteilsresistenz solcher Vermächtnisanordnungen.[23]

4. Vor- und Nachteile des Vermächtnismodells

69 Das Vermächtnismodell ist eine gegenüber dem klassischen Vor- und Nacherbenmodell alternative Lösung, die dann umso besser funktioniert, je harmonischer die Familienangehö-

23 Dafür: *Keim*, notar 2013, 121; dagegen: *Mayer*, ZEV 2000, 1.

rigen und ehemaligen Ehepartner miteinander umgehen. Das liegt vor allem darin begründet, dass die Vermächtnislösung weniger strengen gesetzlichen Vorgaben als das Vor- und Nacherbenmodell mit seiner strikten Trennung der Vermögensmassen „Vorerbe" und „Eigenvermögen" folgt. Gerade weil die Vermögensmassen im Rahmen des Vermächtnismodells beim Erbfall oft nur schwierig voneinander zu trennen sind, birgt das Modell allerdings auch ein nicht unerhebliches Streitpotenzial zwischen Vermächtnisnehmer und Erben.[24] Je harmonischer die Familienverhältnisse sind, umso unwahrscheinlicher kommt es jedenfalls zum Streitfall. Gleichwohl kann ein Risiko natürlich auch in harmonischen Familien nicht zur Gänze ausgeschlossen werden. Aus diesem Grund sollte der juristische Berater besonderes Augenmerk auf die nähere Ausgestaltung der Vermächtnisse legen und entsprechende **Sicherungsrechte zugunsten des Vermächtnisnehmers** ggf. mitvermachen. Gleiches gilt für die Regelung von etwaigen **Substanzerhaltungspflichten** und die Frage der **Surrogation.**[25] Generell ist das Vermächtnismodell eine durchaus sinnvolle Gestaltungsvariante, welche die Schwächen einer Vor- und Nacherbschaft umgeht und sicherlich für den Rechtsnachfolger zu dessen Lebzeiten einfacher in der Abwicklung ist als das Vor- und Nacherbenmodell. Zu denken sei in diesem Zusammenhang alleine nur an etwaige Zustimmungserfordernisse durch (möglicherweise unbekannte) Nacherben und eine damit verbundene Ergänzungspflegerbestimmung durch ein Gericht. Mithilfe einer (gleichwohl durchaus ebenfalls komplexen) letztwilligen Anordnung einer Nacherbentestamentsvollstreckung kann die Gefahr von Abwicklungsschwierigkeiten zwar abgemildert werden, die Einsetzung eines Pflegers zur Kontrolle der Rechte des (unbekannten) Nacherben gegenüber dem Testamentsvollstrecker kann dennoch auch in diesen Fällen regelmäßig nicht umgangen werden. All diese Probleme stellen sich im Zusammenhang mit dem Vermächtnismodell nicht.

III. Muster

Muster 25.16: Ehegattentestament/Patchworktestament nach dem Vermächtnismodell

Wir, die Eheleute und , errichten nachfolgendes gemeinschaftliches Testament: 70

I. Verfügungen für den ersten Todesfall

1. Erbe

Wir setzen uns gegenseitig zu alleinigen und unbeschränkten Vollerben unseres gesamten Vermögens ein.

2. Herausgabevermächtnis

Im Falle des Erstversterbens der Ehefrau wird der Ehemann mit folgendem bedingten Vermächtnis beschwert:

a) Wenn der Ehemann nach dem Anfall der Erbschaft stirbt, soll der gesamte bei ihm noch vorhandene Nachlass auf unseren ehegemeinsamen Sohn übergehen.
Das Vermächtnis entfällt, wenn die aus erster Ehe stammende Tochter des Ehemannes, , und alle ihre leiblichen oder adoptierten Abkömmlinge vor dem Ehemann verstorben sind, aufgrund eines Erbverzichts die Erbberechtigung nach dem Ehegatten verloren haben oder aus anderen Gründen dergestalt weggefallen sind, dass zu ihren Gunsten keinerlei erbrechtliche Ansprüche und Positionen mehr am Nachlass des Ehegatten bestehen.
Das Vermächtnis fällt erst mit dem Tod des Beschwerten an und wird dann fällig. Die Anwartschaft des Vermächtnisnehmers ist weder übertragbar noch pfändbar oder vererblich.

24 *Enzensberger/Maar*, § 2 Rn 169.
25 *Enzensberger/Maar*, § 2 Rn 172.

Ergänzend wird als Verschaffungsvermächtnis angeordnet, dass der Vermächtnisnehmer alle Surrogate i.S.d. § 2111 BGB (nicht aber Früchte) erhält, soweit diese zum Zeitpunkt des Todes noch im Nachlass des vorbenannten Erben sind.

b) Klarstellend wird angeordnet: Der Erbe ist ermächtigt und berechtigt, in jeder denkbaren Weise auch unentgeltlich über den Nachlass zu verfügen. Der Vermächtnisnehmer hat bis zum Zeitpunkt des Vermächtnisanfalls keinerlei Anspruch auf Auskunft oder die Gewährung von Sicherheiten zur Erfüllung des Vermächtnisses.
Alle Nutzungen und Früchte des Nachlasses gebühren dem Erben bis zum Vermächtnisanfall. Der Erbe hat keinen Anspruch auf Verwendungsersatz gegen den Vermächtnisnehmer.

II. Verfügungen für den zweiten Todesfall

1. Schlusserbfolge

Zu unserem alleinigen und unbeschränkten Schlusserben bestimmen wir unseren ehegemeinschaftlichen Sohn . Zu Ersatzschlusserben bestimmen wir die Abkömmlinge unseres Sohnes nach Stämmen unter sich nach den Regelungen der gesetzlichen Erbfolge.

2. Herausgabevermächtnis für den Fall des Letztversterbens des Ehemannes

Im Falle des Letztversterbens des Ehemannes ordnen wir folgendes bedingtes Vermächtnis an:

a) Wenn ein Schlusserbe nach dem Anfall der Erbschaft ohne Hinterlassen eigener erbberechtigter Abkömmlinge verstirbt, soll der gesamte bei ihm noch vorhandene Nachlass auf übergehen.
Das Vermächtnis entfällt, wenn die aus erster Ehe stammende Tochter des Ehemannes, , und alle ihre leiblichen oder adoptierten Abkömmlinge verstorben sind, aufgrund eines Erbverzichts die Erbberechtigung nach dem Ehegatten verloren haben oder aus anderen Gründen dergestalt weggefallen sind, dass zu ihren Gunsten keinerlei erbrechtliche Ansprüche und Positionen mehr am Nachlass des Ehegatten bestehen.
Das Vermächtnis fällt mit dem Tod des Beschwerten an und wird dann fällig. Die Anwartschaft des Vermächtnisnehmers ist weder übertragbar noch pfändbar oder vererblich.
Ergänzend wird als Verschaffungsvermächtnis angeordnet, dass der Vermächtnisnehmer alle Surrogate i.S.d. § 2111 BGB (nicht aber Früchte) erhält, soweit diese zum Zeitpunkt des Todes noch im Nachlass des vorbenannten Erben sind.

b) Klarstellend wird angeordnet: Der Schlusserbe ist ermächtigt und berechtigt, in jeder denkbaren Weise auch unentgeltlich über den Nachlass zu verfügen. Der Vermächtnisnehmer hat bis zum Zeitpunkt des Vermächtnisanfalls keinerlei Anspruch auf Auskunft oder die Gewährung von Sicherheiten zur Erfüllung des Vermächtnisses.
Alle Nutzungen und Früchte des Nachlasses gebühren dem Erben bis zum Vermächtnisanfall. Der Erbe hat keinen Anspruch auf Verwendungsersatz gegen den Vermächtnisnehmer.

D. Kombinationsmodell

I. Ausgangslage

71 Die beiden großen Regelungsmodelle zur Gestaltung von Geschiedenen- und Patchworktestamenten stellen das Vor- und Nacherbenmodell und das Vermächtnismodell dar. Beide Modelle haben gleichsam Vor- wie Nachteile. Während das Vor- und Nacherbenmodell eine strikte Familienbindung des Vermögens allerdings unter Inkaufnahme von Abwicklungsschwierigkeiten für den Vorerben garantiert, bietet das Vermächtnismodell zwar den Vorteil einer flexibleren Handhabung zu Lebzeiten des Erben, kann aber zu Abgrenzungsschwierigkeiten bei der Erfüllung der Vermächtnisansprüche führen.

72 Gemeinhin gilt die Nacherbfolgelösung als die im Vergleich zur Vermächtnislösung sicherere Lösung, ist aber gleichwohl für den oder die Erben belastender. Vor diesem Hinter-

grund wird nach alternativen Gestaltungsmodellen gesucht, die belastende Situation für den Erben wenigstens **zeitlich** zu beschränken. Lebt der Ex-Partner noch, so ist während dieses Zeitraums die Gefahr des Zugriffs auf das Vermögen am größten. Immerhin könnte der Ex-Partner im Falle des kinderlosen Vorversterbens des gemeinsamen Kindes eigene Pflichtteilsansprüche geltend machen, in die dann Vermögenswerte des geschiedenen Partners miteinbezogen werden könnten, sei es, weil die Abgrenzung zwischen Eigenvermögen und Vermächtnisumfang Schwierigkeiten bereitet oder weil die Pflichtteilsresistenz der Vermächtnisanordnung an sich in Frage gestellt wird. Aus diesem Grund bietet es sich an, das **Vor- und Nacherbenmodell** während dieses Zeitraums – also bis zum Tod des Ex-Partners – zu wählen und im Anschluss, wenn also nur noch Personen als erbberechtigt in Frage kommen, die ihrerseits über keine Pflichtteilsrechte verfügen, auf die **Vermächtnislösung** überzugehen.[26]

II. Elemente des Kombinationsmodells

1. Regelungen zur Vor- und Nacherbschaft

Im Rahmen des Kombinationsmodells wird während der Dauer, in der der **geschiedene Ex-Partner und leibliche Elternteil des Kindes lebt**, das Vor- und Nacherbenmodell gewählt. Mit dem Tod des Ex-Partners fallen die Regelungen zur Vor- und Nacherbschaft qua auflösender Bedingung weg und das Recht erstarkt zum Vollrecht. Gleichzustellen mit dem Tod des geschiedenen Ex-Partners können Tatbestände werden, die ihrerseits immer zur Folge haben, dass die Pflichtteilsberechtigung entfällt. Das kann infolge eines Erbverzichts oder auch nach einem Pflichtteilsverzicht oder nach Abschluss eines Erlassvertrags nach Eintritt des Erbfalls der Fall sein. 73

2. Regelungen zum Herausgabevermächtnis

Für den Zeitraum **nach Wegfall des geschiedenen Ex-Partners** wird das Vermächtnismodell gewählt. Es bietet im Hinblick auf das Vermögenabflussrisiko ausreichende Sicherheit gegenüber Halbgeschwistern und einseitigen Verwandten des geschiedenen Ex-Partners in aufsteigender Linie.[27] 74

3. Vorteile und Nachteile des Kombinationsmodells

Das Kombinationsmodell eignet sich für alle Konstellationen, in denen das Sicherungsbedürfnis des Mandanten jedenfalls gegenüber dem geschiedenen Ex-Partner so groß ist, dass das reine Vermächtnismodell nicht ausreicht. Kann der leibliche Elternteil des Kindes im Erbfall allerdings keine erbrechtlichen und vor allem keine Pflichtteilsansprüche mehr verfolgen, macht es durchaus Sinn, die verschärfte Trennung der Vermögensmassen aufzuweichen und auf das Vermächtnismodell überzugehen. Sicherlich bleiben die übrigen Vorbehalte gegenüber der Vermächtnislösung, allen voran das Konkurrenzverhältnis zwischen Vermächtnisnehmer und übrigen Nachlassgläubigern, trotzdem bestehen. Demgegenüber verbessert sich aber die Situation des Erben vor dem Hintergrund der eigenen Handlungsfreiheit bis zum Eintritt des eigenen Erbfalls doch erheblich. Die Kombinationslösung schafft daher in vielen Fällen eine optimale Verbindung zwischen den konträr laufenden 75

26 *Nieder*, ZEV 1994, 159.
27 *Nieder*, ZEV 1994, 159.

Mandantenwünschen: Sicherungsbedürfnis gegenüber dem Ex-Partner und möglichst geringe Belastung des eigenen Kindes nach dem Erbfall.

III. Muster

25.17 **Muster 25.17: Einzeltestament/Geschiedenentestament nach dem Kombinationsmodell**

76 Ich, , errichte nachfolgendes Testament:

I. Erbe/Vor- und Nacherbschaft

Zu meinem Alleinerben bestimme ich mein Kind . Zum Ersatzerben bestimme ich .

Mein Kind ist Vorerbe und als solcher von allen Beschränkungen und Verpflichtungen befreit, soweit gesetzlich zulässig. Der Nacherbfall tritt mit dem Tod des Vorerben ein.

Zum Nacherben bestimme ich .

Die Nacherbfolgeanordnung entfällt nach dem Ableben meines geschiedenen Ehegatten und leiblichen Vater meines Kindes, . Gleiches gilt, wenn mein geschiedener Ehegatte aufgrund eines Erbverzichts die Erbberechtigung nach meinem Kind oder nach dessen Abkömmlingen verloren hat oder aus anderen Gründen dergestalt weggefallen ist, dass zu seinen Gunsten keinerlei erbrechtliche Ansprüche und Positionen mehr am Nachlass meines Kindes oder dessen Abkömmlingen bestehen.

Die Nacherbfolgeanordnung ist insoweit auflösend bedingt.

II. Herausgabevermächtnis

Sofern im Falle des Wegfalls des leiblichen Vaters meines Kindes Gegenstände aus meinem Nachlass beim Tod meines Kindes an seine Verwandten aufsteigender Linie oder an Abkömmlinge meines geschiedenen Mannes aus anderen Verbindungen fallen, vermache ich alle diejenigen Vermögensstücke, die das verstorbene Kind von mir aus meinem Nachlass erworben hat und die sich zum Zeitpunkt des Vermächtnisanfalls noch in seinem Vermögen befinden, an seine eigenen Erben entsprechend den Regelungen der gesetzlichen Erbfolge, ausgenommen den vorgenannten Personengruppen.

Das Vermächtnis entfällt, wenn der leibliche Vater meines Kindes, , alle Verwandten aufsteigender Linie und Abkömmlinge meines geschiedenen Mannes aus anderen Verbindungen verstorben sind, aufgrund eines Erbverzichts die Erbberechtigung nach meinem Kind verloren haben oder aus anderen Gründen dergestalt weggefallen sind, dass zu ihren Gunsten keinerlei erbrechtliche Ansprüche und Positionen mehr am Nachlass meines Kindes bestehen.

Das Vermächtnis fällt erst mit dem Tod des Beschwerten an und wird dann fällig. Die Anwartschaft des Vermächtnisnehmers ist weder übertragbar noch pfändbar oder vererblich.

Ergänzend wird als Verschaffungsvermächtnis angeordnet, dass der Vermächtnisnehmer alle Surrogate i.S.d. § 2111 BGB (nicht aber Früchte) erhält, soweit diese zum Zeitpunkt des Todes noch im Nachlass des vorbenannten Erben sind.

III. Klarstellung

Der Erbe ist ermächtigt und berechtigt, in jeder denkbaren Weise auch unentgeltlich über den Nachlass zu verfügen. Der Vermächtnisnehmer hat bis zum Zeitpunkt des Vermächtnisanfalls keinerlei Anspruch auf Auskunft oder die Gewährung von Sicherheiten zur Erfüllung des Vermächtnisses.

Alle Nutzungen und Früchte des Nachlasses gebühren dem Erben bis zum Vermächtnisanfall. Der Erbe hat keinen Anspruch auf Verwendungsersatz gegen den Vermächtnisnehmer.

E. Weitere Gestaltungselemente: Familienrechtliche Anordnungen

I. Anordnungen gem. § 1638 BGB

Der Testierende kann nicht nur durch die Anordnung der Testamentsvollstreckung (siehe 77
hierzu Rdn 82) sicherstellen, dass der geschiedene Ehegatte das Vermögen der gemeinsamen Kinder nicht verwaltet, sondern auch eine Anordnung gem. § 1638 BGB treffen. An sich gilt: Gem. § 1626 BGB erstreckt sich die **elterliche Vermögenssorge** auf das **gesamte Vermögen des Kindes**, also auch auf dasjenige, was es von Todes wegen erworben hat. Die Eltern sind grundsätzlich gemeinsam zur Vertretung des Kindes berechtigt (§ 1629 Abs. 1 S. 2 BGB). Übt jedoch ein Elternteil die elterliche Sorge allein aus, was nach dem Tod des anderen Elternteils automatisch der Fall ist, vertritt dieser Elternteil auch das Kind allein (§ 1629 Abs. 1 S. 3 BGB). Bei nicht miteinander verheirateten Elternteilen gilt § 1626a BGB zur Frage, wem die elterliche Sorge zukommt. In allen Fällen kann der Erblasser – egal, wer dies ist – durch letztwillige Verfügung oder auch bei lebzeitigen Zuwendungen eine Anordnung gem. § 1638 Abs. 1 BGB treffen, wonach der andere (verbleibende) Elternteil das Vermögen des Kindes nicht verwalten soll.

Die Anordnung gem. § 1638 BGB kann sogar ein **Dritter** treffen, z.B. wenn die Großeltern 78
dem minderjährigen Kind etwas zuwenden wollen. In diesen Fällen kann (nur) ein Elternteil oder es können sogar beide Elternteile von der Verwaltung des zugewendeten Vermögens, sei es letztwillig oder zu Lebezeiten, ausgeschlossen werden. Für den Fall, dass beide Elternteile insoweit von der Verwaltung ausgeschlossen sind, ist (zwingend) ein Zuwendungspfleger gem. § 1811 Abs. 1 BGB zu bestellen. Dies ist auch dann der Fall, wenn durch Verfügung angeordnet ist, dass auch dem Vormund die Verwaltung des ererbten oder zugewendeten Vermögens nicht zustehen soll (§ 1811 Abs. 1 BGB). Hierbei steht es dem Erblasser frei, durch letztwillige Verfügung (Gleiches gilt für den Zuwendenden bei der Zuwendung) zu bestimmen, wer der Pfleger sein soll und ob dieser von den Beschränkungen der §§ 1843, 1845, 1846, 1848, 1849 Abs. 1 S. 1 Nr. 1 und 2, S. 2 sowie § 1865 BGB befreit sein soll. Zuständig für die Bestellung des Pflegers gem. § 1811 BGB ist das Familiengericht.

Muster 25.18: Entziehung des Rechts zur Verwaltung des Erwerbs von Todes wegen 25.18

Soweit mein Kind   zur Zeit meines Todes noch minderjährig sein sollte, entziehe ich dessen Mutter 79
gem. § 1638 BGB das Recht, dasjenige, was mein Kind von mir von Todes wegen erhält, zu verwalten.

Zur Verwaltung der aus meinem Nachlass stammenden Vermögenswerte soll   , ersatzweise   , als Pfleger bestellt werden. Dem Pfleger wird umfassend Befreiung von den in § 1811 Abs. 2 S. 1 Nr. 2 BGB genannten Beschränkungen erteilt (sog. befreite Pflegschaft). Der Pfleger wird ferner von der Verpflichtung zur Rechnungslegung gegenüber dem Familiengericht befreit.

Wird das gemeinsame Kind vom Erblasser – aus welchen Gründen auch immer – gar nicht 80
zum Erben eingesetzt, sondern enterbt, kann die Anordnung gem. § 1638 Abs. 1 BGB sich auch darauf beschränken/beziehen, dass dem anderen Elternteil die Verwaltung dessen entzogen wird, was durch Pflichtteil erlangt wird.

Muster 25.19: Entziehung des Rechts zur Verwaltung des Pflichtteils 25.19

Soweit mein Kind   zur Zeit meines Todes noch minderjährig sein sollte, entziehe ich dessen Mutter 81
gem. § 1638 BGB das Recht, einen etwaigen Erwerb von Todes wegen und/oder seinen Pflichtteil zu verwalten.

Zur Verwaltung der aus meinem Nachlass stammenden Vermögenswerte/Zahlungen auf den Pflichtteil und auf etwaige Pflichtteilsergänzungsansprüche soll   , ersatzweise   , als Pfleger bestellt werden.

Dem Pfleger wird umfassend Befreiung von den in § 1811 Abs. 2 S. 1 Nr. 2 BGB genannten Beschränkungen erteilt (sog. befreite Pflegschaft). Der Pfleger wird ferner von der Verpflichtung zur Rechnungslegung gegenüber dem Familiengericht befreit.

82 Das Ergebnis, dem anderen Elternteil die Vermögenssorge für das ererbte Vermögen zu entziehen, kann auch durch Anordnung einer **Testamentsvollstreckung** und der Einsetzung eines Testamentsvollstreckers erreicht werden.[28] Ordnet hingegen der Erblasser nur Testamentsvollstreckung an, ist damit nicht generell der Ausschluss von der Verwaltung gem. § 1638 BGB verbunden.[29] Dies hat aber zur Folge, dass kein Pfleger gem. § 1811 BGB bestellt werden muss, weil insoweit keine (ausdrückliche) Anordnung gem. § 1638 BGB getroffen wurde. Faktisch verbleibt dem (anderen) Elternteil nichts, was er verwalten könnte, wenn die Testamentsvollstreckung umfassend ausgestaltet ist. Auch wenn dem Testamentsvollstrecker eine vergleichsweise freie Stellung vom Erblasser eingeräumt werden kann, obliegen dem Erben indes auch Kontrollrechte, die sodann dem verbleibenden Elternteil zufallen. Will der Erblasser dies vermeiden, hat er die Anordnung einer Testamentsvollstreckung mit einer Bestimmung gem. § 1638 BGB und ggf. der Benennung eines Pflegers zu verbinden. Ist in der letztwilligen Verfügung neben der Anordnung der Testamentsvollstreckung auch eine Bestimmung gem. § 1638 BGB enthalten oder kann sie ihr durch Auslegung entnommen werden, ist ein Pfleger gem. § 1811 BGB zu bestellen.[30] Ggf. kommt auch die Bestellung eines (dauerhaften) Pflegers mit dem Geschäftskreis „Verwaltung des dem Minderjährigen zugewendeten Vermögens, soweit das Verwaltungsrecht nicht dem Testamentsvollstrecker zusteht" in Betracht.[31]

83 Die Anordnung der Testamentsvollstreckung hat den Vorzug, dass sie **über das 18. Lebensjahr** des betreffenden Kindes hinaus, etwa bis zur Vollendung des 23. oder 25. Lebensjahres, angeordnet werden kann. Hierdurch kann sichergestellt werden, dass das Kind auch nach Eintritt der Volljährigkeit nicht (sofort) über das Ererbte verfügen kann, wenn etwa der Testator die Befürchtung hat, dass das Kind mit Vollendung des 18. Lebensjahres trotz Eintritt der Volljährigkeit noch nicht die nötige sittliche Reife erlangt hat, etwa großes Vermögen, z.B. in Form von Grundbesitz oder eine unternehmerische Beteiligung zu verwalten.

84 Umgekehrt kann Testamentsvollstreckung nur zur **Verwaltung** des Nachlasses angeordnet werden (§ 2205 S. 1 BGB).[32] Will der Testator daher etwa dem anderen Elternteil die Verwaltung des Pflichtteils entziehen, bleibt nur eine Anordnung gem. § 1638 BGB (vgl. bereits Rdn 77 f.).

II. Vormundbenennung

85 Die Eltern haben das Recht, einen Vormund für ihr minderjähriges Kind zu benennen, und zwar in Form einer letztwilligen Verfügung (§ 1782 BGB). Dies setzt indes voraus, dass ihnen/dem Längerlebenden **im Zeitpunkt des Todes** auch die **Sorge für die Person und das Vermögen** zustand. Ein Elternteil hat somit dann kein Benennungsrecht, wenn ihm das Sorgerecht etwa nach Trennung oder Scheidung entzogen wurde (§§ 1671, 1672 BGB) oder es ihm als nicht verheiratetem Vater nie zustand, weil es keine gemeinsame Sorgeerklä-

28 Hierzu näher *Damrau*, ZEV 1994, 1; siehe ferner BeckNotar-HdB/*Dietz/Sammet*, § 17 Rn 359.
29 Vgl. BayObLG FamRZ 1989, 1342, 1343 = Rpfleger 1989, 411, 412; LG Dortmund NJW 1959, 2264.
30 BayObLGZ 1925, 193, 197; BayObLGZ 1977, 105 = Rpfleger 1977, 253; BayObLG FamRZ 1989, 1342, 1343 = Rpfleger 1989, 411, 412.
31 Hierzu MüKo-BGB/*Schneider*, § 1811 Rn 11.
32 Vgl. im Einzelnen BeckOK BGB/*Lange*, § 2205 Rn 6–11.

rung gab (§ 1626a Abs. 1 Nr. 1 BGB). Wird ein Vormund benannt, kann das Familiengericht den Benannten nur unter den (engen) Voraussetzungen des § 1783 BGB nicht zum Vormund bestimmen.

Muster 25.20: Vormundbenennung 25.20

Für den Fall, dass für mein Kind ein Vormund bestellt werden muss, benenne ich , 86
ersatzweise , weil dies je am besten dem Wohl des Kindes entspricht.

§ 26 Behindertentestament und Testamente für Überschuldete

Dr. Claus-Henrik Horn/Astrid Lente-Poertgen/Moritz Poertgen

Literaturhinweise

Braun (vormals *Kornexl*), Nachlassplanung bei Problemkindern, 3. Aufl. 2022; *Bredemeyer*, Bürgergeld: Erbschaften und erbschaftlicher Erwerb im System der Sozialleistungen, ZEV 2023, 435; *Decker*, Gestaltung und Beratung bei insolventen Erben, DNotZ 2024, 724; *Doering-Striening*, Was hat das neue Bürgergeldgesetz (SGB II) mit Erbschaften zu tun?, ZErb 2023, 131; *Doering-Striening*, Der Nachranggrundsatz im Sozialrecht am Beispiel von Zuflüssen aus Erbfall und Schenkung, ASR 2023, 238; *Doering-Striening*, Sozialhilferegress bei Erbfall und Schenkung, 2. Aufl. 2022; *Geiger*, Klärungsbedürftige Fragen zur Einkommens- und Vermögensanrechnung im Bürgergeld-Gesetz, ZFSH/SGB 2023, 628; *Grube/Wahrendorf/Flint*, SGB XII, 8. Aufl. 2024; *Hammann*, Die Gestaltung von Behindertentestamenten, 2025; *Ivo*, Die Erbschaftsausschlagung zwecks Pflichtteilsgeltendmachung beim „Behindertentestament“, ZErb 2004, 174; *Klerks/Conradis*, Die problematischen Unterschiede der Regelungen nach dem SGB II und dem SGB XII, info also 2024, 99 (Teil 1), info also 2024, 147 (Teil 2); *Krauß*, Behinderten- und Bedürftigentestament, in: Groll/Steiner, Praxis-Handbuch Erbrechtsberatung, 6. Aufl. 2024; *Kroiß/Horn/Solomon* (Hrsg.), NomosKommentar Nachfolgerecht, 3. Aufl. 2023; *Litzenburger*, Das Bedürftigentestament – Erbfolgegestaltung zugunsten von Langzeitarbeitslosen, ZEV 2009, 778; *Manthey/Trilsch*, Das „Bedürftigentestament“: die hohe Schule der Testamentsgestaltung, ZEV 2015, 618; *Mascia*, Die Nachlassteilhabe von Sozialhilfeempfängern, Diss. 2023; *Münder/Geiger/Lenze* (Hrsg.), SGB II, 8. Aufl. 2023; *Neumann*, Das Zwölfte Gesetz zur Änderung des Zweiten Buches Sozialgesetzbuch und anderer Gesetze – Einführung eines Bürgergeldes (Bürgergeld-Gesetz) vom 16.12.2022 (Teil II), jurisPR-SozR 2/2023; *Perau*, in: Dorsel, Kölner Formularbuch Erbrecht, 4. Aufl. 2024; *Roth/Goratsch*, Das neue Bürgergeld – Folgen für die erbrechtliche Gestaltung, NJW-Spezial 2023, 167; *Schmidl*, Methodische Grundlagen und richtige Anwendung der Außerkraftsetzung gemäß § 2216 Abs. 2 S. 2 BGB mit Hinweisen zum Behindertentestament, ZErb 2017, 276 (Teil 1), ZErb 2017, 303 (Teil 2), ZErb 2017, 339 (Teil 3); *Schneider*, Auswirkungen des Bundesteilhabegesetzes auf das Behindertentestament, ZEV 2019, 453; *Schneider*, Nutzungsrecht für Wohnräume im behindertengerechten Testament, ZEV 2017, 617; *Schrehardt*, Reform der sozialen Pflegeversicherung mit dem Gesetz zur Weiterentwicklung der Gesundheitsversorgung, DStR 2023, 1359; *Schrehardt*, Reform der sozialen Pflegeversicherung mit dem Gesetz zur Weiterentwicklung der Gesundheitsversorgung, DStR 2021, 2470; *Welti*, Grundsicherung für Arbeitsuchende – Bürgergeld ein Fortschritt? ZRP 2022, 174.

Dr. Horn dankt Niklas Meinel für die engagierte Unterstützung bei dem Manuskript.

Inhalt

A. Gefahren und Gestaltungsziele ... 1
B. Sozialrechtliche Grundlagen ... 6
- I. Anspruchsgrundlagen auf Hilfeleistung ... 6
- II. Nachrangigkeitsprinzip, Einkommen und Schonvermögen ... 9
- III. Geltendmachung eines Erb- bzw. Pflichtteils durch den Sozialleistungsträger ... 17
- IV. Haftung des Nachlasses für Sozialleistungen, Sanktionen ... 20

C. Geltendmachung eines Erb- bzw. Pflichtteils durch einen Gläubiger ... 22
D. Ausübung des Ausschlagungsrechts ... 24
- I. Durch den Sozialleistungsträger ... 24
- II. Durch den Betreuer ... 25
- III. Durch den Überschuldeten ... 30

E. Prognose der Sittenwidrigkeit ... 31
- I. Beim Behindertentestament ... 31
- II. Beim Bedürftigentestament ... 34

F. Pflichtteilsverzicht bei geschäftsfähigen Behinderten bzw. Bedürftigen ... 37
G. Lebzeitige Lösungen und Vorkehrung bei Schenkungen ... 38
H. Enterbungslösung ... 43
I. Vor- und Nacherbschaftslösung ... 44
- I. Grundlagen ... 44
- II. Bestimmung der „richtigen“ Quote ... 51
- III. Bestimmung des Nacherben ... 54
- IV. Schutz des Ertrags durch Testamentsvollstreckung ... 55

1. Verhinderung des Zugriffs durch den Sozialleistungsträger 56
2. Bestimmung des Testamentsvollstreckers 70
V. Vor- und Nachteile 73
VI. Muster 75
VII. Längerlebender Ehegatte ebenfalls als Vorerbe 76
J. Vermächtnislösung 78
I. Elemente der Gestaltung 78
II. Bestehende Rechtsunsicherheit als vermeintlicher Nachteil 83
III. Muster 86
IV. Wohnungsrechtsvermächtnis 87
K. Kombination von Erbschafts- und Vermächtnislösung bei Ehegatten 89
L. Geltendmachung des Pflichtteils bei Pflichtteilsstrafklausel im gemeinschaftlichen Testament 90
M. Besonderheiten bei dem Testament zugunsten Überschuldeter 92
I. Überblick 92
II. Pflichtteilsverzicht und pfändungsfreie Vermächtnisgegenstände 95
III. Wegfall der Bedürftigkeit 99
1. Überblick 99
2. Anfechtung wegen Motivirrtums? 100
3. Wegfall von testamentarischen Beschränkungen 101
IV. Auswahl des Testamentsvollstreckers 103
V. Pflichtteilsbeschränkung in guter Absicht 104
VI. Erbe und Vermächtnisnehmer im Insolvenzverfahren 105
VII. Pflichtteilsberechtigter im Insolvenzverfahren 108

A. Gefahren und Gestaltungsziele

1 Geistig, psychisch oder körperlich behinderte Menschen bzw. Menschen mit Sinnesbeeinträchtigungen[1] sind behinderungsbedingt oft zur vollständigen Deckung ihres Lebensunterhalts nicht in der Lage. Hinzu kommen häufig weitere Bedarfe, z.B. infolge von Pflegebedürftigkeit. Daraus erwächst die Notwendigkeit der Inanspruchnahme von Sozialleistungen. Insoweit kommen, je nach Lebenssituation des behinderten Menschen, in Betracht:[2]

- Leistungen nach dem Sozialgesetzbuch Drittes Buch – Arbeitsförderungsrecht (SGB III): Arbeitslosengeld (Alg) gem. § 136 ff. SGB III
- Leistungen nach dem Sozialgesetzbuch Zwölftes Buch – Sozialhilfe (SGB XII): Sozialhilfe gem. §§ 27 ff. SGB XII bzw. Grundsicherung im Alter und bei voller Erwerbsminderung gem. §§ 41 ff. SGB XII
- Leistungen nach dem Sozialgesetzbuch Zweites Buch – Grundsicherung für Arbeitsuchende (SGB II): Bürgergeld gem. §§ 7 ff., 19 Abs. 1 S. 2, 23 SGB II
- Leistungen auf Basis des Bundesteilhabegesetzes,[3] z.B. Leistungen zur medizinischen Rehabilitation gem. §§ 42 ff. Sozialgesetzbuch Neuntes Buch (SGB IX), zur Teilhabe am Arbeitsleben gem. §§ 49 ff. SGB IX, zur Teilhabe an Bildung gem. § 75 SGB IX, zur sozialen Teilhabe gem. §§ 76 ff. SGB IX und zur Eingliederungshilfe, vormals in Kap. 6 SGB XII und nun geregelt in Teil 2 Kap. 9 SGB IX

2 Ist behinderungsbedingt zudem eine stationäre Unterbringung notwendig, so reichen die Leistungen nach dem Sozialgesetzbuch Elftes Buch – Soziale Pflegeversicherung (SGB XI) zur Kostendeckung nicht aus. Sowohl die Kosten der stationären Unterbringung[4] als auch der von den Pflegebedürftigen selbst aufzubringende Eigenanteil an den von der Pflegeversicherung erbrachten Leistungen steigen stetig. Eine wesentliche Verbesserung der Situation Pflegebedürftiger ist weder mit dem Inkrafttreten des Gesundheitsversorgungsweiterentwicklungsgesetzes (GVWG)[5] zum 1.1.2022 noch durch das zum 1.1.2024 in Kraft getretene

1 Vgl. die Begriffsbestimmung in § 2 Abs. 1 S. 1 SGB IX.
2 Bonefeld/Wachter/*Roglmeier*, § 26 Rn 3; *Klerks/Conradis*, info also 2024, 99 ff.
3 Gesetz zur Stärkung der Teilhabe und Selbstbestimmung von Menschen mit Behinderungen (Bundesteilhabegesetz – BTHG), BGBl I 2016, 3234.
4 *Schrehardt*, DStR 2021, 2470, 2471 f.; *Schrehardt*, DStR 2023, 1359, 1360.
5 Gesetz zur Weiterentwicklung der Gesundheitsversorgung (Gesundheitsversorgungsweiterentwicklungsgesetz – GVWG) v. 11.7.2021, BGBl I 2021, 2754.

Pflegeunterstützungs- und -entlastungsgesetz (PUEG)[6] eingetreten, auch wenn über § 43c SGB IX eine prozentuale Begrenzung des Eigenanteils an den pflegebedingten Aufwendungen normiert worden ist.[7] Einer aktuellen Auswertung des Verbandes der Ersatzkassen e.V. zum 1.7.2024[8] zufolge hat sich die finanzielle Höchstbelastung in Form der Eigenbeteiligung der stationär Pflegebedürftigen innerhalb des letzten Jahres bundesdurchschnittlich von 2.660 auf 2.871 EUR monatlich erhöht. In Nordrhein-Westfalen, Baden-Württemberg, im Saarland und in Bremen liegt die Eigenbeteiligung der Pflegebedürftigen im Durchschnitt sogar über 3.000 EUR monatlich.

Reicht das Einkommen des behinderten Menschen nicht aus, seinen Lebensunterhalt und/oder die Kosten der stationären Pflege bzw. sonstige Bedarfe zu decken, entsteht ein Anspruch gegen den zuständigen Sozialleistungsträger.

Der nachvollziehbare Wunsch der Eltern besteht zumeist darin, dass der Sozialleistungsträger weiterhin die gesetzlichen Leistungen für das behinderte Kind übernimmt und der **Lebensstandard des behinderten Kindes** nach dem Erbfall durch seine Nachlassbeteiligung **dauerhaft über das wirtschaftliche Niveau der Sozialhilfe** angehoben wird. Dies ist das primäre Gestaltungsziel eines **„Behindertentestaments“**.[9] Es gilt, den Zugriff des behinderten Kindes und damit des Sozialleistungsträgers auf die Substanz und Erträge des ererbten Vermögens zu verhindern.[10] Hierzu wird ein Testamentsvollstrecker bestimmt und mittels Verwaltungsanweisungen festgelegt, welche Leistungen das behinderte Kind dauerhaft aus dem Nachlass erhalten soll. Bei der Gestaltung eines Behindertentestaments ist sicherzustellen, dass dem behinderten Menschen als gesetzlichem Erbberechtigten auch Vermögen aus dem Nachlass zufließt, gleichzeitig durch diesen Zufluss aber keine Minderung der staatlichen Unterstützungsleistung eintritt. Dadurch soll nicht allein das Vermögen in der Familie erhalten, sondern auch eine Versorgung des behinderten Menschen abgesichert werden, und zwar so, dass er neben den staatlichen Hilfen ein „Mehr“ erhält.[11] 3

Ist zumindest ein weiteres Kind vorhanden, wünschen sich Eltern zumeist, dass nach dem Ableben des behinderten Kindes ihr **Vermögen innerhalb der Familie weitergegeben** wird. Dieses sekundäre Gestaltungsziel ist bei der Konzipierung eines Behindertentestaments ebenfalls zu beachten. Dieses Ziel wird erreicht, indem entweder das behinderte Kind zum Vorerben oder zum Vorvermächtnisnehmer eingesetzt wird.[12]

Die Konzipierung von Behindertentestamenten ist höchst anspruchsvoll, zumal der Berater auch über Kompetenzen im Sozialrecht verfügen muss, die aufgrund des stetigen Regelungsflusses immer auf dem aktuellen Stand zu halten sind. So wurden bspw. Regelungen zur rechtlichen Einordnung von Erbschaften mit Wirkung zum 1.1.2023 in § 82 Abs. 1 S. 2 Nr. 9 SGB XII bzw. zum 1.7.2023 in § 11a Abs. 1 Nr. 7 SGB II bereits mit Wirkung zum 1.1.2024 erneut modifiziert (Einzelheiten siehe Rdn 6, 11, 15). Derzeit befindet sich ein weiterer 4

6 Gesetz zur Unterstützung und Entlastung in der Pflege (Pflegeunterstützungs- und -entlastungsgesetz – PUEG) v. 19.6.2023, BGBl I 2023, Nr. 155.

7 Schlegel/Voelzke/*Marwedel*, jurisPK-SGB XI, § 43c Rn 2 ff.

8 Verband der Ersatzkassen e.V. (vdek), www. vdek.com/presse/daten/f_pflegeversicherung.html, „Neue vdek-Daten: Eigenanteile in der stationären Pflege steigen weiter“ (Aufruf am 4.4.2025).

9 *Braun*, Nachlassplanung bei Problemkindern, § 2 Rn 34.

10 OLG Frankfurt ZErb 2024, 60, 65; LG Lübeck, Beschl. v. 28.10.2024 – 7 T 259/24, BeckRS 2024, 29904.

11 Troll/Gebel/Jülicher/Gottschalk/*Gottschalk*, § 6 Rn 15.1; *Doering-Striening*, Sozialhilferegress, § 11 Rn 7 ff.

12 Zu den Grundstrukturen: *Wendt*, ZNotP 2008, 2, 3.

Änderungsvorschlag in der Ressortabstimmung.[13] Auch ist es erforderlich, sehr individuelle letztwillige Verfügungen zu entwickeln, also sehr auf die Bedürfnisse des Einzelfalls einzugehen. Daher wird ergänzend auf weitere Literatur verwiesen.[14]

5 Wenngleich die Ausgangslage eines bedürftigen Kindes, Ehepartners oder eines zu begünstigenden Dritten, die entweder überschuldet sind, im Leistungsbezug nach dem SGB XII oder SGB II stehen oder beides, tatsächlich nicht mit der Situation bei einem behinderten Kind vergleichbar ist, so ist die rechtliche Ausgangslage und Bewertung dennoch nahezu identisch. Das „**Behindertentestament**" wird daher entsprechend wie das „Bedürftigentestament" gestaltet. Der letztlich maßgebliche Unterschied besteht lediglich darin, dass bei einem Bedürftigen die Bedürftigkeit entfallen kann, sei es nach Beendigung des Restschuldbefreiungsverfahrens, durch Erzielung eigenen Einkommens oder durch Anfall sonstigen Vermögens, wie auch außergerichtlichen Verständigungen mit den Gläubigern.

Die Vielzahl gerichtlicher Entscheidungen belegt die schwierige rechtliche Einordnung. Auch im Hinblick auf zukünftige Gesetzesänderungen ist es für den Berater nahezu unmöglich, ein „absolut sicheres" Behinderten- bzw. Bedürftigentestament zu konzipieren. Aufgrund der bei jedem Fall unterschiedlichen tatsächlichen Ausgangslage und Risikobereitschaft der Eltern verbieten sich schematische Lösungen. Eine „maßgeschneiderte" Nachfolgeregelung kann der beauftragte Rechtsanwalt bzw. Notar erst dann entwerfen, nachdem er sich ausführlich mit den rechtlichen Grundlagen und Gestaltungsvariationen auseinandergesetzt hat.

B. Sozialrechtliche Grundlagen

I. Anspruchsgrundlagen auf Hilfeleistung

6 Seit dem 1.1.2005 und erneut seit dem 1.1.2023 erfolgten grundlegende Reformierungen der staatlichen steuerfinanzierten Sozialleistungen im SGB II und SGB XII:
- Änderung durch das Zwölfte Gesetz zur Änderung des Zweiten Buches Sozialgesetzbuch und anderer Gesetze – Einführung eines Bürgergeldes (Bürgergeld-Gesetz) vom 16.12.2022,[15]
- Änderung zum 1.1.2024 durch das Gesetz zur Anpassung des Zwölften und des Vierzehnten Buches Sozialgesetzbuch und weiterer Gesetze vom 22.12.2023[16] und
- Änderung zum 28.4.2024 durch das Zweite Haushaltsfinanzierungsgesetz 2024 vom 27.3.2024.[17]

---

13 Wachstumsinitiative der Bundesregierung – neue wirtschaftliche Dynamik für Deutschland v. 5.7.2024, S. 17, https://www.bundesregierung.de/breg-de/bundesregierung/gesetzesvorhaben/wachstumsinitiative-2306060 (Aufruf am 4.4.2025).

14 *Ruby/Schindler*, Das Behindertentestament; *Braun*, Nachlassplanung bei Problemkindern; Groll/Steiner/*Krauß*, Erbrechtsberatung, Das Behinderten- und Bedürftigentestament; Keim/Lehmann/*Tersteegen*, Beck'sches Formularbuch Erbrecht, 5. Aufl. 2023, Verfügungen bei einem behinderten Kind, Abschnitt F. I.; Dorsel/*Perau*, Kölner Formularbuch ErbR, Sicherung des Erbes bei drohender Verwertung durch Dritte.

15 BGBl I 2022, 2328.

16 BGBl I 2023 Nr. 408.

17 BGBl I 2024, Nr. 107.

In groben Zügen[18] lassen sich die Sozialleistungen nach derzeitigem Stand wie folgt darstellen: 7

- Wird ein Arbeitnehmer arbeitslos, so erhält er bei Vorliegen der entsprechenden Voraussetzungen der §§ 136 ff. SGB III zunächst **Arbeitslosengeld** (Alg), und zwar im Grundsatz einkommens- und vermögensunabhängig. Anzurechnen ist jedoch auf das Alg ggf. während der Arbeitslosigkeit erzieltes Nebeneinkommen (vgl. § 155 SGB III). Zu beachten ist darüber hinaus, dass der Anspruch auf Alg gem. § 156 SGB III während der Zeit ruht, für die ein Anspruch auf bestimmte andere Leistungen zuerkannt ist, sowie während der Zeit, für die der Arbeitslose Arbeitsentgelt (§ 157 Abs. 1, Abs. 3 SGB III), Urlaubsabgeltung (§ 157 Abs. 2, Abs. 3 SGB III) bzw. Entlassungsentschädigung (§ 158 SGB III) erhält oder zu beanspruchen hat. Da sich die Höhe des Alg gem. § 149 SGB III prozentual (60 % bzw. 67 %) an dem pauschalierten Nettoentgelt (Leistungsentgelt), das sich aus dem Bruttoentgelt ergibt, das der Arbeitslose im Bemessungszeitraum erzielt hat, orientiert, kommen aufstockend auch Leistungen der Grundsicherung für Arbeitsuchende nach dem SGB II in Betracht, wenn das Alg zur Deckung des soziokulturellen Existenzminimums nicht ausreicht.[19]
- Leistungen nach dem SGB II – seit dem 1.1.2023 das sog. **Bürgergeld** – erhalten gem. § 7 Abs. 1 S. 1 SGB II Personen, die das 15. Lebensjahr vollendet und die Altersgrenze nach § 7a SGB II noch nicht erreicht haben, erwerbsfähig sind, hilfebedürftig sind und ihren gewöhnlichen Aufenthalt in der Bundesrepublik Deutschland haben sowie keinem Leistungsausschluss, z.B. nach § 7 Abs. 1 S. 2, Abs. 4 S. 1 und 2, Abs. 4a S. 1, Abs. 5 SGB II, unterliegen. Hilfebedürftig ist gem. § 9 Abs. 1 SGB II, wer seinen Lebensunterhalt nicht oder nicht ausreichend aus dem zu berücksichtigenden Einkommen oder Vermögen sichern kann und die erforderliche Hilfe nicht von Anderen, insbesondere von Angehörigen oder von Trägern anderer Sozialleistungen, erhält. Der Bezug von Bürgergeld ist aufstockend auch bereits dann möglich, wenn Alg nach dem SGB III in nicht bedarfsdeckender Höhe zufließt. Nicht erwerbsfähige Angehörige von erwerbsfähigen Leistungsberechtigten, die mit ihnen in einer sog. Bedarfsgemeinschaft nach § 7 Abs. 2 S. 1, Abs. 3, Abs. 3a SGB II leben, erhalten bei Vorliegen der Voraussetzungen ebenfalls Bürgergeld (§§ 19 Abs. 1 S. 2, 23 SGB II).
- Personen, die die Altersgrenze nach § 41 Abs. 2 SGB XII erreicht oder das 18. Lebensjahr vollendet haben und dauerhaft voll erwerbsgemindert sind, erhalten **Grundsicherung im Alter und bei Erwerbsminderung** gem. § 19 Abs. 2 i.V.m. §§ 41 ff. SGB XII. Auch insoweit ist u.a. Voraussetzung, dass die Betroffenen ihren notwendigen Lebensunterhalt nicht oder nicht ausreichend aus Einkommen und Vermögen nach § 43 SGB XII bestreiten können (§ 41 Abs. 1 SGB XII). Einzubeziehen sind auch das Einkommen und Vermögen der Mitglieder der sog. Einstandsgemeinschaft[20] (§§ 27 Abs. 2, 20 SGB XII). Erfüllt der Bedürftige weder die Voraussetzungen der Grundsicherung im Alter und bei Erwerbsminderung gem. §§ 41 ff. SGB XII noch die Voraussetzungen eines Leistungsanspruchs nach dem SGB II gem. § 7 Abs. 1 S. 1 SGB II, kommen **Leistungen zum Lebensunterhalt** nach dem Dritten Kapitel des SGB XII (§§ 27 ff. SGB XII) in Betracht.

Als weitere Leistungen sind solche der **Eingliederungshilfe**[21] denkbar. Leistungsberechtigt sind gem. § 99 Abs. 1 SGB IX Menschen mit Behinderungen i.S.v. § 2 Abs. 1 S. 1 und 2 SGB IX, die wesentlich in der gleichberechtigten Teilhabe an der Gesellschaft eingeschränkt 8

18 Berechnungsbeispiele, ausgehend von der Rechtslage vor Inkrafttreten des Bürgergeld-Gesetzes, zu den verschiedenen Sozialleistungen siehe *Doering-Striening*, Sozialhilferegress, §§ 3–9.

19 Schlegel/Voelzke/*Söhngen*, jurisPK-SGB II, § 11 Rn 46.

20 Schlegel/Voelzke/*Filges*, jurisPK-SGB XII, § 19 Rn 17.

21 Bis zum 31.12.2019 geregelt in §§ 53 ff. SGB XII, mit Wirkung ab dem 1.1.2020 in §§ 90 ff. SGB IX.

sind (wesentliche Behinderung) oder von einer solchen wesentlichen Behinderung bedroht sind, wenn und solange nach der Besonderheit des Einzelfalls Aussicht besteht, dass die Aufgabe der Eingliederungshilfe nach § 90 SGB IX erfüllt werden kann. Darüber hinaus können gem. § 99 Abs. 3 SGB IX Leistungen der Eingliederungshilfe erhalten: Menschen mit anderen geistigen, seelischen, körperlichen oder Sinnesbeeinträchtigungen, durch die sie in Wechselwirkung mit einstellungs- und umweltbedingten Barrieren in der gleichberechtigten Teilhabe an der Gesellschaft eingeschränkt sind. Zu den Leistungen der Eingliederungshilfe ist gem. § 92 SGB IX i.V.m. §§ 136 ff. SGB IX ein Beitrag seitens der Leistungsberechtigten aufzubringen. Einkommens- und vermögensunabhängig werden aber gem. § 138 Abs. 1 i.V.m. § 140 Abs. 3 SGB IX u.a. Leistungen zur medizinischen Rehabilitation (§§ 42 ff., 109 SGB IX), zur Teilhabe am Arbeitsleben (§§ 49 ff., 111 Abs. 1 SGB IX), zur Teilhabe an Bildung (§§ 75, 112 Abs. 1 Nr. 1 SGB IX) gewährt.[22] Der Umfang der Leistungen ist allerdings beschränkt, sodass sie den tatsächlichen Bedarf des Menschen mit Behinderungen regelmäßig nicht vollständig decken.[23]

II. Nachrangigkeitsprinzip, Einkommen und Schonvermögen

9 Das Bürgergeld (SGB II) und die Sozialhilfe (SGB XII) werden bedarfsabhängig[24] gewährt; es gilt der **Nachranggrundsatz**.[25] Danach werden Leistungen zur Sicherung des Lebensunterhalts im SGB II nur erbracht, soweit die Hilfebedürftigkeit nicht anderweitig beseitigt werden kann (§ 3 Abs. 5 S. 1 SGB II). Sozialhilfe erhält nicht, wer sich vor allem durch Einsatz seiner Arbeitskraft, seines Einkommens und seines Vermögens selbst helfen kann oder wer die erforderliche Leistung von Anderen, insbesondere von Angehörigen oder von Trägern anderer Sozialleistungen, erhält (§ 2 Abs. 1 SGB XII). Bestimmtes Einkommen und Vermögen bleiben unberücksichtigt (§§ 11a, 12 Abs. 1 S. 2 SGB II; §§ 82 Abs. 1 S. 2, 83, 84, 90 Abs. 2 und 3 SGB XII). Daneben sind Absetz- und Freibeträge zu berücksichtigen (§§ 11b, 12 Abs. 2–4 SGB II; § 82 Abs. 2–4, Abs. 6 SGB XII). Im Verhältnis zu den Vermögensfreibetragsregelungen des SGB II sind die in § 90 Abs. 2 Nr. 9 SGB XII genannten nicht zu berücksichtigenden kleineren Barbeträge oder sonstigen Geldwerte regelmäßig geringer.[26]

10 Seit der Überführung der Eingliederungshilfe für behinderte Menschen aus dem SGB XII in das SGB IX zum 1.1.2020 sind **existenzsichernde** Leistungen und die im SGB IX geregelten Leistungen der **Eingliederungshilfe** deutlich voneinander zu trennen. Werden existenzsichernde Leistungen zum Lebensunterhalt, namentlich solche der Grundsicherung im Alter oder bei Erwerbsminderung, nicht bezogen, gelten allein die recht günstigen Regelungen der §§ 135 ff. SGB IX.[27] So dürfen gem. § 139 S. 2 SGB IX die Leistungen nach diesem Teil nicht abhängig gemacht werden vom Einsatz oder von der Verwertung des Vermögens i.S.d.

22 Zur Rechtslage ab dem 1.1.2020 vgl. *Schneider*, ZEV 2019, 453.

23 *Braun*, § 2 Rn 11.

24 Grundlegend BSG NVwZ-RR 2009, 963 Rn 19.

25 BVerfGE 162, 178, 187 Rn 21; Hauck/Noftz/*Luthe*, SGB XII, Einführung Rn 92; Hauck/Noftz/*Voelzke*, SGB II, Einführung Rn 306.

26 Die Höhe der kleineren Barbeträge oder sonstigen Geldwerte bestimmt sich nach der Verordnung zur Durchführung des § 90 Abs. 2 Nr. 9 des Zwölften Buches Sozialgesetzbuch; der Grundbetrag nach § 1 S. 1 Nr. 1 für jede volljährige sowie für jede alleinstehende minderjährige Person wurde zum 1.4.2017 erhöht von 2.600 auf 5.000 EUR sowie zum 1.1.2023 nochmals verdoppelt auf 10.000 EUR, während der Absetzbetrag im SGB II seit dem 1.1.2023 bei 15.000 EUR für jede Person in der Bedarfsgemeinschaft liegt (vgl. § 12 Abs. 2 SGB II).

27 *Schneider*, ZEV 2019, 453, 456 ff.

§ 90 Abs. 2 Nr. 1–8 und 10 SGB XII und eines Barvermögens oder sonstiger Geldwerte bis zu einem Betrag von 150 % der jährlichen Bezugsgröße nach § 18 Abs. 1 SGB IV. Bei einer Bezugsgröße (West) im Jahr 2024 von 42.420 EUR[28] ergibt sich ein Freibetrag von 63.630 EUR![29] Der Freibetrag erhöht sich auf 67.410 EUR bei Zugrundelegung der nun einheitlichen Bezugsgröße für West und Ost von 44.940 EUR für das Jahr 2025.[30]

Die in der Zeit vom 1.8.2016 bis zum 31.12.2023 bestehenden Unterschiede im SGB II und XII bei der Anrechnung von **Einnahmen in Geldeswert** hat der Gesetzgeber nunmehr mit Wirkung ab dem 1.1.2024 beseitigt. Er hat die diesbezüglichen Regelungen in § 11 Abs. 1 S. 1 und 2 SGB II durch Einfügung von § 82 Abs. 1 S. 2 Nr. 11 SGB XII als Ergänzung zu § 82 Abs. 1 S. 1 SGB XII angeglichen. In beiden Systemen staatlicher Fürsorgeleistungen unterfallen damit Einnahmen in Geldeswert, d.h. Sachwerte, die nicht in Bar- oder Buchgeld bestehen, aber sich in Geld tauschen lassen, nicht der Berücksichtigung als Einkommen, sondern im Folgemonat des Zuflusses als Vermögen. Ohne Relevanz für die Zuordnung von Zuflüssen von Todes wegen sind die über § 11 Abs. 1 S. 2 SGB II bzw. § 82 Abs. 1 S. 2 Nr. 11 SGB XII weiterhin als Einkommen zu berücksichtigenden Einnahmen in Geldeswert, die im Rahmen einer Erwerbstätigkeit, des Bundesfreiwilligendienstes oder eines Jugendfreiwilligendienstes zufließen. Bezüglich der von den Einnahmen abzusetzenden Beträge bestehen weiterhin große Unterschiede im SGB II und SGB XII. 11

Für die Zuordnung von Zuwendungen von Todes wegen bedeutsam ist eine weitere Rechtsangleichung. Im SGB II war über § 12 Abs. 3 S. 1 Nr. 2 SGB II in der bis zum 31.12.2022 geltenden Fassung bzw. ist seitdem über § 12 Abs. 1 S. 2 Nr. 2 SGB II n.F. ein **angemessenes Kraftfahrzeug** für jede in der Bedarfsgemeinschaft lebende Person als Vermögen geschützt; die Angemessenheit wird vermutet, wenn dies im Antrag erklärt wird (§ 12 Abs. 1 S. 2 Nr. 2 Hs. 2 SGB II n.F.). Eine entsprechende Regelung ist für die Sozialhilfe erst zum 1.1.2023 über § 90 Abs. 2 Nr. 11 SGB XII erfolgt: Die Sozialhilfe darf nicht abhängig gemacht werden vom Einsatz oder von der Verwertung eines angemessenen Kraftfahrzeugs. Vor der Gesetzesänderung unterfiel ein angemessenes Kraftfahrzeug allenfalls § 90 Abs. 2 Nr. 5 SGB XII: Gegenstände, die zur Aufnahme oder Fortsetzung der Berufsausbildung oder der Erwerbstätigkeit unentbehrlich sind. Die Definition der Angemessenheit des Kraftfahrzeugs dürfte im SGB II und SGB XII allerdings unterschiedlich zu erfolgen haben. 12

Was ein Leistungsberechtigter **von Todes wegen** erwirbt, konnte nach der bis zum 31.12.2022 (SGB XII) bzw. bis zum 30.6.2023 (SGB II) geltenden Rechtslage und der nicht immer stringenten höchstrichterlichen Rechtsprechung sozialhilfe- bzw. grundsicherungsrechtlich Einkommen oder Vermögen sein.[31] **Einkommen** ist grundsätzlich alles, was jemand in der Bedarfszeit wertmäßig dazu erhält, und **Vermögen** all das, was er in der Bedarfszeit bereits hat.[32] Sonderkon-stellationen sind mannigfaltig denkbar.[33] Nach der auf die bis zum 31.12.2022 (SGB XII) bzw. 30.6.2023 (SGB II) geltende bisherige Rechtslage bezogenen Rechtsprechung des BSG war im Erbfall wie folgt zu differenzieren: Für die Abgrenzung von Einkommen und Vermögen und damit die Frage, wann der Erwerb von 13

28 Siehe § 1 der Verordnung über maßgebende Rechengrößen der Sozialversicherung für 2024 (Sozialversicherungsrechengrößen-Verordnung 2024) v. 24.11.2023, BGBl I 2023, Nr. 322.

29 *Schneider*, ZEV 2019, 453, 455.

30 Siehe § 1 der Verordnung über maßgebende Rechengrößen der Sozialversicherung für 2025 (Sozialversicherungsrechengrößen-Verordnung 2025) v. 25.11.2024, BGBl I 2024, Nr. 365.

31 Vgl. *Doering-Striening*, Sozialhilferegress, § 1 D; *Mascia*, Teil 1 B I 1.

32 St. Rspr. seit BSG NVwZ-RR 2009, 963; zuletzt etwa BSG NJW 2019, 3542 Rn 14; vgl. auch *Berlit*, NZS 2009, 537, 541 ff.

33 Schlegel/Voelzke/*Söhngen*, jurisPK-SGB II, § 11 Rn 32 ff. m.w.N.

Todes wegen stattfindet, argumentierte das BSG streng formal. Bereits mit dem Todes- und damit Erbfall hat es den Zufluss angenommen.[34] Dies folge aus § 1922 BGB und für den Fall der Miterbschaft aus § 2033 Abs. 1 BGB.[35] Sei der Todesfall vor dem Beginn des erstmaligen ununterbrochenen Bezugs von Leistungen nach dem SGB II oder SGB XII eingetreten, handele es sich bei der Erbschaft um Vermögen, andernfalls um Einkommen. Das bedeute aber nicht, dass die Erbschaft sofort bei den Bedarfen der Leistungsberechtigten zu berücksichtigen sei: Als Einkommen müsse sie vielmehr als „bereites Mittel" zur Verfügung stehen,[36] als Vermögen verwertbar sein.

14 Mit dem Bürgergeld-Gesetz[37] hat der Gesetzgeber zum 1.1.2023 (SGB XII) bzw. zum 1.7.2023 (SGB II) in einem ersten Schritt über § 82 Abs. 1 S. 2 Nr. 9 SGB XII bzw. § 11a Abs. 1 Nr. 7 SGB II eine Neuregelung getroffen: „Nicht zum Einkommen gehören" bzw. „Nicht als Einkommen zu berücksichtigen sind: Erbschaften". Damit hat der Gesetzgeber Erbschaften grundsätzlich von der Berücksichtigung als **Einkommen** ausgenommen und die Berücksichtigung als **Vermögen** ab dem Folgemonat des Zuflusses den Regelungen des § 90 SGB XII bzw. § 12 SGB II unterworfen.[38] Im Hinblick auf die durch das Bürgergeld-Gesetz erhöhten Absetzbeträge beim Vermögen (Grundfreibetrag im SGB XII bzw. SGB II: 10.000 EUR bzw. 15.000 EUR) und der nunmehr im SGB II eröffneten Möglichkeit der Übertragung nicht ausgeschöpfter Freibeträge innerhalb einer Bedarfsgemeinschaft über § 12 Abs. 2 S. 2 SGB II steht ein kleineres Vermögen aus Erbschaft dem Bürgergeld-/Sozialhilfebezieher damit anrechnungsfrei zur Verfügung.[39] Zudem besteht noch im Zuflussmonat die Gelegenheit, das Vermögen durch Umschichtung – z.B. durch Investition in einen nach § 12 Abs. 1 SGB II bzw. § 82 Abs. 2 SGB XII geschützten Vermögensgegenstand – (weitgehend) anrechnungsfrei zu stellen.[40] Dennoch ließ diese erste Änderung zum Bürgergeld-Gesetz vielfältige Fragen offen.[41] Insbesondere waren von der Änderung weder Einkünfte aus einem Vermächtnis (§ 1939 BGB) noch zur Erfüllung eines Pflichtteilsanspruchs (§ 2303 BGB), die keine Erbschaften i.S.v. § 1922 Abs. 1 BGB darstellen, erfasst. Deren Behandlung als Einkommen oder Vermögen wurde uneinheitlich beurteilt.[42]

15 Diese Unsicherheiten aufgreifend, hat der Gesetzgeber bereits zum 1.1.2024[43] die o.g. Regelungen des § 82 Abs. 1 S. 2 Nr. 9 SGB XII bzw. des § 11a Abs. 1 Nr. 7 SGB II erneut geändert: „Nicht zum Einkommen gehören" bzw. „Nicht als Einkommen zu berücksichtigen" sind „einmalige Einnahmen aus Erbschaften, Vermächtnissen und Pflichtteilszuwendungen". Nach den Gesetzesmaterialien[44] soll die Aufzählung der nicht als Einkommen zu berücksichtigenden Zuflüsse aus Erbschaften, Vermächtnissen und Pflichtteilszuwendungen ab-

34 BSG ErbR 2013, 58.

35 BSG NZS 2011, 874 Rn 21.

36 BSG NZS 2015, 714 Rn 28; BSG ErbR 2013, 58 Rn 21.

37 Zwölftes Gesetz zur Änderung des Zweiten Buches Sozialgesetzbuch und anderer Gesetze – Einführung eines Bürgergeldes (Bürgergeld-Gesetz v. 16.12.2022, BGBl I 2022, 2328.

38 Schlegel/Voelzke/*Söhngen*, jurisPK-SGB II, § 11a 1. Rn 47; vgl. Ausschuss für Arbeit und Soziales, BT-Drucks 20/4360, 29.

39 *Neumann*, jurisPR-SozR 2/2023, Anm. 1 zu I.3.

40 *Neumann*, jurisPR-SozR 2/2023, Anm. 1 zu I.3.

41 Vgl. *Geiger*, ZFSH/SGB 2023, 628, 630; *Doering-Striening*, ZErb 2023, 131.

42 Vgl. dazu die ausführlichen Hinweise bei *Bredemeyer*, ZEV 2023, 435; Luik/Harich/*Schmidt/Lange*, SGB II, § 11a Rn 12f, 12g; *Roth/Goratsch*, NJW-Spezial 2023, 167; *Doering-Striening*, ASR 2023, 238, 243.

43 Gesetz zur Anpassung des Zwölften und des Vierzehnten Buches Sozialgesetzbuch und weiterer Gesetze v. 22.12.2023, BGBl I 2023, Nr. 408.

44 BT-Drucks 20/9195, 40 und 46.

schließenden Charakter haben. Weiter heißt es dort: „Nicht privilegiert werden dagegen beispielsweise Schenkungen aufgrund von Testamentsauflagen des Erblassers bzw. Schenkungen zu Lebzeiten. Im Gleichlauf zu dem Änderungsvorhaben im SGB XII und zur bisherigen Gesetzesbegründung wird zudem klargestellt, dass nur einmalige Einnahmen von der Regelung umfasst werden. Erfolgt eine dauerhafte testamentarische Zuwendung (z.B. ein Dauervermächtnis in Form einer Apanage), unterliegt nur die erstmalige Zuwendung der Einkommensprivilegierung.“[45] Zumindest bezüglich des letzten Satzes werden bereits Zweifel angemeldet.[46]

Der Verwertbarkeit eines Erbes als bereites Mittel kann eine vom Erblasser angeordnete **Dauertestamentsvollstreckung** entgegenstehen.[47] Für das Vermögen hat das BSG entschieden, dieses sei verwertbar, wenn seine Gegenstände verbraucht, übertragen und belastet werden können.[48] In dem maßgeblichen Urteil des BSG[49] heißt es insoweit: 16

> *„Die Verwertung muss für den Betroffenen einen Ertrag bringen, durch den er, wenn auch nur kurzfristig, seinen Lebensunterhalt bestreiten kann. Tatsächlich nicht verwertbar sind Vermögensgegenstände, für die in absehbarer Zeit kein Käufer zu finden sein wird, etwa weil Gegenstände dieser Art nicht (mehr) marktgängig sind oder weil sie – wie beispielsweise Grundstücke in Folge sinkender Immobilienpreise – über den Marktwert hinaus belastet sind. Eine generelle Unverwertbarkeit i.S.d. § 12 Abs. 1 SGB II liegt vor, wenn völlig ungewiss ist, wann eine für die Verwertbarkeit notwendige Bedingung eintritt. Maßgebend für die Prognose, dass ein rechtliches oder tatsächliches Verwertungshindernis wegfällt, ist im Regelfall der Zeitraum, für den die Leistungen bewilligt werden, also regelmäßig der sechsmonatige Bewilligungszeitraum des § 41 Abs. 1 S. 4 SGB II. Für diesen Zeitraum muss im Vorhinein eine Prognose getroffen werden, ob und welche Verwertungsmöglichkeiten bestehen, die geeignet sind, Hilfebedürftigkeit abzuwenden.“*

Unter Dauertestamentsvollstreckung stehende Vermögensgegenstände dürften danach mangels bereiter Mittel[50] nicht verwertbar sein.[51] Allenfalls wäre daran zu denken, dass Forderungen des hilfebedürftigen Erben gegen den Testamentsvollstrecker verkauft oder belastet werden können. Das erscheint aber mindestens schon deshalb sehr zweifelhaft, weil in den Verwaltungsanweisungen in aller Regel höchstpersönliche Zahlungszwecke bestimmt sind, die einer Übertragung oder Belastung eher nicht zugänglich sein dürften.

III. Geltendmachung eines Erb- bzw. Pflichtteils durch den Sozialleistungsträger

Soweit der Sozialleistungsträger vorleistet, kann er **Rückgriff** auf die zum Vermögen gehörenden, aber noch nicht realisierten Ansprüche des Leistungsberechtigten gegen einen Anderen, der kein Leistungsträger i.S.d. § 12 SGB I ist, nehmen. So kann er einen Erbteil pfänden und verwerten (§§ 859 Abs. 2, 844, 857 ZPO) und an einem Pflichtteilsanspruch 17

45 BT-Drucks 20/9195, 40 und 46.

46 Schlegel/Voelzke/*Söhngen*, jurisPK-SGB II, § 11a 1. Rn 47.

47 Zu einem Bedürftigentestament BSG ErbR 2016, 204, 205 f.

48 BSG, Urt. v. 30.8.2010 – B 4 AS 70/09 R, BeckRS 2010, 74888 Rn 16.

49 BSG SGb 2011, 646 Rn 16.

50 BSG ZEV 2015, 484, 486 Rn 21; siehe auch LSG Baden-Württemberg, Urt. v. 4.11.2020 – L 2 AS 1268/19, BeckRS 2020, 45769; BayLSG ZEV 2023, 331; Schlegel/Voelzke/*Formann*, jurisPK-SGB II, § 12 Rn 98 m.w.N.; Schlegel/Voelzke/*Mecke*, jurisPK-SGB XII, § 90 Rn 51.

51 *Tersteegen*, ZEV 2008, 121, 122 f.; OVG Saarland, Urt. v. 17.3.2006 – 3 R 2/05, BeckRS 2006, 18466 zu § 88 BSHG; OLG Celle, Beschl. v. 21.2.2020 – 2 W 27/20, BeckRS 2020, 12595 Rn 11; BGH, Beschl. v. 10.5.2017 – XII ZB 614/16, BeckRS 2017, 113026 Rn 12; BSG, Urt. v. 17.2.2015 – B 14 KG 1/14 R, BeckRS 2015, 67245 Rn 22.

partizipieren. Der Pflichtteilsanspruch eines Bürgergeldempfängers geht kraft Gesetzes und ohne eine Überleitungsanzeige auf den Grundsicherungsträger über (§ 33 Abs. 1 S. 1 SGB II).[52] Da bei der Sozialhilfe kein Übergang kraft Gesetzes stattfindet, bewirkt erst die schriftliche Überleitungsanzeige, dass der Pflichtteilsanspruch auf den Träger bis zur Höhe seiner Aufwendungen übergeht (§ 93 Abs. 1 SGB XII). Bei der Überleitungsanzeige handelt es sich um einen privatrechtsgestaltenden **Verwaltungsakt**, der das zwischen dem Drittschuldner und dem Hilfeempfänger bestehende Rechtsverhältnis verändert[53] und sowohl gegenüber dem Hilfeempfänger als auch gegenüber dem Drittschuldner ergeht.[54] Im Verhältnis zu dem Drittschuldner ist eine Ermessensentscheidung unter Berücksichtigung der Anhörung des Hilfeberechtigten zu treffen.[55]

18 Unter öffentlich-rechtlichen bzw. sozialhilferechtlichen Gesichtspunkten ist von einem wirksamen,[56] die Zivilgerichte **bindenden Überleitungsbescheid** auszugehen, solange er nicht durch die zuständige Behörde oder durch verwaltungsgerichtliche Entscheidung aufgehoben ist.[57] **Rechtsmitteln** sowohl des Hilfeempfängers als auch des Drittschuldners gegen den Überleitungsbescheid kommt keine aufschiebende Wirkung zu (vgl. § 86a Abs. 2 Nr. 4 SGG i.V.m. § 93 Abs. 3 SGB XII).[58] Der Gedanke aus § 852 Abs. 1 ZPO, wonach ein Gläubiger den Pflichtteilsanspruch seines Schuldners erst nach vertraglicher Anerkennung oder Rechtshängigkeit pfänden kann, ist nicht auf das Recht des Sozialleistungsträgers zu übertragen. Nach der Rechtsprechung des IX. Zivilsenats des BGH ist Sinn und Zweck des § 852 Abs. 1 ZPO, mit Rücksicht auf die familiäre Verbundenheit von Erblasser und Pflichtteilsberechtigtem allein diesem die Entscheidung zu überlassen, ob der Pflichtteilsanspruch gegen den Erben durchgesetzt werden soll; Gläubiger des Pflichtteilsberechtigten sollen diese Entscheidung nicht an sich ziehen können.[59] Der BGH[60] argumentiert weiter wie folgt:

> *„Denn § 90 Abs. 1 Satz 4 BSHG [Anm.: nunmehr § 93 Abs. 1 S. 4 SGB XII] bestimmt ausdrücklich, der Übergang eines Anspruchs auf den Sozialhilfeträger werde nicht dadurch ausgeschlossen, dass der Anspruch nicht übertragen, verpfändet oder gepfändet werden kann. Damit lässt sich aus § 852 Abs. 1 ZPO keinerlei Einschränkung zum Nachteil des Sozialhilfeträgers herleiten. Die Vorschrift des § 90 Abs. 1 Satz 4 BSHG [Anm.: nunmehr § 93 Abs. 1 S. 4 SGB XII] würde ihres Sinnes beraubt, wenn man sie einschränkend dahin verstehen wollte, dass der Pflichtteilsanspruch nur vorbehaltlich einer persönlichen Entscheidung des Pflichtteilsberechtigten zur Geltendmachung übergeleitet werden könne. (…) Der Sozialhilfeträger wird als Helfer des Sozialhilfeempfängers gerade anders behandelt als andere Gläubiger des Pflichtteilsberechtigten. Strikter als ein Unterhaltsberechtigter muss der Sozialhilfeempfänger auch Pflichtteilsansprüche infolge von § 90 Abs. 1 Satz 4 BSHG [Anm.: nunmehr § 93 Abs. 1 S. 4 SGB XII] vorrangig einsetzen.“*

---

52 Dauner-Lieb/Grziwotz/Hohmann-Dennhardt/*v. Proff zu Irnich*, Handkommentar Pflichtteilsrecht, 3. Aufl. 2022, Anh. 6 Rn 4.

53 BSG NJW 2024, 853 Rn 12; so bereits zu § 90 BSHG a.F. BVerwG NJW 1994, 64.

54 BeckOGK/*Decker*, § 93 SGB XII Rn 8; Grube/Wahrendorf/Flint/*Giere*, SGB XII, Rn 25, 29 m.w.N.

55 BSG NJW 2024, 853, 855 Rn 23 ff.

56 Vgl. zu den Anforderungen an die Rechtmäßigkeit der Überleitungsanzeige: BSG NJW 2024, 853, 854 Rn 16 ff.

57 BGH, Urt. v. 13.7.2004 – VI ZR 273/03, BeckRS 2004, 7668 und BGH, Urt. v. 29.3.1985 – V ZR 107/84, BeckRS 1985, 3986.

58 Schlegel/Voelzke/*Richter*, jurisPK-SGG, § 86a SGG Rn 50.

59 BGHZ 123, 183, 186; BGH NJW 1997, 2384 unter 2.

60 BGH ZEV 2005, 117.

In Anbetracht dessen rechtfertigen Gründe der Rücksichtnahme auf familienrechtliche Verbundenheit des Pflichtteilsberechtigten oder Respektierung des geäußerten Erblasserwillens ein anderes, begrenzteres Verständnis zum Einsatz dieses Vermögensteiles des Hilfeempfängers nach der Überleitung nicht. Gleiches gilt im Ergebnis für die Gründe, die gegen die Überleitung des Ausschlagungsrechts sprechen, denn für das Pflichtteilsrecht gibt es – anders als etwa für das Erbrecht (§§ 1942 ff. BGB) – ein besonderes Ausschlagungsrecht nicht.[61] 19

Auf eine Entscheidung des pflichtteilsberechtigten Leistungsberechtigten, ob er den Pflichtteilsanspruch geltend machen will, kommt es daher nicht an.[62]

IV. Haftung des Nachlasses für Sozialleistungen, Sanktionen

Gem. § 102 Abs. 1 S. 1 SGB XII ist der **Erbe** der leistungsberechtigten Person oder ihres Ehegatten oder ihres Lebenspartners, falls diese vor der leistungsberechtigten Person sterben, zum Ersatz der Kosten der Sozialhilfe verpflichtet. Die **Ersatzpflicht** besteht nach § 102 Abs. 1 S. 2 SGB XII nur für die Kosten der Sozialhilfe, die innerhalb eines Zeitraums von zehn Jahren vor dem Erbfall aufgewendet worden sind. Ausgenommen sind gem. § 102 Abs. 5 SGB XII die Leistungen nach dem Vierten Kapitel (Grundsicherung im Alter und bei Erwerbsminderung, §§ 41 ff. SGB XII). Dabei haftet der Erbe lediglich mit dem Wert des im Zeitpunkt des Erbfalls vorhandenen Nachlasses (§ 102 Abs. 2 S. 2 SGB XII). Zugleich werden dem Erben Freibeträge über § 102 Abs. 3 SGB XII eingeräumt. 20

Hintergrund der Regelung des § 102 SGB XII ist, dass mit dem Tod des Leistungsberechtigten das bisherige Schonvermögen diese Eigenschaft verliert.[63] Die im SGB II entsprechende Regelung des § 35 SGB II ist zum 1.8.2016 ersatzlos aufgehoben worden.[64] Der weiterhin bestehende § 102 SGB XII, der im Übrigen nur für rechtmäßig erbrachte Sozialhilfeleistungen gilt,[65] kann sich als „Störfaktor" bei der nachfolgenden Vermächtnislösung auswirken.

Jede Gestaltungsmöglichkeit, die den Nachlass dem Zugriff des Sozialleistungsträgers entzieht, birgt die Gefahr von **Leistungseinschränkungen**. Zu denken ist etwa an § 26 Abs. 1 S. 1 Nr. 1, S. 2 SGB XII in der ab dem 1.1.2023 geltenden Fassung, nach dem die monatliche Geldleistung um einen Betrag vermindert werden kann, der bis zu 30 % der Regelbedarfsstufe 1 nach der Anlage zu § 28 SGB XII entspricht. Dies betrifft Leistungsberechtigte, die nach Vollendung des 18. Lebensjahres ihr Einkommen oder Vermögen vermindert haben in der Absicht, die Voraussetzungen für die Gewährung oder Erhöhung der Leistung herbeizuführen. Nach § 103 Abs. 1 S. 1 SGB XII ist zum Ersatz der Kosten der Sozialhilfe verpflichtet, wer nach Vollendung des 18. Lebensjahres für sich oder Andere durch vorsätzliches oder grob fahrlässiges Verhalten die Voraussetzungen für die Leistungen der Sozialhilfe herbeigeführt hat. Diese Verpflichtung zum Ersatz der Kosten geht gem. § 103 Abs. 2 S. 1 SGB XII auf den Erben über. Eine Parallelvorschrift zu § 103 Abs. 1 und 2 SGB XII findet sich in § 34 Abs. 1 und 2 SGB II, eine solche zu § 26 Abs. 1 S. 1 Nr. 1, S. 2 SGB XII in § 31 Abs. 2 Nr. 1 SGB II, allerdings mit unterschiedlicher Rechtsfolge: Eine solche Pflicht- 21

61 Siehe dazu auch die Fallbeispiele bei *Doering-Striening*, Sozialhilferegress, § 3 Rn 427 ff.

62 BGH ZEV 2006, 76; BGH ZEV 2005, 117.

63 Vgl. BSG NVwZ-RR 2010, 892.

64 Siehe Neuntes Gesetz zur Änderung des Zweiten Buches Sozialgesetzbuch – Rechtsvereinfachung – sowie zur vorübergehenden Aussetzung der Insolvenzantragspflicht v. 26.7.2016, BGBl I 2016, 1824.

65 Grube/Wahrendorf/Flint/*Bieback*, SGB XII, § 102 Rn 10 f. m.w.N.

verletzung hat eine Leistungsminderung[66] nach § 31a Abs. 1 S. 1–4 i.V.m. § 31b Abs. 2 S. 1 SGB II zur Folge; dabei geht es um eine zeitlich begrenzte Kürzung des Regelbedarfs beim Bürgergeld um maximal 30 % des nach § 20 jeweils maßgebenden Regelbedarfs für maximal drei Monate. Es würde den Rahmen sprengen, alle möglichen Leistungsminderungen für die Vielzahl denkbarer Fallkonstellationen zu erörtern. Soviel sei aber gesagt: Die Minderungsmöglichkeiten im SGB II und im SGB XII werden regelmäßig recht restriktiv ausgelegt. Verlangt werden **„Absicht"** (§ 26 Abs. 1 S. 1 Nr. 1 SGB XII, § 31 Abs. 2 Nr. 1 SGB II) oder **„sozialwidriges" Verhalten** (§ 103 SGB XII, § 34 SGB II).[67] Zu einer Bejahung dieser engen Vorschriften darf es aber im Regelfall eigentlich nicht kommen. Denn entweder ist die jeweilige Gestaltung sittenwidrig und somit unwirksam. Leistungen werden dann nicht erbracht oder werden, soweit bereits erbracht, mittels eines Rücknahme- und Erstattungsbescheides nach §§ 45, 50 Abs. 1 SGB X zurückgefordert. Ist aber die jeweilige Gestaltungsmöglichkeit als nicht sittenwidrig und mithin wirksam erachtet worden, liegt eine Möglichkeit der Leistungsminderung im nächsten Schritt nicht sehr nahe. Stark verkürzt und vereinfacht gesagt: Was nicht sittenwidrig ist, dürfte regelmäßig nicht sozialwidrig sein.[68]

C. Geltendmachung eines Erb- bzw. Pflichtteils durch einen Gläubiger

22 Hat ein Gläubiger einen Titel gegen seinen Schuldner und ist dieser als Miterbe an einer Erbengemeinschaft beteiligt, so kann der Gläubiger dessen **Miterbenanteil** gem. § 859 Abs. 2 ZPO **pfänden** und gem. §§ 844, 857 ZPO verwerten. Bei einer Vor- und Nacherbschaft erlischt jedoch im Falle des Eintritts des Nacherbfalls die Pfändung gegen den Vorerben (§§ 2100, 2139, 2144 Abs. 1 BGB).[69]

§ 2115 BGB schützt **Nacherben**, da eine Zwangsvollstreckungsmaßnahme in einen Erbschaftsgegenstand bei Eintritt des Nacherbfalls insoweit unwirksam ist, wie sie die Rechte des Nacherben vereiteln oder beeinträchtigen würde. Dem Nacherben steht daher gem. § 771 ZPO die Widerspruchsklage zur Wahrung seiner Rechte zu.[70] Ist der Schuldner hingegen unbeschränkter Alleinerbe, vermischen sich mit dem Erbanfall die einzelnen ererbten Vermögensgegenstände mit dem vorherigen Eigenvermögen des Schuldners, sodass der Gläubiger nach den allgemeinen Zwangsvollstreckungsregeln Befriedigung ersuchen kann.

23 Ist ein pflichtteilsberechtigter Schuldner enterbt, so können dessen Gläubiger den **Pflichtteil pfänden**. Voraussetzung ist hierfür jedoch, dass der Pflichtteilsanspruch durch Vertrag anerkannt oder rechtshängig geworden ist (§ 852 Abs. 1 ZPO).[71] Faktisch bedeutet dies, dass der pflichtteilsberechtigte Schuldner erst den Erben gegenüber seinen Pflichtteilsanspruch geltend gemacht haben muss, bevor dieser von seinem Gläubiger gepfändet werden kann. Entgegen dem Wortlaut des § 852 Abs. 1 ZPO hat der BGH zugunsten von Gläubigern entschieden, dass Gläubiger bereits vor der Geltendmachung den Pflichtteilsanspruch als aufschiebend bedingt durchsetzbaren Anspruch vorsorglich pfänden können.[72]

66 Mit Einführung des Bürgergeld-Gesetzes zum 1.1.2023 wurde der Begriff „Sanktion" durch „Leistungsminderung" ersetzt: dies hervorhebend Wissenschaftliche Dienste Sachstand WD 6 – 3000 – 051/24, S. 5 sowie *Welti*, ZRP 2022, 174, 175.

67 NK-NachfolgeR/*Bienert*, § 102 SGB XII Rn 27 ff.

68 *Doering-Striening*, Sozialhilferegress, § 3 Rn 68 ff.

69 *Langenfeld/Fröhler*, Testamentsgestaltung, Kap. 3 Rn 65 f.

70 BGH NJW 1990, 1237.

71 Zum Anerkenntnis i.S.d. § 852 ZPO: *Horn/Selker*, ZEV 2017, 439, 440.

72 BGH NJW 1993, 2876; BGH NJW-RR 2009, 997.

D. Ausübung des Ausschlagungsrechts

I. Durch den Sozialleistungsträger

Der **Sozialleistungsträger** kann nach herrschender Meinung das Recht des pflichtteilsberechtigten Hilfeempfängers zur Ausschlagung gem. §§ 2306 Abs. 1, 2307 Abs. 1 BGB nicht auf sich überleiten, da es sich um ein höchstpersönliches Gestaltungsrecht und nicht um einen Anspruch handelt.[73] *Wendt*[74] hingegen zweifelt aufgrund der zu beachtenden wirtschaftlichen Interessen die Höchstpersönlichkeit der Entscheidung über die Ausschlagung an. 24

II. Durch den Betreuer

Anderes gilt aber für den **Betreuer** des behinderten Kindes. Dieser kann mit Genehmigung des Betreuungsgerichts grundsätzlich die Ausschlagung erklären und den Pflichtteil geltend machen (§ 1851 Nr. 1 BGB).[75] Nachdem die pauschale Anordnung einer umfassenden Betreuung (Totalbetreuung) seit der zum 1.1.2023 in Kraft getretenen Reform nicht mehr zulässig ist, muss das Betreuungsgericht gem. § 1815 Abs. 1 BGB „im Einzelnen" die Aufgabenbereiche anordnen. Der Aufgabenkreis eines Betreuers besteht aus einem oder mehreren Aufgabenbereichen. Erforderlich ist mithin, dass aus der **Bestellungsurkunde** hervorgeht, dass der Betreuer zur Ausschlagung befugt ist. Es wird aber ausreichen müssen, dass der Aufgabenbereich mit „Erbrechtliche Ansprüche im Zusammenhang mit dem Nachlass …" oder entsprechend beschrieben wird. In dem Fall des OLG Karlsruhe[76] erfolgte eine Bestellung für den Aufgabenkreis „Ausschlagung der Erbschaft …" bzw. später „Nachlassangelegenheiten". 25

Der Betreuer hat grundsätzlich zu prüfen, ob eine Ausschlagung den **Wünschen des Betreuten** entspricht (§ 1821 Abs. 2 BGB), außer die Umsetzung der Wünsche würde dessen Vermögen gefährden (§ 1821 Abs. 3 Nr. 1 BGB).[77] Wenn der Betreuer die Wünsche des Betreuten nicht feststellen kann, muss er dessen mutmaßlichen Willen aufgrund konkreter Anhaltspunkte ermitteln (§ 1821 Abs. 4, Abs. 1 BGB). Hierzu § 1821 Abs. 4 S. 2, 3 BGB: „Zu berücksichtigen sind insbesondere frühere Äußerungen, ethische oder religiöse Überzeugungen und sonstige persönliche Wertvorstellungen des Betreuten. Bei der Feststellung des mutmaßlichen Willens soll nahen Angehörigen und sonstigen Vertrauenspersonen des Betreuten Gelegenheit zur Äußerung gegeben werden." 26

Für die Gestaltung ist daher wichtig, dass der Betreute auch tatsächlich spürbare Vorteile erlangt und nicht nur die theoretische Möglichkeit darauf besteht.[78] Gibt der Nachlass bspw. keine hinreichenden Erträge her, die dem Betreuten in Form von Sachvermögen zugewiesen werden können, dann sollte zumindest der Testamentsvollstrecker berechtigt sein, die Substanz zu diesem Zweck zu verwerten, damit nicht eine Ausschlagung durch den Betreuer erfolgt.[79] Die Entscheidung, nicht auszuschlagen, wird dem Betreuer umso leichter fallen, wenn die Quote nicht nur minimal über der Pflichtteilsquote oder gar entsprechend der Pflichtteilsquote verfügt ist. 27

73 BGH NJW 2011, 1586.
74 *Wendt*, ZNotP 2008, 2, 11.
75 *Horn/Lamberz*, Gesetzliche Vertretung im BGB, § 19 Rn 59.
76 OLG Karlsruhe ErbR 2024, 803.
77 *Hammann*, Gestaltung von Behindertentestamenten, Rn 158 ff.
78 *Ivo*, ZErb 2004, 174, 176; *Nieder*, NJW 1994, 1264.
79 *Ivo*, ZErb 2004, 174, 176.

28 Zu unterscheiden ist hiervon der Fall, dass der Pflichtteilsberechtigte, also das behinderte Kind, noch keine Sozialhilfe erhält. In diesem Fall wird der Betreuer in der Regel zu der Entscheidung gelangen, dass der Pflichtteil für den Behinderten vorteilhaft ist. Erhält der Behinderte dagegen bereits Leistungen des Sozialhilfeträgers, dann hätte er in der Nichtausschlagung einen Vorteil, wenn das Testament nicht als Vermögen zu berücksichtigende Zuwendungen i.S.v. § 90 Abs. 2 SGB XII vorsieht. Dies ist eine rein **wirtschaftliche** Betrachtungsweise.

Das OLG Köln[80] hat sich etwa gegen die vormundschaftliche Genehmigung einer Erbausschlagung bei einem Behindertentestament ausgesprochen. Es liege nicht im Interesse einer durch ein Behindertentestament als nicht befreite Vorerbin eingesetzten Betreuten, wenn der Ergänzungsbetreuer die Erbausschlagung und Geltendmachung des Pflichtteilsanspruchs für die Betreute betreibt, um damit die Kosten der Heimunterbringung aus eigenen Mitteln der Betreuten zu bestreiten.

29 Kommt der Betreuer zu dem Ergebnis, dass er zur Ausschlagung der beschwerten oder beschränkten Erbschaft verpflichtet ist, hat er innerhalb der **Ausschlagungsfrist** des § 1944 BGB die Ausschlagungserklärung bei dem **Familiengericht** einzureichen. Zudem hat er die Genehmigung nach § 1851 Nr. 1 BGB bei dem Familiengericht zu beantragen. Wenn ein einseitiges Rechtsgeschäft gegenüber einem Gericht oder einer Behörde ohne die erforderliche Genehmigung durch das zuständige Gericht durch den gesetzlichen Vertreter vorgenommen wird, so hängt die Wirksamkeit von der nachträglichen Genehmigung ab (§ 1858 Abs. 3 S. 1 BGB). Nach § 1858 Abs. 3 S. 2 BGB ist der Ablauf der gesetzlichen Ausschlagungsfrist während der Dauer des Genehmigungsverfahrens gehemmt, wobei die Hemmung mit Rechtskraft des Genehmigungsbeschlusses endet.[81] Die Hemmung der Verjährung beginnt erst mit Einreichung des Antrags auf Genehmigung der Ausschlagung bei dem Betreuungsgericht. Die zum 1.1.2023 in Kraft getretene Reform sieht vor, dass das Betreuungsgericht dem Nachlassgericht nach Rechtskraft seines Beschlusses (§ 40 Abs. 2 FamFG) die Erteilung oder die Versagung der Genehmigung automatisch mitteilt (§ 1858 Abs. 3 S. 4 BGB). Das hat einen entscheidenden Nachteil, und zwar kann der gesetzliche Vertreter nach Erhalt des Genehmigungsbeschlusses nicht selbst entscheiden, ob er davon Gebrauch macht oder nicht. Das war nach altem Recht möglich.

III. Durch den Überschuldeten

30 Ist eine überschuldete Person potenzieller Erbe und möchte dieser nicht, dass sein Erbe aus dem Familienvermögen seinen Gläubigern zufällt, kann er grundsätzlich gem. § 1944 BGB ausschlagen. Dem OLG Hamm zufolge ist aber die Ausschlagung einer werthaltigen Erbschaft sittenwidrig, sofern dadurch die **Sozialhilfebedürftigkeit** des vorläufigen Erben **fortbesteht**, außer die Ausschlagung kann ausnahmsweise durch ein überwiegendes Interesse des Erben motiviert werden.[82] Derjenige, der sich in der Situation befindet, dass er auf Sozialleistungen angewiesen ist, nehme für sich die durch das Sozialstaatsprinzip verbürgte Solidarität der staatlichen Gemeinschaft in Anspruch. Nehme er einen Vermögenserwerb nicht wahr, so verweigere er nach Auffassung des OLG Hamm umgekehrt der Gemeinschaft eben diese Solidarität, indem er rechtlich eine Bedürftigkeit vorschützt, die wirtschaftlich

80 OLG Köln ZEV 2008, 196.

81 Horn/*Horn/Kroiß*, Gesetzliche Vertretung im BGB, 2023, § 23 Rn 11; OLG Karlsruhe ZEV 2024, 752, 753.

82 OLG Hamm ZEV 2009, 471; abl. *Wendt*, ZErb 2010, 45, 48; ebenso dagegen LG Aachen ZEV 2005, 120; MüKo-BGB/*Leipold*, § 1942 Rn 14; Staudinger/*Otte*, § 1942 Rn 22.

nicht besteht bzw. nicht bestehen müsste. Das Gericht hat seine Begründung ausdrücklich gegenüber der rechtlichen Situation bei dem Behindertentestament, das von der Rechtsprechung als nicht sittenwidrig angesehen wird, abgegrenzt. *Wendt* spricht sich hingegen gegen die Sittenwidrigkeit einer Ausschlagung in diesen Fällen aus, u.a. da durch die Ausschlagung gerade erst versucht werde, dem „erkennbaren Erblasserwillen möglichst zu entsprechen“.[83] Das LSG Bayern[84] spricht indes an, dass die Erbausschlagung eines Sozialleistungsbeziehers sittenwidrig sein kann. Dabei grenzt es die Ausschlagung und einen Verzicht nach dem Erbfall von einem lebzeitigen Erbverzicht gem. § 2346 BGB ab.

E. Prognose der Sittenwidrigkeit

I. Beim Behindertentestament

Einen breiten Raum in der Rechtsdiskussion in Rechtsprechung[85] und vor allem Rechtsliteratur[86] nimmt die Frage ein, ob ein Behindertentestament gem. § 138 BGB sittenwidrig ist.[87] So würde ein solches Testament zu Lasten des Sozialleistungsträgers und damit der Allgemeinheit sicherstellen, dass zum einen der Sozialleistungsträger weiter zu seinen gesetzlichen Leistungen dem Behinderten gegenüber verpflichtet ist und zum anderen dieser dauerhaft einen höheren Lebensstandard erzielt und die Substanz in der Familie erhalten bleibt. Behindertentestamente bewertet die ganz herrschende Meinung grundsätzlich **nicht als sittenwidrig** gem. § 138 BGB.[88] Das galt lange Zeit zumindest für kleinere und mittlere Vermögen. Das OLG Hamm hat sich auch bei einem größeren Vermögen[89] gegen die Sittenwidrigkeit ausgesprochen.[90] Der Grundsatz des Nachrangs der Sozialhilfe würde nur das Verhältnis des Sozialhilfeempfängers zum Sozialleistungsträger betreffen. Das OLG Frankfurt[91] weist darauf hin, dass diese Gestaltungen „auch von der obergerichtlichen Rechtsprechung seit längerem als grundsätzlich zulässig und sachgerecht angesehen“ werden. 31

Der BGH hat hinsichtlich der Frage der Wirksamkeit eines Pflichtteilsverzichts eines behinderten Kindes inzident auch die Frage der Zulässigkeit eines Behindertentestaments geprüft und in zentralen Punkten dessen Zulässigkeit bestätigt.[92] Leitmotiv müsse die Wahrung des Familienfriedens und die den Sozialleistungsträger benachteiligende Wirkung reiner Reflex sein.

Auch wird diskutiert, ob die Anordnung der **Testamentsvollstreckung** als sittenwidrig angesehen werden könnte. Dies ist aufgrund der Tatsache, dass der Nacherbe die Substanz 32

83 *Wendt*, ZErb 2010, 45, 48.

84 LSG Bayern ZEV 2016, 43.

85 BGH ZErb 2011, 117; OLG Hamm ZEV 2017, 158.

86 *Braun*, Nachlassplanung bei Problemkindern, § 2 Rn 58 ff.; *Ruby/Schindler*, Das Behindertentestament, § 3 Rn 47 ff.; BeckOK BGB/*Litzenburger*, § 2100 Rn 14; Dorsel/*Perau*, Kölner Formularbuch ErbR, Kap. 5 Rn 578 ff.; *Dreher/Görner*, NJW 2011, 1761.

87 *Hammann*, Gestaltung von Behindertentestamenten, Rn 146.

88 BGH NJW-RR 2017, 770, 771; BGH NJW 1990, 2055; BGH NJW 1994, 248; LSG NRW ZEV 2019, 417; OLG Köln ZErb 2010, 56; Scherer/*Spall*, MAH ErbR, § 41 Rn 45; MüKo-BGB/*Zimmermann*, § 2214 Rn 5.

89 Muster für spezielle Verwaltungsanordnung bei *Braun*, Nachlassplanung bei Problemkindern, § 2 Rn 78.

90 OLG Hamm ZEV 2017, 158, dortiger potenzieller Pflichtteilsanspruch: mindestens 934.317,20 EUR.

91 OLG Frankfurt ZErb 2024, 60, 64.

92 BGH ZErb 2011, 117; *Kleensang*, ZErb 2011, 121.

erhalten soll und der Vorerbe die „Zusatzleistungen“ erhält, zu verneinen. Da es sich bei dem Sozialleistungsträger auch nicht um einen Beteiligten i.S.v. § 2216 Abs. 2 S. 2 BGB handelt,[93] kommt die Möglichkeit der Aufhebung einzelner Testamentsvollstreckungsanordnungen durch Antrag des Sozialleistungsträgers bei dem Nachlassgericht nicht in Betracht.[94] Die Entscheidung des LSG Hamburg[95] bestätigt auch die Zulässigkeit der Anordnung einer Dauervollstreckung in einer letztwilligen Verfügung zugunsten des behinderten Kindes. Das Gericht hat ausdrücklich die Schutzfunktion der Testamentsvollstreckung anerkannt.

Mit der grundlegenden Entscheidung des BGH[96] dürfte sich die jahrelange Rechtsdiskussion zu der Frage, ob ein Behindertentestament gem. § 138 Abs. 1 BGB sittenwidrig ist, weitgehend erledigt haben. Dass sich die Sozialgerichte der referierten Rechtsauffassung nicht anschließen werden, ist nicht zu erwarten.[97] Sozialrechtlich steht einer Verwertbarkeit des Vermögens zudem entgegen, dass der Leistungsberechtigte zum Zeitpunkt des Zuflusses des Erbes über dieses nicht verfügen kann, solange Dauertestamentsvollstreckung noch besteht. Es fehlt an „bereiten Mitteln“, solange die Anordnung der Dauertestamentsvollstreckung durch den Leistungsberechtigten nicht erfolgreich angefochten ist.[98] Insoweit treffen den Sozialleistungsträger gegenüber dem Leistungsberechtigten Beratungspflichten aus dem zwischen ihnen bestehenden Sozialrechtsverhältnis mit der Folge, dass der Sozialleistungsträger, wenn er ein Vorgehen des Leistungsberechtigten gegen den Testamentsvollstrecker für angezeigt hält, diesen dabei zu unterstützen hat.

Hat der Erblasser bei Errichtung des Behindertentestaments Anordnungen getroffen, so ist der Testamentsvollstrecker gehalten, die Anordnungen des Erblassers umzusetzen; gibt er Gegenstände aus dem von ihm verwalteten Nachlass frei, kann es sich aber um verwertbares Einkommen oder Vermögen handeln, das einem Sozialleistungsanspruch entgegensteht.[99]

33 Ob die Rechtsprechung zukünftig zur Annahme der Sittenwidrigkeit zumindest in Einzelfällen tendiert, lässt sich nicht prognostizieren. Es ist aber eher unwahrscheinlich. Jedoch weist *Braun*[100] vollkommen zu Recht darauf hin, dass diese Frage anders zu beantworten sein könnte, wenn allein die Erträge zur Grundversorgung des behinderten Kindes ausreichen. Denkbar ist dann auch ein Zusatz, wonach nicht i.S.d. Verwaltungsanweisung zugunsten des behinderten Kindes verbrauchte Erträge für den Unterhalt verwendet werden können.[101] Im Übrigen sollte sich die sittlich anzuerkennende Sorge für das Wohl des Kindes über den Tod der Eltern hinaus in der Formulierung des Behindertentestaments niederschlagen. Legt die Formulierung nahe, dass es nur darum geht, Vermögenswerte vor dem Zugriff des Sozialleistungsträgers zu schützen, mag im Einzelfall Sittenwidrigkeit bejaht werden.[102]

Wenn für den Fall, dass die Sittenwidrigkeit festgestellt werden könnte, **Vorkehrungen** getroffen werden sollen, gilt Folgendes: *Spall* empfiehlt, bei größeren Vermögen eine salvatorische Regelung für den Fall zu treffen, dass sich das Behindertentestament als unwirksam

93 OLG München ZErb 2017, 195.
94 Vgl. *Gockel*, NotarFormulare, Sonderfälle Testamentsgestaltung, 3. Aufl. 2022, § 2 Rn 130.
95 LSG Hamburg FamRZ 2013, 1428 = BeckRS 2012, 73564; *Tersteegen*, ZErb 2013, 141, 143.
96 BGH NJW 2020, 58.
97 BSG ZEV 2015, 484.
98 BSG ErbR 2016, 204, 206 Rn 26.
99 LSG Hessen notar 2014, 20 = BeckRS 2013, 71062; *Doering-Striening*, ZErb 2014, 105.
100 *Braun*, Nachlassplanung bei Problemkindern, § 2 Rn 79.
101 Muster bei Dorsel/*Perau*, Kölner Formularbuch ErbR, Kap. 5 Rn 658; *Braun*, Nachlassplanung bei Problemkindern, § 2 Rn 82.
102 NK-NachfolgeR/*Bienert*, §§ 11 ff. SGB II, §§ 82, 90 SGB XII Rn 40.

erachten sollte.[103] Eine denkbare Nichtigkeit würde zur gesetzlichen Erbfolge führen, was schließlich nicht dem Willen der Testierenden entspricht.

II. Beim Bedürftigentestament

Zur Sittenwidrigkeit kann bei dem Bedürftigentestament keine so eindeutige Aussage gemacht werden wie bei dem Behindertentestament.[104] Es ist auch zweifelhaft, ob die Rechtsprechung zum Behindertentestament auf das Bedürftigentestament übertragbar ist.[105] Der bedeutende **Unterschied** besteht darin, dass einstweilen der Bedürftige für seine finanzielle Situation (mit)verantwortlich sein kann und nun steuerfinanzierte Sozialleistungen erhält. Die Zugriffsabwehr und nicht die Begünstigung des Bedürftigen steht oft im Vordergrund.[106] Etwa hielt das SG Dortmund die Anordnung einer Testamentsvollstreckung für sittenwidrig.[107] 34

Litzenburger begründet jedoch, dass diese Gestaltung nicht sittenwidrig ist:[108] Dabei beruft er sich auf eine Entscheidung des BGH, wonach ein Schenker bei einer vorweggenommenen Erbfolge keine Rücksicht darauf zu nehmen braucht, ob er selbst einmal auf Sozialleistungen angewiesen sein wird.[109] Dann brauche erst recht der Erblasser keine Rücksicht auf die Hilfebedürftigkeit des eingesetzten Erben zu nehmen. Lt. *Keim* könne die Grundkonstruktion des Bedürftigentestaments nicht sittenwidrig sein, zumal die bloße Enterbung eines sozialhilfebedürftigen Abkömmlings keinesfalls sittenwidrig ist.[110] Verwerflich könne allenfalls das Vorhalten des Pflichtteils als vorrangig zur Grundsicherung für Arbeitsuchende (§ 9 Abs. 1 SGB II) bzw. zur Sozialhilfe (§ 19 SGB XII) zu verwertendes Vermögen sein. Hiergegen spreche jedoch die vom Gesetzgeber in § 2338 BGB vorgesehene Möglichkeit, einen überschuldeten Abkömmling vom Pflichtteil fernzuhalten. Dass das Gesetz fürsorgerische Maßnahmen des Erblassers zum Erhalt des hinterlassenen Vermögens in weitem Umfang zulässt, ergibt sich aus zahlreichen Regelungen des Erbrechts. Sozialgerichte haben verschiedentlich entschieden, dass ein Bedürftigentestament nicht sittenwidrig ist.[111] Das LSG Baden-Württemberg hat darauf abgestellt, dass die dortige Erblasserin berechtigte Sorge hatte, ihr alkoholkranker Sohn werde nicht in der Lage sein, mit einer Zuwendung im Todesfall sachgerecht und verantwortungsbewusst umzugehen.[112] Die Entscheidung ist noch zu § 11 Abs. 3 Nr. 1a SGB II a.F. ergangen, der zum 31.12.2010 außer Kraft getreten ist. Seit der Neuregelung in § 11a Abs. 3 SGB II kennt das SGB II keine privatrechtlich zweckbestimmten Einnahmen mehr, die von der Berücksichtigung als Einkommen ausgenommen wären. Die Entscheidung kann nach geltendem Recht keinen Bestand mehr haben.[113] Insoweit wies das Bedürftigentestament aber schon fast den Charakter eines Behindertentestaments auf. Das BSG hat eine **Dauertestamentsvollstreckung** im Rahmen eines Bedürftigentestaments als nicht sittenwidrig angesehen.[114] Begründet hat das BSG dies 35

103 Scherer/*Spall*, MAH ErbR, § 41 Rn 47.
104 Unsicher: Grüneberg/*Ellenberger*, § 138 Rn 50a.
105 MüKo-BGB/*Leipold*, Vorbem. zu §§ 2064 ff. Rn 23.
106 Groll/Steiner/*Krauß*, Erbrechtsberatung, § 12 Rn 72.
107 SG Dortmund ZEV 2010, 54.
108 *Litzenburger*, ZEV 2009, 278, 281.
109 BGH ZEV 2009, 254.
110 *Keim*, ZEV 2010, 56.
111 Etwa LSG Baden-Württemberg ZEV 2008, 147; SG Osnabrück, Urt. v. 18.9.2012 – S 16 AS 191/11, BeckRS 2013, 68345; BSG ZEV 2015, 484; dazu Anm. *Wendt*, ErbR 2016, 204.
112 LSG Baden-Württemberg ZEV 2008, 147.
113 *Doering-Striening*, Sozialhilferegress, § 11 Rn 195.
114 BSG ErbR 2016, 204.

damit, die Klägerin habe nicht in einer besonderen Beziehung zum Erblasser gestanden, sondern ihr sei das Erbe nur im Rahmen einer freien Entscheidung des Erblassers zugedacht worden, was allerdings wohl auch den gegenteiligen Schluss ermöglicht hätte.[115] Bemerkenswert an dieser Entscheidung ist, dass das BSG auch bei unterstellter Sittenwidrigkeit nicht von einem verwertbaren Vermögen ausgeht. Denn erst müsse die Hilfebedürftige die Anordnung der Dauertestamentsvollstreckung durch den Erblasser erfolgreich anfechten. Bei einem Vorgehen gegen den Testamentsvollstrecker habe der Sozialleistungsträger den Hilfebedürftigen zu unterstützen.

36 Legt man die Entscheidungsgrundlagen des Behindertentestaments zugrunde, muss es auch möglich sein, diese Grundsätze auf das Bedürftigentestament zu übertragen. Denn die Grundlagen der Entscheidung sind nahezu identisch. Es geht um den Schutz des Bedürftigen und gleichzeitig um den Erhalt von Familienvermögen. Die getroffenen Bestimmungen sind erneut Ausfluss aus der allgemeinen Handlungsfreiheit des Erblassers und insbesondere aus der Testierfreiheit, die sich aus Art. 14 Abs. 1 GG ergibt. Es dürfte also für die Gestaltungspraxis empfehlenswert sein, sich bei der Fassung eines Bedürftigentestaments streng an die für das Behindertentestament entwickelten Gestaltungsgrundsätze zu halten. Grundsätzlich ist die Sittenwidrigkeit nicht zu erwarten.[116]

F. Pflichtteilsverzicht bei geschäftsfähigen Behinderten bzw. Bedürftigen

37 Nicht in jedem Fall ist ein Behinderter auch geschäftsunfähig. In diesen Fällen kommt auch in Betracht, dass ein Behinderter auf seinen Pflichtteil verzichtet (§ 2346 BGB). Dem OLG Köln zufolge ist ein solcher Verzicht auch nicht im Falle des Bezugs von Sozialleistungen sittenwidrig.[117] Der Bezug von Sozialleistungen durch den Verzichtenden macht allein den Pflichtteilsverzicht nicht unwirksam.[118] Überwiegend wird in diesen Fällen die Sittenwidrigkeit des Verzichts eines Sozialleistungsempfängers verneint.[119] Aber während eines Insolvenzverfahrens und auch eines Restschuldbefreiungsverfahrens kann der Schuldner einen Pflichtteilsverzicht nach § 2346 BGB erklären, ohne dass er gegen Obliegenheiten verstößt oder dieser nach dem AnfG oder der InsO anfechtbar ist.[120] Der BGH hat eindeutig den **lebzeitigen Pflichtteilsverzicht** eines behinderten Kindes gegenüber den Eltern als zulässig erachtet.[121] Dort lag der Erblasser schon auf dem Sterbebett. Damit ist den Eltern von behinderten Kindern ein zulässiges Gestaltungsinstrument ermöglicht worden, rechtzeitig ihr Erbe zu regeln, das behinderte Kind abzusichern und das Familienvermögen zu erhalten. Entsprechendes gilt im Übrigen, wenn der Hilfebedürftige eine nicht oder nur eingeschränkt verwertbare Erbschaft antritt und auf die Möglichkeit verzichtet, das Erbe auszuschlagen und den möglicherweise leichter verwertbaren Pflichtteilsanspruch geltend zu machen.[122] Unbenommen davon bleibt dem Sozialhilfeträger nach dem Erbfall, den Pflichtteilsan-

115 NK-NachfolgeR/*Bienert*, §§ 11 ff. SGB II, §§ 82, 90 SGB XII Rn 47.

116 Krit. Beleuchtung von BSG ZEV 2015, 484 bei NK-NachfolgeR/*Bienert*, §§ 11 ff. SGB II, §§ 82, 90 SGB XII Rn 44 ff.

117 OLG Köln ZEV 2010, 85.

118 Dauner-Lieb/Grziwotz/Hohmann-Dennhardt/*v. Proff zu Irnich*, Handkommentar Pflichtteilsrecht, 3. Aufl. 2022, Anh. 6 Rn 9.

119 BeckOK BGB/*Litzenburger*, § 2346 Rn 3.

120 BGH NJW 1997, 2384 (Anfechtung); Kössinger/Najdecki/Zintl/*R. Kössinger/Zintl*, Testamentsgestaltung, § 21 Rn 118c.

121 BGH ZErb 2011, 117; *Kleensang*, ZErb 2011, 121.

122 NK-NachfolgeR/*Bienert*, §§ 11 ff. SGB II, §§ 82, 90 SGB XII Rn 32.

spruch überzuleiten, wenn gerade kein Pflichtteilsverzicht erklärt wurde. Entsprechendes gilt, wenn der Pflichtteilsverzicht formunwirksam erklärt worden ist.[123]

G. Lebzeitige Lösungen und Vorkehrung bei Schenkungen

Eltern eines behinderten Kindes können Ansprüche im Zusammenhang mit ihrem Ableben 38 reduzieren, indem sie bereits Vermögen lebzeitig ihren gesunden Kindern, sich gegenseitig oder Dritten schenken. Diese **Schenkungen** bzw. **ehebedingten Zuwendungen** können Pflichtteilsergänzungsansprüche nach § 2325 BGB auslösen.[124] Diese stehen einem Erben auch dann zu, wenn er erbt. Es findet dann eine Anrechnung mit dem Wert des Erbteils statt (§ 2326 BGB). Reicht der Nachlass nicht, haftet der Beschenkte subsidiär (§ 2329 BGB). Jedoch sieht § 2327 BGB eine Verrechnung mit den Eigengeschenken vor, die der Behinderte erhalten hat. Dadurch reduzieren sich etwaige Pflichtteilsergänzungsansprüche, ohne dass es wie bei dem ordentlichen Pflichtteil einer Anordnung entsprechend § 2315 BGB bedarf. Nach dem Erbfall steht dem Sozialhilfeträger ein Ermessen zu, ob er einen Pflichtteilsergänzungsanspruch überleitet oder nicht.[125] Dabei hat er die sozialen Rechte des Pflichtteilsberechtigten i.S.d. §§ 3–10 SGB I zu beachten.[126] Bei der Entscheidung ist zu berücksichtigen, dass sich der Hilfeempfänger aus dem Pflichtteilsergänzungsanspruch zusätzliche Vorteile verschaffen kann, die über das Leistungsniveau der Sozialhilfe hinausgehen, soweit er nur damit sein Vermögen nicht verschwendet. Diese Ermessensentscheidung kann insoweit beeinflusst werden, indem dem Behinderten zusätzlich ein weiteres Vermächtnis zugewendet wird, und zwar bedingt für den Fall, dass ihm beim Erbteil Pflichtteilsergänzungsansprüche zustehen.[127] Nach § 33 Abs. 1 S. 1 SGB II geht der Pflichtteilsergänzungsanspruch auf den Grundsicherungsträger kraft Gesetzes über. Einer Überleitungsanzeige und demgemäß auch einer diesbezüglichen Ermessensentscheidung bedarf es daher nicht.

Ausgleichungspflichtige Zuwendungen gem. § 2050 BGB wie Ausstattungen nach § 1624 39 BGB oder bei Anordnung der Ausgleichung auf den Erbteil an das gesunde Kind führen unabhängig von Fristen zu einer Erhöhung des ordentlichen Pflichtteils nach § 2303 BGB des zunächst nicht bedachten Kindes (§ 2316 BGB). Hierzu ist erforderlich, dass es zumindest ein weiteres Kind der Eltern gibt, da die Ausgleichung nur unter Abkömmlingen stattfindet. Hat das behinderte Kind selbst solche ausgleichungspflichtigen Zuwendungen erhalten, werden dessen ordentliche Pflichtteilsansprüche reduziert. Gerade Kinder mit Behinderungen werden durchaus regelmäßig zum Zweck ihres Unterhalts von ihren Eltern finanziell unterstützt. Soweit solche Unterstützungsleistungen im Übermaß im Vergleich zu der Einkommens- und Vermögenssituation der Eltern erfolgt sind, reduzieren diese hinsichtlich des überschießenden Teils bezüglich des Übermaßes die ordentlichen Pflichtteilsansprüche des so begünstigten Kindes (§§ 2316, 2050 Abs. 2 BGB).[128]

Zu beachten ist, dass dem behinderten Kind auf Basis lebzeitiger Schenkungen Pflichtteilser- 40 gänzungsansprüche zustehen können (§ 2325 BGB), und zwar auch dann, wenn ein Kind Vermächtnisnehmer (§ 2307 BGB) oder Miterbe ist (§ 2305 BGB). Enthält das Testament

123 LSG NRW FamRZ 2015, 2092.
124 Einzelheiten etwa bei Burandt/Rojahn/*Horn*, 4. Aufl. 2022, § 2325.
125 NK-NachfolgeR/*Hußmann*, § 93 SGB XII Rn 34.
126 Scherer/*Spall*, MAH ErbR, § 41 Rn 50.
127 Scherer/*Spall*, MAH ErbR, § 41 Rn 51.
128 Vgl. Damrau/Tanck/*Bothe*, § 2050 Rn 27.

hierzu keine Vorkehrungen, so ist es möglich, dass der Sozialleistungsträger diese Ansprüche auf sich überleiten lassen kann oder diese von Gesetzes wegen übergeleitet sind. Folglich kann entsprechende Zahlungen der Sozialleistungsträger einziehen. Diese unterfallen dann nicht dem Schutz der Dauertestamentsvollstreckung.

41 Abhilfe kann ein weiteres Vermächtnis zugunsten des Behinderten schaffen, das bedingt für den Fall angeordnet wird, dass ihm Pflichtteilsergänzungsansprüche zustehen.[129] Da bei der **Erbschaftslösung** das behinderte Kind Miterbe ist, handelt es sich dann um ein Vorausvermächtnis nach § 2150 BGB, bei der **Vermächtnislösung** um ein weiteres Vermächtnis.

Da die in diesem Kapitel vorgestellten Muster für die Erbschaftslösung (vgl. Rdn 75) und für die Vermächtnislösung (vgl. Rdn 86) von einer Quote „60 % des gesetzlichen Erbteils" ausgehen, sind davon auch schon ausgleichungspflichtige Zuwendungen nach § 2050 BGB und Unterstützungsleistungen nach § 2057a BGB umfasst. Diese wirken sich schließlich auf den gesetzlichen Erbteil erhöhend oder reduzierend aus, was gem. § 2316 BGB Auswirkungen auf die Höhe des ordentlichen Pflichtteilsanspruchs nach § 2303 BGB hat. Daher muss für ausgleichungspflichtige Zuwendungen gem. § 2050 BGB kein weiteres Vermächtnis angeordnet werden.

Deswegen behandelt das nachfolgende Vermächtnis nur Pflichtteilsergänzungsansprüche nach § 2325 BGB.[130] Notwendig ist der Ausschluss von § 2326 S. 2 BGB, da sich andernfalls der Wert dieses Vermächtnisses reduzieren kann. Ohne Ausschluss würde dieses Vermächtnis so gekürzt werden, dass das behinderte Kind i.E. nur den Wert seiner Pflichtteils- und Pflichtteilsergänzungsansprüche erhielte. Der Betreuer könnte dann zur Ausschlagung verpflichtet sein.

Etwa *Krauß*[131] bietet indes ein Muster an, das auch ausgleichungspflichtige Zuwendungen nach § 2050 BGB umfasst. Solche Zuwendungen hat das Vermächtnis zu umfassen, wenn die Erb- bzw. Vermächtnisquote zugunsten des Behindertentestaments mit einer Prozentangabe oder einem Bruch ($^1/_{12}$) angegeben wird. In diesem Kapitel wird davon abgeraten.

26.1 **Muster 26.1: Anordnung eines Geldvermächtnisses beim Behindertentestament bei Schenkungen**

42 Der Erbe wird mit folgendem bedingten (Voraus-)Vorvermächtnis zugunsten … [*behindertes Kind*] beschwert:

Soweit … [*behindertes Kind*] aufgrund lebzeitiger unentgeltlicher Zuwendungen Pflichtteilsergänzungsansprüche gem. §§ 2325, 2329 BGB gegen den Nachlass oder gegen einen Beschenkten zustehen, wird ihm hiermit als Vermächtnis ein Geldbetrag in Höhe von 110 % des Werts dieses Pflichtteilsergänzungsanspruchs zugewendet, ggf. als Verschaffungsvermächtnis. Die Anrechnung nach § 2326 S. 2 BGB wird ausgeschlossen. Jedoch reduzieren unentgeltliche Zuwendungen an … [*behindertes Kind*] seine Ansprüche (§ 2327 BGB), soweit diese sich noch nicht auf den potenziellen gesetzlichen Erbteil ausgewirkt haben.

… [*behindertes Kind*] ist nur (Voraus-)Vorvermächtnisnehmer; Nachvermächtnisnehmer sind … [*gesunde Kinder*] zu gleichen Teilen. Die Anwartschaften der Nachvermächtnisnehmer sind weder vererblich noch übertragbar.

---

129 *Hammann*, Gestaltung von Behindertentestamenten, Rn 222 (mit Formulierungsvorschlag); Scherer/*Spall*, MAH ErbR, § 41 Rn 51.

130 *Braun*, Nachlassplanung bei Problemkindern, § 2 Rn 107 f.; *Langenfeld/Fröhler*, Testamentsgestaltung, Kap. 6 Rn 110, vgl. Dorsel/*Perau*, Kölner Formularbuch ErbR, Kap. 5 Rn 643.

131 Groll/Steiner/*Krauß*, Erbrechtsberatung, § 12 Rn 42 (M 79); ebenfalls Keim/Lehmann/*Tersteegen*, Beck'sches Formularbuch Erbrecht, 5. Aufl. 2023, F I 2. Anm. 9 bei einem Muster zur Vor- und Nacherbschaft.

Das Nachvermächtnis entsteht mit dem Tod von [*behindertes Kind*] und ist dann auch fällig. Die bis dahin zu ziehenden Nutzungen stehen dem Vorvermächtnisnehmer zu. Sie dürfen jedoch nur in derselben Weise verwendet werden wie die Erträge seines Miterbenanteils bzw. seines hauptsächlichen Vorvermächtnisanspruchs (siehe § dieses Testaments).

Zur Erfüllung dieses Vorvermächtnisanspruchs, zur Verwaltung des Vermächtnisgegenstands und damit auch zur Sicherung der vorstehend angeordneten Verwendung der Nutzungen und zur Erfüllung des Nachvermächtnisanspruchs ordne ich Dauervollstreckung i.S.d. § 2209 S. 1 Hs. 1 BGB an, für welche die nachstehend getroffenen Bestimmungen über die Testamentsvollstreckung am Miterbenanteil/am hauptsächlichen Vorvermächtnis von [*behindertes Kind*], auch hinsichtlich der Person des Testamentsvollstreckers, entsprechend gelten.

Dieses Vorvermächtnis ist einschließlich des Nachvermächtnisses dadurch auflösend bedingt, dass [*behindertes Kind*] oder sein Vertreter seinen ihm zugewendeten Miterbenanteil/hauptsächlichen Vorvermächtnisanspruch ausschlägt oder ihm zustehende Pflichtteilsergänzungsansprüche geltend macht.

Hinweis zur Vermächtnislösung:
In dem Muster ist mit „hauptsächlichem Vorvermächtnisanspruch" das Vermächtnis gemeint, das das Kind mit Behinderungen bei der Vermächtnislösung auf Basis des Nachlasswerts erhält (vgl. Rdn 86).
Bei der Vermächtnislösung kann auch auf ein solches separates Vermächtnis verzichtet werden, wenn das Vermächtnis wie folgt angeordnet wird: „...Vermächtnis im Wert von 110 % des gesetzlichen ordentlichen Pflichtteils- und Pflichtteilsergänzungsanspruchs ..." (vgl. Rdn 79).

H. Enterbungslösung

Bei der „Enterbungslösung" wird das behinderte Kind enterbt und erhält auch kein Ver- 43
mächtnis. Die unter Rdn 1 bezeichneten beiden Gestaltungsziele werden hiermit zwar nicht erreicht. Dem Behinderten steht jeweils der Pflichtteil am Nachlass des verstorbenen Elternteils zu, der nach den allgemeinen Grundsätzen Einkommen oder Vermögen darstellen und den wiederum der Sozialleistungsträger ggf. auf sich überleiten kann (§ 93 SGB XII) oder der auf ihn übergeht (§ 33 SGB II).[132] Dennoch kann sich gerade bei sehr **überschaubarem Vermögen** der Eltern diese Gestaltung anbieten. Insoweit ist zu beachten, dass seit dem 1.1.2024 einmalige Einnahmen aus Erbschaften, Vermächtnissen und Pflichtteilszuwendungen gem. § 11a Abs. 1 Nr. 7 SGB II bzw. § 82 Abs. 1 S. 2 Nr. 9 SGB XII grundsicherungs- und sozialhilferechtlich nicht dem Einkommensbegriff unterfallen, sondern im Folgemonat des Zuflusses Vermögen darstellen. Die **Vermögensfrei- bzw. -schonbeträge** nach § 90 Abs. 2 Nr. 9 SGB XII i.V.m. § 1 der VO zu § 90 Abs. 2 Nr. 9 SGB XII liegen bei 10.000 EUR bzw. nach § 12 Abs. 2 SGB II bei 15.000 EUR – während der sog. einjährigen Karenzzeit ab Beginn des Monats, für den erstmals Leistungen nach dem SGB II bezogen werden, bei 40.000 EUR (vgl. § 12 Abs. 4 S. 1 SGB II).[133] Pflichtteilszuwendungen, die sich in diesem Rahmen halten, bleiben damit anrechnungsfrei. Vorsicht ist jedoch insoweit geboten, dass bereits vorhandenes Vermögen den zur Verfügung stehenden finanziellen Rahmen schmälern kann. Aber auch wenn lediglich ein von der Höhe her recht geringer Pflichtteil „verloren geht", können durchaus diesem Nachteil gegenüber die Vorteile überwiegen.[134] Die nachfolgend erörterten rechtlichen Gestaltungen durch die Anordnung der Vor- und Nach-

132 Vgl. NK-NachfolgeR/*Bienert*, §§ 11 ff. SGB II, §§ 82, 90 SGB XII Rn 32.
133 Siehe zu Einzelheiten: *Klerks/Conradis*, info also 2024, 147, 150 f.
134 *Braun*, Nachlassplanung bei Problemkindern, § 2 Rn 112.

erbschaft bzw. alternativ Vor- und Nachvermächtnis jeweils in Verbindung mit der Dauervollstreckung weisen auch Nachteile auf und sind komplex in ihrer Umsetzung.

I. Vor- und Nacherbschaftslösung

I. Grundlagen

44 Als Klassiker des Behindertentestaments gilt die Vor- und Nacherbschaftslösung.[135] Um die Entstehung des Pflichtteilsanspruchs im Erbfall und damit die (automatische) Überleitung dieses Anspruchs auf den Sozialleistungsträger zu verhindern (vgl. Rdn 17), ist das behinderte Kind testamentarisch oder erbvertraglich zu begünstigen. Bei dieser (zu Unrecht?) beliebten Lösung wird das behinderte Kind zum Vorerben berufen. Durch die Anordnung der **Dauervollstreckung mit Verwaltungsanweisungen**, nach denen der Testamentsvollstrecker dem Behinderten Wohltaten zukommen zu lassen hat, wird die Erhöhung des Lebensstandards des behinderten Kindes im Vergleich zu den gesetzlichen Leistungen des Sozialleistungsträgers sichergestellt.

45 Zur Gestaltung im Einzelnen: Das behinderte Kind wird zum **nicht befreiten Vorerben** eingesetzt (§ 2100 BGB). **Nacherben** können entweder die gesunden Kinder oder etwa eine gemeinnützige Einrichtung sein, die sich bspw. für Menschen mit Behinderungen engagiert. Durch die Anordnung der Nacherbfolge wird der dem behinderten Kind zugewendete Nachlass zu seinen Lebzeiten vor der Verwertung durch seine Eigengläubiger, zu denen auch der Sozialleistungsträger zählt, geschützt (§ 2115 BGB, § 773 ZPO, § 83 Abs. 2 InsO). Ebenfalls wird so verhindert, dass das geerbte Vermögen mit dem Tod des Behinderten auf dessen Erben übergeht. Das Vermögen unterliegt durch diese Gestaltung nicht dem Kostenersatz des Sozialhilfeträgers nach § 102 SGB XII.[136]

Indem der Behinderte nicht befreiter Vorerbe wird, wird verhindert, dass anderenfalls die Nachlasssubstanz zumindest mittelbar der Zugriffsmöglichkeit des Sozialleistungsträgers ausgesetzt sein kann.[137] Es könnte die Gewährung von Sozialhilfe mit der Begründung verweigert werden, dass der Behinderte die Substanz des Nachlassvermögens für sich verwenden darf (§ 2138 Abs. 1 BGB). Die Nicht-Befreiung stellt einen zusätzlichen Schutz zu der Dauertestamentsvollstreckung dar, die für sich genommen schon das Vermögen vor dem Zugriff des Sozialleistungsträgers schützt. Es ist aber zu befürchten, dass entgegen der Rechtslage bei einer befreiten Vorerbschaft der Sozialleistungsträger annimmt, dass dann ein Zugriff auf die Substanz des Nachlasses zulässig ist.

Darüber hinaus weist *Hammann*[138] darauf hin, dass eine Diskussion um Befreiung oder Nicht-Befreiung auch dann keine Rolle spielt, wenn der Testamentsvollstrecker zugleich Nacherbenvollstrecker gem. § 2222 BGB ist. Denn erst recht bei einer nichtbefreiten Vorerbschaft kann er über den Nachlass verfügen; er ist nicht an die Beschränkungen gem. §§ 2113 ff. BGB gebunden.[139]

---

135 Groll/Steiner/*Krauß*, Erbrechtsberatung, § 12 Rn 30 ff.; Kössinger/Najdecki/Zintl/*R. Kössinger/Zintl*, Testamentsgestaltung, § 21 Rn 71; OLG Frankfurt ZErb 2024, 60, 64.

136 BGH NJW 1994, 248.

137 Kössinger/Najdecki/Zintl/*R. Kössinger/Zintl*, Testamentsgestaltung, § 21 Rn 90.

138 *Hammann*, Gestaltung von Behindertentestamenten, Rn 275.

139 OLG Düsseldorf FamRZ 2012, 1322.

Zweckmäßig kann aber die **eingeschränkte Befreiung** hinsichtlich folgender Verpflichtungen sein: 46
- zur Hinterlegung von Wertpapieren (§ 2116 BGB),
- zur Eintragung eines Sperrvermerks im Schuldbuch (§ 2118 BGB) sowie
- zur mündelsicheren Geldanlage (§ 2119 BGB).

Unabhängig von etwaigen Befreiungen von den gesetzlichen Beschränkungen stehen dem Vorerben die **Früchte und sonstigen Nutzungen** des Nachlasses zu, sofern es sich nicht um Übermaßfrüchte handelt (§§ 99, 100, 2133 BGB). Sofern die zu erwartenden Erträge, die ordnungsgemäß gezogen werden können, so niedrig sind, dass es nicht zu einer spürbaren Verbesserung der Lebenssituation des behinderten Kindes kommt, kann zudem auch Befreiung von §§ 2133, 2134 BGB erteilt werden. Dann kann der Testamentsvollstrecker auch Übermaßfrüchte ziehen und die Substanz zugunsten des Behinderten verbrauchen (vgl. Muster Rdn 75). Unabhängig davon sehen die meisten Muster vor, dass der Testamentsvollstrecker auch die Substanz angreifen darf, wenn die Erträge für die in der Verwaltungsanweisung aufgezählten Wohltaten zugunsten des behinderten Kindes und auch etwa die Vergütung des Testamentsvollstreckers nicht reichen. Jedoch sollte in dem Testament ausdrücklich verfügt sein, dass der Zugriff auf die Substanz nicht zur Anrechnung auf Sozialleistungen führen darf. Aber auch mit Anordnung einer nicht befreiten Vorerbschaft ist die Möglichkeit eröffnet, auf die Nachlasssubstanz zurückzugreifen, wenn und weil dies zur Erfüllung der von dem Erblasser zugunsten seines behinderten Kindes getroffenen Anforderungen erforderlich ist.[140] 47

Bei **größeren Vermögen** ist auch an den umgekehrten Fall zu denken, dass also die Erträge höher ausfallen als die stetigen Ausgaben. Hierzu sollte in den Verwaltungsanweisungen aufgenommen werden, dass überschießende Teile gewinnbringend anzulegen sind und diese ggf. Rückstellungen für zukünftige größere Ausgaben darstellen sollen. Jedoch ist festzustellen, dass die Früchte dem Vorerben als Eigentümer des Nachlassteils bzw. dem Vorvermächtnisnehmer zustehen (§ 953 BGB).[141] Es ist str., ob ein Thesaurierungsgebot für den Testamentsvollstrecker die Ausschüttung der Nachlasserträge einschränken kann.[142] Grundsätzlich kann aber der Erbe die Herausgabe von Nutzungen und Erträgnissen verlangen, wenn das den Grundsätzen einer ordnungsgemäßen Verwaltung entspricht.[143] Am 18.10.2018 hat das LSG Nordrhein-Westfalen[144] entschieden, dass trotz eines üblichen Behindertentestaments (Vor- und Nacherbschaft mit Dauertestamentsvollstreckung einschließlich konkreten Verwaltungsanweisungen) dieser Anspruch auf überschießende Erträge übergeleitet werden kann, wobei das Gericht aber auch ausdrücklich festgehalten hat, dass ausreichend für die Rechtmäßigkeit des dort angefochtenen Überleitungsbescheides nach § 93 Abs. 1 S. 1 SGB XII sei, dass ein überleitungsfähiger Anspruch nach materiellem Recht überhaupt in Betracht komme, er also nicht von vornherein objektiv ausgeschlossen sei. Das LSG hat also nicht entschieden, dass der überleitungsfähige Anspruch sicher, sondern dass er nur möglicherweise besteht. Unabhängig davon spricht viel dafür, dass Erträge, die bei dem Tod des behinderten Kindes nicht verbraucht sind, in dessen Nachlass fallen und dann dem Zugriff des Sozialleistungsträgers ausgesetzt sind (Kostenersatzanspruch nach § 102 SGB XII).[145] In diesem Fall dürfte also nur die Substanz von der Kosten- 48

140 *Hammann*, Gestaltung von Behindertentestamenten, Rn 274.
141 *Braun*, Nachlassplanung bei Problemkindern, § 2 Rn 110.
142 Hierzu Kössinger/Najdecki/Zintl/*R. Kössinger/Zintl*, Testamentsgestaltung, § 21 Rn 97.
143 MüKo-BGB/*Zimmermann*, § 2216 Rn 10.
144 LSG NRW ZEV 2019, 417 m. Anm. *Tersteegen*.
145 BeckOK BGB/*Litzenburger*, § 2100 Rn 22.

ersatzpflicht nach § 102 SGB XII unberührt sein, nicht aber die aufgelaufenen und noch vorhandenen Erträge. Beachte aber § 102 Abs. 5 SGB XII, wonach § 102 SGB XII nicht für erbrachte Leistungen der Grundsicherung im Alter und bei Erwerbsminderung gilt.

49 Ratsam kann auch die Aufnahme einer auflösenden Bedingung für den Fall des Vorversterbens des behinderten Kindes sein.

26.2 **Muster 26.2: Auflösende Bedingung für den Fall des Vorversterbens des behinderten Kindes**

50 Sollte [*behindertes Kind*] vor dem erstversterbenden Ehegatten versterben, sollen sämtliche in diesem Testament angeordneten Vor-, Nach- und Schlusserbfolgen insgesamt wegfallen und der überlebende Ehegatte alleiniger Vollerbe des Erstversterbenden sein. Zu Erben des längerlebenden Ehegatten werden dann und [*gesunde Kinder*] zu gleichen Teilen berufen.[146]

II. Bestimmung der „richtigen" Quote

51 Die testamentarische Erbquote des Kindes mit Behinderungen muss **oberhalb seiner Pflichtteilsquote** liegen. Ansonsten könnte der Sozialleistungsträger den durch § 2305 BGB entstandenen Zusatzpflichtteil auf sich überleiten (Differenz zwischen der Erb- und der Pflichtteilsquote).[147] Auch aus einem anderen Grund sollte das behinderte Kind auch weiterhin nicht mit einer Erbquote unterhalb seines Pflichtteilsanspruchs eingesetzt werden:[148] Der Sozialleistungsträger kann zwar nicht das Ausschlagungsrecht, das ihn nach der Ausübung zur Pflichtteilsgeltendmachung berechtigt, auf sich überleiten, da es sich um ein höchstpersönliches Gestaltungsrecht handelt.[149] Allerdings ist der Betreuer zur Ausschlagung für den beschränkt geschäftsfähigen Behinderten berechtigt, was der gerichtlichen Genehmigung bedarf (§ 1851 Nr. 1 BGB). Da der Betreuer Entscheidungen nach den (mutmaßlichen) Wünschen des Behinderten gem. § 1821 Abs. 2–4 BGB treffen muss (siehe Rdn 26), kann er bei der Einsetzung zu einer zu niedrigen Quote zur Erklärung der Ausschlagung verpflichtet sein.[150]

52 Die Erbquotenbemessung zugunsten des behinderten Kindes sollte gerade im Hinblick auf eine etwaige Sittenwidrigkeit sowie die Entscheidung des Betreuers über eine Ausschlagung **nicht zu knapp** ausgestaltet werden. Vor einer Einsetzung wie bspw. „1 % über dem Pflichtteil" ist zu warnen. So kann 1 % als zu knapp bewertet werden, um Beschränkungen durch eine Dauertestamentsvollstreckung und eine Nacherbschaft bzw. ein Nachvermächtnis zu rechtfertigen. Dann könnte eine Ausschlagung dem Wohl des Kindes eher entsprechen. Abzulehnen ist auch die Auffassung, wonach kein Anlass mehr bestünde, mehr als die Pflichtteilsquote zuzuwenden.[151] In dem Fall des LG Heidelberg[152] war eine Quote von „27 %" und damit um zwei Prozentpunkte über der Pflichtteilsquote verfügt.

Unabhängig davon ist von festen Prozentsätzen abzuraten. So würde eine feste Quote nicht mehr passen, wenn etwa die Ehegatten den Güterstand ehevertraglich ändern oder ein gesundes Kind vorverstorben ist bzw. einen Erbverzicht nach § 2346 BGB erklärt hat.

146 *Ruby*, ZEV 2006, 66, 67.
147 Vgl. BGH NJW-RR 2005, 369; *Hammann*, FuS 2018, 50, 53.
148 *Spall*, ZErb 2007, 272, 274.
149 OLG Frankfurt ZErb 2004, 201; Kössinger/Najdecki/Zintl/*R. Kössinger/Zintl*, Testamentsgestaltung, § 21 Rn 66.
150 Zum alten Recht: *Muscheler*, ZEV 2008, 105, 108.
151 Groll/Steiner/*Krauß*, Erbrechtsberatung, § 12 Rn 37.
152 LG Heidelberg ZEV 2019, 152.

Absolut zu empfehlen sind etwa als Bemessung für den Vorerbteil oder das Vermächtnis zugunsten des behinderten Kindes **„60 % des gesetzlichen Erbteils“**.[153] Alternativ kann der Nenner um einen Punkt im Vergleich zur Pflichtteilsquote erhöht werden.[154] Beispiel: Bei einer Pflichtteilsquote von $1/8$ würde sich eine Erbquote von $1/7$ ergeben, die so in dem Testament verwendet wird. Da bei der Formulierung „60 % des gesetzlichen Erbteils“ auch Erhöhungen und Reduzierungen aufgrund von ausgleichungspflichtigen Zuwendungen nach § 2050 BGB bzw. von Unterstützungsleistungen nach § 2057a BGB umfasst sind, ist diese Bestimmung der Quote vorzuziehen. Daher umfasst das ggf. zusätzlich erforderliche Vermächtnis wegen der Beteiligung des behinderten Kindes an unentgeltlichen Zuwendungen, das unter Rdn 42 vorgestellt wird, auch nur etwaige Pflichtteilsergänzungsansprüche nach § 2325 BGB. Gerne können mehr als 60 % verfügt werden, aber nicht weniger. Viele Eltern wollen erfahrungsgemäß ihr Kind mit Behinderungen umfangreicher begünstigen. 53

III. Bestimmung des Nacherben

Sofern von dem Erblasser auch gesunde Kinder abstammen, werden diese zumeist als Nacherben bestimmt. Sind aber nach dem Ableben beider Elternteile außer dem behinderten Kind keine weiteren näheren Familienangehörigen vorhanden, so wünschen Eltern oftmals, dass das Restvermögen dem **Heim**, in dem der Behinderte wohnt oder später wohnen soll, oder dem **Träger** dieses Heims zukommen soll. Eine solche Nacherbeneinsetzung könnte gem. § 134 BGB i.V.m. § 14 HeimG bzw. den entsprechenden Vorschriften der Landesgesetze unwirksam sein.[155] Das ist aber zumeist nur dann der Fall, wenn der Bedachte zu Lebzeiten des Erblassers Kenntnis von seiner letztwilligen Begünstigung erhält („Stilles Testament“). Auf diese Ausnahme sollte sich aber keiner verlassen. In Betracht kommt dann noch die Einholung einer Ausnahmegenehmigung nach § 14 Abs. 4 HeimG bzw. entsprechenden landesgesetzlichen Regelungen. Das VG Würzburg hat aber darauf hingewiesen, dass bei der Entscheidung das Ziel der Vorschrift zu berücksichtigen ist, wonach eine unterschiedliche Behandlung der Bewohner eines Heims verhindert werden soll und die Bewohner vor finanzieller Ausnutzung oder Benachteiligung geschützt werden sollen.[156] Vor diesem Hintergrund ist eine Genehmigung nicht unbedingt wahrscheinlich. Zu empfehlen ist daher, eine andere Institution zum Nacherben einzusetzen. 54

IV. Schutz des Ertrags durch Testamentsvollstreckung

Die Anordnung der nicht befreiten Vorerbschaft ist für den Behinderten nutzlos, wenn nicht auch der Ertrag dem Zugriff des Sozialleistungsträgers vorenthalten bleibt. Bei einer befreiten Vorerbschaft und bei Unterlassen von Schutzmaßnahmen der Erträge könnten vermögens- und einkommensabhängige Sozialleistungen mit Hinweis auf den sozialhilfe- und grundsicherungsrechtlichen Nachranggrundsatz verweigert werden, bis Erträge und Vermögenssubstanz jenseits der Schonvermögensgrenze aufgebraucht worden sind. Das Risiko bewertet *Hammann*[157] nicht als hoch und empfiehlt die befreite Vorerbschaft. Die Anordnung der **Dauervollstreckung** gem. § 2209 S. 1 Hs. 1 BGB verhindert diese unerwünschte Rechtsfolge. 55

153 *Hammann*, Gestaltung von Behindertentestamenten, Rn 197 ff.

154 Schlitt/Müller-Engels/*Müller-Engels*, Hdb Pflichtteilsrecht, 3. Aufl. 2024, § 10 Rn 298.

155 Landesgesetze haben alle Bundesländer erlassen; Auflistung bei NK-NachfolgeR/*Kroiß*, § 14 HeimG, Anhang mit den Gesetzen.

156 VG Würzburg ZEV 2008, 601, 603.

157 *Hammann*, Gestaltung von Behindertentestamenten, Rn 267 ff.

1. Verhinderung des Zugriffs durch den Sozialleistungsträger

56 Dem Testamentsvollstrecker steht sodann eine grundsätzlich unbeschränkte Verfügungsbefugnis zu, damit er den Nachlass verwalten kann (§ 2205 BGB). Gleichzeitig wird diese durch § 2211 BGB dem Erben entzogen. § 2214 BGB verhindert aufgrund der Testamentsvollstreckung den Zugriff von Gläubigern des behinderten Kindes auf das Nachlassvermögen. Der Sozialleistungsträger kann daher nicht Regress wegen seiner Leistungen in das Erbe nehmen.

Durch die Nacherbfolge mit Dauertestamentsvollstreckung wird ein **Vollstreckungsschutz** der Substanz gegenüber den Eigengläubigern des Erben erzielt.[158] Ohne eine weitere Gestaltung wären aber die Nutzungen/Früchte als Reinerträge der Vorerbschaft noch dem Zugriff des Sozialleistungsträgers ausgesetzt. Der Testamentsvollstrecker hat die **Nachlasserträge** herauszugeben, wenn das vom Erblasser in einer Verwaltungsanweisung nach § 2216 Abs. 2 S. 1 BGB angeordnet wurde oder wenn die Herausgabe der Nutzungen den Grundsätzen einer ordnungsgemäßen Verwaltung entspricht (§ 2216 Abs. 1 BGB).[159] Zur Verhinderung hat der Erblasser den Testamentsvollstrecker testamentarisch oder erbvertraglich durch **Verwaltungsanordnung** gem. § 2216 Abs. 2 S. 1 BGB anzuweisen, die jährlichen Reinerträge der Vorerbschaft an den Behinderten ausschließlich in solchen Formen auszukehren, dass der Sozialleistungsträger keinen Zugriff nehmen und Leistungen kürzen kann. Gibt aber entgegen der Verwaltungsanordnung der Testamentsvollstrecker das Erbe ganz oder teilweise frei, entfallen möglicherweise die Voraussetzungen zur Gewährung von insbesondere existenzsichernden Sozialleistungen.[160]

57 Zu bedenken ist, dass der Zugriff des behinderten Kindes auf den Ertrag zwar eingeschränkt, aber nicht vollständig ausgeschlossen werden kann (§ 2220 BGB). Es ist nicht ausreichend, die Auskehrung des Ertrags dem Testamentsvollstrecker nach seinem freien Ermessen vorzubehalten.[161] Allerdings ist in diesem Zusammenhang anzumerken, dass das BSG die Verwertbarkeit eines Erbes verneint hat, obwohl dem Testamentsvollstrecker die Möglichkeit eingeräumt worden war, sogar die Vermögenssubstanz nach freiem Ermessen in – ebenfalls in seinem Ermessen stehenden – Raten an die Hilfebedürftige auszuzahlen. Denn auch diese Anordnung bewirke keinen gesicherten Anspruch der Hilfebedürftigen.[162] Zulässig und wohl auch geboten dürfte es sein, den Anspruch auf Naturalleistungen zu beschränken.

58 Sozialrechtlich ist die Frage, ob Zuwendungen, die das behinderte Kind oder ein sonstiger, im Bezug von Leistungen nach dem SGB II oder SGB XII stehender Begünstigter aus dem Nachlass erhält, anzurechnendes **Einkommen** oder **Vermögen** darstellen, neu zu beantworten. Der Gesetzgeber hat zunächst in einem ersten Schritt[163] mit Wirkung ab dem 1.1.2023 die Neuregelung in § 82 Abs. 1 S. 2 Nr. 9 SGB XII bzw. mit Wirkung ab dem 1.7.2023 in § 11a Abs. 1 Nr. 7 SGB II eingefügt. Übergangsvorschriften hat der Gesetzgeber nicht

158 Kössinger/Najdecki/Zintl/*R. Kössinger/Zintl*, Testamentsgestaltung, § 21 Rn 96.

159 BGH NJW-RR 1986, 1069; BGH NJW-RR 1988, 386.

160 LSG Niedersachsen-Bremen ZEV 2015, 291, 293.

161 BeckOK BGB/*Litzenburger*, § 2100 Rn 22.

162 BSG ErbR 2016, 204; vgl. die Anm. von *Litzenburger*, FD-ErbR 2015, 372338, der von einer „wachsweichen Formulierung" spricht; so auch *Tersteegen*, ZEV 2015, 488.

163 Art. 13 des Zwölften Gesetzes zur Änderung des Zweiten Buches Sozialgesetzbuch und anderer Gesetze – Einführung eines Bürgergeldes (Bürgergeld-Gesetz) bestimmt, dass Art. 1 Nr. 10b Nr. 7 (= § 11a Nr. 7 SGB II) am 1.7.2023 in Kraft tritt, und Art. 5, dass die Änderung des § 82 Abs. 1 S. 2 Nr. 9 SGB XII bereits zum 1.1.2023 in Kraft tritt.

vorgesehen.[164] Danach gehören nicht zum Einkommen bzw. sind nicht als Einkommen zu berücksichtigen: Erbschaften.[165] Damit hat der Gesetzgeber – bis auf die zeitliche Verschiebung – diesbezüglich einen Gleichklang im System des SGB II und SGB XII hergestellt und „qua Gesetz einer Erbschaft den Rechtscharakter des Vermögens zugeteilt".[166] Die neuen Regelungen haben sich jedoch auf erbrechtlich bedingte Zuflüsse beschränkt, die aus Erbschaften resultieren; andere Zuflüsse von Todes wegen, wie Vermächtnisse, Pflichtteilszuwendungen, Ausgleichszahlungen nach Pflichtteilsverzicht, die keine Erbschaft sind, unterlagen dem bisherigen Regelungsregime.[167] Flankierend hat der Gesetzgeber die Vermögensfreibeträge sowohl im SGB II als auch im SGB XII neu gestaltet und deutlich angehoben. Gem. § 12 Abs. 2 SGB II n.F. ist von dem zu berücksichtigenden Vermögen für jede Person in der Bedarfsgemeinschaft ein Betrag in Höhe von 15.000 EUR abzusetzen. Übersteigt das Vermögen einer Person in der Bedarfsgemeinschaft den Betrag nach § 12 Abs. 2 S. 1 SGB II, sind nicht ausgeschöpfte Freibeträge der anderen Personen in der Bedarfsgemeinschaft auf diese Person zu übertragen. Dies bedeutet, dass einer z.B. vierköpfigen Bedarfsgemeinschaft ein Vermögensfreibetrag in Höhe von 4 x 15.000 EUR eingeräumt worden ist, also 60.000 EUR, und zwar zusätzlich zu den Vermögenspositionen, die ohnehin gem. § 12 Abs. 1 S. 2 SGB II nicht als Vermögen zu berücksichtigen sind. Während der sog. einjährigen Karenzzeit ab Beginn des Monats, für den erstmals Leistungen nach dem SGB II bezogen werden, ist ohnehin nur erhebliches Vermögen zu berücksichtigen (§ 12 Abs. 3 S. 2 SGB II). Vermögen ist gem. § 12 Abs. 4 S. 1 SGB II in diesem Sinne erheblich, wenn es in der Summe 40.000 EUR für die leistungsberechtigte Person sowie 15.000 EUR für jede weitere mit dieser in Bedarfsgemeinschaft lebende Person übersteigt. Für eine vierköpfige Bedarfsgemeinschaft ergibt sich damit im ersten Jahr des Leistungsbezugs ein Vermögensfreibetrag von 40.000 EUR + (3 x 15.000 EUR), mithin von 85.000 EUR. Ob der Gesetzgeber an der einjährigen Karenzzeit beim Vermögen in Zukunft festhalten wird, gilt es zu beobachten. Nach der derzeit in der Ressortabstimmung befindlichen sog. Wachstumsinitiative ist eine Einschränkung der Regelung für das Schonvermögen geplant: Die Karenzzeit nach § 12 Abs. 3 und 4 SGB II soll von einem Jahr auf sechs Monate verkürzt werden.[168] Es bleibt abzuwarten, ob und ggf. welche Änderungen die sich derzeit (Stand: April 2025) noch in den Koalitionsverhandlungen befindlichen Parteien aus CDU/CSU und SPD herbeiführen werden.

Im SGB XII sind die Vermögensfreibeträge immerhin von 5.000 EUR verdoppelt worden auf 10.000 EUR für jede volljährige Person sowie für jede alleinstehende minderjährige Person (vgl. § 90 Abs. 2 Nr. 9 SGB XII i.V.m. § 1 S. 1 Nr. 1, S. 2 der VO zu § 90 Abs. 2 Nr. 9 SGB XII); hinzu kommen für jede Person, die von einer Person nach § 1 S. 1 Nr. 1 der VO zu § 90 Abs. 2 Nr. 9 SGB XII überwiegend unterhalten wird, weitere 500 EUR (vgl. § 1 S. 1 Nr. 2 der VO zu § 90 Abs. 2 Nr. 9 SGB XII).

Mit der Implementierung der Neuregelungen zum 1.1.2023 bzw. zum 1.7.2023 in § 82 Abs. 1 59
S. 2 Nr. 9 SGB XII bzw. in § 11a Abs. 1 Nr. 7 SGB II ist die bis dahin sehr **komplexe Zuordnung von Erbschaften zum Vermögen bzw. Einkommen weggefallen**. In ständiger Rechtsprechung ist bei der Abgrenzung vom BSG als rechtlich maßgeblicher Zeitpunkt der

164 *Doering-Striening*, ZErb 2023, 131, 132.

165 Vgl. insoweit zum Gesetzgebungsprozess: *Doering-Striening*, ZErb 2023, 131.

166 *Doering-Striening*, ZErb 2023, 131.

167 *Bredemeyer*, ZEV 2023, 435, 436 f.; siehe zur Rechtslage bis zum 31.12.2023: LPK-SGB XII/*Geiger*, § 82 Rn 2 m.w.N.

168 Wachstumsinitiative der Bundesregierung – neue wirtschaftliche Dynamik für Deutschland v. 5.7.2024, III. Nr. 23d (S. 17), https://www.bundesregierung.de/breg-de/bundesregierung/gesetzesvorhaben/haushalt-2025–2299130 (Aufruf am 4.4.2025).

Zufluss bei einem Erbfall angesehen worden, abgeleitet aus § 1922 Abs. 1 BGB, wonach mit dem Tod einer Person deren Vermögen als Ganzes auf den oder die Erben übergeht (Gesamtrechtsnachfolge).[169] Ist der Erbfall bereits vor Eintritt des leistungsberechtigten Erben in den Bezug von Leistungen nach dem SGB XII oder SGB II eingetreten, war die Erbschaft als Vermögen zu qualifizieren, bei dem Eintritt des Erbfalls während des Leistungsbezugs des Erben als Einkommen.[170] Flossen dem Leistungsberechtigten zu einem vom Erbfall abweichenden, späteren Zeitpunkt, nachdem er sich bereits im Leistungsbezug befand, Geldleistungen aus dem Erbe zu, so stellte dies lediglich ein „Versilbern" bereits vorhandenen Vermögens dar; die Geldleistungen waren weiterhin als Vermögen zu qualifizieren.[171] In der Diktion des BSG: Eine Änderung des „Aggregatzustands" von einmal als Vermögen oder Einkommen zugeordneten Zuflusses tritt nicht ein; der Zufluss „mutiert" nicht gleichsam durch den Eintritt in den Leistungsbezug nach dem SGB XII oder SGB II oder eine neue Antragstellung für einen Folgezeitraum entgegen der bisherigen Zuordnung zum Einkommen oder Vermögen.[172] Etwas anderes gilt jedoch für den Fall, dass der Leistungsbezug für mehr als einen Monat unterbrochen wird. Ein bis dahin wegen des Eintritts des Erbfalls gem. § 1922 Abs. 1 BGB während des Leistungsbezugs des Erben als Einkommen qualifizierter Zufluss z.B. aus einer Erbschaft „mutiert" dann bei erneutem Eintritt in den Leistungsbezug nach der Unterbrechung zum Vermögen.[173]

60 Mit der Einfügung der Neuregelungen – § 82 Abs. 1 S. 2 Nr. 9 SGB XII bzw. § 11a Abs. 1 Nr. 7 SGB II – in 2023 haben sich neue Spielräume für die Gestaltung von Verfügungen von Todes wegen eröffnet.[174] Die Zuordnung von Erbschaften zum **Vermögen** steht einem sozialrechtlichen Leistungsanspruch dann nicht entgegen, wenn das Vermögen unter die **Schontatbestände** des § 90 SGB XII bzw. des § 12 SGB II fällt. Unter Einbeziehung bereits vorhandenen Vermögens können die jeweiligen Höchstbeträge ausgenutzt werden, um nach einem Erbfall dem im Leistungsbezug stehenden Erben anrechnungsfrei Zuflüsse zukommen zu lassen.

61 Hinzuweisen ist insoweit darauf, dass der Gesetzgeber, allerdings nur im SGB II über § 12 Abs. 1 S. 2 Nr. 5 SGB II, die Grenzen der Angemessenheit für ein – allerdings ausschließlich **selbstbewohntes – Hausgrundstück** bzw. eine **selbstbewohnte Eigentumswohnung** – im Vergleich zu der zuvor von der Rechtsprechung vorgenommenen Ausfüllung des unbestimmten Rechtsbegriffs der Angemessenheit, ebenfalls anknüpfend an die Gesamtwohnfläche[175] – deutlich angehoben hat:[176] Mit einer Wohnfläche von bis zu 140 qm bei einem selbstgenutzten Hausgrundstück bzw. einer Wohnfläche von bis zu 130 qm bei einer selbstgenutzten Eigentumswohnung, die von einer bis vier Personen bewohnt wird, bietet sich hier Gestaltungsraum für weitere anrechnungsfreie Zuflüsse aus einer Erbschaft neben den o.g. Vermögensfreibeträgen.

Demgegenüber hat der Gesetzgeber unverändert an der auch schon vor dem 1.1.2023 geltenden Fassung von § 90 Abs. 2 Nr. 8 SGB XII bezüglich eines geschützten selbstbewohnten Hausgrundstücks festgehalten. Voraussetzung ist weiterhin, dass das Hausgrund-

169 BSG NJW 2019, 3542, 3543 Rn 15 m.w.N.; vgl. insoweit die ausführliche Darstellung bei Schlegel/Voelzke/*Söhngen*, jurisPK-SGB II, § 11 Rn 37 ff. m.w.N.
170 Schlegel/Voelzke/*Söhngen*, jurisPK-SGB II, § 11 Rn 37 m.w.N.
171 BSG FamR 2011, 1055 Rn 21.
172 BSG NJW 2019, 3542, 3543 Rn 15 ff.; BSG SGb 2014, 280, 283 Rn 22; BSG SGb 2009, 672, 675 Rn 29.
173 BSG NJW 2019, 3542, 3543 Rn 17 m.w.N.
174 *Doering-Striening*, ZErb 2023, 131, 133 ff. mit Berechnungsbeispielen.
175 Luik/Harich/*Lange*, SGB II, § 12 Rn 71 m.w.N.
176 BeckOGK/*Schwabe*, § 12 SGB II Rn 59 ff.

stück von der nachfragenden Person oder einer anderen in § 19 Abs. 1–3 SGB XII genannten Person allein oder zusammen mit Angehörigen ganz oder teilweise bewohnt wird und nach ihrem Tod von ihren Angehörigen bewohnt werden soll. Die Angemessenheit bestimmt sich nach der Zahl der Bewohner, dem Wohnbedarf (z.B. behinderter, blinder oder pflegebedürftiger Menschen), der Grundstücksgröße, der Hausgröße, dem Zuschnitt und der Ausstattung des Wohngebäudes sowie dem Wert des Grundstücks einschließlich des Wohngebäudes. Die sog. Kombinationstheorie[177] eröffnet Argumentationsspielräume,[178] auch bei der Berücksichtigung von Erbschaften von SGB XII-Leistungsbeziehern, sofern Gegenstand der Erbschaft (auch) ein Hausgrundstück ist, das der Leistungsbezieher allerdings selbst bewohnen müsste. Sowohl im SGB II als auch im SGB XII werden Aufwendungen für die (selbstbewohnte) Unterkunft, mithin auch für das eigene Hausgrundstück bzw. die Eigentumswohnung, übernommen (mit Ausnahme von Tilgungsbeträgen für Kredite[179]).[180] Damit ist sichergestellt, dass der Leistungsberechtigte, der nach einem Erbfall in eine von Todes wegen zugewendete Immobilie einzieht, diese auch bewirtschaften kann. Dazu bestimmen § 22 Abs. 1 S. 1 SGB II bzw. § 35 Abs. 1 S. 1 SGB XII, dass Bedarfe für Unterkunft und Heizung in Höhe der tatsächlichen Aufwendungen anerkannt werden, soweit sie angemessen sind. In der einjährigen Karenzzeit werden sie in Höhe der tatsächlichen Aufwendungen anerkannt (vgl. § 22 Abs. 1 S. 2 ff. SGB II bzw. § 35 Abs. 1 S. 2 ff. SGB XII).

Ob bei einem späteren Einzug des Leistungsberechtigten in ein geerbtes Hausgrundstück – dies gilt für beide Leistungssysteme – noch ein Vermögensschutz entstehen kann, ist bislang ungeklärt.[181] Gleiches gilt für die Frage des Verkaufs eines unangemessenen Hausgrundstücks und den Erwerb eines kleineren, innerhalb der Angemessenheitsgrenzen liegenden Hausgrundstücks.

Mit der erneuten Gesetzesänderung zum 1.1.2024[182] hat der Gesetzgeber die bisherigen Regelungen zur Nichtberücksichtigung von Erbschaften (§ 1922 BGB) in § 82 Abs. 1 S. 2 Nr. 9 SGB XII und § 11a Abs. 1 Nr. 7 SGB II auch auf **Vermächtnisse** (§ 1939 BGB) und **Pflichtteilszuwendungen** (§ 2303 BGB) erweitert. Die Aufzählung ist nach dem Willen des Gesetzgebers abschließend und stellt klar, dass nur Zuflüsse, betreffend die drei genannten Fallgruppen – Erbschaften, Vermächtnisse und Pflichtteilszuwendungen –, nicht als Einkommen zu berücksichtigen sind. Nicht privilegiert werden dagegen bspw. Schenkungen aufgrund von Testamentsauflagen des Erblassers bzw. Schenkungen zu Lebzeiten.[183] Zugleich beschränkt der Gesetzgeber die Einkommensprivilegierung und damit die Zuordnung von Zuflüssen aus Erbschaften, Vermächtnissen und Pflichtteilszuwendungen zum Vermögen im Folgemonat des Zuflusses auf **einmalige** Einnahmen. Erfolge eine **dauerhafte** testamentarische Zuwendung (z.B. ein Dauervermächtnis in Form einer Apanage), so unterliege nur die erstmalige Zuwendung der Einkommensprivilegierung.[184] Wie der Gesetzgeber weiter ausführt, sei es das Ziel gewesen, dem Leistungsberechtigten nach dem SGB XII und SGB II geringfügige Erbschaften, Vermächtnisse, Pflichtteilszuwendungen zu belassen, aber auch eine Verwaltungsvereinfachung herbeizuführen.[185] Da unverändert § 11 Abs. 1 S. 1 62

177 Bieritz-Harder/Conradis/Palsherm/*Geiger*, SGB XII, § 90 Rn 55 m.w.N.

178 Bieritz-Harder/Conradis/Palsherm/*Geiger*, SGB XII, § 90 Rn 55 ff. m.w.N.

179 Schlegel/Voelzke/*Piepenstock/Senger*, jurisPK-SGB II, § 22 Rn 76 ff.

180 Schlegel/Voelzke/*Piepenstock/Senger*, jurisPK-SGB II, § 22 Rn 72 ff.

181 *Doering-Striening*, ZErb 2023, 131, 134 f., insb. Fn 28 m.w.N.

182 Gesetz zur Anpassung des Zwölften und des Vierzehnten Buches Sozialgesetzbuch und weiterer Gesetze v. 22.12.2023, BGBl I 2023, Nr. 408.

183 Vgl. die Gesetzesbegründung: BT-Drucks 20/9195, 45.

184 Vgl. die Gesetzesbegründung: BT-Drucks 20/9195, 45.

185 Vgl. BT-Drucks 20/4360, 29.

SGB II (bis auf die in diesem Zusammenhang nicht einschlägige Ausnahme in § 11 Abs. 1 S. 2 SGB II) nur Einnahmen in Geld erfasst, bleiben Zuwendungen auch mehr als einmaliger Art in geldwerter Form dem Vermögensbegriff zugeordnet.[186] Im Rahmen der Änderungen zum 1.1.2024 hat der Gesetzgeber einen Gleichklang dieser Regelung zu Vorschriften des SGB XII hergestellt, indem der neu eingefügte § 82 Abs. 1 S. 2 Nr. 11 SGB XII nun (gleichermaßen mit Ausnahme der vorliegend nicht einschlägigen geldwerten Zuflüsse z.B. aus Erwerbstätigkeit) die Anrechnungsvorschriften für Einkommen auf Zuflüsse in Geld beschränkt und geldwerte Zuflüsse (im Folgemonat des Zuflusses) dem Vermögen zuordnet. Auf die damit eröffneten weiteren Handlungsspielräume bei der Konzipierung einer letztwilligen Verfügung im Verhältnis zu einem Leistungsbezieher nach dem SGB XII soll an dieser Stelle ausdrücklich verwiesen werden, insbesondere sind die gesondert dem Vermögensschutz unterworfenen Fallgestaltungen in § 90 Abs. 2 SGB XII in den Blick zu nehmen. Dem Einkommensbegriff und damit einer weitreichenden Anrechnung auf die Bedarfe eines Leistungsberechtigten nach dem SGB II und dem SGB XII unterfallen somit **laufende Einnahmen**, die aus einer **Erbschaft** oder einem **Vermächtnis** resultieren, z.B. Mieteinnahmen aus einem ererbten Hausgrundstück mit vermieteten Wohnungen. Soll der Leistungsanspruch des Erben/Vermächtnisnehmers erhalten bleiben, sind solche Gestaltungen zu vermeiden.

63 Auch bezüglich der zum 1.1.2024 vorgenommenen Änderungen im SGB II und SGB XII ist keine Übergangsvorschrift ergangen. Die Vorschriften sind daher – ebenso wie das für die zum 1.1.2023 eingetretenen Änderungen gilt – unmittelbar anwendbar ab deren Inkrafttreten. Bezüglich derjenigen Leistungsbezieher, bei denen ein Erbfall vor dem 1.1.2023 bzw. ein Anspruch auf ein Vermächtnis oder ein Pflichtteilsanspruch vor dem 1.1.2024 entstanden ist, hat der Leistungsträger eine Anpassung an die neue Rechtslage vorzunehmen.

Bezüglich der Fallkonstellationen, die ausschließlich den Zeitraum vor dem 1.1.2023 betreffen, wird auf die Vorauflage verwiesen.[187]

64 Hinsichtlich der **Gestaltung** von Behindertentestamenten ergeben sich in Bezug auf die Gesetzesänderungen zum 1.1.2023 und 1.1.2024 folgende Überlegungen:

Die Verwaltungsanweisung an den Testamentsvollstrecker ist regelmäßig nicht auf den Verbrauch der Vermögenssubstanz gerichtet, sondern Zuwendungen an den Leistungsbezieher sollen aus den aus dem Vermögen erzielten Erträgen erfolgen. Das wird allerdings oftmals nicht möglich sein. Hierbei handelt es sich sozialrechtlich um Einkommen. Besteht also etwa der Nachlass aus einem Grundstück, das mit einem Mehrfamilienhaus bebaut ist, und ist in der Verwaltungsanweisung die anteilige Zahlung der Mieteinnahmen an den Vorerben geregelt, handelt es sich bei diesen Zahlungen sozialrechtlich um Einkommen, das im Grundsatz geeignet ist, den Bürgergeld- oder Sozialhilfeanspruch zu schmälern. Ist dann auch noch geregelt, dass diese Zahlungen „zur Absicherung des Lebensunterhalts" erfolgen sollen,[188] führt an einer bedarfsmindernden Anrechnung kein Weg vorbei, weil die genannten Sozialleistungen gerade dem Lebensunterhalt dienen sollen. Im SGB II regelt sich die Einkommensberücksichtigung nach den §§ 11–11b SGB II und untergesetzlich nach der Bürgergeld-Verordnung (Bürgergeld-V). Im Recht des SGB XII sind vor allem die §§ 82–84 SGB XII und untergesetzlich die Verordnung zur Durchführung des § 82 des Zwölften Buches Sozialgesetzbuch (BSHG§ 76DV) zu beachten. Auch wenn die Zahlungen

186 BeckOGK/*Schwabe*, § 11a SGB II Rn 26.

187 Tanck/Krug/*Horn/Bienert*, AF Testamente, 6. Aufl. 2019, § 21 Rn 39 ff.

188 So im Fall des BSG ErbR 2016, 204.

des Testamentsvollstreckers zu noch so schönen Zwecken erbracht werden, greifen die Regelungen zur Nichtberücksichtigung zweckbestimmter Einnahmen nach § 11a Abs. 3 SGB II und § 83 Abs. 1 SGB XII nicht: Beide Vorschriften setzen voraus, dass Leistungen aufgrund öffentlich-rechtlicher Vorschriften erbracht werden, und daran fehlt es. Im Übrigen ist eine Einkommensbereinigung nur in sehr geringem Maße möglich. In der Bürgergeld-V sind etwa in § 1 Abs. 1 Nr. 1, Nr. 3 und in § 6 Abs. 1 Nr. 1 Bürgergeld-V Beträge von 10, 100 und 30 EUR genannt. In § 82 Abs. 2–6 SGB XII ergeben sich für diese Art von Zuflüssen keinerlei Absetzbeträge. Bei Mieteinkünften könnte man zwar an weitere Absetzmöglichkeiten vom Einkommen denken (§ 82 Abs. 2 S. 1 Nr. 4 SGB XII bzw. § 11b Abs. 1 S. 1 Nr. 5 SGB II i.V.m. § 3 Abs. 2 und 3 Bürgergeld-V: die mit der Erzielung des Einkommens verbundenen notwendigen Ausgaben). Im Rahmen der ordnungsgemäßen Verwaltung (§ 2216 Abs. 1 BGB) dürfte es seitens des Testamentsvollstreckers jedoch ohnehin um eine Auszahlung von erzielten Erträgen zur Bestreitung des Unterhalts des Vorerben gehen.[189] Geldzuwendungen, die sozialrechtlich als Einkommen zu berücksichtigen sind, können demnach aus sozialrechtlicher Sicht nicht empfohlen werden.[190]

Als **Alternative** bietet es sich daher an, den Testamentsvollstrecker anzuweisen, dem Be- 65
dürftigen aus den Früchten des Nachlasses **Sachwerte** zukommen zu lassen, die gem. § 11 Abs. 1 S. 1 und 2 SGB II als geldwerte Einnahmen seit dem 1.8.2016 nicht der Berücksichtigung als Einkommen unterfallen. Seit dem 1.1.2024 gilt dies über § 82 Abs. 1 S. 2 Nr. 11 SGB XII auch für die Sozialhilfe. Bei der Prüfung, ob das Vermögen einem Leistungsbezug entgegensteht, ist auf die sog. Verwertbarkeit abzustellen. Tatsächliche oder rechtliche Gesichtspunkte können einer Verwertung entgegenstehen.[191] Nur tatsächlich vorhandene Mittel können die Bedürftigkeit des Leistungsberechtigten beseitigen. Die Verwertung muss für diesen möglich sein und einen Ertrag erbringen, durch den er, wenn auch nur kurzzeitig, seinen Lebensunterhalt bestreiten kann.[192] Dies ist anhand des Einzelfalls zu beurteilen.[193] Die Gewährung von Sachbezügen durch den Testamentsvollstrecker dürfte demnach recht sozialleistungsfest sein.[194]

Alles in allem bietet es sich also an, dass der Testamentsvollstrecker zur Gewährung von 66
Sachleistungen angewiesen wird. Gegenstände sind also von ihm zu erwerben und dem Bedürftigen zur Verfügung zu stellen. Die Zuwendung in Geld, damit der Bedürftige sich den Gegenstand selbst kauft, ist sozialrechtlich gefährlich und nicht zu empfehlen. Dienstleistungsverträge sollten durch den Testamentsvollstrecker zugunsten des Bedürftigen abgeschlossen werden. So dürfte es etwa möglich sein, Internet- oder Mobilfunkverträge grundsicherungs- und sozialhilfeunschädlich abzuschließen und auch beitragspflichtige Mitgliedschaften zugunsten des Leistungsbeziehers einzugehen. Gerade bei der Anschaffung von Sachgütern ist natürlich Vorsicht geboten. Da sie nicht als Einkommen zu berücksichtigen sind, kommt deren Berücksichtigung im Monat nach dem Erwerb als Vermögen in Betracht. Luxusgüter sind möglicherweise nicht nach § 90 Abs. 2 Nr. 4 SGB XII bzw. § 12 Abs. 1 S. 2 Nr. 1 SGB II geschützt. Zwar kann immer noch die Härteklausel des § 90 Abs. 3 SGB XII oder des § 12 Abs. 1 S. 2 Nr. 7 SGB II eingreifen, doch sollte man sich nicht unbedingt darauf verlassen.

189 BGH NJW 2020, 58, 60 Rn 17; *Milzer*, NZFam 2019, 1046, 1047; *Litzenburger*, Fachdienst ErbR 2019, 122415.

190 Vgl. auch *Manthey/Trilsch*, ZEV 2015, 618, 620.

191 Grube/Wahrendorf/Flint/*Giere*, SGB XII, § 90 Rn 22 m.w.N.

192 Grube/Wahrendorf/Flint/*Giere*, SGB XII, § 90 Rn 24 m.w.N.; BeckOGK/*Dankelmann*, § 90 SGB XII Rn 13 m.w.N.; Münder/Geiger/Lenze/*Geiger*, SGB II, § 12 Rn 10 ff. m.w.N.

193 BeckOGK/*Dankelmann*, § 90 SGB XII Rn 12 m.w.N.

194 *Manthey/Trilsch*, ZEV 2015, 618, 621.

67 Tritt der Erbfall während des laufenden Leistungsbezugs ein, ist der Nachlass nach Maßgabe von § 11a Abs. 1 Nr. 7 SGB II bzw. § 82 Abs. 1 S. 2 Nr. 9 SGB XII Vermögen, soweit es sich um einmalige Einnahmen aus Erbschaften, Vermächtnissen und Pflichtteilszuwendungen handelt, ansonsten Einkommen. Solange der unter Testamentsvollstreckung stehende Nachlass nicht an den Leistungsempfänger ausgekehrt wird, stehen aber keine „bereiten Mittel“ zur Verfügung. Eine Anrechnung auf den Sozialleistungsanspruch scheidet daher zunächst aus. Soweit der Testamentsvollstrecker gemäß Verwaltungsanweisung an den Leistungsbezieher Leistungen erbringt, ist nun maßgeblich, ob es sich um einmalige Zuwendungen, Sachbezüge oder Geld handelt. Werden Sachbezüge gewährt, stellen sich die bereits erörterten Rechtsfragen. Sozialleistungsrechtlich ist insoweit aber eher eine günstige Prognose zu stellen. Anders im Fall von laufenden Zuwendungen in Geld. Mit der Zahlung stehen bereite Mittel zur Verfügung, die nach Absetzung allenfalls geringer Freibeträge auf den Sozialleistungsanspruch anzurechnen sind.[195] Mit Wegfall der Differenzierung zwischen laufendem und Einmaleinkommen zum 1.7.2023 (§ 11 Abs. 1 S. 1 SGB II) bzw. zum 1.1.2023 (§ 82 Abs. 7 S. 1 SGB XII) durch das Bürgergeld-Gesetz haben sich die Probleme bei der Anwendung des mit dem zuvor in bestimmten Konstellationen zu bildenden sog. Verteilzeitraums von sechs Monaten für Einmaleinkommen erledigt. Liegt nach neuem Recht eine vollständige Bedarfsdeckung für einen Monat vor, so besteht für diesen Monat kein Leistungsanspruch. Ggf. im Folgemonat noch vorhandene Mittel aus dem Einmaleinkommen wären bei Vorliegen der Voraussetzungen als Vermögen zu berücksichtigen. Insoweit müsste der Leistungsempfänger belehrt werden.

68 Bezüglich der Leistungen nach dem **Eingliederungshilferecht** (§§ 90–150a SGB IX) dürfte sich im Hinblick auf den Leistungsbezug des im Wege einer Verfügung von Todes wegen Bedachten gem. §§ 135 f. SGB IX eine einkommensabhängige Beteiligung an den Aufwendungen der Leistungen der Eingliederungshilfe in Form eines Beitrags nicht stellen. Gem. § 138 Abs. 1 SGB IX ist für zahlreiche Leistungen der Eingliederungshilfe ohnehin kein Beitrag aufzubringen. Der Einsatz von Vermögen gem. § 140 SGB IX ist zudem nur gefordert, wenn die sich im Wesentlichen an das Sozialhilferecht anlehnenden Vermögensfreibeträge (§ 90 Abs. 2 Nr. 1–8 und 10 SGB XII) überschritten werden. Bezüglich des Barvermögens oder sonstiger Geldwerte knüpft § 139 S. 2 SGB IX an die jährliche Bezugsgröße nach § 18 Abs. 1 SGB IV an. Das geschützte Vermögen beträgt bis zu 150 % der Bezugsgröße. In 2024[196] liegt diese bei 42.420 EUR (West) bzw. 41.580 EUR (Ost), das 150-fache mithin bei 63.630 EUR (West) bzw. 62.370 EUR (Ost). Ausgehend von der seit dem 1.1.2025 einheitlichen Bezugsgröße (West und Ost) von 44.940 EUR[197] liegt das 150-fache nunmehr bei 67.410 EUR. Verfügte ein Leistungsberechtigter über solche Vermögenswerte, wäre er von dem Bezug von Leistungen nach dem SGB II und dem SGB XII ausgeschlossen. Liegen bereites Einkommen und verfügbares Vermögen wegen der Anordnungen über die Testamentsvollstreckung nicht vor, dürfte der Leistungsbezieher auch nicht beitragspflichtig sein. Dass in diesem Fall der Testamentsvollstrecker als „andere Person“ nach § 137 Abs. 4 S. 1 SGB IX für den Beitrag aufkommen und diesen also aus dem Nachlass oder dessen Ertrag begleichen muss, ist an sich nicht anzunehmen. *Schneider* schlägt eine Verwaltungsanordnung vor, nach der der Testamentsvollstrecker aus den der **Testamentsvollstreckung** unterliegenden Erträgnissen der Erbschaft keine Aufwendungsbeiträge für Eingliederungshilfe-

195 Vgl. etwa LSG Niedersachsen-Bremen ZEV 2015, 291.

196 § 1 der Verordnung über maßgebende Rechengrößen der Sozialversicherung für 2024 (Sozialversicherungsrechengrößen-Verordnung 2024).

197 Siehe § 1 der Verordnung über maßgebende Rechengrößen der Sozialversicherung für 2025 (Sozialversicherungsrechengrößen-Verordnung 2025) v. 25.11.2024, BGBl I 2024, Nr. 365.

leistungen bezahlen darf.[198] Diese ist aber nicht erforderlich, da sich bereits aus den einzelnen Regelungen des Testaments ergibt, dass der Testamentsvollstrecker nicht an den Sozialleistungsträger leisten darf.

Exkurs: Der Anspruch des Betreuers eines behinderten Menschen auf Vergütung seiner Tätigkeit richtet sich nach dem LG Wuppertal[199] im Fall eines Behindertentestaments nur dann gegen das Nachlassvermögen und nicht gegen die Staatskasse, wenn der Betroffene einen entsprechenden Anspruch auf Freigabe der zu entrichtenden Entschädigung gegen den Testamentsvollstrecker hat. Es sei daher positiv festzustellen, ob nach dem Willen des Erblassers die Zahlung der Aufwandsentschädigung zu denjenigen Leistungen gehört, die der Testamentsvollstrecker zu erbringen hat. Dies ist nicht der Fall, wenn der Testamentsvollstrecker nach dem Testament Sachleistungen und Vergünstigungen aus den Erträgen und der Substanz des Nachlasses für den Betroffenen erbringen soll, die der Testamentsvollstrecker für zweckmäßig und sinnvoll erachtet und die geeignet sind, dem Betroffenen Erleichterungen und Hilfen zu verschaffen. Gleichwohl ist es zweckmäßig, einen entsprechenden Ausschluss zu verfügen.[200] 69

2. Bestimmung des Testamentsvollstreckers

Grundsätzlich ist es zweckmäßig, wenn eine **dem behinderten Kind nahestehende Person** zum **Testamentsvollstrecker** bestellt wird. Ebenfalls ist es wünschenswert, wenn eine dem behinderten Kind nahestehende Person zum **Betreuer** ernannt wird. Gleichzeitig ist zu beachten, dass diese nahestehenden Personen auch selbst am Nachlass als Erbe beteiligt sein können. In der Regel steht nicht eine Vielzahl von Personen für diese Ämter zur Verfügung. Kollisionen sind vor allem denkbar, wenn (1) Testamentsvollstrecker und Betreuer dieselbe Person ist bzw. (2) der Betreuer auch selber Erbe ist. 70

Im Idealfall ist der Betreuer nicht gleichzeitig auch Testamentsvollstrecker.[201] So kann es zu einer Interessenkollision kommen, da der Betreuer schließlich als gesetzlicher Vertreter des mit der Testamentsvollstreckung beschränkten Erben den Testamentsvollstrecker kontrollieren soll und u.a. das Nachlassverzeichnis entgegenzunehmen hat (§ 2215 BGB).[202] Auch kann ein Betreuer die Entlassung des Testamentsvollstreckers beim Nachlassgericht beantragen (§ 2227 BGB). Die Rechtslage ist in etwa vergleichbar mit der Konstellation bei minderjährigen Erben, wenn der Elternteil gesetzlicher Vertreter seines minderjährigen Kindes und gleichzeitig Testamentsvollstrecker ist. Eine gefestigte Rechtsprechung besteht nicht, ob hier eine unzulässige Kollision vorliegt (vgl. § 19 Rdn 11).[203] Bei Minderjährigen ist zu empfehlen, vorsorglich einen **Zuwendungspfleger** für den Fall, dass das Familiengericht eine Kollision erkennt, zu ernennen (§ 1811 Abs. 2 Nr. 1 BGB; vgl. § 19 Rdn 55). Ist für das behinderte Kind eine Person zum Betreuer bestellt worden, bei der eine Kollision vorliegt, ist anzudenken, dass das Betreuungsgericht für den Teilbereich der Erbschaft bzw. des Vermächtnisanspruchs einen weiteren Betreuer nach § 1817 BGB einsetzt. *Krauß*[204] spricht von einem „Dauerergänzungsbetreuer". Diesen sah das OLG Zweibrücken[205] schon in 71

198 *Schneider*, ZEV 2019, 453, 458.
199 LG Wuppertal ZEV 2015, 643.
200 Zulässig: BGH ZEV 2017, 267; BeckOK BGB/*Litzenburger*, § 2100 Rn 22.
201 *Damrau*, ZEV 1998, 1.
202 *Zimmermann*, ZEV 2024, 68, 69, aber Verweis auf BGH ZEV 2008, 330, wonach zumindest bei Pflegschaften auf den Einzelfall abgestellt werden müsse.
203 Detailliert: *Ruby/Schindler*, Das Behindertentestament, § 3 Rn 121 ff.
204 Groll/Steiner/*Krauß*, Erbrechtsberatung, § 12 Rn 49.
205 OLG Zweibrücken ZEV 2004, 161 m. Anm. *Spall*.

einem Einzelfall als erforderlich an, wenn zwischen dem Betreuer und dem Testamentsvollstrecker eine besondere, Loyalität fordernde Nähebeziehung vorlag. Möglich ist, dass für diesen Fall die Person, die auch Betreuer ist, das Amt des Testamentsvollstreckers niederlegt und – sofern das Testament eine Befugnis zur Ernennung eines Nachfolgers enthält (§ 2199 BGB) – einen Ersatztestamentsvollstrecker ernennt. Alternativ kann auch schon die Person eines Ersatztestamentsvollstreckers testamentarisch verfügt worden sein. Nochmals alternativ wird vorgeschlagen, für diesen Fall einen Mittestamentsvollstrecker zu ernennen (§ 2224 Abs. 1 S. 3 BGB).[206] Dagegen spricht aber, dass eine solche Gestaltung in der Praxis zu kompliziert sein kann und ggf. der Mittestamentsvollstrecker wegen der Kollision des Haupttestamentsvollstreckers infiziert werden könnte.

72 Ein Betreuer ist in den Fällen des § 1824 BGB von der Vertretung ausgeschlossen. Gleiches gilt bei einer Kollision wegen eines Interessenkonflikts entsprechend § 1789 Abs. 2 S. 3 BGB.[207] In diesen Fällen ist der Betreuer aus rechtlichen Gründen gehindert, sodass das Betreuungsgericht einen **Ergänzungsbetreuer** nach § 1817 Abs. 5 BGB zu bestellen hat. Das Testament kann eine Anregung enthalten, welche Person dann zum Ergänzungsbetreuer bestellt wird.

V. Vor- und Nachteile

73 Zwangsläufig entsteht durch die Vor- und Nacherbschaftslösung eine Erbengemeinschaft, an der das behinderte Kind als Miterbe beteiligt ist.[208] Die Erbauseinandersetzung kann schwierig werden.[209] Keinesfalls darf der Fehler unterlaufen, dass das behinderte Kind seinen belasteten Erbteil an den Miterben verkauft, also ein **Erbschaftskauf** i.S.d. § 2371 ff. BGB. Für den Kaufpreis, den das behinderte Kind erhält, bestehen nicht mehr die Beschränkungen durch die Dauertestamentsvollstreckung mit den Verwaltungsanordnungen.[210]

Nachteilig wirkt sich darüber hinaus aus, dass der Testamentsvollstrecker verpflichtet ist, bspw. ein Nachlassverzeichnis zu erstellen (§ 2215 BGB). Des Weiteren ist er zur ordnungsgemäßen Verwaltung (§ 2216 BGB) oder zur Rechnungslegung (§ 2218 BGB) verpflichtet. Auch kann der Testamentsvollstrecker sich gem. § 2219 BGB schadensersatzpflichtig machen.

74 Die Abwicklung der Erbengemeinschaft kann dadurch vereinfacht werden, dass durch eine **Teilungsanordnung** das behinderte Kind lediglich Geld erhalten soll.[211] Da Liquiditätsengpässe möglich sind, sollte dem Testamentsvollstrecker gestattet werden, diese Teilungsanordnung nach dessen billigem Ermessen erst später umzusetzen (§ 2048 S. 2 BGB).

---

206 *Ruby/Schindler*, Das Behindertentestament, § 3 Rn 136.

207 MüKo-BGB/*Schneider*, § 1817 Rn 32.

208 *Hammann*, Gestaltung von Behindertentestamenten, Rn 243 ff.

209 *Keim*, DNotZ 2014, 895; Muster für einen Auseinandersetzungsvertrag: *Ruby*, ZEV 2006, 67.

210 LG Kassel ZEV 2014, 104 m. Anm. *Wirich*; ebenso BeckOK BGB/*Litzenburger*, § 2100 Rn 14.

211 *Ruby*, ZEV 2005, 66, 67, dort auch ein Muster für eine Klausel Vorerbeneinsetzung mit Teilungsanordnung sowie für einen Erbauseinandersetzungsvertrag; ebenfalls bei *Langenfeld/Fröhler*, Testamentsgestaltung, Kap. 6 Rn 114; vgl. *Ruby/Schindler*, Das Behindertentestament, § 3 Rn 86 ff.

VI. Muster

Muster 26.3: Vor- und Nacherbschaft bei behinderten Erben 26.3 75

§ 1 Erbeinsetzung

Ich, , bestimme [*behindertes Kind*] und [*gesundes Kind*] jeweils zu Miterben. Die Erbquote von [*behindertes Kind*] beträgt 60 % seines gesetzlichen Erbteils; im Übrigen erbt [*gesundes Kind*].

[*Fakultativ bei Ehegatten für den ersten Erbfall:*]

Miterben des Erstversterbenden von uns, und , sind der Längerlebende von uns und [*behindertes Kind*]. Die Erbquote von [*behindertes Kind*] beträgt 60 % seines gesetzlichen Erbteils; im Übrigen erbt der längerlebende Ehegatte.

[*behindertes Kind*] ist jedoch nur Vorerbe. Er wird von den gesetzlichen Beschränkungen nicht befreit, außer von §§ 2116, 2118, 2119 BGB und insbesondere im Hinblick auf die nachfolgende Anweisung an den Testamentsvollstrecker zur Sicherstellung des Wohls von [*behindertes Kind*] von §§ 2133, 2134 BGB. Zum Nacherben bestimme ich [*gesundes Kind*], ersatzweise sollen seine Abkömmlinge nach den Regeln der gesetzlichen Erbfolge Nacherben werden. Der Nacherbfall tritt mit dem Tod des Vorerben ein. Das Nacherbenanwartschaftsrecht ist nicht vererblich und nicht übertragbar.

[*Fakultativ:*]

§ 2 Teilungsanordnung

Ich verfüge im Rahmen einer Teilungsanordnung, dass [*behindertes Kind*] auf seinen Vorerbanteil Geld erhalten soll, und zwar in Höhe seines rechnerischen Anteils am Reinnachlass. Es ist in das billige Ermessen des Testamentsvollstreckers gestellt, ob und wann er die Teilungsanordnung durchführt (§ 2048 S. 2 BGB).

[*Fakultativ:*]

§ 3 Geldvermächtnis wegen Schenkungen

[*siehe Muster* Rdn 42]

§ 4 Testamentsvollstreckung mit Verwaltungsanordnungen

1.

Weil mein Kind aufgrund seiner Behinderung nicht in der Lage ist, seine Angelegenheiten selbst zu besorgen, insbesondere die ihm durch den Erbfall zufallenden Vermögensteile selbst zu verwalten, ordne ich für die Verwaltung seines Erbteils auf seine Lebenszeit Dauervollstreckung i.S.d. § 2209 S. 1 Hs. 1 BGB an. Ich möchte dauerhaft aus Mitteln seiner Nachlassbeteiligung einen angemessenen Lebensstandard ermöglichen, der über das Niveau einer staatlichen Grundversorgung hinausgeht.

2.

Der Testamentsvollstrecker hat den Erbteil von in Besitz zu nehmen und einschließlich der Erträge und Nutzungen zu verwalten. An einer eventuellen Erbauseinandersetzung hat er mitzuwirken und dabei auch etwaige Teilungsanordnungen durchzuführen. Danach setzt sich die Testamentsvollstreckung an den dem Vorerben zugewiesenen Nachlassgegenständen und Vermögenswerten fort. Bis zum Eintritt des Nacherbfalls nimmt er die Rechte der Nacherben wahr (§ 2222 BGB). Etwaige Nachvermächtnisse hat er nach dem Tod von zu erfüllen.

3.

Der Testamentsvollstrecker ist von den Beschränkungen des § 181 BGB befreit und in der Eingehung von Verbindlichkeiten nicht beschränkt. Über den Erbteil insgesamt darf der Testamentsvollstrecker nur mit Zustimmung des Familiengerichts verfügen.

4.

Der Testamentsvollstrecker ist verpflichtet (§ 2216 Abs. 2 BGB), für die nachgenannten Zwecke Mittel nach freiem Ermessen aus den Erträgnissen der Erbschaft zur Verfügung zu stellen:

Güter des persönlichen Bedarfs wie Kleidung, Bettwäsche, auch zur Erfüllung geistiger oder künstlerischer Bedürfnisse, wozu insbesondere auch die Ausübung von Hobbys und Liebhabereien zählt, gerade im Hinblick auf die Stärkung der Physis und der Psyche, Einrichtung seines Zimmers oder seiner Wohnung; Freizeiten und Urlaubsaufenthalte einschließlich der Anschaffung der dafür notwendigen Gegenstände; Geschenke an Weihnachten, Ostern und zum Geburtstag; Ausstattungsgegenstände, ärztliche Behandlung, Therapien und Medikamente, die von der Krankenkasse nicht oder nicht vollständig bezahlt werden, z.B. Brille, Zahnersatz, Kuraufenthalte und Besuche bei Verwandten und Freunden. Geldzuwendungen, die jedoch, wenn erstattungspflichtige Sozialhilfeleistungen oder sonstige bedarfsabhängige Sozialleistungen in Anspruch genommen werden, den Rahmen dessen nicht übersteigen dürfen, was mein Kind nach den einschlägigen Bestimmungen maximal zur freien Verfügung haben darf.

Dagegen ist der Testamentsvollstrecker nicht befugt, Mittel für eine etwaige Betreuervergütung und entsprechende Gerichtsgebühren zur Verfügung zu stellen.

Auf die Substanz des Vermögens darf der Testamentsvollstrecker nur zurückgreifen, sofern die Zuwendungen an nach § 4 Abs. 4, die Kosten der Testamentsvollstreckung einschließlich Auslagen und einer Betreuervergütung, die über die Vergütung nach dem VBVG hinausgeht (Spitzenausgleich), nicht aus den Erträgnissen der Erbschaft bestritten werden können. Eine Anrechnung auf Sozialleistungen darf nicht erfolgen.

Der Testamentsvollstrecker hat immer nach dem Wohle von zu entscheiden. Er entscheidet nach billigem Ermessen, für welche der genannten Zwecke er die Erträge verwendet, immer unter der Prämisse, dass sich die Lebensqualität von durch die Zuwendungen verbessert.

Soweit die jährlichen Reinerträge nicht für eingesetzt wurden, sind diese gewinnbringend anzulegen. Vorabrücklagen sind zu bilden, wenn im Rahmen des obigen Katalogs größere Ausgaben anstehen.

5.

Zum Testamentsvollstrecker berufe ich . Er ist berechtigt, jederzeit seinen Nachfolger zu ernennen (§ 2199 BGB). Nimmt er das Amt nicht an, ist er berechtigt, einen Testamentsvollstrecker zu bestimmen (§ 2198 BGB). Kommt er nach vier Wochen nach Niederlegung dieser Befugnis nicht nach, wird das Nachlassgericht ersucht, einen Testamentsvollstrecker zu benennen (§ 2200 BGB). Dieser soll im Landgerichtsbezirk ansässig sein und über Kompetenzen im Erb- und im Sozialrecht verfügen.

6.

[*Anordnung zur Vergütung, etwa ein Stundenhonorar*]

§ 5 Vorschlag für einen Betreuer

Für den Fall, dass meine geschiedene Ehefrau vorverstorben ist, schlage ich vor, ersatzweise zum Betreuer meines Kindes zu bestellen.

Hinweis
Das Formular muss an die Bedürfnisse des behinderten Kindes angepasst werden.

VII. Längerlebender Ehegatte ebenfalls als Vorerbe

76 Nicht stets empfehlenswert ist die Gestaltung, wonach in einem **gemeinschaftlichen Testament** im ersten Erbfall der längerlebende Ehegatte Vollerbe und nur das behinderte Kind Vorerbe wird. Das führt dazu, dass sich der Pflichtteilsanspruch des behinderten Kindes im zweiten Erbfall auch (nochmals) auf Basis des geerbten Vermögens berechnet. Die Pflichtteilsquote würde sich in diesem Fall „auf das durch den Tod des erstversterbenden

Ehegatten erhöhte Vermögen des längerlebenden Ehegatten beziehen“.[212] Folglich kann auch der längerlebende Ehegatte zum (befreiten) Vorerben eingesetzt werden. Das führt zu einer Trennung zwischen dem Eigenvermögen und dem der Nacherbschaft unterliegenden Vermögen, sodass sich im zweiten Erbfall die Pflichtteilsansprüche nur auf das Eigenvermögen des Längstlebenden berechnen. Jedoch bestehen auch Nachteile:[213] Gewährt der längerlebende Ehegatte aus dem geerbten, der Nacherbfolge unterstehenden Vermögen Schenkungen, sind diese nichtig (§ 2113 Abs. 2 BGB) und von den Nacherben nach dem Erbfall rückforderbar. Zudem hat der längerlebende Ehegatte nicht die Möglichkeit, über dieses Nachlassvermögen die Erbeinsetzung zu variieren oder Vermächtnisse auszusetzen.

Muster 26.4: Längerlebender Ehegatte als befreiter Vorerbe 26.4

Der längerlebende Ehegatte ist ebenfalls Vorerbe. Der Vorerbe ist mithin von allen gesetzlichen Beschränkungen und Verpflichtungen befreit, soweit dies zulässig ist. Er ist insoweit zur freien Verfügung über die Erbschaft (bis auf Schenkungen) und zu ihrem Verzehr berechtigt. 77

Zu Nacherben berufe ich *[gesundes Kind]* und *[gesundes Kind]* zu gleichen Teilen. Ersatznacherben sind die Abkömmlinge des weggefallenen Miterben, mehrere unter sich nach den Regeln der gesetzlichen Erbfolge. Sind keine Abkömmlinge als Ersatzerben vorhanden, so wächst der Erbteil den übrigen Erben nach dem Verhältnis ihrer Erbteile an.

Der Nacherbfall tritt mit dem Tod des Vorerben ein.

Die Nacherbenanwartschaft ist zwischen Erbfall und Nacherbfall nicht übertragbar, nicht verpfändbar und nicht vererblich. Das gilt jedoch nicht für eine Veräußerung an den Vorerben; in diesem Fall entfällt auch jede ausdrückliche oder stillschweigende Ersatznacherbeneinsetzung.

Sollte *[behindertes Kind]* vorverstorben sein oder aus anderen Gründen nicht zur Erbfolge gelangen, so entfällt die Beschränkung durch die Nacherbschaft; der längerlebende Ehegatte wird unbeschränkter Alleinerbe.

J. Vermächtnislösung

I. Elemente der Gestaltung

Bei der Vermächtnislösung wird vermieden, dass eine **Erbengemeinschaft** mit dem behinderten Kind als Mitvorerbe **entsteht**. Auch eine problembehaftete Erbauseinandersetzung nach § 2042 BGB steht nicht an. Bei dieser Gestaltung wird dem Kind mit Behinderungen ein **Vorvermächtnis** ausgesetzt und über eine **Dauervollstreckung** definiert, welche Leistungen es erhält. Die Dauertestamentsvollstreckung sorgt ferner entsprechend § 2211 BGB dafür, dass der Vorvermächtnisnehmer über den Vermächtnisgegenstand nicht verfügen kann.[214] Das macht den Vermächtnisanspruch im Sinne des Grundsicherungs- und Sozialhilferechts unverwertbar.[215] Ein (zusätzlicher) Schutz wie bei der Vor- und Nacherbschaft durch § 2115 BGB, wonach eine Zwangsvollstreckung gegen den Vorerben i.E. unwirksam ist, besteht bei dem Vor- und Nachvermächtnis nicht. Der Schutz durch die Dauertestamentsvollstreckung mit der Verwaltungsanordnung ist aber ausreichend. 78

212 *Ruby*, ZEV 2006, 66, 67.

213 Vgl. Groll/Steiner/*Krauß*, Erbrechtsberatung, § 12 Rn 58.

214 *Ruby/Schindler*, Das Behindertentestament, § 2 Rn 62.

215 Vgl. LSG Baden-Württemberg ZEV 2008, 147, 148; *Braun*, Nachlassplanung bei Problemkindern, § 2 Rn 142.

79 Mit dem Tod des Vorvermächtnisnehmers erwerben die weiteren Kinder oder gemeinnützige Einrichtungen im Wege des Nachvermächtnisses den Anspruch gegen den Nachlass des Vorvermächtnisnehmers auf Auskehrung des noch vorhandenen Vermächtnisrestes (§ 2191 BGB).[216] Idealerweise wird ein **Quotengeldvermächtnis** mit einer Quote oberhalb der Pflichtteilsquote ausgesetzt (vgl. Rdn 41). Ferner muss sichergestellt sein, dass die testamentarische Begünstigung des behinderten Kindes auch Pflichtteilsergänzungsansprüche umfasst (vgl. Rdn 38 ff.). Das nachfolgende Muster (Rdn 86) sieht hierfür ein zusätzliches Vermächtnis vor. Alternativ kann ein **Vermächtnis im Wert von 110 % des gesetzlichen ordentlichen Pflichtteils- und Pflichtteilsergänzungsanspruchs** ausgesetzt werden.[217] Dann ist ein zusätzliches Geldvermächtnis wegen Schenkungen nicht erforderlich.

80 Denkbar ist auch eine Kombination bzw. Anrechnung etwa mit einem Wohnungsrechtsvermächtnis (vgl. Rdn 87). Ein Wohnungsrecht kann schließlich ebenfalls nicht auf den Sozialleistungsträger übergeleitet werden.

Bei einer Quote unterhalb der Pflichtteilsquote könnte der Pflichtteilsrestanspruch aus § 2307 Abs. 1 S. 2 BGB geltend gemacht werden. Diesen könnte der Sozialleistungsträger auf sich überleiten.

81 Bei dieser Vermächtnislösung steht dem Kind mit Behinderungen bzw. dessen Betreuer das Wahlrecht zwischen Annahme des Vorvermächtnisses oder Ausschlagung und Verlangung des Pflichtteilsrechts zu (§ 2307 Abs. 1 S. 1 BGB). Auch in dieser Konstellation kann der Sozialleistungsträger das Ausschlagungsrecht des Vermächtnisses nicht auf sich überleiten. Der Betreuer wird das Vorvermächtnis nicht ausschlagen, wenn es zum Wohl des behinderten Kindes ausgestaltet ist. Wie bei der Vor- und Nacherbschaftslösung muss der Testamentsvollstrecker durch eine **Verwaltungsanweisung** nach § 2116 BGB beauftragt werden, welche Leistungen er an den Vorvermächtnisnehmer herauszugeben hat (vgl. Rdn 64 ff.). Diese dürfen sozialrechtlich nicht verwertbar sein.

Es ist darauf hinzuweisen, dass hier keine Vermächtnisvollstreckung i.S.d. § 2223 BGB gemeint ist. Diese beschränkt sich auf die Ausführung von Beschwerungen zu Lasten des Vermächtnisnehmers, etwa durch Untervermächtnisse. Zweckmäßig ist es, stets die Aufgaben und Befugnisse eines Testamentsvollstreckers genau zu beschreiben. Die Unklarheit,[218] ob der Dauertestamentsvollstrecker auch die Rechte der Nachvermächtnisnehmer wahrzunehmen hat, sollte durch eine **testamentarische Aufgabenbeschreibung** beseitigt werden. Explizit ist anzuordnen, dass der Testamentsvollstrecker auch die Rechte der Nachvermächtnisnehmer wahrnehmen und das Nachvermächtnis erfüllen soll.

82 **Person des Testamentsvollstreckers:** Zu der Problematik, wer Testamentsvollstrecker werden kann, wird auf die Ausführungen unter der Vor- und Nacherbschaftslösung verwiesen (vgl. Rdn 70 ff.). Bei der Vermächtnislösung kann aber angedacht werden, dass zur Erfüllung des Vermächtnisses ein **familienfremder** Testamentsvollstrecker berufen wird. Seine Aufgabe endet mit Einziehung des Vermächtnisses. Dann schließt sich die Dauervollstreckung an, die auch der belastete Erbe übernehmen kann. Die Interessenkollision kann schließlich bei der Einziehung des Vermächtnisses nur darin bestehen, dass das behinderte Kind weniger erhält, als ihm durch Testament zugewiesen ist. Sobald die Einziehung abgeschlossen ist, kann auch der belastete Erbe die Dauervollstreckung über den Vermächtnisgegenstand übernehmen. Konkret: Der längerlebende Ehegatte ist Alleinerbe. Er hat auf Verlangen des familienfremden Testamentsvollstreckers den Vermächtnisanspruch seines behinderten

216 BeckOK BGB/*Litzenburger*, § 2100 Rn 15.
217 *Baltzer/Pauli*, Vorsorgen mit Problemkindern, 2. Aufl. 2019, Rn 925.
218 Schlitt/Müller-Engels/*Müller-Engels*, Hdb Pflichtteilsrecht, 3. Aufl. 2024, § 10 Rn 307.

Kindes zu erfüllen. Danach kann er die Dauervollstreckung übernehmen und die Leistungen an das behinderte Kind auskehren.

II. Bestehende Rechtsunsicherheit als vermeintlicher Nachteil

Trotz der Vielzahl von gerichtlichen Entscheidungen ist die für die Vermächtnislösung entscheidende Rechtsfrage bislang anscheinend nicht entschieden worden: Es besteht nämlich eine **Konkurrenzsituation** nach dem Ableben des Behinderten **zwischen dem Kostenerstattungsanspruch** des Sozialleistungsträgers nach § 102 SGB XII **und dem Anspruch des Nachvermächtnisnehmers** auf Erfüllung seines Vermächtnisanspruchs, wenn denn § 102 SGB XII überhaupt anwendbar ist, was wegen § 102 Abs. 5 SGB XII häufig nicht der Fall sein wird.[219] Der Anspruch des Nachvermächtnisnehmers wirkt schließlich nur schuldrechtlich und nicht wie bei dem Nacherben dinglich. Anders als bei der Nacherbschaft fällt der Vermächtnisanspruch des Nachvermächtnisnehmers in den Nachlass des Vorvermächtnisnehmers. Naturgemäß ist der Nachlass des behinderten Kindes überschuldet, da dem Sozialleistungsträger Ansprüche zustehen. 83

Nach einer Mindermeinung wird der Rest des Vorvermächtnisses zwischen dem Sozialleistungsträger und dem Nachvermächtnisnehmer quotenmäßig aufgeteilt, da beide Forderungen gleichrangig seien.[220] Ebenfalls nicht überzeugend ist es, eine Haftung aus entsprechender Anwendung der §§ 2387 Abs. 1, 2382, 2385 BGB wie beim Erbteilskauf zu konstruieren.[221] Diese Mindermeinung vergleicht das Nachvermächtnis mit einem Universalvermächtnis. Sie übersieht dabei, dass sich das Nachvermächtnis nicht auf den ganzen Nachlass bezieht, sondern nur auf den beim „Nachvermächtnisfall" noch vorhandenen Restnachlass. 84

Nach der überzeugenden herrschenden Meinung[222] scheidet aber der Zugriff des Sozialleistungsträgers aus, weil das Nachvermächtnis nicht vom Vorvermächtnisnehmer angeordnet wurde, sondern vom ursprünglichen Erblasser. Damit ist das Vorvermächtnis von Anfang an mit dem **aufschiebend bedingten Herausgabeanspruch** zugunsten des Nachvermächtnisnehmers belastet gewesen.[223] Bei dem Vermächtnis handelt es sich schließlich – aus Sicht des Nachlasses des behinderten Kindes – um eine Erblasserschuld und nicht, wie bei dem Kostenerstattungsanspruch nach § 102 SGB XII, um eine Erbfallschuld.

Weiterer Konfliktpunkt ist die Frage, ob die **Testamentsvollstreckung mit dem Nachvermächtnisfall endet**, also beim Tod des behinderten Vorvermächtnisnehmers, oder ob der Aufgabenbereich und die Verfügungsmacht des Testamentsvollstreckers auch umfassen kann, den Vermächtnisgegenstand noch auf den Nachvermächtnisnehmer zu übertragen.[224] Nach der herrschenden Meinung[225] berechtigt eine Vermächtnisvollstreckung i.S.d. § 2223 BGB nicht zur Erfüllung des Nachvermächtnisses. Zu empfehlen ist daher, die Dauervollstreckung auf die Erfüllung des Nachvermächtnisanspruchs zu erweitern.[226] Mit dem Erbfall 85

219 Vgl. *Schneider*, ZEV 2019, 453, 456, der auch zu Recht darauf hinweist, dass im neuen Recht der Eingliederungshilfe des SGB IX eine § 102 SGB XII entsprechende Kostenersatzregelung nicht aufgenommen worden ist.

220 *Damrau*, ZEV 1998, 1, 3.

221 Nachweise bei NK-BGB/*Horn*, § 2191 Rn 30.

222 Ausführlich: NK-BGB/*Horn*, § 2191 Rn 30 m.w.N.

223 Zahlreiche weitere Argumente bei *Baltzer*, ZEV 2008, 116, 119; *Hartmann*, ZEV 2001, 89; *Weidlich*, ZEV 2001, 94, 96; *Langenfeld/Fröhler*, Testamentsgestaltung, Kap. 6 Rn 145.

224 Vgl. *Damrau/J. Mayer*, ZEV 2001, 293, 294; *Spall*, ZEV 2002, 5; *Hartmann*, ZEV 2001, 89, 91.

225 NK-BGB/*Horn*, § 2191 Rn 25.

226 *Braun*, Nachlassplanung bei Problemkindern, § 2 Rn 143.

des Behinderten geht die Dauervollstreckung in eine spezielle Vermächtnisvollstreckung, angelehnt an § 2223 BGB, über.

III. Muster

26.5 **Muster 26.5: Vermächtnislösung**

86 **§ 1**

Zu meinem Alleinerben setze ich ein.

§ 2

Als Vorvermächtnis setze ich meinem Kind ein Vermächtnis im Wert von 60 % des gesetzlichen Erbteils aus. Berechnungsgrundlage ist der Wert des Nachlasses per Todestag (vorbereitende Ansprüche nach § 2314 Abs. 1 BGB und Berechnung nach dem Pflichtteilsrecht). Es entsteht mit dem Erbfall und ist sechs Monate nach Testamentseröffnung fällig.

Nachvermächtnisnehmer ist . Seine Anwartschaft ist weder vererblich noch übertragbar. Der Nacherbfall wird durch den Erbfall des Vorvermächtnisnehmers ausgelöst.

Da es sich um ein Wertvermächtnis handelt, ist der Beschwerte nach seiner Wahl berechtigt, das Vermächtnis neben einer Geldzahlung auch ganz oder teilweise durch Übertragung von anderen Nachlasswerten wie Grundbesitz oder Wertpapieren zu erfüllen. Für den Wert von Grundbesitz ist das Gutachten des örtlich zuständigen Gutachterausschusses maßgeblich.

[*fakultativ:*]

§ 3 Geldvermächtnis wegen Schenkungen

[*siehe Muster* Rdn 42]

§ 4

1. Ich ordne Testamentsvollstreckung an, die auf das Vermächtnis gem. § 2 beschränkt ist. Der Testamentsvollstrecker ist beauftragt und befugt, auf meinen Tod das Vorvermächtnis und auf den Tod des Vorvermächtnisnehmers das Nachvermächtnis zu erfüllen. Ferner hat er den Vermächtnisgegenstand einschließlich der Nutzungen und der Erträge auf Lebzeiten des Vorvermächtnisnehmers und darüber hinaus bis zum Übergang auf den Nachvermächtnisnehmer zu verwalten.

2. Der Testamentsvollstrecker ist von den Beschränkungen des § 181 BGB befreit und in der Eingehung von Verbindlichkeiten nicht beschränkt. Über den Vermächtnisanspruch darf der Testamentsvollstrecker nur mit Zustimmung des Familiengerichts verfügen.

3. [*Verwaltungsanordnungen gem. § 2216 BGB*]

[*Hinweis: Die Verwaltungsanweisung an den Testamentsvollstrecker entspricht der im Muster zur Vor- und Nacherbschaftslösung, vgl.* Rdn 75, *dort § 4*]

4. Zum Testamentsvollstrecker setze ich ein. Er ist berechtigt, jederzeit seinen Nachfolger zu ernennen (§ 2199 BGB). Nimmt er das Amt nicht an, ist er berechtigt, einen Testamentsvollstrecker zu bestimmen (§ 2198 BGB). Kommt er nach vier Wochen nach Niederlegung dieser Befugnis nicht nach, wird das Nachlassgericht ersucht, einen Testamentsvollstrecker zu benennen (§ 2200 BGB). Dieser soll im Landgerichtsbezirk ansässig sein und über Kompetenzen im Erb- und im Sozialrecht verfügen. Die Testamentsvollstreckung endet mit Erfüllung des angeordneten Nachvermächtnisses.

5. [*Regelungen zur Vergütung*]

IV. Wohnungsrechtsvermächtnis

Denkbar ist, dem behinderten Kind ein Vermächtnis auszusetzen, das das Wohnungsrecht etwa hinsichtlich einer Eigentumswohnung umfasst.[227] So ist dies nicht pfändbar und auf den Sozialleistungsträger überleitbar, besonders wenn die Überlassung an Dritte ausgeschlossen ist (§ 1092 BGB). Dennoch sollte ausdrücklich verfügt werden, dass die **Aufnahme von Pflegepersonen** gestattet ist (§ 1093 Abs. 2 BGB). Der Berechtigte ist dann zur höchstpersönlichen Nutzung berechtigt, aber eben nicht zur Vermietung. Das wäre bei einem Nießbrauchsrecht der Fall; Mietzinsen könnte dann der Sozialleistungsträger auf sich überleiten. Soll der Berechtigte nicht alleine die bezeichneten Räume nutzen können, sondern etwa nur mit dem Eigentümer gemeinsam, müsste ein Mitwohnrecht vermacht werden, bei dem es sich um eine beschränkt persönliche Dienstbarkeit handelt. 87

Muster 26.6: Wohnungsrechtsvermächtnis 26.6

erhält im Wege des Vermächtnisses ein lebenslanges, nicht übertragbares dingliches Wohnungsrecht (§ 1093 BGB) an der Wohnung in meiner Liegenschaft (Grundbuch , Blatt). Das Wohnrecht umfasst auch die Mitbenutzung des Gartens. Die Ausübung des Wohnungsrechts durch Dritte ist nicht gestattet, außer von Pflegepersonen. 88

Der Eigentümer ist zur Instandhaltung verpflichtet und trägt die außergewöhnlichen Erhaltungskosten. Die gewöhnlichen Ausbesserungskosten sowie die Kosten für Heizung, Strom, Wasser, Abwasser, Gas, erforderliche Versicherungen und öffentliche Abgaben wie Grundsteuer hat ebenfalls der Eigentümer zu tragen.

Der Vermächtnisnehmer hat das Recht, das Wohnungsrecht im Grundbuch eintragen zu lassen. Dazu erkläre ich schon jetzt mit Wirkung für meinen Alleinerben die dingliche Einigung zur Bestellung des dinglichen Wohnrechts gem. § 873 BGB. Zur Löschung des Wohnrechts soll der Nachweis des Todes des Berechtigten genügen.

Das Vermächtnis entfällt ersatzlos, wenn der Berechtigte sechs Monate die Wohnung nicht durch Bewohnen genutzt hat. Der Berechtigte ist dann zur Bewilligung der Löschung verpflichtet.

K. Kombination von Erbschafts- und Vermächtnislösung bei Ehegatten

Für ein gemeinschaftliches Testament bietet sich die Kombination der Vermächtnis- mit der Vor- und Nacherbschaftslösung an.[228] Im **ersten** Erbfall wird die Vermächtnislösung gewählt, sodass keine Erbengemeinschaft mit dem Behinderten als Mitvorerben entsteht. Für den **zweiten** Erbfall wird dann die Vor- und Nacherbschaftslösung gewählt. 89

Anzudenken ist auch, im ersten Erbfall den gesunden Kindern Vermächtnisse auszusetzen. Einerseits können sie dann ihren steuerlichen Freibetrag von 400.000 EUR nutzen; andererseits reduziert sich bei der Einheitslösung der Vermögenswert des längerlebenden Ehegatten, was zwangsläufig den Pflichtteilsanspruch des behinderten Kindes im zweiten Erbfall reduziert. Letzteres ist nicht erforderlich, wenn die Trennungslösung verfügt wird.

227 Groll/Steiner/*Krauß*, Erbrechtsberatung, § 12 Rn 18; hierzu auch *Schneider*, ZEV 2017, 617; krit.: *Ruby/Schindler*, Das Behindertentestament, § 3 Rn 195 ff.

228 Empfehlung von *Hammann*, Gestaltung von Behindertentestamenten, Rn 249 ff., Muster unter Rn 399.

L. Geltendmachung des Pflichtteils bei Pflichtteilsstrafklausel im gemeinschaftlichen Testament

90 Errichten Ehepartner ein gemeinschaftliches Testament, in dem sie sich gegenseitig zu Alleinerben einsetzen, für den Schlusserbfall unter Berücksichtigung einer behindertengerechten Gestaltung letztwillig verfügen und im Übrigen eine Pflichtteilsklausel anordnen, die einen Ausschluss von der Schlusserbfolge vorsieht, wenn ein Abkömmling den Pflichtteil verlangt, stellt sich die Frage, ob die Pflichtteilsklausel mit ihrer Enterbungsfunktion eine Geltendmachung des übergeleiteten Pflichtteils im ersten Erbfall verhindern kann. Diese lange streitige Frage hat der BGH[229] verneint: Der **Sozialleistungsträger** kann demnach trotz der Pflichtteilsstrafklausel bereits im ersten Erbfall den Pflichtteilsanspruch des behinderten Kindes auf sich **überleiten**; es steht ihm im Sozialhilferecht ein Ermessen bei dieser Entscheidung nach § 93 Abs. 1 S. 1 SGB XII zu.

Ein Jahr zuvor hatte der BGH sich mit einem ähnlichen Fall zu beschäftigen: Wird durch Geltendmachung des Pflichtteils durch den Sozialleistungsträger im ersten Erbfall als Sanktion ausgelöst, dass das behinderte Kind aufgrund der Pflichtteilsstrafklausel enterbt ist? Das hätte die Folge, dass der Sozialleistungsträger dann auch im zweiten Erbfall den Pflichtteil auf sich überleiten kann. Der BGH[230] nahm eine einschränkende Auslegung der Pflichtteilsstrafklausel „unter Berücksichtigung ihres Sinns im Gesamtzusammenhang des Testaments“ in die Richtung vor, dass das Kind mit Behinderungen im zweiten Erbfall nicht enterbt ist. Wenn die Eltern die Folgen der Verwirkungsklausel erkannt hätten, hätten sie die Geltendmachung des Pflichtteilsanspruchs nach dem ersten Erbfall vom Anwendungsbereich der Verwirkungsklausel ausgenommen.

91 Für die Testamentsgestaltung bedeutet das, dass eine **Pflichtteilsstrafklausel zu Lasten des Behinderten nicht zweckmäßig** ist. Dass der Abkömmling den Pflichtteilsanspruch wegen familienhafter Rücksichtnahme gegenüber dem Erben nicht geltend machen will, führt im Übrigen sozialleistungsrechtlich nicht zu seiner Unverwertbarkeit. Ein solcher Gesichtspunkt kann nur im Rahmen der Prüfung der besonderen Härte i.S.d. § 12 Abs. 1 S. 2 Nr. 7 SGB II eine Rolle spielen.[231]

M. Besonderheiten bei dem Testament zugunsten Überschuldeter

I. Überblick

92 Von der Rechtskonstruktion gleichen die Gestaltungen des Testaments zugunsten Überschuldeter, auch als Bedürftigentestament bezeichnet, denen des Behindertentestaments, sodass gleichermaßen die **Vor- und Nacherbschaftslösung** bzw. die **Vermächtnislösung** in Betracht kommt.[232] Diese werden nicht als sittenwidrig zu bewerten sein, auch wenn diesbezüglich die Rechtslage nicht so sicher ist wie bei dem Behindertentestament (vgl. Rdn 31 ff.). Bei der Vermächtnislösung tritt das Risiko mehr in den Vordergrund, dass die Gläubiger des Vorvermächtnisnehmers doch den Vermächtnisgegenstand pfänden können, da § 2115 BGB und § 863 ZPO, die den Nacherben schützen, nicht einschlägig sind. Der

229 BGH ZEV 2006, 76 (zust. *Wendt*, ZNotP 2008, 2, 9); OLG Karlsruhe ZEV 2004, 26, 27; *van de Loo*, ZEV 2006, 473, 476.
230 BGH ZEV 2005, 117, 119 m. abl. Anm. *Muscheler*.
231 BSG ZEV 2010, 585.
232 *Decker*, DNotZ 2024, 724, 729.

Nachvermächtnisnehmer ist entgegen dem Nacherben auch nicht zur Drittwiderspruchsklage gem. § 771 ZPO berechtigt. Im Zusammenhang mit dem Bedürftigentestament wird vertreten, dass das Vor- und Nachvermächtnis nicht insolvenz- und pfändungsfest sei.[233] Bei einer Insolvenz des Bedürftigen stellt der Nachvermächtnisanspruch nur eine bloße Insolvenzforderung dar.[234] Auch stellt der Nachvermächtnisanspruch in der eventuellen Nachlassinsolvenz des verstorbenen Bedürftigen eine bloße Insolvenzforderung dar. Ist der Bedürftige tatsächlich überschuldet und bezieht nicht nur Sozialleistungen, weil er über kein Einkommen verfügt, ist die Vermächtnislösung für ein Bedürftigentestament eher ungeeignet.

Diese Konstruktionen kommen aber nur dann in Betracht, wenn der Bedürftige sich weigert, einen lebzeitigen Pflichtteilsverzicht zu erklären, und der potenzielle Erblasser ihn dennoch begünstigen will und dabei hofft, dass sein bedürftiges Kind bzw. sein bedürftiger Ehegatte nicht nach § 2306 BGB ausschlägt und den Pflichtteil verlangt (vgl. Rdn 24 ff.). Dieser ist pfändbar und lässt sich überweisen, also durch den Gläubiger dann einziehen. 93

Abweichend von dem Behindertentestament ist es denkbar, dass zu einem Zeitpunkt nach dem Erbfall die **Bedürftigkeit entfällt**. Dieser Tatsache kann durch spezielle Klauseln Rechnung getragen werden. Keine sichere Gestaltung stellen aufschiebend bedingte oder befristete Vermächtnisse dar, wobei für den Bedingungs- bzw. Befristungseintritt ein Ereignis gewählt wird, ab dem bei dem Begünstigten keine Pfändungen mehr drohen. Jedoch ist zuvor schon quasi das „Vermächtnisanwartschaftsrecht" pfändbar und nach Bedingungseintritt einziehbar (vgl. Rdn 17 ff.). Eine Option stellt aber ein Vermächtnis mit einer ggf. verlängerten Verjährungsfrist dar, das der dann vormals Bedürftige erst annimmt, wenn Gläubiger bei ihm nicht mehr pfänden können. 94

II. Pflichtteilsverzicht und pfändungsfreie Vermächtnisgegenstände

Da der Bedürftige in der Regel. geschäftsfähig ist, ist es für die Gestaltung von überragender Bedeutung, dass er einen auch formgerechten[235] **Pflichtteilsverzicht** nach § 2346 BGB erklärt. Dieser ist in der Regel auch nicht sittenwidrig (vgl. Rdn 37). Auch wird dieser nicht zur Kürzung von Sozialleistungen führen, was aber letztlich nicht ganz klar ist.[236] Auch den Verzicht nach dem Erbfall durch einen sozialhilferechtlichen Leistungsbezieher bewertet das OLG Hamm nicht als sittenwidrig.[237] Für den Fall, dass kein lebzeitiger Erb- oder Pflichtteilsverzicht erklärt wurde, ist darauf hinzuweisen, dass der Pflichtteilsanspruch durch einen Gläubiger oder Insolvenzverwalter nur dann übergeleitet und eingezogen werden kann, wenn die Verwertungsreife nach § 852 ZPO vorliegt (vgl. Rdn 17).[238] Diese kann nur der Schuldner herbeiführen. Im Gegensatz dazu kann der Sozialleistungsträger auch ohne eine Entscheidung des Hilfeempfängers den Pflichtteilsanspruch überleiten (vgl. Rdn 17). 95

233 Kössinger/Najdecki/Zintl/*R. Kössinger/Zintl*, Testamentsgestaltung, § 8 Rn 139; Dorsel/*Perau*, Kölner Formularbuch ErbR, Kap. 5 Rn 791.

234 Groll/Steiner/*Krauß*, Erbrechtsberatung, § 12 Rn 20.

235 Vgl. LSG NRW FamRZ 2015, 2092.

236 *Braun*, Nachlassplanung bei Problemkindern, § 2 Rn 193.

237 OLG Hamm ZEV 2022, 94.

238 *Decker*, DNotZ 2024, 724, 728.

Testamentarisch kann der Bedürftige durch **Vermächtnisse** begünstigt werden, die aber nicht pfändbar sein dürfen.[239] Denkbar ist ein Nießbrauchsvermächtnis über zumeist wertlosen Hausrat und auch ein Wohnungsrechtsvermächtnis, wobei die Ausübung durch Dritte naturgemäß ausgeschlossen sein muss (Muster vgl. Rdn 87 f.).

Muster 26.7: Nießbrauchsvermächtnis über Hausrat

96 Durch Vermächtnis begünstige ich *[bedürftige Person]* mit dem lebenslänglichen Nießbrauch sämtlicher Gegenstände des Hausrats in meiner Wohnung.

97 Innerhalb der Pfändungsfreibeträge können dem Bedürftigen auch monatliche Geldzahlungen vermacht werden. Diese müsste der Berechtigte aus „Gründen der Fürsorge und der Freigiebigkeit“ erhalten (§§ 850b Abs. 1 Nr. 3, 850c ZPO; pfändbar nur nach § 850b Abs. 2 ZPO). Dabei gelten die Pfändungsgrenzen wie bei Arbeitseinkommen. Wenn der Berechtigte jedoch über eigenes Einkommen verfügt, sind über die Pfändungsgrenze hinausgehende Beträge pfändbar. Naturalleistungen werden addiert. Auch werden keine Sozialleistungen mehr gewährt, da der Bedürftige schließlich über „bereite Mittel“ verfügt. Ebenfalls kommt die Begünstigung durch eine Auflage i.S.d. § 1940 BGB in Betracht, auf die kein klagefähiger Anspruch besteht.[240] Eine Pfändung und Einziehung durch einen Gläubiger ist ausgeschlossen.

98 Der lebzeitige Pflichtteilsverzicht kann auch als Schutz des Bedürftigen verstanden werden. So ist das SG Mainz[241] der Auffassung, dass der Pflichtteil bei einem Berliner Testament mit Pflichtteilsstrafklausel sogar im ersten Erbfall verwertbares Vermögen darstellt. Die Geltendmachung würde keine besondere Härte i.S.d. § 12 Abs. 1 S. 2 Nr. 7 SGB II darstellen. Das SG Mainz folgt damit der Rechtsprechung des BSG.[242]

III. Wegfall der Bedürftigkeit

1. Überblick

99 Die Sozialleistungen für Arbeitsuchende sind oftmals nur vorübergehender Natur. Spätestens mit dem Eintritt in das Rentenalter und dem Bezug der Altersrente wird die Beschränkung durch die nicht befreite Vorerbschaft mit der Testamentsvollstreckung sinnlos.[243] Daher stellt sich die Frage, ob Beschränkungen wegfallen können, sodass der vormals Bedürftige umfangreicher begünstigt werden kann.

2. Anfechtung wegen Motivirrtums?

100 In dem Testament oder Erbvertrag kann auch das Motiv für die Verfügungsbeschränkungen zu Lasten des überschuldeten Erben angegeben werden, damit der Erbe innerhalb eines Jahres nach Eintritt der Schuldenfreiheit die Möglichkeit einer **Anfechtung** gegenüber dem zuständigen Nachlassgericht hat (§§ 2080 Abs. 1, 2081 Abs. 1, 2078 Abs. 2 BGB).[244] Die

239 Kössinger/Najdecki/Zintl/*R. Kössinger/Zintl*, Testamentsgestaltung, § 21 Rn 124; Formular für Pfändung: BeckOF ErbR/*Krätzschel*, 46. Ed. Stand 1.9.2024, Form. 12.2.2.

240 NK-BGB/*Kroiß*, § 1940 Rn 2.

241 SG Mainz MittBayNot 2018, 167.

242 BSG ZEV 2010, 585.

243 *Litzenburger*, ZEV 2009, 278.

244 *Langenfeld/Fröhler*, Testamentsgestaltung, Kap. 6 Rn 159.

Anfechtung wegen eines Motivirrtums[245] bewirkt aber, dass bei einer Insolvenz eine Nachtragsverteilung nach § 203 Abs. 1 Nr. 3 InsO eröffnet werden kann.[246] Schließlich bewirkt die Anfechtung, dass er so zu stellen ist, als ob er von Anfang an Vollerbe geworden ist. Das Anfechtungsrecht ist unpfändbar (§§ 857 Abs. 1, 851 ZPO) und fällt nicht in die Insolvenzmasse (§ 83 InsO analog).[247] *Krauß*[248] weist aber auf das Risiko hin, dass der mit Rückwirkung angefallene Erbteil nicht als „nachträglich ermittelter Massegegenstand" zu bewerten sein könnte, sodass eine Nachtragsverteilung nach Beendigung des Insolvenzverfahrens in Betracht kommen kann. Jedoch stellt sich die Frage, ob hier tatsächlich ein Irrtum bei dem Erblasser bei Testamentserrichtung vorlag. Schließlich hat er den Fall des Wegfalls der Bedürftigkeit des Erben angedacht.[249]

3. Wegfall von testamentarischen Beschränkungen

Vordergründig liegt es nahe, dass die Nacherbschaft sowie die Dauertestamentsvollstre- 101
ckung mit den einschränkenden Verwaltungsanweisungen auflösend bedingt angeordnet werden. Der Bedürftige würde dann zum unbeschränkten Vollerben. Die Bedingung tritt etwa mit Eintritt der Restschuldbefreiung und Ablauf der Frist des § 303 Abs. 2 InsO ein. Jedoch ist das Anwartschaftsrecht selbst dann pfändbar (§ 851 Abs. 2 ZPO), wenn die Übertragung des Anwartschaftsrechts ausgeschlossen ist.[250] Es kommt jedoch eine Gestaltung in Betracht, wonach nicht die Beschränkung durch die Nacherbschaft entfällt, sondern aus der nicht befreiten Vorerbschaft eine befreite Erbschaft wird und die Dauertestamentsvollstreckung einschließlich der Verwaltungsanweisungen wegfällt. Als Bedingung können etwa die Restschuldbefreiung nach der Insolvenzordnung oder ein Gutachten über die endgültige Schuldenfreiheit fungieren. *Litzenburger* hat die von ihm als „Befreiungslösung" bezeichnete Gestaltung entwickelt.[251]

Muster 26.8: Testament zugunsten eines Überschuldeten 26.8

Zum Vorerben setze ich meinen überschuldeten Sohn ein. Er ist vorerst nur von §§ 2116, 2118–2119 102
BGB befreit. Erst mit Beendigung der Testamentsvollstreckung aufgrund des Vorliegens der nachfolgenden Voraussetzungen befreie ich den Vorerben von sämtlichen gesetzlichen Beschränkungen.

Der Nacherbfall tritt mit dem Tod des Vorerben ein. Zu Nacherben setze ich ein. Die Rechte der Nacherben sind weder vererblich noch übertragbar.

Für die Vorerbschaft ordne ich Testamentsvollstreckung an. Den Testamentsvollstrecker weise ich nach seinem billigem Ermessen, aber zum Wohl des Vorerben an, diesen zum Zweck der Verbesserung seiner Lebensqualität aus dem jährlichen Reinertrag wie folgt zu begünstigen: Kleidung, Bettwäsche, persönliche Anschaffungen, bspw. zur Erfüllung geistiger oder künstlerischer Bedürfnisse, wozu insbesondere auch die Ausübung von Hobbys und Liebhabereien zählt, gerade im Hinblick auf die Stärkung der Psyche, die Einrichtung seines Zimmers, Freizeiten und Urlaubsaufenthalte einschließlich der Anschaffung der dafür notwendigen Materialien, Geschenke an Weihnachten, Ostern und zum Geburtstag, Ausstattungsgegenstände, ärztliche Behandlung, Therapien und Medikamente, die von der Krankenkasse nicht oder nicht

---

245 *Bisle*, DStR 2011, 1432, 1433.
246 *Decker*, DNotZ 2024, 724, 733.
247 Groll/Steiner/*Krauß*, Erbrechtsberatung, § 12 Rn 79.
248 Groll/Steiner/*Krauß*, Erbrechtsberatung, § 12 Rn 79.
249 Krit. ebenfalls *Braun*, Nachlassplanung bei Problemkindern, § 2 Rn 222.
250 Kössinger/Najdecki/Zintl/*R. Kössinger/Zintl*, Testamentsgestaltung, § 21 Rn 127b; Groll/Steiner/*Krauß*, Erbrechtsberatung, § 12 Rn 80.
251 *Litzenburger*, ZEV 2009, 278, 280.

vollständig bezahlt werden, z.B. Brille, Zahnersatz, Kuraufenthalte, Besuche bei Verwandten und Freunden; ein Taschengeld, nicht jedoch mehr, als ein Sozialleistungsempfänger ungekürzt erhalten darf.

Soweit der Testamentsvollstrecker für diese Begünstigungen den jährlichen Reinertrag nicht verwendet hat, ist dieser gewinnbringend anzulegen.

Zum Testamentsvollstrecker berufe ich . Der Vorerbe kann beim Nachlassgericht höchstpersönlich, also nicht durch Vertretung, beantragen, dass der jeweils eingesetzte Testamentsvollstrecker entlassen und durch den von ihm vorgeschlagenen Nachfolger ersetzt wird. An diesen Antrag und Vorschlag ist das Nachlassgericht gebunden, wenn dessen Ernennung keiner der in § 2201 BGB genannten Gründe entgegensteht und der Vorerbe sich nicht selbst vorgeschlagen hat.

Die Testamentsvollstreckung endet ersatzlos, wenn der Vorerbe entweder innerhalb von 12 Monaten ununterbrochen tatsächlich weder Sozialhilfe noch Grundsicherung für Arbeitslose bzw. entsprechende Sozialleistungen erhalten hat oder wenn der Vorerbe dies gegenüber dem Nachlassgericht erklärt und die Richtigkeit eidesstattlich versichert. Sofern zu einem späteren Zeitpunkt der Vorerbe wieder entsprechende Sozialleistungen erhält, verbleibt es bei der Beendigung der Testamentsvollstreckung.

Die vorgenannte Klausel zur Beendigung der Testamentsvollstreckeranordnung entfällt ersatzlos, wenn diese undurchführbar sein sollte oder aus irgendeinem Grund unwirksam ist oder wird. In diesem Fall verbleibt es bei der lediglich von den §§ 2116–2117, 2119 BGB befreiten Vorerbschaft und der angeordneten Testamentsvollstreckung nebst der Verwaltungsanweisung zur Einsetzung des jährlichen Reinertrags.

Die etwaige Nichtigkeit einer letztwilligen Verfügung führt nicht zur Nichtigkeit des gesamten Testaments.

IV. Auswahl des Testamentsvollstreckers

103 Zur Konfliktvermeidung zwischen Testamentsvollstrecker und überschuldetem Erben ist die Person des Testamentsvollstreckers besonders vorsichtig auszuwählen. Anderenfalls kann der beschränkte Erbe sich „entmündigt“ fühlen. Die Wahl des Testamentsvollstreckers sollte daher auf eine Person fallen, die auch das **Vertrauen** des überschuldeten Erben genießt. Darüber hinaus kann der mit der Testamentsvollstreckung belastete Erbe ermächtigt werden, selber einen Testamentsvollstrecker auszuwählen (Gedanke aus § 2065 BGB).[252] Auch ist eine letztwillige Verfügung denkbar, wonach ein ernannter Testamentsvollstrecker auf Antrag des Erben zu entlassen ist. Gleichzeitig muss in diesem Fall der Erbe verpflichtet werden, einen rechtlich geeigneten Amtsnachfolger vorzuschlagen, den das Nachlassgericht dann ernennen muss.

V. Pflichtteilsbeschränkung in guter Absicht

104 Handelt es sich bei dem überschuldeten bzw. bedürftigen potenziellen Erben um einen **Abkömmling des Testierenden**, so kommt auch die Pflichtteilsbeschränkung in guter Absicht gem. § 2338 BGB in Betracht.[253] Nach dieser Vorschrift kann ein Elternteil einen Abkömmling im Falle der Verschwendung oder Überschuldung hinsichtlich seines Pflichtteilsrechts durch die Anordnung beschränken, dass nach dem Erbfall des Abkömmlings dessen gesetzliche Erben das ihm Hinterlassene oder den ihm gebührenden Pflichtteil als Nacherben oder als Nachvermächtnisnehmer erhalten sollen. So kann der Erwerb von Todes wegen dem Zugriff der Eigengläubiger des Abkömmlings entzogen werden und

252 *Litzenburger*, ZEV 2009, 278, 279.

253 Muster bei Kössinger/Najdecki/Zintl/*R. Kössinger/Zintl*, Testamentsgestaltung, § 8 Rn 152 und bei *Langenfeld/Fröhler*, Testamentsgestaltung, Kap. 6 Rn 160 ff.

gleichzeitig ist dessen standesgemäßer Unterhalt aus den Erträgnissen der Zuwendung gesichert.[254]

VI. Erbe und Vermächtnisnehmer im Insolvenzverfahren

Die Schutzvorschriften der §§ 2115, 2214 BGB gelten auch im **Insolvenzverfahren.**[255] Die 105 Vorerbschaft fällt aber in die Insolvenzmasse des Vorerben (§ 35 InsO); dem Nacherben steht kein Aussonderungsrecht zu.[256] Das Verfügungsrecht ist aber durch § 2115 BGB beschränkt.

Da der verschuldete Erbe als Vorerbe grundsätzlich keine Zugriffsmöglichkeit auf das 106 Nachlassvermögen hat, kann ihm im Hinblick auf die Restschuldbefreiung und der damit verbundenen Herausgabeobliegenheit auch keine Obliegenheitsverletzung vorgeworfen werden. Schwierigkeiten können hier allerdings dann entstehen, wenn der verschuldete Erbe nur **Miterbe** ist. In diesem Fall kann er, auch bei bestehender Testamentsvollstreckung, über den Anteil grundsätzlich verfügen, sodass eine Herausgabe an den Treuhänder gem. § 295 Abs. 1 Nr. 2 InsO in Betracht kommt.[257] *Damrau* schlägt im Hinblick auf dieses unterschiedliche Ergebnis zwischen Allein- und Miterbe daher vor, im Falle eines überschuldeten Erben diesen zum Alleinerben (Vorerben) einzusetzen.[258] Die übrigen Bedachten sind dann durch Vermächtniszuwendungen zu bedenken.[259]

Ein Schuldner, der einem Insolvenzverfahren unterliegt, kann eine vor oder während des 107 Verfahrens anfallende Erbschaft oder ein Vermächtnis **ausschlagen** (§ 83 Abs. 1 S. 1 InsO).[260] Als höchstpersönliche Entscheidung ist die Erklärung der Ausschlagung nicht anfechtbar.[261] Aufgrund einer Ausschlagung kann einem Schuldner auch nicht die Restschuldbefreiung versagt werden. Die Herausgabeobliegenheit aus § 295 Abs. 1 Nr. 2 InsO betrifft nur den angenommenen Erwerb.

Krauß[262] spricht ein Vermächtnis an, das der Berechtigte während laufendem Insolvenzverfahren weder annimmt noch ausschlägt. Die gesetzliche Verjährung von drei Jahren kann testamentarisch verlängert werden, etwa indem der beschwerte Erbe mit einer Auflage i.S.d. § 1940 BGB belastet wird, sich nicht auf Verjährung zu berufen. Erst nach der Gewährung der Restschuldbefreiung nimmt der vorherige Insolvenzschuldner das Vermächtnis an. Zu einer Nachtragsverteilung gem. § 203 InsO wird es dann nicht kommen, da die Annahme des Vermächtnisses nicht zurückwirkt. Daher war vor der Vermächtnisannahme kein Vermögenswert vorhanden. Anders bei einem Pflichtteilsanspruch und einer Erbschaft: Ein nachträglich geltend gemachter Pflichtteilsanspruch bzw. die nachträgliche Anfechtung der Ausschlagung des Erbes wirkt zurück, sodass dann mit einer Nachtragsverteilung zu rechnen ist. Gleiches gilt auch bei einem bedingten bzw. befristeten Vermächtnis (§§ 2179, 161 BGB). Dieses kann zunächst gepfändet werden („Vermächtnisanwartschaftsrecht"); bei Bedingungs- oder Befristungseintritt liegen die Voraussetzungen zur Nachtragsverteilung vor (§ 203 Abs. 1 Nr. 3 InsO).

---

254 Kössinger/Najdecki/Zintl/*R. Kössinger/Zintl*, Testamentsgestaltung, § 21 Rn 123.
255 *Gutbell*, ZEV 2001, 260.
256 Damrau/Tanck/*Bothe*, § 2115 Rn 8.
257 BGH ZEV 2013, 268 m. Anm. *Wollmann*.
258 *Damrau*, MDR 2000, 255.
259 Vgl. im Übrigen hierzu auch *Limmer*, ZEV 2004, 133, 135.
260 *Braun*, Nachlassplanung bei Problemkindern, § 2 Rn 197.
261 Kössinger/Najdecki/Zintl/*R. Kössinger/Zintl*, Testamentsgestaltung, § 21 Rn 118b.
262 Groll/Steiner/*Krauß*, Erbrechtsberatung, § 12 Rn 75 f.

VII. Pflichtteilsberechtigter im Insolvenzverfahren

108 Unabhängig von der Frage, ob der Erbfall vor oder während des laufenden Insolvenzverfahrens eingetreten und damit der Pflichtteilsanspruch gem. § 2317 BGB entstanden ist, gehört der Pflichtteilsanspruch zur **Insolvenzmasse.**[263]

Solange der Pflichtteilsberechtigte als Insolvenzschuldner aber nicht die Verwertungsreife gem. § 852 Abs. 1 ZPO herbeigeführt hat, kann der Insolvenzverwalter diesen nicht verwerten, also nicht einziehen. Der Pflichtteilsanspruch ist vor der Verwertungsreife zwar pfändbar, aber nicht verwertbar[264] (siehe §§ 35 ff. InsO). Damit ist die zwangsweise Verwertbarkeit aufschiebend bedingt. Nur der Pflichtteilsberechtigte kann höchstpersönlich die **Verwertungsreife** gem. § 852 Abs. 1 ZPO herbeiführen; es unterliegt mit Rücksicht auf die familiäre Verbundenheit von Erblasser und Pflichtteilsberechtigtem der freien Entscheidung des Pflichtteilsberechtigten, ob er einen ihm zustehenden Pflichtteil verlangen will oder nicht.[265] Die Insolvenzgläubiger können auch nicht etwa über die Gläubigeranfechtung die Geltendmachung erzwingen (§ 3 AnfG, §§ 129 ff. InsO).[266] Da der Pflichtteilsanspruch aber bereits vor der Verwertungsgreife „vorsorglich" gepfändet werden kann,[267] gehört er von Anfang an zu dem durch Insolvenzbeschlag erfassten Vermögen.[268] Nachdem der pflichtteilsberechtigte Insolvenzschuldner die Verwertungsreife herbeigeführt hat, ist der Insolvenzverwalter ausschließlich forderungsberechtigt (§ 80 InsO).

109 Führt der Pflichtteilsberechtigte erst nach Beendigung des laufenden Insolvenzverfahrens, also im Restschuldbefreiungsverfahren, die Verwertungsreife nach § 852 Abs. 1 ZPO herbei (Erbfall aber vor Beendigung des laufenden Insolvenzverfahrens), hat eine Nachtragsverteilung nach § 203 Abs. 1 InsO stattzufinden.[269] So wurde der Pflichtteilsanspruch i.S.d. § 203 Abs. 1 Nr. 3 InsO nachträglich ermittelt. Der Insolvenzverwalter/Treuhänder ist für die Einziehung zuständig. Es gilt auch nicht der Halbteilungsgrundsatz nach § 295 Abs. 1 Nr. 2 InsO.[270] Schließlich gehörte der Pflichtteilsanspruch schon zur Insolvenzmasse, sodass er nicht zugleich einen Neuerwerb in der Restschuldbefreiungsphase darstellen kann.[271]

110 Findet der Erbfall erst während des **Restschuldbefreiungsverfahrens** („Wohlverhaltensphase"), also nach Aufhebung des laufenden Insolvenzverfahrens, statt, ist der Pflichtteilsberechtigte befugt, selber den Pflichtteilszahlungsanspruch durchzusetzen (§ 83 InsO). Der Gesetzgeber hat ihm durch den Halbteilungsgrundsatz einen Anreiz geschaffen, den Pflichtteilsanspruch zu beanspruchen und so zumindest die Hälfte persönlich zu behalten (§ 295 Abs. 1 Nr. 2 InsO).[272] Der Obliegenheit kommt der Pflichtteilsberechtigte dadurch nach, dass er nach Eingang auf seinem Konto eine Geldzahlung in Höhe des hälftigen Werts an den Treuhänder/Insolvenzverwalter leistet.[273] Er muss mithin nur die Hälfte an den Treuhänder

---

263 BGH ZEV 2016, 447 Rn 12; BGH ZEV 2015, 107, 109; BGH ZEV 2011, 87 Rn 8; Staudinger/*Herzog*, § 2317 Rn 230; *Scheuing*, Der Pflichtteilsanspruch in Zwangsvollstreckung und Insolvenz, Diss. 2017, S. 175 f.

264 BGH ZEV 2009, 247, 248 Rn 7 m. zust. Anm. *Musielak*.

265 BGH NJW 2015, 59; LG Köln NZI 2017, 227, 228; Grüneberg/*Weidlich*, § 2317 Rn 8.

266 BGH NJW 1997, 2384.

267 BGH ZEV 2009, 247, 248 m. zust. Anm. *Musielak*.

268 *Muscheler*, Erbrecht, Rn 4137.

269 BGH ZEV 2011, 87 Rn 7; Staudinger/*Herzog*, § 2317 Rn 233; BeckOK BGB/*Müller-Engels*, § 2317 Rn 19; *Scheuing*, Der Pflichtteilsanspruch in Zwangsvollstreckung und Insolvenz, Diss. 2017, S. 236 ff.

270 BGH ZEV 2011, 87 m. Anm. *Reul*.

271 BGH ZEV 2009, 250, 252.

272 Vgl. BGH NJW 2013, 870.

273 BGH ZEV 2013, 268; LSG Baden-Württemberg ZVI 2016, 368, 372.

abführen. Es stellt innerhalb des Restschuldbefreiungsverfahrens keine Obliegenheitsverpflichtung nach § 296 InsO dar, wenn der Insolvenzschuldner seinen Pflichtteilsanspruch nicht geltend macht.[274]

Trat der Erbfall während des Restschuldbefreiungsverfahrens ein, hat der Pflichtteilsberech- 111
tigte den Anspruch aber erst nach Beendigung des Restschuldbefreiungsverfahrens geltend gemacht, also nach Ende der Abtretungszeit von sechs Jahren, hat er nichts abzuführen.[275]

274 BGH ZEV 2013, 268, 269 m. Anm. *Wollmann*; BGH ZEV 2011, 327; *Muscheler*, Erbrecht, Rn 4139.
275 BGH ZEV 2011, 327, 328; Staudinger/*Herzog*, § 2317 Rn 236.

§ 27 Unternehmertestament

Giuseppe Pranzo, LL.M.

Literaturhinweise

Baur, Nutzungen eines Unternehmens bei Anordnung von Vorerbschaft und Testamentsvollstreckung, JZ 1958, 465; *Crezelius*, Unternehmenserbrecht, 2. Aufl. 2009; *Ebenroth/Boujong*, HGB, 5. Aufl. 2024; *Esskandari/Franck/Künnemann*, Unternehmensnachfolge, 2012; *Gummert/Schäfer* (Hrsg.), Münchener Handbuch des Gesellschaftsrechts, Band 2, 6. Aufl. 2024 (zit.: MHdB GesR II/*Bearbeiter*); *Heidel/Hirte* (Hrsg.), Das neue Personengesellschaftsrecht, 2023; *Herrler* (Hrsg.), Münchener Vertragshandbuch Bd. 6, Bürgerliches Recht II, 8. Aufl. 2020 (zit.: MVHdB VI BürgerlR II/*Bearbeiter*); *Hopt*, HGB, 43. Aufl. 2024; *Horn* (Hrsg.), Anwaltformulare Vorsorgevollmachten, 6. Aufl. 2022; *Frhr. v. Hoyenberg*, Ausgewählte Fragen zum Unternehmertestament, RNotZ 2007, 377; *Hübner*, Die Unterbeteiligung als Instrument der Unternehmensnachfolge, ZEV 2015, 194; *Hübner*, Unterbeteiligung und stille Beteiligung in der Unternehmensnachfolge, ErbR 2014, 257; *Kämper*, Testamentsvollstreckung an Personengesellschaftsanteilen, RNotZ 2016, 625; *Kühne/Rehm*, Die Unterbeteiligung als Gestaltungsinstrument der Unternehmensnachfolge, NZG 2013, 561; *Lutter/Hommelhoff*, GmbH-Gesetz, 21. Aufl. 2023; *Paus*, Der Unternehmensnießbrauch, BB 1990, 1675; *Pranzo*, Bedingungen in Unternehmertestamenten, ZErb 2021, 337; *Pranzo*, Testamentsvollstreckung im Unternehmensbereich (Teil 1): Testamentsvollstreckung an Einzelunternehmen, AnwZert ErbR 15/2020, Anm. 1; *Pranzo*, Testamentsvollstreckung im Unternehmensbereich (Teil 2): Testamentsvollstreckung an Anteilen von Personengesellschaften, AnwZert ErbR 23/2020, Anm. 1; *Riedel* (Hrsg.), Praxishandbuch Unternehmensnachfolge, 3. Aufl. 2021; *Scherer* (Hrsg.), Unternehmensnachfolge, 6. Aufl. 2020; *Schmidt*, EStG, 43. Aufl. 2024; *Schulte/Schulte/Schulte*, Abfindungsausschlüsse und -beschränkungen vs. Pflichtteilsrecht, Plädoyer für eine richterrechtliche Neuordnung, ErbR 2021, 742; *Servatius*, GbR, 2023; *Spiegelberger* (Hrsg.), Unternehmensnachfolge, 3. Aufl. 2022; *Staub*, HGB, Bd. 3, 6. Aufl. 2024; *Wachter*, Unternehmensnachfolge bei der GmbH und GmbH & Co. KG nach dem MoMiG, DB 2009, 159; *Welzer*, Gewinne und Gewinnvorträge der GmbH im Spannungsverhältnis zwischen Erben und Vermächtnisnehmer. ZErb 2020, 448; *Wenckstern*, Güterstandsklauseln in Gesellschaftsverträgen, NJW 2014, 1335; *Werner*, Die Unterbeteiligung als Instrument der Unternehmensnachfolge, ZEV 2015, 194.

Inhalt

A. Allgemeines ... 1
I. Unternehmertestament als Teil der Unternehmensnachfolge ... 1
1. Bedeutung des Unternehmertestaments ... 1
2. Ziele des Unternehmertestaments ... 4
II. Unternehmensnachfolge im Wege der vorweggenommenen Erbfolge ... 6
III. Absicherung der Unternehmensnachfolge von Todes wegen durch vorbereitende und begleitende Gestaltungen ... 8
1. Gesellschaftsrechtliche Regelungen und Struktur ... 9
a) Nachfolgeberechtigung des Erben ... 9
b) Umstrukturierungen zur Vereinfachung der Nachfolge ... 11
c) Testamentsvollstreckung im Unternehmensbereich ... 13
2. Familienrechtliche Regelungen ... 14
a) Modifikation des gesetzlichen Güterstands ... 15
b) Güterstandsklauseln im Gesellschaftsvertrag ... 17
3. Erbrechtliche Verzichtsverträge ... 18
a) Pflichtteilsverzichtsverträge ... 19
b) Zuwendungsverzichtsverträge ... 25
4. Vollmachten ... 26
IV. Gesellschaftsrechtliche Besonderheiten ... 27
1. Nachlasszugehörigkeit der Gesellschaftsbeteiligung ... 27
a) Gesetzliche Ausgangslage ... 28
aa) Personengesellschaften ... 28
(1) Gesellschaft bürgerlichen Rechts ... 28
(2) Offene Handelsgesellschaft ... 31
(3) Kommanditgesellschaft ... 32
bb) Kapitalgesellschaften ... 34
b) Gesellschaftsvertragliche Gestaltungsmöglichkeiten ... 35
aa) Personengesellschaften ... 36
(1) Erbrechtliche Nachfolgeklauseln ... 36

(2) Rechtsgeschäftliche Nachfolgeklauseln 38
(3) Eintrittsklauseln 41
(4) Auflösungsklauseln 44
(5) Fortsetzungsklauseln 45
bb) Kapitalgesellschaften 48
2. Sonderrechtsnachfolge im Personengesellschaftsrecht 53
V. Steuerrechtliche Besonderheiten 58
1. Ertragsteuern 58
a) Betriebsvermögen 58
b) Sonderbetriebsvermögen 60
c) Betriebsaufspaltung 62
2. Erbschaftsteuer 66
VI. Checkliste vor der Erstellung eines Unternehmertestaments 67
B. Erbrechtliche Gestaltungsmittel im Einzelnen unter Berücksichtigung der Rechtsform 69
I. Einzeltestament, gemeinschaftliches Testament oder Erbvertrag? 69
II. Testament des Einzelunternehmers 72
1. Erbeinsetzung 72
2. Vermächtnisse 82
a) Einzelunternehmen als Gegenstand eines Vermächtnisses 82
b) Nießbrauch am Einzelunternehmen 90
aa) Unternehmensnießbrauch 91
bb) Ertragsnießbrauch 104
cc) Nutzungsvermächtnis 107
c) Drittbestimmungsmöglichkeiten im Vermächtnisrecht 110
d) Rentenvermächtnis 119
3. Vor- und Nacherbschaft 124
4. Teilungsanordnung 133
5. Bedingungen und Auflagen 137
a) Bedingungen 137
b) Auflagen 155
III. Testament des Gesellschafters einer Personengesellschaft 161
1. Nachlasszugehörigkeit der Gesellschaftsbeteiligung 162
2. Sonderrechtsnachfolge 163
3. Einfache erbrechtliche Nachfolgeklausel 164
4. Qualifizierte erbrechtliche Nachfolgeklausel 165
5. Vermächtnisweise Zuwendung des Anteils an einer Personengesellschaft ... 170
6. Nießbrauch am Personengesellschaftsanteil 177
7. Zuwendung einer Unterbeteiligung am Personengesellschaftsanteil 187
8. Vor- und Nacherbschaft 191
IV. Testament des Gesellschafters einer Kapitalgesellschaft 203
1. Nachlasszugehörigkeit der Gesellschaftsbeteiligung 204
2. Vermächtnisweise Zuwendung des Anteils an einer Kapitalgesellschaft 205
3. Nießbrauch am Kapitalgesellschaftsanteil 213
4. Vermächtnisweise Zuwendung einer Unterbeteiligung 221
5. Vor- und Nacherbschaft 222

A. Allgemeines

I. Unternehmertestament als Teil der Unternehmensnachfolge

1. Bedeutung des Unternehmertestaments

1 Die Definition des Begriffs der Unternehmensnachfolge gelingt mit dem richtigen Blickwinkel. Nahezu immer geht es bei der Unternehmensnachfolge um die Überleitung des Eigentums am Unternehmen und um die Übernahme der unternehmerischen Verantwortung durch den oder die Nachfolger.[1] Eine aktuelle Schätzung des Instituts für Mittelstandsforschung in Bonn (IfM) geht davon aus, dass im Zeitraum 2022 bis 2026 etwa 190.000 Unternehmen zur Übergabe anstehen. Dies sind 40.000 mehr im Vergleich zur letzten Schätzung für den Zeitraum 2018 bis 2022.[2]

2 Die gängigsten Wege der Unternehmensnachfolge sind der Verkauf des Unternehmens, die Übertragung des Unternehmens im Wege der vorweggenommenen Erbfolge und die Übertragung des Unternehmens von Todes wegen. Der letztgenannte Weg ist Gegenstand dieses Kapitels.

3 Obwohl jeder Unternehmer dem Risiko seines plötzlichen Todes ausgesetzt ist, verdrängen viele stark im Tagesgeschäft eingebundene Unternehmer die Notwendigkeit, sich rechtzeitig

1 Riedel/*Riedel*, § 1 Rn 3.
2 *Fels/Suprinovič/Schlömer-Laufen/Kay*, Unternehmensnachfolgen in Deutschland 2022 bis 2026, IfM Bonn: Daten und Fakten Nr. 27, 2021.

Gedanken über eine letztwillige Verfügung zu machen. Dabei ist die gesetzliche Erbfolge im unternehmerischen Bereich nahezu immer fehl am Platz, denn sie führt dazu, dass unterschiedliche Personen mit unterschiedlicher Ausbildung und unterschiedlichen Herangehensweisen über ein Unternehmen bestimmen sollen. Dies ist meist von nur begrenzter „Haltbarkeitsdauer". Jeder Unternehmer sollte sich daher frühzeitig mit den Folgen seines Todes beschäftigen und zur Sicherung seines unternehmerischen Lebenswerks ein Testament erstellen.

2. Ziele des Unternehmertestaments

Die Gestaltung der Unternehmensnachfolge von Todes wegen unterliegt einigen Herausforderungen sowohl für den Unternehmer selbst als auch für den Berater, der die letztwillige Verfügung erstellen soll. Denn regelmäßig sollen mehrere Ziele erreicht und aufeinander abgestimmt werden, wie insbesondere: 4

- **Sicherung des (Fort-)Bestands des Unternehmens**
  Der testamentarisch vorgesehene Nachfolger sollte fähig und willens sein, das Unternehmen fortzuführen. Der Unternehmer-Erblasser muss daher personelle Auswahlentscheidungen treffen. Optimalerweise wurde der testamentarisch vorgesehene Nachfolger bereits frühzeitig in das Unternehmen eingebunden.
- **Vermeidung der Entstehung einer Erbengemeinschaft**
  Erbengemeinschaften sind sehr streitanfällig. Darüber hinaus sind die gesetzlichen Regelungen zur gemeinschaftlichen (!) Verwaltung und Auseinandersetzung einer Erbengemeinschaft (§§ 2038 ff. BGB) nicht zur Führung eines Unternehmens geeignet, denn häufig müssen kurzfristige und wirtschaftlich sinnvolle Entscheidungen durch die Erben getroffen werden.
- **Versorgung der (weichenden) Angehörigen**
  Der Unternehmer-Erblasser möchte meist auch die Versorgung seiner Angehörigen, insbesondere seines Ehegatten, sicherstellen. Das Vermächtnisrecht (§§ 2147 ff. BGB) eröffnet hier diverse Gestaltungsmöglichkeiten, wie z.B. Nießbrauchsvermächtnisse, Rentenvermächtnisse, Barvermächtnisse etc.
- **Reduzierung und Vermeidung von Pflichtteils- und Ausgleichsansprüchen**
  Pflichtteilsansprüche weichender Erben, Ausgleichsansprüche der Erben untereinander oder güterrechtliche Zugewinnausgleichsansprüche des Ehegatten können den Erben und damit auch das Unternehmen mit hohen Liquiditätsabflüssen belasten.
- **Reduzierung von Steuern**
  Das Unternehmertestament sollte so ausgestaltet werden, dass möglichst wenig Steuern (Ertragsteuer, Grunderwerbsteuer, Erbschaftsteuer) anfallen. Insbesondere die erbschaftsteuerrechtlichen Verschonungsregelungen (§§ 13a ff. ErbStG) sind von hoher Bedeutung.

Nur selten lassen sich alle vorgenannten Ziele in gleicher Intensität verwirklichen. Hier muss nach den jeweiligen Umständen des Einzelfalls eine Gewichtung vorgenommen werden. Insbesondere dann, wenn das Unternehmen den wesentlichen Vermögensbestandteil des Erblassers darstellt und nicht alle Erben gleichermaßen zur Fortführung des Unternehmens geeignet sind, sollte besonderes Augenmerk auf den Abschluss von Verzichtsverträgen mit weichenden Erben gelegt werden. Ist das nicht darstellbar, sollten alternative Gestaltungsmöglichkeiten wie z.B. die vermächtnisweise Zuwendung einer Unterbeteiligung[3] in Betracht gezogen werden. 5

---

3 Allgemein zur Unterbeteiligung als Instrument der Unternehmensnachfolge *Werner*, ZEV 2015, 194.

II. Unternehmensnachfolge im Wege der vorweggenommenen Erbfolge

6 Nicht zu Unrecht heißt es, das beste Unternehmertestament sei dasjenige, das überhaupt nicht zum Tragen kommt, weil das Unternehmen bereits zu Lebzeiten einvernehmlich übertragen worden ist.[4] Gleichwohl sollte sich jeder Unternehmer mit der Übertragung des Unternehmens von Todes wegen auseinandersetzen und ein Konzept für die Absicherung des Risikos des unerwarteten Todes haben. Dies nicht zuletzt auch vor dem Hintergrund, dass die Unternehmensnachfolge im Wege der vorweggenommenen Erbfolge aufgrund der Komplexität meist einige Zeit in Anspruch nimmt. Beabsichtigt der Unternehmer, den auserkorenen Unternehmensnachfolger schrittweise zu beteiligen, zieht sich ein derartiger Prozess meist über viele Jahre.

7 Im Gegensatz zur Unternehmensnachfolge von Todes wegen weist die Unternehmensnachfolge im Wege der vorweggenommenen Erbfolge einige **Vorteile** auf, die nicht zu vernachlässigen sind, wie z.B.:

- **Weicher Übergang**
  Durch die Möglichkeit, den Unternehmensnachfolger schrittweise am Unternehmen zu beteiligen, kann ein „weicher Übergang" geschaffen werden. Der übergebende Unternehmer hat es dadurch in der Hand, seinen Nachfolger zu begleiten und ihn einzuführen.
- **Verringerung des Streitpotenzials**
  Im Falle einer Übertragung des Unternehmens im Wege der vorweggenommenen Erbfolge kann die Entscheidung des Übergebers das Ergebnis eines gemeinsamen Entscheidungsprozesses innerhalb der Familie sein.
- **Verringerung von Pflichtteilsansprüchen**
  Die Übertragung des Unternehmens im Wege der vorweggenommenen Erbfolge erfolgt meistens im Wege der Schenkung. Die Zehnjahresfrist des § 2325 Abs. 3 BGB kann dadurch in Gang gesetzt werden.
- **Steuerliche Vorteile**
  Auch die Zehnjahreszeiträume des Schenkungsteuerrechts können ausgeschöpft werden. Zudem erfolgt eine Verlagerung des Einkommens auf den Unternehmensnachfolger mit der Folge der Verringerung der Progressionsstufe in der Einkommensteuer.
- **Volle Kontrolle des Übergebers**
  Durch die Möglichkeit der Vereinbarung von Rückforderungsrechten kann der Übergeber auch nach der Übertragung des Unternehmens Einfluss auf das Schicksal des Unternehmens bzw. der Unternehmensbeteiligung nehmen. Derartige Rückforderungsrechte können z.B. für den Fall vereinbart werden, dass der Erwerber vor dem Veräußerer verstirbt oder die Übertragung unerwartete Schenkungsteuer auslöst. Während die Unternehmensnachfolge von Todes wegen also nicht mehr rückgängig gemacht werden kann (Möglichkeiten wie die Erbausschlagung außen vorgelassen), können die Folgen der vorweggenommenen Erbfolge u.U. korrigiert werden.
- **Frühzeitiger Rückzug des Übergebers bei gleichzeitiger Absicherung**
  Durch die Möglichkeit der Vereinbarung von Gegenleistungen kann sich der Übergeber frühzeitig aus dem Unternehmen zurückziehen und Versorgungsleistungen, wie insbesondere Nießbrauchsrechte, Leibrente etc., in Anspruch nehmen.

Optimalerweise sollte der Berater daher eine lebzeitige Übertragung des Unternehmens anvisieren und die Folgen des unerwarteten Ablebens des Unternehmers durch ein Unternehmertestament absichern.

---

4 Bonefeld/Wachter/*Wachter*, § 23 Rn 9.

III. Absicherung der Unternehmensnachfolge von Todes wegen durch vorbereitende und begleitende Gestaltungen

Allein mit der Erstellung eines Unternehmertestaments ist die Unternehmensnachfolge weder abgesichert noch abgeschlossen. Vielmehr müssen regelmäßig verschiedene vorbereitende und begleitende Gestaltungen aufgegriffen werden. Der Berater, der mit der Erstellung eines Unternehmertestaments beauftragt ist, sollte stets die folgenden begleitenden Gestaltungen im Auge behalten. 8

1. Gesellschaftsrechtliche Regelungen und Struktur

a) Nachfolgeberechtigung des Erben

Die wichtigste Voraussetzung bei Gesellschaftsanteilen im Nachlass ist die **gesellschaftsvertragliche Zulassung** des testamentarisch vorgesehenen Nachfolgers. Denn gem. Art. 2 EGHGB besteht ein Vorrang des Gesellschaftsrechts. Die zu erstellende Verfügung von Todes wegen muss somit stets mit dem Gesellschaftsvertrag des Unternehmer-Erblassers abgestimmt werden. Ggf. sind Änderungen im Gesellschaftsvertrag erforderlich. 9

Beispiel 10
Der Gesellschaftsvertrag einer GbR sieht folgende Nachfolgeklausel vor:
„Beim Tod eines Gesellschafters wird die Gesellschaft mit dessen Erben fortgesetzt, sofern es sich dabei um Abkömmlinge eines verstorbenen Gesellschafters handelt."
Es handelt sich hierbei um eine sog. qualifizierte erbrechtliche Nachfolgeklausel.[5] In diesem Fall können lediglich die in der Klausel genannten Personen in die Gesellschafterstellung des Erblassers nachrücken. Erstellt der Unternehmer nun ein Berliner Testament, das die Einsetzung seines Ehegatten zum Alleinerben vorsieht, kann der Ehegatte die Gesellschaftsbeteiligung nicht erben. In einem solchen Fall erhält der Ehegatte regelmäßig lediglich einen Abfindungsanspruch, der in der Höhe meist unter dem Verkehrswert der Gesellschaftsbeteiligung liegt. Besonders schmerzlich ist dabei, dass dieser Abfindungsanspruch im Gegensatz zur Gesellschaftsbeteiligung erbschaftsteuerlich nicht nach §§ 13a ff. ErbStG privilegiert ist und ertragsteuerlich ein steuerpflichtiger Veräußerungsgewinn i.S.v. § 16 Abs. 1 Nr. 2 EStG entsteht.

b) Umstrukturierungen zur Vereinfachung der Nachfolge

Zudem ist zu prüfen, ob die Unternehmensstruktur geordnet ist und die Unternehmensnachfolge von Todes wegen ohne strukturelle Hindernisse vollzogen werden kann. Denn häufig ist der Unternehmer nebeneinander an verschiedenen Gesellschaften beteiligt und parallel noch Eigentümer von betrieblich genutztem Grundbesitz. In einem solchen Fall müsste das Testament so erstellt werden, dass die einzelnen Wirtschaftsgüter dem testamentarisch vorgesehenen Nachfolger zugewiesen werden, was sich nicht immer einfach gestalten lässt. In derartigen Fällen kann eine **Strukturbereinigung** helfen. 11

Beispiel 12
M ist Alleingesellschafter einer Betriebs-GmbH & Co. KG und zugleich auch Eigentümer eines Betriebsgrundstücks, das er seiner GmbH & Co. KG zur Nutzung überlässt. Er hat drei Kinder, die zu jeweils gleichen Anteilen in das Unternehmen nachrücken sollen, was testamentarisch entsprechend umgesetzt werden soll.

---

5 Vgl. Kössinger/Najdecki/Zintl/*Najdecki*, § 20 Rn 33.

Um dies testamentarisch richtig umzusetzen, müsste vorliegend ein GmbH-Anteil, ein Kommanditanteil sowie ein Grundstück den testamentarisch vorgesehenen Nachfolgern zugewiesen werden. Das Testament muss zudem mit dem Gesellschaftsvertrag der Komplementär-GmbH (Kapitalgesellschaft) und dem Gesellschaftsvertrag der Kommanditgesellschaft (Personengesellschaft) abgestimmt werden. Die gesellschaftsvertraglichen Regelungen sollten dabei optimalerweise so ausgestaltet werden, dass die Stimmrechte der testamentarisch vorgesehenen Nachfolger in der Gesellschaft auch zur beabsichtigten, künftigen Unternehmensführung passen.
Einfacher wäre hier jedoch die Bildung einer Holding-Struktur: Es erfolgt die lebzeitige Gründung einer Muttergesellschaft, die alle relevanten Gesellschaftsbeteiligungen und Wirtschaftsgüter hält. Die testamentarischen Regelungen müssen sich dann nur noch auf diese Muttergesellschaft beziehen und der Regelungsaufwand verringert sich deutlich.

c) Testamentsvollstreckung im Unternehmensbereich

13 In vielen Fällen sind Umwandlungsmaßnahmen erforderlich, wenn der Unternehmer Testamentsvollstreckung anordnen möchte. Auch im unternehmerischen Bereich hat die Testamentsvollstreckung eine sehr hohe Bedeutung.[6] Denn häufig verfügt der testamentarisch vorgesehene Nachfolger noch nicht über die erforderliche Erfahrung oder benötigt noch etwas Zeit, um sich in die Unternehmensführung einzuarbeiten. Der Erblasser wird diesen Nachfolger dann unter eine Testamentsvollstreckung stellen wollen. Nach h.M. ist die Testamentsvollstreckung an einem **Einzelunternehmen** und an einem **Gesellschaftsanteil persönlich haftender Gesellschafter** nicht ohne Einschränkungen zulässig.[7] Die Verwaltungsvollstreckung an **Kapitalgesellschaftsanteilen** ist hingegen ohne Weiteres zulässig.[8] Möchte der Erblasser daher eine umfassende Testamentsvollstreckung anordnen, ist häufig auch eine Umwandlung der Unternehmensform (z.B. in eine Kapitalgesellschaft) anzuraten. Zur Testamentsvollstreckung im unternehmerischen Bereich siehe § 20 Rdn 206 ff.

2. Familienrechtliche Regelungen

14 Familienrechtliche Regelungen, insbesondere solche zum Güterstand, sind für den Unternehmer von grundlegender Bedeutung. Selbst das beste Unternehmertestament nützt nichts, wenn das Unternehmen im Falle einer Scheidung Schaden nimmt und die Unternehmensnachfolge dadurch gefährdet ist. Die Notwendigkeit der Vereinbarung von Eheverträgen im unternehmerischen Bereich liegt somit auf der Hand.

a) Modifikation des gesetzlichen Güterstands

15 Aus pflichtteilsrechtlicher Sicht nicht zu empfehlen ist die Vereinbarung der Gütertrennung. Denn der Güterstand des Erblassers wirkt sich auf das gesetzliche Erbrecht aus, wobei beim gesetzlichen Güterstand der Zugewinngemeinschaft unabhängig von der Zahl der Kinder eine Erhöhung der gesetzlichen Erbquote des Ehegatten um ¼ erfolgt (§§ 1931 Abs. 3, 1371 Abs. 1 BGB), während bei Gütertrennung der überlebende Ehegatte bei einem oder zwei Kindern zu gleichen Teilen neben den Kindern erbt (§ 1931 Abs. 4 BGB), im Übrigen jedoch keine Erhöhung der Erbquote des Ehegatten erfolgt.

6 Vgl. dazu Bengel/Reimann/Holtz/Röhl/*Pauli*, § 5 Rn 109 ff.
7 RGZ 132, 138, 144; BGHZ 12, 100 = NJW 1954, 636; BGHZ 24, 106, 113 = NJW 1957, 1026; BGH NJW 1989, 3152.
8 Scherer/*Bregulla-Weber*, § 18 Rn 177 m.w.N.

Regelmäßig ist die Vereinbarung einer **modifizierten Zugewinngemeinschaft** unter Ausschluss des Betriebsvermögens aus dem Zugewinnausgleich und Beibehaltung der Zugewinngemeinschaft im Übrigen[9] die vorzugswürdige Lösung. Dafür spricht vor allem auch der Umstand, dass der Zugewinnausgleich gem. § 5 ErbStG von der Erbschaft- und Schenkungsteuer befreit ist. 16

b) Güterstandsklauseln im Gesellschaftsvertrag

Nicht zu vernachlässigen ist des Weiteren die oftmals sinnvolle Absicherung der Unternehmensnachfolge durch gesellschaftsvertragliche Güterstandsklauseln.[10] Derartige Klauseln sehen in den meisten Fällen **Sanktionen** für den Fall vor, dass ein Gesellschafter keinen Ehevertrag mit dem Inhalt schließt, dass die Gesellschaftsbeteiligung nicht dem Zugewinnausgleich unterliegt. Gerade dann, wenn mehrere Erben als Nachfolger vorgesehen sind und aufgrund der gesellschaftsrechtlichen Mehrheitserfordernisse zu befürchten ist, dass die nachfolgenden Gesellschafter sich nicht mehr auf eine Güterstandsklausel verständigen werden, liegt es in der Hand des Unternehmers, zum Schutz seines Unternehmens rechtzeitig die Weichen zu stellen. Zu beachten ist jedoch, dass nicht abschließend geklärt ist, ob der durch eine Güterstandsklausel begründete Zwang zum Abschluss eines Ehevertrags zu einer Beurkundungspflicht des Gesellschaftsvertrags nach § 1410 BGB führt.[11] Sicherheitshalber sollte der Berater daher zu einer notariellen Beurkundung des Gesellschaftsvertrags raten. 17

3. Erbrechtliche Verzichtsverträge

Sowohl bei der lebzeitigen Übertragung des Unternehmens als auch bei der Unternehmensnachfolge von Todes wegen droht ein Scheitern der beabsichtigten Nachfolge aufgrund von Ansprüchen weichender Erben. Der wirtschaftliche Schaden für das Unternehmen kann enorm sein, wenn Nachfolger insbesondere mit **Pflichtteilsansprüchen** weichender Angehöriger konfrontiert werden. Im unternehmerischen Bereich löst bereits die Geltendmachung des Wertermittlungsanspruchs gem. § 2314 Abs. 1 S. 2 Hs. 2 BGB sehr hohe Kosten aus, da oftmals kostspielige Gutachten von Wirtschaftsprüfern eingeholt werden müssen. Aus diesem Grund sollte bei der Gestaltung von Unternehmertestamenten auch Augenmerk auf die Notwendigkeit erbrechtlicher Verzichtsverträge gelegt werden. 18

a) Pflichtteilsverzichtsverträge

Neben der Möglichkeit des umfassenden Erbverzichts gem. § 2346 Abs. 1 BGB ist in den meisten Fällen der Unternehmensnachfolge der Pflichtteilsverzicht gem. § 2346 Abs. 2 BGB ausreichend. Der Erbverzicht führt gem. § 2346 Abs. 1 S. 2 BGB zum Ausschluss des Verzichtenden von der **gesetzlichen Erbfolge** und hat somit Auswirkungen auf das Pflichtteilsrecht der übrigen gesetzlichen Erben.[12] Der Pflichtteilsverzicht hingegen hat keine Auswirkungen auf die gesetzliche Erbfolge. 19

Beispiel 20

Unternehmer M ist verheiratet und hat zwei Kinder, einen Sohn und eine Tochter. Er beabsichtigt, seinen Sohn testamentarisch zu seinem Nachfolger zu bestimmen. Seine

9 Vgl. BGH, Urt. v. 26.3.1997 – XII ZR 250/95.

10 Formulierungsvorschläge bei *Wenckstern*, NJW 2014, 1335.

11 Vgl. Staudinger/*Thiele*, § 1410 Rn 4.

12 BGHZ 30, 261, 267.

Ehefrau schließt mit ihm einen Erbverzichtsvertrag und verzichtet damit auf ihr gesetzliches Erbrecht.
Wenn es M vorliegend darum geht, die Pflichtteilsansprüche seiner Tochter zu reduzieren, bewirkt er mit der dargestellten Vorgehensweise Gegenteiliges: Durch den Verzicht seiner Ehefrau auf ihr gesetzliches Erbrecht wird diese gem. § 2346 Abs. 1 S. 2 BGB von der gesetzlichen Erbfolge ausgeschlossen, wie wenn sie zur Zeit des Erbfalls nicht mehr lebte. Die Pflichtteilsquote der (weichenden) Tochter erhöht sich dann von 1/8 (ohne Verzicht der Ehefrau) auf 1/4, da die Ehefrau bei der Berechnung des Pflichtteilsanspruchs der Tochter nicht mehr berücksichtigt wird. Ein Pflichtteilverzicht der Ehefrau wäre also insofern besser.

21 Regelmäßig wird daher anzuraten sein, einen auf das Unternehmen bezogenen **gegenständlich beschränkten Pflichtteilsverzichtsvertrag** mit den weichenden Pflichtteilsberechtigten zu schließen. Dies führt dann dazu, dass das Unternehmen bei der späteren Berechnung des Pflichtteils unberücksichtigt bleibt, Pflichtteilsansprüche aus dem übrigen Nachlass jedoch bestehen bleiben.

22 Im Zuge der Vereinbarung eines Pflichtteilsverzichts im Rahmen der Unternehmensnachfolge sollte bei der **Definition** und Erfassung des betroffenen (Betriebs-)**Vermögens** sorgfältig vorgegangen werden. Es sollte darauf geachtet werden, erforderlichenfalls auch die Gegenstände des Sonderbetriebsvermögens zu erfassen. Häufig soll auch Vermögen mit einbezogen werden, das dem Betrieb zur Nutzung überlassen ist. Dann muss sich der Pflichtteilverzicht auch hierauf erstrecken. Und schließlich sollte bedacht werden, dass Unternehmensbeteiligungen einem Wandel unterliegen können. So können bspw. im Rahmen von Umstrukturierungen weitere Gesellschaften hinzutreten oder wegfallen.[13] Auch das ist zu berücksichtigen.

23 Häufig wird ein gegenständlich beschränkter Pflichtteilsverzicht des Ehegatten mit der Vereinbarung einer modifizierten Zugewinngemeinschaft **verbunden**. Ergibt eine gerichtliche Inhaltskontrolle des Ehevertrags, dass dieser sittenwidrig ist, kann auch der Pflichtteilsverzicht des Ehegatten davon betroffen sein.[14] Will man dieses Risiko ausschließen, muss der Pflichtteilsverzicht getrennt vom Ehevertrag beurkundet werden.

24 Der Pflichtteilsverzichtsvertrag bedarf gem. § 2348 BGB der **notariellen Beurkundung**. In Gesellschaftsverträgen finden sich neben Güterstandsklauseln (siehe Rdn 17) oftmals auch Verpflichtungen zum Abschluss eines auf die Gesellschaftsbeteiligung bezogenen Pflichtteilsverzichtsvertrags. Entgegen seinem Wortlaut ist § 2348 BGB auch auf schuldrechtliche Rechtsgeschäfte anzuwenden, die zum Abschluss eines Verzichtsvertrags verpflichten.[15] Dabei ist grundsätzlich der gesamte Vertragsinhalt zu beurkunden.[16] Um keinen Formverstoß einer derartigen Klausel zu riskieren, wird hier wie bei der Vereinbarung von Güterstandsklauseln zur notariellen Beurkundung des Gesellschaftsvertrags zu raten sein.

b) Zuwendungsverzichtsverträge

25 Im Bereich der Unternehmensnachfolge von Todes wegen kommt der Zuwendungsverzicht gem. § 2352 BGB vor allem dann infrage, wenn der Unternehmer aufgrund eingetretener **Bindungswirkungen** (z.B. bindende Schlusserbeneinsetzung in einem Berliner Testament

---

13 Riedel/*Gockel*, § 14 Rn 73.
14 Spiegelberger/*Reimann*, § 1 Rn 80 m.w.N.; OLG Hamm, Urt. v. 19.2.2019 – 1-10 U 18/18, ErbR 2020, 504.
15 MüKo-BGB/*Wegerhoff*, § 2348 Rn 2.
16 BeckOK BGB/*Litzenburger*, § 2348 Rn 7.

und Tod des Ehegatten) nicht mehr frei testieren kann. Hier kann es für das Gelingen der Unternehmensnachfolge entscheidend sein, einen Zuwendungsverzicht zu vereinbaren. Aber auch dann, wenn der Erblasser geschäftsunfähig geworden ist und seine Verfügungen von Todes wegen nicht mehr aufheben kann, kommt der Abschluss eines Zuwendungsverzichtsvertrags mit seinem gesetzlichen Vertreter infrage.[17]

4. Vollmachten

Schließlich sollte die Gefahr des plötzlichen Ausfalls des Unternehmers aufgrund von Krankheit oder Unfall durch **(Vorsorge-)Vollmachten** abgesichert werden. Eine besondere Rolle spielen hier postmortale und transmortale Vollmachten, Generalvollmachten und Vorsorgevollmachten. Sie sollten Bestandteil jeglicher Nachfolgeplanung sein.[18] 26

IV. Gesellschaftsrechtliche Besonderheiten

1. Nachlasszugehörigkeit der Gesellschaftsbeteiligung

Verfügungen von Todes wegen können sich nur dann auf Gesellschaftsbeteiligungen erstrecken, wenn diese überhaupt in den Nachlass des verstorbenen Gesellschafters fallen. Daher gilt es, im Zuge der Erstellung des Unternehmertestaments zunächst einmal die gesellschaftsrechtlichen Rahmenbedingungen zu klären. Dies erfordert die Betrachtung der gesetzlichen Ausgangslage im Falle des Todes eines Gesellschafters und der im konkreten Fall einschlägigen gesellschaftsrechtlichen Bestimmungen für den Fall des Todes eines Gesellschafters. 27

a) Gesetzliche Ausgangslage

aa) Personengesellschaften

(1) Gesellschaft bürgerlichen Rechts

Mit dem Gesetz zur Modernisierung des Personengesellschaftsrechts (MoPeG) wurde der Tod des Gesellschafters einer GbR neu geregelt. Bei einer **rechtsfähigen** GbR führt der Tod eines Gesellschafters gem. § 723 Abs. 1 Nr. 1 BGB zu dessen Ausscheiden. Folge dessen ist die Fortsetzung der Gesellschaft unter den verbleibenden Gesellschaftern. 28

Führt die gesetzliche Ausgangslage im Falle des Todes des Gesellschafters einer rechtsfähigen GbR zu dessen Ausscheiden mit der Folge der Anwachsung zugunsten der übrigen Gesellschafter, kann der Gesellschaftsanteil nicht Gegenstand des Unternehmertestaments sein. Jedoch entsteht in derartigen Fällen häufig ein **Abfindungsanspruch** gem. § 728 Abs. 1 S. 1 Hs. 2 BGB, der in den Nachlass fällt. Über diesen Abfindungsanspruch kann der Unternehmer wiederum letztwillig verfügen. 29

Anders als die rechtsfähige GbR endet die **nicht rechtsfähige GbR** gem. § 740a Abs. 1 Nr. 3 BGB hingegen durch den Tod eines Gesellschafters. Eine Liquidation findet mangels Vermögensfähigkeit der nicht rechtsfähigen GbR nicht statt.[19] Die Erben rücken als Rechtsnachfolger in die Position des Erblassers im Rahmen der Auseinandersetzung der Gesell- 30

---

17 Riedel/*Gockel*, § 14 Rn 80.

18 Siehe zu Vollmachten im Unternehmensbereich im Einzelnen Riedel/*Gockel*, § 16 sowie Horn/*Hölscher*, § 2.

19 Heidel/Hirte/*Pregler*, § 12 Rn 1.

schaft ein.[20] Gegenstand des Nachlasses und damit auch des Unternehmertestaments können dann lediglich die sich ergebenden **Auseinandersetzungsansprüche** sein.

(2) Offene Handelsgesellschaft

31 Gem. § 130 Abs. 1 Nr. 1 HGB führt der Tod eines OHG-Gesellschafters zum Ausscheiden des Gesellschafters und zur Fortsetzung der Gesellschaft mit den verbleibenden Gesellschaftern. Wie bei der rechtsfähigen GbR kommt es zur Anwachsung zugunsten der verbleibenden Gesellschafter (§ 105 Abs. 3 HGB, § 712 Abs. 1 BGB). Wie bei der rechtsfähigen GbR kann der Gesellschaftsanteil nicht Gegenstand des Unternehmertestaments sein, es fallen allerdings ggf. **Abfindungsansprüche** in den Nachlass, sofern diese gesellschaftsvertraglich nicht wirksam ausgeschlossen wurden.[21]

(3) Kommanditgesellschaft

32 **Tod des Komplementärs:** Hier gilt das zur OHG (siehe Rdn 31) und zur rechtsfähigen GbR (siehe Rdn 28 ff.) Gesagte. Der verstorbene Komplementär scheidet nach §§ 161 Abs. 2, 130 Abs. 1 Nr. 1 HGB aus der Gesellschaft aus und es kommt zur **Anwachsung** zugunsten der verbleibenden Gesellschafter.

33 **Tod des Kommanditisten:** Beim Tod des Kommanditisten wird die Gesellschaft gem. § 177 HGB mit dessen Erben fortgesetzt. Die Gesellschaftsanteile des Kommanditisten sind daher grundsätzlich **vererblich**. Kommanditanteile können nach der gesetzlichen Ausgangslage somit grundsätzlich Gegenstand des Unternehmertestaments sein.

bb) Kapitalgesellschaften

34 GmbH-Anteile sind gem. § 15 Abs. 1 GmbHG **frei vererblich.** Gleiches gilt für Anteile an einer Aktiengesellschaft.[22] Nach der gesetzlichen Ausgangslage können daher auch Anteile an Kapitalgesellschaften Nachlassbestandteil und damit Gegenstand des Unternehmertestaments sein.

b) Gesellschaftsvertragliche Gestaltungsmöglichkeiten

35 Wie eingangs bereits erwähnt, müssen letztwillige Verfügungen des Unternehmers unbedingt mit dem im konkreten Fall einschlägigen Gesellschaftsvertrag abgestimmt werden. Führt die gesetzliche Ausgangslage zu einer grundsätzlichen Vererblichkeit von Gesellschaftsbeteiligungen, kann die Vererblichkeit dennoch gesellschaftsvertraglich ausgeschlossen sein. Umgekehrt kann in den gesetzlich vorgesehenen Fällen einer Anwachsung des Anteils des verstorbenen Gesellschafters zugunsten der verbleibenden Gesellschafter gesellschaftsvertraglich eine Vererblichkeit hergestellt werden.

Konkret sollte der Berater die folgenden gesellschaftsvertraglichen Gestaltungsmöglichkeiten kennen und die notwendigen Schlussfolgerungen für die Inhalte des zu erstellenden Unternehmertestaments ziehen.

---

20 *Servatius*, § 740a BGB Rn 8.
21 Siehe hierzu *Schulte/Schulte/Schulte*, ErbR 2021, 742.
22 MüKo-BGB/*Leipold*, § 1922 Rn 78.

aa) Personengesellschaften

(1) Erbrechtliche Nachfolgeklauseln

Insbesondere abweichend von § 723 Abs. 1 Nr. 1 BGB, § 130 Abs. 1 Nr. 1 HGB (ggf. i.V.m. § 161 Abs. HGB bei der Kommanditgesellschaft) kann die Rechtsfolge des Ausscheidens des verstorbenen Gesellschafters mit Anwachsung zugunsten der verbleibenden Gesellschafter dergestalt gesellschaftsvertraglich abgeändert werden, dass eine Vererblichkeit der Gesellschaftsbeteiligung hergestellt wird. Dies geschieht regelmäßig über sog. erbrechtliche Nachfolgeklauseln, die die Fortführung der Gesellschaft mit den Erben und/oder Vermächtnisnehmern des verstorbenen Gesellschafters vorsehen und damit eine **Vererblichkeit der Gesellschaftsbeteiligung** herstellen. Der Gesellschafterwechsel von Todes wegen findet dann ohne Mitwirkung der Nachfolger allein nach den erbrechtlichen Regelungen der §§ 1922 ff. BGB statt.[23] Siehe zu erbrechtlichen Nachfolgeklauseln und der Unterscheidung zwischen einfachen und qualifizierten erbrechtlichen Nachfolgeklauseln § 10 Rdn 61 ff. 36

Sind erbrechtliche Nachfolgeklauseln vorgesehen, können die Erben nur dann in die Position des verstorbenen Gesellschafters eintreten, wenn das Testament mit der gesellschaftsvertraglich vereinbarten Nachfolgeklausel übereinstimmt.[24] Andernfalls geht die vereinbarte Nachfolgeklausel ins Leere und der Anteil wird nicht vererbt.[25] Eine Abstimmung erbrechtlicher Nachfolgeklauseln mit dem Testament ist daher unabdingbar. 37

(2) Rechtsgeschäftliche Nachfolgeklauseln

Von den erbrechtlichen Nachfolgeklauseln zu trennen sind die rechtsgeschäftlichen Nachfolgeklauseln. Hier erfolgt der Gesellschafterwechsel nicht nach den erbrechtlichen Regelungen, sondern durch ein **aufschiebend auf den Todesfall bedingtes Verfügungsgeschäft unter Lebenden.**[26] Da es sich bei einer rechtsgeschäftlichen Nachfolgeklausel dogmatisch betrachtet um eine Anteilsübertragung unter Lebenden handelt, die unter der aufschiebenden Bedingung des Todes des Gesellschafters steht, lässt sich auf diese Weise ein Erwerb des Unternehmensnachfolgers, der nicht Erbe sein muss,[27] am Nachlass vorbei erreichen.[28] Siehe zur rechtgeschäftlichen Nachfolgeklausel § 10 Rdn 95 ff. 38

Praxistipp 39
Interessant ist diese Gestaltung vor allem dann, wenn der Erblasser aufgrund eingetretener erbrechtlicher Bindungswirkungen aufgrund eines Erbvertrags oder eines gemeinschaftlichen Testaments nicht mehr testierfrei ist.[29] Die Grenzen des § 2287 BGB sind dabei selbstverständlich zu beachten. Zudem kommen für Pflichtteilsberechtigte Ansprüche aus §§ 2325, 2329 BGB in Betracht.[30]

Im Falle der Vereinbarung einer rechtsgeschäftlichen Nachfolgeklausel ist die Gesellschaftsbeteiligung nicht Bestandteil des künftigen Nachlasses. Damit erübrigt sich in diesen Fällen auch eine auf die Gesellschaftsbeteiligung bezogene letztwillige Verfügung. 40

23 Scherer/*Ploß*, § 24 Rn 463.
24 BGH v. 10.2.1977 – II ZR 120/75 = NJW 1977, 1339; *Crezelius*, § 6 Rn 257.
25 Zu den Folgen und der Möglichkeit einer Umdeutung Riedel/*Roglmeier/Riedel*, § 4 Rn 338.
26 Scherer/*Krause*, § 14 Rn 36; BGH NJW 1959, 1433.
27 MHdB GesR II/*Klein/Lindemeier*, § 41 Rn 31.
28 Scherer/*Krause*, § 14 Rn 37 m.w.N.
29 MHdB GesR II/*Klein/Lindemeier*, § 41 Rn 31.
30 Scherer/*Krause*, § 14 Rn 40.

(3) Eintrittsklauseln

41 Auch bei einer Eintrittsklausel erfolgt der Erwerb der Gesellschaftsbeteiligung am Nachlass vorbei.[31] Die Eintrittsklausel stellt eine gesellschaftsvertragliche Vereinbarung dar, wonach Erben oder Dritte das Recht haben sollen, beim Tod eines Gesellschafters in die Gesellschaft einzutreten. Somit wird der Eintrittsberechtigte nicht kraft Erbrechts, sondern infolge der Wahrnehmung seines Eintrittsrechts Gesellschafter. Siehe zur Eintrittsklausel § 10 Rdn 101 ff.

42 Zwar erübrigt sich bei einer Eintrittsklausel die Abstimmung mit der Erbfolge, da der Eintrittsberechtigte **außerhalb der Erbfolge** in die Gesellschaft eintritt. Jedoch ist der Eintrittsberechtigte bei Wahrnehmung seines Eintrittsrechts zur Leistung einer Einlage verpflichtet, um die Vermögensposition des verstorbenen Gesellschafters zu erlangen.[32] Dies ist dem Umstand geschuldet, dass bei Wahrnehmung des Eintrittsrechts ein Abfindungsanspruch der Erben gegenüber den verbleibenden Gesellschaftern entsteht, der den Kapitalanteil des Erblassers und damit die durch ihn bereits erbrachte Einlage aufzehrt.[33]

43 Im Zuge der Erstellung des Unternehmertestaments kann der Erblasser dem Eintrittsberechtigten den in seinen Nachlass fallenden Abfindungsanspruch im Wege einer Erbeinsetzung oder eines Vermächtnisses zuwenden, sodass die Einlageverpflichtung durch Verrechnung mit dem Abfindungsanspruch erfüllt werden kann (sog. **erbrechtliche Abfindungslösung**).[34] Siehe zur alternativen Eintrittsklausel mit Treuhandlösung § 10 Rdn 106 f.

(4) Auflösungsklauseln

44 Mit einer Auflösungsklausel wird die Auflösung der Gesellschaft im Falle des Todes eines Gesellschafters vereinbart. Ist eine Auflösungsklausel vereinbart, wandelt sich die Gesellschaft mit dem Tod eines Gesellschafters in eine **Abwicklungsgesellschaft** um. Der Erbe wird Mitglied der Abwicklungsgesellschaft.[35] Folglich kann dann auch nur der Anteil an der Liquidationsgesellschaft Gegenstand testamentarischer Verfügungen sein. Siehe zur Auflösungsklausel § 10 Rdn 108 ff.

(5) Fortsetzungsklauseln

45 Die Fortsetzungsklausel sieht im Falle des Todes eines Gesellschafters die Fortsetzung der Gesellschaft unter den übrigen Gesellschaftern vor, **ohne** dass ein **Dritter** in die Position des verstorbenen Gesellschafters eintritt. Sie war hauptsächlich während der Geltung der bis zum 31.12.2023 einschlägigen Rechtslage bei der **GbR** von Bedeutung, die im Falle des Todes eines Gesellschafters die Auflösung der Gesellschaft vorsah, wenn nicht die Gesellschafter etwas anderes bestimmt haben.

46 Seit dem 1.1.2024 sind Fortsetzungsklauseln bei der **nicht rechtsfähigen GbR** von Bedeutung, da diese gem. § 740a Abs. 1 Nr. 3 BGB im Falle des Todes eines Gesellschafters beendet werden. Der Gesellschaftsanteil des verstorbenen Gesellschafters wächst dann den verbleibenden Gesellschaftern an, während der verstorbene Gesellschafter aus der Gesellschaft ausscheidet.[36] Dadurch werden die Erben des verstorbenen Gesellschafters von einer Nachfolge in die Gesellschaft ausgeschlossen.

---

31 *v. Hoyenberg*, RNotZ 2007, 377, 384.
32 BGH NJW 1978, 264, 266; MüKo-BGB/*Schäfer*, § 718 Rn 6 ff.
33 BeckFormB ErbR/*Müller/Sass*, G.I.5 Rn 3.
34 Riedel/*Roglmeier/Riedel*, § 4 Rn 342.
35 BeckOK BGB/*Müller-Christmann*, § 1922 Rn 78.
36 Scherer/*Krause*, § 14 Rn 5.

Gegenstand testamentarischer Verfügungen des Gesellschafter-Erblassers kann im Falle einer Fortsetzungsklausel somit nicht die Gesellschaftsbeteiligung sein. Allerdings fällt regelmäßig ein **Abfindungsanspruch** in den Nachlass, der zur Disposition des Erblassers steht und Gegenstand testamentarischer Anordnungen sein kann.[37] 47

bb) Kapitalgesellschaften

Wie sich aus den vorstehenden Ausführungen ergibt, sind der Gestaltungsfreiheit im Personengesellschaftsrecht kaum Grenzen gesetzt. Dort geht das Gesetz grundsätzlich nicht von einer Vererblichkeit der Gesellschaftsbeteiligung aus, ermöglicht es den Gesellschaftern jedoch, hiervon abweichende Vereinbarungen zu treffen. 48

Umgekehrt ist dies im Kapitalgesellschaftsrecht. Kapitalgesellschaftsanteile sind **frei vererblich**, wie sich insbesondere aus § 15 Abs. 1 GmbHG ergibt. Nach h.M. ist die Vererblichkeit auch nicht abdingbar.[38] Dies führt dazu, dass Anteile an Kapitalgesellschaften grundsätzlich Gegenstand des Nachlasses sind und damit auch Gegenstand testamentarischer Anordnungen sein können. 49

Ebenso wie im Personengesellschaftsrecht ist es im Kapitalgesellschaftsrecht häufig jedoch unerwünscht, dass jeder beliebige Erbe in die Rechtsposition des verstorbenen Gesellschafters eintritt. Dem kann insbesondere durch **Einziehungs**- und **Abtretungsklauseln** Rechnung getragen werden kann. Siehe dazu ausführlich § 10 Rdn 141 ff. 50

Auch sind gesellschaftsvertragliche Regelungen möglich, die es bei der grundsätzlichen freien Vererblichkeit der GmbH-Anteile belassen, die Mitgliedschaftsrechte der Erben jedoch **inhaltlich beschränken**. Dies ist zulässig, solange durch diese Beschränkungen der Kernbereich des Mitgliedschaftsrechts nicht ausgehöhlt wird und sich diese Beschränkungen sachlich rechtfertigen lassen.[39] Bspw. ist es zulässig, das Recht der Erben auf Gewinnbezug zu reduzieren.[40] 51

Für das Unternehmertestament bedeutet dies im Ergebnis: Verbleibt es bei der gesetzlich vorgesehenen Vererblichkeit der Gesellschaftsbeteiligung, ist der Kapitalgesellschaftsanteil Bestandteil des Nachlasses und er kann Gegenstand testamentarischer Anordnungen sein. Sind hingegen **Einschränkungen** der Vererblichkeit wie z.B. durch Einziehungsklausel oder Abtretungsklausel vorgesehen, entstehen regelmäßig **Abfindungsansprüche**, die in den Nachlass fallen und Gegenstand testamentarischer Anordnungen sein können. Sind gesellschaftsvertragliche Beschränkungen der Mitgliedschaftsrechte der Erben wirksam vereinbart worden, sind diese aufgrund des Vorrangs des Gesellschaftsrechts von den Erben hinzunehmen. 52

2. Sonderrechtsnachfolge im Personengesellschaftsrecht

Das Gesetz bringt mit der Universalsukzession gem. § 1922 BGB das für das Erbrecht elementare Prinzip der Gesamtrechtsnachfolge zum Ausdruck, die einen automatischen und einheitlichen Übergang aller vererblichen Rechte und Verbindlichkeiten auf den Erben bzw. auf alle Miterben bedeutet.[41] Miterben werden dabei als Gesamthandsgemeinschaft 53

37 MüKo-BGB/*Leipold*, § 1922 Rn 88.
38 MüKo-GmbHG/*Reichert/Weller*, § 15 Rn 438.
39 Riedel/*Roglmeier/Riedel*, § 4 Rn 351.
40 Scherer/*Ploß*, § 24 Rn 744.
41 BeckOK BGB/*Müller-Christmann*, § 1922 Rn 17.

Träger aller Rechte und Pflichten, d.h. sie erben jeweils nur eine quotale Beteiligung am gesamten Nachlass, den sog. Erbteil.

54 Bei Personengesellschaften vollzieht sich der erbrechtliche Erwerb von Gesellschaftsbeteiligungen hingegen nach den Regeln der **Sonderrechtsnachfolge**. Denn mit Rücksicht auf die persönliche und unbeschränkte Gesellschafterhaftung im Personengesellschaftsrecht (vgl. § 721 BGB, § 126 HGB) kann eine Erbengemeinschaft, die bis zur Auseinandersetzung nur beschränkt mit dem Nachlass haftet (§ 2059 BGB), nicht Mitglied einer Personengesellschaft sein. Zudem kann bei Erbengemeinschaften durch Maßnahmen wie Nachlassverwaltung oder Nachlassinsolvenzverfahren eine dem Personengesellschaftsrecht fremde Haftungsbeschränkung herbeigeführt werden.

55 Angesichts dieser Besonderheiten ist ein Durchbruch vom Prinzip der Gesamtrechtsnachfolge erforderlich. Dies in der Form, dass bei mehreren Miterben, die nach den gesellschaftsvertraglichen Bestimmungen als Nachfolger des Gesellschafter-Erblassers nebeneinander in die Gesellschaft eintreten dürfen, hinsichtlich des Gesellschaftsanteils des Verstorbenen von vornherein eine Sonderrechtsnachfolge eintritt, somit also die Miterben diesen Gesellschaftsanteil entsprechend ihrer Beteiligung am Nachlass unmittelbar geteilt erwerben und demgemäß mit dem Tod des Erblassers automatisch Gesellschafter nach Maßgabe ihres so erworbenen Gesellschaftsanteils werden.[42] Eine rechtsgeschäftliche Auseinandersetzung der Beteiligung findet vor diesem Hintergrund nicht statt.[43]

56 **Beispiel**

M ist Mitgesellschafter einer GbR und an dieser mit einem Anteil von 1/2 beteiligt. Der Gesellschaftsvertrag der GbR sieht eine qualifizierte erbrechtliche Nachfolgeklausel vor, wonach Abkömmlinge im Falle des Todes eines Gesellschafters nachfolgeberechtigt sind. In seinem Testament bestimmt M seine drei Söhne mit einem Anteil von je 1/3 zu seinen Erben.

Aufgrund der Sonderrechtsnachfolge werden die Söhne mit dem Erbfall automatisch Gesellschafter der GbR mit einem Anteil von je 1/6. Die Beteiligung des Erblassers in Höhe von 1/2 teilt sich also den jeweiligen Erbquoten entsprechend auf.

57 Jedoch gilt die Sonderrechtsnachfolge nur bei **werbenden Gesellschaften**, denn nur dann steht die Erbengemeinschaft mit ihrer eigenen Organisations- und Haftungsstruktur im Widerspruch zu den Grundsätzen des Personengesellschaftsrechts. Wird die Gesellschaft durch den Tod eines Gesellschafters aufgelöst, wie bspw. im Falle der Vereinbarung einer Auflösungsklausel bei einer rechtsfähigen GbR, erhalten die Miterben den Anteil an der dann entstehenden Liquidationsgesellschaft zur gesamten Hand. Beschließen die Erben jedoch die Fortsetzung der Gesellschaft, wandelt sich die Abwicklungsgesellschaft wieder in eine werbende Gesellschaft um und die Miterben werden einzeln, nicht als Erbengemeinschaft zur gesamten Hand, Gesellschafter dieser Personengesellschaft.[44]

42 BGH NJW 1957, 180.
43 BGHZ 68, 225.
44 Kössinger/Najdecki/Zintl/*Najdecki*, § 20 Rn 2.

V. Steuerrechtliche Besonderheiten

1. Ertragsteuern

a) Betriebsvermögen

Bei der Erstellung letztwilliger Verfügungen durch Unternehmer ist es aus steuerrechtlicher Sicht zwingend erforderlich, das Privat- und Betriebsvermögen getrennt voneinander zu erfassen und zu behandeln.[45] Besonders das **Betriebsvermögen** muss genau definiert werden. Die unbeabsichtigte Entnahme wesentlicher Betriebsgrundlagen kann unüberwindbare steuerrechtliche Konsequenzen nach sich ziehen und im schlimmsten Fall auch eine (ungewollte) Betriebsaufgabe bedeuten.[46] Dies führt dann meist zu sehr hohen Steuern, oftmals auch zur existenzvernichtenden Aufdeckung stiller Reserven. 58

Daher ist bei der Erstellung des Unternehmertestaments dafür Sorge zu tragen, dass sämtliche Wirtschaftsgüter, die Betriebsvermögen darstellen, **vollständig** und geschlossen auf den testamentarisch vorgesehenen Unternehmensnachfolger übergehen. Ist das nicht der Fall, gehen Gesellschaftsanteil und Sonderbetriebsvermögen also voneinander getrennt auf den Nachfolger über, kommt es zu einer (oftmals ungewollten) Entnahme des Sonderbetriebsvermögens mit der Gefahr einer vollständigen Betriebsaufgabe.[47] 59

b) Sonderbetriebsvermögen

Eine typische Gefahr bei der Erstellung des Unternehmertestaments für Gesellschafter von Personengesellschaften ist die fehlende Erfassung von Sonderbetriebsvermögen. Dabei wird unterschieden zwischen Wirtschaftsgütern, die im Eigentum eines Mitunternehmers stehen und der Gesellschaft bzw. ihrem Betrieb dienen (**Sonderbetriebsvermögen I**), und Wirtschaftsgütern, die im Eigentum des Gesellschafters stehen und dessen Beteiligung an der Personengesellschaft stärken bzw. ihr förderlich sind (**Sonderbetriebsvermögen II**).[48] Beispiele für Sonderbetriebsvermögen I sind dem Betrieb überlassene Maschinen und Grundstücke, für Sonderbetriebsvermögen II das Darlehen eines Gesellschafters, das zur Finanzierung seiner Beteiligung aufgenommen wurde. Auch die GmbH-Geschäftsanteile an der Komplementär-GmbH einer gewerblich tätigen GmbH und Co. KG sind regelmäßig Sonderbetriebsvermögen.[49] 60

Beispiel 61

M und seine Ehefrau F sind Gesellschafter eines in der Rechtsform einer OHG betriebenen Transportunternehmens mit einem Anteil von je 1/2. Das Transportunternehmen wird auf einem Betriebsgrundstück betrieben, das sich im jeweils hälftigen Bruchteilseigentum von M und F befindet. Die Eheleute haben einen Sohn und eine Tochter und verfügen testamentarisch ein Vorausvermächtnis zugunsten der Tochter, die die Anteile an der OHG erhält. Beerbt werden sie von Sohn und Tochter, die eine Erbengemeinschaft mit einer Erbquote von je 1/2 bilden.

Hier wurde im Zuge der Verfügung zugunsten der Tochter, die die Anteile an der OHG erhält, das Sonderbetriebsvermögen (Betriebsgrundstück) nicht erfasst. Damit fällt das Betriebsgrundstück der Erbengemeinschaft zu und wird zur Hälfte (Anteil des Sohnes,

45 Riedel/*Riedel*, § 8 Rn 13.

46 BMF-Schreiben Vv 20.11.2019 – IV C 6 – S 2241/15/10003; BFH v. 10.9.2020 – IV R 14/18.

47 BFH v. 10.9.2020 – IV R 14/18.

48 Schmidt/*Wacker*, § 15 Rn 506.

49 BFH v. 26.2.1992 – I R 85/91.

der keine OHG-Anteile erhält) entnommen.[50] Über die Einsetzung der Tochter zur Alleinerbin hätten die Eheleute im vorliegenden Fall sicherstellen können, dass das vollständige Betriebsvermögen auf sie übergeht. Über Vermächtnisse hätten sie dem Sohn dann die Vermögensbestandteile zuwenden können, die nicht zum (Sonder-)Betriebsvermögen gehören.

c) Betriebsaufspaltung

62 Eine weitere Gefahr bei der Erstellung eines Unternehmertestaments ist die ungewollte Beendigung einer Betriebsaufspaltung. Von einer Betriebsaufspaltung spricht man dann, wenn eine personelle und sachliche Verflechtung zweier rechtlich selbstständiger Unternehmen vorliegt, wobei ein Unternehmen die operativen Geschäfte führt (sog. **Betriebsunternehmen**) und das andere Unternehmen das Eigentum an wesentlichen Teilen des durch das Betriebsunternehmen genutzten Vermögens hält (sog. **Besitzunternehmen**).[51] Das klassische Beispiel einer Betriebsaufspaltung ist die Vermietung bzw. Verpachtung des im Eigentum eines beherrschenden Gesellschafters einer Kapitalgesellschaft stehenden Betriebsgrundstücks an die Gesellschaft. Die Vermietungs- oder Verpachtungstätigkeit wird dann in eine gewerbliche Tätigkeit umqualifiziert und die Miet- bzw. Pachteinnahmen stellen gewerbliche Einkünfte nach § 15 EStG dar. Das Betriebsgrundstück gehört dann steuerrechtlich zum Betriebsvermögen.[52]

63 Im Zuge der Erstellung des Unternehmertestaments muss zwingend dafür Sorge getragen werden, dass es nicht zu einer Beendigung der personellen und/oder sachlichen Verflechtung kommt.

64 **Beispiel**

M ist alleiniger Gesellschafter der Betriebs-GmbH und Alleineigentümer eines Betriebsgrundstücks, das er der Betriebs-GmbH im Wege einer Verpachtung zur Nutzung überlassen hat. In seinem Testament wendet M den GmbH-Anteil seinem Sohn und das Betriebsgrundstück seiner Tochter zu, damit seine Tochter von den Mieteinnahmen leben kann.

Da das Eigentum am Grundstück nun nicht mehr mit dem GmbH-Anteil zusammenhängt, führen die testamentarischen Bestimmungen zu einer Beendigung der Betriebsaufspaltung durch personelle Entflechtung. Die stillen Reserven der zum Besitzunternehmen gehörenden Wirtschaftsgüter (diese sind Betriebsvermögen) sind nach § 16 Abs. 3 S. 1 EStG zu versteuern, denn aus steuerrechtlicher Sicht liegt eine Betriebsaufgabe vor. Gerade bei Grundstücken, die ein Unternehmer meist viele Jahre vor dem Erbfall erworben hat, sind die stillen Reserven sehr hoch, da der Buchwert meist deutlich unter dem Verkehrswert liegt. Der Schaden kann enorm sein.

65 Liegt eine Betriebsaufspaltung vor, ist im Unternehmertestament dafür Sorge zu tragen, dass **dieselben Personen** mit **identischen Anteilen** sowohl in das Besitzunternehmen als auch in das Betriebsunternehmen eintreten. Wird das Besitzunternehmen in der Rechtsform einer Personengesellschaft und das Betriebsunternehmen in der Rechtsform einer GmbH betrieben, kann es aufgrund unterschiedlicher Erbrechtsregime (Sonderrechtsnachfolge bei Personengesellschaften, Gesamtrechtsnachfolge bei Kapitalgesellschaften) zu Problemen kommen, was vor allem dann der Fall ist, wenn auf Ebene der Personengesellschaft nur

50 BMF Schreiben v. 11.1.1993, BStBl I 1993, 62.

51 Bonefeld/Wachter/*Riedel*, § 30 Rn 704; ausführlich zur Betriebsaufspaltung Riedel/*Micker/Schwarz*, § 30.

52 Riedel/*Micker/Schwarz*, § 30 Rn 78; Schmidt/*Wacker*, § 15 Rn 869.

bestimmte Personen zur Nachfolge zugelassen sind, wie vor allem bei einer qualifizierten Nachfolgeklausel, während alle (auch die nicht qualifizierten) Erben in die Kapitalgesellschaftsbeteiligung nachrücken.[53] Das Unternehmertestament erfordert dann „Synchronisierungsarbeit" in der Weise, dass der im Wege der Sonderrechtsnachfolge zugelassene Nachfolger im selben Verhältnis auch Erbe der Anteile an der Betriebs-GmbH wird.

2. Erbschaftsteuer

Der Unternehmer, der seine Unternehmensnachfolge von Todes wegen plant, möchte selbstverständlich auch die erbschaftsteuerrechtlichen Begünstigungen für Betriebsvermögen (§§ 13a ff. ErbStG) berücksichtigt wissen.[54] Auch in diesem Sinne ist im Unternehmertestament dafür Sorge zu tragen, dass der **gesamte Betrieb** auf den oder die Nachfolger übergeht und es nicht zu einer Betriebsaufgabe kommt, die zur Vernichtung der erbschaftsteuerrechtlichen Begünstigungen führen kann.[55] 66

VI. Checkliste vor der Erstellung eines Unternehmertestaments

Alle vorgenannten Aspekte sind bei der Erstellung eines Unternehmertestaments zu bedenken und zu berücksichtigen. Zusammenfassend ergibt sich folgende Checkliste: 67

1. Kann die Entstehung einer Erbengemeinschaft vermieden werden?
2. Ist die Versorgung weichender Angehöriger, die das Unternehmen nicht erben, sichergestellt?
3. Ist die Übertragung des Unternehmens im Wege der vorweggenommenen Erbfolge bereits in die Wege geleitet?
4. Ist das Testament mit dem Gesellschaftsvertrag abgestimmt? Ist der testamentarisch vorgesehene Nachfolger gesellschaftsvertraglich zugelassen? Fällt die Gesellschaftsbeteiligung im konkreten Fall überhaupt in den Nachlass?
5. Ist die aktuelle Rechtsform des Unternehmens noch die richtige oder sind Umstrukturierungsmaßnahmen erforderlich, um z.B. um eine umfassende Testamentsvollstreckung zu ermöglichen?
6. Ist an die Absicherung des Unternehmens für den Fall einer Scheidung gedacht worden? Passt ein etwaig vorhandener Ehevertrag noch zur aktuellen Situation?
7. Sind erbrechtliche Verzichtsverträge weichender Angehöriger erforderlich?
8. Ist der plötzliche Ausfall des Unternehmers durch (Unternehmer-)Vollmachten abgesichert?
9. Ist das Steuerrecht hinreichend berücksichtigt? Wurde insbesondere Rücksicht auf Sonderbetriebsvermögen oder eine Betriebsaufspaltung genommen?
10. Können die erbschaftsteuerrechtlichen Privilegierungen der §§ 13a ff. ErbStG eingehalten werden?

Regelmäßig ist zu empfehlen, dass sich der Berater vor der Erstellung eines Unternehmertestaments die folgenden **Unterlagen** vorlegen lässt und diese prüft: 68

1. eine vollständige Vermögensaufstellung des Mandanten einschließlich etwaig vorhandener Bewertungen, um einen Überblick über das Betriebsvermögen und das Privatvermögen zu erhalten
2. bei Gesellschaftern: alle aktuellen Gesellschaftsverträge

53 Riedel/*Micker/Schwarz*, § 30 Rn 99.
54 Siehe zu den Begünstigungen Riedel/*Riedel/Griesel*, § 5 Rn 60 ff.
55 Riedel/*Riedel*, § 8 Rn 20.

3. Bilanzen der letzten drei Geschäftsjahre, um die wirtschaftliche Situation des Unternehmens zu erfassen
4. bereits vorhandene Eheverträge
5. bereits vorhandene letztwillige Verfügungen (inklusive solche vorverstorbener Erblasser), um etwaige Bindungswirkungen festzustellen. Am besten sind auch die Verfügungen von Todes wegen aus der Vorgängergeneration zu sichten, wenn der Unternehmer das Unternehmen selbst geerbt hat, um etwaige Beschränkungen (auflösende/aufschiebende Bedingungen, Auflagen, Vor- und Nacherbschaft etc.) festzustellen.
6. vorhandene Schenkungs- und Überlassungsverträge, auch aus der Vorgängergeneration, um etwaige Rechtswirkungen wie z.B. Rückforderungsrechte festzustellen
7. bereits vorhandene erbrechtliche Verzichtsverträge
8. Bedarfsplanung des Mandanten und der weichenden Angehörigen, um angemessene Versorgungsleistungen vorzusehen

B. Erbrechtliche Gestaltungsmittel im Einzelnen unter Berücksichtigung der Rechtsform

I. Einzeltestament, gemeinschaftliches Testament oder Erbvertrag?

69 Der Unternehmer kann in Form eines Einzeltestaments, eines gemeinschaftlichen Testaments und/oder eines Erbvertrags letztwillig verfügen. Welche Art von letztwilliger Verfügung dabei die richtige ist, hängt von den Umständen des Einzelfalls ab. Pauschale Empfehlungen verbieten sich.

70 Innerhalb der genannten Gestaltungsmöglichkeiten sollte der Unternehmer darauf hingewiesen werden, dass erbrechtliche Bindungswirkungen im unternehmerischen Bereich grundsätzlich schädlich sind. Denn regelmäßig benötigt der Unternehmer nicht nur in wirtschaftlicher, sondern auch in erbrechtlicher Hinsicht Entscheidungsfreiheit, um auf die sich ständig ändernden Umstände im persönlichen, wirtschaftlichen und auch steuerrechtlichen Bereich reagieren zu können. Aus diesem Grund sollte das Unternehmertestament auch regelmäßig dahingehend überprüft werden, ob es noch zur aktuellen Situation des Unternehmers passt. Ein Intervall von drei bis fünf Jahren hat sich in der Praxis als sinnvoll erwiesen.

71 **Hinweis**
Ist bereits eine Bindungswirkung eingetreten, weil im Falle eines wechselbezüglichen gemeinschaftlichen Testaments der erste Erbfall eingetreten ist, kann der überlebende Ehegatte seine Testierfreiheit dadurch zurückgewinnen, dass er gem. § 2271 Abs. 2 S. 1 Hs. 2 BGB das ihm Zugewendete ausschlägt. Da der überlebende Ehegatte nach Ausschlagung des ihm durch das gemeinschaftliche Testament Zugewendeten noch gesetzlicher Erbe des erstverstorbenen Ehegatten werden kann (§ 1948 Abs. 1 BGB), ist nach h.M. darauf zu achten, dass der überlebende Ehegatte auch sein gesetzliches Erbrecht ausschlägt, wenn er seine Testierfreiheit wiedergewinnen möchte.[56]

56 MüKo-BGB/*Musielak*, § 2271 Rn 25.

II. Testament des Einzelunternehmers

1. Erbeinsetzung

Das Einzelunternehmen besitzt keine eigene Rechtspersönlichkeit. Träger von Rechten und Pflichten ist der Erblasser. Das Einzelunternehmen fällt als **wirtschaftliche Einheit** in den Nachlass.[57] Die bilanzielle Zusammenfassung der Vermögensgegenstände ändert hieran nichts. Insbesondere begründet sie kein Sondervermögen.[58] 72

Nicht vererblich ist die **Kaufmannseigenschaft** des Erblassers. Sie entsteht bei Vorliegen der entsprechenden Voraussetzungen neu in der Person des Erben.[59] 73

Streitig ist, ob das Recht des Erben zur Fortführung der Firma auch ohne ausdrückliche **Einwilligung** des Geschäftsinhabers besteht.[60] Daher sollte der Erblasser die entsprechende Einwilligung in sein Testament aufnehmen. 74

Da die dem Einzelunternehmen zuzurechnenden Rechte und Pflichten im Wege der Gesamtrechtsnachfolge gem. § 1922 BGB auf den Erben übergehen, ist der einfachste Weg der Vererbung eines Einzelunternehmens die **Erbeinsetzung des Unternehmensnachfolgers**. Die Absicherung weichender Angehöriger kann dann über Vermächtnisse erfolgen. 75

Muster 27.1: Einsetzung des Unternehmensnachfolgers zum Alleinerben eines Einzelunternehmens und Absicherung der Angehörigen durch Vermächtnisse 27.1

§ 1 Erbeinsetzung 76

Ich, , setze meinen Sohn zu meinem Alleinerben ein. Fällt mein Sohn vor oder nach dem Erbfall weg, bestimme ich zu meinem Ersatzerben .

Ich willige ausdrücklich in die Fortführung der Firma meines in unter der Firma e.K. betriebenen einzelkaufmännischen Unternehmens durch den Erben ein, der diese mit oder ohne Beifügung eines das Nachfolgeverhältnis andeutenden Zusatzes fortführen darf.

§ 2 Vermächtnisse

Meine Ehefrau erhält im Wege des Vermächtnisses
- meine zum Zeitpunkt meines Todes vorhandenen Miteigentumsanteile am Grundstück in der -Straße Nr. , eingetragen im Grundbuch des Amtsgerichts von , Gemarkung , Flurstück Nr. ;
- mein gesamtes zum Zeitpunkt meines Todes vorhandenes Geldvermögen. Unter Geldvermögen ist/sind mein gesamtes Barvermögen, sämtliche Guthaben auf sämtlichen Bankkonten einschließlich Sparkonten und Depots, Bausparguthaben, sämtliche Sparbriefe und alle Wertpapiere und Aktien sowie sonstige Geldforderungen zu verstehen. Ausgeschlossen sind jedoch die zu meinem unter der Firma e.K. betriebenen einzelkaufmännischen Unternehmen gehörenden betrieblichen Bankkonten.

Besondere Bedeutung im Unternehmertestament hat die Frage, wer Erbe sein soll, wenn der eingesetzte Erbe vor oder nach dem Erbfall wegfällt, etwa durch Vorversterben oder Erbausschlagung. Der Bestimmung von **Ersatzerben** kommt daher eine wichtige Bedeutung zu. Aus Sicht des testierenden Unternehmers stellt sich dabei die Frage, wer in diesem Fall das Unternehmen erben und fortführen soll und kann. Es liegt auf der Hand, dass hier keinen pauschalen Empfehlungen gefolgt werden kann, da dies stets eine einzelfallabhängige 77

57 BeckOK BGB/*Müller-Christmann*, § 1922 Rn 72.
58 Esskandari/Franck/Künnemann/*Franck*, Kap. 1 Rn 1.
59 BeckOK BGB/*Müller-Christmann*, § 1922 Rn 73.
60 MüKo-HGB/*Heidinger*, § 22 Rn 37.

Entscheidung sein wird. Im vorstehend genannten Fall der Erbeinsetzung des Sohnes des Erblassers (Muster Rdn 76) würde die Auslegungsregel des § 2069 BGB greifen, wenn eine Ersatzerbenregelung fehlt. Dann ist im Zweifel anzunehmen, dass die Abkömmlinge des Sohnes insoweit bedacht sind, als sie bei der gesetzlichen Erbfolge an dessen Stelle treten würden.

78 Bei der Anordnung von **Vermächtnissen** zugunsten der weichenden Angehörigen sollte zwingend darauf geachtet werden, dass die Vermächtnisse nur Bestandteile des Privatvermögens erfassen. Werden Gegenstände im Sonderbetriebsvermögen an Personen vermacht, die nicht Unternehmensnachfolger sind, führt die Erfüllung der Vermächtnisse zu einer Entnahme der Vermächtnisgegenstände aus dem Betriebsvermögen und damit einhergehend zu einer Aufdeckung stiller Reserven.[61]

79 Der Erblasser kann einem Vermächtnisnehmer seinen ganzen oder nahezu seinen ganzen Nachlass als Vermächtnis zuweisen.[62] Dies wird als **Universalvermächtnis** bezeichnet. Von der Alternative zu vorstehendem Muster (Rdn 76), der Ehefrau anstatt einzeln bezeichneter Vermächtnisgegenstände ein Universalvermächtnis zuzuwenden, ist bei einem Einzelunternehmer abzuraten. Denn es müsste dann dafür Sorge getragen werden, dass sämtliche dem Einzelunternehmen zuzuordnenden Vermögensgegenstände vom Universalvermächtnis ausgeschlossen sind, was erfahrungsgemäß zu Definitionsschwierigkeiten führt. Da das Einzelunternehmen kein Sondervermögen begründet, birgt dies die Gefahr der ungewollten Entnahme von Betriebsvermögen, wenn ein Universalvermächtnis angeordnet wird, das (versehentlich) Betriebsvermögen erfasst. Aus diesem Grund wird die Absicherung von Angehörigen über Universalvermächtnisse eher bei Gesellschaftsbeteiligungen infrage kommen.

80 Weiter stellt sich die Frage, ob eine **Erbengemeinschaft** Inhaber eines Einzelunternehmens sein kann. Zwar wird keinem Unternehmer-Erblasser anzuraten sein, eine Erbengemeinschaft testamentarisch als Nachfolger zu bestimmen, hat der Unternehmer jedoch keine Vorsorge für die Nachfolge getroffen und sind mehrere Erben vorhanden, fällt das einzelkaufmännische Unternehmen nach h.M. in die ungeteilte Erbengemeinschaft und kann dann ohne zeitliche Begrenzung in dieser Rechtsform fortgeführt werden (sog. **Miterben-Unternehmen**).[63] Allein dadurch, dass mehrere Erben das Unternehmen auf Dauer fortführen, entsteht noch keine OHG oder GbR.[64]

81 Oftmals ist der Erblasser Inhaber **öffentlich-rechtlicher Genehmigungen**, wie insbesondere nach der Gewerbeordnung oder der Handwerksordnung. Derartige Genehmigungen sind stets personengebunden und erlöschen mit dem Tod. Eine wichtige Ausnahme findet sich in § 46 Abs. 1 GewO, wonach das Gewerbe für Rechnung des überlebenden Ehegatten oder Lebenspartners nach dem Tod eines Gewerbetreibenden durch einen nach § 45 GewO befähigten Stellvertreter betrieben werden darf, wenn die für den Betrieb einzelner Gewerbe bestehenden besonderen Vorschriften nicht etwas anderes bestimmen. Das gleiche gilt gem. § 46 Abs. 2 GewO für minderjährige Erben während der Minderjährigkeit sowie bis zur Dauer von zehn Jahren nach dem Erbfall für den Nachlassverwalter, Nachlasspfleger oder Testamentsvollstrecker. Im Übrigen kann die zuständige Behörde nach § 46 Abs. 3 GewO gestatten, dass das Gewerbe bis zur Dauer eines Jahres nach dem Tod des Gewerbetreibenden auch ohne den nach § 45 GewO befähigten Stellvertreter betrieben wird. Eine derartige

61 BFH, Urt. v. 11.7.1973, BStBl II 1974, 50.
62 Kössinger/Najdecki/Zintl/*R. Kössinger/Zintl*, § 9 Rn 48.
63 Kössinger/Najdecki/Zintl/*Najdecki*, § 22 Rn 3.
64 BGHZ 92, 259 = NJW 1985, 136.

Regelung findet sich auch in § 4 Abs. 1 HwO. Danach darf der Erbe den Betrieb fortführen, ohne selbst die Voraussetzungen für die Eintragung in die Handwerksrolle zu erfüllen, wenn unverzüglich ein Betriebsleiter bestellt wird. Zu berücksichtigen ist auch § 47 GewO, wonach in Einzelfällen eine spezielle Erlaubnis für die Stellvertretung vorausgesetzt wird. Der Berater sollte den Erblasser daher darauf hinweisen, dass etwaige öffentlich-rechtliche Voraussetzungen nach dem Erbfall erfüllt sein müssen. Dies beeinflusst sicherlich die Auswahl des Unternehmensnachfolgers.

2. Vermächtnisse

a) Einzelunternehmen als Gegenstand eines Vermächtnisses

Das Vermächtnis begründet gem. § 2174 BGB einen schuldrechtlichen Anspruch des Bedachten gegen den Beschwerten auf Erfüllung des Vermächtnisses. Da ein Einzelunternehmen kein Sondervermögen darstellt, richtet sich der Anspruch des Vermächtnisnehmers gegen den mit dem Vermächtnis Beschwerten nicht auf Herausgabe des **Unternehmens** als solches, sondern auf Herausgabe der einzelnen, dem Unternehmen zugehörigen Vermögensgegenstände.[65] 82

Möchte der Erblasser sein Einzelunternehmen zum Gegenstand eines Vermächtnisses machen, muss er also **alle Vermögensgegenstände** des Einzelunternehmens vollständig und detailliert bezeichnen. Werden einzelne Bestandteile des Einzelunternehmens nicht zugewandt, droht eine steuerliche Entnahme mit entsprechenden steuerlichen Folgen. Dabei ist es nicht ausreichend, dass der Erblasser auf seine Bilanz Bezug nimmt, da die Bilanz nicht sämtliche Wirtschaftsgüter des Einzelunternehmens erfasst.[66] Hat der Erblasser das Unternehmen gekauft, kann ein vorliegender Unternehmenskaufvertrag eine gute Arbeitshilfe sein, da dort aufgrund des sachenrechtlichen Bestimmtheitsgrundsatzes eine vollständige Auflistung der Aktiva und Passiva des Unternehmens enthalten sein sollte. 83

Der Vermächtnisnehmer sollte auch die Verbindlichkeiten und die unternehmensbezogenen Vertragsverhältnisse des Einzelunternehmers übernehmen. Dies ist ohne Zustimmung der Gläubiger und Vertragspartner nicht möglich. Wenn diese Zustimmungen verweigert werden, verbleiben die Verbindlichkeiten und Verträge beim Erben. Eine Lösung lässt sich dann nur über interne Freistellungsverpflichtungen des Vermächtnisnehmers gegenüber dem Erben erreichen.[67] Im Ergebnis sollte der Vermächtnisnehmer mit einem entsprechenden **Untervermächtnis** beschwert werden, das ihn zur Übernahme der Verträge und Verbindlichkeiten verpflichtet. Im Falle der Verweigerung der Zustimmung der Gläubiger und Vertragspartner hat sich diese Verpflichtung auf die Freistellung des oder der Erben zu erstrecken. 84

Zu beachten ist auch, dass die vermächtnisweise Übertragung des einzelkaufmännischen Unternehmens einen **Betriebsübergang** i.S.d. § 613a BGB darstellt, der dem Vermächtnisnehmer u.a. die entsprechenden arbeitsrechtlichen Informationspflichten auferlegt. Der Übergang des Unternehmens auf den Erben im Wege der Universalsukzession ist hingegen kein Fall des § 613a BGB.[68] 85

65 BeckFormB ErbR/*Remmel*, G.VII.3 Rn 3.

66 Bonefeld/Wachter/*Wachter*, § 23 Rn 44.

67 Bonefeld/Wachter/*Wachter*, § 23 Rn 44.

68 Esskandari/Franck/Künnemann/*Franck*, Kap. 1 Rn 87; BeckFormB ErbR/*Remmel*, G.VII.3 Rn 5 m.w.N.

86 Die vorgenannten Aspekte zeigen, dass bei einem Einzelunternehmen primär versucht werden sollte, den Unternehmensnachfolger zum **(Allein-)Erben** einzusetzen. Soll das Einzelunternehmen Gegenstand eines Vermächtnisses sein, ist dies nicht unproblematisch und es muss besonders sorgfältig vorgegangen werden. Ein weiterer Nachteil im Vergleich zur Erbeinsetzung ist auch darin zu sehen, dass der Vermächtnisnehmer im Vergleich zum Erben seine handelsrechtliche Haftung nicht nach § 27 Abs. 2 HGB durch Einstellung des Geschäftsbetriebs innerhalb der Drei-Monats-Frist abwehren kann, denn § 27 HGB gilt nicht für den Vermächtnisnehmer.[69]

87 Gleichwohl kann es Fallkonstellationen geben, die die vermächtnisweise Zuwendung eines Einzelunternehmens erfordern. Dies kann z.B. dann der Fall sein, wenn der Unternehmer-Erblasser aufgrund einer bindenden Schlusserbeinsetzung in einem **gemeinschaftlichen Testament** nach dem Tod des erstversterbenden Ehegatten nicht mehr frei von Todes wegen verfügen kann, das Testament jedoch eine Öffnungsklausel dahingehend enthält, dass der überlebende Unternehmer-Erblasser im Wege des Vermächtnisses über sein Unternehmen verfügen kann. Doch auch dann sind **Alternativen** vorzugswürdig, wie insbesondere die lebzeitige Umwandlung des Einzelunternehmens in eine passende Gesellschaftsform mit anschließender Anordnung von Vermächtnissen, die sich auf diese neu geschaffene(n) Gesellschaftsbeteiligung(en) erstrecken.

27.2 **Muster 27.2: Vermächtnisweise Zuwendung eines Einzelunternehmens**

88 (Abwandlung nach BeckFormB ErbR/*Remmel*, G.VII.3)

§ 1 Erbeinsetzung

Ich, , setze meinen Sohn zu meinem Alleinerben ein. Fällt mein Sohn vor oder nach dem Erbfall weg, bestimme ich zu meinem Ersatzerben .

§ 2 Vermächtnis

Meine Tochter erhält im Wege des Vermächtnisses mein unter der Firma e.K. betriebenes einzelkaufmännisches Unternehmen mit allen Aktiva und Passiva. Gegenstand des Vermächtnisses sind insbesondere die folgenden Aktiva und Passiva meines Einzelunternehmens:

1. Aktiva

- sämtliche zu meinem Einzelunternehmen gehörenden Forderungen wie insbesondere Forderungen aus Lieferungen und Leistungen, geleistete Anzahlungen, Darlehensforderungen, Forderungen gegenüber dem Finanzamt, Schadensersatzforderungen jeweils einschließlich Zins- und Nebenforderungen und allen eventuell zur Sicherung dieser Forderungen bestellten Rechten;
- sämtliche Bankguthaben bei allen Banken und Kreditinstituten, die zu meinem Einzelunternehmen gehören;
- alle gewerblichen Schutzrechte, die zu meinem Einzelunternehmen gehören, wie insbesondere die Marken , die Domains ;
- alle immateriellen Vermögenswerte meines Einzelunternehmens, insbesondere die Firma, das Know-How und der gesamte Kundenstamm.

Auch alle sonstigen Vermögensgegenstände, die zu meinem Einzelunternehmen bzw. Geschäftsbetrieb gehören und hier nicht ausdrücklich aufgenommen sind, sind Gegenstand des Vermächtnisses. Ich stelle daher klar, dass sämtliche Vermögensgegenstände einschließlich Sonderbetriebsvermögen und Verbindlichkeiten meines Einzelunternehmens einschließlich der nicht bilanzierten sowie der nicht bilanzierbaren Vermögensgegenstände und Vermögensvorteile und sämtlicher Schulden und Verpflichtungen Gegenstand des Vermächtnisses und zu übertragen sind, auch soweit diese hier nicht ausdrücklich bezeichnet sind.

---

69 BeckFormB ErbR/*Remmel*, G.VII.3 Rn 4.

2. Passiva

Meine Tochter hat im Wege der befreienden Schuldübernahme sämtliche Verbindlichkeiten meines Einzelunternehmens mit wirtschaftlicher Wirkung zum Stichtag des Vollzugs des Vermächtnisses zu übernehmen. Solche Verbindlichkeiten sind insbesondere auch Steuerverbindlichkeiten einschließlich solcher, welche aufgrund von Betriebsprüfungen entstehen.

Der Erbe und die Vermächtnisnehmerin haben gemeinsam die für die Übernahme der Verbindlichkeiten erforderlichen Zustimmungserklärungen der Gläubiger einzuholen. Sollte eine Zustimmung nicht erteilt werden, haben sich der Erbe und die Vermächtnisnehmerin im Innenverhältnis so zu stellen, als ob die Übernahme der Verbindlichkeit zum Zeitpunkt des Vollzugs des Vermächtnisses wirksam vollzogen worden wäre. Die Vermächtnisnehmerin hat den Erben dann im Innenverhältnis von seiner Verpflichtung zur Leistung und von jedweder Haftung im Zusammenhang mit dieser Verbindlichkeit freizustellen. Insofern wird die Vermächtnisnehmerin mit einem Untervermächtnis zugunsten des Erben beschwert.

Der Erbe und die Vermächtnisnehmerin haben alle Handlungen vorzunehmen und Erklärungen abzugeben, die zur Übernahme der Verbindlichkeiten und der Übertragung der Passiva auf die Vermächtnisnehmerin erforderlich sind. Ist der Erbe formal Partei eines (steuerrechtlichen) Verfahrens, hat er dieses Verfahren auf Weisung der Vermächtnisnehmerin zu betreiben. Die Vermächtnisnehmerin trägt die Kosten eines solchen Verfahrens.

3. Vertragsbeziehungen

Der Erbe hat mit wirtschaftlicher Wirkung zum Stichtag des Vollzugs des Vermächtnisses im Wege der Vertragsübernahme sämtliche Rechte, Ansprüche und Verbindlichkeiten aus sämtlichen zu meinem Einzelunternehmen gehörenden Verträgen auf die diese Übertragung annehmende Vermächtnisnehmerin zu übertragen. Der Erbe und die Vermächtnisnehmerin haben auch hier gemeinsam in erforderlicher Form die für die Übertragung dieser Verträge erforderlichen Zustimmungen der jeweiligen Vertragsparteien einzuholen. Sollte eine Zustimmung nicht erteilt werden, haben sich der Erbe und die Vermächtnisnehmerin auch diesbezüglich im Innenverhältnis so zu stellen, als ob die Übernahme des Vertragsverhältnisses zum Stichtag des Vollzugs des Vermächtnisses wirksam vollzogen worden wäre. Der Erbe hat dann im Innenverhältnis ausschließlich für Rechnung und auf Weisung der Vermächtnisnehmerin und unentgeltlich tätig zu werden. Die Vermächtnisnehmerin hat sich dabei zu verpflichten, alles zu unternehmen, um dem Erben die Erfüllung der vertraglichen Verpflichtungen zu ermöglichen. Der Erbe hat der Vermächtnisnehmerin mit Wirkung zum Zeitpunkt des Vollzugs des Vermächtnisses alle Ansprüche und Rechte aus den übernommenen Vertragsverhältnissen abzutreten. Auch dieser Anspruch ist ausdrücklich Gegenstand dieses Vermächtnisses.

Der Erbe hat ebenso bis spätestens zum Zeitpunkt des Vollzugs des Vermächtnisses sämtliche Unterlagen, Informationen und Datenträger, die mein Einzelunternehmen betreffen, an die Vermächtnisnehmerin zu übergeben.

4. Arbeitnehmer

Der Erbe und die Vermächtnisnehmerin haben durch ein von ihnen gemeinsam unterzeichnetes Schreiben die betroffenen Arbeitnehmer gem. § 613a Abs. 5 BGB zu unterrichten.

Entscheidet sich der Erblasser zur Zuwendung seines Einzelunternehmens im Wege eines Vermächtnisses, wird er um eine regelmäßige „Testamentspflege" nicht herumkommen, da sich die Aktiva und Passiva des Unternehmens zwischen dem Zeitpunkt der Errichtung des Testaments und seinem Tod regelmäßig verändern werden. 89

b) Nießbrauch am Einzelunternehmen

Der Nießbrauch am Einzelunternehmen ist gesetzlich nicht geregelt, wird aber in § 22 Abs. 2 HGB vorausgesetzt. Üblicherweise wird zwischen drei verschiedenen Arten des 90

Nießbrauchs am Einzelunternehmen unterschieden, die Gegenstand eines Vermächtnisses sein können.[70]

aa) Unternehmensnießbrauch

91 Möglich ist die vermächtnisweise Zuwendung des Unternehmensnießbrauchs (auch als **echter Nießbrauch** bezeichnet). Beim Unternehmensnießbrauch führt der Nießbraucher das Unternehmen selbst auf eigene Rechnung und Gefahr.[71] Es handelt sich dabei um einen vollen dinglichen Nießbrauch am Unternehmen mit unmittelbarem Besitz des Nießbrauchers an den Gegenständen des Unternehmens, der Verfügungsmacht über das Umlaufvermögen im Rahmen der selbstständigen Wirtschaftsführung und dem Recht auf Eigenerwerb des Ertrags bei voller Haftung des Nießbrauchers nach außen.[72]

92 Beim Unternehmensnießbrauch sind dem Nießbrauchsberechtigten alle Einkünfte aus dem Unternehmen zuzurechnen. Es entstehen **zwei Betriebe**: Der bisherige (ererbte) Betrieb, der zum ruhenden Betrieb des Erben wird, und der vom Nießbraucher geführte Geschäftsbetrieb.[73] Letzterer ist ein aktiver, wirtschaftender Betrieb.[74] Dementsprechend sind auch zwei Bilanzen zu erstellen, wobei das Umlaufvermögen in der Bilanz des Nießbrauchers aufzunehmen ist, das Anlagevermögen hingegen in der Bilanz des Erben.[75]

93 Aus ertragsteuerlicher Sicht ist weiter zu differenzieren. Der nießbrauchsverpflichtete Erbe hat ein **Wahlrecht**: Er kann die Betriebsaufgabe erklären, dann liegt eine begünstigte Betriebsaufgabe vor und die dem Vermächtnisnehmer überlassenen Wirtschaftsgüter werden zum Privatvermögen. Nach Betriebsaufgabe des ruhenden Betriebs erzielt der Erbe dann Einnahmen aus Vermietung und Verpachtung.[76] Er kann jedoch auch von der Erklärung der Betriebsaufgabe absehen. Dann gilt der bisherige Betrieb in einkommensteuerrechtlicher Hinsicht als fortbestehend.[77] Wenn der Vermächtnisnehmer gegenüber dem Erben Zahlungen zu leisten hat, liegen beim Vermächtnisnehmer Betriebsausgaben vor. Da der Vermächtnisnehmer nicht Eigentümer des Betriebsvermögens wird, ist er grundsätzlich nicht abschreibungsberechtigt.[78]

94 Vor der Anordnung eines Unternehmensnießbrauchs sollte stets geprüft werden, ob unerwartete Ertragsteuern anfallen bzw. ob stille Reserven aufgedeckt werden.[79] Insbesondere ist dafür Sorge zu tragen, dass es im Falle einer Betriebsaufspaltung nicht zu einem Wegfall der personellen oder sachlichen Verflechtung kommt. Auch kann die Bestellung eines Nießbrauchs an Wirtschaftsgütern des Betriebsvermögens Entnahmetatbestände schaffen, die nicht mehr durch Rückgängigmachung der Nießbrauchsbestellung ungeschehen gemacht werden können.[80]

95 Für den Unternehmensnießbrauch sind die §§ 1030–1084 BGB anzuwenden. Die §§ 1086–1088 BGB gelten nur, wenn das Unternehmen das **Gesamtvermögen** des Bestellers bzw.

70 Kössinger/Najdecki/Zintl/*R. Kössinger/Zintl*, § 10 Rn 174, 175.
71 Scherer/*v. Sothen*, § 27 Rn 313.
72 Kössinger/Najdecki/Zintl/*R. Kössinger/Zintl*, § 10 Rn 174.
73 Scherer/*v. Sothen*, § 27 Rn 313.
74 BFH BStBl II 1996, 600.
75 *Paus*, BB 1990, 1679.
76 Scherer/*v. Sothen*, § 27 Rn 314.
77 Scherer/*v. Sothen*, § 27 Rn 314.
78 Schmidt/*Kulosa*, § 13 Rn 156.
79 Vgl. BGH, Urt. v. 25.1.2017 – X R 59/14, DStR 2017, 1308.
80 Scherer/*Stenger*, § 22 Rn 48.

Erblassers darstellt.[81] Da das Einzelunternehmen kein Sondervermögen darstellt, muss aufgrund des sachenrechtlichen Bestimmtheitsgrundsatzes eine Nießbrauchsbestellung an sämtlichen Gegenständen des Unternehmens entsprechend den jeweiligen gesetzlichen Bestimmungen erfolgen, d.h. an Grundstücken durch Einigung und Grundbucheintragung (§ 873 BGB), an beweglichen Sachen nach § 1032 BGB und an Forderungen nach § 1069 BGB.[82]

Die Haftung des Nießbrauchers im Außenverhältnis kann durch Vereinbarung mit den Erben und Eintragung im Handelsregister ausgeschlossen werden (§ 25 Abs. 2 HGB). Eine Verpflichtung der Erben hierzu besteht jedoch nicht.[83] 96

Der Nießbraucher ist verpflichtet, die bisherige wirtschaftliche Bestimmung des Unternehmens aufrechtzuerhalten und nach den Regeln einer **ordnungsmäßigen Wirtschaft** unter Beachtung der §§ 1036, 1037 Abs. 1 BGB zu verfahren.[84] Damit darf der Nießbraucher das Unternehmen weder einstellen noch wesentlich umstrukturieren.[85] Er darf insbesondere nicht die Substanz des Einzelunternehmens angreifen, es sei denn, ihm wird ein weiteres, sich hierauf erstreckendes Vermächtnis zugewandt. Dem Nießbraucher steht der bilanzmäßig ausgewiesene Reingewinn zu.[86] Jedoch ist es empfehlenswert, im Rahmen der testamentarischen Anordnung des Nießbrauchsvermächtnisses Einzelheiten zur Festlegung und Berechnung des Gewinns anzuordnen, um diesbezügliche Streitigkeiten zu vermeiden. 97

Der Nießbraucher wird gem. § 1067 BGB Eigentümer des Umlaufvermögens und hat bei **Beendigung** des Nießbrauchs nur den Wert des zu Beginn des Nießbrauchs in sein Eigentum übergegangenen Umlaufvermögens zu ersetzen. Der Erblasser kann jedoch festlegen, dass der Erbe die Herausgabe des im Zeitpunkt der Beendigung des Nießbrauchs vorhandenen Umlaufvermögens verlangen kann und wie die Wertdifferenz zum Anfangsvermögen auszugleichen ist.[87] Zum Umlaufvermögen gehören verbrauchbare Sachen i.S.v. § 92 BGB. Dies sind alle beweglichen Sachen, deren bestimmungsgemäßer Gebrauch in dem Verbrauch oder in der Veräußerung besteht.[88] Gehört ein Warenlager zu einem Einzelunternehmen, dessen bestimmungsgemäßer Gebrauch in der Veräußerung der im Warenlager befindlichen Sachen besteht, gehört auch das Warenlager zum Umlaufvermögen.[89] Dies wird regelmäßig der Fall sein. 98

Was Forderungen des Einzelunternehmens anbelangt, ist der Nießbrauchsberechtigte gem. § 1074 BGB nur zum Einzug berechtigt. Dies ist bei einem Einzelunternehmen jedoch nicht sachgerecht. Daher hat der Nießbrauchsberechtigte nach h.M. einen Anspruch auf Abtretung der bei Beginn des Nießbrauchs bestehenden Geschäftsforderungen.[90] 99

Das Anlagevermögen verbleibt im Eigentum des Erben. In den Grenzen einer ordnungsgemäßen Wirtschaft darf der Nießbraucher zwar über Inventarstücke verfügen (§ 1048 Abs. 1 BGB analog), ist dann jedoch zur Ersatzbeschaffung verpflichtet.[91] 100

81 Grüneberg/*Herrler*, § 1085 Rn 3.
82 Kössinger/Najdecki/Zintl/*R. Kössinger/Zintl*, § 10 Rn 175.
83 Kössinger/Najdecki/Zintl/*R. Kössinger/Zintl*, § 10 Rn 175.
84 Kössinger/Najdecki/Zintl/*R. Kössinger/Zintl*, § 10 Rn 175.
85 Esskandari/Franck/Künnemann/*Franck*, Kap. 1 Rn 114.
86 Grüneberg/*Herrler*, § 1085 Rn 7 m.w.N.
87 Kössinger/Najdecki/Zintl/*R. Kössinger/Zintl*, § 10 Rn 175.
88 MüKo-BGB/*Pohlmann*, § 1067 Rn 3.
89 Esskandari/Franck/Künnemann/*Franck*, Kap. 1 Rn 117.
90 Kössinger/Najdecki/Zintl/*R. Kössinger/Zintl*, § 10 Rn 175.
91 BGH ZNotP 2006, 232.

Muster 27.3: Vermächtnisweise Zuwendung des Unternehmensnießbrauchs an einem Einzelunternehmen

101 (Nach MVHdB VI BürgerlR II/*Döbereiner*, XIII. 2)

Meine Ehefrau erhält im Wege des Vermächtnisses den Unternehmensnießbrauch (voller dinglicher Nießbrauch, nicht Ertragsnießbrauch) an dem von mir unter der Firma e.K. betriebenen einzelkaufmännischen Unternehmen mit dem Sitz in , eingetragen im Handelsregister des Amtsgerichts unter HRA Nr. .

Der Nießbrauch ist an dem Betriebsgrundstück in , eingetragen im Grundbuch des Amtsgerichts von , Gemarkung , Flurstück Nr. , sowie an allen beweglichen Wirtschaftsgütern des Betriebsvermögens, somit an allen Gegenständen, die steuerlich bei dem Einzelunternehmen aktiviert sind, einzuräumen. Alle Gegenstände des Umlaufvermögens gehen in das Eigentum der Vermächtnisnehmerin über. Sie ist verpflichtet, die Gegenstände des Umlaufvermögens nach Beendigung des Nießbrauchs entsprechend in Natur zu erstatten.

Alle betrieblichen Forderungen sind an die Vermächtnisnehmerin abzutreten. Entsprechend ist die Vermächtnisnehmerin verpflichtet, auch alle zum Zeitpunkt meines Todes bestehenden betriebsbedingten Verbindlichkeiten zu übernehmen bzw., sollten die Gläubiger der befreienden Schuldübernahme nicht zustimmen, den Erben von jeglicher Inanspruchnahme freizustellen. Die Vermächtnisnehmerin ist, im Rahmen einer ordnungsgemäßen Wirtschaft und mit der Verpflichtung zur Ersatzbeschaffung, berechtigt, auch über Gegenstände des Anlagevermögens zu verfügen.

Die Vermächtnisnehmerin hat in ihrer Eigenschaft als Nießbraucherin die Firma mit oder ohne Beifügung eines Nachfolgezusatzes im eigenen Namen und unter eigener Haftung fortzuführen.

Persönliche Steuern, die der Erbe hinsichtlich des nießbrauchsbelasteten Unternehmens und die Vermächtnisnehmerin auf Erträge, die zivilrechtlich nicht ihr, sondern dem Erben zustehen, zu bezahlen hat, können aus den jährlichen Gewinnen des Unternehmens entnommen werden. Bei der Berechnung der auf solche Erträge entfallenden Einkommensteuer sind diese jeweils als Spitzeneinkünfte anzusehen.

Die Nutzungen der Vermächtnisnehmerin als Nießbrauchsberechtigte errechnen sich wie folgt: Auszugehen ist vom jährlichen Steuerbilanzgewinn. Davon sind zunächst diejenigen persönlichen Steuern in Abzug zu bringen, die der Erbe und die Vermächtnisnehmerin aufgrund obiger Regelung zu entnehmen berechtigt sind. Danach sind etwaige Verluste vergangener Jahre auszugleichen, soweit dies nicht bereits in der Steuerbilanz geschehen ist. Anschließend ist für den Erben ein Betrag in Höhe von % der in der Steuerbilanz vorgenommenen Abschreibungen abzuziehen als Ausgleich für die erhöhten Wiederbeschaffungskosten der Ergänzungsinvestitionen. Der danach verbleibende Rest steht der Vermächtnisnehmerin zu % und dem Erben zu % zu, Letzterem zur Sicherung des Wachstums des Unternehmens. Der Erbe darf die ihm zugerechneten Beträge nicht entnehmen. Verluste trägt die Vermächtnisnehmerin nur insoweit, als sie durch die obige Regelung bis zur Beendigung des Nießbrauchs wieder durch Gewinne ausgeglichen werden können.

102 Häufig wünscht der Unternehmer-Erblasser im Zusammenhang mit der Anordnung eines Nießbrauchsvermächtnisses die Ernennung des Vermächtnisnehmers zum **Testamentsvollstrecker** mit der Aufgabe der Erfüllung des Nießbrauchsvermächtnisses. Beim Zusammentreffen des Unternehmensnießbrauchs mit der Testamentsvollstreckung in einer Person ist der Wille des Erblassers zu unterstellen, dass das Unternehmen von dem Bedachten in seiner Eigenschaft als Nießbraucher und nicht als Testamentsvollstrecker geführt werden soll.[92] Die Anordnung einer umfassenden, sich auch auf das Einzelunternehmen erstreckenden Testamentsvollstreckung wäre mit einem echten Unternehmensnießbrauch auch nicht

92 MVHdB VI BürgerlR II/*Döbereiner*, XIII. 2 Anm. 8 m.w.N.

vereinbar, da der Nießbraucher und nicht der Testamentsvollstrecker die Unternehmerstellung erhalten soll.[93]

Praxistipp 103
Da in diesem Fall die Problematik der Testamentsvollstreckung über ein Einzelunternehmen (siehe § 20 Rdn 209 ff.) entfällt, könnte die Nießbrauchsbestellung am Einzelunternehmen eine Alternative zur Testamentsvollstreckung sein. Da viele Einzelheiten im Bereich des echten Unternehmensnießbrauchs noch nicht geklärt sind, sollte der Erblasser die Kompetenzverteilung zwischen dem Erben und dem Nießbrauchsberechtigten jedoch detailliert festlegen oder alternativ das Einzelunternehmen in eine andere Rechtsform umwandeln.

bb) Ertragsnießbrauch

Eine weitere Art des Nießbrauchs an einem Einzelunternehmen ist der Ertragsnießbrauch, 104
der auch als **unechter Unternehmensnießbrauch** bezeichnet wird. Der Ertragsnießbrauch bedeutet die Zuwendung des dinglichen Nießbrauchs an einzelnen Gegenständen des Unternehmens, jedoch nur auf den Ertrag gerichtet, wobei der Nießbraucher keinen unmittelbaren Besitz hat, von der Wirtschaftsführung ausgeschlossen ist, kein Unternehmer wird und nach außen nicht haftet.[94] Im Ergebnis stellt der Ertragsnießbrauch einen schuldrechtlichen Anspruch auf Auszahlung des Gewinns dar.

Beim Ertragsnießbrauch führt folglich nur der Erbe das Unternehmen. Da der Nießbrau- 105
cher nicht Unternehmer wird, kommt der Ertragsnießbrauch letztlich nur als **Quotennießbrauch** infrage.[95] Weitere Folge dessen ist, dass der Nießbrauchsberechtigte mangels Unternehmerstellung keine gewerblichen Einkünfte erzielt, sondern entweder Versorgungsleistungen i.S.v. § 22 EStG oder nicht einkommensteuerpflichtige Einkünfte.[96] Der Betrieb geht im Erbfall auf den Erben über, der die Buchwerte fortzuführen hat (§ 6 Abs. 3 EStG) und Unternehmer ist, dem der gesamte Gewinn zugerechnet wird, auch wenn er ihn an den Nießbraucher (als Vermächtnisnehmer) herauszugeben hat.[97] Die Zahlungen an den Vermächtnisnehmer sind beim Erben entweder nicht abzugsfähig, Sonderausgaben oder Betriebsausgaben.[98]

Muster 27.4: Vermächtnisweise Zuwendung des Ertragsnießbrauchs an einem Einzelunternehmen 27.4

Meine Ehefrau (erhält im Wege des Vermächtnisses den lebenslangen Ertragsnießbrauch an dem 106
von mir unter der Firma e.K. betriebenen einzelkaufmännischen Unternehmen mit dem Sitz in , eingetragen im Handelsregister des Amtsgerichts unter HRA Nr. .

Dabei erhält sie % des vor Steuern verbleibenden Gewinns des Unternehmens. Ihr soll monatlich im Voraus 1/12 des so ermittelten, in der letzten vorliegenden Jahresbilanz ausgewiesenen Gewinns ausgezahlt werden. Übersteigt die Summe der Vorauszahlungen den sich nach vorstehender Berechnung ergebenden Gewinn, hat die Vermächtnisnehmerin den überzahlten Betrag zurückzuerstatten [*alternativ:* nicht zurückzuerstatten].

93 MVHdB VI BürgerlR II/*Döbereiner*, XIII. 2 Anm. 8.
94 Kössinger/Najdecki/Zintl/*R. Kössinger/Zintl*, § 10 Rn 174.
95 BGH, Urt. v. 29.4.1954 – IV ZR 152/53.
96 Schmidt/*Wacker*, § 15 Rn 144, 308.
97 BFH, Urt. v. 16.5.1995 – VIII R 18/93; FG Köln, Urt. v. 15.11.2002 – 5 K 4243/93; Schmidt/*Wacker*, § 15 Rn 308.
98 Scherer/*v. Sothen*, § 27 Rn 314.

Entgegen jeder gesetzlichen Auslegungs- oder Vermutungsregel entfällt das Vermächtnis ersatzlos, wenn sich das oben bezeichnete Einzelunternehmen zum Zeitpunkt meines Todes nicht mehr in meinem Nachlass befindet.

Ersatzvermächtnisnehmer ist .

cc) Nutzungsvermächtnis

107 Schließlich besteht noch die Möglichkeit der Zuwendung eines Nutzungsvermächtnisses, das einen schuldrechtlichen Anspruch des Vermächtnisnehmers gegen den Erben auf den ganzen oder teilweisen Reinertrag des Unternehmens begründet.[99] Im Unterschied zum Ertragsnießbrauch begründet ein solches Nutzungsvermächtnis kein echtes Nießbrauchsrecht i.S.d. §§ 1032 ff. BGB, die damit nicht anwendbar sind. Dem Vermächtnisnehmer steht nur ein **schuldrechtlicher Gewinnauszahlungsanspruch** zu und die Unternehmerstellung verbleibt wie beim Ertragsnießbrauch beim Erben.[100]

27.5 **Muster 27.5: Zuwendung eines Nutzungsvermächtnisses an einem Einzelunternehmen**

108 Meine Ehefrau erhält im Wege des Vermächtnisses das lebenslange Recht auf Bezahlung eines Betrags in Höhe von % des auf mein unter der Firma e.K. betriebenes einzelkaufmännisches Unternehmen mit dem Sitz in , eingetragen im Handelsregister des Amtsgerichts unter HRA Nr. , entfallenden Gewinns.

Ihr soll monatlich im Voraus 1/12 des so ermittelten, in der letzten vorliegenden Jahresbilanz ausgewiesenen Gewinns ausgezahlt werden. Übersteigt die Summe der Vorauszahlungen den sich nach vorstehender Berechnung ergebenden Gewinn, hat die Vermächtnisnehmerin den überzahlten Betrag zurückzuerstatten [*alternativ:* nicht zurückzuerstatten].

Entgegen jeder gesetzlichen Auslegungs- oder Vermutungsregel entfällt das Vermächtnis ersatzlos, wenn sich das oben bezeichnete Einzelunternehmen zum Zeitpunkt meines Todes nicht mehr in meinem Nachlass befindet.

Ersatzvermächtnisnehmer ist .

109 **Praxistipp**
Die Absicherung des Vermächtnisnehmers über den Nießbrauch am Einzelunternehmen birgt stets das Risiko, dass dessen Versorgung aufgrund schlechter wirtschaftlicher Lage des Unternehmens nicht im gewünschten Maß erfolgt. Soll der Vermächtnisnehmer unabhängig von der wirtschaftlichen Situation des Unternehmens abgesichert werden, kommt alternativ ein Rentenvermächtnis infrage (siehe dazu Muster Rdn 123).

c) Drittbestimmungsmöglichkeiten im Vermächtnisrecht

110 Gem. § 2065 Abs. 2 BGB kann der Erblasser die Bestimmung der Person, die eine Zuwendung erhalten soll, sowie die Bestimmung des Gegenstands der Zuwendung nicht einem anderen überlassen. Verfügungen, die § 2065 BGB widersprechen, sind nichtig.[101] Im Bereich der Erbeinsetzung ist das Bestimmungsrecht Dritter somit stark eingeschränkt. Nach dem BGH steht eine letztwillige Verfügung dann im Einklang mit § 2065 BGB, wenn der Erblasser in der Verfügung von Todes wegen bezüglich des vom Dritten zu bestimmenden Bedachten so genaue **Vorgaben** macht, dass es auch jeder anderen mit genügend Sachkunde ausgestatteten Person möglich ist, den Bedachten aufgrund dieser Angaben zu bezeichnen, ohne

99 Kössinger/Najdecki/Zintl/*R. Kössinger/Zintl*, § 10 Rn 174.
100 Esskandari/Franck/Künnemann/*Franck*, Kap. 1 Rn 131 m.w.N.
101 MüKo-BGB/*Leipold*, § 2065 Rn 47.

dass das eigene Ermessen des Bestimmungsberechtigten dabei bestimmend oder mitbestimmend ist.[102]

In der Praxis werden die Vorgaben des § 2065 BGB im Rahmen eines Unternehmertestaments kaum eingehalten werden können. Insbesondere sind Bestimmungen unzulässig, wonach der Dritte auf die Eignung zur Unternehmensfortführung abstellen darf, da diese Entscheidung eine Ermessensentscheidung des Dritten darstellt.[103] 111

Die deutlich bessere und einfachere Möglichkeit, einem Dritten die Wahl des Unternehmensnachfolgers zu überlassen, bietet das **Vermächtnisrecht**, denn der im Bereich der Erbeinsetzung geltende Grundsatz der materiellen Höchstpersönlichkeit ist dort schwächer ausgeprägt. Nach §§ 2151, 2153, 2156 BGB kann ein Dritter bestimmen, wer von mehreren in welcher Höhe was als Vermächtnis erhalten soll.[104] Vor dem Hintergrund der Zulässigkeit eines Universalvermächtnisses darf ein Dritter den Vermächtnisnehmer selbst dann bestimmen, wenn das Vermächtnis im Wesentlichen den gesamten Nachlass betrifft.[105] Dies ist bei Unternehmen im Nachlass sicherlich oftmals der Fall. 112

§ 2151 BGB befreit den Erblasser dabei allerdings nicht so weitgehend von einer Festlegung, dass er die Auswahl des Bedachten völlig in das Belieben des zur Auswahl Berufenen stellen kann.[106] Erforderlich ist vielmehr eine **hinreichende Bestimmung des Personenkreises**: Der Vermächtnisnehmer darf nur aus einem objektiv bestimmbaren und leicht überschaubaren Personenkreis ausgewählt werden.[107] Zu diesem Personenkreis können nach h.M. sowohl der Erbe als auch der Beschwerte und der Bestimmungsberechtigte selbst gehören.[108] Bei fehlender Bestimmbarkeit des Personenkreises kann die Verfügung unwirksam sein, es kommt jedoch eine Umdeutung in eine Auflage in Betracht.[109] 113

Als Bestimmungsberechtigter kommt im Rahmen des Unternehmertestaments vor allem der Testamentsvollstrecker oder der Unternehmer-Ehegatte in Betracht. Dabei nimmt der Bestimmungsberechtigte die Bestimmung nach **freiem Ermessen** vor. Die Billigkeit der Ermessensentscheidung kann gerichtlich nicht überprüft werden.[110] Die gerichtliche Überprüfung ist vielmehr darauf beschränkt, ob eine wirksame Bestimmungserklärung vorliegt und ob ein handlungsfähiger Bestimmungsberechtigter seine Auswahl aus dem begünstigten Personenkreis getroffen hat und hierbei nicht arglistig oder sittenwidrig vorgegangen ist. Die vom Erblasser vorgegebenen Richtlinien dürfen nicht offensichtlich missachtet worden sein.[111] 114

Der Erblasser sollte den Bestimmungsberechtigten in seiner Verfügung von Todes wegen genau benennen. Sollte eine genaue Benennung fehlen, übt im Zweifel der Beschwerte das Bestimmungsrecht aus (§ 2152 BGB). Ist der mit dem Vermächtnis Beschwerte bestimmungsberechtigt, übt dieser seine Bestimmungserklärung gegenüber demjenigen aus, der das Vermächtnis erhalten soll. Steht das Bestimmungsrecht einem Dritten zu, erfolgt die Bestimmungserklärung gegenüber dem Beschwerten (§ 2151 Abs. 2 BGB). Die Bestim- 115

102 BGH, Urt. v. 18.11.1954 – IV ZR 152/54.
103 Scherer/*Bregulla-Weber*, § 4 Rn 13.
104 Scherer/*Bregulla-Weber*, § 4 Rn 14.
105 BayObLG, Urt. v. 2.2.1996 – 1Z BR 146/95.
106 MüKo-BGB/*Rudy*, § 2151 Rn 2.
107 BayObLG NJW-RR 1999, 946.
108 MüKo-BGB/*Rudy*, § 2151 Rn 3.
109 MüKo-BGB/*Rudy*, § 2151 Rn 6.
110 Esskandari/Franck/Künnemann/*Franck*, Kap. 1 Rn 134.
111 MüKo-BGB/*Rudy*, § 2151 Rn 12.

mungserklärung ist dabei stets **unwiderruflich,**[112] jedoch **anfechtbar**, wobei ein Irrtum über die Eignung der ausgewählten Person als Unternehmensnachfolger einen unbeachtlichen Motivirrtum darstellt.[113] Unterbleibt die Bestimmung durch den Bestimmungsberechtigten, so sind die Bedachten Gesamtgläubiger (§ 2151 Abs. 3 BGB).

116 Macht der Erblasser von den vorgenannten Drittbestimmungsmöglichkeiten Gebrauch, sollte er zwingend bedenken, dass eine gewisse Zeit vergeht, bis der Bestimmungsberechtigte von seinem Bestimmungsrecht Gebrauch macht. Für die **Übergangszeit** bis zur Ausübung des Bestimmungsrechts sollte geregelt werden, wer das Unternehmen führt. Dies kann z.B. der Testamentsvollstrecker sein.

117 **Praxistipp**
Die einfachste Lösung für die Sicherstellung der Unternehmensfortführung bis zur Ausübung des Bestimmungsrechts ist die Einsetzung des Bestimmungsberechtigten zum Alleinerben, der das Unternehmen dann kraft dieser Funktion fortführen kann.

27.6 **Muster 27.6: Bestimmung des Vermächtnisnehmers durch einen Dritten**

118 **§ 1 Erbeinsetzung**

Ich, , setze meine Ehefrau zu meiner Alleinerbin ein. Fällt meine Ehefrau vor oder nach dem Erbfall weg, bestimme ich zu meinem Ersatzerben .

§ 2 Vermächtnis

Im Wege des Vermächtnisses wende ich mein in der Rechtsform eines Einzelunternehmens betriebenes Unternehmen samt allen Aktiva und Passiva meinen zum Zeitpunkt meines Todes vorhandenen ehegemeinschaftlichen Abkömmlingen zu, wobei jedoch nur Abkömmlinge in Betracht kommen, die die Voraussetzungen für die Eintragung in die Handwerksrolle erlangen. Kommen mehrere Abkömmlinge in Betracht, übertrage ich meiner Ehefrau das Bestimmungsrecht gem. § 2151 BGB. Meine bestimmungsberechtigte Ehefrau entscheidet dabei, ob mehrere oder nur ein Abkömmling mein Einzelunternehmen erhalten bzw. erhält. Sie hat das Bestimmungsrecht bis spätestens zur Vollendung ihres 60. Lebensjahres auszuüben, frühestens jedoch mit Vollendung des 25. Lebensjahres meines ersten zur Nachfolge geeigneten Abkömmlings. Bis zur Ausübung des Bestimmungsrechts führt meine Ehefrau mein Einzelunternehmen fort. Ihr stehen bis dahin auch die Erträge meines Einzelunternehmens ausschließlich und alleine zu.

d) Rentenvermächtnis

119 Möchte der Unternehmer vermächtnisweise seine Angehörigen absichern und deren Versorgung sicherstellen, ohne ihnen Mitwirkungsrechte bzw. Entscheidungsbefugnisse am Einzelunternehmen zu gewähren, kommt die Anordnung eines Rentenvermächtnisses infrage. Mit einem solchen werden dem Bedachten periodisch wiederkehrende gleichbleibende Leistungen in Geld oder vertretbare Sachen auf Lebenszeit (**Leibrente**, §§ 759–761 BGB) über einen genau festgelegten Zeitraum (**Zeitrente**) vermacht.[114] Abzugrenzen ist das Rentenvermächtnis von einer dauernden Last. Darunter versteht man wiederkehrende Leistungen, die sich auch auf einen besonderen Verpflichtungsgrund zurückführen lassen, aber ungleichmäßig oder abänderbar sind.[115]

120 **Beschwerter** eines Rentenvermächtnisses ist in der Regel der zum Alleinerben eingesetzte Unternehmensnachfolger oder der im Wege eines Untervermächtnisses belastete Vermächt-

---

112 BeckOK BGB/*Müller-Christmann*, § 2151 Rn 6.
113 Esskandari/Franck/Künnemann/*Franck*, Kap. 1 Rn 135.
114 Kössinger/Najdecki/Zintl/*R. Kössinger/Zintl*, § 9 Rn 77.
115 Kössinger/Najdecki/Zintl/*R. Kössinger/Zintl*, § 9 Rn 78.

§ 2 Teilungsanordnung

Im Wege der Teilungsanordnung, also unter Anrechnung auf den Erbteil, wende ich mein in der Rechtsform eines Einzelunternehmens betriebenes Unternehmen mit dem Sitz in , eingetragen im Handelsregister des Amtsgerichts , mit allen Aktiva und Passiva einschließlich Sonderbetriebsvermögen entweder meinem Sohn oder meiner Tochter zu. Klargestellt wird, dass ein Ausgleich zu erfolgen hat, wenn ein Erbe durch diese Teilungsanordnung mehr erhält, als es seinem Erbteil entspricht.

§ 3 Testamentsvollstrecker

Die Erfüllung der Teilungsanordnung erfolgt durch den Testamentsvollstrecker . Dieser hat die Auseinandersetzung gem. § 2048 S. 2 BGB nach billigem Ermessen vorzunehmen und mein Unternehmen an den Erben zu übertragen, der ihm zur Unternehmensfortführung besser geeignet erscheint. Der Testamentsvollstrecker ist dabei in der Eingehung von Verbindlichkeiten für den Nachlass nicht beschränkt und von den Beschränkungen des § 181 BGB befreit.

5. Bedingungen und Auflagen

a) Bedingungen

Auch Unternehmertestamente können mit Bedingungen verknüpft werden. Die grundsätzliche Zulässigkeit von Bedingungen ergibt sich aus den §§ 158 ff. und 2074 ff. BGB.[133] 137

Definiert wird eine Bedingung in Testamenten oder Erbverträgen als eine Bestimmung des Erblassers, wonach die Rechtswirkungen der gesamten Verfügung von Todes wegen, einer einzelnen darin enthaltenen Verfügung (Erbeinsetzung, Vermächtnis, Auflage, Teilungsanordnung, Testamentsvollstreckung etc.) oder eines Teils davon vom Eintritt oder Nichteintritt eines nach dem Erbfall eintretenden Ereignisses abhängig sein sollen.[134] Wird also auf zwischen der Errichtung der Verfügung von Todes wegen und dem Erbfall eintretende oder nicht eintretende Umstände abgestellt (z.B.: „falls bei meinem Tod keine Abkömmlinge vorhanden sind"), handelt es sich um keine Bedingung i.S.d. Fünften Buchs des BGB.[135] 138

Abzugrenzen sind echte Bedingungen von den sog. **Rechtsbedingungen**. Dies sind Umstände, von denen die Rechtswirkungen schon nach dem Gesetz abhängen. Diese sind auch dann keine Bedingungen, wenn sie in der Erklärung des Erblassers besonders angesprochen sind. Dies gilt z.B. für den häufig anzutreffenden Zusatz: „für den Fall meines Todes".[136] 139

Weiter abzugrenzen sind Bedingungen vom sog. **Motiv**, also der bloßen Mitteilung eines Beweggrunds. Die Bedingung unterscheidet sich vom Motiv allein durch den Rechtsfolgewillen des Erblassers: Bei der Bedingung sollen nach dem Willen des Erblassers die Rechtswirkungen von dem Umstand abhängen, bei der Mitteilung eines Motivs hingegen nicht.[137] Bei einer Bedingung muss der Wille des Erblassers erkennbar sein, die Wirksamkeit der Verfügung mit dem angegebenen, von ihm selbst für ungewiss gehaltenen Umstand unmittelbar zu verknüpfen.[138] So stellt die Formulierung: „sollte mir bei der Herzoperation etwas 140

133 MüKo-BGB/*Leipold*, § 2074 Rn 5.
134 BeckOK BGB/*Litzenburger*, § 2074 Rn 1.
135 BeckOK BGB/*Litzenburger*, § 2074 Rn 1.
136 MüKo-BGB/*Leipold*, § 2074 Rn 6.
137 BeckOK BGB/*Litzenburger*, § 2074 Rn 2.
138 BayObLG, Beschl. v. 24.1.2003 – 1Z BR 14/02, NJW-RR 2003, 659, 661; OLG Bamberg, Beschl. v. 21.4.2008 – 2 Ss Owi 499/08, ZEV 2008, 389, 390.

zustoßen" lediglich die Angabe eines Motivs für die Errichtung des Testaments, nicht aber eine Bedingung für die Erbeinsetzung dar.[139]

141 Nur in den Fällen also, in denen der Erblasser ein bestimmtes Verhalten des Begünstigten als Behaltensgrund für die Zuwendung voraussetzt, liegt eine echte Bedingung vor.[140]

142 Typischerweise wird zwischen aufschiebenden und auflösenden Bedingungen unterschieden. Eine **aufschiebende Bedingung** liegt dann vor, wenn ein nach dem Erbfall eintretendes ungewisses Ereignis die Wirkung der letztwilligen Verfügung erst beginnen lassen soll.[141]

> **Formulierungsbeispiel**
> Mein Sohn (...) soll nur dann Erbe werden, wenn er sein begonnenes Studium der Rechtswissenschaften auch erfolgreich beendet.

143 Soll die mit dem Erbfall eingetretene Wirkung durch das nach dem Erbfall eintretende ungewisse Ereignis hingegen beendet werden, liegt eine **auflösende Bedingung** vor.[142]

> **Formulierungsbeispiel**
> Die Erbeinsetzung meines Sohnes (...) ist jedoch hinfällig, wenn er sein begonnenes Studium der Rechtswissenschaften ohne erfolgreichen Abschluss abbricht.

144 Zur Vermeidung von Auslegungsschwierigkeiten sollte im Unternehmertestament stets geregelt werden, ob es sich im konkreten Fall um eine auflösende oder eine aufschiebende Bedingung handelt. Die §§ 2074, 2075 BGB enthalten Auslegungsregeln für aufschiebende und auflösende Bedingungen.

145 Bedingungen in Testamenten unterliegen zwingend den Grenzen des § 2065 BGB. Vereinfacht gesagt kann der Unternehmer all das, was nach § 2065 BGB zulässig ist, über eine Bedingung erreichen und umgekehrt.[143]

146 Beliebt in Unternehmertestamenten ist die an den Bedachten gerichtete Bedingung, im Falle einer Heirat Gütertrennung zu vereinbaren oder das ererbte Vermögen durch Ehevertrag vom Zugewinnausgleich auszunehmen. Zulässig sind diese Bedingungen dann, wenn nach der Art der Zuwendung (z.B. Nachfolge in ein Unternehmen bzw. in einen Gesellschaftsanteil) eine solche Klausel auf nachvollziehbaren sachlichen Erwägungen beruht.[144] Davon wird man bei unternehmerischem Vermögen regelmäßig ausgehen können.

147 Oftmals wird übersehen, dass auch **Verwirkungsklauseln** Bedingungen darstellen. Zu unterscheiden ist zwischen **allgemeinen** und **besonderen** Verwirkungsklauseln.

148 Bei einer **allgemeinen Verwirkungsklausel** macht der Erblasser zur auflösenden Bedingung der Zuwendung allgemein, dass sich der Bedachte in irgendeiner Weise seinem letzten Willen widersetzt.[145]

> **Formulierungsbeispiel**
> Sollte sich einer meiner Erben gegen mein Testament in irgendeiner Weise auflehnen, so werden er und seine Abkömmlinge enterbt.[146]

139 OLG München, Beschl. v. 15.5.2012 – 31 Wx 244/11, ZEV 2012, 365 = NJW 2012, 2818.
140 jurisPK-BGB/*Lenz-Brendel*, § 2074 Rn 15.
141 MüKo-BGB/*Leipold*, § 2074 Rn 11.
142 MüKo-BGB/*Leipold*, § 2074 Rn 11.
143 jurisPK-BGB/*Lenz-Brendel*, § 2074 Rn 20.
144 MüKo-BGB/*Leipold*, § 2074 Rn 23.
145 Kössinger/Najdecki/Zintl/*R. Kössinger/Zintl*, § 15 Rn 184.
146 Nach Kössinger/Najdecki/Zintl/*R. Kössinger/Zintl*, § 15 Rn 185.

Eine solche allgemeine Verwirkungsklausel sollte stets **vermieden** werden. Denn allgemeinen Verwirkungsklauseln ist eine weitgehende Unbestimmtheit immanent, sodass meistens unklar bleibt, bei welchem Verhalten die Klausel erfüllt ist. Im Zweifel ist eine solche Klausel weit auszulegen.[147] Für den sensiblen Bereich der Unternehmensnachfolge ist von allgemeinen Verwirkungsklauseln **gänzlich abzuraten**.[148]

Mit den **besonderen Verwirkungsklauseln** setzt der Erblasser den Bedachten genaue Ver- 149
haltensregeln und ordnet für den Fall des Verstoßes als Sanktion den Verlust der Zuwendung an.[149] Die wohl bekanntesten besonderen Verwirkungsklauseln, die auch außerhalb von Unternehmertestamenten zu finden sind, sind **Pflichtteilsstrafklauseln** und **Wiederverheiratungsklauseln**. Wenn die Rechtsfolge derartiger Klauseln im Verlust testamentarischer Zuwendungen besteht, handelt es sich nach h.M. im Zweifel (§ 2075 BGB) jedenfalls um auflösende Bedingungen für den Fall der Zuwiderhandlung.[150]

Mit **Pflichtteilsstrafklauseln**, die vorrangig in Ehegattentestamenten eingesetzt werden, 150
möchte der Unternehmer dem erheblichen Störfaktor von Pflichtteilsansprüchen im ersten Erbfall begegnen. Denn im schlimmsten Fall droht die Zerschlagung des Unternehmens, wenn liquides Privatvermögen zur Erfüllung von Pflichtteilsansprüchen nicht vorhanden ist. Mit einer sog. Pflichtteilsstrafklausel wird versucht, durch Androhung eines Nachteils – in der Regel Verlust der Schlusserbenstellung nach dem Tod des Letztversterbenden – den Abkömmling von einer Geltendmachung seines Pflichtteils nach Eintritt des ersten Erbfalls abzuhalten. Pflichtteilsstrafklauseln sollen daher die Geltendmachung oder Durchsetzung des Pflichtteilsanspruchs unattraktiv machen. Sie haben eine Abschreckungswirkung.[151] Die Schlusserbeneinsetzung steht bei einer Pflichtteilsstrafklausel unter der auflösenden Bedingung, dass der eingesetzte Schlusserbe beim ersten Todesfall den Pflichtteil geltend macht.[152]

Von der Verwendung von Pflichtteilsstrafklauseln in Unternehmertestamenten ist grund- 151
sätzlich **abzuraten**. So kann es steuerlich bei größerem Vermögen, was bei unternehmerischem Vermögen regelmäßig der Fall ist, durchaus im Interesse aller Hinterbliebenen sein, wenn unter Ausnutzung von Freibeträgen Pflichtteilsansprüche geltend gemacht und ausgezahlt werden. Die Wirkungen einer unflexiblen Strafklausel sind aber nachträglich nicht zu beseitigen.[153] Besonders problematisch ist eine unflexible Pflichtteilsstrafklausel dann, wenn der zweite Erbfall vor Ablauf der Verjährungsfrist des Pflichtteilsanspruchs im ersten Erbfall eintritt. Da die unter der auflösenden Bedingung der Geltendmachung des Pflichtteils stehende Zuwendung mit Erfüllung der Pflichtteilsstrafklausel entfällt, steht die Schlusserbfolge nicht fest. Handelt es sich um eine auflösend bedingte Erbeinsetzung, wovon im Zweifel auszugehen ist,[154] tritt notwendigerweise Nacherbfolge ein, auch wenn der Erblasser dies nicht besonders verfügt hat.[155] In diesem Fall wird man dem auflösend bedingt Bedachten die Stellung eines befreiten Vorerben zusprechen können. Nacherben sind die übrigen Erben, wenn der Erblasser dies ausdrücklich bestimmt hat. Bei Fehlen einer testamentarischen Anordnung werden diejenigen Personen Nacherben, die zu gesetzlichen Erben beru-

147 OLG Dresden, Beschl. v. 16.2.1999 – 7 W 1571/98, NJW-RR 1999, 1165.
148 So auch Esskandari/Franck/Künnemann/*Franck*, Kap. 1 Rn 73.
149 Kössinger/Najdecki/Zintl/*R. Kössinger/Zintl*, § 15 Rn 193.
150 MüKo-BGB/*Leipold*, § 2074 Rn 30.
151 Schlitt/Müller-Engels/*Müller-Engels*, § 11 Rn 198 f.
152 BayObLG, Urt. v. 9.6.1994 – 1Z BR 117/93, BayObLGZ 94, 164 = ZEV 1995, 191.
153 Vgl. BayObLG ZEV 2004, 202.
154 BGH ZEV 2009, 459, 460; OLG Dresden NJW-RR 1999, 1165.
155 MüKo-BGB/*Leipold*, § 2074 Rn 41.

fen wären, wenn der Erblasser zum Zeitpunkt des Bedingungseintritts verstorben wäre (§ 2104 BGB).[156] Damit ist der unter eine Pflichtteilsstrafklausel gestellte Erbe möglicherweise auflösend bedingter Vollerbe und aufschiebend bedingter Vorerbe.[157] Auch die Nacherbschaft ist aufschiebend bedingt.[158] Man spricht in diesen Fällen von einer konstruktiven Vor- und Nacherbschaft.[159]

152 Diese konstruktive Vor- und Nacherbschaft wird häufig übersehen. Ebenso wird in diesem Zusammenhang häufig übersehen, dass die Nacherbfolge im Erbschein unter Angabe der Bedingung angegeben werden muss[160] und dass das Grundbuchamt bei Vorlage eines notariellen Testaments mit Pflichtteilsstrafklausel trotz der Vorschrift des § 35 Abs. 1 S. 2 GBO einen Erbschein verlangen kann. Dieser dient dem Nachweis, dass der Pflichtteil nicht geltend gemacht worden ist.[161]

153 Um all diese Schwierigkeiten zu vermeiden, sollte der Unternehmer, der gemeinsam mit seinem Ehegatten testamentarisch verfügt, möglichst keine Pflichtteilsstrafklauseln verwenden. Vielmehr sollte er Pflichtteilsverzichtsverträge mit weichenden Erben schließen. Die sich hieraus ergebende Planungssicherheit ist bei unternehmerischem Vermögen meist essenziell.

154 Aus den gleichen Gründen (konstruktive Vor- und Nacherbschaft) sollten auch **Wiederverheiratungsklauseln** in Unternehmertestamenten möglichst keine Berücksichtigung finden.

b) Auflagen

155 Mit einer Auflage kann der Erblasser durch Testament seine Erben oder Vermächtnisnehmer zu einer Leistung verpflichten, ohne einem anderen ein Recht auf diese Leistung zuzuwenden (§ 1940 BGB). Durch Auflage kann dem Beschwerten die Verpflichtung auferlegt werden, bestimmte Verfügungen über Nachlassgegenstände, wie z.B. die Veräußerung, zu unterlassen.[162]

156 Der Unternehmererblasser, der auch über seinen Tod hinaus Einfluss auf den Bestand und die Führung seines Unternehmens nehmen möchte, kann daher eine Auflage zur Unternehmensfortführung verfügen und die Erfüllung der Auflage dadurch absichern, dass er die Erfüllung der Auflage zur Bedingung der Erbeinsetzung macht, wodurch diese den Charakter einer **besonderen Verwirkungsklausel** erhält.

27.11 **Muster 27.11: Auflage zur Unternehmensfortführung in Verbindung mit einer bedingten Erbeinsetzung**

157 (Nach BeckFormB ErbR/*Remmel*, G.VI.5)

§ 1 Erbeinsetzung

Zu meinem alleinigen Erben setze ich meinen Sohn ein.

---

156 MüKo-BGB/*Leipold*, § 2074 Rn 41.
157 Damrau/Tanck/*Seiler-Schopp/Rudolf*, § 2075 Rn 42.
158 Damrau/Tanck/*Seiler-Schopp/Rudolf*, § 2075 Rn 42.
159 MüKo-BGB/*Leipold*, § 2074 Rn 13.
160 BayObLG, Urt. v. 21.2.1962 – BReg. 1 Z 85/61, BayObLGZ 1962, 57.
161 Damrau/Tanck/*Seiler-Schopp/Rudolf*, § 2075 Rn 46.
162 MüKo-BGB/*Leipold*, § 1940 Rn 6.

§ 2 Auflage

Meinen Erben belaste ich mit folgender Auflage: Er darf mein Einzelunternehmen   mit dem Sitz in , eingetragen im Handelsregister des Amtsgerichts , für die Dauer von fünf Jahren nach meinem Tod nicht veräußern. Unter den Begriff „veräußern" im vorstehenden Sinn fallen auch Transaktionen mit Dritten, die einem Verkauf entsprechen, wie z.B. Tausch, Einbringung in Gesellschaften, andere wirtschaftlich entsprechende Transaktionen und jede Kombination solcher Transaktionen.

Die Erbeinsetzung meines Sohnes   steht unter der auflösenden Bedingung der Nichterfüllung der vorstehenden Auflage. Für den Fall des Eintritts der auflösenden Bedingung setze ich meine Tochter   zu meiner Alleinerbin ein.

Da der durch die Auflage Begünstigte keinen einklagbaren Anspruch auf Leistung gegen 158
den durch die Auflage Beschwerten hat, kann vor allem in Unternehmertestamenten zwecks Sicherstellung der Durchsetzung der Auflage alternativ zur bedingten Erbeinsetzung **Testamentsvollstreckung** angeordnet werden. Dabei ergibt sich die Befugnis des Testamentsvollstreckers, die Vollziehung der Auflage zu verlangen, aus den §§ 2203, 2208 Abs. 2 BGB.[163] Dies bietet sich insbesondere zur Vermeidung der mit der auflösend bedingten Erbeinsetzung verbundenen konstruktiven Vor- und Nacherbfolge an.

Eine wichtige Auflage im Bereich des Unternehmertestaments ist die Auflage an die Erben, 159
eine dem eingesetzten Testamentsvollstrecker erteilte **Vollmacht** nicht zu widerrufen. Eine (verwaltende) Testamentsvollstreckung an einzelkaufmännischen Unternehmen und Anteilen persönlich haftender Gesellschafter ist problematisch, da diese Unternehmer handels- bzw. gesellschaftsrechtlich persönlich haften, während der Testamentsvollstrecker gem. § 2206 Abs. 1 BGB Verbindlichkeiten nur für den Nachlass eingehen und gem. § 2206 Abs. 2 BGB auch nicht verhindern kann, dass der Erbe die Beschränkung seiner Haftung für die Nachlassverbindlichkeiten herbeiführt, was nach den allgemeinen erbrechtlichen Bestimmungen möglich ist (vgl. §§ 1967, 1973 ff. 1980, 1990 BGB).[164] Die Haftungsgrundsätze des Handels- und Gesellschaftsrechts sind also unvereinbar mit denjenigen des Erbrechts.[165]

Zur Lösung dieser Problematik wird u.a. die sog. **Vollmachtslösung** vorgeschlagen, wonach 160
der Testamentsvollstrecker das Einzelunternehmen bzw. die Gesellschaftsbeteiligung in Vollmacht für die Erben in deren Namen fortführt.[166] Dabei können entweder die Erben verpflichtet werden, dem Testamentsvollstrecker eine entsprechende Vollmacht zu erteilen, oder aber der Erblasser erteilt selbst eine postmortale Vollmacht an den Testamentsvollstrecker.[167] Da diese Vollmacht durch die Erben widerrufen werden kann, wird teilweise vorgeschlagen, den Widerruf der an den Testamentsvollstrecker erteilten Vollmacht oder gar die Nichterteilung dieser Vollmacht mit einer auflösend bedingten Erbeinsetzung zu sanktionieren,[168] was wiederum zu einer besonderen Verwirkungsklausel führt. Siehe zur Testamentsvollstreckung im Unternehmensbereich im Einzelnen § 20 Rdn 222 ff.

163 Staudinger/*Otte*, § 2194 Rn 5.

164 Zur Problematik der Testamentsvollstreckung an Einzelunternehmen und Anteilen persönlich haftender Gesellschafter: *Pranzo*, AnwZert ErbR 15/2020 Anm. 1 sowie *Pranzo*, AnwZert ErbR 23/2020 Anm. 1.

165 Vgl. dazu auch Staudinger/*Reimann*, § 2205 Rn 89 ff.

166 Vgl. zu den verschiedenen Möglichkeiten *Kämper*, RNotZ 2016, 625, 642 m.w.N.

167 Vgl. Bengel/Reimann/Holtz/Röhl/*Pauli*, § 5 Rn 168 ff.

168 So Mayer/Bonefeld/Tanck/*Weidlich*, § 19 Rn 10.

III. Testament des Gesellschafters einer Personengesellschaft

161 Grundsätzlich stehen dem Gesellschafter einer Personengesellschaft dieselben erbrechtlichen Gestaltungsmittel zur Verfügung wie dem Einzelunternehmer, weshalb nachstehend hauptsächlich auf ausgewählte Besonderheiten einzugehen ist, die sich aus dem Personengesellschaftsrecht ergeben und bei der Testamentsgestaltung zwingend zu berücksichtigen sind.

1. Nachlasszugehörigkeit der Gesellschaftsbeteiligung

162 Grundvoraussetzung dafür, dass der Gesellschafter einer Personengesellschaft letztwillig über seinen Gesellschaftsanteil verfügen kann, ist die Nachlasszugehörigkeit der Gesellschaftsbeteiligung. Dies ist bei einfachen und qualifizierten **erbrechtlichen Nachfolgeklauseln** grundsätzlich der Fall, nicht hingegen bei **rechtsgeschäftlichen Nachfolgeklauseln** und **Eintrittsklauseln.** Kommt es zu einer Fortsetzung der Gesellschaft unter den verbleibenden Gesellschaftern unter Ausschluss der Vererblichkeit der Gesellschaftsbeteiligung, wird in den meisten Fällen ein Abfindungsanspruch Gegenstand letztwilliger Verfügungen des Erblassers sein.

2. Sonderrechtsnachfolge

163 Zwingend zu beachten ist die im Personengesellschaftsrecht geltende Sonderrechtsnachfolge, wonach Miterben automatisch in Höhe ihrer Erbquote Gesellschafter des Gesellschaftsanteils des Erblassers werden. Bezüglich des Gesellschaftsanteils entsteht also **keine Erbengemeinschaft,** sondern jeder Miterbe wird automatisch selbst Mitgesellschafter der Personengesellschaft, ohne dass es einer Auseinandersetzung unter den Miterben bedarf.[169] Siehe dazu auch Rdn 53 ff.

3. Einfache erbrechtliche Nachfolgeklausel

164 Liegt eine einfache erbrechtliche Nachfolgeklausel vor, rücken die vom Erblasser eingesetzten Erben automatisch im Wege der Sonderrechtsnachfolge in dessen Gesellschaftsanteil nach. Umstritten ist dabei, ob der Erblasser durch testamentarische Anordnung die Teilungsquote hinsichtlich seines **Gesellschaftsanteils** abweichend von der im Übrigen geltenden **Erbquote** bemessen kann.[170] Dies würde faktisch zu einer Teilungsanordnung mit unmittelbarer dinglicher Wirkung führen, die dem deutschen Erbrecht grundsätzlich fremd ist. Da höchstrichterliche Rechtsprechung zu dieser Frage bislang nicht existiert, sollten derartige Anordnungen einer abweichenden Teilungsquote vermieden werden. Stattdessen erscheint es vorzugswürdig, nur die **Unternehmensnachfolger** als Erben einzusetzen.[171] Die weichenden Erben können dann ohne Weiteres über Vermächtnisse bedacht werden.

4. Qualifizierte erbrechtliche Nachfolgeklausel

165 Im Falle der gesellschaftsvertraglichen Vereinbarung einer qualifizierten Nachfolgeklausel rücken nur einzelne Erben in Sondererbfolge in die Beteiligung des Erblassers nach, die die in der Klausel vorgesehenen **Qualifikationen** aufweisen. Da die qualifizierten Nachfolger

169 MAH ErbR/*Kögel*, § 40 Rn 251.
170 Vgl. zum Meinungsstand Ebenroth/Boujong/Joost/Strohn/*Lorz*, § 139 Rn 17 m.w.N.
171 So im Ergebnis auch MAH ErbR/*Kögel*, § 40 Rn 254.

aufgrund dieser gesellschaftsvertraglichen Nachfolgeregelung mehr erhalten, als ihnen erbrechtlich zustehen würde, stehen den nicht in die Gesellschafterstellung einrückenden Erben gegenüber den qualifizierten Miterben schuldrechtliche **Ausgleichsansprüche** zu.[172] Die Anspruchsgrundlage für diesen schuldrechtlichen Ausgleichsanspruch ist umstritten, es werden § 242 BGB, § 812 BGB, 1978 BGB analog sowie §§ 2050 ff. BGB analog diskutiert.[173] Die Berechnung des Ausgleichsanspruchs erfolgt jedenfalls auf Grundlage des tatsächlichen Verkehrswerts der Gesellschaftsbeteiligung.[174] Der Erblasser kann diesen Ausgleichsanspruchs dadurch ausschließen, dass er dem qualifizierten Miterben den Wert der Beteiligung als Vorausvermächtnis zuwendet.

Muster 27.12: Zuwendung des Werts der Beteiligung an den qualifizierten Miterben mittels Vorausvermächtnis 27.12

Im Wege des Vorausvermächtnisses wende ich meinem Sohn den Wert meiner Beteiligung an der 166
KG mit dem Sitz in zu. Die Zuwendung dieser Beteiligung ist nicht auszugleichen, den Miterben stehen keinerlei schuldrechtliche Ausgleichsansprüche zu.

Praxistipp 167

Der den nicht qualifizierten Miterben zustehende Ausgleichsanspruch stellt oftmals eine nicht unerhebliche Belastung der qualifizierten, nachfolgeberechtigten Erben dar, vor allem bei fehlender Liquidität im Nachlass. Der Erblasser kann diesen Ausgleichsanspruch nicht nur ganz ausschließen, sondern auch modifizieren und dabei z.B. das Verfahren zur Bewertung der Unternehmensbeteiligung oder Fälligkeits- und Stundungsregelungen vorgeben. Eine weitere Variante ist darin zu sehen, dass der Erblasser dem qualifizierten Erben das Recht einräumt, den Ausgleichsanspruch durch die Einräumung einer Unterbeteiligung zugunsten des nicht qualifizierten Nachfolgers zu erfüllen.

Muster 27.13: Testamentarische Gestaltung des Ausgleichsanspruchs weichender Erben bei einer qualifizierten erbrechtlichen Nachfolgeklausel 27.13

(Nach MVHdB VI BürgerlR II/*Döbereiner*, XIII. 1) 168

Zu meinen Erben setze ich meine Kinder , und zu je 1/3 ein. Meinem Sohn , der aufgrund der gesellschaftsvertraglichen, qualifizierten Nachfolgeklausel Nachfolger meiner Gesellschaftsbeteiligung an der KG wird, vermache ich diese Beteiligung im Wege des Vorausvermächtnisses. Er hat seine Geschwister und entsprechend ihren Erbquoten abzufinden. Die Abfindung erfolgt dabei zu den Buchwerten des Unternehmens aufgrund der letzten Handelsbilanz vor meinem Tode mit einem Zuschlag von 20 %, jedoch ohne Berücksichtigung der stillen Reserven, des Firmenwerts und der schwebenden Geschäfte. Die Auszahlung hat in zehn gleichen Jahresraten zu erfolgen. Die Abfindungsguthaben sind mit 2 % über dem jeweiligen Basiszinssatz zu verzinsen. Den Wert eines etwaig von dieser Bewertungsmethode abweichenden Abfindungsanspruchs der Miterben wende ich meinem Sohn als Vorausvermächtnis zu.

Besonders gefährlich im Zusammenhang mit einer qualifizierten Nachfolgeklausel ist der 169
Umstand, dass die qualifizierte Nachfolgeklausel **Sonderbetriebsvermögen** (Wirtschaftsgüter eines Gesellschafters, die dieser der Gesellschaft zur Nutzung überlässt) nicht erfasst und dieses Sonderbetriebsvermögen dann in den Nachlass fällt, während der qualifizierte Nachfolger aufgrund der Sonderrechtsnachfolge unmittelbar in die Gesellschafterstellung des Erblassers nachrückt. Dies kann einkommensteuerrechtlich zu einer ungewollten Entnahme und erbschaftsteuerlich zu einer Nichtanwendung der Privilegierungsregelungen der

172 Bonefeld/Wachter/*Wachter*, § 23 Rn 187.
173 Siehe zum Meinungsstand *Hopt*, § 139 Rn 18.
174 Bonefeld/Wachter/*Wachter*, § 23 Rn 187.

§§ 13a ff. ErbStG führen.[175] Am einfachsten lässt sich dieses Problem dadurch lösen, dass der qualifizierte Nachfolger zum Alleinerben eingesetzt wird. Selbiges gilt im Falle einer Betriebsaufspaltung.

5. Vermächtnisweise Zuwendung des Anteils an einer Personengesellschaft

170 Da es im deutschen Erbrecht keine dingliche Sonderrechtsnachfolge des Vermächtnisnehmers gibt, geht die Beteiligung an einer Personengesellschaft stets zunächst im Wege der Sonderrechtsnachfolge auf den oder die Erben über.

171 **Praxistipp**
Bei der Zuwendung eines Personengesellschaftsanteils im Wege des Vermächtnisses muss daher sichergestellt sein, dass nicht nur der Vermächtnisnehmer, sondern auch der Erbe gesellschaftsvertraglich als Nachfolger zugelassen ist. Sollte dies nicht der Fall oder nicht möglich sein, ist der Vermächtnisnehmer als Miterbe einzusetzen und der Anteil an der Personengesellschaft als Teilungsanordnung zuzuwenden.[176]

172 Der Vermächtnisnehmer hat gem. § 2174 BGB einen schuldrechtlichen Anspruch auf Abtretung der Beteiligung gegen den Erben. Oftmals bedarf die Abtretung des Gesellschaftsanteils aufgrund entsprechender gesellschaftsvertraglicher Regelungen der **Zustimmung der Mitgesellschafter**. Diese kann entweder ad hoc oder bereits im Gesellschaftsvertrag erteilt werden. Erlaubt der Gesellschaftsvertrag die Zuwendung des Gesellschaftsanteils im Wege des Vermächtnisses, wird darin in der Regel die erforderliche Zustimmung der Mitgesellschafter zu sehen sein.[177] Dies wird dann anzunehmen sein, wenn die gesellschaftsvertragliche Nachfolgeklausel ausdrücklich auch Vermächtnisnehmer erwähnt.

173 **Praxistipp**
Der Gesellschaftsvertrag einer Personengesellschaft sollte bereits zu Lebzeiten des Erblassers um eine Regelung erweitert werden, die Abtretungen des Personengesellschaftsanteils zur Erfüllung eines Vermächtnisses erlaubt. Scheitert die Erfüllung des Vermächtnisses an der erforderlichen Zustimmung der Mitgesellschafter, wird es mit Versagung der Genehmigung unwirksam, bis zur endgültigen Versagung ist es schwebend unwirksam.[178]

174 Bei der Zuwendung eines Personengesellschaftsanteils im Wege des Vermächtnisses sollte der Vermächtnisgegenstand **präzise bezeichnet** werden. Dabei sollte insbesondere geregelt werden, ob auch Ansprüche und Rechte des Gesellschafters gegen die Gesellschaft, die auf bei der Gesellschaft geführten Gesellschafterkonten verbucht sind, vom Vermächtnis erfasst sind.[179] Auch die selbstständig abtretbaren Ansprüche auf Gewinne oder ein Auseinandersetzungsguthaben sollten auf den Vermächtnisnehmer übertragen werden, um die wirtschaftliche Einheit der Gesellschaftsbeteiligung zu erhalten.[180]

175 Auch steuerlich verstrickte Gegenstände, wie insbesondere im Privateigentum des Gesellschafters stehende und der Gesellschaft zur Nutzung überlassene Grundstücke, sollten dem Vermächtnisnehmer überlassen werden. Hierbei sollte nicht vergessen werden, auch die diese Gegenstände betreffenden Verbindlichkeiten zu berücksichtigen.

---

175 Esskandari/Franck/Künnemann/*Franck*, Kap. 2 Rn 77.
176 So auch BeckFormB ErbR/*Remmel*, G.VII.2 Rn 3.
177 Esskandari/Franck/Künnemann/*Franck*, Kap. 2 Rn 170.
178 Grüneberg/*Weidlich*, § 2171 Rn 1.
179 Bonefeld/Wachter/*Wachter*, § 23 Rn 45.
180 Bonefeld/Wachter/*Wachter*, § 23 Rn 45.

Muster 27.14: Vermächtnisweise Zuwendung des Anteils an einer Personengesellschaft 27.14

(Abwandlung nach Esskandari/Franck/Künnemann/*Franck*, Kap. 2 Rn 168 und BeckFormB ErbR/*Remmel*, G.VII.2) 176

§ 1 Erbeinsetzung

Zu meinem Alleinerben setze ich meinen Sohn … ein.

Ersatzerbin ist meine Tochter ….

§ 2 Vermächtnis

Meine Tochter … erhält im Wege des Vermächtnisses meinen Kommanditanteil an der im Handelsregister des Amtsgerichts … unter HRA … eingetragenen Kommanditgesellschaft … samt allen Ansprüchen und Verbindlichkeiten, die an meinem Todestag auf dem Kapitalkonto I (festes Kapitalkonto), Kapitalkonto II (variables Kapitalkonto) und dem Darlehens- sowie Verlustvortragskonto in Soll oder Haben ausgewiesen sind.

Mitübertragen sind alle vermögensrechtlichen Ansprüche, die selbstständig abtretbar sind, wie insbesondere Gewinnanteile und Ansprüche auf den Liquidationserlös.

Das Vermächtnis umfasst auch alle meine betrieblich genutzten Grundstücke, die mir im Allein- oder Miteigentum zustehen, dazu gehören insbesondere die folgenden Grundstücke: ….

Etwa bei meinem Ableben zur Finanzierung der Kommanditbeteiligung oder meiner betrieblich genutzten Grundstücke bestehende Verbindlichkeiten sind vom Vermächtnisnehmer in Entlastung der Erben mit schuldbefreiender Wirkung zu übernehmen. Sollte eine Übernahme aus tatsächlichen oder rechtlichen Gründen nicht möglich sein, hat der Vermächtnisnehmer meine Erben im Innenverhältnis freizustellen.

Das Vermächtnis umfasst auch sämtliche künftigen weiteren Gesellschaftsanteile an der im Handelsregister des Amtsgerichts … unter HRA … eingetragenen Kommanditgesellschaft … sowie auch weitere von mir betrieblich genutzte Grundstücke, welche ich aufgrund Kaufs, Tauschs, Kapitalerhöhung, Umwandlung oder aus einem sonstigen Grund hinzuerwerbe. Erhöht oder verringert sich meine Beteiligung an der im Handelsregister des Amtsgerichts … unter HRA … eingetragenen Kommanditgesellschaft, so unterliegt stets meine gesamte Beteiligung dem Vermächtnis.

§ 3 Testamentsvollstreckung

Ich ordne Testamentsvollstreckung (Abwicklungsvollstreckung) an und bestimme … zum Testamentsvollstrecker. Der Testamentsvollstrecker hat die alleinige Aufgabe, das unter § 2 angeordnete Vermächtnis zu erfüllen. Hierzu steht dem Testamentsvollstrecker die volle Verwaltungs- und Verfügungsbefugnis zu. Der Testamentsvollstrecker ist in der Eingehung von Verbindlichkeiten für den Nachlass nicht beschränkt und von den Beschränkungen des § 181 BGB befreit. Die Aufgabe des Testamentsvollstreckers endet nach der Erfüllung des unter § 2 angeordneten Vermächtnisses.

Für den Fall, dass der Testamentsvollstrecker vor oder nach der Annahme des Amts wegfällt, bestimme ich … zum Ersatztestamentsvollstrecker.

6. Nießbrauch am Personengesellschaftsanteil

Die Bestellung des Nießbrauchs am Personengesellschaftsanteil ist nach h.M. zulässig.[181] 177
Voraussetzung für die Zulässigkeit ist jedoch stets die **Zustimmung der Mitgesellschafter**, die entweder im Gesellschaftsvertrag oder ad hoc erteilt werden kann.[182]

181 BGH NJW 1999, 571, 572; BGHZ 58, 316, 318 ff.

182 BeckFormB ErbR/*Remmel*, G.VII.1 Rn 3.

178 Bei der Anordnung eines Nießbrauchs am Personengesellschaftsanteil sollte genau differenziert werden, um welche **Art** von Nießbrauch es sich handeln soll, denn das Spektrum an möglichen Nießbrauchsformen ist breit.

179 Möglich ist die Einräumung eines Nießbrauchs mit voller Gesellschafterstellung, auch als **Vollnießbrauch** bezeichnet. Hier erhält der Nießbraucher die volle Gesellschafterstellung durch zeitlich befristete, treuhänderische Abtretung.[183] Denknotwendige Voraussetzung für die Zulässigkeit des Vollnießbrauchs ist die gesellschaftsvertragliche Abtretbarkeit des Gesellschaftsanteils (an den Nießbrauchsberechtigten). Beim Vollnießbrauch wird der Nießbraucher an Stelle des Gesellschafters im Handelsregister eingetragen.[184] Ihm stehen alle gesellschaftsrechtlichen Verwaltungsrechte in dem Umfang eines Gesellschafters zu, d.h. einschließlich Geschäftsführung, Vertretung und Stimmrecht.[185] Gewinne stehen dem Nießbraucher insoweit zu, als sie auch dem Gesellschafter nach Gesetz, Gesellschaftsvertrag und Jahresabschluss zustehen.[186]

180 Vor dem Hintergrund, dass die Vollrechtsübertragung des Gesellschaftsanteils häufig nicht erwünscht und aufgrund der Zulässigkeit der Bestellung eines Nießbrauchs am Gesellschaftsanteil auch nicht mehr zwingend erforderlich ist, hat sich in der Gestaltung des Unternehmertestaments die Nießbrauchsvariante des sog. echten Nießbrauchs zunehmend durchgesetzt. Der **echte Nießbrauch** bedeutet faktisch eine Aufspaltung der Gesellschafterstellung zwischen Nießbraucher und Gesellschafter ohne Übertragung des Gesellschaftsanteils mit der Wirkung, dass der Nießbraucher die Nutzungsrechte der Mitgliedschaft und gewisse für die Sicherung dieser Nutzungsrechte wesentliche Verwaltungsbefugnisse in der Gesellschaft mit unmittelbarer dinglicher Wirkung erhält, die er kraft seines Nießbrauchs selbst ausüben kann.[187] Im Einzelnen ist die Kompetenzverteilung zwischen dem Nießbrauchsberechtigten und dem Gesellschafter jedoch ungeklärt, weshalb bei der Anordnung eines Nießbrauchsvermächtnisses eine testamentarische Kompetenzverteilung erfolgen sollte.

181 Dem Nießbraucher stehen jedenfalls die **Nutzungen** zu. Dies ist nach dem BGH der nach dem Gesellschaftsvertrag entnahmefähige Ertrag, worunter der Gewinn einschließlich Zinsen auf Guthaben der Gesellschafterkonten abzüglich von den Gesellschaftern beschlossener Rücklagen zu verstehen ist.[188] Nicht zu den Nutzungen gehören die stillen Reserven und das Auseinandersetzungsguthaben.[189] Am Verlust ist der Nießbraucher grundsätzlich nicht beteiligt.[190]

182 Es sollte geregelt werden, ob sich der Nießbrauch auch auf die dem Gesellschafter zustehenden **Gesellschafterkonten** und auf das **Sonderbetriebsvermögen** erstreckt. Auch die Stimmrechte sollten im Testament geregelt werden, andernfalls verbleibt dem Gesellschafter nach BGH-Rechtsprechung die Stimmrechtskompetenz in Bezug auf Grundlagenbeschlüsse wie etwa die Feststellung des Jahresabschlusses.[191] Das steht oftmals im Widerspruch zum Versorgungsinteresse des Nießbrauchsberechtigten. Umgekehrt sollte bei der Übertragung von Verwaltungsrechten auf den Nießbrauchsberechtigten darauf geachtet

183 MAH ErbR/*Kögel*, § 40 Rn 167.
184 MüKo-BGB/*Petzoldt*, § 1069 Rn 17 ff.
185 Kössinger/Najdecki/Zintl/*R. Kössinger/Zintl*, § 10 Rn 178.
186 Kössinger/Najdecki/Zintl/*R. Kössinger/Zintl*, § 10 Rn 178.
187 Kössinger/Najdecki/Zintl/*R. Kössinger/Zintl*, § 10 Rn 179.
188 BGH WM 1985, 1344, 1344; BGH DNotZ 1975, 735.
189 BFH NJW 1995, 1918.
190 Esskandari/Franck/Künnemann/*Franck*, Kap. 2 Rn 177.
191 BGH NJW 1999, 571, 572.

werden, dass das im Personengesellschaftsrecht geltende Abspaltungsverbot, wonach die Rechte der Gesellschafter aus dem Gesellschaftsverhältnis nicht übertragbar sind (§ 711a S. 1 BGB), nicht missachtet wird. Die sicherste Lösung ist darin zu sehen, dass der Gesellschafter weiterhin das Stimm- und Verwaltungsrecht ausübt, jedoch nach Weisung des Nießbrauchers handeln muss. Korrespondierend dazu sollte dem Nießbraucher ein Informationsrecht zustehen.[192]

Muster 27.15: Vermächtnisweise Zuwendung des Nießbrauchs an einem Personengesellschaftsanteil 27.15

(Nach BeckFormB ErbR/*Remmel*, G.VIII.1) 183

Im Wege des Vermächtnisses wende ich meiner Ehefrau   den lebenslangen Nießbrauch an meiner Beteiligung als Kommanditist an der im Handelsregister des Amtsgerichts   unter HRA   eingetragenen Kommanditgesellschaft   mit dem Sitz in   zu. Meine Beteiligung am Festkapital (entsprechend der im Handelsregister eingetragenen Haftsumme) besteht derzeit in Höhe von nominal   EUR, das sind   % des gesamten Festkapitals.

Der Nießbrauch besteht an der gesamten Kommanditbeteiligung und zwar auch für den Fall einer Erhöhung des Festkapitalanteils aus Gesellschaftsmitteln oder aufgrund von Einlagen der Gesellschafter. Der Nießbrauch erstreckt sich im Falle der Auflösung der Gesellschaft auf das Auseinandersetzungsguthaben.

Mein gesamtes Sonderbetriebsvermögen ist vom Nießbrauch erfasst, ebenso mein Guthaben auf dem bei der Gesellschaft geführten Darlehenskonto in seiner Höhe zum Zeitpunkt meines Todes.

Die Früchte der Mitgliedschaft können von der Nießbraucherin verbraucht werden, ohne dass sie bei Beendigung des Nießbrauchs zum Wertersatz verpflichtet ist.

Die Gesellschafterrechte, insbesondere die Stimm- und Verwaltungsrechte, stehen weiterhin dem Gesellschafter zu. In Bezug auf sämtliche Fragen der Bilanzierung und Ergebnisverwendung, insbesondere bei Beschlussfassungen über Gewinnausschüttungen, ist der Gesellschafter an die Weisungen der Nießbraucherin gebunden. An Weisungen, welche die persönliche Haftung des Kommanditisten gem. § 172 Abs. 4 HGB wieder aufleben lassen, ist der Gesellschafter jedoch nicht gebunden.

Der Gesellschafter bedarf für beeinträchtigende Verfügungen über seine Beteiligung der Zustimmung der Nießbraucherin, insbesondere für den Verkauf von mehr als   % (nach Buch- oder Verkehrswerten) der Vermögensgegenstände der Gesellschaft, der Kündigung der Gesellschaft oder dem Austritt aus der Gesellschaft. Er ist gegenüber der Nießbraucherin auch im Übrigen verpflichtet, keine Maßnahmen zu treffen, die den Nießbrauch beeinträchtigen.

Der Gesellschafter ist im Rahmen der ihm zustehenden Informationsrechte verpflichtet, der Nießbraucherin jederzeit umfassend über Angelegenheiten der Gesellschaft zu informieren.

Wie auch beim Einzelunternehmen besteht im Personengesellschaftsrecht die Möglichkeit, 184
den Nießbrauch auf die Gewinnansprüche und auf das Auseinandersetzungsguthaben zu beschränken. Dies wird als **Ertragsnießbrauch** bezeichnet. Da diese Ansprüche nach § 711a S. 2 Hs. 2 BGB frei übertragbar sind, bedarf es für diese Form des Nießbrauchs nicht der Zustimmung der Mitgesellschafter. Der Nachteil dieser Gestaltungsvariante ist jedoch, dass der Nießbraucher weitgehend dem Gesellschafter „ausgeliefert“ ist, der die Kürzung der Gewinnansprüche (bei Vorliegen der benötigten Mehrheiten) beschließen kann.[193]

Zudem besteht wie auch beim Einzelunternehmen die Möglichkeit der Zuwendung eines 185
Nutzungsvermächtnisses (siehe dazu Rdn 107 ff.).

192 So auch Esskandari/Franck/Künnemann/*Franck*, Kap. 2 Rn 179.
193 Vgl. zu dieser Nießbrauchsvariante Kössinger/Najdecki/Zintl/*R. Kössinger/Zintl*, § 10 Rn 180.

27.16 **Muster 27.16: Vermächtnisweise Zuwendung des Ertragsnießbrauchs an einem Personengesellschaftsanteil**

186 (Abgewandelt nach Esskandari/Franck/Künnemann/*Franck*, Kap. 2 Rn 186)

Im Wege des Vermächtnisses wende ich meiner Ehefrau den lebenslangen Nießbrauch an den Gewinn- und etwaigen Auseinandersetzungsguthaben aus meiner Beteiligung als Kommanditist an der im Handelsregister des Amtsgerichts unter HRA eingetragenen Kommanditgesellschaft mit dem Sitz in zu.

Das Vermächtnis erstreckt sich auf alle meine zum Zeitpunkt meines Todes vorhandenen Anteile an der Kommanditgesellschaft und auch auf etwaige Surrogate.

Die Nießbraucherin darf Gewinne auch verbrauchen. Eine Wertersatzpflicht der Nießbraucherin ist insoweit ausgeschlossen.

Der Erbe übt weiterhin die Gesellschafterrechte aus, er darf beeinträchtigende Verfügungen über seine Beteiligung jedoch nur mit Zustimmung der Nießbraucherin vornehmen. Zudem darf der Erbe nicht an Beschlüssen mitwirken, durch die nicht erforderliche Rücklagen gebildet werden.

Der Erbe hat die Nießbraucherin über alle Angelegenheiten der Gesellschaft zu unterrichten und, soweit erforderlich, Einsicht in Unterlagen zu verschaffen. Hat die Nießbraucherin Gewinne zu versteuern, die handelsrechtlich dem Erben zuzuordnen sind, ist der Erbe insoweit zur Erstattung verpflichtet.

7. Zuwendung einer Unterbeteiligung am Personengesellschaftsanteil

187 Insbesondere dann, wenn der Gesellschaftsvertrag der Personengesellschaft eine **unmittelbare Beteiligung des vom Erblasser erwünschten Nachfolgers** nicht zulässt und diese auch nicht erwirkt werden kann, ist die Unterbeteiligung eine in Betracht kommende Gestaltungsoption des Unternehmertestaments, denn die Begründung einer Unterbeteiligung ist ohne besondere Zulassung durch die Mitgesellschafter des Hauptbeteiligten zulässig.[194] Selbst wenn der Gesellschaftsvertrag die Einräumung einer Unterbeteiligung explizit für zustimmungspflichtig erklärt, kann dies eine Unterbeteiligung, die eine schuldrechtliche Vereinbarung zwischen dem Unter- und dem Hauptbeteiligten darstellt, nicht verhindern.[195]

188 Aber auch dann, wenn das Privatvermögen nicht ausreichend ist, um erbrechtliche Ansprüche weichender Angehöriger zu bedienen, sollte an das Gestaltungsinstrument einer Unterbeteiligung gedacht werden. Gleiches gilt dann, wenn eine frühzeitige Beteiligung des Unternehmensnachfolgers erwünscht ist, die Gesellschafterrechte im Unternehmen jedoch weiterhin durch den künftigen Erblasser als Hauptbeteiligten ausgeübt werden sollen.[196]

189 Rechtsdogmatisch stellt die Unterbeteiligung an einer Beteiligung (des Hauptbeteiligten) eine Innengesellschaft in der Form einer **GbR** dar, welche der stillen Gesellschaft nahesteht.[197] Es gilt daher grundsätzlich das Recht der GbR. Ergänzend wird auf §§ 230 ff. HGB zurückgegriffen.[198] Verstirbt der Hauptbeteiligte, gelten daher die Regelungen der GbR mit der regelmäßigen Folge der Beendigung der Untergesellschaft gem. § 740a Abs. 1 Nr. 3 BGB, da es sich im Verhältnis zwischen dem Hauptbeteiligten und dem Unterbeteiligten nach dem seit dem 1.1.2024 geltenden Recht regelmäßig um eine nicht rechtsfähige Gesellschaft handeln wird. Verstirbt hingegen der Unterbeteiligte, wird die Gesellschaft gem.

194 BGHZ 50, 316, 325.
195 *Hübner*, ErbR 2014, 257, 264.
196 *Kühne/Rehm*, NZG 2013, 561, 562.
197 BGH NJW 1994, 2886.
198 Hopt/*Roth*, § 105 Rn 94.

§ 234 Abs. 2 HGB analog nicht aufgelöst.[199] Wie bei einer stillen Gesellschaft geht die Unterbeteiligung dann nicht im Wege der Sonderrechtsnachfolge auf die einzelnen Miterben, sondern auf die Erbengemeinschaft über.[200]

Muster 27.17: Vermächtnisweise Zuwendung einer Unterbeteiligung 27.17

(Nach Esskandari/Franck/Künnemann/*Franck*, Kap. 2 Rn 194) 190

Mein Ehemann erhält im Wege des Vermächtnisses eine typische *[alternativ:* atypische*]* Unterbeteiligung in Höhe von % an meiner Beteiligung als Kommanditist an der KG mit dem Sitz in , eingetragen im Handelsregister des Amtsgerichts unter HRA .

Das Vermächtnis umfasst insbesondere sämtliche Gewinnauszahlungsansprüche und etwa bestehende Darlehensansprüche gegen die Gesellschaft jeweils entsprechend der Unterbeteiligungsquote.

Die Unterbeteiligung endet mit dem Tod des Unterbeteiligten, nicht jedoch mit dem Tod des Kommanditisten.

8. Vor- und Nacherbschaft

Ebenso wie der Einzelunternehmer kann auch der Gesellschafter einer Personengesellschaft 191
Vor- und Nacherbschaft anordnen. Es muss dann jedoch genau differenziert werden, welche Art von gesellschaftsvertraglicher Nachfolgeklausel im konkreten Einzelfall vorliegt.

Sieht der Gesellschaftsvertrag eine **einfache** Nachfolgeklausel vor, wonach die Gesellschaft 192
mit einem oder mehreren Erben fortgesetzt wird, so wird der Vorerbe mit Eintritt des Erbfalls ohne Weiteres Gesellschafter und mit Eintritt des Nacherbfalls geht der Gesellschaftsanteil auf den Nacherben über.[201] Letzteres setzt jedoch voraus, dass eine solche den Nacherben zulassende Klausel zum Zeitpunkt des Nacherbfalls noch vorhanden ist. In den Grenzen des § 2113 Abs. 2 BGB könnte der Vorerbe somit an einer Änderung des Gesellschaftsvertrags mitwirken, die die Nachfolgeberechtigung des Nacherben beseitigt.[202]

Praxistipp 193
Um dies zu verhindern, könnte im Falle der Anordnung der Vor- und Nacherbschaft eine gesellschaftsvertragliche Regelung vorgesehen werden, die die Mitwirkung des Vorerben an einem solchen Gesellschafterbeschluss verbietet, bspw. durch Reduzierung oder Ausschluss eines an einem solchen Beschluss mitwirkenden Stimmrechts.

Liegt eine qualifizierte Nachfolgeklausel vor, müssen sowohl der Vor- als auch der Nacherbe 194
die entsprechenden Voraussetzungen erfüllen.[203]

Zu beachten ist, dass die Gesellschaftsbeteiligung im Falle der Vereinbarung einer **rechtsge-** 195
schäftlichen Nachfolgeklausel oder einer Eintrittsklausel nicht in den Nachlass fällt, sodass sich die im Unternehmertestament angeordnete Vor- und Nacherbschaft in diesem Fall auch nicht auf die Gesellschaftsbeteiligung erstrecken kann. Eine Ausnahme liegt jedoch dann vor, wenn bei der Eintrittsklausel die erbrechtliche Lösung gewählt wird (siehe Rdn 43). Dann fällt der Kapitalanteil des Erblassers als Surrogat i.S.v. § 2111 BGB in den Nachlass und unterliegt als solches der Vor- und Nacherbschaft.[204]

199 Hopt/*Roth*, § 105 Rn 99.
200 BeckFormB ErbR/*Remmel*, G.VIII.3 Rn 2.
201 BGHZ 69, 47.
202 Esskandari/Franck/Künnemann/*Franck*, Kap. 2 Rn 197.
203 Scherer/*Bregulla-Weber*, § 18 Rn 97.
204 Esskandari/Franck/Künnemann/*Franck*, Kap. 2 Rn 199 m.w.N.

196 Der Vorerbe ist Gesellschafter und kann grundsätzlich alle Gesellschafterrechte ohne Mitwirkung des Nacherben ausüben.[205] Ihm steht das Wahlrecht des § 131 Abs. 1 HGB zu, sodass der Erbe eines persönlich haftenden Gesellschaftsanteils die Einräumung einer **Kommanditistenstellung** beantragen kann.[206] Die Bestimmung des § 131 Abs. 1 HGB ist gesellschaftsvertraglich nicht abdingbar.[207] Jedoch kann der Erblasser den Vorerben letztwillig zur Nichtausübung des Wahlrechts nach § 131 Abs. 1 HGB veranlassen, z.B. durch Vermächtnis, Auflage oder auflösend bedingte Erbeinsetzung.[208] Hat der Vorerbe von seinem Wahlrecht nach § 131 Abs. 1 HGB Gebrauch gemacht, ist diese Entscheidung für den Nacherben bindend.[209] Hat der Vorerbe von seinem Wahlrecht nach § 131 Abs. 1 HGB nicht Gebrauch gemacht, steht das Wahlrecht dem Nacherben nach Eintritt des Nacherbfalls zu.[210]

197 Gem. § 2113 Abs. 1 BGB ist die Verfügung des Vorerben über ein zur Erbschaft gehörendes Grundstück im Falle des Eintritts der Nacherbschaft insoweit unwirksam, als sie das Recht des Nacherben vereiteln oder beeinträchtigen würde. Nach h.M. gilt das Verbot des § 2113 Abs. 1 BGB nicht, wenn über zum Gesellschaftsvermögen gehörende Grundstücke verfügt wird, da diese nicht zum Nachlass gehören, und zwar selbst dann nicht, wenn das Grundstück den Hauptwert des Gesellschaftsvermögens darstellt.[211]

198 Besondere Vorsicht ist bei der Mitwirkung des Vorerben an Änderungen des Gesellschaftsvertrags geboten, da diese – häufig auch unerkannt – bei Unentgeltlichkeit und Beeinträchtigung des Nacherben zur Unwirksamkeit nach § 2113 Abs. 2 BGB führen können.[212] Eine **unentgeltliche Verfügung** liegt jedoch dann nicht vor, wenn die Änderung alle Gesellschafter gleichmäßig trifft oder der Erhaltung und Stärkung des Unternehmens dient.[213] Es liegt jedoch auf der Hand, dass eine Abgrenzung nicht immer einfach ist. Bei derart kritischen Maßnahmen sollte der Vorerbe daher sicherheitshalber die Zustimmung des Nacherben einholen. Der Erblasser kann die Entscheidungsprozesse dadurch vereinfachen, dass er Nacherbentestamentsvollstreckung anordnet und ggf. den Nacherbentestamentsvollstrecker anweist, bestimmten Maßnahmen des Vorerben zuzustimmen, sofern und soweit diese für den Erblasser bereits absehbar sind.

199 Aufgrund von § 2113 Abs. 2 BGB können unwirksame Verfügungen des Vorerben auch dann vorliegen, wenn er unter Erhalt einer Abfindung unter Wert aus der Gesellschaft ausscheidet oder gesellschaftsvertraglichen Änderungen zustimmt, die die Abfindungsregelungen zum Nachteil des Nacherben betreffen. Der Vorerbe sollte bei derartigen Maßnahmen darauf achten, dass die Abfindungsbeträge angemessen sind oder es müssen aus Sicht des Unternehmens nachvollziehbare betriebswirtschaftliche Gründe für eine Beschränkung der Abfindung sprechen.[214]

200 Da es dem Erblasser oftmals auf die Versorgung des Vorerben ankommen wird, stellt sich die Frage, in welchem Umfang dem Vorerben als Nutzungen i.S.d. § 2111 Abs. 1 BGB die auf den Gesellschaftsanteil entfallenden **Gewinne** zustehen. Die aufgrund ordnungsgemäßer Bilanzierung ermittelten und nach dem Gesellschaftsvertrag entnahmefähigen Gewinne

205 Scherer/*Bregulla-Weber*, § 18 Rn 98.
206 Staub/*Schäfer*, § 131 Rn 83.
207 Staub/*Schäfer*, § 131 Rn 133.
208 Staub/*Schäfer*, § 131 Rn 83.
209 Esskandari/Franck/Künnemann/*Franck*, Kap. 2 Rn 201.
210 Staub/*Schäfer*, § 131 Rn 85.
211 BGH NJW 2007, 2114; Grüneberg/*Weidlich*, § 2113 Rn 3.
212 Grüneberg/*Weidlich*, § 2113 Rn 11.
213 BGH NJW 1977, 1540.
214 BGH NJW 1984, 362.

stehen dem Vorerben zu, und zwar einschließlich der einem Darlehens- oder Privatkonto gutgeschriebenen Gewinne.[215] Erleidet die Gesellschaft Verluste, darf der Vorerbe jedoch keine Entnahmen tätigen.[216] Werden Gewinne stehengelassen (sog. thesaurierte Gewinne), stellt sich die Frage, ob auch diese dem Vorerben zustehen. Richtigerweise können gesellschaftsvertragliche Beschränkungen des Entnahmerechts nicht das Verhältnis zwischen dem Vorerben und dem Nacherben regeln, sodass auch thesaurierte Gewinne dem Vorerben zustehen.[217] Soweit die Bildung von Rücklagen kaufmännisch geboten ist, handelt es sich um eine Maßnahme der ordnungsgemäßen Verwaltung i.S.d. § 2130 Abs. 1 S. 1 BGB. Derartige Rücklagen schmälern den dem Vorerben zustehenden Gewinn.[218]

Praxistipp 201

Da umstritten ist, ob und in welchem Umfang dem Vorerben auch thesaurierte Gewinne zustehen, kann der Erblasser ein Vorausvermächtnis zugunsten des Vorerben anordnen, das ihm den auch nicht entnahmefähigen Gewinn zuweist. Der Vorerbe hat dann zwar keinen Anspruch auf Ausschüttung der thesaurierten Gewinne gegen die Gesellschaft, wohl aber einen nicht der Nacherbfolge unterliegenden Vermächtnisanspruch. In den meisten Fällen dürfte es sich empfehlen, dieses Vorausvermächtnis betragsmäßig zu begrenzen. Siehe dazu das nachfolgende Muster Rdn 202. Auch für den umgekehrten Fall, dass der Erblasser den nicht entnahmefähigen Gewinn gerade nicht dem Vorerben zuweisen möchte, empfiehlt sich eine entsprechende Klarstellung im Testament. Das dürfte jedoch das Risiko einer taktischen Erbausschlagung gem. § 2306 BGB durch den Vorerben erhöhen.

Muster 27.18: Vorausvermächtnis zugunsten des Vorerben in Höhe des nicht entnahmefähigen Gewinns 27.18

§ 1 Vorerbeinsetzung 202

Ich setze meinen Sohn zu meinem von allen gesetzlichen Beschränkungen befreiten Vorerben ein.

§ 2 Vorausvermächtnisse

Meinem Sohn , der lediglich Vorerbe ist, wende ich im Wege des nicht der Nacherbfolge unterliegenden Vorausvermächtnisses auch den nicht entnahmefähigen Gewinn bis zu einem Betrag in Höhe von EUR aus meiner Beteiligung an der KG mit dem Sitz in , eingetragen im Handelsregister des Amtsgerichts unter HRA , zu.

IV. Testament des Gesellschafters einer Kapitalgesellschaft

Grundsätzlich stehen auch dem Gesellschafter einer Kapitalgesellschaft dieselben erbrechtlichen Gestaltungsmittel zur Verfügung wie dem Einzelunternehmer und dem Gesellschafter einer Personengesellschaft, weshalb nachstehend hauptsächlich auf ausgewählte Besonderheiten einzugehen ist, die sich aus dem Kapitalgesellschaftsrecht ergeben und bei der Testamentsgestaltung zwingend berücksichtigt werden müssen. 203

215 MüKo-BGB/*Lieder*, § 2111 Rn 57.
216 *Pranzo*, ZErb 2021, 337, 343.
217 MüKo-BGB/*Lieder*, § 2111 Rn 59; str., nach a.A. hat der Vorerbe keinen Anspruch auf Gewinne, die entsprechend dem Gesellschaftsvertrag thesauriert wurden, vgl. Scherer/*Bregulla-Weber*, § 18 Rn 101.
218 MüKo-BGB/*Lieder*, § 2111 Rn 60.

1. Nachlasszugehörigkeit der Gesellschaftsbeteiligung

204 Auch der Gesellschafter einer Kapitalgesellschaft kann nur dann letztwillig über seinen Gesellschaftsanteil verfügen, wenn seine Gesellschaftsbeteiligung in den Nachlass fällt. Zwar sind Kapitalgesellschaftsanteile grundsätzlich **frei vererblich**, wie sich insbesondere aus § 15 Abs. 1 GmbHG ergibt. Allerdings können insbesondere **Einziehungs-** und **Abtretungsklauseln** im Gesellschaftsvertrag bzw. der Satzung der Kapitalgesellschaft im Falle des Todes eines Gesellschafters die Einziehung und oder Abtretung des Gesellschaftsanteils vorsehen, ggf. auch in Verbindung mit bestimmten Modifikationen, wie insbesondere im Falle der Vererbung der Kapitalgesellschaftsanteile an bestimmte, gesellschaftsvertraglich bzw. satzungsmäßig nicht zugelassene Personen. Siehe zu Abtretungs- und Einziehungsklauseln im Kapitalgesellschaftsrecht § 10 Rdn 141 ff. Das Testament des Gesellschafters einer Kapitalgesellschaft muss daher zwingend mit den gesellschaftsvertraglichen Vorgaben im Einklang stehen.

2. Vermächtnisweise Zuwendung des Anteils an einer Kapitalgesellschaft

205 Da die im Personengesellschaftsrecht geltende Sonderrechtsnachfolge im Kapitalgesellschaftsrecht nicht gilt, gehen Anteile an Kapitalgesellschaften bei mehreren Erben auf die **Erbengemeinschaft** über. Die Miterben können die Rechte aus dem ererbten Gesellschaftsanteil gem. § 18 Abs. 1 GmbHG nur gemeinschaftlich ausüben. Häufig enthält der Gesellschaftsvertrag bzw. die Satzung der Kapitalgesellschaft jedoch eine Einschränkung dahingehend, dass Miterben einen gemeinsamen Vertreter zur Stimmrechtsausübung zu bestellen haben und das Stimmrecht andernfalls ruht.

206 Auch Anteile an Kapitalgesellschaften können Gegenstand eines **Vermächtnisses** sein. Der Kapitalgesellschaftsanteil geht dann zunächst im Wege der Universalsukzession auf den oder die Erben über. Der Anspruch des Vermächtnisnehmers richtet sich sodann auf Abtretung des vermachten Geschäftsanteils, die gem. § 15 Abs. 3 GmbHG der notariellen Beurkundung bedarf.

207 Auch wenn sich aus § 15 Abs. 1 GmbHG die grundsätzlich freie Veräußerbarkeit von Geschäftsanteilen ergibt, enthält der Gesellschaftsvertrag der Kapitalgesellschaft häufig eine sog. **Vinkulierungsklausel**. Darunter versteht man eine Klausel, die die Wirksamkeit der Abtretung eines Geschäftsanteils gem. § 15 Abs. 5 GmbHG von der Zustimmung der Mitgesellschafter und oder der Gesellschaft abhängig macht.[219] Lässt sich dem Gesellschaftsvertrag nicht eindeutig entnehmen, ob sich die Vinkulierungsklausel auch auf den Vollzug eines Vermächtnisses bezieht, muss die Vinkulierungsklausel ausgelegt werden. Ein wichtiges Auslegungskriterium ist dabei, ob der Vermächtnisnehmer ein Mitgesellschafter oder ein gesellschaftsfremder Dritter ist.[220] Ist der Vermächtnisnehmer ein gesellschaftsfremder Dritter, liegt es nahe, dass sich die Vinkulierungsklausel auch auf die Abtretung des Kapitalgesellschaftsanteils zur Erfüllung des Vermächtnisses erstreckt.[221]

208 **Praxistipp**

Im Zuge der Erstellung des Unternehmertestaments ist bei Vorliegen einer Vinkulierungsklausel daher dringend anzuraten, eine klarstellende Regelung in den Gesellschaftsvertrag aufzunehmen, dass die Vinkulierungsklausel bei der Abtretung des Geschäftsanteils zum Zweck der Erfüllung des Vermächtnisses nicht gilt.

---

219 Siehe zu Vinkulierungsklauseln im Einzelnen Lutter/Hommelhoff/*Bayer*, § 15 Rn 68 ff.

220 BGH, Urt. v. 28.1.1960 – II ZR 236/57; OLG Düsseldorf, Urt. v. 28.12.1989 – 6 U 119/89.

221 BeckOnline-Formulare Vertrag/*Miller*, 5.7.6. Rn 8.

Wie auch bei der vermächtnisweisen Zuwendung eines Personengesellschaftsanteils, muss bei der vermächtnisweisen Zuwendung eines Kapitalgesellschaftsanteils klargestellt werden, ob der Vermächtnisnehmer über den Geschäftsanteil hinaus auch **sonstige Ansprüche** gegen die Gesellschaft, wie insbesondere aus gewährten Gesellschafterdarlehen, erhalten soll. Auch sollte klargestellt werden, ob sich das Vermächtnis auf bereits entstandene, aber noch nicht ausgeschüttete Gewinnansprüche bezieht.[222] 209

Wichtig ist auch die **Aufteilung** von Gewinnansprüchen zwischen dem Erben und Vermächtnisnehmer. Grundsätzlich stehen dem Vermächtnisnehmer nur die seit dem Anfall des Vermächtnisses gezogenen Früchte (§ 99 BGB), nicht aber sonstige Nutzungen (§ 100 BGB) zu. Daher richtet sich der Anspruch des Vermächtnisnehmers nur auf die tatsächlich entnommenen und gesellschaftsvertraglich entnahmefähigen Gewinne, sodass die thesaurierten Gewinne beim Erben verbleiben.[223] Der Erblasser sollte klar regeln, wie die Gewinnverteilung zwischen dem Erben und dem Vermächtnisnehmer zu erfolgen hat.[224] 210

Muster 27.19: Vermächtnisweise Zuwendung eines GmbH-Anteils 27.19

(Abwandlung nach BeckFormB ErbR/*Remmel*, G.VII.1) 211

§ 1 Erbeinsetzung

Ich setze meinen Sohn zu meinem Alleinerben ein. Ersatzerben sind dessen Abkömmlinge nach den Regelungen der gesetzlichen Erbfolge.

§ 2 Vermächtnis

Meine Tochter erhält im Wege des Vermächtnisses meine sämtlichen Geschäftsanteile (derzeit: Geschäftsanteile im Nennwert von EUR, welche % des gesamten Stammkapitals entsprechen) an der GmbH mit dem Sitz in , eingetragen im Handelsregister des Amtsgerichts unter HRB .

Das Vermächtnis umfasst auch meine Ansprüche gegen die Gesellschaft aus den von mir gewährten Gesellschafterdarlehen sowie Ansprüche aus entstandenen, noch nicht ausgezahlten Gewinnen. Darunter sind auch thesaurierte *[alternativ:* nicht thesaurierte*]* Gewinne zu verstehen.

Ich stelle klar, dass sich dieses Vermächtnis auch auf sämtliche künftigen weiteren Geschäftsanteile, Gesellschafterdarlehen und Gewinnansprüche erstreckt, welche ich aufgrund Kaufs, Tauschs, Kapitalerhöhung, Umwandlung oder aus einem sonstigen Grund hinzuerwerbe.

Aus den vorstehenden Ausführungen ergibt sich, dass die vermächtnisweise Zuwendung von Anteilen an Kapitalgesellschaften einen relativ hohen Regelungsbedarf hat. Auch kann es steuerrechtlich vorkommen, dass die Gewinne zivilrechtlich dem Vermächtnisnehmer zustehen, diese aber vom Erben zu versteuern sind.[225] Diesbezüglich kann die Vermächtnisanordnung eine Erstattungspflicht des Vermächtnisnehmers gegenüber dem Erben vorsehen. Insgesamt zeigt sich, dass die Erbeinsetzung des Unternehmensnachfolgers deutlich einfacher ist. 212

3. Nießbrauch am Kapitalgesellschaftsanteil

Die Zulässigkeit des Nießbrauchs an einem Kapitalgesellschaftsanteil ist im Grundsatz unstreitig. Unklar ist allerdings, in welchem **Umfang** der Nießbrauch am Kapitalgesell- 213

222 *Wachter*, DB 2009, 159, 166.
223 Bonefeld/Wachter/*Wachter*, § 23 Rn 50.
224 Näheres dazu in *Welzer*, ZErb 2020, 448.
225 Bonefeld/Wachter/*Wachter*, § 23 Rn 51.

schaftsanteil zulässig ist. Während manche Stimmen in der Literatur nur einen Ertragsnießbrauch als zulässig ansehen,[226] halten andere Stimmen sowohl den echten Nießbrauch als auch den Ertragsnießbrauch für zulässig.[227] Dabei erscheint es inkonsequent, die Nießbrauchsbestellung an GmbH-Anteilen als nach § 15 Abs. 3 GmbHG beurkundungspflichtig anzusehen[228] und dabei nur den Ertragsnießbrauch als zulässig zu erachten. Denn ein Ertragsnießbrauch bezieht sich lediglich auf den Gewinnanspruch und dieser kann formfrei abgetreten werden.[229] Nach hier vertretener Auffassung ist der Nießbrauch an einem GmbH-Anteil sowohl in der Form eines echten Nießbrauchs als auch in der Form des Ertragsnießbrauchs möglich.[230]

214 Da es sich beim **echten** Nießbrauch am GmbH-Anteil um einen Rechtsnießbrauch handelt, bedarf dessen Bestellung gem. § 15 Abs. 3 GmbHG der notariellen Beurkundung.[231] Eine für rechtsgeschäftliche Übertragungen vereinbarte Vinkulierung zieht nach h.M. gem. § 1069 Abs. 1 BGB die Zustimmungspflicht auch zur Bestellung eines Nießbrauchs am Gesellschaftsanteil nach sich.[232]

215 Im Gegensatz zur Bestellung eines Vollnießbrauchs am Anteil einer Personengesellschaft geht bei der Bestellung eines Nießbrauchs am Geschäftsanteil einer GmbH nicht die volle Gesellschafterstellung auf den Nießbraucher über. Nach h.M. fallen dem Nießbraucher nur die **Vermögensrechte** zu, während die Herrschafts- oder Mitverwaltungsrechte einschließlich des Stimmrechts beim Gesellschafter verbleiben.[233] Im Einzelnen ist hier jedoch vieles streitig.

216 Bei der Anordnung eines **Nießbrauchsvermächtnisses** kann der Gesellschafter, der Inhaber des Stimmrechts bleibt, im Innenverhältnis an die Zustimmung des Nießbrauchers gebunden werden. Auch kann der Nießbraucher, sofern der Gesellschaftsvertrag dies nicht verbietet, zur Stimmabgabe bevollmächtigt werden.[234] Eine den Gesellschafter verdrängende Vollmacht, die dem Gesellschafter selbst das Stimmrecht entzieht, ist jedoch nicht möglich,[235] schließlich können diese Rechte wegen ihres sozialrechtlichen Charakters nicht von der Person des Gesellschafters getrennt werden.[236]

217 Der Nießbraucher hat Anspruch auf den auf den Geschäftsanteil entfallenden Jahresüberschuss (§ 29 GmbHG), den er unmittelbar von der GmbH verlangen kann, sobald diese die Gewinnverteilung beschlossen hat.[237] Da auch hier viele Einzelheiten umstritten sind, empfiehlt es sich, bei der Formulierung des Vermächtnisses genaue Regelungen vorzugeben.

---

226 So MAH ErbR/*Kögel*, § 40 Rn 168 m.w.N. oder Krätzschel/Falkner/Döbereiner/*Krätzschel*, § 24 Rn 17.

227 Esskandari/Franck/Künnemann/*Franck*, Kap. 3 Rn 68.

228 Krätzschel/Falkner/Döbereiner/*Krätzschel*, § 24 Rn 17.

229 Esskandari/Franck/Künnemann/*Franck*, Kap. 3 Rn 73.

230 So auch Esskandari/Franck/Künnemann/*Franck*, Kap. 3 Rn 73 und wohl auch Kössinger/Najdecki/Zintl/*R. Kössinger/Zintl*, § 10 Rn 183.

231 Kössinger/Najdecki/Zintl/*R. Kössinger/Zintl*, § 10 Rn 183.

232 jurisPK-BGB/*Laukemann*, § 1069 Rn 14.

233 MVHdB VI BürgerlR II/*Döbereiner*, XIII. 5 Anm. 6 m.w.N.

234 Kössinger/Najdecki/Zintl/*R. Kössinger/Zintl*, § 10 Rn 184.

235 Esskandari/Franck/Künnemann/*Franck*, Kap. 3 Rn 69.

236 MVHdB VI BürgerlR II/*Döbereiner*, XIII. 5 Anm. 6.

237 Kössinger/Najdecki/Zintl/*R. Kössinger/Zintl*, § 10 Rn 185.

Muster 27.20: Vermächtnisweise Zuwendung des echten Nießbrauchs an einem GmbH-Anteil 27.20

(Nach Esskandari/Franck/Künnemann/*Franck*, Kap. 3 Rn 72) 218

Meine Tochter ___ erhält im Wege des Vermächtnisses den lebenslänglichen Nießbrauch an meinen Geschäftsanteilen (derzeit: Geschäftsanteile im Nennwert von ___ EUR, welche ___ % des gesamten Stammkapitals entsprechen) an der ___ GmbH mit dem Sitz in ___, eingetragen im Handelsregister des Amtsgerichts ___ unter HRB ___.

Der Gesellschafter darf das bei ihm verbleibende Stimmrecht hinsichtlich aller Fragen der Bilanzierung und Ergebnisverwendung nur nach Weisung des Nießbrauchers ausüben [*alternativ:* Der Gesellschafter bevollmächtigt den Nießbraucher, ihn bei der Teilnahme an Gesellschafterversammlungen zu vertreten und sein Stimmrecht für ihn auszuüben, soweit dies nach Gesetz und Gesellschaftsvertrag zulässig ist.]

Der ausgeschüttete (nicht jedoch der thesaurierte *[alternativ:* auch der thesaurierte*]*) Gewinn steht allein dem Nießbraucher zu, ohne dass der Nießbraucher bei Beendigung des Nießbrauchs Wertersatz leisten muss. Der Nießbrauch setzt sich an einem etwaigen Abfindungs- bzw. Liquidationsguthaben nach Abzug etwaiger Steuerbelastungen fort.

Der Gesellschafter darf ohne Zustimmung des Nießbrauchers nicht den Nießbraucher beeinträchtigende Handlungen vornehmen. Dazu gehören insbesondere die Veräußerung der Gesellschaftsanteile, Maßnahmen nach dem Umwandlungsgesetz, Verkauf von mehr als ___ % (nach Buch- oder Verkehrswerten) des Anlagevermögens der Gesellschaft oder die Einziehung. Der Gesellschafter hat dem Nießbraucher Auskunft zu erteilen über alle die Gesellschaft betreffenden Angelegenheiten.

Folgt man der hier vertretenen Auffassung, ist die Bestellung eines Ertragsnießbrauchs 219 **formfrei** möglich, da der Gewinnanspruch formfrei abgetreten werden kann.[238] Konsequenterweise ist die vermächtnisweise Zuwendung des Ertragsnießbrauchs dann auch im Falle einer Vinkulierung möglich, wenn die erforderliche Zustimmung der Gesellschaft und/oder Mitgesellschafter nicht eingeholt werden kann.[239] Da der Nießbraucher beim Ertragsnießbrauch keinerlei gesellschaftsrechtliche Mitwirkungsrechte gegenüber dem Gesellschafter hat, bietet sich als bessere Alternative zum Ertragsnießbrauch ein schuldrechtliches Ertragsvermächtnis an.

Muster 27.21: Zuwendung eines schuldrechtlichen Ertragsvermächtnisses an einem GmbH-Anteil 27.21

Meine Tochter ___ erhält im Wege des Vermächtnisses das lebenslängliche Recht auf Zahlung eines 220 Geldbetrags, der ___ % des auf meinen Geschäftsanteil an der ___ GmbH mit dem Sitz in ___, eingetragen im Handelsregister des Amtsgerichts ___ unter HRB ___, entfallenden Jahresüberschusses entspricht.

Der Erbe hat meiner Tochter jeweils monatlich und fällig spätestens jeweils am ___ eines Monats eine Vorauszahlung von $^1/_{12}$ zu leisten, berechnet nach dem Gewinn des letzten Jahresabschlusses der Gesellschaft. Die endgültige Abrechnung hat spätestens ___ Monate nach Feststellung des Jahresabschlusses des betreffenden Jahres zu erfolgen.

4. Vermächtnisweise Zuwendung einer Unterbeteiligung

Auch der Gesellschafter einer Kapitalgesellschaft kann vermächtnisweise eine Unterbeteili- 221 gung an seinem Gesellschaftsanteil anordnen. Die Vermächtniserfüllung nach dem Erbfall bedarf nicht der notariellen Beurkundung, da § 15 Abs. 3 GmbHG nicht anwendbar ist.[240]

238 Esskandari/Franck/Künnemann/*Franck*, Kap. 3 Rn 73.
239 Esskandari/Franck/Künnemann/*Franck*, Kap. 3 Rn 73.
240 BeckFormB ErbR/*Müller/Sass*, G.III.8 Rn 1.

Auch **Vinkulierungsklauseln** sind auf die Einräumung einer Unterbeteiligung nicht anwendbar.[241]

5. Vor- und Nacherbschaft

222 Auch im Kapitalgesellschaftsrecht muss bei der Anordnung von Vor- und Nacherbschaft darauf geachtet werden, dass sowohl der Vor- als auch der Nacherbe satzungsmäßig zur Nachfolge zugelassen ist, insofern gilt es also, etwaige gesellschaftsvertragliche **Einziehungs-** oder **Abtretungsklauseln** zu berücksichtigen. Ist der Vorerbe nach den gesellschaftsvertraglichen Bestimmungen nicht nachfolgeberechtigt, kann der Gesellschaftsanteil auch dann eingezogen werden oder eine Pflicht zur Abtretung entstehen, wenn der Nacherbe nachfolgeberechtigt wäre.[242] Der Gesellschaftsvertrag kann dann allerdings so ausgelegt werden, dass der Nacherbe nach Eintritt des Nacherbfalls an der Gesellschaft beteiligt werden muss.[243]

223 Der **Vorerbe** des Gesellschafters einer Kapitalgesellschaft wird **vollumgänglich** Gesellschafter. Er kann die Gesellschafterrechte grundsätzlich ohne Mitwirkung des Nacherben ausüben.[244]

224 Ebenso wie im Personengesellschaftsrecht muss der Vorerbe des Gesellschafters einer Kapitalgesellschaft das **Verbot unentgeltlicher Verfügungen** gem. § 2113 Abs. 2 BGB beachten, sodass insbesondere bei der Veräußerung des Geschäftsanteils unter Wert Vorsicht geboten ist. Siehe dazu Rdn 198.

225 Die auf den Kapitalgesellschaftsanteil entfallenden **Gewinne** oder Dividenden sind Nutzungen des Nachlasses und stehen daher dem Vorerben zu.[245] Erforderlich ist jedoch, dass der zugrundeliegende Gesellschafterbeschluss ordnungsgemäß zustande gekommen ist.[246] Für das Geschäftsjahr, in dem der Erb- bzw. Nacherbfall eingetreten ist, sind Dividenden zwischen dem Vorerben und dem Nacherben aufzuteilen.[247]

226 Bei Rücklagen bzw. Gewinnvorträgen ist zu differenzieren, wann diese erfolgt sind. War dies schon **vor** dem (Vor-)Erbfall, handelt es sich um Nachlasssubstanz, die mit Eintritt des Nacherbfalls auf den Nacherben übergeht. Sind die Rücklagen bzw. Gewinnvorträge dagegen während der Dauer der Vorerbschaft gebildet worden, stellen sie einen Teil des dem Vorerben zustehenden Gewinns dar.[248]

---

241 Scherer/*Stenger*, § 22 Rn 196.
242 Lutter/Hommelhoff/*Bayer*, § 15 Rn 16.
243 Esskandari/Franck/Künnemann/*Franck*, Kap. 3 Rn 92.
244 Scherer/*Bregulla-Weber*, § 18 Rn 103.
245 Kössinger/Najdecki/Zintl/*R. Kössinger/Zintl*, § 10 Rn 116.
246 MüKo-BGB/*Lieder*, § 2111 Rn 52.
247 MüKo-BGB/*Lieder*, § 2111 Rn 52.
248 MüKo-BGB/*Lieder*, § 2111 Rn 53.

§ 28 Testament des Landwirts

Christiane Graß

Literaturhinweise

Becker/Bolte/Lückemeier, Höfeordnung mit Höfeverfahrensordnung, 5. Aufl. 2023; *Dombert/Witt*, Münchener Anwaltshandbuch Agrarrecht, 3. Aufl. 2022; *Düsing/Martinez*, Agrarrecht, 2. Aufl. 2022; *Faßbender/Hötzel/v. Jeinsen/Pikalo*, Höfeordnung, Höfeverfahrensordnung und Überleitungsvorschriften, 3. Aufl. 1994; *Graß*, Landwirtschaftserbrecht, 12. Aufl. 2024; *Hannes/Holtz*, Formularbuch Vermögens- und Unternehmensnachfolge, 3. Aufl. 2025, *Köhne*, Landwirtschaftliche Taxationslehre, 4. Aufl. 2007; *Lüdtke-Handjery/v. Jeinsen*, Höfeordnung mit Verfahrensordnung für Höfesachen, 11. Aufl. 2015; *Piltz*, Die Bewertung landwirtschaftlicher Betriebe, 3. Aufl. 2020.

Inhalt

A. Rechtszersplitterung im landwirtschaftlichen Erbrecht 1
B. Landguterbrecht 7
I. Begriff des Landguts 7
1. Allgemeine Hinweise 7
2. Betriebsgröße 8
3. Wirtschaftsgebäude 11
4. Bewirtschaftungsformen 12
5. Verpachtete Landgüter 14
6. Umfang des Landguts 15
7. Betriebliche Mischformen 16
II. Bewertung mit dem Ertragswert 18
III. System der Privilegierung landwirtschaftlicher Betriebe im Landguterbrecht 23
1. Regelungsbereich der §§ 2049, 2312 BGB 23
2. Absicherung des überlebenden Ehegatten 28
3. Nachabfindungsregelungen 29
IV. Inhaltliche Ausgestaltung der letztwilligen Verfügung 31
1. Bestimmung eines Alleinerben 31
a) Erbeinsetzung 31
b) Vermächtnisse 35
c) Absicherung des Ehegatten 39
d) Ertragswertanordnung für die Pflichtteilsberechtigten 41
2. Bestimmung von mehreren Erben unter Zuwendung des Landguts an einen einzelnen Miterben im Rahmen eines Vorausvermächtnisses 43
3. Bestimmung von mehreren Erben unter Zuwendung des Landguts an einen einzelnen Miterben im Rahmen einer Teilungsanordnung 44
4. Nachabfindungsregelungen 47
C. Landwirtschaftliche Betriebe, die der Nordwestdeutschen Höfeordnung unterliegen 50
I. Hofeigenschaft 50
II. Höferechtliche Nachlassspaltung 55
III. Gesetzliche Hoferbfolge 56
1. Ordnungen der gesetzlichen Hoferbfolge 57
2. Erfordernis der Wirtschaftsfähigkeit 59
3. Besonderheit Ehegattenhof 64
4. Gewillkürte Hoferbfolge 65
5. Abfindung der weichenden Erben 68
6. Tilgung der Nachlassverbindlichkeiten mit hoffreiem Vermögen 73
7. Nachabfindung 74
8. Hofübergabevertrag 76
9. Stellung des überlebenden Ehegatten 77
IV. Inhaltliche Ausgestaltung der letztwilligen Verfügung über Hofvermögen 78
1. Allgemeine Hinweise 78
2. Hoferbenbestimmung 82
3. Hoferbenbestimmung bei zweifelhafter Hofeigenschaft 84
4. Hoferbenbestimmung mit abweichenden Regelungen zur Abfindung der weichenden Erben 86
5. Hoferbenbestimmung mit individuellen Regelungen zur Nachabfindung 88
6. Hoferbenbestimmung mit Regelungen zur Versorgung des überlebenden Ehegatten 94
7. Hoferbenbestimmung mit Pflichtteilsanordnung 96
8. Ehegattenhof 98
9. Hofvor- und -nacherbschaft 100
10. Hoferbenbestimmung mit Anordnung zur abweichenden Verteilung des hoffreien Vermögens 102
D. Landwirtschaftliche Betriebe, die der Rheinland-Pfälzischen Höfeordnung unterliegen 104
I. Allgemeine Hinweise 104
II. Struktur der HO-RhPf 105
III. Besonderheiten bei der Errichtung der letztwilligen Verfügung 112

A. Rechtszersplitterung im landwirtschaftlichen Erbrecht

1 Das Landwirtschaftserbrecht als Sondererbrecht der Landwirtschaft verfolgt das Ziel, landwirtschaftliche Betriebseinheiten beim Übergang auf die nachfolgende Generation zu erhalten. Erreicht werden soll dieses Ziel durch Regelungen zur **Sondererbfolge**, wonach nur ein einzelner Miterbe den landwirtschaftlichen Betrieb fortführt, und durch Bewertungsvorteile im Verhältnis zu den Miterben und den Pflichtteilsberechtigten. Gewerblichen Unternehmen stehen diese Vorteile nicht zur Verfügung.

2 Während das **Landguterbrecht** (§§ 2049, 2312 BGB) bundesweit gilt, verfügen einzelne Länder über gesonderte **Anerbenrechte** i.S.d. Art. 64 EGBGB. In Nordrhein-Westfalen, Niedersachsen, Schleswig-Holstein und Hamburg handelt es sich um die Nordwestdeutsche **Höfeordnung**, in Bremen um das Bremische Höfegesetz, in Rheinland-Pfalz um die Rheinland-Pfälzische Höfeordnung, in Hessen um die Hessische Landgüterordnung und in Brandenburg um die Brandenburgische Höfeordnung. Die Anerbenrechte in Baden-Württemberg haben keine größere praktische Bedeutung mehr. Die übrigen Bundesländer verfügen über keine Anerbenrechte.

3 Die Tatsache, dass ein Bundesland über ein Anerbenrecht verfügt, bedeutet allerdings nicht, dass das jeweilige Sondererbrecht beim Ableben des Landwirts automatisch zur Anwendung gelangt. Die **Anerbenrechte** sind **fakultativ**. In den Bundesländern, die über ein Anerbenrecht verfügen, ist deshalb bei der Erstellung letztwilliger Verfügungen stets zu prüfen, ob im konkreten Erbfall die Regelungen des Anerbenrechts zur Anwendung gelangen oder ob diese nicht greifen, weil sich der Landwirt bewusst gegen die Geltung eines Anerbenrechts entschieden hat. Kommt das im betreffenden Bundesland geltende Anerbenrecht nicht zur Anwendung, kann der landwirtschaftliche Betrieb gleichwohl die Eigenschaft eines Landguts haben und damit der Anwendungsbereich des Landguterbrechts eröffnet sein.

4 Gestaltungsinstrument in der Beratungssituation kann auch die bewusste Abkehr von einem Anerbenrecht sein, um so die Anwendung des **Landguterbrechts** zu ermöglichen. Diese Überlegungen stehen insbesondere dann im Raum, wenn der vom Erblasser ausgewählte Nachfolger die Anforderungen des Anerbenrechts nicht erfüllen kann, der Erblasser aber zumindest die Vorteile des Landguterbrechts nutzen möchte. Dies ist bspw. im Bereich der Nordwestdeutschen Höfeordnung der Fall, wenn der ausgewählte Nachfolger nicht wirtschaftsfähig ist.

5 Die Frage, ob das Landguterbrecht oder aber ein Anerbenrecht zur Anwendung gelangt, entscheidet auch darüber, ob spätere Rechtsstreitigkeiten vor den **ordentlichen Gerichten** oder vor dem **Landwirtschaftsgericht** auszutragen sind. Im Anwendungsbereich des Landguterbrechts ist stets die Zuständigkeit der ordentlichen Gerichte gegeben. Hingegen ist bei anerbenrechtlichen Auseinandersetzungen nach § 1 Nr. 5 LwVfG in der Regel das Landwirtschaftsgericht zuständig.

6 Im Kontext mit der landwirtschaftlichen Vermögensnachfolge werden häufig das **Zuweisungsverfahren** nach dem Grundstückverkehrsgesetz und die lebzeitige Hofübergabe genannt. Diese werden in diesem Kapitel nicht näher beleuchtet, denn das Zuweisungsverfahren gem. §§ 13 ff. GrdstVG greift nur bei gesetzlicher Erbfolge, also dann, wenn der Erblasser gerade keine letztwillige Verfügung errichtet hatte. Die lebzeitige Übertragung eines Hofes im Sinne der Höfeordnung fingiert zwar den Hoferbfall mit den damit verbundenen Rechtsfolgen (§ 17 HöfeO, § 20 Abs. 2 S. 2 HO-RhPf, § 17 BbgHöfeOG), stellt damit aber keine Regelung für den Fall des Ablebens des Landwirts dar.

B. Landguterbrecht

I. Begriff des Landguts

1. Allgemeine Hinweise

Die landwirtschaftsspezifischen Erbregelungen im BGB, die Übernahme eines Landguts durch einen Miterben (§ 2049 BGB) sowie die Pflichtteilsregelung des § 2312 BGB, setzen voraus, dass der landwirtschaftliche Betrieb des Erblassers als Landgut zu qualifizieren ist. Ob dies der Fall ist, ist bei der Beratung des Erblassers vorab zu klären. 7

Der Begriff des Landguts ist im BGB nicht definiert. Die Rechtsprechung und die h.M. definieren das Landgut in Anlehnung an § 2 des preußischen Anerbengesetzes von 1898 als *„eine zum selbstständigen und dauernden Betrieb der Landwirtschaft einschließlich der Viehzucht oder der Forstwirtschaft geeignete und bestimmte Wirtschaftseinheit, die mit den nötigen Wohn- und Wirtschaftsgebäuden versehen ist. Sie muss eine gewisse Größe erreichen und für den Inhaber eine selbstständige Nahrungsquelle darstellen, dass eine Ackernahrung vorliegt, ist jedoch nicht erforderlich.“*.[1]

2. Betriebsgröße

Um Landgut zu sein, muss der landwirtschaftliche Betrieb eine „gewisse Betriebsgröße“ haben. Grund ist, dass reine Hobby- und Kleinstbetriebe nicht die erbrechtliche Privilegierung haben sollen, die spiegelbildlich mit einer Benachteiligung der übrigen Erben verbunden wäre. Gesetzeszweck ist allein das übergeordnete öffentliche Interesse an der Erhaltung leistungsfähiger landwirtschaftlicher Betriebe.[2] Vor diesem Hintergrund muss der landwirtschaftliche Betrieb, um als Landgut eingestuft werden zu können, seinem Inhaber eine **„selbstständige Nahrungsquelle“** bieten. Dabei ist es allerdings nicht erforderlich, dass der Betrieb eine „Ackernahrung“ in dem Sinne hervorbringt, dass die landwirtschaftliche Besitzung ausreicht, um eine Familie zu ernähren. Die Landguteigenschaft soll nach nunmehr herrschender Auffassung jedenfalls dann vorliegen, wenn der Betrieb einen Ertrag abwirft, der dem Sozialhilfesatz für eine Vier-Personen-Familie entspricht.[3] 8

Auch **Nebenerwerbsbetriebe** stehen unter dem Schutz des Landguterbrechts, wenn der Ertrag zu einem nicht unerheblichen Teil zur Lebenshaltung des Eigentümers und seiner Familie beiträgt und wenn er auch im Interesse der Familie erhaltungswürdig erscheint.[4] 9

Im Streitfall wird letztlich das Gutachten eines Sachverständigen darüber entscheiden, ob die Landguteigenschaft im Zeitpunkt des Erbfalls gegeben war oder nicht. 10

1 BGH v. 4.5.1964 – II ZR 159/63, NJW 1964, 1414, 1416; BGH v. 22.10.1986 – IVa ZR 76/85, NJW 1987, 951; BGH v. 11.3.1992 – IV ZR 62/91, NJW-RR 1992, 770; Grüneberg/*Weidlich*, § 2312 Rn 7; MüKo-BGB/*Fest*, § 2049 Rn 13; *Graß*, § 2049 BGB Rn 4–7.

2 BeckOK BGB/*Müller-Engels*, § 2312 Rn 2 m.w.N.

3 *Köhne*, AUR Beilage II/2003, 2, 6; *Piltz*, S. 97; BeckOK BGB/*Müller-Engels*, § 2312 Rn 11.

4 *Graß*, § 2049 BGB Rn 26; BGH v. 22.10.1986 – IVa ZR 76/85, NJW 1987, 951; BGH v. 11.3.1992 – IV ZR 62/91, NJW-RR 1992, 770; OLG München v. 18.3.2009 – 20 U 2160/06, ZEV 2009, 301; *Becker*, AgrarR 1975, 57, 65.

3. Wirtschaftsgebäude

11 Zwingende Voraussetzung für das Vorliegen eines Landguts ist das Vorhandensein von **Wirtschaftsgebäuden**. Andernfalls könnten bereits landwirtschaftliche Flächen ein Landgut darstellen, was ersichtlich nicht gewollt ist. Die Rechtsprechung fordert ferner für das Vorliegen eines Landguts das Vorhandensein der notwendigen **Wohngebäude**. Der Wandel der Zeit bringt es mit sich, dass sich das Wohngebäude des Betriebsinhabers nicht „zwingend auf dem Hof" befindet und er nicht notwendigerweise „auf dem Hof" wohnt. Es sollte ausreichend sein, dass der Betriebsinhaber in ausreichender räumlicher Entfernung zur Hofstelle eine Wohnung hat, egal, ob die Wohnung im Eigentum des Landwirts steht oder ob es sich um eine Mietwohnung handelt. Abzustellen ist auf den Zweck, jederzeit in das Geschehen auf dem Hof eingreifen zu können.[5] Deshalb wird bei tierhaltenden Betrieben eine Wohnung des Betriebsinhabers auf der Hofstelle zu fordern sein, während bei einem reinen Ackerbaubetrieb auch eine gewisse Entfernung zwischen Wohnung und Hof akzeptabel ist.

4. Bewirtschaftungsformen

12 Nicht alle Erscheinungsformen, die mit einem landwirtschaftlichen Betrieb in einen Zusammenhang gebracht werden, begründen die Landguteigenschaft. Diese ist freilich anerkannt für folgende Bewirtschaftungsformen:[6]
- Ackerbau
- Gartenbaubetriebe
- Tierzuchtbetriebe, soweit die Tiere überwiegend auf eigener und gepachteter Futtergrundlage ernährt werden
- Weinbaubetriebe
- Sonderkulturbetriebe
- Teichwirtschaftsbetriebe
- Weidewirtschaft
- Forstgüter

13 Hingegen unterfallen folgende Betriebe nicht dem Landgutbegriff:[7]
- Betriebe mit Massentierhaltung, die auf der Grundlage zugekauften Futters wirtschaften
- Pferdehaltung, sofern nicht der überwiegende Teil der Futtergrundlage auf eigener Fläche oder auf Pachtflächen produziert wird

5. Verpachtete Landgüter

14 Die Verpachtung eines landwirtschaftlichen Betriebs führt nicht zum Wegfall der Landguteigenschaft.[8] Die langfristige Verpachtung an einen engen **Familienangehörigen** vermag den Verlust der Landguteigenschaft ohnehin nicht zu bewirken, da die Fortführung und Bewirtschaftung des Landguts in der Familie gewahrt bleibt. Bei einer langfristigen Verpachtung an **Familienfremde** ist hingegen Vorsicht geboten. Diese führt zum Wegfall der Land-

---

5 BeckOK BGB/*Müller-Engels*, § 2312 Rn 8.

6 Vgl. *Graß*, § 2029 BGB Rn 12 ff.

7 Vgl. OLG München NJW-RR 2003, 1518; *Graß*, § 2049 BGB Rn 13; MüKo-BGB/*Lange*, § 2312 Rn 15; MüKo-BGB/*Fest*, § 2049 Rn 9; BeckOGK/*Ruby*, Art. 137 EGBGB Rn 24.

8 BGH v. 5.4.1964 – II ZR 159/63, NJW 1964, 1414, 1416; BGH v. 15.12.1976 – IV ZR 27/76, AgrarR 1977, 173 Rn 17; MüKo-BGB/*Lange*, § 2312 Rn 4; *Graß*, § 2049 BGB Rn 16; BeckOK BGB/*Müller-Engels*, § 2312 Rn 14; krit. BeckOGK/*Ruby*, Art. 137 EGBGB Rn 32.

guteigenschaft, sofern nicht konkrete Anhaltspunkte bestehen, dass zu einem späteren Zeitpunkt mit der Fortführung der landwirtschaftlichen Nutzung durch den Erben oder einen Familienangehörigen des Erben ernsthaft zu rechnen ist.[9]

6. Umfang des Landguts

Steht fest, dass ein Landgut vorliegt und der Anwendungsbereich des Landguterbrechts eröffnet ist, stellte sich die weitere Frage, für welche Gegenstände die erbrechtliche Privilegierung gilt. Unproblematisch ist dies für landwirtschaftlich genutzte Flächen, Wirtschaftsgebäude, Inventar und Betriebsleiterhaus. Bei **baureifen Grundstücken** ist allerdings zu differenzieren. Lassen sich diese problemlos aus dem Flächenbestand herauslösen, gehören sie nicht mehr zum Landgut, sodass auch die erbrechtliche Privilegierung entfällt. Hingegen gehört Bauland dann und so lange zum Landgut, wie es sich um eine betriebsnotwendige Fläche handelt. Schwerpunktmäßig ist darauf abzustellen, ob die landwirtschaftliche Besitzung in ihrer Existenz gefährdet wäre, wenn die betreffende Fläche nicht mehr hofzugehörig wäre.[10] 15

7. Betriebliche Mischformen

Verbindet der Landwirt den rein landwirtschaftlichen Betrieb mit einer nichtlandwirtschaftlichen Betriebsform, sei es mit einer gewerblichen Einheit wie einem Hofladen, der auch hinzugekaufte oder nichtlandwirtschaftliche Produkte in seinem Sortiment führt, sei es mit Anlagen zur Gewinnung erneuerbarer Energien wie einer Windkraft- oder Photovoltaikanlage, bedarf es der Analyse und Differenzierung, inwieweit das Landguterbrecht seine Ziele erreicht. 16

Grundsätzlich gilt, dass es zunächst der Klärung bedarf, ob es sich bei dem gemischten Betrieb um einen Nebenbetrieb oder um einen Doppelbetrieb handelt.[11] Bei einem gemischten Betrieb sind der landwirtschaftliche und der nichtlandwirtschaftliche Betrieb so eng miteinander verflochten, dass die beiden Betriebsteile nicht voneinander getrennt werden können. Landguterbrecht kommt zur Anwendung, wenn der landwirtschaftliche Betriebsteil überwiegt. Gleiches gilt, wenn es sich bei gewerblichen Betriebseinheiten um reine **Nebenbetriebe** handelt. Hingegen kommt bei **Doppelbetrieben**, also von Unternehmungen, die sich relativ mühelos trennen lassen, bei dem landwirtschaftlichen Betriebsteil das Landguterbrecht und bei dem nichtlandwirtschaftlichen Betriebsteil das allgemeine Erbrecht zur Anwendung. 17

II. Bewertung mit dem Ertragswert

Kommt Landguterbrecht zur Anwendung, liegt die Privilegierung vor allem darin, dass das Landgut im Verhältnis zu den Miterben und zu den Pflichtteilsberechtigten mit dem **Ertragswert i.S.d. § 2049 BGB** und nicht mit dem (betriebswirtschaftlichen) Ertragswert etwa i.S.d. S1-Verfahrens des Instituts der Wirtschaftsprüfer (IDW) angesetzt wird. Die 18

9 BGH v. 11.3.1992 – IV ZR 62/91, NJW-RR 1992, 770; BGH v. 27.9.1989 – IVb ZR 75/88, NJW-RR 1990, 68.

10 BGH v. 22.10.1986 – IVa ZR 143/85, NJW 1987, 1260; BGH v. 9.10.1991 – IV ZR 259/90, NJW-RR 1992, 66; BeckOK BGB/*Müller-Engels*, § 2312 Rn 10; MüKo-BGB/*Fest*, § 2049 Rn 8.

11 *Graß*, § 2049 BGB Rn 20–23; BeckOK BGB/*Müller-Engels*, § 2312 Rn 9; BeckOGK/*Ruby*, Art. 137 EGBGB Rn 24.

Unterschiede können beachtlich sein und machen letztlich den Vorteil des Landguterbrechts gegenüber dem allgemeinen Erbrecht in Bezug auf gewerbliche Betriebe aus.

19 Die unvollkommene Definition in § 2049 Abs. 2 BGB besagt, dass sich der Ertragswert nach

- der bisherigen Bestimmung des Landguts,
- seiner ordnungsgemäßen Bewirtschaftung und
- dem daraus erzielbaren Reinertrag

richtet. Dabei folgt aus Art. 137 EGBGB, dass der jeweilige Landesgesetzgeber über die Grundsätze zur Ermittlung des Ertragswerts eines Landguts entscheiden kann.

20 Während der Ertragswert gewerblicher Unternehmen durch Abzinsung der Zukunftserträge ermittelt wird, stellt § 2049 BGB auf den **tatsächlich erzielbaren Reinertrag** des landwirtschaftlichen Betriebs ab.[12] Dieser wird mit einem länderspezifischen Kapitalisierungsfaktor multipliziert. Diesen können die Bundesländer individuell festlegen. Nicht alle Bundesländer haben von dieser Möglichkeit Gebrauch gemacht. Fehlt es an einer solchen Festlegung, empfiehlt die Deutsche Gesellschaft für Agrarrecht (DGAR) einen Kapitalisierungsfaktor von 18, der einem Zinssatz von 5,55 % entspricht.[13]

21 Im Einzelnen ergibt sich folgendes Bild:

Bundesland	**Gesetzlich festgelegter Kapitalisierungssatz**	**Empfohlener Kapitalisierungszinssatz bei fehlender gesetzlicher Regelung**
Baden-Württemberg	18	–
Bayern	18	–
Berlin (ehemaliger Westteil)	25	–
Berlin (ehemaliger Ostteil)	–	18
Brandenburg	25	–
Bremen	25	–
Hamburg	–	18
Hessen	25	–
Mecklenburg-Vorpommern	–	18
Niedersachsen	17	–
Nordrhein-Westfalen	25	–
Rheinland-Pfalz	25	–
Saarland	18	–
Saarland, ehemals bayer. Gebiete	18	–
Sachsen	–	18
Sachsen-Anhalt	–	18

12 *Köhne*, S. 785 ff.; *Piltz*, S. 193 ff.; *Graß*, § 2049 BGB Rn 74 ff.; MüKo-BGB/*Lange*, § 2312 Rn 23; MüKo-BGB/*Fest*, § 2049 Rn 12; BeckOK BGB/*Lohmann*, § 2049 Rn 4.

13 DGAR, AgrarR 1994, 10.

Bundesland	Gesetzlich festgelegter Kapitalisierungssatz	Empfohlener Kapitalisierungszinssatz bei fehlender gesetzlicher Regelung
Schleswig-Holstein	–	18
Thüringen	18	–

Der exakte Ertragswert wird sich nur mit Hilfe eines landwirtschaftlichen Sachverständigen feststellen lassen. Festgehalten werden kann an dieser Stelle jedoch, dass der Ertragswert i.S.d. §§ 2049, 2312 BGB deutlich unter dem Verkehrswert der landwirtschaftlichen Besitzung liegt, wenn diese nach den üblichen Kriterien der Unternehmensbewertung bewertet werden würde. 22

III. System der Privilegierung landwirtschaftlicher Betriebe im Landguterbrecht

1. Regelungsbereich der §§ 2049, 2312 BGB

§ 2049 BGB stellt eine Auslegungsregel für die gewillkürte Erbfolge dar.[14] Räumt der Erblasser in seinem Testament einem Miterben das Recht zur Übernahme eines zum Nachlass gehörenden Landguts ein, ist dieses im Zweifel bei der Auseinandersetzung der Erben im Verhältnis zu den Miterben mit dem **Ertragswert** anzusetzen. Dieser ist deutlich geringer als der Verkehrswert und kann durchaus in einer Größenordnung von 10 %–20 % des Verkehrswerts liegen. Dem Testierenden steht es frei, einen **geringeren** oder **höheren** Wert als den Ertragswert als Anrechnungsbetrag festzulegen. Der Testierende hat selbstverständlich auch die Möglichkeit, dem vorgesehenen Betriebsnachfolger das Landgut als Vorausvermächtnis zuzuwenden. 23

Die Auslegungsregel des § 2049 BGB greift jedoch nicht ein, wenn der Testierende lediglich **Miteigentum** an dem Landgut besitzt oder wenn er das Landgut oder einen Bruchteil davon **mehreren Erben** zuwenden will.[15] In diesem Fall bedarf es zwingend der Festlegung eines konkreten Anrechnungsbetrags, wenn der Erblasser ausschließen möchte, dass die landwirtschaftliche Besitzung bei der Auseinandersetzung der Miterben mit dem Verkehrswert angesetzt wird. 24

Während es der Landwirt weitestgehend selbst in der Hand hat, bei mehreren Erben bis zur Grenze des Unterschreitens des Pflichtteils frei zu bestimmen, wie und mit welchen Anrechnungsbeträgen sich die Nachfolge in die landwirtschaftliche Besitzung vollziehen soll, liegt die eigentliche Privilegierung des Landguterbrechts in den Auswirkungen auf das **Pflichtteilsrecht**. Sofern der Erbe, der das Landgut erhält, zu dem Kreis der in § 2303 BGB bezeichneten grundsätzlich pflichtteilsberechtigten Personen nach dem Erblasser gehört, wird auch der Pflichtteil anhand des Ertragswerts des landwirtschaftlichen Betriebs berechnet, wenn der Erblasser dies angeordnet hat. Gleiches gilt, wenn nach § 2049 BGB anzunehmen ist, dass einer von mehreren Erben das Recht haben soll, das Landgut zu übernehmen (§ 2312 Abs. 1, 2 BGB). Für den Fall, dass der Erblasser die Bestimmung getroffen hat, dass das Landgut mit einem höheren Betrag als dem Ertragswert angesetzt werden soll, ist dieser höhere Betrag nach § 2312 Abs. 1 S. 2 BGB auch für die Pflichtteilsberechnung maßgebend. 25

Sofern der Betriebsinhaber nur eine einzige Person zum Erben bestimmt, es also einer Teilungsanordnung mit einer Wertbestimmung oder eines Vorausvermächtnisses nicht be- 26

14 BeckOK BGB/*Lohmann*, § 2029 Rn 3; MüKo-BGB/*Fest*, § 2049 Rn 11.
15 BeckOK BGB/*Müller-Engels*, § 2312 Rn 6.

darf, kann der Erblasser in der letztwilligen Verfügung anordnen, dass das Landgut bei der Pflichtteilsberechnung mit dem Ertragswert oder einem höheren, nicht aber einem geringeren Wert als dem Ertragswert angesetzt wird (§ 2312 Abs. 2 BGB).

27 **Praxistipp**
Es gibt keine Vermutung, dass bei der Bestimmung einer einzelnen Person als Erbe bei der Pflichtteilsberechnung eines Abkömmlings oder des überlebenden Ehegatten das Landgut mit dem Verkehrswert angesetzt wird. Der Erblasser muss dies in seinem Testament klar zum Ausdruck bringen.[16]

2. Absicherung des überlebenden Ehegatten

28 Oftmals entspricht es Tradition und Vernunft, den Betrieb an einen einzelnen Abkömmling zu vererben, dem dann auch die Versorgung des überlebenden Ehegatten (Altenteiler) obliegen soll. Klassische Elemente einer **Altenteilregelung** in einer letztwilligen Verfügung sind die Einräumung eines auch dinglich zu sichernden Wohnrechts und die Gewährung einer lebenslänglichen Rente im Rahmen eines Vermächtnisses zugunsten des von der Erbfolge ausgeschlossenen Ehegatten. Auch Pflegeverpflichtungen können Gegenstand eines Vermächtnisses zugunsten des überlebenden Ehegatten sein. Bei der Ausgestaltung einer letztwilligen Verfügung bedarf es hier besonderer Sorgfalt, damit klar ist, welche Pflegeleistungen der Nachfolger zumutbar leisten muss. Ferner sollte sorgfältig geklärt werden, welche finanziellen Mittel dem Ehegatten für eine spätere Altersabsicherung monatlich zur Verfügung stehen, um eine Inanspruchnahme der Kinder durch den Sozialhilfeträger zu vermeiden.

3. Nachabfindungsregelungen

29 Anders als das Höferecht, welches etwa mit § 13 HöfeO ein detailliertes Nachabfindungssystem bereithält, wenn der Erbe innerhalb von 20 Jahren nach dem Erbfall die landwirtschaftliche Besitzung oder wesentliche Betriebsgrundlagen veräußert oder in eine Gesellschaft einbringt oder wenn er auf dem landwirtschaftlichen Betrieb landwirtschaftsfremde Erträge erzielt, sieht das Landguterbrecht in einer solchen Situation **keine Ausgleichsregelung** zugunsten der benachteiligten Miterben und der Pflichtteilsberechtigten vor.[17] Insbesondere im Verhältnis zu den Miterben wird es häufig Wunsch des Erblassers sein, dass diese einen Ausgleich erhalten, wenn der Erbe das privilegiert übernommene Landgut ganz oder teilweise veräußert, in eine Gesellschaft einbringt oder auf Flächen des privilegiert übernommenen Grundbesitzes Einnahmen aus Windenergieanlagen oder Photovoltaikanlagen generiert oder die Gebäude sonst wie gewerblich nutzt. Dem Erblasser steht es frei, entweder auf eine für ihn eigentlich nicht einschlägige gesetzliche Nachabfindungsregelung wie z.B. § 13 HöfeO Bezug zu nehmen oder den nachabfindungspflichtigen Tatbestand und die damit verbundenen Rechtsfolgen frei festzulegen.

30 **Praxistipp**
Klarstellende Worte, ob eine Nachabfindungsregelung auch zugunsten von Pflichtteilsberechtigten wirken soll, sind dringend anzuraten, zumal die gesetzlichen Nachabfindungsregelungen wie § 13 HöfeO auch für die Pflichtteilsberechtigten gelten.

16 MüKo-BGB/*Lange*, § 2312 Rn 10.
17 BGH v. 22.10.1986 – IVa ZR 143/85, NJW 1987, 1260; *Graß*, § 2312 BGB Rn 2; BeckOK BGB/*Müller-Engels*, § 2312 Rn 17.

IV. Inhaltliche Ausgestaltung der letztwilligen Verfügung

1. Bestimmung eines Alleinerben

a) Erbeinsetzung

Die Festlegung eines **Alleinerben** wirft keine besonderen Probleme auf: 31

Muster 28.1: Bestimmung eines Alleinerben bei einem Nachlass mit landwirtschaftlichem Vermögen 28.1

Hiermit setze ich meinen Sohn … zu meinem alleinigen Erben ein. Er ist auch in der Lage, meinen landwirtschaftlichen Betrieb, der ein Landgut ist, nach den Regeln der guten fachlichen Praxis fortzuführen. 32

Die Bestimmung eines **Ersatzerben** sollte selbstverständlich sein. Sollte dieser bereits feststehen, kann zugunsten des am geeignetsten erscheinenden Nachfolgers aus dem Kreis der Enkelkinder wie folgt verfügt werden: 33

Muster 28.2: Ersatzerbenbestimmung bei einem Nachlass mit landwirtschaftlichem Vermögen 28.2

Ersatzerbin ist meine Enkeltochter …. Sie ist nach meiner Überzeugung am besten zur Fortführung des landwirtschaftlichen Betriebs geeignet, falls mein Sohn … als Erbe wegfällt. 34

b) Vermächtnisse

Sofern der Erblasser Vermächtnisse aussetzen möchte, können sich diese auch auf **Grundstücke** erstrecken, die zu dem landwirtschaftlichen Betrieb gehören. Hier sollte durch Einbeziehung eines Steuerberaters in die Nachfolgeplanung geklärt werden, ob stille Reserven aufgedeckt werden. 35

Grundstücksvermächtnisse bedürfen allerdings – in Abhängigkeit von Größe und Bundesland – der **Genehmigung** nach dem Grundstückverkehrsgesetz (GrdstVG), die auch noch nach dem Erbfall beantragt und erteilt werden kann. Für den Fall, dass die Genehmigung nicht erteilt wird, sollte der Wegfall des Vermächtnisses angeordnet oder alternativ ein Geldvermächtnis ausgesetzt werden: 36

Muster 28.3: Wegfall eines Grundstücksvermächtnisses bei fehlender Genehmigung 28.3

Ich beschwere meinen Alleinerben … mit dem Vermächtnis zugunsten meiner Tochter …, ihr das Grundstück Gemarkung …, Flur …, Flurstücknummer …, zu übereignen. Das Vermächtnis wird hinfällig, wenn die Begünstigte Pflichtteils- oder Pflichtteilsergänzungsansprüche gegen meinen Alleinerben geltend macht. 37

Das Vermächtnis wird ersatzlos hinfällig, wenn eine etwa erforderliche Genehmigung nach dem Grundstückverkehrsgesetz nicht erteilt wird.

Alternativ: 38

Muster 28.4: Ersatzvermächtnis bei fehlender Genehmigung eines Grundstücksvermächtnisses 28.4

Ich beschwere meinen Alleinerben … mit dem Vermächtnis zugunsten meiner Tochter …, ihr das Grundstück Gemarkung …, Flur …, Flurstücknummer …, zu übereignen. Das Vermächtnis wird hinfällig, wenn die Begünstigte Pflichtteils- oder Pflichtteilsergänzungsansprüche gegen meinen Alleinerben geltend macht.

Falls für das Grundstücksvermächtnis eine eventuell nach dem Grundstückverkehrsgesetz erforderliche Genehmigung nicht erteilt wird, entfällt das Grundstücksvermächtnis. Stattdessen verpflichte ich meinen Alleinerben, meiner Tochter … ein Geldvermächtnis in Höhe von … EUR auszuzahlen.

c) Absicherung des Ehegatten

39 Zur Versorgung des überlebenden Ehegatten wird üblicherweise ein aus einem Wohnrecht, einer Barrente und ggf. aus einer Pflegeverpflichtung bestehendes Altenteil gewährt. Die **Pflegeleistung** ist genau festzulegen. Durch die Reform des Pflegeversicherungsgesetzes (§ 15 SGB XI) ist eine alleinige Anbindung der Pflegeverpflichtung an die nunmehr geltenden Pflegegrade nicht ratsam. Die neuen Pflegegrade knüpfen nicht mehr an ein Zeitlimit, sondern an den Grad der Beeinträchtigung der Selbstständigkeit und der Orientierungsfähigkeit des zu Pflegenden an. Es sollten daher die einzelnen Tätigkeiten, die der Erbe für den Ehegatten des Erblassers zu erbringen hat, genau aufgelistet werden. Ferner sollte festgelegt werden, ob der Erbe die Pflegeverpflichtung selbst erbringen muss oder sich auch der Hilfe Dritter bedienen kann.

28.5 **Muster 28.5: Altenteilvermächtnis für den überlebenden Ehegatten**

40 Meine Ehefrau erhält als Vermächtnis, welches der Erbe zu erfüllen hat, ein lebenslanges Altenteil, das sich aus folgenden Bestandteilen zusammensetzt:

1.

Ich vermache meiner Ehefrau ein Wohnungsrecht an allen Räumen, welche meine Ehefrau im Zeitpunkt meines Ablebens auf dem landwirtschaftlichen Betrieb nutzt.

Darüber hinaus hat meine Ehefrau das Recht, den Garten sowie alle gemeinschaftlichen Einrichtungen mitzubenutzen. Sämtliche Verbrauchskosten wie z.B. Strom, Wasser, Heizung und Müllgebühren hat mein Erbe zu tragen.

Die Vermächtnisnehmerin ist nicht berechtigt, die Ausübung des Wohnungsrechts Dritten zu überlassen. Sie darf jedoch unentgeltlich eine Pflegekraft oder eine Hilfskraft in ihre Wohnung aufnehmen.

Sollte meine Ehefrau die Hofstelle dauerhaft verlassen, gleich aus welchem Grund, darf mein Erbe die Wohnung vermieten. Er ist dazu aber nicht verpflichtet. Die Mieteinnahmen stehen zu % meiner Ehefrau zu.

Aktuell handelt es sich bei den Räumen, auf die sich das Wohnrecht erstreckt, um das Wohnzimmer, das Schlafzimmer, die Küche und das Bad im 1. Obergeschoss des Wohnhauses .

2.

Der Erbe hat meiner Ehefrau eine monatlich im Voraus fällig werdende Barrente zu zahlen. Der monatliche Rentenbetrag beträgt EUR. Die Rente ist wertgesichert. Soweit sich der vom Statistischen Bundesamt veröffentlichte Verbraucherpreisindex für Deutschland im Zeitpunkt meines Ablebens gegenüber dem Stand des auf die Errichtung dieses Testaments folgenden Monats um mehr als 5 % nach oben oder unten verändert, erfolgt eine Veränderung der monatlichen Rente um den gleichen Prozentsatz ab dem Beginn des Monats, der auf die Index-Änderung folgt. Weitere Rentenanpassungen können jeweils dann verlangt werden, wenn sich der Verbraucherpreisindex für Deutschland wiederum um mehr als 5 % verändert hat.

Rentenanpassungen aus anderen Gründen sind ausgeschlossen.

3.

Der Erbe hat meiner Ehefrau bei Gebrechlichkeit oder Krankheit Versorgung und Pflege im Umfang von täglich höchstens Stunden zu gewähren, sofern dies erforderlich ist. Weitere Voraussetzung der Pflegeverpflichtung ist, dass sich meine Ehefrau auf dem landwirtschaftlichen Betrieb dauerhaft aufhält. Der Erbe braucht nur solche Pflegeleistungen zu erbringen, die er tatsächlich als Laie leisten kann und die ihm in Hinblick auf seine betriebliche Tätigkeit zumutbar sind.

Die Pflegeverpflichtung ruht, wenn meine Ehefrau Leistungen einer Pflegeversicherung erhält. Sie kann die Erbringung der Pflegeleistungen jedoch verlangen, wenn sie das Pflegegeld an den Erben weiterleitet.

Die Pflegeverpflichtung endet ersatzlos, wenn meine Ehefrau in ein Pflegeheim oder eine ähnliche Einrichtung überwechselt. Geldersatz für dann nicht erbrachte Pflegeleistungen schuldet der Erbe nicht.

Die Vermächtnisansprüche meiner Ehefrau sind dinglich an dem Grundbesitz des Landguts abzusichern, und zwar in Form eines Wohnungsrechts gem. § 1093 BGB und im Übrigen durch Eintragung einer Reallast an rangbereiter Stelle.

d) Ertragswertanordnung für die Pflichtteilsberechtigten

Es bedarf unbedingt der Ertragswertanordnung, damit sich der Pflichtteil der Pflichtteilsbe- 41
rechtigten anhand des Ertragswerts der landwirtschaftlichen Besitzung berechnet:

Muster 28.6: Ertragswertanordnung

Ich ordne an, dass bei der Berechnung von Pflichtteilsansprüchen das Landgut mit dem Ertragswert 42
anzusetzen ist (Pflichtteilsbestimmung gem. § 2312 Abs. 2 BGB).

2. Bestimmung von mehreren Erben unter Zuwendung des Landguts an einen einzelnen Miterben im Rahmen eines Vorausvermächtnisses

Der Erblasser hat vier Abkömmlinge, zwei Söhne und zwei Töchter. Einer der Söhne und 43
die beiden Töchter sollen zu gleichen Teilen Erben werden, wobei der Sohn im Rahmen des Vorausvermächtnisses das Landgut erhalten soll. Der andere Sohn soll so wenig wie möglich bekommen. Der Erblasser kann wie folgt testieren:

Muster 28.7: Zuwendung eines Landguts durch Vorausvermächtnis

Zu meinen Erben bestimme ich zu gleichen Teilen meinen Sohn *[S1]* sowie meine Töchter und .

Zu meinem Vermögen gehört auch der im Grundbuch von , Blatt des Amtsgerichts eingetragene landwirtschaftliche Grundbesitz, der nebst dem gesamten lebenden und toten Inventar ein Landgut ist. Zu diesem Landgut gehört auch das gesamte land- und forstwirtschaftliche Vermögen i.S.d. § 158 BewG. Meinem Sohn *[S1]* wende ich das Landgut im Rahmen eines Vorausvermächtnisses zu.

Sollte mein Sohn *[S2]* Pflichtteilsansprüche geltend machen, ist das Landgut mit dem Ertragswert anzusetzen.

3. Bestimmung von mehreren Erben unter Zuwendung des Landguts an einen einzelnen Miterben im Rahmen einer Teilungsanordnung

Der Erblasser hat zwei Söhne und zwei Töchter und möchte eine Teilungsanordnung mit 44
einer Ertragswertanrechnung treffen. Er kann wie folgt verfügen:

Muster 28.8: Zuwendung eines Landguts durch Teilungsanordnung

Zu meinen Erben bestimme ich meinen Sohn *[S1]* sowie meine Töchter und zu gleichen Teilen.

Zu meinem Vermögen gehört auch der im Grundbuch von , Blatt des Amtsgerichts eingetragene landwirtschaftliche Grundbesitz, der nebst dem gesamten lebenden und toten Inventar ein Landgut ist. Zu diesem Landgut gehört auch das gesamte land- und forstwirtschaftliche Vermögen i.S.d. § 158 BewG. Ich ordne im Rahmen einer Teilungsanordnung an, dass mein Sohn *[S1]* das Landgut erhält, wobei dieses im Verhältnis zu meinen Töchtern und mit dem Ertragswert zu bewerten ist.

Sollte mein Sohn *[S2]* Pflichtteilsansprüche geltend machen, ist das Landgut mit dem Ertragswert anzusetzen.

45 Der Erblasser kann auch einen oberhalb des Ertragswerts liegenden Anrechnungswert festlegen, der dann allerdings auch bei der Berechnung von Pflichtteilsansprüchen maßgebend ist. Die Verfügung kann wie folgt lauten:

28.9 **Muster 28.9: Festlegung eines erhöhten Anrechnungsbetrags**

46 Zu meinen Erben bestimme ich meinen Sohn *[S1]* sowie meine Töchter und zu gleichen Teilen.

Zu meinem Vermögen gehört auch der im Grundbuch von , Blatt des Amtsgerichts eingetragene landwirtschaftliche Grundbesitz, der nebst dem gesamten lebenden und toten Inventar ein Landgut ist. Zu diesem Landgut gehört auch das gesamte land- und forstwirtschaftliche Vermögen i.S.d. § 158 BewG. Mein Sohn *[S1]* erhält im Rahmen einer Teilungsanordnung mein Landgut. Im Verhältnis zu meinen Töchtern und ist das Landgut mit dem 1,5-Fachen des Ertragswerts, jedoch höchstens mit dem Verkehrswert anzusetzen.

Sollte mein Sohn *[S2]* Pflichtteilsansprüche geltend machen, ist das Landgut ebenfalls mit dem 1,5-Fachen des Ertragswerts, jedoch höchstens mit dem Verkehrswert anzusetzen.

4. Nachabfindungsregelungen

47 Auch wenn das Landguterbrecht keine Nachabfindungsregelungen kennt, kann die Anordnung von Nachabfindungsregelungen dem Gerechtigkeitsgedanken entsprechen. Dem Erblasser steht es frei, die Anwendung der Nachabfindungsregelungen der Nordwestdeutschen Höfeordnung anzuordnen oder aber die Nachabfindungsbestimmung selbst festzulegen.

48 Die Anlehnung an § 13 HöfeOkann wie folgt festgelegt werden:

28.10 **Muster 28.10: Nachabfindungsklausel in Anlehnung an die Höfeordnung**

Zu meinen Erben bestimme ich meinen Sohn sowie meine Töchter und zu gleichen Teilen.

Zu meinem Vermögen gehört auch der im Grundbuch von , Blatt des Amtsgerichts eingetragene landwirtschaftliche Grundbesitz, der nebst dem gesamten lebenden und toten Inventar ein Landgut ist. Zu diesem Landgut gehört auch das gesamte land- und forstwirtschaftliche Vermögen i.S.d. § 158 BewG. Im Rahmen der Teilungsanordnung erhält mein Sohn das Landgut, wobei dieses im Verhältnis zu meinen Töchtern und mit dem Ertragswert anzusetzen ist.

Zugunsten meiner Töchter und ordne ich an, dass die Regelung des § 13 der Nordwestdeutschen Höfeordnung sinngemäß anzuwenden ist. Im Verhältnis zu Pflichtteilsberechtigten ist die Nachabfindungsregelung nicht anzuwenden.

49 Will der Erblasser die Nachabfindung nicht an der komplizierten Regelung des § 13 HöfeO orientieren, sondern eine einfache Regelung verwenden, kann er wie folgt testieren:

28.11 **Muster 28.11: Individuell gestaltete Nachabfindungsklausel**

Zu meinen Erben bestimme ich meinen Sohn und meine Töchter und zu gleichen Teilen. Zu meinem Vermögen gehört auch der im Grundbuch von , Blatt des Amtsgerichts eingetragene landwirtschaftliche Grundbesitz, der nebst dem gesamten lebenden und toten Inventar ein Landgut ist. Zu diesem Landgut gehört auch das gesamte land- und forstwirtschaftliche Vermögen i.S.d.§ 158 BewG. Im Rahmen der Teilungsanordnung lege ich fest, dass mein Sohn das Landgut zum Ertragswert erhält.

Sollte mein Sohn innerhalb von zehn Jahren nach dem Erbfall das Landgut insgesamt oder einzelne Grundstücke veräußern, ordne ich im Rahmen eines Vermächtnisses zugunsten meiner Töchter und an, dass diese einen Geldanspruch gegen meinen Sohn erhalten, der sich so bemisst, als wenn das Landgut oder der veräußerte Grundbesitz im Rahmen der Erbauseinandersetzung mit dem Veräußerungspreis bewertet worden wäre. Dabei sind die früheren Anrechnungswerte, soweit Grundbesitz veräußert wird, in Abzug zu bringen.

C. Landwirtschaftliche Betriebe, die der Nordwestdeutschen Höfeordnung unterliegen

I. Hofeigenschaft

50 Landwirtschaftliche und forstwirtschaftliche Betriebe unterliegen in den Ländern Hamburg, Niedersachsen, Nordrhein-Westfalen und Schleswig-Holstein der Höfeordnung, wenn sie im Alleineigentum einer natürlichen Person oder im gemeinschaftlichen Eigentum von Eheleuten stehen oder zum Gesamtgut einer fortgesetzten Gütergemeinschaft gehören und eine gewisse Größe aufweisen (§ 1 Abs. 1 HöfeO). Diese richtete sich bis zum 31.12.2024 nach dem Wirtschaftswert, der aus dem Einheitswert abgeleitet wird. Wegen des Wegfalls der Einheitsbewertung zum 31.12.2024 liegt nach der Novellierung der Höfeordnung seit dem 1.1.2025 zwingend ein Ist-Hof vor, wenn der Grundsteuerwert des Betriebs der Land- und Forstwirtschaft (Grundsteuerwert A) mindestens 54.000 EUR beträgt. „Kann-Höfe", bei denen die Hofeigenschaft von der Eintragung des Hofvermerks im Grundbuch abhängig ist, müssen seit dem 1.1.2025 einen Grundsteuerwert von mindestens 27.000 EUR haben.

51 Aus der abschließenden Aufzählung der Eigentumsformen in § 1 S. 1 HöfeO folgt zugleich, dass die Höfeordnung auf landwirtschaftliche und forstwirtschaftliche Betriebe, die in der Rechtsform einer **Gesellschaft** geführt werden, **nicht** anwendbar ist.[18] Gleiches gilt für die Beteiligung an solchen Gesellschaften.

52 Der Erblasser kann durch Abgabe der negativen Hoferklärung und die Eintragung im Grundbuch die Hofeigenschaft beseitigen. Er kann sie allerdings durch Abgabe der positiven Hoferklärung und die nachfolgende Eintragung im Grundbuch wieder neu begründen.[19]

53 Die Klärung der Hofeigenschaft ist bei der Beratung des Erblassers bei der Testamentserrichtung von zentraler Bedeutung, denn sie bestimmt das Erbstatut. Dabei ist neben dem Inhalt des Grundbuchs auch die Möglichkeit des **Wegfalls der Hofeigenschaft** außerhalb des Grundbuchs in den Blick zu nehmen, wenn Anhaltspunkte bestehen, dass es bereits zu einer Auflösung der wirtschaftlichen Betriebseinheit gekommen ist. Dann richtet sich die Erbfolge ausschließlich nach dem BGB, wobei in solchen Fällen auch die Voraussetzungen des Landguterbrechts (§§ 2049, 2312 BGB) meistens nicht mehr gegeben sind.

54 Nach der Rechtsprechung des BGH kann die Hofeigenschaft auch bei fortbestehendem Hofvermerk entfallen, wenn keine landwirtschaftliche Besitzung mehr gegeben ist. Das ist der Fall, wenn die landwirtschaftlich Betriebseinheit im Zeitpunkt des Erbfalls auf Dauer

18 *Graß*, § 1 HöfeO Rn 63; NK-NachfolgeR/*Graß*, § 1 HöfeO Rn 21; Lüdtke-Handjery/v. Jeinsen/*Brinkmann*, § 1 HöfeO Rn 44; Düsing/Martinez/*Düsing/Sieverdingbeck-Lewers*, § 1 HöfeO Rn 19.

19 BGH v. 28.11.2008 – BLw 11/08, NJW-RR 2009, 517; *Roemer*, RNotZ 2015, 556; *Roemer*, AUR 2024, 122; Düsing/Martinez/*Düsing/Sieverdingbeck-Lewers*, § 1 HöfeO Rn 52.

aufgelöst war, weil der Erblasser den Betrieb bereits **endgültig eingestellt** hatte.[20] Dabei ist auf eine Gesamtwürdigung und Bewertung aller in Betracht kommenden Umstände wie z.B. das Vorhandensein von einsetzbarem lebenden und toten Inventar, geeigneten Wirtschaftsgebäuden und landwirtschaftlichen Flächen, das Vorhandensein eines geeigneten Hofnachfolgers sowie die Art und Weise und vor allem den Grund der Aufgabe der Bewirtschaftung abzustellen. Eine erhebliche Bedeutung kommt darüber hinaus dem geäußerten Willen des Hofeigentümers zu, da die endgültige Aufgabe des landwirtschaftlichen Betriebs von seinem Willen getragen sein muss. Der Wunsch des Hofeigentümers, die Betriebseinheit zu erhalten, ist allerdings unbeachtlich, wenn sämtliche objektive Kriterien gegen die tatsächliche Durchführbarkeit dieser Absicht sprechen.[21]

II. Höferechtliche Nachlassspaltung

55 Bei bestehender Hofeigenschaft führt der Tod des Eigentümers zu einer Nachlassspaltung. Der Hof vererbt sich nach den Regelungen der **Höfeordnung**, während sich das sonstige Vermögen des Erblassers, das hoffreie Vermögen, nach **allgemeinem Erbrecht** vererbt.[22] Welche Sachen und Rechte sich nach den Regeln der Höfeordnung vererben, ergibt sich im Einzelnen aus §§ 2 und 3 HöfeO.

III. Gesetzliche Hoferbfolge

56 Hoferbe kann nur eine **einzelne natürliche Person** werden (§ 4 HöfeO). Die Entstehung einer Miterbengemeinschaft an dem Hofvermögen ist, von dem Sonderfall des „verwaisten Hofes“ in § 10 HöfeO abgesehen, nicht möglich. Damit unterscheidet sich die Höfeordnung elementar von den Bestimmungen des allgemeinen Erbrechts. Die Höfeordnung gibt dem Eigentümer in § 7 Abs. 1 S. 1 die Möglichkeit, den Hoferben frei zu bestimmen, wobei der ausgewählte Hoferbe allerdings **wirtschaftsfähig** sein muss (§ 7 Abs. 1 S. 2 i.V.m. § 6 Abs. 1 S. 2 HöfeO). Liegt keine wirksame Hoferbenbestimmung vor, greift die gesetzliche Hoferbfolge gem. §§ 5, 6 und 8 HöfeO.

1. Ordnungen der gesetzlichen Hoferbfolge

57 § 5 HöfeO definiert vier Hoffolgeordnungen, in welchen Verwandte des Erblassers und sein Ehegatte aufgeführt sind. In der Reihenfolge dieser Ordnungen sind die Angehörigen und der Ehegatte zur gesetzlichen Hoferbfolge berufen. Zur **ersten** Ordnung zählen die Kinder des Erblassers und deren Abkömmlinge, zur **zweiten** Ordnung der Ehegatte, zur **dritten** Ordnung die Eltern, wenn der Hof von dort stammt, und zur **vierten** Ordnung die Geschwister des Erblassers und deren Abkömmlinge.

58 In welcher Reihenfolge die Angehörigen **derselben Ordnung** zur Nachfolge berufen sind, ergibt sich aus § 6 HöfeO.

In der ersten Ordnung stellt § 6 Abs. 1 Nr. 1 HöfeO darauf ab, wem der Erblasser die Bewirtschaftung des Hofes im Zeitpunkt seines Ablebens auf Dauer übertragen hatte.

---

20 BGH v. 13.5.1982 – V BLw 20/81, NJW 1982, 2665; BGH v. 29.11.2013 – BLw 4/12, juris Rn 39 ff. m.w.N.; Düsing/Martinez/*Düsing/Sieverdingbeck-Lewers*, § 1 HöfeO Rn 34 ff.; Becker/Bolte/Lückemeier/*Lückemeier*, § 1 HöfeO Rn 37 ff.; NK-NachfolgeR/*Graß*, § 1 HöfeO Rn 45 ff.

21 BGH v. 29.11.2013 – BLw 4/12, juris Rn 39 f.

22 BGH v. 30.4.2021 – BLw 2/20, BeckRS 2021, 17148 Rn 17; *Graß*, § 4 HöfeO Rn 7 ff.; NK-NachfolgeR/*Graß*, § 4 HöfeO Rn 1; Düsing/Martinez/*Düsing/Sieverdingbeck-Lewers*, § 4 HöfeO Rn 4; a.A. Lüdtke-Handjery/v. Jeinsen/*v. Jeinsen*, § 4 HöfeO Rn 5.

Hingegen ist die Überlassung der Bewirtschaftung, häufig auf der Grundlage eines Pachtvertrags, kein Kriterium, wenn sich der Hofeigentümer die Bestimmung des Hoferben bei der Überlassung der Bewirtschaftung ausdrücklich vorbehalten hatte. In zweiter Linie ist innerhalb der ersten Ordnung derjenige Miterbe zum gesetzlichen Hoferben berufen, bei dem der Erblasser durch die Ausbildung oder durch Art und Umfang der Beschäftigung auf dem Hof zu erkennen gegeben hat, dass er der Nachfolger werden soll (§ 6 Abs. 1 Nr. 2 HöfeO).

Wenn sich auch auf diese Weise ein Hoferbe nicht bestimmen lässt, kommt es nach § 6 Abs. 1 Nr. 3 HöfeO darauf an, ob in der Gegend, in der sich der Hof befindet, Ältestenerbrecht oder Jüngstenerbrecht Brauch ist.

2. Erfordernis der Wirtschaftsfähigkeit

Nach § 6 Abs. 6 HöfeO muss der Hoferbe wirtschaftsfähig sein.[23] Die Wirtschaftsfähigkeit setzt voraus, dass der Erbanwärter nach seinen körperlichen und geistigen Fähigkeiten, nach seinen Kenntnissen und auch nach seiner Persönlichkeit in der Lage ist, den Hof ordnungsgemäß zu bewirtschaften.[24] Der Hofanwärter muss in der Lage sein, den Betrieb in **Eigenbewirtschaftung** zu führen.[25] Die Absicht, den Hof selbst zu bewirtschaften, muss er allerdings nicht haben. Die Anforderungen an die Wirtschaftsfähigkeit richten sich nach dem konkret zu vererbenden Hof.[26] Der überlebende Ehegatte muss nach § 6 Abs. 6 S. 2 HöfeO nicht wirtschaftsfähig sein. 59

Muss der Hofeigentümer die Sorge haben, dass der von ihm ausgewählte Hofnachfolger **nicht wirtschaftsfähig** ist, kann die gewünschte Nachfolge nur dadurch herbeigeführt werden, dass der Hofeigentümer durch Abgabe der negativen Hoferklärung den Anwendungsbereich der Höfeordnung und damit deren Reglementierungen verlässt, das allgemeine Erbrecht nutzt und dem gewünschten Nachfolger den Betrieb im Wege des Vorausvermächtnisses oder der Teilungsanordnung zuweist, sofern er ihn nicht gleich zu seinem Alleinerben bestimmt. 60

Besonderheiten gelten bei **Kindern** und **Jugendlichen**. Auch sie müssen wirtschaftsfähig sein, allerdings mit der Besonderheit, dass die Wirtschaftsunfähigkeit nach § 6 Abs. 6 S. 2 HöfeO nicht auf mangelnde Altersreife zurückgeführt werden kann. Erforderlich ist vielmehr die positive Prognose, dass mit einer gewissen Wahrscheinlichkeit zu erwarten ist, dass das Kind den Hof später bewirtschaften wird.[27] 61

Die fehlende Wirtschaftsfähigkeit spielt nach § 7 Abs. 1 S. 2 HöfeO keine Rolle, wenn sämtliche Abkömmlinge des Hofeigentümers mangels Wirtschaftsfähigkeit nicht Hoferbe werden können und auch ein wirtschaftsfähiger Ehegatte nicht vorhanden ist. Dann kann der Hofeigentümer auch einen nicht wirtschaftsfähigen Abkömmling zu seinem Hoferben bestimmen. 62

---

23 Dazu sehr lesenswert OLG Schleswig v. 7.7.2022 – 60L WLw 5/22, BeckRS 2022, 16647.

24 Einzelheiten bei Düsing/Martinez/*Düsing/Sieverdingbeck-Lewers*, § 6 HöfeO Rn 49 ff.; *Graß*, § 6 HöfeO Rn 87 ff.; Lüdtke-Handjery/v. Jeinsen/*v. Jeinsen*, § 6 HöfeO Rn 89 ff.; Becker/Bolte/Lückemeier/*Becker*, § 6 HöfeO Rn 62 ff.; *Wolter*, RdL 2012, 113.

25 OLG Schleswig v. 7.7.2022 – 60L WLw 5/22, BeckRS 2022, 16647 m.w.N.

26 OLG Celle v. 21.3.2005 – 7 W 9/05, RdL 2006, 271; OLG Schleswig v. 7.7.2022 – 60L WLw 5/22, BeckRS 2022, 16647.

27 OLG Oldenburg v. 17.9.2020 – 10 W 6/20, RdL 2021, 12; OLG Oldenburg v. 11.8.2021 – 10 W 24/19, RdL 2022, 47.

63 Sind Abkömmlinge und ein überlebender Ehegatte nicht vorhanden und fehlt auch den Angehörigen der dritten und vierten Höfeordnung die Wirtschaftsfähigkeit, spricht man von einem **verwaisten Hof**, der sich nach § 10 HöfeO nach allgemeinem Recht vererbt.

3. Besonderheit Ehegattenhof

64 Bei einem Ehegattenhof kann nach § 8 Abs. 1 HöfeO nur der überlebende Ehegatte Hoferbe werden. Dies gilt sowohl bei gesetzlicher als auch bei gewillkürter Hoferbfolge.

4. Gewillkürte Hoferbfolge

65 Nach § 7 Abs. 1 HöfeO kann der Eigentümer den Hoferben durch Verfügung von Todes wegen frei bestimmen oder die Besitzung im Wege der vorweggenommenen Erbfolge (Übergabevertrag) übergeben. Der gewillkürte Hofnachfolger muss allerdings wirtschaftsfähig sein (§ 7 Abs. 1 S. 2 HöfeO).

66 Die Anordnung der Hofvor- und -nacherbschaft ist unter Beachtung des Kriteriums der Wirtschaftsfähigkeit ebenso möglich wie die Anordnung der Testamentsvollstreckung.

67 Gehindert an der Bestimmung eines Hoferben ist der Hofeigentümer dann, wenn er durch einen Erbvertrag oder durch die Übertragung der Bewirtschaftung an einen Abkömmling hoferbrechtlich gebunden ist oder durch Art und Umfang der Beschäftigung eines hoferbenberechtigten Abkömmlings auf dem Hof zu erkennen gab, dass dieser den Hof übernehmen soll (§ 7 Abs. 2 HöfeO). In einer solchen Situation steht dem Hofeigentümer, der eine abweichende Testierung wünscht, nur noch die Möglichkeit offen, sich durch Abgabe der **negativen Hoferklärung** dem Anwendungsbereich der Höfeordnung zu entziehen und den Betrieb durch geeignete Regelungen des allgemeinen Erbrechts an den ausgewählten Nachfolger zu vererben. In der Beratungssituation ist also neben der Frage der Hofeigenschaft und der Frage der Wirtschaftsfähigkeit größtes Augenmerk auf etwaige bestehende Bindungen und ggf. deren Lösung durch Abgabe der negativen Hoferklärung zu richten.

5. Abfindung der weichenden Erben

68 Der zweite Baustein zur Existenzsicherung landwirtschaftlicher Höfe ist im Bereich der Höfeordnung neben der Vorgabe, nur an eine einzelne Person zu vererben, die Abfindung der weichenden Erben mit dem drastisch unter dem Verkehrswert liegenden Hofeswert. Letzterer entsprach bis zum 31.12.2024 dem Eineinhalbfachen des zuletzt festgestellten Einheitswerts, (§ 12 Abs. 2 S. 2 HöfeO). Nicht selten lag dieser Hofeswert früher bei weniger als 10 % des Verkehrswerts der landwirtschaftlichen Besitzung, wobei von dem Hofeswert sogar noch die betrieblichen Verbindlichkeiten abgezogen werden durften. Dabei durfte allerdings der Drittelhofeswert nicht unterschritten werden. Besonderen Umständen wie der Erzielung landwirtschaftsfremder Einnahmen, etwas aus erneuerbaren Energien, die sich nicht im Einheitswert widerspiegeln, kann gem. § 12 Abs. 2 S. 2 HöfeO durch Zu- und Abschläge Rechnung getragen werden.

69 Wegen des Wegfalls der Einheitswerte zum 1.1.2025 gelten als Hofeswert nach der Neufassung von § 12 Abs. 2 S. 1 HöfeO nunmehr **60 % des Grundsteuerwerts**. Der Schuldenabzug ist im Umfang von bis zu 80 % des Hofeswerts möglich, wodurch die Erhöhung des Hofeswerts gegenüber dem alten Recht meistens wieder aufgezehrt wird.

70 Anspruchsberechtigt sind die „**Miterben**". Dieser Begriff ist nicht rechtstechnisch zu verstehen. Gemeint sind vielmehr all diejenigen, die nach der allgemeinen gesetzlichen Erbfolge

zum Alleinerben oder zu Miterben berufen wären, falls sich der Hof nach allgemeinem Erbrecht vererbt hätte.[28]

Auch wenn der Hofeigentümer gesetzeskonform eine einzelne Person wirksam zu seinem Hoferben bestimmt, richten sich die Ansprüche der weichenden Erben nicht lediglich nach der Pflichtteilsquote, sondern nach der **gesetzlichen Erbquote.**[29] Dies kann auch dann der Fall sein, wenn der Hofeigentümer ganz andere Personen als die gesetzlichen Erben zu den Erben seines hoffreien Nachlasses bestimmt hat. Der Grund dafür ist darin zu sehen, dass in der Bestimmung einer einzelnen Person zum Hoferben nur die gesetzliche Regelung befolgt wird, dass nur eine einzelne Person Hoferbe werden kann. Eine Herabsetzung der weichenden Erben auf den Pflichtteil ist daher mit der Hoferbenbestimmung grundsätzlich nicht verbunden. Im Streitfall muss deshalb geprüft werden, ob der Hofeigentümer mit der Bestimmung eines Hoferben zugleich zum Ausdruck bringen wollte, dass die weichenden Erben nur den Pflichtteil am Hofeswert erhalten. 71

Praxistipp 72
Entspricht es der Vorstellung des Hofeigentümers, dass einzelne oder alle pflichtteilsberechtigten gesetzlichen Erben lediglich den Pflichtteil am Hofeswert erhalten, sollte er dies in seiner letztwilligen Verfügung unbedingt ausdrücklich klarstellen.

6. Tilgung der Nachlassverbindlichkeiten mit hoffreiem Vermögen

Die gesetzliche Regelung in § 15 Abs. 2 HöfeO besagt, dass das hoffreie Vermögen vorrangig zur Tilgung der Nachlassverbindlichkeiten einschließlich der auf dem Hof ruhenden Hypotheken, Grund- und Rentenschulden einzusetzen ist. Befindet sich also im Nachlass ein Miethaus, das dem hoffreien Vermögen zuzuordnen ist, kann der Hoferbe verlangen, dass die Erben des hoffreien Vermögens das Miethaus verwerten, damit aus dem Erlös die auf dem Hof lastenden Verbindlichkeiten getilgt werden können. Hintergrund ist, dass der Hoferbe einen möglichst schuldenfreien Betrieb bekommen soll.[30] Die Vorschrift kann somit eine Aushöhlung des hoffreien Vermögens und damit eine weitere Schmälerung der Ansprüche der weichenden Erben bewirken, da sie nicht nur eine geringe Hofabfindung hinnehmen, sondern auch das hoffreie Vermögen zur Tilgung der auf dem Hof lastenden Schulden herausgeben müssen. Der Hofeigentümer kann diese Regelung über die Verteilung des hoffreien Vermögens durch Verfügung von Todes wegen abändern.[31] 73

7. Nachabfindung

Zum Ausgleich dafür, dass die weichenden Erben beim Erbfall ein Sonderopfer erbringen und nur einen Anteil am niedrigen Hofeswert erhalten, gewährt ihnen § 13 HöfeO einen Nachabfindungsanspruch. **Voraussetzung** ist, dass der Hoferbe innerhalb von 20 Jahren nach dem Hoferbfall den Hof insgesamt oder einzelne Flächen veräußert oder dass er dazu übergeht, auf dem Hof landwirtschaftsfremde Einnahmen zu erzielen, wie bspw. durch den Umbau eines Wirtschaftsgebäudes zu Mietwohnungen, durch Errichtung von Photovoltaikanlagen auf betrieblichen Hallen und Flächen oder durch die Errichtung von Windkraftanlagen auf Hofgrundbesitz. Die Miterben müssen sich die bereits erhaltenen höferechtlichen 74

28 *Graß*, § 12 HöfeO Rn 13 m.w.N. in Fn 16.

29 BGH v. 7.10.1958 – V BLw 27/58, NJW 1958, 2114; BGH v. 29.10.1970 – V BLw 8/70, RdL 1971, 270; BGH v. 24.11.2006 – BLw 12/06, ZEV 2007, 272; *Graß*, § 12 HöfeO Rn 173; NK-NachfolgeR/*Graß*, § 12 HöfeO Rn 14; Düsing/Martinez/*Düsing/Sieverdingbeck-Lewers*, § 12 HöfeO Rn 10 f.

30 *Graß*, § 15 HöfeO Rn 8, 20.

31 *Graß*, § 15 HöfeO Rn 26.

Abfindungszahlungen, soweit sie auf den veräußerten Grundbesitz entfielen, auf den Nachabfindungsanspruch anrechnen lassen.

75 Im Anwendungsbereich des Pflichtteilsrechts sind Nachabfindungsansprüche unentziehbar. Allerdings kann der weichende Erbe auf die Ansprüche **verzichten**. Der Hofeigentümer hat indessen die Freiheit, dem weichenden Erben sowohl bei der Hofabfindung als auch bei der Nachabfindung höhere Beträge als die, welche er als nach §§ 12, 13 HöfeO schuldet, vermächtnisweise zuzuwenden. Die Grenze liegt dort, wo der Hof gefährdet wäre (§ 16 Abs. 1 HöfeO). Das gilt insbesondere für Grundstücksvermächtnisse an Hofgrundbesitz, die nach § 16 Abs. 1 S. 2 HöfeO der Genehmigung durch das Landwirtschaftsgericht bedürfen.

8. Hofübergabevertrag

76 Der Abschluss eines Hofübergabevertrags steht nach § 17 Abs. 2 HöfeO dem Hoferbfall gleich. Auch wenn der Erbfall nicht eingetreten ist, stehen den weichenden Erben die höferechtlichen Abfindungsansprüche bzw. Pflichtteilsansprüche gem. § 12 Abs. 10 HöfeO und ggf. die höferechtlichen Nachabfindungsansprüche zu.[32]

9. Stellung des überlebenden Ehegatten

77 Wird der überlebende Ehegatte nicht Hoferbe, kann er bei einem Verzicht auf die Ansprüche nach § 12 HöfeO ein übliches **Altenteil** verlangen (§ 14 Abs. 2 S. 1 HöfeO). Schon die Unbestimmtheit der gesetzlichen Regelung lässt es ratsam erscheinen, das Altenteil des überlebenden Ehegatten testamentarisch individuell zu regeln. Im Zweifel gelten für die Altenteilleistungen die landesrechtlichen Regelungen in Art. 96 EGBGB sowie Art. 15 §§ 1–10 PrAGBGB.

IV. Inhaltliche Ausgestaltung der letztwilligen Verfügung über Hofvermögen

1. Allgemeine Hinweise

78 Aufgrund der Nachlassspaltung bedarf es einer letztwilligen Verfügung sowohl hinsichtlich des **Hofvermögens** als auch hinsichtlich des **hoffreien Vermögens**, wenn der Erblasser die Nachfolge in die **beiden** Vermögensmassen selbst regeln will. Er hat allerdings auch die Möglichkeit, nur für eine der beiden Vermögensmassen eine letztwillige Verfügung zu errichten, sodass sich die Nachfolge in die andere Vermögensmasse nach den gesetzlichen Regelungen vollzieht. Verzichtet er ganz auf eine letztwillige Verfügung, tritt hinsichtlich des Hofvermögens die Hoferbfolge nach Maßgabe der Höfeordnung und hinsichtlich des hoffreien Vermögens die Erbfolge nach den Regelungen des allgemeinen Erbrechts des BGB ein.

79 **Praxistipp**
In der Praxis hat es sich bewährt, dass der Erblasser, der die Nachfolge umfassend regeln will, die Testamentsurkunde in einen Abschnitt über die Hofnachfolge und einen Abschnitt über die Erbfolge hinsichtlich des hoffreien Vermögens untergliedert und sinnvollerweise mit geeigneten Überschriften versieht, sodass keine Unklarheiten bestehen, welche Regelungen wann gelten sollen.

32 Einzelheiten bei Hannes/Holtz/*Graß*, Abschnitt „Übergabe von land- und forstwirtschaftlichem Vermögen".

Gliederungsvorschlag für das Testament: 80

Muster 28.12: Struktur eines Testaments über einen Nachlass mit Hof und hoffreiem Vermögen

I. Hoferbfolge

Ich bin Eigentümer einer landwirtschaftlichen Besitzung, die im Grundbuch von des Amtsgerichts , Blatt , als Hof im Sinne der Höfeordnung eingetragen ist.

Ich setze hiermit meinen Sohn zu meinem Hoferben ein. Mein Sohn ist wirtschaftsfähig. Er hat eine landwirtschaftliche Ausbildung absolviert und bewirtschaftet den Hof zusammen mit mir/als Pächter seit dem Jahr .

II. Erbfolge hinsichtlich des hoffreien Vermögens

Zu den Erben meines hoffreien Vermögens bestimme ich meine Töchter und zu gleichen Teilen.

Die nachfolgenden Textvorschläge beziehen sich ausschließlich auf den Abschnitt zur **Hoferbfolge.** Zur Erbfolge in den hoffreien Nachlass wird auf die sonstigen Formulierungsvorschläge in diesem Werk verwiesen. Es wird daher nur insoweit auf Regelungen zur allgemeinen Erbfolge eingegangen, wie dies aufgrund höferechtlicher Besonderheiten veranlasst ist. 81

2. Hoferbenbestimmung

Sofern der Hofeigentümer gesichert davon ausgehen kann, dass der gewünschte Nachfolger wirtschaftsfähig ist, wirft die Feststellung des Hoferben keine besonderen Probleme auf, wobei vorsorglich ein **Ersatzerbe** bestimmt werden sollte für den Fall, dass der gewünschte Hoferbe wegfällt oder im Zeitpunkt des Erbfalls nicht mehr wirtschaftsfähig sein sollte: 82

Muster 28.13: Hoferbenbestimmung mit Ersatzerbenbestimmung

Ich bin Eigentümer einer landwirtschaftlichen Besitzung, die im Grundbuch des Amtsgerichts , 83
Blatt , als Hof im Sinne der Höfeordnung eingetragen ist.

Ich setze hiermit meinen Sohn zu meinem Hoferben ein.

Sollte mein Sohn im Zeitpunkt meines Ablebens weggefallen oder nicht wirtschaftsfähig sein, bestimme ich ersatzweise meine Enkeltochter zu meiner Hoferbin.

3. Hoferbenbestimmung bei zweifelhafter Hofeigenschaft

Hat der Hofeigentümer die Sorge, dass die landwirtschaftliche Besitzung im Zeitpunkt seines Ablebens nicht mehr die Hofeigenschaft hat und somit allgemeines Erbrecht zur Anwendung gelangt, wird es seinem Wunsch entsprechen, dass der vorgesehene Nachfolger die Besitzung auf der Grundlage des allgemeinen Erbrechts erhält: 84

Muster 28.14: Hoferbenbestimmung bei ungesicherter Hofeigenschaft

Sollte die landwirtschaftliche Besitzung im Zeitpunkt meines Ablebens nicht mehr Hof im Sinne der 85
Höfeordnung sein und somit allgemeines Erbrecht zur Anwendung kommen, wende ich meinem Sohn die landwirtschaftliche Besitzung im Wege eines Vermächtnisses zu. Sollte mein Sohn auch Miterbe werden, erhält er die landwirtschaftliche Besitzung im Wege eines mit dem Erbfall fälligen Vorausvermächtnisses.

4. Hoferbenbestimmung mit abweichenden Regelungen zur Abfindung der weichenden Erben

86 Auch nach der Novellierung der Höfeordnung aufgrund des Wegfalls der Einheitswerte ist die gesetzliche Abfindung der weichenden Erben äußerst niedrig. Erfolgt kein lebzeitiger Ausgleich, steht dem Hofeigentümer die Möglichkeit offen, eine höhere Abfindung festzulegen, die sich durchaus an dem Grundsteuerwert orientieren kann und einen Abzug von Hofesschulden ausschließt.

Die Vermächtnisanordnung ermöglicht es, die über die gesetzlich geschuldeten Beträge hinausgehenden Abfindungszahlungen zu korrigieren, wenn der weichende Erbe für ihn nachteilige Abweichungen von der gesetzlichen Nachabfindungsregelung nicht akzeptieren will.

28.15 **Muster 28.15: Verbesserte Hofabfindung zugunsten der weichenden Erben**

87 Abweichend von der gesetzlichen Regelung in § 12 HöfeO bestimme ich, dass bei der Berechnung der Hofabfindung meines Sohnes und meiner Tochter als Hofeswert das 2-Fache des Grundsteuerwerts, jedoch höchstens der Ertragswert angesetzt wird. Hofesschulden können höchstens bis zur Hälfte des so ermittelten Hofeswerts abgezogen werden.

Soweit die so ermittelte Hofabfindung den gesetzlichen Anspruch auf Hofabfindung gem. § 12 HöfeO übersteigt, erfolgt die Zuwendung als Vermächtnis.

5. Hoferbenbestimmung mit individuellen Regelungen zur Nachabfindung

88 Der Hofeigentümer kann die Nachabfindungsregelungen des § 13 HöfeO **ergänzen** oder **einschränken**. Gestaltungsspielraum besteht insbesondere bei den Nachabfindungsfristen, der Degressionsregelung und dem Anlass für die Entstehung von Nachabfindungsansprüchen.

89 Vorschlag für eine Erweiterung der Nachabfindungsregelung:

28.16 **Muster 28.16: Hoferbenbestimmung mit erweiterter Nachabfindungsregelung**

In Abweichung von der gesetzlichen Regelung in § 13 HöfeO bestimme ich, dass bei der Berechnung von Nachabfindungsansprüchen meines Sohnes und meiner Tochter die landwirtschaftsfremden Einnahmen aus Anlagen zur Gewinnung erneuerbarer Energien oder sonstige gewerbliche Einnahmen, die auf Hofgrundbesitz erzielt werden, nicht der Degressionsregelung in § 13 HöfeO unterliegen. Den Nachabfindungszeitraum lege ich auf 25 Jahre fest.

90 Umgekehrt können solche Einnahmen auch von der Nachabfindungsregelung **ausgenommen** werden, soweit hierdurch nicht die Pflichtteilsansprüche unterschritten werden. Hier bietet sich eine Strafklausel in Bezug auf frühere Abfindungszahlungen an, die über dem gesetzlichen Maß lagen:

28.17 **Muster 28.17: Hoferbenbestimmung mit eingeschränkter Nachabfindungspflicht**

91 In Abweichung von der gesetzlichen Regelung in § 13 HöfeO schuldet der Hoferbe den weichenden Erben keine Nachabfindung, soweit er landwirtschaftsfremde Einkünfte aus Anlagen zur Gewinnung erneuerbarer Energien oder soweit er auf Hofgrundbesitz gewerbliche Einkünfte erzielt.

Sollten die weichenden Erben gleichwohl Nachabfindung verlangen, erhalten sie lediglich den unentziehbaren Pflichtteil in Bezug auf jedwede Nachabfindungsansprüche. Ein Vermächtnis, durch welches sie über den gesetzlichen Anspruch aus § 12 HöfeO hinausgehende Abfindungsbeträge erhalten haben, entfällt rückwirkend und ersatzlos.

Ebenso steht es dem Erblasser frei, die Reinvestitionsfrist, die letztlich die Nachabfindung 92
vermeidet, zugunsten des Hofnachfolgers zu verlängern:

Muster 28.18: Hoferbenbestimmung mit verlängerter Reinvestitionsfrist 28.18

In Abweichung von § 13 Abs. 3 HöfeO bestimme ich, dass die Nachabfindungspflicht auch dann entfällt, 93
wenn mein Hoferbe den Erlös aus der Veräußerung von hofzugehörigem Grundbesitz innerhalb von fünf Jahren zur Erhaltung, zur Vergrößerung oder zur Verbesserung des Hofes reinvestiert. Gleiches gilt, wenn mein Hoferbe den Hof insgesamt veräußert und den Erlös innerhalb eines Zeitraums von fünf Jahren nach dem Erbfall zum Erwerb eines anderen Hofes oder dessen Erweiterung verwendet.

Sollten die weichenden Erben gleichwohl Nachabfindung verlangen, erhalten sie lediglich den unentziehbaren Pflichtteil in Bezug auf jedwede Nachabfindungsansprüche. Ein Vermächtnis, durch welches sie über den gesetzlichen Anspruch aus § 12 HöfeO hinausgehende Abfindungsbeträge erhalten haben, entfällt rückwirkend und ersatzlos.

6. Hoferbenbestimmung mit Regelungen zur Versorgung des überlebenden Ehegatten

Da der überlebende Ehegatte ein „übliches Altenteil" verlangen kann, wenn er auf seine 94
Abfindungsansprüche nach § 12 HöfeO verzichtet, drängt sich eine Präzisierung auf:

Muster 28.19: Hoferbenbestimmung mit Altenteilregelung 28.19

Meiner Ehefrau wende ich für den Fall, dass sie auf ihre Abfindungsansprüche nach § 12 HöfeO verzichtet, 95
im Rahmen eines von dem Hoferben zu erfüllenden Vermächtnisses ein lebenslanges Altenteil mit folgendem Inhalt zu:

1.

Ich vermache meiner Ehefrau ein Wohnungsrecht an allen Räumen, welche meine Ehefrau im Zeitpunkt meines Ablebens auf dem Hof nutzt.

Darüber hinaus hat meine Ehefrau das Recht, den Garten sowie alle gemeinschaftlichen Einrichtungen mitzubenutzen. Sämtliche Verbrauchskosten wie z.B. Strom, Wasser, Heizung und Müllgebühren hat der Hoferbe zu tragen.

Die Vermächtnisnehmerin ist nicht berechtigt, die Ausübung des Wohnungsrechts Dritten zu überlassen. Sie darf jedoch unentgeltlich eine Pflegekraft oder eine Hilfskraft in ihre Wohnung aufnehmen.

Sollte meine Ehefrau die Hofstelle dauerhaft verlassen, gleich aus welchem Grund, darf mein Hoferbe die Wohnung vermieten. Er ist dazu aber nicht verpflichtet. Die Mieteinnahmen stehen zu % meiner Ehefrau zu.

Aktuell handelt es sich bei den Räumen, auf die sich das Wohnrecht erstreckt, um das Wohnzimmer, das Schlafzimmer, die Küche und das Bad im 1. Obergeschoss der Hofstelle.

2.

Der Hoferbe hat meiner Ehefrau eine monatlich im Voraus fällig werdende Barrente zu zahlen. Der monatliche Rentenbetrag beträgt EUR. Die Rente ist wertgesichert. Soweit sich der vom Statistischen Bundesamt veröffentlichte Verbraucherpreisindex für Deutschland im Zeitpunkt meines Ablebens gegenüber dem Stand des auf die Errichtung dieses Testaments folgenden Monats um mehr als 5 % nach oben oder unten verändert, erfolgt eine Veränderung der monatlichen Rente um den gleichen Prozentsatz ab dem Beginn des Monats, der auf die Index-Änderung folgt. Weitere Rentenanpassungen können jeweils dann verlangt werden, wenn sich der Verbraucherpreisindex für Deutschland wiederum um mehr als 5 % verändert hat.

Rentenanpassungen aus anderen Gründen sind ausgeschlossen.

3.

Der Hoferbe hat meiner Ehefrau bei Gebrechlichkeit oder Krankheit Versorgung und Pflege im Umfang von täglich höchstens Stunden zu gewähren, sofern dies erforderlich ist. Weitere Voraussetzung der Pflegeverpflichtung ist, dass sich meine Ehefrau auf dem Hof dauerhaft aufhält. Der Erbe braucht nur solche Pflegeleistungen zu erbringen, die er tatsächlich als Laie leisten kann und die ihm in Hinblick auf seine betriebliche Tätigkeit zumutbar sind.

Die Pflegeverpflichtung ruht, wenn meine Ehefrau Leistungen einer Pflegeversicherung erhält. Sie kann die Erbringung der Pflegeleistungen jedoch verlangen, wenn sie das Pflegegeld an den Erben weiterleitet.

Die Pflegeverpflichtung endet ersatzlos, wenn meine Ehefrau in ein Pflegeheim oder eine ähnliche Einrichtung überwechselt. Geldersatz für dann nicht erbrachte Pflegeleistungen schuldet der Hoferbe nicht.

Die Vermächtnisansprüche meiner Ehefrau sind grundbuchmäßig abzusichern, und zwar in Form eines Wohnungsrechts gem. § 1093 BGB und im Übrigen durch Eintragung einer Reallast an rangbereiter Stelle.

7. Hoferbenbestimmung mit Pflichtteilsanordnung

96 Wünscht der Erblasser, dass sich Abfindungs- und Nachabfindungsansprüche der weichenden Erben nach der Pflichtteilsquote richten, ist ihm dringend anzuraten, dies in der letztwilligen Verfügung anzuordnen, denn aus der Bestimmung einer einzelnen Person zum Hoferben kann grundsätzlich nicht hergeleitet werden, dass die weichenden Erben nur den Pflichtteil erhalten sollen:

28.20 **Muster 28.20: Hoferbenbestimmung mit Pflichtteilsanordnung**

97 Die weichenden Erben, meinen Sohn und meine Tochter *[T1]*, setze ich hinsichtlich höferechtlicher Abfindungsansprüche nach § 12 HöfeO und höferechtlicher Nachabfindungsansprüche gem. § 13 HöfeO auf den Pflichtteil. Hingegen richten sich die höferechtlichen Abfindungs- und Nachabfindungsansprüche meiner Ehefrau und meiner Tochter *[T2]* nach der jeweiligen gesetzlichen Erbquote.

8. Ehegattenhof

98 Verstirbt der Eigentümer eines Ehegattenhofes, kann Hoferbe nur der überlebende Ehegatte sein (§ 8 Abs. 1 HöfeO). Sinnvollerweise errichten die Ehegatten ein gemeinschaftliches Testament, welches wiederum in die Abschnitte „Hoferbfolge“ sowie „Erbfolge in den hoffreien Nachlass“ untergliedert werden sollte. Die Hoferbfolge betrifft letztlich die Nachfolge nach dem Längstlebenden der Hofeigentümer:

28.21 **Muster 28.21: Hoferbenbestimmung bei einem Ehegattenhof**

99 Wir setzen uns hinsichtlich des Hofes entsprechend der gesetzlichen Regelung in § 8 Abs. 1 HöfeO gegenseitig zum Hoferben ein.

Hoferbe nach dem Tod des Letztversterbenden von uns soll unser Sohn sein. Ist er im Zeitpunkt des Ablebens des Letztversterbenden von uns weggefallen oder nicht wirtschaftsfähig, soll unsere Enkeltochter Hoferbin nach dem Letztversterbenden von uns sein.

Der Längstlebende von uns ist nach dem Ableben des Erstversterbenden befugt, eine andere Hoferbenbestimmung nach dem Letztversterbenden von uns zu treffen. Allerdings kann er nur einen unserer Abkömmlinge, gleich ob Kind oder Enkelkind, zum Hoferben bestimmen.

9. Hofvor- und -nacherbschaft

Abgesehen von dem Erfordernis der **Wirtschaftsfähigkeit** des Hofvorerben im Zeitpunkt des Ablebens des Hofeigentümers und des Nacherben im Zeitpunkt des Nacherbfalls gelten keine Besonderheiten gegenüber der Vor- und Nacherbschaft nach allgemeinem Erbrecht. Vorsorge für den Wegfall des Nacherben oder fehlende Wirtschaftsfähigkeit der Nacherben empfiehlt sich allerdings in besonderem Maße: 100

Muster 28.22: Hofvor- und -nacherbschaft 28.22

Zu meinem Hoferben bestimme ich meinen Sohn . Er soll allerdings nur Hofvorerbe sein. Zum Hofnacherben bestimme ich meine Enkeltochter . Der Nacherbfall tritt ein mit dem Ableben meines Sohnes , spätestens jedoch, wenn mein Sohn das 65. Lebensjahr vollendet. Sollte meine Enkeltochter wegfallen oder nicht wirtschaftsfähig sein, bestimme ich ersatzweise meinen Enkelsohn zum Hofnacherben. 101

10. Hoferbenbestimmung mit Anordnung zur abweichenden Verteilung des hoffreien Vermögens

Der Hofeigentümer kann die Anwendung der Regelung über die Verteilung des hoffreien Vermögens in § 15 Abs. 2 HöfeO ausschließen, um auf diese Weise zu verhindern, dass der Hoferbe die weichenden Erben nicht nur mit Minimalbeträgen abfinden muss, sondern auch noch die Verwertung des hoffreien Vermögens zur Tilgung der auf dem Hof lastenden Verbindlichkeiten verlangen kann: 102

Muster 28.23: Abänderung der Regelung zur Verteilung des hoffreien Vermögens 28.23

Ich ordne an, dass die Regelung des § 15 Abs. 2 HöfeO nicht anzuwenden ist. Mein Hoferbe kann von den Erben des hoffreien Vermögens nicht verlangen, dass die Nachlassverbindlichkeiten, welche den Hof betreffen oder auf dem Hof ruhen, aus dem hoffreien Vermögen getilgt werden. 103

D. Landwirtschaftliche Betriebe, die der Rheinland-Pfälzischen Höfeordnung unterliegen

I. Allgemeine Hinweise

Größere Bedeutung neben der Nordwestdeutschen Höfeordnung hat bislang lediglich die am 7.10.1953 in Kraft getretene Höfeordnung für Rheinland-Pfalz (HO-RhPf) erlangt.[33] Sie führt in ihrem Anwendungsbereich ebenso wie die Nordwestdeutsche Höfeordnung zu einer Nachlassspaltung, weist aber im Übrigen deutliche Unterschiede zur Nordwestdeutschen Höfeordnung auf, sodass die Gestaltungsempfehlungen für die Errichtung einer letztwilligen Verfügung eines Hofeigentümers im Bereich der Nordwestdeutschen Höfeordnung nicht uneingeschränkt auf die Situation im Anwendungsbereich der HO-RhPf übertragen werden können. 104

II. Struktur der HO-RhPf

Voraussetzung der Hofeigenschaft ist hier nicht ein bestimmter Hofes-/Grundsteuerwert, sondern eine **Ertragskraft** des Betriebs, die nach § 2 Abs. 2 HO-RhPf einen ausreichenden Ertrag zur Versorgung der bäuerlichen Familie (Ackernahrung) hervorbringt. 105

33 Überblick bei *Graß*, AUR 2013, 333.

106 In Rheinland-Pfalz kann eine Besitzung nicht kraft Gesetzes die **Hofeigenschaft** erlangen. Voraussetzung ist vielmehr ein **Antrag** des Hofeigentümers bzw. bei einem Ehegattenhof der Antrag der Eheleute. Anders als bei der Nordwestdeutschen Höfeordnung steht es in Rheinland-Pfalz nicht im Belieben des Hofeigentümers, durch Löschung der Eintragung in der Höferolle die Hofeigenschaft und damit die gesetzlichen Anforderungen an die Hofnachfolge zu beseitigen. Eine Löschung ist nur bei Vorliegen eines wichtigen Grunds, regelmäßig bei einem Wegfall der Eintragungsvoraussetzungen, und auf Ersuchen des Höfeausschusses möglich (§ 6 Abs. 2 HO-RhPf).

107 Die gesetzliche Hoferbfolge in § 16 Abs. 1 HO-RhPf ist mit der gesetzlichen Hoferbefolge im Bereich der Nordwestdeutschen Höfeordnung vergleichbar. Bei einem **Ehegattenhof** besteht jedoch die Besonderheit, dass der überlebende Ehegatte nach § 18 HO-RhPf lediglich Vorerbe wird, wenn der Hof nicht von ihm stammt.

108 Im Falle der gesetzlichen Hoferbfolge muss der Hoferbe wirtschaftsfähig sein (§ 17 Abs. 4 HO-RhPf). Hingegen kann in Rheinland-Pfalz der Hofeigentümer den Hoferben durch Verfügung von Todes wegen frei bestimmen. Die **Wirtschaftsfähigkeit** des gewillkürten Hoferben ist lediglich ein „Sollerfordernis".

109 Die **Abfindungsansprüche** der weichenden Erben richten sich in Rheinland-Pfalz nicht nach dem anteiligen Grundsteuerwert. Hofeswert ist im Anwendungsbereich der HO-RhPf vielmehr der um die Verbindlichkeiten gekürzte Ertragswert, der mit einem Kapitalisierungsfaktor von 25 ermittelt wird (§ 21 HO-RhPf). Dieser liegt regelmäßig ebenfalls unter dem Verkehrswert, jedoch deutlich über dem Hofeswert im Sinne der Nordwestdeutschen Höfeordnung.

110 Allerdings ist auch im Anwendungsbereich der HO-RhPf ein Wegfall der Hofeigenschaft „außerhalb des Grundbuchs" möglich.[34]

111 Die **Nachabfindungsregelung** in § 26 HO-RhPf entspricht der ursprünglichen Nachabfindungsregelung in § 13 HöfeO a.F. Von der aktuellen Fassung des § 13 HöfeO unterscheidet sie sich grundlegend, denn bei der HO-RhPf ist nachabfindungspflichtiger Tatbestand lediglich die Löschung des Hofes in der Höferolle, die Veräußerung des Hofes sowie die Löschung hofzugehöriger Grundstücke, sofern nicht bei der Genehmigung der Löschung abweichende Bestimmungen getroffen worden sind (§ 26 Abs. 2 HO-RhPf). Der Nachabfindungszeitraum beträgt 15 Jahre. Eine Reinvestitionsklausel oder eine Degressionsregelung wie § 13 Abs. 2 bzw. § 13 Abs. 5 S. 5 HöfeO gibt es nicht. Nachabfindung für eine landwirtschaftsfremde Nutzung des Hofes oder von Teilen des Hofes wie in § 13 Abs. 4 Buchst. b) HöfeO ist in der HO-RhPf nicht vorgesehen.

III. Besonderheiten bei der Errichtung der letztwilligen Verfügung

112 Da der Hoferbe nicht wirtschaftsfähig sein muss, bedarf es im Gegensatz zur Nordwestdeutschen Höfeordnung **keiner Ersatzbestimmung** für den Fall fehlender Wirtschaftsfähigkeit des ausgewählten Hoferben.

113 Allerdings ist auch im Anwendungsbereich der HO-RhPf eine **Pflichtteilsanordnung** erforderlich, wenn der Hofeigentümer wünscht, dass weichende Erben nur nach Maßgabe des Pflichtteils am Ertragswert der landwirtschaftlichen Besitzung beteiligt werden sollen.

34 OLG Koblenz v. 14.10.1997 – 3 W 481/96 und 3 W 483/96, AgrarR 1998, 257; OLG Zweibrücken v. 23.11.2021 – 4 WLw 34/21, BeckRS 2021, 47879.

114 Dem Hofeigentümer steht es frei, zugunsten der weichenden Erben einen **höheren Wert als den Ertragswert** als Bemessungsgrundlage der Hofabfindung festzulegen. Dies drängt sich allerdings nicht im gleichen Maße wie im Anwendungsbereich der Höfeordnung auf, da die weichenden Erben mit dem Ertragswert abgefunden werden, der auch im Landguterbrecht des BGB gilt.

115 Erwägenswert ist allerdings eine **Ausdehnung der Nachabfindungspflicht** auf Tatbestände der Erzielung landwirtschaftsfremder Einkünfte auf Hofgrundbesitz, insbesondere aus Anlagen zur Gewinnung erneuerbarer Energien. Auch eine Verlängerung des Nachabfindungszeitraums kann angezeigt sein:

Muster 28.24: Nachabfindungsklausel für einen Hof im Sinne der HO-RhPf 28.24

116 Ich ordne zugunsten der weichenden Erben an, dass diese entsprechend der Regelung in § 13 Abs. 4 Buchst. b) der Nordwestdeutschen Höfeordnung auch dann und nach Maßgabe der dortigen Regelungen Nachabfindung erhalten, wenn der Hoferbe innerhalb eines Zeitraums von 20 Jahren nach dem Erbfall auf dem Hofgrundbesitz landwirtschaftsfremde Erträge erzielt, insbesondere aus Anlagen zur Gewinnung erneuerbarer Energien oder der Vermietung vormals landwirtschaftlicher Wirtschaftsgebäude zu Wohnzwecken. Die Degressionsregelung des § 13 Abs. 5 S. 5 der Nordwestdeutschen Höfeordnung soll keine Anwendung finden.

§ 29 Gestaltungen für nichteheliche Lebensgemeinschaften

Julia Roglmeier, LL.M.

Literaturhinweise

Boving, Die nichteheliche (faktische) Lebensgemeinschaft im Erbfall, ZErb 2020, 309; *Elden*, Nichteheliche Lebensgemeinschaft im Steuerrecht, insbesondere im Erbschaft- und Schenkungsteuerrecht, NZFam 2021, 405; *Grziwotz*, Nichteheliche Lebensgemeinschaft, 5. Aufl. 2014; *Holtz/Stalleiken*, Aktuelle Entwicklungen im Steuerrecht, ErbR 2014, 373; *Kirchhof/Söhn/Mellinghoff*, Einkommensteuergesetz, Stand: 341. Aktualisierung 2024; *v. Proff zu Irnich*, NotarFormulare Nichteheliche Lebensgemeinschaft, 4. Aufl. 2023; *Roth/Maulbetsch*, Das Erbrecht und die nichteheliche Lebensgemeinschaft, NJW-Spezial 2023, 423; *Sikora/Sommer*, Gestaltungsfragen bei Immobilienerwerb durch nichteheliche Lebensgemeinschaften und Ehegatten, MittBayNot 2020, 415 und 537.

Inhalt

A. Einleitung 1
B. Gesetzliche Ausgangslage 3
I. Zivilrechtliche Situation 3
II. Steuerrechtliche Situation 14
1. Erbschaftsteuer 14
2. Einkommensteuer 20
3. Grunderwerbsteuer 21
C. Gestaltungsmodelle von Todes wegen 22
I. Motive nichtehelicher Lebenspartner bei der Errichtung einer Verfügung von Todes wegen 22
II. Erbvertrag oder Einzeltestament 26
1. Allgemeines 26
2. Vor- und Nachteile des Einzeltestaments 28
3. Vor- und Nachteile des Erbvertrags 33
4. Entscheidung 37
III. Absicherung von Todes wegen 38
1. Erbeinsetzung und Vermächtnisanordnungen 38
2. Familienrechtliche Anordnungen 47
3. Steuervermeidungsstrategien 50
D. Flankierende Regelungen 58
I. Verträge zugunsten Dritter 58
II. Schenkungen zu Lebzeiten 64
III. Verzichtsverträge 68
1. Allgemeines 68
2. Erbverzicht 69
3. Pflichtteilsverzicht 71
4. Zuwendungsverzicht 73
IV. Partnerschafts- und Eheverträge 75
V. Vorsorgeregelungen 77
1. General- und Vorsorgevollmacht 77
2. Patientenverfügung 79
E. Muster 81
F. Checkliste: Vermögensnachfolgeplanung für nichteheliche Lebenspartner 83

A. Einleitung

Knapp ein Drittel der Deutschen – nämlich 23,7 Mio. Menschen – lebt Statistiken zufolge in einer nichtehelichen Lebensgemeinschaft.[1] Diese Mandantengruppe stellt damit alles andere als ein exotisches Randphänomen in der erbrechtlichen Beratung dar. Dabei müssen gerade unverheiratete Paare besonders darauf achten, rechtzeitig vorzusorgen – dies auch deshalb, weil die zu bewältigenden zivilrechtlichen und steuerrechtlichen Hürden durchaus erheblich sind. Die Schwierigkeiten liegen dabei auch darin begründet, dass es an einschlägigen gesetzlichen Regelungen und damit an einem klar strukturierten Instrumentenkoffer für den Berater fehlt.[2] Gleichzeitig kann man diesen Umstand aber auch positiv verstehen: Das weite Gestaltungsfeld, das sich dem Juristen bietet, kann – das notwendige Know-how 1

1 Quelle: Statistisches Bundesamt, Mikrozensus 2019.
2 *v. Proff zu Irnich*, § 1 Rn 1.

vorausgesetzt – mit so viel Kreativität befüllt werden wie in kaum einem anderen Bereich der Nachfolgeplanung. Es lohnt sich daher, den nichtehelichen Lebensgemeinschaften ein eigenes Kapitel in diesem Formularbuch zu widmen.

2 Als juristischer Gestalter einer letztwilligen Verfügung, die für einen in einer nichtehelichen Lebensgemeinschaft befindlichen Mandanten angefertigt werden soll, gilt es zunächst, sich die konkrete Lebenssituation des Mandanten vor Augen zu führen: Handelt es sich um eine eher lockere Lebensabschnittsbeziehung – ohne gemeinsame Vermögenspositionen oder Kinder? Befindet sich der Mandant in einer gewachsenen, eheähnlichen Beziehung und hat er zusammen mit dem Partner Vermögen aufgebaut bzw. gibt es gemeinsame Kinder? Liegt die Zielsetzung des Mandanten darin, die Vermögenspositionen – möglicherweise auch mit Blick auf Abkömmlinge aus anderen Beziehungen – im Erbfall zu trennen? Sodann müssen die Gestaltungsempfehlungen individuell an die Ziele des Mandanten angepasst werden.

B. Gesetzliche Ausgangslage

I. Zivilrechtliche Situation

3 Das BVerfG definiert eine nichteheliche Lebensgemeinschaft als Lebensgemeinschaft zwischen Mann und Frau, die auf Dauer angelegt ist, daneben keine weitere Lebensgemeinschaft gleicher Art zulässt und sich durch innere Bindungen auszeichnet, die ein gegenseitiges Einstehen der Partner füreinander begründet sowie über die Beziehungen einer reinen Haushalts- und Wirtschaftsgemeinschaft hinausgeht.[3] Ob diese Definition heute, mehr als 30 Jahre nach der Entscheidung, angesichts tiefgreifender gesellschaftlicher Veränderungen im Rahmen zwischenmenschlicher Beziehungen inhaltlich noch aufrechterhalten werden kann, sei dahingestellt. Jedenfalls haben nichteheliche Lebenspartner (gleich welchen Geschlechts und unabhängig von der Anzahl der Beteiligten) **kein gesetzliches Erbrecht**. Die §§ 1931, 1932 BGB betreffen lediglich das gesetzliche Erbrecht bzw. den Voraus des Ehegatten, sind aber auf den unverheirateten längerlebenden Partner einer nichtehelichen Lebensgemeinschaft nicht (auch nicht analog) übertragbar.[4] Auch wenn es angesichts veränderter Strukturen des Zusammenlebens im 21. Jahrhundert wünschenswert erscheint, dass der Gesetzgeber ein gesetzliches Erbrecht schaffen würde, besteht eine unbeabsichtigte Regelungslücke jedenfalls nach derzeitiger Rechtslage nicht.[5]

4 Will der Erblasser dem nichtehelichen Lebenspartner daher bspw. den sog. **Voraus** zukommen lassen, muss er dies explizit in Form eines Vermächtnisses anordnen:

29.1 **Muster 29.1: Vermächtnis über den (fiktiven) Voraus**

Mein Lebensgefährte erhält im Wege eines Vermächtnisses sämtliche Nachlassgegenstände, die gem. § 1932 BGB zum gesetzlichen Voraus eines Ehegatten rechnen würden. § 1932 Abs. 1 S. 2 BGB bleibt unberücksichtigt. Eine Angemessenheitsprüfung soll nicht stattfinden. Ein Ersatzvermächtnisnehmer wird entgegen jeder anders lautenden gesetzlichen oder richterlichen Auslegungs- und/oder Vermutungsregel nicht bestimmt. Die Kosten der Vermächtniserfüllung trägt der Vermächtnisnehmer.

3 BVerfG, Urt. v. 17.11.1992 – 1 BvL 8/87, NJW 1993, 643.
4 MüKo-BGB/*Leipold*, § 1931 Rn 8.
5 MüKo-BGB/*Leipold*, § 1931 Rn 8.

Der nichteheliche Lebensgefährte hat auch kein Recht auf einen **Zugewinnausgleich.**[6] Will 5
der Erblasser dem nichtehelichen Lebenspartner den fiktiven Zugewinn zukommen lassen, muss er dies explizit in Form eines Vermächtnisses anordnen:

Muster 29.2: Vermächtnis über den (fiktiven) Zugewinn

Mein Lebensgefährte erhält im Wege eines Vermächtnisses einen baren Geldbetrag, der so zu berechnen ist, dass er der gesetzlichen Zugewinnausgleichsforderung gem. den §§ 1371 ff. BGB entspricht, wie wenn wir zum Zeitpunkt des Erbfalls miteinander verheiratet gewesen wären. Ein Ersatzvermächtnisnehmer wird entgegen jeder anders lautenden gesetzlichen oder richterlichen Auslegungs- und/oder Vermutungsregel nicht bestimmt. Die Kosten der Vermächtniserfüllung trägt der Vermächtnisnehmer.

Der Begriff der eheähnlichen Gemeinschaft oder der verfestigten Lebensgemeinschaft findet 6
sich an diversen Stellen im Gesetz, so z.B. in § 20 SGB XII oder in § 1579 Nr. 2 BGB bei der Unterhaltsbeschränkung/-versagung infolge grober Unbilligkeit und in § 1766a BGB bei der Annahme von Kindern des nichtehelichen Partners. Auch gewährt § 1969 Abs. 1 S. 1 BGB nach herrschender Meinung[7] nicht nur dem Ehegatten, sondern auch einem nichtehelichen Lebensgefährten einen Unterhaltsanspruch mit Vermächtnisrang – den sog. **Dreißigsten.** Ganz generell existiert nur eine sehr überschaubare gesetzliche Absicherung des Lebensgefährten im Erbfall, so bspw. im Mietrecht nach den §§ 563 Abs. 1, 563a Abs. 1 BGB (Fortsetzung des Mietverhältnisses, sofern die Wohnung der Mittelpunkt der gemeinsamen Lebens- und Wirtschaftsführung war) oder über die doch recht selten einschlägige Norm § 1963 BGB (Unterhaltsanspruch der werdenden Mutter eines bereits gezeugten Erben bis zur Entbindung, und nur dann, wenn die Mutter außerstande ist, sich selbst zu unterhalten).

Zuwendungen von Todes wegen unter nichtehelichen Lebenspartnern sind regelmäßig dann 7
nicht als **sittenwidrig** und nichtig einzustufen, wenn die Lebensgemeinschaft auf Dauer angelegt ist und wenn nicht lediglich die geschlechtliche Hingabe entlohnt oder der Partner zur Fortsetzung der sexuellen Beziehungen bestimmt werden soll.[8] Gleiches gilt für das sog. Geliebten-Testament, wenn also neben der Ehe oder der eingetragenen Lebenspartnerschaft eine außereheliche/-partnerschaftliche Beziehung geführt wird. Eine solche Verfügung von Todes wegen würde nur dann am Vorwurf der Sittenwidrigkeit scheitern, wenn das sie beherrschende Motiv eine „Hergabe für Hingabe" gewesen ist.[9]

Der Partner einer nichtehelichen Lebensgemeinschaft kann nur **gewillkürt**, also durch 8
letztwillige Verfügung von Todes wegen, begünstigt werden. Die Errichtung gemeinschaftlicher Verfügungen ist dabei nicht möglich, da die §§ 2065 ff. BGB ausschließlich Ehegatten und über § 10 Abs. 4 LPartG eingetragenen Lebenspartnern vorbehalten sind. Eine erbrechtliche Bindung ist damit nur über die Errichtung eines Erbvertrags möglich.

Ebenfalls nicht anwendbar – und zwar auch nicht analog – ist § 2077 Abs. 1 BGB bei 9
Beendigung der nichtehelichen Lebensgemeinschaft.[10] Eine aktuell vom BGH ergangene Entscheidung bestätigt dies für den Fall, dass nichteheliche Lebensgefährten einen Erbver-

6 *Grziwotz*, § 29 Rn 1 m.w.N.

7 OLG Düsseldorf, Urt. v. 14.12.1982 – 21 U 120/81, NJW 1983, 1566; MüKo-BGB/*Lohmann*, § 1969 Rn 3.

8 BGH, Urt. v. 10.11.1982 – IVa ZR 83/81, NJW 1983, 674; OLG Düsseldorf, Urt. v. 20.6.1997 – 7 U 152/96, FamRZ 1997, 1506; *Grziwotz*, § 30 Rn 34 ff.

9 Scholz/Kleffmann/*von der Tann*, Teil N Kap. VIII Rn 70.

10 Kössinger/Najdecki/Zintl/*R. Kössinger/Zintl*, § 21 Rn 56.

trag schließen, später heiraten und sich anschließend wieder scheiden lassen.[11] Der BGH betont allerdings, dass in Fällen, in denen ein „hinreichender Bezug der Verfügung zu einer späteren Eheschließung" besteht, dies möglichweise auch anders beurteilt werden könne.[12] Der juristische Berater – und wegen § 17 Abs. 1 BeurkG insbesondere der Notar – ist allerdings gehalten, erbvertraglich unzweifelhaft klarzustellen, welche Rechtsfolgen für unverheiratete Vertragschließende im Falle einer noch nicht geplanten (aber immerhin nicht auszuschließenden) nachträglichen Eheschließung bei einer eventuellen Scheidung gelten sollen.[13]

Muster 29.3: Analoge Anwendbarkeit von § 2077 BGB bei nichtehelichen Lebenspartnern infolge späterer Heirat und anschließender Scheidung

10 Die wechselseitige Erbeinsetzung entfällt, wenn die Lebensgemeinschaft zwischen den Beteiligten infolge Trennung beendet ist, eine etwa nachfolgende Ehe zwischen ihnen geschieden oder im Falle einer Eheschließung seit dem Zeitraum des Getrenntlebens mehr als drei Monate verstrichen sind. § 2077 Abs. 1 und 2 BGB gilt entsprechend.

11 Anders gelagert ist der Fall, wenn eine Zuwendung von Todes wegen zugunsten eines **Verlobten** angeordnet wurde und das Verlöbnis vor dem Tod des Erblassers aufgelöst wurde (§ 2077 Abs. 2 BGB). Da es sich allerdings um eine Auslegungsregel handelt, ist stets auf den hypothetischen Erblasserwillen abzustellen. Die letztwillige Verfügung sollte daher auch hier eine eindeutige Bestimmung enthalten, unter welchen – idealerweise möglichst leicht nachprüfbaren – Umständen die Verfügung entfällt bzw. ob diese trotz Lösung des Verlöbnisses aufrechterhalten werden soll.[14]

Muster 29.4: Wegfall des Vermächtnisses bei Auflösung des Verlöbnisses

12 Das Vermächtnis entfällt, wenn das Verlöbnis zwischen mir und meinem Lebensgefährten ______ aufgelöst wurde oder einer von uns von ihm zurückgetreten ist. Der Nachweis gilt als erbracht, wenn ich und mein Lebensgefährte keine gemeinsame Meldeadresse – gleichgültig, ob erster Wohnsitz oder Nebenwohnsitz – mehr unterhalten oder wenn aus anderen Gründen anzunehmen ist, dass das Verlöbnis nicht aufrechterhalten werden soll. Die Beweislast für den Rücktritt vom Verlöbnis bzw. die Aufrechterhaltung des Verlöbnisses trägt der begünstigte Vermächtnisnehmer [*alternativ:* Die Beweislast für den Rücktritt vom Verlöbnis bzw. die Auflösung des Verlöbnisses trägt der Erbe].

Muster 29.5: Fortgeltungswille trotz Auflösung des Verlöbnisses

13 Das Vermächtnis bleibt bestehen, auch wenn das Verlöbnis zwischen mir und meinem Lebensgefährten ______ aufgelöst worden sein sollte. Gleiches gilt, wenn ich oder mein Lebensgefährte vom Verlöbnis zurückgetreten ist. Es ist mein ausdrücklicher Wille, dass die Vermächtnisanordnung zugunsten von ______ auch in diesen Fällen aufrechterhalten werden soll.

---

11 BGH, Beschl. v. 22.5.2024 – IV ZB 26/23, BeckRS 2024, 13791; jurisPR-FamR/*Roglmeier*, 17/2024 Anm. 4.

12 BGH, Beschl. v. 22.5.2024 – IV ZB 26/23, BeckRS 2024, 13791.

13 *Litzenburger*, FD-ErbR 2024, 813346; jurisPR-FamR/*Roglmeier*, 17/2024 Anm. 4.

14 BeckOK BGB/*Litzenburger*, § 2077 Rn 12 f.

II. Steuerrechtliche Situation

1. Erbschaftsteuer

Nichteheliche Lebenspartner werden nach dem ErbStG grundsätzlich – auch nach langjährigem Zusammenleben[15] – behandelt wie fremde Dritte. Sie unterliegen nach § 15 Abs. 1 ErbStG bei Zuwendungen zu Lebzeiten und von Todes wegen der **Steuerklasse III** und haben einen **persönlichen Freibetrag** in Höhe von 20.000 EUR (§ 16 Abs. 1 Nr. 7 ErbStG). Der für sie geltende Steuersatz liegt nach § 19 ErbStG bei einem Erwerb von unter 13 Mio. EUR bei 30 % und sonst bei 50 %. 14

Auch den **Versorgungsfreibetrag** nach § 17 ErbStG kann ausschließlich ein Ehegatte oder ein eingetragener Lebenspartner, nicht aber ein in nichtehelicher Beziehung lebender Lebensgefährte für sich beanspruchen. Das sog. **Familienheimprivileg** aus § 13 Nr. 4b ErbStG kommt unverheirateten Paaren ebenfalls nicht zugute. 15

Zinslose Darlehen zwischen nahestehenden Personen unterliegen in der Regel der Schenkungsteuer.[16] Das gilt auch für **zinslose Darlehen** zwischen nichtehelichen Lebenspartnern.[17] Besonders riskant erscheint in diesem Zusammenhang, dass nichtehelichen Lebenspartnern lediglich ein Schenkungssteuerfreibetrag in Höhe von 20.000 EUR alle zehn Jahre zur Verfügung steht. In Anbetracht eines gesetzlich zugrunde zu legenden Nutzungsvorteils von 5,5 % p.a. gem. § 15 Abs. 1 BewG können nichteheliche Lebensgefährten daher relativ schnell in eine Schenkungssteuerpflicht hineingeraten.[18] 16

Lebzeitige Zuwendungen an den Lebensgefährten sind unabhängig von der Art des zugewendeten Vermögensgegenstands und seiner Angemessenheit analog der Qualifikation ehebedingter Zuwendungen als objektiv unentgeltlich einzuordnen.[19] Insofern greift § 7 Abs. 1 ErbStG. Wie die Zuwendung eines Wohnrechts, eines Mitbenutzungsrechts oder andere **Gebrauchs- und Nutzungsüberlassungen** einzuordnen sind, ist obergerichtlich noch nicht entschieden. Es finden sich in diesem Bereich allerdings diverse finanzgerichtliche Entscheidungen.[20] Als Tenor bleibt festzuhalten, dass Gebrauchs- und Nutzungsüberlassungen jedenfalls dann, wenn sie zu Lebzeiten gewährt werden, wohl nicht der Schenkungssteuer unterliegen, wenn sie der Eigentümer andernfalls nicht zur entgeltlichen Fremd- oder zur ausschließlichen Eigennutzung gebraucht hätte. Es fehlt dann nämlich an einer Entreicherung.[21] In erbschaftsteuerlicher Hinsicht erfolgt die Einordnung von Gebrauchs- und Nutzungsüberlassungen gleichwohl anders. Bei einer Zuwendung von Todes wegen wird regelmäßig ein in **erbschaftsteuerlicher** Hinsicht **steuerbarer Vorgang** anzunehmen sein. 17

Damit treffen unverheiratete, aber in nichtehelicher Lebensgemeinschaft zusammenlebende Personen die steuerlichen Nachteile bei unentgeltlichen Zuwendungen, besonders aber im Erbfall, im Vergleich zu Ehepaaren mit voller Wucht. Der nichteheliche Lebensgefährte 18

15 Scholz/Kleffmann/*von der Tann*, Teil N Kap. XII Rn 88.

16 BFH, Urt. v. 12.7.1979 – II R 26/78, BStBl II 1979, 631; BFH, Urt. v. 27.10.2010 – II R 37/09, BStBl II 2014, 134.

17 BFH, Urt. v. 27.11.2013 – II R 25/12, ZEV 2014, 267.

18 *Holtz/Stalleiken*, ErbR 2014, 373, 374.

19 BFH, Urt. v. 2.3.1994 – II R 59/92, NJW 1994, 2044; BFH, Urt. v. 10.11.2004 – II R 44/02, NJW 2005, 927.

20 FG Rheinland-Pfalz, Urt. v. 18.4.2002 – 4 K 1869/01, DStRE 2002, 1078; FG München, Urt. v. 25.2.2016 – 4 K 1984/14, DStRE 2017, 861; FG München, Urt. v. 2.11.2006 – 4 K 1631/04, EFG 2006, 1263.

21 *v. Proff zu Irnich*, § 9 Rn 11.

steht sogar schlechter da als der geschiedene Ehegatte, der über § 15 Abs. 1 Nr. 7 ErbStG zumindest der Steuerklasse II zugeordnet und im Eingangssteuersatz lediglich mit 15 % bis zu maximal 43 % (vgl. § 19 ErbStG) besteuert wird. Diese **Ungleichbehandlung** gegenüber Eheleuten haben sowohl das BVerfG für **verfassungsrechtlich zulässig** als auch der BFH für nicht zu beanstanden erklärt.[22]

19 Dem nichtehelichen Lebensgefährten stehen diverse (wenn auch überschaubare) **Steuerbefreiungen** nach dem ErbStG zu. Hierunter fallen bspw.:

- Entgelt für Pflege oder Unterhalt (§ 13 Abs. 1 Nr. 5 ErbStG)
- Zuwendungen unter Lebenden zum Zweck des angemessenen Unterhalts oder zur Ausbildung (§ 13 Abs. 1 Nr. 12 ErbStG)
- Gelegenheitsgeschenke (§ 13 Abs. 1 Nr. 14 ErbStG), wobei nur bewegliche Gegenstände unter die Definition fallen[23]
- Steuerbefreiungen für begünstigtes Vermögen (§ 13b ErbStG)
- der Verschonungsabschlag bei Großerwerben von begünstigtem Vermögen (§ 13c ErbStG)
- Steuerbefreiungen für zu Wohnzwecken vermietete Grundstücke (§ 13c ErbStG)
- Tarifbegrenzungen gem. § 19a ErbStG

2. Einkommensteuer

20 In einkommensteuerrechtlicher Hinsicht gelten die Vergünstigungen der Zusammenveranlagung und die Grundsätze des Ehegattensplittings (§§ 26, 26b, 32a Abs. 5 EStG) nur für **Eheleute** und **Partner einer eingetragenen Lebenspartnerschaft**. Das EStG gewährt Ermäßigungen, sofern dem Steuerpflichtigen Aufwendungen für den Unterhalt gegenüber gesetzlich unterhaltsberechtigten Personen erwachsen (§ 33a Abs. 1 EStG). Zwar hat der nichteheliche Lebensgefährte grundsätzlich keinen Anspruch auf Unterhalt (Ausnahme: Unterhaltsanspruch der Mutter aus Anlass der Geburt, § 1615l Abs. 1 BGB). Möglich bleibt allerdings in Einzelfällen ein Ansatz als außergewöhnliche Belastung (§ 33 Abs. 3 EStG). Das ist z.B. dann der Fall, wenn der Unterhaltsempfänger gegenüber dem Unterhaltsleistenden Pflegeleistungen übernimmt oder dessen Kinder betreut.[24]

3. Grunderwerbsteuer

21 In grunderwerbsteuerlicher Hinsicht fällt der Erwerb von Grundvermögen unter verheirateten oder geschiedenen Eheleuten und eingetragenen sowie entpartnerten Lebenspartnern unter die allgemeinen Ausnahmen des § 3 GrEStG. Dasselbe gilt allerdings nicht für unverheiratete Lebensgefährten. Sie sind zu behandeln wie **fremde Dritte** – § 3 Nr. 5 und Nr. 5a GrEStG sind nicht, und zwar auch nicht analog, anwendbar, wie der BFH nun entschieden hat.[25]

22 BVerfG, Beschl. v. 15.5.1990 – 2 BvR 592/90, BStBl II 1990, 764; BFH, Beschl. v. 20.8.2016 – II B 100/15, BeckRS 2016, 95634.

23 *Oertzen/Blasweiler*, ZEV 2019, 516.

24 *Kirchhof/Söhn/Mellinghoff*, § 33 Rn 58.

25 BFH, Beschl. v. 1.12.2020 – II B 53/20, BeckRS 2020, 43621.

C. Gestaltungsmodelle von Todes wegen

I. Motive nichtehelicher Lebenspartner bei der Errichtung einer Verfügung von Todes wegen

Wie bei allen anderen Gestaltungstypen gilt es im Rahmen der Erstberatung, die Motive des Mandanten, der sich in einer nichtehelichen Lebensgemeinschaft befindet, bei der Errichtung der letztwilligen Verfügung zu eruieren. Meist stehen dabei folgende Beweggründe im Vordergrund: 22
- Absicherung des längerlebenden nichtehelichen Lebenspartners
- Steueroptimierung
- Entfallen aller Begünstigungen bei Trennung oder Wieder-/Verheiratung bzw. Begründung einer anderen nichtehelichen Lebenspartnerschaft
- Gerechtigkeit/Ausgleich für lebzeitige Beiträge zu gemeinsam erwirtschafteten Werten

Leben die Beteiligten nicht nur in einer nichtehelichen Lebensgemeinschaft, sondern haben sie zudem auch noch gemeinsame **Kinder** oder Kinder aus früheren Beziehungen, gilt es, zusätzlich auch deren Interessen zu wahren. Zu denken ist in diesem Zusammenhang vor allem an Pflichtteilsansprüche. Die Gestaltung der Vermögensnachfolgeplanung für nichteheliche Lebenspartner kann durchaus im Kontext mit einem Patchwork- und/oder einem Geschiedenentestament stehen. In derart gelagerten Fällen gilt es, beide Konstruktionen zu einem homogenen Ganzen zu verbinden. 23

Muster 29.6: Hausratsvermächtnis an den nichtehelichen Lebensgefährten in Kombination mit einem Patchworktestament (Vor- und Nacherbenlösung)

Zu Miterben zu gleichen Teilen bestimme ich meine Kinder und . Ersatzweise soll Anwachsung eintreten. 24

Meine Kinder sind Vorerben und als solche, soweit gesetzlich zulässig, von allen Beschränkungen befreit. Zu Nacherben auf den Tod eines jeden Vorerben bestimme ich jeweils das Geschwisterkind – für also und für also –, ersatzweise in beiden Fällen . Die Anordnung der Vor- und Nacherbschaft gilt dabei als auflösend bedingt auf den Tod des leiblichen Vaters von und angeordnet. Mit dem Tod des leiblichen Vaters erstarkt das Vorerbenrecht zum Vollrecht.

Mein Lebensgefährte erhält im Wege eines Vermächtnisses sämtliche Gegenstände unserer gemeinsam bewohnten Immobilie in . Hierunter fallen insbesondere sämtliches Mobiliar, der Hausrat und auch ein etwaig vorhandener Pkw.

Die Kosten der Vermächtniserfüllung trägt der Vermächtnisnehmer.

Ein Ersatzvermächtnisnehmer wird entgegen jeder anders lautenden gesetzlichen und/oder richterlichen Auslegungs- und Vermutungsregel nicht bestimmt.

Das Vermächtnis fällt ersatzlos weg (auflösende Bedingung), wenn ich von dem Vermächtnisnehmer zum Zeitpunkt des Erbfalls in entsprechender Anwendung des § 1567 BGB getrennt lebe.

Muster 29.7: Hausratsvermächtnis an den nichtehelichen Lebensgefährten in Kombination mit einem Patchworktestament (Vermächtnislösung)

Zu Miterben zu gleichen Teilen bestimme ich meine Kinder und . Ersatzweise soll Anwachsung eintreten. 25

Sofern Gegenstände aus meinem Nachlass nach meinem Tod im Wege der Erbfolge an meinen geschiedenen Mann oder an dessen einseitige Abkömmlinge oder Verwandte in aufsteigender Linie fallen sollten, vermache ich alle Vermögensgegenstände, die der betreffende Miterbe aus meinem Nachlass erworben hat und die sich im Zeitpunkt seines Todes noch in seinem Vermögen befinden, an .

Die Vermächtnisse fallen erst mit dem Tod des Beschwerten an und werden dann fällig. Die Vererblichkeit der Vermächtnisse wird ausgeschlossen.

Mein Lebensgefährte erhält im Wege eines Vermächtnisses sämtliche Gegenstände unserer gemeinsam bewohnten Immobilie in . Hierunter fallen insbesondere sämtliches Mobiliar, der Hausrat und auch ein etwaig vorhandener Pkw.

Die Kosten der Vermächtniserfüllung trägt der Vermächtnisnehmer.

Ein Ersatzvermächtnisnehmer wird entgegen jeder anders lautenden gesetzlichen und/oder richterlichen Auslegungs- und Vermutungsregel nicht bestimmt.

Das Vermächtnis fällt ersatzlos weg (auflösende Bedingung), wenn ich von dem Vermächtnisnehmer zum Zeitpunkt des Erbfalls in entsprechender Anwendung des § 1567 BGB getrennt lebe.

II. Erbvertrag oder Einzeltestament

1. Allgemeines

26 Die Errichtung eines **gemeinschaftlichen Testaments** ist nichtehelichen Lebensgefährten **nicht** möglich.[26] Daran ändert sich auch nichts, wenn die Beteiligten im Nachgang der Errichtung von Todes wegen die Ehe schließen und damit nachträglich die erbrechtliche Legitimation herstellen wollen.[27] In einem solchen Fall kann der Formmangel nicht geheilt werden und es bleibt lediglich die Möglichkeit, die Anordnungen in Einzelverfügungen umzudeuten (§ 140 BGB).[28] Auch die Umdeutung eines in öffentlicher Form errichteten, aber mangels Eheschließung im Errichtungszeitpunkt unwirksam errichteten Ehegattentestaments in einen Erbvertrag ist möglich.[29] Voraussetzung in diesem Fall ist, dass sich nachweisen lässt, dass die Beteiligten die strengeren erbvertraglichen Bindungen gerade herbeiführen wollten.[30]

27 Damit bleibt unverheirateten Paare, die sich von Todes wegen absichern wollen, einzig die Errichtung zweier **Einzeltestamente** (§ 1937 BGB) oder der Abschluss eines **Erbvertrags** (§ 1941 BGB). Entscheidend für die Umsetzung des einen oder des anderen Modells sind die Motive der Beteiligten und die **Zielsetzung**, die sie mit ihrer Nachfolgeplanung verfolgen. Je unverbindlicher die Partnerschaft, je unabhängiger der finanzielle Status beider Partner, umso mehr spricht für die Umsetzung der Vermögensnachfolge im Wege zweier Einzeltestamente. Je enger die private und die vermögensrechtliche Bindung, umso größer ist regelmäßig der Wunsch, auch die beiderseitige Nachfolge von Todes wegen miteinander zu verbinden.

2. Vor- und Nachteile des Einzeltestaments

28 Die Errichtung eines Einzeltestaments ist grundsätzlich sowohl in privatschriftlicher (§ 2247 BGB) als auch in öffentlicher Form (§ 2232 BGB) möglich. **Vorteilhaft** an der Errichtung zweier Einzeltestamente erscheint, dass diese alleine bereits relativ unkompliziert und kostengünstig, nämlich handschriftlich, errichtet werden können. Die Errichtung zweier Ein-

26 BGH, Urt. v. 16.6.1987 – IVa ZR 74/86, NJW-RR 1987, 1410; BVerfG, Beschl. v. 26.4.1989 – 1 BvR 512/89, NJW 1989, 1986.
27 MüKo-BGB/*Musielak*, § 2265 Rn 2.
28 MüKo-BGB/*Musielak*, § 2267 Rn 24.
29 *Grziwotz*, § 30 Rn 63 m.w.N.
30 *Grziwotz*, § 30 Rn 63 m.w.N.

zeltestamente mündet zudem in einen weiten Handlungsspielraum für jeden Lebensgefährten. Immerhin können Änderungen oder ein Widerruf ohne Zutun und ohne jegliche Kenntnis des Partners vorgenommen werden. **Nachteilhaft** erscheint jedenfalls für Lebensgefährten, denen die wechselseitige Absicherung wichtig ist, dass Einzeltestamente gerade keine erbrechtliche Bindungswirkung entfalten. Die erbrechtliche Bindung lässt sich auch nicht zufriedenstellend herstellen, wenn die Verfügungen im Rahmen des Einzeltestaments des einen nichtehelichen Lebenspartners von der Wirksamkeit der letztwilligen Verfügungen im Einzeltestament des anderen nichtehelichen Lebenspartners abhängig gemacht werden.[31] Das gilt insbesondere für bedingte Erbeinsetzungen. Man riskiert mit so einem Modell andernfalls das Entstehen einer konstruktiven Vor- und Nacherbschaft mit allen ihr immanent liegenden Schwierigkeiten.

Der Wunsch vieler unverheirateter Paare ist es, die Zuwendungen von Todes wegen an den 29 **Bestand** der nichtehelichen Lebensgemeinschaft zu binden. Schwierigkeiten bereitet in diesem Zusammenhang dabei häufig die Definition des **Trennungsfalls**. Nicht geeignet sind insbesondere Formulierungen, die an die Beendigung der Lebensgemeinschaft anknüpfen.[32] Schließlich kann die Lebensgemeinschaft auch positiv durch Eheschließung beendet werden. Formuliert werden kann besser wie folgt:

Muster 29.8: Erbeinsetzung unter auflösender Bedingung des Getrenntlebens 29.8

Zu meiner Alleinerbin bestimme ich meine Lebensgefährtin . Die Erbeinsetzung erfolgt unter der 30 auflösenden Bedingung, dass ich von meiner Lebensgefährtin zum Zeitpunkt des Erbfalls in entsprechender Anwendung des § 1567 BGB nicht getrennt lebe. Ist dies der Fall, bestimme ich zu Ersatzerben .

Möglich ist es auch, an objektive Kriterien wie eine gemeinsame Meldeadresse anzuknüpfen: 31

Muster 29.9: Wegfall der Erbeinsetzung bei Aufgabe einer gemeinsamen Meldeadresse (auflösende Bedingung) 29.9

Die Erbeinsetzung meiner Lebensgefährtin steht unter der auflösenden Bedingung, dass sie und ich bei meinem Tod nicht mit einer übereinstimmenden Wohnung gemeldet sind. Dabei ist unerheblich, ob es sich im melderechtlichen Sinn um die Haupt- oder Nebenwohnung handelt, sodass es für die Erbeinsetzung meiner Lebensgefährtin genügt, wenn wir bei meinem Tod mit übereinstimmender Nebenwohnung gemeldet sind. Auf die tatsächlichen Verhältnisse soll es nicht ankommen.

Der (Nicht-)Eintritt der vorstehenden auflösenden Bedingung ist durch entsprechende erweiterte Melderegisterauskunft unwiderleglich geführt, aus der sich der Wohnsitz von meiner Lebensgefährtin und mir im Zeitpunkt meines Todes ergibt.

Gleichwohl ist eine Lösung in Form des Anknüpfens an eine gemeinsame Meldeadresse 32 durchaus auch Schwierigkeiten ausgesetzt. Zum einen leben nichteheliche Paare nicht in jedem Fall unter einer gemeinsamen Meldeadresse. Man denke hier nur an Fernbeziehungen. Zum anderen kann Missbrauchsfällen – bspw. einer kurzfristigen Ummeldung an die Meldeadresse des dementen Erblassers vor dessen Erbfall – nicht in letzter Konsequenz vorgebeugt werden.[33]

31 *Grziwotz*, § 30 Rn 65.
32 *v. Proff zu Irnich*, § 10 Rn 13.
33 *v. Proff zu Irnich*, § 10 Rn 15.

3. Vor- und Nachteile des Erbvertrags

33 Wollen die nichtehelichen Lebenspartner mit der Errichtung ihrer letztwilligen Verfügungen eine Bindungswirkung erreichen, bleibt ihnen lediglich die Möglichkeit des Abschlusses eines notariell zu beurkundenden Erbvertrags (§§ 2274 ff. BGB). Die Errichtung eines Ehegattentestaments ist nicht (auch nicht analog) möglich.[34] In der entstehenden **erbrechtlichen Bindung** liegt der große **Vorteil** der Errichtung eines Erbvertrags gegenüber der Errichtung zweier Einzeltestamente. In der Regel wird die Errichtung eines Erbvertrags unter wechselseitiger Erbeinsetzung der nichtehelichen Lebensgefährten dabei verknüpft mit der Vereinbarung eines vorbehaltlosen Rücktrittsrechts:

29.10 **Muster 29.10: Vorbehaltloses Rücktrittsrecht im Erbvertrag**

34 Jeder von uns behält sich den jederzeit ohne Angabe von Gründen möglichen Rücktritt von dem Erbvertrag vor. Wird hiernach wirksam zurückgetreten, so sind sämtliche Verfügungen von Todes wegen – auch einseitige – und sonstige Rechtsgeschäfte in dieser Urkunde unwirksam.

35 Eine solche Konstruktion sichert die Freiheit eines jeden Partners, sich zu Lebzeiten jederzeit wieder von der Verfügung von Todes wegen lösen zu können. Gleichzeitig kann die Lösung der Bindung nur in Kenntnis des anderen Teils – also gerade nicht auch heimlich wie bei der Errichtung eines Einzeltestaments – erfolgen und wird nach Eintritt des ersten Erbfalls im Hinblick auf alle Verfügungen von Todes wegen, die beim zweiten Erbfall eintreten sollen, bindend.[35]

36 **Nachteilig** an der Errichtung eines Erbvertrags ist neben den erhöhten Errichtungskosten infolge der notwendigen Errichtung in notariell beurkundeter Form, dass die Absicherung der Lebenspartner infolge der Bindungswirkung zu Lasten von deren erbrechtlicher Flexibilität gehen kann. Schwierigkeiten kann es dabei auch bei der Ausübung erbvertraglich vereinbarter Rücktrittsrechte geben. Zu denken ist insbesondere an **Geschäftsunfähigkeitsfälle.** Während das Rücktrittsrecht gegenüber einem geschäftsunfähigen Lebensgefährten nach der Rechtsprechung des BGH weiterhin über den Betreuer oder den Bevollmächtigten ausgeübt werden kann,[36] ist dies einem geschäftsunfähig gewordenen Erblasser nicht mehr möglich. In diesem Fall stünde also zu befürchten, dass die Regelungen aus dem Erbvertrag weiterhin wirksam wären, auch wenn die nichteheliche Lebensgemeinschaft nicht mehr besteht oder wenn sich die Umstände geändert haben. Es bliebe in diesen Fällen nur noch die Möglichkeit der Anfechtung wegen Motivirrtums (z.B. Vertrauen in den Bestand einer harmonischen nichtehelichen Lebensgemeinschaft) zu Lebzeiten des Vertragspartners.

4. Entscheidung

37 Die Lösung der Frage, ob die Errichtung zweier Einzeltestamente oder die eines Erbvertrags das Mittel der Wahl bei der Nachfolgegestaltung für nichteheliche Lebenspartner ist, lässt sich nicht pauschal beantworten, sondern ist stets **einzelfallbezogen** und muss sich an den **Errichtungsmotiven** der Beteiligten orientieren. Handelt es sich um eine eher lockere Lebensabschnittsgemeinschaft und keine gefestigte Beziehung, dürfte der Einzeltestamentsvariante in vielen Fällen der Vorzug zu geben sein. Je gewachsener die Beziehung, je verwobener das Vermögen beider Partner und je größer der Absicherungswunsch auch nur

34 BGH, Urt. v. 16.6.1987 – IVa ZR 74/86, NJW-RR 1987, 1410; BVerfG, Beschl. v. 26.4.1989 – 1 BvR 512/89, NJW 1989, 1986.

35 *Grziwotz*, § 30 Rn 64 m.w.N.

36 BGH, Beschl. v. 27.1.2021 – XII ZB 450/20, NJW 2021, 1455.

eines der nichtehelichen Lebenspartner, umso sinnvoller ist die Umsetzung über einen Erbvertrag. Sofern allerdings konkrete Heiratsabsichten im Raum stehen, kann die Entscheidung wiederum pro Ehegattentestament ausfallen, das seinerseits entweder privatschriftlich oder in öffentlicher Form errichtet werden kann.

III. Absicherung von Todes wegen

1. Erbeinsetzung und Vermächtnisanordnungen

Eine Absicherung kann sowohl über eine Erbeinsetzung als auch über Vermächtnisanord- 38
nungen zugunsten des Partners erfolgen. Ist dem Mandanten daran gelegen, den Lebensgefährten als seinen Rechtsnachfolger zu installieren, wird einer **Erbeinsetzung** der Vorzug zu geben sein. Sollen dritte Personen – insbesondere Abkömmlinge – nachfolgen, erfolgt die Absicherung regelmäßig über **Vermächtnisanordnungen**.

Häufig besteht der Wunsch nach Absicherung des nichtehelichen Lebenspartners, wobei 39
gleichzeitig sichergestellt werden soll, dass das Vermögen nicht an einen neuen Partner weitergegeben wird. Ist dies der Fall, können Konstruktionen in Erwägung gezogen werden, die bei Eheleuten einer **Wiederverheiratungsklausel** entsprechen.

Muster 29.11: Erbeinsetzung des Lebensgefährten mit Anfall von Vermächtnissen bei Verheiratung oder Begründung einer neuen nichtehelichen Lebensgemeinschaft 29.11

Zu meinem unbeschränkten Alleinerben setze ich meinen Lebensgefährten   ein. Sofern sich mein 40
Lebensgefährte nach dem Erbfall verheiratet oder eine neue nichteheliche Lebensgemeinschaft (§ 20 SGB XII) begründet, hat er an   Geldvermächtnisse in Höhe von   herauszugeben. Die Vermächtnisse fallen mit der Wiederverheiratung oder Begründung einer neuen nichtehelichen Lebensgemeinschaft an, sind drei Monate danach fällig und bis dahin unverzinslich.

Muster 29.12: Erbeinsetzung des Lebensgefährten als Vorerbe mit Nacherbfall bei Verheiratung oder Begründung einer neuen nichtehelichen Lebensgemeinschaft 29.12

Zu meinem alleinigen Erben setze ich meinen Lebensgefährten   ein. Mein Lebensgefährte ist 41
Vorerbe und als solcher von allen gesetzlichen Beschränkungen, soweit zulässig, befreit. Der Nacherbfall tritt mit der Verehelichung oder Begründung einer neuen nichtehelichen Lebensgemeinschaft (§ 20 SGB XII) meines Lebensgefährten ein. Zum Nacherben bestimme ich   .

Ob eine solche Konstruktion sinnvoll ist, sei dahingestellt. Abzuwägen mit dem Vermögens- 42
sicherungsinteresse des Mandanten sind in jedem Fall die negativen Konsequenzen in Form von Abwicklungsschwierigkeiten, die gerade mit einer konstruktiven Vor- und Nacherbschaft regelmäßig verbunden sind.

Sittenwidrigkeitserwägungen im Sinne einer gebotenen Mindestabsicherung des Partners 43
spielen bei nichtehelichen Lebensgefährten keine Rolle. Die im Rahmen der Frage zur Sittenwidrigkeit von Wiederverheiratungsklauseln ergangene Rechtsprechung[37] (sog. Hohenzollernentscheidung) greift im Rahmen der Gestaltung bei nichtehelichen Lebensgefährten bereits deshalb nicht, weil Art. 6 Abs. 1 GG nicht anwendbar ist.

Sofern nicht der Lebensgefährte, sondern **dritte Personen als Erben** eingesetzt werden 44
sollen, kann dessen Absicherung über **Vermächtnisanordnungen** erfolgen. Oft besteht in diesem Zusammenhang der Wunsch, dem Partner ein lebenslanges oder zumindest auf die Dauer der tatsächlichen Nutzung zeitlich begrenztes Wohnungsrecht zukommen zu lassen.

37 BVerfG, Beschl. v. 22.3.2004 – 1 BvR 2248/01, NJW 2004, 2008.

29.13 **Muster 29.13: Wohnungsrechtsvermächtnis zugunsten des Lebensgefährten**

45 Ich, , ordne folgendes Vermächtnis an: Mein Lebensgefährte , geb. am , derzeit wohnhaft in , erhält ein lebenslanges Wohnungsrecht (§ 1093 BGB) an der Eigentumswohnung in inklusive aller dem gemeinschaftlichen Gebrauch der Hausbewohner dienenden Einrichtungen und Anlagen. Das Wohnungsrecht ist nicht übertragbar.

Der Vermächtnisnehmer hat – soweit gesetzlich zulässig – während der Dauer des Wohnungsrechts wie ein Eigentümer folgende Kosten zu tragen:
- alle Verbrauchskosten, wie bspw. für Strom, Müll, Wasser, Heizung etc.,
- das Hausgeld,
- alle privaten und öffentlichen Aufwendungen und Lasten inklusive aller außerordentlichen Lasten und möglichen Erschließungskosten sowie
- alle außergewöhnlichen Kosten für Instandhaltung, Ausbesserung und Erneuerung des vorbenannten Grundbesitzes.

Befindet sich der vorbenannte Grundbesitz zum Zeitpunkt des Erbfalls nicht mehr im Nachlass, soll das Vermächtnis ersatzlos wegfallen. Ein Wertersatz wird nicht geschuldet.

Der Vermächtnisnehmer ist berechtigt, das Wohnungsrecht auf Kosten des Nachlasses an nächstoffener Rangstelle eintragen zu lassen mit dem Vermerk, dass zur Löschung des Rechts der Nachweis des Todes des Berechtigten genügt. Ab Vermächtnisanfall bis zur Eintragung des Nießbrauchs ist ein inhaltsgleiches schuldrechtliches Wohnungsrecht vermacht.

Das Wohnungsrecht endet grundsätzlich mit dem Ableben des Berechtigten, entfällt bereits zuvor allerdings endgültig bei Auszug des Vermächtnisnehmers aus der Wohnung (auflösende Bedingung). Unter Auszug ist die Nichtbenutzung der Räume ab einem Zeitraum von länger als drei aufeinanderfolgenden Monaten zu verstehen. Der Vermächtnisnehmer ist in diesem Fall verpflichtet, unverzüglich die Nutzung zu beenden und das Wohnungsrecht im Grundbuch auf eigene Kosten löschen zu lassen. Ein Wertersatz wird nicht geschuldet.

Ersatzvermächtnisnehmer werden entgegen jeder anders lautenden gesetzlichen und/oder richterlichen Auslegungs- und Vermutungsregel nicht bestimmt.

Die Kosten der Vermächtniserfüllung trägt der Nachlass.

46 Eine Beendigung des Wohnungsrechts kann auch mit der Verheiratung des Partners oder der Begründung einer neuen nichtehelichen Lebensgemeinschaft erfolgen:

29.14 **Muster 29.14: Wegfall des Wohnungsrechtsvermächtnisses bei Verheiratung oder wegen Zusammenlebens mit neuem Partner**

Das Wohnungsrechtsvermächtnis entfällt endgültig bei Verehelichung oder Begründung einer neuen nichtehelichen Lebensgemeinschaft (§ 20 SGB XII) durch den Vermächtnisnehmer (auflösende Bedingung). Ein Wertersatz wird nicht geschuldet.

2. Familienrechtliche Anordnungen

47 Bekommen nichteheliche Lebensgefährten gemeinsame Kinder und liegt eine Anerkennung der Vaterschaft durch den Mann nach § 1592 Nr. 2 BGB vor, können gemeinsame Sorgeerklärungen (§ 1626a Abs. 1 Nr. 1 BGB) abgegeben werden und der leibliche Vater kann zusammen mit der Mutter das gemeinsame Sorgerecht erhalten. Das Anerkenntnis kann dabei genauso wie die Zustimmung hierzu bereits während der Schwangerschaft abgegeben und die Sorgeerklärung beider Elternteile beim Jugendamt beurkundet werden. Verstirbt sodann einer der Elternteile, geht die alleinige elterliche Sorge auf den verbleibenden Elternteil über (§ 1680 Abs. 1 BGB). Hatte der Verstorbene die alleinige elterliche Sorge inne, kann das Familiengericht diese nach § 1680 Abs. 2 BGB dem überlebenden Elternteil übertragen.

Es bietet sich an, übereinstimmende **Sorgerechtsverfügungen** in die letztwillige Verfügung aufzunehmen, die für den Fall gelten sollen, dass keiner der leiblichen Elternteile in der Lage ist, die elterliche Sorge auszuüben. Zu familienrechtlichen Anordnungen siehe i.Ü. § 19. 48

Wird die nichteheliche Lebensgemeinschaft beendet, haben die rechtlichen Eltern ein Umgangsrecht nach § 1684 Abs. 1 BGB. Auch Stiefelternteile können Umgangsrechte haben, wenn der Stiefelternteil für das Kind eine enge Bezugsperson darstellt (§ 1685 Abs. 2 BGB). 49

3. Steuervermeidungsstrategien

In nichtehelicher Lebensgemeinschaft zusammenlebende Paare müssen im Vergleich zu Ehepaaren und eingetragenen Lebenspartnern erhebliche steuerliche Nachteile in Kauf nehmen. Die Lebensweisheit „Wer den Schutz des Hafens der Ehe nicht sucht, der hat ihn auch nicht verdient!" trifft in dieser Hinsicht zu. Die beste Steuervermeidungsstrategie lautet daher nach wie vor: heiraten. Abgesehen davon, dass eine Eheschließung aus rein steuerrechtlichen Erwägungen nicht der einzige Grund für diesen Schritt sein sollte, gibt es in vielen Fällen auch gute Gründe, weswegen eine Heirat gerade nicht in Betracht kommt. So will der mit einer Wiederverheiratung einhergehende Verlust der Witwer- oder Witwenrente genauso wie ein potenziell gefährdetes gutes persönliches Verhältnis zu den Kindern wohlüberlegt sein. 50

Die im Rahmen der **Erbschaftsteuer** bestehenden Möglichkeiten zur Steueroptimierung sind überschaubar. Im Blick behalten werden sollte die Ausreizung der Steuerbefreiungen nach den **§§ 13 ff. ErbStG**. Bspw. kann es Sinn machen, dem Lebensgefährten eher vermieteten als selbstgenutzten Grundbesitz oder Geldvermögen zuzuwenden, weil auf diese Weise nach § 13d ErbStG ein zehnprozentiger Wertabschlag von der Bemessungsgrundlage in Ansatz gebracht werden kann. 51

Verfügt der künftige Erblasser über Anteile an Kapitalgesellschaften, land- und forstwirtschaftliches Vermögen oder Betriebsvermögen oder besteht zumindest die Möglichkeit der Umwandlung von Privat- in Betriebsvermögen, kann dies ebenfalls vorteilhaft sein. Neben der für **Betriebsvermögen** möglichen Ausreizung der Privilegierungsvorschriften nach den **§§ 13a, 13b ErbStG** (mit der Konsequenz von 85 % oder 100 % Verschonungsabschlag) kennt das ErbStG das sog. **Steuerklassenprivileg**: Nach § 19a ErbStG steigt eine der Steuerklasse II oder III zugehörige Person (und damit also auch ein Lebensgefährte) bei einem steuerpflichtigen Erwerb der vorgenannten Vermögensgruppen und Vorliegen weiterer Voraussetzungen auf in die Steuerklasse I. Das führt entsprechend zu einer steuerlichen Entlastung im Erbfall. Sind Kinder vorhanden, könnten diese bspw. zu Erben (Inhalt: Privatvermögen) und der Lebensgefährte zum Vermächtnisnehmer (Inhalt: Betriebsvermögen) eingesetzt werden. Will man die Rechte des Lebensgefährten noch verstärken, kann zusätzlich eine Vermächtnisvollstreckung (in eigener Sache unter Befreiung von § 181 BGB) kombiniert werden. Natürlich steht eine solche Konstruktion unter dem Damoklesschwert der taktischen Ausschlagung der Kinder nach § 2306 BGB. Sie sollte daher immer abhängig von der konkreten Vermögenszusammensetzung gewählt werden. Bleibt den Kindern zu wenig vom Restnachlass, steigt das Ausschlagungsrisiko. Zudem ist § 2318 BGB (anteilige Tragung der Pflichtteilslast von Erbe und Vermächtnisnehmer) zu beachten. Der Lebensgefährte könnte mit einer anteiligen Zahlung von Pflichtteilsansprüchen belastet werden. 52

Praxistipp 53
§ 2318 BGB ist dispositiv. Es empfiehlt sich daher in solchen Fällen, § 2318 BGB auszuschließen, damit der nichteheliche Lebensgefährte im Falle einer taktischen Ausschla-

gung der Kinder nach § 2306 BGB nicht über die anteilige Tragung der Pflichtteilslast gefährdet wird.

54 Eine weitere Möglichkeit der Steueroptimierung besteht in der Erwägung, die Steuertragungslast im **Innenverhältnis** zwischen Lebensgefährten und dritten Personen (z.B. Kindern) zu modifizieren. Tatsächlich verringert dies zwar nicht die Höhe der anfallenden Steuer selbst – immerhin bleibt der Lebensgefährte im Außenverhältnis gegenüber dem Finanzamt weiterhin verpflichtet. Eine solche Regelung kann aber dazu führen, dass die Steuer im Ergebnis von demjenigen zu tragen ist, der über die entsprechende Liquidität verfügt.

29.15 **Muster 29.15: Tragung der Steuerlast im Innenverhältnis**

55 Sollte bei meinem Lebensgefährten infolge der zu seinen Gunsten angeordneten Vermächtnisse Erbschaftsteuer anfallen, so ordne ich im Wege eines Vermächtnisses an, dass die Steuerlast im Innenverhältnis von meinen Erben getragen werden soll.

Ersatzvermächtnisnehmer werden entgegen jeder anders lautenden gesetzlichen und/oder richterlichen Auslegungs- und Vermutungsregel nicht bestimmt.

Die Kosten der Vermächtniserfüllung trägt der Nachlass.

56 Im Rahmen der **Grunderwerbsteuer** stehen nichtehelichen Lebenspartnern keinerlei Vergünstigungen oder Steuerbefreiungen zu. Sofern zu Lebzeiten Immobilienvermögen unter Partnern einer nichtehelichen Lebensgemeinschaft erworben werden soll, ist dieser Vorgang voll grunderwerbsteuerpflichtig. Möglich bleibt im Einzelfall die Gründung einer Grundstücks-Personengesellschaft und eine Anteilsübertragung unter Einhaltung der Tatbestandsmerkmale des § 1 Abs. 2a GrEStG.[38]

57 Der Gewährung eines **zinslosen Darlehens** ohne schenkungssteuerrechtliche Konsequenzen für die Partner einer eheähnlichen Lebensgemeinschaft hat der BFH einen Riegel vorgeschoben: Angenommen wird in diesen Fällen eine freigebige Zuwendung unter Lebenden, die grundsätzlich mit einem Kapitalisierungszinssatz von 5,5 % anzusetzen ist, und zwar unabhängig davon, dass das zinslose Darlehen im Zusammenhang mit der Eingehung der Lebensgemeinschaft gewährt wurde.[39]

D. Flankierende Regelungen

I. Verträge zugunsten Dritter

58 Verträge zugunsten Dritter (z.B. kapitalbildende oder Risikolebensversicherungen, Sparbücher oder andere Geldanlagen für Dritte) haben ihren Regelungsschwerpunkt **außerhalb** einer **letztwilligen Verfügung**. Für sie gelten regelmäßig nicht die strengen Formvorschriften für letztwillige Verfügungen und Schenkungsversprechen von Todes wegen (§ 2301 Abs. 1 BGB).[40]

59 Abgeschlossen werden können derartige Verträge zugunsten Dritter entweder widerruflich oder unwiderruflich. Bei unverheirateten Paaren bietet sich in der Regel lediglich ein **widerruflicher** Abschluss an – dies deshalb, weil auf diese Weise dem Umstand am besten

38 *Elden*, NZFam 2021, 409.
39 BFH, Urt. v. 27.11.2013 – II R 25/12 (NV), MittBayNot 2014, 489.
40 BGH, Urt. v. 29.1.1964 – V ZR 209/61, NJW 1964, 1124.

Rechnung getragen werden kann, sich von der Vereinbarung auch wieder lösen zu können, wenn die Beziehung wider Erwarten durch Trennung enden sollte. Ob der nichteheliche Lebenspartner im Falle einer Trennung und bei einem **unterbliebenen Widerruf** im Erbfall **bezugsberechtigt** bleibt, ist Auslegungsfrage (§§ 133,157 BGB). Fehlt eine entsprechende Formulierung, ist hiervon regelmäßig wohl auszugehen.[41]

Praxistipp 60
Bei einem Vertrag zugunsten Dritter kommt es entscheidend auf den Willen der Vertragsschließenden zum Zeitpunkt des Vertragsschlusses an. Es empfiehlt sich daher eine Formulierung dergestalt, dass bezugsberechtigt sein soll der Ehegatte, ersatzweise der Lebensgefährte, mit dem die versicherte Person zum Eintritt des Versicherungsfalls in gültiger Ehe verheiratet ist oder in nichtehelicher Lebensgemeinschaft unter gleicher Meldeanschrift lebt, ersatzweise die gesetzlichen Erben.[42]

Unterbleibt ein Widerruf im Trennungsfall, kommt es nach dem Tod zu einem Wettlauf 61
der Erben mit dem Bezugsberechtigten: Gelingt es den Erben als Rechtsnachfolgern, den Widerruf gegenüber dem Bezugsberechtigten und sicherheitshalber auch gegenüber dem Dritten (Versicherung, Kreditinstitut) zu erklären, noch **bevor** das Schenkungsversprechen dem beschenkten Bezugsberechtigten zugegangen ist, entfällt der Auszahlungsanspruch auch im Valutaverhältnis.

Der Abschluss eines Vertrags zugunsten Dritter kann sich auch aus Gründen der Pflicht- 62
teilsreduktion und der Optimierung der bei nichtehelichen Paaren ohnehin kritischen erbschaftsteuerlichen Lage anbieten. In pflichtteilsrechtlicher Hinsicht erhält der Begünstigte die Leistung unmittelbar. Die Schenkung fällt nicht in den Nachlass.[43] Hiervon unberührt bleiben allerdings Pflichtteilsergänzungsansprüche nach den §§ 2325 ff. BGB.

Praxistipp 63
In erbschaft- und schenkungssteuerrechtlicher Hinsicht kann eine Besteuerung im Todesfall vermieden werden, indem der Versicherungsnehmer selbst den Todesfall des Partners versichert. Bei einer derartigen „Überkreuzversicherung" fällt für den Längerlebenden im Todesfall deswegen keine Erbschaftsteuer an, weil er die Prämien selbst bezahlt hat. Auch pflichtteilsrechtlich ist eine solche Konstruktion unbedenklich.

II. Schenkungen zu Lebzeiten

Unentgeltliche Zuwendungen unter nichtehelichen Lebenspartnern kommen durchaus häu- 64
fig vor. Nichteheliche Lebenspartner sind wie in erbschaftsteuerrechtlicher Hinsicht auch bei Schenkungen „übrige Erwerber" und fallen als solche in die **Steuerklasse III**. Ihnen steht nach § 16 Abs. 1 Nr. 7 ErbStG ein persönlicher Freibetrag von lediglich 20.0000 EUR zu. Der Steuersatz liegt bei 30 % bzw. bei 50 % ab einem Erwerb von 13 Mio. EUR. Steuerbefreiungen existieren vornehmlich nach den §§ 13a–13d ErbStG. Tarifbegrenzungen sind nach § 19a ErbStG möglich.

Schenkungen und unbenannte Zuwendungen unterliegen der Schenkungssteuerpflicht, so- 65
fern sie **objektiv unentgeltlich** sind und derjenige Partner, der die Zuwendung erhält, auf Kosten des leistenden Partners **bereichert** wird (§ 7 Abs. 1 Nr. 1 ErbStG). Anders gelagert sind Fälle, in denen der Partner rechtlich verpflichtet ist, die Zuwendung zu tätigen.

41 *v. Proff zu Irnich*, § 12 Rn 2, 3.
42 *v. Proff zu Irnich*, § 12 Rn 2 m.w.N.
43 BGH, Urt. v. 8.5.1996 – IV ZR 112/95, NJW 1996, 2230.

66 Besondere Relevanz haben dabei Gestaltungsmodelle im Zusammenhang mit dem Erwerb oder der Finanzierung von **Immobilieneigentum**. Hält einer der Lebensgefährten Mit-/Eigentumsanteile, der andere Partner aber nicht, und trägt Letzterer seinen Anteil am Zusammenleben über finanzielle Leistungen in das Objekt, so können diese Leistungen unter Vermeidung einer Schenkungssteuerpflicht bspw. durch einen Darlehensvertrag abgesichert werden. Der Darlehensvertrag sollte, um steuerliche Nachteile zu vermeiden, einem Fremdvergleich standhalten und eine entsprechende Verzinsung vorsehen. Geregelt werden sollten auch zivilrechtliche Aspekte, wie die Frage, was im Todesfall der Beteiligten gelten soll und unter welchen Konditionen die Darlehenssumme zur Rückzahlung fällig wird.[44] Alternativ existieren auch Mietmodelle oder gesellschaftsrechtliche Lösungen in Form der Vereinbarung einer sog. Innen-GbR.[45] Wird das Immobilienvermögen demgegenüber gemeinsam erworben, kommt auch die Begründung einer Außen-GbR in Betracht.[46]

67 Wird die nichteheliche Lebensgemeinschaft nicht durch Tod, sondern durch **Trennung** beendet, stellt sich die Frage, ob Schenkungen **zurückverlangt** werden können. Unterschieden werden muss grundsätzlich zwischen Schenkungen und unbenannten Zuwendungen: Inzwischen folgt der BGH der Ansicht, dass auch Zuwendungen innerhalb einer nichtehelichen Lebensgemeinschaft regelmäßig im Vertrauen auf deren Fortbestand getätigt werden und u.U. ausgeglichen werden müssen.[47] Die Rückabwicklung erfolgt nach bereicherungsrechtlichen Grundsätzen (§ 812 Abs. 1 S. 2 Alt. 2 BGB) oder wegen Wegfalls der Geschäftsgrundlage (§ 313 BGB).

III. Verzichtsverträge

1. Allgemeines

68 Ein Abschluss von Pflichtteilsverzichts- oder Erbverzichtsverträgen (§ 2346 Abs. 1 und 2 BGB) zwischen den nichtehelichen Lebensgefährten ist bereits mangels gesetzlicher Erb- und Pflichtteilsansprüche nicht angezeigt. Ein **Bedarf** kann sich aber ergeben, wenn die Ansprüche dritter Personen, nämlich die von Abkömmlingen oder getrennt lebenden Ehegatten, reduziert werden sollen.

2. Erbverzicht

69 Ein Erbverzicht (§ 2346 Abs. 1 BGB) schließt den Anfall gesetzlicher Erbansprüche zwischen einem künftigen Erbanwärter und dem Erblasser aus. Er muss **notariell** beurkundet werden (§ 2348 BGB) und kann auf Seiten des Erblassers nur persönlich und zu dessen **Lebzeiten** geschlossen werden (§ 2347 BGB). In der Konsequenz führt ein Erbverzicht zu einer Erhöhung der Erb- und Pflichtteilsquoten der übrigen gesetzlichen Erben (§§ 2310 S. 2, 2326 Abs. 1 S. 2 BGB). Mögliche Zugewinnausgleichsansprüche bleiben allerdings bestehen (§§ 1371 Abs. 2, 1372 BGB). Sie können nur durch eine ehevertragliche Vereinbarung geregelt werden. Bestehen bleiben ebenfalls Zuwendungen von Todes wegen aus Altverfügungen zugunsten des Verzichtenden. Es ist daher wichtig, die Existenz solcher **Altverfügungen** abzufragen und ggf. einen entsprechenden **Widerruf** – bei Ehegattentestamenten in notarieller Form (§§ 2271 Abs. 1 S. 1, 2296 Abs. 2 S. 2 BGB) – zu erwirken. Andernfalls könnte eine neu errichtete Verfügung von Todes wegen ins Leere gehen.

44 *Sikora/Sommer*, MittBayNot 2020, 415, 417 f.
45 *Sikora/Sommer*, MittBayNot 2020, 415, 419.
46 *Sikora/Sommer*, MittBayNot 2020, 415, 421 f.
47 BGH, Urt. v. 9.7.2008 – XII ZR 179/05, NJW 2008, 3277.

Muster 29.16: Erbverzicht unter Ehegatten 29.16

§ 1 70

Wir verzichten gegenseitig völlig auf jegliches gesetzliche Erb- und Pflichtteilsrecht, das einem von uns beim Tod des anderen zustehen würde. Wir nehmen diese Verzichte gegenseitig an.

§ 2

Der Verzicht gilt unabhängig von der künftigen Entwicklung der jeweiligen und gemeinsamen Vermögensverhältnisse und unabhängig davon, wer Erbe nach einem jeden von uns wird.

§ 3

Der Verzicht erfolgt jeweils ohne Geldzahlungen oder sonstige Leistungen.

3. Pflichtteilsverzicht

Ein Pflichtteilsverzicht (§ 2346 Abs. 2 BGB) beschränkt den Verzicht auf gesetzliche Pflicht- 71
teilsansprüche. Auch ein Pflichtteilsverzicht kann nur zu **Lebzeiten** des Erblassers erklärt werden und muss **notariell** beurkundet und von diesem persönlich abgeschlossen werden (§ 2347 BGB). Anders als ein Erbverzicht lässt ein Pflichtteilsverzicht das gesetzliche Erbrecht unberührt. Wichtig ist daher stets eine **zusätzliche enterbende Verfügung** von Todes wegen. Ein Pflichtteilsverzicht kann auch gegenständlich beschränkt oder unter Vereinbarung diverser Konditionen (z.B. einer Stundungsvereinbarung) geschlossen werden.

Muster 29.17: Pflichtteilsverzicht von Kindern gegenüber einem leiblichen Elternteil 29.17

§ 1 72

Wir, …, verzichten jeweils mit Wirkung für uns und für unsere Abkömmlinge auf unseren gesetzlichen Pflichtteil gegenüber unserem Vater ….

§ 2

Der jeweilige Verzicht gilt unabhängig von der künftigen Entwicklung der Vermögensverhältnisse und unabhängig davon, wer Erbe wird.

§ 3

Für seine vorstehende Verzichtserklärung erhält jeder der Verzichtenden von … einen Geldbetrag in Höhe von … EUR als Abfindung.

§ 4

Der jeweilige Geldbetrag ist jeweils innerhalb von zwei Wochen ab heute auf ein von dem jeweils Verzichtenden noch bekannt zu gebendes Konto zur Gutschrift zu bringen.

§ 5

… unterwirft sich wegen der Zahlung der vorstehenden Geldbeträge von jeweils … EUR der sofortigen Zwangsvollstreckung in sein gesamtes Vermögen.

4. Zuwendungsverzicht

Ist der **Erbfall** bereits **eingetreten** und soll die Bindungswirkung aus einer **Altverfügung** 73
nachträglich gelöst werden, besteht die Möglichkeit der Erklärung eines Zuwendungsverzichts (§ 2352 BGB). Ein Zuwendungsverzicht erweitert den Anwendungsbereich des Erbverzichts hin zu Zuwendungen aus einer Verfügung von Todes wegen. Die persönlichen Anforderungen sind identisch mit denen eines Erb- und Pflichtteilsverzichts (§§ 2352 S. 2,

2347 BGB). Ist ein nichtehelicher Lebenspartner also nach Eintritt des ersten Erbfalls über ein gemeinschaftliches Testament erbrechtlich gebunden und gelingt es ihm, mit den Schlusserben einen Zuwendungsverzicht (ggf. gegen Abfindung) abzuschließen, erlangt er seine Testierfreiheit zurück und kann eine neue Verfügung von Todes wegen errichten und den nichtehelichen Lebenspartner von Todes wegen begünstigen.

29.18 **Muster 29.18: Zuwendungsverzicht eines Kindes gegenüber einem leiblichen Elternteil**

74 § 1

Ich verzichte hiermit gegenüber meiner dies annehmenden Mutter mit Wirkung für und gegen meine Abkömmlinge auf die mir im Testament meiner Eltern vom beim zweiten Erbfall gemachten erbrechtlichen Zuwendungen.

§ 2

Die Verzichtserklärung ist wirksam unabhängig von der Entwicklung der Vermögensverhältnisse und unabhängig davon, wer Erbe wird.

§ 3

Für die vorstehende Verzichtserklärung ist verpflichtet, innerhalb von 14 Tagen nach Abschluss dieser Vereinbarung an einen Geldbetrag in Höhe von EUR zu leisten. Sie unterwirft sich wegen dieser Zahlungsverpflichtung der sofortigen Zwangsvollstreckung aus dieser Urkunde in ihr gesamtes Vermögen.

IV. Partnerschafts- und Eheverträge

75 **Partnerschaftsverträge** regeln die wirtschaftlichen Konsequenzen der Begründung einer nichtehelichen Lebenspartnerschaft und ihrer Beendigung. Sie sind grundsätzlich formfrei möglich. Das gilt jedenfalls dann, wenn sich ein Formerfordernis nicht anderweitig ergibt, wie z.B. dann, wenn Immobilienvermögen (§ 311b Abs. 1 BGB) oder Gesellschaftsvermögen (§ 15 GmbHG) betroffen ist. Ebenfalls nicht formfrei möglich sind erbrechtliche Regelungen, Leibrentenvereinbarungen (§ 761 BGB), Schenkungsversprechen (§ 518 Abs. 1 BGB), Schuldversprechen oder Schuldanerkenntnisse (§§ 780, 781 BGB).[48] Ob Vereinbarungen über den Unterhalt aus Anlass der Geburt eines nichtehelichen Kindes (§ 1615l BGB) wegen einer analogen Anwendung des § 1585c S. 2 BGB beurkundungspflichtig sind, ist umstritten, wird aber wohl überwiegend abgelehnt.[49] Abweichende Vereinbarungen können zudem ohnehin wegen § 1614 Abs. 1 BGB nur zugunsten und nicht zu Lasten des Unterhaltsberechtigten erfolgen.

76 Der Abschluss eines **Ehevertrags** in klassischer Form scheidet bereits per definitionem für nichteheliche Lebenspartner aus. Anders ist die Situation natürlich zu beurteilen, wenn sich die Lebensgefährten dazu entschließen, die Ehe einzugehen. Diese Konsequenz muss nicht zwingend sein, steht aber angesichts der sowohl zivilrechtlich als auch steuerrechtlich komfortableren Situation in durchaus einigen Fällen zur Debatte.

48 *v. Proff zu Irnich*, § 3 Rn 2.
49 Zum Meinungsstand: *v. Proff zu Irnich*, § 3 Rn 3 m.w.N.

V. Vorsorgeregelungen

1. General- und Vorsorgevollmacht

Nichtehelichen Lebenspartnern steht untereinander kein gesetzliches Vertretungsrecht zu. 77
Das gilt auch nach Inkrafttreten der Betreuungsrechtsreform zum 1.1.2023[50] mit Ausnahme einer Vertretung in Gesundheitsfragen während der ersten sechs Monate seit dem Eintritt des Zustands, die eigenen Angelegenheiten nicht selbst besorgen zu können, auch für verheiratete und verpartnerte Paare (§ 1358 BGB). Wenn ein nichtehelicher Lebenspartner noch verheiratet ist, aber von seinem Ehepartner getrennt lebt, erlischt das Notvertretungsrecht gem. § 1358 Abs. 3 Nr. 1 BGB bzw. auch nach § 1358 Abs. 3 Nr. 2 BGB, sofern eine andere Vertrauensperson mit der Wahrnehmung der Vertretung in Angelegenheiten der Gesundheitssorge im Rahmen einer Vorsorgevollmacht betraut ist. Abgesehen von diesem Notvertretungsrecht, das ohnehin nur für Ehegatten und eingetragene Lebenspartner im Sinne des LPartG gilt, sind unverheiratete Paare dementsprechend gehalten, aktiv zu werden, sofern sie die Einrichtung einer gesetzlichen Betreuung im Vorsorgefall vermeiden wollen. Praktisch geschieht dies durch Errichtung einer **General- und Vorsorgevollmacht** (§ 1820 BGB). Die Vollmacht sollte **mindestens schriftlich** (zwingend in den Fällen der §§ 1829, 1831 und 1832 BGB) erteilt werden. Sofern auch eine Erstreckung auf Immobilien- und/oder Gesellschaftsvermögen bezweckt wird, ist die Urkunde in öffentlicher Form zu erstellen (§ 29 Abs. 1 GBO, § 12 Abs. 1 HGB).

Welche Vertrauenspersonen als Bevollmächtigte benannt werden (z.B. die Lebensgefährten 78
füreinander oder auch Kinder oder dritte Personen), ist abhängig von der konkreten Sachverhaltskonstellation. Das gilt insbesondere auch für ein mögliches Rangverhältnis mehrerer Bevollmächtigter, die Benennung von Kontrollbevollmächtigten und weitere (interne) Regelungen.

2. Patientenverfügung

Neben der Errichtung einer General- und Vorsorgevollmacht kommt flankierend die Er- 79
richtung einer Patientenverfügung (§ 1827 BGB) in Betracht. Unter einer Patientenverfügung versteht man die individuelle Willensäußerung eines Menschen zu seiner künftigen medizinischen Behandlung im Falle seiner eigenen Äußerungsunfähigkeit.[51] Die Patientenverfügung ist gesetzlich normiert in § 1827 BGB. Sie muss **schriftlich** niedergelegt werden, um wirksam zu sein (§§ 1827 Abs. 1 S. 1, 126 BGB). Eine Errichtung in öffentlicher Form ist genauso wenig gesetzlich vorgeschrieben wie eine vorhergehende medizinische Beratung. Der Errichtende muss zudem **volljährig** und **einwilligungsfähig** sein (§ 1827 Abs. 1 S. 1 BGB). Inhaltlich müssen die Wünsche entsprechend **konkret formuliert** sein und zu der in Frage stehenden Behandlungssituation passen.[52]

Im Rahmen der Patientenverfügung kann auch festgelegt werden, welche **Vertrauensperso- 80
nen** in den Entscheidungsprozess miteingebunden werden sollen bzw. ob bestimmte Personen gerade nicht informiert werden sollen. In diesem Rahmen besteht also bspw. bei nichtehelichen Lebensgefährten, die nicht den Partner, sondern die Kinder als Bevollmächtigte einsetzen, die Möglichkeit der Benennung des Lebensgefährten als weitere in den Prozess der Umsetzung der Patientenverfügung einzubindende Vertrauensperson.

50 BGBl I 2021, 882.

51 BGH, Beschl. v. 17.3.2003 – XII ZB 2/03, NJW 2003, 1588.

52 BGH, Beschl. v. 8.2.2017 – XII ZB 604/15, NJW 2017, 1737; BGH, Beschl. v. 14.11.2018 – XII ZB 107/18, NJW 2019, 600.

E. Muster

29.19 **Muster 29.19: Einzeltestament nichtehelicher Lebenspartner**

81 **Einzeltestament**

Ich, , errichte nachfolgendes Testament:

I. Testierfreiheit

Ich erkläre, dass ich nicht durch ein bindend gewordenes gemeinschaftliches Testament oder einen Erbvertrag an der Errichtung dieses Testaments gehindert bin. Hiermit hebe ich alle bisher von mir errichteten Verfügungen von Todes wegen in vollem Umfang auf. Für den Fall, dass ich dieses Testament widerrufe, soll die Vermutung des § 2257 BGB nicht gelten, also damit kein Widerruf des Widerrufs der vorangegangenen letztwilligen Verfügungen verbunden sein.

II. Rechtswahl

Ich habe meinen gewöhnlichen Aufenthalt in Deutschland. Vorsorglich wähle ich für die Zulässigkeit und für die materielle Wirksamkeit dieser Verfügung von Todes wegen und die Rechtsnachfolge von Todes wegen nach meinem Tod das deutsche Recht. Mein gesamter Nachlass soll, soweit gesetzlich möglich und zulässig, nach deutschem Recht vererbt werden. Diese Rechtswahl soll, soweit gesetzlich möglich und zulässig, insbesondere dann Gültigkeit haben, wenn ich meinen letzten gewöhnlichen Aufenthalt ins Ausland verlege.

III. Erbeinsetzung

Zu Miterben zu gleichen Teilen bestimme ich meine Kinder und .

Zu Ersatzschlusserben nach Stämmen bestimme ich die Abkömmlinge meiner vorbenannten Kinder nach Stämmen und unter sich nach den Regelungen der gesetzlichen Erbfolge. Wiederum ersatzweise soll Anwachsung eintreten.

IV. Vermächtnis

Ich beschwere die Erben mit folgenden bedingten Vermächtnissen zugunsten meiner Lebensgefährtin :

1. Nießbrauch

Meine Lebensgefährtin erhält im Wege eines Vermächtnisses ein Nießbrauchsrecht an der Eigentumswohnung in , eingetragen im Grundbuch von , Blatt .

Die Vermächtnisnehmerin hat, soweit gesetzlich zulässig, während der Dauer des Nießbrauchs wie ein Eigentümer folgende Kosten zu tragen:
- alle privaten und öffentlichen Aufwendungen und Lasten inklusive aller außerordentlichen Lasten und möglichen Erschließungskosten sowie
- alle außergewöhnlichen Kosten für Instandhaltung, Ausbesserung und Erneuerung des vorbenannten Grundbesitzes.

Die Ausübung des Nießbrauchs kann anderen nicht überlassen werden.

Befindet sich der vorbenannte Grundbesitz zum Zeitpunkt des Erbfalls nicht mehr im Nachlass, soll das Nießbrauchsvermächtnis ersatzlos wegfallen.

Die Vermächtnisnehmerin ist berechtigt, den Nießbrauch auf eigene Kosten im Grundbuch an nächstoffener Rangstelle eintragen zu lassen mit dem Vermerk, dass zur Löschung des Rechts der Nachweis des Todes der Berechtigten genügt. Ab Vermächtnisanfall bis zur Eintragung des Nießbrauchs ist ein inhaltsgleiches schuldrechtliches Nutzungsrecht vermacht.

Der Nießbrauch endet grundsätzlich mit dem Ableben der Berechtigten, entfällt bereits zuvor allerdings endgültig bei Verehelichung oder Begründung einer neuen nichtehelichen Lebensgemeinschaft (§ 20 SGB XII) durch die Vermächtnisnehmerin (auflösende Bedingung). Die Vermächtnisnehmerin ist in diesem Fall verpflichtet, unverzüglich die Nutzungen zu beenden und den Nießbrauch im Grundbuch auf eigene Kosten löschen zu lassen.

Ein Ersatzvermächtnisnehmer wird entgegen jeder anders lautenden gesetzlichen oder richterlichen Auslegungs- und/oder Vermutungsregel nicht bestimmt.

Die Kosten der Vermächtniserfüllung trägt die Vermächtnisnehmerin.

2. Hausrat/Voraus

Meine Lebensgefährtin erhält im Wege eines Vermächtnisses sämtliche Nachlassgegenstände, die gem. § 1932 BGB zum gesetzlichen Voraus eines Ehegatten rechnen würden, inklusive eines etwaig vorhandenen Pkw. § 1932 Abs. 1 S. 2 BGB bleibt unberücksichtigt. Eine Angemessenheitsprüfung soll nicht stattfinden.

Ein Ersatzvermächtnisnehmer wird entgegen jeder anders lautenden gesetzlichen oder richterlichen Auslegungs- und/oder Vermutungsregel nicht bestimmt.

Die Kosten der Vermächtniserfüllung trägt die Vermächtnisnehmerin.

3. Wegfall der Vermächtnisse

Die vorgenannten Vermächtnisse entfallen ersatzlos (auflösende Bedingung), wenn ich von der Vermächtnisnehmerin zum Zeitpunkt des Erbfalls in entsprechender Anwendung des § 1567 BGB getrennt lebe.

V. Testamentsvollstreckung

Ich ordne Testamentsvollstreckung an. Zur Testamentsvollstreckerin bestimme ich meine Lebensgefährtin .

Die Testamentsvollstreckerin hat die ausschließliche Aufgabe, die unter Ziffer IV dieses Testaments angeordneten Vermächtnisse zu erfüllen. Hierzu wird Befreiung von § 181 BGB erteilt.

Die Testamentsvollstreckerin erhält für ihre Tätigkeit keine Vergütung und keinen Auslagenersatz.

Muster 29.20: Erbvertrag nichtehelicher Lebenspartner mit Rücktrittsvorbehalt 29.20

[*Notarielle Eingangsformel*] 82

Die Anwesenden wünschen die Errichtung eines Erbvertrags durch mündliche Erklärung, wobei sowohl als auch Erblasser und Vertragschließender sind. Sie verlangen keine Zuziehung von Zeugen.

Die Erschienenen erklärten bei gleichzeitiger Anwesenheit mündlich folgenden

Erbvertrag:

Wir treffen alle vorstehenden Verfügungen, soweit gesetzlich zulässig, mit erbvertraglicher Bindung und damit einseitig unwiderruflich.

§ 1 Vorbemerkung

(1) Wir, und , sind beide unverheiratet und leben in nichtehelicher Lebensgemeinschaft.

(2) Wir versichern, nicht durch Erbvertrag oder gemeinschaftliches Testament in der Verfügung über den jeweiligen Nachlass gebunden zu sein.

§ 2 Gegenseitige Erbeinsetzung

(1) Wir setzen wir uns hiermit gegenseitig vertragsmäßig zu alleinigen und ausschließlichen Vollerben ein. Eine Nacherbfolge findet nicht statt. Wir nehmen diese Erklärungen gegenseitig als vertragliche an.

(2) Verfügungen von Todes wegen für den zweiten Erbfall wollen wir heute nicht treffen.

§ 3 Rücktrittsvorbehalt

Jeder von uns behält sich den jederzeit ohne Angabe von Gründen möglichen Rücktritt von dem Erbvertrag vor. Wird hiernach wirksam zurückgetreten, so sind sämtliche Verfügungen von Todes wegen – auch einseitige – und sonstige Rechtsgeschäfte in dieser Urkunde unwirksam.

§ 4 Verzicht auf Anfechtungsrecht

Wir verzichten jeweils auf unser Anfechtungsrecht gem. den §§ 2281 Abs. 1, 2079 BGB.

§ 5 Notarielle Schlussformel

– Schlussbestimmungen und Belehrungen –

In Gegenwart des Notars den Beteiligten vorgelesen, von ihnen genehmigt und eigenhändig unterschrieben:

F. Checkliste: Vermögensnachfolgeplanung für nichteheliche Lebenspartner

83 **1. Welche Motivation verfolgt der Mandant bei der Errichtung von Todes wegen?**
- Absicherung des längerlebenden nichtehelichen Lebenspartners?
- Steueroptimierung?
- Ausgleich für lebzeitige Beiträge zu gemeinsam erwirtschafteten Werten?
- Bindung von Todes wegen gewünscht?
- Weitere Ziele?

2. Was ist die Ausgangslage?
- Personen:
  - Sind (gemeinsame) Kinder vorhanden?
  - Ist der Mandant (noch) verheiratet und wenn ja, in welchem Güterstand lebt er?
- Vermögen:
  - Wie setzt sich das Vermögen des Mandanten zusammen (Privatvermögen, Betriebsvermögen)?
  - Bestehen gemeinsame, mit dem Lebensgefährten zusammen erwirtschaftete Vermögenswerte?
- Verfügungen:
  - Bestehen Bindungen aus früheren Verfügungen von Todes wegen?
  - Hat der Mandant familienrechtliche Vereinbarungen (Ehevertrag, Partnerschaftsvertrag) geschlossen?
  - Gibt es weitere Verfügungen, die für die Nachfolge eine Rolle spielen können (z.B. gesellschaftsvertragliche Vereinbarungen)?
- Besonderheiten:
  - Wie verstehen sich die (pflichtteilsberechtigten) weiteren Angehörigen untereinander und mit dem Lebensgefährten?
  - Gibt es besonders schutzbedürftige Angehörige (z.B. Minderjährige, Bürgergeld-Empfänger, Menschen mit Behinderung)?

3. Was soll bei Beendigung der nichtehelichen Lebensgemeinschaft gelten?
- Aufrechterhaltungswille?
- Entfallen aller Zuwendungen? Rücktritt?
- Eheschließung denkbar?

4. Welche flankierenden Verfügungen kommen in Betracht?
- Vorsorgeregelungen?
- Verzichtsverträge?
- Partnerschafts- oder Eheverträge?
- Lebzeitige Zuwendungen?
- Verträge zugunsten Dritter?
- Weitere Vereinbarungen?

Stichwortverzeichnis

Fette Zahlen = §§, magere Zahlen = Randnummern, M = Muster

Abfindung
- bei Erbauseinandersetzung **11** 239
- bei Verzicht auf erbrechtliche Ansprüche **11** 51 ff.
- des Nacherben **11** 137, 140
- des weichenden Erben bei Hoferbfolge **28** 68, 86, 109
- gesellschaftsrechtliche **10** 45 f., 104, 112 ff., 146, 152, **27** 29, 31, 52

Abfindungsausschluss **10** 117 ff., M 120, 147
Abfindungsbeschränkungen **10** 113 ff., **11** 36
Abfindungsklausel **10** M 114, 117
Abfindungslösung, erbrechtliche
- Unternehmertestament **27** 43

Abtretungsklausel **10** 148 ff., M 150, M 154
Abwicklungstestamentsvollstreckung **17** 78, **20** 13 ff., M 19
- Abzugsfähigkeit Kosten **20** 278
- Auseinandersetzungsvollstreckung **20** 11
- Dauer **20** 23
- Einzelunternehmen **20** 210 ff., M 212
- Kapitalgesellschaftsanteil **20** 253
- Personengesellschaftsanteil **20** 235 f.
- Stiftung **13** 81
- Vergütung **20** 162
- Vor-/Nacherbschaft **20** 51

Adoption
- Auslandsbezug **12** 146 ff.

Adoptivkind **6** 37
- Begriff „Abkömmling" **10** 81, **13** 28, **14** 50
- erbrechtliche Gleichstellung bei Auslandsbezug **12** M 149, M 151
- Erbschaftsteuer **11** 61, 64
- Pflichtteilsberechtigung **23** 152

Alleinerbeneinsetzung **14** 2, M 84
Alleinstehender
- Testament **22** 32 ff.
- Testament (Erblasser mit Verwandten) **22** M 38
- Testament (Erblasser ohne Verwandte, mit Haustier) **22** M 41

Altenteil
- Landgut **28** 28, 39
- Vermächtnis **28** M 40

Amtliche Verwahrung **2** 31
- Erbvertrag **2** 47, **4** 31, **24** 45
- Gebühren **4** 36
- notarielles Testament **2** 45, **4** 31 ff.
- privatschriftliches Testament **5** 23, **22** 31
- Rücknahme aus Verwahrung **22** 30 f.

Änderungsvorbehalt
- Erbvertrag **8** 11, M 12 f., **24** 81 ff.
- gemeinschaftliches Testament **8** 56
- Grenzen **24** 84 ff.
- Totalvorbehalt **24** 85
- Zulässigkeit **24** 83

Andeutungstheorie **6** 7 ff.
Anerbenrecht
- Höfeordnung *siehe dort*
- Höfeordnung Rheinland-Pfalz *siehe dort*
- Landesgesetze **28** 2
- Testierfreiheit **28** 3

Anfechtung
- Ausschluss **14** 80, M 81
- Ausschluss durch Bestätigung **8** 37, **24** 104, 113
- Bedürftigentestament **26** 100
- Berechtigter **8** 59, **14** 77
- bindende Verfügungen **24** 93 ff.
- Ehegattentestament **23** 152 ff.
- einseitige Verfügungen im Erbvertrag **24** 121
- einseitiger Erbvertrag **24** 96 ff.
- Erbvertrag **8** 29 ff., **24** 91 ff.
- Erklärung **8** 34, 60, **24** 100 f., 108
- Erklärungen des Vertragspartners **24** 92
- Erklärungsirrtum **24** 98
- Fallbeispiel **24** 114
- Frist **8** 36, 60, **24** 100 f., 109
- Gegner **8** 35
- gemeinschaftliches Testament **8** 59 ff.
- Grund **8** 32, **24** 97 ff.
- Inhaltsirrtum **24** 97
- Motivirrtum **14** 75 ff., **24** 99

- Rechtsfolgen **8** 38 f., 63 f., **14** 77, **24** 103, 110
- Schadensersatz **8** 39
- Selbstanfechtung *siehe dort*
- Übergehung Pflichtteilsberechtigter **8** 33, **14** 76, **24** 106, 113
- Verhältnis zur Auslegung **6** 26
- zwei-/mehrseitiger Erbvertrag **24** 107 ff.

Ankaufsrechtsvermächtnis **16** 248, M 249

Anordnungen, familienrechtliche *siehe* Familienrechtliche Anordnungen

Anwachsung **6** M 60 f., **14** 111 ff.
- Ausschluss **6** 64
- Begriff **6** 58
- gemeinschaftlicher Erbteil **6** 66
- Rechtsfolgen **6** 65 ff.
- Verhältnis zur Ersatzerbfolge **14** 98
- Voraussetzungen **6** 59, 63

Anwaltsvertrag
- Aufforderung zur Leistungserbringung vor Ablauf der Widerrufsfrist **2** M 9
- Mandantenerklärung zur Beauftragung/Kommunikation **2** M 5
- Widerruf **2** 6
- Widerrufsbelehrung **2** M 8

Aufenthalt, gewöhnlicher
- Ausschluss der Ausweichklausel des Art. 21 Abs. 2 EuErbVO **12** M 34
- Begriff **12** 5
- Beraterhinweis auf Bedingung der Fortdauer/Wiederbegründung **12** M 36
- Berufspendler **12** 20, M 21
- Demenztourismus **12** 13
- Erbschaftsteuerpflicht **11** 7 ff.
- EuErbVO **12** 5 ff.
- Haft im Ausland **12** 14
- Konkretisierung durch Erblasser **12** 18
- mehrfacher **12** 24
- Rentner mit teilweisem Auslandsaufenthalt **12** 22, M 23
- Studium im Ausland **12** 12
- Umzug ins Ausland **12** 15 ff., M 16, M 19, 32 ff., M 34

Aufhebungstestament **8** 17 f., **24** M 72, 78, M 79 f.
- Zustimmung des Vermächtnisnehmers **24** 70, M 71

Aufhebungsvertrag **8** 16, 27, 42, **24** 76, M 77

Auflage **17** 1 ff.
- Anwartschaftsrecht **17** 8
- Anwendungsbereiche **17** 25 ff.
- Begünstigter **17** 8 ff.
- Beschwerter **17** 17 ff.
- Bestattung **17** 59 ff.
- Bindung **17** 2
- caritativer Zweck **17** 7, 51 ff.
- Checkliste **17** 92
- Drittbestimmung **17** 10, 43 ff., M 47
- Erbe als Beschwerter **17** 17, M 34 f., M 37
- Erbschaftsteuer **11** 49, **17** 4 ff.
- Gattungsauflage **17** 21, M 45
- Grabpflege **17** 59 ff., M 68, **23** M 102
- Haustierversorgung **17** 48 ff., M 49
- Inhalt **17** 20 ff.
- Sicherung **17** 2
- Sicherung durch Bedingung **17** 36, M 37, 41, M 42
- Sittenwidrigkeit **17** 23
- Spendenauflage **17** 51 ff., M 55
- Stiftungserrichtung **17** 69 ff., M 74 f.
- Stiftungsförderung **13** 9
- Teilungsverbot **18** 96 ff., M 97, M 99, M 103
- Testamentsvollstrecker **17** 12
- Umgang mit einzelnen Nachlassgegenständen **17** M 57
- Unterauflage **17** 17
- Unternehmensfortführung **17** 76 ff., 87 ff., M 91, **27** M 157
- Unternehmertestament **27** 155 ff.
- Veräußerung/Belastung von Grundbesitz **17** M 58
- Vererbbarkeit **17** 9
- Verhältnis zur Zuwendung **17** 3
- Verjährung des Vollziehungsanspruchs **17** 18
- Vermächtnisnehmer als Beschwerter **17** 17, 38, M 39 f., M 42
- Vollziehungsanspruch **17** 9
- Vollziehungsberechtigter **17** 11 ff.
- Wahlauflage **17** 21, M 44
- Zweckauflage **17** 21 f., M 46 f.

Auflösungsklausel **10** 108 ff., **27** 44

Auseinandersetzungsvollstreckung **20** 11

Ausgleichung
- lebzeitiger Zuwendung durch Vorausvermächtnis **18** M 59

Auslandsbedienstete
- Erbschaftsteuerpflicht **11** 10

Auslegung
- Andeutungstheorie **6** 7 ff.
- Bedingung **6** 77 ff.
- berücksichtigungsfähige Umstände **6** 13 ff.
- Einzeltestament **6** 5 ff.
- Erbeinsetzung auf Bruchteil **6** 54 ff.
- Erbvertrag **6** 83, **24** 90
- ergänzende **6** 16 ff.
- Ergänzungsregeln **6** 30
- Ergänzungsvorbehalt **6** 87
- erläuternde **6** 5 ff.
- Ersatzerbfolge **6** 68 ff., **14** 96 f., 99 ff.
- gemeinschaftliches Testament **6** 84
- gesetzliche Regeln **6** 1 ff.
- mehrdeutige Bezeichnung des Bedachten **6** 51
- Pflichtteilszuwendung **9** 9
- Schlusserbeneinsetzung **6** 47
- Teilungsanordnung/ Vorausvermächtnis **18** 32
- Teilungsverbot **18** 75
- Teilunwirksamkeit **6** 85 f.
- Testamentsauslegungsvertrag **21** 87
- ungenaue Bezeichnung des Bedachten **6** 34 ff., 52
- Verhältnis zur Anfechtung **6** 26
- Verschaffungsvermächtnis **16** 37
- Verteilungstestament **18** 35 ff.
- wechselbezügliche Verfügung **8** 46 ff.
- wohlwollende **6** 24
- Zuwendung des Gesamtvermögens **6** 32 f., **14** 53
- Zuwendung von Einzelgegenständen **6** 32 f., **14** 52 ff.

Ausschlagung
- Erbe *siehe* Erbausschlagung
- Vermächtnis **16** 9

Ausschließungsgründe *siehe auch* Mitwirkungsverbot
- Dolmetscher **4** 23
- Notar **4** 2

Bedingung
- Auslegung **6** 77 ff.
- Erbeinsetzung **14** 57 ff., M 60
- Pflichtteilsrecht **14** 58
- Potestativbedingung **14** 62 ff.
- Sittenwidrigkeit **14** M 60, 63
- Unternehmertestament **27** 137 ff.
- Vermächtnis **16** 7
- Verwirkungsklausel **14** 68 ff.
- Wiederverheiratungsklausel **14** 65
- Wohnungsrecht **16** 200

Bedürftigentestament **26** 5, 92 ff., M 102
- Anfechtung **26** 100
- Insolvenzverfahren **26** 105 ff.
- Nießbrauchsvermächtnis **26** M 96
- Pflichtteilsbeschränkung in guter Absicht **26** 104
- Sittenwidrigkeit **26** 34 ff.
- Testamentsvollstreckerbestimmung **26** 103
- Testamentsvollstreckung **26** 34 f.
- Vermächtnislösung **26** 92
- Vor- und Nacherbschaftslösung **26** 92
- Wegfall der Bedürftigkeit **26** 99
- Wegfall von Beschränkungen **26** 101

Befristung
- Erbeinsetzung **14** 57

Behindertentestament **26** 1 ff.
- auflösende Bedingung bei Vorversterben des Kindes **26** M 50
- Betreuervergütung **26** 69
- Enterbungslösung **26** 43
- Erbauseinandersetzung **26** 73
- Geldvermächtnis bei Schenkung **26** M 42
- gemeinschaftliches Testament **26** 76, M 77, 89
- Gestaltungstipps **26** 64 ff.
- Gestaltungsziele **26** 1 ff.
- Heim(träger) als Nacherbe **26** 54
- Pflichtteilsergänzungsanspruch **26** 38 ff.
- Pflichtteilsstrafklausel **26** 90
- Quote **26** 51 ff.
- Sittenwidrigkeit **26** 31 ff.
- Teilungsanordnung **26** 74
- Testamentsvollstreckerbestimmung bei Vermächtnislösung **26** 82
- Testamentsvollstreckerbestimmung bei Vor- und Nacherbschaftslösung **26** 70
- Testamentsvollstreckung **26** 32, 55 ff., 78 ff.

– Vermächtnislösung **26** 78 ff., M 86
– Verwaltungsanordnung bei Dauervollstreckung **26** 56 ff.
– Vor- und Nacherbschaftslösung **26** 44 ff., M 75
– Wohnungsrechtsvermächtnis **26** 87, M 88

Beraterpflichten **2** 1 ff. *siehe auch* Erstberatung
– bei Auslandsbezug **12** 180, 226, 239 ff., M 240, M 243, M 246
– Dokumentation **2** 23
– Haftpflichtversicherung **2** 17
– Interessenkollision **2** 2
– Konfliktpotenziale **2** 55
– Mandantenerklärung zur Beauftragung/Kommunikation **2** M 5
– Mediation **2** 59
– Sachverhaltsermittlung **2** 25 ff.
– Schlussdokumentation **2** 29
– Testamentsform **2** 33
– Widerrufsbelehrung **2** 6, M 8 f.

Beratungsgebühr **3** 10 ff.

Beratungsgespräch *siehe* Beraterpflichten *siehe* Erstberatung

Berliner Testament **8** 49, **23** 5, **25** 61
– Gestaltungstipps für ersten Erbfall **19** 25
– Gestaltungstipps für zweiten Erbfall **19** 27
– Pflichtteilsanspruch Minderjähriger **19** 20 ff.

Bestattung **17** 59 ff.
– Bestattungspflichtiger **17** 61
– Bestattungsverfügung **17** M 67, **23** 103, M 104
– Kosten, steuerliche Behandlung **17** 65

Bestimmungsvermächtnis **16** 42 ff., M 51 f.
– Auswahlberechtigter **16** 45
– Bestimmungsrecht, Erlöschen **16** 46
– Bestimmungsrecht, Unterlassen **16** 46
– Personenkreis **16** 43
– Testamentsvollstreckung **16** 46

Betreuer
– als Begünstigter **14** 30 ff.
– als Testamentsvollstrecker **26** 71
– Erbausschlagung durch **26** 25 ff.

Betreuung
– Testamentsvollstreckung **26** 70 f.
– Testierfähigkeit **7** 83 ff.

Betreuungsorganisationsgesetz
– Ausnahmegenehmigung **14** 33
– Zuwendungsverbot **14** 30

Betriebliche Altersversorgung
– steuerliche Begünstigung **11** 200 f.

Betriebsaufspaltung
– Personengesellschaft **27** 62 ff.

Betriebsvermögensbegünstigungen **11** 186 ff.
– begünstigungsfähiges Vermögen **11** 187 f.
– betriebliche Altersversorgung **11** 200 f.
– Bruttoverwaltungsvermögenstest **11** 191 ff.
– Ermittlung des begünstigten Vermögens **11** 198 ff.
– Finanzmitteltest **11** 202
– Optionsverschonung **11** 210 f.
– Regelverschonung **11** 208 f.
– Schulden **11** 203
– Umqualifizierung nicht begünstigten Vermögens **11** 204 ff.
– Verwaltungsvermögen **11** 189 f.

Betriebsvermögensbewertung **11** 177 ff.
– Bewertungsmethode **11** 179
– gemeiner Wert **11** 178
– Substanzwertverfahren **11** 185
– vereinfachter Ertragswert **11** 180 ff.

Beurkundungsverfahren
– Verfügung von Todes wegen **2** 34 ff.

BGB-Gesellschaft *siehe* GbR

Bindungswirkung
– Ehegattentestament **23** 110 ff.
– Erbvertrag **8** 6 ff., **24** 47 ff.
– gemeinschaftliches Testament **8** 43 ff.

Bruchteil
– Erbeinsetzung auf **6** 54 ff.

Bruttoverwaltungsvermögenstest **11** 191 ff.

Dauertestamentsvollstreckung **20** 24 ff., M 28
– Abgrenzung zur Verwaltungsvollstreckung **20** 24
– Einzelunternehmen **20** 214 ff.
– Höchstdauer **20** 32
– Personengesellschaftsanteil **20** 237 ff.
– Stiftung von Todes wegen **13** 81
– Verwaltungsanordnung **20** 30, M 31

Deutsch-iranisches Niederlassungsabkommen 12 75 ff.
- deutscher Erblasser **12** 76
- iranischer Erblasser **12** 77
- Mehrstaater **12** 78 f.

Deutsch-sowjetischer Konsularvertrag 12 90 ff.
- bewegliches Vermögen **12** 94
- Mehrstaater **12** 95 f.
- unbewegliches Vermögen **12** 92 f.
- Vertragsstaaten **12** 91

Deutsch-türkisches Nachlassabkommen 12 80 ff.
- Anwendungsbereich **12** 81
- deutscher Erblasser **12** 82
- Formwirksamkeit letztwilliger Verfügung **12** 99
- Mehrstaater **12** 84 f.
- Nachlassspaltung **12** 87
- Rechtswahl zugunsten des türkischen Heimatrechts **12** 88, M 89
- türkischer Erblasser **12** 83
- unbewegliches Vermögen in Drittstaat **12** 86

Dieterle-Klausel 14 44, **25** 43
Dispositionsnießbrauch 16 142
Dolmetscher
- Ausschließungsgründe **4** 23
- Gebärdensprachdolmetscher **4** 24
- Hinzuziehungspflicht **4** 22
- Mitwirkungsverbot **2** 39, **14** 34

Dreißigster
- nichtehelicher Lebenspartner **29** 6

Ehe, gleichgeschlechtliche
- Auslandsbezug **12** 152 ff., 197 ff.

Ehegatte
- Auslandsbezug **22** 72 ff.
- befreiter Vorerbe **15** 22
- Einzeltestament (Erblasser mit Gesellschaftsanteilen) **22** M 71
- Einzeltestament, Vor-/Nachteile **22** 67 f.
- Enterbung **9** 11
- Erbverzicht **29** M 70
- Pflichtteil **9** 11
- Versorgungsfreibetrag **11** 69
- Voraus **18** 45

Ehegattenerbrecht
- Getrenntleben **25** 4
- Scheidungsverfahren **25** 6
- Zugewinngemeinschaft **11** 91 ff.

Ehegattenerbvertrag 24 12, M 13 f.
Ehegattenhof 28 64, 98
- Erbeinsetzung **28** M 99

Ehegattentestament 23 1 ff. *siehe auch* Testament, gemeinschaftliches
- Anfechtung **23** 152 ff.
- Anfechtungsausschluss **23** M 155
- Aufbauschema **23** 9 ff.
- Auflage **23** 101
- bedingtes Erwerbsrecht des überlebenden Ehegatten **23** 66, M 67, 94, M 96
- Berliner Testament **23** 5
- Bindungswirkung **23** 110 ff.
- eingetragene Lebenspartner **23** 1
- einheitliche Verfügung **23** M 12
- Einheitslösung **23** 8, 45
- Einheitslösung mit Supervermächtnis **23** M 171
- Erbeinsetzung der Abkömmlinge **23** 60, M 62
- Erbschaftsteuer **23** 16 ff.
- Ersatzerbeneinsetzung **23** 50 ff.
- Ersatzschlusserbeneinsetzung **23** 56 ff., M 57, M 59
- Familienheimprivileg **23** 38 ff.
- Familienheimvermächtnis **23** M 43
- gegenseitige Erbeinsetzung **23** 45 ff., M 48 f.
- Geldvermächtnis **23** 84
- Geldvermächtnis zugunsten der Kinder **23** M 25, M 85 ff.
- getrennte Verfügungen **23** M 15
- Getrenntleben **25** 4
- gleichzeitiges Versterben **14** 17, M 18, **23** 31
- Grundstücksvermächtnis **23** 94 ff.
- Grundtypen **23** 8
- Hausratsvermächtnis **23** 61, M 62
- Katastrophenklausel **23** 31 ff., M 34 f.
- nach Scheidung **25** 7
- Nießbrauchslösung **23** 30
- Nießbrauchsvermächtnis **23** 60, M 65
- Notarkosten **23** 164 ff.
- Patchworkfamilie **25** 61, M 70
- Pflichtteilsansprüche **23** 157
- Pflichtteilsstrafklausel **23** 159, M 161 f.
- Sachvermächtnis **23** 94 ff.
- Scheidungsfolgen **23** 128, M 130 ff.

- Scheidungsverfahren **25** 6
- Schlusserbeneinsetzung **23** 50 ff., M 52, M 54
- steuerliche Optimierung **23** 19 ff.
- Supervermächtnis **23** 26 ff., 98, M 99
- Testamentsvollstreckung bei beiden Erbfällen **23** M 106
- Testamentsvollstreckung beim ersten Erbfall **23** 105
- Testamentsvollstreckung beim zweiten Erbfall **23** 107, M 108 f.
- Testamentsvollstreckung zur Vermächtniserfüllung **23** 68, M 69
- Trennungslösung **23** 8, 70
- Vermächtnis **23** 81
- Vermächtnisfälligkeit **23** M 23
- Versterben aufgrund desselben Ereignisses **23** 36
- Versterben kurz hintereinander **23** 36
- Vor-/Nacherbfolge **23** 70 ff., M 75
- Vorausvermächtnis **23** 79, M 80
- Wechselbezüglichkeit *siehe dort*
- Wiederverheiratungsklausel **23** 133 ff. *siehe auch dort*

Ehegattenvoraus **16** 93
- Erbschaftsteuer **11** 40
- Pkw **16** 94

Ehescheidung
- Einzeltestament **22** 47 ff.
- gemeinschaftliches Testament **22** 49 ff.

Ehevertrag
- Ehe- und Erbvertrag **24** 17 ff.

Einkommensteuer **11** 211 ff.
- nichteheliche Lebenspartner **29** 20

Eintrittsklausel **10** 101 ff., **27** 41 ff.
- Abfindung **10** 104
- Abfindungslösung **27** 43
- Aufnahmevertrag **10** 105
- einfache Klausel **10** M 102
- Eintrittspflicht **10** 105
- Eintrittsrecht **10** 101
- Erbenhaftung **10** 126
- Treuhandlösung **10** 106, M 107
- Vor-/Nacherbfolge **27** 195

Einzeltestament **22** 1 ff.
- Alleinstehender **22** 32 ff.
- Alleinstehender mit Verwandten **22** M 38
- Alleinstehender ohne Verwandte, mit Haustier **22** M 41
- Anordnungen **22** 7
- Anwendungsbereich **22** 5
- Auslegung **6** 5 ff.
- Ehegatte mit Gesellschaftsanteilen **22** M 71
- Ehegatten **22** 67 ff.
- Ehegatten mit Auslandsbezug **22** 72 ff.
- Form **22** 9
- Formwirksamkeit bei Auslandsbezug **12** 98 ff.
- Geschiedener **22** 45 ff.
- materielle Wirksamkeit bei Auslandsbezug **12** 125 ff.
- nichtehelicher Lebenspartner **22** 59 ff., **29** 28 ff., M 81
- Notarkosten **3** 46
- Rechtsanwaltsgebühren **3** 15, 26
- Scheidungsfolgen **22** 47 f.
- Schiedsklausel **21** M 113
- Verlobter **22** 42 ff.
- Verwitweter **22** 52 ff., M 57
- Vor-/Nachteile **22** 3 f.
- Widerruf **22** 20 ff.

Einzelunternehmen **10** 12, 17 ff.
- Abwicklungstestamentsvollstreckung **20** 210 ff., M 212
- Auflage im Testament **27** 155 ff.
- beaufsichtigende Testamentsvollstreckung **20** 228 f.
- bedingte Erbeinsetzung mit Auflage zur Unternehmensfortführung **27** M 157
- Bedingung im Testament **27** 137 ff.
- Drittbestimmung bei Vermächtnis **27** 110 ff., M 118
- Erbausschlagung **10** 24
- Erbengemeinschaft **10** 19 ff., **27** 80
- Erbenhaftung **10** 23 ff.
- Ersatzerbenbestimmung **27** 77
- Ertragsnießbrauch **27** 104 ff., M 106
- Firma **10** 28
- Gesamtrechtsnachfolge **10** 18
- Gesellschaftsgründungsklausel **10** 22, **17** 88, M 91
- Handelsregisteranmeldung bei Erbfall **10** 27 ff., M 30 ff.
- minderjähriger Erbe **27** 81
- Nießbrauchsvermächtnis **27** 90 ff., M 101, M 106, M 108
- Nutzungsvermächtnis **27** 107, M 108

- öffentlich-rechtliche Genehmigungen **27** 81
- Pflichtteilsstrafklausel **27** 150 ff.
- Rentenvermächtnis **27** 119 ff., M 123
- Teilungsanordnung **27** 133 ff., M 136
- Testamentsgestaltung **27** 72 ff.
- Testamentsvollstreckung **20** 209 ff., **27** 13, 158 ff.
- Treuhandlösung bei Testamentsvollstreckung **17** 79 ff., M 80, M 83
- Treuhandlösung bei Verwaltungstestamentsvollstreckung **20** 216 ff., M 220
- Umwandlung in Handelsgesellschaft **10** 21
- Universalvermächtnis **27** 79
- Unternehmensfortführungsklausel **17** 88, M 91
- Unternehmensnießbrauch **27** 91 ff., M 101
- Unternehmerhaftung **10** 13
- Vererblichkeit **10** 17
- Vermächtnis **10** 18
- Vermächtnis zugunsten weichender Angehöriger **27** M 76, 78 f.
- Verwaltungs-/Dauertestamentsvollstreckung **20** 214 ff.
- Verwaltungsvollstreckung mit Wahlrecht des Testamentsvollstreckers **20** 231, M 232
- Verwirkungsklausel **27** 147 ff.
- Vollmachtslösung bei Fremdverwaltung **17** M 83
- Vollmachtslösung bei Testamentsvollstreckung **17** 81 ff., **27** 159 f.
- Vollmachtslösung bei Verwaltungstestamentsvollstreckung **20** 222 ff., M 226
- Vor-/Nacherbfolge **27** 124 ff., M 125, M 128
- Weisungsgeberlösung bei Verwaltungstestamentsvollstreckung **20** 228 f.
- Wiederverheiratungsklausel im Testament **27** 154
- Zuwendung durch Erbeinsetzung **27** M 76
- Zuwendung durch Vermächtnis **27** 82 ff., M 88

Einziehungsklausel
- AG **10** 147
- GmbH **10** 141 ff., M 142, M 144

Elterliche Sorge
- nach Scheidung **19** 29
- nach Tod eines Elternteils **19** 2 f.
- Sorgerechtsverfügung nichtehelicher Lebenspartner **29** 48

Enterbung **9** 1 ff., M 7, **14** 115, M 116
- Abkömmlinge **9** 5
- ausdrückliche **9** 6
- Begründung **9** 1
- Ehegatte **9** 11
- Einsetzung als Nacherbe **9** 8
- Einsetzung auf den Pflichtteil **9** 9 ff.
- gesetzlicher Erbe **9** 5
- konkludente **9** 4
- Negativ-Testament **9** 2
- Positiv-Testament **9** 4
- Staat **9** 5, **14** 117
- Stamm **9** 5
- stillschweigende **9** 3

Erbanfallsteuer **11** 25

Erbauseinandersetzung
- Behindertentestament **26** 73
- Einzelunternehmen **27** 133 ff.
- ertragsteuerliche Folgen **11** 227 ff.
- familiengerichtliche Genehmigung **19** 7
- Gestaltungsoptionen **18** 2
- minderjähriger Beteiligter **19** 16
- Realteilung *siehe dort*
- Teilungsanordnung *siehe dort*
- Teilungsverbot *siehe dort*
- Übernahmerecht *siehe dort*
- Vorausvermächtnis *siehe dort*

Erbauseinandersetzungserlass **11** 228

Erbausschlagung
- Abfindung, steuerliche Auswirkungen **11** 51
- bei Teilungsanordnung **18** 9
- durch Betreuer des behinderten Erben **26** 25 ff.
- durch Sozialleistungsträger **26** 24
- durch Überschuldeten **26** 30
- Einzelunternehmen **10** 24
- Erbschaftsteuer **11** 28
- familiengerichtliche Genehmigung **19** 7
- Frist **26** 29
- Nacherbe **15** 136
- Personengesellschaftsanteil **10** 72
- Sittenwidrigkeit **26** 30

Erbbaurecht
- Bestellung durch Vorerben **15** 132

Erbe, weichender
- Abfindung nach HöfeO **28** 68 ff., 86, M 87
- Abfindungsverzicht **28** 75
- Nachabfindung (Einschränkung) **28** M 91
- Nachabfindung (Erweiterung) **28** M 89
- Nachabfindung nach HöfeO **28** 74
- Nachabfindung nach Landguterbrecht **28** 29, 47
- Nachabfindung (verlängerte Reinvestitionsfrist) **28** M 93
- Nachabfindungsklausel (HöfeO) **28** M 48
- Nachabfindungsklausel (individuelle) **28** M 49
- Pflichtteilsanordnung **28** M 97

Erbeinsetzung 14 10 ff., M 118
- Abgrenzung zum Vermächtnis **6** 32, **14** 52 ff.
- Alleinerbe **14** M 84
- Anwachsung **14** 111 ff.
- Bedingung **14** 57 ff., M 60
- Befristung **14** 57
- bestimmbare **14** 49, M 51
- Betreuer **14** 30 ff.
- Bruchteil **6** 54 ff.
- Dieterle-Klausel **14** 44
- Drittbestimmung **14** 41 ff.
- Ersatzerbe **14** 94 ff.
- gemeinschaftlicher Erbteil **14** 88, M 89
- Heimträger/-leiter/-mitarbeiter **14** 25 ff.
- juristische Person **14** 35 ff.
- mehrere Erbteile **14** 90, M 92
- Miterbengemeinschaft **14** 40
- Motivangabe **14** M 79
- Nasciturus **14** 19, M 22, **15** 9
- natürliche Person **14** 11 ff.
- noch nicht gezeugtes Kind **14** 23, M 24
- Notar **14** 34
- Personengesellschaft **14** 39
- Potestativbedingung **14** 62 ff.
- Quoten **14** 85, M 86
- Stiftung **14** 36
- Urkundsperson **14** 34
- Verstorbener **14** 12

Erbengemeinschaft
- Auseinandersetzung *siehe* Erbauseinandersetzung
- Einzelunternehmen **27** 80, 133 ff.
- Erbschaftsteuer **11** 25
- Kapitalgesellschaftsanteil **10** 136, 155 ff.
- Testamentsvollstreckung **20** 5
- Vor-/Nacherbfolge **15** 35 ff.

Erbenhaftung
- Einzelunternehmen **10** 23 ff.
- Kapitalgesellschaftsanteil **10** 160 ff.
- Personengesellschaftsanteil **10** 121 ff.
- Vor-/Nacherbfolge **15** 38 ff., 64 ff.

Erbersatzsteuer
- ausländische Stiftung **13** 55
- Familienstiftung **11** 47, **13** 98 f.

Erbfähigkeit
- juristische Person **14** 35 ff.
- Miterbengemeinschaft **14** 40
- Nasciturus **14** 19
- natürliche Person **14** 11 ff.
- noch nicht gezeugtes Kind **14** 23
- Personengesellschaft **14** 39
- Stiftung **14** 36
- Verstorbener **14** 12

Erbrechtsverordnung *siehe* EuErbVO

Erbschaftsteuer 11 1 ff.
- Abfindung bei Erbausschlagung/Erbverzicht/Pflichtteilsverzicht **11** 51
- Abfindung bei Vermächtnisverzicht **11** 53
- Adoptivkind **11** 61, 64
- Ansprüche aus Lebensversicherung **11** 41 ff.
- Ansprüche aus Rentenversicherung **11** 41 ff.
- Ansprüche aus Vertrag zugunsten Dritter **11** 41 ff.
- Auflage **11** 49, **17** 4 ff.
- Bemessungsgrundlage **11** 57 f.
- Berliner Testament **23** 16
- Berücksichtigung früherer Erwerbe **11** 67
- Bestattungskosten **17** 65
- Betriebsvermögen, Bewertung **11** 177 ff.
- Bewertungszeitpunkt **11** 57
- Ehegatte bei Auslandsbezug **11** 63

– Ehegatte/eingetragener Lebenspartner **11** 60
– Ehegattentestament **23** 16 ff.
– Ehegattenvoraus **11** 40
– Enkel **11** 60
– Erbanfallsteuer **11** 25
– Erbausschlagung **11** 28
– Erbengemeinschaft **11** 25
– Erbersatzsteuer **11** 47, **13** 55, 98
– Erbvertrag **24** 149 ff.
– Familienheim **11** 71 ff.
– fortgesetzte Gütergemeinschaft **11** 131 ff.
– Freibeträge **11** 62 ff.
– Gelegenheitsgeschenk **11** 81
– geschiedener Ehegatte **11** 60
– Gesellschaftsanteil, Übergang unter Verkehrswert **11** 36 ff.
– gesetzliche Vermächtnisse **11** 40
– Gütergemeinschaft **11** 129 ff.
– Güterstand, Auswirkungen **11** 90 ff.
– Güterstandswechsel **11** 102, 124, 128
– Gütertrennung **11** 127 f.
– Hausrat **11** 78
– Herausgabeanspruch des Vertragserben **11** 55
– Hinterbliebenenbezüge **11** 43 ff.
– Immobilienbewertung **11** 156 ff.
– Kapitalgesellschaftsanteile, Bewertung **11** 177 ff.
– Kind **11** 60
– mehrfacher Erwerb desselben Vermögens **11** 87 ff.
– Nacherbenanwartschaft, Übertragung **11** 54
– Nachvermächtnis **11** 155, **25** 59
– nichtehelicher Lebenspartner **29** 14 ff., 50 ff.
– Personengesellschaftsanteil **27** 66
– persönliche Steuerpflicht **11** 2 ff. *siehe auch* Erbschaftsteuerpflicht
– Pflegekind **11** 61
– Pflegevergütungsvermächtnis **16** 117
– Pflichtteil **11** 33
– Rentenvermächtnis **16** 218 ff.
– Schenkung auf den Todesfall **11** 34
– Schwiegerkind/-eltern **11** 60
– Steuerbefreiungen **11** 62 ff.
– Steuerklassen **11** 59 ff.
– steuerpflichtige Vorgänge **11** 21 ff.
– Steuertarife **11** 84 ff.
– Steuervermächtnis **25** 67
– Stiefkind/-eltern **11** 60
– Stiftung **11** 47 ff.
– Teilungsanordnung **11** 30 ff.
– Testamentsvollstreckervergütung **20** 195
– Testamentsvollstreckungskosten **20** 278
– Vermächtnis **11** 29, **16** 8, 26 ff.
– Vermögensrückfall **11** 83
– Versorgungsfreibetrag **11** 69
– Vor-/Nacherbfolge **11** 134 ff., **15** 68 ff.
– Vorausvermächtnis **11** 30 f.
– Wohnimmobilie, vermietete **11** 75 f.
– Zugewinnausgleich, erbrechtliche Lösung **11** 112 ff.
– Zugewinnausgleich, güterrechtliche Lösung **11** 120 ff.
– Zugewinngemeinschaft **11** 91 ff.
– Zuwendung für Pflegeleistungen **11** 82
– Zweckzuwendung **11** 56, **17** 6

Erbschaftsteuerpflicht
– Auslandsbedienstete **11** 10
– beschränkte **11** 13 ff.
– Beurteilungszeitpunkt **11** 4
– erweiterte beschränkte **11** 15 ff.
– erweiterte unbeschränkte **11** 9
– Körperschaften **11** 11
– Personenvereinigungen **11** 11
– Rechtsfolge **11** 12, 14, 19
– unbeschränkte **11** 5 ff.

Erbschein
– Bindung Finanzbehörden **11** 25
– Entbehrlichkeit bei notariellem Testament **2** 54
– Legitimationswirkung **14** 1
– und Schiedsverfahren **21** 98 ff.
– Vorlage bei Handelsregisteranmeldung **10** 128
– Vorlage im Grundbuchverfahren **7** 100

Erbstatut
– Anknüpfung an engere Verbindung **12** 25 ff.
– gewöhnlicher Aufenthalt **12** 3
– hypothetisches **12** 108, 114, 125, 130
– Rechtswahl **12** 37 ff.
– Verhältnis zum Adoptionsstatut **12** 146

Erbteilsnießbrauch 16 157 ff.

Erbteilungsklage
– Schiedsverfahren **21** 83 ff.
Erbvertrag 24 1 ff.
– Ablieferungspflicht **4** 35
– amtliche Verwahrung **2** 47, **4** 31, **24** 45
– Änderung bei Auslandsbezug **12** 124
– Änderungsvorbehalt **8** 11, M 12 f., **24** 81 ff.
– Anfechtung **8** 29 ff., **24** 91 ff.
– Anfechtung durch Dritte **8** 30, **24** 122
– Anfechtung durch Erblasser **24** 93 ff.
– Anfechtungsausschluss **8** 37, **24** 104 ff., 113
– Anfechtungsberechtigter **8** 31
– Anfechtungserklärung **8** 34, **24** 100, 108
– Anfechtungsfolgen **8** 38, **24** 103, 110
– Anfechtungsfrist **8** 36, **24** 100, 109
– Anfechtungsgegner **8** 35
– Anfechtungsgrund **8** 32, **24** 97 ff.
– Arten **24** 6 ff.
– Aufhebung durch Testament **8** 17 f., **24** 70 ff., M 72, M 79 f.
– Aufhebung durch Vertrag **8** 16 ff., **24** 76, M 77
– Aufhebung einseitiger Verfügungen **8** 42
– Auslandsbezug **22** 75
– Auslegung **6** 83, **24** 90
– Ausschließungsgründe Notar **4** 2
– beeinträchtigende Schenkung **24** 55
– Beeinträchtigung des Bedachten durch anderweitige Verfügung **24** 66
– behinderter Beteiligter **4** 17 ff.
– Besonderheiten ggü. gemeinschaftlichem Testament **24** 57
– Beteiligte **24** 4
– Bindungswirkung **8** 6 ff., **24** 47 ff.
– Ehe- und Erbvertrag **24** 17 ff., M 21
– Ehegattenerbvertrag **24** 12, M 14
– einseitige Verfügungen **24** 30, 121
– einseitiger **24** 7 ff.
– Erbschaftsteuer **24** 149 ff.
– Erbstatut **24** 59
– Erbverzicht **24** 18 f.
– Erklärungsirrtum **24** 98
– Errichtung **24** 31 ff.
– Feststellung der Beteiligten **4** 9
– Formvorschriften **24** 41 ff.
– Formwirksamkeit bei Auslandsbezug **12** 113 ff.
– gegenseitiger **24** 27 ff.
– Geschäftsfähigkeit **4** 10 ff., **7** 16 f., **24** 32 ff.
– Geschwister **24** M 16
– Inhalt **24** 22 ff.
– Inhaltsirrtum **24** 97
– lebzeitige Verfügung **8** 67 ff.
– materielle Wirksamkeit bei Auslandsbezug **12** 129 ff.
– mehrseitiger **24** 12 ff.
– Minderjähriger **4** 12, **7** 16 f., **24** 39
– Mitwirkungsverbot **4** 3 ff.
– Motivirrtum **24** 99
– mündlicher mit Auslandsbezug **12** 120 ff.
– nichtehelicher Lebenspartner **22** 59, **24** M 15, **29** 33 ff., M 82
– Notarkosten **3** 58 ff., **24** 153 ff.
– persönlicher Abschluss **24** 40
– Pflichtteilsentziehung **9** 30
– Pflichtteilsverzicht **24** 18 f.
– Rechtsanwaltsgebühren **3** 14, 26
– Rechtsstellung des Bedachten **24** 48 ff.
– Rechtswahl **12** 133 f., M 135, **24** 60
– Registrierungspflicht **4** 40 ff., **24** 45
– Rücknahme aus amtlicher/notarieller Verwahrung **8** 19, **24** 46
– Rücktritt *siehe dort*
– Rücktrittsvorbehalt *siehe dort*
– Scheidungsvereinbarung **24** 12, M 13
– Schiedsklausel **21** 5, M 114
– schriftlicher mit Auslandsbezug **12** 114 ff.
– Schutz gegen lebzeitige Verfügungen **24** 48 ff.
– Selbstanfechtung **8** 29, **24** 93 ff., M 120
– Selbstanfechtungsverzicht **8** 40, M 41
– spätere Pflichtteilsbeschränkung in guter Absicht **24** 73
– Stiftung von Todes wegen **13** 69
– Testierfreiheit **8** 6 ff.
– unentgeltlicher **24** 11
– Verfügungsunterlassungsvertrag **24** 52
– Verlobte **22** 43
– Vorversterben des Bedachten **24** 75
– wechselbezügliche Verfügungen **24** 27 ff.
– Wegfall der Aufhebungswirkung **24** 74

– Widerruf bei Auslandsbezug **12** 124
– Wirkung auf frühere letztwillige Verfügung **24** 62 f.
– Wirkung auf spätere letztwillige Verfügung **24** 65
– zulässige Verfügungen **24** 22 ff.
– Zustimmung des Bedachten zu anderweitiger Verfügung **24** 67 ff.
– Zuwendungsverzicht **8** 14, 65 f.
– zweiseitiger **24** 12 ff.
Erbverzicht
– Abfindung, steuerliche Auswirkungen **11** 51
– Ehegatte **29** M 70
– Form **29** 69
– nichtehelicher Lebenspartner **29** 68
– Notarkosten **3** 58 ff.
– Rechtsfolgen **29** 69
– Unternehmensnachfolge **27** 18 ff.
Erfolgshonorar **3** 40
Ergänzungspfleger
– anwaltlicher **19** 9
– Aufgaben **19** 59
– Auswahl durch Familiengericht **19** 54
– Beaufsichtigung durch Familiengericht **19** 59
– bei Berliner Testament **19** 21
– bei Erbauseinandersetzung **19** 16
– bei Verwaltungsrechtsentzug **19** 38
– bei Vormundschaft **19** 10
– Bestellung durch Familiengericht **19** 9
– familiengerichtliche Genehmigung **19** 7
Ergänzungspflegschaft
– Beschwerde gegen familiengerichtliche Anordnung **19** 56
Ergänzungsvorbehalt **6** 87
Erklärungsirrtum **24** 98
Errichtungsstatut
– Erbvertrag **12** 130
– gemeinschaftliches Testament **12** 137 ff.
– Rechtswahl **12** 127, 133, 142
– Reichweite **12** 143
– Testament **12** 125
Ersatzerbfolge **14** 94 ff.
– Abgrenzung zur Nacherbfolge **6** 71
– Abkömmlinge **14** 100
– Auslegung **6** 68 ff., **14** 96 f., 99 ff.
– Ersatzerbenbestimmung **14** M 16, 95, M 103, M 110
– Ersatzerbeneinsetzung im Schlusserbfall **6** M 48
– Ersatzerbenvermutung **14** 99
– Ersatzerbenvermutung, Ausschluss **14** M 105, M 108
– fehlende Ersatzerbenbestimmung **14** 99
– Hoferbe **28** 82
– Nacherbe **14** 106
– nahe Angehörige **14** 101
– Verhältnis zur Anwachsung **14** 98
– Vorrang der Ersatzerbschaft **6** M 74
– Vorrang der Ersatznacherbschaft **6** M 75
– Wegfall der Ersatzerbschaft der Abkömmlinge bei Pflichtteilsgeltendmachung **6** M 42
Ersatznacherbe **15** 47 ff.
– Bestimmung **15** M 51
Ersatztestamentsvollstrecker 20 131
– Bestimmung 20 M 132
Erstberatung **1** 2 ff. *siehe auch* Beraterpflichten
– Aufnahmebogen **2** 14, M 15
– Ausgangsdaten **1** 27
– Ausgangslageschreiben **1** 36, M 38
– Checkliste **1** 39
– Ehegatten/eingetragene Lebenspartner **1** 13
– Generationengespräch **1** 25
– Interessenkollision **1** 32
– Interimsmaßnahmen **2** 32
– Klärung früherer Verfügungen **1** 16
– Kosten **1** 35, **3** 11
– nichteheliche Lebenspartner **29** 22
– Personenanalyse **1** 5
– Schema **1** 30
– Vermögensanalyse **1** 9
Ertragsnießbrauch
– Einzelunternehmen **27** 104 ff., M 106
– Personengesellschaftsanteil **27** 184, M 186
Ertragsteuer **11** 211 ff.
– Betriebsaufspaltung **11** 218 ff.
– Einzelunternehmen **11** 215
– Entnahme aus Betriebsvermögen **11** 217

- Entnahme aus Sonderbetriebsvermögen **11** 223
- Erbauseinandersetzung **11** 227 ff.
- Familienstiftung **13** 97
- Kapitalgesellschaftsanteil **11** 216 ff.
- Mitunternehmeranteil **11** 212 ff.
- Nachfolgeklausel, qualifizierte **11** 225 f.
- Personengesellschaftsanteil **11** 212 ff.
- Unternehmertestament **27** 58 ff.

Ertragswertanordnung
- Landgut **28** 41, M 42

Ertragswertverfahren **11** 173 ff.
- vereinfachtes **11** 180 ff.

EuErbVO **12** 1 ff.
- Adoption **12** 146 ff.
- Anknüpfung an engere Verbindung **12** 25 ff.
- Anwendungsbereich **12** 1
- Errichtungsstatut Erbvertrag **12** 130 ff.
- Errichtungsstatut gemeinschaftliches Testament **12** 137 ff.
- Errichtungsstatut Testament **12** 125 ff.
- Formstatut **12** 98, 113
- Geltungsbereich Formstatut **12** 123
- gewöhnlicher Aufenthalt **12** 5 ff.
- letztwillige Verfügung vor 17.8.2015 **12** 144
- Nachlassspaltung **12** 155 ff.
- Rechtswahl **12** 37 ff.
- Rechtswahl vor Inkrafttreten der EuErbVO **12** 73
- Renvoi **12** 30
- Trust **12** 181
- Verhältnis zu HTestformÜ **12** 98
- vorrangige Staatsverträge **12** 74

EuGüVO
- Änderung Güterstatut auf Antrag **12** 206
- Anknüpfung Güterstatut **12** 200 ff.
- Anwendungsbereich **12** 199
- Rechtswahlform **12** 212
- Rechtswahloptionen **12** 208 ff.
- Sachnormverweisungen **12** 207

EuPartVO
- Anknüpfung Güterstatut **12** 214
- Anwendungsbereich **12** 213 ff.
- Rechtswahlform **12** 219
- Rechtswahloptionen **12** 215 ff.
- Sachnormverweisungen **12** 214

Familiengericht
- Beschwerde gegen Pflegerauswahl **19** 56
- Entzug elterlicher Vertretungsmacht **19** 5
- Erbausschlagungserklärung **26** 29
- Ergänzungspfleger **19** 9, 54
- Genehmigung erbrechtlicher Rechtsgeschäfte **19** 7 f.
- örtliche Zuständigkeit **19** 8
- Pflegerbestellung bei Berliner Testament **19** 21
- Pflegerbestellung bei Erbauseinandersetzung **19** 16
- Vermögensverzeichnis **19** 32
- Vormund **19** 10, 67
- Zuwendungspfleger **19** 55 f.

Familienheim
- Ehegattentestament **23** 38 ff., M 43
- Erbschaftsteuer **11** 71 ff.
- nichtehelicher Lebenspartner **29** 15
- Vor-/Nacherbfolge **15** 75, 88

Familienrechtliche Anordnungen **19** 1 ff.
- Befreiung von der Pflicht zur Vermögensverzeichnisvorlage **19** 32, M 34
- Begünstigung Minderjähriger durch Nicht-Eltern **19** 28
- Berliner Testament, Gestaltungsmöglichkeiten **19** 25 ff.
- Bestimmung als Vorbehaltsgut **19** M 75
- des geschiedenen Elternteils **19** 29 ff.
- fortgesetzte Gütergemeinschaft, Ausschluss **19** 76
- Quotenvermächtnis mit gestaffelter Testamentsvollstreckung **19** M 26
- Sorgerechtsverfügung nichtehelicher Lebenspartner **29** 48
- Sorgerechtsvollmacht **19** 73
- Testamentsvollstreckung bei minderjährigem Begünstigten **19** 11 ff.
- Verwaltungsanordnungen *siehe* Verwaltungsanordnungen bei minderjährigem Begünstigten
- Verwaltungsrechtsentzug bei Gütergemeinschaft **19** 74
- Verwaltungsrechtsentzug bei Pflichtteil **19** M 43

– Verwaltungsrechtsentzug der Eltern **19** 37 ff.
– Verwaltungsrechtsentzug des geschiedenen Elternteils **19** M 43 f., **25** 77 ff., M 79, M 81
– Verwaltungsrechtsentzug mit Pflegerbenennung **19** M 42 ff.
– Vormund **19** 67 ff.
– Vormund, Ausschluss von Personen **19** M 70
– Vormund, Benennung **19** M 68, **25** 85, M 86
– Vormund, Benennung mit Befreiung **19** M 72
– Zuwendungspfleger **19** 54 ff.
– Zuwendungspfleger, Befreiung **19** M 61 f.
– Zuwendungspfleger bei Testamentsvollstreckung **19** 17, M 18
– Zuwendungspfleger, Benennung **19** M 57
– Zuwendungspfleger, Verwaltungsvorgaben **19** M 66

Familienstiftung
– Besteuerung bei Auflösung **13** 103
– Besteuerung bei Errichtung **13** 95 f.
– Besteuerung Destinatär **13** 102
– Besteuerung, laufende **13** 97 ff.
– Besteuerung von Zustiftungen **13** 100
– Beteiligungsträgerstiftung **13** 30
– Erbersatzsteuer **11** 47, **13** 98 f.
– Satzung **13** M 29
– Steuerklassenprivileg **13** 96, 100, 103
– steuerliche Auswirkungen für Begünstigte **13** 28
– Steuerpflicht, Beginn **13** 101
– Stiftungsgeschäft **13** 27
– Stiftungszweck **13** 28

Flüchtling
– Rechtswahl **12** 49 f.

Forderungsvermächtnis 16 107

Formstatut
– Erbvertrag **12** 113 ff.
– Testament **12** 98 ff.

Formwirksamkeit
– Erbvertrag bei Auslandsbezug **12** 113 ff.
– Nottestament **22** 10
– schuldrechtliche Anerkennung eines formunwirksamen Testaments **5** 31
– Testament bei Auslandsbezug **12** 98 ff.
– Testament, notarielles **4** 1 ff.
– Testament, privatschriftliches **5** 1 ff.

Fortsetzungsklausel 10 M 38, **27** 45 ff.

Freibetrag
– Erbschaftsteuer **11** 62 ff.

Gattungsauflage 17 21, M 45

Gattungsvermächtnis 16 53, M 54 f.

GbR 10 35 ff. *siehe auch* Personengesellschaftsanteil
– Abfindungsanspruch des Erben **10** 45
– Anwachsung **10** 42 ff.
– Ausscheiden des Gesellschafters bei Tod **10** 36 ff.
– Ausscheiden des vorletzten Gesellschafters **10** 46
– Fortsetzungsklausel **10** 37, M 38, **27** 45 ff.
– MoPeG und Übergangsregelungen **10** 41
– Nachfolgeklausel **10** 40
– nicht rechtsfähige **10** 39, **27** 30, 46
– Umwandlung GbR-Anteil in Kommanditanteil **10** 72
– Vererblichkeit Gesellschaftsanteil **10** 40, **27** 29

Gebärdensprachdolmetscher 4 24

Gebühren *siehe* Notarkosten *siehe* Rechtsanwaltsgebühren

Gegenstandsvermächtnis *siehe* Sachvermächtnis

Geldvermächtnis 16 96 ff.
– bedingtes **23** M 90
– Begriff „Geldvermögen" **16** 104
– bestimmter Betrag **16** 97 ff., M 98, M 100
– Bruchteilsquote/Prozent **16** 101, M 103, M 105
– Ehegattentestament **23** 84
– hinausgeschobene Fälligkeit **23** M 91
– in Höhe des ErbSt-Freibetrags **23** M 87 f.
– Kontoguthaben **23** M 89
– nicht wertgesichert **23** M 85
– Rentenvermächtnis **23** M 93
– wertgesichert **23** M 86

Geliebten-Testament
– Sittenwidrigkeit **29** 7

Gemeinnützigkeit
- Begriff **13** 20
- GmbH **13** 59
- Stiftung **13** 17 ff.

Genehmigung, familiengerichtliche *siehe* Familiengericht
Genogramm 2 25
Gesamtrechtsnachfolge 14 1 ff.
- Ausnahmen **14** 5 ff.

Geschäftsfähigkeit
- Ausländer **4** 13
- Erbvertrag **4** 10 ff., **24** 32 ff.
- Feststellungen des Notars **24** 35 ff.
- Testierfähigkeit **7** 2

Geschäftsgebühr 3 7 ff.
Geschiedenentestament 22 45 ff., **25** 1 ff.
- Auswahl des Vermächtnisnehmers durch Erben **25** M 53
- bedingtes Vorausvermächtnis bei Vor-/Nacherbfolge **25** 29, M 30
- Erbeinsetzung **25** M 14
- familienrechtliche Anordnungen **25** 77 ff.
- Herausgabevermächtnis **25** 47, M 48
- Kombination Vor-/Nacherben- mit Vermächtnismodell **25** 71 ff., M 76
- Nacherbenbestimmung **25** M 20
- Nacherbfolgeanordnung mit auflösender Bedingung **25** 21 ff., M 22, M 24, M 28
- Nacherbfolgeanordnung mit zeitlicher Befristung **25** 25, M 26
- Testamentsvollstreckung **25** 82 ff.
- Vermächtnismodell **25** 46 ff., M 48, M 53
- Verwaltungsrechtsentzug des anderen Elternteils **25** 77 ff., M 79, M 81
- Vor-/Nacherbenmodell **25** 10 ff., M 45
- Vor-/Nacherbfolgeanordnung **25** M 16
- Vor- und Nachvermächtnis **25** 54, M 55
- Vorausvermächtnis bei Vor-/Nacherbfolge **25** 31, M 32
- Vorerbenbefreiung **25** 17, M 18

Gesellschaft bürgerlichen Rechts *siehe* GbR
Gesellschaftsgründungsklausel 17 88, M 91
GmbH-Anteil *siehe* Kapitalgesellschaftsanteil
Grabpflege 17 59 ff.
- Auflage **17** M 68, **23** M 102

Grunderwerbsteuer
- bei Übertragung auf gemeinnützige Stiftung **13** 91
- nichtehelicher Lebenspartner **29** 21, 56

Grundstücksvermächtnis 16 84 ff., M 85, **23** 94 ff., M 95
- Ehegattentestament **23** 94 ff.
- Früchte/Nutzungen **16** 90
- Landgut **28** 35, M 37 f.
- Lastentragung **16** 86 ff., M 87, M 89
- Testamentsvollstreckung **20** 46, M 47

Grundstückverkehrsgesetz
- Zuweisung **28** 6

Gütergemeinschaft
- Bestimmung als Vorbehaltsgut **19** M 75
- Entzug des Verwaltungsrechts **19** 74
- Erbschaftsteuer **11** 129 ff.
- fortgesetzte **11** 131 ff.
- fortgesetzte, Ausschluss durch Anordnung **19** 76

Güterstand
- Auswirkungen auf Erbschaftsteuer **11** 90 ff.

Güterstandsklausel
- Unternehmensnachfolge **27** 17

Güterstandsschaukel 11 102
Güterstandswechsel 11 124 f.
Gütertrennung
- Erbschaftsteuer **11** 127 f.

Haager Testamentsformübereinkommen 12 64
- Anknüpfungen **12** 102 ff.
- Anwendungsbereich **12** 98
- Geltungsbereich Formstatut **12** 110
- Sachnormverweisungen **12** 109
- Verhältnis zur EuErbVO **12** 98

Haftung, anwaltliche 2 17 ff.
- Beschränkung **2** 21, M 22
- Dokumentation **2** 23
- Haftpflichtversicherung **2** 17
- Risikoanalyse **2** 19

Handelsregisteranmeldung
- Einzelunternehmen bei Erbfall **10** 27 ff., M 30 ff.
- Personengesellschaft bei Erbfall **10** 128, M 129 ff.

Hausratsvermächtnis 16 93, M 95, **18** 45, M 46
– nichtehelicher Lebenspartner **29** M 24 f.
Haustierversorgung 17 48 ff., M 49, **22** M 41
Heim
– als Nacherbe beim Behindertentestament **26** 54
Heimgesetz
– Ausnahmegenehmigung **14** 28
– Zuwendungsverbot **14** 25
Heimleiter
– als Begünstigter **14** 25 ff.
Heimmitarbeiter
– als Begünstigter **14** 25 ff.
Heimträger
– als Begünstigter **14** 25 ff.
Herausgabevermächtnis
– Geschiedenentestament **25** 47, M 48
– Vor-/Nacherbschaft **15** 101
– Wiederverheiratungsklausel **23** 137 ff., M 138, M 140
Höfeordnung 28 50 ff. *siehe auch* Hoferbfolge
– Betriebsaufgabe **28** 54
– Geltungsbereich **28** 2, 50
– Hofeigenschaft **28** 50 ff.
– Nachlassspaltung **28** 55
– negative Hoferklärung **28** 52
– positive Hoferklärung **28** 52
Höfeordnung Rheinland-Pfalz 28 104 ff.
– Abfindung weichender Erben **28** 109
– Ehegattenhof **28** 107
– Ertragswert **28** 114
– Hofeigenschaft **28** 105 f.
– Nachabfindung **28** 111, 115
– Nachabfindungsklausel **28** M 116
– Pflichtteilsanordnung **28** 113
– Wirtschaftsfähigkeit des Hoferben **28** 108, 112
Hoferbfolge
– Abfindung weichender Erben **28** 68 ff., 86, M 87, 109
– Altenteil **28** 77, M 95
– Drittbestimmung **14** 45
– Ehegattenhof **28** 64, 98, M 99
– Ersatzerbe **28** 82
– Ersatzerbenbestimmung **28** M 83
– gesetzliche **28** 56 ff.
– gewillkürte **28** 65
– hoffreies Vermögen **28** 55, 78
– Hofvor- und -nacherbschaft **28** 66
– minderjähriger Hoferbe **28** 61
– Nachabfindung **28** 74, M 89, M 91, M 93
– Nachlass mit Hof und hoffreiem Vermögen **28** M 80
– Nachlassspaltung **28** 78
– negative Hoferklärung **28** 60, 67
– Pflichtteilsanordnung **28** M 97
– Testamentsvollstreckung **28** 66
– Tilgung von Nachlassverbindlichkeiten **28** 73, 102, M 103
– überlebender Ehegatte **28** 77, 94
– ungesicherte Hofeigenschaft **28** 84
– Vermächtnis bei ungesicherter Hofeigenschaft **28** M 85
– verwaister Hof **28** 63
– Vor-/Nacherbschaft **28** 100, M 101
– vorweggenommene Erbfolge **28** 65
– Wirtschaftsfähigkeit des Hoferben **28** 59 ff.
Hofübergabevertrag
– Abfindung weichender Erben **28** 76
Honorarvereinbarung *siehe* Vergütungsvereinbarung
Hörbehinderung 4 24 ff.

Immobilienbewertung 11 156 ff.
– Bewertungsverfahren **11** 159 ff.
– Ertragswertverfahren **11** 173 ff.
– gemeiner Wert **11** 164
– Sachwertverfahren **11** 169 ff.
– Vergleichswertverfahren **11** 165 ff.
Inhaltsirrtum 24 97
Insolvenzverfahren
– Erbe/Vermächtnisnehmer **26** 105
– Pflichtteilsberechtigter **26** 108
– Restschuldbefreiung **26** 107, 109
Interessenkollision
– Prüfung vor Mandatsannahme **1** 32, **2** 2
Internationales Ehegüterrecht 12 197 ff. *siehe auch* EuGüVO *siehe auch* EuPartVO
– Begründung Lebenspartnerschaft seit 29.1.2019 **12** 213

- Begründung Lebenspartnerschaft vor 29.1.2019 **12** 223
- Eheschließung (gleichgeschlechtlich) vor 29.1.2019 **12** 223
- Eheschließung seit 29.1.2019 **12** 199
- Eheschließung (verschiedengeschlechtlich) vor 29.1.2019 **12** 220 ff.
- Eheschließung vor 1.9.1986 **12** 224

Internationales Erbrecht 12 1 ff. *siehe auch* EuErbVO
- Adoption **12** 146 ff.
- Adoptivkind, erbrechtliche Gleichstellung **12** 148, M 149, M 151
- Beraterpflichten **12** 180, 226, 239 ff., M 240, M 243, M 246
- Deutsch-iranisches Niederlassungsabkommen **12** 75 ff.
- Deutsch-sowjetischer Konsularvertrag **12** 90 ff.
- Deutsch-türkisches Nachlassabkommen **12** 80 ff.
- eingetragene Lebenspartnerschaft **12** 152
- Entscheidungsdissens **12** 225
- Entscheidungsdissens, Vermeidung **12** 226
- Erbstatut **12** 3 ff.
- Errichtungsstatut **12** 125 ff.
- Formstatut **12** 98 ff.
- gleichgeschlechtliche Ehe **12** 152
- Haager Testamentsformübereinkommen **12** 98
- letztwillige Verfügung vor 17.8.2015 **12** 144
- Nachlassspaltung **12** 155 ff.
- Rechtswahl **12** 37 ff.
- Rechtswahl vor 17.8.2015 **12** 73
- Renvoi **12** 30
- Staatsverträge **12** 74
- Trust **12** 181 ff.

Kapitalgesellschaft 10 16

Kapitalgesellschaftsanteil
- Abfindung **27** 52
- Abtretungsklausel AG **10** 151
- Abtretungsklausel GmbH **10** 148 ff., M 150, M 154
- Einziehungsklausel AG **10** 147
- Einziehungsklausel GmbH **10** 141 ff., M 142, M 144
- Erbengemeinschaft **27** 205
- Erbengemeinschaft bei AG **10** 155, 159
- Erbengemeinschaft bei GmbH **10** 155 ff., M 157
- Erbenhaftung **10** 160 ff.
- Nachlasszugehörigkeit **27** 204
- Nießbrauchsvermächtnis **27** 213 ff., M 218, M 220
- statutarische Regelungen für Todesfall **10** 137 ff.
- Testamentsgestaltung **27** 203 ff.
- Testamentsvollstreckung **20** 252 ff., **27** 13
- Übertragung von Todes wegen **10** 134 ff.
- Unterbeteiligung **27** 221
- Vererblichkeit **10** 134, **27** 34, 49 ff.
- Vermächtnis **27** 206 ff., M 211
- Vinkulierungsklausel **10** 139, **27** 207
- Vinkulierungsklausel GmbH **10** M 138
- Vor-/Nacherbfolge **27** 222 ff.

Katastrophenklausel
- Ehegattentestament **23** 31 ff., M 34 f.

Kind, adoptiertes *siehe* Adoptivkind

Kind, behindertes 26 1 ff.

Kind, minderjähriges *siehe* Minderjähriger

Kind, noch nicht gezeugtes
- Erbeinsetzung **14** 23, M 24

Kind, ungeborenes *siehe* Nasciturus

Kollisionsrecht *siehe auch* Internationales Erbrecht
- EuErbVO **12** 1 ff.
- EuGüVO **12** 199 ff.
- EuPartVO **12** 213 ff.
- interlokales **12** 45
- interpersonales **12** 45
- vorrangige Staatsverträge **12** 74

Kommanditgesellschaft 10 15 *siehe auch* Personengesellschaftsanteil
- Erbenhaftung **10** 124 ff.
- Nachfolgeklausel **10** 50
- Testamentsvollstreckung Kommanditanteil **17** 84 ff., M 86
- Tod des Kommanditisten **10** 50, **27** 33
- Tod des Komplementärs **10** 51, **27** 32
- Vererblichkeit Gesellschaftsanteil **10** 50 ff.
- Vor-/Nacherbfolge **27** 196

Kommorientenvermutung 14 12
Kosten *siehe* Notarkosten *siehe* Rechtsanwaltsgebühren

Landesheimgesetze 14 25
Landgut
- Alleinerbeneinsetzung **28** M 32
- Altenteil **28** 28, 39
- Altenteilvermächtnis **28** M 40
- Bauland **28** 15
- Begriff **28** 7
- Betriebsgröße **28** 8
- Bewertung **28** 18 ff.
- Bewirtschaftungsformen **28** 12
- Doppelbetrieb **28** 17
- Ersatzerbenbestimmung **28** M 34
- Ertragswertanordnung **28** M 42
- Ertragswertanordnung für Pflichtteil **28** 41
- gemischter Betrieb **28** 16
- Grundstücksvermächtnis **28** 35
- Grundstücksvermächtnis, Ersatzvermächtnis bei fehlender Genehmigung **28** M 38
- Grundstücksvermächtnis, Wegfall bei fehlender Genehmigung **28** M 37
- Nachabfindung weichender Erben **28** 29, 47
- Nebenbetrieb **28** 17
- Nebenerwerbsbetrieb **28** 9
- Pflichtteil **28** 25 ff.
- Teilungsanordnung **28** M 44
- Teilungsanordnung mit erhöhtem Anrechnungsbetrag **28** M 46
- überlebender Ehegatte **28** 28, 39
- Übernahmerecht zum Ertragswert **28** 23
- Verpachtung **28** 14
- Vorausvermächtnis **28** M 43
- Wirtschaftsgebäude **28** 11
- Wohngebäude **28** 11

Landguterbrecht
- Geltungsbereich **28** 2

Landwirtschaftserbrecht
- Sondererbfolge **28** 1
- Zuweisung nach GrdstVG **28** 6

Landwirtschaftsgericht
- Zuständigkeit **28** 5

Lebenspartner, eingetragener
- Auslandsbezug **12** 152 ff., 197 ff.
- gemeinschaftliches Testament **23** 1
- gesetzlicher Voraus **16** 93
- Pflichtteilsentziehung **9** 15

Lebenspartner, nichtehelicher 22 58 ff., **29** 1 ff.
- Beseitigung früherer Verfügungen **29** 68 ff.
- Darlehen, zinsloses **29** 57
- Dreißigster **29** 6
- Eheschließung und Scheidung **29** 9
- Eheschließung und Scheidung, Wegfall der Erbeinsetzung **29** M 10
- Einkommensteuer **29** 20
- Einzeltestament **29** 28 ff.
- Erbeinsetzung **29** 38 ff.
- Erbeinsetzung mit Nacherbfolge bei neuer Lebensgemeinschaft **29** M 41
- Erbeinsetzung mit Vermächtnisanfall bei neuer Lebensgemeinschaft **29** M 40
- Erbeinsetzung unter auflösender Bedingung **29** M 30 f.
- Erbschaftsteuer **22** 65, **29** 14 ff.
- Erbschaftsteueroptimierung **29** 50 ff.
- Erbschaftsteuerverteilung **29** M 55
- Erbvertrag **22** 59, **24** M 15, **29** 33 ff., M 82
- Erstberatung **29** 22
- Familienheimprivileg **29** 15
- gemeinschaftliches Testament **29** 26
- Grunderwerbsteuer **29** 21, 56
- Hausratsvermächtnis in Patchworktestament **29** M 24 f.
- Kinder **29** 23
- Lebensversicherung zugunsten **29** 58
- lebzeitige Schenkung **29** 64 ff.
- Mindestabsicherung **29** 43
- Nutzungsüberlassungen, Besteuerung **29** 17
- Partnerschaftsvertrag **29** 75
- Patientenverfügung **29** 79 f.
- Rücktrittsvorbehalt im Erbvertrag **29** 33 ff., M 34
- Sittenwidrigkeit der Zuwendung **29** 7
- Sorgerechtsverfügung **29** 47
- Steuerbefreiungen nach ErbStG **29** 19
- Testament **29** M 81
- Trennung **29** 9
- Trennung, Wegfall der Erbeinsetzung **29** M 10
- Vermächtnis **29** 44 ff.

- Vermögensnachfolgeplanung, Checkliste **29** 83
- Vertrag zugunsten Dritter **29** 58 ff.
- Voraus (fiktiver) als Vermächtnis **29** M 4
- Vorsorgevollmacht **29** 77 f.
- Wohnungsrechtsvermächtnis **29** M 45 f.
- zinsloses Darlehen, Besteuerung **29** 16
- Zugewinn (fiktiver) als Vermächtnis **29** M 5

Lebensversicherung
- Bezugsrechte **14** 7
- Erbschaftsteuer **11** 41 ff.
- Klarstellung zum Widerruf von Bezugsrechten **14** M 8
- nichtehelicher Lebenspartner **29** 58 ff.

Leseunfähigkeit 5 14
Living Trust 12 191 ff.
Luzides Intervall 7 87 ff.

Mediation 2 59 ff.
Mehrfachbehinderung 7 20
Mehrrechtsstaater
- Rechtswahl **12** 45, M 46

Mehrstaater
- Deutsch-iranisches Niederlassungsabkommen **12** 78 f.
- Deutsch-sowjetischer Konsularvertrag **12** 95 f.
- Deutsch-türkisches Nachlassabkommen **12** 84 f.
- Rechtswahl **12** 43, M 44

Minderjähriger
- Begünstigung durch Nicht-Eltern **19** 28
- elterliche Sorge **19** 2
- elterliche Vertretungsmacht **19** 3
- elterliche Vertretungsmacht, Ausschluss/Entzug **19** 4 ff.
- Erbauseinandersetzung **19** 16
- Erbvertrag **4** 12, **7** 16 f., **24** 39
- Ergänzungspfleger **19** 9
- familiengerichtliche Genehmigung von Rechtsgeschäften **19** 7 f.
- Hoferbfolge **28** 61
- Nacherbe **20** 64
- Nacherbentestamentsvollstreckung **15** 103 f.
- notarielles Testament **4** 12
- Nottestament **7** 15
- Pflichtteil bei Berliner Testament **19** 20 ff.
- privatschriftliches Testament **5** 14
- Sorgerecht nach Tod eines Elternteils **19** 2
- Testamentsvollstreckung bei minderjährigem Begünstigten **19** 11 ff.
- Testierfähigkeit **7** 5, 15
- Unternehmensnachfolge **27** 81
- Verwaltungsanordnungen **19** 45 ff.
- Verwaltungsrechtsentzug **19** 37 ff.
- Vormund **19** 10, 67 ff.
- Zuwendungspfleger **19** 54 ff.
- Zuwendungspfleger bei Testamentsvollstreckung **19** 17

Miterbe
- als Testamentsvollstrecker **20** 104

Mitunternehmeranteil
- Ertragsteuer **11** 212 ff.

Mitwirkungsverbot
- Erbvertrag **4** 3 ff.
- notarielles Testament **2** 39 ff., **4** 3 ff., **14** 34
- Verstoß **4** 5

Motivirrtum 24 99
- Anfechtung **14** 75 ff.

Nachabfindung
- HöfeO **28** 74
- Landguterbrecht **28** 29, 47
- Nachabfindungsklausel (HöfeO) **28** M 48
- Nachabfindungsklausel (individuelle) **28** M 49
- Nachabfindungspflicht (eingeschränkte) **28** M 91
- Nachabfindungspflicht (erweiterte) **28** M 89
- Nachabfindungspflicht (verlängerte Reinvestitionsfrist) **28** M 93
- Pflichtteilsanordnung **28** M 97
- Verzicht **28** 75

Nacherbe
- Abfindung durch Vorerben, Besteuerung **11** 137
- als Testamentsvollstrecker **20** 103
- Anwartschaft, Übertragung auf Vorerben **15** 128 ff.
- Anwartschaft, Veräußerung **15** 125 ff.

– Auskunftsanspruch **15** 40
– Ausschlagung **15** 136
– Beeinträchtigung der Rechte **15** 18
– Behindertentestament **26** 54
– Eintritt des Nacherbfalls **15** 44 ff.
– Erbbaurechtsbestellung durch Vorerben **15** 132
– Erbschaftsteuer **11** 139 ff.
– Ersatzerbe **14** 106
– Ersatznacherbe **15** 47 ff.
– Grundschuldbestellung durch Vorerben **15** 134
– Haftung **15** 64 ff.
– Haftung des Vorerben **15** 38 ff.
– Herausgabevermächtnis **15** 101
– minderjähriger **15** 103, **20** 64
– Nacherbentestamentsvollstreckung **15** 103, M 104, **20** 56 ff., M 57, M 60
– Nacherbfall durch Tod des Vorerben, Besteuerung **11** 143 ff.
– Nacherbfall zu Lebzeiten des Vorerben, Besteuerung **11** 148 ff.
– Nachlassverzeichnis **15** 39
– Rechnungslegungsanspruch **15** 43
– Rechtsstellung **25** 38 ff.
– Sicherheitsleistungsanspruch **15** 42
– Steuertarif **11** 146
– Testamentsvollstreckung **20** 55 ff., M 57, M 60
– unbekannter **15** 52 f., 103
– Zustandsfeststellung der Erbschaft **15** 41
– Zustimmung zu Vorerbenverfügung **15** 121 ff.
– Zustimmungsvermächtnis **15** 95 ff., M 97

Nacherbenanwartschaft
– Pfändungsschutz **15** 109
– Steuerpflicht bei Übertragung **11** 54
– Übertragung auf Vorerben **15** 128 ff.
– Übertragung auf Vorerben, Zulassung **15** M 131
– Veräußerung **15** 125 ff.
– Veräußerung, Ausschluss **15** M 127
– Vererblichkeit, Ausschluss **6** M 45
– Vererblichkeit, Einschränkung **6** M 46

Nacherbentestamentsvollstreckung **15** 103, M 104, **20** 56, M 57, M 60, 62 ff., M 66

Nacherbfolge
– Abgrenzung zur Ersatzerbfolge **6** 71

Nachfolgeklausel, einfache **10** 64 ff., M 65
– Nachteil **10** 74
– Vererbung Personengesellschaftsanteil **10** 64, **27** 164
– Vermächtnisoption **10** 68 ff., M 69
– Vor-/Nacherbfolge **27** 192

Nachfolgeklausel, erbrechtliche **10** 61 ff., **27** 36 f.

Nachfolgeklausel, qualifizierte **10** 75 ff., M 80, M 82, **27** 165 ff.
– Anforderungen an Nachfolger **10** 75
– Ausgleichsanspruch, testamentarische Gestaltung **27** M 168
– Eintrittsrecht zur Beibehaltung der Gesellschafterzahl **10** 93, M 94
– Erbeinsetzung **10** 77
– Ertragsteuer **11** 225 f.
– Familiengesellschaft **10** 87, M 88
– Fremdkapitalkonten **10** 92
– Nachfolgeberechtigung **10** 78 ff.
– nicht qualifizierter Erbe **10** 91
– Sonderbetriebsvermögen **27** 169
– Vermächtnisoption **10** 89, M 90
– Vor-/Nacherbfolge **27** 194
– Vorausvermächtnis an qualifizierten Miterben **27** M 166
– Vorteil **10** 76

Nachfolgeklausel, rechtsgeschäftliche **10** 95 ff., M 97, **27** 38 ff.
– Erbenhaftung **10** 126
– Vor-/Nacherbfolge **27** 195

Nachlasshaftung
– bei Auslandsbezug **12** 159, 163 ff.
– für Sozialleistungen **26** 20 ff.

Nachlassspaltung **12** 155 ff.
– Anfechtung der Verfügung **12** 178
– Anfechtung der Verfügung, Strafklausel **12** M 179
– Anrechnung lebzeitiger Zuwendungen **12** 160, 165, M 166
– aufschiebend bedingtes Vermächtnis **12** 172, M 173
– Beraterpflichten **12** 180
– Deutsch-türkisches Nachlassabkommen **12** 87
– einheitliche Verfügung **12** 162
– EuErbVO **12** 155

– faktische **12** 156
– Folgen **12** 157 ff.
– Gestaltungsoptionen für letztwillige Verfügung **12** 161 ff.
– Nachlassverbindlichkeiten **12** 159, 163
– Nachlassverbindlichkeiten, Verteilung **12** M 164
– Pflichtteil **12** 158, 167 ff.
– Pflichtteilsstrafklausel **12** 170, M 171
– rechtliche **12** 155
– salvatorische Klausel **12** 174 ff., M 175, M 177
– Teilnichtigkeit der Verfügung **12** 174 ff.
– verschiedene Verfügungen **12** 162
Nachvermächtnis 16 65 ff., M 71
– Abgrenzung zur Nacherbschaft **16** 73
– Anwartschaftsrecht **16** 66
– Erbschaftsteuer **11** 155, **25** 59
– Ersatznachvermächtnis **16** 67
– Gegenstand **16** 69
– Testamentsvollstreckung **16** 74 f., M 76
Nasciturus
– Erbeinsetzung **14** 19, M 22, **15** 9
– Vermächtnis **16** 7
Nichteheliche Lebensgemeinschaft *siehe* Lebenspartner, nichtehelicher
Nießbrauch
– am Nachlass **16** 157 ff., 173 ff.
– an Personengesellschaftsanteil **16** 156
– an Rechten **16** 151 ff.
– an Sachen **16** 140 ff.
– Arten **16** 126
– Auskunfts-/Mitwirkungspflichten **16** 165 f.
– Beendigung **16** 162 ff.
– Beschränkung **16** 131
– Bruchteilsnießbrauch **16** 121, 127
– dinglicher **16** 119
– Dispositionsnießbrauch **16** 142
– Erbteilsnießbrauch **16** 157 ff.
– Erlöschen **16** 121
– Inhalt **16** 130
– Nutzziehung **16** 176
– Pflichten des Nießbrauchers **16** 145 ff.
– Quotennießbrauch **16** 128
– Rechte des Nießbrauchers **16** 140 ff.
– schuldrechtlicher **16** 122
– Testamentsvollstreckung **16** 178 f.
– Übertragbarkeit **16** 121
– Unternehmensnießbrauch **16** 154 f.
– Vermögensnießbrauch **16** 167 ff.
Nießbrauchsvermächtnis 16 119 ff., M 123 ff., M 138 f.
– Abgrenzung zur Vor- und Nacherbschaft **15** 55 ff.
– Bedürftigentestament **26** M 96
– Einzelunternehmen **27** 90 ff., M 101, M 106, M 108
– Erfüllung **16** 133 ff.
– Kapitalgesellschaftsanteil **27** 213 ff., M 218, M 220
– Personengesellschaftsanteil **27** 177 ff., M 183, M 186
– Quotennießbrauch **16** M 129
– Testamentsvollstreckung **16** 136
– Vermögensnießbrauch **16** 168
– zugunsten des längerlebenden Ehegatten **15** M 57
Notar
– als Testamentsvollstrecker **4** 4, **20** 119 ff.
– Ausschließungsgründe **4** 2
– Beratungspflichten bei Auslandsbezug **12** 180, 226, 239 ff., M 240, M 243, M 246
– Feststellungen zur Geschäfts-/Testierfähigkeit **4** 10 ff., **7** 126 ff., **24** 35 ff.
– Mitwirkungsverbot **2** 39 ff., **4** 3 ff., **14** 34
– Unparteilichkeit **2** 52
– Verschwiegenheitspflicht **7** 147 ff., **24** 36
– Verschwiegenheitspflicht, Entbindung **24** M 37
Notarkosten 3 44 ff.
– Ehegattentestament **23** 164 ff.
– Einzeltestament **3** 46
– Erb-/Pflichtteilsverzicht **3** 58 ff.
– Erbvertrag **3** 58 ff., **24** 153 ff.
– Gebührentatbestände **3** 46
– gemeinschaftliches Testament **3** 46
– Geschäftswert **3** 47 ff.
– mehrere Verträge **3** 58 ff.
– Rechtswahl **3** 53 ff.
– Widerruf eines Testaments **3** 46
Nottestament 22 10
– Minderjähriger **7** 15
– Mitwirkungsverbot **14** 34
– Registrierung **4** 40

- Widerruf **22** 30

Notvertretungsrecht 29 77

Nutzungsvermächtnis
- Einzelunternehmen **27** 107, M 108
- Personengesellschaftsanteil **27** 185

OHG *siehe auch* Personengesellschaftsanteil
- Anwachsung **10** 49
- Ausscheiden des Gesellschafters bei Tod **10** 49
- Nachfolgeklausel **10** 49
- Umwandlung OHG-Anteil in Kommanditanteil **10** 72
- Vererblichkeit Gesellschaftsanteil **10** 49, **27** 31

Partnerschaftsgesellschaft 10 54 ff.

Patchworkfamilie 25 2

Patchworktestament 25 1 ff.
- bedingtes Quotenvermächtnis **25** 62 ff., M 66
- Ehegattentestament **25** 61
- Kombination Vor-/Nacherben- mit Vermächtnismodell **25** 71 ff.
- Steuervermächtnis **25** 67
- Vermächtnislösung mit Hausratsvermächtnis **29** M 25
- Vermächtnismodell **25** 46 ff., M 70
- Vor-/Nacherbenlösung mit Hausratsvermächtnis **29** M 24
- Vor-/Nacherbenmodell **25** 10 ff.
- Vor- und Nachvermächtnis **25** 54

Patientenverfügung 1 23
- nichtehelicher Lebenspartner **29** 79 f.

Pauschalhonorar 3 43

Personengesellschaft 10 15

Personengesellschaftsanteil
- Abfindungsanspruch **10** 112 ff.
- Abfindungsausschluss **10** 117, M 120
- Abfindungsbeschränkung **10** 115
- Abfindungsklausel **10** 113 ff., M 114
- Abwicklungstestamentsvollstreckung **20** 235 f.
- Auflösungsklausel **10** 108 ff., **27** 44
- Ausgleichsanspruch bei qualifizierter Nachfolgeklausel, testamentarische Gestaltung **27** M 168
- beaufsichtigende Testamentsvollstreckung **20** 244 ff.
- Betriebsaufspaltung **27** 62 ff.
- Eintrittsklausel **10** 101 ff., M 102, M 107, **27** 41 ff.
- Erbausschlagung **10** 72
- Erbengemeinschaft **10** 66
- Erbenhaftung **10** 121 ff.
- Erbschaftsteuer **27** 66
- Ertragsnießbrauch **27** 184, M 186
- Ertragsteuer **27** 58 ff.
- Fortsetzungsklausel **27** 45 ff.
- Fremdkapitalkonten **10** 92
- gesellschaftsvertragliche Regelungen für Todesfall **10** 58 ff.
- Handelsregisteranmeldung bei Erbfall **10** 128 ff., M 129 ff.
- Nachfolgeklausel, einfache **10** 64 ff., M 65, M 69
- Nachfolgeklausel, erbrechtliche **10** 61 ff., **27** 36 f.
- Nachfolgeklausel, qualifizierte **10** 75 ff., M 80, M 82, M 88, M 90, M 94
- Nachfolgeklausel, rechtsgeschäftliche **10** 95 ff., M 97, **27** 38 ff.
- Nachlasszugehörigkeit **27** 162
- Nießbrauchsvermächtnis **27** 177 ff., M 183, M 186
- Nutzungsvermächtnis **27** 185
- Sonderbetriebsvermögen **27** 60 ff.
- Sonderrechtsnachfolge **27** 53 ff., 163
- Testamentsgestaltung **27** 161 ff.
- Testamentsvollstreckung **20** 233 ff., **27** 13
- Testamentsvollstreckung bei minderjährigem Erben **10** M 84
- Treuhandlösung bei Verwaltungstestamentsvollstreckung **20** 239 f.
- Übertragung von Todes wegen **10** 33 ff.
- Unterbeteiligung als Vermächtnis **27** 187 ff., M 190
- Vermächtnis **10** 68 ff., 89, **27** 170 ff., M 176
- Verwaltungs-/Dauertestamentsvollstreckung **20** 237 ff.
- Verwaltungsvollstreckung mit Wahlrecht des Testamentsvollstreckers **20** M 242
- Vollmachtslösung bei Verwaltungstestamentsvollstreckung **20** 241

– Vor-/Nacherbfolge **27** 191 ff.
– Vorausvermächtnis bei qualifizierter Nachfolgeklausel **27** M 166
– Weisungsgeberlösung bei Verwaltungstestamentsvollstreckung **20** 243
Pfändung
– durch Sozialleistungsträger **26** 17
– Miterbenanteil **26** 22
– Pflichtteil **26** 23
– Vor-/Nacherbfolge **26** 22
Pflegevergütungsvermächtnis **16** 108 ff., M 115 f.
Pflichtteil
– Ehegatte **9** 11
– Ehegattentestament **23** 157 ff.
– Enterbung **9** 1 ff.
– Erbeinsetzung auf den **9** 9 f.
– Erbschaftsteuer **11** 33
– Hoferbfolge **28** M 97
– Insolvenzverfahren **26** 108
– kleiner **9** 11, **11** 91, 110
– Landguterbrecht **28** 25
– Nachlassspaltung **12** 158, 167 ff.
– Pfändung **26** 23
– Pflichtteilsberechtigter als Testamentsvollstrecker **20** 106
– Pflichtteilsbeschränkung in guter Absicht *siehe dort*
– Pflichtteilsentziehung *siehe dort*
– Pflichtteilsergänzung **10** 100, **13** 76, **26** 38 ff., 79
– Pflichtteilsrestanspruch **9** 48, **26** 80
– Pflichtteilsstrafklausel *siehe dort*
– Pflichtteilsverzicht *siehe dort*
– Stiftung von Todes wegen **13** 76
– Teilungsanordnung **18** 9
– Überleitung des Anspruchs durch Sozialleistungsträger **26** 17 ff., 95 ff.
– Vermächtnis **16** 10
– Verwaltungsrechtsentzug bei Scheidung **25** 80, M 81
– Zusatzpflichtteil **9** 48, **16** 14, **26** 40, 51
Pflichtteilsbeschränkung in guter Absicht **9** 37 ff., M 49
– Ausschlagung des beschränkten Pflichtteils **9** 43, 48
– Bedürftigentestament **26** 104
– Beschränkungsmöglichkeiten **9** 38, 44
– Form **9** 47
– Gefährdung des späteren Erwerbs **9** 42
– Grund **9** 39, 46
– Personenkreis **9** 43
– Pflichtteilsrestanspruch **9** 48
– Testamentsvollstreckung **9** 45, **20** 38, M 39
– Überschuldung **9** 39 ff.
– Verschwendungssucht **9** 39 ff.
– Verwaltungsvollstreckung **9** 44
– Vor-/Nacherbschaft **9** 44
– Vorvermächtnis **9** 44
– Zweck **9** 37
Pflichtteilsentziehung **9** 13 ff.
– bedingte **9** 33
– befristete **9** 33
– Beleidigung **9** 18
– dem Erblasser „ähnlich nahestehende“ Person **9** 20
– Diebstahl **9** 18
– Enterbung **9** 31
– Erbvertrag **9** 30
– Form **9** 30 ff.
– Gründe **9** 15 ff.
– Inhalt **9** 30 ff.
– körperliche Misshandlung **9** 19
– maßgeblicher Zeitpunkt **9** 33
– Misshandlung **9** M 21
– Nachschieben von Gründen **9** 30
– Personenkreis **9** 14 f.
– psychische Misshandlung **9** 18
– rechtskräftige Verurteilung **9** 25, M 29, 32
– Schutzbereich **9** 20
– Tötungsabsicht **9** 16 f.
– Unterhaltspflichtverletzung **9** 22 f., M 24
– Unterlassung von Pflegeleistungen **9** 22
– Unzumutbarkeit der Nachlassteilhabe **9** 27, 32
– Verbrechen **9** 18
– Verdachtsentziehung **9** 33, M 34
– Vergehen **9** 18
– Verzeihung **9** 35
Pflichtteilsstrafklausel **14** 68 ff.
– Aufhebung der Wechselbezüglichkeit der Schlusserbeneinsetzung bei ausgelöster Klausel **14** M 73
– Auslandsbezug **12** 170, M 171
– Behindertentestament **26** 90
– Ehegattentestament **23** 159, M 161 f.

– gemeinschaftliches Testament **14** 72
– Unternehmertestament **27** 150 ff.
Pflichtteilsverzicht
– Abfindung, steuerliche Auswirkungen **11** 51
– durch Bedürftigen **26** 37, 95 ff.
– durch Behinderten **26** 37
– Form **29** 71
– gegenständlich beschränkter **29** 71
– Kind ggü. Elternteil **29** M 72
– Notarkosten **3** 58 ff.
– Patchworkfamilie **25** 61
– Pflichtteilsverzichtsvertrag **16** M 125, **24** M 13 f.
– Unternehmensnachfolge **27** 19 ff.
Potestativbedingung 14 62 ff., M 64
Prozess-/Verfahrenskostenhilfe
– Schiedsverfahren **21** 33

Realteilung
– Betriebsvermögen **11** 231 ff., 242 f., 246
– Erlösteilung nach Veräußerung **11** 245 f.
– Mischnachlass **11** 237 f., 244
– mit Ausgleichszahlung **11** 239 ff.
– ohne Ausgleichszahlung **11** 229 ff.
– Privatvermögen **11** 229 f., 241, 246
Rechtsanwalt
– als Testamentsvollstrecker **20** 112 ff.
– Anwaltsvertrag *siehe dort*
– Beratung *siehe* Beraterpflichten *siehe* Erstberatung
– Haftung *siehe* Haftung, anwaltliche
Rechtsanwaltsgebühren 3 2 ff.
– Abgeltungsbereich **3** 27 ff.
– Angelegenheit **3** 27
– Aufklärungspflicht **3** 2 ff.
– Beratungsgebühr **3** 10 ff.
– Einzeltestament **3** 15, 26
– Erbvertrag **3** 14, 26
– Erfolgshonorar **3** 40
– Erstberatung **3** 11
– Gegenstandswert **3** 4
– gemeinschaftliches Testament **3** 15, 26
– Geschäftsgebühr **3** 7 ff.
– Gesellschaftsvertrag **3** 30
– gesetzliche **3** 5
– mehrere Auftraggeber **3** 12
– Pauschalhonorar **3** 43
– RVG **3** 5
– Steuerberatervergütungsverordnung **3** 28
– steuerrechtliche Beratung **3** 28
– Testament **3** 13 ff.
– Verbraucher **3** 11, 36
– Vergütungsvereinbarung *siehe dort*
– wechselbezügliches Testament **3** 24 f.
– Zeithonorar **3** 41, 43
Rechtswahl 12 37 ff., M 38
– Änderung **12** 68 ff.
– ausländisches Kollisionsrecht **12** 51
– Belegenheitsrecht **12** 42
– Bindungswirkung **12** 68 ff.
– EuGüVO **12** 208 ff.
– EuPartVO **12** 215 ff.
– Flüchtling **12** 49 f.
– Folgen **12** 52
– Form **12** 63 f.
– Heimatrecht **12** 40
– isolierte **12** 61, M 62
– konkludente **12** 53 ff.
– materielle Wirksamkeit **12** 65
– Mehrrechtsstaater **12** 45, M 46
– Mehrstaater **12** 43, M 44
– negative **12** 57, M 58
– Recht des gewöhnlichen Aufenthalts **12** 42
– Sachvorschriften **12** 51
– Staatenloser **12** 48
– Teilrechtsordnung **12** 45, 47
– Teilrechtswahl **12** 60
– türkisches Heimatrecht **12** 88, M 89
– Umfang **12** 60
– vor Inkrafttreten der EuErbVO **12** 73
– wählbare Rechtsordnungen **12** 40 ff.
– Widerruf **12** 68 ff.
– Zulässigkeit **12** 66
Rentenvermächtnis 16 211 ff., M 217, **23** M 93
– Absicherung durch Reallast **16** 216
– Einzelunternehmen **27** 119 ff., M 123
– Erbschaftsteuer **16** 218 ff.
– Leistungsstörung **16** 215
Renvoi
– EuErbVO **12** 30
Rheinische Tabelle 20 156
Rücktritt 8 20 ff., **24** 123 ff.
– bei Aufhebung der Gegenverpflichtung **8** 27, **24** 130

- des Erblassers **24** 125
- des Vertragspartners **24** 123
- Fallbeispiel **24** 132
- nach Tod des Vertragspartners **8** 24, **24** 139, M 146
- wg. Verfehlung des Bedachten **8** 26, **24** 127
- zu Lebzeiten beider Vertragspartner **8** 21, M 22, **24** 136, M 137

Rücktrittsvorbehalt **8** 25, **24** 126, **29** 33 ff., M 34

Sachvermächtnis
- Ehegattentestament **23** 94 ff.
- Wertersatz **16** 81 f.
- Zubehör **16** 83

Sachwertverfahren **11** 169 ff.
Schenkung auf den Todesfall
- Erbschaftsteuer **11** 34

Schiedsgericht
- Abgrenzung zum Schiedsgutachter **21** 8
- ad-hoc-Schiedsgericht **21** 109
- Auslandsbezug **21** 94
- Beiziehung Dritter **21** 81
- Besetzung **21** 49
- institutionalisiertes **21** 109
- Kompetenzen **21** 16 ff.
- Testamentsauslegung **21** 57
- Verfahrensregeln **21** 62 ff.
- vorläufiger Rechtsschutz **21** 95 ff.
- Zulässigkeit **21** 1
- Zuständigkeit aufgrund rügeloser Einlassung **21** 70

Schiedsgutachter
- Abgrenzung zum Schiedsgericht **21** 8

Schiedsklausel **21** 1 ff.
- ad-hoc-Schiedsgericht **21** 115
- Auslandsbezug **21** 42 ff.
- Bindung **21** 31
- DSE e.V. (Einzeltestament) **21** M 113
- DSE e.V. (gemeinschaftliches Testament/Erbvertrag) **21** M 114
- Erbvertrag **21** 5
- Form **21** 55
- formelle Zulässigkeit **21** 4 ff.
- gemeinschaftliches Testament **21** 5, 73
- Güterrechtsstreit **21** 35 ff.
- Klage bzgl. Wirksamkeit **21** 67 ff.
- materielle Zulässigkeit **21** 10 ff.
- Pflichtteilsansprüche **21** 12 ff., 25 ff.
- Rechtsnatur **21** 25 ff.
- Regelungsbereiche, mögliche **21** 16 ff.
- Regelungsbereiche, nicht mögliche **21** 20 ff.
- Schiedsordnung **21** 56
- Testamentsanfechtung **21** 24
- Testierfähigkeit **21** 34

Schiedsordnung **21** 6
Schiedsrichter
- Auswahl **21** 50
- Befangenheit **21** 51
- Ersatzschiedsrichter **21** 54
- Schiedsrichterlisten **21** 80
- Testamentsvollstrecker als **21** 50, 52 ff.

Schiedsspruch
- Abänderungsklage **21** 107
- Anerkennung im Ausland **21** 108
- Aufhebungsklage **21** 93
- Ersetzungsfunktion **21** 90
- nachlassgerichtliche Bindung **21** 98 ff.
- Rechtsmittel **21** 92
- Vollstreckbarerklärung **21** 89 ff.
- Wirkung inter partes **21** 72

Schiedsvereinbarung **21** 1, 39
- bei Vertrag zugunsten Dritter **21** 41
- bei vorweggenommener Erbfolge **21** 41
- kraft Universalsukzession **21** 40 f.

Schiedsverfahren
- Dauer **21** 2
- Erbteilungsklage **21** 48, 83 ff.
- Genehmigungspflicht **21** 21
- Grenzen **21** 61
- mehrere Parteien **21** 74 ff.
- Nichtöffentlichkeit **21** 47
- Prozess-/Verfahrenskostenhilfe **21** 33
- Streitgenossenschaft **21** 76 ff.
- Testamentsauslegungsvertrag **21** 87
- Vergleich **21** 86 ff.
- Verhältnis zur ordentlichen Gerichtsbarkeit **21** 66
- Vorteile **21** 47

Schonvermögen **26** 9 ff., 58
Schreibunfähigkeit **4** 20
Schuldbefreiungsvermächtnis **16** 255, M 256
Schweigepflicht
- Arzt **7** 152 ff.
- Entbindung von ärztlicher **24** 33, M 34

– Entbindung von notarieller **24** 36, M 37
– Notar **7** 147 ff.
– Sozialbehörden **7** 156 ff.
Sehbehinderung 4 24
Selbstanfechtung 24 M 120
– Ehegattentestament **23** 152 ff.
– Erbvertrag **8** 29, **24** 93 ff.
– Schadensersatz **24** 111
– Verzicht **8** 40, M 41, **23** M 155
– wechselbezügliche Verfügung **8** 59 f.
Selbstzweckstiftung 13 18, 27
Sittenwidrigkeit
– Bedingung **14** M 60, 63
– Bedürftigentestament **26** 34 ff.
– Behindertentestament **26** 31 ff.
– Erbausschlagung durch Überschuldeten **26** 30
– Geliebten-Testament **29** 7
– Nachfolgeklausel **10** 86
– Pflichtteilsverzicht **26** 37, 95, **27** 23
– Verfügung zugunsten des nichtehelichen Lebenspartners **29** 7
– Wiederverheiratungsklausel **14** 65
Sonderbetriebsvermögen
– Ertragsteuer **11** 223
– Personengesellschaft **27** 60 ff.
– qualifizierte Nachfolgeklausel **27** 169
Sorgerechtsverfügung 29 48
Sorgerechtsvollmacht 19 73
Sozialrecht
– Arbeitslosengeld **26** 7
– Bürgergeld **26** 7
– Eingliederungshilfe **26** 8, 68
– Erbausschlagung **26** 24 ff.
– Erbschaft als Einkommen/Vermögen **26** 58 ff.
– Grundsicherung **26** 7
– Haftung des Nachlasses **26** 20 ff.
– Kostenersatz durch Erben **26** 20 ff.
– Leistungseinschränkung bei Fehlverhalten **26** 21
– Nachlasshaftung **26** 20 ff.
– Nachranggrundsatz **26** 9 ff., 55
– Pflichtteil als Einkommen **26** 62
– Pflichtteilsverzicht **26** 37, 95
– Schonvermögen **26** 9 ff., 58
– Sozialhilfe **26** 7
– Vermächtnis als Einkommen **26** 62
Spendenauflage 17 51 ff., M 55
Sprachbehinderung 4 24 ff.
Sprachunkundigkeit 4 22
Staatenloser
– Rechtswahl **12** 48
Staatsangehörigkeit
– Erbschaftsteuerpflicht **11** 8
Staatsvertrag 12 74
– Deutsch-iranisches Niederlassungsabkommen **12** 75 ff.
– Deutsch-sowjetischer Konsularvertrag **12** 90 ff.
– Deutsch-türkischer Konsularvertrag **12** 80
Steuerberater
– als Testamentsvollstrecker **20** 116
Steuerklassen
– Erbschaftsteuer **11** 59 ff.
Steuerklassenprivileg
– Familienstiftung **13** 96
– nichtehelicher Lebenspartner **29** 52
Steuervermächtnis 25 67
Stiftung 13 1 ff., **14** 36
– als Erbin **13** 7
– als Vermächtnisnehmerin **13** 8
– ausländische **13** 54 ff.
– Business Judgement Rule **13** 46
– Einsatzmöglichkeiten **13** 3 ff.
– Familienstiftung *siehe dort*
– Förderung als testamentarische Auflage **13** 9
– gemeinnützige *siehe* Stiftung, gemeinnützige
– gemeinnützige GmbH als Alternative **13** 59 ff.
– Gründungsprozess **13** 63
– Nacherbentestamentsvollstreckung **15** 103
– Namenszusatz **13** 52
– nichtrechtsfähige *siehe* Stiftung, nichtrechtsfähige
– rechtsfähige *siehe* Stiftung, rechtsfähige
– Satzungsänderung **13** 47
– Selbstzweckstiftung **13** 18, 27
– Steuerrecht **13** 83 ff.
– Stiftungsaufsicht **13** 57
– Stiftungsorgane, Haftung **13** 46
– Stiftungsrechtsreform **13** 41 ff.
– Stiftungsregister **13** 49 ff.
– Stiftungsvermögen **13** 42 ff.

– Treuhandstiftung *siehe* Stiftung, nichtrechtsfähige
– unselbstständige *siehe* Stiftung, nichtrechtsfähige
– Verbrauchsstiftung **13** 31, M 33, 45
– von Todes wegen *siehe* Stiftung von Todes wegen
Stiftung, fiduziarische *siehe* Stiftung, nichtrechtsfähige
Stiftung, gemeinnützige
– Begriff **13** 17
– Besteuerung bei Auflösung **13** 93
– Besteuerung bei Errichtung **13** 84 ff.
– Besteuerung bei Grundstücksübertragung **13** 91
– Besteuerung Destinatär **13** 92
– Besteuerung, laufende **13** 88 ff.
– Besteuerung von Spenden **13** 90
– Besteuerung von Zustiftungen **13** 90
– Drittelprivileg **13** 94
– Freistellungsbescheid, steuerlicher **13** 84
– Mustersatzung AO **13** 23, M 24
– Satzung **13** M 25
– Steuerbefreiung **11** 47
– Steuerbegünstigung **13** 84
– Stiftungszweck **13** 19
– Unmittelbarkeit der Zweckverfolgung **13** 23
– Zweckbetrieb **13** 89
Stiftung, nichtrechtsfähige
– Begriff **13** 34
– durch Auflage **17** 69 ff.
– durch letztwillige Verfügung **13** 35
– Errichtung **13** 37
– Errichtungsvertrag **13** M 40
– steuerliche Behandlung **13** 36
– Stiftungsgeschäft von Todes wegen mit Erben als Stiftungsträger **17** M 74
– Stiftungsgeschäft von Todes wegen mit Vermächtnisnehmer als Stiftungsträger **17** M 75
– Vorteile **13** 38, **17** 71
Stiftung, rechtsfähige **13** 11 ff.
– Anerkennung durch Stiftungsaufsicht **13** 16
– Begriff **13** 11
– Errichtung **13** 13
– Satzung **13** 15
– Stiftungsarten **13** 12
– Stiftungsgeschäft **13** 14
– Stiftungsvermögen **13** 15
Stiftung von Todes wegen **13** 10, 64 ff.
– Anerkennung durch Stiftungsaufsicht **13** 71
– Anfechtung **13** 75
– Dauertestamentsvollstreckung **13** 81
– durch Auflage **13** 66
– Erbeinsetzung **13** 67
– Erbschaftsteuer **13** 86
– Formvorschriften **13** 69 f.
– Gestaltungsmöglichkeiten **13** 65
– Körperschaftsteuer **13** 86
– Mängel des Stiftungsgeschäfts **13** 72
– Personengesellschaftsanteile im Stiftungsvermögen **13** 68
– Pflichtteilsrechte **13** 76
– testamentarische Errichtung **13** M 82
– Testamentsvollstreckung **13** 77 ff.
– Widerruf **13** 75
Stiftungsaufsicht **13** 57
Stiftungsrechtsreform **13** 41 ff.
Stiftungsregister **13** 49 ff.
Streitgenossenschaft
– Schiedsverfahren **21** 76 ff.
Substanzwertverfahren **11** 185
Supervermächtnis
– Ehegattentestament **23** 26 ff., 98, M 99

Tablet-Testament **5** 2
Teilungsanordnung **18** 3 ff., M 11
– Abgrenzung zum Vorausvermächtnis **18** 23 ff.
– Abweichung durch Erben **18** 13
– Anrechnungsbestimmung **18** 26
– Ausgleichspflicht **18** 5 ff.
– Begünstigungswille **18** 25
– Behindertentestament **26** 74
– Drittbestimmung **14** 48, **18** 14
– Durchsetzung **18** 12 ff.
– Einzelunternehmen **27** 133 ff., M 136
– Erbausschlagung **18** 9
– Erbschaftsteuer **11** 30 ff.
– Landgut **28** M 44 f.
– Teilungsverbot **18** 87 ff., M 90
– Testamentsvollstreckung **18** 14, M 15
– Übernahmerecht **18** 69 ff., M 72
– überquotale **18** 42 ff., M 44
– Vor-/Nacherbfolge **18** 16 ff.
– Wertbestimmung **18** 10

– wertverschiebende **18** 7
– Wirkung **18** 12
Teilungsverbot 18 73 ff.
– als Auflage **18** 96 ff., M 97 f., M 99, M 103
– als Teilungsanordnung **18** 87 ff., M 90
– als Vermächtnis **18** 93 ff., M 94 f.
– auflösend bedingtes **18** 104, M 106
– gesetzliche Erbfolge **18** 77
– Grenzen **18** 83 ff.
– Inhalt **18** 78
– Rechtsformen **18** 80
– Sanktion bei Verstoß **18** 98, M 99, M 103
– Testamentsauslegung **18** 75
– Testamentsvollstreckung **18** 100 ff., M 103
Teilunwirksamkeit 6 85 f.
Testament
– Ablieferungspflicht **5** 24
– Alleinstehender **22** 32 ff.
– Änderung bei Auslandsbezug **12** 111
– Anfechtung **8** 59 ff.
– Auslegung **6** 5 ff.
– Bedürftigentestament *siehe dort*
– Behindertentestament *siehe dort*
– Briefform **5** 8
– Ehegatten *siehe* Ehegattentestament *siehe* Testament, gemeinschaftliches
– Ehegatten mit Auslandsbezug **22** 72 ff.
– eigenhändiges *siehe* Testament, privatschriftliches
– Einzeltestament *siehe dort*
– Formwirksamkeit bei Auslandsbezug **12** 98 ff.
– Geschiedener *siehe* Geschiedenentestament
– Haustierversorgung **22** 39 ff.
– Landwirt *siehe* Hoferbfolge *siehe* Landgut
– Lesbarkeit **5** 25
– materielle Wirksamkeit bei Auslandsbezug **12** 125 ff., 136 ff.
– nichtehelicher Lebenspartner *siehe* Lebenspartner, nichtehelicher
– notarielles *siehe* Testament, notarielles
– Nottestament *siehe dort*
– öffentliches **2** 48 ff., **4** 16, **5** 14
– Patchworkkonstellation *siehe* Patchworktestament
– privatschriftliches *siehe* Testament, privatschriftliches
– Rechtswahl bei Auslandsbezug **12** 127
– Rücknahme aus amtlicher Verwahrung **22** 30 f.
– späteres, Wirkung auf früheres **22** 24 ff.
– Umdeutung gemeinschaftliches in Einzeltestament **22** 11 ff.
– Unternehmer *siehe* Unternehmensnachfolge
– Veränderung **22** 29
– Verlobter **22** 42 ff.
– Vernichtung **22** 28
– Widerruf **8** 51 ff., **22** 20 ff.
– Widerruf bei Auslandsbezug **12** 111 f.
– Witwer **22** 52 ff.
Testament, eigenhändiges *siehe* Testament, privatschriftliches
Testament, gemeinschaftliches *siehe auch* Ehegattentestament
– Änderungsvorbehalt **8** 56
– Anfechtung **8** 59 ff.
– Aufhebung Erbvertrag **8** 17, **24** 78, M 79
– Auslandsbezug **22** 76
– Auslegung **6** 84
– Behindertentestament **26** 76, M 77, 89
– Besonderheiten ggü. Erbvertrag **24** 58
– Ehegatten/eingetragene Lebenspartner **23** 1
– Eigenhändigkeit **5** 15
– Errichtung **5** 15 ff.
– Fälle aus der Rspr. **5** 20 f.
– Formwirksamkeit bei Auslandsbezug **12** 98 ff.
– gleichzeitiges Versterben **14** 17
– lebzeitige Verfügung **8** 67 ff.
– materielle Wirksamkeit bei Auslandsbezug **12** 136 ff.
– nichteheliche Lebenspartner **29** 26
– Notarkosten **3** 46
– Pflichtteilsstrafklausel **14** 72
– Rechtsanwaltsgebühren **3** 15, 26
– Rechtswahl bei Auslandsbezug **12** 142
– Scheidungsfolgen **22** 49 ff.
– Schiedsklausel **21** 5, 73, M 114
– Schlusserbeneinsetzung **14** M 18
– Stiftung von Todes wegen **13** 69
– Testierfähigkeit **7** 18

- Testierfreiheit **8** 43 ff.
- Umdeutung in Einzeltestament **5** 22, **22** 11 ff.
- Umdeutung in Erbvertrag **22** 19
- Verlobte **22** 42
- wechselbezügliche Verfügung **8** 44 ff. *siehe auch* Wechselbezüglichkeit
- Widerruf **8** 51 ff., M 52, **23** 110
- Zuwendungsverzicht **8** 65 f.

Testament, notarielles 2 34 ff., **4** 1 ff.
- Ablieferungspflicht **4** 35
- amtliche Verwahrung **2** 45, 53, **4** 31 ff.
- Ausfertigung **4** 33
- ausländischer Erblasser **4** 27
- Ausschließungsgründe Notar **4** 2
- beglaubigte Abschrift **4** 32
- behinderter Beteiligter **2** 37, **4** 17 ff.
- Benachrichtigung in Nachlasssachen **4** 34
- Beweiskraft **4** 15
- Dolmetscher **4** 22 f.
- Erklärung des Erblassers **2** 48, **4** 16
- Feststellung der Beteiligten **4** 9
- Gebärdensprachdolmetscher **4** 24
- Gebühren **2** 12
- Genehmigung Niederschrift **4** 28 ff.
- Geschäftsfähigkeit **2** 36, **4** 10 ff.
- Hörbehinderung **4** 24 ff.
- Minderjähriger **4** 12
- Mitwirkungsverbot **2** 39 ff., **4** 3 ff.
- nonverbale Erklärung **4** 19
- persönliche Anwesenheit **2** 35, **4** 16
- Registrierungspflicht **2** 42 ff., **4** 40 ff.
- Rücknahme aus amtlicher Verwahrung **22** 30
- Schreibunfähigkeit **4** 20 f.
- Sehbehinderung **4** 24
- Sprachbehinderung **4** 24 ff.
- Sprachunkundigkeit **2** 37, **4** 22
- Testierfähigkeit **4** 10 ff.
- Übergabe einer Schrift **2** 48, **4** 16
- Verschließung **2** 45, 4 31
- Widerruf **22** 30
- Zeugenzuziehung **2** 38, **4** 27
- zweiter Notar **2** 38, **4** 27

Testament, öffentliches 2 48 ff., **4** 16, **5** 14

Testament, privatschriftliches 5 1 ff.
- Ablieferungspflicht **5** 24
- amtliche Verwahrung **5** 23, **22** 31
- Beweisregeln **5** 26 ff.
- Blindheit **5** 2
- Briefform **5** 8
- Datumsangabe **5** 13
- digitale Errichtung **5** 2
- Ehegattentestament **5** 15 ff.
- Eigenhändigkeit **5** 1 ff.
- Lesbarkeit **5** 25
- Leseunfähigkeit **5** 14
- Minderjähriger **5** 14
- nachträgliche Änderung **5** 12
- Ortsangabe **5** 13
- Schriftsachverständigengutachten **5** 27 f.
- schuldrechtliche Anerkennung bei Formunwirksamkeit **5** 31
- Sprache **5** 4
- Unterschrift **5** 7 ff.
- Unterstützung durch Dritte **5** 5
- Verstoß gegen Formvorschriften **5** 1
- Widerruf **22** 20 ff.

Testament, stilles 14 27, 32, **26** 54

Testamentary Trust 12 194 ff.

Testamentsauslegungsvertrag 21 87

Testamentsvollstrecker
- Abwicklung Einzelunternehmen **20** 210 ff.
- Abwicklung Personengesellschaftsanteil **20** 235 f.
- Alleinerbe als **20** 101
- als Betreuer **26** 71
- als Schiedsrichter **21** 52 ff.
- Aufwendungsersatz **20** 172, M 176
- Auskunftsanspruch gegen Erben **20** 276
- Auswahl **20** 87
- Bedürftigentestament **26** 103
- Befugnisbeschränkung **20** 69 ff., M 73
- Behindertentestament **26** 70, 82
- Bestimmung durch Dritten **20** 89 ff., M 90
- Bestimmung durch Erblasser **20** 88
- Bestimmung durch Urkundsnotar **20** 125
- Bestimmungsrecht Mitvollstrecker **20** 146 ff., M 149
- Bestimmungsrecht Nachfolger **20** 146 ff., M 150 f.
- Betreuer als **20** 9
- Bezahlung der Erbschaftsteuer **20** 275

- Eignung **20** 100 ff.
- Eingehung von Verbindlichkeiten **20** 20
- Elternteil als **20** 9
- Entlassung **20** 16
- Erbe als **20** 101 ff.
- Ernennung durch Nachlassgericht **20** 94 ff., 134 ff.
- Ernennung durch Nachlassgericht, Ausschluss **20** M 99
- Ernennungsersuchen an Nachlassgericht **20** M 96
- Ersatztestamentsvollstrecker **20** 131, M 132
- erweiterte Verpflichtungsbefugnis **20** 20
- gesetzlicher Vertreter des Erben als **20** 107 f., M 109
- GmbH-Geschäftsführung **20** 258, M 259
- Insichgeschäft **20** 21
- juristische Person als **20** 110
- Kreditinstitut als **20** 126 ff.
- mehrere **20** 130 ff.
- Mehrheitsbeschluss bei Mitvollstreckern **20** 138, M 139
- Minderjähriger als **20** 100
- Miterbe als **20** 104
- Mitvollstrecker **20** 133 ff.
- Nacherbe als **20** 103
- Nebenvollstrecker **20** 144, M 145
- Notar als **4** 4, **20** 119 ff.
- Personengesellschaft als **20** 110
- Pflichtteilsberechtigter als **20** 106
- Rechtsanwalt als **20** 112 ff.
- Schiedsrichter bei Mitvollstreckern **20** 142, M 143
- Steuerberater als **20** 116 f.
- Steuererklärung für Erben **20** 271
- Steuererklärung für Erblasser **20** 267
- steuerliche Pflichten **20** 265 ff.
- steuerliche Wahlrechte des Erblassers **20** 268 f.
- Stichentscheid bei Mitvollstreckern **20** 140, M 141
- überlebender Elternteil als **19** 13
- übermäßige Vergütung **16** 106
- Urkundsnotar als **20** 121 ff.
- Verein als **20** 110 f.
- Vergütung *siehe* Testamentsvollstreckervergütung
- Vermächtnisnehmer als **16** 19, M 20, **20** 105
- Verwaltung Einzelunternehmen **20** 214 ff.
- Verwaltung Kapitalgesellschaftsanteil **20** 252 ff.
- Verwaltung Personengesellschaftsanteil **20** 237 ff.
- Vollmacht, ergänzende **20** 196 ff.
- Vorerbe als **20** 102
- Wirtschaftsprüfer als **20** 118
- Zuwendungspfleger als **19** 15

Testamentsvollstreckervergütung **20** 152 ff.
- Abwicklungsvollstreckung **20** 162
- Aufwendungsersatz **20** 172 ff., M 176
- Bemessungsgrundlage bei Wertgebühr **20** 164 ff.
- Berücksichtigung von Personengesellschaftsanteilen **20** 159, M 160
- berufsmäßige Dienste **20** 173, M 174
- Besteuerung **20** 194 f.
- DNotV-Empfehlungen **20** 157, M 158
- Entnahme aus Nachlass **20** 181
- Erblasseranordnung **20** 153
- Erbteilsvollstreckung **20** 189, M 190
- Fälligkeit **20** 179
- Festbetrag **20** 162
- Hilfspersonen **20** 172
- mehrere Testamentsvollstrecker **20** 182 ff., M 187
- Mindestfestbetrag **20** 167
- Rheinische Tabelle **20** 156
- Schuldner **20** 188
- Tabellen **20** 155
- Umsatzsteuer **20** 177, M 178
- Vermächtnisvollstreckung **20** 191, M 192
- Versicherungsprämien **20** 175, M 176
- Vor-/Nacherbschaft **20** 193
- Vorschuss **20** 179
- Wertgebühr **20** 163 ff., M 165
- Zeitvergütung **20** 168 ff.
- Zeitvergütung kombiniert mit Wertgebühr **20** M 171

Testamentsvollstreckung **20** 1 ff.
- Abwicklungsvollstreckung **20** 13 ff., M 19

- Aktien **20** 262 f.
- Auflagen bei Unternehmensnachfolge **17** 76 ff.
- Auflagenerfüllung **20** 10
- Auseinandersetzungsvollstreckung **20** 14, 17
- beaufsichtigende **20** 77, M 79
- beaufsichtigende bei Verwaltung Einzelunternehmen **20** 228 f.
- beaufsichtigende bei Verwaltung Personengesellschaftsanteil **20** 244 ff.
- Bedürftigentestament **26** 34 f.
- Befugnisbeschränkung **20** 69 ff.
- Behindertentestament **26** 32, 55 ff., 78 ff.
- bei Entzug des elterlichen Verwaltungsrechts **19** 39
- Beschränkung auf Erbteil **20** 35, M 36 f., 81 ff., M 84
- Beschränkung, gegenständliche **20** 75
- Beschränkung, inhaltliche **20** 71, M 73
- Beschränkung, zeitliche **20** 76
- Bestimmungsvermächtniserfüllung **20** 85, M 86
- Dauer **20** 32
- Dauer Abwicklungsvollstreckung **20** 23
- Dauervollstreckung **20** 24 ff., M 28
- Ehegattentestament **23** 68, M 69, 105 ff., M 106, M 108 f.
- Einzelunternehmen **20** 209 ff.
- Einzelunternehmen, Abwicklungsvollstreckung **20** M 212
- Erbengemeinschaft **20** 5
- Erbschaftsteuer **20** 271 ff.
- Formen **20** 11 ff.
- GbR-Anteil **20** 233 ff.
- Geschiedenentestament **25** 82 ff.
- GmbH & Co. KG **20** 264
- GmbH-Anteil **20** 252 ff.
- Hinzuziehung Steuerberater **20** 277
- Hoferbfolge **28** 66
- Kapitalgesellschaftsanteil **20** 252 ff.
- Kommanditanteil **17** 84 ff., M 86, **20** 233, 248 ff., M 250
- Komplementäranteil **20** 233 ff.
- minderjähriger Begünstigter **19** 11 ff.
- Nacherbe **20** 55 ff., M 57, M 60
- Nacherbenvollstreckung **15** 103, M 104, **20** 56, M 57, M 60, 62 ff., M 66
- Nachvermächtnis **16** 74 f., M 76
- Nießbrauch **16** 178 f.
- Nießbrauchsvermächtnis **16** 136
- OHG-Anteil **20** 233 ff.
- Person des Testamentsvollstreckers **20** 87 ff. *siehe auch* Testamentsvollstrecker
- Personengesellschaftsanteil **20** 233 ff., **27** 13
- Pfändungsschutz **20** 7
- Pflichtteilsbeschränkung in guter Absicht **20** 38, M 39
- steuerliche Abzugsfähigkeit der Kosten **20** 278 f.
- Steuerrecht **20** 265 ff.
- Stiftung von Todes wegen **13** 77 ff.
- Teilungsanordnung **18** 14, M 15, **20** 18
- Teilungsverbot **18** 100 ff., M 103
- Treuhandlösung bei Verwaltung Einzelunternehmen **17** 79 ff., M 80, M 83, **20** 216 ff., M 220
- Treuhandlösung bei Verwaltung Personengesellschaftsanteil **20** 239 f.
- Unternehmensnachfolge **20** 6, 206 ff.
- Vermächtnis **16** 19 ff., **20** 40 ff., M 47
- Vermächtniserfüllung **20** 10
- Vermächtnisvollstreckung **16** 19, M 20, **20** 40 ff., M 43, **23** M 69
- Verwaltung Einzelunternehmen mit Wahlrecht des Testamentsvollstreckers **20** 231, M 232
- Verwaltung Personengesellschaftsanteil mit Wahlrecht des Testamentsvollstreckers **20** M 242
- Verwaltungsrechtsentzug bei minderjährigem Begünstigten **19** 17
- Verwaltungsvollstreckung **20** 24 ff., M 34, M 36
- Vollmacht als Ergänzung **20** 196 ff.
- Vollmachtslösung bei Verwaltung Einzelunternehmen **17** 81 ff., M 83, **20** 222 ff., M 226, **27** 159 f.
- Vollmachtslösung bei Verwaltung Personengesellschaftsanteil **20** 241
- Vollmachtswiderruf durch Erben, Auflage **20** M 202
- Vollmachtswiderruf durch Erben, Sanktion **20** M 204
- Vor-/Nacherbschaft **20** 50 ff.
- Vorerbe **20** 52 ff., M 53, M 60

- Weisungsgeberlösung bei Verwaltung Einzelunternehmen **20** 228 f.
- Weisungsgeberlösung bei Verwaltung Personengesellschaftsanteil **20** 243
- Wohnungsrechtsvermächtnis **16** 184

Testierfähigkeit 7 1 ff.
- Alkohol **7** 65 ff.
- Amtsermittlungspflicht **7** 97
- Anscheinsbeweis **7** 112
- Aphasie **7** 40
- ärztliche Befunde **7** 138
- Ausländer **4** 13
- Begriff **7** 8
- Beschwerdeverfahren **7** 145
- Betreuung **7** 83 ff., 120
- Beurteilungssystem **7** 21 ff.
- Beurteilungszeitpunkt **7** 3
- Bewusstseinsstörung **7** 28
- bipolare Störung **7** 45
- chronische Störungen **7** 32 ff.
- Demenz **7** 47 ff.
- Denkstörung **7** 41
- Depression **7** 58 ff.
- Drogen **7** 65 ff.
- Erbvertrag **7** 16 f.
- Errichtungsstatut **7** 10 ff.
- Feststellung im Erbscheinsverfahren **7** 97 ff.
- Feststellung im Grundbuchverfahren **7** 100
- Feststellung im Zivilprozess **7** 101
- Feststellungen des Notars **4** 10 ff., **7** 126 ff.
- Feststellungs-/Beweislast **7** 42 f., 110 ff.
- Fremdbeeinflussung **7** 33 ff., 59
- Geistesschwäche **7** 24 ff.
- gemeinschaftliches Testament **7** 18
- gerichtliche Ermittlungen **7** 122 ff.
- Geschäftsfähigkeit **7** 2
- Laieneinschätzung **7** 139
- lebzeitige Feststellung **7** 102
- luzides Intervall **7** 87 ff.
- Medikamente **7** 65 ff., 72
- Mehrfachbehinderung **7** 20
- Minderjähriger **7** 5, 15
- Multimorbidität **7** 70
- Nottestament **7** 15
- partielle Testierunfähigkeit **7** 7
- Pflegedokumentation **7** 140
- postoperative Störung **7** 73
- postume Begutachtung **7** 106
- Privatgutachten **7** 117 ff.
- Prüfungsschema **7** 104
- Sachverständigengutachten **7** 103 ff., 131 ff.
- Sachverständigengutachten, Kosten **7** 146
- Sachverständigengutachten, weiteres **7** 142 ff.
- Schlaganfall **7** 75
- Schreibfähigkeit **7** 19
- Schweigepflicht Arzt **7** 152 ff.
- Schweigepflicht Notar **7** 147 ff.
- Schweigepflicht Sozialbehörden **7** 156 ff.
- Sprachstörung **7** 40, 75
- Störung der Geistestätigkeit **7** 23
- Suizid **7** 44
- temporäre Störungen **7** 29 ff.
- Testament, Datierung **7** 42
- Testierunfähigkeit, Definition **7** 21 ff.
- Testierunfähigkeit, Feststellung im gerichtlichen Verfahren **7** 96 ff.
- Verwahrlosung **7** 77
- Voraussetzungen **7** 15 ff.
- Wahnvorstellungen **7** 78 ff.

Testierfreiheit 8 1 ff.
- Anerbenrecht **28** 3
- Erbvertrag **8** 6 ff.
- gemeinschaftliches Testament **8** 43 ff.

Testierunfähigkeit *siehe* Testierfähigkeit

Treuhand
- Testamentsvollstreckung über Einzelunternehmen **17** 79 ff., M 80, M 83

Treuhandstiftung *siehe* Stiftung, nichtrechtsfähige

Trust 12 181 ff.
- Living Trust **12** 191 ff.
- Struktur **12** 183
- Testamentary Trust **12** 194 ff.
- Vorteile **12** 186 ff.

Übernahmerecht 18 60 ff.
- als Teilungsanordnung **18** 69 ff., M 72
- als Vorausvermächtnis **18** 63 ff., M 68
- Ausübungsfrist **18** 66
- Begriff **18** 60
- Begünstigungswille **18** 63
- Übernahmepreis **18** 67

Überquotale Teilungsanordnung **18** 42 ff., M 44
Überschuldung
- Erbausschlagung **26** 30
- Pflichtteilsbeschränkung **9** 39 ff.
Umdeutung **6** 27 f.
- gemeinschaftliches Testament in Einzeltestament **5** 22, **22** 11 ff.
- gemeinschaftliches Testament in Erbvertrag **22** 19
Universalsukzession **14** 1 ff.
- Ausnahmen **14** 5 ff.
Universalvermächtnis **16** 49, 64
Universalvorausvermächtnis **18** 50
Unterbeteiligung
- Kapitalgesellschaftsanteil **27** 221
- Personengesellschaftsanteil **27** 187 ff.
Unternehmensfortführungsklausel **17** 88, M 91
Unternehmensnachfolge **27** 1 ff.
- Checkliste **27** 67
- Einzelunternehmen **17** 87 ff., M 91, **27** 72 ff.
- Erbverzicht **27** 18
- familienrechtliche Aspekte **27** 14 ff.
- Gesellschaftsgründungsklausel **17** 88, M 91
- gesellschaftsrechtliche Aspekte **10** 1 ff., **27** 9 ff.
- Gestaltungsmöglichkeiten, erbrechtliche **27** 69 ff.
- Gestaltungsmöglichkeiten, gesellschaftsvertragliche **27** 35 ff.
- Güterstandsklausel **27** 17
- Güterstandsvereinbarung **27** 15 f., 23
- Kapitalgesellschaftsanteil **27** 203 ff.
- Personengesellschaftsanteil **27** 161 ff.
- Pflichtteilsverzicht **27** 19 ff.
- steuerliche Planung **27** 58
- Testamentsvollstreckung **20** 6, 206 ff., **27** 13
- Unternehmensfortführungsklausel **17** 88, M 91
- Vorsorgevollmachten **27** 26
- vorweggenommene Erbfolge **27** 6 f.
- Ziele **27** 4
- Zuwendungsverzicht **27** 25
Unternehmensnießbrauch **16** 154 f.
- Einzelunternehmen **27** 91 ff., M 101
- Verluste **16** 177
Unterschrift
- Echtheitsbeweis **5** 26
- gemeinschaftliches Testament **5** 15
- notarielles Testament **4** 28
- privatschriftliches Testament **5** 7 ff.
Untervermächtnis **16** 77, M 78

Verbrauchsstiftung **13** 31, 45
- Satzung **13** M 33
Verfügung, wechselbezügliche
- Anfechtung **8** 59 ff.
- Aufhebung durch überlebenden Ehegatten **8** 55
- Auslegung **8** 46 ff.
- Begriff **8** 44
- einseitige Wechselbezüglichkeit **8** 45
- Umfang der Bindung **8** 57 f.
- Widerruf, einseitiger **8** 51, M 52
- Widerruf, einvernehmlicher **8** 53
- Widerruf nach Tod des anderen Ehegatten **8** 55
- Widerruf zu Lebzeiten des anderen Ehegatten **8** 51
- Widerrufsfolgen **8** 50
Verfügungsunterlassungsvertrag **8** 67, **24** 52
Vergleichswertverfahren **11** 165 ff.
Vergütung *siehe* Notarkosten *siehe* Rechtsanwaltsgebühren *siehe* Testamentsvollstreckervergütung
Vergütungsvereinbarung **2** 10 ff., **3** 34 ff., M 42
- AGB-Kontrolle **3** 36
- Angemessenheit **3** 37
- Bestimmtheit **3** 38
- Erfolgshonorar **3** 40
- Form **3** 35
- Inhalt **3** 41
- Pauschalhonorar **3** 43
- Vergütungsarten **3** 39 f.
- Zeithonorar **3** 41, 43
- Zulässigkeit **3** 34
Verlobte **29** 11
- Erbvertrag **22** 43
- Testament **22** 42 ff.
- Verlöbnisauflösung, Fortbestand Vermächtnis **29** M 13
- Verlöbnisauflösung, Wegfall Vermächtnis **29** M 12

Vermächtnis 16 1 ff., **27** 82 ff.
- Abgrenzung zur Erbeinsetzung **6** 32, **14** 52 ff.
- Altenteil **28** M 40
- Anfall **16** 5
- Ankaufsrechtsvermächtnis **16** 248, M 249
- Anspruch auf verjährungsverlängernden Vertrag **16** 251 ff., M 254
- Anwachsung **16** 17
- Anwartschaftsrecht **16** 2
- auf den Überrest **15** 28, M 29, 61, **25** 51
- Auflassungserklärung **16** 23
- Ausschlagung **16** 9
- bedingtes bei Vor-/Nacherbfolge **15** 30, M 31
- Bedingung **16** 7, 28, M 29 f.
- Behindertentestament **26** 78 ff., M 86
- Bestimmungsvermächtnis *siehe dort*
- Bevollmächtigung des Vermächtnisnehmers **16** 24 f.
- Checkliste **16** 261
- dauernde Last **16** 212 f., M 214
- dingliche Rechte **16** 22 f.
- Drittbestimmung **14** 46
- Ehegattentestament **23** 81
- Ehegattenvoraus **16** 93
- Eigentumswohnung **16** 91, M 92
- Einzelunternehmen **27** 82 ff.
- Entnahme aus Betriebsvermögen, steuerliche Folgen **11** 217
- Erbschaftsteuer **11** 29, **16** 8, 26 ff.
- Erbschaftsteuer bei Verzicht gegen Abfindung **11** 53
- Ersatzvermächtnisnehmer **16** 17, M 18
- Fälligkeit **16** 6
- Forderungsvermächtnis **16** 107
- Formen **16** 33 ff.
- Gattungsvermächtnis **16** 53, M 54 f.
- Geldvermächtnis *siehe dort*
- Geschiedenentestament **25** 46 ff.
- Grundstücksvermächtnis *siehe dort*
- Hausratsvermächtnis **16** 93, M 95, **18** 45, M 46, **29** M 24 f.
- Inhalt **16** 80 ff.
- Kapitalgesellschaftsanteil **27** 206 ff.
- Miterben **16** 11
- Nachvermächtnis *siehe dort*
- nichtehelicher Lebenspartner **29** 44 ff.
- nichtehelicher Lebenspartner, fiktiver Voraus **29** M 4
- nichtehelicher Lebenspartner, fiktiver Zugewinn **29** M 5
- nichtehelicher Lebenspartner, Hausrat **29** M 24 f.
- Nießbrauchsvermächtnis *siehe dort*
- Patchworktestament **25** 46 ff., M 70
- Personengesellschaftsanteil **10** 68 ff., 89
- Pflegevergütungsvermächtnis **16** 108 ff., M 115 f.
- Pflichtteil **16** 10
- Rentenvermächtnis **16** 211 ff., M 217
- Sachvermächtnis **16** 81 ff., **23** 94 ff.
- Schuldbefreiungsvermächtnis **16** 255, M 256
- Schuldner **16** 11 ff.
- schuldrechtliche Nutzungsrechte **16** 180
- Supervermächtnis **23** 26 ff., 98, M 99
- Surrogation **16** 3
- Teilungsverbot **18** 93 ff., M 94 f.
- Testamentsvollstreckung **16** 19 ff., M 20, **20** 40 ff., M 43, M 47
- ungeborenes Kind als Begünstigter **16** 7
- Universalvermächtnis **16** 49, 64
- Universalvermächtnis mit Drittbestimmungsrecht **14** M 47
- Untervermächtnis **16** 77, M 78
- Untervermächtnis (Nießbrauch, bedingtes Erwerbsrecht) **23** M 96
- Verlöbnisauflösung, Fortbestand Vermächtnis **29** M 13
- Verlöbnisauflösung, Wegfall Vermächtnis **29** M 12
- Vermächtnisnehmer als Testamentsvollstrecker **20** 105
- Vermächtnisvollstreckung *siehe dort*
- Verschaffungsvermächtnis *siehe dort*
- Verteilungsvermächtnis **16** 48, 63
- Vorausempfänge, ausgleichspflichtige **16** 257 ff., M 258, M 260
- Vorausvermächtnis *siehe dort*
- Vorkaufsrechtsvermächtnis **16** 226 ff., M 229 f., M 247
- Vorranganordnung **16** 16
- Wahlvermächtnis **16** 56, M 57
- Wohnungsrechtsvermächtnis *siehe dort*

– Zurückbehaltungsrecht **16** 28, M 31 f.
– Zustimmungspflicht des Nacherben **15** 95, M 97
– Zweckvermächtnis **16** 50, 59 ff., M 60, M 62
Vermächtnisvollstreckung 16 19, M 20, **20** 40 ff., M 43, **23** M 69
– Testamentsvollstreckervergütung **20** 191, M 192
Vermögensnießbrauch 16 167 ff.
Vermögenssorge 19 2
– Verwaltungsanordnungen **19** 45 ff. *siehe auch* Verwaltungsanordnungen bei minderjährigem Begünstigten
– Verwaltungsrechtsentzug **19** 37 ff. *siehe auch* Verwaltungsrechtsentzug bei minderjährigem Begünstigten
Vermögensverzeichnis nach § 1640 BGB
– Befreiung **19** 32, M 34
– Inhalt **19** 33
Vernichtung
– Testament **22** 28
Verschaffungsvermächtnis 16 34 ff., M 40
– Auslegung **16** 37
– Beweislast **16** 37
– Grenzen **16** 39
– ungesetzliches **16** 35
– unmögliches **16** 35
– Vermächtnisgegenstand **16** 39
– Wohnungsrecht **16** 183, 209
Verschwendungssucht
– Pflichtteilsbeschränkung **9** 39 ff.
Versorgungsfreibetrag 11 69
Verteilungstestament 14 87
– Auslegung **18** 35 ff.
Verteilungsvermächtnis 16 48, 63
Vertrag zugunsten Dritter
– Bezugsrechte **14** 7
– Erbschaftsteuer **11** 41 ff.
– Klarstellung zum Widerruf von Bezugsrechten **14** M 8
– nichtehelicher Lebenspartner **29** 58 ff.
– rechtsgeschäftliche Eintrittsklausel **10** 101
– Schiedsvereinbarung **21** 41
Verwaltungsanordnungen bei minderjährigem Begünstigten 19 45 ff.
– Durchsetzung **19** 52
– Enkelkind **19** M 47
– Grenzen **19** 53
– Pflichtteil **19** M 51
– Unterhaltsverwendung **19** M 49
Verwaltungsrechtsentzug bei minderjährigem Begünstigten 19 37 ff.
– bzgl. Pflichtteil **19** M 43
– geschiedener Elternteil **19** M 43 f., **25** 77 ff., M 79, M 81
– mit Pflegerbenennung **19** M 42 ff.
Verwaltungstestamentsvollstreckung 20 24 ff., M 34, M 36
– Abgrenzung zur Dauervollstreckung **20** 24
– Höchstdauer **20** 32
– Pflichtteilsbeschränkung **20** 38, M 39
Verwirkungsklausel 14 68 ff.
– Unternehmertestament **27** 147 ff.
Verzeihung
– Pflichtteilsentziehung **9** 35
Vinkulierungsklausel 10 137 ff., M 138, **27** 207
Vollerbeneinsetzung
– Checkliste **14** 119
Vollmacht
– Testamentsvollstreckung über Einzelunternehmen **17** 81 ff., M 83
Vollmacht, trans-/postmortale 20 196 ff.
Vor-/Nacherbfolge 15 1 ff. *siehe auch* Nacherbe *siehe auch* Vorerbe
– Abgrenzung zum Nießbrauchsvermächtnis **15** 55 ff.
– Abgrenzung zum Vor-/Nachvermächtnis **15** 58 ff., **16** 73
– Abwicklungstestamentsvollstreckung **20** 51
– Anordnung **15** 5 ff.
– Anordnung der befreiten Vorerbschaft **15** M 24, **23** M 72
– Anzeigepflichten **15** 67
– Ausschlagung der Nacherbschaft **15** 136
– bedingtes Vermächtnis **15** 30, M 31
– Bedürftigentestament **26** 92
– Behindertentestament **26** 44 ff., M 75
– dingliche Surrogation **15** 33 f.
– Ehegattentestament **23** 70 ff.
– Eintritt des Nacherbfalls **15** 44 ff.

- Einzelunternehmen **27** 124 ff., M 125, M 128
- Erbengemeinschaft **15** 35 ff.
- Erbschaftsteuer **11** 134 ff., **15** 68 ff.
- Erhöhung des Nacherbenschutzes **15** 101
- Ersatzerbe **14** 106
- Ersatznacherbenbestimmung **15** 47 ff., M 51
- Familienheim **15** 75, 88
- gegenständlich beschränkte **15** 10, 25, 86 ff., M 89 ff.
- Geldanlage **15** 105
- Geldanlage, Befreiung von SiV-Vorgaben **15** M 107 f.
- Geschiedenentestament **25** 10 ff., M 45
- Gestaltungsmöglichkeiten des Erblassers **15** 72 ff.
- Gestaltungsmöglichkeiten nach Eintritt des Vorerbfalls **15** 110 ff.
- Grundbesitzvermächtnis als Alternative zur beschränkten Vor- und Nacherbschaft **15** M 91
- Haftung **15** 38 ff., 64 ff.
- Herausgabevermächtnis **15** 101
- Hoferbfolge **28** 66, 100, M 101
- Kapitalgesellschaftsanteil **27** 222 ff.
- Konfusion **15** 46
- konstruktive **17** 36, 70, **22** 60
- Kosten-/Lastenverteilung **15** 12
- Nacherbe, unbekannter **15** 52 f.
- Nacherbenanwartschaft, Ausschluss der Veräußerung **15** 126, M 127
- Nacherbenanwartschaft, Ausschluss der Vererblichkeit **6** M 45
- Nacherbenanwartschaft, Einschränkung der Vererblichkeit **6** M 46
- Nacherbentestamentsvollstreckung **15** 103, M 104, **20** 56, M 57, M 60, 62 ff., M 66
- Nachteile **15** 79 f.
- Nutzungsverteilung **15** 13
- Nutzungszuwendung an nur einen Vorerben **15** 99, M 100
- Patchworktestament **25** 10 ff.
- Personengesellschaftsanteil **27** 191 ff.
- Pfändung **26** 22
- Rechtsstellung des Vorerben **15** 10 ff.
- Schutz vor Eigengläubigern des Nacherben **15** 109
- Teilungsanordnung **18** 16 ff.
- Testamentsvollstreckervergütung **20** 193
- Testamentsvollstreckung **20** 50 ff.
- ungebundene Erbanteile **15** 133
- Universalvorausvermächtnis **18** 50
- Verfügungsbeschränkungen **15** 14 ff.
- Vermächtnis auf den Überrest **15** 28, M 29, 61
- Vorausvermächtnis **15** 27, 92 ff., **18** 49 ff., M 54
- Vorausvermächtnis bei Personengesellschaft **27** M 202
- Vorausvermächtnis in Eigenvermögen des Vorerben **15** M 93
- Vorteile **15** 73 ff.
- Wiederverheiratungsklausel **15** 5, 82 ff., M 83
- zeitliche Grenze **15** 6 ff., 45
- Zulassung der Übertragung auf Vorerben **15** M 131
- Zustimmungsvermächtnis **15** 95 ff., M 97

Vor-/Nachvermächtnis
- Abgrenzung zur Vor-/Nacherbfolge **15** 58 ff.
- Geschiedenentestament **25** 54, M 55
- Patchworktestament **25** 54

Voraus
- des Ehegatten/eingetragenen Lebenspartners **16** 93
- des nichtehelichen Lebenspartners (Vermächtnis über den fiktiven Voraus) **29** M 4

Vorausvermächtnis **16** 79, **18** 19 ff., M 22
- Abgrenzung zur Teilungsanordnung **18** 23 ff.
- Anrechnungsbestimmung **18** 26
- Ausgleichung lebzeitiger Zuwendung **18** 57 f., M 59
- Begriff **18** 19
- Begünstigungswille **18** 25
- Drittbestimmung **14** 48
- Ehegattentestament **23** 79, M 80
- Erbschaftsteuer **11** 30 f.
- Hausrat **18** 45, M 46
- in Eigenvermögen des Vorerben **15** M 93
- Landgut **28** M 43

– Nutzungszuwendung an nur einen Vorerben **15** 99, M 100
– Personengesellschaftsanteil **10** 91
– steuerfreie Zugewinnausgleichsforderung an Ehegatten **18** 55, M 56
– Übernahmerecht **18** 63 ff., M 68
– überquotale Teilungsanordnung **18** 42 ff., M 44
– Universalvorausvermächtnis **18** 50
– Verteilungstestament **18** 35 ff.
– Vor-/Nacherbfolge **15** 27, 92 ff., **18** 49 ff., M 54
– Wohnungsrecht **18** 47, M 48

Vorbehaltsgut **19** 74
– Bestimmung durch Anordnung **19** M 75

Vorerbe
– Abfindung an Nacherben, Besteuerung **11** 137
– als Nacherbentestamentsvollstrecker **20** 65
– als Testamentsvollstrecker **20** 102
– Auskunftspflicht **15** 40
– bedingte/befristete Befreiung **15** 23
– Beeinträchtigung der Nacherbenrechte **15** 18
– befreiter **15** 20 ff., 112
– Befreiung **23** M 72
– Befreiungsmöglichkeiten **15** 20, 27
– eingeschränkte Befreiung **15** 25
– Erbbaurechtsbestellung **15** 132
– Erbschaftsteuer **11** 135 ff.
– Erhaltungskosten **15** 21
– Geldanlage **15** 105 ff.
– Geldanlage, Befreiung von SiV-Vorgaben **15** M 107 f.
– Grundschuldbestellung **15** 134
– Haftung **15** 64 ff.
– Haftung ggü. dem Nacherben **15** 38 ff.
– Nacherbfall zu Lebzeiten des Vorerben, Besteuerung **11** 148 ff.
– Nachlassverzeichnis **15** 39
– nicht befreiter **15** 14 ff.
– Rechnungslegung **15** 43
– Rechtsstellung **15** 10 ff., **25** 33 ff.
– Sicherheitsleistung **15** 42
– Testamentsvollstreckung **20** 52 ff., M 53, 58, M 60
– ungebundene Erbanteile **15** 133
– Veräußerung von Grundstücken **15** 112 ff.
– Veräußerung von Grundstücken, Eintragungsantrag Wirksamkeitsvermerk bei Auflassungsvormerkung **15** M 114
– Verfügung mit Zustimmung des Nacherben **15** 121 ff.
– Verfügung, teilunentgeltliche **15** 115
– Verfügung über Grundstück **15** 15
– Verfügung, unentgeltliche **15** 17, 26
– Verfügungsbeschränkungen **15** 14 ff.
– Verstoß gegen Verfügungsbeschränkung **15** 19
– Vorausvermächtnis **18** 49 ff., M 54
– Zustandsfeststellung der Erbschaft **15** 41

Vorkaufsrecht
– Arten **16** 227 ff.
– Ausübung **16** 237 f.
– Befristung **16** M 236
– Belastungsobjekt **16** 233
– Berechtigter **16** 234
– dingliches **16** 231, 244
– Entstehung **16** 231
– Erlöschen **16** 239 ff.
– Frist **16** 238
– Inhalt **16** 235
– Nichtübertragbarkeit **16** M 243
– Nichtvererblichkeit **16** M 243
– schuldrechtliches **16** 232, 244 ff., M 247
– Sicherung **16** 232

Vorkaufsrechtsvermächtnis **16** 226 ff., M 229 f., M 247

Vormund
– Abgrenzung zur Sorgerechtsvollmacht **19** 73
– Ausschluss von Personen **19** 69, M 70
– Auswahl durch Familiengericht **19** 67
– Befreiung **19** 71, M 72
– Benennung **19** 67, M 68, 69, **25** 85, M 86
– Bestellung durch Familiengericht **19** 10
– Ergänzungspflegschaft bei Interessenkollision **19** 10
– Ersatzbenennung **19** 69
– familiengerichtliche Genehmigung **19** 7
– mehrere Vormünder **19** 69

Vorsorgevollmacht 1 23
- nichtehelicher Lebenspartner **29** 77 f.
- Unternehmensnachfolge **27** 26

Vorweggenommene Erbfolge
- Hoferbfolge **28** 65
- Schiedsvereinbarung **21** 41
- Unternehmensnachfolge **10** 8, **27** 6 f.

Wahlauflage 17 21, M 44
Wahlvermächtnis 16 56, M 57
Wechselbezüglichkeit
- Ausnahme in Bezug auf bestimmtes Vermögen **23** 123 ff., M 124, M 126
- Ausnahme zugunsten der Abkömmlinge **23** 120, M 122
- Begriff **23** 111
- keine **23** 116, M 117
- nur Erbeinsetzung **23** 118, M 119
- umfassende **23** 114, M 115
- Vermutung **23** 111
- wechselbezugsfähige Verfügungen **23** 113
- Widerruf wechselbezüglicher Verfügungen **8** 51 ff., **23** 110
- Wiederverheiratung des überlebenden Ehegatten **23** M 150 f.

Widerruf
- Anwaltsvertrag **2** 6
- Bürgermeister-Nottestament **22** 30
- durch neues Testament **22** 24 ff.
- durch Rücknahme des Testaments aus amtlicher Verwahrung **22** 30 f.
- Einzeltestament **22** 20 ff.
- Erbvertrag bei Auslandsbezug **12** 124
- Gebühren **3** 46
- gemeinschaftliches Testament **8** 51 ff., **23** 110
- Testament bei Auslandsbezug **12** 111 f.

Widerrufsbelehrung
- Anwaltsvertrag **2** 6, M 8 f.

Widerrufstestament 22 21
Wiederverheiratungsklausel 14 M 66 f., **15** 5, 22, 82 ff., M 83
- Arten **23** 134
- Ehegattentestament **23** 133 ff.
- Eintritt der Nacherbfolge **23** M 146
- Ende der Bindungswirkung **23** M 150
- Erlöschen des Nießbrauchs **23** M 148
- Fortbestehen der Bindungswirkung **23** M 151
- Grundbesitzvermächtnis mit Unternießbrauchsvermächtnis **23** M 140
- Herausgabevermächtnis **23** 137 ff., M 138, M 140
- Nacherbentestamentsvollstreckung **23** M 144
- Sanktionscharakter **23** 135
- Sittenwidrigkeit **14** 65
- Unternehmertestament **27** 154
- Wegfall der Befreiungen des Vorerben **23** M 142

Wirtschaftsprüfer
- als Testamentsvollstrecker **20** 118

Witwer
- Testament **22** 52 ff., M 57

Wohnrecht
- lebzeitige Einräumung **16** 210

Wohnsitz
- Erbschaftsteuerpflicht **11** 6 ff.

Wohnungsrecht
- Aufnahme Dritter **16** 201 f., M 202
- Ausübung durch Dritte **16** 203 ff., M 206 ff.
- Bedingung **16** 200
- Befristung **16** 200
- Belastungsobjekt **16** 190
- Berechtigter **16** 191
- Bruchteilsgemeinschaft **16** 192
- Entstehung **16** 183
- Inhalt **16** 186
- Lastentragung **16** 189, 194, 197
- mehrere Berechtigte **16** 191
- Umfang **16** 193 ff.
- Verschaffungsvermächtnis **16** 209
- Zubehör **16** 196

Wohnungsrechtsvermächtnis 16 181 ff., M 198 f., **18** 47, M 48, **23** M 97
- Behindertentestament **26** 87, M 88
- nichtehelicher Lebenspartner **29** M 45 f.
- Testamentsvollstreckung **16** 184

Zeithonorar 3 41, 43
Zentrales Testamentsregister
- Meldepflichtiger **4** 42
- Meldevorgang **4** 43
- Rechtsgrundlagen **4** 39
- registerpflichtige Urkunden **4** 40 f.
- Registrierungskosten **4** 44

Zeugenzuziehung
– notarielles Testament **2** 38, **4** 27
Zugewinnausgleich
– erbrechtliche Lösung **11** 109, 112 ff.
– güterrechtliche Lösung **11** 110, 120 ff.
Zugewinngemeinschaft
– Ausgleichsanspruch, Berechnung **11** 93 ff., 111 ff.
– Güterstandswechsel **11** 124 ff.
– Scheidung **11** 124 ff.
– Schenkungen zwischen Ehegatten **11** 100 ff.
– Steuerpflicht des überlebenden Ehegatten **11** 91 ff.
– Wahlrecht des überlebenden Ehegatten **11** 108 ff.
– Zugewinnausgleich durch Übertragung von Sachwerten **11** 104 ff.
Zurückbehaltungsrecht
– Vermächtnis **16** 28, M 31 f.
Zusatzpflichtteil 9 48, **16** 14, **26** 40, 51
Zuwendungspfleger 19 54 ff.
– als Testamentsvollstrecker **19** 15
– Aufgaben **19** 59
– Ausschluss von Personen **19** 58
– Beaufsichtigung durch Familiengericht **19** 59
– Befreiung **19** 60, M 61 f.
– Befreiungsmöglichkeiten **19** 63
– bei Testamentsvollstreckung **19** 17, M 18
– bei Verwaltungsrechtsentzug **19** 38
– Benennung **19** 55, M 57
– Grenzen der Befreiung **19** 64
– Verwaltungsvorgaben **19** 65, M 66
Zuwendungsverzicht 8 14, 65 f., **29** 73
– Kind ggü. Elternteil **29** M 74
– Unternehmensnachfolge **27** 25
Zweckauflage 17 21 f., M 46 f.
Zweckvermächtnis 16 50, 59 ff., M 60, M 62
Zweckzuwendung
– Erbschaftsteuer **11** 56, **17** 6
Zweiseitiger Erbvertrag 24 12 ff.

Benutzerhinweise für den Download

Zur Nutzung des PDF-Musterverzeichnisses benötigen Sie einen **lokal installierten PDF-Reader**, da die Funktionalität über das reine Anzeigen einer PDF-Seite hinausgeht.

Den Download-Link (URL) finden Sie auf der Seite 4 (IV) des Werks (Impressum). Über diesen Link stellen wir Ihnen sämtliche im Werk enthaltenen Muster und Formulierungsbeispiele zur Verfügung. Zur Nutzung der Muster/Formulierungsbeispiele gehen Sie auf den Download-Link und laden die dort abgelegte zip-Datei auf Ihr Laufwerk herunter. Um den Ordner zu entpacken, klicken Sie mit der rechten Maustaste auf die Datei, wählen „**Alle extrahieren**" und folgen dann den Anweisungen. Die Nutzung der Muster ist unabhängig vom Betriebssystem Ihres Rechners.

Durch das Extrahieren werden ein **PDF-Musterverzeichnis** sowie die **Worddateien** der jeweiligen Muster auf dem von Ihnen gewählten Laufwerk Ihres Rechners abgelegt.

Zur Nutzung des PDF-Musterverzeichnisses benötigen Sie einen kostenlosen PDF-Reader. Das Musterverzeichnis gibt Ihnen einen Überblick über die enthaltenen Muster und erleichtert Ihnen den Zugang zu den Mustertexten. Beim Anklicken des gewünschten Musters in dem PDF-Musterverzeichnis öffnet sich der Text direkt in Microsoft Word oder in dem bei Ihnen eingesetzten Textverarbeitungsprogramm. Dann können Sie die Word-Datei direkt bearbeiten und unter einem neuen Dateinamen abspeichern. Bei Nutzern von Microsoft Word können Sicherheitshinweise auf dem Bildschirm erscheinen. Dort müssten Sie die Nutzung ggf. zulassen. Dies wird in den verschiedenen Wordversionen und Textverarbeitungsprogrammen unterschiedlich gehandhabt. In den einzelnen Word-Dateien sind keine Makros o.ä. eingebunden. Damit die Navigation über das PDF-Musterverzeichnis funktioniert dürfen der Ordner „Muster-Doks" und die ursprünglich gelieferten Dateien nicht umbenannt werden. Speichern Sie die bearbeiteten Worddateien daher stets unter einem neuen Dateinamen ab.

Die in einigen Word-Mustertexten vorhandenen **Formularfelder** können Sie markieren und überschreiben. Sie können sich die Bearbeitung erleichtern, indem Sie diese Formularfelder mit dem Default-Tastaturkürzel Ihres Textbearbeitungsprogrammes ansteuern. Für Microsoft Word ist dies i.d.R. das Tastaturkürzel F11, um zum nächsten Feld zu springen und „UMSCHALT+F11", um zum vorherigen zu springen. Diese Tastaturkürzel werden von der Arbeitsumgebung Ihres Textverarbeitungsprogramms und nicht durch die bereitgestellten Word-Muster-Dateien definiert. Daher können die Tastaturkürzel in alternativen Betriebssystemen und/oder Textbearbeitungsprogrammen (z.B. LibreOffice Writer) abweichen.

Bearbeiten der Muster/Formulierungsbeispiele mit einer anderen Textverarbeitung und/oder einem anderen Betriebssystem

Wenn Sie kein Microsoft Word, sondern ein anderes Textverarbeitungsprogramm auf Ihrem Rechner installiert haben, können Sie die Dateien trotzdem aufrufen und bearbeiten. Gehen Sie dazu direkt auf das gewünschte Muster in dem abgelegten Ordner „Muster-Doks". Über diesen Weg können Sie auch auf die Word-Dateien zugreifen, wenn Sie nicht über das mitgelieferte PDF-Musterverzeichnis navigieren möchten. Jedem Mustertext ist eine Nummer zugewiesen, die in dem Download-Symbol neben dem jeweiligen Formular/ Mustertext im Buch abgedruckt ist. Über den Dateinamen (p = Paragraf und m = Muster) lässt sich die gewünschte Mustertext-Datei auffinden.